Harmonized Tariff Schedule of the United States

美国协调关税税则

(前言及附录)

李九领 编

金宏彬　孙军超　李　宇　解恭浩　刘骁原　译

图书在版编目(CIP)数据

美国协调关税税则：前言及附录 / 李九领编. -- 上海：上海财经大学出版社, 2024.10
ISBN 978-7-5642-4113-1/F·4113

Ⅰ.①美… Ⅱ.①李… Ⅲ.①海关税则-关税法-美国 Ⅳ.①D971.222

中国国家版本馆CIP数据核字(2022)第256643号

□ 责任编辑　江　玉
□ 书籍设计　贺加贝

美国协调关税税则

(前言及附录)

李九领　编

金宏彬　孙军超　李　宇　解恭浩　刘晓原　译

上海财经大学出版社出版发行
(上海市中山北一路369号　邮编200083)
网　　址:http://www.sufep.com
电子邮箱:webmaster@sufep.com
全国新华书店经销
江苏凤凰数码印务有限公司印刷装订
2024年10月第1版　2024年10月第1次印刷

889mm×1194mm　1/16　75.5印张(插页:2)　2066千字
定价:680.00元

前　言

当今世界正经历百年未有之大变局,新冠疫情产生影响,贸易保护主义抬头,国际贸易和投资艰难复苏。我国进入新发展阶段,经济可持续发展具有坚实的基础,但是经济发展不平衡不充分问题仍然存在,国内、国际的风险挑战和不确定性、复杂性增加。

中国是全球第二大经济体,是全球第一大货物贸易国。据 WTO 统计,2023 年我国进出口贸易额为5.94 万亿美元,占全球进出口贸易总额的 12.36%,其中进口贸易额 2.56 万亿美元,出口贸易额 3.38 万亿美元。美国是全球第一大经济体,是全球第一大服务贸易国。2023 年美国进出口贸易额为 5.19 万亿美元,占全球进出口贸易总额的 10.81%,其中进口贸易额 3.17 万亿美元,出口贸易额 2.02 万亿美元。虽然 2018 年至今中美经贸摩擦频发,但中国对美贸易额仍持续增加。据统计,在此期间,中美贸易总额年均为 6 568.53 亿美元,对美贸易顺差年均为 3 456.83 亿美元。2023 年,美国依然是中国出口的第一目的国,出口贸易额 5 002.91 亿美元,占中国出口贸易总额的 14.80%。同时,美国是中国进口的第二来源国,进口贸易额 1 641.60 亿美元,占中国进口贸易总额的 6.42%。可见,国际贸易在中美两国经济发展中占有极其重要的地位,中美两个大国之间的经贸联系十分密切,互为重要贸易伙伴。

然而,2016 年美国总统特朗普上台后奉行"美国优先"发展战略,采取带有世界性、全局性和长期性特点的单边主义和贸易保护主义政策,不仅影响了中美两国贸易,也对全球贸易和产业结构产生了重大影响。2020 年,拜登当选美国总统,延续了特朗普政府对中国进口商品的高关税政策,同时采取新的单边主义政策,通过联合盟友制衡中国。

中国政府坚决反对贸易保护主义,维护国际自由贸易。针对美国对中国进口商品大规模加征关税,中国商务部发布对美加征关税的公告,促使美国进行谈判。

关税是财政政策和贸易政策中连接国内、国际经济的集合点,是极为传统、常用的财政政策和贸易政策工具之一,在本国经济和国际贸易中具有重要作用。进出口税则是国家对不同种类的进出口商品分别制定进口关税税率和出口关税税率。关税税目税率表是关税法的重要组成部分,是关税政策的具体体现。美国挑起贸易摩擦的借口和主要手段就是关税,通过税则实施关税政策,达到贸易保护的目的。因此,全面系统了解美国贸易和关税政策非常重要。

美国于 1989 年 1 月 1 日开始采用世界海关组织《商品名称及编码协调制度》(简称《协调制度》)商品分类目录制定本国税则,称为美国协调关税税则。美国协调关税税则采用十位编码:前六位编码与世界海关组织《协调制度》一致;前八位编码是法定的关税税号,用于设置关税税率;十位编码是统计目录。协调关税税则有四大特点:一是增加了世界海关组织《协调制度》目录中未包括的第九十八章和第九十九章。其中,第九十八章规定了在特殊情况下允许免税进口或部分免税进口的货物及免税条件;第九十九章规定了临时关税待遇以及根据贸易立法制定的临时贸易政策,如针对中国商品加征的关税措施在第九十九章第三分章第二十条注释中列出,共计66款,既有加征关税的措施,又有排除程序规定。二是在各类和各章中增加了大量附加美国注释及统计注释,明确了某些商品的归类要求,定义了一些专有名词,给出了某些商品进口数量限制。美国协调关税税则将进出口相关贸易政策与商品分类目录有机结合,形成了内容丰富、结构庞杂的税则体系。三是税则的列目结构比较细致。美国2021年版协调关税税则共有11 111个八位税号、18 815个十位编码。四是税则经常进行修订。美国2021年版协调关税税则已有包括基础版在内的至少9个版本,主要是根据贸易政策对少数注释作修改,而主体内容变化不大。

本项目是将美国2021年协调关税税则基础版由英文翻译成中文出版。项目由上海海关学院图书馆馆长、海关与公共经济学院原院长李九领教授统筹策划,组建翻译研究团队开展翻译、校对、统稿、审稿、出版联络等工作,并筹集经费。为保证税则翻译的专业性和准确性,由上海海关学院协调制度专家与海关一线专家共同组成翻译团队。翻译工作依照章节顺序分工如下:海关总署口岸监管司孙军超同志、拱北海关李宇同志翻译归类总规则、美国附加总规则、总注释、总统计注释、出口商须知;天津海关刘骁原同志翻译商品分类目录第一类至第五类、第十二类和统计附录;青岛海关解恭浩同志翻译商品分类目录第六类至第十类、协调关税表化学品附录、协调关税表药品附录和染料中间体附录;上海海关学院金宏彬博士翻译商品分类目录第十一类、第十三类至第二十二类。税则翻译全文由李九领教授和金宏彬博士校对、统稿。

美国协调关税税则由七部分组成:归类总规则、美国附加总规则、总注释、总统计注释、出口商须知、商品分类目录(第一章至第九十九章)、附录(包括协调关税表化学品附录、协调关税表药品附录、染料中间体附录、统计附录等)。鉴于翻译时间和版面关系,本书未翻译字母表,有兴趣的读者可以自行下载对照。美国协调关税税则内容繁杂,中文版分为两个部分分别出版:第一部分是美国协调关税税则的前言及附录(包含归类总规则、美国附加总规则、总注释、总统计注释、出口商须知和附录);第二部分(含上、下册)是美国协调关税税则的正文,即商品分类目录,便于读者根据需要查阅。

美国协调关税税则中文版的翻译出版,将为我国政府部门、进出口企业、民众了解和研究美国关税政策提供完整系统的美国协调关税税则参考。

本书的翻译出版得到了上海海关学院领导的重视,得到了税务专业硕士研究生学位点的经费支持。同时,得到了上海财经大学出版社领导和相关工作人员的悉心帮助,他们对此书精心设计、编辑和排版。此外,还得到了财税与海关系统多位专家和领导的指导帮助。在此,对给予该书翻译出版帮助的所有领导、专家和工作人员表示衷心感谢!

翻译外国法律是一项非常严谨、细致且艰苦的工作,对语言能力与专业水平要求很高,需要多方面学习和研究不同国家的语言、历史、文化、政治、经济、法律等。翻译团队历时三年多时间,兢兢业业,完成了美国协调关税税则的翻译、审稿、校对和出版,但是由于译者水平所限,可能会存在漏译、翻译不准确甚至谬误等问题,恳请读者批评指正。

李九领
2024年1月

目 录

归类总规则	1
美国附加总规则	3
总注释	5
一、进口货物和船舶设备、零部件及修理物品的关税待遇	5
二、美国关境	5
三、税率	5
四、普惠制下受惠发展中国家的产品（GSP）	13
五、享受特殊关税待遇的汽车产品和机动车辆	16
六、根据《民用航空器贸易协定》享受免税待遇的物品	16
七、《加勒比盆地经济复苏法》受惠国产品	17
八、1985年《美国-以色列自由贸易区实施法》	20
九、《美国-加拿大自由贸易协定》［暂停，见总注释十二］	21
十、自由联系国的产品	21
十一、《美国-墨西哥-加拿大协定》	22
十二、《北美自由贸易协定》	144
十三、药品	302
十四、染料中间体	302
十五、例外情形	303
十六、《非洲增长和机会法》指定为受惠国的产品	303
十七、2000年《美国-加勒比盆地贸易伙伴关系法》指定为受惠国（地区）的产品	304
十八、《美国-约旦自由贸易区实施法》	306
十九至二十四［分别转入总注释三（五）至（十）款］	309
二十五、《美国-新加坡自由贸易协定》	309
二十六、《美国-智利自由贸易协定》	405

二十七、《美国-摩洛哥自由贸易协定实施法》	484
二十八、《美国-澳大利亚自由贸易协定实施法》	505
二十九、《多米尼加共和国-中美洲-美国自由贸易协定实施法》	572
三十、《美国-巴林自由贸易协定实施法》	655
三十一、《美国-阿曼自由贸易协定实施法》	674
三十二、《美国-秘鲁贸易促进协定实施法》	694
三十三、《美国-韩国自由贸易协定》	757
三十四、《美国-哥伦比亚贸易促进协定》	820
三十五、《美国-巴拿马贸易促进协定》	886
三十六、《美国-日本贸易协定》	947

总统计注释 — 949

出口商须知 — 955

协调关税表化学品附录 — 966

协调关税表药品附录 — 1005

表1	1005
表2	1102
表3	1109

染料中间体附录 — 1164

统计附录 — 1172

附录A	1173
附录B	1183
附录C	1187

归类总规则

货品在税则中的归类,应遵循以下规则:

一、类、章及分章的标题,仅为查找方便而设;具有法律效力的归类,应按品目条文和有关类注或章注确定,如品目、类注或章注无其他规定,则按以下规则确定。

二、(一)品目所列货品,应视为包括该项货品的不完整品或未制成品,只要在报验时该项不完整品或未制成品具有完整品或制成品的基本特征;还应视为包括该项货品的完整品或制成品(或按本款规则可作为完整品或制成品归类的货品)在报验时的未组装件或拆散件。

(二)品目中所列材料或物质,应视为包括该种材料或物质与其他材料或物质混合或组合的物品。品目所列某种材料或物质构成的货品,应视为包括全部或部分由该种材料或物质构成的货品。由一种以上材料或物质构成的货品,应按规则三归类。

三、当货品按规则二(二)或由于其他原因看起来可归入两个或两个以上品目时,应按以下规则归类:

(一)列名比较具体的品目,优先于列名一般的品目。但是,如果两个或两个以上品目都仅述及混合或组合货品所含的某部分材料或物质,或零售的成套货品中的部分货品,即使其中某个品目对该货品描述得更为全面、详细,这些货品在有关品目的列名也应视为同样具体。

(二)混合物、不同材料构成或不同部件组成的组合物以及零售的成套货品,如果不能按照规则三(一)归类,则在本款可适用的条件下,应按构成货品基本特征的材料或部件归类。

(三)货品不能按照规则三(一)或(二)归类时,应按号列顺序归入其可归入的最末一个品目。

四、根据上述规则无法归类的货品,应归入与其最相类似的货品的品目。

五、除上述规则外,本规则适用于下列货品的归类:

(一)制成特殊形状仅适用于盛装某个或某套物品并适合长期使用的照相机套、乐器盒、枪套、绘图仪器盒、项链盒及类似容器,如果与所装物品同时报验,并通常与所装物品一同出售的,则应与所装物品一并归类。但本款不适用于本身构成整个货品基本特征的容器。

(二)除规则五(一)规定的以外,与所装货品同时报验的包装材料或包装容器,如果通常是用来包装这类货品的,则应与所装货品一并归类。但明显可重复使用的包装材料和包装容器不受本款限制。

六、货品在某一品目项下各子目的法定归类,应按子目条文或有关的子目规则以及以上各条规则(在必要的地方稍加修改后)来确定,但子目的比较只能在同一数级上进行。除条文另有规定的以外,有关的类注、章注也适用于本规则。

美国附加总规则

在没有特殊术语或特殊背景下：

(一) 根据监管货物所属同类或同级货物在进口至美国或进口之前的用途(实际用途除外)进行归类，且其监管用途为主要用途。

(二) 根据实际用途对监管货物进行归类，该监管货物需满足的条件是货物进口至美国时的申报用途须为实际用途，且货物按上述实际用途使用，此外货物在进入美国之日起 3 年内须提交相关证明。

(三) 关于物品零件的条款涵盖了专用于或主要用于该物品零件的产品，但是对于"零件"或"零件和附件"条款的权限不应高于该零件的专项条款。

(四) 第十一类中关于两种或两种以上纺织材料组成混合物的规定同样适用于任何有关纺织材料制品的归类。

[编者注：世界海关组织对《商品名称及编码协调制度》(简称《协调制度》，Harmonized System, HS)的多次修改可能导致一些自由贸易协定原产地规则中品目、子目以及产品范围与现行关税税则各章内容不一致。

首先，自 2007 年 2 月 3 日协调关税税则(Harmonized Tariff Schedule, HTS)重大变更生效以来，某些美国自由贸易协定的原产地规则条款并未更新，这些协定规定的商品编码在 HTS 章节中无法找到，只能在 HS2002 年版中找到。其他协定，包括新的《美国-墨西哥-加拿大协定》，是根据 HS2012 年版商品编码规定的，部分编码也可能在目前税则无法找到。然而，《北美自由贸易协定》(已到期，保留至 2021 年 6 月 30 日，供参考)、《美国-澳大利亚自由贸易协定》、《美国-智利自由贸易协定》、《美国-巴林自由贸易协定》和《美国-韩国自由贸易协定》的规则已经更新，相关的总注释已经根据协议反映 2007 年或 2012 年修订情况。第 8097 号总统公告修改 HTS，以适应世界海关组织对 HS 的修改，该公告于 2007 年 2 月 3 日生效，修改内容可在美国国际贸易委员会网站查询，网址为 www.usitc.gov。

其次，《美国-智利自由贸易协定》原产地规则已经更新，自 2012 年 2 月 3 日起生效，以适应 2011 年 12 月 29 日第 8771 号总统公告对 HTS 作出的修改，总统公告是为了适应世界海关组织对 HS 的修改，其修改内容于 2012 年生效。此外，第 9072 号总统公告对《美国-韩国自由贸易协定》原产地规则进行了修改，并于 2014 年 1 月 1 日起生效。第 9555 号总统公告对《美国-阿曼自由贸易协定》（自 2017 年 2 月 1 日起生效）、《美国-巴拿马贸易促进协定》[生效时间根据美国贸易代表办公室（USTR）将来在《联邦公报》发布的通知确定]和《多米尼加共和国-中美洲-美国自由贸易协定》（自 2020 年 11 月 1 日起生效）原产地规则进行了修改。《美国-新加坡自由贸易协定》在 2020 年 6 月第 10053 号总统公告附件四中更新，自 2020 年 9 月 1 日起生效；《美国-哥伦比亚贸易促进协定》的更新于 2021 年 1 月 1 日生效。如果 HS2017 年版未有更新，则有可能该原产地规则的商品编码包含在 HTS2002 年版、HTS2007 年版或 HTS2012 年版中。当 HS 发生变化时，必须就自由贸易协定规则变化进行谈判，并经过相应国家程序公布实施。你可以在《联邦公报》查询到自由贸易协定规则更新的公告。

最后，美国和日本之间的新贸易协定（见总注释三十六和第九十九章第二十一分章）的原产地规则未在本税则中体现。如果协议内容未在其网站上张贴，请咨询海关寻求指导。

如果遇到过时的原产地规则编码，不能确定受影响货物是否符合 FTA 待遇，请联系美国海关和边境保护局官员，因为有可能须对单票货物作出裁定。]

总注释

一、进口货物和船舶设备、零部件及修理物品的关税待遇

本税则所规定的从美国境外进口至美国关境的所有货物，以及本税则第九十八章第十八分章规定所涵盖的所有船舶设备、零件、材料和修理物品，均须按总注释三至总注释三十六的规定（不互相排斥）缴纳或免除关税。

二、美国关境

本税则使用的"美国关境"仅包括各州、哥伦比亚特区和波多黎各。

三、税率

本税则"税率"第1栏（"普通"和"特惠"）和第2栏中的税率适用于本注释下文规定的进口至美国关境的货物：

(一)"税率"第1栏。

(i) 除以下(iv)款规定外，第1栏的税率适用于除本注释(二)款所列国家以外的所有产品。第1栏分为如下所示的两个子栏："普通"和"特惠"。

(ii) "普通"子栏列出了适用于上述(i)款所述一般或正常贸易关系（NTR）国家产品的税率，这些国家无权享受下文所述的特殊关税待遇。

(iii) "特惠"子栏反映了本注释(三)款所述一个或多个特殊关税待遇法案下的税率，并适用该子栏括号中的税率。这些税率适用于根据特惠税率规定进行适当归类并且符合此类待遇资格的所有法律要求的产品。如果一个产品符合一个以上特殊待遇条件，则应征收任何适用计划规定的最低税率。如果一项规则没有规定特惠税率，或者如果从符合特殊待遇条件的国

家进口产品,但没有根据相关法案被指定为受惠国,则应适用"普通"子栏中的税率。

(ⅳ)岛屿属地的产品。

(A)除第九十一章附加美国注释五和第九十六章附加美国注释二、《1986年税收改革法案》第423节和第七十一章附加美国注释三(五)规定的情况外,从美国关境以外的美国岛屿属地进口的货物,应适用本税则"税率"第1栏规定的税率。但如果此类货物为任何此类属地的生长物或产品,或由任何该属地或/和美国关境内的生长物、产品或制造的材料制造或生产,不含价值超过其总价值70%[或《加勒比盆地经济复苏法》第213(b)节所述货物价值超过其总价值50%]的外国材料,直接从该属地进入美国关境的,以及以前进口至美国关境的所有货物,并支付进口或因进口而征收的所有关税和税款,这些关税或税款没有得到减免、退款或退税,由美国直接装运退回该属地,这些货物再次进入美国关境的,则该类货物免税。

(B)在确定在此类岛屿属地生产或制造的货物是否含有价值超过70%的外国材料时,以下材料不得被视为外国材料:

(1)当货物从外国进口时免税,或

(2)材料从外国进口到岛屿属地,

提供足够文件证明该材料在进口到该岛屿属地之日起18个月内被加入至某货物,且该货物根据上述(A)款给予免税。

(C)根据《1974年贸易法》第503(a)(2)、503(a)(3)和503(c)节规定,从美国岛屿属地进口、根据该法第503节被认定为合资格的货物,所享受的关税待遇不得低于该法第五编规定的发展中受惠国进口的货物。

(D)根据《加勒比盆地经济复苏法》第213节规定,从美国岛屿属地进口的货物所享受的关税待遇不得低于该法规定的受惠国进口货物。

[(E)删除]

(F)实行关税配额的农产品数量超过配额数量的,不得享受本款规定的免税待遇。

(ⅴ)西岸、加沙地带或合格工业区的产品。

(A)在不违反本款规定的情况下,物品直接从西岸、加沙地带、(G)款所界定的合格工业区或以色列进口,并且

(1)完全是在西岸、加沙地带或合格工业区种植、生产或制造,或者

(2)是在西岸、加沙地带或合格工业区种植、生产或制造的新的或不同的商品且

(Ⅰ)在西岸、加沙地带、合格工业区或以色列生产的材料的成本或价值,加上

(Ⅱ)在西岸、加沙地带、合格工业区或以色列进行加工作业(不包括简单的组合或包装作业,也不包括用水或其他不会实质性改变此类物品特性的物质进行稀释)的直接成本,

总额不低于该物品估价的35%,

则有资格免税进入美国关境。就上述(A)(2)款而言,在西岸、加沙地带或合格工业区生产物品所用的材料,或者使用美国产品作为材料,其材料价值最高可达此类物品估价的15%。

(B)就本款而言,如果属于下列情况,则物品是"直接进口"的:

(1)直接从西岸、加沙地带、合格工业区或以色列运抵美国,无需经过任何中间国境内;或者
(2)通过中间国境内运输,未进入任何中间国的商业活动,发票、提单和其他货运单据指明美国为最终目的地;或者
(3)通过一个中间国家运输,发票和其他单证没有指明美国是最终目的地,
  (I)继续处于中间国家海关当局的监管之下,
  (II)不得进入中间国家的商业活动,除非是出于零售以外的销售目的,但前提是进口物品是由于进口商与生产商或生产商的销售代理之间的原始商业交易而进口的,以及
  (III)除装载、卸载或其他保持物品完好所需的活动外,未进行其他操作。
(C)"新的或不同的商品"是指物品必须在西岸、加沙地带或合格工业区实质性地转变为具有新名称、新特征或新用途的物品。
(D)(1)就上述(A)(2)(I)款而言,在西岸、加沙地带或合格工业区生产的材料的成本或价值包括:
  (I)制造商用于材料的实际成本;
  (II)除制造商用于材料的实际成本外,运输材料至制造商工厂所产生的运费、保险费、包装费和所有其他费用;
  (III)废品或腐败的材料实际成本减去可回收废料的价值;以及
  (IV)约旦河西岸、加沙地带或合格工业区对材料征收的税款或关税,如果出口时未免除此类税款。
(2)如果材料免费提供给制造商,或以低于公平市场价值的价格提供给制造商,其成本或价值应通过以下各项计算:
  (I)用于种植、生产或制造过程中产生的所有费用(包括一般费用);
  (II)利润;以及
  (III)将材料运输至制造商工厂所产生的运费、保险费、包装费和所有其他费用。
(3)如果无法获得计算材料成本或价值所需的信息,海关可采用一切合理方法确定或评估材料的价值。
(E)(1)就本款而言,与某一物品有关的"在西岸、加沙地带或合格工业区进行加工作业的直接成本",是指该物品的种植、生产、制造或装配过程中直接发生的成本,或可合理分配给该物品的成本。这些费用包括但不限于以下可计入美国进口物品估价的成本:
  (I)货物的生长、生产、制造或装配所涉及的所有实际人力成本,包括附加福利、在职培训以及工程、监督、质量控制和类似的人员成本;
  (II)冲模、模具、工具以及可分配给货物的机器设备折旧;
  (III)研究、开发、设计、工程和图纸成本,前提是这些成本可分配给特定物品;以及
  (IV)检验和测试特定物品的费用。
(2)未列为物品加工作业直接成本的项目是指不可直接归属于物品或不属于物品制造成本的项目。这些项目包括但不限于:
  (I)利润;以及

(Ⅱ)经营业务的一般费用,不可分配给该物品或与该物品的种植、生产、制造或组装无关,如行政薪酬、意外事故和责任保险、广告和销售人员的工资、佣金或费用。

(F)凡本款规定的物品进口时要求免税的,

(1)进口商应被视为能够证明此类物品符合所有免税条件;以及

(2)应海关要求,进口商、制造商或出口商应提交一份声明,列明与此类物品有关的所有信息,包括:

(Ⅰ)货物名称、数量、件数、唛头、发票号码、提单,

(Ⅱ)在西岸、加沙地带、合格工业区或以色列生产此类物品的作业情况说明,以及加工作业的直接成本说明,

(Ⅲ)对完全是西岸、加沙地带、合格工业区、以色列或美国种植、生产或制造的此类物品所用材料的说明,以及关于此类材料的成本或价值的说明,

(Ⅳ)物品在西岸、加沙地带、合格工业区或以色列发生了实质性改变,在西岸、加沙地带、合格工业区或以色列生产该物品时使用外国材料所进行工序的说明,关于外国材料原产地、成本或价值的说明,以及

(Ⅴ)物品在西岸、加沙地带或合格的工业区没有发生实质性改变,对物品中使用的任何外国材料的原产地、成本或价值的说明。

(G)就本款而言,"合格工业区"是指:

(1)包括以色列和约旦或以色列和埃及的部分境内;

(2)已被地方当局指定为飞地,商品可在无需缴纳关税或消费税的情况下进入飞地;以及

(3)已被美国贸易代表办公室在《联邦公报》上公布的公告中指定为合格工业区。

(二)"税率"第2栏。

尽管本注释有上述规定,但根据《1962年关税归类法》第401节、《1962年贸易扩大法》第231节或第257(e)(2)节和《1974年贸易法》第404(a)节或任何其他适用法律条款,或总统根据以上法律采取行动,第2栏所示税率适用于从以下国家和地区直接或间接进口的产品:古巴、朝鲜。

(三)享受特殊关税待遇的产品。

(i)可提供特殊关税待遇的项目,以及"特惠"子栏中所示项目的相应符号如下:

普惠制	A,A* 或 A+
《美国-澳大利亚自由贸易协定》	AU
《汽车产品贸易法》	B
《美国-巴林自由贸易协定实施法》	BH
《北美自由贸易协定》:	
——加拿大货物,本税则总注释十二的条款	CA
——墨西哥货物,本税则总注释十二的条款	MX
《美国-智利自由贸易协定》	CL
《非洲增长和机会法》	D

《加勒比盆地经济复苏法》	E 或 E*
《美国-以色列自由贸易区实施法》	IL
《美国-约旦自由贸易区实施法》	JO
《美国-日本贸易协定》	JP
《药品贸易协定》	K
《多米尼加共和国-中美洲-美国自由贸易协定实施法》	P 或 P+
乌拉圭回合染料中间体减让	L
《美国-加勒比盆地贸易伙伴关系法》	R
《美国-摩洛哥自由贸易协定实施法》	MA
《美国-新加坡自由贸易协定》	SG
《美国-阿曼自由贸易协定》	OM
《美国-秘鲁贸易促进协定实施法》	PE
《美国-韩国自由贸易协定实施法》	KR
《美国-哥伦比亚贸易促进协定》	CO
《美国-巴拿马贸易促进协定实施法》	PA
尼泊尔优惠计划	NP
《美国-墨西哥-加拿大协定》	S 或 S+

(ii) 符合总注释四至总注释十四中规定的特殊关税待遇条件的物品,以及根据第九十九章第一、二和七分章规定进行临时修改的物品,应在第九十九章"有效期"一栏所示期间适用以下税率:

(A) 如果第九十九章"特惠"子栏中规定了该物品可能符合的税率,其后加上一个或多个上述符号,则该税率应代替第一章至第九十八章"特惠"子栏中规定的该物品相应符号后的税率;或者

(B) 如果第九十九章"特惠"子栏中出现"无变化"且不适用上述(A)款规定,则在第九十九章"普通"子栏中的税率和第一章至第九十八章"特惠"子栏中的税率两者之间,适用其中较低的税率。

(iii) 除另有规定的以外,凡符合总注释四至总注释十四所规定的特殊关税待遇条件的物品,以及根据第九十九章第三分章或第四分章的任何规定须予临时修改的物品,均须在第九十九章所指明期间内适用"普通"子栏中的税率。

(iv) 凡第一章至第九十八章"特惠"子栏所列的税率等于或高于该章节"普通"子栏所列的相应税率,"特惠"子栏所列的税率应予删除,但以下情况除外:如果"特惠"子栏中的税率是该税号一系列分阶段税率下调的中间阶段,则该税率应被视为暂定税率,并应在"特惠"子栏中列出,后面紧跟一个或多个上述符号,括号中有符号"s"。如果第一章至第九十八章某一特定税号的"特惠"子栏中没有规定该物品可能符合的税率,则应适用"普通"子栏中规定的税率。

(四) **在对外贸易区内制造的机动车辆。**

(i) 征收关税。尽管法律有其他规定,对符合条件的物品征收的关税应为该物品中适用外国价值成分乘以该物品适用税率所确定的数额。

(ii) 符合条件的物品。本款所称"符合条件的物品"是指——
  (A) 可归入本税则子目 8702.10 至 8704.90;
  (B) 1996 年 1 月 1 日以前在对外贸易区生产制造;
  (C) 出口至《北美自由贸易协定》国家{如《北美自由贸易协定实施法》第 2(4) 节[19 U.S.C. 3301(4)]所述};以及
  (D) 随后从《北美自由贸易协定》国家进口至美国关境,
    (1) 在本款生效之日或之后,或者
    (2) 在 1994 年 1 月 1 日当天或之后,并在该生效日期之前,如果该物品未清关或处于争议、诉讼状态,或者在该生效日期不是最终清关。

(iii) 适用外国价值成分。
  (A) 适用外国价值成分。在本款中,"适用外国价值成分"是指符合条件的物品价值乘以适用百分比所确定的金额。
  (B) 适用百分比。"适用百分比"是指用该物品的自由贸易区百分比加上 5%。

(iv) 其他定义和特殊规则。就本款而言——
  (A) 自由贸易区百分比。符合条件的物品的自由贸易区百分比应为根据以下(I)或(II)款可以适用的百分比。
    (1) 公布年度报告。如果在输入符合条件的物品时已公布该物品制造年份的自由贸易区年度报告,则该物品的自由贸易区百分比应为该报告中所述生产符合条件物品所在外贸分区的外国商品百分比,非分区生产的,指生产符合条件物品的对外贸易区。
    (2) 未公布年度报告。如果进口符合条件的物品时该物品生产年份的自由贸易区年度报告尚未公布,则该物品的自由贸易区百分比应为生产该物品所在分区最近公布的自由贸易区年度报告中规定的外国商品百分比,非分区生产的,指生产符合条件物品的对外贸易区。
  (B) 适用税率。"适用税率"是指适用于本税则子目 8702.10 至 8704.90 的符合条件的物品的税率,该物品从对外贸易区直接进口至美国用于消费,在区内制造或生产所使用的所有国外商品声明是非特权国外地位的。
  (C) 对外贸易区。"对外贸易区"和"分区"是指根据 1934 年 6 月 18 日法案[通常称为《对外贸易区法案》](19 U.S.C. 81a et seq)设立的一个或多个区域。
  (D) 自由贸易区年度报告。"自由贸易区年度报告"是指根据《对外贸易区法》第 16 节[19 U.S.C. 81p(c)]向国会公布的年度报告。
  (E) 非特权国外地位。"非特权国外地位"是指根据《对外贸易区法》第 3 节规定,没有就某一物品申请特权。

(五) 豁免。

就总注释一而言——
(i) 尸体、装运尸体的棺材和装饰鲜花,
(ii) 电信传输,
(iii) 与业务、工程或勘探作业有关的记录、图表及其他数据,不论是以纸张、卡片、照片、蓝图、磁

带还是其他媒介形式提供,

(iv)在1930年《关税法》第484a节范围内从太空返回的物品,

(v)从美国出口的物品,如果在从美国出口后45天内无法交付,并且没有脱离承运人或外国海关的监管,

(vi)因事故、故障或紧急情况而从美国注册的飞机上移除,并在移除后45天内返回美国的任何飞机部件或设备,并且在国外期间未脱离承运人或外国海关的监管,以及

(vii)以前从美国出口的国际运输工具所载散装货物的残余物,

不属于本税则税号列名的货物。

本注释(五)款所述出口不得被视为满足任何出口要求,以便从美国获得利益或履行义务。以上(vii)项所称"残余物",是指在散装货物运走后仍留在国际运输工具中的散装货物材料,其数量、重量或者体积不超过散装货物的7%,没有价值或者价值极小。"散装货物"是指未包装的固体、液体或气体形式的货物。术语"国际运输工具"是指能够并适合于重复使用的集装箱或货柜,如运货车、货车、运输罐、垫木、托盘、填缝板和纺织物芯,在国际运输中(不论有无装载)正在使用或将要用于货物运输的集装箱或货柜,以及美国海关和边境保护局局长指定为国际运输工具的任何其他类别的物品。

(六)货物混合。

(i)当不同税率的货物被包装在一起或混合在一起,以致海关官员无法确定每一类货物的数量或价值(货物没有进行物理分离或整包货物的内容物不能进行物理分离)时,可采用下列一种或多种方式确定:

(A)取样;

(B)核实装箱单或入境时存档的其他文件;或者

(C)获取交易中普遍接受的商业结算执行情况的证据,并按照财政部部长规定的时间和方式提交。

混合货物应适用其中货物的最高税率,除非收货人或其代理人根据本注释(六)(ii)款分离货物。

(ii)由财政部部长指定人员向收货人发出书面通知,说明货物已混合且海关官员无法确定每类货物的数量或价值,收货人或其代理人应在收到交付或邮寄的书面通知之日起30日内(除非财政部部长书面授权更长的时间)完成本注释(六)款规定的货物分离,风险和费用由收货人承担。所有此类分离均应在海关监管下完成,且监管海关官员的报酬和费用应由收货人根据财政部部长发布的规定向政府缴纳。

(iii)如果收货人或其代理人按照财政部部长规定的时间和方式提供令人满意的证据,则本注释(六)款的上述规定不适用于装运货物的任何部分。

(A)该部分——

(1)在商业上可以忽略不计,

(2)分离成本过高,以及

(3)在制造或其他过程使用前不会分离;以及

(B)混合并不是为了逃避合法关税的支付。

就海关监管而言,提供的上述证明材料应被视为货物的一部分,应适用与之混合的货物的税率的较低者。

(iv)如果收货人或其代理人按照财政部部长规定的时间和方式提供令人满意的证据,则本注释(六)款的上述规定不适用于任何装运货物。

(A)混合货物的价值低于货物分开时的总价值;

(B)货物分离成本过高,并且在制造或其他过程使用前不会分离;以及

(C)混合并不是为了逃避合法关税的支付。

就海关监管而言,提供上述证明后,应按该混合货物中含量最大的材料的税率征税。

(v)本注释(六)款的规定仅适用于本税则未明确规定混合货物特定关税待遇的情况。

(七)缩写。

在本税则中,使用以下符号和缩写,其含义分别如下所示:

$	美元	kVA	千伏安
¢	美分	kvar	无功千伏安
%	从价百分比	kW	千瓦
+	加	kWH	千瓦时
/	每	lin	线性
°	度	m	米
AC	交流电	Mbq	兆贝可
ASTM	美国材料试验协会	mc	毫居里
bbl	桶	mg	毫克
C	摄氏度	MHz	兆赫
cc	立方厘米	ml	毫升
cu.	立方	mm	毫米
cg	厘克	MPa	兆帕
cm	厘米	m^2	平方米
cm^2	平方厘米	m^3	立方米
cm^3	立方厘米	No.	个
cy	净产量	ode	臭氧消耗当量
d	旦	pcs	片
DC	直流电	pf.	标准酒精度
doz.	打	prs	对
g	克	r.p.m.	每分钟转数
G.V.W.	总重	sbe	标准砖当量
I.R.C.	国内税收代码	SME	平方米当量
kcal	大卡	t	吨

(续表)

kg	千克	V	伏特
kHz	千赫兹	W	瓦
kN	千牛顿	wt.	重量

(八) 定义。

就本税则而言,除另有规定的以外——

(i) "进口"是指进入美国关境,或从仓库提取进入美国关境消费。

(ii) "进口用于消费"不包括从仓库提取进入美国关境消费。

(iii) "从仓库提取消费"是指从仓库中提取货物用于消费,不包括进口用于消费。

(iv) "税率"包括免税税率。

(v) 术语"全部""部分"和"包含"用于描述物品和材料(如"全棉机织物")时,具有以下含义:

(A) "全部"是指除可忽略或不显著数量的其他材料外,货物完全由指定材料构成;

(B) "部分"或"包含"是指货物含有大量指定材料。

关于上述定量概念的应用,应适用最低限度规则。

(vi) "品目"出现在税则第一级,包括商品描述和关税条款,"子目"是指根据该品目缩进的任何商品描述和关税条款,"品目"包括根据该品目缩进的子目。

(九) 规章制度的颁布。

授权财政部部长根据本税则规定发布有关物品准入的规章制度。在尚未对进口物品实施检查的情况下,允许进口商进行归类,根据本注释的规则或规定,适用该税号全部或部分免除关税或其他进口限制的待遇。

(十) 确定方法。

财政部部长有权规定分析、测试、取样、称重、计量、测量或其他确定方法,只要他认为这些方法对于实施海关监管、确定物品的物理、化学或其他性质或特性为必需。

四、普惠制下受惠发展中国家的产品(GSP)

(一) 根据经修订的《1974年贸易法》第五编[修订,(U.S.C.2461)et seq]规定,下列国家、地区和组织作为一个国家(根据《1974年贸易法》第507(2)节[19 U.S.C.2467(2)])享受普惠制:

<u>独立国家</u>:阿富汗、阿尔巴尼亚、阿尔及利亚、安哥拉、阿根廷、亚美尼亚、阿塞拜疆、伯利兹、贝宁、不丹、玻利维亚、波斯尼亚和黑塞哥维那、博茨瓦纳、巴西、布基纳法索、缅甸、布隆迪、科特迪瓦、柬埔寨、喀麦隆、佛得角、中非共和国、乍得、科摩罗共和国、刚果(布拉柴维尔)、刚果(金沙萨)、吉布提、多米尼加、厄瓜多尔、埃及、厄立特里亚、斯威士兰、埃塞俄比亚、斐济、加蓬、冈比亚、格鲁吉亚、加纳、格林纳达、几内亚比绍、圭亚那、海地、印度尼西亚、伊拉克、牙买加、约旦、哈萨克斯坦、肯尼亚、基里巴斯、科索沃、吉尔吉斯斯坦、黎巴嫩、莱索托、利比里亚、马达加斯加、马拉维、马尔代夫、马里、毛里塔尼亚、毛里求斯、摩尔多瓦、蒙古、黑山、莫桑比克、纳米比亚、尼泊

尔、尼日尔、尼日利亚、北马其顿、巴基斯坦、巴布亚新几内亚、巴拉圭、菲律宾、也门共和国、卢旺达、圣卢西亚、圣文森特和格林纳丁斯、萨摩亚、圣多美和普林西比、塞内加尔、塞尔维亚、塞拉利昂、索马里、所罗门群岛、南非、南苏丹、斯里兰卡、苏里南、坦桑尼亚、泰国、东帝汶、多哥、汤加、突尼斯、图瓦卢、乌干达、乌克兰、乌兹别克斯坦、瓦努阿图、赞比亚、津巴布韦。

<u>非独立国家和关境</u>：安圭拉、英属印度洋领土、圣诞岛（澳大利亚）、科科斯（基林）群岛、库克群岛、福克兰群岛（马尔维纳斯群岛）、赫德岛和麦克唐纳岛、蒙特塞拉特、纽埃、诺福克岛、皮特凯恩群岛、托克劳、圣赫勒拿、维尔京群岛、英属瓦利斯群岛和富图纳群岛、西岸和加沙地带、西撒哈拉。

<u>国家组织</u>（视为一个国家）：

- <u>卡塔赫纳协定会员国（安第斯集团）</u>：玻利维亚、厄瓜多尔；
- <u>西部非洲经济和社会发展货币联盟（WAEMU）</u>：贝宁、布基纳法索、科特迪瓦、几内亚比绍、马里、尼日尔、塞内加尔、多哥；
- <u>东南亚国家联盟（ASEAN）</u>：缅甸、柬埔寨、印度尼西亚、菲律宾、泰国；
- <u>南部非洲发展共同体（SADC）</u>：博茨瓦纳、毛里求斯、坦桑尼亚；
- <u>南亚区域合作联盟（SAARC）</u>：阿富汗、不丹、马尔代夫、尼泊尔、巴基斯坦、斯里兰卡、缅甸、柬埔寨、印度尼西亚、菲律宾、泰国；
- <u>加勒比共同市场会员国（CARICOM）</u>：伯利兹、多米尼加、格林纳达、圭亚那、牙买加、蒙特塞拉特、圣卢西亚、圣文森特和格林纳丁斯。

(二)(i)根据经修订的《1974年贸易法》第502(a)(2)节，下列受惠国被指定为最不发达受惠发展中国家：阿富汗、安哥拉、贝宁、不丹、布基纳法索、缅甸、布隆迪、柬埔寨、中非共和国、乍得、科摩罗、刚果（金沙萨）、吉布提、埃塞俄比亚、冈比亚、几内亚比绍、海地、基里巴斯、莱索托、利比里亚、马达加斯加、马拉维、马里、毛里塔尼亚、莫桑比克、尼泊尔、尼日尔共和国、也门、卢旺达、萨摩亚、圣多美和普林西比、塞内加尔、塞拉利昂、索马里、南苏丹、坦桑尼亚、所罗门、东帝汶、多哥、图瓦卢、乌干达、瓦努阿图、赞比亚。

凡指定为最不发达受惠发展中国家的国家之一生长、生产或制造的符合条件的物品直接从该国进口至美国关境，该物品应有权享受本注释（三）款规定的免税待遇，不受《1974年贸易法》第503(c)(2)(A)节[19 U.S.C.2463(c)(2)(A)]限制。

(ii)"税率"第1栏的"特惠"子栏中出现"免税"税率，其后括号中加上"A+"符号的税号中规定的物品，是总统根据经修订的《1974年贸易法》第503(a)(1)(B)节指定为普惠制符合条件物品的物品。"A+"表示所有最不发达受惠国都有资格享受指定税号所规定的优惠待遇。当本注释(二)(i)款所列指定最不发达受惠发展中国家生长、生产或制造的符合条件物品直接从该国进口至美国关境时，该物品有资格享受"特惠"子栏所述的免税待遇，但条件是，根据财政部部长颁布的条例，在最不发达受惠发展中国家或属于同一国家组织[根据《1974年贸易法》第507(2)节，这些国家被视为一个国家]的两个或两个以上国家生产的材料的成本或价值总和，加上在这些最不发达受惠发展中国家或这些成员国进行加工作业的直接费用，不少于该物品进入美国关境时估价的35%。最不发达受惠发展中国家的任何物品或材料，不得仅因经过简单组合或包装，或仅用水或其他物质稀释却未实质性改变该物品特性而有资格享受这种待遇。

(三)"税率"第 1 栏的"特惠"子栏中出现"免税"税率,其后括号中加上"A"或"A*"符号的税号中规定的物品,是总统根据《1974 年贸易法》第 503 节指定为普惠制符合条件物品的物品。就普惠制而言,下列物品不得被指定为符合条件的物品:

(i) 不符合 1994 年 1 月 1 日本注释规定的纺织品和服装;

(ii) 手表(除非总统根据经修订的《1974 年贸易法》第 503(c)(1)(B)节确定可以享受);

(iii) 进口敏感电子物品;

(iv) 进口敏感钢材;

(v) 不符合 1984 年 4 月 1 日普惠制规定的鞋类、手提包、行李、平板状物品、工作手套和皮革服装;

(vi) 进口敏感半成品和成品玻璃;

(vii) 第二章至第五十二章规定的任何农产品,如果进口数量已超过该农产品的配额数量;以及

(viii) 总统认为普惠制下进口敏感的任何其他物品。

"A"表示所有受惠发展中国家都有资格就指定税号规定的所有物品享受优惠待遇。符号"A*"表示本注释(四)款具体列举的某些受惠发展中国家没有资格就指定税号规定的任何物品享受这种优惠待遇。当本注释(一)款所列指定受惠发展中国家生长、生产或制造的符合条件的物品直接从该国家或地区进口至美国关境时,除非本注释(四)款将其排除在免税待遇之外,否则该物品有资格享受"特惠"子栏中所述的免税待遇,前提是,根据财政部部长颁布的条例,在受惠发展中国家或属于同一国家组织[根据《1974 年贸易法》第 507(2)节被视为一个国家]的任何两个或更多国家生产的材料的成本或价值的总和,加上在该受惠发展中国家或该成员国进行加工作业的直接成本不低于该物品进入美国关境时估价的 35%。受惠发展中国家的任何物品或材料,不得仅因经过简单组合或包装或者仅用水或其他物质稀释却未实质性改变物品特性而有资格享受这种待遇。

(四)在"税率"第 1 栏"特惠"子栏中出现"免税"税率且其后括号中有符号"A*"的物品,如果是从与下列税号(扫描以下二维码可见)对应的受惠发展中国家进口的,则不符合享受本注释(三)款规定的免税待遇条件:

(五)尽管本注释(三)款有规定,但在"特惠"子栏中出现"免税"税率且其后括号中有符号"NP"的物品,是总统根据 2015 年《贸易便利和促进法》第 915 节规定指定为符合条件的物品。本款描述的物品有资格享受这种待遇,如果——

(i)(A)该物品是在尼泊尔生长、生产或制造,以及

(B)就纺织品或服装而言,尼泊尔是根据《联邦法规》(2016 年 2 月 24 日生效)第 102.21 节确

定的物品原产国；

(ii) 该物品直接从尼泊尔进口至美国关境；以及

(iii) 在尼泊尔或美国关境内生产的材料的成本或价值，加上在尼泊尔或美国关境内进行加工作业的直接成本之和，不得低于物品入关时估价的35%。

就本注释（五）款而言，不得仅因经过简单组合或包装或者仅用水或其他物质稀释却未实质性改变物品特性，就将物品视为在尼泊尔生长、生产或制造。就上述（iii）款而言，在美国关境内生产的材料的成本或价值，加上在美国关境内进行加工作业的直接成本，不得超过物品入关时估价的15%（尼泊尔或美国成本两者总体不得低于35%）。

五、享受特殊关税待遇的汽车产品和机动车辆

进口《汽车产品贸易法》物品应遵守以下规定：

（一）作为加拿大物品并且在"特惠"子栏中出现"免税"税率的机动车辆和原装机动车辆设备，可免税进口。本注释所称——

(i) "加拿大物品"是指源自加拿大的物品，定义见总注释十二。

(ii) "原装机动车辆设备"用于提及加拿大物品（定义见上文），是指根据或依据美国合法机动车辆制造商的书面订单、合同或意向书从加拿大供应商处获得的加拿大物品，如总注释十二所定义，是原产于加拿大的制造部件，拟用作美国制造机动车辆的原装设备，但该术语不包括用于其制造的拖车或其他物品。

(iii) "机动车辆"是指第八十七章品目8702、品目8703和品目8704的机动车辆（不包括无轨电车和三轮汽车）或者主要用于运输人员或者货物的汽车牵引车。

(iv) "合法机动车辆制造商"是指机动车辆制造商向商务部部长提出申请，商务部部长确定其在过去12个月内在美国生产不少于15辆完整机动车，并在美国拥有每周40小时生产10辆以上整车的能力。商务部部长应保存并定期在《联邦公报》上公布合法机动车辆制造商名称和地址清单。

（二）如果任何被赋予原装机动车辆设备地位的加拿大物品没有在美国制造机动车辆时使用，则此类加拿大物品或其价值（进口商或其他人将该物品转换用途）应予以没收，除非在转换加拿大物品用途时，美国海关总署收到书面通知，并且接受以下监管安排：

(i) 加拿大物品在海关监管下被销毁或出口，或

(ii) 向美国政府缴纳的关税金额等于加拿大物品不是作为原装机动车辆设备入境时应缴纳的关税。

六、根据《民用航空器贸易协定》享受免税待遇的物品

（一）不论何时，只要产品入关时在"特惠"子栏中出现"免税（C）"税率，并且申请适用该税率，则进口商——

(i)应保存财政部部长可能要求的证明文件;以及

(ii)应能证明进口物品是民用航空器,或已/将进口供民用航空器使用。

进口商可在报关后、最后清关前的任何时间修改报关单或提交一份书面声明,以申请享受本注释项下的免税税率,但根据《1930年关税法》第505(c)节[19 U.S.C. 1505(c)]规定,因任何此类申报而产生的退款无利息。

(二)(i)本税则所称"民用航空器",是指任何航空器、航空器发动机或地面飞行模拟器(包括其零部件和分总成)。

(A)在飞机的设计、开发、测试、评估、制造、修理、维护、重建、改装或换装中作为原装或替换的设备;以及

(B)(1)根据美国联邦航空管理局局长在《美国法典》第49篇第44704节颁发的证书,或根据出口国适航当局的批准制造或运营,且联邦航空管理局认可该批准是美国联邦航空管理局证书的可接受替代品,

(2)根据《美国法典》第49篇第44702节及已颁布的法规,现有类型和生产证书持有人已向美国联邦航空管理局提交且美国联邦航空管理局已接受该申请,或者

(3)在完成设计或美国联邦航空管理局规定的其他技术要求之前,现有类型和生产证书持有人将在未来提交此类批准或证书的申请。

(ii)"民用航空器"不包括为国防部或美国海岸警卫队使用而购买的任何航空器、航空器发动机或地面飞行模拟器(或其零件、组件和分总成),除非此类航空器、航空器发动机或地面飞行模拟器(或零件、组件,以及其子组件)满足上述(i)(A)款和(i)(B)(1)或(2)款的要求。

(iii)上述(i)(B)(3)款仅适用于满足美国联邦航空管理局规定的设计和技术要求所需的零件、组件和分总成的数量。海关关长可要求进口商估算本税号所涵盖的零部件和分总成的数量。

七、《加勒比盆地经济复苏法》受惠国产品

(一)根据《加勒比盆地经济复苏法》(CBERA)第212节(《美国法典》第19卷第2702节),下列国家(地区)或继任政治实体被指定为受惠国:安提瓜和巴布达、阿鲁巴、巴哈马、巴巴多斯、伯利兹、库拉索、多米尼加、格林纳达、圭亚那、海地、牙买加、蒙特塞拉特、荷属安的列斯群岛[①]、圣基茨和尼维斯、圣卢西亚、圣文森特和格林纳丁斯、特立尼达和多巴哥、英属维尔京群岛。

(二)(i)除非下述(四)款或(五)款另有规定将其排除在合格范围之外,否则任何在受惠国生长、生产、制造的满足以下条件的物品都应享受免税待遇:该物品所属子目在"特惠"子栏中出现"免税"税率且其后括号中有符号"E"或"E*";并且如果——

(A)该物品直接从受惠国进口至美国关境,以及

(B)(I)在一个受惠国或两个以上受惠国生产的材料的成本或价值,加上(II)在一个或多个受惠国进行加工作业的直接成本之和,不少于该物品进口时估价的35%。为确定(II)所述

---

① 荷属安的列斯群岛仍然列名,但由于其法律地位变化,其货物受惠资格已经终止。

百分比，"受惠国"包括波多黎各联邦、美属维尔京群岛和任何前受惠国。"前受惠国"是指根据《加勒比盆地经济复苏法》不再被指定为受惠国的国家，因为该国已成为与美国签订自由贸易协定的缔约国。

(C)就本注释而言，前受惠国如下：萨尔瓦多、危地马拉、洪都拉斯、尼加拉瓜、多米尼加共和国、哥斯达黎加、巴拿马。

本注释规定，在美国关境内（波多黎各联邦除外）生产或加工作业的成本或价值，占比不应超过该物品进口时估价的 15%。

(ii)根据《加勒比盆地经济复苏法》第 213(a)(2)节，财政部部长应制定实施本注释所需的法规，包括但不限于规定，为了符合《加勒比盆地经济复苏法》规定的免税待遇条件，物品必须完全在受惠国生长、生产、制造，或者必须是在受惠国生长、生产或制造的新的或不同的商品，并且必须在有关当事方的申报中说明；但受惠国的任何物品或材料，不得仅因经过以下操作而享受免税待遇：

(A)简单组合或包装；或者

(B)仅用水或其他物质稀释却未实质性改变物品特性。

(iii)如本注释（二）款所述，"加工作业的直接成本"包括但不限于：

(A)与特定物品的生长、生产、制造或组装相关的所有实际劳动力成本，包括附加福利、在职培训以及工程、监督、质量控制和类似人员的成本；以及

(B)可分配给特定物品的冲模、模具、工装和机器设备折旧。

该术语不包括不可直接归属于相关物品或不属于产品制造成本的成本。例如：利润；以及不可分配给特定物品或与生长、生产、制造、组装无关的一般业务费用，如行政薪酬、意外事故和责任保险、广告和销售人员的工资、佣金或费用。

(iv)尽管有《1930 年关税法》第 311 节(19 U.S.C. 1311)规定，但受惠国产品可以直接从该国进口到波多黎各进行保税加工或制造。如果从仓库提取产品时，符合上述(i)(B)款的要求，则不予征税。

(v)根据《加勒比海盆地经济复苏法》第 213(a)(5)节，在下列情况下，属于波多黎各生长、生产或制造的物品［不包括《加勒比海盆地经济复苏法》第 213(b)节列举的物品］应根据《加勒比海盆地经济复苏法》给予免税待遇：

(A)物品直接从受惠国进口至美国关境；

(B)该物品在受惠国以任何方式提高了价值或改善了状况；以及

(C)在受惠国向物品添加的任何材料，此类材料是受惠国或美国的产品。

(三)根据《加勒比盆地经济复苏法》第 213 节规定，在"特惠"子栏中出现"免税"税率且其后括号中有符号"E"或"E*"的物品是有资格享受《加勒比盆地经济复苏法》优惠待遇的合格物品。符号"E"表示指定条款中的物品都有资格享受优惠待遇，但本注释（五）款所述物品除外。符号"E*"表示指定条款中的某些物品不符合优惠待遇条件，如本注释（四）款所述。当符合条件的物品根据本注释（二）款规定，从本注释（一）款所列的国家或地区进口至美国关境时，该物品有资格享受"特惠"子栏中规定的免税待遇，除非本注释（四）款或（五）款将其排除在外。如果"特惠"子栏中出现"免税"以外的税率且其后括号中有符号"E"，则根据本注释（二）款规定，从本注释（一）款所列

国家或地区进口至美国关境的物品应使用"普通"子栏中规定的税率。

(四)在"特惠"子栏中出现"免税"税率且其后括号中有符号"E*"的物品,有资格享受本注释规定的免税待遇,但下列情况除外:

(i)根据《加勒比海盆地经济复苏法》第213(c)节,第二章或第十六章和品目2301项下牛肉或小牛肉制品,以及品目1701、税号1702.90.20和税号2106.90.44的糖、糖浆和糖蜜,是下列国家(地区)的产品:安提瓜和巴布达、蒙特塞拉特、荷属安的列斯群岛、圣卢西亚、圣文森特和格林纳丁斯。

(ii)根据《加勒比海盆地经济复苏法》第213(d)节,品目1701、税号1702.90.20和税号2106.90.44的糖、糖浆和糖蜜的进口免税待遇受到第十七章附加美国注释四的限制。

(iii)除本注释(六)款规定外,关于纺织品和服装——

(A)棉、羊毛或动物细毛、化学纤维或其混合物中上述纤维的总重量超过其他单一纤维的重量;

(B)其中按重量计棉含量或化学纤维含量等于或超过其所有纤维的50%;

(C)其中按重量计羊毛或动物细毛含量超过其所有纤维重量的17%;或者

(D)含有棉、羊毛或动物细毛或化学纤维的混合物,这些纤维的总重量占其所有纤维重量的50%或以上。

如果受惠国出口家庭手工业的手工织布,或由这种手工织布制成的家庭手工业产品,或传统的民间手工艺纺织产品,这些产品根据美国和受惠国之间的安排得到适当认证,则有资格享受本注释规定的免税待遇。

(五)《加勒比盆地经济复苏法》规定的免税待遇不适用于任何类型的手表和手表零件(包括表壳、手镯和表带),包括但不限于机械、石英数字或石英模拟,如该等手表或手表零件含有任何"税率"第2栏适用国家的物料。

(六)手提包、行李、平板状物品、工作手套和皮具服装等任何受惠国的产品,并不在1983年8月5日被指定为符合普惠制条件的物品中,应按照"特惠"子栏中的税率(其后括号中有符号"E")征税。

(七)第二章至第五十二章受关税配额限制的农产品,如果进口数量超过该产品的配额内数量,则不适用《加勒比盆地经济复苏法》规定的免税待遇。

(八)《加勒比盆地经济复苏法》规定的免税待遇不适用于税号6401.10.00、税号6401.92.90、税号6401.92.90、税号6401.99.10、税号6401.99.30、税号6401.99.60、税号6401.99.90、税号6402.91.10、税号6402.91.20、税号6402.91.26、税号6402.91.50、税号6402.91.80、税号6402.91.90、税号6402.99.08、税号6402.99.16、税号6402.99.19、税号6402.99.20、税号6402.99.33、税号6402.99.80、税号6402.99.90、税号6403.59.60、税号6403.91.30、税号6403.99.60、税号6403.99.90、税号6404.11.90和税号6404.19.20的任何鞋,这些产品未在2004年12月18日被认定为符合总注释四中普惠制的合格物品。

八、1985 年《美国-以色列自由贸易区实施法》

(一)1985 年 4 月 22 日签订的《美利坚合众国政府和以色列政府建立自由贸易区协定》附件 1 所述的以色列产品应按该协定规定缴纳关税。根据 1985 年《美国-以色列自由贸易区实施法》(99 Stat. 82)第 4(a)节规定,如本注释(二)款所定义的以色列产品进口至美国境内,并按照"特惠"子栏括号中符号"IL"的子目入境,有资格享受"特惠"子栏中规定的关税待遇。

(二)就本注释而言,只有在下列情况下,进口至美国关境的货物才有资格被视为"以色列产品":
  (i)物品都是以色列生长、生产或制造的产品,或者是在以色列生长、生产或制造的新的或不同的物品;
  (ii)物品直接从以色列[或直接从西岸、加沙地带或总注释三(一)(v)(G)款中规定的合格工业区]进口至美国关境;以及
  (iii)以下两项之和——
    (A)在以色列生产的材料的成本或价值,包括根据总注释三(一)(v)款规定在西岸、加沙地带或合格工业区生产的材料的成本或价值,加上
    (B)在以色列进行加工作业的直接成本,包括根据总注释三(一)(v)款规定在西岸、加沙地带或符合条件的工业区进行加工作业的直接成本,
    不低于每件物品入关时评估价值的 35%。
  如果在美国关境生产的材料的成本或价值包含在本注释适用的物品中,在根据本注释(二)(iii)款确定百分比时,美国的成本或价值不得超过该物品入关时评估价值的 15%。

(三)任何货物均不得仅因经过下列处理而被视为符合本注释(二)(i)款的要求:
  (i)简单组合或包装;或者
  (ii)仅用水或其他物质稀释却未实质性改变货物特性。

(四)如本注释所述,"加工作业的直接成本"包括但不限于:
  (i)与特定物品的生长、生产、制造或组装相关的所有实际劳动力成本,包括附加福利、在职培训以及工程、监督、质量控制和类似人员的成本;以及
  (ii)可分配给特定物品的冲模、模具、工装和机器设备折旧。
  该术语不包括不可直接归入相关物品的成本,或不属于产品制造成本的项目。例如:利润;以及不可分配给特定物品或与生长、生产、制造、组装物品无关的一般业务费用,如行政薪酬、意外事故和责任保险、广告和销售人员的工资、佣金或费用。

(五)财政部部长在与美国贸易代表办公室协商后,应制定执行本注释所需的规定。

九、《美国-加拿大自由贸易协定》[暂停，见总注释十二]

十、自由联系国的产品

(一) 根据《1985 年自由联系契约法》(99 Stat. 1773 和 1838)第 101 节和第 401 节，下列国家(地区)有资格被视为自由联系国：马绍尔群岛、密克罗尼西亚、帕劳共和国联邦。

(二) 除下述(四)款和(五)款另有规定外，自由联系国生长、生产或制造的任何物品在下列情况下应免税进入美国关境：

(i) 这种物品直接从自由联系国进口；并且

(ii)(A) 在自由联系国生产的材料的成本或价值，加上

(B) 在自由联系国进行加工作业的直接成本之和，

不少于该物品进入美国关境时估价的 35%。

如果在美国关境内生产的材料的成本或价值包含在自由联系国的产品中，且未在本注释(四)款中说明，则在确定本注释(二)(ii)(B)款中提及的百分比时，归入美国的成本或价值不超过该物品进口时估价的 15%。

(三) 非油浸、制作或保藏的金枪鱼和鲣鱼装在单个重量不超过 7 千克的密封容器内，从自由联系国进口年度总量不超过美国上一年度金枪鱼罐头消费量的 10%，根据国家海洋渔业局的报告，可免税进入关境；此类进口应计入但不限于该年度税号 1604.14.22 的应纳税金枪鱼(如有)的总量。

(四) 本注释(二)款规定的免税待遇不适用于：

(i) 非油浸、制作或保藏的金枪鱼及鲣鱼装在单个重量不超过 7 千克的密封容器内，超过本注释(三)款规定免税入境的数量；

(ii) 不符合 1994 年 1 月 1 日本注释规定税号的纺织品和服装；

(iii) 鞋类、手提包、行李、平板状物品、工作手套和皮革服装，上述物品不符合 1984 年 4 月 1 日普惠制条件；

(iv) 第九十一章的手表、钟表和计时装置(装有光电显示器而没有其他显示器的物品除外)；

(v) 税号 9606.21.40 或税号 9606.29.20 的按钮；以及

(vi) 第二章至第五十二章的任何农产品，如果进口数量超过该农产品的配额数量。

(五)(i) 当一个自由联系的国家——

(A) 在一个年度内(直接或间接)向美国出口此类物品的数量，其评估价与 25 000 000 美元的比率超过上一年度美国国民生产总值(由商务部确定)与 1974 年度美国国民生产总值的比率{根据《1974 年贸易法》第 503(c)(2)(A)(i) 和 503(c)(2)(A)(ii)节[19 U.S.C. 2463 (c)(2)(A)(i) 和 2463(c)(2)(A)(ii)]确定}，或者

(B) 在一个日历年内向美国出口(直接或间接)该等物品的数量等于或超过该日历年内美国进

口该等物品总评估价值的50%,

则在下一个日历年7月1日或之后,本注释(二)款规定的免税待遇不适用于从该自由联系国进口此类物品。

(ii)如在随后一个日历年内,从该自由联系国进口的此类物品不超过本款规定的限额,则在下一个日历年7月1日及之后,从该自由联系国进口的此类物品可以根据本注释(二)款再次免税进入美国关境。

(六)本注释(五)款规定不适用于以下物品:

(i)从自由联系国进口,以及

(ii)不排除在本注释(四)款规定的免税待遇之外,

如果该自由联系国在上一个日历年输入此类物品总价值不超过《1974年贸易法》第503(c)(2)(F)节[19 U.S.C. 2463(c)(2)(F)]规定的适用于上一个日历年的最低豁免限制。

(七)根据本注释(四)或(五)款规定被排除在免税待遇之外的任何自由联系国生长、生产或制造的产品,应按照"税率"第1栏子栏的品目或子目规定的税率征税。

十一、《美国-墨西哥-加拿大协定》

(一)符合《美国-墨西哥-加拿大协定》(USMCA)条款的原产于该协定所列国家的货物应缴纳该协定规定的关税,包括本税则第九十八章第二十三分章和第九十九章第二十二分章规定的任何待遇。就本注释而言,如本税则所规定,

(i)根据本注释(二)款规定和财政部部长颁布的条例(包括《美国-墨西哥-加拿大协定》的统一规则)原产于美国、墨西哥或加拿大[以下称"USMCA国家",详见本注释(十二)(xxiv)款]的货物,以及本注释(十六)款列举的货物,进口至美国境内,并按照"特惠"子栏括号中符号"S"的子目入境,根据《美国-墨西哥-加拿大协定实施法》第202节规定,可以适用该税率;以及

(ii)根据本注释(二)款的规定和财政部部长发布的条例原产于USMCA国家的货物,进口至美国关境时,并按照"特惠"子栏括号中符号"S+"的子目入境,或者按照物品描述为来自一个或多个USMCA国家(视情况而定)原产货物的子目入境,根据《美国-墨西哥-加拿大协定实施法》第202节规定,可以适用该税率。

(二)就本注释而言,从USMCA国家进口至美国关境的货物,如本注释(十二)款所定义,只有在以下情况下,才有资格享受本税则中"原产于USMCA国家的货物"所规定的子目和数量限制的优惠关税待遇:

(i)货物在一个或多个USMCA国家境内完全获得或生产;

(ii)货物完全在一个或多个USMCA国家境内生产,完全由原产材料制成;

(iii)使用非原产材料并完全在一个或多个USMCA国家境内生产的货物,如果该货物满足本注释规定的所有适用要求[包括本注释(十五)款的规定];或者

(iv)除第六十一章至第六十三章外的货物——

(A)完全在一个或多个 USMCA 国家境内生产,

(B)一种或多种非原产材料作为本税则规定的零件提供并用于货物生产,但以下不符合本注释中规定要求的除外:

(1)货物及其材料均归入同一子目,或归入未进一步细分为子目的同一品目,或者

(2)该货物以未组装形式或拆解形式进口至 USMCA 国家境内,但根据本税则总规则二(一)被归类为组装货物,

(C)根据本注释(三)款确定的货物区域价值成分,采用成交价格法时不低于 60%,采用净成本法时不低于 50%,

且该货物符合本注释所有其他适用条件,则可以享受协定优惠关税待遇。

为确定再制造货物是否为原产货物,如果在生产再制造货物过程中使用或消耗了回收材料,并将其纳入再制造货物中,则在一个或多个 USMCA 国家境内获得的回收材料应视为原产材料。

(三)(i)<u>区域价值成分</u>。除本注释(三)(v)款另有规定外,货物区域价值成分应根据下列条件计算,由该货物进口商、出口商或生产商选择:

(A)本注释(三)(ii)款规定的成交价格法;或者

(B)本注释(三)(iii)款规定的净成本法。

(ii)<u>成交价格法</u>。货物的进口商、出口商或生产商可根据以下成交价格法计算货物的区域价值成分:

$$RVC = (TV - VNM)/TV \times 100\%$$

其中,RVC 是指货物的区域价值成分,以百分比表示;TV 是指货物的成交价格,调整后不包括货物国际运输中产生的任何费用;VNM 是指非原产材料的价值,包括生产商在产品生产中使用的来源不明的材料。

(iii)<u>净成本法</u>。货物的进口商、出口商或生产商可根据以下净成本法计算货物的区域价值成分:

$$RVC = (NC - VNM)/NC \times 100\%$$

其中,RVC 是指货物的区域价值成分,以百分比表示;NC 是指货物的净成本;VNM 是指非原产材料的价值,包括生产商在生产货物时使用的来源不明的材料。

(iv)<u>非原产材料的价值</u>。

(A)<u>一般规则</u>。为了计算本注释(三)(ii)款或(三)(iii)款所述货物的区域价值成分,生产商在生产货物时使用的非原产材料的价值不得包括用于或消耗用于生产原产材料的非原产材料的价值,这些原产材料随后用于生产货物。

(B)<u>特定组成部分的特殊规则</u>。为了确定货物是否符合本注释(三)(ii)款或(三)(iii)款中规定的区域价值成分要求,生产商在生产货物时使用的非原产材料价值的以下组成部分可算作原产成分:

(1)在一个或多个 USMCA 国家境内加工非原产材料的价值;以及

(2)在一个或多个 USMCA 国家境内生产非原产材料所使用或消耗的任何原产材料的价值。

(v)<u>某些情况下需要使用净成本法</u>。进口商、出口商或生产商如果根据本注释(十五)款,无法按

照本注释(三)(ii)款所述成交价格法计算区域价值成分,则可根据本注释(三)(iii)款规定的净成本法计算货物的区域价值成分。

(vi)允许调整的净成本法。

(A)一般规则。如果某一货物的进口商、出口商或生产商根据本注释(三)(ii)款所述的成交价格法计算出该货物的区域价值成分,则 USMCA 国家随后根据《美国-墨西哥-加拿大协定》第5章、第6章进行核查,通知进口商、出口商或生产商根据《海关估价协定》第1条规定,必须调整货物的成交价格或用于生产货物的任何材料的价值,否则不接受申报,此时出口商或生产商可根据本注释(三)(iii)款所述的净成本法计算货物的区域价值成分。

(B)调整的审查。上述(vi)(A)款的任何规定均不得解释为阻止根据《美国-墨西哥-加拿大协定》5.15条规定对以下项目进行调整或拒绝申报有关的任何复议或上诉:

(1)货物的成交价格;或者

(2)用于生产某种产品的任何材料的价值。

(vii)计算净成本。根据本注释,货物生产商可按照以下公式计算本注释(三)(iii)款所述货物的净成本:

(A)计算该生产商生产货物的总成本,减去任何促销、营销和售后服务成本、特许权使用费、运输和包装成本以及不可分配的利息成本(包含在这些产品的总成本内),然后将这些货物净成本合理地分配给货物;

(B)计算该生产商生产的所有货物的总成本,合理分配货物的总成本,并减去任何销售、促销、营销和售后服务成本、特许权使用费、运输和包装成本以及不可分配的利息成本(包含在分配给货物的总成本中的部分);或者

(C)合理分配作为货物总成本一部分的各项成本,使这些成本的总和不包括任何促销、营销和售后服务成本、特许权使用费、运输和包装成本以及不可分配的利息成本。

(viii)生产所用材料的价值。为了计算本注释项下货物的区域价值成分,应用本注释(五)款项下的微小含量规则,以及计算本注释(九)款项下的一组非原产成分的价值。用于生产货物的材料的价值为:

(A)对货物生产商进口的材料而言,

(1)进口时材料的成交价格,包括材料国际运输产生的费用;或者

(2)如果材料在进口时的成交价格不可接受,或者根据《美国法典》第19卷第1401a节的规定没有成交价格,则必须根据统一规则确定有关该材料的进口价值。如果下述(x)款所指的费用包含在该价值内,则该费用可从该价值中扣除。

(B)对在货物生产地获得的材料而言,

(1)生产商在生产货物所在 USMCA 国家支付或应付的价格;

(2)根据上述(A)款确定的价值,根据财政部部长规定,在生产商没有进口的情况下应用的成交价格;或者

(3)在该国境内支付或应付的最早可确定价格。

(C)对自产材料而言,

(1)生产材料产生的所有费用(包括一般费用);以及

(2)利润额,等于正常贸易过程中增加的利润,或等于通常反映在同一类别或种类的产品

销售中的利润。
- (ix)中间材料。
  - (A)一般规则。用于生产货物的任何自产材料可由货物生产商指定为中间材料,用于计算上述(三)(ii)款或(三)(iii)款所述货物的区域价值成分。
  - (B)用于生产中间材料的材料。根据实施本注释的规则,如果为了计算区域价值成分要求,根据上述(A)款某自产材料被指定为中间材料,那么其他在该中间材料生产中使用或消耗的符合区域价值成分要求的自产材料不得再被指定为中间材料。
- (x)材料价值的进一步调整。如果非原产材料或根据本注释(三)(viii)款计算的来源不明材料的价值中包含以下费用,则可从非原产材料的价值中扣除:
  - (A)将材料运输至生产商所在地所产生的运费、保险费、包装费以及所有其他费用。
  - (B)在一个或多个USMCA国家境内支付的材料的关税、税款和海关经纪费,不包括免除、退还、可退或以其他方式收回的关税或税款,包括已支付或应付关税或税款的抵免。
  - (C)在生产货物过程中使用材料所产生的废物和腐烂的成本,减去可回收废料或副产品的价值。

(四)累积。
- (i)生产商。由一个或多个生产商在一个或多个USMCA国家境内生产的货物,如果该货物满足本注释(二)款的要求和所有其他适用要求,则该货物为原产货物。
- (ii)USMCA国家用于生产货物的原产材料。一个或多个USMCA国家用于在另一个USMCA国家生产货物的原产材料应视为原产于该另一个USMCA国家。
- (iii)对用于生产货物的非原产材料进行的生产。在确定某一货物是否为本注释项下的原产货物时,一个或多个生产商在一个或多个USMCA国家境内对非原产材料进行的生产可能会影响该货物的原产状态,不论生产是否足以享有非原产材料原产资格。

(五)非原产材料的微小含量。
- (i)一般规则。除下述(ii)至(iv)款另有规定外,未发生税则归类改变或未满足下述(十五)款所述区域价值成分要求的货物为原产货物,前提是:
  - (A)用于生产未发生下述(十五)款中规定的税则归类改变的货物的所有非原产材料的价值——
    - (1)不超过货物成交价格的10%(调整后不包括货物国际运输产生的任何费用),或者
    - (2)不超过货物总成本的10%;
  - (B)货物符合本注释的所有其他适用要求;以及
  - (C)该货物受区域价值成分约束,则在计算该货物的区域价值成分时,应考虑此类非原产材料的价值。
- (ii)乳制品和其他产品的例外情况。上述(i)款不适用于:
  - (A)用于生产品目0401至0406货物的品目0401至0406的非原产材料或者子目1901.90或子目2106.90的乳固体干重超过10%的非原产乳制品;
  - (B)用于生产下列任何货物的品目0401至0406的非原产材料或者子目1901.90或子目

2106.90的乳固体干重超过10%的非原产乳制品：
(1)子目1901.10的乳固体干重超过10%的婴儿制品；
(2)子目1901.20的非供零售用乳脂干重超过25%的混合料及面团；
(3)子目1901.90或子目2106.90的乳固体干重超过10%的乳制品；
(4)品目2105的货物；
(5)子目2202.90的含乳饮料；
(6)子目2309.90的乳固体干重超过10%的动物饲料。

(C)生产子目2009.11至2009.39的货物或者子目2106.90或子目2202.90的添加矿物质或维生素的任何单一水果或蔬菜的浓缩汁或未浓缩汁的过程中使用或消耗的品目0805或子目2009.11至2009.39的非原产材料。

(D)生产子目2101.11的速溶咖啡(无香料)的过程中使用或消耗的第九章的非原产材料。

(E)生产品目1501至1508、品目1512、品目1514或品目1515的货物时使用或消耗的第十五章的非原产材料。

(F)生产品目1701至1703的任何一种货物时使用或消耗的品目1701的非原产材料。

(G)用于生产子目1806.10的货物的第十七章或品目1805的非原产货物。

(H)用于生产品目2008货物的第八章或第二十章的非原产桃子、梨或杏子。

(I)生产以下产品时使用或消耗的品目2009的一种非原产单一果汁成分：
(1)子目2009.90或税号2106.90.54(添加矿物质或维生素的浓缩果汁或蔬菜汁混合物)；或者
(2)税号2202.99.37(添加矿物质或维生素的水果或蔬菜汁混合物)。

(J)生产品目2207或品目2208的货物时使用或消耗的品目2203至2208的任何一种非原产材料。

(iii)第一章至第二十七章的货物。本注释(五)(i)款不适用于在生产本税则第一章至第二十七章的货物时使用或消耗的非原产材料，除非该非原产材料的子目与确定原产地的货物子目不同。

(iv)纺织品或服装。

(A)归入第五十章至第六十章的货物。除下述(C)款另有规定外，本税则第五十章至第六十章、品目9619的纺织品或服装不属于原产货物，因为用于生产该货物的某些非原产材料未发生下述(十五)款规定的税则归类改变；如果所有此类材料(包括弹性纱线)的总重量不超过货物总重量的10%，且货物符合本注释的所有其他适用要求，则应被视为原产货物。

(B)归入第六十一章至第六十三章的货物。除下述(C)款另有规定以外，第六十一章、第六十二章、第六十三章中的纺织品或服装，如果总重量组成中所有此类纤维或纱线(包括弹性体纱线)的重量不超过组成总重量的10%，且货物符合本注释的所有其他适用要求，则应被视为原产货物。

(C)含有非原产弹性纱线的货物。
(1)归入第五十章至第六十章、品目9619的货物，即上述(A)款所述的纺织品或服装。只有当货物中含有的非原产弹性纱线不超过货物总重量的7%时，含有非原产弹性纱线的货物才被视为原产货物。
- (2)归入第六十一章至第六十三章的货物,即上述(B)款所述的纺织品或服装。只有在确定货物税则归类的货物组成部分中所含的非原产弹性纱线不超过该组成部分总重量的7%时,才被视为原产货物。

(六)<u>可替代货物和可替代材料</u>。
- (i)<u>生产中使用的可替代材料</u>。除下述(iii)款另有规定外,如果在货物生产过程中使用或消耗了原产和非原产可替代材料,则可根据实施本注释的规则中规定的任何库存管理方法来确定这些材料是否原产。
- (ii)<u>混合出口的可替代货物</u>。除下述(iii)款另有规定外,如果原产和非原产可替代货物以相同形式混合出口,则可根据实施本注释的规则中规定的任何库存管理方法来确定货物是否原产。如果进口商、生产商或出口商已对每种可替代材料或货物进行了物理隔离,以便对其进行具体识别,则进口商可以声称该可替代材料或货物是原产的。
- (iii)<u>库存管理方法的使用</u>。为达到上述(i)款或(ii)款的目的而选择库存管理方法的人员应在其整个会计年度使用该库存管理方法。

(七)<u>附件、备件、工具和说明书或其他信息材料</u>。
- (i)<u>一般规则</u>。除下述(ii)款另有规定外,随货物交付的附件、备件、工具或说明书或其他信息材料:
  - (A)在货物是原产货物时,应被视为原产货物;
  - (B)在确定某一货物是否在一个或多个 USMCA 国家境内完全获得或生产,或是否满足下述(十五)款规定的税则归类改变时,不予考虑;以及
  - (C)在计算下述(十五)款所述货物的任何适用区域价值成分时,应视为原产材料或非原产材料(视情况而定)。
- (ii)<u>条件</u>。上述(i)款仅在以下情况下适用:
  - (A)附件、备件、工具或说明书或其他信息材料与货物一起归类和交付,但不单独开具发票;以及
  - (B)附件、备件、工具或说明书或其他信息材料的类型、数量和价值是货物交付的惯例。

(八)(i)<u>装运包装材料和集装箱</u>。在确定货物是否为原产货物时,应忽略用于装运的包装材料和集装箱。
- (ii)<u>零售用包装材料和容器</u>。用于零售的包装材料和容器,如果与货物一起归类,在确定用于生产货物的所有非原产材料是否发生下述(十五)款规定的税则归类改变时,或者该货物是否在一个或多个 USMCA 国家境内完全获得或生产时,应不予考虑。如果该货物受该注释中规定的区域价值成分要求约束,则在计算该货物的区域价值成分时,应考虑此类包装材料和容器的价值并将其视为原产或非原产材料(视情况而定)。
- (iii)<u>中性成分</u>。中性成分应被视为原产材料,而不考虑其生产地。
- (iv)<u>过境和转运</u>。根据本注释(二)款的规定,经过必要生产的符合原产货物资格的货物在生产

之后——

(A)在 USMCA 国家境外进行进一步加工或任何其他作业,但以下情况除外:

(1)根据 USMCA 国家的要求卸载、重新装载、与散装货物分离、储存、贴标签或标记;或者

(2)为使货物保持良好状态或将货物进口运输至 USMCA 国家所需的任何其他作业。

(B)不受 USMCA 国家以外的国家海关当局的控制。

(九)可归类为成套货品的货物。尽管下述(十五)款有规定,但按照总规则三的规定,归类为零售成套货品的货物不得视为原产货物,除非——

(i)该套货物中的每一件均为原产货物;或者

(ii)非原产货物的总价值不超过该套货物价值的 10%。[编者注:文中规定的细分税号]

(十)不合格操作。货物不得仅因下列原因而被视为原产货物:

(i)仅用水或其他物质稀释却未实质性改变货物的特性;或者

(ii)存在任何生产或定价惯例,可通过大量证据证明该惯例意在规避本注释的要求。

(十一)汽车产品特别规则。

(i)本税则所述的汽车产品和其他汽车及零部件应符合本注释(十一)款所述的适用要求,其中,已被授权使用下述(viii)款所述替代分期制度的乘用车或轻型卡车,应适用批准替代过渡期内该段期间的要求。

(ii)定义。在本款中,

(A)先进技术车辆。"先进技术车辆"是指——

(1)电动车辆,包括混合动力电动车辆、燃料电池车辆或其他类型的先进推进车辆(例如,零排放车辆);或者

(2)根据已修订的国际标准 SAEJ3016-2016(《道路机动车辆驾驶自动化系统相关术语的分类和定义》),分类为 4 级或 5 级、品目 8703 或 8704 的自动驾驶车辆。

(B)替代分期制度。"替代分期制度"是指根据本注释(十一)(viii)款的规定,适用《美国-墨西哥-加拿大协定》中汽车附录表第 8 条关于车辆生产的要求,以允许此类车辆的生产商使此类生产符合汽车附录表第 2 至 7 条的要求。

(C)分期制度期限。术语"分期制度期限"是指分期制度生效的期限。

(D)汽车附录表。"汽车附录表"是指《美国-墨西哥-加拿大协定》附件 4-B 的附录表[与本注释(十五)款中所反映的汽车产品特定原产地规则有关]。

(E)汽车产品。"汽车产品"是指——

(1)有盖车辆;或者

(2)汽车附录表 A.1、A.2、B、C、D 或 E 中列出的零件、部件或材料,符合财政部部长发布的法规中可能包含的任何规定。

(F)汽车原产地规则。"汽车原产地规则"是指汽车附录表中规定的汽车产品原产地规则。

(G)机动车辆类别。"机动车辆类别"是指下列机动车辆类别之一:

(1)子目8701.20的机动车、子目8702.10或子目8702.90的载客量为16人或以上的机动车辆,子目8704.10、子目8704.22、子目8704.23、子目8704.32、子目8704.90、品目8705或品目8706的机动车辆;

(2)子目8701.10或子目8701.30至8701.90的机动车辆;

(3)子目8702.10或子目8702.90的载客量为15人或以下的机动车辆,或者子目8704.21或子目8704.31的机动车辆;或者

(4)子目8703.21至8703.90的机动车辆。

(H)关员。"关员"是指美国海关和边境保护局关员。

(I)协议覆盖车辆。"协议覆盖车辆"是指乘用车、轻型卡车或重型卡车。

(J)机构间委员会。"机构间委员会"是指根据《美国-墨西哥-加拿大协定实施法》第202A(b)(1)节成立的机构间委员会。

(K)车型系列。"车型系列"是指具有相同平台或模型名称的一组机动车。

(L)机动车辆装配商。"机动车辆装配商"是指机动车生产商及其参与的任何相关人员或合资企业。

(M)新建建筑物。"新建建筑物"指的是一种新的建筑,至少包括浇筑或建造新的基础和地板,安装新的结构和屋顶,以及安装新的管道、电气和其他公用设施,以容纳完整的车辆装配过程。

(N)乘用车、轻型卡车、重型卡车。就本注释而言,"乘用车""轻型卡车"和"重型卡车"具有本税则给出的含义。在本注释中,"越野使用"是指不符合美国联邦安全和排放标准(允许无限制道路使用)或墨西哥和加拿大道路同等使用标准的车辆。

(1)乘用车。"乘用车"是指子目8703.21至8703.90的车辆,但以下情况除外:

(I)装有子目8703.31至8703.33的压燃式发动机的车辆,或装有压燃式发动机和推进电动机的子目8703.90的车辆;

(II)三轮或四轮摩托车;

(III)全地形车辆,即不符合允许无限制道路使用的美国联邦安全和排放标准或同等的墨西哥和加拿大道路标准的车辆;或者

(IV)房车或娱乐车,指建造在自行式汽车底盘上的车辆,其单独或主要设计为休闲、露营、娱乐、公司或季节性使用的临时生活区。

(2)轻型卡车。"轻型卡车"是指子目8704.21或子目8704.31的车辆,但专用于或主要用于越野的车辆除外。

(3)重型卡车。"重型卡车"是指子目8701.20、子目8704.22、子目8704.23、子目8704.32、子目8704.90或品目8706的车辆,但专用于或主要用于越野的车辆除外。就本注释而言,"品目8706的货物"是指子目8701.20、子目8704.22、子目8704.23、子目8704.32或子目8704.90车辆的装有发动机的底盘,但专用于或主要用于越野的车辆除外。

(O)改装。"改装"是指工厂由于改造或重新装备而关闭,至少持续3个月。

(P)超级核心产品。"超级核心产品"是指汽车附录表A.2左栏中列出的零件,这些零件被视为单个零件,以便根据本注释和《美国-墨西哥-加拿大协定》汽车附录表第5.2条关

于平均值的规定进行区域价值成分计算。

(iii) 区域价值成分计算的分期。

(A) 尽管有本注释(十五)款的规定,乘用车或轻型卡车的区域价值成分要求为：
　(1) 使用净成本法时的 66%,从 2020 年 7 月 1 日开始;
　(2) 使用净成本法时的 69%,从 2021 年 7 月 1 日开始;
　(3) 使用净成本法时的 72%,从 2022 年 7 月 1 日开始;
　(4) 使用净成本法时的 75%,从 2023 年 7 月 1 日开始。

(B) 尽管有本注释(十五)款的规定,但汽车附录表 A.1 中所列用于乘用车或轻型卡车的零件的区域价值成分要求为：
　(1) 使用净成本法时的 66%,或成交价格法下为 76%,前提是本注释(十五)款中的相应规则包括成交价格法,从 2020 年 7 月 1 日开始;
　(2) 使用净成本法时的 69%,或成交价格法下为 79%,前提是本注释(十五)款中的相应规则包括成交价格法,从 2021 年 7 月 1 日开始;
　(3) 使用净成本法时的 72%,或成交价格法下为 82%,前提是本注释(十五)款中的相应规则包括成交价格法,从 2022 年 7 月 1 日开始;
　(4) 使用净成本法时的 75%,或成交价格法下为 85%,前提是本注释(十五)款中的相应规则包括成交价格法,从 2023 年 7 月 1 日开始。

(C) 尽管有本注释(十五)款的规定,汽车附录表 A.1 中列出的用于乘用车或轻型卡车的零件仅在满足本注释(十一)(iii)(B)款中的区域价值成分要求时才是原产零件,但用作电动乘用车或轻型卡车动力主要电源的子目 8507.60 的电池除外。

(D) 尽管有本注释(十五)款的规定,但汽车附录表 B 中所列用于乘用车或轻型卡车的零件的区域价值成分要求为：
　(1) 使用净成本法时的 62.5%,或成交价格法下为 72.5%,前提是本注释(十五)款中的相应规则包括成交价格法,从 2020 年 7 月 1 日开始;
　(2) 使用净成本法时的 65%,或成交价格法下为 75%,前提是本注释(十五)款中的相应规则包括成交价格法,从 2021 年 7 月 1 日开始;
　(3) 使用净成本法时的 67.5%,或成交价格法下为 77.5%,前提是本注释(十五)款中的相应规则包括成交价格法,从 2022 年 1 月 1 日开始;
　(4) 使用净成本法时的 70%,或成交价格法下为 80%,前提是本注释(十五)款中的相应规则包括成交价格法,从 2023 年 1 月 1 日开始。

尽管本段中有区域价值成分要求,但如果汽车附录表 B 中列出的零件满足下述(十五)款中规定的税则归类改变要求,则该零件为原产零件。

(E) 尽管有本注释(十五)款的规定,但汽车附录表 C 中所列用于乘用车或轻型卡车的零件的区域价值成分要求为：
　(1) 使用净成本法时的 62%,或成交价格法下为 72%,前提是本注释(十五)款中的相应规则包括成交价格法,从 2020 年 7 月 1 日开始;
　(2) 使用净成本法时的 63%,或成交价格法下为 73%,前提是本注释(十五)款中的相应规则包括成交价格法,从 2021 年 7 月 1 日开始;

(3) 使用净成本法时的 64%，或成交价格法下为 74%，前提是本注释(十五)款中的相应规则包括成交价格法，从 2022 年 7 月 1 日开始；

(4) 使用净成本法时的 65%，或成交价格法下为 75%，前提是本注释(十五)款中的相应规则包括成交价格法，自 2023 年 7 月 1 日开始。

尽管本段中有区域价值成分要求，但如果汽车附录表 C 中列出的零件满足本注释(十五)款中规定的税则归类改变要求，则该零件为原产零件。

(F) 在计算上述(A)款至(E)款中的区域价值成分时，必须适用本注释(三)(i)款(区域价值成分)、(三)(viii)款(生产所用材料的价值)、(三)(ix)款(中间材料)和(三)(x)款(材料价值的进一步调整)以及关于平均值的本注释(十一)(iv)款有关规定。

(G) 就本注释而言，乘用车或轻型卡车为原产货物，仅当汽车附录表 A.2 第 1 列所列零件适用相关规则(包括统一条例规则》中可能进一步描述的规则)，并用于生产乘用车或轻型卡车。此类零件只有在满足上述(B)款中的区域价值成分要求时才是原产零件，但高级电池除外。

(H) 为了计算本注释(三)(i)款下的区域价值成分，对于汽车附录表 A.2 第 1 列所列零件，非原产材料(VNM)的价值由汽车生产商选择：

(1) 用于生产零件的所有非原产材料的价值；或者

(2) 汽车附录表 A.2 第 2 列所列零件生产中使用的任何非原产部件的价值。

(I) 除上述(H)款外，还可根据生产商的选择，以汽车附录表 A.2 第 1 列所有零件作为单个零件，使用该附录表 A.2 第 1 列所列每个零件的净成本之和，并在计算 VNM 时，根据生产商的选择，计算区域价值成分：

(1) 用于生产汽车附录表 A.2 第 1 列所列零件的所有非原产材料的价值总和；或者

(2) 仅汽车附录表 A.2 第 2 列所列非原产部件的价值总和，用于生产汽车附录表 A.2 第 1 列所列零件。

如果该区域价值成分满足上述(I)(2)款规定的阈值，则汽车附录表 A.2 中的所有零件均为原产零件，乘用车或轻型卡车将被视为满足上述(H)款的要求。

(J) 尽管本注释有其他规定，但重型卡车的区域价值成分要求为：

(1) 使用净成本法时的 60%，从 2020 年 7 月 1 日开始；

(2) 使用净成本法时的 64%，从 2024 年 7 月 1 日开始；

(3) 使用净成本法时的 70%，从 2027 年 7 月 1 日开始。

(K) 尽管本注释有其他规定，但汽车附录表 D 中所列重型卡车所用零件的区域价值成分要求为：

(1) 使用净成本法时的 60%，成交价格法下为 70%，前提是本注释(十五)款中的相应规则包括成交价格法，从 2020 年 7 月 1 日开始；

(2) 使用净成本法时的 64%，成交价格法下为 74%，前提是本注释(十五)款中的相应规则包括成交价格法，从 2024 年 7 月 1 日开始；

(3) 使用净成本法时的 70%，成交价格法下为 80%，前提是本注释(十五)款中的相应规则包括成交价格法，从 2027 年 7 月 1 日开始。

(L) 尽管有本注释(十五)款的规定，但汽车附录表 E 中所列重型卡车所用零件的区域价值成分要求为：

(1)使用净成本法时的50%，或成交价格法下为60%，前提是本注释(十五)款中的相应规则包括成交价格法，从2020年7月1日开始；

(2)使用净成本法时的54%，或成交价格法下为64%，前提是本注释(十五)款中的相应规则包括成交价格法，从2024年7月1日开始；

(3)使用净成本法时的60%，或成交价格法下为70%，前提是本注释(十五)款中的相应规则包括成交价格法，从2027年7月1日开始。

(M)尽管本注释有其他规定，但品目8407、品目8408、子目8708.40项下部件，或子目8708.99项下用于重型卡车的底盘，只有在其满足上述(B)款中适用的区域价值成分要求时，才是原产货物。

(iv)平均计算。

(A)在计算乘用车、轻型卡车或重型卡车的区域价值成分时，可使用以下任何一种类别，根据该类别的所有机动车辆或者仅出口至一个或多个其他USMCA国家的该类别机动车辆，在生产商的会计年度内，对计算出来的总金额进行平均：

(1)在USMCA国家境内同一工厂生产的同一级别车辆的同一型号生产线；

(2)在USMCA国家境内同一工厂生产的同一级别机动车辆；

(3)在USMCA国家境内生产的同一型号生产线或同一级别机动车辆；或者

(4)USMCA国家可能决定并在统一规则或其他适当文书中规定的任何其他类别。

(B)为了计算汽车附录表A.1、B、C、D或E中所列的在同一工厂生产的汽车产品或乘用车或轻型卡车的超级核心产品的区域价值成分，可按照以下时间段对总金额进行平均计算：

(1)在向其出售货物的机动车辆生产商的会计年度内；

(2)任何季度或月份；

(3)在汽车材料生产商的会计年度内；或

(4)上述(A)(1)款至(A)(4)款中的任何类别。

前提是货物是在计算期间的会计年度、季度或月份生产的，其中：

(I)对于出售给一个或多个机动车生产商的货物，上述(A)款中的平均值单独计算；或者

(II)(A)或(B)款中的平均值是针对出口至另一个USMCA国家的货物单独计算的。

(v)钢和铝规则。

(A)除了本注释(三)和(十五)款的规定以及汽车附录中的其他要求外，只有在下述(B)款规定的时间段内，车辆生产商所购下述钢材和铝材至少达到70%，乘用车、轻型卡车或重型卡车才属于原产货物：

(1)按价格计算的车辆生产商在USMCA国家境内购买的钢材；以及

(2)按价格计算的车辆生产商在USMCA国家境内购买的铝材。

上述要求适用于车辆生产商在USMCA多个国家采购，包括生产商在USMCA国家设有多个工厂，并在该国采购钢和铝。这种钢和铝的采购包括直接采购、通过服务中心

采购和通过供应商签订合同采购。尽管本注释有其他规定,但自 2027 年 7 月 1 日起,对于根据本注释被视为原产的钢材,所有钢材制造工艺必须在一个或多个 USMCA 国家进行,涉及精炼钢材添加剂的冶金工艺除外。这些工艺包括最初的熔化和混合,并继续通过涂层加工。本注释不适用于钢铁制造过程中使用的原材料,包括废钢、铁矿石、生铁,以及还原、加工或球团铁矿石或原合金。

(B)为了确定车辆生产商在上述(A)款中购买的钢材或铝材,生产商可按照以下期间计算购买值:

(1)生产商上一会计年度;

(2)上一日历年;

(3)车辆出口的季度或月份;

(4)车辆出口的生产商会计年度;或者

(5)车辆出口的日历年。

(C)基于生产商上一会计年度购买的钢或铝计算的价值在生产商当前会计年度期间有效。基于上一日历年购买的钢或铝计算的价值在当前日历年有效。

(D)为实施铜、铝管理规定,包括统一规则的规定,可对上述(A)款中的钢和铝作出进一步说明,如税号或产品描述等。

(vi)劳动价值含量。

(A)除本注释(十五)款的规定和本注释的任何其他适用规定外,根据财政部部长与劳工部部长协商后发布的规定,乘用车只有在车辆生产商证明其生产符合美国运输安全管理局(TSA)的劳动价值含量(LVC)要求的情况下才属于原产货物:

(1)30%,自 2020 年 7 月 1 日起,高薪的材料和制造支出至少达到 15%,高薪的技术支出不超过 10%,高薪的装配支出不超过 5%;

(2)33%,自 2021 年 7 月 1 日起,高薪的材料和制造支出至少达到 18%,高薪的技术支出不超过 10%,高薪的装配支出不超过 5%;

(3)36%,自 2022 年 7 月 1 日起,高薪的材料和制造支出至少达到 21%,高薪的技术支出不超过 10%,高薪的装配支出不超过 5%;

(4)40%,自 2023 年 7 月 1 日起,高薪的材料和制造支出至少达到 25%,高薪的技术支出不超过 10%,高薪的装配支出不超过 5%。

(B)除了本注释(十五)款的规定和本注释中的任何其他要求外,轻型卡车或重型卡车只有在车辆生产商证明其生产符合 45% 的劳动价值含量要求时才属于原产货物(包括至少 30% 高薪的材料和制造支出,高薪的技术支出不超过 10%,高薪的装配支出不超过 5%)。

(C)上述(A)和(B)款所述的高薪的材料和制造支出、高薪的技术支出以及高薪的装配支出计算如下:

(1)对于高薪的材料和制造支出,用于生产的外购零件或材料的年度采购价值和位于北美的车辆装配厂或厂房中的任何人工成本(劳动工资至少为 16 美元/小时)占车辆净成本的百分比(如果生产商选择),或包括整车厂装配的年度采购价值(APV)和装配厂或厂房中的任何人工成本占车辆净成本的百分比(如果生产商选择);

(2)对于高薪的技术支出,北美汽车生产商年度研发或信息技术(IT)工资支出占北美汽车生产商年度劳动工资支出总额的百分比;以及

(3)对于高薪的装配支出,如果车辆生产商证明其拥有发动机总成、变速器总成或先进的蓄电池总成工厂,或与位于北美的此类工厂有长期合同,且平均工资至少为 16 美元/小时,装配工资支出不超过总工资支出的 5%。

劳动工资是指直接参与生产用于计算劳动价值含量的零件或部件的员工的平均小时基本工资,不包括福利,也不包括管理人员、研发人员、工程人员或其他不直接参与零部件生产或生产线操作的工人的工资。

高薪的材料和制造支出也可以通过在 USMCA 国家境内的工厂或厂房中以劳动工资生产的材料年度采购价值占车辆整车装配年度采购价值的百分比来计算,根据法规的适用规定,包括统一规则的规定,劳动工资至少为 16 美元/小时。

研发支出包括研究和开发支出,包括原型开发、设计、工程、测试或认证操作。信息技术支出包括软件开发、技术集成、车辆通信和信息技术支持业务支出。

就乘用车或轻型卡车而言,为了达到上述(3)款所述标准,发动机装配厂或变速器装配厂的生产能力必须至少达到 100 000 台原装发动机或变速器,高级电池装配厂的生产能力必须至少达到 25 000 个组装的高级电池组。对于重型卡车,发动机、变速器或电池组装厂必须至少达到 20 000 台原装发动机、变速器或组装的先进电池组的生产能力。满足这一要求的,发动机、变速箱或高级电池组无需单独鉴定为原产。

(D)乘用车。为了计算乘用车、轻型卡车或重型卡车的劳动价值含量,可使用以下任何一个类别,基于该类别中的所有机动车辆或仅出口至一个或多个其他 USMCA 国家的该类别中的车辆计算平均值:

(1)在 USMCA 国家境内同一工厂生产的同一级别车辆的同一型号生产线;

(2)在 USMCA 国家境内同一工厂生产的同一级别机动车;

(3)在 USMCA 国家境内生产的同一型号生产线或同一级别的机动车;或者

(4)USMCA 国家可能决定的任何其他类别。

(E)为了确定上述(A)或(B)款中的劳动价值含量,包括根据下述(viii)款中描述的任何可能实施的分期制度,生产商可计算以下期间之一的劳动价值含量:

(1)生产商上一会计年度;

(2)上一日历年;

(3)车辆生产或出口的季度或月份;

(4)生产商生产或出口车辆的会计年度;或者

(5)生产或出口车辆的日历年。

基于生产商上一会计年度的劳动价值含量数值在生产商当前会计年度期间有效。

基于上一日历年的劳动价值含量数值在当前日历年期间有效。

(F)在截至 2027 年 7 月 1 日的期间内,如果车辆生产商通过增加高薪的材料和制造支出至 30% 以上,且重型卡车的劳动价值含量高于 45%,生产商可使用高于 30% 的点数作为本注释下区域价值成分百分比的抵免,前提是区域价值成分百分比不低于 60%。

(vii)关于本注释或汽车附录任何规定的认证和验证,包括上述(v)款所述的钢和铝要求以及

(vi)款所述的劳动价值含量要求,应遵守适用法规,包括统一规则。
(viii)分期制度。
  (A)本税则第九十九章第二十三分章可能会进一步规定,乘用车或轻型卡车可根据分期制度认定为原产,前提是在该制度生效期间,其使用已获得美国贸易代表办公室的授权。适用于合格乘用车或轻型卡车的分期制度必须符合适用法规的要求,包括统一规则的规定,并受贸易代表办公室授权的计划税号的约束。
  (B)就本注释(viii)款而言,如有以下情况,美国贸易代表办公室将认定该分期制度下汽车不能享受优惠待遇:
    (1)已确定该车辆生产商无法在分期制度到期后满足适用要求;或者
    (2)已确定该车辆生产商未能采取分期制度规定的步骤,在其请求中提供虚假或误导性信息,或者在分期制度到期后,未能通知美国贸易代表办公室其可能发生无法满足适用要求的重大改变,因而在分期制度到期后无法满足适用要求。
(ix)其他机动车辆的RVC。
  (A)尽管有本注释(十五)款的规定,但以下货物在使用净成本法时,区域价值成分要求为62.5%:
    (1)子目8702.10或子目8702.90的载客量为15人或以下的机动车辆,子目8703.21至8703.90的配备压燃式发动机作为主要推进发动机的乘用车,子目8703.21至8703.90的三轮或四轮摩托车,子目8703.21至8703.90的房车或招待车,子目8703.90至8703.21的救护车、灵车或囚车,子目8703.21至8703.90的专用于或主要用于越野的车辆,或者子目8704.21或子目8704.31的专用于或主要用于越野的车辆;以及
    (2)品目8407、品目8408、子目8708.40的供上述(1)款中所述机动车辆使用的货物。
  (B)尽管有本注释(十五)款的规定,但以下货物在使用净成本法时,区域价值成分要求为60%:
    (1)品目8701(子目8701.20除外)的机动车辆;子目8702.10或子目8702.90的载客量为16人或以上的机动车辆;子目8704.10的机动车辆;子目8704.22、子目8704.23、子目8704.32或子目8704.90的专用于或主要用于越野的机动车辆;品目8705的机动车辆;或者品目8706的不用于乘用车、轻型卡车或重型卡车的货物;
    (2)品目8407、品目8408或子目8708.40的供上述(1)款中所述机动车辆使用的货物;或者
    (3)除上述(2)款或子目8482.10至8482.80、子目8483.20或子目8483.30的货物外,汽车附录表F中受区域价值成分要求约束且用于上述(1)或(2)款中机动车辆的货物。
  (C)为根据净成本法计算上述(A)或(B)款中规定的机动车辆的区域价值成分,汽车附录表F中所列的用作生产(A)(1)款中机动车辆的原装设备的货物,或汽车附录表G中所列的用作生产(B)(1)款中机动车辆的原装设备的部件,生产商在生产该货物时使用的非原产材料的价值应为以下总和:

(1)对于汽车附录表F或表G中列出的生产商使用的每种材料,不论是否由生产商生产,都由生产商选择,并根据本注释中关于区域价值成分的适用规定确定:

（Ⅰ）非原产材料的价值,或者

（Ⅱ）用于生产此类材料的非原产材料的价值;以及

(2)生产商使用的未列入汽车附录表F或表G的任何其他非原产材料的价值,根据本注释中有关区域价值成分的适用规定确定。

(D)为计算上述(A)或(B)款所述机动车辆的区域价值成分,生产商可使用以下类别中的任何一种方式,对其会计年度内该类别中的所有机动车辆或该类别中仅出口至一个或多个其他USMCA国家的机动车辆进行平均计算:

(1)在USMCA国家境内同一工厂生产的同一级别车辆的同一型号生产线;

(2)在USMCA国家境内同一工厂生产的同一类机动车辆;或者

(3)在USMCA国家境内生产的同一型号的机动车辆。

(E)为计算汽车附录表F所列货物或汽车附录表G所列同一工厂生产的部件或材料的区域价值成分,货物生产商可在以下时间内——

(1)计算平均值:

（Ⅰ）购买货物的机动车辆生产商的会计年度内,

（Ⅱ）任何季度或月份,或

（Ⅲ）在其会计年度内,如果货物作为售后市场的一部分出售;

(2)就出售给一个或多个机动车辆生产商的货物,分别计算上述(1)款所指的平均值;或者

(3)就(E)款中的任何计算而言,应分别计算出口到一个或多个USMCA国家的货物的平均值。

(F)上述(A)或(B)款所述机动车辆的区域价值成分要求应为:

(1)自机动车辆装配商在工厂生产一辆机动车辆原型之日起5年内达到50%,如果——

（Ⅰ）它是一种类别或品牌的机动车辆,上述(B)款中确定的机动车辆除外,其尺寸类别和车身底部不同于以前由机动车辆装配商在任何USMCA国家境内生产的,

（Ⅱ）工厂有一座新建筑,在其中组装汽车,以及

（Ⅲ）工厂几乎配备所有用于装配机动车辆的新机械;或者

(2)原型改装车在工厂生产之日起两年内达到50%,该改装车是一个级别或品牌的不同汽车,上述(B)款中确定的汽车除外,其尺寸类别和车身底部不同于改装前在该工厂装配的汽车。

(十二)定义。在本注释中——

(i)**水产养殖**。"水产养殖"是指从鱼卵、鱼苗、鱼种或幼虫等养殖水生生物,包括鱼类、软体动物、甲壳类动物、其他水生无脊椎动物和水生植物,并通过诸如规律放养、喂养或保护其免受猎食等方式对饲养或生长过程进行干预,以提高产量。

(ii)**海关估价协定**。"海关估价协定"是指《1994年关税及贸易总协定》第七条所述的《乌拉圭

回合协定法》第 101(d)(8)节[19 U.S.C. 3511(d)(8)]实施协定。

(iii) 可替代货物或材料。"可替代货物"或"可替代材料"是指为商业目的可与另一货物或材料互换的货物或材料(视情况而定),其性质与此类其他货物或材料基本相同。

(iv) 在一个或多个 USMCA 国家境内完全获得或生产的货物。"在一个或多个 USMCA 国家境内完全获得或生产的货物"是指以下任何一种:

(1) 从一个或多个 USMCA 国家上提取或获取的矿物制品或其他天然物质;

(2) 在一个或多个 USMCA 国家境内种植、栽培、收获、采摘或采集的植物、植物制品、蔬菜或真菌;

(3) 在一个或多个 USMCA 国家境内出生和饲养的活动物;

(4) 在一个或多个 USMCA 国家境内从活动物获得的货物;

(5) 在一个或多个 USMCA 国家境内进行狩猎、诱捕、捕捞、采集或捕获获得的动物;

(6) 在一个或多个 USMCA 国家境内从水产养殖中获得的货物;

(7) 由以下船舶从一个或多个 USMCA 国家以外的海洋、海床或底土中以及在任何非 USMCA 国家的领海以外捕捞的鱼类、贝类或其他海洋生物:

(A) 在 USMCA 国家注册或登记并悬挂其国旗的船舶,或者

(B) 根据美国法律备案的船舶;

(8) 在工厂船上用上述(7)款所述货物生产的货物,如果该工厂船——

(A) 在 USMCA 国家注册或登记并悬挂其国旗,或者

(B) 根据美国法律备案;

(9) USMCA 国家或 USMCA 国家的人从 USMCA 国家以外的海床或底土取得的货物[上述(7)款所述货物除外],前提是该 USMCA 国家有权开采该海床或底土;

(10) 废碎料,来源于——

(A) 在一个或多个 USMCA 国家境内生产的货物,或者

(B) 在一个或多个 USMCA 国家境内收集的废旧物品,前提是这些货物只适合回收原材料;

(11) 在一个或多个 USMCA 国家生产的货物,该货物在任何生产阶段仅由上述(1)至(10)款所述货物或其衍生物生产。

(v) 中性成分。"中性成分"是指在生产、测试或检验货物时使用或消耗但未实际纳入货物的材料,或者在维护建筑物或操作与货物生产相关的设备时使用或消耗的材料,包括:

(1) 燃料和能源;

(2) 工具、模具及型模;

(3) 维护设备或建筑物所使用或消耗的备件和材料;

(4) 在生产或操作设备或维护建筑物时使用或消耗的润滑剂、油脂、合成材料和其他材料;

(5) 手套、眼镜、鞋靴、服装、安全设备和用品;

(6) 用于测试或检验货物的设备、装置和用品;

(7) 催化剂和溶剂;以及

(8) 在货物生产过程中使用,虽未构成该货物组成成分,但能合理表明为该货物生产过程一部分的任何其他货物。

(vi)中间材料。"中间材料"是指自行生产、在生产货物过程中使用或消耗的材料,并根据本注释(三)(ix)款指定为中间材料。

(vii)材料。"材料"是指在生产另一种货物时使用或消耗的货物,包括零件或组成成分。

(viii)净成本。"净成本"是指总成本扣除促销、营销和售后服务成本,特许权使用费,运输和包装成本,以及不包含在总成本中的不可分配的利息成本后的成本。

(ix)货物净成本。"货物净成本"是指可以使用上述(三)(vii)款所述方法合理分配给货物的净成本。

(x)不可分配的利息成本。"不可分配的利息成本"是指生产商产生的超过生产商所在国可比到期日适用官方利率 700 个基点的利息成本。

(xi)非原产货物或材料。"非原产货物"或"非原产材料"是指根据本注释不符合原产条件的货物或材料(视情况而定)。

(xii)原产货物或材料。"原产货物"或"原产材料"是指符合本注释中原产条件的货物或材料(视情况而定)。

(xiii)零售用包装材料和容器。"零售用包装材料和容器"是指用于零售的包装货物的材料和容器。

(xiv)装运用包装材料和容器。"装运用包装材料和容器"是指在运输过程中用于保护货物的材料和容器。

(xv)生产商。"生产商"是指从事产品生产的人。

(xvi)生产。"生产"是指——

(A)种植、栽培、饲养、开采、收割、捕捞、诱捕、狩猎、捕获、繁殖、提取、制造、加工或组装货物;或者

(B)通过水产养殖养殖水生生物。

(xvii)合理分配。"合理分配"是指以适合具体情况的方式进行分配。

(xviii)回收材料。"回收材料"是指由于以下原因而形成的单个零件形式的材料:

(A)由废旧物品分解成的单独零件;以及

(B)为改善这些部件的良好工作条件所需的清洁、检查、测试或其他处理。

(xix)再制造货物。"再制造货物"是指本税则中第八十四章至第九十章、品目 9402 的货物,但品目 8418、品目 8509、品目 8516 或品目 8703、子目 8414.51、子目 8450.11、子目 8450.12、子目 8508.11 或子目 8517.11 的货物除外:

(A)全部或部分由回收材料组成;

(B)预期寿命与此类新产品相似,且性能与此类新产品相同或相似;以及

(C)工厂对该货物有类似新产品的保修。

(xx)特许权使用费。"特许权使用费"是指任何形式的付款,包括根据技术援助或类似协议支付的款项,作为对版权、文学、艺术或科学作品、专利、商标、设计、模型、计划或秘密配方或秘密工艺的使用或使用权的对价,不包括根据技术援助或类似协议支付的可能与特定服务有关的款项,例如:

(A)人员培训,不论培训在何处进行;或者

(B)如果在一个或多个 USMCA 国家境内执行,提供工程、工具、模具设置、软件设计和类

似计算机服务或其他服务。
(xxi)促销、营销和售后服务费用。"促销、营销和售后服务费用"是指与下列各项的促销、营销和售后服务相关的费用：
(A)销售和营销推广、媒体广告、广告和市场研究、促销和演示材料、展品、销售会议、贸易展览、会议、横幅、营销展示、免费样品、销售、营销和售后服务文献（产品手册、目录、技术文献、价目表、服务手册和销售帮助信息）、标识和商标的建立和保护、赞助、批发和零售费用以及娱乐活动；
(B)销售和营销激励，消费者、零售商或批发商回扣和产品激励；
(C)销售人员的工资、销售提成、奖金、福利（医疗、保险、养老等）、差旅费、生活费、会员费、专业费等；
(D)产品责任险；
(E)促销、营销和售后服务办公室、配送中心的租金和折旧；
(F)制造商向他人支付的保修修理费；
(G)如果在生产商的财务报表或成本账目上单独确定了产品促销、营销和售后服务费用，则应包括以下内容：
(1)财产保险费、税费、水电费以及促销、营销和售后服务办公室及配送中心的维修保养费，
(2)销售推广、营销、售后服务人员的招聘和培训，客户员工的售后培训，
(3)用于产品促销、营销和售后服务的办公用品，
(4)电话、邮件和其他通信。
(xxii)自产材料。"自产材料"是指由货物生产商生产并用于生产该货物的材料。
(xxiii)运输和包装成本。"运输和包装成本"是指包装货物以便装运以及从货物从直接装运地点运至买方所产生的成本，不包括准备和包装货物以便零售的成本。
(xxiv)关境。"关境"就 USMCA 国家而言，具有《美国-墨西哥-加拿大协定》第一章 C 款所赋予的含义，并在本注释(十四)款进一步定义。
(xxv)总成本。"总成本"的定义如下：
(A)一般定义。
(1)总成本是指在一个或多个 USMCA 国家境内发生的所有产品成本、期间成本和货物的其他成本；
(2)不包括：
(I)产品制造商赚取的利润，不论成本是由制造商保留还是作为股息支付给其他人，或者
(II)为这些利润支付的税款，包括资本利得税。
(B)其他定义。在本款中——
(1)其他成本。"其他成本"是指记录在制造商账簿上的所有非产品成本或期间成本，如利息。
(2)期间成本。"期间成本"是指除产品成本外，在发生期间支出的成本，如销售费用、一般费用和管理费用。

(3)产品成本。"产品成本"是指与产品生产相关的成本,包括材料价值、直接人工成本和直接间接费用。

(xxvi)成交价格。"成交价格"是指——

(A)与生产商的交易有关的货物或材料的实际支付或应付款项;以及

(B)根据《海关估价协定》第8条第1款、第3款和第4款规定的原则进行调整的价格。

(xxvii)USMCA 国家。"USMCA 国家"是指美国、加拿大或墨西哥,在《美国-墨西哥-加拿大协定》对加拿大或墨西哥分别生效的时间内,美国对加拿大或墨西哥分别执行《美国-墨西哥-加拿大协定》。

(xxviii)价值。"价值"是指货物或材料在计算关税或适用本注释时的价值。

(十三)应用与解释。就本注释而言——

(i)任何税则归类的依据是本税则。

(ii)凡本注释中提及章、品目、子目或税号时,是指本税则中的章、品目、子目或税号(指由八位数字组成的税号)。

(iii)本注释中提及的与货物有关的任何成本或价值,应按照在货物生产所在国美国、墨西哥和加拿大适用的公认会计原则进行记录和维护。

(iv)就本注释而言,以及就实施《美国-墨西哥-加拿大协定》规定的优惠关税待遇而言,除非本注释另有规定,否则符合本注释和部长根据《美国-墨西哥-加拿大协定》颁布的条例的所有要求的货物为原产货物。

(v)适用于某一税号的规则应优先于适用于该税号所属的品目或子目的规则。

(vi)除另有规定外,下述(十五)款提及的本税则第一章至第二十四章规定货物的重量均指干重。

(vii)本注释(十五)款中的税则归类改变要求仅适用于非原产材料。

(十四)原产地规则的解释。就本注释而言——

(i)除本税则第六十一章至第六十三章规定的货物外,在下列情况下,货物为原产货物:

(A)完全在一个或多个 USMCA 国家境内生产;

(B)本税则中作为"零件"提供并用于货物生产的一种或多种非原产材料不能满足本注释(十五)款中规定的要求,因为——

(1)货物及其材料被归入同一子目,或者归入未进一步细分为子目的同一品目,或者

(2)该货物是以未组装或拆解的形式进口到 USMCA 国家境内的,但根据本税则总规则二(一)被归类为组装货物;以及

(C)根据本注释(三)款确定的货物区域价值成分,如果采用成交价格法,则不低于60%,如果采用净成本法,则不低于50%。

(ii)不合格操作。各 USMCA 国家应规定,不得仅因以下原因而将货物视为原产货物:

(A)仅用水或其他物质稀释,却未实质性改变货物的特性;或者

(B)在大量证据的基础上,可以证明一种生产或定价惯例的目的是规避本注释和适用条例。

(iii)本注释在适用于本税则第六章至第十四章中所列货物时,在 USMCA 国家境内种植的农

产品和园艺产品应被视为原产于该 USMCA 国家境内,即使是用从非 USMCA 国家进口的植物种子、鳞茎、根茎、插条、侧枝或植物的其他活性部分种植的。

(iv) 本税则第二十八章至第三十八章中任何品目的货物,如果满足以下(A)至(I)款所列一项或多项规定的,则应视为原产货物,除非这些规则中另有规定。尽管有上述规定,如果货物符合税则归类改变或满足本注释(十五)款规定的区域价值成分要求,则该货物为原产货物。

(A) 除品目 3301、品目 3823、子目 2916.32、子目 3502.11 至 3502.19 外,第二十八章至第三十八章的货物是在一个或多个 USMCA 国家境内因发生化学反应而产生的,应视为原产货物。

(B) 就本注释而言,"化学反应"是指通过破坏分子内键和形成新的分子内键,或通过改变分子中原子的空间排列,而产生具有新结构的分子的过程(包括生化过程)。为确定某一货物是否为原产货物,以下不视为化学反应:

(1) 在水中或其他溶剂中溶解;

(2) 去除溶剂,包括溶剂水;或者

(3) 加入或排除结晶水。

(C) 除品目 3301、子目 3502.11 至 3502.19 的货物外,第二十八章至第三十八章的经净化货物为原产货物,前提是净化发生在一个或多个 USMCA 国家境内,并产生以下结果:

(1) 去除不少于 80% 的现有杂质;或者

(2) 减少或去除杂质,使产品适合以下一种或多种应用:

(Ⅰ) 用作药品、医疗、化妆品、兽医或食品级物质,

(Ⅱ) 用作分析、诊断或实验室用途的化学产品或试剂,

(Ⅲ) 用作微电子组件的元件或部件,

(Ⅳ) 用于特殊光学用途,

(Ⅴ) 用于健康和安全的无毒用途,

(Ⅵ) 用于生物技术用途(如细胞培养、基因技术或催化剂),

(Ⅶ) 用作分离过程中的载体,或

(Ⅷ) 用于原子核级别用途。

(D) 如果遵照预定规格有目的、按比例控制混合(包括分散)除稀释剂以外的材料,在一个或多个 USMCA 国家生产的第二十八章至第三十八章的货物(第二十八章、第二十九章、第三十二章、品目 3301、品目 3808、子目 3502.11 至 3502.19 的货物除外),具有与货物用途相关、与投入材料不同的物理或化学特性,则该货物应被视为原产货物。

(E) 如果有目的、有控制地减小货物的粒度,包括通过溶解聚合物和随后的沉淀(而不仅仅是压碎或压榨)进行微粉化,在一个或多个 USMCA 国家境内生产的具有规定粒径、规定粒径分布或规定表面积的第二十八章至第三十八章的货物(第二十八章、第二十九章、第三十二章、第三十八章、品目 3301 或子目 3502.11 至 3502.19 的货物除外),具有与货物用途相关、与投入材料不同的物理或化学特性,则该货物应被视为原产货物。

(F) 如果标准物质的生产发生在一个或多个 USMCA 国家境内,则第二十八章至第三十八章的货物(品目 3301 或子目 3502.11 至 3502.19 的货物除外)应被视为原产货物。就

本规则而言,"标准物质"(包括标准溶液)是一种适合于分析、校准或参考用途的制剂,其纯度或比例由制造商认证。

(G)如果从异构体混合物中分离异构体发生在一个或多个USMCA国家境内,则第二十八章至第三十八章的货物(品目3301或子目3502.11至3502.19的货物除外)应被视为原产货物。

(H)从人造混合物中分离出一种或多种材料,导致第二十八章至第三十八章的货物(品目3301或子目3502.11至3502.19的货物除外)在一个或多个USMCA国家境内发生税则归类改变,该货物不得被视为原产货物,除非该分离材料在一个或多个USMCA国家境内发生了化学反应。

(I)如果第二十八章至第三十八章的货物(品目2930至2942、第三十章、品目3301或子目3502.11至3502.19的货物除外)经过生化过程或以下一个或多个过程,则该货物应被视为原产货物:

(1)对以下物质进行生物或生物技术培养、杂交或基因改造:

(Ⅰ)微生物[细菌、病毒(包括噬菌体)等],或

(Ⅱ)人、动物或植物细胞;

(2)细胞或细胞间结构(如分离的基因、基因片段和质粒)生产、分离或纯化;或者

(3)发酵。

(v)第三十九章至第四十章中任何品目的货物,如果满足以下(A)至(H)款所列一项或多项规定的,则应视为原产货物,除非这些规则中另有规定。尽管有上述规定,如果货物符合税则归类改变或满足本注释(十五)款规定的区域价值成分要求,则该货物为原产货物。

(A)第三十九章至第四十章中的货物,如果是在一个或多个USMCA国家境内发生化学反应而产生的,则应视为原产货物。

(B)就本注释而言,"化学反应"是通过破坏分子内键并形成新的分子内键,或通过改变分子中原子的空间排列而产生具有新的结构的分子的过程(包括生化过程)。为确定某一货物是否为本注释项下的原产货物,以下不视为化学反应:

(1)在水中或其他溶剂中溶解;

(2)去除溶剂,包括溶剂水;或者

(3)加入或排除结晶水。

(C)第三十九章至第四十章中的经净化货物为原产货物,前提是净化发生在一个或多个USMCA国家境内,并产生以下结果:

(1)去除不少于80%的杂质;或者

(2)减少或消除杂质,使产品适合以下一种或多种应用:

(Ⅰ)用作药品、医疗、化妆品、兽医或食品级物质,

(Ⅱ)用作分析、诊断或实验室用途的化学产品或试剂,

(Ⅲ)用作微电子组件的元件或部件,

(Ⅳ)用于特殊光学用途,

(Ⅴ)用于健康和安全的无毒用途,

(Ⅵ)用于生物技术用途(如细胞培养、基因技术或催化剂),

(Ⅶ)用作分离过程中使用的载体,或

(Ⅷ)用于原子核级用途。

(D)如果遵照预定规格有目的、按比例控制混合(包括分散)除稀释剂以外的材料,在一个或多个 USMCA 国家生产的第三十九章的货物,具有与货物用途相关、与投入材料不同的物理或化学特性,则该货物应被视为原产货物。

(E)如果有目的、有控制地减小货物的粒度,包括通过溶解聚合物和随后的沉淀(而不仅仅是压碎或压榨)进行微粉化,在一个或多个 USMCA 国家境内生产的具有规定粒径、规定粒径分布或规定表面积的第二十八章至第三十八章的货物(第二十八章、第二十九章、第三十二章、第三十八章、品目 3301 或子目 3502.11 至 3502.19 的货物除外),具有与货物用途相关、与投入材料不同的物理或化学特性,则该货物应被视为原产货物。

(F)如果标准物质的生产发生在一个或多个 USMCA 国家境内,则第三十九章的货物应被视为原产货物。就本注释而言,"标准物质"(包括标准溶液)是一种适合于分析、校准或参考用途的制剂,其纯度或比例由制造商认证。

(G)如果从异构体混合物中分离异构体发生在一个或多个 USMCA 国家境内,则第三十九章的货物应被视为原产货物。

(H)如果第三十九章的货物经过生化过程或以下一个或多个过程,则该货物应被视为原产货物:

(1)对以下物质进行生物或生物技术培养、杂交或基因改造:

(Ⅰ)微生物[细菌、病毒(包括噬菌体)等],或

(Ⅱ)人、动物或植物细胞;

(2)细胞或细胞间结构(如分离的基因、基因片段和质粒)生产、分离或纯化;或者

(3)发酵。

(vi)本注释所述纺织品及服装规则连同本注释(二)款及所有其他适用于该等货品的条文一并适用。就本注释而言,"全部"是指货物全部或仅由指定材料制成。

(vii)归入第五十章至第六十三章的货物应视为原产货物,不管以下材料来源如何,前提是该货物符合本注释(十五)款中规定的特定规则:

(A)品目 5403 或品目 5405 项下人造丝(莱赛尔或醋酸纤维除外);或者

(B)品目 5502、品目 5504 或品目 5507 项下人造丝(莱赛尔或醋酸纤维除外)。

(viii)本注释(十五)款要求改变至一个或多个税号的产品特定规则应适用于该税号所有货物,仅在子目或品目一级改变税则归类的,不能享有本注释所规定的特殊关税待遇。就本注释而言,"税号"是指本税则中以 8 位数字出现的税则号列,并不包含在协调制度中。

(十五)税则归类改变规则。

<u>第一章</u>

从任何其他章改变至品目 0101 至 0106。

<u>第二章</u>

从任何其他章改变至品目 0201 至 0210。

<u>第三章</u>

章规则一：在 USMCA 国家境内获得的鱼类、甲壳类动物、软体动物或其他水生无脊椎动物，即使是从非 USMCA 国家进口的卵、幼虫、鱼苗、幼鱼、幼鲑、幼鳗或其他幼鱼期后的未成熟鱼类生长而成，也是原产货物。

1. 从任何其他章改变至品目 0301 至 0305。

2. (A)从子目 0306.11 至 0308.90 的非烟熏货物改变至子目 0306.11 至 0308.90 的烟熏货物；或者

   (B)从任何其他章改变至子目 0306.11 至 0308.90 的任何其他货物。

第四章

1. 从任何其他章(税号 1901.90.32、税号 1901.90.33、税号 1901.90.34、税号 1901.90.36、税号 1901.90.38、税号 1901.90.42 或税号 1901.90.43 除外)改变至品目 0401 至 0404。

2. 从任何其他章(税号 1901.90.32、税号 1901.90.33、税号 1901.90.34、税号 1901.90.36、税号 1901.90.38、税号 1901.90.42、税号 1901.90.43、税号 2106.90.03、税号 2106.90.06、税号 2106.90.09、税号 2106.90.22、税号 2106.90.24、税号 2106.90.26、税号 2106.90.28、税号 2106.90.62、税号 2106.90.64、税号 2106.90.66、税号 2106.90.68、税号 2106.90.72、税号 2106.90.74、税号 2106.90.76、税号 2106.90.78、税号 2106.90.80 或税号 2106.90.82 除外)改变至品目 0405。

3. 从任何其他章(税号 1901.90.32、税号 1901.90.33、税号 1901.90.34、税号 1901.90.36、税号 1901.90.38、税号 1901.90.42 或税号 1901.90.43 除外)改变至品目 0406 至 0410。

第五章

从任何其他章改变至品目 0501 至 0511。

第六章

从任何其他章改变至品目 0601 至 0604。

第七章

子目规则：尽管本注释(五)(ii)款有规定，但(五)(i)款适用于生产子目 0709.59 的蘑菇和块菌混合物所用的子目 0709.59 的非原产块菌，以及生产子目 0711.90 的蔬菜混合物所用的子目 0711.90 的非原产刺山柑。

1. 从任何其他章改变至品目 0701 至 0711。

2. 从任何其他章改变至子目 0712.20 至 0712.39。

3. (A)从子目 0712.90 的未压碎或磨碎的香薄荷或任何其他章改变至子目 0712.90 的压碎或磨碎的香薄荷；或者

   (B)从任何其他章改变至子目 0712.90 的任何其他货物。

4. 从任何其他章改变至品目 0713 至 0714。

第八章

子目规则：尽管本注释(五)(ii)款有规定，但(五)(i)款不适用于生产子目 0802.90 的坚果混合物所用的子目 0802.61 或子目 0802.62 的非原产澳洲坚果。

从任何其他章改变至品目 0801 至 0814。

第九章

1. 从任何其他章改变至品目 0901。

2. 从任何其他子目(包括子目 0902.10 至 0902.40 中的另一子目)改变至子目 0902.10 至 0902.40。
3. 从任何其他章改变至品目 0903。
4. 从任何其他章改变至子目 0904.11。
5. 从任何其他子目改变至子目 0904.12。
6. 从任何其他章改变至子目 0904.21。
7. (A)从子目 0904.21 的未压碎或磨碎的多香果或任何其他章改变至子目 0904.22 的压碎或磨碎的多香果;或者
   (B)从任何其他章改变至子目 0904.22 的任何其他货物。
8. 从任何其他章改变至品目 0905。
9. 从任何其他章改变至子目 0906.11 至 0906.19。
10. 从任何其他子目改变至子目 0906.20。
11. 从子目 0907.10 至 0907.20 中任一子目的任何其他货物、该组别内的任何其他子目或任何其他章改变至子目 0907.10 至 0907.20 中上述任一子目的货物。
12. 从子目 0908.11 至 0909.62 中任一子目的任何其他货物、该组别内的任何其他子目或任何其他章改变至子目 0908.11 至 0909.62 中上述任一子目的货物。
13. 从子目 0910.11 至 0910.12 中任一子目的任何其他货物、该组别内的任何其他子目或任何其他章改变至子目 0910.11 至 0910.12 中上述任一子目的货物。
14. 从任何其他章改变至子目 0910.20。
15. 从子目 0910.30 或任何其他章改变至子目 0910.30 的货物。
16. 从任何其他子目改变至子目 0910.91。

子目规则:尽管本注释(五)(ii)款有规定,但(五)(i)款适用于生产子目 0910.99 的混合物所用的子目 0910.99 的非原产百里香、月桂叶或咖喱。

17. (A)从子目 0910.99 的未压碎或磨碎的月桂叶或任何其他章改变至子目 0910.99 项下压碎或磨碎的月桂叶;
    (B)从子目 0910.99 的未压碎或磨碎的莳萝种子或任何其他章改变至子目 0910.99 的压碎或磨碎的莳萝种子;
    (C)从子目 0910.99 的任何其他货物或任何其他子目改变至子目 0910.99 的咖喱;或者
    (D)从任何其他章改变至子目 0910.99 的任何其他货物。

第十章

从任何其他章改变至品目 1001 至 1008。

第十一章

子目规则:尽管本注释(五)(ii)款有规定,但(五)(i)款适用于生产子目 1102.90 的面粉混合物所用的子目 1102.90 的非原产大米或黑麦面粉。

从任何其他章改变至品目 1101 至 1109。

第十二章

1. 从任何其他章改变至品目 1201 至 1206。
2. 从任何其他章改变至子目 1207.10 至 1207.70。

3. 从子目1207.91或任何其他章改变至子目1207.91的货物。

4. 从任何其他章改变至子目1207.99。

5. 从任何其他章改变至品目1208。

子目规则：尽管本注释(五)(ii)款有规定，但(五)(i)款适用于生产子目1209.29的混合物所用的非原产蒂莫西草籽。

6. 从任何其他章改变至子目1209.10至1209.30。

7. (A)从子目1209.91的未压碎或磨碎的芹菜籽或任何其他章改变至子目1209.91的压碎或磨碎的芹菜籽；或者

   (B)从任何其他章改变至子目1209.91的任何其他货物。

8. 从任何其他章改变至子目1209.99。

9. 从任何其他章改变至品目1210至1214。

第十三章

1. 从子目1301.20或任何其他章改变至子目1301.20的货物。

2. 从任何其他章改变至子目1301.90。

子目规则：尽管本注释(五)(ii)款的规定，但(五)(i)款适用于生产子目1302.19的货物所用的非原产的除虫菊或含鱼藤酮的植物根的汁液和提取物。

3. 从任何其他章（子目2939.11的罂粟秆浓缩物除外）改变至子目1302.11至1302.32。

4. (A)从子目1302.39或任何其他章改变至子目1302.39的卡拉胶，前提是子目1302.39的非原产材料占货物的比例（按重量计）不超过50%；或者

   (B)从任何其他章（子目2939.11的罂粟秆浓缩物除外）改变至子目1302.39的任何其他货物。

第十四章

从任何其他章改变至品目1401至1404。

第十五章

1. 从任何其他章（品目3823除外）改变至品目1501至1518。

2. 从任何其他品目（品目3823除外）改变至品目1520。

3. 从任何其他章改变至品目1521至1522。

第十六章

从任何其他章改变至品目1601至1605。

第十七章

1. 从任何其他章改变至品目1701至1703。

2. 从任何其他品目改变至品目1704。

第十八章

1. 从任何其他章改变至品目1801至1805。

2. 从任何其他品目改变至税号1806.10.43、税号1806.10.45、税号1806.10.55、税号1806.10.65或税号1806.10.75。

3. 从任何其他品目改变至子目1806.10，前提是第十七章的非原产糖占糖的比例（按重量计）不超过35%，品目1805的非原产可可粉占可可粉的比例（按重量计）不超过35%。

4. 从任何其他品目改变至子目1806.20。

5. 从任何其他子目(包括子目1806.31至1806.90中的另一子目)改变至子目1806.31至1806.90。

第十九章

1. 从任何其他章(第四章除外)改变至税号1901.10.05、税号1901.10.15、税号1901.10.30、税号1901.10.35、税号1901.10.40或税号1901.10.45。

2. 从任何其他章改变至子目1901.10。

3. 从任何其他章(第四章除外)改变至税号1901.20.02、税号1901.20.05、税号1901.20.15、税号1901.20.20、税号1901.20.25、税号1901.20.30、税号1901.20.35或税号1901.20.40。

4. 从任何其他章改变至子目1901.20。

5. 从任何其他章(第四章除外)改变至税号1901.90.32、税号1901.90.33、税号1901.90.34、税号1901.90.36、税号1901.90.38、税号1901.90.42或税号1901.90.43。

6. 从任何其他章改变至子目1901.90。

7. 从任何其他章改变至品目1902至1903。

8. 从任何其他章改变至子目1904.10。

9. 从任何其他子目(第二十章除外)改变至子目1904.20。

10. 从任何其他章改变至子目1904.30至1904.90。

11. 从任何其他章改变至品目1905。

第二十章

章规则一:仅通过冷冻、在水或盐水或天然果汁中包装(包括罐装)、干燥或者在油中烘烤(包括冷冻、包装或烘烤附带的加工)的方式制作或保藏的第二十章中的水果、坚果和蔬菜制品,只有当新鲜货物在一个或多个USMCA国家境内完全获得或生产时,才被视为原产货物。

子目规则:尽管本注释(五)(ii)款有规定,但(五)(i)款不适用于生产子目2005.99的蔬菜混合物所用的子目2005.91的非原产竹笋。

子目规则:尽管本注释(五)(ii)款有规定,但(五)(i)款适用于生产子目2003.90的蘑菇和块菌混合物所用的子目2003.90的非原产块菌。

1. 从任何其他章改变至品目2001至2007。

2. 从任何其他品目(品目1202除外)改变至子目2008.11。

子目规则:子目2008.19至2008.99的水果制品中含有单独或与其他水果混合的桃子、梨或杏子,只有当桃子、梨或杏子在一个或多个USMCA国家境内完全获得或生产时,才被视为原产。

3. 从任何其他章改变至子目2008.19至2008.99。

4. 从任何其他章(品目0805除外)改变至子目2009.11至2009.39。

5. 从任何其他章改变至子目2009.41至2009.89。

6. (A)从任何其他章改变至子目2009.90;

(B)从第二十章的任何其他子目(子目2009.11至2009.39或子目2009.81除外)改变至子目2009.90的蔓越莓果汁混合物,不论是否又从任何其他章改变而来,前提是区域价值成分不低于:

(1)使用成交价格法时的60%,或

(2) 使用净成本法时的 50%；或者

(C) 从第二十章的任何其他子目改变至子目 2009.90 的任何其他货物，不论是否又从任何其他章改变而来，前提是单一果汁成分或来自单一非 USMCA 国家的果汁成分以单一浓度形式构成的货物体积不超过 60%。

第二十一章

1. 从任何其他章改变至税号 2101.11.21，前提是第九章的非原产咖啡占货物的比例（按重量计）不超过 60%。

2. 从任何其他章改变至品目 2101。

3. 从任何其他章改变至品目 2102。

4. 从任何其他章改变至子目 2103.10。

5. 从任何其他章（子目 2002.90 除外）改变至税号 2103.20.20。

6. 从任何其他章改变至子目 2103.20。

7. 从任何其他章改变至子目 2103.30。

8. 从任何其他子目改变至子目 2103.90。

9. 从任何其他章改变至品目 2104。

10. 从任何其他品目（第四章、税号 1901.90.32、税号 1901.90.33、税号 1901.90.34、税号 1901.90.36、税号 1901.90.38、税号 1901.90.42 或税号 1901.90.43 除外）改变至品目 2105。

11. 从任何其他章（品目 0805、品目 2009 或税号 2202.90.30 除外）改变至税号 2106.90.48 或税号 2106.90.52。

12. (A) 从任何其他章（品目 2009 或税号 2202.90.37 除外）改变至税号 2106.90.54；或者

    (B) 从第二十一章的任何其他子目、品目 2009 或税号 2202.90.37 改变至税号 2106.90.54，不论是否又从任何其他章改变而来，前提是单一果汁成分或来自单一非 USMCA 国家的果汁成分以单一浓度形式构成的货物体积不超过 60%。

13. 从任何其他章（第四章、税号 1901.90.32、税号 1901.90.33、税号 1901.90.34、税号 1901.90.36、税号 1901.90.38、税号 1901.90.42 或税号 1901.90.43 除外）改变至税号 2106.90.03、税号 2106.90.06、税号 2106.90.09、税号 2106.90.22、税号 2106.90.24、税号 2106.90.26、税号 2106.90.28、税号 2106.90.62、税号 2106.90.64、税号 2106.90.66、税号 2106.90.68、税号 2106.90.72、税号 2106.90.74、税号 2106.90.76、税号 2106.90.78、2106.90.80 或税号 2106.90.82。

14. 从任何其他税号（品目 2203 至 2209 除外）改变至税号 2106.90.12、税号 2106.90.15 或税号 2106.90.18。

15. 从任何其他章改变至品目 2106。

第二十二章

1. 从任何其他章改变至品目 2201。

2. 从任何其他章改变至子目 2202.10。

3. 从任何其他章（品目 0805、品目 2009、税号 2106.90.48 或税号 2106.90.52 除外）改变至税号 2202.90.30。

4. (A) 从任何其他章(品目 2009 或税号 2106.90.54 除外)改变至税号 2202.90.37；或者

   (B) 从第二十二章的任何其他子目、品目 2009 或税号 2106.90.54 改变至税号 2202.90.37，不论是否又从任何其他章改变而来，前提是单一果汁成分或来自单一非 USMCA 国家的果汁成分以单一浓度形式构成的货物体积不超过 60％。

5. 从任何其他章(第四章、税号 1901.90.32、税号 1901.90.33、税号 1901.90.34、税号 1901.90.36、税号 1901.90.38、税号 1901.90.42 或税号 1901.90.43 除外)改变至税号 2202.90.10、税号 2202.90.22、税号 2202.90.24 或税号 2202.90.28。

6. 从任何其他章改变至子目 2202.90。

7. 从任何其他品目(税号 2106.90.12、税号 2106.90.15、税号 2106.90.18 或品目 2208 至 2209 除外)改变至品目 2203 至 2207。

8. 从任何其他品目(税号 2106.90.12、税号 2106.90.15、税号 2106.90.18、品目 2203 至 2207 或品目 2209 除外)改变至子目 2208.20。

9. 税则归类无需改变至子目 2208.30 至 2208.70 的货物，前提是非原产酒精成分占货物酒精成分的比例(按体积计)不超过 10％。

10. 从任何其他品目(税号 2106.90.12、税号 2106.90.15、税号 2106.90.18、品目 2203 至 2207 或品目 2209 除外)改变至子目 2208.90。

11. 从任何其他品目(税号 2106.90.12、税号 2106.90.15、税号 2106.90.18 或品目 2203 至 2208 除外)改变至品目 2209。

第二十三章

1. 从任何其他章改变至品目 2301 至 2308。

2. 从任何其他品目改变至子目 2309.10。

3. 从任何其他品目(第四章、税号 1901.90.32、税号 1901.90.33、税号 1901.90.34、税号 1901.90.36、税号 1901.90.38、税号 1901.90.42 或税号 1901.90.43 除外)改变至税号 2309.90.22、税号 2309.90.24 或税号 2309.90.28。

4. 从任何其他品目改变至子目 2309.90。

第二十四章

从税号 2401.10.21、税号 2401.20.14、税号 2403.91.20 或任何其他章改变至品目 2401 至 2403。

第二十五章

从任何其他章改变至品目 2501 至 2530。

第二十六章

从任何其他品目(包括品目 2601 至 2621 中的另一品目)改变至品目 2601 至 2621。

第二十七章

章规则一：尽管有适用的特定产品原产地规则，但如果化学反应发生在一个或多个 USMCA 国家境内，则第二十七章中化学反应产生的货物为原产货物。

就这条规则而言，"化学反应"是通过破坏分子内键并形成新的分子内键，或通过改变分子中原子的空间排列而产生具有新结构的分子的过程(包括生化过程)。就本定义而言，以下不被视为化学反应：

(a)溶于水或其他溶剂；

(b)去除溶剂,包括溶剂水;或者

(c)加入或排除结晶水。

品目规则:就品目2710而言,下列工序被授予原产资格:

(a)常压蒸馏——一种分离过程,其中石油在蒸馏塔中根据沸点转化成馏分,然后蒸汽冷凝成不同的液化馏分,液化石油气、石脑油、汽油、煤油、柴油/取暖油、轻瓦斯油和润滑油由石油蒸馏生产;

(b)减压蒸馏——在低于大气压但不低到分子蒸馏的压力下进行的蒸馏,用于蒸馏高沸点和热敏性材料,如石油中的重馏分,以生产轻质至重质减压瓦斯油和渣油,在一些炼油厂,瓦斯油可以进一步加工成润滑油;

(c)催化加氢处理——在高温高压下,在特殊催化剂的作用下,用氢气裂解和/或处理石油,包括加氢裂化和加氢处理;

(d)重整(催化重整)——重排石脑油沸点物质中的分子,以形成高辛烷值芳烃(即以牺牲汽油产量为代价提高抗爆质量),主要产品是催化重整油,即一种汽油的混合成分,氢是另一种副产品;

(e)烷基化——汽油的高辛烷值混合组分从异烷烃和烯烃的催化结合中衍生出来的过程;

(f)裂解——一种精制过程,包括有机化合物(特别是通过加热获得的碳氢化合物)的分解和分子重组,以形成适用于汽车燃料、单体、石化产品等的分子:

(i)热裂解——使馏出物在540～650℃(1000～1200 ℉)的温度下暴露不同的时长,这一过程生产适度产量的汽油和较高产量的燃料油混合残余产品,

(ii)催化裂化——碳氢化合物蒸汽在约400℃(750℉)的温度下,通过金属催化剂(如硅铝或铂)的作用,在几秒钟内发生复杂的复合(烷基化、聚合、异构化等),生成高辛烷值汽油,与热裂解相比,该工艺产生的残油和轻气体较少;

(g)炼焦——一种热裂解工艺,用于从重质低品位产品(如还原原油、直馏沥青、裂解焦油和页岩油)转化为固体焦炭(碳)和低沸点碳氢化合物产品,这些产品适合用作其他炼油装置的原料,以转化为轻质产品;

(h)异构化——从石油化合物转化为其异构体的炼油过程。

品目规则:就品目2710而言,"直接混合"是一种炼油工艺,通过该工艺,来自加工装置的各种石油流和来自储存罐/储罐的石油组分结合在一起,形成成品,并具有预先确定的参数,归入品目2710,但非原产材料占货物的比例(按体积计)不超过25%。

品目规则:为确定品目2709的货物是否为原产货物,不考虑品目2709或品目2710稀释剂的原产地,该稀释剂用于促进USMCA国家之间的原油和从品目2709的沥青矿物中获得的原油的运输,但稀释剂占货物的比例(按体积计)不得超过40%。

1. 从任何其他章改变至品目2701至2703。

2. 从任何其他品目改变至品目2704。

3. 从任何其他品目(包括品目2705至2706中的另一品目)改变至品目2705至2706。

4.(A)从任何其他品目改变至子目2707.10至2707.91;或者

(B)从品目2707中的任何其他子目改变至子目2707.10至2707.91,不论是否又从任何其他

品目改变而来,前提是归类改变后的货物是化学反应的产物。

5. (A)从任何其他品目改变至子目 2707.99;

(B)从子目 2707.99 或品目 2707 的任何其他子目改变至子目 2707.99 苯酚,不论是否又从任何其他品目改变而来,前提是归类改变后的货物是化学反应的产物;或者

(C)从子目 2707.99 的苯酚或品目 2707 的任何其他子目改变至子目 2707.99 的任何其他货物,不论是否又从任何其他品目改变而来,前提是归类改变后的货物是化学反应的产物。

6. 从任何其他品目(包括品目 2708 至 2709 中的另一品目)改变至品目 2708 至 2709。

子目规则:尽管本注释(五)(ii)款有规定,但(五)(i)款适用于:

(a)子目 2710.20 的非原产轻油和制剂用于生产子目 2710.20 的其他货物时;以及

(b)子目 2710.20 的非原产其他油用于生产子目 2710.20 的轻质油或制剂时。

7. (A)从任何其他品目(品目 2711 至 2715 除外)改变至品目 2710;

(B)通过常压蒸馏、减压蒸馏、催化加氢处理、催化重整、烷基化、催化裂化、热裂解、焦化或异构化生产品目 2710 的任何货物;或者

(C)通过直接混合生产品目 2710 的任何货物,前提是:

(1)非原产材料归入第二十七章,

(2)该非原产材料的任何成分均不归入品目 2207,并且

(3)非原产材料占货物的比例(按体积计)不超过 25%。

8. 从子目 2711.11 或任何其他子目改变至子目 2711.11 的货物,前提是子目 2711.11 的非原产原料占货物的比例(按体积计)不超过 49%。

9. 从子目 2711.12 至 2711.14 或任何其他子目(包括该组别内的另一子目)改变至子目 2711.12 至 2711.14 的货物,前提是子目 2711.12 至 2711.14 的非原产原料占货物的比例(按体积计)不超过 49%。

10. 从任何其他子目(子目 2711.29 除外)改变至子目 2711.19。

11. 从任何其他子目改变至子目 2711.21。

12. 从任何其他子目(子目 2711.12 至 2711.21 除外)改变至子目 2711.29。

13. 从任何其他品目改变至品目 2712。

14. 从任何其他品目改变至子目 2713.11 至 2713.12。

15. 从子目 2713.20 或任何其他子目改变至子目 2713.20 的货物,前提是子目 2713.20 的非原产原料占货物的比例(按体积计)不超过 49%。

16. 从任何其他品目(品目 2710 至 2712、子目 2713.11 至 2713.20 或品目 2714 至 2715 除外)改变至子目 2713.90。

17. 从任何其他品目改变至品目 2714。

18. 从任何其他品目(子目 2713.20 或品目 2714 除外)改变至品目 2715。

19. 从任何其他品目改变至品目 2716。

第二十八章

1. (A)从任何其他子目(包括子目 2801.10 至 2853.00 中的另一子目)改变至子目 2801.10 至 2853.00;或者

(B)税则归类无需改变至子目 2801.10 至 2853.00 的货物,前提是区域价值成分不低于:

(1)使用成交价格法时的40%,或

(2)使用净成本法时的30%。

第二十九章

1. (A)从任何其他子目(包括子目2901.10至2942.00中的另一子目)改变至子目2901.10至2942.00;或者

   (B)税则归类无需改变至子目2901.10至2942.00(子目2916.32除外)的货物,不论是否又从任何其他子目改变而来,前提是区域价值成分不低于:

   (1)使用成交价格法时的40%,或

   (2)使用净成本法时的30%。

第三十章

1. 从任何其他子目(包括子目3001.20至3003.90中的另一子目)改变至子目3001.20至3003.90。

2. (A)从任何其他品目(品目3003除外)改变至品目3004;或者

   (B)税则归类无需改变至品目3004的货物,前提是区域价值成分不低于:

   (1)使用成交价格法时的60%,或

   (2)使用净成本法时的50%。

3. (A)从任何其他品目改变至子目3005.10至3005.90;或者

   (B)税则归类无需改变至子目3005.10至3005.90的货物,前提是区域价值成分不低于:

   (1)使用成交价格法时的60%,或

   (2)使用净成本法时的50%。

4. 从任何其他子目(包括子目3006.10至3006.50中的另一子目)改变至子目3006.10至3006.50。

5. (A)从任何其他品目改变至子目3006.60;或者

   (B)税则归类无需改变至子目3006.60的货物,前提是区域价值成分不低于:

   (1)使用成交价格法时的60%,或

   (2)使用净成本法时的50%。

6. (A)从任何其他章(第二十八章至第三十八章除外)改变至子目3006.70;或者

   (B)税则归类无需改变至子目3006.70的货物,前提是区域价值成分不低于:

   (1)使用成交价格法时的60%,或

   (2)使用净成本法时的50%。

7. 从任何其他子目(包括子目3006.91至3006.92中的另一子目)改变至子目3006.91至3006.92。

第三十一章

从子目3101.00至3105.90的任何其他货物或任何其他子目(包括该组别内的另一子目)改变至子目3101.00至3105.90。

第三十二章

章规则一:在确定归入品目3207至3215货物的原产地时,应忽略品目3206、品目3212的颜料或着色材料,但以二氧化钛为主的任何此类颜料或材料除外。

1. 从任何其他子目(包括子目 3201.10 至 3202.90 中的另一子目)改变至子目 3201.10 至 3202.90。
2. 从任何其他品目改变至品目 3203。
3. 从任何其他子目(包括子目 3204.11 至 3204.90 中的另一子目)改变至子目 3204.11 至 3204.90。
4. (A)从任何其他子目改变至子目 3205.00;或者
   (B)税则归类无需改变至子目 3205.00 的货物,前提是区域价值成分不低于:
      (1)使用成交价格法时的 40%,或
      (2)使用净成本法时的 30%。
5. 从任何其他子目(包括子目 3206.11 至 3206.42 中的另一子目)改变至子目 3206.11 至 3206.42。
6. (A)从子目 3206.49 的任何其他货物或任何其他子目改变至子目 3206.49 的以镉化合物为主的颜料或制剂;
   (B)从子目 3206.49 的任何其他货物或任何其他子目改变至子目 3206.49 的以六氰亚铁(铁氰化物和铁氰化物)为主的颜料和制剂;或者
   (C)从任何其他子目改变至子目 3206.49 的任何其他货物。
7. 从任何其他子目改变至子目 3206.50。
8. 从任何其他章改变至品目 3207 至 3215。

第三十三章

1. (A)从任何其他章改变至子目 3301.12 至 3301.13;或者
   (B)税则归类无需改变至子目 3301.12 至 3301.13 的货物,前提是区域价值成分不低于:
      (1)使用成交价格法时的 60%,或
      (2)使用净成本法时的 50%。
2. (A)从子目 3301.19 的任何其他货物或任何其他子目改变至子目 3301.19 的佛手柑或酸橙精油;
   (B)从任何其他章改变至子目 3301.19 的任何其他货物;或者
   (C)税则归类无需改变至子目 3301.19 项下货物,前提是区域价值成分不低于:
      (1)使用成交价格法时的 60%,或
      (2)使用净成本法时的 50%。
3. 从任何其他子目(包括子目 3301.24 至 3301.25 中的另一子目)改变至子目 3301.24 至 3301.25。
4. (A)从子目 3301.29 的任何其他货物或任何其他子目改变至子目 3301.29 的天竺葵、茉莉花、薰衣草或香根草精油;
   (B)从任何其他章改变至子目 3301.29 的任何其他货物;或者
   (C)税则归类无需改变至子目 3301.29 的货物,不论是否又从任何其他章改变而来,前提是区域价值成分不低于:
      (1)使用成交价格法时的 60%,或
      (2)使用净成本法时的 50%。

5. (A)从任何其他章改变至子目 3301.30 至 3301.90；或者

　(B)税则归类无需改变至子目 3301.30 至 3301.90 的货物，前提是区域价值成分不低于：

　　(1)使用成交价格法时的 60%，或

　　(2)使用净成本法时的 50%。

6. 从任何其他品目改变至品目 3302 至 3303。

7. 从任何其他子目(包括该子目 3304.10 至 3305.90 中的另一子目)改变至子目 3304.10 至 3305.90。

8. 从任何其他品目改变至品目 3306 至 3307。

第三十四章

1. 从任何其他品目改变至品目 3401。

2. (A)从任何其他子目(包括子目 3402.11 至 3404.90 中的另一子目)改变至子目 3402.11 至 3404.90；或者

　(B)税则归类无需改变至子目 3402.11 至 3404.90 的货物，前提是区域价值成分不低于：

　　(1)使用成交价格法时的 60%，或

　　(2)使用净成本法时的 50%。

3. 从任何其他品目(包括品目 3405 至 3407 中的另一品目)改变至品目 3405 至 3407。

第三十五章

1. (A)从任何其他品目改变至品目 3501；或者

　(B)税则归类无需改变至品目 3501 的货物，前提是区域价值成分不低于：

　　(1)使用成交价格法时的 65%，或

　　(2)使用净成本法时的 50%。

2. 从任何其他品目改变至子目 3502.11 至 3502.19。

3. (A)从任何其他品目改变至子目 3502.20 至 3502.90；或者

　(B)税则归类无需改变至子目 3502.20 至 3502.90 的货物，前提是区域价值成分不低于：

　　(1)使用成交价格法时的 65%，或

　　(2)使用净成本法时的 50%。

4. (A)从任何其他子目(包括子目 3503.00 至 3507.90 中的另一子目)改变至子目 3503.00 至 3507.90；或者

　(B)税则归类无需改变至子目 3503.00 至 3507.90 至货物，前提是区域价值成分不低于：

　　(1)使用成交价格法时的 40%，或

　　(2)使用净成本法时的 30%。

第三十六章

从任何其他品目(包括品目 3601 至 3606 中的另一品目)改变至品目 3601 至 3606。

第三十七章

1. 从品目 3701 至 3703 以外的任何品目改变至品目 3701 至 3703。

2. 从任何其他品目(包括品目 3704 至 3707 中的另一品目)改变至品目 3704 至 3707。

第三十八章

1. (A)从任何其他子目(包括子目 3801.10 至 3807.00 中的另一子目)改变至子目 3801.10 至

3807.00;或者

(B)税则归类无需改变至子目 3801.10 至 3807.00 的货物,前提是区域价值成分不低于:

(1)使用成交价格法时的 40%,或

(2)使用净成本法时的 30%。

2. 从任何其他子目(包括子目 3808.50 至 3808.99 中的另一子目)改变至子目 3808.50 至 3808.99,前提是原产有效成分占总有效成分的比例不低于 50%(按重量计)。

3. (A)从任何其他子目(包括子目 3809.10 至 3821.00 中的另一子目)改变至子目 3809.10 至 3821.00;或者

(B)税则归类无需改变至子目 3809.10 至 3821.00 的货物,前提是区域价值成分不低于:

(1)使用成交价格法时的 40%,或

(2)使用净成本法时的 30%。

4. 从任何其他品目改变至品目 3822。

5. (A)从任何其他子目(包括子目 3823.11 至 3826.00 中的另一子目)改变至子目 3823.11 至 3826.00;或者

(B)税则归类无需改变至子目 3823.11 至 3826.00 的货物,前提是区域价值成分不低于:

(1)使用成交价格法时的 40%,或

(2)使用净成本法时的 30%。

第三十九章

1. 从任何其他品目(包括品目 3901 至 3915 中的另一品目)改变至品目 3901 至 3915,前提是品目 3901 至 3915 的原产聚合物含量不低于聚合物总含量的 50%(按重量计)。

2. 从任何其他品目(包括品目 3916 至 3926 中的另一品目)改变至品目 3916 至 3926。

第四十章

章规则一:就与本章有关的各款而言,只要对各款的编号进行了划线强调,本注释(十一)款的规定就可适用于第八十七章机动车辆用的货物。

1. 从任何其他子目(包括子目 4001.10 至 4002.99 中的另一子目)改变至子目 4001.10 至 4002.99。

2. 从任何其他品目(包括品目 4003 至 4004 中的另一品目)改变至品目 4003 至 4004。

3. (A)从任何其他品目(包括品目 4005 至 4006 中的另一品目,品目 4001 除外)改变至品目 4005 至 4006;或者

(B)从品目 4001 改变至品目 4005 至 4006,不论是否又从任何其他品目(包括该组别内的另一品目)改变而来。

4. 从品目 4007 至 4008 以外的任何品目改变至品目 4007 至 4008。

子目规则:规则 6 关于子目 4009.11 的规定适用于第八十七章机动车辆使用的货物。

5. 从任何其他品目(品目 4010 至 4017 除外)改变至子目 4009.11。

子目规则:规则 6 关于子目 4009.12 的规定适用于第八十七章机动车辆使用的货物。

6. (A)从任何其他品目(品目 4010 至 4017 除外)改变至子目 4009.12 的管或软管,用于税号 8702.10.60、税号 8702.90.30、税号 8702.90.60、子目 8703.21 至 8703.90、子目 8704.21、子目 8704.31 或品目 8711 的机动车辆;

(B)从子目 4009.11 至 4017.00 改变至子目 4009.12 的管或软管,用于税号 8702.10.60、税号 8702.90.30、税号 8702.90.60、子目 8703.21 至 8703.90、子目 8704.21、子目 8704.31 或品目 8711 的机动车辆,不论是否又从任何其他品目改变而来,前提是区域价值成分不低于:

(1)使用成交价格法时的 60%,或

(2)使用净成本法时的 50%;或者

(C)从任何其他品目(品目 4010 至 4017 除外)改变至子目 4009.12 的管或软管(税号 8702.10.60、税号 8702.90.30、税号 8702.90.60、子目 8703.21 至 8703.90、子目 8704.21、子目 8704.31 或品目 8711 的机动车辆用的管或软管除外)。

子目规则:规则 7 关于子目 4009.21 的规定适用于第八十七章机动车辆用的货物。

7. 从任何其他品目(品目 4010 至 4017 除外)改变至子目 4009.21。

子目规则:规则 8 关于子目 4009.22 的规定适用于第八十七章机动车辆用的货物。

8.(A)从任何其他品目(品目 4010 至 4017 除外)改变至子目 4009.22 的管或软管,用于税号 8702.10.60、税号 8702.90.30、税号 8702.90.60、子目 8703.21 至 8703.90、子目 8704.21、子目 8704.31 或品目 8711 的机动车辆;

(B)从子目 4009.11 至 4017.00 改变至子目 4009.22 的管或软管,用于税号 8702.10.60、税号 8702.90.30、税号 8702.90.60、子目 8703.21 至 8703.90、子目 8704.21、子目 8704.31 或品目 8711 的机动车辆,不论是否又从任何其他品目改变而来,前提是区域价值成分不低于:

(1)使用成交价格法时的 60%,或

(2)使用净成本法时的 50%。

(C)从任何其他品目(品目 4010 至 4017 除外)改变至子目 4009.22 的管或软管(税号 8702.10.60、税号 8702.90.30、税号 8702.90.60、子目 8703.21 至 8703.90、子目 8704.21、子目 8704.31 或品目 8711 的机动车辆用的管或软管除外)。

子目规则:规则 9 关于子目 4009.31 的规定适用于第八十七章机动车辆用的货物。

9. 从任何其他品目(品目 4010 至 4017 除外)改变至子目 4009.31。

子目规则:规则 10 关于子目 4009.32 的规定适用于第八十七章机动车辆用的货物。

10.(A)从任何其他品目(品目 4010 至 4017 除外)改变至子目 4009.32 的管或软管,用于税号 8702.10.60、税号 8702.90.30、税号 8702.90.60、子目 8703.21 至 8703.90、子目 8704.21、子目 8704.31 或品目 8711 的机动车辆;

(B)从子目 4009.11 至 4017.00 改变至子目 4009.32 的管或软管,用于税号 8702.10.60、税号 8702.90.30、税号 8702.90.60、子目 8703.21 至 8703.90、子目 8704.21、子目 8704.31 或品目 8711 的机动车辆,不论是否又从任何其他品目改变而来,前提是区域价值成分不低于:

(1)使用成交价格法时的 60%,或

(2)使用净成本法时的 50%;或者

(C)从任何其他品目(品目 4010 至 4017 除外)改变至子目 4009.32 的管或软管(用于税号 8702.10.60、税号 8702.90.30、税号 8702.00.90、子目 8703.21 至 8703.90、子目 8704.21、子目 8704.31 或品目 8711 的机动车辆用的管或软管除外)。

子目规则:规则11关于子目4009.41的规定适用于第八十七章机动车辆用的货物。

11. 从任何其他品目(品目4010至4017除外)改变至子目4009.41。

子目规则:规则12关于子目4009.42的规定适用于第八十七章机动车辆用的货物。

12. (A)从任何其他品目(品目4010至4017除外)改变至子目4009.42的管或软管,用于税号8702.10.60、税号8702.90.30、税号8702.90.60、子目8703.21至8703.90、子目8704.21、子目8704.31或品目8711的机动车辆;

    (B)从子目4009.11至4017.00改变至子目4009.42的管或软管,用于税号8702.10.60、税号8702.90.30、税号8702.90.60、子目8703.21至8703.90、子目8704.21、子目8704.31或品目8711的机动车辆,不论是否又从任何其他品目改变而来,前提是区域价值成分不低于:

    (1)使用成交价格法时的60%,或

    (2)使用净成本法时的50%;或者

    (C)从任何其他品目(品目4010至4017除外)改变至子目4009.42的管或软管(税号8702.10.60、税号8702.90.30、税号8702.00.90、子目8703.21至8703.90、子目8704.21、子目8704.31或品目8711的机动车辆用的管或软管除外)。

品目规则:规则13关于品目4010至4011的规定适用于第八十七章机动车辆用的货物。

13. 从任何其他品目(品目4009至4017除外)改变至品目4010至4011。

14. 从子目4012.11至4012.19以外的任何子目改变至子目4012.11至4012.19。

15. 从任何其他品目改变至子目4012.20至4012.90。

16. 从任何其他品目(包括品目4013至4015中的另一品目)改变至品目4013至4015。

子目规则:规则17关于子目4016.10至4016.95的规定适用于第八十七章机动车辆用的货物。

17. 从任何其他品目改变至子目4016.10至4016.95。

子目规则:规则18和19关于子目4016.99的规定适用于第八十七章机动车辆用的货物。

18. (A)从任何其他税号改变至税号4016.99.30或税号4016.99.55;或者

    (B)从任何其他子目改变至税号4016.99.30或税号4016.99.55,前提是使用净成本法时的区域价值成分含量不低于50%。

19. 从任何其他品目改变至子目4016.99。

20. 从任何其他品目改变至品目4017。

第四十一章

1. (A)从品目4101的任何其他货物或任何其他章改变至品目4101的经退鞣(包括预鞣,该工艺可逆)加工的生皮;或者

   (B)从任何其他章改变至品目4101的任何其他货物。

2. (A)从品目4102的任何其他货物或任何其他章改变至品目4102的经退鞣(包括预鞣,该工艺可逆)加工的生皮;或者

   (B)从任何其他章改变至品目4102的任何其他货物。

3. (A)从品目4103的任何其他货物或任何其他章改变至品目4103的经退鞣(包括预鞣,该工艺可逆)加工的生皮(品目4103的骆驼皮或单峰骆驼皮除外);

   (B)从任何其他章(第四十三章除外)改变至品目4103的骆驼皮或单峰骆驼皮;或者

(C)从任何其他章改变至品目4103的任何其他货物。

4. 从任何其他品目(品目4107除外)改变至品目4104。

5. 从品目4102或任何其他章改变至子目4105.10。

6. 从品目4102、子目4105.10或任何其他章改变至子目4105.30。

7. 从子目4103.10或任何其他章改变至子目4106.21。

8. 从子目4103.10、子目4106.21或任何其他章改变至子目4106.22。

9. 从子目4103.30或任何其他章改变至子目4106.31。

10. 从子目4103.30、子目4106.31或任何其他章改变至子目4106.32。

11. (A)从子目4103.20或任何其他章改变至子目4106.40的湿态鞣制皮革(包括蓝湿皮);或者

(B)从子目4103.20、子目4106.40的湿态鞣制皮革(包括蓝湿皮)或任何其他章改变至子目4106.40的经鞣制的不带毛皮革。

12. 从子目4103.90或任何其他章改变至子目4106.91。

13. 从子目4103.90、子目4106.91或任何其他章改变至子目4106.92。

14. 从品目4101或任何其他章改变至品目4107。

15. 从品目4102、子目4105.10或任何其他章改变至品目4112。

16. 从品目4103、子目4106.21、子目4106.31、子目4106.40的湿态鞣制皮革(包括蓝湿皮)、子目4106.91或任何其他章改变至品目4113。

17. 从品目4101至4103、子目4105.10、子目4106.21、子目4106.31、子目4106.91或任何其他章改变至品目4114。

18. 从品目4101至4103或任何其他章改变至子目4115.10至4115.20。

第四十二章

1. 从任何其他章改变至品目4201。

2. 从任何其他章改变至子目4202.11。

3. 从任何其他章(品目5407、品目5408、品目5512至5516,以及子目5903.10、子目5903.20、子目5903.90、子目5906.99、子目5907.00的化学纤维织物除外)改变至子目4202.12。

4. 从任何其他章改变至子目4202.19至4202.21。

5. 从任何其他章(品目5407、品目5408、品目5512至5516,以及子目5903.10、子目5903.20、子目5903.90、子目5906.99、子目5907.00的化学纤维织物除外)改变至子目4202.22。

6. 从任何其他章改变至子目4202.29至4202.31。

7. 从任何其他章(品目5407、品目5408、品目5512至5516,以及子目5903.10、子目5903.20、子目5903.90、子目5906.99、子目5907.00的化学纤维织物除外)改变至子目4202.32。

8. 从任何其他章改变至子目4202.39至4202.91。

9. 从任何其他章(品目5407、品目5408、品目5512至5516,以及子目5903.10、子目5903.20、子目5903.90、子目5906.99、子目5907.00的化学纤维织物除外)改变至子目4202.92。

10. 从任何其他章改变至子目4202.99。

11. 从任何其他章改变至品目4203至4206。

第四十三章

1. 从任何其他章改变至品目4301。

2. 从任何其他品目改变至品目4302。

3. 从品目4303至4304以外的任何品目改变至品目4303至4304。

第四十四章

从任何其他品目(包括品目4401至4421中的另一品目)改变至品目4401至4421。

第四十五章

1. 从任何其他品目(包括品目4501至4502中的另一品目)改变至品目4501至4502。

2. 从子目4503.10的任何其他货物或任何其他子目改变至子目4503.10的货物。

3. 从任何其他品目改变至子目4503.90。

4. 从任何其他品目改变至品目4504。

第四十六章

1. 从任何其他章改变至品目4601。

2. 从任何其他品目改变至品目4602。

第四十七章

从任何其他章改变至品目4701至4707。

第四十八章

1. 从任何其他章改变至品目4801。

2. (A)从品目4802的宽度超过15厘米的条状或卷状的纸或纸板或者任何其他品目(品目4817至4823除外)改变至品目4802的宽度不超过15厘米的条状或卷状的纸或纸板;

(B)从品目4802的宽度超过15厘米的条状或卷状的纸或纸板、品目4802的展开状态下长边超过36厘米且短边超过15厘米的矩形(包括正方形)纸或纸板或者任何其他品目(品目4817至4823除外)改变至品目4802的展开状态下长边不超过36厘米或短边不超过15厘米的矩形(包括正方形)纸或纸板;或者

(C)从任何其他章改变至品目4802的任何其他货物。

3. 从任何其他章改变至品目4803至4807。

4. 从品目4808至4809以外的任何品目改变至品目4808至4809。

5. (A)从品目4810的宽度超过15厘米的条状或卷状的纸或纸板或者任何其他品目(品目4817至4823除外)改变至品目4810的宽度不超过15厘米的条状或卷状的纸或纸板;

(B)从品目4810的宽度超过15厘米的条状或卷状的纸或纸板、品目4810的展开状态下长边超过36厘米且短边超过15厘米的矩形(包括正方形)纸或纸板或者任何其他品目(品目4817至4823除外)改变至品目4810的展开状态下长边不超过36厘米或短边不超过15厘米的矩形(包括正方形)纸或纸板;或者

(C)从任何其他章改变至品目4810的任何其他货物。

6. (A)从品目4811的宽度超过15厘米的条状或卷状的纸或纸板、品目4811的纸或纸板基的铺地制品或者任何其他品目(品目4817至4823除外)改变至品目4811的宽度不超过15厘米的条状或卷状的纸或纸板;

(B)从品目4811的宽度超过15厘米的条状或卷状的纸或纸板、品目4811的展开状态下长边

超过36厘米且短边超过15厘米的矩形(包括正方形)纸或纸板、品目4811的纸或纸板基的铺地制品或者任何其他品目(品目4817至4823除外)改变至品目4811的展开状态下长边不超过36厘米或短边不超过15厘米的矩形(包括正方形)纸或纸板;

(C)从品目4811的任何其他货物或任何其他品目(品目4814、子目4823.90的纸或纸板基的铺地制品除外)改变至品目4811的纸或纸板基的铺地制品;或者

(D)从品目4811的纸或纸板基的铺地制品或者任何其他章改变至品目4811的任何其他货物。

7. 从任何其他章改变至品目4812至4813。

8. 从任何其他品目(品目4811的纸或纸板基的铺地制品除外)改变至品目4814。

9. 从任何其他品目(品目4809除外)改变至品目4816。

10. 从品目4817至4822以外的任何品目(品目4823除外)改变至品目4817至4822。

11. (A)从品目4823的宽度超过15厘米的条状或卷状的纸或纸板(品目4823的因其宽度归入品目4803、品目4809、品目4814的条状或卷状的纸或纸板除外)、品目4823的纸或纸板基的铺地制品或者任何其他品目(品目4817至4822除外)改变至品目4823的宽度不超过15厘米的条状或卷状的纸或纸板;

(B)从品目4823的纸或纸板基的铺地制品或者任何其他品目(品目4817至4822除外)改变至品目4823的宽度超过15厘米的条状或卷状的纸或纸板;

(C)从品目4823的任何其他货物或任何其他品目(品目4811、品目4814的纸或纸板基的铺地制品除外)改变至品目4823的纸或纸板基的铺地制品;或者

(D)从品目4823的宽度超过15厘米的条状或卷状的纸或纸板(品目4823的因其宽度归入品目4803、品目4809、品目4814的条状或卷状的纸或纸板除外)、品目4823的纸或纸板基的铺地制品或者任何其他品目[品目4802、品目4810、品目4811的宽度超过15厘米但不超过36厘米的条状或卷状的纸或纸板、展开状态下单边不超过15厘米的矩形(包括正方形)纸或纸板或者品目4817至4822除外]改变至品目4823的任何其他货物。

第四十九章

从任何其他章改变至品目4901至4911。

第五十章

1. 从任何其他章改变至品目5001至5003。

2. 从品目5004至5006以外的任何品目改变至品目5004至5006。

3. 从任何其他品目改变至品目5007。

第五十一章

1. 从任何其他章改变至品目5101至5105。

2. 从品目5106至5110以外的任何品目改变至品目5106至5110。

3. 从任何品目(品目5106至5110、品目5112至5113、品目5205至5206、品目5401至5404或品目5509至5510除外)改变至品目5111。

子目规则:就加拿大与美国之间子目5112.11的货物贸易而言,适用下列原产地规则:

(a)从子目5108.20的精梳骆驼毛纱线或精梳羊绒纱线或者任何其他品目(品目5106至5107、品目5108、品目5109至5111、品目5205至5206、品目5401至5404或品目5509至5510除

外)改变至子目 5112.11 的精梳动物细毛机织物(每平方米重量不超过 140 克的挂毯或室内装饰织物除外);或者

(b)从任何其他品目(品目 5106 至 5111、品目 5113、品目 5205 至 5206、品目 5401 至 5404 或品目 5509 至 5510 除外)改变至子目 5112.11 的任何其他货物。

就子目 5112.11 的所有其他货物贸易而言,适用下列原产地规则:

(a)从任何其他品目(品目 5106 至 5111、品目 5113、品目 5205 至 5206、品目 5401 至 5404 或品目 5509 至 5510 除外)改变至子目 5112.11。

子目规则: 就加拿大与美国之间子目 5112.19 的货物贸易而言,适用下列原产地规则:

(a)从子目 5108.20 的精梳骆驼毛纱线或精梳羊绒纱线或者任何其他品目(品目 5106 至 5107、品目 5108 的任何其他货物、品目 5109 至 5111、品目 5205 至 5206、品目 5401 至 5404 或品目 5509 至 5510 除外)改变至子目 5112.19 的精梳动物细毛机织物(挂毯或室内装饰织物除外);或者

(b)从任何其他品目(品目 5106 至 5110、品目 5111、品目 5113、品目 5205 至 5206、品目 5401 至 5404 或品目 5509 至 5510 除外)改变至子目 5112.19。

就子目 5112.19 的所有其他货物贸易而言,适用下列原产地规则:

(a)从任何其他品目(品目 5106 至 5111、品目 5113、品目 5205 至 5206、品目 5401 至 5404 或品目 5509 至 5510 除外)改变至子目 5112.19。

4. 从任何其他品目(品目 5106 至 5111、品目 5113、品目 5205 至 5206、品目 5401 至 5404 或品目 5509 至 5510 除外)改变至子目 5112.20 至 5112.90。

5. 从任何其他品目(品目 5106 至 5112、品目 5205 至 5206、品目 5401 至 5404 或品目 5509 至 5510 除外)改变至品目 5113。

第五十二章

1. 从任何其他章(品目 5401 至 5405、品目 5501 至 5507 除外)改变至品目 5201 至 5207。

2. 从品目 5208 至 5212 以外的任何品目(品目 5106 至 5110、品目 5205 至 5206、品目 5401 至 5404 或品目 5509 至 5510 除外)改变至品目 5208 至 5212。

第五十三章

1. 从任何其他章改变至品目 5301 至 5305。

2. 从品目 5306 至 5308 以外的任何品目改变至品目 5306 至 5308。

3. 从任何其他品目改变至品目 5309 至 5311。

第五十四章

1. 从任何其他章(品目 5201 至 5203 或品目 5501 至 5507 除外)改变至品目 5401 至 5406。

2. (A)从子目 5402.44、子目 5402.47 或子目 5402.52 的纱线[全部为聚酯(部分取向除外),捻度为每米 900 转或以上,细度不小于 75 分特但不大于 80 分特,每根纱线有 24 根长丝]或者任何其他章(品目 5106 至 5110、品目 5205 至 5206 或品目 5509 至 5510 除外)改变至子目 5407.61 的非变形聚酯长丝机织物;或者

(B)从任何其他章(品目 5106 至 5110、品目 5205 至 5206 或品目 5509 至 5510 除外)改变至品目 5407 的任何其他货物。

3. 从任何其他章(品目 5106 至 5110、品目 5205 至 5206 或品目 5509 至 5510 除外)改变至品目

5408。

第五十五章

1. 从任何其他章(品目5201至5203或品目5401至5405除外)改变至品目5501至5508。

2. 从任何其他章(品目5201至5203或品目5401至5405除外)改变至子目5509.11至5509.22。

子目规则：就加拿大与美国之间子目5509.31的货物贸易而言,适用下列原产地规则：

(a)从子目5501.30的酸性可染腈纶丝束或任何其他章(品目5201至5203或品目5401至5405除外)改变至子目5509.31。

就子目5509.31的其他货物贸易而言,适用下列原产地规则：

(a)从任何其他章(品目5201至5203、品目5401至5405除外)改变至子目5509.31。

3. 从任何其他章(品目5201至5203或品目5401至5405除外)改变至子目5509.32至5509.99。

4. 从任何其他章(品目5201至5203或品目5401至5405除外)改变至品目5510至5511。

5. 从品目5512至5516以外的任何品目(品目5106至5110、品目5205至5206或品目5401至5404,品目5509至5510除外)改变至品目5512至5516。

第五十六章

1. 从任何其他章(品目5106至5113、品目5204至5212、品目5310至5311或第五十四章至第五十五章除外)改变至品目5601至5605。

2. (A)从子目5402.45的直丝纱[直丝纱是指子目5402.45的7D/5F、10D/7F、12D/5F、尼龙66、非变形(平直)半消光复丝、无捻或捻度不超过每米50转的纱线]或任何其他章(品目5106至5113、品目5204至5212、品目5310至5311或第五十四章至第五十五章除外)改变至品目5606;或者

(B)从任何其他章(品目5106至5113、品目5204至5212、品目5310至5311或第五十四章至第五十五章除外)改变至品目5606的任何其他货物。

3. 从任何其他章(品目5106至5113、品目5204至5212、品目5310至5311或第五十四章至第五十五章除外)改变至品目5607至5609。

第五十七章

1. 从任何其他章(品目5106至5113、品目5204至5212、品目5311、第五十四章或品目5508至5516除外)改变至品目5701至5702。

2. 从任何其他章(品目5106至5113、品目5204至5212、品目5311、第五十四章或品目5508至5516除外)改变至子目5703.10。

章规则一：就墨西哥和美国之间子目5703.20至5703.30的货物贸易而言,适用下列原产地规则：

(a)从任何其他章(品目5106至5113、品目5204至5212、品目5311、第五十四章或第五十五章除外)改变至子目5703.20至5703.30。

就子目5703.20至5703.30的其他货物贸易而言,适用下列原产地规则：

(a)从任何其他章(品目5106至5113、品目5204至5212、品目5311、第五十四章或品目5508至5516除外)改变至子目5703.20至5703.30。

3. 从任何其他章(品目5106至5113、品目5204至5212、品目5311、第五十四章或品目5508至5516除外)改变至子目5703.90。

品目规则：就墨西哥与美国之间品目5704的货物贸易而言,适用下列原产地规则:

(a)从任何其他章(品目5106至5113、品目5204至5212、品目5311、第五十四章或第五十五章除外)改变至品目5704。

就品目5704的其他货物贸易而言,适用下列原产地规则:

(a)从任何其他章(品目5106至5113、品目5204至5212、品目5311、第五十四章或品目5508至5516除外)改变至品目5704。

4. 从任何其他章(品目5106至5113、品目5204至5212、品目5311、第五十四章或品目5508至5516除外)改变至品目5705。

第五十八章

1. 从任何其他章(品目5106至5113、品目5204至5212、品目5310至5311或第五十四章至第五十五章除外)改变至子目5801.10至5801.33。

子目规则：就加拿大与美国之间子目5801.36的货物贸易而言,适用下列原产地规则:

(a)从任何其他章(品目5106至5113、品目5204至5212、品目5310至5311、第五十四章、品目5501至5502、子目5503.10至5503.20、子目5503.40至5503.90或品目5504至5516除外)改变至子目5801.36。

就子目5801.36的其他货物贸易而言,适用下列原产地规则:

(a)从任何其他章(品目5106至5113、品目5204至5212、品目5310至5311或第五十四章至第五十五章除外)改变至子目5801.36。

子目规则：就加拿大与美国之间子目5801.37的货物贸易而言,适用下列原产地规则:

(a)从任何其他章(品目5106至5113、品目5204至5212、品目5310至5311、第五十四章、品目5501至5502、子目5503.10至5503.20、子目5503.40至5503.90或品目5504至5516除外)改变至子目5801.37的经起绒织物(该织物以子目5503.30的干法腈纶短纤维为绒纱,并经匹染成单一颜色);或者

(b)从任何其他章(品目5106至5113、品目5204至5212、品目5310至5311或第五十四章至第五十五章除外)改变至子目5801.37。

就子目5801.37的其他货物贸易而言,适用下列原产地规则:

(a)从任何其他章(品目5106至5113、品目5204至5212、品目5310至5311或第五十四章至第五十五章除外)改变至子目5801.37。

2. 从任何其他章(品目5106至5113、品目5204至5212、品目5310至5311或第五十四章至第五十五章除外)改变至子目5801.90。

3. 从任何其他章(品目5106至5113、品目5204至5212、品目5310至5311或第五十四章至第五十五章除外)改变至品目5802至5811。

第五十九章

1. 从任何其他章(品目5111至5113、品目5208至5212、品目5310至5311、品目5407至5408或品目5512至5516除外)改变至品目5901。

2. 从任何其他品目(品目5106至5113、品目5204至5212、品目5310至5311或第五十四章至第五十五章除外)改变至品目5902。

3. 从任何其他章(品目5111至5113、品目5208至5212、品目5310至5311或品目5407至5408

或品目 5512 至 5516 除外)改变至品目 5903 至 5908。

4. 从任何其他章(品目 5111 至 5113、品目 5208 至 5212、品目 5310 至 5311 或第五十四章、品目 5512 至 5516 除外)改变至品目 5909。

5. 从任何其他品目(品目 5106 至 5113、品目 5204 至 5212、品目 5310 至 5311 或第五十四章至第五十五章除外)改变至品目 5910。

6. 从任何其他章(品目 5111 至 5113、品目 5208 至 5212、品目 5310 至 5311、品目 5407 至 5408 或品目 5512 至 5516 除外)改变至品目 5911。

第六十章

从任何其他章(品目 5106 至 5113、第五十二章、品目 5310 至 5311 或第五十四章至第五十五章除外)改变至品目 6001 至 6006。

第六十一章

章规则一:为确定本章货物的原产地,适用于该货物的规则应仅适用于确定该货物税则归类的成分,并且该成分必须满足该规则规定的税则归类改变要求。

章规则二:自 2022 年 1 月 1 日起生效,尽管有本章章规则一的规定,但本章含有子目 5806.20 或品目 6002 织物的货物,仅当这些织物均在一个或多个 USMCA 国家境内由纱线制作完成时,才被视为原产。

章规则三:自 2021 年 7 月 1 日起生效,尽管有本章章规则一的规定,但本章含有品目 5204、品目 5401 或品目 5508 的缝纫线或者品目 5402 的用作缝纫线的纱线的货物,仅当在一个或多个 USMCA 国家境内成型和完成时,才被视为原产。

章规则四:自 2022 年 1 月 1 日起生效,尽管有本章章规则一的规定,但对于本章含有一个或多个口袋的服装,该口袋织物必须在一个或多个 USMCA 国家境内由在一个或多个 USMCA 国家完全成型的纱线制作完成。

1. 从任何其他章(品目 5106 至 5113、品目 5204 至 5212、品目 5310 至 5311、第五十四章、品目 5508 至 5516 或品目 6001 至 6006 除外)改变至品目 6101 至 6102,前提是该货物在一个或多个 USMCA 国家境内裁剪(或针织成型)并缝制或以其他方式组合。

2. 从任何其他章(品目 5106 至 5113、品目 5204 至 5212、品目 5310 至 5311、第五十四章、品目 5508 至 5516 或品目 6001 至 6006 除外)改变至子目 6103.10 至 6103.22,前提是该货物在一个或多个 USMCA 国家境内裁剪(或针织成型)并缝制或以其他方式组合。

子目规则:就墨西哥与美国之间子目 6103.23 的货物贸易而言,适用下列原产地规则:

(a)从任何其他章(品目 5106 至 5113、品目 5204 至 5212、品目 5310 至 5311、第五十四章至第五十五章、品目 6001 至 6001 或品目 6006 除外)改变至子目 6110.30 的毛衣,该毛衣被归入子目 6103.23 的便服套装的一部分,前提是该货物在一个或多个 USMCA 国家境内裁剪(或针织成型)并缝制或以其他方式组合;或者

(b)从任何其他章(品目 5106 至 5113、品目 5204 至 5212、品目 5310 至 5311、第五十四章、品目 5508 至 5516 或品目 6001 至 6006 除外)改变至子目 6103.23,前提是该货物在一个或多个 USMCA 国家境内裁剪(或针织成型)并缝制或以其他方式组合。

就子目 6103.23 的其他货物贸易而言,适用下列原产地规则:

(a)从任何其他章(品目 5106 至 5113、品目 5204 至 5212、品目 5310 至 5311、第五十四章、品目

5508 至 5516 或品目 6001 至 6006 除外)改变至子目 6103.23,前提是该货物在一个或多个 USMCA 国家境内裁剪(或针织成型)并缝制或以其他方式组合。

3. 从任何其他章(品目 5106 至 5113、品目 5204 至 5212、品目 5310 至 5311、第五十四章、品目 5508 至 5516 或品目 6001 至 6006 除外)改变至子目 6103.29 至 6103.49,前提是该货物在一个或多个 USMCA 国家境内裁剪(或针织成型)并缝制或以其他方式组合。

4. 从任何其他章(品目 5106 至 5113、品目 5204 至 5212、品目 5310 至 5311、第五十四章、品目 5508 至 5516 或品目 6001 至 6006 除外)改变至子目 6104.13 至 6104.22,前提是该货物在一个或多个 USMCA 国家境内裁剪(或针织成型)并缝制或以其他方式组合。

子目规则:就墨西哥与美国之间子目 6104.23 的货物贸易而言,适用下列原产地规则:

(a)从任何其他章(品目 5106 至 5113、品目 5204 至 5212、品目 5310 至 5311、第五十四章至第五十五章或品目 6001 至 6006 除外)改变至子目 6110.30 的毛衣,该毛衣被归入子目 6104.23 的便服套装的一部分,前提是该货物在一个或多个 USMCA 国家境内裁剪(或针织成型)并缝制或以其他方式组合;或者

(b)从任何其他章(品目 5106 至 5113、品目 5204 至 5212、品目 5310 至 5311、第五十四章、品目 5508 至 5516 或品目 6001 至 6006 除外)改变至子目 6104.23,前提是该货物在一个或多个 USMCA 国家境内裁剪(或针织成型)并缝制或以其他方式组合。

就子目 6104.23 的其他货物贸易而言,适用下列原产地规则:

(a)从任何其他章(品目 5106 至 5113、品目 5204 至 5212、品目 5310 至 5311、第五十四章、品目 5508 至 5516 或品目 6001 至 6006 除外)改变至子目 6104.23,前提是该货物在一个或多个 USMCA 国家境内裁剪(或针织成型)并缝制或以其他方式组合。

5. 从任何其他章(品目 5106 至 5113、品目 5204 至 5212、品目 5310 至 5311、第五十四章、品目 5508 至 5516 或品目 6001 至 6006 除外)改变至 6104.29 至 6104.69,前提是该货物在一个或多个 USMCA 国家境内裁剪(或针织成型)并缝制或以其他方式组合。

6. 从任何其他章(品目 5106 至 5113、品目 5204 至 5212、品目 5310 至 5311、第五十四章、品目 5508 至 5516 或品目 6001 至 6006 除外)改变至品目 6105 至 6106,前提是该货物在一个或多个 USMCA 国家境内裁剪(或针织成型)并缝制或以其他方式组合。

7. 从任何其他章(品目 5106 至 5113、品目 5204 至 5212、品目 5310 至 5311、第五十四章、品目 5508 至 5516、品目 6001 至 6006 或品目 9619 的其他纺织制品除外)改变至子目 6107.11 至 6107.19,前提是该货物在一个或多个 USMCA 国家境内裁剪(或针织成型)并缝制或以其他方式组合。

8. (A)从子目 6006.21、子目 6006.22、子目 6006.23 或子目 6006.24 的全棉单纱制针织圆形织物(每根纱线细度超过 100 公支)改变至子目 6107.21,前提是该货物(不包括领子、袖子、腰带或松紧带)全部由这种织物制成,在一个或多个 USMCA 国家境内裁剪并缝制或以其他方式组合,并且此类货物不受本章章规则二至章规则四的约束;或者

(B)从任何其他章(品目 5106 至 5113、品目 5204 至 5212、品目 5310 至 5311、第五十四章、品目 5508 至 5516 或品目 6001 至 6006 除外)改变至子目 6107.21,前提是该货物在一个或多个 USMCA 国家境内裁剪(或针织成型)并缝制或以其他方式组合。

9. 从任何其他章(品目 5106 至 5113、品目 5204 至 5212、品目 5310 至 5311、第五十四章、品目

5508 至 5516 或品目 6001 至 6006 除外)改变至子目 6107.22 至 6107.99,前提是该货物在一个或多个 USMCA 国家境内裁剪(或针织成型)并缝制或以其他方式组合。

10. 从任何其他章(品目 5106 至 5113、品目 5204 至 5212、品目 5310 至 5311、第五十四章、品目 5508 至 5516 或品目 6001 至 6006 除外)改变至子目 6108.11 至 6108.19,前提是该货物是在一个或多个 USMCA 国家境内裁剪(或针织成型)并缝制或以其他方式组合。

11. (A)从子目 6006.21、子目 6006.22、子目 6006.23 或子目 6006.24 的全棉单纱制针织圆形织物(每根纱线细度超过 100 公支)改变至子目 6108.21,前提是该货物(不包括领子、袖子、腰带或松紧带)全部由这种织物制成,在一个或多个 USMCA 国家境内裁剪并缝制或以其他方式组合,并且此类货物不受本章章规则二至章规则四的约束;或者

(B)从任何其他章(品目 5106 至 5113、品目 5204 至 5212、品目 5310 至 5311、第五十四章、品目 5508 至 5516、品目 6001 至 6006 或品目 9619 的其他合成纺织品除外)改变至子目 6108.21,前提是该货物在一个或多个 USMCA 国家境内裁剪(或针织成型)并缝制或以其他方式组合。

12. 从任何其他章(品目 5106 至 5113、品目 5204 至 5212、品目 5310 至 5311、第五十四章、品目 5508 至 5516、品目 6001 至 6006 或品目 9619 的其他纺织制品除外)改变至子目 6108.22 至 6108.29,前提是该货物在一个或多个 USMCA 国家境内裁剪(或针织成型)并缝制或以其他方式组合。

13. (A)从子目 6006.21、子目 6006.22、子目 6006.23 或子目 6006.24 的全棉单纱制针织圆形织物(每根纱线细度超过 100 公支)改变至子目 6108.31,前提是且该货物(不包括领子、袖子、腰带或松紧带)全部由这种织物制成,在一个或多个 USMCA 国家境内裁剪并缝制或以其他方式组合,并且此类货物不受本章章规则二至章规则四的约束;或者

(B)从任何其他章(品目 5106 至 5113、品目 5204 至 5212、品目 5310 至 5311、第五十四章、品目 5508 至 5516 或品目 6001 至 6006 除外)改变至子目 6108.31,前提是该货物在一个或多个 USMCA 国家境内裁剪(或针织成型)并缝制或以其他方式组合。

14. 从任何其他章(品目 5106 至 5113、品目 5204 至 5212、品目 5310 至 5311、第五十四章、品目 5508 至 5516 或品目 6001 至 6006 除外)改变至子目 6108.32 至 6108.99,前提是该货物在一个或多个 USMCA 国家境内裁剪(或针织成型)并缝制或以其他方式组合。

15. 从任何其他章(品目 5106 至 5113、品目 5204 至 5212、品目 5310 至 5311、第五十四章、品目 5508 至 5516、品目 6001 至 6006 或品目 9619 项下其他纺织制品除外)改变至品目 6109,前提是该货物在一个或多个 USMCA 国家境内裁剪(或针织成型)并缝制或以其他方式组合。

16. 从任何其他章(品目 5106 至 5113、品目 5204 至 5212、品目 5310 至 5311、第五十四章、品目 5508 至 5516、品目 6001 至 6006 或品目 9619 的其他纺织制品除外)改变至子目 6110.11 至 6110.20,前提是该货物在一个或多个 USMCA 国家境内裁剪(或针织成型)并缝制或以其他方式组合。

子目规则:就墨西哥和美国之间子目 6110.30 的货物贸易而言,适用下列原产地规则:

(a)从任何其他章(品目 5106 至 5113、品目 5204 至 5212、品目 5310 至 5311、第五十四章至第五十五章或品目 6001 至 6006 除外)改变至子目 6110.30 的毛衣,前提是该货物在一个或多个 USMCA 国家境内裁剪(或针织成型)并缝制或以其他方式组合;或者

(b) 从任何其他章(品目 5106 至 5113、品目 5204 至 5212、品目 5310 至 5311、第五十四章、品目 5508 至 5516 或品目 6001 至 6006 除外)改变至子目 6110.30,前提是该货物在一个或多个 USMCA 国家境内裁剪(或针织成型)并缝制或以其他方式组合。

就子目 6110.30 的其他货物贸易而言,适用下列原产地规则:

(a) 从任何其他章(品目 5106 至 5113、品目 5204 至 5212、品目 5310 至 5311、第五十四章、品目 5508 至 5516 或品目 6001 至 6006 除外)改变至子目 6110.30,前提是该货物在一个或多个 USMCA 国家境内裁剪(或针织成型)并缝制。

17. 从任何其他章(品目 5106 至 5113、品目 5204 至 5212、品目 5310 至 5311、第五十四章、品目 5508 至 5516、品目 6001 至 6006 或品目 9619 的其他纺织制品除外)改变至子目 6110.90,前提是该货物在一个或多个 USMCA 国家境内裁剪(或针织成型)并缝制或以其他方式组合。

18. 从任何其他章(品目 5106 至 5113、品目 5204 至 5212、品目 5310 至 5311、第五十四章、品目 5508 至 5516、品目 6001 至 6006 或品目 9619 的其他人造纺织品除外)改变至品目 6111,前提是该货物在一个或多个 USMCA 国家境内裁剪(或针织成型)并缝制或以其他方式组合。

19. 从任何其他章(品目 5106 至 5113、品目 5204 至 5212、品目 5310 至 5311、第五十四章、品目 5508 至 5516 或品目 6001 至 6006 除外)改变至品目 6112 至 6117,前提是该货物在一个或多个 USMCA 国家境内裁剪(或针织成型)并缝制或以其他方式组合。

第六十二章

章规则一:如果本章的服装在一个或多个 USMCA 国家境内裁剪并缝制或以其他方式组合,并且外壳(不包括领子或袖子)的织物完全是下列的一种或多种,则应被视为原产货物:

(a) 子目 5801.23 的平绒织物,含棉量(按重量计)为 85% 或以上;

(b) 子目 5801.22 的灯芯绒织物,含棉量(按重量计)为 85% 或以上,每厘米绒条数为 7.5 根以上;

(c) 子目 5111.11 或子目 5111.19 的织物,如为手工织造,则织机宽度小于 76 厘米,按照哈里斯粗花呢协会有限公司的规章制度在英国织造,并经该协会认证;

(d) 子目 5112.30 的织物,每平方米重量不超过 340 克,含有羊毛、不少于 20%(按重量计)的动物细毛和不少于 15%(按重量计)的化纤短纤;或者

(e) 子目 5513.11 或子目 5513.21 的平衡细薄织物,单纱支数超过 76 公支,每平方厘米含 60~70 根经纱和纬纱,每平方米重量不超过 110 克。

此类服装不受本章章规则三至章规则五的约束。

章规则二:为确定本章货物的原产地,适用于该货物的规则应仅适用于确定该货物税则归类的成分,并且该成分必须满足该规则规定的税则归类改变要求。

章规则三:自 2022 年 1 月 1 日起生效,尽管有本章章规则二的规定,但本章含有子目 5806.20 或品目 6002 织物的货物,仅当这些织物在一个或多个 USMCA 国家境内由纱线制作并完成时,才被视为原产。

章规则四:自本协定生效之日起 12 个月内有效,尽管有本章章规则二的规定,但本章含有品目 5204、品目 5401 或品目 5508 的缝纫线或者品目 5402 的用作缝纫线的纱线的货物,仅当在一个或多个 USMCA 国家境内成型和完成时,才被视为原产。

章规则五：对于子目 5209.42、子目 5211.42、子目 5212.24 和子目 5514.30 的由蓝色牛仔布制成的服装，自本协定生效之日起 30 个月内有效，尽管有本章章规则二的规定，但对于本章含有一个或多个口袋的服装，该口袋织物必须在一个或多个 USMCA 国家境内由在一个或多个 USMCA 国家境内完全成型的纱线制作完成。

章规则六：对于所有其他服装，自本协定生效之日起 18 个月内有效，尽管有本章章规则二的规定，但对于本章含有一个或多个口袋的服装，该口袋织物必须在一个或多个 USMCA 国家境内由在一个或多个 USMCA 国家境内完全成型的纱线制作完成。

1. 从任何其他章（品目 5106 至 5113、品目 5204 至 5212、品目 5310 至 5311、第五十四章、品目 5508 至 5516、品目 5801 至 5802 或品目 6001 至 6006 除外）改变至品目 6201 至 6204，前提是货物在一个或多个 USMCA 国家境内裁剪（或针织成型）并缝制或以其他方式组合。

子目规则：棉制或化学纤维制男式或男童衬衫，如果都在一个或多个 USMCA 国家境内裁剪和组合，并且外壳（不包括领子或袖子）的织物完全是下列的一种或多种，则应被视为原产：

(a) 子目 5208.21、子目 5208.22、子目 5208.29、子目 5208.31、子目 5208.32、子目 5208.39、子目 5208.41、子目 5208.42、子目 5208.49、子目 5208.51、子目 5208.52 或子目 5208.59 的织物[子目 5208.59 的平均纱线细度超过 135 公支的三线或四线斜纹织物（包括双面斜纹织物）除外]；

(b) 子目 5513.11 或子目 5513.21 的非平衡织物，每平方厘米经纱和纬纱超过 70 根，平均纱线细度超过 70 公支；

(c) 子目 5210.21 或子目 5210.31 的非平衡织物，每平方厘米经纱和纬纱超过 70 根，平均纱线细度超过 70 公支；

(d) 子目 5208.22 或子目 5208.32 的非平衡织物，每平方厘米经纱和纬纱超过 75 根，平均纱线细度超过 65 公支；

(e) 子目 5407.81、子目 5407.82 或子目 5407.83 的织物，每平方米重量低于 170 克，由多臂装置形成多臂组织；

(f) 子目 5208.42 或子目 5208.49 的非平衡织物，每平方厘米经纱和纬纱超过 85 根，平均纱线细度超过 85 公支；

(g) 子目 5208.51 的平衡织物，每平方厘米经纱和纬纱超过 75 根，单纱织成，平均纱线细度为 95 公支或以上；

(h) 子目 5208.41 的具有条格花纹的平衡织物，每平方厘米经纱和纬纱超过 85 根，单纱织成，平均纱线细度为 95 公支或以上，通过经纱和纬纱颜色改变产生条格效果；或者

(i) 子目 5208.41 的织物，经纱用植物染料染色，纬纱为白色或用植物染料染色，平均纱线细度超过 65 公支。

此类服装不受本章章规则三至章规则五的约束。

2. 从任何其他章（品目 5106 至 5113、品目 5204 至 5212、品目 5310 至 5311、第五十四章、品目 5508 至 5516、品目 5801 至 5802 或品目 6001 至 6006 除外）改变至子目 6205.20 至 6205.30，前提是该货物在一个或多个 USMCA 国家境内裁剪并缝制或以其他方式组合。

3. 从任何其他章（品目 5106 至 5113、品目 5204 至 5212、品目 5310 至 5311、第五十四章、品目 5508 至 5516、品目 5801 至 5802 或品目 6001 至 6006 除外）改变至子目 6205.90，前提是该

货物在一个或多个 USMCA 国家境内裁剪并缝制或以其他方式组合。

4. 从任何其他章(品目 5106 至 5113、品目 5204 至 5212、品目 5310 至 5311、第五十四章、品目 5508 至 5516、品目 5801 至 5802 或品目 6001 至 6006 除外)改变至品目 6206,前提是该货物在一个或多个 USMCA 国家境内裁剪并缝制或以其他方式组合。

子目规则:如果子目 6207.11 的棉制男式或男童平角短裤在一个或多个 USMCA 国家境内裁剪并缝制或以其他方式组合,并且外壳(不包括腰带)的平纹织物完全是下列的一种或多种,则应被视为原产货物:

(a)子目 5208.41 的全棉色织物,每平方米重量为 95～100 克,平均纱线细度为 37～42 公支;

(b)子目 5208.42 的全棉色织物,每平方米重量不超过 105 克,平均纱线细度为 47～53 公支;

(c)子目 5208.51 的全棉印花织物,每平方米重量为 93～97 克,平均纱线细度为 38～42 公支;

(d)子目 5208.52 的全棉印花织物,每平方米重量为 112～118 克,平均纱线细度为 38～42 公支;

(e)子目 5210.11 的坯布,纤维含量为 51%～60%棉、49%～40%涤纶,每平方米重量为 100～112 克,平均纱线细度为 55～65 公支;

(f)子目 5210.41 的色织物,纤维含量为 51%～60%棉、49%～40%涤纶,每平方米重量为 77～82 克,平均纱线细度为 43～48 公支;

(g)子目 5210.41 的色织物,纤维含量为 51%～60%棉、49%～40%涤纶,每平方米重量为 85～90 克,平均纱线细度为 69～75 公支;

(h)子目 5210.51 的印花织物,纤维含量为 51%～60%棉、49%～40%涤纶,每平方米重量为 107～113 克,平均纱线细度为 33～37 公支;

(i)子目 5210.51 的印花织物,纤维含量为 51%～60%棉、49%～40%涤纶,每平方米重量为 92～98 克,平均纱线细度为 43～48 公支;或者

(j)子目 5210.51 的印花织物,纤维含量为 51%～60%棉、49%～40%涤纶,每平方米重量为 105～112 克,平均纱线细度为 50～60 公支。

此类服装不受本章章规则三至章规则五的约束。

5. 从任何其他章(品目 5106 至 5113、品目 5204 至 5212、品目 5310 至 5311、第五十四章、品目 5508 至 5516、品目 5801 至 5802、品目 6001 至 6006 或品目 9619 的其他纺织制品除外)改变至子目 6207.11,前提是该货物在一个或多个 USMCA 国家境内裁剪并缝制或以其他方式组合。

6. 从任何其他章(品目 5106 至 5113、品目 5204 至 5212、品目 5310 至 5311、第五十四章、品目 5508 至 5516、品目 5801 至 5802 或品目 6001 至 6006 除外)改变至子目 6207.19 至 6207.99,前提是该货物在一个或多个 USMCA 国家境内裁剪并缝制或以其他方式组合。

7. 从任何其他章(品目 5106 至 5113、品目 5204 至 5212、品目 5310 至 5311、第五十四章、品目 5508 至 5516、品目 5801 至 5802 或品目 6001 至 6006 除外)改变至品目 6208 至 6211,前提是该货物在一个或多个 USMCA 国家境内裁剪并缝制或以其他方式组合。

8. 从任何其他章改变至子目 6212.10,前提是该货物在一个或多个 USMCA 国家境内裁剪并缝制或以其他方式组合。此类货物不受本章章规则三至章规则五的约束。

9. 从任何其他章(品目 5106 至 5113、品目 5204 至 5212、品目 5310 至 5311、第五十四章、品目

5508 至 5516、品目 5801 至 5802 或品目 6001 至 6006 除外)改变至子目 6212.20 至 6212.90，前提是该货物在一个或多个 USMCA 国家境内裁剪并缝制或以其他方式组合。

10. 从任何其他章(品目 5106 至 5113、品目 5204 至 5212、品目 5310 至 5311、第五十四章、品目 5508 至 5516、品目 5801 至 5802 或品目 6001 至 6006 除外)改变至品目 6213 至 6217，前提是该货物在一个或多个 USMCA 国家境内裁剪并缝制或以其他方式组合。

第六十三章

章规则一：为确定本章货物的原产地，适用于该货物的规则应仅适用于确定该货物税则归类的成分，并且该成分必须满足该规则规定的税则归类改变要求。

章规则二：自 2022 年 1 月 1 日起生效，尽管有本章章规则一的规定，但为确定本章货物的原产地，本章含有品目 5903 织物的货物，仅当生产品目 5903 织物所用的全部织物都是在一个或多个 USMCA 国家境内成型和完成时，才被视为原产货物。本注释不适用于品目 6305、子目 6306.12、子目 6306.22 或子目 6307.90 的非手术用帷帘或国旗。

1. 从任何其他章(品目 5106 至 5113、品目 5204 至 5212、品目 5310 至 5311、第五十四章至第五十五章、品目 5801 至 5802 或品目 6001 至 6006 除外)改变至品目 6301 至 6302，前提是该货物在一个或多个 USMCA 国家境内裁剪(或针织成型)并缝制或以其他方式组合。

2. 从任何其他章(品目 5106 至 5113、品目 5204 至 5212、品目 5310 至 5311、第五十四章至第五十五章、品目 5801 至 5802 或品目 6001 至 6006 除外)改变至子目 6303.12 至 6303.91，前提是该货物在一个或多个 USMCA 国家境内裁剪(或针织成型)并缝制或以其他方式组合。

3. (A)从子目 5402.44、子目 5402.47 或子目 5402.52 的纱线[全聚酯(部分取向聚酯除外)，捻度为每米 900 转或以上，细度不小于 75 分特但不大于 80 分特，每根纱线有 24 根长丝]改变至子目 6303.92 的完全由非变形聚酯长丝织物制成的窗帘，前提是该货物在一个或多个 USMCA 国家境内裁剪并缝制或以其他方式组合的，且此类货物不受本章章规则二的约束；

(B)从任何其他章(品目 5106 至 5113、品目 5204 至 5212、品目 5310 至 5311、第五十四章至第五十五章、品目 5801 至 5802 或品目 6001 至 6006 除外)改变至子目 6303.92，前提是该货物在一个或多个 USMCA 国家境内裁剪(或针织成型)并缝制或以其他方式组合。

4. 从任何其他章(品目 5106 至 5113、品目 5204 至 5212、品目 5310 至 5311、第五十四章至第五十五章、品目 5801 至 5802 或品目 6001 至 6006 除外)改变至子目 6303.99，前提是该货物在一个或多个 USMCA 国家境内裁剪(或针织成型)并缝制或以其他方式组合。

5. 从任何其他章(品目 5106 至 5113、品目 5204 至 5212、品目 5310 至 5311、第五十四章至第五十五章、品目 5801 至 5802、品目 6001 至 6006 或品目 9619 的其他纺织制品除外)改变至品目 6304 至 6310，前提是该货物在一个或多个 USMCA 国家境内裁剪(或针织成型)并缝制或以其他方式组合。

第六十四章

1. 从品目 6401 至 6405 以外的任何品目(子目 6406.10 除外)改变至品目 6401 至 6405，前提是使用净成本法时区域价值成分不低于 55%。

2. 从任何其他子目(品目 6401 至 6405 除外)改变至子目 6406.10，前提是使用净成本法时区域价值成分不低于 55%。

3. 从任何其他章改变至子目 6406.20 至 6406.90。

第六十五章

1. 从任何其他章改变至品目 6501 至 6502。

2. 从品目 6504 至 6507 以外的任何品目改变至品目 6504 至 6507。

第六十六章

1. 从任何其他品目改变至品目 6601,但以下两项的组合除外：

(A)子目 6603.20；以及

(B)品目 3920 至 3921、品目 5007、品目 5111 至 5113、品目 5208 至 5212、品目 5309 至 5311、品目 5407 至 5408、品目 5512 至 5516、品目 5602 至 5603、品目 5801 至 5811、品目 5901 至 5911 或品目 6001 至 6006。

2. 从任何其他品目改变至品目 6602。

3. 从任何其他章改变至品目 6603。

第六十七章

1. (A)从任何其他品目改变至品目 6701；或者

(B)从品目 6701 或任何其他品目改变至品目 6701 的羽毛或羽绒。

2. 从任何其他品目(包括品目 6702 至 6704 中的另一品目)改变至品目 6702 至 6704。

第六十八章

1. 从任何其他章改变至品目 6801 至 6811。

2. (A)从任何其他子目改变至子目 6812.80 的服装、衣着附件、鞋类和帽子；

(B)从任何其他章改变至子目 6812.80 加工的青石棉纤维、以青石棉为基本成分的混合物或以青石棉与碳酸镁为基本成分的混合物；

(C)从子目 6812.80 的任何其他货物或任何其他子目改变至子目 6812.80 的纱线；

(D)从子目 6812.80 的任何其他货物或任何其他子目(子目 6812.80 的机织物或针织物除外)改变至子目 6812.80 的绳索或细绳(不论是否编结)；

(E)从子目 6812.80 的任何其他货物或任何其他子目[子目 6812.80 的绳索或细绳(不论是否编结)除外]改变至子目 6812.80 的机织物或针织物；或者

(F)从子目 6812.80 加工的青石棉纤维、以青石棉与碳酸镁为基本成分的混合物、纱线、绳索或细绳(不论是否编结)、机织物或针织物或者任何其他子目改变至子目 6812.80 的任何其他货物。

3. 从任何其他子目改变至子目 6812.91。

4. (A)从任何其他章改变至子目 6812.99 加工的石棉纤维、以石棉为基本成分或以石棉与碳酸镁为基本成分的混合物；

(B)从子目 6812.99 的任何其他货物或任何其他子目改变至子目 6812.99 的纱线；

(C)从子目 6812.99 的任何其他货物或任何其他子目(子目 6812.99 的机织物或针织物除外)改变至子目 6812.99 的绳索或细绳(不论是否编结)；

(D)从子目 6812.99 的任何其他货物或任何其他子目[子目 6812.99 的绳索或细绳(不论是否编结)除外]改变至子目 6812.99 的机织物或针织物；或者

(E)从子目 6812.99 加工的石棉纤维、以石棉为基本成分或以石棉与碳酸镁为基本成分的混合物、纱线、绳索或细绳(不论是否编结)、机织物或针织物或者子目 6812.92 至 6812.99 以外的任何子目改变至子目 6812.92 至 6812.99 的任何其他货物。

5. 从任何其他品目改变至品目 6813。

6. 从任何其他章改变至品目 6814 至 6815。

第六十九章

从任何其他章改变至品目 6901 至 6914。

第七十章

章规则一：就与本章有关的各款而言，只要对各款的编号进行了划线强调，本注释(十一)款的规定就可适用于第八十七章机动车辆用的货物。

1. 从任何其他品目改变至品目 7001。

2. 从任何其他品目改变至子目 7002.10。

3. 从任何其他章改变至子目 7002.20。

4. 从任何其他品目改变至子目 7002.31。

5. 从任何其他章改变至子目 7002.32 至 7002.39。

品目规则：规则 6 关于品目 7003 至 7008 的规定适用于第八十七章机动车辆用的货物。

6. 从品目 7003 至 7008 以外的任何品目(品目 7009 除外)改变至品目 7003 至 7008。

子目规则：规则 7 关于子目 7009.10 至 7009.91 的规定适用于第八十七章机动车辆用的货物。

7. 从任何其他品目(品目 7003 至 7008 除外)改变至子目 7009.10 至 7009.91。

8. 从任何其他子目改变至子目 7009.92。

9. 从任何其他章改变至品目 7010 至 7018。

10. 从任何其他品目(品目 7007 至 7018 或品目 7020 除外)改变至品目 7019。

11. 从任何其他章改变至品目 7020。

第七十一章

1. 从任何其他章改变至品目 7101 至 7105。

2. (A) 从任何其他子目(包括子目 7106.10 至 7106.92 中的另一子目)改变至子目 7106.10 至 7106.92；或者

   (B) 税则归类无需改变至子目 7106.91，不论是否又从另一子目改变而来，前提是非原产材料经过电解、热分离、化学分离或合金化处理。

3. 从任何其他章改变至品目 7107。

4. (A) 从任何其他子目(包括子目 7108.11 至 7108.20 中的另一子目)改变至子目 7108.11 至 7108.20；或者

   (B) 税则归类无需改变至子目 7108.12 的货物，不论是否又从另一子目改变而来，前提是非原产材料经过电解、热分离、化学分离或合金化处理。

5. 从任何其他章改变至品目 7109。

6. 从任何其他子目(包括子目 7110.11 至 7110.49 中的另一子目)改变至子目 7110.11 至 7110.49。

7. 从任何其他章改变至品目 7111。

8. 从任何其他品目改变至品目 7112。

9. 从品目 7113 至 7118 以外的任何品目改变至品目 7113 至 7118。

第七十二章

1. 从任何其他章改变至品目 7201。
2. 从任何其他章改变至子目 7202.11 至 7202.60。
3. 从任何其他章(子目 2613.10 除外)改变至子目 7202.70。
4. 从任何其他章改变至子目 7202.80 至 7202.99。
5. 从任何其他章改变至品目 7203 至 7205。
6. 从品目 7206 至 7207 以外的任何品目改变至品目 7206 至 7207。
7. 从品目 7208 至 7216 以外的任何品目改变至品目 7208 至 7216。
8. 从任何其他品目(品目 7213 至 7215 除外)改变至品目 7217。
9. 从品目 7218 至 7222 以外的任何品目改变至品目 7218 至 7222。
10. 从任何其他品目(品目 7221 至 7222 除外)改变至品目 7223。
11. 从品目 7224 至 7228 以外的任何品目改变至品目 7224 至 7228。
12. 从任何其他品目(品目 7227 至 7228 除外)改变至品目 7229。

第七十三章

1. 从任何其他章改变至品目 7301 至 7303。
2. 从任何其他章改变至子目 7304.11 至 7304.39。
3. 从子目 7304.49 或任何其他章改变至税号 7304.41.30。
4. 从任何其他章改变至子目 7304.41。
5. 从任何其他章改变至子目 7304.49 至 7304.90。

品目规则：自 2020 年 7 月 1 日起至 2023 年 6 月 30 日,以下原产地规则适用于品目 7305 至 7307：

(a)从任何其他章改变至品目 7305 至 7307。

品目规则：自 2023 年 7 月 1 日起,以下原产地规则适用于品目 7305 至 7307：

(a)从任何其他品目(品目 7208 至 7229 或品目 7301 至 7326 除外)改变至品目 7305 至 7307；或者

(b)从品目 7208 至 7229 或品目 7301 至 7326 改变至品目 7305 至 7307,前提是品目 7208 至 7229 和品目 7301 至 7326 的材料中至少有 70%(按重量计)是原产材料；或者

(c)税则归类无需改变至品目 7305 至 7307 的货物,前提是区域价值成分不低于：

(1)使用成交价格法时的 75%,或

(2)使用净成本法时的 65%。

子目规则：自 2020 年 7 月 1 日起至 2022 年 7 月 1 日止,以下原产地规则适用于子目 7308.10：

(a)从任何其他品目改变至子目 7308.10,但对品目 7216 的角材、型材或异型材进行以下处理而导致税则归类改变的除外：

(1)钻孔、冲孔、开槽、切割、弯曲或清扫,不论是单独进行还是组合进行；

(2)为复合结构添加附件或焊接件；

(3)为搬运目的添加附件；

(4)在 H 型钢或工字钢上增加焊件、连接件或附件,前提是焊件、连接件或附件的最大尺寸不大于 H 型钢或工字钢法兰内表面之间的尺寸；

(5)涂漆、镀锌或其他涂层;或者

(6)单独或组合钻孔、冲孔、开槽或切割,添加一个没有加强部件的简单底板,用于生产适合做柱的制品。

子目规则:自 2022 年 7 月 1 日起,以下原产地规则适用于子目 7308.10:

(a)从任何其他品目(品目 7208、品目 7211、品目 7216、品目 7225 或品目 7226 除外)改变至子目 7308.10;或者

(b)从品目 7208、品目 7211、品目 7216、品目 7225 或品目 72.26 改变至子目 7308.10,前提是品目 7208、品目 7211、品目 7216、品目 7225 和品目 7226 的材料中至少有 70%(按重量计)是原产材料;或者

(c)税则归类无需改变至子目 7308.10 的货物,前提是区域价值成分不低于:

(1)使用成交价格法时的 75%,或

(2)使用净成本法时的 65%。

子目规则:自 2020 年 7 月 1 日起至 2022 年 7 月 1 日止,以下原产地规则适用于子目 7308.20:

(a)从任何其他品目改变至子目 7308.20,但对品目 7216 的角材、型材或异型材进行以下处理而导致税则归类改变的除外:

(1)钻孔、冲孔、开槽、切割、弯曲或清扫,不论是单独进行还是组合进行;

(2)为复合结构添加附件或焊接件;

(3)为搬运目的添加附件;

(4)在 H 型钢或工字钢上增加焊件、连接件或附件,前提是焊件、连接件或附件的最大尺寸不大于 H 型钢或工字钢法兰内表面之间的尺寸;

(5)涂漆、镀锌或其他涂层;或者

(6)单独或组合钻孔、冲孔、开槽或切割,添加一个没有加强部件的简单底板,用于生产适合做柱的制品。

子目规则:自 2022 年 7 月 1 日起,以下原产地规则适用于子目 7308.20:

(a)从任何其他品目(品目 7208、品目 7211、品目 7216、品目 7225 或品目 7226 除外)改变至子目 7308.20;或者

(b)从品目 7208、品目 7211、品目 7216、品目 7225 或品目 7226 改变至子目 7308.20,前提是品目 7208、品目 7211、品目 7216、品目 7225 和品目 7226 的材料中至少有 70%(按重量计)是原产材料;或者

(c)税则归类无需改变至子目 7308.20 的货物,前提是区域价值成分不低于:

(1)使用成交价格法时的 65%,或

(2)使用净成本法时的 55%。

子目规则:自 2020 年 7 月 1 日起至 2022 年 7 月 1 日止,以下原产地规则适用于子目 7308.30:

(a)从任何其他品目改变至子目 7308.30,但对品目 7216 的角材、型材或异型材进行以下处理而导致税则归类改变的除外:

(1)钻孔、冲孔、开槽、切割、弯曲或清扫,不论是单独进行还是组合进行;

(2)为复合结构添加附件或焊接件;

(3)为搬运目的添加附件;

(4)在H型钢或工字钢上增加焊件、连接件或附件,前提是焊件、连接件或附件的最大尺寸不大于H型钢或工字钢法兰内表面之间的尺寸;

(5)涂漆、镀锌或其他涂层;或者

(6)单独或组合钻孔、冲孔、开槽或切割,添加一个没有加强部件的简单底板,用于生产适合做柱的制品。

子目规则:自2022年7月1日起,以下原产地规则适用于子目7308.30:

(a)从任何其他品目(品目7208、品目7211、品目7216、品目7225或品目7226除外)改变至子目7308.30;

(b)从品目7208、品目7211、品目7216、品目7225或品目7226改变至子目7308.30,前提是品目7208、品目7211、品目7216、品目7225和品目7226的材料中至少有70%(按重量计)是原产材料;或者

(c)税则归类无需改变至子目7308.30的货物,前提是区域价值成分不低于:

(1)使用成交价格法时的75%,或

(2)使用净成本法时的65%。

子目规则:自2020年7月1日起至2022年7月1日止,以下原产地规则适用于子目7308.40:

(a)从任何其他品目改变至子目7308.40,但对品目7216的角材、型材或异型材进行以下处理而导致归类改变的除外:

(1)钻孔、冲孔、开槽、切割、弯曲或清扫,不论是单独进行还是组合进行;

(2)为复合结构添加附件或焊接件;

(3)为搬运目的添加附件;

(4)在H型钢或工字钢上增加焊件、连接件或附件,前提是焊件、连接件或附件的最大尺寸不大于H型钢或工字钢法兰内表面之间的尺寸;

(5)涂漆、镀锌或其他涂层;或者

(6)单独或组合钻孔、冲孔、开槽或切割,添加一个没有加强部件的简单底板,用于生产适合做柱的制品。

子目规则:自2022年7月1日起,以下原产地规则适用于子目7308.40:

(a)从任何其他品目(品目7208、品目7211、品目7216、品目7225或品目7226除外)改变至子目7308.40;

(b)从品目7208、品目7211、品目7216、品目7225或品目7226改变至子目7308.40,前提是品目7208、品目7211、品目7216、品目7225和品目7226的材料中至少有70%是原产材料;或者

(c)税则归类无需改变至子目7308.40的货物,前提是区域价值成分不低于:

(1)使用成交价格法时的65%,或

(2)使用净成本法时的55%。

子目规则:自2020年7月1日起至2022年7月1日止,以下原产地规则适用于子目7308.90:

(a)从任何其他品目改变至子目7308.90,但对品目7216的角材、型材或异型材进行以下处理而导致归类改变的除外:

(1)钻孔、冲孔、开槽、切割、弯曲或清扫,不论是单独进行还是组合进行;

(2)为复合结构添加附件或焊接件;

(3)为搬运目的添加附件;

(4)在H型钢或工字钢上增加焊件、连接件或附件,前提是焊件、连接件或附件的最大尺寸不大于H型钢或工字钢法兰内表面之间的尺寸;

(5)涂漆、镀锌或其他涂层;或者

(6)单独或结合钻孔、冲孔、开槽或切割,添加一个没有加强部件的简单底板,用于生产适合做柱的制品。

子目规则:自2022年7月1日起,以下原产地规则适用于子目7308.90:

(a)从任何其他品目(品目7208、品目7211、品目7216、品目7225或品目7226除外)改变至子目7308.90;

(b)从品目7208、品目7211、品目7216、品目7225或品目7226改变至子目7308.90,前提是品目7208、品目7211、品目7216、品目7225和品目7226的材料中至少有70%(按重量计)是原产材料;或者

(c)税则归类无需改变至子目7308.90的货物,前提是使用净成本法时的区域价值成分不低于65%。

6. 从品目7309至7311以外的任何品目改变至品目7309至7311。

子目规则:自2020年7月1日起至2023年7月1日止,以下原产地规则适用于子目7312.10:

(a)从任何其他品目改变至子目7312.10。

子目规则:自2023年1月1日起,以下原产地规则适用于子目7312.10:

(a)从任何其他品目(品目7208至7229或品目7301至7326除外)改变至子目7312.10;

(b)从品目7208至7229或品目7301至7326改变至子目7312.10,前提是品目7208至7229和品目7301至7326的材料中至少有70%(按重量计)是原产材料;或者

(c)税则归类无需改变至子目7312.10的货物,前提是区域价值成分不低于:

(1)使用成交价格法时的75%,或

(2)使用净成本法时的65%。

7. 从任何其他品目改变至子目7312.90。

子目规则:自2020年7月1日起至2023年7月1日止,以下原产地规则适用于品目7313:

(a)从任何其他品目改变至品目7313。

子目规则:自2023年7月1日起,以下原产地规则适用于品目7313:

(a)从任何其他品目(品目7208至7229或品目7301至7326除外)改变至品目7313;

(b)从品目7208至7229或品目7301至7326改变至品目7313,前提是品目7208至7229和品目7301至7326的材料中至少有70%(按重量计)是原产材料;或者

(c)税则归类无需改变至品目7313的货物,前提是区域价值成分不低于:

(1)使用成交价格法时的75%,或

(2)使用净成本法时的65%。

8. 从任何其他品目改变至子目7314.12至7314.14。

子目规则:自2020年7月1日起至2023年7月1日止,以下原产地规则适用于子目7314.19:

(a)从任何其他品目改变至子目7314.19。

子目规则：自2023年7月1日起,以下原产地规则适用于子目7314.19:

(a)从任何其他品目(品目7208至7229或品目7301至7326除外)改变至子目7314.19;

(b)从品目7208至7229或品目7301至7326改变至子目7314.19,前提是品目7208至7229和品目7301至7326的材料中至少有70%(按重量计)是原产材料;或者

(c)税则归类无需改变至子目7314.19的货物,前提是区域价值成分不低于:

 (1)使用成交价格法时的75%,或

 (2)使用净成本法时的65%。

9. 从任何其他品目改变至子目7314.20。

子目规则：自2020年7月1日起至2023年7月1日止,以下原产地规则适用于子目7314.31至7314.49:

(a)从任何其他品目改变至子目7314.31至7314.49。

子目规则：自2023年7月1日起,以下原产地规则适用于子目7314.31至7314.49:

(a)从任何其他品目(品目7208至7229或品目7301至7326除外)改变至子目7314.31至7314.49;

(b)从品目7208至7229或品目7301至7326改变至子目7314.31至7314.49,前提是品目7208至7229和品目7301至7326的材料中至少有70%(按重量计)是原产材料;或者

(c)税则归类无需改变至子目7314.31至7314.49的货物,前提是区域价值成分不低于:

 (1)使用成交价格法时的75%,或

 (2)使用净成本法时的65%。

10. 从任何其他品目改变至子目7314.50。

11. (A)从任何其他品目改变至子目7315.11至7315.12;或者

 (B)从子目7315.19改变至子目7315.11至7315.12,不论是否又从任何其他品目改变而来,前提是区域价值成分不低于:

  (1)使用成交价格法时的60%,或

  (2)使用净成本法时的50%。

12. 从任何其他品目改变至子目7315.19。

13. (A)从任何其他品目改变至子目7315.20至7315.81;或者

 (B)从子目7315.90改变至子目7315.20至7315.81,不论是否又从任何其他品目改变而来,前提是区域价值成分不低于:

  (1)使用成交价格法时的60%,或

  (2)使用净成本法时的50%。

子目规则：自2020年7月1日起至2023年7月1日止,以下原产地规则适用于子目7315.82至7315.89:

(a)从任何其他品目改变至子目7315.82至7315.89;或者

(b)从子目7315.90改变至子目7315.82至7315.89,不论是否又从任何其他品目改变而来,前提是区域价值成分不低于:

 (1)使用成交价格法时的60%,或

 (2)使用净成本法时的50%。

子目规则:自 2023 年 7 月 1 日起,以下原产地规则适用于子目 7315.82 至 7315.89:

(a)从任何其他品目(品目 7208 至 7229 或品目 7301 至 7326 除外)改变至子目 7315.82 至 7315.89;

(b)从品目 7208 至 7229 或品目 7301 至 7326 改变至子目 7315.82 至 7315.89,前提是品目 7208 至 7229 和品目 7301 至 7326 的材料中至少有 70%(按重量计)是原产材料;或者

(c)税则归类无需改变至子目 7315.82 至 7315.89 的货物,前提是区域价值成分不低于:

(1)使用成交价格法时的 75%,或

(2)使用净成本法时的 65%。

14. 从任何其他品目改变至子目 7315.90。

15. 从任何其他品目(品目 7312 或品目 7315 除外)改变至品目 7316。

品目规则:自 2020 年 7 月 1 日起至 2023 年 7 月 1 日止,以下原产地规则适用于品目 7317:

(a)从任何其他品目(品目 7318 除外)改变至品目 7317。

品目规则:自 2023 年 7 月 1 日起,以下原产地规则适用于品目 7317:

(a)从任何其他品目(品目 7208 至 7229 或品目 7301 至 7326 除外)改变至品目 7317;或者

(b)从品目 7208 至 7229 或品目 7301 至 7326 改变至品目 7317,前提是品目 7208 至 7229 和品目 7301 至 7326 的材料中至少有 70%(按重量计)是原产材料;或者

(c)税则归类无需改变至品目 7317 的货物,前提是区域价值成分不低于:

(1)使用成交价格法时的 75%,或

(2)使用净成本法时的 65%。

16. 从任何其他品目(品目 7317 除外)改变至品目 7318。

17. 从品目 7319 至 7320 以外的任何品目改变至品目 7319 至 7320。

18. 从任何其他子目(税号 7321.90.10、税号 7321.90.20 或税号 7321.90.40 除外)改变至税号 7321.11.30。

19. (A)从任何其他品目改变至子目 7321.11;或者

(B)从子目 7321.90 改变至子目 7321.11,不论是否又从任何其他品目改变而来,前提是区域价值成分不低于:

(1)使用成交价格法时的 60%,或

(2)使用净成本法时的 50%。

20. (A)从任何其他品目改变至子目 7321.12 至 7321.89;或者

(B)从子目 7321.90 改变至子目 7321.12 至 7321.89,不论是否又从任何其他品目改变而来,前提是区域价值成分不低于:

(1)使用成交价格法时的 60%,或

(2)使用净成本法时的 50%。

21. 从任何其他税号改变至税号 7321.90.10。

22. 从任何其他税号改变至税号 7321.90.20。

23. 从任何其他税号改变至税号 7321.90.40。

24. 从任何其他品目改变至子目 7321.90。

25. 从品目 7322 至 7323 以外的任何品目改变至品目 7322 至 7323。

26. (A)从任何其他品目改变至子目7324.10至7324.29;或者

(B)从子目7324.90改变至子目7324.10至7324.29,不论是否又从任何其他品目改变而来,前提是区域价值成分不低于:

(1)使用成交价格法时的60%,或

(2)使用净成本法时的50%。

27. 从任何其他品目改变至子目7324.90。

28. 从品目7325至7326以外的任何品目改变至品目7325至7326。

第七十四章

1. (A)从任何其他品目(包括品目7401至7403中的另一品目,品目7404除外)改变至品目7401至7403;或者

(B)从品目7404改变至品目7401至7403,不论是否又从任何其他品目(包括该组别内的其他品目)改变而来,前提是区域价值成分不低于:

(1)使用成交价格法时的60%,或

(2)使用净成本法时的50%。

2. 从品目7404或任何其他品目的任何其他货物改变至品目7404。

3. (A)从任何其他章改变至品目7405至7407;或者

(B)从品目7401至7402或税号7404.00.30改变至品目7405至7407,不论是否又从任何其他章改变而来,前提是区域价值成分不低于:

(1)使用成交价格法时的60%,或

(2)使用净成本法时的50%。

4. (A)从任何其他章改变至税号7408.11.60;或者

(B)从品目7401至7402或税号7404.00.30改变至税号7408.11.60,不论是否又从任何其他章改变而来,前提是区域价值成分不低于:

(1)使用成交价格法时的60%,或

(2)使用净成本法时的50%。

5. 从任何其他品目(品目7407除外)改变至子目7408.11。

6. 从任何其他品目(品目7407除外)改变至子目7408.19至7408.29。

7. 从任何其他品目改变至品目7409。

8. 从任何其他品目(品目7409除外)改变至品目7410。

9. 从任何其他品目(税号7407.10.15、税号7407.21.15、税号7407.29.16或品目7409除外)改变至品目7411。

10. 从任何其他品目(品目7411除外)改变至品目7412。

11. (A)从任何其他品目(品目7407至7408除外)改变至品目7413;或者

(B)从品目7407至7408改变至品目7413,不论是否又从任何其他品目改变而来,前提是区域价值成分不低于:

(1)使用成交价格法时的60%,或

(2)使用净成本法时的50%。

12. 从任何其他品目(包括品目7415至7418中的另一品目)改变至品目7415至7418。

13. 从任何其他品目(品目 7407 除外)改变至子目 7419.10。

14. 从任何其他品目改变至子目 7419.91。

15. 从子目 7419.99 的任何其他货物或任何其他品目改变至子目 7419.99 的货物。

第七十五章

1. 从任何其他品目(包括品目 7501 至 7504 中的另一品目)改变至品目 7501 至 7504。

2. 从任何其他品目改变至子目 7505.11 至 7505.12。

3. (A) 从任何其他品目改变至子目 7505.21 至 7505.22;或者

   (B) 从子目 7505.11 至 7505.12 改变至子目 7505.21 至 7505.22,不论是否又从任何其他品目改变而来,前提是如果使用条或杆,则条或杆的横截面积至少减少 50%。

4. 从任何其他税号改变至税号 7506.10.05。

5. 从任何其他税号改变至税号 7506.20.05。

6. 从任何其他品目改变至品目 7506。

7. 从任何其他子目(包括子目 7507.11 至 7508.90 中的另一子目)改变至子目 7507.11 至 7508.90。

第七十六章

1. 从任何其他章改变至品目 7601。

2. 从任何其他品目改变至品目 7602。

3. 从任何其他章改变至品目 7603。

4. 从任何其他品目改变至品目 7604。

5. 从任何其他品目(品目 7604 或品目 7606 除外)改变至品目 7605。

6. 从任何其他品目改变至品目 7606。

7. 从任何其他品目改变至品目 7607。

8. 从该组别以外的任何品目改变至品目 7608 至 7609。

9. 从任何其他品目(包括品目 7610 至 7613 中的另一品目)改变至品目 7610 至 7613。

10. 从任何其他品目(品目 7604 至 7605 除外)改变至品目 7614。

11. 从任何其他品目(包括品目 7615 至 7616 中的另一品目)改变至品目 7615 至 7616。

第七十八章

1. 从任何其他章改变至品目 7801 至 7802。

2. (A) 从任何其他子目(包括子目 7804.11 至 7804.20 中的另一子目)改变至子目 7804.11 至 7804.20;或者

   (B) 从子目 7804.11 改变至子目 7804.11 的厚度不超过 0.15 毫米(不包括衬背)的箔,不论是否又从任何其他子目改变而来。

3. 从品目 7806 的任何其他货物或任何其他品目改变至品目 7806 的货物。

第七十九章

1. 从任何其他章改变至品目 7901 至 7902。

2. 从任何其他章改变至子目 7903.10。

3. 从任何其他品目改变至子目 7903.90。

4. (A) 从任何其他品目改变至品目 7904;或者

(B)从品目 7904 改变至品目 7904 的金属丝,不论是否又从任何其他品目改变而来,前提是如果使用条或杆,则条或杆的横截面积至少要减少 50%。

5.(A)从任何其他品目改变至品目 7905;或者

(B)从品目 7905 改变至品目 7905 的厚度不超过 0.15 毫米(不包括衬背)的箔材,不论是否又从任何其他品目改变而来。

6. 从品目 7907 的任何其他货物或任何其他品目改变至品目 7907 的货物。

第八十章

1. 从任何其他章改变至品目 8001 至 8002。

2.(A)从任何其他品目改变至品目 8003;或者

(B)从品目 8003 改变至品目 8003 的线材,不论是否又从任何其他品目改变而来,前提是如果使用条或杆,则条或杆的横截面积至少要减少 50%。

3. 从品目 8007 的任何其他货物或任何其他品目改变至品目 8007 的货物。

第八十一章

1. 从任何其他子目(包括子目 8101.10 至 8101.97 中的另一子目)改变至子目 8101.10 至 8101.97。

2. 从子目 8101.99 的任何其他货物或任何其他子目改变至子目 8101.99 的货物。

3. 从任何其他子目(包括子目 8102.10 至 8107.90 中的另一子目)改变至子目 8102.10 至 8107.90。

4.(A)从任何其他章改变至子目 8108.20;或者

(B)从任何其他子目改变至子目 8108.20,不论是否又从任何其他章改变而来,前提是区域价值成分不低于:

(1)使用成交价格法时的 60%,或

(2)使用净成本法时的 50%。

5. 从任何其他子目改变至子目 8108.30。

6.(A)从任何其他章改变至子目 8108.90;或者

(B)从任何其他子目改变至子目 8108.90,不论是否又从任何其他章改变而来,前提是区域价值成分不低于:

(1)使用成交价格法时的 60%,或

(2)使用净成本法时的 50%。

7. 从任何其他子目(包括子目 8109.20 至 8110.90 中的另一子目)改变至子目 8109.20 至 8110.90。

8.(A)从品目 8111 改变至品目 8111 的锰粉或锰制品;或者

(B)从任何其他品目改变至品目 8111。

9. 从任何其他子目(包括子目 8112.12 至 8112.59 中的另一子目)改变至子目 8112.12 至 8112.59。

10. 从子目 8112.92 至 8112.99 中任一子目的任何其他货物或任何其他子目(包括该组别内的另一子目)改变至子目 8112.92 至 8112.99 中上述任一子目的货物。

11. 从任何其他品目改变至品目 8113。

第八十二章

1. 从任何其他章改变至品目 8201。

2. 从任何其他章改变至子目 8202.10 至 8202.20。

3. (A)从任何其他章改变至子目 8202.31；或者

   (B)从子目 8202.39 改变至子目 8202.31，不论是否又从任何其他章改变而来，前提是区域价值成分不低于：

   (1)使用成交价格法时的 60％，或

   (2)使用净成本法时的 50％。

4. 从任何其他章改变至子目 8202.39 至 8202.99。

5. 从任何其他章改变至品目 8203 至 8206。

6. (A)从任何其他章改变至子目 8207.13；或者

   (B)从子目 8207.19 改变至子目 8207.13，不论是否又从任何其他章改变而来，前提是区域价值成分不低于：

   (1)使用成交价格法时的 60％，或

   (2)使用净成本法时的 50％。

7. 从任何其他章改变至子目 8207.19 至 8207.90。

8. 从任何其他章改变至品目 8208 至 8210。

9. 从任何其他章改变至子目 8211.10。

10. (A)从任何其他章改变至子目 8211.91 至 8211.93；或者

    (B)从子目 8211.95 改变至子目 8211.91 至 8211.93，不论是否又从任何其他章改变而来，前提是区域价值成分不低于：

    (1)使用成交价格法时的 60％，或

    (2)使用净成本法时的 50％。

11. 从任何其他章改变至子目 8211.94 至 8211.95。

12. 从任何其他章改变至品目 8212 至 8215。

第八十三章

章规则一：就本章有关各款而言，只要对各款的编号进行了划线强调，本注释(十一)款就可适用于第八十七章机动车辆用的货物。

子目规则：规则 1 关于子目 8301.10 至 8301.50 的规定适用于第八十七章机动车辆用的货物。

1. (A)从任何其他章改变至子目 8301.10 至 8301.50；或者

   (B)从子目 8301.60 改变至子目 8301.10 至 8301.50，不论是否又从任何其他章改变而来，前提是区域价值成分不低于：

   (1)使用成交价格法时的 60％，或

   (2)使用净成本法时的 50％。

2. 从任何其他章改变至子目 8301.60 至 8301.70。

3. 从任何其他品目(包括品目 8302 至 8304 中的另一品目)改变至品目 8302 至 8304。

4. (A)从任何其他章改变至子目 8305.10 至 8305.20；或者

   (B)从子目 8305.90 改变至子目 8305.10 至 8305.20，不论是否又从任何其他章改变而来，前

提是区域价值成分不低于：

(1)使用成交价格法时的60%,或

(2)使用净成本法时的50%。

5. 从任何其他品目改变至子目8305.90。

6. 从任何其他章改变至品目8306至8307。

7. (A)从任何其他章改变至子目8308.10至8308.20;或者

(B)从子目8308.90改变至子目8308.10至8308.20,不论是否又从任何其他章改变而来,前提是区域价值成分不低于：

(1)使用成交价格法时的60%,或

(2)使用净成本法时的50%。

8. 从任何其他品目改变至子目8308.90。

9. 从任何其他章改变至品目8309至8310。

10. (A)从任何其他章改变至子目8311.10至8311.30;或者

(B)从子目8311.90改变至子目8311.10至8311.30,不论是否又从任何其他章改变而来,前提是区域价值成分不低于：

(1)使用成交价格法时的60%,或

(2)使用净成本法时的50%。

11. 从任何其他品目改变至子目8311.90。

第八十四章

章规则一：就本章而言,"印刷电路组件"是指由一个或多个品目8534的印刷电路(装配有一个或多个有源元件,包含或不包含无源元件)组成的货物。就本注释而言,"有源元件"是指品目8541的二极管、晶体管和类似半导体的器件(不论是否光敏),品目8542的集成电路,以及品目8543或品目8548的微组件。

章规则二：就子目8471.49而言,系统报验部件的原产地应按照适用于独立报验部件的规则确定,系统报验部件中每个部件的税率——

(a)就墨西哥而言,适用独立报验部件的税率;以及

(b)就加拿大和美国而言,适用该部件在子目8471.49的适当税号的税率。

就本规则而言,"系统报验部件"是指——

(a)本税则第八十四章注释五(二)所述的独立部件;或者

(b)子目8471.49的报验的任何其他独立机器。

章规则三：以下是子目8443.31或子目8443.32货物的零件：

(a)控制或命令组件,包括以下多项:印刷电路组件、硬或软(软)盘驱动器、键盘、用户界面；

(b)光源组件,包括以下多项:发光二极管组件、气体激光器、镜面多边形组件、基座铸件；

(c)激光成像组件,包括以下多项:感光带或感光筒、碳粉接收单元、碳粉显影单元、充电/放电单元、清洁单元；

(d)图像定影组件,包括以下多项:定影器、压力辊、加热单元、释放油分配器、清洁单元、电气控制；

(e)喷墨标记组件,包括以下多项:热敏打印头、油墨分配单元、喷嘴和贮存器单元、油墨加热器；

(f)维护/密封组件,包括以下多项:真空单元、喷墨覆盖单元、密封单元、吹扫单元;

(g)纸张处理组件,包括以下多项:纸张传送带、滚筒、打印杆、托架、夹持器滚筒、纸张存储单元、出纸盘;

(h)热转印成像组件,包括以下多项:热敏打印头、清洁单元、供给辊或卷取辊;

(i)离子成像组件,包括以下多项:离子产生和发射单元、空气辅助单元、印刷电路组件、电荷接收带或环行器、碳粉接收单元、碳粉分配单元、显影剂盒和分配单元、显影单元、充放电单元、清洁单元;或者

(j)上述指定组件的组合。

章规则四:以下是传真机的部件:

(a)控制或命令程序集,包括以下多项:印刷电路组件、调制解调器、硬或软(软)盘驱动器、键盘、用户界面;

(b)光学模块组件,包括以下多项:光学灯、电荷耦合装置和适当的光学器件、透镜、镜子;

(c)激光成像组件,包括以下多项:感光带或感光筒、碳粉接收单元、碳粉显影单元、充电/放电单元、清洁单元;

(d)喷墨标记组件,包括以下多项:热敏打印头、油墨分配单元、喷嘴和贮存器单元、油墨加热器;

(e)热转印成像组件,包括以下多项:热敏打印头、清洁单元、供给辊或卷取辊;

(f)离子成像组件,包括以下多项:离子产生和发射单元、空气辅助单元、印刷电路组件、电荷接收带或环行器、碳粉接收单元、碳粉分配单元、显影剂盒和分配单元、显影单元、充放电单元、清洁单元;

(g)图像定影组件,包括以下多项:定影器、压力辊、加热单元、释放油分配器、清洁单元、电气控制;

(h)纸张处理组件,包括以下多项:纸张传送带、滚筒、打印杆、托架、夹持器滚筒、纸张存储单元、出纸盘;或者

(i)上述指定组件的组合。

章规则五:以下是本规则所提到的子目8443.32和子目8443.39项下影印设备的部件:

(a)成像组件,包括以下多项:感光带或感光筒、碳粉接收单元、碳粉分配单元、显影剂盒单元、显影剂分配单元、充电/放电单元、清洁单元;

(b)光学组件,包括以下多项:透镜、镜子、光源、文件曝光玻璃;

(c)用户控制组件,包括以下多项:印刷电路组件、电源、用户输入键盘、线束、显示单元(阴极射线型或平板);

(d)图像定影组件,包括以下多项:定影器、压力辊、加热部件、释放油分配器、清洁单元、电气控制;

(e)纸张处理组件,包括以下多项:纸张传送带、滚筒、打印杆、托架、夹持器滚筒、纸张存储单元、出纸盘;或者

(f)上述指定组件的组合。

章规则六:系统报验部件的原产地,应按照各部件独立报验并正确归类来确定。

章规则七:就与本章有关的各款而言,只要对各款的编号进行了划线强调,本注释(十一)款的规定就可适用于第八十七章机动车辆用的货物。

1. (A)从任何其他品目改变至子目 8401.10 至 8401.30;或者
   (B)从子目 8401.40 改变至子目 8401.10 至 8401.30,不论是否又从任何其他品目改变而来,
      前提是区域价值成分不低于:
         (1)使用成交价格法时的 60%,或
         (2)使用净成本法时的 50%。
2. 从任何其他品目改变至子目 8401.40。
3. (A)从任何其他品目改变至子目 8402.11 至 8402.20;或者
   (B)从子目 8402.90 改变至子目 8402.11 至 8402.20,不论是否又从任何其他品目改变而来,
      前提是区域价值成分不低于:
         (1)使用成交价格法时的 60%,或
         (2)使用净成本法时的 50%。
4. (A)从任何其他品目改变至子目 8402.90;或者
   (B)税则归类无需改变至子目 8402.90 的货物,前提是区域价值成分不低于:
         (1)使用成交价格法时的 60%,或
         (2)使用净成本法时的 50%。
5. (A)从任何其他品目改变至子目 8403.10;或者
   (B)从子目 8403.90 改变至子目 8403.10,不论是否又从任何其他品目改变而来,前提是区域
      价值成分不低于:
         (1)使用成交价格法时的 60%,或
         (2)使用净成本法时的 50%。
6. 从任何其他品目改变至子目 8403.90。
7. (A)从任何其他品目改变至子目 8404.10 至 8404.20;或者
   (B)从子目 8404.90 改变至子目 8404.10 至 8404.20,不论是否又从任何其他品目改变而来,
      前提是区域价值成分不低于:
         (1)使用成交价格法时的 60%,或
         (2)使用净成本法时的 50%。
8. 从任何其他品目改变至子目 8404.90。
9. (A)从任何其他品目改变至子目 8405.10;或者
   (B)从子目 8405.90 改变至子目 8405.10,不论是否又从任何其他品目改变而来,前提是区域
      价值成分不低于:
         (1)使用成交价格法时的 60%,或
         (2)使用净成本法时的 50%。
10. 从任何其他品目改变至子目 8405.90。
11. 从任何其他子目改变至子目 8406.10。
12. 从子目 8406.81 至 8406.82 以外的任何子目改变至子目 8406.81 至 8406.82。
13. (A)从税号 8406.90.30、税号 8406.90.60 或任何其他品目改变至税号 8406.90.20 或税号
       8406.90.50;或者
    (B)从子目 8406.90 的任何其他货物改变至税号 8406.90.20 或税号 8406.90.50,不论是否

又从税号 8406.90.30、税号 8406.90.60 或任何其他品目改变而来,前提是区域价值成分不低于:

(1)使用成交价格法时的 60%,或

(2)使用净成本法时的 50%。

14. (A)从任何其他税号改变至税号 8406.90.40 或税号 8406.90.70;或者

(B)税则归类无需改变至税号 8406.90.40 或税号 8406.90.70 的货物,前提是区域价值成分不低于:

(1)使用成交价格法时的 60%,或

(2)使用净成本法时的 50%。

15. 从任何其他品目改变至子目 8406.90。

16. 从任何其他品目改变至子目 8407.10 至 8407.29,前提是区域价值成分不低于:

(A)使用成交价格法时的 60%,或

(B)使用净成本法时的 50%。

子目规则:规则 17 至规则 19 关于子目 8407.31 至 8407.34 的规定适用于第八十七章机动车辆用的货物。

17. 对于用于乘用车或轻型卡车的子目 8407.31 至 8407.34 的货物:

(A)税则归类无需改变至子目 8407.31 至 8407.34 的货物,前提是使用净成本法时的区域价值成分含量不低于 75%。

18. 对于用于重型卡车的子目 8407.31 至 8407.34 的货物:

(A)税则归类无需改变至子目 8407.31 至 8407.34 的货物,前提是使用净成本法时的区域价值成分含量不低于 70%。

19. 对于品目 8407.31 至 8407.34 的任何其他货物:

(A)从任何其他品目改变至子目 8407.31 至 8407.34,前提是区域价值成分不低于:

(1)使用成交价格法时的 60%,或

(2)使用净成本法时的 50%。

20. 从任何其他子目改变至子目 8407.90。

21. 从任何其他子目改变至子目 8408.10。

子目规则:规则 22 至规则 24 关于子目 8408.20 的规定适用于第八十七章机动车辆用的货物。

22. 对于用于轻型卡车的子目 8408.20 的压燃式内燃机:

(A)税则归类无需改变至子目 8408.20 的货物,前提是区域价值成分不低于:

(1)使用成交价格法时的 85%,或

(2)使用净成本法时的 75%。

23. 对于用于重型卡车的子目 8408.20 的货物:

(A)从任何其他品目改变至子目 8408.20,前提是区域价值成分不低于:

(1)使用成交价格法时的 80%,或

(2)使用净成本法时的 70%。

24. 对于子目 8408.20 的任何其他货物:

(A)从任何其他品目改变至子目 8408.20,前提是区域价值成分不低于:

(1)使用成交价格法时的60%,或

(2)使用净成本法时的50%。

25. 从任何其他子目改变至子目8408.90。

26. 从任何其他品目改变至子目8409.10。

子目规则:规则27至规则29中关于子目8409.91的规定适用于第八十七章机动车辆用的货物。

27. 对于用于乘用车或轻型卡车的子目8409.91的货物:

(A)税则归类无需改变至子目8409.91的货物,前提是使用净成本法时的区域价值成分含量不低于75%。

28. 对于用于重型卡车的子目8409.91的货物:

(A)税则归类无需改变至子目8409.91的货物,前提是使用净成本法时的区域价值成分含量不低于70%。

29. 对于子目8409.91的任何其他货物:

(A)从任何其他品目改变至子目8409.91;或者

(B)税则归类无需改变至子目8409.91的货物,前提是区域价值成分不低于:

(1)使用成交价格法时的60%,或

(2)使用净成本法时的50%。

子目规则:规则30至规则32关于子目8409.99的规定适用于第八十七章机动车辆用的货物。

30. 对于用于乘用车或轻型卡车的子目8409.99的货物:

(A)税则归类无需改变至子目8409.91的货物,前提是使用净成本法时的区域价值成分含量不低于75%。

31. 对于用于重型卡车的子目8409.99的货物:

(A)税则归类无需改变至子目8409.99的货物,前提是使用净成本法时的区域价值成分含量不低于70%。

32. 对于子目8409.99的任何其他货物:

(A)从任何其他品目改变至子目8409.99;或者

(B)税则归类无需改变至子目8409.99的货物,前提是区域价值成分不低于:

(1)使用成交价格法时的60%,或

(2)使用净成本法时的50%。

33. (A)从任何其他品目改变至子目8410.11至8410.13;或者

(B)从子目8410.90改变至子目8410.11至8410.13,不论是否又从任何其他品目改变而来,前提是区域价值成分不低于:

(1)使用成交价格法时的60%,或

(2)使用净成本法时的50%。

34. 从任何其他品目改变至子目8410.90。

35. 从子目8411.11至8411.82以外的任何子目改变至子目8411.11至8411.82。

36. 从任何其他品目改变至子目8411.91。

37. (A)从任何其他品目改变至子目8411.99;或者

(B)税则归类无需改变至子目 8411.99 的货物,前提是区域价值成分不低于:
(1)使用成交价格法时的 60%,或
(2)使用净成本法时的 50%。

38. 从任何其他子目(包括子目 8412.10 至 8412.80 中的另一子目)改变至子目 8412.10 至 8412.80。

39. 从任何其他品目改变至子目 8412.90。

子目规则:规则 40 关于子目 8413.11 至 8413.82 的规定适用于第八十七章机动车辆用的货物。

40. (A)从任何其他品目改变至子目 8413.11 至 8413.82;或者
    (B)从子目 8413.91 至 8413.92 改变至子目 8413.11 至 8413.82,不论是否又从任何其他品目改变而来,前提是区域价值成分不低于:
    (1)使用成交价格法时的 60%,或
    (2)使用净成本法时的 50%。

41. 从任何其他品目改变至子目 8413.91。

42. (A)从任何其他品目改变至子目 8413.92;或者
    (B)税则归类无需改变至子目 8413.92 的货物,前提是区域价值成分不低于:
    (1)使用成交价格法时的 60%,或
    (2)使用净成本法时的 50%。

43. (A)从任何其他品目改变至子目 8414.10 至 8414.20;或者
    (B)从子目 8414.90 改变至 8414.10 至 8414.20,不论是否又从任何其他品目改变而来,前提是区域价值成分不低于:
    (1)使用成交价格法时的 60%,或
    (2)使用净成本法时的 50%。

子目规则:规则 44 关于子目 8414.30 的规定适用于第八十七章机动车辆用的货物。

44. 从任何其他子目(税号 8414.90.30 除外)改变至子目 8414.30。

45. (A)从任何其他品目改变至子目 8414.40;或者
    (B)从子目 8414.90 改变至子目 8414.40,不论是否又从任何其他品目改变而来,前提是区域价值成分不低于:
    (1)使用成交价格法时的 60%,或
    (2)使用净成本法时的 50%。

46. 从任何其他子目改变至子目 8414.51。

子目规则:规则 47 关于子目 8414.59 至 8414.80 的规定适用于第八十七章机动车辆用的货物。

47. (A)从任何其他品目改变至子目 8414.59 至 8414.80;或者
    (B)从子目 8414.90 改变至子目 8414.59 至 8414.80,不论是否又从任何其他品目改变而来,前提是区域价值成分不低于:
    (1)使用成交价格法时的 60%,或
    (2)使用净成本法时的 50%。

48. (A)从任何其他品目改变至子目 8414.90;或者
    (B)税则归类无需改变至子目 8414.90 的货物,前提是区域价值成分不低于:

(1)使用成交价格法时的60%,或

(2)使用净成本法时的50%。

49.(A)从任何其他子目(税号8415.90.40或包含压缩机、冷凝器、蒸发器、连接管中多项部件的组件除外)改变至子目8415.10的独立式窗式或壁式空调机;

(B)从任何其他子目(子目8415.20至8415.83、税号8415.90.40或包含压缩机、冷凝器、蒸发器、连接管中多项部件的组件除外)改变至子目8415.10的"分体式系统";或者

(C)从税号8415.90.40或包含压缩机、冷凝器、蒸发器、连接管中多项部件的组件改变至子目8415.10的"分体式系统",不论是否又从子目8415.20至8415.83改变而来,前提是区域价值成分不低于:

(1)使用成交价格法时的60%,或

(2)使用净成本法时的50%。

子目规则:规则50关于子目8415.20至8415.83的规定适用于第八十七章机动车辆用的货物。

50.(A)从子目8415.20至8415.83以外的任何子目(子目8415.10的"分体式系统"、税号8415.90.40或包含压缩机、冷凝器、蒸发器、连接管中多项部件的组件除外)改变至子目8415.20至8415.83;或者

(B)从税号8415.90.40或包含压缩机、冷凝器、蒸发器、连接管中多项部件的组件改变至子目8415.20至8415.83,不论是否又从该组别以外的任何子目(子目8415.10的"分体式系统"除外)改变而来,前提是区域价值成分不低于:

(1)使用成交价格法时的60%,或

(2)使用净成本法时的50%。

51. 从任何其他税号改变至税号8415.90.40。

52. 从任何其他品目改变至子目8415.90。

53.(A)从任何其他品目改变至子目8416.10至8416.30;或者

(B)从子目8416.90改变至子目8416.10至8416.30,不论是否又从任何其他品目改变而来,前提是区域价值成分不低于:

(1)使用成交价格法时的60%,或

(2)使用净成本法时的50%。

54. 从任何其他品目改变至子目8416.90。

55.(A)从任何其他品目改变至子目8417.10至8417.80;或者

(B)从子目8417.90改变至子目8417.10至8417.80,不论是否又从任何其他品目改变而来,前提是区域价值成分不低于:

(1)使用成交价格法时的60%,或

(2)使用净成本法时的50%。

56. 从任何其他品目改变至子目8417.90。

57. 从子目8418.10至8418.21以外的任何子目(子目8418.91、税号8418.99.40或包含压缩机、冷凝器、蒸发器、连接管中多项部件的组件除外)改变至子目8418.10至8418.21。

58.(A)从任何其他品目改变至子目8418.29的吸收式家用电冰箱;

(B)从子目8418.91至8418.99改变至子目8418.29的吸收式家用电冰箱,不论是否又从任

何其他品目改变而来,前提是区域价值成分不低于:

(1)使用成交价格法时的60%,或

(2)使用净成本法时的50%;或者

(C)从任何其他子目(子目8418.30,子目8418.40,子目8418.91,包含子目8418.99的内板、外板、隔热层、铰链、把手中多项部件的门组件,包含压缩机、冷凝器、蒸发器、连接管中多项部件的组件除外)改变至子目8418.29的任何其他货物。

59. 从子目8418.30至8418.40以外的任何子目(子目8418.29或子目8418.91的除吸收式家用电冰箱之外的任何货物,包含子目8418.99的内板、外板、绝缘层、铰链、把手中多项部件的门组件,包含压缩机、冷凝器、蒸发器、连接管中多项部件的组件除外)改变至子目8418.30至8418.40。

60. (A)从任何其他品目改变至子目8418.50至8418.69;或者

(B)从子目8418.91至8418.99改变至子目8418.50至8418.69,不论是否又从任何其他品目改变而来,前提是区域价值成分不低于:

(1)使用成交价格法时的60%,或

(2)使用净成本法时的50%。

61. 从任何其他子目改变至子目8418.91。

62. 从任何其他税号改变至税号8418.99.40。

63. 从任何其他品目改变至子目8418.99。

64. (A)从任何其他品目改变至子目8419.11至8419.89;或者

(B)从子目8419.90改变至子目8419.11至8419.89,不论是否又从任何其他品目改变而来,前提是区域价值成分不低于:

(1)使用成交价格法时的60%,或

(2)使用净成本法时的50%。

65. (A)从任何其他品目改变至子目8419.90;或者

(B)税则归类无需改变至子目8419.90的货物,前提是区域价值成分不低于:

(1)使用成交价格法时的60%,或

(2)使用净成本法时的50%。

66. (A)从任何其他品目改变至子目8420.10;或者

(B)从子目8420.91至8420.99改变至子目8420.10,不论是否又从任何其他品目改变而来,前提是区域价值成分不低于:

(1)使用成交价格法时的60%,或

(2)使用净成本法时的50%。

67. 从任何其他品目改变至子目8420.91至8420.99。

68. (A)从任何其他品目改变至子目8421.11;或者

(B)从子目8421.91改变至子目8421.11,不论是否又从任何其他品目改变而来,前提是区域价值成分不低于:

(1)使用成交价格法时的60%,或

(2)使用净成本法时的50%。

69. 从任何其他子目(税号8421.91.20、税号8421.91.40或税号8537.10.30除外)改变至子目8421.12。

子目规则:规则70关于子目8421.19至8421.39的规定适用于第八十七章机动车辆用的货物。

70. (A)从任何其他品目改变至子目8421.19至8421.39;或者
    (B)从子目8421.91至8421.99改变至子目8421.19至8421.39,不论是否又从任何其他品目改变而来,前提是区域价值成分不低于:
    (1)使用成交价格法时的60%,或
    (2)使用净成本法时的50%。

71. 从任何其他税号改变至税号8421.91.20。

72. 从任何其他税号改变至税号8421.91.40。

73. 从任何其他品目改变至子目8421.91。

74. (A)从任何其他品目改变至子目8421.99;或者
    (B)税则归类无需改变至子目8421.99的货物,前提是区域价值成分不低于:
    (1)使用成交价格法时的60%,或
    (2)使用净成本法时的50%。

75. 从任何其他子目[税号8422.90.02,税号8422.90.04,税号8537.10.30,装有泵(无论是否机动)和用于控制、过滤或分散喷雾的辅助装置的水循环系统除外]改变至子目8422.11。

76. (A)从任何其他品目改变至子目8422.19至8422.40;或者
    (B)从子目8422.90改变至子目8422.19至8422.40,不论是否又从任何其他品目改变而来,前提是区域价值成分不低于:
    (1)使用成交价格法时的60%,或
    (2)使用净成本法时的50%。

77. 从任何其他税号改变至税号8422.90.02。

78. 从任何其他税号改变至税号8422.90.04。

79. 从任何其他品目改变至子目8422.90。

80. (A)从任何其他品目改变至子目8423.10至8423.89;或者
    (B)从子目8423.90改变至子目8423.10至8423.89,不论是否又从任何其他品目改变而来,前提是区域价值成分不低于:
    (1)使用成交价格法时的60%,或
    (2)使用净成本法时的50%。

81. 从任何其他品目改变至子目8423.90。

82. 从任何其他子目(包括子目8424.10至8424.89中的另一子目)改变至子目8424.10至8424.89。

83. 从任何其他品目改变至子目8424.90。

84. (A)从任何其他品目(包括品目8425至8426中的另一品目,品目8431除外)改变至品目8425至8426;或者
    (B)从品目8431改变至品目8425至8426,不论是否又从任何其他品目(包括该组别内的其他品目)改变而来,前提是区域价值成分不低于:

(1)使用成交价格法时的60%,或

(2)使用净成本法时的50%。

85. (A)从任何其他品目(子目8431.20、子目8483.40或品目8501除外)改变至税号8427.10.40;或者

(B)从子目8431.20、子目8483.40或品目8501改变至税号8427.10.40,不论是否又从任何其他品目改变而来,前提是区域价值成分不低于:

(1)使用成交价格法时的60%,或

(2)使用净成本法时的50%。

86. (A)从任何其他品目(子目8431.20除外)改变至子目8427.10;或者

(B)从子目8431.20改变至子目8427.10,不论是否又从任何其他品目改变而来,前提是区域价值成分不低于:

(1)使用成交价格法时的60%,或

(2)使用净成本法时的50%。

87. 从任何其他子目改变至子目8427.20。

88. (A)从任何其他品目(子目8431.20除外)改变至子目8427.90;或者

(B)从子目8431.20改变至子目8427.90,不论是否又从任何其他品目改变而来,前提是区域价值成分不低于:

(1)使用成交价格法时的60%,或

(2)使用净成本法时的50%。

89. 从任何其他子目(包括子目8428.10至8430.69中的另一子目)改变至子目8428.10至8430.69。

90. (A)从任何其他品目改变至子目8431.10至8431.49;或者

(B)税则归类无需改变至子目8431.10至8431.49的货物,前提是区域价值成分不低于:

(1)使用成交价格法时的60%,或

(2)使用净成本法时的50%。

91. 从任何其他子目(包括子目8432.10至8432.80中的另一子目)改变至子目8432.10至8432.80。

92. 从任何其他品目改变至子目8432.90。

93. 从任何其他子目(包括子目8433.11至8433.60中的另一子目)改变至子目8433.11至8433.60。

94. 从任何其他品目改变至子目8433.90。

95. (A)从任何其他品目改变至子目8434.10至8434.20;或者

(B)从子目8434.90改变至子目8434.10至8434.20,不论是否又从任何其他品目改变而来,前提是区域价值成分不低于:

(1)使用成交价格法时的60%,或

(2)使用净成本法时的50%。

96. 从任何其他品目改变至子目8434.90。

97. 从子目8435.10的任何其他货物或任何其他子目改变至子目8435.10的货物。

98. 从任何其他品目改变至子目8435.90。

99. 从任何其他子目(包括子目 8436.10 至 8436.80 中的另一子目)改变至子目 8436.10 至 8436.80。
100. 从任何其他品目改变至子目 8436.91 至 8436.99。
101. (A)从任何其他品目改变至子目 8437.10 至 8437.80;或者
   (B)从子目 8437.90 改变至子目 8437.10 至 8437.80,不论是否又从任何其他品目改变而来,前提是区域价值成分不低于:
      (1)使用成交价格法时的 60%,或
      (2)使用净成本法时的 50%。
102. 从任何其他品目改变至子目 8437.90。
103. (A)从任何其他品目改变至子目 8438.10 至 8438.80;或者
   (B)从子目 8438.90 改变至子目 8438.10 至 8438.80,不论是否又从任何其他品目改变而来,前提是区域价值成分不低于:
      (1)使用成交价格法时的 60%,或
      (2)使用净成本法时的 50%。
104. 从任何其他品目改变至子目 8438.90。
105. (A)从任何其他品目改变至子目 8439.10 至 8439.30;或者
   (B)从子目 8439.91 至 8439.99 改变至子目 8439.10 至 8439.30,不论是否又从任何其他品目改变而来,前提是区域价值成分不低于:
      (1)使用成交价格法时的 60%,或
      (2)使用净成本法时的 50%。
106. 从任何其他品目改变至子目 8439.91 至 8439.99。
107. (A)从任何其他品目改变至子目 8440.10;或者
   (B)从子目 8440.90 改变至子目 8440.10,不论是否又从任何其他品目改变而来,前提是区域价值成分不低于:
      (1)使用成交价格法时的 60%,或
      (2)使用净成本法时的 50%。
108. 从任何其他品目改变至子目 8440.90。
109. (A)从任何其他品目改变至子目 8441.10 至 8441.80;或者
   (B)从子目 8441.90 改变至子目 8441.10 至 8441.80,不论是否又从任何其他品目改变而来,前提是区域价值成分不低于:
      (1)使用成交价格法时的 60%,或
      (2)使用净成本法时的 50%。
110. (A)从任何其他品目改变至子目 8441.90;或者
   (B)税则归类无需改变至子目 8441.90 的货物,前提是区域价值成分不低于:
      (1)使用成交价格法时的 60%,或
      (2)使用净成本法时的 50%。
111. (A)从任何其他品目改变至子目 8442.30;或者
   (B)从子目 8442.40 至 8442.50 改变至子目 8442.30,不论是否又从任何其他品目改变而

来,前提是区域价值成分不低于:

(1)使用成交价格法时的60%,或

(2)使用净成本法时的50%。

112. 从任何其他品目改变至子目8442.40至8442.50。

113. (A)从任何其他品目改变至子目8443.11至8443.19;或者

(B)从子目8443.11至8443.19中的任何其他子目或子目8443.91改变至子目8443.11至8443.19,不论是否又从任何其他子目改变而来,前提是区域价值成分不低于:

(1)使用成交价格法时的60%,或

(2)使用净成本法时的50%。

114. 从子目8443.31至8443.39中任一子目的任何其他货物或任何其他子目(包括该组别内的另一子目)改变至子目8443.31至8443.39中上述任一子目的货物。

115. (A)从任何其他子目改变至子目8443.91;或者

(B)从子目8443.91的任何其他货物改变至子目8443.91的货物,不论是否又从任何其他子目改变而来,前提是区域价值成分不低于:

(1)使用成交价格法时的60%,或

(2)使用净成本法时的50%。

116. 从子目8443.99的任何其他货物或任何其他子目改变至子目8443.99的货物。

117. (A)从品目8444至8447以外的任何品目(品目8448除外)改变至品目8444至8447;或者

(B)从品目8448改变至品目8444至8447,不论是否又从任何其他品目改变而来,前提是区域价值成分不低于:

(1)使用成交价格法时的60%,或

(2)使用净成本法时的50%。

118. (A)从任何其他品目改变至子目8448.11至8448.19;或者

(B)从子目8448.20至8448.59改变至子目8448.11至8448.19,不论是否又从任何其他品目改变而来,前提是区域价值成分不低于:

(1)使用成交价格法时的60%,或

(2)使用净成本法时的50%。

119. 从任何其他品目改变至子目8448.20至8448.59。

120. 从任何其他品目改变至品目8449。

121. 从子目8450.11至8450.20以外的任何子目(税号8450.90.20、税号8450.90.40、税号8537.10.30、包含以下多项部件的垫圈总成除外:搅拌器、电机、变速箱、离合器)改变至子目8450.11至8450.20。

122. 从任何其他税号改变至税号8450.90.20。

123. 从任何其他税号改变至税号8450.90.40。

124. 从任何其他品目改变至子目8450.90。

125. (A)从任何其他品目改变至子目8451.10;或者

(B)从子目8451.90改变至子目8451.10,不论是否又从任何其他品目改变而来,前提是区域价值成分不低于:

(1)使用成交价格法时的60%,或

(2)使用净成本法时的50%。

126. 从子目8451.21至8451.29以外的任何子目(税号8451.90.30、税号8451.90.60或子目8537.10除外)改变至子目8451.21至8451.29。

127. (A)从任何其他品目改变至子目8451.30至8451.80;或者

(B)从子目8451.90改变至子目8451.30至8451.80,不论是否又从任何其他品目改变而来,前提是区域价值成分不低于:

(1)使用成交价格法时的60%,或

(2)使用净成本法时的50%。

128. 从任何其他税号改变至税号8451.90.30。

129. 从任何其他税号改变至税号8451.90.60。

130. 从任何其他品目改变至子目8451.90。

131. (A)从任何其他品目改变至子目8452.10至8452.30;或者

(B)从子目8452.90改变至子目8452.10至8452.30,不论是否又从任何其他品目改变而来,前提是区域价值成分不低于:

(1)使用成交价格法时的60%,或

(2)使用净成本法时的50%。

132. 从任何其他品目改变至子目8452.90。

133. (A)从任何其他品目改变至子目8453.10至8453.80;或者

(B)从子目8453.90改变至子目8453.10至8453.80,不论是否又从任何其他品目改变而来,前提是区域价值成分不低于:

(1)使用成交价格法时的60%,或

(2)使用净成本法时的50%。

134. 从任何其他品目改变至子目8453.90。

135. (A)从任何其他品目改变至子目8454.10至8454.30;或者

(B)从子目8454.90改变至子目8454.10至8454.30,不论是否又从任何其他品目改变而来,前提是区域价值成分不低于:

(1)使用成交价格法时的60%,或

(2)使用净成本法时的50%。

136. 从任何其他品目改变至子目8454.90。

137. 从子目8455.10至8455.22以外的任何子目(税号8455.90.40除外)改变至子目8455.10至8455.22。

138. (A)从任何其他品目改变至子目8455.30;或者

(B)从子目8455.90改变至子目8455.30,不论是否又从任何其他品目改变而来,前提是区域价值成分不低于:

(1)使用成交价格法时的60%,或

(2)使用净成本法时的50%。

139. 从任何其他品目改变至子目8455.90。

140. 从任何其他品目(以下多项除外)改变至子目 8456.10：
 (A)税号 8466.93.15、税号 8466.93.30 或税号 8466.93.53，
 (B)子目 8537.10，
 (C)子目 9013.20。

141. 从任何其他品目(以下多项除外)改变至子目 8456.20 至 8456.30：
 (A)子目 8413.50 至 8413.60，
 (B)税号 8466.93.15、税号 8466.93.30 或税号 8466.93.53，
 (C)子目 8501.32 或子目 8501.52，
 (D)子目 8537.10。

142. (A)从子目 8456.90、子目 8456.10 至 8456.30 或任何其他品目(子目 8466.93 或品目 8479 除外)的任何其他货物改变至子目 8456.90 的喷水切割机械；
 (B)从子目 8466.93 改变至子目 8456.90 的喷水切割机械,不论是否又从子目 8456.90、子目 8456.10 至 8456.30 或品目 8479 以外的任何其他品目的任何其他货物改变而来,前提是区域价值成分不低于：
  (1)使用成交价格法时的 60%,或
  (2)使用净成本法时的 50%;或者
 (C)从子目 8456.90 或任何其他品目(以下多项除外)的水射流切割机械改变至子目 8456.90 的任何其他货物：
  (1)子目 8413.50 至 8413.60，
  (2)税号 8466.93.15、税号 8466.93.30 或税号 8466.93.53，
  (3)子目 8501.32 或子目 8501.52，
  (4)子目 8537.10。

143. 从任何其他品目(品目 8459 或以下多项除外)改变至品目 8457：
 (A)子目 8413.50 至 8413.60，
 (B)税号 8466.93.15、税号 8466.93.30 或税号 8466.93.53，
 (C)子目 8501.32 或子目 8501.52，
 (D)子目 8537.10。

144. 从任何其他品目(以下多项除外)改变至子目 8458.11：
 (A)子目 8413.50 至 8413.60，
 (B)税号 8466.93.15、税号 8466.93.30 或税号 8466.93.53，
 (C)子目 8501.32 或子目 8501.52，
 (D)子目 8537.10。

145. 从任何其他品目(税号 8466.93.15、税号 8466.93.30、税号 8466.93.53、税号 8501.32 或子目 8501.52 除外)改变至子目 8458.19。

146. 从任何其他品目(以下多项除外)改变至子目 8458.91：
 (A)子目 8413.50 至 8413.60，
 (B)税号 8466.93.15、税号 8466.93.30 或税号 8466.93.53，
 (C)子目 8501.32 或子目 8501.52，

(D)子目8537.10。

147. 从任何其他品目(税号8466.93.15、税号8466.93.30、税号8466.93.53、子目8501.32或子目8501.52除外)改变至子目8458.99。

148. 从任何其他品目(税号8466.93.15、税号8466.93.30、税号8466.93.53、子目8501.32或子目8501.52除外)改变至子目8459.10。

149. (A)从任何其他品目(以下多项除外)改变至子目8459.21：[**编者注：以下(1)至(4)项服从本节规定**]

  (1)子目8413.50至8413.60，
  (2)税号8466.93.15、税号8466.93.30或税号8466.93.53，
  (3)子目8501.32或子目8501.52，
  (4)子目8537.10；或者

(B)从以下多项改变至子目8459.21：

  (1)子目8413.50至8413.60，
  (2)税号8466.93.15、税号8466.93.30或税号8466.93.53，
  (3)子目8501.32或子目8501.52，
  (4)子目8537.10；

(C)不论是否又从任何其他品目改变而来,前提是区域价值成分不低于：

  (1)使用成交价格法时的60%，或
  (2)使用净成本法时的50%。

150. 从任何其他品目(税号8466.93.15、税号8466.93.30、税号8466.93.53、子目8501.32或子目8501.52除外)改变至子目8459.29。

151. (A)从任何其他品目(以下多项除外)改变至子目8459.31：[**编者注：以下(1)至(4)项服从本节规定**]

  (1)子目8413.50至8413.60，
  (2)税号8466.93.15、税号8466.93.30或税号8466.93.53，
  (3)子目8501.32或子目8501.52，
  (4)子目8537.10；或者

(B)从以下多项改变至子目8459.31：

  (1)子目8413.50至8413.60，
  (2)税号8466.93.15、税号8466.93.30或税号8466.93.53，
  (3)子目8501.32或子目8501.52，
  (4)子目8537.10；

(C)不论是否又从任何其他品目改变而来,前提是区域价值成分不低于：

  (1)使用成交价格法时的60%，或
  (2)使用净成本法时的50%。

152. 从任何其他品目(税号8466.93.15、税号8466.93.30、税号8466.93.53、子目8501.32或子目8501.52除外)改变至子目8459.39。

153. (A)从任何其他品目(以下多项除外)改变至子目8459.40至8459.51：[**编者注：以下(1)至**

(4)项服从本节规定]

(1)子目 8413.50 至 8413.60,

(2)税号 8466.93.15、税号 8466.93.30 或税号 8466.93.53,

(3)子目 8501.32 或子目 8501.52,

(4)子目 8537.10;或者

(B)从以下多项改变至子目 8459.40 至 8459.51:

(1)子目 8413.50 至 8413.60,

(2)税号 8466.93.15、税号 8466.93.30 或税号 8466.93.53,

(3)子目 8501.32 或子目 8501.52,

(4)子目 8537.10;

(C)不论是否又从任何其他品目改变而来,前提是区域价值成分不低于:

(1)使用成交价格法时的 60%,或

(2)使用净成本法时的 50%。

154. 从任何其他品目(税号 8466.93.15、税号 8466.93.30、税号 8466.93.53、子目 8501.32 或子目 8501.52 除外)改变至子目 8459.59。

155. (A)从任何其他品目(以下多项除外)改变至子目 8459.61:[**编者注:以下(1)至(4)项服从本节规定**]

(1)子目 8413.50 至 8413.60,

(2)税号 8466.93.15、税号 8466.93.30 或税号 8466.93.53,

(3)子目 8501.32 或子目 8501.52,

(4)子目 8537.10;或者

(B)从以下多项改变至子目 8459.61:

(1)子目 8413.50 至 8413.60,

(2)税号 8466.93.15、税号 8466.93.30 或税号 8466.93.53,

(3)子目 8501.32 或子目 8501.52,

(4)子目 8537.10;

(C)不论是否又从任何其他品目改变而来,前提是区域价值成分不低于:

(1)使用成交价格法时的 60%,或

(2)使用净成本法时的 50%。

156. 从任何其他品目(税号 8466.93.15、税号 8466.93.30、税号 8466.93.53、子目 8501.32 或子目 8501.52 除外)改变至子目 8459.69。

157. (A)从任何其他品目(以下多项除外)改变至税号 8459.70.40:[**编者注:以下(1)至(4)项服从本节规定**]

(1)子目 8413.50 至 8413.60,

(2)税号 8466.93.15、税号 8466.93.30 或税号 8466.93.53,

(3)子目 8501.32 或子目 8501.52,

(4)子目 8537.10;或者

(B)从以下多项改变至税号 8459.70.40:

(1)子目 8413.50 至 8413.60,

(2)税号 8466.93.15、税号 8466.93.30 或税号 8466.93.53,

(3)子目 8501.32 或子目 8501.52,

(4)子目 8537.10;

(C)不论是否又从任何其他品目改变而来,前提是区域价值成分不低于:

(1)使用成交价格法时的 60%,或

(2)使用净成本法时的 50%。

158. 从任何其他品目(税号 8466.93.15、税号 8466.93.30、税号 8466.93.53、子目 8501.32 或子目 8501.52 除外)改变至子目 8459.70。

159. 从任何其他品目(以下多项除外)改变至子目 8460.11:

(A)子目 8413.50 至 8413.60,

(B)税号 8466.93.15、税号 8466.93.30 或税号 8466.93.53,

(C)子目 8501.32 或子目 8501.52,

(D)子目 8537.10。

160. 从任何其他品目(税号 8466.93.15、税号 8466.93.30、税号 8466.93.53、子目 8501.32 或子目 8501.52 除外)改变至子目 8460.19。

161. 从任何其他品目(以下多项除外)改变至子目 8460.21:

(A)子目 8413.50 至 8413.60,

(B)税号 8466.93.15、税号 8466.93.30 或税号 8466.93.53,

(C)子目 8501.32 或子目 8501.52,

(D)子目 8537.10。

162. 从任何其他品目(税号 8466.93.15、税号 8466.93.30、税号 8466.93.53、子目 8501.32 或子目 8501.52 除外)改变至子目 8460.29。

163. 从任何其他品目(以下多项除外)改变至子目 8460.31:

(A)子目 8413.50 至 8413.60,

(B)税号 8466.93.15、税号 8466.93.30 或税号 8466.93.53,

(C)子目 8501.32 或子目 8501.52,

(D)子目 8537.10。

164. 从任何其他品目(税号 8466.93.15、税号 8466.93.30、税号 8466.93.53、子目 8501.32 或子目 8501.52 除外)改变至子目 8460.39。

165. 从任何其他品目(以下多项除外)改变至税号 8460.40.40:

(A)子目 8413.50 至 8413.60,

(B)税号 8466.93.15、税号 8466.93.30 或税号 8466.93.53,

(C)子目 8501.32 或子目 8501.52,

(D)子目 8537.10。

166. 从任何其他品目(税号 8466.93.15、税号 8466.93.30、税号 8466.93.53、子目 8501.32 或子目 8501.52 除外)改变至子目 8460.40。

167. 从任何其他品目(以下多项除外)改变至税号 8460.90.40:

(A)子目8413.50至8413.60,

(B)税号8466.93.15、税号8466.93.30或税号8466.93.53,

(C)子目8501.32或子目8501.52,

(D)子目8537.10。

168. 从任何其他品目(税号8466.93.15、税号8466.93.30、税号8466.93.53、子目8501.32或子目8501.52除外)改变至子目8460.90。

169. 从任何其他品目(以下多项除外)改变至税号8461.20.40:

(A)子目8413.50至8413.60,

(B)税号8466.93.15、税号8466.93.30或税号8466.93.53,

(C)子目8501.32或子目8501.52,

(D)子目8537.10。

170. 从任何其他品目(税号8466.93.15、税号8466.93.30或税号8466.93.53除外)改变至子目8461.20。

171. 从任何其他品目(以下多项除外)改变至税号8461.30.40:

(A)子目8413.50至8413.60,

(B)税号8466.93.15、税号8466.93.30或税号8466.93.53,

(C)子目8501.32或子目8501.52,

(D)子目8537.10。

172. 从任何其他品目(税号8466.93.15、税号8466.93.30或税号8466.93.53除外)改变至子目8461.30。

173. 从任何其他品目(税号8466.93.15、税号8466.93.30或税号8466.93.53除外)改变至子目8461.40。

174. 从任何其他品目(以下多项除外)改变至税号8461.50.40:

(A)子目8413.50至8413.60,

(B)税号8466.93.15、税号8466.93.30或税号8466.93.53,

(C)子目8501.32或子目8501.52,

(D)子目8537.10。

175. 从任何其他品目(税号8466.93.15、税号8466.93.30或税号8466.93.53除外)改变至子目8461.50。

176. 从任何其他品目(以下多项除外)改变至税号8461.90.30:

(A)子目8413.50至8413.60,

(B)税号8466.93.15、税号8466.93.30或税号8466.93.53,

(C)子目8501.32或子目8501.52,

(D)子目8537.10。

177. 从任何其他品目(税号8466.93.15、税号8466.93.30或税号8466.93.53除外)改变至子目8461.90。

178. 从任何其他品目(税号8466.94.20、税号8466.94.65、税号8483.50.40、税号8483.50.60或税号8483.50.90除外)改变至子目8462.10。

179. 从任何其他品目(以下多项除外)改变至子目 8462.21:
    (A)子目 8413.50 至 8413.60,
    (B)税号 8466.94.20 或税号 8466.94.65,
    (C)税号 8483.50.40、税号 8483.50.60 或税号 8483.50.90,
    (D)子目 8501.32 或子目 8501.52,
    (E)子目 8537.10。
180. 从任何其他品目(税号 8466.94.20、税号 8466.94.65、税号 8483.50.40、税号 8483.50.60 或税号 8483.50.90 除外)改变至子目 8462.29。
181. 从任何其他品目(以下多项除外)改变至子目 8462.31:
    (A)子目 8413.50 至 8413.60,
    (B)税号 8466.94.20 或税号 8466.94.65,
    (C)税号 8483.50.40、税号 8483.50.60 或税号 8483.50.90,
    (D)子目 8501.32 或子目 8501.52,
    (E)子目 8537.10。
182. 从任何其他品目(税号 8466.94.20、税号 8466.94.65、税号 8483.50.40、税号 8483.50.60 或税号 8483.50.90 除外)改变至子目 8462.39。
183. 从任何其他品目(以下多项除外)改变至子目 8462.41:
    (A)子目 8413.50 至 8413.60,
    (B)税号 8466.94.20 或税号 8466.94.65,
    (C)税号 8483.50.40、税号 8483.50.60 或税号 8483.50.90,
    (D)子目 8501.32 或子目 8501.52,
    (E)子目 8537.10。
184. 从任何其他品目(税号 8466.94.20、税号 8466.94.65、税号 8483.50.40、税号 8483.50.60 或税号 8483.50.90 除外)改变至子目 8462.49。
185. 从任何其他品目改变至子目 8462.91。
186. 从任何其他品目(以下多项除外)改变至税号 8462.99.40:
    (A)子目 8413.50 至 8413.60,
    (B)税号 8466.94.20 或税号 8466.94.65,
    (C)税号 8483.50.40、税号 8483.50.60 或税号 8483.50.90,
    (D)子目 8501.32 或子目 8501.52,
    (E)子目 8537.10。
187. 从任何其他品目(税号 8466.94.20、税号 8466.94.65、税号 8483.50.40、税号 8483.50.60 或税号 8483.50.90 除外)改变至子目 8462.99。
188. 从任何其他品目(税号 8466.94.20、税号 8466.94.65、税号 8483.50.40、税号 8483.50.60、税号 8483.50.90、子目 8501.32 或子目 8501.52 除外)改变至品目 8463。
189. (A)从任何其他品目(子目 8466.91 除外)改变至品目 8464;或者
    (B)从子目 8466.91 改变至品目 8464,不论是否又从任何其他品目改变而来,前提是区域价值成分不低于:

(1)使用成交价格法时的60%,或

(2)使用净成本法时的50%。

190. (A)从任何其他品目(子目8466.92除外)改变至品目8465;或者

(B)从子目8466.92改变至品目8465,不论是否又从任何其他品目改变而来,前提是区域价值成分不低于:

(1)使用成交价格法时的60%,或

(2)使用净成本法时的50%。

191. (A)从任何其他子目改变至品目8466;或者

(B)税则归类无需改变至品目8466的货物,前提是区域价值成分不低于:

(1)使用成交价格法时的60%,或

(2)使用净成本法时的50%。

192. (A)从任何其他品目改变至子目8467.11至8467.19;或者

(B)从子目8467.91或8467.92改变至子目8467.11至8467.19,不论是否又从任何其他品目改变而来,前提是区域价值成分不低于:

(1)使用成交价格法时的60%,或

(2)使用净成本法时的50%。

193. (A)从子目8467.21至8467.29以外的任何子目(子目8467.91、子目8467.99或品目8501除外)改变至子目8467.21至8467.29;或者

(B)从子目8467.91、子目8467.99或品目8501的外壳改变至子目8467.21至8467.29,不论是否又从该组别以外的任何子目改变而来,前提是区域价值成分不低于:

(1)使用成交价格法时的60%,或

(2)使用净成本法时的50%。

194. (A)从任何其他品目改变至子目8467.81至8467.89;或者

(B)从子目8467.91或8467.99改变至子目8467.81至8467.89,不论是否又从任何其他品目改变而来,前提是区域价值成分不低于:

(1)使用成交价格法时的60%,或

(2)使用净成本法时的50%。

195. 从任何其他品目改变至子目8467.91至8467.99。

196. (A)从任何其他品目改变至子目8468.10至8468.80;或者

(B)从子目8468.90改变至子目8468.10至8468.80,不论是否又从任何其他品目改变而来,前提是区域价值成分不低于:

(1)使用成交价格法时的60%,或

(2)使用净成本法时的50%。

197. 从任何其他品目改变至子目8468.90。

198. (A)从任何其他品目(品目8473除外)改变至品目8469的文字处理机;或者

(B)从品目8473改变至品目8469的文字处理机,不论是否又从任何其他品目改变而来,前提是使用净成本法时的区域价值成分不低于50%;

(C)从任何其他品目(品目8473除外)改变至品目8469的任何其他货物;或者

(D)从品目 8473 改变至品目 8469 的任何其他货物,不论是否又从任何其他品目改变而来,前提是区域价值成分不低于:

(1)使用成交价格法时的 60%,或

(2)使用净成本法时的 50%。

199. (A)从任何其他品目(品目 8473 除外)改变至品目 8470;或者

(B)从品目 8473 改变至品目 8470,不论是否又从任何其他品目改变而来,前提是区域价值成分不低于:

(1)使用成交价格法时的 60%,或

(2)使用净成本法时的 50%。

200. 从子目 8471.30 或任何其他子目(子目 8471.41 至 8471.50 除外)的任何其他货物改变至子目 8471.30。

201. 从子目 8471.41 或任何其他子目(子目 8471.30 或子目 8471.49 至 8471.50 除外)的任何其他货物改变至子目 8471.41。

202. (A)从任何其他品目(品目 8473 除外)改变至子目 8471.50 的模拟或混合自动数据处理设备;或者

(B)从品目 8473 改变至子目 8471.50 的模拟或混合自动数据处理设备,不论是否又从任何其他品目改变而来,前提是区域价值成分不低于:

(1)使用成交价格法时的 60%,或

(2)使用净成本法时的 50%;或者

(C)从子目 8471.50 的模拟或混合自动数据处理设备或者任何其他子目(子目 8471.30 至 8471.49 除外)改变至子目 8471.50 的任何其他货物。

203. 从任何其他子目(子目 8471.49 除外)改变至子目 8471.60。

204. 从任何其他子目(子目 8471.49 除外)改变至子目 8471.70。

205. 从任何其他税号(子目 8471.49 除外)改变至税号 8471.80.10。

206. 从任何其他税号(子目 8471.49 除外)改变至税号 8471.80.40。

207. 从税号 8471.80.10、税号 8471.80.40 或任何其他子目(子目 8471.49 除外)改变至子目 8471.80 的任何其他税号。

208. 从任何其他子目改变至子目 8471.90。

209. (A)从任何其他品目(品目 8473 除外)改变至品目 8472;或者

(B)从品目 8473 改变至品目 8472,不论是否又从任何其他品目改变而来,前提是区域价值成分不低于:

(1)使用成交价格法时的 60%,或

(2)使用净成本法时的 50%。

210. 从任何其他品目改变至税号 8473.10.20 和税号 8473.10.40。

211. (A)从任何其他品目改变至税号 8473.10.60;或者

(B)税则归类无需改变至税号 8473.10.60 的货物,前提是区域价值成分不低于:

(1)使用成交价格法时的 60%,或

(2)使用净成本法时的 50%。

212. 从任何其他品目改变至子目 8473.10。
213. (A)从任何其他品目改变至子目 8473.21;或者
    (B)税则归类无需改变至子目 8473.21 的货物,前提是区域价值成分不低于:
       (1)使用成交价格法时的 60%,或
       (2)使用净成本法时的 50%。
214. (A)从任何其他品目改变至子目 8473.29;或者
    (B)税则归类无需改变至子目 8473.29 的货物,前提是区域价值成分不低于:
       (1)使用成交价格法时的 60%,或
       (2)使用净成本法时的 50%。
215. 从任何其他税号改变至税号 8473.30.11。
216. 从任何其他税号改变至税号 8473.30.20。
217. (A)从任何其他品目改变至子目 8473.30;或者
    (B)税则归类无需改变至子目 8473.30 的货物,前提是区域价值成分不低于:
       (1)使用成交价格法时的 60%,或
       (2)使用净成本法时的 50%。
218. (A)从任何其他品目改变至子目 8473.40;或者
    (B)税则归类无需改变至子目 8473.40 的货物,前提是区域价值成分不低于:
       (1)使用成交价格法时的 60%,或
       (2)使用净成本法时的 50%。
219. 从任何其他税号改变至税号 8473.50.30。
220. 从任何其他税号改变至税号 8473.50.60。

子目规则:如果子目 8473.50 的零件或附件用于生产子目 8469.00 或品目 8471 的货物,则包含区域价值成分要求的替代规则不适用于该零件或附件。

221. (A)从任何其他品目改变至子目 8473.50;或者
    (B)税则归类无需改变至子目 8473.50 的货物,前提是区域价值成分不低于:
       (1)使用成交价格法时的 60%,或
       (2)使用净成本法时的 50%。
222. (A)从任何其他品目改变至子目 8474.10 至 8474.80;或者
    (B)从子目 8474.90 改变至子目 8474.10 至 8474.80,不论是否又从任何其他品目改变而来,前提是区域价值成分不低于:
       (1)使用成交价格法时的 60%,或
       (2)使用净成本法时的 50%。
223. (A)从任何其他品目改变至子目 8474.90;或者
    (B)税则归类无需改变至子目 8474.90 的货物,前提是区域价值成分不低于:
       (1)使用成交价格法时的 60%,或
       (2)使用净成本法时的 50%。
224. (A)从任何其他品目改变至子目 8475.10 至 8475.29;或者
    (B)从子目 8475.90 改变至子目 8475.10 至 8475.29,不论是否又从任何其他品目改变而来，前提是区域价值成分不低于：
   (1)使用成交价格法时的60%，或
   (2)使用净成本法时的50%。

225. 从任何其他品目改变至子目8475.90。

226. (A)从任何其他品目改变至子目8476.21至8476.89；或者
   (B)从子目8476.90改变至子目8476.21至8476.89，不论是否又从任何其他品目改变而来，前提是区域价值成分不低于：
      (1)使用成交价格法时的60%，或
      (2)使用净成本法时的50%。

227. 从任何其他品目改变至子目8476.90。

228. 从任何其他子目(税号8477.90.25或以下多项除外)改变至子目8477.10：
   (A)税号8477.90.45，
   (B)子目8537.10。

229. 从任何其他子目(税号8477.90.25或以下多项除外)改变至子目8477.20：
   (A)税号8477.90.45，
   (B)子目8537.10。

230. 从任何其他子目(税号8477.90.25或以下多项除外)改变至子目8477.30：
   (A)税号8477.90.65，
   (B)子目8537.10。

231. (A)从任何其他品目改变至子目8477.40至8477.80；或者
   (B)从子目8477.90改变至子目8477.40至8477.80，不论是否又从任何其他品目改变而来，前提是区域价值成分不低于：
      (1)使用成交价格法时的60%，或
      (2)使用净成本法时的50%。

232. 从任何其他品目改变至子目8477.90。

233. (A)从任何其他品目改变至子目8478.10；或者
   (B)从子目8478.90改变至子目8478.10，不论是否又从任何其他品目改变而来，前提是区域价值成分不低于：
      (1)使用成交价格法时的60%，或
      (2)使用净成本法时的50%。

234. 从任何其他品目改变至子目8478.90。

235. 从任何其他子目(包括子目8479.10至8479.82中的另一子目)改变至子目8479.10至8479.82。

子目规则：规则236关于子目8479.89的规定适用于第八十七章机动车辆用的货物。

236. (A)从子目8479.89或任何其他子目改变至子目8479.89的垃圾压实机；或者
   (B)从任何其他子目改变至子目8479.89的任何其他货物。

237. 从任何其他税号改变至税号8479.90.45。

238. 从任何其他税号改变至税号8479.90.55。

239. 从任何其他税号改变至税号 8479.90.65。

240. 从任何其他税号改变至税号 8479.90.75。

241. 从任何其他品目改变至子目 8479.90。

242. 从任何其他品目改变至品目 8480。

子目规则：规则 243 关于子目 8481.10 至 8481.30 的规定适用于第八十七章机动车辆用的货物。

243. (A)从任何其他品目改变至子目 8481.10 至 8481.30；或者

  (B)从子目 8481.90 改变至子目 8481.10 至 8481.30，不论是否又从任何其他品目改变而来，前提是区域价值成分不低于：

   (1)使用成交价格法时的 60%，或

   (2)使用净成本法时的 50%。

子目规则：规则 244 关于子目 8481.40 至 8481.80 的规定适用于第八十七章机动车辆用的货物。

244. (A)从任何其他品目改变至子目 8481.40 至 8481.80；或者

  (B)从子目 8481.90 改变至子目 8481.40 至 8481.80，不论是否又从任何其他品目改变而来，前提是区域价值成分不低于：

   (1)使用成交价格法时的 45%，或

   (2)使用净成本法时的 35%。

245. 从任何其他品目改变至子目 8481.90。

子目规则：规则 246 关于子目 8482.10 至 8482.80 的规定适用于第八十七章机动车辆用的货物。

246. (A)从子目 8482.10 至 8482.80 以外的任何子目(税号 8482.99.05、税号 8482.99.15 或税号 8482.99.25 除外)改变至子目 8482.10 至 8482.80；或者

  (B)从税号 8482.99.05、税号 8482.99.15 和税号 8482.99.25 改变至子目 8482.10 至 8482.80，不论是否又从该组别以外的任何子目改变而来，前提是区域价值成分不低于：

   (1)使用成交价格法时的 60%，或

   (2)使用净成本法时的 50%。

247. 从任何其他品目改变至子目 8482.91 至 8482.99。

子目规则：规则 248 关于子目 8483.10 的规定适用于第八十七章机动车辆用的货物。

248. (A)从任何其他品目改变至子目 8483.10；或者

  (B)从子目 8483.90 改变至子目 8483.10，不论是否又从任何其他品目改变而来，前提是区域价值成分不低于：

   (1)使用成交价格法时的 60%，或

   (2)使用净成本法时的 50%。

子目规则：规则 249 关于子目 8483.20 的规定适用于第八十七章机动车辆用的货物。

249. (A)从任何其他子目(子目 8482.10 至 8482.80、税号 8482.99.05、税号 8482.99.15、税号 8482.99.25 或子目 8483.90 除外)改变至子目 8483.20；或者

(B)从子目 8482.10 至 8482.80、税号 8482.99.05、税号 8482.99.15、税号 8482.99.25 或子目 8483.90 改变至子目 8483.20,不论是否又从任何其他子目改变而来,前提是区域价值成分不低于:

(1)使用成交价格法时的 60%,或

(2)使用净成本法时的 50%。

子目规则:规则 250 关于子目 8483.30 的规定适用于第八十七章机动车辆用的货物。

250. (A)从任何其他品目改变至子目 8483.30;或者

(B)从子目 8483.90 改变至子目 8483.30,不论是否又从任何其他品目改变而来,前提是区域价值成分不低于:

(1)使用成交价格法时的 60%,或

(2)使用净成本法时的 50%。

子目规则:规则 251 关于子目 8483.40 至 8483.90 的规定适用于第八十七章机动车辆用的货物。

251. 从任何其他子目(包括子目 8483.40 至 8483.90 中的另一子目)改变至子目 8483.40 至 8483.90。

252. 从任何其他品目改变至品目 8484。

253. 从子目 8486.10 至 8486.90 中任一子目的任何其他货物或任何其他子目(包括该组别内的另一子目)改变至子目 8486.10 至 8486.90 中前述任一子目的货物。

254. 从任何其他品目改变至品目 8487。

第八十五章

章规则一:就本章而言,"印刷电路组件"是指由一个或多个品目 8534 的印刷电路(装配有一个或多个有源元件,包含或不包含无源元件)组成的货物。就本注释而言,"有源元件"是指品目 8541 的二极管、晶体管和类似半导体的器件(不论是否光敏),品目 8542 的集成电路,以及品目 8543 或品目 8548 的微组件。

章规则二:在本章中——

(a)适用于电视接收器和阴极射线管的"高清晰度"指的是货物具有以下特性:

(1)屏幕的高宽比等于或大于 16:9;

(2)屏幕可显示 700 多条扫描线;以及

(3)通过测量穿过视频显示面板可见部分的最大直线尺寸来确定视频显示对角线。

章规则三:税号 8529.90.83、税号 8529.90.93 和税号 8529.90.99 包括电视接收器、视频监视器和视频投影仪的以下部件:

(a)视频中间放大和检测系统;

(b)视频处理和放大系统;

(c)同步和偏转电路;

(d)调谐器和调谐器控制系统;以及

(e)音频检测和放大系统。

章规则四:就税号 8540.91.15 而言,"前面板组件"是指:

(a)对于单色阴极射线电视显像管、视频监控管或视频投影管、包含玻璃面板或玻璃外壳的组件,其适于掺入单色阴极射线电视显像管、视频监控管或视频投影管中,并经过必要的化学和物理过程,在玻璃面板或玻璃外壳上刻印磷光体,其精度足以在受到电子流激发时呈现视频图像;或者

(b)对于彩色阴极射线电视显像管、视频监控器管或视频投影管、包含玻璃面板和阴影遮罩或开口格栅并将其贴合以供最终使用的组件,其适于掺入彩色阴极射线电视显像管、视频监控管或视频投影管中,并经过必要的化学和物理过程,在玻璃面板上刻印磷光体,其精度足以在受到电子流激发时呈现视频图像。

章规则五:电视机组合部件的原产地应根据适用于该部件的规则确定,前提是该部件仅为电视接收器。

章规则六:就与本章有关的各款而言,只要对各款的编号进行了划线强调,本注释(十一)款的规定就可适用于第八十七章机动车辆用的货物。

品目规则:规则1关于品目8501的规定适用于第八十七章机动车辆用的货物。

1. (A)从任何其他品目(税号8503.00.35、税号8503.00.45或税号8503.00.65除外)改变至品目8501;或者
   (B)从税号8503.00.35、税号8503.00.45或税号8503.00.65改变至品目8501,不论是否又从任何其他品目改变而来,前提是区域价值成分不低于:
      (1)使用成交价格法时的60%,或
      (2)使用净成本法时的50%。

2. (A)从任何其他品目(品目8406、品目8411、品目8501或品目8503除外)改变至品目8502;或者
   (B)从品目8406、品目8411、品目8501或品目8503改变至品目8502,不论是否又从任何其他品目改变而来,前提是区域价值成分不低于:
      (1)使用成交价格法时的60%,或
      (2)使用净成本法时的50%。

3. 从任何其他品目改变至品目8503。

4. 从任何其他子目改变至子目8504.10。

子目规则:自2020年7月1日起至2025年7月1日止,以下原产地规则适用于子目8504.21至8504.34:

(a)从任何其他品目改变至子目8504.21至8504.34;或者
(b)从子目8504.90改变至子目8504.21至8504.34,不论是否又从任何其他品目改变而来,前提是区域价值成分不低于:
   (1)使用成交价格法时的60%,或
   (2)使用净成本法时的50%。

子目规则:自2025年7月1日起,以下原产地规则适用于子目8504.21至8504.34:

(a)从任何其他品目(品目7225、品目7226或品目7326除外)改变至子目8504.21至8504.34;或者
(b)税则归类无需改变至子目8504.21至8504.34的货物,前提是区域价值成分不低于:
   (1)使用成交价格法时的65%,或

(2)使用净成本法时的55%。

5. 从任何其他子目改变至税号8504.40.40。

6. 从任何其他子目(子目8471.49除外)改变至税号8504.40.60。

7. 从任何其他子目改变至子目8504.40。

8. (A)从任何其他品目改变至子目8504.50;或者
   (B)从子目8504.90改变至子目8504.50,不论是否又从任何其他品目改变而来,前提是区域价值成分不低于:
      (1)使用成交价格法时的60%,或
      (2)使用净成本法时的50%。

9. 从任何其他税号改变至税号8504.90.65或税号8504.90.75。

10. 从任何其他税号改变至税号8504.90.40。

子目规则:自2020年7月1日起至2025年7月1日止,以下原产地规则适用于子目8504.90:
(a)从任何其他品目改变至子目8504.90;或者
(b)税则归类无需改变至子目8504.90的货物,前提是区域价值成分不低于:
   (1)使用成交价格法时的60%,或
   (2)使用净成本法时的50%。

子目规则:自2025年7月1日起,以下原产地规则适用于子目8504.90:
(a)从任何其他品目(品目7225、品目7226或品目7326除外)改变至子目8504.90;或者
(b)税则归类无需改变至子目8504.90的货物,前提是区域价值成分不低于:
   (1)使用成交价格法时的65%,或
   (2)使用净成本法时的55%。

子目规则:规则11关于子目8505.11至8505.20的规定适用于第八十七章机动车辆用的货物。

11. (A)从任何其他品目改变至子目8505.11至8505.20;或者
    (B)从子目8505.90改变至子目8505.11至8505.20,不论是否又从任何其他品目改变而来,前提是区域价值成分不低于:
       (1)使用成交价格法时的60%,或
       (2)使用净成本法时的50%。

子目规则:规则12关于子目8505.90的规定适用于第八十七章机动车辆用的货物。

12. (A)从任何其他品目改变至子目8505.90;或者
    (B)税则归类无需改变至子目8505.90的货物,前提是区域价值成分不低于:
       (1)使用成交价格法时的60%,或
       (2)使用净成本法时的50%。

13. 从任何其他子目(包括子目8506.10至8506.40中的另一子目)改变至子目8506.10至8506.40。

14. 从子目8506.50至8506.80以外的任何子目改变至子目8506.50至8506.80。

15. 从子目8506.90的任何其他货物或任何其他子目改变至子目8506.90的一种货物。

子目规则:规则16关于子目8507.10至8507.50的规定适用于第八十七章机动车辆用的货物。

16. (A)从任何其他品目(税号8548.10.05或税号8548.10.15除外)改变至子目8507.10至

8507.50;或者

(B)从子目 8507.90 改变至子目 8507.10 至 8507.50,不论是否又从任何其他品目(税号 8548.10.05 或税号 8548.10.15 除外)改变而来,前提是区域价值成分不低于:

(1)使用成交价格法时的 60%,或

(2)使用净成本法时的 50%。

子目规则:规则 17 关于子目 8507.60 的规定适用于第八十七章机动车辆用的货物。

17. (A)从任何其他子目改变至子目 8507.60 的电池(不包括子目 8507.90 的电池组),该电池组用作推动电动乘用车或轻型卡车的主要电源;

(B)税则归类无需改变至子目 8507.60 的作为推动电动乘用车或轻型卡车的主要电源的电池,前提是区域价值成分不低于:

(1)使用成交价格法时的 85%,或

(2)使用净成本法时的 75%;

(C)从任何其他品目改变至子目 8507.60 的任何其他货物;或者

(D)从子目 8507.90 改变至子目 8507.60 的任何其他货物,不论是否又从任何其他品目改变而来,前提是区域价值成分不低于:

(1)使用成交价格法时的 60%,或

(2)使用净成本法时的 50%。

子目规则:规则 18 关于子目 8507.80 的规定适用于第八十七章机动车辆用的货物。

18. (A)从任何其他品目(税号 8548.10.05 或税号 8548.10.15 除外)改变至子目 8507.80;或者

(B)从子目 8507.90 改变至子目 8507.80,不论是否又从任何其他品目(税号 8548.10.05 或税号 8548.10.15 除外)改变而来,前提是区域价值成分不低于:

(1)使用成交价格法时的 60%,或

(2)使用净成本法时的 50%。

19. (A)从任何其他品目(税号 8548.10.05 或税号 8548.10.15 除外)改变至子目 8507.90;或者

(B)税则归类无需改变至子目 8507.90 的货物,前提是区域价值成分不低于:

(1)使用成交价格法时的 60%,或

(2)使用净成本法时的 50%。

20. (A)从任何其他子目(品目 8501、子目 8508.19 或子目 8508.70 除外)改变至子目 8508.11;或者

(B)从品目 8501、子目 8508.19 或子目 8508.70 改变至子目 8508.11,不论是否又从任何其他子目改变而来,前提是区域价值成分不低于:

(1)使用成交价格法时的 60%,或

(2)使用净成本法时的 50%。

21. (A)从任何其他子目(品目 8501、子目 8508.11 或子目 8508.70 的外壳除外)改变至子目 8508.19 的家用吸尘器;

(B)从品目 8501、子目 8508.11 或子目 8508.70 的外壳改变至子目 8508.19 的家用吸尘器,不论是否又从任何其他子目改变而来,前提是区域价值成分不低于:

(1)使用成交价格法时的 60%,或

(2)使用净成本法时的 50%;

(C)从任何其他品目(品目 8479 除外)改变至子目 8508.19 的任何其他货物;或者

(D)从子目 8508.70 改变至子目 8508.19 的任何其他货物,不论是否又从任何其他品目(品目 8479 除外)改变而来,前提是区域价值成分不低于:

(1)使用成交价格法时的 60%,或

(2)使用净成本法时的 50%。

22. (A)从任何其他品目(品目 8479 除外)改变至子目 8508.60;或者

(B)从子目 8508.70 改变至子目 8508.60,不论是否又从任何其他品目(品目 8479 除外)改变而来,前提是区域价值成分不低于:

(1)使用成交价格法时的 60%,或

(2)使用净成本法时的 50%。

23. (A)从任何其他品目(品目 8509 除外)改变至子目 8508.70 的家用吸尘器部件;

(B)税则归类无需改变至子目 8508.70 的家用吸尘器部件,前提是区域价值成分不低于:

(1)使用成交价格法时的 60%,或

(2)使用净成本法时的 50%;或者

(C)从子目 8508.70 的家用吸尘器部件或任何其他品目(品目 8479 除外)改变至子目 8508.70 的任何其他货物。

24. 从任何其他子目改变至子目 8509.40。

25. 从子目 8509.80 的任何其他货物或任何其他子目改变至子目 8509.80 的货物。

26. (A)从任何其他品目改变至子目 8509.90;或者

(B)税则归类无需改变至子目 8509.90 的货物,前提是区域价值成分不低于:

(1)使用成交价格法时的 60%,或

(2)使用净成本法时的 50%。

27. (A)从任何其他品目改变至子目 8510.10 至 8510.30;或者

(B)从子目 8510.90 改变至子目 8510.10 至 8510.30,不论是否又从任何其他品目改变而来,前提是区域价值成分不低于:

(1)使用成交价格法时的 60%,或

(2)使用净成本法时的 50%。

28. 从任何其他品目改变至子目 8510.90。

子目规则:规则 29 关于子目 8511.10 至 8511.80 的规定适用于第八十七章机动车辆用的货物。

29. 从任何其他子目(包括子目 8511.10 至 8511.80 中的另一子目)改变至子目 8511.10 至 8511.80。

子目规则:规则 30 关于子目 8511.90 的规定适用于第八十七章机动车辆用的货物。

30. (A)从任何其他品目改变至子目 8511.90;或者

(B)税则归类无需改变至子目 8511.90 的货物,前提是区域价值成分不低于:

(1)使用成交价格法时的 60%,或

(2)使用净成本法时的 50%。

子目规则:规则 31 关于子目 8512.10 至 8512.40 的规定适用于第八十七章机动车辆用的货物。

31. (A)从任何其他品目改变至子目 8512.10 至 8512.40;或者

(B)从子目8512.90改变至子目8512.10至8512.40,不论是否又从任何其他品目改变而来,前提是区域价值成分不低于:

(1)使用成交价格法时的60%,或

(2)使用净成本法时的50%。

32. 从任何其他品目改变至子目8512.90。

33. (A)从任何其他品目改变至子目8513.10;或者

(B)从子目8513.90改变至子目8513.10,不论是否又从任何其他品目改变而来,前提是区域价值成分不低于:

(1)使用成交价格法时的60%,或

(2)使用净成本法时的50%。

34. 从任何其他品目改变至子目8513.90。

35. 从任何其他子目(包括子目8514.10至8514.30中的另一子目)改变至子目8514.10至8514.30。

36. (A)从任何其他品目改变至子目8514.40;或者

(B)从子目8514.90改变至子目8514.40,不论是否又从任何其他品目改变而来,前提是区域价值成分不低于:

(1)使用成交价格法时的60%,或

(2)使用净成本法时的50%。

37. (A)从任何其他品目改变至子目8514.90;或者

(B)税则归类无需改变至子目8514.90的货物,前提是区域价值成分不低于:

(1)使用成交价格法时的60%,或

(2)使用净成本法时的50%。

38. (A)从任何其他品目改变至子目8515.11至8515.80;或者

(B)从子目8515.90改变至子目8515.11至8515.80,不论是否又从任何其他品目改变而来,前提是区域价值成分不低于:

(1)使用成交价格法时的60%,或

(2)使用净成本法时的50%。

39. 从任何其他品目改变至子目8515.90。

40. 从任何其他子目(包括子目8516.10至8516.80中的另一子目)改变至子目8516.10至8516.80。

41. 从任何其他税号改变至税号8516.90.35。

42. 从任何其他税号改变至税号8516.90.45。

43. 从任何其他税号改变至税号8516.90.55。

44. 从任何其他税号改变至税号8516.90.65。

45. 从任何其他税号改变至税号8516.90.75。

46. (A)从任何其他品目改变至子目8516.90;或者

(B)税则归类无需改变至子目8516.90的货物,前提是区域价值成分不低于:

(1)使用成交价格法时的60%,或

(2)使用净成本法时的50%。

47. 从任何其他子目改变至子目8517.11。

48. 从任何其他子目(包括子目8517.12至8517.61中的另一子目)改变至子目8517.12至8517.61。

49. 从子目8517.62至8517.70中任一子目的任何其他货物或任何其他子目(包括该组别内的另一子目)改变至子目8517.62至8517.70中前述任一子目的货物。

50. 从子目8518.10至8518.30中任一子目的任何其他货物或任何其他子目(包括该组别内的另一子目)改变至子目8518.10至8518.30中前述任一子目的货物。

51. (A)从任何其他品目改变至子目8518.40至8518.50;或者
    (B)从子目8518.90改变至子目8518.40至8518.50,不论是否又从任何其他品目改变而来,前提是区域价值成分不低于:
       (1)使用成交价格法时的60%,或
       (2)使用净成本法时的50%。

52. (A)从任何其他品目改变至子目8518.90;或者
    (B)从品目8518的任何其他子目改变至子目8518.90,不论是否又从任何其他品目改变而来,前提是区域价值成分不低于:
       (1)使用成交价格法时的30%,或
       (2)使用净成本法时的25%。

子目规则:规则53关于子目8519.20至8519.89的规定适用于第八十七章机动车辆用的货物。

53. 从子目8519.20至8519.89中任一子目的任何其他货物或任何其他子目(包括该组别内的另一子目)改变至子目8519.20至8519.89中前述任一子目的货物。

54. 从任何其他子目(包括子目8521.10至8521.90中的另一子目,但税号8522.90.25、税号8522.90.45或税号8522.90.65除外)改变至子目8521.10至8521.90。

55. 从任何其他品目改变至品目8522。

56. 从子目8523.21至8523.51中任一子目的任何其他货物或任何其他子目(包括该组别内的另一子目)改变至子目8523.21至8523.51中前述任一子目的货物。

子目规则:尽管有《美国-墨西哥-加拿大协定》第4.18条(过境和转运)的规定,但根据以下规则符合原产货物资格的子目8523.52项下"智能卡"可在USMCA国家关境以外进行进一步加工,在进口至USMCA国家时,可视为原产于USMCA国家的货物,前提是进一步加工未导致其改变至任何其他子目。

57. (A)税则归类无需改变至子目8523.52的包含单个集成电路或智能卡部件的"智能卡";
    (B)从子目8523.52的任何其他货物(子目8523.52的其他"智能卡"部件或任何其他品目除外)改变至子目8523.52的其他"智能卡";
    (C)从子目8523.52的其他"智能卡"部件改变至子目8523.52的其他"智能卡",不论是否又从子目8523.52的任何其他货物或任何其他品目改变而来,前提是区域价值成分不低于:
       (1)使用成交价格法时的60%,或
       (2)使用净成本法时的50%。

58. (A)从任何其他品目改变至子目8523.52的其他"智能卡"部件;或者
 (B)税则归类无需改变至子目8523.52的其他"智能卡"部件,前提是区域价值成分不低于:
  (1)使用成交价格法时的60%,或
  (2)使用净成本法时的50%。

59. 从子目8523.59至8523.80中任一子目的任何其他货物或任何其他子目(包括该组别内的另一子目)改变至子目8523.59至8523.80中前述任一子目的货物。

60. 从子目8525.50至8525.60以外的任何子目改变至子目8525.50至8525.60,前提是关于子目8529.90的印刷电路组件:
 (A)除下述(B)款规定外,对于货物中包含的9个印刷电路组件中的每一个或其中任何部分,只有1个印刷电路组件可以是非原产;并且
 (B)如果货物包含少于3个印刷电路组件,则所有印刷电路组件必须是原产印刷电路组件。

61. (A)从子目8525.80的任何其他货物或任何其他子目[子目8525.80的摄影棚电视摄像机(不包括肩扛式摄像机和其他便携式摄像机)除外]改变至子目8525.80的陀螺稳定电视摄像机;
 (B)从子目8525.80的任何其他货物或任何其他子目(子目8525.80的陀螺稳定电视摄像机除外)改变至子目8525.80的其他电视摄像机;或者
 (C)从子目8525.80的电视摄像机或任何其他子目改变至子目8525.80的任何其他货物。

62. 从任何其他子目(包括子目8526.10至8526.92中的另一子目)改变至子目8526.10至8526.92。

子目规则:规则63关于子目8527.12至8527.99的规定适用于第八十七章机动车辆用的货物。

63. 从任何其他子目(包括子目8527.12至8527.99中的另一子目,子目8529.90项下印刷电路组件除外)改变至子目8527.12至8527.99。

64. (A)从任何其他品目改变至品目8528;或者
 (B)税则归类无需改变至品目8528的货物,前提是区域价值成分不低于:
  (1)使用成交价格法时的60%,或
  (2)使用净成本法时的50%。

65. (A)从任何其他品目改变至子目8529.10;或者
 (B)税则归类无需改变至子目8529.10的货物,前提是区域价值成分不低于:
  (1)使用成交价格法时的60%,或
  (2)使用净成本法时的50%。

66. (A)从子目8529.90的任何其他货物改变至子目8529.90的货物;或者
 (B)税则归类无需改变至子目8529.90的货物,前提是区域价值成分不低于:
  (1)使用成交价格法时的40%,或
  (2)使用净成本法时的30%。

67. (A)从任何其他品目改变至子目8530.10至8530.80;或者
 (B)从子目8530.90改变至子目8530.10至8530.80,不论是否又从任何其他品目改变而来,前提是区域价值成分不低于:
  (1)使用成交价格法时的60%,或

(2)使用净成本法时的 50%。

68. (A)从任何其他品目改变至子目 8530.90;或者
   (B)税则归类无需改变至子目 8530.90 的货物,前提是区域价值成分不低于:
      (1)使用成交价格法时的 60%,或
      (2)使用净成本法时的 50%。

69. 从任何其他子目改变至子目 8531.10。

70. 从子目 8531.20 的任何其他货物或任何其他子目改变至子目 8531.20 的货物。

71. 从任何其他子目改变至子目 8531.80。

72. 从子目 8531.90 的任何其他货物或任何其他子目改变至子目 8531.90 的一种货物。

73. 从子目 8532.10 至 8532.90 中任一子目的任何其他货物或任何其他子目(包括该组别内的另一子目)改变至子目 8532.10 至 8532.90 中前述任一子目的货物。

74. 从任何其他子目(包括子目 8533.10 至 8533.39 中的另一子目)改变至子目 8533.10 至 8533.39。

75. 从任何其他子目(税号 8533.90.40 除外)改变至子目 8533.40。

76. 从子目 8533.90 的任何其他货物或任何其他子目改变至子目 8533.90 的货物。

77. 从任何其他品目改变至品目 8534。

78. (A)从任何其他税号(税号 8538.90.40 除外)改变至税号 8535.90.40;或者
   (B)从税号 8538.90.40 改变至税号 8535.90.40,不论是否又从任何其他税号改变而来,前提是区域价值成分不低于:
      (1)使用成交价格法时的 60%,或
      (2)使用净成本法时的 50%。

79. (A)从任何其他品目(税号 8538.90.10、税号 8538.90.30 或税号 8538.90.60 除外)改变至品目 8535;或者
   (B)从税号 8538.90.10、税号 8538.90.30 或税号 8538.90.60 改变至品目 8535,不论是否又从任何其他品目改变而来,前提是区域价值成分不低于:
      (1)使用成交价格法时的 60%,或
      (2)使用净成本法时的 50%。

80. (A)从任何其他品目(税号 8538.90.10、税号 8538.90.30 或税号 8538.90.60 除外)改变至子目 8536.10 至 8536.20;或者
   (B)从税号 8538.90.10、税号 8538.90.30 或税号 8538.90.60 改变至子目 8536.10 至 8536.20,不论是否又从任何其他品目改变而来,前提是区域价值成分不低于:
      (1)使用成交价格法时的 60%,或
      (2)使用净成本法时的 50%。

81. (A)从任何其他税号(税号 8538.90.40 除外)改变至税号 8536.30.40;或者
   (B)从税号 8538.90.40 改变至税号 8536.30.40,不论是否又从任何其他税号改变而来,前提是区域价值成分不低于:
      (1)使用成交价格法时的 60%,或
      (2)使用净成本法时的 50%。

82. (A) 从任何其他品目(税号 8538.90.10、税号 8538.90.30 或税号 8538.90.60 除外)改变至子目 8536.30 的任何其他货物;或者
   (B) 从税号 8538.90.10、税号 8538.90.30 或税号 8538.90.60 改变至子目 8536.30 的任何其他货物,不论是否又从任何其他品目改变而来,前提是区域价值成分不低于:
   (1) 使用成交价格法时的 60%,或
   (2) 使用净成本法时的 50%。

83. (A) 从任何其他品目(税号 8538.90.10、税号 8538.90.30 或税号 8538.90.60 除外)改变至子目 8536.41 至 8536.49;或者
   (B) 从税号 8538.90.10、税号 8538.90.30 或税号 8538.90.60 改变至子目 8536.41 至 8536.49,不论是否又从任何其他品目改变而来,前提是区域价值成分不低于:
   (1) 使用成交价格法时的 60%,或
   (2) 使用净成本法时的 50%。

子目规则:规则 84 至规则 85 关于子目 8536.50 的规定适用于第八十七章机动车辆用的货物。

84. (A) 从任何其他税号(税号 8538.90.40 除外)改变至税号 8536.50.40;或者
   (B) 从税号 8538.90.40 改变至税号 8536.50.40,不论是否又从任何其他税号改变而来,前提是区域价值成分不低于:
   (1) 使用成交价格法时的 60%,或
   (2) 使用净成本法时的 50%。

85. (A) 从任何其他品目(税号 8538.90.10、税号 8538.90.30 或税号 8538.90.60 除外)改变至子目 8536.50 的任何其他货物;或者
   (B) 从税号 8538.90.10、税号 8538.90.30 或税号 8538.90.60 改变至子目 8536.50 的任何其他货物,不论是否又从任何其他品目改变而来,前提是区域价值成分不低于:
   (1) 使用成交价格法时的 60%,或
   (2) 使用净成本法时的 50%。

86. (A) 从任何其他品目(税号 8538.90.10、税号 8538.90.30 或税号 8538.90.60 除外)改变至子目 8536.61 至 8536.69;或者
   (B) 从税号 8538.90.10、税号 8538.90.30 或税号 8538.90.60 改变至子目 8536.61 至 8536.69,不论是否又从任何其他品目改变而来,前提是区域价值成分不低于:
   (1) 使用成交价格法时的 60%,或
   (2) 使用净成本法时的 50%。

87. (A) 从子目 8536.70 的任何其他货物或任何其他子目(品目 3926 除外)改变至子目 8536.70 的塑料连接器,前提是区域价值成分不低于:
   (1) 使用成交价格法时的 60%,或
   (2) 使用净成本法时的 50%。
   (B) 从子目 8536.70 的任何其他货物或任何其他子目(第六十九章除外)改变至子目 8536.70 的陶瓷连接器;或者
   (C) 从子目 8536.70 的任何其他货物或任何其他子目(品目 7419 除外)改变至子目 8536.70 的铜连接器。

子目规则：规则88关于子目8536.90的规定适用于第八十七章机动车辆用的货物。

88. (A)从任何其他品目(税号8538.90.10、税号8538.90.30或税号8538.90.60除外)改变至子目8536.90；或者

    (B)从税号8538.90.10、税号8538.90.30或税号8538.90.60改变至子目8536.90,不论是否又从任何其他品目改变而来,前提是区域价值成分不低于：

    (1)使用成交价格法时的60%,或

    (2)使用净成本法时的50%。

品目规则：规则89关于品目8537的规定适用于第八十七章机动车辆用的货物。

89. (A)从任何其他品目(子目8538.90的印刷电路组件或子目8538.90的模制零件除外)改变至品目8537；或者

    (B)从子目8538.90的印刷电路组件或子目8538.90的模制零件改变至品目8537,不论是否又从任何其他品目改变而来,前提是区域价值成分不低于：

    (1)使用成交价格法时的50%,或

    (2)使用净成本法时的40%。

90. (A)从任何其他品目改变至子目8538.10至8538.90；或者

    (B)从该组别内的任何其他子目改变至子目8538.10至8538.90,不论是否又从任何其他品目改变而来,前提是区域价值成分不低于：

    (1)使用成交价格法时的60%,或

    (2)使用净成本法时的50%。

子目规则：规则91关于子目8539.10至8539.49的规定适用于第八十七章机动车辆用的货物。

91. 从任何其他子目(子目8539.10至8539.49中的任何子目除外)改变至子目8539.10至8539.49。

92. 从任何其他品目改变至子目8539.90。

93. 从任何其他子目(以下多项除外)改变至税号8540.11.10：

    (A)税号7011.20.10,

    (B)税号8540.91.15。

94. 从任何其他子目(以下多项除外)改变至税号8540.11.24或税号8540.11.28：

    (A)税号7011.20.10,

    (B)税号8540.91.15。

95. 从任何其他子目(税号8540.91.15除外)改变至税号8540.11.30。

96. 从任何其他子目(税号8540.91.15除外)改变至税号8540.11.44或税号8540.11.48。

97. (A)从任何其他品目改变至子目8540.11；或者

    (B)从子目8540.91改变至子目8540.11,不论是否又从任何其他品目改变而来,前提是区域价值成分不低于：

    (1)使用成交价格法时的60%,或

    (2)使用净成本法时的50%。

子目规则：以下规则适用于税号8540.12.10和税号8540.12.50的货物[该货物含有第八十五章规则四(二)款所述的玻璃面板和税号7011.20.10的玻璃外壳]：

(a)从任何其他子目(以下多项除外)改变至税号 8540.12.10 或税号 8540.12.50：

　　(i)税号 7011.20.10，

　　(ii)税号 8540.91.15。

子目规则：以下规则适用于税号 8540.12.10 和税号 8540.12.50 的货物[该货物含有第八十五章规则四(二)款所述玻璃面板和税号 7011.20.10 的玻璃外壳]：

(a)从任何其他子目(税号 8540.91.15 除外)改变至税号 8540.12.10 或税号 8540.12.50。

98. 从任何其他子目(税号 8540.91.15 除外)改变至税号 8540.12.20 或税号 8540.12.70。

99. (A)从任何其他品目改变至子目 8540.12;或者

　　(B)从子目 8540.91 改变至子目 8540.12,不论是否又从任何其他品目改变而来,前提是区域价值成分不低于：

　　　　(1)使用成交价格法时的 60%,或

　　　　(2)使用净成本法时的 50%。

100. (A)从任何其他品目改变至子目 8540.20;或者

　　(B)从子目 8540.91 至 8540.99 改变至子目 8540.20,不论是否又从任何其他品目改变而来,前提是区域价值成分不低于：

　　　　(1)使用成交价格法时的 60%,或

　　　　(2)使用净成本法时的 50%。

101. 从子目 8540.40 至 8540.60 以外的任何子目改变至子目 8540.40 至 8540.60。

102. 从任何其他子目改变至子目 8540.71。

103. (A)从子目 8540.79 的任何其他货物或任何其他子目改变至子目 8540.79 的速调管;或者

　　(B)从子目 8540.79 的速调管或任何其他子目改变至子目 8540.79 的任何其他货物。

104. 从任何其他子目(包括子目 8540.81 至 8540.89 中的另一子目)改变至子目 8540.81 至 8540.89。

105. 从任何其他税号改变至税号 8540.91.15。

106. (A)从任何其他品目改变至子目 8540.91;或者

　　(B)税则归类无需改变至子目 8540.91 的货物,前提是区域价值成分不低于：

　　　　(1)使用成交价格法时的 60%,或

　　　　(2)使用净成本法时的 50%。

107. 从任何其他税号改变至税号 8540.99.40。

108. (A)从任何其他品目改变至子目 8540.99;或者

　　(B)税则归类无需改变至子目 8540.99 的货物,前提是区域价值成分不低于：

　　　　(1)使用成交价格法时的 60%,或

　　　　(2)使用净成本法时的 50%。

子目规则：尽管有《美国-墨西哥-加拿大协定》第 4.18 条(过境和转运)的规定,但根据以下规则符合原产货物资格的子目 8541.10 至 8541.60 或子目 8542.31 至 8542.39 使用的货物可在 USMCA 国家关境以外进行进一步加工,在进口至 USMCA 国家时,可视为原产于 USMCA 国家的货物,前提是进一步加工未导致其改变至该组别以外的子目。

109. 税则归类无需改变至子目 8541.10 至 8542.90 的货物。

110. 从任何其他子目(子目 8486.20 除外)改变至子目 8543.10。

111. 从任何其他子目(包括子目 8543.20 至 8543.30 中的另一子目)改变至子目 8543.20 至 8543.30。

112. 从任何其他子目(子目 8523.59 的包含单个集成电路的"智能卡"除外)改变至子目 8543.70。

子目规则:尽管有《美国-墨西哥-加拿大协定》4.18 条(过境和转运)的规定,但根据以下规则符合原产货物资格的子目 8543.90 项下电子微组件可在 USMCA 国家关境以外进行进一步加工,在进口至 USMCA 国家时,可视为原产于 USMCA 国家的货物,前提是进一步加工未导致其改变至任何其他子目。

113. (A)税则归类无需改变至子目 8543.90 的电子微组件;

(B)从子目 8543.90 的电子微组件或任何其他品目改变至子目 8543.90 的任何其他货物;或者

(C)税则归类无需改变至子目 8543.90 的任何其他货物,前提是区域价值成分不低于:

(1)使用成交价格法时的 60%,或

(2)使用净成本法时的 50%。

子目规则:规则 114 关于子目 8544.11 至 8544.60 的规定适用于第八十七章机动车辆用的货物。

114. (A)从子目 8544.11 至 8544.60 以外的任何子目(品目 7408、品目 7413、品目 7605 或品目 7614 除外)改变至子目 8544.11 至 8544.60;或者

(B)从子目 8544.11 至 8544.60 中的任何其他子目、品目 7408、品目 7413、品目 7605 或品目 7614 改变至子目 8544.11 至 8544.60,不论是否又从任何其他子目改变而来,前提是区域价值成分不低于:

(1)使用成交价格法时的 60%,或

(2)使用净成本法时的 50%。

115. (A)从任何其他子目(品目 7002 或品目 9001 除外)改变至子目 8544.70;或者

(B)从品目 7002 或品目 9001 改变至子目 8544.70,不论是否又从任何其他子目改变而来,前提是区域价值成分不低于:

(1)使用成交价格法时的 60%,或

(2)使用净成本法时的 50%。

116. 从任何其他子目(包括子目 8545.11 至 8545.90 中的另一子目)改变至子目 8545.11 至 8545.90。

117. 从任何其他品目改变至品目 8546。

118. 从任何其他子目(包括子目 8547.10 至 8547.90 中的另一子目)改变至子目 8547.10 至 8547.90。

119. 从任何其他章改变至子目 8548.10。

子目规则:尽管有《美国-墨西哥-加拿大协定》第 4.18 条(过境和转运)的规定,但根据以下规则符合原产货物资格的子目 8548.90 的电子微组件可在 USMCA 国家关境以外进行进一步加工,在进口至 USMCA 国家时,可视为原产于 USMCA 国家的货物,前提是进一步加工未导致其改

变至任何其他子目。

120.(A)税则归类无需改变至子目8548.90的电子微组件;或者

(B)从子目8548.90的电子微组件或任何其他品目改变至子目8548.90的任何其他货物。

第八十六章

1. 从任何其他品目(包括品目8601至8602中的另一品目)改变至品目8601至8602。

2.(A)从任何其他品目(包括品目8630至8606中的另一品目,品目8607除外)改变至品目8603至8606;或者

(B)从品目8607改变至品目8603至8606,不论是否又从任何其他品目(包括该组别内的另一品目)改变而来,前提是区域价值成分不低于:

(1)使用成交价格法时的60%,或

(2)使用净成本法时的50%。

子目规则:自2020年7月1日起至2023年7月1日止,以下原产地规则适用于子目8607.11至8607.12:

(a)从子目8607.11至8607.12以外的任何子目改变至子目8607.11至8607.12。

子目规则:自2023年7月1日起,以下原产地规则适用于子目8607.11至8607.12:

(a)从任何其他品目(品目7208至7229或品目7301至7326除外)改变至子目8607.11至8607.12;

(b)从品目7208至7229或品目7301至7326改变至8607.11至8607.12,前提是品目7208至7229和品目7301至7326的材料至少有70%(按重量计)是原产的;或者

(c)税则归类无需改变至子目8607.11至8607.12的货物,前提是区域价值成分不低于:

(1)使用成交价格法时的70%,或

(2)使用净成本法时的60%。

3.(A)从任何其他品目改变至税号8607.19.03;或者

(B)从税号8607.19.06改变至税号8607.19.03,不论是否又从任何其他品目改变而来,前提是区域价值成分不低于:

(1)使用成交价格法时的60%,或

(2)使用净成本法时的50%。

4.(A)从任何其他品目改变至税号8607.19.12;或者

(B)从税号8607.19.06或税号8607.19.15改变至税号8607.19.12,不论是否又从任何其他品目改变而来,前提是区域价值成分不低于:

(1)使用成交价格法时的60%,或

(2)使用净成本法时的50%。

5. 从任何其他品目改变至子目8607.19。

6.(A)从任何其他品目改变至子目8607.21;或者

(B)税则归类无需改变至子目8607.21的货物,前提是区域价值成分不低于:

(1)使用成交价格法时的60%,或

(2)使用净成本法时的50%。

子目规则:自2020年7月1日起至2023年7月1日止,以下原产地规则适用于子目8607.29:

(a)从任何其他品目改变至子目8607.29;或者

(b)税则归类无需改变至子目8607.29的货物,前提是区域价值成分不低于:

(1)使用成交价格法时的60%,或

(2)使用净成本法时的50%。

子目规则:自2023年7月1日起,以下原产地规则适用于子目8607.29:

(a)从任何其他品目(品目7208至7229或品目7301至7326除外)改变至子目8607.29;

(b)从品目7208至7229或品目7301至7326改变至子目8607.29,前提是品目7208至7229和品目7301至7326的材料至少有70%(按重量计)是原产的;或者

(c)税则归类无需改变至子目8607.29的货物,前提是区域价值成分不低于:

(1)使用成交价格法时的70%,或

(2)使用净成本法时的60%。

7.(A)从任何其他品目改变至子目8607.30;或者

(B)税则归类无需改变至子目8607.30的货物,前提是区域价值成分不低于:

(1)使用成交价格法时的60%,或

(2)使用净成本法时的50%。

子目规则:自2020年7月1日起至2023年1月1日止,以下原产地规则适用于子目8607.91:

(a)从任何其他品目改变至子目8607.91;或者

(b)税则归类无需改变至子目8607.91的货物,前提是区域价值成分不低于:

(1)使用成交价格法时的60%,或

(2)使用净成本法时的50%。

子目规则:自2023年7月1日起,以下原产地规则适用于子目8607.91:

(a)从任何其他品目(品目7208至7229或品目7301至7326除外)改变至子目8607.91;

(b)从品目7208至7229或品目7301至7326改变至子目8607.91,前提是品目7208至7229和品目7301至7326的材料至少有70%(按重量计)是原产的;或者

(c)税则归类无需改变至子目8607.91的货物,前提是区域价值成分不低于:

(1)使用成交价格法时的70%,或

(2)使用净成本法时的60%。

8.(A)从任何其他品目改变至子目8607.99;或者

(B)税则归类无需改变至子目8607.99的货物,前提是区域价值成分不低于:

(1)使用成交价格法时的60%,或

(2)使用净成本法时的50%。

9.从任何其他品目改变至品目8608。

品目规则:自2020年7月1日起至2023年7月1日止,以下原产地规则适用于品目8609:

(a)从任何其他品目改变至品目8609。

品目规则:自2023年7月1日起,以下原产地规则适用于品目8609:

(a)从任何其他品目(品目7208至7229或品目7301至7326除外)改变至品目8609;或者

(b)从品目7208至7229或品目7301至7326改变至品目8609,前提是品目7208至7229和品目7301至7326的材料至少70%(按重量计)是原产的;或者

(c)税则归类无需改变至品目8609的货物,前提是区域价值成分不低于:

(1)使用成交价格法时的70%,或

(2)使用净成本法时的60%。

第八十七章

1. 从任何其他品目改变至子目8701.10的货物,前提是使用净成本法时的区域价值成分不低于60%。

2. 从任何其他品目改变至子目8701.20的货物,前提是使用净成本法时的区域价值成分不低于70%。

3. 从任何其他品目改变至子目8701.30至8701.90的货物,前提是使用净成本法时的区域价值成分不低于60%。

4. (A)从任何其他品目改变至子目8702.10的载客量为15人或以下的机动车,前提是使用净成本法时的区域价值成分不低于62.5%;或者

   (B)从任何其他品目改变至子目8702.10的载客量为16人或以上的机动车,前提是使用净成本法时的区域价值成分不低于60%。

5. (A)从任何其他品目改变至子目8702.90的载客量为15人或以下的机动车,前提是使用净成本法时的区域价值成分不低于62.5%;或者

   (B)从任何其他品目改变至子目8702.90的载客量为16人或以上的机动车,前提是使用净成本法时的区域价值成分不低于60%。

6. 从任何其他品目改变至子目8703.10,前提是区域价值成分不低于:

   (A)使用成交价格法时的60%,或

   (B)使用净成本法时的50%。

7. (A)从任何其他品目改变至子目8703.21至8703.90的乘用车,前提是使用净成本法时的区域价值成分不低于75%;或者

   (B)从任何其他品目改变至子目8703.21至8703.90的任何其他货物,前提是使用净成本法时的区域价值成分不低于62.5%。

8. 从任何其他品目改变至子目8704.10的货物,前提是使用净成本法时的区域价值成分不低于60%。

9. (A)从任何其他品目改变至子目8704.21的轻型卡车,前提是使用净成本法时的区域价值成分不低于75%;或者

   (B)从任何其他品目改变至子目8704.21的专用于或主要用于越野的车辆,前提是使用净成本法时的区域价值成分不低于62.5%。

10. (A)从任何其他品目改变至子目8704.22至8704.23的重型卡车,前提是使用净成本法时的区域价值成分不低于70%;或者

    (B)从任何其他品目改变至子目8704.22至8704.23的专用于或主要用于越野的车辆,前提是使用净成本法时的区域价值成分不低于60%。

11. (A)从任何其他品目改变至子目8704.31的轻型卡车,前提是使用净成本法时的区域价值成分不低于75%;或者

    (B)从任何其他品目改变至子目8704.31的专用于或主要用于越野的车辆,前提是使用净成

本法时的区域价值成分不低于62.5%。

12. (A)从任何其他品目改变至子目8704.32至8704.90的专用于或主要用于越野的车辆,前提是使用净成本法时的区域价值成分不低于60%;或者

    (B)从任何其他品目改变至子目8704.32至8704.90的任何其他货物,前提是使用净成本法时的区域价值成分不低于70%。

13. 从任何其他品目改变至品目8705,前提是使用净成本法时的区域价值成分不低于60%。

品目规则:规则14至规则16的编号下划线与品目8706的货物有关。如果货物用于乘用车或轻型载货汽车,则适用汽车附录3.2和3.3。如果货物用于重型卡车,则适用汽车附录4.2。如果货物用于10条1款和2款规定的车辆,则适用汽车附录10.1和10.2。

14. 对于用于乘用车或轻型卡车的品目8706的货物:

    (A)税则归类无需改变至品目8706的货物,前提是使用净成本法时的区域价值成分不低于75%。

15. 对于用于重型卡车的品目8706的货物:

    (A)税则归类无需改变至品目8706的货物,前提是使用净成本法时的区域价值成分不低于70%。

16. 对于品目8706的任何其他货物:

    (A)税则归类无需改变至品目8706的货物,前提是使用净成本法时的区域价值成分不低于60%。

品目规则:规则17至规则19的编号下划线与品目8707的货物有关。如果货物用于乘用车或轻型载货汽车,则适用汽车附录3.3。如果货物用于重型卡车,则适用汽车附录4.2。如果货物用于10条1款和2款规定的车辆,则适用汽车附录10.1和10.2。

17. 对于用于乘用车或轻型卡车的品目8707的货物:

    (A)税则归类无需改变至品目8707的货物,前提是使用净成本法时的区域价值成分不低于75%。

18. 对于用于重型卡车的品目8707的货物:

    (A)从任何其他章改变至品目8707;或者

    (B)从品目8708改变至品目8707,不论是否又从任何其他章改变而来,前提是使用净成本法时的区域价值成分不低于70%。

19. 对于品目8707的任何其他货物:

    (A)从任何其他章改变至品目8707;或者

    (B)从品目8708改变至品目8707,不论是否又从任何其他章改变而来,前提是使用净成本法时的区域价值成分不低于60%。

子目规则:规则20至规则21的编号下划线与子目8708.10的货物有关。如果货物用于乘用车或轻型卡车,则适用汽车附录3.4。如果货物用于重型卡车,则适用汽车附录4.2条。如果货物用于10条1款和2款规定的车辆,则适用汽车附录10.1和10.2。

20. 对于用于乘用车、轻型卡车或重型卡车的子目8708.10的货物:

    (A)从任何其他品目改变至子目8708.10;或者

    (B)从子目8708.99改变至子目8708.10,不论是否又从任何其他品目改变而来,前提是使

用净成本法时的区域价值成分不低于70%。

21. 对于子目8708.10的任何其他货物：
    (A)从任何其他品目改变至子目8708.10；或者
    (B)从子目8708.99改变至子目8708.10，不论是否又从任何其他品目改变而来，前提是使用净成本法时的区域价值成分不低于50%。

子目规则：规则22至规则23的编号下划线与子目8708.21的货物有关。如果货物用于乘用车或轻型卡车，则适用汽车附录3.4条。如果货物用于重型卡车，则适用汽车附录4.2条。如果货物用于10条1款和2款规定的车辆，则适用汽车附录10.1和10.2。

22. 对于用于乘用车、轻型卡车或重型卡车的子目8708.21的货物：
    (A)从任何其他品目改变至子目8708.21；或者
    (B)从子目8708.99改变至子目8708.21，不论是否又从任何其他品目改变而来，前提是使用净成本法时的区域价值成分不低于70%。

23. 对于子目8708.21的任何其他货物：
    (A)从任何其他品目改变至子目8708.21；或者
    (B)从子目8708.99改变至子目8708.21，不论是否又从任何其他品目改变而来，前提是使用净成本法时的区域价值成分不低于50%。

子目规则：规则24至规则26的编号下划线与子目8708.29的货物有关。如果货物是用于乘用车或轻型卡车的车身冲压件，则适用汽车附录3.2和3.3。如果货物是用于乘用车或轻型卡车的任何其他货物，则适用汽车附录3.4。如果货物用于重型卡车，则适用汽车附录4.2条。如果货物用于10条1款和2款规定的车辆，则适用汽车附录10.1和10.2。

24. 对于用于乘用车或轻型卡车的子目8708.29的车身冲压件：
    (A)税则归类无需改变至子目8708.29的车身冲压件，前提是使用净成本法时的区域价值成分不低于75%。

25. 对于子目8708.29的用于乘用车、轻型卡车或重型卡车的任何其他货物：
    (A)从任何其他品目改变至子目8708.29；或者
    (B)税则归类无需改变至子目8708.29的货物，前提是使用净成本法时的区域价值成分不低于70%。

26. 对于子目8708.29的任何其他货物：
    (A)从任何其他品目改变至子目8708.29；或者
    (B)税则归类无需改变至子目8708.29的货物，前提是使用净成本法时的区域价值成分不低于50%。

子目规则：规则27至规则28的编号下划线与子目8708.30的货物有关。如果货物是用于乘用车或轻型卡车的车身冲压件，则适用汽车附录3.2和3.3。如果货物是用于乘用车或轻型卡车的任何其他货物，则适用汽车附录3.4。如果货物用于重型卡车，则适用汽车附录4.2。如果货物用于10条1款和2款规定的车辆，则适用汽车附录10.1和10.2。

27. 对于用于乘用车、轻型卡车或重型卡车的子目8708.30的货物：
    (A)从任何其他品目改变至子目8708.30的已安装制动衬片；或者
    (B)从子目8708.30或子目8708.99的已安装制动衬片、制动器或伺服制动器的零件改变至子目8708.30的已安装制动衬片,不论是否又从任何其他品目改变而来,前提是使用净成本法时的区域价值成分不低于70%;

(C)从任何其他品目改变至子目8708.30的任何其他货物;或者

(D)从子目8708.30或子目8708.99的已安装制动衬片、制动器或伺服制动器的零件改变至子目8708.30的任何其他货物,不论是否又从任何其他品目改变而来,前提是使用净成本法时的区域价值成分不低于70%。

28. 对于子目8708.30的任何其他货物:

(A)从任何其他品目改变至子目8708.30的已安装制动衬片;或者

(B)从子目8708.30或子目8708.99的已安装制动衬片、制动器或伺服制动器的零件改变至子目8708.30的已安装制动衬片,不论是否又从任何其他品目改变而来,前提是使用净成本法时的区域价值成分不低于50%;

(C)从任何其他品目改变至子目8708.30的任何其他货物;或者

(D)从子目8708.30或子目8708.99的已安装制动衬片、制动器或伺服制动器的零件改变至子目8708.30的任何其他货物,不论是否又从任何其他品目改变而来,前提是使用净成本法时的区域价值成分不低于50%。

子目规则:规则29至规则31的编号下划线与子目8708.40的货物有关。如果货物用于乘用车或轻型载货汽车,则适用汽车附录3.3。如果货物用于重型卡车,则适用汽车附录4.2和4.4。如果货物用于10条1款和2款规定的车辆,则适用汽车附录10.1和10.2。

29. 对于用于乘用车或轻型卡车的子目8708.40的货物:

(A)税则归类无需改变至子目8708.40的货物,前提是使用净成本法时的区域价值成分不低于75%。

30. 对于用于重型卡车的子目8708.40的货物:

(A)税则归类无需改变至子目8708.40的货物,前提是使用净成本法时的区域价值成分不低于70%。

31. 对于子目8708.40的任何其他货物:

(A)从任何其他品目改变至子目8708.40的齿轮箱;或者

(B)从子目8708.40或子目8708.99的任何其他货物改变至子目8708.40的齿轮箱,不论是否又从任何其他品目改变而来,前提是使用净成本法时的区域价值成分不低于50%;

(C)从任何其他品目改变至子目8708.40的任何其他货物;或者

(D)税则归类无需改变至子目8708.40的任何其他货物,前提是使用净成本法时的区域价值成分不低于50%。

子目规则:规则32至规则34的编号下划线与子目8708.50的货物有关。如果货物用于乘用车或轻型载货汽车,则适用汽车附录3.3。如果货物用于重型卡车,则适用汽车附录4.2。如果货物用于10条1款和2款规定的车辆,则适用汽车附录10.1和10.2。

32. 对于用于乘用车或轻型卡车的子目8708.50的货物:

(A)税则归类无需改变至子目8708.50的货物,前提是使用净成本法时的区域价值成分不低于75%。

33. 对于用于重型卡车的子目 8708.50 的货物：
    (A) 从任何其他品目(子目 8482.10 至 8482.80 除外)改变至用于品目 8703 车辆的子目 8708.50 的带差速器的驱动桥(不论是否配备其他传动部件)；或者
    (B) 从子目 8482.10 至 8482.80 或子目 8708.50 的带差速器的驱动桥的零件改变至用于品目 8703 车辆的子目 8708.50 的带差速器的驱动桥(不论是否配备其他传动部件)，不论是否又从其他品目改变而来，前提是使用净成本法时的区域价值成分不低于 70%；
    (C) 从任何其他品目改变至子目 8708.50 的其他带差速器的驱动桥(不论是否配备其他传动部件)；或者
    (D) 从子目 8708.99 改变至子目 8708.50 的其他带差速器的驱动桥(不论是否配备其他传动部件)，不论是否又从任何其他品目改变而来，前提是使用净成本法时的，区域价值成分不低于 70%；
    (E) 从任何其他品目(子目 8482.10 至 8482.80 除外)改变至用于品目 8703 车辆的子目 8708.50 的非驱动桥及其零件；或者
    (F) 从子目 8482.10 至 8482.80 或子目 8708.99 改变至用于品目 8703 车辆的子目 8708.50 的非驱动桥及其零件，不论是否又从任何其他品目改变而来，前提是使用净成本法时的区域价值成分不低于 70%；
    (G) 从任何其他品目改变至子目 8708.50 的其他非驱动桥及其零件；或者
    (H) 从子目 8708.99 改变至子目 8708.50 的其他非驱动桥及其零件，不论是否又从任何其他品目改变而来，前提是使用净成本法时的区域价值成分不低于 70%；
    (I) 从任何其他品目改变至子目 8708.50 的任何其他货物；或者
    (J) 税则归类无需改变至子目 8708.50 的任何其他货物，前提是使用净成本法时的区域价值成分不低于 70%。

34. 对于子目 8708.50 的任何其他货物：
    (A) 从任何其他品目(子目 8482.10 至 8482.80 除外)改变至用于品目 8703 车辆的子目 8708.50 的带差速器的驱动桥(不论是否配备其他传动部件)；或者
    (B) 从子目 8482.10 至 8482.80 或子目 8708.50 的驱动桥零件改变至用于品目 8703 车辆的子目 8708.50 的带差速器的驱动桥(不论是否配备其他传动部件)，不论是否又从任何其他品目改变而来，前提是使用净成本法时的区域价值成分不低于 50%；
    (C) 从任何其他品目改变至子目 8708.50 的其他带差速器的驱动桥(不论是否配备其他传动部件)；或者
    (D) 从子目 8708.99 改变至子目 8708.50 的其他带差速器的驱动桥(不论是否配备其他传动部件)，不论是否又从任何其他品目改变而来，前提是使用净成本法时的区域价值成分不低于 50%；
    (E) 从任何其他品目(子目 8482.10 至 8482.80 除外)改变至用于品目 8703 车辆的子目 8708.50 的非驱动桥及其零件；或者
    (F) 从子目 8482.10 至 8482.80 或子目 8708.99 改变至用于品目 8703 车辆的子目 8708.50 的非驱动桥及其零件，不论是否又从任何其他品目改变而来，前提是使用净成本法时的区域价值成分不低于 50%；

(G) 从任何其他品目改变至子目 8708.50 的其他非驱动桥及其零件;或者

(H) 从子目 8708.99 改变至子目 8708.50 的其他非驱动桥及其零件,不论是否又从任何其他品目改变而来,前提是使用净成本法时的区域价值成分不低于 50%;

(I) 从任何其他品目改变至子目 8708.50 的任何其他货物;或者

(J) 税则归类无需改变至子目 8708.50 的任何其他货物,前提是使用净成本法时的区域价值成分不低于 50%。

子目规则:规则 35 至规则 36 的编号下划线与子目 8708.70 的货物有关。如果货物用于乘用车或轻型卡车,则适用汽车附录 3.4。如果货物用于重型卡车,则适用附录 4.2。如果货物用于 10 条 1 款和 2 款规定的车辆,则适用汽车附录 10.1 和 10.2。

35. 对于用于乘用车、轻型卡车或重型卡车的子目 8708.70 的货物:

    (A) 从任何其他品目改变至子目 8708.70;或者

    (B) 从子目 8708.99 改变至子目 8708.70,不论是否又从任何其他品目改变而来,前提是使用净成本法时的区域价值成分不低于 70%。

36. 对于子目 8708.70 的任何其他货物:

    (A) 从任何其他品目改变至子目 8708.70;或者

    (B) 从子目 8708.99 改变至子目 8708.70,不论是否又从任何其他品目改变而来,前提是使用净成本法时的区域价值成分不低于 50%。

子目规则:规则 37 至规则 39 的编号下划线与子目 8708.80 的货物有关。如果货物用于乘用车或轻型卡车,则适用汽车附录 3.2 和 3.3。如果货物用于重型卡车,则适用汽车附录 4.2。如果货物用于 10 条 1 款和 2 款规定的车辆,则适用汽车附录 10.1 和 10.2。

37. 对于用于乘用车或轻型卡车的子目 8708.80 的货物:

    (A) 税则归类无需改变至子目 8708.80 的货物,前提是使用净成本法时的区域价值成分不低于 75%。

38. 对于用于重型卡车的子目 8708.80 的货物:

    (A) 从子目 8708.80 或任何其他子目的部件改变至子目 8708.80 的麦弗逊支柱,前提是使用净成本法时的区域价值成分不低于 50%;

    (B) 从任何其他品目改变至子目 8708.80;

    (C) 从子目 8708.80 或子目 8708.99 的部件改变至子目 8708.80 的悬架系统(包括减震器),不论是否又从任何其他品目改变而来,前提是使用净成本法时的区域价值成分不低于 70%;或者

    (D) 税则归类无需改变至子目 8708.80 的悬架系统零件(包括减震器),前提是使用净成本法时的区域价值成分不低于 70%。

39. 对于子目 8708.80 的任何其他货物:

    (A) 从子目 8708.80 或任何其他子目的部件改变至子目 8708.80 的麦弗逊支柱,前提是使用净成本法时的区域价值成分不低于 50%;

    (B) 从任何其他品目改变至子目 8708.80;

    (C) 从子目 8708.80 或子目 8708.99 的部件改变至子目 8708.80 的悬架系统(包括减震器),不论是否又从任何其他品目改变而来,前提是使用净成本法时的区域价值成分不

低于50%;或者

(D)税则归类无需改变至子目8708.80的悬架系统零件(包括减震器),前提是使用净成本法时的区域价值成分不低于50%。

子目规则:规则40至规则41的编号下划线与子目8708.91的货物有关。如果货物用于乘用车或轻型卡车,则适用汽车附录3.4。如果货物用于重型卡车,则适用附录4.2。如果货物用于10条1款和2款规定的车辆,则适用汽车附录10.1和10.2。

40. 对于用于乘用车、轻型卡车或重型卡车的子目8708.91的货物:

    (A)从任何其他品目改变至子目8708.91的散热器;

    (B)从子目8708.91的任何其他货物改变至子目8708.91的散热器,不论是否又从任何其他品目改变而来,前提是使用净成本法时的区域价值成分不低于70%;或者

    (C)税则归类无需改变至子目8708.91的任何其他货物,前提是使用净成本法时的区域价值成分不低于70%。

41. 对于子目8708.91的任何其他货物:

    (A)从任何其他品目改变至子目8708.91的散热器;

    (B)从子目8708.91的任何其他货物改变至子目8708.91的散热器,不论是否又从任何其他品目改变而来,前提是使用净成本法时的区域价值成分不低于50%;或者

    (C)税则归类无需改变至子目8708.91的任何其他货物,前提是使用净成本法时的区域价值成分不低于50%。

子目规则:规则42至规则43的编号下划线与子目8708.92的货物有关。如果货物用于乘用车或轻型卡车,则适用汽车附录3.4。如果货物用于重型卡车,则适用附录4.2。如果货物用于10条1款和2款规定的车辆,则适用汽车附录10.1和10.2。

42. 对于用于乘用车、轻型卡车或重型卡车的子目8708.92的货物:

    (A)从任何其他品目改变至子目8708.92的消音器(消声器)或排气管;或者

    (B)从子目8708.92的任何其他货物改变至子目8708.92的消音器(消声器)或排气管,不论是否又从任何其他品目改变而来,前提是使用净成本法时的区域价值成分不低于70%;或者

    (C)税则归类无需改变至子目8708.92的任何其他货物,前提是使用净成本法时的区域价值成分不低于70%;

43. 对于子目8708.92的任何其他货物:

    (A)从任何其他品目改变至子目8708.92的消音器(消声器)或排气管;或者

    (B)从子目8708.92的任何其他货物改变至子目8708.92的消音器(消声器)或排气管,不论是否又从任何其他品目改变而来,前提是使用净成本法时的区域价值成分不低于50%;或者

    (C)税则归类无需改变至子目8708.92的任何其他货物,前提是使用净成本法时的区域价值成分不低于50%。

子目规则:规则44至规则45的编号下划线与子目8708.93的货物有关。如果货物用于乘用车或轻型卡车,则适用汽车附录3.4。如果货物用于重型卡车,则适用附录4.2。如果货物用于10条1款和2款规定的车辆,则适用汽车附录10.1和10.2。

44. 对于用于乘用车、轻型卡车或重型卡车的子目 8708.93 的货物:
    (A)从任何其他品目改变至子目 8708.93;或者
    (B)从子目 8708.99 改变至子目 8708.93,不论是否又从任何其他品目改变而来,前提是使用净成本法时的区域价值成分不低于 70%。

45. 对于子目 8708.93 的任何其他货物:
    (A)从任何其他品目改变至子目 8708.93;或者
    (B)从子目 8708.99 改变至子目 8708.93,不论是否又从任何其他品目改变而来,前提是使用净成本法时的区域价值成分不低于 50%。

子目规则:规则 46 至规则 48 的编号下划线部与子目 8708.94 的货物有关。如果货物用于乘用车或轻型卡车,则适用汽车附录 3.2 和 3.3。如果货物用于重型卡车,则适用汽车附录 4.2。如果货物用于 10 条 1 款和 2 款规定的车辆,则适用汽车附录 10.1 和 10.2。

46. 对于用于乘用车或轻型卡车的子目 8708.94 的货物:
    (A)税则归类无需改变至子目 8708.94 的货物,前提是使用净成本法时的区域价值成分含量不低于 75%。

47. 对于用于重型卡车的子目 8708.94 的货物:
    (A)从任何其他品目改变至子目 8708.94;
    (B)从子目 8708.94 或子目 8708.99 的部件改变至子目 8708.94 的方向盘、转向柱或转向箱,不论是否又从任何其他品目改变而来,前提是使用净成本法时的区域价值成分不低于 70%;或者
    (C)税则归类无需改变至子目 8708.94 的方向盘、转向柱或转向箱零件,前提是使用净成本法时的区域价值成分含量不低于 70%。

48. 对于子目 8708.94 的任何其他货物:
    (A)从任何其他品目改变至子目 8708.94;
    (B)从子目 8708.94 或子目 8708.99 的部件改变至子目 8708.94 的方向盘、转向柱或转向箱,不论是否又从任何其他品目改变而来,前提是使用净成本法时的区域价值成分不低于 50%;或者
    (C)税则归类无需改变至子目 8708.94 的方向盘、转向柱或转向箱零件,前提是使用净成本法时的区域价值成分不低于 50%。

子目规则:规则 49 至规则 50 的编号下划线与子目 8708.95 的货物有关。如果货物用于乘用车或轻型卡车,则适用汽车附录 3.4。如果货物用于重型卡车,则适用汽车附录 4.2。如果货物用于 10 条 1 款和 2 款规定的车辆,则适用汽车附录 10.1 和 10.2。

49. 对于用于乘用车、轻型卡车或重型卡车的子目 8708.95 的货物:
    (A)从任何其他品目改变至子目 8708.95;或者
    (B)税则归类无需改变至子目 8708.95 的货物,前提是使用净成本法时的区域价值成分不低于 70%。

50. 对于子目 8708.95 的任何其他货物:
    (A)从任何其他品目改变至子目 8708.95;或者
    (B)税则归类无需改变至子目 8708.95 的货物,前提是使用净成本法时的区域价值成分不

低于50%。

子目规则：规则51至规则56的编号下划线与子目8708.99的货物有关。如果货物用于乘用车或轻型卡车的底盘框架，则适用汽车附录3.2和3.3。如果货物用于重型卡车的底盘，则适用汽车附录4.2和4.4。如果是用于乘用车或轻型卡车的任何其他货物，则适用汽车附录3.4。如果是重型卡车上使用的任何其他货物，则适用汽车附录4.2。如果货物用于10条1款和2款规定的车辆，则适用汽车附录10.1和10.2。

51. 对于用于乘用车或轻型卡车的子目8708.99的底盘框架：

    (A)税则归类无需改变至子目8708.99的货物，前提是使用净成本法时的区域价值成分不低于75%。

52. 对于用于重型卡车的子目8708.99的底盘：

    (A)税则归类无需改变至子目8708.99的货物，前提是使用净成本法时的区域价值成分不低于70%。

53. 对于用于重型卡车的子目8708.99的任何其他货物，或用于乘用车或轻型卡车的子目8708.99的任何其他货物：

    (A)从任何其他子目改变至税号8708.99.03、税号8708.99.27或税号8708.99.55，前提是使用净成本法时的区域价值成分不低于70%，

    (B)从任何其他品目(子目8482.10至8482.80、税号8482.99.05、税号8482.99.15或税号8482.99.25除外)改变至税号8708.99.06、税号8708.99.31或税号8708.99.58；或者

    (C)从子目8482.10至8482.80、税号8482.99.05、税号8482.99.15或税号8482.99.25改变至税号8708.99.06、税号8708.99.31或税号8708.99.58，不论是否又从任何其他子目改变而来，前提是使用净成本法时的区域价值成分不低于70%。

54. (A)从任何其他品目改变至子目8708.99；或者

    (B)税则归类无需改变至子目8708.99的货物，前提是使用净成本法时的区域价值成分不低于70%。

55. 对于子目8708.99的任何其他货物：

    (A)从任何其他子目改变至税号8708.99.03、税号8708.99.27或税号8708.99.55，前提是使用净成本法时的区域价值成分不低于50%；

    (B)从任何其他品目(子目8482.10至8482.80、税号8482.99.05、税号8482.99.15或税号8482.99.25除外)改变至税号8708.99.06、税号8708.99.31或税号8708.99.58；或者

    (C)从子目8482.10至8482.80、税号8482.99.05、税号8482.99.15或税号8482.99.25改变至税号8708.99.06、税号8708.99.31或税号8708.99.58，不论是否又从任何其他品目改变而来，前提是使用净成本法时的区域价值成分不低于50%。

56. (A)从任何其他品目改变至子目8708.99；或者

    (B)税则归类无需改变至子目8708.99的货物，前提是使用净成本法时的区域价值成分不低于50%。

57. (A)从任何其他品目改变至子目8709.11至8709.19；或者

    (B)从子目8709.90改变至子目8709.11至8709.19，不论是否又从任何其他品目改变而来，前提是区域价值成分不低于：

(1)使用成交价格法时的60%,或

(2)使用净成本法时的50%。

58. 从任何其他品目改变至子目8709.90。

59. 从任何其他品目改变至品目8710。

60. (A)从任何其他品目(包括品目8711至8713中的另一品目,品目8714除外)改变至品目8711至8713;或者

(B)从品目8714改变至品目8711至8713,不论是否又从任何其他品目(包括该组别内的另一品目)改变而来,前提是区域价值成分不低于:

(1)使用成交价格法时的60%,或

(2)使用净成本法时的50%。

61. 从任何其他品目(包括品目8714至8715中的另一品目)改变至品目8714至8715。

62. (A)从任何其他品目改变至子目8716.10至8716.80;或者

(B)从子目8716.90改变至子目8716.10至8716.80,不论是否又从任何其他品目改变而来,前提是区域价值成分不低于:

(1)使用成交价格法时的60%,或

(2)使用净成本法时的50%。

63. (A)从任何其他品目改变至子目8716.90;或者

(B)税则归类无需改变至子目8716.90的货物,前提是区域价值成分不低于:

(1)使用成交价格法时的60%,或

(2)使用净成本法时的50%。

第八十八章

1. (A)从品目8801或任何其他品目的其他货物改变至品目8801的滑翔机或悬挂滑翔机;或者

(B)从品目8801或任何其他品目的滑翔机或悬挂滑翔机改变至品目8801的任何其他货物。

2. 从任何其他子目(包括子目8802.11至8803.90中的另一子目)改变至子目8802.11至8803.90。

3. 从任何其他品目(包括品目8804至8805中的另一品目)改变至品目8804至8805。

第八十九章

1. (A)从任何其他章改变至品目8901至8902;或者

(B)从第八十九章中的任何其他品目(包括品目8901至8902中的另一品目)改变至品目8901至8902,不论是否又从任何其他章改变而来,前提是区域价值成分不低于:

(1)使用成交价格法时的60%,或

(2)使用净成本法时的50%。

2. 从任何其他品目改变至品目8903,前提是区域价值成分不低于:

(1)使用成交价格法时的60%,或

(2)使用净成本法时的50%。

3. (A)从任何其他章改变至品目8904至8905;或者

(B)从第八十九章的任何其他品目(包括品目8904至8905中的另一品目)改变至品目8904至8905,不论是否又从任何其他章改变而来,前提是区域价值成分不低于:

(1)使用成交价格法时的60%,或

(2)使用净成本法时的50%。

4. 从任何其他品目(包括品目8906至8908中的另一品目)改变至品目8906至8908。

第九十章

章规则一:就本章而言,"印刷电路组件"是指由一个或多个品目8534的印刷电路(装配有一个或多个有源部件,包含或不包含无源部件)组成的货物。就本注释而言,"有源部件"是指品目8541的二极管、晶体管和类似半导体器件(不论是否光敏)、品目8542的集成电路,以及品目8543、品目8548的微组件。

章规则二:第九十章货物的原产地的确定,应不考虑品目8471的任何自动数据处理设备的零件,或品目8473的任何自动数据处理设备的零件和附件(可包括在其中)的原产地。

章规则三:就与本章有关的各款而言,只要对各款的编号进行了划线强调,本注释(十一)款的规定就可适用于第八十七章机动车辆用的货物。

1. (A)从任何其他章(品目7002的预型件除外)改变至子目9001.10;或者

   (B)从品目7002的任何其他货物(预型件除外)改变至子目9001.10,不论是否又从任何其他章改变而来,前提是区域价值成分不低于:

   (1)使用成交价格法时的60%,或

   (2)使用净成本法时的50%。

2. 从任何其他品目改变至子目9001.20至9001.90。

3. 从任何其他品目(品目9001除外)改变至品目9002。

4. (A)从任何其他子目(包括子目9003.11至9003.19中的另一子目,子目9003.90除外)改变至子目9003.11至9003.19;或者

   (B)从子目9003.90改变至子目9003.11至9003.19,不论是否又从任何其他子目(包括该组别内的另一子目)改变而来,前提是区域价值成分不低于:

   (1)使用成交价格法时的60%,或

   (2)使用净成本法时的50%。

5. 从任何其他品目改变至子目9003.90。

6. 从任何其他子目改变至子目9004.10。

7. (A)从任何其他章改变至子目9004.90;或者

   (B)从第九十章的任何其他品目改变至子目9004.90,不论是否又从任何其他章改变而来,前提是区域价值成分不低于:

   (1)使用成交价格法时的60%,或

   (2)使用净成本法时的50%。

8. 从子目9005.10至9005.80以外的任何子目(品目9001至9002或税号9005.90.40除外)改变至子目9005.10至9005.80。

9. 从任何其他品目(品目9001至9002除外)改变至税号9005.90.40。

10. (A)从任何其他品目改变至子目9005.90;或者

    (B)税则归类无需改变至子目9005.90的货物,前提是区域价值成分不低于:

    (1)使用成交价格法时的60%,或

(2)使用净成本法时的50%。

11. (A)从任何其他品目改变至子目9006.10至9006.69;或者
    (B)从子目9006.91或子目9006.99改变至子目9006.10至9006.69,不论是否又从任何其他品目改变而来,前提是区域价值成分不低于:
    (1)使用成交价格法时的60%,或
    (2)使用净成本法时的50%。

12. (A)从任何其他品目改变至子目9006.91至9006.99;或者
    (B)从子目9006.91至9006.99的任何其他货物改变至子目9006.91至9006.99的货物,不论是否又从任何其他品目改变而来,前提是区域价值成分不低于:
    (1)使用成交价格法时的60%,或
    (2)使用净成本法时的50%。

13. (A)从子目9007.10或任何其他子目改变至子目9007.10的陀螺稳定摄像机;
    (B)从任何其他品目改变至子目9007.10的任何其他货物;或者
    (C)从子目9007.91改变至子目9007.10的任何其他货物,不论是否又从任何其他品目改变而来,前提是区域价值成分不低于:
    (1)使用成交价格法时的60%,或
    (2)使用净成本法时的50%。

14. (A)从任何其他品目改变至子目9007.20;或者
    (B)从子目9007.92改变至子目9007.20,不论是否又从任何其他品目改变而来,前提是区域价值成分不低于:
    (1)使用成交价格法时的60%,或
    (2)使用净成本的50%。

15. (A)从任何其他品目改变至子目9007.91;或者
    (B)税则归类无需改变至子目9007.91的货物,前提是区域价值成分不低于:
    (1)使用成交价格法时的60%,或
    (2)使用净成本法时的50%。

16. (A)从任何其他品目改变至子目9007.92;或者
    (B)税则归类无需改变至子目9007.92的货物,前提是区域价值成分不低于:
    (1)使用成交价格法时的60%,或
    (2)使用净成本法时的50%。

17. (A)从任何其他品目改变至子目9008.50;或者
    (B)从子目9008.90改变至子目9008.50,不论是否又从任何其他品目改变而来,前提是区域价值成分不低于:
    (1)使用成交价格法时的60%,或
    (2)使用净成本法时的50%。

18. (A)从任何其他品目改变至子目9008.90;或者
    (B)税则归类无需改变至子目9008.90的货物,前提是区域价值成分不低于:
    (1)使用成交价格法时的60%,或

(2)使用净成本法时的50%。

19. (A)从任何其他品目改变至子目9010.10至9010.60;或者
    (B)从子目9010.90改变至子目9010.10至9010.60,不论是否又从任何其他品目改变而来,前提是区域价值成分不低于:
    (1)使用成交价格法时的60%,或
    (2)使用净成本法时的50%。

20. (A)从任何其他品目改变至子目9010.90;或者
    (B)税则归类无需改变至子目9010.90的货物,前提是区域价值成分不低于:
    (1)使用成交价格法时的60%,或
    (2)使用净成本法时的50%。

21. (A)从任何其他品目改变至子目9011.10至9011.80;或者
    (B)从子目9011.90改变至子目9011.10至9011.80,不论是否又从任何其他品目改变而来,前提是区域价值成分不低于:
    (1)使用成交价格法时的60%,或
    (2)使用净成本法时的50%。

22. 从任何其他品目改变至子目9011.90。

23. (A)从任何其他品目改变至子目9012.10;或者
    (B)从子目9012.90改变至子目9012.10,不论是否又从任何其他品目改变而来,前提是区域价值成分不低于:
    (1)使用成交价格法时的60%,或
    (2)使用净成本法时的50%。

24. 从任何其他品目改变至子目9012.90。

25. (A)从任何其他品目改变至子目9013.10至9013.20;或者
    (B)从子目9013.90改变至子目9013.10至9013.20,不论是否又从任何其他品目改变而来,前提是区域价值成分不低于:
    (1)使用成交价格法时的60%,或
    (2)使用净成本法时的50%。

26. (A)从任何其他子目改变至子目9013.80的液晶显示器组件;
    (B)税则归类无需改变至子目9013.80的液晶显示器组件,前提是区域价值成分不低于:
    (1)使用成交价格法时的40%,或
    (2)使用净成本法时的30%;
    (C)从任何其他品目改变至子目9013.80的任何其他货物;或者
    (D)税则归类无需改变至子目9013.80的任何其他货物,前提是区域价值成分不低于:
    (1)使用成交价格法时的60%,或
    (2)使用净成本法时的50%。

27. (A)从任何其他品目改变至子目9013.90;或者
    (B)税则归类无需改变至子目9013.90的货物,前提是区域价值成分不低于:
    (1)使用成交价格法时的60%,或

(2)使用净成本法时的50%。

28. (A)从任何其他品目改变至子目9014.10至9014.80；或者
    (B)从子目9014.90改变至子目9014.10至9014.80，不论是否又从任何其他品目改变而来，前提是区域价值成分不低于：
    (1)使用成交价格法时的60%，或
    (2)使用净成本法时的50%。

29. (A)从任何其他品目改变至子目9014.90；或者
    (B)税则归类无需改变至子目9014.90的货物，前提是区域价值成分不低于：
    (1)使用成交价格法时的60%，或
    (2)使用净成本法时的50%。

30. (A)从任何其他品目改变至子目9015.10至9015.80；或者
    (B)从子目9015.90改变至子目9015.10至9015.80，不论是否又从任何其他品目改变而来，前提是区域价值成分不低于：
    (1)使用成交价格法时的60%，或
    (2)使用净成本法时的50%。

31. (A)从任何其他品目改变至子目9015.90；或者
    (B)税则归类无需改变至子目9015.90的货物，前提是区域价值成分不低于：
    (1)使用成交价格法时的60%，或
    (2)使用净成本法时的50%。

32. 从任何其他品目改变至品目9016。

33. (A)从任何其他品目改变至子目9017.10至9017.80；或者
    (B)从税号9017.90.01改变至子目9017.10至9017.80，不论是否又从任何其他品目改变而来，前提是区域价值成分不低于：
    (1)使用成交价格法时的60%，或
    (2)使用净成本法时的50%。

34. 从任何其他品目改变至子目9017.90。

35. 从任何其他税号(税号9018.11.60除外)改变至税号9018.11.30。

36. 从任何其他品目改变至子目9018.11。

37. 从任何其他品目改变至子目9018.12至9018.14。

38. 从任何其他税号(税号9018.19.75除外)改变至税号9018.19.55。

39. 从任何其他品目改变至子目9018.19。

40. 从任何其他品目改变至子目9018.20至9018.50。

41. 从任何其他税号(税号9018.90.68除外)改变至税号9018.90.64。

42. 从任何其他品目改变至子目9018.90。

43. (A)从任何其他子目(包括子目9019.10至9019.20中的另一子目)改变至子目9019.10至9019.20；或者
    (B)税则归类无需改变至子目9019.10至9019.20中的任何一种货物，前提是区域价值成分不低于：

(1)使用成交价格法时的60%,或

(2)使用净成本法时的50%。

44. 从任何其他品目改变至品目9020。

45. (A)从任何其他子目(包括子目9021.10至9021.90中的另一子目)改变至子目9021.10至9021.90;或者

(B)税则归类无需改变至子目9021.10至9021.90中的任何一种货物,前提是区域价值成分不低于:

(1)使用成交价格法时的60%,或

(2)使用净成本法时的50%。

46. (A)从任何其他子目(包括子目9022.12至9022.30中的另一子目)改变至子目9022.12至9022.30;或者

(B)税则归类无需改变至子目9022.12至9022.30中的任何一种货物,前提是区域价值成分不低于:

(1)使用成交价格法时的60%,或

(2)使用净成本法时的50%。

47. 从任何其他税号改变至税号9022.90.05。

48. (A)从任何其他品目改变至子目9022.90;或者

(B)税则归类无需改变至子目9022.90的货物,前提是区域价值成分不低于:

(1)使用成交价格法时的60%,或

(2)使用净成本法时的50%。

49. 从任何其他品目改变至品目9023。

50. (A)从任何其他品目改变至子目9024.10至9024.80;或者

(B)从子目9024.90改变至子目9024.10至9024.80,不论是否又从任何其他品目改变而来,前提是区域价值成分不低于:

(1)使用成交价格法时的60%,或

(2)使用净成本法时的50%。

51. (A)从任何其他品目改变至子目9024.90;或者

(B)税则归类无需改变至子目9024.90的货物,前提是区域价值成分不低于:

(1)使用成交价格法时的60%,或

(2)使用净成本法时的50%。

52. (A)从任何其他品目改变至子目9025.11至9025.80;或者

(B)从子目9025.90改变至子目9025.11至9025.80,不论是否又从任何其他品目改变而来,前提是区域价值成分不低于:

(1)使用成交价格法时的45%,或

(2)使用净成本法时的35%。

53. 从任何其他品目改变至子目9025.90。

54. (A)从任何其他品目改变至子目9026.10至9026.80;或者

(B)从子目9026.90改变至子目9026.10至9026.80,不论是否又从任何其他品目改变而

来,前提是区域价值成分不低于:
(1)使用成交价格法时的60%,或
(2)使用净成本法时的50%。

55. (A)从任何其他品目改变至子目9026.90;或者
(B)税则归类无需改变至子目9026.90的货物,前提是区域价值成分不低于:
(1)使用成交价格法时的60%,或
(2)使用净成本法时的50%。

56. 从任何其他子目(包括子目9029.10至9027.50中的另一子目)改变至子目9027.10至9027.50。

57. 从子目9027.80的任何其他货物或任何其他子目改变至子目9027.80的货物。

58. (A)从任何其他品目改变至子目9027.90;或者
(B)税则归类无需改变至子目9027.90的货物,前提是区域价值成分不低于:
(1)使用成交价格法时的60%,或
(2)使用净成本法时的50%。

59. (A)从任何其他品目改变至子目9028.10至9028.30;或者
(B)从子目9028.90改变至子目9028.10至9028.30,不论是否又从任何其他品目改变而来,前提是区域价值成分不低于:
(1)使用成交价格法时的60%,或
(2)使用净成本法时的50%。

60. 从任何其他品目改变至子目9028.90。

61. (A)从任何其他品目改变至子目9029.10至9029.20;或者
(B)从子目9029.90改变至子目9029.10至9029.20,不论是否又从任何其他品目改变而来,前提是区域价值成分不低于:
(1)使用成交价格法时的60%,或
(2)使用净成本法时的50%。

62. (A)从任何其他品目改变至子目9029.90;或者
(B)税则归类无需改变至子目9029.90的货物,前提是区域价值成分不低于:
(1)使用成交价格法时的60%,或
(2)使用净成本法时的50%。

63. 从任何其他子目改变至子目9030.10。

64. (A)从子目9030.20的任何其他货物或任何其他子目改变至子目9030.20的阴极射线示波器;或者
(B)从任何其他子目改变至子目9030.20的任何其他货物。

65. 从任何其他子目改变至子目9030.31。

66. (A)从任何其他品目改变至子目9030.32;或者
(B)从子目9030.90改变至子目9030.32,不论是否又从任何其他品目改变而来,前提是区域价值成分不低于:
(1)使用成交价格法时的60%,或

(2)使用净成本法时的50%。

67. 从任何其他子目(子目9030.90的印刷电路组件除外)改变至子目9030.33。

68. 从任何其他子目改变至子目9030.39。

69. (A)从任何其他品目改变至子目9030.40至9030.82;或者

(B)从子目9030.90改变至子目9030.40至9030.82,不论是否又从任何其他品目改变而来,前提是区域价值成分不低于:

(1)使用成交价格法时的60%,或

(2)使用净成本法时的50%。

70. 从任何其他子目(包括子目9030.84至9030.89中的另一子目)改变至子目9030.84至9030.89。

71. (A)从任何其他品目改变至子目9030.90;或者

(B)税则归类无需改变至子目9030.90的货物,前提是区域价值成分不低于:

(1)使用成交价格法时的60%,或

(2)使用净成本法时的50%。

72. 从任何其他子目(包括子目9031.10至9031.20中的另一子目)改变至子目9031.10至9031.20。

73. (A)从任何其他品目改变至子目9031.41;或者

(B)从子目9031.90改变至子目9031.41,不论是否又从任何其他品目改变而来,前提是区域价值成分不低于:

(1)使用成交价格法时的60%,或

(2)使用净成本法时的50%。

74. 从任何其他税号改变至税号9031.49.40。

75. 从任何其他子目改变至子目9031.49。

子目规则:规则76关于子目9031.80的规定适用于第八十七章机动车辆用的货物。

76. (A)从任何其他品目改变至子目9031.80;或者

(B)从子目9031.90改变至子目9031.80,不论是否又从任何其他品目改变而来,前提是区域价值成分不低于:

(1)使用成交价格法时的60%,或

(2)使用净成本法时的50%。

77. 从子目9031.90的任何其他货物或任何其他子目改变至子目9031.90的货物。

78. (A)从任何其他品目改变至子目9032.10;或者

(B)从子目9032.10的任何其他货物或子目9032.89至9032.90改变至子目9032.10的货物,不论是否又从任何其他品目改变而来,前提是区域价值成分不低于:

(1)使用成交价格法时的45%,或

(2)使用净成本法时的35%。

79. 从任何其他子目(包括子目9032.20至9032.81中的另一子目)改变至子目9032.20至9032.81。

子目规则:规则80关于子目9032.89的规定适用于第八十七章机动车辆用的货物。

80. (A)从任何其他品目改变至子目9032.89;或者

(B)从子目9032.90改变至子目9032.89,不论是否又从任何其他品目改变而来,前提是区域价值成分不低于:

(1)使用成交价格法时的45%,或

(2)使用净成本法时的35%。

81. (A)从任何其他品目改变至子目9032.90;或者

(B)税则归类无需改变至子目9032.90的货物,前提是区域价值成分不低于:

(1)使用成交价格法时的60%,或

(2)使用净成本法时的50%。

82. (A)从任何其他品目改变至品目9033;或者

(B)税则归类无需改变至品目9033的货物,前提是区域价值成分不低于:

(1)使用成交价格法时的60%,或

(2)使用净成本法时的50%。

第九十一章

1. (A)从任何其他章改变至品目9101至9106;或者

(B)从品目9114改变至品目9101至9106,不论是否又从任何其他章改变而来,前提是区域价值成分不低于:

(1)使用成交价格法时的60%,或

(2)使用净成本法时的50%。

2. (A)从任何其他章改变至品目9107;或者

(B)从品目9114改变至品目9107,不论是否又从任何其他章改变而来,前提是区域价值成分不低于:

(1)使用成交价格法时的45%,或

(2)使用净成本法时的35%。

3. 从任何其他品目(包括品目9108至9110中的另一品目)改变至品目9108至9110,前提是区域价值成分不低于:

(1)使用成交价格法时的60%,或

(2)使用净成本法时的50%。

4. 从子目9111.90或任何其他品目改变至子目9111.10至9111.80,前提是区域价值成分不低于:

(1)使用成交价格法时的60%,或

(2)使用净成本法时的50%。

5. 从任何其他品目改变至子目9111.90,前提是区域价值成分不低于:

(1)使用成交价格法时的60%,或

(2)使用净成本法时的50%。

6. 从子目9112.90或任何其他品目改变至子目9112.20,前提是区域价值成分不低于:

(1)使用成交价格法时的60%,或

(2)使用净成本法时的50%。

7. 从任何其他品目改变至子目9112.90,前提是区域价值成分不低于:
   (1)使用成交价格法时的60%,或
   (2)使用净成本法时的50%。

8. 从任何其他品目改变至品目9113,前提是区域价值成分不低于:
   (1)使用成交价格法时的60%,或
   (2)使用净成本法时的50%。

9. 从任何其他品目改变至品目9114。

第九十二章

1. (A)从任何其他章改变至品目9201至9208;或者
   (B)从品目9209改变至品目9201至9208,不论是否又从任何其他章改变而来,前提是区域价值成分不低于:
      (1)使用成交价格法时的60%,或
      (2)使用净成本法时的50%。

2. 从任何其他品目改变至品目9209。

第九十三章

1. (A)从任何其他章改变至品目9301至9304;或者
   (B)从品目9305改变至品目9301至9304,不论是否又从任何其他章改变而来,前提是区域价值成分不低于:
      (1)使用成交价格法时的60%,或
      (2)使用净成本法时的50%。

2. 从任何其他品目改变至品目9305。

3. 从任何其他章改变至品目9306至9307。

第九十四章

章规则一:就与本章有关的各款而言,只要对各款的编号进行了划线强调,本注释(十一)款的规定就可适用于第八十七章机动车辆用的货物。

子目规则:规则1关于子目9401.10至9401.80的规定适用于第八十七章机动车辆用的货物。

1. (A)从任何其他章改变至子目9401.10至9401.80;或者
   (B)从子目9401.90改变至子目9401.10至9401.80,不论是否又从任何其他章改变而来,前提是区域价值成分不低于:
      (1)使用成交价格法时的60%,或
      (2)使用净成本法时的50%。

2. 从任何其他品目改变至子目9401.90。

3. 从任何其他子目(包括子目9402.10至9402.90中的另一子目)改变至子目9402.10至9402.90。

4. (A)从任何其他章改变至子目9403.10至9403.89;或者
   (B)从子目9403.90改变至子目9403.10至9403.89,不论是否又从任何其他章改变而来,前提是区域价值成分不低于:
      (1)使用成交价格法时的60%,或

(2)使用净成本法时的50%。
5. 从任何其他品目改变至子目9403.90。
6. 从任何其他章改变至子目9404.10至9404.30。
7. 从任何其他章(品目5007、品目5111至5113、品目5208至5212、品目5310至5311、品目5407至5408或品目5512至5516除外)改变至子目9404.90。
8. 从子目9405.10至9405.40以外的任何子目改变至子目9405.10至9405.40。
9. (A)从任何其他章改变至子目9405.50;或者
   (B)从子目9405.91至9405.99改变至子目9405.50,不论是否又从任何其他章改变而来,前提是区域价值成分不低于:
      (1)使用成交价格法时的60%,或
      (2)使用净成本法时的50%。
10. 从任何其他子目改变至子目9405.60。
11. 从任何其他品目改变至子目9405.91至9405.99。
12. 从任何其他章改变至品目9406。

第九十五章

1. (A)从任何其他子目(包括子目9503.00至9505.90中的另一子目)改变至子目9503.00至9505.90;或者
   (B)税则归类无需改变至子目9503.00至9505.90的任何一种货物,前提是区域价值成分不低于:
      (1)使用成交价格法时的45%,或
      (2)使用净成本法时的35%。
2. 从任何其他章改变至子目9506.11至9506.29。
3. (A)从任何其他章改变至子目9506.31;或者
   (B)从子目9506.39改变至子目9506.31,不论是否又从任何其他章改变而来,前提是区域价值成分不低于:
      (1)使用成交价格法时的60%,或
      (2)使用净成本法时的50%。
4. 从任何其他章改变至子目9506.32至9506.39。
5. 从任何其他章改变至子目9506.40至9506.99。
6. 从任何其他章改变至品目9507至9508。

第九十六章

1. 从任何其他章改变至品目9601至9605。
2. 从任何其他章改变至子目9606.10。
3. (A)从任何其他章改变至子目9606.21至9606.29;或者
   (B)从子目9606.30改变至子目9606.21至9606.29,不论是否又从任何其他章改变而来,前提是区域价值成分不低于:
      (1)使用成交价格法时的60%,或
      (2)使用净成本法时的50%。

4. 从任何其他品目改变至子目9606.30。

5. (A)从任何其他章改变至子目9607.11至9607.19;或者

   (B)从子目9607.20改变至子目9607.11至9607.19,不论是否又从任何其他章改变而来,前提是区域价值成分不低于:

   (1)使用成交价格法时的60%,或

   (2)使用净成本法时的50%。

6. 从任何其他品目改变至子目9607.20。

7. (A)从任何其他章改变至子目9608.10至9608.50;或者

   (B)从子目9608.60至9608.99改变至子目9608.10至9608.50,不论是否又从任何其他章改变而来,前提是区域价值成分不低于:

   (1)使用成交价格法时的60%,或

   (2)使用净成本法时的50%。

8. 从任何其他品目改变至子目9608.60至9608.99。

9. 从任何其他章改变至品目9609至9612。

10. (A)从任何其他章改变至子目9613.10至9613.80;或者

    (B)从子目9613.90改变至子目9613.10至9613.80,不论是否又从任何其他章改变而来,前提是区域价值成分不低于:

    (1)使用成交价格法时的45%,或

    (2)使用净成本法时的35%。

11. 从任何其他品目改变至子目9613.90。

12. 从品目9614的任何其他货物任何其他品目改变至品目9614的货物。

13. (A)从任何其他章改变至子目9615.11至9615.19;或者

    (B)从子目9615.90改变至子目9615.11至9615.19,不论是否又从任何其他章改变而来,前提是区域价值成分不低于:

    (1)使用成交价格法时的60%,或

    (2)使用净成本法时的50%。

14. 从任何其他品目改变至子目9615.90。

15. 从任何其他章改变至品目9616至9618。

品目规则:品目9619的货物应被视为原产货物,不管下列材料来自何处,但前提是该货物符合适用的特定产品原产地规则:

(a)品目5403或品目5405的人造丝(莱赛尔或醋酸纤维除外);或者

(b)品目5502、品目5504或品目5507的人造丝(莱赛尔或醋酸纤维除外)。

16. (A)从任何其他章(品目5106至5113、品目5204至5212、品目5310至5311、第五十四章至第五十五章除外)改变至品目9619的卫生巾或止血塞;

    (B)从任何其他品目(品目5106至5113、品目5204至5212、品目5310至5311、第五十四章至第五十六章或第六十一章至第六十二章除外)改变至品目9619的纺织软填料;

    (C)从任何其他章(品目5106至5113、品目5204至5212、品目5310至5311、第五十四章、品目5508至5516、品目6001至6006或第六十一章至第六十二章除外)改变至品目9619

的其他纺织材料,前提是该货物在一个或多个 USMCA 国家境内裁剪(和/或针织成型)并缝制或以其他方式组合;或者

(D)从任何其他品目改变至品目 9619 的任何其他货物。

第九十七章

从任何其他章改变至品目 9701 至 9706。

(十六)应被视为原产的货物。尽管本注释有任何其他规定,但可归入下列子目/税号并符合产品说明的货物在从另一个 USMCA 国家进口至美国境内时,应被视为原产货物:

	货 物	子目/税号
(1)	自动数据处理设备	8471.30、8471.41、8471.49
(2)	数字处理部件	8471.50
(3)	组合输入/输出部件	8471.60.10
(4)	显示部件	8528.42.00、8528.52.00、8528.62.00
(5)	其他输入/输出部件	8471.60.20、8471.60.70、8471.60.80、8471.60.90
(6)	存储部件	8471.70
(7)	自动数据处理设备的其他部件	8471.80
(8)	子目 8443.31 或子目 8443.32 项下设备(不包括传真机和电传打字机)的部件	8443.99
(9)	自动数据处理设备及其部件的零件	8473.30
(10)	子目 8517.62 项下局域网设备的零件	8517.70
(11)	子目 8528.42、子目 8528.52 或子目 8528.62 项下显示器和投影仪的零件	8529.90.22、8529.90.75、8529.90.99
(12)	计算机电源	8504.40.60、8504.40.70、8504.90.20、8504.90.41

(十七)税则归类规则改变的例外情况。

(i)尽管有本注释(十五)款的规定,但从加拿大进口的子目 1517.10 的货物,如果是从品目 1511 或任何其他章改变而来,则应被视为原产货物。

(ii)尽管有本注释(十五)款或总注释七的规定,但如果生产税号 1702.90.05、税号 1702.90.10、税号 1702.90.20、税号 1702.90.35、税号 1702.90.40、税号 1702.90.52、税号 1702.90.54、税号 1702.90.58、税号 1702.90.64、税号 1702.90.68、税号 1702.90.90、税号 1806.10.43、税号 1806.10.45、税号 1806.10.55、税号 1806.10.65、税号 1806.10.75、税号 2106.90.42、税号 2106.90.44 或税号 2106.90.46 货物所用的子目 1701.99 的材料不是合格货物,则上述税号的货物从墨西哥境内出口时不应被视为原产货物。就本款而言,"合格货物"是指农业原产货物,但在确定该货物是否为原产货物时,在加拿大境内进行的作业或从加拿大获得的材料应被视为在非 USMCA 国家境内进行的作业或从非 USMCA 国家获得的材料。

十二、《北美自由贸易协定》

(一)原产于《北美自由贸易协定》(NAFTA)一方境内的货物应缴纳该协定规定的关税。就本注释而言——

(i)本注释(二)款所定义的原产于《北美自由贸易协定》缔约方境内的货物,根据财政部部长颁布的条例中规定的标记规则有资格标记为加拿大货物(不论货物是否标记)的,以及本注释(二十一)款列举的货物,进口至美国境内,并按照"特惠"子栏括号中符号"CA"的子目入境,根据《北美自由贸易协定实施法》第201条,有资格享受该"特惠"子栏规定的税率。

(ii)本注释(二)款定义的原产于《北美自由贸易协定》缔约方境内的货物,根据财政部部长颁布的条例中规定的标记规则有资格标记为墨西哥货物(不论货物是否标记)的,以及本注释(二十一)款列举的货物,进口至美国境内,并按照"特惠"子栏括号中有符号"MX"的子目入境,根据《北美自由贸易协定实施法》第201条,有资格享受该"特惠"子栏规定的税率。

(二)就本注释而言,进口至美国境内的货物,只有在下列情况下才有资格作为"原产于《北美自由贸易协定》缔约方境内的货物",享受本税则规定的关税待遇和数量限制:

(i)完全在加拿大、墨西哥和/或美国境内获得或生产;或者

(ii)在加拿大、墨西哥和/或美国境内进行了转化,以便

(A)除本注释(六)款另有规定外,用于生产此类货物的每种非原产材料的税则归类均发生了本注释(十八)、(十九)和(二十)款规定的变化,或

(B)货物以其他方式满足本注释(十八)、(十九)和(二十)款的适用要求,其中税则归类无需改变,且货物满足本注释的所有其他要求;或者

(iii)完全由原产材料在加拿大、墨西哥和/或美国境内生产;或者

(iv)完全在加拿大、墨西哥和/或美国境内生产,一种或多种属于"部件"的非原产材料用于生产此类货物,税则归类无需改变,因为——

(A)货物以未组装或拆解的形式进口到加拿大、墨西哥和/或美国境内,但根据本税则归类总规则二(一)款被归类为组装货物,或

(B)该货物的品目规定并具体列名了货物本身及其部件,不进一步拆分子目,或者该货物的子目规定并具体列名了货物本身及其部件,

前提是该货物不归入本税则第六十一章至第六十三章,且根据本注释(三)款确定的该货物的区域价值成分在(1)使用成交价格法时不低于60%,或(2)使用净成本法时不低于50%,且该货物满足本注释所有其他适用规定。就本注释而言,"材料"是指用于生产另一种货物的货物,包括零件或组成成分;或者

(v)属于本注释(二十一)款中列举的货物,并符合本注释的所有其他要求。

(三)区域价值成分。除下述(iv)款另有规定外,应根据下述(i)款规定的成交价格法或(ii)款规定的净成本法,由该货物的出口商或生产商选择计算该货物的区域价值成分。

(i)成交价格法。货物的区域价值成分可按下列成交价格法计算:

$$RVC = (TV - VNM)/TV \times 100\%$$

其中,RVC 是区域价值成分,以百分比表示;TV 是根据离岸价格调整的货物成交价格;VNM 是生产商在生产货物时使用的非原产材料的价值。

(ii)净成本法。货物的区域价值成分可根据以下净成本法计算:

$$RVC=(NC-VNM)/NC\times 100\%$$

其中,RVC 是区域价值成分,以百分比表示;NC 是货物的净成本;VNM 是生产商在生产货物时使用的非原产材料的价值。

(iii)除了本注释(四)(i)款和(四)(ii)(A)(2)款另有规定外,为计算上述(i)或(ii)款所述货物的区域价值成分,生产商在生产货物时使用的非原产材料的价值不得包括用于随后生产此类货物原产材料的非原产材料的价值。

(iv)在下列情况下,货物的区域价值成分应仅根据上述(ii)款规定的净成本法计算:

(A)货物没有成交价格;

(B)根据经修订的《1930 年关税法》第 402(b)节[19 U.S.C. 1401a(b)],货物成交价格不可接受;

(C)生产商把货物出售给相关人员,按数量单位计算,在该货物销售月份之前的 6 个月内,向相关人员(定义见《北美自由贸易协定》第 415 条)销售相同或类似货物的数量超过生产商在此期间此类货物总销售量的 85%;

(D)货物是——

(1)品目 8701、品目 8702、子目 8703.21 至 8703.90、品目 8704、品目 8705 或品目 8706 的机动车;

(2)《北美自由贸易协定》附件 403.1 或 403.2 中确定,并用于品目 8701、品目 8702、子目 8703.21 至 8703.90、品目 8704、品目 8705 或品目 8706 的机动车;

(3)子目 6401.10 至 6406.10 的货物;

(4)子目 8469.11 的货物;

(E)出口商或生产商选择根据本注释(五)款来计算货物的区域价值成分;或者

(F)被指定为本注释(三)(viii)款规定的中间材料,并受区域价值成分要求的约束。

(v)如果货物的区域价值成分是根据上述(i)款规定的成交价格法计算的,并且《北美自由贸易协定》缔约方随后在核实货物原产地的过程中通知出口商或生产商货物的成交价格,或根据经修订的《1930 年关税法》第 402 节(19 U.S.C. 1401a)的规定,需要调整或不接受用于生产货物的任何材料的价值,出口商或生产商也可以根据本注释(三)(ii)款规定的净成本法计算货物的区域价值成分。

(vi)为计算本注释(三)(ii)款中货物的净成本,货物的生产商可以——

(A)计算该生产商生产的所有产品的总成本,减去所有此类产品总成本中包含的任何促销、营销和售后服务成本、特许权使用费、运输和包装成本以及不可分配的利息成本,然后从这些货物的净成本中合理地分配部分给货物;

(B)计算该生产商生产的所有产品的总成本,从总成本中合理地分配部分给该产品;然后减去任何促销、营销和售后服务成本、特许权使用费、运输和包装成本以及不可分配计入的利息成本,这些成本包含在分配给该生产商的总成本中;或者

(C)合理分配构成货物总成本一部分的各项成本,使这些成本的总和不包括任何促销、营

销和售后服务成本、特许权使用费、运输和包装成本以及不可分配的利息成本；但所有该等费用的分配须符合财政部部长所发布的规定中关于合理分配费用的条文。"总成本"是指在加拿大、墨西哥和/或美国境内发生的所有产品成本、期间成本和其他成本。

(vii)除下述(ix)款另有规定外，用于生产货物的材料的价值为：

(A)根据经修订的《1930年关税法》第402(b)节确定的材料成交价格；或者

(B)如果无成交价格或材料的成交价格根据经修订的《1930年关税法》第402(b)节不可接受，则应根据第402(c)至(h)节确定；以及

(C)如果上述(A)或(B)款未包含以下费用，则可加上以下费用：

(1)运费、保险费、包装费以及将材料运输至生产商所在地所产生的所有其他费用，

(2)在加拿大、墨西哥和/或美国境内支付的材料关税、税款和报关经纪费，以及

(3)由于在生产货物时使用材料而产生的废物和腐败成本，减去可回收废料或副产品的价值。

(viii)除下述(四)(i)款所述货物外，货物生产商为计算货物的区域价值成分，可以将用于生产货物的任何自产材料(不包括《北美自由贸易协定》附件403.2所列的成分或其材料)指定为中间材料；但如该中间材料受区域价值含量规定约束，则生产商不得将受区域价值含量规定约束并用于生产该中间材料的其他自产物料指定为中间材料。

(ix)中间材料的价值应为：

(A)货物生产商生产所有货物产生的、可合理分配给该中间材料的总成本；或者

(B)每项成本的总和，这是与该中间材料相关的总成本的一部分，可合理分配给该中间材料。

(x)中性成分的价值应以生产该货物的加拿大、墨西哥和/或美国境内适用的公认会计原则为基础。

(xi)就本注释而言，"合理分配"是指以适合情况的方式进行分配。

(四)汽车产品。

(i)为计算上述(三)(ii)款所列使用净成本法时的区域价值成分，对

(A)税号8702.10.60、税号8702.90.60、子目8703.21至8703.90、子目8704.21或子目8704.31的机动车辆货物；或者

(B)附件403.1所列的货物(该货物受区域价值成分要求的约束，并用作生产税号8702.10.60、税号8702.90.60、子目8703.21至8703.90货物的原始设备)，生产商在生产货物时使用的非原产材料的价值应为在加拿大、墨西哥或美国境内收到非原产材料的第一个货物所有权人根据本注释(三)(vii)款确定的非原产材料的价值总和，该非原产材料的价值是对《北美自由贸易协定》附件403.1所列品目从加拿大、墨西哥和美国境外进口并用于生产货物或用于生产货物的任何材料的价值。

(ii)为了按照净成本法计算品目8701、税号8702.10.30、税号8702.90.30、子目8704.10、子目8704.22、子目8704.23、子目8704.32、子目8704.90、品目8705或品目8706的机动车辆货物的区域价值成分，或对于《北美自由贸易协定》附件403.2中确定的用作机动车辆生产或其原始设备生产的部件，生产商在生产该货物时使用的非原产材料的价值应为下列项目价

值的总和：

(A)对于《北美自由贸易协定》附件403.2所列生产商使用的每种材料,不论是否由生产商生产,都由生产商选择并根据本注释(三)款确定：

(1)非原产材料的价值,或

(2)用于生产此类材料的非原产材料的价值；以及

(B)根据本注释(三)款规定,生产商使用的未列入《北美自由贸易协定》附件403.2的任何其他非原产材料的价值。

(iii)为计算上述(i)款或(ii)款确定的机动车辆的区域价值成分,或《北美自由贸易协定》附件403.1所列品目规定的任何或所有货物,或《北美自由贸易协定》附件403.2所列的部件或材料,生产商可根据1993年《北美自由贸易协定实施法》第202(c)(3)和(4)节的规定,对其会计年度计算的总金额进行平均。

(iv)尽管本注释(十八)款、(十九)款和(二十)款有规定,但除下述(v)款另有规定外,区域价值成分要求应为：

(A)生产商自1998年1月1日及以后开始的会计年度,按净成本法计算为56%；生产商自2002年1月1日及以后开始的会计年度,按净成本法计算为62.5%。

(1)税号8702.10.60、税号8702.90.60、子目8703.21至子目8703.90、子目8704.21或子目8704.31的机动车辆货物；以及

(2)品目8407、品目8408或子目8708.40的用于上述(1)款所述机动车辆的货物。

(B)生产商自1998年1月1日及以后开始的会计年度,按净成本法计算为55%；生产商自2002年1月1日及以后开始的会计年度,按净成本法计算为60%,

(1)品目8701、税号8702.10.30、税号8702.90.30、子目8704.10、子目8704.22、子目8704.23、子目8704.32、子目8704.90、品目8705或品目8706的机动车辆货物；

(2)品目8407、品目8408或子目8708.40的用于上述(1)款所述机动车辆的货物；以及

(3)除上述(A)(2)款规定的货物或者子目8482.10至8482.80、子目8483.20或子目8483.30的货物外,《北美自由贸易协定》附件403.1规定的受区域价值成分要求约束的货物,以及用于上述(A)(1)款或(B)(1)款所述机动车辆的货物。

(v)上述(i)款或(ii)款确定的机动车辆区域价值成分要求应为：

(A)从机动车装配商在工厂生产一辆机动车原型之日起5年内达到50%,如果——

(1)它是一种类别或品牌的机动车,本注释(四)(ii)款规定的机动车除外,其尺寸类别和车身底部不同于以前由机动车装配商在加拿大、墨西哥和/或美国境内生产；

(2)工厂有一座新建筑,在其中组装汽车,以及

(3)工厂基本上包含在汽车装配国使用的所有新机械；或者

(B)原型改装车从在工厂生产之日起两年内达到50%,该改装车是一个级别或品牌的不同汽车,上述(ii)款规定的汽车除外,其尺寸类别和车身底部不同于改装前在该工厂装配的汽车。

(五)累积。

(i)为确定某一货物是否为原产货物,一个或多个生产商在加拿大、墨西哥和/或美国境内生产

的货物,应被视为由该出口商或生产商在《北美自由贸易协定》缔约方境内生产,该出口商或生产商可自行选择,前提是:

(A)用于生产货物的所有非原产材料均应遵守本注释(二十)款规定的适用税则归类;

(B)货物完全在一个或多个《北美自由贸易协定》缔约方的境内满足任何适用的区域价值成分要求;以及

(C)货物满足本注释的所有其他适用要求。

(ii)就上述(三)(viii)款而言,如果一个生产商选择将其产量与本注释(五)(i)款下其他生产商的产量累计,则该产量应被视为单个生产商的产量。

(六)<u>微小含量</u>。

(i)除下述(iii)至(vi)款规定的情况外,如果生产货物使用的所有非原产材料未发生本注释(二十)款所述的税则归类改变,且非原产材料不超过该货物成交价格的7%(以离岸价格进行计算),则该货物应被视为原产货物,或者根据经修订的《1930年关税法》第402(b)节不接受成交价格,则所有此类非原产材料的价值不超过货物总成本的7%,前提是:

(A)如果该货物受区域价值成分约束,则在计算该货物的区域价值成分时,应考虑此类非原产材料的价值;以及

(B)货物满足本注释的所有其他适用要求。

(ii)如果用于生产货物的所有非原产材料的价值不超过货物成交价格的7%(按离岸价调整),或者根据《1930年关税法》第402(b)节不接受货物成交价格,所有非原产材料的价值不超过货物总成本的7%,则不要求货物受区域价值成分约束,前提是货物满足本注释的所有其他适用要求。

(iii)本注释(六)(i)款不适用于:

(A)用于生产第四章货物的第四章、税号1901.90.32、税号1901.90.33、税号1901.90.34、税号1901.90.36、税号1901.90.38、税号1901.90.42或税号1901.90.43的非原产材料;

(B)第四章、税号1901.90.32、税号1901.90.33、税号1901.90.34、税号1901.90.36、税号1901.90.38、税号1901.90.42或税号1901.90.43的非原产材料,用于生产以下货物:税号1901.10.05、税号1901.10.15、税号1901.10.30、税号1901.10.35、税号1901.10.40、税号1901.10.45、税号1901.20.02、税号1901.20.05、税号1901.20.15、税号1901.20.20、税号1901.20.25、税号1901.20.30、税号1901.20.35、税号1901.20.40、税号1901.90.32、税号1901.90.33、税号1901.90.34、税号1901.90.36、税号1901.90.38、税号1901.90.42或税号1901.90.43,品目2105,税号2106.90.01、税号2106.90.02、税号2106.90.03、税号2106.90.06、税号2106.90.09、税号2106.90.22、税号2106.90.24、税号2106.90.26、税号2106.90.28、税号2106.90.62、税号2106.90.64、税号2106.90.66、税号2106.90.68、税号2106.90.72、税号2106.90.74、税号2106.90.76、税号2106.90.78、税号2106.90.80、税号2106.90.82、税号2202.90.10、税号2202.90.22、税号2202.90.24、税号2202.90.28、税号2309.90.22、税号2309.90.24或税号2309.90.28;

(C) 用于生产子目 2009.11 至 2009.30、税号 2106.90.48、税号 2106.90.52、税号 2202.90.30、税号 2202.90.35 或税号 2202.90.36 货物的品目 0805、子目 2009.11 至 2009.30 的非原产材料；

(D) 用于生产税号 2101.11.21 货物的第九章的非原产材料；

(E) 用于生产品目 1501 至 1508、品目 1512、品目 1514 或品目 1515 货物的第十五章的非原产材料；

(F) 用于生产品目 1701 至 1703 货物的品目 1701 的非原产材料；

(G) 用于生产子目 1806.10 货物的第十七章或品目 1805 的非原产材料；

(H) 品目 2203 至 2208 项下用于生产品目 2207 或品目 2208 货物的非原产材料；

(I) 用于生产税号 7321.11.30、子目 8415.10、子目 8415.81 至 8415.83、子目 8418.10 至 8418.21、子目 8418.29 至 8418.40、子目 8421.12、子目 8422.11、子目 8450.11 至 8450.20、子目 8451.21 至 8451.29、税号 8479.89.55 或税号 8516.60.40 货物的非原产材料；以及

(J) 如果本注释（十八）、（十九）和（二十）款对此类非原产材料的使用作出了货物税则归类改变的限制，用于生产货物的非原产材料的印刷电路组件不受该规则限制。

(iv) 本注释（六）(i) 款不适用于品目 2009 的非原产单一果汁配料，该配料用于生产子目 2009.90、税号 2106.90.54 或税号 2202.90.37 的货物。

(v) 本注释（六）(i) 款不适用于用于生产第一章至第二十七章货物的非原产材料，除非该非原产材料所属子目与根据本注释确定原产地的货物所属子目不同。

(vi) 本税则第五十章至第六十三章的货物不是原产货物，原因是用于确定货物税则归类的货物成分的特定纤维或纱线未发生本注释（十八）、（十九）和（二十）款规定的税则归类改变；但如果该货物成分中所有此类纤维或纱线的总重量不超过该成分总重量的 7%，则该货物应被视为原产货物。

（七）可替代货物和可替代材料。为确定货物是否为原产货物——

(i) 如果在生产货物时使用了原产和非原产的可替代材料，则无需通过识别任何特定的可替代材料来确定这些材料是否为原产材料，但可以根据财政部部长颁布的条例中规定的库存管理方法进行确定；以及

(ii) 如果原产和非原产可替代货物以相同形式混合并出口，则可根据财政部部长颁布的条例中规定的库存管理方法进行确定。

"可替代"是指特定材料或货物在商业用途上可以互换，并且具有基本相同的特性。

（八）附件、备件和工具。与货物一起交付的附件、备件或工具构成货物标准附件、备件或工具的一部分，如果货物是原产货物，则附件、备件或工具应被视为原产，并且在确定用于生产该货物的所有非原产材料是否发生下述（二十）款规定的税则归类改变时应不予考虑，前提是：

(i) 附件、备件或工具未与货物分开开具发票；

(ii) 按商业习惯，上述附件、备件或工具在数量及价值上是为该货物正常配备的；以及

(iii) 如果该货物受区域价值成分要求的约束，则在计算该货物的区域价值成分时，附件、备件

或工具的价值应被视为原产或非原产材料(视情况而定)的价值而予以考虑。

(九)中性成分。中性成分应被视为原产材料,而不考虑其产地。"中性成分"是指在生产、测试或检验货物时使用或消耗但未实际纳入货物的材料,或者维护建筑物或操作与货物生产相关的设备时使用或消耗的材料,包括以下物品:燃料和能源;工具、模具及型模;维护设备和建筑物所使用或消耗的备件和材料;在生产或操作其他设备和维护建筑物时使用或消耗的润滑剂、油脂、合成材料和其他材料;手套、眼镜、鞋靴、服装、安全设备和用品;用于测试或检验货物的设备、装置和用品;催化剂和溶剂;以及在货物生产过程中使用,虽未构成该货物组成成分,但能合理表明为该货物生产过程一部分的任何其他货物。

(十)零售用包装材料和容器。用于零售的包装材料和容器,如果与货物一起归类,则在确定用于生产该货物的所有非原产材料是否发生下述(二十)款规定的税则归类改变时,应不予考虑。如果该货物受区域价值成分约束,则在计算货物的区域价值成分时,包装材料和容器的价值应被视为原产或非原产材料(视情况而定)的价值而予以考虑。

(十一)装运用包装材料和容器。用于装运的包装材料和容器在确定以下要求时应不予考虑:
(i)用于生产货物的非原产材料发生下述(二十)款规定的税则归类改变;以及
(ii)货物满足区域价值成分要求。

(十二)转运。如果货物生产之后在《北美自由贸易协定》缔约方境外进行了进一步生产或任何其他作业(卸货、重新装货或任何其他必要的作业以将货物保存完好或把货物运至加拿大、墨西哥和/或美国境内除外),则不得因此前符合本注释要求的生产而被视为原产货物。

(十三)不合格操作。货物不得仅因下列原因而被视为原产货物:
(i)仅用水或其他物质稀释,却未实质性改变货物的特性;或者
(ii)根据大量证据可以证明其目的是规避本注释的任何生产或定价做法。

(十四)如本注释(二)(i)款所述,"完全在加拿大、墨西哥和/或美国境内获得或生产的货物"是指:
(i)在一个或多个《北美自由贸易协定》缔约方境内开采的矿产货物;
(ii)在一个或多个《北美自由贸易协定》缔约方境内收获的蔬菜货物(如本税则所界定);
(iii)在一个或多个《北美自由贸易协定》缔约方境内出生和饲养的活动物;
(iv)在一个或多个《北美自由贸易协定》缔约方境内进行狩猎、诱捕或捕捞获得的货物;
(v)在《北美自由贸易协定》缔约方注册或登记并悬挂其国旗的船舶从海上取得的货物(鱼类、贝类和其他海洋生物);
(vi)使用上述(v)款所述货物在工厂船上生产的货物,该工厂船在《北美自由贸易协定》缔约方注册或登记并悬挂其国旗;
(vii)《北美自由贸易协定》缔约方或《北美自由贸易协定》缔约方的个人从领海以外的海床或底土中取得的货物,前提是《北美自由贸易协定》缔约方有权开采该海床或底土;
(viii)从外层空间取得的货物,前提是这些货物由《北美自由贸易协定》缔约方或《北美自由

贸易协定》缔约方的个人取得，并且不是在《北美自由贸易协定》缔约方以外的国家境内加工的；

(ix)废碎料，来源于：

(A)在一个或多个《北美自由贸易协定》缔约方境内的制造或加工业务，或者

(B)在一个或多个《北美自由贸易协定》缔约方境内收集的废旧物品，前提是这些货物只适合回收原材料；以及

(x)在一个或多个《北美自由贸易协定》缔约方境内生产的货物，仅来自任何生产阶段的上述(i)至(ix)款所述货物或其衍生物。

(十五)在本注释中，"非原产货物"或"非原产材料"是指根据本注释不符合原产条件的货物或材料。

(十六)在本注释中，"生产商"是指种植、开采、收获、捕捞、诱捕、狩猎、制造、加工或组装货物的人；"生产"是指种植、开采、收获、捕捞、诱捕、狩猎、制造、加工或组装货物。

(十七)就本注释而言，"境内"——

(i)就加拿大而言，是指其海关法适用的领土，包括加拿大领海以外的任何区域，根据国际法和国内法，加拿大可在该区域内对海底和底土及其自然资源行使权利；

(ii)就墨西哥而言，是指：

(A)联邦各州和联邦区，

(B)邻近海域的岛屿，包括暗礁和群岛，

(C)位于太平洋的瓜达卢佩岛和雷维拉吉吉多岛，

(D)这些岛礁的大陆架和海底架，

(E)国际法规定的领海水域及其内海水域，

(F)国际法规定的位于国家领土上方的空间，以及

(G)根据国际法(包括《联合国海洋法公约》及国内法)墨西哥行使有关海底和底土及其自然资源权利的墨西哥领海以外的任何区域；

(iii)就美国而言，是指：

(A)本税则总注释二所述的美国境内，

(B)位于美国和波多黎各的对外贸易区，以及

(C)根据国际法和国内法，美国可行使有关海底和底土及其自然资源权利的美国领海以外的任何区域。

(十八)原产地规则的解释。为了解释本注释(十八)、(十九)和(二十)款所述的原产地规则——

(i)适用于某一特定品目、子目或税号的特定规则或特定组合规则在紧邻该品目、子目或税号的位置列出；

(ii)适用于某一税号的规则应优先于适用于该税号所属品目或子目的规则；

(iii)改变税则归类的要求仅适用于非原产材料；

(iv)除本税则另有规定外，本税则第一章至第二十四章货物的原产地规则中提及的重量指干重；

(v) 本注释(六)款的微小含量不适用于：

(A) 用于生产以下税号货物的某些非原产材料：第四章、品目 1501 至 1508、品目 1512、品目 1514、品目 1515、品目 1701 至 1703、子目 1806.10、税号 1901.10.05、税号 1901.10.15、税号 1901.10.30、税号 1901.10.35、税号 1901.10.40、税号 1901.10.45、税号 1901.20.05、税号 1901.20.15、税号 1901.20.20、税号 1901.20.25、税号 1901.20.30、税号 1901.20.35、税号 1901.20.40、税号 1901.90.32、税号 1901.90.33、税号 1901.90.34、税号 1901.90.36、税号 1901.90.38、税号 1901.90.42、税号 1901.90.43、子目 2009.11 至 2009.30、子目 2009.90、品目 2105、税号 2101.11.21、税号 2106.90.01、税号 2106.90.02、税号 2106.90.03、税号 2106.90.06、税号 2106.90.09、税号 2106.90.22、税号 2106.90.24、税号 2106.90.26、税号 2106.90.28、税号 2106.90.48、税号 2106.90.52、税号 2106.90.54、税号 2106.90.62、税号 2106.90.64、税号 2106.90.66、税号 2106.90.68、税号 2106.90.72、税号 2106.90.74、税号 2106.90.76、税号 2106.90.78、税号 2106.90.80、税号 2106.90.82、税号 2202.90.10、税号 2202.90.22、税号 2202.90.24、税号 2202.90.28、税号 2202.90.30、税号 2202.90.35、税号 2202.90.36、税号 2202.90.37、品目 2207 至 2208、税号 2309.90.22、税号 2309.90.24、税号 2309.90.28、税号 7321.11.30、子目 8415.10、子目 8415.81 至 8415.83、子目 8418.10 至 8418.21、子目 8418.29 至 8418.40、子目 8421.12、子目 8422.11、子目 8450.11 至 8450.20、子目 8451.21 至 8451.29、税号 8479.89.55 或税号 8516.60.40，

(B) 用于生产货物的非原产材料印刷电路组件，如果此类非原产材料受税则归类改变规则约束，以及

(C) 用于生产第一章至第二十七章中货物的非原产材料，除非该非原产材料所属子目与确定原产地的货物所属子目不同；

(vi) 本注释(六)(vi)款适用于第五十章至第六十三章的货物；

(vii) 就本注释而言，"子目"指本税则中以 6 位数字或以 6 位数字后跟两个零表示的税则归类；"税号"指本税则中以 8 位数字表示的税则归类；

(viii) 为了将本注释(二十)款的规则适用于第十一类的货物，"全部"是指货物完全或仅由指定材料制成，并且就本注释而言，适用于棉或化学纤维机织物的"平均纱线细度"应具有《北美自由贸易协定》附件 300 - B10 节规定的含义；以及

(ix) 为确定第八十七章机动车辆用货物的原产地，可适用本注释(四)款的规定。

(十九) <u>税则归类改变的例外情况</u>。

(i) 在《北美自由贸易协定》缔约方境内种植的农业和园艺产品，即使是用从非《北美自由贸易协定》缔约方进口的植物种子、鳞茎、根茎、插条、侧枝或植物的其他活性部分种植的，也应被视为原产于该缔约方境内，但以下从墨西哥境内出口的货物除外：

(A) 品目 1202，如果货物不是在墨西哥境内收获的，

(B) 子目 2008.11，前提是品目 1202 用于生产此类货物的任何材料未在墨西哥境内收获，

或者

(C) 税号 1806.10.43、税号 1806.10.45、税号 1806.10.55、税号 1806.10.65、税号 1806.10.75、税号 2106.90.42、税号 2106.90.44 或 2106.90.46，使用任何子目 1701.99 的材料用于生产此类货物，不属于合格货物的。

"合格货物"是指属于农业货物的原产货物，但在确定此类货物是否为原产货物时，在加拿大进行的作业或从加拿大获得的材料，应视为在《北美自由贸易协定》非缔约方进行的作业或从非缔约方获得的材料。

(ii) 仅通过冷冻、在水或盐水或天然果汁中包装（包括罐装）、干燥或者在油中烘烤（包括冷冻、包装或烘烤附带的加工）的方式制作或保藏的第二十章的水果、坚果和蔬菜制剂，只有当新鲜货物被保存时，才被视为完全在一个或多个《北美自由贸易协定》缔约方境内生产或获得的原产货物。

(iii) 进口至《北美自由贸易协定》缔约方境内用于生产品目 3808 货物的材料，在下列情况下，应视为原产于《北美自由贸易协定》缔约方境内的材料：

(A) 货物出口至一个或多个缔约方境内，此类材料有资格按最惠国税率免税进口；或

(B) 货物出口至美国，此类材料如果进口至美国境内，根据不受竞争需求限制的贸易协定，可以免税。

(二十) 税则归类规则的变化。[注：**Pres. Proc. 8771** 未更新，自 2012 年 2 月 3 日起生效]

第一章

从任何其他章改变至品目 0101 至 0106。

第二章

从任何其他章改变至品目 0201 至 0210。

第三章

从任何其他章改变至品目 0301 至 0307。

第四章

从任何其他章（税号 1901.90.32、税号 1901.90.33、税号 1901.90.34、税号 1901.90.36、税号 1901.90.38、税号 1901.90.42 或税号 1901.90.43 除外）改变至品目 0401 至 0410。

第五章

从任何其他章改变至品目 0501 至 0511。

第六章

从任何其他章改变至品目 0601 至 0604。

第七章

子目规则：尽管本注释（六）(v)款有规定，但（六）(i)款适用于生产子目 0709.59 的蘑菇和块菌混合物所用的子目 0709.59 的非原产块菌，以及用于生产子目 0711.90 的蔬菜混合物所用的子目 0711.90 的非原产刺山柑。

1. 从任何其他章改变至品目 0701 至 0711。

2. 从任何其他章改变至子目 0712.20 至 0712.39。

3. (A)从子目 0712.90 的未压碎或磨碎的香薄荷或任何其他章改变至子目 0712.90 的压碎或磨碎的香薄荷;或者

   (B)从任何其他章改变至子目 0712.90 的任何其他货物。

4. 从任何其他章改变至品目 0713 至 0714。

第八章

子目规则:尽管本注释(六)(v)款有规定,但(六)(i)款不适用于生产子目 0802.90 的坚果混合物所用的子目 0802.60 的非原产马卡达姆坚果。

从任何其他章改变至品目 0801 至 0814。

第九章

1. 从任何其他章改变至品目 0901。

2. 从任何其他子目(包括子目 0902.10 至 0902.40 中的另一子目)改变至子目 0902.10 至 0902.40。

3. 从任何其他章改变至品目 0903。

4. 从任何其他章改变至子目 0904.11。

5. 从任何其他子目改变至子目 0904.12。

6. (A)从子目 0904.20 的未压碎或磨碎的多香果或任何其他章改变至子目 0904.20 的压碎或磨碎的多香果;或者

   (B)从任何其他章改变至子目 0904.20 的任何其他货物。

7. 从任何其他章改变至品目 0905。

8. 从任何其他章改变至子目 0906.11 至 0906.19。

9. 从任何其他子目改变至子目 0906.20。

10. 从品目 0907 或任何其他章改变至品目 0907 的货物。

11. 从子目 0908.10 至 0909.50 中的任一子目或任何其他章改变至子目 0908.10 至 0909.50 中前述任一子目的货物。

12. 从子目 0910.10 或任何其他章改变至子目 0910.10 的货物。

13. 从任何其他章改变至子目 0910.20。

14. 从子目 0910.30 或任何其他章改变至子目 0910.30 的货物。

[15 已删除]

16. 从任何其他子目改变至子目 0910.91。

子目规则:尽管本注释(六)(v)款有规定,但(六)(i)款适用于生产子目 0910.99 的混合物所用的子目 0910.99 的非原产百里香、月桂叶或咖喱。

17. (A)从子目 0910.99 的未压碎或磨碎的月桂叶或任何其他章改变至子目 0910.99 的压碎或磨碎的月桂叶;

   (B)从子目 0910.99 的未压碎或磨碎的莳萝种子或任何其他章改变至子目 0910.99 压碎或磨碎的莳萝种子;

   (C)从子目 0910.99 的任何其他货物或任何其他子目改变至子目 0910.99 的咖喱;或者

   (D)从任何其他章改变至子目 0910.99 的任何其他货物。

第十章

从任何其他章改变至品目 1001 至 1008。

第十一章

从任何其他章改变至品目 1101 至 1109。

第十二章

1. 从任何其他章改变至品目 1201 至 1206。

2. 从任何其他章改变至子目 1207.20 至子目 1207.50。

3. 从子目 1207.91 或任何其他章改变至子目 1207.91 的货物。

4. 从任何其他章改变至子目 1207.99。

5. 从任何其他章改变至品目 1208。

子目规则：尽管本注释(六)(v)款有规定，但(六)(i)款适用于生产子目 1209.29 混合物所用的非原产蒂莫西草籽。

6. 从任何其他章改变至子目 1209.10 至 1209.30。

7. (A)从子目 1209.91 的未压碎或磨碎的芹菜籽或任何其他章改变至子目 1209.91 的压碎或磨碎的芹菜籽；或者

    (B)从任何其他章改变至子目 1209.91 的任何其他货物。

8. 从任何其他章改变至子目 1209.99。

9. 从任何其他章改变至品目 1210 至 1214。

第十三章

1. 从任何其他章(子目 2939.11 的罂粟秆浓缩物除外)改变至品目 1301。

子目规则：尽管本注释(六)(v)款有规定，但(六)(i)款适用于生产子目 1302.19 的货物所用的非原产的除虫菊或含鱼藤酮的植物根的汁液和提取物。

2. 从任何其他章(子目 2939.11 的罂粟秆浓缩物除外)改变至子目 1302.11 至 1302.32。

3. (A)从子目 1302.39 或任何其他章改变至子目 1302.39 的卡拉胶，前提是子目 1302.39 的非原产材料占货物的比例(按重量计)不超过 50%；或者

    (B)从任何其他章(子目 2939.11 的罂粟秆浓缩物除外)改变至子目 1302.39 的任何其他货物。

第十四章

从任何其他章改变至品目 1401 至 1404。

第十五章

1. 从任何其他章(品目 3823 除外)改变至品目 1501 至 1518。

2. 从任何其他品目(品目 3823 除外)改变至品目 1520。

3. 从任何其他章改变至品目 1521 至 1522。

第十六章

从任何其他章改变至品目 1601 至 1605。

第十七章

1. 从任何其他章改变至品目 1701 至 1703。

2. 从任何其他品目改变至品目 1704。

第十八章

1. 从任何其他章改变至品目 1801 至 1805。

2. 从任何其他品目改变至税号 1806.10.43、税号 1806.10.45、税号 1806.10.55、税号 1806.10.65 或税号 1806.10.75。

3. 从任何其他品目改变至子目 1806.10,前提是第十七章的非原产糖占糖的比例(按重量计)不超过 35%,品目 1805 的非原产可可粉占可可粉的比例(按重量计)不超过 35%。

4. 从任何其他品目改变至子目 1806.20。

5. 从任何其他子目(包括子目 1806.31 至 1806.90 中的另一子目)改变至子目 1806.31 至 1806.90。

第十九章

1. 从任何其他章(第四章除外)改变至税号 1901.10.05、税号 1901.10.15、税号 1901.10.30、税号 1901.10.35、税号 1901.10.40 或 1901.10.45。

2. 从任何其他章改变至子目 1901.10。

3. 从任何其他章(第四章除外)改变至税号 1901.20.02、税号 1901.20.05、1901.20.15、税号 1901.20.20、税号 1901.20.25、税号 1901.20.30、税号 1901.20.35 或 1901.20.40。

4. 从任何其他章改变至子目 1901.20。

5. 从任何其他章(第四章除外)改变至税号 1901.90.32、税号 1901.90.33、税号 1901.90.34、税号 1901.90.36、税号 1901.90.38、税号 1901.90.42 或 1901.90.43。

6. 从任何其他章改变至子目 1901.90。

7. 从任何其他章改变至品目 1902 至 1903。

8. 从任何其他章改变至子目 1904.10。

9. 从任何其他子目(第二十章除外)改变至子目 1904.20。

10. 从任何其他章改变至子目 1904.30 至 1904.90。

11. 从任何其他章改变至品目 1905。

第二十章

1. 从任何其他章改变至品目 2001 至 2007。

子目规则:尽管有本注释(六)(v)款的规定,但(六)(i)款不适用于生产子目 2005.99 的蔬菜混合物所用的子目 2005.91 的非原产竹笋。

2. 从任何其他品目(品目 1202 除外)改变至税号 2008.11.22、税号 2008.11.25 或税号 2008.11.35。

3. 从任何其他章改变至子目 2008.11。

4. 从任何其他章改变至子目 2008.19 至 2008.99。

5. 从任何其他章(品目 0805 除外)改变至子目 2009.11 至 2009.39。

6. 从任何其他章改变至子目 2009.41 至 2009.80。

7. (A)从任何其他章改变至子目 2009.90;

(B)从第二十章的任何其他子目(子目 2009.11 至 2009.39、子目 2009.80 的蔓越莓汁除外)改变至子目 2009.90 的蔓越莓果汁混合物,不论是否又从任何其他章改变而来,前

提是区域价值成分不低于：

(1)使用成交价格法时的60%，或

(2)使用净成本法时的50%；或者

(C)从第二十章的任何其他子目改变至子目2009.90的任何其他货物，不论是否又从任何其他章改变而来，前提是单一果汁成分或来自《北美自由贸易协定》单一非缔约方的果汁成分以单一浓度形式构成的货物体积不超过60%。

第二十一章

1. 从任何其他章改变至税号2101.11.21，前提是第九章的非原产咖啡占货物的比例（按重量计）不超过60%。

2. 从任何其他章改变至品目2101。

3. 从任何其他章改变至品目2102。

4. 从任何其他章改变至子目2103.10。

5. 从任何其他章（子目2002.90除外）改变至税号2103.20.20。

6. 从任何其他章改变至子目2103.20。

7. 从任何其他章改变至子目2103.30。

7A.(A)从子目2102.10、子目2102.20的酵母或任何其他章改变至子目2103.90的混合调味品；或者

(B)从任何其他章改变至子目2103.90的任何其他货物。

8. 从任何其他章改变至品目2104。

9. 从任何其他品目（第四章或税号1901.90.32、税号1901.90.33、税号1901.90.34、税号1901.90.36、税号1901.90.38、税号1901.90.42或税号1901.90.43除外）改变至品目2105。

10. 从任何其他章（品目0805、品目2009、税号2202.90.30、税号2202.90.35或税号2202.90.36除外）改变至税号2106.90.48或税号2106.90.52。

11. (A)从任何其他章（品目2009或税号2202.90.37除外）改变至税号2106.90.54；或者

(B)从第二十一章的任何其他子目、品目2009或税号2202.90.37改变至税号2106.90.54，不论是否又从任何其他章改变而来，前提是单一果汁成分或来自《北美自由贸易协定》单一非缔约方的果汁成分以单一浓度形式构成的货物体积不超过60%。

12. 从任何其他章（第四章、税号1901.90.32、税号1901.90.33、税号1901.90.34、税号1901.90.36、税号1901.90.38、税号1901.90.42或税号1901.90.43除外）改变至税号2106.90.03、税号2106.90.06、税号2106.90.09、税号2106.90.22、税号2106.90.22、税号2106.90.24、税号2106.90.26、税号2106.90.28、税号2106.90.62、税号2106.90.64、税号2106.90.66、税号2106.90.68、税号2106.90.72、税号2106.90.74、税号2106.90.76、税号2106.90.78、税号2106.90.80或税号2106.90.82。

13. 从任何其他税号（品目2203至2209除外）改变至税号2106.90.12、税号2106.90.15或税号2106.90.18。

14. 从任何其他章改变至品目2106。

第二十二章

1. 从任何其他章改变至品目2201。
2. 从任何其他章改变至子目2202.10。
3. 从任何其他章(品目0805、品目2009、税号2106.90.48、税号2106.90.52除外)改变至税号2202.90.30、税号2202.90.35或税号2202.90.36。
4. (A) 从任何其他章(品目2009或税号2106.90.54除外)改变至税号2202.90.37;或者

    (B) 从第二十二章的任何其他子目、品目2009或税号2106.90.54改变至税号2202.90.37,不论是否又从任何其他章改变而来,前提是单一果汁成分或来自《北美自由贸易协定》单一非缔约方的果汁成分以单一浓度形式构成的货物体积不超过60%。
5. 从任何其他章(第四章、税号1901.90.32、税号1901.90.33、税号1901.90.34、税号1901.90.36、税号1901.90.38、税号1901.90.42或税号1901.90.43除外)改变至税号2202.90.10、税号2202.90.22、税号2202.90.24或税号2202.90.28。
6. 从任何其他章改变至子目2202.90。
7. 从任何其他品目(税号2106.90.12、税号2106.90.15、税号2106.90.18或品目2208至2209除外)改变至品目2203至2207。
8. 从任何其他品目(税号2106.90.12、税号2106.90.15、税号2106.90.18、品目2203至2207或品目2209除外)改变至子目2208.20。
9. 子目2208.30至2208.70货物的税则归类无需改变,前提是非原产酒精成分占货物酒精成份的比例(按体积计)不超过10%。
10. 从任何其他品目(税号2106.90.12、税号2106.90.15、税号2106.90.18、品目2203至2207或品目2209除外)改变至子目2208.90。
11. 从任何其他品目(税号2106.90.12、税号2106.90.15、税号2106.90.18或品目2203至2208除外)改变至品目2209。

第二十三章

1. 从任何其他章改变至品目2301至2308。
2. 从任何其他品目改变至子目2309.10。
3. 从任何其他品目(第四章、税号1901.90.32、税号1901.90.33、税号1901.90.34、税号1901.90.36、税号1901.90.38、税号1901.90.42或税号1901.90.43除外)改变至税号2309.90.22、税号2309.90.24或税号2309.90.28。
4. 从任何其他品目改变至子目2309.90。

第二十四章

从税号2401.10.21、税号2401.20.14、税号2403.91.20或任何其他章改变至品目2401至2403。

第二十五章

从任何其他章改变至品目2501至2530。

第二十六章

从任何其他品目(包括品目2601至2621中的另一品目)改变至品目2601至2621。

第二十七章

章规则：就品目 2710 而言，下列工序被授予原产资格：

(a) 常压蒸馏——一种分离过程，其中石油在蒸馏塔中根据沸点转化成馏分，然后蒸汽冷凝成不同的液化馏分，液化石油气、石脑油、汽油、煤油、柴油/取暖油、轻瓦斯油和润滑油由石油蒸馏生产；

(b) 减压蒸馏——在低于大气压但不低到分子蒸馏的压力下进行的蒸馏，用于蒸馏高沸点和热敏性材料，如石油中的重馏分，以生产轻质至重质减压瓦斯油和渣油，在一些炼油厂，瓦斯油可以进一步加工成润滑油；

(c) 催化加氢处理——在高温高压下，在特殊催化剂的作用下，用氢气裂解和/或处理石油，包括加氢裂化和加氢处理；

(d) 重整（催化重整）——重排石脑油沸点物质中的分子，以形成高辛烷值芳烃（即以牺牲汽油产量为代价提高抗爆质量），主要产品是催化重整油，即一种汽油的混合成分，氢是另一种副产品；

(e) 烷基化——汽油的高辛烷值混合组分从异烷烃和烯烃的催化结合中衍生出来的过程；

(f) 裂解——一种精制过程，包括有机化合物（特别是通过加热获得的碳氢化合物）的分解和分子重组，以形成适用于汽车燃料、单体、石化产品等的分子：

 (i) 热裂解——使馏出物在540℃～650℃的温度下暴露不同的时长，这一过程生产适度产量的汽油和较高产量的燃料油混合残余产品，

 (ii) 催化裂化——碳氢化合物蒸汽在约400℃的温度下，通过金属催化剂（如硅铝或铂）的作用，在几秒钟内发生复杂的复合（烷基化、聚合、异构化等），生成高辛烷值汽油，与热裂解相比，该工艺产生的残油和轻气体较少；

(g) 炼焦——一种热裂解工艺，用于从重质低品位产品（如还原原油、直馏沥青、裂解焦油和页岩油）转化为固体焦炭（碳）和低沸点碳氢化合物产品，这些产品适合用作其他炼油装置的原料，以转化为轻质产品；

(h) 异构化——从石油化合物转化为其异构体的炼油过程。

1. 从任何其他章改变至品目 2701 至 2703。

2. 从任何其他品目改变至品目 2704。

3. 从任何其他品目（包括品目 2705 至 2706 中的另一品目）改变至品目 2705 至 2706。

品目规则：就品目 2707 而言，"化学反应"是指通过破坏分子内键并形成新的分子内键，或通过改变分子中原子的空间排列而产生具有新结构的分子的过程（包括生化过程）。就本定义而言，以下不被视为化学反应：

(a) 溶于水或其他溶剂；

(b) 去除溶剂，包括溶剂水；或者

(c) 加入或排除结晶水。

3A. (A) 从任何其他品目改变至子目 2707.10 至 2707.91；或者

 (B) 从品目 2707 的任何其他子目改变至子目 2707.10 至 2707.91，不论是否又从任何其他品目改变而来，前提是归类改变后的货物是化学反应的产物。

3B. (A) 从任何其他品目改变至子目 2707.99；

(B) 从子目 2707.99 或品目 2707 的任何其他子目改变至子目 2707.99 的苯酚,不论是否又从任何其他品目改变而来,前提是归类改变后的货物是化学反应的产物;或者

(C) 从子目 2707.99 的苯酚或品目 2707 的任何其他子目改变至子目 2707.99 的任何其他货物,不论是否又从任何其他品目改变而来,前提是归类改变后的货物是化学反应的产物。

3C. 从任何其他品目(包括品目 2708 至 2709 中的另一品目)改变至品目 2708 至 2709。

品目规则:就品目 2710 而言,"直接混合"是一种炼油工艺,通过该工艺,来自加工装置的各种石油流和来自储存罐/储罐的石油组分结合在一起,形成成品,并具有预先确定的参数,归入品目 2710,但非原产材料占货物的比例(按体积计)不超过 25%。

4. (A) 从任何其他品目(品目 2711 至 2715 除外)改变至品目 2710;

(B) 通过常压蒸馏、减压蒸馏、催化加氢处理、催化重整、烷基化、催化裂化、热裂解、焦化或异构化生产品目 2710 的任何货物;或者

(C) 通过直接混合生产品目 2710 的任何货物,前提是:

(1) 非原产材料归入第二十七章,

(2) 该非原产材料的任何成分均不归入品目 2207,并且

(3) 非原产材料占货物的比例(按体积计)不超过 25%。

4A. 从子目 2711.11 或任何其他子目改变至子目 2711.11 的货物,前提是子目 2711.11 的非原产原料占货物的比例(按体积计)不超过 49%。

4B. 从子目 2711.12 至 2711.14 中的任一子目或任何其他子目(包括该组别内的另一子目)改变至子目 2711.12 至 2711.14 中前述任一子目货物,前提是子目 2711.12 至 2711.14 的非原产原料体积占货物体积的比例不超过 49%。

4C. 从任何其他子目(子目 2711.29 除外)改变至子目 2711.19。

4D. 从任何其他子目(子目 2711.11 除外)改变至子目 2711.21。

4E. 从任何其他子目(子目 2711.12 至 2711.21 除外)改变至子目 2711.29。

4F. 从任何其他品目改变至品目 2712。

4G. 从任何其他品目改变至子目 2713.11 至 2713.12。

4H. 从子目 2713.20 或任何其他子目改变至子目 2713.20 的货物,前提是子目 2713.20 的非原产原料占货物的比例(按体积计)不超过 49%。

4I. 从任何其他品目(品目 2710 至 2712、子目 2713.11 至 2713.20 或品目 2714 至 2715 除外)改变至子目 2713.90。

4J. 从任何其他品目改变至品目 2714。

4K. 从任何其他品目(子目 2713.20 或品目 2714 除外)改变至品目 2715。

5. 从任何其他品目改变至品目 2716。

第二十八章

1. 从任何其他子目(包括品目 2801.10 至 2801.30 中的另一子目)改变至 2801.10 至 2801.30。

2. 从任何其他品目(包括品目 2802 至 2803 中的另一品目)改变至品目 2802 至 2803。

3. 从任何其他子目(包括子目 2804.10 至 2804.50 中的另一子目)改变至 2804.10 至

2804.50。

4. (A)从子目 2804.61 至 2804.69 以外的任何子目改变至子目 2804.61 至 2804.69；或者

(B)从子目 2804.61 至 2804.69 中的任何其他子目改变至 2804.61 至 2804.69，不论是否又从该组别外的任何子目改变而来，前提是区域价值成分不低于：

(1)使用成交价格法时的 60%，或

(2)使用净成本法时的 50%。

5. 从任何其他子目(包括子目 2804.70 至 2804.90 中的另一子目)改变至子目 2804.70 至 2804.90。

6. 从任何其他子目(包括子目 2805.11 至 2805.12 中的另一子目)改变至子目 2805.11 至 2805.12。

6A. (A)从子目 2805.19 的其他碱土金属或任何其他子目改变至子目 2805.19 的其他碱金属；或者

(B)从子目 2805.19 的其他碱金属或任何其他子目改变至子目 2805.19 的其他碱土金属。

6B. 从任何其他子目(包括子目 2805.30 至 2805.40 中的另一子目)改变至子目 2805.30 至 2805.40。

7. (A)从任何其他子目(子目 2801.10 除外)改变至子目 2806.10；或者

(B)从子目 2801.10 改变至子目 2806.10，不论是否又从任何其他子目改变而来，前提是区域价值成分不低于：

(1)使用成交价格法时的 60%，或

(2)使用净成本法时的 50%。

8. 从任何其他子目改变至子目 2806.20。

9. 从任何其他品目(包括品目 2807 至 2808 中的另一品目)改变至品目 2807 至 2808。

10. 从任何其他子目(包括子目 2809.10 至 2810.00 中的另一子目)改变至子目 2809.10 至 2810.00。

10A. 从任何其他子目(包括子目 2811.11 至 2811.22 中的另一子目)改变至子目 2811.11 至 2811.22。

10B. (A)从子目 2811.29 的任何其他货物或任何其他子目改变至子目 2811.29 的二氧化硫；或者

(B)从子目 2811.29 的二氧化硫或任何其他子目改变至子目 2811.29 的任何其他货物。

10C. 从任何其他子目(包括子目 2812.10 至 2814.20 中的另一子目)改变至子目 2812.10 至 2814.20。

11. (A)从任何其他品目改变至子目 2815.11 至 2815.12；或者

(B)从品目 2815 中的任何其他子目(包括子目 2815.11 至 2815.12 中的另一子目)改变至子目 2815.11 至 2815.12，不论是否又从任何其他品目改变而来，前提是区域价值成分不低于：

(1)使用成交价格法时的 60%，或

(2)使用净成本法时的 50%。

12. 从任何其他子目改变至子目 2815.20。

13. (A)从任何其他子目(子目 2815.11 至 2815.20 除外)改变至子目 2815.30;或者
    (B)从子目 2815.11 至 2815.20 改变至子目 2815.30,不论是否又从任何其他子目改变而来,前提是区域价值成分不低于:
        (1)使用成交价格法时的 60%,或
        (2)使用净成本法时的 50%。

14. 从任何其他子目改变至子目 2816.10。

14A. (A)从子目 2816.40 的钡氧化物、氢氧化物或过氧化物或任何其他子目改变至子目 2816.40 的锶氧化物、氢氧化物或过氧化物。
     (B)从子目 2816.40 的锶氧化物、氢氧化物或过氧化物或任何其他子目改变至子目 2816.40 的钡氧化物、氢氧化物或过氧化物。

14B. 从任何其他子目(包括子目 2817.00 至 2818.30 中的另一子目)改变至子目 2817.00 至 2818.30。

15. (A)从任何其他品目改变至子目 2819.10;或者
    (B)从子目 2819.90 改变至子目 2819.10,不论是否又从任何其他品目改变而来,前提是区域价值成分不低于:
        (1)使用成交价格法时的 60%,或
        (2)使用净成本法时的 50%。

16. 从任何其他子目改变至子目 2819.90。

17. (A)从任何其他品目改变至子目 2820.10;或者
    (B)从子目 2820.90 改变至子目 2820.10,不论是否又从任何其他品目改变而来,前提是区域价值成分不低于:
        (1)使用成交价格法时的 60%,或
        (2)使用净成本法时的 50%。

18. 从任何其他子目改变至子目 2820.90。

19. (A)从任何其他品目改变至子目 2821.10 至 2821.20;或者
    (B)从子目 2821.10 至 2821.20 的任何其他子目改变至子目 2821.10 至 2821.20,不论是否又从任何其他品目改变而来,前提是区域价值成分不低于:
        (1)使用成交价格法时的 60%,或
        (2)使用净成本法时的 50%。

20. 从任何其他品目(包括品目 2822 至 2823 中的另一品目)改变至品目 2822 至 2823。

21. (A)从任何其他品目改变至子目 2824.10;或者
    (B)从子目 2824.90 改变至子目 2824.10,不论是否又从任何其他品目改变而来,前提是区域价值成分不低于:
        (1)使用成交价格法时的 60%,或
        (2)使用净成本法时的 50%。

21A. (A)从任何其他品目改变至子目 2824.90;
     (B)从子目 2824.90 的任何其他货物或子目 2824.10 改变至子目 2824.90 的红丹或橙

铅,不论是否又从任何其他品目改变而来,前提是区域价值成分不低于:

(1)使用成交价格法时的60%,或

(2)使用净成本法时的50%;或者

(C)从子目2824.90的红丹或橙铅或子目2824.10改变至子目2824.90的任何其他货物,不论是否又从任何其他品目改变而来,前提是区域价值成分不低于:

(1)使用成交价格法时的60%,或

(2)使用净成本法时的50%。

22. 从任何其他子目(包括子目2825.10至2825.90中的另一子目)改变至子目2825.10至2825.90。

22A. 从任何其他子目改变至子目2826.12。

22B. (A)从子目2826.19的任何其他货物或任何其他子目改变至子目2826.19的铵氟化物或钠氟化物;或者

(B)从子目2826.19的铵或钠氟化物或任何其他子目改变至子目2826.19的任何其他货物。

22C. 从任何其他子目改变至子目2826.30。

22D. (A)从子目2826.90的任何其他货物或任何其他子目改变至子目2826.90的氟硅酸盐钠或钾;或者

(B)从子目2826.90的氟硅酸盐钠或钾或任何其他子目改变至子目2826.90的任何其他货物。

22E. 从任何其他子目(包括子目2827.10至2827.35中的另一子目)改变至子目2827.10至2827.35。

22F. (A)从子目2827.39的其他氯化物或任何其他子目改变至子目2827.39的氯化钡、氯化铁、氯化钴或氯化锌;或者

(B)从子目2827.39的氯化钡、铁、钴、氯化锌或任何其他子目改变至子目2827.39的其他氯化物。

22G. 从任何其他子目(包括子目2827.41至2827.60中的另一子目)改变至子目2827.41至2827.60。

22H. 从任何其他子目(包括子目2828.10至2828.90中的另一子目)改变至子目2828.10至2828.90。

23. 从任何其他子目改变至子目2829.11。

24. (A)从任何其他章(第二十八章至第三十八章除外)改变至子目2829.19至2829.90;或者

(B)从第二十八章至第三十八章的任何其他子目(包括子目2829.19至2829.90中的另一子目)改变至子目2829.19至2829.90,不论是否又从任何其他章改变而来,前提是区域价值成分不低于:

(1)使用成交价格法时的60%,或

(2)使用净成本法时的50%。

25. 从任何其他子目改变至子目2830.10。

25A. (A)从子目 2830.90 的任何其他货物或任何其他子目改变至子目 2830.90 的硫化锌或硫化镉;或者

(B)从子目 2830.90 的硫化锌或硫化镉或任何其他子目改变至子目 2830.90 的任何其他货物。

25B. 从任何其他子目(包括子目 2831.10 至 2832.30 中的另一子目)改变至子目 2831.10 至 2832.30。

25C. 从任何其他子目(包括子目 2833.11 至 2833.27 中的另一子目)改变至子目 2833.11 至 2833.27。

25D. (A)从子目 2833.29 或任何其他子目改变至子目 2833.29 的硫酸铬或硫酸锌;或者

(B)从子目 2833.29 的硫酸铬或硫酸锌或任何其他子目改变至子目 2833.29 的任何其他货物。

25E. 从任何其他子目(包括子目 2833.30 至 2833.40 中的另一子目)改变至子目 2833.30 至 2833.40。

25F. 从任何其他子目(包括子目 2834.10 至 2834.21 中的另一子目)改变至子目 2834.10 至 2834.21。

25G. (A)从子目 2834.29 的其他硝酸盐或任何其他子目改变至子目 2834.29 的硝酸铋;或者

(B)从子目 2834.29 的硝酸铋或任何其他子目改变至子目 2834.29 的其他硝酸盐。

25H. 从任何其他子目(包括子目 2835.10 至 2835.26 中的另一子目)改变至子目 2835.10 至 2835.26。

25I. 从子目 2835.29 的任何其他货物或任何其他子目改变至子目 2835.29 的磷酸三钠。

25J. 从子目 2835.29 的磷酸三钠或任何其他子目改变至子目 2835.29 的任何其他货物。

25K. 从任何其他子目(包括子目 2835.31 至 2835.39 中的另一子目)改变至子目 2835.31 至 2835.39。

[26 已删除]

27. (A)从子目 2836.20 至 2836.30 以外的任何子目改变至子目 2836.20 至 2836.30;或者

(B)从子目 2836.20 至 2836.30 中的任何其他子目改变至子目 2836.20 至 2836.30,不论是否又从该组别外的任何子目改变而来,前提是区域价值成分不低于:

(1)使用成交价格法时的 60%,或

(2)使用净成本法时的 50%。

28. 从任何其他子目(包括子目 2836.40 至 2836.92 中的另一子目)改变至子目 2836.40 至 2836.92。

28A. (A)从子目 2836.99 的任何其他货物或任何其他子目改变至子目 2836.99 的碳酸铵或碳酸铅;或者

(B)从子目 2836.99 的碳酸铵或碳酸铅或任何其他子目改变至子目 2836.99 的任何其他货物。

29. 从任何其他子目(包括子目 2837.11 至 2837.20 中的另一子目)改变至子目 2837.11 至 2837.20。

30. 从任何其他子目(包括子目 2839.11 至 2839.19 中的另一子目)改变至子目 2839.11 至 2839.19。

31. (A)从子目 2839.90 的任何其他货物或任何其他子目改变至子目 2839.90 的硅酸钾;或者

    (B)从子目 2839.90 的硅酸钾或任何其他子目改变至子目 2839.90 的任何其他货物。

32. 从任何其他子目(包括子目 2840.11 至 2840.30 中的另一子目)改变至子目 2840.11 至 2840.30。

33. 从任何其他子目改变至子目 2841.30。

34. (A)从子目 2841.50 的任何其他货物或任何其他子目改变至子目 2841.50 的铬酸锌或铬酸铅;

    (B)从子目 2841.50 的任何其他货物或任何其他子目改变至子目 2841.50 的重铬酸钾;或者

    (C)从子目 2841.50 的重铬酸钾、铬酸锌、铬酸铅或任何其他子目改变至子目 2841.50 的任何其他货物。

35. 从任何其他子目(包括子目 2841.61 至 2841.80 中的另一子目)改变至子目 2841.61 至 2841.80。

36. (A)从子目 2841.90 的任何其他货物或任何其他子目改变至子目 2841.90 的铝酸盐;或者

    (B)从子目 2841.90 的铝酸盐或任何其他子目改变至子目 2841.90 的任何其他货物。

37. (A)从子目 2842.10 的非化学定义的硅铝酸盐或任何其他子目改变至子目 2842.10 的双硅酸盐或复合硅酸盐,包括化学定义的硅铝酸盐;

    (B)从任何其他章(第二十八章至第三十八章除外)改变至子目 2842.10 的非化学定义硅酸铝;或者

    (C)从子目 2842.10 的双硅酸盐或复合硅酸盐(包括化学定义的铝硅酸盐)或第二十八章至第三十八章的任何其他子目改变至子目 2842.10 的非化学定义的铝硅酸盐,不论是否又从任何其他章改变而来,前提是区域价值成分不低于:

    (1)使用成交价格法时的 60%,或

    (2)使用净成本法时的 50%。

38. (A)从子目 2842.90 的任何其他货物或任何其他子目改变至子目 2842.90 的雷酸盐、氰酸盐或硫氰酸盐;或者

    (B)从子目 2842.90 的雷酸盐、氰酸盐、硫氰酸盐或任何其他子目改变至子目 2842.90 的任何其他货物。

39. 从任何其他子目(包括子目 2843.10 至 2850.00 中的另一子目)改变至子目 2843.10 至 2850.00。

40. (A)从品目 2852 的任何其他货物或任何其他品目(子目 2825.90 除外)改变至品目 2852 的氧化汞或氢氧化汞;

    (B)从品目 2852 的任何其他货物或任何其他品目(子目 2826.19 除外)改变至品目 2852 的氟化汞;

(C) 从品目 2852 的任何其他货物或任何其他品目(子目 2826.90 除外)改变至品目 2852 的氟硅酸汞;

(D) 从子目 2827.39 的氯化钡、品目 2852 的任何其他货物或任何其他品目(子目 2827.39 的任何其他货物除外)改变至品目 2852 的氯化汞;

(E) 从品目 2852 的任何其他货物或任何其他品目(子目 2827.49 除外)改变至品目 2852 的氯氧汞;

(F) 从品目 2852 的任何其他货物或任何其他品目(子目 2827.59 除外)改变至品目 2852 的溴化汞或溴化氧汞;

(G) 从品目 2852 的任何其他货物或任何其他品目(子目 2827.60 除外)改变至品目 2852 的碘化汞或碘化汞氧化物;

(H) 从品目 2852 的任何其他货物或任何其他品目(子目 2828.90 除外)改变至品目 2852 的亚氯酸汞、次氯酸汞或次溴酸汞;

(I) 从任何其他章(第二十九章至第三十八章除外)改变至品目 2852 的氯酸汞;

(J) 从品目 2852 的任何其他货物或第二十八章至第三十八章的任何其他品目改变至品目 2852 的氯酸汞,不论是否又从任何其他章(子目 2829.19 除外)改变而来,前提是区域价值成分不低于:
    (1) 使用成交价格法时的 60%,或
    (2) 使用净成本法时的 50%;

(K) 从任何其他章(第二十九章至第三十八章除外)改变至品目 2852 的高氯酸汞、溴酸汞、过溴酸汞、碘酸汞或高碘酸汞;

(L) 从品目 2852 的任何其他货物或第二十八章至第三十八章的任何其他品目改变至品目 2852 的高氯酸汞、溴酸汞、过溴酸汞、碘酸汞或高碘酸汞,不论是否又从任何其他章(子目 2829.90 除外)改变而来,前提是区域价值成分不低于:
    (1) 使用成交价格法时为 60%,或
    (2) 使用净成本法时的 50%;

(M) 从品目 2852 的任何其他货物或任何其他品目(子目 2830.90 除外)改变至品目 2852 的硫化汞或多硫化汞;

(N) 从品目 2852 的任何其他货物或任何其他品目(子目 2832.20 除外)改变至品目 2852 的亚硫酸汞;

(O) 从品目 2852 的任何其他货物或任何其他品目(子目 2833.29 除外)改变至品目 2852 的硫酸汞;

(P) 从品目 2852 的任何其他货物或任何其他品目(子目 2834.10 除外)改变至品目 2852 的亚硝酸汞;

(Q) 从子目 2834.29 的硝酸铋、品目 2852 的任何其他货物或任何其他品目(子目 2834.29 的任何其他货物除外)改变至品目 2852 的硝酸汞;

(R) 从品目 2852 的任何其他货物或任何其他品目(子目 2835.29 除外)改变至品目 2852 的磷酸盐汞;

(S) 从品目 2852 的任何其他货物或任何其他品目(子目 2835.39 除外)改变至品目 2852

的聚磷酸盐汞；

(T) 从品目 2852 的任何其他货物或任何其他品目(子目 2836.99 除外)改变至品目 2852 的碳酸汞；

(U) 从品目 2852 的任何其他货物或任何其他子目(子目 2837.19 除外)改变至品目 2852 的氧氰化汞或氰化汞；

(V) 从品目 2852 的任何其他货物或任何其他品目(子目 2837.20 除外)改变至品目 2852 的复合氰化物汞；

(W) 从品目 2852 的任何其他货物或任何其他品目(子目 2842.90 除外)改变至品目 2852 的雷汞、硫氰酸汞或氰酸汞；

(X) 从子目 2841.50 的重铬酸钾、品目 2852 的任何其他货物或任何其他品目(子目 2841.50 的任何其他货物除外)改变至品目 2852 的铬酸汞或重铬酸汞；

(Y) 从子目 2842.10 的非化学定义的铝硅酸盐、品目 2852 的任何其他货物或任何其他品目(子目 2842.10 的任何其他货物除外)改变至品目 2852 的汞复盐或复盐；

(Z) 从品目 2852 的任何其他货物或任何其他品目(子目 2842.90 除外)改变至品目 2852 的其他汞盐；

(AA) 从品目 2852 的任何其他货物或任何其他品目(子目 2843.90 除外)改变至品目 2852 的含汞贵金属化合物；

(BB) 从品目 2852 的任何其他货物或任何其他品目(子目 2850.00 除外)改变至品目 2852 的氯化汞铵(氯汞酸铵)、氢化汞、叠汞或氮化汞；

(CC) 从任何其他章(第二十九章至第三十八章除外)改变至品目 2852 的氨基氯化汞或其他无机汞化合物；

(DD) 从品目 2852 的任何其他货物或第二十八章至第三十八章的任何其他品目改变至品目 2852 的氨基氯化汞或其他无机汞化合物,不论是否又从任何其他章(子目 2853.00 除外)改变而来,前提是区域价值成分不低于：
(1) 使用成交价格法时的 60%,或
(2) 使用净成本法时的 50%；

(EE) 从品目 2852 的任何其他货物或任何其他品目(子目 2907.11 除外)改变至品目 2852 的苯酚汞或苯酚汞及其盐类；

(FF) 从品目 2852 的任何其他货物或任何其他品目(品目 2907 或子目 2908.99 除外)改变至品目 2852 的对苯酚磺酸汞钠或仅含磺基的汞衍生物及其盐和酯；

(GG) 从品目 2907 改变至品目 2852(子目 2908.99 除外)的对苯酚磺酸汞钠或汞衍生物,但前提是区域价值成分不低于：
(1) 使用成交价格法时的 60%,或
(2) 使用净成本法时的 50%；

(HH) 从品目 2852 的任何其他货物或任何其他品目(品目 2907 或子目 2908.99 除外)改变至品目 2852 的羟基汞邻硝基苯酚、钠盐或 5-甲基-2-硝基-7-氧代-8-汞双环[4.2.0]八-1,3,5-三烯或汞的卤代、硝化或亚硝化酚醇衍生物；

(II) 从品目 2907 改变至品目 2852 的羟基汞邻硝基苯酚、钠盐或 5-甲基-2-硝基-7-氧代-8-二环汞[4.2.0]八-1,3,5-三烯或卤化、硝化或亚硝化苯酚衍生物或苯酚醇,不论是否又从品目2852的任何其他货物或任何其他品目(子目2908.99除外)改变而来,前提是区域价值成分不低于:

(1)使用成交价格法时的60%,或

(2)使用净成本法时的50%;

(JJ)从品目2852的任何其他货物或任何其他品目(子目2914.19除外)改变至品目2852的戊二酮汞或其他不含其他氧功能的无环酮;

(KK)从品目2852的任何其他货物或任何其他品目(子目2915.21或子目2915.29除外)改变至品目2852的醋酸汞;

(LL)从子目2915.21改变至品目2852的醋酸汞,不论是否又从品目2852的任何其他货物或任何其他品目(子目2915.29除外)改变而来,前提是区域价值成分不低于:

(1)使用成交价格法时的60%,或

(2)使用净成本法时的50%;

(MM)从品目2852的任何其他货物或任何其他品目(子目2915.90除外)改变至品目2852的油酸汞;

(NN)从品目2852的任何其他货物或任何其他品目(子目2916.15除外)改变至品目2852的十八烯酸汞盐或油酸、亚油酸或亚麻酸汞及其盐或酯;

(OO)从品目2852的任何其他货物或任何其他品目(子目2918.11除外)改变至品目2852的乳酸汞;

(PP)从品目2852的任何其他货物或任何其他品目(子目2918.21除外)改变至品目2852的水杨酸汞;

(QQ)从品目2852的任何其他货物或任何其他品目(子目2925.12至2925.19除外)改变至品目2852的丁二酰亚胺汞、汞的羧肟功能化合物或汞的亚胺功能化合物;

(RR)从品目2852的任何其他货物或任何其他品目(子目2930.90除外)改变至品目2852的硫柳酮钠;

(SS)从品目2852的任何其他货物或任何其他品目(品目2931除外)改变至品目2852的有机-无机汞化合物;

(TT)从任何其他品目(品目2932除外)改变至品目2852的2-7-二溴-4-羟基汞荧光素、二钠盐或其他含氧杂原子的杂环化合物;

(UU)从子目2932.11至2932.94改变至品目2852的2-7-二溴-4-羟基汞荧光素、二钠盐或其他含氧杂原子杂环化合物,不论是否又从任何其他品目改变而来,前提是区域价值成分不低于:

(1)使用成交价格法时的60%,或

(2)使用净成本法时的50%;

(VV)从品目2852的任何其他货物或任何其他品目(品目2852的汞或杂环化合物、子目2834.91至2834.99除外)改变至品目2852的核酸及其汞盐;

(WW)从品目2852的任何其他货物或子目2934.91至2934.99的其他杂环化合物改变至品目2852的汞核酸;

(XX)从品目2852的任何其他货物或任何其他品目(品目3003或子目3006.92除外)改变至品目2852的胶体汞;或者

(YY)从品目3003改变至品目2852的胶体汞,不论是否又从品目2852的任何其他货物或任何其他品目(子目3006.92除外)改变而来,前提是区域价值成分不低于:
(1)使用成交价格法时的60%,或
(2)使用净成本法时的50%。

41.(A)从任何其他章(第二十九章至第三十八章除外)的品目改变至品目2853;或者

(B)从第二十八章至第三十八章的任何其他子目改变至品目2853,不论是否又从任何其他章改变而来,前提是区域价值成分不低于:
(1)使用成交价格法时的60%,或
(2)使用净成本法时的50%。

第二十九章

1. 从任何其他子目(包括子目2901.10至2901.29中的另一子目)改变至子目2901.10至2901.29。

2. 从任何其他子目(包括子目2902.11至2902.44中的另一子目)改变至子目2902.11至2902.44。

3.(A)从任何其他子目(子目2902.60除外)改变至子目2902.50;或者

(B)从子目2902.60改变至子目2902.50,不论是否又从任何其他子目改变而来,前提是区域价值成分不低于:
(1)使用成交价格法时的60%,或
(2)使用净成本法时的50%。

4. 从任何其他子目(包括子目2902.60至2902.90中的另一子目)改变至子目2902.60至2902.90。

5.(A)从任何其他子目(包括子目2903.11至2903.15中的另一子目,品目2901至2902除外)改变至子目2903.11至2903.15;或者

(B)从品目2901至2902改变至子目2903.11至2903.15,不论是否又从任何其他子目(包括子目2903.11至2903.15中的另一子目)改变而来,前提是区域价值成分不低于:
(1)使用成交价格法时的60%,或
(2)使用净成本法时的50%。

5A.(A)从子目2903.19的其他无环碳氢化合物饱和氯化衍生物或任何其他子目(品目2901至2902除外)改变至子目2903.19的1,2-二氯丙烷(二氯丙烯)或二氯丁烷;

(B)从品目2901至2902改变至子目2903.19的1,2-二氯丙烷(二氯丙烯)或二氯丁烷,不论是否又从子目2903.19的其他无环碳氢化合物的饱和氯化衍生物或任何其他子目改变而来,前提是区域价值成分不低于:
(1)使用成交价格法时的60%,或
(2)使用净成本法时的50%;

(C)从子目2903.19的1,2-二氯丙烷(二氯丙烯)或二氯丁烷或任何其他子目(品目

2901至2902除外)改变至子目2903.19的其他饱和氯化无环烃衍生物;或者

(D)从品目2901至2902改变至子目2903.19的其他饱和氯化无环碳氢化合物衍生物,不论是否又从子目2903.19的1,2-二氯丙烷(二氯丙烯)或二氯丁烷或任何其他子目改变而来,前提是区域价值成分不低于:

(1)使用成交价格法时的60%,或

(2)使用净成本法时的50%。

5B.(A)从任何其他子目(包括子目2903.21至2903.29中的另一子目,品目2901至2902除外)改变至子目2903.21至2903.29;或者

(B)从品目2901至2902改变至子目2903.21至2903.29,不论是否又从任何其他子目(包括子目2903.21至2903.29中的另一子目)改变而来,前提是区域价值成分不低于:

(1)使用成交价格法时的60%,或

(2)使用净成本法时的50%。

5C.(A)从子目2903.31至2903.39以外的任何子目(品目2901至2902除外)改变至子目2903.31至2903.39;或者

(B)从品目2901至2902改变至子目2903.31至2903.39,不论是否又从该组别以外的任何子目改变而来,前提是区域价值成分不低于:

(1)使用成交价格法时的60%,或

(2)使用净成本法时的50%。

6.(A)从任何其他子目(包括子目2903.41至2903.51中的另一子目,品目2901至2902除外)改变至子目2903.41至2903.51;或者

(B)从品目2901至2902改变至子目2903.41至2903.51,不论是否又从任何其他子目(包括子目2903.41至2903.51中的另一子目)改变而来,前提是区域价值成分不低于:

(1)使用成交价格法时的60%,或

(2)使用净成本法时的50%。

6A.(A)从子目2903.52至2903.59以外的任何子目(品目2901至2902除外)改变至子目2903.52至2903.59;或者

(B)从品目2901至2902改变至子目2903.52至2903.59,不论是否又从该组别以外的任何子目改变而来,前提是区域价值成分不低于:

(1)使用成交价格法时的60%,或

(2)使用净成本法时的50%。

6B.(A)从任何其他子目(包括子目2903.61至2903.69中的另一子目,品目2901至2902除外)改变至子目2903.61至2903.69;或者

(B)从品目2901至2902改变至子目2903.61至2903.69,不论是否又从任何其他子目(包括子目2903.61至2903.69中的另一子目)改变而来,前提是区域价值成分不低于:

(1)使用成交价格法时的60%,或

(2)使用净成本法时的50%。

7. (A)从任何其他子目(包括子目2904.10至2904.90中的另一子目,品目2901至2903除外)改变至子目2904.10至2904.90;或者

(B)从品目2901至2903改变至子目2904.10至2904.90,不论是否又从任何其他子目(包括子目2904.10至2904.90中的另一子目)改变而来,前提是区域价值成分不低于:

(1)使用成交价格法时的60%,或

(2)使用净成本法时的50%。

8. 从任何其他子目(包括子目2905.11至2905.17中的另一子目)改变至子目2905.11至2905.17。

8A. (A)从子目2905.19的任何其他货物或任何其他子目改变至子目2905.19的戊醇(戊醇)或其异构体;或者

(B)从子目2905.19的戊醇(戊醇)或其异构体或任何其他子目改变至子目2905.19的任何其他货物。

8B. 从任何其他子目(包括子目2905.22至2905.49中的另一子目)改变至子目2905.22至2905.49。

[9和10已删除]

11. 从子目2905.51至2905.59以外的任何其他子目改变至子目2905.51至2905.59。

12. 从任何其他子目(包括子目2906.11至2906.13中的另一子目)改变至子目2906.11至2906.13。

12A. (A)从子目2906.19的任何其他货物或任何其他子目改变至子目2906.19的松油醇;或者

(B)从子目2906.19的松油醇或任何其他子目改变至子目2906.19的任何其他货物。

12B. 从任何其他子目(包括子目2906.21至2906.29中的另一子目)改变至子目2906.21至2906.29。

12C. 从任何其他子目(包括子目2907.11至2907.15中的另一子目)改变至子目2907.11至2907.15。

12D. (A)从子目2907.19的任何其他货物或任何其他子目改变至子目2907.19的二甲苯酚或其盐;或者

(B)从子目2907.19的二甲苯酚或其盐或任何其他子目改变至子目2907.19的任何其他货物。

12E. 从任何其他子目(包括子目2907.21至2907.23中的另一子目)改变至子目2907.21至2907.23。

12F. (A)从子目2907.29的多酚或任何其他子目改变至子目2907.29的酚醇;或者

(B)从子目2907.29的酚醇或任何其他子目改变至子目2907.29的多酚。

13. (A)从任何其他品目(品目2907除外)改变至子目2908.11至2908.19;或者

(B)从品目2907或品目2908的子目2908.11至2908.19以外的任何子目改变至子目2908.11至2908.19,不论是否又从任何其他品目改变而来,前提是区域价值成分不

低于：

(1)使用成交价格法时的 60%，或

(2)使用净成本法时的 50%。

13A. (A)从任何其他品目(品目 2907 除外)改变至子目 2908.91；或者

(B)从子目 2908.99 的仅含磺基的苯酚或酚醇衍生物及其盐或酯、子目 2908.11 至 2908.19 或品目 2907 改变至子目 2908.91，不论是否又从任何其他品目改变而来，前提是区域价值成分不低于：

(1)使用成交价格法时的 60%，或

(2)使用净成本法时的 50%。

13B. (A)从任何其他品目(品目 2907 除外)改变至子目 2908.99；

(B)从子目 2908.99 的任何其他货物、子目 2908.11 至 2908.91 或品目 2907 改变至子目 2908.99 的仅含磺基的苯酚或酚醇衍生物，不论是否又从任何其他品目改变而来，前提是区域价值成分不低于：

(1)使用成交价格法时的 60%，或

(2)使用净成本法时的 50%；或者

(C)从子目 2908.99 的仅含磺基的苯酚或酚醇衍生物及其盐或酯、子目 2908.11 至 2908.91 或品目 2907 改变至子目 2908.99 的任何其他货物，不论是否又从任何其他品目改变而来，前提是区域价值成分不低于：

(1)使用成交价格法时的 60%，或

(2)使用净成本法时的 50%。

14. (A)从任何其他品目改变至子目 2909.11 至 2909.20；或者

(B)从品目 2909 的任何其他子目(包括子目 2909.11 至 2909.20 中的另一子目)改变至子目 2909.11 至 2909.20，不论是否又从任何其他品目改变而来，前提是区域价值成分不低于：

(1)使用成交价格法时的 60%，或

(2)使用净成本法时的 50%。

15. 从任何其他子目改变至子目 2909.30。

16. (A)从任何其他品目改变至子目 2909.41 至 2909.43；或者

(B)从品目 2909 的任何其他子目(包括子目 2909.41 至 2909.43 中的另一子目)改变至子目 2909.41 至 2909.43，不论是否又从任何其他品目改变而来，前提是区域价值成分不低于：

(1)使用成交价格法时的 60%，或

(2)使用净成本法时的 50%。

16A. (A)从任何其他品目改变至子目 2909.44 的乙二醇单甲醚或二甘醇单甲醚；

(B)从子目 2909.44 的任何其他货物或品目 2909 的任何其他子目改变至子目 2909.44 的乙二醇或二甘醇单甲醚，不论是否又从任何其他品目改变而来，前提是区域价值成分不低于：

(1)使用成交价格法时的 60%，或

(2)使用净成本法时的50%;

(C)从任何其他品目改变至子目2909.44的任何其他货物;或者

(D)从子目2909.44的乙二醇单甲醚或二甘醇单甲醚或品目2909的任何其他子目改变至子目2909.44的任何其他货物,不论是否又从任何其他品目改变而来,前提是区域价值成分不低于:

(1)使用成交价格法时的60%,或

(2)使用净成本法时的50%。

16B. (A)从任何其他品目改变至子目2909.49至2909.60;或者

(B)从品目2909的任何其他子目(包括子目2909.49至2909.60中的另一子目)改变至子目2909.49至2909.60,不论是否又从任何其他品目改变而来,前提是区域价值成分不低于:

(1)使用成交价格法时的60%,或

(2)使用净成本法时的50%。

17. 从任何其他子目(包括子目2910.10至2910.30中的另一子目)改变至子目2910.10至2910.30。

17A. 从子目2910.40至2910.90以外的任何子目改变至子目2910.40至2910.90。

17B. 从任何其他品目改变至品目2911。

18. 从任何其他子目改变至子目2912.11。

19. (A)从任何其他子目(子目2901.21除外)改变至子目2912.12;或者

(B)从子目2901.21改变至子目2912.12,不论是否又从任何其他子目改变而来,前提是区域价值成分不低于:

(1)使用成交价格法时的60%,或

(2)使用净成本法时的50%。

20. (A)从子目2912.19的任何其他货物或任何其他子目改变至子目2912.19的丁醛(正异构体);或者

(B)从子目2912.19的丁醛(正异构体)或任何其他子目改变至子目2912.19的任何其他货物。

20A. 从任何其他子目(包括子目2912.21至2912.50中的另一子目)改变至子目2912.21至2912.50。

21. (A)从任何其他子目(子目2912.11除外)改变至子目2912.60;或者

(B)从子目2912.11改变至子目2912.60,不论是否又从任何其他子目改变而来,前提是区域价值成分不低于:

(1)使用成交价格法时的60%,或

(2)使用净成本法时的50%。

22. (A)从任何其他品目(品目2912除外)改变至品目2913;或者

(B)从品目2912改变至品目2913,不论是否又从任何其他品目改变而来,前提是区域价值成分不低于:

(1)使用成交价格法时的60%,或

(2)使用净成本法时的50%。

23. 从任何其他子目(包括子目2914.11至2914.70中的另一子目)改变至子目2914.11至2914.70。

24. 从任何其他子目改变至子目2915.11。

25. (A)从任何其他子目(子目2915.11除外)改变至子目2915.12;或者
    (B)从子目2915.11改变至子目2915.12,不论是否又从任何其他子目改变而来,前提是区域价值成分不低于:
    (1)使用成交价格法时的60%,或
    (2)使用净成本法时的50%。

26. 从任何其他子目改变至子目2915.13。

27. (A)从任何其他子目(子目2912.12除外)改变至子目2915.21;或者
    (B)从子目2912.12改变至子目2915.21,不论是否又从任何其他子目改变而来,前提是区域价值成分不低于:
    (1)使用成交价格法时的60%,或
    (2)使用净成本法时的50%。

28. (A)从任何其他子目(子目2915.21除外)改变至子目2915.24;或者
    (B)从子目2915.21改变至子目2915.24,不论是否又从任何其他子目改变而来,前提是区域价值成分不低于:
    (1)使用成交价格法时的60%,或
    (2)使用净成本法时的50%。

28A. (A)从子目2915.29的任何其他货物或任何其他子目(子目2915.21除外)改变至子目2915.29的乙酸钠;

   (B)从子目2915.21改变至子目2915.29的乙酸钠,不论是否又从子目2915.29的任何其他货物或任何其他子目改变而来,前提是区域价值成分不低于:
   (1)使用成交价格法时的60%,或
   (2)使用净成本法时的50%。

   (C)从子目2915.29的任何其他货物或任何其他子目(子目2915.21除外)改变至子目2915.29的醋酸钴;

   (D)从子目2915.21改变至子目2915.29的醋酸钴,不论是否又从子目2915.29的任何其他货物或任何其他子目改变而来,前提是区域价值成分不低于:
   (1)使用成交价格法时的60%,或
   (2)使用净成本法时的50%。

   (E)从子目2915.29的醋酸钠、子目2915.29的醋酸钴或任何其他子目(子目2915.21除外)改变至子目2915.29的任何其他货物;或者

   (F)从子目2915.21改变至子目2915.29的任何其他货物,不论是否又从子目2915.29的乙酸钠或醋酸钴或任何其他子目改变而来,前提是区域价值成分不低于:
   (1)使用成交价格法时的60%,或
   (2)使用净成本法时的50%。

28B. (A)从任何其他子目(子目 2915.21 除外)改变至子目 2915.31;或者
(B)从子目 2915.21 改变至子目 2915.31,不论是否又从任何其他子目改变而来,前提是区域价值成分不低于:
(1)使用成交价格法时的 60%,或
(2)使用净成本法时的 50%。

29. 从任何其他子目改变至子目 2915.32。

30. (A)从任何其他子目(子目 2915.21 除外)改变至子目 2915.33;或者
(B)从子目 2915.21 改变至子目 2915.33,不论是否又从任何其他子目改变而来,前提是区域价值成分不低于:
(1)使用成交价格法时的 60%,或
(2)使用净成本法时的 50%。

31. (A)从子目 2915.39 的乙酸异丁酯或乙酸 2-乙氧基乙酯或任何其他子目(子目 2915.21 或子目 2915.39 的任何其他货物除外)改变至子目 2915.36;或者
(B)从子目 2915.21 改变至子目 2915.36,不论是否又从子目 2915.39 的乙酸异丁酯或乙酸 2-乙氧基乙酯或任何其他子目(子目 2915.39 的任何其他货物除外)改变而来,前提是区域价值成分不低于:
(1)使用成交价格法时的 60%,或
(2)使用净成本法时的 50%。

32. (A)从子目 2915.39 的任何其他货物或任何其他子目改变至子目 2915.39 的 2-乙氧基乙酸乙酯;
(B)从子目 2915.39 的任何其他货物或任何其他子目(子目 2915.21 除外)改变至子目 2915.39 的乙酸异丁酯;
(C)从子目 2915.21 改变至子目 2915.39 的乙酸异丁酯,不论是否又从子目 2915.39 的任何其他货物或任何其他子目改变而来,前提是区域价值成分不低于:
(1)使用成交价格法时的 60%,或
(2)使用净成本法时的 50%;
(D)从子目 2915.39 的乙酸异丁酯或乙酸 2-乙氧基乙酯或任何其他子目(子目 2915.21 或子目 2915.36 除外)改变至子目 2915.39 的任何其他货物;或者
(E)从子目 2915.21 改变至子目 2915.39 的任何其他货物,不论是否又从子目 2915.39 的乙酸异丁酯或乙酸 2-乙氧基乙酯或任何其他子目改变而来,前提是区域价值成分不低于:
(1)使用成交价格法时的 60%,或
(2)使用净成本法时的 50%。

32A. (A)从任何其他子目(子目 2915.21 除外)改变至子目 2915.40;或者
(B)从子目 2915.21 改变至子目 2915.40,不论是否又从任何其他子目改变而来,前提是区域价值成分不低于:
(1)使用成交价格法时的 60%,或
(2)使用净成本法时的 50%。

33. 从任何其他子目(包括子目 2915.50 至 2915.70 中的另一子目)改变至子目 2915.50 至 2915.70。

34. (A)从任何其他子目改变至子目 2915.90;或者

    (B)从子目 2915.90 的丙戊酸改变至子目 2915.90 的丙戊酸盐。

35A. 从任何其他子目(包括子目 2916.11 至 2916.39 中的另一子目)改变至子目 2916.11 至子目 2916.39。

35B. 从任何其他子目(包括子目 2917.11 至 2917.33 中的另一子目)改变至子目 2917.11 至子目 2917.33。

35C. (A)从子目 2917.34 的任何其他货物或任何其他子目改变至子目 2917.34 的邻苯二甲酸二丁酯;或者

    (B)从子目 2917.34 的邻苯二甲酸二丁酯或任何其他子目改变至子目 2917.34 的任何其他货物。

35D. 从任何其他子目(包括子目 2917.35 至 2917.39 中的另一子目)改变至子目 2917.35 至 2917.39。

35E. 从任何其他子目(包括子目 2918.11 至 2918.16 中的另一子目)改变至子目 2918.11 至 2918.16。

36A. 从子目 2918.19 的苯乙醇酸(扁桃酸)及其盐或酯、子目 2918.19 的任何其他货物或任何其他子目改变至子目 2918.18。

36B. (A)从子目 2918.19 的任何其他货物或任何其他子目改变至子目 2918.19 的苯乙醇酸(扁桃酸)及其盐或酯;或者

    (B)从子目 2918.19 的苯乙醇酸(扁桃酸)及其盐或酯或任何其他子目(子目 2918.18 除外)改变至子目 2918.19 的任何其他货物。

36C. 从任何其他子目改变至子目 2918.21。

37. (A)从任何其他子目(包括子目 2918.22 至 2918.23 中的另一子目,子目 2918.21 除外)改变至子目 2918.22 至 2918.23;或者

    (B)从子目 2918.21 改变至子目 2918.22 至 2918.23,不论是否又从任何其他子目(包括该组别内的另一子目)改变而来,前提是区域价值成分不低于:

    (1)使用成交价格法时的 60%,或

    (2)使用净成本法时的 50%。

38. (A)从任何其他子目(包括子目 2918.29 至 2918.30 中的另一子目)改变至子目 2918.29 至 2918.30;或者

    (B)从子目 2918.29 的对羟基苯甲酸改变至子目 2918.29 的对羟基苯甲酸酯。

39. (A)从子目 2918.91 至 2918.99 以外的任何子目(子目 2908.11、子目 2908.19 或子目 2915.40 除外)改变至子目 2918.91 至 2918.99;或者

    (B)从子目 2908.11、子目 2908.19 或子目 2915.40 改变至子目 2918.91 至 2918.99,不论是否又从该组别以外的任何子目改变而来,前提是区域价值成分不低于:

    (1)使用成交价格法时的 60%,或

    (2)使用净成本法时的 50%。

40. 从任何其他品目改变至品目 2919。

41. 从子目 2920.11 至 2920.19 以外的任何子目改变至子目 2920.11 至 2920.19。

41A. 从任何其他子目改变至子目 2920.90。

42. (A)从任何其他品目(品目 2901、品目 2902、品目 2904、品目 2916、品目 2917 或品目 2926 除外)改变至子目 2921.11;或者

(B)从品目 2921 的任何其他子目、品目 2901、品目 2902、品目 2904、品目 2916、品目 2917 或品目 2926 改变至子目 2921.11,不论是否又从任何其他品目改变而来,前提是区域价值成分不低于:

(1)使用成交价格法时的 60%,或

(2)使用净成本法时的 50%。

43. (A)从任何其他品目(品目 2901、品目 2902、品目 2904、品目 2916、品目 2917 或品目 2926 除外)改变至子目 2921.19 的二乙胺或其盐;

(B)从子目 2921.19 的任何其他货物、品目 2921 的任何其他子目、品目 2901、品目 2902、品目 2904、品目 2916、品目 2917 或品目 2926 改变至子目 2921.19 的二乙胺或其盐,不论是否又从任何其他品目改变而来,前提是区域价值成分不低于:

(1)使用成交价格法时的 60%,或

(2)使用净成本法时的 50%;或者

(C)从子目 2921.19 的二乙胺或其盐或任何其他子目改变至子目 2921.19 的任何其他货物。

44. (A)从任何其他品目(品目 2901、品目 2902、品目 2904、品目 2916、品目 2917 或品目 2926 除外)改变至子目 2921.21 至 2921.29;或者

(B)从品目 2921 的任何其他子目(包括子目 2921.21 至 2921.29 中的另一子目)、品目 2901、品目 2902、品目 2904、品目 2916、品目 2917 或品目 2926 改变至子目 2921.21 至 2921.29,不论是否又从任何其他品目改变而来,前提是区域价值成分不低于:

(1)使用成交价格法时的 60%,或

(2)使用净成本法时的 50%。

[**44A 已删除**]

45. 从任何其他子目改变至子目 2921.30。

46. (A)从任何其他品目(品目 2901、品目 2902、品目 2904、品目 2916、品目 2917 或品目 2926 除外)改变至子目 2921.41 至 2921.45;或者

(B)从品目 2921 的任何其他子目(包括子目 2921.41 至 2921.45 中的另一子目)、品目 2901、品目 2902、品目 2904、品目 2916、品目 2917 或品目 2926 改变至子目 2921.41 至 2921.45,不论是否又从任何其他品目改变而来,前提是区域价值成分不低于:

(1)使用成交价格法时的 60%,或

(2)使用净成本法时的 50%。

46A. (A)从任何其他品目(品目 2901、品目 2902、品目 2904、品目 2916、品目 2917 或品目 2926 除外)改变至 2921.46 至 2921.49;或者

(B)从品目 2921 的子目 2921.46 至 2921.49 以外的任何子目、品目 2901、品目 2902、品

目2904、品目2916、品目2917或品目2926改变至子目2921.46至2921.49,不论是否又从任何其他品目改变而来,前提是区域价值成分不低于:

(1)使用成交价格法时的60%,或

(2)使用净成本法时的50%。

46B. (A)从任何其他品目(品目2901、品目2902、品目2904、品目2916、品目2917或品目2926除外)改变至子目2921.51至2921.59;或者

(B)从品目2921的任何其他子目(包括子目2921.51至2921.59中的另一子目)、品目2901、品目2902、品目2904、品目2916、品目2917或品目2926改变至子目2921.51至2921.59,不论是否又从任何其他品目改变而来,前提是区域价值成分不低于:

(1)使用成交价格法时的60%,或

(2)使用净成本法时的50%。

47. (A)从任何其他品目(品目2905至2921除外)改变至子目2922.11至2922.13;或者

(B)从品目2922的任何其他子目(包括子目2922.11至2922.13中的另一子目)或品目2905至2921改变至子目2922.11至2922.13,不论是否又从任何其他品目改变而来,前提是区域价值成分不低于:

(1)使用成交价格法时的60%,或

(2)使用净成本法时的50%。

47A. (A)从任何其他品目(品目2905至2921除外)改变至子目2922.14至2922.19;或者

(B)从品目2922的子目2922.14至2922.19以外的任何子目或品目2905至2921改变至子目2922.14至2922.19,不论是否又从任何其他品目改变而来,前提是区域价值成分不低于:

(1)使用成交价格法时的60%,或

(2)使用净成本法时的50%。

47B. (A)从任何其他品目(品目2905至2921除外)改变至子目2922.21;或者

(B)从品目2922的任何其他子目(包括该组别内的另一子目)或品目2905至2921改变至子目2922.21,不论是否又从任何其他品目改变而来,前提是区域价值成分不低于:

(1)使用成交价格法时的60%,或

(2)使用净成本法时的50%。

47C. (A)从任何其他品目(品目2905至2921除外)改变至子目2922.29的茴香胺、二安尼西丁、菲乃替丁或其盐;或者

(B)从子目2922.29的任何其他货物、品目2922的任何其他子目或品目2905至2921改变至子目2922.29的茴香胺、二安尼西丁、菲乃替丁或其盐,不论是否又从任何其他品目改变而来,前提是区域价值成分不低于:

(1)使用成交价格法时的60%,或

(2)使用净成本法时的50%。

(C)从任何其他品目(品目2905至2921除外)改变至子目2922.29的任何其他货物;或者

(D)从子目2922.29的茴香醚、二安尼西丁、菲乃替丁或其盐、品目2922的任何其他子目或品目2905至2921改变至子目2922.29的任何其他货物,不论是否又从任何其他品目改变而来,前提是区域价值成分不低于:

(1)使用成交价格法时的60%,或

(2)使用净成本法时的50%。

47D. (A)从任何其他品目(品目2905至2921除外)改变至子目2922.31至2922.39;或者

(B)从品目2922的子目2922.31至2922.39以外的任何子目或品目2905至2921改变至子目2922.31至2922.39,不论是否又从任何其他品目改变而来,前提是区域价值成分不低于:

(1)使用成交价格法时的60%,或

(2)使用净成本法时的50%。

47E. (A)从任何其他品目(品目2905至2921除外)改变至子目2922.41至2922.43;或者

(B)从品目2922的任何其他子目(包括子目2922.41至2922.43中的另一子目)或品目2905至2921改变至子目2922.41至2922.43,不论是否又从任何其他品目改变而来,前提是区域价值成分不低于:

(1)使用成交价格法时的60%,或

(2)使用净成本法时的50%。

47F. (A)从任何其他品目(品目2905至2921除外)改变至子目2922.44至2922.49;或者

(B)从品目2922的子目2922.44至2922.49以外的任何子目或品目2905至2921改变至子目2922.44至2922.49,不论是否又从任何其他品目改变而来,前提是区域价值成分不低于:

(1)使用成交价格法时的60%,或

(2)使用净成本法时的50%。

47G. (A)从任何其他品目(品目2905至2921除外)改变至子目2922.50;或者

(B)从品目2922的任何其他子目或品目2905至2921改变至子目2922.50,不论是否又从任何其他品目改变而来,前提是区域价值成分不低于:

(1)使用成交价格法时的60%,或

(2)使用净成本法时的50%。

48. 从任何其他子目(包括子目2923.10至2923.90中的另一子目)改变至子目2923.10至2923.90。

49. 从子目2924.11至2924.19以外的任何子目改变至子目2924.11至2924.19。

50. (A)从任何其他子目(子目2917.20除外)改变至子目2924.21;或者

(B)从子目2917.20改变至子目2924.21,不论是否又从任何其他子目改变而来,前提是区域价值成分不低于:

(1)使用成交价格法时的60%,或

(2)使用净成本法时的50%。

51. (A)从任何其他子目(子目2917.20、子目2924.24至2924.29除外)改变至子目2924.23;

(B)从子目 2924.23 的 2-乙酰氨基苯甲酸(N-乙酰邻氨基苯甲酸)的盐、子目 2917.20 或子目 2924.24 至 2924.29 改变至子目 2924.23 的 2-乙酰氨基苯甲酸(N-乙酰邻氨基苯甲酸),不论是否又从任何其他子目改变而来,前提是区域价值成分不低于:

(1)使用成交价格法时的 60%,或

(2)使用净成本法时的 50%;或者

(C)从子目 2924.23 的 2-乙酰氨基苯甲酸(N-乙酰邻氨基苯甲酸)、子目 2917.20 或子目 2924.24 至 2924.29 改变至子目 2924.23 的盐,不论是否又从任何其他子目改变而来,前提是区域价值成分不低于:

(1)使用成交价格法时的 60%,或

(2)使用净成本法时的 50%。

51A.(A)从子目 2924.24 至 2924.29 以外的任何子目(子目 2917.20 或子目 2924.23 除外)改变至子目 2924.24 至 2924.29;或者

(B)从子目 2917.20 或子目 2924.23 的 2-乙酰氨基苯甲酸(N-乙酰邻氨基苯甲酸)改变至子目 2924.24 至 2924.29,不论是否又从该组别以外的任何子目改变而来,前提是区域价值成分不低于:

(1)使用成交价格法时的 60%,或

(2)使用净成本法时的 50%。

52. 从任何其他子目改变至子目 2925.11。

52A. 从子目 2925.12 至 2925.19 以外的任何子目改变至子目 2925.12 至 2925.19。

52B. 从子目 2925.21 至 2925.29 以外的任何子目改变至子目 2925.21 至 2925.29。

52C. 从任何其他子目(包括子目 2926.10 至 2926.20 中的另一子目)改变至子目 2926.10 至 2926.20。

52D. 从子目 2926.30 至 2926.90 以外的任何子目改变至子目 2926.30 至 2926.90。

52E. 从任何其他品目(包括品目 2927 至 2928 中的另一品目)改变至品目 2927 至 2928。

53.(A)从任何其他子目(包括子目 2929.10 至 2929.90 中的另一子目,品目 2921 除外)改变至子目 2929.10 至 2929.90;或者

(B)从品目 2921 改变至子目 2929.10 至 2929.90,不论是否又从任何其他子目(包括该组别内的另一子目)改变而来,前提是区域价值成分不低于:

(1)使用成交价格法时的 60%,或

(2)使用净成本法时的 50%。

54. 从任何其他子目(包括子目 2930.20 至 2930.40 中的另一子目)改变至子目 2930.20 至 2930.40。

54A. 从任何其他子目(子目 2930.90 除外)改变至子目 2930.50。

54B.(A)从子目 2930.90 的任何其他货物或任何其他子目改变至子目 2930.90 的二硫代碳酸酯(黄药);或者

(B)从子目 2930.90 的二硫代碳酸酯(黄药)或任何其他子目(子目 2930.50 除外)改变至子目 2930.90 的任何其他货物。

55. 从任何其他品目改变至品目 2931。

56. (A)从任何其他品目改变至子目 2932.11 至 2932.94;或者

(B)从品目 2932 的任何其他子目(包括子目 2932.11 至 2932.94 中的另一子目)改变至子目 2932.11 至 2932.94,不论是否又从任何其他品目改变而来,前提是区域价值成分不低于:

(1)使用成交价格法时的 60%,或

(2)使用净成本法时的 50%。

56A. (A)从任何其他品目改变至子目 2932.95 至 2932.99;或者

(B)从品目 2932 的子目 2932.95 至 2932.99 以外的任何子目改变至子目 2932.95 至 2932.99,不论是否又从任何其他品目改变而来,前提是区域价值成分不低于:

(1)使用成交价格法时的 60%,或

(2)使用净成本法时的 50%。

57. (A)从任何其他品目改变至子目 2933.11 至 2933.32;或者

(B)从品目 2933 的任何其他子目(包括子目 2933.11 至 2933.32 中的另一子目)改变至子目 2933.11 至 2933.32,不论是否又从任何其他品目改变而来,前提是区域价值成分不低于:

(1)使用成交价格法时的 60%,或

(2)使用净成本法时的 50%。

57A. (A)从任何其他品目改变至子目 2933.33 至 2933.39;或者

(B)从品目 2933 的子目 2933.33 至 2933.39 以外的任何子目改变至子目 2933.33 至 2933.39,不论是否又从任何其他品目改变而来,前提是区域价值成分不低于:

(1)使用成交价格法时的 60%,或

(2)使用净成本法时的 50%。

57B. (A)从任何其他品目改变至子目 2933.41 至 2933.49;或者

(B)从品目 2933 的子目 2933.41 至 2933.49 以外的任何子目改变至子目 2933.41 至 2933.49,不论是否又从任何其他品目改变而来,前提是区域价值成分不低于:

(1)使用成交价格法时的 60%,或

(2)使用净成本法时的 50%。

57C. (A)从任何其他品目改变至子目 2933.52 至 2933.54;或者

(B)从品目 2933 的子目 2933.52 至 2933.54 以外的任何子目改变至子目 2933.52 至 2933.54,不论是否又从任何其他品目改变而来,前提是区域价值成分不低于:

(1)使用成交价格法时的 60%,或

(2)使用净成本法时的 50%。

57D. (A)从任何其他品目改变至子目 2933.55 至 2933.59;或者

(B)从品目 2933 的子目 2933.55 至 2933.59 以外的任何子目改变至子目 2933.55 至 2933.59,不论是否又从任何其他品目改变而来,前提是区域价值成分不低于:

(1)使用成交价格法时的 60%,或

(2)使用净成本法时的 50%。

57E. (A)从任何其他品目改变至子目 2933.61 至 2933.69;或者

(B)从品目2933的任何其他子目(包括子目2933.61至2933.69中的另一子目)改变至子目2933.61至2933.69,不论是否又从任何其他品目改变而来,前提是区域价值成分不低于:

(1)使用成交价格法时的60%,或

(2)使用净成本法时的50%。

58.(A)从任何其他章(第二十八章至第三十八章除外)改变至子目2933.71;或者

(B)从第二十八章至第三十八章的任何其他子目改变至子目2933.71,不论是否从任何其他章改变而来,前提是区域价值成分不低于:

(1)使用成交价格法时的60%,或

(2)使用净成本法时的50%。

59.(A)从任何其他品目改变至子目2933.72至2933.79;或者

(B)从品目2933的子目2933.72至2933.79以外的任何子目改变至子目2933.72至2933.79,不论是否又从任何其他品目改变而来,前提是区域价值成分不低于:

(1)使用成交价格法时的60%,或

(2)使用净成本法时的50%。

59A.(A)从任何其他品目改变至子目2933.91至2933.99;或者

(B)从品目2933的子目2933.91至2933.99以外的任何子目改变至子目2933.91至2933.99,不论是否又从任何其他品目改变而来,前提是区域价值成分不低于:

(1)使用成交价格法时的60%,或

(2)使用净成本法时的50%。

60. 从任何其他子目(包括子目2934.10至2934.30中的另一子目)改变至子目2934.10至2934.30。

60A.(A)从子目2934.91至2934.99以外的任何子目改变至子目2934.91至2934.99;或者

(B)从子目2934.91至2934.99的其他杂环化合物改变至子目2934.91至2934.99的核酸。

61. 从任何其他品目改变至品目2935。

62.(A)从任何其他品目改变至子目2936.21至2936.29;或者

(B)从子目2936.21至2936.29中的任何其他子目或子目2936.90改变至子目2936.21至2936.29,不论是否又从任何其他品目改变而来,前提是区域价值成分不低于:

(1)使用成交价格法时的60%,或

(2)使用净成本法时的50%。

62A.(A)从任何其他品目改变至子目2936.90的未混合维生素原;

(B)从子目2936.90的任何其他货物或子目2936.21至2936.29改变至子目2936.90的未混合维生素原,不论是否又从任何其他品目改变而来,前提是区域价值成分不低于:

(1)使用成交价格法时的60%,或

(2)使用净成本法时的50%;

(C)从任何其他品目改变至子目2936.90的任何其他货物;或者

(D)从子目 2936.90 的未混合维生素原或子目 2936.21 至 2936.29 改变至子目 2936.90 的任何其他货物,不论是否又从任何其他品目改变而来,前提是区域价值成分不低于:

(1)使用成交价格法时的 60%,或

(2)使用净成本法时的 50%。

63. (A)从任何其他章(第二十八章至第三十八章除外)改变至子目 2937.11 至 2937.90;或者

(B)从第二十八章至第三十八章的任何其他子目(包括子目 2937.11 至 2937.90 中的另一子目)改变至子目 2937.11 至 2937.90,不论是否又从任何其他章改变而来,前提是区域价值成分不低于:

(1)使用成交价格法时的 60%,或

(2)使用净成本法时的 50%。

64. (A)从任何其他品目(品目 2940 除外)改变至子目 2938.10 至 2938.90;或者

(B)从子目 2938.10 至 2938.90 中的任何其他子目或品目 2940 改变至子目 2938.10 至 2938.90,不论是否又从任何其他品目改变而来,前提是区域价值成分不低于:

(1)使用成交价格法时的 60%,或

(2)使用净成本法时的 50%。

65. (A)从任何其他子目(第十三章除外)改变至子目 2939.11 的罂粟秆浓缩物;或者

(B)从子目 2939.11 的罂粟秆浓缩物或任何其他子目(子目 2939.19 除外)改变至子目 2939.11 的任何其他货物。

65A. 从子目 2939.11 的罂粟秆浓缩物或任何其他子目(子目 2939.11 的任何其他货物除外)改变至子目 2939.19。

65B. (A)从子目 2939.20 的任何其他货物或任何其他子目改变至子目 2939.20 的奎宁或其盐;或者

(B)从子目 2939.20 的奎宁或其盐或任何其他子目改变至子目 2939.20 的任何其他货物。

65C. 从任何其他子目(包括子目 2939.30 至 2939.42 中的另一子目)改变至子目 2939.30 至 2939.42。

65D. 从子目 2939.43 至 2939.49 以外的任何子目改变至子目 2939.43 至 2939.49。

65E. 从子目 2939.51 至 2939.59 以外的任何子目改变至子目 2939.51 至 2939.59。

65F. 从任何其他子目(包括子目 2939.61 至 2939.69 中的另一子目)改变至子目 2939.61 至 2939.69。

65G. (A)从子目 2939.91 至 2939.99 以外的任何子目改变至子目 2939.91 至 2939.99;

(B)从子目 2939.99 的任何其他货物改变至子目 2939.99 的尼古丁或其盐;或者

(C)从子目 2939.99 的尼古丁或其盐改变至子目 2939.99 的任何其他货物。

66. (A)从任何其他品目(品目 2938 除外)改变至品目 2940;或者

(B)从品目 2938 改变至品目 2940,不论是否又从任何其他品目改变而来,前提是区域价值成分不低于:

(1)使用成交价格法时的 60%,或

(2)使用净成本法时的50%。

67. (A)从任何其他章(第二十八章至第三十八章除外)改变至子目2941.10至2941.90；或者

(B)从第二十八章至第三十八章的任何其他子目(包括子目2941.10至2941.90中的另一子目)改变至子目2941.10至2941.90,不论是否又从任何其他章改变而来,前提是区域价值成分不低于：

(1)使用成交价格法时的60%,或

(2)使用净成本法时的50%。

68. (A)从任何其他章(第二十八章至第三十八章除外)改变至品目2942；或者

(B)从第二十八章至第三十八章的任何其他品目改变至品目2942,不论是否又从任何其他章改变而来,前提是区域价值成分不低于：

(1)使用成交价格法时的60%,或

(2)使用净成本法时的50%。

第三十章

1. (A)从任何其他品目(子目3006.92除外)改变至子目3001.20；或者

(B)从品目3001的任何其他子目及不论是否从任何其他品目(子目3006.92除外)改变至子目3001.20,前提是区域价值成分不低于：

(1)使用成交价格法时的60%,或

(2)使用净成本法时的50%。

2. (A)从任何其他品目(子目3006.92除外)改变至子目3001.90的干燥腺体或其他干燥器官；或者

(B)从子目3001.90的任何其他货物或品目3001的任何其他子目改变至子目3001.90的干燥腺体或其他干燥器官,不论是否又从任何其他品目(子目3006.92除外)改变而来,前提是区域价值成分不低于：

(1)使用成交价格法时的60%,或

(2)使用净成本法时的50%。

(C)从子目3001.90的干燥腺体或其他干燥器官或任何其他子目(子目3006.92除外)改变至子目3001.90的任何其他货物。

3. 从任何其他子目(包括子目3002.10至3002.90中的另一子目,子目3006.92除外)改变至子目3002.10至3002.90。

4. (A)从任何其他品目(子目3006.92除外)改变至子目3003.10至3003.90；或者

(B)从品目3003的任何其他子目(子目3006.92除外)改变至子目3003.10至3003.90,前提是区域价值成分不低于：

(1)使用成交价格法时的60%,或

(2)使用净成本法时的50%。

5. (A)从任何其他品目(品目3003或子目3006.92除外)改变至子目3004.10至3004.31；或者

(B)从品目3003或品目3004的任何其他子目(包括子目3004.10至3004.31中的另一子

目)改变至子目 3004.10 至 3004.31,不论是否又从任何其他品目(子目 3006.92 除外)改变而来,前提是区域价值成分不低于:

(1)使用成交价格法时的 60%,或

(2)使用净成本法时的 50%。

6. (A)从子目 3004.32 的皮质类固醇激素或皮质类固醇激素的结构类似物或任何其他子目(子目 3004.39 或子目 3006.92 除外)改变至子目 3004.32 的皮质类固醇激素的激素衍生物;

(B)从子目 3004.32 的皮质类固醇激素或其衍生物或任何其他子目(子目 3004.39 或子目 3006.92 除外)改变至子目 3004.32 的皮质类固醇激素结构类似物;

(C)从任何其他品目(品目 3003 或子目 3006.92 除外)改变至子目 3004.32 的任何其他货物;或者

(D)从子目 3004.32 的激素衍生物或皮质类固醇激素结构类似物、品目 3003 或品目 3004 的任何其他子目改变至子目 3004.32 的任何其他货物,不论是否又从任何其他品目(子目 3006.92 除外)改变而来,前提是区域价值成分不低于:

(1)使用成交价格法时的 60%,或

(2)使用净成本法时的 50%。

7. 从任何其他子目(子目 3006.92 除外)改变至子目 3004.39。

8. (A)从任何其他品目(品目 3003 或子目 3006.92 除外)改变至子目 3004.40 至 3004.50;或者

(B)从品目 3003 或品目 3004 的任何其他子目(包括子目 3004.40 至 3004.50 中的另一子目)改变至子目 3004.40 至 3004.50,不论是否又从任何其他品目(子目 3006.92 除外)改变而来,前提是区域价值成分不低于:

(1)使用成交价格法时的 60%,或

(2)使用净成本法时的 50%。

9. 从任何其他子目(子目 3006.92 除外)改变至子目 3004.90。

10. (A)从任何其他品目(子目 3006.92 除外)改变至子目 3005.10 至 3005.90;或者

(B)从品目 3005 的任何其他子目(子目 3006.92 除外)改变至子目 3005.10 至 3005.90,前提是区域价值成分不低于:

(1)使用成交价格法时的 60%,或

(2)使用净成本法时的 50%。

11. (A)从任何其他品目改变至子目 3006.10;或者

(B)从品目 3006(子目 3006.92 除外)的任何其他子目改变至子目 3006.10,不论是否又从任何其他品目改变而来,前提是区域价值成分不低于:

(1)使用成交价格法时的 60%,或

(2)使用净成本法时的 50%。

12. 从任何其他子目(子目 3006.92 除外)改变至子目 3006.20。

13. (A)从任何其他品目改变至子目 3006.30 至 3006.60;或者

(B)从品目 3006 的任何其他子目(包括子目 3006.30 至 3006.60 中的另一子目,子目

3006.92 除外)改变至子目 3006.30 至 3006.60,不论是否又从任何其他品目改变而来,前提是区域价值成分不低于:

(1)使用成交价格法时的 60%,或

(2)使用净成本法时的 50%。

14.(A)从任何其他章(第二十八章至第三十八章除外)改变至子目 3006.70;或者

(B)从第二十八章至第三十八章的任何其他子目(子目 3006.92 除外)改变至子目 3006.70,不论是否又从任何其他章改变而来,前提是区域价值成分不低于:

(1)使用成交价格法时的 60%,或

(2)使用净成本法时的 50%。

15. 从任何其他品目(子目 3006.92 除外)改变至子目 3006.91,前提是区域价值成分不低于:

(1)使用成交价格法时的 60%,或

(2)使用净成本法时的 50%。

16. 从任何其他章改变至子目 3006.92。

第三十一章

1. 从任何其他品目改变至品目 3101。

2. 从任何其他子目(包括子目 3102.10 至 3102.80 中的另一子目)改变至子目 3102.10 至 3102.80。

3.(A)从子目 3102.90 的任何其他货物或任何其他子目改变至子目 3102.90 的氰氨化钙;或者

(B)从子目 3102.90 的氰氨化钙或任何其他子目改变至子目 3102.90 的任何其他货物。

4. 从任何其他子目改变至子目 3103.10。

5.(A)从子目 3103.90 的任何其他货物或任何其他子目改变至子目 3103.90 的托马斯磷肥;或者

(B)从子目 3103.90 的托马斯磷肥或任何其他子目改变至子目 3103.90 的任何其他货物。

6. 从任何其他子目(包括 3104.20 至 3104.30 中的另一子目)改变至子目 3104.20 至 3104.30。

7.(A)从子目 3104.90 的任何其他货物或任何其他子目改变至子目 3104.90 的光卤石、钾盐或其他天然粗钾盐;或者

(B)从子目 3104.90 的光卤石、钾盐或其他天然粗钾盐或任何其他子目改变至子目 3104.90 的任何其他货物。

8. 从任何其他子目(包括子目 3105.10 至 3105.90 中的另一子目)改变至子目 3105.10 至 3105.90。

第三十二章

1. 从任何其他品目(包括子目 3201.10 至 3202.90 中的另一子目)改变至子目 3201.10 至 3202.90。

2. 从任何其他品目改变至品目 3203。

3. 从任何其他子目(包括子目 3204.11 至 3204.16 中的另一子目)改变至子目 3204.11 至

3204.16。

4. (A)对于以下颜色列表中列出的、颜色索引中定义的任何颜色,从任何其他子目改变至子目3204.17：

颜料黄:1,3,16,55,61,62,65,73,74,75,81,97,120,151,152,154,156和175,

颜料橙:4、5、13、34、36、60和62,

颜料红:2,3,5,12,13,14,17,18,19,22,23,24,31,32,48,49,52、53,57,63,112,119,133,146,170,171,175,176,183,185,187、188,208和210；或者

(B)对于未在颜色列表中列出的、颜色索引中定义的任何颜色：

(1)从任何其他子目(第二十九章的子目除外)改变至子目3204.17,或

(2)从第二十九章的任何子目改变至子目3204.17,不论是否又从任何其他子目改变而来,前提是区域价值成分不低于：

(Ⅰ)使用成交价格法时的60%,或

(Ⅱ)使用净成本法时的50%。

5. (A)从任何其他品目改变至子目3204.19；或者

(B)从品目3204的任何其他子目改变至子目3204.19,不论是否又从任何其他品目改变而来,前提是区域价值成分不低于：

(1)使用成交价格法时的60%,或

(2)使用净成本法时的50%。

6. (A)从任何其他章(第二十八章至第三十八章除外)改变至子目3204.20至3204.90；或者

(B)从第二十八章至第三十八章的任何其他子目(包括子目3204.20至3204.90中的另一子目)改变至子目3204.20至3204.90,不论是否又从任何其他章改变而来,前提是区域价值成分不低于：

(1)使用成交价格法时的60%,或

(2)使用净成本法时的50%。

7. 从任何其他品目改变至品目3205。

8. (A)从任何其他章(第二十八章至第三十一章或第三十三章至第三十八章除外)改变至子目3206.11至3206.42；或者

(B)从第二十八章至第三十八章的任何其他子目(包括子目3206.11至3206.42中的另一子目)改变至子目3206.11至3206.42,不论是否又从任何其他章改变而来,前提是区域价值成分不低于：

(1)使用成交价格法时的60%,或

(2)使用净成本法时的50%。

8A. (A)从任何其他章(第二十八章至第三十一章或第三十三章至第三十八章除外)改变至子目3206.49的以镉化合物为主的颜料及制品；

(B)从子目3206.49的任何其他货物或第二十八章至第三十八章的任何其他子目改变至子目3206.49的以镉化合物为主的颜料及制品,不论是否又从任何其他章改变而来,前提是区域价值成分不低于：

(1)使用成交价格法时的60%,或

(2)使用净成本法时的50%。

(C)从任何其他章(第二十八章至第三十一章或第三十三章至第三十八章除外)改变至子目3206.49的以六氰高铁酸盐(亚铁氰化物和铁氰化物)为主的颜料及制品;

(D)从子目3206.49的任何其他货物或第二十八章至第三十八章的任何其他子目改变至子目3206.49的以六氰高铁酸盐(亚铁氰化物和铁氰化物)为主的颜料及制品,不论是否又从任何其他章改变而来,前提是区域价值成分不低于:

(1)使用成交价格法时的60%,或

(2)使用净成本法时的50%;

(E)从任何其他章(第二十八章至第三十一章或第三十三章至第三十八章除外)改变至子目3206.49的任何其他货物;或者

(F)从子目3206.49的以镉化合物或六氰高铁酸盐(亚铁氰化物和铁氰化物)为主的颜料及制品或第二十八章至第三十八章的任何其他子目改变至子目3206.49的任何其他货物,不论是否又从任何其他章改变而来,前提是区域价值成分不低于:

(1)使用成交价格法时的60%,或

(2)使用净成本法时的50%。

8B.(A)从任何其他章(第二十八章至第三十一章或第三十三章至第三十八章除外)改变至子目3206.50;或者

(B)从第二十八章至第三十八章的任何其他子目改变至子目3206.50,不论是否又从任何其他章改变而来,前提是区域价值成分不低于:

(1)使用成交价格法时的60%,或

(2)使用净成本法时的50%。

9. 从任何其他子目(包括子目3207.10至3207.40中的另一子目)改变至子目3207.10至3207.40。

10. 从品目3208至3210以外的任何品目改变至品目3208至3210。

11. 从任何其他品目改变至品目3211。

12. 从任何其他子目(包括子目3212.10至3212.90中的另一子目)改变至子目3212.10至3212.90。

13. 从任何其他品目改变至品目3213。

14. 从任何其他子目(包括子目3214.10至3214.90中的另一子目)改变至子目3214.10至3214.90。

15. 从任何其他品目改变至品目3215。

第三十三章

1.(A)从任何其他章改变至子目3301.12至3301.13;或者

(B)从第三十三章的任何其他子目(包括子目3301.12至3301.13中的另一子目)改变至子目3301.12至3301.13,不论是否又从任何其他章改变而来,前提是区域价值成分不低于:

(1)使用成交价格法时的60%,或

(2)使用净成本法时的 50%。

2. (A)从子目 3301.19 的任何其他货物或任何其他子目改变至子目 3301.19 的佛手柑精油;

(B)从子目 3301.19 的任何其他货物或任何其他子目改变至子目 3301.19 的酸橙精油;

(C)从任何其他章改变至子目 3301.19 的任何其他货物;或者

(D)从子目 3301.19 的佛手柑精油或酸橙精油或第三十三章的任何其他子目改变至子目 3301.19 的任何其他货物,不论是否又从任何其他章改变而来,前提是区域价值成分不低于:

(1)使用成交价格法时的 60%,或

(2)使用净成本法时的 50%。

3. 从任何其他子目(包括子目 3301.24 至 3301.25 中的另一子目)改变至子目 3301.24 至 3301.25。

4. (A)从子目 3301.29 的任何其他货物或任何其他子目改变至子目 3301.29 的天竺葵、茉莉花、薰衣草或香根草精油;

(B)从任何其他章改变至子目 3301.29 的任何其他货物;或者

(C)从子目 3301.29 的天竺葵、茉莉花、薰衣草或香根草精油或第三十三章的任何其他子目改变至子目 3301.29 的任何其他货物,不论是否又从任何其他章改变而来,前提是区域价值成分不低于:

(1)使用成交价格法时的 60%,或

(2)使用净成本法时的 50%。

5. (A)从任何其他章改变至子目 3301.30 至 3301.90;或者

(B)从第三十三章的任何其他子目(包括子目 3301.30 至 3301.90 中的另一子目)改变至子目 3301.30 至 3301.90,不论是否又从任何其他章改变而来,前提是区域价值成分不低于:

(1)使用成交价格法时的 60%,或

(2)使用净成本法时的 50%。

[6 已删除]

7. 从任何其他品目(品目 2207 至 2208 除外)改变至品目 3302。

8. (A)从任何其他章改变至品目 3303;或者

(B)从第三十三章的任何其他品目改变至品目 3303,不论是否又从任何其他章改变而来,前提是区域价值成分不低于:

(1)使用成交价格法时的 60%,或

(2)使用净成本法时的 50%。

9. (A)从品目 3306 至 3307 以外的任何品目(品目 3306 至 3307 除外)改变至子目 3304.10 至 3305.90;或者

(B)从子目 3304.10 至 3305.90 中的任何其他子目或品目 3306 至 3307 改变至子目 3304.10 至 3305.90,不论是否又从该组别外的任何品目改变而来,前提是区域价值成分不低于:

(1)使用成交价格法时的60%,或

(2)使用净成本法时的50%。

10. (A)从任何其他品目(品目3304至3305或品目3307除外)改变至子目3306.10;或者

(B)从品目3304至3305或品目3307改变至子目3306.10,不论是否又从任何其他品目改变而来,前提是区域价值成分不低于:

(1)使用成交价格法时的60%,或

(2)使用净成本法时的50%。

11. 从任何其他子目(第五十四章、品目5201至5203或品目5501至5507除外)改变至子目3306.20。

12. (A)从任何其他品目(品目3304至3305或品目3307除外)改变至子目3306.90;或者

(B)从品目3304至3305或品目3307改变至子目3306.90,不论是否又从任何其他品目改变而来,前提是区域价值成分不低于:

(1)使用成交价格法时的60%,或

(2)使用净成本法时的50%。

13. (A)从任何其他品目(品目3304至3306除外)改变至子目3307.10至3307.90者;或者

(B)从品目3304至3306改变至子目3307.10至3307.90,不论是否又从任何其他品目改变而来,前提是区域价值成分不低于:

(1)使用成交价格法时的60%,或

(2)使用净成本法时的50%。

第三十四章

1. (A)从任何其他品目改变至子目3401.11至3401.20;或者

(B)从品目3401的任何其他子目改变至子目3401.11至3401.20,不论是否又从任何其他品目改变而来,前提是区域价值成分不低于:

(1)使用成交价格法时的65%,或

(2)使用净成本法时的50%。

1A. (A)从任何其他子目(子目3402.90除外)改变至子目3401.30;或者

(B)从子目3402.90改变至子目3401.30,不论是否又从任何其他子目改变而来,前提是区域价值成分不低于:

(1)使用成交价格法时的65%,或

(2)使用净成本法时的50%。

2. (A)从任何其他品目改变至子目3402.11至3402.12(从品目3817的直链烷基苯改变至子目3402.11的直链烷基苯磺酸或直链烷基苯磺酸盐除外);或者

(B)从任何其他子目(包括品目3402的另一子目)改变至子目3402.11至3402.12,不论是否又从任何其他品目改变而来,前提是区域价值成分不低于:

(1)使用成交价格法时的65%,或

(2)使用净成本法时的50%。

3. 从任何其他子目改变至子目3402.13。

4. (A)从任何其他品目改变至子目3402.19;或者

(B)从品目3402的任何其他子目改变至子目3402.19,不论是否又从任何其他品目改变而来,前提是区域价值成分不低于:

(1)使用成交价格法时的65%,或

(2)使用净成本法时的50%。

5. (A)从子目3402.20至3402.90以外的任何子目(子目3401.30除外)改变至子目3402.20至3402.90;或者

(B)从子目3402.20至3402.90中的任何其他子目或子目3401.30改变至子目3402.20至3402.90,不论是否又从该组别外的任何子目改变而来,前提是区域价值成分不低于:

(1)使用成交价格法时的65%,或

(2)使用净成本法时的50%。

6. 从任何其他子目(包括子目3403.11至3403.99中的另一子目)改变至子目3403.11至3403.99。

7. 从任何其他子目改变至子目3404.20。

7A. (A)从子目3404.90的任何其他货物或任何其他子目改变至子目3404.90的化学改性褐煤制得的人造蜡或调制蜡;或者

(B)从子目3404.90的人工蜡或化学改性褐煤制得的人造蜡或调制蜡或任何其他子目改变至子目3404.90的任何其他货物。

8. 从任何其他子目(包括子目3405.10至3405.40中的另一子目)改变至子目3405.10至3405.40。

9. (A)从任何其他品目改变至子目3405.90;或者

(B)从品目3405的任何其他子目改变至子目3405.90,不论是否又从任何其他品目改变而来,前提是区域价值成分不低于:

(1)使用成交价格法时的65%,或

(2)使用净成本法时的50%。

10. 从任何其他品目(包括品目3406至3407中的另一品目)改变至品目3406至3407。

第三十五章

1. 从任何其他子目(包括子目3501.10至3501.90中的另一子目)改变至子目3501.10至3501.90。

2. 从子目3502.11至3502.19以外的任何子目改变至子目3502.11至3502.19。

3. 从任何其他子目(包括子目3502.20至3502.90中的另一子目)改变至子目3502.20至3502.90。

4. 从任何其他品目(包括品目3503至3504中的另一品目)改变至品目3503至3504。

5. (A)从任何其他品目改变至子目3505.10至3505.20;或者

(B)从品目3505的任何其他子目改变至子目3505.10至3505.20,不论是否又从任何其他品目改变而来,前提是区域价值成分不低于:

(1)使用成交价格法时的65%,或

(2)使用净成本法时的50%。

6. (A)从任何其他品目改变至子目3506.10至3506.99；或者

(B)从品目3506的任何其他子目改变至子目3506.10至3506.99，不论是否又从任何其他品目改变而来，前提是区域价值成分不低于：

(1)使用成交价格法时的65%，或

(2)使用净成本法时的50%。

7. 从任何其他子目(包括子目3507.10至3507.90中的另一子目)改变至子目3507.10至3507.90。

第三十六章

1. 从任何其他品目(包括品目3601至3603中的另一品目)改变至品目3601至3603。

2. (A)从任何其他品目改变至子目3604.10至3604.90；或者

(B)从品目3604的任何其他子目改变至子目3604.10至3604.90，不论是否又从任何其他品目改变而来，前提是区域价值成分不低于：

(1)使用成交价格法时的65%，或

(2)使用净成本法时的50%。

3. 从任何其他品目改变至品目3605。

4. 从任何其他子目改变至子目3606.10。

5. (A)从任何其他品目改变至子目3606.90；或者

(B)从品目3606的任何其他子目改变至子目3606.90，不论是否又从任何其他品目改变而来，前提是区域价值成分不低于：

(1)使用成交价格法时的65%，或

(2)使用净成本法时的50%。

第三十七章

1. 从任何其他章改变至品目3701至3703。

2. 从任何其他品目改变至品目3704。

3. 从品目3705至3706以外的任何品目改变至品目3705至3706。

4. (A)从任何其他章改变至子目3707.10至3707.90；或者

(B)从第三十七章的任何其他子目(包括子目3707.10至3707.90中的另一子目)改变至子目3707.10至3707.90，不论是否又从任何其他章改变而来，前提是区域价值成分不低于：

(1)使用成交价格法时的65%，或

(2)使用净成本法时的50%。

第三十八章

1. 从任何其他子目(包括子目3801.10至3801.90中的另一子目)改变至子目3801.10至3801.90。

2. (A)从任何其他品目改变至子目3802.10至3802.90；或者

(B)从品目3802的任何其他子目改变至子目3802.10至3802.90，不论是否又从任何其他品目改变而来，前提是区域价值成分不低于：

(1)使用成交价格法时的60%，或

(2)使用净成本法时的50%。
3. 从任何其他品目(包括品目3803至3804中的另一品目)改变至品目3803至3804。
4. 从任何其他子目改变至子目3805.10。
4A.(A)从子目3805.90的任何其他货物或任何其他子目改变至子目3805.90的松油;或者
    (B)从子目3805.90的松油或任何其他子目改变至子目3805.90的任何其他货物。
5. 从任何其他子目(包括子目3806.10至3806.90中的另一子目)改变至子目3806.10至3806.90。
6. 从任何其他品目改变至品目3807。
7. 从任何其他品目改变至品目3808,前提是区域价值成分不低于:
    (A)使用成交价格法且货物含有不超过一种有效成分时为60%,使用成交价格法且货物含有一种以上有效成分时为80%;或者
    (B)使用净成本法且货物含有不超过一种有效成分时为50%,使用净成本法且货物含有一种以上有效成分时为70%。
8.(A)从任何其他子目(子目3505.10除外)改变至子目3809.10;或者
   (B)从子目3505.10改变至子目3809.10,不论是否又从任何其他子目改变而来,前提是区域价值成分不低于:
       (1)使用成交价格法时的60%,或
       (2)使用净成本法时的50%。
9. 从任何其他子目(包括子目3809.91至3809.92中的另一子目)改变至子目3809.91至3809.92。
10.(A)从任何其他品目改变至子目3809.93;或者
   (B)从品目3809的任何其他子目改变至子目3809.93,不论是否又从任何其他品目改变而来,前提是区域价值成分不低于:
       (1)使用成交价格法时的60%,或
       (2)使用净成本法时的50%。
11.(A)从任何其他章(第二十八章至第三十八章除外)改变至子目3810.10至3810.90;或者
   (B)从第二十八章至第三十八章的任何其他子目(包括子目3810.10至3810.90中的另一子目)改变至子目3810.10至3810.90,不论是否又从任何其他章改变而来,前提是区域价值成分不低于:
       (1)使用成交价格法时的60%,或
       (2)使用净成本法时的50%。
12.(A)从任何其他章(第二十八章至第三十八章除外)改变至子目3811.11至3811.19;或者
   (B)从第二十八章至第三十八章的任何其他子目(包括子目3811.11至3811.19中的另一子目)改变至子目3811.11至3811.19,不论是否又从任何其他章改变而来,前提是区域价值成分不低于:
       (1)使用成交价格法时的60%,或

(2)使用净成本法时的50%。

13. 从任何其他子目(包括子目3811.21至3811.29中的另一子目)改变至子目3811.21至3811.29。

14. (A)从任何其他章(第二十八章至第三十八章除外)改变至子目3811.90;或者

    (B)从第二十八章至第三十八章的任何其他子目改变至子目3811.90,不论是否又从任何其他章改变而来,前提是区域价值成分不低于:

    (1)使用成交价格法时的60%,或

    (2)使用净成本法时的50%。

15. (A)从任何其他章(第二十八章至第三十八章除外)改变至子目3812.10至3812.30;或者

    (B)从第二十八章至第三十八章的任何其他子目(包括子目3812.10至3812.30中的另一子目)改变至子目3812.10至3812.30,不论是否又从任何其他章改变而来,前提是区域价值成分不低于:

    (1)使用成交价格法时的60%,或

    (2)使用净成本法时的50%。

16. 从任何其他品目(包括品目3813至3814中的另一品目)改变至品目3813至3814。

17. 从任何其他子目(包括子目3815.11至3815.90中的另一子目)改变至子目3815.11至3815.90。

18. (A)从任何其他章(第二十八章至第三十八章除外)改变至品目3816;或者

    (B)从第二十八章至第三十八章的任何其他子目改变至品目3816,不论是否又从任何其他章改变而来,前提是区域价值成分不低于:

    (1)使用成交价格法时的60%,或

    (2)使用净成本法时的50%。

19. 从任何其他品目(包括品目3817至3819中的另一品目)改变至品目3817至3819。

[20 已删除]

21. (A)从任何其他品目(子目2905.31或子目2905.49除外)改变至品目3820;或者

    (B)从子目2905.31或子目2905.49改变至品目3820,不论是否又从任何其他品目改变而来,前提是区域价值成分不低于:

    (1)使用成交价格法时的60%,或

    (2)使用净成本法时的50%。

22. (A)从品目3821的任何货物或任何其他品目(品目3503除外)改变至品目3821的微生物生长用培养基;或者

    (B)从品目3503改变至品目3821的微生物生长用培养基,不论是否又从品目3821的任何其他货物或任何其他品目改变而来,前提是区域价值成分不低于:

    (1)使用成交价格法时的60%,或

    (2)使用净成本法时的50%;

    (C)从任何其他章(第二十八章至第三十七章除外)改变至品目3821的任何其他货物;或者

(D)从品目3821的微生物生长用培养基或第二十八章至第三十八章的任何其他子目改变至品目3821的任何其他货物,不论是否又从任何其他章改变而来,前提是区域价值成分不低于:

(1)使用成交价格法时的60%,或

(2)使用净成本法时的50%。

23.(A)从品目3822的任何其他货物或任何其他品目改变至品目3822的有证标准样品,前提是区域价值成分不低于:

(1)使用成交价格法时的60%,或

(2)使用净成本法时的50%;

(B)从任何其他章(第二十八章至第三十八章除外)改变至品目3822的任何其他货物;或者

(C)从第二十八章至第三十八章的任何其他子目改变至品目3822的任何其他货物,不论是否又从任何其他章改变而来,前提是区域价值成分不低于:

(1)使用成交价格法时的60%,或

(2)使用净成本法时的50%。

24. 从任何其他品目(品目1520除外)改变至子目3823.11至3823.13。

25. 从任何其他子目改变至子目3823.19。

26. 从任何其他品目(品目1520除外)改变至子目3823.70。

27. 从任何其他子目改变至子目3824.10。

28.(A)从任何其他子目(品目2849除外)改变至子目3824.30;或者

(B)从品目2849改变至子目3824.30,不论是否又从任何其他子目改变而来,前提是区域价值成分不低于:

(1)使用成交价格法时的60%,或

(2)使用净成本法时的50%。

29. 从任何其他子目(包括子目3824.40至3824.60中的另一子目)改变至子目3824.40至3824.60。

30.(A)从任何其他章(第二十八章至第三十七章除外)改变至子目3824.71;

(B)从子目3824.71的任何其他货物或第二十八章至第三十八章的任何其他子目改变至子目3824.71的仅含氟和氯的无环烃卤化衍生物的混合物,不论是否又从任何其他章改变而来,前提是区域价值成分不低于:

(1)使用成交价格法时的60%,或

(2)使用净成本法时的50%;或

(C)从子目3824.71的仅含氟和氯的无环烃卤化衍生物的混合物或第二十八章至第三十八章的任何其他子目改变至子目3824.71的任何其他货物,不论是否又从任何其他章改变而来,前提是区域价值成分不低于:

(1)使用成交价格法时的60%,或

(2)使用净成本法时的50%。

30A.(A)从任何其他章(第二十八章至第三十七章除外)改变至子目3824.72;

(B)从子目3824.72的任何其他货物或第二十八章至第三十八章的任何其他子目(子目3824.73、子目3824.77或子目3824.79的含有两种或以上不同卤素的无环烃卤化衍生物的混合物除外)改变至子目3824.72的含有两种或以上不同卤素的无环烃卤化衍生物的混合物,不论是否又从任何其他章改变而来,前提是区域价值成分不低于:

(1)使用成交价格法时的60%,或

(2)使用净成本法时的50%;或者

(C)从子目3824.72的含有两种或以上不同卤素的无环烃卤化衍生物的混合物或第二十八章至第三十八章的任何其他子目改变至子目3824.72的任何其他货物,不论是否又从任何其他章改变而来,前提是区域价值成分不低于:

(1)使用成交价格法时的60%,或

(2)使用净成本法时的50%。

30B.(A)从任何其他章(第二十八章至第三十七章除外)改变至子目3824.73;

(B)从子目3824.73的任何其他货物或第二十八章至第三十八章的任何其他子目(子目3824.72、子目3824.77或子目3824.79的含有两种或以上不同卤素的无环烃全卤衍生物的混合物除外)改变至子目3824.73的含有两种或以上不同卤素的无环烃全卤衍生物的混合物,不论是否又从任何其他章改变而来,前提是区域价值成分不低于:

(1)使用成交价格法时的60%,或

(2)使用净成本法时的50%;或者

(C)从子目3824.73的含有两种或以上不同卤素的无环烃过卤化衍生物的混合物或第二十八章至第三十八章的任何其他子目改变至子目3824.73的任何其他货物,不论是否又从任何其他章改变而来,前提是区域价值成分不低于:

(1)使用成交价格法时的60%,或

(2)使用净成本法时的50%。

30C.(A)从任何其他章(第二十八章至第三十七章除外)改变至子目3824.74;或者

(B)从第二十八章至第三十八章的任何其他子目改变至子目3824.74,不论是否又从任何其他章改变而来,前提是区域价值成分不低于:

(1)使用成交价格法时的60%,或

(2)使用净成本法时的50%。

30D.(A)从任何其他章(第二十八章至第三十七章除外)改变至子目3824.75至3824.76;或者

(B)从第二十八章至第三十八章的子目3824.75至3824.76以外的任何其他子目(子目3824.78除外)改变至子目3824.75至3824.76,不论是否又从任何其他章改变而来,前提是区域价值成分不低于:

(1)使用成交价格法时的60%,或

(2)使用净成本法时的50%。

30E.(A)从任何其他章(第二十八章至第三十七章除外)改变至子目3824.77;

(B)从子目3824.77的任何其他货物或第二十八章至第三十八章的任何其他子目(子目3824.72、子目3824.73或子目3824.79的含有两种或以上不同卤素的无环烃卤化衍生物的混合物除外)改变至子目3824.77的含有两种或以上不同卤素的无环烃卤化衍生物的混合物,不论是否又从任何其他章改变而来,前提是区域价值成分不低于:

(1)使用成交价格法时的60%,或

(2)使用净成本法时的50%;或者

(C)从子目3824.77的含有两种或以上不同卤素的无环烃卤化衍生物的混合物或第二十八章至第三十八章的任何其他子目改变至子目3824.77的任何其他货物,不论是否又从任何其他章改变而来,前提是区域价值成分不低于:

(1)使用成交价格法时的60%,或

(2)使用净成本法时的50%。

30F.(A)从任何其他章(第二十八章至第三十七章除外)改变至子目3824.78;或者

(B)从第二十八章至第三十八章的任何其他子目(子目3824.75至3824.76除外)改变至子目3824.78,不论是否又从任何其他章改变而来,前提是区域价值成分不低于:

(1)使用成交价格法时的60%,或

(2)使用净成本法时的50%。

30G.(A)从任何其他章(第二十八章至第三十七章除外)改变至子目3824.79;

(B)从子目3824.79的任何其他货物或第二十八章至第三十八章的任何其他子目(子目3824.72、子目3824.73或子目3824.77的含有两种或以上不同卤素的无环烃卤化衍生物的混合物除外)改变至子目3824.79的含有两种或以上不同卤素的无环烃卤化衍生物的混合物,不论是否又从任何其他章改变而来,前提是区域价值成分不低于:

(1)使用成交价格法时的60%,或

(2)使用净成本法时的50%;或者

(C)从子目3824.79的含有两种或以上不同卤素的无环烃卤化衍生物的混合物或第二十八章至第三十八章的任何其他子目改变至子目3824.79的任何其他货物,不论是否又从任何其他章改变而来,前提是区域价值成分不低于:

(1)使用成交价格法时的60%,或

(2)使用净成本法时的50%。

30H.(A)从任何其他章(第二十八章至第三十七章除外)改变至子目3824.81至3824.83;或者

(B)从第二十八章至第三十八章的子目3824.81至3824.83以外的任何其他子目(子目3824.90除外)改变至子目3824.81至3824.83,不论是否又从任何其他章改变而来,前提是区域价值成分不低于:

(1)使用成交价格法时的60%,或

(2)使用净成本法时的50%。

30I.(A)从子目3824.90的任何其他货物或任何其他子目改变至子目3824.90的环烷酸及

其非水溶性盐或酯；

(B)从任何其他章(第二十八章至第三十七章除外)改变至子目3824.90的任何其他货物；或者

(C)从子目3824.90的环烷酸及其非水溶性盐或酯或第二十八章至第三十八章的任何其他子目(子目3824.71至3824.83除外)改变至子目3824.90的任何其他货物,不论是否又从任何其他章改变而来,前提是区域价值成分不低于：

(1)使用成交价格法时的60%,或

(2)使用净成本法时的50%。

31. 从任何其他章(第二十八章至第三十八章、第四十章或第九十章除外)改变至子目3825.10至3825.69。

32. (A)从任何其他章(第二十八章至第三十八章除外)改变至子目3825.90；或者

(B)从第二十八章至第三十八章的任何其他子目改变至子目3825.90,不论是否又从任何其他章改变而来,前提是区域价值成分不低于：

(1)使用成交价格法时的60%,或

(2)使用净成本法时的50%。

第三十九章

1. 从任何其他品目(包括品目3901至3920中的另一品目)改变至品目3901至3920,前提是区域价值成分不低于：

(A)使用成交价格法时的60%,或

(B)使用净成本法时的50%。

2. 从任何其他品目改变至子目3921.11至3921.13,前提是区域价值成分不低于：

(A)使用成交价格法时的60%,或

(B)使用净成本法时的50%。

3. 从任何其他品目(子目3920.20或子目3920.71除外)改变至子目3921.14。此外,区域价值成分不得低于：

(A)使用成交价格法时的60%,或

(B)使用净成本法时的50%。

4. 从任何其他品目改变至子目3921.19,前提是区域价值成分不低于：

(A)使用成交价格法时的60%,或

(B)使用净成本法时的50%。

5. 从任何其他品目(子目3920.20或子目3920.71除外)改变至子目3921.90。此外,区域价值成分不得低于：

(A)使用成交价格法时的60%,或

(B)使用净成本法时的50%。

6. 从任何其他品目改变至品目3922,前提是区域价值成分不低于：

(A)使用成交价格法时的60%,或

(B)使用净成本法时的50%。

7. 从任何其他品目改变至子目3923.10至3923.21,前提是区域价值成分不低于：

(A)使用成交价格法时的60%,或

(B)使用净成本法时的50%。

8. 从任何其他品目(子目3920.20或子目3920.71除外)改变至子目3923.29。此外,区域价值成分不得低于:

(A)使用成交价格法时的60%,或

(B)使用净成本法时的50%。

9. 从任何其他品目改变至子目3923.30至3923.90,前提是区域价值成分不低于:

(A)使用成交价格法时的60%,或

(B)使用净成本法时的50%。

10. 从任何其他品目(包括品目3924至3925中的另一品目)改变至品目3924至3925,前提是区域价值成分不低于:

(A)使用成交价格法时的60%,或

(B)使用净成本法时的50%。

11. 从任何其他品目改变至子目3926.10至3926.40,前提是区域价值成分不低于:

(A)使用成交价格法时的60%,或

(B)使用净成本法时的50%。

12. 从任何其他品目(子目3006.91的造口用器具除外)改变至子目3926.90。此外,区域价值成分不得低于:

(A)使用成交价格法时的60%,或

(B)使用净成本法时的50%。

第四十章

章规则一:就与本章有关的各款而言,只要对各款的编号进行了划线强调,本注释(四)款的规定就可适用于第八十七章机动车辆用的货物。

1. (A)从任何其他章改变至品目4001至4006;或者

(B)从第四十章的任何其他品目(包括品目4001至4006中的另一品目)改变至品目4001至4006,不论是否又从任何其他章改变而来,前提是区域价值成分不低于:

(1)使用成交价格法时的60%,或

(2)使用净成本法时的50%。

2. 从品目4007至4008以外的任何品目改变至品目4007至4008。

3. 从任何其他品目(品目4010至4017除外)改变至子目4009.11。

3A. (A)从任何其他品目(品目4010至4017除外)改变至子目4009.12的管或软管,用于税号8702.10.01、税号8702.10.02、税号8702.90.01至8702.90.03、子目8703.21至8703.90、子目8704.21、子目8704.31或品目8711的机动车辆;

(B)从子目4009.11至4017.00改变至子目4009.12的管或软管,用于税号8702.10.01、税号8702.10.02、税号8702.90.01至8702.90.03、子目8703.21至8703.90、子目8704.21、子目8704.31或品目8711的机动车辆,不论是否又从任何其他品目改变而来,前提是区域价值成分不低于:

(1)使用成交价格法时的60%,或

(2) 使用净成本法时的50%;或者

(C) 从任何其他品目(品目4010至4017除外)改变至子目4009.12的管或软管(用于税号8702.10.01、8702.10.02 或 8702.90.01 至 8702.90.03、子目 8703.21 至子目 8703.90、子目 8704.21 或子目 8704.31 或品目 8711 的机动车辆的管或软管除外)。

3B. 从任何其他品目(品目4010至4017除外)改变至子目4009.21。

3C. (A) 从任何其他品目(品目4010至4017除外)改变至子目4009.22的管或软管,用于税号 8702.10.01、税号 8702.10.02、税号 8702.90.01 至 8702.90.03、子目 8703.21 至 8703.90、子目 8704.21、子目 8704.31 或品目 8711 的机动车辆;

(B) 从子目 4009.11 至 4017.00 改变至子目 4009.22 的管或软管,用于税号 8702.10.01、税号 8702.10.02 或、税号 8702.90.01 至 8702.90.03、子目 8703.21 至 8703.90、子目 8704.21、子目 8704.31 或品目 8711 的机动车辆,不论是否又从任何其他品目改变而来,前提是区域价值成分不低于:

(1) 使用成交价格法时的60%,或

(2) 使用净成本法时的50%;或者

(C) 从任何其他品目(品目4010至4017除外)改变至子目4009.22的管或软管(用于税号 8702.10.01、税号 8702.10.02、税号 8702.90.01 至 8702.90.03、子目 8703.21 至 8703.90、子目 8704.21、子目 8704.31 或品目 8711 的机动车辆的管或软管除外)。

3D. 从任何其他品目(品目4010至4017除外)改变至子目4009.31。

3E. (A) 从任何其他品目(品目4010至4017除外)改变至子目4009.32的管或软管,用于税号 8702.10.01、税号 8702.10.02、税号 8702.90.01 至 8702.90.03、子目 8703.21 至 8703.90、子目 8704.21、子目 8704.31 或品目 8711 的机动车辆;

(B) 从子目 4009.11 至 4017.00 改变至子目 4009.32 的管或软管,用于税号 8702.10.01、税号 8702.10.02、税号 8702.90.01 至 8702.90.03、子目 8703.21 至 8703.90、子目 8704.21、子目 8704.31 或品目 8711 的机动车辆,不论是否又从任何其他品目改变而来,前提是区域价值成分不低于:

(1) 使用成交价格法时的60%,或

(2) 使用净成本法时的50%;或者

(C) 从任何其他品目(品目4010至4017除外)改变至子目4009.32的管或软管(用于税号 8702.10.01、税号 8702.10.02、税号 8702.90.01 至 8702.90.03、子目 8703.21 至 8703.90、子目 8704.21、子目 8704.31 或品目 8711 的机动车辆的管或软管除外)。

3F. 从任何其他品目(品目4010至4017除外)改变至子目4009.41。

3G. (A) 从任何其他品目(品目4010至4017除外)改变至子目4009.42的管或软管,用于税号 8702.10.01、税号 8702.10.02、税号 8702.90.01 至 8702.90.03、子目 8703.21 至 8703.90、子目 8704.21、子目 8704.31 或品目 8711 的机动车辆;

(B) 从子目 4009.11 至 4017.00 改变至子目 4009.42 的管或软管,用于税号 8702.10.01、税号 8702.10.02、税号 8702.90.01 至 8702.90.03、子目 8703.21 至 8703.90、子目 8704.21、子目 8704.31 或品目 8711 的机动车辆,不论是否又从任何其他品目改变而来,前提是区域价值成分不低于:

(1)使用成交价格法时的60%,或

(2)使用净成本法时的50%;或者

(C)从任何其他品目(品目4010至4017除外)改变至子目4009.42的管或软管(用于税号8702.10.01、税号8702.10.02、税号8702.90.01至8702.90.03、子目8703.21至8703.90、子目8704.21、子目8704.31或品目8711的机动车辆的管或软管除外)。

4. (A)从任何其他品目(品目4010至4017除外)改变至子目4009.50的管或软管,用于税号8702.10.60、税号8702.90.60、子目8703.21至8703.90、子目8704.21、子目8704.31或品目8711的机动车辆;

(B)从子目4009.10至4017.00改变至子目4009.50的管或软管,用于税号8702.10.60、税号8702.90.60、子目8703.21至8703.90、子目8704.21、子目8704.31或品目8711的机动车辆,不论是否又从任何其他品目改变而来,前提是区域价值成分不低于:

(1)使用成交价格法时的60%,或

(2)使用净成本法时的50%;或者

(C)从任何其他品目(品目4010至4017除外)改变至子目4009.50的管或软管(用于税号8702.10.60、税号8702.90.60、子目8703.21至8703.90、子目8704.21、子目8704.31或品目8711的机动车辆的管或软管除外)。

子目规则:规则5关于子目4010.10或品目4011的规定适用于第八十七章机动车辆用的货物。

5. 从任何其他品目(品目4009至4017除外)改变至品目4010至4011。

6. 从子目4012.11至4012.19以外的任何子目(税号4012.20.15或税号4012.20.60除外)改变至子目4012.11至4012.19。

7. 从任何其他品目(品目4009至4017除外)改变至子目4012.20至4012.90。

8. 从任何其他品目(品目4009至4017除外)改变至品目4013至4015。

9. 从任何其他品目(品目4009至4017除外)改变至子目4016.10至4016.92。

10. 从任何其他税号(税号4008.19.20、税号4008.19.60或税号4008.29.20除外)改变至税号4016.93.10。

11. 从任何其他品目(品目4009至4017除外)改变至子目4016.93。

12. 从任何其他品目(品目4009至4017除外)改变至子目4016.94至4016.95。

13. 从任何其他子目改变至税号4016.99.30或税号4016.99.55,前提是使用净成本法时的区域价值成分不低于50%。

14. 从任何其他品目(品目4009至4017除外)改变至子目4016.99。

15. 从任何其他品目(品目4009至4016除外)改变至品目4017。

第四十一章

1. (A)从品目4101的任何其他货物或任何其他章改变至品目4101的经退鞣(包括预鞣,该工艺可逆)加工的生皮;或者

(B)从任何其他章改变至品目4101的任何其他货物。

1A. (A)从品目4102的任何其他货物或任何其他章改变至品目4102的经退鞣(包括预鞣,该工艺可逆)加工的生皮;或者

(B)从任何其他章改变至品目4102的任何其他货物。

1B.(A)从品目4103的任何其他货物或任何其他章改变至品目4103的经退鞣(包括预鞣,该工艺可逆)加工的生皮(品目4103的骆驼皮或单峰骆驼皮除外);

(B)从任何其他章(第四十三章除外)改变至品目4103的骆驼皮或单峰骆驼皮;或者

(C)从任何其他章改变至品目4103的任何其他货物。

2. 从任何其他品目(品目4107除外)改变至品目4104。

3. 从品目4102或任何其他章改变至子目4105.10。

4. 从品目4102、子目4105.10或任何其他章改变至子目4105.30。

5. 从子目4103.10或任何其他章改变至子目4106.21。

6. 从子目4103.10、子目4106.21或任何其他章改变至子目4106.22。

7. 从子目4103.30或任何其他章改变至子目4106.31。

8. 从子目4103.30、子目4106.31或任何其他章改变至子目4106.32。

9.(A)从子目4103.20或任何其他章改变至子目4106.40的湿态鞣制皮革(包括蓝湿皮);或者

(B)从子目4103.20、子目4106.40的湿态鞣制皮革(包括蓝湿皮)或任何其他章改变至子目4106.40的经鞣制的不带毛皮革。

10. 从子目4103.90或任何其他章改变至子目4106.91。

11. 从子目4103.90、子目4106.91或任何其他章改变至子目4106.92。

12. 从品目4101或任何其他章改变至品目4107。

13. 从品目4102、子目4105.10或任何其他章改变至品目4112。

14. 从品目4103、子目4106.21、子目4106.31、子目4106.40的湿态鞣制皮革(包括蓝湿皮)、子目4106.91或任何其他章改变至品目4113。

15. 从品目4101至4103、子目4105.10、子目4106.21、子目4106.31、子目4106.91或任何其他章改变至品目4114。

16. 从品目4101至4103或任何其他章改变至子目4115.10至4115.20。

第四十二章

1. 从任何其他章改变至品目4201。

2. 从任何其他章改变至子目4202.11。

3. 从任何其他章(品目5407、品目5408、品目5512至5516、税号5903.10.15、税号5903.10.18、税号5903.10.20、税号5903.10.25、税号5903.20.15、税号5903.20.18、税号5903.20.20、税号5903.20.25、税号5903.90.15、税号5903.90.18、税号5903.90.20、税号5903.90.25、税号5906.99.20、税号5906.99.25、税号5907.00.05、税号5907.00.15或税号5907.00.60除外)改变至子目4202.12。

4. 从任何其他章改变至子目4202.19至4202.21。

5. 从任何其他章(品目5407、品目5408、品目5512至5516、税号5903.10.15、税号5903.10.18、税号5903.10.20、税号5903.10.25、税号5903.20.15、税号5903.20.18、税号5903.20.20、税号5903.20.25、税号5903.90.15、税号5903.90.18、税号5903.90.20、税号5903.90.25、税号5906.99.20、税号5906.99.25、税号5907.00.05、税号

5907.00.15 或税号 5907.00.60 除外）改变至子目 4202.22。

6. 从任何其他章改变至子目 4202.29 至 4202.31。

7. 从任何其他章（品目 5407、品目 5408、品目 5512 至 5516、税号 5903.10.15、税号 5903.10.18、税号 5903.10.20、税号 5903.10.25、税号 5903.20.15、税号 5903.20.18、税号 5903.20.20、税号 5903.20.25、税号 5903.90.15、税号 5903.90.18、税号 5903.90.20、税号 5903.90.25、税号 5906.99.20、税号 5906.99.25、税号 5907.00.05、税号 5907.00.15 或税号 5907.00.60 除外）改变至子目 4202.32。

8. 从任何其他章改变至子目 4202.39 至 4202.91。

9. 从任何其他章（品目 5407、品目 5408、品目 5512 至 5516、税号 5903.10.15、税号 5903.10.18、税号 5903.10.20、税号 5903.10.25、税号 5903.20.15、税号 5903.20.18、税号 5903.20.20、税号 5903.20.25、税号 5903.90.15、税号 5903.90.18、税号 5903.90.20、税号 5903.90.25、税号 5906.99.20、税号 5906.99.25、税号 5907.00.05、税号 5907.00.15 或税号 5907.00.60 除外）改变至子目 4202.92。

10. 从任何其他章改变至子目 4202.99。

11. 从任何其他章改变至品目 4203 至 4206。

第四十三章

1. 从任何其他章改变至品目 4301。

2. 从任何其他品目改变至品目 4302。

3. 从品目 4303 至 4304 以外的任何品目改变至品目 4303 至 4304。

第四十四章

从任何其他品目（包括品目 4401 至 4421 中的另一品目）改变至品目 4401 至 4421。

第四十五章

从任何其他品目（包括品目 4501 至 4504 中的另一品目）改变至品目 4501 至 4504。

第四十六章

1. 从任何其他章改变至品目 4601。

2. 从任何其他品目改变至品目 4602。

第四十七章

从任何其他章改变至品目 4701 至 4707。

第四十八章

1. 从任何其他章改变至品目 4801。

1A.（A）从品目 4802 的宽度超过 15 厘米的条状或卷状的纸或纸板或任何其他品目（品目 4817 至 4823 除外）改变至品目 4802 的宽度不超过 15 厘米的条状或卷状的纸或纸板；

（B）从品目 4802 的宽度超过 15 厘米的条状或卷状的纸或纸板、品目 4802 的展开状态下长边超过 36 厘米且短边超过 15 厘米的矩形（包括正方形）纸或纸板或任何其他品目（品目 4817 至 4823 除外）改变至品目 4802 的展开状态下长边不超过 36 厘米或短边不超过 15 厘米的矩形（包括正方形）纸或纸板；或者

（C）从任何其他章改变至品目 4802 的任何其他货物。

1B. 从任何其他章改变至品目 4803 至 4807。

2. 从品目 4808 至 4809 以外的任何品目改变至品目 4808 至 4809。

3. (A)从品目 4810 的宽度超过 15 厘米的条状或卷状的纸或纸板或任何其他品目(品目 4817 至 4823 除外)改变至品目 4810 的宽度不超过 15 厘米的条状或卷状的纸或纸板;

   (B)从品目 4810 的宽度超过 15 厘米的条状或卷状的纸或纸板、品目 4810 的展开状态下长边超过 36 厘米且短边超过 15 厘米的矩形(包括正方形)纸或纸板或任何其他品目(品目 4817 至 4823 除外)改变至品目 4810 的展开状态下长边不超过 36 厘米或短边不超过 15 厘米的矩形(包括正方形)纸或纸板;或者

   (C)从任何其他章改变至品目 4810 的任何其他货物。

3A. (A)从品目 4811 的宽度超过 15 厘米的条状或卷状的纸或纸板、品目 4811 的纸或纸板基的铺地制品或任何其他品目(品目 4817 至 4823 除外)改变至品目 4811 的宽度不超过 15 厘米的条状或卷状的纸或纸板;

   (B)从品目 4811 的宽度超过 15 厘米的条状或卷状的纸或纸板、品目 4811 的展开状态下长边超过 36 厘米且短边超过 15 厘米的矩形(包括正方形)纸或纸板、品目 4811 的纸或纸板基的铺地制品或任何其他品目(品目 4817 至 4823 除外)改变至品目 4811 的展开状态下长边不超过 36 厘米或短边不超过 15 厘米的矩形(包括方形)纸或纸板;

   (C)从品目 4811 的任何其他货物或任何其他品目(品目 4814、子目 4823.90 的纸或纸板基的铺地制品除外)改变至品目 4811 的纸或纸板基的铺地制品;或者

   (D)从品目 4811 的纸或纸板基的铺地制品或任何其他章改变至品目 4811 的任何其他货物。

3B. 从任何其他章改变至品目 4812 至 4813。

4. 从任何其他品目(品目 4811 的纸或纸板基的铺地制品除外)改变至品目 4814。

5. 从任何其他品目(品目 4809 除外)改变至品目 4816。

6. 从品目 4817 至 4822 以外的任何品目(品目 4823 除外)改变至品目 4817 至 4822。

[6B 已删除]

7. (A)从品目 4823 的宽度超过 15 厘米的条状或卷状的纸或纸板(品目 4823 因其宽度归入品目 4803、品目 4809 或品目 4814 的除外)、品目 4823 的纸或纸板基的铺地制品或任何其他品目(品目 4817 至 4822 除外)改变至品目 4823 的宽度不超过 15 厘米的条状或卷状的纸或纸板;

   (B)从品目 4823 的纸或纸板基的铺地制品或任何其他品目(品目 4817 至 4822 除外)改变至品目 4823 的宽度超过 15 厘米的条状或卷状的纸或纸板;

   (C)从品目 4823 的任何其他货物或任何其他品目(品目 4811、品目 4814 的纸或纸板基的铺地制品除外)改变至品目 4823 的纸或纸板基的铺地制品;或者

   (D)从品目 4823 的宽度超过 15 厘米的条状或卷状的纸或纸板(品目 4823 因其宽度归入品目 4803、品目 4809 或品目 4814 的除外)、品目 4823 的纸或纸板基的铺地制品或任何其他品目[品目 4802、品目 4810、品目 4811 的宽度超过 15 厘米但不超过 36 厘米的

条状或卷状的纸或纸板、展开状态下单边不超过 15 厘米的矩形(包括正方形)纸或纸板,品目 4817 至 4822 除外]改变至品目 4823 的任何其他货物。

第四十九章

从任何其他章改变至品目 4901 至 4911。

第五十章

1. 从任何其他章改变至品目 5001 至 5003。

2. 从品目 5004 至 5006 以外的任何品目改变至品目 5004 至 5006。

3. 从任何其他品目改变至品目 5007。

第五十一章

1. 从任何其他章改变至品目 5101 至 5105。

2. 从品目 5106 至 5110 以外的任何品目改变至品目 5106 至 5110。

注:规则 3 和 3A 仅适用于本注释条款下的加拿大货物。

3. 从子目 5108.20 的精梳骆驼毛纱线或精梳羊绒纱线或任何其他品目(品目 5106 至 5107、品目 5108、品目 5109 至 5111、品目 5205 至 5206、品目 5401 至 5404 或品目 5509 至 5510 除外)改变至子目 5112.11 的精梳动物细毛机织物(每平方米重量不超过 140 克的挂毯织物或室内装饰织物除外)。

3A. 从子目 5108.20 的精梳骆驼毛纱线或精梳羊绒纱线或任何其他品目(品目 5106 至 5107、品目 5108、品目 5109 至 5111、品目 5205 至 5206、品目 5401 至 5404 或品目 5509 至 5510 除外)改变至子目 5112.19 的精梳动物细毛机织物(挂毯或室内装饰织物除外)。

3B. 从品目 5111 至 5113 以外的任何品目(品目 5106 至 5110、品目 5205 至 5206、品目 5401 至 5404 或品目 5509 至 5510 除外)改变至品目 5111 至 5113。

第五十二章

1. 从任何其他章(品目 5401 至 5405 或品目 5501 至 5507 除外)改变至品目 5201 至 5207。

2. 从品目 5208 至 5212 以外的任何品目(品目 5106 至 5110、品目 5205 至 5206、品目 5401 至 5404 或品目 5509 至 5510 除外)改变至品目 5208 至 5212。

第五十三章

1. 从任何其他章改变至品目 5301 至 5305。

2. 从品目 5306 至 5308 以外的任何品目改变至品目 5306 至 5308。

3. 从任何其他品目(品目 5307 至 5308 除外)改变至品目 5309。

4. 从品目 5310 至 5311 以外的任何品目(品目 5307 至 5308 除外)改变至品目 5310 至 5311。

第五十四章

1. 从任何其他章(品目 5201 至 5203 或品目 5501 至 5507 除外)改变至品目 5401 至 5406。

2. 从子目 5402.44、子目 5402.47 或税号 5402.52.10 的纱线[全聚酯(部分取向聚酯除外),细度不小于 75 分特,但不大于 80 分特,每根纱线有 24 根长丝]或任何其他章(品目 5106 至 5110、品目 5205 至 5206 或品目 5509 至 5510 除外)改变至税号 5407.61.11、税号 5407.61.21 或税号 5407.61.91。

3. 从任何其他章(品目 5106 至 5110、品目 5205 至 5206 或品目 5509 至 5510 除外)改变至品目 5407。

4. 从品目 5403 的粘胶长丝或任何其他章(品目 5106 至 5110、品目 5205 至 5206 或品目 5509 至 5510 除外)改变至品目 5408。

第五十五章

注:规则 1 仅适用于本注释条款下的加拿大货物。

1. 从子目 5501.30 的酸性可染腈纶丝束或任何其他章(品目 5201 至 5203 或品目 5401 至 5405 除外)改变至子目 5509.31。

1A. 从任何其他章(品目 5201 至 5203 或品目 5401 至 5405 除外)改变至品目 5501 至 5511。

2. 从品目 5512 至 5516 以外的任何品目(品目 5106 至 5110、品目 5205 至 5206、品目 5401 至 5404 或品目 5509 至 5510 除外)改变至品目 5512 至 5516。

第五十六章

1. 从任何其他章(品目 5106 至 5113、品目 5204 至 5212、品目 5307 至 5308、品目 5310 至 5311、第五十四章、品目 5501 至 5503、子目 5504.90 或品目 5505 至 5516 除外)改变至子目 5601.10。

1A. 从任何其他章(品目 5106 至 5113、品目 5204 至 5212、品目 5307 至 5308、品目 5310 至 5311 或第五十四章至第五十五章除外)改变至子目 5601.21 至 5601.30。

2. 从任何其他章(品目 5106 至 5113、品目 5204 至 5212、品目 5307 至 5308、品目 5310 至 5311 或第五十四章至第五十五章除外)改变至品目 5602。

2A. 从任何其他章(品目 5106 至 5113、品目 5204 至 5212、品目 5307 至 5308、品目 5310 至 5311 或第五十四章至第五十五章除外)改变至子目 5603.11 至 5603.14。

2B. (A)从任何其他章(品目 5106 至 5113、品目 5204 至 5212、品目 5307 至 5308、品目 5310 至 5311、第五十四章、品目 5501 至 5503、子目 5504.90 或品目 5505 至 5516 除外)改变至子目 5603.91 至 5603.94 的无纺布湿巾;或者

(B)从任何其他章(品目 5106 至 5113、品目 5204 至 5212、品目 5307 至 5308、品目 5310 至 5311 或第五十四章至第五十五章除外)改变至子目 5603.91 至 5603.94 的任何其他货物。

2C. 从任何其他章(品目 5106 至 5113、品目 5204 至 5212、品目 5307 至 5308、品目 5310 至 5311 或第五十四章至第五十五章除外)改变至品目 5604 至 5605。

品目规则:就规则 3 而言,"直线纱"是指子目 5402.45 的 7D/5F、10D/7F、12D/5F 尼龙 66 非变形(平直)半消光复丝、无捻或捻度不超过每米 50 转的纱线。

3. 从子目 5402.45 的直丝纱或任何其他章(品目 5106 至 5113、品目 5204 至 5212、品目 5307 至 5308、品目 5310 至 5311 或第五十四章至第五十五章除外)改变至品目 5606。

4. 从任何其他章(品目 5106 至 5113、品目 5204 至 5212、品目 5307 至 5308、品目 5310 至 5311 或第五十四章至第五十五章除外)改变至品目 5607 至 5609。

第五十七章

从任何其他章(品目 5106 至 5113、品目 5204 至 5212、品目 5308、品目 5311、第五十四章或品目 5508 至 5516 除外)改变至品目 5701 至 5705;但就美国与墨西哥之间的贸易而言,第五

十七章的货物只有在一个或多个缔约方的境内满足税则归类的下列任何变化时,才应被视为原产货物:

(A) 从第五十七章以外的任何品目(品目 5106 至 5113、品目 5204 至 5212、品目 5308、品目 5311 或第五十四章至第五十五章除外)改变至子目 5703.20、子目 5703.30 或品目 5704;或者

(B) 从第五十七章以外的任何品目(品目 5106 至 5113、品目 5204 至 5212、品目 5308、品目 5311、第五十四章或品目 5508 至 5516 除外)改变至第五十七章的任何其他品目或子目。

第五十八章

注:规则 1 仅适用于本注释条款下的加拿大货物。

1. 从任何其他章(品目 5106 至 5113、品目 5204 至 5212、品目 5307 至 5308、品目 5310 至 5311、第五十四章、品目 5501 至 5502、子目 5503.10 至 5503.20、子目 5503.40 至 5503.90 或品目 5504 至 5515 除外)改变至子目 5801.35 的经裁剪的起绒织物(该织物以子目 5503.30 的干法腈纶短纤维为绒纱,并经匹染成单一均匀颜色)。

2. 从任何其他章(品目 5106 至 5113、品目 5204 至 5212、品目 5307 至 5308、品目 5310 至 5311、第五十四章至第五十五章除外)改变至品目 5801 至 5811。

第五十九章

1. 从任何其他章(品目 5111 至 5113、品目 5208 至 5212、品目 5310 至 5311、品目 5407 至 5408 或品目 5512 至 5516 除外)改变至品目 5901。

2. 从任何其他品目(品目 5106 至 5113、品目 5204 至 5212、品目 5306 至 5311 或第五十四章至第五十五章除外)改变至品目 5902。

3. 从任何其他章(品目 5111 至 5113、品目 5208 至 5212、品目 5310 至 5311、品目 5407 至 5408 或品目 5512 至 5516 除外)改变至品目 5903 至 5908。

4. 从任何其他章(品目 5111 至 5113、品目 5208 至 5212、品目 5310 至 5311、第五十四章或品目 5512 至 5516 除外)改变至品目 5909。

5. 从任何其他品目(品目 5106 至 5113、品目 5204 至 5212、品目 5307 至 5308、品目 5310 至 5311 或第五十四章至第五十五章除外)改变至品目 5910。

6. 从任何其他章(品目 5111 至 5113、品目 5208 至 5212、品目 5310 至 5311、品目 5407 至 5408 或品目 5512 至 5516 除外)改变至品目 5911。

第六十章

从任何其他章(品目 5106 至 5113、第五十二章、品目 5307 至 5308、品目 5310 至 5311 或第五十四章至第五十五章除外)改变至品目 6001 至 6006。

第六十一章

章规则一:从以下品目或子目外的任何品目改变至以下任何品目或子目的可见衬里织物:品目 5111 至 5112、子目 5208.31 至 5208.59、子目 5209.31 至 5209.59、子目 5210.31 至 5210.59、子目 5211.31 至 5211.59、子目 5212.13 至 5212.15、子目 5212.23 至 5212.25、子目 5407.42 至 5407.44、子目 5407.52 至 5407.54、子目 5407.61、子目 5407.72 至 5407.74、子目 5407.82 至 5407.84、子目 5407.92 至 5407.94、子目 5408.22 至 5408.24(不包括税号 5408.22.10、税号 5408.23.11、税号 5408.23.21 或税号 5408.24.10)、子目 5408.32 至

5408.34、子目 5512.19、子目 5512.29、子目 5512.99、子目 5513.21 至 5513.49、子目 5514.21 至 5515.99、子目 5516.12 至 5516.14、子目 5516.22 至 5516.24、子目 5516.32 至 5516.34、子目 5516.42 至 5516.44、子目 5516.92 至 5516.94、子目 6001.10、子目 6001.92、子目 6005.31 至 6005.44 或子目 6006.10 至 6006.44。

章规则二：为确定本章货物的原产地，适用于该货物的规则应仅适用于确定该货物税则归类的成分，并且该成分必须满足该规则规定的税则归类改变要求。如果规则要求货物还必须满足本章章规则一所列可见衬里织物的税则归类改变要求，则该要求仅适用于服装主体中的可见衬里织物（不包括覆盖最大表面积的袖子），不适用于可拆卸衬里。

章规则三：就美国和墨西哥之间的贸易而言，子目 6110.30、子目 6103.23 或子目 6104.23 的毛衣以及子目 6110.30 的另有说明被归入子目 6103.23 或子目 6104.23 便衣套装一部分的毛衣，只有在一个或多个《北美自由贸易协定》缔约方境内发生税则归类的以下任何变化时，才被视为原产货物：

(a) 从第六十一章以外的任何品目（品目 5106 至 5113、品目 5204 至 5212、品目 5307 至 5308、品目 5310 至 5311、第五十四章或第五十五章的任何品目或品目 6001 至 6006 除外）改变至税号 6110.30.10、税号 6110.30.15、税号 6110.30.20 或税号 6110.30.30，前提是该货物在一个或多个《北美自由贸易协定》缔约方境内裁剪（或针织成型）并缝制或以其他方式组合；或者

(b) 从第六十一章以外的任何品目（品目 5106 至 5113、品目 5204 至 5212、品目 5307 至 5308、品目 5310 至 5311、第五十四章的任何品目、品目 5508 至 5516 或品目 6001 至 6006 除外）改变至子目 6110.30，前提是该货物在一个或多个《北美自由贸易协定》缔约方境内裁剪（或针织成型）并缝制或以其他方式组合。

1. 从任何其他章（品目 5106 至 5113、品目 5204 至 5212、品目 5307 至 5308、品目 5310 至 5311、第五十四章、品目 5508 至 5516 或品目 6001 至 6006 除外）改变至子目 6101.10 至 6101.30，前提是：

    (A) 该货物在一个或多个《北美自由贸易协定》缔约方境内裁剪（或针织成型）并缝制或以其他方式组合，以及

    (B) 第六十一章章规则一所列的可见衬里织物满足其中规定的税则归类改变要求。

2. 从任何其他章（品目 5106 至 5113、品目 5204 至 5212、品目 5307 至 5308、品目 5310 至 5311、第五十四章、品目 5508 至 5516 或品目 6001 至 6006 除外）改变至子目 6101.90，前提是该货物在一个或多个《北美自由贸易协定》缔约方境内裁剪（或针织成型）并缝制或以其他方式组合。

3. 从任何其他章（品目 5106 至 5113、品目 5204 至 5212、品目 5307 至 5308、品目 5310 至 5311、第五十四章、品目 5508 至 5516 或品目 6001 至 6006 除外）改变至子目 6102.10 至 6102.30，前提是：

    (A) 该货物在一个或多个《北美自由贸易协定》缔约方境内裁剪（或针织成型）并缝制或以其他方式组合；以及

    (B) 第六十一章章规则一所列的可见衬里织物满足其中规定的税则归类改变要求。

4. 从任何其他章（品目 5106 至 5113、品目 5204 至 5212、品目 5307 至 5308、品目 5310 至

5311、第五十四章、品目 5508 至 5516 或品目 6001 至 6006 除外)改变至子目 6102.90,前提是该货物在一个或多个《北美自由贸易协定》缔约方境内裁剪(或针织成型)并缝制或以其他方式组合。

5. (A)从任何其他章(品目 5106 至 5113、品目 5204 至 5212、品目 5307 至 5308、品目 5310 至 5311、第五十四章、品目 5508 至 5516 或品目 6001 至 6006 除外)改变至子目 6103.10 的由化学纤维或棉花以外的纺织材料制成的西服,前提是该货物在一个或多个《北美自由贸易协定》缔约方境内裁剪(或针织成型)并缝制或以其他方式组合;或者

(B)从任何其他章(品目 5106 至 5113、品目 5204 至 5212、品目 5307 至 5308、品目 5310 至 5311、第五十四章、品目 5508 至 5518 或品目 6001 至 6006 除外)改变至子目 6103.10,前提是:

(1)该货物在一个或多个《北美自由贸易协定》缔约方境内裁剪(或针织成型)并缝制或以其他方式组合,以及

(2)第六十一章章规则一所列的可见衬里织物满足其中规定的税则归类改变要求。

6. 从任何其他章(品目 5106 至 5113、品目 5204 至 5212、品目 5307 至 5308、品目 5310 至 5311、第五十四章、品目 5508 至 5516 或品目 6001 至 6006 除外)改变至税号 6103.19.60 或税号 6103.19.90,前提是该货物在一个或多个《北美自由贸易协定》缔约方境内裁剪(或针织成型)并缝制或以其他方式组合。

7. 从任何其他章(品目 5106 至 5113、品目 5204 至 5212、品目 5307 至 5308、品目 5310 至 5311、第五十四章、品目 5508 至 5516 或品目 6001 至 6006 除外)改变至子目 6103.19,前提是:

(A)该货物在一个或多个《北美自由贸易协定》缔约方境内裁剪(或针织成型)并缝制或以其他方式组合;以及

(B)第六十一章章规则一所列的可见衬里织物满足其中规定的税则归类改变要求。

8. 从任何其他章(品目 5106 至 5113、品目 5204 至 5212、品目 5307 至 5308、品目 5310 至 5311、第五十四章、品目 5508 至 5518 或品目 6001 至 6006 除外)改变至子目 6103.22 至 6103.29,前提是:

(A)该货物在一个或多个《北美自由贸易协定》缔约方境内裁剪(或针织成型)并缝制或以其他方式组合;以及

(B)第六十一章章规则一所列的可见衬里织物满足其中规定的税则归类改变要求。

9. 从任何其他章(品目 5106 至 5113、品目 5204 至 5212、品目 5307 至 5308、品目 5310 至 5311、第五十四章、品目 5508 至 5516 或品目 6001 至 6006 除外)改变至子目 6103.31 至 6103.33,前提是:

(A)该货物在一个或多个《北美自由贸易协定》缔约方境内裁剪(或针织成型)并缝制或以其他方式组合;以及

(B)第六十一章章规则一所列的可见衬里织物满足其中规定的税则归类改变要求。

10. 从任何其他章(品目 5106 至 5113、品目 5204 至 5212、品目 5307 至 5308、品目 5310 至 5311、第五十四章、品目 5508 至 5516 或品目 6001 至 6006 除外)改变至税号 6103.39.40 或税号 6103.39.80,前提是该货物在一个或多个《北美自由贸易协定》缔约

方境内裁剪(或针织成型)并缝制或以其他方式组合。

11. 从任何其他章(品目5106至5113、品目5204至5212、品目5307至5308、品目5310至5311、第五十四章、品目5508至5516或品目6001至6006除外)改变至子目6103.39，前提是：

   (A)该货物在一个或多个《北美自由贸易协定》缔约方境内裁剪(或针织成型)并缝制或以其他方式组合；以及

   (B)第六十一章章规则一所列的可见衬里织物满足其中规定的税则归类改变要求。

12. 从任何其他章(品目5106至5113、品目5204至5212、品目5307至5308、品目5310至5311、第五十四章、品目5508至5516或品目6001至6006除外)改变至子目6103.41至子目6103.49，前提是该货物在一个或多个《北美自由贸易协定》缔约方境内裁剪(或针织成型)并缝制或以其他方式组合。

13. 从任何其他章(品目5106至5113、品目5204至5212、品目5307至5308、品目5310至5311、第五十四章、品目5508至5518或品目6001至6006除外)改变至子目6104.13，前提是：

   (A)该货物在一个或多个《北美自由贸易协定》缔约方境内裁剪(或针织成型)并缝制或以其他方式组合；以及

   (B)第六十一章章规则一所列的可见衬里织物满足其中规定的税则归类改变要求。

[14 已删除]

15. (A)从任何其他章((品目5106至5113、品目5204至5212、品目5307至5308、品目5310至5311、第五十四章、品目5508至5518或品目6001至6006除外)改变至子目6104.19的非人造纤维货物，前提是该货物在一个或多个《北美自由贸易协定》缔约方境内裁剪(或针织成型)并缝制或以其他方式组合；或者

   (B)从任何其他章(品目5106至5113、品目5204至5212、品目5307至5308、品目5310至5311、第五十四章、品目5508至5518或品目6001至6006除外)改变至子目6104.19的任何其他货物，前提是：

   (1)该货物在一个或多个《北美自由贸易协定》缔约方境内裁剪(或针织成型)并缝制或以其他方式组合，以及

   (2)第六十一章章规则一所列的可见衬里织物满足其中规定的税则归类改变要求。

16. 从任何其他章(品目5106至5113、品目5204至5212、品目5307至5308、品目5310至5311、第五十四章、品目5508至5518或品目6001至6006除外)改变至子目6104.22至子目6104.29，前提是：

   (A)该货物在一个或多个《北美自由贸易协定》缔约方境内裁剪(或针织成型)并缝制或以其他方式组合；以及

   (B)对于作为子目6104.22至6104.29便服套装的一部分进口的以羊毛、动物细毛、棉花或化学纤维为原料的品目6102的服装、品目6104的上衣或品目6104的裙子，第六十一章章规则一所列的可见衬里织物满足其中规定的税则归类改变要求。

17. 从任何其他章(品目5106至5113、品目5204至5212、品目5307至5308、品目5310至5311、第五十四章、品目5508至5516或品目6001至6006除外)改变至子目6104.31至

6104.33,前提是:

(A)该货物在一个或多个《北美自由贸易协定》缔约方境内裁剪(或针织成型)并缝制或以其他方式组合;以及

(B)第六十一章章规则一所列的可见衬里织物满足其中规定的税则归类改变要求。

18. 从任何其他章(品目 5106 至 5113、品目 5204 至 5212、品目 5307 至 5308、品目 5310 至 5311、第五十四章、品目 5508 至 5516 或品目 6001 至 6006 除外)改变至税号 6104.39.20,前提是该货物在一个或多个《北美自由贸易协定》缔约方境内裁剪(或针织成型)并缝制或以其他方式组合。

19. 从任何其他章(品目 5106 至 5113、品目 5204 至 5212、品目 5307 至 5308、品目 5310 至 5311、第五十四章、品目 5508 至 5516 或品目 6001 至 6006 除外)改变至子目 6104.39,前提是:

(A)该货物在一个或多个《北美自由贸易协定》缔约方境内裁剪(或针织成型)并缝制或以其他方式组合;以及

(B)第六十一章章规则一所列的可见衬里织物满足其中规定的税则归类改变要求。

20. 从任何其他章(品目 5106 至 5113、品目 5204 至 5212、品目 5307 至 5308、品目 5310 至 5311、第五十四章、品目 5508 至 5516 或品目 6001 至 6006 除外)改变至子目 6104.41 至 6104.49,前提是该货物在一个或多个《北美自由贸易协定》缔约方境内裁剪(或针织成型)并缝制或以其他方式组合。

21. 从任何其他章(品目 5106 至 5113、品目 5204 至 5212、品目 5307 至 5308、品目 5310 至 5311、第五十四章、品目 5508 至 5516 或品目 6001 至 6006 除外)改变至子目 6104.51 至 6104.53,前提是:

(A)该货物在一个或多个《北美自由贸易协定》缔约方境内裁剪(或针织成型)并缝制或以其他方式组合;以及

(B)第六十一章章规则一所列的可见衬里织物满足其中规定的税则归类改变要求。

22. 从任何其他章(品目 5106 至 5113、品目 5204 至 5212、品目 5307 至 5308、品目 5310 至 5311、第五十四章、品目 5508 至 5516 或品目 6001 至 6006 除外)改变至税号 6104.59.40 或税号 6104.59.80,前提是该货物在一个或多个《北美自由贸易协定》缔约方境内裁剪(或针织成型)并缝制或以其他方式组合。

23. 从任何其他章(品目 5106 至 5113、品目 5204 至 5212、品目 5307 至 5308、品目 5310 至 5311、第五十四章、品目 5508 至 5516 或品目 6001 至 6006 除外)改变至子目 6104.59,前提是:

(A)该货物在一个或多个《北美自由贸易协定》缔约方境内裁剪(或针织成型)并缝制或以其他方式组合;以及

(B)第六十一章章规则一所列的可见衬里织物满足其中规定的税则归类改变要求。

24. 从任何其他章(品目 5106 至 5113、品目 5204 至 5212、品目 5307 至 5308、品目 5310 至 5311、第五十四章、品目 5508 至 5516 或品目 6001 至 6006 除外)改变至子目 6104.61 至 6104.69,前提是该货物在一个或多个《北美自由贸易协定》缔约方境内裁剪(或针织成型)并缝制或以其他方式组合。

25. 从任何其他章(品目 5106 至 5113、品目 5204 至 5212、品目 5307 至 5308、品目 5310 至 5311、第五十四章、品目 5508 至 5516 或品目 6001 至 6006 除外)改变至品目 6105 至 6106,前提是该货物在一个或多个《北美自由贸易协定》缔约方境内裁剪(或针织成型)并缝制或以其他方式组合。

26. 从任何其他章(品目 5106 至 5113、品目 5204 至 5212、品目 5307 至 5308、品目 5310 至 5311、第五十四章、品目 5508 至 5516 或品目 6001 至 6006 除外)改变至子目 6107.11 至 6107.19,前提是该货物在一个或多个《北美自由贸易协定》缔约方境内裁剪(或针织成型)并缝制或以其他方式组合。

27. (A)从税号 6006.21.10、税号 6006.22.10、税号 6006.23.10 或税号 6006.24.10 改变至子目 6107.21,前提是该货物(不包括领子、袖子、腰带或松紧带)全部由此类织物制成,并且在一个或多个《北美自由贸易协定》缔约方境内裁剪(或针织成型)并缝制或以其他方式组合;或者

    (B)从任何其他章(品目 5106 至 5113、品目 5204 至 5212、品目 5307 至 5308、品目 5310 至 5311、第五十四章、品目 5508 至 5516 或品目 6001 至 6006 除外)改变至子目 6107.21,前提是该货物在一个或多个《北美自由贸易协定》缔约方境内裁剪(或针织成型)并缝制或以其他方式组合。

28. 从任何其他章(品目 5106 至 5113、品目 5204 至 5212、品目 5307 至 5308、品目 5310 至 5311、第五十四章、品目 5508 至 5516 或品目 6001 至 6006 除外)改变至子目 6107.22 至 6107.99,前提是该货物在一个或多个《北美自由贸易协定》缔约方境内裁剪(或针织成型)并缝制或以其他方式组合。

29. 从任何其他章(品目 5106 至 5113、品目 5204 至 5212、品目 5307 至 5308、品目 5310 至 5311、第五十四章、品目 5508 至 5516 或品目 6001 至 6006 除外)改变至子目 6108.11 至 6108.19,前提是该货物在一个或多个《北美自由贸易协定》缔约方境内裁剪(或针织成型)并缝制或以其他方式组合。

30. (A)从税号 6006.21.10、税号 6006.22.10、税号 6006.23.10 或税号 6006.24.10 改变至子目 6108.21,前提是该货物(不包括腰带、松紧带或花边)全部由此类织物制成,并且在一个或多个《北美自由贸易协定》缔约方境内裁剪(或针织成型)并缝制或以其他方式组合;或者

    (B)从任何其他章(品目 5106 至 5113、品目 5204 至 5212、品目 5307 至 5308、品目 5310 至 5311、第五十四章、品目 5508 至 5516 或品目 6001 至 6006 除外)改变至子目 6108.21,前提是该货物在一个或多个《北美自由贸易协定》缔约方境内裁剪(或针织成型)并缝制或以其他方式组合。

31. 从任何其他章(品目 5106 至 5113、品目 5204 至 5212、品目 5307 至 5308、品目 5310 至 5311、第五十四章、品目 5508 至 5516 或品目 6001 至 6006 除外)改变至子目 6108.22 至 6108.29,前提是该货物在一个或多个《北美自由贸易协定》缔约方境内裁剪(或针织成型)并缝制或以其他方式组合。

32. (A)从税号 6006.21.10、税号 6006.22.10、税号 6006.23.10 或税号 6006.24.10 改变至子目 6108.31,前提是该货物(不包括领子、袖子、腰带、松紧带或花边)全部由此类织

物制成,并且在一个或多个《北美自由贸易协定》缔约方境内裁剪(或针织成型)并缝制或以其他方式组合;或者

(B)从任何其他章(品目 5106 至 5113、品目 5204 至 5212、品目 5307 至 5308、品目 5310 至 5311、第五十四章、品目 5508 至 5516 或品目 6001 至 6006 除外)改变至子目 6108.31,前提是该货物在一个或多个《北美自由贸易协定》缔约方境内裁剪(或针织成型)并缝制或以其他方式组合。

33. 从任何其他章(品目 5106 至 5113、品目 5204 至 5212、品目 5307 至 5308、品目 5310 至 5311、第五十四章、品目 5508 至 5516 或品目 6001 至 6006 除外)改变至子目 6108.32 至 6108.39,前提是该货物在一个或多个《北美自由贸易协定》缔约方境内裁剪(或针织成型)并缝制或以其他方式组合。

34. 从任何其他章(品目 5106 至 5113、品目 5204 至 5212、品目 5307 至 5308、品目 5310 至 5311、第五十四章、品目 5508 至 5516 或品目 6001 至 6006 除外)改变至子目 6108.91 至 6108.99,前提是该货物在一个或多个《北美自由贸易协定》缔约方境内裁剪(或针织成型)并缝制或以其他方式组合。

35. 从任何其他章(品目 5106 至 5113、品目 5204 至 5212、品目 5307 至 5308、品目 5310 至 5311、第五十四章、品目 5508 至 5516 或品目 6001 至 6006 除外)改变至品目 6109 至 6111,前提是该货物在一个或多个《北美自由贸易协定》缔约方境内裁剪(或针织成型)并缝制或以其他方式组合。

36. 从任何其他章(品目 5106 至 5113、品目 5204 至 5212、品目 5307 至 5308、品目 5310 至 5311、第五十四章、品目 5508 至 5516 或品目 6001 至 6006 除外)改变至子目 6112.11 至 6112.19,前提是该货物在一个或多个《北美自由贸易协定》缔约方境内裁剪(或针织成型)并缝制或以其他方式组合。

37. 从任何其他章(品目 5106 至 5113、品目 5204 至 5212、品目 5307 至 5308、品目 5310 至 5311、第五十四章、品目 5508 至 5516 或品目 6001 至 6006 除外)改变至子目 6112.20,前提是:

(A)该货物在一个或多个《北美自由贸易协定》缔约方境内裁剪(或针织成型)并缝制或以其他方式组合;以及

(B)对于作为子目 6112.20 滑雪套装的一部分进口的品目 6101、品目 6102、品目 6201 或品目 6202 的以羊毛、动物细毛、棉花或化学纤维为原料的服装,第六十一章章规则一所列的可见衬里织物满足其中规定的税则归类改变要求。

38. 从任何其他章(品目 5106 至 5113、品目 5204 至 5212、品目 5307 至 5308、品目 5310 至 5311、第五十四章、品目 5508 至 5516 或品目 6001 至 6006 除外)改变至子目 6112.31 至子目 6112.49,前提是该货物在一个或多个《北美自由贸易协定》缔约方境内裁剪(或针织成型)并缝制或以其他方式组合。

39. 从任何其他章(品目 5106 至 5113、品目 5204 至 5212、品目 5307 至 5308、品目 5310 至 5311、第五十四章、品目 5508 至 5516 或品目 6001 至 6006 除外)改变至品目 6113 至 6117,前提是该货物在一个或多个《北美自由贸易协定》缔约方境内裁剪(或针织成型)并缝制或以其他方式组合。

第六十二章

章规则一：从以下品目或子目外的任何品目改变至以下任何品目或子目项下可见衬里织物：品目 5111 至 5112、子目 5208.31 至 5208.59、子目 5209.31 至 5209.59、子目 5210.31 至 5210.59、子目 5211.31 至 5211.59、子目 5212.13 至 5212.15、子目 5212.23 至 5212.25、子目 5407.42 至 5407.44、子目 5407.52 至 5407.54、子目 5407.61、子目 5407.72 至 5407.74、子目 5407.82 至 5407.84、子目 5407.92 至 5407.94、子目 5408.22 至 5408.24（不包括税号 5408.22.10、税号 5408.23.11、税号 5408.23.21、税号 5408.24.10）、子目 5408.32 至 5408.34、子目 5512.19、子目 5512.29、子目 5512.99、子目 5513.21 至 5513.49、子目 5514.21 至 5515.99、子目 5516.12 至 5516.14、子目 5516.22 至 5516.24、子目 5516.32 至 5516.34、子目 5516.42 至 5516.44、子目 5516.92 至 5516.94、子目 6001.10、子目 6001.92、子目 6005.31 至 6005.44 或子目 6006.10 至 6006.44。

章规则二：如果本章的服装在一个或多个《北美自由贸易协定》缔约方境内裁剪并缝制或以其他方式组合，并且外壳（不包括领子或袖子）的织物完全是下列的一种或多种，则应被视为原产货物：

(a) 子目 5801.23 的平绒织物，含棉量（按重量计）为 85% 或以上；

(b) 子目 5801.22 的灯芯绒织物，含棉量（按重量计）为 85% 或以上，每厘米绒条数超过 7.5 根；

(c) 子目 5111.11 或子目 5111.19 的织物，如为手工织造，则织机宽度小于 76 厘米，按照哈里斯粗花呢协会有限公司的规章制度在英国织造，并经该协会认证；

(d) 子目 5112.30 的织物，每平方米重量不超过 340 克，含羊毛、不少于 20%（按重量计）的动物细毛和不少于 15%（按重量计）的化学纤维短纤；或者

(e) 子目 5513.11 或子目 5513.21 的平衡细薄织物，单纱支数超过 76 公支，每平方厘米含 60～70 根经纱和纬纱，每平方米重量不超过 110 克。

章规则三：为确定本章货物的原产地，适用于该货物的规则应仅适用于确定该货物税则归类的成分，并且该成分必须满足该规则规定的税则归类改变要求。如果规则要求货物还必须满足本章章规则一所列的对可见衬里织物的税则归类改变要求，则该要求仅适用于服装主体中的可见衬里织物（不包括覆盖最大表面积的袖子），不适用于可拆卸衬里。

1. 从任何其他章（品目 5106 至 5113、品目 5204 至 5212、品目 5307 至 5308、品目 5310 至 5311、第五十四章、品目 5508 至 5516、品目 5801 至 5802 或品目 6001 至 6006 除外）改变至子目 6201.11 至 6201.13，前提是：

   (A) 该货物在一个或多个《北美自由贸易协定》缔约方境内裁剪并缝制或以其他方式组合；以及

   (B) 第六十二章章规则一所列的可见衬里织物满足其中规定的税则归类改变要求。

2. 从任何其他章（品目 5106 至 5113、品目 5204 至 5212、品目 5307 至 5308、品目 5310 至 5311、第五十四章、品目 5508 至 5516、品目 5801 至 5802 或品目 6001 至 6006 除外）改变至子目 6201.19，前提是该货物在一个或多个《北美自由贸易协定》缔约方境内裁剪并缝制或以其他方式组合。

3. 从任何其他章（品目 5106 至 5113、品目 5204 至 5212、品目 5307 至 5308、品目 5310 至

5311、第五十四章、品目 5508 至 5516、品目 5801 至 5802 或品目 6001 至 6006 除外)改变至子目 6201.91 至 6201.93,前提是:

(A)该货物在一个或多个《北美自由贸易协定》缔约方境内裁剪并缝制或以其他方式组合;以及

(B)第六十二章章规则一所列的可见衬里织物满足其中规定的税则归类改变要求。

4. 从任何其他章(品目 5106 至 5113、品目 5204 至 5212、品目 5307 至 5308、品目 5310 至 5311、第五十四章、品目 5508 至 5516、品目 5801 至 5802 或品目 6001 至 6006 除外)改变至子目 6201.99,前提是该货物在一个或多个《北美自由贸易协定》缔约方境内裁剪并缝制或以其他方式组合。

5. 从任何其他章(品目 5106 至 5113、品目 5204 至 5212、品目 5307 至 5308、品目 5310 至 5311、第五十四章、品目 5508 至 5516、品目 5801 至 5802 或品目 6001 至 6006 除外)改变至子目 6202.11 至 6202.13,前提是:

(A)该货物在一个或多个《北美自由贸易协定》缔约方境内裁剪并缝制或以其他方式组合;以及

(B)第六十二章章规则一所列的可见衬里织物满足其中规定的税则归类改变要求。

6. 从任何其他章(品目 5106 至 5113、品目 5204 至 5212、品目 5307 至 5308、品目 5310 至 5311、第五十四章、品目 5508 至 5516、品目 5801 至 5802 或品目 6001 至 6006 除外)改变至子目 6202.19,前提是该货物在一个或多个《北美自由贸易协定》缔约方境内裁剪并缝制或以其他方式组合。

7. 从任何其他章(品目 5106 至 5113、品目 5204 至 5212、品目 5307 至 5308、品目 5310 至 5311、第五十四章、品目 5508 至 5516、品目 5801 至 5802 或品目 6001 至 6002 除外)改变至子目 6202.91 至 6202.93,前提是:

(A)该货物在一个或多个《北美自由贸易协定》缔约方境内裁剪并缝制或以其他方式组合;以及

(B)第六十二章章规则一所列的可见衬里织物满足其中规定的税则归类改变要求。

8. 从任何其他章(品目 5106 至 5113、品目 5204 至 5212、品目 5307 至 5308、品目 5310 至 5311、第五十四章、品目 5508 至 5516、品目 5801 至 5802 或品目 6001 至 6006 除外)改变至子目 6202.99,前提是该货物在一个或多个《北美自由贸易协定》缔约方境内裁剪并缝制或以其他方式组合。

9. 从任何其他章(品目 5106 至 5113、品目 5204 至 5212、品目 5307 至 5308、品目 5310 至 5311、第五十四章、品目 5508 至 5516、品目 5801 至 5802 或品目 6001 至 6006 除外)改变至子目 6203.11 至 6203.12,前提是:

(A)该货物在一个或多个《北美自由贸易协定》缔约方境内裁剪并缝制或以其他方式组合;以及

(B)第六十二章章规则一所列的可见衬里织物满足其中规定的税则归类改变要求。

10. 从任何其他章(品目 5106 至 5113、品目 5204 至 5212、品目 5307 至 5308、品目 5310 至 5311、第五十四章、品目 5508 至 5516、品目 5801 至 5802 或品目 6001 至 6006 除外)改变至税号 6203.19.50 或税号 6203.19.90,前提是该货物在一个或多个《北美自由贸易协定》缔约方境内裁剪并缝制或以其他方式组合。

11. 从任何其他章(品目 5106 至 5113、品目 5204 至 5212、品目 5307 至 5308、品目 5310 至 5311、第五十四章、品目 5508 至 5516、品目 5801 至 5802 或品目 6001 至 6006 除外)改变至子目 6203.19,前提是：

    (A)该货物在一个或多个《北美自由贸易协定》缔约方境内裁剪并缝制或以其他方式组合；以及

    (B)第六十二章章规则一所列的可见衬里织物满足其中规定的税则归类改变要求。

12. 从任何其他章(品目 5106 至 5113、品目 5204 至 5212、品目 5307 至 5308、品目 5310 至 5311、第五十四章、品目 5508 至 5518、品目 5801 至 5802 或品目 6001 至 6006 除外)改变至子目 6203.22 至 6203.29,前提是：

    (A)该货物在一个或多个《北美自由贸易协定》缔约方境内裁剪并缝制或以其他方式组合；以及

    (B)对于作为子目 6203.22 至 6203.29 便服套装的一部分进口的以羊毛、动物细毛、棉花或化学纤维为原料的品目 6201 的服装或品目 6203 的上衣,第六十二章章规则一所列的可见衬里织物符合其中规定的税则归类改变要求。

13. 从任何其他章(品目 5106 至 5113、品目 5204 至 5212、品目 5307 至 5308、品目 5310 至 5311、第五十四章、品目 5508 至 5516、品目 5801 至 5802 或品目 6001 至 6006 除外)改变至子目 6203.31 至 6203.33,前提是：

    (A)该货物在一个或多个《北美自由贸易协定》缔约方境内裁剪并缝制或以其他方式组合；以及

    (B)第六十二章章规则一所列的可见衬里织物满足其中规定的税则归类改变要求。

14. 从任何其他章(品目 5106 至 5113、品目 5204 至 5212、品目 5307 至 5308、品目 5310 至 5311、第五十四章、品目 5508 至 5516、品目 5801 至 5802 或品目 6001 至 6006 除外)改变至税号 6203.39.50 或税号 6203.39.90,前提是该货物在一个或多个《北美自由贸易协定》缔约方境内裁剪并缝制或以其他方式组合。

15. 从任何其他章(品目 5106 至 5113、品目 5204 至 5212、品目 5307 至 5308、品目 5310 至 5311、第五十四章、品目 5508 至 5516、品目 5801 至 5802 或品目 6001 至 6006 除外)改变至子目 6203.39,前提是：

    (A)该货物在一个或多个《北美自由贸易协定》缔约方境内裁剪并缝制或以其他方式组合；以及

    (B)第六十二章章规则一所列的可见衬里织物满足其中规定的税则归类改变要求。

16. 从任何其他章(品目 5106 至 5113、品目 5204 至 5212、品目 5307 至 5308、品目 5310 至 5311、第五十四章、品目 5508 至 5516、品目 5801 至 5802 或品目 6001 至 6006 除外)改变至子目 6203.41 至 6203.49,前提是该货物在一个或多个《北美自由贸易协定》缔约方境内裁剪并缝制或以其他方式组合。

17. 从任何其他章(品目 5106 至 5113、品目 5204 至 5212、品目 5307 至 5308、品目 5310 至 5311、第五十四章、品目 5508 至 5516、品目 5801 至 5802 或品目 6001 至 6006 除外)改变至子目 6204.11 至 6204.13,前提是：

(A)该货物在一个或多个《北美自由贸易协定》缔约方境内裁剪并缝制或以其他方式组合;以及

(B)第六十二章章规则一所列的可见衬里织物满足其中规定的税则归类改变要求。

18. 从任何其他章(品目 5106 至 5113、品目 5204 至 5212、品目 5307 至 5308、品目 5310 至 5311、第五十四章、品目 5508 至 5516、品目 5801 至 5802 或品目 6001 至 6006 除外)改变至税号 6204.19.40 或税号 6204.19.80,前提是该货物在一个或多个《北美自由贸易协定》缔约方境内裁剪并缝制或以其他方式组合。

19. 从任何其他章(品目 5106 至 5113、品目 5204 至 5212、品目 5307 至 5308、品目 5310 至 5311、第五十四章、品目 5508 至 5516、品目 5801 至 5802 或品目 6001 至 6006 除外)改变至子目 6204.19,前提是:

(A)该货物在一个或多个《北美自由贸易协定》缔约方境内裁剪并缝制或以其他方式组合;以及

(B)第六十二章章规则一所列的可见衬里织物满足其中规定的税则归类改变要求。

20. 从任何其他章(品目 5106 至 5113、品目 5204 至 5212、品目 5307 至 5308、品目 5310 至 5311、第五十四章、品目 5508 至 5516、品目 5801 至 5802 或品目 6001 至 6006 除外)改变至子目 6204.21 至 6204.29,前提是:

(A)该货物在一个或多个《北美自由贸易协定》缔约方境内裁剪并缝制或以其他方式组合;以及

(B)对于作为子目 6204.21 至 6204.29 便服套装的一部分进口的以羊毛、动物细毛、棉花或化学纤维为原料的品目 6202 的服装、品目 6204 的上衣或品目 6204 的裙子,第六十二章章规则一所列的可见衬里织物满足其中规定的税则归类改变要求。

21. 从任何其他章(品目 5106 至 5113、品目 5204 至 5212、品目 5307 至 5308、品目 5310 至 5311、第五十四章、品目 5508 至 5516、品目 5801 至 5802 或品目 6001 至 6006 除外)改变至子目 6204.31 至 6204.33,前提是:

(A)该货物在一个或多个《北美自由贸易协定》缔约方境内裁剪并缝制或以其他方式组合;以及

(B)第六十二章章规则一所列的可见衬里织物满足其中规定的税则归类改变要求。

22. 从任何其他章(品目 5106 至 5113、品目 5204 至 5212、品目 5307 至 5308、品目 5310 至 5311、第五十四章、品目 5508 至 5516、品目 5801 至 5802 或品目 6001 至 6006 除外)改变至税号 6204.39.60 或税号 6204.39.80,前提是该货物在一个或多个《北美自由贸易协定》缔约方境内裁剪并缝制或以其他方式组合。

23. 从任何其他章(品目 5106 至 5113、品目 5204 至 5212、品目 5307 至 5308、品目 5310 至 5311、第五十四章、品目 5508 至 5516、品目 5801 至 5802 或品目 6001 至 6006 除外)改变至子目 6204.39,前提是:

(A)该货物在一个或多个《北美自由贸易协定》缔约方境内裁剪并缝制或以其他方式组合;以及

(B)第六十二章章规则一所列的可见衬里织物满足其中规定的税则归类改变要求。

24. 从任何其他章(品目 5106 至 5113、品目 5204 至 5212、品目 5307 至 5308、品目 5310 至

5311、第五十四章、品目 5508 至 5516、品目 5801 至 5802 或品目 6001 至 6006 除外)改变至子目 6204.41 至 6204.49,前提是该货物在一个或多个《北美自由贸易协定》缔约方境内裁剪并缝制或以其他方式组合。

25. 从任何其他章(品目 5106 至 5113、品目 5204 至 5212、品目 5307 至 5308、品目 5310 至 5311、第五十四章、品目 5508 至 5516、品目 5801 至 5802 或品目 6001 至 6006 除外)改变至子目 6204.51 至 6204.53,前提是:

    (A)该货物在一个或多个《北美自由贸易协定》缔约方境内裁剪并缝制或以其他方式组合;以及

    (B)第六十二章章规则一所列的可见衬里织物满足其中规定的税则归类改变要求。

26. 从任何其他章(品目 5106 至 5113、品目 5204 至 5212、品目 5307 至 5308、品目 5310 至 5311、第五十四章、品目 5508 至 5516、品目 5801 至 5802 或品目 6001 至 6006 除外)改变至税号 6204.59.40,前提是该货物在一个或多个《北美自由贸易协定》缔约方境内裁剪并缝制或以其他方式组合。

27. 从任何其他章(品目 5106 至 5113、品目 5204 至 5212、品目 5307 至 5308、品目 5310 至 5311、第五十四章、品目 5508 至 5516、品目 5801 至 5802 或品目 6001 至 6006 除外)改变至子目 6204.59,前提是:

    (A)该货物在一个或多个《北美自由贸易协定》缔约方境内裁剪并缝制或以其他方式组合;以及

    (B)第六十二章章规则一所列的可见衬里织物满足其中规定的税则归类改变要求。

28. 从任何其他章(品目 5106 至 5113、品目 5204 至 5212、品目 5307 至 5308、品目 5310 至 5311、第五十四章、品目 5508 至 5516、品目 5801 至 5802 或品目 6001 至 6006 除外)改变至子目 6204.61 至 6204.69,前提是该货物在一个或多个《北美自由贸易协定》缔约方境内裁剪并缝制或以其他方式组合。

[29 已删除]

子目规则:如果子目 6205.20 的棉制男式或男童衬衫或者子目 6205.30 的化学纤维制男式或男童衬衫都在一个或多个《北美自由贸易协定》缔约方境内裁剪和组合,并且外壳(不包括领子或袖子)的织物完全是下列的一种或多种,则应被视为原产货物:

(a)子目 5208.21、子目 5208.22、子目 5208.29、子目 5208.31、子目 5208.32、子目 5208.39、子目 5208.41、子目 5208.42、子目 5208.49、子目 5208.51、子目 5208.52 或子目 5208.59 的织物,子目 5208.59 的平均纱线细度超过 135 公支的三线或四线斜纹(包括交叉斜纹)织物除外;

(b)子目 5513.11 或子目 5513.21 的非平衡织物,每平方厘米经纱和纬纱超过 70 根,平均纱线细度超过 70 公支;

(c)子目 5210.21 或子目 5210.31 的非平衡织物,每平方厘米经纱和纬纱超过 70 根,平均纱线细度超过 70 公支;

(d)子目 5208.22 或子目 5208.32 的非平衡织物,每平方厘米经纱和纬纱超过 75 根,平均纱线细度超过 65 公支;

(e)子目 5407.81、子目 5407.82 或子目 5407.83 的织物,每平方米重量不足 170 克,由多臂

装置形成多臂组织;

(f) 子目 5208.42 或子目 5208.49 的非平衡织物,每平方厘米经纱和纬纱超过 85 根,平均纱线细度超过 85 公支;

(g) 子目 5208.51 的平衡织物,每平方厘米经纱和纬纱超过 75 根,单纱织成,平均纱线细度为 95 公支或以上;

(h) 子目 5208.41 的具有条格花纹的平衡织物,每平方厘米经纱和纬纱超过 85 根,单纱织成,平均纱线细度为 95 公支或以上,通过经纱和纬纱颜色变化产生条格效果;或者

(i) 子目 5208.41 的织物,经纱用植物染料染色,纬纱为白色或用植物染料染色,平均纱线细度超过 65 公支。

30. 从任何其他章(品目 5106 至 5113、品目 5204 至 5212、品目 5307 至 5308、品目 5310 至 5311、第五十四章、品目 5508 至 5516、品目 5801 至 5802 或品目 6001 至 6006 除外)改变至子目 6205.20 至 6205.30,前提是该货物在一个或多个《北美自由贸易协定》缔约方境内裁剪并缝制或以其他方式组合。

31. 从任何其他章(品目 5106 至 5113、品目 5204 至 5212、品目 5307 至 5308、品目 5310 至 5311、第五十四章、品目 5508 至 5516、品目 5801 至 5802 或品目 6001 至 6006 除外)改变至子目 6205.90,前提是该货物在一个或多个《北美自由贸易协定》缔约方境内裁剪并缝制或以其他方式组合。

32. 从任何其他章(品目 5106 至 5113、品目 5204 至 5212、品目 5307 至 5308、品目 5310 至 5311、第五十四章、品目 5508 至 5516、品目 5801 至 5802 或品目 6001 至 6006 除外)改变至品目 6206,前提是该货物在一个或多个《北美自由贸易协定》缔约方境内裁剪并缝制或以其他方式组合。

子目规则:如果棉制男式或男童平角短裤在一个或多个《北美自由贸易协定》缔约方境内裁剪并缝制或以其他方式组合,并且外壳(不包括腰带)的平纹织物完全是下列的一种或多种,则应被视为原产货物:

(a) 子目 5208.41 的色织物,纤维含量为 100% 棉,每平方米重量为 95~100 克,平均纱线细度为 37~42 公支;

(b) 子目 5208.42 的色织物,纤维含量为 100% 棉,每平方米重量不超过 105 克,平均纱线细度为 47~53 公支;

(c) 子目 5208.51 的印花织物,纤维含量为 100% 棉,每平方米重量为 93~97 克,平均纱线细度为 38~42 公支;

(d) 子目 5208.52 的印花织物,纤维含量为 100% 棉,每平方米重量为 112~118 克,平均纱线细度为 38~42 公支;

(e) 子目 5210.11 的坯布,纤维含量为 51%~60% 棉、49%~40% 涤纶,每平方米重量为 100~112 克,平均纱线细度为 55~65 公支;

(f) 子目 5210.41 的色织物,纤维含量为 51%~60% 棉、49%~40% 涤纶,每平方米重量为 77~82 克,平均纱线细度为 43~48 公支;

(g) 子目 5210.41 的色织物,纤维含量为 51%~60% 棉、49%~40% 涤纶,每平方米重量为 85~90 克,平均纱线细度为 69~75 公支;

(h)子目 5210.51 的印花织物,纤维含量为 51%～60%棉、49%～40%涤纶,每平方米重量为 107～113 克,平均纱线细度为 33～37 公支;

(i)子目 5210.51 的印花织物,纤维含量为 51%～60%棉、49%～40%涤纶,每平方米重量为 92～98 克,平均纱线细度为 43～48 公支;或者

(j)子目 5210.51 的印花织物,纤维含量为 51%～60%棉、49%～40%涤纶,每平方米重量为 105～112 克,平均纱线细度为 50～60 公支。

32A. 从任何其他章(品目 5106 至 5113、品目 5204 至 5212、品目 5307 至 5308、品目 5310 至 5311、第五十四章、品目 5508 至 5516、品目 5801 至 5802 或品目 6001 至 6006 除外)改变至子目 6207.11,前提是该货物在一个或多个《北美自由贸易协定》缔约方境内裁剪并缝制或以其他方式组合。

32B. 从任何其他章(品目 5106 至 5113、品目 5204 至 5212、品目 5307 至 5308、品目 5310 至 5311、第五十四章、品目 5508 至 5516、品目 5801 至 5802 或品目 6001 至 6006 除外)改变至子目 6207.19 至 6207.99,前提是该货物在一个或多个《北美自由贸易协定》缔约方境内裁剪并缝制或以其他方式组合。

32C. 从任何其他章(品目 5106 至 5113、品目 5204 至 5212、品目 5307 至 5308、品目 5310 至 5311、第五十四章、品目 5508 至 5516、品目 5801 至 5802 或品目 6001 至 6006 除外)改变至品目 6208 至 6210,前提是该货物在一个或多个《北美自由贸易协定》缔约方境内裁剪并缝制或以其他方式组合。

33. 从任何其他章(品目 5106 至 5113、品目 5204 至 5212、品目 5307 至 5308、品目 5310 至 5311、第五十四章、品目 5508 至 5516、品目 5801 至 5802 或品目 6001 至 6006 除外)改变至子目 6211.11 至 6211.12,前提是该货物在一个或多个《北美自由贸易协定》缔约方境内裁剪并缝制或以其他方式组合。

34. 从任何其他章(品目 5106 至 5113、品目 5204 至 5212、品目 5307 至 5308、品目 5310 至 5311、第五十四章、品目 5508 至 5516、品目 5801 至 5802 或品目 6001 至 6006 除外)改变至子目 6211.20,前提是:

(A)该货物在一个或多个《北美自由贸易协定》缔约方境内裁剪并缝制或以其他方式组合;以及

(B)对于作为子目 6112.20 滑雪服套的一部分进口的以羊毛、动物细毛、棉花或化学纤维为原料的品目 6101、品目 6102、品目 6201 或品目 6202 的服装,第六十二章章规则一所列的可见衬里织物满足其中规定的税则归类改变要求。

35. 从任何其他章(品目 5106 至 5113、品目 5204 至 5212、品目 5307 至 5308、品目 5310 至 5311、第五十四章、品目 5508 至 5518、品目 5801 至 5802 或品目 6001 至 6006 除外)改变至子目 6211.32 至 6211.49,前提是该货物在一个或多个《北美自由贸易协定》缔约方境内裁剪并缝制或以其他方式组合。

36. 从任何其他章改变至子目 6212.10,前提是该货物在一个或多个《北美自由贸易协定》缔约方境内裁剪并缝制或以其他方式组合。

37. 从任何其他章(品目 5106 至 5113、品目 5204 至 5212、品目 5307 至 5308、品目 5310 至 5311、第五十四章、品目 5508 至 5516、品目 5801 至 5802 或品目 6001 至 6006 除外)改

变至子目 6212.20 至 6212.90,前提是该货物在一个或多个《北美自由贸易协定》缔约方境内裁剪并缝制或以其他方式组合。

38. 从任何其他章(品目 5106 至 5113、品目 5204 至 5212、品目 5307 至 5308、品目 5310 至 5311、第五十四章、品目 5508 至 5516、品目 5801 至 5802 或品目 6001 至 6006 除外)改变至品目 6213 至 6217,前提是该货物在一个或多个《北美自由贸易协定》缔约方境内裁剪并缝制或以其他方式组合。

第六十三章

章规则一:为确定本章货物的原产地,适用于该货物的规则应仅适用于确定该货物税则归类的成分,并且该成分必须满足该规则规定的税则归类改变要求。

1. 从任何其他章(品目 5106 至 5113、品目 5204 至 5212、品目 5307 至 5308、品目 5310 至 5311、第五十四章至第五十五章、品目 5801 至 5802 或品目 6001 至 6006 除外)改变至品目 6301 至 6302,前提是该货物在一个或多个《北美自由贸易协定》缔约方境内裁剪(或针织成型)并缝制或以其他方式组合。

2. 从子目 5402.44、子目 5402.47、税号 5402.52.10 或任何其他章(品目 5106 至 5113、品目 5204 至 5212、品目 5307 至 5308、品目 5310 至 5311、第五十四章至第五十五章、品目 5801 至 5802 或品目 6001 至品目 6006 除外)的聚酯纱线(细度不小于 75 分特但不大于 80 分特,每根纱线有 24 根长丝)改变至税号 6303.92.10,前提是货物在一个或多个《北美自由贸易协定》缔约方境内裁剪并缝制或以其他方式组合。

3. 从任何其他章(品目 5106 至 5113、品目 5204 至 5212、品目 5307 至 5308、品目 5310 至 5311、第五十四章至第五十五章、品目 5801 至 5802 或品目 6001 至 6006 除外)改变至品目 6303,前提是该货物在一个或多个《北美自由贸易协定》缔约方境内裁剪(或针织成型)并缝制或以其他方式组合。

4. 从任何其他章(品目 5106 至 5113、品目 5204 至 5212、品目 5307 至 5308、品目 5310 至 5311、第五十四章至第五十五章、品目 5801 至 5802 或品目 6001 至 6006 除外)改变至品目 6304 至 6310,前提是该货物在一个或多个《北美自由贸易协定》缔约方境内裁剪(或针织成型)并缝制或以其他方式组合。

第六十四章

1. 从品目 6401 至 6405 以外的任何品目(子目 6406.10 除外)改变至品目 6401 至 6405,前提是使用净成本法时区域价值成分不低于 55%。

2. 从任何其他子目(品目 6401 至 6405 除外)改变至子目 6406.10,前提是使用净成本法时区域价值成分不低于 55%。

3. 从任何其他章改变至子目 6406.20 至子目 6406.99。

第六十五章

1. 从任何其他章改变至品目 6501 至 6502。

2. 从品目 6504 至 6507 以外的任何品目改变至 6504 至品目 6507。

第六十六章

1. 从任何其他品目改变至品目 6601,但以下两者的组合除外:
   (A)子目 6603.20;以及

(B)品目 3920 至 3921、品目 5007、品目 5111 至 5113、品目 5208 至 5212、品目 5309 至 5311、品目 5407 至 5408、品目 5512 至 5516、品目 5602 至 5603、品目 5801 至 5811、品目 5901 至 5911 或品目 6001 至 6006。

2. 从任何其他品目改变至品目 6602。

3. 从任何其他章改变至品目 6603。

第六十七章

1.(A)从任何其他品目改变至品目 6701;或者

(B)从品目 6701 或任何其他品目改变至品目 6701 的羽毛或羽绒。

2. 从任何其他品目(包括品目 6702 至 6704 中的另一品目)改变至品目 6702 至 6704。

第六十八章

1. 从任何其他章改变至品目 6801 至 6811。

[2 至 4 已删除]

5.(A)从任何其他子目改变至子目 6812.80 的服装、服装辅料、鞋类和帽子;

(B)从任何其他章改变至子目 6812.80 的加工的青石棉纤维、以青石棉为基本成分或以青石棉与碳酸镁为基本成分的混合物;

(C)从子目 6812.80 的任何其他货物或任何其他子目改变至子目 6812.80 的纱线;

(D)从子目 6812.80 的任何其他货物或任何其他子目(子目 6812.80 的机织物或针织物除外)改变至子目 6812.80 的绳索或细绳(不论是否编结);

(E)从子目 6812.80 的任何其他货物或任何其他子目[子目 6812.80 的绳索或细绳(不论是否编结)除外]改变至子目 6812.80 的机织物或针织物;或者

(F)从子目 6812.80 的加工的青石棉纤维或以青石棉与碳酸镁为基本成分的混合物、纱线、绳索或细绳(不论是否编结)、机织物或针织物或任何其他子目改变至子目 6812.80 的任何其他货物。

6. 从任何其他子目改变至子目 6812.91。

6A.(A)从任何其他章改变至子目 6812.99 的加工的石棉纤维、以石棉为基本成分或以石棉与碳酸镁为基本成分的混合物;

(B)从子目 6812.99 的任何其他货物或任何其他子目改变至子目 6812.99 的纱线;

(C)从子目 6812.99 的任何其他货物或任何其他子目(子目 6812.99 的机织物或针织物除外)改变至子目 6812.99 的绳索或细绳(不论是否编结);

(D)从子目 6812.99 的任何其他货物或任何其他子目[子目 6812.99 的绳索或细绳(不论是否编结)除外]改变至子目 6812.99 的机织物或针织物;或者

(E)从子目 6812.99 的加工的石棉纤维、以石棉为基本成分或以石棉与碳酸镁为基本成分的混合物、纱线、绳索或细绳(不论是否编结)、机织物或针织物或子目 6812.92 至 6812.99 以外的任何子目改变至子目 6812.92 至 6812.99 的任何其他货物。

7. 从任何其他品目改变至品目 6813。

8. 从任何其他章改变至品目 6814 至 6815。

第六十九章

从任何其他章改变至品目 6901 至 6914。

第七十章

1. 从任何其他章改变至品目7001。

1A. 从任何其他品目改变至子目7002.10。

1B. 从任何其他章改变至子目7002.20。

1C. 从任何其他品目改变至子目7002.31。

1D. 从任何其他章改变至子目7002.32至7002.39。

2. 从品目7003至7009以外的任何品目改变至品目7003至7009。

3. 从任何其他品目(品目7007至7020除外)改变至品目7010至7020。

第七十一章

1. 从任何其他章改变至品目7101至7105。

1A. (A)从任何其他子目(包括子目7106.10至7106.92中的另一子目)改变至子目7106.10至7106.92;或者

(B)税收归类无需改变至子目7106.91,不论是否又从任何其他子目改变而来,前提是非原产材料经过电解、热分离、化学分离或合金化处理。

1B. 从任何其他章改变至品目7107。

1C. (A)从任何其他子目(包括子目7108.11至7108.20中的另一子目)改变至子目7108.11至7108.20;或者

(B)税则归类无需改变至子目7108.12,不论是否又从任何其他子目改变而来,前提是非原产材料经过电解、热分离、化学分离或合金化处理。

1D. 从任何其他章改变至品目7109。

1E. 从任何其他子目(包括子目7110.11至7110.49中的另一子目)改变至子目7110.11至7110.49。

1F. 从任何其他章改变至品目7111。

1G. 从任何其他品目改变至品目7112。

品目规则:永久串在一起的珍珠(但不添加搭扣或者其他贵重金属或宝石装饰物),仅当珍珠是在一个或多个《北美自由贸易协定》缔约方境内获得时,才被视为原产货物。

2. 从品目7113至7118以外的任何品目改变至品目7113至7118。

第七十二章

1. 从任何其他章改变至品目7201。

2. 从任何其他章改变至子目7202.11至子目7202.60。

3. 从任何其他章(子目2613.10除外)改变至子目7202.70。

4. 从任何其他章改变至子目7202.80至7202.99。

5. 从任何其他章改变至品目7203至7205。

6. 从品目7206至7207以外的任何品目改变至品目7206至7207。

7. 从品目7208至7216以外的任何品目改变至品目7208至7216。

8. 从任何其他品目(品目7213至7215除外)改变至品目7217。

9. 从品目7218至7222以外的任何品目改变至品目7218至7222。

10. 从任何其他品目(品目7221至7222除外)改变至品目7223。

11. 从品目7224至7228以外的任何品目改变至品目7224至7228。

12. 从任何其他品目(品目7227至7228除外)改变至品目7229。

第七十三章

1. 从任何其他章改变至品目7301至7303。

2. 从任何其他章改变至子目7304.11至7304.39。

3. 从子目7304.49或任何其他章改变至税号7304.41.30。

4. 从任何其他章改变至子目7304.41。

5. 从任何其他章改变至子目7304.49至7304.90。

6. 从任何其他章改变至品目7305至7307。

7. 从任何其他品目改变至品目7308,但对品目7216的角材、型材或异型材进行以下处理而导致税则归类改变的除外:

(A)钻孔、冲孔、开槽、切割、弯曲或清扫,不论是单独进行还是组合进行;

(B)为复合结构添加附件或焊接件;

(C)为搬运目的添加附件;

(D)在H型钢或工字钢上增加焊件、连接件或附件,前提是焊件、连接件或附件的最大尺寸不大于H型钢或工字钢法兰内表面之间的尺寸;

(E)涂漆、镀锌或其他涂层;或者

(F)单独或组合钻孔、冲孔、开槽或切割,添加一个没有加强部件的简单底板,用于生产适合作为柱的制品。

8. 从品目7309至7311以外的任何品目改变至品目7309至7311。

9. 从任何其他品目(包括品目7312至7314中的另一品目)改变至品目7312至7314。

10. (A)从任何其他品目改变至子目7315.11至7315.12;或者

(B)从子目7315.19改变至子目7315.11至7315.12,不论是否又从任何其他品目改变而来,前提是区域价值成分不低于:

(1)使用成交价格法时的60%,或

(2)使用净成本法时的50%。

11. 从任何其他品目改变至子目7315.19。

12. (A)从任何其他品目改变至子目7315.20至7315.89;或者

(B)从子目7315.90改变至子目7315.20至7315.89,不论是否又从任何其他品目改变而来,前提是区域价值成分不低于:

(1)使用成交价格法时的60%,或

(2)使用净成本法时的50%。

13. 从任何其他品目改变至子目7315.90。

14. 从任何其他品目(品目7312或品目7315除外)改变至品目7316。

15. 从品目7317至7318以外的任何品目改变至品目7317至7318。

16. 从品目7319至7320以外的任何品目改变至品目7319至7320。

17. 从任何其他子目(税号7321.90.10、税号7321.90.20或税号7321.90.40除外)改变至税号7321.11.30。

18. (A)从任何其他品目改变至子目7321.11;或者
    (B)从子目7321.90改变至子目7321.11,不论是否又从任何其他品目改变而来,前提是区域价值成分不低于:
        (1)使用成交价格法时的60%,或
        (2)使用净成本法时的50%。
19. (A)从任何其他品目改变至子目7321.12至7321.89;或者
    (B)从子目7321.90改变至子目7321.12至7321.89,不论是否又从任何其他品目改变而来,前提是区域价值成分不低于:
        (1)使用成交价格法时的60%,或
        (2)使用净成本法时的50%。
20. 从任何其他税号改变至税号7321.90.10。
21. 从任何其他税号改变至税号7321.90.20。
22. 从任何其他税号改变至税号7321.90.40。
23. 从任何其他品目改变至子目7321.90。
24. 从品目7322至7323以外的任何品目改变至品目7322至7323。
25. (A)从任何其他品目改变至子目7324.10至7324.29;或者
    (B)从子目7324.90改变至子目7324.10至7324.29,不论是否又从任何其他品目改变而来,前提是区域价值成分不低于:
        (1)使用成交价格法时的60%,或
        (2)使用净成本法时的50%。
26. 从任何其他品目改变至子目7324.90。
27. 从品目7325至7326以外的任何品目改变至品目7325至7326。

第七十四章

1. (A)从任何其他品目(包括品目7401至7403中的另一品目,品目7404除外)改变至品目7401至7403;或者
    (B)从品目7404改变至品目7401至7403,不论是否又从任何其他品目(包括该组别内的另一品目)改变而来,前提是区域价值成分不低于:
        (1)使用成交价格法时的60%,或
        (2)使用净成本法时的50%。

[2 已删除]

3. 税则归类无需改变至品目7404,前提是全部废碎料完全在一个或多个《北美自由贸易协定》缔约方境内获得或生产。
4. (A)从任何其他章改变至品目7405至7407;或者
    (B)从品目7401、品目7402或税号7404.00.30改变至品目7405至7407,不论是否又从任何其他章改变而来,前提是区域价值成分不低于:
        (1)使用成交价格法时的60%,或
        (2)使用净成本法时的50%。
5. (A)从任何其他章改变至税号7408.11.60;或者

(B)从品目7401、品目7402或税号7404.00.30改变至税号7408.11.60,不论是否又从任何其他章改变而来,前提是区域价值成分不低于:

(1)使用成交价格法时的60%,或

(2)使用净成本法时的50%。

6. 从任何其他品目(品目7407除外)改变至子目7408.11。

7. 从任何其他品目(品目7407除外)改变至子目7408.19至7408.29。

8. 从任何其他品目改变至品目7409。

9. 从任何其他品目(品目7409除外)改变至品目7410。

10. 从任何其他品目(税号7407.10.15、税号7407.21.15、税号7407.29.16或品目7409除外)改变至品目7411。

11. 从任何其他品目(品目7411除外)改变至品目7412。

12. (A)从任何其他品目(品目7407至7408除外)改变至品目7413;或者

(B)从品目7407至7408改变至品目7413,不论是否又从任何其他品目改变而来,前提是区域价值成分不低于:

(1)使用成交价格法时的60%,或

(2)使用净成本法时的50%。

13. 从任何其他品目(包括品目7415至7418中的另一品目)改变至品目7415至7418。

14. 从任何其他品目(品目7407除外)改变至子目7419.10。

15. 从任何其他品目改变至子目7419.91。

16. (A)从子目7419.99的任何其他货物或任何其他品目改变至子目7419.99的铜丝制的布(包括环形带)、网、格栅或网眼铜板;

(B)从子目7419.99的任何其他货物或任何其他品目改变至子目7419.99的弹簧;

(C)从子目7419.99的任何其他货物或任何其他品目改变至子目7419.99的非电热的家用烹饪或供暖器具及其零件;或者

(D)从子目7419.99的铜丝制的布(包括环形带)、网、格栅或网眼铜板、弹簧或非电热的家用烹饪或供暖器具及其零件改变至子目7419.99的任何其他货物。

第七十五章

1. 从任何其他章改变至品目7501至7504。

2. 从任何其他品目改变至品目7505。

3. 从任何其他税号改变至税号7506.10.45。

4. 从任何其他税号改变至税号7506.20.45。

5. 从任何其他品目改变至品目7506。

6. 从品目7507至7508以外的任何品目改变至品目7507至7508。

第七十六章

1. 从任何其他章改变至品目7601。

1A. 从任何其他品目改变至品目7602。

1B. 从任何其他章改变至品目7603。

2. 从任何其他品目改变至品目7604。

2A. 从任何其他品目(品目7604或品目7606除外)改变至品目7605。

2B. 从任何其他品目改变至品目7606。

3. 从任何其他品目改变至品目7607。

4. 从品目7608至7609以外的任何品目改变至品目7608至7609。

5. 从任何其他品目(包括品目7610至7613中的另一品目)改变至品目7610至7613。

6. 从任何其他品目(品目7604至7605除外)改变至品目7614。

7. 从任何其他品目(包括品目7615至7616中的另一品目)改变至品目7615至7616。

第七十八章

1. 从任何其他章改变至品目7801至7802。

[2 已删除]

3. (A)从任何其他子目(包括子目7804.11至7804.20中的另一子目)改变至子目7804.11至7804.20;或者

(B)从子目7804.11改变至子目7804.11的厚度不超过0.15毫米(不包括衬背)的箔材,不论是否又从任何其他子目改变而来。

4. (A)从品目7806的任何其他货物或任何其他品目改变至品目7806的条、杆、型材、异型材或丝;

(B)从品目7806的条、杆、型材或异型材改变至品目7806的丝,不论是否又从任何其他品目改变而来,前提是如果使用条或杆,则条或杆的横截面积至少要减少50%;

(C)从品目7806的任何其他货物或任何其他品目改变至品目7806的管或管子附件;或者

(D)从品目7806的条、杆、型材、异型材、丝、管或管子附件或任何其他品目改变至品目7806的任何其他货物。

第七十九章

1. 从任何其他章改变至品目7901至7902。

2. 从任何其他章改变至子目7903.10。

3. 从任何其他品目改变至子目7903.90。

4. (A)从任何其他品目改变至品目7904;或者

(B)从品目7904改变至品目7904的金属丝,不论是否又从任何其他品目改变而来,前提是如果使用条或杆,则条或杆的横截面积至少要减少50%。

5. (A)从任何其他品目改变至品目7905;或者

(B)从品目7905改变至品目7905的厚度不超过0.15毫米(不包括衬背)的箔,不论是否又从任何其他品目改变而来。

6. (A)从品目7907的任何其他货物或任何其他品目改变至品目7907的管或管子附件;或者

(B)从品目7907的管或管子附件或任何其他品目改变至品目7907的任何其他货物。

第八十章

1. 从任何其他章改变至品目8001至8002。

2. (A)从任何其他品目改变至品目8003;或者

(B)从品目8003改变至品目8003的丝,不论是否又从任何其他品目改变而来,前提是如果使用条或杆,则条或杆的横截面积至少要减少50%。

3. (A)从品目8007的任何其他货物或任何其他品目改变至品目8007的厚度超过0.2毫米的板、片或带;

　　(B)从品目8007的任何其他货物或任何其他品目改变至品目8007的厚度不超过0.2毫米的箔、粉或片状粉末;

　　(C)从品目8007的任何其他货物或任何其他品目改变至品目8007的管或管子附件;或者

　　(D)从品目8007的厚度超过0.2毫米的板、片或带、厚度不超过0.2毫米的箔、粉、片状粉末、管或管子附件或任何其他品目改变至品目8007的任何其他货物。

第八十一章

1. 从任何其他子目(包括子目8101.10至8101.97中的另一子目)改变至子目8101.10至8101.97。

1A. (A)从子目8101.99的任何其他货物或任何其他子目改变至子目8101.99的条、杆(仅通过烧结获得的除外)、型材、异型材、板、片、带或箔;或者

　　(B)从子目8101.99的条、杆(仅通过烧结获得的除外)、型材、异型材、板、片、带或箔或任何其他子目改变至子目8101.99的任何其他货物。

1B. 从任何其他子目(包括子目8102.10至8110.90中的另一子目)改变至子目8102.10至8110.90。

2. (A)从品目8111的任何其他货物改变至品目8111的锰粉或锰制品;或者

　　(B)从任何其他品目改变至品目8111的任何其他货物。

3. 从任何其他子目(包括子目8112.12至8112.59中的另一子目)改变至子目8112.12至8112.59。

4. (A)从子目8112.92的任何其他货物或任何其他子目改变至子目8112.92的锗;

　　(B)从子目8112.92的任何其他货物或任何其他子目改变至子目8112.92的钒;或者

　　(C)从子目8112.92的锗或钒或任何其他子目改变至子目8112.92的任何其他货物。

5. (A)从子目8112.99的任何其他货物或任何其他子目改变至子目8112.99的锗;

　　(B)从子目8112.99的任何其他货物或任何其他子目改变至子目8112.99的钒;或者

　　(C)从子目8112.99的锗或钒或任何其他子目改变至子目8112.99的任何其他货物。

6. 从任何其他品目改变至品目8113。

[编者注:删除第八十一章原先的规则1至25]

第八十二章

1. 从任何其他章改变至品目8201。

2. 从任何其他章改变至子目8202.10至8202.20。

3. (A)从任何其他章改变至子目8202.31;或者

　　(B)从子目8202.39改变至子目8202.31,不论是否又从任何其他章改变而来,前提是区域价值成分不低于:

　　　　(1)使用成交价格法时的60%,或

　　　　(2)使用净成本法时的50%。

4. 从任何其他章改变至子目8202.39至8202.99。

5. 从任何其他章改变至品目 8203 至 8206。

6. (A)从任何其他章改变至子目 8207.13;或者
   (B)从子目 8207.19 改变至子目 8207.13,不论是否又从任何其他章改变而来,前提是区域价值成分不低于:
   (1)使用成交价格法时的 60%,或
   (2)使用净成本法时的 50%。

7. 从任何其他章改变至子目 8207.19 至 8207.90。

8. 从任何其他章改变至品目 8208 至 8210。

9. 从任何其他章改变至子目 8211.10。

10. (A)从任何其他章改变至子目 8211.91 至 8211.93;或者
    (B)从子目 8211.95 改变至子目 8211.91 至 8211.93,不论是否又从任何其他章改变而来,前提是区域价值成分不低于:
    (1)使用成交价格法时的 60%,或
    (2)使用净成本法时的 50%。

11. 从任何其他章改变至子目 8211.94 至 8211.95。

12. 从任何其他章改变至品目 8212 至 8215。

第八十三章

子目规则:规则 1 中的编号划线部分适用于第八十七章的子目 8301.20 机动车辆用的货物。

1. (A)从任何其他章改变至子目 8301.10 至 8301.50;或者
   (B)从子目 8301.60 改变至子目 8301.10 至 8301.50,不论是否又从任何其他章改变而来,前提是区域价值成分不低于:
   (1)使用成交价格法时的 60%,或
   (2)使用净成本法时的 50%。

2. 从任何其他章改变至子目 8301.60 至 8301.70。

3. 从任何其他品目(包括品目 8302 至 8304 中的另一品目)改变至品目 8302 至 8304。

4. (A)从任何其他章改变至子目 8305.10 至 8305.20;或者
   (B)从子目 8305.90 改变至子目 8305.10 至 8305.20,不论是否又从任何其他章改变而来,前提是区域价值成分不低于:
   (1)使用成交价格法时的 60%,或
   (2)使用净成本法时的 50%。

5. 从任何其他品目改变至子目 8305.90。

6. 从任何其他章改变至品目 8306 至 8307。

7. (A)从任何其他章改变至子目 8308.10 至 8308.20;或者
   (B)从子目 8308.90 改变至子目 8308.10 至 8308.20,不论是否又从任何其他章改变而来,前提是区域价值成分不低于:
   (1)使用成交价格法时的 60%,或
   (2)使用净成本法时的 50%。

8. 从任何其他品目改变至子目 8308.90。

9. 从任何其他章改变至品目8309至8310。

10. (A)从任何其他章改变至子目8311.10至8311.30;或者

 (B)从子目8311.90改变至子目8311.10至8311.30,不论是否又从任何其他章改变而来,前提是区域价值成分不低于:

  (1)使用成交价格法时的60%,或

  (2)使用净成本法时的50%。

11. 从任何其他品目改变至子目8311.90。

第八十四章

章规则一: 就本章而言,"印刷电路组件"是指由一个或多个品目8534的印刷电路(装配有一个或多个有源元件,包含或不包含无源元件)组成的货物。就本注释而言,"有源元件"是指品目8541的二极管、晶体管和类似半导体的器件(不论是否光敏),品目8542的集成电路,以及品目8543或品目8548的微组件。

章规则二: 就子目8471.49而言,系统报验部件的原产地应按照适用于该独立报验部件的规则确定,系统报验部件中每个部件的特惠税率应为该部件在子目8471.49的适当税号适用的税率。

就本规则而言,"系统报验部件"是指——

(a)本税则第八十四章注释五(二)所述的独立部件;或者

(b)子目8471.49的报验的任何其他独立机器。

章规则三: 以下是子目8443.31或子目8443.32货物的部件:

(a)控制或命令组件,包括以下多项:印刷电路组件、硬或软(软)盘驱动器、键盘、用户界面;

(b)光源组件,包括以下多项:发光二极管组件、气体激光器、镜面多边形组件、基座铸件;

(c)激光成像组件,包括以下多项:感光带或感光筒、碳粉接收单元、碳粉显影单元、充电/放电单元、清洁单元;

(d)图像定影组件,包括以下多项:定影器、压力辊、加热单元、释放油分配器、清洁单元、电气控制;

(e)喷墨标记组件,包括以下多项:热敏打印头、油墨分配单元、喷嘴和贮存器单元、油墨加热器;

(f)维护/密封组件,包括以下多项:真空单元、喷墨覆盖单元、密封单元、吹扫单元;

(g)纸张处理组件,包括以下多项:纸张传送带、滚筒、打印杆、托架、夹持器滚筒、纸张存储单元、出纸盘;

(h)热转印成像组件,包括以下多项:热敏打印头、清洁单元、供给辊或卷取辊;

(i)离子成像组件,包括以下多项:离子产生和发射单元、空气辅助单元、印刷电路组件、电荷接收带或环行器、碳粉接收单元、碳粉分配单元、显影剂盒和分配单元、显影单元、充电/放电单元、清洁单元;或者

(j)上述指定组件的组合。

章规则四: 以下是传真机的部件:

(a)控制或命令程序集,包括以下多项:印刷电路组件、调制解调器、硬或软(软)盘驱动器、键盘、用户界面;

(b)光学模块组件,包括以下多项:光学灯、电荷耦合装置和适当的光学器件、透镜、镜子;

(c)激光成像组件,包括以下多项:感光带或感光筒、碳粉接收单元、碳粉显影单元、充电/放电单元、清洁单元;

(d)喷墨标记组件,包括以下多项:热敏打印头、油墨分配单元、喷嘴和贮存器单元、油墨加热器;

(e)热转印成像组件,包括以下多项:热敏打印头、清洁单元、供给辊或卷取辊;

(f)离子成像组件,包括以下多项:离子产生和发射单元、空气辅助单元、印刷电路组件、电荷接收带或环形器、碳粉接收单元、碳粉分配、显影剂盒和分配单元、显影单元、充电/放电单元、清洁单元;

(g)图像定影组件,包括以下多项:定影器、压力辊、加热单元、释放油分配器、清洁单元、电气控制;

(h)纸张处理组件,包括以下多项:纸张传送带、滚筒、打印杆、托架、夹持器滚筒、纸张存储单元、出纸盘;或者

(i)上述指定组件的组合。

章规则五: 以下是本规则所得到的子目8443.32和子目8443.39影印设备的部件:

(a)成像组件,包括以下多项:感光带或感光筒、碳粉接收单元、碳粉分配单元、显影剂盒单元、显影剂分配单元、充电/放电单元、清洁单元;

(b)光学组件,包括以下多项:透镜、镜子、光源、文件曝光玻璃;

(c)用户控制组件包括以下多项:印刷电路组件、电源、用户输入键盘、线束、显示单元(阴极射线型或平板);

(d)图像定影组件,包括以下多项:定影器、压力辊、加热元件、释放油分配器、清洁单元、电气控制;

(e)纸张处理组件,包括以下多项:纸张传送带、滚筒、打印杆、托架、夹持器滚筒、纸张存储单元、出纸盘;或者

(f)上述指定组件的组合。

章规则六: 就与本章有关的各款而言,只要对各款的编号进行了划线强调,则本注释(四)款的规定就可适用于第八十七章机动车辆用的货物。

1.(A)从任何其他品目改变至子目8401.10至8401.30;或者

(B)从子目8401.40改变至子目8401.10至8401.30,不论是否又从任何其他品目改变而来,前提是区域价值成分不低于:

(1)使用成交价格法时的60%,或

(2)使用净成本法时的50%。

2. 从任何其他品目改变至子目8401.40。

3.(A)从任何其他品目改变至子目8402.11至8402.20;或者

(B)从子目8402.90改变至子目8402.11至8402.20,不论是否又从任何其他品目改变而来,前提是区域价值成分不低于:

(1)使用成交价格法时的60%,或

(2)使用净成本法时的50%。

4. (A)从任何其他品目改变至子目 8402.90;或者
   (B)税则归类无需改变至子目 8402.90,前提是区域价值成分不低于:
      (1)使用成交价格法时的 60%,或
      (2)使用净成本法时的 50%。

5. (A)从任何其他品目改变至子目 8403.10;或者
   (B)从子目 8403.90 改变至子目 8403.10,不论是否又从任何其他品目改变而来,前提是区域价值成分不低于:
      (1)使用成交价格法时的 60%,或
      (2)使用净成本法时的 50%。

6. 从任何其他品目改变至子目 8403.90。

7. (A)从任何其他品目改变至子目 8404.10 至 8404.20;或者
   (B)从子目 8404.90 改变至子目 8404.10 至 8404.20,不论是否又从任何其他品目改变而来,前提是区域价值成分不低于:
      (1)使用成交价格法时的 60%,或
      (2)使用净成本法时的 50%。

8. 从任何其他品目改变至子目 8404.90。

9. (A)从任何其他品目改变至子目 8405.10;或者
   (B)从子目 8405.90 改变至子目 8405.10,不论是否又从任何其他品目改变而来,前提是区域价值成分不低于:
      (1)使用成交价格法时的 60%,或
      (2)使用净成本法时的 50%。

10. 从任何其他品目改变至子目 8405.90。

11. 从子目 8406.10 至 8406.82 以外的任何子目(税号 8406.90.20、税号 8406.90.40、税号 8406.90.50 或税号 8406.90.70 除外)改变至子目 8406.10 至 8406.82。

12. 从税号 8406.90.30、税号 8406.90.60 或任何其他税号改变至税号 8406.90.20 或税号 8406.90.50。

13. 从任何其他税号改变至税号 8406.90.40 或税号 8406.90.70。

14. 从任何其他品目改变至子目 8406.90。

15. 从任何其他品目(包括品目 8407 至 8408 中的另一品目)改变至品目 8407 至 8408,前提是区域价值成分不低于:
    (A)使用成交价格法时的 60%,或
    (B)使用净成本法时的 50%。

16. 从任何其他品目改变至子目 8409.10。

17. (A)从任何其他品目改变至子目 8409.91;或者
    (B)税则归类无需改变至子目 8409.91,前提是区域价值成分不低于:
       (1)使用成交价格法时的 60%,或
       (2)使用净成本法时的 50%。

18. (A)从任何其他品目改变至子目 8409.99;或者

(B)税则归类无需改变至子目 8409.99,前提是区域价值成分不低于:
(1)使用成交价格法时的 60%,或
(2)使用净成本法时的 50%。

19.(A)从任何其他品目改变至子目 8410.11 至 8410.13;或者
(B)从子目 8410.90 改变至子目 8410.11 至 8410.13,不论是否又从任何其他品目改变而来,前提是区域价值成分不低于:
(1)使用成交价格法时的 60%,或
(2)使用净成本法时的 50%。

20. 从任何其他品目改变至子目 8410.90。

21.(A)从任何其他品目改变至子目 8411.11 至 8411.82;或者
(B)从子目 8411.91 至 8411.99 改变至子目 8411.11 至 8411.82,不论是否又从任何其他品目改变而来,前提是区域价值成分不低于:
(1)使用成交价格法时的 60%,或
(2)使用净成本法时的 50%。

22. 从任何其他品目改变至子目 8411.91 至 8411.99。

23.(A)从任何其他品目改变至子目 8412.10 至 8412.80;或者
(B)从子目 8412.90 改变至子目 8412.10 至 8412.80,不论是否又从任何其他品目改变而来,前提是区域价值成分不低于:
(1)使用成交价格法时的 60%,或
(2)使用净成本法时的 50%。

24. 从任何其他品目改变至子目 8412.90。

25.(A)从任何其他品目改变至 8413.11 至子目 8413.82;或者
(B)从子目 8413.91 至 8413.92 改变至子目 8413.11 至 8413.82,不论是否又从任何其他品目改变而来,前提是区域价值成分不低于:
(1)使用成交价格法时的 60%,或
(2)使用净成本法时的 50%。

26. 从任何其他品目改变至子目 8413.91。

27.(A)从任何其他品目改变至子目 8413.92;或者
(B)税则归类无需改变至子目 8413.92,前提是区域价值成分不低于:
(1)使用成交价格法时的 60%,或
(2)使用净成本法时的 50%。

28.(A)从任何其他品目改变至子目 8414.10 至 8414.20;或者
(B)从子目 8414.90 改变至子目 8414.10 至 8414.20,不论是否又从任何其他品目改变而来,前提是区域价值成分不低于:
(1)使用成交价格法时的 60%,或
(2)使用净成本法时的 50%。

29. 从任何其他子目(税号 8414.90.30 除外)改变至子目 8414.30。

30.(A)从任何其他品目改变至子目 8414.40;或者

(B)从子目8414.90改变至子目8414.40,不论是否又从任何其他品目改变而来,前提是区域价值成分不低于:

(1)使用成交价格法时的60%,或

(2)使用净成本法时的50%。

30A. 从任何其他子目改变至子目8414.51。

30B. (A)从任何其他品目改变至子目8414.59至8414.80;或者

(B)从子目8414.90改变至子目8414.59至8414.80,不论是否又从任何其他品目改变而来,前提是区域价值成分不低于:

(1)使用成交价格法时的60%,或

(2)使用净成本法时的50%。

31. (A)从任何其他品目改变至子目8414.90;或者

(B)税则归类无需改变至子目8414.90,前提是区域价值成分不低于:

(1)使用成交价格法时的60%,或

(2)使用净成本法时的50%。

32. (A)从任何其他子目(税号8415.90.40或包含以下多项部件的组件除外:压缩机、冷凝器、蒸发器、连接管)改变至子目8415.10的独立式窗式或壁式空调机;

(B)从任何其他子目(子目8415.20至8415.83、税号8415.90.40、包含以下多项部件的组件除外:压缩机、冷凝器、蒸发器、连接管)改变至子目8415.10的"分体式系统";或者

(C)从税号8415.90.40或包含压缩机、冷凝器、蒸发器、连接管中多项部件的组件改变至子目8415.10的"分体式系统",不论是否又从子目8415.20至8415.83改变而来,前提是区域价值成分不低于:

(1)使用成交价格法时的60%,或

(2)使用净成本法时的50%。

33. (A)从子目8415.20至8415.83以外的任何子目(子目8415.10的"分体式系统"、税号8415.90.40或包含以下多项部件的组件除外:压缩机、冷凝器、蒸发器、连接管)改变至子目8415.20至8415.83;或者(B)从税号8415.90.40或包含压缩机、冷凝器、蒸发器、连接管中多项部件的组件改变至子目8415.20至8415.83,不论是否又从该组别以外的任何子目(子目8415.10的"分体式系统"除外)改变而来,前提是区域价值成分不低于:

(1)使用成交价格法时的60%,或

(2)使用净成本法时的50%。

34. 从任何其他税号改变至税号8415.90.40。

35. 从任何其他品目改变至子目8415.90。

36. (A)从任何其他品目改变至子目8416.10至8416.30;或者

(B)从子目8416.90改变至子目8416.10至8416.30,不论是否又从任何其他品目改变而来,前提是区域价值成分不低于:

(1)使用成交价格法时的60%,或

(2)使用净成本法时的50%。

37. 从任何其他品目改变至子目8416.90。

38. (A)从任何其他品目改变至子目8417.10至8417.80;或者

    (B)从子目8417.90改变至子目8417.10至8417.80,不论是否又从任何其他品目改变而来,前提是区域价值成分不低于:

    (1)使用成交价格法时的60%,或

    (2)使用净成本法时的50%。

39. 从任何其他品目改变至子目8417.90。

40. 从子目8418.10至8418.21以外的任何子目(子目8418.91、税号8418.99.40或包含以下多项部件的组件除外:压缩机、冷凝器、蒸发器、连接管)改变至子目8418.10至8418.21。

41. (A)从任何其他品目改变至子目8418.29的吸收式家用电冰箱;

    (B)从子目8418.91至8418.99改变至子目8418.29的吸收式家用电冰箱,不论是否又从任何其他品目改变而来,前提是区域价值成分不低于:

    (1)使用成交价格法时的60%,或

    (2)使用净成本法时的50%;或者

    (C)从任何其他子目(子目8418.30,子目8418.40,子目8418.91,包含子目8418.99的内板、外板、隔热层、铰链、把手中多项部件的门组件,包含压缩机、冷凝器、蒸发器、连接管中多项部件的组件除外)改变至子目8418.29的任何其他货物。

42. 从子目8418.30至8418.40以外的任何子目(子目8418.29或子目8418.91的除吸收式家用电冰箱之外的任何货物,包含子目8418.99的内板、外板、绝缘层、铰链、把手中多项部件的门组件,包含压缩机、冷凝器、蒸发器、连接管中多项部件的组件除外)改变至子目8418.30至8418.40。

    (A)从任何其他品目改变至子目8418.50至8418.69;或者

    (B)从子目8418.91至8418.99改变至子目8418.50至8418.69,不论是否又从任何其他品目改变而来,前提是区域价值成分不低于:

    (1)使用成交价格法时的60%,或

    (2)使用净成本法时的50%。

44. 从任何其他子目改变至子目8418.91。

45. 从任何其他税号改变至税号8418.99.40。

46. 从任何其他品目改变至子目8418.99。

47. (A)从任何其他品目改变至子目8419.11至8419.89;或者

    (B)从子目8419.90改变至子目8419.11至8419.89,不论是否又从任何其他品目改变而来,前提是区域价值成分不低于:

    (1)使用成交价格法时的60%,或

    (2)使用净成本法时的50%。

48. (A)从任何其他品目改变至子目8419.90;或者

    (B)税则归类无需改变至子目8419.90,前提是区域价值成分不低于:

(1)使用成交价格法时的60%,或

(2)使用净成本法时的50%。

49. (A)从任何其他品目改变至子目8420.10;或者

(B)从子目8420.91至8420.99改变至子目8420.10,不论是否又从任何其他品目改变而来,前提是区域价值成分不低于:

(1)使用成交价格法时的60%,或

(2)使用净成本法时的50%。

50. 从任何其他品目改变至子目8420.91至8420.99。

51. (A)从任何其他品目改变至子目8421.11;或者

(B)从子目8421.91改变至子目8421.11,不论是否又从任何其他品目改变而来,前提是区域价值成分不低于:

(1)使用成交价格法时的60%,或

(2)使用净成本法时的50%。

52. 从任何其他子目(税号8421.91.20、税号8421.91.40或税号8537.10.30除外)改变至子目8421.12。

53. (A)从任何其他品目改变至子目8421.19至8421.39;或者

(B)从子目8421.91至8421.99改变至子目8421.19至8421.39,不论是否又从任何其他品目改变而来,前提是区域价值成分不低于:

(1)使用成交价格法时的60%,或

(2)使用净成本法时的50%。

54. 从任何其他税号改变至税号8421.91.20。

55. 从任何其他税号改变至税号8421.91.40。

56. 从任何其他品目改变至子目8421.91。

57. (A)从任何其他品目改变至子目8421.99;或者

(B)税则归类无需改变至子目8421.99,前提是区域价值成分不低于:

(1)使用成交价格法时的60%,或

(2)使用净成本法时的50%。

58. 从任何其他子目[税号8422.90.02,税号8422.90.04,税号8537.10.30,装有泵(不论是否机动)和控制、过滤或分散喷雾辅助装置的水循环系统除外]改变至子目8422.11。

59. (A)从任何其他品目改变至子目8422.19至8422.40;或者

(B)从子目8422.90改变至子目8422.19至8422.40,不论是否又从任何其他品目改变而来,前提是区域价值成分不低于:

(1)使用成交价格法时的60%,或

(2)使用净成本法时的50%。

60. 从任何其他税号改变至税号8422.90.02。

61. 从任何其他税号改变至税号8422.90.04。

62. 从任何其他品目改变至子目8422.90。

63. (A)从任何其他品目改变至子目8423.10至8423.89;或者

(B)从子目8423.90改变至子目8423.10至8423.89,不论是否又从任何其他品目改变而来,前提是区域价值成分不低于:

(1)使用成交价格法时的60%,或

(2)使用净成本法时的50%。

64. 从任何其他品目改变至子目8423.90。

65. (A)从任何其他品目改变至子目8424.10至8424.89;或者

(B)从子目8424.90改变至子目8424.10至8424.89,不论是否又从任何其他品目改变而来,前提是区域价值成分不低于:

(1)使用成交价格法时的60%,或

(2)使用净成本法时的50%。

66. 从任何其他品目改变至子目8424.90。

67. (A)从任何其他品目(包括品目8425至8426中的另一品目,品目8431除外)改变至品目8425至8426;或者

(B)从品目8431改变至品目8425至8426,不论是否又从任何其他品目(包括该组别内的另一品目)改变而来,前提是区域价值成分不低于:

(1)使用成交价格法时的60%,或

(2)使用净成本法时的50%。

68. (A)从任何其他品目(子目8431.20、子目8483.40或品目8501除外)改变至税号8427.10.40;或者

(B)从子目8431.20、子目8483.40或品目8501改变至税号8427.10.40,不论是否又从任何其他品目改变而来,前提是区域价值不低于:

(1)使用成交价格法时的60%,或

(2)使用净成本法时的50%。

69. (A)从任何其他品目(子目8431.20除外)改变至子目8427.10;或者

(B)从子目8431.20改变至子目8427.10,不论是否又从任何其他品目改变而来,前提是区域价值成分不低于:

(1)使用成交价格法时的60%,或

(2)使用净成本法时的50%。

70. (A)从任何其他品目(品目8407、品目8408、子目8431.20或子目8483.40除外)改变至税号8427.20.40;或者

(B)从品目8407、品目8408、子目8431.20或子目8483.40改变至税号8427.20.40,不论是否又从任何其他品目改变而来,前提是区域价值成分不低于:

(1)使用成交价格法时的60%,或

(2)使用净成本法时的50%。

71. (A)从任何其他品目(子目8431.20除外)改变至子目8427.20;或者

(B)从子目8431.20改变至子目8427.20,不论是否又从任何其他品目改变而来,前提是区域价值成分不低于:

(1)使用成交价格法时的60%,或

(2)使用净成本法时的50%。

72. (A)从任何其他品目(子目8431.20除外)改变至子目8427.90;或者
(B)从子目8431.20改变至子目8427.90,不论是否又从任何其他品目改变而来,前提是区域价值成分不低于:
(1)使用成交价格法时的60%,或
(2)使用净成本法时的50%。

73. (A)从品目8428至8430以外的任何品目(品目8431除外)改变至品目8428至8430;或者
(B)从品目8431改变至品目8428至8430,不论是否又从该组别以外的任何品目改变而来,前提是区域价值成分不低于:
(1)使用成交价格法时的60%,或
(2)使用净成本法时的50%。

74. (A)从任何其他品目改变至子目8431.10;或者
(B)税则归类无需改变至子目8431.10,前提是区域价值成分不低于:
(1)使用成交价格法时的60%,或
(2)使用净成本法时的50%。

75. 从任何其他品目改变至子目8431.20。

76. (A)从任何其他品目改变至子目8431.31;或者
(B)税则归类无需改变至子目8431.31,前提是区域价值成分不低于:
(1)使用成交价格法时的60%,或
(2)使用净成本法时的50%。

77. (A)从任何其他品目改变至子目8431.39;或者
(B)税则归类无需改变至子目8431.39,前提是区域价值成分不低于:
(1)使用成交价格法时的60%,或
(2)使用净成本法时的50%。

78. 从任何其他品目改变至子目8431.41至8431.42。

79. (A)从任何其他品目改变至子目8431.43;或者
(B)税则归类无需改变至子目8431.43,前提是区域价值成分不低于:
(1)使用成交价格法时的60%,或
(2)使用净成本法时的50%。

80. (A)从任何其他品目改变至子目8431.49;或者
(B)税则归类无需改变至子目8431.49,前提是区域价值成分不低于:
(1)使用成交价格法时的60%,或
(2)使用净成本法时的50%。

81. (A)从任何其他品目改变至子目8432.10至8432.80;或者
(B)从子目8432.90改变至子目8432.10至8432.80,不论是否又从任何其他品目改变而来,前提是区域价值成分不低于:
(1)使用成交价格法时的60%,或

(2)使用净成本法时的50%。

82. 从任何其他品目改变至子目8432.90。

83. (A)从任何其他品目改变至子目8433.11至8433.60;或者
    (B)从子目8433.90改变至子目8433.11至8433.60,不论是否又从任何其他品目改变而来,前提是区域价值成分不低于:
        (1)使用成交价格法时的60%,或
        (2)使用净成本法时的50%。

84. 从任何其他品目改变至子目8433.90。

85. (A)从任何其他品目改变至子目8434.10至8434.20;或者
    (B)从子目8434.90改变至子目8434.10至8434.20,不论是否又从任何其他品目改变而来,前提是区域价值成分不低于:
        (1)使用成交价格法时的60%,或
        (2)使用净成本法时的50%。

86. 从任何其他品目改变至子目8434.90。

87. (A)从任何其他品目改变至子目8435.10;或者
    (B)从子目8435.90改变至子目8435.10,不论是否又从任何其他品目改变而来,前提是区域价值成分不低于:
        (1)使用成交价格法时的60%,或
        (2)使用净成本法时的50%。

88. 从任何其他品目改变至子目8435.90。

89. (A)从任何其他品目改变至子目8436.10至8436.80;或者
    (B)从子目8436.91至8436.99改变至子目8436.10至8436.80,不论是否又从任何其他品目改变而来,前提是区域价值成分不低于:
        (1)使用成交价格法时的60%,或
        (2)使用净成本法时的50%。

90. 从任何其他品目改变至子目8436.91至8436.99。

91. (A)从任何其他品目改变至子目8437.10至8437.80;或者
    (B)从子目8437.90改变至子目8437.10至8437.80,不论是否又从任何其他品目改变而来,前提是区域价值成分不低于:
        (1)使用成交价格法时的60%,或
        (2)使用净成本法时的50%。

92. 从任何其他品目改变至子目8437.90。

93. (A)从任何其他品目改变至子目8438.10至8438.80;或者
    (B)从子目8438.90改变至子目8438.10至8438.80,不论是否又从任何其他品目改变而来,前提是区域价值成分不低于:
        (1)使用成交价格法时的60%,或
        (2)使用净成本法时的50%。

94. 从任何其他品目改变至子目8438.90。

95. (A)从任何其他品目改变至子目 8439.10 至 8439.30；或者

　　(B)从子目 8439.91 至 8439.99 改变至子目 8439.10 至 8439.30，不论是否又从任何其他品目改变而来，前提是区域价值成分不低于：

　　　　(1)使用成交价格法时的 60%，或

　　　　(2)使用净成本法时的 50%。

96. 从任何其他品目改变至子目 8439.91 至 8439.99。

97. (A)从任何其他品目改变至子目 8440.10；或者

　　(B)从子目 8440.90 改变至子目 8440.10，不论是否又从任何其他品目改变而来，前提是区域价值成分不低于：

　　　　(1)使用成交价格法时的 60%，或

　　　　(2)使用净成本法时的 50%。

98. 从任何其他品目改变至子目 8440.90。

99. (A)从任何其他品目改变至子目 8441.10 至 8441.80；或者

　　(B)从子目 8441.90 改变至子目 8441.10 至 8441.80，不论是否又从任何其他品目改变而来，前提是区域价值成分不低于：

　　　　(1)使用成交价格法时的 60%，或

　　　　(2)使用净成本法时的 50%。

100. (A)从任何其他品目改变至子目 8441.90；或者

　　(B)税则归类无需改变至子目 8441.90，前提是区域价值成分不低于：

　　　　(1)使用成交价格法时的 60%，或

　　　　(2)使用净成本法时的 50%。

101. (A)从任何其他品目改变至子目 8442.30；或者

　　(B)从子目 8442.40 至 8442.50 改变至子目 8442.30，不论是否又从任何其他品目改变而来，前提是区域价值成分不低于：

　　　　(1)使用成交价格法时的 60%，或

　　　　(2)使用净成本法时的 50%。

102. 从任何其他品目改变至子目 8442.40 至 8442.50。

103. (A)从任何其他品目改变至子目 8443.11 至 8443.19；或者

　　(B)从子目 8443.91 改变至子目 8443.11 至 8443.19，不论是否又从任何其他品目改变而来，前提是区域价值成分不低于：

　　　　(1)使用成交价格法时的 60%，或

　　　　(2)使用净成本法时的 50%。

104. (A)从子目 8443.31 的任何其他货物或任何其他子目(第八十四章章规则四规定的传真机部件除外)改变至子目 8443.31 的执行传真发送/接收功能的机器；

　　(B)从子目 8443.31 的任何其他货物或任何其他子目(第八十四章章规则三规定的子目 8443.31 的打印机部件、子目 8443.99 的印刷电路组件或子目 8471.49 除外)改变至子目 8443.31 的通过激光技术执行打印功能、每分钟打印量超过 20 页的其他机器；

(C)从子目 8443.31 的任何其他货物或任何其他子目(子目 8443.99 的印刷电路组件或子目 8471.49 除外)改变至子目 8443.31 的通过激光技术执行打印功能的其他机器;

(D)从子目 8443.31 的任何其他货物或任何其他子目(第八十四章章规则三规定的子目 8443.31 的打印机部件、子目 8443.99 的印刷电路组件或子目 8471.49 除外)改变至子目 8443.31 的通过光棒式电子技术执行打印功能的其他机器;

(E)从子目 8443.31 的任何其他货物或任何其他子目(第八十四章章规则三规定的子目 8443.31 的打印机部件或子目 8471.49 除外)改变至子目 8443.31 的通过喷墨技术执行打印功能的其他机器;

(F)从子目 8443.31 的任何其他货物或任何其他子目(第八十四章章规则三规定的子目 8443.31 的打印机部件或子目 8471.49 除外)改变至子目 8443.31 的通过热转印技术执行打印功能的其他机器;

(G)从子目 8443.31 的任何其他货物或任何其他子目(第八十四章章规则三规定的子目 8443.31 的打印机部件或子目 8471.49 除外)改变至子目 8443.31 的通过离子照相技术执行打印功能的其他机器;或者

(H)从子目 8443.31 的执行传真发送/接收功能的机器或任何其他子目(子目 8471.49 或子目 8471.60 除外)改变至子目 8443.31 的任何其他货物。

105.(A)从子目 8443.32 的任何其他货物或任何其他子目(第八十四章章规则四规定的传真机部件除外)改变至子目 8443.32 的传真机;

(B)从子目 8443.32 的任何其他货物或任何其他子目(第八十四章章规则三规定的子目 8443.32 的打印机部件、子目 8443.99 的印刷电路组件或子目 8471.49 除外)改变至子目 8443.32 的每分钟打印量超过 20 页的激光打印机;

(C)从子目 8443.32 的任何其他货物或任何其他子目(子目 8443.99 的印刷电路组件或子目 8471.49 除外)改变至子目 8443.32 的其他激光打印机;

(D)从子目 8443.32 的任何其他货物或任何其他子目(第八十四章章规则三规定的子目 8443.32 的打印机部件、子目 8443.99 的印刷电路组件或子目 8471.49 除外)改变至子目 8443.31 的光棒式电子打印机;

(E)从子目 8443.32 的任何其他货物或任何其他子目(第八十四章章规则三规定的子目 8443.32 的打印机部件或子目 8471.49 除外)改变至子目 8443.32 的喷墨打印机;

(F)从子目 8443.32 的任何其他货物或任何其他子目(第八十四章章规则三规定的子目 8443.32 的打印机部件或子目 8471.49 除外)改变至子目 8443.32 的热转印打印机;

(G)从子目 8443.32 的任何其他货物或任何其他子目(第八十四章章规则三规定的子目 8443.32 的打印机部件或子目 8471.49 除外)改变至子目 8443.32 的电离层打印机;

(H)从子目 8443.32 的任何其他货物或任何其他子目改变至子目 8443.32 的电传打字机,前提是对于子目 8443.99 的印刷电路组件或包含印刷电路组件的部件:

(1)除(二)款规定外,对于货物中包含的 9 个印刷电路组件中的每一个或其中任何

部分,只可以有1个印刷电路组件是非原产印刷电路组件,并且

(2)如果货物包含少于3个印刷电路组件,则所有印刷电路组件必须是原产印刷电路组件;或者

(I)从子目8443.32的执行传真发送/接收功能的机器、子目8443.32的电传打字机或任何其他子目(子目8471.49或子目8471.60除外)改变至子目8443.32的任何其他货物。

105A. (A)从子目8443.39的任何其他货物或任何其他子目改变至子目8443.39的直接静电复印机;

(B)从子目8443.39的任何其他货物或任何其他子目(第八十四章章规则五规定的间接静电复印机部件除外)改变至子目8443.39的间接静电复印机;

(C)从子目8443.39的任何其他货物或任何其他子目改变至子目8443.39的包含光学系统的影印设备;

(D)从子目8443.39的任何其他货物或任何其他子目改变至子目8443.39的接触式影印设备;

(E)从子目8443.39的任何其他货物或任何其他子目改变至子目8443.39的热敏复印设备;

(F)从任何其他品目(品目8473除外)改变至子目8443.39的独立数字复印机;或者

(G)从品目8473改变至子目8443.39的独立数字复印机,不论是否又从任何其他品目改变而来,前提是区域价值成分不低于:

(1)使用成交价格法时的60%,或

(2)使用净成本法时的50%。

105B. (A)从子目8443.99或任何其他品目改变至子目8443.91的辅助印刷附件;或者

(B)从子目8443.91的部件改变至子目8443.91的辅助印刷附件,不论是否又从子目8443.99或任何其他品目改变而来,前提是区域价值成分不低于:

(1)使用成交价格法时的60%,或

(2)使用净成本法时的50%;或者

(C)从子目8443.99或任何其他品目改变至子目8443.91的部件。

105C. (A)从任何其他品目改变至子目8443.99的辅助印刷附件;或者

(B)从子目8443.99的部件改变至子目8443.99的辅助印刷附件,不论是否又从任何其他品目改变而来,前提是区域价值成分不低于:

(1)使用成交价格法时的60%,或

(2)使用净成本法时的50%;

(C)从子目8443.99的任何其他货物或任何其他子目改变至子目8443.99的印刷电路组件;

(D)从子目8443.99的任何其他货物或任何其他子目改变至子目8443.99的印刷电路组件的部件或附件,包括面板和锁销;

(E)从子目8443.99的任何其他货物或任何其他子目改变至子目8443.99的第八十四章章规则三规定的子目8443.31或子目8443.32货物的其他部件;

(F)从子目8443.99的任何其他货物或任何其他品目改变至子目8443.31至8443.32货物(传真机除外)的子目8443.99的部件或附件;

(G)税则归类无需改变至子目8443.31执行打印功能的机器或子目8443.32打印机的子目8443.99的其他部件或附件,前提是区域价值成分不低于:

 (1)使用成交价格法时的60%,或

 (2)使用净成本法时的50%;

(H)从子目8443.99的任何其他货物或任何其他子目改变至子目8443.99的第八十四章章规则四规定的传真机部件;

(I)从子目8443.99的任何其他货物或任何其他子目改变至子目8443.99的电传打字机中包含印刷电路组件的部件,前提是对于子目8443.99的印刷电路组件或包含印刷电路组件的部件:

 (1)除(2)款规定外,对于货物中包含的9个印刷电路组件中的每一个或其中任何部分,只可以有1个印刷电路组件是非原产印刷电路组件,并且

 (2)如果货物包含少于3个印刷电路组件,则所有印刷电路组件必须是原产印刷电路组件;

(J)从子目8443.99的任何其他货物(第八十四章章规则五规定的部件除外)改变至子目8443.99的包含光学系统的影印设备、接触式影印设备或热敏复印设备的自动文件送纸器、送纸器或分拣器;

(K)从子目8443.99的任何其他货物或任何其他品目改变至子目8443.99的第八十四章章规则五规定的影印设备部件,前提是第八十四章章规则五确定的此类组件中至少有一个部件是原产部件;

(L)从子目8443.99或任何其他子目改变至子目8443.99的包含光学系统的影印设备、接触式影印设备或热敏复印设备的其他部件和附件;

(M)从任何其他品目改变至子目8443.99的传真机或电传打字机的其他部件;或者

(N)税则归类无需改变至子目8443.99的传真机或电传打字机的其他部件,前提是区域价值成分不低于:

 (1)使用成交价格法时的60%,或

 (2)使用净成本法时的50%。

106.(A)从品目8444至8447以外的任何品目(品目8448除外)改变至品目8444至8447;或者

(B)从品目8448改变至品目8444至8447,不论是否又从任何其他品目改变而来,前提是区域价值成分不低于:

 (1)使用成交价格法时的60%,或

 (2)使用净成本法时的50%。

107.(A)从任何其他品目改变至子目8448.11至8448.19;或者

(B)从子目8448.20至8448.59改变至子目8448.11至8448.19,不论是否又从任何其他品目改变而来,前提是区域价值成分不低于:

 (1)使用成交价格法时的60%,或

(2)使用净成本法时的50%。

108. 从任何其他品目改变至子目8448.20至8448.59。

109. 从任何其他品目改变至品目8449。

110. 从子目8450.11至8450.20以外的任何子目(税号8450.90.20、税号8450.90.40、税号8537.10.30或包含以下多项部件的垫圈总成除外:搅拌器、电机、变速箱、离合器)改变至子目8450.11至8450.20。

111. 从任何其他税号改变至税号8450.90.20。

112. 从任何其他税号改变至税号8450.90.40。

113. 从任何其他品目改变至子目8450.90。

114. (A)从任何其他品目改变至子目8451.10;或者

(B)从子目8451.90改变至子目8451.10,不论是否又从任何其他品目改变而来,前提是区域价值成分不低于:

(1)使用成交价格法时的60%,或

(2)使用净成本法时的50%。

115. 从子目8451.21至8451.29以外的任何子目(税号8451.90.30、税号8451.90.60或子目8537.10除外)改变至子目8451.21至8451.29。

116. (A)从任何其他品目改变至子目8451.30至8451.80;或者

(B)从子目8451.90改变至子目8451.30至8451.80,不论是否又从任何其他品目改变而来,前提是区域价值成分不低于:

(1)使用成交价格法时的60%,或

(2)使用净成本法时的50%。

117. 从任何其他税号改变至税号8451.90.30。

118. 从任何其他税号改变至税号8451.90.60。

119. 从任何其他品目改变至子目8451.90。

120. (A)从任何其他品目改变至子目8452.10至8452.30;或者

(B)从子目8452.40或子目8452.90改变至子目8452.10至8452.30,不论是否又从任何其他品目改变而来,前提是区域价值成分不低于:

(1)使用成交价格法时的60%,或

(2)使用净成本法时的50%。

121. 从任何其他品目改变至子目8452.40至8452.90。

122. (A)从任何其他品目改变至子目8453.10至8453.80;或者

(B)从子目8453.90改变至子目8453.10至8453.80,不论是否又从任何其他品目改变而来,前提是区域价值成分不低于:

(1)使用成交价格法时的60%,或

(2)使用净成本法时的50%。

123. 从任何其他品目改变至子目8453.90。

124. (A)从任何其他品目改变至子目8454.10至8454.30;或者

(B)从子目8454.90改变至子目8454.10至8454.30,不论是否又从任何其他品目改变

而来,前提是区域价值成分不低于:

(1)使用成交价格法时的60%,或

(2)使用净成本法时的50%。

125. 从任何其他品目改变至子目8454.90。

126. 从子目8455.10至8455.22以外的任何子目(税号8455.90.40除外)改变至子目8455.10至8455.22。

127. (A)从任何其他品目改变至子目8455.30;或者

(B)从子目8455.90改变至子目8455.30,不论是否又从任何其他品目改变而来,前提是区域价值成分不低于:

(1)使用成交价格法时的60%,或

(2)使用净成本法时的50%。

128. 从任何其他品目改变至子目8455.90。

129. 从任何其他品目(以下多项除外)改变至子目8456.10:

(A)税号8466.93.15、税号8466.93.30、税号8466.93.47或税号8466.93.53,

(B)子目8537.10,

(C)子目9013.20。

130. 从任何其他品目(以下多项除外)改变至子目8456.20至8456.90:

(A)子目8413.50至8413.60,

(B)税号8466.93.15、税号8466.93.30或税号8466.93.53,

(C)子目8501.32或子目8501.52,

(D)子目8537.10。

131. 从任何其他品目(品目8459或以下多项除外)改变至品目8457:

(A)子目8413.50至8413.60,

(B)税号8466.93.15、税号8466.93.30、税号8466.93.47或税号8466.93.53,

(C)子目8501.32或子目8501.52,

(D)子目8537.10。

132. 从任何其他品(以下多项除外)目改变至子目8458.11:

(A)子目8413.50至8413.60,

(B)税号8466.93.15、税号8466.93.30、税号8466.93.47或税号8466.93.53,

(C)子目8501.32或子目8501.52,

(D)子目8537.10。

133. 从任何其他品目(税号8466.93.15、税号8466.93.30、税号8466.93.47、税号8466.93.53、子目8501.32或子目8501.52除外)改变至子目8458.19。

134. 从任何其他品目(以下多项除外)改变至子目8458.91:

(A)子目8413.50至8413.60,

(B)税号8466.93.15、税号8466.93.30、税号8466.93.47或税号8466.93.53,

(C)子目8501.32或子目8501.52,

(D)子目8537.10。

135. 从任何其他品目（税号 8466.93.15、税号 8466.93.30、税号 8466.93.47、税号 8466.93.53、子目 8501.32 或子目 8501.52 除外）改变至子目 8458.99。

136. 从任何其他品目（税号 8466.93.15、税号 8466.93.30、税号 8466.93.47、税号 8466.93.53、子目 8501.32 或子目 8501.52 除外）改变至子目 8459.10。

137. (A)从任何其他品目（以下多项除外）改变至子目 8459.21：

　　(1)子目 8413.50 至 8413.60，

　　(2)税号 8466.93.15、税号 8466.93.30、税号 8466.93.47 或税号 8466.93.53，

　　(3)子目 8501.32 或子目 8501.52，

　　(4)子目 8537.10；或者

(B)从以下多项改变至子目 8459.21：

　　(1)子目 8413.50 至 8413.60，

　　(2)税号 8466.93.15、税号 8466.93.30、税号 8466.93.47 或税号 8466.93.53，

　　(3)子目 8501.32 或子目 8501.52，

　　(4)子目 8537.10，

(C)不论是否又从任何其他品目改变而来，前提是区域价值成分不低于：

　　(1)使用成交价格法时的 60%，或

　　(2)使用净成本法时的 50%。

138. 从任何其他品目（税号 8466.93.15、税号 8466.93.30、税号 8466.93.47、税号 8466.93.53、子目 8501.32 或子目 8501.52 除外）改变至子目 8459.29。

139. (A)从任何其他品目（以下多项除外）改变至子目 8459.31：

　　(1)子目 8413.50 至 8413.60，

　　(2)税号 8466.93.15、税号 8466.93.30、税号 8466.93.47 或税号 8466.93.53，

　　(3)子目 8501.32 或子目 8501.52，

　　(4)子目 8537.10；或者

(B)从以下多项改变至子目 8459.31：

　　(1)子目 8413.50 至 8413.60，

　　(2)税号 8466.93.15、税号 8466.93.30、税号 8466.93.47 或税号 8466.93.53，

　　(3)子目 8501.32 或子目 8501.52，

　　(4)子目 8537.10；

(C)不论是否又从任何其他品目改变而来，前提是区域价值成分不低于：

　　(1)使用成交价格法时的 60%，或

　　(2)使用净成本法时的 50%。

140. 从任何其他品目（税号 8466.93.15、税号 8466.93.30、税号 8466.93.47、税号 8466.93.53、子目 8501.32 或子目 8501.52 除外）改变至子目 8459.39。

141. (A)从任何其他品目（以下多项除外）改变至子目 8459.40 至 8459.51：

　　(1)子目 8413.50 至 8413.60，

　　(2)税号 8466.93.15、税号 8466.93.30、税号 8466.93.47 或税号 8466.93.53，

　　(3)子目 8501.32 或子目 8501.52，

(4)子目8537.10;或者

(B)从以下多项改变至子目8459.40至8459.51:

(1)子目8413.50至8413.60,

(2)税号8466.93.15、税号8466.93.30、税号8466.93.47或税号8466.93.53,

(3)子目8501.32或子目8501.52,

(4)子目8537.10;

(C)不论是否又从任何其他品目改变而来,前提是区域价值成分不低于:

(1)使用成交价格法时的60%,或

(2)使用净成本法时的50%。

142. 从任何其他品目(税号8466.93.15、税号8466.93.30、税号8466.93.47、税号8466.93.53、子目8501.32或子目8501.52除外)改变至子目8459.59。

143. (A)从任何其他品目(以下多项除外)改变至子目8459.61:

(1)子目8413.50至8413.60,

(2)税号8466.93.15、税号8466.93.30、税号8466.93.47或税号8466.93.53,

(3)子目8501.32或子目8501.52,

(4)子目8537.10;或者

(B)从以下多项改变至子目8459.61:

(1)子目8413.50至8413.60,

(2)税号8466.93.15、税号8466.93.30、税号8466.93.47或税号8466.93.53,

(3)子目8501.32或子目8501.52,

(4)子目8537.10;

(C)不论是否又从任何其他品目改变而来,前提是区域价值成分不低于:

(1)使用成交价格法时的60%,或

(2)使用净成本法时的50%。

144. 从任何其他品目(税号8466.93.15、税号8466.93.30、税号8466.93.47、税号8466.93.53、子目8501.32或子目8501.52除外)改变至子目8459.69。

145. (A)从任何其他品目(以下多项除外)改变至税号8459.70.40:

(1)子目8413.50至8413.60,

(2)税号8466.93.15、税号8466.93.30、税号8466.93.47或税号8466.93.53,

(3)子目8501.32或子目8501.52,

(4)子目8537.10;或者

(B)从以下多项改变至税号8459.70.40:

(1)子目8413.50至8413.60,

(2)税号8466.93.15、税号8466.93.30、税号8466.93.47或税号8466.93.53,

(3)子目8501.32或子目8501.52,

(4)子目8537.10;

(C)不论是否又从任何其他品目改变而来,前提是区域价值成分不低于:

(1)使用成交价格法时的60%,或

(2)使用净成本法时的50%。

146. 从任何其他品目(税号 8466.93.15、税号 8466.93.30、税号 8466.93.47、税号 8466.93.53、子目 8501.32 或子目 8501.52 除外)改变至子目 8459.70。

147. 从任何其他品目(以下多项除外)改变至子目 8460.11:
    (A)子目 8413.50 至 8413.60,
    (B)税号 8466.93.15、税号 8466.93.30、税号 8466.93.47 或税号 8466.93.53,
    (C)子目 8501.32 或子目 8501.52,
    (D)子目 8537.10。

148. 从任何其他品目(税号 8466.93.15、税号 8466.93.30、税号 8466.93.47、税号 8466.93.53、子目 8501.32、子目 8501.52 除外)改变至子目 8460.19。

149. 从任何其他品目(以下多项除外)改变至子目 8460.21:
    (A)子目 8413.50 至 8413.60,
    (B)税号 8466.93.15、税号 8466.93.30、税号 8466.93.47 或税号 8466.93.53,
    (C)子目 8501.32 或子目 8501.52,
    (D)子目 8537.10。

150. 从任何其他品目(税号 8466.93.15、税号 8466.93.30、税号 8466.93.47、税号 8466.93.53、子目 8501.32 或子目 8501.52 除外)改变至子目 8460.29。

151. 从任何其他品目(以下多项除外)改变至子目 8460.31:
    (A)子目 8413.50 至 8413.60,
    (B)税号 8466.93.15、税号 8466.93.30、税号 8466.93.47 或税号 8466.93.53,
    (C)子目 8501.32 或子目 8501.52,
    (D)子目 8537.10。

152. 从任何其他品目(税号 8466.93.15、税号 8466.93.30、税号 8466.93.47、税号 8466.93.53、子目 8501.32 或子目 8501.52 除外)改变至子目 8460.39。

153. 从任何其他品目(以下多项除外)改变至税号 8460.40.40:
    (A)子目 8413.50 至 8413.60,
    (B)税号 8466.93.15、税号 8466.93.30、税号 8466.93.47 或税号 8466.93.53,
    (C)子目 8501.32 或子目 8501.52,
    (D)子目 8537.10。

154. 从任何其他品目(税号 8466.93.15、税号 8466.93.30、税号 8466.93.47、税号 8466.93.53、子目 8501.32 或子目 8501.52 除外)改变至子目 8460.40。

155. 从任何其他税号(以下多项除外)改变至税号 8460.90.40:
    (A)子目 8413.50 至 8413.60,
    (B)税号 8466.93.15、税号 8466.93.30、税号 8466.93.47 或税号 8466.93.53,
    (C)子目 8501.32 或子目 8501.52,
    (D)子目 8537.10。

156. 从任何其他品目(税号 8466.93.15、税号 8466.93.30、税号 8466.93.47、税号 8466.93.53、子目 8501.32 或子目 8501.52 除外)改变至子目 8460.90。

[**157 和 158 已删除**]

159. 从任何其他品目(以下多项除外)改变至税号 8461.20.40：
    (A)子目 8413.50 至 8413.60，
    (B)税号 8466.93.15、税号 8466.93.30、税号 8466.93.47 或税号 8466.93.53，
    (C)子目 8501.32 或子目 8501.52，
    (D)子目 8537.10。

160. 从任何其他品目(税号 8466.93.15、税号 8466.93.30、税号 8466.93.47 或税号 8466.93.53 除外)改变至子目 8461.20。

161. 从任何其他品目(以下多项除外)改变至税号 8461.30.40：
    (A)子目 8413.50 至 8413.60，
    (B)税号 8466.93.15、税号 8466.93.30、税号 8466.93.47 或税号 8466.93.53，
    (C)子目 8501.32 或子目 8501.52，
    (D)子目 8537.10。

162. 从任何其他品目(税号 8466.93.15、税号 8466.93.30、税号 8466.93.47 或税号 8466.93.53 除外)改变至子目 8461.30。

163. 从任何其他品目(税号 8466.93.15、税号 8466.93.30、税号 8466.93.47 或税号 8466.93.53 除外)改变至子目 8461.40。

164. 从任何其他品目(以下多项除外)改变至税号 8461.50.40：
    (A)子目 8413.50 至 8413.60，
    (B)税号 8466.93.15、税号 8466.93.30、税号 8466.93.47 或税号 8466.93.53，
    (C)子目 8501.32 或子目 8501.52，
    (D)子目 8537.10。

165. 从任何其他品目(税号 8466.93.15、税号 8466.93.30、税号 8466.93.47 或税号 8466.93.53 除外)改变至子目 8461.50。

166. 从任何其他品目(以下多项除外)改变至税号 8461.90.40：
    (A)子目 8413.50 至 8413.60，
    (B)税号 8466.93.15、税号 8466.93.30、税号 8466.93.47 或税号 8466.93.53，
    (C)子目 8501.32 或子目 8501.52，
    (D)子目 8537.10。

167. 从任何其他品目(税号 8466.93.15、税号 8466.93.30、税号 8466.93.47 或税号 8466.93.53 除外)改变至子目 8461.90。

168. 从任何其他品目(税号 8466.94.20、税号 8466.94.55、税号 8466.94.65 或税号 8483.50.60 除外)改变至子目 8462.10。

169. 从任何其他品目(以下多项除外)改变至子目 8462.21：
    (A)子目 8413.50 至 8413.60，
    (B)税号 8466.94.20、税号 8466.94.55 或税号 8466.94.65，
    (C)税号 8483.50.60，
    (D)子目 8501.32 或子目 8501.52，

(E)子目 8537.10。

170. 从任何其他品目(税号 8466.94.20、税号 8466.94.55、税号 8466.94.65 或税号 8483.50.60 除外)改变至子目 8462.29。

171. 从任何其他品目(以下多项除外)改变至子目 8462.31：
    (A)子目 8413.50 至 8413.60,
    (B)税号 8466.94.20、税号 8466.94.55 或税号 8466.94.65,
    (C)税号 8483.50.60,
    (D)子目 8501.32 或子目 8501.52,
    (E)子目 8537.10。

172. 从任何其他品目(税号 8466.94.20、税号 8466.94.55、税号 8466.94.65 或税号 8483.50.60 除外)改变至子目 8462.39。

173. 从任何其他品目(以下多项除外)改变至子目 8462.41：
    (A)子目 8413.50 至 8413.60,
    (B)税号 8466.94.20、税号 8466.94.55 或税号 8466.94.65,
    (C)税号 8483.50.60,
    (D)子目 8501.32 或子目 8501.52,
    (E)子目 8537.10。

174. 从任何其他品目(税号 8466.94.20、税号 8466.94.55、税号 8466.94.65 或税号 8483.50.60 除外)改变至子目 8462.49。

175. 从任何其他品目(以下多项除外)改变至税号 8462.91.40：
    (A)子目 8413.50 至 8413.60,
    (B)税号 8466.94.20、税号 8466.94.55 或税号 8466.94.65,
    (C)税号 8483.50.60,
    (D)子目 8501.32 或 8501.52,
    (E)子目 8537.10。

176. 从任何其他品目(税号 8466.94.20、税号 8466.94.55、税号 8466.94.65 或税号 8483.50.60 除外)改变至子目 8462.91。

177. 从任何其他品目(以下多项除外)改变至税号 8462.99.40：
    (A)子目 8413.50 至 8413.60,
    (B)税号 8466.94.20、税号 8466.94.55 或税号 8466.94.65,
    (C)税号 8483.50.60,
    (D)子目 8501.32 或子目 8501.52,
    (E)子目 8537.10。

178. 从任何其他品目(税号 8466.94.20、税号 8466.94.55、税号 8466.94.65 或税号 8483.50.60 除外)改变至子目 8462.99。

179. 从任何其他品目(税号 8466.94.20、税号 8466.94.55、税号 8466.94.65 或税号 8483.50.60、子目 8501.32、子目 8501.52 除外)改变至品目 8463。

180. (A)从任何其他品目(子目 8466.91 除外)改变至品目 8464；或者

(B)从子目8466.91改变至品目8464,不论是否又从任何其他品目改变而来,前提是区域价值成分不低于:

(1)使用成交价格法时的60%,或

(2)使用净成本法时的50%。

181.(A)从任何其他品目(子目8466.92除外)改变至品目8465;或者

(B)从子目8466.92改变至品目8465,不论是否又从任何其他品目改变而来,前提是区域价值成分不低于:

(1)使用成交价格法时的60%,或

(2)使用净成本法时的50%。

182. 从任何其他品目改变至品目8466。

183.(A)从任何其他品目改变至子目8467.11至8467.19;或者

(B)从子目8467.91或子目8467.92改变至子目8467.11至8467.19,不论是否又从任何其他品目改变而来,前提是区域价值成分不低于:

(1)使用成交价格法时的60%,或

(2)使用净成本法时的50%。

183A.(A)从子目8467.21至8467.29以外的任何子目(子目8467.91、子目8467.99或品目8501除外)改变至子目8467.21至8467.29;或者

(B)从子目8467.91、子目8467.99或品目8501的外壳改变至子目8467.21至8467.29,不论是否又从该组别以外的任何子目改变而来,前提是区域价值成分不低于:

(1)使用成交价格法时的60%,或

(2)使用净成本法时的50%。

183B.(A)从任何其他品目改变至子目8467.81至8467.89;或者

(B)从子目8467.91或子目8467.99改变至子目8467.81至8467.89,不论是否又从任何其他品目改变而来,前提是区域价值成分不低于:

(1)使用成交价格法时的60%,或

(2)使用净成本法时的50%。

184. 从任何其他品目改变至子目8467.91至8467.99。

185.(A)从任何其他品目改变至子目8468.10至8468.80;或者

(B)从子目8468.90改变至子目8468.10至8468.80,不论是否又从任何其他品目改变而来,前提是区域价值成分不低于:

(1)使用成交价格法时的60%,或

(2)使用净成本法时的50%。

186. 从任何其他品目改变至子目8468.90。

187.(A)从任何其他品目(品目8473除外)改变至品目8469的文字处理机;

(B)从品目8473改变至品目8469的文字处理机,不论是否又从任何其他品目改变而来,前提是使用净成本法时的区域价值成分不低于50%;

(C)从任何其他品目(品目8473除外)改变至品目8469的任何其他货物;或者

(D) 从品目 8473 改变至品目 8469 的任何其他货物,不论是否又从任何其他品目改变而来,前提是区域价值成分不低于:

(1) 使用成交价格法时的 60%,或

(2) 使用净成本法时的 50%。

[188 已删除]

189. (A) 从任何其他品目(品目 8473 除外)改变至品目 8470;或者

(B) 从品目 8473 改变至品目 8470,不论是否又从任何其他品目改变而来,前提是区域价值成分不低于:

(1) 使用成交价格法时的 60%,或

(2) 使用净成本法时的 50%。

190. (A) 从任何其他品目(品目 8473 除外)改变至子目 8471.30 的模拟或混合自动数据处理设备;

(B) 从品目 8473 改变至子目 8471.30 的模拟或混合自动数据处理设备,不论是否又从任何其他品目改变而来,前提是区域价值成分不低于:

(1) 使用成交价格法时的 60%,或

(2) 使用净成本法时的 50%;或者

(C) 从子目 8471.30 的模拟或混合自动数据处理设备或任何其他子目(子目 8471.41 至 8471.50 除外)改变至子目 8471.30 的任何其他货物。

191. (A) 从任何其他品目(品目 8473 除外)改变至子目 8471.41 的模拟或混合自动数据处理设备;

(B) 从品目 8473 改变至子目 8471.41 的模拟或混合自动数据处理设备,不论是否又从任何其他品目改变而来,前提是区域价值成分不低于:

(1) 使用成交价格法时的 60%,或

(2) 使用净成本法时的 50%;或者

(C) 从子目 8471.41 的模拟或混合自动数据处理设备或任何其他子目(子目 8471.30、子目 8471.49 或子目 8471.50 除外)改变至子目 8471.41 的任何其他货物。

子目 8471.49 规则:应确定系统内每个单元的原产地,如同每个单元单独报验,并进行适当的税则归类。

192. (A) 从任何其他品目(品目 8473 除外)改变至子目 8471.50 的模拟或混合自动数据处理设备;

(B) 从品目 8473 改变至子目 8471.50 的模拟或混合自动数据处理设备,不论是否又从任何其他品目改变而来,前提是区域价值成分不低于:

(1) 使用成交价格法时的 60%,或

(2) 使用净成本法时的 50%;或者

(C) 从子目 8471.50 的模拟或混合自动数据处理设备或任何其他子目(子目 8471.30 至 8471.49 除外)改变至子目 8471.50 的任何其他货物。

193. 从任何其他子目(子目 8471.49 除外)改变至子目 8471.60。

[194 至 200 已删除]

201. 从任何其他子目(子目8471.49除外)改变至子目8471.70。

202. 从任何其他税号(子目8471.49除外)改变至税号8471.80.10。

203. 从任何其他税号(子目8471.49除外)改变至税号8471.80.40。

204. 从税号8471.80.10、税号8471.80.40或任何其他子目(子目8471.49除外)改变至子目8471.80的任何其他税号。

205. 从任何其他子目改变至子目8471.90。

206. (A)从任何其他品目(品目8473除外)改变至品目8472;或者

　　(B)从品目8473改变至品目8472,不论是否又从任何其他品目改变而来,前提是区域价值成分不低于:

　　　　(1)使用成交价格法时的60%,或

　　　　(2)使用净成本法时的50%。

207. 从任何其他品目改变至税号8473.10.20或税号8473.10.40。

208. (A)从任何其他品目改变至税号8473.10.60;或者

　　(B)税则归类无需改变至税号8473.10.60,前提是区域价值成分不低于:

　　　　(1)使用成交价格法时的60%,或

　　　　(2)使用净成本法时的50%。

208A. 从任何其他品目改变至子目8473.10。

209. (A)从任何其他品目改变至子目8473.21;或者

　　(B)税则归类无需改变至子目8473.21,前提是区域价值成分不低于:

　　　　(1)使用成交价格法时的60%,或

　　　　(2)使用净成本法时的50%。

210. (A)从任何其他品目改变至子目8473.29;或者

　　(B)税则归类无需改变至子目8473.29,前提是区域价值成分不低于:

　　　　(1)使用成交价格法时的60%,或

　　　　(2)使用净成本法时的50%。

211. 从任何其他税号改变至税号8473.30.10。

212. 从任何其他税号改变至税号8473.30.20。

[213 已删除]

214. (A)从任何其他品目改变至子目8473.30;或者

　　(B)税则归类无需改变至子目8473.30,前提是区域价值成分不低于:

　　　　(1)使用成交价格法时的60%,或

　　　　(2)使用净成本法时的50%。

215. (A)从任何其他品目改变至子目8473.40;或者

　　(B)税则归类无需改变至子目8473.40,前提是区域价值成分不低于:

　　　　(1)使用成交价格法时的60%,或

　　　　(2)使用净成本法时的50%。

215A. 从任何其他税号改变至税号8473.50.30。

215B. 从任何其他税号改变至税号8473.50.60。

子目规则：规则 215C(B)不适用于子目 8473.50 的部件或附件，前提是该部件或附件用于生产子目 8469.11 或品目 8471 的货物。

215C.(A)从任何其他品目改变至子目 8473.50；或者

(B)税则归类无需改变至子目 8473.50，前提是区域价值成分不低于：

(1)使用成交价格法时的 60%，或

(2)使用净成本法时的 50%。

216.(A)从任何其他品目改变至子目 8474.10 至 8474.80；或者

(B)从子目 8474.90 改变至子目 8474.10 至 8474.80，不论是否又从任何其他品目改变而来，前提是区域价值成分不低于：

(1)使用成交价格法时的 60%，或

(2)使用净成本法时的 50%。

217.(A)从任何其他品目改变至子目 8474.90；或者

(B)税则归类无需改变至子目 8474.90，前提是区域价值成分不低于：

(1)使用成交价格法时的 60%，或

(2)使用净成本法时的 50%。

218.(A)从任何其他品目改变至子目 8475.10 至 8475.29；或者

(B)从子目 8475.90 改变至子目 8475.10 至 8475.29，不论是否又从任何其他品目改变而来，前提是区域价值成分不低于：

(1)使用成交价格法时的 60%，或

(2)使用净成本法时的 50%。

219. 从任何其他品目改变至子目 8475.90。

220.(A)从任何其他品目改变至子目 8476.21 至 8476.89；或者

(B)从子目 8476.90 改变至子目 8476.21 至 8476.89，不论是否又从任何其他品目改变而来，前提是区域价值成分不低于：

(1)使用成交价格法时的 60%，或

(2)使用净成本法时的 50%。

221. 从任何其他品目改变至子目 8476.90。

222. 从任何其他子目(税号 8477.90.15、税号 8477.90.25 或以下多项除外)改变至子目 8477.10：

(A)税号 8477.90.35 或税号 8477.90.45，

(B)子目 8537.10。

223. 从任何其他子目(税号 8477.90.15、税号 8477.90.25 或以下多项除外)改变至子目 8477.20：

(A)税号 8477.90.35 或税号 8477.90.45，

(B)子目 8537.10。

224. 从任何其他子目(税号 8477.90.15、税号 8477.90.25 或以下多项除外)改变至子目 8477.30：

(A)税号 8477.90.55 或税号 8477.90.65，

(B)子目 8537.10。

225. (A)从任何其他品目改变至子目 8477.40 至 8477.80；或者

(B)从子目 8477.90 改变至子目 8477.40 至 8477.80,不论是否又从任何其他品目改变而来,前提是区域价值成分不低于：

(1)使用成交价格法时的 60%,或

(2)使用净成本法时的 50%。

226. 从任何其他品目改变至子目 8477.90。

227. (A)从任何其他品目改变至子目 8478.10；或者

(B)从子目 8478.90 改变至子目 8478.10,不论是否又从任何其他品目改变而来,前提是区域价值成分不低于：

(1)使用成交价格法时的 60%,或

(2)使用净成本法时的 50%。

228. 从任何其他品目改变至子目 8478.90。

229. (A)从任何其他品目改变至子目 8479.10 至 8479.82；或者

(B)从子目 8479.90 改变至子目 8479.10 至 8479.82,不论是否又从任何其他品目改变而来,前提是区域价值成分不低于：

(1)使用成交价格法时的 60%,或

(2)使用净成本法时的 50%。

[230 已删除]

231. 从任何其他税号（税号 8479.90.45、税号 8479.90.55、税号 8479.90.65、税号 8479.90.75 或其中的组合除外）改变至税号 8479.89.55。

232. (A)从任何其他品目改变至品目 8489；或者

(B)从子目 8479.90 改变至子目 8479.89,不论是否又从任何其他品目改变而来,前提是区域价值成分不低于：

(1)使用成交价格法时的 60%,或

(2)使用净成本法时的 50%。

233. 从任何其他税号改变至税号 8479.90.45。

234. 从任何其他税号改变至税号 8479.90.55。

235. 从任何其他税号改变至税号 8479.90.65。

236. 从任何其他税号改变至税号 8479.90.75。

237. 从任何其他品目改变至子目 8479.90。

238. 从任何其他品目改变至品目 8480。

子目规则：规则 239 中的编号划线部分适用于子目 8481.20、子目 8481.30 或子目 8481.80 的第八十七章机动车辆用的货物。

239. (A)从任何其他品目改变至子目 8481.10 至 8481.80；或者

(B)从子目 8481.90 改变至子目 8481.10 至 8481.80,不论是否又从任何其他品目改变而来,前提是区域价值成分不低于：

(1)使用成交价格法时的 60%,或

(2)使用净成本法时的50％。

240. 从任何其他品目改变至子目8481.90。

241. (A)从子目8482.10至8482.80以外的任何子目(税号8482.99.05、税号8482.99.15或税号8482.99.25除外)改变至子目8482.10至8482.80；或者

(B)从税号8482.99.05、税号8482.99.15或税号8482.99.25改变至子目8482.10至8482.80，不论是否又从该组别以外的任何子目改变而来，前提是区域价值成分不低于：

(1)使用成交价格法时的60％，或

(2)使用净成本法时的50％。

242. 从任何其他品目改变至子目8482.91至8482.99。

243. (A)从任何其他品目改变至子目8483.10；或者

(B)从子目8483.90改变至子目8483.10，不论是否又从任何其他品目改变而来，前提是区域价值成分不低于：

(1)使用成交价格法时的60％，或

(2)使用净成本法时的50％。

244. (A)从任何其他子目(子目8482.10至8482.80、税号8482.99.05、税号8482.99.15、税号8482.99.25或子目8483.90除外)改变至子目8483.20；或者

(B)从子目8482.10至8482.80、税号8482.99.05、税号8482.99.15或税号8482.99.25或子目8483.90改变至子目8483.20，不论是否又从任何其他品目改变而来，前提是区域价值成分不低于：

(1)使用成交价格法时的60％，或

(2)使用净成本法时的50％。

245. (A)从任何其他品目改变至子目8483.30；或者

(B)从子目8483.90改变至子目8483.30，不论是否又从任何其他品目改变而来，前提是区域价值成分不低于：

(1)使用成交价格法时的60％，或

(2)使用净成本法时的50％。

子目规则：规则246中的编号划线部分适用于子目8483.40或子目8483.50的第八十七章机动车辆用的货物。

246. (A)从子目8483.40至8483.60以外的任何子目(子目8482.10至8482.80、税号8482.99.05、税号8482.99.15、税号8482.99.25或子目8483.90除外)改变至子目8483.40至8483.60；或者

(B)从子目8482.10至8482.80、税号8482.99.05、税号8482.99.15、税号8482.99.25或子目8483.90改变至子目8483.40至8483.60，不论是否又从该组别以外的任何子目改变而来，前提是区域价值成分不低于：

(1)使用成交价格法时的60％，或

(2)使用净成本法时的50％。

247. 从任何其他品目改变至子目8483.90。

248. 从任何其他品目改变至品目8484。

249. (A)从子目8486.10的任何其他货物或任何其他品目(品目8421除外)改变至子目8486.10的离心机；

(B)从子目8486.90改变至子目8486.10的离心机，不论是否又从子目8486.10的任何其他货物或任何其他品目(品目8421除外)改变而来，前提是区域价值成分不低于：
  (1)使用成交价格法时的60％，或
  (2)使用净成本法时的50％；

(C)从子目8486.10的任何其他货物或任何其他品目(品目8456或以下多项除外)改变至子目8486.10的通过激光、其他光或光子束处理各种材料的加工机床：
  (1)子目8486.90的床、底座、桌子、头、尾、鞍座、托架、十字滑块、立柱、臂、锯臂、轮头、尾座、主轴箱、闸板、框架、工作轴支架和C形框架铸件、焊接件或制品，
  (2)子目8537.10，
  (3)子目9013.20；

(D)从子目8486.10的任何其他货物或任何其他品目(品目8456或以下多项除外)改变至子目8486.10的通过电化学、电子束、离子束或等离子弧处理各种材料的加工机床：
  (1)子目8486.90的床、底座、桌子、头、尾、鞍座、托架、十字滑块、立柱、臂、锯臂、轮头、尾座、主轴箱、闸板、框架、工作轴支架和C形框架铸件、焊接件或制品，
  (2)子目8413.50至8413.60，
  (3)子目8501.32或8501.52，
  (4)子目8537.10；

(E)从子目8486.10的任何其他货物或任何其他品目(品目8464除外)改变至子目8486.10的加工石材、陶瓷、混凝土、石棉陶瓷、类似矿物材料或玻璃冷加工机床；

(F)从子目8486.90改变至子目8486.10的加工石材、陶瓷、混凝土、石棉陶瓷、类似矿物材料或玻璃冷加工机床，不论是否又从子目8486.10的任何其他货物或任何其他品目(品目8464除外)改变而来，前提是区域价值成分不低于：
  (1)使用成交价格法时的60％，或
  (2)使用净成本法时的50％；

(G)从子目8486.10的任何其他货物或任何其他品目(品目8514除外)改变至子目8486.10的熔炉和烘箱；

(H)从子目8486.90改变至子目8486.10的熔炉和烘箱，不论是否又从子目8486.10项下任何其他货物或任何其他品目(品目8514除外)改变而来，前提是区域价值成分不低于：
  (1)使用成交价格法时的60％，或
  (2)使用净成本法时的50％；

(I)从子目8486.10的任何其他货物或任何其他品目(品目8479除外)改变至子目8486.10的其他机器和机械设备；

(J)从子目8486.90改变至子目8486.10的其他机器和机械设备，不论是否又从子目

8486.10 的任何其他货物或任何其他品目（品目 8479 除外）改变而来，前提是区域价值成分不低于：

(1)使用成交价格法时的 60%，或

(2)使用净成本法时的 50%；

(K)从子目 8486.10 的任何其他货物或任何其他品目（品目 8464 除外）改变至子目 8486.10 的锯床；

(L)从子目 8486.90 改变至子目 8486.10 的锯床，不论是否又从子目 8486.10 的任何其他货物或任何其他品目（品目 8464 除外）改变而来，前提是区域价值成分不低于：

(1)使用成交价格法时的 60%，或

(2)使用净成本法时的 50%；

(M)从子目 8486.10 的任何其他货物或任何其他品目（品目 8543 除外）改变至子目 8486.10 的具有单独功能的其他电气设备和装置；

(N)从子目 8486.90 改变至子目 8486.10 的具有独立功能的其他电气设备和装置，不论是否又从子目 8486.10 的任何其他货物或任何其他品目（品目 8543 除外）改变而来，前提是区域价值成分不低于：

(1)使用成交价格法时的 60%，或

(2)使用净成本法时的 50%；

(O)从子目 8486.10 的任何其他货物或任何其他品目（子目 8504.40、子目 8543.90 的印刷电路组件或品目 8543 的任何其他货物除外）改变至子目 8486.10 的微波放大器；

(P)从子目 8486.90、子目 8504.40、子目 8486.90 或子目 8543.90 的印刷电路组件改变至子目 8486.10 的微波放大器，不论是否又从子目 8486.10 的任何其他货物或任何其他品目（品目 8543 的任何其他货物除外）改变而来，前提是区域价值成分不低于：

(1)使用成交价格法时的 60%，或

(2)使用净成本法时的 50%；

(Q)从子目 8486.10 的任何其他货物或任何其他品目（品目 8419 除外）改变至子目 8486.10 的任何其他货物；

(R)从子目 8486.90 改变至子目 8486.10 的任何其他货物，不论是否又从子目 8486.10 的任何其他货物或任何其他品目（品目 8419 除外）改变而来，前提是区域价值成分不低于：

(1)使用成交价格法时的 60%，或

(2)使用净成本法时的 50%。

250.(A)从子目 8486.20 的任何其他货物或任何其他品目（品目 8421 除外）改变至子目 8486.20 的半导体晶圆加工用旋转干燥机；

(B)从子目 8486.90 改变至子目 8486.20 的半导体晶圆加工用旋转干燥机，不论是否又从子目 8486.20 的任何其他货物或任何其他品目（品目 8421 除外）改变而来，前提是区域价值成分不低于：

(1)使用成交价格法时的 60%，或

(2)使用净成本法时的50%；

(C)从子目8486.20的任何其他货物或任何其他品目(品目8424除外)改变至子目8486.20的机械设备；

(D)从子目8486.90改变至子目8486.20的机械设备,不论是否又从子目8486.20的任何其他货物或任何其他品目(品目8424除外)改变而来,前提是区域价值成分不低于：

(1)使用成交价格法时的60%,或

(2)使用净成本法时的50%；

(E)从子目8486.20的任何其他货物或任何其他品目(品目8456或以下多项除外)改变至子目8486.20的通过激光、其他光或光子束处理各种材料的加工机床：

(1)子目8486.90的床、底座、桌子、头、尾、鞍座、托架、十字滑块、立柱、臂、锯臂、轮头、尾座、主轴箱、闸板、框架、工作轴支架和C形框架铸件、焊接件或制造件,

(2)子目8537.10,

(3)子目9013.20；

(F)从子目8486.20的任何其他货物或任何其他品目(品目8456或以下多项除外)改变至子目8486.20的通过电化学、电子束、离子束或等离子弧处理半导体材料上干蚀刻图案的加工机床：

(1)子目8486.90的床、底座、桌子、头、尾、鞍座、托架、十字滑块、立柱、臂、锯臂、轮头、尾座、主轴箱、闸板、框架、工作轴支架和C形框架铸件、焊接件或制品,

(2)子目8413.50至8413.60,

(3)子目8501.32或8501.52,

(4)子目8537.10；

(G)从子目8486.20的任何其他货物或任何其他品目(品目8462或以下多项除外)改变至子目8486.20的通过弯曲、折叠、矫直或展平方式加工金属的数控机床(包括压力机)：

(1)子目8413.50至8413.60,

(2)子目8483.50的飞轮,

(3)子目8486.90的床身、底座、桌子、立柱、托架、框架、靠垫、顶部、滑块、连杆、尾座和主轴箱铸件、焊接件或制造件,

(4)子目8501.32或子目8501.52,

(5)子目8537.10；

(H)从子目8486.20的任何其他货物或任何其他品目(品目84.62或以下多项除外)改变至子目8486.20的通过弯曲、折叠、矫直或展平方式加工金属的非数控机床(包括压力机)：

(1)子目8486.90的床身、底座、桌子、立柱、托架、框架、靠垫、顶部、滑块、连杆、尾座和主轴箱铸件、焊接件或制造件,或

(2)子目8483.50的飞轮；

(I)从子目8486.20的任何其他货物或任何其他品目(品目8464除外)改变至子目

8486.20 的加工石材、陶瓷、混凝土、石棉陶瓷、类似矿物材料或玻璃冷加工机床;

(J)从子目 8486.90 改变至子目 8486.20 的加工石材、陶瓷、混凝土、石棉陶瓷、类似矿物材料或玻璃冷加工机床,不论是否又从子目 8486.20 的任何其他货物或任何其他品目(品目 8464 除外)改变而来,前提是区域价值成分不低于:

(1)使用成交价格法时的 60%,或

(2)使用净成本法时的 50%;

(K)从子目 8486.20 的任何其他货物或任何其他品目(品目 8465 或子目 8466.91 除外)改变至子目 8486.20 的用于加工硬质橡胶、硬质塑料或类似硬质材料的其他机床(包括用于打钉、装订、粘合或其他装配的机器);

(L)从子目 8466.91 或子目 8486.90 改变至子目 8486.20 的用于加工硬质橡胶、硬质塑料或类似硬质材料的其他机床(包括用于打钉、装订、粘合或其他装配的机器),不论是否又从子目 8486.20 的任何其他货物或任何其他品目(品目 8465 除外)改变而来,前提是区域价值成分不低于:

(1)使用成交价格法时的 60%,或

(2)使用净成本法时的 50%;

(M)从子目 8486.20 的任何其他货物或任何其他子目(子目 8477.90 或子目 8486.90 的底座、底座、压板、夹紧缸、闸板或注射铸件、焊接件或制品,或者以下多项除外)改变至子目 8486.20 的挤出机:

(1)子目 8477.90 的筒形螺钉,

(2)子目 8537.10;

(N)从子目 8486.20 的任何其他货物或任何其他子目(子目 8477.90 或子目 8486.90 的底座、底座、压板、夹紧缸、冲压件或注塑件、焊接件或制造件,或者以下多项除外)改变至子目 8486.20 的吹塑机:

(1)包含以下多项部件的液压总成:子目 8477.90 的歧管、阀门、泵、油冷却器,

(2)子目 8537.10;

(O)从子目 8486.20 的任何其他货物或任何其他品目(品目 8477、子目 8486.20 的吹塑机除外)改变至子目 8486.20 的用于加工橡胶或塑料或用这些材料制造产品的其他机械;

(P)从子目 8486.90 改变至子目 8486.20 的用于加工橡胶或塑料或以这些材料制造产品的其他机械,不论是否又从子目 8486.20 的任何其他货物或任何其他品目(品目 8477 或子目 8486.20 的吹塑机除外)改变而来,前提是区域价值成分不低于:

(1)使用成交价格法时的 60%,或

(2)使用净成本法时的 50%;

(Q)从子目 8486.20 或任何其他品目(品目 8479 除外)改变至子目 8486.20 的其他机器和机械设备;

(R)从子目 8486.90 改变至子目 8486.20 的其他机器和机械设备,不论是否又从子目 8486.20 的任何其他货物或品目 8479 改变而来,前提是区域价值成分不低于:

(1)使用成交价格法时的 60%,或

(2)使用净成本法时的50%；

(S)从子目8486.20或任何其他品目(品目8514除外)改变至子目8486.20的熔炉和烘箱；

(T)从子目8486.90改变至子目8486.20的熔炉和烘箱,不论是否又从子目8486.20的任何其他货物或任何其他品目(品目8514除外)改变而来,前提是区域价值成分不低于：

(1)使用成交价格法时的60%,或

(2)使用净成本法时的50%；

(U)从子目8486.20或任何其他品目(品目8515除外)改变至子目8486.20的其他电气(包括电加热气体)设备和装置；

(V)从子目8486.90改变至子目8486.20的其他电气(包括电加热气体)设备和装置,不论是否又从子目8486.20的任何其他货物或任何其他品目(品目8515除外)改变而来,前提是区域价值成分不低于：

(1)使用成交价格法时的60%,或

(2)使用净成本法时的50%；

(W)从子目8486.20的任何其他货物或任何其他品目(子目8486.20或品目8543的具有独立功能的其他电气设备和装置除外)改变至子目8486.20的用于掺杂半导体材料的离子注入机；

(X)从子目8486.90改变至子目8486.20的用于掺杂半导体材料的离子注入机,不论是否又从子目8486.20的任何其他货物或任何其他品目(子目8486.20或品目8543的具有独立功能的其他电气设备和装置除外)改变而来,前提是区域价值成分不低于：

(1)使用成交价格法时的60%,或

(2)使用净成本法时的50%；

(Y)从子目8486.20的任何其他货物或任何其他品目(子目8486.20或品目6543的用于掺杂半导体材料的离子注入机除外)改变至子目8486.20的具有独立功能的其他电气设备和装置；

(Z)从子目8486.90改变至子目8486.20的具有独立功能的其他电气设备和装置,不论是否又从子目8486.20的任何其他货物或任何其他品目(子目8486.20或品目8543的用于掺杂半导体材料的离子注入机除外)改变而来,前提是区域价值成分不低于：

(1)使用成交价格法时的60%,或

(2)使用净成本法时的50%；

(AA)从子目8486.20的任何其他货物或任何其他品目(品目9010除外)改变至子目8486.20的敏化半导体材料上的电路图形投影或绘制装置；

(BB)从子目8486.90改变至子目8486.20的在敏化半导体材料上投影或绘制的电路图形装置,不论是否又从子目8486.20的任何其他货物或任何其他品目(品目9010除外)改变而来,前提是区域价值成分不低于：

(1)使用成交价格法时的60%,或

(2)使用净成本法时的50%;

(CC)从子目8486.20的任何其他货物或任何其他品目(品目8419除外)改变至子目8486.20的任何其他货物;或者

(DD)从子目8486.90改变至子目8486.20的任何其他货物,不论是否又从子目8486.20的任何其他货物或任何其他品目(品目8419除外)改变而来,前提是区域价值成分不低于:

(1)使用成交价格法时的60%,或

(2)使用净成本法时的50%。

251.(A)从子目8486.30的任何其他货物或任何其他品目(品目8456或以下多项除外)改变至子目8486.30的通过电化学、电子束、离子束、放电或等离子弧处理各种材料的加工机床:

(1)子目8486.90的床、底座、桌子、头、尾、鞍座、托架、十字滑块、立柱、臂、锯臂、轮头、尾座、主轴箱、闸板、框架、工作轴支架和C形框架铸件、焊接件或制品,

(2)子目8413.50至8413.60,

(3)子目8501.32或8501.52,

(4)子目8537.10;

(B)从子目8486.30或任何其他品目(品目8464或子目8466.91除外)改变至子目8486.30的加工石材、陶瓷、混凝土、石棉陶瓷、类似矿物材料或玻璃冷加工机床;

(C)从子目8466.91或子目8486.90改变至子目8486.30的加工石材、陶瓷、混凝土、石棉陶瓷、类似矿物材料或玻璃冷加工机床,不论是否又从子目8486.30的任何其他货物或任何其他品目(品目8464除外)改变而来,前提是区域价值成分不低于:

(1)使用成交价格法时的60%,或

(2)使用净成本法时的50%;

(D)从子目8486.30的任何其他货物或任何其他品目(品目8424除外)改变至子目8486.30的非农业或园艺用途的投射、散布或喷洒液体或粉末的机械器具(不论是否手动);或者

(E)从子目8486.90改变至子目8486.30的非农业或园艺用途的投射、散布或喷洒液体或粉末的机械器具(不论是否手动),不论是否又从子目8486.30的任何其他货物或任何其他品目(品目8424除外)改变而来,前提是区域价值成分不低于:

(1)使用成交价格法时的60%,或

(2)使用净成本法时的50%;

(F)从子目8486.30的任何其他货物或任何其他品目(品目8421除外)改变至子目8486.30的离心机;

(G)从子目8421.91至8421.99改变至子目8486.30的离心机,不论是否又从子目8486.30的任何其他货物或任何其他品目(子目8421.11至8421.39除外)改变而来,前提是区域价值成分不低于:

(1)使用成交价格法时的60%,或

(2)使用净成本法时的50%;

(H)从子目8486.30的任何其他货物或任何其他品目(品目8456或以下多项除外)改变至子目8486.30的激光、其他光或光子束加工机床:

(1)子目8486.90的床、底座、桌子、头、尾、鞍座、托架、十字滑块、立柱、臂、锯臂、轮头、尾座、主轴箱、闸板、框架、工作轴支架和C形框架铸件、焊接件或制品,

(2)子目8537.10,

(3)子目9013.20;

(I)从子目8486.30的任何其他货物或任何其他品目(品目8456或以下多项除外)改变至子目8486.30的超声波加工机床:

(1)子目8486.90的床、底座、桌子、头、尾、鞍座、托架、十字滑块、立柱、臂、锯臂、轮头、尾座、主轴箱、闸板、框架、工作轴支架和C形框架铸件、焊接件或制品,

(2)子目8413.50至8413.60,

(3)子目8501.32或8501.52,

(4)子目8537.10;

(J)从子目8486.30的任何其他货物或任何其他品目(品目8464或子目8486.90除外)改变至子目8486.30的锯床;

(K)从子目8486.90改变至子目8486.30的锯床,不论是否又从子目8486.30的任何其他货物或任何其他品目(品目8464除外)改变而来,前提是区域价值成分不低于:

(1)使用成交价格法时的60%,或

(2)使用净成本法时的50%;

(L)从子目8486.30的任何其他货物或任何其他品目(品目8479除外)改变至子目8486.30的工业机器人;

(M)从子目8486.90改变至子目8486.30的工业机器人,不论是否又从子目8486.30的任何其他货物或任何其他品目(品目8479除外)改变而来,前提是区域价值成分不低于:

(1)使用成交价格法时的60%,或

(2)使用净成本法时的50%;

(N)从子目8486.30的任何其他货物或任何其他品目(品目9010除外)改变至子目8486.30的摄影实验室、底片镜或投影屏幕用仪器或设备;

(O)从子目8486.90改变至子目8486.30的摄影实验室、底片镜或投影屏幕用仪器或设备,不论是否又从子目8486.30的任何其他货物或任何其他品目(品目9010除外)改变而来,前提是区域价值成分不低于:

(1)使用成交价格法时的60%,或

(2)使用净成本法时的50%;

(P)从子目8486.30的任何其他货物或任何其他品目(品目8543除外)改变至子目8486.30的具有独立功能的其他电气设备或装置;

(Q)从子目8486.90改变至子目8486.30的具有独立功能的其他电气设备或装置,无论是否又从子目8486.30的任何其他货物或任何其他品目(品目8543除外)改变

而来,前提是区域价值成分不低于:

(1)使用成交价格法时的60%,或

(2)使用净成本法时的50%;

(R)从子目8486.30或任何其他品目(子目8504.40、子目8543.90的印刷电路组件或品目8543的任何其他货物除外)改变至子目8486.30的微波放大器;

(S)从子目8486.90、子目8504.40或子目8543.90的印刷电路组件改变至子目8486.30的微波放大器,不论是否又从子目8486.30的任何其他货物或任何其他品目(品目8543除外)改变而来,前提是区域价值成分不低于:

(1)使用成交价格法时的60%,或

(2)使用净成本法时的50%;

(T)从子目8486.30的任何其他货物或任何其他品目(品目8479或子目8486.30的工业机器人除外)改变至子目8486.30的任何其他货物;或者

(U)从子目8486.90改变至子目8486.30的任何其他货物,不论是否又从子目8486.30的任何其他货物或任何其他品目(品目8479或子目8486.30的工业机器人除外)改变而来,前提是区域价值成分不低于:

(1)使用成交价格法时的60%,或

(2)使用净成本法时的50%。

252.(A)从子目8486.40的任何其他货物或任何其他品目(品目8477或子目8486.40的用于加工橡胶或塑料的其他铸模或成型机械除外)改变至子目8486.40的真空成型机和其他热成型机;

(B)从子目8486.90改变至子目8486.40的真空成型机和其他热成型机,不论是否又从子目8486.40的任何其他货物或任何其他品目(品目8477或子目8486.40的用于加工橡胶或塑料的其他铸模或成型机械除外)改变而来,前提是区域价值成分不低于:

(1)使用成交价格法时的60%,或

(2)使用净成本法时的50%;

(C)从品目8486的任何其他货物或任何其他品目(品目8480除外)改变至子目8486.40的用于加工橡胶或塑料的注射或压缩模具;

(D)从子目8486.40的任何其他货物或任何其他品目(子目8486.40或品目8477的真空成型机和其他热成型机除外)改变至子目8486.40的用于加工橡胶或塑料的其他铸模或成型机械;

(E)从子目8477.90或子目8486.90改变至子目8486.40的用于加工橡胶或塑料的其他铸模或成型机械,不论是否又从子目8486.40的任何其他货物或任何其他品目(子目8486.40或子目8477.10至8477.80的真空成型机和其他热成型机除外)改变而来,前提是区域价值成分不低于:

(1)使用成交价格法时的60%,或

(2)使用净成本法时的50%;

(F)从子目8486.40的任何其他货物或任何其他品目(品目8465或子目8466.92除外)

改变至子目 8486.40 的加工木材或软木的机床(包括用于打钉、装订、粘合或其他装配的机器);

(G)从子目 8466.92 或子目 8486.90 改变至子目 8486.40 的加工木材或软木的机床(包括用于打钉、装订、粘合或其他装配的机器),不论是否又从子目 8486.40 的任何其他货物或任何其他品目(品目 8465 除外)改变而来,前提是区域价值成分不低于:

(1)使用成交价格法时的 60%,或

(2)使用净成本法时的 50%;

(H)从子目 8486.40 的任何其他货物或任何其他品目(品目 8428 至 8431 除外)改变至子目 8486.40 的用于起重、搬运、装卸货物或材料的机械或连续升降机和输送机;

(I)从品目 8431 或子目 8486.90 改变至子目 8486.40 的用于起重、搬运、装卸货物或材料的机械或连续升降机和输送机,不论是否又从子目 8486.40 的任何其他货物或任何其他品目(品目 8428 至 8430 除外)改变而来,前提是区域价值成分不低于:

(1)使用成交价格法时的 60%,或

(2)使用净成本法时的 50%;

(J)从子目 8486.40 的任何其他货物或任何其他品目(品目 8515 除外)改变至子目 8486.40 的电气(包括电加热气体)钎焊或钎焊机器和器具,但烙铁和焊枪或其他用于金属电阻焊的电气设备和装置除外;

(K)从子目 8486.90 或子目 8515.90 改变至子目 8486.40 的电气(包括电加热气体)钎焊或钎焊机器和器具,但烙铁和焊枪或其他用于金属电阻焊的电气设备和装置除外,不论是否又从子目 8486.40 的任何其他货物或任何其他品目(子目 8515.11 至 8515.80 除外)改变而来,前提是区域价值成分不低于:

(1)使用成交价格法时的 60%,或

(2)使用净成本法时的 50%;

(L)从子目 8486.40 的任何其他货物或任何其他品目(品目 9017 除外)改变至子目 8486.40 的绘图、画线或数学计算工具;

(M)从子目 8486.90 改变至子目 8486.40 的绘图、画线或数学计算工具,不论是否又从子目 8486.40 的任何其他货物或任何其他品目(品目 9017 除外)改变而来,前提是区域价值成分不低于:

(1)使用成交价格法时的 60%,或

(2)使用净成本法时的 50%;

(N)从子目 8486.40 的任何其他货物或任何其他品目(品目 8428 至 8431 除外)改变至子目 8486.40 的其他起重、搬运或装卸机械;

(O)从品目 8431 或子目 8486.90 改变至子目 8486.40 的其他起重、搬运或装卸机械,不论是否又从子目 8486.40 的任何其他货物或任何其他品目(品目 8428 至 8430 除外)改变而来,前提是区域价值成分不低于:

(1)使用成交价格法时的 60%,或

(2)使用净成本法时的 50%;

(P)从子目 8486.40 的任何其他货物或任何其他品目(品目 8456 或以下多项除外)改变

至子目8486.40的通过电化学、电子束、离子束或等离子弧处理各种材料的加工机床：

(1)子目8486.90的床、底座、桌子、头、尾、鞍座、托架、十字滑块、立柱、臂、锯臂、轮头、尾座、主轴箱、闸板、框架、工作轴支架和C形框架铸件、焊接件或制品，

(2)子目8413.50至8413.60，

(3)子目8501.32或8501.52，

(4)子目8537.10；

(Q)从子目8486.40的任何其他货物或任何其他子目(子目8486.90的底座、底座、压板、夹紧缸、冲头和注塑件、焊接件或制品或以下多项除外)改变至子目8486.40项下注塑机：

(1)子目8486.90的筒形螺钉，

(2)子目8537.10；

(R)从子目8486.40的任何其他货物或任何其他品目(品目9011除外)改变至子目8486.40的光学显微镜；

(S)从子目8486.90改变至子目8486.40的光学显微镜，不论是否又从子目8486.40的任何其他货物或任何其他目品(品目9011除外)改变而来,前提是区域价值成分不低于：

(1)使用成交价格法时的60%，或

(2)使用净成本法时的50%；

(T)从子目8486.40的任何其他货物或任何其他品目(品目9012除外)改变至子目8486.40的显微镜(光学显微镜除外)；

(U)从子目8486.90改变至子目8486.40的显微镜(光学显微镜除外)，不论是否又从子目8486.40的任何其他货物或任何其他品目(品目9012除外)改变而来，前提是区域价值成分不低于：

(1)使用成交价格法时的60%，或

(2)使用净成本法时的50%；

(V)从子目8486.40的任何其他货物或任何其他品目(品目8543除外)改变至子目8486.40的具有独立功能的其他电气设备或装置；

(W)从子目8486.90改变至子目8486.40的具有独立功能的其他电气设备或装置，不论是否又从子目8486.40的任何其他货物或任何其他品目(品目8543除外)改变而来，前提是区域价值成分不低于：

(1)使用成交价格法时的60%，或

(2)使用净成本法时的50%；

(X)从子目8486.40的任何其他货物或任何其他品目(子目8504.40、子目8543.90的印刷电路组件或品目8543的任何其他货物除外)改变至子目8486.40的微波放大器；

(Y)从子目8486.90、子目8504.40或子目8543.90的印刷电路组件改变至子目8486.40的微波放大器，不论是否又从子目8486.40的任何其他货物或任何其他品

目(品目8543除外)改变而来,前提是区域价值成分不低于:

(1)使用成交价格法时的60%,或

(2)使用净成本法时的50%;

(Z)从子目8486.40的任何其他货物或任何其他品目(品目8479除外)改变至子目8486.40的具有独立功能的机器和机械设备;

(AA)从子目8486.90改变至子目8486.40的具有独立功能的机器和机械设备,不论是否又从子目8486.40的任何其他货物或任何其他品目(品目8479除外)改变而来,前提是区域价值成分不低于:

(1)使用成交价格法时的60%,或

(2)使用净成本法时的50%;

(BB)从子目8486.40的任何其他货物或任何其他品目(品目8515除外)改变至子目8486.40的任何其他货物;或者

(CC)从子目8486.90改变至子目8486.40的任何其他货物,不论是否又从子目8486.40的任何其他货物或任何其他品目(品目8515除外)改变而来,前提是区域价值成分不低于:

(1)使用成交价格法时的60%,或

(2)使用净成本法时的50%。

253.(A)从任何其他品目(品目8421除外)改变至子目8486.90的离心机零件;

(B)从任何其他品目(品目8424除外)改变至子目8486.90的非农业或园艺用途的投射、散布或喷洒液体或粉末的机械器具(不论是否手动)零件;

(C)从品目8486的任何其他货物或任何其他品目(品目8466除外)改变至子目8486.90的刀架和自开模具头、工件架或分度头以及其他机床专用附件;

(D)从任何其他品目(品目8466除外)改变至子目8486.90的机床零件;

(E)从任何其他品目(品目8477除外)改变至子目8486.90的用于加工橡胶或塑料或以这些材料制造产品的机械的零件;

(F)从任何其他品目(品目8431除外)改变至子目8486.90的起重、搬运或装卸机械的零件;

(G)税则归类无需改变至子目8486.90的起重、搬运或装卸机械的零件,前提是区域价值成分不低于:

(1)使用成交价格法时的60%,或

(2)使用净成本法时的50%;

(H)从任何其他品目(品目8479除外)改变至子目8486.90的机器和机械设备的零件;

(I)从任何其他品目(品目8514除外)改变至子目8486.90的工业或实验室用电炉和烘箱的零件;

(J)税则归类无需改变至子目8486.90的工业或实验室用电炉和烘箱的零件,前提是区域价值成分不低于:

(1)使用成交价格法时的60%,或

(2)使用净成本法时的50%;

(K)从任何其他品目(品目 8515 除外)改变至子目 8486.90 的电气(包括电加热气体)设备和装置的零件;

(L)从子目 8486.90 或任何其他品目(品目 8543 除外)改变至子目 8486.90 的用于掺杂半导体材料的离子注入机或其他电气设备和具有独立功能的设备的零件;

(M)税则归类无需改变至子目 8486.90 的用于掺杂半导体材料的离子注入机或其他电气设备和具有独立功能的设备的零件,前提是区域价值成分不低于:
  (1)使用成交价格法时的 60%,或
  (2)使用净成本法时的 50%;

(N)从任何品目(品目 9010 除外)改变至子目 8486.90 的摄影实验室、底片镜或投影屏幕用仪器和设备的零件和附件;

(O)税则归类无需改变至子目 8486.90 的摄影实验室、底片镜或投影屏幕用仪器和设备的零件和附件,前提是区域价值成分不低于:
  (1)使用成交价格法时的 60%,或
  (2)使用净成本法时的 50%;

(P)从任何其他品目(品目 9017 除外)改变至子目 8486.90 的绘图、画线或数学计算工具的零件;

(Q)从子目 8486.90 或任何其他品目(品目 9011 除外)改变至子目 8486.90 的光学显微镜零件;

(R)从子目 8486.90 或任何其他品目(品目 9012 除外)改变至子目 8486.90 的显微镜零件(光学显微镜除外);

(S)从任何其他品目(品目 8419 除外)改变至子目 8486.90 的其他零件;或者

(T)税则归类无需改变至子目 8486.90 的其他零件,前提是区域价值成分不低于:
  (1)使用成交价格法时的 60%,或
  (2)使用净成本法时的 50%。

254. 从任何其他品目改变至品目 8487。

第八十五章

章规则一:就本章而言,"印刷电路组件"是指由一个或多个品目 8534 的印刷电路(装配有一个或多个有源元件,包含或不包含无源元件)组成的货物。就本注释而言,"有源元件"是指品目 8541 的二极管、晶体管和类似半导体的器件(不论是否光敏),品目 8542 的集成电路,以及品目 8543 或品目 8548 的微组件。

章规则二:在本章中——

(a)适用于电视接收器和阴极射线管的"高清晰度"指的是货物具有以下特性:
  (1)屏幕的高宽比等于或大于 16:9,
  (2)屏幕可显示 700 多条扫描线;以及

(b)通过测量穿过视频显示面板可见部分的最大直线尺寸来确定视频显示对角线。

章规则三:税号 8529.90.29、税号 8529.90.33、税号 8529.90.36 和税号 8529.90.39 包括电视接收器、视频监视器和视频投影仪的以下部件:

(a)视频中间放大和检测系统;

(b)视频处理和放大系统;

(c)同步和偏转电路;

(d)调谐器和调谐器控制系统;以及

(e)音频检测和放大系统。

章规则四:就税号8540.91.15而言,"前面板组件"是指——

(a)对于彩色阴极射线电视显像管、视频监控管或视频投影管、包含玻璃面板和阴影遮罩或开口格栅并将其贴合以供最终使用的组件,其适于掺入彩色阴极射线电视显像管、视频监控管或视频投影管中,并经过必要的化学和物理过程,在玻璃面板上刻印磷光体,其精度足以在受到电子流激发时呈现视频图像;或者

(b)对于单色阴极射线电视显像管、视频监控管或视频投影管、包含玻璃面板或玻璃外壳的组件,其适于掺入单色阴极射线电视显像管、视频监控管或视频投影管中,并经过必要的化学和物理过程,在玻璃面板或玻璃外壳上刻印磷光体,其精度足以在受到电子流激发时呈现视频图像。

章规则五:电视机组合部件的原产地应根据适用于该部件的规则确定,前提是该部件仅为电视接收器。

1. (A)从任何其他品目(税号8503.00.35、税号8503.00.45或税号8503.00.65除外)改变至品目8501;或者

    (B)从税号8503.00.35、税号8503.00.45或税号8503.00.65改变至品目8501,不论是否又从任何其他品目改变而来,前提是区域价值成分不低于:

    (1)使用成交价格法时的60%,或

    (2)使用净成本法时的50%。

2. (A)从任何其他品目(品目8406、品目8411、品目8501或品目8503除外)改变至品目8502;或者

    (B)从品目8406、品目8411、品目8501或品目8503改变至品目8502,不论是否又从任何其他品目改变而来,前提是区域价值成分不低于:

    (1)使用成交价格法时的60%,或

    (2)使用净成本法时的50%。

3. 从任何其他品目改变至品目8503。

4. 从任何其他子目改变至子目8504.10。

4A. (A)从任何其他品目改变至子目8504.21至8504.34;或者

    (B)从子目8504.90改变至子目8504.21至8504.34,不论是否又从任何其他品目改变而来,前提是区域价值成分不低于:

    (1)使用成交价格法时的60%,或

    (2)使用净成本法时的50%。

5. 从任何其他子目改变至税号8504.40.40。

5A. 从任何其他子目(子目8471.49除外)改变至税号8504.40.60或税号8504.40.70。

6. (A)从任何其他品目改变至子目8504.40;或者

    (B)从子目8504.90改变至子目8504.40,不论是否又从任何其他品目改变而来,前提是

区域价值成分不低于：

(1)使用成交价格法时的60%,或

(2)使用净成本法时的50%。

7.(A)从任何其他品目改变至子目8504.50;或者

(B)从子目8504.90改变至子目8504.50,不论是否又从任何其他品目改变而来,前提是区域价值成分不低于：

(1)使用成交价格法时的60%,或

(2)使用净成本法时的50%。

8. 从任何其他税号改变至税号8504.90.40。

8A. 从任何其他税号改变至税号8504.90.65。

8B.(A)从任何其他品目改变至子目8504.90;或者

(B)税则归类无需改变至子目8504.90,前提是区域价值成分不低于：

(1)使用成交价格法时的60%,或

(2)使用净成本法时的50%。

9.(A)从任何其他品目改变至子目8505.11至8505.20;或者

(B)从子目8505.90改变至子目8505.11至8505.20,不论是否又从任何其他品目改变而来,前提是区域价值成分不低于：

(1)使用成交价格法时的60%,或

(2)使用净成本法时的50%。

10.(A)从任何其他品目改变至子目8505.90;或者

(B)税则归类无需改变至子目8505.90,前提是区域价值成分不低于：

(1)使用成交价格法时的60%,或

(2)使用净成本法时的50%。

11. 从任何其他子目(包括子目8506.10至8506.40中的另一子目)改变至子目8506.10至8506.40。

11A. 从子目8506.50至8506.80以外的任何子目改变至子目8506.50至8506.80。

12. 从子目8506.90或任何其他子目改变至子目8506.90的货物。

13.(A)从任何其他品目(税号8548.10.05或税号8548.10.15除外)改变至子目8507.10至8507.80;或者

(B)从子目8507.90改变至子目8507.10至8507.80,不论是否又从任何其他品目(税号8548.10.05或税号8548.10.15除外)改变而来,前提是区域价值成分不低于：

(1)使用成交价格法时的60%,或

(2)使用净成本法时的50%。

14.(A)从任何其他品目(税号8548.10.05或税号8548.10.15除外)改变至子目8507.90;或者

(B)税则归类无需改变子目8507.90,前提是区域价值成分不低于：

(1)使用成交价格法时的60%,或

(2)使用净成本法时的50%。

15. (A) 从任何其他子目(品目 8501、子目 8508.19 或子目 8508.70 除外)改变至子目 8508.11;或者
    (B) 从品目 8501、子目 8508.19 或子目 8508.70 改变至子目 8508.11,不论是否又从任何其他品目改变而来,前提是区域价值成分不低于:
    (1) 使用成交价格法时的 60%,或
    (2) 使用净成本法时的 50%。

16. (A) 从任何其他子目(品目 8501、子目 8508.11 或子目 8508.70 的外壳除外)改变至子目 8508.19 的家用吸尘器;
    (B) 从品目 8501、子目 8508.11 或子目 8508.70 的外壳改变至子目 8508.19 的家用吸尘器,不论是否又从任何其他品目改变而来,前提是区域价值成分不低于:
    (1) 使用成交价格法时的 60%,或
    (2) 使用净成本法时的 50%;
    (C) 从任何其他品目(品目 8479 除外)改变至子目 8508.19 的任何其他货物;或者
    (D) 从子目 8508.70 改变至子目 8508.19 的任何其他货物,不论是否又从任何其他品目(品目 8479 除外)改变而来,前提是区域价值成分不低于:
    (1) 使用成交价格法时的 60%,或
    (2) 使用净成本法时的 50%。

16A. (A) 从任何其他品目(品目 8479 除外)改变至子目 8508.60;或者
    (B) 从子目 8508.70 改变至子目 8508.60,不论是否又从任何其他品目(品目 8479 除外)改变而来,前提是区域价值成分不低于:
    (1) 使用成交价格法时的 60%,或
    (2) 使用净成本法时的 50%。

16B. (A) 从任何其他品目(品目 8509 除外)改变至子目 8508.70 的家用吸尘器部件;
    (B) 税则归类无需改变至子目 8508.70 的家用吸尘器部件,前提是区域价值成分不低于:
    (1) 使用成交价格法时的 60%,或
    (2) 使用净成本法时的 50%;或者
    (C) 从子目 8508.70 的家用吸尘器部件或任何其他品目(品目 8479 除外)改变至子目 8508.70 的任何其他货物。

17. 从任何其他子目改变至子目 8509.40。

18. (A) 从子目 8509.80 的任何其他货物或任何其他子目(品目 8501 或子目 8509.90 的外壳除外)改变至子目 8509.80 的地板抛光机或厨房废物处理器;
    (B) 从品目 8501 或子目 8509.90 的外壳改变至子目 8509.80 的地板抛光机或厨房废物处理器,不论是否又从子目 8509.80 的任何其他货物或任何其他子目改变而来,前提是区域价值成分不低于:
    (1) 使用成交价格法时的 60%,或
    (2) 使用净成本法时的 50%;或者
    (C) 从子目 8509.80 的地板抛光机或厨房废物处理器或任何其他子目改变至子目

8509.80 的任何其他货物。

19. (A)从任何其他品目改变至子目 8509.90;或者
    (B)税则归类无需改变至子目 8509.90,前提是区域价值成分不低于:
    (1)使用成交价格法时的 60%,或
    (2)使用净成本法时的 50%。

20. (A)从任何其他品目改变至子目 8510.10 至 8510.30;或者
    (B)从子目 8510.90 改变至子目 8510.10 至 8510.30,不论是否又从任何其他品目改变而来,前提是区域价值成分不低于:
    (1)使用成交价格法时的 60%,或
    (2)使用净成本法时的 50%。

21. 从任何其他品目改变至子目 8510.90。

子目规则:规则 22 中关于子目 8511.30、子目 8511.40 或子目 8511.50 的规定适用于第八十七章机动车辆用的货物。

22. (A)从任何其他品目改变至子目 8511.10 至 8511.80;或者
    (B)从子目 8511.90 改变至子目 8511.10 至 8511.80,不论是否又从任何其他品目改变而来,前提是区域价值成分不低于:
    (1)使用成交价格法时的 60%,或
    (2)使用净成本法时的 50%。

23. (A)从任何其他品目改变至子目 8511.90;或者
    (B)税则归类无需改变至子目 8511.90,前提是区域价值成分不低于:
    (1)使用成交价格法时的 60%,或
    (2)使用净成本法时的 50%。

子目规则:规则 24 关于子目 8512.20 或子目 8512.40 的规定适用于第八十七章机动车辆用的货物。

24. (A)从任何其他品目改变至子目 8512.10 至 8512.40;或者
    (B)从子目 8512.90 改变至子目 8512.10 至 8512.40,不论是否又从任何其他品目改变而来,前提是区域价值成分不低于:
    (1)使用成交价格法时的 60%,或
    (2)使用净成本法时的 50%。

25. 从任何其他品目改变至子目 8512.90。

26. (A)从任何其他品目改变至子目 8513.10;或者
    (B)从子目 8513.90 改变至子目 8513.10,不论是否又从任何其他品目改变而来,前提是区域价值成分不低于:
    (1)使用成交价格法时的 60%,或
    (2)使用净成本法时的 50%。

27. 从任何其他品目改变至子目 8513.90。

28. (A)从任何其他品目改变至子目 8514.10 至 8514.40;或者
    (B)从子目 8514.90 改变至子目 8514.10 至 8514.40,不论是否又从任何其他品目改变

而来,前提是区域价值成分不低于:

(1)使用成交价格法时的60%,或

(2)使用净成本法时的50%。

29. (A)从任何其他品目改变至子目8514.90;或者

(B)税则归类无需改变子目8514.90,前提是区域价值成分不低于:

(1)使用成交价格法时的60%,或

(2)使用净成本法时的50%。

30. (A)从任何其他品目改变至子目8515.11至8515.80;或者

(B)从子目8515.90改变至子目8515.11至8515.80,不论是否又从任何其他品目改变而来,前提是区域价值成分不低于:

(1)使用成交价格法时的60%,或

(2)使用净成本法时的50%。

31. 从任何其他品目改变至子目8515.90。

32. 从任何其他子目(包括子目8516.10至8516.80中的另一子目)改变至子目8516.10至8516.80。

[33至43已删除]

44. 从任何其他税号改变至税号8516.90.35。

45. 从任何其他税号改变至税号8516.90.45。

46. 从任何其他税号改变至税号8516.90.55。

47. 从任何其他税号改变至税号8516.90.65。

48. 从任何其他税号改变至税号8516.90.75。

49. (A)从任何其他品目改变至子目8516.90;或者

(B)税则归类无需改变至子目8516.90,前提是区域价值成分不低于:

(1)使用成交价格法时的60%,或

(2)使用净成本法时的50%。

50. 从任何其他子目改变至子目8517.11。

51. 从任何其他子目(子目8517.61或子目8517.62除外)改变至子目8517.12。

52. 从任何其他子目(子目8517.69除外)改变至子目8517.18。

53. 从任何其他子目(子目8517.12或子目8517.62除外)改变至子目8517.61。

54. (A)从子目8517.62的任何其他货物或任何其他子目(子目8517.61除外)改变至子目8517.62的载波电流线路系统或数字线路系统用仪器;

(B)从子目8517.62的任何其他货物或任何其他子目(子目8471.49除外)改变至子目8517.62的控制部件或适配器部件;

(C)从子目8517.62的任何其他货物或任何其他子目(子目8471.49除外)改变至子目8517.62的任何其他货物。

55. 从子目8517.69的任何其他货物或任何其他子目(子目8517.18或子目8517.62除外)改变至子目8517.69。

56. (A)从任何其他子目改变至子目8517.70;或者

(B)税则归类无需改变至子目 8517.70,前提是区域价值成分不低于:

(1)使用成交价格法时的 60%,或

(2)使用净成本法时的 50%。

[57 至 64 已删除]

65. (A)从任何其他品目改变至子目 8518.10 至 8518.29;或者

(B)从子目 8518.10 至 8518.29 中的任一子目或品目 8518 的任何其他子目改变至子目 8518.10 至 8518.29 中的前述任一子目,不论是否又从任何其他品目改变而来,前提是区域价值成分不低于:

(1)使用成交价格法时的 30%,或

(2)使用净成本法时的 25%。

[66 和 67 已删除]

68. 从任何其他税号改变至税号 8518.30.10。

69. (A)从任何其他品目改变至子目 8518.30;或者

(B)从子目 8518.10、子目 8518.29 或子目 8518.90 改变至子目 8518.30,不论是否又从任何其他品目改变而来,前提是区域价值成分不低于:

(1)使用成交价格法时的 60%,或

(2)使用净成本法时的 50%。

70. (A)从任何其他品目改变至子目 8518.40 至 8518.50;或者

(B)从子目 8518.90 改变至子目 8518.40 至 8518.50,不论是否又从任何其他品目改变而来,前提是区域价值成分不低于:

(1)使用成交价格法时的 60%,或

(2)使用净成本法时的 50%。

71. (A)从任何其他品目改变至子目 8518.90;或者

(B)从品目 8518 中的任何其他子目改变至子目 8518.90,不论是否又从任何其他品目改变而来,前提是区域价值成分不低于:

(1)使用成交价格法时的 30%,或

(2)使用净成本法时的 25%。

子目规则:规则 72 关于子目 8519.91 的规定适用于第八十七章机动车辆用的货物。

72. 从任何其他子目(包括子目 8519.20 至 8519.89 中的另一子目,子目 8522.90 的印刷电路组件除外)改变至子目 8519.20 至 8519.89。

[73 已删除]

74. 从任何其他子目(包括子目 8521.10 至 8521.90 中的另一子目,税号 8522.90.25、税号 8522.90.45 或税号 8522.90.65 除外)改变至子目 8521.10 至 8521.90。

75. 从任何其他品目改变至品目 8522。

76. (A)从子目 8523.21 的任何其他货物或任何其他子目改变至子目 8523.21 的未录制磁条卡;或者

(B)从子目 8523.21 的任何其他货物或任何其他子目改变至子目 8523.21 的已录制磁条卡。

76A. (A)从子目8523.29的任何其他货物或任何其他子目改变至子目8523.29的未录制磁带或磁盘;或者

(B)从子目8523.29的任何其他货物或任何其他子目改变至子目8523.29的已录制磁带或磁盘。

76B. (A)从子目8523.40的任何其他货物或任何其他子目改变至子目8523.40的未录制光学媒体;或者

(B)从子目8523.40的任何其他货物或任何其他子目改变至子目8523.40的已录制光学媒体。

76C. (A)从子目8523.51的任何其他货物或任何其他子目改变至子目8523.51的未录制半导体媒体;或者

(B)从子目8523.51的任何其他货物或任何其他子目改变至子目8523.51的已录制半导体媒体。

子目规则:尽管有本注释(十二)款的规定,但根据以下规则符合原产货物资格的子目8523.52的"智能卡"可在《北美自由贸易协定》缔约方关境以外进行进一步加工,在进口到《北美自由贸易协定》缔约方时,可视为原产于《北美自由贸易协定》缔约方的货物,前提是该进一步加工未导致任何其他子目的改变。

76D. (A)税则归类无需改变至子目8523.52的包含单个集成电路或智能卡部件的"智能卡";

(B)从子目8523.52的任何其他货物(子目8523.52的其他"智能卡"部件或任何其他品目除外)改变至子目8523.52的其他"智能卡";

(C)从子目8523.52的其他"智能卡"部件改变至子目8523.52的其他"智能卡",不论是否又从子目8523.52的任何其他货物或任何其他品目改变而来,前提是区域价值成分不低于:

(1)使用成交价格法时的60%,或

(2)使用净成本法时的50%;

(D)从任何其他品目改变至子目8523.52的其他"智能卡"部件;或者

(E)税则归类无需改变至子目8523.52的其他"智能卡"部件,前提是区域价值成分不低于:

(1)使用成交价格法时的60%,或

(2)使用净成本法时的50%。

76E. (A)从子目8523.59的任何其他货物或任何其他子目改变至子目8523.59的未录制半导体媒体;或者

(B)从子目8523.59的任何其他货物或任何其他子目改变至子目8523.59的已录制半导体媒体。

76F. (A)从子目8523.80的任何其他货物或任何其他子目改变至子目8523.80的未录制媒体;或者

(B)从子目8523.80的任何其他货物或任何其他子目改变至子目8523.80的已录制媒体。

77. 从子目 8525.50 至 8525.60 以外的任何子目改变至子目 8525.50 至 8525.60,前提是关于子目 8529.90 的印刷电路组件:

(A)除(B)款规定外,对于货物中包含的 9 个印刷电路组件中的每一个或其中任何部分,只可以有 1 个印刷电路组件是非原产印刷电路组件;并且

(B)如果货物包含少于 3 个印刷电路组件,则所有印刷电路组件必须是原产印刷电路组件。

78.(A)从子目 8525.80 的任何其他货物或任何其他子目[子目 8525.80 的摄影棚电视摄像机(不包括肩扛式摄像机和其他便携式摄像机)除外]改变至子目 8525.80 的陀螺稳定电视摄像机;

(B)从子目 8525.80 的任何其他货物或任何其他子目(子目 8525.80 的陀螺稳定电视摄像机除外)改变至子目 8525.80 的其他电视摄像机;或者

(C)从子目 8525.80 的电视摄像机或任何其他子目改变至子目 8525.80 的任何其他货物。

[79 和 79A 已删除]

80. 从任何其他子目(包括子目 8526.10 至 8526.92 中的另一子目)改变至子目 8526.10 至 8526.92。

[81 已删除]

子目规则:规则 82 关于子目 8527.21 或子目 8527.29 的规定适用于第八十七章机动车辆用的货物。

82. 从任何其他子目(包括子目 8527.12 至 8527.99 中的另一子目,子目 8529.90 的印刷电路组件除外)改变至子目 8527.12 至 8527.99。

83. 从任何其他子目改变至子目 8527.90,前提是关于税号 8529.90.01、税号 8529.90.03、税号 8529.90.06、税号 8529.90.09、税号 8529.90.13、税号 8529.90.16、税号 8529.90.19 或税号 8529.90.22 的印刷电路组件:

(A)除(B)款规定外,对于货物中包含的 9 个印刷电路组件中的每一个或其中任何部分,只可以有 1 个印刷电路组件是非原产印刷电路组件;并且

(B)如果货物包含少于 3 个印刷电路组件,则所有印刷电路组件必须是原产印刷电路组件。

84.(A)从任何其他子目(子目 8471.49、子目 8540.40 或子目 8540.91 的前面板组件除外)改变至子目 8528.41 的彩色阴极射线管显示器;或者

(B)从任何其他子目(子目 8471.49 除外)改变至子目 8528.41。

85.(A)从任何其他品目(税号 8529.90.01、税号 8529.90.03、税号 8529.90.06、税号 8529.90.09、税号 8529.90.13、税号 8529.90.16、税号 8529.90.19、税号 8529.90.23、税号 8529.90.29、税号 8529.90.33、税号 8529.90.36、税号 8529.90.39、税号 8529.90.43、税号 8529.90.46 或税号 8529.90.49 除外)改变至子目 8528.49 的具有用于直接观看(非投影式)的单个显像管、视频显示器对角线不超过 14 英寸(35.56 厘米)的非高清彩色显示器;

(B)从任何品目(税号 8529.90.43、税号 8529.90.46、税号 8529.90.49、税号 8540.11.10

或以下多项除外)改变至子目 8528.49 的具有用于直接观看(非投影式)的单个显像管、视频显示器对角线超过 14 英寸(35.56 厘米)的非高清彩色显示器:

(1)税号 7011.20.10,

(2)税号 8540.91.15;

(C)从子目 8528.49 的未安装阴极射线管的不完整或未制成的彩色显示器[包括由第八十五章章规则三(a)、(b)、(c)和(e)款规定的部件加上电源组成的显示器组件]或任何其他品目(税号 8540.12.10、税号 8549.12.50 或以下多项除外)改变至子目 8528.49 的装有税号 8540.12.10 或税号 8540.12.50 的阴极射线管[包含第八十五章章规则四(b)款所述的玻璃面板和税号 7011.20.10 的玻璃锥]的非高清投影式彩色显示器:

(1)税号 7011.20.10,

(2)税号 8540.91.15;

(D)从子目 8528.49 的未安装阴极射线管的不完整或未制成的彩色显示器[包括由第八十五章章规则三(a)、(b)、(c)和(e)款规定的部件加上电源组成的显示器组件]或任何其他品目(税号 8540.12.10、税号 8540.12.50 或税号 8540.91.15 除外)改变至子目 8528.49 的装有税号 8540.12.10 或税号 8540.12.50 的阴极射线管[包含第八十五章章规则四(b)款所述的玻璃外壳]的非高清投影式彩色显示器;

(E)从子目 8528.49 的未安装阴极射线管的不完整或未制成的彩色显示器[包括由第八十五章章规则三(a)、(b)、(c)和(e)款规定的部件加上电源组成的显示器组件]或任何其他品目(税号 8540.11.30、税号 8540.11.44、税号 8540.11.48 或税号 8540.91.15 除外)改变至子目 8528.49 的装有阴极射线管的高清非投影式彩色显示器;

(F)从子目 8528.49 的未安装阴极射线管的不完整或未制成的彩色显示器[包括由第八十五章章规则三(a)、(b)、(c)和(e)款规定的部件加上电源组成的显示器组件]或任何其他品目(税号 8540.12.20、税号 8540.12.70 或税号 8540.91.15 除外)改变至子目 8528.49 的装有阴极射线管的高清投影式彩色显示器;

(G)从任何其他品目(税号 8529.90.43、税号 8529.90.46 或税号 8529.90.49 除外)改变至子目 8528.49 的未安装阴极射线管的不完整或未制成的彩色显示器[包括由第八十五章章规则三(a)、(b)、(c)和(e)款规定的部件加上电源组成的显示器组件];

(H)从子目 8528.49 的未安装阴极射线管的不完整或未制成的彩色显示器[包括由第八十五章章规则三(a)、(b)、(c)和(e)款规定的部件加上电源组成的显示器组件]或任何其他品目改变至子目 8528.49 的其他彩色显示器;或者

(I)从任何其他品目改变至子目 8528.49 的黑白显示器或其他单色显示器。

86. 从任何其他子目(子目 8471.49 除外)改变至子目 8528.51。

87. (A)从任何其他品目(税号 8529.90.43、税号 8529.90.46 或税号 8529.90.49 除外)改变至子目 8528.59 的未安装平板屏幕或类似显示器的不完整或未制成的彩色显示器[包括由第八十五章章规则三(a)、(b)、(c)和(e)款规定的部件加上电源组成的显示器组件];

(B) 从子目 8528.59 的未安装平板屏幕或类似显示器的不完整或未制成的彩色显示器[包括由第八十五章章规则三(a)、(b)、(c)和(e)款规定的部件加上电源组成的显示器组件]或任何其他品目改变至子目 8528.59 的其他彩色显示器；或者

(C) 从任何其他品目改变至子目 8528.59 的黑白显示器或其他单色显示器。

88. 从任何其他子目(子目 8471.49 除外)改变至子目 8528.61。

89. (A)从子目 8528.69 的未安装阴极射线管的不完整或未制成的投影机[包括由第八十五章章规则三(a)、(b)、(c)和(e)款规定的部件加上电源组成的投影机组件]或任何其他品目(税号 8540.12.10、税号 8540.12.50 或以下多项除外)改变至子目 8528.69 的装有税号 8540.12.10 或税号 8540.12.50 的阴极射线管[包含第八十五章章规则四(b)款所述的玻璃面板和税号 7011.20.10 的玻璃锥]的非高清投影机：

   (1)税号 7011.20.10，

   (2)税号 8540.91.15；

(B) 从子目 8528.69 的未安装阴极射线管的不完整或未制成的投影机[包括由第八十五章章规则三(a)、(b)、(c)和(e)款规定的部件加上电源组成的投影机组件]或任何其他品目(税号 8540.12.10、税号 8540.12.50 或税号 8540.91.15 除外)改变至子目 8528.69 的装有税号 8540.12.10 或税号 8540.12.50 的阴极射线管[包含第八十五章章规则四(b)款所述的玻璃外壳]的非高清投影机；

(C) 从子目 8528.69 的未安装阴极射线管的不完整或未制成的投影机[包括由第八十五章章规则三(a)、(b)、(c)和(e)款规定的部件加上电源组成的投影机组件]或任何其他品目(税号 8540.12.10、税号 8540.12.50 或税号 8540.91.15 除外)改变至子目 8528.69 的装有阴极射线管的高清投影机；

(D) 从任何其他品目(税号 8529.90.43、税号 8529.90.46 或税号 8529.90.49 除外)改变至子目 8528.69 的未安装阴极射线管、平板屏幕或类似显示器的不完整或未制成的投影机[包括由第八十五章章规则三(a)、(b)、(c)和(e)款规定的部件加上电源组成的投影机组件]；

(E) 从子目 8528.69 的未安装平板屏幕或类似显示器的不完整或未制成的投影机[包括由第八十五章章规则三(a)、(b)、(c)和(e)款规定的部件加上电源组成的投影机组件]或任何其他品目改变至子目 8528.69 的其他投影机。

90. 从子目 8528.71 的不完整或未制成的彩色接收设备(包括由第八十五章章规则三规定的所有部件加上电源组成的彩色接收设备组件)或任何其他品目改变至子目 8528.71。

91. (A)从任何其他品目(税号 8529.90.01、税号 8529.90.03、税号 8529.90.06、税号 8529.90.09、税号 8529.90.13、税号 8529.90.16、税号 8529.90.19、税号 8529.90.23、税号 8529.90.29、税号 8529.90.33、税号 8529.90.36、税号 8529.90.39、税号 8529.90.43、税号 8529.90.46 或税号 8529.90.49 除外)改变至子目 8528.72 的具有用于直接观看(非投影式)的单个显像管、视频显示器对角线不超过 14 英寸(35.56 厘米)的非高清电视接收设备；

(B) 从任何其他品目(税号 8529.90.43、税号 8529.90.46、税号 8529.90.49、税号 8540.11.10 或以下多项除外)改变至 8528.72 的具有用于直接观看(非投影式)的

单个显像管、视频显示器对角线超过 14 英寸(35.56 厘米)的非高清电视接收设备：
(1)税号 7011.20.10，
(2)税号 8540.91.15；

(C)从子目 8528.72 的未安装阴极射线管的不完整或未制成的电视接收设备(包括由第八十五章章规则三规定的所有部件加上电源组成的接收设备组件)或任何其他品目(税号 8540.12.10、税号 8540.12.50 或以下多项除外)改变至子目 8528.72 的装有税号 8540.12.10 或税号 8540.12.50 的阴极射线管[包含第八十五章章规则四(b)款所述的玻璃面板和税号 7011.20.10 的玻璃锥]的非高清投影式电视接收设备：
(1)税号 7011.20.10，
(2)税号 8540.91.15；

(D)从子目 8528.72 的未安装阴极射线管的不完整或未制成的电视接收设备(包括由第八十五章章规则三规定的所有部件加上电源组成的接收设备组件)或任何其他品目(税号 8540.12.10、税号 8540.12.50 或税号 8540.91.15 除外)改变至子目 8528.72 的装有税号 8540.12.10 或税号 8540.12.50 的阴极射线管[包含第八十五章章规则四(b)款所述的玻璃外壳]的非高清投影式电视接收设备；

(E)从子目 8528.72 的未安装阴极射线管的不完整或未制成的电视接收设备(包括由第八十五章章规则三规定的所有部件加上电源组成的接收设备组件)或任何其他品目(税号 8540.11.30、8540.11.44、税号 8540.11.48 或税号 8540.91.15 除外)改变至子目 8528.72 的装有阴极射线管的高清非投影式电视接收设备；

(F)从子目 8528.72 的未安装阴极射线管的不完整或未制成的电视接收设备(包括由第八十五章章规则三规定的所有部件加上电源组成的接收设备组件)或任何其他品目(税号 8540.12.10、税号 8540.12.50 或税号 8540.91.15 除外)改变至子目 8528.72 的装有阴极射线管的高清非投影式电视接收设备；

(G)从任何其他品目(税号 8529.90.43、税号 8529.90.46 或税号 8529.90.49 除外)改变至子目 8528.72 的未安装阴极射线管的不完整或未制成的电视接收设备(包括由第八十五章章规则三规定的所有部件加上电源组成的接收设备组件)；或者

(H)从子目 8528.72 的未安装阴极射线管、平板屏幕或类似显示器的不完整或未制成的电视接收设备(包括由第八十五章章规则三规定的所有部件加上电源组成的接收设备组件)或任何其他品目改变至子目 8528.72 的其他电视接收设备。

92. 从任何其他品目改变至子目 8528.73。

[92A 至 92Q 已删除]

93. (A)从任何其他品目改变至子目 8529.10；或者
    (B)税则归类无需改变至子目 8529.10，前提是区域价值成分不低于：
    (1)使用成交价格法时的 60%，或
    (2)使用净成本法时的 50%。

94. 从任何其他税号改变至税号 8529.90.01、税号 8529.90.03、税号 8529.90.06、税号 8529.90.09、税号 8529.90.13、税号 8529.90.16、税号 8529.90.19 或税号 8529.90.22。

95. 从任何其他税号改变至税号 8529.90.26。

96. 从任何其他税号改变至税号 8529.90.29、税号 8529.90.33、税号 8529.90.36 或税号 8529.90.39。

97. 从任何其他税号改变至税号 8529.90.43、税号 8529.90.46 或税号 8529.90.49。

98. 从任何其他税号改变至税号 8529.90.53。

99. 从任何其他税号改变至税号 8529.90.63、税号 8529.90.69、税号 8529.90.73 或税号 8529.90.76。

100. (A)从任何其他品目改变至税号 8529.90.78、税号 8529.90.81、税号 8529.90.83 或税号 8529.90.85;或者
    (B)税则归类无需改变至税号 8529.90.78、税号 8529.90.81、税号 8529.90.83 或税号 8529.90.85,前提是区域价值成分不低于:
      (1)使用成交价格法时的 60%,或
      (2)使用净成本法时的 50%。

101. (A)从任何其他品目改变至子目 8529.90;或者
    (B)税则归类无需改变至子目 8529.90,前提是区域价值成分不低于:
      (1)使用成交价格法时的 60%,或
      (2)使用净成本法时的 50%。

102. (A)从任何其他品目改变至子目 8530.10 至 8530.80;或者
    (B)从子目 8530.90 改变至子目 8530.10 至 8530.80,不论是否又从任何其他品目改变而来,前提是区域价值成分不低于:
      (1)使用成交价格法时的 60%,或
      (2)使用净成本法时的 50%。

103. (A)从任何其他品目改变至子目 8530.90;或者
    (B)税则归类无需改变至子目 8530.90,前提是区域价值成分不低于:
      (1)使用成交价格法时的 60%,或
      (2)使用净成本法时的 50%。

104. 从任何其他子目(包括子目 8531.10 至 8531.20 中的另一子目)改变至子目 8531.10 至 8531.20。

[105 和 106 已删除]

107. 从任何其他子目改变至子目 8531.80。

108. (A)从任何其他品目改变至子目 8531.90;或者
    (B)税则归类无需改变至子目 8531.90,前提是区域价值成分不低于:
      (1)使用成交价格法时的 60%,或
      (2)使用净成本法时的 50%。

109. (A)从任何其他品目改变至子目 8532.10;或者
    (B)从子目 8532.90 改变至子目 8532.10,不论是否又从任何其他品目改变而来,前提是区域价值成分不低于:
      (1)使用成交价格法时的 60%,或
      (2)使用净成本法时的 50%。

110. 从任何其他子目(包括子目 8532.21 至 8532.30 中的另一子目)改变至子目 8532.21 至 8532.30。

111. (A)从任何其他品目改变至子目 8532.90;或者
    (B)税则归类无需改变至子目 8532.90,前提是区域价值成分不低于:
        (1)使用成交价格法时的 60%,或
        (2)使用净成本法时的 50%。

112. 从任何其他子目(包括子目 8533.10 至 8533.39 中的另一子目)改变至子目 8533.10 至 8533.39。

113. 从任何其他子目(税号 8533.90.40 除外)改变至子目 8533.40。

114. (A)从任何其他品目改变至子目 8533.90;或者
    (B)税则归类无需改变至子目 8533.90,前提是区域价值成分不低于:
        (1)使用成交价格法时的 60%,或
        (2)使用净成本法时的 50%。

115. 从任何其他品目改变至品目 8534。

116. (A)从任何其他税号(税号 8538.90.40 除外)改变至税号 8535.90.40;或者
    (B)从税号 8538.90.40 改变至税号 8535.90.40,不论是否又从任何其他税号改变而来,前提是区域价值成分不低于:
        (1)使用成交价格法时的 60%,或
        (2)使用净成本法时的 50%。

117. (A)从任何其他品目(税号 8538.90.10、税号 8538.90.30 或税号 8538.90.60 除外)改变至品目 8535;或者
    (B)从税号 8538.90.10、税号 8538.90.30 或税号 8538.90.60 改变至品目 8535,不论是否又从任何其他品目改变而来,前提是区域价值成分不低于:
        (1)使用成交价格法时的 60%,或
        (2)使用净成本法时的 50%。

118. (A)从任何其他品目(税号 8538.90.10、税号 8538.90.30 或税号 8538.90.60 除外)改变至子目 8536.10 至 8536.20;或者
    (B)从税号 8538.90.10、税号 8538.90.30 或税号 8538.90.60 改变至子目 8536.10 至 8536.20,不论是否又从任何其他品目改变而来,前提是区域价值成分不低于:
        (1)使用成交价格法时的 60%,或
        (2)使用净成本法时的 50%。

119. (A)从任何其他税号(税号 8538.90.40 除外)改变至税号 8536.30.40;或者
    (B)从税号 8538.90.40 改变至税号 8536.30.40,不论是否又从任何其他税号改变而来,前提是区域价值成分不低于:
        (1)使用成交价格法时的 60%,或
        (2)使用净成本法时的 50%。

120. (A)从任何其他品目(税号 8538.90.10、税号 8538.90.30 或税号 8538.90.60 除外)改变至子目 8536.30 的任何其他货物;或者

(B)从税号8538.90.10、税号8538.90.30或税号8538.90.60改变至子目8536.30的任何其他货物,不论是否又从任何其他品目改变而来,前提是区域价值成分不低于:

(1)使用成交价格法时的60%,或

(2)使用净成本法时的50%。

120A.(A)从任何其他品目(税号8538.90.10、税号8538.90.30或税号8538.90.60除外)改变至子目8536.41至8536.49;或者

(B)从税号8538.90.10、税号8538.90.30或税号8538.90.60改变至子目8536.41至8536.49,不论是否又从任何其他品目改变而来,前提是区域价值成分不低于:

(1)使用成交价格法时的60%,或

(2)使用净成本法时的50%。

120B.(A)从任何其他税号(税号8538.90.40除外)改变至税号8536.50.40;或者

(B)从税号8538.90.40改变至税号8536.50.40,不论是否又从任何其他税号改变而来,前提是区域价值成分不低于:

(1)使用成交价格法时的60%,或

(2)使用净成本法时的50%。

120C.(A)从任何其他品目(税号8538.90.10、税号8538.90.30或税号8538.90.60除外)改变至子目8536.50的任何其他货物;或者

(B)从税号8538.90.10、税号8538.90.30或税号8538.90.60改变至子目8536.50的任何其他货物,不论是否又从任何其他品目改变而来,前提是区域价值成分不低于:

(1)使用成交价格法时的60%,或

(2)使用净成本法时的50%。

120D.(A)从任何其他品目(税号8538.90.10、税号8538.90.30或税号8538.90.60除外)改变至子目8536.61至8536.69;或者

(B)从税号8538.90.10、税号8538.90.30或税号8538.90.60改变至子目8536.61至8536.69,不论是否又从任何其他品目改变而来,前提是区域价值成分不低于:

(1)使用成交价格法时的60%,或

(2)使用净成本法时的50%。

120E.(A)从子目8536.70的任何其他货物或任何其他子目(品目3926除外)改变至子目8536.70的塑料连接器,前提是区域价值成分不低于:

(1)使用成交价格法时的60%,或

(2)使用净成本法时的50%;

(B)从子目8536.70的任何其他货物或任何其他子目(第六十九章除外)改变至子目8536.70的陶瓷连接器;或者

(C)从子目8536.70的任何其他货物或任何其他子目(品目7419除外)改变至子目8536.70的铜连接器。

120F.(A)从任何其他品目(税号8538.90.10、税号8538.90.30或税号8538.90.60除外)改变至子目8536.90;或者

(B)从税号8538.90.10、税号8538.90.30或税号8538.90.60改变至子目8536.90,不论是否又从任何其他品目改变而来,前提是区域价值成分不低于:

(1)使用成交价格法时的60%,或

(2)使用净成本法时的50%。

子目规则:规则121关于子目8537.10的规定适用于第八十七章机动车辆用的货物。

121.(A)从任何其他品目(税号8538.90.10、税号8538.90.30或税号8538.90.60除外)改变至品目8537;或者

(B)从税号8538.90.10、税号8538.90.30或税号8538.90.60改变至品目8537,不论是否又从任何其他品目改变而来,前提是区域价值成分不低于:

(1)使用成交价格法时的60%,或

(2)使用净成本法时的50%。

122.(A)从任何其他品目改变至子目8538.10至8538.90;或者

(B)从子目8538.10至8538.90中的任何其他子目改变至子目8538.10至8538.90,不论是否又从任何其他品目改变而来,前提是区域价值成分不低于:

(1)使用成交价格法时的60%,或

(2)使用净成本法时的50%。

子目规则:规则123关于子目8539.10或子目8539.21的规定适用于第八十七章机动车辆用的货物。

123.(A)从任何其他品目改变至子目8539.10至8539.49;或者

(B)从子目8539.90改变至子目8539.10至8539.49,不论是否又从任何其他品目改变而来,前提是区域价值成分不低于:

(1)使用成交价格法时的60%,或

(2)使用净成本法时的50%。

124. 从任何其他品目改变至子目8539.90。

125. 从任何其他子目改变至税号8540.11.10,但以下多项除外:

(A)税号7011.20.10,

(B)税号8540.91.15。

126. 从任何其他子目改变至税号8540.11.24或税号8540.11.28,但以下多项除外:

(A)税号7011.20.10,

(B)税号8540.91.15。

127. 从任何其他子目(税号8540.91.15除外)改变至税号8540.11.30。

128. 从任何其他子目(税号8540.91.15除外)改变至税号8540.11.44或税号8540.11.48。

129.(A)从任何其他品目改变至子目8540.11;或者

(B)从子目8540.91改变至子目8540.11,不论是否又从任何其他品目改变而来,前提是区域价值成分不低于:

(1)使用成交价格法时的60%,或

(2)使用净成本法时的50%。

130. 从任何其他子目改变至税号8540.12.10或税号8540.12.50,但以下多项除外:

(A)税号7011.20.10，

(B)税号8540.91.15。

税号规则：规则130仅适用于包含第八十五章章规则五(b)款所述玻璃面板和税号7011.20.10玻璃锥的货物。

131. 从任何其他子目(税号8540.91.15除外)改变至税号8540.12.10或税号8540.12.50。

税号规则：规则131仅适用于包含第八十五章章规则五(b)款所述玻璃面板的货物。

132. 从任何其他子目(税号8540.91.15除外)改变至税号8540.12.20或税号8540.12.70。

133. (A)从任何其他品目改变至子目8540.12;或者

(B)从子目8540.91改变至子目8540.12,不论是否又从任何其他品目改变而来,前提是区域价值成分不低于：

(1)使用成交价格法时的60%,或

(2)使用净成本法时的50%。

134. (A)从任何其他品目改变至子目8540.20;或者

(B)从子目8540.91至8540.99改变至子目8540.20,不论是否又从任何其他品目改变而来,前提是区域价值成分不低于：

(1)使用成交价格法时的60%,或

(2)使用净成本法时的50%。

135. 从子目8540.40至8540.60以外的任何子目改变至子目8540.40至8540.60。

136. 从任何其他子目(包括子目8540.71至8540.89中的另一子目)改变至子目8540.71至8540.89。

[**137 已删除**]

138. 从任何其他税号改变至税号8540.91.15。

139. (A)从任何其他品目改变至子目8540.91;或者

(B)税则归类无需改变至子目8540.91,前提是区域价值成分不低于：

(1)使用成交价格法时的60%,或

(2)使用净成本法时的50%。

140. 从任何其他税号改变至税号8540.99.40。

141. (A)从任何其他品目改变至子目8540.99;或者

(B)税则归类无需改变至子目8540.99,前提是区域价值成分不低于：

(1)使用成交价格法时的60%,或

(2)使用净成本法时的50%。

子目规则：尽管有本注释(十二)款(转运)的规定,但根据以下规则符合原产货物资格的子目8541.10至8541.60或子目8542.31至8542.39的货物可在《北美自由贸易协定》缔约方关境以外进行进一步加工,在进口到《北美自由贸易协定》缔约方时,可视为原产于《北美自由贸易协定》缔约方的货物,前提是该进一步加工未导致该组别以外子目的改变。

142. 税则归类均无需改变至子目8541.10至8542.90中的任一子目。

143. 从任何其他子目(子目8486.20除外)改变至子目8543.10。

143A. 从任何其他子目(包括子目8543.20至8543.30中的另一子目)改变至子目8543.20

至 8543.30。

143B. 从任何其他子目(子目 8523.59 的智能卡除外,但不包括包含单个集成卡)改变至子目 8543.70。

[144 和 145 已删除]

子目规则:尽管有本注释(十二)款(转运)的规定,根据以下规则符合原产货物资格的子目 8543.90 的电子微组件可在《北美自由贸易协定》缔约方关境以外进行进一步加工,在进口到《北美自由贸易协定》缔约方时,可视为原产于《北美自由贸易协定》缔约方的货物,前提是该进一步加工未导致任何其他子目的改变。

146. (A)税则归类无需改变至子目 8543.90 的电子微组件;
 (B)从子目 8543.90 的电子微组件或任何其他品目改变至子目 8543.90 的任何其他货物;或者
 (C)税则归类无需改变至子目 8543.90 的任何其他货物,前提是区域价值成分不低于:
  (1)使用成交价格法时的 60%,或
  (2)使用净成本法时的 50%。

子目规则:规则 147 关于子目 8544.30 的规定适用于第八十七章机动车辆用的货物。

147. (A)从子目 8544.11 至 8544.60 以外的任何子目(品目 7408、品目 7413、品目 7605 或品目 7614 除外)改变至子目 8544.11 至 8544.60;或者
 (B)从品目 7408、品目 7413、品目 7605 或品目 7614 改变至子目 8544.11 至 8544.60,不论是否又从任何其他品目(包括子目 8544.11 至 8544.60 中的另一子目)改变而来,前提是区域价值成分不低于:
  (1)使用成交价格法时的 60%,或
  (2)使用净成本法时的 50%。

148. (A)从任何其他子目(品目 7002 或品目 9001 除外)改变至子目 8544.70;或者
 (B)从品目 7002 或品目 9001 改变至子目 8544.70,不论是否又从任何其他品目改变而来,前提是区域价值成分不低于:
  (1)使用成交价格法时的 60%,或
  (2)使用净成本法时的 50%。

149. 从任何其他品目(包括品目 8545 至 8547 中的另一品目)改变至品目 8545 至 8547。

150. 从任何其他章改变至子目 8548.10。

子目规则:尽管有本注释(十二)款(转运)的规定,但根据以下规则符合原产货物资格的子目 8548.90 的电子微组件可在《北美自由贸易协定》缔约方关境以外进行进一步加工,在进口到《北美自由贸易协定》缔约方时,可视为原产于《北美自由贸易协定》缔约方的货物,前提是该进一步加工未导致任何其他子目的改变。

151. (A)税则归类无需改变至子目 8548.90 的电子微组件;或者
 (B)从子目 8548.90 的电子微组件或任何其他品目改变至子目 8548.90 的任何其他货物。

第八十六章

1. 从任何其他品目改变至品目 8601 至 8602。

2. (A)从任何其他品目(包括品目 8603 至 8606 中的另一品目,品目 8607 除外)改变至品目 8603 至 8606;或者
   (B)从品目 8607 改变至品目 8603 至 8606,不论是否又从任何其他品目(包括该组别内的另一品目)改变而来,前提是区域价值成分不低于:
   (1)使用成交价格法时的 60%,或
   (2)使用净成本法时的 50%。

3. 从子目 8607.11 至 8607.12 以外的任何子目改变至子目 8607.11 至 8607.12。

3A. (A)从任何其他品目改变至税号 8607.19.03;或者
   (B)从税号 8607.19.06 改变至税号 8607.19.03,不论是否又从任何其他品目改变而来,前提是区域价值成分不低于:
   (1)使用成交价格法时的 60%,或
   (2)使用净成本法时的 50%。

3B. (A)从任何其他税号改变至税号 8607.19.12;或者
   (B)从税号 8607.19.15 改变至税号 8607.19.12,不论是否又从任何其他品目改变而来,前提是区域价值成分不低于:
   (1)使用成交价格法时的 60%,或
   (2)使用净成本法时的 50%。

3C. 从任何其他品目改变至子目 8607.19。

4. (A)从任何其他品目改变至子目 8607.21 至 8607.99;或者
   (B)税则归类无需改变至子目 8607.21 至 8607.99 中的任何子目,前提是区域价值成分不低于:
   (1)使用成交价格法时的 60%,或
   (2)使用净成本法时的 50%。

[5 和 6 已删除]

7. 从任何其他品目(包括品目 8608 至 8609 中的另一品目)改变至品目 8608 至 8609。

第八十七章

章规则一:就与本章有关的各款而言,只要对各款的编号进行了划线强调,则适用则本注释(四)款的规定。

1. 从任何其他品目改变至品目 8701,前提是使用净成本法时的区域价值成分不低于 50%。

2. 从任何其他品目改变至税号 8702.10.30,前提是使用净成本法时的区域价值成分不低于 50%。

3. 从任何其他品目改变至税号 8702.10.60,前提是使用净成本法时的区域价值成分不低于 50%。

4. 从任何其他品目改变至税号 8702.90.30,前提是使用净成本法时的区域价值成分不低于 50%。

5. 从任何其他品目改变至税号 8702.90.60,前提是使用净成本法时的区域价值成分不低于 50%。

6. 从任何其他品目改变至子目 8703.10,前提是区域价值成分不低于:

(A) 使用成交价格法时的 60%,或

(B) 使用净成本法时的 50%。

7. 从任何其他品目改变至子目 8703.21 至 8703.90,前提是使用净成本法时的区域价值成分不低于 50%。

8. 从任何其他品目改变至子目 8704.10,前提是使用净成本法时的区域价值成分不低于 50%。

9. 从任何其他品目改变至子目 8704.21,前提是使用净成本法时的区域价值成分不低于 50%。

10. 从任何其他品目改变至子目 8704.22 至 8704.23,前提是使用净成本法时的区域价值成分不低于 50%。

11. 从任何其他品目改变至子目 8704.31,前提是使用净成本法时的区域价值成分不低于 50%。

12. 从任何其他品目改变至子目 8704.32 至 8704.90,前提是使用净成本法时的区域价值成分不低于 50%。

13. 从任何其他品目改变至品目 8705,前提是使用净成本法时的区域价值成分不低于 50%。

14. 从任何其他品目(子目 8708.50 或子目 8708.60 除外)改变至税号 8706.00.03 或税号 8706.00.15,前提是使用净成本法时的区域价值成分不低于 50%。

15. 从任何其他品目(子目 8708.50 或子目 8708.60 除外)改变至税号 8706.00.05、税号 8706.00.25、税号 8706.00.30 或税号 8706.00.50,前提是使用净成本法时的区域价值成分不低于 50%。

16. (A) 从任何其他章改变至品目 8707;或者

(B) 从品目 8708 改变至品目 8707,不论是否又从任何其他章改变而来,前提是使用净成本法时的区域价值成分不低于 50%。

17. (A) 从任何其他品目改变至子目 8708.10;或者

(B) 从子目 8708.99 改变至子目 8708.10,不论是否又从任何其他品目改变而来,前提是使用净成本法时的区域价值成分不低于 50%。

18. (A) 从任何其他品目改变至子目 8708.21;或者

(B) 从子目 8708.99 改变至子目 8708.21,不论是否又从任何其他品目改变而来,前提是使用净成本法时的区域价值成分不低于 50%。

19. (A) 从任何其他品目改变至子目 8708.29;或者

(B) 税则归类无需改变至子目 8708.29,前提是使用净成本法时的区域价值成分不低于 50%。

19A. (A) 从任何其他品目改变至子目 8708.30 的已安装制动衬片;

(B) 从子目 8708.30 或子目 8708.99 的已安装制动衬片、制动器或伺服制动器的零件改变至子目 8708.30 的已安装制动衬片,不论是否又从任何其他品目改变而来,前提是使用净成本法时的区域价值成分不低于 50%;

(C) 从任何其他品目改变至子目 8708.30 的任何其他货物;或者

(D)从子目 8708.30 或子目 8708.99 的已安装制动衬片、制动器或伺服制动器的零件改变至子目 8708.30 的任何其他货物,不论是否又从任何其他品目改变而来,前提是使用净成本法时的区域价值成分不低于 50%。

[20 至 21 已删除]

22. (A)从任何其他品目改变至子目 8708.40 的齿轮箱;

(B)从子目 8708.40 或子目 8708.99 的任何其他货物改变至子目 8708.40 的齿轮箱,不论是否又从任何其他品目改变而来,前提是使用净成本法时的区域价值成分不低于 50%;

(C)从任何其他品目改变至子目 8708.40 的任何其他货物;或者

(D)税则归类无需改变至子目 8708.40 的任何其他货物,前提是使用净成本法时的区域价值成分不低于 50%。

23. (A)从任何其他品目(子目 8482.10 至 8482.80 除外)改变至用于品目 8703 车辆的子目 8708.50 的带差速器的驱动桥(不论是否配备其他传动部件);

(B)从子目 8482.10 至 8482.80 或子目 8708.50 的驱动轴零件改变至用于品目 8703 车辆的子目 8708.50 的带差速器的驱动桥(不论是否配备其他传动部件),不论是否又从任何其他品目改变而来,前提是使用净成本法时的区域价值成分不低于 50%;

(C)从任何其他品目改变至子目 8708.50 的其他带差速器的驱动桥(不论是否配备其他传动部件);

(D)从子目 8708.99 改变至子目 8708.50 的其他带差速器的驱动桥(不论是否配备其他传动部件),不论是否又从任何其他品目改变而来,前提是使用净成本法时的区域价值成分不低于 50%;

(E)从任何其他品目(子目 8482.10 至 8482.80 除外)改变至用于品目 8703 的车辆的子目 8708.50 非驱动桥及其零件;

(F)从子目 8482.10 至 8482.80 或子目 8708.99 改变至用于品目 8703 车辆的子目 8708.50 的非驱动桥及其零件,不论是否又从任何其他品目改变而来,前提是使用净成本法时的区域价值成分不低于 50%;

(G)从任何其他品目改变至子目 8708.50 的其他非驱动桥及其零件;

(H)从子目 8708.99 改变至子目 8708.50 的其他非驱动桥及其零件,不论是否又从任何其他品目改变而来,前提是使用净成本法时的区域价值成分不低于 50%;

(I)从任何其他品目改变至子目 8708.50 的任何其他货物;或者

(J)税则归类无需改变至子目 8708.50 的任何其他货物,前提是使用净成本法时的区域价值成分不低于 50%。

[24 至 26 已删除]

27. (A)从任何其他品目改变至子目 8708.70;或者

(B)从子目 8708.99 改变至子目 8708.70,不论是否又从任何其他品目改变而来,前提是使用净成本法时的区域价值成分不低于 50%。

28. (A)从子目 8708.80 的零件或任何其他子目改变至子目 8708.80 的麦弗逊支柱,前提是使用净成本法时的区域价值成分不低于 50%;

(B)从任何其他品目改变至子目8708.80；

(C)从子目8708.80或子目8708.99的零件改变至子目8708.80的其他悬架系统(包括减震器)，不论是否又从任何其他品目改变而来，前提是使用净成本法时的区域价值成分不低于50%；或者

(D)税则归类无需改变至子目8708.80的悬架系统零件(包括减震器)，前提是使用净成本法时的区域价值成分不低于50%。

[29 已删除]

30.(A)从任何其他品目改变至子目8708.91的散热器；

(B)从子目8708.91的任何其他货物改变至子目8708.91的散热器，不论是否又从任何其他品目改变而来，前提是使用净成本法时的区域价值成分不低于50%；或者

(C)税则归类无需改变至子目8708.91的任何其他货物，前提是使用净成本法时的区域价值成分不低于50%。

31.(A)从任何其他品目改变至子目8708.92的消音器(消声器)或排气管；

(B)从子目8708.92的任何其他货物改变至子目8708.92的消音器(消声器)或排气管，不论是否又从任何其他品目改变而来，前提是使用净成本法时的区域价值成分不低于50%；或者

(C)税则归类无需改变至子目8708.92的任何其他货物，前提是使用净成本法时的区域价值成分不低于50%。

32.(A)从任何其他品目改变至子目8708.93；或者

(B)从子目8708.99改变至子目8708.93，不论是否又从任何其他品目改变而来，前提是使用净成本法时的区域价值成分不低于50%。

33.(A)从任何其他品目改变至子目8708.94；

(B)从子目8708.94或子目8708.99的零件改变至子目8708.94的方向盘、转向柱或转向箱，不论是否又从任何其他品目改变而来，前提是使用净成本法时的区域价值成分不低于50%；

(C)税则归类无需改变至子目8708.94的方向盘、转向柱或转向箱零件，前提是使用净成本法时的区域价值成分不低于50%。

34.(A)从任何其他品目改变至子目8708.95；或者

(B)税则归类无需改变至子目8708.95，前提是使用净成本法时的区域价值成分不低于50%。

35.(A)从任何其他品目(子目8482.10至8482.80、税号8482.99.05、税号8482.99.15或税号8482.99.25除外)改变至税号8708.99.06、税号8708.99.31或税号8708.99.58；或者

(B)从子目8482.10至8482.80、税号8482.99.05、税号8482.99.15或税号8482.99.25改变至税号8708.99.06、税号8708.99.31或税号8708.99.58，不论是否又从任何其他品目改变而来，前提是使用净成本法时的区域价值成分不低于50%。

36.(A)从任何其他品目改变至子目8708.99；或者

(B)税则归类无需改变至子目8708.99，前提是使用净成本法时的区域价值成分不低于

50%。

37. (A)从任何其他品目改变至子目 8709.11 至 8709.19;或者

(B)从子目 8709.90 改变至子目 8709.11 至 8709.19,不论是否又从任何其他品目改变而来,前提是区域价值成分不低于:

(1)使用成交价格法时的 60%,或

(2)使用净成本法时的 50%。

38. 从任何其他品目改变至子目 8709.90。

39. 从任何其他品目改变至品目 8710。

40. (A)从任何其他品目(包括品目 8711 至 8713 中的另一品目,品目 8714 除外)改变至品目 8711 至 8713;或者

(B)从品目 8714 改变至品目 8711 至 8713,不论是否又从任何其他品目(包括该组别内的其他品目)改变而来,前提是区域价值成分不低于:

(1)使用成交价格法时的 60%,或

(2)使用净成本法时的 50%。

[41 和 42 已删除]

43. 从任何其他品目改变至品目 8714。

44. 从任何其他品目改变至品目 8715。

45. (A)从任何其他品目改变至子目 8716.10 至 8716.80;或者

(B)从子目 8716.90 改变至子目 8716.10 至 8716.80,不论是否又从任何其他品目改变而来,前提是区域价值成分不低于:

(1)使用成交价格法时的 60%,或

(2)使用净成本法时的 50%。

46. 从任何其他品目改变至子目 8716.90。

第八十八章

1. (A)从品目 8801 的任何其他货物或任何其他品目改变至品目 8801 的滑翔机或悬挂式滑翔机;或者

(B)从品目 8801 或任何其他品目的滑翔机或悬挂式滑翔机改变至品目 8801 的任何其他货物。

1A. 从任何其他子目(包括子目 8802.11 至 8803.90 中的另一子目)改变至子目 8802.11 至 8803.90。

2. 从任何其他品目(包括品目 8804 至 8805 中的另一品目)改变至品目 8804 至 8805。

第八十九章

1. (A)从任何其他章改变至品目 8901 至 8902;或者

(B)从第八十九章的任何其他品目(包括品目 8901 至 8902 中的另一个品目)改变至品目 8901 至 8902,不论是否又从任何其他章改变而来,前提是区域价值成分不低于:

(1)使用成交价格法时的 60%,或

(2)使用净成本法时的 50%。

2. 从任何其他品目改变至品目 8903,前提是区域价值成分不低于:

(A)使用成交价格法时的60%,或

(B)使用净成本法时的50%。

3. (A)从任何其他章改变至品目8904至8905;或者

(B)从第八十九章的任何其他品目(包括品目8904至8905中的另一品目)改变至品目8904至8905,不论是否又从任何其他章改变而来,前提是区域价值成分不低于:

(1)使用成交价格法时的60%,或

(2)使用净成本法时的50%。

4. 从任何其他品目(包括品目8906至8908中的另一品目)改变至品目8906至8908。

第九十章

章规则一:就本章而言,"印刷电路组件"是指由一个或多个品目8534的印刷电路(装配有一个或多个有源元件,包含或不包含无源元件)组成的货物。就本注释而言,"有源元件"是指品目8541的二极管、晶体管和类似半导体的器件(不论是否光敏),品目8542的集成电路,以及品目8543或品目8548的微组件。

章规则二:第九十章货物的原产地的确定,应不考虑品目8471的任何自动数据处理机器或其部件,或品目8473的任何自动数据处理机器或其部件和附件(可包括在其中)的原产地。

章规则三:就与本章有关的各款而言,只要对各款的编号进行了划线强调,本注释(四)款的规定就可适用于第八十七章机动车辆用的货物。

1. (A)从任何其他章(品目7002除外)改变至子目9001.10;或者

(B)从品目7002改变至子目9001.10,不论是否又从任何其他章改变而来,前提是区域价值成分不低于:

(1)使用成交价格法时的60%,或

(2)使用净成本法时的50%。

2. 从任何其他品目改变至子目9001.20至9001.90。

3. 从任何其他品目(品目9001除外)改变至品目9002。

4. (A)从任何其他品目改变至子目9003.11至9003.19;或者

(B)从子目9003.90改变至子目9003.11至9003.19,不论是否又从任何其他品目改变而来,前提是区域价值成分不低于:

(1)使用成交价格法时的60%,或

(2)使用净成本法时的50%。

5. 从任何其他品目改变至子目9003.90。

6. (A)从任何其他章改变至品目9004;或者

(B)从第九十章的任何其他品目改变至品目9004,不论是否又从任何其他章改变而来,前提是区域价值成分不低于:

(1)使用成交价格法时的60%,或

(2)使用净成本法时的50%。

7. 从子目9005.10至9005.80以外的任何子目(品目9001至9002或税号9005.90.40除外)改变至子目9005.10至9005.80。

8. 从任何其他品目(品目9001至9002除外)改变至税号9005.90.40。

9. (A)从任何其他品目改变至子目9005.90;或者
   (B)税则归类无需改变至子目9005.90,前提是区域价值成分不低于:
      (1)使用成交价格法时的60%,或
      (2)使用净成本法时的50%。

10. (A)从任何其他品目改变至子目9006.10至9006.69;或者
    (B)从子目9006.91或子目9006.99改变至子目9006.10至9006.69,不论是否又从任何其他品目改变而来,前提是区域价值成分不低于:
       (1)使用成交价格法时的60%,或
       (2)使用净成本法时的50%。

11. (A)从任何其他品目改变至子目9006.91至9006.99;或者
    (B)从子目9006.91至9006.99改变至子目9006.91至9006.99中任一子目的货物,不论是否又从任何其他品目改变而来,前提是区域价值成分不低于:
       (1)使用成交价格法时的60%,或
       (2)使用净成本法时的50%。

12. (A)从任何其他品目改变至子目9007.11;或者
    (B)从子目9007.91改变至子目9007.11,不论是否又从任何其他品目改变而来,前提是区域价值成分不低于:
       (1)使用成交价格法时的60%,或
       (2)使用净成本法时的50%。

13. 从任何税号改变至税号9007.19.40。

14. (A)从任何其他品目改变至子目9007.19;或者
    (B)从子目9007.91改变至子目9007.19,不论是否又从任何其他品目改变而来,前提是区域价值成分不低于:
       (1)使用成交价格法时的60%,或
       (2)使用净成本法时的50%。

15. (A)从任何其他品目改变至子目9007.20;或者
    (B)从子目9007.92改变至子目9007.20,不论是否又从任何其他品目改变而来,前提是区域价值成分不低于:
       (1)使用成交价格法时的60%,或
       (2)使用净成本法时的50%。

16. (A)从任何其他品目改变至子目9007.91;或者
    (B)税则归类无需改变至子目9007.91,前提是区域价值成分不低于:
       (1)使用成交价格法时的60%,或
       (2)使用净成本法时的50%。

17. (A)从任何其他品目改变至子目9007.92;或者
    (B)税则归类无需改变至子目9007.92,前提是区域价值成分不低于:
       (1)使用成交价格法时的60%,或
       (2)使用净成本法时的50%。

18. (A)从任何其他品目改变至子目 9008.10 至 9008.40；或者
    (B)从子目 9008.90 改变至子目 9008.10 至 9008.40，不论是否又从任何其他品目改变而来，前提是区域价值成分不低于：
        (1)使用成交价格法时的 60%，或
        (2)使用净成本法时的 50%。

19. (A)从任何其他品目改变至子目 9008.90；或者
    (B)税则归类无需改变至子目 9008.90，前提是区域价值成分不低于：
        (1)使用成交价格法时的 60%，或
        (2)使用净成本法时的 50%。

[20 至 24B 已删除]

25. (A)从任何其他品目改变至子目 9010.10 至 9010.60；或者
    (B)从子目 9010.90 改变至子目 9010.10 至 9010.60，不论是否又从任何其他品目改变而来，前提是区域价值成分不低于：
        (1)使用成交价格法时的 60%，或
        (2)使用净成本法时的 50%。

26. (A)从任何其他品目改变至子目 9010.90；或者
    (B)税则归类无需改变至子目 9010.90，前提是区域价值成分不低于：
        (1)使用成交价格法时的 60%，或
        (2)使用净成本法时的 50%。

27. (A)从任何其他品目改变至子目 9011.10 至 9011.80；或者
    (B)从子目 9011.90 改变至子目 9011.10 至 9011.80，不论是否又从任何其他品目改变而来，前提是区域价值成分不低于：
        (1)使用成交价格法时的 60%，或
        (2)使用净成本法时的 50%。

28. 从任何其他品目改变至子目 9011.90。

29. (A)从任何其他品目改变至子目 9012.10；或者
    (B)从子目 9012.90 改变至子目 9012.10，不论是否又从任何其他品目改变而来，前提是区域价值成分不低于：
        (1)使用成交价格法时的 60%，或
        (2)使用净成本法时的 50%。

30. 从任何其他品目改变至子目 9012.90。

31. (A)从任何其他品目改变至子目 9013.10 至 9013.80；或者
    (B)从子目 9013.90 改变至子目 9013.10 至 9013.80，不论是否又从任何其他品目改变而来，前提是区域价值成分不低于：
        (1)使用成交价格法时的 60%，或
        (2)使用净成本法时的 50%。

32. (A)从任何其他品目改变至子目 9013.90；或者
    (B)税则归类无需改变至子目 9013.90，前提是区域价值成分不低于：

(1)使用成交价格法时的60%,或

(2)使用净成本法时的50%。

33. (A)从任何其他品目改变至子目9014.10至9014.80;或者

(B)从子目9014.90改变至子目9014.10至9014.80,不论是否又从任何其他品目改变而来,前提是区域价值成分不低于:

(1)使用成交价格法时的60%,或

(2)使用净成本法时的50%。

34. (A)从任何其他品目改变至子目9014.90;或者

(B)税则归类无需改变至子目9014.90,前提是区域价值成分不低于:

(1)使用成交价格法时的60%,或

(2)使用净成本法时的50%。

35. (A)从任何其他品目改变至子目9015.10至9015.80;或者

(B)从子目9015.90改变至子目9015.10至9015.80,不论是否又从任何其他品目改变而来,前提是区域价值成分不低于:

(1)使用成交价格法时的60%,或

(2)使用净成本法时的50%。

36. (A)从任何其他品目改变至子目9015.90;或者

(B)税则归类无需改变至子目9015.90,前提是区域价值成分不低于:

(1)使用成交价格法时的60%,或

(2)使用净成本法时的50%。

37. 从任何其他品目改变至品目9016。

38. (A)从任何其他品目改变至子目9017.10至9017.80;或者

(B)从子目9017.90改变至子目9017.10至9017.80,不论是否又从任何其他品目改变而来,前提是区域价值成分不低于:

(1)使用成交价格法时的60%,或

(2)使用净成本法时的50%。

39. 从任何其他品目改变至子目9017.90。

40. 从任何其他税号(税号9018.11.60除外)改变至税号9018.11.30。

41. 从任何其他品目改变至子目9018.11。

41A. 从任何其他品目改变至子目9018.12至9018.14。

42. 从任何其他税号(税号9018.19.75除外)改变至税号9018.19.55。

43. 从任何其他品目改变至子目9018.19。

44. 从任何其他品目改变至子目9018.20至9018.50。

45. 从任何其他税号(税号9018.90.68除外)改变至税号9018.90.64。

46. 从任何其他品目改变至子目9018.90。

47. 从品目9019至9021以外的任何品目改变至品目9019至9021。

48. 从子目9022.12至9022.14以外的任何子目(税号9022.90.05除外)改变至子目9022.12至9022.14。

49. 从任何其他子目(子目9022.30或税号9022.90.05除外)改变至子目9022.19。

50. 从任何其他子目(税号9022.90.15除外)改变至子目9022.21。

51. (A)从任何其他品目改变至子目9022.29至9022.30;或者

    (B)从子目9022.90改变至子目9022.29至9022.30,不论是否又从任何其他品目改变而来,前提是区域价值成分不低于:

    (1)使用成交价格法时的60%,或

    (2)使用净成本法时的50%。

52. 从任何其他税号改变至税号9022.90.05。

53. (A)从任何其他品目改变至子目9022.90;或者

    (B)税则归类无需改变至子目9022.90,前提是区域价值成分不低于:

    (1)使用成交价格法时的60%,或

    (2)使用净成本法时的50%。

54. 从任何其他品目改变至品目9023。

55. (A)从任何其他品目改变至子目9024.10至9024.80;或者

    (B)从子目9024.90改变至子目9024.10至9024.80,不论是否又从任何其他品目改变而来,前提是区域价值成分不低于:

    (1)使用成交价格法时的60%,或

    (2)使用净成本法时的50%。

56. (A)从任何其他品目改变至子目9024.90;或者

    (B)税则归类无需改变至子目9024.90,前提是区域价值成分不低于:

    (1)使用成交价格法时的60%,或

    (2)使用净成本法时的50%。

57. (A)从任何其他品目改变至子目9025.11至9025.80;或者

    (B)从子目9025.90改变至子目9025.11至9025.80,不论是否又从任何其他品目改变而来,前提是区域价值成分不低于:

    (1)使用成交价格法时的45%,或

    (2)使用净成本法时的35%。

58. 从任何其他品目改变至子目9025.90。

59. (A)从任何其他品目改变至子目9026.10至9026.80;或者

    (B)从子目9026.90改变至子目9026.10至9026.80,不论是否又从任何其他品目改变而来,前提是区域价值成分不低于:

    (1)使用成交价格法时的60%,或

    (2)使用净成本法时的50%。

60. (A)从任何其他品目改变至子目9026.90;或者

    (B)税则归类无需改变至子目9026.90,前提是区域价值成分不低于:

    (1)使用成交价格法时的60%,或

    (2)使用净成本法时的50%。

61. (A)从任何其他品目改变至子目9027.10至9027.50;或者

(B)从子目9027.90改变至子目9027.10至9027.50,不论是否又从任何其他品目改变而来,前提是区域价值成分不低于:

(1)使用成交价格法时的60%,或

(2)使用净成本法时的50%。

62.(A)从子目9027.80的任何其他货物或任何其他品目改变至子目9027.80的曝光计;

(B)从子目9027.90改变至子目9027.80的曝光计,不论是否又从子目9027.80的任何其他货物或任何其他品目改变而来,前提是区域价值成分不低于:

(1)使用成交价格法时的60%,或

(2)使用净成本法时的50%;或者

(C)从子目9027.80的曝光计或任何其他子目改变至子目9027.80的任何其他货物。

[63 已删除]

64.(A)从任何其他品目改变至子目9027.90;或者

(B)税则归类无需改变至子目9027.90,前提是区域价值成分不低于:

(1)使用成交价格法时的60%,或

(2)使用净成本法时的50%。

65.(A)从任何其他品目改变至子目9028.10至9028.30;或者

(B)从子目9028.90改变至子目9028.10至9028.30,不论是否又从任何其他品目改变而来,前提是区域价值成分不低于:

(1)使用成交价格法时的60%,或

(2)使用净成本法时的50%。

66. 从任何其他品目改变至子目9028.90。

67.(A)从任何其他品目改变至子目9029.10至9029.20;或者

(B)从子目9029.90改变至子目9029.10至9029.20,不论是否又从任何其他品目改变而来,前提是区域价值成分不低于:

(1)使用成交价格法时的60%,或

(2)使用净成本法时的50%。

68.(A)从任何其他品目改变至子目9029.90;或者

(B)税则归类无需改变至子目9029.90,前提是区域价值成分不低于:

(1)使用成交价格法时的60%,或

(2)使用净成本法时的50%。

69.(A)从任何其他品目改变至子目9030.10;或者

(B)从子目9030.90改变至子目9030.10,不论是否又从任何其他品目改变而来,前提是区域价值成分不低于:

(1)使用成交价格法时的60%,或

(2)使用净成本法时的50%。

70.(A)从子目9030.20的任何其他货物或任何其他子目(子目9030.90的印刷电路组件除外)改变至子目9030.20的阴极射线示波器;

(B)从任何其他品目改变至子目9030.20的任何其他货物;或者

(C)从子目9030.90改变至子目9030.20的任何其他货物,不论是否又从任何其他品目改变而来,前提是区域价值成分不低于:
(1)使用成交价格法时的60%,或
(2)使用净成本法时的50%。

71. 从任何其他子目(子目9030.90的印刷电路组件除外)改变至子目9030.31。

71A.(A)从任何其他品目改变至子目9030.32;或者
(B)从子目9030.90改变至子目9030.32,不论是否又从任何其他品目改变而来,前提是区域价值成分不低于:
(1)使用成交价格法时的60%,或
(2)使用净成本法时的50%。

71B. 从任何其他子目(子目9030.90的印刷电路组件除外)改变至子目9030.33。

71C.(A)从任何其他品目改变至子目9030.39至9030.89;或者
(B)从子目9030.90改变至子目9030.39至9030.89,不论是否又从任何其他品目改变而来,前提是区域价值成分不低于:
(1)使用成交价格法时的60%,或
(2)使用净成本法时的50%。

72.(A)从任何其他品目改变至子目9030.90;或者
(B)税则归类无需改变至子目9030.90,前提是区域价值成分不低于:
(1)使用成交价格法时的60%,或
(2)使用净成本法时的50%。

73.(A)从任何其他品目改变至子目9031.10至9031.20;或者
(B)从子目9031.90改变至子目9031.10至9031.20,不论是否又从任何其他品目改变而来,前提是区域价值成分不低于:
(1)使用成交价格法时的60%,或
(2)使用净成本法时的50%。

74.(A)从任何其他品目改变至子目9031.41;或者
(B)从子目9031.90改变至子目9031.41,不论是否又从任何其他品目改变而来,前提是区域价值成分不低于:
(1)使用成交价格法时的60%,或
(2)使用净成本法时的50%。

75. 从任何其他税号(子目8537.10或税号9031.90.45除外)改变至税号9031.49.40。

75A.(A)从任何其他品目改变至子目9031.49;或者
(B)从子目9031.90改变至子目9031.49,不论是否又从任何其他品目改变而来,前提是区域价值成分不低于:
(1)使用成交价格法时的60%,或
(2)使用净成本法时的50%。

76.(A)从任何其他品目改变至子目9031.80;或者
(B)从子目9031.90改变至子目9031.80,不论是否又从任何其他品目改变而来,前提是区域价值成分不低于：

(1)使用成交价格法时的 60%，或

(2)使用净成本法时的 50%。

77. 从任何其他品目改变至子目 9031.90。

子目规则：规则 78 和规则 78A 关于子目 9032.89 的规定适用于第八十七章机动车辆用的货物。

78. (A)从任何其他品目改变至子目 9032.10；或者

(B)从子目 9032.10 或子目 9032.89 至 9032.90 改变至子目 9032.10 的货物，不论是否又从任何其他品目改变而来，前提是区域价值成分不低于：

(1)使用成交价格法时的 45%，或

(2)使用净成本法时的 35%。

78A. (A)从任何其他品目改变至子目 9032.20 至 9032.89；或者

(B)从子目 9032.90 改变至子目 9032.20 至 9032.89，不论是否又从任何其他品目改变而来，前提是区域价值成分不低于：

(1)使用成交价格法时的 45%，或

(2)使用净成本法时的 35%。

79. (A)从任何其他品目改变至子目 9032.90；或者

(B)税则归类无需改变至子目 9032.90，前提是区域价值成分不低于：

(1)使用成交价格法时的 60%，或

(2)使用净成本法时的 50%。

80. (A)从任何其他品目改变至品目 9033；或者

(B)税则归类无需改变至品目 9033，前提是区域价值成分不低于：

(1)使用成交价格法时的 60%，或

(2)使用净成本法时的 50%。

第九十一章

1. (A)从任何其他章改变至品目 9101 至 9106；或者

(B)从品目 9114 改变至品目 9101 至 9106，不论是否又从任何其他章改变而来，前提是区域价值成分不低于：

(1)使用成交价格法时的 60%，或

(2)使用净成本法时的 50%。

1A. (A)从任何其他章改变至品目 9107；或者

(B)从品目 9114 改变至品目 9107，不论是否又从任何其他章改变而来，前提是区域价值成分不低于：

(1)使用成交价格法时的 45%，或

(2)使用净成本法时的 35%。

2. 从任何其他品目(包括品目 9108 至 9110 中的另一品目)改变至品目 9108 至 9110，前提是区域价值成分不低于：

(A)使用成交价格法时的 60%，或

(B)使用净成本法时的50%。

3. 从子目9111.90或任何其他品目改变至子目9111.10至9111.80,前提是区域价值成分不低于:

(A)使用成交价格法时的60%,或

(B)使用净成本法时的50%。

4. 从任何其他品目改变至子目9111.90,前提是区域价值成分不低于:

(A)使用成交价格法时的60%,或

(B)使用净成本法时的50%。

5. 从子目9112.90或任何其他品目改变至子目9112.20,前提是区域价值成分不低于:

(A)使用成交价格法时的60%,或

(B)使用净成本法时的50%。

6. 从任何其他品目改变至子目9112.90,前提是区域价值成分不低于:

(A)使用成交价格法时的60%,或

(B)使用净成本法时的50%。

7. 从任何其他品目改变至品目9113,前提是区域价值成分不低于:

(A)使用成交价格法时的60%,或

(B)使用净成本法时的50%。

8. 从任何其他品目改变至品目9114。

第九十二章

1. (A)从任何其他章改变至品目9201至9208;或者

(B)从品目9209改变至品目9201至9208,不论是否又从任何其他章改变而来,前提是区域价值成分不低于:

(1)使用成交价格法时的60%,或

(2)使用净成本法时的50%。

2. 从任何其他品目改变至品目9209。

第九十三章

1. (A)从任何其他章改变至品目9301至9304;或者

(B)从品目9305改变至品目9301至9304,不论是否又从任何其他章改变而来,前提是区域价值成分不低于:

(1)使用成交价格法时的60%,或

(2)使用净成本法时的50%。

2. 从任何其他品目改变至品目9305。

3. 从任何其他章改变至品目9306至9307。

第九十四章

章规则一:就与本章有关的各款而言,只要对各款的编号进行了划线强调,本注释(四)款的规定就可适用于第八十七章机动车辆用的货物。

子目规则:规则一中划线部分适用于第八十七章机动车辆用的子目9401.20的货物。

1. (A)从任何其他章改变至子目9401.10至9401.80;或者

(B)从子目 9401.90 改变至子目 9401.10 至 9401.80,不论是否又从任何其他章改变而来,前提是区域价值成分不低于:

(1)使用成交价格法时的 60%,或

(2)使用净成本法时的 50%。

2. 从任何其他品目改变至子目 9401.90。

3. 从任何其他章改变至品目 9402。

4.(A)从任何其他章改变至子目 9403.10 至 9403.89;或者

(B)从子目 9403.90 改变至子目 9403.10 至 9403.89,不论是否又从任何其他章改变而来,前提是区域价值成分不低于:

(1)使用成交价格法时的 60%,或

(2)使用净成本法时的 50%。

5. 从任何其他品目改变至子目 9403.90。

6. 从任何其他章改变至子目 9404.10 至 9404.30。

7. 从任何其他章(品目 5007、品目 5111 至 5113、品目 5208 至 5212、品目 5309 至 5311、品目 5407 至 5408 或品目 5512 至 5516 除外)改变至子目 9404.90。

8.(A)从任何其他章改变至子目 9405.10 至 9405.60;或者

(B)从子目 9405.91 至 9405.99 改变至子目 9405.10 至 9405.60,不论是否又从任何其他章改变而来,前提是区域价值成分不低于:

(1)使用成交价格法时的 60%,或

(2)使用净成本法时的 50%。

9. 从任何其他品目改变至子目 9405.91 至 9405.99。

10. 从任何其他章改变至品目 9406。

第九十五章

1.(A)从任何其他章改变至子目 9503.00 至 9505.90;或者

(B)从子目 9503.00 至 9505.90 中的任一子目或第九十五章的任何其他子目(包括该组别内的另一子目)改变至子目 9503.00 至 9505.90 中前述任一子目的货物,不论是否又从任何其他章改变而来,前提是区域价值成分不低于:

(1)使用成交价格法时的 60%,或

(2)使用净成本法时的 50%。

[2 至 4 已删除]

5. 从任何其他章改变至子目 9506.11 至 9506.29。

6.(A)从任何其他章改变至子目 9506.31;或者

(B)从子目 9506.39 改变至子目 9506.31,不论是否又从任何其他章改变而来,前提是区域价值成分不低于:

(1)使用成交价格法时的 60%,或

(2)使用净成本法时的 50%。

7. 从任何其他章改变至子目 9506.32 至 9506.39。

[8 已删除]

9. 从任何其他章改变至子目 9506.40 至 9506.99。

10. 从任何其他章改变至品目 9507 至 9508。

第九十六章

1. 从任何其他章改变至品目 9601 至 9605。

2. 从任何其他章改变至子目 9606.10。

3. (A)从任何其他章改变至子目 9606.21 至 9606.29；或者

   (B)从子目 9606.30 改变至子目 9606.21 至 9606.29，不论是否又从任何其他章改变而来，前提是区域价值成分不低于：

   (1)使用成交价格法时的 60%，或

   (2)使用净成本法时的 50%。

4. 从任何其他品目改变至子目 9606.30。

5. (A)从任何其他章改变至子目 9607.11 至 9607.19；或者

   (B)从子目 9607.20 改变至子目 9607.11 至 9607.19，不论是否又从任何其他章改变而来，前提是区域价值成分不低于：

   (1)使用成交价格法时的 60%，或

   (2)使用净成本法时的 50%。

6. 从任何其他品目改变至子目 9607.20。

7. (A)从任何其他章改变至子目 9608.10 至 9608.50；或者

   (B)从子目 9608.60 至子目 9608.99 改变至子目 9608.10 至 9608.50，不论是否又从任何其他章改变而来，前提是区域价值成分不低于：

   (1)使用成交价格法时的 60%，或

   (2)使用净成本法时的 50%。

8. 从任何其他品目改变至子目 9608.60 至 9608.99。

9. 从任何其他章改变至品目 9609 至 9612。

10. (A)从任何其他章改变至子目 9613.10 至 9613.80；或者

    (B)从子目 9613.90 改变至子目 9613.10 至 9613.80，不论是否又从任何其他章改变而来，前提是区域价值成分不低于：

    (1)使用成交价格法时的 60%，或

    (2)使用净成本法时的 50%。

11. 从任何其他品目改变至子目 9613.90。

12. (A)从任何其他章改变至初步成型的木块或木根(用于制造品目 9614 的烟斗)；

    (B)从初步成型的木块或木根(用于制造品目 9614 的烟斗)或任何其他品目改变至品目 9614 的烟斗或烟斗头；或者

    (C)从任何其他品目改变至品目 9614 的任何其他货物。

[13 和 14 已删除]

15. (A)从任何其他章改变至子目 9615.11 至 9615.19；或者

    (B)从子目 9615.90 改变至子目 9615.11 至 9615.19，不论是否又从任何其他章改变而来，前提是区域价值成分不低于：

(1) 使用成交价格法时的 60%，或

(2) 使用净成本法时的 50%。

16. 从任何其他品目改变至子目 9615.90。

17. 从任何其他章改变至品目 9616 至 9618。

第九十七章

从任何其他章改变至品目 9701 至 9706。

(二十一) <u>应被视为原产的货物</u>。就本注释(二)(v)款而言，尽管有上述(二十)款的规定，但自动数据处理设备及其部件以及可归入下列品目/子目/税号并符合产品说明的部件在从加拿大或墨西哥进口至美国关境时，应被视为原产货物：

	品目/子目/税号	说 明
(1)	8471.30、8471.41、8471.49、8471.50	自动数据处理设备
(2)	8471.49、8471.50	数字处理部件
(3)	8471.60.10	组合输入/输出部件
(4)	8528.51.00、8528.41、8528.61	显示部件
(5)	8471.60.20、8471.60.70、8471.60.80、8471.60.90	其他输入/输出部件
(6)	8471.70	存储部件
(7)	8471.80、8517.62	自动数据处理设备的其他部件
(8)	8443.99、8473.30、8517.70、8529.90	计算机零件
(9)	8504.40.60、8504.40.70、8504.90.20、8504.90.40	计算机电源
(10)	8533.40.40	金属氧化物压敏电阻器
(11)	8541.10、8541.21、8541.29、8541.30、8541.50、8541.60、8541.90、8541.40.20、8541.40.60、8541.40.70、8541.40.80、8541.40.95	二极管、晶体管及类似的半导体器件，光敏半导体器件，发光二极管，压电晶体
(12)	8542、8548.90	电子集成电路与微组件

十三、药品

如果某一品目或子目在"税率"第 1 栏"特惠"子栏中为"免税"并且后面有符号"K"，有资格享受"税率"第 1 栏关税待遇的一国任何产品(不论是什么名称)，只要包含在本税则的药品附录中，就可以免税进口。药品附录中的产品包括附录表 1 中列出的国际非专有名称(INN)产品——盐、酯和水合物，这些产品的名称中包含附录表 2 中列出的任何前缀或后缀，前提是任何此类盐、酯或水合物与表 1 所列的相关产品归入同一六位数字的税号。

十四、染料中间体

如果某一品目或子目在"税率"第 1 栏"特惠"子栏中为"免税"并且后面有符号"L"，有资格享受"税率"第 1 栏关税待遇的一国任何产品,只要包含在本税则的燃料中间体附录中,就可以免税进口。

十五、例外情形

第二章至第五十二章的任何农产品(i)受关税配额限制和(ii)受第九十九章第四分章规定限制,进口本注释所述此类产品不计入上述章节中该类产品的配额内数量:

(A)由美国政府任何机构进口或为美国政府任何机构进口的此类产品;

(B)为进口商个人使用而进口的此类产品,但此类产品每次装运净重不得超过 5 千克;

(C)不进入美国商业用途,而是作为样品进口,用于订货、展览、展示或在交易会上取样、研究、外国政府大使馆使用或设备测试的此类产品,前提是入境时提交美国农业部(USDA)或其指定代表的书面批准;

(D)含有从甘蔗或甜菜提取的糖分,能够进一步加工或者与类似或其他成分混合,且不以进口时的状态和包装出售给最终消费者的混合糖浆,前提是:经对外贸易区委员会批准,由一个美国对外贸易区用户在该区内生产并从对外贸易区进口,且该对外贸易区用户的设施在 1990 年 6 月 1 日前已投入使用,进口至境内的年度数量中,非国内来源的糖含量不超过对外贸易区委员会批准的 1985 日历年在该对外贸易区内加工的糖含量;以及

(E)第九十九章第三分章美国注释六和税号 9903.52.00 至 9903.52.26 项下进口的棉花。

根据本注释(C)款向美国农业部申请批准时,进口商必须说明申请豁免的产品、数量和预期用途。美国农业部认为必要时,可能要求进口商提供相应信息,并指定入境条件,以确保产品不会进入美国商业用途。农业部部长应与美国贸易代表办公室协商执行本注释规定。

十六、《非洲增长和机会法》指定为受惠国的产品

(一)下列撒哈拉以南非洲国家被指定为《非洲增长和机会法》(AGOA)的受惠国,其产品如符合《非洲增长和机会法》要求,可享受本注释规定的关税待遇。就本注释而言,被视为撒哈拉以南非洲受惠国的有以下国家:安哥拉共和国、贝宁共和国、博茨瓦纳共和国、布基纳法索、佛得角共和国、中非共和国、乍得共和国、科摩罗联盟、刚果共和国、刚果民主共和国、科特迪瓦共和国、吉布提共和国、斯威士兰、埃塞俄比亚、加蓬共和国、冈比亚共和国、加纳共和国、几内亚共和国、几内亚比绍共和国(几内亚比绍)、肯尼亚共和国、利比里亚共和国、莱索托王国、马达加斯加共和国(马达加斯加)、马里共和国(马里)、马拉维共和国、毛里求斯共和国、莫桑比克共和国、纳米比亚共和国、尼日尔共和国、尼日利亚联邦共和国、卢旺达共和国、圣多美和普林西比民主共和国、塞内加尔共和国、塞拉利昂共和国、南非共和国、坦桑尼亚联合共和国、多哥共和国、乌干达共和国、赞比亚共和国。

(二)本税则第一章至第九十七章中的"税率"第 1 栏"特惠"子栏中税率后面有符号"D"的物品,由总统根据《非洲增长和机会法》第 111(A)节和《1974 年贸易法》第 506A 节指定为合格物品。凡本注释(一)款所列撒哈拉以南非洲指定受惠国的合格货物直接进口至美国境内,该货物有权享受本款规定的免税待遇,不受《1974 年贸易法》第 503(c)(2)(A)节对合格物品优惠待遇

的限制,前提是该货物——

(i)在本注释(一)款所列撒哈拉以南非洲指定受惠国生长、生产或制造;以及

(ii)以下各项总和——

(A)在一个或多个撒哈拉以南非洲指定受惠国生产的材料的成本或价值,加上

(B)在撒哈拉以南非洲指定受惠国或属于同一国家联盟的任何两个或两个以上撒哈拉以南非洲指定受惠国(根据《1974年贸易法》第507(A)2节被视为一个国家)进行加工作业的直接成本,

不少于该物品进口时估价的35%。如果在美国关境生产的材料的成本或价值包含在符合条件的物品中,根据上述(ii)(B)款确定百分比时,美国的成本或价值不超过该物品进口时估价的15%。本注释(一)款所列撒哈拉以南非洲指定受惠国的享受本注释所述关税待遇的任何物品或材料,不得仅因经过简单组合或包装或者仅用水或其他物质稀释却未实质性改变物品特性而有资格享受免税待遇。

(iii)就上述(ii)(A)款而言,"前撒哈拉以南非洲受惠国"是指根据《非洲增长和机会法》被指定为撒哈拉以南非洲受惠国并在本注释(一)款中列举,但因与美国签订自由贸易协定而不再被指定为受惠国。

(三)自总统宣布之日起,符合条件的进口或从仓库提取进口的消费品可享受本注释规定的免税待遇,有效期至2025年9月30日。

十七、2000年《美国-加勒比盆地贸易伙伴关系法》指定为受惠国(地区)的产品

(一)美国贸易代表办公室在《联邦公报》通知中列出的加勒比盆地国家(地区),此前由总统根据《美国-加勒比盆地贸易伙伴关系法》(CBTPA)第211节指定,就本注释而言,应在贸易代表通知宣布生效之日起被视为受惠国(地区)。美国贸易代表办公室已确定下列国家(地区)[以下称CBTPA受惠国(地区)]符合《美国-加勒比海盆地贸易伙伴关系法》的海关要求,该国(地区)产品享受本注释规定的关税待遇:巴巴多斯、伯利兹、库拉索岛、圭亚那、海地、牙买加、圣卢西亚、特立尼达和多巴哥。

(二)除本注释(四)款另有规定外,本税则第一章至第九十七章中的"税率"第1栏"特惠"子栏中税率后面有符号"R"的物品,是总统根据《美国-加勒比海盆地贸易伙伴关系法》第211节指定的合格货物。当本注释(一)款所列一个或多个指定受惠国(地区)的合格货物直接进口至美国境内时,该货物有权享受此处规定的免税或减税待遇,前提是该货物——

(i)全部在本注释(一)款所列一个或多个指定受惠国(地区)境内获得或生产;或者

(ii)如该货物是本税则总注释十二项下进口货物,则该货物为原产货物。

本注释(一)款所列的享受本注释所述关税待遇的指定受惠国(地区)的任何物品或材料,不得仅因经过简单组合或包装或者仅用水或其他物质稀释却未实质性改变物品特性而有资格享受此类免税待遇。

(三)当任何品目或子目在"税率"第 1 栏"特惠"子栏中的"免税"以外的税率后面有符号"E"或"E＊"以及较低税率后面有符号"R"时,根据本注释规定,本注释(一)款所列指定受惠国(地区)符合条件的物品应适用该较低的税率。

(四)本注释(二)(ii)款不适用于本税则中税号 6403.59.60、税号 6403.91.30、税号 6403.99.60 和税号 6403.99.90 规定的鞋类,而任何该上述税号规定的鞋类,如属以下情况,须适用"特惠"税率子栏所列后面有符号"R"的税率:

(i)鞋类物品是在本注释(一)款列举的指定受惠国(地区)生长、生产或制造;以及

(ii)该物品符合本税则总注释七的所有要求,但不属于总注释七(一)款所述受惠国(地区)生长、生产或制造的产品。

(五)(i)在 CBTPA 受惠国(地区)和 CBTPA 前受惠国(地区)生产的物品。

(A)要确定某一物品是否符合本注释所述优惠待遇的资格,可参考:

(1)一个"CBTPA 受惠国"应视为包括任何一个 CBTPA 前受惠国(地区);以及

(2)如果该物品或用于生产该物品的材料在 CBTPA 受惠国(地区)生产,"CBTPA 受惠国(地区)"应视为包括所有 CBTPA 前受惠国(地区)。

(B)享受本注释(五)(i)款所述优惠待遇的物品不得因其直接从一个 CBTPA 前受惠国(地区)进口而丧失享受优惠待遇的资格。

(C)尽管有上述(A)款和(B)款的规定,但如果该物品属于《1930 年关税法》第 304 节(19 U. S. C. 1304)或《乌拉圭回合协定法》第 334 节(19 U. S. C. 3592)规定(视情况而定)的 CBTPA 前受惠国(地区)物品,则不得享受本注释项下的优惠待遇。

(D)尽管有上述(C)款的规定,但在下列情况下,物品仍有资格享受本注释项下的优惠待遇:

(1)根据《1930 年关税法》第 304 节(19 U. S. C. 1304)或《乌拉圭回合协定法》第 334 节(19 U. S. C. 3592)的规定(视情况而定),本物品为多米尼加共和国的货物;以及

(2)该物品或用于生产该物品的材料在海地生产。

(ii)(A)"CBTPA 前受惠国(地区)"是指因该国(地区)已成为与美国签订的自由贸易协定的一方而不再被指定为本注释项下 CBTPA 受惠国(地区)的国家(地区)。

(B)就本注释而言,以下国家为 CBTPA 前受惠国(地区):萨尔瓦多、危地马拉、洪都拉斯、尼加拉瓜、多米尼加共和国、哥斯达黎加、巴拿马。

(六)本注释规定的关税待遇适用于本注释(一)款所列指定 CBTPA 受惠国(地区)的合格物品,这些物品是为了国内消费而进口或从仓库提取进口。在美国贸易代表办公室发布的一份或多份《联邦公报》通知中,宣布了各 CBTPA 受惠国(地区)有资格享受本注释规定关税待遇的日期,并在以下日期前有效:

(i)2030 年 9 月 30 日结束;或者

(ii)美洲自由贸易区或美国与 CBTPA 受惠国(地区)签订的另一个自由贸易协定{公法 103-182 [19 U. S. C. 3317(b)(5)]第 108(b)(5)节规定的谈判目标取得实质性进展}生效的日期。

十八、《美国-约旦自由贸易区实施法》

(一)2000年10月24日生效的《美利坚合众国和约旦哈希姆王国关于建立自由贸易区的协定》附件2.1所述约旦货物须按本协定规定缴纳关税。本注释(二)至(四)款所定义的约旦货物进口至美国境内,并按照"税率"第1栏"特惠"子栏括号中符号"JO"的子目入境,根据《美国-约旦自由贸易区实施法》(公法107-43,115 Stat. 243)第101节和第102节,有资格享受"特惠"子栏中规定的关税待遇。

(二)就本注释而言,除下述(四)款和(五)款另有规定外,进口至美国境内的货物只有在以下情况下才有资格被视为"约旦货物":
(i)这些货物直接从约旦进口至美国境内;以及
(ii)它们——
　　(A)完全在约旦生长、生产或制造,或者
　　(B)在约旦生长、生产或制造出符合本注释(三)款要求的新的或不同的商品。

(三)(i)就上述(二)(ii)(A)款而言,除下述(四)款对纺织品和服装另有规定以外,"完全在约旦生长、生产或制造"是指——
　　(A)物品完全在约旦生长、生产或制造,以及
　　(B)物品中包含的所有材料完全在约旦生长、生产或制造,
　　但不包括物品或材料从另一个国家进口到约旦,不论这些物品或材料在进口到约旦后是否实质性地转变为新的或不同的商业物品。
(ii)就本注释(二)(ii)(B)款而言,货物有资格享受本注释中规定的关税待遇,前提是:
　　(A)约旦生产的材料的成本或价值,加上
　　(B)在约旦进行加工作业的直接成本,
　　不少于该物品进境时估价的35%。如果本款规定的物品包含在美国境内生产材料的成本或价值,则此类美国材料的成本或价值不超过物品进口时估价的15%。
(iii)任何物品不得仅因经过以下操作而被视为符合本注释的要求:
　　(A)简单组合或包装操作,或者
　　(B)仅用水或其他物质稀释却未实质性改变物品特性。
(iv)就上述(ii)(A)款而言,"材料的成本或价值"包括:
　　(A)生产商的实际材料成本,
　　(B)将材料运至生产商工厂所产生的运费、保险费、包装费和所有其他费用(当这些费用不包括在生产商的材料实际成本中时),
　　(C)废弃或腐败的实际成本减去可回收废料的价值,以及
　　(D)协议一方对材料征收的税款和/或关税,前提是在出口时未免除。
　　当材料免费提供给生产商或以低于公平市场价值的价格提供给生产商时,其成本或价值是以下各项之和:(I)在材料的生长、生产或制造过程中发生的所有费用(包括一般费用);(II)利润金额;以及(III)运费、保险费、包装费和将材料运至生产商工厂所产生的所有其

他费用。如有关资料不可取得,估价人员可运用一切合理方法确定或估计有关资料的价值。

(v) 就上述(ii)(B)款而言,在约旦进行的"加工作业的直接成本"是指根据本注释(一)款进口的货物在生长、生产、制造或组装过程中直接产生的成本或可合理分配的成本。该术语包括但不限于以下项目,只要这些项目包含在进口到美国关境的货物的估价中:

(A) 货物的生长、生产、制造或装配所涉及的所有实际劳动力成本,包括附加福利、在职培训及工程、监督、质量控制和类似人员的成本;

(B) 冲模、模具、工具以及可分配给货物的机器设备折旧;

(C) 研究、开发、设计、工程和图纸成本,前提是这些成本可分配给特定物品;以及

(D) 检验和测试特定物品的费用。

但该术语不包括不可直接归属于相关产品或不属于产品制造成本的成本,例如(I)利润,以及(II)不可分配给特定产品或与产品的生长、生产、制造或组装无关的一般经营费用产品,如行政薪酬、意外事故和责任保险、广告和推销人员的工资、佣金或费用。

(vi) 就本注释(二)(i)款而言,除下述(四)款规定涵盖的货物外,"直接进口"是指——

(A) 从约旦直接装运至美国,不经过任何中间国家的境内;或者

(B) 如果运输经过一个中间国家的境内,运输的物品不进入中间国家的商业活动,并且发票、提单和其他货运单据显示美国为最终目的地,或者

(C) 如果运输经过一个中间国家,并且发票和其他文件没有显示美国是最终目的地,那么运输的物品只有在以下情况下才视为直接进口:

(1) 仍在中间国家海关当局的监管之下,

(2) 不进入中间国家的商业活动,除非是出于零售以外的销售目的,前提是这些物品是由于进口商与生产商或生产商的销售代理之间的原始商业交易而进口的,以及

(3) 除装卸和其他保持物品完好所需的活动外,未进行其他作业。

(四) 纺织品和服装。

(i) 就本注释而言,从约旦直接进口至美国境内的纺织品或服装只有在以下情况下才有资格享受本注释(一)款规定的关税待遇:

(A) 该物品全部在约旦获得或生产;

(B) 物品是纱线、线、绳、索、缆或编织带,以及

(1) 组成短纤维在约旦纺制,或

(2) 连续长丝在约旦挤出;

(C) 该物品是一种织物,包括本税则第五十九章的织物,其组分纤维、长丝或纱线在约旦通过任何其他织物制造工艺进行机织、针织、针刺、簇绒、毡合、缠绕或转化;或者

(D) 该物品是在约旦由其组成部分完全组装而成的任何其他纺织品或服装。

此类并非完全在约旦获得或生产的纺织品和服装必须符合本款和本注释(三)(ii)款的要求。

(ii) 就上述(i)(A)款而言,如果物品完全在约旦生长、生产或制造,则该物品"完全在约旦获得或生产"。

(iii)尽管有上述(i)(D)款的规定,但除下述(v)款和(vi)款另有规定外,上述(i)(A)、(i)(B)款或(i)(C)款应视情况确定归入下列品目或子目之一的货物是否应被视为符合本注释(二)款的要求:品目5609、品目5807、品目5811、税号6209.20.50(本款的要求仅适用于其中的婴儿尿布)、品目6213、品目6214、品目6301、品目6302、品目6304、品目6305、品目6306、子目6307.10、子目6307.90、品目6308和子目9404.90。

(iv)尽管有上述(i)(D)款的规定,但除下述(v)款和(vi)款另有规定外,在约旦机织成型的纺织品或服装应被视为符合本注释(二)款的要求。

(v)尽管有上述(i)(D)款的规定,但归入本税则的子目6117.10、品目6213、品目6214、子目6302.22、子目6302.29、子目6302.53、子目6302.59、子目6302.93、子目6302.99、子目6303.92、子目6303.99、子目6304.19、子目6304.93、子目6304.99、子目9404.90.85或税号9494.90.95项下的货物,除归类为棉花、羊毛或者由含16%或以上(按重量计)棉花的混纺纤维组成的之外,如果其中的织物在约旦进行染整和印花,并且此类染整和印花伴随着漂白、缩水、缩绒、起绒、蒸煮、永久定型、增重、永久压花或湿化中两种或两种以上的后整理工序,则应被视为符合本注释(二)款的要求。

(vi)尽管有上述(i)(C)款的规定,但在本税则中归类为丝绸、棉花、化学纤维或植物纤维的织物如果在约旦进行染整和印花,并且此类染整和印花伴随着漂白、缩水、缩绒、起绒、蒸煮、永久定型、增重、永久压花或湿化中两种或两种以上的后整理工序,则应被视为符合本注释(二)款的要求。

(vii)如果无法根据上述(i)款或(iii)款至(vi)款确定纺织品或服装的原产地,则在下列情况下,该物品应被视为符合本注释(二)款的要求:

(A)最重要的装配或制造过程发生在约旦;或者

(B)如果无法根据上述(A)款确定是否适用(B)款,则最后一次重要装配或制造发生在约旦。

(五)例外。如果货物有以下情况,则不应被视为符合本注释(二)款要求:

(i)进口至约旦,且在进口时归入品目0805;以及

(ii)在约旦加工成子目2009.11至2009.39的货物。

(六)认证和记录。不论何时,只要进口商申报某一物品有资格享受本注释规定的优惠待遇——

(i)进口商就应证明该物品有资格享受本注释规定的优惠待遇。

(ii)进口商就应根据有关海关官员要求准备提交一份声明,列明与该物品的生产或制造有关的所有资料,该声明上的资料应至少包括下列有关细节:

(A)货物名称、数量、包装件数、唛头、发票号、提单;

(B)在约旦生产物品的操作说明和加工操作直接成本的确定;

(C)产品生产过程中使用的全部由约旦或美国生长、生产或制造的任何材料的说明,以及此类材料的成本或价值的声明;

(D)对物品中使用的任何外国材料进行操作的说明,以及关于其原产地和成本或价值的声明,这些材料被要求在约旦经过充分加工,成为在约旦生产的材料;以及

(E)对物品中使用的任何外国材料的原产地、成本或价值的说明,这些材料在约旦没有发生实质性变化。

声明应根据有关美国海关官员的要求准备、签署并提交。只有当海关有理由质疑进口商根据本注释(六)(i)款规定提交的证明的准确性,或者海关经评估认为物品有不当或不正确入境风险而需要进一步验证或需要对物品进行随机抽查时,进口商才需要提交声明。对于报关申报所需资料,进口商应保存5年。

(七)财政部部长在与美国贸易代表办公室协商后,应制定执行本注释所需的条例。

十九至二十四[分别转入总注释三(五)至(十)款]

二十五、《美国-新加坡自由贸易协定》

(一)符合《美国-新加坡自由贸易协定》(SFTA)条款的原产货物应缴纳该协定规定的关税。本注释(二)款至(十五)款所定义的新加坡货物进口至美国境内,并按照"特惠"子栏括号中符号"SG"的子目入境,根据《美国-新加坡自由贸易协定实施法》(Pub. L. 108-78; 117 Stat. 948)第201节和第202节,有资格享受"特惠"子栏中规定的关税待遇和数量限制。

(二)就本注释而言,除下述(三)款、(四)款、(十四)款和(十五)款另有规定外,进口至美国境内的货物只有在以下情况下才有资格被视为《美国-新加坡自由贸易协定》缔约国(以下称SFTA国家)的原产货物:
(i)在新加坡或/和美国境内完全获得或生产;
(ii)在本注释(十三)款中列举并从新加坡进口;或者
(iii)已在新加坡或/和美国境内进行转化,每种非原产材料——
　(A)完全在新加坡或/和美国境内生产,发生本注释(十五)款所述的适用税则归类改变,或
　(B)税则归类无需改变,但货物满足本注释(十五)款规定的适用要求。
进口商基于其了解或掌握的有关该货物符合原产货物资格的信息,根据本注释提出优惠待遇申请。就本注释而言,"SFTA国家"仅指新加坡或美国。

(三)(i)就上述(二)(i)款而言,除下述(四)款对纺织品和服装另有规定以外,"完全获得或生产"的货物是指下列任何货物:
　(A)在新加坡或/和美国境内开采的矿产货物;
　(B)在新加坡或/和美国境内收获的蔬菜货物(如本税则所界定);
　(C)在新加坡或/和美国境内出生和饲养的活动物;
　(D)在新加坡或/和美国境内进行狩猎、诱捕、捕捞或水产养殖获得的货物;
　(E)在新加坡或美国注册或登记并悬挂其国旗的船舶从海上获得的货物(鱼类、贝类和

其他海洋生物）；

(F) 仅使用上述(E)款所述产品在工厂船上生产的货物，该工厂船在新加坡或美国注册或登记并悬挂其国旗；

(G) 新加坡或美国、新加坡人或美国人从领海以外的海床或底土中取得的货物，前提是新加坡或美国有权开采该海床或底土；

(H) 从外层空间取得的货物，前提是这些货物由新加坡或美国、新加坡人或美国人取得，并且不是在新加坡或美国以外的国家境内加工的；

(I) 废碎料，来源于：

(1) 在新加坡或/和美国境内的制造或加工业务，或者

(2) 在新加坡或/和美国境内收集的废旧物品，前提是这些货物只适合回收原材料；

(J) 在新加坡或/和美国境内来源于废旧物品的回收货物；或者

(K) 在新加坡或/和美国境内生产的货物，仅来自上述(A)款至(I)款所述货物或其衍生物。

(ii)(A) 就上述(i)(J)款而言，"回收货物"是指由于以下原因而产生的单个零件形式的材料：

(1) 将废旧物品完全分解成单个零件；以及

(2) 通过以下一个或多个工序对这些零件进行清洁、检查、测试或其他加工，以改善该零件的工作状态：焊接、火焰喷涂、表面加工、滚花、电镀、套装和复卷，上述工序能使这些零件与其他零件（包括其他回收的零件）组装起来，生产下述(B)款所定义的再制造货物。

(B) 就本注释而言，"再制造货物"是指在新加坡或美国境内组装的工业产品（详见下表），并且

(1) 全部或部分由回收货物组成；

(2) 具有与新产品相同的预期寿命和性能标准；以及

(3) 享受与新产品相同的工厂保修。

就本注释而言，"再制造货物"在其进口状态下，必须归入下表所列的关税品目/子目，并符合该品目/子目的产品描述：

	品目/子目	符合本注释按照再制造货物对待的物品
(1)	8408	压燃式内燃机（柴油机或半柴油机）
(2)	8409.91、8409.99	专用于或主要用于品目8407或品目8408发动机的零件（飞机发动机除外）
(3)	8412.21	线性作用液压动力发动机和马达（气缸）
(4)	8412.29	其他液压动力发动机和马达
(5)	8412.39	气动发动机和电机[线性作用（气缸）除外]
(6)	8412.90	品目8412发动机和电动机的零件
(7)	8413.30	内燃机用燃料、润滑或冷却介质泵
(8)	8413.50	其他往复式容积泵

(续表)

	品目/子目	符合本注释按照再制造货物对待的物品
(9)	8413.60	其他旋转容积泵
(10)	8413.91	液体泵零件(不论是否装有计量装置);液体升降机零件
(11)	8414.30	制冷设备(包括空调)用压缩机
(12)	8414.80	品目8414未列名的其他空气或真空泵、空气或其他气体压缩机和风扇;品目8414未列名的其他装有风扇的通风罩或循环气罩(不论是否装有过滤器)
(13)	8414.90	空气或真空泵、空气或其他气体压缩机和风扇的零件;其他装有风扇的通风罩或循环气罩的零件(不论是否装有配件)
(14)	8419.89	品目8419的其他机器设备
(15)	8431.20	品目8427机械的零件
(16)	8431.49	品目8431未列名的机械的其他零件
(17)	8481.20	油液或气化传动阀
(18)	8481.40	安全阀或溢流阀
(19)	8481.80	品目8481未列名的其他器具
(20)	8481.90	用于管道、锅炉、桶、罐及类似品的龙头、旋塞、阀门和类似装置(包括减阀和恒温控制阀)的零件
(21)	8483.10	传动轴(包括凸轮轴和曲柄轴)和曲柄
(22)	8483.30	未装有滚珠或滚子轴承的轴承座;滑动轴承
(23)	8483.40	齿轮和齿轮传动装置(但单独进口的齿轮、链轮和其他传动元件除外);滚珠或滚子螺杆传动装置;齿轮箱和其他变速器(包括扭矩变换器)
(24)	8483.50	飞轮和滑轮(包括滑轮组)
(25)	8483.60	离合器和联轴器(包括万向节)
(26)	8483.90	单独列示的齿轮、链轮和其他传动元件;品目8483部分货物的零件
(27)	8503	专用于或主要用于品目8501或8502机器的零件
(28)	8511.40	启动马达和两用启动发电机
(29)	8511.50	品目8511未列名的其他发电机
(30)	8526.10	雷达设备
(31)	8537.10	用于电气控制或电力分配的盘、板、台、柜及其他底座,装有两个或多个品目8535或品目8536所列的装置,包括装有第九十章所列的仪器或装置,以及数控装置,但品目8517的交换机除外,上述设备用于电压不超过1 000伏的线路
(32)	8542.21	数字单片集成电路
(33)	8708.31	品目8701至8705机动车辆用的已安装制动衬片
(34)	8708.39	品目8701至8705机动车辆用的制动器和伺服制动器及其零件(子目8708.31的已安装制动衬片除外)
(35)	8708.40	品目8701至8705机动车辆用的齿轮箱
(36)	8708.60	品目8701至8705机动车辆用的非驱动轴及其零件

(续表)

	品目/子目	符合本注释按照再制造货物对待的物品
(37)	8708.70	品目8701至8705的机动车辆车轮及其零件和附件
(38)	8708.93	品目8701至8705机动车辆用的离合器及其零件
(39)	8708.99	品目8708未列名的品目8701至8705项下机动车辆的其他零件和附件
(40)	9031.49	第九十章未列名的其他光学仪器和器具(检查半导体晶片或器件或者检查用于制造半导体器件的光掩模或光栅的仪器或器具除外)

(C)就本注释而言——

(1)"材料"是指用于生产另一种货物的货物;

(2)"自产材料"是指由货物生产商生产并用于生产该货物的材料,如零件或部件;

(3)本款中出现的"使用"是指在产品生产中利用或消耗;

(4)"非原产材料"是指不符合本注释要求的材料。

(D)就本注释而言,"生产"是指种植、饲养、开采、收割、捕捞、诱捕、狩猎、制造、加工、组装或拆卸货物;"生产商"是指种植、饲养、开采、收割、捕捞、诱捕、狩猎、制造、加工、组装或拆卸货物的人。

(iii)如果货物在经过符合本注释要求的生产后,在新加坡和美国境外进行后续生产或任何其他操作(为使货物保持良好状态所必要的或为将货物运至新加坡或美国境内而进行的卸货、重新装载或任何其他操作除外),则该货物不应被视为原产货物。

(四)纺织品和服装。

(i)除下述(ii)款另有规定外,本税则第五十章至第六十三章的纺织品或服装不是本注释条款下的原产货物,原因是用于确定货物税则归类的货物成分的特定纤维或纱线未发生税则归类改变;但如果该货物成分中所有此类纤维或纱线的总重量不超过该成分总重量的7%,则该货物应被视为原产货物。尽管有上述规定,但如果确定纺织品或服装税则归类的成分中含有弹性纱线,则只有在这些纱线全部在新加坡或美国境内成型的情况下,纺织品或服装才被视为原产货物。

(ii)尽管本注释有其他规定,但本税则第六十一章或第六十二章所述的服装如果在新加坡或美国境内用织物或纱线裁剪(或针织成型)并缝制或以其他方式组合,则应被视为原产货物,不论该等织物或纱线的原产地是哪里,只要由相应的美国政府当局标示为在美国无法及时获得商业数量的织物或纱线。此类标示必须于2002年11月15日或之前在《联邦公报》上发布的通知中作出,该通知明确由此类织物或纱线制成的服装符合按照本税则第九十八章的税号9819.11.24或税号9820.11.27进入美国的资格。就本款而言,此类通知中提及的在美国成型的纱线或织物应被视为包括在新加坡成型的纱线或织物。

(五)微小含量。

(i)除上述(四)款所述纺织品或服装外,未发生下述(十五)款规定的税则归类改变的货物,在下列情况下应被视为原产货物:

(A)用于生产未发生所要求的税则归类改变的货物的所有非原产材料的价值,不超过货物调整后的价值的10%;

(B)如果该货物受本注释(七)款或(十五)款规定的区域价值成分要求的约束,则在计算该货物的区域价值成分时,应考虑此类非原产材料的价值;以及

(C)该货物符合本注释规定的作为原产货物的所有其他适用要求。

(ii)上述(i)款不适用于:

(A)用于生产第四章货物的第四章或子目1901.90的非原产材料;

(B)用于生产子目1901.10、子目1901.20、子目1901.90、品目2105、子目2106.90、子目2202.90或子目2309.90货物的第四章或子目1901.90的非原产材料;

(C)用于生产子目2009.11至2009.39、子目2106.90或子目2202.90货物的品目0805或子目2009.11至2009.39的非原产材料;

(D)用于生产品目1501至1508、品目1512、品目1514或品目1515货物的第十五章的非原产材料;

(E)用于生产品目1701至1703货物的品目1701的非原产材料;

(F)用于生产子目1806.10货物的第十七章或品目1805的非原产材料;

(G)用于生产品目2207或品目2208货物的品目2203至2208的非原产材料;以及

(H)用于生产第一章至第二十一章货物的非原产材料,除非该非原产材料所属子目与根据本注释确定原产地的货物所属子目不同。

(iii)就本注释而言,"调整后的价值"是指根据《关于实施1994年关税与贸易总协定第七条的协定》(《海关估价协定》)第1至8条、第15条和相应的解释性说明确定的价值,此价值可调整为不包括从出口国到进口地的国际货物运输、保险和相关服务所产生的任何成本、费用或开支。

(六)累积。

(i)就本注释而言,用来自新加坡或美国的原产材料在另一国境内生产的货物应被视为原产于该另一国境内。

(ii)由一个或多个生产商在新加坡或/和美国境内生产的货物如果满足本注释的所有适用要求,则该货物为原产货物。

(七)区域价值成分。

(i)如果本注释(十五)款中的规则规定了某一货物的区域价值成分,则该货物的区域价值成分应根据以下方法之一,由主张本注释规定的关税待遇的人选择计算,除非本注释另有规定:

(A)对于扣减法,区域价值成分可根据公式 $RVC=(AV-VNM)/AV\times 100\%$ 计算。其中,RVC是区域价值成分,以百分比表示;AV是调整后的价值;VNM是生产商在生产中获得和使用的非原产材料的价值。

(B)对于累积法,区域价值成分可根据公式 RVC=VOM/AV×100% 计算。其中,RVC 是区域价值成分,以百分比表示;AV 是调整后的价值;VOM 是由生产商获得或自行生产并用于生产货物的原产材料的价值。

(ii)<u>材料的价值</u>。

(A)为了计算上述(i)款项下货物的区域价值成分,以及为了适用本注释(五)款关于微小含量的规定,材料的价值为:

(1)就货物生产商进口的材料而言,材料的价值为材料的调整价值;

(2)就在货物生产地获得的材料而言,除下述(3)款适用的材料外,材料的价值为材料的调整价值;

(3)就自行生产的材料而言,如果货物生产商和材料销售商之间的关系影响材料(包括免费获得的材料)实际支付或应付的价格,则材料的价值为以下两项之和——

(Ⅰ)生产材料产生的所有费用(包括一般费用),以及

(Ⅱ)利润额。

(B)材料的价值可调整如下:

(1)对于原产材料,如果上述(A)款未包含以下费用,则可将其添加到原产材料的价值中:

(Ⅰ)将材料运输至生产商所在地所产生的运费、保险费、包装费以及所有其他费用;

(Ⅱ)在新加坡或美国境内支付的材料的关税、税款和报关经纪费,但免除、退回、退还或以其他方式收回的关税和税款(包括已支付或应付关税或税款的抵免)除外;以及

(Ⅲ)在生产货物过程中使用材料产生的废物和腐败成本,减去可回收废料或副产品的价值。

(2)对于非原产材料,如果包含在上述(A)款中,则可从非原产材料的价值中扣除以下费用:

(Ⅰ)运费、保险费、包装费以及将材料运输至生产商所在地所产生的所有其他费用;

(Ⅱ)在新加坡或美国境内支付的材料的关税、税款和报关费,但免除、退回、退还或以其他方式收回的关税和税款(包括已支付或应付关税或税款的抵免)除外;

(Ⅲ)在生产货物过程中使用材料产生的废物和腐败成本,减去可回收废料或副产品的价值;

(Ⅳ)在新加坡或美国境内生产非原产材料所产生的加工成本;以及

(Ⅴ)在新加坡或美国境内生产非原产材料所使用的原产材料的成本。

(八)<u>附件、备件和工具</u>。与货物一起交付的附件、备件或工具构成货物标准附件、备件或工具的一部分,如果货物是原产货物,就本注释而言,则附件、备件或工具应被视为原产货物,并且

在确定用于生产该货物的所有非原产材料是否发生下述(十五)款规定的税则归类改变时应不予考虑,前提是:

(i)附件、备件或工具未与货物分开开具发票;

(ii)按商业习惯,上述附件、备件或工具在数量及价值上是为该货物正常配备的;以及

(iii)如果货物受区域价值成分要求的约束,则在计算上述(七)款中货物的区域价值成分时,附件、备件或工具的价值应被视为原产材料或非原产材料(视情况而定)的价值而予以考虑。

(九)可替代货物和可替代材料。

(i)主张货物享受本注释规定待遇的人可根据可替代货物或材料的物理分离或者通过采用库存管理方法主张可替代货物或可替代材料为原产。在本款中,"库存管理方法"是指:

(A)平均,

(B)"后进先出",

(C)"先进先出",或

(D)生产所在国(新加坡或美国)公认会计准则确认的或该国接受的其他方法。

"可替代货物"或"可替代材料"是指为商业目的可互换且性质基本相同的货物或材料(视情况而定)。

(ii)根据上述(i)款为特定可替代货物或材料选择存货管理方法的人,应在其整个会计年度内持续对这些可替代货物或可替代材料使用该方法。

(十)包装材料和容器。

(i)零售用包装材料和容器,如果与享受本注释规定的关税待遇的货物一起归类,则在确定用于生产该货物的所有非原产材料是否发生下述(十五)款规定的税则归类改变时,应忽略不计。如果该货物受区域价值成分约束,则在计算货物的区域价值成分时,包装材料和容器的价值应被视为原产或非原产材料(视情况而定)的价值而予以考虑。

(ii)装运用包装材料和容器在确定以下要求时应不予考虑:

(A)用于生产货物的非原产材料发生下述(十五)款规定的税则归类改变;以及

(B)货物满足区域价值成分要求。

(十一)中性成分。就本注释而言,中性成分应被视为原产材料,而不考虑其产地,其价值应为货物生产商会计记录中登记的成本。"中性成分"是指在生产、测试或检验货物时使用或消耗但未物理并入货物的材料,或者在维护建筑物或操作与货物生产相关的设备时使用或消耗的材料,包括:

(i)燃料和能源;

(ii)工具、模具及型模;

(iii)维护设备或建筑物所使用或消耗的备件和材料;

(iv)在生产或操作设备和维护建筑物时使用或消耗的润滑剂、油脂、合成材料和其他材料;

(v)手套、眼镜、鞋靴、服装、安全设备和用品；

(vi)用于测试或检验货物的设备、装置和用品；

(vii)催化剂和溶剂；以及

(viii)在货物生产过程中使用，虽未构成该货物组成成分，但能合理表明为该货物生产过程一部分的任何其他货物。

(十二)记录保存要求和核查。

(i)根据本注释规定申请SFTA国家原产货物待遇的货物进口商应在相关海关官员要求下提交一份声明，说明该货物符合本注释规定的原产货物资格的理由，包括相关法规中规定提供的相关成本和制造信息。

(ii)进口商应在进口之日后5年内保存其与该货物进口有关的记录，并应相关海关官员的要求，提供必要的记录，以证明该货物符合本注释关于原产货物的规定，包括以下记录：

(A)货物的采购、成本、价值和付款；

(B)用于生产货物的所有材料（包括中性成分）的采购、成本、价值和付款；以及

(C)以货物出口的形式进行的货物生产。

(iii)为确定从新加坡境内进口至美国境内的货物是否符合本注释关于原产货物的规定，相关海关官员可通过以下方式进行核查：

(A)要求进口商提供信息的请求；

(B)向新加坡或美国境内的出口商或生产商提供信息的书面请求；

(C)进口商安排生产商或出口商直接向进行核查的国家提供信息的请求；

(D)相关海关关员直接从出口商处获取的作为上述(i)款所述流程之结果的信息；

(E)按照新加坡或美国在相关法规中规定的与核查有关的共同采取的任何程序，对新加坡或美国境内出口商或生产商的经营场所进行的访问；或者

(F)美国和新加坡可能同意的相关法规中规定的其他程序。

(十三)应被视为原产货物。本注释(二)(ii)款规定的货物从新加坡进口至美国境内，在其进口状态下，可归入下列品目/子目/税号且符合相应描述的货物，就本注释而言，应被视为原产货物：

	品目/子目/税号	本注释规定的物品
(1)	3818	经掺杂用于电子工业的化学元素已切成圆片、薄片或类似形状；经掺杂用于电子工业的化合物
(2)	7017.10.30、7020.00.30	为半导体晶片生产所设计的用于插入扩散炉和氧化炉的石英反应管和夹持器
(3)	8443.31.00、8443.32.10、8443.39.00、8443.99.50、8471.49.00、9017.10.40、9017.20.70、9017.90.01	绘图仪，不论是品目8471的自动数据处理设备还是品目9017绘图机的输入或输出部件
(4)	8443.31.00、8443.32.50	传真机

(续表)

	品目/子目/税号	本注释规定的物品
(5)	8443.31.00、8443.32.10、8443.99、8471.60、8528.42.00、8528.52.00、8528.62.00	输入或输出部件(包括打印机),不论是否在同一外壳内装有存储装置;打印机零件
(6)	8443.32.50	电传打字机
(7)	8443.39.10	静电复印机,通过从原图直接复制到复印件上操作(直接处理)
(8)	8443.39.30	其他影印设备,包括光学系统
(9)	8443.99.25、8443.99.35、8443.99.40、8443.99.45、8471.50.01、8473.21.00、8473.29.00、8473.30.11、8473.40.10、8473.40.21、8473.50.30、8486.90.00、8504.40.60、8504.40.85、8504.90.20、8504.90.65、8517.62.00、8517.70.00、8518.90.20、8518.90.60、8522.90.45、8531.90.15、8537.10.91、8537.20.00、8538.90.10、8543.70、8543.90、9013.90.50、9017.90.01、9026.90.20、9026.90.60、9027.90.45、9027.90.54、9027.90.64、9027.90.84、9030.90.64、9030.90.84、9031.90.54、9031.90.70	本协定范围内产品的印刷电路组件,包括符合PCMCIA标准的卡等外部连接组件。此类印刷电路组件包括一个或多个品目8534的印刷电路(装配有一个或多个有源元件,包含或不包含无源元件。有源元件如品目8541的二极管、晶体管和类似半导体的器件(不论是否光敏),以及品目8542的集成电路和微组件
(10)	8443.99.30、8443.99.35、8443.99.50、8517.70.00	传真机或电传打字机零件;品目8517的仪器零件
(11)	8443.99.40、8443.99.45	复印机零部件
(12)	8470	计算机器及具有计算功能的袖珍式数据记录、重现及显示机器;装有计算装置的会计计算机、邮资盖戳机、售票机及类似机器;现金出纳机
(13)	8471	自动数据处理设备及其部件;其他品目未列名的磁性或光学阅读机,将数据以代码形式转录到数据记录媒体的机器及处理这些数据的机器
(14)	8471	自动数据处理设备,能够(1)存储处理程序及执行程序直接需要的起码的数据;(2)按照用户的要求随意编辑程序;(3)按照用户指令进行算术计算;(4)在运行过程中,不需人为干预而通过逻辑判断,执行一个处理程序,这个处理程序可改变计算机指令的执行(协定覆盖这些自动数据处理设备,不论它们是否能够在中央处理机电话信号、电视信号或其他信号或者模拟或数字处理的音频或视频信号的协助下接收和处理。装有自动数据处理设备或与自动数据处理设备连接使用,却从事数据处理以外的某项专门功能的机器,本协定未另行规定,不包括在内)
(15)	8471.30.01、8471.41.01、8471.49.00、8471.50.01	模拟或混合自动数据处理设备
(16)	8471.49.00、8471.70.60、8471.70.90	自动数据处理设备(包括CD驱动器和DVD驱动器)用光盘存储部件,不论是否具有写入/记录和读取的能力,不论是否在同一个机壳内

(续表)

	品目/子目/税号	本注释规定的物品
(17)	8471.30.01	重量不超过10千克的便携式数字自动数据处理设备,至少由一个中央处理部件、一个键盘及一个显示器组成
(18)	8471.41.01	其他数字自动数据处理设备,包括至少一个中央处理部件和一个输入输出部件,不论是否组合在一起
(19)	8471.49.00	其他以系统形式报验的数字自动数据处理设备
(20)	8471.49.00、8471.60.10、8473.30.11、8473.30.51、8486.90.00、8517.70.00、8528.52.00、8528.62.00、8531.20.00、8531.90.15、8531.90.75、8543.70.87、8543.90.65、8543.90.85、9013.80.70、9013.90.50	适用于本协定范围内产品的平板显示器(包括LCD、电致发光、等离子和其他技术)及其部件
(21)	8471.49.00、8471.80.10、8471.80.40、8471.80.90、8517.61.00、8517.62.00、8517.69.00	网络设备:局域网(LAN)和广域网(WAN)设备,包括专用于或主要用于允许自动数据处理机及其部件互连的产品,主要用于资源共享的网络,如中央处理部件、数据存储设备和输入输出部件,包括适配器、集线器、直列中继器、转换器、集中器、网桥和路由器,以及用于物理并入自动数据处理机及其部件的印刷电路组件
(22)	8471.49.00、8471.70、8523.29.10、8523.29.90、8523.41.00、8523.49.20、8523.49.40、8523.51.00、8523.59.00、8523.80.20	专有格式存储设备,包括其用于自动数据处理设备的媒体,不论有无可移动媒体,也不论是磁性、光学或其他技术,包括伯努利盒、赛快或极碟盒式存储部件
(23)	8471.50.01	子目8471.41和子目8471.49所列以外的数字处理部件,不论是否在同一机壳内有一个或两个下列部件:存储部件、输入部件、输出部件
(24)	8471.70	存储部件,包括中央存储部件、光盘存储部件、硬盘驱动器和磁带存储部件
(25)	8471.80、8517.62.00	其他自动数据处理设备
(26)	8471.90.00	其他
(27)	8472.90.10	自动柜员机
(28)	8472.90.50	文字处理机
(29)	8473.21	子目8470.10、子目8470.21或子目8470.29电子计算器的零件和附件
(30)	8473.29	品目8470机器的零件和附件,但子目8470.10、子目8470.21或子目8470.29的电子计算器除外
(31)	8473.30	品目8471机器的零件和附件
(32)	8473.50	同样适用于品目8469至8472中两个或以上品目所列机器的零件和附件
(33)	8486.10.00	单晶半导体晶体生长设备或拉晶机
(34)	8486.10.00、8486.20.00、8486.30.00	半导体晶圆和平板显示器的湿法蚀刻、显影、剥离或清洁设备

（续表）

	品目/子目/税号	本注释规定的物品
(35)	8486.10.00	在半导体晶圆生产中，通过激光、其他光或光子束去除材料的材料加工机器
(36)	8486.10.00	用于将单晶半导体圆片锯成薄片或将晶圆锯成芯片的机器
(37)	8486.10.00	半导体晶圆加工用磨削机、抛光机及研磨机
(38)	8486.10.00	半导体晶圆划片机
(39)	8486.20.00	半导体晶片外延沉积机
(40)	8486.20.00	半导体生产用物理沉积装置
(41)	8486.20.00	在半导体晶圆上涂布感光乳剂的涂胶机
(42)	8486.20.00	半导体晶片溅射物理沉积装置
(43)	8486.20.00	半导体晶片剥离或清洗装置
(44)	8486.20.00	半导体材料干法刻蚀图形机
(45)	8486.20.00	半导体生产用化学气相沉积装置
(46)	8486.20.00	半导体晶圆加工用旋转干燥机
(47)	8486.20.00	用于蚀刻、剥离或清洁半导体晶圆的喷涂设备
(48)	8486.20.00	半导体生产中用激光切割接触轨迹的激光切割机
(49)	8486.20.00	半导体晶圆上半导体器件制造用电阻加热炉和烘箱
(50)	8486.20.00	在半导体晶圆上制造半导体器件用的电感或介电熔炉和烘箱
(51)	8486.20.00	半导体晶圆快速加热装置
(52)	8486.20.00	用于掺杂半导体材料的离子注入机
(53)	8486.20.00	在敏化半导体材料或平板显示器上投影、绘制或电镀电路图形的设备
(54)	8486.40.00	半导体组装用芯片连接设备、胶带自动键合机和引线键合机
(55)	8486.40.00	半导体引线弯曲、折叠和矫直机
(56)	8486.40.00	聚焦离子束铣床，用于制造或修理半导体器件上图形的掩模和光栅
(57)	8486.40.00	半导体晶圆、晶圆匣、晶圆盒和其他半导体器件材料的运输、搬运和储存用自动化机器
(58)	8486.40.00	半导体组装用封装设备
(59)	8486.40.00	用于在电镀工艺之前清洗和去除半导体封装金属引线上污染物的放气机
(60)	8486.40.00	一种用光刻胶涂布基板制造掩模和光栅的图形生成装置
(61)	8486.40.00	半导体器件制造用注射模和压缩模
(62)	8486.90.00	半导体生产用化学气相沉积设备零件

(续表)

	品目/子目/税号	本注释规定的物品
(63)	8486.90.00	半导体晶圆加工用旋转干燥机零件
(64)	8486.90.00	蚀刻、剥离或清洁半导体晶圆的喷涂设备零件
(65)	8486.90.00	用于从单晶半导体圆片锯成薄片或从晶圆锯成芯片的机器零件
(66)	8486.90.00	半导体晶圆划片机零件
(67)	8486.90.00	半导体晶圆加工用磨削机、抛光机和研磨机零件
(68)	8486.90.00	聚焦离子束铣床的零件,用于制造或修理半导体器件上图案的掩模和光栅
(69)	8486.90.00	半导体生产中激光切割接触轨迹的零件
(70)	8486.90.00	半导体晶圆生产过程中,通过激光、其他光或光子束去除材料来加工任何材料的机器零件
(71)	8486.90.00	半导体晶圆剥离或清洗设备零件
(72)	8486.90.00	半导体晶圆干法蚀刻图形机零件
(73)	8486.90.00	半导体组装用封装设备零件
(74)	8486.90.00	半导体晶片溅射物理沉积装置零件
(75)	8486.90.00	半导体组装用芯片连接装置、胶带自动键合机和引线键合机用零件
(76)	8486.90.00	半导体晶圆上涂布感光乳剂用旋转器零件
(77)	8486.90.00	单晶半导体晶体生长或拉伸装置零件
(78)	8486.90.00	湿法蚀刻、显影、剥离或冲洗设备零件
(79)	8486.90.00	半导体晶圆、晶圆匣、晶圆盒和其他半导体器件材料的运输、搬运和储存用自动化机器零件
(80)	8486.90.00	半导体晶圆外延沉积机零件
(81)	8486.90.00	半导体引线弯曲、折叠和矫直机零件
(82)	8486.90.00	半导体生产用物理沉积设备零件
(83)	8486.90.00	在半导体晶圆上制造半导体器件用电阻加热炉和烘箱的零件
(84)	8486.90.00	晶圆快速加热装置零件
(85)	8486.90.00	归入子目 8486.10 至 8486.40 的熔炉和烘箱零件
(86)	8486.90.00	掺杂的半导体材料用离子注入机零件
(87)	8486.90.00	子目 8486.20 仪器的零件和附件
(88)	8486.90.00	用光刻胶涂布基板制造掩模或光栅的图形生成装置的零件和附件
(89)	8504.40.60、8504.40.70、8504.40.85	自动数据处理设备及其部件,以及电信设备用静态转换器
(90)	8504.50.40	自动数据处理设备及其部件和电信设备的电源用其他电感器

(续表)

(续表)

	品目/子目/税号	本注释规定的物品
(91)	8517	线路电话或线路电报用电气设备,包括带无绳听筒的线路电话机和载波线路系统或数字线路系统用电信设备;可视电话及其零件
(92)	8517.61.00、8517.62.00、8517.69.00	无线电广播或电视设备以外的发送设备
(93)	8517.61.00、8517.62.00、8517.12.00、8525.60	包含接收装置的发送装置
(94)	8517.11.00	带无绳听筒的线路电话机
(95)	8517.18.00	其他电话机和可视电话
(96)	8517.61.00、8517.62.00	其他仪器,用于载波电流线路系统或数字线路系统
(97)	8471.80.40、8517.62.00	供零售用的自动数据处理设备及其部件的多媒体升级套件,至少包括扬声器和/或麦克风以及使ADP机及其部件能够处理音频信号(声卡)的印刷电路组件
(98)	8517.62.00、8517.69.00、8517.70.00	寻呼报警装置及其零件
(99)	8517.69.00	电话或电报交换设备
(100)	8517.69.00	其他设备,包括入门电话系统
(101)	8517.69.00	用于呼叫、报警或寻呼的便携式接收器
(102)	8517.70.00	无线电话电报设备的天线
(103)	8517.70.00	除装有接收装置的无线电广播或电视发送设备以外的发送设备的用于呼叫、报警或寻呼的便携式接收器的零件
(104)	8518.10.40	通讯用频率范围为300~3 400赫兹、直径不超过10毫米、高度不超过3毫米的麦克风
(105)	8518.29.40	通讯用扬声器,无外壳,频率范围300~3 400赫兹,直径不超过50毫米
(106)	8518.30.10	线路电话听筒
(107)	8518.40.10、8518.90.20、8518.90.60	本协定范围内的线路电话产品中用作中继器的电讯号放大器及其部件
(108)	8519.50.00	电话答录机
(109)	8523.29.10	磁盘
(110)	8523.29.20	重放除声音或图像以外现象的磁带
(111)	8523.29.20、8523.29.90、8523.49.20	用于重放除声音或图像以外现象的媒体
(112)	8523.29.30、8523.29.40	宽度不超过4毫米的磁带
(113)	8523.29.50、8523.29.60	宽度超过4毫米但不超过6.5毫米的磁带
(114)	8523.29.70、8523.29.80	宽度超过6.5毫米的磁带
(115)	8523.29.90、8523.59.00、8523.80.20	其他:用于重放以机器可读的二进制形式记录的指令、数据、声音和图像的表示,并能够通过自动数据处理设备进行操作或向用户提供交互性
(116)	8523.29.90、8523.41.00、8523.51.00、8523.59.00、8523.80.20	其他

(续表)

	品目/子目/税号	本注释规定的物品
(117)	8523.49.20	重放除声音或图像以外现象的激光读取系统用光盘
(118)	8523.49.40	其他用于重放以机器可读的二进制形式记录的指令、数据、声音和图像的表示,并能通过自动数据处理设备进行操作或向用户提供交互性
(119)	8523.52.00、8542、8548.90.01	电子集成电路和微组件及其零件
(120)	8523.52.00	感应卡和标签
(121)	8525.50.10、8528.71.20	具有通信功能的机顶盒:一种基于微处理器的设备,包括一个调制解调器,用于接入互联网,并具有交互信息交换功能
(122)	8525.80.40	数字静止图像摄像机
(123)	8528.42.00	监视器:自动数据处理设备的显示装置,带有点屏间距小于0.4毫米的阴极射线管,未经本协定规定的计算机中央处理部件的协助,不能接收和处理电视信号或者其他模拟或数字处理的音频或视频信号。因此,该协定不涉及电视,包括高清电视
(124)	8528.52、8528.62.00	投影式平板显示器,与自动数据处理设备一起使用,可显示中央处理机产生的数字信息
(125)	8531.20.00	包含液晶器件(LCD)或发光二极管(LED)的指示板
(126)	8531.90.15、8531.90.75	子目8531.20的仪器零件
(127)	8532	固定、可变或可调(预设)电容器及其零件
(128)	8533	加热电阻器以外的电阻(包括稳压器和电位器)及其零件
(129)	8534	印刷电路
(130)	8536.50.70	由光耦合输入和输出电路组成的电子交流开关(绝缘晶闸管交流开关)
(131)	8536.50.70	电子开关,包括温度保护电子开关,由一个晶体管和一个电压不超过1 000伏的逻辑芯片(芯片对芯片技术)组成
(132)	8536.50.70	电流不超过11安培的机电速动开关
(133)	8536.69.40	同轴电缆和印刷电路用插头和插座
(134)	8536.90.40	电线和电缆的连接和接触元件
(135)	8536.90.40、9030.82	晶圆探针
(136)	8541	二极管、晶体管及类似的半导体器件;光敏半导体器件,包括光伏电池,不论是否组装成模块或组装成面板;发光二极管;压电晶体;其零件
(137)	8543.70.87	具有翻译或字典功能的电气设备
(138)	8544.42.20	其他电导体,电压不超过80伏,装有连接器,电信用

(续表)

	品目/子目/税号	本注释规定的物品
(139)	8544.42.20	其他电导体,电压超过80伏但不超过1 000伏,装有连接器,电信用
(140)	8544.49.10	电信用其他电压不超过80伏的电导体,未装连接器
(141)	8544.70.00	光纤电缆
(142)	9018	医疗、外科、牙科或兽医科学中使用的仪器和器具,包括闪烁扫描仪器、其他电子医疗仪器和视力测试仪器;其零件和附件
(143)	9019	机械疗法器具;按摩器具;心理能力测试仪;臭氧疗法、氧气疗法、气雾疗法、人工呼吸或其他治疗性呼吸器具;其零部件
(144)	9021	矫形器具,包括拐杖、手术带和桁架;夹板和其他骨折器具;人体的人造部分;佩戴、携带或植入体内以弥补缺陷或残疾的助听器和其他器具;其零件和附件
(145)	9026	用于测量或检查液体或气体流量、液位或其他变量的仪器和装置(例如流量计、液位计、压力计、热量计),不包括品目9014、品目9015、品目9028或品目9032的仪器和装置及其零件和附件
(146)	9027.2	色谱仪和电泳仪
(147)	9027.3	使用光辐射(UV、可见光、IR)的光谱仪、分光光度计和光谱仪
(148)	9027.50.40、9027.50.80	使用品目9027的光辐射(紫外线、可见光、红外线)的其他仪器和装置
(149)	9027.80	品目9027的其他仪器和器具(子目9027.10的仪器和器具除外)
(150)	9027.90.45、9027.90.54、9027.90.64、	品目9027产品的零件和附件,但气体或烟雾分析仪器和切片机用零件和附件除外
(151)	9030.40	电信专用的测量和检查仪器和设备(如串扰计、增益测量仪、失真因子计、功率计)
(152)	9031.41.00	装有专门设计用于处理和运输半导体晶片或光栅的设备的光学立体显微镜
(153)	9031.41.00	装有专门设计用于处理和运输半导体晶片或光栅的设备的显微成像显微镜
(154)	9031.90.54	装有专门设计用于处理和运输半导体晶片或光栅的设备的光学立体显微镜的零件和附件
(155)	9031.90.54	装有专门设计用于处理和运输半导体晶圆或光栅的设备的显微成像显微镜的零件和附件
(156)	9031.80.40	装有专门为处理和运输半导体晶片或光栅而设计的设备的电子束显微镜
(157)	9030.82	测量或检查半导体晶片或器件的仪器和设备
(158)	9030.90.66	子目9030.82的仪器仪表零部件

(续表)

	品目/子目/税号	本注释规定的物品
(159)	9031.90.70	装有专门设计用于处理和运输半导体晶片或光栅的设备的电子束显微镜
(160)	9030.90.84	测量或检查半导体晶圆或器件的仪器和器具的零件
(161)	9031.41.00、9031.49.70	用于检查半导体晶圆或器件或用于检查制造半导体器件的掩模、光掩模或光栅的光学仪器和设备
(162)	9031.49.70	测量半导体晶圆表面微粒污染的光学仪器和设备
(163)	9031.90.54	检查半导体晶圆或器件或检查制造半导体器件用掩模、光掩模或光栅用光学仪器和器具的零件和附件
(164)	9031.90.54	测量半导体晶圆表面微粒污染的光学仪器和器具的零件和附件

(十四)原产地规则的解释。

(i)除另有规定按照上述(十三)款确定是否为原产的货物外,本注释(十五)款中在六位子目适用规则之后列出的八位税号适用规则优先于包含上述税号货物的六位子目的适用规则,在四位品目适用规则之后列出的六位子目适用规则优先于包含上述子目货物的四位品目的适用规则。就本款和本注释(十五)款而言,如果一个关税条款的物品描述不是缩进排印的,则该关税条款为"品目";如果一个关税条款的下面没有出现下属八位税率的字行,则该关税条款为"子目"。

(ii)除本税则另有规定外,本注释(十五)款所述规则中提及的本税则第一章至第二十四章货物的重量均指干重。

(iii)除另有规定外,本注释(十五)款中的税则归类改变要求仅适用于非原产材料,但以下情况除外:

(A)在 SFTA 国家境内种植的农业和园艺产品应被视为原产于该国境内,即使这些产品是用从 SFTA 国家以外的国家进口的植物种子、鳞茎、根茎、插条、侧枝或其他活性部分种植的;以及

(B)从 SFTA 国家境内出口的符合下列规定的货物应被视为非原产货物:

(1)品目 1202,如果货物不是在 SFTA 国家境内收获的,

(2)子目 2008.11,前提是品目 1202 的用于生产此类货物的任何材料未在 SFTA 国家境内收获,或者

(3)子目 1806.10,如果此类货物含有 90% 或以上(按干重计)子目 2106.90 的糖和糖浆,如果生产此类货物所用的子目 1701.99 的任何材料不是原产货物。

(iv)本税则第一章至第四十章所述货物不得仅因用水或其他物质稀释却未实质性改变货物特性而被视为原产。

(v)为将本注释适用于本税则第二十七章至第四十章的货物,"化学反应"是指通过破坏

分子内键并形成新的分子内键或通过改变分子中原子的空间排列而产生具有新结构的分子的过程(包括生化过程)。就本注释而言,以下情况不被视为化学反应:

(A)溶于水或其他溶剂;

(B)去除溶剂,包括溶剂水;或者

(C)加入或排除结晶水。

就本注释而言,上述定义的化学反应产生的产品被视为原产货物。尽管本注释(十五)款规定了税则归类改变规则,但本"化学反应规则"可适用于归入第二十八章至第四十章的任何货物。

(十五)税则归类规则的变化[注:Pres. Proc. 8771 未更新,自 2012 年 2 月 3 日起生效]

第一章

从任何其他章改变至品目 0101 至 0106。

第二章

从任何其他章改变至品目 0201 至 0210。

第三章

1. 从任何其他章改变至品目 0301。

2. 从任何其他章或从鱼苗(包括鱼种)饲养的子目 0301.10 的货物改变至子目 0301.10。

3. 从任何其他章改变至品目 0302。

4. 通过冷冻、清洁、去内脏、去鳃、除垢和去头中三种或以上工艺的组合生产子目 0303.23 至 0303.29 的货物。

5. 通过冷冻、清洗、去内脏、去鳃、除垢和去头中三种或以上工艺的组合生产子目 0303.41 的货物。

6. 通过冷冻、清洗、去内脏、去鳃、除垢和去头中三种或以上工艺的组合生产子目 0303.42 的货物。

6A.(A)通过冷冻、清洗、去内脏、去鳃、除垢和去头中三种或以上工艺的组合改变至子目 0303.45 的太平洋蓝鳍金枪鱼;或者

(B)从任何其他章改变至子目 0303.45 的任何其他货物。

7. 通过冷冻、清洗、去内脏、去鳃、除垢和去头中三种或以上工艺的组合生产子目 0303.49 的货物。

7A. 通过冷冻、清洗、去内脏、去鳃、除垢和去头中三种或以上工艺的组合生产子目 0303.55 至 0303.59 的货物。

8. 从任何其他章或从鱼苗(包括鱼种)饲养的子目 0303.89 的货物改变至子目 0303.89。

9. 从任何其他章改变至品目 0304 至 0308。

第四章

从任何其他章[子目 1901.90 的乳固体含量超过 10%(按重量计)的乳制品和子目 2106.90 的乳固体含量超过 10%(按重量计)的产品除外]改变至品目 0401 至 0410。

第五章

从任何其他章改变至品目 0501 至 0511。

第六章

从任何其他章改变至品目 0601 至 0604。

第七章

从任何其他章改变至品目 0701 至 0714。

第八章

从任何其他章改变至品目 0801 至 0814。

第九章

1. 从任何其他子目（包括子目 0901.11 至 0901.90 中的另一子目）改变至子目 0901.11 至 0901.90。
2. 从任何其他章改变至品目 0902 至 0910。
3. 从任何其他子目改变至子目 0904.12。
4. 从任何其他子目改变至子目 0906.20。
5. 从任何其他品目改变至子目 0910.99。

第十章

从任何其他章改变至品目 1001 至 1008。

第十一章

从任何其他章改变至品目 1101 至 1109。

第十二章

从任何其他章改变至品目 1201 至 1214。

第十三章

从任何其他章改变至品目 1301 至 1302。

第十四章

从任何其他章改变至品目 1401 至 1404。

第十五章

1. 从任何其他章（品目 3823 除外）改变至品目 1501 至 1518。
2. 从任何其他品目（品目 3823 除外）改变至品目 1520。
3. 从任何其他章改变至品目 1521 至 1522。

第十六章

从任何其他章改变至品目 1601 至 1605。

第十七章

1. 从任何其他章改变至品目 1701 至 1703。
2. 从任何其他品目改变至品目 1704。

第十八章

1. 从任何其他章改变至品目 1801 至 1805。
2. 从任何其他品目改变至子目 1806.10，前提是子目 1806.10 项下糖含量为 90% 或以上（按干重计）的产品不含第十七章中的非原产糖，子目 1806.10 项下糖含量为 90% 以下（按干重计）的产品既不含 35% 或以上第十七章中的非原产糖，也不含 35% 或以上（按重量计）品目 1805 项下非原产可可粉。

3. 从任何其他品目改变至子目 1806.20。

4. 从任何其他子目改变至子目 1806.31。

5. 从任何其他品目改变至子目 1806.32。

6. 从任何其他子目改变至子目 1806.90。

第十九章

1. 从任何其他章改变至子目 1901.10，前提是乳固体含量超过 10%（按重量计）的子目 1901.10 项下的产品不含第四章中的非原产乳制品。

2. 从任何其他章改变至子目 1901.20，前提是子目 1901.20 项下含有 25% 或以上（按重量计）乳脂且非供零售的产品不含第四章中的非原产乳制品。

3. 从任何其他章改变至子目 1901.90，前提是乳固体含量超过 10%（按重量计）的子目 1901.90 项下的产品不含第四章中的非原产乳制品。

4. 从任何其他章改变至品目 1902 至 1905。

第二十章

章规则一：仅通过冷冻、在水或盐水或天然果汁中包装（包括罐装）、干燥或者在油中烘烤（包括冷冻、包装或烘烤附带的加工）的方式制作或保藏的第二十章的水果、坚果和蔬菜制剂，只有当新鲜货物完全在新加坡或/和美国境内生产或取得时，才被视为原产货物。

1. 从任何其他章的品目改变至品目 2001 至 2008。

2. 从任何其他品目（品目 1202 和本章章规则一的规定除外）改变至子目 2008.11。

3. 从任何其他章（品目 0805 除外）改变至子目 2009.11 至 2009.39。

4. 从任何其他章改变至子目 2009.41 至 2009.89。

5. 从任何其他章改变至子目 2009.90 或从第二十章的任何其他子目改变至子目 2009.90，不论是否又从任何其他章改变而来，前提是单一果汁成分或者来自新加坡或美国以外单一国家的果汁成分以单一浓度形式构成的货物体积不超过 60%。

第二十一章

1. 从任何其他章改变至品目 2101 至 2103。

2. 从任何其他章改变至子目 2103.20，前提是子目 2103.20 的番茄酱不包含子目 2002.90 的非原产产品。

3. 从任何其他章改变至品目 2104。

4. 从任何其他品目（第四章除外）或子目 1901.90 的乳固体含量超过 10%（按重量计）的乳制品改变至品目 2105。

5. 从任何其他章（品目 0805 或品目 2009 除外）或者子目 2202.99 的水果汁或蔬菜汁改变至子目 2106.90。

6. 从任何其他章（第四章的乳品或子目 1901.90 的乳制品除外）改变至子目 2106.90 的乳固体含量超过 10%（按重量计）的货物。

7. 从任何其他章（第十七章的糖除外）改变至子目 2106.90 的糖浆。

8. (A) 从任何其他章（品目 2009 或子目 2202.99 的果汁混合物除外）改变至子目 2106.90 的果汁混合物。

   (B) 从第二十一章的任何其他子目、品目 2009 或子目 2202.99 的混合汁改变至子目

2106.90，不论是否又从任何其他章改变而来，前提是单一果汁成分或者来自新加坡或美国以外单一国家的果汁成分以单一浓度形式构成的货物体积不超过60%。

9. 从任何其他子目（品目2203至2209除外）改变至子目2106.90的复合酒精制剂。

10. 从任何其他章改变至品目2106的任何其他货物。

第二十二章

1. 从任何其他章改变至品目2201。

2. 从任何其他章改变至子目2202.10。

3. 从任何其他章改变至子目2202.91。

4. 从任何其他章（品目0805或品目2009除外）或子目2106.90的水果汁或蔬菜汁改变至子目2202.99的单一水果汁或蔬菜汁；或者

5. 从以下项目改变至子目2202.99的混合汁：

   (A) 任何其他章（品目2009或子目2106.90的混合汁除外）；或者

   (B) 第二十二章的任何其他子目、品目2009或子目2106.90的混合汁，不论是否又从任何其他章改变而来，前提是单一果汁成分或者来自新加坡或美国以外单一国家的果汁成分以单一浓度形式构成的货物体积不超过60%。

6. 从任何其他章[第四章或子目1901.90的乳固体含量超过10%（按重量计）的乳制品除外]改变至子目2202.99项下乳饮料。

6A. 从任何其他章改变至子目2202.99的任何其他货物。

7. 从任何其他品目（品目2203至2209除外）改变至品目2203。

8. 从任何其他品目（品目2203至2209除外）改变至品目2204。

9. 从任何其他品目（品目2203至2209除外）改变至品目2205。

10. 从任何其他品目（品目2203至2209除外）改变至品目2206。

11. 从任何其他品目（品目2203至2209除外）改变至品目2207。

12. 从任何其他品目（品目2203至2209除外）改变至品目2208。

13. 从任何其他品目（品目2203至2209除外）改变至品目2209。

第二十三章

1. 从任何其他章改变至品目2301至2308。

2. 从任何其他品目改变至子目2309.10。

3. 从任何其他品目（第四章或子目1901.90除外）改变至子目2309.90。

第二十四章

从任何其他章或第二十四章的未经脱粒或类似加工的包装烟草或者适合用作第二十四章包装烟草的均化烟草或再造烟草改变至品目2401至2403。

第二十五章

1. 从任何其他品目（包括品目2501至2516中的另一品目）改变至品目2501至2516。

2. 从任何其他品目改变至子目2517.10至2517.20。

3. 从任何其他子目改变至子目2517.30。

4. 从任何其他品目改变至子目2517.41至2517.49。

5. 从任何其他品目（包括品目2518至2530中的另一品目）改变至品目2518至2530。

第二十六章

从任何其他品目(包括品目 2601 至 2621 中的另一品目)改变至品目 2601 至 2621。

第二十七章

章规则一:作为本注释(十四)款和(二十二)款所定义的化学反应产物的第二十七章的任何货物,如果化学反应发生在新加坡或/和美国境内,则应被视为原产货物。

1. 从任何其他品目(包括品目 2701 至 2706 中的另一品目)改变至品目 2701 至 2706。

2.(A)从任何其他品目改变至子目 2707.10 至 2707.99;或者

　(B)从任何其他子目(包括子目 2707.10 至 2707.99 中的另一子目)改变至子目 2707.10 至 2707.99,前提是根据本注释条款输入的货物是本注释(十四)(v)款所定义的化学反应产物。

3. 从任何其他品目(包括品目 2708 至 2709 中的另一品目)改变至品目 2708 至 2709。

4.(A)从任何其他品目改变至品目 2710;或者

　(B)从品目 2710 的任何其他货物改变至品目 2710 的任何货物,前提是归入品目 2710 的货物是本注释(十四)(v)款所定义的化学反应产物。

5. 从任何其他子目(包括子目 2711.11 至 2711.19 中的另一子目,子目 2711.21 除外)改变至子目 2711.11 至 2711.19。

6. 从任何其他子目(子目 2711.11 除外)改变至子目 2711.21。

7. 从任何其他子目(子目 2711.12 至 2711.21 除外)改变至子目 2711.29。

8. 从任何其他品目(包括品目 2712 至 2714 中的另一品目)改变至品目 2712 至 2714。

9. 从任何其他品目(品目 2714 或子目 2713.20 除外)改变至品目 2715。

10. 从任何其他品目改变至品目 2716。

第二十八章

章规则一:作为本注释(十四)款和(二十二)款所定义的化学反应产物的第二十八章中的任何货物,如果化学反应发生在新加坡或/和美国境内,则应被视为原产货物。

1. 从任何其他子目(包括子目 2801.10 至 2801.30 中的另一子目)改变至子目 2801.10 至 2801.30。

2. 从任何其他品目(品目 2503 除外)改变至品目 2802。

3. 从任何其他品目改变至品目 2803。

4. 从任何其他子目(包括子目 2804.10 至 2804.50 中的另一子目)改变至子目 2804.10 至 2804.50。

5. 从任何其他子目(子目 2804.69 除外)改变至子目 2804.61。

6. 从任何其他子目(子目 2804.61 除外)改变至子目 2804.69。

7. 从任何其他子目(包括子目 2804.70 至 2804.90 中的另一子目)改变至子目 2804.70 至 2804.90。

8. 从任何其他品目改变至品目 2805。

9. 从任何其他子目(包括子目 2806.10 至 2806.20 中的另一子目)改变至子目 2806.10 至 2806.20。

10. 从任何其他品目(包括品目 2807 至 2808 中的另一品目)改变至品目 2807 至 2808。

11. 从任何其他子目(包括子目 2809.10 至 2809.20 中的另一子目)改变至子目 2809.10 至 2809.20。

12. 从任何其他品目改变至品目 2810。

13. 从任何其他子目改变至子目 2811.11。

13A. 从任何其他子目(子目 2811.22 除外)改变至子目 2811.12。

14. 从任何其他子目(子目 2811.22 除外)改变至子目 2811.19。

15. 从任何其他子目改变至子目 2811.21。

16. 从任何其他子目(子目 2505.10、子目 2506.10 或子目 2811.19 除外)改变至子目 2811.22。

17. 从任何其他子目改变至子目 2811.29。

18. 从任何其他子目(包括子目 2812.11 至 2812.90 中的另一子目)改变至子目 2812.11 至 2812.90。

19. 从任何其他子目(包括子目 2813.10 至 2813.90 中的另一子目)改变至子目 2813.10 至 2813.90。

20. 从任何其他品目改变至品目 2814。

21. 从任何其他子目(子目 2815.12 除外)改变至子目 2815.11。

22. 从任何其他子目(子目 2815.11 除外)改变至子目 2815.12。

23. 从任何其他子目(包括子目 2815.20 至 2815.30 中的另一子目)改变至子目 2815.20 至 2815.30。

24. 从任何其他子目(包括子目 2816.10 至 2816.40 中的另一子目)改变至子目 2816.10 至 2816.40。

25. 从任何其他品目(品目 2608 除外)改变至品目 2817。

26. 从任何其他子目(包括子目 2818.10 至 2818.30 中的另一子目,品目 2606 或子目 2620.40 除外)改变至子目 2818.10 至 2818.30。

27. 从任何其他子目(包括子目 2819.10 至 2819.90 中的另一子目)改变至子目 2819.10 至 2819.90。

28. 从任何其他子目(子目 2530.90 或品目 2602 除外)改变至子目 2820.10。

29. 从任何其他子目(子目 2530.90 或品目 2602 除外)改变至子目 2820.90。

30. 从任何其他子目改变至子目 2821.10。

31. 从任何其他子目(子目 2530.30 或子目 2601.11 至 2601.20 除外)改变至子目 2821.20。

32. 从任何其他品目(品目 2605 除外)改变至品目 2822。

33. 从任何其他品目改变至品目 2823。

34. 从任何其他子目(包括子目 2824.10 至 2824.90 中的另一子目,品目 2607 除外)改变至子目 2824.10 至 2824.90。

35. 从任何其他子目(包括子目 2825.10 至 2825.40 中的另一子目)改变至子目 2825.10 至 2825.40。

36. 从任何其他子目(品目 2603 除外)改变至子目 2825.50。

37. 从任何其他子目(子目 2615.10 除外)改变至子目 2825.60。
38. 从任何其他子目(子目 2613.10 除外)改变至子目 2825.70。
39. 从任何其他子目(子目 2617.10 除外)改变至子目 2825.80。
40. 从任何其他子目改变至子目 2825.90,前提是归入子目 2825.90 的货物是本注释(十四)(v)款所定义的化学反应产物。
41. 从任何其他子目(包括子目 2826.12 至 2826.90 中的另一子目)改变至子目 2826.12 至 2826.90。
42. 从任何其他子目(包括子目 2827.10 至 2817.20 中的另一子目)改变至子目 2827.10 至 2817.20。
43. 从任何其他子目(包括子目 2827.31 至 2827.60 中的另一子目)改变至子目 2827.31 至 2827.60。
44. 从任何其他子目(包括子目 2828.10 至 2828.90 中的另一子目)改变至子目 2828.10 至 2828.90。
45. 从子目 2829.11 改变至子目 2829.11 至 2829.9。
46. 从任何其他子目(包括子目 2830.10 至 2830.90 中的另一子目)改变至子目 2830.10 至 2830.90。
47. 从任何其他子目(包括子目 2831.10 至 2831.90 中的另一子目)改变至子目 2831.10 至 2831.90。
48. 从任何其他子目(包括子目 2832.10 至 2832.30 中的另一子目)改变至子目 2832.10 至 2832.30。
49. 从任何其他子目(包括子目 2833.11 至 2833.19 中的另一子目)改变至子目 2833.11 至 2833.19。

[50 已删除]

51. 从任何其他子目(子目 2530.20 除外)改变至子目 2833.21。
52. 从任何其他子目(包括子目 2833.22 至 2833.25 中的另一子目)改变至子目 2833.22 至 2833.25。
53. 从任何其他子目(子目 2511.10 除外)改变至子目 2833.27。
54. 从任何其他子目(品目 2520 除外)改变至子目 2833.29。
55. 从任何其他子目(包括子目 2833.30 至 2833.40 中的另一子目)改变至子目 2833.30 至 2833.40。
56. 从任何其他子目(包括子目 2834.10 至 2834.29 中的另一子目)改变至子目 2834.10 至 2834.29。
57. 从任何其他子目改变至子目 2835.10。
58. 从任何其他子目(包括子目 2835.22 至 2835.25 中的另一子目)改变至子目 2835.22 至 2835.25。
59. 从任何其他子目(品目 2510 除外)改变至子目 2835.26。
60. 从任何其他子目(包括子目 2835.29 至 2835.39 中的另一子目)改变至子目 2835.29 至 2835.39。

[61 已删除]

62. 从任何其他子目(子目 2530.90 除外)改变至子目 2836.20。

63. 从任何其他子目(包括子目 2836.30 至 2836.40 中的另一子目)改变至子目 2836.30 至 2836.40。

64. 从任何其他子目(品目 2509、子目 2517.41、子目 2517.49、品目 2521 或子目 2530.90 除外)改变至子目 2836.50。

65. 从任何其他子目(子目 2511.20 除外)改变至子目 2836.60。

[66 已删除]

67. 从任何其他子目改变至子目 2836.91。

[68 已删除]

69. (A)从子目 2836.99 的碳酸铵或碳酸铅或任何其他子目(子目 2617.90 除外)改变至子目 2836.99 的碳酸铋;或者

(B)从子目 2836.99 的任何其他货物或任何其他子目改变至子目 2836.99 的碳酸铅。

(C)从任何其他子目改变至子目 2836.99 的其他货物,前提是归入子目 2836.99 的货物是化学反应的产物。

70. 从任何其他子目(包括子目 2837.11 至 2837.20 中的另一子目)改变至子目 2837.11 至 2837.20。

[71 已删除]

72. 从任何其他子目(子目 2837.19 除外)改变至子目 2839.11。

73. 从任何其他子目(子目 2837.11 除外)改变至子目 2839.19。

74. 从任何其他子目改变至子目 2839.90。

75. 从任何其他子目(子目 2840.19、子目 2840.20 或子目 2528.10 除外)改变至子目 2840.11。

76. 从任何其他子目(子目 2840.11、子目 2840.20 或子目 2528.10 除外)改变至子目 2840.19。

77. 从任何其他子目(子目 2840.11、子目 2840.19 或子目 2528.10 除外)改变至子目 2840.20。

78. 从任何其他子目改变至子目 2840.30。

79. 从任何其他子目改变至子目 2841.30。

80. (A)从任何其他子目改变至子目 2841.50 的锌铬酸盐或铅铬酸盐;或者

(B)从任何其他子目(品目 2610 除外)改变至子目 2841.50 的任何其他货物。

81. 从任何其他子目(子目 2841.69 除外)改变至子目 2841.61。

82. 从任何其他子目(子目 2841.61 除外)改变至子目 2841.69。

83. 从任何其他子目(子目 2613.90 除外)改变至子目 2841.70。

84. 从任何其他子目(品目 2611 除外)改变至子目 2841.80。

85. (A)从任何其他子目改变至子目 2841.90 的铬酸锌或铬酸铅;或者

(B)从任何其他子目改变至子目 2841.90 的任何其他货物,前提是归入子目 2841.90 的货物是化学反应的产物。

86. 从任何其他子目改变至子目2842.10。

87. (A)从子目2842.90的任何其他货物或任何其他子目改变至子目2842.90的雷酸盐、氰酸盐或硫氰酸盐;或者

(B)从子目2842.90的任何其他货物或任何其他子目改变至子目2842.90的其他货物,前提是归入子目2842.90的货物是化学反应的产物。

88. 从任何其他子目(品目7106、品目7108、品目7110或品目7112除外)改变至子目2843.10。

89. 从任何其他子目(包括子目2843.21至2843.29中的另一子目)改变至子目2843.21至2843.29。

90. 从任何其他子目(包括子目2843.30至2843.90中的另一子目,子目2616.90除外)改变至子目2843.30至2843.90。

91. 从任何其他子目(子目2612.10除外)改变至子目2844.10。

92. 从任何其他子目改变至子目2844.20。

93. 从任何其他子目(子目2844.20除外)改变至子目2844.30。

94. 从任何其他子目(包括子目2844.40至2844.50中的另一子目)改变至子目2844.40至2844.50。

95. 从任何其他品目改变至品目2845。

96. 从任何其他品目(子目2530.90除外)改变至品目2846。

97. 从任何其他品目改变至品目2847。

[98 已删除]

99. 从任何其他子目(包括子目2849.10至2849.90中的另一子目)改变至子目2849.10至2849.90。

100. 从任何其他品目改变至品目2850。

101. 从任何其他品目改变至品目2852,前提是归入品目2852的货物是化学反应的产物。

102. 从任何其他品目改变至子目2853.10。

103. (A)从品目2853的任何其他货物或任何其他品目改变至子目2853.90的磷化物(不包括磷铁,不论是否有化学定义);或者

(B)从任何其他品目改变至子目2853.90的任何其他货物。

第二十九章

章规则一:作为本注释(十四)(v)款所定义的化学反应产物的第二十九章的任何货物,如果化学反应发生在新加坡或/和美国境内,则应被视为原产货物。

1. 从任何其他子目(包括子目2901.10至2901.29中的另一子目,品目2710、子目2711.13、子目2711.14、子目2711.19或子目2711.29除外)改变至子目2901.10至2901.29。

2. 从任何其他子目改变至子目2902.11。

3. 从任何其他子目(子目2707.50、子目2707.99或品目2710项下非芳烃环状石油除外)改变至子目2902.19。

4. 从任何其他子目(子目2707.10、子目2707.50或子目2707.99除外)改变至子目

2902.20。

5. 从任何其他子目（子目 2707.20、子目 2707.50 或子目 2707.99 除外）改变至子目 2902.30。

6. 从任何其他子目（包括子目 2902.41 至 2902.44 中的另一子目，子目 2707.30、子目 2707.50 或子目 2707.99 除外）改变至子目 2902.41 至 2902.44。

7. 从任何其他子目改变至子目 2902.50。

8. 从任何其他子目（子目 2707.30、子目 2707.50、子目 2707.99 或品目 2710 除外）改变至子目 2902.60。

9. 从任何其他子目（包括子目 2902.70 至 2902.90 中的另一子目，子目 2707.50、子目 2707.99 或品目 2710 除外）改变至子目 2902.70 至 2902.90。

10. 从任何其他子目（包括子目 2903.11 至 2903.39 中的另一子目）改变至子目 2903.11 至 2903.39。

11. 从任何其他子目（子目 2903.76 至 2903.78 除外）改变至子目 2903.71 至 2903.75。

12. 从任何其他子目（子目 2903.71 至 2903.75 和子目 2903.77 至 2903.79 除外）改变至子目 2903.76。

13. 从任何其他子目（子目 2903.71 至 2903.76 和子目 2903.78 至 2903.79 除外）改变至子目 2903.77。

14. 从任何其他子目（子目 2903.71 至 2903.77 和子目 2903.79 除外）改变至子目 2903.78。

15. 从任何其他子目（子目 2903.71 至 2903.78 除外）改变至子目 2903.79。

16. 从任何其他子目（包括子目 2903.81 至 2903.99 中的另一子目）改变至子目 2903.81 至 2903.99。

[17 至 19 已删除]

20. 从任何其他子目（包括子目 2904.10 至 2904.99 中的另一子目）改变至子目 2904.10 至 2904.99。

21. 从任何其他子目（包括子目 2905.11 至 2905.19 中的另一子目）改变至子目 2905.11 至 2905.19。

22. 从子目 1301.90 的虫胶、子目 3805.90 的松油或任何其他子目（子目 1301.90 或子目 3805.90 除外）改变至子目 2905.22 至 2905.29。

23. 从任何其他子目（包括子目 2905.31 至 2905.44 中的另一子目）改变至子目 2905.31 至 2905.44。

24. 从任何其他子目（品目 1520 除外）改变至子目 2905.45。

25. 从任何其他子目（包括子目 2905.49 至 2905.59 中的另一子目）改变至子目 2905.49 至 2905.59。

26. 从任何其他子目（子目 3301.24 或子目 3301.25 除外）改变至子目 2906.11。

27. 从任何其他子目（包括子目 2906.12 至 2906.13 中的另一子目）改变至子目 2906.12 至 2906.13。

[28 已删除]

29. 从任何其他子目(子目3301.90或子目3805.90除外)改变至子目2906.19。

30. 从任何其他子目改变至子目2906.21。

31. 从任何其他子目(子目2707.99或子目3301.90除外)改变至子目2906.29。

32. 从任何其他子目(子目2707.99除外)改变至子目2907.11。

33. 从任何其他子目(包括子目2907.12至2907.22中的另一子目,子目2707.99除外)改变至子目2907.12至2907.22。

34. 从任何其他子目改变至子目2907.23。

35. 从任何其他子目(子目2707.99除外)改变至子目2907.29。

36. 从任何其他品目改变至品目2908。

37. 从任何其他子目(包括子目2909.11至2909.49中的另一子目)改变至子目2909.11至2909.49。

38. 从任何其他子目(子目3301.90除外)改变至子目2909.50。

39. 从任何其他子目改变至子目2909.60。

40. 从任何其他子目(包括子目2910.10至2909.90中的另一子目)改变至子目2910.10至2909.90。

41. 从任何其他品目改变至品目2911。

42. 从任何其他子目(包括子目2912.11至2912.12中的另一子目)改变至子目2912.11至2912.12。

43. (A)从任何其他子目(包括子目2912.19至2912.49中的另一子目,子目3301.90除外)改变至子目2912.19至2912.49;或者

(B)从任何其他子目改变至正丁醛(正异构体)。

44. 从任何其他子目(包括子目2912.50至2912.60中的另一子目)改变至子目2912.50至2912.60。

45. 从任何其他品目改变至品目2913。

46. 从任何其他子目(包括子目2914.11至2914.19中的另一子目,子目3301.90除外)改变至子目2914.11至2914.19。

47. 从任何其他子目(包括子目2914.21至2914.22中的另一子目)改变至子目2914.21至2914.22。

48. 从任何其他子目(子目3301.90除外)改变至子目2914.23。

49. 从子目3805.90的松油或任何其他子目(子目3301.90或子目3805.90的松油以外的货物除外)改变至子目2914.29。

50. 从任何其他子目(子目2914.39或子目3301.90除外)改变至子目2914.31。

51. 从任何其他子目(子目2914.31或子目3301.90除外)改变至子目2914.39。

52. 从任何其他子目(包括子目2914.40至2914.79中的另一子目,子目3301.90除外)改变至子目2914.40至2914.79。

53. 从任何其他子目(包括子目2915.11至2915.33中的另一子目)改变至子目2915.11至2915.33。

54. 从任何其他子目(包括子目 2915.36 至 2915.39 中的另一子目,子目 3301.90 除外)改变至子目 2915.36 至 2915.39。

55. 从任何其他子目(包括子目 2915.40 至 2915.90 中的另一子目)改变至子目 2915.40 至 2915.90。

56. 从任何其他子目(包括子目 2916.11 至 2916.20 中的另一子目)改变至子目 2916.11 至 2916.20。

57. 从任何其他子目(包括子目 2916.31 至 2916.39 中的另一子目,子目 3301.90 除外)改变至子目 2916.31 至 2916.39。

58. 从任何其他子目(包括子目 2917.11 至 2917.39 中的另一子目)改变至子目 2917.11 至 2917.39。

59. 从任何其他子目(包括子目 2918.11 至 2918.22 中的另一子目)改变至子目 2918.11 至 2918.22。

60. 从任何其他子目(子目 3301.90 除外)改变至子目 2918.23。

61. 从任何其他子目(包括子目 2918.29 至 2918.30 中的另一子目)改变至子目 2918.29 至 2918.30。

62. 从任何其他子目改变至子目 2918.30。

63. 从任何其他子目(包括子目 2918.91 至 2918.99 中的另一子目,子目 3301.90 除外)改变至子目 2918.91 至 2918.99。

64. 从任何其他品目改变至品目 2919。

65. 从任何其他子目(包括子目 2920.11 至 2920.90 中的另一子目)改变至子目 2920.11 至 2920.90。

66. 从任何其他子目(包括子目 2921.11 至 2911.59 中的另一子目)改变至子目 2921.11 至 2911.59。

67. 从任何其他子目(包括子目 2922.11 至 2922.50 中的另一子目)改变至子目 2922.11 至 2922.50。

68. 从任何其他子目(包括子目 2923.10 至 2923.90 中的另一子目)改变至子目 2923.10 至 2923.90。

69. 从任何其他子目(包括子目 2924.11 至 2924.29 中的另一子目)改变至子目 2924.11 至 2924.29。

70. 从任何其他子目(包括子目 2925.11 至 2925.29 中的另一子目)改变至子目 2925.11 至 2925.29。

71. 从任何其他子目(包括子目 2926.10 至 2926.90 中的另一子目)改变至子目 2926.10 至 2926.90。

72. 从任何其他品目(包括品目 2927 至 2928 中的另一品目)改变至品目 2927 至 2928。

73. 从任何其他子目(包括子目 2929.10 至 2929.90 中的另一子目)改变至子目 2929.10 至 2929.90。

74. 从任何其他子目(包括子目 2930.20 至 2930.90 中的另一子目)改变至子目 2930.20 至 2930.90。

75. 从任何其他品目改变至品目2931。

76. 从任何其他子目(包括子目2932.11至2932.99中的另一子目,子目3301.90除外)改变至子目2932.11至2932.99。

77. 从任何其他子目(包括子目2933.11至2933.99中的另一子目)改变至子目2933.11至2933.99。

78. 从任何其他子目(包括子目2934.10至2934.99中的另一子目)改变至子目2934.10至2934.99。

79. 从任何其他品目改变至品目2935。

80. 从任何其他子目(包括子目2936.21至2936.29中的另一子目)改变至子目2936.21至2936.29。

81. (A)从子目2936.90的任何其他货物或任何其他子目改变至子目2936.90的未混合维生素原;或者

  (B)从任何其他子目(子目2936.21至2936.29除外)改变至子目2936.90。

82. 从任何其他品目(包括品目2937至2941中的另一品目)改变至品目2937至2941。

83. 从任何其他章改变至品目2942。

第三十章

章规则一:作为本注释(十四)(v)款所定义的化学反应产物的第三十章的任何货物,如果化学反应发生在新加坡或/和美国境内,则应被视为原产货物。

1. 从任何其他子目改变至子目3001.20。

2. 从子目3001.90的任何其他货物或任何其他子目(子目0206.10至0208.90、子目0305.20、品目0504、品目0510或子目0511.99除外)改变至子目3001.90的干燥腺体和其他器官(不论是否为粉末状),如果这些条款的改变不是子目3001.10的粉末。

3. 从子目3002.11至3002.19以外的任何其他子目改变至子目3002.11至3002.19。

3A. 从任何其他子目(包括子目3002.20至3002.90中的另一子目)改变至子目3002.20至3002.90。

4. 从任何其他子目(子目2941.10、子目2941.20或子目3003.20除外)改变至子目3003.10。

5. 从任何其他子目(子目2941.30至2941.90除外)改变至子目3003.20。

6. 从任何其他子目(子目2937.12除外)改变至子目3003.31。

7. 从任何其他子目(第二十九章的激素或其衍生物除外)改变至子目3003.39。

8. 从子目3003.41至3003.49以外的任何其他子目(品目1211、子目1302.11、子目1302.19、子目1302.20或第二十九章的生物碱或其衍生物除外)改变至子目3003.41至3003.49。

9. 从任何其他子目(包括子目3003.60至3003.90中的另一子目)改变至子目3003.60至3003.90,前提是治疗性或预防性成分的国内含量不低于治疗性或预防性成分总量的40%(按重量计)。

10. 从任何其他子目(子目2941.10、子目2941.20、子目3003.10或子目3003.20除外)改变至子目3004.10。

11. 从任何其他子目(子目 2941.30 至 2941.90 或子目 3003.20 除外)改变至子目 3004.20。

12. 从任何其他子目(子目 2937.12 除外)改变至子目 3004.31。

13. 从任何其他子目(子目 3003.39 或第二十九章的肾上腺皮质激素除外)改变至子目 3004.32。

14. 从任何其他子目(子目 3003.39 或第二十九章的激素或其衍生物除外)改变至子目 3004.39。

15. 从子目 3004.41 至 3004.49 以外的任何其他子目(品目 1211、子目 1302.11、子目 1302.19、子目 1302.20 或第二十九章的生物碱或其衍生物除外)改变至子目 3004.41 至 3004.49。

16. 从任何其他子目(子目 3003.90 或第二十九章的维生素或品目 2936 项下产品除外)改变至子目 3004.50。

16A. 从任何其他子目(子目 3003.90 除外)改变至子目 3004.60。

17. 从任何其他子目(子目 3003.90 除外)改变至子目 3004.90。

18. 从任何其他子目(包括子目 3005.10 至 3005.90 中的另一子目)改变至子目 3005.10 至 3005.90。

19. 从任何其他子目(子目 1212.20 或子目 4206.10 除外)改变至子目 3006.10。

20. 从任何其他子目(包括子目 3006.20 至 3006.92 中的另一子目)改变至子目 3006.20 至 3006.92。

第三十一章

章规则一:作为本注释(十四)(v)款所定义的化学反应产物的第三十一章的任何货物,如果化学反应发生在新加坡或/和美国境内,则应被视为原产货物。

1. 从任何其他品目(子目 2301.20、子目 0506.90、品目 0508、子目 0511.91 或子目 0511.99 的粉末和膳食除外)改变至品目 3101。

2. 从任何其他子目(包括子目 3102.10 至 3102.21 中的另一子目)改变至子目 3102.10 至 3102.21。

3. 从任何其他子目(子目 3102.21 或子目 3102.30 除外)改变至子目 3102.29。

4. 从任何其他子目改变至子目 3102.30。

5. 从任何其他子目(子目 3102.30 除外)改变至子目 3102.40。

6. 从任何其他子目改变至子目 3102.50。

7. 从任何其他子目(子目 2834.29 或子目 3102.30 除外)改变至子目 3102.60。

[8 已删除]

9. 从任何其他子目(子目 3102.10 或子目 3102.30 除外)改变至子目 3102.80。

10. (A)从子目 3102.90 的其他货物或任何其他子目改变至子目 3102.90 的氰氨化钙;或者

(B)从任何其他品目改变至子目 3102.90 的任何其他货物。

11. 从子目 3103.11 至 3103.19 以外的任何其他子目改变至子目 3103.11 至 3103.19。

12. (A)从子目 3103.90 的任何其他货物或任何其他子目改变至子目 3103.90 的托马斯

磷肥;或者

(B) 从任何其他品目改变至子目 3103.90 的任何其他货物。

13. 从任何其他子目(包括子目 3104.20 至 3104.30 中的另一子目)改变至子目 3104.20 至 3104.30。

14. (A) 从子目 3104.90 的任何其他货物或任何其他子目改变至子目 3104.90 的光卤石、钾盐或其他天然粗钾盐;或者

(B) 从任何其他品目改变至子目 3104.90 的其他货物。

15. 从任何其他章改变至子目 3105.10。

16. 从任何其他品目(品目 3102 至 3104 除外)改变至子目 3105.20。

17. 从任何其他子目(包括子目 3105.30 至 3105.40 中的另一子目)改变至子目 3105.30 至 3105.40。

18. 从任何其他子目(包括子目 3105.51 至 3105.59 中的另一子目,子目 3102.10 至 3103.90 或子目 3105.30 至 3105.40 除外)改变至子目 3105.51 至 3105.59。

19. 从任何其他子目(品目 3103 至 3104 除外)改变至子目 3105.60。

20. 从任何其他章(子目 2834.21 除外)改变至子目 3105.90。

第三十二章

章规则一:作为本注释(十四)(v)款所定义的化学反应产物的第三十二章的任何货物,如果化学反应发生在新加坡或/和美国境内,则应被视为原产货物。

1. 从任何其他子目(包括子目 3201.10 至 3201.90 中的另一子目)改变至子目 3201.10 至 3201.90。

2. 从任何其他子目(包括子目 3202.10 至 3202.90 中的另一子目)改变至子目 3202.10 至 3202.90。

3. 从任何其他品目改变至品目 3203。

4. 从任何其他子目(包括子目 3204.11 至 3204.17 中的另一子目)改变至子目 3204.11 至 3204.17。

5. 从任何其他子目(子目 3204.11 至 3204.17 除外)改变至子目 3204.19。

6. 从任何其他子目(包括子目 3204.20 至 3204.90 中的另一子目)改变至子目 3204.20 至 3204.90。

7. 从任何其他品目改变至品目 3205。

8. 从任何其他子目(子目 3206.19 除外)改变至子目 3206.11。

9. 从任何其他子目(子目 3206.11 除外)改变至子目 3206.19。

10. 从任何其他子目(包括子目 3206.20 至 3206.42 中的另一子目)改变至子目 3206.20 至 3206.42。

10A. (A) 从子目 3206.49 的任何其他货物或任何其他子目改变至子目 3206.49 的以镉化合物为主的颜料或制剂;或者

(B) 从子目 3206.49 的任何其他货物或任何其他子目改变至子目 3206.49 的以六氰高铁酸盐为主的颜料或制剂;或者

(C) 从任何其他子目改变至子目 3206.49 的其他货物。

10B. 从任何其他子目改变至子目 3206.50。

11. 从任何其他子目(包括子目 3207.10 至 3207.40 中的另一子目)改变至子目 3207.10 至 3207.40。

12. 从任何其他子目(包括子目 3208.10 至 3208.90 中的另一子目)改变至子目 3208.10 至 3208.90。

13. 从任何其他子目(包括子目 3209.10 至 3209.90 中的另一子目)改变至子目 3209.10 至 3209.90。

14. 从任何其他品目改变至品目 3210。

15. 从任何其他品目(子目 3806.20 除外)改变至品目 3211。

16. 从任何其他子目(包括子目 3212.10 至 3212.90 中的另一子目)改变至子目 3212.10 至 3212.90。

17. 从任何其他品目改变至品目 3213。

18. 从任何其他子目(包括子目 3214.10 至 3214.90 中的另一子目,子目 3824.50 除外)改变至子目 3214.10 至 3214.90。

19. (A)从品目 3215 改变至品目 3215;或者

(B)从任何其他子目改变至子目 3215.11,前提是使用累积法时的区域价值成分不低于 35%,使用扣减法时的区域价值成分不低于 45%。

20. (A)从任何其他品目改变至子目 3215.19;或者

(B)从任何其他子目改变至子目 3215.19,前提是使用累积法时的区域价值成分不低于 35%,使用扣减法时的区域价值成分不低于 45%。

21. 从任何其他品目改变至子目 3215.90。

第三十三章

章规则一:作为本注释(十四)(v)款所定义的化学反应产物的第三十三章的任何货物,如果化学反应发生在新加坡或/和美国境内,则应被视为原产货物。

1. 从任何其他子目(包括子目 3301.12 至 3301.13 中的另一子目)改变至子目 3301.12 至 3301.13。

1A. (A)从任何其他货物改变至子目 3301.19 的佛手柑精油或酸橙精油;或者

(B)从子目 3301.19 的佛手柑精油或酸橙精油或任何其他子目改变至子目 3301.19 的其他货物。

1B. 从任何其他子目(包括子目 3301.24 至 3301.25 中的另一子目)改变至子目 3301.24 至 3301.25。

1C. (A)从任何其他货物改变至子目 3301.29 的天竺葵、茉莉花、薰衣草或香根草精油;或者

(B)从天竺葵、茉莉花、薰衣草、香根草精油或任何其他子目改变至子目 3301.29 的其他货物。

1D. 从任何其他子目(包括子目 3301.30 至 3301.90 中的另一子目)改变至子目 3301.30 至 3301.90。

2. 从任何其他品目(子目 2106.90、品目 2207、品目 2208 或品目 3301 除外)改变至品目

3302。

3. 从任何其他品目（子目 3302.90 除外）改变至品目 3303。

4. 从任何其他子目（包括子目 3304.10 至 3304.99 中的另一子目）改变至子目 3304.10 至 3304.99。

5. 从任何其他子目（包括子目 3305.10 至 3305.90 中的另一子目）改变至子目 3305.10 至 3305.90。

6. 从任何其他子目改变至子目 3306.10。

7. 从任何其他子目（第五十四章除外）改变至子目 3306.20。

8. 从任何其他子目改变至子目 3306.90。

9. 从任何其他子目（包括子目 3307.10 至 3307.90 中的另一子目）改变至子目 3307.10 至 3307.90。

第三十四章

章规则一：作为本注释（十四）（v）款所定义的化学反应产物的第三十四章的任何货物，如果化学反应发生在新加坡或/和美国境内，则应被视为原产货物。

1. 从任何其他品目改变至品目 3401。

2. 从任何其他子目（品目 3817 的混合烷基苯除外）改变至子目 3402.11。

3. 从任何其他子目（包括子目 3402.12 至 3402.20 中的另一子目）改变至子目 3402.12 至 3402.20。

4. 从任何其他品目改变至子目 3402.90。

5. 从任何其他子目（包括子目 3403.11 至 3403.19 中的另一子目，品目 2710 或品目 2712 除外）改变至子目 3403.11 至 3403.19。

6. 从任何其他子目（包括子目 3403.91 至 3403.99 中的另一子目）改变至子目 3403.91 至 3403.99。

7. 从任何其他子目改变至子目 3404.20。

8. （A）从子目 3404.90 的任何其他货物或任何其他子目改变至子目 3404.90 的化学改性褐煤制得的人造蜡；或者

   （B）从任何其他子目（品目 1521、子目 2712.20 或子目 2712.90 除外）改变至子目 3404.90。

9. 从任何其他子目（包括子目 3405.10 至 3405.90 中的另一子目）改变至子目 3405.10 至 3405.90。

10. 从任何其他品目（包括品目 3406 至 3407 中的另一品目）改变至品目 3406 至 3407。

第三十五章

章规则一：作为本注释（十四）（v）款所定义的化学反应产物的第三十五章的任何货物，如果化学反应发生在新加坡或/和美国境内，则应被视为原产货物。

1. 从任何其他子目（包括子目 3501.10 至 3501.90 中的另一子目）改变至子目 3501.10 至 3501.90。

2. 从子目 3502.11 至 3502.19 以外的任何其他子目（品目 0407 除外）改变至子目 3502.11 至 3502.19。

3. 从任何其他子目(包括子目 3502.20 至 3502.90 中的另一子目)改变至子目 3502.20 至 3502.90。

4. 从任何其他品目(包括品目 3503 至 3504 中的另一品目)改变至品目 3503 至 3504。

5. 从任何其他子目改变至子目 3505.10。

6. 从任何其他子目(品目 1108 除外)改变至子目 3505.20。

7. 从任何其他子目(品目 3503 或子目 3501.90 除外)改变至子目 3506.10。

8. 从任何其他子目(包括子目 3506.91 至 3506.99 中的另一子目)改变至子目 3506.91 至 3506.99。

9. 从任何其他品目改变至子目 3507.10 至 3507.90。

第三十六章

章规则一:作为本注释(十四)(v)款所定义的化学反应产物的第三十六章的任何货物,如果化学反应发生在新加坡或/和美国境内,则应被视为原产货物。

1. 从任何其他品目(包括品目 3601 至 3606 中的另一品目)改变至品目 3601 至 3606。

第三十七章

章规则一:作为本注释(十四)(v)款所定义的化学反应产物的第三十七章的任何货物,如果化学反应发生在新加坡或/和美国境内,则应被视为原产货物。

1. 从品目 3701 至 3703 以外的任何品目改变至品目 3701 至 3703。

2. 从任何其他品目(包括品目 3704 至 3706 中的另一品目)改变至品目 3704 至 3706。

3. 从任何其他子目(包括子目 3707.10 至 3707.90 中的另一子目)改变至子目 3707.10 至 3707.90。

第三十八章

章规则一:作为本注释(十四)(v)款所定义的化学反应产物的第三十八章的任何货物,如果化学反应发生在新加坡或/和美国境内,则应被视为原产货物。

1. 从任何其他子目改变至子目 3801.10。

2. 从任何其他子目(品目 2504 或子目 3801.10 除外)改变至子目 3801.20。

3. 从任何其他子目改变至子目 3801.30。

4. 从任何其他子目(品目 2504 除外)改变至子目 3801.90。

5. 从任何其他品目(包括品目 3802 至 3805 中的另一品目)改变至品目 3802 至 3805。

6. 从任何其他子目(包括子目 3806.10 至 3806.90 中的另一子目)改变至子目 3806.10 至 3806.90。

7. 从任何其他品目改变至品目 3807。

8. 从子目 3808.52 至 3808.59 以外的任何其他子目改变至子目 3808.52 至 3808.59,前提是原产有效成分占总有效成分的 40%(按重量计)。

9. 从子目 3808.61 至 3808.99 以外的任何其他子目(子目 1302.19 或第二十八章、第二十九章的任何杀虫剂除外)改变至子目 3808.61 至 3808.99。

[10 至 12 已删除]

13. 从任何其他子目(子目 3505.10 除外)改变至子目 3809.10。

14. 从任何其他子目(包括子目 3809.91 至 3808.93 中的另一子目)改变至子目 3809.91

至 3808.93。

15. 从任何其他品目(包括品目 3810 至 3816 中的另一品目)改变至品目 3810 至 3816。
16. 从任何其他品目(子目 2902.90 除外)改变至品目 3817。
17. 从任何其他品目改变至品目 3818。
18. 从任何其他品目(品目 2710 除外)改变至品目 3819。
19. 从任何其他品目(子目 2905.31 除外)改变至品目 3820。
20. 从任何其他品目改变至品目 3821。
21. 从任何其他品目(子目 3002.10、子目 3502.90 或品目 3504 除外)改变至品目 3822。
22. 从任何其他子目(包括子目 3823.11 至 3823.13 中的另一子目,品目 1520 除外)改变至子目 3823.11 至 3823.13。
23. 从任何其他子目改变至子目 3823.19。
24. 从任何其他子目(品目 1520 除外)改变至子目 3823.70。
25. 从任何其他子目(品目 3505、子目 3806.10、子目 3806.20、品目 3903、品目 3905、品目 3906、品目 3909、品目 3911 或品目 3913 除外)改变至子目 3824.10。

[**26 已删除**]

27. 从任何其他子目(品目 2849 除外)改变至子目 3824.30。
28. 从任何其他子目改变至子目 3824.40。
29. 从任何其他子目(子目 3214.90 除外)改变至子目 3824.50。
30. 从任何其他子目改变至子目 3824.60。
31. 从任何其他子目(包括子目 3824.84 至 3824.99 中的另一子目)改变至子目 3824.84 至 3824.99,前提是归入该子目的货物中一种物质或化合物所占比例(按重量计)不得超过 60%。
32. 从任何其他子目(包括子目 3825.10 至 3825.20 中的另一子目)改变至子目 3825.10 至 3825.20,前提是归入该子目的货物中一种物质或化合物所占比例(按重量计)不得超过 60%。
33. 从任何其他品目改变至子目 3825.30。
34. 从任何其他子目(包括子目 3825.41 至 3825.90 中的另一子目)改变至子目 3825.41 至 3825.90,前提是归入该子目的货物中一种物质或化合物所占比例(按重量计)不得超过 60%。
35. 从任何其他品目改变至品目 3826,前提是归入该品目的货物中一种物质或化合物所占比例(按重量计)不得超过 60%。

第三十九章

章规则一:作为本注释(十四)(v)款所定义的化学反应产物的第三十九章的任何货物,如果化学反应发生在新加坡或/和美国境内,则应被视为原产货物。

1. 从任何其他品目(包括品目 3901 至 3915 中的另一品目)改变至品目 3901 至 3915,前提是国产聚合物含量不低于聚合物总含量的 40%(按重量计)。
2. 从任何其他子目(包括子目 3916.10 至 3916.90 中的另一子目)改变至子目 3916.10 至 3916.90。

3. 从任何其他子目(包括子目 3917.10 至 3917.40 中的另一子目)改变至子目 3917.10 至 3917.40。

4. 从任何其他子目(包括子目 3918.10 至 3918.90 中的另一子目)改变至子目 3918.10 至 3918.90。

5. 从任何其他子目(子目 3919.90 除外)改变至子目 3919.10。

6. 从任何其他子目(子目 3919.10 除外)改变至子目 3919.90。

7. 从任何其他子目(包括子目 3920.10 至 3920.99 中的另一子目)改变至子目 3920.10 至 3920.99。

8. 从任何其他子目(包括子目 3921.11 至 3921.90 中的另一子目)改变至子目 3921.11 至 3921.90。

9. 从任何其他品目(包括品目 3922 至 3926 中的另一品目)改变至品目 3922 至 3926。

第四十章

章规则一:作为本注释(十四)(v)款所定义的化学反应产物的第四十章的任何货物,如果化学反应发生在新加坡或/和美国境内,则应被视为原产货物。

1. 从任何其他子目(包括子目 4001.10 至 4001.22 中的另一子目)改变至子目 4001.10 至 4001.22。

2. 从任何其他子目(子目 4001.21 至 4001.22 除外)改变至子目 4001.29。

3. 从任何其他子目改变至子目 4001.30。

4. 从任何其他子目(包括子目 4002.11 至 4002.70 中的另一子目)改变至子目 4002.11 至 4002.70。

5. 从任何其他子目(包括子目 4002.80 至 4002.99 中的另一子目)改变至子目 4002.80 至 4002.99,前提是国产橡胶含量不低于橡胶总含量的 40%(按重量计)。

6. 从任何其他品目(包括品目 4003 至 4004 中的另一品目)改变至品目 4003 至 4004。

7. 从任何其他品目(品目 4001 或品目 4002 除外)改变至品目 4005。

8. 从任何其他品目(包括品目 4006 至 4010 中的另一品目)改变至品目 4006 至 4010。

9. 从任何其他子目(包括子目 4011.10 至 4011.99 中的另一子目)改变至子目 4011.10 至 4011.99。

10. 从任何其他子目(包括子目 4012.11 至 4012.90 中的另一子目)改变至子目 4012.11 至 4012.90。

11. 从任何其他品目改变至品目 4013。

12. 从任何其他子目(包括子目 4014.10 至 4014.90 中的另一子目)改变至子目 4014.10 至 4014.90。

13. 从任何其他品目改变至品目 4015。

14. 从任何其他子目(包括子目 4016.10 至 4016.99 中的另一子目)改变至子目 4016.10 至 4016.99。

15. 从任何其他品目改变至品目 4017。

第四十一章

1. 从任何其他章改变至品目 4101 至 4103。

2. 从任何其他品目(包括品目 4104 至 4115 中的另一品目)改变至品目 4104 至 4115。

第四十二章

1. 从任何其他品目改变至品目 4201。
2. 从任何其他章改变至子目 4202.11。
3. 从任何其他章(品目 5407、品目 5408、品目 5512 至 5516、税号 5903.10.15、税号 5903.10.18、税号 5903.10.20、税号 5903.10.25、税号 5903.2.15、税号 5903.20.18、税号 5903.20.20、税号 5903.20.25、税号 5903.90.15、税号 5903.90.18、税号 5903.90.20、税号 5903.90.25、税号 5906.99.20、税号 5906.99.25、税号 5907.00.05、税号 5907.00.15 或税号 5907.00.60 除外)改变至子目 4202.12。
4. 从任何其他章改变至子目 4202.19 至 4202.21。
5. 从任何其他章(品目 5407、品目 5408、品目 5512 至 5516、税号 5903.10.15、税号 5903.10.18、税号 5903.10.20、税号 5903.10.25、税号 5903.20.15、税号 5903.20.18、税号 5903.20.20、税号 5903.20.25、税号 5903.90.15、税号 5903.90.18、税号 5903.90.20、税号 5903.90.25、税号 5906.99.20、税号 5906.99.25、税号 5907.00.05、税号 5907.00.15 或税号 5907.00.60 除外)改变至子目 4202.22。
6. 从任何其他章改变至子目 4202.29 至 4202.31。
7. 从任何其他章(品目 5407、品目 5408、品目 5512 至 5516、税号 5903.10.15、税号 5903.10.18、税号 5903.10.20、税号 5903.10.25、税号 5903.20.15、税号 5903.20.18、税号 5903.20.20、税号 5903.20.25、税号 5903.90.15、税号 5903.90.18、税号 5903.90.20、税号 5903.90.25、税号 5906.99.20、税号 5906.99.25、税号 5907.00.05、税号 5907.00.15 或税号 5907.00.60 除外)改变至子目 4202.32。
8. 从任何其他章改变至子目 4202.39 至 4202.91。
9. 从任何其他章(品目 5407、品目 5408、品目 5512 至 5516、税号 5903.10.15、税号 5903.10.18、税号 5903.10.20、税号 5903.10.25、税号 5903.20.15、税号 5903.20.18、税号 5903.20.20、税号 5903.20.25、税号 5903.90.15、税号 5903.90.18、税号 5903.90.20、税号 5903.90.25、税号 5906.99.20、税号 5906.99.25、税号 5907.00.05、税号 5907.00.15 或税号 5907.00.60 除外)改变至子目 4202.92。
10. 从任何其他章改变至子目 4202.99。
11. 从任何其他章改变至子目 4203.10 至 4203.29。
12. 从任何其他品目改变至子目 4203.30 至 4203.40。
13. (A)从任何其他品目或者品目 4205 的其他货物改变至品目 4205 的用于机械或机械装置或其他技术用途的货物;或者

    (B)从任何其他品目改变至品目 4205 的其他货物。
14. 从任何其他品目改变至品目 4206。

第四十三章

1. 从任何其他章改变至品目 4301。
2. 从任何其他品目改变至品目 4302。
3. 从任何其他品目(品目 4304 除外)改变至品目 4303。

4. 从任何其他品目(品目 4303 除外)改变至品目 4304。

第四十四章

从任何其他品目(包括品目 4401 至 4421 中的另一品目)改变至品目 4401 至 4421。

第四十五章

1. 从任何其他品目(包括品目 4501 至 4502 中的另一品目)改变至品目 4501 至 4502。
2. 从任何其他品目改变至子目 4503.10。
3. 从任何其他品目(品目 4504 除外)改变至子目 4503.90。
4. 从任何其他品目改变至品目 4504。

第四十六章

1. 从任何其他章改变至品目 4601。
2. 从任何其他品目改变至品目 4602。

第四十七章

1. 从任何其他品目(包括品目 4701 至 4702 中的另一品目)改变至品目 4701 至 4702。
2. 从任何其他子目(包括子目 4703.11 至 4703.29 中的另一子目)改变至子目 4703.11 至 4703.29。
3. 从任何其他子目(包括子目 4704.11 至 4704.29 中的另一子目)改变至子目 4704.11 至 4704.29。
4. 从任何其他品目(包括品目 4705 至 4707 中的另一品目)改变至品目 4705 至 4707。

第四十八章

1. 从任何其他品目(包括品目 4801 至 4807 中的另一品目)改变至品目 4801 至 4807。
2. 从任何其他品目改变至子目 4808.10。
3. 从任何其他品目(品目 4804 除外)改变至子目 4808.40。
4. 从任何其他章改变至子目 4808.90。
5. 从任何其他品目(包括品目 4809 至 4810 中的另一品目)改变至品目 4809 至 4810。
6. 从任何其他品目改变至子目 4811.10 至 4811.59。
7. 从任何其他品目(品目 4804 除外)改变至子目 4811.59。
8. 从任何其他品目改变至子目 4811.60 至 4811.90。
9. 从任何其他品目(包括品目 4812 至 4814 中的另一品目)改变至品目 4812 至 4814。
10. 从任何其他品目(品目 4809 除外)改变至品目 4816。
11. 从任何其他品目(包括品目 4817 至 4822 中的另一品目)改变至品目 4817 至 4822。

[12 已删除]

13. 从任何其他章改变至子目 4823.20 至 4823.40。
14. 从任何其他子目(包括子目 4823.61 至 4823.70 中的另一子目)改变至子目 4823.61 至 4823.70。
15. (A)从任何其他子目改变至子目 4823.90 的货物(不包括未穿孔卡片和用于穿孔卡片机的货物);或者

    (B)从任何其他章改变至子目 4823.90 的未穿孔卡片和用于穿孔卡片机的货物。

第四十九章

从任何其他品目(包括品目 4901 至 4911 中的另一品目)改变至品目 4901 至 4911。

第五十章

1. 从任何其他章改变至品目 5001 至 5003。
2. 从任何其他品目(品目 5005 或品目 5006 除外)改变至品目 5004。
3. 从任何其他品目(品目 5004 或品目 5006 除外)改变至品目 5005。
4. 从任何其他品目(品目 5004 或品目 5005 除外)改变至品目 5006。
5. 从任何其他品目改变至品目 5007。

第五十一章

1. 从任何其他章改变至品目 5101 至 5106。
2. 从任何其他品目(品目 5106、品目 5108、品目 5109 或品目 5110 除外)改变至品目 5107。
3. 从任何其他品目(品目 5106、品目 5107、品目 5109 或品目 5110 除外)改变至品目 5108。
4. 从任何其他品目(品目 5106、品目 5107、品目 5108 或品目 5110 除外)改变至品目 5109。
5. 从任何其他品目(品目 5106、品目 5107、品目 5108 或品目 5009 除外)改变至品目 5110。
6. 从任何其他品目(品目 5106 至 5110、品目 5112、品目 5113、品目 5205 至 5206、品目 5401 至 5404 或品目 5509 至 5510 除外)改变至品目 5111。
7. 从任何其他品目(品目 5106 至 5110、品目 5111、品目 5113、品目 5205 至 5206、品目 5401 至 5404 或品目 5509 至 5510 除外)改变至品目 5112。
8. 从任何其他品目(品目 5106 至 5110、品目 5111、品目 5112、品目 5205 至 5206、品目 5401 至 5404 或品目 5509 至 5510 除外)改变至品目 5113。

第五十二章

1. 从任何其他章(品目 5401 至 5405 或品目 5501 至 5507 除外)改变至品目 5201 至 5207。
2. 从任何其他品目(品目 5106 至 5110、品目 5205 至 5206、品目 5209、品目 5210、品目 5211、品目 5212、品目 5401 至 5404 或品目 5509 至 5510 除外)改变至品目 5208。
3. 从任何其他品目(品目 5106 至 5110、品目 5205 至 5206、品目 5208、品目 5210、品目 5211、品目 5212、品目 5401 至 5404 或品目 5509 至 5510 除外)改变至品目 5209。
4. 从任何其他品目(品目 5106 至 5110、品目 5205 至 5206、品目 5208、品目 5209、品目 5211、品目 5212、品目 5401 至 5404 或品目 5509 至 5510 除外)改变至品目 5210。
5. 从任何其他品目(品目 5106 至 5110、品目 5205 至 5206、品目 5208、品目 5209、品目 5210、品目 5212、品目 5401 至 5404 或品目 5509 至 5510 除外)改变至品目 5211。
6. 从任何其他品目(品目 5106 至 5110、品目 5205 至 5206、品目 5208、品目 5209、品目 5210、品目 5211、品目 5401 至 5404 或品目 5509 至 5510 除外)改变至品目 5212。

第五十三章

1. 从任何其他章改变至品目5301至5305。
2. 从任何其他品目(品目5307至5308除外)改变至品目5306。
3. 从任何其他品目(品目5306或品目5308除外)改变至品目5307。
4. 从任何其他品目(品目5306至5307除外)改变至品目5308。
5. 从任何其他品目(品目5307至5308除外)改变至品目5309。
6. 从任何其他品目(品目5307至5308或品目5311除外)改变至品目5310。
7. 从任何其他品目(品目5307至5308或品目5310除外)改变至品目5311。

第五十四章

1. 从任何其他章(品目5201至5203或品目5501至5507除外)改变至品目5401至5406。
2. 从任何其他章(品目5106至5110、品目5205至5206或品目5509至5510除外)改变至品目5407。
3. 从税号5402.43.10、税号5402.52.10或任何其他章(品目5106至5110、品目5205至5206或品目5509至5510除外)改变至税号5407.61.11。
4. 从税号5402.43.10、税号5402.52.10或任何其他章(品目5106至5110、品目5205至5206或品目5509至5510除外)改变至税号5407.61.21。
5. 从税号5402.43.10、税号5402.52.10或任何其他章(品目5106至5110、品目5205至5206或品目5509至5510除外)改变至税号5407.61.91。
6. 从任何其他章(品目5106至5110、品目5205至5206或品目5509至5510除外)改变至品目5408。

第五十五章

1. 从任何其他章(品目5201至5203或品目5401至5405除外)改变至品目5501至5511。
2. 从任何其他品目(品目5106至5110、品目5205至5206、品目5401至5404、品目5509至5510、品目5513、品目5514、品目5515或品目5516除外)改变至品目5512。
3. 从任何其他品目(品目5106至5110、品目5205至5206、品目5401至5404、品目5509至5510、品目5512、品目5514、品目5515或品目5516除外)改变至品目5513。
4. 从任何其他品目(品目5106至5110、品目5205至5206、品目5401至5404、品目5509至5510、品目5512、品目5513、品目5515或品目5516除外)改变至品目5514。
5. 从任何其他品目(品目5106至5110、品目5205至5206、品目5401至5404、品目5509至5510、品目5512、品目5513、品目5514或品目5516除外)改变至品目5515。
6. 从任何其他品目(品目5106至5110、品目5205至5206、品目5401至5404、品目5509至5510、品目5512、品目5513、品目5514或品目5515除外)改变至品目5516。

第五十六章

从任何其他章(品目5106至5113、品目5204至5212、品目5307至5308、品目5310至5311或第五十四章至第五十五章除外)改变至品目5601至5609。

第五十七章

从任何其他章(品目5106至5113、品目5204至5212、品目5308或品目5311、第五十四章或品目5508至5516除外)改变至品目5701至5705。

第五十八章

从任何其他章(品目5106至5113、品目5204至5212、品目5307至5308、品目5310至5311或第五十四章至第五十五章除外)改变至品目5801至5811。

第五十九章

1. 从任何其他章(品目5111至5113、品目5208至5212、品目5310至5311、品目5407至5408或品目5512至5516除外)改变至品目5901。

2. 从任何其他品目(品目5106至5113、品目5204至5212、品目5306至5311或第五十四章至第五十五章除外)改变至品目5902。

3. 从任何其他章(品目5111至5113、品目5208至5212、品目5310或品目5311、品目5407至5408或品目5512至5516除外)改变至品目5903至5908。

4. 从任何其他章(品目5111至5113、品目5208至5212、品目5310至5311、第五十四章或品目5512至5516除外)改变至品目5909。

5. 从任何其他品目(品目5106至5113、品目5204至5212、品目5307至5308、品目5310至5311或第五十四章至第五十五章除外)改变至品目5910。

6. 从任何其他章(品目5111至5113、品目5208至5212、品目5310至5311、品目5407至5408或品目5512至5516除外)改变至品目5911。

第六十章

从任何其他章(品目5106至5113、第五十二章、品目5307至5308、品目5310至5311或第五十四章至第五十五章除外)改变至品目6001至6006。

第六十一章

章规则一：除归入税号5408.22.10、税号5408.23.11、税号5408.23.21和税号5408.24.10的织物外,下列子目和品目的织物,当用作某些男女套装、套装式夹克、裙子、大衣、短外套、带帽夹克、风衣和类似物品的可见衬里材料时,必须由纱线制成,并在缔约方境内完成:品目5111至5112、子目5208.31至5208.59、子目5209.31至5209.59、子目5210.31至5210.59、子目5211.31至5211.59、子目5212.13至5212.15、子目5212.23至5212.25、子目5407.42至5407.44、子目5407.52至5407.54、子目5407.61、子目5407.72至5407.74、子目5407.82至5407.84、子目5407.92至5407.94、子目5408.22至5408.24、子目5408.32至5408.34、子目5512.19、子目5512.29、子目5512.99、子目5513.21至5513.49、子目5514.21至5515.99、子目5516.12至5516.14、子目5516.22至5516.24、子目5516.32至5516.34、子目5516.42至5516.44、子目5516.92至5516.94、子目6001.10、子目6001.92、子目6005.35至6005.44或子目6006.10至6006.44。

章规则二：为确定本章货物的原产地,适用于该货物的规则应仅适用于确定该货物税则归类的成分,并且该成分必须满足该规则规定的税则归类改变要求。如果规则要求货物还必须满足本章章规则一所列可见衬里织物的税则归类改变要求,则该要求仅适用于服装主体中的可见衬里织物(不包括覆盖最大表面积的袖子),不适用于可拆卸衬里。

1. 从任何其他章(品目5106至5113、品目5204至5212、品目5307至5308、品目5310至5311、第五十四章、品目5508至5516或品目6001至6006除外)改变至子目6101.20至6101.30,前提是:

   (A)该货物在新加坡或/和美国境内裁剪(或针织成型)并缝制或以其他方式组合;以及

   (B)进口至美国境内的服装中使用的任何可见衬里材料必须满足第六十一章章规则一的要求。

2. (A)从任何其他章(品目5106至5113、品目5204至5212、品目5307至5308、品目5310至5311、第五十四章、品目5508至5516或品目6001至6006除外)改变至子目6101.90的羊毛或动物细毛货物,前提是:

   (1)该货物在新加坡或/和美国境内裁剪(或针织成型)并缝制或以其他方式组合,以及

   (2)服装中包含的任何可见衬里材料必须满足第六十一章章规则一的要求;或者

   (B)从任何其他章(品目5106至5113、品目5204至5212、品目5307至5308、品目5310至5311、第五十四章、品目5508至5516或品目6001至6006除外)改变至子目6101.90,前提是该货物在新加坡或/和美国境内裁剪(或针织成型)并缝制或以其他方式组合。

3. 从任何其他章(品目5106至5113、品目5204至5212、品目5307至5308、品目5310至5311、第五十四章、品目5508至5516或品目6001至6006除外)改变至子目6102.10至6102.30,前提是:

   (A)该货物在新加坡或/和美国境内裁剪(或针织成型)并缝制或以其他方式组合;以及

   (B)进口至美国境内的服装中使用的任何可见衬里材料必须满足第六十一章章规则一的要求。

4. 从任何其他章(品目5106至5113、品目5204至5212、品目5307至5308、品目5310至5311、第五十四章、品目5508至5516或品目6001至6006除外)改变至子目6102.90,前提是该货物在新加坡或/和美国境内裁剪(或针织成型)并缝制或以其他方式组合。

5. (A)从任何其他章(品目5106至5113、品目5204至5212、品目5307至5308、品目5310至5311、第五十四章、品目5508至5516或品目6001至6006除外)改变至税号6103.10.70或税号6103.10.90,前提是该货物在新加坡或/和美国境内裁剪(或针织成型)并缝制或以其他方式组合;或者

   (B)从任何其他章(品目5106至5113、品目5204至5212、品目5307至5308、品目5310至5311、第五十四章、品目5508至5516或品目6001至6006除外)改变至子目6103.10的其他货物,前提是:

   (1)该货物在新加坡或/和美国境内裁剪(或针织成型)并缝制或以其他方式组合,以及

   (2)进口至美国境内的服装中使用的任何可见衬里材料必须满足第六十一章章规则一的要求。

6. 从任何其他章(品目5106至5113、品目5204至5212、品目5307至5308、品目5310至5311、第五十四章、品目5508至5516或品目6001至6006除外)改变至子目6103.22

至 6103.29,前提是:

(A)该货物在新加坡或/和美国境内裁剪(或针织成型)并缝制或以其他方式组合;以及

(B)对于作为子目 6103.22 至 6103.29 便服套装的一部分进口的以羊毛、动物细毛、棉花或化学纤维为原料的品目 6101 的服装或品目 6103 的上衣,服装中所包含的任何可见衬里材料必须满足第六十一章章规则一的要求。

[7 已删除]

8. 从任何其他章(品目 5106 至 5113、品目 5204 至 5212、品目 5307 至 5308、品目 5310 至 5311、第五十四章、品目 5508 至 5516 或品目 6001 至 6006 除外)改变至子目 6103.31 至 6103.39,前提是:

(A)该货物在新加坡或/和美国境内裁剪(或针织成型)并缝制或以其他方式组合;以及

(B)进口至美国境内的服装中使用的任何可见衬里材料必须满足第六十一章章规则一的要求。

9. 从任何其他章(品目 5106 至 5113、品目 5204 至 5212、品目 5307 至 5308、品目 5310 至 5311、第五十四章、品目 5508 至 5516 或品目 6001 至 6006 除外)改变至税号 6103.39.40 或税号 6103.39.80,前提是该货物在新加坡或/和美国境内裁剪(或针织成型)并缝制或以其他方式组合。

10. 从任何其他章(品目 5106 至 5113、品目 5204 至 5212、品目 5307 至 5308、品目 5310 至 5311、第五十四章、品目 5508 至 5516 或品目 6001 至 6006 除外)改变至子目 6103.41 至 6103.49,前提是该货物在新加坡或/和美国境内裁剪(或针织成型)并缝制或以其他方式组合。

11. 从任何其他章(品目 5106 至 5113、品目 5204 至 5212、品目 5307 至 5308、品目 5310 至 5311、第五十四章、品目 5508 至 5516 或品目 6001 至 6006 除外)改变至子目 6104.13 至 6104.19,前提是:

(A)该货物在新加坡或/和美国境内裁剪(或针织成型)并缝制或以其他方式组合;以及

(B)进口至美国境内的服装中使用的任何可见衬里材料必须满足第六十一章章规则一的要求。

12. (A)从任何其他章(品目 5106 至 5113、品目 5204 至 5212、品目 5307 至 5308、品目 5310 至 5311、第五十四章、品目 5508 至 5516 或品目 6001 至 6006 除外)改变至税号 6104.19.40 或税号 6104.19.80,前提是该货物在新加坡或/和美国境内裁剪(或针织成型)并缝制或以其他方式组合;

(B)从任何其他章(品目 5106 至 5113、品目 5204 至 5212、品目 5307 至 5308、品目 5310 至 5311、第五十四章、品目 5508 至 5516 或品目 6001 至 6006 除外)改变至子目 6104.19 项下其他货物,前提是:

(1)该货物在新加坡或/和美国境内裁剪(或针织成型)并缝制或以其他方式组合,以及

(2)服装中包含的任何可见衬里材料必须满足第六十一章章规则一的要求。

[13 已删除]

14. 从任何其他章(品目 5106 至 5113、品目 5204 至 5212、品目 5307 至 5308、品目 5310 至 5311、第五十四章、品目 5508 至 5516 或品目 6001 至 6006 除外)改变至子目 6104.22,前提是:

 (A)该货物在新加坡或/和美国境内裁剪(或编织成型)并缝制或以其他方式组装;以及

 (B)对于作为子目 6104.22 便服套装的一部分进口的以羊毛、动物细毛、棉花或化学纤维为原料的品目 6102 的服装、品目 6104 的上衣或品目 6104 的裙子,进口至美国境内的服装中使用的任何可见衬里材料必须满足第六十一章章规则一的要求。

15. 从任何其他章(品目 5106 至 5113、品目 5204 至 5212、品目 5307 至 5308、品目 5310 至 5311、第五十四章、品目 5508 至 5516 或品目 6001 至 6006 除外)改变至子目 6104.23,前提是:

 (A)该货物在新加坡或/和美国境内裁剪(或针织成型)并缝制或以其他方式组合;以及

 (B)对于作为子目 6104.23 便服套装的一部分进口的以羊毛、动物细毛、棉花或化学纤维为原料的品目 6102 的服装、品目 6104 的上衣或品目 6104 的裙子,进口至美国境内的服装中使用的任何可见衬里材料必须满足第六十一章章规则一的要求。

16. 从任何其他章(品目 5106 至 5113、品目 5204 至 5212、品目 5307 至 5308、品目 5310 至 5311、第五十四章、品目 5508 至 5516 或品目 6001 至 6006 除外)改变至子目 6104.29,前提是:

 (A)该货物在新加坡或/和美国境内裁剪(或针织成型)并缝制或以其他方式组合;以及

 (B)对于作为子目 6104.29 便服套装的一部分进口的以羊毛、动物细毛、棉花或化学纤维为原料的品目 6102 的服装、品目 6104 的上衣或品目 6104 的裙子,进口至美国境内的服装中使用的任何可见衬里材料必须满足第六十一章章规则一的要求。

17. 从任何其他章(品目 5106 至 5113、品目 5204 至 5212、品目 5307 至 5308、品目 5310 至 5311、第五十四章、品目 5508 至 5516 或品目 6001 至 6006 除外)改变至子目 6104.31,前提是:

 (A)该货物在新加坡或/和美国境内裁剪(或针织成型)并缝制或以其他方式组合;以及

 (B)进口至美国境内的服装中使用的任何可见衬里材料必须满足第六十一章章规则一的要求。

18. 从任何其他章(品目 5106 至 5113、品目 5204 至 5212、品目 5307 至 5308、品目 5310 至 5311、第五十四章、品目 5508 至 5516 或品目 6001 至 6006 除外)改变至子目 6104.32,前提是:

 (A)该货物在新加坡或/和美国境内裁剪(或针织成型)并缝制或以其他方式组合;以及

 (B)进口至美国境内的服装中使用的任何可见衬里材料必须满足第六十一章章规则

19. 从任何其他章(品目 5106 至 5113、品目 5204 至 5212、品目 5307 至 5308、品目 5310 至 5311、第五十四章、品目 5508 至 5516 或品目 6001 至 6006 除外)改变至子目 6104.33,前提是:

 (A)该货物在新加坡或/和美国境内裁剪(或针织成型)并缝制或以其他方式组合;以及

 (B)进口至美国境内的服装中使用的任何可见衬里材料必须满足第六十一章章规则一的要求。

20. 从任何其他章(品目 5106 至 5113、品目 5204 至 5212、品目 5307 至 5308、品目 5310 至 5311、第五十四章、品目 5508 至 5516 或品目 6001 至 6006 除外)改变至子目 6104.39,前提是:

 (A)该货物在新加坡或/和美国境内裁剪(或针织成型)并缝制或以其他方式组合;以及

 (B)进口至美国境内的服装中使用的任何可见衬里材料必须满足第六十一章章规则一的要求。

21. 从任何其他章(品目 5106 至 5113、品目 5204 至 5212、品目 5307 至 5308、品目 5310 至 5311、第五十四章、品目 5508 至 5516 或品目 6001 至 6006 除外)改变至 6104.39.20,前提是该货物在新加坡或/和美国境内裁剪(或针织成型)并缝制或以其他方式组合。

22. 从任何其他章(品目 5106 至 5113、品目 5204 至 5212、品目 5307 至 5308、品目 5310 至 5311、第五十四章、品目 5508 至 5516 或品目 6001 至 6006 除外)改变至子目 6104.41,前提是该货物在新加坡或/和美国境内裁剪(或针织成型)并缝制或以其他方式组合。

23. 从任何其他章(品目 5106 至 5113、品目 5204 至 5212、品目 5307 至 5308、品目 5310 至 5311、第五十四章、品目 5508 至 5516 或品目 6001 至 6006 除外)改变至子目 6104.42,前提是该货物在新加坡或/和美国境内裁剪(或针织成型)并缝制或以其他方式组合。

24. 从任何其他章(品目 5106 至 5113、品目 5204 至 5212、品目 5307 至 5308、品目 5310 至 5311、第五十四章、品目 5508 至 5516 或品目 6001 至 6006 除外)改变至子目 6104.43,前提是该货物在新加坡或/和美国境内裁剪(或针织成型)并缝制或以其他方式组合。

25. 从任何其他章(品目 5106 至 5113、品目 5204 至 5212、品目 5307 至 5308、品目 5310 至 5311、第五十四章、品目 5508 至 5516 或品目 6001 至 6006 除外)改变至子目 6104.44,前提是该货物在新加坡或/和美国境内裁剪(或针织成型)并缝制或以其他方式组合。

26. 从任何其他章(品目 5106 至 5113、品目 5204 至 5212、品目 5307 至 5308、品目 5310 至 5311、第五十四章、品目 5508 至 5516 或品目 6001 至 6006 除外)改变至子目 6104.49,前提是该货物在新加坡或/和美国境内裁剪(或针织成型)并缝制或以其他方式组合。

27. 从任何其他章(品目 5106 至 5113、品目 5204 至 5212、品目 5307 至 5308、品目 5310 至 5311、第五十四章、品目 5508 至 5516 或品目 6001 至 6006 除外)改变至子目 6104.51,前提是:
    (A)该货物在新加坡或/和美国境内裁剪(或针织成型)并缝制或以其他方式组合;以及
    (B)进口至美国境内的服装中使用的任何可见衬里材料必须满足第六十一章章规则一的要求。

28. 从任何其他章(品目 5106 至 5113、品目 5204 至 5212、品目 5307 至 5308、品目 5310 至 5311、第五十四章、品目 5508 至 5516 或品目 6001 至 6006 除外)改变至子目 6104.52,前提是:
    (A)该货物在新加坡或/和美国境内裁剪(或针织成型)并缝制或以其他方式组合;以及
    (B)进口至美国境内的服装中使用的任何可见衬里材料必须满足第六十一章章规则一的要求。

29. 从任何其他章(品目 5106 至 5113、品目 5204 至 5212、品目 5307 至 5308、品目 5310 至 5311、第五十四章、品目 5508 至 5516 或品目 6001 至 6006 除外)改变至子目 6104.53,前提是:
    (A)该货物在新加坡或/和美国境内裁剪(或针织成型)并缝制或以其他方式组合;以及
    (B)进口至美国境内的服装中使用的任何可见衬里材料必须满足第六十一章章规则一的要求。

30. 从任何其他章(品目 5106 至 5113、品目 5204 至 5212、品目 5307 至 5308、品目 5310 至 5311、第五十四章、品目 5508 至 5516 或品目 6001 至 6006 除外)改变至子目 6104.59,前提是:
    (A)该货物在新加坡或/和美国境内裁剪(或针织成型)并缝制或以其他方式组合;以及
    (B)进口至美国境内的服装中使用的任何可见衬里材料必须满足第六十一章章规则一的要求。

31. 从任何其他章(品目 5106 至 5113、品目 5204 至 5212、品目 5307 至 5308、品目 5310 至 5311、第五十四章、品目 5508 至 5516 或品目 6001 至 6006 除外)改变至税号 6104.59.40,前提是该货物在新加坡或/和美国境内裁剪(或针织成型)并缝制或以其他方式组合。

32. 从任何其他章(品目 5106 至 5113、品目 5204 至 5212、品目 5307 至 5308、品目 5310 至 5311、第五十四章、品目 5508 至 5516 或品目 6001 至 6006 除外)改变至税号 6104.59.80,前提是该货物在新加坡或/和美国境内裁剪(或针织成型)并缝制或以其他方式组合。

33. 从任何其他章(品目 5106 至 5113、品目 5204 至 5212、品目 5307 至 5308、品目 5310 至 5311、第五十四章、品目 5508 至 5516 或品目 6001 至 6006 除外)改变至子目

6104.61,前提是该货物在新加坡或/和美国境内裁剪(或针织成型)并缝制或以其他方式组合。

34. 从任何其他章(品目 5106 至 5113、品目 5204 至 5212、品目 5307 至 5308、品目 5310 至 5311、第五十四章、品目 5508 至 5516 或品目 6001 至 6006 除外)改变至子目 6104.62,前提是该货物在新加坡或/和美国境内裁剪(或针织成型)并缝制或以其他方式组合。

35. 从任何其他章(品目 5106 至 5113、品目 5204 至 5212、品目 5307 至 5308、品目 5310 至 5311、第五十四章、品目 5508 至 5516 或品目 6001 至 6006 除外)改变至子目 6104.63,前提是该货物在新加坡或/和美国境内裁剪(或针织成型)并缝制或以其他方式组合。

36. 从任何其他章(品目 5106 至 5113、品目 5204 至 5212、品目 5307 至 5308、品目 5310 至 5311、第五十四章、品目 5508 至 5516 或品目 6001 至 6006 除外)改变至子目 6104.69,前提是该货物在新加坡或/和美国境内裁剪(或针织成型)并缝制或以其他方式组合。

37. 从任何其他章(品目 5106 至 5113、品目 5204 至 5212、品目 5307 至 5308、品目 5310 至 5311、第五十四章、品目 5508 至 5516 或品目 6001 至 6006 除外)改变至品目 6105,前提是该货物在新加坡或/和美国境内裁剪(或针织成型)并缝制或以其他方式组合。

38. 从任何其他章(品目 5106 至 5113、品目 5204 至 5212、品目 5307 至 5308、品目 5310 至 5311、第五十四章、品目 5508 至 5516 或品目 6001 至 6006 除外)改变至品目 6106,前提是该货物在新加坡或/和美国境内裁剪(或针织成型)并缝制或以其他方式组合。

39. 从任何其他章(品目 5106 至 5113、品目 5204 至 5212、品目 5307 至 5308、品目 5310 至 5311、第五十四章、品目 5508 至 5516 或品目 6001 至 6006 除外)改变至子目 6107.11,前提是该货物在新加坡或/和美国境内裁剪(或针织成型)并缝制或以其他方式组合。

40. 从任何其他章(品目 5106 至 5113、品目 5204 至 5212、品目 5307 至 5308、品目 5310 至 5311、第五十四章、品目 5508 至 5516 或品目 6001 至 6006 除外)改变至子目 6107.12,前提是该货物在新加坡或/和美国境内裁剪(或针织成型)并缝制或以其他方式组合。

41. 从任何其他章(品目 5106 至 5113、品目 5204 至 5212、品目 5307 至 5308、品目 5310 至 5311、第五十四章、品目 5508 至 5516 或品目 6001 至 6006 除外)改变至子目 6107.19,前提是该货物在新加坡或/和美国境内裁剪(或针织成型)并缝制或以其他方式组合。

42. 从以下项目改变至子目 6107.21:
    (A)税号 6002.92.10,前提是该货物(不包括领子、袖子、腰带或松紧带)全部由此类织物制成,并且在新加坡或/和美国境内裁剪(或针织成型)并缝制或以其他方式组合;或者
    (B)任何其他章(品目 5106 至 5113、品目 5204 至 5212、品目 5307 至 5308、品目 5310 至 5311、第五十四章、品目 5508 至 5516 或品目 6001 至 6006 除外),前提是该货

物在新加坡或/和美国境内裁剪(或针织成型)并缝制或以其他方式组合。

43. 从任何其他章(品目5106至5113、品目5204至5212、品目5307至5308、品目5310至5311、第五十四章、品目5508至5516或品目6001至6006除外)改变至子目6107.22,前提是该货物在新加坡或/和美国境内裁剪(或针织成型)并缝制或以其他方式组合。

44. 从任何其他章(品目5106至5113、品目5204至5212、品目5307至5308、品目5310至5311、第五十四章、品目5508至5516或品目6001至6006除外)改变至子目6107.29,前提是该货物在新加坡或/和美国境内裁剪(或针织成型)并缝制或以其他方式组合。

45. 从任何其他章(品目5106至5113、品目5204至5212、品目5307至5308、或品目5310至5311、第五十四章、品目5508至5516或品目6001至6006除外)改变至子目6107.91,前提是该货物在新加坡或/和美国境内裁剪(或针织成型)并缝制或以其他方式组合。

[**46 已删除**]

47. 从任何其他章(品目5106至5113、品目5204至5212、品目5307至5308、品目5310至5311、第五十四章、品目5508至5516或品目6001至6006除外)改变至子目6107.99,前提是该货物在新加坡或/和美国境内裁剪(或针织成型)并缝制或以其他方式组合。

48. 从任何其他章(品目5106至5113、品目5204至5212、品目5307至5308、品目5310至5311、第五十四章、品目5508至5516或品目6001至6006除外)改变至子目6108.11,前提是该货物在新加坡或/和美国境内裁剪(或针织成型)并缝制或以其他方式组合。

49. 从任何其他章(品目5106至5113、品目5204至5212、品目5307至5308、品目5310至5311、第五十四章、品目5508至5516或品目6001至6006除外)改变至子目6108.19,前提是该货物在新加坡或/和美国境内裁剪(或针织成型)并缝制或以其他方式组合。

50. 从以下项目改变至子目6108.21:
    (A)税号6002.92.10,前提是该货物(不包括腰带、松紧带或花边)全部由此类织物制成,并且在新加坡或/和美国境内裁剪(或针织成型)并缝制或以其他方式组合;或者
    (B)任何其他章(品目5106至5113、品目5204至5212、品目5307至5308、品目5310至5311、第五十四章、品目5508至5516或品目6001至6006除外),前提是该货物在新加坡或/和美国境内裁剪(或针织成型)并缝制或以其他方式组合。

51. 从任何其他章(品目5106至5113、品目5204至5212、品目5307至5308、品目5310至5311、第五十四章、品目5508至5516或品目6001至6006除外)改变至子目6108.22,前提是该货物在新加坡或/和美国境内裁剪(或针织成型)并缝制或以其他方式组合。

52. 从任何其他章(品目5106至5113、品目5204至5212、品目5307至5308、品目5310至

5311、第五十四章、品目 5508 至 5516 或品目 6001 至 6006 除外)改变至子目 6108.29,前提是该货物在新加坡或/和美国境内裁剪(或针织成型)并缝制或以其他方式组合。

53. 从以下项目改变至子目 6108.31:

    (A)税号 6006.21.10、税号 6006.22.10、税号 6006.23.10 或税号 6006.24.10,前提是该货物(不包括领子、袖子、腰带、松紧带或花边)全部由此类织物制成,并且在新加坡或/和美国境内裁剪并缝制或以其他方式组装;或者

    (B)任何其他章(品目 5106 至 5113、品目 5204 至 5212、品目 5307 至 5308、品目 5310 至 5311、第五十四章、品目 5508 至 5516 或品目 6001 至 6006 除外),前提是该货物在新加坡或/和美国境内裁剪(或针织成型)并缝制或以其他方式组合。

54. 从任何其他章(品目 5106 至 5113、品目 5204 至 5212、品目 5307 至 5308、品目 5310 至 5311、第五十四章、品目 5508 至 5516 或品目 6001 至 6006 除外)改变至子目 6108.32,前提是该货物在新加坡或/和美国境内裁剪(或针织成型)并缝制或以其他方式组合。

55. 从任何其他章(品目 5106 至 5113、品目 5204 至 5212、品目 5307 至 5308、品目 5310 至 5311、第五十四章、品目 5508 至 5516 或品目 6001 至 6006 除外)改变至子目 6108.39,前提是该货物在新加坡或/和美国境内裁剪(或针织成型)并缝制或以其他方式组合。

56. 从任何其他章(品目 5106 至 5113、品目 5204 至 5212、品目 5307 至 5308、品目 5310 至 5311、第五十四章、品目 5508 至 5516 或品目 6001 至 6006 除外)改变至子目 6108.91,前提是该货物在新加坡或/和美国境内裁剪(或针织成型)并缝制或以其他方式组合。

57. 从任何其他章(品目 5106 至 5113、品目 5204 至 5212、品目 5307 至 5308、品目 5310 至 5311、第五十四章、品目 5508 至 5516 或品目 6001 至 6006 除外)改变至子目 6108.92,前提是该货物在新加坡或/和美国境内裁剪(或针织成型)并缝制或以其他方式组合。

58. 从任何其他章(品目 5106 至 5113、品目 5204 至 5212、品目 5307 至 5308、品目 5310 至 5311、第五十四章、品目 5508 至 5516 或品目 6001 至 6006 除外)改变至子目 6108.99,前提是该货物在新加坡或/和美国境内裁剪(或针织成型)并缝制或以其他方式组合。

59. 从任何其他章(品目 5106 至 5113、品目 5204 至 5212、品目 5307 至 5308、品目 5310 至 5311、第五十四章、品目 5508 至 5516 或品目 6001 至 6006 除外)改变至品目 6109 至 6111,前提是该货物在新加坡或/和美国境内裁剪(或针织成型)并缝制或以其他方式组合。

60. 从任何其他章(品目 5106 至 5113、品目 5204 至 5212、品目 5307 至 5308、品目 5310 至 5311、第五十四章、品目 5508 至 5516 或品目 6001 至 6006 除外)改变至子目 6112.11 至 6112.19,前提是该货物在新加坡或/和美国境内裁剪(或针织成型)并缝制或以其他方式组合。

61. 从任何其他章(品目 5106 至 5113、品目 5204 至 5212、品目 5307 至 5308、品目 5310 至 5311、第五十四章、品目 5508 至 5516 或品目 6001 至 6006 除外)改变至子目 6112.20,前提是:

   (A)该货物在新加坡或/和美国境内裁剪(或针织成型)并缝制或以其他方式组合;以及

   (B)对于作为子目 6112.20 滑雪服的一部分而进口的以羊毛、动物细毛、棉花或化学纤维为原料的品目 6101、品目 6102、品目 6201 或品目 6202 的服装,进口至美国境内的服装中使用的任何可见衬里材料必须满足第六十一章章规则一的要求。

62. 从任何其他章(品目 5106 至 5113、品目 5204 至 5212、品目 5307 至 5308、品目 5310 至 5311、第五十四章、品目 5508 至 5516 或品目 6001 至 6006 除外)改变至子目 6112.31,前提是该货物在新加坡或/和美国境内裁剪(或针织成型)并缝制或以其他方式组合。

63. 从任何其他章(品目 5106 至 5113、品目 5204 至 5212、品目 5307 至 5308、品目 5310 至 5311、第五十四章、品目 5508 至 5516 或品目 6001 至 6006 除外)改变至子目 6112.39,前提是该货物在新加坡或/和美国境内裁剪(或针织成型)并缝制或以其他方式组合。

64. 从任何其他章(品目 5106 至 5113、品目 5204 至 5212、品目 5307 至 5308、品目 5310 至 5311、第五十四章、品目 5508 至 5516 或品目 6001 至 6006 除外)改变至子目 6112.41,前提是该货物在新加坡或/和美国境内裁剪(或针织成型)并缝制或以其他方式组合。

65. 从任何其他章(品目 5106 至 5113、品目 5204 至 5212、品目 5307 至 5308、品目 5310 至 5311、第五十四章、品目 5508 至 5516 或品目 6001 至 6006 除外)改变至子目 6112.49,前提是该货物在新加坡或/和美国境内裁剪(或针织成型)并缝制或以其他方式组合。

66. 从任何其他章(品目 5106 至 5113、品目 5204 至 5212、品目 5307 至 5308、品目 5310 至 5311、第五十四章、品目 5508 至 5516 或品目 6001 至 6006 除外)改变至品目 6113 至 6117,前提是该货物在新加坡或/和美国境内裁剪(或针织成型)并缝制或以其他方式组合。

第六十二章

章规则一:除归入税号 5408.22.10、税号 5408.23.11、税号 5408.23.21 和税号 5408.24.10 的织物外,下列品目和子目的织物,当用作某些男女套装、套装式夹克、裙子、大衣、短外套、带帽夹克、风衣和类似物品的可见衬里材料时,必须由纱线制成,并在一方境内完成:品目 5111 至 5112、子目 5208.31 至 5208.59、子目 5209.31 至 5209.59、子目 5210.31 至 5210.59、子目 5211.31 至 5211.59、子目 5212.13 至 5212.15、子目 5212.23 至 5212.25、子目 5407.42 至 5407.44、子目 5407.52 至 5407.54、子目 5407.61、子目 5407.72 至 5407.74、子目 5407.82 至 5407.84、子目 5407.92 至 5407.94、子目 5408.22 至 5408.24、子目 5408.32 至 5408.34、子目 5512.19、子目 5512.29、子目 5512.99、子目 5513.21 至 5513.49、子目 5514.21 至 5515.99、子目 5516.12 至 5516.14、子目 5516.22

至 5516.24、子目 5516.32 至 5516.34、子目 5516.42 至 5516.44、子目 5516.92 至 5516.94、子目 6001.10、子目 6001.92、子目 6005.35 至 6005.44 或子目 6006.10 至 6006.44。

章规则二：如果本章的服装在新加坡或/和美国境内裁剪并缝制或以其他方式组合，并且外壳的织物（不包括领子或袖子）完全是下列的一种或多种，则应被视为原产货物：

(a) 子目 5801.23 的平绒织物，含棉量（按重量计）为 85% 或以上；

(b) 子目 5801.22 的灯芯绒织物，含棉量（按重量计）为 85% 或以上，每厘米绒条数超过 7.5 根；

(c) 子目 5111.11 或子目 5111.19 的织物，如为手工织造，则织机宽度小于 76 厘米，按照哈里斯粗花呢协会有限公司的规章制度在英国织造，并经该协会认证；

(d) 子目 5112.30 的织物，每平方米重量不超过 340 克，含羊毛、不少于 20%（按重量计）的动物细毛和不少于 15%（按重量计）的化学纤维短纤；或者

(e) 子目 5513.11 或子目 5513.21 的平衡细薄织物，单纱支数超过 76 公支，每平方厘米含 60~70 根经纱和纬纱，每平方米重量不超过 110 克。

章规则三：为确定本章货物的原产地，适用于该货物的规则仅适用于确定该货物税则归类的成分，并且该成分必须满足该规则规定的税则归类改变要求。如果规则要求货物还必须满足本章章规则一所列的对可见衬里织物的税则归类改变要求，则该要求仅适用于服装主体中的可见衬里织物（不包括覆盖最大表面积的袖子），不适用于可拆卸衬里。

1. 从任何其他章（品目 5106 至 5113、品目 5204 至 5212、品目 5307 至 5308、品目 5310 至 5311、第五十四章、品目 5508 至 5516、品目 5801 至 5802 或品目 6001 至 6006 除外）改变至子目 6201.11、子目 6201.12 或子目 6201.13，前提是：

   (A) 该货物在新加坡或/和美国境内裁剪并缝制或以其他方式组合；以及

   (B) 进口至美国境内的服装中使用的任何可见衬里材料必须满足第六十一章章规则一的要求。

2. 从任何其他章（品目 5106 至 5113、品目 5204 至 5212、品目 5307 至 5308、品目 5310 至 5311、第五十四章、品目 5508 至 5516、品目 5801 至 5802 或品目 6001 至 6006 除外）改变至子目 6201.19，前提是该货物在新加坡或/和美国境内裁剪并缝制或以其他方式组合。

3. 从任何其他章（品目 5106 至 5113、品目 5204 至 5212、品目 5307 至 5308、品目 5310 至 5311、第五十四章、品目 5508 至 5516、品目 5801 至 5802 或品目 6001 至 6006 除外）改变至子目 6201.91，前提是：

   (A) 该货物在新加坡或/和美国境内裁剪并缝制或以其他方式组合；以及

   (B) 进口至美国境内的服装中使用的任何可见衬里材料必须满足第六十二章章规则一的要求。

4. 从任何其他章（品目 5106 至 5113、品目 5204 至 5212、品目 5307 至 5308、品目 5310 至 5311、第五十四章、品目 5508 至 5516、品目 5801 至 5802 或品目 6001 至 6006 除外）改变至子目 6201.92，前提是：

   (A) 该货物在新加坡或/和美国境内裁剪并缝制或以其他方式组合；以及

   (B) 进口至美国境内的服装中使用的任何可见衬里材料必须满足第六十二章章规则一

5. 从任何其他章(品目5106至5113、品目5204至5212、品目5307至5308、品目5310至5311、第五十四章、品目5508至5516、品目5801至5802或品目6001至6006除外)改变至子目6201.93,前提是:

(A)该货物在新加坡或/和美国境内裁剪并缝制或以其他方式组合;以及

(B)进口至美国境内的服装中使用的任何可见衬里材料必须满足第六十二章章规则一的要求。

6. 从任何其他章(品目5106至5113、品目5204至5212、品目5307至5308、品目5310至5311、第五十四章、品目5508至5516、品目5801至5802或品目6001至6006除外)改变至子目6201.99,前提是该货物在新加坡或/和美国境内裁剪并缝制或以其他方式组合。

7. 从任何其他章(品目5106至5113、品目5204至5212、品目5307至5308、品目5310至5311、第五十四章、品目5508至5516、品目5801至5802或品目6001至6006除外)改变至子目6202.11,前提是:

(A)该货物在新加坡或/和美国境内裁剪并缝制或以其他方式组合;以及

(B)进口至美国境内的服装中使用的任何可见衬里材料必须满足第六十二章章规则一的要求。

8. 从任何其他章(品目5106至5113、品目5204至5212、品目5307至5308、品目5310至5311、第五十四章、品目5508至5516、品目5801至5802或品目6001至6006除外)改变至子目6202.12,前提是:

(A)该货物在新加坡或/和美国境内裁剪并缝制或以其他方式组合;以及

(B)进口至美国境内的服装中使用的任何可见衬里材料必须满足第六十二章章规则一的要求。

9. 从任何其他章(品目5106至5113、品目5204至5212、品目5307至5308、品目5310至5311、第五十四章、品目5508至5516、品目5801至5802或品目6001至6006除外)改变至子目6202.13,前提是:

(A)该货物在新加坡或/和美国境内裁剪并缝制或以其他方式组合;以及

(B)进口至美国境内的服装中使用的任何可见衬里材料必须满足第六十二章章规则一的要求。

10. 从任何其他章(品目5106至5113、品目5204至5212、品目5307至5308、品目5310至5311、第五十四章、品目5508至5516、品目5801至5802或品目6001至6006除外)改变至子目6202.19,前提是该货物在新加坡或/和美国境内裁剪并缝制或以其他方式组合。

11. 从任何其他章(品目5106至5113、品目5204至5212、品目5307至5308、品目5310至5311、第五十四章、品目5508至5516、品目5801至5802或品目6001至6006除外)改变至子目6202.91,前提是:

(A)该货物在新加坡或/和美国境内裁剪并缝制或以其他方式组合;以及

(B)进口至美国境内的服装中使用的任何可见衬里材料必须满足第六十二章章规则

一的要求。

12. 从任何其他章(品目5106至5113、品目5204至5212、品目5307至5308、品目5310至5311、第五十四章、品目5508至5516、品目5801至5802或品目6001至6006除外)改变至子目6202.92,前提是:

    (A)该货物在新加坡或/和美国境内裁剪并缝制或以其他方式组合;以及

    (B)进口至美国境内的服装中使用的任何可见衬里材料必须满足第六十二章章规则一的要求。

13. 从任何其他章(品目5106至5113、品目5204至5212、品目5307至5308、品目5310至5311、第五十四章、品目5508至5516、品目5801至5802或品目6001至6006除外)改变至子目6202.93,前提是:

    (A)该货物在新加坡或/和美国境内裁剪并缝制或以其他方式组合;以及

    (B)进口至美国境内的服装中使用的任何可见衬里材料必须满足第六十二章章规则一的要求。

14. 从任何其他章(品目5106至5113、品目5204至5212、品目5307至5308、品目5310至5311、第五十四章、品目5508至5516、品目5801至5802或品目6001至6006除外)改变至子目6202.99,前提是该货物在新加坡或/和美国境内裁剪并缝制或以其他方式组合。

15. 从任何其他章(品目5106至5113、品目5204至5212、品目5307至5308、品目5310至5311、第五十四章、品目5508至5516、品目5801至5802或品目6001至6006除外)改变至子目6203.11,前提是:

    (A)该货物在新加坡或/和美国境内裁剪并缝制或以其他方式组合;以及

    (B)进口至美国境内的服装中使用的任何可见衬里材料必须满足第六十二章章规则一的要求。

16. 从任何其他章(品目5106至5113、品目5204至5212、品目5307至5308、品目5310至5311、第五十四章、品目5508至5516、品目5801至5802或品目6001至6006除外)改变至子目6203.12,前提是:

    (A)该货物在新加坡或/和美国境内裁剪并缝制或以其他方式组合;以及

    (B)进口至美国境内的服装中使用的任何可见衬里材料必须满足第六十二章章规则一的要求。

17. 从任何其他章(品目5106至5113、品目5204至5212、品目5307至5308、品目5310至5311、第五十四章、品目5508至5516、品目5801至5802或品目6001至6006除外)改变至子目6203.19,前提是:

    (A)该货物在新加坡或/和美国境内裁剪并缝制或以其他方式组合;以及

    (B)进口至美国境内的服装中使用的任何可见衬里材料必须满足第六十二章章规则一的要求。

18. 从任何其他章(品目5106至5113、品目5204至5212、品目5307至5308、品目5310至5311、第五十四章、品目5508至5516、品目5801至5802或品目6001至6006除外)改变至税号6203.19.50,前提是该货物在新加坡或/和美国境内裁剪并缝制或以其他方式组合。

19. 从任何其他章（品目5106至5113、品目5204至5212、品目5307至5308、品目5310至5311、第五十四章、品目5508至5516、品目5801至5802或品目6001至6006除外）改变至税号6203.19.90，前提是该货物在新加坡或/和美国境内裁剪并缝制或以其他方式组合。

[20 已删除]

21. 从任何其他章（品目5106至5113、品目5204至5212、品目5307至5308、品目5310至5311、第五十四章、品目5508至5516、品目5801至5802或品目6001至6006除外）改变至子目6203.22，前提是：

    (A) 该货物在新加坡或/和美国境内裁剪并缝制或以其他方式组合；以及

    (B) 对于作为子目6203.22便服套装的一部分进口的以羊毛、动物细毛、棉花或化学纤维为原料的品目6201的服装或品目6203的上衣，进口至美国境内的服装中使用的任何可见衬里材料必须满足第六十二章章规则一的要求。

22. 从任何其他章（品目5106至5113、品目5204至5212、品目5307至5308、品目5310至5311、第五十四章、品目5508至5516、品目5801至5802或品目6001至6006除外）改变至子目6203.23，前提是：

    (A) 该货物在新加坡或/和美国境内裁剪并缝制或以其他方式组合；以及

    (B) 对于作为子目6203.23便服套装的一部分进口的以羊毛、动物细毛、棉花或化学纤维为原料的品目6201的服装或品目6203的上衣，进口至美国境内的服装中使用的任何可见衬里材料必须满足第六十二章章规则一的要求。

23. 从任何其他章（品目5106至5113、品目5204至5212、品目5307至5308、品目5310至5311、第五十四章、品目5508至5516、品目5801至5802或品目6001至6006除外）改变至子目6203.29，前提是：

    (A) 该货物在新加坡或/和美国境内裁剪并缝制或以其他方式组合；以及

    (B) 对于作为子目6203.29便服套装的一部分而进口的以羊毛、动物细毛、棉花或化学纤维为原料的品目6201的服装或品目6203的上衣，进口至美国境内的服装中使用的任何可见衬里材料必须满足第六十二章章规则一的要求。

24. 从任何其他章（品目5106至5113、品目5204至5212、品目5307至5308、品目5310至5311、第五十四章、品目5508至5516、品目5801至5802或品目6001至6006除外）改变至子目6203.31，前提是：

    (A) 该货物在新加坡或/和美国境内裁剪并缝制或以其他方式组合；以及

    (B) 进口至美国境内的服装中使用的任何可见衬里材料必须满足第六十二章章规则一的要求。

25. 从任何其他章（品目5106至5113、品目5204至5212、品目5307至5308、品目5310至5311、第五十四章、品目5508至5516、品目5801至5802或品目6001至6006除外）改变至子目6203.32，前提是：

    (A) 该货物在新加坡或/和美国境内裁剪并缝制或以其他方式组合；以及

    (B) 进口至美国境内的服装中使用的任何可见衬里材料必须满足第六十二章章规则

26. 从任何其他章(品目 5106 至 5113、品目 5204 至 5212、品目 5307 至 5308、品目 5310 至 5311、第五十四章、品目 5508 至 5516、品目 5801 至 5802 或品目 6001 至 6006 除外)改变至子目 6203.33,前提是：

(A)该货物在新加坡或/和美国境内裁剪并缝制或以其他方式组合;以及

(B)进口至美国境内的服装中使用的任何可见衬里材料必须满足第六十二章章规则一的要求。

27. 从任何其他章(品目 5106 至 5113、品目 5204 至 5212、品目 5307 至 5308、品目 5310 至 5311、第五十四章、品目 5508 至 5516、品目 5801 至 5802 或品目 6001 至 6006 除外)改变至子目 6203.39,前提是：

(A)该货物在新加坡或/和美国境内裁剪并缝制或以其他方式组合;以及

(B)进口至美国境内的服装中使用的任何可见衬里材料必须满足第六十二章章规则一的要求。

28. 从任何其他章(品目 5106 至 5113、品目 5204 至 5212、品目 5307 至 5308、品目 5310 至 5311、第五十四章、品目 5508 至 5516、品目 5801 至 5802 或品目 6001 至 6006 除外)改变至税号 6203.39.50,前提是该货物在新加坡或/和美国境内裁剪并缝制或以其他方式组合。

29. 从任何其他章(品目 5106 至 5113、品目 5204 至 5212、品目 5307 至 5308、品目 5310 至 5311、第五十四章、品目 5508 至 5516、品目 5801 至 5802 或品目 6001 至 6006 除外)改变至税号 6203.39.90,前提是该货物须在新加坡或/和美国境内裁剪并缝制或以其他方式组合。

30. 从任何其他章(品目 5106 至 5113、品目 5204 至 5212、品目 5307 至 5308、品目 5310 至 5311、第五十四章、品目 5508 至 5516、品目 5801 至 5802 或品目 6001 至 6006 除外)改变至子目 6203.41,前提是该货物在新加坡或/和美国境内裁剪并缝制或以其他方式组合。

31. 从任何其他章(品目 5106 至 5113、品目 5204 至 5212、品目 5307 至 5308、品目 5310 至 5311、第五十四章、品目 5508 至 5516、品目 5801 至 5802 或品目 6001 至 6006 除外)改变至子目 6203.42,前提是该货物在新加坡或/和美国境内裁剪并缝制或以其他方式组合。

32. 从任何其他章(品目 5106 至 5113、品目 5204 至 5212、品目 5307 至 5308、品目 5310 至 5311、第五十四章、品目 5508 至 5516、品目 5801 至 5802 或品目 6001 至 6006 除外)改变至子目 6203.43,前提是该货物在新加坡或/和美国境内裁剪并缝制或以其他方式组合。

33. 从任何其他章(品目 5106 至 5113、品目 5204 至 5212、品目 5307 至 5308、品目 5310 至 5311、第五十四章、品目 5508 至 5516、品目 5801 至 5802 或品目 6001 至 6006 除外)改变至子目 6203.49,前提是该货物在新加坡或/和美国境内裁剪并缝制或以其他方式组合。

34. 从任何其他章(品目 5106 至 5113、品目 5204 至 5212、品目 5307 至 5308、品目 5310 至

5311、第五十四章、品目 5508 至 5516、品目 5801 至 5802 或品目 6001 至 6006 除外）改变至子目 6204.11,前提是：

(A)该货物在新加坡或/和美国境内裁剪并缝制或以其他方式组合；以及

(B)进口至美国境内的服装中使用的任何可见衬里材料必须满足第六十二章章规则一的要求。

35. 从任何其他章（品目 5106 至 5113、品目 5204 至 5212、品目 5307 至 5308、品目 5310 至 5311、第五十四章、品目 5508 至 5516、品目 5801 至 5802 或品目 6001 至 6006 除外）改变至子目 6204.12,前提是：

    (A)该货物在新加坡或/和美国境内裁剪并缝制或以其他方式组合；以及

    (B)进口至美国境内的服装中使用的任何可见衬里材料必须满足第六十二章章规则一的要求。

36. 从任何其他章（品目 5106 至 5113、品目 5204 至 5212、品目 5307 至 5308、品目 5310 至 5311、第五十四章、品目 5508 至 5516、品目 5801 至 5802 或品目 6001 至 6006 除外）改变至子目 6204.13,前提是：

    (A)该货物在新加坡或/和美国境内裁剪并缝制或以其他方式组合；以及

    (B)进口至美国境内的服装中使用的任何可见衬里材料必须满足第六十二章章规则一的要求。

37. 从任何其他章（品目 5106 至 5113、品目 5204 至 5212、品目 5307 至 5308、品目 5310 至 5311、第五十四章、品目 5508 至 5516、品目 5801 至 5802 或品目 6001 至 6006 除外）改变至子目 6204.19,前提是：

    (A)该货物在新加坡或/和美国境内裁剪并缝制或以其他方式组合；以及

    (B)进口至美国境内的服装中使用的任何可见衬里材料必须满足第六十二章章规则一的要求。

38. 从任何其他章（品目 5106 至 5113、品目 5204 至 5212、品目 5307 至 5308、品目 5310 至 5311、第五十四章、品目 5508 至 5516、品目 5801 至 5802 或品目 6001 至 6006 除外）改变至税号 6204.19.40,前提是该货物在新加坡或/和美国境内裁剪并缝制或以其他方式组合。

39. 从任何其他章（品目 5106 至 5113、品目 5204 至 5212、品目 5307 至 5308、品目 5310 至 5311、第五十四章、品目 5508 至 5516、品目 5801 至 5802 或品目 6001 至 6006 除外）改变至税号 6204.19.80,前提是该货物须在新加坡或/和美国境内裁剪并缝制或以其他方式组合。

40. 从任何其他章（品目 5106 至 5113、品目 5204 至 5212、品目 5307 至 5308、品目 5310 至 5311、第五十四章、品目 5508 至 5516、品目 5801 至 5802 或品目 6001 至 6006 除外）改变至子目 6204.21,前提是：

    (A)该货物在新加坡或/和美国境内裁剪并缝制或以其他方式组合；以及

    (B)对于作为子目 6204.21 便服套装的一部分进口的以羊毛、动物细毛、棉花或化学纤维为原料的品目 6202 的服装、品目 6204 的上衣或品目 6204 的裙子,进口至美国境内的服装中使用的任何可见衬里材料必须满足第六十二章章规则一的要求。

41. 从任何其他章(品目 5106 至 5113、品目 5204 至 5212、品目 5307 至 5308、品目 5310 至 5311、第五十四章、品目 5508 至 5516、品目 5801 至 5802 或品目 6001 至 6006 除外)改变至子目 6204.22,前提是:

   (A)该货物在新加坡或/和美国境内裁剪并缝制或以其他方式组合;以及

   (B)对于作为子目 6204.22 便服套装的一部分进口的以羊毛、动物细毛、棉花或化学纤维为原料的品目 6202 的服装、品目 6204 的上衣或品目 6204 的裙子,进口至美国境内的服装中使用的任何可见衬里材料必须满足第六十二章章规则一的要求。

42. 从任何其他章(品目 5106 至 5113、品目 5204 至 5212、品目 5307 至 5308、品目 5310 至 5311、第五十四章、品目 5508 至 5516、品目 5801 至 5802 或品目 6001 至 6006 除外)改变至子目 6204.23,前提是:

   (A)该货物在新加坡或/和美国境内裁剪并缝制或以其他方式组合;以及

   (B)对于作为子目 6204.23 便服套装的一部分进口的以羊毛、动物细毛、棉花或化学纤维为原料的品目 6202 的服装、品目 6204 的上衣或品目 6204 的裙子,进口至美国境内的服装中使用的任何可见衬里材料必须满足第六十二章章规则一的要求。

43. 从任何其他章(品目 5106 至 5113、品目 5204 至 5212、品目 5307 至 5308、品目 5310 至 5311、第五十四章、品目 5508 至 5516、品目 5801 至 5802 或品目 6001 至 6006 除外)改变至子目 6204.29,前提是:

   (A)该货物在新加坡或/和美国境内裁剪并缝制或以其他方式组合;以及

   (B)对于作为子目 6204.29 便服套装的一部分进口的以羊毛、动物细毛、棉花或化学纤维为原料的品目 6202 的服装、品目 6204 的上衣或品目 6204 的裙子,进口至美国境内的服装中使用的任何可见衬里材料必须满足第六十二章章规则一的要求。

44. 从任何其他章(品目 5106 至 5113、品目 5204 至 5212、品目 5307 至 5308、品目 5310 至 5311、第五十四章、品目 5508 至 5516、品目 5801 至 5802 或品目 6001 至 6006 除外)改变至子目 6204.31,前提是:

   (A)该货物在新加坡或/和美国境内裁剪并缝制或以其他方式组合;以及

   (B)进口至美国境内的服装中使用的任何可见衬里材料必须满足第六十二章章规则一的要求。

45. 从任何其他章(品目 5106 至 5113、品目 5204 至 5212、品目 5307 至 5308、品目 5310 至 5311、第五十四章、品目 5508 至 5516、品目 5801 至 5802 或品目 6001 至 6006 除外)改变至子目 6204.32,前提是:

   (A)该货物在新加坡或/和美国境内裁剪并缝制或以其他方式组合;以及

   (B)进口至美国境内的服装中使用的任何可见衬里材料必须满足第六十二章章规则一的要求。

46. 从任何其他章(品目 5106 至 5113、品目 5204 至 5212、品目 5307 至 5308、品目 5310 至 5311、第五十四章、品目 5508 至 5516、品目 5801 至 5802 或品目 6001 至 6006 除外)改变至子目 6204.33,前提是:

   (A)该货物在新加坡或/和美国境内裁剪并缝制或以其他方式组合;以及

   (B)进口至美国境内的服装中使用的任何可见衬里材料必须满足第六十二章章规则

47. 从任何其他章(品目5106至5113、品目5204至5212、品目5307至5308、品目5310至5311、第五十四章、品目5508至5516、品目5801至5802或品目6001至6006除外)改变至子目6204.39,前提是:

   (A)该货物在新加坡或/和美国境内裁剪并缝制或以其他方式组合;以及

   (B)进口至美国境内的服装中使用的任何可见衬里材料必须满足第六十二章章规则一的要求。

48. 从任何其他章(品目5106至5113、品目5204至5212、品目5307至5308、品目5310至5311、第五十四章、品目5508至5516、品目5801至5802或品目6001至6006除外)改变至税号6204.39.60,前提是该货物在新加坡或/和美国境内裁剪并缝制或以其他方式组合。

49. 从任何其他章(品目5106至5113、品目5204至5212、品目5307至5308、品目5310至5311、第五十四章、品目5508至5516、品目5801至5802或品目6001至6006除外)改变至税号6204.39.80,前提是该货物在新加坡或/和美国境内裁剪并缝制或以其他方式组合。

50. 从任何其他章(品目5106至5113、品目5204至5212、品目5307至5308、品目5310至5311、第五十四章、品目5508至5516、品目5801至5802或品目6001至6006除外)改变至子目6204.41,前提是该货物在新加坡或/和美国境内裁剪并缝制或以其他方式组合。

51. 从任何其他章(品目5106至5113、品目5204至5212、品目5307至5308、品目5310至5311、第五十四章、品目5508至5516、品目5801至5802或品目6001至6006除外)改变至子目6204.42,前提是该货物在新加坡或/和美国境内裁剪并缝制或以其他方式组合。

52. 从任何其他章(品目5106至5113、品目5204至5212、品目5307至5308、品目5310至5311、第五十四章、品目5508至5516、品目5801至5802或品目6001至6006除外)改变至子目6204.43,前提是该货物在新加坡或/和美国境内裁剪并缝制或以其他方式组合。

53. 从任何其他章(品目5106至5113、品目5204至5212、品目5307至5308、品目5310至5311、第五十四章、品目5508至5516、品目5801至5802或品目6001至6006除外)改变至子目6204.44,前提是该货物在新加坡或/和美国境内裁剪并缝制或以其他方式组合。

54. 从任何其他章(品目5106至5113、品目5204至5212、品目5307至5308、品目5310至5311、第五十四章、品目5508至5516、品目5801至5802或品目6001至6006除外)改变至子目6204.49,前提是该货物在新加坡或/和美国境内裁剪并缝制或以其他方式组合。

55. 从任何其他章(品目5106至5113、品目5204至5212、品目5307至5308、品目5310至5311、第五十四章、品目5508至5516、品目5801至5802或品目6001至6006除外)改变至子目6204.51,前提是:

(A)该货物在新加坡或/和美国境内裁剪并缝制或以其他方式组合;以及

(B)进口至美国境内的服装中使用的任何可见衬里材料必须满足第六十二章章规则一的要求。

56. 从任何其他章(品目 5106 至 5113、品目 5204 至 5212、品目 5307 至 5308、品目 5310 至 5311、第五十四章、品目 5508 至 5516、品目 5801 至 5802 或品目 6001 至 6006 除外)改变至子目 6204.52,前提是:

(A)该货物在新加坡或/和美国境内裁剪并缝制或以其他方式组合;以及

(B)进口至美国境内的服装中使用的任何可见衬里材料必须满足第六十二章章规则一的要求。

57. 从任何其他章(品目 5106 至 5113、品目 5204 至 5212、品目 5307 至 5308、品目 5310 至 5311、第五十四章、品目 5508 至 5516、品目 5801 至 5802 或品目 6001 至 6006 除外)改变至子目 6204.53,前提是:

(A)该货物在新加坡或/和美国境内裁剪并缝制或以其他方式组合;以及

(B)进口至美国境内的服装中使用的任何可见衬里材料必须满足第六十二章章规则一的要求。

58. 从任何其他章(品目 5106 至 5113、品目 5204 至 5212、品目 5307 至 5308、品目 5310 至 5311、第五十四章、品目 5508 至 5516、品目 5801 至 5802 或品目 6001 至 6006 除外)改变至子目 6204.59,前提是:

(A)该货物在新加坡或/和美国境内裁剪并缝制或以其他方式组合;以及

(B)进口至美国境内的服装中使用的任何可见衬里材料必须满足第六十二章章规则一的要求。

59. 从任何其他章(品目 5106 至 5113、品目 5204 至 5212、品目 5307 至 5308、品目 5310 至 5311、第五十四章、品目 5508 至 5516、品目 5801 至 5802 或品目 6001 至 6006 除外)改变至税号 6204.59.40,前提是该货物在新加坡或/和美国境内裁剪并缝制或以其他方式组合。

60. 从任何其他章(品目 5106 至 5113、品目 5204 至 5212、品目 5307 至 5308、品目 5310 至 5311、第五十四章、品目 5508 至 5516、品目 5801 至 5802 或品目 6001 至 6006 除外)改变至子目 6204.61,前提是该货物在新加坡或/和美国境内裁剪并缝制或以其他方式组合。

61. 从任何其他章(品目 5106 至 5113、品目 5204 至 5212、品目 5307 至 5308、品目 5310 至 5311、第五十四章、品目 5508 至 5516、品目 5801 至 5802 或品目 6001 至 6006 除外)改变至子目 6204.62,前提是该货物在新加坡或/和美国境内裁剪并缝制或以其他方式组合。

62. 从任何其他章(品目 5106 至 5113、品目 5204 至 5212、品目 5307 至 5308、品目 5310 至 5311、第五十四章、品目 5508 至 5516、品目 5801 至 5802 或品目 6001 至 6006 除外)改变至子目 6204.63,前提是该货物在新加坡或/和美国境内裁剪并缝制或以其他方式组合。

63. 从任何其他章(品目 5106 至 5113、品目 5204 至 5212、品目 5307 至 5308、品目 5310 至

5311、第五十四章、品目 5508 至 5516、品目 5801 至 5802 或品目 6001 至 6006 除外)改变至子目 6204.69,前提是该货物在新加坡或/和美国境内裁剪并缝制或以其他方式组合。

[64 已删除]

子目规则:如果棉制或化学纤维制男式或男童衬衫都在新加坡或/和美国境内裁剪和组合,并且外壳(不包括领子或袖子)的织物完全是下列的一种或多种,则应被视为原产货物:

(a) 子目 5208.21、子目 5208.22、子目 5208.29、子目 5208.31、子目 5208.32、子目 5208.39、子目 5208.41、子目 5208.42、子目 5208.49、子目 5208.51、子目 5208.52 或子目 5208.59 的织物,平均纱线细度超过 135 公支;

(b) 子目 5513.11 或子目 5513.21 的非平衡织物,每平方厘米经纱和纬纱超过 70 根,平均纱线细度超过 70 公支;

(c) 子目 5210.21 或子目 5210.31 的非平衡织物,每平方厘米经纱和纬纱超过 70 根,平均纱线细度超过 70 公支;

(d) 子目 5208.22 或子目 5208.32 的非平衡织物,每平方厘米经纱和纬纱超过 75 根,平均纱线细度超过 65 公支;

(e) 子目 5407.81、子目 5407.82 或子目 5407.83 的织物,每平方米重量不足 170 克,由多臂装置形成多臂组织;

(f) 子目 5208.42 或子目 5208.49 的非平衡织物,每平方厘米经纱和纬纱超过 85 根,平均纱线细度超过 85 公支;

(g) 子目 5208.51 的平衡织物,每平方厘米经纱和纬纱超过 75 根,单纱织成,平均纱线细度为 95 公支或以上;

(h) 子目 5208.41 的具有条格花纹的平衡织物,每平方厘米经纱和纬纱超过 85 根,单纱织成,平均纱线细度为 95 公支或以上,通过经纱和纬纱颜色变化产生条格效果;或者

(i) 子目 5208.41 的织物,经纱用植物染料染色,纬纱为白色或用植物染料染色,平均纱线细度超过 65 公支。

65. 从任何其他章(品目 5106 至 5113、品目 5204 至 5212、品目 5307 至 5308、品目 5310 至 5311、第五十四章、品目 5508 至 5516、品目 5801 至 5802 或品目 6001 至 6006 除外)改变至子目 6205.20,前提是该货物在新加坡或/和美国境内裁剪并缝制或以其他方式组合。

66. 从任何其他章(品目 5106 至 5113、品目 5204 至 5212、品目 5307 至 5308、品目 5310 至 5311、第五十四章、品目 5508 至 5516、品目 5801 至 5802 或品目 6001 至 6006 除外)改变至子目 6205.30,前提是该货物在新加坡或/和美国境内裁剪并缝制或以其他方式组合。

67. 从任何其他章(品目 5106 至 5113、品目 5204 至 5212、品目 5307 至 5308、品目 5310 至 5311、第五十四章、品目 5508 至 5516、品目 5801 至 5802 或品目 6001 至 6006 除外)改变至子目 6205.90,前提是该货物在新加坡或/和美国境内裁剪并缝制或以其他方式组合。

68. 从任何其他章(品目 5106 至 5113、品目 5204 至 5212、品目 5307 至 5308、品目 5310 至 5311、第五十四章、品目 5508 至 5516、品目 5801 至 5802 或品目 6001 至 6006 除外)改变至品目 6206 至 6210,前提是该货物在新加坡或/和美国境内裁剪并缝制或以其他方式组合。

69. 从任何其他章(品目 5106 至 5113、品目 5204 至 5212、品目 5307 至 5308、品目 5310 至 5311、第五十四章、品目 5508 至 5516、品目 5801 至 5802 或品目 6001 至 6006 除外)改变至子目 6211.11 或子目 6211.12,前提是该货物在新加坡或/和美国境内裁剪并缝制或以其他方式组合。

70. 从任何其他章(品目 5106 至 5113、品目 5204 至 5212、品目 5307 至 5308、品目 5310 至 5311、第五十四章、品目 5508 至 5516、品目 5801 至 5802 或品目 6001 至 6006 除外)改变至子目 6211.20,前提是:

(A)货物在新加坡或/和美国境内裁剪并缝制或以其他方式组合;以及

(B)对于作为子目 6211.20 滑雪服的一部分而进口的以羊毛、动物细毛、棉花或化学纤维为原料的品目 6101、品目 6102、品目 6201 或品目 6202 的服装,进口至美国境内的服装中使用的任何可见衬里材料必须满足第六十二章章规则一的要求。

71. 从任何其他章(品目 5106 至 5113、品目 5204 至 5212、品目 5307 至 5308、品目 5310 至 5311、第五十四章、品目 5508 至 5516、品目 5801 至 5802 或品目 6001 至 6006 除外)改变至子目 6211.32 至 6211.90,前提是该货物在新加坡或/和美国境内裁剪并缝制或以其他方式组合。

72. 从任何其他章(品目 5208 至 5212、品目 5407 至 5408、品目 5512 至 5516、品目 5803 至 5804、品目 5806 或品目 6001 至 6006 除外)改变至子目 6212.10,前提是该货物在新加坡或/和美国境内裁剪并缝制或以其他方式组合。

72A. 从任何其他章(品目 5106 至 5113、品目 5204 至 5212、品目 5307 至 5308、品目 5313 至 5311、第五十四章、品目 5508 至 5516、品目 5801 至 5802 或品目 6001 至 6006 除外)改变至子目 6212.20,前提是该货物在新加坡或/和美国境内裁剪并缝制或以其他方式组合。

73. 从任何其他章(品目 5106 至 5113、品目 5204 至 5212、品目 5307 至 5308、品目 5313 至 5311、第五十四章、品目 5508 至 5516、品目 5801 至 5802 或品目 6001 至 6006 除外)改变至子目 6212.30,前提是该货物在新加坡或/和美国境内裁剪并缝制或以其他方式组合。

73A. 从任何其他章(品目 5106 至 5113、品目 5204 至 5212、品目 5307 至 5308、品目 5313 至 5311、第五十四章、品目 5508 至 5516、品目 5801 至 5802 或品目 6001 至 6006 除外)改变至子目 6212.90,前提是该货物在新加坡或/和美国境内裁剪并缝制或以其他方式组合。

74. 从任何其他章(品目 5106 至 5113、品目 5204 至 5212、品目 5307 至 5308、品目 5310 至 5311、第五十四章、品目 5508 至 5516、品目 5801 至 5802 或品目 6001 至 6006 除外)改变至品目 6213 至 6217,前提是该货物在新加坡或/和美国境内裁剪并缝制或以其他方式组合。

第六十三章

1. 从任何其他章(品目5106至5113、品目5204至5212、品目5307至5308、品目5310至5311、第五十四章、品目5508至5516、品目5801至5802或品目6001至6006除外)改变至品目6301至6303,前提是该货物在新加坡或/和美国境内裁剪并缝制或以其他方式组合。

2. 从税号5402.43.10、税号5402.52.10或任何其他章(品目5106至5113、品目5204至5212、品目5307至5308、品目5310至5311、第五十四章、品目5508至5516、品目5801至5802或品目6001至6006除外)改变至税号6303.92.10,前提是该货物在新加坡或/和美国境内裁剪并缝制或以其他方式组合。

3. 从任何其他章(品目5106至5113、品目5204至5212、品目5307至5308、品目5310至5311、第五十四章、品目5508至5516、品目5801至5802或品目6001至6006除外)改变至品目6304至6308,前提是该货物在新加坡或/和美国境内裁剪并缝制或以其他方式组合。

4. 从任何其他品目改变至品目6309。

5. 从任何其他章(品目5106至5113、品目5204至5212、品目5307至5308、品目5310至5311、第五十四章、品目5508至5516、品目5801至5802或品目6001至6006除外)改变至品目6310,前提是该货物在新加坡或/和美国境内裁剪(或针织成型)并缝制或以其他方式组合。

第六十四章

1. 从任何其他品目(品目6402至6405或子目6406.10除外)改变至子目6401.10至6401.99,前提是使用累积法时的区域价值成分不低于55%。

2. 从任何其他品目改变至子目6402.12至6402.99,前提是使用累积法时的区域价值成分不低于35%,使用扣减法时的区域价值成分不低于45%。

3. 从任何其他品目改变至子目6403.12至6403.99,前提是使用累积法时的区域价值成分不低于35%,使用扣减法时的区域价值成分不低于45%。

4. 从任何其他品目(子目6406.10除外)改变至子目6404.11,前提是使用累积法时的区域价值成分不低于55%。

4A. 从任何其他品目(品目6401至6403、品目6405或子目6406.10除外)改变至子目6404.19,前提是使用累积法时的区域价值成分不低于55%。

4B. 从任何其他品目改变至子目6404.20,前提是使用累积法时的区域价值成分不低于35%,使用扣减法时的区域价值成分不低于45%。

5. 从任何其他品目改变至子目6405.10至6405.90,前提是使用累积法时的区域价值成分不低于35%,使用扣减法时的区域价值成分不低于45%。

6. 从任何其他品目改变至子目6406.10,前提是使用累积法时的区域价值成分不低于35%,使用扣减法时的区域价值成分不低于45%。

7. 从任何其他章改变至子目6406.20至6406.90。

第六十五章

1. 从任何其他章改变至品目6501至6502。

[2 已删除]

3. 从任何其他品目（品目6505至6507除外）改变至品目6504。

4. 从任何其他品目（品目6504或品目6506至6507除外）改变至品目6505。

5. 从任何其他品目（品目6505或品目6507除外）改变至品目6506。

6. 从任何其他品目改变至品目6507。

第六十六章

1. 从任何其他品目（子目6603.20、品目3920至3921、品目5007、品目5111至5113、品目5208至5212、品目5309至5311、品目5407至5408、品目5512至5516、品目5602至5603、品目5801至5811、品目5901至5911或品目6001至6006除外）改变至品目6601。

2. 从任何其他品目改变至品目6602。

3. 从任何其他章改变至品目6603。

第六十七章

1. (A)从任何其他品目改变至品目6701；或者

   (B)从羽毛或羽绒改变至品目6701的羽毛或羽绒制品。

2. 从任何其他品目（包括品目6702至6704中的另一品目）改变至品目6702至6704。

第六十八章

1. 从任何其他品目（包括品目6801至6808中的另一品目）改变至品目6801至6808。

2. 从任何其他品目（包括子目6809.11至6810.19中的另一品目）改变至子目6809.11至6810.19。

3. 从任何其他子目改变至子目6810.91。

4. 从任何其他品目改变至子目6810.99。

5. 从任何其他品目改变至品目6811。

6. 从任何其他子目改变至子目6812.80。

7. 从任何其他子目改变至子目6812.91。

8. 从子目6812.92至6812.93以外的任何其他子目改变至子目6812.92至6812.93。

8A. 从任何其他品目改变至子目6812.99。

9. 从任何其他品目（包括品目6813至6814中的另一品目）改变至品目6813至6814。

10. 从任何其他子目（包括子目6815.10至6815.99中的任何子目）改变至子目6815.10至6815.99。

第六十九章

从任何其他章改变至品目6901至6914。

第七十章

1. 从任何其他品目改变至品目7001。

2. 从任何其他品目改变至子目7002.10。

3. 从任何其他章改变至子目7002.20。

4. 从任何其他品目改变至子目7002.31。

5. 从任何其他章改变至子目7002.32至7002.39。

6. 从任何其他品目(品目7004至7009除外)改变至品目7003。

7. 从任何其他品目(品目7003或品目7005至7009除外)改变至品目7004。

8. 从任何其他品目(品目7003至7004或品目7006至7009除外)改变至品目7005。

9. 从任何其他品目(品目7003至7005或品目7007至7009除外)改变至品目7006。

10. 从任何其他品目(品目7003至7006或品目7008至7009除外)改变至品目7007。

11. 从任何其他品目(品目7003至7007或品目7009除外)改变至品目7008。

12. 从任何其他品目(品目7003至7008除外)改变至品目7009。

13. 从任何其他品目(品目7007至7009或品目7011至7020除外)改变至品目7010。

14. 从任何其他品目(品目7007至7010或品目7012至7020除外)改变至品目7011。

[15 已删除]

16. 从任何其他品目(品目7007至7011或品目7014至7020除外)改变至品目7013。

17. 从任何其他品目(品目7007至7013或品目7015至7020除外)改变至品目7014。

18. 从任何其他品目(品目7007至7014或品目7016至7020除外)改变至品目7015。

19. 从任何其他品目(品目7007至7014或品目7016至7020除外)改变至品目7016。

20. 从任何其他品目(品目7007至7016或品目7018至7020除外)改变至品目7017。

21. 从任何其他品目(品目7007至7017或品目7019至7020除外)改变至品目7018。

22. 从任何其他品目(品目7007至7018或品目7020除外)改变至品目7019。

23. 从任何其他品目(品目7007至7019除外)改变至品目7020。

第七十一章

1. 从任何其他品目(品目0307除外)改变至品目7101。

2. 从任何其他章改变至品目7102至7103。

3. 从任何其他品目(包括品目7104至7105中的另一品目)改变至品目7104至7105。

4. 从任何其他章改变至品目7106至7111。

5. 从任何其他品目改变至品目7112。

6. 从任何其他品目(品目7114至7117除外)改变至品目7113。

7. 从任何其他品目(品目7113或品目7115至7117除外)改变至品目7114。

8. 从任何其他品目(品目7113至7114或品目7116至7117除外)改变至品目7115。

9. 从任何其他品目(品目7113至7115或品目7117除外)改变至品目7116。

10. 从任何其他品目(品目7113至7116除外)改变至品目7117。

11. 从任何其他品目改变至品目7118。

第七十二章

1. 从任何其他品目改变至品目7201。

2. 从任何其他品目改变至子目7202.11至7202.19。

3. 从任何其他章改变至子目7202.21。

4. 从任何其他品目改变至子目7202.29至7202.49。

5. 从任何其他章改变至子目7202.50。

6. 从任何其他品目改变至子目7202.60至7202.70。

7. 从任何其他章改变至子目7202.80。

8. 从任何其他品目改变至子目 7202.91 至 7202.99。

9. 从任何其他品目(包括品目 7203 至 7206 中的另一品目)改变至品目 7203 至 7206。

10. 从任何其他品目(品目 7206 除外)改变至品目 7207。

11. 从任何其他品目改变至品目 7208。

12. 从任何其他品目(品目 7208 或品目 7211 除外)改变至品目 7209。

13. 从任何其他品目(品目 7208 至 7211 除外)改变至品目 7210。

14. 从任何其他品目(品目 7208 至 7209 除外)改变至品目 7211。

15. 从任何其他品目(品目 7208 至 7211 除外)改变至品目 7212。

16. 从任何其他品目改变至品目 7213。

17. 从任何其他品目(品目 7213 除外)改变至品目 7214。

18. 从任何其他品目(品目 7213 至 7214 除外)改变至品目 7215。

19. 从任何其他品目(品目 7208 至 7215 除外)改变至品目 7216。

20. 从任何其他品目(品目 7213 至 7215 除外)改变至品目 7217。

21. 从任何其他品目改变至品目 7218。

22. 从任何其他品目(品目 7220 除外)改变至品目 7219。

23. 从任何其他品目(品目 7219 除外)改变至品目 7220。

24. 从任何其他品目(品目 7222 除外)改变至品目 7221。

25. 从任何其他品目(品目 7221 除外)改变至品目 7222。

26. 从任何其他品目(品目 7221 至 7222 除外)改变至品目 7223。

27. 从任何其他品目改变至品目 7224。

28. 从任何其他品目(品目 7226 除外)改变至品目 7225。

29. 从任何其他品目(品目 7225 除外)改变至品目 7226。

30. 从任何其他品目(品目 7228 除外)改变至品目 7227。

31. 从任何其他品目(品目 7227 除外)改变至品目 7228。

32. 从任何其他品目(品目 7227 至 7228 除外)改变至品目 7229。

第七十三章

1. 从任何其他品目(包括品目 7301 至 7314 中的另一品目)改变至品目 7301 至 7314。

2. (A)从任何其他品目改变至子目 7315.11 或子目 7315.12;或者

   (B)从子目 7315.19 改变至子目 7315.11 或子目 7315.12,不论是否又从任何其他品目改变而来,前提是区域价值成分不低于:

   (1)使用累积法时的 35%,或

   (2)使用扣减法时的 45%。

3. 从任何其他子目改变至子目 7315.19。

4. (A)从任何其他品目改变至子目 7315.20 至 7315.89;或者

   (B)从子目 7315.90 改变至子目 7315.20 至 7315.89,不论是否又从任何其他品目改变而来,前提是区域价值成分不低于:

   (1)使用累积法时的 35%,或

   (2)使用扣减法时的 45%。

5. 从任何其他子目改变至子目7315.90。
6. 从任何其他品目(品目7312或品目7315除外)改变至品目7316。
7. 从任何其他品目(包括品目7317至7320中的另一品目)改变至品目7317至7320。
8. (A)从任何其他品目改变至子目7321.11至7321.89;或者
   (B)从子目7321.90改变至子目7321.11至7321.89,不论是否又从任何其他品目改变而来,前提是区域价值成分不低于:
   (1)使用累积法时的35%,或
   (2)使用扣减法时的45%。
9. 从任何其他品目改变至子目7321.90。
10. 从任何其他品目改变至品目7322。
11. 从任何其他品目改变至品目7323。
12. 从任何其他子目(包括子目7324.10至7324.90中的另一子目)改变至子目7324.10至7324.90。
13. 从任何其他品目改变至品目7325。
14. 从任何其他品目改变至子目7326.11至7326.20。
15. 从任何其他品目(品目7325除外)改变至子目7326.90。

第七十四章

1. 从任何其他品目(包括品目7401至7403中的另一品目)改变至品目7401至7403。
2. 税则归类无需改变至品目7404的货物,前提是废碎料完全在新加坡或/和美国境内获得或生产。
3. 从任何其他品目(包括品目7405至7407中的另一品目)改变至品目7405至7407。
4. 从任何其他品目(品目7407除外)改变至品目7408。
5. 从任何其他品目改变至品目7409。
6. 从任何其他品目(品目7409的厚度小于5毫米的板、片或带除外)改变至品目7410。
7. 从任何其他品目(包括品目7411至7418中的另一品目)改变至品目7411至7418。
8. 从任何其他子目(包括子目7419.10至7419.99中的另一子目)改变至子目7419.10至7419.99。

第七十五章

1. 从任何其他品目(包括品目7501至7505中的另一品目)改变至品目7501至7505。
2. (A)从任何其他品目改变至品目7506;或者
   (B)从品目7506的任何其他货物改变至厚度不超过0.15毫米的箔,前提是厚度减少不少于50%。
3. 从任何其他子目(包括子目7507.11至7507.20中的另一子目)改变至子目7507.11至7507.20。
4. 从任何其他子目(包括子目7508.10至7508.90中的另一子目)改变至子目7508.10至7508.90。

第七十六章

1. 从任何其他品目(包括品目7601至7604中的另一品目)改变至品目7601至7604。

2. 从任何其他品目(品目 7604 除外)改变至品目 7605。

3. 从任何其他品目改变至子目 7606.11。

4. 从任何其他品目(品目 7604 或品目 7605 除外)改变至子目 7606.12。

5. 从任何其他品目改变至子目 7606.91。

6. 从任何其他品目(品目 7604 或品目 7605 除外)改变至子目 7606.92。

7. 从任何其他品目改变至品目 7607。

8. 从任何其他品目(品目 7609 除外)改变至品目 7608。

9. 从任何其他品目(品目 7608 除外)改变至品目 7609。

10. 从任何其他品目(包括品目 7610 至 7613 中的另一品目)改变至品目 7610 至 7613。

11. 从任何其他品目改变至子目 7614.10。

12. 从任何其他品目(品目 7604 至 7605 除外)改变至子目 7614.90。

13. 从任何其他品目(包括品目 7615 至 7616 中的另一品目)改变至品目 7615 至 7616。

第七十八章

1. 从任何其他品目(包括品目 7801 至 7803 中的另一品目)改变至品目 7801 至 7803。

2. 从任何其他品目改变至品目 7804,前提是使用累积法时的区域价值成分不低于 35%,使用扣减法时的区域价值成分不低于 45%。

[3 已删除]

4. (A)从品目 7806 的其他货物或任何其他品目改变至品目 7806 的条、杆、型材、异型材或丝;或者

   (B)从品目 7806 的任何其他货物或任何其他品目改变至品目 7806 的管或管子附件,前提是区域价值成分不低于:

   (1)使用累积法时的 35%,或

   (2)使用扣减法时的 45%

   (C)从任何其他品目改变至品目 7806 的其他货物,前提是区域价值成分不低于:

   (1)使用累积法时的 35%,或

   (2)使用扣减法时的 45%。

第七十九章

1. 从任何其他品目(包括品目 7901 至 7905 中的另一品目)改变至品目 7901 至 7905,前提是使用累积法时的区域价值成分不低于 35%,使用扣减法时的区域价值成分不低于 45%。

2. (A)从品目 7907 的任何其他货物或任何其他品目改变至品目 7907 的管或管子附件,前提是区域价值成分不低于:

   (1)使用累积法时的 35%,或

   (2)使用扣减法时的 45%。

   (B)从任何其他品目改变至品目 7907 的其他货物。

第八十章

1. 从任何其他品目改变至品目 8001。

2. 从任何其他品目(包括品目 8002 至 8003 中的另一品目)改变至品目 8002 至 8003,前

提是区域价值成分不低于：

(1)使用累积法时的35%，或

(2)使用扣减法时的45%。

3. (A)从品目8007的其他货物或任何其他品目改变至品目8007的锡板、锡片或锡条(包括锡箔)，前提是区域价值成分不低于：

(1)使用累积法时的35%，或

(2)使用扣减法时的45%。

(B)从品目8007的其他货物或任何其他品目改变至品目8007的管或管子附件，前提是区域价值成分不低于：

(1)使用累积法时的35%，或

(2)使用扣减法时的45%。

(C)从任何其他品目改变至品目8007的其他货物，前提是区域价值成分不低于：

(1)使用累积法时的35%，或

(2)使用扣减法时的45%。

第八十一章

1. 从任何其他章改变至子目8101.10至8101.94。

2. 从任何其他子目改变至子目8101.96。

3. 从任何其他章改变至子目8101.97。

4. (A)从子目8101.99的任何其他货物或任何其他子目改变至子目8101.99的条、杆(仅通过烧结获得的除外)、型材、异型材、板、片、带或箔；或者

(B)从任何其他品目改变至子目8101.99的其他货物，前提是区域价值成分不低于：

(1)使用累积法时的35%，或

(2)使用扣减法时的45%。

5. 从任何其他品目改变至子目8102.10，前提是使用累积法时的区域价值成分不低于35%，使用扣减法时的区域价值成分不低于45%。

6. 从任何其他品目改变至子目8102.94，前提是使用累积法时的区域价值成分不低于35%，使用扣减法时的区域价值成分不低于45%。

7. 从任何其他子目(包括子目8102.95至8102.96中的另一子目)改变至子目8102.95至8102.96。

8. 从任何其他品目改变至子目8102.97，前提是使用累积法时的区域价值成分不低于35%，使用扣减法时的区域价值成分不低于45%。

9. 从任何其他子目(包括子目8102.99至8103.90中的另一子目)改变至子目8102.99至8103.90。

10. 从任何其他章改变至子目8104.11至8104.19。

11. 从任何其他子目(包括子目8104.30至8105.90中的另一子目)改变至子目8104.30至8105.90。

12. 从任何其他品目改变至品目8106。

13. 从任何其他子目(包括子目8107.20至8107.90中的另一子目)改变至子目8107.20

至8107.90。

14. 从任何其他章改变至子目8108.20至8108.30。

15. 从任何其他子目(包括子目8108.90至8110.90中的另一子目)改变至子目8108.90至8110.90。

16. 从任何其他章改变至8111。

17. 从任何其他章改变至子目8112.12至8112.19。

18. (A)从子目8112.92的任何其他货物或任何其他子目改变至子目8112.92的未锻造锗或钒、锗或钒废碎料或粉末；或者

　　(B)从任何其他子目改变至子目8112.92的其他货物。

18A. (A)从子目8112.99的任何其他货物或任何其他子目改变至子目8112.99的钒或锗制品；或者

　　(B)从任何其他子目改变至子目8112.99的其他货物。

19. 从任何其他品目改变至品目8113。

第八十二章

从任何其他章改变至品目8201至8215。

第八十三章

1. (A)从任何其他章改变至子目8301.10至8301.40；或者

　　(B)从子目8301.60改变至子目8301.10至8301.40，不论是否又从任何其他章改变而来，前提是使用累积法时的区域价值成分不低于35%，使用扣减法时的区域价值成分不低于45%。

2. 从任何其他章改变至子目8301.50至8301.70。

3. 从任何其他子目(包括子目8302.10至8302.60中的另一子目)改变至子目8302.10至8302.60。

4. 从任何其他品目(包括品目8303至8304中的另一品目)改变至品目8303至8304。

5. 从任何其他子目(包括子目8305.10至8305.90中的另一子目)改变至子目8305.10至8305.90。

6. 从任何其他品目(包括品目8306至8307中的另一品目)改变至品目8306至8307。

7. 从任何其他子目(包括子目8308.10至8308.90中的另一子目)改变至子目8308.10至8308.90。

8. 从任何其他品目(包括品目8309至8310中的另一品目)改变至品目8309至8310。

9. 从任何其他子目(包括子目8311.10至8311.90中的另一子目)改变至子目8311.10至8311.90。

第八十四章

1. 从任何其他子目(包括子目8401.10至8401.30中的另一子目)改变至子目8401.10至8401.30。

2. 从任何其他品目改变至子目8401.40。

　　(A)从任何其他品目改变至子目8402.11；或者

　　(B)从子目8402.90改变至子目8402.11，不论是否又从任何其他品目改变而来，前提

是区域价值成分不低于：

 (1)使用累积法时的35%，或

 (2)使用扣减法时的45%。

3. 从任何其他子目(子目8402.11除外)改变至子目8402.12。

4. (A)从任何其他品目改变至子目8402.19；或者

 (B)从子目8402.90改变至子目8402.19，不论是否又从任何其他品目改变而来，前提是区域价值成分不低于：

  (1)使用累积法时的35%，或

  (2)使用扣减法时的45%。

5. 从任何其他子目改变至子目8402.20。

6. (A)从任何其他品目改变至子目8402.90；或者

 (B)税则归类无需改变至子目8402.90，前提是区域价值成分不低于：

  (1)使用累积法时的35%，或

  (2)使用扣减法时的45%。

7. 从任何其他子目改变至子目8403.10。

8. 从任何其他品目改变至子目8403.90。

9. 从任何其他子目改变至子目8404.10。

10. (A)从任何其他品目改变至子目8404.20；或者

 (B)从子目8404.90改变至子目8404.20，不论是否又从任何其他品目改变而来，前提是区域价值成分不低于：

  (1)使用累积法时的35%，或

  (2)使用扣减法时的45%。

11. 从任何其他品目改变至子目8404.90。

12. 从任何其他子目改变至子目8405.10。

13. 从任何其他品目改变至子目8405.90。

14. 从任何其他子目改变至子目8406.10。

15. 从子目8406.81至8406.82以外的任何其他子目改变至子目8406.81至8406.82。

16. (A)从任何其他品目改变至子目8406.90；或者

 (B)税则归类无需改变至子目8406.90，前提是区域价值成分不低于：

  (1)使用累积法时的35%，或

  (2)使用扣减法时的45%。

17. 从任何其他品目改变至品目8407。

18. 从任何其他品目改变至品目8408。

19. 从任何其他品目改变至子目8409.10。

20. (A)从任何其他品目改变至子目8409.91或8409.99；或者

 (B)税则归类无需改变至子目8409.91或子目8409.99，前提是使用累积法时的区域价值成分不低于30%。

21. 从任何其他子目(子目8410.11至8410.13中的子目除外)改变至子目8410.11至

8410.13。

22. (A)从任何其他品目改变至子目8410.90;或者
    (B)税则归类无需改变至子目8410.90,前提是区域价值成分不低于:
        (1)使用累积法时的35%,或
        (2)使用扣减法时的45%。

23. 从任何其他子目(子目8411.11至8411.82中的子目除外)改变至子目8411.11至8411.82。

24. (A)从任何其他品目改变至子目8411.91;或者
    (B)税则归类无需改变至子目8411.91,前提是区域价值成分不低于:
        (1)使用累积法时的35%,或
        (2)使用扣减法时的45%。

25. (A)从任何其他品目改变至子目8411.99;或者
    (B)税则归类无需改变至子目8411.99,前提是区域价值成分不低于:
        (1)使用累积法时的35%,或
        (2)使用扣减法时的45%。

26. 从任何其他子目(包括子目8412.10至8412.80中的另一子目)改变至子目8412.10至8412.80。

27. (A)从任何其他品目改变至子目8412.90;或者
    (B)税则归类无需改变至子目8412.90,前提是区域价值成分不低于:
        (1)使用累积法时的35%,或
        (2)使用扣减法时的45%。

28. 从任何其他子目(包括子目8413.11至8413.82中的另一子目)改变至子目8413.11至8413.82。

29. (A)从任何其他品目改变至子目8413.91或子目8413.92;或者
    (B)税则归类无需改变至子目8413.91或子目8413.92,前提是区域价值成分不低于:
        (1)使用累积法时的35%,或
        (2)使用扣减法时的45%。

30. 从任何其他子目(包括子目8414.10至8414.80中的另一子目)改变至子目8414.10至8414.80。

31. (A)从任何其他子目改变至子目8414.90;或者
    (B)税则归类无需改变至子目8414.90,前提是区域价值成分不低于:
        (1)使用累积法时的35%,或
        (2)使用扣减法时的45%。

32. 从任何其他子目(包括子目8415.10至8415.83中的另一子目)改变至子目8415.10至8415.83。

33. (A)从任何其他子目改变至子目8415.90;或者
    (B)税则归类无需改变至子目8415.90,前提是区域价值成分不低于:
        (1)使用累积法时的35%,或

(2)使用扣减法时的45%。

34. 从任何其他子目(包括子目8416.10至8416.30中的另一子目)改变至子目8416.10至8416.30。

35. (A)从任何其他品目改变至子目8416.90;或者

    (B)税则归类无需改变至子目8416.90,前提是区域价值成分不低于：

    (1)使用累积法时的35%,或

    (2)使用扣减法时的45%。

36. 从任何其他子目(包括子目8417.10至8417.80中的另一子目)改变至子目8417.10至8417.80。

37. 从任何其他品目改变至子目8417.90。

38. 从任何其他子目(包括子目8418.10至8418.91中的另一子目)改变至子目8418.10至8418.91。

39. 从任何其他品目改变至子目8418.99。

40. 从任何其他子目(包括子目8419.11至8419.89中的另一子目)改变至子目8419.11至8419.89。

41. (A)从任何其他品目(品目7303至7306和品目8501除外)改变至子目8419.90;或者

    (B)税则归类无需改变至子目8419.90,前提是区域价值成分不低于：

    (1)使用累积法时的35%,或

    (2)使用扣减法时的45%。

42. 从任何其他子目改变至子目8420.10。

43. (A)从任何其他品目改变至子目8420.91;或者

    (B)税则归类无需改变至子目8420.91,前提是区域价值成分不低于40%。

44. (A)从任何其他品目改变至子目8420.99;或者

    (B)税则归类无需改变至子目8420.99,前提是区域价值成分不低于：

    (1)使用累积法时的35%,或

    (2)使用扣减法时的45%。

45. 从任何其他子目(包括子目8421.11至8421.91中的另一子目)改变至子目8421.11至8421.91。

46. (A)从任何其他品目改变至子目8421.99;或者

    (B)税则归类无需改变至子目8421.99,前提是区域价值成分不低于：

    (1)使用累积法时的35%,或

    (2)使用扣减法时的45%。

47. 从任何其他子目(包括子目8422.11至8422.40中的另一子目)改变至子目8422.11至8422.40。

48. 从任何其他品目改变至子目8422.90。

49. 从任何其他子目(包括子目8423.10至8423.82中的另一子目)改变至子目8423.10至8423.82。

50. 从任何其他品目改变至子目8423.89。

51. (A) 从任何其他品目改变至子目 8423.90；或者

    (B) 税则归类无需改变至子目 8423.90，前提是区域价值成分不低于：

    (1) 使用累积法时的 35%，或

    (2) 使用扣减法时的 45%。

52. 从任何其他子目（包括子目 8424.10 至 8424.89 中的另一子目）改变至子目 8424.10 至 8424.89。

53. 从任何其他品目（子目 8414.40 或子目 8414.80 除外）改变至子目 8424.90。

54. 从任何其他子目（包括子目 8425.11 至 8430.69 中的另一子目）改变至子目 8425.11 至 8430.69。

55. 从任何其他品目改变至品目 8431。

56. 从任何其他子目（包括子目 8432.10 至 8432.80 中的另一子目）改变至子目 8432.10 至 8432.80。

57. 从任何其他品目改变至子目 8432.90。

58. 从任何其他子目（包括子目 8433.11 至 8433.60 中的另一子目）改变至子目 8433.11 至 8433.60。

59. 从任何其他品目改变至子目 8433.90。

60. 从任何其他子目改变至子目 8434.10。

61. 从任何其他子目改变至子目 8434.20。

62. 从任何其他品目改变至子目 8434.90。

63. 从任何其他子目改变至子目 8435.10。

64. 从任何其他品目改变至子目 8435.90。

65. 从任何其他子目（包括子目 8436.10 至 8436.80 中的另一子目）改变至子目 8436.10 至 8436.80。

66. 从任何其他品目改变至子目 8436.91。

67. 从任何其他品目改变至子目 8436.99。

68. 从任何其他子目改变至子目 8437.10。

69. 从任何其他子目改变至子目 8437.80。

70. 从任何其他品目改变至子目 8437.90。

71. 从任何其他子目（包括子目 8438.10 至 8438.80 中的另一子目）改变至子目 8438.10 至 8438.80。

72. 从任何其他品目改变至子目 8438.90。

73. 从任何其他子目（包括子目 8439.10 至 8439.30 中的另一子目）改变至子目 8439.10 至 8439.30。

74. 从任何其他品目改变至子目 8439.91。

75. 从任何其他品目改变至子目 8439.99。

76. 从任何其他子目改变至子目 8440.10。

77. 从任何其他品目改变至子目 8440.90。

78. 从任何其他子目（包括子目 8441.10 至 8441.80 中的另一子目）改变至子目 8441.10

至 8441.80。

79. 从任何其他品目改变至子目 8441.90。

80. 从任何其他子目改变至子目 8442.30。

81. 从任何其他品目改变至子目 8442.40。

82. 从任何其他品目改变至子目 8442.50。

83. (A)从子目 8443.11 至 8443.19 以外的任何其他子目(子目 8443.91 的辅助印刷机器除外)改变至子目 8443.11 至 8443.19;或者

   (B)从子目 8443.91 的辅助印刷机器改变至子目 8443.11 至 8443.19,前提是区域价值成分不低于:

   (1)使用累积法时的 35%,或

   (2)使用扣减法时的 45%。

83A. 从任何其他子目改变至子目 8443.31。

83B. 从任何其他子目改变至子目 8443.32。

83C. 从任何其他子目改变至子目 8443.39。

84. (A)从子目 8443.91 的任何其他货物或任何其他子目(子目 8443.11 至 8443.39 除外)改变至子目 8443.91 的辅助印刷机器;或者

   (B)税则归类无需改变至子目 8443.91 的辅助印刷机器,前提是区域价值成分不低于:

   (1)使用累积法时的 35%,或

   (2)使用扣减法时的 45%。

   (C)从任何其他品目改变至子目 8443.91 的任何其他货物。

85. (A)从任何其他子目改变至子目 8443.99;或者

   (B)税则归类无需改变至子目 8443.99,前提是区域价值成分不低于:

   (1)使用累积法时的 35%,或

   (2)使用扣减法时的 45%。

86. 从任何其他品目改变至品目 8444。

87. 从任何其他品目(品目 8445 至 8447 中的品目除外)改变至品目 8445 至 8447。

88. 从任何其他子目改变至子目 8448.11。

89. 从任何其他子目改变至子目 8448.19。

90. 从任何其他品目改变至子目 8448.20。

91. 从任何其他品目改变至子目 8448.31 至 8448.59。

92. 从任何其他品目改变至品目 8449。

93. 从任何其他子目(包括子目 8450.11 至 8450.20 中的另一子目)改变至子目 8450.11 至 8450.20)。

94. 从任何其他品目改变至子目 8450.90。

95. 从任何其他子目(包括子目 8451.10 至 8451.80 中的另一子目)改变至子目 8451.10 至 8451.80。

96. 从任何其他品目改变至子目 8451.90。

97. 从任何其他子目(子目 8452.10 至 8452.29 中的子目除外)改变至子目 8452.10 至

8452.29。

98. 从任何其他子目改变至子目 8452.30。

[**99 已删除**]

100. (A)从子目 8452.90 的任何其他货物或任何其他子目改变至子目 8452.90 的家具、缝纫机底座和盖及其零件；或者

(B)从任何其他品目改变至子目 8452.90 的任何其他货物。

101. 从任何其他子目(包括子目 8453.10 至 8453.80 中的另一子目)改变至子目 8453.10 至 8453.80。

102. 从任何其他品目改变至子目 8453.90。

103. 从任何其他子目(包括子目 8454.10 至 8454.30 中的另一子目)改变至子目 8454.10 至 8454.30。

104. 从任何其他品目改变至子目 8454.90。

105. 从任何其他子目(包括子目 8455.10 至 8455.30 中的另一子目)改变至子目 8455.10 至 8455.30。

106. 从任何其他品目改变至子目 8455.90。

107. 从任何其他品目(包括品目 8456 至 8463 中的另一品目)改变至品目 8456 至 8463，前提是使用累积法时的区域价值成分不低于 65%。

108. 从任何其他品目改变至品目 8464。

109. 从任何其他品目改变至品目 8465。

110. (A)从任何其他品目改变至品目 8466；或者

(B)税则归类无需改变至品目 8466，前提是区域价值成分不低于：

(1)使用累积法时的 35%，或

(2)使用扣减法时的 45%。

111. 从任何其他子目(包括子目 8467.11 至 8467.89 中的另一子目)改变至子目 8467.11 至 8467.89。

112. 从任何其他品目(品目 8407 除外)改变至子目 8467.91 至 8467.99。

113. 从任何其他子目(包括子目 8468.10 至 8468.80 中的另一子目)改变至子目 8468.10 至 8468.80。

114. 从任何其他品目改变至子目 8468.90。

[**115 至 118 已删除**]

119. 从任何其他子目改变至子目 8472.30。

120. (A)从任何其他子目改变至子目 8472.90；或者

(B)税则归类无需改变至子目 8472.90，前提是区域价值成分不低于：

(1)使用累积法时的 35%，或

(2)使用扣减法时的 45%。

121. (A)从任何其他品目改变至品目 8473；或者

(B)税则归类无需改变至品目 8473，前提是区域价值成分不低于：

(1)使用累积法时的 35%，或

(2)使用扣减法时的45%。

122. 从任何其他子目(子目8474.10至8474.80中的子目除外)改变至子目8474.10至8474.80。

123. (A)从任何其他品目改变至子目8474.90;或者

(B)税则归类无需改变至子目8474.90,前提是区域价值成分不低于:

(1)使用累积法时的35%,或

(2)使用扣减法时的45%。

124. 从任何其他子目改变至子目8475.10。

125. 从任何其他子目(子目8475.21至8475.29中的子目除外)改变至子目8475.21至8475.29。

126. 从任何其他品目改变至子目8475.90。

127. 从任何其他子目(子目8476.21至8476.89中的子目除外)改变至子目8476.21至8476.89。

128. 从任何其他品目改变至子目8476.90。

129. 从任何其他品目改变至品目8477,前提是使用扣减法时的区域价值成分不低于65%。

130. 从任何其他子目改变至子目8478.10。

131. 从任何其他品目改变至子目8478.90。

132. 从任何其他子目(包括子目8479.10至8479.89中的另一子目)改变至子目8479.10至8479.89。

133. 从任何其他品目改变至子目8479.90。

134. 从任何其他品目改变至品目8480。

135. (A)从任何其他品目改变至子目8481.10至8481.80;或者

(B)从子目8481.90改变至子目8481.10至8481.80,前提是区域价值成分不低于:

(1)使用累积法时的35%,或

(2)使用扣减法时的45%。

136. 从任何其他品目改变至子目8481.90。

137. (A)从任何子目(子目8482.10至8482.80和子目8482.99的内圈、外圈或座圈除外)改变至子目8482.10至8482.80;或者

(B)从子目8482.99的内圈、外圈或座圈改变至子目8482.10至8482.80,不论是否又从子目8482.10至8482.80以外的任何其他子目改变而来,前提是使用累积法时的区域价值成分为50%。

138. 从任何其他品目改变至子目8482.91。

139. 从任何其他品目改变至子目8482.99。

140. 从任何其他子目改变至子目8483.10。

141. 从任何其他子目(子目8482.10至8482.80除外)改变至子目8483.20。

142. (A)从任何其他品目改变至子目8483.30;或者

(B)从另一子目改变至子目8483.30,前提是使用累积法时的区域价值成分为50%。

143. (A) 从任何子目(子目 8482.10 至 8482.80、子目 8482.99、子目 8483.10 至 8483.40、子目 8483.60 或子目 8483.90 除外)改变至子目 8483.40;或者

(B) 从子目 8482.10 至 8482.80、子目 8482.99、子目 8483.10 至 8483.40、子目 8483.60 或子目 8483.90 改变至子目 8483.40,不论是否又从任何其他子目改变而来,前提是使用累积法时的区域价值成分为 50%。

144. (A) 从任何子目(子目 8482.10 至 8482.80、子目 8482.99、子目 8483.10 至 8483.40、子目 8483.60 或子目 8483.90 除外)改变至子目 8483.50;或者

(B) 从子目 8482.10 至 8482.80、子目 8482.99、子目 8483.10 至 8483.40、子目 8483.60 或子目 8483.90 改变至子目 8483.50,不论是否又从任何其他子目改变而来,前提是使用累积法时的区域价值成分为 50%。

145. 从任何其他子目改变至子目 8483.60。

146. 从任何其他品目改变至子目 8483.90。

147. 从任何其他子目(包括子目 8484.10 至 8484.90 中的另一子目)改变至子目 8484.10 至 8484.90。

148. (A) 从子目 8486.10 至 8486.40 以外的任何其他子目改变至子目 8486.10 至 8486.40;或者

(B) 税则归类无需改变,前提是区域价值成分不低于:

(1) 使用累积法时的 35%,或

(2) 使用扣减法时的 45%。

149. (A) 从任何其他品目改变至子目 8486.90;或者

(B) 税则归类无需改变,前提是区域价值成分不低于:

(1) 使用累积法时的 35%,或

(2) 使用扣减法时的 45%。

150. 从任何其他品目改变至子目 8487.10。

151. (A) 从任何其他品目改变至子目 8487.90;或者

(B) 税则归类无需改变至子目 8487.90,前提是区域价值成分不低于:

(1) 使用累积法时的 35%,或

(2) 使用扣减法时的 45%。

第八十五章

1. (A) 从任何其他品目(子目 8503.00 的用于品目 8501 货物的定子和转子除外)改变至子目 8501.10;或者

(B) 从子目 8503.00 的用于品目 8501 货物的定子和转子改变至子目 8501.10,前提是区域价值成分不低于:

(1) 使用累积法时的 35%,或

(2) 使用扣减法时的 45%。

2. 从任何其他品目改变至子目 8501.20 至 8501.64。

3. 从任何其他品目改变至品目 8502。

4. (A) 从任何其他品目改变至品目 8503;或者

(B)税则归类无需改变至品目8503,前提是区域价值成分不低于:
(1)使用累积法时的35%,或
(2)使用扣减法时的45%。

5. 从任何其他子目(子目8504.10至8504.50除外)改变至子目8504.10至8504.23。

6. (A)从任何其他品目改变至子目8504.31;或者
(B)从子目8504.90改变至子目8504.31,前提是区域价值成分不低于:
(1)使用累积法时的35%,或
(2)使用扣减法时的45%。

7. 从任何子目(子目8504.10至8504.50除外)改变至子目8504.32至8504.50。

8. (A)从任何其他品目改变至子目8504.90;或者
(B)税则归类无需改变至子目8504.90,前提是区域价值成分不低于:
(1)使用累积法时的35%,或
(2)使用扣减法时的45%。

9. 从任何其他子目(包括子目8505.11至8505.20中的另一子目)改变至子目8505.11至8505.20。

[原文无规则10——译者注]

11. 从任何其他子目(包括子目8506.10至8506.40中的另一子目)改变至子目8506.10至8506.40。

12. 从子目8506.50至8506.80以外的任何其他子目改变至子目8506.50至8506.80。

13. 从任何其他品目改变至子目8506.90。

14. 从任何其他子目(包括子目8507.10至8507.80中的另一子目)改变至子目8507.10至8507.80。

15. 从任何其他品目改变至子目8507.90。

15A. 从任何其他子目改变至子目8508.11至8508.60。

15B. 从任何其他品目改变至子目8508.70。

16. 从任何其他子目(包括子目8509.40至8509.80中的另一子目)改变至子目8509.40至8509.80。

17. 从任何其他品目改变至子目8509.90。

18. 从任何其他子目(包括子目8510.10至8510.30中的另一子目)改变至子目8510.10至8510.30。

19. 从任何其他品目改变至子目8510.90。

20. 从任何其他子目(包括子目8511.10至8511.80中的另一子目)改变至子目8511.10至8511.80。

21. (A)从任何其他品目改变至子目8511.90;或者
(B)税则归类无需改变至子目8511.90,前提是区域价值成分不低于:
(1)使用累积法时的35%,或
(2)使用扣减法时的45%。

22. (A)从任何其他品目改变至子目8512.10至8512.40;或者

(B)从子目851290改变至子目8512.10至8512.40,前提是区域价值成分不低于:
  (1)使用累积法时的35%,或
  (2)使用扣减法时的45%。

23. 从任何其他品目改变至子目8512.90。

24. (A)从任何其他品目改变至子目8513.10;或者
   (B)从子目8513.90改变至子目8513.10,前提是区域价值成分不低于:
   (1)使用累积法时的35%,或
   (2)使用扣减法时的45%。

25. 从任何其他品目改变至子目8513.90。

26. 从任何其他子目(包括子目8514.10至8514.40中的另一子目)改变至子目8514.10至8514.40

27. 从任何其他品目改变至子目8514.90。

28. 从任何其他子目(包括子目8515.11至8515.80中的另一子目)改变至子目8515.11至8515.80。

29. 从任何其他品目改变至子目8515.90。

30. 从任何其他子目(包括子目8516.10至8516.71中的另一子目)改变至子目8516.10至8516.71。

31. (A)从任何其他子目(子目8516.90或子目9032.10的烤面包机外壳除外)改变至子目8516.72;或者
   (B)从子目8516.90或子目9032.10的烤面包机外壳改变至子目8516.72,前提是区域价值成分不低于:
   (1)使用累积法时的35%,或
   (2)使用扣减法时的45%。

32. 从任何其他子目改变至子目8516.79。

33. (A)从任何其他品目改变至子目8516.80;或者
   (B)从子目8516.90改变至子目8516.80,前提是区域价值成分不低于:
   (1)使用累积法时的35%,或
   (2)使用扣减法时的45%。

34. (A)从任何其他品目改变至子目8516.90;或者
   (B)税则归类无需改变至子目8516.90,前提是区域价值成分不低于:
   (1)使用累积法时的35%,或
   (2)使用扣减法时的45%。

35. (A)从任何其他品目改变至子目8518.10或子目8518.21;或者
   (B)从子目8518.90改变至子目8518.10或子目8518.21,前提是区域价值成分不低于:
   (1)使用累积法时的35%,或
   (2)使用扣减法时的45%。

36. (A)从任何其他品目改变至子目8518.22;或者
   (B)从子目8518.29至8518.90改变至子目8518.22,前提是区域价值成分不低于:

(1) 使用累积法时的 35%,或

(2) 使用扣减法时的 45%。

37. (A) 从任何其他品目改变至子目 8518.29 至 8518.50;或者

(B) 从子目 8518.90 改变至子目 8518.29 至 8518.50,前提是区域价值成分不低于:

(1) 使用累积法时的 35%,或

(2) 使用扣减法时的 45%。

38. (A) 从任何其他品目改变至子目 8518.90;或者

(B) 税则归类无需改变至子目 8518.90,前提是区域价值成分不低于:

(1) 使用累积法时的 35%,或

(2) 使用扣减法时的 45%。

39. 从任何其他子目(包括子目 8519.20 至 8521.90 中的另一子目)改变至子目 8519.20 至 8521.90。

[40 至 46 已删除]

47. 从任何其他子目改变至子目 8521.10。

48. 从任何其他子目改变至子目 8521.90。

49. 从任何其他品目改变至子目 8522.10。

50. (A) 从任何其他品目改变至子目 8522.90;或者

(B) 税则归类无需改变至子目 8522.90,前提是区域价值成分不低于:

(1) 使用累积法时的 35%,或

(2) 使用扣减法时的 45%。

51. (A) 从任何其他品目改变至品目 8523;或者

(B) 在品目 8523 的空白或未记录媒体上记录声音或其他类似记录的现象,不论税则归类是否改变,均应被视为原产。

[52 已删除]

53. 从子目 8525.50 至 8527.60 以外的任何其他子目(子目 8517.61 至 8517.62 的传输装置以及子目 8517.12、子目 8517.61 或子目 8517.62 的包含接收装置的传输装置除外)改变至子目 8525.50 至 8527.60。

54. 从任何其他子目(包括子目 8525.80 至 8527.99 中的另一子目)改变至子目 8525.80 至 8527.99。

[55 已删除]

56. 从任何其他子目改变至子目 8528.42。

57. 从任何其他子目(子目 7011.20、子目 8528.59、子目 8540.11 或子目 8540.91 除外)改变至子目 8528.49。

58. 从任何其他子目改变至子目 8528.52。

59. 从任何其他子目(子目 7011.20、子目 8528.49、子目 8540.11 或子目 8540.91 除外)改变至子目 8528.59。

60. 从任何其他子目改变至子目 8528.62。

60A. 从任何其他子目改变至子目 8528.69。

60B. 从任何其他子目(子目 7011.20、子目 8540.11 或子目 8540.91 除外)改变至子目 8528.71。

60C. 从任何其他子目(子目 7011.20、子目 8528.73、子目 8540.11 或子目 8540.91 除外)改变至子目 8528.72。

60D. 从任何其他子目改变至子目 8528.73。

61. 从任何其他品目改变至子目 8529.10。

62. (A)从任何其他品目(子目 8517.70 除外)改变至子目 8529.90;或者
    (B)税则归类无需改变至子目 8529.90,前提是区域价值成分不低于:
        (1)使用累积法时的 35%,或
        (2)使用扣减法时的 45%。

63. 从任何其他子目改变至子目 8530.10。

64. 从任何其他子目改变至子目 8530.80。

65. 从任何其他品目改变至子目 8530.90。

66. 从任何其他子目改变至子目 8531.10。

67. 从任何其他子目改变至子目 8531.80。[①]

68. 从任何其他品目改变至子目 8531.90。

69. 从任何其他子目(包括子目 8535.10 至 8536.90 中的另一子目)改变至子目 8535.10 至 8536.90。

70. 从任何其他品目改变至品目 8537。

71. (A)从任何其他品目改变至品目 8538;或者
    (B)税则归类无需改变至品目 8538,前提是区域价值成分不低于:
        (1)使用累积法时的 35%,或
        (2)使用扣减法时的 45%。

72. 从任何其他子目改变至子目 8539.10。

73. 从任何其他子目改变至子目 8539.21。

74. (A)从任何其他品目改变至子目 8539.22;或者
    (B)从子目 8539.90 改变至子目 8539.22,前提是区域价值成分不低于:
        (1)使用累积法时的 35%,或
        (2)使用扣减法时的 45%。

75. (A)从任何其他品目改变至子目 8539.29;或者
    (B)从子目 8539.90 改变至子目 8539.29,前提是区域价值成分不低于:
        (1)使用累积法时的 35%,或
        (2)使用扣减法时的 45%。

76. 从任何其他子目改变至子目 8539.31。

77. 从任何其他子目(子目 8539.32 至 8539.39 除外)改变至子目 8539.32。

[①] 删除 8531.20 规则;先前规则文本:从任何其他子目(包括子目 8531.10 至 8531.80 中的另一子目)改变至子目 8531.10 至 8531.80。

78. 从任何其他子目(子目 8539.32 至 8539.39 除外)改变至子目 8539.39。

79. 从任何其他子目(子目 8539.41 至 8539.49 除外)改变至子目 8539.41。

80. 从任何其他子目(子目 8539.41 至 8539.49 除外)改变至子目 8539.49。

81A. 从任何其他子目改变至子目 8539.50。

81B. 从任何其他品目改变至子目 8539.90。

82. 从任何其他子目(子目 7011.20 或子目 8540.91 除外)改变至子目 8540.11。

83. 从任何其他子目改变至子目 8540.12。

84. (A)从任何其他品目改变至子目 8540.20;或者

 (B)从子目 8540.91 至 8540.99 改变至子目 8540.20,前提是区域价值成分不低于:

  (1)使用累积法时的 35%,或

  (2)使用扣减法时的 45%。

85. 从子目 8540.40 至 8540.60 以外的任何其他子目改变至子目 8540.40 至 8540.60。

86. 从任何其他子目(包括子目 8540.71 至 8540.89 中的另一子目)改变至子目 8540.71 至 8540.89。

87. (A)从任何其他品目改变至子目 8540.91;或者

 (B)税则归类无需改变至子目 8540.91,前提是区域价值成分不低于:

  (1)使用累积法时的 35%,或

  (2)使用扣减法时的 45%。

88. (A)从任何其他子目改变至子目 8540.99;或者

 (B)税则归类无需改变至子目 8540.99,前提是区域价值成分不低于:

  (1)使用累积法时的 35%,或

  (2)使用扣减法时的 45%。

88A. 从任何其他子目(包括子目 8542.31 至 8542.90 中的另一子目)改变至子目 8542.31 至 8542.90。

89. 从任何其他子目(子目 8486.20 的用于掺杂半导体材料的离子注入机除外)改变至子目 8543.10。[①]

90. 从任何其他子目改变至子目 8543.20。

91. 从任何其他子目改变至子目 8543.30。

92. 从任何其他子目(子目 8539.50、子目 8523.52 或子目 8523.59 的近距离感应卡和标签除外)改变至子目 8543.70。

[**93 已删除**]

94. (A)从任何其他品目(子目 8486.90 除外)改变至子目 8543.90;或者

 (B)税则归类无需改变至子目 8543.90,前提是区域价值成分不低于:

  (1)使用累积法时的 35%,或

  (2)使用扣减法时的 45%。

---

① 8541—8542 有关规则的文本已删除;先前文本:从任何其他子目(包括子目 8541.10 至 8542.90 中的另一子目)改变至子目 8541.10 至 8542.90。

95. 从任何其他子目改变至子目 8544.11 至 8544.19,前提是区域价值成分不低于:
    (1)使用累积法时的 35%,或
    (2)使用扣减法时的 45%。

96. (A)从任何其他子目(子目 8544.11 至 8544.60、品目 7408、品目 7413、品目 7605 或品目 7614 除外)改变至子目 8544.20;或者
    (B)从品目 7408、品目 7413、品目 7605 或品目 7614 改变至子目 8544.20,前提是区域价值成分不低于:
       (1)使用累积法时的 35%,或
       (2)使用扣减法时的 45%。

97. 从任何其他子目(包括子目 8544.30 至 8544.42 中的另一子目)改变至子目 8544.30 至 8544.42,前提是区域价值成分不低于:
    (1)使用累积法时的 35%,或
    (2)使用扣减法时的 45%。

98. (A)从任何其他子目(子目 8544.11 至 8544.60、品目 7408、品目 7413、品目 7605 或品目 7614 除外)改变至子目 8544.49;或者
    (B)从品目 7408、品目 7413、品目 7605 或品目 7614 改变至子目 8544.49,前提是区域价值成分不低于:
       (1)使用累积法时的 35%,或
       (2)使用扣减法时的 45%。

99. 从任何其他子目改变至子目 8544.60,前提是区域价值成分不低于:
    (1)使用累积法时的 35%,或
    (2)使用扣减法时的 45%。

100. 从任何其他子目(包括子目 8545.11 至 8547.90 中的另一子目)改变至子目 8545.11 至 8547.90。

101. 从任何其他品目改变至品目 8548。

第八十六章

1. 从任何其他品目改变至品目 8601。

2. 从任何其他品目改变至品目 8602。

3. (A)从任何其他品目(品目 8607 除外)改变至品目 8603;或者
   (B)从品目 8607 改变至品目 8603,不论是否又从任何其他品目改变而来,前提是使用累积法时的区域价值成分不低于 30%。

4. (A)从任何其他品目(品目 8607 除外)改变至品目 8604;或者
   (B)从品目 8607 改变至品目 8604,不论是否又从任何其他品目改变而来,前提是使用累积法时的区域价值成分不低于 30%。

5. (A)从任何其他品目(品目 8607 除外)改变至品目 8605;或者
   (B)从品目 8607 改变至品目 8605,不论是否又从任何其他品目改变而来,前提是使用累积法时的区域价值成分不低于 30%。

6. (A)从任何其他品目(品目 8607 除外)改变至品目 8606;或者

(B) 从品目 8607 改变至品目 8606,不论是否又从任何其他品目改变而来,前提是使用累积法时的区域价值成分不低于 30%。

7. 从任何其他子目(子目 8607.12 除外)改变至子目 8607.11,当改变是根据总规则二(一)进行时,也排除子目 8607.19。

8. 从任何其他子目(子目 8607.11 除外)改变至子目 8607.12,当改变是根据总规则二(一)进行时,也排除子目 8607.19。

9. 从子目 8607.19 的车轴零件改变至子目 8607.19 的车轴,并从子目 8607.19 的车轴零件或车轮零件改变至车轮(不论是否装有子目 8607.19 的车轴)。

10. 从任何其他品目改变至子目 8607.21 至 8607.99。

11. 从任何其他品目(包括品目 8608 至 8609 中的另一品目)改变至品目 8608 至 8609。

第八十七章

1. 从任何其他品目改变至品目 8701,前提是使用累积法时的区域价值成分不低于 30%。
2. 从任何其他品目改变至品目 8702,前提是使用累积法时的区域价值成分不低于 30%。
3. 从任何其他品目改变至品目 8703,前提是使用累积法时的区域价值成分不低于 30%。
4. 从任何其他品目改变至品目 8704,前提是使用累积法时的区域价值成分不低于 30%。
5. 从任何其他品目改变至品目 8705,前提是使用累积法时的区域价值成分不低于 30%。
6. 从任何其他品目改变至品目 8706,前提是使用累积法时的区域价值成分不低于 30%。
7. (A) 从任何其他章改变至品目 8707;或者

    (B) 从品目 8708 改变至品目 8707,不论是否又从任何其他章改变而来,前提是使用累积法时的区域价值成分不低于 30%。

8. (A) 从任何其他品目改变至子目 8708.10;或者

    (B) 从子目 8708.99 改变至子目 8708.10,不论是否又从任何其他品目改变而来,前提是使用累积法时的区域价值成分不低于 30%。

9. (A) 从任何其他品目改变至子目 8708.21;或者

    (B) 从子目 8708.99 改变至子目 8708.21,不论是否又从任何其他品目改变而来,前提是使用累积法时的区域价值成分不低于 30%。

10. (A) 从任何其他品目改变至子目 8708.29;或者

    (B) 不论税则归类是否改变,使用累积法时的区域价值成分不低于 30%。

11. (A) 从任何其他品目改变至子目 8708.30 的制动器和伺服制动器及其零件;或者

    (B) 从子目 8708.30 或子目 8708.99 的任何其他货物改变至子目 8708.30 的制动器和伺服制动器及其零件,不论是否又从任何其他品目改变而来,前提是使用累积法时的区域价值成分不低于 30%。

[12 已删除]

13. (A) 从任何其他品目改变至子目 8708.40;或者

    (B) 从子目 8708.40 的部件或子目 8708.99 改变至子目 8708.40 的齿轮箱,不论是否又从任何其他品目改变而来,前提是使用累积法时的区域价值成分不低于 30%。

14. (A) 从任何其他品目(子目 8482.10 至 8482.80 除外)改变至子目 8708.50;或者

    (B) 从子目 8708.50 的部件、子目 8708.99 或子目 8482.10 至 8482.80 改变至子目

8708.50 的带差速器的驱动桥(不论是否配备其他传动部件)或非驱动桥,不论是否又从任何其他品目改变而来,前提是使用扣减法时的区域价值成分不低于 30%。

15. (A)从任何其他品目(子目 8482.10 至 8482.80 除外)改变至子目 8708.60;或者
    (B)从子目 8708.99 或子目 8482.10 至 8482.80 改变至子目 8708.60,不论是否又从任何其他品目改变而来,前提是使用累积法时的区域价值成分不低于 30%。

16. (A)从任何其他品目改变至子目 8708.70;或者
    (B)从子目 8708.99 改变至子目 8708.70,不论是否又从任何其他品目改变而来,前提是使用累积法时的区域价值成分不低于 30%。

17. (A)从任何其他品目改变至子目 8708.80;或者
    (B)从子目 8708.80 的部件或子目 8708.99 改变至子目 8708.80 的悬挂系统,不论是否又从任何其他品目改变而来,前提是使用扣减法时的区域价值成分不低于 30%。

18. (A)从任何其他品目改变至子目 8708.91;或者
    (B)从子目 8708.91 的部件或子目 8708.99 改变至子目 8708.91 的散热器,不论是否又从任何其他品目改变而来,前提是使用累积法时的区域价值成分不低于 30%。

19. (A)从任何其他品目改变至子目 8708.92;或者
    (B)从子目 8708.92 的部件或子目 8708.99 改变至子目 8708.92 的消音器和排气管,不论是否又从任何其他品目改变而来,前提是使用累积法时的区域价值成分不低于 30%。

20. (A)从任何其他品目改变至子目 8708.93;或者
    (B)从子目 8708.99 改变至子目 8708.93,不论是否又从任何其他品目改变而来,前提是使用累积法时的区域价值成分不低于 30%。

21. (A)从任何其他品目改变至子目 8708.94;或者
    (B)从子目 8708.94 的部件或子目 8708.99 改变至子目 8708.94 的方向盘、转向柱和转向箱,不论是否又从任何其他品目改变而来,前提是使用累积法时的区域价值成分不低于 30%。

21A. (A)从任何其他品目改变至子目 8708.95;或者
    (B)不论税则归类是否改变,使用累积法时的区域价值成分不低于 30%。

22. (A)从任何其他品目改变至子目 8708.99;或者
    (B)不论税则归类是否改变,使用累积法时的区域价值成分不低于 30%。

23. (A)从任何其他品目改变至子目 8709.11;或者
    (B)从子目 8709.90 改变至子目 8709.11,不论是否又从任何其他品目改变而来,前提是使用累积法时的区域价值成分不低于 30%。

24. (A)从任何其他品目改变至子目 8709.19;或者
    (B)从子目 8709.90 改变至子目 8709.19,不论是否又从任何其他品目改变而来,前提是使用累积法时的区域价值成分不低于 30%。

25. 从任何其他品目改变至子目 8709.90。

26. 从任何其他品目改变至品目8710。

27. (A)从任何其他品目(品目8714除外)改变至品目8711;或者

    (B)从品目8714改变至品目8711,不论是否又从任何其他品目改变而来,前提是使用累积法时的区域价值成分不低于30%。

28. (A)从任何其他品目(品目8714除外)改变至品目8712;或者

    (B)从品目8714改变至品目8712,不论是否又从任何其他品目改变而来,前提是使用累积法时的区域价值成分不低于30%。

29. 从任何其他品目改变至品目8713。

30. 从任何其他品目改变至子目8714.10。

31. 从任何其他品目改变至子目8714.19。

32. 从任何其他品目改变至子目8714.20。

33. 从任何其他品目改变至子目8714.91。

34. 从任何其他品目改变至子目8714.92。

35. 从任何其他品目改变至子目8714.93。

36. 从任何其他品目改变至子目8714.94。

37. 从任何其他品目改变至子目8714.95。

38. 从任何其他品目改变至子目8714.96。

39. (A)从任何其他品目改变至子目8714.99;或者

    (B)不论税则归类是否改变,使用累积法时的区域价值成分不低于30%。

40. 从任何其他品目改变至品目8715。

41. (A)从任何其他品目改变至子目8716.10;或者

    (B)从子目8716.90改变至子目8716.10,不论是否又从任何其他品目改变而来,前提是使用累积法时的区域价值成分不低于30%。

42. (A)从任何其他品目改变至子目8716.20;或者

    (B)从子目8716.90改变至子目8716.20,不论是否又从任何其他品目改变而来,前提是使用累积法时的区域价值成分不低于30%。

43. (A)从任何其他品目改变至子目8716.31;或者

    (B)从子目8716.90改变至子目8716.31,不论是否又从任何其他品目改变而来,前提是使用累积法时的区域价值成分不低于30%。

44. (A)从任何其他品目改变至子目8716.39;或者

    (B)从子目8716.90改变至子目8716.39,不论是否又从任何其他品目改变而来,前提是使用累积法时的区域价值成分不低于30%。

45. (A)从任何其他品目改变至子目8716.40;或者

    (B)从子目8716.90改变至子目8716.40,不论是否又从任何其他品目改变而来,前提是使用累积法时的区域价值成分不低于30%。

46. (A)从任何其他品目改变至子目8716.80;或者

    (B)从子目8716.90改变至子目8716.80,不论是否又从任何其他品目改变而来,前提是使用累积法时的区域价值成分不低于30%。

47. 从任何其他品目改变至子目 8716.90。

第八十八章

1. 从任何其他品目改变至品目 8801。
[2 已删除]
3. (A)从任何其他子目改变至子目 8802.11;或者
   (B)不论税则归类是否改变,使用累积法时的区域价值成分不低于 35%,使用扣减法时的区域价值成分不低于 45%。
4. (A)从任何其他子目改变至子目 8802.12;或者
   (B)不论税则归类是否改变,使用累积法时的区域价值成分不低于 35%,使用扣减法时的区域价值成分不低于 45%。
5. 从任何其他子目改变至子目 8802.20。
6. 从任何其他子目改变至子目 8802.30。
7. 从任何其他子目改变至子目 8802.40。
8. 从任何其他子目改变至子目 8802.60。
9. 从任何其他子目改变至子目 8803.10。
10. 从任何其他子目改变至子目 8803.20。
11. 从任何其他子目改变至子目 8803.30。
12. 从任何其他子目改变至子目 8803.90。
13. 从任何其他品目改变至品目 8804。
14. (A)从任何其他品目改变至品目 8805;或者
    (B)不论税则归类是否改变,使用累积法时的区域价值成分不低于 35%,使用扣减法时的区域价值成分不低于 45%。

第八十九章

1. (A)从任何其他章改变至品目 8901;或者
   (B)从任何其他品目改变至品目 8901,不论是否又是从任何其他章改变而来,前提是使用累积法时的区域价值成分不低于 35%,使用扣减法时的区域价值成分不低于 45%。
2. (A)从任何其他章改变至品目 8902;或者
   (B)从任何其他品目改变至品目 8902,不论是否又是从任何其他章改变而来,前提是使用累积法时的区域价值成分不低于 35%,使用扣减法时的区域价值成分不低于 45%。
3. 从任何其他品目改变至品目 8903。
4. (A)从任何其他章改变至品目 8904;或者
   (B)从任何其他品目改变至品目 8904,不论是否又是从任何其他章改变而来,前提是使用累积法时的区域价值成分不低于 35%,使用扣减法时的区域价值成分不低于 45%。
5. (A)从任何其他章改变至品目 8905;或者
   (B)从任何其他品目改变至品目 8905,不论是否又是从任何其他章改变而来,前提是使用累积法时的区域价值成分不低于35%,使用扣减法时的区域价值成分不低于45%。

6. 从任何其他品目改变至品目8906。

7. 从任何其他品目改变至品目8907。

8. 从任何其他品目改变至品目8908。

第九十章

1. (A)从任何其他章(品目7002除外)改变至子目9001.10;或者

   (B)从品目7002改变至子目9001.10,不论是否又从任何其他章改变而来,前提是使用累积法时的区域价值成分不低于35%,使用扣减法时的区域价值成分不低于45%。

2. 从任何其他子目改变至子目9001.20至9901.90。

3. 从任何其他子目(子目9001.90除外)改变至子目9002.11至9002.90。

4. (A)从任何其他品目改变至子目9003.11至9003.19;或者

   (B)从子目9003.90改变至子目9003.11至9003.19,不论是否又从任何其他品目改变而来,前提是使用累积法时的区域价值成分不低于35%,使用扣减法时的区域价值成分不低于45%。

5. 从任何其他品目改变至子目9003.90。

6. (A)从任何其他章改变至品目9004;或者

   (B)从第九十章的任何品目改变至品目9004,不论是否又从任何其他品目改变而来,前提是使用累积法时的区域价值成分不低于35%,使用扣减法时的区域价值成分不低于45%。

7. 从任何其他子目改变至子目9005.10。

8. (A)从任何子目(品目9001至9002或子目9005.90除外)改变至子目9005.80;或者

   (B)从子目9005.90改变至子目9005.80,前提是使用累积法时的区域价值成分不低于35%,使用扣减法的时区域价值成分不低于45%。

9. 从任何其他品目改变至子目9005.90。

10. 从任何其他子目改变至子目9006.30。

11. (A)从任何其他品目改变至子目9006.40;或者

    (B)从子目9006.91或子目9006.99改变至子目9006.40,不论是否又从任何其他品目改变而来,前提是使用累积法时的区域价值成分不低于35%,使用扣减法时的区域价值成分不低于45%。

12. 从任何其他子目改变至子目9006.51。

13. (A)从任何其他品目改变至子目9006.52;或者

    (B)从子目9006.91或子目9006.99改变至子目9006.52,不论是否又从任何其他品目改变而来,前提是使用累积法时的区域价值成分不低于35%,使用扣减法时的区域价值成分不低于45%。

14. 从任何其他子目改变至子目9006.53。

15. (A)从子目9006.59的任何其他货物或任何其他子目改变至子目9006.59的用于制作印版或滚筒的照相机;或者

(B) 从任何其他子目改变至子目 9006.59 的任何其他货物；或者

(C) 从子目 9006.91 或子目 9006.99 改变至子目 9006.59 的任何其他货物，不论是否又从任何其他品目改变而来，前提是使用累积法时的区域价值成分不低于 35%，使用扣减法时的区域价值成分不低于 45%。

16. 从任何其他子目改变至子目 9006.61 至 9006.69。
17. 从任何其他品目改变至子目 9006.91 至 9006.99。
18. 从任何其他品目改变至子目 9006.99。
19. 从任何其他子目改变至子目 9007.10 至 9007.20。
20. (A) 从任何其他品目改变至子目 9007.91 至 9007.92；或者

(B) 不论税则归类是否改变，使用累积法时的区域价值成分不低于 35%，使用扣减法时的区域价值成分不低于 45%。

[21 已删除]

22. (A) 从子目 9008.50 的任何其他货物或任何其他品目改变至子目 9008.50 的幻灯放映机；或者

(B) 从子目 9008.90 改变至子目 9008.50 的幻灯放映机，不论是否又从任何其他品目改变而来，前提是使用累积法时的区域价值成分不低于 35%，使用扣减法时的区域价值成分不低于 45%；或者

(C) 从子目 9008.50 的任何其他货物或任何其他子目改变至缩微胶片或其他缩微胶片阅读器，不论是否能够提供副本、其他图像投影仪或照片（电影除外）放大机和缩小机；或者

(D) 从任何其他子目改变至子目 9008.50 的任何其他货物。

22A. 从任何其他品目改变至子目 9008.90。

[23 至 28 已删除]

29. 从任何其他子目改变至子目 9010.10。

[30 已删除]

31. 从任何其他子目（子目 9010.41 至 9010.50 除外）改变至子目 9010.50。
32. 从任何其他子目改变至子目 9010.60。
33. 从任何其他品目改变至子目 9010.90。
34. (A) 从任何其他品目改变至子目 9011.10 至 9011.80；或者

(B) 从子目 9011.90 改变至子目 9011.10 至 9001.80，不论是否又从任何其他品目改变而来，前提是使用累积法时的区域价值成分不低于 35%，使用扣减法时的区域价值成分不低于 45%。

35. 从任何其他品目改变至子目 9011.90。
36. 从任何其他子目改变至子目 9012.10。
37. 从任何其他品目改变至子目 9012.90。
38. (A) 从任何其他品目改变至子目 9013.10；或者

(B) 从子目 9013.90 改变至子目 9013.10，不论是否又从任何其他品目改变而来，前提是使用累积法时的区域价值成分不低于 35%，使用扣减法时的区域价值成分不低

于 45%。

39. 从任何其他子目改变至子目 9013.20。

40. (A)从任何其他品目改变至子目 9013.80;或者

   (B)从子目 9013.90 改变至子目 9013.80,不论是否又从任何其他品目改变而来,前提是使用累积法时的区域价值成分不低于 35%,使用扣减法时的区域价值成分不低于 45%。

41. (A)从任何其他品目改变至子目 9013.90;或者

   (B)不论税则归类是否改变,使用累积法时的区域价值成分不低于 35%,使用扣减法时的区域价值成分不低于 45%。

42. 从任何其他子目改变至子目 9014.10 至 9014.80。

43. 从任何其他品目改变至子目 9014.90。

44. 从任何其他子目改变至子目 9015.10 至 9015.80。

45. (A)从任何其他品目改变至子目 9015.90;或者

   (B)不论税则归类是否改变,使用累积法时的区域价值成分不低于 35%,使用扣减法时的区域价值成分不低于 45%。

46. 从任何其他品目改变至品目 9016。

47. 从任何其他子目改变至子目 9017.10 至 9017.20。

48. (A)从任何其他品目改变至子目 9017.30 至 9017.80;或者

   (B)从子目 9017.90 改变至子目 9017.30 至 9017.80,不论是否又从任何其他品目改变而来,前提是使用累积法时的区域价值成分不低于 35%,使用扣减法时的区域价值成分不低于 45%。

49. (A)从任何其他品目改变至子目 9017.90;或者

   (B)不论税则归类是否改变,使用累积法时的区域价值成分不低于 35%,使用扣减法时的区域价值成分不低于 45%。

50. 从任何其他品目改变至品目 9018 至 9021。

51. 从任何其他子目(子目 9022.12 至 9022.14 除外)改变至子目 9022.12 至 9022.14。

52. 从任何其他子目(包括子目 9022.19 至 9022.90 中的另一子目)改变至子目 9022.19 至 9022.90。

53. 从任何其他品目改变至品目 9023。

54. 从任何其他子目改变至子目 9024.10 至 9024.80。

55. (A)从任何其他品目改变至子目 9024.90;或者

   (B)不论税则归类是否改变,使用累积法时的区域价值成分不低于 35%,使用扣减法时的区域价值成分不低于 45%。

56. 从任何其他子目(包括子目 9025.11 至 9025.80 中的另一子目)改变至子目 9025.11 至 9025.80。

57. (A)从任何其他品目改变至子目 9025.90;或者

   (B)不论税则归类是否改变,使用累积法时的区域价值成分不低于 35%,使用扣减法时的区域价值成分不低于 45%。

58. 从任何其他品目改变至品目 9026。

59. 从任何其他子目(包括子目 9027.10 至 9027.90 中的另一子目)改变至子目 9027.10 至 9027.90。

60. 从任何其他子目改变至子目 9028.10 至 9028.30。

61. (A)从任何其他品目改变至子目 9028.90;或者
 (B)不论税则归类是否改变,使用累积法时的区域价值成分不低于 35%,使用扣减法时的区域价值成分不低于 45%。

62. (A)从任何其他品目改变至子目 9029.10 至 9029.20;或者
 (B)从子目 9029.90 改变至子目 9029.10 至 9029.20,不论是否又从任何其他品目改变而来,前提是使用累积法时的区域价值成分不低于 35%,使用扣减法时的区域价值成分不低于 45%。

63. (A)从任何其他品目改变至子目 9029.90;或者
 (B)不论税则归类是否改变,使用累积法时的区域价值成分不低于 35%,使用扣减法时的区域价值成分不低于 45%。

64. 从任何其他子目(包括子目 9030.10 至 9030.20 中的另一子目)改变至子目 9030.10 至 9030.20。

64A. 从任何其他子目改变至子目 9030.31。

64B. 从任何其他子目(子目 9030.84 除外)改变至子目 9030.32。

64C. 从任何其他子目(包括子目 9030.33 至 9030.82 中的另一子目)改变至子目 9030.33 至 9030.82。

64D. 从任何其他子目(子目 9030.32 除外)改变至子目 9030.84。

64E. 从任何其他子目(包括子目 9030.89 至 9030.90 中的另一子目)改变至子目 9030.89 至 9030.90。

65. 从任何其他子目改变至子目 9031.10 至 9031.20。

66. 从任何其他子目改变至子目 9031.41。

67. (A)从任何其他子目改变至子目 9031.49 的剖面投影仪;或者
 (B)从任何其他子目(子目 9031.41 和子目 9031.49 的任何其他光学仪器和装置除外)改变至子目 9031.49。

68. 从任何其他子目改变至子目 9031.80。

69. (A)从任何其他品目改变至子目 9031.90;或者
 (B)不论税则归类是否改变,使用累积法时的区域价值成分不低于 35%,使用扣减法时的区域价值成分不低于 45%。

70. 从任何其他子目(包括子目 9032.10 至 9083.89 中的另一子目)改变至子目 9032.10 至 9083.89。

71. (A)从任何其他子目改变至子目 9032.90;或者
 (B)不论税则归类是否改变,使用累积法时的区域价值成分不低于 35%,使用扣减法时的区域价值成分不低于 45%。

72. (A)从任何其他品目改变至品目 9033;或者

(B)不论税则归类是否改变,使用累积法时的区域价值成分不低于35%,使用扣减法时的区域价值成分不低于45%。

第九十一章

1. (A)从任何其他章改变至子目9101.11;或者

    (B)从品目9114改变至子目9101.11,不论是否又从任何其他章改变而来,前提是使用累积法时的区域价值成分不低于35%,使用扣减法时的区域价值成分不低于45%。

2. (A)从任何其他品目改变至子目9101.19的电动腕表(不论是否包含秒表设施),前提是区域价值不低于:

    (1)使用累积法时的35%,或

    (2)使用扣减法时的45%。

    (B)从品目9114改变至子目9101.19的其他货物,前提是区域价值成分不低于:

    (1)使用累积法时的35%,或

    (2)使用扣减法时的45%。

    (C)从任何其他章改变至子目9101.19的任何货物。

[3 已删除]

4. 从任何其他品目(品目9108至9110除外)改变至子目9101.21。

5. (A)从任何其他章改变至子目9101.29;或者

    (B)从品目9114改变至子目9101.29,不论是否又从任何其他章改变而来,前提是使用累积法时的区域价值成分不低于35%,使用扣减法时的区域价值成分不低于45%。

6. 从任何其他品目(品目9108至9110除外)改变至子目9101.91。

7. (A)从任何其他章改变至子目9101.99;或者

    (B)从品目9114改变至子目9101.99,不论是否又从任何其他章改变而来,前提是使用累积法时的区域价值成分不低于35%,使用扣减法的区域价值成分不低于45%。

8. (A)从任何其他章改变至品目9102至9107;或者

    (B)从品目9114改变至品目9102至9107,不论是否又从任何其他章改变而来,前提是使用累积法时的区域价值成分不低于35%,使用扣减法时的区域价值成分不低于45%。

9. 从任何其他品目(包括品目9108至9110中的另一品目)改变至品目9108至9110,前提是区域价值成分不低于:

    (1)使用累积法时的35%,或

    (2)使用扣减法时的45%。

10. 从子目9111.90或任何其他品目改变至子目9111.10至9111.80,前提是使用累积法时的区域价值成分不低于35%,使用扣减法时的区域价值成分不低于45%。

11. 从任何其他品目改变至子目9111.90。

12. 从子目9112.90或任何其他品目改变至子目9112.20,前提是使用累积法时的区域价值成分不低于35%,使用扣减法时的区域价值成分不低于45%。

13. 从任何其他品目改变至子目9112.90。

14. 从任何其他品目改变至品目9113,前提是使用累积法时的区域价值成分不低于

35%,使用扣减法时的区域价值成分不低于45%。

15. 从任何其他品目改变至品目9114。

第九十二章

1. 从任何其他品目当改变是根据总规则二(一)进行时,(品目9209除外)改变至品目9201。

2. 从任何其他品目当改变是根据总规则二(一)进行时,(品目9209除外)改变至子目9202.10。

3. (A)从任何其他章改变至子目9202.90;或者

   (B)从品目9209改变至子目9202.90,不论是否又是从任何其他章改变而来,前提是使用累积法时的区域价值成分不低于35%,使用扣减法时的区域价值成分不低于45%。

4. 从任何其他品目当改变是根据总规则二(一)进行时,(品目9209除外)改变至品目9203至9205。

5. (A)从任何其他章改变至品目9206至9208;或者

   (B)从品目9209改变至品目9206,不论是否又从任何其他章改变而来,前提是使用累积法时的区域价值成分不低于35%,使用扣减法时的区域价值成分不低于45%。

6. 从任何其他品目改变至品目9209。

第九十三章

1. (A)从任何其他章改变至品目9301;或者

   (B)从品目9305改变至品目9301,不论是否又从任何其他章改变而来,前提是使用累积法时的区域价值成分不低于35%,使用扣减法时的区域价值成分不低于45%。

2. 从任何其他品目(包括品目9302至9303中的另一品目,当改变是根据总规则二(一)进行时,品目9305除外)改变至品目9302至9303。

3. (A)从任何其他章改变至品目9304;或者

   (B)从品目9305改变至品目9304,不论是否又从任何其他章改变而来,前提是使用累积法时的区域价值成分不低于35%,使用扣减法时的区域价值成分不低于45%。

4. (A)从任何其他品目改变至品目9305;或者

   (B)不论税则归类是否改变,使用累积法时的区域价值成分不低于35%,使用扣减法时的区域价值成分不低于45%。

5. 从任何其他品目改变至品目9306。

6. 从任何其他品目改变至品目9307。

第九十四章

1. 从任何其他子目[子目9401.10至9401.80或子目9403.10至9403.89除外,当改变是根据总规则二(一)进行时,子目9401.90或子目9403.90除外]改变至子目9401.10至9401.80。

2. 从任何其他品目改变至子目9401.90。

3. 从任何其他品目[子目9401.10至9401.80或子目9403.10至9403.80除外,当改变是根据总规则二(一)进行时,子目9401.90或子目9403.90除外]改变至品目9402。

4. 从任何其他子目[子目 9401.10 至 9401.80 或子目 9403.10 至 9403.89 除外,当改变是根据总规则二(一)进行时,子目 9401.90 或子目 9403.90 除外]改变至子目 9403.10 至 9403.80。

5. 从任何其他品目(包括子目 9403.90 至 9404.21 中的另一品目)改变至子目 9403.90 至 9404.21。

6. 从任何其他章改变至子目 9404.29 至 9404.30。

7. 从任何其他章改变至子目 9404.30。

8. 从任何其他章(品目 5007、品目 5111 至 5113、品目 5208 至 5212、品目 5309 至 5311、品目 5407 至 5408、品目 5512 至 5516 或子目 6307.90 除外)改变至子目 9404.90。

9. (A)从任何其他章改变至子目 9405.10 至 9405.60;或者

(B)从子目 9405.91 至 9405.99 改变至子目 9405.10 至 9405.60,不论是否又从任何其他章改变而来,前提是使用累积法时的区域价值成分不低于 35%,使用扣减法时的区域价值成分不低于 45%。

10. 从任何其他品目改变至子目 9405.91 至 9405.99。

11. 从任何其他品目改变至品目 9406。

第九十五章

[1 至 3 已删除]

4. (A)从任何其他章改变至品目 9503;或者

(B)税则归类无需改变,前提是区域价值成分不低于:

(1)使用累积法时的 35%,或

(2)使用扣减法时的 45%。

[5 至 8 已删除]

9. 从任何其他子目(包括子目 9504.20 至 9504.90 中的另一子目)改变至子目 9504.20 至 9504.90。

10. 从任何其他子目(包括子目 9505.10 至 9505.90 中的另一子目)改变至子目 9505.10 至 9505.90。

11. 从任何其他子目(包括子目 9506.11 至 9506.29 中的另一子目)改变至子目 9506.11 至 9506.29。

12. 从任何其他子目(子目 9506.39 除外)改变至子目 9506.31。

13. 从任何其他子目(包括子目 9506.32 至 9506.39 中的另一子目)改变至子目 9506.32 至 9506.39。

14. 从任何其他章改变至子目 9506.40 至 9506.59。

15. 从任何其他子目(包括子目 9506.61 至 9506.62 中的另一子目)改变至子目 9506.61 至 9506.62。

16. 从任何其他章改变至 9506.69。

17. 从任何其他子目(包括子目 9506.70 至 9506.91 中的另一子目)改变至子目 9506.70 至 9506.91。

18. 从任何其他章改变至子目 9506.99。

19. 从任何其他章改变至品目9507。

20. 从任何其他品目改变至品目9508。

第九十六章

1. 从任何其他品目(包括品目9601至9602中的另一子目)改变至品目9601至9602。

2. 从任何其他章改变至子目9603.10。

3. 从任何其他品目改变至子目9603.21。

4. 从任何其他章改变至子目9603.29。

5. 从任何其他品目改变至子目9603.30。

6. 从任何其他章改变至子目9603.40。

7. 从任何其他品目改变至子目9603.50至9603.90。

8. 从任何其他品目改变至品目9604。

9. 从任何其他章改变至品目9605。

10. 从任何其他品目改变至子目9606.10。

11. (A)从任何其他章改变至子目9606.21;或者

    (B)从子目9606.30改变至子目9606.21,不论是否又从任何其他章改变而来,前提是使用累积法时的区域价值成分不低于35%,扣减法时的区域价值成分不低于45%。

12. 从任何其他品目改变至子目9606.22。

13. (A)从任何其他章改变至子目9606.29;或者

    (B)从子目9606.30改变至子目9606.29,不论是否又从任何其他章改变而来,前提是使用累积法时的区域价值成分不低于35%,使用扣减法时的区域价值成分不低于45%。

14. 从任何其他品目改变至子目9606.30。

15. (A)从任何其他章改变至子目9607.11至9607.19,或者

    (B)从子目9607.20改变至子目9607.11至9607.19,不论是否又从任何其他章改变而来,前提是使用累积法时的区域价值成分不低于35%,使用扣减法时的区域价值成分不低于45%。

16. 从任何其他品目改变至子目9607.20。

17. (A)从任何其他章改变至子目9608.10至9608.20;或者

    (B)从子目9608.60至9608.99改变至子目9608.10至9608.20,不论是否又从任何其他章改变而来,前提是使用累积法时的区域价值成分不低于35%,使用扣减法时的区域价值成分不低于45%。

17A. (A)从子目9608.30的任何其他货物或任何其他子目改变至子目9608.30的印度墨笔;或者

    (B)从任何其他子目改变至子目9608.30的任何其他货物。

17B. (A)从任何其他章改变至子目9608.40至9608.50;或者

    (B)从子目9608.60至9608.99改变至子目9608.40至9608.50,不论是否又从任何其他章改变而来,前提是使用累积法时的区域价值成分不低于35%,使用扣减法

时的区域价值成分不低于45%。

18. 从任何其他品目改变至子目9608.60至9608.99。

19. 从任何其他章改变至品目9609。

20. 从任何其他品目(包括品目9610至9611中的另一子目)改变至品目9610至9611。

21. 从任何其他章改变至子目9612.10。

22. 从任何其他品目改变至子目9612.20。

23. (A)从任何其他章改变至子目9613.10至9613.80;或者

(B)从子目9613.90改变至子目9613.10至9613.80,不论是否又从任何其他章改变而来,前提是使用累积法时的区域价值成分不低于35%,使用扣减法时的区域价值成分不低于45%。

24. 从任何其他品目改变至子目9613.90。

[25 已删除]

26. 从任何其他品目改变至品目9614。

27. (A)从任何其他章改变至子目9615.11至9615.19;或者

(B)从子目9615.90改变至子目9615.11至9615.19,不论是否又从任何其他章改变而来,前提是使用累积法时的区域价值成分不低于35%,使用扣减法时的区域价值成分不低于45%。

28. 从任何其他品目改变至子目9615.90。

29. 从任何其他品目改变至品目9616。

30. 从任何其他章改变至品目9617。

31. 从任何其他品目改变至品目9618。

品目规则:为确定本品目纺织材料货物的原产地,适用于该货物的规则仅适用于确定该货物税则归类的成分,且该成分必须满足规则中规定的该货物税则归类改变要求。

32. (A)从任何其他章(品目5106至5113、品目5204至5212、品目5307至5308、品目5310至5311或第五十四章至第五十五章除外)改变至品目9619的纺织絮胎制品;或者

(B)从任何其他章(品目5106至5113、品目5204至5212、品目5307至5308、品目5310至5311、第五十四章或品目5508至5516或品目6001至6006除外)改变至品目9619的纺织材料货物(絮胎除外),前提是该货物在美国或/和新加坡境内裁剪(或针织成型)并缝制或以其他方式组合;或者

(C)从任何其他品目改变至品目9619的任何其他货物。

33. 从任何其他子目改变至品目9620。

第九十七章

1. 从任何其他子目(包括子目9701.10至9701.90中的另一子目)改变至子目9701.10至9701.90。

2. 从任何其他品目(包括品目9702至9706中的另一子目)改变至品目9702至9706。

二十六、《美国-智利自由贸易协定》

(一)符合《美国-智利自由贸易协定》(UCFTA)条款的原产货物应缴纳该协定规定的关税。本注释(二)款至(十四)款所定义的智利货物进口至美国境内,并按照"税率"第1栏"特惠"子栏括号中符号"CL"的子目入境,根据《美国-智利自由贸易协定实施法》(公法108-78;117 Stat. 948)第201节和第202节,有资格享受"特惠"子栏中规定的关税待遇和数量限制。

(二)就本注释而言,除下述(三)款、(四)款、(十三)款和(十四)款另有规定外,进口至美国境内的货物只有在以下情况下才有资格被视为《美国-智利自由贸易协定》缔约国(以下称UCFTA国家)的原产货物:

(i)在智利或/和美国境内完全获得或生产;

(ii)完全在智利或/和美国境内生产,以及

 (A)货物生产过程中使用的每种非原产材料都发生了下述(十四)款规定的税则归类改变,或

 (B)该货物以其他方式满足任何适用的区域价值成分或下述(十四)款规定的其他要求,以及

满足本注释和适用法规的所有其他适用要求;或者

(iii)完全在智利或/和美国境内生产,且仅使用上述(i)款或(ii)款所述材料制成。

就本注释而言,"UCFTA国家"仅指智利或美国。

(三)(i)就(二)(i)款而言,除下述(四)款对纺织品和服装另有规定以外,"完全获得或生产"涉及以下货物:

 (A)在智利或/和美国境内开采的矿产货物;

 (B)在智利或/和美国境内收获的蔬菜货物(如本税则所界定);

 (C)在智利或/和美国境内出生和饲养的活动物;

 (D)在智利或/和美国境内进行狩猎、诱捕或捕捞获得的货物;

 (E)在智利或美国注册或登记并悬挂其国旗的船舶从海上获得的货物(鱼类、贝类和其他海洋生物);

 (F)仅使用上述(E)款所述产品在工厂船上生产的货物,该工厂船在智利或美国注册或登记并悬挂其国旗;

 (G)智利或美国、智利人或美国人从领海以外的海床或底土中取得的货物,前提是智利或美国有权开采该海床或底土;

 (H)从外层空间取得的货物,前提是这些货物由智利或美国、智利人或美国人取得,并且不是在智利或美国以外的国家境内加工的;

 (I)废碎料,来源于:

  (1)在智利或/和美国境内的制造或加工业务,或者

  (2)在智利或/和美国境内收集的废旧物品,前提是这些货物只适合回收原材料;

 (J)在智利或/和美国境内来源于废旧物品的回收货物;或者

(K)在智利或/和美国境内生产的货物,在任何生产阶段完全由上述(A)款至(I)款所述货物或其衍生物制成。

(ii)(A)就上述(i)(J)款而言,"回收货物"是指由于以下原因而形成的单个零件形式的材料:

(1)将废旧物品完全分解成单个零件;以及

(2)通过以下一个或多个工序对这些零件进行清洁、检查、测试或其他加工,以改善该零件的工作状态:焊接、火焰喷涂、表面加工、滚花、电镀、套接和复卷,上述工序能使这些零件与其他零件(包括其他回收的零件)组装起来,生产下述(B)款所定义的再制造货物。

(B)就本注释而言,"再制造货物"是指在智利或美国境内组装的、归入本税则下述条款的工业产品(设计主要用于品目8702、品目8703、品目8706和品目8707或子目8704.21、子目8704.31和子目8704.32项下汽车用品的除外):子目8408.10、子目8408.20、子目8408.90、子目8409.91、子目8409.99、子目8412.21、子目8412.29、子目8412.39、子目8412.90、子目8413.30、子目8413.50、子目8413.60、子目8413.91、子目8414.30、子目8414.80、子目8414.90、子目8419.89、子目8431.20、子目8431.49、子目8481.20、子目8481.40、子目8481.80、子目8481.90、子目8483.10、子目8483.30、子目8483.40、子目8483.50、子目8483.60、子目8483.90、子目8503、子目8511.40、子目8511.50、子目8526.10、子目8537.10、子目8542.21、子目8708.31、子目8708.39、子目8708.40、子目8708.60、子目8708.70、子目8708.93、子目8708.99或子目9031.49;

当这种工业产品——

(1)全部或部分由回收货物组成,

(2)具有与新产品相同的预期寿命和性能标准,以及

(3)享受与新产品相同的工厂保修。

(C)就本注释而言——

(1)"材料"是指用于生产另一种货物的货物,包括零件、组成成分或中性成分;

(2)"自产材料"是指由货物生产商生产并用于生产该货物的原产材料;以及

(3)"非原产货物或材料"是指根据本注释不符合原产货物条件的货物或材料(视情况而定)。

(D)就本注释而言,"生产"是指种植、饲养、开采、收割、捕捞、诱捕、狩猎、制造、加工、组装或拆卸货物;而"生产商"是指在智利或美国境内从事货物生产的人。

(iii)如果货物根据本注释进行了符合原产货物资格的必要生产后,在智利或美国境外进行进一步加工或任何其他操作(为使货物保持良好状态所必要的或为将货物运至智利或美国境内而进行的卸货、重新装载或任何其他操作除外),则该货物不应被视为原产货物。

(四)纺织品和服装。

(i)除下述(ii)款规定外,本税则第五十章至第六十三章的货物不是本注释条款下的原产货

物,原因是用于确定货物税则归类的货物成分的特定纤维或纱线未发生下述(十四)款规定的税则归类改变;如果该货物成分中所有此类纤维或纱线的总重量不超过该成分总重量的7%,则该货物应被视为原产货物。尽管有上述规定,但如果确定纺织品或服装税则归类的成分中含有弹性纱线,则只有在这些纱线全部在智利或美国境内成型的情况下,纺织品或服装才被视为原产货物。

(ii)尽管下述(十四)款有规定,但根据总规则三的规定,可归类为零售成套货物的纺织品和服装不应被视为原产货物,除非成套货物中的每一件货物均为原产货物,或成套货物中非原产货物的总价值不超过成套货物总估价的10%。

(五)微小含量。

(i)除下述(ii)款另有规定外,未发生下述(十四)款规定的税则归类改变的货物[上述(四)款所述纺织品或服装除外]应被视为原产货物,前提是:

(A)用于生产未发生所要求的税则归类改变的货物的所有非原产材料的价值,不超过货物调整后的价值的10%;

(B)在计算本注释下任何适用区域价值成分要求的非原产材料价值时,此类非原产材料的价值包含在其中;以及

(C)该货物符合本注释规定的所有其他适用要求。

(ii)上述(i)款不适用于:

(A)用于生产第四章货物的第四章的非原产材料或者子目1901.90或子目2106.90的乳固体含量(按重量计)超过10%的非原产乳制品;

(B)用于生产下列货物的第四章的非原产材料或子目1901.90的乳固体含量(按重量计)超过10%的非原产乳制品:

(1)子目1901.10的乳固体含量(按重量计)超过10%的婴儿制品,

(2)子目1901.20的非供零售用的乳脂含量(按重量计)超过25%的混合物和面团,

(3)子目1901.90或子目2106.90的乳固体含量(按重量计)超过10%的乳制品,

(4)品目2105的货物,

(5)子目2202.90的含乳饮料,或者

(6)子目2309.90的乳固体含量(按重量计)超过10%的动物饲料;

(C)用于生产子目2009.11至2009.39的货物或者用于生产子目2106.90或子目2202.90的添加矿物质或维生素的任何单一水果或蔬菜的浓缩汁或未浓缩汁的品目0805或子目2009.11至2009.39的非原产材料;

(D)用于生产品目1501至1508、品目1512、品目1514或品目1515货物的第十五章的非原产材料;

(E)用于生产品目1701至1703货物的品目1701的非原产材料;

(F)用于生产子目1806.10货物的第十七章或品目1805的非原产材料;

(G)用于生产品目2207或品目2208货物的品目2203至2208的非原产材料;以及

(H)用于生产第一章至第二十一章货物的非原产材料,除非该非原产材料所属子目与根据本注释确定原产地的货物所属子目不同。

(iii)就本注释而言,"调整后的价值"是指根据《关于实施 1994 年关税与贸易总协定第七条的协定》(《海关估价协定》)第 1 至 8 条、第 15 条和相应的解释性说明确定的价值,此价值可调整为不包括从出口国到进口地的国际货物运输、保险和相关服务所产生的任何成本、费用或开支。

(六)累积。

(i)就本注释而言,用来自智利或美国的原产材料在另一国境内生产的货物应被视为原产于该另一国境内。

(ii)由一个或多个生产商在智利或/和美国境内生产的货物如果满足本注释的所有适用要求,则该货物为原产货物。

(七)区域价值成分。

(i)如果下述(十四)款中的规则规定了某一货物的区域价值成分,则该货物的区域价值成分应根据下述累积法或扣减法,由主张本注释规定的关税待遇的人选择计算,除非本注释另有规定:

(A)对于扣减法,区域价值成分可根据公式 $RVC=(AV-VNM)/AV \times 100\%$ 计算。其中,RVC 是区域价值成分,以百分比表示;AV 是调整后的价值;VNM 是生产商在生产货物时使用的非原产材料的价值。

(B)对于累积法,区域价值成分可根据公式 $RVC=VOM/AV \times 100\%$ 计算。其中,RVC 是区域价值成分,以百分比表示;AV 是调整后的价值;VOM 是生产商在生产货物时使用的原产材料的价值。

(ii)材料的价值。

(A)为了计算上述(i)款项下货物的区域价值成分,以及为了适用本注释(五)款关于微小含量的规定,材料的价值为:

(1)就货物生产商进口的材料而言,材料的价值为材料的调整价值;

(2)就在货物生产地获得的材料而言,除下述(3)款适用的材料外,材料的价值为材料的调整价值;

(3)就自行生产的材料而言,如果货物生产商和材料销售商之间的关系影响材料(包括免费获得的材料)实际支付或应付的价格,则材料的价值为以下两项之和——

(Ⅰ)材料生长、生产或制造过程中产生的所有费用(包括一般费用),以及

(Ⅱ)利润额。

(B)材料的价值可调整如下:

(1)对于原产材料,如果上述(A)款未包含以下费用,则可将其添加到原产材料的价值中:

(Ⅰ)将材料运输至生产商所在地所产生的运费、保险费、包装费和所有其他费用;

(Ⅱ)在智利或美国境内支付的材料的关税、税款和报关经纪费,但免除、退回、退还或以其他方式收回的关税和税款(包括已支付或应付关税或税款的抵

免)除外;以及

(Ⅲ)在生产货物过程中使用材料产生的废物和腐败成本,减去可回收废料或副产品的价值。

(2)对于非原产材料,如果包含在上述(A)款中,则可从非原产材料的价值中扣除以下费用:

(Ⅰ)将材料运输至生产商所在地所产生的运费、保险费、包装费和所有其他费用;

(Ⅱ)在智利或美国境内支付的材料的关税、税款和报关经纪费,但免除、退回、退还或以其他方式收回的关税和税款(包括已支付或应付关税或税款的抵免)除外;

(Ⅲ)在生产货物过程中使用材料产生的废物和腐败成本,减去可回收废料或副产品的价值;以及

(Ⅳ)在智利或美国境内生产非原产材料所使用的原产材料的成本。

(C)本注释所述任何成本或价值,均须按照货物生产国(不论智利或美国)境内适用的一般公认会计原则予以记录和保持。公认会计原则是界定智利或美国境内(视情况而定)普遍接受的会计实践的原则、做法和程序,包括广泛和具体适用的准则。

(八)附件、备件或工具。与货物一起交付的附件、备件或工具构成货物标准附件、备件或工具的一部分,应被视为货物生产中使用的材料,如果——

(i)附件、备件或工具未与货物分开开具发票;以及

(ii)按商业习惯,上述附件、备件或工具在数量及价值上是为该货物正常配备的。

(九)可替代货物和可替代材料。

(i)主张货物享受本注释规定待遇的人可根据可替代货物或材料的物理分离或者通过采用库存管理方法主张可替代货物或可替代材料为原产。在本款中,"库存管理方法"是指——

(A)平均,

(B)"后进先出",

(C)"先进先出",或

(D)生产所在国(不论是智利还是美国)的公认会计原则中确认的或该国以其他方式接受的任何其他方法。

"可替代货物"或"可替代材料"是指为商业目的可互换且性质基本相同的货物或材料(视情况而定)。

(ii)根据上述(i)款为特定可替代货物或材料选择存货管理方法的人,应在其整个会计年度内持续对这些可替代货物或可替代材料使用该方法。

(十)包装材料和容器。

(i)零售用包装材料和容器,如果与享受本注释规定的关税待遇的货物一起归类,则在确定

用于生产该货物的所有非原产材料是否发生下述(十四)款规定的税则归类改变时,应忽略不计。如果该货物受区域价值成分约束,则在计算货物的区域价值成分时,包装材料和容器的价值应被视为原产或非原产材料(视情况而定)的价值而予以考虑。

(ii)装运用包装材料和容器在确定以下要求时应不予考虑:

(A)用于生产货物的非原产材料发生下述(十四)款规定的税则归类改变;以及

(B)货物满足区域价值成分要求。

(十一)<u>中性成分</u>。就本注释而言,中性成分应被视为原产材料,而不考虑其产地。"<u>中性成分</u>"是指在生产、测试或检验货物时使用或消耗但未物理并入货物的材料,或者在维护建筑物或操作与货物生产相关的设备时使用或消耗的材料,包括:

(i)燃料和能源;

(ii)工具、模具及型模;

(iii)维护设备或建筑物所使用或消耗的备件和材料;

(iv)在生产或操作设备和维护建筑物时使用或消耗的润滑剂、油脂、合成材料和其他材料;

(v)手套、眼镜、鞋靴、服装、安全设备和用品;

(vi)用于测试或检验货物的设备、装置和用品;

(vii)催化剂和溶剂;以及

(viii)在货物生产过程中使用,虽未构成该货物组成成分,但能合理表明为该货物生产过程一部分的任何其他货物。

(十二)<u>记录保存要求和核查</u>。

(i)根据本注释的规定,被视为 UCFTA 国家原产货物的货物进口商应根据适用法规的条款作出书面声明,说明该货物符合原产资格,并应在相关海关官员提出要求时提交原产地证书,证明货物是符合本注释规定的原产货物,包括相关成本和制造信息以及海关官员要求的所有其他信息。

(ii)进口商应在货物进口之日起 5 年内保存原产地证书或其他证明货物符合原产资格的资料,以及与货物进口有关的适用条例要求的与货物进口有关的所有其他文件货物,包括以下记录:

(A)货物的采购、成本、价值和付款,

(B)在适当情况下,用于生产货物的所有材料(包括中性成分)的采购、成本、价值和付款,以及

(C)在适当情况下,以货物出口的形式进行的货物生产;

并应按照海关官员的要求,提供适用法规所需的记录,以证明货物符合本注释规定的原产货物资格。

(iii)为确定从智利境内进口至美国境内的货物是否符合本注释关于原产货物的规定,相关海关官员可以按照美国和智利可能同意的条款或程序进行核查,如有关规定所述。

(十三)原产地规则的解释。
 (i)除另有规定外,本注释(十四)款中在四位品目适用规则之后列出的六位子目适用规则优先于包含上述子目项下货物的四位品目的适用规则。就本款和本注释(十四)款而言,如果一个关税条款的物品描述不是缩进排印的,则该关税条款为"品目";如果一个关税条款在本税则下用6位数字表示,则该关税条款为"子目"。
 (ii)除本税则另有规定外,下述(十四)款所述规则提及的本税则第一章至第二十四章货物的重量均指干重。
 (iii)下述(十四)款中的税则归类改变要求仅适用于非原产材料。
 (iv)货物不得仅因经过以下操作而被视为原产货物:
  (A)简单组合或包装;或者
  (B)仅用水或其他物质稀释却未实质性改变货物特性。
 (v)为将本注释适用于本税则第六章至第十四章的货物,在智利或美国境内种植的农业和园艺货物应被视为原产于智利或美国境内,即使上述农业和园艺货物是用从智利或美国以外的国家进口的植物种子、鳞茎、根茎、插条、侧枝或其他活性部分种植的。
 (vi)(A)为将本注释适用于本税则第二十八章至第三十八章的货物,除本款另有规定外,下列规定赋予该章任何品目或子目货物的原产资格。
  (B)尽管有上述(A)款的规定,但如果第二十八章至第三十八章的货物满足税则归类改变或满足本注释(十四)款规定的区域价值成分要求,则该货物为原产货物。
  (C)在智利或/和美国境内发生化学反应而产生的第二十八章至第三十八章的货物(品目3823的货物除外)应被视为原产货物。就上述章中的货物而言,"化学反应"是通过破坏分子内键并形成新的分子内键或通过改变分子中原子的空间排列而产生具有新结构的分子的过程(包括生化过程)。

   为确定货物是否原产,以下情况不被视为化学反应:
   (1)溶于水或其他溶剂;
   (2)去除溶剂,包括溶剂水;或者
   (3)加入或排除结晶水。
  (D)第二十八章至第三十八章的经净化的货物应被视为原产货物,前提是净化发生在智利或/和美国境内,并产生以下结果:
   (1)去除80%的杂质;或者
   (2)减少或去除杂质,使产品适合以下一种或多种应用:
    (Ⅰ)用作药品、医药、化妆品、兽医或食品级物质,
    (Ⅱ)用作分析、诊断或实验室用途的化学产品或试剂,
    (Ⅲ)用作微电子组件的元件或组件,
    (Ⅳ)用于特殊光学用途,
    (Ⅴ)用于健康和安全的无毒用途,
    (Ⅵ)用于生物技术用途,
    (Ⅶ)用作分离过程中的载体,或
    (Ⅷ)用于原子核级用途。

(E)如果遵照预定规格有目的、按比例控制材料的混合(包括分散),在智利或/和美国境内生产第三十章、第三十一章或第三十三章至第三十八章(品目3808除外)的货物,且该货物具有与货物用途相关、与投入材料不同的物理或化学特性,则该货物应被视为原产货物。

(F)如果有目的和有控制地减小货物的粒度,包括通过溶解聚合物和随后的沉淀(而不是仅仅通过压碎或压制)进行微粉化,在智利或/和美国境内境内生产具有规定粒径、规定粒度分布或规定表面积的第三十章、第三十一章或第三十三章的货物,与该货物的用途相关,具有与投入材料不同的物理或化学特性,则该货物应被视为原产货物。

(G)如果标准物质的生产发生在智利或/和美国境内,则第二十八章至第三十八章的货物应被视为原产货物。在本注释中,"标准物质"(包括标准溶液)是一种适合于分析、校准或参考用途的制剂,其纯度或比例由制造商认证。

(H)如果从异构体混合物中分离异构体发生在智利或/和美国境内,则第二十八章至第三十八章的货物应被视为原产货物。

(I)从人造混合物中分离出一种或多种材料,导致第二十八章至第三十八章的货物在智利或/和美国境内发生税则归类改变,该货物不得被视为原产货物,除非上述分离材料过程在智利或/和美国境内发生了化学反应。

(十四)税则归类规则的变化[注:Pres. Proc. 8771未更新,自2012年2月3日起生效]

第一章
从任何其他章改变至品目0101至0106。

第二章
从任何其他章改变至品目0201至0210。

第三章
从任何其他章改变至品目0301至0308。

第四章
从任何其他章[子目1901.90的乳固体含量(按重量计)超过10%的乳制品和子目2106.90的乳固体含量(按重量计)超过10%的产品除外]改变至品目0401至0410。

第五章
从任何其他章改变至品目0501至0511。

第六章
从任何其他章改变至品目0601至0604。

第七章
1. 从任何其他章改变至子目0701.10至0712.39。
2. (A)从子目0712.90的未压碎或磨碎的马郁兰、香草或香菜或任何其他章改变至子目0712.90的压碎或磨碎的马郁兰、香草或香菜;或者

    (B)从任何其他章改变至子目0712.90的任何其他货物。
3. 从任何其他章改变至品目0713至0714。

第八章

从任何其他章改变至品目 0801 至 0814。

第九章

1. 从任何其他章改变至子目 0901.11 至 0901.12。

1A. 从任何其他子目改变至子目 0901.21。

1B. 从任何其他子目（子目 0901.21 除外）改变至子目 0901.22。

1C. 从任何其他章改变至子目 0901.90。

2. 从任何其他子目改变至品目 0902。

3. 从任何其他章改变至品目 0903。

4.（A）从子目 0904.11 至 0910.99 的未压碎、磨碎或粉状的香料或任何其他子目改变至子目 0904.11 至 0910.99 的用于零售的压碎、磨碎或粉状的香料；或者

（B）从任何其他子目改变至子目 0904.11 至 0910.99 的混合香料或任何货物（用于零售的粉碎、磨碎或粉状的香料除外）。

第十章

从任何其他章改变至品目 1001 至 1008。

第十一章

从任何其他章改变至品目 1101 至 1109。

第十二章

1. 从任何其他章改变至品目 1201 至 1207。

2. 从任何其他章改变至子目 1208.10 至 1209.30。

3.（A）从子目 1209.91 的未压碎或磨碎的芹菜籽或任何其他章改变至子目 1209.91 的压碎或磨碎的芹菜籽；或者

（B）从任何其他章改变至子目 1209.91 的任何其他货物。

4. 从任何其他章改变至子目 1209.99 至 1211.40。

5.（A）从子目 1211.90 的未压碎或磨碎的罗勒、迷迭香或鼠尾草或任何其他章改变至子目 1211.90 的压碎或磨碎的罗勒、迷迭香或鼠尾草；或者

（B）从任何其他章改变至子目 1211.90 的任何其他货物。

6. 从任何其他章改变至品目 1212 至 1214。

第十三章

从任何其他章（子目 2939.11 的罂粟秆浓缩物除外）改变至品目 1301 至 1302。

第十四章

从任何其他章改变至品目 1401 至 1404。

第十五章

1. 从任何其他章（品目 3823 除外）改变至品目 1501 至 1518。

2. 从任何其他章（品目 3823 除外）改变至品目 1520。

3. 从任何其他章改变至品目 1521 至 1522。

第十六章

从任何其他章改变至品目 1601 至 1605。

第十七章

1. 从任何其他章改变至品目 1701 至 1703。

2. 从任何其他品目改变至品目 1704。

第十八章

1. 从任何其他章改变至品目 1801 至 1802。

1A. 从任何其他品目改变至品目 1803 至 1805。

2. 从任何其他品目改变至子目 1806.10,前提是子目 1806.10 的糖含量(按干重计)为 90％或以上的产品不含第十七章的非原产糖,子目 1806.10 的糖含量(按干重计)为 90％以下的产品不含 35％以上第十七章的非原产糖及 35％以上(按重量计)品目 1805 的非原产可可粉。

3. 从任何其他品目改变至子目 1806.20。

4. 从任何其他子目改变至子目 1806.31。

5. 从任何其他品目改变至子目 1806.32。

6. 从任何其他子目改变至子目 1806.90。

第十九章

1. 从任何其他章改变至子目 1901.10,前提是乳固体含量(按重量计)超过 10％的子目 1901.10 的产品不含第四章的非原产乳品。

2. 从任何其他章改变至子目 1901.20,前提是子目 1901.20 的乳脂含量超过 25％(按重量计)且非供零售的产品不含有第四章的非原产乳品。

3. 从任何其他章改变至子目 1901.90,前提是子目 1901.90 的乳固体含量(按重量计)超过 10％的产品不含第四章的非原产乳制品。

4. 从任何其他章改变至品目 1902 至 1905。

第二十章

章规则一:仅通过冷冻、在水或盐水或天然果汁中包装(包括罐装)、干燥或者在油中烘烤(包括冷冻、包装或烘烤附带的加工)的方式制作或保藏的品目 2001 至 2008 的水果、坚果和蔬菜制剂,只有当新鲜货物完全在智利或/和美国的境内生产或取得时,才被视为原产货物。

1. 从任何其他章(本章章规则一的规定除外)改变至品目 2001。

2. 从任何其他品目(第七章和本章章规则一的规定除外)改变至品目 2002。

3. 从任何其他章(本章章规则一的规定除外)改变至品目 2003 至 2007。

4. 从任何其他品目(品目 1202 和本章章规则一的规定除外)改变至子目 2008.11。

5. 从任何其他章(本章章规则一的规定除外)改变至子目 2008.19 至 2008.99。

6. 从任何其他章(品目 0805 除外)改变至子目 2009.11 至 2009.39。

7. 从任何其他章改变至子目 2009.41 至 2009.89。

8. (A)从任何其他章或品目 2009 的菠萝汁、香蕉汁或芒果汁改变至子目 2009.90;或者

(B)从第二十章的任何其他子目改变至子目 2009.90,不论是否又从任何其他章改变而来,前提是单一果汁成分或来自智利或美国以外单一国家的果汁成分以单一浓度形式构成的货物体积不超过 60％。

第二十一章

1. 从任何其他章改变至品目2101至2102。
2. 从任何其他章改变至子目2103.10。
3. 从任何其他章(子目2002.90或第七章除外)改变至子目2103.20。
4. 从任何其他章改变至子目2103.30。
4A. 从任何其他子目改变至子目2103.90。
5. 从任何其他章改变至品目2104。
6. 从任何其他品目(第四章除外)或子目1901.90的乳固体含量(按重量计)超过10%的乳品改变至品目2105。
7. 从任何其他章(品目0805、品目2009除外)或子目2202.90的水果汁或蔬菜汁除外改变至子目2106.90。
8. 从以下各项改变至子目2106.90的混合汁：
   (1)任何其他章、品目2009或子目2202.90的菠萝汁、香蕉汁或芒果汁,但品目0805、品目2009或子目2202.90的其他果汁或混合汁除外;或者
   (2)第二十一章的任何其他子目、品目2009或子目2202.90的混合汁,不论是否又从任何其他章改变而来,前提是单一果汁成分或来自智利和美国以外单一国家的果汁成分以单一浓度形式构成货物体积不超过60%。
9. 从任何其他章[第四章或子目1901.90的乳固体含量(按重量计)超过10%的乳制品除外]改变至子目2106.90的乳固体含量(按重量计)超过10%的产品。
10. 从任何其他子目(品目2203至2209除外)改变至子目2106.90的复合酒精制剂。
11. 从任何其他章(第十七章除外)改变至子目2106.90的糖浆。
12. 从任何其他章改变至品目2106的其他货物。

第二十二章

1. 从任何其他章改变至品目2201。
2. 从任何其他章改变至子目2202.10。
3. (A)从任何其他章(品目0805、品目2009或子目2106.90的水果汁或蔬菜汁除外)改变至子目2202.90的任何单一水果汁或蔬菜汁;或者
   (B)从以下各项改变至子目2202.90的混合汁：
      (1)任何其他章、品目2009或子目2106.90的菠萝汁、香蕉汁或芒果汁,但品目0805、品目2009或子目2106.90的其他果汁或混合汁除外;或者
      (2)第二十二章的任何其他子目、品目2009或子目2106.90的混合汁,不论是否又从任何其他章改变而来,前提是单一果汁成分或来自智利和美国以外单一国家的果汁成分以单一浓度形式构成的货物体积不超过60%;或者
   (C)从任何其他章[第四章或子目1901.90的乳固体含量(按重量计)超过10%的乳制品除外]改变至子目2202.90的含乳饮料;或者
   (D)从任何其他章改变至子目2202.90的其他货物。
4. 从任何其他品目(品目2203至2209中的另一品目除外)改变至品目2203至2209。

第二十三章

1. 从任何其他章改变至品目 2301 至 2308。

2. 从任何其他品目改变至子目 2309.10。

3. 从任何其他品目(第四章或子目 1901.90 除外)改变至子目 2309.90。

第二十四章

从任何其他章、第二十四章的未经脱粒或类似加工的包装烟草或适合用作第二十四章的包装烟草的均化烟草或再造烟草改变至品目 2401 至 2403。

第二十五章

1. 从任何其他品目(包括品目 2501 至 2516 中的另一品目)改变至品目 2501 至 2516。

2. 从任何其他品目改变至子目 2517.10 至 2517.20。

3. 从任何其他子目改变至子目 2517.30。

4. 从任何其他品目改变至子目 2517.41 至 2517.49。

5. 从任何其他品目(包括品目 2518 至子目 2530.20 中的另一品目)改变至品目 2518 至子目 2530.20。

6. (A)从子目 2530.90 的任何其他货物或任何其他品目改变至子目 2530.90 的天然冰晶石或天然冰晶石;或者

   (B)从子目 2530.90 的天然冰晶石或任何其他品目改变至子目 2530.90 的任何其他货物。

第二十六章

从任何其他品目(包括品目 2601 至 2621 中的另一品目)改变至品目 2601 至 2621。

第二十七章

[章规则已删除]

1. 从任何其他品目(包括品目 2701 至 2706 中的另一品目)改变至品目 2701 至 2706。

2. (A)从任何其他品目改变至子目 2707.10 至 2707.99;或者

   (B)从任何其他子目(包括子目 2707.10 至 2707.99 中的另一子目)改变至子目 2707.10 至 2707.99,前提是根据本注释条款输入的货物是本注释(十三)(vi)款所定义的化学反应产物。

3. 从任何其他品目(包括品目 2708 至 2709 中的另一品目)改变至品目 2708 至 2709。

4. (A)从任何其他品目改变至品目 2710;或者

   (B)从品目 2710 的任何货物改变至品目 2710 的任何其他货物,前提是归入品目 2710 的货物是本注释(十三)(vi)款所定义的化学反应产物。

5. 从任何其他子目(子目 2711.21 除外)改变至子目 2711.11。

6. 从任何其他子目(包括子目 2711.12 至 2711.19 中的另一子目,子目 2711.29 除外)改变至子目 2711.12 至 2711.19。

7. 从任何其他子目(子目 2711.11 除外)改变至子目 2711.21。

8. 从任何其他子目(子目 2711.12 至 2711.21 除外)改变至子目 2711.29。

9. 从任何其他品目(包括品目 2712 至 2714 中的另一品目)改变至品目 2712 至 2714。

10. 从任何其他品目(品目 2714 或子目 2713.20 除外)改变至品目 2715。

11. 从任何其他品目改变至品目2716。

第二十八章

[章规则一已删除]

章规则二：非原产材料或组分不应仅因从人造混合物中分离出一种或多种单独材料或组分而从一种分类改为另一种分类而被视为满足本规则的所有其他适用要求，除非分离材料或组分本身也经历了化学反应。

1. 从任何其他子目（包括子目2801.10至2801.30中的另一子目）改变至子目2801.10至2801.30。

2. 从任何其他品目（品目2503除外）改变至品目2802。

3. 从任何其他品目改变至品目2803。

4. 从任何其他子目（包括子目2804.10至2804.50中的另一子目）改变至子目2804.10至2804.50。

5. 从子目2804.61至2804.69以外的任何其他子目改变至子目2804.61至2804.69。

6. 从任何其他子目（包括子目2804.70至2804.90中的另一子目）改变至子目2804.70至2804.90。

7. 从任何其他品目改变至品目2805。

8. 从任何其他子目（包括子目2806.10至2806.20中的另一子目）改变至子目2806.10至2806.20。

9. 从任何其他品目（包括品目2807至2808中的另一品目）改变至品目2807至2808。

10. 从任何其他子目（包括子目2809.10至2809.20中的另一子目）改变至子目2809.10至2809.20。

11. 从任何其他品目改变至品目2810。

12. 从任何其他子目改变至子目2811.11。

13. 从任何其他子目（子目2811.22除外）改变至子目2811.19。

14. 从任何其他子目改变至子目2811.21。

15. 从任何其他子目（子目2505.10、子目2506.10或子目2811.19除外）改变至子目2811.22。

16. 从任何其他子目（包括子目2811.29至2813.90中的另一子目）改变至子目2811.29至2813.90。

17. 从任何其他品目改变至品目2814。

18. 从子目2815.11至2815.12以外的任何其他子目改变至子目2815.11至2815.12。

19. 从任何其他子目（包括子目2815.20至2815.30中的另一子目）改变至子目2815.20至2815.30。

20. 从任何其他子目改变至子目2816.10。

21. (A)从子目2816.40或任何其他子目（子目2530.90除外）的钡氧化物、氢氧化物或过氧化物或任何其他子目改变至子目2816.40的锶氧化物、氢氧化物或过氧化物；或者

    (B)从子目2816.40的锶氧化物、氢氧化物或过氧化物或任何其他子目改变至子目

2816.40 的钡氧化物、氢氧化物或过氧化物。

22. 从任何其他品目(品目 2608 除外)改变至品目 2817。

23. (A)从任何其他章(第二十八章至第三十八章除外)改变至子目 2818.10 至 2818.30；或者

   (B)从第二十八章至第三十八章的任何其他子目(包括子目 2818.10 至 2818.30 中的另一子目)改变至子目 2818.10 至 2818.30,不论是否又从任何其他章改变而来,前提是区域价值成分不低于：

   (1)使用累积法时的 35%,或

   (2)使用扣减法时的 45%。

24. 从任何其他子目(包括子目 2819.10 至 2819.90 中的另一子目)改变至子目 2819.10 至 2819.90。

25. 从任何其他子目(包括子目 2820.10 至 2820.90 中的另一子目,子目 2530.90 或品目 2602 除外)改变至子目 2820.10 至 2820.90。

26. 从任何其他子目改变至子目 2821.10。

27. 从任何其他子目(子目 2530.90 或子目 2601.11 至 2601.20 除外)改变至子目 2821.20。

28. 从任何其他品目(品目 2605 除外)改变至品目 2822。

29. 从任何其他品目改变至品目 2823。

30. 从任何其他子目(包括子目 2824.10 至 2824.90 中的另一子目,品目 2607 除外)改变至子目 2824.10 至 2824.90。

31. 从任何其他子目(包括子目 2825.10 至 2825.40 中的另一子目)改变至子目 2825.10 至 2825.40。

32. 从任何其他子目(品目 2603 除外)改变至子目 2825.50。

33. 从任何其他子目(子目 2615.10 除外)改变至子目 2825.60。

34. 从任何其他子目(子目 2613.10 除外)改变至子目 2825.70。

35. 从任何其他子目(子目 2617.10 除外)改变至子目 2825.80。

36. 从任何其他子目改变至子目 2825.90,前提是归入子目 2825.90 的货物是本注释(十三)(vi)款所定义的化学反应产物。

37. 从任何其他子目(包括子目 2826.12 至 2826.90 中的另一子目)改变至子目 2826.12 至 2826.90。

38. 从任何其他子目(包括子目 2827.10 至 2827.35 中的另一子目)改变至子目 2827.10 至 2827.35。

39. (A)从子目 2827.39 的其他氯化物或任何其他子目改变至子目 2827.39 的氯化钡；或者

   (B)从任何其他子目(包括子目 2826.11 至 2833.26 中的另一子目)改变至子目 2826.11 至 2833.26。

40. (A)从子目 2827.39 的其他氯化物或任何其他子目改变至子目 2827.39 的氯化钡、氯化铁、氯化钴或氯化锌；或者

(B)从子目2827.39的氯化钡、氯化铁、氯化钴或氯化锌或任何其他子目改变至子目2827.39的其他氯化物。

41. 从任何其他子目(包括子目2827.41至2833.19中的另一子目)改变至子目2827.41至2833.19。

42. 从任何其他子目(子目2530.20除外)改变至子目2833.21。

43. 从任何其他子目(包括子目2833.22至2833.25中的另一子目)改变至子目2833.22至2833.25。

44. 从任何其他子目(子目2511.10除外)改变至子目2833.27。

45. (A)从任何其他子目改变至子目2833.29的铬或硫酸锌;或者
    (B)从任何其他子目(品目2520除外)改变至子目2833.29的其他硫酸盐。

46. 从任何其他子目(包括子目2833.30至2833.40中的另一子目)改变至子目2833.30至2833.40。

47. 从任何其他子目(包括子目2834.10至2834.21中的另一子目)改变至子目2834.10至2834.21。

48. (A)从子目2834.29的其他硝酸盐或任何其他子目改变至子目2834.29的硝酸铋;或者
    (B)从子目2834.29的其他硝酸盐改变至子目2834.29的硝酸铋或任何其他子目。

49. 从任何其他子目(包括子目2835.10至2835.25中的另一子目)改变至子目2835.10至2835.25。

50. 从任何其他子目(品目2510除外)改变至子目2835.26。

51. 从任何其他子目(包括子目2835.29至2835.39中的另一子目)改变至子目2835.29至2835.39。

[**52 已删除**]

53. 从任何其他子目(子目2530.90除外)改变至子目2836.20。

54. 从任何其他子目(包括子目2836.30至2836.40中的另一子目)改变至子目2836.30至2836.40。

55. 从任何其他子目(品目2509、子目2517.41、子目2517.49、品目2521或子目2530.90除外)改变至子目2836.50。

56. 从任何其他子目(子目2511.20除外)改变至子目2836.60。

[**57 已删除**]

58. 从任何其他子目改变至子目2836.91。

59. 从任何其他子目(子目2530.90除外)改变至子目2836.92。

60. (A)从任何其他子目改变至子目2836.99的市售碳酸铵或其他碳酸铵;
    (B)从任何其他子目(子目2617.90除外)改变至子目2836.99的碳酸铋;
    (C)从任何其他子目(品目2607除外)改变至子目2836.99的碳酸铅;或者
    (D)从子目2836.99的货物改变至其他货物,前提是归入子目2836.99的货物是化学反应的产物。

61. 从任何其他子目(包括子目2837.11至2837.20中的另一子目)改变至子目2837.11

至 2837.20。

[62 已删除]

63. 从子目 2839.11 至 2839.19 以外的任何其他子目改变至子目 2839.11 至 2839.19。

64. 从任何其他子目改变至子目 2839.90。

65. (A)从任何其他章(第二十八章至第三十八章除外)改变至子目 2840.11 至 2840.20；或者

(B)从第二十八章至第三十八章的任何其他子目(包括子目 2840.11 至 2840.20 中的另一子目)改变至子目 2840.11 至 2840.20，前提是区域价值成分不低于：

(1)使用累积法时的 35%，或

(2)使用扣减法时的 45%。

66. 从任何其他子目改变至子目 2840.30。

67. 从任何其他子目改变至子目 2841.30。

68. (A)从任何其他子目改变至子目 2841.50 的铬酸锌或铬酸铅；

(B)从子目 2841.50 的任何其他货物或任何其他子目改变至子目 2841.50 的重铬酸钾 2841.50；或者

(C)从子目 2841.50 的重铬酸钾或任何其他子目(品目 2610 除外)改变至子目 2841.50 的其他铬酸盐、重铬酸盐或过氧铬酸盐。

69. 从子目 2841.61 至 2841.69 以外的任何其他子目改变至子目 2841.61 至 2841.69。

70. 从任何其他子目(子目 2613.90 除外)改变至子目 2841.70。

71. 从任何其他子目(品目 2611 除外)改变至子目 2841.80。

72. (A)从任何其他子目改变至子目 2841.90 的铝酸盐；或者

(B)从子目 2841.90 的铝酸盐或任何其他子目改变至子目 2841.90 的任何其他货物，前提归入子目 2841.90 的货物是化学反应的产物。

73. (A)从子目 2842.10 的非化学定义的硅铝酸盐或任何其他子目改变至子目 2842.10 的硅酸复盐或硅酸络盐(包括已有化学定义的硅铝酸盐)；或者

(B)从子目 2842.10 的硅酸复盐或硅酸络盐(包括已有化学定义的铝硅酸盐)或第二十八章至第三十八章的任何其他品目改变至子目 2842.10 的非化学定义的铝硅酸盐；或者

(C)从第二十八章至第三十八章的任何其他子目改变至子目 2842.10 的非化学定义的铝硅酸盐，不论是否又从任何其他章改变而来，前提是区域价值成分不低于：

(1)使用累积法时的 35%，或

(2)使用扣减法时的 45%。

74. (A)从任何其他子目改变至子目 2842.90 的雷酸盐、氰酸盐或硫氰酸盐；或者

(B)从任何其他子目改变至子目 2842.90 的任何其他货物，前提是归入子目 2842.90 的货物是化学反应的产物。

75. 从任何其他子目(品目 7106、品目 7108、品目 7110 或品目 7112 除外)改变至子目 2843.10。

76. 从任何其他子目(包括子目 2843.21 至 2843.29 中的另一子目)改变至子目 2843.21

77. 从任何其他子目(包括子目 2843.30 至 2843.90 中的另一子目,子目 2616.90 除外)改变至子目 2843.30 至 2843.90。

78. 从任何其他子目(子目 2612.10 除外)改变至子目 2844.10。

79. 从任何其他子目改变至子目 2844.20。

80. 从任何其他子目(子目 2844.20 除外)改变至子目 2844.30。

81. 从任何其他子目(包括子目 2844.40 至 2844.50 中的另一子目)改变至子目 2844.40 至 2844.50。

82. 从任何其他品目改变至品目 2845。

83. 从任何其他品目(子目 2530.90 除外)改变至品目 2846。

84. 从任何其他品目(包括品目 2847 至 2848 中的另一品目)改变至品目 2847 至 2848。

85. 从任何其他品目(包括子目 2849.10 至 2849.90 中的另一子目)改变至子目 2849.10 至 2849.90。

86. 从任何其他品目(包括品目 2850 至 2851 中的另一品目)改变至品目 2850 至 2851。

87. 从任何其他品目改变至品目 2852。

88. 从任何其他品目改变至品目 2853。

第二十九章

[章规则已删除]

1. 从任何其他子目(包括子目 2901.10 至 2901.29 中的另一子目,品目 2710、子目 2711.13、子目 2711.14、子目 2711.19 或子目 2711.29 除外)改变至子目 2901.10 至 2901.29。

2. 从任何其他子目改变至子目 2902.11。

3. 从任何其他子目(子目 2707.50、子目 2707.99 或品目 2710 的非芳烃环状石油除外)改变至子目 2902.19。

4. 从任何其他子目(子目 2707.10、子目 2707.50 或子目 2707.99 除外)改变至子目 2902.20。

5. 从任何其他子目(子目 2707.20、子目 2707.50 或子目 2707.99 除外)改变至子目 2902.30。

6. 从任何其他子目(包括子目 2902.41 至 2902.44 中的另一子目,子目 2707.30、子目 2707.50 或子目 2707.99 除外)改变至子目 2902.41 至 2902.44。

7. 从任何其他子目改变至子目 2902.50。

8. 从任何其他子目(子目 2707.30、子目 2707.50、子目 2707.99 或品目 2710 除外)改变至子目 2902.60。

9. 从任何其他子目(包括子目 2902.70 至 2902.90 中的另一子目,子目 2707.50、子目 2707.99 或品目 2710 除外)改变至子目 2902.70 至 2902.90。

10. 从任何其他子目(包括子目 2903.11 至 2903.15 中的另一子目)改变至子目 2903.11 至 2903.15。

11. (A)从子目 2903.19 的其他无环烃的饱和氯化衍生物或任何其他子目改变至子目

2903.19 的 1,2-二氯丙烷(二氯丙烯)或二氯丁烷;或者

(B)从子目 2903.19 的 1,2-二氯丙烷(二氯丙烯)或二氯丁烷或任何其他子目改变至子目 2903.19 的其他无环烃的饱和氯化衍生物。

12. 从任何其他子目(包括子目 2903.21 至 2903.39 中的另一子目)改变至子目 2903.21 至 2903.39。

13. 从子目 2903.71 至 2903.79 以外的任何其他子目改变至子目 2903.71 至 2903.79。

14. 从任何其他子目(包括子目 2903.81 至 2904.99 中的另一子目)改变至子目 2903.81 至 2904.99。

[**15** 已删除]

16. 从任何其他子目(包括子目 2905.11 至 2905.19 中的另一子目)改变至子目 2905.11 至 2905.19。

17. 从任何其他子目(包括子目 2905.22 至 2905.29 中的另一子目,子目 1301.90、子目 3301.90 或子目 3805.90 除外)改变至子目 2905.22 至 2905.29。

18. 从任何其他子目(包括子目 2905.31 至 2905.44 中的另一子目)改变至子目 2905.31 至 2905.44。

19. 从任何其他子目(品目 1520 除外)改变至子目 2905.45。

20. 从任何其他子目改变至子目 2905.49。

21. 从子目 2905.51 至 2905.59 以外的任何子目改变至子目 2905.51 至 2905.59。

22. 从任何其他子目(子目 3301.24 或子目 3301.25 除外)改变至子目 2906.11。

23. 从任何其他子目(包括子目 2906.12 至 2906.13 中的另一子目)改变至子目 2906.12 至 2906.13。

[**24** 已删除]

25. (A)从任何其他货物(品目 3805 除外)改变至子目 2906.19 的松油醇;或者

(B)从子目 3805.90 的松油或任何其他子目(子目 3301.90 或子目 3805.90 的任何其他货物除外)改变至子目 2906.19 的任何其他货物。

26. 从任何其他子目改变至子目 2906.21。

27. 从任何其他子目(子目 2707.60 或子目 3301.90 除外)改变至子目 2906.29。

28. 从任何其他子目(子目 2707.60 除外)改变至子目 2907.11。

29. 从任何其他子目(包括子目 2907.12 至 2907.22 中的另一子目,子目 2707.99 除外)改变至子目 2907.12 至 2907.22。

30. 从子目 2907.23 改变至任何其他子目。

31. (A)从子目 2907.29 的多酚或任何其他子目(子目 2707.99 除外)改变至子目 2907.29 的酚醇;或者

(B)从子目 2907.29 的酚醇或任何其他子目(子目 2707.99 除外)改变至子目 2907.29 的多酚。

32. 从任何其他品目改变至品目 2908。

33. 从任何其他子目(包括子目 2909.11 至 2909.49 中的另一子目)改变至子目 2909.11 至 2909.49。

34. 从任何其他子目(子目 3301.90 除外)改变至子目 2909.50。

35. 从任何其他子目改变至子目 2909.60。

36. 从任何其他子目(包括子目 2910.10 至 2909.90 中的另一子目)改变至子目 2910.10 至 2909.90。

37. 从任何其他品目改变至品目 2911。

38. 从任何其他子目(包括子目 2912.11 至 2912.12 中的另一子目)改变至子目 2912.11 至 2912.12。

39. (A)从任何其他子目改变至子目 2912.19 的正丁醛(正异构体);或者
    (B)从任何其他子目(子目 3301.90 除外)改变至子目 2912.19 至 2912.49。

40. 从任何其他子目(包括子目 2912.50 至 2912.60 中的另一子目)改变至子目 2912.50 至 2912.60。

41. 从任何其他品目改变至品目 2913。

42. 从任何其他子目(包括子目 2914.11 至 2914.19 中的另一子目,子目 3301.90 除外)改变至子目 2914.11 至 2914.19。

43. 从任何其他子目改变至子目 2914.22。

44. 从任何其他子目(子目 3301.90 除外)改变至子目 2914.23。

45. 从任何其他子目(子目 3301.90 或子目 3805.90 除外)改变至子目 2914.29。

46. 从任何其他子目(子目 2914.39 或子目 3301.90 除外)改变至子目 2914.31。

47. 从任何其他子目(子目 2914.31 或子目 3301.90 除外)改变至子目 2914.39。

48. 从任何其他子目(包括子目 2914.40 至 2914.70 中的另一子目,子目 3301.90 除外)改变至子目 2914.40 至 2914.70。

49. 从任何其他子目(包括子目 2915.11 至 2915.33 中的另一子目)改变至子目 2915.11 至 2915.33。

49A. 从任何其他子目(子目 3301.90 除外)改变至子目 2915.36。

49B. (A)从任何其他子目改变至子目 2915.39 的乙酸异丁酯或乙酸 2-乙氧基乙酯;或者
     (B)从任何其他子目(子目 3301.10 除外)改变至子目 2915.39 的任何其他货物。

50. 从任何其他子目(子目 3301.90 除外)改变至子目 2915.39。

51. 从任何其他子目(包括子目 2915.40 至 2915.90 中的另一子目)改变至子目 2915.40 至 2915.90。

52. 从任何其他子目(包括子目 2916.11 至 2916.20 中的另一子目)改变至子目 2916.11 至 2916.20。

53. (A)从任何其他章(第二十八章至第三十八章除外)改变至子目 2916.31 至 2916.39;或者
    (B)从第二十八章至第三十八章的任何其他子目(包括子目 2916.31 至 2916.39 中的另一子目)改变至子目 2916.31 至 2916.39,前提是区域价值成分不低于:
    (1)使用累积法时的 35%,或
    (2)使用扣减法时的 45%。

54. 从任何其他子目(包括子目 2917.11 至 2917.39 中的另一子目)改变至子目 2917.11 至 2917.39。

55. 从任何其他子目(包括子目 2918.11 至 2918.16 中的另一子目)改变至子目 2918.11 至 2918.16。

55A. 从任何其他子目改变至子目 2918.18。

55B. (A)从子目 2918.19 的任何其他货物或任何其他子目改变至子目 2918.19 的苯乙醇酸(扁桃酸)及其盐或酯；或者

(B)从子目 2918.19 的苯乙醇酸(扁桃酸)及其盐或酯或任何其他子目(子目 2918.18 除外)改变至子目 2918.19 的任何其他货物。

56. 从任何其他子目改变至子目 2918.21。

57. 从任何其他子目(包括该组别中的另一子目)改变至子目 2918.22。

58. 从任何其他子目(子目 3301.90 除外)改变至子目 2918.23。

59. 从任何其他子目(包括子目 2918.29 至 2918.30 中的另一子目)改变至子目 2918.29 至 2918.30。

60. 从任何其他子目改变至子目 2918.30。

61. 从任何其他子目(子目 3301.90 除外)改变至子目 2918.91 至 2918.99。

62. 从任何其他品目改变至品目 2919。

63. 从任何其他子目(包括子目 2920.11 至 2921.45 中的另一子目)改变至子目 2920.11 至 2921.45。

64. 从子目 2921.46 至 2921.49 以外的任何其他子目改变至子目 2921.46 至 2921.49。

65. 从任何其他子目(包括子目 2921.51 至 2921.59 中的另一子目)改变至子目 2921.51 至 2921.59。

66. 从任何其他子目(包括子目 2922.11 至 2922.13 中的另一子目)改变至子目 2922.11 至 2922.13。

67. 从子目 2922.14 至 2922.19 以外的任何子目改变至子目 2922.14 至 2922.19。

68. 从任何其他子目(包括子目 2922.21 至 2922.29 中的另一子目)改变至子目 2922.21 至 2922.29。

69. 从子目 2922.31 至 2922.39 以外的任何子目改变至子目 2922.31 至 2922.39。

70. 从任何其他子目(包括子目 2922.41 至 2922.43 中的另一子目)改变至子目 2922.41 至 2922.43。

71. 从子目 2922.44 至 2922.49 以外的任何子目改变至子目 2922.44 至 2922.49。

72. 从任何其他子目改变至子目 2922.50。

73. 从任何其他子目(包括子目 2923.10 至 2923.90 中的另一子目)改变至子目 2923.10 至 2923.90。

74. 从子目 2924.11 至 2924.19 以外的任何子目改变至子目 2924.11 至 2924.19。

75. 从任何其他子目改变至子目 2924.21。

76. 从子目 2924.23 的 2-乙酰氨基苯甲酸盐或任何其他子目改变至子目 2924.23 的 2-乙酰氨基苯甲酸(N-乙酰氨基苯甲酸)。

77. 从子目 2924.23 的 2-乙酰氨基苯甲酸(N-乙酰邻氨基苯甲酸)或任何其他子目改变至子目 2924.23 的盐。

78. 从子目 2924.24 至 2924.29 以外的任何子目(子目 2924.23 除外)改变至子目 2924.24 至 2924.29。

79. 从任何其他子目改变至子目 2925.11。

80. 从子目 2925.12 至 2925.19 以外的任何子目改变至子目 2925.12 至 2925.19。

81. 从任何其他子目改变至子目 2925.21 至 2925.29。

82. 从任何其他子目(包括子目 2926.10 至 2926.90 中的另一子目)改变至子目 2926.10 至 2926.90。

83. 从任何其他品目(包括品目 2927 至 2928 中的另一品目)改变至品目 2927 至 2928。

84. 从任何其他子目(包括子目 2929.10 至 2930.90 中的另一子目)改变至子目 2929.10 至 2930.90。

85. 从任何其他品目改变至品目 2931。

86. 从任何其他子目(包括子目 2932.11 至 2932.94 中的另一子目,子目 3301.90 除外)改变至子目 2932.11 至 2932.94。

87. 从子目 2932.95 至 2932.99 以外的任何其他子目(子目 3301.90 除外)改变至子目 2932.95 至 2932.99。

88. 从任何其他子目(包括子目 2933.11 至 2933.32 中的另一子目)改变至子目 2933.11 至 2933.32。

89. 从子目 2933.33 至 2933.39 以外的任何子目改变至子目 2933.33 至 2933.39。

90. 从子目 2933.41 至 2933.49 以外的任何子目改变至子目 2933.41 至 2933.49。

91. 从子目 2933.52 至 2933.54 以外的任何子目改变至子目 2933.52 至 2933.54。

92. 从子目 2933.55 至 2933.59 以外的任何子目改变至子目 2933.55 至 2933.59。

93. 从任何其他子目(包括至子目 2933.61 至 2933.69 中的另一子目)改变至子目 2933.61 至 2933.69。

94. 从任何其他子目改变至子目 2933.71。

95. 从子目 2933.72 至 2933.79 以外的任何子目改变至子目 2933.72 至 2933.79。

96. 从子目 2933.91 至 2933.99 以外的任何子目改变至子目 2933.91 至 2933.99。

97. 从任何其他子目(包括子目 2934.10 至 2934.30 中的另一子目)改变至子目 2934.10 至 2934.30。

98. 从子目 2934.91 至 2934.99 以外的任何子目改变至子目 2934.91 至 2934.99。

99. 从任何其他品目改变至品目 2935。

100. 从任何其他子目(包括子目 2936.21 至 2936.29 中的另一子目)改变至子目 2936.21 至 2936.29。

101. (A)从子目 2936.90 的任何其他货物或任何其他子目改变至子目 2936.90 的未混合维生素原;或者

(B)从任何其他子目(子目 2936.21 至 2936.29 除外)改变至子目 2936.90 的任何其他货物。

102. 从任何其他品目(包括品目 2937 至 2938 中的另一品目)改变至品目 2937 至 2938。

103. (A)从任何其他子目(第十三章除外)改变至子目 2939.11 的罂粟秆浓缩物;或者

　　(B)从子目 2939.11 的罂粟秆浓缩物或任何其他品目改变至子目 2939.11 的任何其他货物。

104. 从子目 2939.11 的罂粟秆浓缩物或任何其他品目改变至子目 2939.19 至 2939.99。

105. 从任何其他品目(包括品目 2940 至 2941 中的另一品目)改变至品目 2940 至 2941。

106. 从任何其他章改变至品目 2942。

第三十章

[章规则已删除]

1. 从任何其他子目(包括该组别中的另一子目,子目 3006.92 除外)改变至子目 3001.20。

2. (A)从子目 3001.90 的任何其他货物或任何其他子目(子目 3006.92、子目 0206.10、子目 0208.90、子目 0305.20、品目 0504、品目 0510 或子目 0511.99 除外)改变至子目 3001.90 的干燥腺体或其他干燥器官,前提是这些条款的改变不是归入子目 3001.90 的粉末;或者

　(B)从子目 3001.90 的干燥腺体或其他干燥器官或任何其他子目(子目 3006.92 除外)改变至子目 3001.90 的任何其他货物。

3. 从任何其他子目(子目 3006.92 除外,包括子目 3002.10 至 3002.90 中的另一子目)改变至子目 3002.10 至 3002.90。

4. 从任何其他子目(子目 2941.10、子目 2941.20、子目 3003.20 或子目 3006.92 除外)改变至子目 3003.10。

5. 从任何其他子目(子目 2941.30 至 2941.90 或子目 3006.92 除外)改变至子目 3003.20。

6. 从任何其他子目(子目 2937.91 或子目 3006.92 除外)改变至子目 3003.31。

7. 从任何其他子目(第二十九章的激素或其衍生物或子目 3006.92 除外)改变至子目 3003.39。

8. 从任何其他子目(品目 1211、子目 1302.11、子目 1302.19、子目 1302.20、子目 1302.39、第二十九章的生物碱或其衍生物或者子目 3006.92 除外)改变至子目 3003.40。

9. 从任何其他子目(子目 3006.92 除外)改变至子目 3003.90,前提是治疗性或预防性成分的国内含量不低于治疗性或预防性成分总量的 40%(按重量计)。

10. 从任何其他子目(子目 2941.10、子目 2941.20、子目 3003.10、子目 3003.20 或子目 3006.92 除外)改变至子目 3004.10。

11. 从任何其他子目(子目 2941.30 至 2941.90、子目 3003.20 或子目 3006.92 除外)改变至子目 3004.20。

12. 从任何其他子目(子目 2937.91、子目 3003.31、子目 3003.39 或子目 3006.92 除外)改变至子目 3004.31。

13. (A)从任何其他子目或子目 3004.32 的皮质甾类激素及其衍生物或结构类似物(子

目 3003.39、子目 3006.92 或第二十九章的肾上腺皮质激素除外)改变至子目 3004.32 的皮质甾类激素及其衍生物；

(B)从任何其他子目或子目 3004.32 的皮质甾类激素或衍生物(子目 3003.39、子目 3004.39、子目 3006.92 或第二十九章的激素或其衍生物除外)改变至子目 3004.32 的皮质甾类激素结构类似物；

(C)从任何其他子目(子目 3003.39、子目 3006.92 或第二十九章的肾上腺皮质激素子目除外)改变至子目 3004.32。

14. 从任何其他子目(子目 3003.39、子目 3006.92 或第二十九章的激素或其衍生物除外)改变至子目 3004.39。

15. 从任何其他子目(品目 1211、子目 1302.11、子目 1302.19、子目 1302.20、子目 1302.39、子目 3003.40 或第二十九章的生物碱或其衍生物除外)改变至子目 3004.40。

16. 从任何其他子目(子目 3003.90、子目 3006.92、第二十九章的维生素或品目 2936 的货物除外)改变至子目 3004.50。

17. 从任何其他子目(子目 3003.90 或子目 3006.92 除外)改变至子目 3004.60 至 3004.90，前提是治疗性或预防性成分的国内含量不低于治疗性或预防性成分总量的 40%(按重量计)。

18. 从任何其他子目(子目 3006.92 除外)改变至子目 3005.10。

19. (A)从任何其他品目(子目 3006.92 除外)改变至子目 3005.90；或者

(B)从品目 3005 的任何其他子目(子目 3006.92 除外)改变至子目 3005.90，前提是区域价值成分不低于：

(1)使用累积法时的 35%，或

(2)使用扣减法时的 45%。

20. 从任何其他子目(子目 1212.20、子目 3006.92 或子目 4206.10 除外)改变至子目 3006.10。

21. 从任何其他子目(包括子目 3006.20 至 3006.60 中的另一子目，子目 3006.92 除外)改变至子目 3006.20 至 3006.60。

22. (A)从第二十八章至第三十八章的任何其他品目(子目 3006.92 除外)改变至子目 3006.70；或者

(B)从第二十八章至第三十八章的任何其他子目(包括该组别中的另一子目，子目 3006.92 除外)改变至子目 3006.70，不论是否又从任何其他章改变而来，前提是区域价值成分不低于：

(1)使用累积法时的 35%，或

(2)使用扣减法时的 45%。

23. 从任何其他品目改变至子目 3006.91。

24. 从任何其他章改变至子目 3006.92。

第三十一章

[章规则已删除]

1. 从任何其他品目(子目 2301.20、子目 0506.90、品目 0508、子目 0511.91 或子目 0511.99 的粉末和膳食除外)改变至品目 3101。

2. 从任何其他子目(包括子目 3102.10 至 3102.21 中的另一子目)改变至子目 3102.10 至 3102.21。

3. 从任何其他子目(子目 3102.21 或子目 3102.30 除外)改变至子目 3102.29。

4. 从任何其他子目改变至子目 3102.30。

5. 从任何其他子目(子目 3102.30 除外)改变至子目 3102.40。

6. 从任何其他子目改变至子目 3102.50。

7. 从任何其他子目(子目 2834.29 或子目 3102.30 除外)改变至子目 3102.60。

[8 已删除]

9. 从任何其他子目(子目 3102.10 或子目 3102.30 除外)改变至子目 3102.80。

10. (A)从任何其他子目改变至子目 3102.90 的氰氨化钙;或者
    (B)从任何其他子目(子目 3102.10 至 3102.80 除外)改变至子目 3102.90 的任何其他货物。

11. 从任何其他子目改变至子目 3103.10。

12. (A)从任何其他子目改变至子目 3103.90 的托马斯磷肥;或者
    (B)从任何其他子目(子目 3103.10 除外)改变至子目 3103.90 的任何其他货物。

13. 从任何其他子目(包括子目 3104.20 至 3104.30 中的另一子目)改变至子目 3104.20 至 3104.30。

14. (A)从任何其他子目改变至子目 3104.90 的光卤石、钾盐或其他天然粗钾盐;或者
    (B)从任何其他子目(子目 3104.20 至 3104.30 除外)改变至子目 3104.90 的任何其他货物。

15. 从任何其他子目(第三十一章除外)改变至子目 3105.10。

16. 从任何其他品目(品目 3102 至 3104 除外)改变至子目 3105.20。

17. 从任何其他子目(包括子目 3105.30 至 3105.40 中的另一子目)改变至子目 3105.30 至 3105.40。

18. 从任何其他子目(包括子目 3105.51 至 3105.59 中的另一子目,子目 3102.10 至 3103.90 或子目 3105.30 至 3105.40 除外)改变至子目 3105.51 至 3105.59。

19. 从任何其他子目(品目 3103 至 3104 除外)改变至子目 3105.60。

20. 从任何其他章(子目 2834.21 除外)改变至子目 3105.90。

第三十二章

[章规则已删除]

1. 从任何其他子目(包括子目 3201.10 至 3202.90 中的另一子目)改变至子目 3201.10 至 3202.90。

2. 从任何其他品目改变至品目 3203。

3. 从任何其他子目(包括子目 3204.11 至 3204.17 中的另一子目)改变至子目 3204.11

至 3204.17。

4. 从任何其他子目（子目 3204.11 至 3204.17 除外）改变至子目 3204.19。

5. 从任何其他子目（包括子目 3204.20 至 3204.90 中的另一子目）改变至子目 3204.20 至 3204.90。

6. 从任何其他品目改变至品目 3205。

7. 从子目 3206.11 至 3206.19 以外的任何其他子目改变至子目 3206.11 至 3206.19。

8. 从任何其他子目（包括子目 3206.20 至 3207.42 中的另一子目）改变至子目 3206.20 至 3207.42。

8A. (A) 从子目 3206.49 的任何其他货物或任何其他子目改变至子目 3206.49 的以镉化合物为主的颜料和制剂；

　　(B) 从子目 3206.49 的任何其他货物或任何其他子目改变至子目 3206.49 的以六氰高铁酸盐（亚铁氰化物和铁氰化物）为主的颜料和制剂；或者

　　(C) 从任何其他子目改变至子目 3206.49 的任何其他货物。

8B. 从任何其他子目（包括子目 3206.50 至 3207.40 中的另一子目）改变至子目 3206.50 至 3207.40。

9. 从任何其他子目（包括子目 3208.10 至 3209.90 中的另一子目）改变至子目 3208.10 至 3209.90。

10. 从任何其他品目改变至品目 3210。

11. 从任何其他品目（品目 3212 除外）改变至品目 3211。

12. 从任何其他子目（包括子目 3212.10 至 3212.90 中的另一子目）改变至子目 3212.10 至 3212.90。

13. 从任何其他品目改变至品目 3213。

14. 从任何其他子目（包括子目 3214.10 至 3214.90 中的另一子目，子目 3824.50 除外）改变至子目 3214.10 至 3214.90。

15. 从任何其他品目改变至品目 3215。

第三十三章

[章规则已删除]

1. (A) 从任何其他章改变至子目 3301.12 至 3301.90；或者

　　(B) 从第三十三章的任何其他子目（包括子目 3301.12 至 3301.90 中的另一子目）改变至子目 3301.12 至 3301.90，前提是区域价值成分不低于：

　　　　(1) 使用累积法时的 35%，或

　　　　(2) 使用扣减法时的 45%。

1A. (A) 从任何其他章改变至子目 3301.19 的佛手柑精油或酸橙精油；或者

　　(B) 从第三十三章的任何其他子目改变至子目 3301.19 的佛手柑精油或酸橙精油，前提是区域价值成分不低于：

　　　　(1) 使用累积法时的 35%，或

　　　　(2) 使用扣减法时的 45%。

1B. (A) 从任何其他章改变至子目 3301.19 的任何其他货物；或者

(B)从子目3301.19的佛手柑精油或酸橙精油或第三十三章的任何其他子目改变至子目3301.19的任何其他货物,前提是区域价值成分不低于:

(1)使用累积法时的35%,或

(2)使用扣减法时的45%。

1C.(A)从任何其他章改变至子目3301.24至3301.25;或者

(B)从第三十三章的任何其他子目(包括子目3301.24至子目3301.25中的另一子目)改变至子目3301.24至3301.25,前提是区域价值成分不低于:

(1)使用累积法时的35%,或

(2)使用扣减法时的45%。

1D.(A)从任何其他章改变至子目3301.29的天竺葵、茉莉花、薰衣草或香根草精油;或者

(B)从第三十三章的任何其他子目(包括该组别中的另一子目)改变至子目3301.29的天竺葵、茉莉花、薰衣草或香根草精油,前提是区域价值成分不低于:

(1)使用累积法时的35%,或

(2)使用扣减法时的45%。

1E.(A)从任何其他章改变至子目3301.29的任何其他货物;或者

(B)从子目3301.29的天竺葵、茉莉花、薰衣草或香根草精油或第三十三章的任何其他子目改变至子目3301.29的任何其他货物,前提是区域价值成分不低于:

(1)使用累积法时的35%,或

(2)使用扣减法时的45%。

1F.(A)从任何其他章改变至3301.30至子目3301.90;或者

(B)从第三十三章子目3301.30至3301.90中的任何其他子目(包括该组别内的另一子目)改变至子目3301.30至3301.90,前提是区域价值成分不低于:

(1)使用累积法时的35%,或

(2)使用扣减法时的45%。

2. 从任何其他品目(子目2106.90、品目2207、品目2208或品目3301除外)改变至品目3302。

3. 从任何其他品目(子目3302.90除外)改变至品目3303。

4. 从任何其他子目(包括子目3304.10至3306.10中的另一子目)改变至子目3304.10至3306.10。

5. 从任何其他子目(第五十四章除外)改变至子目3306.20。

6. 从任何其他子目改变至子目3306.90。

7. 从任何其他子目(包括子目3307.10至3307.90中的另一子目)改变至子目3307.10至3307.90。

第三十四章

[章规则已删除]

1. 从任何其他品目改变至子目3401.11至3401.20。

2.(A)从任何子目(子目3402.90除外)改变至子目3401.30;或者

(B)从子目3402.90改变至子目3401.30,前提是区域价值成分不低于:

(1)使用累积法时的35%,或

(2)使用扣减法时的45%。

3. (A)从任何其他品目改变至子目3402.11至3402.19;或者

(B)从品目3402的任何其他子目改变至子目3402.11至3402.19,前提是区域价值成分不低于:

(1)使用累积法时的35%,或

(2)使用扣减法时的45%。

4. (A)从任何子目(子目3401.30或子目3402.90除外)改变至子目3402.20;或者

(B)从子目3402.90改变至子目3402.20,前提是区域价值成分不低于:

(1)使用累积法时的35%,或

(2)使用扣减法时的45%。

5. 从任何其他品目改变至子目3402.90。

6. (A)从任何其他品目改变至子目3403.11至3403.19;或者

(B)从品目3403的任何其他子目改变至子目3403.11至3403.19,前提是区域价值成分不低于:

(1)使用累积法时的35%,或

(2)使用扣减法时的45%。

7. 从任何其他子目(包括子目3403.91至3403.99中的另一子目)改变至子目3403.91至3403.99。

8. 从任何其他子目(包括该组别中的另一子目)改变至子目3404.20。

9. (A)从子目3404.90的任何其他货物或任何其他子目改变至子目3404.90的化学改性褐煤制得的人造蜡或调制蜡;或者

(B)从任何其他子目(品目1521、子目2712.20或子目2712.90除外)改变至子目3404.90。

10. 从任何其他子目(包括子目3405.10至3405.90中的另一子目)改变至子目3405.10至3405.90。

11. 从任何其他品目(包括品目3406至3407中的另一品目)改变至品目3406至3407。

第三十五章

[章规则已删除]

1. 从任何其他子目(包括子目3501.10至3501.90中的另一子目)改变至子目3501.10至3501.90。

2. 从任何其他子目(包括子目3502.11至3502.19中的另一子目,品目0407除外)改变至子目3502.11至3502.19。

3. 从任何其他子目(包括子目3502.20至3502.90中的另一子目)改变至子目3502.20至3502.90。

4. 从任何其他品目(包括品目3503至3504中的另一品目)改变至品目3503至3504。

5. 从任何其他子目改变至子目3505.10。

6. 从任何其他子目(品目1108除外)改变至子目3505.20。

7. (A)从任何其他品目改变至子目 3506.10；或者

   (B)从品目 3506 的任何其他子目改变至子目 3506.10，前提是区域价值成分不低于：

   (1)使用累积法时的 35%，或

   (2)使用扣减法时的 45%。

8. 从任何其他子目(包括子目 3506.91 至 3506.99 中的另一子目)改变至子目 3506.91 至 3506.99。

9. 从任何其他品目改变至品目 3507。

第三十六章

[章规则已删除]

1. 从任何其他品目(包括品目 3601 至 3606 中的另一品目)改变至品目 3601 至 3606。

第三十七章

[章规则已删除]

1. 从品目 3701 至 3703 以外的任何品目改变至品目 3701 至 3703。

2. 从任何其他品目(包括品目 3704 至 3706 中的另一品目)改变至品目 3704 至 3706。

3. 从任何其他子目(包括子目 3707.10 至 3707.90 中的另一子目)改变至子目 3707.10 至 3707.90。

第三十八章

[章规则已删除]

1. 从任何其他子目改变至子目 3801.10。

2. 从任何其他子目(品目 2504 或子目 3801.10 除外)改变至子目 3801.20。

3. 从任何其他子目改变至子目 3801.30。

4. 从任何其他子目(品目 2504 除外)改变至子目 3801.90。

5. 从任何其他品目(包括品目 3802 至 3804 中的另一品目)改变至品目 3802 至 3804。

6. 从任何其他品目改变至品目 3805。

7. 从任何其他子目(包括子目 3806.10 至 3806.90 中的另一子目)改变至子目 3806.10 至 3806.90，前提是区域价值成分不低于：

   (A)使用累积法时的 35%，或

   (B)使用扣减法时的 45%。

8. 从任何其他品目改变至品目 3807。

[9 和 10 已删除]

11. 从任何其他子目改变至子目 3808.50，前提是原产有效成分占总有效成分的比例不低于 40%(按重量计)。

12. 从任何其他品目改变至子目 3808.91 至 3808.92，前提是区域价值成分不低于：

    (A)使用累积法时的 35%，或

    (B)使用扣减法时的 45%。

12A. (A)从任何其他子目(第二十八章或第二十九章的除草剂、抗萌剂和植物生长调节剂除外)改变至子目 3808.93；或者

     (B)从任何其他子目改变至子目 3808.93 的混合物，前提是该混合物由两种或以上的

有效成分制成,且国产有效成分占总有效成分的比例(按重量计)不低于40%。

12B. 从任何其他子目改变至子目3808.94。

12C. (A)从任何其他子目(第二十八章或第二十九章的杀鼠剂和其他农药除外)改变至子目3808.99;或者

(B)从任何其他子目改变至子目3808.99的混合物,前提是该混合物由两种或以上的有效成分制成,且国产有效成分占总有效成分的比例(按重量计)不低于40%。

13. 从任何其他子目(子目3505.10除外)改变至子目3809.10。

14. 从任何其他子目(包括子目3809.91至3809.93中的另一子目)改变至子目3809.91至3809.93。

15. 从任何其他子目(包括品目3810至3816中的另一品目)改变至品目3810至3816。

16. 从任何其他子目(子目2902.90除外)改变至品目3817。

17. 从任何其他品目改变至品目3818。

18. 从任何其他品目(品目2710除外)改变至品目3819。

19. 从任何其他品目(子目2905.31除外)改变至品目3820。

20. 从任何其他品目改变至品目3821。

21. 从任何其他品目(子目3002.10、子目3502.90或品目3504除外)改变至品目3822。

22. 从任何其他子目(包括子目3823.11至3823.13中的另一子目,品目1520除外)改变至子目3823.11至3823.13。

23. 从任何其他子目改变至子目3823.19。

24. 从任何其他子目(品目1520除外)改变至子目3823.70。

25. 从任何其他子目改变至子目3824.10。

26. (A)从任何其他子目(品目2849除外)改变至子目3824.30;或者

(B)从品目2849改变至子目3824.30,不论是否又从任何其他子目改变而来,前提是区域价值成分不低于:

(1)使用累积法时的35%,或

(2)使用扣减法时的45%。

27. 从任何其他子目(包括子目3824.40至3824.60中的另一子目)改变至子目3824.40至3824.60。

28. (A)从第二十八章至第三十八章的任何其他品目改变至子目3824.71至3824.83;或者

(B)从第二十八章至第三十八章的任何其他子目(包括子目3824.71至3824.83中的另一子目)改变至子目3824.71至3824.83,不论是否又从任何其他章改变而来,前提是区域价值成分不低于:

(1)使用累积法时的35%,或

(2)使用扣减法时的45%。

28A. (A)从任何其他子目改变至子目3824.90的环烷酸及其非水溶性盐或酯;或者

(B)从第二十八章至第三十八章的任何其他子目改变至子目3824.90的任何其他

货物，不论是否又从任何其他章改变而来，前提是区域价值成分不低于：

(1)使用累积法时的35%，或

(2)使用扣减法时的45%。

29.(A)从第二十八章至第三十八章的任何其他品目改变至子目3825.10至3825.90；或者

(B)从第二十八章至第三十八章的任何其他子目(包括子目3825.10至3825.90中的另一子目)改变至子目3825.10至3825.90，不论是否又从任何其他章改变而来，前提是区域价值成分不低于：

(1)使用累积法时的35%，或

(2)使用扣减法时的45%。

30. 从第二十八章至第三十八章的任何其他子目改变至品目3826，不论是否又从任何其他章改变而来，前提是区域价值成分不低于：

(1)使用累积法时的35%，或

(2)使用扣减法时的45%。

第三十九章

1. 从任何其他品目(包括品目3901至3915中的另一品目)改变至品目3901至3915，前提是国内聚合物含量不低于聚合物总含量的40%(按重量计)。

2. 从任何其他子目(包括子目3916.10至3918.90中的另一子目)改变至子目3916.10至3918.90。

3. 从子目3919.10至3919.90以外的任何子目改变至子目3919.10至3919.90。

4. 从任何其他子目(包括至子目3920.10至3921.99中的另一子目)改变至子目3920.10至3921.99。

5. 从任何其他品目(包括品目3922至3926中的另一品目)改变至品目3922至3926。

第四十章

1. 从任何其他子目(包括子目4001.10至4001.22中的另一子目)改变至子目4001.10至4001.22。

2. 从任何其他子目(子目4001.21至4001.22除外)改变至子目4001.29。

3. 从任何其他子目改变至子目4001.30。

4. 从任何其他子目(包括子目4002.11至4002.70中的另一子目)改变至子目4002.11至4002.70。

5. 从任何其他子目(包括子目4002.80至4002.99中的另一子目)改变至子目4002.80至4002.99，前提是国产橡胶含量不低于橡胶总含量的40%(按重量计)。

6. 从任何其他品目(包括品目4003至4004中的另一品目)改变至品目4003至4004。

7. 从任何其他品目(包括品目4005至4017中的另一品目)改变至品目4005至4017。

[8 已删除]

第四十一章

1.(A)从品目4101的任何其他货物或任何其他品目改变至品目4101的经退鞣(包括预鞣，该工艺可逆)加工的生皮；或者

(B)从任何其他章改变至品目4101的任何其他货物。

2. (A)从品目4102的任何其他货物、子目4105.10的蓝湿皮或任何其他品目改变至品目4102的经退鞣(包括预鞣,该工艺可逆)加工的生皮;或者

(B)从任何其他章改变至品目4102的任何其他货物。

3. (A)从品目4103的任何其他货物、子目4106.21或子目4106.31至4106.32的蓝湿皮或任何其他品目改变至4103的经退鞣(包括预鞣,该工艺可逆)加工的生皮;或者

(B)从任何其他章改变至品目4103的任何其他货物。

4. 从任何其他品目[品目4101的经退鞣(包括预鞣,该工艺可逆)加工的生皮或品目4107除外]改变至品目4104。

5. 从任何其他品目或者子目4105.10的蓝湿皮[品目4102的经退鞣(包括预鞣,该工艺可逆)加工的生皮或品目4112除外]改变至品目4105。

6. 从任何其他品目或者子目4106.21、子目4106.31或子目4106.91的蓝湿皮[品目4103的经退鞣(包括预鞣,该工艺可逆)加工的生皮和子目4113.10除外]改变至品目4106。

7. 从任何其他品目或子目4107.10的蓝湿皮[品目4103、品目4106、品目4113或品目4101的经退鞣(包括预鞣,该工艺可逆)加工的生皮除外]改变至品目4107。

8. 从任何其他品目(包括品目4108至4111中的另一品目)改变至品目4108至4111。

9. 从任何其他品目[子目4105.30或品目4102的经退鞣(包括预鞣,该工艺可逆)加工的生皮除外]改变至品目4112。

10. 从任何其他品目[品目4103的经退鞣(包括预鞣,该工艺可逆)加工的生皮除外]改变至品目4113。

11. 从子目4114.10至4114.20以外的任何子目改变至子目4114.10至4114.20。

12. 从任何其他品目改变至品目4115。

第四十二章

1. 从任何其他品目改变至品目4201。

2. 从任何其他章改变至子目4202.11。

3. 从任何其他章(品目5407、品目5408、品目5512至5516、税号5903.10.15、税号5903.10.18、税号5903.10.20、税号5903.10.25、税号5903.20.15、税号5903.20.18、税号5903.20.20、税号5903.20.25、税号5903.90.15、税号5903.90.18、税号5903.90.20、税号5903.90.25、税号5906.99.20、税号5906.99.25、税号5907.00.05、税号5907.00.15或税号5907.00.60除外)改变至子目4202.12。

4. 从任何其他章改变至子目4202.19至4202.21。

5. 从任何其他章(品目5407、品目5408、品目5512至5516、税号5903.10.15、税号5903.10.18、税号5903.10.20、税号5903.10.25、税号5903.20.15、税号5903.20.18、税号5903.20.20、税号5903.20.25、税号5903.90.15、税号5903.90.18、税号5903.90.20、税号5903.90.25、税号5906.99.20、税号5906.99.25、税号5907.00.05、税号5907.00.15或税号5907.00.60除外)改变至子目4202.22。

6. 从任何其他章改变至子目4202.29至4202.31。

7. 从任何其他章(品目5407、品目5408、品目5512至5516、税号5903.10.15、税号5903.10.18、税号5903.10.20、税号5903.10.25、税号5903.20.15、税号5903.20.18、税号5903.20.20、税号5903.20.25、税号5903.90.15、税号5903.90.18、税号5903.90.20、税号5903.90.25、税号5906.99.20、税号5906.99.25、税号5907.00.05、税号5907.00.15或税号5907.00.60除外)改变至子目4202.32。

8. 从任何其他章改变至子目4202.39至4202.91。

9. 从任何其他章(品目5407、品目5408、品目5512至5516、税号5903.10.15、税号5903.10.18、税号5903.10.20、税号5903.10.25、税号5903.20.15、税号5903.20.18、税号5903.20.20、税号5903.20.25、税号5903.90.15、税号5903.90.18、税号5903.90.20、税号5903.90.25、税号5906.99.20、税号5906.99.25、税号5907.00.05、税号5907.00.15或税号5907.00.60除外)改变至子目4202.92。

10. 从任何其他章改变至子目4202.99。

11. 从任何其他章改变至子目4203.10至4203.29。

12. 从任何其他品目改变至子目4203.30至4203.40。

13. (A)从品目4205的任何其他货物或任何其他品目改变至品目4205的用于机器、机械器具或其他专门技术用途的皮革或再生皮革制品;或者

(B)从品目4205的用于机器、机械器具或其他专门技术用途的皮革或再生皮革制品或者任何其他品目改变至品目4205的任何其他货物。

14. 从任何其他品目改变至品目4206。

第四十三章

1. 从任何其他章改变至品目4301。

2. 从任何其他品目改变至品目4302。

3. 从任何其他品目(包括品目4303至4304中的另一品目)改变至品目4303至4304。

第四十四章

1. 从任何其他品目(包括品目4401至4407中的另一品目)改变至品目4401至4407。

2. (A)从品目4408的任何其他货物或任何其他品目(品目4412除外)改变至品目4408的层压板;或者

(B)从任何其他品目改变至品目4408的任何其他货物。

3. 从任何其他品目(包括品目4409至4421中的另一品目)改变至品目4409至4421。

第四十五章

从任何其他品目(包括品目4501至4504中的另一品目)改变至品目4501至4504。

第四十六章

1. 从任何其他章改变至品目4601。

2. 从任何其他品目改变至品目4602。

第四十七章

从任何其他品目(包括品目4701至4707中的另一品目)改变至品目4701至4707。

第四十八章

1. 从任何其他章改变至品目4801至4816。

2. 从品目4817至4822以外的任何品目改变至品目4817至4822。

3. 从任何其他章改变至品目4823。

第四十九章

从任何其他章改变至品目4901至4911。

第五十章

1. 从任何其他章改变至品目5001至5003。

2. 从品目5004至5006以外的任何品目改变至品目5004至5006。

3. 从任何其他品目改变至品目5007。

第五十一章

1. 从任何其他章改变至品目5101至5105。

2. 从品目5106至5110以外的任何品目改变至品目5106至5110。

3. 从品目5111至5113以外的任何品目(品目5106至5110、品目5205至5206、品目5401至5404或品目5509至5510除外)改变至品目5111至5113。

第五十二章

1. 从任何其他章(品目5401至5405或品目5501至5507除外)改变至品目5201至5207。

2. 从品目5208至5212以外的任何品目(品目5106至5110、品目5205至5206、品目5401至5404或品目5509至5510除外)改变至品目5208至5212。

第五十三章

1. 从任何其他章改变至品目5301至5305。

2. 从品目5306至5308以外的任何品目改变至品目5306至5308。

3. 从任何其他品目(品目5307至5308除外)改变至品目5309。

4. 从品目5310至5311以外的任何品目(品目5307至5308除外)改变至品目5310至5311。

第五十四章

1. 从任何其他章(品目5201至5203或品目5501至5507除外)改变至品目5401至5406。

2. 从税号5402.43.10、税号5402.52.10或任何其他章(品目5106至5110、品目5205至5206或品目5509至5510除外)改变至税号5407.61.11、税号5407.61.21或税号5407.61.91。

3. 从任何其他章(品目5106至5110、品目5205至5206或品目5509至5510除外)改变至品目5407。

4. 从任何其他章(品目5106至5110、品目5205至5206或品目5509至5510除外)改变至品目5408。

第五十五章

1. 从任何其他章(品目5201至5203或品目5401至5405除外)改变至品目5501至

5511。

2. 从品目5512至5516以外的任何品目(品目5106至5110、品目5205至5206、品目5401至5404或品目5509至5510除外)改变至品目5512至5516。

第五十六章

从任何其他章(品目5106至5113、品目5204至5212、品目5307至5308、品目5310至5311或第五十四章至第五十五章除外)改变至品目5601至5609。

第五十七章

从任何其他章(品目5106至5113、品目5204至5212、品目5308、品目5311、第五十四章或品目5508至5516除外)改变至品目5701至5705。

第五十八章

从任何其他章(品目5106至5113、品目5204至5212、品目5307至5308、品目5310至5311或第五十四章至第五十五章除外)改变至品目5801至5811。

第五十九章

1. 从任何其他章(品目5111至5113、品目5208至5212、品目5310至5311、品目5407至5408或品目5512至5516除外)改变至品目5901。

2. 从任何其他品目(品目5106至5113、品目5204至5212、品目5306至5311或第五十四章至第五十五章除外)改变至品目5902。

3. 从任何其他章(品目5111至5113、品目5208至5212、品目5310或品目5311、品目5407至5408或品目5512至5516除外)改变至品目5903至5908。

4. 从任何其他章(品目5111至5113、品目5208至5212、品目5310至5311、第五十四章或品目5512至5516除外)改变至品目5909。

5. 从任何其他品目(品目5106至5113、品目5204至5212、品目5307至5308、品目5310至5311或第五十四章至第五十五章除外)改变至品目5910。

6. 从任何其他章(品目5111至5113、品目5208至5212、品目5310至5311、品目5407至5408或品目5512至5516除外)改变至品目5911。

第六十章

从任何其他章(品目5106至5113、第五十二章、品目5307至5308、品目5310至5311或第五十四章至第五十五章除外)改变至品目6001至6006。

第六十一章

章规则一：除归入税号5408.22.10、税号5408.23.11、税号5408.23.21和税号5408.24.10的织物外,下列品目和子目的织物,当用作某些男女西服套装、西服短上衣、裙子、大衣、短外套、带帽夹克、风衣和类似物品的可见衬里材料时,必须由纱线制成,并在智利或/和美国境内完成：品目5111至5112、子目5208.31至5208.59、子目5209.31至5209.59、子目5210.31至5210.59、子目5211.31至5211.59、子目5212.13至5212.15、子目5212.23至5212.25、子目5407.42至5407.44、子目5407.52至5407.54、子目5407.61、子目5407.72至5407.74、子目5407.82至5407.84、子目5407.92至5407.94、子目5408.22至5408.24、子目5408.32至5408.34、子目5512.19、子目5512.29、子目5512.99、子目5513.21至5513.49、子目5514.21至5515.99、子目5516.12至5516.14、子目5516.22至5516.24、子目

5516.32 至 5516.34、子目 5516.42 至 5516.44、子目 5516.92 至 5516.94、子目 6001.10、子目 6001.92、子目 6005.31 至 6005.44 或子目 6006.10 至 6006.44。

章规则二：为确定本章货物的原产地，适用于该货物的规则应仅适用于确定该货物税则归类的成分，并且该成分必须满足该规则规定的该货物税则归类改变要求。如果规则要求货物还必须满足本章章规则一所列可见衬里织物的税则归类改变要求，则该要求仅适用于服装主体中的可见衬里织物（不包括覆盖最大表面积的袖子），不适用于可拆卸衬里。

1. 从任何其他章（品目 5106 至 5113、品目 5204 至 5212、品目 5307 至 5308、品目 5310 至 5311、第五十四章、品目 5508 至 5516 或品目 6001 至 6006 除外）改变至子目 6101.20 至 6101.30，前提是：

    (A) 该货物在智利或/和美国境内裁剪（或针织成型）并缝制或以其他方式组合；以及

    (B) 进口至美国境内的服装中使用的任何可见衬里材料必须满足第六十一章章规则一的要求。

2. (A) 从任何其他章（品目 5106 至 5113、品目 5204 至 5212、品目 5307 至 5308、品目 5310 至 5311、第五十四章、品目 5508 至 5516 或品目 6001 至 6006 除外）改变至子目 6101.90 的羊毛或动物细毛货物，前提是：

    (1) 该货物在智利或/和美国境内裁剪（或针织成型）并缝制或以其他方式组合，以及

    (2) 第六十一章章规则一所列的可见衬里织物符合其中规定的税则归类改变要求；或者

    (B) 从任何其他章（品目 5106 至 5113、品目 5204 至 5212、品目 5307 至 5308、品目 5310 至 5311、第五十四章、品目 5508 至 5516 或品目 6001 至 6006 除外）改变至子目 6101.90，前提是该货物在智利或/和美国境内裁剪（或针织成型）并缝制或以其他方式组合。

3. 从任何其他章（品目 5106 至 5113、品目 5204 至 5212、品目 5307 至 5308、品目 5310 至 5311、第五十四章、品目 5508 至 5516 或品目 6001 至 6006 除外）改变至子目 6102.10 至 6102.30，前提是：

    (A) 该货物在智利或/和美国境内裁剪（或针织成型）并缝制或以其他方式组合；以及

    (B) 进口至美国境内的服装中使用的任何可见衬里材料必须满足第六十一章章规则一的要求。

4. 从任何其他章（品目 5106 至 5113、品目 5204 至 5212、品目 5307 至 5308、品目 5310 至 5311、第五十四章、品目 5508 至 5516 或品目 6001 至 6006 除外）改变至子目 6102.90，前提是该货物在智利或/和美国境内裁剪（或针织成型）并缝合或以其他方式组合。

5. (A) 从任何其他章（品目 5106 至 5113、品目 5204 至 5212、品目 5307 至 5308、品目 5310 至 5311、第五十四章、品目 5508 至 5516 或品目 6001 至 6006 除外）改变至子目 6103.10 的以羊毛或动物细毛、合成纤维、人造纤维或棉花以外的纺织材料为原料的套装，前提是该货物在智利或/和美国境内裁剪（或针织成型）并缝合或以

其他方式组合；

(B) 从任何其他章（品目5106至5113、品目5204至5212、品目5307至5308、品目5310至5311、第五十四章、品目5508至5516或品目6001至6006除外）改变至子目6103.10的羊毛或动物细毛、棉花或化学纤维以外的纺织材料[丝或绢丝含量（按重量计）不超过70%]为原料的西服套装，前提是该货物在智利或/和美国境内裁剪（或针织成型）并缝制或以其他方式组合；或

(C) 从任何其他章（品目5106至5113、品目5204至5212、品目5307至5308、品目5310至5311、第五十四章、品目5508至5516或品目6001至6006除外）改变至子目6103.10，前提是：

(1) 该货物在智利或/和美国境内裁剪（或针织成型）并缝制或以其他方式组合，以及

(2) 进口至美国境内的服装中使用的任何可见衬里材料必须满足第六十一章章规则一的要求。

6. 从任何其他章（品目5106至5113、品目5204至5212、品目5307至5308、品目5310至5311、第五十四章、品目5508至5516或品目6001至6006除外）改变至税号6103.19.60或税号6103.19.90，前提是该货物在智利或/和美国境内裁剪（或针织成型）并缝制或以其他方式组合。

7. 从任何其他章（品目5106至5113、品目5204至5212、品目5307至5308或品目5310至5311、第五十四章、品目5508至5516或品目6001至6006除外）改变至子目6103.22至6103.29，前提是：

(A) 该货物在智利或/和美国境内裁剪（或针织成型）并缝制或以其他方式组合；以及

(B) 对于作为子目6103.22至6103.29便服套装的一部分进口的以羊毛、动物细毛、棉花或化学纤维为原料的品目6101的服装或品目6103的上衣，进口至美国境内的服装中使用的任何可见衬里材料必须满足第六十一章章规则一的要求。

8. 从任何其他章（品目5106至5113、品目5204至5212、品目5307至5308、品目5310至5311、第五十四章、品目5508至5516或品目6001至6006除外）改变至子目6103.31至6103.39，前提是：

(A) 该货物在智利或/和美国境内裁剪（或针织成型）并缝制或以其他方式组合；以及

(B) 进口至美国境内的服装中使用的任何可见衬里材料必须满足第六十一章章规则一的要求。

9. 从任何其他章（品目5106至5113、品目5204至5212、品目5307至5308、品目5310至5311、第五十四章、品目5508至5516或品目6001至6006除外）改变至税号6103.39.60或税号6103.39.90，前提是该货物在智利或/和美国境内裁剪（或针织成型）并缝制或以其他方式组合。

10. 从任何其他章（品目5106至5113、品目5204至5212、品目5307至5308、品目5310至5311、第五十四章、品目5508至5516或品目6001至6006除外）改变至6103.41至6103.49，前提是该货物在智利或/和美国境内裁剪（或针织成型）并缝制或以其他方式组合。

11. 从任何其他章(品目 5106 至 5113、品目 5204 至 5212、品目 5307 至 5308、或品目 5310 至 5311、第五十四章、品目 5508 至 5516 或品目 6001 至 6006 除外)改变至子目 6104.13,前提是：

(A)该货物在智利或/和美国境内裁剪(或针织成型)并缝制或以其他方式组合；以及

(B)进口至美国境内的服装中使用的任何可见衬里材料必须满足第六十一章章规则一的要求。

12. (A)从任何其他章(品目 5106 至 5113、品目 5204 至 5212、品目 5307 至 5308、品目 5310 至 5311、第五十四章、品目 5508 至 5516 或品目 6001 至 6006 除外)改变至税号 6104.19.40 或税号 6104.19.60,前提是该货物在智利或/和美国境内裁剪(或针织成型)并缝制或以其他方式组合；或者

(B)从任何其他章(品目 5106 至 5113、品目 5204 至 5212、品目 5307 至 5308、品目 5310 至 5311、第五十四章、品目 5508 至 5516 或品目 6001 至 6006 除外)改变至子目 6104.19,前提是：

(1)该货物在智利或/和美国境内裁剪(或针织成型)并缝制或以其他方式组合,以及

(2)进口至美国境内的服装中使用的任何可见衬里材料必须满足第六十一章章规则一的要求。

13. 从任何其他章(品目 5106 至 5113、品目 5204 至 5212、品目 5307 至 5308、品目 5310 至 5311、第五十四章、品目 5508 至 5516 或品目 6001 至 6006 除外)改变至子目 6104.22 至 6104.29,前提是：

(A)该货物在智利或/和美国境内裁剪(或针织成型)并缝制或以其他方式组合；以及

(B)对于作为子目 6104.22 至 6104.29 便服套装的一部分进口的以羊毛、动物细毛、棉花或化学纤维为原料的品目 6102 的服装、品目 6104 的上衣或品目 6104 的裙子,进口至美国境内的服装中使用的任何可见衬里材料必须满足第六十一章章规则一的要求。

14. 从任何其他章(品目 5106 至 5113、品目 5204 至 5212、品目 5307 至 5308、品目 5310 至 5311、第五十四章、品目 5508 至 5516 或品目 6001 至 6006 除外)改变至子目 6104.31 至 6104.39,前提是：

(A)该货物在智利或/和美国境内裁剪(或针织成型)并缝制或以其他方式组合；以及

(B)进口至美国境内的服装中使用的任何可见衬里材料必须满足第六十一章章规则一的要求。

15. 从任何其他章(品目 5106 至 5113、品目 5204 至 5212、品目 5307 至 5308、品目 5310 至 5311、第五十四章、品目 5508 至 5516 或品目 6001 至 6006 除外)改变至 6104.39.20,前提是该货物在智利或/和美国境内裁剪(或针织成型)并缝制或以其他方式组合。

16. 从任何其他章(品目 5106 至 5113、品目 5204 至 5212、品目 5307 至 5308、品目 5310 至 5311、第五十四章、品目 5508 至 5516 或品目 6001 至 6006 除外)改变至子目 6104.41 至 6104.49,前提是该货物在智利或/和美国境内裁剪(或针织成型)并缝制

或以其他方式组合。

17. 从任何其他章(品目5106至5113、品目5204至5212、品目5307至5308、品目5310至5311、第五十四章、品目5508至5516或品目6001至6006除外)改变至子目6104.51至6104.59,前提是:

   (A)该货物在智利或/和美国境内裁剪(或针织成型)并缝制或以其他方式组合;以及
   (B)进口至美国境内的服装中使用的任何可见衬里材料必须满足第六十一章章规则一的要求。

18. 从任何其他章(品目5106至5113、品目5204至5212、品目5307至5308、品目5310至5311、第五十四章、品目5508至5516或品目6001至6006除外)改变至税号6104.59.40或税号6104.59.80,前提是该货物在智利或/和美国境内裁剪(或针织成型)并缝制或以其他方式组合。

19. 从任何其他章(品目5106至5113、品目5204至5212、品目5307至5308、品目5310至5311、第五十四章、品目5508至5516或品目6001至6006除外)改变至子目6104.61至6104.69,前提是该货物在智利或/和美国境内裁剪(或针织成型)并缝制或以其他方式组合。

20. 从任何其他章(品目5106至5113、品目5204至5212、品目5307至5308、品目5310至5311、第五十四章、品目5508至5516或品目6001至6006除外)改变至品目6105至6106,前提是该货物在智利或/和美国境内裁剪(或针织成型)并缝制或以其他方式组合。

21. 从任何其他章(品目5106至5113、品目5204至5212、品目5307至5308、品目5310至5311、第五十四章、品目5508至5516或品目6001至6006除外)改变至子目6107.11至6107.19,前提是该货物在智利或/和美国境内裁剪(或针织成型)并缝制或以其他方式组合。

22. (A)从税号6006.21.10、税号6006.22.10、税号6006.23.10或税号6006.24.10改变至子目6107.21,前提是该货物(不包括领子、袖子、腰带或松紧带)全部由此类织物制成,并且在智利或/和美国境内裁剪并缝制或以其他方式组合;或者

   (B)从任何其他章(品目5106至5113、品目5204至5212、品目5307至5308、品目5310至5311、第五十四章、品目5508至5516或品目6001至6006除外)改变至子目6107.21,前提是该货物在智利或/和美国境内裁剪(或针织成型)并缝制或以其他方式组合。

23. 从任何其他章(品目5106至5113、品目5204至5212、品目5307至5308、品目5310至5311、第五十四章、品目5508至5516或品目6001至6006除外)改变至子目6107.22至6107.99,前提是该货物在智利或/和美国境内裁剪(或针织成型)并缝制或以其他方式组合。

24. 从任何其他章(品目5106至5113、品目5204至5212、品目5307至5308、品目5310至5311、第五十四章、品目5508至5516或品目6001至6006除外)改变至子目6108.11至6108.19,前提是该货物在智利或/和美国境内裁剪(或针织成型)并缝制或以其他方式组合。

25. (A)从税号6006.21.10、税号6006.22.10、税号6006.23.10或税号6006.24.10改变至子目6108.21,前提是该货物(不包括腰带、松紧带或花边)全部由此类织物制成,并且在智利或/和美国境内裁剪并缝制或以其他方式组合;或者

   (B)从任何其他章(品目5106至5113、品目5204至5212、品目5307至5308、品目5310至5311、第五十四章、品目5508至5516或品目6001至6006除外)改变至子目6108.21,前提是该货物在智利或/和美国境内裁剪(或针织成型)并缝制或以其他方式组合。

26. 从任何其他章(品目5106至5113、品目5204至5212、品目5307至5308、品目5310至5311、第五十四章、品目5508至5516或品目6001至6006除外)改变至子目6108.22至6108.29,前提是该货物在智利或/和美国境内裁剪(或针织成型)并缝制或以其他方式组合。

27. (A)从税号6006.21.10、税号6006.22.10、税号6006.23.10或税号6006.24.10改变至子目6108.31,前提是该货物(不包括领子、袖子、腰带、松紧带或花边)全部由此类织物制成,并且在智利或/和美国境内裁剪并缝制或以其他方式组合;或者

   (B)从任何其他章(品目5106至5113、品目5204至5212、品目5307至5308、品目5310至5311、第五十四章、品目5508至5516或品目6001至6006除外)改变至子目6108.31,前提是该货物在智利或/和美国境内裁剪(或针织成型)并缝制或以其他方式组合。

28. 从任何其他章(品目5106至5113、品目5204至5212、品目5307至5308、品目5310至5311、第五十四章、品目5508至5516或品目6001至6006除外)改变至子目6108.32至6108.39,前提是该货物在智利或/和美国境内裁剪(或针织成型)并缝制或以其他方式组合。

29. 从任何其他章(品目5106至5113、品目5204至5212、品目5307至5308、品目5310至5311、第五十四章、品目5508至5516或品目6001至6006除外)改变至子目6108.91至6108.99,前提是该货物在智利或/和美国境内裁剪(或针织成型)并缝制或以其他方式组合。

30. 从任何其他章(品目5106至5113、品目5204至5212、品目5307至5308、品目5310至5311、第五十四章、品目5508至5516或品目6001至6006除外)改变至品目6109至6111,前提是该货物在智利或/和美国境内裁剪(或针织成型)并缝制或以其他方式组合。

31. 从任何其他章(品目5106至5113、品目5204至5212、品目5307至5308、品目5310至5311、第五十四章、品目5508至5516或品目6001至6006除外)改变至子目6112.11至6112.19,前提是该货物在智利或/和美国境内裁剪(或针织成型)并缝制或以其他方式组合。

32. 从任何其他章(品目5106至5113、品目5204至5212、品目5307至5308、品目5310至5311、第五十四章、品目5508至5516或品目6001至6006除外)改变至子目6112.20,前提是:

   (A)该货物在智利或/和美国境内裁剪(或针织成型)并缝制或以其他方式组合;以及

(B)对于作为子目 6112.20 滑雪套装的一部分进口的以羊毛、动物细毛、棉花或化学纤维为原料的品目 6101、品目 6102、品目 6201 或品目 6202 的服装,进口至美国境内的服装中使用的任何可见衬里材料必须满足第六十一章章规则一的要求。

33. 从任何其他章(品目 5106 至 5113、品目 5204 至 5212、品目 5307 至 5308、品目 5310 至 5311、第五十四章、品目 5508 至 5516 或品目 6001 至 6006 除外)改变至子目 6112.31 至 6112.49,前提是该货物在智利或/和美国境内裁剪(或针织成型)并缝制或以其他方式组合。

34. 从任何其他章(品目 5106 至 5113、品目 5204 至 5212、品目 5307 至 5308、品目 5310 至 5311、第五十四章、品目 5508 至 5516 或品目 6001 至 6006 除外)改变至品目 6113 至 6117,前提是该货物在智利或/和美国境内裁剪(或针织成型)并缝制或以其他方式组合。

第六十二章

章规则一:除归入税号 5408.22.10、税号 5408.23.11、税号 5408.23.21 和税号 5408.24.10 的织物外,下列品目和子目的织物,当用作某些男女西服套装、西服短上衣、裙子、大衣、带帽夹克、风衣和类似物品的可见衬里材料时,必须由纱线制成,并在智利或/和美国境内完成:品目 5111 到 5112、子目 5208.31 至 5208.59、子目 5209.31 至 5209.59、子目 5210.31 至 5210.59、子目 5211.31 至 5211.59、子目 5212.13 至 5212.15、子目 5212.23 至 5212.25、子目 5407.42 至 5407.44、子目 5407.52 至 5407.54、子目 5407.61、子目 5407.72 至 5407.74、子目 5407.82 至 5407.84、子目 5407.92 至 5407.94、子目 5408.22 至 5408.24、子目 5408.32 至 5408.34、子目 5512.19、子目 5512.29、子目 5512.99、子目 5513.21 至 5513.49、子目 5514.21 至 5515.99、子目 5516.12 至 5516.14、子目 5516.22 至 5516.24、子目 5516.32 至 5516.34、子目 5516.42 至 5516.44、子目 5516.92 至 5516.94、子目 6001.10、子目 6001.92、子目 6005.31 至 6005.44 或子目 6006.10 至 6006.44。

章规则二:如果本章的服装在智利或/和美国境内裁剪并缝制或以其他方式组合,并且外壳的织物(不包括领子或袖子)完全是下列的一种或多种,则应被视为原产货物:

(a)子目 5801.23 的平绒织物,含棉量(按重量计)为 85% 或以上;

(b)子目 5801.22 的灯芯绒织物,含棉量(按重量计)为 85% 或以上,每厘米绒条数超过 7.5 根;

(c)子目 5111.11 或子目 5111.19 的织物,如为手工织造,则织机宽度小于 76 厘米,按照哈里斯粗花呢协会有限公司的规章制度在英国织造,并经该协会认证;

(d)子目 5112.30 的织物,每平方米重量不超过 340 克,含有羊毛、不少于 20%(按重量计)的动物细毛和不少于 15%(按重量计)的化学纤维短纤;或者

(e)子目 5513.11 或子目 5513.21 的平衡细薄织物,单纱支数超过 76 公支,每平方厘米含 60~70 根经纱和纬纱,每平方米重量不超过 110 克。

章规则三:为确定本章货物的原产地,适用于该货物的规则应仅适用于确定该货物税则归类的成分,并且该成分必须满足该规则规定的税则归类改变要求。如果规则要求货物还必须满足本章章规则一所列的对可见衬里织物的税则归类改变要求,则该要求仅适用

于服装主体中的可见衬里织物(不包括覆盖最大表面积的袖子),不适用于可拆卸衬里。

1. 从任何其他章(品目5106至5113、品目5204至5212、品目5307至5308、品目5310至5311、第五十四章、品目5508至5516或品目6001至6006除外)改变至子目6201.11至6201.13,前提是:

   (A)该货物在智利或/和美国境内裁剪并缝制或以其他方式组合;以及

   (B)进口至美国境内的服装中使用的任何可见衬里材料必须满足第六十一章章规则一的要求。

2. 从任何其他章(品目5106至5113、品目5204至5212、品目5307至5308、品目5310至5311、第五十四章、品目5508至5516、品目5801至5802或品目6001至6006除外)改变至子目6201.19,前提是该货物在智利或/和美国境内裁剪并缝制或以其他方式组合。

3. 从任何其他章(品目5106至5113、品目5204至5212、品目5307至5308、品目5310至5311、第五十四章、品目5508至5516、品目5801至5802或品目6001至6006除外)改变至子目6201.91至子目6201.93,前提是:

   (A)该货物在智利或/和美国境内裁剪并缝制或以其他方式组合;以及

   (B)进口至美国境内的服装中使用的任何可见衬里材料必须满足第六十二章章规则一的要求。

4. 从任何其他章(品目5106至5113、品目5204至5212、品目5307至5308、品目5310至5311、第五十四章、品目5508至5516、品目5801至5802或品目6001至6006除外)改变至子目6201.99,前提是该货物在智利或/和美国境内裁剪并缝制或以其他方式组合。

5. 从任何其他章(品目5106至5113、品目5204至5212、品目5307至5308、品目5310至5311、第五十四章、品目5508至5516、品目5801至5802或品目6001至6006除外)改变至子目6202.11至6202.13,前提是:

   (A)该货物在智利或/和美国境内裁剪并缝制或以其他方式组合;以及

   (B)进口至美国境内的服装中使用的任何可见衬里材料必须满足第六十二章章规则一的要求。

6. 从任何其他章(品目5106至5113、品目5204至5212、品目5307至5308、品目5310至5311、第五十四章、品目5508至5516、品目5801至5802或品目6001至6006除外)改变至子目6202.19,前提是该货物在智利或/和美国境内裁剪并缝制或以其他方式组合。

7. 从任何其他章(品目5106至5113、品目5204至5212、品目5307至5308、品目5310至5311、第五十四章、品目5508至5516、品目5801至5802或品目6001至6006除外)改变至子目6202.91至6202.93,前提是:

   (A)该货物在智利或/和美国境内裁剪并缝制或以其他方式组合;以及

   (B)进口至美国境内的服装中使用的任何可见衬里材料必须满足第六十二章章规则一的要求。

8. 从任何其他章(品目5106至5113、品目5204至5212、品目5307至5308、品目5310至

5311、第五十四章、品目 5508 至 5516、品目 5801 至 5802 或品目 6001 至 6006 除外)改变至子目 6202.99,前提是该货物在智利或/和美国境内裁剪并缝制或以其他方式组合。

9. 从任何其他章(品目 5106 至 5113、品目 5204 至 5212、品目 5307 至 5308、品目 5310 至 5311、第五十四章、品目 5508 至 5516、品目 5801 至 5802 或品目 6001 至 6006 除外)改变至子目 6203.11 至 6203.19,前提是:

   (A)该货物在智利或/和美国境内裁剪并缝制或以其他方式组合;以及

   (B)进口至美国境内的服装中使用的任何可见衬里材料必须满足第六十二章章规则一的要求。

10. 从任何其他章(品目 5106 至 5113、品目 5204 至 5212、品目 5307 至 5308、品目 5310 至 5311、第五十四章、品目 5508 至 5516、品目 5801 至 5802 或品目 6001 至 6006 除外)改变至税号 6203.19.50 或税号 6203.19.90,前提是该货物在智利或/和美国境内裁剪并缝制或以其他方式组合。

11. 从任何其他章(品目 5106 至 5113、品目 5204 至 5212、品目 5307 至 5308、品目 5310 至 5311、第五十四章、品目 5508 至 5516、品目 5801 至 5802 或品目 6001 至 6006 除外)改变至子目 6203.22 至 6203.29,前提是:

    (A)该货物在智利或/和美国境内裁剪并缝制或以其他方式组合;以及

    (B)对于作为子目 6203.22 至 6203.29 便服套装的一部分而进口的以羊毛、动物细毛、棉花或化学纤维为原料的品目 6201 的服装或品目 6203 的上衣,进口至美国境内的服装中使用的任何可见衬里材料必须满足第六十二章章规则一的要求。

12. 从任何其他章(品目 5106 至 5113、品目 5204 至 5212、品目 5307 至 5308、品目 5310 至 5311、第五十四章、品目 5508 至 5516、品目 5801 至 5802 或品目 6001 至 6006 除外)改变至子目 6203.31 至 6203.39,前提是:

    (A)该货物在智利或/和美国境内裁剪并缝制或以其他方式组合;以及

    (B)进口至美国境内的服装中使用的任何可见衬里材料必须满足第六十二章章规则一的要求。

13. 从任何其他章(品目 5106 至 5113、品目 5204 至 5212、品目 5307 至 5308、品目 5310 至 5311、第五十四章、品目 5508 至 5516、品目 5801 至 5802 或品目 6001 至 6006 除外)改变至税号 6203.39.50 或税号 6203.39.90,前提是该货物在智利或/和美国境内裁剪并缝制或以其他方式组合。

14. 从任何其他章(品目 5106 至 5113、品目 5204 至 5212、品目 5307 至 5308、品目 5310 至 5311、第五十四章、品目 5508 至 5516、品目 5801 至 5802 或品目 6001 至 6006 除外)改变至子目 6203.41 至 6203.49,前提是该货物在智利或/和美国境内裁剪并缝制或以其他方式组合。

15. 从任何其他章(品目 5106 至 5113、品目 5204 至 5212、品目 5307 至 5308、品目 5310 至 5311、第五十四章、品目 5508 至 5516、品目 5801 至 5802 或品目 6001 至 6006 除外)改变至子目 6204.11 至 6204.19,前提是:

    (A)该货物在智利或/和美国境内裁剪并缝制或以其他方式组合;以及

(B)进口至美国境内的服装中使用的任何可见衬里材料必须满足第六十二章章规则一的要求。

16. 从任何其他章(品目 5106 至 5113、品目 5204 至 5212、品目 5307 至 5308、品目 5310 至 5311、第五十四章、品目 5508 至 5516、品目 5801 至 5802 或品目 6001 至 6006 除外)改变至税号 6204.19.40 或税号 6204.19.80,前提是该货物在智利或/和美国境内裁剪并缝制或以其他方式组合。

17. 从任何其他章(品目 5106 至 5113、品目 5204 至 5212、品目 5307 至 5308、品目 5310 至 5311、第五十四章、品目 5508 至 5516、品目 5801 至 5802 或品目 6001 至 6006 除外)改变至子目 6204.21 至 6204.29,前提是:

(A)该货物在智利或/和美国境内裁剪并缝制或以其他方式组合;以及

(B)对于作为子目 6204.21 至 6204.29 便服套装的一部分进口的以羊毛、动物细毛、棉花或化学纤维为原料的品目 6202 的服装或品目 6204 的上衣,进口至美国境内的服装中使用的任何可见衬里材料必须满足第六十二章章规则一的要求。

18. 从任何其他章(品目 5106 至 5113、品目 5204 至 5212、品目 5307 至 5308、品目 5310 至 5311、第五十四章、品目 5508 至 5516、品目 5801 至 5802 或品目 6001 至 6006 除外)改变至子目 6204.31 至 6204.39,前提是:

(A)该货物在智利或/和美国境内裁剪并缝制或以其他方式组合;以及

(B)进口至美国境内的服装中使用的任何可见衬里材料必须满足第六十二章章规则一的要求。

19. 从任何其他章(品目 5106 至 5113、品目 5204 至 5212、品目 5307 至 5308、品目 5310 至 5311、第五十四章、品目 5508 至 5516、品目 5801 至 5802 或品目 6001 至 6006 除外)改变至税号 6204.39.60 或税号 6204.39.80,前提是该货物在智利或/和美国境内裁剪并缝制或以其他方式组合。

20. 从任何其他章(品目 5106 至 5113、品目 5204 至 5212、品目 5307 至 5308、品目 5310 至 5311、第五十四章、品目 5508 至 5516、品目 5801 至 5802 或品目 6001 至 6006 除外)改变至子目 6204.41 至 6203.49,前提是该货物在智利或/和美国境内裁剪并缝制或以其他方式组合。

21. 从任何其他章(品目 5106 至 5113、品目 5204 至 5212、品目 5307 至 5308、品目 5310 至 5311、第五十四章、品目 5508 至 5516、品目 5801 至 5802 或品目 6001 至 6006 除外)改变至子目 6204.51 至 6204.59,前提是:

(A)该货物在智利或/和美国境内裁剪并缝制或以其他方式组合;以及

(B)进口至美国境内的服装中使用的任何可见衬里材料必须满足第六十二章章规则一的要求。

22. 从任何其他章(品目 5106 至 5113、品目 5204 至 5212、品目 5307 至 5308、品目 5310 至 5311、第五十四章、品目 5508 至 5516、品目 5801 至 5802 或品目 6001 至 6006 除外)改变至税号 6204.59.40,前提是该货物在智利或/和美国境内裁剪并缝制或以其他方式组合。

23. 从任何其他章(品目 5106 至 5113、品目 5204 至 5212、品目 5307 至 5308、品目 5310

至 5311、第五十四章、品目 5508 至 5516、品目 5801 至 5802 或品目 6001 至 6006 除外)改变至子目 6204.61 至 6204.69,前提是该货物在智利或/和美国境内裁剪并缝制或以其他方式组合。

24. 从任何其他章(品目 5106 至 5113、品目 5204 至 5212、品目 5307 至 5308、品目 5310 至 5311、第五十四章、品目 5508 至 5516、品目 5801 至 5802 或品目 6001 至 6006 除外)改变至子目 6205.10,前提是该货物在智利或/和美国境内裁剪并缝制或以其他方式组合。

子目规则:如果棉制或化学纤维制男式衬衫都在智利或/和美国境内裁剪和组合,并且外壳(不包括领子或袖子)的织物完全是下列的一种或多种,则应被视为原产货物:

(a) 子目 5208.21、子目 5208.22、子目 5208.29、子目 5208.31、子目 5208.32、子目 5208.39、子目 5208.41、子目 5208.42、子目 5208.49、子目 5208.51、子目 5208.52 或子目 5208.59 的织物,平均纱线细度超过 135 公支;

(b) 子目 5513.11 或子目 5513.21 的非平衡织物,每平方厘米经纱和纬纱超过 70 根,平均纱线细度超过 70 公支;

(c) 子目 5210.21 或子目 5210.31 的非平衡织物,每平方厘米经纱和纬纱超过 70 根,平均纱线细度超过 70 公支;

(d) 子目 5208.22 或子目 5208.32 的非平衡织物,每平方厘米经纱和纬纱超过 75 根,平均纱线细度超过 65 公支;

(e) 子目 5407.81、子目 5407.82 或子目 5407.83 的织物,每平方米重量低于 170 克,由多臂装置形成多臂组织;

(f) 子目 5208.42 或子目 5208.49 的非平衡织物,每平方厘米经纱和纬纱超过 85 根,平均纱线细度超过 85 公支;

(g) 子目 5208.51 的平衡织物,每平方厘米经纱和纬纱超过 75 根,单纱织成,平均纱线细度为 95 公支或以上;

(h) 子目 5208.41 的具有条格花纹的平衡织物,每平方厘米经纱和纬纱超过 85 根,单纱织成,平均纱线细度为 95 公支或以上,通过经纱和纬纱颜色变化产生条格效果;或者

(i) 子目 5208.41 的织物,经纱用植物染料染色,纬纱为白色或用植物染料染色,平均纱线细度超过 65 公支。

25. 从任何其他章(品目 5106 至 5113、品目 5204 至 5212、品目 5307 至 5308、品目 5310 至 5311、第五十四章、品目 5508 至 5516、品目 5801 至 5802 或品目 6001 至 6006 除外)改变至子目 6205.20 至 6205.90,前提是该货物在智利或/和美国境内裁剪并缝制或以其他方式组合。

26. 从任何其他章(品目 5106 至 5113、品目 5204 至 5212、品目 5307 至 5308、品目 5310 至 5311、第五十四章品目 5508 至 5516、品目 5801 至 5802 或品目 6001 至 6006 除外)改变至品目 6206 至 6210,前提是该货物在智利或/和美国境内裁剪并缝制或以其他方式组合。

27. 从任何其他章(品目 5106 至 5113、品目 5204 至 5212、品目 5307 至 5308、品目 5310

至 5311、第五十四章、品目 5508 至 5516、品目 5801 至 5802 或品目 6001 至 6006 除外)改变至子目 6211.11 至 6211.12,前提是该货物在智利或/和美国境内裁剪并缝制或以其他方式组合。

28. 从任何其他章(品目 5106 至 5113、品目 5204 至 5212、品目 5307 至 5308、品目 5310 至 5311、第五十四章、品目 5508 至 5516、品目 5801 至 5802 或品目 6001 至 6006 除外)改变至子目 6211.20,前提是:

(A)该货物在智利或/和美国境内裁剪并缝制或以其他方式组合;以及

(B)对于作为子目 6211.20 的滑雪套装的一部分进口的以羊毛、动物细毛、棉花或化学纤维为原料的品目 6101、品目 6102、品目 6201 或品目 6202 的服装,进口至美国境内的服装中使用的任何可见衬里材料必须满足第六十二章章规则一的要求。

29. 从任何其他章(品目 5106 至 5113、品目 5204 至 5212、品目 5307 至 5308、品目 5310 至 5311、第五十四章、品目 5508 至 5516、品目 5801 至 5802 或品目 6001 至 6006 除外)改变至子目 6211.32 至 6211.49,前提是该货物在智利或/和美国境内裁剪并缝制或以其他方式组合。

30. 从任何其他章改变至子目 6212.10,前提是该货物在智利或/和美国境内裁剪并缝制或以其他方式组合,并且在每个年度期间,生产商或生产控制实体的此类货物只有当在美国或/和智利境内形成的该生产商或实体在上一年度期间生产所有此类物品所使用的织物组件的总成本至少为该生产商或实体在上一年度期间进口的所有此类物品中所含纺织品的总申报关税价值的 75% 时,才有资格享受本协定规定的优惠待遇。

31. 从任何其他章(品目 5106 至 5113、品目 5204 至 5212、品目 5307 至 5308、品目 5310 至 5311、第五十四章、品目 5508 至 5516、品目 5801 至 5802 或品目 6001 至 6006 除外)改变至子目 6212.20 至 6212.90,前提是该货物在智利或/和美国境内裁剪并缝制或以其他方式组合。

32. 从任何其他章(品目 5106 至 5113、品目 5204 至 5212、品目 5307 至 5308、品目 5310 至 5311、第五十四章、品目 5508 至 5516、品目 5801 至 5802 或品目 6001 至 6006 除外)改变至品目 6213 至 6217,前提是该货物在智利或/和美国境内裁剪并缝制或以其他方式组合。

第六十三章

章规则一:为确定本章货物的原产地,适用于该货物的规则应仅适用于确定该货物税则归类的成分,并且该成分必须满足该规则规定的税则归类改变要求。

1. 从任何其他章(品目 5106 至 5113、品目 5204 至 5212、品目 5307 至 5308、品目 5310 至 5311、第五十四章、品目 5508 至 5516、品目 5801 至 5802 或品目 6001 至 6006 除外)改变至品目 6301 至 6303,前提是该货物在智利或/和美国境内裁剪并缝制或以其他方式组合。

2. 从税号 5402.43.10、税号 5402.52.10 或任何其他章(品目 5106 至 5113、品目 5204 至 5212、品目 5307 至 5308、品目 5310 至 5311、第五十四章、品目 5508 至 5516、品目

5801 至 5802 或品目 6001 至 6006 除外)改变至税号 6303.92.10,前提是该货物在智利或/和美国境内裁剪并缝制或以其他方式组合。

3. 从任何其他章(品目 5106 至 5113、品目 5204 至 5212、品目 5307 至 5308、品目 5310 至 5311、第五十四章、品目 5508 至 5516、品目 5801 至 5802 或品目 6001 至 6006 除外)改变至品目 6304 至 6308,前提是该货物在智利或/和美国境内裁剪并缝制或以其他方式组合。

4. 从任何其他品目改变至品目 6309。

5. 从任何其他章(品目 5106 至 5113、品目 5204 至 5212、品目 5307 至 5308、品目 5310 至 5311、第五十四章、品目 5508 至 5516、品目 5801 至 5802 或品目 6001 至 6006 除外)改变至品目 6310,前提是该货物在智利或/和美国境内裁剪(或针织成型)并缝制或以其他方式组合。

第六十四章

1. 从品目 6401 至 6405 以外的任何品目(子目 6406.10 除外)改变至品目 6401,前提是使用累积法时的区域价值成分不低于 55%。

2. 从任何其他品目改变至子目 6402.12 至 6402.20,前提是区域价值成分不低于:
   (A)使用累积法时的 35%,或
   (B)使用扣减法时的 45%。

3. 从品目 6401 至 6405 以外的任何品目(子目 6406.10 除外)改变至子目 6402.91 至 6403.99,前提是使用累积法时的区域价值成分不低于 55%。

4. 从品目 6401 至 6405 以外的任何品目改变至品目 6403,前提是区域价值成分不低于:
   (A)使用累积法时的 35%,或
   (B)使用扣减法时的 45%。

5. 从任何其他品目(子目 6406.10 除外)改变至子目 6404.11 至 6404.19,前提是使用累积法时的区域价值成分不低于 55%。

6. 从任何其他品目改变至子目 6404.20,前提是区域价值成分不低于:
   (A)使用累积法时的 35%,或
   (B)使用扣减法时的 45%。

7. 从任何其他品目改变至品目 6405,前提是区域价值成分不低于:
   (A)使用累积法时的 35%,或
   (B)使用扣减法时的 45%。

8. 从任何其他子目(品目 6401 至 6405 除外)改变至子目 6406.10,前提是区域价值成分不低于:
   (A)使用累积法时的 35%,或
   (B)使用扣减法时的 45%。

9. 从任何其他章改变至子目 6406.20 至 6406.99。

第六十五章

1. 从任何其他章改变至品目 6501 至 6502。

2. 从任何其他品目(品目 6503 至 6507 除外)改变至品目 6504 至 6506。

3. 从任何其他品目改变至品目 6507。

第六十六章

1. 从任何其他品目(子目 6603.20、品目 3920 至 3921、品目 5007、品目 5111 至 5113、品目 5208 至 5212、品目 5309 至 5311、品目 5407 至 5408、品目 5512 至 5516、品目 5602 至 5603、品目 5801 至 5811、品目 5901 至 5911 或品目 6001 至 6002 除外)改变至品目 6601。
2. 从任何其他品目改变至品目 6602。
3. 从任何其他章改变至品目 6603。

第六十七章

1. (A)从任何其他品目改变至品目 6701;或者
   (B)从羽毛或羽绒改变至品目 6701 的羽毛或羽绒制品。
2. 从任何其他品目(包括品目 6702 至 6704 中的另一品目)改变至品目 6702 至 6704。

第六十八章

从任何其他品目(包括品目 6801 至 6815 中的另一品目)改变至品目 6801 至 6815。

第六十九章

从任何其他章改变至品目 6901 至 6914。

第七十章

1. 从任何其他品目改变至品目 7001。
2. 从任何其他品目改变至子目 7002.10。
3. 从任何其他章改变至子目 7002.20。
4. 从任何其他品目改变至子目 7002.31。
5. 从任何其他章改变至子目 7002.32 至 7002.39。
6. 从任何其他品目(品目 7003 至 7006 除外)改变至子目 7003.12 至 7003.20。
7. 从任何其他品目(品目 7003 至 7009 除外)改变至子目 7003.30。
8. 从任何其他品目(品目 7003 至 7009 除外)改变至子目 7004.20。
9. 从任何其他品目(品目 7003 至 7006 除外)改变至子目 7004.90。
10. 从任何其他品目(品目 7003 至 7006 除外)改变至子目 7005.10。
11. 从任何其他品目(品目 7003 至 7009 除外)改变至子目 7005.21 至 7005.29。
12. 从任何其他品目(品目 7003 至 7006 除外)改变至子目 7005.30。
13. 从任何其他品目(品目 7003 至 7009 除外)改变至品目 7006。
14. 从任何其他品目(品目 7003 至 7009 除外)改变至子目 7007.11。
15. 从任何其他品目(品目 7003 至 7009 除外)改变至子目 7007.19 至 7007.29。
16. 从任何其他品目改变至品目 7008。
17. 从任何其他子目改变至子目 7009.10。
18. 从任何其他品目(品目 7003 至 7009 除外)改变至子目 7009.91 至 7009.92。
19. 从任何其他品目(品目 7007 至 7018 除外)或品目 7020 的真空瓶或其他真空容器用玻璃内胆改变至品目 7010 至 7018。
20. 从任何其他品目(品目 7007 至 7020 除外)改变至品目 7019。

21. 从任何其他品目改变至品目 7020。

第七十一章

1. 从任何其他品目改变至品目 7101。
2. 从任何其他章改变至品目 7102 至 7103。
3. 从任何其他品目改变至品目 7104 至 7105。
4. 从任何其他章改变至品目 7106 至 7111。
5. 从任何其他品目改变至品目 7112。
6. 从任何其他品目(品目 7113 至 7118 除外)改变至品目 7113 至 7117。
7. 从任何其他品目改变至品目 7118。

第七十二章

1. 从任何其他章改变至品目 7201 至 7205。
2. 从品目 7206 至 7207 以外的任何品目改变至品目 7206 至 7207。
3. 从任何其他品目改变至品目 7208。
4. 从任何其他品目(品目 7208 至 7216 除外)改变至品目 7209 至 7212。
5. 从任何其他品目改变至品目 7213。
6. 从任何其他品目(品目 7208 至 7216 除外)改变至品目 7214 至 7215。
7. 从任何其他品目(品目 7208 至 7215 除外)改变至品目 7216。
8. 从任何其他品目(品目 7213 至 7215 除外)改变至品目 7217。
9. 从任何其他品目改变至品目 7218。
10. 从任何其他品目(品目 7220 除外)改变至品目 7219。
11. 从任何其他品目(品目 7219 除外)改变至品目 7220。
12. 从任何其他品目(品目 7222 除外)改变至品目 7221。
13. 从任何其他品目(品目 7221 除外)改变至品目 7222。
14. 从任何其他品目(品目 7221 至 7222 除外)改变至品目 7223。
15. 从任何其他品目改变至品目 7224。
16. 从任何其他品目(品目 7226 除外)改变至品目 7225。
17. 从任何其他品目(品目 7225 除外)改变至品目 7226。
18. 从任何其他品目(品目 7228 除外)改变至品目 7227。
19. 从任何其他品目(品目 7227 除外)改变至品目 7228。
20. 从任何其他品目(品目 7227 至 7228 除外)改变至品目 7229。

第七十三章

1. 从任何其他章改变至品目 7301 至 7307。
2. 从任何其他品目改变至品目 7308,但对品目 7216 的角材、型材或异型材进行以下处理而导致税则归类改变的除外:

    (A)钻孔、冲孔、开槽、切割、弯曲或清扫,不论是单独进行还是组合进行;

    (B)为复合结构添加附件或焊接件;

    (C)为搬运目的添加附件;

    (D)在 H 型钢或工字钢上增加焊件、连接件或附件,前提是焊件、连接件或附件的最大尺寸不大于 H 型钢或工字钢法兰内表面之间的尺寸；

(E)涂漆、镀锌或其他涂层；或者

(F)单独或组合钻孔、冲孔、开槽或切割，添加一个没有加强元件的简单底板，以创建适合做柱的制品。

3. 从品目 7309 至 7311 以外的任何品目改变至品目 7309 至 7311。

4. 从任何其他品目(包括品目 7312 至 7314 中的另一品目)改变至品目 7312 至 7314。

5. (A)从任何其他品目改变至子目 7315.11 或子目 7315.12；或者

(B)从子目 7315.19 改变至子目 7315.11 或子目 7315.12，不论是否又从任何其他品目改变而来，前提是区域价值成分不低于：

(1)使用累积法时的 35%，或

(2)使用扣减法时的 45%。

6. 从任何其他品目改变至子目 7315.19。

7. (A)从任何其他品目改变至子目 7315.20 至 7315.89；或者

(B)从子目 7315.90 改变至子目 7315.20 至 7315.89，不论是否又从任何其他品目改变而来，前提是区域价值成分不低于：

(1)使用累积法时的 35%，或

(2)使用扣减法时的 45%。

8. 从任何其他子目改变至子目 7315.90。

9. 从任何其他品目(品目 7312 或品目 7315 除外)改变至品目 7316。

10. 从品目 7317 至 7318 以外的任何品目改变至品目 7317 至 7318。

11. 从任何其他品目(包括品目 7319 至 7320 中的另一品目)改变至品目 7319 至 7320。

12. (A)从任何其他品目改变至子目 7321.11 至 7321.89；或者

(B)从子目 7321.90 改变至子目 7321.11 至 7321.89，不论是否又从任何其他品目改变而来，前提是区域价值成分不低于：

(1)使用累积法时的 35%，或

(2)使用扣减法时的 45%。

13. 从任何其他品目改变至子目 7321.90。

14. 从任何其他品目改变至品目 7322。

15. 从任何其他品目改变至品目 7323。

16. (A)从任何其他品目改变至子目 7324.10 至 7324.29；或者

(B)品目无需改变，前提是区域价值成分不低于：

(1)使用累积法时的 35%，或

(2)使用扣减法时的 45%。

17. 从任何其他品目改变至子目 7324.90。

18. 从任何其他品目改变至子目 7325.10 至 7326.20。

19. 从任何其他品目(品目 7325 除外)改变至子目 7326.90。

第七十四章

1. 从任何其他品目(包括品目 7401 至 7403 中的另一品目)改变至品目 7401 至 7403。

2. 税则归类无需改变至品目 7404 的货物,前提是废碎料全部在智利或/和美国境内获得或生产。

3. 从任何其他品目(包括品目 7405 至 7407 中的另一品目)改变至品目 7405 至 7407。

4. 从任何其他品目(品目 7407 除外)改变至品目 7408。

5. 从任何其他品目改变至品目 7409。

6. 从任何其他品目(品目 7409 的厚度小于 5 毫米的板、片或带除外)改变至品目 7410。

7. 从任何其他品目(包括品目 7411 至 7418 中的另一品目)改变至品目 7411 至 7418。

8. 从任何其他品目改变至品目 7419。

第七十五章

1. 从任何其他品目(包括品目 7501 至 7505 中的另一品目)改变至品目 7501 至 7505。

2. (A)从任何其他品目改变至品目 7506;或者

   (B)从品目 7506 的任何其他货物改变至厚度不超过 0.15 毫米的箔,前提是厚度减少不少于 50%。

3. 从任何其他子目(包括子目 7507.11 至 7508.90 中的另一子目)改变至子目 7507.11 至 7508.90。

第七十六章

1. 从任何其他章改变至品目 7601。

2. 从任何其他品目改变至品目 7602。

3. 从任何其他章改变至品目 7603。

4. 从任何其他品目(品目 7605 至 7606 除外)改变至品目 7604。

5. 从任何其他品目(品目 7604 除外)改变至品目 7605。

6. 从任何其他品目改变至子目 7606.11。

7. 从任何其他品目(品目 7604 至 7606 除外)改变至子目 7606.12。

8. 从任何其他品目改变至子目 7606.91。

9. 从任何其他品目(品目 7604 或品目 7606 除外)改变至子目 7606.92。

10. 从任何其他品目改变至品目 7607。

11. 从任何其他品目(品目 7609 除外)改变至品目 7608。

12. 从任何其他品目(品目 7608 除外)改变至品目 7609。

13. 从任何其他品目(包括品目 7610 至 7613 中的另一品目)改变至品目 7610 至 7613。

14. 从任何其他品目改变至子目 7614.10。

15. 从任何其他品目(品目 7604 至 7605 除外)改变至子目 7614.90。

16. 从任何其他品目改变至品目 7615。

17. 从任何其他品目改变至子目 7616.10。

18. 从任何其他子目(包括子目 7616.91 至 7616.99 中的另一子目)改变至子目 7616.91 至 7616.99。

第七十八章

1. 从任何其他章改变至品目 7801 至 7802。

2. 从任何其他品目改变至品目 7804。

3. (A)从品目7806的任何其他货物或任何其他品目改变至品目7806的铅条、杆、型材、异型材和丝;

   (B)从品目7806的任何其他货物或任何其他品目改变至品目7806的铅管或管子附件;或者

   (C)从品目7806的铅条、杆、型材、异型材、丝、管或管子附件或任何其他品目改变至品目7806的任何其他货物。

第七十九章

1. 从任何其他章改变至品目7901至7902。

2. 从任何其他章改变至子目7903.10。

3. 从和其他品目改变至子目7903.90。

4. 从任何其他品目(包括品目7904至7905中的另一品目)改变至品目7904至7905。

5. (A)从品目7907的任何其他货物或任何其他品目改变至品目7907的锌管或管子附件;或者

   (B)从品目7907的锌管或管子附件或任何其他品目改变至品目7907的任何其他货物。

第八十章

1. 从任何其他章改变至品目8001至8002。

2. 从任何其他品目改变至品目8003。

4. (A)从品目8007的任何其他货物或任何其他品目改变至品目8007的厚度超过0.2毫米的板、片或带;

   (B)从品目8007的任何其他货物(厚度超过0.2毫米的板、片或带除外)或任何其他品目改变至品目8007的锡箔(厚度不超过0.2毫米)、粉或片状粉末;

   (C)从品目8007的任何其他货物或任何其他品目改变至品目8007的锡管或管子附件;

   (D)从品目8007的厚度超过0.2毫米的板、片或带、厚度不超过0.2毫米的锡箔、粉或片状粉末、锡管或管子附件或者任何其他品目改变至品目8007的任何其他货物。

第八十一章

1. 从任何其他章改变至子目8101.10至8101.94。

[2 已删除]

3. 从任何其他子目(子目8101.95除外)改变至子目8101.96。

4. 从任何其他章改变至子目8101.97。

5. (A)从子目8101.99的任何其他货物或任何其他子目改变至子目8101.99的条、杆(仅通过烧结获得的除外)、型材、异型材、板、片、带或箔;或者

   (B)从子目8101.99的条、杆(仅通过烧结获得的除外)、型材、异型材、板、片、带或箔或任何其他品目改变至子目8109.99的任何其他货物。

6. 从任何其他章改变至子目8102.10至8102.94。

7. 从任何其他子目改变至子目8102.95。

8. 从任何其他子目(子目8102.95除外)改变至子目8102.96。

9. 从任何其他章改变至子目 8102.97。

10. 从任何其他子目改变至子目 8102.99。

11. 从任何其他章改变至子目 8103.20 至 8103.30。

12. 从任何其他子目改变至子目 8103.90。

13. 从任何其他章改变至子目 8104.11 至 8104.20。

14. 从任何其他子目(包括子目 8104.30 至 8104.90 中的另一子目)改变至子目 8104.30 至 8104.90。

15. 从任何其他章改变至子目 8105.20 至 8105.30。

16. 从任何其他子目改变至子目 8105.90。

17. (A)从任何其他章改变至品目 8106;或者
    (B)章归类无需改变,前提是区域价值成分不低于:
        (1)使用累积法时的 35%,或
        (2)使用扣减法时的 45%。

18. 从任何其他章改变至子目 8107.20 至 8107.30。

19. 从任何其他子目改变至子目 8107.90。

20. 从任何其他章改变至子目 8108.20 至 8108.30。

21. 从任何其他子目改变至子目 8108.90。

22. 从任何其他章改变至子目 8109.20 至 8109.30。

23. 从任何其他子目改变至子目 8109.90。

24. (A)从任何其他章改变至品目 8110;或者
    (B)章归类无需改变,前提是区域价值成分不低于:
        (1)使用累积法时的 35%,或
        (2)使用扣减法时的 45%。

25. (A)从任何其他章改变至品目 8111;或者
    (B)章归类无需改变,前提是区域价值成分不低于:
        (1)使用累积法时的 35%,或
        (2)使用扣减法时的 45%。

26. 从任何其他章改变至子目 8112.12 至 8112.13。

27. 从任何其他子目改变至子目 8112.19,前提是区域价值成分不低于:
    (1)使用累积法时的 35%,或
    (2)使用扣减法时的 45%。

28. (A)从任何其他章改变至子目 8112.21 至 8112.29;或者
    (B)税则归类无需改变,前提是区域价值成分不低于:
        (1)使用累积法时的 35%,或
        (2)使用扣减法时的 45%。

29. 从任何其他章改变至子目 8112.51 至 8112.52。

30. 从任何其他子目(子目 8112.99 除外)改变至子目 8112.59。

31. (A)从任何其他章改变至子目 8112.92 的未锻造锗或钒以及锗或钒废碎料或粉末;

或者

(B)税则归类无需改变至子目 8112.92 的未锻造锗或钒以及锗或钒废碎料或粉末,前提是区域价值成分不低于:

(1)使用累积法时的 35%,或

(2)使用扣减法时的 45%;或者

(C)从任何其他章改变至子目 8112.92 的任何其他货物。

32.(A)从任何其他章改变至子目 8112.99 的锗或钒制品;或者

(B)税则归类无需改变至子目 8112.99 的锗或钒制品,前提是区域价值成分不低于:

(1)使用累积法时的 35%,或

(2)使用扣减法时的 45%;或者

(C)从子目 8112.99 的锗或钒制品或任何其他子目改变至子目 8112.99 的任何其他货物。

33.(A)从任何其他章改变至品目 8113;或者

(B)章归类无需改变,前提是区域价值成分不低于:

(1)使用累积法时的 35%,或

(2)使用扣减法时的 45%。

第八十二章

1. 从任何其他章改变至品目 8201 至 8206。

2.(A)从任何其他章改变至子目 8207.13;或者

(B)从品目 8209 或子目 8207.19 改变至子目 8207.13,前提是区域价值成分不低于:

(1)使用累积法时的 35%,或

(2)使用扣减法时的 45%。

3. 从任何其他章改变至子目 8207.19 至 8207.90。

4. 从任何其他章改变至品目 8208 至 8215。

第八十三章

1.(A)从任何其他章改变至子目 8301.10 至 8301.40;或者

(B)从子目 8301.60 改变至子目 8301.10 至 8301.40,不论是否又从任何其他章改变而来,前提是区域价值成分不低于:

(1)使用累积法时的 35%,或

(2)使用扣减法时的 45%。

2.(A)从任何其他章改变至子目 8301.50;或者

(B)从任何其他子目改变至子目 8301.50,前提是区域价值成分不低于:

(1)使用累积法时的 35%,或

(2)使用扣减法时的 45%。

3. 从任何其他章改变至子目 8301.60 至 8301.70。

4. 从任何其他品目(包括品目 8302 至 8304 中的另一品目)改变至品目 8302 至 8304。

5.(A)从任何其他章改变至子目 8305.10 至 8305.20;或者

(B)从任何其他子目改变至子目 8305.10 至 8305.20,前提是区域价值成分不低于:

(1)使用累积法时的35%,或

(2)使用扣减法时的45%。

6. 从任何其他品目改变至子目8305.90。

7. 从任何其他章改变至子目8306.10。

8. 从任何其他品目改变至子目8306.21至8306.30。

9. 从任何其他品目改变至品目8307。

10. (A)从任何其他章改变至子目8308.10至8308.20;或者

(B)从任何其他子目改变至子目8308.10至8308.20,前提是区域价值成分不低于:

(1)使用累积法时的35%,或

(2)使用扣减法时的45%。

11. 从任何其他品目改变至子目8308.90。

12. 从任何其他品目(包括品目8309至8310中的另一品目)改变至品目8309至8310。

13. (A)从任何其他章改变至子目8311.10至8311.30;或者

(B)从任何其他子目改变至子目8311.10至8311.30,前提是区域价值成分不低于:

(1)使用累积法时的35%,或

(2)使用扣减法时的45%。

14. 从任何其他品目改变至子目8311.90。

第八十四章

1. 从任何其他子目(包括子目8401.10至8401.30中的另一子目)改变至子目8401.10至8401.30。

2. 从任何其他品目改变至子目8401.40。

3. (A)从任何其他品目改变至子目8402.11;或者

(B)从子目8402.90改变至子目8402.11,不论是否又从任何其他品目改变而来,前提是区域价值成分不低于:

(1)使用累积法时的35%,或

(2)使用扣减法时的45%。

4. (A)从任何其他品目改变至子目8402.12;或者

(B)从任何其他子目改变至子目8402.12,前提是区域价值成分不低于:

(1)使用累积法时的35%,或

(2)使用扣减法时的45%。

5. (A)从任何其他品目改变至子目8402.19;或者

(B)从子目8402.90改变至子目8402.19,不论是否又从任何其他品目改变而来,前提是区域价值成分不低于:

(1)使用累积法时的35%,或

(2)使用扣减法时的45%。

6. (A)从任何其他品目改变至子目8402.20;或者

(B)从任何其他子目改变至子目8402.20,前提是区域价值成分不低于:

(1)使用累积法时的35%,或

（2）使用扣减法时的45％。

7. 从任何其他品目改变至子目8402.90。

8. 从任何其他子目改变至子目8403.10。

9. 从任何其他品目改变至子目8403.90。

10. 从任何其他子目改变至子目8404.10。

11. 从任何其他子目（包括子目8425.11至8425.19中的另一子目）改变至子目8425.11至8425.19。

11A. (A)从子目8425.31的任何其他货物或任何其他子目（子目8425.39的专为地下使用而设计的坑口卷扬机或绞盘机除外）改变至子目8425.31的专为地下使用而设计的坑口卷扬机或绞盘机；或者

(B)从子目8425.31的专为地下使用而设计的坑口卷扬机或绞盘机或任何其他子目改变至子目8425.31的任何其他货物。

11B. (A)从子目8425.39的任何其他货物或任何其他子目（子目8425.31的专为地下使用而设计的坑口卷扬机或绞盘机除外）改变至子目8425.39的专为地下使用而设计的坑口卷扬机或绞盘机；或者

(B)从子目8425.39的专为地下使用而设计的坑口卷扬机或绞盘机或任何其他子目改变至子目8425.39的任何其他货物。

11C. 从任何其他子目（包括子目8425.41至8428.60中的另一子目）改变至子目8425.41至8428.60。

11D. (A)从子目8428.90的任何其他货物或任何其他子目改变至矿车推车机、机车或货车横移机、翻车机或类似的铁路货车装卸设备；或者

(B)从子目8428.90的矿车推车机、机车或货车横移机、翻车机或类似的铁路货车装卸设备或任何其他子目改变至子目8428.90的任何其他货物。

11E. 从任何其他子目（包括子目8429.11至8429.59中的另一子目）改变至子目8429.11至8429.59。

12. 从任何其他品目改变至子目8404.90。

13. 从任何其他子目改变至子目8405.10。

14. 从任何其他品目改变至子目8405.90。

15. 从任何其他子目改变至子目8406.10。

16. 从子目8406.81至8406.82以外的任何子目改变至子目8406.81至8406.82。

17. 从任何其他品目改变至子目8406.90。

18. 从任何其他品目改变至子目8407.10至8407.32。

19. 从任何其他品目改变至子目8407.33至8407.34,前提是区域价值成分不低于：

(A)使用累积法时的35％,或

(B)使用扣减法时的45％。

20. 从任何其他品目改变至子目8407.90。

21. 从任何其他品目改变至品目8408。

22. 从任何其他品目改变至子目8409.10。

23. (A) 从任何其他品目改变至子目 8409.91 或子目 8409.99；或者

(B) 税则归类无需改变至子目 8409.91 或子目 8409.99，前提是使用累积法时的区域价值成分不低于 30%。

24. 从子目 8410.11 至 8410.13 以外的任何子目改变至子目 8410.11 至 8410.13。

25. 从任何其他品目改变至子目 8410.90。

26. 从子目 8411.11 至 8411.82 以外的任何子目改变至子目 8411.11 至 8411.82。

27. 从任何其他品目改变至子目 8411.91 至 8411.99。

28. 从任何其他子目（包括子目 8412.10 至 8412.80 中的另一子目）改变至子目 8412.10 至 8412.80。

29. 从任何其他品目改变至子目 8412.90。

30. 从任何其他子目（包括子目 8413.11 至 8413.82 中的另一子目）改变至子目 8413.11 至 8413.82。

31. 从任何其他子目改变至子目 8413.91 至 8413.92。

32. 从任何其他子目（包括子目 8414.10 至 8414.80 中的另一子目）改变至子目 8414.10 至 8414.80。

33. 从任何其他品目改变至子目 8414.90。

34. 从任何其他子目（包括子目 8415.10 至 8415.83 中的另一子目）改变至子目 8415.10 至 8415.83。

[**35 至 37 已删除**]

38. 从任何其他品目改变至子目 8415.90。

39. 从任何其他子目（包括子目 8416.10 至 8416.30 中的另一子目）改变至子目 8416.10 至 8416.30。

40. 从任何其他品目改变至子目 8416.90。

41. 从任何其他子目（包括子目 8417.10 至 8417.80 中的另一子目）改变至子目 8417.10 至 8417.80。

42. 从任何其他品目改变至子目 8417.90。

43. (A) 从任何其他品目改变至子目 8418.10 至 8418.91；或者

(B) 从子目 8418.99 改变至子目 8418.10 至 8418.91，不论是否又从任何其他品目改变而来，前提是区域价值成分不低于：

(1) 使用累积法时的 35%，或

(2) 使用扣减法时的 45%。

44. 从任何其他品目改变至子目 8418.99。

45. 从任何其他子目改变至子目 8419.11。

45A. (A) 从任何其他品目改变至子目 8419.19；或者

(B) 从任何其他子目改变至子目 8419.19，前提是区域价值成分不低于：

(1) 使用累积法时的 35%，或

(2) 使用扣减法时的 45%。

45B. 从任何其他子目（包括子目 8419.20 至 8419.89 中的另一子目）改变至子目

8419.20 至 8419.89。

46. 从任何其他品目改变至子目 8419.90。

47. 从任何其他子目改变至子目 8420.10。

48. 从任何其他品目改变至子目 8420.91 至 8420.99。

49. 从任何其他子目改变至子目 8421.11 至 8421.39。

50. 从任何其他品目改变至子目 8421.91。

51. (A)从任何其他品目改变至子目 8421.99;或者

    (B)税则归类无需改变至子目 8421.99,前提是区域价值成分不低于:

        (1)使用累积法时的 35%,或

        (2)使用扣减法时的 45%。

52. 从任何其他子目(包括子目 8422.11 至 8422.40 中的另一子目)改变至子目 8422.11 至 8422.40。

53. 从任何其他品目改变至子目 8422.90。

54. 从任何其他子目(包括子目 8423.10 至 8423.89 中的另一子目)改变至子目 8423.10 至 8423.89。

55. 从任何其他品目改变至子目 8423.90。

56. 从任何其他子目(包括子目 8424.10 至 8430.69 中的另一子目)改变至子目 8424.10 至 8430.69。

[57 至 60 已删除]

61. 从子目 8430.69 的"刮刀"或任何其他子目改变至子目 8430.69 的任何其他货物。

62. 从任何其他品目改变至品目 8431。

63. 从任何其他子目(包括子目 8432.10 至 8432.80 中的另一子目)改变至子目 8432.10 至 8432.80。

64. 从任何其他品目改变至子目 8432.90。

65. 从任何其他子目(包括子目 8433.11 至 8433.60 中的另一子目)改变至子目 8433.11 至 8433.60。

66. 从任何其他品目改变至子目 8433.90。

67. 从任何其他子目(包括子目 8434.10 至 8435.90 中的另一子目)改变至子目 8434.10 至 8435.90。

[68 至 71 已删除]

72. 从任何其他子目(包括子目 8436.10 至 8436.80 中的另一子目)改变至子目 8436.10 至 8436.80。

73. 从任何其他品目改变至子目 8436.91。

74. 从任何其他品目改变至子目 8436.99。

75. 从任何其他子目改变至子目 8437.10。

76. 从任何其他子目改变至子目 8437.80。

77. 从任何其他品目改变至子目 8437.90。

78. 从任何其他子目(包括子目 8438.10 至 8438.80 中的另一子目)改变至子目 8438.10

至 8438.80。

79. 从任何其他品目改变至子目 8438.90。

80. 从任何其他子目（包括子目 8439.10 至 8440.90 中的另一子目）改变至子目 8439.10 至 8440.90。

[81 至 84 已删除]

85. 从任何其他子目（包括子目 8441.10 至 8441.80 中的另一子目）改变至子目 8441.10 至 8441.80。

86. 从任何其他品目改变至子目 8441.90。

87. 从任何其他子目改变至子目 8442.30。

88. 从任何其他品目改变至子目 8442.40。

89. 从任何其他品目改变至子目 8442.50。

90. (A)从子目 8443.11 至 8443.19 以外的任何子目（子目 8443.91 的辅助印刷机器除外）改变至子目 8443.11 至 8443.19；或者

　　(B)从子目 8443.91 的辅助印刷机器改变至子目 8443.11 至 8443.19，前提是区域价值成分不低于：

　　　(1)使用累积法时的 35%，或

　　　(2)使用扣减法时的 45%。

90A. 从任何其他子目改变至子目 8443.31。

90B. 从任何其他子目改变至子目 8443.32。

90C. 从任何其他子目改变至子目 8443.39。

90D. (A)从子目 8443.91 的任何其他货物或任何其他子目（子目 8443.11 至 8443.39 除外）改变至子目 8443.91 的辅助印刷机器；或者

　　(B)从任何其他品目改变至子目 8443.91 的任何其他货物。

90E. 从任何其他品目改变至子目 8443.99。

[91 和 92 已删除]

93. 从任何其他品目改变至品目 8444。

94. 从品目 8445 至 8447 以外的任何品目改变至品目 8445 至 8447。

95. 从任何其他子目改变至子目 8448.11。

96. 从任何其他子目改变至子目 8448.19。

97. 从任何其他品目改变至子目 8448.20 至 8448.59。

98. 从任何其他品目改变至品目 8449。

99. 从任何其他子目（包括子目 8450.11 至 8450.20 中的另一子目）改变至子目 8450.11 至 8450.20。

100. 从任何其他品目改变至子目 8450.90。

101. 从任何其他子目（包括子目 8451.10 至 8451.80 中的另一子目）改变至子目 8451.10 至 8451.80。

102. 从任何其他品目改变至子目 8451.90。

103. 从子目 8452.10 至 8452.29 以外的任何子目改变至子目 8452.10 至 8452.29。

104. 从任何其他子目改变至子目 8452.30。

[105 已删除]

106. 从任何其他品目改变至子目 8452.90。

107. 从任何其他子目(包括子目 8453.10 至 8453.80 中的另一子目)改变至子目 8453.10 至 8453.80。

108. 从任何其他品目改变至子目 8453.90。

109. 从任何其他子目(包括子目 8454.10 至 8454.30 中的另一子目)改变至子目 8454.10 至 8454.30。

110. 从任何其他品目改变至子目 8454.90。

111. 从任何其他子目(包括子目 8455.10 至 8455.90 中的另一子目)改变至子目 8455.10 至 8455.90。

[112 已删除]

113. 从任何其他品目(包括品目 8456 至 8463 中的另一品目)改变至品目 8456 至 8463,前提是使用扣减法时的区域价值成分不低于 65%。

114. 从任何其他品目(包括品目 8464 至 8465 中的另一品目)改变至品目 8464 至 8465。

115. 从任何其他品目改变至品目 8466,前提是区域价值成分不低于:

(A)使用累积法时的 35%,或

(B)使用扣减法时的 45%。

116. 从任何其他子目(包括子目 8467.11 至 8467.89 中的另一子目)改变至子目 8467.11 至 8467.89。

117. 从任何其他品目改变至子目 8467.91,

118. 从任何其他品目(品目 8407 除外)改变至子目 8467.92 至 8467.99。

119. 从任何其他子目(包括子目 8468.10 至 8468.80 中的另一子目)改变至子目 8468.10 至 8468.80。

120. 从任何其他品目改变至子目 8468.90。

121. 从任何其他品目改变至品目 8469。

[122 至 124 已删除]

125. 从任何其他子目(包括子目 8470.10 至 8471.90 中的另一子目)改变至子目 8470.10 至 8471.90。

126. 从任何其他子目(包括子目 8472.10 至 8472.90 中的另一子目)改变至子目 8472.10 至 8472.90。

127. (A)从任何其他子目(包括子目 8473.10 至 8473.50 中的另一子目)改变至子目 8473.10 至 8473.50;或者

(B)税则归类无需改变至子目 8473.10 至 8473.50 的货物,前提是区域价值成分不低于:

(1)使用累积法时的 35%,或

(2)使用扣减法时的 45%

128. 从子目 8474.10 至 8474.80 以外的任何子目改变至子目 8474.10 至 8474.80。

129. (A)从任何其他品目改变至子目8474.90;或者

  (B)税则归类无需改变至子目8474.90,前提是区域价值成分不低于:

   (1)使用累积法时的35%,或

   (2)使用扣减法时的45%。

130. 从任何其他子目改变至子目8475.10。

131. 从子目8475.21至8475.29以外的任何子目改变至子目8475.21至8475.29。

132. 从任何其他品目改变至子目8475.90。

133. 从子目8476.21至8476.89以外的任何子目改变至子目8476.21至8476.89。

134. 从任何其他品目改变至子目8476.90。

135. 从任何其他品目改变至品目8477,前提是区域价值成分不低于:

  (A)使用累积法时的35%,或

  (B)使用扣减法时的45%。

136. 从任何其他子目改变至子目8478.10。

137. 从任何其他品目改变至子目8478.90。

138. 从任何其他子目(包括子目8479.10至8479.89的另一子目)改变至子目8479.10至8479.89。

139. 从任何其他品目改变至子目8479.90。

140. 从任何其他品目改变至品目8480。

141. (A)从任何其他品目改变至子目8481.10至8481.80;或者

  (B)从子目8481.90改变至子目8481.10至8481.80,前提是区域价值成分不低于:

   (1)使用累积法时的35%,或

   (2)使用扣减法时的45%。

142. 从任何其他品目改变至子目8481.90。

143. (A)从子目8482.10至8482.80以外的任何子目(子目8482.99的内圈、外圈或座圈除外)改变至子目8482.10至8482.80;或者

  (B)从子目8482.99的内圈、外圈或座圈改变至子目8482.10至8482.80,不论是否又从该组别以外的任何子目改变而来,前提是使用累积法时的区域价值成分为40%。

144. 从任何其他品目改变至子目8482.91。

145. 从任何其他品目改变至子目8482.99。

146. 从任何其他子目改变至子目8483.10。

147. 从任何其他子目(子目8482.10至8482.80除外)改变至子目8483.20。

148. (A)从任何其他品目改变至子目8483.30;或者

  (B)从另一子目改变至子目8483.30,前提是使用累积法时的区域价值成分为40%。

149. (A)从任何子目(子目8482.10至8482.80、子目8482.99、子目8483.10至8483.40、子目8483.60或子目8483.90除外)改变至子目8483.40;或者

  (B)从子目8482.10至8482.80、子目8482.99、子目8483.10至8483.40、子目8483.60或子目8483.90改变至子目8483.40,不论是否又从任何其他子目改

变而来,前提是使用累积法时的区域价值成分为 40%。

150. (A) 从任何子目(子目 8482.10 至 8482.80、子目 8482.99、子目 8483.10 至 8483.40、子目 8483.60 或子目 8483.90 除外)改变至子目 8483.50;或者

(B) 从子目 8482.10 至 8482.80、子目 8482.99、子目 8483.10 至 8483.40、子目 8483.60 或子目 8483.90 改变至子目 8483.50,不论是否又从任何其他子目改变而来,前提是使用累积法时的区域价值成分为 40%。

151. 从任何其他子目改变至子目 8483.60。

152. 从任何其他品目改变至子目 8483.90。

153. 从任何其他子目(包括子目 8484.10 至 8484.90 中的另一子目)改变至子目 8484.10 至 8484.90。

[154 已删除]

155. (A) 从子目 8486.10 至 8486.40 以外的任何子目改变至子目 8486.10 至 8486.40;或者

(B) 税则归类无需改变,前提是区域价值成分不低于:

(1) 使用累积法时的 35%,或

(2) 使用扣减法时的 45%。

156. (A) 从任何其他品目改变至子目 8486.90;或者

(B) 税则归类无需改变,前提是区域价值成分不低于:

(1) 使用累积法时的 35%,或

(2) 使用扣减法时的 45%。

157. 从任何其他品目改变至品目 8487。

第八十五章

1. (A) 从任何其他品目(子目 8503.00 的用于品目 8501 货物的定子和转子除外)改变至子目 8501.10;或者

(B) 从子目 8503.00 的用于品目 8501 货物的定子和转子改变至子目 8501.10,前提是区域价值成分不低于:

(1) 使用累积法时的 35%,或

(2) 使用扣减法时的 45%。

2. 从任何其他品目改变至子目 8501.20 至 8501.64。

3. 从任何其他品目改变至品目 8502。

4. 从任何其他品目改变至品目 8503。

5. 从任何其他子目(子目 8504.10 至 8504.50 除外)改变至子目 8504.10 至 8504.23。

6. (A) 从任何其他品目改变至子目 8504.31;或者

(B) 从子目 8504.90 改变至子目 8504.31,前提是区域价值成分不低于:

(1) 使用累积法时的 35%,或

(2) 使用扣减法时的 45%。

7. 从子目 8504.10 至 8504.50 以外的任何子目改变至子目 8504.32 至 8504.50。

8. 从任何其他品目改变至子目 8504.90。

9. 从任何其他子目(包括子目 8505.11 至 8505.20 中的另一子目)改变至子目 8505.11 至 8505.20。

10. 从任何其他品目改变至子目 8505.90。

11. 从任何其他子目(包括子目 8506.10 至 8506.40 中的另一子目)改变至子目 8506.10 至 8506.40。

12. 从子目 8506.50 至 8506.80 以外的任何子目改变至子目 8506.50 至 8506.80。

13. (A)从任何其他子目或子目 8505.90 的任何其他货物改变至子目 8505.90 的电磁提升头;或者

    (B)从任何其他品目改变至子目 8505.90 的任何其他货物。

14. (A)从任何其他品目改变至子目 8507.10;或者

    (B)从任何其他子目改变至子目 8507.10,不论是否又从任何其他子目改变而来,前提是区域价值成分不低于:

    (1)使用累积法时的 35%,或

    (2)使用扣减法时的 45%。

15. 从任何其他子目(包括子目 8507.20 至 8507.80 中的另一子目)改变至子目 8507.20 至 8507.80。

16. 从任何其他品目改变至子目 8507.90。

16A. (A)从任何其他品目改变至子目 8508.11 至 8508.60;或者

    (B)从任何其他子目改变至子目 8508.11 至 8508.60,前提是区域价值成分不低于:

    (1)使用累积法时的 35%,或

    (2)使用扣减法时的 45%。

16B. 从任何其他品目改变至子目 8508.70。

17. (A)从任何其他品目改变至子目 8509.40 至 8509.80;或者

    (B)从任何其他子目改变至子目 8509.40 至 8509.80,前提是区域价值成分不低于:

    (1)使用累积法时的 35%,或

    (2)使用扣减法时的 45%。

18. 从任何其他品目改变至子目 8509.90。

19. 从任何其他子目(包括子目 8510.10 至 8510.30 中的另一子目)改变至子目 8510.10 至 8510.30。

20. 从任何其他品目改变至子目 8510.90。

21. 从任何其他子目(包括子目 8511.10 至 8511.80 中的另一子目)改变至子目 8511.10 至 8511.80。

22. 从任何其他品目改变至子目 8511.90。

23. 从子目 8512.10 至 8512.30 以外的任何子目改变至子目 8512.10 至 8512.30。

24. (A)从任何其他品目改变至子目 8512.40;或者

    (B)从子目 8512.90 改变至子目 8512.40,前提是区域价值成分不低于:

    (1)使用累积法时的 35%,或

    (2)使用扣减法时的 45%。

25. 从任何其他品目改变至子目 8512.90。

26. (A)从任何其他品目改变至子目 8513.10;或者

    (B)从子目 8513.90 改变至子目 8513.10,前提是区域价值成分不低于:

    (1)使用累积法时的 35%,或

    (2)使用扣减法时的 45%。

27. 从任何其他品目改变至子目 8513.90。

28. 从任何其他子目(包括子目 8514.10 至 8514.40 中的另一子目)改变至子目 8514.10 至 8514.40。

29. 从任何其他品目改变至子目 8514.90。

30. 从子目 8515.11 至 8515.80 以外的任何子目改变至子目 8515.11 至 8515.80。

31. 从任何其他品目改变至子目 8515.90。

32. 从任何其他子目(包括子目 8516.10 至 8516.71 中的另一子目)改变至子目 8516.10 至 8516.71。

33. (A)从任何其他子目(子目 8516.90 或子目 9032.10 的烤面包机外壳除外)改变至子目 8516.72;或者

    (B)从子目 8516.90 或子目 9032.10 的烤面包机外壳改变至子目 8516.72,前提是区域价值成分不低于:

    (1)使用累积法时的 35%,或

    (2)使用扣减法时的 45%。

34. 从任何其他子目改变至子目 8516.79。

35. (A)从任何其他品目改变至子目 8516.80;或者

    (B)从子目 8516.90 改变至子目 8516.80,前提是区域价值成分不低于:

    (1)使用累积法时的 35%,或

    (2)使用扣减法时的 45%。

36. (A)从任何其他品目改变至子目 8516.90;或者

    (B)税则归类无需改变至子目 8516.90,前提是区域价值成分不低于:

    (1)使用累积法时的 35%,或

    (2)使用扣减法时的 45%。

37. 从任何其他子目(包括子目 8517.11 至 8517.69 中的另一子目)改变至子目 8517.11 至 8517.69。

37A. 从任何其他品目改变至子目 8517.70。

38. 从任何其他子目改变至子目 8517.90。

39. (A)从任何其他品目改变至子目 8518.10 或子目 8518.21;或者

    (B)从子目 8518.90 改变至子目 8518.10 或子目 8518.21,前提是区域价值成分不低于:

    (1)使用累积法时的 35%,或

    (2)使用扣减法时的 45%。

40. (A)从任何其他品目改变至子目 8518.22;或者

(B)从子目 8518.29 至 8518.90 改变至子目 8518.22,前提是区域价值成分不低于:
(1)使用累积法时的 35%,或
(2)使用扣减法时的 45%。

41.(A)从任何其他品目改变至子目 8518.29 至 8518.50;或者
(B)从子目 8518.90 改变至子目 8518.29 至 8518.50,前提是区域价值成分不低于:
(1)使用累积法时的 35%,或
(2)使用扣减法时的 45%。

42. 从任何其他品目改变至子目 8518.90。

43. 从任何其他子目(包括子目 8519.20 至 8519.89 中的另一子目)改变至子目 8519.20 至 8519.89。

[44 至 53 和 55 至 56 已删除]

54. 从任何其他品目改变至品目 8522。

54A.(A)从任何其他品目改变至品目 8523;或者
(B)从品目 8523 的未录制媒体改变至品目 8523 的已录制媒体。

57. 从任何其他子目(子目 8525.60 除外)改变至子目 8525.50。

57A. 从任何其他子目(子目 8525.50 除外)改变至子目 8525.60。

57B. 从任何其他子目改变至子目 8525.80。

57C. 从任何其他子目(包括子目 8526.10 至 8526.92 中的另一子目)改变至子目 8526.10 至 8526.92。

57D. 从任何其他子目(包括子目 8527.12 至 8527.99 中的另一子目)改变至子目 8527.12 至 8527.99。

[58 至 60 已删除]

61. 从任何其他子目改变至子目 8528.41。

62.(A)从子目 8528.49 的任何其他货物或任何其他子目(子目 7011.20、子目 8540.11 或子目 8540.91 除外)改变至子目 8528.49 的彩色视频监视器;或者
(B)从任何其他子目改变至子目 8528.49 的任何其他货物。

62A. 从任何其他子目改变至子目 8528.51。

62B. 从任何其他子目改变至子目 8528.59。

62C. 从任何其他子目改变至子目 8528.61。

62D. 从任何其他子目改变至子目 8528.69。

62E. 从任何其他子目改变至子目 8528.71。

62F. 从任何其他子目(子目 7011.20、子目 8528.73、子目 8540.11 或子目 8540.91 除外)改变至子目 8528.72。

62G. 从任何其他子目改变至子目 8528.73。

63. 从任何其他品目改变至品目 8529。

64. 从任何其他子目改变至子目 8530.10。

65. 从任何其他子目改变至子目 8530.80。

66. 从任何其他品目改变至子目 8530.90。

67. 从任何其他子目改变至子目 8531.10。①
68. 从任何其他子目改变至子目 8531.80。
69. 从任何其他品目改变至子目 8531.90。
70. 从任何其他子目(包括子目 8532.10 至 8532.30 中的另一子目)改变至子目 8532.10 至 8532.30。
71. 从任何其他品目改变至子目 8532.90。
72. 从任何其他子目(包括子目 8533.10 至 8533.40 中的另一子目)改变至子目 8533.10 至 8533.40。
73. 从任何其他品目改变至子目 8533.90。
74. 从任何其他品目改变至品目 8534。
75. 从任何其他子目(包括子目 8535.10 至 8536.90 中的另一子目)改变至子目 8535.10 至 8536.90。
76. 从任何其他品目改变至品目 8537。
77. 从任何其他品目改变至品目 8538。
78. 从任何其他子目(包括子目 8539.10 至 8539.49 中的另一子目)改变至子目 8539.10 至 8539.49。

[**79 至 86 已删除**]

87. 从任何其他品目改变至子目 8539.90。
88. 从任何其他子目(子目 7011.20 或子目 8540.91 除外)改变至子目 8540.11。
89. 从任何其他子目改变至子目 8540.12。
90. (A)从任何其他品目改变至子目 8540.20;或者
    (B)从子目 8540.91 至 8540.99 改变至子目 8540.20,前提是区域价值成分不低于:
        (1)使用累积法时的 35%,或
        (2)使用扣减法时的 45%。
91. 从子目 8540.40 至 8540.60 以外的任何子目改变至子目 8540.40 至 8540.60。
92. 从任何其他子目(包括子目 8540.71 至 8540.89 中的另一子目)改变至子目 8540.71 至 8540.89。
93. 从任何其他品目改变至子目 8540.91。
94. (A)从任何其他子目改变至子目 8540.99;或者
    (B)税则归类无需改变至子目 8540.99,前提是区域价值成分不低于:
        (1)使用累积法时的 35%,或
        (2)使用扣减法时的 45%。

[**95 已删除**②]

96. 从任何其他子目(子目 8486.20 的用于掺杂半导体材料的离子注入机除外)改变至子目 8543.10。

---

① 协定的正式文本如下:"从任何其他子目(包括子目 8531.10 至 8531.80 中的另一子目)改变至子目 8531.10 至 8531.80。"
② 协定的正式文本如下:"从任何其他子目(包括子目 8541.10 至 8542.90 中的另一子目)改变至子目 8541.10 至 8542.90。"

97. 从任何其他子目(子目 8543.11 除外)改变至子目 8543.19。

98. 从任何其他子目改变至子目 8543.20。

99. 从任何其他子目改变至子目 8543.30。

100. 从任何其他子目改变至子目 8543.70。

[101 已删除]

102. 从任何其他品目改变至子目 8543.90。

103. 从任何其他子目改变至子目 8544.11 至 8544.19,前提是区域价值成分不低于:
    (A)使用累积法时的 35%,或
    (B)使用扣减法时的 45%。

104. (A)从任何其他子目(子目 8544.11 至 8544.60、品目 7408、品目 7413、品目 7605 或品目 7614 除外)改变至子目 8544.20;或者
    (B)从品目 7408、品目 7413、品目 7605 或品目 7614 改变至子目 8544.20,前提是区域价值成分不低于:
        (1)使用累积法时的 35%,或者
        (2)使用扣减法时的 45%。

105. 从任何其他子目(包括子目 8544.30 至 8544.42 的另一子目)改变至子目 8544.30 至 8544.42,前提是区域价值成分不低于:
    (A)使用累积法时的 35%,或
    (B)使用扣减法时的 45%。

105A. 从子目 8544.49 的任何其他货物或任何其他子目改变至子目 8544.49 的未安装连接器、电压不超过 80V 的导电体,前提是区域价值成分不低于:
    (A)使用累积法时的 35%,或
    (B)使用扣减法时的 45%。

105B. (A)从子目 8544.49 的未安装连接器、电压不超过 80V 的导电体或子目 8544.11 至子目 8544.60 以外的任何其他子目(品目 7408、品目 7413、品目 7605 或品目 7614 除外)改变至子目 8544.49 的任何其他货物;或者
    (B)从品目 7408、品目 7413、品目 7605 或品目 7614 改变至子目 8544.49,不论是否又从任何其他子目改变而来,前提是区域价值成分不低于:
        (1)使用累积法时的 35%,或
        (2)使用扣减法时的 45%。

106. (A)从任何其他子目(子目 8544.11 至 8544.60、品目 7408、品目 7413、品目 7605 或品目 7614 除外)改变至子目 8544.59;或者
    (B)从品目 7408、品目 7413、品目 7605 或品目 7614 改变至子目 8544.59,前提是区域价值成分不低于:
        (1)使用累积法时的 35%,或
        (2)使用扣减法时的 45%。

107. 从任何其他子目改变至子目 8544.60,前提是区域价值成分不低于:
    (A)使用累积法时的 35%,或

(B)使用扣减法时的45%。
108. 从任何其他子目改变至子目8544.70,前提是区域价值成分不低于:
 (A)使用累积法时的35%,或
 (B)使用扣减法时的45%。
109. 从任何其他子目(包括子目8545.11至8545.90中的另一子目)改变至子目8545.11至8545.90。
110. 从任何其他品目改变至品目8546。
111. 从任何其他子目(包括子目8547.10至8547.90中的另一子目)改变至子目8547.10至8547.90。
112. 从任何其他品目改变至子目8548.10。
113. 从子目8548.90的任何其他货物或任何其他子目改变至子目8548.90的电子微组件。
114. 从子目8548.90的电子微组件或任何其他品目改变至子目8548.90的任何其他货物。

第八十六章

1. 从任何其他品目(包括品目8601至8602中的另一品目)改变至品目8601至8602。
2. (A)从任何其他品目(包括品目8603至8606中的另一品目,品目8607除外)改变至品目8603至8606;或者
 (B)从品目8607改变至品目8603至8606,不论是否又从任何其他品目改变而来,前提是区域价值成分不低于:
 (1)使用累积法时的35%,或
 (2)使用扣减法时的45%。
3. 从子目8607.11至8607.12以外的任何子目(子目8607.19除外)改变至子目8607.11至8607.12,前提是该更改是根据总规则二(一)作出的。
4. 从子目8607.19的车轴零件改变至子目8607.19的车轴,并从子目8607.19的车轴零件或车轮零件改变至车轮(不论是否装有子目8607.19的车轴)。
5. 从任何其他品目改变至子目8607.21至8607.99。
6. 从任何其他品目改变至品目8608至8609。

第八十七章

1. 从任何其他品目改变至品目8701至8705,前提是区域价值成分不低于:
 (A)使用累积法时的30%,或
 (B)使用扣减法时的50%。
2. 从任何其他章改变至品目8706,前提是区域价值成分不低于:
 (A)使用累积法时的30%,或
 (B)使用扣减法时的50%。
3. (A)从任何其他章改变至品目8707;或者
 (B)从品目8708改变至品目8707,不论是否又从任何其他章改变而来,前提是区域价值成分不低于:

(1)使用累积法时的30%,或

(2)使用扣减法时的50%。

4. (A)从任何其他品目改变至子目8708.10至8708.21;或者

(B)从子目8708.99改变至子目8708.10至8708.21,不论是否又从任何其他品目改变而来,前提是区域价值成分不低于:

(1)使用累积法时的30%,或

(2)使用扣减法时的50%。

5. (A)从任何其他品目改变至子目8708.29;或者

(B)税则归类无需改变,前提是区域价值成分不低于:

(1)使用累积法时的30%,或

(2)使用扣减法时的50%。

6. (A)从任何其他品目改变至子目8708.30至8708.99;或者

(B)税则归类无需改变,前提是区域价值成分不低于:

(1)使用累积法时的30%,或

(2)使用扣减法时的50%。

[7至11已删除]

12. (A)从任何其他品目改变至子目8709.11至8709.19;或者

(B)从子目8709.90改变至子目8709.11至8709.19,不论是否又从任何其他品目改变而来,前提是区域价值成分不低于:

(1)使用累积法时的35%,或

(2)使用扣减法时的45%。

13. 从任何其他品目改变至子目8709.90。

14. 从任何其他品目改变至品目8710。

15. (A)从任何其他品目(品目8714除外)改变至品目8711;或者

(B)从品目8714改变至品目8711,不论是否又从任何其他品目改变而来,前提是区域价值成分不低于:

(1)使用累积法时的35%,或

(2)使用扣减法时的45%。

16. (A)从任何其他品目(品目8714除外)改变至品目8712;或者

(B)从品目8714改变至品目8712,不论是否又从任何其他品目改变而来,前提是区域价值成分不低于:

(1)使用累积法时的35%,或

(2)使用扣减法时的45%。

17. 从品目8714改变至品目8713,不论是否又从任何其他品目改变而来,前提是区域价值成分不低于:

(A)使用累积法时的35%,或

(B)使用扣减法时的45%。

18. 从任何其他品目(包括品目8714至8715中的另一品目)改变至品目8714至8715。

19. (A)从任何其他品目改变至子目 8716.10 至 8716.80；或者

    (B)从子目 8716.90 改变至子目 8716.10 至 8716.80,不论是否又从任何其他品目改变而来,前提是区域价值成分不低于：

    (1)使用累积法时的 35％,或

    (2)使用扣减法时的 45％。

20. 从任何其他品目改变至子目 8716.90。

第八十八章

1. (A)从品目 8801 的任何其他货物或任何其他品目改变至品目 8801 的滑翔机和悬挂滑翔机；或者

    (B)从品目 8801 的滑翔机和悬挂滑翔机或任何其他品目改变至品目 8801 的任何其他货物。

1A. 从任何其他子目(包括子目 8801.00 至 8803.90 中的另一子目)改变至子目 8801.00 至 8803.90。

2. 从任何其他品目(包括品目 8804 至 8805 中的另一品目)改变至品目 8804 至 8805。

第八十九章

1. (A)从任何其他章改变至品目 8901 至 8902；或者

    (B)从任何其他品目改变至品目 8901 至 8902,不论是否又从任何其他章改变而来,前提是区域价值成分不低于：

    (1)使用累积法时的 35％,或

    (2)使用扣减法时的 45％。

2. 从任何其他品目改变至品目 8903。

3. (A)从任何其他章改变至品目 8904 至 8905；或者

    (B)从任何其他品目改变至品目 8904 至 8905,不论是否又从任何其他章改变而来,前提是区域价值成分不低于：

    (1)使用累积法时的 35％,或

    (2)使用扣减法时的 45％。

4. 从任何其他品目(包括品目 8906 至 8908 中的另一品目)改变至品目 8906 至 8908。

第九十章

1. (A)从任何其他章(品目 7002 除外)改变至子目 9001.10；或者

    (B)从品目 7002 改变至子目 9001.10,不论是否又从任何其他章改变而来,前提是区域价值成分不低于：

    (1)使用累积法时的 35％,或

    (2)使用扣减法时的 45％。

2. 从任何其他品目改变至子目 9001.20 至 9001.90。

3. 从任何其他品目(品目 9001 除外)改变至子目 9002.11 至 9002.90。

4. (A)从任何其他子目(子目 9003.90 除外)改变至子目 9003.11 至 9003.19；或者

    (B)从子目 9003.90 改变至子目 9003.11 至 9003.19,不论是否又从任何其他品目改变而来,前提是区域价值成分不低于：

(1)使用累积法时的35%,或

(2)使用扣减法时的45%。

5. 从任何其他品目改变至子目9003.90。

6. (A)从任何其他章改变至子目9004.10;或者

(B)从第九十章的任何品目改变至子目9004.10,不论是否又从任何其他章改变而来,前提是区域价值成分不低于:

(1)使用累积法时的35%,或

(2)使用扣减法时的45%。

7. 从任何其他品目(子目9001.40或子目9001.50除外)改变至子目9004.90。

8. 从任何其他子目改变至子目9005.10。

9. (A)从任何其他子目(品目9001至9002或子目9005.90除外)改变至子目9005.80;或者

(B)从子目9005.90改变至子目9005.80,前提是区域价值成分不低于:

(1)使用累积法时的35%,或

(2)使用扣减法时的45%。

10. 从任何其他品目改变至子目9005.90。

11. (A)从任何其他品目改变至子目9006.10至9006.30;或者

(B)从任何其他子目改变至子目9006.10至9006.30,前提是区域价值成分不低于:

(1)使用累积法时的35%,或

(2)使用扣减法时的45%。

12. (A)从任何其他品目改变至子目9006.40;或者

(B)从任何其他子目改变至子目9006.40,前提是区域价值成分不低于:

(1)使用累积法时的35%,或

(2)使用扣减法时的45%。

13. (A)从任何其他品目改变至子目9006.51;或者

(B)从任何其他子目改变至子目9006.51,前提是区域价值成分不低于:

(1)使用累积法时的35%,或

(2)使用扣减法时的45%。

14. (A)从任何其他品目改变至子目9006.52;或者

(B)从任何其他子目改变至子目9006.52,前提是区域价值成分不低于:

(1)使用累积法时的35%,或

(2)使用扣减法时的45%。

15. (A)从任何其他品目改变至子目9006.53;或者

(B)从任何其他子目改变至子目9006.53,前提是区域价值成分不低于:

(1)使用累积法时的35%,或

(2)使用扣减法时的45%。

16. (A)从任何其他品目改变至子目9006.59;或者

(B)从任何其他子目改变至子目9006.59,前提是区域价值成分不低于:

(1)使用累积法时的35%,或

(2)使用扣减法时的45%。

17.(A)从任何其他品目改变至子目9006.61至9006.69;或者

(B)从任何其他子目(包括子目9006.61至9006.69中的另一子目)改变至子目9006.61至9006.69,前提是区域价值成分不低于:

(1)使用累积法时的35%,或

(2)使用扣减法时的45%。

18. 从任何其他品目改变至子目9006.91至9006.99,前提是区域价值成分不低于:

(A)使用累积法时的35%,或

(B)使用扣减法时的45%。

19.(A)从任何其他品目改变至子目9007.10至9007.20;或者

(B)从任何其他子目(包括子目9007.10至9007.20中的另一子目)改变至子目9007.10至9007.20,前提是区域价值成分不低于:

(1)使用累积法时的35%,或

(2)使用扣减法时的45%。

20. 从任何其他品目改变至子目9007.91至9007.92。

[21 已删除]

22.(A)从任何其他品目改变至子目9008.50;或者

(B)从任何其他子目改变至子目9008.50,前提是区域价值成分不低于:

(1)使用累积法时的35%;或

(2)使用扣减法时的45%。

23. 从任何其他品目改变至子目9008.90。

[24 至 27 已删除]

28.(A)从任何其他品目改变至子目9010.10;或者

(B)从任何其他子目改变至子目9010.10,前提是区域价值成分不低于:

(1)使用累积法时的35%,或

(2)使用扣减法时的45%。

29.(A)从任何其他品目改变至子目9010.50;或者

(B)从任何其他子目改变至子目9010.50,前提是区域价值成分不低于:

(1)使用累积法时的35%,或

(2)使用扣减法时的45%。

30.(A)从任何其他品目改变至子目9010.60;或者

(B)从任何其他子目改变至子目9010.60,前提是区域价值成分不低于:

(1)使用累积法时的35%,或

(2)使用扣减法时的45%。

31. 从任何其他品目改变至子目9010.90。

32.(A)从任何其他品目改变至子目9011.10至9011.80;或者

(B)从任何其他子目(包括子目9011.10至9001.80中的另一子目)改变至子目

9011.10 至 9001.80，前提是区域价值成分不低于：

(1)使用累积法时的 35%，或

(2)使用扣减法时的 45%。

33. 从任何其他品目改变至子目 9011.90。

34. (A)从任何其他品目改变至子目 9012.10；或者

(B)从任何其他子目改变至子目 9012.10，前提是区域价值成分不低于：

(1)使用累积法时的 35%，或

(2)使用扣减法时的 45%。

35. 从任何其他品目改变至子目 9012.90。

36. (A)从任何其他品目改变至子目 9013.10 至 9013.80；或者

(B)从任何其他子目(包括子目 9013.10 至 9013.80 中的另一子目)改变至子目 9013.10 至 9013.80，前提是区域价值成分不低于：

(1)使用累积法时的 35%，或

(2)使用扣减法时的 45%。

37. 从任何其他品目改变至子目 9013.90。

38. (A)从任何其他品目改变至子目 9014.10 至 9014.80；或者

(B)从任何其他子目(包括子目 9014.10 至 9014.80 中的另一子目)改变至子目 9014.10 至 9014.80，前提是区域价值成分不低于：

(1)使用累积法时的 35%，或

(2)使用扣减法时的 45%。

39. 从任何其他品目改变至子目 9014.90。

40. (A)从任何其他品目改变至子目 9015.10 至 9015.80；或者

(B)从任何其他子目(包括子目 9015.10 至 9015.80 中的另一子目)改变至子目 9015.10 至 9015.80，前提是区域价值成分不低于：

(1)使用累积法时的 35%，或

(2)使用扣减法时的 45%。

41. 从任何其他品目改变至子目 9015.90。

42. 从任何其他品目改变至品目 9016。

43. (A)从任何其他品目改变至子目 9017.10 至 9017.80；或者

(B)从任何其他子目(包括子目 9017.10 至 9017.80 中的另一子目)改变至子目 9017.10 至 9017.80，前提是区域价值成分不低于：

(1)使用累积法时的 35%，或

(2)使用扣减法时的 45%。

44. 从任何其他品目改变至子目 9017.90。

45. 从任何其他品目(包括品目 9018 至 9021 中的另一品目)改变至品目 9018 至 9021。

46. (A)从任何其他品目改变至子目 9022.12 至 9022.30；或者

(B)从任何其他子目(包括子目 9022.12 至 9022.30 中的另一子目)改变至子目 9022.12 至 9022.30，前提是区域价值成分不低于：

(1)使用累积法时的35％,或

(2)使用扣减法时的45％。

47. 从任何其他品目改变至子目9022.90。

48. 从任何其他品目改变至品目9023。

49.(A)从任何其他品目改变至子目9024.10至9024.80;或者

(B)从任何其他子目(包括子目9024.10至9024.80中的另一子目)改变至子目9024.10至9024.80,前提是区域价值成分不低于:

(1)使用累积法时的35％,或

(2)使用扣减法时的45％。

50. 从任何其他品目改变至子目9024.90。

51.(A)从任何其他品目改变至子目9025.11至9025.80;或者

(B)从任何其他子目(包括子目9025.11至9025.80中的另一子目)改变至子目9025.11至9025.80,前提是区域价值成分不低于:

(1)使用累积法时的35％,或

(2)使用扣减法时的45％。

52. 从任何其他品目改变至子目9025.90。

53.(A)从任何其他品目改变至子目9026.10至9026.80;或者

(B)从任何其他子目(包括子目9026.10至9026.80的另一子目)改变至子目9026.10至9026.80,前提是区域价值成分不低于:

(1)使用累积法时的35％,或

(2)使用扣减法时的45％。

54. 从任何其他品目改变至子目9026.90。

55.(A)从任何其他品目改变至子目9027.10至9027.50;或者

(B)从任何其他子目(包括子目9027.10至9027.50中的另一子目)改变至子目9027.10至9027.50,前提是区域价值成分不低于:

(1)使用累积法时的35％,或

(2)使用扣减法时的45％。

55A.(A)从任何其他品目改变至子目9027.80;或者

(B)从子目9027.80的任何其他货物或任何其他子目改变至子目9027.80的曝光计,前提是区域价值成分不低于:

(1)使用累积法时的35％,或

(2)使用扣减法时的45％;或

(C)从子目9027.80的曝光计或任何其他子目改变至子目9027.80的任何其他货物,前提是区域价值成分不低于:

(1)使用累积法时的35％,或

(2)使用扣减法时的45％。

56. 从任何其他品目改变至子目9027.90。

57.(A)从任何其他品目改变至子目9028.10至9028.30;或者

(B)从任何其他子目(包括子目9028.10至9028.30中的另一子目)改变至子目9028.10至9028.30,前提是区域价值成分不低于:

(1)使用累积法时的35%,或

(2)使用扣减法时的45%。

58. 从任何其他品目改变至子目9028.90。

59. (A)从任何其他品目改变至子目9029.10至9029.20;或者

(B)从任何其他子目(包括子目9029.10至9029.20中的另一子目)改变至子目9029.10至9029.20,前提是区域价值成分不低于:

(1)使用累积法时的35%,或

(2)使用扣减法时的45%。

60. 从任何其他品目改变至子目9029.90。

61. 从任何其他子目(包括子目9030.10至9030.89中的另一子目)改变至子目9030.10至9030.89。

[61A 至 61H 已删除]

62. 从任何其他品目改变至子目9030.90。

63. (A)从任何其他品目改变至子目9031.10至9031.41;或者

(B)从任何其他子目(包括子目9031.10至9031.41中的另一子目)改变至子目9031.10至9031.41,前提是区域价值成分不低于:

(1)使用累积法时的35%,或

(2)使用扣减法时的45%。

63A. (A)从任何其他品目改变至子目9031.49;或者

(B)从子目9031.49的任何其他货物或任何其他子目改变至子目9031.49的剖面投影仪,前提是区域价值成分不低于:

(1)使用累积法时的35%,或

(2)使用扣减法时的45%。

63B. 从子目9031.49的剖面投影仪或任何其他子目改变至子目9031.49的任何其他货物,前提是区域价值成分不低于:

(A)使用累积法时的35%,或

(B)使用扣减法时的45%。

63C. (A)从任何其他品目改变至子目9031.80;或者

(B)从任何其他子目改变至子目9031.80,前提是区域价值成分不低于:

(1)使用累积法时的35%,或

(2)使用扣减法时的45%。

64. 从任何其他品目改变至子目9031.90。

65. (A)从任何其他品目改变至子目9032.10至9032.89;或者

(B)从任何其他子目(包括子目9032.10至9032.89中的另一子目)改变至子目9032.10至9032.89,前提是区域价值成分不低于:

(1)使用累积法时的35%,或

(2)使用扣减法时的45%。
66. 从任何其他品目改变至子目9032.90。
67. 从任何其他品目改变至品目9033。

第九十一章

1. (A)从任何其他章改变至子目9101.11;或者
   (B)从品目9114改变至子目9101.11,前提是区域价值成分不低于:
   　(1)使用累积法时的35%,或
   　(2)使用扣减法时的45%。

2. (A)从任何其他章改变至子目9101.12;或者
   (B)从任何其他品目改变至子目9101.12,前提是区域价值成分不低于:
   　(1)使用累积法时的35%,或
   　(2)使用扣减法时的45%。

3. (A)从任何其他章改变至子目9101.19;或者
   (B)从品目9114改变至子目9101.19,前提是区域价值成分不低于:
   　(1)使用累积法时的35%,或
   　(2)使用扣减法时的45%。

4. (A)从任何其他章改变至子目9101.21;或者
   (B)从任何其他品目改变至子目9101.21,前提是区域价值成分不低于:
   　(1)使用累积法时的35%,或
   　(2)使用扣减法时的45%。

5. (A)从任何其他章改变至子目9101.29;或者
   (B)从品目9114改变至子目9101.29,前提是区域价值成分不低于:
   　(1)使用累积法时的35%,或
   　(2)使用扣减法时的45%。

6. (A)从任何其他章改变至子目9101.91;或者
   (B)从任何其他品目改变至子目9101.91,前提是区域价值成分不低于:
   　(1)使用累积法时的35%,或
   　(2)使用扣减法时的45%。

7. (A)从任何其他章改变至子目9101.99;或者
   (B)从品目9114改变至子目9101.99,前提是区域价值成分不低于:
   　(1)使用累积法时的35%,或
   　(2)使用扣减法时的45%。

8. (A)从任何其他章改变至品目9102至9107;或者
   (B)从品目9114改变至品目9102至9107,前提是区域价值成分不低于:
   　(1)使用累积法时的35%,或
   　(2)使用扣减法时的45%。

9. (A)从任何其他章改变至品目9108至9110;或者
   (B)从任何其他品目改变至品目9108至9110,前提是区域价值成分不低于:

(1)使用累积法时的35%,或

(2)使用扣减法时的45%。

10. (A)从任何其他章改变至子目9111.10至9111.80;或者

(B)从任何其他品目改变至子目9111.10至9111.80,前提是区域价值成分不低于:

(1)使用累积法时的35%,或

(2)使用扣减法时的45%。

11. (A)从任何其他章改变至子目9111.90;或者

(B)从任何其他品目改变至子目9111.90,前提是区域价值成分不低于:

(1)使用累积法时的35%,或

(2)使用扣减法时的45%。

12. (A)从任何其他章改变至子目9112.20;或者

(B)从任何其他品目改变至子目9112.20,前提是区域价值成分不低于:

(1)使用累积法时的35%,或

(2)使用扣减法时的45%。

13. (A)从任何其他章改变至子目9112.90;或者

(B)从任何其他品目改变至子目9112.90,前提是区域价值成分不低于:

(1)使用累积法时的35%,或

(2)使用扣减法时的45%。

14. (A)从任何其他章改变至品目9113;或者

(B)从任何其他品目改变至品目9113,前提是区域价值成分不低于:

(1)使用累积法时的35%,或

(2)使用扣减法时的45%。

15. 从任何其他品目改变至品目9114。

第九十二章

1. (A)从任何其他章改变至品目9201;或者

(B)从任何其他品目改变至品目9201,前提是区域价值成分不低于:

(1)使用累积法时的35%,或

(2)使用扣减法时的45%。

2. (A)从任何其他章改变至品目9202至9208;或者

(B)从任何其他品目(包括品目9202至9208中的另一品目)改变至品目9202至9208,前提是区域价值成分不低于:

(1)使用累积法时的35%,或

(2)使用扣减法时的45%。

3. 从任何其他品目改变至品目9209。

第九十三章

1. (A)从任何其他章改变至品目9301至9304;或者

(B)从任何其他品目(包括品目9301至9304中的另一品目)改变至品目9301至9304,前提是区域价值成分不低于:

(1)使用累积法时的35%,或

(2)使用扣减法时的45%。

2. 从任何其他品目改变至品目9305。

3. 从任何其他章改变至品目9306至9307。

第九十四章

1.(A)从任何其他品目改变至子目9401.10至9401.80;或者

(B)从任何其他子目(包括子目9401.10至9401.80中的另一子目)改变至子目9401.10至9401.80,前提是区域价值成分不低于:

(1)使用累积法时的35%,或

(2)使用扣减法时的45%。

2. 从任何其他品目改变至子目9401.90。

3. 从任何其他子目(包括子目9402.10至9402.90中的另一子目)改变至子目9402.10至9402.90,前提是区域价值成分不低于:

(A)使用累积法时的35%,或

(B)使用扣减法时的45%。

4.(A)从任何其他品目改变至子目9403.10至9403.80;或者

(B)从任何其他子目(包括子目9403.10至9403.80中的另一子目)改变至子目9403.10至9403.80,前提是区域价值成分不低于:

(1)使用累积法时的35%,或

(2)使用扣减法时的45%。

5. 从任何其他品目改变至子目9403.90。

6. 从任何其他章改变至子目9404.10至9404.21。

7. 从任何其他章改变至子目9404.29至9404.30。

8. 从任何其他章(品目5007、品目5111至5113、品目5208至5212、品目5309至5311、品目5407至5408、品目5512至5516或子目6307.90除外)改变至子目9404.90。

9.(A)从任何其他章改变至子目9405.10至9405.60;或者

(B)从子目9405.91至9405.99改变至子目9405.10至9405.60,不论是否又从任何其他章改变而来,前提是区域价值成分不低于:

(1)使用累积法时的35%,或

(2)使用扣减法时的45%。

10. 从任何其他品目改变至子目9405.91至9405.99。

11. 从任何其他品目改变至品目9406。

第九十五章

1. 从任何其他章改变至品目9501。

2.(A)从任何其他品目改变至子目9502.10;或者

(B)从任何其他子目改变至子目9502.10,前提是区域价值成分不低于:

(1)使用累积法时的35%,或

(2)使用扣减法时的45%。

3. 从任何其他品目改变至子目 9502.91 至 9502.99。

4. (A)从品目 9503 的玩偶零件和配件改变至品目 9503 的玩偶(不论是否穿着),前提是区域价值成分不低于:

　　(1)使用累积法时的 35%,或

　　(2)使用扣减法时的 45%;或者

　(B)从品目 9503 的任何其他货物或任何其他品目改变至品目 9503 的玩偶(不论是否穿着);

4A. (A)从品目 9503 的任何其他货物(玩偶除外,不论是否穿着)或任何其他品目改变至品目 9503 的玩偶零件和配件;或者

　　(B)从任何其他章改变至品目 9503 的任何其他货物。

4B. 从任何其他章改变至品目 9504 至 9508。

第九十六章

1. 从任何其他章改变至品目 9601 至 9605。

2. 从任何其他章改变至子目 9606.10。

3. (A)从任何其他章改变至子目 9606.21;或者

　(B)从子目 9606.30 改变至子目 9606.21,不论是否又从任何其他章改变而来,前提是区域价值成分不低于:

　　(1)使用累积法时的 35%,或

　　(2)使用扣减法时的 45%。

4. 从任何其他章改变至子目 9606.22。

5. (A)从任何其他章改变至子目 9606.29;或者

　(B)从子目 9606.30 改变至子目 9606.29,不论是否又从任何其他章改变而来,前提是区域价值成分不低于:

　　(1)使用累积法时的 35%,或

　　(2)使用扣减法时的 45%。

6. 从任何其他章改变至子目 9606.30。

7. (A)从任何其他章改变至子目 9607.11 至 9607.19;或者

　(B)从子目 9607.20 改变至子目 9607.11 至 9607.19,前提是区域价值成分不低于:

　　(1)使用累积法时的 35%,或

　　(2)使用扣减法时的 45%。

8. 从任何其他品目改变至子目 9607.20。

9. (A)从任何其他章改变至子目 9608.10 至 9608.50;或者

　(B)从子目 9608.60 至 9608.99 改变至子目 9608.10 至 9608.50,前提是区域价值成分不低于:

　　(1)使用累积法时的 35%,或

　　(2)使用扣减法时的 45%。

10. 从任何其他品目改变至子目 9608.60。

11. 从任何其他子目改变至子目 9608.91。

12. 从任何其他品目改变至子目9608.99。

13. 从任何其他章改变至品目9609。

14. 从任何其他品目(包括品目9610至9611中的另一品目)改变至品目9610至9611。

15. 从任何其他章改变至子目9612.10。

16. 从任何其他品目改变至子目9612.20。

17. (A)从任何其他章改变至子目9613.10至9613.80;或者

    (B)从子目9613.90改变至子目9613.10至9613.80,前提是区域价值成分不低于:

    (1)使用累积法时的35%,或

    (2)使用扣减法时的45%。

18. 从任何其他品目改变至子目9613.90。

19. 从任何其他品目改变至品目9614。

[**20 已删除**]

21. (A)从任何其他章改变至子目9615.11至9615.19;或者

    (B)从子目9615.90改变至子目9615.11至9615.19,前提是区域价值成分不低于:

    (1)使用累积法时的35%,或

    (2)使用扣减法时的45%。

22. 从任何其他品目改变至子目9615.90。

23. 从任何其他品目改变至品目9616。

24. 从任何其他章改变至品目9617。

25. 从任何其他品目改变至品目9618。

品目规则:为确定本品目的材料(纺织絮胎除外)货物的原产地,适用于该货物的规则仅适用于确定该货物税则归类的成分,并且该成分必须满足该规则规定的税则归类改变要求。

26. (A)从任何其他章(品目5106至5113、品目5204至5212、品目5307至5308、品目5310至5311或第五十四章至第五十五章除外)改变至品目9619的卫生巾(护垫)、止血塞以及类似的纺织絮胎制品;或者

    (B)从任何其他章(品目5106至5113、品目5204至5212、品目5307至5308、品目5310至5311、第五十四章、品目5508至5516或品目6001至6006除外)改变至品目9619的针织或钩编的纺织材料制品(絮胎除外),前提是该货物在智利或/和美国境内裁剪并缝制或以其他方式组合;或者

    (C)从任何其他章(品目5106至5113、品目5204至5212、品目5307至5308、品目5310至5311、第五十四章、品目5508至5516、品目5801至5802或品目6001至6006除外)改变至品目9619的非针织或钩编的纺织材料制品(絮胎除外),前提是该货物在智利或/和美国境内裁剪并缝制或以其他方式组合;或者

    (D)从任何其他品目改变至品目9619的任何其他货物。

第九十七章

1. 从任何其他子目(包括子目9701.10至9701.90中的另一子目)改变至子目9701.10至9701.90。

2. 从任何其他品目(包括品目9702至9706中的另一子目)改变至品目9702至9706。

二十七、《美国-摩洛哥自由贸易协定实施法》

(一)符合《美国-摩洛哥自由贸易协定》(UMFTA)条款的原产货物应缴纳该协定规定的关税。本注释(二)款至(八)款所定义的摩洛哥货物进口至美国境内,并按照"特惠"子栏括号中符号"MA"的税率的子目入境,根据《美国-摩洛哥自由贸易协定实施法》(公法 108-302;118 Stat. 1103),有资格享受"特惠"子栏中规定的关税待遇和数量限制。就本注释而言,"UMFTA 国家"仅指摩洛哥或美国。

(二)就本注释而言,除下述(三)款、(四)款、(五)款、(七)款和(八)款另有规定外,进口至美国境内的货物只有在以下情况下才有资格被视为 UMFTA 国家的原产货物:

(i)完全在摩洛哥或/和美国境内生长、生产或制造;

(ii)在摩洛哥或/和美国境内生长、生产或制造的下述(八)款中特定规则不涵盖的一个品目或子目的新的或不同的商品,并且以下两项之和——

(A)在摩洛哥或/和美国境内生产的每种材料的价值,

(B)在摩洛哥或/和美国境内进行加工作业的直接成本,

不少于货物进入美国境内时估价的 35%;或者

(iii)归入下述(八)款中产品特定规则所涵盖的品目或子目,以及

(A)(1)货物生产过程中使用的每种非原产材料都发生了本注释(八)款规定的税则归类改变,或

(2)货物满足本注释(八)款规定的要求;

(B)货物符合本注释规定的任何其他要求;

并从摩洛哥直接进口至美国境内。就本注释而言,"货物"是指任何产品、成品、物品或材料。

(三)<u>材料的价值</u>。

(i)除下述(ii)款另有规定外,在摩洛哥或/和美国境内生产的材料的价值包括以下项目:

(A)该货物的生产商为该材料实际支付或应付的价格;

(B)将材料运输至生产商工厂所产生的运费、保险费、包装费和所有其他费用,前提是上述(A)款所述价格中未包含此类费用;

(C)因在货物生长、生产或制造过程中使用该材料而产生的废物或腐败成本,减去可回收废料的价值;以及

(D)摩洛哥或美国对材料征收的税款或关税,前提是从摩洛哥或/和美国领土(视情况而定)出口时未免除税款或关税。

(ii)如果货物生产商和材料销售商之间的关系影响了实际支付或应付的材料价格,或者如果不存在生产商实际支付或应付的材料价格,则在摩洛哥或/和美国境内生产的材料的价值包括以下项目:

(A)材料生长、生产或制造过程中产生的所有费用(包括一般费用);

(B)合理的利润额;以及

(C)将材料运输至生产商工厂所产生的运费、保险费、包装费以及所有其他费用。

(四)(i)就上述(二)(i)款而言,除下述(五)款对纺织品和服装另有规定外,"完全在摩洛哥或/和美国境内生长、生产或制造而成的货物"是指——

(A)在摩洛哥或/和美国境内开采的矿产货物;

(B)在摩洛哥或/和美国境内收获的蔬菜货物(如本税则所界定);

(C)在摩洛哥或/和美国境内出生和饲养的活动物;

(D)从在摩洛哥或/和美国境内饲养的活动物获得的货物;

(E)在摩洛哥或/和美国境内进行狩猎、诱捕或捕捞获得的货物;

(F)在摩洛哥或美国注册或登记并悬挂其国旗的船舶从海上获得的货物(鱼类、贝类和其他海洋生物);

(G)仅使用上述(F)款所述产品在工厂船上生产的货物,该工厂船在摩洛哥或美国注册或登记并悬挂其国旗;

(H)摩洛哥或美国、摩洛哥人或美国人从领海以外的海床或底土中取得的货物,前提是摩洛哥或美国有权开采该海床或底土;

(I)从外层空间取得的货物,前提是这些货物由摩洛哥或美国、摩洛哥人或美国人取得,并且不是在摩洛哥或美国以外的国家境内加工的;

(J)废碎料,来源于:

(1)在摩洛哥或/和美国境内的制造或加工业务,或

(2)在摩洛哥或/和美国境内收集的废旧物品,前提是这些货物只适合回收原材料;

(K)在摩洛哥或美国境内从已超过预期寿命或因缺陷不再可用的货物中回收货物,并在该国境内用于生产再制造货物;或者

(L)在摩洛哥或/和美国境内生产的货物,仅来自任何生产阶段的下述货物:

(1)上述(A)款至(J)款所述货物,或

(2)上述(A)款至(J)款所述货物的衍生物。

(ii)累积。

(A)用来自摩洛哥或/和美国的原产货物或材料在另一国境内生产的货物应被视为原产于该另一国境内。

(B)由一个或多个生产商在摩洛哥或/和美国境内生长、生产或制造的货物如果满足本注释的所有适用要求,则该货物为原产货物。

(iii)在确定货物是否符合原产货物的条件时,零售用和装运用的包装、包装材料和容器应不予考虑,除非此类包装、包装材料和容器的价值已满足本注释(二)(ii)款规定的要求。

(iv)定义。就本注释而言——

(A)就某一货物而言,"加工作业的直接成本"在可纳入该货物进口到摩洛哥或美国(视情况而定)时的评估价值的范围内,包括以下各项:

(1)货物生长、生产或制造所涉及的所有实际劳动力成本,包括附加福利、在职培训

以及工程、监督、质量控制和类似人员的成本;

(2)工具、模具、型模和其他中间性成分,以及可分配给货物的机器设备折旧;

(3)研究、开发、设计、工程和图纸成本,前提是这些成本可分配给特定物品;

(4)检验和测试货物的费用;以及

(5)出口到另一国境内的货物包装费用。

"加工作业的直接成本"不包括不可直接归属于某一货物或不属于该货物的生长、生产或制造成本的成本,例如利润和不可分配给该货物或与该货物生长、生产或制造无关的经营活动的一般费用,如行政薪酬、意外事故和责任保险、广告和销售人员的工资、佣金或费用。

(B)"材料"是指在摩洛哥或/和美国生长、生产或制造新的或不同的商品的生长、生产或制造中使用的货物,包括零件或组成成分。

(C)"在摩洛哥或/和美国境内生产的材料"是指完全由摩洛哥或/和美国生长、生产或制造的货物,或者在摩洛哥或/和美国境内生长、生产或制造的新的或不同的商品。

(D)"新的或不同的商品",除本款另有规定外,是指以下货物:

(1)从不完全在摩洛哥或美国生长、生产或制造的货物或材料中实质性转化而来;以及

(2)有一个不同于被转化货物或材料的新名称、新特征或新用途。

但货物不得仅因经过简单组合或包装或者仅用水或其他物质稀释却未实质性改变物品特性而被视为新的或不同的商品。

(E)"简单组合或包装"是指这样的操作:将电池装入电子设备,通过螺栓、粘合或焊接将少量组件装配在一起,或将组件包装或重新包装在一起。

(F)"回收货物"是指由于下列原因而产生的单个零件形式的材料:

(1)将废旧物品完全分解成单个零件;以及

(2)为改善零件的工作状态而对其进行的清洁、检查、测试或其他处理。

(G)"再制造货物"是指在摩洛哥或美国境内组装的工业产品,并且——

(1)全部或部分由回收货物组成;

(2)具有与新产品相似的预期寿命和相同的性能标准;以及

(3)享受与新产品相似的工厂保修。

(H)"实质性转变"就货物或材料而言,是指由于制造或加工操作而发生变化,从而——

(1)(a)该货物或材料从具有多种用途的货物转变为具有有限用途的货物或材料;

(b)货物或材料的物理性质发生重大变化;或者

(c)由于所涉及的工序和材料的数量以及执行这些工序所需的时间和技能水平,货物或材料所经历的操作是复杂的;以及

(2)货物或材料在制造或加工过程中失去其独有的特性。

(v)如果货物从摩洛哥或美国境内出口后,在摩洛哥或美国境外进行生产、制造或任何其他作业(为使货物保持良好状态所必要的或为将货物运至摩洛哥或美国境内而进行的卸货、重新装载或任何其他操作除外),则该货物不得被视为直接进口至美国境内。

(五)纺织品和服装。
- (i)除下术述(ii)款另有规定外,根据本注释条款,纺织品或服装不是原产货物,原因是用于确定货物税则归类的货物成分的特定纤维或纱线未发生本注释(八)款规定的税则归类改变;但如果该货物成分中所有此类纤维或纱线的总重量不超过该成分总重量的7%,则该货物应被视为原产货物。尽管有上述规定,但如果确定纺织品或服装税则归类的成分中含有弹性纱线,则只有在这些纱线全部在摩洛哥或美国境内成型的情况下,纺织品或服装才被视为原产货物。
- (ii)尽管本注释(八)款有规定,但根据总规则三的规定,可归类为零售成套货物的纺织品和服装不应被视为原产货物,除非成套货物中的每一件货物均为原产货物,或者成套货物中非原产货物的总价值不超过成套货物总估价的10%。
- (iii)就本注释而言,如果纺织品或服装是纱线、织物或纤维集合体,则"确定货物税则归类的货物成分"是指纱线、织物或纤维集合体中的所有纤维。

(六)中性成分。

在确定某一货物是否符合原产货物的条件时,应忽略中性成分,除非此类中性成分的成本满足本注释(二)(ii)款的要求。"中性成分"是指在生产、测试或检验货物时使用或消耗但未实际纳入货物的材料,或者用于维护建筑物或操作与货物生产相关的设备时使用或消耗的材料,包括:

(i)燃料和能源;

(ii)工具、模具或型模;

(iii)维护设备或建筑物所使用或消耗的备件和材料;

(iv)在生长、生产或制造货物或操作设备和维护建筑物时使用或消耗的润滑剂、油脂、合成材料和其他材料;

(v)手套、眼镜、鞋靴、服装、安全设备和用品;

(vi)用于测试或检验货物的设备、装置和用品;

(vii)催化剂和溶剂;以及

(viii)在货物生产过程中使用,虽未构成该货物组成成分,但能合理表明为该货物生产过程一部分的任何其他货物。

(七)原产地规则的解释。
- (i)就下述(八)款而言,在下列情况下,货物为原产货物:
  - (A)生产完全在摩洛哥或/和美国境内进行,货物生产过程中使用的每种非原产材料均发生了下述(八)款规定的税则归类改变,或者税则归类未发生改变,但该货物在其他方面满足该款的适用要求;以及
  - (B)货物满足本注释的任何其他适用要求。
- (ii)为解释下述(八)款所述的原产地规则:
  - (A)适用于某一特定品目或子目的特定规则或特定组合规则,在紧靠该品目或子目的位置列出;

(B)适用于某一子目的规则应优先于适用于该子目所属品目的规则;

(C)税则归类改变的要求仅适用于非原产材料;

(D)凡提及"章"之处,即为本税则的一章;凡提及"品目",即为其物品描述未缩进排印且以4位数字表示的条款,不论其后是否加零;凡提"子目",即为其物品描述缩进排印并以6位数字表示的条款,不论其后是否加零;

(E)就纺织品和服装而言,如果货物完全由指定材料制成,则该货物被视为"全部"由该材料制成。

(八)<u>特定产品原产地规则</u>。

(i)对于本注释(二)(i)款中未列名的货物,如果此类货物属于本注释所列的条款,并且进口商要求对此类货物享受本注释规定的待遇,则本款中的规则适合取代本注释(二)(ii)款的规定。

(ii)<u>某些乳制品和含乳制品</u>。第四章或品目1901、品目2105、品目2106或品目2202的乳固体含量(按重量计)超过10%的货物必须由原产牛乳制成,但在第四章或品目1901、品目2105、品目2106或品目2202的货物中使用非原产绵羊乳或山羊乳将不得使该货物成为非原产货物。

(iii)<u>本税则第二类规定的产品</u>。[**PRES. PROC. 8097 或 8771 未更新**]

类规则:在摩洛哥或美国境内种植的农业或园艺货物应被视为原产货物,即使是用非原产植物种子、鳞茎、根茎、插条、侧枝、接枝、枝条、芽或植物的其他活部分种植的。

第六章

从任何其他章改变至品目0602至0603。

第七章

从任何其他章改变至品目0710至0713。

第八章

从任何其他章改变至品目0811至0814。

第九章

1. 从任何其他章改变至子目0901.21至0901.22。

2. 从任何其他子目改变至子目0902.10。

3. 从任何其他章(第七章除外)改变至子目0904.20。

4. 从任何其他章改变至子目0910.20。

第十二章

从任何其他子目或子目1212.10的角豆或角豆种子改变至子目1212.10的货物。

第十三章

从任何其他子目或子目1302.32的改性的胶浆改变至子目1302.32的货物。

(iv)<u>其他货物</u>。

第二十章

1. 从任何其他章(第七章或第八章除外)改变至品目2001。

2. 从任何其他品目(第七章除外)改变至品目2002至2005。

3. 从任何其他章（第七章或第八章除外）改变至品目 2006 至 2007。

4. 从任何其他章（第八章除外）改变至品目 2008。

5. 从任何其他章（品目 0805 除外）改变至子目 2009.11 至 2009.39。

6. 从任何其他章或品目 2009 的葡萄、苹果、梨、香蕉、番石榴、芒果或胡萝卜浓缩汁改变至子目 2009.41 至 2009.80。

7. （A）从任何其他章改变至子目 2009.90；或者

   （B）从第二十章的任何其他子目改变至子目 2009.90，不论是否又从任何其他章改变而来，前提是单一果汁成分或来自摩洛哥或/和美国以外单一国家的果汁成分以单一浓度形式构成的货物体积不超过 60%。

第二十一章

从任何其他章或品目 2009 的葡萄、苹果、梨、香蕉、番石榴、芒果和胡萝卜汁（品目 0805、子目 2009.11 至 2009.39 或子目 2002.90 除外）改变至子目 2106.90 的添加维生素或矿物质的任何单一水果或蔬菜的浓缩汁。

第二十二章

从任何其他章改变至子目 2204.10 至 2204.30。

第三十九章

从子目 3919.10 至 3919.90 以外的任何子目改变至子目 3919.10 至 3919.90。

第四十二章

1. 从任何其他章（品目 5407、品目 5408、品目 5512 至 5516、税号 5903.10.15、税号 5903.10.18、税号 5903.10.20、税号 5903.10.25、税号 5903.20.15、税号 5903.20.18、税号 5903.20.20、税号 5903.20.25、税号 5903.90.15、税号 5903.90.18、税号 5903.90.20、税号 5903.90.25、税号 5906.99.20、税号 5906.99.25、税号 5907.00.05、税号 5907.00.15 或税号 5907.00.60 除外）改变至子目 4202.12。

2. 从任何其他章（品目 5407、品目 5408、品目 5512 至 5516、税号 5903.10.15、税号 5903.10.18、税号 5903.10.20、税号 5903.10.25、税号 5903.20.15、税号 5903.20.18、税号 5903.20.20、税号 5903.20.25、税号 5903.90.15、税号 5903.90.18、税号 5903.90.20、税号 5903.90.25、税号 5906.99.20、税号 5906.99.25、税号 5907.00.05、税号 5907.00.15 或税号 5907.00.60 除外）改变至子目 4202.22。

3. 从任何其他章（品目 5407、品目 5408、品目 5512 至 5516、税号 5903.10.15、税号 5903.10.18、税号 5903.10.20、税号 5903.10.25、税号 5903.20.15、税号 5903.20.18、税号 5903.20.20、税号 5903.20.25、税号 5903.90.15、税号 5903.90.18、税号 5903.90.20、税号 5903.90.25、税号 5906.99.20、税号 5906.99.25、税号 5907.00.05、税号 5907.00.15 或税号 5907.00.60 除外）改变至子目 4202.32。

4. 从任何其他章（品目 5407、品目 5408、品目 5512 至 5516、税号 5903.10.15、税号 5903.10.18、税号 5903.10.20、税号 5903.10.25、税号 5903.20.15、税号 5903.20.18、税号 5903.20.20、税号 5903.20.25、税号 5903.90.15、税号 5903.90.18、税号 5903.90.20、税号 5903.90.25、税号 5906.99.20、税号 5906.99.25、税号 5907.00.05、税号 5907.00.15 或税号 5907.00.60 除外）改变至子目 4202.92。

第五十章

1. 从任何其他章改变至品目 5001 至 5003。
2. 从品目 5004 至 5006 以外的任何品目改变至品目 5004 至 5006。
3. 从任何其他品目改变至品目 5007。

第五十一章

1. 从任何其他章改变至品目 5101 至 5105。
2. 从品目 5106 至 5110 以外的任何品目改变至品目 5106 至 5110。
3. 从品目 5111 至 5113 以外的任何品目(品目 5106 至 5110、品目 5205 至 5206、品目 5401 至 5404 或品目 5509 至 5510 除外)改变至品目 5111 至 5113。

第五十二章

1. 从任何其他章(品目 5401 至 5405 或品目 5501 至 5507 除外)改变至品目 5201 至 5207。
2. 从品目 5208 至 5212 以外的任何品目(品目 5106 至 5110、品目 5205 至 5206、品目 5401 至 5404 或品目 5509 至 5510 除外)改变至品目 5208 至 5212。

第五十三章

1. 从任何其他章改变至品目 5301 至 5305。
2. 从品目 5306 至 5308 以外的任何品目改变至品目 5306 至 5308。
3. 从任何其他品目(品目 5307 至 5308 除外)改变至品目 5309。
4. 从品目 5310 至 5311 以外的任何品目(品目 5307 至 5308 除外)改变至品目 5310 至 5311。

第五十四章

1. 从任何其他章(品目 5201 至 5203 或品目 5501 至 5507 除外)改变至品目 5401 至 5406。
2. 从税号 5402.43.10、税号 5402.52.10 或任何其他章(品目 5106 至 5110、品目 5205 至 5206 或品目 5509 至 5510 除外)改变至税号 5407.61.11、税号 5407.61.21 或税号 5407.61.91。
3. 从任何其他章(品目 5106 至 5110、品目 5205 至 5206 或品目 5509 至 5510 除外)改变至品目 5407。
4. 从任何其他章(品目 5106 至 5110、品目 5205 至 5206 或品目 5509 至 5510 除外)改变至品目 5408。

第五十五章

1. 从任何其他章(品目 5201 至 5203 或品目 5401 至 5405 除外)改变至品目 5501 至 5511。
2. 从品目 5512 至 5516 以外的任何品目(品目 5106 至 5110、品目 5205 至 5206、品目 5401 至 5404 或品目 5509 至 5510 除外)改变至品目 5512 至 5516。

第五十六章

从任何其他章(品目 5106 至 5113、品目 5204 至 5212、品目 5307 至 5308、品目 5310 至 5311 或第五十四章至第五十五章除外)改变至品目 5601 至 5609。

第五十七章

从任何其他章(品目 5106 至 5113、品目 5204 至 5212、品目 5308 或品目 5311、第五十四章或品目 5508 至 5516 除外)改变至品目 5701 至 5705。

第五十八章

从任何其他章(品目 5106 至 5113、品目 5204 至 5212、品目 5307 至 5308、品目 5310 至 5311 或第五十四章至第五十五章除外)改变至品目 5801 至 5811。

第五十九章

1. 从任何其他章(品目 5111 至 5113、品目 5208 至 5212、品目 5310 至 5311、品目 5407 至 5408 或品目 5512 至 5516 除外)改变至品目 5901。

2. 从任何其他品目(品目 5106 至 5113、品目 5204 至 5212、品目 5306 至 5311 或第五十四章至第五十五章除外)改变至品目 5902。

3. 从任何其他章(品目 5111 至 5113、品目 5208 至 5212、品目 5310 至 5311、品目 5407 至 5408 或品目 5512 至 5516 除外)改变至品目 5903 至 5908。

4. 从任何其他章(品目 5111 至 5113、品目 5208 至 5212、品目 5310 至 5311、第五十四章或品目 5512 至 5516 除外)改变至品目 5909。

5. 从任何其他品目(品目 5106 至 5113、品目 5204 至 5212、品目 5307 至 5308、品目 5310 至 5311 或第五十四章至第五十五章除外)改变至品目 5910。

6. 从任何其他章(品目 5111 至 5113、品目 5208 至 5212、品目 5310 至 5311、品目 5407 至 5408 或品目 5512 至 5516 除外)改变至品目 5911。

第六十章

从任何其他章(品目 5106 至 5113、第五十二章、品目 5307 至 5308、品目 5310 至 5311 或第五十四章至第五十五章除外)改变至品目 6001 至 6006。

第六十一章

章规则一：除归入税号 5408.22.10、税号 5408.23.11、税号 5408.23.21 和税号 5408.24.10 的织物外,下列子目和品目项下的织物,当用作某些男女西服套装、西服短上衣、裙子、大衣、短外套、带帽夹克、风衣和类似物品的可见衬里材料时,必须由纱线制成,并在摩洛哥或/和美国境内完成：品目 5111 至 5112、子目 5208.31 至 5208.59、子目 5209.31 至 5209.59、子目 5210.31 至 5210.59、子目 5211.31 至 5211.59、子目 5212.13 至 5212.15、子目 5212.23 至 5212.25、子目 5407.42 至 5407.44、子目 5407.52 至 5407.54、子目 5407.61、子目 5407.72 至 5407.74、子目 5407.82 至 5407.84、子目 5407.92 至 5407.94、子目 5408.22 至 5408.24、子目 5408.32 至 5408.34、子目 5512.19、子目 5512.29、子目 5512.99、子目 5513.21 至 5513.49、子目 5514.21 至 5515.99、子目 5516.12 至 5516.14、子目 5516.22 至 5516.24、子目 5516.32 至 5516.34、子目 5516.42 至 5516.44、子目 5516.92 至 5516.94、子目 6001.10、子目 6001.92、子目 6005.31 至 6005.44 或子目 6006.10 至 6006.44。

章规则二：为确定本章货物的原产地,适用于该货物的规则应仅适用于确定该货物税则归类的成分,且该成分必须满足该规则规定的归类改变要求。如果规则要求货物还必须满足本章章规则一所列可见衬里织物的税则归类改变要求,则该要求仅适用于服装主体中的可见衬里织物(不包括覆盖最大表面积的袖子),不适用于可拆卸衬里。

1. 从任何其他章（品目 5106 至 5113、品目 5204 至 5212、品目 5307 至 5308、品目 5310 至 5311、第五十四章、品目 5508 至 5516 或品目 6001 至 6006 除外）改变至子目 6101.10 至 6101.30，前提是：

    (A)该货物在摩洛哥或/和美国境内裁剪或/和针织成型、缝制或以其他方式组合；以及

    (B)服装中包含的任何可见衬里材料均满足第六十一章章规则一的要求。

2. 从任何其他章（品目 5106 至 5113、品目 5204 至 5212、品目 5307 至 5308、品目 5310 至 5311、第五十四章、品目 5508 至 5516 或品目 6001 至 6006 除外）改变至子目 6101.90，前提是该货物在摩洛哥或/和美国境内裁剪或/和针织成型、缝制或以其他方式组合。

3. 从任何其他章（品目 5106 至 5113、品目 5204 至 5212、品目 5307 至 5308、品目 5310 至 5311、第五十四章、品目 5508 至 5516 或品目 6001 至 6006 除外）改变至子目 6102.10 至 6102.30，前提是：

    (A)该货物在摩洛哥或/和美国境内裁剪或/和针织成型、缝制或以其他方式组合；以及

    (B)服装中包含的任何可见衬里材料均满足第六十一章章规则一的要求。

4. 从任何其他章（品目 5106 至 5113、品目 5204 至 5212、品目 5307 至 5308、品目 5310 至 5311、第五十四章、品目 5508 至 5516 或品目 6001 至 6006 除外）改变至子目 6102.90，前提是该货物在摩洛哥或/和美国境内裁剪或/和针织成型、缝制或以其他方式组合。

5. 从任何其他章（品目 5106 至 5113、品目 5204 至 5212、品目 5307 至 5308、品目 5310 至 5311、第五十四章、品目 5508 至 5516 或品目 6001 至 6006 除外）改变至子目 6103.11 至 6103.12，前提是：

    (A)该货物在摩洛哥或/和美国境内裁剪或/和针织成型、缝制或以其他方式组合；以及

    (B)服装中包含的任何可见衬里材料均满足第六十一章章规则一的要求。

6. 从任何其他章（品目 5106 至 5113、品目 5204 至 5212、品目 5307 至 5308、品目 5310 至 5311、第五十四章、品目 5508 至 5516 或品目 6001 至 6006 除外）改变至税号 6103.19.60 或税号 6103.19.90，前提是该货物在摩洛哥或/和美国境内裁剪或/和针织成型、缝制或以其他方式组合。

7. 从任何其他章（品目 5106 至 5113、品目 5204 至 5212、品目 5307 至 5308、品目 5310 至 5311、第五十四章、品目 5508 至 5516 或品目 6001 至 6006 除外）改变至子目 6103.19，前提是：

    (A)该货物在摩洛哥或/和美国境内裁剪或/和针织成型、缝制或以其他方式组合；以及

    (B)服装中包含的任何可见衬里材料均满足第六十一章章规则一的要求。

8. 从任何其他章（品目 5106 至 5113、品目 5204 至 5212、品目 5307 至 5308、品目 5310 至 5311、第五十四章、品目 5508 至 5516 或品目 6001 至 6006 除外）改变至子目

6103.21 至 6103.29,前提是:

(A)该货物在摩洛哥或/和美国境内裁剪或/和针织成型、缝制或以其他方式组合;以及

(B)对于作为子目 6103.21 至 6103.29 的便服套装的一部分而进口的以羊毛、动物细毛、棉花或化学纤维为原料的品目 6101 的服装或者品目 6103 的上衣,进口的服装中使用的任何可见衬里材料必须满足第六十一章章规则一的要求。

9. 从任何其他章(品目 5106 至 5113、品目 5204 至 5212、品目 5307 至 5308、品目 5310 至 5311、第五十四章、品目 5508 至 5516 或品目 6001 至 6006 除外)改变至子目 6103.31 至 6103.33,前提是:

(A)该货物在摩洛哥或/和美国境内裁剪或/和针织成型、缝制或以其他方式组合;以及

(B)服装中包含的任何可见衬里材料均满足第六十一章章规则一的要求。

10. 从任何其他章(品目 5106 至 5113、品目 5204 至 5212、品目 5307 至 5308、品目 5310 至 5311、第五十四章、品目 5508 至 5516 或品目 6001 至 6006 除外)改变至税号 6103.39.40 或税号 6103.39.80,前提是该货物在摩洛哥或/和美国境内裁剪或/和针织成型、缝制或以其他方式组合。

11. 从任何其他章(品目 5106 至 5113、品目 5204 至 5212、品目 5307 至 5308、品目 5310 至 5311、第五十四章、品目 5508 至 5516 或品目 6001 至 6006 除外)改变至子目 6103.39,前提是:

(A)该货物在摩洛哥或/和美国境内裁剪或/和针织成型、缝制或以其他方式组合;以及

(B)服装中包含的任何可见衬里材料均满足第六十一章章规则一的要求。

12. 从任何其他章(品目 5106 至 5113、品目 5204 至 5212、品目 5307 至 5308、品目 5310 至 5311、第五十四章、品目 5508 至 5516 或品目 6001 至 6006 除外)改变至子目 6103.41 至 6103.49,前提是该货物在摩洛哥或/和美国境内裁剪或/和针织成型、缝制或以其他方式组合。

13. 从任何其他章(品目 5106 至 5113、品目 5204 至 5212、品目 5307 至 5308、品目 5310 至 5311、第五十四章、品目 5508 至 5516 或品目 6001 至 6006 除外)改变至子目 6104.11 至 6104.13,前提是:

(A)该货物在摩洛哥或/和美国境内裁剪或/和针织成型、缝制或以其他方式组合;以及

(B)服装中包含的任何可见衬里材料均满足第六十一章章规则一的要求。

14. 从任何其他章(品目 5106 至 5113、品目 5204 至 5212、品目 5307 至 5308、品目 5310 至 5311、第五十四章、品目 5508 至 5516 或品目 6001 至 6006 除外)改变至税号 6104.19.40 或税号 6104.19.80,前提是该货物在摩洛哥或/和美国境内裁剪或/和针织成型、缝制或以其他方式组合。

15. 从任何其他章(品目 5106 至 5113、品目 5204 至 5212、品目 5307 至 5308、品目 5310 至 5311、第五十四章、品目 5508 至 5516 或品目 6001 至 6006 除外)改变至子

目 6104.19,前提是：

(A)该货物在摩洛哥或/和美国境内裁剪或/和针织成型、缝制或以其他方式组合；以及

(B)服装中包含的任何可见衬里材料均满足第六十一章章规则一的要求。

16. 从任何其他章（品目 5106 至 5113、品目 5204 至 5212、品目 5307 至 5308、品目 5310 至 5311、第五十四章、品目 5508 至 5516 或品目 6001 至 6006 除外）改变至子目 6104.21 至 6104.29,前提是：

(A)该货物在摩洛哥或/和美国境内裁剪或/和针织成型、缝制或以其他方式组合；以及

(B)对于作为子目 6104.21 至 6104.29 的便服套装的一部分而进口的以羊毛、动物细毛、棉花或化学纤维为原料的品目 6102 的服装或者品目 6104 的上衣,进口的服装中使用的任何可见衬里材料必须满足第六十一章章规则一的要求。

17. 从任何其他章（品目 5106 至 5113、品目 5204 至 5212、品目 5307 至 5308、品目 5310 至 5311、第五十四章、品目 5508 至 5516 或品目 6001 至 6006）改变至子目 6104.31 至 6104.33,前提是：

(A)该货物在摩洛哥或/和美国境内裁剪或/和针织成型、缝制或以其他方式组合；以及

(B)服装中包含的任何可见衬里材料均满足第六十一章章规则一的要求。

18. 从任何其他章（品目 5106 至 5113、品目 5204 至 5212、品目 5307 至 5308、品目 5310 至 5311、第五十四章、品目 5508 至 5516 或品目 6001 至 6006 除外）改变至税号 6104.39.20,前提是该货物在摩洛哥或/和美国境内裁剪或/和针织成型、缝制或以其他方式组合。

19. 从任何其他章（品目 5106 至 5113、品目 5204 至 5212、品目 5307 至 5308、品目 5310 至 5311、第五十四章、品目 5508 至 5516 或品目 6001 至 6006 除外）改变至子目 6104.39,前提是：

(A)该货物在摩洛哥或/和美国境内裁剪或/和针织成型、缝制或以其他方式组合；以及

(B)服装中包含的任何可见衬里材料均满足第六十一章章规则一的要求。

20. 从任何其他章（品目 5106 至 5113、品目 5204 至 5212、品目 5307 至 5308、品目 5310 至 5311、第五十四章、品目 5508 至 5516 或品目 6001 至 6006 除外）改变至子目 6104.41 至 6104.49,前提是该货物在摩洛哥或/和美国境内裁剪或/和针织成型、缝制或以其他方式组合。

21. 从任何其他章（品目 5106 至 5113、品目 5204 至 5212、品目 5307 至 5308、品目 5310 至 5311、第五十四章、品目 5508 至 5516 或品目 6001 至 6006 除外）改变至子目 6104.51 至 6104.53,前提是：

(A)该货物在摩洛哥或/和美国境内裁剪或/和针织成型、缝制或以其他方式组合；以及

(B)服装中包含的任何可见衬里材料均满足第六十一章章规则一的要求。

22. 从任何其他章(品目 5106 至 5113、品目 5204 至 5212、品目 5307 至 5308、品目 5310 至 5311、第五十四章、品目 5508 至 5516 或品目 6001 至 6006 除外)改变至税号 6104.59.40 或税号 6104.59.80,前提是该货物在摩洛哥或/和美国境内裁剪或/和针织成型、缝制或以其他方式组合。

23. 从任何其他章(品目 5106 至 5113、品目 5204 至 5212、品目 5307 至 5308、品目 5310 至 5311、第五十四章、品目 5508 至 5516 或品目 6001 至 6006 除外)改变至子目 6104.59,前提是:

    (A)该货物在摩洛哥或/和美国境内裁剪或/和针织成型、缝制或以其他方式组合;以及

    (B)服装中包含的任何可见衬里材料均满足第六十一章章规则一的要求。

24. 从任何其他章(品目 5106 至 5113、品目 5204 至 5212、品目 5307 至 5308、品目 5310 至 5311、第五十四章、品目 5508 至 5516 或品目 6001 至 6006 除外)改变至子目 6104.61 至 6104.69,前提是该货物在摩洛哥或/和美国境内裁剪或/和针织成型、缝制或以其他方式组合。

25. 从任何其他章(品目 5106 至 5113、品目 5204 至 5212、品目 5307 至 5308、品目 5310 至 5311、第五十四章、品目 5508 至 5516 或品目 6001 至 6006 除外)改变至品目 6105 至 6106,前提是该货物在摩洛哥或/和美国境内裁剪或/和针织成型、缝制或以其他方式组合。

26. 从任何其他章(品目 5106 至 5113、品目 5204 至 5212、品目 5307 至 5308、品目 5310 至 5311、第五十四章、品目 5508 至 5516 或品目 6001 至 6006 除外)改变至子目 6107.11 至 6107.19,前提是该货物在摩洛哥或/和美国境内裁剪或/和针织成型、缝制或以其他方式组合。

27. (A)从税号 6006.21.10、税号 6006.22.10、税号 6006.23.10 或税号 6006.24.10 改变至子目 6107.21,前提是该货物(不包括领子、袖子、腰带或松紧带)全部由此类织物制成,并且在摩洛哥或/和美国境内裁剪或/和针织成型、缝制或以其他方式组合;或

    (B)从任何其他章(品目 5106 至 5113、品目 5204 至 5212、品目 5307 至 5308、品目 5310 至 5311、第五十四章、品目 5508 至 5516 或品目 6001 至 6006 除外)改变至子目 6107.21,前提是该货物在摩洛哥或/和美国境内裁剪或/和针织成型、缝制或以其他方式组合。

28. 从任何其他章(品目 5106 至 5113、品目 5204 至 5212、品目 5307 至 5308、品目 5310 至 5311、第五十四章、品目 5508 至 5516 或品目 6001 至 6006 除外)改变至子目 6107.22 至 6107.99,前提是该货物在摩洛哥或/和美国境内裁剪或/和针织成型、缝制或以其他方式组合。

29. 从任何其他章(品目 5106 至 5113、品目 5204 至 5212、品目 5307 至 5308、品目 5310 至 5311、第五十四章、品目 5508 至 5516 或品目 6001 至 6006 除外)改变至子目 6108.11 至 6108.19,前提是该货物在摩洛哥或/和美国境内裁剪或/和针织成型、缝制或以其他方式组合。

30. (A) 从税号 6006.21.10、税号 6006.22.10、税号 6006.23.10 或税号 6006.24.10 改变至子目 6108.21,前提是该货物(不包括腰带、松紧带或花边)全部由此类织物制成,并且在摩洛哥或/和美国境内裁剪或/和针织成型、缝制或以其他方式组合;或者

    (B) 从任何其他章(品目 5106 至 5113、品目 5204 至 5212、品目 5307 至 5308、品目 5310 至 5311、第五十四章、品目 5508 至 5516 或品目 6001 至 6006 除外)改变至子目 6108.21,前提是该货物在摩洛哥或/和美国境内裁剪或/和针织成型、缝制或以其他方式组合。

31. 从任何其他章(品目 5106 至 5113、品目 5204 至 5212、品目 5307 至 5308、品目 5310 至 5311、第五十四章、品目 5508 至 5516 或品目 6001 至 6006 除外)改变至子目 6108.22 至 6108.29,前提是该货物在摩洛哥或/和美国境内裁剪或/和针织成型、缝制或以其他方式组合。

32. (A) 从税号 6006.21.10、税号 6006.22.10、税号 6006.23.10 或税号 6006.24.10 改变至子目 6108.31,前提是该货物(不包括领子、袖子、腰带、松紧带或花边)全部由此类织物制成,并且在摩洛哥或/和美国境内裁剪或/和针织成型、缝制或以其他方式组合;或者

    (B) 从任何其他章(品目 5106 至 5113、品目 5204 至 5212、品目 5307 至 5308、品目 5310 至 5311、第五十四章、品目 5508 至 5516 或品目 6001 至 6006 除外)改变至子目 6108.31,前提是该货物在摩洛哥或/和美国境内裁剪或/和针织成型、缝制或以其他方式组合。

33. 从任何其他章(品目 5106 至 5113、品目 5204 至 5212、品目 5307 至 5308、品目 5310 至 5311、第五十四章、品目 5508 至 5516 或品目 6001 至 6006 除外)改变至子目 6108.32 至 6108.39,前提是该货物在摩洛哥或/和美国境内裁剪或/和针织成型、缝制或以其他方式组合。

34. 从任何其他章(品目 5106 至 5113、品目 5204 至 5212、品目 5307 至 5308、品目 5310 至 5311、第五十四章、品目 5508 至 5516 或品目 6001 至 6006 除外)改变至子目 6108.91 至 6108.99,前提是该货物在摩洛哥或/和美国境内裁剪或/和针织成型、缝制或以其他方式组合。

35. 从任何其他章(品目 5106 至 5113、品目 5204 至 5212、品目 5307 至 5308、品目 5310 至 5311、第五十四章、品目 5508 至 5516 或品目 6001 至 6006 除外)改变至品目 6109 至 6111,前提是该货物在摩洛哥或/和美国境内裁剪或/和针织成型、缝制或以其他方式组合。

36. 从任何其他章(品目 5106 至 5113、品目 5204 至 5212、品目 5307 至 5308、品目 5310 至 5311、第五十四章、品目 5508 至 5516 或品目 6001 至 6006 除外)改变至子目 6112.11 至 6112.19,前提是该货物在摩洛哥或/和美国境内裁剪或/和针织成型、缝制或以其他方式组合。

37. 从任何其他章(品目 5106 至 5113、品目 5204 至 5212、品目 5307 至 5308、品目 5310 至 5311、第五十四章、品目 5508 至 5516 或品目 6001 至 6006 除外)改变至子

目 6112.20,前提是：

(A)该货物在摩洛哥或/和美国境内裁剪或/和针织成型、缝制或以其他方式组合；以及

(B)对于作为子目 6211.20 的滑雪套装的一部分进口的以羊毛、动物细毛、棉花或化学纤维为原料的品目 6101、品目 6102、品目 6201 或品目 6202 的服装,进口的服装中包含的任何可见衬里材料必须满足第六十一章章规则一的要求。

38. 从任何其他章(品目 5106 至 5113、品目 5204 至 5212、品目 5307 至 5308、品目 5310 至 5311、第五十四章、品目 5508 至 5516 或品目 6001 至 6006 除外)改变至子目 6112.31 至 6112.49,前提是该货物在摩洛哥或/和美国境内裁剪或/和针织成型、缝制或以其他方式组合。

39. 从任何其他章(品目 5106 至 5113、品目 5204 至 5212、品目 5307 至 5308、品目 5310 至 5311、第五十四章、品目 5508 至 5516 或品目 6001 至 6006 除外)改变至品目 6113 至 6117,前提是该货物在摩洛哥或/和美国境内裁剪或/和针织成型、缝制或以其他方式组合。

第六十二章

章规则一：除归入税号 5408.22.10、税号 5408.23.11、税号 5408.23.21 和税号 5408.24.10 的织物外,下列品目和子目的织物,当用作某些男女西服套装、西服短上衣、裙子、大衣、短外套、带帽夹克、风衣和类似物品的可见衬里材料时,必须由纱线制成,并在摩洛哥或/和美国境内完成：品目 5111 至 5112、子目 5208.31 至 5208.59、子目 5209.31 至 5209.59、子目 5210.31 至 5210.59、子目 5211.31 至 5211.59、子目 5212.13 至 5212.15、子目 5212.23 至 5212.25、子目 5407.42 至 5407.44、子目 5407.52 至 5407.54、子目 5407.61、子目 5407.72 至 5407.74、子目 5407.82 至 5407.84、子目 5407.92 至 5407.94、子目 5408.22 至 5408.24、子目 5408.32 至 5408.34、子目 5512.19、子目 5512.29、子目 5512.99、子目 5513.21 至 5513.49、子目 5514.21 至 5515.99、子目 5516.12 至 5516.14、子目 5516.22 至 5516.24、子目 5516.32 至 5516.34、子目 5516.42 至 5516.44、子目 5516.92 至 5516.94、子目 6001.10、子目 6001.92、子目 6005.31 至 6005.44 或子目 6006.10 至 6006.44。

章规则二：如果本章的服装在摩洛哥或/和美国境内裁剪或针织成型、缝制或以其他方式组合,并且外壳(不包括领子或袖子)的织物完全是下列的一种或多种,则应被视为原产货物：

(a)子目 5801.23 的平绒织物,含棉量(按重量计)为 85% 或以上；

(b)子目 5801.22 的灯芯绒织物,含棉量(按重量计)为 85% 或以上,每厘米绒条数超过 7.5 根；

(c)子目 5111.11 或子目 5111.19 的织物,如为手工织造,则织机宽度小于 76 厘米,按照哈里斯粗花呢协会有限公司的规章制度在英国织造,并经该协会认证；

(d)子目 5112.30 的织物,每平方米重量不超过 340 克,含有羊毛、不少于 20%(按重量计)的动物细毛和不少于 15%(按重量计)的化学纤维短纤；或者

(e)子目 5513.11 或子目 5513.21 的平衡细薄织物,单纱支数超过 76 公支,每平方厘米

含 60~70 根经纱和纬纱,每平方米重量不超过 110 克。

章规则三:为确定本章货物的原产地,适用于该货物的规则仅适用于确定该货物税则归类的成分,并且该成分必须满足该规则规定的税则归类改变要求。如果规则要求货物还必须满足本章章规则一所列的对可见衬里织物的税则归类改变要求,则该要求仅适用于服装主体中的可见衬里织物(不包括覆盖最大表面积的袖子),不适用于可拆卸衬里。

章规则四:本规则中列出的产品与本注释中列出的产品特定规则一起适用。为确定某一货物是否原产,本注释所列产品应被视为原产货物,尽管本规则述及该产品输入的来源,前提是该货物满足任何特定要求,包括任何最终用途要求:

(a)子目 6204.52 的女式短裙和裙裤(子目 5801.22 的棉灯芯绒制);

(b)子目 6206.40 的女式化学纤维衬衫(子目 5801.32 的聚酯灯芯绒制);

(c)品目 6204 的女裤(子目 5515.11 的合成双弹性织物制,按重量计,聚酯纤维含量为 45%~52%,黏胶纤维含量为 45%~52%,氨纶纤维含量为 1%~7%);

(d)品目 6204 的女裤(子目 5515.11 的机织物制,按重量计,聚酯纤维含量为 60%~68%,黏胶纤维含量为 29%~37%,氨纶纤维含量为 1%~7%);

(e)品目 6204 的女裤(子目 5408.33 的机织人字布制,按重量计,黏胶纤维含量为 31%~37%,聚酯纤维含量为 17%~23%,棉纤维含量为 17%~23%,羊毛纤维含量为 13%~19%,尼龙纤维含量为 5%~11%,氨纶纤维含量为 1%~6%)。

1. 从任何其他章(品目 5106 至 5113、品目 5204 至 5212、品目 5307 至 5308、品目 5310 至 5311、第五十四章、品目 5508 至 5516、品目 5801 至 5802 或品目 6001 至 6006 除外)改变至子目 6201.11 至 6201.13,前提是:

    (A)该货物在摩洛哥或/和美国境内裁剪或/和针织成型、缝制或以其他方式组合;以及

    (B)服装中包含的任何可见衬里材料均满足第六十二章章规则一的要求。

2. 从任何其他章(品目 5106 至 5113、品目 5204 至 5212、品目 5307 至 5308、品目 5310 至 5311、第五十四章、品目 5508 至 5516、品目 5801 至 5802 或品目 6001 至 6006 除外)改变至子目 6201.19,前提是该货物在摩洛哥或/和美国境内裁剪或/和针织成型、缝制或以其他方式组合。

3. 从任何其他章(品目 5106 至 5113、品目 5204 至 5212、品目 5307 至 5308、品目 5310 至 5311、第五十四章、品目 5508 至 5516、品目 5801 至 5802 或品目 6001 至 6006 除外)改变至子目 6201.91 至 6201.93,前提是:

    (A)该货物在摩洛哥或/和美国境内裁剪或/和针织成型、缝制或以其他方式组合;以及

    (B)服装中包含的任何可见衬里材料均满足第六十二章章规则一的要求。

4. 从任何其他章(品目 5106 至 5113、品目 5204 至 5212、品目 5307 至 5308、品目 5310 至 5311、第五十四章、品目 5508 至 5516、品目 5801 至 5802 或品目 6001 至 6006 除外)改变至子目 6201.99,前提是该货物在摩洛哥或/和美国境内裁剪或/和针织成型、缝制或以其他方式组合。

5. 从任何其他章(品目 5106 至 5113、品目 5204 至 5212、品目 5307 至 5308、品目 5310 至 5311、第五十四章、品目 5508 至 5516、品目 5801 至 5802 或品目 6001 至 6006 除外)改变至子目 6202.11 至 6202.13,前提是:

   (A)该货物在摩洛哥或/和美国境内裁剪或/和针织成型、缝制或以其他方式组合;以及

   (B)服装中包含的任何可见衬里材料均满足第六十二章章规则一的要求。

6. 从任何其他章(品目 5106 至 5113、品目 5204 至 5212、品目 5307 至 5308、品目 5310 至 5311、第五十四章、品目 5508 至 5516、品目 5801 至 5802 或品目 6001 至 6006 除外)改变至子目 6202.19,前提是该货物在摩洛哥或/和美国境内裁剪或/和针织成型、缝制或以其他方式组合。

7. 从任何其他章(品目 5106 至 5113、品目 5204 至 5212、品目 5307 至 5308、品目 5310 至 5311、第五十四章、品目 5508 至 5516、品目 5801 至 5802 或品目 6001 至 6006 除外)改变至子目 6202.91 至 6202.93,前提是:

   (A)该货物在摩洛哥或/和美国境内裁剪或/和针织成型、缝制或以其他方式组合;以及

   (B)服装中包含的任何可见衬里材料均满足第六十二章章规则一的要求。

8. 从任何其他章(品目 5106 至 5113、品目 5204 至 5212、品目 5307 至 5308、品目 5310 至 5311、第五十四章、品目 5508 至 5516、品目 5801 至 5802 或品目 6001 至 6006 除外)改变至子目 6202.99,前提是该货物在摩洛哥或/和美国境内裁剪或/和针织成型、缝制或以其他方式组合。

9. 从任何其他章(品目 5106 至 5113、品目 5204 至 5212、品目 5307 至 5308、品目 5310 至 5311、第五十四章、品目 5508 至 5516、品目 5801 至 5802 或品目 6001 至 6006 除外)改变至子目 6203.11 至 6203.12,前提是:

   (A)该货物在摩洛哥或/和美国境内裁剪或/和针织成型、缝制或以其他方式组合;以及

   (B)服装中包含的任何可见衬里材料均满足第六十二章章规则一的要求。

10. 从任何其他章(品目 5106 至 5113、品目 5204 至 5212、品目 5307 至 5308、品目 5310 至 5311、第五十四章、品目 5508 至 5516、品目 5801 至 5802 或品目 6001 至 6006 除外)改变至税号 6203.19.50 或税号 6203.19.90,前提是该货物在摩洛哥或/和美国境内裁剪或/和针织成型、缝制或以其他方式组合。

11. 从任何其他章(品目 5106 至 5113、品目 5204 至 5212、品目 5307 至 5308、品目 5310 至 5311、第五十四章、品目 5508 至 5516、品目 5801 至 5802 或品目 6001 至 6006 除外)改变至子目 6203.19,前提是:

    (A)该货物在摩洛哥或/和美国境内裁剪或/和针织成型、缝制或以其他方式组合;以及

    (B)服装中包含的任何可见衬里材料均满足第六十二章章规则一的要求。

12. 从任何其他章(品目 5106 至 5113、品目 5204 至 5212、品目 5307 至 5308、品目 5310 至 5311、第五十四章、品目 5508 至 5516、品目 5801 至 5802 或品目 6001 至

6006除外)改变至子目6203.21至6203.29,前提是：

(A)该货物在摩洛哥或/和美国境内裁剪或/和针织成型、缝制或以其他方式组合；以及

(B)对于作为子目6203.21至6203.29的便服套装的一部分进口的以羊毛、动物细毛、棉花或化学纤维为原料的品目6201的服装或者品目6203的上衣,进口的服装中使用的任何可见衬里材料必须满足第六十二章章规则一的要求。

13. 从任何其他章(品目5106至5113、品目5204至5212、品目5307至5308、品目5310至5311、第五十四章、品目5508至5516、品目5801至5802或品目6001至6006除外)改变至子目6203.31至6203.33,前提是：

(A)该货物在摩洛哥或/和美国境内裁剪或/和针织成型、缝制或以其他方式组合；以及

(B)服装中包含的任何可见衬里材料均满足第六十二章章规则一的要求。

14. 从任何其他章(品目5106至5113、品目5204至5212、品目5307至5308、品目5310至5311、第五十四章、品目5508至5516、品目5801至5802或品目6001至6006除外)改变至税号6203.39.50或税号6203.39.90,前提是该货物在摩洛哥或/和美国境内裁剪或/和针织成型、缝制或以其他方式组合。

15. 从任何其他章(品目5106至5113、品目5204至5212、品目5307至5308、品目5310至5311、第五十四章、品目5508至5516、品目5801至5802或品目6001至6006除外)改变至子目6203.39,前提是：

(A)该货物在摩洛哥或/和美国境内裁剪或/和针织成型、缝制或以其他方式组合；以及

(B)服装中包含的任何可见衬里材料均满足第六十二章章规则一的要求。

16. 从任何其他章(品目5106至5113、品目5204至5212、品目5307至5308、品目5310至5311、第五十四章、品目5508至5516、品目5801至5802或品目6001至6006除外)改变至子目6203.41至6203.49,前提是该货物在摩洛哥或/和美国境内裁剪或/和针织成型、缝制或以其他方式组合。

17. 从任何其他章(品目5106至5113、品目5204至5212、品目5307至5308、品目5310至5311、第五十四章、品目5508至5516、品目5801至5802或品目6001至6006除外)改变至子目6204.11至6204.13,前提是：

(A)该货物在摩洛哥或/和美国境内裁剪或/和针织成型、缝制或以其他方式组合；以及

(B)服装中包含的任何可见衬里材料均满足第六十二章章规则一的要求。

18. 从任何其他章(品目5106至5113、品目5204至5212、品目5307至5308、品目5310至5311、第五十四章、品目5508至5516、品目5801至5802或品目6001至6006除外)改变至税号6204.19.40或税号6204.19.80,前提是该货物在摩洛哥或/和美国境内裁剪或/和针织成型、缝制或以其他方式组合。

19. 从任何其他章(品目5106至5113、品目5204至5212、品目5307至5308、品目5310至5311、第五十四章、品目5508至5516、品目5801至5802或品目6001至

6006除外)改变至子目6204.19,前提是:

(A)该货物在摩洛哥或/和美国境内裁剪或/和针织成型、缝制或以其他方式组合;以及

(B)服装中包含的任何可见衬里材料均满足第六十二章章规则一的要求。

20. 从任何其他章(品目5106至5113、品目5204至5212、品目5307至5308、品目5310至5311、第五十四章、品目5508至5516、品目5801至5802或品目6001至6006)改变至子目6204.21至6204.29,前提是:

(A)该货物在摩洛哥或/和美国境内裁剪或/和针织成型、缝制或以其他方式组合;以及

(B)对于作为子目6204.21至6204.29的便服套装的一部分进口的以羊毛、动物细毛、棉花或化学纤维为原料的品目6202的服装、品目6204的上衣或品目6204的裙子,进口的服装中使用的任何可见衬里材料必须满足第六十二章章规则一的要求。

21. 从任何其他章(品目5106至5113、品目5204至5212、品目5307至5308、品目5310至5311、第五十四章、品目5508至5516、品目5801至5802或品目6001至6006除外)改变至子目6204.31至6204.33,前提是:

(A)该货物在摩洛哥或/和美国境内裁剪或/和针织成型、缝制或以其他方式组合;以及

(B)服装中包含的任何可见衬里材料均满足第六十二章章规则一的要求。

22. 从任何其他章(品目5106至5113、品目5204至5212、品目5307至5308、品目5310至5311、第五十四章、品目5508至5516、品目5801至5802或品目6001至6006除外)改变至税号6204.39.60或税号6204.39.80,前提是该货物在摩洛哥或/和美国境内裁剪或/和针织成型、缝制或以其他方式组合。

23. 从任何其他章(品目5106至5113、品目5204至5212、品目5307至5308、品目5310至5311、第五十四章、品目5508至5516、品目5801至5802或品目6001至6006除外)改变至子目6204.39,前提是:

(A)该货物在摩洛哥或/和美国境内裁剪或/和针织成型、缝制或以其他方式组合;以及

(B)服装中包含的任何可见衬里材料均满足第六十二章章规则一的要求。

24. 从任何其他章(品目5106至5113、品目5204至5212、品目5307至5308、品目5310至5311、第五十四章、品目5508至5516、品目5801至5802或品目6001至6006除外)改变至子目6204.41至6204.49,前提是该货物在摩洛哥或/和美国境内裁剪或/和针织成型、缝制或以其他方式组合。

25. 从任何其他章(品目5106至5113、品目5204至5212、品目5307至5308、品目5310至5311、第五十四章、品目5508至5516、品目5801至5802或品目6001至6006除外)改变至子目6204.51至6204.53,前提是:

(A)该货物在摩洛哥或/和美国境内裁剪或/和针织成型、缝制或以其他方式组合;以及

(B)服装中包含的任何可见衬里材料均满足第六十二章章规则一的要求。

26. 从任何其他章(品目 5106 至 5113、品目 5204 至 5212、品目 5307 至 5308、品目 5310 至 5311、第五十四章、品目 5508 至 5516、品目 5801 至 5802 或品目 6001 至 6006 除外)改变至税号 6204.59.40,前提是该货物在摩洛哥或/和美国境内裁剪或/和针织成型、缝制或以其他方式组合。

27. 从任何其他章(品目 5106 至 5113、品目 5204 至 5212、品目 5307 至 5308、品目 5310 至 5311、第五十四章、品目 5508 至 5516、品目 5801 至 5802 或品目 6001 至 6006 除外)改变至子目 6204.59,前提是:

    (A)该货物在摩洛哥或/和美国境内裁剪或/和针织成型、缝制或以其他方式组合;以及

    (B)服装中包含的任何可见衬里材料均满足第六十二章章规则一的要求。

28. 从任何其他章(品目 5106 至 5113、品目 5204 至 5212、品目 5307 至 5308、品目 5310 至 5311、第五十四章、品目 5508 至 5516、品目 5801 至 5802 或品目 6001 至 6006 除外)改变至子目 6204.61 至 6204.69,前提是该货物在摩洛哥或/和美国境内裁剪或/和针织成型、缝制或以其他方式组合。

29. 从任何其他章(品目 5106 至 5113、品目 5204 至 5212、品目 5307 至 5308、品目 5310 至 5311、第五十四章、品目 5508 至 5516、品目 5801 至 5802 或品目 6001 至 6006 除外)改变至子目 6205.10,前提是该货物在摩洛哥或/和美国境内裁剪或/和针织成型、缝制或以其他方式组合。

子目规则:如果棉制或化学纤维制男式衬衫都在摩洛哥或/和美国境内裁剪和组合,并且外壳(不包括领子或袖子)的织物完全是下列的一种或多种,则应被视为原产货物:

(a)子目 5208.21、子目 5208.22、子目 5208.29、子目 5208.31、子目 5208.32、子目 5208.39、子目 5208.41、子目 5208.42、子目 5208.49、子目 5208.51、子目 5208.52 或子目 5208.59 的织物,平均纱线细度超过 135 公支;

(b)子目 5513.11 或子目 5513.21 的非平衡织物,每平方厘米经纱和纬纱超过 70 根,平均纱线细度超过 70 公支;

(c)子目 5210.21 或子目 5210.31 的非平衡织物,每平方厘米经纱和纬纱超过 70 根,平均纱线细度超过 70 公支;

(d)子目 5208.22 或子目 5208.32 的非平衡织物,每平方厘米经纱和纬纱超过 75 根,平均纱线细度超过 65 公支;

(e)子目 5407.81、子目 5407.82 或子目 5407.83 的织物,每平方米重量低于 170 克,由多臂装置形成多臂组织;

(f)子目 5208.42 或子目 5208.49 的非平衡织物,每平方厘米经纱和纬纱超过 85 根,平均纱线细度超过 85 公支;

(g)子目 5208.51 的平衡织物,每平方厘米经纱和纬纱超过 75 根,单纱织成,平均纱线细度为 95 公支或以上;

(h)子目 5208.41 的具有条格花纹的平衡织物,每平方厘米经纱和纬纱超过 85 根,单纱织成,平均纱线细度为 95 公支或以上,通过经纱和纬纱颜色变化产生条格效果;

或者

(i) 子目5208.41的织物,经纱用植物染料染色,纬纱为白色或用植物染料染色,平均纱线细度超过65公支。

30. 从任何其他章(品目5106至5113、品目5204至5212、品目5307至5308、品目5310至5311、第五十四章、品目5508至5516、品目5801至5802或品目6001至6006除外)改变至子目6205.20至6205.30,前提是该货物在摩洛哥或/和美国境内裁剪或/和针织成型、缝制或以其他方式组合。

31. 从任何其他章(品目5106至5113、品目5204至5212、品目5307至5308、品目5310至5311、第五十四章、品目5508至5516、品目5801至5802或品目6001至6006除外)改变至子目6205.90,前提是该货物在摩洛哥或/和美国境内裁剪或/和针织成型、缝制或以其他方式组合。

32. 从任何其他章(5106至品目5113、5204至品目5212、5307至品目5308或5310至品目5311、第五十四章、5508至品目5516、5801至品目5802或6001至品目6006除外)改变至品目6206至6210,前提是该货物在摩洛哥或/和美国境内裁剪或/和针织成型、缝制或以其他方式组合。

33. 从任何其他章(品目5106至5113、品目5204至5212、品目5307至5308、品目5310至5311、第五十四章、品目5508至5516、品目5801至5802或品目6001至6006除外)改变至子目6211.11至6211.12,前提是该货物在摩洛哥或/和美国境内裁剪或/和针织成型、缝制或以其他方式组合。

34. 从任何其他章(品目5106至5113、品目5204至5212、品目5307至5308、品目5310至5311、第五十四章、品目5508至5516、品目5801至5802或品目6001至6006除外)改变至子目6211.20,前提是:

(A) 该货物在摩洛哥或/和美国境内裁剪或/和针织成型、缝制或以其他方式组合;以及

(B) 对于作为子目6211.20的滑雪套装的一部分进口的以羊毛、动物细毛、棉花或化学纤维为原料的品目6101、品目6102、品目6201或品目6202的服装,进口的服装中使用的任何可见衬里材料必须满足第六十二章章规则一的要求。

35. 从任何其他章(品目5106至5113、品目5204至5212、品目5307至5308、品目5310至5311、第五十四章、品目5508至5516、品目5801至5802或品目6001至6006除外)改变至子目6211.31至6211.49,前提是该货物在摩洛哥或/和美国境内裁剪或/和针织成型、缝制或以其他方式组合。

36. 从任何其他章改变至子目6212.10,前提是该货物在摩洛哥或/和美国境内裁剪或/和针织成型、缝制或以其他方式组合,并且在每个年度期间,生产商或生产控制实体的此类货物只有当在摩洛哥或/和美国境内形成的该生产商或实体在上一年度期间生产所有此类物品所使用的织物(不包括服装附件和装饰物)的总成本至少为该生产商或实体在上一年度期间进口的所有此类物品所含织物(不包括服装附件和装饰物)的总申报关税价值的75%时,才有资格享受本注释规定的优惠待遇。

37. 从任何其他章(品目5106至5113、品目5204至5212、品目5307至5308、品目

5310 至 5311、第五十四章、品目 5508 至 5516、品目 5801 至 5802 或品目 6001 至 6006 除外)改变至子目 6212.20 至 6212.90,前提是该货物在摩洛哥或/和美国境内裁剪或/和针织成型、缝制或以其他方式组合。

38. 从任何其他章(品目 5106 至 5113、品目 5204 至 5212、品目 5307 至 5308、品目 5310 至 5311、第五十四章、品目 5508 至 5516、品目 5801 至 5802 或品目 6001 至 6006 除外)改变至品目 6213 至 6217,前提是该货物在摩洛哥或/和美国境内裁剪或/和针织成型、缝制或以其他方式组合。

第六十三章

章规则一:为确定本章货物的原产地,适用于该货物的规则应仅适用于确定该货物税则归类的成分,且该成分必须满足该规则规定的税则归类改变要求。

1. 从任何其他章(品目 5106 至 5113、品目 5204 至 5212、品目 5307 至 5308、品目 5310 至 5311、第五十四章、品目 5508 至 5516、品目 5801 至 5802 或品目 6001 至 6006 除外)改变至品目 6301 至 6302,前提是该货物在摩洛哥或/和美国境内裁剪或/和针织成型、缝制或以其他方式组合。

2. 从税号 5402.43.10、税号 5402.52.10 或任何其他章(品目 5106 至 5113、品目 5204 至 5212、品目 5307 至 5308、品目 5310 至 5311、第五十四章、品目 5508 至 5516、品目 5801 至 5802 或品目 6001 至 6006 除外)改变至税号 6303.92.10,前提是该货物在摩洛哥或/和美国境内裁剪或/和针织成型、缝制或以其他方式组合。

3. 从任何其他章(品目 5106 至 5113、品目 5204 至 5212、品目 5307 至 5308、品目 5310 至 5311、第五十四章、品目 5508 至 5516、品目 5801 至 5802 或品目 6001 至 6006 除外)改变至品目 6303,前提是该货物在摩洛哥或/和美国境内裁剪或/和针织成型、缝制或以其他方式组合。

4. 从任何其他章(品目 5106 至 5113、品目 5204 至 5212、品目 5307 至 5308、品目 5310 至 5311、第五十四章、品目 5508 至 5516、品目 5801 至 5802 或品目 6001 至 6006 除外)改变至品目 6304 至 6308,前提是该货物在摩洛哥或/和美国境内裁剪或/和针织成型、缝制或以其他方式组合。

5. 从任何其他品目改变至品目 6309。

6. 从任何其他章(品目 5106 至 5113、品目 5204 至 5212、品目 5307 至 5308、品目 5310 至 5311、第五十四章、品目 5508 至 5516、品目 5801 至 5802 或品目 6001 至 6006 除外)改变至品目 6310,前提是该货物在摩洛哥或/和美国境内裁剪或/和针织成型、缝制或以其他方式组合。

第七十章

从任何其他品目(品目 7007 至 7020 除外)改变至品目 7019。

第七十二章

从任何其他品目(包括品目 7209 至 7212 中的另一品目)改变至品目 7209 至 7212。

第八十五章

1. 从任何其他子目或子目 8544.30 的货物改变至子目 8544.30 的点火接线组件或其他车辆用接线组件,前提是接线组件的组装至少涉及以下各项操作:

(A)装配至少 10 个独立部件;

(B)将金属丝切割成不同的长度,形成金属丝组件;

(C)剥去电线护套;

(D)从连接器插入电线子组件的端部;

(E)从电线组件连接到电缆上;以及

(F)100%测试布线设备和其他质量控制操作以及成品的包装和标签。

2. 从任何其他子目(包括子目 8544.11 至 8544.20 和子目 8544.41 至 8544.70 中的子目)改变至子目 8544.11 至 8544.20 和子目 8544.41 至 8544.70,前提是所生产材料的价值以及在摩洛哥或/和美国境内进行加工作业的直接成本不低于货物进入摩洛哥或/和美国境内时估价的 35%。

第八十七章

1. 从任何其他品目改变至品目 8707。
2. 从任何其他子目改变至子目 8708.91。
3. 从任何其他子目改变至子目 8708.93。
4. 从任何其他子目改变至子目 8708.94。
5. 从任何其他子目改变至子目 8708.99。
6. 从任何其他子目改变至子目 8716.31、子目 8716.39 或子目 8716.40。
7. 从任何其他子目改变至子目 8716.90。

第九十四章

从任何其他章(品目 5007、品目 5111 至 5113、品目 5208 至 5212、品目 5309 至 5311、品目 5407 至 5408、品目 5512 至 5516 或子目 6307.90 除外)改变至子目 9404.90。

二十八、《美国-澳大利亚自由贸易协定实施法》

(一)符合《美国-澳大利亚自由贸易协定》(UAFTA)条款的原产货物应缴纳该协定规定的关税。本注释(二)款至(十四)款所定义的澳大利亚货物进口至美国境内,并按照"税率"第 1 栏"特惠"子栏括号中符号"AU"的子目入境,根据《美国-澳大利亚自由贸易协定实施法》(公法 108-286;118 Stat. 919)第 201 至 203 节,有资格享受"特惠"子栏中规定的关税待遇和数量限制。就本注释而言,"UAFTA 国家"仅指澳大利亚或美国。

(二)就本注释而言,除下述(三)款、(四)款、(十三)款和(十四)款另有规定外,进口至美国境内的货物只有在以下情况下才有资格被视为 UAFTA 国家的原产货物:

(i)在澳大利亚或/和美国境内完全获得或生产;

(ii)完全在澳大利亚或/和美国境内生产,并且——

(A)货物生产过程中使用的每种非原产材料都发生了下述(十四)款规定的适用税则归类改变,

(B)该货物以其他方式满足下述(十四)款提及的任何适用的区域价值成分要求,或

(C)该货物满足下述(十四)款规定的任何其他要求,以及

该货物满足本注释的所有其他适用要求;

(iii)完全在澳大利亚或/和美国境内生产,且仅使用上述(i)款或(ii)款所述材料制成;或者

(iv)在其他方面符合本注释项下原产货物的资格。

(三)(i)就上述(二)(i)款而言,除下述(四)款对纺织品和服装另有规定以外,"完全获得或生产"的货物是指——

(A)在澳大利亚或/和美国境内开采的矿产货物;

(B)在澳大利亚或/和美国境内收获的蔬菜货物(如本税则所界定);

(C)在澳大利亚或/和美国境内出生和饲养的活动物;

(D)在澳大利亚或/和美国境内进行狩猎、诱捕、捕捞或水产养殖获得的货物;

(E)在澳大利亚或美国注册或登记并悬挂其国旗的船舶从海上获得的货物(鱼类、贝类和其他海洋生物);

(F)仅使用上述(E)款所述产品在工厂船上生产的货物,该工厂船在澳大利亚或/和美国注册或登记并悬挂其国旗;

(G)澳大利亚或美国、澳大利亚人或美国人从领海以外的海床或底土中取得的货物,前提是澳大利亚或美国有权开采该海床或底土;

(H)从外层空间取得的货物,前提是这些货物由澳大利亚或美国、澳大利亚人或美国人取得,并且不是在澳大利亚或美国以外的国家境内加工的;

(I)废碎料,来源于:

(1)在澳大利亚或/和美国境内的制造或加工业务,或

(2)在澳大利亚或/和美国境内收集的废旧物品,前提是这些货物只适合回收原材料;

(J)在澳大利亚或美国境内从已超过预期寿命或因缺陷不再可用的货物中回收的货物,并在该国境内用于生产再制造货物;或者

(K)在澳大利亚或/和美国境内生产的货物,仅来自任何生产阶段的下述货物:

(1)上述(A)款至(I)款所述货物,或

(2)上述(A)款至(I)款所述货物的衍生物。

(ii)(A)就上述(三)(i)(J)款而言,"回收货物"是指由于下列原因而产生的单个零件形式的材料:

(1)将已超过预期使用寿命或因缺陷不再可用的货物完全分解成单个零件;以及

(2)为改善零件的工作状态而对其进行的清洁、检查、测试或其他处理。

(B)就本注释而言,"再制造货物"是指在澳大利亚或美国境内组装的工业货物,归入本税则第八十四章、第八十五章、第八十七章、品目9026、品目9031或品目9032(归入品目8418、品目8516或品目8701至8706的货物除外),并且——

(1)全部或部分由回收货物组成;

(2)具有与新产品相似的预期寿命和相同的性能标准;以及

(3)享受与新产品相似的工厂保修。

(C)就本注释而言——

(1)"材料"是指用于生产另一种货物的货物;

(2)"自产材料"是指由货物生产商生产并用于生产该货物的原产材料;以及

(3)"非原产材料"是指不符合本注释项下原产条件的材料。

(D)就本注释而言,"生产"是指种植、饲养、开采、收割、捕捞、诱捕、狩猎、制造、加工、装配或拆卸货物;"生产商"是指在澳大利亚或美国境内从事货物生产的人。

(E)就本注释而言,"调整后的价值"是指根据《海关估价协定》第1至8条、第15条和相应的解释性说明确定的价值,此价值可调整为不包括从出口国到进口地的国际货物运输、保险和相关服务所产生的任何成本、费用或开支。

(iii)如果货物根据本注释进行了符合原产货物资格的必要生产后,在澳大利亚或美国境外进行进一步加工或任何其他操作(为使货物保持良好状态所必要的或为将货物运至澳大利亚或美国境内而进行的卸货、重新装载或任何其他操作除外),则该货物不应被视为原产货物。

(四)纺织品和服装。

(i)除下述(ii)款另有规定外,根据本注释条款,纺织品或服装不是原产货物,原因是用于确定货物税则归类的货物成分的某些纤维或纱线未发生下述(十四)款规定的税则归类改变;但如果该货物成分中所有此类纤维或纱线的总重量不超过该成分总重量的7%,则该货物应被视为原产货物。尽管有上述规定,但如果确定纺织品和服装税则归类的成分中含有弹性纱线,则只有在这些纱线全部在澳大利亚或美国境内成型的情况下,纺织品和服装才被视为原产货物。

(ii)尽管下述(十四)款有规定,但根据总规则三的规定,可归类为零售成套货物的纺织品和服装不应被视为原产货物,除非成套货物中的每一件货物均为原产货物,或成套货物中非原产货物的总价值不超过成套货物总估价的10%。

(iii)就上述(i)款而言,如果纺织品或服装是纱线、织物或纤维集合体,则"确定货物税则归类的货物成分"是指纱线、织物或纤维集合体中的所有纤维。

(iv)就本注释而言,术语"纺织品或服装"是指《乌拉圭回合协定法》第101(d)(4)节[《美国法典》19卷3511(d)(4)节]所述纺织品和服装协定附件中所列的货物。根据《美国自由贸易协定》附件4-A中适用于纺织品或服装的下述(十四)款所述规则,"全部"是指该货物完全由指定材料制成。

(五)微小含量。

(i)除下述(ii)款另有规定以外,未发生下述(十四)款规定的税则归类改变的货物[上述(四)款所述的纺织品或服装除外]应被视为原产货物,前提是:

(A)用于生产未发生所要求的税则归类改变的货物的所有非原产材料的价值,不超过该货物调整后的价值的10%;

(B)在计算本注释下任何适用区域价值成分要求的非原产材料价值时,此类非原产材料的价值包括在其中;以及

(C)该货物符合本注释规定的所有其他适用要求。

(ii)上述(五)(i)款不适用于:

(A)用于生产第四章货物的第四章或子目1901.90的非原产材料;

(B)用于生产子目1901.10、子目1901.20、子目1901.90、品目2105、子目2106.90、子

目2202.90或子目2309.90货物的第四章或子目1901.90的非原产材料;

(C)用于生产子目2009.11至2009.39、子目2106.90或子目2202.90货物的品目0805或子目2009.11至2009.39的非原产材料;

(D)用于生产品目1501至1508、品目1512、品目1514或品目1515货物的第十五章的非原产材料;

(E)用于生产品目1701至1703货物的品目1701的非原产材料;

(F)用于生产子目1806.10货物的第十七章或品目1805的非原产材料;

(G)用于生产品目2207或品目2208货物的品目2203至2208的非原产材料;以及

(H)用于生产第一章至第二十一章货物的非原产材料,除非该非原产材料所属子目与根据本注释确定原产地的货物所属子目不同。

(六)<u>累积</u>。

(i)就本注释而言,用来自澳大利亚或美国境内的原产材料在另一国境内生产的货物应被视为原产于该另一国境内。

(ii)由一个或多个生产商在澳大利亚或/和美国境内生产的货物如果满足本注释的所有适用要求,则该货物为原产货物。

(七)<u>区域价值成分</u>。

(i)就上述(二)(ii)(B)款而言,除上述(二)(iv)款适用的货物外,货物的区域价值成分应由该货物的进口商、出口商或生产商根据下述扣减法或累积法进行计算:

(A)对于扣减法,区域价值成分可根据公式 $RVC=(AV-VNM)/AV\times100\%$ 计算。其中,RVC是区域价值成分,以百分比表示;AV是调整后的价值;VNM是生产商在生产中获得和使用的非原产材料的价值,但不包括自产材料的价值。

(B)对于累积法,区域价值成分可根据公式 $RVC=VOM/AV\times100\%$ 计算。其中,RVC是区域价值成分,以百分比表示;AV是调整后的价值;VOM是由生产商获得或自行生产并用于生产货物的原产材料的价值。

(ii)<u>材料的价值</u>。

(A)为了计算本注释下货物的区域价值成分,以及为了适用上述(五)款关于微小含量的规定,材料的价值为:

(1)就货物生产商进口的材料而言,材料的价值为材料的调整价值;

(2)就在货物生产地获得的材料而言,根据《乌拉圭回合协定法》第101(d)(8)节所述的《关于执行1994年关税及贸易总协定第七条的协定》第1至8条、第15条和相应的解释性说明,按照财政部部长颁布的条例列明的没有进口情况的规定确定材料的价值;或者

(3)如果是自产材料,则材料的价值为以下两项之和:

(Ⅰ)生产材料产生的所有费用(包括一般费用),以及

(Ⅱ)与正常贸易过程中增加的利润相等的利润额。

(B)材料的价值可调整如下:

(1) 对于原产材料,如果上述(A)款未包含以下费用,则可将其添加到原产材料的价值中:

(Ⅰ) 在澳大利亚或/和美国境内将材料运输至生产商所在地所产生的运费、保险费、包装费和所有其他费用;

(Ⅱ) 在澳大利亚或/和美国境内支付的材料的关税、税款和报关经纪费,但免除、退回、退还或以其他方式收回的关税和税款(包括已支付或应付关税或税款的抵免)除外;以及

(Ⅲ) 在生产货物过程中使用材料产生的废物和腐败成本,减去可回收废料或副产品的价值。

(2) 对于非原产材料,如果包含在上述(A)款计算的非原产材料价值中,则可从非原产材料价值中扣除以下费用:

(Ⅰ) 在澳大利亚或/和美国境内将材料运输至生产商所在地所产生的运费、保险费、包装费和所有其他费用;

(Ⅱ) 在澳大利亚或/和美国境内支付的材料的关税、税款和报关经纪费,但免除、退回、退还或以其他方式收回的关税和税款(包括已支付或应付关税或税款的抵免)除外;

(Ⅲ) 在生产货物过程中使用材料产生的废物和腐败成本,减去可回收废料或副产品的价值;

(Ⅳ) 在澳大利亚或/和美国境内生产非原产材料过程中产生的加工成本;以及

(Ⅴ) 在澳大利亚或/和美国境内生产非原产材料所使用的原产材料的成本。

(C) 本注释所述任何成本或价值,均须按照货物生产国(不论澳大利亚或美国)境内适用的一般公认会计原则予以记录和保持。这些原则在澳大利亚或美国(视情况而定)境内就收入、费用、成本、资产和负债的记录、信息披露和财务报表编制取得公认的共识或实质性权威支持。这些标准可包括广泛使用的应用指南以及详细的标准、做法和程序。

(D) 就本注释(七)款而言,"使用"是指在货物生产过程中利用或消耗。

(iii) 某些汽车产品的特殊规则。

(A) 就上述(二)(ii)(B)款而言,汽车产品的区域价值成分应由该货物的进口商、出口商或生产商根据以下净成本法计算:$RVC = (NC - VNM)/NC \times 100\%$。其中,RVC 是汽车产品的区域价值成分,以百分比表示;NC 是汽车产品的净成本;VNM 是生产商在生产汽车产品时获得和使用的非原产材料的价值,但不包括自产材料的价值。就本款而言,"汽车产品"是指本税则子目 8407.31 至 8407.34、子目 8408.20、品目 8409 或品目 8701 至 8708 的货物。

(B) 为确定本款下属于品目 8701 至 8705 机动车辆的汽车产品的区域价值成分,进口商、出口商或生产商可根据上述(A)款中的净成本法公式计算生产商会计年度内的平均金额:

(1) 下述(C)款所述任何一类中的所有机动车辆;或者

(2) 出口至美国或澳大利亚境内的任何此类别中的所有机动车辆。

(C)就上述(B)(1)款而言,如果属于以下情况,则称其为一个类别:
   (1)与正在计算区域价值成分的上述(B)款所述货物的机动车辆车型系列相同,属于同一机动车辆类别,并在澳大利亚或美国境内的同一工厂生产;
   (2)与正在计算区域价值成分的上述(B)款所述货物属于同一机动车辆类别,并在澳大利亚或美国境内的同一工厂生产;或者
   (3)与正在计算区域价值成分的上述(B)款所述货物在澳大利亚或美国境内生产的机动车辆车型系列相同。
(D)为确定子目 8407.31 至 8407.34、子目 8408.20、品目 8409、品目 8705、品目 8707 或品目 8708 的在同一工厂生产的汽车产品在上述(A)款下的区域价值成分,进口商、出口商或生产商可——
   (1)按照以下时间段用上述(A)款中的净成本法公式计算平均金额:
      (Ⅰ)销售汽车产品的汽车生产商的会计年度,
      (Ⅱ)任何季度或年度,或者
      (Ⅲ)其会计年度,
   如果货物是在作为计算依据的会计年度、季度或月份生产的;
   (2)对于出售给一个或多个机动车辆生产商的此类货物,分别确定上述(1)款提及的平均值;或者
   (3)根据上述(1)或(2)款对出口至美国或澳大利亚境内的汽车产品作出单独决定。
(E)汽车产品的进口商、出口商或生产商应按照公认会计原则中有关成本分配的规定,通过以下方式确定上述(B)款中汽车产品的净成本:
   (1)计算汽车产品生产商生产的所有货物的总成本,减去所有此类货物总成本中包含的任何促销、营销和售后服务成本、特许权使用费、运输和包装成本以及不可分配的利息成本,然后合理分配这些货物对汽车产品产生的净成本;
   (2)计算该生产商生产的所有货物的总成本,将总成本合理分配给汽车产品,然后减去任何促销、营销和售后服务成本、特许权使用费、运输和包装成本以及不可分配的利息成本(包括在分配给汽车产品的总成本部分中);或者
   (3)合理分配构成汽车产品总成本一部分的各项成本,使得这些成本的总和不包括任何促销、营销和售后成本、特许权使用费、运输和包装成本或不可分配的利息成本。
(F)就本注释而言,"机动车辆类别"是指下列任何一类机动车辆:
   (1)子目 8701.20、子目 8704.10、子目 8704.22、子目 8704.23、子目 8704.32、子目 8704.90、品目 8705 或品目 8706 项下机动车辆,或者子目 8702.10 或子目 8702.90 的载客量为 16 人或以上的机动车辆;
   (2)子目 8701.10 或子目 8701.30 至 8701.90 的机动车辆;
   (3)子目 8702.10 或子目 8702.90 的载客量为 15 人或以下的机动车辆,或者子目 8704.21 或子目 8704.31 的机动车辆;或者
   (4)子目 8703.21 至 8703.90 的机动车辆。
(G)就本注释而言,"车型系列"是指具有相同平台或车型名称的一组机动车辆。

(H)就本注释而言,"不可分配的利息成本"是指生产商产生的利息成本,高于该国(不论是澳大利亚还是美国)可比到期日的适用官方利率 700 个基点。

(I)就本注释而言,"合理分配"是指按照公认会计原则下适当的方式进行分配。

(J)就本注释而言,"总成本"是指货物在澳大利亚或/和美国境内发生的所有产品成本、期间成本和其他成本。

(八)附件、备件或工具。

(i)除下述(ii)款另有规定外,与货物一起交付的附件、备件或工具,构成货物标准附件、备件或工具的一部分:

(A)如果货物是原产货物,则该附件、备件或工具应被视为原产货物;以及

(B)在确定用于生产货物的所有非原产材料是否发生下述(十四)款规定的税则归类改变时,不考虑附件、备件或工具。

(ii)上述(i)款仅在以下情况下适用:

(A)附件、备件或工具未与货物分开开具发票;

(B)按商业习惯,上述附件、备件或工具在数量及价值上是为该货物正常配备的;以及

(C)如果货物受区域价值成分要求的约束,则在计算该货物的区域价值成分时,附件、备件或工具的价值应被视为原产或非原产材料(视情况而定)的价值而予以考虑。

(九)可替代货物和可替代材料。

(i)主张货物享受本注释规定待遇的人可根据可替代货物或材料的物理分离或者通过采用库存管理方法主张可替代货物或材料为原产。在本款中,"库存管理方法"是指——

(A)平均,

(B)"后进先出",

(C)"先进先出",或

(D)生产所在国(不论是澳大利亚还是美国)公认会计准则中确认的或该国以其他方式接受的任何其他方法。

"可替代货物"或"可替代材料"是指为商业目的可与另一货物或材料互换(视情况而定)且其性质与该另一货物或材料基本相同的货物或材料。

(ii)根据上述(i)款为特定可替代货物或材料选择库存管理方法的人,应在其整个会计年度内持续对该可替代货物或材料使用该方法。

(十)包装材料和容器。

(i)零售用包装材料和容器,如果与享受本注释规定关税待遇的货物一起归类,则在确定用于生产该货物的所有非原产材料是否发生下述(十四)款规定的税则归类改变时,应不予考虑。如果该货物受区域价值成分约束,则在计算货物的区域价值成分时,包装材料和容器的价值应被视为原产或非原产材料(视情况而定)的价值而予以考虑。

(ii)装运用包装材料和容器在确定以下要求时应不予考虑:

(A)用于生产货物的非原产材料发生下述(十四)款规定的税则归类改变;以及

(B)货物满足区域价值成分要求。

(十一)中性成分。就本注释而言,中性成分应被视为原产材料,而不考虑其产地,其价值应为货物生产商会计记录中登记的成本。"中性成分"是指在生产、测试或检验货物时使用或消耗但未实际纳入货物的材料,或者在维护建筑物或操作与货物生产相关的设备时使用或消耗的材料,包括:

(i)燃料和能源;

(ii)工具、模具及型模;

(iii)维护设备或建筑物所使用或消耗的备件和材料;

(iv)在生产或操作设备和维护建筑物时使用或消耗的润滑剂、油脂、合成材料和其他材料;

(v)手套、眼镜、鞋靴、服装、安全设备和用品;

(vi)用于测试或检验货物的设备、装置和用品;

(vii)催化剂和溶剂;以及

(viii)在货物生产过程中使用,虽未构成该货物组成成分,但能合理表明为该货物生产过程一部分的任何其他货物。

(十二)记录保存要求和核查。

(i)根据本注释规定申请 UAFTA 国家原产货物待遇的货物进口商应根据适用法规的条款作出书面声明,说明该货物符合原产资格,并应在相关海关官员要求时提交,说明该货物符合本注释规定的原产货物资格的理由,包括相关成本和制造信息以及海关官员要求的所有其他信息。

(ii)进口商应在适用法规规定的期限内,自货物进口之日起,以此类法规规定格式保存所有证明货物原产资格的信息,以及与货物进口有关的所有其他必要文件,包括以下记录:

(A)货物的采购、成本、价值和付款,

(B)在适当情况下用于生产货物的所有材料(包括中性成分)的采购、成本、价值和付款,以及

(C)在适当情况下以货物出口的形式进行的货物生产;

并应相关海关官员的要求,提供适用法规所需的记录,以证明货物符合本注释规定的原产货物资格。

(iii)为确定从澳大利亚进口至美国境内的货物是否符合本注释关于原产货物的规定,相关海关官员可根据美国和澳大利亚可能商定的在相关法规中规定的条款或程序进行核查。

(十三)原产地规则的解释。

(i)除另有规定外,列于本税则的品目或子目之后且具体说明税则归类改变的本注释(十四)款任何规则的要求仅适用于非原产材料。就本款和本注释(十四)款而言,如果一

个关税条款的物品描述不是缩进排印的,则该关税条款为"品目";如果一个关税条款在《协调制度》下用 6 位数字表示,则该关税条款为"子目"。

(ii)在本注释(十四)款中的特定规则使用税则归类改变标准并且规定了不能从本税则的某些章、品目或子目改变而来的情形下,应将原产地规则解释为只有当货物生产中使用的归入上述章、品目或者子目的材料为原产材料时,货物才具备原产资格。

(iii)当本税则的某一品目或子目适用本注释(十四)款中可替代的特定规则时,如果货物满足其中一种可替代规则,则该规则将被视为适用。

(iv)当某一规则适用于一组品目或子目,并且该规则具体说明品目或子目的改变时,该要求被视为允许该组品目或子目的一个品目或子目范围内的改变或者品目或子目之间的改变。但是,当某一条规则规定"该组别外"的品目或子目发生税则归类改变时,品目或子目的这一改变必须来自该规则所列该组品目或子目以外的品目或子目。

(v)除另有规定外,本注释(十四)款所述规则中提及的本税则第一章至第二十四章规定货物的重量均指干重。

(vi)为将本注释适用于第六章至第十四章的货物,在澳大利亚或美国境内种植的农业和园艺货物应被视为原产货物,即使是用从澳大利亚或美国以外的国家进口的植物种子、鳞茎、根茎、插条、侧枝、接枝、枝条、芽或植物的其他活性部分种植的。

(vii)本税则第二十七章至第四十章的货物(品目 3823 的货物除外)在澳大利亚或美国发生化学反应的产物,应被视为原产货物。就上述各章的货物而言,"化学反应"是指通过破坏分子内键并形成新的分子内键或通过改变分子中原子的空间排列而产生具有新结构的分子的过程(包括生化过程)。为确定货物是否原产,以下情况不被视为化学反应:
  (A)溶于水或其他溶剂;
  (B)去除溶剂,包括溶剂水;或者
  (C)加入或排除结晶水。

(viii)第二十八章至第三十五章以及第三十八章和第三十九章的经净化的货物应被视为原产货物,但须符合下列条件:
  (A)对货物进行纯化,以去除 80%(按重量计)的现有杂质含量;或者
  (B)减少或去除杂质,使产品适合以下一种或多种应用:
    (1)用作药品、医药、化妆品、兽医或食品级物质,
    (2)用作分析、诊断或实验室用途的化学产品和试剂,
    (3)用作微电子组件的元件和部件,
    (4)用于特殊光学用途,
    (5)用于健康和安全的无毒用途,
    (6)用于生物技术用途,
    (7)用作分离过程中的载体,或
    (8)用于原子核级用途。

(ix)如果遵照预定规格有目的、按比例控制材料的混合(包括分散),在澳大利亚或/和美

国境内生产出第三十章、第三十一章、品目 3302、子目 3502.20、品目 3506 至 3507、品目 3707、第三十九章和第四十章的货物,且该货物具有与货物用途相关、与投入材料不同的物理或化学特性,则该货物应被视为原产货物。

(x) 第三十章、第三十一章和第三十九章的货物,如果在澳大利亚或/和美国境内发生下列情况,则应被视为原产货物:

(A) 有目的和有控制地减小货物的粒度,而不是仅仅通过压碎(或压制),使货物具有规定粒径、规定粒度分布或规定表面积,与该货物的用途相关,具有与投入材料不同的物理或化学特性;或者

(B) 有目的和有控制地改变货物的粒度,而不是仅仅通过压制,从而使货物具有规定粒径、规定粒度分布或规定表面积,与该货物的用途相关,具有与投入材料不同的物理或化学特性。

(xi) 如果标准物质的生产发生在澳大利亚或/和美国境内,则第二十八章至第三十二章、第三十五章或第三十八章的货物应被视为原产货物。"标准物质"(包括标准溶液)是一种适合于分析、校准或参考用途的制剂,其纯度或比例由制造商认证。

(xii) 如果从异构体混合物中分离异构体发生在澳大利亚或/和美国境内,则第二十八章至第三十二章、第三十五章和第三十九章的货物应被视为原产货物。

(xiii) 从人造混合物中分离出一种或多种材料或成分,导致第二十八章至第三十八章的货物发生税则归类改变,该非原产材料/成分将不被视为满足这些规则的所有适用要求,除非上述分离的材料/成分自身也发生了化学反应。

(十四) 税则归类规则变化[注:Pres. Proc. 8771 未更新,2012 年 2 月 3 日生效]

第一章
从任何其他章改变至品目 0101 至 0106。

第二章
从任何其他章改变至品目 0201 至 0210。

第三章
从任何其他章改变至品目 0301 至 0307。

第四章
从任何其他章[子目 1901.90 和子目 2106.90 项下乳固体含量(按重量计)超过 10% 的产品除外]改变至品目 0401 至 0410。

第五章
从任何其他章改变至品目 0501 至 0511。

第六章
从任何其他章改变至品目 0601 至 0604。

第七章
从任何其他章改变至品目 0701 至 0714。

第八章
从任何其他章改变至品目 0801 至 0814。

第九章

1. 任何其他章改变至子目 0901.11 至 0901.12。
2. 从任何其他子目改变至子目 0901.21。
3. 从任何其他子目(子目 0901.21 除外)改变至子目 0901.22。
4. 从任何其他章改变至子目 0901.90 至 0910.99。

第十章

从任何其他章改变至品目 1001 至 1008。

第十一章

从任何其他章改变至品目 1101 至 1109。

第十二章

从任何其他章改变至品目 1201 至 1214。

第十三章

从任何其他章改变至品目 1301 至 1302。

第十四章

从任何其他章改变至品目 1401 至 1404。

第十五章

1. 从任何其他章改变至品目 1501 至 1518。
2. 从任何其他品目改变至品目 1520。
3. 从任何其他章改变至品目 1521 至 1522。

第十六章

从任何其他章改变至品目 1601 至 1605。

第十七章

1. 从任何其他章改变至品目 1701 至 1703。
2. 从任何其他品目改变至品目 1704。

第十八章

1. 从任何其他章改变至品目 1801 至 1802。
2. 从任何其他品目改变至品目 1803 至 1805。
3. 从任何其他品目改变至子目 1806.10,前提是子目 1806.10 的糖含量(按干重计)为 90％或以上的产品不含第十七章的非原产糖,子目 1806.10 的糖含量(按干重计)为 90％以下的产品不含 35％以上(按重量计)第十七章的非原产糖。
4. 从任何其他品目改变至子目 1806.20。
5. 从任何其他子目改变至子目 1806.31。
6. 从任何其他子目改变至子目 1806.32。
7. 从任何其他子目改变至子目 1806.90。

第十九章

1. 从任何其他章改变至子目 1901.10,前提是乳固体含量(按重量计)超过 10％的子目 1901.10 的产品不含第四章的非原产乳品。
2. 从任何其他章改变至子目 1901.20,前提是子目 1901.20 的含有 25％以上(按重量计)

乳脂且不用于零售的产品不含有第四章的非原产乳品。

3. 从任何其他章改变至子目 1901.90,前提是子目 1901.90 的乳固体含量(按重量计)超过 10% 的产品不含第四章的非原产乳品。

4. 从任何其他章改变至品目 1902 至 1905。

第二十章

章规则:通过冷冻、在水或盐水或天然果汁中包装(包括罐装)、干燥或者在油中烘烤(包括冷冻、包装或烘烤附带的加工)的方式制作或保藏的品目 2001 至 2008 的水果、坚果和蔬菜制剂,只有当新鲜货物完全在澳大利亚或/和美国境内生产或取得时,才被视为原产货物。

1. 从任何其他章(第二十章章规则另有规定的除外)改变至品目 2001 至 2007。

2. 从任何其他品目(品目 1202 除外)改变至子目 2008.11。

3. 从任何其他章(第二十章章规则另有规定的除外)改变至子目 2008.19 至 2008.99。

4. 从任何其他章(品目 0805 除外)改变至子目 2009.11 至 2009.39。

5. 从任何其他章改变至子目 2009.40 至 2009.80。

6. (A)从任何其他章改变至子目 2009.90;或者

   (B)从第二十章的任何其他子目改变至子目 2009.90,不论是否又从任何其他章改变而来,前提是单一果汁成分或来自美国或澳大利亚以外单一国家的果汁或果汁成分以单一浓度形式构成的货物体积不超过 60%。

第二十一章

1. 从任何其他章改变至品目 2101。

2. 从任何其他章改变至品目 2102。

3. 从任何其他章(品目 5106 至 5113 除外)改变至子目 2103.10。

4. 从任何其他章改变至子目 2103.20,前提是子目 2103.20 的番茄酱不包含子目 2002.90 的非原产产品。

5. 从任何其他章改变至子目 2103.30 至 2103.90。

6. 从任何其他章改变至品目 2104。

7. 从任何其他品目[第四章或和子目 1901.90 的乳固体含量(按重量计)超过 10% 的乳制品除外]改变至品目 2105。

8. (A)从任何其他章(品目 0805、品目 2009 或子目 2202.90 的水果或蔬菜汁除外)改变至子目 2106.90 的任何单一水果或蔬菜汁;

   (B)从以下各项改变至子目 2106.90 的混合汁:

   　(1)任何其他章,但品目 0805、品目 2009 或子目 2202.90 的混合汁除外;或者

   　(2)第二十一章的任何其他子目、品目 2009 或子目 2202.90 的混合汁,不论是否又从任何其他章改变而来,前提是单一果汁成分或来自澳大利亚或美国以外单一国家的果汁成分以单一浓度形式构成的货物体积不超过 60%;

   (C)从任何其他子目(品目 2203 至 2209 除外)改变至子目 2106.90 的复合酒精制剂;

   (D)从任何其他章(第十七章除外)改变至子目 2106.90 的糖浆;

   (E)从任何其他章[第四章或子目 1901.90 的乳固体含量(按重量计)超过 10% 的乳制

品除外]改变至子目2106.90的乳固体含量(按重量计)超过10%的产品;或者

(F)从任何其他章改变至品目2106的其他货物。

第二十二章

1. 从任何其他章改变至品目2201。

2. 从任何其他章改变至子目2202.10。

3. (A)从任何其他章(品目0805、品目2009或子目2106.90的水果或蔬菜汁除外)改变至子目2202.90的任何单一水果汁或蔬菜汁;

(B)从以下各项改变至子目2202.90的混合汁:

(1)任何其他章,但品目0805、品目2009或子目2106.90的混合汁除外;或者

(2)第二十二章的任何其他子目、品目2009或子目2106.90的混合汁,不论是否又从任何其他章改变而来,前提是单一果汁成分或来自美国或澳大利亚以外单一国家的果汁成分以单一浓度形式的构成货物体积不超过60%;

(C)从任何其他章[第四章或子目1901.90的乳固体含量(按重量计)超过10%的乳制品除外]改变至含乳饮料;或者

(D)从任何其他章改变至子目2202.90的其他货物。

4. 从品目2203至2209以外的任何品目改变至品目2203至2209。

第二十三章

1. 从任何其他章改变至品目2301至2308。

2. 从任何其他品目改变至子目2309.10。

3. 从任何其他品目(第四章或子目1901.90除外)改变至子目2309.90。

第二十四章

从任何其他章、第二十四章的未经脱粒或类似加工的包装烟草或适合用作第二十四章的包装烟草的均化烟草或再造烟草改变至品目2401至2403。

第二十五章

1. 从任何其他品目改变至品目2501至2516。

2. 从任何其他品目改变至子目2517.10至2517.20。

3. 从任何其他子目改变至子目2517.30。

4. 从任何其他品目改变至子目2517.41至2517.49。

5. 从任何其他品目改变至品目2518至2530。

第二十六章

从任何其他品目改变至品目2601至2621。

第二十七章

1. 从任何其他品目改变至品目2701至2706。

2. (A)从任何其他品目改变至子目2707.10至2707.99;或者

(B)从任何其他子目改变至子目2707.10至2707.99,前提是此类改变产生的货物是化学反应产物。

3. 从任何其他品目改变至品目2708至2709。

品目规则:就品目2710而言,下列工序赋予货物原产资格:

(a)常压蒸馏:一种分离过程,其中石油在蒸馏塔中根据沸点转化成馏分,然后蒸汽冷凝成不同的液化馏分;或者

(b)减压蒸馏:在低于大气压但不能低到分子蒸馏的压力下蒸馏。

4.(A)从品目2710的任何货物改变至品目2710的任何其他货物,前提是此类改变产生的货物是化学反应、常压蒸馏或减压蒸馏的产物。

(B)从任何其他品目(品目2207除外)改变至品目2710。

注:关于品目2710的下述税则归类规则4A也适用于本注释(一)款规定的自澳大利亚①与美国间协议生效之日起两年内总计相当于24 000 000加仑的澳大利亚②货物。两年后,本注释和下述规则4A应从本税则中删除。

4A. 从品目2710的任何货物改变至品目2710的任何其他货物,前提是此类改变产生的货物是化学反应、常压蒸馏、减压蒸馏或改变货物粘度的工艺的产物。

5. 从任何其他子目(子目2711.21除外)改变至子目2711.11。

6. 从任何其他子目(子目2711.29除外)改变至子目2711.12至2711.19。

7. 从任何其他子目(子目2711.11除外)改变至子目2711.21。

8. 从任何其他子目(子目2711.12至2711.21除外)改变至子目2711.29。

9. 从任何其他品目改变至品目2712至2714。

10. 从任何其他品目(品目2714或子目2713.20除外)改变至品目2715。

11. 从任何其他品目改变至品目2716。

第二十八章

1. 从任何其他子目改变至子目2801.10至2801.30。

2. 从任何其他品目(品目2503除外)改变至品目2802。

3. 从任何其他品目改变至品目2803。

4. 从任何其他子目改变至子目2804.10至2804.50。

5. 从子目2804.61至2804.69以外的任何子目改变至子目2804.61至2804.69。

6. 从任何其他子目改变至子目2804.70至2804.90。

7. 从任何其他品目改变至品目2805。

8. 从任何其他子目改变至子目2806.10至2806.20。

9. 从任何其他品目改变至品目2807至2808。

10. 从任何其他子目改变至子目2809.10至2809.20。

11. 从任何其他品目改变至品目2810。

12. 从任何其他子目改变至子目2811.11。

13. 从任何其他子目(子目2811.22除外)改变至子目2811.19。

14. 从任何其他子目改变至子目2811.21。

15. 从任何其他子目(子目2505.10、子目2506.10或子目2811.19除外)改变至子目2811.22。

16. 从任何其他子目改变至子目2811.29至2813.90。

---

①② 原文此处为"多米尼加共和国",但根据上下文,译者改为"澳大利亚"。

17. 从任何其他品目改变至品目 2814。
18. 从子目 2815.11 至 2815.12 以外的任何子目改变至子目 2815.11 至 2815.12。
19. 从任何其他子目改变至子目 2815.20 至 2816.10。
20. 从任何其他子目改变至子目 2816.40,但从子目 2530.90 改变至锶氧化物、氢氧化物和过氧化物除外。
21. 从任何其他品目(品目 2608 除外)改变至品目 2817。
22. 从任何其他子目(品目 2606 或子目 2620.40 除外)改变至子目 2818.10 至 2818.30。
23. 从任何其他子目改变至子目 2819.10 至 2819.90。
24. 从任何其他子目(子目 2530.90 或品目 2602 除外)改变至子目 2820.10 至 2820.90。
25. 从任何其他子目改变至子目 2821.10。
26. 从任何其他子目(子目 2530.90 或子目 2601.11 至 2601.20 除外)改变至子目 2821.20。
27. 从任何其他品目(品目 2605 除外)改变至品目 2822。
28. 从任何其他品目改变至品目 2823。
29. 从任何其他子目(品目 2607 除外)改变至子目 2824.10 至 2824.90。
30. 从任何其他子目改变至子目 2825.10 至 2825.40。
31. 从任何其他子目(品目 2603 除外)改变至子目 2825.50。
32. 从任何其他子目(子目 2615.10 除外)改变至子目 2825.60。
33. 从任何其他子目(子目 2613.10 除外)改变至子目 2825.70。
34. 从任何其他子目(子目 2617.10 除外)改变至子目 2825.80。
35. 从任何其他子目改变至子目 2825.90,前提是归入子目 2825.90 的货物是化学反应产物。
36. 从任何其他子目改变至子目 2826.12 至 2826.19。
37. 从任何其他子目(子目 2530.20 除外)改变至子目 2833.21。
38. 从任何其他子目改变至子目 2833.22 至 2833.25。
39. 从任何其他子目(子目 2511.10 除外)改变至子目 2833.27。
40. 从任何其他子目(品目 2520 除外)改变至子目 2833.29。
41. 从任何其他子目改变至子目 2833.30 至 2835.25。
42. 从任何其他子目(品目 2510 除外)改变至子目 2835.26。
43. 从任何其他子目改变至子目 2835.29 至 2835.39。

[**44 已删除**]

45. 从任何其他子目(子目 2530.90 除外)改变至子目 2836.20。
46. 从任何其他子目改变至子目 2836.30 至 2836.40。
47. 从任何其他子目(品目 2509、子目 2517.41、子目 2517.49、品目 2521 或子目 2530.90 除外)改变至子目 2836.50。
48. 从任何其他子目(子目 2511.20 除外)改变至子目 2836.60。

[**49 已删除**]

50. 从任何其他子目改变至子目 2836.91。

51. 从任何其他子目(子目2530.90除外)改变至子目2836.92。

52. (A)从子目2836.99的碳酸铵和碳酸铅或任何其他子目(子目2617.90除外)改变至子目2836.99的碳酸铋;或者

    (B)从子目2836.99的任何其他货物或任何其他子目改变至子目2836.99的碳酸铅;或者

    (C)从任何其他子目改变至子目2836.99(碳酸铋或碳酸铅除外),前提是归入子目2836.99的货物是化学反应产物。

53. 从任何其他子目改变至子目2837.11至2837.20。

[54 已删除]

55. 从子目2839.11至2839.19以外的任何子目改变至子目2839.11至2839.19。

56. 从任何其他子目改变至子目2839.90。

57. 从子目2840.11至2840.20以外的任何子目(子目2528.10除外)改变至子目2840.11至2840.20。

58. 从任何其他子目改变至子目2840.30。

59. 从任何其他子目改变至子目2841.30。

60. (A)从任何其他子目改变至子目2841.50的铬酸锌或铬酸铅;或者

    (B)从任何其他子目(品目2610除外)改变至子目2841.50的任何其他货物。

61. 从子目2841.61至2841.69以外的任何子目改变至子目2841.61至2841.69。

62. 从任何其他子目(子目2613.90除外)改变至子目2841.70。

63. 从任何其他子目(品目2611除外)改变至子目2841.80。

64. (A)从任何其他子目改变至子目2841.90的锌或铅的铝酸盐或铬酸盐;或者

    (B)从任何其他子目改变至子目2841.90的任何其他货物,前提是归入子目2841.90的货物是化学反应产物。

65. 从任何其他子目改变至子目2842.10。

66. (A)从子目2842.90的任何其他货物或任何其他子目改变至子目2842.90的雷酸盐、氰酸盐和硫氰酸盐;或者

    (B)从子目2842.90的任何其他货物或任何其他子目改变至子目2842.90的其他货物,前提是归入子目2842.90的货物是化学反应的产物。

67. 从任何其他子目(品目7106、品目7108、品目7110或品目7112除外)改变至子目2843.10。

68. 从任何其他子目改变至子目2843.21至2843.29。

69. 从任何其他子目(子目2616.90除外)改变至子目2843.30至2843.90。

70. 从任何其他子目(子目2612.10除外)改变至子目2844.10。

71. 从任何其他子目改变至子目2844.20。

72. 从任何其他子目(子目2844.20除外)改变至子目2844.30。

73. 从任何其他子目改变至子目2844.40至2844.50。

74. 从任何其他品目改变至品目2845。

75. 从任何其他品目(子目2530.90除外)改变至品目2846。

76. 从任何其他品目改变至品目 2847 至 2848。

77. 从任何其他子目改变至子目 2849.10 至 2849.90。

78. 从任何其他品目改变至品目 2852,前提是归入品目 2852 的货物是化学反应产物。

78A. 从任何其他品目改变至品目 2853。

第二十九章

1. 从任何其他子目(品目 2710 的无环石油、子目 2711.13、子目 2711.14、子目 2711.19 或子目 2711.29 除外)改变至子目 2901.10 至 2901.29。

2. 从任何其他子目改变至子目 2902.11。

3. 从任何其他子目(子目 2707.50 项下非芳烃环状石油、子目 2707.99 或品目 2710 除外)改变至子目 2902.19。

4. 从任何其他子目(子目 2707.10、子目 2707.50 或子目 2707.99 除外)改变至子目 2902.20。

5. 从任何其他子目(子目 2707.20、子目 2707.50 或子目 2707.99 除外)改变至子目 2902.30。

6. 从任何其他子目(子目 2707.30、子目 2707.50 或子目 2707.99 除外)改变至子目 2902.41 至 2902.44。

7. 从任何其他子目改变至子目 2902.50。

8. 从任何其他子目(子目 2707.30、子目 2707.50、子目 2707.99 或品目 2710 除外)改变至子目 2902.60。

9. 从任何其他子目(子目 2707.50、子目 2707.99 或品目 2710 除外)改变至子目 2902.70 至 2902.90。

10. 从任何其他子目改变至子目 2903.11 至 2903.39。

11. 从子目 2903.41 至 2903.49 以外的任何子目改变至子目 2903.41 至 2903.49。

12. 从任何其他子目改变至子目 2903.51 至 2905.19。

13. 从子目 1301.90 的虫胶、子目 3805.90 的松油或任何其他子目(子目 1301.90 或子目 3805.90 的其他货物除外)改变至子目 2905.22 至 2905.29。

14. 从任何其他子目改变至子目 2905.31 至 2905.44。

15. 从任何其他子目(品目 1520 除外)改变至子目 2905.45。

16. 从任何其他子目改变至子目 2905.49 至 2905.59。

17. 从任何其他子目(子目 3301.24 或子目 3301.25 除外)改变至子目 2906.11。

18. 从任何其他子目改变至子目 2906.12 至 2906.13。

19. (A)从任何其他货物(品目 3805 除外)改变至子目 2906.19 的松油醇;或者
    (B)从子目 3805.90 的松油或任何其他子目(子目 3301.90 或子目 3805.90 的任何其他货物除外)改变至子目 2906.19 的其他货物。

[20 已删除]

21. 从任何其他子目改变至子目 2906.21。

22. 从任何其他子目(子目 2707.99 或子目 3301.90 除外)改变至子目 2906.29。

23. 从任何其他子目(子目 2707.99 除外)改变至子目 2907.11。

24. 从任何其他子目(子目2707.99除外)改变至子目2907.12至2907.22。
25. 从子目2907.23改变至任何其他子目。
26. (A)从任何其他子目(子目2707.99除外)改变至子目2907.29；
    (B)从子目2907.29的任何其他货物改变至子目2907.29的酚醇；或者
    (C)从2907.29的酚醇改变至2907.29的任何其他货物。
27. 从任何其他品目改变至品目2908。
28. 从任何其他子目改变至子目2909.11至2909.49。
29. 从任何其他子目(子目3301.90除外)改变至子目2909.50。
30. 从任何其他子目改变至子目2909.60。
31. 从任何其他子目改变至子目2910.10至2910.90。
32. 从任何其他品目改变至品目2911。
33. 从任何其他子目改变至子目2912.11至2912.13。
34. (A)从任何其他子目(子目3301.90除外)改变至子目2912.19至2912.49；或者
    (B)从任何其他子目改变至正丁醛(正异构体)。
35. 从任何其他子目改变至子目2912.50至2912.60。
36. 从任何其他品目改变至品目2913。
37. 从任何其他子目(子目3301.90除外)改变至子目2914.11至2914.19。
38. 从任何其他子目改变至子目2914.21至2914.22。
39. 从任何其他子目(子目3301.90除外)改变至子目2914.23。
40. 从子目3805.90的松油或任何其他子目(子目3301.90或子目3805.90的松油以外的货物除外)改变至子目2914.29。
41. 从子目2914.31至2914.39以外的任何子目(子目3301.90除外)改变至子目2914.31至2914.39。
42. 从任何其他子目(子目3301.90除外)改变至子目2914.40至2914.70。
43. 从任何其他子目(包括子目2915.11至2915.36中的另一子目)改变至子目2915.11至2915.36。
44. 从任何其他子目(子目3301.90除外)改变至子目2915.39。
45. 从任何其他子目改变至子目2915.40至2916.20。
46. 从任何其他子目(子目3301.90除外)改变至子目2916.31至2916.39。
47. 从任何其他子目改变至子目2917.11至2918.22。
48. 从任何其他子目(子目3301.90除外)改变至子目2918.23。
49. 从任何其他子目改变至子目2918.29至2918.30。
50. 从任何其他子目(子目3301.90除外)改变至子目2918.91至2918.99。
51. 从任何其他品目改变至品目2919。
52. 从任何其他子目改变至子目2920.11至2926.90。
53. 从任何其他品目改变至品目2927至2928。
54. 从任何其他子目改变至子目2929.10至2930.90。
55. 从任何其他品目改变至品目2931。

56. 从任何其他子目(子目3301.90除外)改变至子目2932.11至2932.99。

57. 从任何其他子目改变至子目2933.11至2934.99。

58. 从任何其他品目改变至品目2935。

59. 从任何其他子目改变至子目2936.21至2936.29。

60. (A)从子目2936.90的任何其他货物或任何其他子目改变至子目2936.90的未混合维生素原;或者

   (B)从任何其他品目改变至子目2936.90的其他货物。

61. 从任何其他品目改变至品目2937至2941。

62. 从任何其他章改变至品目2942。

第三十章

从任何其他子目改变至子目3001.20至3006.92。

第三十一章

1. 从任何其他品目(子目2301.20,子目0506.90、品目0508、子目0511.91或子目0511.99的粉末和膳食除外)改变至品目3101。

2. 从任何其他子目改变至子目3102.10至3102.21。

3. 从任何其他子目(子目3102.21或子目3102.30除外)改变至子目3102.29。

4. 从任何其他子目改变至子目3102.30。

5. 从任何其他子目(子目3102.30除外)改变至子目3102.40。

6. 从任何其他子目改变至子目3102.50。

7. 从任何其他子目(子目2834.29或子目3102.30除外)改变至子目3102.60。

[8 已删除]

9. 从任何其他子目(子目3102.10或子目3102.30除外)改变至子目3102.80。

10. (A)从任何其他子目或子目3102.90的其他货物改变至子目3102.90的氰氨化钙;或者

    (B)从任何其他品目改变至子目3102.90的任何其他货物。

11. 从任何其他子目改变至子目3103.10。

12. (A)从子目3103.90的任何其他货物或任何其他子目改变至子目3103.90的托马斯磷肥;或者

    (B)从任何其他品目改变至子目3103.90的其他货物。

13. 从任何其他子目改变至子目3104.20至3104.30。

14. (A)从任何其他子目或子目3104.90的其他货物改变至子目3104.90的光卤石、钾盐或其他天然粗钾盐;或者

    (B)从任何其他品目改变至子目3104.90(光卤石、钾盐或其他天然粗钾盐除外)。

15. 从任何其他章改变至子目3105.10。

16. 从任何其他品目(品目3102至3104除外)改变至子目3105.20。

17. 从任何其他子目改变至子目3105.30至3105.40。

18. 从任何其他子目(子目3102.10至3103.90或子目3105.30至3105.40除外)改变至子目3105.51至3105.59。

19. 从任何其他子目(品目3103至3104除外)改变至子目3105.60。

20. 从任何其他章(子目2834.21除外)改变至子目3105.90。

第三十二章

1. 从任何其他子目改变至子目3201.10至3202.90。

2. 从任何其他品目改变至品目3203。

3. 从任何其他子目改变至子目3204.11至3204.17。

4. 从任何其他子目(子目3204.11至3204.17除外)改变至子目3204.19。

5. 从任何其他子目改变至子目3204.20至3204.90。

6. 从任何其他章改变至品目3205。

7. 从子目3206.11至3206.42以外的任何子目改变至子目3206.11至3206.42。

8. (A)从任何其他章改变至子目3206.49的塑料材料中的颜料浓缩分散体;或者

　　(B)从子目3206.49的除以六氰高铁酸盐为主的颜料或制剂以外、子目3206.11至3206.42的任何其他货物改变至子目3206.49的以镉化合物为主的颜料或制剂;

　　(C)从子目3206.49的除以镉化合物为主的颜料或制剂以外、子目3206.11至3206.42的任何其他货物改变至子目3206.49的以六氰亚铁酸酯为主的颜料或制剂;或者

　　(D)从任何其他子目改变至子目3206.49的其他货物。

9. 从任何其他子目改变至子目3206.50。

10. 从任何其他章改变至品目3207至3213。

11. 从任何其他子目(子目3824.50除外)改变至子目3214.10至3214.90。

12. 从任何其他章改变至品目3215。

第三十三章

1. 从任何其他子目改变至子目3301.12。

1A. (A)从任何其他货物改变至子目3301.19的佛手柑精油或酸橙精油;或者

　　(B)从子目3301.19的佛手柑精油或酸橙精油或任何其他子目改变至子目3301.19的其他货物。

1B. 从任何其他子目改变至子目3301.24至3301.25。

1C. (A)从任何其他货物改变至子目3301.29的天竺葵、茉莉花、薰衣草或香根草精油;或者

　　(B)从子目3301.29的天竺葵、茉莉花、薰衣草、香根草精油或任何其他子目改变至子目3301.29的其他货物。

1D. 从任何其他子目改变至子目3301.30至3301.90。

2. 从任何其他品目(子目2106.90、品目2207、品目2208或品目3301除外)改变至品目3302。

3. 从任何其他品目(子目3302.90除外)改变至品目3303。

4. 从任何其他子目改变至子目3304.10至3306.10。

5. 从任何其他子目(第五十四章除外)改变至子目3306.20。

6. 从任何其他子目改变至子目3306.90至3307.90。

第三十四章

1. 从任何其他品目改变至品目 3401。

2. 从任何其他子目(品目 3817 的混合烷基苯除外)改变至子目 3402.11。

3. 从任何其他子目改变至子目 3402.12 至 3402.19。

4. 从任何其他子目(子目 3402.90 除外)改变至子目 3402.20。

5. 从任何其他品目改变至子目 3402.90。

6. 从任何其他子目(品目 2710 或品目 2712 除外)改变至子目 3403.11 至 3403.19。

7. 从任何其他子目改变至子目 3403.91 至 3404.20。

8. 从任何其他子目改变至子目 3404.20。

8A.（A）从子目 3404.90 的任何其他货物或任何其他子目改变至子目 3404.90 的化学改性褐煤人造蜡或制备蜡；或者

（B）从子目 3404.90 的化学改性褐煤人造蜡或制备蜡或任何其他子目改变至子目 3404.90 的任何其他货物。

9. 从任何其他子目改变至子目 3405.10 至 3405.90。

10. 从任何其他品目改变至品目 3406 至 3407。

第三十五章

1. 从任何其他子目改变至子目 3501.10 至 3501.90。

2. 从子目 3502.11 至 3502.19 以外的任何子目(品目 0407 除外)改变至子目 3502.11 至 3502.19。

3. 从任何其他子目改变至子目 3502.20 至 3502.90。

4. 从任何其他品目改变至品目 3503 至 3504。

5. 从任何其他子目改变至子目 3505.10。

6. 从任何其他子目(品目 1108 除外)改变至子目 3505.20。

7. 从任何其他子目(品目 3503 或子目 3501.90 除外)改变至子目 3506.10。

8. 从任何其他子目改变至子目 3506.91 至 3506.99。

9. 从任何其他品目改变至品目 3507。

第三十六章

从任何其他品目改变至品目 3601 至 3606。

第三十七章

1. 从品目 3701 至 3703 以外的任何品目改变至品目 3701 至 3703。

2. 从任何其他品目改变至品目 3704 至 3706。

3. 从任何其他子目改变至子目 3707.10 至 3707.90。

第三十八章

1. 从任何其他子目改变至子目 3801.10。

2. 从任何其他子目(品目 2504 或子目 3801.10 除外)改变至子目 3801.20。

3. 从任何其他子目改变至子目 3801.30。

4. 从任何其他子目(品目 2504 除外)改变至子目 3801.90。

5. 从任何其他品目改变至品目 3802 至 3804。

6. 从任何其他品目改变至品目 3805。

7. 从任何其他子目改变至子目 3808.50 至 3808.99,前提是原产有效成分占总有效成分的 50%(按重量计)。

8. 从任何其他品目改变至品目 3807。

9. 从任何其他子目改变至子目 3808.10 至 3808.90,前提是原产有效成分占总有效成分的 50%(按重量计)。

10. 从任何其他子目(子目 3505.10 除外)改变至子目 3809.10。

11. 从任何其他子目改变至子目 3809.91 至 3809.93。

12. 从任何其他品目改变至品目 3810 至 3816。

13. (A)从任何其他品目(子目 2902.90 除外)改变至品目 3817;或者

　　(B)从品目 3817 的混合烷基萘改变至品目 3817 的混合烷基苯;或者

　　(C)从品目 3817 的混合烷基苯改变至品目 3817 的混合烷基萘。

14. 从任何其他品目改变至品目 3818。

15. 从任何其他品目(品目 2710 除外)改变至品目 3819。

16. 从任何其他品目(子目 2905.31 除外)改变至品目 3820。

17. 从任何其他品目改变至品目 3821。

18. 从任何其他品目(子目 3002.10、子目 3502.90 或品目 3504 除外)改变至品目 3822。

19. 从任何其他子目(品目 1520 除外)改变至子目 3823.11 至 3823.13。

20. 从任何其他子目改变至子目 3823.19。

21. 从任何其他子目(品目 1520 除外)改变至子目 3823.70。

22. 从任何其他子目改变至子目 3824.10。

23. 从任何其他子目(品目 2849 除外)改变至子目 3824.30。

24. (A)从任何其他子目改变至子目 3824.40 至 3824.90;或者

　　(B)税则归类无需改变,前提是使用累积法时的区域价值成分不低于 35%,使用扣减法时的区域价值成分不低于 45%。

25. 从任何其他子目改变至子目 3825.10 至 3825.90。

第三十九章

1. 从任何其他品目改变至品目 3901 至 3915,前提是原产聚合物含量不低于聚合物总含量的 50%(按重量计)。

2. 从任何其他子目改变至子目 3916.10 至 3918.90。

3. 从子目 3919.10 至 3919.90 以外的任何子目改变至子目 3919.10 至 3919.90。

4. 从任何其他子目改变至子目 3920.10 至 3921.90。

5. 从任何其他品目改变至品目 3922 至 3926。

第四十章

1. 从任何其他子目改变至子目 4001.10 至 4001.22。

2. 从任何其他子目(子目 4001.21 或子目 4001.22 除外)改变至子目 4001.29。

3. 从任何其他子目改变至子目 4001.30。

4. 从任何其他子目改变至子目 4002.11 至 4002.70。

5. 从任何其他子目改变至子目4002.80至4002.99,前提是国产橡胶含量不低于橡胶总含量的40%(按重量计)。

6. 从任何其他品目改变至品目4003至4004。

7. 从任何其他品目(品目4001或品目4002除外)改变至品目4005。

8. 从任何其他品目改变至品目4006至4017。

第四十一章

1. (A)从品目4101的任何其他货物或任何其他章改变至品目4101的经退鞣(包括预鞣,该工艺可逆)加工的生皮;或者

   (B)从任何其他章改变至品目4101的任何其他货物。

2. (A)从品目4102的任何其他货物或任何其他章改变至品目4102的经退鞣(包括预鞣,该工艺可逆)加工的生皮;或者

   (B)从任何其他章改变至品目4102的任何其他货物。

3. (A)从品目4103的任何其他货物或任何其他章改变至品目4103的经退鞣(包括预鞣,该工艺可逆)加工的生皮;或者

   (B)从任何其他章改变至品目4103的任何其他货物。

4. 从任何其他品目[品目4101的经退鞣(包括预鞣,该工艺可逆)加工的生皮或品目4107除外]改变至品目4104。

5. (A)从任何其他品目[品目4102的经退鞣(包括预鞣,该工艺可逆)加工的生皮或品目4112除外]改变至品目4105;或者

   (B)从子目4105.10的蓝湿皮改变至品目4105。

6. (A)从任何其他品目[品目4103的经退鞣(包括预鞣,该工艺可逆)加工的生皮或品目4113除外]改变至品目4106;或者

   (B)从子目4106.21、子目4106.31或子目4106.91的蓝湿皮改变至品目4106。

7. (A)从任何其他品目[品目4101的经退鞣(包括预鞣,该工艺可逆)加工的生皮或品目4104除外]改变至品目4107;或者

   (B)从4106.21、4106.31或子目4106.90的蓝湿皮改变至品目4107。

8. (A)从任何其他品目[品目4102的经退鞣(包括预鞣,该工艺可逆)加工的生皮或品目4105除外]改变至品目4112;或者

   (B)从子目4105.10的蓝湿皮改变至品目4112。

9. (A)从任何其他品目[品目4103的经退鞣(包括预鞣,该工艺可逆)加工的生皮或品目4106除外]改变至品目4113;或者

   (B)从子目4106.21、子目4106.31或子目4106.90的蓝湿皮改变至品目4113。

10. 从任何其他子目改变至子目4114.10至4115.20。

第四十二章

1. 从任何其他品目改变至品目4201。

2. 从任何其他章改变至子目4202.11。

3. 从任何其他章(品目5407、品目5408、品目5512至5516、税号5903.10.15、税号5903.10.18、税号5903.10.20、税号5903.10.25、税号5903.20.15、税号5903.20.18、

税号 5903.20.20、税号 5903.20.25、税号 5903.90.15、税号 5903.90.18、税号 5903.90.20、税号 5903.90.25、税号 5906.99.20、税号 5906.99.25、税号 5907.00.05、税号 5907.00.15 或税号 5907.00.60 除外)改变至子目 4202.12。

4. 从任何其他章改变至子目 4202.19 至 4202.21。

5. 从任何其他章(品目 5407、品目 5408、品目 5512 至 5516、税号 5903.10.15、税号 5903.10.18、税号 5903.10.20、税号 5903.10.25、税号 5903.20.15、税号 5903.20.18、税号 5903.20.20、税号 5903.20.25、税号 5903.90.15、税号 5903.90.18、税号 5903.90.20、税号 5903.90.25、税号 5906.99.20、税号 5906.99.25、税号 5907.00.05、税号 5907.00.15 或税号 5907.00.60 除外)改变至子目 4202.22。

6. 从任何其他章改变至子目 4202.29 至 4202.31。

7. 从任何其他章(品目 5407、品目 5408、品目 5512 至 5516、税号 5903.10.15、税号 5903.10.18、税号 5903.10.20、税号 5903.10.25、税号 5903.20.15、税号 5903.20.18、税号 5903.20.20、税号 5903.20.25、税号 5903.90.15、税号 5903.90.18、税号 5903.90.20、税号 5903.90.25、税号 5906.99.20、税号 5906.99.25、税号 5907.00.05、税号 5907.00.15 或税号 5907.00.60 除外)改变至子目 4202.32。

8. 从任何其他章改变至子目 4202.39 至 4202.91。

9. 从任何其他章(品目 5407、品目 5408、品目 5512 至 5516、税号 5903.10.15、税号 5903.10.18、税号 5903.10.20、税号 5903.10.25、税号 5903.20.15、税号 5903.20.18、税号 5903.20.20、税号 5903.20.25、税号 5903.90.15、税号 5903.90.18、税号 5903.90.20、税号 5903.90.25、税号 5906.99.20、税号 5906.99.25、税号 5907.00.05、税号 5907.00.15 或税号 5907.00.60 除外)改变至子目 4202.92。

10. 从任何其他章改变至子目 4202.99。

11. 从任何其他章改变至子目 4203.10 至 4203.29。

12. 从任何其他品目改变至子目 4203.30 至 4203.40。

13. (A)从任何其他品目或品目 4205 的其他货物改变至品目 4205 的用于机械或机械装置或其他技术用途的货物;或者

  (B)从任何其他品目改变至品目 4205 的其他货物。

14. 从任何其他品目改变至品目 4206。

第四十三章

1. 从任何其他章改变至品目 4301。

2. 从任何其他品目改变至品目 4302 至 4304。

第四十四章

从任何其他品目改变至品目 4401 至 4421。

第四十五章

从任何其他品目改变至品目 4501 至 4504。

第四十六章

1. 从任何其他章改变至品目 4601。

2. 从任何其他品目改变至品目 4602。

第四十七章
从任何其他品目改变至品目 4701 至 4707。

第四十八章
1. 从任何其他章改变至品目 4801 至 4816。
2. 从品目 4817 至 4822 以外的任何品目改变至品目 4817 至 4822。
3. 从任何其他章改变至品目 4823。

第四十九章
从任何其他章改变至品目 4901 至 4911。

第五十章
1. 从任何其他章改变至品目 5001 至 5003。
2. 从品目 5004 至 5006 以外的任何品目改变至品目 5004 至 5006。
3. 从任何其他品目改变至品目 5007。

第五十一章
1. 从任何其他章改变至品目 5101 至 5105。
2. 从品目 5106 至 5110 以外的任何品目改变至品目 5106 至 5110。
3. 从品目 5111 至 5113 以外的任何品目(品目 5106 至 5110、品目 5205 至 5206、品目 5401 至 5404 或品目 5509 至 5510 除外)改变至品目 5111 至 5113。

第五十二章
1. 从任何其他章(品目 5401 至 5405 或品目 5501 至 5507 除外)改变至品目 5201 至 5207。
2. 从品目 5208 至 5212 以外的任何品目(品目 5106 至 5110、品目 5205 至 5206、品目 5401 至 5404 或品目 5509 至 5510 除外)改变至品目 5208 至 5212。

第五十三章
1. 从任何其他章改变至品目 5301 至 5305。
2. 从品目 5306 至 5308 以外的任何品目改变至品目 5306 至 5308。
3. 从任何其他品目(品目 5307 至 5308 除外)改变至品目 5309。
4. 从品目 5310 至 5311 以外的任何品目(品目 5307 至 5308 除外)改变至品目 5310 至 5311。

第五十四章
1. 从任何其他章(品目 5201 至 5203 或品目 5501 至 5507 除外)改变至品目 5401 至 5406。
2. 从税号 5402.43.10、税号 5402.52.10 或任何其他章(品目 5106 至 5110、品目 5205 至 5206 或品目 5509 至 5510 除外)改变至税号 5407.61.11、税号 5407.61.21 或税号 5407.61.91。
3. 从任何其他章(品目 5106 至 5110、品目 5205 至 5206 或品目 5509 至 5510 除外)改变至品目 5407。
4. 从任何其他章(品目 5106 至 5110、品目 5205 至 5206 或品目 5509 至 5510 除外)改变至品目 5408。

第五十五章

1. 从任何其他章(品目5201至5203或品目5401至5405除外)改变至子目5501.10至5510.30。

1A. 从子目5504.10或任何其他章(品目5201至5203或品目5401至5405除外)改变至子目5510.90。

1B. 从任何其他章(品目5201至5203或品目5401至5405除外)改变至品目5511。

2. 从品目5512至5516以外的任何品目(品目5106至5110、品目5205至5206、品目5401至5404或品目5509至5510除外)改变至品目5512至5516。

第五十六章

从任何其他章(品目5106至5113、品目5204至5212、品目5307至5308、品目5310至5311或第五十四章至第五十五章除外)改变至品目5601至5609。

第五十七章

从任何其他章(品目5106至5113、品目5204至5212、品目5308或品目5311、第五十四章或品目5508、5516除外)改变至品目5701至5705。

第五十八章

从任何其他章(品目5106至5113、品目5204至5212、品目5307至5308、品目5310至5311或第五十四章至第五十五章除外)改变至品目5801至5811。

第五十九章

1. 从任何其他章(品目5111至5113、品目5208至5212、品目5310至5311、品目5407至5408或品目5512至5516除外)改变至品目5901。

2. 从任何其他品目(品目5106至5113、品目5204至5212、品目5306至5311或第五十四章至第五十五章除外)改变至品目5902。

3. 从任何其他章(品目5111至5113、品目5208至5212、品目5310至5311、品目5407至5408或品目5512至5516除外)改变至品目5903至5908。

4. 从任何其他章(品目5111至5113、品目5208至5212、品目5310至5311、第五十四章或品目5512至5516除外)改变至品目5909。

5. 从任何其他品目(品目5106至5113、品目5204至5212、品目5307至5308、品目5310至5311或第五十四章至第五十五章除外)改变至品目5910。

6. 从任何其他章(品目5111至5113、品目5208至5212、品目5310至5311、品目5407至5408或品目5512至5516除外)改变至品目5911。

第六十章

从任何其他章(品目5106至5113、第五十二章、品目5307至5308、品目5310至5311或第五十四章至第五十五章除外)改变至品目6001至6006。

第六十一章

章规则一:除归入税号5408.22.10、税号5408.23.11、税号5408.23.21和税号5408.24.10的织物外,下列子目和品目的织物,当用作某些男女西服套装、西服式短上衣、裙子、大衣、短外套、带帽夹克、风衣和类似物品的可见衬里材料时,必须由纱线制成,并在澳大利亚或/和美国境内完成:品目5111至5112、子目5208.31至5208.59、子目5209.31至5209.59、子目 5210.31 至 5210.59、子目 5211.31 至 5211.59、子目 5212.13 至 5212.15、子目 5212.23 至 5212.25、子目 5407.42 至 5407.44、子目 5407.52 至 5407.54、子目 5407.61、子目 5407.72 至 5407.74、子目 5407.82 至 5407.84、子目 5407.92 至 5407.94、子目 5408.22 至 5408.24、子目 5408.32 至 5408.34、子目 5512.19、子目 5512.29、子目 5512.99、子目 5513.21 至 5513.49、子目 5514.21 至 5515.99、子目 5516.12 至 5516.14、子目 5516.22 至 5516.24、子目 5516.32 至 5516.34、子目 5516.42 至 5516.44、子目 5516.92 至 5516.94、子目 6001.10、子目 6001.92、子目 6005.31 至 6005.44 或子目 6006.10 至 6006.44。

章规则二：为确定本章货物的原产地，适用于该货物的规则应仅适用于确定该货物税则归类的成分，并且该成分必须满足该规则中规定的税则归类改变要求。如果规则要求货物还必须满足本章章规则一所列可见衬里织物的税则归类改变要求，则该要求仅适用于服装主体中的可见衬里织物(不包括覆盖最大表面积的袖子)，不适用于可拆卸衬里。

1. 从任何其他章(品目 5106 至 5113、品目 5204 至 5212、品目 5307 至 5308、品目 5310 至 5311、第五十四章、品目 5508 至 5516 或品目 6001 至 6006 除外)改变至子目 6101.20 至 6101.30，前提是：

    (A)该货物在澳大利亚或/和美国境内裁剪(或针织成型)并缝合或以其他方式组合；以及

    (B)服装中包含的任何可见衬里材料必须满足第六十一章章规则一的要求。

2. 从任何其他章(品目 5106 至 5113、品目 5204 至 5212、品目 5307 至 5308、品目 5310 至 5311、第五十四章、品目 5508 至 5516 或品目 6001 至 6006 除外)改变至子目 6101.90 的羊毛或动物细毛货物，前提是：

    (A)该货物在澳大利亚或/和美国境内裁剪(或针织成型)并缝合或以其他方式组合；以及

    (B)服装中包含的任何可见衬里材料必须满足第六十一章章规则一的要求。

2A. 从任何其他章(品目 5106 至 5113、品目 5204 至 5212、品目 5307 至 5308、品目 5310 至 5311、第五十四章、品目 5508 至 5516 或品目 6001 至 6006 除外)改变至子目 6101.90，前提是该货物在澳大利亚或/和美国境内裁剪(或针织成型)并缝制或以其他方式组合。

3. 从任何其他章(品目 5106 至 5113、品目 5204 至 5212、品目 5307 至 5308、品目 5310 至 5311、第五十四章、品目 5508 至 5516 或品目 6001 至 6006 除外)改变至子目 6102.10 至 6102.30，前提是：

    (A)该货物在澳大利亚或/和美国境内裁剪(或针织成型)并缝制或以其他方式组合；以及

    (B)服装中包含的任何可见衬里材料必须满足第六十一章章规则一的要求。

4. 从任何其他章(品目 5106 至 5113、品目 5204 至 5212、品目 5307 至 5308、品目 5310 至 5311、第五十四章、品目 5508 至 5516 或品目 6001 至 6006 除外)改变至子目 6102.90，前提是该货物在澳大利亚或/和美国境内裁剪(或针织成型)并缝制或以其他方式组合。

5.(A)从任何其他章(品目 5106 至 5113、品目 5204 至 5212、品目 5307 至 5308、品目

5310 至 5311、第五十四章、品目 5508 至 5516 或品目 6001 至 6006 除外)改变至子目 6103.10 的含 70% 或以上(按重量计)丝或绢丝的套装或者子目 6103.10 的以其他纺织材料(不另作说明)为原料的套装,前提是该货物在澳大利亚或/和美国境内裁剪(或针织成型)并缝制或以其他方式组合;或者

 (B)从任何其他章(品目 5106 至 5113、品目 5204 至 5212、品目 5307 至 5308、品目 5310 至 5311、第五十四章、品目 5508 至 5516 或品目 6001 至 6006 除外)改变至子目 6103.10,前提是:

  (1)该货物在澳大利亚或/和美国境内裁剪(或针织成型)并缝制或以其他方式组合,以及

  (2)服装中包含的任何可见衬里材料必须满足第六十一章章规则一的要求。

6. 从任何其他章(品目 5106 至 5113、品目 5204 至 5212、品目 5307 至 5308、品目 5310 至 5311、第五十四章、品目 5508 至 5516 或品目 6001 至 6006 除外)改变至税号 6103.19.60 或税号 6103.19.90,前提是该货物在澳大利亚或/和美国境内裁剪(或针织成型)并缝制或以其他方式组合。

7. 从任何其他章(品目 5106 至 5113、品目 5204 至 5212、品目 5307 至 5308、品目 5310 至 5311、第五十四章、品目 5508 至 5516 或品目 6001 至 6006 除外)改变至子目 6103.22 至 6103.29,前提是:

 (A)该货物在澳大利亚或/和美国境内裁剪(或针织成型)并缝制或以其他方式组合;以及

 (B)对于作为子目 6103.22 至 6103.29 的便服套装的一部分进口的以羊毛、动物细毛、棉花或化学纤维为原料的品目 6101 的服装或者品目 6103 的上衣,服装中包含的任何可见衬里材料必须满足第六十一章章规则一的要求。

[8 已删除]

9. 从任何其他章(品目 5106 至 5113、品目 5204 至 5212、品目 5307 至 5308、品目 5310 至 5311、第五十四章、品目 5508 至 5516 或品目 6001 至 6006 除外)改变至子目 6103.31 至 6103.33,前提是:

 (A)该货物在澳大利亚或/和美国境内裁剪(或针织成型)并缝制或以其他方式组合;以及

 (B)服装中包含的任何可见衬里材料必须满足第六十一章章规则一的要求。

10. 从任何其他章(品目 5106 至 5113、品目 5204 至 5212、品目 5307 至 5308、品目 5310 至 5311、第五十四章、品目 5508 至 5516 或品目 6001 至 6006 除外)改变至税号 6103.39.40 或税号 6103.39.80,前提是该货物在澳大利亚或/和美国境内裁剪(或针织成型)并缝制或以其他方式组合。

11. 从任何其他章(品目 5106 至 5113、品目 5204 至 5212、品目 5307 至 5308、品目 5310 至 5311、第五十四章、品目 5508 至 5516 或品目 6001 至 6006 除外)改变至子目 6103.39,前提是:

 (A)该货物在澳大利亚或/和美国境内裁剪(或针织成型)并缝制或以其他方式组合;以及

(B)服装中包含的任何可见衬里材料必须满足第六十一章章规则一的要求。

12. 从任何其他章(品目 5106 至 5113、品目 5204 至 5212、品目 5307 至 5308、品目 5310 至 5311、第五十四章、品目 5508 至 5516 或品目 6001 至 6006 除外)改变至子目 6103.41 至 6103.49,前提是该该货物在澳大利亚或/和美国境内裁剪(或针织成型)并缝制或以其他方式组合。

13. 从任何其他章(品目 5106 至 5113、品目 5204 至 5212、品目 5307 至 5308、品目 5310 至 5311、第五十四章、品目 5508 至 5516 或品目 6001 至 6006 除外)改变至子目 6104.13,前提是:

    (A)该货物在澳大利亚或/和美国境内裁剪(或针织成型)并缝制或以其他方式组合;以及

    (B)服装中包含的任何可见衬里材料必须满足第六十一章章规则一的要求。

14. 从任何其他章(品目 5106 至 5113、品目 5204 至 5212、品目 5307 至 5308、品目 5310 至 5311、第五十四章、品目 5508 至 5516 或品目 6001 至 6006 除外)改变至税号 6104.19.40 或税号 6104.19.80,前提是该货物在澳大利亚或/和美国境内裁剪(或针织成型)并缝制或以其他方式组合。

15. 从任何其他章(品目 5106 至 5113、品目 5204 至 5212、品目 5307 至 5308、品目 5310 至 5311、第五十四章、品目 5508 至 5516 或品目 6001 至 6006 除外)改变至子目 6104.19,前提是:

    (A)该货物在澳大利亚或/和美国境内裁剪(或针织成型)并缝制或以其他方式组合;以及

    (B)服装中包含的任何可见衬里材料必须满足第六十一章章规则一的要求。

16. 从任何其他章(品目 5106 至 5113、品目 5204 至 5212、品目 5307 至 5308、品目 5310 至 5311、第五十四章、品目 5508 至 5516 或品目 6001 至 6006 除外)改变至子目 6104.21 至 6104.29,前提是:

    (A)该货物在澳大利亚或/和美国境内裁剪(或针织成型)并缝制或以其他方式组合;以及

    (B)对于作为子目 6104.21 至 6104.29 的便服套装的一部分进口的以羊毛、动物细毛、棉花或化学纤维为原料的品目 6102 的服装、品目 6104 的上衣或者品目 6104 的裙子,服装中包含的任何可见衬里材料必须满足第六十一章章规则一的要求。

17. 从任何其他章(品目 5106 至 5113、品目 5204 至 5212、品目 5307 至 5308、品目 5310 至 5311、第五十四章、品目 5508 至 5516 或品目 6001 至 6006 除外)改变至子目 6104.31 至 6104.33,前提是:

    (A)该货物在澳大利亚或/和美国境内裁剪(或针织成型)并缝制或以其他方式组合;以及

    (B)服装中包含的任何可见衬里材料必须满足第六十一章章规则一的要求。

18. 从任何其他章(品目 5106 至 5113、品目 5204 至 5212、品目 5307 至 5308、品目 5310 至 5311、第五十四章、品目 5508 至 5516 或品目 6001 至 6006 除外)改变至税号 6104.39.20,前提是该货物在澳大利亚或/和美国境内裁剪(或针织成型)并缝制或以其他方式组合。

19. 从任何其他章(品目 5106 至 5113、品目 5204 至 5212、品目 5307 至 5308、品目 5310 至 5311、第五十四章、品目 5508 至 5516 或品目 6001 至 6006 除外)改变至子目 6104.39,前提是:

    (A)该货物在澳大利亚或/和美国境内裁剪(或针织成型)并缝制或以其他方式组合;以及

    (B)服装中包含的任何可见衬里材料必须满足第六十一章章规则一的要求。

20. 从任何其他章(品目 5106 至 5113、品目 5204 至 5212、品目 5307 至 5308、品目 5310 至 5311、第五十四章、品目 5508 至 5516 或品目 6001 至 6006 除外)改变至子目 6104.41 至 6104.49,前提是该货物在澳大利亚或/和美国境内裁剪(或针织成型)并缝制或以其他方式组合。

21. 从任何其他章(品目 5106 至 5113、品目 5204 至 5212、品目 5307 至 5308、品目 5310 至 5311、第五十四章、品目 5508 至 5516 或品目 6001 至 6006 除外)改变至子目 6104.51 至 6104.53,前提是:

    (A)该货物在澳大利亚或/和美国境内裁剪(或针织成型)并缝制或以其他方式组合;以及

    (B)服装中包含的任何可见衬里材料必须满足第六十一章章规则一的要求。

22. 从任何其他章(品目 5106 至 5113、品目 5204 至 5212、品目 5307 至 5308、品目 5310 至 5311、第五十四章、品目 5508 至 5516 或品目 6001 至 6006 除外)改变至税号 6104.59.40 或税号 6104.59.80,前提是该货物在澳大利亚或/和美国境内裁剪(或针织成型)并缝制或以其他方式组合。

23. 从任何其他章(品目 5106 至 5113、品目 5204 至 5212、品目 5307 至 5308、品目 5310 至 5311、第五十四章、品目 5508 至 5516 或品目 6001 至 6006 除外)改变至子目 6104.59,前提是:

    (A)该货物在澳大利亚或/和美国境内裁剪(或针织成型)并缝制或以其他方式组合;以及

    (B)服装中包含的任何可见衬里材料必须满足第六十一章章规则一的要求。

24. 从任何其他章(品目 5106 至 5113、品目 5204 至 5212、品目 5307 至 5308、品目 5310 至 5311、第五十四章、品目 5508 至 5516 或品目 6001 至 6006 除外)改变至子目 6104.61 至 6104.69,前提是该货物在澳大利亚或/和美国境内裁剪(或针织成型)并缝制或以其他方式组合。

25. 从任何其他章(品目 5106 至 5113、品目 5204 至 5212、品目 5307 至 5308、品目 5310 至 5311、第五十四章、品目 5508 至 5516 或品目 6001 至 6006 除外)改变至品目 6105 至 6106,前提是该货物在澳大利亚或/和美国境内裁剪(或针织成型)并缝制或以其他方式组合。

26. 从任何其他章(品目 5106 至 5113、品目 5204 至 5212、品目 5307 至 5308、品目 5310 至 5311、第五十四章、品目 5508 至 5516 或品目 6001 至 6006 除外)改变至子目 6107.11 至 6107.19,前提是该货物在澳大利亚或/和美国境内裁剪(或针织成型)并缝制或以其他方式组合。

27. (A) 从税号 6006.21.10、税号 6006.22.10、税号 6006.23.10 或税号 6006.24.10 改变至子目 6107.21,前提是该货物(不包括领子、袖子、腰带或松紧带)全部由此类织物制成,并且在澳大利亚或/和美国境内裁剪或/和针织成型、缝制或以其他方式组合;或者

    (B) 从任何其他章(品目 5106 至 5113、品目 5204 至 5212、品目 5307 至 5308、品目 5310 至 5311、第五十四章、品目 5508 至 5516 或品目 6001 至 6006 除外)改变至子目 6107.21,前提是该货物在澳大利亚或/和美国境内裁剪或/和针织成型、缝制或以其他方式组合。

28. 从任何其他章(品目 5106 至 5113、品目 5204 至 5212、品目 5307 至 5308、品目 5310 至 5311、第五十四章、品目 5508 至 5516 或品目 6001 至 6006 除外)改变至子目 6107.22 至 6107.99,前提是该货物在澳大利亚或/和美国境内裁剪或/和针织成型、缝制或以其他方式组合。

29. 从任何其他章(品目 5106 至 5113、品目 5204 至 5212、品目 5307 至 5308、品目 5310 至 5311、第五十四章、品目 5508 至 5516 或品目 6001 至 6006 除外)改变至子目 6108.11 至 6108.19,前提是该货物在澳大利亚或/和美国境内裁剪或/和针织成型、缝制或以其他方式组合。

30. (A) 从税号 6006.21.10、税号 6006.22.10、税号 6006.23.10 或税号 6006.24.10 改变至子目 6108.21,前提是该货物(不包括腰带、松紧带或花边)全部由此类织物制成,并且在澳大利亚或/和美国境内裁剪或/和针织成型、缝制或以其他方式组合;或者

    (B) 从任何其他章(品目 5106 至 5113、品目 5204 至 5212、品目 5307 至 5308、品目 5310 至 5311、第五十四章、品目 5508 至 5516 或品目 6001 至 6006 除外)改变至子目 6108.21,前提是该货物在澳大利亚或/和美国境内裁剪或/和针织成型、缝制或以其他方式组合。

31. 从任何其他章(品目 5106 至 5113、品目 5204 至 5212、品目 5307 至 5308、品目 5310 至 5311、第五十四章、品目 5508 至 5516 或品目 6001 至 6006 除外)改变至子目 6108.22 至 6108.29,前提是该货物在澳大利亚或/和美国境内裁剪或/和针织成型、缝制或以其他方式组合。

32. (A) 从税号 6006.21.10、税号 6006.22.10、税号 6006.23.10 或税号 6006.24.10 改变至子目 6108.31,前提是该货物(不包括领子、袖子、腰带、松紧带或花边)全部由此类织物制成,并且在澳大利亚或/和美国境内裁剪或/和针织成型、缝制或以其他方式组合;或者

    (B) 从任何其他章(品目 5106 至 5113、品目 5204 至 5212、品目 5307 至 5308、品目 5310 至 5311、第五十四章、品目 5508 至 5516 或品目 6001 至 6006 除外)改变至子目 6108.31,前提是该货物在澳大利亚或/和美国境内裁剪或/和针织成型、缝制或以其他方式组合。

33. 从任何其他章(品目 5106 至 5113、品目 5204 至 5212、品目 5307 至 5308、品目 5310

至 5311、第五十四章、品目 5508 至 5516 或品目 6001 至 6006 除外)改变至子目 6108.32 至 6108.39,前提是该货物在澳大利亚或/和美国境内裁剪或/和针织成型、缝制或以其他方式组合。

34. 从任何其他章(品目 5106 至 5113、品目 5204 至 5212、品目 5307 至 5308、品目 5310 至 5311、第五十四章、品目 5508 至 5516 或品目 6001 至 6006 除外)改变至子目 6108.91 至 6108.99,前提是该货物在澳大利亚或/和美国境内裁剪或/和针织成型、缝制或以其他方式组合。

35. 从任何其他章(品目 5106 至 5113、品目 5204 至 5212、品目 5307 至 5308、品目 5310 至 5311、第五十四章、品目 5508 至 5516 或品目 6001 至 6006 除外)改变至品目 6109 至 6111,前提是该货物在澳大利亚或/和美国境内裁剪或/和针织成型、缝制或以其他方式组合。

36. 从任何其他章(品目 5106 至 5113、品目 5204 至 5212、品目 5307 至 5308、品目 5310 至 5311、第五十四章、品目 5508 至 5516 或品目 6001 至 6006 除外)改变至子目 6112.11 至 6112.19,前提是该货物在澳大利亚或/和美国境内裁剪或/和针织成型、缝制或以其他方式组合。

37. 从任何其他章(品目 5106 至 5113、品目 5204 至 5212、品目 5307 至 5308、品目 5310 至 5311、第五十四章、品目 5508 至 5516 或品目 6001 至 6006 除外)改变至子目 6112.20,前提是:

    (A)该货物在澳大利亚或/和美国境内裁剪或/和针织成型、缝制或以其他方式组合;以及

    (B)对于作为子目 6112.20 的滑雪套装的一部分进口的以羊毛、动物细毛、棉花或化学纤维为原料的品目 6101、品目 6102、品目 6201 或品目 6202 的服装,服装制品中包含的任何可见衬里材料必须满足第六十一章章规则一的要求。

38. 从任何其他章(品目 5106 至 5113、品目 5204 至 5212、品目 5307 至 5308、品目 5310 至 5311、第五十四章、品目 5508 至 5516 或品目 6001 至 6006 除外)改变至子目 6112.31 至 6112.49,前提是该货物在澳大利亚或/和美国境内裁剪或/和针织成型、缝制或以其他方式组合。

39. 从任何其他章(品目 5106 至 5113、品目 5204 至 5212、品目 5307 至 5308、品目 5310 至 5311、第五十四章、品目 5508 至 5516 或品目 6001 至 6006 除外)改变至品目 6113 至 6117,前提是该货物在澳大利亚或/和美国境内裁剪或/和针织成型、缝制或以其他方式组合。

第六十二章

章规则一: 除归入税号 5408.22.10、税号 5408.23.11、税号 5408.23.21 和税号 5408.24.10 的织物外,下列品目和子目的织物,当用作某些男女西服套装、西服短上衣、裙子、大衣、带帽夹克、风衣和类似物品的可见衬里材料时,必须由纱线制成,并在澳大利亚或/和美国境内完成:品目 5111 到 5112、子目 5208.31 至 5208.59、子目 5209.31 至 5209.59、子目 5210.31 至 5210.59、子目 5211.31 至 5211.59、子目 5212.13 至 5212.15、子目 5212.23 至 5212.25、子目 5407.42 至 5407.44、子目 5407.52 至 5407.54、子目

5407.61、子目 5407.72 至 5407.74、子目 5407.82 至 5407.84、子目 5407.92 至 5407.94、子目 5408.22 至 5408.24、子目 5408.32 至 5408.34、子目 5512.19、子目 5512.29、子目 5512.99、子目 5513.21 至 5513.49、子目 5514.21 至 5515.99、子目 5516.12 至 5516.14、子目 5516.22 至 5516.24、子目 5516.32 至 5516.34、子目 5516.42 至 5516.44、子目 5516.92 至 5516.94、子目 6001.10、子目 6001.92、子目 6005.31 至 6005.44 或子目 6006.10 至 6006.44。

章规则二： 如果本章的服装在澳大利亚或/和美国境内裁剪并缝制或以其他方式组合，并且外壳的织物（不包括领子或袖子）完全是下列的一种或多种，则应被视为原产货物：

(a) 子目 5801.23 的平绒织物，含棉量按重量计）为 85% 或以上；

(b) 子目 5801.22 的灯芯绒织物，含棉量（按重量计）为 85% 或以上，每厘米绒条数超过 7.5 根；

(c) 子目 5111.11 或子目 5111.19 的织物，如为手工织造，则织机宽度小于 76 厘米，按照哈里斯粗花呢协会有限公司的规章制度在英国织造，并经该协会认证；

(d) 子目 5112.30 的织物，每平方米重量不超过 340 克，含有羊毛、不少于 20%（按重量计）的动物细毛和不少于 15%（按重量计）的人造短纤维；或者

(e) 子目 5513.11 或子目 5513.21 的平衡细薄织物，单纱支数超过 76 公支，每平方厘米含 60~70 根经纱和纬纱，每平方米重量不超过 110 克。

章规则三： 为确定本章货物的原产地，适用于该货物的规则应仅适用于确定该货物税则归类的成分，并且该成分必须满足该规则规定的税则归类改变要求。如果规则要求货物还必须满足本章章规则一所列的可见衬里织物的税则归类改变要求，则该要求仅适用于服装主体中的可见衬里织物（不包括覆盖最大表面积的袖子），不适用于可拆卸衬里。

1. 从任何其他章（品目 5106 至 5113、品目 5204 至 5212、品目 5307 至 5308、品目 5310 至 5311、第五十四章、品目 5508 至 5516、品目 5801 至 5802 或品目 6001 至 6006 除外）改变至子目 6201.11 至 6201.13，前提是：

   (A) 该货物在澳大利亚或/和美国境内裁剪并缝制或以其他方式组合；以及

   (B) 服装中包含的任何可见衬里材料必须满足第六十二章章规则一的要求。

2. 从任何其他章（品目 5106 至 5113、品目 5204 至 5212、品目 5307 至 5308、品目 5310 至 5311、第五十四章、品目 5508 至 5516、品目 5801 至 5802 或品目 6001 至 6006 除外）改变至子目 6201.19，前提是该货物在澳大利亚或/和美国境内裁剪并缝制或以其他方式组合。

3. 从任何其他章（品目 5106 至 5113、品目 5204 至 5212、品目 5307 至 5308、品目 5310 至 5311、第五十四章、品目 5508 至 5516、品目 5801 至 5802 或品目 6001 至 6006 除外）改变至子目 6201.91 至 6201.93，前提是：

   (A) 该货物在澳大利亚或/和美国境内裁剪并缝制或以其他方式组合；以及

   (B) 服装中包含的任何可见衬里材料必须满足第六十二章章规则一的要求。

4. 从任何其他章（品目 5106 至 5113、品目 5204 至 5212、品目 5307 至 5308、品目 5310 至 5311、第五十四章、品目 5508 至 5516、品目 5801 至 5802 或品目 6001 至 6006 除外）改变至子目 6201.99，前提是该货物在澳大利亚或/和美国境内裁剪并缝制或以其他

方式组合。

5. 从任何其他章(品目 5106 至 5113、品目 5204 至 5212、品目 5307 至 5308、品目 5310 至 5311、第五十四章、品目 5508 至 5516、品目 5801 至 5802 或品目 6001 至 6006 除外)改变至 6202.11 至子目 6202.13,前提是:

   (A)该货物在澳大利亚或/和美国境内裁剪并缝制或以其他方式组合;以及

   (B)服装中包含的任何可见衬里材料必须满足第六十二章章规则一的要求。

6. 从任何其他章(品目 5106 至 5113、品目 5204 至 5212、品目 5307 至 5308、品目 5310 至 5311、第五十四章、品目 5508 至 5516、品目 5801 至 5802 或品目 6001 至 6006 除外)改变至子目 6202.19,前提是该货物在澳大利亚或/和美国境内裁剪并缝制或以其他方式组合。

7. 从任何其他章(品目 5106 至 5113、品目 5204 至 5212、品目 5307 至 5308、品目 5310 至 5311、第五十四章、品目 5508 至 5516、品目 5801 至 5802 或品目 6001 至 6006 除外)改变至子目 6202.91 至 6202.93,前提是:

   (A)该货物在澳大利亚或/和美国境内裁剪并缝制或以其他方式组合;以及

   (B)服装中包含的任何可见衬里材料必须满足第六十二章章规则一的要求。

8. 从任何其他章(品目 5106 至 5113、品目 5204 至 5212、品目 5307 至 5308、品目 5310 至 5311、第五十四章、品目 5508 至 5516、品目 5801 至 5802 或品目 6001 至 6006 除外)改变至子目 6202.99,前提是该货物在澳大利亚或/和美国境内裁剪并缝制或以其他方式组合。

9. 从任何其他章(品目 5106 至 5113、品目 5204 至 5212、品目 5307 至 5308、品目 5310 至 5311、第五十四章、品目 5508 至 5516、品目 5801 至 5802 或品目 6001 至 6006 除外)改变至子目 6203.11 至 6203.12,前提是:

   (A)该货物在澳大利亚或/和美国境内裁剪并缝制或以其他方式组合;以及

   (B)服装中包含的任何可见衬里材料必须满足第六十二章章规则一的要求。

10. 从任何其他章(品目 5106 至 5113、品目 5204 至 5212、品目 5307 至 5308、品目 5310 至 5311、第五十四章、品目 5508 至 5516、品目 5801 至 5802 或品目 6001 至 6006 除外改变至税号 6203.19.50 或税号 6203.19.90,前提是该货物在澳大利亚或/和美国境内裁剪并缝制或以其他方式组合。

11. 从任何其他章(品目 5106 至 5113、品目 5204 至 5212、品目 5307 至 5308、品目 5310 至 5311、第五十四章、品目 5508 至 5516、品目 5801 至 5802 或品目 6001 至 6006 除外)改变至子目 6203.19,前提是:

    (A)该货物在澳大利亚或/和美国境内裁剪并缝制或以其他方式组合;以及

    (B)服装中包含的任何可见衬里材料必须满足第六十二章章规则一的要求。

12. 从任何其他章(品目 5106 至 5113、品目 5204 至 5212、品目 5307 至 5308、品目 5310 至 5311、第五十四章、品目 5508 至 5516、品目 5801 至 5802 或品目 6001 至 6006 除外)改变至子目 6203.22 至 6203.29,前提是:

    (A)该货物在澳大利亚或/和美国境内裁剪并缝制或以其他方式组合;以及

    (B)对于作为子目 6203.22 至 6203.29 项下一个套件的一部分而进口的以羊毛、动物细毛、棉花或化学纤维为原料的品目 6201 所述的服装或者品目 6203 所述的夹克或运动夹克,服装中包含的任何可见衬里材料必须满足第六十二章章规则一的要求。

13. 从任何其他章(品目 5106 至 5113、品目 5204 至 5212、品目 5307 至 5308、品目 5310 至 5311、第五十四章、品目 5508 至 5516、品目 5801 至 5802 或品目 6001 至 6006 除外)改变至子目 6203.31 至 6203.33,前提是:

   (A)该货物在澳大利亚或/和美国境内裁剪并缝制或以其他方式组合;以及

   (B)服装中包含的任何可见衬里材料必须满足第六十二章章规则一的要求。

14. 从任何其他章(品目 5106 至 5113、品目 5204 至 5212、品目 5307 至 5308、品目 5310 至 5311、第五十四章、品目 5508 至 5516、品目 5801 至 5802 或品目 6001 至 6006 除外)改变至税号 6203.39.50 或税号 6203.39.90,前提是该货物在澳大利亚或/和美国境内裁剪并缝制或以其他方式组合。

15. 从任何其他章(品目 5106 至 5113、品目 5204 至 5212、品目 5307 至 5308、品目 5310 至 5311、第五十四章、品目 5508 至 5516、品目 5801 至 5802 或品目 6001 至 6006 除外)改变至子目 6203.39,前提是:

   (A)该货物在澳大利亚或/和美国境内裁剪并缝制或以其他方式组合;以及

   (B)服装中包含的任何可见衬里材料必须满足第六十二章章规则一的要求。

16. 从任何其他章(品目 5106 至 5113、品目 5204 至 5212、品目 5307 至 5308、品目 5310 至 5311、第五十四章、品目 5508 至 5516、品目 5801 至 5802 或品目 6001 至 6006 除外)改变至子目 6203.41 至 6203.49,前提是该货物在澳大利亚或/和美国境内裁剪并缝制或以其他方式组合。

17. 从任何其他章(品目 5106 至 5113、品目 5204 至 5212、品目 5307 至 5308、品目 5310 至 5311、第五十四章、品目 5508 至 5516、品目 5801 至 5802 或品目 6001 至 6006 除外)改变至子目 6204.11 至 6204.13,前提是:

   (A)该货物在澳大利亚或/和美国境内裁剪并缝制或以其他方式组合;以及

   (B)服装中包含的任何可见衬里材料必须满足第六十二章章规则一的要求。

18. 从任何其他章(品目 5106 至 5113、品目 5204 至 5212、品目 5307 至 5308、品目 5310 至 5311、第五十四章、品目 5508 至 5516、品目 5801 至 5802 或品目 6001 至 6006 除外)改变至税号 6204.19.40 或税号 6204.19.80,前提是该货物在澳大利亚或/和美国境内裁剪并缝制或以其他方式组合。

19. 从任何其他章(品目 5106 至 5113、品目 5204 至 5212、品目 5307 至 5308、品目 5310 至 5311、第五十四章、品目 5508 至 5516、品目 5801 至 5802 或品目 6001 至 6006 除外)改变至子目 6204.19,前提是:

   (A)该货物在澳大利亚或/和美国境内裁剪并缝制或以其他方式组合;以及

   (B)服装中包含的任何可见衬里材料必须满足第六十二章章规则一的要求。

20. 从任何其他章(品目 5106 至 5113、品目 5204 至 5212、品目 5307 至 5308、品目 5310 至 5311、第五十四章、品目 5508 至 5516、品目 5801 至 5802、品目 6001 至 6006 除外)改变至子目 6204.21 至 6204.29,前提是:

(A)该货物在澳大利亚或/和美国境内裁剪并缝制或以其他方式组合；以及

(B)对于作为子目 6204.21 至 6204.29 的便服套装的一部分进口的以羊毛、动物细毛、棉花或化学纤维为原料的品目 6202 的服装、品目 6204 的上衣或品目 6204 的裙子,服装中包含的任何可见衬里材料必须满足第六十二章章规则一的要求。

21. 从任何其他章(品目 5106 至 5113、品目 5204 至 5212、品目 5307 至 5308、品目 5310 至 5311、第五十四章、品目 5508 至 5516、品目 5801 至 5802 或品目 6001 至 6006 除外)改变至子目 6204.31 至 6204.33,前提是：

    (A)该货物在澳大利亚或/和美国境内裁剪并缝制或以其他方式组合；以及

    (B)服装中包含的任何可见衬里材料必须满足第六十二章章规则一的要求。

22. 从任何其他章(品目 5106 至 5113、品目 5204 至 5212、品目 5307 至 5308、品目 5310 至 5311、第五十四章、品目 5508 至 5516、品目 5801 至 5802 或品目 6001 至 6006 除外)改变至税号 6204.39.60 或税号 6204.39.80,前提是该货物在澳大利亚或/和美国境内裁剪并缝制或以其他方式组合。

23. 从任何其他章(品目 5106 至 5113、品目 5204 至 5212、品目 5307 至 5308、品目 5310 至 5311、第五十四章、品目 5508 至 5516、品目 5801 至 5802 或品目 6001 至 6006 除外)改变至子目 6204.39,前提是：

    (A)该货物在澳大利亚或/和美国境内裁剪并缝制或以其他方式组合；以及

    (B)服装中包含的任何可见衬里材料必须满足第六十二章章规则一的要求。

24. 从任何其他章(品目 5106 至 5113、品目 5204 至 5212、品目 5307 至 5308、品目 5310 至 5311、第五十四章或品目 5508 至 5516、品目 5801 至 5802 或品目 6001 至 6006 除外)改变至子目 6204.41 至 6204.49,前提是该货物在澳大利亚或/和美国境内裁剪并缝制或以其他方式组合。

25. 从任何其他章(品目 5106 至 5113、品目 5204 至 5212、品目 5307 至 5308、品目 5310 至 5311、第五十四章、品目 5508 至 5516、品目 5801 至 5802 或品目 6001 至 6006 除外)改变至子目 6204.51 至 6204.53,前提是：

    (A)该货物在澳大利亚或/和美国境内裁剪并缝制或以其他方式组合；以及

    (B)服装中包含的任何可见衬里材料必须满足第六十二章章规则一的要求。

26. 从任何其他章(品目 5106 至 5113、品目 5204 至 5212、品目 5307 至 5308、品目 5310 至 5311、第五十四章、品目 5508 至 5516、品目 5801 至 5802 或品目 6001 至 6006 除外)改变至税号 6204.59.40,前提是该货物在澳大利亚或/和美国境内裁剪并缝制或以其他方式组合。

27. 从任何其他章(品目 5106 至 5113、品目 5204 至 5212、品目 5307 至 5308、品目 5310 至 5311、第五十四章、品目 5508 至 5516、品目 5801 至 5802 或品目 6001 至 6006 除外)改变至子目 6204.59,前提是：

    (A)该货物在澳大利亚或/和美国境内裁剪并缝制或以其他方式组合；以及

    (B)服装中包含的任何可见衬里材料必须满足第六十二章章规则一的要求。

28. 从任何其他章(品目 5106 至 5113、品目 5204 至 5212、品目 5307 至 5308、品目 5310 至 5311、第五十四章、品目 5508 至 5516、品目 5801 至 5802 或品目 6001 至 6006 除

外)改变至子目 6204.61 至 6204.69,前提是该货物在澳大利亚或/和美国境内裁剪并缝制或以其他方式组合。

[29 已删除]

子目规则:如果棉制或化学纤维制男式衬衫都在澳大利亚或/和美国境内裁剪和组合,并且外壳(不包括领子或袖子)的织物完全是下列的一种或多种,则应被视为原产于澳大利亚或美国:

(a) 子目 5208.21、子目 5208.22、子目 5208.29、子目 5208.31、子目 5208.32、子目 5208.39、子目 5208.41、子目 5208.42、子目 5208.49、子目 5208.51、子目 5208.52 或子目 5208.59 的织物,平均纱线细度超过 135 公支;

(b) 子目 5513.11 或子目 5513.21 的非平衡织物,每平方厘米经纱和纬纱超过 70 根,平均纱线细度超过 70 公支;

(c) 子目 5210.21 或子目 5210.31 的非平衡织物,每平方厘米经纱和纬纱超过 70 根,平均纱线细度超过 70 公支;

(d) 子目 5208.22 或子目 5208.32 的非平衡织物,每平方厘米经纱和纬纱超过 75 根,平均纱线细度超过 65 公支;

(e) 子目 5407.81、子目 5407.82 或子目 5407.83 的织物,每平方米重量不足 170 克,由多臂装置形成多臂组织;

(f) 子目 5208.42 或子目 5208.49 的非平衡织物,每平方厘米经纱和纬纱超过 85 根,平均纱线细度超过 85 公支;

(g) 子目 5208.51 的平衡织物,每平方厘米经纱和纬纱超过 75 根,单纱织成,平均纱线细度为 95 公支或以上;

(h) 子目 5208.41 的具有条格花纹的平衡织物,每平方厘米经纱和纬纱超过 85 根,单纱织成,平均纱线细度为 95 公支或以上,通过经纱和纬纱颜色变化产生条格效果;或者

(i) 子目 5208.41 的织物,经纱用植物染料染色,纬纱为白色或用植物染料染色,平均纱线细度超过 65 公支。

30. 从任何其他章(品目 5106 至 5113、品目 5204 至 5212、品目 5307 至 5308、品目 5310 至 5311、第五十四章、品目 5508 至 5516、品目 5801 至 5802 或品目 6001 至 6006 除外)改变至子目 6205.20 至 6205.30,前提是该货物在澳大利亚或/和美国境内裁剪并缝制或以其他方式组合。

31. 从任何其他章(品目 5106 至 5113、品目 5204 至 5212、品目 5307 至 5308、品目 5310 至 5311、第五十四章、品目 5508 至 5516、品目 5801 至 5802 或品目 6001 至 6006 除外)改变至子目 6205.90,前提是该货物在澳大利亚或/和美国境内裁剪并缝制或以其他方式组合。

32. 从任何其他章(品目 5106 至 5113、品目 5204 至 5212、品目 5307 至 5308、品目 5310 至 5311、第五十四章、品目 5508 至 5516、品目 5801 至 5802 或品目 6001 至 6006 除外)改变至品目 6206 至 6210,前提是该货物在澳大利亚或/和美国境内裁剪并缝制或以其他方式组合。

33. 从任何其他章(品目5106至5113、品目5204至5212、品目5307至5308、品目5310至5311、第五十四章、品目5508至5516、品目5801至5802或品目6001至6006除外)改变至子目6211.11至6211.12,前提是该货物在澳大利亚或/和美国境内裁剪并缝制或以其他方式组合。

34. 从任何其他章(品目5106至5113、品目5204至5212、品目5307至5308、品目5310至5311、第五十四章、品目5508至5516、品目5801至5802或品目6001至6006除外)改变至子目6211.20,前提是:

   (A)该货物在澳大利亚或/和美国境内裁剪并缝制或以其他方式组合;以及

   (B)对于作为子目6211.20的滑雪套装的一部分进口的以羊毛、动物细毛、棉花或化学纤维为原料的品目6101、品目6102、品目6201或品目6202的服装,服装中包含的任何可见衬里材料必须满足第六十二章章规则一的要求。

35. 从任何其他章(品目5106至5113、品目5204至5212、品目5307至5308、品目5310至5311、第五十四章、品目5508至5516、品目5801至5802或品目6001至6006除外)改变至子目6211.32至6211.49,前提是该货物在澳大利亚或/和美国境内裁剪并缝制或以其他方式组合。

36. 从任何其他章改变至子目6212.10,前提是该货物在澳大利亚或/和美国境内裁剪并缝制或以其他方式组合;并且在每个年度期间,生产商或生产控制实体的此类货物只有当在澳大利亚或/和美国境内形成的该生产商或实体在上一年度期间生产所有此类物品所使用的织物(不包括服装附件和装饰物)的总成本至少为该生产商或实体在上一年度期间进口的所有此类物品所含织物(不包括发现物和装饰物)的总申报关税价值的75%时,才有资格享受本注释规定的优惠待遇。

37. 从任何其他章(品目5106至5113、品目5204至5212、品目5307至5308、品目5310至5311、第五十四章、品目5508至5516、品目5801至5802或品目6001至6006除外)改变至子目6212.20至6212.90,前提是该货物在澳大利亚或/和美国境内裁剪并缝制或以其他方式组合。

38. 从任何其他章(品目5106至5113、品目5204至5212、品目5307至5308、品目5310至5311、第五十四章、品目5508至5516、品目5801至5802或品目6001至6006除外)改变至品目6213至6217,前提是该货物在澳大利亚或/和美国境内裁剪并缝制或以其他方式组合。

第六十三章

章规则一:为确定本章货物的原产地,适用于该货物的规则仅适用于确定该货物税则归类的成分,并且该成分必须满足该规则规定的税则归类改变要求。

1. 从税号5108.10.40、税号5108.20.40或任何其他章(品目5106至5113、品目5204至5212、品目5307至5308、品目5310至5311、第五十四章、品目5508至5516、品目5801至5802或品目6001至6006除外)改变至子目6301.20,前提是该货物在澳大利亚或/和美国境内裁剪(或针织成型)并缝制或以其他方式组合。

2. 从任何其他章(品目5106至5113、品目5204至5212、品目5307至5308、品目5310至5311、第五十四章、品目5508至5516、品目5801至5802或品目6001至6006除外)改变至品目6301,前提是该货物在澳大利亚或/和美国境内裁剪(或针织成型)并缝制或以其他方式组合。

3. 从任何其他章(品目5106至5113、品目5204至5212、品目5307至5308、品目5310至5311、第五十四章、品目5508至5516、品目5801至5802或品目6001至6006除外)改变至品目6302,前提是该货物在澳大利亚或/和美国境内裁剪(或针织成型)并缝制或以其他方式组合。

4. 从税号5402.43.10、税号5402.52.10或任何其他章(品目5106至5113、品目5204至52.12、品目5307至5308、品目5310至5311、第五十四章、品目5508至5516、品目5801至5802或品目6001至6006除外)改变至税号6303.92.10,前提是该货物在澳大利亚或/和美国境内裁剪(或针织成型)并缝制或以其他方式组合。

5. 从任何其他章(品目5106至5113、品目5204至5212、品目5307至5308、品目5310至5311、第五十四章、品目5508至5516、品目5801至5802或品目6001至6006除外)改变至品目6303,前提是该货物在澳大利亚或/和美国境内裁剪(或针织成型)并缝制或以其他方式组合。

6. 从任何其他章(品目5106至5113、品目5204至5212、品目5307至5308、品目5310至5311、第五十四章、品目5508至5516、品目5801至5802或品目6001至6006除外)改变至品目6304至6308,前提是该货物在澳大利亚或/和美国境内裁剪(或针织成型)并缝制或以其他方式组合。

7. 从任何其他品目改变至品目6309。

8. 从任何其他章(品目5106至5113、品目5204至5212、品目5307至5308、品目5310至5311、第五十四章、品目5508至5516、品目5801至5802或品目6001至6006除外)改变至品目6310,前提是该货物在澳大利亚或/和美国境内裁剪(或针织成型)并缝制或以其他方式组合。

第六十四章

1. 从品目6401至6405以外的任何其他品目(子目6406.10除外)改变至子目6401.10,前提是使用扣减法时的区域价值成分不低于55%。

2. (A)从品目6401至6405以外的任何其他品目改变至子目6401.92的滑雪靴和滑雪板靴,前提是使用累积法时的区域价值成分不低于35%,使用扣减法时的区域价值成分不低于45%;

   (B)从品目6401至6405以外的任何其他品目改变至子目6401.92的除滑雪靴和滑雪板靴外的鞋类,鞋底和鞋面的表面积[包括第六十四章注四(一)所述的任何附件或加强件]90%以上为聚氯乙烯,不论是否用聚氯乙烯支撑或内衬,但未以其他方式支撑或内衬,前提是使用累积法时的区域价值成分不低于35%,使用扣减法时的区域价值成分不低于45%;

   (C)从品目6401至6405以外的任何其他品目(子目6406.10除外)改变至子目6401.92的任何其他鞋类,前提是使用扣减法时的区域价值成分不低于55%。

[3已删除]

4. (A)从品目6401至6405以外的任何其他品目(子目6406.10除外)改变至子目

6401.99 的鞋类,该鞋类设计用于外穿或代替其他类似防水、防油、防脂、防化学品或防寒冷或恶劣天气的鞋,前提是使用扣减法时的区域价值成分不低于 55%;

(B)从品目 6401 至 6405 以外的任何其他品目改变至子目 6401.99 的鞋类,但设计用于外穿或代替其他类似防水、防油、防脂、防化学品或防寒冷或恶劣天气的鞋除外,鞋面[包括本税则第六十四章注释四(一)所述的任何附件或加强件]90%以上的外表面积为橡胶或塑料(鞋底使用或模制有镶边或镶边状带并与鞋面重叠的鞋除外),前提是使用累积法时的区域价值成分不低于 35%,使用扣减法时的区域价值成分不低于 45%;或者

(C)从品目 6401 至 6405 以外的任何其他品目(子目 6406.10 除外)改变至子目 6401.99 的任何其他鞋类,前提是使用扣减法时的区域价值成分不低于 55%。

5. 从品目 6401 至 6405 以外的任何其他品目改变至子目 6402.12 至 6402.20,前提是使用累积法时的区域价值成分不低于 35%,使用扣减法时的区域价值成分不低于 45%。

6.(A)从品目 6401 至 6405 以外的任何其他品目改变至子目 6402.91 的带有保护性金属鞋头的鞋,鞋面[包括第六十四章注释四(一)所述的任何附件或加强件]90%以上的外表面积为橡胶或塑料(鞋底使用或模制有镶边或镶边状带并与鞋面重叠的鞋,或者设计用于外穿或代替其他类似防水、防油、防脂、防化学品或防寒冷或恶劣天气的鞋除外),前提是使用累积法时的区域价值成分不低于 35%,使用扣减法时的区域价值成分不低于 45%;或者

(B)从品目 6401 至 6405 以外的任何其他品目(子目 6406.10 除外)改变至子目 6402.91 的带有保护性金属鞋头的鞋,该鞋设计用于外穿或代替其他类似防水、防油、防脂、防化学品或防寒冷或恶劣天气的鞋,前提是使用扣减法时的区域价值成分不低于 55%;或者

(C)从品目 6401 至 6405 以外的任何其他品目改变至子目 6402.91 的价值不超过 3 美元/双的任何其他鞋类,前提是使用累积法时的区域价值成分不低于 35%,使用扣减法时的区域价值成分不低于 45%;或者

(D)从品目 6401 至 6405 以外的任何其他品目(子目 6406.10 除外)改变至子目 6402.91 的价值超过 3 美元/双但不超过 12 美元/双的任何其他鞋类,前提是使用扣减法时的区域价值成分不低于 55%;或者

(E)从品目 6401 至 6405 以外的任何其他品目改变至子目 6402.91 的价值超过 12 美元/双的任何其他鞋类,前提是使用累积法时的区域价值成分不低于 35%,使用扣减法时的区域价值成分不低于 45%。

7.(A)品目 6401 至 6405 以外的任何其他品目改变至子目 6402.91 的鞋类,鞋面[包括第六十四章注释四(一)所述的任何附件或加强件]90%以上的外表面积为橡胶或塑料,但(1)鞋底使用或模制有镶边或镶边状带并与鞋面重叠的鞋类和(2)鞋帮从外底顶部上方 3 厘米处完全为非模制结构,该结构是通过各部分缝合在一起形成的,并且在外表面上露出功能性缝合的大部分的鞋类除外,该鞋类设计用于外穿或代替其他类似防水、防油、防脂、防化学品或防寒冷或恶劣天气的鞋,前提是使用累积法时的区域价值成分不低于 35%,使用扣减法时的区域价值成分不低于

45%;或者

(B)从品目 6401 至 6405 以外的任何其他品目(子目 6406.10 除外)改变至子目 6402.91 的鞋类,该鞋类设计用于外穿或代替其他类似防水、防油、防脂、防化学品或防寒冷或恶劣天气的鞋,前提是使用扣减法时的区域价值成分不低于 55%;或者

(C)从品目 6401 至 6405 以外的任何其他品目改变至子目 6402.91 的价值不超过 6.50 美元/双的其他鞋类,前提是使用累积法时的区域价值成分不低于 35%,使用扣减法时的区域价值成分不低于 45%;或者

(D)从品目 6401 至 6405 以外的任何其他品目(子目 6406.10 除外)改变至子目 6402.91 的价值超过 6.50 美元/双的其他鞋类,前提是使用扣减法时的区域价值成分不低于 55%。

8.(A)从品目 6401 至 6405 以外的任何其他品目改变至子目 6402.99 的带有保护性金属鞋头的鞋,鞋面[包括第六十四章注释四(一)所述的任何附件或加强件]90%以上的外表面积为橡胶或塑料(鞋底使用或模制有镶边或镶边状带并与鞋面重叠的鞋,或设计用于外穿或代替其他类似防水、防油、防脂、防化学品或防寒冷或恶劣天气的鞋除外),前提是使用累积法时的区域价值成分不低于 35%,使用扣减法时的区域价值成分不低于 45%;或者

(B)从品目 6401 至 6405 以外的任何其他品目(子目 6406.10 除外)改变至子目 6402.99 的带有保护性金属鞋头的鞋,该鞋设计用于外穿或代替其他类似防水、防油、防脂、防化学品或防寒冷或恶劣天气的鞋,前提是使用扣减法时的区域价值成分不低于 55%;或者

(C)从品目 6401 至 6405 以外的任何其他品目改变至子目 6402.99 的价值不超过 3 美元/双的任何其他鞋类,前提是使用累积法时的区域价值成分不低于 35%,使用扣减法时的区域价值成分不低于 45%;或者

(D)从品目 6401 至 6405 以外的任何其他品目(子目 6406.10 除外)改变至子目 6402.99 的价值超过 3 美元/双但不超过 12 美元/双的任何其他鞋类,前提是使用扣减法时的区域价值成分不低于 55%;或者

(E)从品目 6401 至 6405 以外的任何其他品目改变至子目 6402.99 的价值超过 12 美元/双的任何其他鞋类,前提是使用累积法时的区域价值成分不低于 35%,使用扣减法时的区域价值成分不低于 45%。

8A.(A)从品目 6401 至 6405 以外的任何其他品目改变至子目 6402.99 的其他鞋类,鞋面[包括第六十四章注释四(一)所述的任何附件或加强件]90%以上的外表面积为橡胶或塑料(鞋底使用或模制有镶边或镶边状带并与鞋面重叠的鞋除外),设计用于外穿或代替其他类似防水、防油、防脂、防化学品或防寒冷或恶劣天气的鞋,前提是使用累积法时的区域价值成分不低于 35%,使用扣减法时的区域价值成分不低于 45%;

(B)从品目 6401 至 6405 以外的任何其他品目(子目 6406.10 除外)改变至子目 6402.99 的其他鞋类,设计用于代替其他类似防水、防油、防脂、防化学品或防寒

冷或恶劣天气的鞋,前提使用扣减法时的区域价值成分不低于55%;或者

(C) 从品目6401至6405以外的任何其他品目改变至子目6402.99的其他露趾或露跟鞋,不使用鞋带、搭扣或其他紧固件固定在脚上的滑套式鞋[设计用于外穿或代替其他类似防水、防油、防脂、防化学品或防寒冷或恶劣天气的鞋,以及鞋底或鞋帮(鞋底或鞋帮重叠部分)全部或几乎全部采用橡胶或塑料制成的鞋带的除外],前提使用累积法时的区域价值成分不低于35%,使用扣减法时的区域价值成分不低于45%;

(D) 从品目6401至6405以外的任何其他品目改变至子目6402.99的价值不超过6.50美元/双的其他鞋类,前提是使用累积法时的区域价值成分不低于35%,使用扣减法时的区域价值成分不低于45%;或者

(E) 从品目6401至6405以外的任何其他品目(子目6406.10除外)改变至子目6402.99的价值超过6.50美元/双的其他鞋类,前提是使用扣减法时的区域价值成分不低于55%。

9. 从品目6401至6405以外的任何其他品目改变至品目6403,前提是使用累积法时的区域价值成分不低于35%,使用扣减法时的区域价值成分不低于45%。

10. (A) 从任何其他品目改变至子目6404.11的鞋面[包括第六十四章注释四(一)所述的任何附件或加强件]50%以上的外表面积为皮革的鞋类,前提是使用累积法时的区域价值成分不低于35%,使用扣减法时的区域价值成分不低于45%;

(B) 从任何其他品目改变至子目6404.11的价值不超过12美元/双的其他鞋类,前提是使用累积法时的区域价值成分不低于35%,使用扣减法时的区域价值成分不低于45%;或者

(C) 从任何其他品目(子目6406.10除外)改变至子目6404.11的价值超过12美元/双的其他鞋类,前提是使用扣减法时的区域价值成分不低于55%。

11. (A) 从任何其他品目改变至子目6404.19的鞋面[包括第六十四章注释四(一)所述的任何附件或加强件]50%以上的外表面积为皮革的鞋类,前提是使用累积法时的区域价值成分不低于35%,使用扣减法时的区域价值成分不低于45%;

(B) 从任何其他品目(子目6406.10除外)改变至子目6404.19的鞋类,设计用于外穿或代替其他类似防水、防油、防脂、防化学品或防寒冷或恶劣天气的鞋,前提是使用扣减法时的区域价值成分不低于55%;或者

(C) 从任何其他品目改变至子目6404.19的任何其他鞋类,前提是使用累积法时的区域价值成分不低于35%,使用扣减法时的区域价值成分不低于45%。

12. 从任何其他品目改变至子目6404.20,前提是使用累积法时的区域价值成分不低于35%,使用扣减法时的区域价值成分不低于45%。

13. 从任何其他品目改变至品目6405,前提是使用累积法时的区域价值成分不低于35%,使用扣减法时的区域价值成分不低于45%。

14. 从任何其他子目(品目6401至6405除外)改变至子目6406.10,前提是使用累积法时的区域价值成分不低于35%,使用扣减法时的区域价值成分不低于45%。

15. 从任何其他章改变至子目6406.20至6406.99。

第六十五章

1. 从任何其他章改变至品目6501至6502。
2. 从任何其他品目(品目6504至6507除外)改变至品目6504至6506。
3. 从任何其他品目改变至品目6507。

第六十六章

1. 从任何其他品目(子目6603.20和品目3920至3921、品目5007、品目5111至5113、品目5208至5212、品目5309至5311、品目5407至5408、品目5512至5516、品目5602至5603、品目5801至5811、品目5901至5911或品目6001至6002除外)改变至品目6601。
2. 从任何其他品目改变至品目6602。
3. 从任何其他章改变至品目6603。

第六十七章

1. (A)从任何其他品目改变至品目6701；或者
   (B)从任何其他货物(包括品目6701的货物)改变至品目6701的羽毛或羽绒制品。
2. 从任何其他品目改变至品目6702至6704。

第六十八章

1. 从任何其他品目改变至品目6801至6811。
2. 从任何其他子目改变至子目6812.80。
3. 从任何其他子目改变至子目6812.91。
4. 从子目6812.92至6812.93以外的任何子目改变至子目6812.92至6812.93。
4A. 从任何其他品目改变至子目6812.99。
5. 从任何其他品目改变至品目6813至6815。

第六十九章

从任何其他章改变至品目6901至6914。

第七十章

1. 从任何其他品目改变至品目7001。
2. 从任何其他品目改变至子目7002.10。
3. 从任何其他章改变至子目7002.20。
4. 从任何其他品目改变至子目7002.31。
5. 从任何其他章改变至子目7002.32至7002.39。
6. 从任何其他品目(品目7003至7006除外)改变至子目7003.12至7003.20。
7. 从任何其他品目(品目7003至7009除外)改变至子目7003.30。
8. 从任何其他品目(品目7003至7009除外)改变至子目7004.20。
9. 从任何其他品目(品目7003至7006除外)改变至子目7004.90。
10. 从任何其他品目(品目7003至7006除外)改变至子目7005.10。
11. 从任何其他品目(品目7003至7009除外)改变至子目7005.21至7005.29。
12. 从任何其他品目(品目7003至7006除外)改变至子目7005.30。
13. 从任何其他品目(品目7003至7009除外)改变至品目7006。

14. 从任何其他品目(品目7003至7009除外)改变至品目7007。

15. 从任何其他品目改变至品目7008。

16. 从任何其他子目改变至子目7009.10。

17. 从任何其他品目(品目7003至7009除外)改变至子目7009.91至7009.92。

18. 从品目7009至7018以外的任何品目(品目7007至7008或者品目7020的真空瓶或其他真空容器的玻璃内胆除外)改变至品目7009至7018。

19. 从任何其他品目(品目7007至7020除外)改变至品目7019。

20. 从任何其他品目改变至品目7020。

第七十一章

1. 从任何其他品目(品目0307除外)改变至品目7101。

2. 从任何其他章改变至品目7102至7103。

3. 从任何其他品目改变至品目7104至7105。

4. 从任何其他章改变至品目7106至7111。

5. 从任何其他品目改变至品目7112。

6. 从任何其他品目(品目7113至7118除外)改变至品目7113至7117。

7. 从任何其他品目改变至品目7118。

第七十二章

1. 从任何其他章改变至品目7201至7205。

2. 从品目7206至7207以外的任何品目改变至品目7206至7207。

3. 从任何其他品目改变至品目7208。

4. 从任何其他品目(品目7208至7216除外)改变至品目7209至7212。

5. 从任何其他品目改变至品目7213。

6. 从任何其他品目(品目7208至7216除外)改变至品目7214至7215。

7. 从任何其他品目(品目7208至7215除外)改变至品目7216。

8. 从任何其他品目(品目7213至7215除外)改变至品目7217。

9. 从任何其他品目改变至品目7218。

10. 从品目7219至7220以外的任何品目改变至品目7219至7220。

11. 从任何其他品目(品目7221至7222除外)改变至品目7221至7223。

12. 从任何其他品目改变至品目7224。

13. 从品目7225至7226以外的任何品目改变至品目7225至7226。

14. 从任何其他品目(品目7227至7228除外)改变至品目7227至7229。

第七十三章

1. (A)从任何其他章改变至品目7301至7307;或者

   (B)从子目7304.49改变至子目7304.41的外径小于19毫米的货物。

2. 从任何其他品目改变至品目7308,但对品目7216的角材、型材或异型材进行以下处理而导致税则归类改变的除外:

   (A)钻孔、冲孔、开槽、切割、弯曲或清扫,不论是单独进行还是组合进行;

   (B)为复合结构添加附件或焊接件;

(C) 为搬运目的添加附件；

(D) 在 H 型钢或工字钢上增加焊件、连接件或附件，但焊件、连接件或附件的最大尺寸不得大于 H 型钢或工字钢法兰内表面之间的尺寸；

(E) 涂漆、镀锌或其他涂层；或者

(F) 单独或组合钻孔、冲孔、开槽或切割，添加一个没有加强元件的简单底板，用于生产适合做柱的制品。

3. 从品目 7309 至 7311 以外的任何品目改变至品目 7309 至 7311。

4. 从任何其他品目改变至品目 7312 至 7314。

5. (A) 从任何其他品目改变至子目 7315.11 至 7315.12；或者

   (B) 从子目 7315.19 改变至子目 7315.11 至 7315.12，不论是否从任何其他品目改变而来，前提是使用累积法时的区域价值成分不低于 35%，使用扣减法时的区域价值成分不低于 45%。

6. 从任何其他子目改变至子目 7315.90。

7. (A) 从任何其他品目改变至子目 7315.20 至 7315.89；或者

   (B) 从子目 7315.90 改变至子目 7315.20 至 7315.89，不论是否从任何其他品目改变而来，前提是使用累积法时的区域价值成分不低于 35%，使用扣减法时的区域价值成分不低于 45%。

8. 从任何其他品目改变至子目 7315.90。

9. 从任何其他品目（品目 7312 或品目 7315 除外）改变至品目 7316。

10. 从品目 7317 至 7318 以外的任何品目改变至品目 7317 至 7318。

11. 从任何其他品目（包括品目 7319 至 7320 中的另一品目）改变至品目 7319 至 7320。

12. (A) 从任何其他品目（包括子目 7321.11 至 7321.89 中的另一子目）改变至子目 7321.11 至 7321.89；或者

    (B) 从子目 7321.90 改变至子目 7321.11 至 7321.89，不论是否从任何其他品目改变而来，前提是使用累积法时的区域价值成分不低于 35%，使用扣减法时的区域价值成分不低于 45%。

13. (A) 从任何其他品目改变至子目 7321.90；或者

    (B) 税则归类无需改变至子目 7321.90 的货物，前提是使用累积法时的区域价值成分不低于 35%，使用扣减法时的区域价值成分不低于 45%。

14. 从品目 7322 至 7323 以外的任何品目改变至品目 7322 至 7323。

15. (A) 从任何其他品目改变至子目 7324.10 至 7324.29；或者

    (B) 税则归类无需改变至子目 7324.10 至 7324.29 的货物，前提是使用累积法时的区域价值成分不低于 35%，使用扣减法时的区域价值成分不低于 45%。

16. 从任何其他品目改变至子目 7324.90。

17. 从子目 7325.10 至 7326.20 以外的任何子目改变至子目 7325.10 至 7326.20。

18. 从任何其他品目（品目 7325 除外）改变至子目 7326.90。

第七十四章

1. 从任何其他品目改变至品目7401至7403。

2. 税则归类无需改变至品目7404的货物,前提是废碎料完全在澳大利亚或美国或本注释所定义的澳大利亚或美国境内获得或生产。

3. 从任何其他品目改变至品目7405至7407。

4. 从任何其他品目(品目7407除外)改变至品目7408。

5. 从任何其他品目改变至品目7409。

6. 从任何其他品目(品目7409的厚度小于5毫米的板、片或带除外)改变至品目7410。

7. 从任何其他品目改变至品目7411至7418。

8. 从任何其他品目改变至品目7419。

第七十五章

1. 从任何其他品目(包括品目7501至7505中的另一品目)改变至品目7501至7505。

2. (A)从任何其他品目改变至品目7506;或者

　(B)从品目7506的任何其他货物改变至厚度不超过0.15毫米的箔,前提是厚度减少不少于50%。

3. 从任何其他子目改变至子目7507.11至7508.90。

第七十六章

1. 从任何其他章改变至品目7601。

2. 从任何其他品目改变至品目7602。

3. 从任何其他章改变至品目7603。

4. 从任何其他品目(品目7605至7606除外)改变至品目7604。

5. 从任何其他品目(品目7604除外)改变至品目7605。

6. 从任何其他品目改变至子目7606.11。

7. 从任何其他品目(品目7604至7606除外)改变至子目7606.12。

8. 从任何其他品目改变至子目7606.91。

9. 从任何其他品目(品目7604至7606除外)改变至子目7606.92。

10. 从任何其他品目改变至品目7607。

11. 从品目7608至7609以外的任何品目改变至品目7608至7609。

12. 从任何其他品目(包括品目7610至7613中的另一品目)改变至品目7610至7613。

13. 从任何其他品目改变至子目7614.10。

14. 从任何其他品目(品目7604至7605除外)改变至子目7614.90。

15. 从任何其他品目改变至品目7615。

16. 从任何其他品目改变至子目7616.10。

17. 从任何其他子目改变至子目7616.91至7616.99。

第七十八章

1. 从任何其他章改变至品目7801至7802。

2. 从任何其他品目改变至品目7804。

3. (A)从品目7806的任何其他货物或任何其他品目改变至品目7806的条、杆、型材、异

型材或丝；或者

　　(B)从品目 7806 的任何其他货物或任何其他品目改变至品目 7806 的管或管子附件；或者

　　(C)从任何其他品目改变至品目 7806 的任何其他货物。

第七十九章

1. 从任何其他章改变至品目 7901 至 7902。

2. 从任何其他章改变至子目 7903.10。

3. 从任何其他品目改变至子目 7903.90。

4. 从任何其他品目(包括品目 7904 至 7905 中的另一品目)改变至品目 7904 至 7905。

5. (A)从品目 7907 的任何其他货物或任何其他品目改变至品目 7907 的管或管子附件；或者

　　(B)从任何其他品目改变至品目 7907 的任何其他货物。

第八十章

1. 从任何其他章改变至品目 8001 至 8002。

2. 从任何其他品目改变至品目 8003。

3. (A)从品目 8007 的任何其他货物或任何其他品目改变至品目 8007 的锡板、片或带（包括箔）；或者

　　(B)从品目 8007 的任何其他货物或任何其他品目改变至品目 8007 的管或管子附件；或者

　　(C)从任何其他品目改变至品目 8007 的任何其他货物。

第八十一章

1. 从任何其他章改变至子目 8101.10 至 8101.94。

2. 从任何其他子目(子目 8101.99 的条或杆除外)改变至子目 8101.96。

[3 已删除]

4. 从任何其他章改变至子目 8101.97。

5. (A)从子目 8101.99 的任何其他货物或任何其他子目改变至子目 8101.99 的条、杆（仅通过简单烧结获得的除外）、型材、异型材、板、片、带或箔；或者

　　(B)从子目 8101.99 的条、杆(仅通过简单烧结获得的除外)、型材、异型材、板、片、带或箔或任何其他子目改变至子目 8109.99 的任何其他货物。

6. 从任何其他章改变至子目 8102.10 至 8102.94。

7. 从任何其他子目改变至子目 8102.95。

8. 从任何其他子目(子目 8102.95 除外)改变至子目 8102.96。

9. 从任何其他章改变至子目 8102.97。

10. 从任何其他子目改变至子目 8102.99。

11. 从任何其他章改变至子目 8103.20 至 8103.30。

12. 从任何其他子目改变至子目 8103.90。

13. 从任何其他章改变至子目 8104.11 至 8104.20。

14. 从任何其他子目改变至子目 8104.30 至 8104.90。

15. 从任何其他章改变至子目 8105.20 至 8105.30。

16. 从任何其他子目改变至子目 8105.90。

17. (A)从任何其他章改变至品目 8106;或者

    (B)税则归类无需改变至品目 8106 的货物,前提是使用累积法时的区域价值成分不低于 35%,使用扣减法时的区域价值成分不低于 45%。

18. 从任何其他章改变至子目 8107.20。

19. 从任何其他章改变至子目 8107.30。

20. 从任何其他子目改变至子目 8107.90。

21. 从任何其他章改变至子目 8108.20 至 8108.30。

22. 从任何其他子目改变至子目 8108.90。

23. 从任何其他章改变至子目 8109.20 至 8109.30。

24. 从任何其他子目改变至子目 8109.90。

25. (A)从任何其他章改变至品目 8110 至 8111;或者

    (B)税则归类无需改变至品目 8110 至 8111 的货物,前提是使用累积法时的区域价值成分不低于 35%,使用扣减法时的区域价值成分不低于 45%。

26. 从任何其他章改变至子目 8112.12 至 8112.13。

27. 从任何其他子目改变至子目 8112.19,前提是使用累积法时的区域价值成分不低于 35%,使用扣减法时的区域价值成分不低于 45%。

28. (A)从任何其他章改变至子目 8112.21 至 8112.59;或者

    (B)税则归类无需改变至子目 8112.21 至 8112.59 的货物,前提是使用累积法时的区域价值成分不低于 35%,使用扣减法时的区域价值成分不低于 45%。

29. (A)从任何其他章改变至子目 8112.92 的未锻造铌或钒、锗或钒废碎料或粉末;或者

    (B)税则归类无需改变至子目 8112.92 的未锻造铌或钒、锗或钒废碎料或粉末,前提是使用累积法时的区域价值成分不低于 35%,使用扣减法时的区域价值成分不低于 45%;或者

    (C)从任何其他章改变至子目 8112.92 的任何其他货物。

30. (A)从任何其他章改变至子目 8112.99 的钒或锗制品;或者

    (B)税则归类无需改变至子目 8112.99 的锗或钒制品,前提是使用累积法时的区域价值成分不低于 35%,使用扣减法时的区域价值成分不低于 45%;或者

    (C)从子目 8112.99 的锗或钒制品或任何其他子目改变至子目 8112.99 的任何其他货物。

31. (A)从任何其他章改变至品目 8113;或者

    (B)税则归类无需改变至品目 8113 的货物,前提是使用累积法时的区域价值成分不低于 35%,使用扣减法时的区域价值成分不低于 45%。

第八十二章

1. 从任何其他章改变至品目 8201 至 8206。

2. (A)从任何其他章改变至子目 8207.13;或者

    (B)从品目 8209 或子目 8207.19 改变至子目 8207.13,前提是使用累积法时的区域价

值成分不低于35％,使用扣减法时的区域价值成分不低于45％。

3. 从任何其他章改变至子目8207.19至8207.90。

4. (A)从任何其他章改变至品目8208至8215;或者

   (B)从子目8211.95改变至子目8211.91至8211.93,不论是否从任何其他章改变而来,前提是使用累积法时的区域价值成分不低于35％,使用扣减法时的区域价值成分不低于45％。

第八十三章

1. (A)从任何其他章改变至子目8301.10至8301.40;或者

   (B)从子目8301.60改变至子目8301.10至8301.40,不论是否从任何其他章改变而来,前提是使用累积法时的区域价值成分不低于35％,使用扣减法时的区域价值成分不低于45％。

2. (A)从任何其他章改变至子目8301.50;或者

   (B)从任何其他子目改变至子目8301.50,前提是使用累积法时的区域价值成分不低于35％,使用扣减法时的区域价值成分不低于45％。

3. 从任何其他章改变至子目8301.60至8301.70。

4. 从任何其他品目改变至品目8302至8304。

5. (A)从任何其他章改变至子目8305.10至8305.20;或者

   (B)从任何其他子目改变至子目8305.10至8305.20,前提是使用累积法时的区域价值成分不低于35％,使用扣减法时的区域价值成分不低于45％。

6. 从任何其他品目改变至子目8305.90。

7. 从任何其他章改变至子目8306.10。

8. 从任何其他品目改变至子目8306.21至8306.30。

9. 从任何其他品目改变至品目8307。

10. (A)从任何其他章改变至子目8308.10至8308.20;或者

    (B)从任何其他子目改变至子目8308.10至8308.20,前提是使用累积法时的区域价值成分不低于35％,使用扣减法时的区域价值成分不低于45％。

11. 从任何其他品目改变至子目8308.90。

12. 从任何其他品目改变至品目8309至8310。

13. (A)从任何其他章改变至子目8311.10至8311.30;或者

    (B)从任何其他子目改变至子目8311.10至8311.30,前提是使用累积法时的区域价值成分不低于35％,使用扣减法时的区域价值成分不低于45％。

14. 从任何其他品目改变至子目8311.90。

第八十四章

1. 从任何其他子目改变至子目8401.10至8401.30。

2. 从任何其他品目改变至子目8401.40。

3. (A)从任何其他品目改变至子目8402.11;或者

   (B)从子目8402.90改变至子目8402.11,不论是否从任何其他品目改变而来,前提是使用累积法时的区域价值成分不低于35％,使用扣减法时的区域价值成分不低于

45%。

4. (A)从任何其他品目改变至子目 8402.12;或者

(B)从任何其他子目改变至子目 8402.12,前提是使用累积法时的区域价值成分不低于 35%,使用扣减法时的区域价值成分不低于 45%。

5. (A)从任何其他品目改变至子目 8402.19;或者

(B)从子目 8402.90 改变至子目 8402.19,不论是否从任何其他品目改变而来,前提是使用累积法时的区域价值成分不低于 35%,使用扣减法时的区域价值成分不低于 45%。

6. (A)从任何其他品目改变至子目 8402.20;或者

(B)从任何其他子目改变至子目 8402.20,前提是使用累积法时的区域价值成分不低于 35%,使用扣减法时的区域价值成分不低于 45%。

7. (A)从任何其他品目改变至子目 8402.90;或者

(B)税则归类无需改变至子目 8402.90 的货物,前提是使用累积法时的区域价值成分不低于 35%,使用扣减法时的区域价值成分不低于 45%。

8. 从任何其他子目改变至子目 8403.10。

9. 从任何其他品目改变至子目 8403.90。

10. 从任何其他子目改变至子目 8404.10。

11. (A)从任何其他品目改变至子目 8404.20;或者

(B)从子目 8404.90 改变至子目 8404.20,不论是否从任何其他品目改变而来,前提是使用累积法时的区域价值成分不低于 35%,使用扣减法时的区域价值成分不低于 45%。

12. 从任何其他品目改变至子目 8404.90。

13. 从任何其他子目改变至子目 8405.10。

14. 从任何其他品目改变至子目 8405.90。

15. 从任何其他子目改变至子目 8406.10。

16. 从子目 8406.81 至 8406.82 以外的任何子目改变至子目 8406.81 至 8406.82。

17. (A)从任何其他品目改变至子目 8406.90;或者

(B)税则归类无需改变,从仅进行清洁或移除翅片、浇口和冒口的转子改变至用于最终组装的制成转子或从任何其他货物改变至子目 8406.90 的精加工机械的允许位置;

(C)税则归类无需改变,从任何其他产品(包括子目 8406.90 的产品)改变至子目 8406.90 的旋转或固定叶片。

18. 从任何其他品目改变至子目 8407.10 至 8407.29。

19. (A)从任何其他品目改变至子目 8407.31 至 8407.34;或者

(B)税则归类无需改变至子目 8407.31 至 8407.34 的货物,前提是使用净成本法时的区域价值成分不低于 50%。

20. 从任何其他品目改变至子目 8407.90。

21. 从任何其他品目改变至子目 8408.10。

22. (A)从任何其他品目改变至子目 8408.20;或者
    (B)税则归类无需改变至子目 8408.20 的货物,前提是使用净成本法时的区域价值成分不低于 50%。

23. 从任何其他品目改变至子目 8408.90。

24. 税则归类无需改变至品目 8409 的货物,前提是使用净成本法时的区域价值成分不低于 50%。

25. 从子目 8410.11 至 8410.13 以外的任何子目改变至子目 8410.11 至 8410.13。

26. 从任何其他品目改变至子目 8410.90。

27. 从子目 8411.11 至 8411.82 以外的任何子目改变至子目 8411.11 至 8411.82。

28. 从任何其他品目改变至子目 8411.91 至 8411.99。

29. 从任何其他子目改变至子目 8412.10 至 8412.80。

30. 从任何其他品目改变至子目 8412.90。

31. 从任何其他子目改变至子目 8413.11 至 8413.82。

32. (A)从任何其他品目改变至子目 8413.91 至 8413.92;或者
    (B)税则归类无需改变至子目 8413.92 的货物,前提是使用累积法时的区域价值成分不低于 35%,使用扣减法时的区域价值成分不低于 45%。

33. 从任何其他子目(包括子目 8414.10 至 8414.80 中的另一子目)改变至子目 8414.10 至 8414.80。

34. (A)从任何其他品目改变至子目 8414.90;或者
    (B)税则归类无需改变至子目 8414.90 的货物,前提是使用累积法时的区域价值成分不低于 35%,使用扣减法时的区域价值成分不低于 45%。

35. 从任何其他子目改变至子目 8415.10 至 8415.83。

36. (A)从任何其他品目改变至子目 8415.90;或者
    (B)从任何其他产品(包括子目 8415.90 的产品)改变至子目 8415.90 的机箱、机箱刀片和外部机柜。

37. 从任何其他子目改变至子目 8416.10 至 8417.80。

38. 从任何其他品目改变至子目 8417.90。

39. 从任何其他子目改变至子目 8418.10 至 8418.99。

40. (A)从任何其他品目改变至子目 8419.11 至 8419.89;或者
    (B)从子目 8419.90 改变至子目 8419.11 至 8419.89,不论是否从任何其他品目改变而来,前提是使用累积法时的区域价值成分不低于 35%,使用扣减法时的区域价值成分不低于 45%。

41. (A)从任何其他品目改变至子目 8419.90;或者
    (B)税则归类无需改变至子目 8419.90 的货物,前提是使用累积法时的区域价值成分不低于 35%,使用扣减法时的区域价值成分不低于 45%。

42. 从任何其他子目改变至子目 8420.10。

43. 从任何其他品目改变至子目 8420.91 至 8420.99。

44. 从任何其他子目改变至子目 8421.11 至 8421.39。

45. (A)从任何其他品目改变至子目 8421.91;或者
    (B)税则归类无需改变至子目 8421.91 的货物,前提是使用累积法时的区域价值成分不低于 35%,使用扣减法时的区域价值成分不低于 45%。

46. (A)从任何其他品目改变至子目 8421.99;或者
    (B)税则归类无需改变至子目 8421.99 的货物,前提是使用累积法时的区域价值成分不低于 35%,使用扣减法时的区域价值成分不低于 45%。

47. 从任何其他子目改变至子目 8422.11 至 8422.40。

48. (A)从任何其他品目改变至子目 8422.90;或者
    (B)税则归类无需改变至子目 8422.90 的货物,前提是使用累积法时的区域价值成分不低于 35%,使用扣减法时的区域价值成分不低于 45%。

49. 从任何其他子目改变至子目 8423.10 至 8423.89。

50. 从任何其他品目改变至子目 8423.90。

51. 从任何其他子目改变至子目 8424.10 至 8430.69。

52. (A)从任何其他品目改变至品目 8431;或者
    (B)税则归类无需改变至子目 8431.10、子目 8431.31、子目 8431.39、子目 8431.43 或子目 8431.49,前提是使用累积法时的区域价值成分不低于 35%,使用扣减法时的区域价值成分不低于 45%。

53. 从任何其他子目改变至子目 8432.10 至 8438.80。

54. 从任何其他品目改变至子目 8438.90。

55. 从任何其他子目改变至子目 8439.10 至 8441.80。

56. (A)从任何其他品目改变至子目 8441.90;或者
    (B)税则归类无需改变至子目 8441.90 的货物,前提是使用累积法时的区域价值成分不低于 35%,使用扣减法时的区域价值成分不低于 45%。

57. 从任何其他子目改变至子目 8442.30。

58. 从任何其他品目改变至子目 8442.40 至 8442.50。

59. (A)从子目 8443.11 至 8443.19 以外的任何子目(子目 8443.91 的辅助印刷机器除外)改变至子目 8443.11 至 8443.19;或者
    (B)从子目 8443.91 的辅助印刷机器改变至子目 8443.11 至 8443.19,前提是使用累积法时的区域价值成分不低于 35%,使用扣减法时的区域价值成分不低于 45%。

60. 从任何其他子目改变至子目 8443.31。

61. (A)从任何其他子目改变而来(子目 8443.99 的辅助印刷机器除外);或者
    (B)从子目 8443.99 的辅助印刷机器改变至子目 8443.32,前提是使用累积法时的区域价值成分不低于 35%,使用扣减法时的区域价值成分不低于 45%。
    (C)从任何其他子目改变至子目 8443.39。

61A. (A)从子目 8443.91 的任何其他货物(子目 8443.11 至 8443.39 除外)或任何其他子目改变至子目 8443.91 的辅助印刷机器;或者
    (B)从任何其他品目改变至子目 8443.91 的任何其他货物。

61B. (A)从任何其他子目改变至子目8443.99;或者

　　(B)税则归类无需改变,前提是使用累积法时的区域价值成分不低于35%,使用扣减法时的区域价值成分不低于45%。

62. 从任何其他品目改变至品目8444。

63. 从品目8445至8447以外的任何品目改变至品目8445至8447。

64. 从任何其他子目改变至子目8448.11至8448.19。

65. 从任何其他品目改变至子目8448.20至8448.59。

66. 从任何其他品目改变至品目8449。

67. (A)从任何其他品目改变至子目8450.11至8450.20;或者

　　(B)从子目8450.90改变至子目8450.11至8450.20,不论是否从任何其他品目改变而来,前提是使用累积法时的区域价值成分不低于35%,使用扣减法时的区域价值成分不低于45%。

68. 从任何其他品目改变至子目8450.90。

69. 从任何其他子目改变至子目8451.10至8451.80。

70. 从任何其他品目改变至子目8451.90。

71. 从子目8452.10至8452.29以外的任何子目改变至子目8452.10至8452.29。

72. 从任何其他子目改变至子目8452.30至8452.40。

73. 从任何其他品目改变至子目8452.90。

74. 从任何其他子目改变至子目8453.10至8453.80。

75. 从任何其他子目改变至子目8453.90。

76. 从任何其他子目改变至子目8454.10至8454.30。

77. 从任何其他品目改变至子目8454.90。

78. 从任何其他子目改变至子目8455.10至8455.90。

79. 从任何其他品目改变至品目8456至8463,前提是使用扣减法时的区域价值成分不低于65%。

80. 从任何其他品目改变至品目8464至8465。

81. 从任何其他品目改变至品目8466,前提是使用累积法时的区域价值成分不低于35%,使用扣减法时的区域价值成分不低于45%。

82. 从任何其他子目改变至子目8467.11至8467.89。

83. 从任何其他品目改变至子目8467.91。

84. 从任何其他品目(品目8407除外)改变至子目8467.92至8467.99。

85. 从任何其他子目改变至子目8468.10至8468.80。

86. 从任何其他品目改变至子目8468.90。

87. (A)从任何其他子目改变而来(子目8443.99的辅助印刷机器除外);或者

　　(B)从子目8443.99的辅助印刷机器改变至子目8443.32,前提是使用累积法时的区域价值成分不低于35%,使用扣减法时的区域价值成分不低于45%。

　　(C)从任何其他子目改变至子目8443.39。

88. (A)从子目8443.91的任何其他货物(子目8443.11至8443.39除外)或任何其他子

目改变至子目 8443.91 的辅助印刷机器;或者

(B)从任何其他品目改变至子目 8443.91 的任何其他货物。

88A. (A)从任何其他子目改变至子目 8443.99;或者

(B)税则归类无需改变,前提是使用累积法时的区域价值成分不低于 35%,使用扣减法时的区域价值成分不低于 45%。

89. 从任何其他子目改变至子目 8470.10 至 8473.50。

90. 从子目 8474.10 至 8474.80 以外的任何子目改变至子目 8474.10 至 8474.80。

91. (A)从任何其他品目改变至子目 8474.90;或者

(B)税则归类无需改变至子目 8474.90 的货物,前提是使用累积法时的区域价值成分不低于 35%,使用扣减法时的区域价值成分不低于 45%。

92. 从任何其他子目改变至子目 8475.10。

93. 从子目 8475.21 至 8475.29 以外的任何子目改变至子目 8475.21 至 8475.29。

94. 从任何其他品目改变至子目 8475.90。

95. 从子目 8476.21 至 8476.89 以外的任何子目改变至子目 8476.21 至 8476.89。

96. 从任何其他品目改变至子目 8476.90。

97. (A)从任何其他品目改变至品目 8477,前提是使用累积法时的区域价值成分不低于 35%,使用扣减法时的区域价值成分不低于 45%;或者

(B)从子目 8477.90 改变至 8477.10 至 8477.80,前提是使用累积法时的区域价值成分不低于 35%,使用扣减法时的区域价值成分不低于 45%。

98. 从任何其他子目改变至子目 8478.10。

99. 从任何其他品目改变至子目 8478.90。

100. 从任何其他子目改变至子目 8479.10 至 8479.90。

101. 从任何其他品目改变至品目 8480。

102. (A)从任何其他品目改变至子目 8481.10 至 8481.80;或者

(B)从子目 8481.90 改变至 8481.10 至 8481.80,不论是否从任何其他品目改变而来,前提是使用累积法时的区域价值成分不低于 35%,使用扣减法时的区域价值成分不低于 45%。

103. 从任何其他品目改变至子目 8481.90。

104. (A)从子目 8482.10 至 8482.80 以外的任何子目(子目 8482.99 的内圈、外圈或座圈除外)改变至子目 8482.10 至 8482.80;或者

(B)从子目 8482.99 的内圈、外圈或座圈改变至子目 8482.10 至 8482.80,不论是否从子目 8482.10 至 8482.80 以外的子目改变而来,前提是使用累积法时的区域价值成分不低于 50%。

105. 从任何其他品目改变至子目 8482.91 至 8482.99。

106. 从任何其他子目改变至子目 8483.10。

107. 从任何其他子目(子目 8482.10 至 8482.80 除外)改变至子目 8483.20。

108. (A)从任何其他品目改变至子目 8483.30;或者

(B)从任何其他子目改变至子目 8483.30,前提是使用累积法时的区域价值成分不

低于50%。

109. (A) 从任何子目(子目8482.10至8482.80、子目8482.99、子目8483.10至8483.40、子目8483.60或子目8483.90除外)改变至子目8483.40至8483.50;或者

(B) 从子目8482.10至8482.80、子目8482.99、子目8483.10至8483.40、子目8483.60或子目8483.90改变至子目8483.40至8483.50,前提是使用扣减法时的区域价值成分不低于50%。

110. 从任何其他子目改变至子目8483.60。

111. 从任何其他品目改变至子目8483.90。

112. 从任何其他子目改变至子目8484.10至8484.90。

113. (A) 从子目8486.10至8486.40以外的任何子目改变至子目8486.10至8486.40;或者

(B) 税则归类无需改变,前提是使用累积法时的区域价值成分不低于35%,使用扣减法时的区域价值成分不低于45%。

114. (A) 从任何其他品目改变至子目8486.90;或者

(B) 税则归类无需改变,前提是使用累积法时的区域价值成分不低于35%,或者使用扣减法时的区域价值成分不低于45%。

115. 从任何其他品目改变至品目8487。

第八十五章

1. (A) 从任何其他品目(品目8503的定子和转子除外)改变至子目8501.10;或者

(B) 从品目8503的定子和转子改变至子目8501.10,不论是否从任何其他品目改变而来,前提是使用累积法时的区域价值成分不低于35%,使用扣减法时的区域价值成分不低于45%。

2. 从任何其他品目改变至子目8501.20至8501.64。

3. 从任何其他品目改变至品目8502至8503。

4. 从子目8504.10至8504.50以外的任何其他子目改变至子目8504.10至8504.23。

5. (A) 从任何其他品目改变至子目8504.31;或者

(B) 从子目8504.90改变至子目8504.31,不论是否从任何其他品目改变而来,前提是使用累积法时的区域价值成分不低于35%,使用扣减法时的区域价值成分不低于45%。

6. 从子目8504.10至8504.50以外的任何其他子目改变至子目8504.32至8504.50。

7. 从任何其他品目改变至子目8504.90。

8. 从任何其他子目改变至子目8505.11至8505.20。

9. (A) 从子目8505.90的任何其他货物或任何其他子目改变至子目8505.90的电磁提升头;或者

(B) 从任何其他品目改变至子目8505.90的任何其他货物。

10. 从任何其他子目改变至子目8506.10至8506.40。

11. 从子目8506.50至8506.80以外的任何子目改变至子目8506.50至8506.80。

12. 从任何其他品目改变至子目8506.90。

13. (A)从任何其他品目改变至子目 8507.10；或者

(B)从任何其他子目改变至子目 8507.10，不论是否从其他子目改变而来，前提是使用累积法时的区域价值成分不低于 35%，使用扣减法时的区域价值成分不低于 45%。

14. 从任何其他子目改变至子目 8507.20 至 8507.80。

15. 从任何其他品目改变至子目 8507.90。

15A. (A)从任何其他品目改变至子目 8508.11 至 8508.60；或者

(B)从任何其他子目改变至子目 8508.11 至 8508.60，前提是使用累积法时的区域价值成分不低于 35%，使用扣减法时的区域价值成分不低于 45%。

15B. 从任何其他品目改变至子目 8508.70。

16. (A)从任何其他品目改变至子目 8509.40 至 8509.80；或者

(B)从任何其他子目改变至子目 8509.40 至 8509.80，不论是否从其他子目改变而来，前提是使用累积法时的区域价值成分不低于 35%，使用扣减法时的区域价值成分不低于 45%。

17. 从任何其他品目改变至子目 8509.90。

18. 从任何其他子目改变至子目 8510.10 至 8510.30。

19. 从任何其他品目改变至子目 8510.90。

20. 从任何其他子目改变至子目 8511.10 至 8511.80。

21. 从任何其他品目改变至子目 8511.90。

22. 从子目 8512.10 至 8512.30 以外的任何子目改变至子目 8512.10 至 8512.30。

23. (A)从任何其他品目改变至子目 8512.40；或者

(B)从子目 8512.90 改变至子目 8512.40，不论是否从任何其他品目改变而来，前提是使用累积法时的区域价值成分不低于 35%，使用扣减法时的区域价值成分不低于 45%。

24. 从任何其他品目改变至子目 8512.90。

25. (A)从任何其他品目改变至子目 8513.10；或者

(B)从子目 8513.90 改变至子目 8513.10，不论是否从任何其他品目改变而来，前提是使用累积法时的区域价值成分不低于 35%，使用扣减法时的区域价值成分不低于 45%。

26. 从任何其他品目改变至子目 8513.90。

27. 从任何其他子目改变至子目 8514.10 至 8514.40。

28. 从任何其他品目改变至子目 8514.90。

29. 从子目 8515.11 至 8515.80 以外的任何子目改变至子目 8515.11 至 8515.80。

30. 从任何其他品目改变至子目 8515.90。

31. 从任何其他子目改变至子目 8516.10 至 8516.71。

32. (A)从任何其他子目(子目 8516.90 的烤面包机外壳或子目 9032.10 除外)改变至子目 8516.72；或者

(B)从子目 8516.90 的烤面包机外壳或子目 9032.10 改变至子目 8516.72，前提是使用累积法时的区域价值成分不低于35%,使用扣减法时的区域价值成分不低于45%。

33. 从任何其他子目改变至子目8516.79。
34. (A)从任何其他品目改变至子目8516.80;或者
    (B)从子目8516.90改变至子目8516.80,不论是否从任何其他品目改变而来,前提是使用累积法时的区域价值成分不低于35%,使用扣减法时的区域价值成分不低于45%。
35. (A)从任何其他品目改变至子目8516.90;或者
    (B)税则归类无需改变至子目8516.90的货物,前提是使用累积法时的区域价值成分不低于35%,使用扣减法时的区域价值成分不低于45%。
36. 从任何其他子目改变至子目8517.11至8517.69。
37. (A)从任何其他子目改变至子目8517.70;或者
    (B)税则归类无需改变,前提是使用累积法时的区域价值成分不低于35%,使用扣减法时的区域价值成分不低于45%。
38. (A)从任何其他品目改变至子目8518.10至8518.21;或者
    (B)从子目8518.90改变至子目8518.10至8518.21,不论是否从任何其他品目改变而来,前提是使用累积法时的区域价值成分不低于35%,使用扣减法时的区域价值成分不低于45%。
39. (A)从任何其他品目改变至子目8518.22;或者
    (B)从子目8518.29或子目8518.90改变至子目8518.22,不论是否从任何其他品目改变而来,前提是使用累积法时的区域价值成分不低于35%,使用扣减法时的区域价值成分不低于45%。
40. (A)从任何其他品目改变至子目8518.29至8518.50;或者
    (B)从子目8518.90改变至子目8518.29至8518.50,不论是否从任何其他品目改变而来,前提是使用累积法时的区域价值成分不低于35%,使用扣减法时的区域价值成分不低于45%。
41. 从任何其他品目改变至子目8518.90。
42. 从任何其他子目改变至子目8519.20至8521.90。
43. 从任何其他品目改变至品目8522。
44. (A)从任何其他品目改变至品目8523;或者
    (B)将声音或类似其他信号记录在品目8523的空白或未录制媒体上,不论税则归类是否发生改变,均应被视为原产。
45. 从子目8525.50至8525.60以外的任何子目(子目8517.61至8517.62的发送装置和子目8517.12、子目8517.61或子目8517.62的包含接收装置的发送装置除外)改变至子目8525.50至8525.60。
46. 从任何其他子目改变至子目8525.80至8527.99
47. 从任何其他子目改变至子目8528.41。
48. 从任何其他子目(子目7011.20、子目8528.59、子目8540.11或子目8540.91除外)

改变至子目 8528.49。

49. 从任何其他子目(子目 7011.20、子目 8528.49、子目 8540.11 或子目 8528.91 除外)改变至子目 8528.59。

50. 从任何其他子目改变至子目 8528.61。

51. 从任何其他子目改变至子目 8528.69。

52. 从任何其他子目(子目 7011.20、子目 8540.11 或子目 8540.91 除外)改变至子目 8528.71。

53. 从任何其他子目(子目 7011.20、子目 8528.73、子目 8540.11 或子目 8540.91 除外)改变至子目 8528.72。

54. 从任何其他子目改变至子目 8528.73。

54A. 从任何其他子目改变至子目 8528.51。

55. 从任何其他品目改变至子目 8529.10。

56. (A)从任何其他子目(子目 8517.70 除外)改变至子目 8529.90;或者
    (B)税则归类无需改变,前提是使用累积法时的区域价值成分不低于 35%,使用扣减法时的区域价值成分不低于 45%。

57. 从任何其他子目改变至子目 8530.10 至 8530.80。

58. 从任何其他品目改变至子目 8530.90。

59. 从任何其他子目改变至子目 8531.10 至 8531.80。

60. 从任何其他品目改变至子目 8531.90。

61. 从任何其他子目改变至子目 8532.10 至 8532.30。

62. 从任何其他子目改变至子目 8532.90。

63. 从任何其他子目改变至子目 8533.10 至 8533.40。

64. 从任何其他品目改变至子目 8533.90。

65. 从任何其他品目改变至品目 8534。

66. 从任何其他子目改变至子目 8535.10 至 8536.90。

67. 从任何其他品目改变至品目 8537 至 8538。

68. 从任何其他子目改变至子目 8539.10 至 8539.21。

69. (A)从任何其他品目改变至子目 8539.22;或者
    (B)从任何其他子目改变至子目 8539.22,不论是否从其他子目改变而来,前提是使用累积法时的区域价值成分不低于 35%,使用扣减法时的区域价值成分不低于 45%。

70. (A)从任何其他品目改变至子目 8539.29;或者
    (B)从子目 8539.90 改变至子目 8539.29,不论是否从任何其他品目改变而来,前提是使用累积法时的区域价值成分不低于 35%,使用扣减法时的区域价值成分不低于 45%。

71. 从任何其他子目改变至子目 8539.31。

72. 从子目 8539.32 至 8539.39 以外的任何子目改变至子目 8539.32 至 8539.39。

73. 从子目 8539.41 至 8539.49 以外的任何子目改变至子目 8539.41 至 8539.49。

74. 从任何其他品目改变至子目 8539.90。

75. 从任何其他子目(子目 7011.20 或子目 8540.91 除外)改变至子目 8540.11。

76. 从任何其他子目改变至子目 8540.12。

77. (A)从任何其他品目改变至子目 8540.20;或者

   (B)从子目 8540.91 至 8540.99 改变至子目 8540.20,不论是否从任何其他品目改变而来,前提是使用累积法时的区域价值成分不低于 35%,使用扣减法时的区域价值成分不低于 45%。

78. 从子目 8540.40 至 8540.60 以外的任何子目改变至子目 8540.40 至 8540.60。

79. 从任何其他子目改变至子目 8540.71 至 8540.89。

80. (A)从任何其他品目改变至子目 8540.91;或者

   (B)从任何其他产品(包括品目 8504 的产品)改变至子目 8540.91 的前面板组件。

81. (A)从任何其他子目改变至子目 8540.99;或者

   (B)税则归类无需改变至子目 8540.99 的货物,前提是使用累积法时的区域价值成分不低于 35%,使用扣减法时的区域价值成分不低于 45%。

82. (A)从子目 8541.10 至 8542.90 的未装配的芯片或晶片或任何其他子目改变至子目 8541.10 至 8542.90 的已装配的半导体器件、集成电路或微组件;或者

   (B)从任何其他子目改变至子目 8541.10 至 8542.90 的任何其他货物。

83. 从任何其他子目(子目 8486.20 的用于掺杂半导体材料的离子注入机除外)改变至子目 8543.10。

84. 从任何其他子目改变至子目 8543.20 至 8543.30。

85. 从任何其他子目(子目 8523.52 或子目 8523.59 的近距离感应卡和标签除外)改变至子目 8543.70。

86. 从任何其他品目(子目 8486.90 除外)改变至子目 8543.90。

87. 从任何其他子目改变至子目 8544.11,前提是使用累积法时的区域价值成分不低于 35%,使用扣减法时的区域价值成分不低于 45%。

88. 从任何其他子目改变至子目 8544.19,前提是使用累积法时的区域价值成分不低于 35%,使用扣减法时的区域价值成分不低于 45%。

89. (A)从任何其他子目(子目 8544.11 至 8544.60、品目 7408、品目 7413、品目 7605 或品目 7614 除外)改变至子目 8544.20;或者

   (B)从品目 7408、品目 7413、品目 7605 或品目 7614 改变至子目 8544.20,不论是否从任何其他子目改变而来,前提是使用累积法时的区域价值成分不低于 35%,使用扣减法时的区域价值成分不低于 45%。

90. 从任何其他子目改变至子目 8544.30 至 8544.42,前提是使用累积法时的区域价值成分不低于 35%,使用扣减法时的区域价值成分不低于 45%。

91. (A)从子目 8544.11 至 8544.60 以外的任何子目(品目 7408、品目 7413、品目 7605 或品目 7614 除外)改变至子目 8544.49;或者

   (B)从品目 7408、品目 7413、品目 7605 或品目 7614 改变至子目 8544.49,不论是否从任何其他子目改变而来,前提是使用累积法时的区域价值成分不低于 35%,使

用扣减法时的区域价值成分不低于45%。

92. 从任何其他子目改变至子目8544.60至8544.70,前提是使用累积法时的区域价值成分不低于35%,使用扣减法时的区域价值成分不低于45%。

93. 从任何其他子目改变至子目8545.11至8545.90。

94. 从任何其他品目改变至品目8546。

95. 从任何其他子目改变至子目8547.10至8547.90。

96. 从任何其他品目改变至品目8548。

第八十六章

1. 从任何其他品目改变至品目8601至8602。

2. (A)从任何其他品目(品目8607除外)改变至品目8603至8606;或者
   (B)从品目8607改变至品目8603至8606,不论是否从任何其他品目改变而来,前提是使用累积法时的区域价值成分不低于35%,使用扣减法时的区域价值成分不低于45%。

3. 从子目8607.11至8607.12以外的任何子目[当改变是根据总规则二(一)进行时,子目8607.19除外]改变至子目8607.11至8607.12。

4. (A)从子目8607.19的车轴零件改变至子目8607.19的车轴;以及
   (B)从子目8607.19的车轴零件或车轮零件改变至子目8607.19的车轮(不论是否装有车轴)。

5. 从任何其他品目改变至子目8607.21至8607.99。

6. 从任何其他品目改变至品目8608至8609。

第八十七章

1. 从品目8701至8705以外的任何品目改变至品目8701至8705,前提是使用净成本法时的区域价值成分不低于50%。

2. 税则归类无需改变至品目8706的货物,前提是使用净成本法时的区域价值成分不低于50%。

3. (A)从任何其他品目改变至品目8707;或者
   (B)税则归类无需改变至品目8707的货物,前提是使用净成本法时的区域价值成分不低于50%。

4. (A)从任何其他子目改变至子目8708.10至8708.99;或者
   (B)税则归类无需改变至子目8708.10至8708.99的货物,前提是使用净成本法时的区域价值成分不低于50%。

5. (A)从任何其他品目改变至子目8709.11至8709.19;或者
   (B)从子目8709.90改变至子目8709.11至8709.19,不论是否从任何其他品目改变而来,前提是使用累积法时的区域价值成分不低于35%,使用扣减法时的区域价值成分不低于45%。

6. 从任何其他品目改变至子目8709.90。

7. 从任何其他品目改变至品目8710。

8. (A)从任何其他品目(品目8714除外)改变至品目8711;或者

(B)从品目8714改变至品目8711,不论是否从任何其他品目改变而来,前提是使用累积法时的区域价值成分不低于35%,使用扣减法时的区域价值成分不低于45%。

9. (A)从任何其他品目(品目8714除外)改变至品目8712;或者

(B)从品目8714改变至品目8712,不论是否从任何其他品目改变而来,前提是使用累积法时的区域价值成分不低于35%,使用扣减法时的区域价值成分不低于45%。

10. 从品目8714改变至品目8713,不论是否从任何其他品目改变而来,前提是使用累积法时的区域价值成分不低于35%,使用扣减法时的区域价值成分不低于45%。

11. 从任何其他品目改变至品目8714至8715。

12. (A)从任何其他品目改变至子目8716.10至8716.80;或者

(B)从子目8716.90改变至子目8716.10至8716.80,不论是否从任何其他品目改变而来,前提是使用累积法时的区域价值成分不低于35%,使用扣减法时的区域价值成分不低于45%。

13. 从任何其他品目改变至子目8716.90。

第八十八章

1. 从任何其他品目改变至品目8801。
2. 从任何其他子目改变至子目8802.11至8803.90。
3. 从任何其他品目改变至品目8804至8805。

第八十九章

1. (A)从任何其他章改变至品目8901至8902;或者

(B)从第八十九章的任何其他品目改变至品目8901至8902,不论是否从任何其他章改变而来,前提是使用累积法时的区域价值成分不低于35%,使用扣减法时的区域价值成分不低于45%。

2. 从任何其他品目改变至品目8903,前提是使用累积法时的区域价值成分不低于35%,使用扣减法时的区域价值成分不低于45%。

3. (A)从任何其他章改变至品目8904至8905;或者

(B)从第八十九章的任何其他品目改变至品目8904至8905,不论是否从任何其他章改变而来,前提是使用累积法时的区域价值成分不低于35%,使用扣减法时的区域价值成分不低于45%。

4. 从任何其他品目改变至品目8906至8908。

第九十章

1. (A)从任何其他章(品目7002除外)改变至子目9001.10;或者

(B)从品目7002改变至子目9001.10,不论是否从任何其他章改变而来,前提是使用累积法时的区域价值成分不低于35%,使用扣减法时的区域价值成分不低于45%。

2. 从任何其他品目改变至子目9001.20至9001.90。

3. 从任何其他品目(品目9001除外)改变至子目9002.11至9002.90。

4. (A)从任何其他子目(子目9003.90除外)改变至子目9003.11至9003.19;或者

(B)从子目9003.90改变至子目9003.11至9003.19,不论是否从任何其他品目改变而来,前提是使用累积法时的区域价值成分不低于35%,使用扣减法时的区域价值成分不低于45%。

5. 从任何其他品目改变至子目9003.90。

6. (A)从任何其他章改变至子目9004.10;或者

   (B)从第九十章的任何其他品目改变至子目9004.10,不论是否从任何其他章改变而来,前提是使用累积法时的区域价值成分不低于35%,使用扣减法时的区域价值成分不低于45%。

7. 从任何其他品目(子目9001.40或子目9001.50除外)改变至子目9004.90。

8. 从任何其他子目改变至子目9005.10。

9. (A)从任何子目(品目9001至9002或子目9005.90除外)改变至子目9005.80;或者

   (B)从子目9005.90改变至子目9005.80,前提是使用累积法时的区域价值成分不低于35%,使用扣减法时的区域价值成分不低于45%。

10. 从任何其他品目改变至子目9005.90。

11. (A)从任何其他品目改变至子目9006.10至9006.30;或者

    (B)从任何其他子目改变至子目9006.10至9006.30,前提是使用累积法时的区域价值成分不低于35%,使用扣减法时的区域价值成分不低于45%。

12. (A)从任何其他品目改变至子目9006.40;或者

    (B)从任何其他子目改变至子目9006.40,前提是使用累积法时的区域价值成分不低于35%,使用扣减法时的区域价值成分不低于45%。

13. (A)从任何其他品目改变至子目9006.51;或者

    (B)从任何其他子目改变至子目9006.51,前提是使用累积法时的区域价值成分不低于35%,使用扣减法时的区域价值成分不低于45%。

14. (A)从任何其他品目改变至子目9006.52;或者

    (B)从任何其他子目改变至子目9006.52,前提是使用累积法时的区域价值成分不低于35%,使用扣减法时的区域价值成分不低于45%。

15. (A)从任何其他品目改变至子目9006.53;或者

    (B)从任何其他子目改变至子目9006.53,前提是使用累积法时的区域价值成分不低于35%,使用扣减法时的区域价值成分不低于45%。

16. (A)从任何其他品目改变至子目9006.59;或者

    (B)从任何其他子目改变至子目9006.59,前提是使用累积法时的区域价值成分不低于35%,使用扣减法时的区域价值成分不低于45%。

17. (A)从任何其他品目改变至子目9006.61至9006.69;或者

    (B)从任何其他子目改变至子目9006.61至9006.69,前提是使用累积法时的区域价值成分不低于35%,使用扣减法时的区域价值成分不低于45%。

18. 从任何其他品目改变至子目9006.91至9006.99。

19. (A)从任何其他品目改变至子目9007.11至9007.20;或者

    (B)从任何其他子目改变至子目9007.11至9007.20,前提是使用累积法时的区域价值成分不低于35%,使用扣减法时的区域价值成分不低于45%。

20. (A)从任何其他品目改变至子目9007.91至9007.92;或者
    (B)税则归类无需改变至子目9007.92,前提是使用累积法时的区域价值成分不低于35%,使用扣减法时的区域价值成分不低于45%。

21. (A)从任何其他品目改变至子目9008.10;或者
    (B)从任何其他子目改变至子目9008.10,前提是使用累积法时的区域价值成分不低于35%,使用扣减法时的区域价值成分不低于45%。

22. (A)从任何其他品目改变至子目9008.20至9008.40;或者
    (B)从任何其他子目改变至子目9008.20至9008.40,前提是使用累积法时的区域价值成分不低于35%,使用扣减法时的区域价值成分不低于45%。

23. 从任何其他品目改变至子目9008.90。

[24至28 已删除]

29. (A)从任何其他品目改变至子目9010.10;或者
    (B)从任何其他子目改变至子目9010.10,前提是使用累积法时的区域价值成分不低于35%,使用扣减法时的区域价值成分不低于45%。

30. (A)从任何其他品目(子目8486.20至8486.40除外)改变至子目9010.50;或者
    (B)从任何其他子目改变至子目9010.50,前提是使用累积法时的区域价值成分不低于35%,使用扣减法时的区域价值成分不低于45%。

31. (A)从任何其他品目改变至子目9010.60;或者
    (B)从任何其他子目改变至子目9010.60,前提是使用累积法时的区域价值成分不低于35%,使用扣减法时的区域价值成分不低于45%。

32. 从任何其他品目改变至子目9010.90。

33. (A)从任何其他品目改变至子目9011.10至9011.80;或者
    (B)从任何其他子目改变至子目9011.10至9011.80,前提是使用累积法时的区域价值成分不低于35%,使用扣减法时的区域价值成分不低于45%。

34. 从任何其他品目改变至子目9011.90。

35. (A)从任何其他品目改变至子目9012.10;或者
    (B)从任何其他子目改变至子目9012.10,前提是使用累积法时的区域价值成分不低于35%,使用扣减法时的区域价值成分不低于45%。

36. 从任何其他品目改变至子目9012.90。

37. (A)从任何其他品目改变至子目9013.10至9013.80;或者
    (B)从任何其他子目改变至子目9013.10至9013.80,前提是使用累积法时的区域价值成分不低于35%,使用扣减法时的区域价值成分不低于45%。

38. 从任何其他品目改变至子目9013.90。

39. (A)从任何其他品目改变至子目9014.10至9014.80;或者
    (B)从任何其他子目改变至子目9014.10至9014.80,前提是使用累积法时的区域价值成分不低于35%,使用扣减法时的区域价值成分不低于45%。

40. 从任何其他品目改变至子目9014.90。

41. (A)从任何其他品目改变至子目9015.10至9015.80;或者

(B)从任何其他子目改变至子目9015.10至9015.80,前提是使用累积法时的区域价值成分不低于35%,使用扣减法时的区域价值成分不低于45%。

42.(A)从任何其他品目改变至子目9015.90;或者

(B)税则归类无需改变至子目9015.90的货物,前提是使用累积法时的区域价值成分不低于35%,使用扣减法时的区域价值成分不低于45%。

43. 从任何其他品目改变至品目9016。

44.(A)从任何其他品目改变至子目9017.10至9017.80;或者

(B)从任何其他子目改变至子目9017.10至9017.80,前提是使用累积法时的区域价值成分不低于30%,使用累积法时的区域价值成分不低于35%。

45. 从任何其他品目改变至子目9017.90。

46.(A)从任何子目(包括子目9018.11至9021.90中的另一子目)改变至子目9018.11至9021.90;或者

(B)税则归类无需改变至品目9018,前提是使用累积法时的区域价值成分不低于35%,使用扣减法时的区域价值成分不低于45%。

47.(A)从任何其他品目改变至子目9022.12至9022.30;或者

(B)从任何其他子目改变至子目9022.12至9022.30,前提是使用累积法时的区域价值成分不低于35%,使用扣减法时的区域价值成分不低于45%。

48.(A)从任何其他品目改变至子目9022.90;或者

(B)税则归类无需改变至子目9022.90的货物,前提是区域价值成分不低于:

(1)使用累积法时的35%,或

(2)使用扣减法时的45%。

49. 从任何其他品目改变至品目9023。

50.(A)从任何其他品目改变至子目9024.10至9024.80;或者

(B)从任何其他子目改变至子目9024.10至9024.80,前提是使用累积法时的区域价值成分不低于35%,使用扣减法时的区域价值成分不低于45%。

51. 从任何其他品目改变至子目9024.90。

52.(A)从任何其他品目改变至子目9025.11至9025.80;或者

(B)从任何其他子目改变至子目9025.11至9025.80,前提是使用累积法时的区域价值成分不低于35%,使用扣减法时的区域价值成分不低于45%。

53. 从任何其他品目改变至子目9025.90。

54.(A)从任何其他品目改变至子目9026.10至9026.80;或者

(B)从任何其他子目改变至子目9026.10至9026.80,前提是使用累积法时的区域价值成分不低于35%,使用扣减法时的区域价值成分不低于45%。

55. 从任何其他品目改变至子目9026.90。

56.(A)从任何其他品目改变至子目9027.10至9027.80;或者

(B)从任何其他子目改变至子目9027.10至9027.80,前提是使用累积法时的区域价值成分不低于35%,使用扣减法时的区域价值成分不低于45%。

57. 从任何其他品目改变至子目9027.90。

58. (A)从任何其他品目改变至子目 9028.10 至 9028.30;或者

(B)从任何其他子目改变至子目 9028.10 至 9028.30,前提是使用累积法时的区域价值成分不低于 35%,使用扣减法时的区域价值成分不低于 45%。

59. 从任何其他品目改变至子目 9028.90。

60. (A)从任何其他品目改变至子目 9029.10 至 9029.20;或者

(B)从任何其他子目改变至子目 9029.10 至 9029.20,前提是使用累积法时的区域价值成分不低于 35%,使用扣减法时的区域价值成分不低于 45%。

61. 从任何其他品目改变至子目 9029.90。

62. 从任何其他子目改变至子目 9030.10 至 9030.20。

62A. 从任何其他子目(子目 9030.84 除外)改变至子目 9030.32。

62B. 从任何其他子目改变至子目 9030.33 至 9030.82。

62C. 从任何其他子目(子目 9030.32 除外)改变至子目 9030.84。

62D. 从任何其他子目改变至子目 9030.89。

63. 从任何其他品目改变至子目 9030.90。

64. (A)从任何其他品目改变至子目 9031.10 至 9031.80;或者

(B)从任何其他产品(同一子目的货物的底座和框架除外)改变至子目 9031.49 的坐标测量仪;或者

(C)从任何其他子目改变至子目 9031.10 至 9031.80,前提是使用累积法时的区域价值成分不低于 35%,使用扣减法时的区域价值成分不低于 45%。

65. 从任何其他品目改变至子目 9031.90。

66. (A)从任何其他品目改变至子目 9032.10 至 9032.89;或者

(B)从任何其他子目改变至子目 9032.10 至 9032.89,前提是使用累积法时的区域价值成分不低于 35%,使用扣减法时的区域价值成分不低于 45%。

67. 从任何其他品目改变至子目 9032.90。

68. 从任何其他品目改变至品目 9033。

第九十一章

1. (A)从任何其他章改变至子目 9101.11;或者

(B)从品目 9114 改变至子目 9101.11,前提是使用累积法时的区域价值成分不低于 35%,使用扣减法时的区域价值成分不低于 45%。

[2 已删除]

3. (A)从任何其他品目改变至子目 9101.19 的电动腕表(不论是否包含秒表设施),前提是使用累积法时的区域价值成分不低于 35%,使用扣减法时的区域价值成分不低于 45%;或者

(B)从品目 9114 改变至子目 9101.19 的任何其他货物,前提是使用累积法时的区域价值成分不低于 35%,使用扣减法时的区域价值成分不低于 45%;或者

(C)从任何其他章改变至子目 9101.19 的任何其他货物。

4. (A)从任何其他章改变至子目 9101.21;或者

(B)从任何其他品目改变至子目 9101.21,前提是使用累积法时的区域价值成分不低

于35%,使用扣减法时的区域价值成分不低于45%。

5. (A)从任何其他章改变至子目9101.29;或者

(B)从品目9114改变至子目9101.29,前提是使用累积法时的区域价值成分不低于35%,使用扣减法时的区域价值成分不低于45%。

6. (A)从任何其他章改变至子目9101.91;或者

(B)从任何其他品目改变至子目9101.91,前提是使用累积法时的区域价值成分不低于35%,使用扣减法时的区域价值成分不低于45%。

7. (A)从任何其他章改变至子目9101.99;或者

(B)从品目9114改变至子目9101.99,前提是使用累积法时的区域价值成分不低于35%,使用扣减法时的区域价值成分不低于45%。

8. (A)从任何其他章改变至品目9102至9107;或者

(B)从品目9114改变至品目9102至9107,前提是使用累积法时的区域价值成分不低于35%,使用扣减法时的区域价值成分不低于45%。

9. (A)从任何其他章改变至品目9108至9110;或者

(B)从任何其他品目改变至品目9108至9110,前提是使用累积法时的区域价值成分不低于35%,使用扣减法时的区域价值成分不低于45%。

10. (A)从任何其他章改变至子目9111.10至9111.80;或者

(B)从子目9111.90或任何其他品目改变至子目9111.10至9111.80,前提是使用累积法时的区域价值成分不低于35%,使用扣减法时的区域价值成分不低于45%。

11. (A)从任何其他章改变至子目9111.90;或者

(B)从任何其他品目改变至子目9111.90,前提是使用累积法时的区域价值成分不低于35%,使用扣减法时的区域价值成分不低于45%。

12. 从子目9112.90或任何其他品目改变至子目9112.20,前提是使用累积法时的区域价值成分不低于35%,使用扣减法时的区域价值成分不低于45%。

13. (A)从任何其他章改变至子目9112.90;或者

(B)从任何其他品目改变至子目9112.90,前提是使用累积法时的区域价值成分不低于35%,使用扣减法时的区域价值成分不低于45%。

14. (A)从任何其他章改变至品目9113;或者

(B)从任何其他品目改变至品目9113,前提是使用累积法时的区域价值成分不低于35%,使用扣减法时的区域价值成分不低于45%。

15. 从任何其他品目改变至品目9114。

第九十二章

1. (A)从任何其他章改变至品目9201至9208;或者

(B)从任何其他品目改变至品目9201至9208,前提是使用累积法时的区域价值成分不低于35%,使用扣减法时的区域价值成分不低于45%。

2. 从任何其他品目改变至品目9209。

第九十三章

1. (A)从任何其他章改变至品目9301至9304;或者

(B)从任何其他品目改变至品目 9301 至 9304,前提是使用累积法时的区域价值成分不低于 35%,使用扣减法时的区域价值成分不低于 45%。

2. 从任何其他品目改变至品目 9305。

3. 从任何其他章改变至品目 9306 至 9307。

第九十四章

1. (A)从任何其他品目改变至子目 9401.10 至 9401.80;或者

   (B)从任何其他子目改变至子目 9401.10 至 9401.80,前提是使用累积法时的区域价值成分不低于 35%,使用扣减法时的区域价值成分不低于 45%。

2. 从任何其他品目改变至子目 9401.90。

3. 从任何其他子目改变至子目 9402.10 至 9402.90,前提是使用累积法时的区域价值成分不低于 35%,使用扣减法时的区域价值成分不低于 45%。

4. (A)从任何其他品目改变至子目 9403.10 至 9403.89;或者

   (B)从任何其他子目改变至子目 9403.10 至 9403.89,前提是使用累积法时的区域价值成分不低于 35%,使用扣减法时的区域价值成分不低于 45%。

5. 从任何其他品目改变至子目 9403.90。

6. 从任何其他章改变至子目 9404.10 至 9404.21。

7. 从任何其他章改变至子目 9404.29 至 9404.30。

8. 从任何其他章(品目 5007、品目 5111 至 5113、品目 5208 至 5212、品目 5309 至 5311、品目 5407 至 5408、品目 5512 至 5516 或子目 6307.90 除外)改变至子目 9404.90。

9. (A)从任何其他章改变至子目 9405.10 至 9405.60;或者

   (B)从子目 9405.91 至 9405.99 改变至子目 9405.10 至 9405.60,不论是否又从任何其他章改变而来,前提是使用累积法时的区域价值成分不低于 35%,使用扣减法时的区域价值成分不低于 45%。

10. 从任何其他品目改变至子目 9405.91 至 9405.99。

11. 从任何其他章改变至品目 9406。

第九十五章

1. (A)从任何其他章改变至品目 9503 至 9508;或者

   (B)从品目 9503 的玩偶零件和附件改变至品目 9503 的玩偶(不论是否穿着),前提是使用累积法时的区域价值成分不低于 35%,使用扣减法时的区域价值成分不低于 45%;或者

   (C)从任何其他品目改变至品目 9503 的玩偶零件和附件;或者

   (D)从子目 9506.39 改变至子目 9506.31,不论是否从任何其他章改变而来,前提是使用累积法时的区域价值成分不低于 35%,使用扣减法时的区域价值成分不低于 45%。

第九十六章

1. 从任何其他章改变至品目 9601 至 9605。

2. 从任何其他章改变至子目 9606.10。

3. (A)从任何其他章改变至子目 9606.21 至 9606.29;或者

(B)从子目9606.30改变至子目9606.21至9606.29,不论是否从任何其他章改变而来,前提是使用累积法时的区域价值成分不低于35%,使用扣减法时的区域价值成分不低于45%。

4. 从任何其他品目改变至子目9606.30。

5. (A)从任何其他章改变至子目9607.11至9607.19;或者

(B)从子目9607.20改变至子目9607.11至9607.19,前提是使用累积法时的区域价值成分不低于35%,使用扣减法时的区域价值成分不低于45%。

6. 从任何其他品目改变至子目9607.20。

7. (A)从任何其他章改变至子目9608.10至9608.50;或者

(B)从子目9608.60至9608.99改变至子目9608.10至9608.50,前提是使用累积法时的区域价值成分不低于35%,使用扣减法时的区域价值成分不低于45%。

8. 从任何其他品目改变至子目9608.60。

9. 从任何其他子目改变至子目9608.91。

10. 从任何其他品目改变至子目9608.99。

11. 从任何其他章改变至品目9609。

12. 从任何其他品目改变至品目9610至9611。

13. 从任何其他章改变至子目9612.10。

14. 从任何其他品目改变至子目9612.20。

15. (A)从任何其他章改变至子目9613.10至9613.80;或者

(B)从子目9613.90改变至子目9613.10至9613.80,前提是使用累积法时的区域价值成分不低于35%,使用扣减法时的区域价值成分不低于45%。

16. 从任何其他品目改变至子目9613.90。

17. 从任何其他品目改变至品目9614。

[18 已删除]

19. (A)从任何其他章改变至子目9615.11至9615.19;或者

(B)从子目9615.90改变至子目9615.11至9615.19,前提是使用累积法时的区域价值成分不低于35%,使用扣减法时的区域价值成分不低于45%。

20. 从任何其他品目改变至子目9615.90。

21. 从任何其他品目改变至品目9616。

22. 从任何其他章改变至品目9617。

23. 品目9618与任何其他品目的不同。

第九十七章

1. 从任何其他子目改变至子目9701.10至9701.90。

2. 从任何其他品目改变至品目9702至9706。

二十九、《多米尼加共和国-中美洲-美国自由贸易协定实施法》

(一)符合《多米尼加共和国-中美洲-美国自由贸易协定》条款的原产货物应缴纳该协定规定的

关税。就本注释而言——

(i)本注释(二)款至(十四)款所定义的原产货物或下述(ii)款所述货物进口至美国境内,并按照以下规定申报,根据《多米尼加共和国-中美洲-美国自由贸易协定实施法》(公法109-53;119 Stat.462)第201至203节,有资格享受"特惠"子栏中规定的关税待遇和数量限制:

(A)按照本税则第一章至第九十七章"税率"第1栏"特惠"子栏括号中符号"P"或"P+"的子目入境,或者

(B)按照本税则第九十八章或第九十九章列明的税率或其他待遇申报;

(ii)凡税则表内出现特惠税率,括号内符号为"P+",或有条文指明该税率或其他待遇适用于某些农产品,该税率或其他待遇适用于根据本注释条款以其他方式符合原产货物资格的货物,但在美国境内进行的任何作业或从美国获得的任何材料应被视为在美国境内进行的作业和从美国获得的材料,而不是从协定缔约方进行的作业或获得的材料;以及

(iii)除个别说明或关税条款另有规定外,"协定缔约方"指下列国家:哥斯达黎加、多米尼加共和国、萨尔瓦多、危地马拉、洪都拉斯、尼加拉瓜或美国。

(二)就本注释而言,除下述(三)款、(四)款、(十三)款和(十四)款另有规定外,进口至美国境内的货物只有在以下情况下才有资格被视为原产货物:

(i)在一个或多个协定缔约方境内完全获得或生产;

(ii)完全在一个或多个协定缔约方境内生产,并且——

(A)货物生产过程中使用的每种非原产材料都发生了下述(十四)款规定的适用税则归类改变,或

(B)该货物以其他方式满足任何适用的区域价值成分或下述(十四)款规定的其他要求;以及

该货物满足本注释的所有其他适用要求;或者

(iii)在一个或多个协定缔约方境内完全由原产材料生产。

(三)定义。

(i)就上述(二)(i)款而言,"完全获得或生产"的货物是指下列任何货物:

(A)在一个或多个协定缔约方境内收获或采集的植物和植物产品;

(B)在一个或多个协定缔约方境内出生和饲养的活动物;

(C)在一个或多个协定缔约方境内从活动物获得的货物;

(D)在一个或多个协定缔约方境内进行狩猎、诱捕、捕捞或水产养殖获得的货物;

(E)上述(A)款至(D)款未包括的从一个或多个协定缔约方境内开采或获取的矿产和其他自然资源;

(F)在协定缔约方注册或登记并悬挂其国旗的船舶从协定缔约方的一方或多方境内以外的海洋、海床或底土中捕捞的鱼类、贝类和其他海洋生物;

(G)使用上述(F)款所述产品在工厂船上生产的货物,该工厂船在一个协定缔约方注册或登记并悬挂其国旗;

(H)一个协定缔约方或一个协定缔约方的个人从领海以外的海床或底土中取得的货物,前提是该缔约方有权开采该海床或底土;

(I)从外层空间取得的货物,前提是这些货物由一个协定缔约方或一个协定缔约方的个人取得,并且不是在该缔约方以外的国家境内加工的;

(J)废碎料,来源于:

(1)在一个或多个协定缔约方境内的制造或加工业务;或者

(2)在一个协定缔约方境内收集的废旧物品,前提是这些货物只适合回收原材料;

(K)在一个或多个协定缔约方境内从废旧物品中提取并在该缔约方境内用于再制造货物生产的回收货物;以及

(L)在一个或多个协定缔约方境内生产的货物,仅来自任何生产阶段的上述(A)款至(J)款所述货物或其衍生物。

(ii)就本注释而言——

(A)"回收货物"是指由于下列原因而产生的单个零件形式的材料:

(1)将废旧物品完全分解成单个零件;以及

(2)为改善零件的工作状态而对其进行的清洁、检查、测试或其他处理。

(B)"再制造货物"是指归入本税则第八十四章、第八十五章、第八十七章、品目9026、品目9031或品目9032的货物(品目8418或品目8516的货物除外),并且:

(1)全部或部分由回收货物组成;以及

(2)具有与新产品相似的预期寿命,并享受与新产品相似的工厂保修。

(C)"材料"是指用于生产另一种货物的货物,包括零件或组成成分。

(D)"自产材料"是指由货物生产商生产并用于生产该货物的原产材料。

(E)"非原产货物"或"非原产材料"是指根据本注释不符合原产条件的货物或材料(视情况而定)。

(F)"生产"是指种植、开采、收割、捕捞、饲养、诱捕、狩猎、制造、加工、装配或拆卸货物;"生产商"是指在协定一个缔约方境内从事货物生产的人。

(G)"调整后的价值"是指根据《乌拉圭回合协定法》第101(d)(8)节《关于实施1994年关税与贸易总协定第七条的协定》第1条至第8条、第15条和相应解释性说明确定的价值,此价值可调整为不包括从出口国到进口地的国际货物运输、保险和相关服务所产生的任何成本、费用或开支。

(H)"净成本"是指总成本扣除促销、营销和售后服务成本、特许权使用费、运输和包装成本以及包含在总成本中的不可分配的利息成本。

(iii)经必要生产以符合本注释的原产货物资格的货物,如果在该货物生产之后发生以下情形,则该货物不应被视为原产货物:

(A)在各个协定缔约方境外进行进一步加工或任何其他作业(为保持货物良好状态所必要的或为将货物运至一个协定缔约方境内而进行的卸货、重新装载或任何其他操作除外);或者

(B)不受协定缔约方以外国家的海关当局监管。

(iv)累积。

(A)用来自一个或多个协定缔约方境内的原产材料在另一个协定缔约方境内生产的货物应被视为原产于该另一个协定缔约方境内。

(B)由一个或多个生产商在一个或多个协定缔约方境内生产的货物如果满足本注释的所有适用要求,则该货物为原产货物。

(v)可归类为成套货品的货物。尽管下述(十四)款有规定,但根据总规则三的规定,归类为零售成套货品的货物不得被视为原产货物,除非——

(A)该套货物中的每一件均为原产货物;或者

(B)非原产货物的总值——

(1)就纺织品或服装而言,不超过该套货物调整后的价值的10%;或者

(2)就纺织品或服装以外的货物而言,不超过该套货物调整后的价值的15%。

(四)纺织品和服装。

(i)根据本注释条款,纺织品或服装不是原产货物,原因是用于生产确定货物税则归类的货物成分的特定纤维或纱线未发生下述(十四)款规定的税则归类改变,但如果符合以下条件,则应被视为原产货物:

(A)该货物成分中所有此类纤维或纱线的总重量不超过该成分总重量的10%;或者

(B)该货物包含可归入税号5402.11.30、税号5402.11.60、税号5402.19.30、税号5402.19.60、税号5402.31.30、税号5402.31.60、税号5402.32.30、税号5402.32.60、税号5402.45.10、税号5402.45.90、税号5402.51.00或税号5402.61.00的尼龙长丝纱线(弹性体纱线除外),来自1995年1月1日前生效的与美国签订自由贸易区协定的缔约方。

尽管有上述规定,但如果确定纺织品或服装税则归类的货物成分中含有弹性纱线,则只有在这些纱线全部在一个协定缔约方境内成型的情况下,才被视为原产货物。

(ii)就本款而言——

(A)"弹性体"不包括乳胶;以及

(B)如果纱线的所有生产过程和后整理都发生在协定缔约方一方境内,从长丝、扁条、薄膜或薄片的挤出开始,包括将薄膜或薄片切成扁条,将纤维纺成纱线,最终以成品纱或合股纱结束,则该纱线被视为在协定缔约方一方境内完全成型。

(iii)就上述(i)款或(ii)款而言,如果纺织品或服装是纱线、织物或纤维,则"确定货物税则归类的货物成分"是指货物中的所有纤维。

(iv)本税则第六十一章至第六十三章的纺织品或服装不是原产货物,要求享受税号9822.05.10的关税待遇,则税率1栏"普通"子栏中规定的税率仅适用于组装货物的价值减去在美国成型的织物、在美国成型的针织部件以及生产该货物所用的任何其他原产于美国的材料的价值,前提是该货物在一个协定缔约方(美国除外)的境内用完全在美国成型的线、完全在美国成型的织物,在一个协定缔约方或/和美国裁剪或针织成型并缝制或以其他方式组合。就本款而言——

(A)如果所有的生产过程和后整理操作发生在美国,从机织、针织、针刺、簇绒、毡合、缠绕或其他加工开始,到织物准备裁剪或组合而无需进一步加工,则该织物在美国完全成型;

(B)如果所有生产过程发生在美国,从长丝、扁条、薄膜或薄片的挤压开始,包括将薄膜或薄片切成扁条,将纤维纺成纱线,并以成品纱或股线结束,则该纱线在美国完全成型。

(v)就本注释而言,"纺织品或服装"是指《乌拉圭回合协定法》第101(d)(4)节[《美国法典》第19卷3511(d)(4)节]所述纺织品和服装协定附件中所列的货物;但该术语不包括本注释(一)款规定的协定附录3.29所列的下列货物:药棉、纱布、绷带等(子目3005.90);用塑料涂覆、包覆或层压的机织物、针织物或非织造布(子目3921.12、子目3921.13或子目3921.90);毛毡制鞋底和鞋面的鞋类(子目6405.20);外表面的50%或以上为纺织材料的鞋帮(子目6406.10);纺织材料制暖腿罩和绑腿(子目6406.99);毛毡制帽型、帽身和帽罩以及毛毡制平顶帽和帽檐(品目6501);帽坯,用任何材料条编结或组装而成(品目6502);毡帽和其他毡帽(品目6503);用任何材料条带编结或拼制而成的帽子和其他帽(品目6504);用花边或其他纺织材料编织或制成的帽子和其他帽(子目6505.90);机动车辆用安全带(子目8708.21);降落伞及其零部件和附件(品目8804);纺织材料制表带、表带和手镯(子目9113.90);玩偶服装(子目9502.91);以及化学纤维机织色带,但宽度小于30毫米且永久装盒的除外(子目9612.10)。

(vi)就本注释(四)(v)款所定义的纺织品和服装而言,"全部"是指该货物完全由指定材料制成。

(vii)尽管本注释有其他规定,但在确定本税则第六十二章的货物是否为原产货物时,在加拿大或墨西哥境内生产的用于生产此类货物的材料,如果是在一个协定缔约方境内生产的,则该货物应被视为在一个协定缔约方境内生产,前提是美国贸易代表办公室在《联邦公报》上发布的通知中明确,加拿大或墨西哥(视情况而定)已满足本注释(一)款规定的协定附录4.1-B的要求,并已宣布本税则第九十八章第二十二分章美国注释二十一的生效日期。该货物应在该通知规定的生效日期当日或之后,根据美国注释二十一要求,按照税号9822.05.05申报进境。[编者注:2008年8月15日墨西哥的材料有效;税号9822.05.05已过时,现行规定为税号9822.05.11和税号9822.05.13。]

(五)非原产材料的微小含量。

(i)除(四)(i)款、(五)(ii)款和下述(十三)款另有规定外,未发生下述(十四)款规定的税则归类改变的货物为原产货物,前提是:

(A)以下所有非原产材料的价值不超过货物调整后的价值的10%:

(1)用于生产货物的非原产材料,以及

(2)不符合下述(十四)款规定的税则归类改变的非原产材料;

(B)在计算本注释下任何适用区域价值含量要求的非原产材料价值时,应考虑此类非原产材料的价值;以及

(C)货物符合本注释的所有其他适用要求。

(ii)上述(i)款不适用于:

(A)用于生产第四章货物的第四章的非原产材料或者子目1901.90或子目2106.90的乳固体含量(按重量计)超过10%的非原产乳制品;

(B)用于生产下列货物的第四章的非原产材料或子目1901.90的乳固体含量(按重量计)超过10%的非原产乳制品:

(1)子目1901.10的乳固体含量(按重量计)超过10%的婴儿制品,

(2)子目1901.20的非供零售用的乳脂含量(按重量计)超过25%的混合物和面团,

(3)子目1901.90或子目2106.90的乳固体含量(按重量计)超过10%的乳制品,

(4)品目2105的货物,

(5)子目2202.90的含乳饮料,或者

(6)子目2309.90的乳固体含量(按重量计)超过10%的动物饲料;

(C)用于生产子目2009.11至2009.39的货物或者用于生产子目2106.90或子目2202.90的添加矿物质或维生素的任何单一水果或蔬菜的浓缩汁或未浓缩汁的品目0805或子目2009.11至2009.39的非原产材料;

(D)用于生产品目0901或品目2101的货物的品目0901或品目2101的非原产材料;

(E)用于生产品目1102、品目1103或子目1904.90的货物的品目1006的非原产材料;

(F)用于生产第十五章货物的第十五章的非原产材料;

(G)用于生产品目1701至1703的货物的品目1701的非原产材料;

(H)用于生产子目1806.10的货物的第十七章的非原产材料;或者

(I)除上述(A)款至(H)款和本注释(十四)款另有规定外,用于生产第一章至第二十四章货物的非原产材料,除非该非原产材料所属子目与根据本注释确定原产地的货物所属子目不同。

(六)区域价值成分。

(i)就上述(二)(ii)(B)款而言,本注释(十四)款所述货物[下述(iii)款适用的货物除外]的区域价值成分应由该货物的进口商、出口商或生产商根据下述所述(A)款的扣减法或(B)款的累积法进行计算。

(A)对于扣减法,区域价值成分可根据公式 $RVC=(AV-VNM)/AV\times 100\%$ 计算。其中,RVC是货物的区域价值成分,以百分比表示;AV是货物的调整后的价值;VNM是生产商在生产货物时获得和使用的非原产材料的价值,但不包括自产材料的价值。

(B)对于累积法,区域价值成分可根据公式 $RVC=VOM/AV\times 100\%$ 计算。其中,RVC是货物的区域价值成分,以百分比表示;AV是货物的调整后的价值;VOM是生产商在生产货物时获得或自行生产并使用的原产材料的价值。

(ii)材料的价值。

(A)为了计算本注释下货物的区域价值成分,以及为了适用上述(五)款关于微小含量的规定,材料的价值为:

(1)就货物生产商进口的材料而言,材料的价值为材料的调整价值;

(2)就在货物生产地获得的材料而言,根据《乌拉圭回合协定法》第101(d)(8)节所述的《关于执行1994年关税及贸易总协定第七条的协定》第1至8条、第15条和相应的解释性说明,按照财政部部长颁布的条例列明的没有进口情况的规定

确定材料的价值；或者

(3)如果是自产材料,则材料的价值为以下两项之和：

(Ⅰ)生产材料产生的所有费用(包括一般费用),以及

(Ⅱ)与正常贸易过程中增加的利润相等的利润额。

(B)对于原产材料,如果上述(A)款未包含以下费用,则可将其添加到原产材料的价值中：

(1)在一个或多个协定缔约方境内或之间将材料运输至生产商所在地所产生的运费、保险费、包装费以及所有其他费用；

(2)在一个或多个协定缔约方境内支付的材料的关税、税款和报关经纪费,但免除、退回、退还或以其他方式收回的关税或税款(包括已支付或应付关税或税款的抵免)除外；

(3)在生产货物过程中使用材料所产生的废物和腐败的成本,减去可回收废料或副产品的价值。

(C)对于非原产材料,如果包含在上述(A)款中,则可从非原产材料的价值中扣除以下费用：

(1)在一个或多个协定缔约方境内或之间将材料运输至生产商所在地所产生的运费、保险费、包装费以及所有其他费用；

(2)在一个或多个协定缔约方境内支付的材料的关税、税款和报关经纪费,但免除、退回、退还或以其他方式收回的关税或税款(包括已支付或应付关税或税款的抵免)除外；

(3)在生产货物过程中使用材料产生的废物和腐败成本,减去可回收废料或副产品的价值；

(4)在一个或多个协定缔约方境内生产非原产材料所使用的原产材料的成本。

(iii)某些汽车产品的特殊规则。

(A)就上述(二)(ii)(B)款而言,根据下述(十四)款,汽车产品的区域价值成分应由该货物的进口商、出口商或生产商根据以下净成本法计算：

$$RVC = (NC - VNM)/NC \times 100\%$$

其中,RVC 是汽车产品的区域价值成分,以百分比表示；NC 是汽车产品的净成本；VNM 是指生产商在生产汽车产品时获得和使用的非原产材料的价值,但不包括自产材料的价值。就本款而言,"汽车产品"是指本税则子目 8407.31 至 8407.34、子目 8408.20、品目 8409 或品目 8701 至 8708 的货物。

(B)为确定本款的属于品目 8701 至 8705 的机动车辆的汽车产品的区域价值成分,进口商、出口商或生产商可根据上述(A)款的净成本法公式计算生产商会计年度内的平均金额：

(1)下述(C)款所述任何一类中的所有机动车辆；或者

(2)出口至一个或多个协定缔约方境内的任何此类别中的所有机动车辆。

(C)就上述(B)(1)款而言,如果属于以下情况,则称其为一个类别：

(1)与正在计算区域价值成分的上述(B)款所述货物的机动车辆车型系列相同,属

于同一机动车辆类别,并在一个协定缔约方境内的同一工厂生产;

(2)与正在计算区域价值成分的上述(B)款所述货物属于同一机动车辆类别,并在一个协定缔约方境内的同一工厂生产;或者

(3)与正在计算区域价值成分的上述(B)款所述货物在一个协定缔约方境内生产机动车辆车型系列相同。

(D)为确定子目8407.31至8407.34、子目8408.20、品目8409、品目8706、品目8707或品目8708的在同一工厂生产的汽车产品在上述(A)款下的区域价值成分,进口商、出口商或生产商可以——

(1)按照以下时间段用上述(A)款中的净成本法公式计算平均金额:

(Ⅰ)销售汽车产品的汽车生产商的会计年度,

(Ⅱ)任何季度或月份,或者

(Ⅲ)其会计年度,

如果货物是在作为计算依据的会计年度、季度或月份生产的;

(2)对于出售给一个或多个机动车辆生产商的此类货物,分别确定上述(1)款中提及的平均值;或者

(3)根据上述(1)款或(2)款对出口至一个或多个协定缔约方境内的汽车产品作出单独决定。

(E)汽车产品的进口商、出口商或生产商应按照公认会计原则中有关成本分配的规定,通过以下方式确定上述(B)款中汽车产品的净成本:

(1)计算汽车产品生产商生产的所有货物的总成本,减去所有此类货物总成本中包含的任何促销、营销和售后服务成本、特许权使用费、运输和包装成本以及不可分配的利息成本,然后合理分配这些货物对汽车产品产生的净成本;

(2)计算该生产商生产的所有产品的总成本,从总成本合理分配给汽车产品,然后减去任何促销、营销和售后服务成本、特许权使用费、运输和包装成本以及不可分配的利息成本(包括在分配给汽车产品的总成本部分);或者

(3)合理分配构成汽车产品总成本一部分的各项成本,使所有此类成本的总和不包括任何促销、营销和售后服务成本、特许权使用费、运输和包装成本或不可分配的利息成本。

(F)就本注释而言,"机动车辆类别"是指下列任何一类机动车辆:

(1)子目8701.20、子目8704.10、子目8704.22、子目8704.23、子目8704.32、子目8704.90、品目8705或品目8706的机动车辆,或者子目8702.10或子目8702.90的载客量为16人或以上的机动车辆;

(2)子目8701.10或子目8701.30至8701.90的机动车辆;

(3)子目8702.10或子目8702.90的载客量为15人或以下的机动车辆,或者子目8704.21或子目8704.31的机动车辆;或者

(4)子目8703.21至8703.90的机动车辆。

(G)就本注释而言,"车型系列"是指具有相同平台或车型名称的一组机动车。

(H)就本注释而言,"不可分配的利息成本"是指生产商产生的利息成本,高于生产商

所在协定一方可比到期日的适用官方利率700个基点。

(I)就本注释而言,"合理分配"是指按照公认会计原则适当的方式进行分配。

(J)就本注释而言,"总成本"是指货物在协定的一个或多个缔约方境内发生的所有产品成本、期间成本和其他成本。

(七)附件、备件或工具。

(i)除下述(ii)款和(iii)款另有规定外,与货物一起交付的附件、备件或工具,构成货物标准附件、备件或工具的一部分:

(A)如果货物是原产货物,则该附件、备件或工具应被视为原产货物;以及

(B)在确定用于生产货物的所有非原产材料是否发生下述(十四)款规定的税则归类改变时,不考虑附件、备件或工具。

(ii)上述(i)款仅在以下情况下适用:

(A)附件、备件或工具未与货物分开开具发票,不论货物发票中是否有规定或单独标识;以及

(B)按商业习惯,上述附件、备件或工具在数量及价值上是为该货物正常配备的。

(iii)如果货物受区域价值成分要求的约束,则在计算货物的区域价值成分时,附件、备件或工具的价值应被视为原产或非原产材料(视情况而定)的价值而予以考虑。

(八)可替代货物和可替代材料。

(i)主张货物享受本注释规定待遇的人可根据可替代货物或材料的物理分离或者通过采用库存管理方法主张可替代货物或可替代材料为原产。在本款中,"库存管理方法"是指:

(A)平均,

(B)"后进先出",

(C)"先进先出",或者

(D)从事生产的协定缔约方公认会计原则中确认的或该国接受的其他方法。

"可替代货物"或"可替代材料"是指为商业目的可与另一货物或材料互换(视情况而定)且其性质与该另一货物或材料基本相同的货物或材料。

(ii)根据上述(i)款为特定可替代货物或可替代材料选择库存管理方法的人,应在其整个会计年度内持续对这些可替代货物或可替代材料使用该方法。

(九)包装、包装材料和容器。

(i)零售用。零售用包装材料和容器,如果与货物一起归类,则在确定用于生产货物的所有非原产材料是否发生下述(十四)款规定的税则归类改变时,应不予考虑。如果该货物受区域价值成分约束,则在计算货物的区域价值成分时,包装材料和容器的价值应被视为原产或非原产材料(视情况而定)的价值而予以考虑。

(ii)装运用。在确定货物是否为原产货物时,应忽略装运用包装材料和容器。

(十)中性成分。

就本注释而言,中性成分应被视为原产材料,而不考虑其产地。"中性成分"是指在生产、测

试或检验货物时使用或消耗但未实际纳入货物的材料,或者在维护建筑物或操作与货物生产相关的设备时使用或消耗的材料,包括:

(i)燃料和能源;

(ii)工具、模具及型模;

(iii)维护设备或建筑物所使用或消耗的备件和材料;

(iv)在生产或用于操作设备或维护建筑物时使用或消耗的润滑剂、油脂、合成材料和其他材料;

(v)手套、眼镜、鞋靴、服装、安全设备和用品;

(vi)用于测试或检验货物的设备、装置和用品;

(vii)催化剂和溶剂;以及

(viii)在货物生产过程中使用,虽未构成该货物组成成分,但能合理表明为该货物生产过程一部分的任何其他货物。

(十一)就本注释而言,"公认会计原则"是指在一个协定缔约方境内就收入、费用、成本、资产和负债的记录、信息披露和财务报表的编制取得公认的共识或实质性权威支持。这些标准可包括广泛使用的应用指南以及详细的标准、做法和程序。

(十二)优惠关税待遇申请;记录保存要求和核查。

(i)优惠关税待遇要求。进口商可使用以下法规要求的形式和方式申请本注释条款规定的关税和其他待遇:

(A)进口商、出口商或生产商出具的书面或电子证明;或者

(B)进口商知道该货物是原产货物,包括合理依赖进口商掌握的该货物是原产货物的信息。

(ii)记录保存要求。根据本注释条款规定入境的货物进口商,应自货物进口之日起,以适用法规要求的形式和方式,对证明该货物符合本注释条款规定的关税和其他待遇所需的所有记录和证明文件至少保存5年。

(iii)核查。为了确定从另一个协定缔约方境内进口至美国境内的货物是否符合本注释关于原产货物的规定,相关海关官员可按照相关规定进行核查。

(十三)原产地规则的解释和适用。

(i)除另有规定外,列于本税则的品目或子目之后且具体说明税则归类改变的本注释(十四)款任何规则的要求仅适用于非原产材料。就本注释(十四)款而言,如果一个关税条款的物品描述不是缩进排印的,则该关税条款为"品目";如果一个关税条款在《协调制度》下以6位数字表示,则该关税条款为"子目";"章"和"类"分别指本税则的一章或一类。

(ii)在本注释(十四)款中的特定规则使用税则归类改变标准并且规定了不能从本税则的某些章、品目或子目改变而来的情形下,应将原产地规则解释为只有当货物生产中使用的归入上述章、品目或子目的材料为原产材料时,货物才具备原产资格。

(iii) 当本税则的某一品目或子目适用本注释(十四)款可替代的特定规则时,如果货物满足其中一种可替代规则,则该规则将被视为适用。

(iv) 当某一规则适用于一组品目或子目,并且该规则具体说明品目或子目的改变时,该要求被视为允许该组品目或子目的一个品目或子目范围内的改变或者品目或子目之间的改变。但是,当某一条规则规定"该组别外"的品目或子目发生税则归类改变时,品目或子目的这一改变必须来自该规则所列品目或子目以外的品目或子目。

(v) 除另有规定外,本注释(十四)款所述规则提及的本税则第一章至第二十四章规定货物的重量均指干重。

(vi) 为将本注释适用于第六章至第十四章的货物,在一个协定缔约方境内种植的农业和园艺货物应被视为原产货物,即使是从协定以外的国家进口的植物种子、鳞茎、根茎、插枝、侧枝、接枝、枝条、芽或植物的其他活部分种植的。

(vii) 本款赋予下列条款规定的货物原产资格,除非另有规定。尽管有上述规定,但如果货物符合下述(十四)款规定的税则归类改变要求,则该货物为原产货物。

(A) 本税则第二十七章至第四十章的货物(品目 3823 的货物除外),在一个或多个协定缔约方境内发生化学反应的产物,应被视为原产货物。就上述各章的货物而言,"化学反应"是指通过破坏分子内键并形成新的分子内键,或通过改变分子中原子的空间排列而产生具有新结构的分子的过程(包括生化过程)。为确定货物是否原产,以下情况不被视为化学反应:

(1) 溶于水或其他溶剂;

(2) 去除溶剂,包括溶剂水;或者

(3) 加入或排除结晶水。

(B) 第二十八章至第三十五章、第三十八章和第三十九章的经净化的货物应被视为原产货物,前提是在一个或多个协定缔约方境内发生下列情况之一:

(1) 对货物进行纯化,以去除 80% 的现有杂质含量;或者

(2) 减少或消除杂质,使产品适合以下一种或多种应用:

(Ⅰ) 用作药品、医药、化妆品、兽医或食品级物质,

(Ⅱ) 用作分析、诊断或实验室用途的化学物品或试剂,

(Ⅲ) 用作微电子组件的元件或部件,

(Ⅳ) 用于特殊光学用途,

(Ⅴ) 用于健康和安全的无毒用途,

(Ⅵ) 用于生物技术用途,

(Ⅶ) 用作分离过程中的载体,或者

(Ⅷ) 用于原子核级别用途。

(C) 如果遵照预定规格有目的、按比例控制材料的混合(包括分散),在一个或多个协定缔约方境内生产的第三十章、第三十一章、品目 3302、子目 3502.20、品目 3506 至 3507、品目 3707、第三十九章或第四十章的货物,且该货物具有与货物用途相关、与投入材料不同的物理或化学特性,则该货物应被视为原产货物。

(D) 第三十章、第三十一章或第三十九章的货物,如果在一个或多个协定缔约方

内发生下列情况,则应被视为原产货物:
(1)有目的和有控制地减小货物的粒度,而不是仅仅通过压碎(或压制),使货物具有规定粒径、规定粒度分布或规定表面积,与该货物的用途相关,具有与投入材料不同的物理或化学特性;或者
(2)有目的和有控制地改变货物的粒度,而不是仅仅通过压制,使货物具有规定粒径、规定粒度分布或规定表面积,与该货物的用途相关,具有与投入材料不同的物理或化学特性。

(E)如果标准物质的生产发生在一个或多个协定缔约方境内,则第二十八章至第三十二章、第三十五章或第三十八章的货物应被视为原产货物。"标准物质"(包括标准溶液)是一种适合于分析、校准或参考用途的制剂,其纯度或比例由制造商认证。

(F)如果从异构体混合物中分离异构体发生在一个或多个协定缔约方境内,则第二十八章至第三十二章、第三十五章或第三十九章的货物应被视为原产货物。

(G)从人造混合物分离出一种或多种材料,导致第二十八章至第三十八章的货物在一个或多个协定缔约方境内发生税则归类改变,该货物将不被视为原产材料,除非该分离材料在一个或多个协定缔约方境内发生了化学反应。

(viii)(A)本税则第五十章至第六十章的货物,按照本税则税号9822.05.01进口,如果使用以下材料,全部在协定的一个或多个缔约方境内形成,则应被视为原产货物:
(1)第九十八章第二十二分章美国注释二十列出的一种或多种纤维和纱线;或者
(2)第九十八章第二十二分章美国注释二十列出的纤维和纱线与根据本注释条款产生的一种或多种纤维和纱线的组合。

上述(2)款所述的原产纤维和纱线可含有不超过10%(按重量计)的纤维或纱线,这些纤维或纱线不受本注释(十四)款所述税则归类适用改变约束。上述(2)款所述的原产纱线中所含的任何弹性纱线(乳胶除外)必须在一个或多个协定缔约方境内成型。

(B)本税则第六十一章或第六十二章的货物,按照本税则税号9822.05.01进口,如果是在一个或多个协定缔约方境内裁剪或/和针织成型并缝制或以其他方式组合,并且外壳的织物[不包括领子、袖子和罗纹腰带(仅当罗纹腰带与袖子结合使用,且面料结构与袖子相同时)]全部由以下材料制成:
(1)第九十八章第二十二分章美国注释二十列出的一种或多种织物;或者
(2)一种或多种织物或针织成型组件,由第九十八章第二十二分章美国注释二十列出的一种或多种纱线在一个或多个协定缔约方境内完成;或者
(3)上述(1)款所述的织物、(2)款所述的织物或针织成型组件的任何组合,或本注释的的一种或多种织物。

上述(3)款所述的原产织物可含有最多10%(按重量计)的纤维或纱线,这些纤维或纱线未发生本注释(十四)款所述的税则归类改变。上述(3)款所述的原产织物或针织成型组件中所含的任何弹性纱线(乳胶除外)必须在一个或多个协

定缔约方境内成型。

(C)本税则第六十三章或第九十四章的货物,按照本税则税号 9822.05.01 进口,如果是在一个或多个协定缔约方境内裁剪或/和针织成型并缝制或以其他方式组合,则应被视为原产,如果决定货物税则归类的成分完全是——

(1)第九十八章第二十二分章美国注释二十列出的一种或多种织物;或者

(2)一种或多种织物或针织成型组件,由第九十八章第二十二分章美国注释二十列出的一种或多种纱线在一个或多个协定缔约方境内完成;或者

(3)上述(1)款所述的织物、(2)款所述的织物或针织成型组件或本注释的一种或多种织物或针织成型组件的任何组合。

上述(3)款所述的原产织物可含有最多10%(按重量计)的纤维或纱线,这些纤维或纱线未发生本注释(十四)款所述的税则归类改变。上述(3)款所述的原产织物或针织成型组件中包含的任何弹性纱线(乳胶除外)必须在一个或多个协定缔约方境内成型。

(十四)税则归类改变规则。[**2017 年 HS 变动已更新**]

第一章

从任何其他章改变至品目 0101 至 0106。

第二章

1. 从任何其他章改变至品目 0201 至 0206。

2. 从任何其他章(品目 0105 除外)改变至品目 0207。

3. 从任何其他章改变至品目 0208 至 0209。

4. 从任何其他章(品目 0105 除外)改变至品目 0210。

第三章

注:鱼、甲壳动物、软体动物和其他水生无脊椎动物应被视为原产,即使它们是从非原产鱼苗(幼鱼期后的未成熟的鱼,包括幼鱼、幼鲑、小鲑鱼和幼鳗)或幼鱼中培育出来的。

1. 从任何其他章改变至品目 0301 至 0305。

2. (A)从品目 0306 至 0308 的非烟熏货物改变至品目 0306 至 0308 的烟熏货物;或者

(B)从任何其他章改变至品目 0306 至 0308 的任何其他货物。

第四章

1. 从任何其他章(子目 1901.90 除外)改变至品目 0401 至 0404。

2. 从任何其他章(子目 1901.90 或子目 2106.90 除外)改变至品目 0405。

3. 从任何其他章(子目 1901.90 除外)改变至品目 0406。

4. 从任何其他章改变至品目 0407 至 0410。

第五章

从任何其他章改变至品目 0501 至 0511。

第六章

从任何其他章改变至品目 0601 至 0604。

第七章

从任何其他章改变至品目 0701 至 0714。

第八章

从任何其他章改变至品目 0801 至 0814。

第九章

1. 从任何其他章改变至品目 0901。

2. 从任何其他子目改变至子目 0902.10 至 0902.40。

3. 从任何其他章改变至品目 0903。

4. (A) 从子目 0904.11 至 0910.99 的未压碎、未研磨或非粉状的香料或任何其他子目（子目 0910.11 和子目 0910.12 除外）改变至子目 0904.11 至 0910.99 的供零售用的压碎、研磨或粉状的香料；或者

　　(B) 从任何其他子目（子目 0910.11 至 0910.12 除外）改变至子目 0904.11 至 0910.99 的混合香料或任何货物（供零售用的压碎、研磨或粉状香料除外）。

第十章

从任何其他章改变至品目 1001 至 1008。

第十一章

1. 从任何其他章改变至品目 1101。

2. 从任何其他章（品目 1006 除外）改变至品目 1102。

3. 从任何其他章（品目 1006 除外）改变至品目 1103。

4. 从任何其他子目改变至子目 1104.12。

5. 从任何其他章改变至子目 1104.19 至 1104.30。

6. 从品目 0701 以外的任何其他章的品目改变至品目 1105。

7. 从任何其他章（子目 0714.10 除外）改变至品目 1106。

8. 从任何其他章改变至品目 1107。

9. 从任何其他章改变至子目 1108.11 至 1108.13。

10. 从任何其他章（子目 0714.10 除外）改变至子目 1108.14。

11. 从任何其他章改变至子目 1108.19 至 1108.20。

12. 从任何其他章改变至品目 1109。

第十二章

从任何其他章改变至品目 1201 至 1214。

第十三章

从任何其他章改变至品目 1301 至 1302。

第十四章

从任何其他章改变至品目 1401 至 1404。

第十五章

1. 从任何其他章改变至品目 1501 至 1518。

2. 从任何其他品目改变至品目 1520。

3. 从任何其他章改变至品目 1521 至 1522。

第十六章

1. 从任何其他章或品目0207的机械去骨家禽(品目0207的任何其他货物除外)改变至品目1601至1602。

2. 从任何其他章改变至品目1603至1605。

第十七章

1. 从任何其他章改变至品目1701至1703。

2. 从任何其他品目改变至品目1704。

第十八章

1. 从任何其他章改变至品目1801至1802。

2. 从任何其他品目改变至品目1803。

3. 从任何其他品目(品目1803除外)改变至品目1804至1805。

4. 从任何其他品目改变至子目1806.10,前提是子目1806.10的糖含量(按干重计)为90%或以上的产品不含第十七章的非原产糖,子目1806.10的糖含量(按干重计)为90%以下的产品不含35%以上(按重量计)第十七章的非原产糖。

5. 从任何其他品目改变至子目1806.20。

6. 从任何其他子目改变至子目1806.31。

7. 从任何其他子目改变至子目1806.32。

8. 从任何其他子目改变至子目1806.90。

第十九章

1. 从任何其他章改变至子目1901.10,前提是子目1901.10的乳固体含量(按重量计)超过10%的产品不含第四章的非原产乳品。

2. 从任何其他章改变至子目1901.20,前提是子目1901.20的乳脂含量(按重量计)超过25%且非供零售用的产品不含第四章的非原产乳品。

3. 从任何其他章改变至子目1901.90,前提是子目1901.90的乳固体含量(按重量计)超过10%的产品不含第四章的非原产乳品。

4. 从任何其他章改变至品目1902。

5. 从任何其他章改变至品目1903。

6. 从任何其他章改变至子目1904.10至1904.30。

7. 从任何其他品目(品目1006除外)改变至子目1904.90。

8. 从任何其他章改变至品目1905。

第二十章

1. 从任何其他章(子目0703.10除外)改变至品目2001。

2. 从任何其他章改变至品目2002,但通过在水、盐水或天然果汁(包括包装附带的加工)中包装(包括罐装)制作的货物,仅当该新鲜货物完全在一个或多个协定缔约方境内获得或生产时,才被视为原产货物。

3. 从任何其他章改变至品目2003,但通过在水、盐水或天然果汁(包括包装附带的加工)中包装(包括罐装)制作的货物,仅当该新鲜货物完全在一个或多个协定缔约方境内获得或生产时,才被视为原产货物。

4. 从任何其他章(品目 0701 除外)改变至品目 2004,并且通过冷冻(包括冷冻附带加工)制作的货物,仅当该新鲜货物完全在一个或多个协定缔约方境内获得或生产时,才被视为原产货物。

5. 从任何其他章改变至子目 2005.10。

6. 从任何其他章(品目 0701 除外)改变至子目 2005.20。

7. 从任何其他章改变至子目 2005.40 至 2005.60,但通过在水、盐水或天然果汁(包括包装附带的加工)中包装(包括罐装)制作的货物,仅当该新鲜货物完全在一个或多个协定缔约方境内获得或生产时,才被视为原产货物。

8. 从任何其他章改变至子目 2005.70 至 2005.99,但通过在水、盐水或天然果汁(包括包装附带的加工)中包装(包括罐装)制作的货物,仅当该新鲜货物完全在一个或多个协定缔约方境内获得或生产时,才被视为原产货物。

9. 从任何其他章(品目 1202 或子目 0804.30 除外)改变至品目 2006。

10. 从任何其他章(品目 0803 或子目 0804.50 除外)改变至品目 2007。

11. 从任何其他章(品目 1202 除外)改变至子目 2008.11。

12. 从任何其他章改变至子目 2008.19,但通过干燥或油浸烘焙(包括烘焙附带的加工)制作的坚果和种子,仅当该新鲜货物完全在一个或多个协定缔约方境内获得或生产时,才被视为原产货物。

13. 从任何其他章改变至子目 2008.20,但通过在水、盐水或天然果汁(包括包装附带的加工)中包装(包括罐装)而制作的菠萝,仅当该新鲜货物完全在一个或多个协定缔约方境内获得或生产时,才被视为原产货物。

14. 从任何其他章改变至子目 2008.30,但通过在水、盐水或天然果汁(包括包装附带的加工)中包装(包括罐装)而制作的柑橘类水果,仅当该新鲜货物完全在一个或多个协定缔约方境内获得或生产时,才被视为原产货物。

15. 从任何其他章改变至子目 2008.40,但通过在水、盐水或天然果汁(包括包装附带的加工)中包装(包括罐装)而制作的梨,仅当该新鲜货物完全在一个或多个协定缔约方境内获得或生产时,才被视为原产货物。

16. 从任何其他章改变至子目 2008.50,但通过在水、盐水或天然果汁(包括包装附带的加工)中包装(包括罐装)而制作的杏子,仅当该新鲜货物完全在一个或多个协定缔约方境内获得或生产时,才被视为原产货物。

17. 从任何其他章改变至子目 2008.60,但通过在水、盐水或天然果汁(包括包装附带的加工)中包装(包括罐装)而制作的樱桃,仅当该新鲜货物完全在一个或多个协定缔约方境内获得或生产时,才被视为原产货物。

18. 从任何其他章改变至子目 2008.70,但通过在水、盐水或天然果汁(包括包装附带的加工)中包装(包括罐装)而制作的桃子(包括油桃),仅当该新鲜货物完全在一个或多个协定缔约方境内获得或生产时,才被视为原产货物。

19. 从任何其他章改变至子目 2008.80,但通过在水、盐水或天然果汁(包括包装附带的加工)中包装(包括罐装)而制备的草莓,仅当该新鲜货物完全在一个或多个协定缔约方境内获得或生产时,才被视为原产货物。

20. 从任何其他章改变至子目 2008.91,但通过在水、盐水或天然果汁(包括包装附带的加工)中包装(包括罐装)而制作的棕榈心,仅当该新鲜货物完全在一个或多个协定缔约方境内获得或生产时,才被视为原产货物。

21. 从任何其他章改变至子目 2008.93 至 2008.97,但通过在水、盐水或天然果汁(包括包装附带的加工)中包装(包括罐装)而制作的蔓越莓或者混合物,仅当该新鲜货物完全在一个或多个协定缔约方境内获得或生产时,才被视为原产货物。

22. 从任何其他章改变至子目 2008.99,但通过在水、盐水或天然果汁(包括包装附带的加工)中包装(包括罐装)制作的货物,仅当该新鲜货物完全在一个或多个协定缔约方境内获得或生产时,才被视为原产货物。

23. 从任何其他章(品目 0805 除外)改变至子目 2009.11 至 2009.39。

24. 从任何其他章改变至子目 2009.41 至 2009.50。

25. (A)从子目 2009.61 至 2009.89 的番石榴、苹果、梨、桃、芒果、葡萄或酸辣汁或任何其他章改变至子目 2009.61 至 2009.89 的番石榴、苹果、梨、桃、芒果、葡萄或酸辣汁;或者

    (B)从任何其他章改变至子目 2009.61 至 2009.89 的任何其他货物。

26. (A)从任何其他章改变至子目 2009.90;或者

    (B)从第二十章的任何其他子目改变至子目 2009.90,不论是否从任何其他章改变而来,前提是单一果汁成分或非协定缔约方的单一国家的果汁成分以单一浓度形式构成的货物体积不超过 60%。

第二十一章

1. 从任何其他章(第九章除外)改变至子目 2101.11 至 2101.12。

2. 从任何其他章改变至子目 2101.20 至 2101.30。

3. 从任何其他章改变至品目 2102。

4. 从任何其他章改变至子目 2103.10。

5. 从任何其他章改变至子目 2103.20,前提是子目 2103.20 的番茄酱不包含子目 2002.90 的非原产货物。

6. (A)从子目 2103.30 的芥子粉或任何其他子目改变至子目 2103.30 的精制芥末;或者

    (B)从任何其他章改变至子目 2103.30 的任何其他货物。

7. 从任何其他品目改变至子目 2103.90。

8. 从任何其他品目改变至品目 2104。

9. 从任何其他品目[第四章和子目 1901.90 的乳固体含量(按重量计)超过 10% 的乳制品除外]改变至品目 2105。

10. 从任何其他章(品目 0805、品目 2009 或子目 2202.90 除外)改变至子目 2106.90 的添加维生素或矿物质的单一水果或蔬菜的浓缩汁。

11. 从以下情形改变至子目 2106.90 的添加维生素或矿物质的混合汁:

    (A)任何其他章(品目 0805、品目 2009 或子目 2202.90 的混合汁除外);或者

    (B)第二十一章的任何其他子目、品目 2009 或子目 2202.90 的混合汁,不论是否从任何其他章改变而来,前提是单一果汁成分或非协定缔约方的单一国家的果汁成

分以单一浓度形式构成的货物体积不超过60%;

12. 从任何其他子目(品目2203至2209除外)改变至子目2106.90的复合酒精制剂。

13. 从任何其他章(第十七章除外)改变至子目2106.90的糖浆。

14. 从任何其他章[第四章或子目1901.90的乳固体含量(按重量计)超过10%的乳制品除外]改变至子目2106.90的乳固体含量(按重量计)超过10%的产品。

15. 从任何其他章改变至品目2106的任何其他货物。

第二十二章

1. 从任何其他章改变至品目2201。

2. 从任何其他章改变至子目2202.10。

2A. 从任何其他章改变至子目2202.91。

3. 从品目2009的番石榴、苹果、梨、桃、芒果、葡萄或酸辣汁或任何其他品目改变至子目2202.99的添加维生素或矿物质的番石榴、苹果、梨、桃、芒果、葡萄或酸辣汁。

4. 从任何其他章(品目0805、品目2009或子目2106.90的浓缩果汁除外)改变至子目2202.99的添加维生素或矿物质的任何单一水果汁或蔬菜汁。

5. 从以下情形改变至子目2202.99的添加维生素或矿物质的混合汁:
   (A)任何其他章(品目0805、品目2009或子目2106.90的混合汁除外);或者
   (B)第二十二章的任何其他子目、品目2009或子目2106.90的混合汁,不论是否从任何其他章改变而来,前提是单一果汁成分或非协定缔约方的单一国家的果汁成分以单一浓度形式构成不超过货物体积的60%。

6. (A)从任何其他章[第四章或子目1901.90的乳固体含量(按重量计)超过10%的乳制品除外]改变至子目2202.99的含乳饮料;或者
   (B)从任何其他章改变至子目2202.99的任何其他货物。

7. 从任何其他章(子目2106.90的复合酒精制剂除外)改变至品目2203至2206。

8. (A)从品目2207的非脱水乙醇或任何其他品目改变至品目2207的脱水乙醇(化油剂乙醇),但须符合第九十九章第一分章美国注释三(c)的规定;或者
   (B)从任何其他章(品目1005、品目1007或品目1703除外)改变至品目2207。

9. 从任何其他章改变至子目2208.20或子目2208.60。

10. 从任何其他品目(第四章、第九章、第二十一章或品目1901除外)改变至子目2208.70。

11. 从任何其他章改变至子目2208.90。

12. 从任何其他品目改变至品目2209。

第二十三章

1. 从任何其他章改变至品目2301至2308。

2. 从任何其他品目(第四章、品目2304、子目1901.90、子目2306.10至2306.30或子目2306.50至2306.90除外)改变至品目2309。

第二十四章

1. 从任何其他章改变至品目2401。

2. 从任何其他品目改变至子目2402.10。

3. 从任何其他章改变至子目2402.20至2402.90。

4.(A)从任何其他品目改变至用于子目 2403.91 的雪茄外包烟叶的均化烟草或再造烟草;或者

(B)从任何其他章改变至品目 2403 的任何其他货物。

第二十五章

1. 从任何其他品目改变至品目 2501 至 2516。

2. 从任何其他品目改变至子目 2517.10 至 2517.20。

3. 从任何其他子目改变至子目 2517.30。

4. 从任何其他品目改变至子目 2517.41 至 2517.49。

5. 从任何其他品目改变至品目 2518 至 2522。

6. 从任何其他章改变至品目 2523。

7. 从任何其他品目改变至品目 2524 至 2530。

第二十六章

从任何其他品目改变至品目 2601 至 2621。

第二十七章

1. 从任何其他品目改变至品目 2701 至 2706。

2.(A)从任何其他品目改变至子目 2707.10 至 2707.99;或者

(B)从任何其他子目改变至子目 2707.10 至 2707.99,前提是此类改变产生的货物是由化学反应引起的。

3. 从任何其他品目改变至品目 2708 至 2709。

品目规则:就品目 2710 而言,下列工序被授予原产资格:

(a)常压蒸馏——一种分离过程,其中石油在蒸馏塔中根据沸点转化成馏分,然后蒸汽冷凝成不同的液化馏分。

(b)减压蒸馏——在低于大气压但不低到分子蒸馏的压力下进行蒸馏。

4.(A)从品目 2710 的任何其他货物改变至品目 2710 的任何其他货物,前提是此类改变产生的货物是化学反应、常压蒸馏或减压蒸馏的产物;或者

(B)从任何其他品目(品目 2207 除外)改变至品目 2710。

注:品目 2710 的下述税则归类规则 4A 也适用于本注释(一)款规定的多米尼加共和国与美国间协定实施生效之日起两年内总计相当于 24 000 000 加仑的多米尼加货物。两年后,本注释和下述规则 4A 应从本税则中删除。

4A. 从品目 2710 的任何其他货物改变至品目 2710 的任何其他货物,前提是此类改变产生的货物来自化学反应、常减压蒸馏或改变货物粘度工艺的产物。

5. 从任何其他子目(子目 2711.21 除外)改变至子目 2711.11。

6. 从任何其他子目(子目 2711.29 除外)改变至子目 2711.12 至 2711.19。

7. 从任何其他子目(子目 2711.11 除外)改变至子目 2711.21。

8. 从任何其他子目(子目 2711.12 至 2711.21 除外)改变至子目 2711.29。

9. 从任何其他品目改变至品目 2712 至 2714。

10. 从任何其他品目(品目 2714 或子目 2713.20 除外)改变至品目 2715。

11. 从任何其他品目改变至品目 2716。

第二十八章

1. 从任何其他子目改变至子目2801.10至2801.30。

2. 从任何其他品目(品目2503除外)改变至品目2802。

3. 从任何其他品目改变至品目2803。

4. 从任何其他子目改变至子目2804.10至2804.50。

5. 从子目2804.61至2804.69以外的任何子目改变至子目2804.61至2804.69。

6. 从任何其他子目改变至子目2804.70至2804.90。

7. 从任何其他品目改变至品目2805。

8. 从任何其他子目改变至子目2806.10至2806.20。

9. 从任何其他品目改变至品目2807至2808。

10. 从任何其他子目改变至子目2809.10至2809.20。

11. 从任何其他品目改变至品目2810。

12. 从任何其他子目改变至子目2811.11。

13. 从任何其他子目改变至子目2811.12。

13A. 从任何其他子目(子目2811.12或子目2811.22除外)改变至子目2811.19。

14. 从任何其他子目改变至子目2811.21。

15. 从任何其他子目(子目2505.10、子目2506.10或子目2811.19除外)改变至子目2811.22。

16. 从任何其他子目改变至子目2811.29至2813.90。

17. 从任何其他品目改变至品目2814。

18. 从子目2815.11至2815.12以外的任何子目改变至子目2815.11至2815.12。

19. 从子目2810.15改变至子目2810.15至2810.15。

20. 从任何其他子目改变至子目2816.40,但从子目2530.90改变至锶的氧化物、氢氧化物或过氧化物除外。

21. 从任何其他品目(品目2608除外)改变至品目2817。

22. 从任何其他子目(品目2606或子目2620.40除外)改变至子目2818.10至2818.30。

23. 从任何其他子目改变至子目2819.10至2819.90。

24. 从任何其他子目(子目2530.90或品目2602除外)改变至子目2820.10至2820.90。

25. 从任何其他子目改变至子目2821.10。

26. 从任何其他子目(子目2530.30或子目2601.11至2601.20除外)改变至子目2821.20。

27. 从任何其他品目(品目2605除外)改变至品目2822。

28. 从任何其他品目改变至品目2823。

29. 从任何其他子目(品目2607除外)改变至子目2824.10至2824.90。

30. 从任何其他子目改变至子目2825.10至2825.40。

31. 从任何其他子目(品目2603除外)改变至子目2825.50。

32. 从任何其他子目(子目2615.10除外)改变至子目2825.60。

33. 从任何其他子目(子目2613.10除外)改变至子目2825.70。

34. 从任何其他子目(子目2617.10除外)改变至子目2825.80。

35. 从任何其他子目改变至子目2825.90,前提是子目2825.90的货物是化学反应的产物。
36. 从任何其他子目改变至子目2826.12至2833.19。
37. 从任何其他子目(子目2530.20除外)改变至子目2833.21。
38. 从任何其他子目改变至子目2833.22至2833.26。
39. 从任何其他子目(子目2511.10除外)改变至子目2833.27。
40. 从任何其他子目(品目2520除外)改变至子目2833.29。
41. 从任何其他子目改变至子目2833.30至2833.40。
42. 从任何其他子目改变至子目2834.10至2834.29。
43. 从任何其他子目改变至子目2835.10至2835.25。
44. 从任何其他子目(品目2510除外)改变至子目2835.26。
45. 从任何其他子目改变至子目2835.29至2835.39。

[46 已删除]

47. 从任何其他子目(子目2530.90除外)改变至子目2836.20。
48. 从任何其他子目改变至子目2836.30至2836.40。
49. 从任何其他子目(品目2509、子目2517.41、子目2517.49、品目2521或子目2530.90除外)改变至子目2836.50
50. 从任何其他子目(子目2511.20除外)改变至子目2836.60。

[51 已删除]

52. 从任何其他子目改变至子目2836.91。
53. 从任何其他子目(子目2530.90除外)改变至子目2836.92。
54. (A)从任何其他子目改变至子目2836.99的市售碳酸铵或其他碳酸铵;或者
    (B)从任何其他子目(子目2617.90除外)改变至子目2836.99的碳酸铋;或者
    (C)从任何其他子目(品目2607除外)改变至子目2836.99的碳酸铅;或者
    (D)从任何其他子目改变至子目2836.99的其他货物,前提是子目2836.99的货物是化学反应的产物。
55. 从任何其他子目改变至子目2837.11至2837.20。

[56 已删除]

57. 从子目2839.11至2839.19以外的任何子目改变至子目2839.11至2839.19。
58. 从任何其他子目改变至子目2839.90。
59. 从子目2840.11至2840.20以外的任何子目(子目2528.10除外)改变至子目2840.11至子目2840.20。
60. 从任何其他子目改变至子目2840.30。
61. 从任何其他子目改变至子目2841.30。
62. (A)从任何其他子目改变至子目2841.50的铬酸锌或铬酸铅;或者
    (B)从子目2841.50的任何其他货物或任何其他子目改变至子目2841.50的重铬酸钾;或者
    (C)从子目2841.50的重铬酸钾或任何其他子目(品目2610除外)改变至子目2841.50

的其他铬酸盐、重铬酸盐或过氧铬酸盐。

63. 从子目2841.61至2841.69以外的任何子目改变至子目2841.61至2841.69。

64. 从任何其他子目(子目2613.90除外)改变至子目2841.70。

65. 从任何其他子目(品目2611除外)改变至子目2841.80。

66. (A)从任何其他子目改变至子目2841.90的铝酸盐;或者

   (B)从子目2841.90的铝酸盐或任何其他子目改变至子目2841.90的任何其他货物,前提是子目2841.90的货物是化学反应的产物。

67. 从任何其他子目改变至子目2842.10。

68. (A)从任何其他子目改变至子目2842.90的雷酸盐、氰酸盐或硫氰酸盐;或者

   (B)从任何其他子目改变至子目2842.90的任何其他货物,前提是子目2842.90的货物是化学反应的产物。

69. 从任何其他子目(品目7106、品目7108、品目7110或品目7112除外)改变至子目2843.10。

70. 从任何其他子目改变至子目2843.21至2843.29。

71. 从任何其他子目(子目2616.90除外)改变至子目2843.30至2843.90。

72. 从任何其他子目(子目2612.10除外)改变至子目2844.10。

73. 从任何其他子目改变至子目2844.20。

74. 从任何其他子目(子目2844.20除外)改变至子目2844.30。

75. 从任何其他子目改变至子目2844.40至2844.50。

76. 从任何其他品目改变至品目2845。

77. 从任何其他品目(子目2530.90除外)改变至品目2846。

78. 从任何其他品目改变至品目2847。

79. 从任何其他子目改变至子目2849.10至2849.90。

80. 从任何其他品目改变至品目2850。

81. 从任何其他品目改变至品目2852。

82. 从任何其他品目改变至品目2853。

第二十九章

1. 从任何其他子目(品目2710、子目2711.13、子目2711.14、子目2711.19或子目2711.29除外)改变至子目2901.10至2901.29。

2. 从任何其他子目改变至子目2902.11。

3. 从任何其他子目(子目2707.50、子目2707.99或品目2710的非芳烃环状石油除外)改变至子目2902.19。

4. 从任何其他子目(子目2707.10、子目2707.50或子目2707.99除外)改变至子目2902.20。

5. 从任何其他子目(子目2707.20、子目2707.50或子目2707.99除外)改变至子目2902.30。

6. 从任何其他子目(子目2707.30、子目2707.50或子目2707.99除外)改变至子目2902.41至2902.44。

7. 从任何其他子目改变至子目2902.50。

8. 从任何其他子目(子目2707.30、子目2707.50、子目2707.99或品目2710除外)改变

至子目2902.60。

9. 从任何其他子目(子目2707.50、子目2707.99或品目2710除外)改变至子目2902.70至2902.90。

10. 从任何其他子目改变至子目2903.11至2903.39。

11. 从子目2903.71至2903.79以外的任何子目改变至子目2903.71至2903.79。

12. 从任何其他子目改变至子目2903.81至2904.99。

13. 从任何其他子目改变至子目2905.11至2905.19。

14. 从任何其他子目(子目1301.90、子目3301.90或子目3805.90除外)改变至子目2905.22至2905.29。

15. 从任何其他子目改变至子目2905.31至2905.44。

16. 从任何其他子目(品目1520除外)改变至子目2905.45。

17. 从任何其他子目改变至子目2905.49至2905.59。

18. 从任何其他子目(子目3301.24或子目3301.25除外)改变至子目2906.11。

19. 从任何其他子目改变至子目2906.12至2906.13。

[20 已删除]

21. (A)从任何其他货物(品目3805除外)改变至子目2906.19的松油醇;或者
    (B)从子目3805.90的松油或任何其他子目(子目3301.90或子目3805.90的任何其他货物除外)改变至子目2906.19的任何其他货物。

22. 从任何其他子目改变至子目2906.21。

23. 从任何其他子目(子目2707.60或子目3301.90除外)改变至子目2906.29。

24. 从任何其他子目(子目2707.60除外)改变至子目2907.11。

25. 从任何其他子目(子目2707.99除外)改变至子目2907.12至2907.22。

26. 从子目2907.23改变至任何其他子目。

27. 从任何其他子目(子目2707.99除外)改变至子目2907.29;或者
    (A)从子目2907.29的任何其他货物改变至子目2907.29的酚醇;或者
    (B)从子目2907.29的酚醇改变至子目2907.29的任何其他货物。

28. 从任何其他品目改变至品目2908。

29. 从任何其他子目改变至子目2909.11至2909.49。

30. 从任何其他子目(子目3301.90除外)改变至子目2909.50。

31. 从任何其他子目改变至子目2909.60。

32. 从任何其他子目改变至子目2910.10至2910.90。

33. 从任何其他品目改变至品目2911。

34. 从任何其他子目改变至子目2912.11至2912.12。

35. 从任何其他子目(子目3301.90除外)改变至子目2912.19至2912.49。

36. 从任何其他子目改变至子目2912.50至2912.60。

37. 从任何其他品目改变至品目2913。

38. 从任何其他子目(子目3301.90除外)改变至子目2914.11至2914.19。

39. 从任何其他子目改变至子目2914.22。

40. 从任何其他子目(子目3301.90除外)改变至子目2914.23。

41. (A)从任何其他子目改变至子目2914.29的樟脑;或者

 (B)从任何其他子目(子目3301.90或子目3805.90除外)改变至子目2914.29的任何其他货物。

42. 从子目2914.31至2914.39以外的任何子目(子目3301.90除外)改变至子目2914.31至2914.39。

43. 从任何其他子目(子目3301.90除外)改变至子目2914.40至2914.79。

44. 从任何其他子目改变至子目2915.11至2915.33。

45. 从任何其他子目(子目3301.90或子目3805.90除外)改变至子目2914.29的任何其他货物。

45A. (A)从任何其他子目改变至子目2915.39的乙酸异丁酯或乙酸2-乙氧基乙酯;或者

 (B)从任何其他子目(子目3301.10除外)改变至子目2915.39的任何其他货物。

46. 从任何其他子目改变至子目2915.40至2915.90。

47. 从任何其他子目改变至子目2916.11至2916.20。

48. 从任何其他子目(子目3301.90除外)改变至子目2916.31至2916.39。

49. 从任何其他子目改变至子目2917.11至2917.39。

50. 从任何其他子目改变至子目2918.11至2918.22。

51. 从任何其他子目(子目3301.90除外)改变至子目2918.23。

52. 从任何其他子目改变至子目2918.29至2918.30。

53. 从任何其他子目(子目3301.90除外)改变至子目2918.91至2918.99。

54. 从任何其他品目改变至品目2919。

55. 从任何其他子目改变至子目2920.11至2926.90。

56. 从任何其他品目改变至品目2927至2928。

57. 从任何其他子目改变至子目2929.10至2930.90。

58. 从任何其他品目改变至品目2931。

59. 从任何其他子目(子目3301.90除外)改变至子目2932.11至2932.99。

60. 从任何其他子目改变至子目2933.11至2934.99。

61. 从任何其他品目改变至品目2935。

62. 从任何其他子目改变至子目2936.21至2936.29。

63. (A)从子目2936.90的任何其他货物或任何其他子目改变至子目2936.90的未混合维生素原;或者

 (B)从任何其他子目(子目2936.21至2936.29除外)改变至子目2936.90的任何其他货物。

64. 从任何其他品目改变至品目2937至2941。

65. 从任何其他章改变至品目2942。

第三十章

1. 从任何其他子目改变至子目3001.20至3001.90。

1A. 从子目 3002.11 至子目 3002.19 以外的任何子目改变至子目 3002.11 至 3002.19。

1B. 从任何其他子目改变至子目 3002.20 至 3003.39。

1C. 从子目 3003.41 至 3003.49 以外的任何子目改变至子目 3003.41 至 3003.49。

1D. 从任何其他子目改变至子目 3003.60 至 3003.90。

2. 从任何其他品目（品目 3003 除外）改变至品目 3004。

3. 从任何其他子目改变至子目 3005.10 至 3006.70。

4. 从任何其他子目改变至子目 3006.91 至 3006.92。

第三十一章

1. 从任何其他品目改变至品目 3101。

2. 从任何其他子目改变至子目 3102.10 至 3102.80。

3. (A) 从子目 3102.90 的任何其他货物或任何其他子目改变至子目 3102.90 的氰氨化钙；或者

   (B) 从子目 3102.90 的氰氨化钙或任何其他子目改变至子目 3102.90 的任何其他货物。

4. 从子目 3103.11 至 3103.19 以外的任何子目改变至子目 3103.11 至 3103.19。

5. (A) 从子目 3103.90 的任何其他货物或任何其他子目改变至子目 3103.90 的托马斯磷肥；或者

   (B) 从子目 3103.90 的托马斯磷肥或任何其他子目改变至子目 3103.90 的任何其他货物。

6. 从任何其他子目改变至子目 3104.20 至 3104.30。

7. (A) 从子目 3104.90 的任何其他货物或任何其他子目改变至子目 3104.90 的光卤石、钾盐或其他天然粗钾盐；或者

   (B) 从子目 3104.90 的光卤石、钾盐或其他天然粗钾盐或任何其他子目改变至子目 3104.90 的任何其他货物。

8. 从任何其他子目改变至子目 3105.10 至 3105.90。

第三十二章

1. 从任何其他子目改变至子目 3201.10 至 3202.90。

2. 从任何其他品目改变至品目 3203。

3. 从任何其他子目改变至子目 3204.11 至 3204.17。

4. 从任何其他子目（子目 3204.11 至 3204.17 除外）改变至子目 3204.19。

5. 从任何其他子目改变至子目 3204.20 至 3204.90。

6. 从任何其他章改变至品目 3205。

7. 从子目 3206.11 至 3206.42 以外的任何子目改变至子目 3206.11 至 3206.42。

8. (A) 从任何其他章改变至子目 3206.49 的塑料中颜料浓缩分散体；或者

   (B) 从子目 3206.49 的除以六氰高铁酸盐为主的颜料或制剂之外、子目 3206.11 至 3206.42 的任何其他货物改变至子目 3206.49 的以镉化合物为主的颜料或制剂；

   (C) 从子目 3206.49 的除以镉化合物为主的颜料或制剂之外、子目 3206.11 至 3206.42 的任何其他货物改变至子目 3206.49 的以六氰高铁酸盐为主的颜料或制剂；或者

(D)从任何其他子目改变至子目3206.49的任何其他货物。

9. 从任何其他子目改变至子目3206.50。

10. 从任何其他章改变至品目3207。

11. 从任何其他品目改变至品目3208至3211。

12. 从任何其他章改变至品目3212。

13. 从任何其他品目改变至品目3213至3214。

14. 从任何其他章改变至品目3215。

第三十三章

1. 从任何其他子目改变至子目3301.12至3301.13。

1A.(A)从子目3301.19的任何其他货物改变至子目3301.19的佛手柑精油或酸橙精油;或者

(B)从子目3301.19的佛手柑精油或酸橙精油或任何其他子目改变至子目3301.19的任何其他货物。

1B. 从任何其他子目改变至子目3301.24至3301.25。

1C.(A)从子目3301.29的任何其他货物改变至子目3301.29的天竺葵、茉莉花、薰衣草或香根草精油;或者

(B)从子目3301.29的天竺葵、茉莉花、薰衣草或香根草精油或任何其他子目改变至子目3301.29的任何其他货物。

1D. 从任何其他子目改变至子目3301.30至3301.90。

2. 从任何其他品目(品目2207或品目2208除外)改变至品目3302。

3. 从任何其他品目改变至品目3303。

4. 从任何其他子目改变至子目3304.10至3306.10。

5. 从任何其他子目(第五十四章除外)改变至子目3306.20。

6. 从任何其他子目改变至子目3306.90至3307.90。

第三十四章

1. 从任何其他品目改变至品目3401。

2. 从任何其他子目改变至子目3402.11。

3. 从任何其他子目改变至子目3402.12至3402.19。

4. 从任何其他子目(子目3402.90除外)改变至子目3402.20。

5. 从任何其他子目改变至子目3402.90。

6. 从任何其他子目(品目2710或品目2712除外)改变至子目3403.11至3403.19。

7. 从任何其他子目改变至子目3403.91至3403.99。

8. 从任何其他子目改变至子目3404.20。

8A.(A)从子目3404.90的任何其他货物或任何其他子目改变至子目3404.90的化学改性褐煤制得的人造蜡或调制蜡;或者

(B)从任何其他子目改变至子目3404.90的任何其他货物。

8B. 从任何其他子目改变至子目3405.10至3505.90。

9. 从任何其他品目改变至品目3406至3407。

第三十五章

1. 从任何其他子目改变至子目 3501.10 至 3501.90。
2. 从子目 3502.11 至 3502.19 以外的任何子目(品目 0407 除外)改变至子目 3502.11 至 3502.19。
3. 从任何其他子目改变至子目 3502.20 至 3502.90。
4. 从任何其他品目改变至品目 3503 至 3504。
5. 从任何其他子目改变至子目 3505.10 至 3505.20。
6. 从任何其他品目改变至品目 3506。
7. 从任何其他子目改变至子目 3507.10 至 3507.90。

第三十六章

从任何其他品目改变至品目 3601 至 3606。

第三十七章

1. 从品目 3701 至 3703 以外的任何品目改变至品目 3701 至 3703。
2. 从任何其他品目改变至品目 3704 至 3706。
3. 从任何其他子目改变至子目 3707.10 至 3707.90。

第三十八章

1. 从任何其他子目改变至子目 3801.10。
2. 从任何其他子目(品目 2504 或子目 3801.10 除外)改变至子目 3801.20。
3. 从任何其他子目改变至子目 3801.30。
4. 从任何其他子目(品目 2504 除外)改变至子目 3801.90。
5. 从任何其他品目改变至品目 3802 至 3804。
6. 从任何其他品目改变至品目 3805。
7. 从任何其他子目改变至子目 3806.10 至 3806.90。
8. 从任何其他品目改变至品目 3807。
9. 从子目 3808.52 至 3808.59 以外的任何子目改变至子目 3808.52 至子目 3808.59,前提是原产有效成分占总有效成分的 50%(按重量计)。
9A. 从任何其他子目改变至子目 3808.61 至 3808.99,前提是原产有效成分占总有效成分的 50%(按重量计)。
10. 从任何其他子目(子目 3505.10 除外)改变至子目 3809.10。
11. 从任何其他子目改变至子目 3809.91 至 3809.93。
12. 从任何其他品目改变至品目 3810 至 3816。
13. (A)从任何其他品目(子目 2902.90 除外)改变至品目 3817;或者
    (B)从品目 3817 的混合烷基萘改变为品目 3817 的混合烷基苯;或者
    (C)从品目 3817 的混合烷基苯改变至品目 3817 的混合烷基萘。
14. 从任何其他品目改变至品目 3818。
15. 从任何其他品目(品目 2710 除外)改变至品目 3819。
16. 从任何其他品目(子目 2905.31 除外)改变至品目 3820。
17. 从任何其他品目改变至品目 3821。

18. 从任何其他品目（子目 3002.10、子目 3502.90 或品目 3504 除外）改变至品目 3822。
19. 从任何其他子目（品目 1520 除外）改变至子目 3823.11 至 3823.13。
20. 从任何其他子目改变至子目 3823.19。
21. 从任何其他子目（品目 1520 除外）改变至子目 3823.70。
22. 从任何其他子目改变至子目 3824.10。
23. 从任何其他子目（品目 2849 除外）改变至子目 3824.30。
24. 从任何其他子目改变至子目 3824.40 至 3824.60。
25. 从任何其他子目改变至子目 3824.71 至 3824.99。
26. 从任何其他章（第二十八章至第三十七章、第四十章或第九十章除外）的品目改变至品目 3825。
27. 从任何其他品目改变至品目 3826。

第三十九章

1. 从任何其他品目改变至品目 3901 至 3915，前提是原产聚合物含量不低于聚合物总含量的 50%（按重量计）。

注：关于品目 3901 至 3915 的下述税则归类规则 1A 至 1E 也适用于本注释（一）款规定的多米尼加共和国与美国间协定实施生效之日起两年内的多米尼加共和国货物。两年后，本注释和下述规则 1A 至 1E 应从本税则中删除。

1A. 从任何其他品目改变至子目 3903.20 至 3903.90，前提是使用扣减法时的区域价值成分不低于 35%。
1B. 从任何其他品目改变至子目 3904.21 至 3904.40，前提是使用扣减法时的区域价值成分不低于 35%。
1C. 从任何其他品目改变至子目 3905.12 至 3905.29，前提是使用扣减法时的区域价值成分不低于 35%。
1D. 从任何其他品目改变至子目 3906.90，前提是使用扣减法时的区域价值成分不低于 35%。
1E. 从任何其他品目改变至子目 3907.50 至 3907.99，前提是使用扣减法时的区域价值成分不低于 35%。
2. 从任何其他子目改变至子目 3916.10 至 3918.90。
3. 从子目 3919.10 至 3919.90 以外的任何子目改变至子目 3919.10 至 3919.90。
4. (A) 从任何其他子目改变至子目 3920.10 至 3920.99；或者
   (B) 税则归类无需改变，前提是区域价值成分不低于：
      (1) 使用累积法时的 25%，或
      (2) 使用扣减法时的 30%。
5. 从任何其他子目改变至子目 3921.11 至 3921.90。
6. 从任何其他品目改变至品目 3922 至 3926。

第四十章

1. (A) 从任何其他章改变至子目 4001.10 至 4001.30；或者
   (B) 从任何其他子目改变至子目 4001.10 至 4001.30，前提是使用扣减法时的区域价值成分不低于30％。

2. (A)从任何其他品目(品目4001除外)改变至品目4002至4006;或者

(B)从品目4001或任何其他品目改变至品目4002至4006,前提是使用扣减法时的区域价值成分不低于30％。

3. 从任何其他品目改变至品目4007至4017。

第四十一章

1. (A)从品目4101的任何其他货物或任何其他章改变至品目4101的经退鞣(包括预鞣,该工艺可逆)加工的生皮;或者

(B)从任何其他章改变至品目4101的任何其他货物。

2. (A)从品目4102的任何其他货物或任何其他章改变至品目4102的经退鞣(包括预鞣,该工艺可逆)加工的生皮;或者

(B)从任何其他章改变至品目4102的任何其他货物。

3. (A)从品目4103的任何其他货物或任何其他章改变至品目4103的经退鞣(包括预鞣,该工艺可逆)加工的生皮;或者

(B)从任何其他章改变至品目4103的任何其他货物。

4. 从任何其他子目改变至子目4104.11至4104.49。

5. (A)从任何其他品目[品目4102的经退鞣(包括预鞣,该工艺可逆)加工的生皮或品目4112除外]改变至品目4105;或者

(B)从子目4105.10的蓝湿皮改变至品目4105。

6. (A)从任何其他品目[品目4103的经退鞣(包括预鞣,该工艺可逆)加工的生皮或品目4113除外]改变至品目4106;或者

(B)从子目4106.21、子目4106.31或子目4106.91的蓝湿皮改变至品目4106。

7. 从任何其他品目改变至品目4107。

8. (A)从任何其他品目[品目4102的经退鞣(包括预鞣,该工艺可逆)加工的生皮或品目4105除外]改变至品目4112;或者

(B)从子目4105.10的蓝湿皮改变至品目4112。

9. (A)从任何其他品目[品目4103的经退鞣(包括预鞣,该工艺可逆)加工的生皮或品目4106除外]改变至品目4113;或者

(B)从子目4106.21、子目4106.31或子目4106.90的蓝湿皮改变至品目4113。

10. 从任何其他子目改变至子目4114.10至4115.20。

第四十二章

1. 从任何其他品目改变至品目4201。

2. 从任何其他章改变至子目4202.11。

子目规则:本注释(四)(vi)款的规定适用于本子目。

3. 从任何其他章改变至子目4202.12,前提是该货物在协定的一个或多个缔约方境内裁剪或/和针织成型并缝制或以其他方式组合。

4. 从任何其他章改变至子目4202.19至4202.21。

子目规则:本注释(四)(vi)款的规定适用于本子目。

5. 从任何其他章改变至子目4202.22,前提是该货物在协定的一个或多个缔约方境内裁剪或/和针织成型并缝制或以其他方式组合。

6. 从任何其他章改变至子目4202.29至4202.31。

子目规则:本注释(四)(vi)款的规定适用于本子目。

7. 从任何其他章改变至子目4202.32,前提是该货物在协定的一个或多个缔约方境内裁剪或/和针织成型并缝制或以其他方式组合。

8. 从任何其他章改变至子目4202.39至4202.91。

子目规则:本注释(四)(vi)款的规定适用于本子目。

9. 从任何其他章改变至子目4202.92,前提是该货物在协定的一个或多个缔约方境内裁剪或/和针织成型并缝制或以其他方式组合。

10. 从任何其他章改变至子目4202.99。

11. 从任何其他章改变至子目4203.10至4203.29。

12. 从任何其他品目改变至子目4203.30至4203.40。

13. (A)从品目4205的任何其他货物或任何其他品目改变至品目4205的用于机器、机械器具或其他专门技术用途的皮革或再生皮革制品;或者

   (B)从品目4205的用于机器、机械器具或其他专门技术用途的皮革或再生皮革制品或任何其他品目改变至品目4205的任何其他货物。

14. 从任何其他品目改变至品目4206。

第四十三章

1. 从任何其他章改变至品目4301。

2. 从任何其他品目改变至品目4302至4304。

第四十四章

从任何其他品目改变至品目4401至4421。

第四十五章

从任何其他品目改变至品目4501至4504。

第四十六章

1. 从任何其他章改变至品目4601。

2. 从任何其他品目改变至品目4602。

第四十七章

从任何其他品目改变至品目4701至4707。

第四十八章

1. 从任何其他章改变至品目4801至4807。

2. 从任何其他品目改变至品目4808。

3. 从任何其他章改变至品目4809。

4. 从任何其他品目改变至品目4810至4811。

5. 从品目4812至4817以外的任何品目改变至品目4812至4817。

6. 从任何其他品目(品目4803除外)改变至子目4818.10至4818.30。

7. 从任何其他品目改变至子目4818.50至4818.90。

8. 从品目4819至4822以外的任何品目改变至品目4819至4822。

9. (A)从品目4823的任何其他货物或任何其他品目(品目4812至4817除外)改变至子目4823.90的纸或纸板基的铺地制品(不论是否切割成一定尺寸);或者

   (B)从子目4823.90的纸或纸板基的铺地制品(不论是否切割成一定尺寸)改变至品目4823的任何其他货物;或者

   (C)从任何其他品目改变至品目4823的任何其他货物。

第四十九章

从任何其他章改变至品目4901至4911。

第五十章

1. 从任何其他章改变至品目5001至5003。

2. 从品目5004至5006以外的任何品目改变至品目5004至5006。

3. 从任何其他品目改变至品目5007。

第五十一章

1. 从任何其他章改变至品目5101至5105。

2. 从品目5106至5110以外的任何品目改变至品目5106至5110。

3. 从任何品目改变至品目5111至5113。

第五十二章

1. 从任何其他章(品目5401至5405或品目5501至5507除外)改变至品目5201至5207。

2. 从品目5208至5212以外的任何品目(品目5106至5110、品目5205至5206、品目5401至5404或品目5509至5510除外)改变至品目5208至5212。

第五十三章

1. 从任何其他章改变至品目5301至5305。

2. 从品目5306至5308以外的任何品目改变至品目5306至5308。

3. 从品目5309至5311以外的任何品目改变至品目5309至5311。

第五十四章

1. 从任何其他章(品目5201至5203或品目5501至5507除外)改变至品目5401至5406。

2. 从税号5402.47.10、税号5402.52.10或任何其他章(品目5106至5110、品目5205至5206或品目5509至5510除外)改变至税号5407.61.11、税号5407.61.21或税号5407.61.91。

3. 从任何其他章(品目5106至5110、品目5205至5206或品目5509至5510除外)改变至品目5407的任何其他子目。

4. 从任何其他章(品目5106至5110、品目5205至5206或品目5509至5510除外)改变至品目5408。

第五十五章

1. 从任何其他章(品目5201至5203或品目5401至5405除外)改变至品目5501至5511。

2. 从品目5512至5516以外的任何品目(品目5106至5110、品目5205至5206、品目

5401 至 5404 或品目 5509 至 5510 除外)改变至品目 5512 至 5516。

第五十六章

从任何其他章(品目 5111 至 5113、品目 5204 至 5212、品目 5310 至 5311 或第五十四章至第五十五章除外)改变至品目 5601 至 5609。

第五十七章

从任何其他章(品目 5111 至 5113、品目 5204 至 5212、第五十四章或品目 5508 至 5516 除外)改变至品目 5701 至 5705。

第五十八章

1. 从任何其他章(品目 5111 至 5113、品目 5204 至 5212、品目 5310 至 5311 或第五十四章至第五十五章除外)改变至子目 5801.10 至 5806.10。

2. 从任何其他章(品目 5208 至 5212、品目 5407 至 5408 或品目 5512 至 5516 除外)改变至子目 5806.20。

3. 从任何其他章(品目 5111 至 5113、品目 5204 至 5212、品目 5310 至 5311 或第五十四章至第五十五章除外)改变至子目 5806.31 至 5811.00。

第五十九章

1. 从任何其他章(品目 5111 至 5113、品目 5208 至 5212、品目 5310 至 5311、品目 5407 至 5408 或品目 5512 至 5516 除外)改变至品目 5901。

2. 从任何其他品目(品目 5111 至 5113、品目 5204 至 5212、品目 5310 至 5311 或第五十四章至第五十五章除外)改变至品目 5902。

3. 从任何其他章(品目 5111 至 5113、品目 5208 至 5212、品目 5310 至 5311、品目 5407 至 5408 或品目 5512 至 5516 除外)改变至品目 5903 至 5908。

4. 从任何其他章(品目 5111 至 5113、品目 5208 至 5212、品目 5310 至 5311、第五十四章或品目 5512 至 5516 除外)改变至品目 5909。

5. 从任何其他品目(品目 5111 至 5113、品目 5204 至 5212、品目 5310 至 5311 或第五十四章至第五十五章除外)改变至品目 5910。

6. 从任何其他章(品目 5111 至 5113、品目 5208 至 5212、品目 5310 至 5311、品目 5407 至 5408 或品目 5512 至 5516 除外)改变至品目 5911。

第六十章

1. 从任何其他章(品目 5111 至 5113、第五十二章、品目 5310 至 5311 或第五十四章至第五十五章除外)改变至品目 6001。

2. 从任何其他章改变至品目 6002。

3. 从任何其他章(品目 5111 至 5113、第五十二章、品目 5310 至 5311 或第五十四章至第五十五章除外)改变至品目 6003 至 6006。

第六十一章

章规则一：除归入税号 5408.22.10、税号 5408.23.11、税号 5408.23.21 或税号 5408.24.10 的织物外，下列品目和子目的的织物，当用作某些男女西服套装、西服短上衣、裙子、大衣、短外套、带帽夹克、风衣和类似物品的可见衬里材料时，必须由纱线制成，并在一个或多个协定缔约方境内完成：品目 5111 至 5112、子目 5208.31 至 5208.59、子目 5209.31 至

5209.59、子目 5210.31 至 5210.59、子目 5211.31 至 5211.59、子目 5212.13 至 5212.15、子目 5212.23 至 5212.25、子目 5407.42 至 5407.44、子目 5407.52 至 5407.54、子目 5407.61、子目 5407.72 至 5407.74、子目 5407.82 至 5407.84、子目 5407.92 至 5407.94、子目 5408.22 至 5408.24、子目 5408.32 至 5408.34、子目 5512.19、子目 5512.29、子目 5512.99、子目 5513.21 至 5513.49、子目 5514.21 至 5515.99、子目 5516.12 至 5516.14、子目 5516.22 至 5516.24、子目 5516.32 至 5516.34、子目 5516.42 至 5516.44、子目 5516.92 至 5516.94、子目 6001.10、子目 6001.92、子目 6005.35 至 6005.44 或子目 6006.10 至 6006.44。

章规则二：为确定本章货物的原产地,适用于该货物的规则仅适用于确定该货物税则归类的成分,并且该成分必须满足该规则规定的税则归类改变要求。如果规则要求货物还必须满足本章章规则一所列对可见衬里织物的税则归类改变要求,则该要求仅适用于服装主体中的可见衬里织物(不包括覆盖最大表面积的袖子),不适用于可拆卸衬里。

章规则三：尽管有本章章规则二的规定,本章中含有子目 5806.20 或品目 6002 的织物的货物[子目 6102.20、税号 6102.90.90(棉限内的服装),税号 6104.13.20、税号 6104.19.15、税号 6104.19.60(作为西服套装的一部分进口的上衣),税号 6104.19.80(棉限内作为西服套装的一部分进口的上衣),税号 6104.19.80(化纤限内的服装),税号 6104.22.00(品目 6102 的服装或品目 6104 的上衣),税号 6104.29.20(棉限内的品目 6102 的服装或品目 6104 的上衣),子目 6104.32 或税号 6104.39.20(棉限内的服装),税号 6112.11.00(品目 6101 或 6102 的女式服装),税号 6113.00.90(棉制女式大衣和短上衣)或税号 6117.90.90(棉制大衣和短上衣)除外],仅当这些织物在一个或多个协定缔约方境内由纱线制作完成时,才被视为原产货物。

章规则四：尽管有本章章规则二的规定,本章中含有品目 5204、品目 5401 或品目 5508 的缝纫线或品目 5402 的用作缝纫线的纱线的货物[子目 6102.20、税号 6102.90.90(棉限内的服装),税号 6104.13.20、税号 6104.19.15、税号 6104.19.60(作为西服套装的一部分进口的上衣),税号 6104.19.80(棉限内作为西服套装的一部分进口的上衣或化纤限内的货物),税号 6104.19.80(化纤限内的服装),税号 6104.22.00(品目 6102 的服装或品目 6104 的上衣),税号 6104.29.20(棉限内的品目 6102 的服装或品目 6104 的上衣),子目 6104.32 或税号 6104.39.20(棉限内的服装),税号 6112.11.00(品目 6101 或 6102 的女式服装),税号 6113.00.90(棉制女式大衣和短上衣)或税号 6117.90.90(棉制大衣和短上衣)除外],仅当该缝纫线或纱线在一个或多个协定缔约方境内成型和完成时,才被视为原产货物。

章规则五：尽管有本章章规则二的规定,本章中含有一个或多个口袋的服装[子目 6102.20、税号 6102.90.90(棉限内的服装),税号 6104.13.20、税号 6104.19.15、税号 6104.19.60(作为西服套装的一部分进口的上衣),税号 6104.19.80(棉限内作为西服套装的一部分进口的上衣或化纤限内的货物),税号 6104.19.80(化纤限内的服装),税号 6104.22.00(品目 6102 的服装或品目 6104 的上衣),税号 6104.29.20(棉限内的品目 6102 的服装或品目 6104 的上衣),子目 6104.32、税号 6104.39.20(棉限内的服装),税号 6112.11.00(品目 6101 或 6102 的女式服装),税号 6113.00.90(棉制女式大衣和短上衣)或税号 6117.90.90(棉制大衣和短上衣)除外],仅当该口袋织物在一个或多个协定缔约方境内由一个或多个协定缔约方境内完全成型的纱线制作完成时,才被视为原产货物。

章规则六:尽管有本章章规则一、三、四或五的规定,本章的服装均被视为原产,不论该服装包含的本章章规则一所述的任何可见衬里织物、本章章规则三所述的弹性狭幅织物、本章章规则四所述的品目5402的缝纫线或纱线或本章章规则五所述口袋织物的原产地为何,前提是这些材料在第九十八章第二十二分章美国注释二十中列出,且该货物符合本注释的优惠关税待遇的所有其他适用要求。

1. 从任何其他章(品目5111至5113、品目5204至5212、品目5310至5311、第五十四章、品目5508至5516或品目6001至6006除外)改变至子目6101.20至6101.30,前提是:

    (A)该货物在一个或多个协定缔约方境内裁剪或/和针织成型并缝制或以其他方式组合,以及

    (B)服装中使用的任何可见衬里材料必须满足第六十一章章规则一的要求。

2. (A)从任何其他章(品目5111至5113、品目5204至5212、品目5310至5311、第五十四章、品目5508至5516或品目6001至6006除外)改变至子目6101.90的羊毛或动物细毛货物,前提是:[编者注:下述(1)款和(2)款从属于(A)款]

    (1)该货物在一个或多个协定缔约方境内裁剪或/和针织成型并缝制或以其他方式组合,以及

    (2)服装中使用的任何可见衬里材料必须满足第六十一章章规则一的要求;或者

    (B)从任何其他章(品目5111至5113、品目5204至5212、品目5310至5311、第五十四章、品目5508至5516或品目6001至6006除外)改变至子目6101.90的任何其他货物,前提是该货物在一个或多个协定缔约方境内裁剪或/和针织成型并缝制或以其他方式组合。

3. 从任何其他章(品目5111至5113、品目5204至5212、品目5310至5311、第五十四章、品目5508至5516或品目6001至6006除外)改变至子目6102.10,前提是:

    (A)该货物在一个或多个协定缔约方境内裁剪或/和针织成型并缝制或以其他方式组合,以及

    (B)服装中使用的任何可见衬里材料必须满足第六十一章章规则一的要求。

3A. 从任何其他章改变至子目6102.20,前提是该货物在一个或多个协定缔约方境内裁剪或/和针织成型并缝制或以其他方式组合。

3B. 从任何其他章(品目5111至5113、品目5204至5212、品目5310至5311、第五十四章、品目5508至5516或品目6001至6006除外)改变至子目6102.30,前提是:

    (A)该货物在一个或多个协定缔约方境内裁剪或/和针织成型并缝制或以其他方式组合,以及

    (B)服装中使用的任何可见衬里材料必须满足第六十一章章规则一的要求。

4. 从任何其他章改变至税号6102.90.90的棉限内的服装,前提是该货物在一个或多个协定缔约方境内裁剪或/和针织成型并缝制或以其他方式组合。

4A. 从任何其他章(品目5111至5113、品目5204至5212、品目5310至5311、第五十四章、品目5508至5516或品目6001至6006除外)改变至子目6102.90的任何其他货物,前提是该货物在一个或多个协定缔约方境内裁剪或/和针织成型并缝制或以其

他方式组合。

5. (A)从任何其他章(品目5111至5113、品目5204至5212、品目5310至5311、第五十四章、品目5508至5516或品目6001至6006除外)改变至税号6103.10.70或税号6103.10.90,前提是该货物在一个或多个协定缔约方境内裁剪或/和针织成型并缝制或以其他方式组合。

(B)从任何其他章(品目5111至5113、品目5204至5212、品目5310至5311、第五十四章、品目5508至5516或品目6001至6006除外)改变至子目6103.10的任何其他税号,前提是:

(1)该货物在一个或多个协定缔约方境内裁剪或/和针织成型并缝制或以其他方式组合,以及

(2)服装中使用的任何可见衬里材料必须满足第六十一章章规则一的要求。

[6和7已删除]

8. 从任何其他章(品目5111至5113、品目5204至5212、品目5310至5311、第五十四章、品目5508至5516或品目6001至6006除外)改变至子目6103.22至6103.29,前提是:

(A)该货物在一个或多个协定缔约方境内裁剪或/和针织成型并缝制或以其他方式组合,以及

(B)对于作为子目6103.22至6103.29的便服套装的一部分进口的以羊毛、动物细毛、棉花或化学纤维为原料的品目6101的服装或品目6103的上衣,服装中使用的任何可见衬里材料必须满足第六十一章章规则一的要求。

9. 从任何其他章(品目5111至5113、品目5204至5212、品目5310至5311、第五十四章、品目5508至5516或品目6001至6006除外)改变至子目6103.31至6103.33,前提是:

(A)该货物在一个或多个协定缔约方境内裁剪或/和针织成型并缝制或以其他方式组合,以及

(B)服装中使用的任何可见衬里材料必须满足第六十一章章规则一的要求。

10. 从任何其他章(品目5111至5113、品目5204至5212、品目5310至5311、第五十四章、品目5508至5516或品目6001至6006除外)改变至税号6103.39.40或税号6103.39.80,前提是该货物在一个或多个协定缔约方境内裁剪或针织成型并缝制或以其他方式组合。

11. 从任何其他章(品目5111至5113、品目5204至5212、品目5310至5311、第五十四章、品目5508至5516或品目6001至6006除外)改变至子目6103.39的任何其他税号,前提是:

(A)该货物在一个或多个协定缔约方境内裁剪或/和针织成型并缝制或以其他方式组合,以及

(B)服装中使用的任何可见衬里材料必须满足第六十一章章规则一的要求。

12. 从任何其他章(品目5111至5113、品目5204至5212、品目5310至5311、第五十四章、品目5508至5516或品目6001至6006除外)改变至子目6103.41至6103.49,前

提是该货物在一个或多个协定缔约方境内裁剪或/和针织成型并缝制或以其他方式组合。

[13、13A 和 13B 已删除]

13C. 从任何其他章改变至税号 6104.13.20,前提是该货物在一个或多个协定缔约方境内裁剪或/和针织成型并缝制或以其他方式组合。

13D. 从任何其他章(品目 5111 至 5113、品目 5204 至 5212、品目 5310 至 5311、第五十四章、品目 5508 至 5516 或品目 6001 至 6006 除外)改变至子目 6104.13 的任何其他税号,前提是:

(A)该货物在一个或多个协定缔约方境内裁剪或/和针织成型并缝制或以其他方式组合,以及

(B)服装中使用的任何可见衬里材料必须满足第六十一章章规则一的要求。

14. 从任何其他章(品目 5111 至 5113、品目 5204 至 5212、品目 5310 至 5311、第五十四章、品目 5508 至 5516 或品目 6001 至 6006 除外)改变至税号 6104.19.40 或税号 6104.19.80(棉限内作为西服套装的一部分进口的上衣或化纤限内的服装除外),前提是该货物在一个或多个协定缔约方境内裁剪或/和针织成型并缝制或以其他方式组合。

14A. 从任何其他章改变至税号 6104.19.15、税号 6104.19.60 或税号 6104.19.80(棉限内作为西服套装的一部分进口的上衣或化纤限内的服装),前提是该货物在一个或多个协定缔约方境内裁剪或/和针织成型并缝制或以其他方式组合。

15. 从任何其他章(品目 5111 至 5113、品目 5204 至 5212、品目 5310 至 5311、第五十四章、品目 5508 至 5516 或品目 6001 至 6006 除外)改变至子目 6104.19 的任何其他税号,前提是:

(A)该货物在一个或多个协定缔约方境内裁剪或/和针织成型并缝制或以其他方式组合,以及

(B)服装中使用的任何可见衬里材料必须满足第六十一章章规则一的要求。

[16 已删除]

16A. 从任何其他章改变至子目 6104.22 的棉限内作为便服套装的一部分进口的上衣(品目 6102 的服装或品目 6104 的上衣),前提是该货物在一个或多个协定缔约方境内裁剪或/和针织成型并缝制或以其他方式组合。

16B. 从任何其他章(品目 5111 至 5113、品目 5204 至 5212、品目 5310 至 5311、第五十四章、品目 5508 至 5516 或品目 6001 至 6006 除外)改变至子目 6104.22 的任何其他货物,前提是:

(A)该货物在一个或多个协定缔约方境内裁剪或/和针织成型并缝制或以其他方式组合,以及

(B)对于作为子目 6104.22 的便服套装的一部分进口的以羊毛、动物细毛、棉花或化学纤维为原料的品目 6102 的服装、品目 6104 的上衣或品目 6104 的裙子,服装中使用的任何可见衬里材料必须满足第六十一章章规则一的要求。

16C. 从任何其他章(品目 5111 至 5113、品目 5204 至 5212、品目 5310 至 5311、第五十四

章、品目 5508 至 5516 或品目 6001 至 6006 除外)改变至子目 6104.23,前提是:

(A)该货物在一个或多个协定缔约方境内裁剪或/和针织成型并缝制或以其他方式组合,以及

(B)对于作为子目 6104.23 的便服套装的一部分进口的以羊毛、动物细毛、棉花或化学纤维为原料的品目 6102 的服装、品目 6104 的上衣或品目 6104 的裙子,服装中使用的任何可见衬里材料必须满足第六十一章章规则一的要求。

16D. 从其他任何章改变至 6104.29 的棉限内作为便服套装的一部分进口的上衣(品目 6102 的服装或品目 6104 的上衣),前提是该货物在一个或多个协定缔约方境内裁剪或/和针织成型并缝制或以其他方式组合。

16E. 从任何其他章(品目 5111 至 5113、品目 5204 至 5212、品目 5310 至 5311、第五十四章、品目 5508 至 5516 或品目 6001 至 6006 除外)改变至子目 6104.29 的任何其他货物,前提是:

(A)该货物在一个或多个协定缔约方境内裁剪或/和针织成型并缝制或以其他方式组合,以及

(B)对于作为子目 6104.29 的便服套装的一部分进口的以羊毛、动物细毛、棉花或化学纤维为原料的品目 6102 的服装、品目 6104 的上衣或品目 6104 的裙子,服装中使用的任何可见衬里材料必须满足第六十一章章规则一的要求。

17. 从任何其他章(品目 5111 至 5113、品目 5204 至 5212、品目 5310 至 5311、第五十四章、品目 5508 至 5516 或品目 6001 至 6006 除外)改变至子目 6104.31,前提是:

(A)该货物在一个或多个协定缔约方境内裁剪或/和针织成型并缝制或以其他方式组合,以及

(B)服装中使用的任何可见衬里材料必须满足第六十一章章规则一的要求。

17A. 从任何其他章改变至子目 6104.32,前提是该货物在协定的一个或多个缔约方境内裁剪或/和针织成型并缝制或以其他方式组合。

17B. 从任何其他章(品目 5111 至 5113、品目 5204 至 5212、品目 5310 至 5311、第五十四章、品目 5508 至 5516 或品目 6001 至 6006 除外)改变至子目 6104.33,前提是:

(A)该货物在一个或多个协定缔约方境内裁剪或/和针织成型并缝制或以其他方式组合,以及

(B)服装中使用的任何可见衬里材料必须满足第六十一章章规则一的要求。

18. 从任何其他章(品目 5111 至 5113、品目 5204 至 5212、品目 5310 至 5311、第五十四章、品目 5508 至 5516 或品目 6001 至 6006 除外)改变至税号 6104.39.20,前提是该货物在一个或多个协定缔约方境内裁剪或/和针织成型并缝制或以其他方式组合。

18A. 从任何其他章改变至税号 6104.39.20 的棉限内作为便服套装的一部分进口的上衣(品目 6102 的服装或品目 6104 的上衣),前提是该货物在一个或多个协定缔约方境内裁剪或/和针织成型并缝制或以其他方式组合。

19. 从任何其他章(品目 5111 至 5113、品目 5204 至 5212、品目 5310 至 5311、第五十四章、品目 5508 至 5516 或品目 6001 至 6006 除外)改变至子目 6104.39 的任何其他货物,前提是:

(A)该货物在一个或多个协定缔约方境内裁剪或/和针织成型并缝制或以其他方式组合,以及

(B)服装中使用的任何可见衬里材料必须满足第六十一章章规则一的要求。

20. 从任何其他章(品目 5111 至 5113、品目 5204 至 5212、品目 5310 至 5311、第五十四章、品目 5508 至 5516 或品目 6001 至 6006 除外)改变至子目 6104.41 至 6104.49,前提是该货物在一个或多个协定缔约方境内裁剪或/和针织成型并缝制或以其他方式组合。

21. 从任何其他章(品目 5111 至 5113、品目 5204 至 5212、品目 5310 至 5311、第五十四章、品目 5508 至 5516 或品目 6101 至 6006 除外)改变至子目 6104.51 至 6104.53,前提是:

(A)该货物在一个或多个协定缔约方境内裁剪或/和针织成型并缝制或以其他方式组合,以及

(B)服装中使用的任何可见衬里材料必须满足第六十一章章规则一的要求。

22. 从任何其他章(品目 5111 至 5113、品目 5204 至 5212、品目 5310 至 5311、第五十四章、品目 5508 至 5516 或品目 6001 至 6006 除外)改变至税号 6104.59.40 或税号 6104.59.80,前提是该货物在一个或多个协定缔约方境内裁剪或/和针织成型并缝制或以其他方式组合。

23. 从任何其他章(品目 5111 至 5113、品目 5204 至 5212、品目 5310 至 5311、第五十四章、品目 5508 至 5516 或品目 6001 至 6006 除外)改变至子目 6104.59 的任何其他税号,前提是:

(A)该货物在一个或多个协定缔约方境内裁剪或/和针织成型并缝制或以其他方式组合,以及

(B)服装中使用的任何可见衬里材料必须满足第六十一章章规则一的要求。

24. 从任何其他章(品目 5111 至 5113、品目 5204 至 5212、品目 5310 至 5311、第五十四章、品目 5508 至 5516 或品目 6001 至 6006 除外)改变至子目 6104.61 至 6104.69,前提是该货物在一个或多个协定缔约方境内裁剪或/和针织成型并缝制或以其他方式组合。

25. 从任何其他章(品目 5111 至 5113、品目 5204 至 5212、品目 5310 至 5311、第五十四章、品目 5508 至 5516 或品目 6001 至 6006 除外)改变至品目 6105 至 6111,前提是该货物在一个或多个协定缔约方境内裁剪或/和针织成型并缝制或以其他方式组合。

[26 至 32 已删除]

33. 从任何其他章改变至税号 6112.11.00 的作为运动服的一部分进口的品目 6102 的女装,前提是该货物在一个或多个协定缔约方境内裁剪或/和针织成型并缝制或以其他方式组合。

33A. 从任何其他章(品目 5111 至 5113、品目 5204 至 5212、品目 5310 至 5311、第五十四章、品目 5508 至 5516 或品目 6001 至 6006 除外)改变至税号 6112.11.00 的任何其他货物,前提是该货物在一个或多个协定缔约方境内裁剪或/和针织成型并缝制或以其他方式组合。

33B. 从任何其他章(品目5111至5113、品目5204至5212、品目5310至5311、第五十四章、品目5508至5516或品目6001至6006除外)改变至子目6112.12至6112.19,前提是该货物在一个或多个协定缔约方境内裁剪或/和针织成型并缝制或以其他方式组合。

34. 从任何其他章(品目5111至5113、品目5204至5212、品目5310至5311、第五十四章、品目5508至5516或品目6001至6006除外)改变至子目6112.20,前提是:

(A)该货物在一个或多个协定缔约方境内裁剪或/和针织成型并缝制或以其他方式组合,以及

(B)对于作为子目6112.20的滑雪套装的一部分进口的以羊毛、动物细毛、棉花或化学纤维为原料的品目6101、品目6102、品目6201或品目6202的服装,服装中使用的任何可见衬里材料必须满足第六十一章章规则一的要求。

35. 从任何其他章(品目5111至5113、品目5204至5212、品目5310至5311、第五十四章、品目5508至5516或品目6001至6006除外)改变至子目6112.31至6112.49,前提是该货物在一个或多个协定缔约方境内裁剪或针织成型并缝制或以其他方式组合。

36. 从任何其他章改变至税号6113.00.90的棉制女式大衣和短上衣,前提是该货物在一个或多个协定缔约方境内裁剪或/和针织成型并缝制或以其他方式组合。

37. 从任何其他章(品目5111至5113、品目5204至5212、品目5310至5311、第五十四章、品目5508至5516或品目6001至6006除外)改变至品目6113的任何其他货物,前提是该货物在一个或多个协定缔约方境内裁剪或/和针织成型并缝制或以其他方式组合。

38. 从任何其他章(品目5111至5113、品目5204至5212、品目5310至5311、第五十四章、品目5508至5516或品目6001至6006除外)改变至品目6114至6116,前提是该货物在一个或多个协定缔约方境内裁剪或/和针织成型并缝制或以其他方式组合。

39. 从任何其他章(品目5111至5113、品目5204至5212、品目5310至5311、第五十四章、品目5508至5516或品目6001至6006除外)改变至子目6117.10至6117.80,前提是该货物在一个或多个协定缔约方境内裁剪或/和针织成型并缝制或以其他方式组合。

40. 从任何其他章改变至税号6117.90.90的棉制大衣和短上衣,前提是该货物在一个或多个协定缔约方境内裁剪或/和针织成型并缝制或以其他方式组合。

41. 从任何其他章(品目5111至5113、品目5204至5212、品目5310至5311、第五十四章、品目5508至5516或品目6001至6006除外)改变至子目6117.90的任何其他货物,前提是该货物在一个或多个协定缔约方境内裁剪或/和针织成型并缝制或以其他方式组合。

第六十二章

章规则一:除归入税号5408.22.10、税号5408.23.11、税号5408.23.21或税号5408.24.10的织物外,下列品目和子目的织物,当用作某些男女西服套装、西服短上衣、裙子、大衣、短外套、带帽夹克、风衣和类似物品(子目6203.11、子目6203.31、子目6203.41、子目6204.11、子目

6204.31、子目 6204.51、子目 6204.61、子目 6211.39 或子目 6211.49 的羊毛织物制的男式和女式西服套装、长裤、西服短上衣、背心以及女裙除外)的可见衬里材料时,前提是这些服装不是由粗梳羊毛织物制成或由平均直径小于或等于 18.5 微米的毛纤维纱线制成,并在一个或多个协定缔约方境内由纱线成型并完成:品目 5111 至 5112、子目 5208.31 至 5208.59、子目 5209.31 至 5209.59、子目 5210.31 至 5210.59、子目 5211.31 至 5211.59、子目 5212.13 至 5212.15、子目 5212.23 至 5212.25、子目 5407.42 至 5407.44、子目 5407.52 至 5407.54、子目 5407.61、子目 5407.72 至 5407.74、子目 5407.82 至 5407.84、子目 5407.92 至 5407.94、子目 5408.22 至 5408.24、子目 5408.32 至 5408.34、子目 5512.19、子目 5512.29、子目 5512.99、子目 5513.21 至 5513.49、子目 5514.21 至 5515.99、子目 5516.12 至 5516.14、子目 5516.22 至 5516.24、子目 5516.32 至 5516.34、子目 5516.42 至 5516.44、子目 5516.92 至 5516.94、子目 6001.10、子目 6001.92、子目 6005.35 至 6005.44 或子目 6006.10 至 6006.44。

章规则二: 为确定本章货物的原产地,适用于该货物的规则仅适用于确定该货物税则归类的成分,并且该成分必须满足该规则规定的税则归类改变要求。如果规则要求货物还必须满足本章章规则一所列对可见里料织物的税则归类改变要求,则该要求仅适用于服装主体中的可见里料织物(不包括覆盖最大表面积的袖子),不适用于可拆卸里料。

章规则三: 尽管有章规则二的规定,本章中含有品目 6002 或子目 5806.20 的织物的货物,仅当这些织物在一个或多个协定缔约方境内由纱线制作并完成时,才被视为原产货物,但以下货物除外:

(a) 品目 6207 至 6208(仅限平角短裤、睡衣裤和睡衣),子目 6204.23、子目 6204.29、子目 6204.32、税号 6202.12.20 或税号 6202.19.90(棉限内的服装),税号 6202.91.15 或税号 6202.91.60(女装),税号 6202.92.05、税号 6202.92.12 或税号 6202.92.90(无袖衬垫上衣除外),税号 6202.92.30、税号 6202.93.45 或税号 6202.99.15(棉限内的服装),税号 6202.99.80 或税号 6203.39.90(毛限内的服装),税号 6204.12.00(作为西服套装的一部分进口的上衣),税号 6204.13.20、税号 6204.19.20 或税号 6204.19.80(棉限内作为西服套装的一部分进口的上衣或化纤限内的服装),税号 6204.22.30(品目 6202 的服装或品目 6204 的上衣),税号 6204.33.20、税号 6204.39.80 或税号 6204.42.30(女装,灯芯绒除外),税号 6204.43.40(女装),税号 6204.44.40(女装),税号 6205.20.20(男式衬衫,经纱或/和纬纱有两种或两种以上颜色,衣领和袖子尺寸以英寸为单位,无双领尺寸,用硬纸板、别针、夹子、单个塑料袋和吊牌独立包装供零售),税号 6205.30.20(男式衬衫,经纱或/和纬纱有两种或两种以上颜色,衣领和袖子尺寸以英寸为单位,无双领尺寸,用硬纸板、别针、夹子、单个塑料袋和吊牌独立包装供零售),税号 6209.20.10 或税号 6210.30.90(亚麻以外的服装),税号 6210.50.22(带风帽的防寒短上衣),税号 6210.50.80 或税号 6211.20.15[作为滑雪套装的一部分进口的棉制女式防寒短上衣(包括滑雪短上衣)、防风衣和类似物品(包括无袖衬垫上衣)],税号 6211.20.58(棉制服装),税号 6211.49.15(品目 6202 以外的上衣),税号 6211.42.05 或税号 6211.42.10(长裤以外的运动服或品目 6202 以外的上衣),税号 6211.49.60 或税号 6217.90.90(棉制大衣或上衣);或者

(b) 子目 6203.11、子目 6203.31、子目 6203.41、子目 6204.11、子目 6204.31、子目 6204.31、

子目 6204.51、子目 6204.61、子目 6211.39 或子目 6211.49 的羊毛织物制的男式和女式西服套装、长裤、西服短上衣、背心以及女裙,前提是这些货物不是由粗梳羊毛织物制成或由平均纤维直径小于或等于 18.5 微米毛纤维的纱线制成。

章规则四:尽管有本章章规则二的规定,本章中含有品目 5204、品目 5401 或品目 5508 的缝纫线或品目 5402 的用作缝纫线的纱线的货物,仅当该缝纫线或纱线在一个或多个协定缔约方境内成型和完成时,才被视为原产货物,但以下货物除外:

(a)品目 6207 至 6208(仅限平角短裤、睡衣裤和睡衣)、子目 6204.23、子目 6204.29、子目 6204.32、子目 6212.10、税号 6202.12.20、税号 6202.19.90(棉限内的服装)、税号 6202.91.15 或税号 6202.91.60(女装)、税号 6202.92.05、税号 6202.92.12 或税号 6202.92.90(无袖衬垫上衣除外)、税号 6202.92.30、税号 6202.93.45 或税号 6202.99.15(棉限内的服装)、税号 6202.99.80 或税号 6203.39.90(毛限内的服装)、税号 6204.12.00(作为西服套装的一部分进口的上衣)、税号 6204.13.20、税号 6204.19.20 或税号 6204.19.80(棉限内作为西服套装的一部分进口的上衣或化纤限内的服装)、税号 6204.22.30(品目 6202 的服装或品目 6204 的上衣)、税号 6204.33.20、税号 6204.39.80 或税号 6204.42.30(女装,灯芯绒除外)、税号 6204.43.40(女装)、税号 6204.44.40(女装)、税号 6205.20.20(男式衬衫,经纱或/和纬纱有两种或两种以上颜色,衣领和袖子尺寸以英寸为单位,无双领尺寸,用硬纸板、别针、夹子、单个塑料袋和吊牌独立包装供零售)、税号 6205.30.20(男式衬衫,经纱或/和纬纱有两种或两种以上颜色,衣领和袖子尺寸以英寸为单位,无双领尺寸,用硬纸板、别针、夹子、单个塑料袋和吊牌独立包装供零售)、税号 6209.20.10 或税号 6210.30.90(亚麻以外的服装)、税号 6210.50.22(带风帽的防寒短上衣)、税号 6210.50.80 或税号 6211.20.15[作为滑雪套装的一部分进口的棉制女式防寒短上衣(包括滑雪短上衣)、防风衣和类似物品(包括无袖衬垫上衣)]、税号 6211.20.58(棉制服装)、税号 6211.49.15 或税号 6211.49.60(品目 6202 以外的上衣)、税号 6211.42.05 或税号 6211.42.10(不包括长裤的运动服或品目 6202 以外的上衣)或税号 6217.90.90(棉制大衣或上衣);或者

(b)子目 6203.11、子目 6203.31、子目 6203.41、子目 6204.11、子目 6204.31、子目 6204.51、子目 6204.61、子目 6211.39 或子目 6211.49 的羊毛织物制男式和女式西服套装、长裤、西服短上衣、背心以及女裙,前提是这些货物不是由粗梳羊毛织物制成或由平均纤维直径小于或等于 18.5 微米毛纤维的纱线制成。

章规则五:尽管有本章章规则二的规定,本章中含有一个或多个口袋的服装,仅当口袋织物是在一个或多个协定缔约方境内使用在一个或多个协定缔约方境内完全成型的纱线制作完成时,才被视为原产货物,但以下货物除外:

(a)品目 6207 至 6208(仅限平角短裤、睡衣裤和睡衣)、子目 6204.23、子目 6204.29、子目 6204.32、子目 6212.10、税号 6202.12.20 或税号 6202.19.90(棉限内的服装)、税号 6202.91.15 或税号 6202.91.60(女装)、税号 6202.92.05、税号 6202.92.12 或税号 6202.92.90(无袖衬垫上衣除外)、税号 6202.92.30、税号 6202.93.45 或税号 6202.99.15(棉限内的服装)、税号 6202.99.80 或税号 6203.39.90(毛限内的服装)、税号 6204.12.00(作为西服套装的一部分进口的上衣)、税号 6204.13.20、税号 6204.19.20 或税号 6204.19.80

(棉限内作为西服套装的一部分进口的上衣或化纤限内的服装),税号 6204.22.30(品目 6202 的服装或品目 6204 的上衣),税号 6204.33.20、税号 6204.39.80 或税号 6204.42.30(女装,灯芯绒除外),税号 6204.43.40(女装),税号 6204.44.40(女装),税号 6205.20.20(男式衬衫,经纱或/和纬纱有两种或两种以上颜色,衣领和袖子尺寸以英寸为单位,无双领尺寸,用硬纸板、别针、夹子、单个塑料袋和吊牌独立包装供零售),税号 6205.30.20(男式衬衫,经纱或/和纬纱有两种或两种以上颜色,衣领和袖子尺寸以英寸为单位,无双领尺寸,用硬纸板、别针、夹子、单个塑料袋和吊牌独立包装供零售),税号 6209.20.10 或税号 6210.30.90(亚麻以外的服装),税号 6210.50.22(带风帽的防寒短上衣),税号 6210.50.80 或税号 6211.20.15[作为滑雪套装的一部分进口的棉制女式防寒短上衣(包括滑雪短上衣)、防风衣和类似物品(包括无袖衬垫上衣)],税号 6211.20.58(棉制服装),税号 6211.49.15、税号 6211.49.60(品目 6202 以外的上衣),税号 6211.42.05 或税号 6211.42.10(不包括长裤的运动服或品目 6202 以外的上衣)或税号 6217.90.90(棉制大衣和上衣);或者

(b)子目 6203.11、子目 6203.31、子目 6203.41、子目 6204.11、子目 6204.31、子目 6204.51、子目 6204.61、子目 6211.39 或子目 6211.49 的羊毛织物制男式和女式西服套装、长裤、西服短上衣、背心以及女裙,前提是这些货物不是由粗梳羊毛织物制成或由平均纤维直径小于或等于 18.5 微米毛纤维的纱线制成。

章规则六:尽管有本章章规则一、三、四或五的规定,本章的服装均被视为原产,不论该服装包含的本章章规则一所述的任何可见衬里织物、本章章规则三所述的弹性狭幅织物、本章章规则四所述的品目 5402 的缝纫线或纱线或者本章章规则五所述口袋织物的原产地为何,前提是此类材料在第九十八章第二十二分章美国注释二十中列出,且货物符合本注释的所有其他适用的优惠关税待遇要求。

1. 从任何其他章(品目 5111 至 5113、品目 5204 至 5212、品目 5310 至 5311、第五十四章、品目 5508 至 5516、品目 5801 至 5802 或品目 6001 至 6006 除外)改变至子目 6201.11 至 6201.13,前提是:

   (A)该货物在一个或多个协定缔约方境内裁剪或/和针织成型并缝制或以其他方式组合,以及

   (B)服装中使用的任何可见衬里材料满足第六十二章章规则一的要求。

2. 从任何其他章(品目 5111 至 5113、品目 5204 至 5212、品目 5310 至 5311、第五十四章、品目 5508 至 5516、品目 5801 至 5802 或品目 6001 至 6006 除外)改变至子目 6201.19,前提是该货物在一个或多个协定缔约方境内裁剪或/和针织成型并缝制或以其他方式组合。

3. 从任何其他章(品目 5111 至 5113、品目 5204 至 5212、品目 5310 至 5311、第五十四章、品目 5508 至 5516、品目 5801 至 5802 或品目 6001 至 6006 除外)改变至子目 6201.91 至 6201.93,前提是:

   (A)该货物在一个或多个协定缔约方境内裁剪或/和针织成型并缝制或以其他方式组合,以及

   (B)服装中使用的任何可见衬里材料满足第六十二章章规则一的要求。

4. 从任何其他章(品目 5111 至 5113、品目 5204 至 5212、品目 5310 至 5311、第五十四章、

品目5508至5516、品目5801至5802或品目6001至6006除外)改变至子目6201.99，前提是该货物在一个或多个协定缔约方境内裁剪或/和针织成型并缝制或以其他方式组合。

5. 从任何其他章(品目5111至5113、品目5204至5212、品目5310至5311、第五十四章、品目5508至5516、品目5801至5802或品目6001至6006除外)改变至子目6202.11，前提是：

   (A)该货物在一个或多个协定缔约方境内裁剪或/和针织成型并缝制或以其他方式组合，以及

   (B)服装中使用的任何可见衬里材料满足第六十二章章规则一的要求。

5A. 从任何其他章改变至税号6202.12.20，前提是该货物在一个或多个协定缔约方境内裁剪或/和针织成型并缝制或以其他方式组合。

5B. 从任何其他章(品目5111至5113、品目5204至5212、品目5310至5311、第五十四章、品目5508至5516、品目5801至5802或品目6001至6006除外)改变至子目6202.12的任何其他税号，前提是：

   (A)该货物在一个或多个协定缔约方境内裁剪或/和针织成型并缝制或以其他方式组合，以及

   (B)服装中使用的任何可见衬里材料满足第六十二章章规则一的要求。

5C. 从任何其他章(品目5111至5113、品目5204至5212、品目5310至5311、第五十四章、品目5508至5516、品目5801至5802或品目6001至6006除外)改变至子目6202.13，前提是：

   (A)该货物在一个或多个协定缔约方境内裁剪或/和针织成型并缝制或以其他方式组合，以及

   (B)服装中使用的任何可见衬里材料满足第六十二章章规则一的要求。

6. 从任何其他章改变至税号6202.19.90的棉限内的服装，前提是该货物在一个或多个协定缔约方境内裁剪或/和针织成型并缝制或以其他方式组合。

6A. 从任何其他章(品目5111至5113、品目5204至5212、品目5310至5311、第五十四章、品目5508至5516、品目5801至5802或品目6001至6006除外)改变至子目6202.19的任何其他货物，前提是该货物在一个或多个协定缔约方境内裁剪或/和针织成型并缝制或以其他方式组合。

7. 从任何其他章改变至税号6202.91.15或税号6202.91.60的女装，前提是该货物在一个或多个协定缔约方境内裁剪或/和针织成型并缝制或以其他方式组合。

7A. 从任何其他章(品目5111至5113、品目5204至5212、品目5310至5311、第五十四章、品目5508至5516、品目5801至5802或品目6001至6006除外)改变至子目6202.91的任何其他货物，前提是：

   (A)该货物在一个或多个协定缔约方境内裁剪或/和针织成型并缝制或以其他方式组合，以及

   (B)服装中使用的任何可见衬里材料满足第六十二章章规则一的要求。

7B. 从任何其他章改变至税号6202.92.05、税号6202.92.12、税号6202.92.30或税号

6202.92.90(无袖衬垫上衣除外),前提是该货物在一个或多个协定缔约方境内裁剪或/和针织成型并缝制或以其他方式组合。

7C. 从任何其他章(品目5111至5113、品目5204至5212、品目5310至5311、第五十四章、品目5508至5516、品目5801至5802或品目6001至6006除外)改变至子目6202.92的任何其他货物,前提是:

(A)该货物在一个或多个协定缔约方境内裁剪或/和针织成型并缝制或以其他方式组合,以及

(B)服装中使用的任何可见衬里材料满足第六十二章章规则一的要求。

7D. 从任何其他章改变至税号6202.93.45,前提是该货物在一个或多个协定缔约方境内裁剪或/和针织成型并缝制或以其他方式组合。

7E. 从任何其他章(品目5111至5113、品目5204至5212、品目5310至5311、第五十四章、品目5508至5516、品目5801至5802或品目6001至6006除外)改变至子目6202.93的任何其他税号,前提是:

(A)该货物在一个或多个协定缔约方境内裁剪或/和针织成型并缝制或以其他方式组合,以及

(B)服装中使用的任何可见衬里材料满足第六十二章章规则一的要求。

8. 从任何其他章改变至税号6202.99.15或税号6202.99.80的棉限内的服装,前提是该货物在一个或多个协定缔约方境内裁剪或/和针织成型并缝制或以其他方式组合。

8A. 从任何其他章(品目5111至5113、品目5204至5212、品目5310至5311、第五十四章、品目5508至5516、品目5801至5802或品目6001至6006除外)改变至子目6202.99的任何其他货物,前提是该货物在一个或多个协定缔约方境内裁剪或/和针织成型并缝制或以其他方式组合。

9. 从任何其他章(品目5111至5113、品目5204至5212、品目5310至5311、第五十四章、品目5508至5516、品目5801至5802或品目6001至6006除外)改变至子目6203.11至6203.12,前提是:

(A)该货物在一个或多个协定缔约方境内裁剪或/和针织成型并缝制或以其他方式组合,以及

(B)服装中使用的任何可见衬里材料满足第六十二章章规则一的要求。

10.(A)从任何其他章(品目5111至5113、品目5204至5212、品目5310至5311、第五十四章、品目5508至5516、品目5801至5802或品目6001至6006除外)改变至税号6203.19.50或税号6203.19.90,前提是该货物在一个或多个协定缔约方境内裁剪或/和针织成型并缝制或以其他方式组合。

(B)从任何其他章(品目5111至5113、品目5204至5212、品目5310至5311、第五十四章、品目5508至5516、品目5801至5802或品目6001至6006除外)改变至子目6203.19的任何其他税号,前提是:

(1)该货物在一个或多个协定缔约方境内裁剪或/和针织成型并缝制或以其他方式组合,以及

(2)服装中使用的任何可见衬里材料必须符合第六十二章章规则一的要求。

11. 从任何其他章(品目5111至5113、品目5204至5212、品目5310至5311、第五十四章、品目5508至5516、品目5801至5802或品目6001至6006除外)改变至子目6203.22至6203.29,前提是:

    (A)该货物在一个或多个协定缔约方境内裁剪或/和针织成型并缝制或以其他方式组合,以及

    (B)对于作为子目6203.22至子目6203.29的便服套装的一部分进口的以羊毛、动物细毛、棉花或化学纤维为原料的品目6201的服装或品目6203的上衣,服装中使用的任何可见衬里材料必须符合第六十二章章规则一的要求。

12. 从任何其他章(品目5111至5113、品目5204至5212、品目5310至5311、第五十四章、品目5508至5516、品目5801至5802或品目6001至6006除外)改变至子目6203.31至6203.33,前提是:

    (A)该货物在一个或多个协定缔约方境内裁剪或/和针织成型并缝制或以其他方式组合,以及

    (B)服装中使用的任何可见衬里材料满足第六十二章章规则一的要求。

13. 从任何其他章(品目5111至5113、品目5204至5212、品目5310至5311、第五十四章、品目5508至5516、品目5801至5802或品目6001至6006除外)改变至税号6203.39.50或税号6203.39.90,前提是该货物在一个或多个协定缔约方境内裁剪或/和针织成型并缝制或以其他方式组合。

13A. 从任何其他章改变至税号6203.39.90的毛限内的服装,前提是该货物在一个或多个协定缔约方境内裁剪或/和针织成型并缝制或以其他方式组合。

14. 从任何其他章(品目5111至5113、品目5204至5212、品目5310至5311、第五十四章、品目5508至5516、品目5801至5802或品目6001至6006除外)改变至子目6203.39的任何其他税号,前提是:

    (A)该货物在一个或多个协定缔约方境内裁剪或/和针织成型并缝制或以其他方式组合,以及

    (B)服装中使用的任何可见衬里材料满足第六十二章章规则一的要求。

15. 从任何其他章(品目5111至5113、品目5204至5212、品目5310至5311、第五十四章、品目5508至5516、品目5801至5802或品目6001至6006除外)改变至子目6203.41至6203.49,前提是该货物在一个或多个协定缔约方境内裁剪或/和针织成型并缝制或以其他方式组合。

16. 从任何其他章(品目5111至5113、品目5204至5212、品目5310至5311、第五十四章、品目5508至5516、品目5801至5802或品目6001至6006除外)改变至子目6204.11,前提是:

    (A)该货物在一个或多个协定缔约方境内裁剪或/和针织成型并缝制或以其他方式组合,以及

    (B)服装中使用的任何可见衬里材料满足第六十二章章规则一的要求。

16A. 从任何其他章改变至子目6204.12的作为西服套装的一部分进口的上衣,前提是该货物在一个或多个协定缔约方境内裁剪或/和针织成型并缝制或以其他方式

16B. 从任何其他章(品目5111至5113、品目5204至5212、品目5310至5311、第五十四章、品目5508至5516、品目5801至5802或品目6001至6006除外)改变至子目6204.12的任何其他货物,前提是:

(A)该货物在一个或多个协定缔约方境内裁剪或/和针织成型并缝制或以其他方式组合,以及

(B)服装中使用的任何可见衬里材料满足第六十二章章规则一的要求。

16C. 从任何其他章改变至税号6204.13.20,前提是该货物在一个或多个协定缔约方境内裁剪或/和针织成型并缝制或以其他方式组合。

16D. 从任何其他章(品目5111至5113、品目5204至5212、品目5310至5311、第五十四章、品目5508至5516、品目5801至5802或品目6001至6006除外)改变至子目6204.13的任何其他税号,前提是:

(A)该货物在一个或多个协定缔约方境内裁剪或/和针织成型并缝制或以其他方式组合,以及

(B)服装中使用的任何可见衬里材料满足第六十二章章规则一的要求。

17. 从任何其他章(品目5111至5113、品目5204至5212、品目5310至5311、第五十四章、品目5508至5516、品目5801至5802或品目6001至6006除外)改变至税号6204.19.40或税号6204.19.80,前提是该货物在一个或多个协定缔约方境内裁剪或/和针织成型并缝制或以其他方式组合。

17A. 从任何其他章改变至税号6204.19.20或税号6204.19.80的作为西服套装的一部分进口的棉限内或化纤限内的上衣,前提是该货物在一个或多个协定缔约方境内裁剪或/和针织成型并缝制或以其他方式组合。

18. 从任何其他章(品目5111至5113、品目5204至5212、品目5310至5311、第五十四章、品目5508至5516、品目5801至5802或品目6001至6006除外)改变至子目6204.19的任何其他税号,前提是:

(A)该货物在一个或多个协定缔约方境内裁剪或/和针织成型并缝制或以其他方式组合,以及

(B)服装中使用的任何可见衬里材料满足第六十二章章规则一的要求。

19. 从任何其他章(品目5111至5113、品目5204至5212、品目5310至5311、第五十四章、品目5508至5516、品目5801至5802或品目6001至6006除外)改变至子目6204.21,前提是:

(A)该货物在一个或多个协定缔约方境内裁剪或/和针织成型并缝制或以其他方式组合,以及

(B)对于作为子目6204.21的便服套装的一部分进口的以羊毛、动物细毛、棉花或化学纤维为原料的品目6202的服装、品目6204的上衣或品目6204的裙子,服装中使用的任何可见衬里材料满足第六十二章章规则一的要求。

19A. 从任何其他章改变至税号6204.22.30(品目6202的服装或品目6204的上衣),前提是该货物在一个或多个协定缔约方境内裁剪或/和针织成型并缝制或以其他方

式组合。

19B. 从任何其他章(品目5111至5113、品目5204至5212、品目5310至5311、第五十四章、品目5508至5516、品目5801至5802或品目6001至6006除外)改变至子目6204.22的任何其他货物,前提是:

(A)该货物在一个或多个协定缔约方境内裁剪或/和针织成型并缝制或以其他方式组合,以及

(B)对于作为子目6204.22的便服套装的一部分进口的以羊毛、动物细毛、棉花或化学纤维为原料的品目6202的服装、品目6204的上衣或品目6204的裙子,服装中使用的任何可见衬里材料满足第六十二章章规则一的要求。

19C. 从任何其他章改变至子目6204.23至6204.29,前提是该货物在一个或多个协定缔约方境内裁剪或/和针织成型并缝制或以其他方式组合。

20. 从任何其他章(品目5111至5113、品目5204至5212、品目5310至5311、第五十四章、品目5508至5516、品目5801至5802或品目6001至6006除外)改变至子目6204.31,前提是:

(A)该货物在一个或多个协定缔约方境内裁剪或/和针织成型并缝制或以其他方式组合,以及

(B)服装中使用的任何可见衬里材料满足第六十二章章规则一的要求。

20A. 从任何其他章改变至子目6204.32,前提是该货物在一个或多个协定缔约方境内裁剪或/和针织成型并缝制或以其他方式组合。

20B. 从任何其他章改变至税号6204.33.20,前提是该货物在一个或多个协定缔约方境内裁剪或/和针织成型并缝制或以其他方式组合。

20C. 从任何其他章(品目5111至5113、品目5204至5212、品目5310至5311、第五十四章、品目5508至5516、品目5801至5802或品目6001至6006除外)改变至子目6204.33的任何其他税号,前提是:

(A)该货物在一个或多个协定缔约方境内裁剪或/和针织成型并缝制或以其他方式组合,以及

(B)服装中使用的任何可见衬里材料满足第六十二章章规则一的要求。

21. 从任何其他章(品目5111至5113、品目5204至5212、品目5310至5311、第五十四章、品目5508至5516、品目5801至5802或品目6001至6006除外)改变至税号6204.39.60,前提是该货物在一个或多个协定缔约方境内裁剪或/和针织成型并缝制或以其他方式组合。

21A. 从任何其他章改变至税号6204.39.80,前提是该货物在一个或多个协定缔约方境内裁剪或/和针织成型并缝制或以其他方式组合。

22. 从任何其他章(品目5111至5113、品目5204至5212、品目5310至5311、第五十四章、品目5508至5516、品目5801至5802或品目6001至6006除外)改变至子目6204.39的任何其他税号,前提是:

(A)该货物在一个或多个协定缔约方境内裁剪或/和针织成型并缝制或以其他方式组合,以及

(B)服装中使用的任何可见衬里材料满足第六十二章章规则一的要求。

23. 从任何其他章(品目5111至5113、品目5204至5212、品目5310至5311、第五十四章、品目5508至5516、品目5801至5802或品目6001至6006除外)改变至子目6204.41,前提是该货物在一个或多个协定缔约方境内裁剪或/和针织成型并缝制或以其他方式组合。

24. 从任何其他章改变至税号6204.42.30的女装(灯芯绒除外)、税号6204.43.40或税号6204.44.40的女装,前提是该货物在一个或多个协定缔约方境内裁剪或/和针织成型并缝制或以其他方式组合。

25. 从任何其他章(品目5106至5113的子目6204.42至6204.49(品目5111至5113、品目5204至5212、品目5310至5311、第五十四章、品目5508至5516、品目5801至5802或品目6001至6006除外)改变至子目6204.42的任何其他货物,前提是该货物在一个或多个协定缔约方境内裁剪或/和针织成型并缝制或以其他方式组合。

26. 从任何其他章(品目5111至5113、品目5204至5212、品目5310至5311、第五十四章、品目5508至5516、品目5801至5802或品目6001至6006除外)改变至子目6204.51至6204.53,前提是:

(A)该货物在一个或多个协定缔约方境内裁剪或/和针织成型并缝制或以其他方式组合,以及

(B)服装中使用的任何可见衬里材料满足第六十二章章规则一的要求。

27. 从任何其他章(品目5111至5113、品目5204至5212、品目5310至5311、第五十四章、品目5508至5516、品目5801至5802或品目6001至6006除外)改变至税号6204.59.40,前提是该货物在一个或多个协定缔约方境内裁剪或/和针织成型并缝制或以其他方式组合。

28. 从任何其他章(品目5111至5113、品目5204至5212、品目5310至5311、第五十四章、品目5508至5516、品目5801至5802或品目6001至6006除外)改变至子目6204.59的任何其他税号,前提是:

(A)该货物在一个或多个协定缔约方境内裁剪或/和针织成型并缝制或以其他方式组合,以及

(B)服装中使用的任何可见衬里材料满足第六十二章章规则一的要求。

29. 从任何其他章(品目5111至5113、品目5204至5212、品目5310至5311、第五十四章、品目5508至5516、品目5801至5802或品目6001至6006除外)改变至子目6204.61至6204.69,前提是该货物在一个或多个协定缔约方境内裁剪或/和针织成型并缝制或以其他方式组合。

[30 已删除]

30A. 从任何其他章改变至税号6205.20.20的男式衬衫(经纱或/和纬纱有两种或两种以上颜色,衣领和袖子尺寸以英寸为单位,无双领尺寸,用硬纸板、别针、夹子、单个塑料袋和吊牌独立包装供零售),前提是该货物在一个或多个协定缔约方境内裁剪或/和针织成型并缝制或以其他方式组合。

30B. 从任何其他章(品目5111至5113、品目5204至5212、品目5310至5311、第五十四

章、品目 5508 至 5516、品目 5801 至 5802 或品目 6001 至 6006 除外)改变至子目 6205.20 的任何其他货物,前提是该货物在一个或多个协定缔约方境内裁剪或/和针织成型并缝制或以其他方式组合。

30C. 从任何其他章改变至税号 6205.30.20 的男式衬衫(经纱和/或纬纱有两种或两种以上颜色,衣领和袖子尺寸以英寸为单位,无双领尺寸,用硬纸板、别针、夹子、单个塑料袋和吊牌独立包装供零售),前提是该货物在一个或多个协定缔约方境内裁剪或/和针织成型并缝制或以其他方式组合。

30D. 从任何其他章(品目 5111 至 5113、品目 5204 至 5212、品目 5310 至 5311、第五十四章、品目 5508 至 5516、品目 5801 至 5802 或品目 6001 至 6006 除外)改变至子目 6205.30 的任何其他货物,前提是该货物在一个或多个协定缔约方境内裁剪或/和针织成型并缝制或以其他方式组合。

30E. 从任何其他章(品目 5111 至 5113、品目 5204 至 5212、品目 5310 至 5311、第五十四章、品目 5508 至 5516、品目 5801 至 5802 或品目 6001 至 6006 除外)改变至子目 6205.90,前提是该货物在一个或多个协定缔约方境内裁剪或/和针织成型并缝制或以其他方式组合。

31. 从任何其他章(品目 5111 至 5113、品目 5204 至 5212、品目 5310 至 5311、第五十四章、品目 5508 至 5516、品目 5801 至 5802 或品目 6001 至 6006 除外)改变至品目 6206,前提是该货物在一个或多个协定缔约方境内裁剪或/和针织成型并缝制或以其他方式组合。

32. 从任何其他章改变至子目 6207.11、税号 6207.19.90、税号 6208.91.30 或子目 6208.92 的平角短裤,前提是该货物在一个或多个协定缔约方境内裁剪或/和针织成型并缝制或以其他方式组合。

33. 从任何其他章改变至子目 6207.21、子目 6207.22、税号 6207.91.30、税号 6207.99.85、子目 6208.21、子目 6208.22、税号 6208.91.30、税号 6208.92.00 或税号 6208.99.20 的睡衣裤和睡衣,前提是该货物在一个或多个协定缔约方境内裁剪或/和针织成型并缝制或以其他方式组合。

34. 从任何其他章(品目 5111 至 5113、品目 5204 至 5212、品目 5310 至 5311、第五十四章、品目 5508 至 5516、品目 5801 至 5802 或品目 6001 至 6006 除外)改变至品目 6207 至 6208 的任何其他子目,前提是该货物在一个或多个协定缔约方境内裁剪或/和针织成型并缝制或以其他方式组合。

35. 从任何其他章改变至税号 6209.20.10,前提是该货物在一个或多个协定缔约方境内裁剪或/和针织成型并缝制或以其他方式组合。

35A. 从任何其他章(品目 5111 至 5113、品目 5204 至 5212、品目 5310 至 5311、第五十四章、品目 5508 至 5516、品目 5801 至 5802 或品目 6001 至 6006 除外)改变至品目 6209 的任何子目,前提是该货物在一个或多个协定缔约方境内裁剪或/和针织成型并缝制或以其他方式组合。

35B. 从任何其他章改变至税号 6210.30.90 的亚麻以外的服装或税号 6210.50.90 的防寒短上衣(包括滑雪上衣)、防风衣和类似物品,前提是该货物在一个或多个协定缔

35C. 从任何其他章(品目 5111 至 5113、品目 5204 至 5212、品目 5310 至 5311、第五十四章、品目 5508 至 5516、品目 5801 至 5802 或品目 6001 至 6006 除外)改变至品目 6210 的任何其他货物,前提是该货物在一个或多个协定缔约方境内裁剪或/和针织成型并缝制或以其他方式组合。

36. 从任何其他章(品目 5111 至 5113、品目 5204 至 5212、品目 5310 至 5311、第五十四章、品目 5508 至 5516、品目 5801 至 5802 或品目 6001 至 6006 除外)改变至子目 6211.11 至 6211.12,前提是该货物在一个或多个协定缔约方境内裁剪或/和针织成型并缝制或以其他方式组合。

37. 从任何其他章改变至税号 6211.20.15 或税号 6211.20.58 的作为滑雪套装的一部分进口棉制女式防寒短上衣(包括滑雪上衣)、防风衣和类似物品(包括无袖衬垫上衣),前提是该货物在一个或多个协定缔约方境内裁剪或/和针织成型并缝制或以其他方式组合。

37A. 从任何其他章(品目 5111 至 5113、品目 5204 至 5212、品目 5310 至 5311、第五十四章、品目 5508 至 5516、品目 5801 至 5802 或品目 6001 至 6006 除外)改变至子目 6211.20 的任何其他货物,前提是:

(A) 该货物在一个或多个协定缔约方境内裁剪或/和针织成型并缝制或组合,以及

(B) 对于作为子目 6211.20 的滑雪套装的一部分进口的以羊毛、动物细毛、棉花或化学纤维为原料的品目 6101、品目 6102、品目 6201 或品目 6202 的服装,服装中使用的任何可见衬里材料满足第六十二章章规则一的要求。

38. 从任何其他章(品目 5111 至 5113、品目 5204 至 5212、品目 5310 至 5311、第五十四章、品目 5508 至 5516、品目 5801 至 5802 或品目 6001 至 6006 除外)改变至子目 6211.32 至 6211.39,前提是该货物在一个或多个协定缔约方境内裁剪或/和针织成型并缝制或以其他方式组合。

[**38A 和 38B 已删除**]

38C. 从任何其他章改变至子目 6211.42 的不包括长裤的运动服或品目 6202 以外的上衣,前提是该货物在一个或多个协定缔约方境内裁剪或/和针织成型并缝制或以其他方式组合。

38D. 从任何其他章(品目 5111 至 5113、品目 5204 至 5212、品目 5310 至 5311、第五十四章、品目 5508 至 5516、品目 5801 至 5802 或品目 6001 至 6006 除外)改变至子目 6211.42 的任何其他货物,前提是该货物在一个或多个协定缔约方境内裁剪或/和针织成型并缝制或以其他方式组合。

38E. 从任何其他章改变至税号 6211.49.41 的上衣(品目 6202 的上衣除外),前提是该货物在一个或多个协定缔约方境内裁剪或/和针织成型并缝制或以其他方式组合。

38F. 从任何其他章(品目 5111 至 5113、品目 5204 至 5212、品目 5310 至 5311、第五十四章、品目 5508 至 5516 或品目 6001 至 6006 除外)改变至子目 6211.43 至 6211.49 的任何其他子目,前提是该货物在一个或多个协定缔约方境内裁剪或/和针织成型

并缝制或以其他方式组合。

39. 从任何其他章改变至子目 6212.10，前提是该货物在一个或多个协定缔约方境内裁剪或/和针织成型并缝制或以其他方式组合。

40. 从任何其他章（品目 5111 至 5113、品目 5204 至 5212、品目 5310 至 5311、第五十四章、品目 5508 至 5516、品目 5801 至 5802 或品目 6001 至 6006 除外）改变至子目 6212.20 至 6212.90，前提是该货物在一个或多个协定缔约方境内裁剪或/和针织成型并缝制或以其他方式组合。

41. 从任何其他章（品目 5111 至 5113、品目 5204 至 5212、品目 5310 至 5311、第五十四章、品目 5508 至 5516、品目 5801 至 5802 或品目 6001 至 6006 除外）改变至品目 6213 至 6216，前提是该货物在一个或多个协定缔约方境内裁剪或/和针织成型并缝制或以其他方式组合。

42. 从任何其他章改变至税号 6217.90.90 的棉制大衣和短上衣，前提是该货物在一个或多个协定缔约方境内裁剪或/和针织成型并缝制或以其他方式组合。

43. 从任何其他章（品目 5111 至 5113、品目 5204 至 5212、品目 5310 至 5311、第五十四章、品目 5508 至 5516、品目 5801 至 5802 或品目 6001 至 6006 除外）改变至品目 6217 的任何其他货物，前提是该货物在一个或多个协定缔约方境内裁剪或/和针织成型并缝制或以其他方式组合。

第六十三章

章规则一：为确定本章货物的原产地，适用于该货物的规则仅适用于确定该货物税则归类的成分，并且该成分必须满足该规则规定的税则归类改变要求。

章规则二：尽管有本章章规则一的规定，本章中含有品目 5204、品目 5401 或品目 5508 的缝纫线或用作缝纫线的品目 5402 的纱线的货物，仅当该缝纫线或纱线全部在一个或多个协定缔约方境内成型时，才被视为原产货物。

章规则三：尽管有本章章规则二的规定，本章中使用章规则二所述的缝纫线或品目 5402 的纱线用作缝纫线的货物均被视为原产，不管该缝纫线或纱线原产地为何，前提是缝纫线或纱线在第九十八章第二十二分章美国注释二十列出，且货物符合本注释下优惠关税待遇的所有其他适用要求。

1. 从任何其他章（品目 5111 至 5113、品目 5204 至 5212、品目 5310 至 5311、第五十四章、品目 5508 至 5516、品目 5801 至 5802 或品目 6001 至 6006 除外）改变至品目 6301 至 6302，前提是该货物在一个或多个协定缔约方境内裁剪或/和针织成型并缝制或其他方式组合。

2. 从税号 5402.47.10、税号 5402.52.10 或任何其他章（品目 5111 至 5113、品目 5204 至 5212、品目 5310 至 5311、第五十四章、品目 5508 至 5516、品目 5801 至 5802 或品目 6001 至 6006 除外）改变至税号 6303.92.10，前提是该货物在一个或多个协定缔约方境内裁剪或/和针织成型并缝制或以其他方式组合。

3. 从任何其他章（品目 5111 至 5113、品目 5204 至 5212、品目 5310 至 5311、第五十四章、品目 5508 至 5516、品目 5801 至 5802 或品目 6001 至 6006 除外）改变至品目 6303 的任何其他税号，前提是该货物在一个或多个协定缔约方境内裁剪或/和针织成型并缝制或以其他方式组合。

4. 从任何其他章(品目5111至5113、品目5204至5212、品目5310至5311、第五十四章、品目5508至5516、品目5801至5802或品目6001至6006除外)改变至品目6304至6308,前提是该货物在一个或多个协定缔约方境内裁剪或/和针织成型并缝制或以其他方式组合。

5. 从任何其他品目改变至品目6309。

6. 从任何其他章(品目5111至5113、品目5204至5212、品目5310至5311、第五十四章、品目5508至5516、品目5801至5802或品目6001至6006除外)改变至品目6310,前提是该货物在一个或多个协定缔约方境内裁剪或/和针织成型并缝制或以其他方式组合。

第六十四章

章规则一:尽管下述规定了第六十四章货物的税则归类规则,对于属于本规则所列举的下列第六十四章税号的货物,如果在税率1栏的"特惠"子栏中出现税率,括号中有符号"P",进口商可以要求对符合本税则总注释十二、十七、二十五、二十六或二十八的归类规则的货物享受本注释的优惠关税待遇:税号6401.92.30、税号6401.92.60、税号6401.99.80、税号6402.91.05、税号6402.91.16、税号6402.91.30、税号6402.91.40、税号6402.91.60、税号6402.91.70、税号6402.99.04、税号6402.99.12、税号6402.99.21、税号6402.99.23至税号6402.99.31、税号6402.99.41至税号6402.99.79、品目6403、税号6404.11.20至税号6404.19.15、税号6404.19.25至税号6404.20.60或品目6405和6406。

1. 从品目6401至6405以外的任何其他品目(子目6406.10除外)改变至子目6401.10、税号6401.92.90、税号6401.99.10、税号6401.99.30、税号6401.99.60、税号6401.99.90、税号6402.91.10、税号6402.91.20、税号6402.91.26、税号6402.91.50、税号6402.91.70、税号6402.91.80、税号6402.91.90、税号6402.99.08、税号6402.99.16、税号6402.99.19、税号6402.99.33、税号6402.99.80、税号6402.99.90、税号6404.11.90或税号6404.19.20,前提是使用累积法时的区域价值成分不低于55%。

2. 从任何其他子目改变至第六十四章的任何其他品目。

第六十五章

1. 从任何其他章改变至品目6501至6502。
2. 从任何其他品目(品目6504至6507除外)改变至品目6504至6506。
3. 从任何其他品目改变至品目6507。

第六十六章

品目规则:本注释(四)(vi)款的规定适用于品目6601。

1. 从任何其他品目改变至品目6601。
2. 从任何其他品目改变至品目6602。
3. 从任何其他章改变至品目6603。

第六十七章

1. (A)从任何其他品目改变至品目6701;或者
   (B)从任何其他货物(包括品目6701的货物)改变至品目6701的羽毛或羽绒制品。

2. 从任何其他品目改变至品目 6702 至 6704。

第六十八章

1. 从任何其他品目改变至品目 6801 至 6811。

2. 从任何其他子目改变至子目 6812.80。

3. 从任何其他子目改变至子目 6812.91。

4. 从子目 6812.92 至 6812.93 以外的任何子目改变至子目 6812.92 至 6812.93。

4A. 从任何其他品目改变至子目 6812.99。

5. 从任何其他品目改变至品目 6813 至 6814。

6. 从子目 6815.99 改变至子目 6815.99 至 6815.99。

第六十九章

从任何其他章改变至品目 6901 至 6914。

第七十章

1. 从任何其他品目改变至品目 7001。

2. 从任何其他品目改变至子目 7002.10。

3. 从任何其他章改变至子目 7002.20。

4. 从任何其他品目改变至子目 7002.31。

5. 从任何其他章改变至子目 7002.32 至 7002.39。

6. 从品目 7003 至 7007 以外的任何品目改变至品目 7003 至 7007。

7. 从任何其他品目改变至品目 7008。

8. 从品目 7009 至 7018 以外的任何品目(品目 7007 至 7008 或品目 7020 的真空瓶或其他真空容器的玻璃内胆除外)改变至品目 7009 至 7018。

品目规则：本注释(四)(vi)款的规定适用于本品目。

9. 从任何其他品目(品目 7007 至 7020 除外)改变至品目 7019。

10. 从任何其他品目改变至品目 7020。

第七十一章

1. 从任何其他品目改变至品目 7101。

2. 从任何其他章改变至品目 7102 至 7103。

3. 从任何其他品目改变至品目 7104 至 7105。

4. 从任何其他章改变至品目 7106 至 7108。

5. 从任何其他品目改变至品目 7109。

6. 从任何其他章改变至品目 7110 至 7111。

7. 从任何其他品目改变至品目 7112。

8. 从任何其他品目(品目 7116 除外)改变至品目 7113。

9. 从任何其他品目改变至品目 7114 至 7115。

10. 从任何其他品目(品目 7113 除外)改变至品目 7116。

11. 从任何其他品目改变至品目 7117 至 7118。

第七十二章

1. 从任何其他章改变至品目 7201 至 7205。

2. 从品目7206至7207以外的任何品目改变至品目7206至7207。

3. 从任何其他品目改变至品目7208至7229。

第七十三章

1. (A)从任何其他章改变至品目7301至7307；或者

    (B)从子目7304.49改变至子目7304.41的外径小于19毫米的货物。

2. 从任何其他品目改变至品目7308，但对品目7216的角材、型材或异型材进行以下处理而导致税则归类改变的除外：

    (A)钻孔、冲孔、开槽、切割、弯曲或清扫，不论是单独进行还是组合进行；

    (B)为复合结构添加附件或焊接件；

    (C)为搬运目的添加附件；

    (D)在H型钢或工字钢上增加焊件、连接件或附件；但焊件、连接件或附件的最大尺寸不得大于H型钢或工字钢法兰内表面之间的尺寸；

    (E)涂漆、镀锌或其他涂层；或者

    (F)单独或组合钻孔、冲孔、开槽或切割，添加一个没有加强元件的简单底板，用于生产适合做柱的制品。

3. 从品目7309至7311以外的任何品目改变至品目7309至7311。

4. 从任何其他品目改变至品目7312至7314。

5. (A)从任何其他品目改变至子目7315.11至7315.12；或者

    (B)从子目7315.19改变至子目7315.11至7315.12，不论是否从任何其他品目改变而来，前提是区域价值成分不低于：

    (1)使用累积法时的35%，或

    (2)使用扣减法时的45%。

6. 从任何其他品目改变至子目7315.19。

7. (A)从任何其他品目改变至子目7315.20至7315.89；或者

    (B)从子目7315.90改变至子目7315.20至7315.89，不论是否从任何其他品目改变而来，前提是区域价值成分不低于：

    (1)使用累积法时的35%，或

    (2)使用扣减法时的45%。

8. 从任何其他品目改变至子目7315.90。

9. 从任何其他品目（品目7312或品目7315除外）改变至品目7316。

10. 从品目7317至7318以外的任何品目改变至品目7317至7318。

11. 从任何其他品目改变至品目7319至7320。

12. (A)从任何其他子目[子目7321.90的烹饪室(不论是否装配)、上面板(不论是否带有控制器或燃烧器)或包含以下多个部件的门组件：内面板、外面板、窗户或隔热层除外]改变至子目7321.11；或者

    (B)从子目7321.90改变至子目7321.11，不论是否从任何其他品目改变而来，前提是区域价值成分不低于：

    (1)使用累积法时的35%，或

(2)使用扣减法时的 45%。

13. (A)从任何其他品目改变至子目 7321.12 至 7321.89;或者

(B)从子目 7321.90 改变至子目 7321.12 至 7321.89,不论是否从任何其他品目改变而来,前提是区域价值成分不低于:

(1)使用累积法时的 35%,或

(2)使用扣减法时的 45%。

14. (A)从任何其他品目改变至子目 7321.90;或者

(B)税则归类无需改变,前提是区域价值成分不低于:

(1)使用累积法时的 35%,或

(2)使用扣减法时的 45%。

15. 从品目 7322 至 7323 以外的任何品目改变至品目 7322 至 7323。

16. (A)从任何其他品目改变至子目 7324.10 至 7324.29;或者

(B)税则归类无需改变,前提是区域价值成分不低于:

(1)使用累积法时的 35%,或

(2)使用扣减法时的 45%。

17. 从任何其他品目改变至子目 7324.90。

18. 从子目 7325.10 至 7326.20 以外的任何子目改变至子目 7325.10 至 7326.20。

19. 从任何其他品目(品目 7325 除外)改变至子目 7326.90。

第七十四章

1. 从任何其他品目改变至品目 7401 至 7403。

2. 税则归类无需改变至品目 7404,前提是区域价值成分不低于:

(A)使用累积法时的 35%,或

(B)使用扣减法时的 45%。

3. 从任何其他品目改变至品目 7405 至 7407。

4. 从任何其他品目(品目 7407 除外)改变至品目 7408。

5. 从任何其他品目改变至品目 7409。

6. 从任何其他品目(品目 7409 的厚度小于 5 毫米的板、片或带除外)改变至品目 7410。

7. 从任何其他品目改变至品目 7411 至 7419。

第七十五章

1. 从任何其他品目改变至品目 7501 至 7505。

2. (A)从任何其他品目改变至品目 7506;或者

(B)从品目 7506 的任何其他货物改变至厚度不超过 0.15 毫米的箔,前提是厚度减少不少于 50%。

3. 从任何其他子目改变至子目 7507.11 至 7508.90。

第七十六章

1. 从任何其他章改变至品目 7601。

2. 从任何其他品目改变至品目 7602。

3. 从任何其他章改变至品目 7603。

4. 从任何其他品目(品目 7605 至 7606 除外)改变至品目 7604。

5. 从任何其他品目(品目 7604 除外)改变至品目 7605。

6. 从任何其他品目改变至子目 7606.11。

7. 从任何其他品目(品目 7604 至 7605 除外)改变至子目 7606.12。

8. 从任何其他品目改变至子目 7606.91。

9. 从任何其他品目(品目 7604 至 7605 除外)改变至子目 7606.92。

10. 从任何其他品目改变至子目 7607.11。

11. (A)从任何其他品目改变至子目 7607.19 至 7607.20;或者

(B)税则归类无需改变,前提是区域价值成分不低于:

(1)使用累积法时的 30%,或

(2)使用扣减法时的 35%。

12. 从品目 7608 至 7609 以外的任何品目改变至品目 7608 至 7609。

13. 从任何其他品目改变至品目 7610 至 7613。

14. 从任何其他品目改变至品目 7614。

15. 从任何其他品目改变至品目 7615。

16. 从任何其他品目改变至子目 7616.10。

17. 从任何其他子目改变至子目 7616.91 至 7616.99。

第七十八章

1. 从任何其他章改变至品目 7801 至 7802。

2. 从任何其他品目改变至品目 7804。

3. (A)从品目 7806 的任何其他货物或任何其他品目改变至品目 7806 的铅条、杆、型材和丝;或者

(B)从品目 7806 的任何其他货物或任何其他品目改变至品目 7806 的铅管和品目 7806 的管子附件(例如接头、肘管、管套);或者

(C)从品目 7806 的铅条、杆、型材、异型材、丝和管,品目 7806 或任何其他品目的管子附件(例如接头、肘管、管套)改变至品目 7806 的任何其他货物。

第七十九章

1. 从任何其他章改变至品目 7901 至 7902。

2. 从任何其他章改变至子目 7903.10。

3. 从任何其他品目改变至子目 7903.90。

4. 从任何其他品目改变至品目 7904 至 7905。

5. (A)从品目 7907 的任何其他货物或任何其他品目改变至品目 7907 的锌管或管子附件(例如接头、肘管、管套);或者

(B)从品目 7907 的锌管或管子附件(例如接头、肘管、管套)或任何其他品目改变至品目 7907 的任何其他货物。

第八十章

1. 从任何其他章改变至品目 8001 至 8002。

2. 从任何其他品目改变至品目 8003。

3. (A) 从任何其他品目改变至品目 8007；或者

    (B) 从品目 8007 的任何其他货物改变至品目 8007 的厚度超过 0.2 毫米的板、片和带；或者

    (C) 从品目 8007 的任何其他货物（厚度超过 0.2 毫米的板、片和带除外）改变至品目 8007 的厚度不超过 0.2 毫米（不包括衬背）的锡箔和锡带（印花或固定在纸、纸板、塑料或类似衬背上）或锡粉和锡片；或者

    (D) 从品目 8007 的任何其他货物改变至品目 8007 的锡管和管子附件（例如接头、肘管、管套）。

[4 已删除]

第八十一章

1. 从任何其他章改变至子目 8101.10 至 8101.94。

2. 从任何其他子目（子目 8101.99 的条、杆、型材、异型材、板、片和带除外）改变至子目 8101.96。

[3 已删除]

4. 从任何其他章改变至子目 8101.97。

5. (A) 从子目 8101.99 的任何其他货物或任何其他子目改变至子目 8101.99 的条、杆（仅通过简单烧结获得的除外）、型材、异型材、板、片、带或箔；或者

    (B) 从子目 8101.99 的条、杆（仅通过简单烧结获得的除外）、型材、异型材、板、片、带或箔或任何其他子目改变至子目 8109.99 的任何其他货物。

6. 从任何其他章改变至子目 8102.10 至 8102.94。

7. 从任何其他子目改变至子目 8102.95。

8. 从任何其他子目（子目 8102.95 除外）改变至子目 8102.96。

9. 从任何其他章改变至子目 8102.97。

10. 从任何其他子目改变至子目 8102.99。

11. 从任何其他章改变至子目 8103.20。

12. 从任何其他章改变至子目 8103.30。

13. 从任何其他子目改变至子目 8103.90。

14. 从任何其他章改变至子目 8104.11 至 8104.20。

15. 从任何其他子目改变至子目 8104.30 至 8104.90。

16. 从任何其他章改变至子目 8105.20。

17. 从任何其他章改变至子目 8105.30。

18. 从任何其他子目改变至子目 8105.90。

19. (A) 从任何其他章改变至品目 8106；或者

    (B) 税则归类无需改变，前提是区域价值成分不低于：

    (1) 使用累积法时的 35%，或

    (2) 使用扣减法时的 45%。

20. 从任何其他章改变至子目 8107.20。

21. 从任何其他章改变至子目 8107.30。

22. 从任何其他子目改变至子目 8107.90。

23. 从任何其他章改变至子目 8108.20。

24. 从任何其他章改变至子目 8108.30。

25. 从任何其他子目改变至子目 8108.90。

26. 从任何其他章改变至子目 8109.20。

27. 从任何其他章改变至子目 8109.30。

28. 从任何其他子目改变至子目 8109.90。

29. (A)从任何其他章改变至 8110；或者
    (B)税则归类无需改变，前提是区域价值成分不低于：
       (1)使用累积法时的 35％，或
       (2)使用扣减法时的 45％。

30. (A)从任何其他章改变至品目 8111；或者
    (B)税则归类无需改变，前提是区域价值成分不低于：
       (1)使用累积法时的 35％，或
       (2)使用扣减法时的 45％。

31. 从任何其他章改变至子目 8112.12。

32. 从任何其他章改变至子目 8112.13。

33. 从任何其他子目改变至子目 8112.19，前提是区域价值成分不低于：
    (A)使用累积法时的 35％，或
    (B)使用扣减法时的 45％。

34. (A)从任何其他章改变至子目 8112.21 至 8112.59；或者
    (B)税则归类无需改变，前提是区域价值成分不低于：
       (1)使用累积法时的 35％，或
       (2)使用扣减法时的 45％。

35. (A)从任何其他章改变至子目 8112.92 的未锻造锗或钒、锗或钒废碎料或粉末；或者
    (B)子目 8112.92 的未锻造锗或钒、锗或钒废碎料或粉末的税则归类无需改变，前提是区域价值成分不低于：
       (1)使用累积法时的 35％，或
       (2)使用扣减法时的 45％；或者
    (C)从任何其他章改变至子目 8112.92 的其他货物。

36. (A)从任何其他章改变至子目 8112.99 的钒或锗制品；或者
    (B)锗或钒制品的税则归类无需改变，前提是区域价值成分不低于：
       (1)使用累积法时的 35％，或
       (2)使用扣减法时的 45％；或者
    (C)从子目 8112.99 的锗或钒制品或任何其他子目改变至子目 8112.99 的其他货物。

37. (A)从任何其他章改变至品目 8113；或者
    (B)税则归类无需改变，前提是区域价值成分不低于：
       (1)使用累积法时的 35％，或

(2)使用扣减法时的45%。

第八十二章

1. 从任何其他章改变至品目8201至8206。
2. (A)从任何其他章改变至子目8207.13;或者
   (B)从品目8209、子目8207.19改变至子目8207.13,前提是区域价值成分不低于:
   (1)使用累积法时的35%,或
   (2)使用扣减法时的45%。
3. 从任何其他章改变至子目8207.19至8207.90。
4. (A)从任何其他章改变至8208至8215;或者
   (B)从子目8211.95改变至子目8211.91至8211.93,不论是否从任何其他章改变而来,前提是区域价值成分不低于:
   (1)使用累积法时的35%,或
   (2)使用扣减法时的45%。

第八十三章

1. (A)从任何其他章改变至子目8301.10至8301.40;或者
   (B)从子目8301.60改变至子目8301.10至8301.40,不论是否从任何其他章改变而来,前提是区域价值成分不低于:
   (1)使用累积法时的35%,或
   (2)使用扣减法时的45%。
2. (A)从任何其他章改变至子目8301.50;或者
   (B)从任何其他子目改变至子目8301.50,前提是区域价值成分不低于:
   (1)使用累积法时的35%,或
   (2)使用扣减法时的45%。
3. 从任何其他章改变至子目8301.60至8301.70。
4. 从任何其他品目改变至品目8302至8304。
5. (A)从任何其他章改变至子目8305.10至8305.20;或者
   (B)从任何其他子目改变至子目8305.10至8305.20,前提是区域价值成分不低于:
   (1)使用累积法时的35%,或
   (2)使用扣减法时的45%。
6. 从任何其他品目改变至子目8305.90。
7. 从任何其他章改变至子目8306.10。
8. 从任何其他品目改变至子目8306.21至8306.30。
9. 从任何其他品目改变至品目8307。
10. (A)从任何其他章改变至子目8308.10至8308.20;或者
    (B)从任何其他子目改变至子目8308.10至8308.20,前提是区域价值成分不低于:
    (1)使用累积法时的35%,或
    (2)使用扣减法时的45%。
11. 从任何其他品目改变至子目8308.90。

12. 从任何其他品目改变至品目 8309 至 8310。

13. (A)从任何其他章改变至子目 8311.10 至 8311.30;或者

　　(B)从任何其他子目改变至子目 8311.10 至 8311.30,前提是区域价值成分不低于:

　　　　(1)使用累积法时的 35%,或

　　　　(2)使用扣减法时的 45%。

14. 从任何其他品目改变至子目 8311.90。

第八十四章

1. 从任何其他子目改变至子目 8401.10 至 8401.30。

2. 从任何其他品目改变至子目 8401.40。

3. (A)从任何其他品目改变至子目 8402.11;或者

　　(B)从子目 8402.90 改变至子目 8402.11,不论是否从任何其他品目改变而来,前提是区域价值成分不低于:

　　　　(1)使用累积法时的 35%,或

　　　　(2)使用扣减法时的 45%。

4. (A)从任何其他品目改变至子目 8402.12;或者

　　(B)从任何其他子目改变至子目 8402.12,前提是区域价值成分不低于:

　　　　(1)使用累积法时的 35%,或

　　　　(2)使用扣减法时的 45%。

5. (A)从任何其他品目改变至子目 8402.19;或者

　　(B)从子目 8402.90 改变至子目 8402.19,不论是否从任何其他品目改变而来,前提是区域价值成分不低于:

　　　　(1)使用累积法时的 35%,或

　　　　(2)使用扣减法时的 45%。

6. (A)从任何其他品目改变至子目 8402.20;或者

　　(B)从任何其他子目改变至子目 8402.20,前提是区域价值成分不低于:

　　　　(1)使用累积法时的 35%,或

　　　　(2)使用扣减法时的 45%。

7. (A)从任何其他品目改变至子目 8402.90;或者

　　(B)税则归类无需改变,前提是区域价值成分不低于:

　　　　(1)使用累积法时的 35%,或

　　　　(2)使用扣减法时的 45%。

8. 从任何其他子目改变至子目 8403.10。

9. 从任何其他品目改变至子目 8403.90。

10. 从任何其他子目改变至子目 8404.10。

11. (A)从任何其他品目改变至子目 8404.20;或者

　　(B)从子目 8404.90 改变至子目 8404.20,不论是否从任何其他品目改变而来,前提是区域价值成分不低于:

　　　　(1)使用累积法时的 35%,或

(2)使用扣减法时的45%。

12. 从任何其他品目改变至子目8404.90。
13. 从任何其他子目改变至子目8405.10。
14. 从任何其他品目改变至子目8405.90。
15. 从任何其他子目改变至子目8406.10。
16. 从子目8406.81至8406.82以外的任何子目改变至子目8406.81至8406.82。
17. (A)从任何其他品目改变至子目8406.90;或者

   (B)从仅进行清洁或移除翅片、浇口和冒口的转子改变至用于最终组装的制成转子或从任何其他货物改变至子目8406.90的精加工机械的允许位置,不论税则归类是否发生改变;或者

   (C)从任何其他货物(包括子目8406.90的货物)改变至子目8406.90的旋转或固定叶片,不论税则归类是否发生改变。

18. 从任何其他品目改变至子目8407.10。
19. 从任何其他品目改变至子目8407.21至8407.29。
20. (A)从任何其他品目改变至子目8407.31至8407.34;或者

   (B)税则归类无需改变,前提是区域价值成分不低于:

   (1)使用净成本法时的35%,

   (2)使用累积法时的35%,或

   (3)使用扣减法时的50%。

21. 从任何其他品目改变至子目8407.90。
22. 从任何其他品目改变至子目8408.10。
23. (A)从任何其他品目改变至子目8408.20;或者

   (B)税则归类无需改变,前提是区域价值成分不低于:

   (1)使用净成本法时的35%,

   (2)使用累积法时的35%,或

   (3)使用扣减法时的50%。

24. 从任何其他品目改变至子目8408.90。
25. 税则归类无需改变至品目8409,前提是区域价值成分不低于:

   (A)使用净成本法时的35%,

   (B)使用累积法时的35%,或

   (C)使用扣减法时的50%。

26. 从子目8410.11至8410.13以外的任何子目改变至子目8410.11至8410.13。
27. 从任何其他品目改变至子目8410.90。
28. 从子目8411.11至8411.82以外的任何子目改变至子目8411.11至8411.82。
29. 从任何其他品目改变至子目8411.91至8411.99。
30. 从任何其他子目改变至子目8412.10至8412.80。
31. 从任何其他品目改变至子目8412.90。
32. 从任何其他子目改变至子目8413.11至8413.82。

33. (A)从任何其他品目改变至子目8413.91至8413.92;或者
    (B)税则归类无需改变至子目8413.92,前提是区域价值成分不低于:
        (1)使用累积法时的35%,或
        (2)使用扣减法时的45%。

34. (A)从任何其他品目改变至子目8414.10至8414.80;或者
    (B)从子目8414.90改变至子目8414.10至8414.80,不论是否从任何其他品目改变而来,前提是区域价值成分不低于:
        (1)使用累积法时的35%,或
        (2)使用扣减法时的45%。

35. (A)从任何其他品目改变至子目8414.90;或者
    (B)税则归类无需改变,前提是区域价值成分不低于:
        (1)使用累积法时的35%,或
        (2)使用扣减法时的45%。

36. 从任何其他子目改变至子目8415.10至8415.83。

37. (A)从任何其他品目改变至子目8415.90;或者
    (B)从任何其他货物(包括子目8415.90的货物)改变至子目8415.90的底盘、底盘底座和外柜。

38. 从任何其他子目改变至子目8416.10至8416.90。

39. 从任何其他子目改变至子目8417.10至8417.80。

40. 从任何其他品目改变至子目8417.90。

41. 从子目8418.10至8418.69以外的任何子目(子目8418.91除外)改变至子目8418.10至8418.69。

42. 从任何其他品目改变至子目8418.91至8418.99。

43. 从任何其他子目改变至子目8419.11至8419.89。

44. (A)从任何其他品目改变至子目8419.90;或者
    (B)税则归类无需改变,前提是区域价值成分不低于:
        (1)使用累积法时的35%,或
        (2)使用扣减法时的45%。

45. 从任何其他子目改变至子目8420.10。

46. 从任何其他品目改变至子目8420.91至8420.99。

47. 从任何其他子目改变至子目8421.11至8421.39。

48. (A)从任何其他品目改变至子目8421.91;或者
    (B)税则归类无需改变,前提是区域价值成分不低于:
        (1)使用累积法时的35%,或
        (2)使用扣减法时的45%。

49. (A)从任何其他品目改变至子目8421.99;或者
    (B)税则归类无需改变,前提是区域价值成分不低于:
        (1)使用累积法时的35%,或

(2)使用扣减法时的45%。

50. 从任何其他子目改变至子目8422.11至8422.40。

51. (A)从任何其他品目改变至子目8422.90;或者
    (B)税则归类无需改变,前提是区域价值成分不低于:
       (1)使用累积法时的35%,或
       (2)使用扣减法时的45%。

52. 从任何其他子目改变至子目8423.10至8423.89。

53. 从任何其他品目改变至子目8423.90。

54. 从任何其他子目改变至子目8424.10至8424.90。

55. 从任何其他子目改变至子目8425.11至8430.69。

56. (A)从任何其他品目改变至品目8431;或者
    (B)税则归类无需改变至子目8431.10、子目8431.31、子目8431.39、子目8431.43或子目8431.49,前提是区域价值成分不低于:
       (1)使用累积法时的35%,或
       (2)使用扣减法时的45%。

57. 从任何其他子目改变至子目8432.10至8432.90。

58. 从任何其他子目改变至子目8433.11至8433.90。

59. 从任何其他子目改变至子目8434.10至8434.90。

60. 从任何其他子目改变至子目8435.10至8435.90。

61. 从任何其他子目改变至子目8436.10至8436.99。

62. 从任何其他子目改变至子目8437.10至8437.90。

63. 从任何其他子目改变至子目8438.10至8438.80。

64. 从任何其他品目改变至子目8438.90。

65. 从任何其他子目改变至子目8439.10至8439.99。

66. 从任何其他子目改变至子目8440.10至8440.90。

67. 从任何其他子目改变至子目8441.10至8441.80。

68. (A)从任何其他品目改变至子目8441.90;或者
    (B)税则归类无需改变,前提是区域价值成分不低于:
       (1)使用累积法时的35%,或
       (2)使用扣减法时的45%。

69. 从任何其他子目改变至子目8442.30。

70. 从任何其他品目改变至子目8442.40至8442.50。

71. (A)从子目8443.11至8443.19以外的任何子目(子目8443.91的辅助印刷机器除外)改变至子目8443.11至8443.19;或者
    (B)从子目8443.91的辅助印刷机器改变至子目8443.11至8443.19,前提是区域价值成分不低于:
       (1)使用累积法时的35%,或
       (2)使用扣减法时的45%。

72. 从任何其他子目改变至子目 8443.31。

73. (A)从任何其他子目(子目 8443.91 的辅助印刷机器除外)改变至子目 8443.32;或者
    (B)从子目 8443.91 的辅助印刷机器改变至子目 8443.32,前提是区域价值成分不低于:
        (1)使用累积法时的 35%,或
        (2)使用扣减法时的 45%。

73A. 从任何其他子目改变至子目 8443.39。

73B. (A)从子目 8443.91 的任何其他货物(子目 8443.11 至 8443.39 除外)或任何其他子目改变至子目 8443.91 的辅助印刷机器;或者
     (B)从任何其他品目改变至子目 8443.91 的任何其他货物。

73C. (A)从任何其他子目改变至子目 8443.99;或者
     (B)税则归类无需改变,前提是区域价值成分不低于:
         (1)使用累积法时的 35%,或
         (2)使用扣减法时的 45%。

74. 从任何其他品目改变至品目 8444。

75. 从品目 8445 至 8447 以外的任何品目改变至品目 8445 至 8447。

76. 从任何其他子目改变至子目 8448.11 至 8448.19。

77. 从任何其他品目改变至子目 8448.20 至 8448.59。

78. 从任何其他品目改变至品目 8449。

79. 从任何其他子目改变至子目 8450.11 至 8450.20。

80. 从任何其他品目改变至子目 8450.90。

81. 从任何其他子目改变至子目 8451.10 至 8451.80。

82. 从任何其他品目改变至子目 8451.90。

83. 从子目 8452.10 至 8452.29 以外的任何子目改变至子目 8452.10 至 8452.29。

84. 从任何其他子目改变至子目 8452.30。

85. (A)从子目 8452.90 的任何其他货物或任何其他子目改变至子目 8452.90 的家具、缝纫机底座和盖及其零件;或者
    (B)从任何其他品目改变至子目 8452.90 的任何其他货物。

86. 从任何其他子目改变至子目 8453.10 至 8453.80。

87. 从任何其他品目改变至子目 8453.90。

88. 从任何其他子目改变至子目 8454.10 至 8454.30。

89. 从任何其他品目改变至子目 8454.90。

90. 从任何其他子目改变至子目 8455.10 至 8455.90。

91. 从任何其他品目改变至品目 8456 至 8463,前提是使用累积法时的区域价值成分不低于 65%。

92. 从任何其他品目改变至品目 8464 至 8465。

93. 从任何其他品目改变至品目 8466,前提是区域价值成分不低于:
    (A)使用累积法时的 35%,或

(B)使用扣减法时的45%。

94. 从任何其他子目改变至子目8467.11至8467.89。

95. 从任何其他品目改变至子目8467.91。

96. 从任何其他品目(品目8407除外)改变至子目8467.92至8467.99。

97. 从任何其他子目改变至子目8468.10至8468.80。

98. 从任何其他品目改变至子目8468.90。

99. 从任何其他品目改变至品目8469。

[100 已删除]

101. 从任何其他子目改变至子目8470.10至8471.90。

102. 从任何其他子目改变至子目8472.10至8472.90。

103. (A)从任何其他子目改变至子目8473.21至8473.50；或者

    (B)税则归类无需改变，前提是区域价值成分不低于：

        (1)使用累积法时的30%，或

        (2)使用扣减法时的35%。

104. 从子目8474.10至8474.80以外的任何子目改变至子目8474.10至8474.80。

105. (A)从任何其他品目改变至子目8474.90；或者

    (B)税则归类无需改变，前提是区域价值成分不低于：

        (1)使用累积法时的35%，或

        (2)使用扣减法时的45%。

106. 从任何其他子目改变至子目8475.10。

107. 从子目8475.21至8475.29以外的任何子目改变至子目8475.21至8475.29。

108. 从任何其他品目改变至子目8475.90。

109. 从子目8476.21至8476.89以外的任何子目改变至子目8476.21至8476.89。

110. 从任何其他品目改变至子目8476.90。

111. 从任何其他品目改变至品目8477，前提是区域价值成分不低于：

    (A)使用累积法时的35%，或

    (B)使用扣减法时的45%。

112. 从子目8477.90改变至子目8477.10至8477.80，前提是区域价值成分不低于：

    (A)使用累积法时的35%，或

    (B)使用扣减法时的45%。

113. 从任何其他子目改变至子目8478.10。

114. 从任何其他品目改变至子目8478.90。

115. 从任何其他子目改变至子目8479.10至8479.89。

116. 从任何其他子目改变至子目8479.90。

117. 从任何其他品目改变至品目8480。

118. 从任何其他品目改变至品目8481。

119. (A)从子目8482.10至8482.80以外的任何子目(子目8482.99的内圈、外圈或座圈除外)改变至子目8482.10至8482.80；或者

(B)从子目 8482.99 的内圈、外圈或座圈改变至子目 8482.10 至 8482.80,不论是否从子目 8482.10 至 8482.80 以外的任何子目改变而来,前提是使用累积法时的区域价值成分不低于 40%。

120. 从任何其他品目改变至子目 8482.91 至 8482.99。

121. 从任何其他子目改变至子目 8483.10。

122. 从任何其他子目(子目 8482.10 至 8482.80 除外)改变至子目 8483.20。

123. (A)从任何其他品目改变至子目 8483.30;或者

(B)从任何其他子目改变至子目 8483.30,前提是使用累积法时的区域价值成分不低于 40%。

124. (A)从任何子目(子目 8482.10 至子目 8482.80、子目 8482.99、子目 8483.10 至 8483.40、子目 8483.60 或子目 8483.90 除外)改变至子目 8483.40 至 8483.50;或者

(B)从子目 8482.10 至 8482.80、子目 8482.99、子目 8483.10 至 8483.40、子目 8483.60 或子目 8483.90 改变至子目 8483.40 至 8483.50,前提是使用累积法时的区域价值成分不低于 40%。

125. 从任何其他子目改变至子目 8483.60。

126. 从任何其他品目改变至子目 8483.90。

127. 从任何其他子目改变至子目 8484.10 至 8484.90。

128. (A)从任何其他子目改变至子目 8486.10;或者

(B)税则归类无需改变,前提是区域价值成分不低于:

(1)使用累积法时的 35%,或

(2)使用扣减法时的 45%。

129. (A)从任何其他子目(子目 8543.10 的粒子加速器除外)改变至子目 8486.20;或者

(B)税则归类无需改变,前提是区域价值成分不低于:

(1)使用累积法时的 35%,或

(2)使用扣减法时的 45%。

130. (A)从任何其他子目改变至子目 8486.30 至 8486.40;或者

(B)税则归类无需改变,前提是区域价值成分不低于:

(1)使用累积法时的 35%,或

(2)使用扣减法时的 45%。

131. (A)从任何其他品目改变至子目 8486.90;或者

(B)税则归类无需改变,前提是区域价值成分不低于:

(1)使用累积法时的 35%,或

(2)使用扣减法时的 45%。

132. 从任何其他品目改变至品目 8487。

第八十五章

1. (A)从任何其他品目(品目 8503 的定子或转子除外)改变至子目 8501.10;或者

(B)从品目 8503 的定子或转子改变至子目 8501.10,不论是否从任何其他品目改变而来,前提是区域价值成分不低于:

(1) 使用累积法时的 35%,或

(2) 使用扣减法时的 45%。

2. 从任何其他品目改变至子目 8501.20 至 8501.64。

3. 从任何其他品目改变至品目 8502 至 8503。

4. 从子目 8504.10 至 8504.50 以外的任何子目改变至子目 8504.10 至 8504.23。

5. (A)从任何其他品目改变至子目 8504.31;或者

(B)从子目 8504.90 改变至子目 8504.31,不论是否从任何其他品目改变而来,前提是区域价值成分不低于:

(1) 使用累积法时的 35%,或

(2) 使用扣减法时的 45%。

6. 从子目 8504.10 至 8504.50 以外的任何子目改变至子目 8504.32 至 8504.50。

7. 从任何其他品目改变至子目 8504.90。

8. 从任何其他子目改变至子目 8505.11 至 8505.20。

9. (A)从任何其他子目或子目 8505.90 的任何其他货物改变至子目 8505.90 的电磁提升头;或者

(B)从任何其他品目改变至子目 8505.90 的任何其他货物。

10. 从任何其他子目改变至子目 8506.10 至 8506.40。

11. 从子目 8506.50 至 8506.80 以外的任何子目改变至子目 8506.50 至 8506.80。

12. 从任何其他品目改变至子目 8506.90。

13. (A)从任何其他品目改变至子目 8507.10;或者

(B)从任何其他子目改变至子目 8507.10,不论是否从任何其他子目改变而来,前提是区域价值成分不低于:

(1) 使用累积法时的 35%,或

(2) 使用扣减法时的 45%。

14. 从任何其他子目改变至子目 8507.20 至 8507.80。

15. 从任何其他品目改变至子目 8507.90。

15A. (A)从任何其他品目改变至子目 8508.11 至 8508.60;或者

(B)从任何其他子目改变至子目 8508.11 至 8508.60,前提是区域价值成分不低于:

(1) 使用累积法时的 35%,或

(2) 使用扣减法时的 45%。

15B. 从任何其他品目改变至子目 8508.70。

16. (A)从任何其他品目改变至子目 8509.40 至 8509.80;或者

(B)从任何其他子目改变至子目 8509.40 至 8509.80,不论是否从任何其他子目改变而来,前提是区域价值成分不低于:

(1) 使用累积法时的 35%,或

(2) 使用扣减法时的 45%。

17. 从任何其他品目改变至子目 8509.90。

18. 从任何其他子目改变至子目 8510.10 至 8510.30。

19. 从任何其他品目改变至子目 8510.90。

20. 从任何其他子目改变至子目 8511.10 至 8511.80。

21. 从任何其他品目改变至子目 8511.90。

22. 从子目 8512.10 至 8512.30 以外的任何子目改变至子目 8512.10 至 8512.30。

23. (A)从任何其他品目改变至子目 8512.40；或者

    (B)从子目 8512.90 改变至子目 8512.40，不论是否从任何其他品目改变而来，前提是区域价值成分不低于：

    (1)使用累积法时的 35%，或

    (2)使用扣减法时的 45%。

24. 从任何其他品目改变至子目 8512.90。

25. (A)从任何其他品目改变至子目 8513.10；或者

    (B)从子目 8513.90 改变至子目 8513.10，不论是否从任何其他品目改变而来，前提是区域价值成分不低于：

    (1)使用累积法时的 35%，或

    (2)使用扣减法时的 45%。

26. 从任何其他品目改变至子目 8513.90。

27. 从任何其他子目改变至子目 8514.10 至 8514.40。

28. 从任何其他品目改变至子目 8514.90。

29. 从子目 8515.11 至 8515.80 以外的任何子目改变至子目 8515.11 至 8515.80。

30. 从任何其他品目改变至子目 8515.90。

31. 从任何其他子目改变至子目 8516.10 至 8516.50。

32. (A)从任何其他子目［子目 8516.90 的家具(不论是否装配)、烹饪室(不论是否装配)和上面板(不论是否带有加热或控制元件)除外］改变至子目 8516.60；或者

    (B)从子目 8516.90 改变至子目 8516.60，不论是否从任何其他品目改变而来，前提是区域价值成分不低于：

    (1)使用累积法时的 35%，或

    (2)使用扣减法时的 45%。

33. 从任何其他子目改变至子目 8516.71。

34. (A)从任何其他子目(子目 8516.90 的烤面包机外壳或子目 9032.10 除外)改变至子目 8516.72；或者

    (B)从子目 8516.90 的烤面包机外壳或子目 9032.10 改变至子目 8516.72，不论是否从任何其他子目改变而来，前提是区域价值成分不低于：

    (1)使用累积法时的 35%，或

    (2)使用扣减法时的 45%。

35. 从任何其他子目改变至子目 8516.79。

36. (A)从任何其他品目改变至子目 8516.80；或者

    (B)从子目 8516.90 改变至子目 8516.80，不论是否从任何其他子目改变而来，前提是区域价值成分不低于：

(1)使用累积法时的35%,或

(2)使用扣减法时的45%。

37. (A)从任何其他品目改变至子目8516.90;或者

(B)税则归类无需改变,前提是区域价值成分不低于:

(1)使用累积法时的35%,或

(2)使用扣减法时的45%。

38. 从任何其他子目改变至子目8517.11至8517.69。

39. (A)从任何其他子目改变至子目8517.70的电话或电报用电气设备零件或可视电话零件;或者

(B)税则归类无需改变至子目8517.70的电话或电报用电气设备零件或可视电话零件,前提是区域价值成分不低于:

(1)使用累积法时的35%,或

(2)使用扣减法时的45%;或者

(C)从任何其他子目改变至子目8517.70的任何其他货物。

40. (A)从任何其他品目改变至子目8518.10至8518.21;或者

(B)从子目8518.90改变至子目8518.10至8518.21,不论是否从任何其他品目改变而来,前提是区域价值成分不低于:

(1)使用累积法时的35%,或

(2)使用扣减法时的45%。

41. (A)从任何其他品目改变至子目8518.22;或者

(B)从子目8518.29或子目8518.90改变至子目8518.22,不论是否从任何其他品目改变而来,前提是区域价值成分不低于:

(1)使用累积法时的35%,或

(2)使用扣减法时的45%。

42. (A)从任何其他品目改变至子目8518.29至8518.50;或者

(B)从子目8518.90改变至子目8518.29至8518.50,不论是否从任何其他品目改变而来,前提是区域价值成分不低于:

(1)使用累积法时的35%,或

(2)使用扣减法时的45%。

43. 从任何其他品目改变至子目8518.90。

44. 从任何其他子目改变至子目8519.20至8519.89。

[45和46已删除]

47. 从任何其他子目改变至子目8520.10至8520.20。

48. 从子目8520.32至8520.33以外的任何子目改变至子目8520.32至8520.33。

49. 从任何其他子目改变至子目8520.39至8520.90。

50. 从任何其他子目改变至子目8521.10至8521.90。

51. 从任何其他子目改变至子目8522.10至8522.90。

51A. (A)从任何其他子目改变至子目8523.21至8523.80;或者

(B)从子目8523.21至8523.80的未录制媒体改变至子目8523.21至8523.80的已录制媒体。

52. 从任何其他子目(子目8525.60除外)改变至子目8525.50。

53. 从任何其他子目(子目8525.50除外)改变至子目8525.60。

53A. 从任何其他子目改变至子目8525.80。

54. 从任何其他子目改变至子目8526.10至8526.92。

55. 从任何其他子目改变至子目8527.12至8527.99。

56. 从任何其他子目改变至子目8528.42。

57. (A)从子目8528.49的任何其他货物(子目7011.20、子目8540.11或子目8540.91除外)或任何其他子目改变至子目8528.49的彩色视频监视器;或者

(B)从任何其他子目改变至子目8528.49的任何其他货物。

58. 从任何其他子目改变至子目8528.52。

59. 从任何其他子目改变至子目8528.51。

59A. 从任何其他子目改变至子目8528.62。

59B. 从任何其他子目改变至子目8528.69。

59C. 从任何其他子目改变至子目8528.71。

59D. 从任何其他子目(子目7011.20、子目8540.11或子目8540.91除外)改变至子目8528.72。

59E. 从任何其他子目改变至子目8528.73。

60. (A)从任何其他品目改变至品目8529;或者

(B)从任何其他品目改变至子目8529.10;或者

(C)税则归类无需改变至子目8529.90,前提是区域价值成分不低于:

(1)使用累积法时的35%,或

(2)使用扣减法时的45%。

61. 从任何其他子目改变至子目8530.10至8530.80。

62. 从任何其他品目改变至子目8530.90。

63. 从任何其他子目改变至子目8531.10至8531.80。

64. 从任何其他品目改变至子目8531.90。

65. 从任何其他子目改变至子目8532.10至8532.30。

66. 从任何其他品目改变至子目8532.90。

67. 从任何其他子目改变至子目8533.10至8533.40。

68. 从任何其他品目改变至子目8533.90。

69. (A)从任何其他品目改变至品目8534;或者

(B)税则归类无需改变,前提是区域价值成分不低于:

(1)使用累积法时的30%,或

(2)使用扣减法时的35%。

70. 从任何其他子目改变至子目8535.10至8536.90。

71. 从任何其他品目改变至品目8537至8538。

72. 从任何其他子目改变至子目8539.10至8539.50。

73. 从任何其他品目改变至子目8539.90。

74. 从任何其他子目(子目7011.20或子目8540.91除外)改变至子目8540.11。

75. 从任何其他子目改变至子目8540.12。

76. (A)从任何其他品目改变至子目8540.20;或者
   (B)从子目8540.91至8540.99改变至子目8540.20,不论是否从任何其他品目改变而来,前提是区域价值成分不低于:
       (1)使用累积法时的35%,或
       (2)使用扣减法时的45%。

77. 从子目8540.40至8540.60以外的任何子目改变至子目8540.40至8540.60。

78. 从任何其他子目改变至子目8540.71至8540.89。

79. (A)从任何其他品目改变至子目8540.91;或者
   (B)从任何其他货物(包括品目8540的货物)改变至子目8540.91的前面板组件。

80. (A)从任何其他子目改变至子目8540.99;或者
   (B)税则归类无需改变,前提是区域价值成分不低于:
       (1)使用累积法时的35%,或
       (2)使用扣减法时的45%。

81. (A)从子目8541.10至8542.90的未装配的芯片或晶片或任何其他子目改变至子目8541.10至8542.90的已装配的半导体器件或集成电路;或者
   (B)从任何其他子目改变至子目8541.10至8542.90的任何其他货物;或者
   (C)税则归类无需改变,前提是区域价值成分不低于:
       (1)使用累积法时的30%,或
       (2)使用扣减法时的35%。

82. 从任何其他子目(子目8486.20的用于掺杂半导体材料的离子注入机除外)改变至子目8543.10。

83. 从任何其他子目改变至子目8543.20至8543.30。

84. 从任何其他子目改变至子目8543.70。

85. (A)从任何其他品目改变至子目8543.90;或者
   (B)从任何其他子目改变至子目8543.90的电子微组件;或者
   (C)税则归类无需改变至子目8543.90的电子微组件,前提是区域价值成分不低于:
       (1)使用累积法时的30%,或
       (2)使用扣减法时的35%。

86. 从任何其他子目改变至子目8544.11,前提是区域价值成分不低于:
   (A)使用累积法时的35%,或
   (B)使用扣减法时的45%。

87. 从任何其他子目改变至子目8544.19,前提是区域价值成分不低于:
   (A)使用累积法时的35%,或
   (B)使用扣减法时的45%。

88. (A)从子目8544.11至8544.60以外的任何其他子目(品目7408、品目7413、品目

7605或品目7614除外)改变至子目8544.20;或者

(B)从品目7408、品目7413、品目7605或品目7614改变至子目8544.20,不论是否从任何其他子目改变而来,前提是区域价值成分不低于:

(1)使用累积法时的35%,或

(2)使用扣减法时的45%。

89. 从任何其他子目改变至子目8544.30。

90. (A)从任何其他品目改变至电导体(电压超过80V但不超过1 000V,装有连接器);或者

(B)从装有连接器、电压超过80V但不超过1 000V的导电体或任何其他子目的任何其他货物改变至子目8544.42,前提是区域价值成分不低于:

(1)使用累积法时的35%,或

(2)使用扣减法时的45%。

91. (A)从任何其他品目改变至电导体(电压超过80V但不超过1 000V,未安装连接器);或者

(B)从未安装连接器、电压超过80V但不超过1 000V的导电体或任何其他子目的任何其他货物改变至子目8544.49,前提是区域价值成分不低于:

(1)使用累积法时的35%,或者

(2)使用扣减法时的45%。

92. 从任何其他子目改变至子目8544.60至8544.70,前提是区域价值成分不低于:

(A)使用累积法时的35%,或

(B)使用扣减法时的45%。

93. 从任何其他子目改变至子目8545.11至8545.90。

94. 从任何其他品目改变至品目8546。

95. 从任何其他子目改变至子目8547.10至8547.90。

96. 从任何其他品目改变至品目8548。

第八十六章

1. 从任何其他品目改变至品目8601至8602。

2. (A)从任何其他品目(品目8607除外)改变至品目8603至8606;或者

(B)从品目8607改变至品目8603至8606,不论是否从任何其他品目改变而来,前提是区域价值成分不低于:

(1)使用累积法时的35%,或

(2)使用扣减法时的45%。

3. 从子目8607.11至8607.12以外的任何子目改变至子目8607.11至8607.12。

4. 从子目8607.19的车轴零件改变至子目8607.19的车轴,并从子目8607.19的车轴零件或车轮零件改变至子目8607.19的车轮(不论是否装有车轴)

5. 从任何其他品目改变至子目8607.21至8607.99。

6. 从任何其他品目改变至品目8608至8609。

第八十七章

1. 品目 8701 至 8706 的货物的税则归类无需改变,前提是区域价值成分不低于:
   (A)使用净成本法时的 35%,
   (B)使用累积法时的 35%,或
   (C)使用扣减法时的 50%。

2. (A)从任何其他品目改变至品目 8707;或者
   (B)品目 8707 的货物的税则归类无需改变,前提是区域价值成分不低于:
      (1)使用净成本法时的 35%,
      (2)使用累积法时的 35%,或
      (3)使用扣减法时的 50%。

3. (A)从任何其他子目改变至子目 8708.10 至 8708.99;或者
   (B)子目 8708.10 至 8708.99 的货物的税则归类无需改变,前提是区域价值成分不低于:
      (1)使用净成本法时的 35%,
      (2)使用累积法时的 35%,或
      (3)使用扣减法时的 50%。

4. (A)从任何其他品目改变至子目 8709.11 至 8709.19;或者
   (B)从子目 8709.90 改变至子目 8709.11 至 8709.19,不论是否从任何其他品目改变而来,前提是区域价值成分不低于:
      (1)使用累积法时的 35%,或
      (2)使用扣减法时的 45%。

5. 从任何其他品目改变至子目 8709.90。

6. 从任何其他品目改变至品目 8710。

7. (A)从任何其他品目(品目 8714 除外)改变至品目 8711;或者
   (B)从品目 8714 改变至品目 8711,不论是否从任何其他品目改变而来,前提是区域价值成分不低于:
      (1)使用累积法时的 35%,或
      (2)使用扣减法时的 45%。

8. (A)从任何其他品目(品目 8714 除外)改变至品目 8712;或者
   (B)从品目 8714 改变至品目 8712,不论是否从任何其他品目改变而来,前提是区域价值成分不低于:
      (1)使用累积法时的 30%,或
      (2)使用扣减法时的 35%。

9. 从品目 8714 改变至品目 8713,不论是否从任何其他品目改变而来,前提是区域价值成分不低于:
   (A)使用累积法时的 35%,或
   (B)使用扣减法时的 45%。

10. 从任何其他品目改变至品目 8714 至 8715。

11. (A)从任何其他品目改变至子目 8716.10 至 8716.80;或者
    (B)从子目 8716.90 改变至子目 8716.10 至 8716.80,不论是否从任何其他品目改变而来,前提是区域价值成分不低于:
        (1)使用累积法时的 35%,或
        (2)使用扣减法时的 45%。

12. 从任何其他品目改变至子目 8716.90。

第八十八章

1. (A)从品目 8801 的任何其他货物或任何其他品目改变至品目 8801 的滑翔机和悬挂滑翔机;或者
   (B)从品目 8801 的滑翔机和悬挂滑翔机或任何其他品目改变至品目 8801 的任何其他货物。

1A. 从任何其他子目改变至子目 8802.11 至 8803.90。

2. 从任何其他品目改变至品目 8804 至 8805。

第八十九章

1. (A)从任何其他章改变至品目 8901 至 8902;或者
   (B)从第八十九章的任何其他品目改变至品目 8901 至 8902,不论是否从任何其他章改变而来,前提是区域价值成分不低于:
        (1)使用累积法时的 35%,或
        (2)使用扣减法时的 45%。

2. 从任何其他品目改变至品目 8903。

3. (A)从任何其他章改变至 8904 至 8905;或者
   (B)从第八十九章的任何其他品目改变至品目 8904 至 8905,不论是否从任何其他章改变而来,前提是区域价值成分不低于:
        (1)使用累积法时的 35%,或
        (2)使用扣减法时的 45%。

4. 从任何其他品目改变至品目 8906 至 8908。

第九十章

1. (A)从任何其他章(品目 7002 除外)改变至子目 9001.10;或者
   (B)从品目 7002 改变至子目 9001.10,不论是否从任何其他章改变而来,前提是区域价值成分不低于:
        (1)使用累积法时的 35%,或
        (2)使用扣减法时的 45%。

2. 从任何其他品目改变至子目 9001.20 至 9001.30。

3. 从任何其他品目改变至子目 9001.40。

4. 从任何其他品目改变至子目 9001.50 至 9001.90。

5. 从任何其他品目(品目 9001 除外)改变至子目 9002.11 至 9002.90。

6. (A)从任何其他子目(子目 9003.90 除外)改变至子目 9003.11 至 9003.19;或者
   (B)从子目 9003.90 改变至子目 9003.11 至 9003.19,不论是否从任何其他品目改变

而来,前提是区域价值成分不低于:

(1)使用累积法时的35%,或

(2)使用扣减法时的45%。

7. 从任何其他品目改变至子目9003.90。

8. (A)从任何其他章改变至子目9004.10;或者

(B)从第九十章的任何其他品目改变至子目9004.10,不论是否从任何其他章改变而来,前提是区域价值成分不低于:

(1)使用累积法时的35%,或

(2)使用扣减法时的45%。

9. 从任何其他品目(子目9001.40或子目9001.50除外)改变至子目9004.90。

10. 从任何其他子目改变至子目9005.10。

11. (A)从任何子目(品目9001至9002或子目9005.90除外)改变至子目9005.80;或者

(B)从子目9005.90改变至子目9005.80,前提是区域价值成分不低于:

(1)使用累积法时的35%,或

(2)使用扣减法时的45%。

12. 从任何其他品目改变至子目9005.90。

13. (A)从任何其他品目改变至子目9006.10至9006.40;或者

(B)从任何其他子目改变至子目9006.10至9006.40,前提是区域价值成分不低于:

(1)使用累积法时的35%,或

(2)使用扣减法时的45%。

14. (A)从任何其他品目改变至子目9006.40;或者

(B)从任何其他子目改变至子目9006.40,前提是区域价值成分不低于:

(1)使用累积法时的35%,或

(2)使用扣减法时的45%。

15. (A)从任何其他品目改变至子目9006.51;或者

(B)从任何其他子目改变至子目9006.51,前提是区域价值成分不低于:

(1)使用累积法时的35%,或

(2)使用扣减法时的45%。

16. (A)从任何其他子目改变至子目9006.52;或者

(B)从任何子目改变至子目9006.52,前提是区域价值成分不低于:

(1)使用累积法时的35%,或

(2)使用扣减法时的45%。

17. (A)从任何其他品目改变至子目9006.53;或者

(B)从任何其他子目改变至子目9006.53,前提是区域价值成分不低于:

(1)使用累积法时的35%,或

(2)使用扣减法时的45%。

18. (A)从任何其他品目改变至子目9006.59;或者

(B)从任何其他子目改变至子目9006.59,前提是区域价值成分不低于:

(1)使用累积法时的35%,或

(2)使用扣减法时的45%。

19.(A)从任何其他品目改变至子目9006.61至9006.69;或者

(B)从任何其他子目改变至子目9006.61至9006.69,前提是区域价值成分不低于:

(1)使用累积法时的35%,或

(2)使用扣减法时的45%。

20.从任何其他品目改变至子目9006.91至9006.99。

21.(A)从任何其他品目改变至子目9007.10至9007.20;或者

(B)从任何其他子目改变至子目9007.10至9007.20,前提是区域价值成分不低于:

(1)使用累积法时的35%,或

(2)使用扣减法时的45%。

22.(A)从任何其他品目改变至子目9007.91至9007.92;或者

(B)子目9007.92的税则归类无需改变,前提是区域价值成分不低于:

(1)使用累积法时的35%,或

(2)使用扣减法时的45%。

[23 已删除]

24.(A)从任何其他品目改变至子目9008.50;或者

(B)从任何其他子目改变至子目9008.50,前提是区域价值成分不低于:

(1)使用累积法时的35%,或

(2)使用扣减法时的45%。

25.从任何其他品目改变至子目9008.90。

[26 至 30 已删除]

31.(A)从任何其他品目改变至子目9010.10;或者

(B)从任何其他子目改变至子目9010.10,前提是区域价值成分不低于:

(1)使用累积法时的35%,或

(2)使用扣减法时的45%。

32.(A)从任何其他品目改变至子目9010.50;或者

(B)从任何其他子目改变至子目9010.50,前提是区域价值成分不低于:

(1)使用累积法时的35%,或

(2)使用扣减法时的45%。

33.(A)从任何其他品目改变至子目9010.60;或者

(B)从任何其他子目改变至子目9010.60,前提是区域价值成分不低于:

(1)使用累积法时的35%,或

(2)使用扣减法时的45%。

34.从任何其他品目改变至子目9010.90。

35.(A)从任何其他品目改变至子目9011.10至9011.80;或者

(B)从任何其他子目改变至子目9011.10至9011.80,前提是区域价值成分不低于:

(1)使用累积法时的35%,或

(2) 使用扣减法时的45%。

36. 从任何其他品目改变至子目9011.90。

37. (A) 从任何其他品目改变至子目9012.10;或者
    (B) 从任何其他子目改变至子目9012.10,前提是区域价值成分不低于:
    (1) 使用累积法时的35%,或
    (2) 使用扣减法时的45%。

38. 从任何其他品目改变至子目9012.90。

39. (A) 从任何其他品目改变至子目9013.10至9013.80;或者
    (B) 从任何其他子目改变至子目9013.10至9013.80,前提是区域价值成分不低于:
    (1) 使用累积法时的35%,或
    (2) 使用扣减法时的45%。

40. 从任何其他品目改变至子目9013.90。

41. (A) 从任何其他品目改变至子目9014.10至9014.80;或者
    (B) 从任何其他子目改变至子目9014.10至9014.80,前提是区域价值成分不低于:
    (1) 使用累积法时的35%,或
    (2) 使用扣减法时的45%。

42. 从任何其他品目改变至子目9014.90。

43. (A) 从任何其他品目改变至子目9015.10至9015.80;或者
    (B) 从任何其他子目改变至子目9015.10至9015.80,前提是区域价值成分不低于:
    (1) 使用累积法时的35%,或
    (2) 使用扣减法时的45%。

44. (A) 从任何其他品目改变至子目9015.90;或者
    (B) 税则归类无需改变,前提是区域价值成分不低于:
    (1) 使用累积法时的35%,或
    (2) 使用扣减法时的45%。

45. 从任何其他品目改变至品目9016。

46. (A) 从任何其他子目改变至子目9017.10至9022.90;或者
    (B) 税则归类无需改变,前提是区域价值成分不低于:
    (1) 使用累积法时的30%,或
    (2) 使用扣减法时的35%。

47. 从任何其他品目改变至品目9023。

48. (A) 从任何其他品目改变至子目9024.10至9024.80;或者
    (B) 从任何其他子目改变至子目9024.10至9024.80,前提是区域价值成分不低于:
    (1) 使用累积法时的35%,或
    (2) 使用扣减法时的45%。

49. 从任何其他品目改变至子目9024.90。

50. (A) 从任何其他品目改变至子目9025.11至9025.80;或者
    (B) 从任何其他子目改变至子目9025.11至9025.80,前提是区域价值成分不低于:

(1)使用累积法时的35%,或

(2)使用扣减法时的45%。

51. 从任何其他品目改变至子目9025.90。

52. (A)从任何其他品目改变至子目9026.10至9026.80;或者

(B)从任何其他子目改变至子目9026.10至9026.80,前提是区域价值成分不低于:

(1)使用累积法时的35%,或

(2)使用扣减法时的45%。

53. 从任何其他品目改变至子目9026.90。

54. (A)从任何其他品目改变至子目9027.10至9027.80;或者

(B)从任何其他子目改变至子目9027.10至9027.80,前提是区域价值成分不低于:

(1)使用累积法时的35%,或

(2)使用扣减法时的45%。

55. 从任何其他品目改变至子目9027.90。

56. (A)从任何其他品目改变至子目9028.10至9028.30;或者

(B)从任何其他子目改变至子目9028.10至9028.30,前提是区域价值成分不低于:

(1)使用累积法时的35%,或

(2)使用扣减法时的45%。

57. 从任何其他品目改变至子目9028.90。

58. (A)从任何其他品目改变至子目9029.10至9029.20;或者

(B)从任何其他子目改变至子目9029.10至9029.20,前提是区域价值成分不低于:

(1)使用累积法时的35%,或

(2)使用扣减法时的45%。

59. 从任何其他品目改变至子目9029.90。

60. 从任何其他子目改变至子目9030.10至9030.89。

61. 从任何其他品目改变至子目9030.90。

62. (A)从任何其他品目改变至子目9031.10至9031.80;或者

(B)从任何其他货物(同一子目的货物的底座或框架除外)改变至子目9031.49的坐标测量仪;或者

(C)从任何其他子目改变至子目9031.10至9031.80,前提是区域价值成分不低于:

(1)使用累积法时的35%,或

(2)使用扣减法时的45%。

63. 从任何其他品目改变至子目9031.90。

64. (A)从任何其他品目改变至子目9032.10至9032.89;或者

(B)从任何其他子目改变至子目9032.10至9032.89,前提是区域价值成分不低于:

(1)使用累积法时的35%,或

(2)使用扣减法时的45%。

65. 从任何其他品目改变至子目9032.90。

66. 从任何其他品目改变至品目9033。

第九十一章

1. (A)从任何其他章改变至子目9101.11;或者
   (B)从品目9114改变至子目9101.11,前提是区域价值成分不低于:
   (1)使用累积法时的35%,或
   (2)使用扣减法时的45%。

2. (A)从任何其他章改变至子目9101.12;或者
   (B)从任何其他品目改变至子目9101.12,前提是区域价值成分不低于:
   (1)使用累积法时的35%,或
   (2)使用扣减法时的45%。

3. (A)从任何其他章改变至子目9101.19;或者
   (B)从品目9114改变至子目9101.19,前提是区域价值成分不低于:
   (1)使用累积法时的35%,或
   (2)使用扣减法时的45%。

4. (A)从任何其他章改变至子目9101.21;或者
   (B)从任何其他品目改变至子目9101.21,前提是区域价值成分不低于:
   (1)使用累积法时的35%,或
   (2)使用扣减法时的45%。

5. (A)从任何其他章改变至子目9101.29;或者
   (B)从品目9114改变至子目9101.29,前提是区域价值成分不低于:
   (1)使用累积法时的35%,或
   (2)使用扣减法时的45%。

6. (A)从任何其他章改变至子目9101.91;或者
   (B)从任何其他品目改变至子目9101.91,前提是区域价值成分不低于:
   (1)使用累积法时的35%,或
   (2)使用扣减法时的45%。

7. (A)从任何其他章改变至子目9101.99;或者
   (B)从品目9114改变至子目9101.99,前提是区域价值成分不低于:
   (1)使用累积法时的35%,或
   (2)使用扣减法时的45%。

8. (A)从任何其他章改变至品目9102至9107;或者
   (B)从品目9114改变至品目9102至9107,前提是区域价值成分不低于:
   (1)使用累积法时的35%,或
   (2)使用扣减法时的45%。

9. (A)从任何其他章改变至品目9108至9110;或者
   (B)从任何其他品目改变至品目9108至9110,前提是区域价值成分不低于:
   (1)使用累积法时的35%,或
   (2)使用扣减法时的45%。

10. (A)从任何其他章改变至子目9111.10至9111.80;或者

(B)从子目9111.90或任何其他品目改变至子目9111.10至9111.80,前提是区域价值成分不低于:

(1)使用累积法时的35%,或

(2)使用扣减法时的45%。

11.(A)从任何其他章改变至子目9111.90;或者

(B)从任何其他品目改变至子目9111.90,前提是区域价值成分不低于:

(1)使用累积法时的35%,或

(2)使用扣减法时的45%。

12.从子目9112.90或任何其他品目改变至子目9112.20,前提是区域价值成分不低于:

(A)使用累积法时的35%,或

(B)使用扣减法时的45%。

13.(A)从任何其他章改变至子目9112.90;或者

(B)从任何其他品目改变至子目9112.90,前提是区域价值成分不低于:

(1)使用累积法时的35%,或

(2)使用扣减法时的45%。

14.(A)从任何其他章改变至品目9113;或者

(B)从任何其他品目改变至品目9113,前提是区域价值成分不低于:

(1)使用累积法时的35%,或

(2)使用扣减法时的45%。

15.从任何其他品目改变至品目9114。

第九十二章

1.(A)从任何其他章改变至品目9201;或者

(B)从任何其他品目改变至品目9201,前提是区域价值成分不低于:

(1)使用累积法时的35%,或

(2)使用扣减法时的45%。

2.(A)从任何其他章改变至品目9202;或者

(B)从任何其他品目改变至品目9202,前提是区域价值成分不低于:

(1)使用累积法时的30%,或

(2)使用扣减法时的35%。

3.(A)从任何其他章改变至品目9203至9208;或者

(B)从任何其他品目改变至品目9203至9208,前提是区域价值成分不低于:

(1)使用累积法时的35%,或

(2)使用扣减法时的45%。

4.从任何其他品目改变至品目9209。

第九十三章

1.(A)从任何其他章改变至品目9301至9304;或者

(B)从任何其他品目改变至品目9301至9304,前提是区域价值成分不低于:

(1)使用累积法时的35%,或

(2)使用扣减法时的 45%。

2. 从任何其他品目改变至品目 9305。

3. 从任何其他章改变至品目 9306 至 9307。

第九十四章

1. 从任何其他品目改变至品目 9401。

2. 从任何其他子目改变至子目 9402.10 至 9402.90,前提是区域价值成分不低于：

    (A)使用累积法时的 35%,或

    (B)使用扣减法时的 45%。

3. 从任何其他品目改变至品目 9403。

4. 从任何其他章改变至子目 9404.10 至 9404.30。

    品目规则:本注释(四)(vi)款的规定适用于本子目：

5. 从任何其他章(品目 5007、品目 5111 至 5113、品目 5208 至 5212、品目 5309 至 5311、品目 5407 至 5408、品目 5512 至 5516 或子目 6307.90 除外)改变至子目 9404.90。

6. (A)从任何其他章改变至子目 9405.10 至 9405.60;或者

    (B)从子目 9405.91 至 9405.99 改变至子目 9405.10 至 9405.60,不论是否从任何其他章改变而来,前提是区域价值成分不低于：

    (1)使用累积法时的 35%,或

    (2)使用扣减法时的 45%。

7. 从任何其他品目改变至子目 9405.91 至 9405.99。

8. 从任何其他章改变至品目 9406。

第九十五章

1. (A)从任何其他章改变至品目 9503;或者

    (B)从任何其他品目改变至仅代表品目 9503 的人类的玩偶。

2. 从任何其他章改变至子目 9504.20 至 9506.29。

3. 从子目 9506.39 改变至子目 9506.31,不论是否从任何其他章改变而来,前提是区域价值成分不低于：

    (A)使用累积法时的 35%,或

    (B)使用扣减法时的 45%。

4. 从任何其他章改变至子目 9506.32 至 9508.90。

第九十六章

1. 从任何其他章改变至品目 9601 至 9605。

2. (A)从任何其他品目改变至子目 9606.10;或者

    (B)税则归类无需改变,前提是区域价值成分不低于：

    (1)使用累积法时的 35%,或

    (2)使用扣减法时的 45%。

3. (A)从任何其他章改变至子目 9606.21 至 9606.29;或者

    (B)从子目 9606.30 改变至子目 9606.21 至 9606.29,不论是否从任何其他章改变而来,前提是区域价值成分不低于：

(1)使用累积法时的35%,或

(2)使用扣减法时的45%。

4. 从任何其他品目改变至子目9606.30。

5. (A)从任何其他章改变至子目9607.11至9607.19;或者

(B)从子目9607.20改变至子目9607.11至9607.19,前提是区域价值成分不低于:

(1)使用累积法时的35%,或

(2)使用扣减法时的45%。

6. 从任何其他品目改变至子目9607.20。

7. (A)从任何其他章改变至子目9608.10至9608.20;或者

(B)从子目9608.60至9608.99改变至子目9608.10至9608.20,前提是使用累积法时的区域价值成分不低于30%。

8. (A)从任何其他章改变至子目9608.31至9608.50;或者

(B)从子目9608.60至9608.99改变至子目9608.31至9608.50,前提是区域价值成分不低于:

(1)使用累积法时的35%,或

(2)使用扣减法时的45%。

9. 从任何其他品目改变至子目9608.60。

10. 从任何其他子目改变至子目9608.91。

11. 从任何其他品目改变至子目9608.99。

12. (A)从任何其他品目改变至子目9609.10至9609.90;或者

(B)从子目9609.20或任何其他品目改变至子目9609.10至9609.90,前提是区域价值成分不低于:

(1)使用累积法时的35%,或

(2)使用扣减法时的45%。

13. 从任何其他品目改变至品目9610至9611。

14. 从任何其他章改变至子目9612.10。

15. 从任何其他品目改变至子目9612.20。

16. (A)从任何其他章改变至子目9613.10至9613.80;或者

(B)从子目9613.90改变至子目9613.10至9613.80,前提是区域价值成分不低于:

(1)使用累积法时的35%,或

(2)使用扣减法时的45%。

17. 从任何其他品目改变至子目9613.90。

18. 从任何其他品目改变至品目9614。

[19 已删除]

20. (A)从任何其他章改变至子目9615.11至9615.19;或者

(B)从子目9615.90改变至子目9615.11至9615.19,前提是区域价值成分不低于:

(1)使用累积法时的35%,或

(2)使用扣减法时的45%。

21. 从任何其他品目改变至子目9615.90。

22. 从任何其他品目改变至品目9616。

23. 从任何其他章改变至9617。

24. 从任何其他品目改变至品目9618。

品目规则一：为确定税号9619.00.31、税号9619.00.41、税号9619.00.43、税号9619.00.46、税号9619.00.61、税号9619.00.64、税号9619.00.68、税号9619.00.33、税号9619.00.48、税号9619.00.71、税号9619.00.74、税号9619.00.78、税号9619.00.79或税号9619.00.90的货物的原产地,适用于该货物的规则应仅适用于确定货物税则归类的成分,且成分必须满足该货物规则中规定的税则归类改变要求。

品目规则二：尽管有本章品目规则一的规定,但税号9619.00.31、税号9619.00.41、税号9619.00.43、税号9619.00.46、税号9619.00.61、税号9619.00.64、税号9619.00.68、税号9619.00.33、税号9619.00.48、税号9619.00.71、税号9619.00.74、税号9619.00.78、税号9619.00.79或税号9619.00.90的货物,含有子目5806.20或品目6002的织物,仅当这些织物在一个或多个协定缔约方境内由纱线制作并完成时,才被视为原产货物。

品目规则三：尽管有本章品目规则一的规定,但税号9619.00.31、税号9619.00.41、税号9619.00.43、税号9619.00.46、税号9619.00.61、税号9619.00.64、税号9619.00.68、税号9619.00.33、税号9619.00.48、税号9619.00.71、税号9619.00.74、税号9619.00.78、税号9619.00.79或税号9619.00.90的货物,含有品目5204、品目5401、品目5508的缝纫线或品目5402的用作缝纫线的纱线,仅当该缝纫线在一个或多少协定缔约方境内成型和完成的情况下,才被视为原产货物。

25. (A)从任何其他章的品目(品目5111至5113、品目5204至5212、品目5310至5311或第五十四章至第五十五章除外)改变至品目9619的卫生巾(护垫)和止血塞及类似的纺织絮胎制品;或者

 (B)从任何其他章(品目5111至5113、品目5204至5212、品目5310至5311、第五十四章、品目5508至5516或品目6001至6006除外)改变至税号9619.00.31、税号9619.00.41、税号9619.00.43、税号9619.00.46、税号9619.00.61、税号9619.00.64或税号9619.00.68,前提是该货物在一个或多个协定缔约方境内裁剪或/和针织成型并缝制或以其他方式组合;或者

 (C)从任何其他章(品目5111至5113、品目5204至5212、品目5310至5311、第五十四章、品目5508至5516或品目6001至6006除外)改变至税号9619.00.33、税号9619.00.48、税号9619.00.71、税号9619.00.74、税号9619.00.78、税号9619.00.79或税号9619.00.90,前提是该货物在一个或多个协定缔约方境内裁剪或/和针织成型并缝制或以其他方式组合;或者

 (D)从任何其他品目改变至品目9619的任何其他货物。

26. 从任何其他品目改变至品目9620。

第九十七章

1. 从任何其他子目改变至子目9701.10至9701.90。

2. 从任何其他品目改变至品目9702至9706。

2A. 从任何其他章改变至子目2202.91。

三十、《美国-巴林自由贸易协定实施法》

(一)符合《美国-巴林自由贸易协定》(UBFTA)条款的原产货物应缴纳该协定规定的关税。本注释(二)款至(八)款所定义的巴林货物进口至美国境内,并按照"税率"第1栏"特惠"子栏括号中符号"BH"的子目入境,根据《美国-巴林自由贸易协定实施法》(公法109-169;119 Stat. 3581),有资格享受"特惠"子栏中规定的关税待遇和数量限制。就本注释而言,"UBFTA国家"仅指巴林或美国。

(二)就本注释而言,除下述(三)款、(四)款、(五)款、(七)款和(八)款另有规定外,进口至美国境内的货物只有在以下情况下才有资格被视为UBFTA国家的原产货物:
 (i)完全在巴林或/和美国境内生长、生产或制造;
 (ii)在巴林或/和美国境内生长、生产或制造的符合下述(iii)款未涵盖的新的或不同的商品,并且以下两项之和——
  (A)在巴林或/和美国境内生产的每种材料的价值,以及
  (B)在巴林或/和美国境内进行加工作业的直接成本,
  不少于货物进口时估价的35%;或者
 (iii)该货物属于下述(八)款所涵盖的品目或子目,并且——
  (A)用于生产该货物的每一种非原产材料都发生下述(八)款规定的税则归类改变成为完全在巴林或/和美国境内生产的产品,或者
  (B)货物在其他方面满足下述(八)款规定的要求;以及
 从巴林境内直接进口至美国境内,并符合本注释的所有其他适用要求。就本注释而言,"货物"是指任何产品、成品、物品或材料。

(三)材料的价值。
 (i)除下述(ii)款另有规定外,在巴林或/和美国境内生产的材料的价值包括以下项目:
  (A)该货物的生产商为该材料实际支付或应付的价格;
  (B)将材料运输至生产商工厂所产生的运费、保险费、包装费和所有其他费用,前提是上述(A)款所述价格中未包含此类费用;
  (C)因在货物生长、生产或制造过程中使用该材料而产生的废物或腐败成本,减去可回收废料的价值;以及
  (D)巴林或/和美国对材料征收的税款或关税,前提是从巴林或美国境内(视情况而定)出口时未免除税款或关税。
 (ii)如果货物生产商和材料销售商之间的关系影响了实际支付或应付的材料价格,或者如果不存在生产商实际支付或应付的材料价格,则在巴林或/和美国境内生产的材料的价值包括以下项目:
  (A)材料生长、生产或制造过程中产生的所有费用(包括一般费用);

(B)合理的利润额;以及

(C)将材料运输至生产商工厂所产生的运费、保险费、包装费以及所有其他费用。

(四)(i)就上述(二)(i)款而言,除下述(五)款对纺织品和服装另有规定以外,"完全在巴林或/和美国境内生长、生产或制造"的货物是指:

(A)在巴林或/和美国境内开采的矿产货物;

(B)在巴林或/和美国境内收获的蔬菜货物;

(C)在巴林或/和美国境内出生和饲养的活动物;

(D)从巴林或/和美国境内饲养的活动物获得的货物;

(E)在巴林或/和美国境内进行狩猎、诱捕或捕捞获得的货物;

(F)在巴林或美国注册或登记并悬挂其国旗的船舶从海上取得的货物(鱼类、贝类和其他海洋生物);

(G)仅使用上述(F)款所述产品在工厂船上生产的货物,此类工厂船在巴林或美国注册或登记并悬挂其国旗;

(H)巴林或美国、巴林人或美国人从领海以外的海床或底土中取得的货物,前提是巴林或美国有权开采该海床或底土;

(I)从外层空间取得的货物,前提是这些货物由巴林或美国、巴林人或美国人取得,并且不是在巴林或美国以外的国家境内加工的;

(J)废碎料,来源于:

(1)在巴林或/和美国境内的制造或加工业务,或者

(2)在巴林或/和美国境内收集的废旧物品,前提是这些货物只适合回收原材料;

(K)在巴林或/和美国境内从废旧物品中提取并在该国境内用于再制造货物生产的回收货物;以及

(L)在巴林或和/美国境内生产的货物,仅来自任何生产阶段的下述货物:

(1)上述(A)款至(J)项所述货物,或者

(2)上述(A)款至(J)款所述货物的衍生物。

(ii)累积。

(A)用来自巴林或/和美国的原产材料在另一国境内生产的货物应被视为原产于该另一国境内。

(B)由一个或多个生产商在巴林或/和美国境内生长、生产或制造的货物如果满足本注释(二)款的要求和本注释所有其他适用要求,则该货物为原产货物。

(iii)零售用和装运用包装材料和容器。

在确定某货物是否符合原产货物的条件时,零售用和装运用的包装、包装材料和容器应不予考虑,除非此类包装、包装材料和容器的价值已满足本注释(二)(ii)款规定的要求。

(iv)定义。就本注释而言——

(A)就某一货物而言,"加工作业的直接成本"在可纳入该货物进口至巴林或美国(视情况而定)时的估价范围内,包括以下各项:

(1)货物生长、生产或制造所涉及的所有实际劳动力成本,包括附加福利、在职培训及

工程、监督、质量控制和类似人员的成本；

(2)工具、模具、型模和其他中性成分，以及可分配给货物的机器设备折旧；

(3)研究、开发、设计、工程和图纸成本，前提是这些成本是可分配给特定物品；

(4)检验和测试货物的费用；以及

(5)出口至另一国境内的货物包装费用。

"加工作业的直接成本"不包括不可直接归属于某一货物或不属于该货物的生长、生产或制造成本的成本，例如利润和不可分配给该货物或与该货物生长、生产或制造无关的经营活动的一般费用，如行政薪酬，意外事故和责任保险，广告和销售人员的工资、佣金或费用。

(B)"材料"是指在巴林或/和美国境内生长、生产或制造新的或不同的商品的生长、生产或制造中使用的货物，包括零件或组成成分。

(C)"在巴林或/和美国境内生产的材料"是指完全由巴林或/和美国境内生长、生产或制造的货物，或者在巴林或/和美国境内生长、生产或制造的新的或不同的商品。

(D)"新的或不同的商品"除本款另有规定外，是指以下货物：

(1)从不完全在巴林或/和美国生长、生产或制造的货物或材料中实质性转化而来，以及

(2)有一个不同于被转化货物或材料的新名称、新特征或新用途，

但货物不得仅因经过简单组合或包装或者仅用水或其他物质稀释却未实质性改变物品特性而被视为新的或不同的商品。

(E)"简单组合或包装"是指这样的操作：将电池装入电子设备，通过螺栓、粘合或焊接将少量组件装配在一起，或将组件包装或重新包装在一起。

(F)"回收货物"是指由于下列原因而产生的单个零件形式的材料：

(1)将废旧物品完全分解成单个零件；以及

(2)为改善零件的工作状态而对其进行的清洁、检查、测试或其他处理。

(G)"再制造货物"是指在巴林或美国境内组装的工业产品，并且——

(1)全部或部分由回收货物组成；

(2)具有与新产品相似的预期寿命和相同的性能标准；以及

(3)享受与新产品相似的工厂保修。

(H)"实质性转变"就货物或材料而言，是指由于制造或加工操作而发生变化——

(1)(Ⅰ)该货物或材料从具有多种用途的货物转变为具有有限用途的货物或材料；

(Ⅱ)货物或材料的物理性质发生重大变化；或者

(Ⅲ)由于所涉及的工序和材料的数量以及执行这些工序所需的时间和技能水平的原因，货物或材料所经历的操作是复杂的；以及

(2)货物或材料在制造或加工过程中失去其独有的特性。

(iv)如果货物从巴林境内直接进口至美国境内后，在巴林或美国境外进行生产、制造或任何其他作业(为保持货物良好状态所必要的或为将货物运至摩洛哥或美国境内而进行的卸货、重新装载或任何其他操作除外)，则该货物不得被视为直接从巴林境内进入美国境内。

(五)纺织品和服装。

(i)除下述(ii)款另有规定外,根据本注释条款,纺织品或服装不是原产货物,原因是用于确定货物税则归类的货物成分的特定纤维或纱线未发生下述(八)款规定的税则归类改变;但如果该货物成分中所有此类纤维或纱线的总重量不超过该成分总重量的7%,则该货物应被视为原产货物。尽管有上述规定,但如果确定纺织品和服装税则归类的货物成分中含有弹性纱线,则只有在这些纱线全部在巴林或美国境内成型的情况下,纺织品或服装才被视为原产货物。

(ii)尽管下述(八)款有规定,但根据总规则三的规定,可归类为零售成套货物的纺织品和服装不应被视为原产货物,除非成套货物中的每一件货物均为原产货物,或者成套货物中非原产货物的总价值不超过成套货物总估价的10%。

(iii)就本注释而言,如果纺织品或服装是纱线、织物或纤维集合体,则"确定货物税则归类的货物成分"是指纱线、织物或纤维集合体中的所有纤维。

(iv)就本注释而言,"纺织品或服装"是指《乌拉圭回合协定法》第101(d)(4)节[《美国法典》第19卷3511(d)(4)节]所述纺织品和服装协定附件中所列的货物。

(六)中性成分。

在确定某一货物是否符合原产货物的条件时,应忽略中性成分,除非此类中性成分的成本满足本注释(二)(ii)款的35%价值含量要求(如适用)。"中性成分"是指在生产、测试或检验货物时使用或消耗但未实际纳入货物的材料,或者在维护建筑物或操作与货物生产相关的设备时使用或消耗的材料,包括:

(i)燃料和能源;

(ii)工具、模具及型模;

(iii)维护设备和建筑物所使用或消耗的备件和材料;

(iv)在生长、生产或制造货物或操作设备和维护建筑物时使用或消耗的润滑剂、油脂、合成材料和其他材料;

(v)手套、眼镜、鞋靴、服装、安全设备和用品;

(vi)用于测试或检验货物的设备、装置和用品;

(vii)催化剂和溶剂;以及

(viii)在货物生产过程中使用,虽未构成该货物组成成分,但能合理表明为该货物生产过程一部分的任何其他货物。

(七)原产地规则的解释。

为解释下述(八)款所述的原产地规则:

(i)适用于某一特定品目或子目的特定规则或特定组合规则,在紧靠该品目或子目的位置列出;

(ii)适用于某一子目的规则应优先于适用于该子目所属品目的规则;

(iii)税则归类改变的要求仅适用于非原产材料;以及

(iv)凡提及"章"之处,即为本税则的一章;凡提及"品目",即为其物品描述未缩进且以4位数字表示的条款,不论其后是否加零;凡提及"子目",即为其物品描述缩进并以 6 位数字表示的条款,不论其后是否加零。

(八)**特定产品原产地规则**。[**注:Pres. Proc. 8771** 未更新,2012 年 2 月 3 日生效]

(i) <u>一般规则</u>。对于上述(二)(i)款未列明的货物,如果此类货物属于(八)款所列的条款,并且进口商要求对此类货物享受本注释规定的待遇,则本款中的规则适合取代上述(二)(ii)款的规定。

(ii) <u>某些乳制品和含乳制品</u>。第四章、品目1901、品目2105、品目2106 或品目2202 的乳固体含量(按重量计)超过 10%的货物必须由原产乳制成。

(iii) <u>其他产品特定规则</u>。

第十七章
从任何其他章改变至品目 1701 至 1703。

第十八章
从任何其他品目改变至子目 1806.10 的甜可可粉,前提是此类甜可可粉不含第十七章的非原产糖。

第二十章
从任何其他章(品目 0805 除外)改变至子目 2009.11 至 2009.39。

第二十一章
从任何其他章(品目 0805、子目 2009.11 至 2009.39、子目 2202.91 或子目 2202.99 除外)改变至子目 2106.90 的添加维生素或矿物质的任何单一水果或蔬菜的浓缩汁。

第四十二章

1. 从任何其他章(品目 5407、品目 5408、品目 5512 至 5516、税号 5903.10.15、税号 5903.10.18、税号 5903.10.20、税号 5903.10.25、税号 5903.20.15、税号 5903.20.18、税号 5903.20.20、税号 5903.20.25、税号 5903.90.15、税号 5903.90.18、税号 5903.90.20、税号 5903.90.25、税号 5906.99.20、税号 5906.99.25、税号 5907.00.05、税号 5907.00.15 或税号 5907.00.60 除外)改变至子目 4202.12。

2. 从任何其他章(品目 5407、品目 5408、品目 5512 至 5516、税号 5903.10.15、税号 5903.10.18、税号 5903.10.20、税号 5903.10.25、税号 5903.20.15、税号 5903.20.18、税号 5903.20.20、税号 5903.20.25、税号 5903.90.15、税号 5903.90.18、税号 5903.90.20、税号 5903.90.25、税号 5906.99.20、税号 5906.99.25、税号 5907.00.05、税号 5907.00.15 或税号 5907.00.60 除外)改变至子目 4202.22。

3. 从任何其他章(品目 5407、品目 5408、品目 5512 至 5516、税号 5903.10.15、税号 5903.10.18、税号 5903.10.20、税号 5903.10.25、税号 5903.20.15、税号 5903.20.18、税号 5903.20.20、税号 5903.20.25、税号 5903.90.15、税号 5903.90.18、税号 5903.90.20、税号 5903.90.25、税号 5906.99.20、税号 5906.99.25、税号 5907.00.05、税号 5907.00.15 或税号 5907.00.60 除外)改变至子目 4202.32。

4. 从任何其他章(品目 5407、品目 5408、品目 5512 至 5516、税号 5903.10.15、税号 5903.10.18、税号 5903.10.20、税号 5903.10.25、税号 5903.20.15、税号 5903.20.18、税号 5903.20.20、税号

5903.20.25、税号 5903.90.15、税号 5903.90.18、税号 5903.90.20、税号 5903.90.25、税号 5906.99.20、税号 5906.99.25、税号 5907.00.05、税号 5907.00.15 或税号 5907.00.60 除外)改变至子目 4202.92。

第五十章

1. 从任何其他章改变至品目 5001 至 5003。
2. 从品目 5004 至 5006 以外的任何品目改变至品目 5004 至 5006。
3. 从任何其他品目改变至品目 5007。

第五十一章

1. 从任何其他章改变至品目 5101 至 5105。
2. 从品目 5106 至 5110 以外的任何品目改变至品目 5106 至 5110。
3. 从品目 5111 至 5113 以外的任何品目(品目 5106 至 5110、品目 5205 至 5206、品目 5401 至 5404 或品目 5509 至 5510 除外)改变至品目 5111 至 5113。

第五十二章

1. 从任何其他章(品目 5401 至 5405 或品目 5501 至 5507 除外)改变至品目 5201 至 5207。
2. 从品目 5208 至 5212 以外的任何品目(品目 5106 至 5110、品目 5205 至 5206、品目 5401 至 5404 或品目 5509 至 5510 除外)改变至品目 5208 至 5212。

第五十三章

1. 从任何其他章改变至品目 5301 至 5305。
2. 从品目 5306 至 5308 以外的任何品目改变至品目 5306 至 5308。
3. 从任何其他品目(品目 5307 至 5308 除外)改变至品目 5309。
4. 从品目 5310 至 5311 以外的任何品目(品目 5307 至 5308 除外)改变至品目 5310 至 5311。

第五十四章

1. 从任何其他章(品目 5201 至 5203 或品目 5501 至 5507 除外)改变至品目 5401 至 5406。
2. 从税号 5402.47.10、税号 5402.52.10 或任何其他章(品目 5106 至 5110、品目 5205 至 5206 或品目 5509 至 5510 除外)改变至税号 5407.61.11、税号 5407.61.21 或税号 5407.61.91。
3. 从任何其他章(品目 5106 至 5110、品目 5205 至 5206 或品目 5509 至 5510 除外)改变至品目 5407。
4. 从任何其他章(品目 5106 至 5110、品目 5205 至 5206 或品目 5509 至 5510 除外)改变至品目 5408。

第五十五章

1. 从任何其他章(品目 5201 至 5203 或品目 5401 至 5405 除外)改变至品目 5501 至 5511。
2. 从品目 5512 至 5516 以外的任何品目(品目 5106 至 5110、品目 5205 至 5206、品目 5401 至 5404 或品目 5509 至 5510 除外)改变至品目 5512 至 5516。

第五十六章

从任何其他章(品目 5106 至 5113、品目 5204 至 5212、品目 5307 至 5308、品目 5310 至 5311 或第五十四章至第五十五章除外)改变至品目 5601 至 5609。

第五十七章

从任何其他章(品目5106至5113、品目5204至5212、品目5308、品目5311、第五十四章或品目5508至5516除外)改变至品目5701至5705。

第五十八章

从任何其他章(品目5106至5113、品目5204至5212、品目5307至5308、品目5310至5311或第五十四章至第五十五章除外)改变至品目5801至5811。

第五十九章

1. 从任何其他章(品目5111至5113、品目5208至5212、品目5310至5311、品目5407至5408或品目5512至5516除外)改变至品目5901。

2. 从任何其他品目(品目5106至5113、品目5204至5212、品目5306至5311或第五十四章至第五十五章除外)改变至品目5902。

3. 从任何其他章(品目5111至5113、品目5208至5212、品目5310至5311、品目5407至5408或品目5512至5516除外)改变至品目5903至5908。

4. 从任何其他章(品目5111至5113、品目5208至5212、品目5310至5311、第五十四章或品目5512至5516除外)改变至品目5909。

5. 从任何其他品目(品目5106至5113、品目5204至5212、品目5307至5308、品目5310至5311或第五十四章至第五十五章除外)改变至品目5910。

6. 从任何其他章(品目5111至5113、品目5208至5212、品目5310至5311、品目5407至5408或品目5512至5516除外)改变至品目5911。

第六十章

从任何其他章(品目5106至5113、第五十二章、品目5307至5308、品目5310至5311或第五十四章至第五十五章除外)改变至品目6001至6006。

第六十一章

章规则一:除归入税号5408.22.10、税号5408.23.11、税号5408.23.21和税号5408.24.10的织物外,下列品目和子目的织物,当用作某些男女西服套装、西服短上衣、裙子、大衣、短外套、带帽夹克、风衣和类似物品的可见衬里材料时,必须由纱线制成,并在巴林或美国境内完成:品目5111至5112、子目5208.31至5208.59、子目5209.31至5209.59、子目5210.31至5210.59、子目5211.31至5211.59、子目5212.13至5212.15、子目5212.23至5212.25、子目5407.42至5407.44、子目5407.52至5407.54、子目5407.61、子目5407.72至5407.74、子目5407.82至5407.84、子目5407.92至5407.94、子目5408.22至5408.24、子目5408.32至5408.34、子目5512.19、子目5512.29、子目5512.99、子目5513.21至5513.49、子目5514.21至5515.99、子目5516.12至5516.14、子目5516.22至5516.24、子目5516.32至5516.34、子目5516.42至5516.44、子目5516.92至5516.94、子目6001.10、子目6001.92、子目6005.35至6005.44或子目6006.10至6006.44。

章规则二:为确定本章货物的原产地,适用于该货物的规则仅适用于确定该货物税则归类的成分,并且该成分必须满足该规则规定的税则归类改变要求。如果规则要求货物还必须满足本章章规则一所列对可见衬里织物的税则归类改变要求,则该要求仅适用于服装主体中的可见衬里织物(不包括覆盖最大表面积的袖子),不适用于可拆卸衬里。

1. 从任何其他章(品目5106至5113、品目5204至5212、品目5307至5308、品目5310至5311、第五十四章、品目5508至5516或品目6001至6006除外)改变至子目6101.20至6101.30,前提是:

    (A)该货物在巴林或/和美国境内裁剪或/和针织成型并缝制或以其他方式组合;以及

    (B)服装中使用的任何可见衬里材料必须满足第六十一章章规则一的要求。

2. (A)从任何其他章(品目5106至5113、品目5204至5212、品目5307至5308、品目5310至5311、第五十四章、品目5508至5516或品目6001至6006除外)改变至子目6101.90,前提是:

    (1)该货物在巴林或/和美国境内裁剪或针织成型并缝制或以其他方式组合;以及

    (2)服装中使用的任何可见衬里材料必须满足第六十一章章规则一的要求。

    (B)从任何其他章(品目5106至5113、品目5204至5212、品目5307至5308、品目5310至5311、第五十四章、品目5508至5516或品目6001至6006除外)改变至子目6101.90的任何其他货物,前提是该货物在巴林或/和美国境内裁剪或/和针织成型并缝制或以其他方式组合。

3. 从任何其他章(品目5106至5113、品目5204至5212、品目5307至5308、品目5310至5311、第五十四章、品目5508至5516或品目6001至6006除外)改变至子目6102.10至6102.30,前提是:

    (A)该货物在巴林或/和美国境内裁剪或/和针织成型并缝制或以其他方式组合;以及

    (B)服装中使用的任何可见衬里材料必须满足第六十一章章规则一的要求。

4. 从任何其他章(品目5106至5113、品目5204至5212、品目5307至5308、品目5310至5311、第五十四章、品目5508至5516或品目6001至6006除外)改变至子目6102.90,前提是该货物在巴林或/和美国境内裁剪或/和针织成型并缝制或以其他方式组合。

5. (A)从任何其他章(品目5106至5113、品目5204至5212、品目5307至5308、品目5310至5311、第五十四章、品目5508至5516或品目6001至6006除外)改变至税号6103.10.70或税号6103.10.90,前提是该货物在巴林或/和美国境内裁剪或/和针织成型并缝制或以其他方式组合。

    (B)从任何其他章(品目5106至5113、品目5204至5212、品目5307至5308、品目5310至5311、第五十四章、品目5508至5516或品目6001至6006除外)改变至子目6103.10,前提是:

    (1)该货物在巴林或/和美国境内裁剪或/和针织成型并缝制或以其他方式组合;以及

    (2)服装中使用的任何可见衬里材料必须满足第六十一章章规则一的要求。

[6和7已删除]

8. 从任何其他章(品目5106至5113、品目5204至5212、品目5307至5308、品目5310至5311、第五十四章、品目5508至5516或品目6001至6006除外)改变至子目6103.22至6103.29,前提是:

    (A)该货物在巴林或/和美国境内裁剪或/和针织成型并缝制或以其他方式组合;以及

    (B)对于作为子目6103.22至6103.29的便服套装的一部分进口的以羊毛、动物细毛、棉花或化学纤维为原料的品目6101的服装或品目6103的上衣,服装中使用的任何可见衬里材料必须满足第六十一章章规则一的要求。

9. 从任何其他章(品目5106至5113、品目5204至5212、品目5307至5308、品目5310至5311、第五十四章、品目5508至5516或品目6001至6006除外)改变至子目6103.31至6103.33,前提是:

(A)该货物在巴林或/和美国境内裁剪或/和针织成型并缝制或以其他方式组合;以及

(B)服装中使用的任何可见衬里材料必须满足第六十一章章规则一的要求。

10. 从任何其他章(品目5106至5113、品目5204至5212、品目5307至5308、品目5310至5311、第五十四章、品目5508至5516或品目6001至6006除外)改变至税号6103.39.40或税号6103.39.80,前提是该货物在巴林或/和美国境内裁剪或/和针织成型并缝制或以其他方式组合。

11. 从任何其他章(品目5106至5113、品目5204至5212、品目5307至5308、品目5310至5311、第五十四章、品目5508至5516或品目6001至6006除外)改变至子目6103.39,前提是:

(A)该货物在巴林或/和美国境内裁剪或/和针织成型并缝制或以其他方式组合;以及

(B)服装中使用的任何可见衬里材料必须满足第六十一章章规则一的要求。

12. 从任何其他章(品目5106至5113、品目5204至5212、品目5307至5308、品目5310至5311、第五十四章、品目5508至5516或品目6001至6006除外)改变至子目6103.41至6103.49,前提是该货物在巴林或/和美国境内裁剪或/和针织成型并缝制或以其他方式组合。

13. 从任何其他章(品目5106至5113、品目5204至5212、品目5307至5308、品目5310至5311、第五十四章、品目5508至5516或品目6001至6006除外)改变至子目6104.13,前提是:

(A)该货物在巴林或/和美国境内裁剪或/和针织成型并缝制或以其他方式组合;以及

(B)服装中使用的任何可见衬里材料必须满足第六十一章章规则一的要求。

14. 从任何其他章(品目5106至5113、品目5204至5212、品目5307至5308、品目5310至5311、第五十四章、品目5508至5516或品目6001至6006除外)改变至税号6104.19.40或税号6104.19.80,前提是该货物在巴林或/和美国境内裁剪或/和针织成型并缝制或以其他方式组合。

15. 从任何其他章(品目5106至5113、品目5204至5212、品目5307至5308、品目5310至5311、第五十四章、品目5508至5516或品目6001至6006除外)改变至子目6104.19的任何其他货物,前提是:

(A)该货物在巴林或/和美国境内裁剪或/和针织成型并缝制或以其他方式组合;以及

(B)服装中使用的任何可见衬里材料必须满足第六十一章章规则一的要求。

16. 从任何其他章(品目5106至5113、品目5204至5212、品目5307至5308、品目5310至5311、第五十四章、品目5508至5516或品目6001至6006除外)改变至子目6104.22至6104.29,前提是:

(A)该货物在巴林或/和美国境内裁剪或/和针织成型并缝制或以其他方式组合;以及

(B)对于作为子目 6104.22 至 6104.29 的便服套装的一部分进口的以羊毛、动物细毛、棉花或化学纤维为原料的品目 6102 的服装、品目 6104 的上衣或品目 6104 的裙子,服装中使用的任何可见衬里材料满足第六十二章章规则一的要求。

17. 从任何其他章(品目 5106 至 5113、品目 5204 至 5212、品目 5307 至 5308、品目 5310 至 5311、第五十四章、品目 5508 至 5516 或品目 6001 至 6006 除外)改变至子目 6104.31 至 6104.33,前提是:

(A)该货物在巴林或/和美国境内裁剪或/和针织成型并缝制或以其他方式组合;以及

(B)服装中使用的任何可见衬里材料必须满足第六十一章章规则一的要求。

18. 从任何其他章(品目 5106 至 5113、品目 5204 至 5212、品目 5307 至 5308、品目 5310 至 5311、第五十四章、品目 5508 至 5516 或品目 6001 至 6006 除外)改变至税号 6104.39.20,前提是该货物在巴林或/和美国境内裁剪或/和针织成型并缝制或以其他方式组合。

19. 从任何其他章(品目 5106 至 5113、品目 5204 至 5212、品目 5307 至 5308、品目 5310 至 5311、第五十四章、品目 5508 至 5516 或品目 6001 至 6006 除外)改变至子目 6104.39,前提是:

(A)该货物在巴林或/和美国境内裁剪或/和针织成型并缝制或以其他方式组合;以及

(B)服装中使用的任何可见衬里材料必须满足第六十一章章规则一的要求。

20. 从任何其他章(品目 5106 至 5113、品目 5204 至 5212、品目 5307 至 5308、品目 5310 至 5311、第五十四章、品目 5508 至 5516 或品目 6001 至 6006 除外)改变至子目 6104.41 至 6104.49,前提是该货物在巴林或/和美国境内裁剪或/和针织成型并缝制或以其他方式组合。

21. 从任何其他章(品目 5106 至 5113、品目 5204 至 5212、品目 5307 至 5308、品目 5310 至 5311、第五十四章、品目 5508 至 5516 或品目 6001 至 6006 除外)改变至子目 6104.51 至 6104.53,前提是:

(A)该货物在巴林或/和美国境内裁剪或/和针织成型并缝制或以其他方式组合;以及

(B)服装中使用的任何可见衬里材料必须满足第六十一章章规则一的要求。

22. 从任何其他章(品目 5106 至 5113、品目 5204 至 5212、品目 5307 至 5308、品目 5310 至 5311、第五十四章、品目 5508 至 5516 或品目 6001 至 6006 除外)改变至税号 6104.59.40 或税号 6104.59.80,前提是该货物在巴林或/和美国境内裁剪或/和针织成型并缝制或以其他方式组合。

23. 从任何其他章(品目 5106 至 5113、品目 5204 至 5212、品目 5307 至 5308、品目 5310 至 5311、第五十四章、品目 5508 至 5516 或品目 6001 至 6006 除外)改变至子目 6104.59,前提是:

(A)该货物在巴林或/和美国境内裁剪或/和针织成型并缝制或以其他方式组合;以及

(B)服装中使用的任何可见衬里材料必须满足第六十一章章规则一的要求。

24. 从任何其他章(品目 5106 至 5113、品目 5204 至 5212、品目 5307 至 5308、品目 5310 至 5311、第五十四章、品目 5508 至 5516 或品目 6001 至 6006 除外)改变至子目 6104.61 至 6104.69,前提是该货物在巴林或/和美国境内裁剪或/和针织成型并缝制或以其他方式组合。

25. 从任何其他章(品目5106至5113、品目5204至5212、品目5307至5308、品目5310至5311、第五十四章、品目5508至5516或品目6001至6006除外)改变至品目6105至6106,前提是该货物在巴林或/和美国境内裁剪或/和针织成型并缝制或以其他方式组合。

26. 从任何其他章(品目5106至5113、品目5204至5212、品目5307至5308、品目5310至5311、第五十四章、品目5508至5516或品目6001至6006除外)改变至子目6107.11至6107.19,前提是该货物在巴林或/和美国境内裁剪或/和针织成型并缝制或以其他方式组合。

27. (A)从税号6006.21.10、税号6006.22.10、税号6006.23.10或税号6006.24.10改变至子目6107.21,前提是该货物(不包括领子、袖子、腰带或松紧带)全部由此类织物制成,并且货物在巴林或/和美国境内裁剪或/和针织成型并缝制或以其他方式组合;或者

   (B)从任何其他章(品目5106至5113、品目5204至5212、品目5307至5308、品目5310至5311、第五十四章、品目5508至5516或品目6001至6006除外)改变至子目6107.21,前提是该货物在巴林或/和美国境内裁剪或/和针织成型并缝制或以其他方式组合。

28. 从任何其他章(品目5106至5113、品目5204至5212、品目5307至5308、品目5310至5311、第五十四章、品目5508至5516或品目6001至6006除外)改变至子目6107.22至6107.99,前提是该货物在巴林或/和美国境内裁剪或/和针织成型并缝制或以其他方式组合。

29. 从任何其他章(品目5106至5113、品目5204至5212、品目5307至5308、品目5310至5311、第五十四章、品目5508至5516或品目6001至6006除外)改变至子目6108.11至6108.19,前提是该货物在巴林或/和美国境内裁剪或/和针织成型并缝制或以其他方式组合。

30. (A)从税号6006.21.10、税号6006.22.10、税号6006.23.10或税号6006.24.10改变至子目6108.21,前提是该货物(不包括腰带、松紧带或花边)全部由此类织物制成,并且货物在巴林或/和美国境内裁剪或/和针织成型并缝制或以其他方式组合;或者

   (B)从任何其他章(品目5106至5113、品目5204至5212、品目5307至5308、品目5310至5311、第五十四章、品目5508至5516或品目6001至6006除外)改变至子目6108.21,前提是该货物在巴林或/和美国境内裁剪或/和针织成型并缝制或以其他方式组合。

31. 从任何其他章(品目5106至5113、品目5204至5212、品目5307至5308、品目5310至5311、第五十四章、品目5508至5516或品目6001至6006除外)改变至子目6108.22至6108.29,前提是该货物在巴林或/和美国境内裁剪或/和针织成型并缝制或以其他方式组合。

32. (A)从税号6006.21.10、税号6006.22.10、税号6006.23.10或税号6006.24.10改变至子目6108.31,前提是该货物(不包括领子、袖子、腰带、松紧带或花边)全部由

此类织物制成,并且货物在巴林或/和美国境内裁剪或/和针织成型并缝制或以其他方式组合;或者

(B)从任何其他章(品目5106至5113、品目5204至5212、品目5307至5308、品目5310至5311、第五十四章、品目5508至5516或品目6001至6006除外),前提是该货物在巴林或/和美国境内裁剪或/和针织成型并缝制或以其他方式组合。

33. 从任何其他章(品目5106至5113、品目5204至5212、品目5307至5308、品目5310至5311、第五十四章、品目5508至5516或品目6001至6006除外)改变至子目6108.32至6108.39,前提是该货物在巴林或/和美国境内裁剪或/和针织成型并缝制或以其他方式组合。

34. 从任何其他章(品目5106至5113、品目5204至5212、品目5307至5308、品目5310至5311、第五十四章、品目5508至5516或品目6001至6006除外)改变至子目6108.91至6108.99,前提是该货物在巴林或/和美国境内裁剪或/和针织成型并缝制或以其他方式组合。

35. 从任何其他章(品目5106至5113、品目5204至5212、品目5307至5308、品目5310至5311、第五十四章、品目5508至5516或品目6001至6006除外)改变至品目6109至6111,前提是该货物在巴林或/和美国境内裁剪或/和针织成型并缝制或以其他方式组合。

36. 从任何其他章(品目5106至5113、品目5204至5212、品目5307至5308、品目5310至5311、第五十四章、品目5508至5516或品目6001至6006除外)改变至子目6112.11至6112.19,前提是该货物在巴林或/和美国境内裁剪或/和针织成型并缝制或以其他方式组合。

37. 从任何其他章(品目5106至5113、品目5204至5212、品目5307至5308、品目5310至5311、第五十四章、品目5508至5516或品目6001至6006除外)改变至子目6112.20,前提是:

(A)该货物在巴林或/和美国境内裁剪或/和针织成型并缝制或以其他方式组合;以及

(B)对于作为子目6112.20的滑雪套装的一部分进口的以羊毛、动物细毛、棉花或化学纤维为原料的品目6101、品目6102、品目6201或品目6202的服装,服装中使用的任何可见衬里材料必须满足第六十一章章规则一的要求。

38. 从任何其他章(品目5106至5113、品目5204至5212、品目5307至5308、品目5310至5311、第五十四章、品目5508至5516或品目6001至6006除外)改变至子目6112.31至6112.49,前提是该货物在巴林或/和美国境内裁剪或/和针织成型并缝制或以其他方式组合。

39. 从任何其他章(品目5106至5113、品目5204至5212、品目5307至5308、品目5310至5311、第五十四章、品目5508至5516或品目6001至6006除外)改变至品目6113至6117,前提是该货物在巴林或/和美国境内裁剪或/和针织成型并缝制或以其他方式组合。

第六十二章

章规则一:除归入税号5408.22.10、税号5408.23.11、税号5408.23.21和税号5408.24.10

的织物外,下列品目和子目的织物,当用作某些男女西服套装、西服短上衣、裙子、大衣、短外套、带帽夹克、风衣和类似物品的可见衬里材料时,必须由纱线制成,并在巴林或美国境内完成:品目5111至5112、子目5208.31至5208.59、子目5209.31至5209.59、子目5210.31至5210.59、子目5211.31至5211.59、子目5212.13至5212.15、子目5212.23至5212.25、子目5407.42至5407.44、子目5407.52至5407.54、子目5407.61、子目5407.72至5407.74、子目5407.82至5407.84、子目5407.92至5407.94、子目5408.22至5408.24、子目5408.32至5408.34、子目5512.19、子目5512.29、子目5512.99、子目5513.21至5513.49、子目5514.21至5515.99、子目5516.12至5516.14、子目5516.22至5516.24、子目5516.32至5516.34、子目5516.42至5516.44、子目5516.92至5516.94、子目6001.10、子目6001.92、子目6005.35至6005.44或子目6006.10至6006.44。

章规则二:如果本章的服装在巴林或/和美国境内裁剪或/和针织成型并缝制或以其他方式组合,并且外壳(不包括领口或袖口)的织物完全是下列的一种或多种,则应被视为原产货物:

(a)子目5801.23的平绒织物,含棉量(按重量计)为85%或以上;

(b)子目5801.22的灯芯绒织物,含棉量(按重量计)为85%或以上,每厘米绒条数超过7.5根;

(c)子目5111.11或子目5111.19的织物,如果是手工织造,则织机宽度小于76厘米,按照哈里斯粗花呢协会有限公司的规章制度在英国织造,并经该协会认证;

(d)子目5112.30的织物,每平方米重量不超过340克,含羊毛、不少于20%(按重量计)的动物细毛和不少于15%(按重量计)的化学纤维短纤;或者

(e)子目5513.11或子目5513.21的平衡细薄织物,单纱支数超过76公支,每平方厘米含60~70根经纱和纬纱,每平方米重量不超过110克。

章规则三:为确定本章货物的原产地,适用于该货物的规则仅适用于确定该货物税则归类的成分,并且该成分必须满足该规则规定的税则归类改变要求。如果规则要求货物还必须满足本章章规则一所列对可见衬里织物的税则归类改变要求,则该要求仅适用于服装主体中的可见衬里织物(不包括覆盖最大表面积的袖子),不适用于可拆卸衬里。

1. 从任何其他章(品目5106至5113、品目5204至5212、品目5307至5308、品目5310至5311、第五十四章、品目5508至5516、品目5801至5802或品目6001至6006除外)改变至子目6201.11至6201.13,前提是:

(A)该货物在巴林或/和美国境内裁剪或/和针织成型并缝制或以其他方式组合;以及

(B)服装中使用的任何可见衬里材料满足第六十二章章规则一的要求。

2. 从任何其他章(品目5106至5113、品目5204至5212、品目5307至5308、品目5310至5311、第五十四章、品目5508至5516、品目5801至5802或品目6001至6006除外)改变至子目6201.19,前提是该货物在巴林或/和美国境内裁剪或/和针织成型并缝制或以其他方式组合。

3. 从任何其他章(品目5106至5113、品目5204至5212、品目5307至5308、品目5310至5311、第五十四章、品目5508至5516、品目5801至5802或品目6001至6006除外)改变至子目6201.91至6201.93,前提是:

(A)该货物在巴林或/和美国境内裁剪或/和针织成型并缝制或以其他方式组合;以及

(B)服装中使用的任何可见衬里材料满足第六十二章章规则一的要求。

4. 从任何其他章(品目5106至5113、品目5204至5212、品目5307至5308、品目5310至5311、第五十四章、品目5508至5516、品目5801至5802或品目6001至6006除外)改变至子目6201.99,前提是该货物在巴林或/和美国境内裁剪或/和针织成型并缝制或以其他方式组合。

5. 从任何其他章(品目5106至5113、品目5204至5212、品目5307至5308、品目5310至5311、第五十四章、品目5508至5516、品目5801至5802或品目6001至6006除外)改变至子目6202.11至6202.13,前提是:

(A)该货物在巴林或/和美国境内裁剪或/和针织成型并缝制或以其他方式组合;以及

(B)服装中使用的任何可见衬里材料满足第六十二章章规则一的要求。

6. 从任何其他章(品目5106至5113、品目5204至5212、品目5307至5308、品目5310至5311、第五十四章、品目5508至5516、品目5801至5802或品目6001至6006除外)改变至子目6202.19,前提是该货物在巴林或/和美国境内裁剪或/和针织成型并缝制或以其他方式组合。

7. 从任何其他章(品目5106至5113、品目5204至5212、品目5307至5308、品目5310至5311、第五十四章、品目5508至5516、品目5801至5802或品目6001至6006除外)改变至子目6202.91至6202.93,前提是:

(A)该货物在巴林或/和美国境内裁剪或/和针织成型并缝制或以其他方式组合;以及

(B)服装中使用的任何可见衬里材料满足第六十二章章规则一的要求。

8. 从任何其他章(品目5106至5113、品目5204至5212、品目5307至5308、品目5310至5311、第五十四章、品目5508至5516、品目5801至5802或品目6001至6006除外)改变至子目6202.99,前提是该货物在巴林或/和美国境内裁剪或/和针织成型并缝制或以其他方式组合。

9. 从任何其他章(品目5106至5113、品目5204至5212、品目5307至5308、品目5310至5311、第五十四章、品目5508至5516、品目5801至5802或品目6001至6006除外)改变至子目6203.11至6203.12,前提是:

(A)该货物在巴林或/和美国境内裁剪或/和针织成型并缝制或以其他方式组合;以及

(B)服装中使用的任何可见衬里材料满足第六十二章章规则一的要求。

10. 从任何其他章(品目5106至5113、品目5204至5212、品目5307至5308、品目5310至5311、第五十四章、品目5508至5516、品目5801至5802或品目6001至6006除外)改变至税号6203.19.50或税号6203.19.90,前提是该货物在巴林或/和美国境内裁剪或/和针织成型并缝制或以其他方式组合。

11. 从任何其他章(品目5106至5113、品目5204至5212、品目5307至5308、品目5310至5311、第五十四章、品目5508至5516、品目5801至5802或品目6001至6006除外)改变至子目6203.19,前提是:

(A)该货物在巴林或/和美国境内裁剪或/和针织成型并缝制或以其他方式组合;以及

(B)服装中使用的任何可见衬里材料满足第六十二章章规则一的要求。

12. 从任何其他章(品目 5106 至 5113、品目 5204 至 5212、品目 5307 至 5308、品目 5310 至 5311、第五十四章、品目 5508 至 5516、品目 5801 至 5802 或品目 6001 至 6006 除外)改变至子目 6203.22 至 6203.29,前提是:
    (A)该货物在巴林或/和美国境内裁剪或/和针织成型并缝制或以其他方式组合;以及
    (B)对于作为子目 6203.22 至 6203.29 的便服套装的一部分进口的以羊毛、动物细毛、棉花或化学纤维为原料的品目 6201 的服装或品目 6203 的上衣,服装中使用的任何可见衬里材料满足第六十二章章规则一的要求。

13. 从任何其他章(品目 5106 至 5113、品目 5204 至 5212、品目 5307 至 5308、品目 5310 至 5311、第五十四章、品目 5508 至 5516、品目 5801 至 5802 或品目 6001 至 6006 除外)改变至子目 6203.31 至 6203.33,前提是:
    (A)该货物在巴林或/和美国境内裁剪或/和针织成型并缝制或以其他方式组合;以及
    (B)服装中使用的任何可见衬里材料满足第六十二章章规则一的要求。

14. 从任何其他章(品目 5106 至 5113、品目 5204 至 5212、品目 5307 至 5308、品目 5310 至 5311、第五十四章、品目 5508 至 5516、品目 5801 至 5802 或品目 6001 至 6006 除外)改变至税号 6203.39.50 或税号 6203.39.90,前提是该货物在巴林或/和美国境内裁剪或/和针织成型并缝制或以其他方式组合。

15. 从任何其他章(品目 5106 至 5113、品目 5204 至 5212、品目 5307 至 5308、品目 5310 至 5311、第五十四章、品目 5508 至 5516、品目 5801 至 5802 或品目 6001 至 6006 除外)改变至子目 6203.39,前提是:
    (A)该货物在巴林或/和美国境内裁剪或/和针织成型并缝制或以其他方式组合;以及
    (B)服装中使用的任何可见衬里材料满足第六十二章章规则一的要求。

16. 从任何其他章(品目 5106 至 5113、品目 5204 至 5212、品目 5307 至 5308、品目 5310 至 5311、第五十四章、品目 5508 至 5516、品目 5801 至 5802 或品目 6001 至 6006 除外)改变至子目 6203.41 至 6203.49,前提是该货物在巴林或/和美国境内裁剪或/和针织成型并缝制或以其他方式组合。

17. 从任何其他章(品目 5106 至 5113、品目 5204 至 5212、品目 5307 至 5308、品目 5310 至 5311、第五十四章、品目 5508 至 5516、品目 5801 至 5802 或品目 6001 至 6006 除外)改变至子目 6204.11 至 6204.13,前提是:
    (A)该货物在巴林或/和美国境内裁剪或/和针织成型并缝制或以其他方式组合;以及
    (B)服装中使用的任何可见衬里材料满足第六十二章章规则一的要求。

18. 从任何其他章(品目 5106 至 5113、品目 5204 至 5212、品目 5307 至 5308、品目 5310 至 5311、第五十四章、品目 5508 至 5516、品目 5801 至 5802 或品目 6001 至 6006 除外)改变至税号 6204.19.40 或税号 6204.19.80,前提是该货物在巴林或/和美国境内裁剪或/和针织成型并缝制或以其他方式组合。

19. 从任何其他章(品目 5106 至 5113、品目 5204 至 5212、品目 5307 至 5308、品目 5310 至 5311、第五十四章、品目 5508 至 5516、品目 5801 至 5802 或品目 6001 至 6006 除外)改变至子目 6204.19,前提是:
    (A)该货物在巴林或/和美国境内裁剪或/和针织成型并缝制或以其他方式组合;以及

(B)服装中使用的任何可见衬里材料满足第六十二章章规则一的要求。

20. 从任何其他章(品目5106至5113、品目5204至5212、品目5307至5308、品目5310至5311、第五十四章、品目5508至5516、品目5801至5802或品目6001至6006除外)改变至子目6204.21至6204.29,前提是:

    (A)该货物在巴林或/和美国境内裁剪或/和针织成型并缝制或以其他方式组合,以及

    (B)对于作为子目6204.21至6204.29的便服套装的一部分进口的以羊毛、动物细毛、棉花或化学纤维为原料的品目6202的服装、品目6204的上衣或品目6204的裙子,服装中使用的任何可见衬里材料满足第六十二章章规则一的要求。

21. 从任何其他章(品目5106至5113、品目5204至5212、品目5307至5308、品目5310至5311、第五十四章、品目5508至5516、品目5801至5802或品目6001至6006除外)改变至子目6204.31至6204.33,前提是:

    (A)该货物在巴林或/和美国境内裁剪或/和针织成型并缝制或以其他方式组合;以及

    (B)服装中使用的任何可见衬里材料满足第六十二章章规则一的要求。

22. 从任何其他章(品目5106至5113、品目5204至5212、品目5307至5308、品目5310至5311、第五十四章、品目5508至5516、品目5801至5802或品目6001至6006除外)改变至税号6204.39.60或税号6204.39.80,前提是该货物在巴林或/和美国境内裁剪或/和针织成型并缝制或以其他方式组合。

23. 从任何其他章(品目5106至5113、品目5204至5212、品目5307至5308、品目5310至5311、第五十四章、品目5508至5516、品目5801至5802或品目6001至6006除外)改变至子目6204.39,前提是:

    (A)该货物在巴林或/和美国境内裁剪或/和针织成型并缝制或以其他方式组合;以及

    (B)服装中使用的任何可见衬里材料满足第六十二章章规则一的要求。

24. 从任何其他章(品目5106至5113、品目5204至5212、品目5307至5308、品目5310至5311、第五十四章、品目5508至5516、品目5801至5802或品目6001至6006除外)改变至子目6204.41至6204.49,前提是该货物在巴林或/和美国境内裁剪或/和针织成型并缝制或以其他方式组合。

25. 从任何其他章(品目5106至5113、品目5204至5212、品目5307至5308、品目5310至5311、第五十四章、品目5508至5516、品目5801至5802或品目6001至6006除外)改变至子目6204.51至6204.53,前提是:

    (A)该货物在巴林或/和美国境内裁剪或/和针织成型并缝制或以其他方式组合;以及

    (B)服装中使用的任何可见衬里材料满足第六十二章章规则一的要求。

26. 从任何其他章(品目5106至5113、品目5204至5212、品目5307至5308、品目5310至5311、第五十四章、品目5508至5516、品目5801至5802或品目6001至6006除外)改变至税号6204.59.40,前提是该货物在巴林或/和美国境内裁剪或/和针织成型并缝制或以其他方式组合。

27. 从任何其他章(品目5106至5113、品目5204至5212、品目5307至5308、品目5310至5311、第五十四章、品目5508至5516、品目5801至5802或品目6001至6006除外)改变至子目6204.59,前提是:

(A)该货物在巴林或/和美国境内裁剪或/和针织成型并缝制或以其他方式组合;以及

(B)服装中使用的任何可见衬里材料满足第六十二章章规则一的要求。

28. 从任何其他章(品目5106至5113、品目5204至5212、品目5307至5308、品目5310至5311、第五十四章、品目5508至5516、品目5801至5802或品目6001至6006除外)改变至子目6204.61至6204.69,前提是该货物在巴林或/和美国境内裁剪或/和针织成型并缝制或以其他方式组合。

[29 已删除]

子目规则:如果棉制或化学纤维制男式衬衫都在巴林或/和美国境内裁剪和组合的,并且外壳(不包括领子或袖子)的织物完全是下列的一种或多种,则应被视为原产于巴林或美国:

(a)子目5208.21、子目5208.22、子目5208.29、子目5208.31、子目5208.32、子目5208.39、子目5208.41、子目5208.42、子目5208.49、子目5208.51、子目5208.52的织物、税号5208.59.20、税号5208.59.40、税号5208.59.60或税号5208.59.80,平均纱线细度超过135公支;

(b)子目5513.11或子目5513.21的非平衡织物,每平方厘米经纱和纬纱超过70根,平均纱线细度超过70公支;

(c)子目5210.21或子目5210.31的非平衡织物,每平方厘米经纱和纬纱超过70根,平均纱线细度超过70公支;

(d)子目5208.22或子目5208.32的非平衡织物,每平方厘米经纱和纬纱超过75根,平均纱线细度超过65公支;

(e)子目5407.81、子目5407.82或子目5407.83的织物,每平方米重量低于170克,由多臂装置形成多臂组织;

(f)子目5208.42或子目5208.49的非平衡织物,每平方厘米经纱和纬纱超过85根,平均纱线细度超过85公支;

(g)子目5208.51的平衡织物,每平方厘米经纱和纬纱超过75根,单纱织成,平均纱线细度95公支或以上;

(h)子目5208.41的具有条格花纹的平衡织物,每平方厘米经纱和纬纱超过85根,单纱织成,平均纱线细度为95公支或以上,通过经纱和纬纱颜色变化产生条格效果;

(i)子目5208.41的织物,经纱用植物染料染色,纬纱为白色或植物染料染色,平均纱线细度超过65公支。

30. 从任何其他章(品目5106至5113、品目5204至5212、品目5307至5308、品目5310至5311、第五十四章、品目5508至5516、品目5801至5802或品目6001至6006除外)改变至子目6205.20至6205.30,前提是该货物在巴林或/和美国境内裁剪或/和针织成型并缝制或以其他方式组合。

31. 从任何其他章(品目5106至5113、品目5204至5212、品目5307至5308、品目5310至5311、第五十四章、品目5508至5516、品目5801至5802或品目6001至6006除外)改变至子目6205.90,前提是该货物在巴林或/和美国境内裁剪或/和针织成型并缝制或以其他方式组合。

32. 从任何其他章(品目5106至5113、品目5204至5212、品目5307至5308、品目5310至

5311、第五十四章、品目5508至5516、品目5801至5802或品目6001至6006除外)改变至品目6206至6210,前提是该货物在巴林或/和美国境内裁剪或/和针织成型并缝制或以其他方式组合。

33. 从任何其他章(品目5106至5113、品目5204至5212、品目5307至5308、品目5310至5311、第五十四章、品目5508至5516、品目5801至5802或品目6001至6006除外)改变至子目6211.11至6211.12,前提是该货物在巴林或/和美国境内裁剪或/和针织成型并缝制或以其他方式组合。

34. 从任何其他章(品目5106至5113、品目5204至5212、品目5307至5308、品目5310至5311、第五十四章、品目5508至5516、品目5801至5802或品目6001至6006除外)改变至子目6211.20,前提是:

    (A)该货物在巴林或/和美国境内裁剪或/和针织成型并缝制或以其他方式组合;以及
    (B)对于作为子目6112.20的滑雪套装的一部分进口的以羊毛、动物细毛、棉花或化学纤维为原料的品目6101、品目6102、品目6201或品目6202的服装,服装中使用的任何可见衬里材料必须满足第六十一章章规则一的要求。

35. 从任何其他章(品目5106至5113、品目5204至5212、品目5307至5308、品目5310至5311、第五十四章、品目5508至5516、品目5801至5802或品目6001至6006除外)改变至子目6211.32至6211.49,前提是该货物在巴林或/和美国境内裁剪或/和针织成型并缝制或以其他方式组合。

36. 从任何其他章改变至子目6212.10,前提是该货物在巴林或/和美国境内裁剪或针织成型并缝制或以其他方式组合,并且在每个年度期间,生产商或生产控制实体的此类货物只有当在巴林或/和美国境内形成的该生产商或实体在上一年度期间生产所有此类物品所使用的织物(不包括服装附件和装饰物)的总成本至少为该生产商或实体在上一年度期间进口的所有此类物品所含织物(不包括服装附件和装饰物)的总申报关税价值的75%时,才有资格享受本注释规定的优惠待遇。

37. 从任何其他章(品目5106至5113、品目5204至5212、品目5307至5308、品目5310至5311、第五十四章、品目5508至5516、品目5801至5802或品目6001至6006除外)改变至子目6212.20至6212.90,前提是该货物在巴林或/和美国境内裁剪或/和针织成型并缝制或以其他方式组合。

38. 从任何其他章(品目5106至5113、品目5204至5212、品目5307至5308、品目5310至5311、第五十四章、品目5508至5516、品目5801至5802或品目6001至6006除外)改变至品目6213至6217,前提是该货物在巴林或/和美国境内裁剪或/和针织成型并缝制或以其他方式组合。

第六十三章

章规则一:为确定本章货物的原产地,适用于该货物的规则仅适用于确定该货物税则归类的成分,并且该成分必须满足该规则规定的税则归类改变要求。

1. 从任何其他章(品目5106至5113、品目5204至5212、品目5307至5308、品目5310至5311、第五十四章、品目5508至5516、品目5801至5802或品目6001至6006除外)改变至品目6301至6302,前提是该货物在巴林或/和美国境内裁剪或/和针织成型并缝制或以其他方式组合。

2. 从税号5402.43.10、税号5402.52.10或任何其他章(品目5106至5113、品目5204至5212、品目5307至5308、品目5310至5311、第五十四章、品目5508至5516、品目5801至5802或品目6001至6006除外)改变至税号6303.92.10,前提是该货物在巴林或/和美国境内裁剪或/和针织成型并缝制或以其他方式组合。

3. 从任何其他章(第五十四章品目5106至5113、品目5204至5212、品目5307至5308、品目5310至5311、品目5508至5516、品目5801至5802或品目6001至6006除外)改变至品目6303,前提是该货物在巴林或/和美国境内裁剪或/和针织成型并缝制或以其他方式组合。

4. 从任何其他章(品目5106至5113、品目5204至5212、品目5307至5308、品目5310至5311、第五十四章、品目5508至5516、品目5801至5802或品目6001至6006除外)改变至品目6304至6308,前提是该货物在巴林或/和美国境内裁剪或/和针织成型并缝制或以其他方式组合。

5. 从任何其他品目改变至品目6309。

6. 从任何其他章(品目5106至5113、品目5204至5212、品目5307至5308、品目5310至5311、第五十四章、品目5508至5516、品目5801至5802或品目6001至6006除外)改变至品目6310,前提是该货物在巴林或/和美国境内裁剪或/和针织成型并缝制或以其他方式组合。

第七十章

从任何其他品目(品目7007至7020除外)改变至品目7019。

第九十四章

从任何其他章(品目5007、品目5111至5113、品目5208至5212、品目5309至5311、品目5407至5408、品目5512至5516或子目6307.90除外)改变至子目9404.90。

第九十六章

品目规则:为确定除纺织絮料以外的本品目货物是否原产,适用于该货物的规则仅适用于确定该货物税则归类的成分,且该成分必须满足规则中规定的该货物税则归类改变要求。

1. (A)从任何其他章(品目5106至5113、品目5204至5212、品目5307至5308、品目5310至5311或第五十四章至第五十五章除外)改变至品目9619的卫生巾(护垫)和止血塞以及类似的纺织絮胎制品;或者

(B)从任何其他章(品目5106至5113、品目5204至5212、品目5307至5308、品目5310至5311、第五十四章、品目5508至5516或品目6001至6006除外)改变至品目9619的针织或钩编纺织材料,前提是该货物在巴林或/和美国境内裁剪或/和针织成型并缝制或以其他方式组合;或者

(C)从任何其他章(品目5106至5113、品目5204至5212、品目5307至5308、品目5310至5311、第五十四章、品目5508至5516、品目5801至5802或品目6001至6006除外)改变至品目9619的非针织或钩编棉絮料,前提是该货物在巴林或/和美国境内裁剪或/和针织成型并缝制或以其他方式组合。

三十一、《美国-阿曼自由贸易协定实施法》

(一)符合《美国-阿曼自由贸易协定》(UOFTA)条款的原产货物应缴纳该协定规定的关税。本注释(二)款至(八)款所定义的阿曼货物进口至美国境内,并按照"税率"第1栏"特惠"子栏括号内符号"OM"的子目入境,根据《美国-阿曼自由贸易协定实施法》(公法 109-283),有资格享受"特惠"子栏中规定的关税待遇和数量限制。就本注释而言,"UOFTA 国家"仅指阿曼或美国。

(二)就本注释而言,除下述(三)款、(四)款、(五)款、(七)款和(八)款另有规定外,进口至美国境内的货物只有在以下情况下才有资格被视为 UOFTA 国家的原产货物:
(i)完全在阿曼或/和美国境内生长、生产或制造;
(ii)在阿曼或/和美国境内生长、生产或制造的符合下述(iii)款未涵盖的新的或不同的商品,并且以下两项之和——
(A)在阿曼或/和美国境内生产的每种材料的价值,以及
(B)在阿曼或/和美国境内进行加工作业的直接成本,
不少于货物进口时估价的 35%;或者
(iii)该货物属于下述(八)款所涵盖的品目或子目,并且——
(A)用于生产该货物的每一种非原产材料都发生下述(八)款规定的税则归类改变成为完全在阿曼或/和美国境内生产的产品,或者
(B)货物在其他方面满足下述(八)款规定的要求;以及
从阿曼直接进口至美国境内,并符合本注释的所有其他适用要求。就本注释而言,"货物"是指任何产品、物品或材料。就(二)(ii)款而言,计算在一方或双方境内生产的材料价值加上在一方或双方境内进行加工作业的直接成本是否不低于货物估价的 35%的公式为 (VOM+DCP)/AV×100%。其中,VOM 是下述(三)款所述的在一方或双方境内生产的材料的价值,DCP 是下述(四)(iv)(A)款所定义的加工作业的直接成本,AV 是货物的估价。

(三)材料的价值。
(i)除下述(ii)款另有规定外,在阿曼或/和美国境内生产的材料的价值包括以下项目:
(A)该货物的生产商为该材料实际支付或应付的价格;
(B)将材料运输至生产商工厂所产生的运费、保险费、包装费和所有其他费用,前提是上述(A)款所述价格中未包含此类费用;
(C)废物或腐败的成本,减去可回收废料的价值;以及
(D)阿曼或美国对材料征收的税款或关税,前提是出口时未免除税款或关税。
(ii)如果货物生产商和材料销售商之间的关系影响了材料的实际支付或应付价格,或者如果上述(i)(A)款不适用,则在阿曼或美国境内生产的材料的价值包括以下项目:
(A)材料生长、生产或制造过程中产生的所有费用(包括一般费用);

(B)合理的利润额;以及

(C)将材料运输至生产商工厂所产生的运费、保险费、包装费以及所有其他费用。

(四)(i)就上述(二)(i)款而言,除下述(五)款对纺织品和服装另有规定以外,"完全在阿曼或美国境内生长、生产或制造"的货物是指:

(A)在阿曼或/和美国境内开采的矿产货物;

(B)在阿曼或/和美国境内收获的蔬菜货物(如本税则所界定);

(C)在阿曼或/和美国境内出生和饲养的活动物;

(D)从阿曼或/和美国境内饲养的活动物获得的货物;

(E)在阿曼或/和美国境内进行狩猎、诱捕或捕捞获得的货物;

(F)在阿曼或美国注册或登记并悬挂其国旗的船舶从海上取得的货物(鱼类、贝类和其他海洋生物);

(G)仅使用上述(F)款所述产品在工厂船上生产的货物,此类工厂船在阿曼或美国注册或登记并悬挂其国旗;

(H)阿曼或美国、阿曼人或美国人从领海以外的海床或底土中取得的货物,前提是阿曼或美国有权开采该海床或底土;

(I)从外层空间取得的货物,前提是这些货物由阿曼或美国、阿曼人或美国人取得,并且不是在阿曼或美国以外的国家境内加工的;

(J)废碎料,来源于:

(1)在阿曼或/和美国境内的制造或加工业务,或者

(2)在阿曼或/和美国境内收集的废旧物品,前提是这些货物只适合回收原材料;

(K)在阿曼或美国境内从废旧物品中提取并在该国境内用于再制造货物生产的回收货物;以及

(L)在阿曼或/和美国境内生产的来自任何生产阶段的下述货物:

(1)上述(A)款至(J)所述货物,或者

(2)上述(A)款至(J)款所述货物的衍生物。

(ii)累积。

(A)用来自阿曼或/和美国的原产材料在另一国境内生产的货物应被视为原产于该另一国境内。

(B)由一个或多个生产商在阿曼或/和美国境内生长、生产或制造的货物如果满足上述(二)款的要求和本注释所有其他适用要求,则该货物为原产货物。

(C)在阿曼或/和美国境内进行加工作业的直接成本,以及在阿曼或/和美国境内生产的材料的价值可纳入计算,不受上述(二)(ii)款规定的35%价值含量要求约束。

(iii)在确定某货物是否符合原产货物的条件时,零售用和装运用的包装、包装材料和容器应不予考虑,除非此类包装、包装材料和容器的价值已满足上述(二)(ii)款规定计算达到35%的要求。

(iv)定义。就本注释而言——

(A)"加工作业的直接成本"在可纳入该货物进口至阿曼或美国(视情况而定)时的估价

范围内,包括以下各项:

(1)货物生长、生产或制造所涉及的所有实际劳动力成本,包括附加福利、在职培训及工程、监督、质量控制和类似人员的成本;

(2)工具、模具、型模和其他中性成分,以及可分配给货物的机器设备折旧;

(3)研究、开发、设计、工程和图纸成本,前提是这些成本可分配给特定物品;

(4)检验和测试特定货物的费用;以及

(5)出口至另一国境内的货物包装费用。

"加工作业的直接成本"不包括不可直接归属于某一货物或不属于该货物的生长、生产或制造成本的成本,例如利润和不可分配给该货物或与该货物生长、生产或制造无关的经营活动的一般费用,如行政薪酬,意外事故和责任保险,广告和销售人员的工资、佣金或费用。

(B)"材料"是指在阿曼或/和美国生长、生产或制造的新的或不同的商品的生长、生产或制造中使用的货物,包括零件或组成成分。

(C)"在阿曼或/和美国境内生产的材料"是指完全由阿曼或/和美国境内生长、生产或制造的货物,或者在阿曼或/和美国境内生长、生产或制造的新的或不同的商品。

(D)"新的或不同的商品"除本款另有规定外,是指以下货物:

(1)从不完全在阿曼或/和美国生长、生产或制造的货物或材料中实质性转化而来;以及

(2)有一个不同于被转化货物或材料的新名称、新特征或新用途,
但货物不得仅因经过简单组合或包装或者仅用水或其他物质稀释却未实质性改变物品特性而被视为新的或不同的商品。

(E)"简单组合或包装"是指这样的操作:将电池装入电子设备,通过螺栓、粘合或焊接将少量组件装配在一起,或将组件包装或重新包装在一起。

(F)"回收货物"是指由于下列原因而产生的单个零件形式的材料:

(1)将废旧物品完全分解成单个零件;以及

(2)为改善零件的工作状态而对其进行的清洁、检查、测试或其他处理。

(G)"再制造货物"是指在阿曼或美国境内组装的工业产品,并且——

(1)全部或部分由回收货物组成;

(2)具有与新产品相似的预期寿命;以及

(3)享受与新产品相似的工厂保修。

(H)"实质性转变"就货物或材料而言,是指由于制造或加工操作而发生变化——

(1)(Ⅰ)该货物或材料从具有多种用途的货物转变为具有有限用途的货物或材料;

(Ⅱ)货物或材料的物理性质发生重大变化;或者

(Ⅲ)由于所涉及的工序和材料的数量以及执行这些工序所需的时间和技能水平的原因,货物或材料所经历的操作是复杂的;以及

(2)货物或材料在制造和加工过程中失去其独有的特性。

(v)如果货物从阿曼或美国境内出口后,在阿曼或美国境外进行生产、制造或任何其他作业(为保持货物良好状态所必要的或为将货物运至阿曼或美国境内而进行的卸货、重新装

载或任何其他操作除外),则该货物不得被视为直接进口至美国境内。

(五)纺织品和服装。

　　(i)除下述(ii)款另有规定外,根据本注释条款,纺织品或服装不是原产货物,原因是用于确定货物税则归类的货物成分的某些纤维或纱线未发生本注释(八)款规定的税则归类改变;但如果该货物成分中所有此类纤维或纱线的总重量不超过该成分总重量的7%,则该货物应被视为原产货物。尽管有上述规定,但如果确定纺织品或服装税则归类的货物成分中含有弹性纱线,则只有在这些纱线全部在阿曼或美国境内成型的情况下,纺织品或服装才被视为原产货物。就本注释而言,如果纺织品或服装是纱线、织物或纤维集合体,"确定货物税则归类的货物成分"是指纱线、织物或纤维集合体中的所有纤维。

　　(ii)尽管下述(八)款有规定,但根据总规则三的规定,可归类为零售成套货物的纺织品和服装不应被视为原产货物,除非成套货物中的每一件货物均为原产货物,或成套货物中非原产货物的总价值不超过成套货物总估价的10%。

　　(iii)就本注释而言,"纺织品或服装"是指《乌拉圭回合协定法》第101(d)(4)节[《美国法典》第19卷3511(d)(4)节]所述纺织品和服装协定附件中所列的货物。

　　(iv)就本注释而言,本税则第六十一章或第六十二章的货物含有第九十九章第十六分章美国注释十三所列纺织材料的,税号9916.99.20的特惠税率应适用于根据该税号申报进口的货物,前提是此类货物符合本注释的适用条件而非符合原产货物的条件。

(六)中性成分。

　　在确定某一货物是否符合原产货物的条件时,应忽略中性成分,除非此类中性成分的成本满足本注释(二)(ii)款的35%价值成分要求(如适用)。"中性成分"是指在生产、测试或检验货物时使用或消耗但未实际纳入货物的材料,或者在维护建筑物或操作与货物生产相关的设备时使用或消耗的材料,包括:

　　(i)燃料和能源;

　　(ii)工具、模具及型模;

　　(iii)维护设备和建筑物所使用或消耗的零部件和材料;

　　(iv)在生长、生产或制造货物或操作设备和维护建筑物时使用或消耗的润滑剂、油脂、合成材料和其他材料;

　　(v)手套、眼镜、鞋靴、服装、安全设备和用品;

　　(vi)用于测试或检验货物的设备、装置和用品;

　　(vii)催化剂和溶剂;以及

　　(viii)在货物生产过程中使用,虽未构成该货物组成成分,但能合理表明为该货物生产过程一部分的任何其他货物。

(七)原产地规则的解释。

　　为解释下述(八)款所述的原产地规则:

　　(i)适用于某一特定品目或子目的特定规则或特定组合规则,在紧靠该品目或子目的位置列出；

(ii)适用于某一子目的规则应优先于适用于该子目所属品目的规则；

(iii)税则归类改变的要求仅适用于非原产材料；以及

(iv)凡提及"章"之处，即为本税则的一章；凡提及"品目"，即为其物品描述未缩进且以4位数字表示的条款，不论其后是否加零；凡提及"子目"，即为其物品描述缩进并以6位数字表示的条款，不论其后是否加零。

(八)特定产品原产地规则。[**PRES. PROC. 8097 或 8771 未更新**]

(i)<u>一般规则</u>。对于上述(二)(i)款中未列明的货物，如果此类货物属于本注释所列的税号，并且进口商要求对此类货物享受本注释规定的待遇，则本款中的规则适合取代上述(二)(ii)款的规定。

(ii)<u>某些乳制品和含乳制品</u>。第四章、品目1901、品目2105、品目2106或品目2202的乳固体含量(按重量计)超过10%的货物必须由原产乳制成。

(iii)<u>其他产品特定规则</u>。

第十七章

从任何其他章改变至品目1701至1703。

第十八章

从任何其他品目改变至子目1806.10的甜可可粉，前提是此类甜可可粉不含第十七章的非原产糖。

第二十章

从任何其他章(品目0805除外)改变至子目2009.11至2009.39。

第二十一章

从任何其他章(品目0805、子目2009.11至2009.39或子目2002.90除外)改变至子目2106.90的添加维生素或矿物质的任何单一水果或蔬菜的浓缩汁。

第四十二章

1. 从任何其他章(品目5407、品目5408、品目5512至5516、税号5903.10.15、税号5903.10.18、税号5903.10.20、税号5903.10.25、税号5903.20.15、税号5903.20.18、税号5903.20.20、税号5903.20.25、税号5903.90.15、税号5903.90.18、税号5903.90.20、税号5903.90.25、税号5906.99.20、税号5906.99.25、税号5907.00.05、税号5907.00.15或税号5907.00.60除外)改变至子目4202.12。

2. 从任何其他章(品目5407、品目5408、品目5512至5516、税号5903.10.15、税号5903.10.18、税号5903.10.20、税号5903.10.25、税号5903.20.15、税号5903.20.18、税号5903.20.20、税号5903.20.25、税号5903.90.15、税号5903.90.18、税号5903.90.20、税号5903.90.25、税号5906.99.20、税号5906.99.25、税号5907.00.05、税号5907.00.15或税号5907.00.60除外)改变至子目4202.22。

3. 从任何其他章(品目5407、品目5408、品目5512至5516、税号5903.10.15、税号5903.10.18、税号5903.10.20、税号5903.10.25、税号5903.20.15、税号5903.20.18、税号5903.20.20、税号5903.20.25、税号5903.90.15、税号5903.90.18、税号5903.90.20、税号5903.90.25、税号

5906.99.20、税号 5906.99.25、税号 5907.00.05、税号 5907.00.15 或税号 5907.00.60 除外）改变至子目 4202.32。

4. 从任何其他章（品目 5407、品目 5408、品目 5512 至 5516、税号 5903.10.15、税号 5903.10.18、税号 5903.10.20、税号 5903.10.25、税号 5903.20.15、税号 5903.20.18、税号 5903.20.20、税号 5903.20.25、税号 5903.90.15、税号 5903.90.18、税号 5903.90.20、税号 5903.90.25、税号 5906.99.20、税号 5906.99.25、税号 5907.00.05、税号 5907.00.15 或税号 5907.00.60 除外）改变至子目 4202.92。

第五十章

1. 从任何其他章改变至品目 5001 至 5003。

2. 从品目 5004 至 5006 以外的任何品目改变至品目 5004 至 5006。

3. 从任何其他品目改变至品目 5007。

第五十一章

1. 从任何其他章改变至品目 5101 至 5105。

2. 从品目 5106 至 5110 以外的任何品目改变至品目 5106 至 5110。

3. 从品目 5111 至 5113 以外的任何品目（品目 5106 至 5110、品目 5205 至 5206、品目 5401 至 5404 或品目 5509 至 5510 除外）改变至品目 5111 至 5113。

第五十二章

1. 从任何其他章（品目 5401 至 5405 或品目 5501 至 5507 除外）改变至品目 5201 至 5207。

2. 从品目 5208 至 5212 以外的任何品目（品目 5106 至 5110、品目 5205 至 5206、品目 5401 至 5404 或品目 5509 至 5510 除外）改变至品目 5208 至 5212。

第五十三章

1. 从任何其他章改变至品目 5301 至 5305。

2. 从品目 5306 至 5308 以外的任何品目改变至品目 5306 至 5308。

3. 从任何其他品目（品目 5307 至 5308 除外）改变至品目 5309。

4. 从品目 5310 至 5311 以外的任何品目（品目 5307 至 5308 除外）改变至品目 5310 至 5311。

第五十四章

1. 从任何其他章（品目 5201 至 5203 或品目 5501 至 5507 除外）改变至品目 5401 至 5406。

2. 从税号 5402.47.10、税号 5402.52.10 或任何其他章（品目 5106 至 5110、品目 5205 至 5206 或品目 5509 至 5510 除外）改变至税号 5407.61.11、税号 5407.61.21 或税号 5407.61.91。

3. 从任何其他章（品目 5106 至 5110、品目 5205 至 5206 或品目 5509 至 5510 除外）改变至品目 5407。

4. 从任何其他章（品目 5106 至 5110、品目 5205 至 5206 或品目 5509 至 5510 除外）改变至品目 5408。

第五十五章

1. 从任何其他章（品目 5201 至 5203 或品目 5401 至 5405 除外）改变至品目 5501 至 5511。

2. 从品目 5512 至品目 5516 以外的任何品目（品目 5106 至 5110、品目 5205 至 5206、品目 5401 至 5404 或品目 5509 至 5510 除外）改变至品目 5512 至 5516。

第五十六章

从任何其他章（品目 5106 至 5113、品目 5204 至 5212、品目 5307 至 5308、品目 5310 至 5311 或第五十四章至第五十五章除外）改变至品目 5601 至 5609。

第五十七章

从任何其他章（品目 5106 至 5113、品目 5204 至 5212、品目 5308、品目 5311、第五十四章或品目 5508 至 5516 除外）改变至品目 5701 至 5705。

第五十八章

从任何其他章（品目 5106 至 5113、品目 5204 至 5212、品目 5307 至 5308、品目 5310 至 5311 或第五十四章至第五十五章除外）改变至品目 5801 至 5811。

第五十九章

1. 从任何其他章（品目 5111 至 5113、品目 5208 至 5212、品目 5310 至 5311、品目 5407 至 5408 或品目 5512 至 5516 除外）改变至品目 5901。

2. 从任何其他品目（品目 5106 至 5113、品目 5204 至 5212、品目 5306 至 5311 或第五十四章至第五十五章除外）改变至品目 5902。

3. 从任何其他章（品目 5111 至 5113、品目 5208 至 5212、品目 5310 至 5311、品目 5407 至 5408 或品目 5512 至 5516 除外）改变至品目 5903 至 5908。

4. 从任何其他章（品目 5111 至 5113、品目 5208 至 5212、品目 5310 至 5311、第五十四章或品目 5512 至 5516 除外）改变至品目 5909。

5. 从任何其他品目（品目 5106 至 5113、品目 5204 至 5212、品目 5307 至 5308、品目 5310 至 5311 或第五十四章至第五十五章除外）改变至品目 5910。

6. 从任何其他章（品目 5111 至 5113、品目 5208 至 5212、品目 5310 至 5311、品目 5407 至 5408 或品目 5512 至 5516 除外）改变至品目 5911。

第六十章

从任何其他章（品目 5106 至 5113、第五十二章、品目 5307 至 5308、品目 5310 至 5311 或第五十四章至第五十五章除外）改变至品目 6001 至 6006。

第六十一章

章规则一：除归入税号 5408.22.10、税号 5408.23.11、税号 5408.23.21 和税号 5408.24.10 的织物外，下列品目和子目的织物，当用作某些男女西服套装、西服短上衣、裙子、大衣、短外套、带帽夹克、风衣和类似物品的可见衬里材料时，必须由纱线制成，并在阿曼或美国境内完成：品目 5111 至 5112、子目 5208.31 至 5208.59、子目 5209.31 至 5209.59、子目 5210.31 至 5210.59、子目 5211.31 至 5211.59、子目 5212.13 至 5212.15、子目 5212.23 至 5212.25、子目 5407.42 至 5407.44、子目 5407.52 至 5407.54、子目 5407.61、子目 5407.72 至 5407.74、子目 5407.82 至 5407.84、子目 5407.92 至 5407.94、子目 5408.22 至 5408.24、子目 5408.32 至

5408.34、子目 5512.19、子目 5512.29、子目 5512.99、子目 5513.21 至 5513.49、子目 5514.21 至 5515.99、子目 5516.12 至 5516.14、子目 5516.22 至 5516.24、子目 5516.32 至 5516.34、子目 5516.42 至 5516.44、子目 5516.92 至 5516.94、子目 6001.10、子目 6001.92、子目 6005.31 至 6005.44 或子目 6006.10 至 6006.44。

章规则二：为确定本章货物的原产地，适用于该货物的规则仅适用于确定该货物税则归类的成分，并且该成分必须满足该规则规定的税则归类改变要求。如果规则要求货物还必须满足本章章规则一所列对可见衬里织物的税则归类改变要求，则该要求仅适用于服装主体中的可见衬里织物（不包括覆盖最大表面积的袖子），不适用于可拆卸衬里。

1. 从任何其他章（品目 5106 至 5113、品目 5204 至 5212、品目 5307 至 5308、品目 5310 至 5311、第五十四章、品目 5508 至 5516 或品目 6001 至 6006 除外）改变至子目 6101.10 至 6101.30，前提是：

   (A) 该货物在阿曼或/和美国境内裁剪或/和针织成型并缝制或以其他方式组合；以及

   (B) 服装中使用的任何可见衬里材料必须满足第六十一章章规则一的要求。

2. (A) 从任何其他章（品目 5106 至 5113、品目 5204 至 5212、品目 5307 至 5308、品目 5310 至 5311、第五十四章、品目 5508 至 5516 或品目 6001 至 6006 除外）改变至子目 6101.90 的羊毛或动物细毛货物，前提是：

   (1) 该货物在阿曼或/和美国境内裁剪或/和针织成型并缝制或以其他方式组合；以及

   (2) 服装中使用的任何可见衬里材料必须满足第六十一章章规则一的要求。

   (B) 从任何其他章（品目 5106 至 5113、品目 5204 至 5212、品目 5307 至 5308、品目 5310 至 5311、品目 5508 至 5516、第五十四章或品目 6001 至 6006 除外）改变至子目 6101.90 的任何其他货物，前提是该货物在阿曼或/和美国境内裁剪或/和针织成型并缝制或以其他方式组合。

3. 从任何其他章（品目 5106 至 5113、品目 5204 至 5212、品目 5307 至 5308、品目 5310 至 5311、第五十四章、品目 5508 至 5516 或品目 6001 至 6006 除外）改变至子目 6102.10 至 6102.30，前提是：

   (A) 该货物在阿曼或/和美国境内裁剪或/和针织成型并缝制或以其他方式组合；以及

   (B) 服装中使用的任何可见衬里材料必须满足第六十一章章规则一的要求。

4. 从任何其他章（品目 5106 至 5113、品目 5204 至 5212、品目 5307 至 5308、品目 5310 至 5311、第五十四章、品目 5508 至 5516 或品目 6001 至 6006 除外）改变至子目 6102.90，前提是该货物在阿曼或/和美国境内裁剪或/和针织成型并缝制或以其他方式组合。

5. 从任何其他章（品目 5106 至 5113、品目 5204 至 5212、品目 5307 至 5308、品目 5310 至 5311、第五十四章、品目 5508 至 5516 或品目 6001 至 6006 除外）改变至税号 6103.10.70 或税号 6103.10.90，前提是该货物在阿曼或/和美国境内裁剪或/和针织成型并缝制或以其他方式组合。

6. 从任何其他章(品目5106至5113、品目5204至5212、品目5307至5308、品目5310至5311、第五十四章、品目5508至5516或品目6001至6006除外)改变至子目6103.10,前提是:

(A)该货物在阿曼或/和美国境内裁剪或/和针织成型并缝制或以其他方式组合;以及

(B)服装中使用的任何可见衬里材料必须满足第六十一章章规则一的要求。

8. 从任何其他章(品目5106至5113、品目5204至5212、品目5307至5308、品目5310至5311、第五十四章、品目5508至5516或品目6001至6006除外)改变至子目6103.22至6103.29,前提是:

(A)该货物在阿曼或/和美国境内裁剪或/和针织成型并缝制或以其他方式组合;以及

(B)对于作为子目6103.22至6103.29的便服套装的一部分进口的以羊毛、动物细毛、棉花或化学纤维为原料的品目6101的服装或品目6103的上衣,服装中使用的任何可见衬里材料必须满足第六十一章章规则一的要求。

9. 从任何其他章(品目5106至5113、品目5204至5212、品目5307至5308、品目5310至5311、第五十四章、品目5508至5516或品目6001至6006除外)改变至子目6103.31至6103.33,前提是:

(A)该货物在阿曼或/和美国境内裁剪或/和针织成型并缝制或以其他方式组合;以及

(B)服装中使用的任何可见衬里材料必须满足第六十一章章规则一的要求。

10. 从任何其他章(品目5106至5113、品目5204至5212、品目5307至5308、品目5310至5311、第五十四章、品目5508至5516或品目6001至6006除外)改变至税号6103.39.40或税号6103.39.80,前提是该货物在阿曼或/和美国境内裁剪或/和针织成型并缝制或以其他方式组合。

11. 从任何其他章(品目5106至5113、品目5204至5212、品目5307至5308、品目5310至5311、第五十四章、品目5508至5516或品目6001至6006除外)改变至子目6103.39,前提是:

(A)该货物在阿曼或/和美国境内裁剪或/和针织成型并缝制或以其他方式组合;以及

(B)服装中使用的任何可见衬里材料必须满足第六十一章章规则一的要求。

12. 从任何其他章(品目5106至5113、品目5204至5212、品目5307至5308、品目5310至5311、第五十四章、品目5508至5516或品目6001至6006除外)改变至子目6103.41至6103.49,前提是该货物在阿曼或/和美国境内裁剪或/和针织成型并缝制或以其他方式组合。

13. 从任何其他章(品目5106至5113、品目5204至5212、品目5307至5308、品目5310至5311、第五十四章、品目5508至5516或品目6001至6006除外)改变至子目6104.13,前提是:

(A)该货物在阿曼或/和美国境内裁剪或/和针织成型并缝制或以其他方式组合；以及

(B)服装中使用的任何可见衬里材料必须满足第六十一章章规则一的要求。

14. 从任何其他章(品目5106至5113、品目5204至5212、品目5307至5308、品目5310至5311、第五十四章、品目5508至5516或品目6001至6006除外)改变至税号6104.19.40或税号6104.19.80，前提是该货物在阿曼或/和美国境内裁剪或/和针织成型并缝制或以其他方式组合。

15. 从任何其他章(品目5106至5113、品目5204至5212、品目5307至5308、品目5310至5311、第五十四章、品目5508至5516或品目6001至6006除外)改变至子目6104.19，前提是：

(A)该货物在阿曼或/和美国境内裁剪或/和针织成型并缝制或以其他方式组合；以及

(B)服装中使用的任何可见衬里材料必须满足第六十一章章规则一的要求。

16. 从任何其他章(品目5106至5113、品目5204至5212、品目5307至5308、品目5310至5311、第五十四章、品目5508至5516或品目6001至6006除外)改变至子目6104.22至6104.29，前提是：

(A)该货物在阿曼或/和美国境内裁剪或/和针织成型并缝制或以其他方式组合；以及

(B)对于作为子目6104.22至6104.29的便服套装的一部分进口的以羊毛、动物细毛、棉花或化学纤维为原料的品目6102的服装、品目6104的上衣或品目6104的裙子,服装中使用的任何可见衬里材料必须满足第六十一章章规则一的要求。

17. 从任何其他章(品目5106至5113、品目5204至5212、品目5307至5308、品目5310至5311、第五十四章、品目5508至5516或品目6001至6006除外)改变至子目6104.31至6104.33，前提是：

(A)该货物在阿曼或/和美国境内裁剪或/和针织成型并缝制或以其他方式组合；以及

(B)服装中使用的任何可见衬里材料必须满足第六十一章章规则一的要求。

18. 从任何其他章(品目5106至5113、品目5204至5212、品目5307至5308、品目5310至5311、第五十四章、品目5508至5516或品目6001至6006除外)改变至税号6104.39.20，前提是该货物在阿曼或/和美国境内裁剪或/和针织成型并缝制或以其他方式组合。

19. 从任何其他章(品目5106至5113、品目5204至5212、品目5307至5308、品目5310至5311、第五十四章、品目5508至5516或品目6001至6006除外)改变至子目6104.39，前提是：

(A)该货物在阿曼或/和美国境内裁剪或/和针织成型并缝制或以其他方式组合；以及

(B)服装中使用的任何可见衬里材料必须满足第六十一章章规则一的要求。

20. 从任何其他章(品目5106至5113、品目5204至5212、品目5307至5308、品目5310

至5311、第五十四章、品目5508至5516或品目6001至6006除外)改变至子目6104.41至6104.49,前提是该货物在阿曼或/和美国境内裁剪或/和针织成型并缝制或以其他方式组合。

21. 从任何其他章(品目5106至5113、品目5204至5212、品目5307至5308、品目5310至5311、第五十四章、品目5508至5516或品目6001至6006除外)改变至子目6104.51至6104.53,前提是:

(A)该货物在阿曼或/和美国境内裁剪或/和针织成型并缝制或以其他方式组合;以及

(B)服装中使用的任何可见衬里材料必须满足第六十一章章规则一的要求。

22. 从任何其他章(品目5106至5113、品目5204至5212、品目5307至5308、品目5310至5311、第五十四章、品目5508至5516或品目6001至6006除外)改变至税号6104.59.40或税号6104.59.80,前提是该货物在阿曼或/和美国境内裁剪或/和针织成型并缝制或以其他方式组合。

23. 从任何其他章(品目5106至5113、品目5204至5212、品目5307至5308、品目5310至5311、第五十四章、品目5508至5516或品目6001至6006除外)改变至子目6104.59,前提是:

(A)该货物在阿曼或/和美国境内裁剪或/和针织成型并缝制或以其他方式组合;以及

(B)服装中使用的任何可见衬里材料必须满足第六十一章章规则一的要求。

24. 从任何其他章(品目5106至5113、品目5204至5212、品目5307至5308、品目5310至5311、第五十四章、品目5508至5516或品目6001至6006除外)改变至子目6104.61至6104.69,前提是该货物在阿曼或/和美国境内裁剪或/和针织成型并缝制或以其他方式组合。

25. 从任何其他章(品目5106至5113、品目5204至5212、品目5307至5308、品目5310至5311、第五十四章、品目5508至5516或品目6001至6006除外)改变至品目6105至6106,前提是该货物在阿曼或/和美国境内裁剪或/和针织成型并缝制或以其他方式组合。

26. 从任何其他章(品目5106至5113、品目5204至5212、品目5307至5308、品目5310至5311、第五十四章、品目5508至5516或品目6001至6006除外)改变至子目6107.11至6107.19,前提是该货物在阿曼或/和美国境内裁剪或/和针织成型并缝制或以其他方式组合。

27. (A)从税号6006.21.10、税号6006.22.10、税号6006.23.10或税号6006.24.10改变至子目6107.21,前提是该货物(不包括领子、袖子、腰带或松紧带)全部由此类织物制成,并且货物在阿曼或/和美国境内裁剪或/和针织成型并缝制或以其他方式组合;或者

(B)从任何其他章(品目5106至5113、品目5204至5212、品目5307至5308、品目5310至5311、第五十四章、品目5508至5516或品目6001至6006除外)改变至子目6107.21,前提是该货物在阿曼或/和美国境内裁剪或/和针织成型并缝

制或以其他方式组合。

28. 从任何其他章(品目 5106 至 5113、品目 5204 至 5212、品目 5307 至 5308、品目 5310 至 5311、第五十四章、品目 5508 至 5516 或品目 6001 至 6006 除外)改变至子目 6107.22 至 6107.99,前提是该货物在阿曼或/和美国境内裁剪或/和针织成型并缝制或以其他方式组合。

29. 从任何其他章(品目 5106 至 5113、品目 5204 至 5212、品目 5307 至 5308、品目 5310 至 5311、第五十四章、品目 5508 至 5516 或品目 6001 至 6006 除外)改变至子目 6108.11 至 6108.19,前提是该货物在阿曼或/和美国境内裁剪或/和针织成型并缝制或以其他方式组合。

30. (A)从税号 6006.21.10、税号 6006.22.10、税号 6006.23.10 或税号 6006.24.10 改变至子目 6108.21,前提是该货物(不包括腰带、松紧带或花边)全部由此类织物制成,并且货物在阿曼或/和美国境内裁剪或/和针织成型并缝制或以其他方式组合;或者

    (B)从任何其他章(品目 5106 至 5113、品目 5204 至 5212、品目 5307 至 5308、品目 5310 至 5311、第五十四章、品目 5508 至 5516 或品目 6001 至 6006 除外)改变至子目 6108.21,前提是该货物在阿曼或/和美国境内裁剪或/和针织成型并缝制或以其他方式组合。

31. 从任何其他章(品目 5106 至 5113、品目 5204 至 5212、品目 5307 至 5308、品目 5310 至 5311、第五十四章、品目 5508 至 5516 或品目 6001 至 6006 除外)改变至子目 6108.22 至 6108.29,前提是该货物在阿曼或/和美国境内裁剪或/和针织成型并缝制或以其他方式组合。

32. (A)从税号 6006.21.10、税号 6006.22.10、税号 6006.23.10 或税号 6006.24.10 改变至子目 6108.31,前提是该货物(不包括领子、袖子、腰带、松紧带或花边)全部由此类织物制成,并且货物在阿曼或/和美国境内裁剪或/和针织成型或以其他方式组合;或者

    (B)从任何其他章(品目 5106 至 5113、品目 5204 至 5212、品目 5307 至 5308、品目 5310 至 5311、第五十四章、品目 5508 至 5516 或品目 6001 至 6006 除外)改变至子目 6108.31,前提是该货物在阿曼或/和美国境内裁剪或/和针织成型并缝制或以其他方式组合。

33. 从任何其他章(品目 5106 至 5113、品目 5204 至 5212、品目 5307 至 5308、品目 5310 至 5311、第五十四章、品目 5508 至 5516 或品目 6001 至 6006 除外)改变至子目 6108.32 至 6108.39,前提是该货物在阿曼或/和美国境内裁剪或/和针织成型并缝制或以其他方式组合。

34. 从任何其他章(品目 5106 至 5113、品目 5204 至 5212、品目 5307 至 5308、品目 5310 至 5311、第五十四章、品目 5508 至 5516 或品目 6001 至 6006 除外)改变至子目 6108.91 至 6108.99,前提是该货物在阿曼或/和美国境内裁剪或/和针织成型并缝制或以其他方式组合。

35. 从任何其他章(品目 5106 至 5113、品目 5204 至 5212、品目 5307 至 5308、品目 5310

至5311、第五十四章、品目5508至5516或品目6001至6006除外)改变至品目6109至6111,前提是该货物在阿曼或/和美国境内裁剪或/和针织成型并缝制或以其他方式组合。

36. 从任何其他章(品目5106至5113、品目5204至5212、品目5307至5308、品目5310至5311、第五十四章、品目5508至5516或品目6001至6006除外)改变至子目6112.11至6112.19,前提是该货物在阿曼或/和美国境内裁剪或/和针织成型并缝制或以其他方式组合。

37. 从任何其他章(品目5106至5113、品目5204至5212、品目5307至5308、品目5310至5311、第五十四章、品目5508至5516或品目6001至6006除外)改变至子目6112.20,前提是:

(A)该货物在阿曼或/和美国境内裁剪或/和针织成型并缝制或以其他方式组合;以及

(B)对于作为子目6112.20的滑雪套装的一部分进口的以羊毛、动物细毛、棉花或化学纤维为原料的品目6101、品目6102、品目6201或品目6202的服装,服装中使用的任何可见衬里材料必须满足第六十一章章规则一的要求。

38. 从任何其他章(品目5106至5113、品目5204至5212、品目5307至5308、品目5310至5311、第五十四章、品目5508至5516或品目6001至6006除外)改变至子目6112.31至6112.49,前提是该货物在阿曼或/和美国境内裁剪或/和针织成型并缝制或以其他方式组合。

39. 从任何其他章(品目5106至5113、品目5204至5212、品目5307至5308、品目5310至5311、第五十四章、品目5508至5516或品目6001至6006除外)改变至品目6113至6117,前提是该货物在阿曼或/和美国境内裁剪或/和针织成型并缝制或以其他方式组合。

第六十二章

章规则一:除归入税号5408.22.10、税号5408.23.11、税号5408.23.21和税号5408.24.10的织物外,下列品目和子目的织物,当用作某些男女西服套装、西服短上衣、裙子、大衣、短外套、带帽夹克、风衣和类似物品的可见衬里材料时,必须由纱线制成,并在阿曼或美国境内完成:品目5111至5112、子目5208.31至5208.59、子目5209.31至5209.59、子目5210.31至5210.59、子目5211.31至5211.59、子目5212.13至5212.15、子目5212.23至5212.25、子目5407.42至5407.44、子目5407.52至5407.54、子目5407.61、子目5407.72至5407.74、子目5407.82至5407.84、子目5407.92至5407.94、子目5408.22至5408.24、子目5408.32至5408.34、子目5512.19、子目5512.29、子目5512.99、子目5513.21至5513.49、子目5514.21至5515.99、子目5516.12至5516.14、子目5516.22至5516.24、子目5516.32至5516.34、子目5516.42至5516.44、子目5516.92至5516.94、子目6001.10、子目6001.92、子目6005.31至6005.44或子目6006.10至6006.44。

章规则二:如果本章的服装在阿曼或/和美国境内裁剪或/和针织成型并缝制或以其他方式组合,并且外壳(不包括领口或袖口)的织物完全是下列的一种或多种,则应被视为原产货物:

(a)子目5801.23的平绒织物,含棉量(按重量计)为85%或以上;

(b)子目5801.22的灯芯绒织物,含棉量(按重量计)为85%或以上,每厘米绒条数超过7.5根;

(c)子目5111.11或子目5111.19的织物,如果是手工织造,则织机宽度小于76厘米,按照哈里斯粗花呢协会有限公司的规章制度在英国织造,并经该协会认证;

(d)子目5112.30的织物,每平方米重量不超过340克,含羊毛,不少于20%(按重量计)的动物细毛和不少于15%(按重量计)的化学纤维短纤;或者

(e)子目5513.11或子目5513.21的平衡细薄织物,单纱支数超过76公支,每平方厘米含60~70根经纱和纬纱,每平方米重量不超过110克。

章规则三:为确定本章货物的原产地,适用于该货物的规则仅适用于确定该货物税则归类的成分,并且该成分必须满足该规则规定的税则归类改变要求。如果规则要求货物还必须满足本章章规则一所列对可见衬里织物的税则归类改变要求,则该要求仅适用于服装主体中的可见衬里织物(不包括覆盖最大表面积的袖子),不适用于可拆卸衬里。

1.从任何其他章(品目5106至5113、品目5204至5212、品目5307至5308、品目5310至5311、第五十四章、品目5508至5516、品目5801至5802或品目6001至6006除外)改变至子目6201.11至6201.13,前提是:

(A)该货物在阿曼或/和美国境内裁剪或/和针织成型并缝制或以其他方式组合;以及

(B)服装中使用的任何可见衬里材料满足第六十二章章规则一的要求。

2.从任何其他章(品目5106至5113、品目5204至5212、品目5307至5308、品目5310至5311、第五十四章、品目5508至5516、品目5801至5802或品目6001至6006除外)改变至子目6201.19,前提是该货物在阿曼或/和美国境内裁剪或/和针织成型并缝制或以其他方式组合。

3.从任何其他章(品目5106至5113、品目5204至5212、品目5307至5308、品目5310至5311、第五十四章、品目5508至5516、品目5801至5802或品目6001至6006除外)改变至子目6201.91至6201.93,前提是:

(A)该货物在阿曼或/和美国境内裁剪或/和针织成型并缝制或以其他方式组合;以及

(B)服装中使用的任何可见衬里材料满足第六十二章章规则一的要求。

4.从任何其他章(品目5106至5113、品目5204至5212、品目5307至5308、品目5310至5311、第五十四章、品目5508至5516、品目5801至5802或品目6001至6006除外)改变至子目6201.99,前提是该货物在阿曼或/和美国境内裁剪或/和针织成型并缝制或以其他方式组合。

5.从任何其他章(品目5106至5113、品目5204至5212、品目5307至5308、品目5310至5311、第五十四章、品目5508至5516、品目5801至5802或品目6001至6006除外)改变至子目6202.11至6202.13,前提是:

(A)该货物在阿曼或/和美国境内裁剪或/和针织成型并缝制或以其他方式组合;

以及

(B)服装中使用的任何可见衬里材料满足第六十二章章规则一的要求。

6. 从任何其他章(品目5106至5113、品目5204至5212、品目5307至5308、品目5310至5311、第五十四章、品目5508至5516、品目5801至5802或品目6001至6006除外)改变至子目6202.19,前提是货物在阿曼或/和美国境内裁剪或/和针织成型并缝制或以其他方式组合。

7. 从任何其他章(品目5106至5113、品目5204至5212、品目5307至5308、品目5310至5311、第五十四章、品目5508至5516、品目5801至5802或品目6001至6006除外)改变至子目6202.91至6202.93,前提是:

(A)该货物在阿曼或/和美国境内裁剪或/和针织成型并缝制或以其他方式组合;以及

(B)服装中使用的任何可见衬里材料满足第六十二章章规则一的要求。

8. 从任何其他章(品目5106至5113、品目5204至5212、品目5307至5308、品目5310至5311、第五十四章、品目5508至5516、品目5801至5802或品目6001至6006除外)改变至子目6202.99,前提是该货物在阿曼或/和美国境内裁剪或/和针织成型并缝制或以其他方式组合。

9. 从任何其他章(品目5106至5113、品目5204至5212、品目5307至5308、品目5310至5311、第五十四章、品目5508至5516、品目5801至5802或品目6001至6006除外)改变至子目6203.11至6203.12,前提是:

(A)该货物在阿曼或/和美国境内裁剪或/和针织成型并缝制或以其他方式组合;以及

(B)服装中使用的任何可见衬里材料满足第六十二章章规则一的要求。

10. 从任何其他章(品目5106至5113、品目5204至5212、品目5307至5308、品目5310至5311、第五十四章、品目5508至5516、品目5801至5802或品目6001至6006除外)改变至税号6203.19.50或税号6203.19.90,前提是该货物在阿曼或/和美国境内裁剪或/和针织成型并缝制或以其他方式组合。

11. 从任何其他章(品目5106至5113、品目5204至5212、品目5307至5308、品目5310至5311、第五十四章、品目5508至5516、品目5801至5802或品目6001至6006除外)改变至子目6203.19,前提是:

(A)该货物在阿曼或/和美国境内裁剪或/和针织成型并缝制或以其他方式组合;以及

(B)服装中使用的任何可见衬里材料满足第六十二章章规则一的要求。

12. 从任何其他章(品目5106至5113、品目5204至5212、品目5307至5308、品目5310至5311、第五十四章、品目5508至5516、品目5801至5802或品目6001至6006除外)改变至子目6203.22至6203.29,前提是:

(A)该货物在阿曼或/和美国境内裁剪或/和针织成型并缝制或以其他方式组合;以及

(B)对于作为子目6203.22至6203.29的便服套装的一部分进口的以羊毛、动物细毛、棉花或化学纤维为原料的品目6201的服装或品目6202的上衣,服装中使用的任何可见衬里材料必须满足第六十一章章规则一的要求。

13. 从任何其他章(品目5106至5113、品目5204至5212、品目5307至5308、品目5310至5311、第五十四章、品目5508至5516、品目5801至5802或品目6001至6006除外)改变至子目6203.31至6203.33,前提是:

   (A)该货物在阿曼或/和美国境内裁剪或/和针织成型并缝制或以其他方式组合;以及

   (B)服装中使用的任何可见衬里材料满足第六十二章章规则一的要求。

14. 从任何其他章(品目5106至5113、品目5204至5212、品目5307至5308、品目5310至5311、第五十四章、品目5508至5516、品目5801至5802或品目6001至6006除外)改变至税号6203.39.50或税号6203.39.90,前提是该货物在阿曼或/和美国境内裁剪或/和针织成型并缝制或以其他方式组合。

15. 从任何其他章(品目5106至5113、品目5204至5212、品目5307至5308、品目5310至5311、第五十四章、品目5508至5516、品目5801至5802或品目6001至6006除外)改变至子目6203.39,前提是:

   (A)该货物在阿曼或/和美国境内裁剪或/和针织成型并缝制或以其他方式组合;以及

   (B)服装中使用的任何可见衬里材料满足第六十二章章规则一的要求。

16. 从任何其他章(品目5106至5113、品目5204至5212、品目5307至5308、品目5310至5311、第五十四章、品目5508至5516、品目5801至5802或品目6001至6006除外)改变至子目6203.41至6203.49,前提是该货物在阿曼或/和美国境内裁剪或/和针织成型并缝制或以其他方式组合。

17. 从任何其他章(品目5106至5113、品目5204至5212、品目5307至5308、品目5310至5311、第五十四章、品目5508至5516、品目5801至5802或品目6001至6006除外)改变至子目6204.11至6204.13,前提是:

   (A)该货物在阿曼或/和美国境内裁剪或/和针织成型并缝制或以其他方式组合;以及

   (B)服装中使用的任何可见衬里材料满足第六十二章章规则一的要求。

18. 从任何其他章(品目5106至5113、品目5204至5212、品目5307至5308、品目5310至5311、第五十四章、品目5508至5516、品目5801至5802或品目6001至6006除外)改变至税号6204.19.40或税号6204.19.80,前提是该货物在阿曼或/和美国境内裁剪或/和针织成型并缝制或以其他方式组合。

19. 从任何其他章(品目5106至5113、品目5204至5212、品目5307至5308、品目5310至5311、第五十四章、品目5508至5516、品目5801至5802或品目6001至6006除外)改变至子目6204.19,前提是:

   (A)该货物在阿曼或/和美国境内裁剪或/和针织成型并缝制或以其他方式组合;以及

   (B)服装中使用的任何可见衬里材料满足第六十二章章规则一的要求。

20. 从任何其他章(品目 5106 至 5113、品目 5204 至 5212、品目 5307 至 5308、品目 5310 至 5311、第五十四章、品目 5508 至 5516、品目 5801 至 5802 或品目 6001 至 6006 除外)改变至子目 6204.21 至 6204.29,前提是:

    (A)该货物在阿曼或/和美国境内裁剪或/和针织成型并缝制或以其他方式组合;以及

    (B)对于作为子目 6204.21 至 6204.29 的便服套装的一部分进口的以羊毛、动物细毛、棉花或化学纤维为原料的品目 6202 的服装、品目 6204 的上衣或品目 6204 的裙子,服装中使用的任何可见衬里材料满足第六十二章章规则一的要求。

21. 从任何其他章(品目 5106 至 5113、品目 5204 至 5212、品目 5307 至 5308、品目 5310 至 5311、第五十四章、品目 5508 至 5516、品目 5801 至 5802 或品目 6001 至 6006 除外)改变至子目 6204.31 至 6204.33,前提是:

    (A)该货物在阿曼或/和美国境内裁剪或/和针织成型并缝制或以其他方式组合;以及

    (B)服装中使用的任何可见衬里材料满足第六十二章章规则一的要求。

22. 从任何其他章(品目 5106 至 5113、品目 5204 至 5212、品目 5307 至 5308、品目 5310 至 5311、第五十四章、品目 5508 至 5516、品目 5801 至 5802 或品目 6001 至 6006 除外)改变至税号 6204.39.60 或税号 6204.39.80,前提是该货物在阿曼或/和美国境内裁剪或/和针织成型并缝制或以其他方式组合。

23. 从任何其他章(品目 5106 至 5113、品目 5204 至 5212、品目 5307 至 5308、品目 5310 至 5311、第五十四章、品目 5508 至 5516、品目 5801 至 5802 或品目 6001 至 6006 除外)改变至子目 6204.39,前提是:

    (A)该货物在阿曼或/和美国境内裁剪或/和针织成型并缝制或以其他方式组合;以及

    (B)服装中使用的任何可见衬里材料满足第六十二章章规则一的要求。

24. 从任何其他章(品目 5106 至 5113、品目 5204 至 5212、品目 5307 至 5308、品目 5310 至 5311、第五十四章、品目 5508 至 5516、品目 5801 至 5802 或品目 6001 至 6006 除外)改变至子目 6204.41 至 6204.49,前提是该货物在阿曼或/和美国境内裁剪或/和针织成型并缝制或以其他方式组合。

25. 从任何其他章(品目 5106 至 5113、品目 5204 至 5212、品目 5307 至 5308、品目 5310 至 5311、第五十四章、品目 5508 至 5516、品目 5801 至 5802 或品目 6001 至 6006 除外)改变至子目 6204.51 至 6204.53,前提是:

    (A)该货物在阿曼或/和美国境内裁剪或/和针织成型并缝制或以其他方式组合;以及

    (B)服装中使用的任何可见衬里材料满足第六十二章章规则一的要求。

26. 从任何其他章(品目 5106 至 5113、品目 5204 至 5212、品目 5307 至 5308、品目 5310 至 5311、第五十四章、品目 5508 至 5516、品目 5801 至 5802 或品目 6001 至 6006 除外)改变至税号 6204.59.40,前提是该货物在阿曼或/和美国境内裁剪或/和针织成型并缝制或以其他方式组合。

27. 从任何其他章(品目5106至5113、品目5204至5212、品目5307至5308、品目5310至5311、第五十四章、品目5508至5516、品目5801至5802或品目6001至6006除外)改变至子目6204.59,前提是:

(A)该货物在阿曼或/和美国境内裁剪或/和针织成型并缝制或以其他方式组合;以及

(B)服装中使用的任何可见衬里材料满足第六十二章章规则一的要求。

28. 从任何其他章(品目5106至5113、品目5204至5212、品目5307至5308、品目5310至5311、第五十四章、品目5508至5516、品目5801至5802或品目6001至6006除外)改变至子目6204.61至子目6204.69,前提是该货物在阿曼或/和美国境内裁剪或/和针织成型并缝制或以其他方式组合。

子目规则:如果棉制或化学纤维制男式衬衫都在阿曼或/和美国境内裁剪和组合,并且外壳(不包括领口或袖口)的织物完全是下列的一种或多种,则应被视为原产于阿曼或美国:

(a)子目5208.21、子目5208.22、子目5208.29、子目5208.31、子目5208.32、子目5208.39、子目5208.41、子目5208.42、子目5208.49、子目5208.51、子目5208.52或子目5208.59的织物,平均纱线细度超过135公支;

(b)子目5513.11或子目5513.21的非平衡织物,每平方厘米经纱和纬纱超过70根,平均纱线细度超过70公支;

(c)子目5210.21或子目5210.31的非平衡织物,每平方厘米经纱和纬纱超过70根,平均纱线细度超过70公支;

(d)子目5208.22或子目5208.32的非平衡织物,每平方厘米经纱和纬纱超过75根,平均纱线细度超过65公支;

(e)子目5407.81、子目5407.82或子目5407.83的织物,每平方米重量低于170克,由多臂装置形成多臂组织;

(f)子目5208.42或子目5208.49的非平衡织物,每平方厘米经纱和纬纱超过85根,平均纱线细度超过85公支;

(g)子目5208.51的平衡织物,每平方厘米经纱和纬纱超过75根,单纱织成,平均纱线细度95公支或以上;

(h)子目5208.41的具有条格花纹的平衡织物,每平方厘米经纱和纬纱超过85根,单纱织成,平均纱线细度为95公支或以上,通过经纱和纬纱颜色变化产生条格效果;或者

(i)子目5208.41的织物,经纱用植物染料染色,纬纱为白色或植物染料染色,平均纱线细度超过65公支。

30. 从任何其他章(品目5106至5113、品目5204至5212、品目5307至5308、品目5310至5311、第五十四章、品目5508至5516、品目5801至5802或品目6001至6006除外)改变至子目6205.20至6205.30,前提是该货物在阿曼或/和美国境内裁剪或/和针织成型并缝制或以其他方式组合。

31. 从任何其他章(品目5106至5113、品目5204至5212、品目5307至5308、品目5310

至5311、第五十四章、品目5508至5516、品目5801至5802或品目6001至6006除外)改变至子目6205.90,货物在阿曼或/和美国境内裁剪或/和针织成型并缝制或以其他方式组合。

32. 从任何其他章(品目5106至5113、品目5204至5212、品目5307至5308、品目5310至5311、第五十四章、品目5508至5516、品目5801至5802或品目6001至6006除外)改变至品目6206至6210,前提是该货物在阿曼或/和美国境内裁剪或/和针织成型并缝制或以其他方式组合。

33. 从任何其他章(品目5106至5113、品目5204至5212、品目5307至5308、品目5310至5311、第五十四章、品目5508至5516、品目5801至5802或品目6001至6006除外)改变至子目6211.11至6211.12,前提是该货物在阿曼或/和美国境内裁剪或/和针织成型并缝制或以其他方式组合。

34. 从任何其他章(品目5106至5113、品目5204至5212、品目5307至5308、品目5310至5311、第五十四章、品目5508至5516、品目5801至5802或品目6001至6006除外)改变至子目6211.20,前提是:

    (A) 该货物在阿曼或/和美国境内裁剪或/和针织成型并缝制或以其他方式组合;以及

    (B) 对于作为子目6211.20的滑雪套装的一部分进口的以羊毛、动物细毛、棉花或化学纤维为原料的品目6101、品目6102、品目6201或品目6202的的服装,服装中使用的任何可见衬里材料满足第六十二章章规则一的要求。

35. 从任何其他章(品目5106至5113、品目5204至5212、品目5307至5308、品目5310至5311、第五十四章、品目5508至5516、品目5801至5802或品目6001至6006除外)改变至子目6211.32至6211.49,前提是该货物在阿曼或/和美国境内裁剪或/和针织成型并缝制或以其他方式组合。

36. 从任何其他章改变至子目6212.10,前提是该货物在阿曼或/和美国境内裁剪或针织成型并缝制或以其他方式组合,并且在每个年度期间,生产商或生产控制实体的此类货物只有当在阿曼或/和美国境内形成的该生产商或实体在上一年度期间生产所有此类物品所使用的织物(不包括服装附件和装饰物)的总成本至少为该生产商或实体在上一年度期间进口的所有此类物品所含织物(不包括服装附件和装饰物)的总申报关税价值的75%时,才有资格享受本注释规定的优惠待遇。

37. 从任何其他章(品目5106至5113、品目5204至5212、品目5307至5308、品目5310至5311、第五十四章、品目5508至5516、品目5801至5802或品目6001至6006除外)改变至子目6212.20至6212.90,前提是该货物在阿曼或/和美国境内裁剪或/和针织成型并缝制或以其他方式组合。

38. 从任何其他章(品目5106至5113、品目5204至5212、品目5307至5308、品目5310至5311、第五十四章、品目5508至5516、品目5801至5802或品目6001至6006除外)改变至品目6213至6217,前提是该货物在阿曼或/和美国境内裁剪或/和针织成型并缝制或以其他方式组合。

第六十三章

章规则一：为确定本章货物的原产地,适用于该货物的规则仅适用于确定该货物税则归类的成分,且该成分必须满足该规则规定的税则归类改变要求。

1. 从任何其他章(品目 5106 至 5113、品目 5204 至 5212、品目 5307 至 5308、品目 5310 至 5311、第五十四章、品目 5508 至 5516、品目 5801 至 5802 或品目 6001 至 6006 除外)改变至品目 6301 至 6302,前提是该货物在阿曼或/和美国境内裁剪或/和针织成型并缝制或以其他方式组合。

2. 从税号 5402.47.10、税号 5402.52.10 或任何其他章(品目 5106 至 5113、品目 5204 至 5212、品目 5307 至 5308、品目 5310 至 5311、第五十四章、品目 5508 至 5516、品目 5801 至 5802 或品目 6001 至 6006 除外)改变至税号 6303.92.10,前提是该货物在阿曼或/和美国境内裁剪或/和针织成型并缝制或以其他方式组合。

3. 从任何其他章(第五十四章品目 5106 至 5113、品目 5204 至 5212、品目 5307 至 5308、品目 5310 至 5311、品目 5508 至 5516、品目 5801 至 5802 或品目 6001 至 6006 除外)改变至品目 6303,前提是该货物在阿曼或/和美国境内裁剪或/和针织成型并缝制或以其他方式组合。

4. 从任何其他章(第五十四章品目 5106 至 5113、品目 5204 至 5212、品目 5307 至 5308、品目 5310 至 5311、品目 5508 至 5516、品目 5801 至 5802 或品目 6001 至 6006 除外)改变至品目 6304 至 6308,前提是该货物在阿曼或/和美国境内裁剪或/和针织成型并缝制或以其他方式组合。

5. 从任何其他品目改变至品目 6309。

6. 从任何其他章(品目 5106 至 5113、品目 5204 至 5212、品目 5307 至 5308、品目 5310 至 5311、第五十四章、品目 5508 至 5516、品目 5801 至 5802 或品目 6001 至 6006 除外)改变至品目 6310,前提是该货物在阿曼或/和美国境内裁剪或/和针织成型并缝制或以其他方式组合。

第七十章

从任何其他品目(品目 7007 至 7020 除外)改变至品目 7019。

第九十四章

从任何其他章(品目 5007、品目 5111 至 5113、品目 5208 至 5212、品目 5309 至 5311、品目 5407 至 5408、品目 5512 至 5516 或子目 6307.90 除外)改变至子目 9404.90。

第九十六章

品目规则一：为确定税号 9619.00.31、税号 9619.00.41、税号 9619.00.43、税号 9619.00.46 或税号 9619.00.61、税号 9619.00.64、税号 9619.00.68、税号 9616.00.33、税号 9619.00.48、税号 9619.00.71、税号 9619.00.74、税号 9619.00.78、税号 9619.00.79 或税号 9619.00.90 的原产地,适用规则仅适用于决定该货物税则归类的成分,且该成分必须满足该货物规则规定的税则归类改变要求。

1. 从任何其他章(品目 5106 至 5113、品目 5204 至 5212、品目 5307 至 5308、品目 5310 至 5311、第五十四章、品目 5508 至 5516 或品目 6001 至 6006 除外)改变至税号 9619.00.31、税号 9619.00.41、税号 9619.00.43、税号 9619.00.46、税号 9619.00.61、税号

9619.00.64或税号9619.00.68,前提是该货物在阿曼或/和美国境内裁剪或/和针织成型并缝制或以其他方式组合。

2. 从任何其他章(品目5106至5113、品目5204至5212、品目5307至5308、品目5310至5311、第五十四章、品目5508至5516或品目6001至6006除外)改变至税号9619.00.33、税号9619.00.48、税号9619.00.71、税号9619.00.74、税号9619.00.78、税号9619.00.79或税号9619.00.90,前提是该货物在阿曼或/和美国境内裁剪或/和针织成型并缝制或以其他方式组合。

3. 从任何其他章(品目5106至5113、品目5204至5212、品目5307至5308、品目5310至5311或第五十四章至第五十五章除外)改变至税号9619.00.21或税号9619.00.25。

三十二、《美国-秘鲁贸易促进协定实施法》

(一)符合《美国-秘鲁贸易促进协定》条款的原产货物应缴纳该协定规定的关税。本注释(二)款至(十四)款所定义的原产货物或(一)(ii)款所述货物进口至美国境内,并按照以下规定申报,有资格享受《美国-秘鲁贸易促进协定实施法》(公法110-138;121 Stat.1455)第201节和第202节规定的关税待遇和数量限制:

(i)按照本税则第一章至第九十七章"税率"第1栏"特惠"子栏括号中符号"PE"的子目入境,或者

(ii)按照本税则第九十八章或第九十九章列明的税率或其他待遇申报。

(二)就本注释而言,除下述(三)款、(四)款、(十三)款和(十四)款另有规定外,进口至美国境内的货物只有在以下情况下才有资格被视为原产货物:

(i)在秘鲁或/和美国境内完全获得或生产;

(ii)完全在秘鲁或/和美国境内生产,以及

(A)货物生产过程中使用的每种非原产材料都发生下述(十四)款规定的税则归类改变,或者

(B)该货物以其他方式满足任何适用的区域价值成分或下述(十四)款规定的其他要求,

且该货物满足本注释的所有其他适用要求;或者

(iii)该货物完全在秘鲁或/和美国境内生产,仅使用上述(i)款或(ii)款所述的材料。

(三)定义。

(i)就上述(二)(i)款而言,"完全获得或生产的货物"是指下列任何货物:

(A)在秘鲁或/和美国境内收获或采集的植物和植物产品;

(B)在秘鲁或/和美国境内出生和饲养的活动物;

(C)在秘鲁或/和美国境内从活动物获得的货物;

(D)在秘鲁或/和美国境内进行狩猎、诱捕、捕捞或水产养殖获得的货物;

(E)上述(A)款至(D)款未包括的从秘鲁或/和美国境内开采或获取的矿产和其他自然

资源；

(F)在秘鲁或美国注册或登记并悬挂其国旗的船舶从秘鲁或美国境外的海洋、海床或底土中捕获的鱼类、贝类和其他海洋生物；

(G)使用上述(F)款所述货物在工厂船上生产的货物,该工厂船在秘鲁或美国注册或登记并悬挂其国旗；

(H)秘鲁或美国、秘鲁人或美国人从领海以外的海床或底土中取得的货物,前提是秘鲁或美国有权开采该海床或底土；

(I)从外层空间取得的货物,前提是这些货物由秘鲁或美国、秘鲁人或美国人取得,并且不是在秘鲁或美国以外的国家境内加工的；

(J)废碎料,来源于：

(1)在秘鲁或/和美国境内的制造或加工业务,或者

(2)在秘鲁或/和美国境内收集的废旧物品,前提是这些货物只适合回收原材料；

(K)在秘鲁或/和美国境内从废旧物品中提取并在秘鲁或/和美国境内用于再制造货物生产的回收货物；以及

(L)在秘鲁或/和美国境内生产的货物,仅来自任何生产阶段的上述(A)款至(J)款所述货物或其衍生物。

(ii)就本注释而言——

(A)"回收货物"是指由于下列原因而产生的单个零件形式的材料：

(1)将废旧物品完全分解成单个零件；以及

(2)为改善零件的工作状态而对其进行的清洁、检查、测试或其他处理。

(B)"再制造货物"是指在秘鲁或/和美国境内组装的工业产品,归入本税则第八十四章、第八十五章、第八十七章、第九十章或品目9402(品目8418或品目8516的货物除外),并且——

(1)全部或部分由回收货物组成；以及

(2)具有相似的预期寿命,并享有与新产品相似的工厂保修。

(C)"材料"是指用于生产另一种货物的货物,包括零件或组成成分。

(D)"自产材料"是指由货物生产商生产并用于生产该货物的原产材料。

(E)"非原产货物"或"非原产材料"是指根据本注释不符合原产条件的货物或材料(视情况而定)。

(F)"生产"是指种植、开采、收割、捕捞、饲养、诱捕、狩猎、制造、加工、装配或拆卸货物；"生产商"是指在秘鲁或美国境内从事货物生产的人；

(G)"调整后的价值"是指根据《乌拉圭回合协定法》第101(d)(8)节《关于实施1994年关税与贸易总协定第七条的协定》第1至8条、第15条和相应解释性说明确定的价值,此价值可调整为不包括从出口国到进口地的国际货物运输、保险和相关服务所产生的任何成本、费用或开支。

(H)"净成本"是指总成本扣除促销、营销和售后服务成本、特许权使用费、运输和包装成本以及包含在总成本中的不可分配的利息成本。

(I)"相同货物"是指原产地规则规定的所有要素都相同的货物,该原产地规则使该货物

成为原产货物。

(iii)经必要生产以符合本注释的原产货物资格的货物,如果在该货物生产之后发生以下情形,则该货物不应被视为原产货物:

(A)在秘鲁或美国境外进行进一步加工或任何其他作业(为保持货物良好状态所必要的或为将货物运至秘鲁或美国境内而进行的卸货、重新装载或任何其他操作除外);或者

(B)不受秘鲁或美国以外国家的海关当局监管。

(iv)累积。

(A)用来自秘鲁或美国的原产材料在另一国境内生产的货物应被视为原产于该另一国境内。

(B)由一个或多个生产商在秘鲁或/和美国境内生产的货物如果满足本注释的所有适用要求,则该货物为原产货物。

(v)可归类为成套货品的货物。尽管下述(十四)款有规定,但根据总规则三的规定,归类为零售成套货品的货物不得视为原产货物,除非——

(A)该套货物中的每一件均为原产货物;或者

(B)非原产货物的总值——

(1)就纺织品或服装而言,或者

(2)就纺织品或服装以外的货物而言,不超过该套货物调整后的价值的10%,该套货物调整后的价值的15%。

(四)纺织品和服装。

(i)根据本注释条款,纺织品或服装不是原产货物,原因是用于生产确定货物税则归类的货物成分的特定纤维或纱线未发生下述(十四)款规定的税则归类改变,但如果符合以下条件,应被视为原产货物:

(A)该货物成分中所有此类纤维或纱线的总重量不超过该成分总重量的10%;或者

(B)该货物包含可归入税号5402.10.30、税号5402.10.60、税号5402.19.30、税号5402.19.60、税号5402.31.30、税号5402.31.60、税号5402.32.30、税号5402.32.60、税号5402.41.10、税号5402.41.90、税号5402.51.00或税号5402.61.00的尼龙长丝纱线(弹性体纱线除外),来自1995年1月1日前生效的与美国签订自由贸易区协定的缔约方。

尽管有上述规定,但如果确定纺织品或服装税则归类的货物成分中含有弹性纱线,则只有在这些纱线全部在秘鲁或美国境内成型的情况下,才被视为原产货物。

(ii)就本款而言——

(A)"弹性纱线"不包括乳胶;以及

(B)如果纱线的所有生产过程和后整理都发生在秘鲁或美国境内,从长丝、扁条、薄膜或薄片的挤出开始,包括将薄膜或薄片切成扁条,将纤维纺成纱线,最终以成品纱或合股纱结束,则该纱线被视为在秘鲁或美国境内完全成型。

(iii)就上述(i)款或(ii)款而言,如果纺织品或服装是纱线、织物或纤维集合体,则"确定货物

税则归类的货物成分"是指纱线、织物或纤维集合体中的所有纤维。

(iv)就本注释而言,"纺织品或服装"是指《乌拉圭回合协定法》第101(d)(4)节[《美国法典》第19卷3511(d)(4)节]所述纺织品和服装协定附件中所列的货物;但该术语不包括本注释(一)款规定的协定附件3.29所列的下列货物:药棉、纱布、绷带等(子目3005.90);用塑料涂覆、包覆或层压的机织物、针织物或非织造布(子目3921.12、子目3921.13或子目3921.90);毛毡制鞋底和鞋面的鞋类(子目6405.20);外表面50%或以上为纺织材料的鞋帮(子目6406.10);纺织材料制暖腿罩和绑腿(子目6406.99);毛毡制帽型、帽身和帽罩以及毛毡制平顶帽和帽檐(品目6501);帽坯,用任何材料条编结或组装而成(品目6502);毡帽和其他毡帽(品目6503);用任何材料条带编结或拼制而成的帽子和其他帽(品目6504);用花边或其他纺织材料编织或制成的帽子和其他帽(子目6505.90);机动车辆用安全带(子目8708.21);降落伞及其零部件和附件(品目8804);纺织材料制表带、表带和手镯(子目9113.90);玩偶服装(子目9502.91);以及化学纤维机织色带,但宽度小于30毫米且永久装盒的除外(子目9612.10)。

(v)就本注释(四)(iv)款所定义的纺织品和服装而言,"全部"是指该货物完全由指定材料制成。

(五)非原产材料的微小含量。

(i)除(四)(i)款、(五)(ii)款和下述(十三)款另有规定外,未发生下述(十四)款规定的税则归类改变的货物为原产货物,前提是:

(A)以下所有非原产材料的价值不超过货物调整后价值的10%:

(1)用于生产货物的非原产材料,以及

(2)不符合下述(十四)款规定的税则归类改变的非原产材料;

(B)在计算本注释下任何适用区域价值含量要求的非原产材料价值时,应考虑此类非原产材料的价值;以及

(C)货物符合本注释的所有其他适用要求。

(ii)上述(i)款不适用于:

(A)用于生产第四章货物的第四章的非原产材料或者子目1901.90或子目2106.90的乳固体含量(按重量计)超过10%的非原产乳制品;

(B)用于生产下列货物的第四章的非原产材料或子目1901.90的乳固体含量(按重量计)超过10%的非原产乳制品:

(1)子目1901.10的乳固体含量(按重量计)超过10%的婴儿制品,

(2)子目1901.20的非供零售用的乳脂含量(按重量计)超过25%的混合物和面团,

(3)子目1901.90或子目2106.90的乳固体含量(按重量计)超过10%的乳制品,

(4)品目2105的货物,

(5)子目2202.90的含乳饮料,或者

(6)子目2309.90的乳固体重量(按重量计)超过10%的动物饲料;

(C)用于生产子目2009.11至2009.39的货物或者用于生产子目2106.90或子目2202.90的添加矿物质或维生素的任何单一水果或蔬菜的浓缩汁或未浓缩汁的品

目0805或子目2009.11至2009.39的非原产材料；

(D)用于生产品目0901或品目2101的货物的品目0901或品目2101的非原产材料；

(E)用于生产品目1501至1508或品目1511至1515的货物的第十五章的非原产材料；

(F)用于生产品目1701至1703的货物的品目1701的非原产材料；

(G)用于生产子目1806.10的货物的第十七章的非原产材料；

(H)除上述(A)款至(H)款和本注释(十四)款另有规定外,用于生产第一章至第二十四章货物的非原产材料,除非该非原产材料所属子目与根据本注释确定原产地的货物所属子目不同；或者

(I)纺织品或服装的非原产材料。

(六)**区域价值成分**。

(i)就上述(二)(ii)(B)款而言,除下述(iii)款适用的货物外,下述(十四)款所述货物的区域价值成分应由该货物的进口商、出口商或生产商根据下述所述的累积法或扣减法进行计算。

(A)对于扣减法,区域价值成分可根据公式 RVC=(AV−VNM)/AV×100% 计算。其中,RVC是货物的区域价值成分,以百分比表示；AV是货物的调整后的价值；VNM是生产商在生产货物时获得和使用的非原产材料的价值,但不包括自产材料的价值。

(B)对于累积法,区域价值成分可根据公式 RVC=VOM/AV×100% 计算。其中,RVC是货物的区域价值成分,以百分比表示；AV是货物的调整后的价值；VOM是指生产商在生产货物时获得或自行生产并使用的原产材料的价值。

(ii)**材料的价值**。

(A)为了计算本注释下货物的区域价值成分,以及为了适用上述(五)款关于微小含量的规定,材料的价值为：

(1)就货物生产商进口的材料而言,材料的价值为材料的调整价值；

(2)就在货物生产地获得的材料而言,根据《乌拉圭回合协定法》第101(d)(8)节所述的《关于执行1994年关税及贸易总协定第七条的协定》第1至8条、第15条和相应的解释性说明,按照财政部部长颁布的条例列明的没有进口情况的规定确定材料的价值；或者

(3)如果是自产材料,则材料的价值为以下两项之和：

(a)生产材料产生的所有费用(包括一般费用),以及

(b)与正常贸易过程中增加的利润相等的利润额。

(B)对于原产材料,如果上述(A)款未包含以下费用,则可将其添加到原产材料的价值中：

(1)在秘鲁或/和美国境内或之间运输材料至生产商所在地所产生的运费、保险费、包装费和所有其他费用；

(2)在秘鲁或/和美国境内支付的材料的关税、税款和报关经纪费,但免除、退回、退还或以其他方式收回的关税或税款(包括已支付或应付关税或税款的抵免)

除外；

(3)在生产货物过程中使用材料所产生的废物和腐败的成本,减去可回收废料或副产品的价值。

(C)对于非原产材料,如果包含在上述(A)款中,则可从非原产材料的价值中扣除以下费用：

(1)在秘鲁或/和美国境内或之间运输材料至生产商所在地所产生的运费、保险费、包装费和所有其他费用；

(2)在秘鲁或/和美国境内支付的材料的关税、税款和报关经纪费,但免除、退回、退还或以其他方式收回的关税或税款(包括已支付或应付关税或税款的抵免)除外；

(3)在生产货物过程中使用材料产生的废物和腐败成本,减去可回收废料或副产品的价值；

(4)在秘鲁或美国境内生产非原产材料所使用的原产材料的成本。

(iii)某些汽车产品的特殊规则。

(A)就上述(二)(ii)(B)款而言,根据下述(十四)款,汽车产品的区域价值成分应由货物的进口商、出口商或生产商根据以下净成本法计算：

$$RVC=(NC-VNM)/NC\times100\%$$

其中,RVC是汽车产品的区域价值成分,以百分比表示;NC是汽车产品的净成本;VNM是指生产商在生产汽车产品时获得和使用的非原产材料的价值,但不包括自产材料的价值。就本款而言,"汽车产品"是指本税则子目8407.31至8407.34、子目8408.20、品目8409或品目8701至8708的货物。

(B)为确定本款的属于品目8701至8705的机动车辆的汽车产品的区域价值成分,进口商、出口商或生产商可根据上述(A)款的净成本法公式计算生产商会计年度内的平均金额：

(1)下述(C)款所述任何一类中的所有机动车辆；或者

(2)出口至秘鲁或美国境内的任何此类中的所有机动车辆。

(C)就上述(B)(1)款而言,如果属于以下情况,则称其为一个类别：

(1)与正在计算区域价值成分的上述(B)款所述货物的机动车辆车型系列相同,属于同一机动车辆类别,并在秘鲁或美国境内的同一工厂生产；

(2)与正在计算区域价值成分的上述(B)款所述货物属于同一机动车辆类别,并在秘鲁或美国境内的同一工厂生产；或者

(3)与正在计算区域价值成分的上述(B)款所述货物在秘鲁或美国境内生产的机动车辆车型系列相同。

(D)为确定子目8407.31至8407.34、子目8408.20、品目8409、品目8706、品目8707或品目8708的在同一工厂生产的汽车产品在上述(A)款下的区域价值成分,进口商、出口商或生产商可以——

(1)按照以下时间段用上述(A)款中的净成本法公式计算平均金额：

(Ⅰ)销售汽车产品的汽车生产商的会计年度,

(Ⅱ)任何季度或月份,或者

(Ⅲ)其会计年度,

如果货物是在作为计算依据的会计年度、季度或月份生产的;

(2)对于出售给一个或多个机动车辆生产商的此类货物,分别确定上述(1)款中提及的平均值;或者

(3)根据上述(1)或(2)款对出口至秘鲁或美国境内的汽车产品作出单独决定。

(E)汽车产品的进口商、出口商或生产商应按照公认会计原则中有关成本分配的规定,通过以下方式确定上述(B)款中汽车产品的净成本:

(1)计算汽车产品生产商生产的所有货物的总成本,减去所有此类货物总成本中包含的任何促销、营销和售后服务成本、特许权使用费、运输和包装成本以及不可分配的利息成本,然后合理分配这些货物对汽车产品产生的净成本;

(2)计算该生产商生产的所有产品的总成本,从总成本合理分配给汽车产品,然后减去任何促销、营销和售后服务成本、特许权使用费、运输和包装成本以及不可分配的利息成本(包括在分配给汽车产品的总成本部分);或者

(3)合理分配构成汽车产品总成本一部分的各项成本,使所有此类成本的总和不包括任何促销、营销和售后服务成本、特许权使用费、运输和包装成本或不可分配的利息成本。

(F)就本注释而言,"机动车辆类别"是指下列任何一类机动车辆:

(1)子目8701.20、子目8704.10、子目8704.22、子目8704.23、子目8704.32、子目8704.90、品目8705或品目8706的机动车辆,或者子目8702.10或子目8702.90的载客量为16人或以上的机动车辆;

(2)子目8701.10或子目8701.30至8701.90的机动车辆;

(3)子目8702.10或子目8702.90的载客量为15人或以下的机动车辆,或者子目8704.21或子目8704.31的机动车辆;或者

(4)子目8703.21至8703.90的机动车辆。

(G)就本注释而言,"车型系列"是指具有相同平台或车型名称的一组机动车辆。

(H)就本注释而言,"不可分配的利息成本"是指生产商发生的利息成本,高于生产商所在国可比到期日的适用官方利率700个基点。

(I)就本注释而言,"合理分配"是指按照公认会计原则适当的方式进行分配。

(J)就本注释而言,"总成本"是指货物在秘鲁或美国境内发生的所有产品成本、期间成本和其他成本,不包括生产商赚取的利润,无论这些利润是由生产商留存还是作为股息支付给其他人,或是对这些利润支付的税款,包括资本利得税。

(K)就本注释而言,"产品成本"是指与生产货物有关的成本,包括材料价值、直接劳动力成本和直接间接费用。

(L)就本注释而言,"期间成本"是指除产品成本外,在发生期间支出的成本,如销售费用、一般费用和管理费用。

(M)就本注释而言,"其他成本"是指记录在生产商账簿上的所有非产品成本或期间成本的成本,如利息。

(N)就本注释而言,"使用"是指在生产货物时利用或消耗。

(七)附件、备件或工具。
(i)除下述(ii)款和(iii)款另有规定外,与货物一起交付的附件、备件或工具构成货物标准附件、备件或工具的一部分:
(A)如果货物是原产货物,则该附件、备件或工具应被视为原产货物;以及
(B)在确定用于生产货物的所有非原产材料是否发生下述(十四)款规定的税则归类改变时,应不考虑附件、备件或工具。
(ii)上述(i)款仅在以下情况下适用:
(A)附件、备件或工具未与货物分开开具发票,不论货物发票中是否规定或单独标识了此类附件、备件或工具;以及
(B)按商业习惯,上述附件、备件或工具在数量及价值上是为该货物正常配备的。
(iii)如果货物受区域价值成分要求的约束,则在计算货物的区域价值成分时,附件、备件或工具的价值应被视为原产或非原产材料(视情况而定)的价值而予以考虑。

(八)可替代货物和可替代材料。
(i)主张货物享受本注释规定待遇的人可根据可替代货物或材料的物理分离或者通过采用库存管理方法主张可替代货物或材料为原产。在本款中,"库存管理方法"是指:
(A)平均,
(B)"后进先出",
(C)"先进先出",或者
(D)生产所在国(不论是秘鲁还是美国)公认会计原则中确认的或该国接受的其他方法。
"可替代货物"或"可替代材料"是指为商业目的可与另一货物或材料互换(视情况而定)且其性质与该另一货物或材料基本相同的货物或材料。
(ii)根据上述(i)款为特定可替代货物或可替代材料选择库存管理方法的人,应在其整个会计年度内持续对这些可替代货物或可替代材料使用该方法。

(九)包装材料和容器。
(i)零售。零售用包装材料和容器,如果与货物一起归类,则在确定用于生产该货物的所有非原产材料是否发生下述(十四)款规定的税则归类改变时,应不予考虑。
(ii)装运。在确定货物是否为原产货物时,应忽略装运用包装材料和容器。

(十)中性成分。
就本注释而言,中性成分应被视为原产物料,而不考虑其产地。"中性成分"是指在生产、测试或检验货物时使用或消耗但未实际纳入货物的材料,或者在维护建筑物或操作与货物生产相关的设备时使用或消耗的材料,包括:
(i)燃料和能源;
(ii)工具、模具及型模;
(iii)维护设备或建筑物所使用或消耗的备件和材料;

(iv)在生产或操作设备或维护建筑物时使用或消耗的润滑剂、油脂、合成材料和其他材料；

(v)手套、眼镜、鞋靴、服装、安全设备和用品；

(vi)用于测试或检验货物的设备、装置和用品；

(vii)催化剂和溶剂；以及

(viii)在货物生产过程中使用，虽未构成该货物组成成分，但能合理表明为该货物生产过程一部分的任何其他货物。

(十一)就本注释而言，"公认会计原则"是指秘鲁或美国境内(视情况而定)就收入、费用、成本、资产和负债的记录、信息披露和财务报表的编制取得公认的共识或实质性权威支持。这些原则可包括广泛使用的应用指南以及详细的标准、做法和程序。

(十二)优惠关税待遇申请；备案要求和核查。

(i)优惠关税待遇申请。进口商可使用以下法规要求的形式和方式申请本注释条款规定的关税和其他待遇：

(A)进口商、出口商或生产商出具的书面或电子证明；或者

(B)进口商知道该货物是原产货物，包括合理依赖进口商掌握的该货物是原产货物的信息。

(ii)记录保存要求。根据本注释条款规定报关的货物进口商应自货物进口之日起，以适用法规要求的形式和方式，对证明该货物符合本注释条款规定的关税和其他待遇所需的所有记录和证明文件至少保存5年。在本注释而中，"记录和证明文件"就根据本注释条款规定入境的进口货物而言，是指与货物原产地有关的记录和文件，包括：

(A)货物的采购、成本、价值和付款；

(B)用于生产货物的所有材料(包括中性成分)的采购、成本、价值和付款；以及

(C)以货物出口的形式进行的货物生产。

(iii)核查。为了确定从秘鲁境内进口至美国境内的货物是否符合本注释关于原产货物的规定，相关海关官员可按照相关法规进行核查。

(十三)原产地规则的解释和适用。

(i)除另有规定外，列于本税则的品目或子目之后且具体说明税则归类改变的本注释(十四)款任何规则的要求仅适用于非原产材料。就本注释(十四)款而言，如果一个关税条款的物品描述不是缩进排印的，则该关税条款为"品目"；如果一个关税条款在本税则中以6位数字表示，则该关税条款为"子目"；"章"和"类"分别指本税则的一章或一类。

(ii)在本注释(十四)款中的特定规则使用税则归类改变标准并且规定了不能从本税则的某些章、品目或子目改变而来的情形下，应将原产地规则解释为只有当货物生产中使用的归入上述章、品目或子目的材料为原产材料时，货物才具备原产资格。

(iii)当本税则的某一品目或子目适用本注释(十四)款可替代的特定规则时，如果货物满足其中一种可替代规则，则该规则将被视为适用。

(iv) 当某一规则适用于一组品目或子目,并且该规则具体说明品目或子目的改变时,该要求被视为允许该组品目或子目的一个品目或子目范围内的改变或者品目或子目之间的改变。但是,当某一条规则规定"该组别外"的品目或子目发生税则归类改变时,品目或子目的这一改变必须来自该规则所列品目或子目以外的品目或子目。

(v) 除另有规定外,本注释(十四)款所述规则中提及的本税则第一章至第二十四章规定货物的重量均指干重。

(vi) 为将本注释适用于第六章至第十四章的货物,在秘鲁或美国种植的农业和园艺货物应被视为原产货物,即使是用从协定以外的国家进口的植物种子、鳞茎、根茎、插枝、侧枝、接枝、枝条、芽或植物的其他活性部分种植的。

(vii) 本款赋予下列条款规定的货物原产地资格,除非另有规定。尽管有上述规定,如果货物符合下述(十四)款规定的税则归类改变,则该货物为原产货物。

(A) 第二十七章至第四十章的货物(子目2930.20的乙基异丙基硫代氨基甲酸酯和品目3823的货物除外),在秘鲁或美国境内发生化学反应的产物,应被视为原产货物。就上述各章的货物而言,"化学反应"是指通过破坏分子内键并形成新的分子内键,或通过改变分子中原子的空间排列而产生具有新结构的分子的过程(包括生化过程)。为确定货物是否原产,以下情况不被视为化学反应:

(1) 溶于水或其他溶剂;

(2) 去除溶剂,包括溶剂水;或者

(3) 加入或排除结晶水。

(B) 第二十八章至第四十章的经净化的货物应被视为原产货物,前提是在秘鲁或/和美国境内发生下列情况之一:

(1) 对货物进行纯化,以去除80%的现有杂质含量;或者

(2) 减少或消除杂质,使产品适合以下一种或多种应用:

(Ⅰ) 用作药品、医药、化妆品、兽医或食品级物质,

(Ⅱ) 用作分析、诊断或实验室用途的化学产品或试剂,

(Ⅲ) 用作微电子组件的元件或部件,

(Ⅳ) 用于特殊光学用途,

(Ⅴ) 用于健康和安全的无毒用途,

(Ⅵ) 用于生物技术用途,

(Ⅶ) 用作分离过程中的载体,或者

(Ⅷ) 用于原子核级别用途。

(C) 如果遵照预定规格有目的、按比例控制材料的混合(包括分散),在秘鲁或/和美国境内生产的第三十章、第三十一章或第三十三章至第四十章(品目3808除外)的货物,具有与货物用途相关、与投入材料不同的物理或化学特性,则该货物应被视为原产货物。

(D) 如果有目的和有控制地减小货物的粒度,包括通过溶解聚合物和随后的沉淀(而不是仅仅通过压碎或压制)进行微粉化,在秘鲁或/和美国境内生产的具有规定粒径、规定粒度分布或规定表面积的第三十章、第三十一章、第三十三章或

第三十九章的货物,具有与货物用途相关、与投入材料不同的物理或化学特性,则该货物应被视为原产货物。

(E)如果标准物质的生产发生在秘鲁或/和美国境内,则第二十八章至第三十八章的货物应被视为原产货物。"标准物质"(包括标准溶液)是一种适合于分析、校准或参考用途的制剂,其纯度或比例由制造商认证。

(F)如果从异构体混合物分离异构体发生在秘鲁或美国境内,则第二十八章至第三十九章的货物应被视为原产货物。

(G)从人造混合物分离出一种或多种材料,导致第二十八章至第三十八章的货物在秘鲁或美国境内发生税则归类改变,该货物将不被视为原产货物,除非该分离材料在秘鲁或/和美国境内发生了化学反应。

(viii)(A)本税则第五十章至第六十章的纺织品,按照本税则税号9822.06.20进口,使用以下材料全部在秘鲁或/和美国境内完成,则应被视为原产货物:

(1)第九十八章第二十二分章美国注释二十九列出的一种或多种纤维和纱线;或者

(2)第九十八章第二十二分章美国注释二十九所列的纤维和纱线与根据本注释条款产生的一种或多种纤维和纱线的组合。

上述(2)款所述的原产纤维和纱线可含有不受本注释(十四)款所述税则归类适用改变影响的纤维或纱线重量的10%。上述(2)款所述的原产纱线中所含的任何弹性纱线(乳胶除外)必须在秘鲁和/或美国境内成型。

(B)本税则第六十一章或第六十二章的货物,按照本税则税号9822.06.20进口,如果全部在秘鲁或/和美国境内裁剪或针织成型并缝制或以其他方式组合,并且外壳的织物[不包括领子和袖子(如适用)]由以下材料制成:

(1)第九十八章第二十二分章美国注释二十九列出的一种或多种织物;或者

(2)在秘鲁或美国境内,由第九十八章第二十二分章美国注释二十九所列一种或多种纱线制成的一种或多种织物或针织成型组件;或者

(3)上述(1)款所述的织物、(2)款所述的织物或针织成型组件或本注释的一种或多种织物或针织成型组件的任何组合。

上述(3)款所述的原产织物可含有最多10%(按重量计)的纤维或纱线,这些纤维或纱线未发生本注释(十四)款中所述的税则归类改变。上述(3)款所述的原产织物或针织成型组件中包含的任何弹性纱线必须在秘鲁或美国境内成型。

(C)本税则第四十二章、第六十三章或第九十四章中按照本税则税号9822.06.20进口的纺织品,在秘鲁或/和美国境内裁剪或/和针织成型并缝制或以其他方式组合,则应被视为原产货物,前提是决定货物税则归类的成分完全是:

(1)第九十八章第二十二分章美国注释二十九列出的一种或多种织物;或者

(2)在秘鲁或美国境内,由第九十八章第二十二分章美国注释二十九所列一种或多种纱线制成的一种或多种织物或针织成型组件;或者

(3)上述(1)款所述的织物、(2)款所述的织物或针织成型组件或本注释的一种或多种织物或针织成型组件的任何组合。

上述(3)款所述的原产织物可含有最多10%(按重量计)的纤维或纱线,这些纤维或纱线未发生本注释(十四)款中所述的税则归类改变。上述(3)款所述的原产织物或针织成型组件中包含的任何弹性纱线必须在秘鲁或美国境内成型。

(D)第六十一章或第六十二章的服装应被视为原产,如本注释(十四)款中规定,无论该章章规则一所述的任何可见衬里织物、该章章规则三所述的狭幅织物、该章章规则四所述的缝纫线或该章章规则五所述口袋织物的原产地为何,前提是这些材料在第九十八章第二十二分章美国注释二十九中列出,并且货物符合本注释下优惠关税待遇的所有其他适用要求。

(十四)税则归类改变规则。[注:8097 或 8771 未更新]

第一章
从任何其他章改变至品目 0101 至 0106。

第二章
从任何其他章改变至品目 0201 至 0210。

第三章
章规则:鱼、甲壳动物、软体动物和其他水生无脊椎动物应被视为原产,即使它们是从非原产鱼苗或幼鱼中培育出来的。就本规则而言,"鱼苗"是指处于幼鱼期后的未成熟的鱼,包括幼鱼、幼鲑、小鲑鱼和幼鳗。

从任何其他章改变至品目 0301 至 0307。

第四章
1. 从任何其他章(子目 1901.90 除外)改变至品目 0401 至 0404。

2. 从任何其他章(子目 1901.90 或子目 2106.90 除外)改变至品目 0405。

3. 从任何其他章(子目 1901.90 除外)改变至品目 0406。

4. 从任何其他章改变至品目 0407 至 0410。

第五章
从任何其他章改变至品目 0501 至 0511。

第六章
从任何其他章改变至品目 0601 至 0604。

第七章
从任何其他章改变至品目 0701 至 0714。

第八章
从任何其他章改变至品目 0801 至 0814。

第九章
1. 从任何其他章改变至品目 0901。

2. 从任何其他子目改变至子目 0902.10 至 0902.40。

3. 从任何其他章改变至品目 0903。

4. (A)从子目 0904.11 至 0910.99 的未压碎、未研磨或非粉状的香料或任何其他子目改变至子目 0904.11 至 0910.99 的供零售用的压碎、研磨或粉状的香料;或者

(B)从任何其他子目改变至子目0904.11至0910.99的混合香料(供零售用的粉碎、研磨或粉状的香料除外)。

第十章

从任何其他章改变至品目1001至1008。

第十一章

1. 从任何其他章改变至品目1101至1104。

2. 从任何其他章(品目0701除外)改变至子目1105.10至1105.20。

3. 从任何其他章改变至品目1106至1107。

4. 从任何其他章改变至子目1108.11至1108.12。

5. 从任何其他章(品目0701除外)改变至子目1108.13。

6. 从任何其他章改变至子目1108.14至1108.20。

7. 从任何其他章改变至品目1109。

第十二章

从任何其他章改变至品目1201至1214。

第十三章

从任何其他章改变至品目1301至1302。

第十四章

从任何其他章改变至品目1401至1404。

第十五章

1. 从任何其他章改变至品目1501至1518。

2. 从任何其他品目改变至品目1520。

3. 从任何其他章改变至品目1521至1522。

第十六章

1. 从任何其他章改变至品目1601至1603。

2. 从任何其他章改变至子目1604.11至1604.13。

3. (A)从任何其他章改变至子目1604.14的金枪鱼块;或者

(B)从任何其他品目(品目0301至0304除外)改变至子目1604.14的任何其他货物。

4. 从任何其他章改变至子目1604.15至1604.30。

5. 从任何其他章改变至品目1605。

第十七章

1. 从任何其他章改变至品目1701至1703。

2. 从任何其他品目改变至品目1704。

第十八章

1. 从任何其他章改变至品目1801至1802。

2. 从任何其他品目改变至品目1803至1805。

3. 从任何其他品目改变至子目1806.10,前提是子目1806.10的糖含量(按干重计)为90%或以上的产品不含第十七章的非原产糖,子目1806.10的糖含量(按干重计)为90%以下的产品不含35%以上(按重量计)第十七章的非原产糖。

4. 从任何其他品目改变至子目 1806.20。

5. 从任何其他子目改变至子目 1806.31 至 1806.90。

第十九章

1. 从任何其他章改变至子目 1901.10，前提是子目 1901.10 的乳固体含量（按重量计）超过 10％的产品不含第四章的非原产乳品。

2. 从任何其他章改变至子目 1901.20，前提是子目 1901.20 的乳脂含量（按重量计）超过 25％且非供零售用的产品不含第四章的非原产乳品。

3. 从任何其他章改变至子目 1901.90，前提是子目 1901.90 的乳固体含量（按重量计）超过 10％的产品不含第四章的非原产乳品。

4. 从任何其他章改变至品目 1902 至 1905。

第二十章

1. 从任何其他章改变至品目 2001。

2. 从任何其他章改变至品目 2002 至 2003，但通过在水、盐水或天然果汁（包括包装附带的加工）中包装（包括罐装）制作的货物，仅当新鲜货物在秘鲁或/和美国境内完全获得或生产时，才被视为原产货物。

3. 从任何其他章（品目 0701 除外）改变至品目 2004，并且通过冷冻（包括冷冻附带加工）制作的货物，仅当新鲜货物在秘鲁或/和美国境内完全获得或生产时，才被视为原产货物。

4. 从任何其他章改变至品目 2005，但通过在水、盐水或天然果汁（包括包装附带的加工）中包装（包括罐装）制作的货物，仅当新鲜货物在秘鲁或/和美国境内完全获得或生产时，才被视为原产货物。

5. 从任何其他章改变至品目 2006 至 2007。

6. 从任何其他章（品目 1202 除外）改变至子目 2008.11。

7. 从任何其他章改变至子目 2008.19，但通过干燥或油浸烘焙（包括烘焙附带的加工）制作的坚果和种子，只有在新鲜坚果和种子在秘鲁或/和美国境内完全获得或生产的货物时，才被视为原产货物。

8. 从任何其他章改变至子目 2008.20 至 2008.99，但通过在水、盐水或天然果汁（包装附带的加工）中包装（包括罐装）制作的货物，仅当新鲜货物在秘鲁或/和美国境内完全获得或生产的货物时，才被视为原产货物。

9. 从任何其他章（品目 0805 除外）改变至子目 2009.11 至 2009.39。

10. 从任何其他章改变至子目 2009.41 至 2009.80。

11.（A）从任何其他章改变至子目 2009.90；或者

（B）从第二十章的任何其他子目改变至子目 2009.90，不论是否从任何其他章改变而来，前提是单一果汁成分或非协定缔约方的单一国家的果汁成分以单一浓度形式构成的货物体积不超过 60％。

第二十一章

1. 从任何其他章改变至品目 2101 至 2102。

2. 从任何其他章改变至子目 2103.10。

3. 从任何其他章改变至子目 2103.20,前提是子目 2103.20 的番茄酱不包含子目 2002.90 的非原产货物。

4. 从任何其他章改变至子目 2103.30。

5. 从任何其他品目改变至子目 2103.90。

6. 从任何其他品目改变至品目 2104。

7. 从任何其他品目[第四章和子目 1901.90 的乳固体含量(按重量计)超过 10%的乳制品除外]改变至品目 2105。

8. 从任何其他章(品目 0805、品目 2009 或子目 2202.90 除外)改变至子目 2106.90 的添加维生素或矿物质的单一水果或蔬菜的浓缩汁。

9. 从以下情形改变至子目 2106.90 的添加维生素或矿物质的混合汁:
   (A)任何其他章(品目 0805、品目 2009 或子目 2202.90 的混合汁除外);或者
   (B)第二十一章的任何其他子目、品目 2009 或子目 2202.90 的混合汁,不论是否从任何其他章改变而来,前提是单一果汁成分或非协定缔约方的单一国家的果汁成分以单一浓度形式构成的货物体积不超过 60%。

10. 从任何其他子目(品目 2203 至 2209 除外)改变至子目 2106.90 的复合酒精制剂。

11. 从任何其他章(第十七章除外)改变至子目 2106.90 的糖浆。

12. 从任何其他章[第四章或子目 1901.90 的乳固体含量(按重量计)超过 10%的乳制品除外]改变至子目 2106.90 的乳固体含量超过 10%的产品。

13. 从任何其他章改变至品目 2106 的任何其他货物。

第二十二章

1. 从任何其他章改变至品目 2201。

2. 从任何其他章改变至子目 2202.10。

3. (A)从任何其他章(品目 0805、品目 2009 或子目 2106.90 的浓缩果汁除外)改变至子目 2202.90 的添加维生素或矿物质的任何单一水果汁或蔬菜汁;
   (B)(1)从任何其他章(品目 0805、品目 2009 或子目 2106.90 的混合汁除外)改变至子目 2202.90 的添加维生素或矿物质的混合汁;或者
   (2)从第二十二章的任何其他子目、品目 2009 或子目 2106.90 的混合汁改变至子目 2202.90 的添加维生素或矿物质的混合汁,不论是否从任何其他章改变而来,前提是单一果汁成分或非协定缔约方的单一国家的果汁成分以单一浓度形式构成的货物体积不超过 60%;
   (C)从任何其他章[第四章或子目 1901.90 的乳固体含量(按重量计)超过 10%的乳制品除外]改变至含乳饮料;或者
   (D)从任何其他章改变至子目 2202.90 的任何其他货物。

4. 从任何其他章(子目 2106.90 的复合酒精制剂除外)改变至品目 2203 至 2208。

5. 从任何其他品目改变至品目 2209。

第二十三章

1. 从任何其他章改变至品目 2301 至 2308。

2. 从任何其他品目改变至子目 2309.10。

3. 从任何其他品目(第四章或子目 1901.90 除外)改变至子目 2309.90。

第二十四章

1. 从任何其他章改变至品目 2401。

2. 从任何其他品目改变至子目 2402.10。

3. 从任何其他章或品目 2401 的包装烟草(未脱粒或类似加工)或适合用作品目 2403 的包装烟草的均化烟草或再造烟草改变至子目 2402.20 至 2402.90。

4. (A)从任何其他品目改变至用于子目 2403.91 的雪茄外包烟叶的均化烟草或再造烟草;或者

   (B)从任何其他章改变至品目 2403 的任何其他货物。

第二十五章

1. 从任何其他品目改变至品目 2501 至 2516。

2. 从任何其他品目改变至子目 2517.10 至 2517.20。

3. 从任何其他子目改变至子目 2517.30。

4. 从任何其他品目改变至子目 2517.41 至 2517.49。

5. 从任何其他品目改变至品目 2518 至 2522。

6. 从任何其他章改变至品目 2523。

7. 从任何其他品目改变至品目 2524 至 2530。

第二十六章

从任何其他品目改变至品目 2601 至 2621。

第二十七章

1. 从任何其他品目改变至品目 2701 至 2709。

2. 从任何其他子目改变至子目 2707.10 至 2707.99,前提是此类改变产生的货物是化学反应的产物。

品目规则:就品目 2710 而言,下列工序被授予原产资格:

(a)常压蒸馏——一种分离过程,其中石油在蒸馏塔中根据沸点转化成馏分,然后蒸汽冷凝成不同的液化馏分。

(b)减压蒸馏——在低于大气压但不低到分子蒸馏的压力下进行蒸馏。

3. (A)从子目 2710.11 至 2710.99 的任何其他货物改变至子目 2710.11 的任何其他货物,前提是此类改变产生的货物是化学反应、常压蒸馏或减压蒸馏的产物;或者

   (B)从任何其他品目(品目 2207 除外)改变至子目 2710.11。

4. (A)从子目 2710.11 至 2710.99 的任何其他货物改变至子目 2710.19 的任何其他货物,前提是此类改变产生的货物是化学反应、常压蒸馏或减压蒸馏的产物;

   (B)从子目 2710.19 的任何其他货物改变至子目 2710.19 的 6 号燃料油;或者

   (C)从任何其他品目(品目 2207 除外)改变至子目 2710.19 的任何其他货物。

5. (A)从子目 2710.11 至 2710.99 的任何其他货物改变至子目 2710.91 至 2710.99 的任何其他货物,前提是此类改变产生的货物是化学反应、常压蒸馏或减压蒸馏的产物;或者

   (B)从任何其他品目(品目 2207 除外)改变至子目 2710.91 至 2710.99。

6. 从任何其他子目(子目 2711.21 除外)改变至子目 2711.11。

7. 从任何其他子目(子目 2711.29 除外)改变至子目 2711.12 至 2711.19。

8. 从任何其他子目(子目 2711.11 除外)改变至子目 2711.21。

9. 从任何其他子目(子目 2711.12 至 2711.21 除外)改变至子目 2711.29。

10. 从任何其他品目改变至品目 2712 至 2714。

11. 从任何其他品目(品目 2714 或子目 2713.20 除外)改变至品目 2715。

12. 从任何其他品目改变至品目 2716。

第二十八章

1. 从任何其他子目改变至子目 2801.10 至 2801.30。

2. 从任何其他品目改变至品目 2802 至 2803。

3. 从任何其他子目改变至子目 2804.10 至 2806.20。

4. 从任何其他品目改变至品目 2807 至 2808。

5. 从任何其他子目改变至子目 2809.10 至 2809.20。

6. 从任何其他品目改变至品目 2810。

7. 从任何其他子目改变至子目 2811.11 至 2816.40。

8. 从任何其他品目改变至品目 2817。

9. 从任何其他子目改变至子目 2818.10 至 2821.20。

10. 从任何其他品目改变至品目 2822 至 2823。

11. 从任何其他子目改变至子目 2824.10 至 2837.20。

12. 从任何其他品目改变至品目 2838。

13. 从任何其他子目改变至子目 2839.11 至 2846.90。

14. 从任何其他品目改变至品目 2847 至 2848。

15. 从任何其他子目改变至子目 2849.10 至 2849.90。

16. 从任何其他品目改变至品目 2850 至 2851。

第二十九章

1. 从任何其他子目改变至子目 2901.10 至 2910.90。

2. 从任何其他品目改变至品目 2911。

3. 从任何其他子目改变至子目 2912.11 至 2912.60。

4. 从任何其他品目改变至品目 2913。

5. 从任何其他子目改变至子目 2914.11 至 2918.90。

6. 从任何其他品目改变至品目 2919。

7. 从任何其他子目改变至子目 2920.10 至 2926.90。

8. 从任何其他品目改变至品目 2927 至 2928。

9. 从任何其他子目改变至子目 2929.10 至 2930.10。

10. (A)从任何其他品目改变至子目 2930.20 的异丙基硫代氨基甲酸乙酯;或者

    (B)从任何其他子目改变至子目 2930.20 的任何其他货物。

11. 从任何其他子目改变至子目 2930.30 至 2930.90。

12. 从任何其他品目改变至品目 2931。

13. 从任何其他子目改变至子目 2932.11 至 2934.99。

14. 从任何其他品目改变至品目 2935。

15. 从任何其他子目改变至子目 2936.10 至 2939.99。

16. 从任何其他品目改变至品目 2940。

17. 从任何其他子目改变至子目 2941.10 至 2941.90。

18. 从任何其他品目改变至品目 2942。

第三十章

1. 从任何其他子目改变至子目 3001.10 至 3003.90。

2. 从任何其他品目改变至品目 3004,前提是该品目改变不完全是由零售包装所致。

3. 从任何其他子目改变至子目 3005.10 至 3006.40。

4. 从任何其他子目改变至子目 3006.50,前提是区域价值成分不低于：

(A)使用累积法时的 35%;或者

(B)使用扣减法时的 45%。

5. 从任何其他子目改变至子目 3006.60 至 3006.80。

第三十一章

1. 从任何其他品目改变至品目 3101。

2. 从任何其他子目改变至子目 3102.10 至 3105.90。

第三十二章

1. 从任何其他子目改变至子目 3201.10 至 3202.90。

2. 从任何其他品目改变至品目 3203。

3. 从任何其他子目改变至子目 3204.11 至 3204.90。

4. 从任何其他章改变至品目 3205。

5. 从任何其他子目改变至子目 3206.11 至 3206.50。

6. 从任何其他章改变至品目 3207 至 3212。

7. 从任何其他品目改变至品目 3213 至 3214。

8. 从任何其他章改变至品目 3215。

第三十三章

1. 从任何其他子目改变至子目 3301.11 至 3301.90。

2. 从任何其他品目(品目 2207 除外)改变至品目 3302。

3. 从任何其他品目改变至品目 3303。

4. 从任何其他子目改变至子目 3304.10 至 3307.90。

第三十四章

1. 从任何其他品目改变至品目 3401。

2. 从任何其他子目改变至子目 3402.11 至 3402.19。

3. 从任何其他子目(子目 3402.90 除外)改变至子目 3402.20。

4. 从任何其他子目改变至子目 3402.90。

5. 从任何其他子目(品目 2710 或品目 2712 除外)改变至子目 3403.11 至 3403.19。

6. 从任何其他子目改变至子目 3403.91 至 3403.99。

7. 从任何其他子目改变至子目 3404.10 至 3405.90。

8. 从任何其他品目改变至品目 3406 至 3407。

第三十五章

1. 从任何其他子目改变至子目 3501.10 至 3501.90。

2. 从子目 3502.11 至 3502.19 以外的任何子目（品目 0407 除外）改变至子目 3502.11 至 3502.19。

3. 从任何其他子目改变至子目 3502.20 至 3502.90。

4. 从任何其他品目改变至品目 3503 至 3504。

5. 从任何其他子目改变至子目 3505.10。

6. 从任何其他品目改变至品目 3505.20。

7. 从任何其他品目改变至品目 3506。

8. 从任何其他子目改变至子目 3507.10 至 3507.90。

第三十六章

从任何其他品目改变至品目 3601 至 3606。

第三十七章

1. 从品目 3701 至 3703 以外的任何品目改变至品目 3701 至 3703。

2. 从任何其他品目改变至品目 3704 至 3706。

3. 从任何其他子目改变至子目 3707.10 至 3707.90。

第三十八章

1. 从任何其他品目改变至子目 3801.10 至 3807.00。

2. 从任何其他子目改变至子目 3808.10 至 3808.90，前提是原产有效成分占总有效成分的 50%（按重量计）。

3. 从任何其他品目改变至品目 3809.10 至 3824.90。

4. 从任何其他章（第二十八章至第三十七章、第四十章或第九十章除外）改变至品目 3825。

第三十九章

1. 从任何其他品目改变至品目 3901 至 3915，前提是原产聚合物含量不低于聚合物总含量的 50%（按重量计）。

2. 从任何其他子目改变至子目 3916.10 至 3917.31。

3. 从子目 3917.32 至 3917.33 以外的任何子目改变至子目 3917.32 至 3917.33。

4. 从任何其他子目改变至子目 3917.39 至 3918.90。

5. (A) 从子目 3919.10 至 3919.90 以外的任何子目改变至子目 3919.10 至 3919.90；或者

   (B) 从任何其他子目改变至子目 3919.10 至 3919.90，前提是区域价值成分不低于：

   (1) 使用累积法时的 35%，或者

   (2) 使用扣减法时的 45%。

6. (A) 从任何其他子目改变至子目 3920.10 至 3920.99；或者

   (B) 税则归类无需改变，前提是区域价值成分不低于：

(1)使用累积法时的35%,或者

(2)使用扣减法时的45%。

7. 从任何其他子目改变至子目3921.11至3921.90。

8. 从任何其他品目改变至品目3922至3926。

第四十章

1. (A)从任何其他章改变至子目4001.10至4001.30;或者

   (B)从任何其他子目改变至子目4001.10至4001.30,前提是使用扣减法时的区域价值成分不低于30%。

2. (A)从任何其他品目(品目4001除外)改变至子目4002.11至4002.70;或者

   (B)从品目4001或任何其他品目改变至子目4002.11至4002.70,前提是使用扣减法时的区域价值成分不低于30%。

3. 从任何其他子目改变至子目4002.80。

4. 从任何其他品目改变至子目4002.91至4002.99。

5. (A)从任何其他品目(品目4001除外)改变至品目4003至4004;或者

   (B)从品目4001或任何其他品目改变至品目4003至4004,前提是使用扣减法时的区域价值成分不低于30%。

6. 从任何其他品目改变至品目4005至4017。

第四十一章

1. (A)从品目4101的任何其他货物或任何其他章改变至品目4101的经退鞣(包括预鞣,该工艺可逆)加工的生皮;或者

   (B)从任何其他章改变至品目4101的任何其他货物。

2. (A)从品目4102的任何其他货物或任何其他章改变至品目4102的经退鞣(包括预鞣,该工艺可逆)加工的生皮;或者

   (B)从任何其他章改变至品目4102的任何其他货物。

3. (A)从品目4103的任何其他货物或任何其他章改变至品目4103的经退鞣(包括预鞣,该工艺可逆)加工的生皮;或者

   (B)从任何其他章改变至品目4103的任何其他货物。

4. 从任何其他子目改变至子目4104.11至4104.49。

5. (A)从任何其他品目[品目4102的经退鞣(包括预鞣,该工艺可逆)加工的生皮或品目4112除外]改变至品目4105;或者

   (B)从子目4105.10的蓝湿皮改变至品目4105。

6. (A)从任何其他品目[品目4103的经退鞣(包括预鞣,该工艺可逆)加工的生皮或品目4113除外]改变至品目4106;或者

   (B)从子目4106.21、子目4106.31或子目4106.91的蓝湿皮改变至品目4106。

7. 从任何其他品目改变至品目4107。

8. (A)从任何其他品目[品目4102的经退鞣(包括预鞣,该工艺可逆)加工的生皮或品目4105除外]改变至品目4112;或者

   (B)从子目4105.10的蓝湿皮改变至品目4112。

9. (A) 从任何其他品目［品目 4103 的经退鞣（包括预鞣，该工艺可逆）加工的生皮或品目 4106 除外］改变至品目 4113；或者

   (B) 从子目 4106.21、子目 4106.31 或子目 4106.91 的蓝湿皮改变至品目 4113。

10. 从任何其他子目改变至子目 4114.10 至 4115.20。

第四十二章

1. 从任何其他品目改变至品目 4201。
2. 从任何其他章改变至子目 4202.11。
3. (A) 从任何其他品目改变至子目 4202.12 的以塑料做面的货物；或者

   (B) 从任何其他章（品目 5407、品目 5408、品目 5512 至 5516、税号 5903.10.15 至税号 5903.10.25、税号 5903.20.15 至税号 5903.20.25、税号 5903.90.15 至税号 5903.90.25、税号 5906.99.20、税号 5906.99.25、税号 5907.00.05、税号 5907.00.15 或税号 5907.00.60 除外）改变至子目 4202.12 的以纺织材料做面的货物。

4. 从任何其他章改变至子目 4202.19 至 4202.21。
5. (A) 从任何其他品目改变至子目 4202.22 的以塑料做面的货物；或者

   (B) 从任何其他章（品目 5407、品目 5408、品目 5512 至 55.16、税号 5903.10.15 至税号 5903.10.25、税号 5903.20.15 至税号 5903.20.25、税号 5903.90.15 至税号 5903.90.25、税号 5906.99.20、税号 5906.99.25、税号 5907.00.05、税号 5907.00.15 或税号 5907.00.60 除外）改变至子目 4202.22 的以纺织材料做面的货物。

6. 从任何其他章改变至子目 4202.29 至 4202.31。
7. (A) 从任何其他品目改变至子目 4202.32 的以塑料做面的货物；或者

   (B) 从任何其他章（品目 5407、品目 5408、品目 5512 至 5516、税号 5903.10.15 至税号 5903.10.25、税号 5903.20.15 至税号 5903.20.25、税号 5903.90.15 至税号 5903.90.25、税号 5906.99.20、税号 5906.99.25、税号 5907.00.05、税号 5907.00.15 或税号 5907.00.60 除外）改变至子目 4202.32 的以纺织材料做面的货物。

8. 从任何其他章改变至子目 4202.39 至 4202.91。
9. (A) 从任何品目改变至子目 4202.92 的以塑料做面的货物；或者

   (B) 从任何其他章（品目 5407、品目 5408、品目 5512 至 5516、税号 5903.10.15 至税号 5903.10.25、税号 5903.20.15 至税号 5903.20.25、税号 5903.90.15 至税号 5903.90.25、税号 5906.99.20、税号 5906.99.25、税号 5907.00.05、税号 5907.00.15 或税号 5907.00.60 除外）改变至子目 4202.92 的以纺织材料做面的货物。

10. 从任何其他章改变至子目 4202.99。
11. 从任何其他章改变至子目 4203.10 至 4203.29。
12. 从任何其他品目改变至子目 4203.30 至 4203.40。
13. 从任何其他品目改变至品目 4204 至 4206。

第四十三章

1. 从任何其他章改变至品目 4301。
2. 从任何其他品目改变至品目 4302 至 4304。

第四十四章
从任何其他品目改变至品目 4401 至 4421。

第四十五章
从任何其他品目改变至品目 4501 至 4504。

第四十六章
1. 从任何其他章改变至品目 4601。
2. 从任何其他品目改变至品目 4602。

第四十七章
从任何其他品目改变至品目 4701 至 4707。

第四十八章
1. 从任何其他章改变至品目 4801 至 4807。
2. 从任何其他品目改变至品目 4808 至 4811。
3. 从品目 4812 至 4817 以外的任何品目改变至品目 4812 至 4817。
4. 从任何其他品目(品目 4803 除外)改变至子目 4818.10 至 4818.30。
5. 从任何其他品目改变至子目 4818.40 至 4818.90。
6. 从品目 4819 至 4822 以外的任何品目改变至品目 4819 至 4822。
7. 从任何其他品目改变至品目 4823。

第四十九章
从任何其他章改变至品目 4901 至 4911。

第五十章
1. 从任何其他章改变至品目 5001 至 5003。
2. 从品目 5004 至 5006 以外的任何品目改变至品目 5004 至 5006。
3. 从任何其他品目改变至品目 5007。

第五十一章
1. 从任何其他章改变至品目 5101 至 5105。
2. 从品目 5106 至 5110 以外的任何品目改变至品目 5106 至 5110。
3. 从品目 5111 至 5113 以外的任何品目(品目 5106 至 5110、品目 5205 至 5206、品目 5401 至 5402、子目 5403.20、子目 5403.33 至 5403.39、子目 5403.42 至 5403.49、品目 5404 或品目 5509 至 5510 除外)改变至品目 5111 至 5113。

第五十二章
1. 从任何其他章(品目 5401 至 5402、子目 5403.20、子目 5403.33 至 5403.39、子目 5403.42 至 5403.49、品目 5404 至 5405 或品目 5501 至 5507 除外)改变至品目 5201 至 5207。
2. 从品目 5208 至 5212 以外的任何品目(品目 5106 至 5110、品目 5205 至 5206、品目 5401 至 5402、子目 5403.20、子目 5403.33 至 5403.39、子目 5403.42 至 5403.49、品目 5404 或品目 5509 至 5510 除外)改变至品目 5208 至 5212。

第五十三章
1. 从任何其他章改变至品目 5301 至 5305。

2. 从品目 5306 至 5308 以外的任何品目改变至品目 5306 至 5308。

3. 从任何其他品目(品目 5307 至 5308 除外)改变至品目 5309。

4. 从品目 5310 至 5311 以外的任何品目(品目 5307 至 5308 除外)改变至品目 5310 至 5311。

第五十四章

1. 从任何其他章(品目 5201 至 5203 或品目 5501 至 5507 除外)改变至品目 5401 至 5406。

2. (A)从税号 5402.43.10、税号 5402.52.10 或任何其他品目(品目 5106 至 5110、品目 5205 至 5206、品目 5401 至 5402、子目 5403.20、子目 5403.33 至 5403.39、子目 5403.42 至 5403.49、品目 5404 至 5408 或品目 5509 至 5510 除外)改变至税号 5407.61.11、税号 5407.61.21 或税号 5407.61.91。

    (B)从任何其他品目(品目 5106 至 5110、品目 5205 至 5206、品目 5401 至 5402、子目 5403.20、子目 5403.33 至 5403.39、子目 5403.42 至 5403.49、品目 5404 至 5408 或品目 5509 至 5510 除外)改变至品目 5407 的任何其他子目。

3. 从任何其他品目(品目 5106 至 5110、品目 5205 至 5206、品目 5401 至 5402、子目 5403.20、子目 5403.33 至 5403.39、子目 5403.42 至 5403.49、品目 5404 至 5407 或品目 5509 至 5510 除外)改变至品目 5408。

第五十五章

1. 从任何其他章(品目 5201 至 5203、品目 5401 至 5402、子目 5403.20、子目 5403.33 至 5403.39、子目 5403.42 至 5403.49 或品目 5404 至 5405 除外)改变至品目 5501 至 5511。

2. 从品目 5512 至 5516 以外的任何品目(品目 5106 至 5110、品目 5205 至 5206、品目 5401 至 5402、子目 5403.20、子目 5403.33 至 5403.39、子目 5403.42 至 5403.49、品目 5404 或品目 5509 至 5510 除外)改变至品目 5512 至 5516。

第五十六章

从任何其他章(品目 5106 至 5113、品目 5204 至 5212、品目 5307 至 5308、品目 5310 至 5311、品目 5401 至 5402、子目 5403.20、子目 5403.33 至 5403.39、子目 5403.42 至 5403.49、品目 5404 至 5408 或第五十五章除外)改变至品目 5601 至 5609。

第五十七章

从任何其他章(品目 5106 至 5113、品目 5204 至 5212、品目 5401 至 5402、子目 5403.20、子目 5403.33 至 5403.39、子目 5403.42 至 5403.49、品目 5404 至 5408 或品目 5508 至 5516 除外)改变至品目 5701 至 5705。

第五十八章

1. 从任何其他章(品目 5111 至 5113、品目 5204 至 5212、品目 5310 至 5311、品目 5401 至 5402、子目 5403.20、子目 5403.33 至 5403.39、子目 5403.42 至 5403.39、品目 5404 至 5408 或第五十五章除外)改变至子目 5801.10 至 5806.10。

2. 从任何其他章(品目 5208 至 5212、品目 5407 至 5408 或品目 5512 至 5516 除外)改变至子目 5806.20。

3. 从任何其他章(品目 5111 至 5113、品目 5204 至 5212、品目 5310 至 5311、品目 5401 至 5402、子目 5403.20、子目 5403.33 至 5403.39、子目 5403.42 至 5403.49、品目 5404 至 5408 或第五十五章除外)改变至子目 5806.31 至 5811.00。

第五十九章

1. 从任何其他章(品目 5111 至 5113、品目 5208 至 5212、品目 5307 至 5308、品目 5310 至 5311、品目 5407 至 5408 或品目 5512 至 5516 除外)改变至品目 5901。

2. 从任何其他品目(品目 5106 至 5113、品目 5204 至 5212、品目 5306 至品目 5311、品目 5401 至 5402、子目 5403.20、子目 5403.33 至 5403.39、子目 5403.42 至 5403.49、品目 5404 至 5408 或第五十五章除外)改变至品目 5902。

3. 从任何其他章(品目 5111 至 5113、品目 5208 至 5212、品目 5307 至 5308、品目 5310 至 5311、品目 5407 至 5408 或品目 5512 至 5516 除外)改变至品目 5903 至 5908。

4. 从任何其他章(品目 5111 至 5113、品目 5208 至 5212、品目 5307 至 5308、品目 5310 至 5311、品目 5401 至 5402、子目 5403.20、子目 5403.33 至 5403.39、子目 5403.42 至 5403.49、品目 5404 至 5408 或品目 5512 至 5516 除外)改变至品目 5909。

5. 从任何其他品目(品目 5106 至 5113、品目 5204 至 5212、品目 5307 至 5308、品目 5310 至 5311、品目 5401 至 5402、子目 5403.20、子目 5403.33 至 5403.39、子目 5403.42 至 5403.49、品目 5404 至 5408 或第五十五章除外)改变至品目 5910。

6. 从任何其他章(品目 5111 至 5113、品目 5208 至 5212、品目 5307 至 5308、品目 5310 至 5311、品目 5407 至 5408 或品目 5512 至 5516 除外)改变至品目 5911。

第六十章

1. 从任何其他章(品目 5106 至 5113、第五十二章、品目 5307 至 5308、品目 5310 至 5311、品目 5401 至 5402、子目 5403.20、子目 5403.33 至 5403.39、子目 5403.42 至 5403.49、品目 5404 至 5408 或第五十五章除外)改变至品目 6001。

2. 从任何其他章改变至品目 6002。

3. 从任何其他章(品目 5106 至 5113、第五十二章、品目 5307 至 5308、品目 5310 至 5311、品目 5401 至 5402、子目 5403.20、子目 5403.33 至 5403.39、子目 5403.42 至 5403.49、品目 5404 至 5408 或第五十五章除外)改变至品目 6003 至 6006。

第六十一章

章规则一：除归入税号 5408.22.10、税号 5408.23.11、税号 5408.23.21 或税号 5408.24.10 的织物外,下列品目和子目的织物,当用作某些男女西服套装、西服短上衣、裙子、大衣、短外套、带帽夹克、风衣和类似物品的可见衬里材料时,必须由纱线制成,并在秘鲁或/和美国境内完成：品目 5111 至 5112、子目 5208.31 至 5208.59、子目 5209.31 至 5209.59、子目 5210.31 至 5210.59、子目 5211.31 至 5211.59、子目 5212.13 至 5212.15、子目 5212.23 至 5212.25、子目 5407.42 至 5407.44、子目 5407.52 至 5407.54、子目 5407.61、子目 5407.72 至 5407.74、子目 5407.82 至 5407.84、子目 5407.92 至 5407.94、子目 5408.22 至 5408.24、子目 5408.32 至 5408.34、子目 5512.19、子目 5512.29、子目 5512.99、子目 5513.21 至 5513.49、子目 5514.21 至 5515.99、子目 5516.12 至 5516.14、子目 5516.22 至 5516.24、子目 5516.32 至 5516.34、子目 5516.42 至 5516.44、子目 5516.92 至 5516.94、子目 6001.10、子目 6001.92、子目

6005.31 至 6005.44 或子目 6006.10 至 6006.44。

章规则二：为确定本章货物的原产地，适用于该货物的规则仅适用于确定该货物税则归类的成分，并且该成分必须满足该规则规定的税则归类改变要求。如果规则要求货物还必须满足本章章规则一所列对可见里料织物的税则归类改变要求，则该要求仅适用于服装主体中的可见里料织物（不包括覆盖最大表面积的袖子），不适用于可拆卸里料。

章规则三：尽管有本章章规则二的规定，本章中含有子目 5806.20 或品目 6002 的织物的货物，仅当这些织物在秘鲁或/和美国境内由纱线制作完成时，才被视为原产货物。

章规则四：尽管有本章章规则二的规定，本章中含有品目 5204 或品目 5401 的缝纫线的货物，仅当该缝纫线在秘鲁或/和美国境内成型和完成时，才被视为原产货物。

章规则五：尽管有本章章规则二的规定，本章中含有一个或多个口袋的服装，该口袋织物必须在秘鲁或/和美国境内使用在秘鲁或/和美国境内完全成型的纱线制作完成。

1. 从任何其他章（品目 5106 至 5113、品目 5204 至 5212、品目 5307 至 5308、品目 5310 至 5311、品目 5401 至 5402、子目 5403.20、子目 5403.33 至 5403.39、子目 5403.42 至 5403.49、品目 5404 至 5408、品目 5508 至 5516 或品目 6001 至 6006 除外）改变至子目 6101.10 至 6101.30，前提是：

   (A) 该货物在秘鲁或/和美国境内裁剪或/和针织成型并缝制或以其他方式组合；以及
   (B) 服装中使用的任何可见衬里材料必须满足第六十一章章规则一的要求。

2. 从任何其他章（品目 5106 至 5113、品目 5204 至 5212、品目 5307 至 5308、品目 5310 至 5311、品目 5401 至 5402、子目 5403.20、子目 5403.33 至 5403.39、子目 5403.42 至 5403.49、品目 5404 至 5408、品目 5508 至 5516 或品目 6001 至 6006 除外）改变至子目 6101.90，前提是该货物在秘鲁或/和美国境内裁剪或/和针织成型并缝制或以其他方式组合。

3. 从任何其他章（品目 5106 至 5113、品目 5204 至 5212、品目 5307 至 5308、品目 5310 至 5311、品目 5401 至 5402、子目 5403.20、子目 5403.33 至 5403.39、子目 5403.42 至 5403.49、品目 5404 至 5408、品目 5508 至 5516 或品目 6001 至 6006 除外）改变至子目 6102.10 至 6102.30，前提是：

   (A) 该货物在秘鲁或/和美国境内裁剪或/和针织成型并缝制或以其他方式组合；以及
   (B) 服装中使用的任何可见衬里材料必须满足第六十一章章规则一的要求。

4. 从任何其他章（品目 5106 至 5113、品目 5204 至 5212、品目 5307 至 5308、品目 5310 至 5311、品目 5401 至 5402、子目 5403.20、子目 5403.33 至 5403.39、子目 5403.42 至 5403.49、品目 5404 至 5408、品目 5508 至 5516 或品目 6001 至 6006 除外）改变至子目 6102.90，前提是该货物在秘鲁或/和美国境内裁剪或/和针织成型并缝制或以其他方式组合。

5. 从任何其他章（品目 5106 至 5113、品目 5204 至 5212、品目 5307 至 5308、品目 5310 至 5311、品目 5401 至 5402、子目 5403.20、子目 5403.33 至 5403.39、子目 5403.42 至 5403.49、品目 5404 至 5408、品目 5508 至 5516 或品目 6001 至 6006 除外）改变至子目 6103.11 至 6103.12，前提是：

   (A) 该货物在秘鲁或/和美国境内裁剪或/和针织成型并缝制或以其他方式组合；以及
   (B) 服装中使用的任何可见衬里材料必须满足第六十一章章规则一的要求。

6. (A) 从任何其他章（品目 5106 至 5113、品目 5204 至 5212、品目 5307 至 5308、品目

5310 至 5311、品目 5401 至 5402、子目 5403.20、子目 5403.33 至 5403.39、子目 5403.42 至 5403.49、品目 5404 至 5408、品目 5508 至 5516 或品目 6001 至 6006 除外)改变至税号 6103.19.60 或税号 6103.19.90,前提是该货物在秘鲁或/和美国境内裁剪或/和针织成型并缝制或以其他方式组合。

(B)从任何其他章(品目 5106 至 5113、品目 5204 至 5212、品目 5307 至 5308、品目 5310 至 5311、品目 5401 至 5402、子目 5403.20、子目 5403.33 至 5403.39、子目 5403.42 至 5403.49、品目 5404 至 5408、品目 5508 至 5516 或品目 6001 至 6006 除外)改变至子目 6103.19 的任何其他税号,前提是:

(1)该货物在秘鲁或/和美国境内裁剪或/和针织成型并缝制或以其他方式组合;以及

(2)服装中使用的任何可见衬里材料必须满足第六十一章章规则一的要求。

7. 从任何其他章(品目 5106 至 5113、品目 5204 至 5212、品目 5307 至 5308、品目 5310 至 5311、品目 5401 至 5402、子目 5403.20、子目 5403.33 至 5403.39、子目 5403.42 至 5403.49、品目 5404 至 5408、品目 5508 至 5516 或品目 6001 至 6006 除外)改变至子目 6103.21 至 6103.29,前提是:

(A)该货物在秘鲁或/和美国境内裁剪或/和针织成型并缝制或以其他方式组合;以及

(B)对于作为子目 6103.21 至 6103.29 的便服套装的一部分进口的以羊毛、动物细毛、棉花或化学纤维为原料的品目 6101 的服装或品目 6103 的上衣,服装中使用的任何可见衬里材料必须满足第六十一章章规则一的要求。

8. 从任何其他章(品目 5106 至 5113、品目 5204 至 5212、品目 5307 至 5308、品目 5310 至 5311、品目 5401 至 5402、子目 5403.20、子目 5403.33 至 5403.39、子目 5403.42 至 5403.49、品目 5404 至 5408、品目 5508 至 5516 或品目 6001 至 6006 除外)改变至子目 6103.31 至 6103.33,前提是:

(A)该货物在秘鲁或/和美国境内裁剪或/和针织成型并缝制或以其他方式组合;以及

(B)服装中使用的任何可见衬里材料必须满足第六十一章章规则一的要求。

9. (A)从任何其他章(品目 5106 至 5113、品目 5204 至 5212、品目 5307 至 5308、品目 5310 至 5311、品目 5401 至 5402、子目 5403.20、子目 5403.33 至 5403.39、子目 5403.42 至 5403.49、品目 5404 至 5408、品目 5508 至 5516 或品目 6001 至 6006 除外)改变至税号 6103.39.40 或税号 6103.39.80,前提是该货物在秘鲁或/和美国境内裁剪或/和针织成型并缝制或以其他方式组合。

(B)从任何其他章(品目 5106 至 5113、品目 5204 至 5212、品目 5307 至 5308、品目 5310 至 5311、品目 5401 至 5402、子目 5403.20、子目 5403.33 至 5403.39、子目 5403.42 至 5403.49、品目 5404 至 5408、品目 5508 至 5516 或品目 6001 至 6006 除外)改变至子目 6103.39 的任何其他税号,前提是:

(1)该货物在秘鲁或/和美国境内裁剪或/和针织成型并缝制或以其他方式组合;以及

(2)服装中使用的任何可见衬里材料必须满足第六十一章章规则一的要求。

10. 从任何其他章(品目 5106 至 5113、品目 5204 至 5212、品目 5307 至 5308、品目 5310 至

5311、品目 5401 至 5402、子目 5403.20、子目 5403.33 至 5403.39、子目 5403.42 至 5403.49、品目 5404 至 5408、品目 5508 至 5516 或品目 6001 至 6006 除外)改变至子目 6103.41 至 6103.49,前提是该货物在秘鲁或/和美国境内裁剪或/和针织成型并缝制或以其他方式组合。

11. 从任何其他章(品目 5106 至 5113、品目 5204 至 5212、品目 5307 至 5308、品目 5310 至 5311、品目 5401 至 5402、子目 5403.20、子目 5403.33 至 5403.39、子目 5403.42 至 5403.49、品目 5404 至 5408、品目 5508 至 5516 或品目 6001 至 6006 除外)改变至子目 6104.11 至 6104.13,前提是:

(A)该货物在秘鲁或/和美国境内裁剪或/和针织成型并缝制或以其他方式组合;以及

(B)服装中使用的任何可见衬里材料必须满足第六十一章章规则一的要求。

12.(A)从任何其他章(品目 5106 至 5113、品目 5204 至 5212、品目 5307 至 5308、品目 5310 至 5311、品目 5401 至 5402、子目 5403.20、子目 5403.33 至 5403.39、子目 5403.42 至 5403.49、品目 5404 至 5408、品目 5508 至 5516 或品目 6001 至 6006 除外)改变至税号 6104.19.40 或税号 6104.19.80,前提是该货物在秘鲁或/和美国境内裁剪或/和针织成型并缝制或以其他方式组合。

(B)从任何其他章(品目 5106 至 5113、品目 5204 至 5212、品目 5307 至 5308、品目 5310 至 5311、品目 5401 至 5402、子目 5403.20、子目 5403.33 至 5403.39、子目 5403.42 至 5403.49、品目 5404 至 5408、品目 5508 至 5516 或品目 6001 至 6006 除外)改变至子目 6104.19 的任何其他税号,前提是:

(1)该货物在秘鲁或/和美国境内裁剪或/和针织成型并缝制或以其他方式组合;以及

(2)服装中使用的任何可见衬里材料必须满足第六十一章章规则一的要求。

13. 从任何其他章(品目 5106 至 5113、品目 5204 至 5212、品目 5307 至 5308、品目 5310 至 5311、品目 5401 至 5402、子目 5403.20、子目 5403.33 至 5403.39、子目 5403.42 至 5403.49、品目 5404 至 5408、品目 5508 至 5516 或品目 6001 至 6006 除外)改变至子目 6104.21 至 6104.29,前提是:

(A)该货物在秘鲁或/和美国境内裁剪或/和针织成型并缝制或以其他方式组合;以及

(B)对于作为子目 6104.21 至 6104.29 的便服套装的一部分进口的以羊毛、动物细毛、棉花或化学纤维为原料的品目 6102 的服装、品目 6104 的上衣或品目 6104 的裙子,服装中使用的任何可见衬里材料必须满足第六十一章章规则一的要求。

14. 从任何其他章(品目 5106 至 5113、品目 5204 至 5212、品目 5307 至 5308、品目 5310 至 5311、品目 5401 至 5402、子目 5403.20、子目 5403.33 至 5403.39、子目 5403.42 至 5403.49、品目 5404 至 5408、品目 5508 至 5516 或品目 6001 至 6006 除外)改变至子目 6104.31 至 6104.33,前提是:

(A)该货物在秘鲁或/和美国境内裁剪或/和针织成型并缝制或以其他方式组合,以及

(B)服装中使用的任何可见衬里材料必须满足第六十一章章规则一的要求。

15. (A)从任何其他章(品目5106至5113、品目5204至5212、品目5307至5308、品目5310至5311、品目5401至5402、子目5403.20、子目5403.33至5403.39、子目5403.42至5403.49、品目5404至5408、品目5508至5516或品目6001至6006除外)改变至税号6104.39.20,前提是该货物在秘鲁或/和美国境内裁剪或/和针织成型并缝制或以其他方式组合。

    (B)从任何其他章(品目5106至5113、品目5204至5212、品目5307至5308、品目5310至5311、品目5401至5402、子目5403.20、子目5403.33至5403.39、子目5403.42至5403.49、品目5404至5408、品目5508至5516或品目6001至6006除外)改变至子目6104.39的任何其他税号,前提是:

    (1)该货物在秘鲁或/和美国境内裁剪或/和针织成型并缝制或以其他方式组合;以及

    (2)服装中使用的任何可见衬里材料必须满足第六十一章章规则一的要求。

16. 从任何其他章(品目5106至5113、品目5204至5212、品目5307至5308、品目5310至5311、品目5401至5402、子目5403.20、子目5403.33至5403.39、子目5403.42至5403.49、品目5404至5408、品目5508至5516或品目6001至6006除外)改变至子目6104.41至6104.49,前提是该货物在秘鲁或/和美国境内裁剪或/和针织成型并缝制或以其他方式组合。

17. 从任何其他章(品目5106至5113、品目5204至5212、品目5307至5308、品目5310至5311、品目5401至5402、子目5403.20、子目5403.33至5403.39、子目5403.42至5403.49、品目5404至5408、品目5508至5516或品目6001至6006除外)改变至子目6104.51至6104.53,前提是:

    (A)该货物在秘鲁或/和美国境内裁剪或/和针织成型并缝制或以其他方式组合;以及

    (B)服装中使用的任何可见衬里材料必须满足第六十一章章规则一的要求。

18. (A)从任何其他章(品目5106至5113、品目5204至5212、品目5307至5308、品目5310至5311、品目5401至5402、子目5403.20、子目5403.33至5403.39、子目5403.42至5403.49、品目5404至5408、品目5508至5516或品目6001至6006除外)改变至税号6104.59.40或子目6104.80,前提是该货物在秘鲁或/和美国境内裁剪或/和针织成型并缝制或以其他方式组合。

    (B)从任何其他章(品目5106至5113、品目5204至5212、品目5307至5308、品目5310至5311、品目5401至5402、子目5403.20、子目5403.33至5403.39、子目5403.42至5403.49、品目5404至5408、品目5508至5516或品目6001至6006除外)改变至子目6104.59的任何其他税号,前提是:

    (1)该货物在秘鲁或/和美国境内裁剪或/和针织成型并缝制或以其他方式组合;以及

    (2)服装中使用的任何可见衬里材料必须满足第六十一章章规则一的要求。

19. 从任何其他章(品目5106至5113、品目5204至5212、品目5307至5308、品目5310至

5311、品目5401至5402、子目5403.20、子目5403.33至5403.39、子目5403.42至5403.49、品目5404至5408、品目5508至5516或品目6001至6006除外)改变至子目6104.61至6104.69,前提是该货物在秘鲁或/和美国境内裁剪或/和针织成型并缝制或以其他方式组合。

20. 从任何其他章(品目5106至5113、品目5204至5212、品目5307至5308、品目5310至5311、品目5401至5402、子目5403.20、子目5403.33至5403.39、子目5403.42至5403.49、品目5404至5408、品目5508至5516或品目6001至6006除外)改变至品目6105至6111,前提是该货物在秘鲁或/和美国境内裁剪或/和针织成型并缝制或以其他方式组合。

21. 从任何其他章(品目5106至5113、品目5204至5212、品目5307至5308、品目5310至5311、品目5401至5402、子目5403.20、子目5403.33至5403.39、子目5403.42至5403.49、品目5404至5408、品目5508至5516或品目6001至6006除外)改变至子目6112.11至6112.19,前提是该货物在秘鲁或/和美国境内裁剪或/和针织成型并缝制或以其他方式组合。

22. 从任何其他章(品目5106至5113、品目5204至5212、品目5307至5308、品目5310至5311、品目5401至5402、子目5403.20、子目5403.33至5403.39、子目5403.42至5403.49、品目5404至5408、品目5508至5516或品目6001至6006除外)改变至子目6112.20,前提是:

(A)该货物在秘鲁或/和美国境内裁剪或/和针织成型并缝制或以其他方式组合;以及

(B)对于作为子目6112.20的滑雪套装的一部分进口的以羊毛、动物细毛、棉花或化学纤维为原料的品目6101、品目6102、品目6201或品目6202的服装,服装中使用的任何可见衬里材料必须满足第六十一章章规则一的要求。

23. 从任何其他章(品目5106至5113、品目5204至5212、品目5307至5308、品目5310至5311、品目5401至5402、子目5403.20、子目5403.33至5403.39、子目5403.42至5403.49、品目5404至5408、品目5508至5516或品目6001至6006除外)改变至子目6112.31至6112.49,前提是该货物在秘鲁或/和美国境内裁剪或/和针织成型并缝制或以其他方式组合。

24. 从任何其他章(品目5106至5113、品目5204至5212、品目5307至5308、品目5310至5311、品目5401至5402、子目5403.20、子目5403.33至5403.39、子目5403.42至5403.49、品目5404至5408、品目5508至5516或品目6001至6006除外)改变至品目6113至6117,前提是该货物在秘鲁或/和美国境内裁剪或/和针织成型并缝制或以其他方式组合。

第六十二章

章规则一:除归入税号5408.22.10、税号5408.23.11、税号5408.23.21或税号5408.24.10的织物外,下列品目和子目的织物,当用作某些男女西装套装、西服短上衣、裙子、大衣、短外套、带帽夹克、风衣和类似物品的可见衬里材料时,必须由纱线制成,并在秘鲁或/和美国境内完成:品目5111至5112、子目5208.31至5208.59、子目5209.31至5209.59、子目5210.31

至 5210.59、子目 5211.31 至 5211.59、子目 5212.13 至 5212.15、子目 5212.23 至 5212.25、子目 5407.42 至 5407.44、子目 5407.52 至 5407.54、子目 5407.61、子目 5407.72 至 5407.74、子目 5407.82 至 5407.84、子目 5407.92 至 5407.94、子目 5408.22 至 5408.24、子目 5408.32 至 5408.34、子目 5512.19、子目 5512.29、子目 5512.99、子目 5513.21 至 5513.49、子目 5514.21 至 5515.99、子目 5516.12 至 5516.14、子目 5516.22 至 5516.24、子目 5516.32 至 5516.34、子目 5516.42 至 5516.44、子目 5516.92 至 5516.94、子目 6001.10、子目 6001.92、子目 6005.31 至 6005.44 或子目 6006.10 至 6006.44。

章规则二：为确定本章货物的原产地，适用于该货物的规则仅适用于确定该货物税则归类的成分，并且该成分必须满足该规则规定的税则归类改变要求。如果规则要求货物还必须满足本章章规则一所列对可见里料织物的税则归类改变要求，则该要求仅适用于服装主体中的可见里料织物（不包括覆盖最大表面积的袖子），不适用于可拆卸里料。

章规则三：尽管有本章章规则二的规定，含有品目 6002 或子目 5806.20 的织物的本章货物（子目 6212.10 的货物除外），仅当这些织物在秘鲁或/和美国境内由纱线制成并完成时，才被视为原产货物。

章规则四：尽管有本章章规则二的规定，本章中含有品目 5204 或品目 5401 的缝纫线的货物，仅当该缝纫线在秘鲁或/和美国境内成型和完成时，才被视为原产货物。

章规则五：尽管有本章章规则二的规定，本章中含有一个或多个口袋的服装，该口袋织物必须在秘鲁或/和美国境内使用在秘鲁或/和美国境内完全成型的纱线制作完成。

1. 从任何其他章（品目 5106 至 5113、品目 5204 至 5212、品目 5307 至 5308、品目 5310 至 5311、品目 5401 至 5402、子目 5403.20、子目 5403.33 至 5403.39、子目 5403.42 至 5403.49、品目 5404 至 5408、品目 5508 至 5516、品目 5801 至 5802 或品目 6001 至 6006 除外）改变至子目 6201.11 至 6201.13，前提是：

   (A)该货物在秘鲁或/和美国境内裁剪或/和针织成型并缝制或以其他方式组合；以及
   (B)服装中使用的任何可见衬里材料满足第六十二章章规则一的要求。

2. 从任何其他章（品目 5106 至 5113、品目 5204 至 5212、品目 5307 至 5308、品目 5310 至 5311、品目 5401 至 5402、子目 5403.20、子目 5403.33 至 5403.39、子目 5403.42 至 5403.49、品目 5404 至 5408、品目 5508 至 5516、品目 5801 至 5802 或品目 6001 至 6006 除外）改变至子目 6201.19，前提是该货物在秘鲁或/和美国境内裁剪或/和针织成型并缝制或以其他方式组合。

3. 从任何其他章（品目 5106 至 5113、品目 5204 至 5212、品目 5307 至 5308、品目 5310 至 5311、品目 5401 至 5402、子目 5403.20、子目 5403.33 至 5403.39、子目 5403.42 至 5403.49、品目 5404 至 5408、品目 5508 至 5516、品目 5801 至 5802 或品目 6001 至 6006 除外）改变至子目 6201.91 至 6201.93，前提是：

   (A)该货物在秘鲁或/和美国境内裁剪或/和针织成型并缝制或以其他方式组合；以及
   (B)服装中使用的任何可见衬里材料满足第六十二章章规则一的要求。

4. 从任何其他章（品目 5106 至 5113、品目 5204 至 5212、品目 5307 至 5308、品目 5310 至 5311、品目 5401 至 5402、子目 5403.20、子目 5403.33 至 5403.39、子目 5403.42 至 5403.49、品目 5404 至 5408、品目 5508 至 5516、品目 5801 至 5802 或品目 6001 至 6006 除外）改变至

子目 6201.99,前提是该货物在秘鲁或/和美国境内裁剪或/和针织成型并缝制或以其他方式组合。

5. 从任何其他章(品目 5106 至 5113、品目 5204 至 5212、品目 5307 至 5308、品目 5310 至 5311、品目 5401 至 5402、子目 5403.20、子目 5403.33 至 5403.39、子目 5403.42 至 5403.49、品目 5404 至 5408、品目 5508 至 5516、品目 5801 至 5802 或品目 6001 至 6006 除外)改变至子目 6202.11 至 6202.13,前提是:

(A)该货物在秘鲁或/和美国境内裁剪或/和针织成型并缝制或以其他方式组合;以及
(B)服装中使用的任何可见衬里材料满足第六十二章章规则一的要求。

6. 从任何其他章(品目 5106 至 5113、品目 5204 至 5212、品目 5307 至 5308、品目 5310 至 5311、品目 5401 至 5402、子目 5403.20、子目 5403.33 至 5403.39、子目 5403.42 至 5403.49、品目 5404 至 5408、品目 5508 至 5516、品目 5801 至 5802 或品目 6001 至 6006 除外)改变至子目 6202.19,前提是该货物在秘鲁或/和美国境内裁剪或/和针织成型并缝制或以其他方式组合。

7. 从任何其他章(品目 5106 至 5113、品目 5204 至 5212、品目 5307 至 5308、品目 5310 至 5311、品目 5401 至 5402、子目 5403.20、子目 5403.33 至 5403.39、子目 5403.42 至 5403.49、品目 5404 至 5408、品目 5508 至 5516、品目 5801 至 5802 或品目 6001 至 6006 除外)改变至子目 6202.91,前提是:

(A)该货物在秘鲁或/和美国境内裁剪或/和针织成型并缝制或以其他方式组合;以及
(B)服装中使用的任何可见衬里材料满足第六十二章章规则一的要求。

8. 从任何其他章(品目 5106 至 5113、品目 5204 至 5212、品目 5307 至 5308、品目 5310 至 5311、品目 5401 至 5402、子目 5403.20、子目 5403.33 至 5403.39、子目 5403.42 至 5403.49、品目 5404 至 5408、品目 5508 至 5516、品目 5801 至 5802 或品目 6001 至 6006 除外)改变至子目 6202.99,前提是该货物在秘鲁或/和美国境内裁剪或/和针织成型并缝制或以其他方式组合。

9. 从任何其他章(品目 5106 至 5113、品目 5204 至 5212、品目 5307 至 5308、品目 5310 至 5311、品目 5401 至 5402、子目 5403.20、子目 5403.33 至 5403.39、子目 5403.42 至 5403.49、品目 5404 至 5408、品目 5508 至 5516、品目 5801 至 5802 或品目 6001 至 6006 除外)改变至子目 6203.11 至 6203.12,前提是:

(A)该货物在秘鲁或/和美国境内裁剪或/和针织成型并缝制或以其他方式组合;以及
(B)服装中使用的任何可见衬里材料满足第六十二章章规则一的要求。

10. (A)从任何其他章(品目 5106 至 5113、品目 5204 至 5212、品目 5307 至 5308、品目 5310 至 5311、品目 5401 至 5402、子目 5403.20、子目 5403.33 至 5403.39、子目 5403.42 至 5403.49、品目 5404 至 5408、品目 5801 至 5802 或品目 6001 至 6006 除外)改变至税号 6203.19.50 或税号 6203.19.90,前提是该货物在秘鲁或/和美国境内裁剪或/和针织成型并缝制或以其他方式组合。

(B)从任何其他章(品目 5106 至 5113、品目 5204 至 5212、品目 5307 至 5308、品目 5310 至 5311、品目 5401 至 5402、子目 5403.20、子目 5403.33 至 5403.39、子目 5403.42 至 5403.49、品目 5404 至 5408 或品目 5508 至 5516 除外)改变至子目

6203.19 的任何其他税号,前提是:

(1)该货物在秘鲁或/和美国境内裁剪或/和针织成型并缝制或以其他方式组合,以及

(2)服装中使用的任何可见衬里材料满足第六十二章章规则一的要求。

11. 从任何其他章(品目 5106 至 5113、品目 5204 至 5212、品目 5307 至 5308、品目 5310 至 5311、品目 5401 至 5402、子目 5403.20、子目 5403.33 至 5403.39、子目 5403.42 至 5403.49、品目 5404 至 5408、品目 5508 至 5516、品目 5801 至 5802 或品目 6001 至 6006 除外)改变至子目 6203.21 至 6203.29,前提是:

(A)该货物在秘鲁或/和美国境内裁剪或/和针织成型并缝制或以其他方式组合;以及

(B)对于作为子目 6203.21 至 6203.29 的便服套装的一部分进口的以羊毛、动物细毛、棉花或化学纤维为原料的品目 6201 的服装或品目 6203 的上衣,服装中使用的任何可见衬里材料满足第六十二章章规则一的要求。

12. 从任何其他章(品目 5106 至 5113、品目 5204 至 5212、品目 5307 至 5308、品目 5310 至 5311、品目 5401 至 5402、子目 5403.20、子目 5403.33 至 5403.39、子目 5403.42 至 5403.49、品目 5404 至 5408、品目 5508 至 5516、品目 5801 至 5802 或品目 6001 至 6006 除外)改变至子目 6203.31 至 6203.33,前提是:

(A)该货物在秘鲁或/和美国境内裁剪或/和针织成型并缝制或以其他方式组合;以及

(B)服装中使用的任何可见衬里材料满足第六十二章章规则一的要求。

13. (A)从任何其他章(品目 5106 至 5113、品目 5204 至 5212、品目 5307 至 5308、品目 5310 至 5311、品目 5401 至 5402、子目 5403.20、子目 5403.33 至 5403.39、子目 5403.42 至 5403.49、品目 5404 至 5408、品目 5801 至 5802 或品目 6001 至 6006 除外)改变至税号 6203.39.50 或税号 6203.39.90,前提是该货物在秘鲁或/和美国境内裁剪或/和针织成型并缝制或以其他方式组合。

(B)从任何其他章(品目 5106 至 5113、品目 5204 至 5212、品目 5307 至 5308、品目 5310 至 5311、品目 5401 至 5402、子目 5403.20、子目 5403.33 至 5403.39、子目 5403.42 至 5403.49、品目 5404 至 5408 或品目 5508 至 5516 除外)改变至子目 6203.39,前提是:

(1)该货物在秘鲁或/和美国境内裁剪或/和针织成型并缝制或以其他方式组合;以及

(2)服装中使用的任何可见衬里材料满足第六十二章章规则一的要求。

14. 从任何其他章(品目 5106 至 5113、品目 5204 至 5212、品目 5307 至 5308、品目 5310 至 5311、品目 5401 至 5402、子目 5403.20、子目 5403.33 至 5403.39、子目 5403.42 至 5403.49、品目 5404 至 5408、品目 5508 至 5516、品目 5801 至 5802 或品目 6001 至 6006 除外)改变至子目 6203.41 至 6203.49,前提是该货物在秘鲁或/和美国境内裁剪或/和针织成型并缝制或以其他方式组合。

15. 从任何其他章(品目 5106 至 5113、品目 5204 至 5212、品目 5307 至 5308、品目 5310

至 5311、品目 5401 至 5402、子目 5403.20、子目 5403.33 至 5403.39、子目 5403.42 至 5403.49、品目 5404 至 5408、品目 5508 至 5516、品目 5801 至 5802 或品目 6001 至 6006 除外)改变至子目 6204.11 至 6204.13,前提是:

(A)该货物在秘鲁或/和美国境内裁剪或/和针织成型并缝制或以其他方式组合;以及

(B)服装中使用的任何可见衬里材料满足第六十二章章规则一的要求。

16.(A)从任何其他章(品目 5106 至 5113、品目 5204 至 5212、品目 5307 至 5308、品目 5310 至 5311、品目 5401 至 5402、子目 5403.20、子目 5403.33 至 5403.39、子目 5403.42 至 5403.49、品目 5404 至 5408、品目 5801 至 5802 或品目 6001 至 6006 除外)改变至税号 6204.19.40 或税号 6204.19.80,前提是该货物在秘鲁或/和美国境内裁剪或/和针织成型并缝制或以其他方式组合。

(B)从任何其他章(品目 5106 至 5113、品目 5204 至 5212、品目 5307 至 5308、品目 5310 至 5311、品目 5401 至 5402、子目 5403.20、子目 5403.33 至 5403.39、子目 5403.42 至 5403.49、品目 5404 至 5408 或品目 5508 至 5516 除外)改变至子目 6204.19 的任何其他税号,前提是:

(1)该货物在秘鲁或/和美国境内裁剪或/和针织成型并缝制或以其他方式组合;以及

(2)服装中使用的任何可见衬里材料满足第六十二章章规则一的要求。

17.从任何其他章(品目 5106 至 5113、品目 5204 至 5212、品目 5307 至 5308、品目 5310 至 5311、品目 5401 至 5402、子目 5403.20、子目 5403.33 至 5403.39、子目 5403.42 至 5403.49、品目 5404 至 5408、品目 5508 至 5516、品目 5801 至 5802 或品目 6001 至 6006 除外)改变至子目 6204.21 至 6204.29,前提是:

(A)该货物在秘鲁或/和美国境内裁剪或/和针织成型并缝制或以其他方式组合;以及

(B)对于作为子目 6204.21 至 6204.29 的便服套装的一部分进口的以羊毛、动物细毛、棉花或化学纤维为原料的品目 6201 的服装,品目 6204 的上衣或品目 6204 的裙子,服装中使用的任何可见衬里材料满足第六十二章章规则一的要求。

18.从任何其他章(品目 5106 至 5113、品目 5204 至 5212、品目 5307 至 5308、品目 5310 至 5311、品目 5401 至 5402、子目 5403.20、子目 5403.33 至 5403.39、子目 5403.42 至 5403.49、品目 5404 至 5408、品目 5508 至 5516、品目 5801 至 5802 或品目 6001 至 6006 除外)改变至子目 6204.31 至 6204.33,前提是:

(A)该货物在秘鲁或/和美国境内裁剪或/和针织成型并缝制或以其他方式组合;以及

(B)服装中使用的任何可见衬里材料满足第六十二章章规则一的要求。

19.(A)从任何其他章(品目 5106 至 5113、品目 5204 至 5212、品目 5307 至 5308、品目 5310 至 5311、品目 5401 至 5402、子目 5403.20、子目 5403.33 至 5403.39、子目 5403.42 至 5403.49、品目 5404 至 5408、品目 5801 至 5802 或品目 6001 至 6006 除外)改变至税号 6204.39.20 或税号 6204.39.60,前提是该货物在秘鲁或/和美国

境内裁剪或/和针织成型并缝制或以其他方式组合。

(B)从任何其他章(品目5106至5113、品目5204至5212、品目5307至5308、品目5310至5311、品目5401至5402、子目5403.20、子目5403.33至5403.39、子目5403.42至5403.49、品目5404至5408或品目5508至5516除外)改变至子目6204.39的任何其他税号,前提是:

(1)该货物在秘鲁或/和美国境内裁剪或/和针织成型并缝制或以其他方式组合;以及

(2)服装中使用的任何可见衬里材料满足第六十二章章规则一的要求。

20. 从任何其他章(品目5106至5113、品目5204至5212、品目5307至5308、品目5310至5311、品目5401至5402、子目5403.20、子目5403.33至5403.39、子目5403.42至5403.49、品目5404至5408、品目5508至5516、品目5801至5802或品目6001至6006除外)改变至子目6204.41至6204.49,前提是该货物在秘鲁或/和美国境内裁剪或/和针织成型并缝制或以其他方式组合。

21. 从任何其他章(品目5106至5113、品目5204至5212、品目5307至5308、品目5310至5311、品目5401至5402、子目5403.20、子目5403.33至5403.39、子目5403.42至5403.49、品目5404至5408、品目5508至5516、品目5801至5802或品目6001至6006除外)改变至子目6204.51至6204.53,前提是:

(A)该货物在秘鲁或/和美国境内裁剪或/和针织成型并缝制或以其他方式组合;以及

(B)服装中使用的任何可见衬里材料满足第六十二章章规则一的要求。

22. (A)从任何其他章(品目5106至5113、品目5204至5212、品目5307至5308、品目5310至5311、品目5401至5402、子目5403.20、子目5403.33至5403.39、子目5403.42至5403.49、品目5404至5408、品目5508至5516、品目5801至5802或品目6001除外)改变至税号6204.59.40,前提是该货物在秘鲁或/和美国境内裁剪或/和针织成型并缝制或以其他方式组合。

(B)从任何其他章(品目5106至5113、品目5204至5212、品目5307至5308、品目5310至5311、品目5401至5402、子目5403.20、子目5403.33至5403.39、子目5403.42至5403.49、品目5404至5408或品目5508至5516除外)改变至子目6204.59的任何其他税号,前提是:

(1)该货物在秘鲁或/和美国境内裁剪或/和针织成型并缝制或以其他方式组合;以及

(2)服装中使用的任何可见衬里材料满足第六十二章章规则一的要求。

23. 从任何其他章(品目5106至5113、品目5204至5212、品目5307至5308、品目5310至5311、品目5401至5402、子目5403.20、子目5403.33至5403.39、子目5403.42至5403.49、品目5404至5408、品目5508至5516、品目5801至5802或品目6001至6006除外)改变至子目6204.61至6204.69,前提是该货物在秘鲁或/和美国境内裁剪或/和针织成型并缝制或以其他方式组合。

24. 从任何其他章(品目5106至5113、品目5204至5212、品目5307至5308、品目5310

至5311、品目5401至5402、子目5403.20、子目5403.33至5403.39、子目5403.42至5403.49、品目5404至5408、品目5508至5516、品目5801至5802或品目6001至6006除外)改变至子目6205.10至6205.90,前提是该货物在秘鲁或/和美国境内裁剪或/和针织成型并缝制或以其他方式组合。

25. 从任何其他章(品目5106至5113、品目5204至5212、品目5307至5308、品目5310至5311、品目5401至5402、子目5403.20、子目5403.33至5403.39、子目5403.42至5403.49、品目5404至5408、品目5508至5516、品目5801至5802或品目6001至6006除外)改变至品目6206至6210,前提是该货物在秘鲁或/和美国境内裁剪或/和针织成型并缝制或以其他方式组合。

26. 从任何其他章(品目5106至5113、品目5204至5212、品目5307至5308、品目5310至5311、品目5401至5402、子目5403.20、子目5403.33至5403.39、子目5403.42至5403.49、品目5404至5408、品目5508至5516、品目5801至5802或品目6001至6006除外)改变至子目6211.11至6211.12,前提是该货物在秘鲁或/和美国境内裁剪或/和针织成型并缝制或以其他方式组合。

27. 从任何其他章(品目5106至5113、品目5204至5212、品目5307至5308、品目5310至5311、品目5401至5402、子目5403.20、子目5403.33至5403.39、子目5403.42至5403.49、品目5404至5408、品目5508至5516、品目5801至5802或品目6001至6006除外)改变至子目6211.20,前提是:

    (A)该货物在秘鲁或/和美国境内裁剪或/和针织成型并缝制或以其他方式组合;以及

    (B)对于作为子目6211.20的滑雪套装的一部分进口的以羊毛、动物细毛、棉花或化学纤维为原料的品目6101、品目6102、品目6201或品目6202的服装,服装中使用的任何可见衬里材料满足第六十二章章规则一的要求。

28. 从任何其他章(品目5106至5113、品目5204至5212、品目5307至5308、品目5310至5311、品目5401至5402、子目5403.20、子目5403.33至5403.39、子目5403.42至5403.49、品目5404至5408、品目5508至5516、品目5801至5802或品目6001至6006除外)改变至子目6211.31至6211.49,前提是该货物在秘鲁或/和美国境内裁剪或/和针织成型并缝制或以其他方式组合。

29. 从任何其他章改变至子目6212.10,前提是该货物在秘鲁或/和美国境内裁剪或/和针织成型并缝制或以其他方式组合。

30. 从任何其他章(品目5106至5113、品目5204至5212、品目5307至5308、品目5307至5308、品目5310至5311、品目5401至5402、子目5403.20、子目5403.33至5403.39、子目5403.42至5403.49、品目5404至5408、品目5508至5516、品目5801至5802或品目6001至6006除外)改变至子目6212.20至6212.90,前提是该货物在秘鲁或/和美国境内裁剪或/和针织成型并缝制或以其他方式组合。

31. 从任何其他章(品目5106至5113、品目5204至5212、品目5307至5308、品目5310至5311、品目5401至5402、子目5403.20、子目5403.33至5403.39、子目5403.42至5403.49、品目5404至5408、品目5508至5516、品目5801至5802或品目6001至6006除外)改变

至品目 6213 至 6217,前提是该货物在秘鲁或/和美国境内裁剪或/和针织成型并缝制或以其他方式组合。

第六十三章

章规则一:为确定本章货物的原产地,适用于该货物的规则仅适用于确定该货物税则归类的成分,并且该成分必须满足该规则规定的税则归类改变要求。

章规则二:尽管有本章章规则一的规定,本章中含有品目 5204 或品目 5401 的缝纫线的货物,仅当该缝纫线完全在秘鲁或/和美国境内成型时,才被视为原产货物。

1. 从任何其他章(品目 5106 至 5113、品目 5204 至 5212、品目 5307 至 5308、品目 5310 至 5311、品目 5401 至 5402、子目 5403.20、子目 5403.33 至 5403.39、子目 5403.42 至 5403.49、品目 5404 至 5408、品目 5508 至 5516、品目 5801 至 5802 或品目 6001 至 6006 除外)改变至品目 6301 至 6302,前提是该货物在秘鲁或/和美国境内裁剪或/和针织成型并缝制或以其他方式组合。

2. (A)从税号 5402.43.10、税号 5402.52.10 或任何其他章(品目 5106 至 5113、品目 5204 至 5212、品目 5307 至 5308、品目 5310 至 5311、品目 5401 至 5402、子目 5403.20、子目 5403.33 至 5403.39、子目 5403.42 至 5403.49、品目 5404 至 5408、品目 5508 至 5516、品目 5801 至 5802 或品目 6001 至 6006 除外)改变至税号 6303.92.10,前提是该货物在秘鲁或/和美国境内裁剪或/和针织成型并缝制或以其他方式组合。

   (B)从任何其他章(品目 5106 至 5113、品目 5204 至 5212、品目 5307 至 5308、品目 5310 至 5311、品目 5401 至 5402、子目 5403.20、子目 5403.33 至 5403.39、子目 5403.42 至 5403.49、品目 5404 至 5408 或品目 5508 至 5516 除外)改变至品目 6303 的任何其他税号,前提是该货物在秘鲁或/和美国境内裁剪或/和针织成型并缝制或以其他方式组合。

3. 从任何其他章(品目 5106 至 5113、品目 5204 至 5212、品目 5307 至 5308、品目 5310 至 5311、品目 5401 至 5402、子目 5403.20、子目 5403.33 至 5403.39、子目 5403.42 至 5403.49、品目 5404 至 5408、品目 5508 至 5516、品目 5801 至 5802 或品目 6001 至 6006 除外)改变至品目 6304 至 6305,前提是该货物在秘鲁或/和美国境内裁剪或/和针织成型并缝制或以其他方式组合。

4. 从任何其他章(品目 5106 至 5113、品目 5204 至 5212、品目 5307 至 5308、品目 5310 至 5311、品目 5401 至 5402、子目 5403.20、子目 5403.33 至 5403.39、子目 5403.42 至 5403.49、品目 5404 至 5408、品目 5508 至 5516、品目 5801 至 5802、品目 5903 或品目 6001 至 6006 除外)改变至品目 6306,前提是该货物在秘鲁或/和美国境内裁剪或/和针织成型并缝制或以其他方式组合。

5. 从任何其他章(品目 5106 至 5113、品目 5204 至 5212、品目 5307 至 5308、品目 5310 至 5311、品目 5401 至 5402、子目 5403.20、子目 5403.33 至 5403.39、子目 5403.42 至 5403.49、品目 5404 至 5408、品目 5508 至 5516、品目 5801 至 5802 或品目 6001 至 6006 除外)改变至品目 6307 至 6308,前提是该货物在秘鲁或/和美国境内裁剪或/和针织成型并缝制或以其他方式组合。

6. 从任何其他章(品目 5106 至 5113、品目 5204 至 5212、品目 5307 至 5308、品目 5310 至 5311、

品目 5401 至 5402、子目 5403.20、子目 5403.33 至 5403.39、子目 5403.42 至 5403.49、品目 5404 至 5408、品目 5508 至 5516、品目 5801 至 5802 或品目 6001 至 6006 除外)改变至品目 6309,前提是该货物在秘鲁或/和美国境内裁剪或/和针织成型并缝制或以其他方式组合。

7. 从任何其他章(品目 5106 至 5113、品目 5204 至 5212、品目 5307 至 5308、品目 5310 至 5311、品目 5401 至 5402、子目 5403.20、子目 5403.33 至 5403.39、子目 5403.42 至 5403.49、品目 5404 至 5408、品目 5508 至 5516、品目 5801 至 5802 或品目 6001 至 6006 除外)改变至品目 6310,前提是该货物在秘鲁或/和美国境内裁剪或/和针织成型并缝制或以其他方式组合。

第六十四章

1. (A)从品目 6401 至 6405 以外的任何其他品目(子目 6406.10 除外)改变至子目 6401.10、子目 6401.91、税号 6401.92.90、税号 6401.99.30、税号 6401.99.60、税号 6401.99.90、税号 6402.30.50、税号 6402.30.70、税号 6402.30.80、税号 6402.91.50、税号 6402.91.80、税号 6402.91.90、税号 6402.99.20、税号 6402.99.80、税号 6402.99.90、税号 6404.11.90 或税号 6404.19.20,前提是使用累积法时的区域价值成分不低于 55%;或者

   (B)从任何其他子目改变至品目 6401 至 6405 的任何其他货物,前提是使用累积法时的区域价值成分不低于 20%。

2. 从任何其他子目改变至子目 6406.10 至 6406.99。

第六十五章

1. 从任何其他章改变至品目 6501。
2. 从任何其他章(子目 1401.90 和品目 4601 的托奎拉稻草除外)改变至品目 6502。
3. 从任何其他品目(品目 6503 至 6507 除外)改变至品目 6503。
4. 从任何其他品目(子目 1401.90 和品目 4601 的托奎拉稻草或品目 6502 至 6507 除外)改变至品目 6504。
5. 从任何其他品目(品目 6503 至 6507 除外)改变至品目 6505 至 6506。
6. 从任何其他品目改变至品目 6507。

第六十六章

1. 从任何其他品目改变至品目 6601。
2. 从任何其他品目改变至品目 6602。
3. 从任何其他章改变至品目 6603。

第六十七章

1. (A)从任何其他品目改变至品目 6701;或者

   (B)从任何其他货物(包括品目 6701 的货物)改变至品目 6701 的羽毛或羽绒制品。

2. 从任何其他品目改变至品目 6702 至 6704。

第六十八章

1. 从任何其他品目改变至品目 6801 至 6811。
2. 从任何其他子目改变至子目 6812.50。
3. 从子目 6812.60 至 6812.70 以外的任何子目改变至子目 6812.60 至 6812.70。
4. 从任何其他品目改变至子目 6812.90。
5. 从任何其他品目改变至品目 6813 至 6814。

6. 从子目 6815.99 改变至子目 6815.99 至 6815.99。

第六十九章

从任何其他章改变至品目 6901 至 6914。

第七十章

1. 从任何其他品目改变至品目 7001。

2. 从任何其他品目改变至子目 7002.10。

3. 从任何其他章改变至子目 7002.20。

4. 从任何其他品目改变至子目 7002.31。

5. 从任何其他章改变至子目 7002.32 至 7002.39。

6. 从品目 7003 至 7006 以外的任何品目改变至品目 7003 至 7006。

7. 从任何其他品目改变至子目 7007.11。

8. 从任何其他品目(品目 7003 至 7007 除外)改变至子目 7007.19。

9. 从任何其他品目改变至子目 7007.21。

10. 从任何其他品目(品目 7003 至 7007 除外)改变至子目 7007.29。

11. 从任何其他品目改变至品目 7008。

12. (A)从任何其他品目改变至子目 7009.10;或者
　　(B)税则归类无需改变,前提是区域价值成分不低于:
　　　　(1)使用累积法时的 35%,或
　　　　(2)使用扣减法时的 45%。

13. 从子目 7009.91 至 7018.90 以外的任何品目(品目 7007 至 7008 除外)改变至子目 7009.91 至 7018.90。

14. 从任何其他品目改变至品目 7019。

15. 从任何其他品目改变至品目 7020。

第七十一章

1. 从任何其他品目改变至品目 7101。

2. 从任何其他章改变至品目 7102 至 7103。

3. 从任何其他品目改变至品目 7104 至 7105。

4. 从任何其他章改变至品目 7106 至 7108。

5. 从任何其他品目改变至品目 7109。

6. 从任何其他章改变至品目 7110 至 7111。

7. 从任何其他品目改变至品目 7112。

8. (A)从任何其他品目(品目 7116 除外)改变至品目 7113;或者
　　(B)税则归类无需改变,前提是区域价值成分不低于:
　　　　(1)使用累积法时的 55%,或
　　　　(2)使用扣减法时的 65%。

9. 从任何其他品目改变至品目 7114 至 7115。

10. 从任何其他品目(品目 7113 除外)改变至品目 7116。

11. 从任何其他品目改变至品目 7117 至 7118。

第七十二章

1. 从任何其他章改变至品目 7201 至 7205。

2. 从品目 7206 至 7207 以外的任何品目改变至品目 7206 至 7207。

3. 从任何其他品目改变至品目 7208 至 7229。

第七十三章

1. (A)从任何其他章改变至品目 7301 至 7307；或者

    (B)从子目 7304.49 改变至子目 7304.41 的外径小于 19 毫米的货物。

2. 从任何其他品目改变至品目 7308，但对品目 7216 的角材、型材或异型材进行以下处理而导致的归类改变除外：

    (A)钻孔、冲孔、开槽、切割、弯曲或清扫，不论是单独进行还是组合进行；

    (B)为复合结构添加附件或焊接件；

    (C)为搬运目的添加附件；

    (D)在 H 型钢或工字钢上增加焊件、连接件或附件，但焊件、连接件或附件的最大尺寸不得大于 H 型钢或工字钢法兰内表面之间的尺寸；

    (E)涂漆、镀锌或其他涂层；或者

    (F)单独或组合钻孔、冲孔、开槽或切割，添加一个没有加强元件的简单底板，用于生产适合做柱的制品。

3. 从品目 7309 至 7311 以外的任何品目改变至品目 7309 至 7311。

4. 从任何其他品目改变至品目 7312 至 7314。

5. (A)从任何其他品目改变至子目 7315.11 至 7315.12；或者

    (B)从子目 7315.19 改变至子目 7315.11 至 7315.12，不论是否从任何其他品目改变而来，前提是区域价值成分不低于：

    (1)使用累积法时的 35%，或

    (2)使用扣减法时的 45%。

6. 从任何其他品目改变至子目 7315.19。

7. (A)从任何其他品目改变至子目 7315.20 至 7315.89；或者

    (B)从子目 7315.90 改变至子目 7315.20 至 7315.89，不论是否从任何其他品目改变而来，前提是区域价值成分不低于：

    (1)使用累积法时的 35%，或

    (2)使用扣减法时的 45%。

8. 从任何其他品目改变至子目 7315.90。

9. 从任何其他品目(品目 7312 或品目 7315 除外)改变至品目 7316。

10. 从品目 7317 至 7318 以外的任何品目改变至品目 7317 至 7318。

11. 从任何其他品目改变至品目 7319 至 7320。

12. (A)从任何其他子目[子目 7321.90 的烹饪室(不论是否装配)、上部面板(不论是否带有控制装置、燃烧器)或包含以下多个部件的门组件除外：内面板、外面板、窗或隔离件]改变至子目 7321.11；或者

    (B)从子目 7321.90 改变至子目 7321.11，不论是否从任何其他品目改变而来，前提

是区域价值成分不低于：

(1)使用累积法时的35%，或

(2)使用扣减法时的45%。

13.(A)从任何其他品目改变至子目7321.12至7321.83;或者

(B)从子目7321.90改变至子目7321.12至7321.83，不论是否从任何其他品目改变而来,前提是区域价值成分不低于：

(1)使用累积法时的35%，或

(2)使用扣减法时的45%。

14.(A)从任何其他品目改变至子目7321.90;或者

(B)税则归类无需改变,前提是区域价值成分不低于：

(1)使用累积法时的35%，或

(2)使用扣减法时的45%。

15.从品目7322至7323以外的任何品目改变至品目7322至7323。

16.(A)从任何其他品目改变至子目7324.10至7324.29;或者

(B)税则归类无需改变,前提是区域价值成分不低于：

(1)使用累积法时的35%，或

(2)使用扣减法时的45%。

17.从任何其他品目改变至子目7324.90。

18.从子目7325.10至7326.20以外的任何子目改变至子目7325.10至7326.20。

19.从任何其他品目(品目7325除外)改变至子目7326.90。

第七十四章

1.从任何其他品目改变至品目7401至7403。

2.品目7404的货物的税则归类无需改变,前提是区域价值成分不低于：

(A)使用累积法时的35%，或

(B)使用扣减法时的45%。

3.从任何其他品目改变至品目7405至7407。

4.从任何其他品目(品目7407除外)改变至品目7408。

5.从任何其他品目改变至品目7409。

6.从任何其他品目(品目7409的厚度小于5毫米的板、片或带除外)改变至品目7410。

7.从任何其他品目改变至品目7411至7419。

第七十五章

1.从任何其他品目改变至品目7501至7505。

2.(A)从任何其他品目改变至品目7506;或者

(B)从品目7506的任何其他货物改变至厚度不超过0.15毫米的箔,前提是厚度减少不少于50%。

3.从任何其他子目改变至子目7507.11至7508.90。

第七十六章

1.从任何其他章改变至品目7601。

2. 从任何其他品目改变至品目 7602。

3. 从任何其他章改变至品目 7603。

4. 从任何其他品目(品目 7605 至 7606 除外)改变至品目 7604。

5. 从任何其他品目(品目 7604 除外)改变至品目 7605。

6. 从任何其他品目改变至子目 7606.11。

7. 从任何其他品目(品目 7604 至 7606 除外)改变至子目 7606.12。

8. 从任何其他品目改变至子目 7606.91。

9. 从任何其他品目(品目 7604 至 7606 除外)改变至子目 7606.92。

10. 从任何其他品目改变至子目 7607.11。

11. (A)从任何其他品目改变至子目 7607.19 至 7607.20;或者
    (B)税则归类无需改变,前提是区域价值成分不低于:
    (1)使用累积法时的 35%,或
    (2)使用扣减法时的 45%。

12. 从品目 7608 至 7609 以外的任何品目改变至品目 7608 至 7609。

13. 从任何其他品目改变至品目 7610 至 7615。

14. 从任何其他品目改变至子目 7616.10。

15. 从任何其他子目改变至子目 7616.91 至 7616.99。

第七十八章

1. 从任何其他章改变至品目 7801 至 7802。

2. 从任何其他品目改变至品目 7803 至 7806。

第七十九章

1. 从任何其他章改变至品目 7901 至 7902。

2. 从任何其他章改变至子目 7903.10。

3. 从任何其他品目改变至子目 7903.90。

4. 从任何其他品目改变至品目 7904 至 7907。

第八十章

1. 从任何其他章改变至品目 8001 至 8002。

2. 从任何其他品目改变至品目 8003 至 8004。

3. 从任何其他品目(品目 8004 除外)改变至品目 8005。

4. 从任何其他品目改变至品目 8006 至 8007。

第八十一章

1. 从任何其他章改变至子目 8101.10 至 8101.94。

2. 从任何其他子目改变至子目 8101.95。

3. 从任何其他子目(子目 8101.95 除外)改变至子目 8101.96。

4. 从任何其他章改变至子目 8101.97。

5. 从任何其他子目改变至子目 8101.99。

6. 从任何其他章改变至子目 8102.10 至 8102.94。

7. 从任何其他子目改变至子目 8102.95。

8. 从任何其他子目(子目8102.95除外)改变至子目8102.96。

9. 从任何其他章改变至子目8102.97。

10. 从任何其他子目改变至子目8102.99。

11. 从任何其他章改变至子目8103.20至8103.30。

12. 从任何其他子目改变至子目8103.90。

13. 从任何其他章改变至子目8104.11至8104.20。

14. 从任何其他子目改变至子目8104.30至8104.90。

15. 从任何其他章改变至子目8105.20至8105.30。

16. 从任何其他子目改变至子目8105.90。

17. (A)从任何其他章改变至品目8106;或者
    (B)税则归类无需改变,前提是区域价值成分不低于:
        (1)使用累积法时的35%,或
        (2)使用扣减法时的45%。

18. 从任何其他章改变至子目8107.20至8107.30。

19. 从任何其他子目改变至子目8107.90。

20. 从任何其他章改变至子目8108.20至8108.30。

21. 从任何其他子目改变至子目8108.90。

22. 从任何其他章改变至子目8109.20至8109.30。

23. 从任何其他子目改变至子目8109.90。

24. (A)从任何其他章改变至8110至8111;或者
    (B)税则归类无需改变,前提是区域价值成分不低于:
        (1)使用累积法时的35%,或
        (2)使用扣减法时的45%。

25. 从任何其他章改变至子目8112.12至8112.13。

26. 从任何其他子目改变至子目8112.19,前提是区域价值成分不低于:
    (A)使用累积法时的35%,或
    (B)使用扣减法时的45%。

27. (A)从任何其他章改变至子目8112.21至8112.59;或者
    (B)税则归类无需改变,前提是区域价值成分不低于:
        (1)使用累积法时的35%,或
        (2)使用扣减法时的45%。

28. 从任何其他章改变至子目8112.92。

29. 从任何其他子目改变至子目8112.99。

30. (A)从任何其他章改变至品目8113,或者
    (B)税则归类无需改变,前提是区域价值成分不低于:
        (1)使用累积法时的35%,或
        (2)使用扣减法时的45%。

第八十二章

1. 从任何其他章改变至品目 8201 至 8206。

2. (A)从任何其他章改变至子目 8207.13；或者

　　(B)从品目 8209、子目 8207.19 改变至子目 8207.13，前提是区域价值成分不低于：

　　　　(1)使用累积法时的 35%，或

　　　　(2)使用扣减法时的 45%。

3. 从任何其他章改变至子目 8207.19 至 8207.90。

4. (A)从任何其他章改变至品目 8208 至 8215；或者

　　(B)从子目 8211.95 改变至子目 8211.91 至 8211.93，不论是否从任何其他章改变而来，前提是区域价值成分不低于：

　　　　(1)使用累积法时的 35%，或

　　　　(2)使用扣减法时的 45%。

第八十三章

1. (A)从任何其他章改变至子目 8301.10 至 8301.40；或者

　　(B)从子目 8301.60 改变至子目 8301.10 至 8301.40，不论是否从任何其他章改变而来，前提是区域价值成分不低于：

　　　　(1)使用累积法时的 35%，或

　　　　(2)使用扣减法时的 45%。

2. (A)从任何其他章改变至子目 8301.50；或者

　　(B)从任何其他子目改变至子目 8301.50，前提是区域价值成分不低于：

　　　　(1)使用累积法时的 35%，或

　　　　(2)使用扣减法时的 45%。

3. 从任何其他章改变至子目 8301.60 至 8301.70。

4. 从任何其他品目改变至品目 8302 至 8304。

5. (A)从任何其他章改变至子目 8305.10 至 8305.20；或者

　　(B)从任何其他子目改变至子目 8305.10 至 8305.20，前提是区域价值成分不低于：

　　　　(1)使用累积法时的 35%，或

　　　　(2)使用扣减法时的 45%。

6. 从任何其他品目改变至子目 8305.90。

7. 从任何其他章改变至子目 8306.10。

8. 从任何其他品目改变至子目 8306.21 至 8306.30。

9. 从任何其他品目改变至品目 8307。

10. (A)从任何其他章改变至子目 8308.10 至 8308.20；或者

　　(B)从任何其他子目改变至子目 8308.10 至 8308.20，前提是区域价值成分不低于：

　　　　(1)使用累积法时的 35%，或

　　　　(2)使用扣减法时的 45%。

11. 从任何其他品目改变至子目 8308.90。

12. 从任何其他品目改变至品目 8309 至 8310。

13. (A)从任何其他章改变至子目 8311.10 至 8311.30;或者
    (B)从任何其他子目改变至子目 8311.10 至 8311.30,前提是区域价值成分不低于:
       (1)使用累积法时的 35%,或
       (2)使用扣减法时的 45%。

14. 从任何其他品目改变至子目 8311.90。

第八十四章

1. 从任何其他子目改变至子目 8401.10 至 8401.30。
2. 从任何其他品目改变至子目 8401.40。
3. (A)从任何其他品目改变至子目 8402.11;或者
    (B)从子目 8402.90 改变至子目 8402.11,不论是否从任何其他品目改变而来,前提是区域价值成分不低于:
       (1)使用累积法时的 35%,或
       (2)使用扣减法时的 45%。

4. (A)从任何其他品目改变至子目 8402.12;或者
    (B)从任何其他子目改变至子目 8402.12,前提是区域价值成分不低于:
       (1)使用累积法时的 35%,或
       (2)使用扣减法时的 45%。

5. (A)从任何其他品目改变至子目 8402.19;或者
    (B)从子目 8402.90 改变至子目 8402.19,不论是否从任何其他品目改变而来,前提是区域价值成分不低于:
       (1)使用累积法时的 35%,或
       (2)使用扣减法时的 45%。

6. (A)从任何其他品目改变至子目 8402.20;或者
    (B)从任何其他子目改变至子目 8402.20,前提是区域价值成分不低于:
       (1)使用累积法时的 35%,或
       (2)使用扣减法时的 45%。

7. (A)从任何其他品目改变至子目 8402.90;或者
    (B)税则归类无需改变,前提是区域价值成分不低于:
       (1)使用累积法时的 35%,或
       (2)使用扣减法时的 45%。

8. 从任何其他子目改变至子目 8403.10。
9. 从任何其他品目改变至子目 8403.90。
10. 从任何其他子目改变至子目 8404.10。
11. (A)从任何其他品目改变至子目 8404.20;或者
    (B)从子目 8404.90 改变至子目 8404.20,不论是否从任何其他品目改变而来,前提是区域价值成分不低于:
       (1)使用累积法时的 35%,或
       (2)使用扣减法时的 45%。

12. 从任何其他品目改变至子目 8404.90。
13. 从任何其他子目改变至子目 8405.10。
14. 从任何其他品目改变至子目 8405.90。
15. 从任何其他子目改变至子目 8406.10。
16. 从子目 8406.81 至 8406.82 以外的任何子目改变至子目 8406.81 至 8406.82。
17. (A)从任何其他品目改变至子目 8406.90；或者
    (B)税则归类无需改变，前提是区域价值成分不低于：
        (1)使用累积法时的 35%；或
        (2)使用扣减法时的 45%。
18. 从任何其他品目改变至子目 8407.10 至 8407.29。
19. (A)从任何其他品目改变至子目 8407.31 至 8407.34；或者
    (B)税则归类无需改变，前提是使用净成本法时的区域价值成分不低于 35%。
20. 从任何其他品目改变至子目 8407.90。
21. 从任何其他品目改变至子目 8408.10。
22. (A)从任何其他品目改变至子目 8408.20；或者
    (B)税则归类无需改变，前提是使用净成本法时的区域价值成分不低于 35%。
23. 从任何其他品目改变至子目 8408.90。
24. 品目 8409 的货物的税则归类无需改变，前提是使用净成本法时的区域价值成分不低于 35%。
25. 从子目 8410.11 至 8410.13 以外的任何子目改变至子目 8410.11 至 8410.13。
26. 从任何其他品目改变至子目 8410.90。
27. 从子目 8411.11 至 8411.82 以外的任何子目改变至子目 8411.11 至 8411.82。
28. 从任何其他品目改变至子目 8411.91。
29. (A)从任何其他品目改变至子目 8411.99；或者
    (B)税则归类无需改变，前提是区域价值成分不低于：
        (1)使用累积法时的 35%，或
        (2)使用扣减法时的 45%。
30. 从任何其他子目改变至子目 8412.10 至 8412.80。
31. 从任何其他品目改变至子目 8412.90。
32. 从任何其他子目改变至子目 8413.11 至 8413.82。
33. (A)从任何其他品目改变至子目 8413.91 至 8413.92；或者
    (B)子目 8413.92 的税则归类无需改变，前提是区域价值成分不低于：
        (1)使用累积法时的 35%，或
        (2)使用扣减法时的 45%。
34. (A)从任何其他品目改变至子目 8414.10 至 8414.80；或者
    (B)从子目 8414.90 改变至子目 8414.10 至 8414.80，不论是否从任何其他品目改变而来，前提是区域价值成分不低于：
        (1)使用累积法时的 35%，或

(2) 使用扣减法时的 45%。

35. (A) 从任何其他品目改变至子目 8414.90；或者
    (B) 税则归类无需改变,前提是区域价值成分不低于：
        (1) 使用累积法时的 35%,或
        (2) 使用扣减法时的 45%。

36. 从任何其他子目改变至子目 8415.10 至 8415.83。

37. (A) 从任何其他品目改变至子目 8415.90；或者
    (B) 从任何其他货物(包括子目 8415.90 的货物)改变至子目 8415.90 的机箱、机箱刀片和外部机柜。

38. 从任何其他子目改变至子目 8416.10 至 8416.90。

39. 从任何其他子目改变至子目 8417.10 至 8417.80。

40. 从任何其他品目改变至子目 8417.90。

41. 从子目 8418.10 至 8418.69 以外的任何子目(子目 8418.91 除外)改变至子目 8418.10 至 8418.69。

42. 从任何其他品目改变至子目 8418.91 至 8418.99。

43. 从任何其他子目改变至子目 8419.11。

44. (A) 从任何其他品目改变至子目 8419.19；或者
    (B) 从任何其他子目改变至子目 8419.19,前提是区域价值成分不低于：
        (1) 使用累积法时的 35%,或
        (2) 使用扣减法时的 45%。

45. 从任何其他子目改变至子目 8419.20 至 8419.89。

46. (A) 从品目 8419 改变至任何其他品目；或者
    (B) 税则归类无需改变,前提是区域价值成分不低于：
        (1) 使用累积法时的 35%,或
        (2) 使用扣减法时的 45%。

47. 从任何其他子目改变至子目 8420.10。

48. 从任何其他品目改变至子目 8420.91 至 8420.99。

49. 从任何其他子目改变至子目 8421.11 至 8421.39。

50. (A) 从任何其他品目改变至子目 8421.91；或者
    (B) 税则归类无需改变,前提是区域价值成分不低于：
        (1) 使用累积法时的 35%,或
        (2) 使用扣减法时的 45%。

51. (A) 从任何其他品目改变至子目 8421.99；或者
    (B) 税则归类无需改变,前提是区域价值成分不低于：
        (1) 使用累积法时的 35%,或
        (2) 使用扣减法时的 45%。

52. 从任何其他子目改变至子目 8422.11 至 8422.40。

53. (A) 从任何其他品目改变至子目 8422.90；或者

(B)税则归类无需改变,前提是区域价值成分不低于:
(1)使用累积法时的35%,或
(2)使用扣减法时的45%。

54. 从任何其他子目改变至子目8423.10至8423.89。

55. 从任何其他品目改变至子目8423.90。

56. 从任何其他子目改变至子目8424.10至8430.69。

57. (A)从任何其他品目改变至品目8431;或者
(B)税则归类无需改变至子目8431.10、子目8431.31、子目8431.39、子目8431.43或子目8431.49,前提是区域价值成分不低于:
(1)使用累积法时的35%,或
(2)使用扣减法时的45%。

58. 从任何其他子目改变至子目8432.10至8432.80。

59. 从任何其他品目改变至子目8432.90。

60. 从任何其他子目改变至子目8433.11至8433.60。

61. 从任何其他品目改变至子目8433.90。

62. 从任何其他子目改变至子目8434.10至8435.90。

63. 从任何其他子目改变至子目8436.10至8436.80。

64. 从任何其他品目改变至子目8436.91至8436.99。

65. 从任何其他子目改变至子目8437.10至8437.80。

66. 从任何其他品目改变至子目8437.90。

67. 从任何其他子目改变至子目8438.10至8438.80。

68. 从任何其他品目改变至子目8438.90。

69. 从任何其他子目改变至子目8439.10至8440.90。

70. 从任何其他子目改变至子目8441.10至8441.80。

71. (A)从任何其他品目改变至子目8441.90;或者
(B)税则归类无需改变,前提是区域价值成分不低于:
(1)使用累积法时的35%,或
(2)使用扣减法时的45%。

72. 从子目8442.10至8442.30以外的任何子目改变至子目8442.10至8442.30。

73. 从任何其他品目改变至子目8442.40至8442.50。

74. (A)从子目8443.11至8443.59以外的任何子目(子目8443.60除外)改变至子目8443.11至8443.59;或者
(B)从子目8443.60改变至子目8443.11至8443.59,前提是区域价值成分不低于:
(1)使用累积法时的35%,或
(2)使用扣减法时的45%。

75. 从任何其他子目(子目8443.11至8443.59除外)改变至子目8443.60。

76. 从任何其他品目改变至子目8443.90。

77. 从任何其他品目改变至品目8444。

78. 从品目 8445 至 8447 以外的任何品目改变至品目 8445 至 8447。

79. 从任何其他子目改变至子目 8448.11 至 8448.19。

80. 从任何其他品目改变至子目 8448.20 至 8448.59。

81. 从任何其他品目改变至品目 8449。

82. 从任何其他子目改变至子目 8450.11 至 8450.20。

83. 从任何其他品目改变至子目 8450.90。

84. 从任何其他子目改变至子目 8451.10 至 8451.80。

85. 从任何其他品目改变至子目 8451.90。

86. 从子目 8452.10 至 8452.29 以外的任何子目改变至子目 8452.10 至 8452.29。

87. 从任何其他子目改变至子目 8452.30 至 8452.40。

88. 从任何其他品目改变至子目 8452.90。

89. 从任何其他子目改变至子目 8453.10 至 8453.80。

90. 从任何其他品目改变至子目 8453.90。

91. 从任何其他子目改变至子目 8454.10 至 8454.30。

92. 从任何其他品目改变至子目 8454.90。

93. 从任何其他子目改变至子目 8455.10 至 8455.90。

94. 从任何其他品目改变至品目 8456 至 8463,前提是使用累积法时的区域价值成分不低于 65%。

95. 从任何其他品目改变至品目 8464 至 8465。

96. 从任何其他品目改变至品目 8466,前提是区域价值成分不低于:
    (A)使用累积法时的 35%,或者
    (B)使用扣减法时的 45%。

97. 从任何其他子目改变至子目 8467.11 至 8467.89。

98. 从任何其他品目改变至子目 8467.91。

99. 从任何其他品目(品目 8407 除外)改变至子目 8467.92 至 8467.99。

100. 从任何其他子目改变至子目 8468.10 至 8468.80。

101. 从任何其他品目改变至子目 8468.90。

102. 从子目 8469.11 至 8469.12 以外的任何子目改变至子目 8469.11 至 8469.12。

103. 从子目 8469.20 至 8469.30 以外的任何子目改变至子目 8469.20 至 8469.30。

104. 从任何其他子目改变至子目 8470.10 至 8471.90。

105. 从任何其他子目改变至子目 8472.10 至 8472.90。

106. (A)从任何其他子目改变至子目 8473.10 至 8473.50;或者
    (B)税则归类无需改变,前提是区域价值成分不低于:
        (1)使用累积法时的 30%,或
        (2)使用扣减法时的 35%。

107. 从子目 8474.10 至 8474.80 以外的任何子目改变至子目 8474.10 至 8474.80。

108. (A)从任何其他品目改变至子目 8474.90;或者
    (B)税则归类无需改变,前提是区域价值成分不低于:

(1)使用累积法时的35%,或

(2)使用扣减法时的45%。

109. 从任何其他子目改变至子目8475.10。

110. 从子目8475.21至8475.29以外的任何子目改变至子目8475.21至8475.29。

111. 从任何其他品目改变至子目8475.90。

112. 从子目8476.21至8476.89以外的任何子目改变至子目8476.21至8476.89。

113. 从任何其他品目改变至子目8476.90。

114. (A)从任何其他品目改变至品目8477,前提是区域价值成分不低于:

(1)使用累积法时的35%,或

(2)使用扣减法时的45%;或者

(B)从子目8477.90改变至子目8477.10至8477.80,前提是区域价值成分不低于:

(1)使用累积法时的35%,或

(2)使用扣减法时的45%。

115. 从任何其他子目改变至子目8478.10。

116. 从任何其他品目改变至子目8478.90。

117. 从任何其他子目改变至子目8479.10至8479.89。

118. 从任何其他品目改变至子目8479.90。

119. 从任何其他品目改变至品目8480。

120. (A)从任何其他品目改变至子目8481.10至8481.80;或者

(B)从子目8481.90改变至子目8481.10至8481.80,不论是否从其他品目改变而来,前提是区域价值成分不低于:

(1)使用累积法时的35%,或

(2)使用扣减法时的45%。

121. 从任何其他品目改变至子目8481.90。

122. (A)从子目8482.10至8482.80以外的任何子目(子目8482.99的内圈、外圈或座圈除外)改变至子目8482.10至8482.80;或者

(B)从子目8482.99的内圈、外圈或座圈改变至子目8482.10至8482.80,不论是否从子目8482.10至8482.80以外的任何子目改变而来,前提是使用累积法时的区域价值成分不低于40%。

123. 从任何其他品目改变至子目8482.91至8482.99。

124. 从任何其他子目改变至子目8483.10。

125. 从任何其他子目(子目8482.10至8482.80除外)改变至子目8483.20。

126. (A)从任何其他品目改变至子目8483.30;或者

(B)从任何其他子目改变至子目8483.30,前提是使用累积法时的区域价值成分不低于40%。

127. (A)从任何子目(子目8482.10至8482.80、子目8482.99、子目8483.10至8483.40、子目8483.60或子目8483.90除外)改变至子目8483.40至8483.50;或者

(B)从子目8482.10至8482.80、子目8482.99、子目8483.10至8483.40、子目

8483.60 或子目 8483.90 改变至子目 8483.40 至 8483.50,前提是使用累积法时的区域价值成分不低于 40%。

128. 从任何其他子目改变至子目 8483.60。
129. 从任何其他品目改变至子目 8483.90。
130. 从任何其他子目改变至子目 8484.10 至 8484.20。
131. 从任何其他品目改变至子目 8484.90。
132. 从任何其他品目改变至品目 8485。

第八十五章

1. (A)从任何其他品目(品目 8503 定子或转子除外)改变至子目 8501.10;或者
   (B)从品目 8503 的定子或转子改变至子目 8501.10,不论是否从任何其他品目改变而来,前提是区域价值成分不低于:
      (1)使用累积法时的 35%,或
      (2)使用扣减法时的 45%。

2. 从任何其他品目改变至子目 8501.20 至 8501.64。

3. 从任何其他品目改变至品目 8502 至 8503。

4. 从任何子目(子目 8504.10 至 8504.50 除外)改变至子目 8504.10 至 8504.23。

5. (A)从任何其他品目改变至子目 8504.31;或者
   (B)从子目 8504.90 改变至子目 8504.31,不论是否从任何其他品目改变而来,前提是区域价值成分不低于:
      (1)使用累积法时的 35%,或
      (2)使用扣减法时的 45%。

6. 从任何子目(子目 8504.10 至 8504.50 除外)改变至子目 8504.32 至 8504.50。

7. 从任何其他品目改变至子目 8504.90。

8. 从任何其他子目改变至子目 8505.11 至 8505.30。

9. 从任何其他品目改变至子目 8505.90。

10. 从任何其他子目改变至子目 8506.10 至 8506.40。

11. 从子目 8506.50 至 8506.80 以外的任何子目改变至子目 8506.50 至 8506.80。

12. 从任何其他品目改变至子目 8506.90。

13. (A)从任何其他品目改变至子目 8507.10;或者
    (B)从任何其他子目改变至子目 8507.10,不论是否从任何其他子目改变而来,前提是区域价值成分不低于:
       (1)使用累积法时的 35%,或
       (2)使用扣减法时的 45%。

14. 从任何其他子目改变至子目 8507.20 至 8507.80。

15. 从任何其他品目改变至子目 8507.90。

16. (A)从任何其他品目改变至子目 8509.10 至 8509.80;或者
    (B)从任何其他子目改变至子目 8509.10 至 8509.80,不论是否从任何其他子目改变而来,前提是区域价值成分不低于:

(1) 使用累积法时的 35%, 或

(2) 使用扣减法时的 45%。

17. 从任何其他品目改变至子目 8509.90。

18. 从任何其他子目改变至子目 8510.10 至 8510.30。

19. 从任何其他品目改变至子目 8510.90。

20. 从任何其他子目改变至子目 8511.10 至 8511.80。

21. 从任何其他品目改变至子目 8511.90。

22. 从子目 8512.10 至 8512.30 以外的任何子目改变至子目 8512.10 至 8512.30。

23. (A)从任何其他品目改变至子目 8512.40;或者

(B)从子目 8512.90 改变至子目 8512.40,不论是否从任何其他品目改变而来,前提是区域价值成分不低于:

(1) 使用累积法时的 35%, 或

(2) 使用扣减法时的 45%。

24. 从任何其他品目改变至子目 8512.90。

25. (A)从任何其他品目改变至子目 8513.10;或者

(B)从子目 8513.90 改变至子目 8513.10,不论是否从任何其他品目改变而来,前提是区域价值成分不低于:

(1) 使用累积法时的 35%, 或

(2) 使用扣减法时的 45%。

26. 从任何其他品目改变至子目 8513.90。

27. 从任何其他子目改变至子目 8514.10 至 8514.40。

28. 从任何其他品目改变至子目 8514.90。

29. 从子目 8515.11 至 8515.80 以外的任何子目改变至子目 8515.11 至 8515.80。

30. 从任何其他品目改变至子目 8515.90。

31. 从任何其他子目改变至子目 8516.10 至 8516.50。

32. (A)从任何其他子目[子目 8516.90 的家具(不论是否装配)、烹饪室(不论是否装配)或上面板(不论是否装有加热或控制元件)除外]改变至子目 8516.60;或者

(B)从子目 8516.90 改变至子目 8516.60,不论是否从任何其他品目改变而来,前提是区域价值成分不低于:

(1) 使用累积法时的 35%, 或

(2) 使用扣减法时的 45%。

33. 从任何其他子目改变至子目 8516.71。

34. (A)从任何其他子目(子目 8516.90 的烤面包机外壳或子目 9032.10 除外)改变至子目 8516.72;或者

(B)从子目 8516.90 的烤面包机外壳或子目 9032.10 改变至子目 8516.72,不论是否从任何其他子目改变而来,前提是区域价值成分不低于:

(1) 使用累积法时的 35%, 或

(2) 使用扣减法时的 45%。

35. 从任何其他子目改变至子目 8516.79。

36. (A)从任何其他品目改变至子目 8516.80;或者
    (B)从子目 8516.90 改变至子目 8516.80,不论是否从任何其他品目改变而来,前提是区域价值成分不低于:
        (1)使用累积法时的 35%,或
        (2)使用扣减法时的 45%。

37. (A)从任何其他品目改变至子目 8516.90;或者
    (B)税则归类无需改变,前提是区域价值成分不低于:
        (1)使用累积法时的 35%,或
        (2)使用扣减法时的 45%。

38. 从任何其他子目改变至子目 8517.11 至 8517.80。

39. (A)从任何其他子目改变至子目 8517.90;或者
    (B)税则归类无需改变,前提是区域价值成分不低于:
        (1)使用累积法时的 35%,或
        (2)使用扣减法时的 45%。

40. (A)从任何其他品目改变至子目 8518.10 至 8518.21;或者
    (B)从子目 8518.90 改变至子目 8518.10 至 8518.21,不论是否从任何其他品目改变而来,前提是区域价值成分不低于:
        (1)使用累积法时的 35%,或
        (2)使用扣减法时的 45%。

41. (A)从任何其他品目改变至子目 8518.22;或者
    (B)从子目 8518.29 或子目 8518.90 改变至子目 8518.22,不论是否从任何其他品目改变而来,前提是区域价值成分不低于:
        (1)使用累积法时的 35%,或
        (2)使用扣减法时的 45%。

42. (A)从任何其他品目改变至子目 8518.29 至 8518.50;或者
    (B)从子目 8518.90 改变至子目 8518.29 至 8518.50,不论是否从任何其他品目改变而来,前提是区域价值成分不低于:
        (1)使用累积法时的 35%,或
        (2)使用扣减法时的 45%。

43. 从任何其他品目改变至子目 8518.90。

44. 从任何其他子目改变至子目 8519.10 至 8519.40。

45. 从子目 8519.92 至 8519.93 以外的任何子目改变至子目 8519.92 至 8519.93。

46. 从任何其他子目改变至子目 8519.99。

47. 从任何其他子目改变至子目 8520.10 至 8520.20。

48. 从子目 8520.32 至 8520.33 以外的任何子目改变至子目 8520.32 至 8520.33。

49. 从任何其他子目改变至子目 8520.39 至 8520.90。

50. 从任何其他子目改变至子目 8521.10 至 8524.99。

51. 从子目 8525.10 至 8525.20 以外的任何子目改变至子目 8525.10 至 8525.20。

52. 从任何其他子目改变至子目 8525.30 至 8525.40。

53. 从任何其他子目改变至子目 8526.10 至 8527.90。

54. 从任何其他子目(子目 7011.20、子目 8540.11 或子目 8540.91 除外)改变至子目 8528.12。

55. 从任何其他子目改变至子目 8528.13。

56. 从任何其他子目(子目 7011.20、子目 8540.11 或子目 8540.91 除外)改变至子目 8528.21。

57. 从任何其他子目改变至子目 8528.22 至 8528.30。

58. (A)从任何其他品目改变至品目 8529;或者
    (B)子目 8529.90 的税则归类无需改变,前提是区域价值成分不低于:
        (1)使用累积法时的 35%,或
        (2)使用扣减法时的 45%。

59. 从任何其他子目改变至子目 8530.10 至 8530.80。

60. 从任何其他品目改变至子目 8530.90。

61. 从任何其他子目改变至子目 8531.10 至 8531.80。

62. 从任何其他品目改变至子目 8531.90。

63. 从任何其他子目改变至子目 8532.10 至 8532.30。

64. 从任何其他品目改变至子目 8532.90。

65. 从任何其他子目改变至子目 8533.10 至 8533.40。

66. 从任何其他品目改变至子目 8533.90。

67. (A)从任何其他品目改变至品目 8534;或者
    (B)税则归类无需改变,前提是区域价值成分不低于:
        (1)使用累积法时的 30%,或
        (2)使用扣减法时的 35%。

68. 从任何其他子目改变至子目 8535.10 至 8536.90。

69. 从任何其他品目改变至品目 8537 至 8538。

70. 从任何其他子目改变至子目 8539.10 至 8539.49。

71. 从任何其他品目改变至子目 8539.90。

72. 从任何其他子目(子目 7011.20 或子目 8540.91 除外)改变至子目 8540.11。

73. 从任何其他子目改变至子目 8540.12。

74. (A)从任何其他品目改变至子目 8540.20;或者
    (B)从子目 8540.91 至 8540.99 改变至子目 8540.20,不论是否从任何其他品目改变而来,前提是区域价值成分不低于:
        (1)使用累积法时的 35%,或
        (2)使用扣减法时的 45%。

75. 从子目 8540.40 至 8540.60 以外的任何子目改变至子目 8540.40 至 8540.60。

76. 从任何其他子目改变至子目 8540.71 至 8540.89。

77. (A)从任何其他品目改变至子目 8540.91;或者
    (B)从任何其他货物(包括子目 8540.91 的货物)改变至子目 8540.91 的前面板组件。

78. (A)从任何其他子目改变至子目 8540.99;或者
    (B)税则归类无需改变,前提是区域价值成分不低于:
        (1)使用累积法时的 35%,或
        (2)使用扣减法时的 45%。

79. (A)从子目 8541.10 至 8542.90 的未装配的芯片或晶片或任何其他子目改变至子目 8541.10 至 8542.90 的已装配的半导体器件、集成电路或微组件;或者
    (B)从任何其他子目改变至子目 8541.10 至 8542.90 的任何其他货物;或者
    (C)税则归类无需改变,前提是区域价值成分不低于:
        (1)使用累积法时的 30%,或
        (2)使用扣减法时的 35%。

80. 从子目 8543.11 至 8543.19 以外的任何子目改变至子目 8543.11 至 8543.19。

81. 从任何其他子目改变至子目 8543.20 至 8543.30。

82. 从子目 8543.40 至 8543.89 以外的任何子目改变至子目 8543.40 至 8543.89。

83. 从任何其他品目改变至子目 8543.90。

84. 从任何其他子目改变至子目 8544.11,前提是区域价值成分不低于:
    (A)使用累积法时的 35%,或
    (B)使用扣减法时的 45%。

85. 从任何其他子目改变至子目 8544.19,前提是区域价值成分不低于:
    (A)使用累积法时的 35%,或
    (B)使用扣减法时的 45%。

86. (A)从任何子目(子目 8544.11 至 8544.60、品目 7408、品目 7413、品目 7605 或品目 7614 除外)改变至子目 8544.20;或者
    (B)从品目 7408、品目 7413、品目 7605 或品目 7614 改变至子目 8544.20,不论是否从任何其他子目改变而来,前提是区域价值成分不低于:
        (1)使用累积法时的 35%,或
        (2)使用扣减法时的 45%。

87. 从任何其他子目改变至子目 8544.30 至 8544.49,前提是区域价值成分不低于:
    (A)使用累积法时的 35%,或
    (B)使用扣减法时的 45%。

88. 从任何品目改变至子目 8544.51 至 8544.59。

89. 从任何其他子目改变至子目 8544.60 至 8544.70,前提是区域价值成分不低于:
    (A)使用累积法时的 35%,或
    (B)使用扣减法时的 45%。

90. 从任何其他子目改变至子目 8545.11 至 8545.90。

91. 从任何其他品目改变至品目 8546。

92. 从任何其他子目改变至子目 8547.10 至 8547.90。

93. 从任何其他品目改变至品目 8548。

第八十六章

1. 从任何其他品目改变至品目 8601 至 8602。

2. (A)从任何其他品目(品目 8607 除外)改变至品目 8603 至 8606;或者

   (B)从品目 8607 改变至品目 8603 至 8606,不论是否从任何其他品目改变而来,前提是区域价值成分不低于:

   (1)使用累积法时的 35%,或

   (2)使用扣减法时的 45%。

3. 从子目 8607.11 至 8607.12 以外的任何子目改变至子目 8607.11 至 8607.12。

4. (A)从子目 8607.19 的车轴零件改变至子目 8607.19 的车轴;或者

   (B)从子目 8607.19 的车轴零件或车轮零件改变至子目 8607.19 的车轮(不论是否装有车轴);或者

   (C)从任何其他子目改变至子目 8607.19;或者

   (D)税则归类无需改变,前提是区域价值成分不低于:

   (1)使用累积法时的 35%,或

   (2)使用扣减法时的 45%。

5. 从任何其他品目改变至子目 8607.21 至 8607.99。

6. 从任何其他品目改变至品目 8608 至 8609。

第八十七章

1. 税则归类无需改变至品目 8701 至 8706 的货物,前提是使用净成本法时的区域价值成分不低于 35%。

2. (A)从任何其他品目改变至品目 8707;或者

   (B)税则归类无需改变,前提是使用净成本法时的区域价值成分不低于 35%。

3. (A)从任何其他子目改变至子目 8708.10 至 8708.99;或者

   (B)税则归类无需改变,前提是使用净成本法时的区域价值成分不低于 35%。

4. (A)从任何其他品目改变至子目 8709.11 至 8709.19;或者

   (B)从子目 8709.90 改变至子目 8709.11 至 8709.19,不论是否从任何其他品目改变而来,前提是区域价值成分不低于:

   (1)使用累积法时的 35%,或

   (2)使用扣减法时的 45%。

5. 从任何其他品目改变至子目 8709.90。

6. 从任何其他品目改变至品目 8710。

7. (A)从任何其他品目(品目 8714 除外)改变至品目 8711;或者

   (B)从品目 8714 改变至品目 8711,不论是否从任何其他品目改变而来,前提是区域价值成分不低于:

   (1)使用累积法时的 35%,或

   (2)使用扣减法时的 45%。

8. (A)从任何其他品目(品目 8714 除外)改变至品目 8712;或者

   (B)从品目 8714 改变至品目 8712,不论是否从任何其他品目改变而来,前提是区域价值成分不低于：

(1)使用累积法时的35%，或

(2)使用扣减法时的45%。

9.从品目8714改变至品目8713,不论是否从任何其他品目改变而来,前提是区域价值成分不低于：

(A)使用累积法时的35%，或

(B)使用扣减法时的45%。

10.从任何其他品目改变至品目8714至8715。

11.(A)从任何其他品目改变至子目8716.10至8716.80；或者

(B)从子目8716.90改变至子目8716.10至8716.80,不论是否从任何其他品目改变而来,前提是区域价值成分不低于：

(1)使用累积法时的35%，或

(2)使用扣减法时的45%。

12.从任何其他品目改变至子目8716.90。

<u>第八十八章</u>

1.从任何其他子目改变至子目8801.10至8803.90。

2.从任何其他品目改变至品目8804至8805。

<u>第八十九章</u>

1.(A)从任何其他章改变至品目8901至8902；或者

(B)从任何其他品目改变至品目8901至8902,不论是否从任何其他章改变而来,前提是区域价值成分不低于：

(1)使用累积法时的35%，或

(2)使用扣减法时的45%。

2.从任何其他品目改变至品目8903。

3.(A)从任何其他章改变至品目8904至8905；或者

(B)从任何其他品目改变至品目8904至8905,不论是否从任何其他章改变而来,前提是区域价值成分不低于：

(1)使用累积法时的35%，或

(2)使用扣减法时的45%。

4.从任何其他品目改变至品目8906至8908。

<u>第九十章</u>

1.(A)从任何其他章(品目7002除外)改变至子目9001.10；或者

(B)从品目7002改变至子目9001.10,不论是否从任何其他章改变而来,前提是区域价值成分不低于：

(1)使用累积法时的35%，或

(2)使用扣减法时的45%。

2.从任何其他品目改变至子目9001.20至9001.90。

3.从任何其他品目(品目9001除外)改变至子目9002.11至9002.90。

4. (A)从任何其他子目(子目9003.90除外)改变至子目9003.11至9003.19;或者

   (B)从子目9003.90改变至子目9003.11至9003.19,不论是否从任何其他子目改变而来,前提是区域价值成分不低于:

   (1)使用累积法时的35%,或

   (2)使用扣减法时的45%。

5. 从任何其他品目改变至子目9003.90。

6. (A)从任何其他章改变至子目9004.10;或者

   (B)从任何其他品目改变至子目9004.10,不论是否从任何其他章改变而来,前提是区域价值成分不低于:

   (1)使用累积法时的35%,或

   (2)使用扣减法时的45%。

7. 从任何其他品目(子目9001.40或子目9001.50除外)改变至子目9004.90。

8. 从任何其他子目改变至子目9005.10。

9. (A)从任何子目(品目9001至9002或子目9005.90除外)改变至子目9005.80;或者

   (B)从子目9005.90改变至子目9005.80,前提是区域价值成分不低于:

   (1)使用累积法时的35%,或

   (2)使用扣减法时的45%。

10. 从任何其他品目改变至子目9005.90。

11. (A)从任何其他品目改变至子目9006.10至9006.69;或者

    (B)从任何其他子目改变至子目9006.10至9006.69,前提是区域价值成分不低于:

    (1)使用累积法时的35%,或

    (2)使用扣减法时的45%。

12. 从任何其他品目改变至子目9006.91至9006.99。

13. (A)从任何其他品目改变至子目9007.11至9007.20;或者

    (B)从任何其他子目改变至子目9007.11至9007.20,前提是区域价值成分不低于:

    (1)使用累积法时的35%,或

    (2)使用扣减法时的45%。

14. 从任何其他品目改变至子目9007.91。

15. (A)从任何其他品目改变至子目9007.92;或者

    (B)税则归类无需改变,前提是区域价值成分不低于:

    (1)使用累积法时的35%,或

    (2)使用扣减法时的45%。

16. (A)从任何其他品目改变至子目9008.10至9008.40;或者

    (B)从任何其他子目改变至子目9008.10至9008.40,前提是区域价值成分不低于:

    (1)使用累积法时的35%,或

    (2)使用扣减法时的45%。

17. 从任何其他品目改变至子目9008.90。

18. 从任何其他子目改变至子目9009.11。

19. (A)从任何其他子目(子目9009.91除外)改变至子目9009.12;或者
    (B)从子目9009.91改变至子目9009.12,不论是否从任何其他子目改变而来,前提是区域价值成分不低于:
        (1)使用累积法时的35%,或
        (2)使用扣减法时的45%。

20. 从任何其他子目改变至子目9009.21至9009.30。

21. 从子目9009.91至9009.93以外的任何子目改变至子目9009.91至9009.93。

22. (A)从任何其他子目改变至子目9009.99;或者
    (B)税则归类无需改变,前提是区域价值成分不低于:
        (1)使用累积法时的35%,或
        (2)使用扣减法时的45%。

23. (A)从任何其他品目改变至子目9010.10至9010.60;或者
    (B)从任何其他子目改变至子目9010.10至9010.60,前提是区域价值成分不低于:
        (1)使用累积法时的35%,或
        (2)使用扣减法时的45%。

24. 从任何其他品目改变至子目9010.90。

25. (A)从任何其他品目改变至子目9011.10至9011.80;或者
    (B)从任何其他子目改变至子目9011.10至9011.80,前提是区域价值成分不低于:
        (1)使用累积法时的35%,或
        (2)使用扣减法时的45%。

26. 从任何其他品目改变至子目9011.90。

27. (A)从任何其他品目改变至子目9012.10;或者
    (B)从任何其他子目改变至子目9012.10,前提是区域价值成分不低于:
        (1)使用累积法时的35%,或
        (2)使用扣减法时的45%。

28. 从任何其他品目改变至子目9012.90。

29. (A)从任何其他品目改变至子目9013.10至9013.80;或者
    (B)从任何其他子目改变至子目9013.10至9013.80,前提是区域价值成分不低于:
        (1)使用累积法时的35%,或
        (2)使用扣减法时的45%。

30. 从任何其他品目改变至子目9013.90。

31. (A)从任何其他品目改变至子目9014.10至9014.80;或者
    (B)从任何其他子目改变至子目9014.10至9014.80,前提是区域价值成分不低于:
        (1)使用累积法时的35%,或
        (2)使用扣减法时的45%。

32. 从任何其他品目改变至子目9014.90。

33. (A)从任何其他品目改变至子目9015.10至9015.80;或者
    (B)从任何其他子目改变至子目9015.10至9015.80,前提是区域价值成分不低于:

(1)使用累积法时的35%,或
(2)使用扣减法时的45%。

34. (A)从任何其他品目改变至子目9015.90;或者
    (B)税则归类无需改变,前提是区域价值成分不低于:
    (1)使用累积法时的35%,或
    (2)使用扣减法时的45%。

35. 从任何其他品目改变至品目9016。

36. (A)从任何其他子目改变至子目9017.10至9022.90;或者
    (B)税则归类无需改变,前提是区域价值成分不低于:
    (1)使用累积法时的30%,或
    (2)使用扣减法时的35%。

37. 从任何其他品目改变至品目9023。

38. (A)从任何其他品目改变至子目9024.10至9024.80;或者
    (B)从任何其他子目改变至子目9024.10至9024.80,前提是区域价值成分不低于:
    (1)使用累积法时的35%,或
    (2)使用扣减法时的45%。

39. 从任何其他品目改变至子目9024.90。

40. (A)从任何其他品目改变至子目9025.11至9025.80;或者
    (B)从任何其他子目改变至子目9025.11至9025.80,前提是区域价值成分不低于:
    (1)使用累积法时的35%,或
    (2)使用扣减法时的45%。

41. 从任何其他品目改变至子目9025.90。

42. (A)从任何其他品目改变至子目9026.10至9026.80;或者
    (B)从任何其他子目改变至子目9026.10至9026.80,前提是区域价值成分不低于:
    (1)使用累积法时的35%,或
    (2)使用扣减法时的45%。

43. 从任何其他品目改变至子目9026.90。

44. (A)从任何其他品目改变至子目9027.10至9027.80;或者
    (B)从任何其他子目改变至子目9027.10至9027.80,前提是区域价值成分不低于:
    (1)使用累积法时的35%,或
    (2)使用扣减法时的45%。

45. 从任何其他品目改变至子目9027.90。

46. (A)从任何其他品目改变至子目9028.10至9028.30;或者
    (B)从任何其他子目改变至子目9028.10至9028.30,前提是区域价值成分不低于:
    (1)使用累积法时的35%,或
    (2)使用扣减法时的45%。

47. 从任何其他品目改变至子目9028.90。

48. (A)从任何其他品目改变至子目9029.10至9029.20;或者

(B)从任何其他子目改变至子目9029.10至9029.20,前提是区域价值成分不低于:
  (1)使用累积法时的35%,或
  (2)使用扣减法时的45%。

49. 从任何其他品目改变至子目9029.90。

50. 从任何其他子目改变至子目9030.10至9030.89。

51. 从任何其他品目改变至子目9030.90。

52. (A)从任何其他品目改变至子目9031.10至9031.80;
  (B)从任何其他货物(同一子目的货物的底座和框架除外)改变至子目9031.49的坐标测量仪;或者
  (C)从任何其他子目改变至子目9031.10至9031.80,前提是区域价值成分不低于:
    (1)使用累积法时的35%,或
    (2)使用扣减法时的45%。

53. 从任何其他品目改变至子目9031.90。

54. (A)从任何其他品目改变至子目9032.10至9032.89;或者
  (B)从任何其他子目改变至子目9032.10至9032.89,前提是区域价值成分不低于:
    (1)使用累积法时的35%,或
    (2)使用扣减法时的45%。

55. 从任何其他品目改变至子目9032.90。

56. 从任何其他品目改变至品目9033。

第九十一章

1. (A)从任何其他章改变至子目9101.11;或者
  (B)从品目9114改变至子目9101.11,前提是区域价值成分不低于:
    (1)使用累积法时的35%,或
    (2)使用扣减法时的45%。

2. (A)从任何其他章改变至子目9101.12;或者
  (B)从任何其他品目改变至子目9101.12,前提是区域价值成分不低于:
    (1)使用累积法时的35%,或
    (2)使用扣减法时的45%。

3. (A)从任何其他章改变至子目9101.19;或者
  (B)从品目9114改变至子目9101.19,前提是区域价值成分不低于:
    (1)使用累积法时的35%,或
    (2)使用扣减法时的45%。

4. (A)从任何其他章改变至子目9101.21;或者
  (B)从任何其他品目改变至子目9101.21,前提是区域价值成分不低于:
    (1)使用累积法时的35%,或
    (2)使用扣减法时的45%。

5. (A)从任何其他章改变至子目9101.29;或者
  (B)从品目9114改变至子目9101.29,前提是区域价值成分不低于:

(1)使用累积法时的35%,或

(2)使用扣减法时的45%。

6. (A)从任何其他章改变至子目9101.91;或者

(B)从任何其他品目改变至子目9101.91,前提是区域价值成分不低于:

(1)使用累积法时的35%,或

(2)使用扣减法时的45%。

7. (A)从任何其他章改变至子目9101.99;或者

(B)从品目9114改变至子目9101.99,前提是区域价值成分不低于:

(1)使用累积法时的35%,或

(2)使用扣减法时的45%。

8. (A)从任何其他章改变至品目9102至9107;或者

(B)从品目9114改变至品目9102至9107,前提是区域价值成分不低于:

(1)使用累积法时的35%,或

(2)使用扣减法时的45%。

9. (A)从任何其他章改变至品目9108至9110;或者

(B)从任何其他品目改变至品目9108至9110,前提是区域价值成分不低于:

(1)使用累积法时的35%,或

(2)使用扣减法时的45%。

10. (A)从任何其他章改变至子目9111.10至9111.80;或者

(B)从子目9111.90或任何其他品目改变至子目9111.10至9111.80,前提是区域价值成分不低于:

(1)使用累积法时的35%,或

(2)使用扣减法时的45%。

11. (A)从任何其他章改变至子目9111.90;或者

(B)从任何其他品目改变至子目9111.90,前提是区域价值成分不低于:

(1)使用累积法时的35%,或

(2)使用扣减法时的45%。

12. 从子目9112.90或任何其他品目改变至子目9112.20,前提是区域价值成分不低于:

(A)使用累积法时的35%,或

(B)使用扣减法时的45%。

13. (A)从任何其他章改变至子目9112.90;或者

(B)从任何其他品目改变至子目9112.90,前提是区域价值成分不低于:

(1)使用累积法时的35%,或

(2)使用扣减法时的45%。

14. (A)从任何其他章改变至品目9113;或者

(B)从任何其他品目改变至品目9113,前提是区域价值成分不低于:

(1)使用累积法时的35%,或

(2)使用扣减法时的45%。

15. 从任何其他品目改变至品目 9114。

第九十二章

1. (A)从任何其他章改变至品目 9201 至 9208;或者
   (B)从任何其他品目改变至品目 9201 至 9208,前提是区域价值成分不低于:
      (1)使用累积法时的 35%,或
      (2)使用扣减法时的 45%。

2. 从任何其他品目改变至品目 9209。

第九十三章

1. (A)从任何其他章改变至品目 9301 至 9304;或者
   (B)从任何其他品目改变至品目 9301 至 9304,前提是区域价值成分不低于:
      (1)使用累积法时的 35%,或
      (2)使用扣减法时的 45%。

2. 从任何其他品目改变至品目 9305。

3. 从任何其他章改变至品目 9306 至 9307。

第九十四章

1. (A)从任何其他品目改变至子目 9401.10 至 9401.80;或者
   (B)从任何其他子目改变至子目 9401.10 至 9401.80,前提是区域价值成分不低于:
      (1)使用累积法时的 35%,或
      (2)使用扣减法时的 45%。

2. 从任何其他品目改变至子目 9401.90。

3. 从任何其他子目改变至子目 9402.10 至 9402.90,前提是区域价值成分不低于:
   (A)使用累积法时的 35%,或
   (B)使用扣减法时的 45%。

4. 从任何其他品目改变至品目 9403。

5. 从任何其他章改变至子目 9404.10 至 9404.30。

6. 从任何其他章(品目 5007、品目 5106 至 5113、品目 5208 至 5212、品目 5309 至 5311、品目 5407 至 5408、品目 5512 至 5516 或子目 6307.90 除外)改变至子目 9404.90。

7. (A)从任何其他章改变至子目 9405.10 至 9405.60;或者
   (B)从子目 9405.91 至 9405.99 改变至子目 9405.10 至 9405.60,不论是否从任何其他章改变而来,前提是区域价值成分不低于:
      (1)使用累积法时的 35%,或
      (2)使用扣减法时的 45%。

8. 从任何其他品目改变至子目 9405.91 至 9405.99。

9. 从任何其他章改变至品目 9406。

第九十五章

1. (A)从任何其他子目改变至子目 9501.00 至 9505.90;或者
   (B)税则归类无需改变,前提是区域价值成分不低于:
      (1)使用累积法时的 35%,或

(2)使用扣减法时的 45%。

2.(A)从任何其他章改变至品目 9506 至 9508；或者

(B)从子目 9506.39 改变至子目 9506.31,前提是区域价值成分不低于：

(1)使用累积法时的 35%,或

(2)使用扣减法时的 45%。

第九十六章

1. 从任何其他章改变至品目 9601 至 9605。

2.(A)从任何其他品目改变至子目 9606.10；或者

(B)税则归类无需改变,前提是区域价值成分不低于：

(1)使用累积法时的 35%,或

(2)使用扣减法时的 45%。

3.(A)从任何其他章改变至子目 9606.21 至 9606.22；或者

(B)从子目 9606.30 改变至子目 9606.21 至 9606.22,不论是否从任何其他章改变而来,前提是区域价值成分不低于：

(1)使用累积法时的 35%,或

(2)使用扣减法时的 45%。

4.(A)从任何其他章(子目 1404.90 的"象牙果"除外)改变至子目 9606.29；或者

(B)从任何其他货物(子目 9606.30 的"象牙果"纽扣模具和纽扣坯料和子目 1404.90 的"象牙果"除外)改变至子目 9606.29,不论是否从任何其他章改变而来,前提是区域价值成分不低于：

(1)使用累积法时的 35%,或

(2)使用扣减法时的 45%。

5. 从任何其他品目(子目 1404.90 的"象牙果"除外)改变至子目 9606.30。

6.(A)从任何其他章改变至子目 9607.11 至 9607.19；或者

(B)从子目 9607.20 改变至子目 9607.11 至 9607.19,前提是区域价值成分不低于：

(1)使用累积法时的 35%,或

(2)使用扣减法时的 45%。

7. 从任何其他品目改变至子目 9607.20。

8.(A)从任何其他章改变至子目 9608.10 至 9608.20；或者

(B)税则归类无需改变,前提是使用扣减法时的区域价值成分不低于 30%。

9.(A)从任何其他章改变至子目 9608.31 至 9608.50；或者

(B)从子目 9608.60 至 9608.99 改变至子目 9608.31 至 9608.50,前提是区域价值成分不低于：

(1)使用累积法时的 35%,或

(2)使用扣减法时的 45%。

10. 从任何其他品目改变至子目 9608.60。

11. 从任何其他子目改变至子目 9608.91。

12. 从任何其他品目改变至子目 9608.99。

13. (A)从任何其他品目改变至子目 9609.10;或者
    (B)从子目 9609.20 或任何其他品目改变至子目 9609.10,前提是区域价值成分不低于:
        (1)使用累积法时的 30%,或
        (2)使用扣减法时的 35%。
14. (A)从任何其他品目改变至子目 9609.20 至 9609.90;或者
    (B)从子目 9609.20 或任何其他品目改变至子目 9609.20 至 9609.90,前提是区域价值成分不低于:
        (1)使用累积法时的 35%,或
        (2)使用扣减法时的 45%。
15. 从任何其他品目改变至品目 9610 至 9611。
16. 从任何其他章改变至子目 9612.10。
17. 从任何其他品目改变至子目 9612.20。
18. (A)从任何其他章改变至子目 9613.10 至 9613.80;或者
    (B)从子目 9613.90 改变至子目 9613.10 至 9613.80,前提是区域价值成分不低于:
        (1)使用累积法时的 35%,或
        (2)使用扣减法时的 45%。
19. 从任何其他品目改变至子目 9613.90。
20. 从任何其他子目(子目 9614.90 除外)改变至子目 9614.20。
21. 从任何其他品目改变至子目 9614.90。
22. (A)从任何其他章改变至子目 9615.11 至 9615.19;或者
    (B)从子目 9615.90 改变至子目 9615.11 至 9615.19,前提是区域价值成分不低于:
        (1)使用累积法时的 35%,或
        (2)使用扣减法时的 45%。
23. 从任何其他品目改变至子目 9615.90。
24. 从任何其他品目改变至品目 9616。
25. 从任何其他章改变至品目 9617。
26. 从任何其他章改变至品目 9618。

第九十七章
1. 从任何其他子目改变至子目 9701.10 至 9701.90。
2. 从任何其他品目改变至品目 9702 至 9706。

三十三、《美国-韩国自由贸易协定》

(一)符合《美国-韩国自由贸易协定》(UKFTA)条款的原产货物应缴纳该协定规定的关税。就本注释而言,本注释(二)款至(十五)款所定义的韩国货物进口至美国境内,并按照"税率"第 1 栏"特惠"子栏括号中符号"KR"的子目入境,根据《美国-韩国自由贸易协定实施法》第 201 节和 202 节(Pub. L. 112-41;125 Stat. 428),有资格享受"特惠"子栏中规定的关税待遇和数量限制。

(二)就本注释而言,除下述(三)款、(四)款、(十四)款和(十五)款另有规定外,进口至美国境内的货物只有在以下情况下才有资格被视为 UKFTA 国家的原产货物:

(i)完全在韩国或/和美国境内获得或生产;

(ii)完全在韩国或/和美国境内生产,并且——

(A)货物生产过程中使用的每种非原产材料都发生下述(十五)款规定的适用税则归类改变,或者

(B)该货物以其他方式满足任何适用的区域价值成分或下述(十五)款规定的其他要求,以及

满足本注释和适用法规的所有其他适用要求;或者

(iii)该货物完全在韩国或/和美国境内生产,仅使用上述(i)或(ii)款所述的材料。

就本注释而言,"UKFTA 国家"仅指韩国或美国。

(三)(i)就上述(二)(i)款而言,"完全在韩国或/和美国境内获得或生产"的货物是指下列任何货物:

(A)在韩国或/和美国境内种植、收获或采集的植物和植物产品;

(B)在韩国或/和美国境内出生和饲养的活动物;

(C)在韩国或/和美国境内从活动物获得的货物;

(D)在韩国或/和美国境内进行狩猎、诱捕、捕捞或水产养殖获得的货物;

(E)上述(A)款至(D)款未包括的从韩国或美国境内开采或获取的矿产和其他自然资源;

(F)由下列船舶从韩国或/和美国境外的海洋、海床或底土中捕捞的鱼类、贝类和其他海洋生物:

(1)在韩国注册或登记并悬挂韩国国旗的船舶,或者

(2)根据美国法律备案的船舶;

(G)使用上述(F)款所述产品在工厂船上生产的货物,该工厂船——

(1)在韩国注册或登记并悬挂韩国国旗,或者

(2)根据美国法律备案;

(H)(1)韩国或韩国人从韩国或美国境外的海床或底土中取得的货物,前提是韩国有权开采该海床或底土,或者

(2)美国或美国人从美国或韩国境外的海床或底土中取得的货物,前提是美国有权开采该海床或底土;

(I)从外层空间取得的货物,如果这些货物是由韩国或美国、韩国人或美国人获得的,并且不是在韩国或美国以外的国家境内加工的;

(J)废碎料,来源于:

(1)在韩国或/和美国境内的制造或加工业务,或者

(2)在韩国或/和美国境内收集的废旧物品,前提是这些货物仅适合回收原材料;

(K)在韩国或/和美国境内从废旧物品中提取的回收货物;或者

(L)在韩国或/和美国境内生产的货物,仅来自任何生产阶段的下述货物:

 (1)上述(A)款至(J)款所述货物,或

 (2)上述(A)款至(J)款所述货物的衍生物。

(ii)(A)就上述(i)(K)款而言,"回收货物"是指由于下列原因而产生的单个零件形式的材料:

 (1)将废旧物品完全分解成单个零件;以及

 (2)为改善零件的工作状态而对其进行的清洁、检查、测试或其他处理。

(B)就本注释而言,"再制造货物"是指归入本税则第八十四章、第八十五章、第八十七章、第九十章或品目9402的货物,并且——

 (1)全部或部分由回收货物组成;以及

 (2)具有与新产品相似的预期寿命,并享受与新产品相似的工厂保修。

(C)就本注释而言——

 (1)"材料"是指用于生产另一种货物的货物,包括零件或组成成分;

 (2)"自产材料"是指由货物生产商生产并用于生产该货物的原产材料;以及

 (3)"非原产货物"或"非原产材料"是指根据本注释不符合原产条件的货物或材料(视情况而定)。

(D)就本注释而言,"生产"是指种植、开采、收割、捕捞、养殖、诱捕、狩猎、制造、加工、装配或拆卸货物;而"生产商"是指在韩国或美国境内从事货物生产的人。

(iii)过境和转运。经必要生产以符合本注释的原产货物资格的货物,如果在该货物生产之后发生以下情形,则该货物不应被视为原产货物:

(A)在韩国或美国境外进行进一步加工或任何其他作业(为保持货物良好状态所必要的或为将货物运至秘鲁或美国境内而进行的卸货、重新装载或任何其他操作除外);或者

(B)不受韩国或美国以外国家的海关当局监管。

(四)**纺织品和服装**。

(i)就本注释而言,子目4202.12、子目4202.22、子目4202.32、子目4202.92、第五十章至第六十三章、品目7019或子目9404.90的纺织品或服装为原产货物,前提是:

(A)生产完全在韩国或美国境内进行,货物生产过程中使用的每种非原产材料的税则归类都发生下述(十五)款规定的改变,或税则归类无需改变,货物以其他方式满足本注释适用的要求;以及

(B)货物满足本注释的任何其他适用要求。

下述(十五)款的规定不适用于确定非优惠纺织品或服装的原产国。

(ii)尽管下述(十五)款有规定,但根据总规则三的规定,可归类为零售成套货物的纺织品和服装不应被视为原产货物,除非成套货物中的每一件货物均为原产货物,或成套货物中非原产货物的总价值不超过成套货物总估价的10%。

(iii)就本注释而言,"完全成型和完成"是指:

(A)当用于织物时,生产织物的所有生产过程和整理操作而无需进一步加工即可使用,这些加工和操作包括成形加工(如机织、针织、针刺、簇绒、毡合、缠绕或其他加工)以及整理加工(包括漂白、染色和印花);以及

(B)当用于纱线时,纺纱的所有生产过程和整理操作,从长丝、扁条、薄膜或薄片的挤出,包括将长丝牵伸至全部取向或者将薄膜或薄片切成扁条,或者将纤维纺成纱线,并以成品纱或股线结束。

(iv)纺织品或服装在下列情况下可被视为原产货物:

(A)用于生产确定货物税则归类的货物成分的所有纤维和纱线的总重量不超过该成分总重量的7%;或者

(B)根据第九十九章第二十分章的适用规定,有资格入境。

尽管有上述(A)款的规定,但仅当弹性纱线在韩国或美国境内完全成型和完成时,在确定货物税则归类的货物成分中含有弹性纱线的货物才被视为原产货物。

(v)就本注释而言,如果货物是纱线、织物或纤维,则"确定货物税则归类的货物成分"是指货物中的所有纤维。

(五)<u>微小含量</u>。

(i)除下述(ii)款另有规定外,未发生下述(十五)款规定的税则归类改变的货物[上述(四)款所述纺织品或服装除外]为原产货物,前提是:

(A)用于生产货物的所有非原产材料的价值,以及未发生下述(十五)款规定的税则归类改变的非原产材料的价值,不超过货物调整后的价值的10%;

(B)在计算本注释下任何适用区域价值含量要求的非原产材料价值时,应考虑此类非原产材料的价值;以及

(C)货物符合本注释的所有其他适用要求。

(ii)上述(i)款不适用于:

(A)用于生产第三章货物的第三章的非原产材料;

(B)用于生产第四章货物的第四章的非原产材料或者子目1901.90或子目2106.90的乳固体含量(按重量计)超过10%的非原产乳制品;

(C)用于生产下列货物的第四章的非原产材料或子目1901.90的乳固体含量(按重量计)超过10%的非原产乳制品:

(1)子目1901.10的乳固体含量(按重量计)超过10%的婴儿制品;

(2)子目1901.20的非供零售用的乳脂含量(按重量计)超过25%的混合物和面团;

(3)子目1901.90或子目2106.90的乳固体含量(按重量计)超过10%的乳制品;

(4)品目2105的货物;

(5)子目2202.90的含乳饮料;或者

(6)子目2309.90的乳固体含量(按重量计)超过10%的动物饲料;

(D)用于生产子目0703.10、子目0703.20、子目0709.59、子目0709.60、子目0711.90、子目0712.20、子目0714.20、子目0710.21至0710.80、子目0712.39至0713.10的货物的第七章中的非原产材料;

(E) 用于生产子目 2009.11 至 2009.39 的货物或者用于生产子目 2106.90 或子目 2202.90 的添加矿物质或维生素的任何单一水果或蔬菜的浓缩汁或未浓缩汁的品目 0805 或子目 2009.11 至 2009.39 的非原产材料 0713.10 的货物的第七章的非原产材料;

(F) 用于生产品目 2008 的货物的第八章或第二十章的非原产桃子、梨或杏子;

(G) 用于生产品目 1006、品目 1102、品目 1103、品目 1104、子目 1901.20 或子目 1901.90 的货物的品目 1006 的非原产材料或第十一章的非原产大米产品;

(H) 用于生产品目 1501 至 1508、品目 1512、品目 1514 或品目 1515 的货物的第十五章的非原产材料;

(I) 用于生产品目 1701 至 1703 的货物的品目 1701 的非原产材料;

(J) 用于生产子目 1806.10 的货物的第十七章的非原产材料;

(K) 除上述(A)款至(J)款和本注释(十五)款另有规定外,用于生产第一章至第二十四章的货物的非原产材料,除非该非原产材料所属子目与根据本注释确定原产地的货物所属子目不同。

(iii) 就本注释而言,"调整后的价值"是指根据《乌拉圭回合协定法》第 101(d)(8)节《关于实施 1994 年关税与贸易总协定第七条的协定》第 1 条至第 8 条、第 15 条和相应解释性说明确定的价值,此价值可调整为不包括从出口国到进口地的国际货物运输、保险和相关服务所产生的任何成本、费用或开支。

(六) 累积。

(i) 就本注释而言,用来自韩国或美国的原产材料在另一国境内生产的货物应被视为原产于该另一国境内。

(ii) 由一个或多个生产商在韩国或/和美国境内生产的货物如果满足本注释的所有适用要求,则该货物为原产货物。

(七) 区域价值成分。

(i) 就上述(二)(ii)(B)款而言,本注释(十五)款所述货物[(八)款适用的货物除外]的区域价值成分应由该货物的进口商、出口商或生产商根据下述(A)款所述的扣减法或累积法进行计算。

(A) 对于扣减法,区域价值成分可根据公式 $RVC=(AV-VNM)/AV\times 100\%$ 计算。其中,RVC 是货物的区域价值成分,以百分比表示;AV 是货物的调整后的价值;VNM 是生产商在生产货物时获得和使用的非原产材料(中性成分除外)的价值。

(B) 对于累积法,区域价值成分可根据公式 $RVC=VOM/AV\times 100\%$ 计算。其中,RVC 是货物的区域价值成分,以百分比表示;AV 是货物的调整后的价值;VOM 是生产商获得或自行生产并使用的原产材料(中性成分除外)的价值。

(ii) 材料的价值。

(A) 为了计算上述(i)款的货物的区域价值成分,以及为了适用本注释(五)款关于微小含量规定,材料的价值为:

(1)就货物生产商进口的材料而言,材料的价值为材料的调整价值;

(2)就在货物生产地获得的材料而言,根据《乌拉圭回合协定法》第101(d)(8)节所述的《关于执行1994年关税及贸易总协定第七条的协定》第1至8条、第15条和相应的解释性说明,按照财政部部长颁布的条例列明的没有进口情况的规定确定材料的价值;或者

(3)如果是自产材料,则材料的价值为以下两项之和:

（Ⅰ)生产材料产生的所有费用(包括一般费用),以及

（Ⅱ)与正常贸易过程中增加的利润相等的利润额。

(B)材料价值可进一步调整如下:

(1)对于原产材料,如果上述(A)款未包含以下费用,则可将其添加到原产材料的价值中:

（Ⅰ)在韩国或美国境内或之间将材料运输至生产商所在地所产生的运费、保险费、包装费以及所有其他费用;

（Ⅱ)在韩国或美国境内支付的材料的关税、税款和报关经纪费,但免除、退回、退还或以其他方式收回的关税和税款(包括已支付或应付关税或税款的抵免)除外;以及

（Ⅲ)在生产货物过程中使用材料产生的废物和腐败成本,减去可回收废料或副产品的价值。

(2)对于非原产材料,如果包含在上述(A)款中,则可从非原产材料的价值中扣除以下费用:

（Ⅰ)在韩国或美国境内或之间将材料运输至生产商所在地所产生的运费、保险费、包装费以及所有其他费用;

（Ⅱ)在韩国或美国境内支付的材料的关税、税款和报关经纪费,但免除、退回、退还或以其他方式收回的关税和税款(包括已支付或应付关税或税款的抵免)除外;

（Ⅲ)在生产货物过程中使用材料产生的废物和腐败成本,减去可回收废料或副产品的价值;或者

（Ⅳ)在韩国或美国境内生产非原产材料所使用的原产材料的成本。

(C)为计算区域价值成分而考虑的所有成本应按照货物生产国(不论是韩国还是美国)境内适用的公认会计原则进行记录和维护。"公认会计原则"——

(1)是指在韩国或美国境内(视情况而定)就收入、费用、成本、资产和负债的记录、信息披露和财务报表的编制取得公认的共识或实质性权威支持,以及

(2)可包括广泛使用的应用指南以及详细的标准、做法和程序。

(八)汽车产品。

(i)就上述(二)(ii)(B)款而言,(十五)款中汽车产品的区域价值成分可由货物的进口商、出口商或生产商根据本注释(七)(i)(A)款所述的扣减法、本注释(七)(i)(B)款所述的累积法或净成本法[RVC＝(NC－VNM)/NC×100％]计算。其中,RVC是区域价值成

分,以百分比表示;NC 是货物的净成本;VNM 是生产商在生产汽车产品时获得和使用的非原产材料(中性成分除外)的价值,但不包括自产材料的价值。

(ii)就本款而言,"汽车产品"是指子目 8407.31 至子目 8407.34、子目 8408.20、品目 8409 或品目 8701 至 8708 的货物。

(iii)为确定上述(i)款的属于品目 8701 至 8705 的机动车辆的汽车产品的区域价值成分,进口商、出口商或生产商可根据上述(i)款的净成本公式计算生产商会计年度内的平均金额:

(A)下述(iv)款所述任何一类中的所有机动车辆,或者

(B)出口至韩国或美国境内的任何此类别中的所有机动车辆。

(iv)本款中,如果属于以下情况,则称其为一个类别:

(A)与正在计算区域价值成分的上述(iii)款所述货物的机动车辆车型系列相同,属于同一机动车辆类别,并在韩国或美国境内的同一工厂生产;

(B)与正在计算区域价值成分的上述(iii)款所述货物属于同一机动车辆类别,并在韩国或美国境内的同一工厂生产;或者

(C)与正在计算区域价值成分的上述(iii)款所述货物在韩国或美国境内生产的机动车辆车型系列相同。

(v)"机动车辆类别"是指下列任何一类机动车辆:

(A)子目 8701.20、子目 8704.10、子目 8704.22、子目 8704.23、子目 8704.32、子目 8704.90、品目 8705 或品目 8706 的机动车辆,或子目 8702.10 或子目 8702.90 的载客量为 16 人或以上的机动车辆;

(B)子目 8701.10 或子目 8701.30 至 8701.90 的机动车辆;

(C)子目 8702.10 或子目 8702.90 的载客量为 15 人或以下的机动车辆,或子目 8704.21 或子目 8704.31 的机动车辆;或者

(D)子目 8703.21 至 8703.90 的机动车辆。

(vi)为确定子目 8407.31 至 8407.34、子目 8408.20、品目 8409、品目 8706、品目 8707 或品目 8708 的在同一工厂生产的汽车产品在本注释(七)款的的区域价值成分,进口商、出口商或生产商可以——

(A)按照以下时间段用上述(i)款中的净成本公式计算平均金额:

(1)销售汽车产品的汽车生产商的会计年度,

(2)任何季度或月份,或者

(3)其会计年度,

如果货物是在作为计算依据的会计年度、季度或月份生产的;

(B)对于出售给一个或多个机动车辆生产商的此类货物,分别确定上述(iii)款中提及的平均值;或者

(C)根据上述(iii)款或(iv)款对出口至韩国或美国境内的汽车产品作出单独决定。

(vii)汽车产品的进口商、出口商或生产商应按照公认会计原则中有关成本分配的规定,通过以下方式确定上述(ii)款中汽车产品的净成本:

(A)计算与汽车产品生产商生产的所有货物的总成本,减去所有此类货物总成本中包

含的任何促销、营销和售后服务成本、特许权使用费、运输和包装成本以及不可分配的利息成本,然后合理分配这些货物对汽车产品产生的净成本;

(B)计算该生产商生产的所有产品的总成本,从总成本合理分配给汽车产品,然后减去任何促销、营销和售后服务成本、特许权使用费,运输和包装成本以及不可分配的利息成本(包括在分配给汽车产品的总成本部分);或者

(C)合理分配构成汽车产品总成本一部分的各项成本,使这些成本的总和不包括任何促销、营销和售后服务成本、特许权使用费、运输和包装成本或不可分配的利息成本。

(九)**附件、备件或工具**。

(i)根据下述(ii)和(iii)款的规定,与货物一起交付的附件、备件或工具,构成货物标准附件、备件或工具的一部分:

(A)如果货物是原产货物,则该附件、备件或工具应被视为原产货物;以及

(B)在确定用于生产货物的所有非原产材料是否发生下述(十五)款规定的税则归类改变时,不考虑附件、备件或工具。

(ii)上述(i)款仅在以下情况下适用:

(A)附件、备件或工具未与货物分开开具发票;以及

(B)按商业习惯,上述附件、备件或工具在数量及价值上是为该货物正常配备的。

(iii)如果货物受区域价值成分要求的约束,则在计算货物的区域价值成分时,附件、备件或工具的价值应被视为原产或非原产材料(视情况而定)的价值而予以考虑。

(十)**可替代货物和可替代材料**。

(i)主张货物享受本注释规定待遇的人可根据可替代货物或材料的物理分离或者通过采用库存管理方法主张可替代货物或材料为原产。在本款中,"库存管理方法"是指:

(A)平均,

(B)"后进先出",

(C)"先进先出",或者

(D)生产所在国(不论是韩国还是美国)公认会计原则中确认的或该国接受的其他方法。"可替代货物"或"可替代材料"是指为商业目的可与另一货物或材料互换(视情况而定)且其性质与该另一货物或材料基本相同的货物或材料。

(ii)根据上述(I)款为特定可替代货物或可替代材料选择库存管理方法的人,应在其整个会计年度内持续对这些可替代货物或可替代材料使用该方法。

(十一)**包装材料和容器**。

(i)零售用包装材料和容器,如果与享受本注释规定关税待遇的货物一起归类,则在确定用于生产该货物的所有非原产材料是否发生下述(十五)款规定的税则归类改变时,应不予考虑。如果该货物受区域价值成分约束,则在计算货物的区域价值成分时,包装材料和容器的价值应被视为原产或非原产材料(视情况而定)的价值而予以考虑。

(ii)在确定货物是否为原产货物时,应忽略装运用包装材料和容器。

(十二)中性成分。

根据本注释的条款,在确定某货物是否为原产货物时,应忽略中性成分,但满足本注释(二)(ii)(B)款规定要求的除外。"中性成分"是指在生产、测试或检验货物时使用或消耗但未实际纳入货物的材料,或者在维护建筑物或操作与货物生产相关的设备时使用或消耗的材料,包括:

(i)燃料和能源;

(ii)工具、模具及型模;

(iii)维修设备或建筑物所使用或消耗的备件和材料;

(iv)在生产或操作设备或维护建筑物时使用或消耗的润滑剂、油脂、合成材料和其他材料;

(v)手套、眼镜、鞋靴、服装、安全设备和用品;

(vi)用于测试或检验货物的设备、装置和用品;

(vii)催化剂和溶剂;以及

(viii)在货物生产过程中使用,虽未构成该货物组成成分,但能合理表明为该货物生产过程一部分的任何其他货物。

(十三)记录保存要求和核查;优惠待遇申请。

(i)根据本注释的规定,对进口至美国境内申请优惠关税待遇的货物进口商应遵守适用的海关条例。应有关海关官员的要求,进口商应提供适用法规所需的记录,以证明货物符合本注释规定的原产货物资格。

(ii)为了确定从韩国境内进口至美国境内的货物是否符合本注释关于原产货物的规定,相关海关官员可以按照美国和韩国同意的条款或程序进行核查。

(iii)进口商可根据以下任何一项申请适用本注释条款规定的关税和其他待遇:

(A)进口商、出口商或生产商出具的书面或电子证明;或者

(B)进口商知道该货物为原产货物,包括以适用法规可能要求的形式和方式合理信赖进口商所掌握的该货物为原产货物的信息。

(十四)原产地规则的解释。

(i)除另有规定外,下述(十五)款列出的 6 位子目适用规则应优先于包含该子目的 4 位品目适用规则。就本注释(十五)款而言,如果一个关税条款的物品描述不是缩进排印的,则该关税条款为"品目";如果一个关税条款在本税则下以 6 位数字表示,则该关税条款为"子目"。

(ii)除另有规定外,本注释(十五)款所述规则中提及的本税则第一章至第二十四章规定货物的重量均指干重。

(iii)下述(十五)款中的税则归类改变要求仅适用于非原产材料。

(iv)如因适用总规则三可按成套货品归类,则仅当该套货物中的每一件货物均为原产货

物时,该套货物才被视为原产货物。尽管如此,如果成套货物中非原产货物的总价值不超过该套货物调整后的价值的15%,该套货物可被视为原产货物。

(v)第一章至第四十章所述货物不得仅因用水或其他物质稀释却未实质性改变货物特性而被视为原产。

(vi)为将本注释适用于第六章至第十四章的货物,在韩国或美国境内种植的农业和园艺货物应被视为原产于韩国或美国境内,即使是从韩国或美国以外的国家进口的植物种子、鳞茎、根茎、插条、侧枝、接枝、枝条、芽或植物的其他活性部分种植的。

(vii)为将本注释适用于本税则第二十七章至第四十章(品目3823除外)的货物,尽管本注释列举了任何特定于产品的规则,但就本注释而言,发生本文所定义的化学反应的货物应被视为原产货物,前提是满足所有其他适用要求。"化学反应"是指通过破坏分子内键并形成新的分子内键,或通过改变分子中原子的空间排列而产生具有新结构的分子的过程(包括生化过程)。就本注释而言,以下不被视为化学反应:

(A)溶于水或其他溶剂;

(B)去除溶剂,包括溶剂水;或者

(C)加入或排除结晶水。

(viii)第二十八章至第四十章品目的货物,如符合本款所列举的一项或多项规定,应被视为原产货物,除非另有规定。尽管有上述规定,如果货物符合税则归类改变或满足(十五)款原产地规则中对此类章规定的区域价值成分要求,则该货物为原产货物。

(A)第二十八章至第四十章的经净化的货物应被视为原产货物,前提是净化发生在韩国或/和美国境内发生下列情况之一:

(1)去除不少于80%的杂质;或者

(2)减少或消除杂质,使产品适合以下一种或多种应用:

(Ⅰ)用作药品、医疗、化妆品、兽医或食品级物质,

(Ⅱ)用作分析、诊断或实验室用途的化学产品或试剂,

(Ⅲ)用作微电子组件的元件或部件,

(Ⅳ)用于特殊光学用途,

(Ⅴ)用于健康和安全的无毒用途,

(Ⅵ)用于生物技术用途,

(Ⅶ)用作分离过程中的载体,或者

(Ⅷ)用于原子核级别用途。

(B)如果遵照预定规格有目的、按比例控制材料的混合(包括分散),在韩国或/和美国境内生产的第三十章、第三十一章或第三十三章至第四十章(品目3808除外)的货物,且该货物具有与货物用途相关、与投入材料不同的物理或化学特性,则该货物应被视为原产货物。

(C)如果有目的和有控制地减小货物的粒度,包括通过溶解聚合物和随后的沉淀(而不是仅仅通过压碎或压制)进行微粉化,在韩国或/和美国境内生产的具有规定粒径、规定粒度分布或规定表面积的第三十章、第三十一章、第三十三章或第三十九章的货物,具有与货物用途相关、与投入材料不同的物理或化学特性,

则该货物应被视为原产货物。

(D)如果标准物质的生产发生在韩国或/和美国境内,则第二十八章至第三十八章的货物应被视为原产货物。在本款中,"标准物质"(包括标准溶液)是一种适合于分析、校准或参考用途的制剂,其纯度或比例由制造商认证。

(E)如果从异构体混合物中分离异构体发生在韩国或美国境内,则第二十八章至第三十九章的货物应被视为原产货物。

(F)从人造混合物分离出一种或多种材料,导致第二十八章至第三十八章的货物在韩国或美国境内发生税则归类改变,该货物不得被视为原产货物,除非该分离材料在韩国或美国境内发生了化学反应。

(十五)税则归类改变规则。

<u>第一章</u>

从任何其他章改变至品目 0101 至 0106。

<u>第二章</u>

从任何其他章(品目 0105 的鸡除外)改变至品目 0201 至 0210。

<u>第三章</u>

章规则一:鱼、甲壳动物、软体动物和其他水生无脊椎动物应被视为原产,即使它们是从非原产鱼苗(幼鱼期后的未成熟的鱼,包括幼鱼、幼鲑、小鲑鱼和幼鳗)或幼鱼中培育出来的。

1. 从任何其他章改变至品目 0301 至 0305。

2. (A)从品目 0306 至 0308 的非烟熏货物或任何其他章改变至品目 0306 至 0308 的烟熏货物;或者

(B)从任何其他章改变至品目 0306 至 0308 的任何其他货物。

<u>第四章</u>

从任何其他章(子目 1901.90 和子目 2106.90 除外)改变至品目 0401 至 0410。

<u>第五章</u>

从任何其他章改变至品目 0501 至 0511。

<u>第六章</u>

从任何其他章改变至品目 0601 至 0604。

<u>第七章</u>

从任何其他章改变至品目 0701 至 0714。

<u>第八章</u>

从任何其他章改变至品目 0801 至 0814。

<u>第九章</u>

1. 从任何其他章改变至子目 0901.11 至 0901.12。

2. 从任何其他子目改变至子目 0901.21。

3. 从任何其他子目(子目 0901.21 除外)改变至子目 0901.22。

4. 从任何其他章改变至子目 0901.90。

5. 从任何其他章改变至品目 0902 至 0903。

6. 从子目 0904.11 至 0904.12 的未压碎、未研磨或非粉状的香料或任何其他子目改变至子目 0904.11 至 0904.12 的压碎、研磨或粉状香料；或者

7. 从任何其他子目改变至子目 0904.11 至 0904.12 的混合香料或任何货物（压碎、研磨或粉状香料除外）。

8. 从任何其他章改变至子目 0904.21 至 0904.22。

9. 从任何其他子目改变至子目 0905.10 至 0909.62。

10. 从任何其他章改变至子目 0910.11 至 0910.12。

11. (A) 从子目 0910.20 至 0910.99 的未压碎、未研磨或非粉状的香料或任何其他子目改变至子目 0910.20 至 0910.99 的压碎、研磨或粉状香料；或者

    (B) 从任何其他子目改变至子目 0910.20 至 0910.99 的混合香料或任何货物（粉碎、研磨或粉状香料除外）。

第十章

从任何其他章改变至品目 1001 至 1008。

第十一章

1. 从任何其他章改变至品目 1101。

2. 从任何其他章（品目 1006 除外）改变至品目 1102 至 1104。

3. 从任何其他章（品目 0701 除外）改变至品目 1105。

4. 从任何其他章改变至品目 1106 至 1109。

第十二章

从任何其他章改变至品目 1201 至 1214。

第十三章

1. 从任何其他章改变至品目 1301。

2. 从任何其他章改变至子目 1302.11 至 1302.13。

3. 从任何其他章（子目 1211.20 除外）改变至子目 1302.19。

4. 从任何其他章改变至子目 1302.20 至 1302.32。

5. (A) 从子目 1302.39 或任何其他章改变至子目 1302.39 的卡拉胶，前提是子目 1302.39 的非原产材料占货物的比例（按重量计）不超过 50%；

   (B) 从任何其他章改变至子目 1302.39 的任何其他货物。

第十四章

从任何其他章改变至品目 1401 至 1404。

第十五章

1. 从任何其他章改变至品目 1501 至 1518。

2. 从任何其他品目改变至品目 1520。

3. 从任何其他章改变至品目 1521 至 1522。

第十六章

1. 从任何其他章改变至品目 1601 至 1603。

2. 从任何其他章改变至子目 1604.11 至 1604.13。

3. 从任何其他章(第三章除外)改变至子目 1604.14。

4. 从任何其他章改变至子目 1604.14 至 1604.32。

5. 从任何其他章改变至品目 1605。

第十七章

1. 从任何其他章改变至品目 1701 至 1703。

2. 从任何其他品目改变至品目 1704。

第十八章

1. 从任何其他章改变至品目 1801 至 1802。

2. 从任何其他品目改变至品目 1803 至 1805。

3. 从任何其他品目改变至子目 1806.10,前提是子目 1806.10 的糖含量(按干重计)为 90％或以上的产品不含第十七章的非原产糖,子目 1806.10 的糖含量(按干重计)为 90％以下的产品不含 35％以上(按重量计)第十七章的非原产糖。

4. 从任何其他品目改变至子目 1806.20。

5. 从任何其他子目改变至子目 1806.31 至 1806.90。

第十九章

1. 从任何其他章(品目 1006 和子目 1102.90、子目 1103.19、子目 1103.20、子目 1104.19、子目 1104.29 和子目 1104.30 的大米制品除外)改变至子目 1901.10,前提是子目 1901.10 的乳固体含量(按重量计)超过 10％的产品不含第四章的非原产乳品。

2. 从任何其他章(品目 1006 和子目 1102.90、子目 1103.19、子目 1103.20、子目 1104.19、子目 1104.29 和子目 1104.30 的大米制品除外)改变至子目 1901.20,前提是子目 1901.20 的乳脂含量(按重量计)超过 25％且非供零售用的产品不含第四章的非原产乳品。

3. 从任何其他章(品目 1006 和子目 1102.90、子目 1103.19、子目 1103.20、子目 1104.19、子目 1104.29 和子目 1104.30 的大米制品除外)改变至子目 1901.90,前提是子目 1901.90 的乳固体含量(按重量计)超过 10％的产品不含第四章的非原产乳品。

4. 从任何其他章的品目 1902 改变至子目 1904.30。

5. 从任何其他章(品目 1006 除外)改变至子目 1904.90。

6. 从任何其他章改变至品目 1905。

第二十章

章规则一:通过冷冻、在水、盐水或天然果汁中包装(包括罐装)或通过干燥或油中烘烤(包括冷冻附带加工)的方式制作或保藏的品目 2001 至 2008 的水果、坚果和蔬菜制品,仅当新鲜货物在韩国或/和美国境内完全获得或生产,才被视为原产货物。此外,仅当桃子、梨或杏子在韩国或/和美国境内完全获得或生产时,品目 2008 的含有桃子、梨或杏子的水果制品(单独或与其他水果混合)才被视为原产货物。

1. 从任何其他章(第二十章章规则一规定的和品目 0701 除外)改变至品目 2001 至 2007。

2. 从任何其他章(品目 1202 除外)改变至子目 2008.11。

3. 从任何其他章(第二十章章规则一的规定除外)改变至子目 2008.19 至 2008.99。

4. 从任何其他章(品目 0805 除外)改变至子目 2009.11 至 2009.39。

5. 从任何其他章改变至子目 2009.41 至 2009.89。

6. (A)从任何其他章改变至子目 2009.90;或者

   (B)从第二十章的任何其他子目(子目 2009.11 至 2009.39 或子目 2009.81 除外)改变至子目 2009.90 的蔓越莓混合汁,不论是否从任何其他章改变而来,前提是区域价值成分不低于:

   (1)使用累积法时的 35%,或

   (2)使用累积法时的 45%;或者

   (C)从第二十章的任何其他子目改变至子目 2009.90 的任何其他货物,不论是否从任何其他章改变而来,前提是单一果汁成分或来自韩国或美国以外单一国家的果汁成分以单一浓度形式构成的货物体积不超过 60%。

第二十一章

1. 从任何其他章改变至品目 2101 至 2102。

2. 从任何其他章改变至子目 2103.10。

3. 从任何其他章改变至子目 2103.20,前提是子目 2103.20 的番茄酱不包含子目 2002.90 的非原产货物。

4. 从任何其他章改变至子目 2103.30。

5. 从任何其他品目改变至子目 2103.90。

6. 从任何其他章改变至品目 2104。

7. 从任何其他品目[品目 0401 至 0405 和子目 1901.90 的乳固体含量(按重量计)超过 10% 的乳制品除外]改变至品目 2105。

8. (A)从任何其他章(品目 0805、品目 2009 或子目 2202.90 除外)改变至子目 2106.90 的添加维生素或矿物质的任何单一水果或蔬菜的浓缩汁;

   (B)从下列情形改变至子目 2106.90 的添加维生素或矿物质的混合汁:

   (1)任何其他章(品目 0805、品目 2009 或子目 2202.90 的混合汁除外),或者

   (2)第二十一章的任何其他子目、品目 2009 或子目 2202.90 的混合汁,不论是否从任何其他章改变而来,前提是单一果汁成分或来自韩国或美国以外单一国家的果汁成分以单一浓度形式构成的货物体积不超过 60%;

   (C)从任何其他子目(品目 2203 至 2209 除外)改变至子目 2106.90 的复合酒精制剂;

   (D)从任何其他章(第十七章除外)改变至子目 2106.90 的糖浆;

   (E)从任何其他章[第四章或子目 1901.90 的乳固体含量(按重量计)超过 10% 的乳制品除外]改变至子目 2106.90 的乳固体含量超过 10% 的产品;

   (F)从任何其他章(第二十章除外)改变至子目 2106.90 的明胶包装的水果,其中水果含量(按重量计)超过 20%;或者

   (G)从任何其他品目(子目 1211.20 和子目 1302.19 除外)改变至子目 2106.90 的人参制剂。

9. 从任何其他章改变至品目 2106 的任何其他货物。

第二十二章

1. 从任何其他章改变至品目 2201。

2. 从任何其他章改变至子目 2202.10。

3. (A)从任何其他章(品目0805、品目2009或子目2106.90的浓缩果汁除外)改变至子目2202.90的添加维生素或矿物质的任何单一水果汁或蔬菜汁;

   (B)从下列情形改变至子目2202.90的添加维生素或矿物质的混合汁:

   　　(1)任何其他章(品目0805、品目2009或子目2106.90的混合汁除外),或者

   　　(2)第二十二章的任何其他子目、品目2009或子目2106.90的混合汁,不论是否从任何其他章改变而来,前提是单一果汁成分或来自韩国或美国的果汁成分以单一浓度形式构成的货物体积不超过60%;

   (C)从任何其他章[第四章或子目1901.90的乳固体含量(按重量计)超过10%的乳制品除外]改变至子目2202.90的含乳饮料;或者

   (D)从任何其他品目(子目1211.20和子目1302.19除外)改变至子目2202.90的人参制剂。

4. 从任何其他章改变至子目2202.90的任何其他货物。

5. 从任何其他章(子目2106.90的复合酒精制剂除外)改变至品目2203至2205。

6. (A)从任何其他品目改变至品目2206的烧酒;或者

   (B)从任何其他章(子目2106.90的复合酒精制剂除外)改变至品目2206的任何其他货物。

7. 从任何其他章(子目2106.90的复合酒精制剂除外)改变至品目2207。

8. (A)从任何其他品目改变至子目2208.90;或者

   (B)从任何其他章(子目2106.90的复合酒精制剂除外)改变至品目2208的任何其他货物。

9. 从任何其他品目改变至品目2209。

第二十三章

1. 从任何其他章改变至品目2301至2308。

2. 从任何其他品目改变至子目2309.10。

3. 从任何其他品目(品目0401至0405或子目1901.90除外)改变至子目2309.90。

第二十四章

1. 从任何其他章改变至品目2401。

2. 从任何其他章、品目2401的未脱粒或类似加工的包装烟草,或适合用作品目2403包装烟草的均化烟草或再造烟草改变至品目2402。

3. (A)从任何其他品目改变至用于子目2403.91的雪茄外包烟叶的均化烟草或再造烟草;或者

   (B)从任何其他章改变至品目2403的任何其他货物。

第二十五章

1. 从任何其他品目改变至品目2501至2516。

2. 从任何其他品目改变至子目2517.10至2517.20。

3. 从任何其他子目改变至子目2517.30。

4. 从任何其他品目改变至子目2517.41至2517.49。

5. 从任何其他品目改变至品目2518至2522。

6. 从任何其他章改变至品目2523。

7. 从任何其他品目改变至品目2524至2530。

第二十六章

从任何其他品目改变至品目2601至2621。

第二十六章

1. 从任何其他品目改变至品目2701至2706。

2.(A)从任何其他品目改变至子目2707.10至2707.99；或者

(B)从任何其他子目改变至子目2707.10至2707.99，前提是此类改变产生的货物是化学反应的产物。

3. 从任何其他品目改变至品目2708至2709。

品目规则：就品目2710而言，下列工序被授予原产资格：

(a)常压蒸馏——一种分离过程，其中石油在蒸馏塔中根据沸点转化成馏分，然后蒸汽冷凝成不同的液化馏分。

(b)减压蒸馏——在低于大气压但不低到分子蒸馏的压力下进行蒸馏。

4.(A)从品目2710的任何其他货物改变至品目2710的任何其他货物，前提是此类改变产生的货物是化学反应、常压蒸馏或减压蒸馏的产物；或者

(B)从任何其他品目(品目2207除外)改变至品目2710。

5. 从任何其他子目(子目2711.21除外)改变至子目2711.11。

6. 从任何其他子目(子目2711.29除外)改变至子目2711.12至2711.19。

7. 从任何其他子目(子目2711.11除外)改变至子目2711.21。

8. 从任何其他子目(子目2711.12至2711.21除外)改变至子目2711.29。

9. 从任何其他品目改变至品目2712至2716。

第二十八章

1. 从任何其他品目改变至品目2801至2808。

2. 从任何其他子目改变至子目2809.10至2809.20。

3. 从任何其他品目改变至品目2810至2853。

第二十九章

1. 从任何其他子目改变至子目2901.10至2901.29。

2. 从任何其他品目改变至品目2902至2935。

3. 从任何其他子目改变至子目2936.21至2936.29。

4.(A)从子目2936.90的任何其他货物或任何其他子目改变至子目2936.90的未混合维生素原；或者

(B)从任何其他子目改变至子目2936.90的任何其他货物。

5. 从任何其他子目改变至子目2937.11至2941.90。

6. 从任何其他品目改变至品目2942。

第三十章

1. 从任何其他子目改变至子目3001.20至3002.90。

2. 从任何其他品目改变至品目3003。

3. 从任何其他品目(品目3003除外)改变至品目3004。

4. 从任何其他子目改变至子目3005.10至3006.92。

第三十一章

从任何其他品目改变至品目3101至3105。

第三十二章

1. 从任何其他子目改变至子目3201.10至3202.90。

2. 从任何其他品目改变至品目3203。

3. 从任何其他子目改变至子目3204.11至3204.90。

4. 从任何其他章改变至品目3205。

5. 从任何其他子目改变至子目3206.11至3206.42。

5A. (A)从子目3206.49的任何其他货物或任何其他子目改变至子目3206.49的以镉化合物为主的颜料及制品;或者

(B)从子目3206.49的任何其他货物或任何其他子目改变至子目3206.49的以六氰高铁酸盐(亚铁氰化物和铁氰化物)为主的颜料及制品;或者

(C)从任何其他子目改变至子目3206.49的任何其他货物。

5B. 从任何其他子目改变至子目3206.50。

6. 从任何其他章改变至品目3207至3212。

7. 从任何其他品目改变至品目3213至3214。

8. 从任何其他章改变至品目3215。

第三十三章

1. 从任何其他子目改变至子目3301.12至3301.30。

2. (A)从子目3301.19的任何其他货物或任何其他子目改变至子目3301.19的佛手柑精油或酸橙精油;或者

(B)从子目3301.19的佛手柑精油或酸橙精油或任何其他子目改变至子目3301.19的任何其他货物。

3. 从任何其他子目改变至子目3301.24至3301.30。

4. 从任何其他品目(子目1211.20和子目1302.19除外)改变至子目3301.90。

5. 从任何其他品目改变至品目3302至3307。

第三十四章

从任何其他品目改变至品目3401至3407。

第三十五章

1. 从任何其他子目改变至子目3501.10至3501.90。

2. 从任何其他品目(品目0407除外)改变至子目3502.11至3502.19。

3. 从任何其他子目改变至子目3502.20至3502.90。

4. 从任何其他品目改变至品目3503至3504。

5. 从任何其他品目(品目1108除外)改变至品目3505。

6. 从任何其他品目(品目3501、品目3503和品目3505除外)改变至品目3506。

7. 从任何其他品目改变至品目3507。

第三十六章

从任何其他品目改变至品目3601至3606。

第三十七章

1. 从品目3701至3703以外的任何品目改变至品目3701至3703。

2. 从任何其他品目改变至品目3704至3707。

第三十八章

1. 从任何其他品目改变至品目3801至3807。

2. 从任何其他子目改变至子目3808.50至3808.99,前提是原产有效成分占总有效成分的比例不低于50%(按重量计)。

3. 从任何其他品目改变至品目3809至3824。

4. 从任何其他章(第二十八章至第三十七章、第四十章或第九十章除外)的品目改变至品目3825。

5. 从任何其他品目改变至品目3826。

第三十九章

1. 从任何其他品目改变至品目3901至3915,前提是品目3901至3915的原产聚合物含量不低于聚合物总含量的50%(按重量计)。

2. 从任何其他品目改变至品目3916至3926。

第四十章

1. (A)从任何其他品目改变至品目4001;或者

    (B)从任何其他子目改变至子目4001.10至4001.30,前提是使用扣减法时的区域价值成分不低于30%。

2. 从任何其他品目改变至品目4002至4005。

3. (A)从任何其他品目(品目4001除外)改变至品目4006;或者

    (B)从品目4001或任何其他品目改变至品目4006,前提是使用扣减法时的区域价值成分不低于30%。

4. 从任何其他品目改变至品目4007至4017。

第四十一章

1. 从任何其他子目改变至子目4101.20至4102.29。

2. 从任何其他品目改变至品目4103.20至4103.90。

3. 从任何其他子目改变至子目4104.11至4104.49。

4. (A)从任何其他品目[品目4102的经退鞣(包括预鞣,该工艺可逆)加工的生皮或品目4112除外]改变至品目4105;或者

    (B)从子目4105.10的蓝湿皮改变至品目4105。

5. (A)从任何其他品目[品目4103的经退鞣(包括预鞣,该工艺可逆)加工的生皮或品目4113除外]改变至品目4106;或者

    (B)从子目4106.21、子目4106.31或子目4106.91的蓝湿皮改变至品目4106。

6. 从任何其他品目改变至品目4107。

7. (A)从任何其他品目[品目4102的经退鞣(包括预鞣,该工艺可逆)加工的生皮或品目

4105除外]改变至品目4112；或者

　　(B)从子目4105.10的蓝湿皮改变至品目4112。

8.(A)从任何其他品目［品目4103的经退鞣(包括预鞣，该工艺可逆)加工的生皮或品目

　　　　4106除外]改变至品目4113；或者

　　(B)从子目4106.21、子目4106.31或子目4106.91的蓝湿皮改变至品目4113。

9.从任何其他子目改变至子目4114.10至4115.20。

第四十二章

1.从任何其他品目改变至品目4201。

2.从任何其他章改变至子目4202.11。

3.(A)从任何其他章改变至子目4202.12的以纺织材料做面的货物，前提是该货物在韩
　　　　国或/和美国境内裁剪或/和针织成型并缝制或以其他方式组合。

　　(B)从任何其他品目改变至子目4202.12的任何其他货物。

4.从任何其他章改变至子目4202.19至4202.21。

5.(A)从任何其他章改变至子目4202.22的以纺织材料做面的货物，前提是该货物在韩
　　　　国或/和美国境内裁剪或/和针织成型并缝制或以其他方式组合。

　　(B)从任何其他品目改变至子目4202.22的任何其他货物。

6.从任何其他章改变至子目4202.29至4202.31。

7.(A)从任何其他章改变至子目4202.32的以纺织材料做面的货物，前提是该货物在韩
　　　　国或/和美国境内裁剪或/和针织成型并缝制或以其他方式组合。

　　(B)从任何其他品目改变至子目4202.32的任何其他货物。

8.从任何其他章改变至子目4202.39至4202.91。

9.(A)从任何其他章改变至子目4202.92的以纺织材料做面的货物，前提是该货物在韩
　　　　国或/和美国境内裁剪或/和针织成型并缝制或以其他方式组合。

　　(B)从任何其他品目改变至子目4202.92的任何其他货物。

10.从任何其他章改变至子目4202.99。

11.从任何其他品目改变至品目4203至4206。

第四十三章

1.从任何其他章改变至品目4301。

2.从任何其他品目改变至品目4302至4304。

第四十四章

从任何其他品目改变至品目4401至4421。

第四十五章

从任何其他品目改变至品目4501至4504。

第四十六章

1.从任何其他章改变至品目4601。

2.从任何其他品目改变至品目4602。

第四十七章

从任何其他品目改变至品目4701至4707。

第四十八章

1. 从任何其他章改变至品目 4801 至 4807。
2. 从任何其他品目改变至品目 4808 至 4823。

第四十九章

从任何其他章改变至品目 4901 至 4911。

第五十章

1. 从任何其他章改变至品目 5001 至 5003。
2. 从品目 5004 至 5006 以外的任何品目改变至品目 5004 至 5006。
3. 从任何其他品目改变至品目 5007。

第五十一章

1. 从任何其他章改变至品目 5101 至 5105。
2. 从品目 5106 至 5110 以外的任何品目改变至品目 5106 至 5110。
3. 从品目 5111 至 5113 以外的任何品目(品目 5106 至 5110、品目 5205 至 5206、品目 5401 至 5402、子目 5403.33 至 5403.39、子目 5403.42 至 5403.49、品目 5404 或品目 5509 至 5510 除外)改变至品目 5111 至 5113。

第五十二章

1. 从任何其他章(品目 5401 至 5402、子目 5403.33 至 5403.39、子目 5403.42 至 5403.49、品目 5405 或品目 5501 至 5507 除外)改变至品目 5201 至 5207。
2. 从品目 5208 至 5212 以外的任何品目(品目 5106 至 5110、品目 5205 至 5206、品目 5401 至 5402、子目 5403.33 至 5403.39、子目 5403.42 至 5403.49、品目 5404 或品目 5509 至 5510 除外)改变至品目 5208 至 5212。

第五十三章

1. 从任何其他章改变至品目 5301 至 5305。
2. 从品目 5306 至 5308 以外的任何品目改变至品目 5306 至 5308。
3. 从任何其他品目(品目 5307 至 5308 除外)改变至品目 5309。
4. 从任何其他品目(品目 5307 至 5308 除外)改变至品目 5310。
5. 从任何其他品目改变至品目 5311。

第五十四章

1. 从任何其他章(品目 5201 至 5203 或品目 5501 至 5507 除外)改变至品目 5401 至 5406。
2. 从税号 5402.44.40、税号 5402.47.10、税号 5402.52.10 或任何其他章(品目 5106 至 5110、品目 5205 至 5206 或品目 5509 至 5510 除外)改变至税号 5407.61.11、税号 5407.61.21 或税号 5407.61.91。
3. 从任何其他章(品目 5106 至 5110、品目 5205 至 5206 或品目 5509 至 5510 除外)改变至品目 5407。
4. 从子目 5403.10、子目 5403.31 至 5403.32、子目 5403.41 或任何其他章(品目 5106 至 5110、品目 5205 至 5206 或品目 5509 至 5510 除外)改变至品目 5408。

第五十五章

1. 从任何其他章(品目 5201 至 5203、品目 5401 至 5402、子目 5403.33 至 5403.39、子目 5403.42 至 5403.49 或品目 5405 除外)改变至品目 5501 至 5507。

2. 从品目 5508 至 5511 以外的任何品目(品目 5201 至 5203、品目 5401 至 5402、子目 5403.33 至 5403.39、子目 5403.42 至 5403.49、品目 5405、品目 5501、子目 5503.20、子目 5503.40 至 5503.90 或品目 5505 至 5516 除外)改变至品目 5508 至 5511。

3. 从品目 5512 至 5516 以外的任何品目(品目 5106 至 5110、品目 5205 至 5206、品目 5401 至 5402、子目 5403.33 至 5403.39、子目 5403.42、品目 5404 或品目 5509 至 5510 除外)改变至品目 5512 至 5516。

第五十六章

从任何其他章(品目 5106 至 5113、品目 5204 至 5212、品目 5307 至 5308、品目 5310 至 5311 或第五十四章至第五十五章除外)改变至品目 5601 至 5609。

第五十七章

从任何其他章(品目 5106 至 5113、品目 5204 至 5212、品目 5308、品目 5311、第五十四章或品目 5508 至 5516 除外)改变至品目 5701 至 5705。

第五十八章

从任何其他章(品目 5106 至 5113、品目 5204 至 5212、品目 5307 至 5308、品目 5310 至 5311 或第五十四章至第五十五章的品目除外)改变至品目 5801 至 5811。

第五十九章

1. 从任何其他章(品目 5111 至 5113、品目 5208 至 5212、品目 5310 至 5311、品目 5407 至 5408 或品目 5512 至 5516 除外)改变至品目 5901。

2. 从任何其他品目(品目 5106 至 5113、品目 5204 至 5212、品目 5306 至 5311 或第五十四章至第五十五章除外)改变至品目 5902。

3. 从任何其他章(品目 5111 至 5113、品目 5208 至 5212、品目 5310 至 5311、品目 5407 至 5408 或品目 5512 至 5516 除外)改变至品目 5903 至 5908。

4. 从任何其他章(品目 5111 至 5113、品目 5208 至 5212、品目 5310 至 5311、第五十四章或品目 5512 至 5516 除外)改变至品目 5909。

5. 从任何其他品目(品目 5106 至 5113、品目 5204 至 5212、品目 5307 至 5308、品目 5310 至 5311 或第五十四章至第五十五章除外)改变至品目 5910。

6. 从任何其他章(品目 5111 至 5113、品目 5208 至 5212、品目 5310 至 5311、品目 5407 至 5408 或品目 5512 至 5516 除外)改变至品目 5911。

第六十章

从任何其他章(品目 5106 至 5113、第五十二章、品目 5307 至 5308、品目 5310 至 5311、品目 5401 至 5402、子目 5403.33 至 5403.39、子目 5403.42 至品目 5408、品目 5501 至子目 5503.20、子目 5503.40 至 5503.90 或品目 5505 至 5516 除外)改变至品目 6001 至 6006。

第六十一章

章规则一：除归入税号 5408.22.10、税号 5408.23.11、税号 5408.23.21 或税号 5408.24.10 的织物外,下列品目和子目的织物,当用作某些男女西服套装、西服短上衣、裙子、大衣、短外套、带帽夹克、风衣和类似物品的可见衬里材料时,必须完全在韩国或/和美国境内成型并完成:品目5111至5112、子目5208.31至5208.59、子目5209.31至5209.59、子目5210.31至5210.59、子目5211.31至5211.59、子目5212.13至5212.15、子目5212.23至5212.25、子目5407.42至5407.44、子目5407.52至5407.54、子目5407.61、子目5407.72至5407.74、子目5407.82至5407.84、子目5407.92至5407.94、子目5408.22至5408.24、子目5408.32至5408.34、子目5512.19、子目5512.29、子目5512.99、子目5513.21至5513.49、子目5514.21至5515.99、子目5516.12至5516.14、子目5516.22至5516.24、子目5516.32至5516.34、子目5516.42至5516.44、子目5516.92至5516.94、子目6001.10、子目6001.92、子目6005.31至6005.44或子目6006.10至6006.44。

章规则二:为确定本章货物的原产地,适用于该货物的规则仅适用于确定该货物税则归类的成分,并且该成分必须满足该规则规定的税则归类改变要求。如果规则要求货物还必须满足本章章规则一所列对可见衬里织物的税则归类改变要求,则该要求仅适用于服装主体中的可见衬里织物(不包括覆盖最大表面积的袖子),不适用于可拆卸衬里。

1. 从任何其他章(品目5106至5113、品目5204至5212、品目5307至5308、品目5310至5311、品目5401至5402、子目5403.33至5403.39、子目5403.42至品目5408、品目5508至5516或品目6001至6006除外)改变至子目6101.20至6101.30,前提是:
   (A)该货物在韩国或/和美国境内裁剪(或针织成型)并缝制或以其他方式组合;以及
   (B)服装中使用的任何可见衬里材料必须满足第六十一章章规则一的要求。

2. (A)从任何其他章(品目5106至5113、品目5204至5212、品目5307至5308、品目5310至5311、品目5401至5402、子目5403.33至5403.39、子目5403.42至品目5408、品目5508至5516或品目6001至6006除外)改变至子目6101.90的羊毛或动物细毛货物,前提是:
      (1)该货物在韩国或/和美国境内裁剪(或针织成型)并缝制或以其他方式组合,以及
      (2)该服装所使用的任何可见衬里材料符合第六十一章章规则一的规定;或者
   (B)从任何其他章(品目5106至5113、品目5204至5212、品目5307至5308、品目5310至5311、品目5401至5402、子目5403.33至5403.39、子目5403.42至品目5408、品目5508至5516或品目6001至6006除外)改变至子目6101.90的任何其他货物,前提是该货物在韩国或/和美国境内裁剪(或针织成型)并缝制或以其他方式组合。

3. 从任何其他章(品目5106至5113、品目5204至5212、品目5307至5308、品目5310至5311、品目5401至5402、子目5403.33至5403.39、子目5403.42至品目5408、品目5508至5516或品目6001至6006除外)改变至6102.10至子目6102.30,前提是:
   (A)该货物在韩国或/和美国境内裁剪(或针织成型)并缝制或以其他方式组合;以及
   (B)服装中使用的任何可见衬里材料必须满足第六十一章章规则一的要求。

4. 从任何其他章(品目5106至5113、品目5204至5212、品目5307至5308、品目5310至5311、品目5401至5402、子目5403.33至5403.39、子目5403.42至品目5408、品目5508至5516或品目6001至6006除外)改变至子目6102.90,前提是该货物在韩国或/和美国境内裁剪(或针织成型)并缝制或以其他方式组合。

5. (A)从任何其他章(品目5106至5113、品目5204至5212、品目5307至5308、品目5310至5311、品目5401至5402、子目5403.33至5403.39、子目5403.42至品目5408、品目5508至5516或品目6001至6006除外)改变至税号6103.10.70或税号6103.10.90,前提是该货物在韩国或/和美国境内裁剪(或针织成型)并缝制或以其他方式组合;或者

(B)从任何其他章(品目5106至5113、品目5204至5212、品目5307至5308、品目5310至5311、品目5401至5402、子目5403.33至5403.39、子目5403.42至品目5408、品目5508至5516或品目6001至6006除外)改变至子目6103.10的任何其他货物,前提是:

(1)该货物在韩国或/和美国境内裁剪(或针织成型)并缝制或以其他方式组合,以及

(2)服装中使用的任何可见衬里材料必须满足第六十一章章规则一的要求。

6. 从任何其他章(品目5106至5113、品目5204至5212、品目5307至5308、品目5310至5311、品目5401至5402、子目5403.33至5403.39、子目5403.42至品目5408、品目5508至5516或品目6001至6006除外)改变至子目6103.22至6103.29,前提是:

(A)该货物在韩国或/和美国境内裁剪(或针织成型)并缝制或以其他方式组合;以及

(B)对于作为子目6103.22至6103.29的便服套装的一部分进口的以羊毛、动物细毛、棉花或化学纤维为原料的品目6101的服装或品目6103的上衣,服装中使用的任何可见衬里材料必须满足第六十一章章规则一的要求。

[7至8已删除]

9. 从任何其他章(品目5106至5113、品目5204至5212、品目5307至5308、品目5310至5311、品目5401至5402、子目5403.33至5403.39、子目5403.42至品目5408、品目5508至5516或品目6001至6006除外)改变至子目6103.31至6103.33,前提是:

(A)该货物在韩国或/和美国境内裁剪(或针织成型)并缝制或以其他方式组合;以及

(B)服装中使用的任何可见衬里材料必须满足第六十一章章规则一的要求。

10. (A)从任何其他章(品目5106至5113、品目5204至5212、品目5307至5308、品目5310至5311、品目5401至5402、子目5403.33至5403.39、子目5403.42至品目5408、品目5508至5516或品目6001至6006除外)改变至税号6103.39.40或税号6103.39.80,前提是该货物在韩国或/和美国境内裁剪(或针织成型)并缝制或以其他方式组合;或者

(B)从任何其他章(品目5106至5113、品目5204至5212、品目5307至5308、品目5310至5311、品目5401至5402、子目5403.33至5403.39、子目5403.42至品目5408、品目5508至5516或品目6001至6006除外)改变至子目6103.39的任何其他货物,前提是:

(1)该货物在韩国或/和美国境内裁剪(或针织成型)并缝制或以其他方式组合,以及

(2)服装中使用的任何可见衬里材料必须满足第六十一章章规则一的要求。

11. 从任何其他章(品目5106至5113、品目5204至5212、品目5307至5308、品目5310至5311、品目5401至5402、子目5403.33至5403.39、子目5403.42至品目5408、品

目 5508 至 5516 或品目 6001 至 6006 除外)改变至子目 6103.39,前提是:

(A)该货物在韩国或/和美国境内裁剪(或针织成型)并缝制或以其他方式组合;以及

(B)服装中使用的任何可见衬里材料必须满足第六十一章章规则一的要求。

12. 从任何其他章(品目 5106 至 5113、品目 5204 至 5212、品目 5307 至 5308、品目 5310 至 5311、品目 5401 至 5402、子目 5403.33 至 5403.39、子目 5403.42 至品目 5408、品目 5508 至 5516 或品目 6001 至 6006 除外)改变至子目 6103.41 至 6103.49,前提是该货物在韩国或/和美国境内裁剪(或针织成型)并缝制或以其他方式组合。

13. 从任何其他章(品目 5106 至 5113、品目 5204 至 5212、品目 5307 至 5308、品目 5310 至 5311、品目 5401 至 5402、子目 5403.33 至 5403.39、子目 5403.42 至品目 5408、品目 5508 至 5516 或品目 6001 至 6006 除外)改变至子目 6104.13,前提是:

(A)该货物在韩国或/和美国境内裁剪(或针织成型)并缝制或以其他方式组合;以及

(B)服装中使用的任何可见衬里材料必须满足第六十一章章规则一的要求。

14. (A)从任何其他章(品目 5106 至 5113、品目 5204 至 5212、品目 5307 至 5308、品目 5310 至 5311、品目 5401 至 5402、子目 5403.33 至 5403.39、子目 5403.42 至品目 5408、品目 5508 至 5516 或品目 6001 至 6006 除外)改变至税号 6104.19.40 或税号 6104.19.80,前提是该货物在韩国或/和美国境内裁剪(或针织成型)并缝制或以其他方式组合;或者

(B)从任何其他章(品目 5106 至 5113、品目 5204 至 5212、品目 5307 至 5308、品目 5310 至 5311、品目 5401 至 5402、子目 5403.33 至 5403.39、子目 5403.42 至品目 5408、品目 5508 至 5516 或品目 6001 至 6006 除外)改变至子目 6104.19 的任何其他货物,前提是:

(1)该货物在韩国或/和美国境内裁剪(或针织成型)并缝制或以其他方式组合,以及

(2)服装中使用的任何可见衬里材料必须满足第六十一章章规则一的要求。

15. 从任何其他章(品目 5106 至 5113、品目 5204 至 5212、品目 5307 至 5308、品目 5310 至 5311、品目 5401 至 5402、子目 5403.33 至 5403.39、子目 5403.42 至品目 5408、品目 5508 至 5516 或品目 6001 至 6006 除外)改变至子目 6104.22 至 6104.29,前提是:

(A)该货物在韩国或/和美国境内裁剪(或针织成型)并缝制或以其他方式组合;以及

(B)对于作为子目 6104.22 至 6104.29 的便服套装的一部分进口的以羊毛、动物细毛、棉花或化学纤维为原料的品目 6102 的服装、品目 6104 的上衣或品目 6104 的裙子,服装中使用的任何可见衬里材料必须满足第六十一章章规则一的要求。

16. 从任何其他章(品目 5106 至 5113、品目 5204 至 5212、品目 5307 至 5308、品目 5310 至 5311、品目 5401 至 5402、子目 5403.33 至 5403.39、子目 5403.42 至品目 5408、品目 5508 至 5516 或品目 6001 至 6006 除外)改变至子目 6104.31 至 6104.32,前提是:

(A)该货物在韩国或/和美国境内裁剪(或针织成型)并缝制或以其他方式组合;以及

(B)服装中使用的任何可见衬里材料必须满足第六十一章章规则一的要求。

[17 至 18 已删除]

19. 从任何其他章(品目 5106 至 5113、品目 5204 至 5212、品目 5307 至 5308、品目 5310

至5311、品目5401至5402、子目5403.20、子目5403.33至5403.39、子目5403.42至品目5408、品目5508至5516或品目6001至6006除外)改变至子目6104.41至6104.49,前提是该货物在韩国或/和美国境内裁剪(或针织成型)并缝制或以其他方式组合。

20. 从任何其他章(品目5106至5113、品目5204至5212、品目5307至5308、品目5310至5311、品目5401至5402、子目5403.20、子目5403.33至5403.39、子目5403.42至品目5408、品目5508至5516或品目6001至6006除外)改变至子目6104.51至6104.53,前提是:

(A)该货物在韩国或/和美国境内裁剪(或针织成型)并缝制或以其他方式组合;以及
(B)服装中使用的任何可见衬里材料必须满足第六十一章章规则一的要求。

21. 从任何其他章(品目5106至5113、品目5204至5212、品目5307至5308、品目5310至5311、品目5401至5402、子目5403.20、子目5403.33至5403.39、子目5403.42至品目5408、品目5508至5516或品目6001至6006除外)改变至税号6104.59.40或税号6104.59.80,前提是该货物在韩国或/和美国境内裁剪(或针织成型)并缝制或以其他方式组合。

22. 从任何其他章(品目5106至5113、品目5204至5212、品目5307至5308、品目5310至5311、品目5401至5402、子目5403.33至5403.39、子目5403.42至品目5408、品目5508至5516或品目6001至6006除外)改变至子目6104.59的任何其他货物,前提是:

(A)该货物在韩国或/和美国境内裁剪(或针织成型)并缝制或以其他方式组合;以及
(B)服装中使用的任何可见衬里材料必须满足第六十一章章规则一的要求。

23. 从任何其他章(品目5106至5113、品目5204至5212、品目5307至5308、品目5310至5311、品目5401至5402、子目5403.33至5403.39、子目5403.42至品目5408、品目5508至5516或品目6001至6006除外)改变至子目6104.61至6104.69,前提是该货物在韩国或/和美国境内裁剪(或针织成型)并缝制或以其他方式组合。

24. 从任何其他章(品目5106至5113、品目5204至5212、品目5307至5308、品目5310至5311、品目5401至5402、子目5403.33至5403.39、子目5403.42至品目5408、品目5508至5516或品目6001至6006除外)改变至品目6105至品目6106,前提是该货物在韩国或/和美国境内裁剪(或针织成型)并缝制或以其他方式组合。

25. 从任何其他章(品目5106至5113、品目5204至5212、品目5307至5308、品目5310至5311、品目5401至5402、子目5403.33至5403.39、子目5403.42至品目5408、品目5508至5516或品目6001至6006除外)改变至子目6107.11至6107.19,前提是该货物在韩国或/和美国境内裁剪(或针织成型)并缝制或以其他方式组合。

26. (A)从税号6006.21.10、税号6006.22.10、税号6006.23.10或税号6006.24.10改变至子目6107.21,前提是该货物(不包括领子、袖子、腰带或松紧带)全部由此类织物制成,并且货物在韩国或/和美国境内裁剪(或针织成型)并缝制或以其他方式组合;或者

(B)从任何其他章(品目5106至5113、品目5204至5212、品目5307至5308、品目

27. 从任何其他章(品目 5106 至 5113、品目 5204 至 5212、品目 5307 至 5308、品目 5310 至 5311、品目 5401 至 5402、子目 5403.33 至 5403.39、子目 5403.42 至品目 5408、品目 5508 至 5516 或品目 6001 至 6006 除外)改变至子目 6107.22 至 6107.99,前提是该货物在韩国或/和美国境内裁剪(或针织成型)并缝制或以其他方式组合。

28. 从任何其他章(品目 5106 至 5113、品目 5204 至 5212、品目 5307 至 5308、品目 5310 至 5311、品目 5401 至 5402、子目 5403.33 至 5403.39、子目 5403.42 至品目 5408、品目 5508 至 5516 或品目 6001 至 6006 除外)改变至子目 6108.11 至 6108.19,前提是该货物在韩国或/和美国境内裁剪(或针织成型)并缝制或以其他方式组合。

29. (A)从税号 6006.21.10、税号 6006.22.10、税号 6006.23.10 或税号 6006.24.10 改变至子目 6108.21,前提是该货物(不包括腰带、松紧带或花边)全部由此类织物制成,并且货物在韩国或/和美国境内裁剪(或针织成型)并缝制或以其他方式组合;或者

    (B)从任何其他章(品目 5106 至 5113、品目 5204 至 5212、品目 5307 至 5308、品目 5310 至 5311、品目 5401 至 5402、子目 5403.33 至 5403.39、子目 5403.42 至品目 5408、品目 5508 至 5516 或品目 6001 至 6006 除外)改变至子目 6108.21,前提是该货物在韩国或/和美国境内裁剪(或针织成型)并缝制或以其他方式组合。

30. 从任何其他章(品目 5106 至 5113、品目 5204 至 5212、品目 5307 至 5308、品目 5310 至 5311、品目 5401 至 5402、子目 5403.33 至 5403.39、子目 5403.42 至品目 5408、品目 5508 至 5516 或品目 6001 至 6006 除外)改变至子目 6108.22 至 6108.29,前提是该货物在韩国或/和美国境内裁剪(或针织成型)并缝制或以其他方式组合。

31. (A)从税号 6006.21.10、税号 6006.22.10、税号 6006.23.10 或税号 6006.24.10 改变至子目 6108.31,前提是该货物(不包括领子、袖子、腰带、松紧带或花边)全部由此类织物制成,并且货物在韩国或/和美国境内裁剪(或针织成型)并缝制或以其他方式组合;或者

    (B)从任何其他章(除品目 5106 至 5113、品目 5204 至 5212、品目 5307 至 5308、品目 5310 至 5311、品目 5401 至 5402、子目 5403.33 至 5403.39、子目 5403.42 至品目 5408、品目 5508 至 5516 或品目 6001 至 6006 除外)改变至子目 6108.31,前提是该货物在韩国或/和美国境内裁剪(或针织成型)并缝制或以其他方式组合。

32. 从任何其他章(品目 5106 至 5113、品目 5204 至 5212、品目 5307 至 5308、品目 5310 至 5311、品目 5401 至 5402、子目 5403.33 至 5403.39、子目 5403.42 至品目 5408、品目 5508 至 5516 或品目 6001 至 6006 除外)改变至子目 6108.32 至 6108.99,前提是该货物在韩国或/和美国境内裁剪(或针织成型)并缝制或以其他方式组合。

33. 从任何其他章(品目 5106 至 5113、品目 5204 至 5212、品目 5307 至 5308、品目 5310 至 5311、品目 5401 至 5402、子目 5403.33 至 5403.39、子目 5403.42 至品目 5408、品目 5508 至 5516 或品目 6001 至 6006 除外)改变至品目 6109 至 6111,前提是该货物

在韩国或/和美国境内裁剪(或针织成型)并缝制或以其他方式组合。

34. 从任何其他章(品目 5106 至 5113、品目 5204 至 5212、品目 5307 至 5308、品目 5310 至 5311、品目 5401 至 5402、子目 5403.33 至 5403.39、子目 5403.42 至品目 5408、品目 5508 至 5516 或品目 6001 至 6006 除外)改变至子目 6112.11 至 6112.19,前提是该货物在韩国或/和美国境内裁剪(或针织成型)并缝制或以其他方式组合。

35. 从任何其他章(品目 5106 至 5113、品目 5204 至 5212、品目 5307 至 5308、品目 5310 至 5311、品目 5401 至 5402、子目 5403.33 至 5403.39、子目 5403.42 至品目 5408、品目 5508 至 5516 或品目 6001 至 6006 除外)改变至子目 6112.20,前提是:

    (A)该货物在韩国或/和美国境内裁剪(或针织成型)并缝制或以其他方式组合;以及
    (B)对于作为子目 6112.20 的滑雪套装的一部分进口的以羊毛、动物细毛、棉花或化学纤维为原料的品目 6101、品目 6102、品目 6201 或品目 6202 的服装,服装中使用的任何可见衬里材料必须满足第六十一章章规则一的要求。

36. 从任何其他章(品目 5106 至 5113、品目 5204 至 5212、品目 5307 至 5308、品目 5310 至 5311、品目 5401 至 5402、子目 5403.33 至 5403.39、子目 5403.42 至品目 5408、品目 5508 至 5516 或品目 6001 至 6006 除外)改变至子目 6112.31 至 6112.49,前提是该货物在韩国或/和美国境内裁剪(或针织成型)并缝制或以其他方式组合。

37. 从任何其他章(品目 5106 至 5113、品目 5204 至 5212、品目 5307 至 5308、品目 5310 至 5311、品目 5401 至 5402、子目 5403.33 至 5403.39、子目 5403.42 至品目 5408、品目 5508 至 5516 或品目 6001 至 6006 除外)改变至品目 6113 至 6117,前提是该货物在韩国或/和美国境内裁剪(或针织成型)并缝制或以其他方式组合。

第六十二章

章规则一:除税号 5408.22.10、税号 5408.23.11、税号 5408.23.21 或税号 5408.24.10 的织物外,下列品目和子目的织物,当用作某些男女西服套装、西服短上衣、裙子、大衣、短外套、带帽夹克、风衣和类似物品的可见衬里材料时,必须完全在韩国或/和美国境内完成:品目 5111 至 5112、子目 5208.31 至 5208.59、子目 5209.31 至 5209.59、子目 5210.31 至 5210.59、子目 5211.31 至 5211.59、子目 5212.13 至 5212.15、子目 5212.23 至 5212.25、子目 5407.42 至 5407.44、子目 5407.52 至 5407.54、子目 5407.61、子目 5407.72 至 5407.74、子目 5407.82 至 5407.84、子目 5407.92 至 5407.94、子目 5408.22 至 5408.24、子目 5408.32 至 5408.34、子目 5512.19、子目 5512.29、子目 5512.99、子目 5513.21 至 5513.49、子目 5514.21 至 5515.99、子目 5516.12 至 5516.14、子目 5516.22 至 5516.24、子目 5516.32 至 5516.34、子目 5516.42 至 5516.44、子目 5516.92 至 5516.94、子目 6001.10、子目 6001.92、子目 6005.31 至 6005.44 或子目 6006.10 至 6006.44。

章规则二:如果本章的服装是在韩国或/和美国境内裁剪、缝制或以其他方式组合,并且外壳(不包括领子或袖子)的织物完全是下列的一种或多种,则应被视为原产货物:

(a)子目 5801.23 的平绒织物,含棉量(按重量计)为 85% 或以上;

(b)子目 5801.22 的灯芯绒织物,含棉量(按重量计)为 85% 或以上,每厘米绒条数超过 7.5 根;

(c)子目 5111.11 或子目 5111.19 的织物,如果是手工织造,织机宽度小于 76 厘米,按

照哈里斯粗花呢协会有限公司的规章制度在英国织造,并经该协会认证;

(d)子目 5112.30 的织物,每平方米重量不超过 340 克,含羊毛、不少于 20%(按重量计)的动物细毛和不少于 15% 的化学纤维短纤;或者

(e)子目 5513.11 或子目 5513.21 的平衡细薄织物,单纱支数超过 76 公支,每平方厘米含 60~70 根经纱和纬纱,每平方米重量不超过 110 克。

章规则三: 为确定本章货物的原产地,适用于该货物的规则仅适用于确定该货物税则归类的成分,并且该成分必须满足该规则规定的税则归类改变要求。如果规则要求货物还必须满足本章章规则一所列对可见衬里织物的税则归类改变要求,则该要求仅适用于服装主体中的可见衬里织物(不包括覆盖最大表面积的袖子),不适用于可拆卸衬里。

1. 从任何其他章(品目 5106 至 5113、品目 5204 至 5212、品目 5307 至 5308、品目 5310 至 5311、品目 5401 至 5402、子目 5403.33 至 5403.39、子目 5403.42 至品目 5408、品目 5508 至 5516、品目 5801 至 5802 或品目 6001 至 6006 除外)改变至子目 6201.11 至 6201.13,前提是:

    (A)该货物在韩国或/和美国境内裁剪并缝制或以其他方式组合;以及

    (B)服装中使用的任何可见衬里材料满足第六十二章章规则一的要求。

2. 从任何其他章(品目 5106 至 5113、品目 5204 至 5212、品目 5307 至 5308、品目 5310 至 5311、品目 5401 至 5402、子目 5403.33 至 5403.39、子目 5403.42 至品目 5408、品目 5508 至 5516、品目 5801 至 5802 或品目 6001 至 6006 除外)改变至子目 6201.19,前提是该货物在韩国或/和美国境内裁剪并缝制或以其他方式组合。

3. 从任何其他章(品目 5106 至 5113、品目 5204 至 5212、品目 5307 至 5308、品目 5310 至 5311、品目 5401 至 5402、子目 5403.33 至 5403.39、子目 5403.42 至品目 5408、品目 5508 至 5516、品目 5801 至 5802 或品目 6001 至 6006 除外)改变至子目 6201.91 至 6201.93,前提是:

    (A)该货物在韩国或/和美国境内裁剪并缝制或以其他方式组合;以及

    (B)服装中使用的任何可见衬里材料满足第六十二章章规则一的要求。

4. 从任何其他章(品目 5106 至 5113、品目 5204 至 5212、品目 5307 至 5308、品目 5310 至 5311、品目 5401 至 5402、子目 5403.33 至 5403.39、子目 5403.42 至品目 5408、品目 5508 至 5516、品目 5801 至 5802 或品目 6001 至 6006 除外)改变至子目 6201.99,前提是该货物在韩国或/和美国境内裁剪并缝制或以其他方式组合。

5. 从任何其他章(品目 5106 至 5113、品目 5204 至 5212、品目 5307 至 5308、品目 5310 至 5311、品目 5401 至 5402、子目 5403.33 至 5403.39、子目 5403.42 至品目 5408、品目 5508 至 5516、品目 5801 至 5802 或品目 6001 至 6006 除外)改变至子目 6202.11 至 6202.13,前提是:

    (A)该货物在韩国或/和美国境内裁剪并缝制或以其他方式组合;以及

    (B)服装中使用的任何可见衬里材料满足第六十二章章规则一的要求。

6. 从任何其他章(品目 5106 至 5113、品目 5204 至 5212、品目 5307 至 5308、品目 5310 至 5311、品目 5401 至 5402、子目 5403.33 至 5403.39、子目 5403.42 至品目 5408、品目 5508 至 5516、品目 5801 至 5802 或品目 6001 至 6006 除外)改变至子目 6202.19,前提

是该货物在韩国或/和美国境内裁剪并缝制或以其他方式组合。

7. 从任何其他章(品目 5106 至 5113、品目 5204 至 5212、品目 5307 至 5308、品目 5310 至 5311、品目 5401 至 5402、子目 5403.33 至 5403.39、子目 5403.42 至品目 5408、品目 5508 至 5516、品目 5801 至 5802 或品目 6001 至 6006 除外)改变至子目 6202.91 至 6202.93,前提是:

(A)该货物在韩国或/和美国境内裁剪并缝制或以其他方式组合;以及

(B)服装中使用的任何可见衬里材料满足第六十二章章规则一的要求。

8. 从任何其他章(品目 5106 至 5113、品目 5204 至 5212、品目 5307 至 5308、品目 5310 至 5311、品目 5401 至 5402、子目 5403.33 至 5403.39、子目 5403.42 至品目 5408、品目 5508 至 5516、品目 5801 至 5802 或品目 6001 至 6006 除外)改变至子目 6202.99,前提是该货物在韩国或/和美国境内裁剪并缝制或以其他方式组合。

9. 从任何其他章(品目 5106 至 5113、品目 5204 至 5212、品目 5307 至 5308、品目 5310 至 5311、品目 5401 至 5402、子目 5403.33 至 5403.39、子目 5403.42 至品目 5408、品目 5508 至 5516、品目 5801 至 5802 或品目 6001 至 6006 除外)改变至子目 6203.11 至 6203.12,前提是:

(A)该货物在韩国或/和美国境内裁剪并缝制或以其他方式组合;以及

(B)服装中使用的任何可见衬里材料满足第六十二章章规则一的要求。

10. 从任何其他章(品目 5106 至 5113、品目 5204 至 5212、品目 5307 至 5308、品目 5310 至 5311、品目 5401 至 5402、子目 5403.33 至 5403.39、子目 5403.42 至品目 5408、品目 5508 至 5516 或品目 5801 至 5802 除外)改变至税号 6203.19.50 或税号 6203.19.90,前提是该货物在韩国或/和美国境内裁剪并缝制或以其他方式组合。

11. 从任何其他章(品目 5106 至 5113、品目 5204 至 5212、品目 5307 至 5308、品目 5310 至 5311、品目 5401 至 5402、子目 5403.33 至 5403.39、子目 5403.42 至品目 5408、品目 5508 至 5516、品目 5801 至 5802 或品目 6001 至 6006 除外)改变至子目 6203.19 的任何其他货物,前提是:

(A)该货物在韩国或/和美国境内裁剪并缝制或以其他方式组合;以及

(B)服装中使用的任何可见衬里材料满足第六十二章章规则一的要求。

12. 从任何其他章(品目 5106 至 5113、品目 5204 至 5212、品目 5307 至 5308、品目 5310 至 5311、品目 5401 至 5402、子目 5403.33 至 5403.39、子目 5403.42 至品目 5408、品目 5508 至 5516、品目 5801 至 5802 或品目 6001 至 6006 除外)改变至子目 6203.22 至 6203.29,前提是:

(A)该货物在韩国或/和美国境内裁剪并缝制或以其他方式组合;以及

(B)对于作为子目 6203.22 至 6203.29 的便服套装的一部分进口的以羊毛、动物细毛、棉花或化学纤维为原料的品目 6201 的服装或品目 6203 的上衣,服装中使用的任何可见衬里材料满足第六十二章章规则一的要求。

13. 从任何其他章(品目 5106 至 5113、品目 5204 至 5212、品目 5307 至 5308、品目 5310 至 5311、品目 5401 至 5402、子目 5403.33 至 5403.39、子目 5403.42 至品目 5408、品目 5508 至 5516、品目 5801 至 5802 或品目 6001 至 6006 除外)改变至子目 6203.31

至6203.33,前提是：

(A)该货物在韩国或/和美国境内裁剪并缝制或以其他方式组合；以及

(B)服装中使用的任何可见衬里材料满足第六十二章章规则一的要求。

14. 从任何其他章(品目5106至5113、品目5204至5212、品目5307至5308、品目5310至5311、品目5401至5402、子目5403.33至5403.39、子目5403.42至品目5408、品目5508至5516或品目5801至5802除外)改变至税号6203.39.50或税号6203.39.90,前提是该货物在韩国或/和美国境内裁剪并缝制或以其他方式组合。

15. 从任何其他章(品目5106至5113、品目5204至5212、品目5307至5308、品目5310至5311、品目5401至5402、子目5403.33至5403.39、子目5403.42至品目5408、品目5508至5516、品目5801至5802或品目6001至6006除外)改变至子目6203.39的任何其他货物,前提是：

(A)该货物在韩国或/和美国境内裁剪并缝制或以其他方式组合；以及

(B)服装中使用的任何可见衬里材料满足第六十二章章规则一的要求。

16. 从任何其他章(品目5106至5113、品目5204至5212、品目5307至5308、品目5310至5311、品目5401至5402、子目5403.33至5403.39、子目5403.42至品目5408、品目5508至5516、品目5801至5802或品目6001至6006除外)改变至子目6203.41至6203.49,前提是该货物须在韩国或/和美国境内裁剪并缝制或以其他方式组合。

17. 从任何其他章(品目5106至5113、品目5204至5212、品目5307至5308、品目5310至5311、品目5401至5402、子目5403.33至5403.39、子目5403.42至品目5408、品目5508至5516、品目5801至5802或品目6001至6006除外)改变至子目6204.11至6204.13,前提是：

(A)该货物在韩国或/和美国境内裁剪并缝制或以其他方式组合；以及

(B)服装中使用的任何可见衬里材料满足第六十二章章规则一的要求。

18. 从任何其他章(品目5106至5113、品目5204至5212、品目5307至5308、品目5310至5311、品目5401至5402、子目5403.33至5403.39、子目5403.42至品目5408、品目5508至5516、品目5801至5802或品目6001至6006除外)改变至税号6204.19.40或税号6204.19.80,前提是该货物在韩国或/和美国境内裁剪并缝制或以其他方式组合。

19. 从任何其他章(品目5106至5113、品目5204至5212、品目5307至5308、品目5310至5311、品目5401至5402、子目5403.33至5403.39、子目5403.42至品目5408、品目5508至5516、品目5801至5802或品目6001至6006除外)改变至子目6204.19的任何其他货物,前提是：

(A)该货物在韩国或/和美国境内裁剪并缝制或以其他方式组合；以及

(B)服装中使用的任何可见衬里材料满足第六十二章章规则一的要求。

20. 从任何其他章(品目5106至5113、品目5204至5212、品目5307至5308、品目5310至5311、品目5401至5402、子目5403.33至5403.39、子目5403.42至品目5408、品目5508至5516、品目5801至5802或品目6001至6006除外)改变至子目6204.21至6204.29,前提是：

(A)该货物在韩国或/和美国境内裁剪并缝制或以其他方式组合；以及

(B)对于作为子目 6204.21 至 6204.29 的便服套装的一部分进口的以羊毛、动物细毛、棉花或化学纤维为原料的品目 6202 的服装、品目 6204 的上衣或品目 6204 的裙子,服装中使用的任何可见衬里材料满足第六十二章章规则一的要求。

21. 从任何其他章(品目 5106 至 5113、品目 5204 至 5212、品目 5307 至 5308、品目 5310 至 5311、品目 5401 至 5402、子目 5403.33 至 5403.39、子目 5403.42 至品目 5408、品目 5508 至 5516、品目 5801 至 5802 或品目 6001 至 6006 除外)改变至子目 6204.31 至 6204.33,前提是:

(A)该货物在韩国或/和美国境内裁剪并缝制或以其他方式组合;以及

(B)服装中使用的任何可见衬里材料满足第六十二章章规则一的要求。

22. 从任何其他章(品目 5106 至 5113、品目 5204 至 5212、品目 5307 至 5308、品目 5310 至 5311、品目 5401 至 5402、子目 5403.33 至 5403.39、子目 5403.42 至品目 5408、品目 5508 至 5516、品目 5801 至 5802 或品目 6001 至 6006 除外)改变至税号 6204.39.60 或税号 6204.39.80,前提是该货物在韩国或/和美国境内裁剪并缝制或以其他方式组合。

23. 从任何其他章(品目 5106 至 5113、品目 5204 至 5212、品目 5307 至 5308、品目 5310 至 5311、品目 5401 至 5402、子目 5403.33 至 5403.39、子目 5403.42 至品目 5408、品目 5508 至 5516、品目 5801 至 5802 或品目 6001 至 6006 除外)改变至子目 6204.39 的任何其他货物,前提是:

(A)该货物在韩国或/和美国境内裁剪并缝制或以其他方式组合;以及

(B)服装中使用的任何可见衬里材料满足第六十二章章规则一的要求。

24. 从任何其他章(品目 5106 至 5113、品目 5204 至 5212、品目 5307 至 5308、品目 5310 至 5311、品目 5401 至 5402、子目 5403.33 至 5403.39、子目 5403.42 至品目 5408、品目 5508 至 5516、品目 5801 至 5802 或品目 6001 至 6006 除外)改变至子目 6204.41 至 6204.49,前提是该货物须在韩国或/和美国境内裁剪并缝制或以其他方式组合。

25. 从任何其他章(品目 5106 至 5113、品目 5204 至 5212、品目 5307 至 5308、品目 5310 至 5311、品目 5401 至 5402、子目 5403.33 至 5403.39、子目 5403.42 至品目 5408、品目 5508 至 5516、品目 5801 至 5802 或品目 6001 至 6006 除外)改变至子目 6204.51 至 6204.53,前提是:

(A)该货物在韩国或/和美国境内裁剪并缝制或以其他方式组合;以及

(B)服装中使用的任何可见衬里材料满足第六十二章章规则一的要求。

26. 从任何其他章(品目 5106 至 5113、品目 5204 至 5212、品目 5307 至 5308、品目 5310 至 5311、品目 5401 至 5402、子目 5403.33 至 5403.39、子目 5403.42 至品目 5408、品目 5508 至 5516、品目 5801 至 5802 或品目 6001 至 6006 除外)改变至税号 6204.59.40,前提是该货物在韩国或/和美国境内裁剪并缝制或以其他方式组合。

27. 从任何其他章(品目 5106 至 5113、品目 5204 至 5212、品目 5307 至 5308、品目 5310 至 5311、品目 5401 至 5402、子目 5403.33 至 5403.39、子目 5403.42 至品目 5408、品目 5508 至 5516、品目 5801 至 5802 或品目 6001 至 6006 除外)改变至子目 6204.59 的任何其他货物,前提是:

(A)该货物在韩国或/和美国境内裁剪并缝制或以其他方式组合;以及

(B)服装中使用的任何可见衬里材料满足第六十二章章规则一的要求。

28. 从任何其他章(品目 5106 至 5113、品目 5204 至 5212、品目 5307 至 5308、品目 5310 至 5311、品目 5401 至 5402、子目 5403.33 至 5403.39、子目 5403.42 至品目 5408、品目 5508 至 5516、品目 5801 至 5802 或品目 6001 至 6006 除外)改变至子目 6204.61 至 6204.69,前提是该货物在韩国或/和美国境内裁剪(或针织成型)并缝制或以其他方式组合。

[**29 已删除**]

子目规则:如果棉制或化学纤维制男式衬衫均在韩国或/和美国境内裁剪和组合,并且外壳(不包括领子或袖子)的织物完全是下列的一种或多种,则应被视为原产货物:

(a)子目 5208.21、子目 5208.22、子目 5208.29、子目 5208.31、子目 5208.32、子目 5208.39、子目 5208.41、子目 5208.42、子目 5208.49、子目 5208.51、子目 5208.52 或子目 5208.59 的织物,平均纱线细度超过 135 公支;

(b)子目 5513.11 或子目 5513.21 的非平衡织物,每平方厘米经纱和纬纱超过 70 根,平均纱线细度超过 70 公支;

(c)子目 5210.21 或子目 5210.31 的非平衡织物,每平方厘米经纱和纬纱超过 70 根,平均纱线细度超过 70 公支;

(d)子目 5208.22 或子目 5208.32 的非平衡织物,每平方厘米经纱和纬纱超过 75 根,平均纱线细度超过 65 公支;

(e)子目 5407.81、子目 5407.82 或子目 5407.83 的织物,每平方米重量低于 170 克,由多臂装置形成多臂组织;

(f)子目 5208.42 或子目 5208.49 的非平衡织物,每平方厘米经纱和纬纱超过 85 根,平均纱线细度超过 85 公支;

(g)子目 5208.51 的平衡织物,每平方厘米经纱和纬纱超过 75 根,单纱织成,平均纱线细度 95 公支或以上;

(h)子目 5208.41 的具有条格花纹的平衡织物,每平方厘米经纱和纬纱超过 85 根,单纱织成,平均纱线细度为 95 公支或以上,通过经纱和纬纱颜色变化产生条格效果;或者

(i)子目 5208.41 的织物,经纱用植物染料染色,纬纱为白色或植物染料染色,平均纱线细度超过 65 公支。

30. 从任何其他章(品目 5106 至 5113、品目 5204 至 5212、品目 5307 至 5308、品目 5310 至 5311、品目 5401 至 5402、子目 5403.33 至 5403.39、子目 5403.42 至品目 5408 或品目 5508 至 5509、品目 5511 至 5516、品目 5801 至 5802 或品目 6001 至 6006 除外)改变至子目 6205.20 至 6205.30,前提是该货物须在韩国或/和美国境内裁剪并缝制或以其他方式组合。

31. 从任何其他章(品目 5106 至 5113、品目 5204 至 5212、品目 5307 至 5308、品目 5310 至 5311、品目 5401 至 5402、子目 5403.33 至 5403.39、子目 5403.42 至品目 5408、品目 5508 至 5516、品目 5801 至 5802 或品目 6001 至 6006 除外)改变至子目 6205.90,前提是该货物在韩国或/和美国境内裁剪(或针织成型)并缝制或以其他方式组合。

32. 从任何其他章(品目5106至5113、品目5204至5212、品目5307至5308、品目5310至5311、品目5401至5402、子目5403.33至5403.39、子目5403.42至品目5408、品目5508至5516、品目5801至5802或品目6001至6006除外)改变至品目6206至6210,前提是该货物在韩国或/和美国境内裁剪(或针织成型)并缝制或以其他方式组合。

33. 从任何其他章(品目5106至5113、品目5204至5212、品目5307至5308、品目5310至5311、品目5401至5402、子目5403.33至5403.39、子目5403.42至品目5408、品目5508至5516、品目5801至5802或品目6001至6006除外)改变至子目6211.11至6211.12,前提是该货物在韩国或/和美国境内裁剪(或针织成型)并缝制或以其他方式组合。

34. 从任何其他章(品目5106至5113、品目5204至5212、品目5307至5308、品目5310至5311、品目5401至5402、子目5403.33至5403.39、子目5403.42至品目5408、品目5508至5516、品目5801至5802或品目6001至6006除外)改变至子目6211.20,前提是:

(A)该货物在韩国或/和美国境内裁剪并缝制或以其他方式组合;以及

(B)对于作为子目6112.20的滑雪套装的一部分进口的以羊毛、动物细毛、棉花或化学纤维为原料的品目6101、品目6102、品目6201或品目6202的服装,服装中使用的任何可见衬里材料必须满足第六十一章章规则一的要求。

35. 从任何其他章(品目5106至5113、品目5204至5212、品目5307至5308、品目5310至5311、品目5401至5402、子目5403.33至5403.39、子目5403.42至品目5408、品目5508至5516、品目5801至5802或品目6001至6006除外)改变至子目6211.32至6211.49,前提是该货物在韩国或/和美国境内裁剪(或针织成型)并缝制或以其他方式组合。

36. 从任何其他章(品目5106至5113、品目5204至5212、品目5307至5308、品目5310至5311、品目5401至5402、子目5403.33至5403.39、子目5403.42至品目5408、品目5508至5516、品目5801至5802或品目6001至6006除外)改变至品目6212,前提是该货物在韩国或/和美国境内裁剪(或针织成型)并缝制或以其他方式组合。

37. 从任何其他章(品目5106至5113、品目5204至5212、品目5307至5308、品目5310至5311、品目5401至5402、子目5403.33至5403.39、子目5403.42至品目5408、品目5508至5516、品目5801至5802或品目6001至6006除外)改变至品目6213至6217,前提是该货物须在韩国或/和美国境内裁剪并缝制或以其他方式组合。

第六十三章

章规则一:为确定本章货物的原产地,适用于该货物的规则仅适用于确定该货物税则归类的成分,且该成分必须满足该规则规定的税号改变要求。

1. 从任何其他章(品目5106至5113、品目5204至5212、品目5307至5308、品目5310至5311、品目5401至5402、子目5403.20、子目5403.33至5403.39、子目5403.42至品目5408、品目5508至5516、品目5801至5802或品目6001至6006除外)改变至品目6301至6302,前提是该货物在韩国或/和美国境内裁剪(或针织成型)并缝制或以其他

2. 从税号5402.44.40、税号5402.47.10、税号5402.52.10或任何其他章(品目5106至5113、品目5204至5212、品目5307至5308、品目5310至5311、品目5401至5402、子目5403.33至5403.39、子目5403.42至品目5408、品目5508至5516、品目5801至5802或品目6001至6006除外)改变至税号6303.92.10,前提是该货物在韩国或/和美国境内裁剪并缝制或以其他方式组合。

3. 从任何其他章(品目5106至5113、品目5204至5212、品目5307至5308、品目5310至5311、品目5401至5402、子目5403.33至5403.39、子目5403.42至品目5408、品目5508至5516、品目5801至5802或品目6001至6006除外)改变至品目6303的任何其他货物,前提是在韩国或/和美国境内裁剪并缝制或以其他方式组合。

4. 从任何其他章(品目5106至5113、品目5204至5212、品目5307至5308、品目5310至5311、品目5401至5402、子目5403.33至5403.39、子目5403.42至品目5408、品目5508至5516、品目5801至5802或品目6001至6006除外)改变至品目6304至6308,前提是该货物在韩国或/和美国境内裁剪(或针织成型)并缝制或以其他方式组合。

5. 从任何其他品目改变至品目6309。

6. 从任何其他章(品目5106至5113、品目5204至5212、品目5307至5308、品目5310至5311、品目5401至5402、子目5403.33至5403.39、子目5403.42至品目5408、品目5508至5516、品目5801至5802或品目6001至6006除外)改变至品目6310,前提是该货物在韩国或/和美国境内裁剪(或针织成型)并缝制或以其他方式组合。

第六十四章

1. 从品目6401至6405以外的任何品目(子目6406.10除外)改变至子目6401.10、税号6401.92.90、税号6401.99.10、税号6401.99.30、税号6401.99.60、税号6401.99.90、税号6402.91.10、税号6402.91.20、税号6402.91.26、税号6402.91.50、税号6402.91.80、税号6402.91.90、税号6402.99.08、税号6402.99.16、税号6402.99.19、税号6402.99.33、税号6402.99.80、税号6402.99.90、税号6404.11.90或税号6404.19.20,前提是使用累积法时的区域价值成分不低于55%;或者

2. 从任何其他子目改变至第六十四章的任何其他货物。

第六十五章

1. 从任何其他章改变至品目6501至6502。

2. 从任何其他品目(品目6504至6507除外)改变至品目6504至6506。

3. 从任何其他品目改变至品目6507。

第六十六章

1. 从任何其他品目改变至品目6601至6602。

2. 从任何其他章改变至品目6603。

第六十七章

1. (A)从任何其他品目改变至品目6701;或者

(B)从任何其他货物(包括品目6701的货物)改变至品目6701的羽毛或羽绒制品。

2. 从任何其他品目改变至品目6702至6704。

第六十八章

1. 从任何其他品目改变至品目 6801 至 6811。

2. 从任何其他品目改变至子目 6812.80。

3. 从任何其他子目改变至子目 6812.91。

4. 从任何其他品目改变至子目 6812.92 至 6812.99。

5. 从任何其他品目改变至品目 6813 至 6815。

第六十九章

从任何其他章改变至品目 6901 至 6914。

第七十章

1. 从任何其他品目改变至品目 7001 至 7002。

2. 从品目 7003 至 7007 以外的任何品目改变至品目 7003 至 7007。

3. 从任何其他品目改变至品目 7008。

4. 从品目 7009 至 7018 以外的任何品目(品目 7007 至 7008 或品目 7020 的真空瓶或其他真空容器的玻璃内胆除外)改变至品目 7009 至 7018。

5. 从任何其他品目(品目 7007 至 7020 除外)改变至品目 7019。

6. 从任何其他品目改变至品目 7020。

第七十一章

1. 从任何其他品目改变至品目 7101。

2. 从任何其他章改变至品目 7102 至 7103。

3. 从任何其他品目改变至品目 7104 至 7105。

4. 从任何其他章改变至品目 7106 至 7108。

5. 从任何其他品目改变至品目 7109。

6. 从任何其他章改变至品目 7110 至 7111。

7. 从任何其他品目改变至品目 7112。

8. 从任何其他品目(品目 7116 除外)改变至品目 7113。

9. 从任何其他品目改变至品目 7114 至 7115。

10. 从任何其他品目(品目 7113 除外)改变至品目 7116。

11. 从任何其他品目改变至品目 7117 至 7118。

第七十二章

1. 从任何其他章改变至品目 7201 至 7203。

2. 从任何其他品目改变至品目 7204 至 7205。

3. 从品目 7206 至 7207 以外的任何品目改变至品目 7206 至 7207。

4. 从任何其他品目改变至品目 7208 至 7229。

第七十三章

1. (A)从任何其他章改变至品目 7301 至 7307;或者

    (B)从子目 7304.49 改变至子目 7304.41 的外径小于 19 毫米的货物。

2. 从任何其他品目改变至品目 7308,但对品目 7216 的角材、型材或异型材进行以下处理而导致的归类改变除外:

(A)钻孔、冲孔、开槽、切割、弯曲或清扫,不论是单独进行还是组合进行;

(B)为复合结构添加附件或焊接件;

(C)为搬运目的添加附件;

(D)在 H 型钢或工字钢上增加焊件、连接件或附件,但焊件、连接件或附件的最大尺寸不得大于 H 型钢或工字钢法兰内表面之间的尺寸;

(E)涂漆、镀锌或其他涂层;或者

(F)单独或组合钻孔、冲孔、开槽或切割,添加一个没有加强元件的简单底板,用于生产适合做柱的制品。

3. 从品目 7309 至 7311 以外的任何品目改变至品目 7309 至 7311。

4. 从任何其他品目改变至品目 7312 至 7314。

5. (A)从任何其他品目改变至子目 7315.11 至 7315.12;或者

(B)从子目 7315.19 改变至子目 7315.11 至 7315.12,不论是否从任何其他品目改变而来,前提是区域价值成分不低于:

(1)使用累积法时的 35%,或

(2)使用扣减法时的 45%。

6. 从任何其他品目改变至子目 7315.19。

7. (A)从任何其他品目改变至子目 7315.20 至 7315.89;或者

(B)从子目 7315.90 改变至子目 7315.20 至 7315.89,不论是否从任何其他品目改变而来,前提是区域价值成分不低于:

(1)使用累积法时的 35%,或

(2)使用扣减法时的 45%。

8. 从任何其他品目改变至子目 7315.90。

9. 从任何其他品目(品目 7312 或品目 7315 除外)改变至品目 7316。

10. 从任何其他品目改变至品目 7317。

11. 从任何其他品目(品目 7317 除外)改变至品目 7318。

12. 从任何其他品目改变至品目 7319 至 7320。

13. (A)从任何其他子目[子目 7321.90 的烹饪室(不论是否装配)、上部面板(不论是否带有控制器或燃烧器)或包含以下多个部件的门组件除外:内面板、外部面板、窗或隔离件]改变至子目 7321.11;或者

(B)从子目 7321.90 改变至子目 7321.11,不论是否从任何其他品目改变而来,前提是区域价值成分不低于:

(1)使用累积法时的 35%,或

(2)使用扣减法时的 45%。

14. (A)从任何其他品目改变至子目 7321.12 至 7321.89;或者

(B)从子目 7321.90 改变至子目 7321.12 至 7321.89,不论是否从任何其他品目改变而来,前提是区域价值成分不低于:

(1)使用累积法时的 35%,或

(2)使用扣减法时的 45%。

15. (A)从任何其他品目改变至子目7321.90;或者
    (B)税则归类无需改变至该子目的货物,前提是区域价值成分不低于:
      (1)使用累积法时的35%,或
      (2)使用扣减法时的45%。
16. 从任何其他品目改变至品目7322。
17. 从任何品目(品目7322除外)改变至品目7323。
18. (A)从任何其他品目改变至子目7324.10至子目7324.29;或者
    (B)税则归类无需改变至该子目的货物,前提是区域价值成分不低于:
      (1)使用累积法时的35%,或
      (2)使用扣减法时的45%。
19. 从任何其他品目改变至子目7324.90。
20. 从子目7325.10至7326.20以外的任何子目改变至子目7325.10至7326.20。
21. 从任何其他品目(品目7325除外)改变至子目7326.90。

第七十四章

1. 从任何其他品目改变至品目7401至7407。
2. 从任何其他品目(品目7407除外)改变至品目7408。
3. 从任何其他品目改变至品目7409。
4. 从任何其他品目(品目7409的厚度小于5毫米的板、片或带除外)改变至品目7410。
5. 从任何其他品目改变至品目7411至7419。

第七十五章

1. 从任何其他品目改变至品目7501至7505。
2. (A)从任何其他品目改变至品目7506;或者
    (B)从品目7506的任何其他货物改变至品目7506的厚度不超过0.15毫米的箔,前提是厚度减少不少于50%。
3. 从任何其他子目改变至子目7507.11至7508.90。

第七十六章

1. 从任何其他品目改变至品目7601至7603。
2. 从任何其他品目(品目7605至7606除外)改变至品目7604。
3. 从任何其他品目(品目7604除外)改变至品目7605。
4. 从任何其他品目改变至子目7606.11。
5. 从任何其他品目(品目7604至7606除外)改变至子目7606.12。
6. 从任何其他品目改变至子目7606.91。
7. 从任何其他品目(品目7604至7606除外)改变至子目7606.92。
8. 从任何其他品目改变至子目7607.11。
9. (A)从任何其他品目改变至子目7607.19至7607.20;或者
    (B)该子目货物的税则归类无需改变,前提是区域价值成分不低于:
      (1)使用累积法时的35%,或
      (2)使用扣减法时的45%。

10. 从品目 7608 至 7609 以外的任何品目改变至品目 7608 至 7609。

11. 从任何其他品目改变至品目 7610 至 7615。

12. 从任何其他品目改变至子目 7616.10。

13. 从任何其他子目改变至子目 7616.91 至 7616.99。

第七十八章

1. 从任何其他品目改变至品目 7801 至 7804。

2. (A)从品目 7806 的任何其他货物或任何其他品目改变至品目 7806 的铅条、杆、型材、异型材或丝；或者

　(B)从品目 7806 的任何其他货物或任何其他品目改变至品目 7806 的铅管或管子附件；或者

　(C)从品目 7806 的铅条、杆、型材、异型材或丝，品目 7806 的铅管或管子附件，或任何其他品目改变至品目 7806 的任何其他货物。

第七十九章

1. 从任何其他章改变至品目 7901 至 7902。

2. 从任何其他章的子目改变至子目 7903.10。

3. 从任何其他品目改变至子目 7903.90。

4. 从任何其他品目改变至品目 7904 至 7905。

5. (A)从品目 7907 的任何其他货物或任何其他品目改变至品目 7907 的锌管或管子附件；或者

　(B)从品目 7907 的锌管或管子附件或任何其他品目改变至品目 7907 的任何其他货物。

第八十章

1. 从任何其他品目改变至品目 8001 至 8003。

2. (A)从品目 8007 的任何其他货物或任何其他品目改变至品目 8007 的厚度超过 0.2 毫米的锡板、片或带；或者

　(B)从品目 8007 的任何其他货物(厚度超过 0.2 毫米的板、片或带除外)或任何其他品目改变至品目 8007 的锡箔(厚度不超过 0.2 毫米)、粉或片状粉末；或者

　(C)从品目 8007 的任何其他货物或任何其他品目改变至品目 8007 的锡管或管子附件；或者

　(D)从品目 8007 的厚度超过 0.2 毫米的锡板、片或带、厚度不超过 0.2 毫米的箔、粉或片状粉末、管或管子附件或任何其他品目改变至品目 8007 的任何其他货物。

第八十一章

1. 从任何其他子目改变至子目 8101.10 至 8101.94。

2. 从任何其他子目[子目 8101.99 的条、杆(仅通过简单烧结获得的除外)、型材、异型材、板、片、带或箔除外]改变至子目 8101.96。

3. 从任何其他子目改变至子目 8101.97。

3A. (A)从子目 8101.99 的任何其他货物或任何其他子目改变至子目 8101.99 的条、杆(仅通过简单烧结获得的除外)、型材、异型材、板、片、带或箔；或者

(B)从子目 8101.99 的条、杆(仅通过简单烧结获得的除外)、型材、异型材、板、片、带或箔或任何其他子目改变至子目 8109.99 的任何其他货物。

4. 从任何其他子目改变至子目 8102.10 至 8102.95。

5. 从任何其他子目(子目 8102.95 除外)改变至子目 8102.96。

6. 从任何其他子目改变至子目 8102.97 至 8102.99。

7. 从任何其他子目改变至子目 8103.20 至 8105.90。

8. (A)从任何其他章改变至品目 8106;或者
　(B)税则归类无需改变至品目 8106 的货物,前提是区域价值成分不低于:
　　(1)使用累积法时的 35%,或
　　(2)使用扣减法时的 45%。

9. 从任何其他子目改变至子目 8107.20 至 8107.90。

10. 从任何其他章改变至子目 8108.20 至 8108.30。

11. 从任何其他子目改变至子目 8108.90。

12. 从任何其他子目改变至子目 8109.20 至 8109.90。

13. (A)从任何其他子目改变至品目 8110;或者
　(B)税则归类无需改变至品目 8110,前提是区域价值成分不低于:
　　(1)使用累积法时的 35%,或
　　(2)使用扣减法时的 45%。

14. (A)从任何其他章改变至品目 8111;或者
　(B)税则归类无需改变至品目 8111,前提是区域价值成分不低于:
　　(1)使用累积法时的 35%,或
　　(2)使用扣减法时的 45%。

15. 从任何其他子目改变至子目 8112.12 至 8112.19。

16. (A)从任何其他章改变至子目 8112.21 至 8112.59;或者
　(B)税则归类无需改变至子目 8112.21,前提是区域价值成分不低于:
　　(1)使用累积法时的 35%,或
　　(2)使用扣减法时的 45%。

17. (A)从任何其他章改变至子目 8112.92 的未锻造锗或钒、锗或钒废碎料或粉末;或者
　(B)税则归类无需改变至子目 8112.92 的未锻造锗或钒、锗或钒废碎料或粉末,前提是区域价值成分不低于:
　　(1)使用累积法时的 35%,或
　　(2)使用扣减法时的 45%;或者
　(C)从任何其他章改变至子目 8112.92 的其他货物。

18. (A)从任何其他章改变至子目 8112.99 的锗或钒制品;或者
　(B)锗或钒制品的税则归类无需改变,前提是区域价值成分不低于:
　　(1)使用累积法时的 35%,或
　　(2)使用扣减法时的 45%;或者
　(C)从子目 8112.99 的锗或钒制品或任何其他子目改变至子目 8112.99 的其他货物。

19. (A)从任何其他章改变至品目 8113;或者
   (B)税则归类无需改变至品目 8113,前提是区域价值成分不低于:
      (1)使用累积法时的 35%,或
      (2)使用扣减法时的 45%。

第八十二章

1. 从任何其他章改变至品目 8201 至 8206。

2. (A)从任何其他章改变至子目 8207.13;或者
   (B)从品目 8209、子目 8207.19 改变至子目 8207.13,不论是否从任何其他章改变而来,前提是区域价值成分不低于:
      (1)使用累积法时的 35%,或
      (2)使用扣减法时的 45%。

3. 从任何其他章改变至子目 8207.19 至 8207.30。

4. 从任何其他品目改变至子目 8207.40 至 8207.50。

5. 从任何其他章改变至子目 8207.60。

6. 从任何其他品目改变至子目 8207.70。

7. 从任何其他章改变至子目 8207.80。

8. 从任何其他品目改变至子目 8207.90。

9. (A)从任何其他章改变至品目 8208 至 8215;或者
   (B)从子目 8211.95 改变至子目 8211.91 至 8211.93,不论是否从任何其他章改变而来,前提是区域价值成分不低于:
      (1)使用累积法时的 35%,或
      (2)使用扣减法时的 45%。

第八十三章

1. (A)从任何其他章改变至子目 8301.10 至 8301.40;或者
   (B)从子目 8301.60 改变至子目 8301.10 至 8301.40,不论是否从任何其他章改变而来,前提是区域价值成分不低于:
      (1)使用累积法时的 35%,或
      (2)使用扣减法时的 45%。

2. (A)从任何其他章改变至子目 8301.50;或者
   (B)从任何其他子目改变至子目 8301.50,前提是区域价值成分不低于:
      (1)使用累积法时的 35%,或
      (2)使用扣减法时的 45%。

3. 从任何其他章改变至子目 8301.60 至 8301.70。

4. 从任何其他品目改变至品目 8302 至 8304。

5. (A)从任何其他章改变至子目 8305.10 至 8305.20;或者
   (B)从任何其他子目改变至子目 8305.10 至 8305.20,前提是区域价值成分不低于:
      (1)使用累积法时的 35%,或
      (2)使用扣减法时的 45%。

6. 从任何其他品目改变至子目 8305.90。

7. 从任何其他章改变至子目 8306.10。

8. 从任何其他品目改变至子目 8306.21 至 8306.30。

9. 从任何其他品目改变至品目 8307。

10. (A)从任何其他品目改变至子目 8308.10 至 8308.20;或者

    (B)从任何其他子目改变至子目 8308.10 至 8308.20,前提是区域价值成分不低于:

    (1)使用累积法时的 35%,或

    (2)使用扣减法时的 45%。

11. 从任何其他品目改变至子目 8308.90。

12. 从任何其他品目改变至品目 8309 至 8310。

13. (A)从任何其他品目改变至子目 8311.10 至 8311.30;或者

    (B)从任何其他子目改变至子目 8311.10 至 8311.30,前提是区域价值成分不低于:

    (1)使用累积法时的 35%,或

    (2)使用扣减法时的 45%。

14. 从任何其他品目改变至子目 8311.90。

第八十四章

1. 从任何其他子目改变至子目 8401.10 至 8401.30。

2. 从任何其他品目改变至子目 8401.40。

3. (A)从任何其他品目改变至子目 8402.11;或者

    (B)从子目 8402.90 改变至子目 8402.11,不论是否从任何其他品目改变而来,前提是区域价值成分不低于:

    (1)使用累积法时的 35%,或

    (2)使用扣减法时的 45%。

4. (A)从任何其他品目改变至子目 8402.12;或者

    (B)从任何其他子目改变至子目 8402.12,前提是区域价值成分不低于:

    (1)使用累积法时的 35%,或

    (2)使用扣减法时的 45%。

5. (A)从任何其他品目改变至子目 8402.19;或者

    (B)从子目 8402.90 改变至子目 8402.19,不论是否从任何其他品目改变而来,前提是区域价值成分不低于:

    (1)使用累积法时的 35%,或

    (2)使用扣减法时的 45%。

6. (A)从任何其他品目改变至子目 8402.20;或者

    (B)从任何其他子目改变至子目 8402.20,前提是区域价值成分不低于:

    (1)使用累积法时的 35%,或

    (2)使用扣减法时的 45%。

7. (A)从任何其他品目改变至子目 8402.90;或者

    (B)税则归类无需改变至子目 8402.90,前提是区域价值成分不低于:

(1)使用累积法时的35%,或

(2)使用扣减法时的45%。

8. 从任何其他子目改变至子目8403.10。

9. 从任何其他品目改变至子目8403.90。

10. 从任何其他子目改变至子目8404.10。

11. (A)从任何其他品目改变至子目8404.20;或者

(B)从子目8404.90改变至子目8404.20,不论是否从任何其他品目改变而来,前提是区域价值成分不低于:

(1)使用累积法时的35%,或

(2)使用扣减法时的45%。

12. 从任何其他品目改变至子目8404.90。

13. 从任何其他子目改变至子目8405.10。

14. 从任何其他品目改变至子目8405.90。

15. 从任何其他子目改变至子目8406.10。

16. 从子目8406.81至8406.82以外的任何子目改变至子目8406.81至8406.82。

17. (A)从任何其他品目改变至子目8406.90;或者

(B)税则归类无需改变至子目8406.90,前提是区域价值成分不低于:

(1)使用累积法时的35%;或

(2)使用扣减法时的45%。

18. 从任何其他品目改变至子目8407.10至8407.29。

19. (A)从任何其他品目改变至子目8407.31至8407.34;或者

(B)税则归类无需改变至子目8407.31至8407.34,前提是区域价值成分不低于:

(1)使用累积法时的35%,

(2)使用扣减法时的55%,或

(3)使用净成本法时的35%。

20. 从任何其他品目改变至子目8407.90。

21. 从任何其他品目改变至子目8408.10。

22. (A)从任何其他品目改变至子目8408.20;或者

(B)税则归类无需改变至子目8408.20,前提是区域价值成分不低于:

(1)使用累积法时的35%,

(2)使用扣减法时的55%,或

(3)使用净成本法时的35%。

23. 从任何其他品目改变至子目8408.90。

24. 税则归类无需改变至品目8409,前提是区域价值成分不低于:

(A)使用累积法时的35%,

(B)使用扣减法时的55%,或

(C)使用净成本法时的35%。

25. 从子目8410.11至8410.13以外的任何子目改变至子目8410.11至8410.13。

26. 从任何其他品目改变至子目 8410.90。

27. 从子目 8411.11 至 8411.82 以外的任何子目改变至子目 8411.11 至 8411.82。

28. 从任何其他品目改变至子目 8411.91。

29. (A)从任何其他品目改变至子目 8411.99；或者
    (B)税则归类无需改变至子目 8411.99,前提是区域价值成分不低于：
        (1)使用累积法时的 35%,或
        (2)使用扣减法时的 45%。

30. 从任何其他子目改变至子目 8412.10 至 8412.80。

31. 从任何其他品目改变至子目 8412.90。

32. 从任何其他子目改变至子目 8413.11 至 8413.82。

33. (A)从任何其他品目改变至子目 8413.91 至 8413.92；或者
    (B)子目 8413.92 的税则归类无需改变,前提是区域价值成分不低于：
        (1)使用累积法时的 35%,或
        (2)使用扣减法时的 45%。

34. (A)从任何其他品目改变至子目 8414.10 至 8414.80；或者
    (B)从子目 8414.90 改变至子目 8414.10 至 8414.80,不论是否从任何其他品目改变而来,前提是区域价值成分不低于：
        (1)使用累积法时的 35%,或
        (2)使用扣减法时的 45%。

35. (A)从任何其他品目改变至子目 8414.90；或者
    (B)税则归类无需改变无需改变至子目 8414.90,前提是区域价值成分不低于：
        (1)使用累积法时的 35%,或
        (2)使用扣减法时的 45%。

36. 从任何其他子目改变至子目 8415.10 至 8415.83。

37. (A)从任何其他品目改变至子目 8415.90；或者
    (B)从任何其他货物(包括子目 8415.90 的货物)改变至子目 8415.90 的机箱、机箱刀片和外部机柜。

38. 从任何其他子目改变至子目 8416.10 至 8416.90。

39. 从任何其他子目改变至子目 8417.10 至 8417.80。

40. 从任何其他品目改变至子目 8417.90。

41. 从子目 8418.10 至 8418.69 以外的任何子目(子目 8418.91 除外)改变至子目 8418.10 至 8418.69。

42. 从任何其他品目改变至子目 8418.91 至 8418.99。

43. 从任何其他子目改变至子目 8419.11 至 8419.89。

44. (A)从任何其他品目改变至子目 8419.90；或者
    (B)税则归类无需改变无需改变至子目 8419.90,前提是区域价值成分不低于：
        (1)使用累积法时的 35%,或
        (2)使用扣减法时的 45%。

45. 从任何其他子目改变至子目 8420.10。

46. 从任何其他品目改变至子目 8420.91 至 8420.99。

47. 从任何其他子目改变至子目 8421.11 至 8421.39。

48. (A)从任何其他品目改变至子目 8421.91;或者
    (B)税则归类无需改变至子目 8421.91,前提是区域价值成分不低于:
        (1)使用累积法时的 35%,或
        (2)使用扣减法时的 45%。

49. (A)从任何其他品目改变至子目 8421.99;或者
    (B)税则归类无需改变至子目 8421.99,前提是区域价值成分不低于:
        (1)使用累积法时的 35%,或
        (2)使用扣减法时的 45%。

50. 从任何其他子目改变至子目 8422.11 至 8422.40。

51. (A)从任何其他品目改变至子目 8422.90;或者
    (B)税则归类无需改变至子目 8422.90,前提是区域价值成分不低于:
        (1)使用累积法时的 35%,或
        (2)使用扣减法时的 45%。

52. 从任何其他子目改变至子目 8423.10 至 8423.89。

53. 从任何其他品目改变至子目 8423.90。

54. 从任何其他子目改变至子目 8424.10 至 8430.69。

55. (A)从任何其他品目改变至品目 8431;或者
    (B)税则归类无需改变至子目 8431.10、子目 8431.31、子目 8431.39、子目 8431.43 或子目 8431.49,前提是区域价值成分不低于:
        (1)使用累积法时的 35%,或
        (2)使用扣减法时的 45%。

56. 从任何其他子目改变至子目 8432.10 至 8437.90。

57. 从任何其他子目改变至子目 8438.10 至 8438.80。

58. 从任何其他品目改变至子目 8438.90。

59. 从任何其他子目改变至子目 8439.10 至 8440.90。

60. 从任何其他子目改变至子目 8441.10 至 8441.80。

61. (A)从任何其他品目改变至子目 8441.90;或者
    (B)税则归类无需改变至子目 8441.90,前提是区域价值成分不低于:
        (1)使用累积法时的 35%,或
        (2)使用扣减法时的 45%。

62. 从任何其他子目改变至子目 8442.30。

63. 从任何其他品目改变至子目 8442.40 至 8442.50。

64. (A)从子目 8443.11 至 8443.39 以外的任何子目(子目 8443.91 至 8443.99 除外)改变至子目 8443.11 至 8443.39;或者
    (B)从子目 8443.91 至 8443.99 改变至子目 8443.11 至 8443.39,不论是否从任何其

他品目改变而来,前提是区域价值成分不低于:

(1) 使用累积法时的 35%,或

(2) 使用扣减法时的 45%。

65. (A) 从子目 8443.91 的任何其他货物或任何其他子目(子目 8443.11 至 8443.39 除外)改变至子目 8443.91 的辅助印刷机器;或者

(B) 从任何其他品目改变至子目 8443.91 的任何其他货物。

66. (A) 从任何其他子目改变至子目 8443.99;或者

(B) 税则归类无需改变,前提是区域价值成分不低于:

(1) 使用累积法时的 35%,或

(2) 使用扣减法时的 45%。

67. 从任何其他品目改变至品目 8444。

68. 从品目 8445 至 8447 以外的任何品目改变至品目 8445 至 8447。

69. 从任何其他子目改变至子目 8448.11 至 8448.19。

70. 从任何其他品目改变至子目 8448.20 至 8448.59。

71. 从任何其他品目改变至品目 8449。

72. 从任何其他子目改变至子目 8450.30。

73. 从任何其他品目改变至子目 8450.90。

74. 从任何其他子目改变至子目 8451.10 至 8451.80。

75. 从任何其他品目改变至子目 8451.90。

76. 从子目 8452.10 至 8452.29 以外的任何子目改变至子目 8452.10 至 8452.29。

77. 从任何其他子目改变至子目 8452.30 至 8452.40。

78. 从任何其他品目改变至子目 8452.90。

79. 从任何其他子目改变至子目 8453.10 至 8453.80。

80. 从任何其他品目改变至子目 8453.90。

81. 从任何其他子目改变至子目 8454.10 至 8454.30。

82. 从任何其他品目改变至子目 8454.90。

83. 从任何其他子目改变至子目 8455.10 至 8455.90。

84. 从任何其他品目改变至品目 8456,前提是使用扣减法时的区域价值成分不低于 60%。

85. 从任何其他品目改变至品目 8457 至 8461,前提是使用累积法时的区域价值成分不低于 55%。

86. 从任何其他品目改变至品目 8462,前提是使用扣减法时的区域价值成分不低于 60%。

87. 从任何其他品目改变至品目 8463,前提是使用扣减法时的区域价值成分不低于 55%。

88. 从任何其他品目改变至品目 8464 至 8465。

89. 从任何其他品目改变至品目 8466,前提是区域价值成分不低于:

(A) 使用累积法时的 35%,或

(B)使用扣减法时的45%。

90. 从任何其他子目改变至子目8467.11至8467.89。

91. 从任何其他品目改变至子目8467.91。

92. 从任何其他品目(品目8407除外)改变至子目8467.92至8467.99。

93. 从任何其他子目改变至子目8468.10至8468.80。

94. 从任何其他品目改变至子目8468.90。

95. 从任何其他品目改变至品目8469。

[96 已删除]

97. 从任何其他子目改变至子目8470.10至8472.90。

98. (A)从任何其他子目改变至子目8473.10至8473.50；或者

(B)税则归类无需改变至子目8473.10至8473.50，前提是区域价值成分不低于：

(1)使用累积法时的30%，或

(2)使用扣减法时的35%。

99. 从任何其他子目改变至子目8474.10至8474.80。

100. (A)从任何其他品目改变至子目8474.90；或者

(B)税则归类无需改变至子目8474.90，前提是区域价值成分不低于：

(1)使用累积法时的35%，或

(2)使用扣减法时的45%。

101. 从任何其他子目改变至子目8475.10。

102. 从子目8475.21至8475.29以外的任何子目改变至子目8475.21至8475.29。

103. 从任何其他品目改变至子目8475.90。

104. 从子目8476.21至8476.89以外的任何子目改变至子目8476.21至8476.89。

105. 从任何其他品目改变至子目8476.90。

106. (A)从任何其他品目改变至品目8477，前提是区域价值成分不低于：

(1)使用累积法时的35%，或

(2)使用扣减法时的45%；或者

(B)从子目8477.90改变至子目8477.10至8477.80，不论是否从任何其他品目改变而来，前提是区域价值成分不低于：

(1)使用累积法时的35%，或

(2)使用扣减法时的45%。

107. 从任何其他子目改变至子目8478.10。

108. 从任何其他品目改变至子目8478.90。

109. 从任何其他子目改变至子目8479.10至8479.90。

110. 从任何其他品目改变至品目8480。

111. (A)从任何其他品目改变至子目8481.10至8481.80；或者

(B)从子目8481.90改变至子目8481.10至8481.80，不论是否从任何其他品目改变而来，前提是区域价值成分不低于：

(1)使用累积法时的35%，或

(2)使用扣减法时的45%。
112. 从任何其他品目改变至子目8481.90。
113. (A)从子目8482.10至8482.80以外的任何子目(子目8482.99除外)改变至子目8482.10至8482.80;或者

(B)从子目8482.99改变至子目8482.10至8482.80,不论是否从任何其他品目改变而来,前提是区域价值成分不低于:

(1)使用累积法时的40%,或

(2)使用扣减法时的50%。

114. 从任何其他品目改变至子目8482.91至8482.99。
115. 从任何其他子目改变至子目8483.10。
116. 从任何其他子目(子目8482.10至8482.80除外)改变至子目8483.20。
117. (A)从任何其他品目改变至子目8483.30;或者

(B)从任何其他子目改变至子目8483.30,前提是区域价值成分不低于:

(1)使用累积法时的40%,或

(2)使用扣减法时的50%。

118. (A)从任何其他子目(子目8482.10至8482.80、子目8482.99、子目8483.10至8483.40、子目8483.60或子目8483.90除外)改变至子目8483.40至8483.50;或者

(B)从子目8482.10至8482.80、子目8482.99、子目8483.10至8483.40、子目8483.60或子目8483.90改变至子目8483.40至8483.50,前提是区域价值成分不低于:

(1)使用累积法时的40%,或

(2)使用扣减法时的50%。

119. 从任何其他子目改变至子目8483.60。
120. 从任何其他品目改变至子目8483.90。
121. 从任何其他子目改变至子目8484.10至8484.90。
122. (A)从任何其他子目改变至子目8486.10至8486.40;或者

(B)税则归类无需改变至子目8486.10至8486.40,前提是区域价值成分不低于:

(1)使用累积法时的35%,或

(2)使用扣减法时的45%。

123. (A)从任何其他品目改变至子目8486.90;或者

(B)税则归类无需改变至子目8486.90,前提是区域价值成分不低于:

(1)使用累积法时的35%,或

(2)使用扣减法时的45%。

124. 从任何其他品目改变至品目8487。

第八十五章

1. (A)从任何其他品目(品目8503除外)改变至子目8501.10;或者

(B)从品目8503改变至子目8501.10,不论是否从任何其他品目改变而来,前提是区域价值成分不低于:

(1)使用累积法时的35%,或

(2)使用扣减法时的45%。

2. 从任何其他品目改变至子目8501.20至8501.64。

3. 从任何其他品目改变至品目8502至8503。

4. 从子目8504.10至8504.50以外的任何子目改变至子目8504.10至8504.23。

5. (A)从任何其他品目改变至子目8504.31;或者

(B)从子目8504.90改变至子目8504.31,不论是否从任何其他品目改变而来,前提是区域价值成分不低于:

(1)使用累积法时的35%,或

(2)使用扣减法时的45%。

6. 从子目8504.10至8504.50以外的任何子目改变至子目8504.32至8504.50。

7. 从任何其他品目改变至子目8504.90。

8. 从任何其他子目改变至子目8505.11至8505.20。

9. (A)从子目8505.90的任何其他货物或任何其他子目改变至子目8505.90的电磁提升头;或者

(B)从任何其他品目改变至子目8505.90的任何其他货物。

10. 从任何其他子目改变至子目8506.10至8506.40。

11. 从子目8506.50至8506.80以外的任何子目改变至子目8506.50至8506.80。

12. 从任何其他品目改变至子目8506.90。

13. (A)从任何其他品目改变至子目8507.10;或者

(B)从任何其他子目改变至子目8507.10,前提是区域价值成分不低于:

(1)使用累积法时的35%,或

(2)使用扣减法时的45%。

14. 从任何其他子目改变至子目8507.20至8507.80。

15. 从任何其他品目改变至子目8507.90。

16. (A)从任何其他品目改变至子目8508.11至8508.60;或者

(B)从任何其他子目改变至子目8508.11至8508.60,前提是区域价值成分不低于:

(1)使用累积法时的35%,或

(2)使用扣减法时的45%。

16A. (A)将任何其他品目改变至子目8508.70。

16B. (A)将任何其他品目改变至子目8509.40至8509.80;或者

(B)从任何其他子目改变至子目8509.40至8509.80,前提是区域价值成分不低于:

(1)使用累积法时的35%,或

(2)使用扣减法时的45%。

17. 从任何其他品目改变至子目8509.90。

18. 从任何其他品目改变至子目8510.10至8510.30。

19. 从任何其他品目改变至子目8510.90。

20. 从任何其他子目改变至子目8511.10至8511.80。

21. 从任何其他品目改变至子目 8511.90。

22. 从子目 8512.10 至 8512.20 以外的任何子目改变至子目 8512.10 至 8512.20。

23. (A) 从任何其他品目改变至子目 8512.30；或者
    (B) 从子目 8512.90 改变至子目 8512.30，不论是否从任何其他品目改变而来，前提是区域价值成分不低于：
      (1) 使用累积法时的 35%，或
      (2) 使用扣减法时的 45%。

24. (A) 从任何其他品目改变至子目 8512.40；或者
    (B) 从子目 8512.90 改变至子目 8512.40，不论是否从任何其他品目改变而来，前提是区域价值成分不低于：
      (1) 使用累积法时的 35%，或
      (2) 使用扣减法时的 45%。

25. 从任何其他品目改变至子目 8512.90。

26. (A) 从任何其他品目改变至子目 8513.10；或者
    (B) 从子目 8513.90 改变至子目 8513.10，不论是否从任何其他品目改变而来，前提是区域价值成分不低于：
      (1) 使用累积法时的 35%，或
      (2) 使用扣减法时的 45%。

27. 从任何其他品目改变至子目 8513.90。

28. 从任何其他子目改变至子目 8514.10 至 8514.40。

29. 从任何其他品目改变至子目 8514.90。

30. 从子目 8515.11 至 8515.80 以外的任何子目改变至子目 8515.11 至 8515.80。

31. 从任何其他品目改变至子目 8515.90。

32. 从任何其他子目改变至子目 8516.10 至 8516.50。

33. (A) 从任何其他品目改变至子目 8516.60；或者
    (B) 从子目 8516.90 改变至子目 8516.60，不论是否从任何其他品目改变而来，前提是区域价值成分不低于：
      (1) 使用累积法时的 35%，或
      (2) 使用扣减法时的 45%。

34. 从任何其他子目改变至子目 8516.71。

35. (A) 从任何其他子目(子目 8516.90 的烤面包机外壳或子目 9032.10 除外)改变至子目 8516.72；或者
    (B) 从子目 8516.90 的烤面包机外壳或子目 9032.10 改变至子目 8516.72，不论是否从任何其他子目改变而来，前提是区域价值成分不低于：
      (1) 使用累积法时的 35%，或
      (2) 使用扣减法时的 45%。

36. 从任何其他子目改变至子目 8516.79。

37. (A) 从任何其他品目改变至子目 8516.80；或者

(B)从子目 8516.90 改变至子目 8516.80,不论是否从任何其他品目改变而来,前提是区域价值成分不低于:

(1)使用累积法时的 35%,或

(2)使用扣减法时的 45%。

38.(A)从任何其他品目改变至子目 8516.90;或者

(B)税则归类无需改变至子目 8516.90,前提是区域价值成分不低于:

(1)使用累积法时的 35%,或

(2)使用扣减法时的 45%。

39. 从任何其他子目改变至子目 8517.11 至 8517.69。

39A.(A)从任何其他品目改变至子目 8517.70;或者

(B)税则归类无需改变至子目 8517.70,前提是区域价值成分不低于:

(1)使用累积法时的 35%,或

(2)使用扣减法时的 45%。

40.(A)从任何其他品目改变至子目 8518.10 至 8518.21;或者

(B)从子目 8518.90 改变至子目 8518.10 至 8518.21,不论是否从任何其他品目改变而来,前提是区域价值成分不低于:

(1)使用累积法时的 35%,或

(2)使用扣减法时的 45%。

41.(A)从任何其他品目改变至子目 8518.22;或者

(B)从子目 8518.29 或子目 8518.90 改变至子目 8518.22,不论是否从任何其他品目改变而来,前提是区域价值成分不低于:

(1)使用累积法时的 35%,或

(2)使用扣减法时的 45%。

42.(A)从任何其他品目改变至子目 8518.29 至 8518.50;或者

(B)从子目 8518.90 改变至子目 8518.29 至 8518.50,不论是否从任何其他品目改变而来,前提是区域价值成分不低于:

(1)使用累积法时的 35%,或

(2)使用扣减法时的 45%。

43. 从任何其他品目改变至子目 8518.90。

44. 从任何其他子目改变至子目 8519.20 至 8519.89。

45. 从任何其他子目改变至子目 8521.10 至 8522.90。

46.(A)从任何其他子目改变至子目 8523.21 至 8523.80;或者

(B)从子目 8523.21 至 8523.80 的未录制媒体改变至子目 8523.21 至 8523.80 的已录制媒体。

47. 从任何其他子目(子目 8525.60 除外)改变至子目 8525.50。

48. 从任何其他子目 8525.60 至 8525.80。

49. 从任何其他子目改变至子目 8526.10 至 8527.99。

50. 从任何其他品目(品目 8471 除外)改变至子目 8528.41。

51. (A)从任何其他品目(品目 8529 除外)改变至子目 8528.49;或者
   (B)从子目 8529.90 改变至子目 8528.49,不论是否从任何其他品目改变而来,前提是区域价值成分不低于:
      (1)使用累积法时的 40%,或
      (2)使用扣减法时的 50%。

52. 从任何其他品目(品目 8471 除外)改变至子目 8528.51。

53. (A)从子目 8529.90 的含数字微镜装置的平板屏幕组件或任何其他品目(子目 9013.80 或品目 8529 的任何其他货物除外)改变至子目 8528.59;或者
   (B)从子目 8529.90 改变至子目 8528.59,不论是否从任何其他品目改变而来,前提是区域价值成分不低于:
      (1)使用累积法时的 40%,或
      (2)使用扣减法时的 50%。

54. 从任何其他品目(品目 8471 除外)改变至子目 8528.61。

55. (A)从子目 8529.90 的含数字微镜装置的平板屏幕组件或任何其他品目(子目 9013.80 或品目 8529 的任何其他货物除外)改变至子目 8528.69;或者
   (B)从子目 8529.90 或子目 9013.80 改变至子目 8528.69,不论是否从任何其他品目改变而来,前提是区域价值成分不低于:
      (1)使用累积法时的 40%,或
      (2)使用扣减法时的 50%。

56. 从任何其他品目改变至子目 8528.71。

57. (A)从子目 8529.90 的含数字微镜装置的平板屏幕组件或任何其他品目(子目 9013.80 或品目 8529 的任何其他货物除外)改变至子目 8528.72;或者
   (B)从子目 8529.90 或子目 9013.80 改变至子目 8528.72,不论是否从任何其他品目改变而来,前提是区域价值成分不低于:
      (1)使用累积法时的 40%,或
      (2)使用扣减法时的 50%。

58. 从任何其他品目改变至子目 8528.73。

[44 至 61 已删除]

62. (A)从任何其他品目改变至品目 8529;或者
   (B)税则归类无需改变至子目 8529.90,前提是区域价值成分不低于:
      (1)使用累积法时的 35%,或
      (2)使用扣减法时的 45%。

63. 从任何其他子目改变至子目 8530.10 至 8530.80。

64. 从任何其他品目改变至子目 8530.90。

65. 从任何其他子目改变至子目 8531.10 至 8531.80。

66. 从任何其他品目改变至子目 8531.90。

67. 从任何其他子目改变至子目 8532.10 至 8532.30。

68. 从任何其他品目改变至子目 8532.90。

69. 从任何其他子目改变至子目8533.10至8533.40。

70. 从任何其他品目改变至子目8533.90。

71. (A)从任何其他品目改变至品目8534;或者

(B)税则归类无需改变至品目8534,前提是区域价值成分不低于:

(1)使用累积法时的30%,或

(2)使用扣减法时的35%。

72. 从任何其他子目改变至子目8535.10至8536.90。

73. 从任何其他品目改变至品目8537至8538。

74. 从任何其他子目改变至子目8539.10至8539.49。

75. 从任何其他品目改变至子目8539.90。

76. 从任何其他子目(子目7011.20或子目8540.91除外)改变至子目8540.11。

77. 从任何其他子目改变至子目8540.12。

78. (A)从任何其他品目改变至子目8540.20;或者

(B)从子目8540.91至8540.99改变至子目8540.20,不论是否从任何其他品目改变而来,前提是区域价值成分不低于:

(1)使用累积法时的35%,或

(2)使用扣减法时的45%。

79. 从子目8540.40至8540.60以外的任何子目改变至子目8540.40至8540.60。

80. 从任何其他子目改变至子目8540.71至8540.89。

81. 从任何其他品目改变至子目8540.91。

82. (A)从任何其他子目改变至子目8540.99;或者

(B)税则归类无需改变至子目8540.99,前提是区域价值成分不低于:

(1)使用累积法时的35%,或

(2)使用扣减法时的45%。

83. (A)从子目8541.10至8542.90的未装配的芯片或晶片或任何其他子目改变至子目8541.10至8542.90的已装配的半导体器件、集成电路或微组件;

(B)从任何其他子目改变至子目8541.10至8542.90的任何其他货物;或者

(C)税则归类无需改变至子目8541.10至8542.90,前提是区域价值成分不低于:

(1)使用累积法时的30%,或

(2)使用扣减法时的35%。

84. 从任何其他子目(子目8486.20的用于掺杂半导体材料的离子注入机除外)改变至子目8543.10。

85. 从任何其他子目(子目8543.11除外)改变至子目8543.19。

86. 从任何其他子目改变至子目8543.20至8543.30。

87. 从任何其他子目改变至子目8543.70。

88. 从任何其他品目改变至子目8543.90。

89. 从任何其他子目改变至子目8544.11,前提是区域价值成分不低于:

(A)使用累积法时的35%,或

(B)使用扣减法时的45％。

90. 从任何其他子目改变至子目8544.19,前提是区域价值成分不低于:

(A)使用累积法时的35％,或

(B)使用扣减法时的45％。

91. (A)从任何其他子目(子目8544.11至8544.60和品目7408、品目7413、品目7605或品目7614除外)改变至子目8544.20;或者

(B)从子目8544.11至8544.60、品目7408、品目7413、品目7605或品目7614改变至子目8544.20,不论是否从任何其他子目改变而来,前提是区域价值成分不低于:

(1)使用累积法时的35％,或

(2)使用扣减法时的45％。

92. (A)从任何其他品目改变至子目8544.30至8544.49;或者

(B)从任何其他子目改变至子目8544.30至8544.49,前提是区域价值成分不低于:

(1)使用累积法时的35％,或

(2)使用扣减法时的45％。

[93 已删除]

94. 从任何其他子目改变至子目8544.60,前提是区域价值成分不低于:

(A)使用累积法时的35％,或

(B)使用扣减法时的45％。

95. 从任何其他子目改变至子目8544.70。

96. 从任何其他品目改变至子目8545.11至8545.90。

97. 从任何其他品目改变至品目8546。

98. 从任何其他子目改变至子目8547.10至8547.90。

99. 从任何其他品目改变至品目8548。

第八十六章

1. 从任何其他品目改变至品目8601至8602。

2. (A)从任何其他品目(品目8607除外)改变至品目8603至8606;或者

(B)从品目8607改变至品目8603至8606,不论是否从任何其他品目改变而来,前提是区域价值成分不低于:

(1)使用累积法时的35％,或

(2)使用扣减法时的45％。

3. 从子目8607.11至8607.12以外的任何子目改变至子目8607.11至8607.12。

4. (A)从子目8607.19的车轴零件改变至子目8607.19的车轴;

(B)从子目8607.19的车轴零件或车轮零件改变至子目8607.19的车轮(不论是否装有车轴);

(C)从任何其他子目改变至子目8607.19;或者

(D)税则归类无需改变至子目8607.19,前提是区域价值成分不低于:

(1)使用累积法时的30％,或

(2)使用扣减法时的35％。

5. 从任何其他品目改变至子目 8607.21 至 8607.99。

6. 从任何其他品目改变至品目 8608 至 8609。

第八十七章

1. 税则归类无需改变至品目 8701 至 8706,前提是区域价值成分不低于:
   (A)使用累积法时的 35%,
   (B)使用扣减法时的 55%,或
   (C)使用净成本法时的 35%。

2. (A)从任何其他品目改变至品目 8707;或者
   (B)税则归类无需改变至品目 8707,前提是区域价值成分不低于:
   (1)使用累积法时的 35%,
   (2)使用扣减法时的 55%,或
   (3)使用净成本法时的 35%。

3. (A)从任何其他子目改变至子目 8708.10 至 8708.99;或者
   (B)税则归类无需改变至子目 8708.10 至 8708.99,前提是区域价值成分不低于:
   (1)使用累积法时的 35%,
   (2)使用扣减法时的 55%,或
   (3)使用净成本法时的 35%。

4. (A)从任何其他品目改变至子目 8709.11 至 8709.19;或者
   (B)从子目 8709.90 改变至子目 8709.11 至 8709.19,不论是否从任何其他品目改变而来,前提是区域价值成分不低于:
   (1)使用累积法时的 40%,或
   (2)使用扣减法时的 50%。

5. (A)从任何其他品目改变至子目 8709.90;或者
   (B)税则归类无需改变至子目 8709.90,前提是区域价值成分不低于:
   (1)使用累积法时的 40%,或
   (2)使用扣减法时的 50%。

6. 从任何其他品目改变至品目 8710。

7. (A)从任何其他品目(品目 8714 除外)改变至品目 8711 至 8713;或者
   (B)从品目 8714 改变至品目 8711 至 8713,不论是否从任何其他品目改变而来,前提是区域价值成分不低于:
   (1)使用累积法时的 35%,或
   (2)使用扣减法时的 45%。

8. (A)从任何其他品目改变至子目 8714.10 至 8714.96;或者
   (B)从子目 8714.99 改变至子目 8714.10 至 8714.96,不论是否从任何其他品目改变而来,前提是区域价值成分不低于:
   (1)使用累积法时的 40%,或
   (2)使用扣减法时的 50%。

9. 从任何其他品目改变至子目 8714.99。

10. 从任何其他品目改变至品目 8715。

11. (A)从任何其他品目改变至子目 8716.10 至 8716.80；或者

   (B)从子目 8716.90 改变至子目 8716.10 至 8716.80，不论是否从任何其他品目改变而来，前提是区域价值成分不低于：

   (1)使用累积法时的 35%，或

   (2)使用扣减法时的 45%。

12. 从任何其他品目改变至子目 8716.90。

第八十八章

1. (A)从任何其他子目改变至子目 8543.70；

   (B)从品目 8801 的任何其他货物或任何其他品目改变至品目 8801 的滑翔机和悬挂滑翔机；或者

   (C)从品目 8801 的滑翔机和悬挂滑翔机或任何其他品目改变至品目 8801 的任何其他货物。

2. 从任何其他子目改变至子目 8802.11 至 8803.90。

第八十九章

1. (A)从任何其他章改变至品目 8901 至 8902；或者

   (B)从任何其他品目改变至品目 8901 至 8902，前提是区域价值成分不低于：

   (1)使用累积法时的 35%，或

   (2)使用扣减法时的 45%。

2. 从任何其他品目改变至品目 8903。

3. (A)从任何其他章改变至品目 8904 至 8905；或者

   (B)从任何其他品目改变至品目 8904 至 8905，前提是区域价值成分不低于：

   (1)使用累积法时的 35%，或

   (2)使用扣减法时的 45%。

4. 从任何其他品目改变至品目 8906 至 8908。

第九十章

1. (A)从任何其他章(品目 7002 除外)改变至子目 9001.10；或者

   (B)从品目 7002 改变至子目 9001.10，不论是否从任何其他章改变而来，前提是区域价值成分不低于：

   (1)使用累积法时的 35%，或

   (2)使用扣减法时的 45%。

2. 从任何其他品目改变至子目 9001.20 至 9001.90。

3. (A)从任何其他品目(品目 9001 除外)改变至子目 9002.11 至 9002.90；或者

   (B)从品目 9001 改变至子目 9002.11 至 9002.90，不论是否从任何其他品目改变而来，前提是区域价值成分不低于：

   (1)使用累积法时的 35%，或

   (2)使用扣减法时的 45%。

4. (A)从任何其他子目(子目 9003.90 除外)改变至子目 9003.11 至 9003.19；或者

(B)从子目 9003.90 改变至子目 9003.11 至 9003.19,不论是否从任何其他子目改变而来,前提是区域价值成分不低于:

(1)使用累积法时的 35%,或

(2)使用扣减法时的 45%。

5. 从任何其他品目改变至子目 9003.90。

6. (A)从任何其他章改变至子目 9004.10;或者

(B)从任何其他品目改变至子目 9004.10,前提是区域价值成分不低于:

(1)使用累积法时的 35%,或

(2)使用扣减法时的 45%。

7. 从任何其他品目(子目 9001.40 或子目 9001.50 除外)改变至子目 9004.90。

8. 从任何其他子目改变至子目 9005.10。

9. (A)从任何其他子目(品目 9001 至 9002 或子目 9005.90 除外)改变至子目 9005.80;或者

(B)从子目 9005.90 改变至子目 9005.80,不论是否从任何其他品目改变而来,前提是区域价值成分不低于:

(1)使用累积法时的 35%,或

(2)使用扣减法时的 45%。

10. 从任何其他品目改变至子目 9005.90。

11. (A)从任何其他品目改变至子目 9006.10 至 9006.69;或者

(B)从任何其他子目改变至子目 9006.10 至 9006.69,前提是区域价值成分不低于:

(1)使用累积法时的 35%,或

(2)使用扣减法时的 45%。

12. 从任何其他品目改变至子目 9006.91 至 9006.99。

13. (A)从任何其他品目改变至子目 9007.10 至 9007.20;或者

(B)从任何其他子目改变至子目 9007.10 至 9007.20,前提是区域价值成分不低于:

(1)使用累积法时的 35%,或

(2)使用扣减法时的 45%。

14. (A)从任何其他品目改变至子目 9007.91 至 9007.92;或者

(B)税则归类无需改变至子目 9007.92,前提是区域价值成分不低于:

(1)使用累积法时的 35%,或

(2)使用扣减法时的 45%。

15. (A)从任何其他品目改变至子目 9008.50;或者

(B)从任何其他子目改变至子目 9008.50,前提是区域价值成分不低于:

(1)使用累积法时的 35%,或

(2)使用扣减法时为 45%。

16. 从任何其他品目改变至子目 9008.90。

[17 至 19 已删除]

20. (A)从任何其他品目改变至子目 9010.10 至 9010.60;或者

(B)从子目 9010.90 改变至子目 9010.10 至 9010.60,不论是否从任何其他品目改变而来,前提是区域价值成分不低于:

(1)使用累积法时的 35%,或

(2)使用扣减法时的 45%。

21. 从任何其他品目改变至子目 9010.90。

22. (A)从任何其他品目改变至子目 9011.10 至 9011.80;或者

(B)从任何其他子目改变至子目 9011.10 至 9011.80,前提是区域价值成分不低于:

(1)使用累积法时的 35%,或

(2)使用扣减法时的 45%。

23. 从任何其他品目改变至子目 9011.90。

24. (A)从任何其他品目改变至子目 9012.10;或者

(B)从子目 9012.90 改变至子目 9012.10,不论是否从其他品目改变而来,前提是区域价值成分不低于:

(1)使用累积法时的 35%,或

(2)使用扣减法时的 45%。

25. 从任何其他品目改变至子目 9012.90。

26. (A)从任何其他品目改变至子目 9013.10;或者

(B)从任何其他子目改变至子目 9013.10,前提是区域价值成分不低于:

(1)使用累积法时的 35%,或

(2)使用扣减法时的 45%。

27. 从任何其他子目改变至子目 9013.20。

28. (A)从任何其他品目改变至子目 9013.80;或者

(B)从任何其他子目改变至子目 9013.80,前提是区域价值成分不低于:

(1)使用累积法时的 35%,或

(2)使用扣减法时的 45%。

29. 从任何其他品目改变至子目 9013.90。

30. (A)从任何其他品目改变至子目 9014.10 至 9014.80;或者

(B)从任何其他子目改变至子目 9014.10 至 9014.80,前提是区域价值成分不低于:

(1)使用累积法时的 35%,或

(2)使用扣减法时的 45%。

31. 从任何其他品目改变至子目 9014.90。

32. (A)从任何其他品目改变至子目 9015.10 至 9015.80;或者

(B)从任何其他子目改变至子目 9015.10 至 9015.80,前提是区域价值成分不低于:

(1)使用累积法时的 35%,或

(2)使用扣减法时的 45%。

33. (A)从任何其他品目改变至子目 9015.90;或者

(B)税则归类无需改变至子目 9015.90,前提是区域价值成分不低于:

(1)使用累积法时的 35%,或

(2)使用扣减法时的45%。

34. 从任何其他品目改变至品目9016。

35. (A)从任何其他子目改变至子目9017.10至子目9021.90；或者
    (B)税则归类无需改变至子目9022.12，前提是区域价值成分不低于：
        (1)使用累积法时的35%，或
        (2)使用扣减法时的45%。

36. (A)从任何其他子目改变至子目9022.12；或者
    (B)税则归类无需改变至子目9022.13，前提是区域价值成分不低于：
        (1)使用累积法时的35%，或
        (2)使用扣减法时的45%。

37. (A)从任何其他品目改变至子目9022.13；或者
    (B)税则归类无需改变至子目9022.13，前提是区域价值成分不低于：
        (1)使用累积法时的35%，或
        (2)使用扣减法时的45%。

38. (A)从任何其他子目改变至子目9022.14至9022.90；或者
    (B)税则归类无需改变至子目9022.14至9022.90，前提是区域价值成分不低于：
        (1)使用累积法时的35%，或
        (2)使用扣减法时的45%。

39. 从任何其他品目改变至品目9023。

40. (A)从任何其他品目改变至子目9024.10至9024.80；或者
    (B)从任何其他子目改变至子目9024.10至9024.80，前提是区域价值成分不低于：
        (1)使用累积法时的35%，或
        (2)使用扣减法时的45%。

41. 从任何其他品目改变至子目9024.90。

42. (A)从任何其他品目改变至子目9025.11至9025.80；或者
    (B)从任何其他子目改变至子目9025.11至9025.80，前提是区域价值成分不低于：
        (1)使用累积法时的35%，或
        (2)使用扣减法时的45%。

43. 从任何其他品目改变至子目9025.90。

44. 从任何其他子目改变至子目9026.10至9026.90。

45. (A)从任何其他品目改变至子目9027.10至9027.80；或者
    (B)从任何其他子目改变至子目9027.10至9027.80，前提是区域价值成分不低于：
        (1)使用累积法时的35%，或
        (2)使用扣减法时的45%。

46. 从任何其他品目改变至子目9027.90。

47. (A)从任何其他品目改变至子目9028.10至9028.30；或者
    (B)从任何其他子目改变至子目9028.10至9028.30，前提是区域价值成分不低于：
        (1)使用累积法时的35%，或

(2)使用扣减法时的45%。

48. 从任何其他品目改变至子目9028.90。

49. (A)从任何其他品目改变至子目9029.10至9029.20；或者

　　(B)从任何其他子目改变至子目9029.10至9029.20，前提是区域价值成分不低于：

　　　　(1)使用累积法时的35%，或

　　　　(2)使用扣减法时的45%。

50. 从任何其他品目改变至子目9029.90。

51. 从任何其他子目改变至子目9030.10至9030.20。

51A. 从任何其他子目改变至子目9030.31。

51B. 从任何其他子目(子目9030.20、子目9030.39或子目9030.84除外)改变至子目9030.32。

51C. 从任何其他子目改变至子目9030.33至9030.82。

51D. 从任何其他子目(子目9030.20、子目9030.32或子目9030.39除外)改变至子目9030.84。

51E. 从任何其他子目改变至子目9030.89。

52. 从任何其他品目改变至子目9030.90。

53. (A)从任何其他品目改变至子目9031.10至9031.80；

　　(B)从任何其他货物(子目9031.49的货物的底座和框架除外)改变至子目9031.49的坐标测量仪；或者

　　(C)从任何其他子目改变至子目9031.10至9031.80，前提是区域价值成分不低于：

　　　　(1)使用累积法时的35%，或

　　　　(2)使用扣减法时的45%。

54. 从任何其他品目改变至子目9031.90。

55. (A)从任何其他品目改变至子目9032.10至9032.89；或者

　　(B)从任何其他子目改变至子目9032.10至9032.89，前提是区域价值成分不低于：

　　　　(1)使用累积法时的35%，或

　　　　(2)使用扣减法时的45%。

56. 从任何其他品目改变至子目9032.90。

57. 从任何其他品目改变至品目9033。

第九十一章

1. (A)从任何其他章改变至子目9101.11；或者

　　(B)从品目9108至9114改变至子目9101.11，不论是否从任何其他章改变而来，前提是区域价值成分不低于：

　　　　(1)使用累积法时的30%，或

　　　　(2)使用扣减法时的40%。

[2 已删除]

3. (A)从任何其他章改变至子目9101.19；或者

　　(B)从品目9108至9114改变至子目9101.19，不论是否从任何其他章改变而来，前提是区域价值成分不低于：

　　　　(1)使用累积法时的30%，或

(2)使用扣减法时的40%。

4. (A)从任何其他章改变至子目9101.21;或者

(B)从品目9108至9114改变至子目9101.21,不论是否从任何其他章改变而来,前提是区域价值成分不低于:

(1)使用累积法时的30%,或

(2)使用扣减法时的40%。

5. (A)从任何其他章改变至子目9101.29;或者

(B)从品目9108至9114改变至子目9101.29,不论是否从任何其他章改变而来,前提是区域价值成分不低于:

(1)使用累积法时的30%,或

(2)使用扣减法时的40%。

6. (A)从任何其他章改变至子目9101.91;或者

(B)从任何其他品目改变至子目9101.91,前提是区域价值成分不低于:

(1)使用累积法时的35%,或

(2)使用扣减法时的45%。

7. (A)从任何其他章改变至子目9101.99;或者

(B)从品目9108至9114改变至子目9101.99,不论是否从任何其他章改变而来,前提是区域价值成分不低于:

(1)使用累积法时的30%,或

(2)使用扣减法时的40%。

8. (A)从任何其他章改变至品目9102至9107;或者

(B)从品目9108至9114改变至品目9102至9107,不论是否从任何其他章改变而来,前提是区域价值成分不低于:

(1)使用累积法时的30%,或

(2)使用扣减法时的40%。

9. (A)从任何其他章改变至品目9108至9110;或者

(B)从任何其他品目改变至品目9108至9110,前提是区域价值成分不低于:

(1)使用累积法时的35%,或

(2)使用扣减法时的45%。

10. (A)从任何其他章的子目改变至子目9111.10至9111.80;或者

(B)从子目9111.90改变至子目9111.10至9111.80,不论是否从任何其他章改变而来,前提是区域价值成分不低于:

(1)使用累积法时的35%,或

(2)使用扣减法时的45%。

11. 从任何其他品目改变至子目9111.90。

12. 从子目9112.90改变至子目9112.20,不论是否从任何其他品目改变而来,前提是区域价值成分不低于:

(A)使用累积法时的30%,或

(B)使用扣减法时的 40%。

13. 从任何其他品目改变至子目 9112.90。

14. 从任何其他品目改变至品目 9113 至 9114。

第九十二章

1. (A)从任何其他章改变至品目 9201 至 9208;或者

    (B)从任何其他品目改变至品目 9201 至 9208,前提是区域价值成分不低于:

    (1)使用累积法时的 35%,或

    (2)使用扣减法时的 45%。

2. 从任何其他品目改变至品目 9209。

第九十三章

1. (A)从任何其他章改变至品目 9301 至 9304;或者

    (B)从任何其他品目改变至品目 9301 至 9304,前提是区域价值成分不低于:

    (1)使用累积法时的 35%,或

    (2)使用扣减法时的 45%。

2. 从任何其他品目改变至品目 9305。

3. 从任何其他章改变至品目 9306 至 9307。

第九十四章

1. 从任何其他品目改变至子目 9401.10。

2. (A)从任何其他品目改变至子目 9401.20;或者

    (B)从子目 9401.90 改变至子目 9401.20,不论是否从任何其他品目改变而来,前提是区域价值成分不低于:

    (1)使用累积法时的 35%,或

    (2)使用扣减法时的 45%。

3. 从任何其他品目改变至子目 9401.30 至 9401.90。

4. 从任何其他子目改变至子目 9402.10 至 9402.90。

5. 从任何其他品目改变至品目 9403。

6. 从任何其他章改变至子目 9404.10 至 9404.30。

7. 从任何其他章(品目 5007、品目 5111 至 5113、品目 5208 至 5212、品目 5309 至 5311、品目 5407 至 5408、品目 5512 至 5516 或子目 6307.90 除外)改变至子目 9404.90。

8. (A)从任何其他子目改变至子目 9405.10 至 9405.60;或者

    (B)从子目 9405.91 至 9405.99 改变至子目 9405.10 至 9405.60,不论是否从任何其他章改变而来,前提是区域价值成分不低于:

    (1)使用累积法时的 35%,或

    (2)使用扣减法时的 45%。

9. 从任何其他品目改变至子目 9405.91 至 9405.99。

10. 从任何其他章改变至品目 9406。

第九十五章

1. (A)从任何其他子目改变至子目 9503.00 至 9505.90;或者

(B)税则归类无需改变至子目9503.00至9505.90,前提是区域价值成分不低于:

(1)使用累积法时的35%,或

(2)使用扣减法时的45%。

2.(A)从任何其他品目改变至品目9506至9508;或者

(B)从子目9506.39改变至子目9506.31,不论是否从其他品目改变而来,前提是区域价值成分不低于:

(1)使用累积法时的35%,或

(2)使用扣减法时的45%。

第九十六章

1.从任何其他章改变至品目9601至9605。

2.(A)从任何其他品目改变至子目9606.10;或者

(B)税则归类无需改变至子目9606.10,前提是区域价值成分不低于:

(1)使用累积法时的35%,或

(2)使用扣减法时的45%。

3.(A)从任何其他章改变至子目9606.21至9606.29;或者

(B)从子目9606.30改变至子目9606.21至9606.29,不论是否从任何其他章改变而来,前提是区域价值成分不低于:

(1)使用累积法时的35%,或

(2)使用扣减法时的45%。

4.从任何其他品目改变至子目9606.30。

5.(A)从任何其他章改变至子目9607.11至9607.19;或者

(B)从子目9607.20改变至子目9607.11至9607.19,不论是否从任何其他章改变而来,前提是区域价值成分不低于:

(1)使用累积法时的35%,或

(2)使用扣减法时的45%。

6.从任何其他品目改变至子目9607.20。

7.(A)从任何其他章改变至子目9608.10至9608.20;或者

(B)从子目9608.60至9608.99改变至子目9608.10至9608.20,不论是否从任何其他章改变而来,前提是使用扣减法时的区域价值成分不低于30%。

8.(A)从任何其他章改变至子目9608.30至9608.50;或者

(B)从子目9608.60至9608.99改变至子目9608.30至9608.50,不论是否从任何其他章改变而来,前提是区域价值成分不低于:

(1)使用累积法时的35%,或

(2)使用扣减法时的45%。

9.从任何其他品目改变至子目9608.60至9608.99。

10.(A)从任何其他品目改变至子目9609.10至9609.90;或者

(B)从子目9609.20改变至子目9609.10至9609.90,不论是否从任何其他品目改变而来,前提是区域价值成分不低于:

(1)使用累积法时的35%,或

(2)使用扣减法时的45%。

11. 从任何其他品目改变至品目9610至9611。

12. 从任何其他章改变至子目9612.10。

13. 从任何其他品目改变至子目9612.20。

14. (A)从任何其他章改变至子目9613.10至9613.80;或者

(B)从子目9613.90改变至子目9613.10至9613.80,不论是否从任何其他章改变而来,前提是区域价值成分不低于:

(1)使用累积法时的35%,或

(2)使用扣减法时的45%。

15. 从任何其他品目改变至子目9613.90。

16. 从任何其他品目改变至品目9614。

[17 已删除]

18. (A)从任何其他品目改变至子目9615.11至9615.19;或者

(B)从子目9615.90改变至子目9615.11至9615.19,不论是否从任何其他品目改变而来,前提是区域价值成分不低于:

(1)使用累积法时的35%,或

(2)使用扣减法时的45%。

19. 从任何其他品目改变至子目9615.90。

20. 从任何其他品目改变至品目9616。

21. 从任何其他章改变至品目9617。

22. 从任何其他品目改变至品目9618。

品目规则:为确定本品目的纺织材料货物的原产地,适用于该货物的规则仅适用于确定该货物税则归类的成分,并且该成分必须满足该规则规定的税则归类改变要求。

23. (A)从任何其他章(品目5106至5113、品目5204至5212、品目5307至5308、品目5310至5311或第五十四章至第五十六章除外)改变至品目9619的纺织絮胎制品;或者

(B)从任何其他章(品目5106至5113、品目5204至5212、品目5307至5308、品目5310至5311、品目5401至5402、子目5403.33至5403.39、子目5403.42、品目5408、品目5508至5516或品目6001至6006除外)改变至品目9619的纺织材料制品(絮胎除外),前提是该货物在韩国或/和美国境内裁剪(或针织成型)并缝制或以其他方式组合;或者

(C)从任何其他品目改变至品目9619的任何其他货物。

第九十七章

1. 从任何其他子目改变至子目9701.10至9701.90。

2. 从任何其他品目改变至品目9702至9706。

三十四、《美国-哥伦比亚贸易促进协定》

(一)符合《美国-哥伦比亚贸易促进协定》条款的原产货物应缴纳该协定规定的关税。就本注释而言,本注释(二)款至(十五)款所定义的哥伦比亚货物进口至美国境内,并按照"税率"第1栏"特惠"子栏括号中符号"CO"的子目入境,根据《美国-哥伦比亚贸易促进协定实施法》(公法 112-42;125 Stat.462)第 201 节和 202 节,有资格享受"特惠"子栏中规定的关税待遇和数量限制。

(二)就本注释而言,除下述(三)款、(四)款、(十四)款和(十五)款另有规定外,进口至美国境内的货物只有在以下情况下才有资格被视为哥伦比亚或美国的原产货物:

(i)完全在哥伦比亚或/和美国境内获得或生产;

(ii)完全在哥伦比亚或/和美国境内生产,并且——

(A)货物生产过程中使用的每种非原产材料都发生下述(十五)款规定的适用税则归类改变,或者

(B)该货物以其他方式满足任何适用的区域价值成分或下述(十五)款规定的其他要求,以及

该货物满足本注释和适用法规的所有其他适用要求;或者

(iii)该货物完全在哥伦比亚或/和美国境内生产,仅使用上述(i)款或(ii)款所述的材料。

就上述(ii)(A)款而言,"使用"是指在货物生产过程中利用或消耗。

(三)(i)就上述(二)(i)款而言,"**完全在哥伦比亚或美国境内获得或生产**"的货物是指以下任何一种:

(A)在哥伦比亚或/和美国境内收获或采集的植物和植物产品;

(B)在哥伦比亚或/和美国境内出生和饲养的活动物;

(C)在哥伦比亚或/和美国境内从活动物获得的货物;

(D)在哥伦比亚或/和美国境内进行狩猎、诱捕、捕捞或水产养殖获得的货物;

(E)上述(A)款至(D)款未包括的从哥伦比亚或/和美国境内开采或获取的矿产和其他自然资源;

(F)由下列船舶从哥伦比亚或/和美国境外的海洋、海床或底土中捕捞的鱼类、贝类和其他海洋生物:

(1)在哥伦比亚注册或登记并悬挂其国旗的船舶,或者

(2)根据美国法律备案的船舶;

(G)使用上述(F)款所述产品在工厂船上生产的货物,该工厂船——

(1)在哥伦比亚注册或登记并悬挂其国旗,或者

(2)根据美国法律备案;

(H)(1)哥伦比亚或哥伦比亚人从哥伦比亚或美国境外的海床或底土中取得的货物,前提是哥伦比亚有权开采该海床或底土,或者

(2)美国或美国人从美国或哥伦比亚境外的海床或底土中取得的货物,前提是美国

有权开采该海床或底土；

(I)从外层空间取得的货物,前提是这些货物是由哥伦比亚或美国、哥伦比亚人或美国人获得的,并且不是在哥伦比亚或美国以外的国家境内加工的；

(J)废碎料,来源于：

(1)在哥伦比亚或/和美国境内的制造或加工业务,或者

(2)在哥伦比亚或/和美国境内收集的废旧物品,前提是这些货物只适合回收原材料；

(K)在哥伦比亚或/和美国境内从废旧物品中提取并在哥伦比亚或/和美国境内用于再制造货物生产的回收货物；或者

(L)在哥伦比亚或/和美国境内生产的货物,仅来自任何生产阶段的下述货物：

(1)上述(A)款至(J)项所述货物,或

(2)上述(A)款至(J)项所述货物的衍生物。

(ii)(A)就上述(i)(K)款而言,"回收货物"是指由于下列原因而产生的单个零件形式的材料：

(1)将废旧物品分解成单独的零件；以及

(2)为改善零件的工作状态而对其进行的清洁、检查、测试或其他处理。

(B)就本注释而言,"再制造货物"是指在哥伦比亚或/和美国境内组装的工业产品,归入本税则第八十四章、第八十五章、第八十七章、第九十章或品目9402(品目8418或品目8516的货物除外),并且——

(1)全部或部分由回收货物组成；以及

(2)具有与新产品相似的预期寿命,并享受与新产品相似的工厂保修。

(C)就本注释而言——

(1)"材料"是指用于生产另一种货物的货物,包括零件或组成成分；

(2)"自产材料"是指由货物生产商生产并用于生产该货物的原产材料；以及

(3)"非原产货物"或"非原产材料"是指根据本注释不符合原产资格的货物或材料(视情况而定)。

(D)就本注释而言,"生产"是指种植、开采、收割、捕捞、饲养、诱捕、狩猎、制造、加工、装配或拆卸货物；"生产商"是指在哥伦比亚或美国境内从事货物生产的人。

(iii)过境和转运。经必要生产以符合本注释的原产货物资格的货物,如果在该货物生产之后发生以下情形,则该货物不应被视为原产货物：

(A)在哥伦比亚或美国境外进行进一步加工或任何其他作业(为保持货物良好状态所必要的或为将货物运至协定一方境内而进行的卸货、重新装载或任何其他操作除外)；或者

(B)不受哥伦比亚或美国以外国家的海关当局监管。

(iv)可归类为成套货品的货物。尽管下述(十五)款有规定,但按照总规则三的规定,归类为零售成套货品的货物不得视为原产货物,除非——

(A)该套货物中的每一件都是原产货物；或者

(B)非原产货物的总值——

(1)就纺织品或服装而言,不超过该套货物调整后的价值的10%,或

(2)除纺织品或服装以外的货物,不超过该套货物调整后的价值的15%。

(四)纺织品和服装。

(i)就本注释而言,第四十二章、第五十章至第六十三章、第六十六章、第七十章和第九十四章的纺织品或服装在下列情况下为原产货物:

(A)生产完全在哥伦比亚或美国境内进行,货物生产过程中使用的每种非原产材料都发生下述(十五)款规定的税则归类改变,或税则归类无需改变,货物以其他方式满足本注释适用的要求;以及

(B)货物满足本注释的任何其他适用要求。

下述(十五)款的规定不适用于确定非优惠纺织品或服装的原产国。

(ii)根据下述(iii)款的规定,纺织品或服装不是本注释条款下的原产货物,原因是用于生产确定货物税则归类的货物成分的特定纤维或纱线未发生下述(十五)款规定的税则归类改变,但如果符合以下条件,则应被视为原产货物:

(A)该货物成分中所有此类纤维或纱线的总重量不超过该成分总重量的10%;或者

(B)该货物包含可归入税号5402.11.30、税号5402.11.60、税号5402.19.30、税号5402.19.60、税号5402.31.30、税号5402.31.60、税号5402.32.30、税号5402.32.60、税号5402.45.10、税号5402.45.90、税号5402.51.00或税号5402.61.00的尼龙长丝纱线(弹性体纱线除外),这些纱线是以色列、加拿大或墨西哥的产品。

尽管有上述规定,但如果确定上述(i)款所述纺织品或服装税则归类的货物成分中含有弹性纱线,则只有在这些纱线全部在哥伦比亚或/和美国境内成型的情况下,才被视为原产货物。就本款而言,如果货物是纱线、织物或纤维,则"确定货物税则归类的货物成分"是指货物中的所有纤维。

(iii)就本注释而言——

(A)就上述各章规定的纺织品或服装而言,"全部"是指该货物完全由指定材料制成;以及

(B)当提及弹性纱线时,"完全成型"是指所有生产过程和整理操作,从长丝、扁条、薄膜或薄片的挤出开始,或从纤维纺成纱线,并以成品纱或股线结束,都发生在哥伦比亚或美国境内。就本注释而言,"弹性纱线"不包括乳胶。

(五)非原产材料的微小含量。

(i)除下述(ii)款另有规定外,未发生下述(十五)款规定的税则归类改变的货物[上述(四)款所述纺织品或服装除外]为原产货物,前提是:

(A)(1)用于生产货物的未发生下述(十五)款规定的税则归类改变的所有非原产材料的价值不超过货物调整后的价值的10%,

(2)在计算本注释下任何适用区域价值含量要求的非原产材料价值时,应考虑此类非原产材料的价值,以及

(3)货物符合本注释的所有其他适用要求;或者

(B)货物符合本注释下述(ii)(B)款规定的要求。
(ii)上述(i)款不适用于：
    (A)用于生产第四章货物的第四章的非原产材料或者子目1901.90或子目2106.90的乳固体含量(按重量计)超过10%的非原产乳制品；
    (B)用于生产下列货物的第四章的非原产材料或子目1901.90的乳固体含量(按重量计)超过10%的非原产乳制品：
        (1)子目1901.10的乳固体含量(按重量计)超过10%的婴儿制品，
        (2)子目1901.20的非供零售用的乳脂含量(按重量计)超过25%的混合物和面团，
        (3)子目1901.90或子目2106.90的乳固体含量(按重量计)超过10%的乳制品，
        (4)品目2105的货物，
        (5)子目2202.90的含乳饮料，或
        (6)子目2309.90的乳固体含量(按重量计)超过10%的动物饲料；
    (C)用于生产子目2009.11至2009.39的货物或者用于生产子目2106.90或子目2202.90的添加矿物质或维生素的任何单一水果或蔬菜的浓缩汁或未浓缩汁的品目0805或子目2009.11至2009.39的非原产材料；
    (D)用于生产品目0901或品目2101的货物的品目0901或品目2101的非原产材料；
    (E)用于生产品目1501至1508或品目1511至1515的货物的第十五章的非原产材料；
    (F)用于生产品目1701至1703的货物的品目1701的非原产材料；
    (G)用于生产子目1806.10的货物的第十七章的非原产材料；
    (H)除上述(A)款至(G)款和本注释(十五)款另有规定外,用于生产第一章至第二十四章货物的非原产材料,除非该非原产材料所属子目与根据本注释确定原产地的货物所属子目不同；
    (I)纺织品或服装的非原产材料。
(iii)就本注释而言,"调整后的价值"是指根据《乌拉圭回合协定法》第101(d)(8)节《关于实施1994年关税与贸易总协定第七条的协定》第1至8条、第15条和相应解释性说明确定的价值,此价值可调整为不包括从出口国到进口地的国际货物运输、保险和相关服务所产生的任何成本、费用或开支。

(六)<u>累积</u>。
(i)就本注释而言,用来自哥伦比亚或美国的原产材料在另一国境内生产的货物应被视为原产于该另一国境内。
(ii)由一个或多个生产商在哥伦比亚或/和美国境内生产的货物如果满足本注释的所有适用要求,则该货物为原产货物。

(七)<u>区域价值成分</u>。
(i)就上述(二)(ii)(B)款而言,下述(十五)款所述货物[下述(八)款适用的货物除外]的区域价值成分应由该货物的进口商、出口商或生产商根据下述(A)款所述的扣减法或下述(B)款所述的累积法进行计算。

(A)对于扣减法,区域价值成分可根据公式 RVC=(AV−VNM)/AV×100% 计算。其中,RVC 是货物的区域价值成分,以百分比表示;AV 是货物的调整后的价值;VNM 是生产商在生产货物时获得和使用的非原产材料的价值,但不包括自产材料的价值。

(B)对于累积法,区域价值成分可根据公式 RVC=VOM/AV×100% 计算。其中,RVC 是货物的区域价值成分,以百分比表示;AV 是货物的调整后的价值;VOM 是生产商在生产货物时获得或自行生产并使用的原产材料的价值。

(ii)**材料的价值**。

(A)为了计算上述(i)款的货物的区域价值成分,以及为了适用本注释(五)款关于微小含量的规定,材料的价值为:

(1)就货物生产商进口的材料而言,材料的价值为材料的调整价值;

(2)就在货物生产地获得的材料而言,根据《乌拉圭回合协定法》第 101(d)(8)节所述的《关于执行 1994 年关税及贸易总协定第七条的协定》第 1 至 8 条、第 15 条和相应的解释性说明,按照财政部部长颁布的条例列明的没有进口情况的规定确定材料的价值;或者

(3)如果是自产材料,则材料的价值为以下两项之和:

(Ⅰ)生产材料产生的所有费用(包括一般费用),以及

(Ⅱ)与正常贸易过程中增加的利润相等的利润额。

(B)材料价值可进一步调整如下:

(1)对于原产材料,如果上述(A)款未包含以下费用,则可将其添加到原产材料价值中:

(Ⅰ)在哥伦比亚或/和美国境内或之间将材料运输至生产商所在地所产生的运费、保险费、包装费以及所有其他费用,

(Ⅱ)在哥伦比亚或/和美国境内支付的材料的关税、税款和报关经纪费,但免除、退回、退还或以其他方式收回的关税和税款(包括已支付或应付关税或税款的抵免)除外,以及

(Ⅲ)在生产货物过程中使用材料所产生的废物和腐败成本,减去可回收废料或副产品的价值;以及

(2)对于非原产材料,如果以下费用包含在根据上述(A)款计算的非原产材料价值中,则可以从非原产材料价值中扣除:

(Ⅰ)在哥伦比亚或/和美国境内或之间将材料运输至生产商所在地所产生的运费、保险费、包装费以及所有其他费用,

(Ⅱ)在哥伦比亚或/和美国境内支付的材料的关税、税款和报关经纪费,但免除、退回、退还或以其他方式收回的关税和税款(包括已支付或应付关税或税款的抵免)除外,

(Ⅲ)在生产货物过程中使用材料产生的废物和腐败成本,减去可回收废料或副产品的价值,或者

(Ⅳ)在哥伦比亚或美国境内生产非原产材料所使用的原产材料的成本。

(C)为计算区域价值成分而考虑的所有费用应按照货物生产国(不论是哥伦比亚还是美国)境内适用的公认会计原则予以记录和保持。"公认会计原则"——

(1)是指在哥伦比亚或美国境内(视情况而定)就收入、费用、成本、资产和负债的记录、信息披露和财务报表的编制取得公认的共识或实质性权威支持;以及

(2)可包括广泛使用的应用指南以及详细的标准、做法和程序。

(八)汽车产品。

(i)就上述(二)(ii)(B)款而言,下述(十五)款中汽车产品的区域价值成分可由货物的进口商、出口商或生产商根据净成本法公式 $RVC=(NC-VNM)/NC\times100\%$ 计算。其中,RVC是区域价值成分,以百分比表示;NC是汽车产品的净成本;VNM是生产商生产汽车产品是获得和使用的非原产材料的价值,但不包括自产材料的价值。

(ii)就本款而言,"汽车产品"是指子目 8407.31 至 8407.34、子目 8408.20、品目 8409 或品目 8701 至 8708 的货物。

(iii)为确定上述(i)款的属于品目 8701 至 8705 的机动车辆的汽车产品的区域价值成分,进口商、出口商或生产商可根据上述(i)款的净成本公式计算生产商会计年度内的平均金额:

(A)下述(iv)款所述任何一类中的所有机动车辆;或者

(B)出口至哥伦比亚或美国境内的任何此类别中的所有机动车辆。

(iv)在本款中,如果属于以下情况,则称其为一个类别:

(A)与正在计算区域价值成分的上述(iii)款所述货物的机动车辆车型系列相同,属于同一机动车辆类别,并在哥伦比亚或美国境内的同一工厂生产;

(B)与正在计算区域价值成分的上述(iii)款所述货物属于同一机动车辆类别,并在哥伦比亚或美国境内的同一工厂生产;或者

(C)与正在计算区域价值成分的上述(iii)款所述货物在哥伦比亚或美国境内生产的机动车辆车型系列相同。

在本款中,"机动车辆车型系列"是指具有相同平台或模型名称的一组机动车辆。

(v)"机动车辆类别"是指下列任何一类机动车辆:

(A)子目 8701.20、子目 8704.10、子目 8704.22、子目 8704.23、子目 8704.32、子目 8704.90、品目 8705、品目 8706 的机动车,或者子目 8702.10 或子目 8702.90 的载客量为 16 人或以上的机动车辆;

(B)子目 8701.10 或子目 8701.30 至 8701.90 的机动车辆;

(C)子目 8702.10 或子目 8702.90 的载客量为 15 人或以下的机动车辆,或者子目 8704.21 或子目 8704.31 的机动车辆;或者

(D)子目 8703.21 至 8703.90 的机动车辆。

(vi)为确定子目 8407.31 至 8407.34、子目 8408.20、品目 8409、品目 8706、品目 8707 或品目 8708 的在同一工厂生产的汽车产品在本注释(八)款的区域价值成分,进口商、出口商或生产商可按以下方式计算:

(A)如果货物是在作为计算依据的会计年度、季度或月份生产的,则根据上述(i)款的

净成本公式计算以下期间的平均金额：

(1)销售汽车产品的汽车生产商的会计年度，

(2)任何季度或月份，或者

(3)其会计年度；

(B)对于出售给一个或多个机动车辆生产商的此类货物，分别确定上述(iii)款提及的平均值；或者

(C)根据上述(iii)款或(iv)款对出口至哥伦比亚或美国境内的汽车产品作出单独决定。

(vii)汽车产品的进口商、出口商或生产商应按照公认会计原则中有关成本分配的规定，通过以下方式确定上述(ii)款中汽车产品的净成本：

(A)计算与汽车产品生产商生产的所有货物的总成本，减去所有此类货物总成本中包含的任何促销、营销和售后服务成本、特许权使用费、运输和包装成本以及不可分配的利息成本，然后合理分配这些货物对汽车产品产生的净成本；

(B)计算该生产商生产的所有产品的总成本，从总成本合理分配给汽车产品，然后减去任何促销、营销和售后服务成本、特许权使用费、运输和包装成本以及不可分配的利息成本(包括在分配给汽车产品的总成本部分)；或者

(C)合理分配构成汽车产品总成本一部分的各项成本，使这些成本的总和不包括任何促销、营销和售后服务成本、特许权使用费、运输和包装成本或不可分配的利息成本。

(viii)就本款而言——

(A)"<u>不可分配的利息成本</u>"是指生产商产生的利息成本，高于生产商所在国可比到期日的适用官方利率700个基点；

(B)"<u>总成本</u>"是指在哥伦比亚或美国境内发生的所有产品成本、期间成本和其他成本，不包括生产商赚取的利润，不论这些利润是由生产商留存还是作为股息支付给其他人，或是对这些利润支付的税款，包括资本利得税；

(C)"<u>产品成本</u>"是指与产品生产相关的成本，包括材料价值、直接劳动力成本和直接间接费用；

(D)"<u>期间成本</u>"是指除产品成本以外，在发生期间支出的成本，如销售费用、一般管理费用和管理费用；

(E)"<u>净成本</u>"是指总成本扣除促销、营销和售后服务成本、特许权使用费、运输和包装成本以及包含在总成本中的不可分配的利息成本；以及

(F)"<u>其他成本</u>"是指记录在生产商账簿上的所有非产品成本或期间成本的成本，如利息。

(九)附件、备件或工具。

(i)除下述(ii)款和(iii)款另有规定外，与货物一起交付的附件、备件或工具构成货物标准附件、备件或工具的一部分：

(A)如果货物是原产货物，则该附件、备件或工具应被视为原产货物；以及

(B)在确定用于生产货物的所有非原产材料是否发生下述(十五)款规定的税则归类改

变时,应不考虑附件、备件或工具。
(ii) 上述(i)款仅在以下情况下适用:
(A) 附件、备件或工具未与货物分开开具发票;以及
(B) 按商业习惯,上述附件、备件或工具在数量及价值上是为该货物正常配备的。
(iii) 如果货物受区域价值成分要求的约束,则在计算货物的区域价值成分时,附件、备件或工具的价值应被视为原产或非原产材料(视情况而定)的价值而予以考虑。

(十) <u>可替代货物和可替代材料</u>。
(i) 主张货物享受本注释规定待遇的人可根据可替代货物或材料的物理分离或者通过采用库存管理方法主张可替代货物或材料为原产。在本款中,"库存管理方法"是指:
(A) 平均,
(B) "后进先出",
(C) "先进先出",或者
(D) 生产所在国(哥伦比亚或美国)公认会计准则确认的或该国接受的其他方法。
(ii) 根据上述(i)款为特定可替代货物或可替代材料选择库存管理方法的人,应在其整个会计年度内持续对这些可替代货物或可替代材料使用该方法。

(十一) <u>包装材料和容器</u>。
(i) 零售用包装材料和容器,如果与享受本注释规定关税待遇的货物一起归类,则在确定用于生产该货物的所有非原产材料是否经过下述(十五)款规定的税则归类改变时,应不予考虑。如果该货物受区域价值成分约束,则在计算货物的区域价值成分时,包装材料和容器的价值应被视为原产或非原产材料(视情况而定)的价值而予以考虑。
(ii) 在确定货物是否为原产货物时,应忽略装运用包装材料和容器。就本款而言,"<u>装运用包装材料和容器</u>"是指在运输过程中用于保护另一货物的货物,不包括供零售用的包装另一货物的包装材料和容器。

(十二) <u>中性成分</u>。
就本注释而言,中性成分应被视为原产材料,而不考虑其产地。"<u>中性成分</u>"是指在生产、测试或检验货物时使用或消耗但未实际纳入货物的材料,或者在维护建筑物或操作与货物生产相关的设备时使用或消耗的材料,包括:
(i) 燃料和能源;
(ii) 工具、模具及型模;
(iii) 维护设备或建筑物所使用或消耗的备件和材料;
(iv) 在生产或操作设备或维护建筑物时使用或消耗的润滑剂、油脂、合成材料和其他材料;
(v) 手套、眼镜、鞋靴、服装、安全设备和用品;
(vi) 用于测试或检验货物的设备、装置和用品;
(vii) 催化剂和溶剂;以及

(viii)在货物生产过程中使用,虽未构成该货物组成成分,但能合理表明为该货物生产过程一部分的任何其他货物。

(十三)<u>优惠关税待遇申请;备案要求和核查</u>。
    (i)<u>优惠关税待遇申请</u>。进口商可使用以下法规要求的形式和方式申请本注释条款规定的关税和其他待遇:
        (A)进口商、出口商或生产商出具的书面或电子证明;或者
        (B)进口商知道该货物是原产货物,包括合理信赖进口商掌握的该货物是原产货物的信息。
    (ii)<u>记录保存要求</u>。根据本注释条款规定报关的货物进口商,应自货物进口之日起,以适用法规要求的形式和方式,对证明该货物符合本注释条款规定的关税和其他待遇所需的所有记录和证明文件至少保存5年。就本注释而言,"记录和证明文件",就根据本注释条款规定入境的进口货物而言,是指与货物原产地有关的记录和文件,包括:
        (A)货物的购买、成本、价值和付款;
        (B)用于生产货物的所有材料(包括中性成分)的采购、成本、价值和付款;以及
        (C)以货物出口的形式进行的货物生产。
    (iii)<u>核查</u>。为了确定从哥伦比亚境内进口至美国境内的货物是否符合本注释关于原产货物的规定,相关海关官员可根据相关法规进行核查。

(十四)<u>原产地规则的解释</u>。
    (i)除另有规定外,下述(十五)款列出的6位子目适用规则应优先于包含该子目的4位品目适用规则。就下述(十五)款而言,如果一个关税条款的物品描述不是缩进排印的,则该关税条款为"品目";如果一个关税条款在本税则下以6位数字表示,则该关税条款为"子目"。
    (ii)下述(十五)款的税则归类改变要求仅适用于非原产材料。如果这种税则归类改变要求排除本税则中的某章、某品目或某子目,则应解释为该规则要求被排除在这些规定之外的材料必须是该货物的原产材料,才有资格成为原产货物。当本税则的某一品目或子目适用可替代的原产地特定规则时,归入该税号的货物如果满足其中一种可替代规则,则可被视为原产货物。当某一规则适用于一组品目或子目,并且该规则具体说明品目或子目的改变时,该要求被视为允许该组品目或子目的一个品目或子目范围内的改变或者品目或子目之间的改变。但是,当某一条规则规定"该组别外"的品目或子目发生税则归类改变时,品目或子目的这一改变必须来自该规则所列品目或子目以外的品目或子目。
    (iii)除另有规定外,下述(十五)款所述规则提及的本税则第一章至第二十四章规定货物的重量均指干重。
    (iv)为将本注释适用于第六章至第十四章的货物,在哥伦比亚或美国境内种植的农业和园艺货物应被视为原产于哥伦比亚或美国境内,即使是从哥伦比亚或美国以外的国家进口的植物种子、鳞茎、根茎、插条、侧枝、接枝、枝条、芽或植物的其他活性部分种

植的。

(v) 为将本注释适用于第二十七章至第四十章的货物(品目3823的货物除外),尽管本注释列举了任何特定产品的规则,但就本注释而言,发生本文所定义的化学反应的货物应被视为原产货物,前提是满足所有其他适用要求。"化学反应"是指通过破坏分子内键并形成新的分子内键,或通过改变分子中原子的空间排列而产生具有新结构的分子的过程(包括生化过程)。就本注释而言,以下不被视为化学反应:

(A)溶于水或其他溶剂;

(B)去除溶剂,包括溶剂水;或者

(C)加入或排除结晶水。

(vi) 除另有规定外,第二十八章至第四十章的符合本款所列一项或多项规定的货物,应被视为本注释中的原产货物。尽管有上述规定,但如果货物符合适用的税则归类改变或满足(十五)款原产地规则中对此类章规定的区域价值成分要求,则该货物为原产货物。

(A)第二十八章至第四十章的经净化的货物应被视为原产货物,前提是净化发生在哥伦比亚或美国境内,并产生以下结果:

(1)去除不少于80%的杂质;或者

(2)减少或消除杂质,使产品适合以下一种或多种应用:

(Ⅰ)用作药品、医疗、化妆品、兽医或食品级物质,

(Ⅱ)用作分析、诊断或实验室用途的化学产品或试剂,

(Ⅲ)用作微电子组件的元件或部件,

(Ⅳ)用于特殊光学用途,

(Ⅴ)用于健康和安全的无毒用途,

(Ⅵ)用于生物技术用途,

(Ⅶ)用作分离过程中的载体,或者

(Ⅷ)用于原子核级别用途。

(B)如果遵照预定规格有目的、按比例控制材料的混合(包括分散),在哥伦比亚或/和美国境内生产的第三十章、第三十一章或第三十三章至第四十章(品目3808除外)的货物,且该货物具有与货物用途相关、与投入材料不同的物理或化学特性,则该货物应被视为原产货物。

(C)如果有目的和有控制地减小货物的粒度,包括通过溶解聚合物和随后的沉淀(而不是仅仅通过压碎或压制)进行微粉化,在哥伦比亚或/和美国境内生产的具有规定粒径、规定粒度分布或规定表面积的第三十章、第三十一章、第三十三章或第三十九章的货物,与该货物的用途相关,具有与投入材料不同的物理或化学特性,则该货物应被视为原产货物。

(D)如果标准物质的生产发生在哥伦比亚或/和美国境内,则第二十八章至第三十八章的货物应被视为原产货物。在本款中,"标准物质"(包括标准溶液)是指一种适合于分析、校准或参考用途的制剂,其纯度或比例由制造商认证。

(E)如果从异构体混合物中分离异构体发生在哥伦比亚或美国境内,则第二十八章

至第三十九章的货物应被视为原产货物。

(F)从人造混合物分离出一种或多种材料,导致第二十八章至第三十八章的货物在哥伦比亚或/和美国境内发生税则归类改变,该货物不得被视为原产货物,除非该分离材料在哥伦比亚或/和美国境内发生了化学反应。

(vii)对于税号9822.08.25下进口的纺织品和服装,应适用下列规定:

(A)第五十章至第六十章的纺织品,如果使用以下材料,完全在哥伦比亚或/和美国境内完成,则应被视为本注释的原产货物:

(1)第九十八章第二十二分章美国注释三十三列出的一种或多种纤维和纱线;或者

(2)第九十八章第二十二分章美国注释三十三列出的纤维和纱线与作为本注释条款下原产货物的一种或多种纤维和纱线的组合。

上述(2)款所述的原产纤维和纱线可含有不超过10%(按重量计)的纤维或纱线,这些纤维或纱线不受本注释(十五)款所述税则归类适用改变的约束。上述(2)款所述的原产纱线中所含的任何弹性纱线必须在哥伦比亚或美国境内成型。

(B)第六十一章或第六十二章的服装,如果在哥伦比亚或/和美国境内裁剪或针织成型并缝制或以其他方式组合,并且外壳的织物〔不包括领子和袖子(如适用)〕全部由以下材料制成:

(1)第九十八章第二十二分章美国注释三十三列出的一种或多种织物;或者

(2)一种或多种织物或针织成型组件,由第九十八章第二十二分章美国注释三十三列出的一种或多种纱线在哥伦比亚或/和美国境内制成;或者

(3)上述(1)款所述的织物、(2)款所述的织物或针织成型组件或者一种或多种织物或针织成型组件的任何组合,这些织物或针织成型组件是本注释条款下的原产货物。

上述(3)款所述的原产织物可含有最多10%(按重量计)的纤维或纱线,这些纤维或纱线未发生本注释(十五)款所述的税则归类改变。上述(3)款所述的原产纱线中含有的任何弹性纱线必须在哥伦比亚或美国境内成型。

(C)第四十二章、第六十三章或第九十四章的纺织品应被视为原产货物,如果该货物在哥伦比亚或/和美国境内裁剪或针织成型并缝制或以其他方式组合,且确定该货物税则归类的成分全部为:

(1)第九十八章第二十二分章美国注释三十三列出的一种或多种织物;

(2)一种或多种织物或针织成型组件,由第九十八章第二十二分章美国注释三十三列出的一种或多种纱线在哥伦比亚或美国境内制成;或者

(3)上述(1)款所述的织物、(2)款所述的织物或针织成型组件或一种或多种织物或针织成型组件的任何组合,这些织物或针织成型组件是本注释条款下的原产货物。

上述(3)款所述的原产织物可含有不超过10%(按重量计)的纤维或纱线,这些纤维或纱线未发生本注释(十五)款所述的税则归类改变。上述(3)款所述的原

产纱线中含有的任何弹性纱线必须在哥伦比亚或美国境内成型。

(D)第六十一章或第六十二章的服装应被视为原产货物,不论该货物含有该章章规则一所述的任何可见衬里织物、章规则三所述的狭幅织物、章规则四所述的缝纫线、章规则五所述的口袋织物的原产地如何,前提是任何此类材料在本税则第九十八章第二十二分章美国注释三十九中列明,且货物符合本注释的优惠待遇的所有其他适用要求。

(十五)税则归类改变规则。

<u>第一章</u>

从任何其他章改变至品目0101至0106。

<u>第二章</u>

从任何其他章改变至品目0201至0210。

<u>第三章</u>

章规则一:鱼、甲壳动物、软体动物和其他水生无脊椎动物应被视为原产,即使它们是从非原产鱼苗或幼鱼中培育出来的。就本规则而言,"鱼苗"是指处于幼鱼期后的未成熟的鱼,包括幼鱼、幼鲑、小鲑鱼和幼鳗。

从任何其他章改变至品目0301至0308。

<u>第四章</u>

1. 从任何其他章(子目1901.90除外)改变至品目0401至0404。

2. 从任何其他章(子目1901.90或子目2106.90除外)改变至品目0405。

3. 从任何其他章(子目1901.90除外)改变至品目0406。

4. 从任何其他章改变至品目0407至0410。

<u>第五章</u>

从任何其他章改变至品目0501至0511。

<u>第六章</u>

从任何其他章改变至品目0601至0604。

<u>第七章</u>

从任何其他章改变至品目0701至0714。

<u>第八章</u>

从任何其他章改变至品目0801至0814。

<u>第九章</u>

1. 从任何其他章改变至品目0901。

2. 从任何其他子目改变至子目0902.10至0902.40。

3. 从任何其他章改变至品目0903。

4. (A)从子目0904.11至0910.99的未压碎、未研磨或非粉状的香料或任何其他子目改变至子目0904.11至0910.99的供零售用的压碎、研磨或粉状的香料;或者

(B)从任何其他子目改变至子目0904.11至0910.99的混合香料(供零售用的粉碎、研磨或粉状的香料除外)。

第十章

从任何其他章改变至品目1001至1008。

第十一章

1. 从任何其他章改变至品目1101至1104。

2. 从任何其他章(品目0701除外)改变至子目1105.10至1105.20。

3. 从任何其他章改变至品目1106至1107。

4. 从任何其他章改变至子目1108.11至1108.12。

5. 从任何其他章(品目0701除外)改变至子目1108.13。

6. 从任何其他章改变至子目1108.14至1108.20。

7. 从任何其他章改变至品目1109。

第十二章

从任何其他章改变至品目1201至1214。

第十三章

从任何其他章改变至品目1301至1302。

第十四章

从任何其他章改变至品目1401至1404。

第十五章

1. 从任何其他章改变至品目1501至1518。

2. 从任何其他品目改变至品目1520。

3. 从任何其他章改变至品目1521至1522。

第十六章

1. 从任何其他章改变至品目1601至1603。

2. 从任何其他章改变至子目1604.11至1604.13。

3. (A)从任何其他章改变至子目1604.14的金枪鱼块;或者

　(B)从任何其他品目(品目0301至0304除外)改变至子目1604.14的任何其他货物。

4. 从任何其他章改变至子目1604.15至1604.32。

5. 从任何其他章改变至品目1605。

第十七章

1. 从任何其他章改变至品目1701至1703。

2. 从任何其他品目改变至品目1704。

第十八章

1. 从任何其他章改变至品目1801至1802。

2. 从任何其他品目改变至品目1803至1805。

3. 从任何其他品目改变至子目1806.10,前提是:

　(A)子目1806.10的糖含量(按干重计)为90%或以上的产品不含第十七章的非原产糖;

　(B)子目1806.10的糖含量(按干重计)为90%以下的产品不含35%以上(按重量计)第十七章的非原产糖。

4. 从任何其他品目改变至子目 1806.20。

5. 从任何其他子目改变至子目 1806.31 至 1806.90。

第十九章

1. 从任何其他章改变至子目 1901.10,前提是子目 1901.10 的乳固体含量(按重量计)超过 10% 的产品不含第四章的非原产乳品。

2. 从任何其他章改变至子目 1901.20,前提是子目 1901.20 的含有 25% 以上(按重量计)乳脂且非供零售用的此类产品不含第四章的非原产乳品。

3. 从任何其他章改变至子目 1901.90,前提是子目 1901.90 的乳固体重量(按重量计)超过 10% 的产品不含第四章的非原产乳品。

4. 从任何其他章改变至品目 1902 至 1905。

第二十章

1. 从任何其他章改变至品目 2001。

2. 从任何其他章改变至品目 2002 至 2003,但通过在水、盐水或天然果汁(包括包装附带的加工)中包装(包括罐装)制作的货物,仅当新鲜货物完全在哥伦比亚或/和美国境内获得或生产时,才被视为原产货物。

3. 从任何其他章(品目 0701 除外)改变至品目 2004,并且通过冷冻(包括冷冻附带加工)制作的货物,仅当新鲜货物完全在哥伦比亚或/和美国境内获得或生产时,才被视为原产货物。

4. 从任何其他章改变至 2005,但通过在水、盐水或天然果汁(包括包装附带的加工)中包装(包括罐装)制作的货物,仅当新鲜货物完全在哥伦比亚或/和美国境内获得或生产的货物时,才被视为原产货物。

5. 从任何其他章改变至品目 2006 至 2007。

6. 从任何其他章(品目 1202 除外)改变至子目 2008.11。

7. 从任何其他章改变至子目 2008.19,但通过干燥或油浸烘焙(包括烘焙附带加工)制作的坚果和种子,只有在新鲜坚果和种子完全在哥伦比亚或/和美国境内获得或生产时,才被视为原产货物。

8. 从任何其他章改变至子目 2008.20 至 2008.99,但通过在水、盐水或天然果汁(包括包装附带的加工)中包装(包括罐装)制作的货物,仅当新鲜货物完全在哥伦比亚或/和美国境内获得或生产时,才被视为原产货物。

9. 从任何其他章(品目 0805 除外)改变至子目 2009.11 至 2009.39。

10. 从任何其他章改变至子目 2009.41 至 2009.89。

11. (A)从任何其他章改变至子目 2009.90;或者

    (B)从第二十章中的任何其他子目改变至子目 2009.90,不论是否从任何其他章改变而来,前提是单一果汁成分或来自哥伦比亚或美国以外单一国家的果汁成分以单一浓度形式构成的货物体积不超过 60%。

第二十一章

1. 从任何其他章改变至品目 2101 至 2102。

2. 从任何其他章改变至子目 2103.10。

3. 从任何其他章改变至子目 2103.20,前提是子目 2103.20 的番茄酱不包含子目 2002.90 的非原产货物。

4. 从任何其他章改变至子目 2103.30。

5. 从任何其他品目改变至子目 2103.90。

6. 从任何其他品目改变至品目 2104。

7. 从任何其他品目[第四章和子目 1901.90 的乳固体含量(按重量计)超过 10%的乳制品除外]改变至品目 2105。

8. 从任何其他章(品目 0805、品目 2009 或子目 2202.99 除外)改变至子目 2106.90 的添加维生素或矿物质的任何单一水果或蔬菜的浓缩汁。

9. (A)从任何其他章(品目 0805、品目 2009 或子目 2202.99 的混合汁除外)改变至子目 2106.90 的添加维生素或矿物质的混合汁;或者

(B)从第二十一章的任何其他子目、品目 2009 或子目 2202.99 的混合汁改变至子目 2106.90 的添加维生素或矿物质的混合汁,不论是否从任何其他章改变而来,前提是单一果汁成分或来自哥伦比亚或美国以外单一国家的果汁成分以单一浓度形式构成的货物体积不超过 60%。

10. 从任何其他子目(品目 2203 至 2209 除外)改变至子目 2106.90 的复合酒精制剂。

11. 从任何其他章(第十七章除外)改变至子目 2106.90 的糖浆。

12. 从任何其他章[第四章或子目 1901.90 的乳固体含量(按重量计)超过 10%的乳制品除外]改变至子目 2106.90 的乳固体含量超过 10%的产品。

13. 从任何其他章改变至品目 2106 的任何其他货物。

第二十二章

1. 从任何其他章改变至品目 2201。

2. 从任何其他章改变至子目 2202.10。

3. 从任何其他章改变至子目 2202.91。

4. 从任何其他章(品目 0805、品目 2009 或子目 2106.90 的浓缩果汁除外)改变至子目 2202.99 的添加维生素或矿物质的任何单一水果汁或蔬菜汁;

5. (A)从任何其他章(品目 0805、品目 2009 或子目 2106.90 的混合汁除外)改变至子目 2202.99 添加维生素或矿物质的混合汁;或者

(B)从第二十二章中的任何其他子目、品目 2009 或子目 2106.90 的混合汁,不论是否从任何其他章改变而来,前提是单一果汁成分或来自哥伦比亚或美国以外单一国家的果汁成分以单一浓度形式构成的货物体积不超过 60%;

6. 从任何其他章[第四章或子目 1901.90 的乳固体含量(按重量计)超过 10%的乳制品除外]改变至子目 2202.99 的含乳饮料;或者

6A. 从任何其他章改变至子目 2202.99 的任何其他货物。

7. 从任何其他章(子目 2106.90 的复合酒精制剂除外)改变至品目 2203 至 2208。

8. 从任何其他品目改变至品目 2209。

第二十三章

1. 从任何其他章改变至品目 2301 至 2308。

2. 从任何其他品目改变至子目 2309.10。

3. 从任何其他品目(第四章或子目 1901.90 除外)改变至子目 2309.90。

第二十四章

1. 从任何其他章改变至品目 2401。

2. 从任何其他品目改变至子目 2402.10。

3. 从任何其他章、品目 2401 的未脱粒或类似加工的包装烟草或者适合用作品目 2403 包装烟草的均化烟草或再造烟草改变至子目 2402.20 至 2402.90。

4. (A)从任何其他品目改变至用于子目 2403.91 的雪茄外包烟叶的均化烟草或再造烟草;或者

   (B)从任何其他章改变至品目 2403 的任何其他货物。

第二十五章

1. 从任何其他品目改变至品目 2501 至 2516。

2. 从任何其他品目改变至子目 2517.10 至 2517.20。

3. 从任何其他子目改变至子目 2517.30。

4. 从任何其他品目改变至子目 2517.41 至 2517.49。

5. 从任何其他品目改变至品目 2518 至 2522。

6. 从任何其他章改变至品目 2523。

7. 从任何其他品目改变至品目 2524 至 2530。

第二十六章

从任何其他品目改变至品目 2601 至 2621。

第二十七章

1. 从任何其他品目改变至品目 2701 至 2709。

   品目规则:就品目 2710 而言,下列工序被授予原产资格:

   (a)常压蒸馏——一种分离过程,其中石油在蒸馏塔中根据沸点转化成馏分,然后蒸汽冷凝成不同的液化馏分。

   (b)减压蒸馏——在低于大气压但不低到分子蒸馏的压力下进行蒸馏。

2. 从任何其他子目改变至子目 2707.10 至 2707.99,前提是此类改变产生的货物是化学反应的产物。

3. (A)从子目 2710.12 至 2710.99 的任何其他货物改变至子目 2710.12 的任何其他货物,前提是此类改变产生的货物是化学反应、常压蒸馏或减压蒸馏的产物;或者

   (B)从任何其他品目(品目 2207 除外)改变至子目 2710.12。

4. (A)从子目 2710.12 至 2710.99 的任何其他货物改变至子目 2710.19 至 2710.20 的任何其他货物,前提是此类改变产生的货物是化学反应、常压蒸馏或减压蒸馏的产物;或者

   (B)从子目 2710.19 的任何其他货物改变至子目 2710.19 的 6 号燃料油;或者

   (C)从任何其他品目(品目 2207 除外)改变至子目 2710.19 至 2710.20 的任何其他货物。

5. (A)从子目 2710.12 至 2710.99 的任何其他货物改变至子目 2710.91 至 2710.99 的任何

何其他货物,前提是此类改变产生的货物是化学反应、常压蒸馏或减压蒸馏的产物;或者

　　(B)从任何其他品目(品目2207除外)改变至子目2710.91至2710.99。

6. 从任何其他子目(子目2711.21除外)改变至子目2711.11。

7. 从任何其他子目(子目2711.29除外)改变至子目2711.12至2711.19。

8. 从任何其他子目(子目2711.11除外)改变至子目2711.21。

9. 从任何其他子目(子目2711.12至2711.21除外)改变至子目2711.29。

10. 从任何其他品目改变至品目2712至2714。

11. 从任何其他品目(品目2714或子目2713.20除外)改变至品目2715。

12. 从任何其他品目改变至品目2716。

第二十八章

1. 从任何其他子目改变至子目2801.10至2801.30。

2. 从任何其他品目改变至品目2802至2803。

3. 从任何其他子目改变至子目2804.10至2806.20。

4. 从任何其他品目改变至品目2807至2808。

5. 从任何其他子目改变至子目2809.10至2809.20。

6. 从任何其他品目改变至品目2810。

7. 从任何其他品目改变至品目2811.11至2816.40。

8. 从任何其他品目改变至品目2817。

9. 从任何其他子目改变至子目2818.10至2821.20。

10. 从任何其他品目改变至品目2822至2823。

11. 从任何其他子目改变至子目2824.10至2837.20。

[12 已删除]

13. 从任何其他子目改变至子目2839.11至2846.90。

14. 从任何其他品目改变至品目2847。

15. 从任何其他子目改变至子目2849.10至2849.90。

16. 从任何其他品目改变至品目2850至2853。

第二十九章

1. 从任何其他子目改变至子目2901.10至2910.90。

2. 从任何其他品目改变至品目2911。

3. 从任何其他子目改变至子目2912.11至2912.60。

4. 从任何其他品目改变至品目2913。

5. 从任何其他子目改变至子目2914.11至2918.99。

6. 从任何其他品目改变至品目2919。

7. 从任何其他子目改变至子目2920.11至2926.90。

8. 从任何其他品目改变至品目2927至2928。

9. 从任何其他子目改变至子目2929.10至2929.90。

10. (A)从任何其他品目改变至子目2930.20的硫代氨基甲酸异丙酯;或者

(B)从任何其他子目改变至子目2930.20的任何其他货物。

11. 从任何其他子目改变至子目2930.30至2930.90。

12. 从任何其他品目改变至品目2931。

13. 从任何其他子目改变至子目2932.11至2934.99。

14. 从任何其他品目改变至品目2935。

15. 从任何其他子目改变至子目2936.21至2936.29。

15A. (A)从子目2936.90的任何其他货物或任何其他子目改变至子目2936.90的未混合维生素原;或者

(B)从子目2936.90的未混合维生素原或任何其他子目改变至子目2936.90的任何其他货物。

15B. 从任何其他子目改变至子目2937.11至2939.80。

16. 从任何其他品目改变至品目2940。

17. 从任何其他子目改变至子目2941.10至2941.90。

18. 从任何其他品目改变至品目2942。

第三十章

1. 从任何其他子目改变至子目3001.20至3001.90。

2. 从子目3002.11至3002.19以外的任何子目改变至子目3002.11至3002.19。

3. 从任何其他子目改变至子目3002.20至3003.39。

4. 从子目3003.41至3003.49以外的任何子目改变至子目3003.41至3003.49。

5. 从子目3003.60至3003.90以外的任何子目改变至子目3003.60至3003.90。

6. 从任何其他品目改变至品目3004,前提是该品目改变不完全是由零售包装所致。

7. 从任何其他子目改变至子目3005.10至3006.40。

8. 从任何其他子目改变至子目3006.50,前提是区域价值成分不低于:

(A)使用累积法时的35%,或

(B)使用扣减法时的45%。

9. 从任何其他子目改变至子目3006.60至3006.92。

第三十一章

1. 从任何其他品目改变至品目3101。

2. 从任何其他子目改变至子目3102.10至3102.90。

3. 从子目3103.11至3103.19以外的任何子目改变至子目3103.11至3103.19。

4. 从任何其他子目改变至子目3103.90至3105.90。

第三十二章

1. 从任何其他子目改变至子目3201.10至3202.90。

2. 从任何其他品目改变至品目3203。

3. 从任何其他子目改变至子目3204.11至3204.90。

4. 从任何其他章改变至品目3205。

5. 从任何其他子目改变至子目3206.11至3206.50。

6. 从任何其他章改变至品目3207至3212。

7. 从任何其他品目改变至品目 3213 至 3214。

8. 从任何其他章改变至品目 3215。

第三十三章

1. 从任何其他子目改变至子目 3301.12 至 3301.90。

2. 从任何其他品目(品目 2207 除外)改变至品目 3302。

3. 从任何其他品目改变至品目 3303。

4. 从任何其他子目改变至子目 3304.10 至 3307.90。

第三十四章

1. 从任何其他品目改变至品目 3401。

2. 从任何其他子目改变至子目 3402.11 至 3402.19。

3. 从任何其他子目(子目 3402.90 除外)改变至子目 3402.20。

4. 从任何其他子目改变至子目 3402.90。

5. 从任何其他子目(品目 2710 或品目 2712 除外)改变至子目 3403.11 至 3403.19。

6. 从任何其他子目改变至子目 3403.91 至 3403.99。

7. 从任何其他子目改变至子目 3404.20 至 3405.90。

8. 从任何其他品目改变至品目 3406 至 3407。

第三十五章

1. 从任何其他子目改变至子目 3501.10 至 3501.90。

2. 从子目 3502.11 至 3502.19 以外的任何子目(品目 0407 除外)改变至子目 3502.11 至 3502.19。

3. 从任何其他子目改变至子目 3502.20 至 3502.90。

4. 从任何其他子目改变至品目 3503 至 3504。

5. 从任何其他子目改变至子目 3505.10。

6. 从任何其他品目改变至子目 3505.20。

7. 从任何其他品目改变至品目 3506。

8. 从任何其他子目改变至子目 3507.10 至 3507.90。

第三十六章

从任何其他品目改变至品目 3601 至 3606。

第三十七章

1. 从任何其他品目(品目 3704 至 3706 除外)改变至品目 3701 至 3703。

2. 从任何其他品目改变至品目 3704 至 3706。

3. 从任何其他子目改变至子目 3707.10 至 3707.90。

第三十八章

1. 从任何其他品目改变至子目 3801.10 至 3807.00。

2. 从子目 3808.52 至 3808.59 以外的任何子目改变至子目 3808.52 至 3808.59,前提是原产有效成分占总有效成分的比例不低于 50%(按重量计)。

3. 从子目 3808.61 至 3808.91 以外的任何子目改变至子目 3808.61 至 3808.91,前提是原产有效成分占总有效成分的比例不低于 50%(按重量计)。

4. 从任何其他子目改变至子目 3808.92 至 3808.99,前提是原产有效成分占总有效成分的比例不低于 50%(按重量计)。

5. 从任何其他品目改变至子目 3809.10 至 3824.99。

6. 从任何其他章(第二十八章至第三十七章、第四十章或第九十章除外)的品目改变至品目 3825。

7. 从任何其他品目改变至品目 3826。

第三十九章

1. 从任何其他品目改变至品目 3901 至 3915,前提是原产聚合物含量不低于聚合物总含量的 50%(按重量计)。

2. 从任何其他子目改变至子目 3916.10 至 3917.31。

3. 从子目 3917.32 至 3917.33 以外的任何子目改变至子目 3917.32 至 3917.33。

4. 从任何其他子目改变至子目 3917.39 至 3918.90。

5. (A)从子目 3919.10 至 3919.90 以外的任何子目改变至子目 3919.10 至 3919.90;或者

   (B)从任何其他子目改变至子目 3919.10 至 3919.90,前提是区域价值成分不低于:

   (1)使用累积法时的 35%,或

   (2)使用扣减法时的 45%。

6. (A)从任何其他子目改变至子目 3920.10 至 3920.99;或者

   (B)从子目 3920.79 的任何其他货物或任何其他子目改变至子目 3920.79 的硬化纸板;或者

   (C)税则归类无需改变,前提是区域价值成分不低于:

   (1)使用累积法时的 35%,或

   (2)使用扣减法时的 45%。

7. 从任何其他子目改变至子目 3921.11 至 3921.90。

8. 从任何其他品目改变至品目 3922 至 3926。

第四十章

1. (A)从任何其他章改变至子目 4001.10 至 4001.30;或者

   (B)从任何其他子目改变至子目 4001.10 至 4001.30,前提是使用扣减法时的区域价值成分不低于 30%。

2. (A)从任何其他品目(品目 4001 除外)改变至子目 4002.11 至 4002.70;或者

   (B)从品目 4001 或任何其他品目改变至子目 4002.11 至 4002.70,前提是使用扣减法时的区域价值成分不低于 30%。

3. 从任何其他子目改变至子目 4002.80。

4. 从任何其他品目改变至子目 4002.91 至 4002.99。

5. (A)从任何其他品目(品目 4001 除外)改变至品目 4003 至 4004;或者

   (B)从品目 4001 或任何其他品目改变至品目 4003 至 4004,前提是使用扣减法时的区域价值成分不低于 30%。

6. 从任何其他品目改变至品目 4005 至 4017。

第四十一章

1. (A) 从品目 4101 的任何其他货物或任何其他章改变至品目 4101 的经退鞣(包括预鞣,该工艺可逆)加工的生皮;或者

    (B) 从任何其他章改变至品目 4101 的任何其他货物。

2. (A) 从品目 4102 的任何其他货物或任何其他章改变至品目 4102 的经退鞣(包括预鞣,该工艺可逆)加工的生皮;或者

    (B) 从任何其他章改变至品目 4102 的任何其他货物。

3. (A) 从品目 4103 的任何其他货物或任何其他章改变至品目 4103 的经退鞣(包括预鞣,该工艺可逆)加工的生皮;或者

    (B) 从任何其他章改变至品目 4103 的任何其他货物。

4. 从任何其他子目改变至子目 4104.11 至 4104.49。

5. (A) 从任何其他品目[品目 4102 的经退鞣(包括预鞣,该工艺可逆)加工的生皮或品目 4112 除外]改变至品目 4105;或者

    (B) 从子目 4105.10 的蓝湿皮改变至品目 4105。

6. (A) 从任何其他品目[品目 4103 的经退鞣(包括预鞣,该工艺可逆)加工的生皮或品目 4113 除外]改变至品目 4106;或者

    (B) 从子目 4106.21、子目 4106.31 或子目 4106.91 的蓝湿皮改变至品目 4106。

7. 从任何其他品目改变至品目 4107。

8. (A) 从任何其他品目[品目 4102 的经退鞣(包括预鞣,该工艺可逆)加工的生皮或品目 4105 除外]改变至品目 4112;或者

    (B) 从子目 4105.10 的蓝湿皮改变至品目 4112。

9. (A) 从任何其他品目[品目 4103 的经退鞣(包括预鞣,该工艺可逆)加工的生皮或品目 4106 除外]改变至品目 4113;或者

    (B) 从子目 4106.21、子目 4106.31 或子目 4106.91 的蓝湿皮改变至品目 4113。

10. 从任何其他子目改变至子目 4114.10 至 4115.20。

第四十二章

1. 从任何其他品目改变至品目 4201。

2. 从任何其他章改变至子目 4202.11。

3. 从任何其他章(品目 5407、品目 5408、品目 5512 至 5516、税号 5903.10.15 至 5903.10.25、税号 5903.20.15 至 5903.20.25、税号 5903.90.15 至 5903.90.25、税号 5906.99.20、税号 5906.99.25、税号 5907.00.05、税号 5907.00.15 或税号 5907.00.60 除外)改变至子目 4202.12。

4. 从任何其他品目改变至子目 4202.12 的以塑料做面的货物。

5. 从任何其他章改变至子目 4202.19 至 4202.21。

6. 从任何其他章(品目 5407、品目 5408、品目 5512 至 5516、税号 5903.10.15 至 5903.10.25、税号 5903.20.15 至 5903.20.25、税号 5903.90.15 至 5903.90.25、税号 5906.99.20、税号 5906.99.25、税号 5907.00.05、税号 5907.00.15 或税号 5907.00.60 除外)改变至子目 4202.22 的以纺织材料做面的货物。

7. 从任何其他品目改变至子目 4202.22 的以塑料做面的货物。

8. 从任何其他章改变至子目 4202.29 至 4202.31。

9. 从任何其他章(品目 5407、品目 5408、品目 5512 至 5516、税号 5903.10.15 至 5903.10.25、税号 5903.20.15 至 5903.20.25、税号 5903.90.15 至 5903.90.25、税号 5906.99.20、税号 5906.99.25、税号 5907.00.05、税号 5907.00.15 或税号 5907.00.60 除外)改变至子目 4202.32 的以纺织材料做面的货物。

10. 从任何其他品目改变至子目 4202.32 的以塑料做面的货物。

11. 从任何其他章改变至子目 4202.39 至 4202.91。

12. 从任何其他章(品目 5407、品目 5408、品目 5512 至 5516、税号 5903.10.15 至 5903.10.25、税号 5903.20.15 至 5903.20.25、税号 5903.90.15 至 5903.90.25、税号 5906.99.20、税号 5906.99.25、税号 5907.00.05、税号 5907.00.15 或税号 5907.00.60 除外)改变至子目 4202.92 的以纺织材料做面的货物。

13. 从任何品目改变至子目 4202.92 的以塑料做面的货物。

14. 从任何其他章改变至子目 4202.99。

15. 从任何其他章改变至子目 4203.10 至 4203.29。

16. 从任何其他品目改变至子目 4203.30 至 4203.40。

17. 从任何其他品目改变至品目 4205 至 4206。

第四十三章

1. 从任何其他章改变至品目 4301。

2. 从任何其他品目改变至品目 4302 至 4304。

第四十四章

从任何其他品目改变至品目 4401 至 4421。

第四十五章

从任何其他品目改变至品目 4501 至 4504。

第四十六章

1. 从任何其他章改变至品目 4601。

2. 从任何其他品目改变至品目 4602。

第四十七章

从任何其他品目改变至品目 4701 至 4707。

第四十八章

1. 从任何其他章改变至品目 4801 至 4807。

2. 从任何其他品目改变至品目 4808 至 4811。

3. 从品目 4812 至 4817 以外的任何品目改变至品目 4812 至 4817。

4. 从任何其他品目(品目 4803 除外)改变至子目 4818.10 至 4818.30。

5. 从任何其他品目改变至子目 4818.50 至 4818.90。

6. 从品目 4819 至 4822 以外的任何品目改变至品目 4819 至 4822。

7. 从任何其他品目改变至品目 4823。

第四十九章

从任何其他章改变至品目 4901 至 4911。

第五十章

1. 从任何其他章改变至品目 5001 至 5003。

2. 从品目 5004 至 5006 以外的任何品目改变至品目 5004 至 5006。

3. 从任何其他品目改变至品目 5007。

第五十一章

1. 从任何其他章改变至品目 5101 至 5105。

2. 从品目 5106 至 5110 以外的任何品目改变至品目 5106 至 5110。

3. 从品目 5111 至 5113 以外的任何品目（品目 5106 至 5110、品目 5205 至 5206、品目 5401 至 5402、子目 5403.33 至 5403.39、子目 5403.42 至品目 5404 或品目 5509 至 5510 除外）改变至品目 5111 至 5113。

第五十二章

1. 从任何其他章（品目 5401 至 5402、子目 5403.33 至 5403.39、子目 5403.42 至品目 5405 或品目 5501 至 5507 除外）改变至品目 5201 至 5207。

2. 从品目 5208 至 5212 以外的任何品目（品目 5106 至 5110、品目 5205 至 5206、品目 5401 至 5402、子目 5403.33 至 5403.39、子目 5403.42 至品目 5404 或品目 5509 至 5510 除外）改变至品目 5208 至 5212。

第五十三章

1. 从任何其他章改变至品目 5301 至 5305。

2. 从品目 5306 至 5308 以外的任何品目改变至品目 5306 至 5308。

3. 从任何其他品目（品目 5307 至 5308 除外）改变至品目 5309。

4. 从品目 5310 至 5311 以外的任何品目（品目 5307 至 5308 除外）改变至品目 5310 至 5311。

第五十四章

1. 从任何其他章（品目 5201 至 5203 或品目 5501 至 5507 除外）改变至品目 5401 至 5406。

2. 从税号 5402.47.10、税号 5402.52.10 或任何其他品目（品目 5106 至 5110、品目 5205 至 5206、品目 5401 至 5402、子目 5403.33 至 5403.39、子目 5403.42 至品目 5408 或品目 5509 至 5510 除外）改变至税号 5407.61.11、税号 5407.61.21 或税号 5407.61.91。

3. 从任何其他品目（品目 5106 至 5110、品目 5205 至 5206、品目 5401 至 5402、子目 5403.33 至 5403.39、子目 5403.42 至品目 5408 或品目 5509 至 5510 除外）改变至品目 5407 的任何其他子目。

4. 从任何其他品目（品目 5106 至 5110、品目 5205 至 5206、品目 5401 至 5402、子目 5403.33 至 5403.39、子目 5403.42 至品目 5407 或品目 5509 至 5510 除外）改变至品目 5408。

第五十五章

1. 从任何其他章（品目 5201 至 5203、品目 5401 至 5402、子目 5403.33 至 5403.39、子目 5403.42 至品目 5405 除外）改变至品目 5501 至 5511。

2. 从品目 5512 至 5516 以外的任何品目（品目 5106 至 5110、品目 5205 至 5206、品目 5401 至 5402、子目 5403.33 至 5403.39、子目 5403.42 至品目 5404 或品目 5509 至 5510 除外）改变至品目 5512 至 5516。

第五十六章

从任何其他章（品目 5106 至 5113、品目 5204 至 5212、品目 5307 至 5308、品目 5310 至 5311、品目 5401 至 5402、子目 5403.33 至 5403.39、子目 5403.42 至品目 5408 或第五十五章除外）改变至品目 5601 至 5609。

第五十七章

从任何其他章（品目 5106 至 5113、品目 5204 至 5212、品目 5401 至 5402、子目 5403.20、子目 5403.33 至 5403.39、子目 5403.42 至 5403.49、品目 5404 至 5408 或品目 5508 至 5516 除外）改变至品目 5701 至 5705。

第五十八章

1. 从任何其他章（品目 5111 至 5113、品目 5204 至 5212、品目 5310 至 5311、品目 5401 至 5402、子目 5403.33 至 5403.39、子目 5403.42 至品目 5408 或第五十五章除外）改变至子目 5801.10 至 5806.10。

2. 从任何其他章（品目 5208 至 5212、品目 5407 至 5408 或品目 5512 至 5516 除外）改变至子目 5806.20。

3. 从任何其他章（品目 5111 至 5113、品目 5204 至 5212、品目 5310 至 5311、品目 5401 至 5402、子目 5403.33 至 5403.39、子目 5403.42 至品目 5408 或第五十五章除外）改变至子目 5806.31 至 5811.00。

第五十九章

1. 从任何其他章（品目 5111 至 5113、品目 5208 至 5212、品目 5307 至 5308、品目 5310 至 5311、品目 5407 至 5408 或品目 5512 至 5516 除外）改变至品目 5901。

2. 从任何其他品目（品目 5106 至 5113、品目 5204 至 5212、品目 5306 至 5311、品目 5401 至 5402、子目 5403.33 至 5403.39、子目 5403.42 至品目 5408 或第五十五章除外）改变至品目 5902。

3. 从任何其他章（品目 5111 至 5113、品目 5208 至 5212、品目 5307 至 5308、品目 5310 至 5311、品目 5407 至 5408 或品目 5512 至 5516 除外）改变至品目 5903 至 5908。

4. 从任何其他章（品目 5111 至 5113、品目 5208 至 5212、品目 5307 至 5308、品目 5310 至 5311、品目 5401 至 5402、子目 5403.33 至 5403.39、子目 5403.42 至品目 5408 或品目 5512 至 5516 除外）改变至品目 5909。

5. 从任何其他品目（品目 5106 至 5113、品目 5204 至 5212、品目 5307 至 5308、品目 5310 至 5311、品目 5401 至 5402、子目 5403.33 至 5403.39、子目 5403.42 至品目 5408 或第五十五章除外）改变至品目 5910。

6. 从任何其他章（品目 5111 至 5113、品目 5208 至 5212、品目 5307 至 5308、品目 5310 至 5311、品目 5407 至 5408 或品目 5512 至 5516 除外）改变至品目 5911。

第六十章

1. 从任何其他章（品目 5106 至 5113、第五十二章、品目 5307 至 5308、品目 5310 至 5311、

品目 5401 至 5402、子目 5403.33 至 5403.39、子目 5403.42 至品目 5408 或第五十五章除外)改变至品目 6001。

2. 从任何其他章改变至品目 6002。

3. 从任何其他章(品目 5106 至 5113、第五十二章、品目 5307 至 5308、品目 5310 至 5311、品目 5401 至 5402、子目 5403.33 至 5403.39、子目 5403.42 至品目 5408 或第五十五章除外)改变至品目 6003 至 6006。

第六十一章

章规则一:除归入税号 5408.22.10、税号 5408.23.11、税号 5408.23.21 或税号 5408.24.10 的织物外,下列品目和子目的织物,当用作某些男女西服套装、西服短上衣、裙子、大衣、短外套、带帽夹克、风衣和类似物品的可见衬里材料时,必须在哥伦比亚或/和美国境内由纱线制作成型并完成:品目 5111 至 5112、子目 5208.31 至 5208.59、子目 5209.31 至 5209.59、子目 5210.31 至 5210.59、子目 5211.31 至 5211.59、子目 5212.13 至 5212.15、子目 5212.23 至 5212.25、子目 5407.42 至 5407.44、子目 5407.52 至 5407.54、子目 5407.61、子目 5407.72 至 5407.74、子目 5407.82 至 5407.84、子目 5407.92 至 5407.94、子目 5408.22 至 5408.24、子目 5408.32 至 5408.34、子目 5512.19、子目 5512.29、子目 5512.99、子目 5513.21 至 5513.49、子目 5514.21 至 5515.99、子目 5516.12 至 5516.14、子目 5516.22 至 5516.24、子目 5516.32 至 5516.34、子目 5516.42 至 5516.44、子目 5516.92 至 5516.94、子目 6001.10、子目 6001.92、子目 6005.35 至 6005.44 或子目 6006.10 至 6006.44。

章规则二:为确定本章货物的原产地,适用于该货物的规则仅适用于确定该货物税则归类的成分,并且该成分必须满足该规则规定的税则归类改变要求。如果规则要求货物还必须满足本章章规则一所列对可见衬里织物的税则归类改变要求,则该要求仅适用于服装主体中的可见衬里织物(不包括覆盖最大表面积的袖子),不适用于可拆卸衬里。

章规则三:尽管有本章章规则二的规定,但本章含有子目 5806.20 或品目 6002 的织物的货物,仅当这些织物在哥伦比亚或/和美国境内由纱线制作完成时,才被视为原产货物。

章规则四:尽管有本章章规则二的规定,但本章含有品目 5204 或品目 5401 的缝纫线的货物,仅当该缝纫线在哥伦比亚或/和美国境内成型和完成时,才被视为原产货物。

章规则五:尽管有本章章规则二的规定,但本章含有一个或多个口袋的服装,该口袋织物必须在哥伦比亚或/和美国境内由在哥伦比亚或/和美国境内完全成型的纱线制作完成。

1. 从任何其他章(品目 5106 至 5113、品目 5204 至 5212、品目 5307 至 5308、品目 5310 至 5311、品目 5401 至 5402、子目 5403.33 至 5403.39、子目 5403.42 至品目 5408、品目 5508 至 5516 或品目 6001 至 6006 除外)改变至子目 6101.10 至 6101.30,前提是:

    (A)该货物在哥伦比亚或/和美国境内裁剪或/和针织成型并缝制或以其他方式组合;以及

    (B)服装中使用的任何可见衬里材料必须满足第六十一章章规则一的要求。

2. 从任何其他章(品目 5106 至 5113、品目 5204 至 5212、品目 5307 至 5308、品目 5310 至 5311、品目 5401 至 5402、子目 5403.33 至 5403.39、子目 5403.42 至品目 5408、品目 5508 至 5516 或品目 6001 至 6006 除外)改变至子目 6102.10 至 6102.30,前提是:

    (A)该货物在哥伦比亚或/和美国境内裁剪或/和针织成型并缝制或以其他方式组合;

以及

(B)服装中使用的任何可见衬里材料必须满足第六十一章章规则一的要求。

3. 从任何其他章(品目 5106 至 5113、品目 5204 至 5212、品目 5307 至 5308、品目 5310 至 5311、品目 5401 至 5402、子目 5403.33 至 5403.39、子目 5403.42 至品目 5408、品目 5508 至 5516 或品目 6001 至 6006 除外)改变至子目 6102.90,前提是该货物经过裁剪或针织成型并在哥伦比亚或/和美国境内缝制或以其他方式组合。

4. 从任何其他章(品目 5106 至 5113、品目 5204 至 5212、品目 5307 至 5308、品目 5310 至 5311、品目 5401 至 5402、子目 5403.33 至 5403.39、子目 5403.42 至品目 5408、品目 5508 至 5516 或品目 6001 至 6006 除外)改变至税号 6103.10.70 或税号 6103.10.90,前提是该货物在哥伦比亚或/和美国境内裁剪或/和针织成型并缝制或以其他方式组合。

5. 从任何其他章(品目 5106 至 5113、品目 5204 至 5212、品目 5307 至 5308、品目 5310 至 5311、品目 5401 至 5402、子目 5403.33 至 5403.39、子目 5403.42 至品目 5408、品目 5508 至 5516 或品目 6001 至 6006 除外)改变至子目 6103.10 的任何其他货物,前提是:

(A)该货物在哥伦比亚或/和美国境内裁剪或/和针织成型并缝制或以其他方式组合;以及

(B)服装中使用的任何可见衬里材料必须满足第六十一章章规则一的要求。

[6 已删除]

7. 从任何其他章(品目 5106 至 5113、品目 5204 至 5212、品目 5307 至 5308、品目 5310 至 5311、品目 5401 至 5402、子目 5403.20、子目 5403.33 至 5403.39、子目 5403.42 至品目 5408、品目 5508 至 5516 或品目 6001 至 6006 除外)改变至子目 6103.19 的任何其他税号,前提是:

(A)该货物在哥伦比亚或/和美国境内裁剪或/和针织成型并缝制或以其他方式组合;以及

(B)服装中使用的任何可见衬里材料必须满足第六十一章章规则一的要求。

8. 从任何其他章(品目 5106 至 5113、品目 5204 至 5212、品目 5307 至 5308、品目 5310 至 5311、品目 5401 至 5402、子目 5403.33 至 5403.39、子目 5403.42 至品目 5408、品目 5508 至 5516 或品目 6001 至 6006 除外)改变至子目 6103.22 至 6103.29,前提是:

(A)该货物在哥伦比亚或/和美国境内裁剪或/和针织成型并缝制或以其他方式组合;以及

(B)对于作为子目 6103.22 至子目 6103.29 的便服套装的一部分进口的以羊毛、动物细毛、棉花或化学纤维为原料的品目 6101 的的服装或品目 6103 的的上衣,服装中使用的任何可见衬里材料必须满足第六十一章章规则一的要求。

9. 从任何其他章(品目 5106 至 5113、品目 5204 至 5212、品目 5307 至 5308、品目 5310 至 5311、品目 5401 至 5402、子目 5403.33 至 5403.39、子目 5403.42 至品目 5408、品目 5508 至 5516 或品目 6001 至 6006 除外)改变至子目 6103.31 至 6103.33,前提是:

(A)该货物在哥伦比亚或/和美国境内裁剪或/和针织成型并缝制或以其他方式组合;

以及

(B)服装中使用的任何可见衬里材料必须满足第六十一章章规则一的要求。

10. 从任何其他章(品目 5106 至 5113、品目 5204 至 5212、品目 5307 至 5308、品目 5310 至 5311、品目 5401 至 5402、子目 5403.33 至 5403.39、子目 5403.42 至品目 5408、品目 5508 至 5516 或品目 6001 至 6006 除外)改变至税号 6103.39.50 或税号 6103.39.90,前提是该货物在哥伦比亚或/和美国境内裁剪或/和针织成型并缝制或以其他方式组合。

11. 从任何其他章的任何其他品目(品目 5106 至 5113、品目 5204 至 5212、品目 5307 至 5308、品目 5310 至 5311、品目 5401 至 5402、子目 5403.33 至 5403.39、子目 5403.42 至品目 5408、品目 5508 至 5516 或品目 6001 至 6006 除外)改变至子目 6103.39 的任何其他税号,前提是:

(A)该货物在哥伦比亚或/和美国境内裁剪或/和针织成型并缝制或以其他方式组合;以及

(B)服装中使用的任何可见衬里材料必须满足第六十一章章规则一的要求。

12. 从任何其他章(品目 5106 至 5113、品目 5204 至 5212、品目 5307 至 5308、品目 5310 至 5311、品目 5401 至 5402、子目 5403.33 至 5403.39、子目 5403.42 至品目 5408、品目 5508 至 5516 或品目 6001 至 6006 除外)改变至子目 6103.41 至 6103.49,前提是该货物在哥伦比亚或/和美国境内裁剪或/和针织成型并缝制或以其他方式组合。

13. 从任何其他章(品目 5106 至 5113、品目 5204 至 5212、品目 5307 至 5308、品目 5310 至 5311、品目 5401 至 5402、子目 5403.33 至 5403.39、子目 5403.42 至品目 5408、品目 5508 至 5516 或品目 6001 至 6006 除外)改变至子目 6104.13,前提是:

(A)该货物在哥伦比亚或/和美国境内裁剪或/和针织成型并缝制或以其他方式组合;以及

(B)服装中使用的任何可见衬里材料必须满足第六十一章章规则一的要求。

14. 从任何其他章(品目 5106 至 5113、品目 5204 至 5212、品目 5307 至 5308、品目 5310 至 5311、品目 5401 至 5402、子目 5403.33 至 5403.39、子目 5403.42 至品目 5408、品目 5508 至 5516 或品目 6001 至 6006 除外)改变至税号 6104.19.40 或税号 6104.19.80,前提是该货物在哥伦比亚或/和美国境内裁剪或/和针织成型并缝制或以其他方式组合。

15. 从任何其他章的任何其他品目(品目 5106 至 5113、品目 5204 至 5212、品目 5307 至 5308、品目 5310 至 5311、品目 5401 至 5402、子目 5403.33 至 5403.39、子目 5403.42 至品目 5408、品目 5508 至 5516 或品目 6001 至 6006 除外)改变至子目 6104.19 的任何其他税号,前提是:

(A)该货物在哥伦比亚或/和美国境内裁剪或/和针织成型并缝制或以其他方式组合;以及

(B)服装中使用的任何可见衬里材料必须满足第六十一章章规则一的要求。

16. 从任何其他章(品目 5106 至 5113、品目 5204 至 5212、品目 5307 至 5308、品目 5310 至 5311、品目 5401 至 5402、子目 5403.33 至 5403.39、子目 5403.42 至品目 5408、品目 5508 至 5516 或品目 6001 至 6006 除外)改变至子目 6104.22 至 6104.29,前提是:

(A)该货物在哥伦比亚或/和美国境内裁剪或/和针织成型并缝制或以其他方式组合;以及

(B)对于作为子目6104.22至6104.29的便服套装的一部分进口的以羊毛、动物细毛、棉花或化学纤维为原料的品目6102的服装、品目6104的上衣或品目6104的裙子,服装中使用的任何可见衬里材料必须满足第六十一章章规则一的要求。

17. 从任何其他章(品目5106至5113、品目5204至5212、品目5307至5308、品目5310至5311、品目5401至5402、子目5403.33至5403.39、子目5403.42至品目5408、品目5508至5516或品目6001至6006除外)改变至子目6104.31至6104.33,前提是:

(A)该货物在哥伦比亚或/和美国境内裁剪或/和针织成型并缝制或以其他方式组合;以及

(B)服装中使用的任何可见衬里材料必须满足第六十一章章规则一的要求。

18. 从任何其他章(品目5106至5113、品目5204至5212、品目5307至5308、品目5310至5311、品目5401至5402、子目5403.33至5403.39、子目5403.42至品目5408、品目5508至5516或品目6001至6006除外)改变至税号6104.39.20,前提是该货物经过裁剪或针织成型,并在哥伦比亚或/和美国境内缝制或生产。

19. 从任何其他章(品目5106至5113、品目5204至5212、品目5307至5308、品目5310至5311、品目5401至5402、子目5403.33至5403.39、子目5403.42至品目5408、品目5508至5516或品目6001至6006除外)改变至子目6104.39的任何其他税号,前提是:

(A)该货物在哥伦比亚或/和美国境内裁剪或/和针织成型并缝制或以其他方式组合;以及

(B)服装中使用的任何可见衬里材料必须满足第六十一章章规则一的要求。

20. 从任何其他章(品目5106至5113、品目5204至5212、品目5307至5308、品目5310至5311、品目5401至5402、子目5403.33至5403.39、子目5403.42至品目5408、品目5508至5516或品目6001至6006除外)改变至子目6104.41至6104.49,前提是该货物在哥伦比亚或/和美国境内裁剪或/和针织成型并缝制或以其他方式组合。

21. 从任何其他章(品目5106至5113、品目5204至5212、品目5307至5308、品目5310至5311、品目5401至5402、子目5403.33至5403.39、子目5403.42至品目5408、品目5508至5516或品目6001至6006除外)改变至子目6104.51至6104.53,前提是:

(A)该货物在哥伦比亚或/和美国境内裁剪或/和针织成型并缝制或以其他方式组合;以及

(B)服装中使用的任何可见衬里材料必须满足第六十一章章规则一的要求。

22. 从任何其他章(品目5106至5113、品目5204至5212、品目5307至5308、品目5310至5311、品目5401至5402、子目5403.33至5403.39、子目5403.42至品目5408、品目5508至5516或品目6001至6006除外)改变至税号6104.59.40或税号6104.59.80,前提是该货物在哥伦比亚或/和美国境内裁剪或/和针织成型并缝制或以其他方式组合。

23. 从任何其他章的任何其他品目(品目5106至5113、品目5204至5212、品目5307至5308、品目5310至5311、品目5401至5402、子目5403.33至5403.39、子目5403.42

至品目 5408、品目 5508 至 5516 或品目 6001 至 6006 除外)改变至子目 6104.59 的任何其他税号,前提是:

(A)该货物在哥伦比亚或/和美国境内裁剪或/和针织成型并缝制或以其他方式组合;以及

(B)服装中使用的任何可见衬里材料必须满足第六十一章章规则一的要求。

24. 从任何其他章(品目 5106 至 5113、品目 5204 至 5212、品目 5307 至 5308、品目 5310 至 5311、品目 5401 至 5402、子目 5403.33 至 5403.39、子目 5403.42 至品目 5408、品目 5508 至 5516 或品目 6001 至 6006 除外)改变至子目 6104.61 至 6104.69,前提是该货物在哥伦比亚或/和美国境内裁剪或/和针织成型并缝制或以其他方式组合。

25. 从任何其他章(品目 5106 至 5113、品目 5204 至 5212、品目 5307 至 5308、品目 5310 至 5311、品目 5401 至 5402、子目 5403.33 至 5403.39、子目 5403.42 至品目 5408、品目 5508 至 5516 或品目 6001 至 6006 除外)改变至品目 6105 至 6111,前提是该货物在哥伦比亚或/和美国境内裁剪或/和针织成型并缝制或以其他方式组合。

26. 从任何其他章(品目 5106 至 5113、品目 5204 至 5212、品目 5307 至 5308、品目 5310 至 5311、品目 5401 至 5402、子目 5403.33 至 5403.39、子目 5403.42 至品目 5408、品目 5508 至 5516 或品目 6001 至 6006 除外)改变至子目 6112.11 至 6112.19,前提是该货物在哥伦比亚或/和美国境内裁剪或/和针织成型并缝制或以其他方式组合。

27. 从任何其他章(品目 5106 至 5113、品目 5204 至 5212、品目 5307 至 5308、品目 5310 至 5311、品目 5401 至 5402、子目 5403.33 至 5403.39、子目 5403.42 至品目 5408、品目 5508 至 5516 或品目 6001 至 6006 除外)改变至子目 6112.20,前提是:

(A)该货物在哥伦比亚或/和美国境内裁剪或/和针织成型并缝制或以其他方式组合;以及

(B)对于作为子目 6112.20 的滑雪套装的一部分进口的以羊毛、动物细毛、棉花或化学纤维为原料的品目 6101、6102、品目 6201 或品目 6202 的的服装,服装中使用的任何可见衬里材料必须满足第六十一章章规则一的要求。

28. 从任何其他章(品目 5106 至 5113、品目 5204 至 5212、品目 5307 至 5308、品目 5310 至 5311、品目 5401 至 5402、子目 5403.33 至 5403.39、子目 5403.42 至品目 5408、品目 5508 至 5516 或品目 6001 至 6006 除外)改变至子目 6112.31 至 6112.49,前提是该货物在哥伦比亚或/和美国境内裁剪或/和针织成型并缝制或以其他方式组合。

29. 从任何其他章(品目 5106 至 5113、品目 5204 至 5212、品目 5307 至 5308、品目 5310 至 5311、品目 5401 至 5402、子目 5403.33 至 5403.39、子目 5403.42 至品目 5408、品目 5508 至 5516 或品目 6001 至 6006 除外)改变至品目 6113 至 6117,前提是该货物在哥伦比亚或/和美国境内裁剪或/和针织成型并缝制或以其他方式组合。

第六十二章

章规则一:除归入税号 5408.22.10、税号 5408.23.11、税号 5408.23.21 或税号 5408.24.10 的织物外,下列品目和子目的织物,当用作某些男女西装套装、西服短上衣、裙子、大衣、短外套、带帽夹克、风衣和类似物品的可见衬里材料时,必须由纱线制成,并且在哥伦比亚或/和美国境内完成:品目 5111 到 5112、子目 5208.31 至 5208.59、子目 5209.31 至 5209.59、子目 5210.31 至 5210.59、子目 5211.31 至 5211.59、子目 5212.13 至 5212.15、子目 5212.23 至 5212.25、子目 5407.42 至 5407.44、子目 5407.52 至 5407.54、子目 5407.61、子目 5407.72 至 5407.74、子目 5407.82 至 5407.84、子目 5407.92 至 5407.94、子目 5408.22 至 5408.24、子目 5408.32 至 5408.34、子目 5512.19、子目 5512.29、子目 5512.99、子目 5513.21 至 5513.49、子目 5514.21 至 5515.99、子目 5516.12 至 5516.14、子目 5516.22 至 5516.24、子目 5516.32 至 5516.34、子目 5516.42 至 5516.44、子目 5516.92 至 5516.94、子目 6001.10、子目 6001.92、子目 6005.35 至 6005.44 或子目 6006.10 至 6006.44。

章规则二：为确定本章货物的原产地，适用于该货物的规则应仅适用于确定货物税则归类的成分，并且该成分必须满足该规则规定的税则归类改变要求。如果规则要求货物还必须满足本章章规则一所列对可见衬里织物的税则归类改变要求，则该要求仅适用于服装主体中的可见衬里织物（不包括覆盖最大表面积的袖子），不适用于可拆卸衬里。

章规则三：尽管有本章章规则二的规定，但本章含有子目 5806.20 或品目 6002 的织物的货物（子目 6212.10 的货物除外），仅当这些织物在在哥伦比亚或/和美国境内由纱线制作完成时，才被视为原产货物。

章规则四：尽管有本章章规则二的规定，但本章含有品目 5204 或品目 5401 的缝纫线的货物，仅当该缝纫线在哥伦比亚或/和美国境内成型和完成时，才被视为原产货物。

章规则五：尽管有本章章规则二的规定，但本章含有一个或多个口袋的服装，该口袋织物必须在哥伦比亚或/和美国境内由在哥伦比亚或/和美国境内完全成型的纱线制作完成。

1. 从任何其他章（品目 5106 至 5113、品目 5204 至 5212、品目 5307 至 5308、品目 5310 至 5311、品目 5401 至 5402、子目 5403.33 至 5403.39、子目 5403.42 至品目 5408、品目 5508 至 5516、品目 5801 至 5802 或品目 6001 至 6006 除外）改变至子目 6201.11 至 6201.13

   (A) 该货物在哥伦比亚或/和美国境内裁剪或/和针织成型并缝制或以其他方式组合；以及

   (B) 服装中使用的任何可见衬里材料满足第六十二章章规则一的要求。

2. 从任何其他章（品目 5106 至 5113、品目 5204 至 5212、品目 5307 至 5308、品目 5310 至 5311、品目 5401 至 5402、子目 5403.33 至 5403.39、子目 5403.42 至品目 5408、品目 5508 至 5516、品目 5801 至 5802 或品目 6001 至 6006 除外）改变至子目 6201.19，前提是该货物在哥伦比亚或/和美国境内裁剪或/和针织成型并缝制或以其他方式组合。

3. 从任何其他章（品目 5106 至 5113、品目 5204 至 5212、品目 5307 至 5308、品目 5310 至 5311、品目 5401 至 5402、子目 5403.33 至 5403.39、子目 5403.42 至品目 5408、品目 5508 至 5516、品目 5801 至 5802 或品目 6001 至 6006 除外）改变至子目 6201.91 至 6201.93，前提是：

   (A) 该货物在哥伦比亚或/和美国境内裁剪或/和针织成型并缝制或以其他方式组合；以及

   (B) 服装中使用的任何可见衬里材料满足第六十二章章规则一的要求。

4. 从任何其他章（品目 5106 至 5113、品目 5204 至 5212、品目 5307 至 5308、品目 5310 至 5311、品目 5401 至 5402、子目 5403.33 至 5403.39、子目 5403.42 至品目 5408、品目

5508至5516、品目5801至5802或品目6001至6006除外)改变至子目6201.99,前提是该货物在哥伦比亚或/和美国境内裁剪或/和针织成型并缝制或以其他方式组合。

5. 从任何其他章(品目5106至5113、品目5204至5212、品目5307至5308、品目5310至5311、品目5401至5402、子目5403.33至5403.39、子目5403.42至品目5408、品目5508至5516、品目5801至5802或品目6006至6006除外)改变至子目6202.11至6202.13,前提是:

(A)该货物在哥伦比亚或/和美国境内裁剪或/和针织成型并缝制或以其他方式组合;以及

(B)服装中使用的任何可见衬里材料满足第六十二章章规则一的要求。

6. 从任何其他章(品目5106至5113、品目5204至5212、品目5307至5308、品目5310至5311、品目5401至5402、子目5403.33至5403.39、子目5403.42至品目5408、品目5508至5516、品目5801至5802或品目6006至6006除外)改变至子目6202.19,前提是该货物在哥伦比亚或/和美国境内裁剪或/和针织成型并缝制或以其他方式组合。

7. 从任何其他章(品目5106至5113、品目5204至5212、品目5307至5308、品目5310至5311、品目5401至5402、子目5403.33至5403.39、子目5403.42至品目5408、品目5508至5516、品目5801至5802或品目6006至6006除外)改变至子目6202.91至6202.93,前提是:

(A)该货物在哥伦比亚或/和美国境内裁剪或/和针织成型并缝制或以其他方式组合;以及

(B)服装中使用的任何可见衬里材料满足第六十二章章规则一的要求。

8. 从任何其他章(品目5106至5113、品目5204至5212、品目5307至5308、品目5310至5311、品目5401至5402、子目5403.33至5403.39、子目5403.42至品目5408、品目5508至5516、品目5801至5802或品目6006至6006除外)改变至子目6202.99,前提是该货物在哥伦比亚或/和美国境内裁剪或/和针织成型并缝制或以其他方式组合。

9. 从任何其他章(品目5106至5113、品目5204至5212、品目5307至5308、品目5310至5311、品目5401至5402、子目5403.33至5403.39、子目5403.42至品目5408、品目5508至5516、品目5801至5802或品目6001至6006除外)改变至子目6203.11至6203.12,前提是:

(A)该货物在哥伦比亚或/和美国境内裁剪或/和针织成型并缝制或以其他方式组合;以及

(B)服装中使用的任何可见衬里材料满足第六十二章章规则一的要求。

10. [(1)]从任何其他章(品目5106至5113、品目5204至5212、品目5307至5308、品目5310至5311、品目5401至5402、子目5403.33至5403.39、子目5403.42至品目5408、品目5508至5516、品目5801至5802或品目6001至6006除外)改变至税号6203.19.50或税号6203.19.90,前提是该货物在哥伦比亚或/和美国境内裁剪或/和针织成型并缝制或以其他方式组合;或者

[(2)]从任何其他章(品目5106至5113、品目5204至5212、品目5307至5308、品目5310至5311、品目5401至5402、子目5403.33至5403.39、子目5403.42至品

目5408、品目5508至5516、品目5801至5802或品目6001至6006除外)改变至子目6203.19的任何其他税号,前提是:

(A)该货物在哥伦比亚或/和美国境内裁剪或/和针织成型并缝制或以其他方式组合,以及

(B)服装中使用的任何可见衬里材料满足第六十二章章规则一的要求。

11. 从任何其他章(品目5106至5113、品目5204至5212、品目5307至5308、品目5310至5311、品目5401至5402、子目5403.33至5403.39、子目5403.42至品目5408、品目5508至5516、品目5801至5802或品目6001至6006除外)改变至子目6203.22至6203.29,前提是:

(A)该货物在哥伦比亚或/和美国境内裁剪或/和针织成型并缝制或以其他方式组合;以及

(B)对于作为子目6203.22至6203.29的便服套装的一部分进口的以羊毛、动物细毛、棉花或化学纤维为原料的品目6201的服装或品目6203的上衣,服装中使用的任何可见衬里材料必须满足第六十一章章规则一的要求。

12. 从任何其他章(品目5106至5113、品目5204至5212、品目5307至5308、品目5310至5311、品目5401至5402、子目5403.20、子目5403.33至5403.39、子目5403.42至品目5408、品目5508至5516、品目5801至5802或品目6006至6006除外)改变至子目6202.91至6202.93,前提是:

(A)该货物在哥伦比亚或/和美国境内裁剪或/和针织成型并缝制或以其他方式组合;以及

(B)服装中使用的任何可见衬里材料满足第六十二章章规则一的要求。

13. 从任何其他章(品目5106至5113、品目5204至5212、品目5307至5308、品目5310至5311、品目5401至5402、子目5403.33至5403.39、子目5403.42至品目5408、品目5508至5516、品目5801至5802或品目6006至6006除外)改变至子目6202.99,前提是该货物在哥伦比亚或/和美国境内裁剪或/和针织成型并缝制或以其他方式组合。

14. 从任何其他章(品目5106至5113、品目5204至5212、品目5307至5308、品目5310至5311、品目5401至5402、子目5403.33至5403.39、子目5403.42至品目5408、品目5508至5516、品目5801至5802或品目6006至6006除外)改变至子目6203.31至6203.33,前提是:

(A)该货物在哥伦比亚或/和美国境内裁剪或/和针织成型并缝制或以其他方式组合;以及

(B)服装中使用的任何可见衬里材料满足第六十二章章规则一的要求。

15. 从任何其他章(品目5106至5113、品目5204至5212、品目5307至5308、品目5310至5311、品目5401至5402、子目5403.33至5403.39、子目5403.42至品目5408、品目5508至5516、品目5801至5802或品目6001至6006除外)改变至税号6203.39.50或税号6203.39.90,前提是该货物在哥伦比亚或/和美国境内裁剪或/和针织成型并缝制或以其他方式组合。

16. 从任何其他章的任何其他子目(品目5106至5113、品目5204至5212、品目5307至5308、品目5310至5311、品目5401至5402、子目5403.33至5403.39、子目5403.42至品目5408、品目5508至5516、品目5801至5802或品目6006至6006除外)改变至子目6203.39,前提是:

    (A)该货物在哥伦比亚或/和美国境内裁剪或/和针织成型并缝制或以其他方式组合;以及

    (B)服装中使用的任何可见衬里材料满足第六十二章章规则一的要求。

17. 从任何其他章(品目5106至5113、品目5204至5212、品目5307至5308、品目5310至5311、品目5401至5402、子目5403.33至5403.39、子目5403.42至品目5408、品目5508至5516、品目5801至5802或品目6006至6006除外)改变至子目6203.41至6203.49,前提是该货物在哥伦比亚或/和美国境内裁剪或/和针织成型并缝制或以其他方式组合。

18. 从任何其他章(品目5106至5113、品目5204至5212、品目5307至5308、品目5310至5311、品目5401至5402、子目5403.33至5403.39、子目5403.42至品目5408、品目5508至5516、品目5801至5802或品目6006至6006除外)改变至子目6204.11至6204.13,前提是:

    (A)该货物在哥伦比亚或/和美国境内裁剪或/和针织成型并缝制或以其他方式组合;以及

    (B)服装中使用的任何可见衬里材料满足第六十二章章规则一的要求。

19. 从任何其他章(品目5106至5113、品目5204至5212、品目5307至5308、品目5310至5311、品目5401至5402、子目5403.33至5403.39、子目5403.42至品目5408、品目5508至5516、品目5801至5802或品目6001至6006除外)改变至税号6204.19.40或税号6204.19.80,前提是该货物在哥伦比亚或/和美国境内裁剪或/和针织成型并缝制或以其他方式组合。

20. 从任何其他章(品目5106至5113、品目5204至5212、品目5307至5308、品目5310至5311、品目5401至5402、子目5403.33至5403.39、子目5403.42至品目5408、品目5508至5516、品目5801至5802或品目6006至6006除外)改变至子目6204.19的任何其他税号,前提是:

    (A)该货物在哥伦比亚或/和美国境内裁剪或/和针织成型并缝制或以其他方式组合;以及

    (B)服装中使用的任何可见衬里材料满足第六十二章章规则一的要求。

21. 从任何其他章(品目5106至5113、品目5204至5212、品目5307至5308、品目5310至5311、品目5401至5402、子目5403.33至5403.39、子目5403.42至品目5408、品目5508至5516、品目5801至5802或品目6006至6006除外)改变至子目6204.21至6204.29,前提是:

    (A)该货物在哥伦比亚或/和美国境内裁剪或/和针织成型并缝制或以其他方式组合;以及

    (B)对于作为子目6204.21至6204.29的便服套装的一部分进口的以羊毛、动物细毛、棉花或化学纤维为原料的品目 6202 的的服装、品目 6204 的的上衣或品目 6204 的的裙子,服装中使用的任何可见衬里材料必须满足第六十二章章规则一的要求。

22. 从任何其他章(品目 5106 至 5113、品目 5204 至 5212、品目 5307 至 5308、品目 5310 至 5311、品目 5401 至 5402、子目 5403.33 至 5403.39、子目 5403.42 至品目 5408、品目 5508 至 5516、品目 5801 至 5802 或品目 6006 至 6006 除外)改变至子目 6204.31 至 6204.33,前提是:

   (A)该货物在哥伦比亚或/和美国境内裁剪或/和针织成型并缝制或以其他方式组合;以及

   (B)服装中使用的任何可见衬里材料满足第六十二章章规则一的要求。

23. 从任何其他章(品目 5106 至 5113、品目 5204 至 5212、品目 5307 至 5308、品目 5310 至 5311、品目 5401 至 5402、子目 5403.33 至 5403.39、子目 5403.42 至品目 5408、品目 5508 至 5516、品目 5801 至 5802 或品目 6001 至 6006 除外)改变至税号 6204.39.20 或税号 6204.39.60,前提是该货物在哥伦比亚或/和美国境内裁剪或/和针织成型并缝制或以其他方式组合。

24. 从任何其他章的任何其他子目(品目 5106 至 5113、品目 5204 至 5212、品目 5307 至 5308、品目 5310 至 5311、品目 5401 至 5402、子目 5403.33 至 5403.39、子目 5403.42 至品目 5408、品目 5508 至 5516、品目 5801 至 5802 或品目 6006 至 6006 除外)改变至子目 6204.39 的任何其他税号,前提是:

   (A)该货物在哥伦比亚或/和美国境内裁剪或/和针织成型并缝制或以其他方式组合;以及

   (B)服装中使用的任何可见衬里材料满足第六十二章章规则一的要求。

25. 从任何其他章(品目 5106 至 5113、品目 5204 至 5212、品目 5307 至 5308、品目 5310 至 5311、品目 5401 至 5402、子目 5403.33 至 5403.39、子目 5403.42 至品目 5408、品目 5508 至 5516、品目 5801 至 5802 或品目 6006 至 6006 除外)改变至子目 6204.41 至 6204.49,前提是该货物在哥伦比亚或/和美国境内裁剪或/和针织成型并缝制或以其他方式组合。

26. 从任何其他章(品目 5106 至 5113、品目 5204 至 5212、品目 5307 至 5308、品目 5310 至 5311、品目 5401 至 5402、子目 5403.33 至 5403.39、子目 5403.42 至品目 5408、品目 5508 至 5516、品目 5801 至 5802 或品目 6006 至 6006 除外)改变至子目 6204.51 至 6204.53,前提是:

   (A)该货物在哥伦比亚或/和美国境内裁剪或/和针织成型并缝制或以其他方式组合;以及

   (B)服装中使用的任何可见衬里材料满足第六十二章章规则一的要求。

27. 从任何其他章(品目 5106 至 5113、品目 5204 至 5212、品目 5307 至 5308、品目 5310 至 5311、品目 5401 至 5402、子目 5403.33 至 5403.39、子目 5403.42 至品目 5408、品目 5508 至 5516、品目 5801 至 5802 或品目 6001 至 6006 除外)改变至税号 6204.59.40,前提是该货物在哥伦比亚或/和美国境内裁剪或/和针织成型并缝制或以其他方式组合。

28. 从任何其他章的任何其他子目(品目 5106 至 5113、品目 5204 至 5212、品目 5307 至 5308、品目 5310 至 5311、品目 5401 至 5402、子目 5403.33 至 5403.39、子目 5403.42 至品目 5408、品目 5508 至 5516、品目 5801 至 5802 或品目 6006 至 6006 除外)改变至子目 6204.59 的任何其他税号,前提是:

   (A) 该货物在哥伦比亚或/和美国境内裁剪或/和针织成型并缝制或以其他方式组合;以及

   (B) 服装中使用的任何可见衬里材料满足第六十二章章规则一的要求。

29. 从任何其他章(品目 5106 至 5113、品目 5204 至 5212、品目 5307 至 5308、品目 5310 至 5311、品目 5401 至 5402、子目 5403.33 至 5403.39、子目 5403.42 至品目 5408、品目 5508 至 5516、品目 5801 至 5802 或品目 6006 至 6006 除外)改变至子目 6204.61 至 6204.69,前提是该货物在哥伦比亚或/和美国境内裁剪或/和针织成型并缝制或以其他方式组合。

30. 从任何其他章(品目 5106 至 5113、品目 5204 至 5212、品目 5307 至 5308、品目 5310 至 5311、品目 5401 至 5402、子目 5403.33 至 5403.39、子目 5403.42 至品目 5408、品目 5508 至 5516、品目 5801 至 5802 或品目 6006 至 6006 除外)改变至子目 6205.20 至 6205.90,前提是该货物在哥伦比亚或/和美国境内裁剪或/和针织成型并缝制或以其他方式组合。

31. 从任何其他章(品目 5106 至 5113、品目 5204 至 5212、品目 5307 至 5308、品目 5310 至 5311、品目 5401 至 5402、子目 5403.33 至 5403.39、子目 5403.42 至品目 5408、品目 5508 至 5516、品目 5801 至 5802 或品目 6006 至 6006 除外)改变至品目 6206 至 6210,前提是该货物在哥伦比亚或/和美国境内裁剪或/和针织成型并缝制或以其他方式组合。

32. 从任何其他章(品目 5106 至 5113、品目 5204 至 5212、品目 5307 至 5308、品目 5310 至 5311、品目 5401 至 5402、子目 5403.33 至 5403.39、子目 5403.42 至品目 5408、品目 5508 至 5516、品目 5801 至 5802 或品目 6006 至 6006 除外)改变至子目 6211.11 至 6211.12,前提是该货物在哥伦比亚或/和美国境内裁剪或/和针织成型并缝制或以其他方式组合。

33. 从任何其他章(品目 5106 至 5113、品目 5204 至 5212、品目 5307 至 5308、品目 5310 至 5311、品目 5401 至 5402、子目 5403.33 至 5403.39、子目 5403.42 至品目 5408、品目 5508 至 5516、品目 5801 至 5802 或品目 6006 至 6006 除外)改变至子目 6211.20,前提是:

   (A) 该货物在哥伦比亚或/和美国境内裁剪或/和针织成型并缝制或以其他方式组合;以及

   (B) 对于作为子目 6112.20 的滑雪套装的一部分进口的以羊毛、动物细毛、棉花或化学纤维为原料的品目 6101、品目 6102、品目 6201 或品目 6202 的服装,服装中使用的任何可见衬里材料必须满足第六十一章章规则一的要求。

34. 从任何其他章(品目 5106 至 5113、品目 5204 至 5212、品目 5307 至 5308、品目 5310

至5311、品目5401至5402、子目5403.33至5403.39、子目5403.42至品目5408、品目5508至5516、品目5801至5802或品目6006至6006除外)改变至子目6211.32至6211.49,前提是该货物在哥伦比亚或/和美国境内裁剪或/和针织成型并缝制或以其他方式组合。

35. 从任何其他章改变至子目6212.10,前提是该货物在哥伦比亚或/和美国境内裁剪或/和针织成型并缝制或以其他方式组合。

36. 从任何其他章(品目5106至5113、品目5204至5212、品目5307至5308、品目5310至5311、品目5401至5402、子目5403.33至5403.39、子目5403.42至品目5408、品目5508至5516、品目5801至5802或品目6006至6006除外)改变至子目6212.20至6212.90,前提是该货物在哥伦比亚或/和美国境内裁剪或/和针织成型并缝制或以其他方式组合。

37. 从任何其他章(品目5106至5113、品目5204至5212、品目5307至5308、品目5310至5311、品目5401至5402、子目5403.33至5403.39、子目5403.42至品目5408、品目5508至5516、品目5801至5802或品目6006至6006除外)改变至品目6213至6217,前提是该货物在哥伦比亚或/和美国境内裁剪或/和针织成型并缝制或以其他方式组合。

第六十三章

章规则一:为确定本章货物的原产地,适用于该货物的规则仅适用于确定该货物税则归类的成分,并且该成分必须满足该规则规定的税则归类改变要求。

章规则二:尽管有本章章规则一的规定,但本章含有品目5204或品目5401的缝纫线的货物,仅当该缝纫线在哥伦比亚或/和美国境内完全成型,才被视为原产货物。

1. 从任何其他章(品目5106至5113、品目5204至5212、品目5307至5308、品目5310至5311、品目5401至5402、子目5403.33至5403.39、子目5403.42至品目5408、品目5508至5516、品目5801至5802或品目6006至6006除外)改变至品目6301至6302,前提是该货物在哥伦比亚或/和美国境内裁剪或/和针织成型并缝制或以其他方式组合。

2. 从税号5402.47.10、税号5402.52.10或任何其他章(品目5106至5113、品目5204至5212、品目5307至5308、品目5310至5311、品目5401至5402、子目5403.33至5403.39、子目5403.42至品目5408、品目5508至5516、品目5801至5802或品目6006至6006除外)改变至税号6303.92.10,前提是该货物在哥伦比亚或/和美国境内裁剪或/和针织成型并缝制或以其他方式组合。

3. 从任何其他章(品目5106至5113、品目5204至5212、品目5307至5308、品目5310至5311、品目5401至5402、子目5403.33至5403.39、子目5403.42至品目5408、品目5508至5516、品目5801至5802或品目6006至6006除外)改变至品目6303的任何其他税号,前提是该货物在哥伦比亚或/和美国境内裁剪或/和针织成型并缝制或以其他方式组合。

4. 从任何其他章(品目5106至5113、品目5204至5212、品目5307至5308、品目5310至5311、品目5401至5402、子目5403.33至5403.39、子目5403.42至品目5408、品目

5508 至 5516、品目 5801 至 5802 或品目 6006 至 6006 除外)改变至品目 6304 至 6305，前提是该货物在哥伦比亚或/和美国境内裁剪或/和针织成型并缝制或以其他方式组合。

5. 从任何其他章(品目 5106 至 5113、品目 5204 至 5212、品目 5307 至 5308、品目 5310 至 5311、品目 5401 至 5402、子目 5403.33 至 5403.39、子目 5403.42 至品目 5408、品目 5508 至 5516、品目 5801 至 5802、品目 5903 或品目 6001 至 6006 除外)改变至品目 6306,前提是该货物在哥伦比亚或/和美国境内裁剪或/和针织成型并缝制或以其他方式组合。

6. 从任何其他章(品目 5106 至 5113、品目 5204 至 5212、品目 5307 至 5308、品目 5310 至 5311、品目 5401 至 5402、子目 5403.33 至 5403.39、子目 5403.42 至品目 5408、品目 5508 至 5516、品目 5801 至 5802 或品目 6001 至 6006 除外)改变至品目 6307 至 6308，前提是该货物在哥伦比亚或/和美国境内裁剪或/和针织成型并缝制或以其他方式组合。

7. 从任何其他章(品目 5106 至 5113、品目 5204 至 5212、品目 5307 至 5308、品目 5310 至 5311、品目 5401 至 5402、子目 5403.33 至 5403.39、子目 5403.42 至品目 5408、品目 5508 至 5516、品目 5801 至 5802 或品目 6001 至 6006 除外)改变至品目 6309,前提是该货物在哥伦比亚或/和美国境内裁剪或/和针织成型并缝制或以其他方式组合。

8. 从任何其他章(品目 5106 至 5113、品目 5204 至 5212、品目 5307 至 5308、品目 5310 至 5311、品目 5401 至 5402、子目 5403.33 至 5403.39、子目 5403.42 至品目 5408、品目 5508 至 5516、品目 5801 至 5802 或品目 6001 至 6006 除外)改变至品目 6310,前提是该货物在哥伦比亚或/和美国境内裁剪或/和针织成型并缝制或以其他方式组合。

第六十四章

1. 从品目 6401 至 6405 以外的任何其他品目(子目 6406.10 除外)改变至子目 6401.10、子目 6401.91、税号 6401.92.90、税号 6401.99.30、税号 6401.99.60、税号 6401.99.90、税号 6402.30.50、税号 6402.30.70、税号 6402.30.80、税号 6402.91.50、税号 6402.91.80、税号 6402.91.90、税号 6402.99.20、税号 6402.99.80、税号 6402.99.90、税号 6404.11.90 或税号 6404.19.20,前提是使用累积法时的区域价值成分不低于 55%。

2. 从任何其他子目改变至品目 6401 至 6405 的任何其他货物,前提是使用累积法时的区域价值成分不低于 20%。

3. 从任何其他子目改变至子目 6406.10 至 6406.90。

第六十五章

1. 从任何其他章改变至品目 6501。

2. 从任何其他章(子目 1401.90 和品目 4601 的托奎拉稻草除外)改变至品目 6502。

[3 已删除]

4. 从任何其他品目(子目 1401.90 和品目 4601 的托奎拉稻草或品目 6502 至 6507 除外)改变至品目 6504。

5. 从任何其他品目(品目 6504 至 6507 除外)改变至品目 6505 至 6506。

6. 从任何其他品目改变至品目 6507。

第六十六章

1. 从任何其他品目改变至品目6601。

2. 从任何其他品目改变至品目6602。

3. 从任何其他章改变至品目6603。

第六十七章

1. (A)从任何其他品目改变至品目6701;或者

    (B)从任何其他货物(包括品目6701的货物)改变至品目6701的羽毛或羽绒制品。

2. 从任何其他品目改变至品目6702至6704。

第六十八章

1. 从任何其他品目改变至品目6801至6811。

2. 从任何其他子目改变至子目6812.80至6812.91。

3. 从子目6812.92至6812.93以外的任何子目改变至子目6812.92至6812.93。

4. 从任何其他品目改变至品目6812.99。

5. 从任何其他品目改变至品目6813至6814。

6. 从子目6815.99改变至子目6815.99至6815.99。

第六十九章

从任何其他章改变至品目6901至6914。

第七十章

1. 从任何其他品目改变至品目7001。

2. 从任何其他品目改变至子目7002.10。

3. 从任何其他章改变至子目7002.20。

4. 从任何其他品目改变至子目7002.31。

5. 从任何其他章改变至子目7002.32至7002.39。

6. 从品目7003至7006以外的任何品目改变至品目7003至7006。

7. 从任何其他品目改变至子目7007.11。

8. 从任何其他品目(品目7003至7007除外)改变至子目7007.19。

9. 从任何其他品目改变至子目7007.21。

10. 从任何其他品目(品目7003至7007除外)改变至子目7007.29。

11. 从任何其他品目改变至品目7008。

12. (A)从任何其他品目改变至子目7009.10;或者

    (B)税则归类无需改变至子目7009.10,前提是区域价值成分不低于:

    (1)使用累积法时的35%,或

    (2)使用扣减法时的45%。

13. 从子目7009.91至7018.90以外的任何品目(品目7007至7008或品目7020的真空瓶或其他真空容器的玻璃内胆除外)改变至子目7009.91至7018.90。

14. 从任何其他品目改变至品目7019。

15. 从任何其他品目改变至品目7020。

第七十一章

1. 从任何其他品目改变至品目7101。
2. 从任何其他章改变至品目7102至7103。
3. 从任何其他品目改变至品目7104至7105。
4. 从任何其他章改变至品目7106至7108。
5. 从任何其他品目改变至品目7109。
6. 从任何其他章改变至品目7110至7111。
7. 从任何其他品目改变至品目7112。
8. (A)从任何其他品目(品目7116除外)改变至品目7113;或者
   (B)税则归类无需改变至品目7113,前提是区域价值成分不低于:
   　　(1)使用累积法时的55%,或
   　　(2)使用扣减法时的65%。
9. 从任何其他品目改变至品目7114至7115。
10. 从任何其他品目(品目7113除外)改变至品目7116。
11. 从任何其他品目改变至品目7117至7118。

第七十二章

1. 从任何其他章改变至品目7201至7205。
2. 从品目7206至7207以外的任何品目改变至品目7206至7207。
3. 从任何其他品目改变至品目7208至7229。

第七十三章

1. (A)从任何其他章改变至品目7301至7307;或者
   (B)从子目7304.49改变至子目7304.41的外径小于19毫米的货物。
2. 从任何其他品目改变至品目7308,但对品目7216的角材、型材或异型材进行以下处理而导致的归类改变除外:
   (A)钻孔、冲孔、开槽、切割、弯曲或清扫,不论是单独进行还是组合进行;
   (B)为复合结构添加附件或焊接件;
   (C)为搬运目的添加附件;
   (D)在H型钢或工字钢上增加焊件、连接件或附件,但焊件、连接件或附件的最大尺寸不得大于H型钢或工字钢法兰内表面之间的尺寸;
   (E)涂漆、镀锌或其他涂层;或者
   (F)单独或组合钻孔、冲孔、开槽或切割,添加一个没有加强元件的简单底板,用于生产适合做柱的制品。
3. 从品目7309至7311以外的任何品目改变至品目7309至7311。
4. 从任何其他品目改变至品目7312至7314。
5. (A)从任何其他品目改变至子目7315.11至7315.12;或者
   (B)从子目7315.19改变至子目7315.11至7315.12,不论是否从任何其他品目改变而来,前提是区域价值成分不低于:
   　　(1)使用累积法时的35%,或

(2)使用扣减法时的45%。

6. 从任何其他品目改变至子目7315.19。

7. (A)从任何其他品目改变至子目7315.20至7315.89;或者

(B)从子目7315.90改变至子目7315.20至7315.89,不论是否从任何其他品目改变而来,前提是区域价值成分不低于:

(1)使用累积法时的35%,或

(2)使用扣减法时的45%。

8. 从任何其他品目改变至子目7315.90。

9. 从任何其他品目(品目7312或品目7315除外)改变至品目7316。

10. 从品目7317至7318以外的任何品目改变至品目7317至7318。

11. 从任何其他品目改变至品目7319至7320。

12. (A)从任何其他子目[子目7321.90的烹饪室(不论是否装配)、上部面板(不论是否带有控制装置、燃烧器)或包含以下多个部件的门组件除外:内面板、外面板、窗或隔离件]改变至子目7321.11;或者

(B)从子目7321.90改变至子目7321.11,不论是否从任何其他品目改变而来,前提是区域价值成分不低于:

(1)使用累积法时的35%,或

(2)使用扣减法时的45%。

13. (A)从任何其他品目改变至子目7321.12至7321.89;或者

(B)从子目7321.90改变至子目7321.12至7321.89,不论是否从任何其他品目改变而来,前提是区域价值成分不低于:

(1)使用累积法时的35%,或

(2)使用扣减法时的45%。

14. (A)从任何其他品目改变至子目7321.90;或者

(B)税则归类无需改变至子目7321.90,前提是区域价值成分不低于:

(1)使用累积法时的35%,或

(2)使用扣减法时的45%。

15. 从品目7322至7323以外的任何品目改变至品目7322至7323。

16. (A)从任何其他品目改变至子目7324.10至7324.29;或者

(B)税则归类无需改变至子目7324.10至7324.10至7324.29,前提是区域价值成分不低于:

(1)使用累积法时的35%,或

(2)使用扣减法时的45%。

17. 从任何其他品目改变至子目7324.90。

18. 从子目7325.10至7326.20以外的任何子目改变至子目7325.10至7326.20。

19. 从任何其他品目(品目7325除外)改变至子目7326.90。

第七十四章

1. 从任何其他品目改变至品目7401至7403。

2. 税则归类无需改变至品目7404,前提是区域价值成分不低于:
   (A)使用累积法时的35%,或
   (B)使用扣减法时的45%。
3. 从任何其他品目改变至品目7405至7407。
4. 从任何其他品目(品目7407除外)改变至品目7408。
5. 从任何其他品目改变至品目7409。
6. 从任何其他品目(品目7409的厚度小于5毫米的板、片或带除外)改变至品目7410。
7. 从任何其他品目改变至品目7411至7419。

第七十五章

1. 从任何其他品目改变至品目7501至7505。
2. (A)从任何其他品目改变至品目7506;或者
   (B)从品目7506的任何其他货物改变为厚度不超过0.15毫米的箔,前提是厚度减少不少于50%。
3. 从任何其他子目改变至子目7507.11至7508.90。

第七十六章

1. 从任何其他章改变至品目7601。
2. 从任何其他品目改变至品目7602。
3. 从任何其他章改变至品目7603。
4. 从任何其他品目(品目7605至7606除外)改变至品目7604。
5. 从任何其他品目(品目7604除外)改变至品目7605。
6. 从任何其他品目改变至子目7606.11。
7. 从任何其他品目(品目7604至7606除外)改变至子目7606.12。
8. 从任何其他品目改变至子目7606.91。
9. 从任何其他品目(品目7604至7606除外)改变至子目7606.92。
10. 从任何其他品目改变至子目7607.11。
11. (A)从任何其他品目改变至子目7607.19至7607.20;或者
    (B)税则归类无需改变至子目7607.19至7607.20,前提是区域价值成分不低于:
       (1)使用累积法时的35%,或
       (2)使用扣减法时的45%。
12. 从品目7608至7609以外的任何品目改变至品目7608至7609。
13. 从任何其他品目改变至品目7610至7615。
14. 从任何其他品目改变至子目7616.10。
15. 从任何其他子目改变至子目7616.91至7616.99。

第七十八章

1. 从任何其他章改变至品目7801至7802。
2. 从任何其他品目改变至品目7804。
3. (A)从品目7806的任何其他货物或任何其他品目改变至品目7806的铅条、杆、型材、异型材或丝;或者

(B)从品目7806的任何其他货物或任何其他品目改变至品目7806的铅管或管子附件;或者

(C)从品目7806的铅条、杆、型材、异型材或丝,品目7806或任何其他品目的铅管或管子附件改变至品目7806的任何其他货物。

第七十九章

1. 从任何其他章改变至品目7901至7902。

2. 从任何其他章改变至子目7903.10。

3. 从任何其他品目改变至子目7903.90。

4. 从任何其他品目改变至品目7904至7905。

5. (A)从品目7907的任何其他货物或任何其他品目改变至品目7907的锌管或管子附件;或者

(B)从品目7907的锌管或管子附件或任何其他品目改变至品目7907的任何其他货物。

第八十章

1. 从任何其他章改变至品目8001至8002。

2. 从任何其他品目改变至品目8003。

3. (A)从品目8007的任何其他货物或任何其他品目改变至品目8007的厚度超过0.2毫米的锡板、片或带;或者

(B)从品目8007的任何其他货物(厚度超过0.2毫米的锡箔、粉或片状粉末除外)或任何其他品目改变至品目8007的锡箔、粉或片状粉末;或者

(C)从品目8007的任何其他货物或任何其他品目改变至品目8007的锡管或管子附件;或者

(D)从品目8007的厚度超过0.2毫米的锡板、片或带、厚度不超过0.2毫米的锡箔、粉或片状粉末、管或管子附件或任何其他品目改变至品目8007的任何其他货物。

4. 从任何其他品目改变至品目8006至8007。

第八十一章

1. 从任何其他章改变至子目8101.10至8101.94。

[2 已删除]

3. 从任何其他子目[子目8101.99的条、杆(仅通过简单烧结获得的除外)、型材、异型材、板、片、带和箔除外]改变至子目8101.96。

4. 从任何其他章改变至子目8101.97。

5. (A)从子目8101.99的任何其他货物或任何其他子目改变至子目8101.99的条、杆(仅通过简单烧结获得的除外)、型材、异型材、板、片、带或箔;或者

(B)从子目8101.99的条、杆(仅通过简单烧结获得的除外)、型材、异型材、板、片、带或箔或任何其他子目改变至子目8101.99的任何其他货物。

6. 从任何其他章改变至子目8102.10至8102.94。

7. 从任何其他子目改变至子目8102.95。

8. 从任何其他子目(子目8102.95除外)改变至子目8102.96。

9. 从任何其他章改变至子目 8102.97。

10. 从任何其他子目改变至子目 8102.99。

11. 从任何其他章改变至子目 8103.20 至 8103.30。

12. 从任何其他子目改变至子目 8103.90。

13. 从任何其他章改变至子目 8104.11 至 8104.20。

14. 从任何其他子目改变至子目 8104.30 至 8104.90。

15. 从任何其他章改变至子目 8105.20 至 8105.30。

16. 从任何其他子目改变至子目 8105.90。

17. (A)从任何其他章改变至品目 8106；或者
    (B)税则归类无需改变至品目 8106，前提是区域价值成分不低于：
       (1)使用累积法时的 35%，或
       (2)使用扣减法时的 45%。

18. 从任何其他章改变至子目 8107.20 至 8107.30。

19. 从任何其他子目改变至子目 8107.90。

20. 从任何其他章改变至子目 8108.20 至 8108.30。

21. 从任何其他子目改变至子目 8108.90。

22. 从任何其他章改变至子目 8109.20 至 8109.30。

23. 从任何其他子目改变至子目 8109.90。

24. (A)从任何其他章改变至品目 8110 至 8111；或者
    (B)税则归类无需改变至品目 8110 至 8111，前提是区域价值成分不低于：
       (1)使用累积法时的 35%，或
       (2)使用扣减法时的 45%。

25. 从任何其他章改变至子目 8112.12 至 8112.13。

26. 从任何其他子目改变至子目 8112.19，前提是区域价值成分不低于：
    (A)使用累积法时的 35%，或
    (B)使用扣减法时的 45%。

27. (A)从任何其他章改变至子目 8112.21 至 8112.59；或者
    (B)税则归类无需改变，前提是区域价值成分不低于：
       (1)使用累积法时的 35%，或
       (2)使用扣减法时的 45%。

28. (A)从任何其他章改变至子目 8112.92 的未锻造锗或钒、锗或钒废碎料或粉末；或者
    (B)子目 8112.92 的未锻造锗或钒、锗或钒废碎料或粉末的税则归类无需改变，前提是区域价值成分不低于：
       (1)使用累积法时的 35%，或
       (2)使用扣减法时的 45%；或者
    (C)从任何其他章改变至子目 8112.92 的其他货物。

29. (A)从任何其他章改变至子目 8112.99 的钒或锗制品；或者
    (B)子目 8112.99 的锗或钒制品的税则归类无需改变，前提是区域价值成分不低于：

(1)使用累积法时的 35%,或

(2)使用扣减法时的 45%;或者

(C)从子目 8112.99 的锗或钒制品或任何其他子目改变至子目 8112.99 的其他货物。

30. (A)从任何其他章改变至品目 8113;或者

(B)税则归类无需改变至品目 8113,前提是区域价值成分不低于:

(1)使用累积法时的 35%,或

(2)使用扣减法时的 45%。

第八十二章

1. 从任何其他章改变至品目 8201 至 8206。

2. (A)从任何其他章改变至子目 8207.13;或者

(B)从品目 8209 或子目 8207.19 改变至子目 8207.13,前提是区域价值成分不低于:

(1)使用累积法时的 35%,或

(2)使用扣减法时的 45%。

3. 从任何其他章改变至子目 8207.19 至 8207.90。

4. (A)从任何其他章改变至品目 8208 至 8215;或者

(B)从子目 8211.95 改变至子目 8211.91 至 8211.93,不论是否从任何其他章改变而来,前提是区域价值成分不低于:

(1)使用累积法时的 35%,或

(2)使用扣减法时的 45%。

第八十三章

1. (A)从任何其他章改变至子目 8301.10 至 8301.40;或者

(B)从子目 8301.60 改变至子目 8301.10 至 8301.40,不论是否从任何其他章改变而来,前提是区域价值成分不低于:

(1)使用累积法时的 35%,或

(2)使用扣减法时的 45%。

2. (A)从任何其他章改变至子目 8301.50;或者

(B)从任何其他子目改变至子目 8301.50,前提是区域价值成分不低于:

(1)使用累积法时的 35%,或

(2)使用扣减法时的 45%。

3. 从任何其他章改变至子目 8301.60 至 8301.70。

4. 从任何其他品目改变至品目 8302 至 8304。

5. (A)从任何其他章改变至子目 8305.10 至 8305.20;或者

(B)从任何其他子目改变至子目 8305.10 至 8305.20,前提是区域价值成分不低于:

(1)使用累积法时的 35%,或

(2)使用扣减法时的 45%。

6. 从任何其他品目改变至子目 8305.90。

7. 从任何其他章改变至子目 8306.10。

8. 从任何其他品目改变至子目 8306.21 至 8306.30。

9. 从任何其他品目改变至品目 8307。

10. (A)从任何其他章改变至子目 8308.10 至 8308.20；或者

　　(B)从任何其他子目改变至子目 8308.10 至 8308.20，前提是区域价值成分不低于：

　　　　(1)使用累积法时的 35%，或

　　　　(2)使用扣减法时的 45%。

11. 从任何其他品目改变至子目 8308.90。

12. 从任何其他品目改变至品目 8309 至 8310。

13. (A)从任何其他章改变至子目 8311.10 至 8311.30；或者

　　(B)从任何其他子目改变至子目 8311.10 至 8311.30，前提是区域价值成分不低于：

　　　　(1)使用累积法时的 35%，或

　　　　(2)使用扣减法时的 45%。

14. 从任何其他品目改变至子目 8311.90。

第八十四章

1. 从任何其他子目改变至子目 8401.10 至 8401.30。

2. 从任何其他品目改变至子目 8401.40。

3. (A)从任何其他品目改变至子目 8402.11；或者

　　(B)从子目 8402.90 改变至子目 8402.11，不论是否从任何其他品目改变而来，前提是区域价值成分不低于：

　　　　(1)使用累积法时的 35%，或

　　　　(2)使用扣减法时的 45%。

4. (A)从任何其他品目改变至子目 8402.12；或者

　　(B)从任何其他子目改变至子目 8402.12，前提是区域价值成分不低于：

　　　　(1)使用累积法时的 35%，或

　　　　(2)使用扣减法时的 45%。

5. (A)从任何其他品目改变至子目 8402.19；或者

　　(B)从子目 8402.90 改变至子目 8402.19，不论是否从任何其他品目改变而来，前提是区域价值成分不低于：

　　　　(1)使用累积法时的 35%，或

　　　　(2)使用扣减法时的 45%。

6. (A)从任何其他品目改变至子目 8402.20；或者

　　(B)从任何其他子目改变至子目 8402.20，前提是区域价值成分不低于：

　　　　(1)使用累积法时的 35%，或

　　　　(2)使用扣减法时的 45%。

7. (A)从任何其他品目改变至子目 8402.90，或者

　　(B)税则归类无需改变至子目 8402.90，前提是区域价值成分不低于：

　　　　(1)使用累积法时的 35%，或

　　　　(2)使用扣减法时的 45%。

8. 从任何其他子目改变至子目 8403.10。

9. 从任何其他品目改变至子目 8403.90。

10. 从任何其他子目改变至子目 8404.10。

11. (A)从任何其他品目改变至子目 8404.20;或者

    (B)从子目 8404.90 改变至子目 8404.20,不论是否从任何其他品目改变而来,前提是区域价值成分不低于:

    (1)使用累积法时的 35%,或

    (2)使用扣减法时的 45%。

12. 从任何其他品目改变至子目 8404.90。

13. 从任何其他子目改变至子目 8405.10。

14. 从任何其他品目改变至子目 8405.90。

15. 从任何其他子目改变至子目 8406.10。

16. 从子目 8406.81 至 8406.82 以外的任何子目改变至子目 8406.81 至 8406.82。

17. (A)从任何其他品目改变至子目 8406.90;或者

    (B)税则归类无需改变至子目 8406.90,前提是区域价值成分不低于:

    (1)使用累积法时的 35%,或

    (2)使用扣减法时的 45%。

18. 从任何其他品目改变至子目 8407.10 至 8407.29。

19. (A)从任何其他品目改变至子目 8407.31 至 8407.34;或者

    (B)税则归类无需改变至子目 8407.31 至 8407.34,前提是使用净成本法时的区域价值成分不低于 35%。

20. 从任何其他品目改变至子目 8407.90。

21. 从任何其他品目改变至子目 8408.10,

22. (A)从任何其他品目改变至子目 8408.20;或者

    (B)税则归类无需改变至子目 8408.20,前提是使用净成本法时的区域价值成分不低于 35%。

23. 从任何其他品目改变至子目 8408.90。

24. 税则归类无需改变至,前提是使用净成本法时的区域价值成分不低于 35%。

25. 从子目 8410.11 至 8410.13 以外的任何子目改变至子目 8410.11 至 8410.13。

26. 从任何其他品目改变至子目 8410.90。

27. 从子目 8411.11 至 8411.82 以外的任何子目改变至子目 8411.11 至 8411.82。

28. 从任何其他品目改变至子目 8411.91。

29. (A)从任何其他品目改变至子目 8411.99;或者

    (B)税则归类无需改变至子目 8411.99,前提是区域价值成分不低于:

    (1)使用累积法时的 35%,或

    (2)使用扣减法时的 45%。

30. 从任何其他子目改变至子目 8412.10 至 8412.80。

31. 从任何其他品目改变至子目 8412.90。

32. 从任何其他子目改变至子目 8413.11 至 8413.82。

33. (A)从任何其他品目改变至子目 8413.91 至 8413.92;或者
    (B)税则归类无需改变至子目 8413.92,前提是区域价值成分不低于:
        (1)使用累积法时的 35%,或
        (2)使用扣减法时的 45%。

34. (A)从任何其他品目改变至子目 8414.10 至 8414.80;或者
    (B)从子目 8414.90 改变至子目 8414.10 至 8414.80,不论是否从任何其他品目改变而来,前提是区域价值成分不低于:
        (1)使用累积法时的 35%,或
        (2)使用扣减法时的 45%。

35. (A)从任何其他品目改变至子目 8414.90;或者
    (B)税则归类无需改变至子目 8414.90,前提是区域价值成分不低于:
        (1)使用累积法时的 35%,或
        (2)使用扣减法时的 45%。

36. 从任何其他子目改变至子目 8415.10 至 8415.83。

37. (A)从任何其他品目改变至子目 8415.90;或者
    (B)从任何其他货物(包括子目 8415.90 的货物)改变至子目 8415.90 的机箱、机箱刀片和外部机柜。

38. 从任何其他子目改变至子目 8416.10 至 8416.90。

39. 从任何其他子目改变至子目 8417.10 至 8417.80。

40. 从任何其他品目改变至子目 8417.90。

41. 从子目 8418.10 至 8418.69 以外的任何子目(子目 8418.91 除外)改变至子目 8418.10 至 8418.69。

42. 从任何其他品目改变至子目 8418.91 至 8418.99。

43. 从任何其他子目改变至子目 8419.11。

44. (A)从任何其他品目改变至子目 8419.19;或者
    (B)从任何其他子目改变至子目 8419.19,前提是区域价值成分不低于:
        (1)使用累积法时的 35%,或
        (2)使用扣减法时的 45%。

45. 从任何其他子目改变至子目 8419.20 至 8419.89。

46. (A)从任何其他品目改变至子目 8419.90;或者
    (B)税则归类无需改变至子目 8419.90,前提是区域价值成分不低于:
        (1)使用累积法时的 35%,或
        (2)使用扣减法时的 45%。

47. 从任何其他子目改变至子目 8420.10。

48. 从任何其他品目改变至子目 8420.91 至 8420.99。

49. 从任何其他子目改变至子目 8421.11 至 8421.39。

50. (A)从任何其他品目改变至子目 8421.91;或者
    (B)税则归类无需改变至子目 8421.91,前提是区域价值成分不低于:

(1)使用累积法时的35%,或

(2)使用扣减法时的45%。

51. (A)从任何其他品目改变至子目8421.99;或者

(B)税则归类无需改变至子目8421.91,前提是区域价值成分不低于:

(1)使用累积法时的35%,或

(2)使用扣减法时的45%。

52. 从任何其他子目改变至子目8422.11至8422.40。

53. (A)从任何其他品目改变至子目8422.90;或者

(B)税则归类无需改变至子目8422.90,前提是区域价值成分不低于:

(1)使用累积法时的35%,或

(2)使用扣减法时的45%。

54. 从任何其他子目改变至子目8423.10至8423.89。

55. 从任何其他品目改变至子目8423.90。

56. 从任何其他子目改变至子目8424.10至8424.30。

56A. 从子目8424.41至8424.82以外的任何子目改变至子目8424.41至8424.82。

56B. 从任何其他子目改变至子目8424.89至8430.69。

57. (A)从任何其他品目改变至品目8431;或者

(B)税则归类无需改变至子目8431.10、子目8431.31、子目8431.39、子目8431.43或子目8431.49,前提是区域价值成分不低于:

(1)使用累积法时的35%,或

(2)使用扣减法时的45%。

58. 从任何其他子目改变至子目8432.10至8432.29。

58A. 从子目8432.31至8432.39以外的任何子目改变至子目8432.31至8432.39。

58B. 从子目8432.41至8432.42以外的任何子目改变至子目8432.41至8432.42。

58C. 从任何其他子目改变至子目8432.80。

59. 从任何其他品目改变至子目8432.90。

60. 从任何其他子目改变至子目8433.11至8433.60。

61. 从任何其他品目改变至子目8433.90。

62. 从任何其他子目改变至子目8434.10至8435.90。

63. 从任何其他子目改变至子目8436.10至8436.80。

64. 从任何其他品目改变至子目8436.91至8436.99。

65. 从任何其他子目改变至子目8437.10至8437.80。

66. 从任何其他品目改变至子目8437.90。

67. 从任何其他子目改变至子目8438.10至8438.80。

68. 从任何其他品目改变至子目8438.90。

69. 从任何其他子目改变至子目8439.10至8440.90。

70. 从任何其他子目改变至子目8441.10至8441.80。

71. (A)从任何其他品目改变至子目8441.90;或者

(B)税则归类无需改变,前提是区域价值成分不低于:

(1)使用累积法时的35%,或

(2)使用扣减法时的45%。

72. 从任何其他子目改变至子目8442.30。

73. 从任何其他品目改变至子目8442.40至8442.50。

74. (A)从子目8443.11至8443.39以外的任何子目(子目8443.91至8443.99除外)改变至子目8443.11至8443.39;或者

(B)从子目8443.91至8443.99改变至子目8443.11至8443.39,前提是区域价值成分不低于:

(1)使用累积法时的35%,或

(2)使用扣减法时的45%。

75. (A)从子目8443.91的任何其他货物(子目8443.11至8443.39除外)或任何其他子目改变至子目8443.91的辅助印刷机器;或者

(B)从任何其他品目改变至子目8443.91的任何其他货物。

76. (A)从任何其他品目改变至子目8443.99;或者

(B)税则归类无需改变,前提是区域价值成分不低于:

(1)使用累积法时的35%,或

(2)使用扣减法时的45%。

77. 从任何其他品目改变至品目8444。

78. 从品目8445至8447以外的任何品目改变至品目8445至8447。

79. 从任何其他子目改变至子目8448.11至8448.19。

80. 从任何其他品目改变至子目8448.20至8448.59。

81. 从任何其他品目改变至品目8449。

82. 从任何其他子目改变至子目8450.11至8450.20。

83. 从任何其他品目改变至子目8450.90。

84. 从任何其他子目改变至子目8451.10至8451.80。

85. 从任何其他品目改变至子目8451.90。

86. 从子目8452.10至8452.29以外的任何子目改变至子目8452.10至8452.29。

87. 从任何其他子目改变至子目8452.30。

88. 从任何其他品目改变至子目8452.90。

89. 从任何其他子目改变至子目8453.10至8453.80。

90. 从任何其他品目改变至子目8453.90。

91. 从任何其他子目改变至子目8454.10至8454.30。

92. 从任何其他品目改变至子目8454.90。

93. 从任何其他子目改变至子目8455.10至8455.90。

94. 从任何其他品目改变至品目8456至8463,前提是使用累积法时的区域价值成分不低于65%。

95. 从任何其他品目改变至品目8464至8465。

96. 从任何其他品目改变至品目8466,前提是区域价值成分不低于:
   (A)使用累积法时的35％,或
   (B)使用扣减法时的45％。

97. 从任何其他子目改变至子目8467.11至8467.89。

98. 从任何其他品目改变至子目8467.91。

99. 从任何其他品目(品目8407除外)改变至子目8467.92至8467.99。

100. 从任何其他子目改变至子目8468.10至8468.80。

101. 从任何其他品目改变至子目8468.90。

[102和103已删除]

104. 从任何其他子目改变至子目8470.10至8471.90。

105. 从任何其他子目改变至子目8472.10至8472.90。

106. (A)从任何其他子目改变至子目8473.21至8473.50;或者
   (B)税则归类无需改变至子目8473.21至8473.50,前提是区域价值成分不低于:
      (1)使用累积法时的30％,或
      (2)使用扣减法时的35％。

107. 从子目8474.10至8474.80以外的任何子目改变至子目8474.10至8474.80。

108. (A)从任何其他品目改变至子目8474.90;或者
   (B)税则归类无需改变至子目8474.90,前提是区域价值成分不低于:
      (1)使用累积法时的35％,或
      (2)使用扣减法时的45％。

109. 从任何其他子目改变至子目8475.10。

110. 从子目8475.21至8475.29以外的任何子目改变至子目8475.21至8475.29。

111. 从任何其他品目改变至子目8475.90。

112. 从子目8476.21至8476.89以外的任何子目改变至子目8476.21至8476.89。

113. 从任何其他品目改变至子目8476.90。

114. (A)从任何其他品目改变至品目8477,前提是区域价值成分不低于:
      (1)使用累积法时的35％,或
      (2)使用扣减法时的45％;或者
   (B)从子目8477.90改变至子目8477.10至8477.80,前提是区域价值成分不低于:
      (1)使用累积法时的35％,或
      (2)使用扣减法时的45％。

115. 从任何其他子目改变至子目8478.10。

116. 从任何其他品目改变至子目8478.90。

117. 从任何其他品目改变至子目8479.10至8479.89。

118. 从任何其他品目改变至子目8479.90。

119. 从任何其他品目改变至品目8480。

120. (A)从任何其他品目改变至子目8481.10至8481.80;或者
   (B)从子目8481.90改变至子目8481.10至8481.80,不论是否从其他品目改变而来，前提是区域价值成分不低于：

(1)使用累积法时的35％，或

(2)使用扣减法时的45％。

121. 从任何其他品目改变至子目8481.90。

122. (A)从子目8482.10至8482.80以外的任何子目(子目8482.99的内圈、外圈或座圈除外)改变至子目8482.10至子目8482.80；或者

(B)从子目8482.99的内圈、外圈或座圈改变至子目8482.10至8482.80，不论是否从子目8482.10至8482.80以外的任何子目改变而来，前提是使用累积法时的区域价值成分不低于40％。

123. 从任何其他品目改变至子目8482.91至8482.99。

124. 从任何其他子目改变至子目8483.10。

125. 从任何其他子目(子目8482.10至8482.80除外)改变至子目8483.20。

126. (A)从任何其他品目改变至子目8483.30；或者

(B)从任何其他子目改变至子目8483.30，前提是使用累积法时的区域价值成分不低于40％。

127. (A)从任何子目(子目8482.10至8482.80、子目8482.99、子目8483.10至8483.40、子目8483.60或子目8483.90除外)改变至子目8483.40至8483.50；或者

(B)从子目8482.10至8482.80、子目8482.99、子目8483.10至8483.40、子目8483.60或子目8483.90改变至子目8483.40至8483.50，前提是使用累积法时的区域价值成分不低于40％。

128. 从任何其他子目改变至子目8483.60。

129. 从任何其他品目改变至子目8483.90。

130. 从任何其他子目改变至子目8484.10至8484.20。

131. 从任何其他品目改变至子目8484.90。

132. (A)从子目8486.10至8486.40以外的任何子目改变至子目8486.10至8486.40；或者

(B)税则归类无需改变，前提是区域价值成分不低于：

(1)使用累积法时的35％，或

(2)使用扣减法时的45％。

133. (A)从任何其他品目改变至子目8486.90；或者

(B)税则归类无需改变，前提是区域价值成分不低于：

(1)使用累积法时的35％，或

(2)使用扣减法时的45％。

134. 从任何其他品目改变至品目8487。

第八十五章

1. (A)从任何其他品目(品目8503定子或转子除外)改变至子目8501.10；或者

(B)从品目8503的定子或转子改变至子目8501.10，不论是否从任何其他品目改变而来，前提是区域价值成分不低于：

(1)使用累积法时的35%,或

(2)使用扣减法时的45%。

2. 从任何其他品目改变至子目8501.20至8501.64。

3. 从任何其他品目改变至品目8502至8503。

4. 从任何子目(子目8504.10至8504.50除外)改变至子目8504.10至8504.23。

5. (A)从任何其他品目改变至子目8504.31;或者

(B)从子目8504.90改变至子目8504.31,不论是否从任何其他品目改变而来,前提是区域价值成分不低于:

(1)使用累积法时的35%,或

(2)使用扣减法时的45%。

6. 从任何子目(子目8504.10至8504.50除外)改变至子目8504.32至8504.50。

7. 从任何其他品目改变至子目8504.90。

8. 从任何其他子目改变至子目8505.11至8505.20。

9. (A)从任何其他子目或子目8505.90的任何其他货物改变至子目8505.90的电磁提升头;或者

(B)从任何其他品目改变至子目8505.90的任何其他货物。

10. 从任何其他子目改变至子目8506.10至8506.40。

11. 从子目8506.50至8506.80以外的任何子目改变至子目8506.50至8506.80。

12. 从任何其他品目改变至子目8506.90。

13. (A)从任何其他品目改变至子目8507.10;或者

(B)从任何其他子目改变至子目8507.10,不论是否从任何其他子目改变而来,前提是区域价值成分不低于:

(1)使用累积法时的35%,或

(2)使用扣减法时的45%。

14. 从任何其他子目改变至子目8507.20至8507.80。

15. 从任何其他品目改变至子目8507.90。

16. (A)从任何其他品目改变至子目8508.11至8508.60;或者

(B)从任何其他子目改变至子目8508.11至8508.60,不论是否从任何其他子目改变而来,前提是区域价值成分不低于:

(1)使用累积法时的35%,或

(2)使用扣减法时的45%。

16A. 从任何其他品目改变至子目8508.70。

16B. (A)从任何其他品目改变至子目8509.40至8509.80;或者

(B)从任何其他子目改变至子目8509.40至8509.80,不论是否从任何其他子目改变而来,前提是区域价值成分不低于:

(1)使用累积法时的35%,或

(2)使用扣减法时的45%。

17. 从任何其他品目改变至子目8509.90。

18. 从任何其他子目改变至子目 8510.10 至 8510.30。

19. 从任何其他品目改变至子目 8510.90。

20. 从任何其他子目改变至子目 8511.10 至 8511.80。

21. 从任何其他品目改变至子目 8511.90。

22. 从子目 8512.10 至 8512.30 以外的任何子目改变至子目 8512.10 至 8512.30。

23. (A)从任何其他品目改变至子目 8512.40;或者

 (B)从子目 8512.90 改变至子目 8512.40,不论是否从任何其他品目改变而来,前提是区域价值成分不低于:

  (1)使用累积法时的 35%,或

  (2)使用扣减法时的 45%。

24. 从任何其他品目改变至子目 8512.90。

25. (A)从任何其他品目改变至子目 8513.10;或者

 (B)从子目 8513.90 改变至子目 8513.10,不论是否从任何其他品目改变而来,前提是区域价值成分不低于:

  (1)使用累积法时的 35%,或

  (2)使用扣减法时的 45%。

26. 从任何其他品目改变至子目 8513.90。

27. 从任何其他子目改变至子目 8514.10 至 8514.40。

28. 从任何其他品目改变至子目 8514.90。

29. 从子目 8515.11 至 8515.80 以外的任何子目改变至子目 8515.11 至 8515.80。

30. 从任何其他品目改变至子目 8515.90。

31. 从任何其他子目改变至子目 8516.10 至 8516.50。

32. (A)从任何其他子目[子目 8516.90 的家具(不论是否装配)、烹饪室(不论是否装配)或上面板(不论是否带加热或控制元件)除外]改变至子目 8516.60;或者

 (B)从子目 8516.90 改变至子目 8516.60,不论是否从任何其他品目改变而来,前提是区域价值成分不低于:

  (1)使用累积法时的 35%,或

  (2)使用扣减法时的 45%。

33. 从任何其他子目改变至子目 8516.71。

34. (A)从任何其他子目(子目 8516.90 的烤面包机外壳或子目 9032.10 除外)改变至子目 8516.72;或者

 (B)从子目 8516.90 的烤面包机外壳或子目 9032.10 改变至子目 8516.72,不论是否从任何其他子目改变而来,前提是区域价值成分不低于:

  (1)使用累积法时的 35%,或

  (2)使用扣减法时的 45%。

35. 从任何其他子目改变至子目 8516.79。

36. (A)从任何其他品目改变至子目 8516.80;或者

 (B)从子目 8516.90 改变至子目 8516.80,不论是否从任何其他品目改变而来,前提

是区域价值成分不低于：

(1)使用累积法时的35%,或

(2)使用扣减法时的45%。

37. (A)从任何其他品目改变至子目8516.90；或者

(B)税则归类无需改变至子目8516.90,前提是区域价值成分不低于：

(1)使用累积法时的35%,或

(2)使用扣减法时的45%。

38. 从任何其他子目改变至子目8517.11至8517.69。

39. (A)从任何其他品目改变至子目8517.70；或者

(B)税则归类无需改变至子目8517.70,前提是区域价值成分不低于：

(1)使用累积法时的35%,或

(2)使用扣减法时的45%。

40. (A)从任何其他品目改变至子目8518.10至8518.21；或者

(B)从子目8518.90改变至子目8518.10至8518.21,不论是否从任何其他品目改变而来,前提是区域价值成分不低于：

(1)使用累积法时的35%,或

(2)使用扣减法时的45%。

41. (A)从任何其他品目改变至子目8518.22；或者

(B)从子目8518.29或子目8518.90改变至子目8518.22,不论是否从任何其他品目改变而来,前提是区域价值成分不低于：

(1)使用累积法时的35%,或

(2)使用扣减法时的45%。

42. (A)从任何其他品目改变至子目8518.29至8518.50；或者

(B)从子目8518.90改变至子目8518.29至8518.50,不论是否从任何其他品目改变而来,前提是区域价值成分不低于：

(1)使用累积法时的35%,或

(2)使用扣减法时的45%。

43. 从任何其他品目改变至子目8518.90。

44. 从任何其他子目改变至子目8519.20至8519.89。

45. (A)从任何其他子目改变至子目8521.10至8523.80；

(B)从子目8523.21至8523.80的未录制媒体改变至子目8523.21至8523.80的已录制媒体。

46. 从任何其他子目(子目8525.60除外)改变至子目8525.50。

47. 从任何其他子目(子目8525.50除外)改变至子目8525.60。

48. 从任何其他子目改变至子目8525.80。

49. 从任何其他子目改变至子目8526.10至8527.99。

50. 从任何其他子目改变至子目8528.42。

51. (A)从子目8528.49的任何其他货物(子目7011.20、子目8540.11或子目8540.91

除外)或任何其他子目改变至子目 8528.49 的彩色视频监视器;或者

(B)从任何其他子目改变至子目 8528.49 的任何其他货物。

52. 从任何其他子目改变至子目 8528.52 至 8528.71。

53. 从任何其他子目(子目 7011.20、子目 8528.73、子目 8540.11 或子目 8540.91 除外)改变至子目 8528.72。

54. 从任何其他子目改变至子目 8528.73。

55. (A)从任何其他品目改变至品目 8529;或者

(B)子目 8529.90 的税则归类无需改变,前提是区域价值成分不低于:

(1)使用累积法时的 30%,或

(2)使用扣减法时的 35%。

[56 至 58 已删除]

59. 从任何其他子目改变至子目 8530.10 至 8530.80。

60. 从任何其他品目改变至子目 8530.90。

61. 从任何其他子目改变至子目 8531.10 至 8531.80。

62. 从任何其他品目改变至子目 8531.90。

63. 从任何其他子目改变至子目 8532.10 至 8532.30。

64. 从任何其他品目改变至子目 8532.90。

65. 从任何其他子目改变至子目 8533.10 至 8533.40。

66. 从任何其他品目改变至子目 8533.90。

67. (A)从任何其他品目改变至品目 8534;或者

(B)税则归类无需改变至品目 8534,前提是区域价值成分不低于:

(1)使用累积法时的 30%,或

(2)使用扣减法时的 35%。

68. 从任何其他子目改变至子目 8535.10 至 8536.90。

69. 从任何其他品目改变至品目 8537 至 8538。

70. 从任何其他子目改变至子目 8539.10 至 8539.49。

71. 从任何其他子目(子目 8543.70 除外)改变至子目 8539.50。

71A. 从任何其他品目改变至子目 8539.90。

72. 从任何其他子目(子目 7011.20 或子目 8540.91 除外)改变至子目 8540.11。

73. 从任何其他子目改变至子目 8540.12。

74. (A)从任何其他品目改变至子目 8540.20;或者

(B)从子目 8540.91 至 8540.99 改变至子目 8540.20,不论是否从任何其他品目改变而来,前提是区域价值成分不低于:

(1)使用累积法时的 35%,或

(2)使用扣减法时的 45%。

75. 从子目 8540.40 至 8540.60 以外的任何子目改变至子目 8540.40 至 8540.60。

76. 从任何其他子目改变至子目 8540.71 至 8540.89。

77. (A)从任何其他品目改变至子目 8540.91;或者

(B)从任何其他货物(包括子目 8540.91 的货物)改变至子目 8540.91 的前面板组件。

78. (A)从任何其他子目改变至子目 8540.99;或者

(B)税则归类无需改变至子目 8540.99,前提是区域价值成分不低于:

(1)使用累积法时的 35%,或

(2)使用扣减法时的 45%。

79. (A)从子目 8541.10 至 8542.90 的未装配的芯片或晶片或任何其他子目改变至子目 8541.10 至 8542.90 的已装配的半导体器件、集成电路或微组件;或者

(B)从任何其他子目改变至子目 8541.10 至 8542.90 的任何其他货物;或者

(C)税则归类无需改变至子目 8541.10 至 8542.90,前提是区域价值成分不低于:

(1)使用累积法时的 30%,或

(2)使用扣减法时的 35%。

80. 从任何其他子目(子目 8486.20 的用于掺杂半导体材料的离子注入机除外)改变至子目 8543.10。

81. 从任何其他子目改变至子目 8543.20 至 8543.30。

82. 从任何其他子目(子目 8539.50 除外)改变至子目 8543.70。

83. 从任何其他品目改变至子目 8543.90。

84. 从任何其他子目改变至子目 8544.11,前提是区域价值成分不低于:

(A)使用累积法时的 35%,或

(B)使用扣减法时的 45%。

85. 从任何其他子目改变至子目 8544.19,前提是区域价值成分不低于:

(A)使用累积法时的 35%,或

(B)使用扣减法时的 45%。

86. (A)从任何子目(子目 8544.11 至 8544.60、品目 7408、品目 7413、品目 7605 或品目 7614 除外)改变至子目 8544.20;或者

(B)从品目 7408、品目 7413、品目 7605 或品目 7614 改变至子目 8544.20,不论是否从任何其他子目改变而来,前提是区域价值成分不低于:

(1)使用累积法时的 35%,或

(2)使用扣减法时的 45%。

87. 从任何其他子目改变至子目 8544.30 至 8544.49,前提是区域价值成分不低于:

(A)使用累积法时的 35%,或

(B)使用扣减法时的 45%。

[88 已删除]

89. 从任何其他子目改变至子目 8544.60 至 8544.70,前提是区域价值成分不低于:

(A)使用累积法时的 35%,或

(B)使用扣减法时的 45%。

90. 从任何其他子目改变至子目 8545.11 至 8545.90。

91. 从任何其他品目改变至品目 8546。

92. 从任何其他子目改变至子目 8547.10 至 8547.90。

93. 从任何其他品目改变至品目 8548。

第八十六章

1. 从任何其他品目改变至品目 8601 至 8602。

2. (A)从任何其他品目(品目 8607 除外)改变至品目 8603 至 8606;或者

   (B)从品目 8607 改变至品目 8603 至 8606,不论是否从任何其他品目改变而来,前提是区域价值成分不低于:

   (1)使用累积法时的 35%,或

   (2)使用扣减法时的 45%。

3. 从子目 8607.11 至 8607.12 以外的任何子目改变至子目 8607.11 至 8607.12。

4. (A)从子目 8607.19 的车轴零件改变至子目 8607.19 的车轴;或者

   (B)从子目 8607.19 的车轴零件或车轮零件改变至子目 8607.19 的车轮(不论是否装有车轴);或者

   (C)从任何其他子目改变至子目 8607.19;或者

   (D)税则归类无需改变至子目 8607.19,前提是区域价值成分不低于:

   (1)使用累积法时的 35%,或

   (2)使用扣减法时的 45%。

5. 从任何其他品目改变至子目 8607.21 至 8607.99。

6. 从任何其他品目改变至品目 8608 至 8609。

第八十七章

1. 税则归类无需改变至品目 8701 至 8706,前提是使用净成本法时的区域价值成分不低于 35%。

2. (A)从任何其他品目改变至品目 8707;或者

   (B)税则归类无需改变至品目 8707,前提是使用净成本法时的区域价值成分不低于 35%。

3. (A)从任何其他子目改变至子目 8708.10 至 8708.99;或者

   (B)税则归类无需改变,前提是使用净成本法时的区域价值成分不低于 35%。

4. (A)从任何其他品目改变至子目 8709.11 至 8709.19;或者

   (B)从子目 8709.90 改变至子目 8709.11 至 8709.19,不论是否从任何其他品目改变而来,前提是区域价值成分不低于:

   (1)使用累积法时的 35%,或

   (2)使用扣减法时的 45%。

5. 从任何其他品目改变至子目 8709.90。

6. 从任何其他品目改变至品目 8710。

7. (A)从任何其他品目(品目 8714 除外)改变至品目 8711;或者

   (B)从品目 8714 改变至品目 8711,不论是否从任何其他品目改变而来,前提是区域价值成分不低于:

   (1)使用累积法时的 35%,或

   (2)使用扣减法时的 45%。

8. (A)从任何其他品目(品目8714除外)改变至品目8712;或者

   (B)从品目8714改变至品目8712,不论是否从任何其他品目改变而来,前提是区域价值成分不低于:

   (1)使用累积法时的35%,或

   (2)使用扣减法时的45%。

9. 从品目8714改变至品目8713,不论是否从任何其他品目改变而来,前提是区域价值成分不低于:

   (A)使用累积法时的35%,或

   (B)使用扣减法时的45%。

10. 从任何其他品目改变至品目8714至8715。

11. (A)从任何其他品目改变至子目8716.10至8716.80;或者

    (B)从子目8716.90改变至子目8716.10至8716.80,不论是否从任何其他品目改变而来,前提是区域价值成分不低于:

    (1)使用累积法时的35%,或

    (2)使用扣减法时的45%。

12. 从任何其他品目改变至子目8716.90。

第八十八章

1. (A)从品目8801的任何其他货物或任何其他品目改变至品目8801的滑翔机和悬挂滑翔机;或者

   (B)从品目8801的滑翔机和悬挂滑翔机或任何其他品目改变至品目8801的任何其他货物。

2. 从任何其他子目改变至子目8802.11至8803.90。

3. 从任何其他品目改变至品目8804至8805。

第八十九章

1. (A)从任何其他章改变至品目8901至8902;或者

   (B)从任何其他品目改变至品目8901至8902,不论是否从任何其他章改变而来,前提是区域价值成分不低于:

   (1)使用累积法时的35%,或

   (2)使用扣减法时的45%。

2. 从任何其他品目改变至品目8903。

3. (A)从任何其他章改变至品目8904至8905;或者

   (B)从任何其他品目改变至品目8904至8905,不论是否从任何其他章改变而来,前提是区域价值成分不低于:

   (1)使用累积法时的35%,或

   (2)使用扣减法时的45%。

4. 从任何其他品目改变至品目8906至8908。

第九十章

1. (A)从任何其他章(品目7002除外)改变至子目9001.10;或者

(B)从品目 7002 改变至子目 9001.10,不论是否从任何其他章改变而来,前提是区域价值成分不低于:

  (1)使用累积法时的 35%,或

  (2)使用扣减法时的 45%。

2. 从任何其他品目改变至子目 9001.20 至 9001.90。

3. 从任何其他品目(品目 9001 除外)改变至子目 9002.11 至 9002.90。

4. (A)从任何其他子目(子目 9003.90 除外)改变至子目 9003.11 至 9003.19;或者

 (B)从子目 9003.90 改变至子目 9003.11 至 9003.19,不论是否从任何其他子目改变而来,前提是区域价值成分不低于:

  (1)使用累积法时的 35%,或

  (2)使用扣减法时的 45%。

5. 从任何其他品目改变至子目 9003.90。

6. (A)从任何其他章改变至子目 9004.10;或者

 (B)从任何其他品目改变至子目 9004.10,不论是否从任何其他章改变而来,前提是区域价值成分不低于:

  (1)使用累积法时的 35%,或

  (2)使用扣减法时的 45%。

7. 从任何其他品目(子目 9001.40 或子目 9001.50 除外)改变至子目 9004.90。

8. 从任何其他子目改变至子目 9005.10。

9. (A)从任何子目(品目 9001 至 9002 或子目 9005.90 除外)改变至子目 9005.80;或者

 (B)从子目 9005.90 改变至子目 9005.80,前提是区域价值成分不低于:

  (1)使用累积法时的 35%,或

  (2)使用扣减法时的 45%。

10. 从任何其他品目改变至子目 9005.90。

11. (A)从任何其他品目改变至子目 9006.30 至 9006.69;或者

 (B)从任何其他子目改变至子目 9006.30 至 9006.69,前提是区域价值成分不低于:

  (1)使用累积法时的 35%,或

  (2)使用扣减法时的 45%。

12. 从任何其他品目改变至子目 9006.91 至 9006.99。

13. (A)从任何其他品目改变至子目 9007.10 至 9007.20;或者

 (B)从任何其他子目改变至子目 9007.11 至 9007.20,前提是区域价值成分不低于:

  (1)使用累积法时的 35%,或

  (2)使用扣减法时的 45%。

14. 从任何其他品目改变至子目 9007.91。

15. (A)从任何其他品目改变至子目 9007.92;或者

 (B)税则归类无需改变至子目 9007.92,前提是区域价值成分不低于:

  (1)使用累积法时的 35%,或

  (2)使用扣减法时的 45%。

16. (A)从任何其他品目改变至子目9008.50;或者
    (B)从任何其他子目改变至子目9008.50,前提是区域价值成分不低于:
        (1)使用累积法时的35%,或
        (2)使用扣减法时的45%。

17. 从任何其他品目改变至子目9008.90。

[18至22已删除]

23. (A)从任何其他品目改变至子目9010.10至9010.60;或者
    (B)从任何其他子目改变至子目9010.10至9010.60,前提是区域价值成分不低于:
        (1)使用累积法时的35%,或
        (2)使用扣减法时的45%。

24. 从任何其他品目改变至子目9010.90。

25. (A)从任何其他品目改变至子目9011.10至9011.80;或者
    (B)从任何其他子目改变至子目9011.10至9011.80,前提是区域价值成分不低于:
        (1)使用累积法时的35%,或
        (2)使用扣减法时的45%。

26. 从任何其他品目改变至子目9011.90。

27. (A)从任何其他品目改变至子目9012.10;或者
    (B)从任何其他子目改变至子目9012.10,前提是区域价值成分不低于:
        (1)使用累积法时的35%,或
        (2)使用扣减法时的45%。

28. 从任何其他品目改变至子目9012.90。

29. (A)从任何其他品目改变至子目9013.10至9013.80;或者
    (B)从任何其他子目改变至子目9013.10至9013.80,前提是区域价值成分不低于:
        (1)使用累积法时的35%,或
        (2)使用扣减法时的45%。

30. 从任何其他品目改变至子目9013.90。

31. (A)从任何其他品目改变至子目9014.10至9014.80;或者
    (B)从任何其他子目改变至子目9014.10至9014.80,前提是区域价值成分不低于:
        (1)使用累积法时的35%,或
        (2)使用扣减法时的45%。

32. 从任何其他品目改变至子目9014.90。

33. (A)从任何其他品目改变至子目9015.10至9015.80;或者
    (B)从任何其他子目改变至子目9015.10至9015.80,前提是区域价值成分不低于:
        (1)使用累积法时的35%,或
        (2)使用扣减法时的45%。

34. (A)从任何其他品目改变至子目9015.90;或者
    (B)税则归类无需改变至子目9015.90,前提是区域价值成分不低于:
        (1)使用累积法时的35%,或

(2)使用扣减法时的45％。

35. 从任何其他品目改变至品目9016。
36. (A)从任何其他子目改变至子目9017.10至9022.90；或者
    (B)税则归类无需改变至子目9017.10至9022.90,前提是区域价值成分不低于：
       (1)使用累积法时的30％,或
       (2)使用扣减法时的35％。
37. 从任何其他品目改变至品目9023。
38. (A)从任何其他品目改变至子目9024.10至9024.80；或者
    (B)从任何其他子目改变至子目9024.10至9024.80,前提是区域价值成分不低于：
       (1)使用累积法时的35％,或
       (2)使用扣减法时的45％。
39. 从任何其他品目改变至子目9024.90。
40. (A)从任何其他品目或子目的改变至子目9025.11至9025.80；或者
    (B)从任何其他子目改变至子目9025.11至9025.80,前提是区域价值成分不低于：
       (1)使用累积法时的35％,或
       (2)使用扣减法时的45％。
41. 从任何其他品目改变至子目9025.90。
42. (A)从任何其他品目改变至子目9026.10至9026.80；或者
    (B)从任何其他子目改变至子目9026.10至9026.80,前提是区域价值成分不低于：
       (1)使用累积法时的35％,或
       (2)使用扣减法时的45％。
43. 从任何其他品目改变至子目9026.90。
44. (A)从任何其他品目改变至子目9027.10至9027.80；或者
    (B)从任何其他子目改变至子目9027.10至9027.80,前提是区域价值成分不低于：
       (1)使用累积法时的35％,或
       (2)使用扣减法时的45％。
45. 从任何其他品目改变至子目9027.90。
46. (A)从任何其他品目改变至子目9028.10至9028.30；或者
    (B)从任何其他子目改变至子目9028.10至9028.30,前提是区域价值成分不低于：
       (1)使用累积法时的35％,或
       (2)使用扣减法时的45％。
47. 从任何其他品目改变至子目9028.90。
48. (A)从任何其他品目改变至子目9029.10至9029.20；或者
    (B)从任何其他子目改变至子目9029.10至9029.20,前提是区域价值成分不低于：
       (1)使用累积法时的35％,或
       (2)使用扣减法时的45％。
49. 从任何其他品目改变至子目9029.90。
50. 从任何其他子目改变至子目9030.10至9030.89。

51. 从任何其他品目改变至子目9030.90。

52. (A)从任何其他品目改变至子目9031.10至9031.80;

(B)从任何其他货物(同一子目的货物的底座和框架除外)改变至子目9031.49的坐标测量仪;或者

(C)从任何其他子目改变至子目9031.10至9031.80,前提是区域价值成分不低于:

(1)使用累积法时的35%,或

(2)使用扣减法时的45%。

53. 从任何其他品目改变至子目9031.90。

54. (A)从任何其他品目改变至子目9032.10至9032.89;或者

(B)从任何其他子目改变至子目9032.10至9032.89,前提是区域价值成分不低于:

(1)使用累积法时的35%,或

(2)使用扣减法时的45%。

55. 从任何其他品目改变至子目9032.90。

56. 从任何其他品目改变至品目9033。

第九十一章

1. (A)从任何其他章改变至子目9101.11;或者

(B)从品目9114改变至子目9101.11,前提是区域价值成分不低于:

(1)使用累积法时的35%,或

(2)使用扣减法时的45%。

[2 已删除]

3. (A)从任何其他章改变至子目9101.19;或者

(B)从品目9114改变至子目9101.19,前提是区域价值成分不低于:

(1)使用累积法时的35%,或

(2)使用扣减法时的45%。

4. (A)从任何其他章改变至子目9101.21;或者

(B)从任何其他品目改变至子目9101.21,前提是区域价值成分不低于:

(1)使用累积法时的35%,或

(2)使用扣减法时的45%。

5. (A)从任何其他章改变至子目9101.29;或者

(B)从品目9114改变至子目9101.29,前提是区域价值成分不低于:

(1)使用累积法时的35%,或

(2)使用扣减法时的45%。

6. (A)从任何其他章改变至子目9101.91;或者

(B)从任何其他品目改变至子目9101.91,前提是区域价值成分不低于:

(1)使用累积法时的35%,或

(2)使用扣减法时的45%。

7. (A)从任何其他章改变至子目9101.99;或者

(B)从品目9114改变至子目9101.99,前提是区域价值成分不低于:

(1)使用累积法时的35%,或

(2)使用扣减法时的45%。

8.(A)从任何其他章改变至品目9102至9107;或者

(B)从品目9114改变至品目9102至9107,前提是区域价值成分不低于：

(1)使用累积法时的35%,或

(2)使用扣减法时的45%。

9.(A)从任何其他章改变至品目9108至9110;或者

(B)从任何其他品目改变至品目9108至9110,前提是区域价值成分不低于：

(1)使用累积法时的35%,或

(2)使用扣减法时的45%。

10.(A)从任何其他章改变至子目9111.10至9111.80;或者

(B)从子目9111.90或任何其他品目改变至子目9111.10至9111.80,前提是区域价值成分不低于：

(1)使用累积法时的35%,或

(2)使用扣减法时的45%。

11.(A)从任何其他章改变至子目9111.90;或者

(B)从任何其他品目改变至子目9111.90,前提是区域价值成分不低于：

(1)使用累积法时的35%,或

(2)使用扣减法时的45%。

12.从子目9112.90或任何其他品目改变至子目9112.20,前提是区域价值成分不低于：

(A)使用累积法时的35%,或

(B)使用扣减法时的45%。

13.(A)从任何其他章改变至子目9112.90;或者

(B)从任何其他品目改变至子目9112.90,前提是区域价值成分不低于：

(1)使用累积法时的35%,或

(2)使用扣减法时的45%。

14.从任何其他章改变至品目9113。

15.从任何其他品目改变至品目9113,前提是区域价值成分不低于：

(A)使用累积法时的35%,或

(B)使用扣减法时的45%。

16.从任何其他品目改变至品目9114。

第九十二章

1.(A)从任何其他章改变至品目9201至9208;或者

(B)从任何其他品目改变至品目9201至9208,前提是区域价值成分不低于：

(1)使用累积法时的35%,或

(2)使用扣减法时的45%。

2.从任何其他品目改变至品目9209。

第九十三章

1. (A)从任何其他章改变至品目9301至9304;或者

    (B)从任何其他品目改变至品目9301至9304,前提是区域价值成分不低于:

    (1)使用累积法时的35%,或

    (2)使用扣减法时的45%。

2. 从任何其他品目改变至品目9305。

3. 从任何其他章改变至品目9306至9307。

第九十四章

1. (A)从任何其他品目改变至子目9401.10至9401.80;或者

    (B)从任何其他子目改变至子目9401.10至9401.80,前提是区域价值成分不低于:

    (1)使用累积法时的35%,或

    (2)使用扣减法时的45%。

2. 从任何其他品目改变至子目9401.90。

3. 从任何其他子目改变至子目9402.10至9402.90,前提是区域价值成分不低于:

    (A)使用累积法时的35%,或

    (B)使用扣减法时的45%。

4. 从任何其他品目改变至品目9403。

5. 从任何其他章改变至子目9404.10至9404.30。

6. 从任何其他章(品目5007、品目5106至5113、品目5208至5212、品目5309至5311、品目5407至5408、品目5512至5516或子目6307.90除外)改变至9404.90。

7. (A)从任何其他章改变至子目9405.10至9405.60;或者

    (B)从子目9405.91至9405.99改变至子目9405.10至9405.60,不论是否从任何其他章改变而来,前提是区域价值成分不低于:

    (1)使用累积法时的35%,或

    (2)使用扣减法时的45%。

8. 从任何其他品目改变至子目9405.91至9405.99。

9. 从任何其他章改变至品目9406。

第九十五章

1. (A)从任何其他子目改变至子目9503.00至9505.90;或者

    (B)税则归类无需改变至子目9503.00至9505.90,前提是区域价值成分不低于:

    (1)使用累积法时的35%,或

    (2)使用扣减法时的45%。

2. (A)从任何其他章改变至品目9506至9508;或者

    (B)从子目9506.39改变至子目9506.31,前提是区域价值成分不低于:

    (1)使用累积法时的35%,或

    (2)使用扣减法时的45%。

第九十六章

1. 从任何其他章改变至品目9601至9605。

2. (A)从任何其他品目改变至子目9606.10;或者
   (B)税则归类无需改变至子目9606.10,前提是区域价值成分不低于:
      (1)使用累积法时的35%,或
      (2)使用扣减法时的45%。

3. (A)从任何其他章改变至子目9606.21至9606.22;或者
   (B)从子目9606.30改变至子目9606.21至9606.22,不论是否从任何其他章改变而来,前提是区域价值成分不低于:
      (1)使用累积法时的35%,或
      (2)使用扣减法时的45%。

4. (A)从任何其他章(子目1404.90的"象牙果"除外)改变至子目9606.29;或者
   (B)从任何其他货物(子目9606.30的"象牙果"纽扣模具和纽扣坯料和子目1404.90的"象牙果"除外)改变至子目9606.29,不论是否从任何其他章改变而来,前提是区域价值成分不低于:
      (1)使用累积法时的35%,或
      (2)使用扣减法时的45%。

5. 从任何其他品目(子目1404.90的"象牙果"除外)改变至子目9606.30。

6. (A)从任何其他章改变至子目9607.11至9607.19;或者
   (B)从子目9607.20改变至子目9607.11至9607.19,前提是区域价值成分不低于:
      (1)使用累积法时的35%,或
      (2)使用扣减法时的45%。

7. 从任何其他品目改变至子目9607.20。

8. (A)从任何其他章改变至子目9608.10至9608.20;或者
   (B)税则归类无需改变至子目9608.10至9608.20,前提是使用累积法时的区域价值成分不低于30%。

9. (A)从任何其他章改变至子目9608.30至9608.50;或者
   (B)从子目9608.60至9608.99改变至子目9608.30至9608.50,前提是区域价值成分不低于:
      (1)使用累积法时的35%,或
      (2)使用扣减法时的45%。

10. 从任何其他品目改变至子目9608.60。

11. 从任何其他子目改变至子目9608.91。

12. 从任何其他品目改变至子目9608.99。

13. (A)从任何其他品目改变至子目9609.10;或者
    (B)从子目9609.20或任何其他品目改变至子目9609.10,前提是区域价值成分不低于:
       (1)使用累积法时的30%,或
       (2)使用扣减法时的35%。

14. (A)从任何其他品目改变至子目9609.20至9609.90;或者

(B)从子目9609.20或任何其他品目改变至子目9609.20至9609.90,前提是区域价值成分不低于:

(1)使用累积法时的35%,或

(2)使用扣减法时的45%。

15.从任何其他品目改变至品目9610至9611。

16.从任何其他章改变至子目9612.10。

17.从任何其他品目改变至子目9612.20。

18.(A)从任何其他章改变至子目9613.10至9613.80;或者

(B)从子目9613.90改变至子目9613.10至9613.80,前提是区域价值成分不低于:

(1)使用累积法时的35%,或

(2)使用扣减法时的45%。

19.从任何其他品目改变至子目9613.90。

20.从任何其他品目改变至品目9614

[21 已删除]

22.(A)从任何其他章改变至子目9615.11至9615.19;或者

(B)从子目9615.90改变至子目9615.11至9615.19,前提是区域价值成分不低于:

(1)使用累积法时的35%,或

(2)使用扣减法时的45%。

23.从任何其他品目改变至子目9615.90。

24.从任何其他品目改变至品目9616。

25.从任何其他章改变至品目9617。

26.从任何其他品目改变至品目9618。

品目规则一: 为确定税号9619.00.31、税号9619.00.41、税号9619.00.43、税号9619.00.46、税号9619.00.61、税号9619.00.64、税号9619.00.68、税号9619.00.33、税号9619.00.48、税号9619.00.71、税号9619.00.74、税号9619.00.78、税号9619.00.79或税号9619.00.90的货物的原产地,适用于该货物的规则仅适用于确定该货物税则归类的成分,并且该成分必须满足该规则规定的税则归类改变要求。

品目规则二: 尽管有品目规则一的规定,但包含子目5806.20、品目6002织物的税号9619.00.31、税号9619.00.41、税号9619.00.43、税号9619.00.46、税号9619.00.61、税号9619.00.64、税号9619.00.68、税号9619.00.33、税号9619.00.48、税号9619.00.71、税号9619.00.74、税号9619.00.78、税号9619.00.79或税号9619.00.90的货物,只有在哥伦比亚或/和美国境内由纱线制作并完成时,才被视为原产货物。

品目规则三: 尽管有品目规则一的规定,但包含品目5204、品目5401的缝纫线的税号9619.00.31、税号9619.00.41、税号9619.00.43、税号9619.00.46、税号9619.00.61、税号9619.00.64、税号9619.00.68、税号9619.00.33、税号9619.00.48、税号9619.00.71、税号9619.00.74、税号9619.00.78、税号9619.00.79或税号9619.00.90的货物,只有在哥伦比亚或/和美国境内成型和完成时,才被视为原产货物。

27.(A)从任何其他章(品目5106至5113、品目5204至5212、品目5307至5308、品目

5310至5311、品目5401至5402、子目5403.33至5403.39、子目5403.42至品目5408或第五十五章中的品目除外）改变至品目9619的卫生巾（护垫）和止血塞以及类似的纺织絮胎制品；或者

(B)从任何其他章（品目5106至5113、品目5204至5212、品目5307至5308或品目5310至5311除外，品目5401至5402、子目5403.33至5403.39、子目5403.42至品目5408、品目5508至5516、品目5801至5802或品目6001至6006除外）改变至税号9619.00.31、税号9619.00.41、税号9619.00.43、税号9619.00.46、税号9619.00.61、税号9619.00.64或税号9619.00.68，前提是该货物在哥伦比亚或/和美国境内裁剪或针织成型并缝制或以其他方式组合；或者

(C)从任何其他章（品目5106至5113、品目5204至5212、品目5307至5308或品目5310至5311除外，品目5401至5402、子目5403.33至5403.39、子目5403.42至品目5408、品目5508至5516、品目5801至5802或品目6001至6006除外）改变至税号9619.00.33、税号9619.00.48、税号9619.00.71、税号9619.00.74、税号9619.00.78、税号9619.00.79或税号9619.00.90，前提是该货物在哥伦比亚或/和美国境内裁剪或针织成型并缝制或以其他方式组合；或者

(D)从任何其他品目改变至品目9619的任何其他货物。

28.(A)从任何其他品目（品目7325除外）改变至品目9620的单脚架、双脚架、三脚架和类似的钢铁制品；或者

(B)从任何其他品目改变至品目9620的任何其他货物。

第九十七章

1.从任何其他子目改变至子目9701.10至9701.90。
2.从任何其他品目改变至品目9702至9706。

三十五、《美国-巴拿马贸易促进协定》

(一)符合《美国-巴拿马贸易促进协定》条款的原产货物应缴纳该协定规定的关税。就本注释而言，本注释(二)款至(十五)款所定义的巴拿马货物进口至美国境内，并按照"税率"第1栏"特惠"子栏括号中符号"PA"的子目入境，根据《美国-巴拿马贸易促进协定实施法》(公法112-43；125 Stat.497)第201节和202节，有资格享受"特惠"子栏中规定的关税待遇和数量限制。

(二)就本注释而言，除下述(三)款、(四)款、(十四)款和(十五)款另有规定外，进口至美国境内的货物只有在以下情况下才有资格被视为巴拿马或美国的原产货物：
(i)在巴拿马或/和美国境内完全获得或生产；
(ii)完全在巴拿马或/和美国境内生产，并且——
(A)货物生产过程中使用的每种非原产材料都发生下述(十五)款规定的税则归类改变，或者
(B)该货物以其他方式满足任何适用的区域价值成分或下述(十五)款规定的其他

要求,

且该货物满足本注释和适用法规的所有其他适用要求;或者

(iii)该货物完全在巴拿马或/和美国境内生产,仅使用上述(i)款或(ii)款所述的材料。

(三)(i)就上述(二)(i)款而言,除下述(四)款对纺织品和服装另有规定以外,"在巴拿马或美国境内完全获得或生产"的货物是指以下任何一种:

(A)在巴拿马或/和美国境内收获或采集的植物和植物产品;

(B)在巴拿马或/和美国境内出生和饲养的活动物;

(C)在巴拿马或/和美国境内从活动物获得的货物;

(D)在巴拿马或/和美国境内进行狩猎、诱捕、捕捞或水产养殖获得的货物;

(E)(A)至(D)款未包括的从巴拿马或/和美国境内开采或获取的矿产和其他自然资源;

(F)由下列船舶从巴拿马或/和美国境外的海洋、海床或底土中捕捞的鱼类、贝类和其他海洋生物:

(1)在巴拿马注册或登记并悬挂其国旗的船舶,或者

(2)根据美国法律备案的船舶;

(G)使用上述(F)款所述产品在工厂船上生产的货物,该工厂船——

(1)在巴拿马注册或登记并悬挂其国旗,或者

(2)根据美国法律备案;

(H)(1)巴拿马或巴拿马人从巴拿马境外的海床或底土中取得的货物,前提是巴拿马有权开采该海床或底土,或者

(2)美国或美国人从美国境外的海床或底土中取得的货物,前提是美国有权开采该海床或底土;

(I)从外层空间取得的货物,前提是这些货物是由巴拿马或美国、巴拿马人或美国人获得的,并且不是在巴拿马或美国以外的国家境内加工的;

(J)废碎料,来源于:

(1)在巴拿马或/和美国境内的制造或加工业务,或者

(2)在巴拿马或/和美国境内收集的废旧物品,前提是这些货物只适合回收原材料;

(K)在巴拿马或/和美国境内从废旧物品中提取并在巴拿马或/和美国境内用于再制造货物生产的回收货物;或者

(L)在巴拿马或/和美国境内生产的货物,仅来自任何生产阶段的下述货物:

(1)上述(A)至(J)项所述货物,或者

(2)上述(A)至(J)项所述货物的衍生物。

(ii)(A)就上述(i)(K)款而言,"回收货物"是指由于下列原因而产生的单个零件形式的材料:

(1)将废旧物品完全分解成单个零件;以及

(2)为改善零件的工作状态而对其进行的清洁、检查、测试或其他处理。

(B)就本注释而言,"再制造货物"是指归入本税则第八十四章、第八十五章、第八十七章、第九十章或品目9402的货物(品目8418或品目8516的货物除外),并且——

(1)全部或部分由回收货物组成;以及

(2)具有与新产品相似的预期寿命,并享受与新产品相似的工厂保修。

(C)就本注释而言——

(1)"**材料**"是指用于生产另一种货物的货物,包括零件或组成成分,术语"**使用**"是指在货物生产过程中利用或消耗;

(2)"**自产材料**"是指由货物生产商生产并用于生产该货物的原产材料;以及

(3)"**非原产货物**"或"**非原产材料**"是指根据本注释不符合原产资格的货物或材料(视情况而定)。

(D)就本注释而言,"**生产**"是指种植、开采、收割、捕捞、饲养、诱捕、狩猎、制造、加工、装配或拆卸货物;"**生产商**"是指在巴拿马或美国境内从事货物生产的人。

(iii)**过境和转运**。经必要的生产符合本注释的原产货物资格的货物,如果在该货物生产之后发生以下情形,则该货物不应被视为原产货物:

(A)在巴拿马或美国境外进行进一步加工或任何其他作业(为保持货物良好状态所必要的或为将货物运至协定一方境内而进行的卸货、重新装载或任何其他操作除外);或者

(B)不受巴拿马或美国以外国家的海关当局监管。

(四)**纺织品和服装**。

(i)就本注释而言,第四十二章、第五十章至第六十三章、第七十章和第九十四章的纺织品或服装在下列情况下为原产货物:

(A)生产完全在巴拿马或/美国境内进行,货物生产过程中使用的每种非原产材料都发生下述(十五)款规定的税则归类改变,或税则归类无需改变,货物以其他方式满足本注释适用的要求;以及

(B)货物满足本注释的任何其他适用要求。

下述(十五)款的规定不适用于确定非优惠纺织品或服装的原产国。

(ii)根据下述(v)款的规定,纺织品或服装不是本注释条款下的原产货物,原因是用于生产确定货物税则归类的货物成分的特定纤维或纱线未发生下述(十五)款规定的税则归类改变,但如果符合以下条件,应被视为原产货物:

(A)该货物成分中所有此类纤维或纱线的总重量不超过该成分总重量的10%;或者

(B)该货物中含有可归入税号5402.11.30、税号5402.11.60、税号5402.19.30、税号5402.19.60、税号5402.31.30、税号5402.31.60、税号5402.32.30、税号5402.32.60、税号5402.45.10、税号5402.45.90、税号5402.51.00或税号5402.61.00的尼龙长丝纱线(弹性体纱线除外),这些纱线是以色列、加拿大或墨西哥的产品。

尽管有上述规定,但如果确定上述(i)款所述纺织品或服装税则归类的货物成分中含有弹性纱线,则只有在这些纱线全部在巴拿马或/美国境内成型和完成的情况下,才被视为原产货物。就本注释而言,"弹性纱线"不包括乳胶。

(iii)就本款而言,如果货物是织物、纱线或纤维,则"确定货物税则归类的货物成分"是指货物中的所有纤维。

(iv)尽管下述(十五)款有规定,但根据总规则三的规定,可归类为零售成套货物的纺织品和服装不应被视为原产货物,除非成套货物中的每一件货物均为原产货物,或成套货物中非原产货物的总价值不超过成套货物总估价的10%。

(v)就本注释而言——

(A)"完全成型和完成"是指:

(1)当用于织物时,生产织物的所有生产过程和整理操作而无需进一步加工即可使用,这些加工和操作包括成形加工(如机织、针织、针刺、簇绒、毡合、缠绕或其他加工)以及整理加工(包括漂白、染色和印花);

(2)当用于纱线时,纺纱的所有生产过程和整理操作,从长丝、扁条、薄膜或薄片的挤出,包括将长丝牵伸至全部取向或者将薄膜或薄片切成扁条,或者将纤维纺成纱线,并以成品纱或股线结束。

(B)就上述各章规定的纺织品或服装而言,"全部"是指该货物完全由指定材料制成。

(vi)第六十一章至第六十三章或子目9404.90的巴拿马纺织品或服装,如果不是本注释条款下的原产货物,则有资格根据适用于该类货物的美国注释条款享受税号9822.09.61的关税待遇。

(五)微小含量。

(i)除下述(ii)款另有规定外,未发生下述(十五)款规定的税则归类改变的货物[上述(四)款所述纺织品或服装除外]为原产货物,前提是:

(A)用于生产货物的未发生下述(十五)款规定的税则归类改变的所有非原产材料的价值不超过货物调整后的价值的10%;

(B)在计算本注释下任何适用区域价值含量要求的非原产材料价值时,应考虑此类非原产材料的价值;以及

(C)货物符合本注释的所有其他适用要求。

尽管有上述(A)款至(C)款以及本注释(十五)款所述规则的规定,根据总规则三可按零售成套货品归类的货物(纺织品或服装除外)不得视为原产货物,除非(1)该套货物中的每一件货物为原产货物,或(2)该套货物中非原产货物的总价值不超过该套货物调整后的价值的15%。

(ii)上述(i)款不适用于:

(A)用于生产第四章货物的第四章非原产材料或者子目1901.90或子目2106.90的乳固体含量(按重量计)超过10%的非原产乳制品;

(B)用于生产下列货物的第四章的非原产材料或子目1901.90的乳固体含量(按重量计)超过10%的非原产乳制品:

(1)子目1901.10的乳固体含量(按重量计)超过10%的婴儿制品,

(2)子目1901.20的非供零售用的乳脂含量(按重量计)超过25%的混合物和面团,

(3)子目1901.90或子目2106.90的乳固体含量(按重量计)超过10%的乳制品,

(4)品目2105的货物,

(5)子目2202.90的含乳饮料,或

(6)子目 2309.90 的乳固体重量(按重量计)超过 10%的动物饲料;

(C)用于生产子目 2009.11 至 2009.39 的货物或者用于生产子目 2106.90 或子目 2202.90 的添加矿物质或维生素的任何单一水果或蔬菜的浓缩汁或未浓缩汁的品目 0805 或子目 2009.11 至 2009.39 的非原产材料;

(D)用于生产品目 0901 或品目 2101 的货物的品目 0901 或品目 2101 的非原产材料;

(E)用于生产品目 1102、品目 1103 或子目 1904.90 的货物的品目 1006 的非原产材料;

(F)用于生产第十五章货物的第十五章的非原产材料;

(G)用于生产品目 1701 至 1703 的货物的品目 1701 的非原产材料;

(H)用于生产子目 1806.10 的货物的第十七章的非原产材料;

(I)除上述(A)款至(H)款和本注释(十五)款另有规定外,用于生产第一章至第二十四章货物的非原产材料,除非该非原产材料所属子目与根据本注释确定原产地的货物所属子目不同。

(iii)就本注释而言,"调整后的价值"是指根据《乌拉圭回合协定法》第 101(d)(8)节《关于实施 1994 年关税与贸易总协定第七条的协定》第 1 至 8 条、第 15 条和相应解释性说明确定的价值,此价值可调整为不包括从出口国到进口地的国际货物运输、保险和相关服务所产生的任何成本、费用或开支。

(六)累积。

(i)就本注释而言,用来自巴拿马或美国的原产材料在另一国境内生产的货物应被视为原产于该另一国境内。

(ii)由一个或多个生产商在巴拿马或/和美国境内生产的货物如果满足本注释的所有适用要求,则该货物为原产货物。

(七)区域价值成分。

(i)就上述(二)(ii)(B)款而言,下述(十五)款所述货物[(八)款适用的货物除外]的区域价值成分应由该货物的进口商、出口商或生产商根据下述(A)款所述的扣减法或下述(B)款所述的累积法进行计算。

(A)对于扣减法,区域价值成分可根据公式 $RVC=(AV-VNM)/AV \times 100\%$ 计算。其中,RVC 是货物的区域价值成分,以百分比表示;AV 是货物的调整后的价值;VNM 是生产商在生产货物时获得和使用的非原产材料的价值,但不包括自产材料的价值。

(B)对于累积法,区域价值成分可根据公式 $RVC=VOM/AV \times 100\%$ 计算。其中,RVC 是货物的区域价值成分,以百分比表示;AV 是货物的调整后的价值;VOM 是获得或自产并由生产者在产品生产中使用的原产材料的价值。

(ii)材料的价值。

(A)为了计算上述(i)款的货物的区域价值成分,以及为了适用本注释(五)款关于微小含量的规定,材料的价值为:

(1)就货物生产商进口的材料而言,材料的价值为材料的调整价值;

(2)就在货物生产地获得的材料而言,根据《乌拉圭回合协定法》第 101(d)(8)节所述的《关于执行 1994 年关税及贸易总协定第七条的协定》第 1 至 8 条、第 15 条和相应的解释性说明,按照财政部部长颁布的条例列明的没有进口情况的规定确定材料价值;或者

(3)如果是自产材料,则材料的价值为以下两项之和:

(Ⅰ)生产材料产生的所有费用(包括一般费用),以及

(Ⅱ)与正常贸易过程中增加的利润相等的利润额。

(B)材料价值可进一步调整如下:

(1)对于原产材料,如果上述(A)款未包含以下费用,则可将其添加到原产材料价值中:

(Ⅰ)在巴拿马或美国境内或之间将材料运输至生产商所在地所产生的运费、保险费、包装费以及所有其他费用,

(Ⅱ)在巴拿马或美国境内支付的材料的关税、税款和报关经纪费,但免除、退回、退还或以其他方式收回的关税和税款(包括已支付或应付关税或税款的抵免)除外,以及

(Ⅲ)在生产货物过程中使用材料产生的废物和腐败成本,减去可回收废料或副产品的价值;以及

(2)对于非原产材料,如果以下费用包含在根据上述(A)款计算的非原产材料价值中,则可以从非原产材料价值中扣除:

(Ⅰ)在巴拿马或美国境内或之间将材料运输至生产商所在地所产生的运费、保险费、包装费以及所有其他费用;

(Ⅱ)在巴拿马或美国境内支付的材料的关税、税款和报关经纪费,但免除、退回、退还或以其他方式收回的关税和税款(包括已支付或应付关税或税款的抵免)除外;

(Ⅲ)在生产货物过程中使用材料产生的废物和腐败成本,减去可回收废料或副产品的价值;或者

(Ⅳ)在巴拿马或/和美国境内生产非原产材料所使用的原产材料的成本。

(C)为计算区域价值成分而考虑的所有费用应按照货物生产国(不论是巴拿马还是美国)境内适用的公认会计原则予以记录和保持。"公认会计原则"——

(1)是指在巴拿马或美国境内就收入、费用、成本、资产和负债的记录、信息披露和财务报表的编制取得公认的共识或实质性权威支持;以及

(2)可包括广泛适用的应用指南以及详细的标准、做法和程序。

(八)汽车产品。

(i)就上述(二)(ii)(B)款而言,下述(十五)款中汽车产品的区域价值成分可由货物的进口商、出口商或生产商根据上述(七)(i)(A)款所述的扣减法、(七)(i)(B)款所述的累积法或净成本法[$RVC=(NC-VNM)/NC\times 100\%$]计算。其中,RVC 是区域价值成分,以百分比表示;NC 是汽车产品的净成本;VNM 是生产商在生产汽车产品时获得和使用的

非原产材料的价值,但不包括自产材料的价值。

(ii)就本款而言,"汽车产品"是指子目8407.31至8407.34(发动机)、子目8408.20(车辆用柴油发动机)、品目8409(发动机零件)、品目8701至8705(机动车辆)、品目8706(底盘)、品目8707(车身)和品目8708(机动车辆零件)的货物。

(iii)为确定上述(i)款的属于品目8701至8705的机动车辆的汽车产品的区域价值成分,进口商、出口商或生产商可根据上述(i)款的净成本公式计算生产商会计年度内的平均金额:

(A)下述(iv)款所述任何一类中的所有机动车辆;或者

(B)出口至巴拿马或美国境内的任何此类别中的所有机动车辆。

(iv)在本款中,如果属于以下情况,则称其为一个类别:

(A)与正在计算区域价值成分的上述(iii)款所述货物的机动车辆车型系列相同,属于同一机动车辆类别,并在巴拿马或美国境内的同一工厂生产;

(B)与正在计算区域价值成分的上述(iii)款所述货物属于同一机动车辆类别,并在巴拿马或美国境内的同一工厂生产;或者

(C)与正在计算区域价值成分的上述(iii)款所述货物在巴拿马或美国境内生产的机动车辆车型系列相同。

就本注释而言,"机动车辆车型系列"是指具有相同平台或模型名称的一组机动车辆。

(v)"机动车辆类别"是指下列任何一类机动车辆:

(A)子目8701.20、子目8704.10、子目8704.22、子目8704.23、子目8704.32、子目8704.90、品目8705、品目8706的机动车,或者子目8702.10或子目8702.90的载客量为16人或以上的机动车辆;

(B)子目8701.10或子目8701.30至8701.90的机动车辆;

(C)子目8702.10或子目8702.90的载客量为15人或以下的机动车辆,或者子目8704.21或子目8704.31的机动车辆;或者

(D)子目8703.21至8703.90的机动车辆。

(vi)为确定子目8407.31至8407.34、子目8408.20、品目8409、品目8706、品目8707或品目8708的在同一工厂生产的汽车产品在本注释(七)款的区域价值成分,进口商、出口商或生产商可以——

(A)如果货物是在作为计算依据的会计年度、季度或月份生产的,则根据上述(i)款所述的净成本公式计算以下期间的平均金额:

(1)销售汽车产品的汽车生产商的会计年度,

(2)任何季度或月份,或者

(3)其会计年度,

(B)对于出售给一个或多个机动车辆生产商的此类货物,分别确定上述(A)款提及的平均值;或者

(C)根据上述(A)款或(B)款对出口至巴拿马或美国境内的汽车产品作出单独决定。

"汽车材料"是指按下列规定归类的货物:子目8407.31至8407.34(发动机)、子目8708.20(车辆用柴油发动机)和品目8409(发动机零件)、品目8706(底盘)、品目

8707(车身)和品目8708(机动车辆零件)。

(vii)汽车产品的进口商、出口商或生产商应按照公认会计原则中有关成本分配的规定,通过以下方式确定上述(ii)款中汽车产品的净成本:

(A)计算与汽车产品生产商生产的所有货物的总成本,减去所有此类货物总成本中包含的任何促销、营销和售后服务成本、特许权使用费、运输和包装成本以及不可分配的利息成本,然后合理分配这些货物对汽车产品产生的净成本;

(B)计算该生产商生产的所有产品的总成本,从总成本合理分配给汽车产品,然后减去任何促销、营销和售后服务成本、特许权使用费、运输和包装成本以及不可分配的利息成本(包括在分配给汽车产品的总成本部分);或者

(C)合理分配构成汽车产品总成本一部分的各项成本,使这些成本的总和不包括任何促销、营销和售后服务成本、特许权使用费、运输和包装成本或不可分配的利息成本。

(viii)就本注释而言——

(A)"不可分配的利息成本"是指生产商产生的利息成本,高于生产商所在国可比到期日的适用官方利率700个基点;

(B)"净成本"是指总成本扣除促销、营销和售后服务成本、特许权使用费、运输和包装成本以及包含在总成本中的不可分配的利息成本;

(C)"合理分配"是指按照公认会计原则适当的方式进行分配;以及

(D)"总成本"是指在巴拿马或/和美国境内发生的货物的所有产品成本、期间成本和其他成本。

(九)附件、备件或工具。

(i)除下述(ii)款和(iii)款另有规定外,与货物一起交付的附件、备件或工具,构成货物标准附件、备件或工具的一部分:

(A)如果货物是原产货物,则该附件、备件或工具应被视为原产货物;以及

(B)在确定用于生产货物的所有非原产材料是否发生下述(十五)款规定的税则归类改变时,应不考虑附件、备件或工具。

(ii)上述(i)款仅在以下情况下适用:

(A)附件、备件或工具未与货物分开开具发票,不论货物发票中是否有规定或单独标识;以及

(B)按商业习惯,上述附件、备件或工具在数量及价值上是为该货物正常配备的。

(iii)如果货物受区域价值成分要求的约束,则在计算货物的区域价值成分时,附件、备件或工具的价值应被视为原产或非原产材料(视情况而定)的价值而予以考虑。

(十)可替代货物和可替代材料。

(i)主张货物享受本注释规定待遇的人可根据可替代货物或材料的物理分离或者通过采用库存管理方法主张可替代货物或材料为原产。在本款中,"库存管理方法"是指:

(A)平均,

(B)"后进先出",

(C)"先进先出",或者

(D)生产所在国(不论是巴拿马还是美国)公认会计准则确认的或该国接受的其他方法。

"可替代货物"或"可替代材料"是指为商业目的可与另一货物或材料互换(视情况而定)且其性质与该另一货物或材料基本相同的货物或材料。

(ii)根据上述(i)款为特定可替代货物或可替代材料选择库存管理方法的人,应在其整个会计年度内持续对这些可替代货物或可替代材料使用该方法。

(十一)包装材料和容器。

(i)零售用包装材料和容器,如果与享受本注释条款规定关税待遇的货物一起归类,则在确定用于生产该货物的所有非原产材料是否经过下述(十五)款规定的税则归类改变时,应不予考虑。如果该货物受区域价值成分约束,则在计算货物的区域价值成分时,包装材料和容器的价值应被视为原产或非原产材料(视情况而定)的价值而予以考虑。

(ii)在确定货物是否为原产货物时,应忽略装运用包装材料和容器。就本注释而言,"装运用包装材料和容器"是指在运输过程中用于保护另一货物的货物,不包括包装另一货物以供零售的包装材料和容器。

(十二)中性成分。

就本注释而言,中性成分应被视为原产材料,而不考虑其产地。"中性成分"是指在生产、测试或检验货物时使用或消耗但未实际纳入货物的材料,或者在维护建筑物或操作与货物生产相关的设备时使用或消耗的材料,包括:

(i)燃料和能源;

(ii)工具、模具及型模;

(iii)维护设备或建筑物所使用或消耗的备件和材料;

(iv)在生产或操作设备或维护建筑物时使用或消耗的润滑剂、油脂、合成材料和其他材料;

(v)手套、眼镜、鞋靴、服装、安全设备和用品;

(vi)用于测试或检验货物的设备、装置和用品;

(vii)催化剂和溶剂;以及

(viii)在货物生产过程中使用,虽未构成该货物组成成分,但能合理表明为该货物生产过程一部分的任何其他货物。

(十三)记录保存要求和核查。

(i)根据本注释的规定,根据进口商的证明或其所知(包括合理信赖进口商所掌握的信息),对进口至美国境内申请优惠关税待遇的货物,自货物进口之日起至少5年内,进口商应保存证明货物符合本注释所述优惠关税待遇的所有必要记录。

(ii)根据出口商或生产商签发的证明,对进口至美国境内的货物申请优惠关税待遇的进口商,应自货物进口之日起至少 5 年内,保存一份申请依据的证明副本。如果进口商拥有证明货物符合上述(三)(iii)款规定的原产地要求的记录,则进口商应自货物进口之日起,至少保存此类记录 5 年,并应根据适用法规的条款作出书面声明,说明货物符合原产地资格;应相关海关官员的要求,提交原产地证明,证明该货物符合本注释关于原产货物的规定,包括相关成本和制造信息以及海关官员要求的所有其他信息。

(iii)货物原产地证明可以是书面形式或电子形式,包括但不限于下列要素:

(A)证明人的姓名,包括必要的联系方式或其他身份信息;

(B)货物进口商(如已知);

(C)货物的出口商(如果与生产商不同);

(D)货物的生产者(如已知);

(E)本税则中货物的归类和货物描述;

(F)证明货物来源的信息;

(G)认证日期;以及

(H)如果在书面或电子证明中规定的任何期限内对同一货物的多次装运进行了一揽子证明,则该证明有效期不超过 12 个月。就本款而言,"相同货物"是指原产地规则规定的所有要素都相同的货物,该原产地规则使该货物成为原产货物。

应有关海关官员的要求,进口商应提供适用法规所需的记录,以证明货物符合本注释规定的原产货物资格。

(iv)为了确定从巴拿马境内进口至美国境内的货物是否符合本注释关于原产货物的规定,相关海关官员可根据有关规定所述的美国或巴拿马规定的条款或程序进行核查。

(十四)原产地规则的解释。

(i)除另有规定外,下述(十五)款列出的 6 位子目适用规则应优先于包含该子目的 4 位品目适用规则。就下述(十五)款而言,如果一个关税条款的物品描述不是缩进排印的,则该关税条款为"品目";如果一个关税条款在本税则下以 6 位数字表示,则该关税条款为"子目"。

(ii)除另有规定外,下述(十五)款所述规则提及的本税则第一章至第二十四章规定货物的重量均指干重。

(iii)下述(十五)款的税则归类改变要求仅适用于非原产材料。

(iv)为将本注释适用于第六章至第十四章的货物,在巴拿马或美国境内种植的农业和园艺货物应被视为原产于巴拿马或美国境内,即使是从巴拿马或美国以外的国家进口的植物种子、鳞茎、根茎、插条、侧枝、芽或植物的其他活性部分种植的。

(v)为将本注释适用于第二十七章至第四十章的货物(品目 3823 的货物除外),尽管本注释列举了任何特定产品的规则,但就本注释而言,发生本文所定义的化学反应的货物应被视为原产货物,前提是满足所有其他适用要求。"化学反应"是指通过破坏分子内键并形成新的分子内键,或通过改变分子中原子的空间排列而产生具有新结构的

分子的过程(包括生化过程)。就本注释而言,以下不被视为化学反应:

(A)溶于水或其他溶剂;

(B)去除溶剂,包括溶剂水;或者

(C)加入或排除结晶水。

(vi)除另有规定外,第二十八章至第四十章的符合本款所列一项或多项规定的货物,应被视为本注释中的原产货物。尽管有上述规定,但如果货物符合适用的税则归类改变或满足(十五)款原产地规则中对此类章规定的区域价值成分要求,则该货物为原产货物。

(A)第二十八章至第四十章的经净化的货物应被视为原产货物,前提是净化发生在巴拿马或/和美国境内,并发生以下结果:

(1)去除不少于80%的杂质;或者

(2)减少或消除杂质,使产品适合以下一种或多种应用:

(Ⅰ)用作药品、医疗、化妆品、兽医或食品级物质,

(Ⅱ)用作分析、诊断或实验室用途的化学产品或试剂,

(Ⅲ)用作微电子组件的元件或部件,

(Ⅳ)用于特殊光学用途,

(Ⅴ)用于健康和安全的无毒用途,

(Ⅵ)用于生物技术用途,

(Ⅶ)用作分离过程中的载体,或者

(Ⅷ)用于原子核级别用途。

(B)如果遵照预定规格有目的、按比例控制材料的混合(包括分散),在巴拿马或/和美国境内生产的第三十章、第三十一章或第三十三章至第四十章(品目3808除外)的货物,且该货物具有与货物用途相关、与投入材料不同的物理或化学特性,则该货物应被视为原产货物。

(C)如果有目的和有控制地减小货物的粒度,包括通过溶解聚合物和随后的沉淀(而不是仅仅通过压碎或压制)进行微粉化,在巴拿马或/和美国境内生产的具有规定粒径、规定粒度分布或规定表面积的第三十章、第三十一章、第三十三章或第三十九章的货物,与该货物的用途相关,具有与投入材料不同的物理或化学特性,则该货物应被视为原产货物。

(D)如果标准物质的生产发生在巴拿马或/和美国境内,则第二十八章至第三十八章的货物应被视为原产货物。在本款中,"标准物质"(包括标准溶液)是一种适合于分析、校准或参考用途的制剂,其纯度或比例由制造商认证。

(E)如果从异构体混合物中分离异构体发生在巴拿马或美国境内,则第二十八章至第三十九章的货物应被视为原产货物。

(F)从人造混合物分离出一种或多种材料,导致第二十八章至第三十八章的货物在巴拿马或/和美国境内发生税则归类改变,该货物不得被视为原产货物,除非该分离材料在巴拿马或/和美国境内发生了化学反应。

(vii)对于税号9822.09.62下进口的纺织品和服装,应适用下列规定:

(A)第五十章至第六十章的纺织品,如果使用以下材料,完全在巴拿马或/和美国境内完成,则应被视为本注释的原产货物:
　　(1)第九十八章第二十二分章美国注释三十九列出的一种或多种纤维、纱线和织物;或者
　　(2)第九十八章第二十二分章美国注释三十九列出的任何纤维、纱线和织物与作为本注释条款下原产货物的一种或多种纤维、纱线和织物的组合。
　　上述(2)款所述的原产纤维和纱线可含有不超过10%(按重量计)的纤维或纱线,这些纤维或纱线不受本注释(十五)款所述税则归类适用改变的约束。上述(2)款所述的原产纱线中所含的任何弹性纱线必须在巴拿马或/和美国境内成型。

(B)第六十一章或第六十二章的服装,如果在巴拿马或/和美国境内裁剪或针织成型并缝制或以其他方式组合,并且外壳的织物[不包括领子和袖子(如适用)]全部由以下材料制成:
　　(1)第九十八章第二十二分章美国注释三十九列出的一种或多种织物;或者
　　(2)一种或多种织物或针织成型组件,由第九十八章第二十二分章美国注释三十九列出的一种或多种纱线在巴拿马或/和美国境内制成;或者
　　(3)上述(1)款所述的织物、(2)款所述的织物或针织成型组件或者作为本注释条款下原产货物的一种或多种织物或针织成型组件的任何组合。
　　上述(3)款所述的原产织物可含有最多10%(按重量计)的纤维或纱线,这些纤维或纱线未发生本注释(十五)款所述的税则归类改变。上述(3)款所述的原产纱线中含有的任何弹性纱线必须在巴拿马或美国境内成型。

(C)第六十三章或子目9404.90的纺织品应被视为原产货物,如果该货物在巴拿马或美国境内裁剪或针织成型并缝制或以其他方式组合,且确定该货物税则归类的成分全部为:
　　(1)第九十八章第二十二分章美国注释三十九列出的一种或多种织物;
　　(2)一种或多种织物或针织成型组件,由第九十八章第二十分章美国注释三十九所列的一种或多种纱线在巴拿马或/和美国境内制成;或者
　　(3)上述(1)款所述的织物、(2)款所述的织物或针织成型组件或者作为本注释条款下原产货物的一种或多种织物或针织成型组件的任何组合。
　　上述(3)款所述的原产织物可含有不超过10%(按重量计)的纤维或纱线,这些纤维或纱线未发生本注释(十五)款所述的税则归类改变。上述(3)款所述的原产纱线中含有的任何弹性纱线必须在巴拿马或/和美国境内成型。

(D)第六十一章或第六十二章的服装应被视为原产货物,不论该货物含有该章章规则一所述的任何可见衬里织物、章规则三所述的狭幅织物、章规则四所述的缝纫线、章规则五所述的口袋织物的原产地如何,前提是任何此类材料在本税则第九十八章第二十二分章美国注释三十九中列明,且货物符合本注释的优惠待遇的所有其他适用要求。

(十五)税则归类改变规则。[**PRES. PROC. 8771 未更新**]

第一章
从任何其他章改变至品目 0101 至 0106。

第二章
从任何其他章改变至品目 0201 至 0210。

第三章
章规则一:本章的鱼、甲壳动物、软体动物和其他水生无脊椎动物应被视为原产,即使它们是从非原产鱼苗(幼鱼期后的未成熟的鱼,包括幼鱼、幼鲑、小鲑鱼和幼鳗)或幼鱼中培育出来的。

从任何其他章改变至品目 0301 至 0307。

第四章
1. 从任何其他章(子目 1901.90 除外)改变至品目 0401 至 0404。
2. 从任何其他章(子目 1901.90 或子目 2106.90 除外)改变至品目 0405。
3. 从任何其他章(子目 1901.90 除外)改变至品目 0406。
4. 从任何其他章改变至品目 0407 至 0410。

第五章
从任何其他章改变至品目 0501 至 0511。

第六章
从任何其他章改变至品目 0601 至 0604。

第七章
从任何其他章改变至品目 0701 至 0714。

第八章
从任何其他章改变至品目 0801 至 0814。

第九章
1. 从任何其他章改变至品目 0901。
2. 从任何其他子目改变至子目 0902.10 至 0902.40。
3. 从任何其他章改变至品目 0903。
4. (A)从子目 0904.11 至 0910.99 的未压碎、未研磨或非粉状的香料或任何其他子目改变至子目 0904.11 至 0910.99 的供零售用的压碎、研磨或粉状的香料;或者
   (B)从任何其他子目改变至子目 0904.11 至 0910.99 的混合香料(供零售用的粉碎、研磨或粉状的香料除外)。

第十章
从任何其他章改变至品目 1001 至 1008。

第十一章
1. 从任何其他章改变至品目 1101 至 1103。
2. 从任何其他子目改变至子目 1104.12。
3. 从任何其他章(品目 1005 除外)改变至子目 1104.19 至 1104.30。
4. 从任何其他章(品目 0701 除外)改变至品目 1105。

5. 从任何其他章改变至品目 1106 至 1109。

第十二章
从任何其他章改变至品目 1201 至 1214。

第十三章
从任何其他章改变至品目 1301 至 1302。

第十四章
从任何其他章改变至品目 1401 至 1404。

第十五章
1. 从任何其他章改变至品目 1501 至 1510。

2. 从任何其他章(子目 1207.10 除外)改变至品目 1511。

3. 从任何其他章改变至品目 1512 至 1518。

4. 从任何其他品目改变至品目 1520。

5. 从任何其他章改变至品目 1521 至 1522。

第十六章
从任何其他章改变至品目 1601 至 1605。

第十七章
1. 从任何其他章改变至品目 1701 至 1703。

2. 从任何其他品目改变至品目 1704。

第十八章
1. 从任何其他章改变至品目 1801 至 1802。

2. 从任何其他品目改变至品目 1803 至 1805。

3. 从任何其他品目改变至子目 1806.10,前提是子目 1806.10 的糖含量(按干重计)为 90％或以上的产品不含第十七章的非原产糖,子目 1806.10 的糖含量(按干重计)为 90％以下的产品不含 35％以上(按重量计)第十七章的非原产糖。

4. 从任何其他品目改变至子目 1806.20。

5. 从任何其他子目改变至子目 1806.31 至 1806.90。

第十九章
1. 从任何其他章改变至子目 1901.10,前提是子目 1901.10 的乳固体含量超过 10％的货物不含第四章的非原产乳品。

2. 从任何其他章改变至子目 1901.20,前提是子目 1901.20 的乳脂含量(按重量计)超过 25％且非零售用的产品不含第四章的非原产乳品。

3. 从任何其他章改变至子目 1901.90,前提是子目 1901.90 的乳固体含量(按重量计)超过 10％的产品不含第四章的非原产乳品。

4. 从任何其他章改变至品目 1902 至 1903。

5. 从任何其他章改变至子目 1904.10 至 1904.30。

6. 从任何其他子目(品目 1006 除外)改变至子目 1904.90。

7. 从任何其他章改变至品目 1905。

第二十章

章规则一:通过冷冻、在水、盐水或天然果汁中包装(包括罐装)或者通过干燥或在油中烘烤(包括冷冻附带的加工)的方式制作或保藏的品目2002至2005或品目2008的水果、坚果和蔬菜制品,仅当新鲜货物完全在巴拿马或/和美国境内获得或生产时,才被视为原产货物。

1. 从任何其他章(子目0703.10除外)改变至品目2001。

2. 从任何其他章(本章章规则一的规定和品目0701除外)改变至品目2002至2005。

3. 从任何其他章(品目1202或子目0804.30除外)改变至品目2006。

4. 从任何其他章(品目0803或子目0804.50除外)改变至品目2007。

5. 从任何其他章(品目1202除外)改变至子目2008.11。

6. 从任何其他章(本章章规则一规定的除外)改变至子目2008.19至2008.99。

7. 从任何其他章(品目0805除外)改变至子目2009.11至2009.39。

8. 从任何其他章改变至子目2009.41至2009.50。

9. (A)从子目2009.61至2009.80的番石榴、苹果、梨、桃、芒果、葡萄或酸辣汁或任何其他章改变至子目2009.61至2009.80的番石榴、苹果、梨、桃、芒果、葡萄或酸辣汁;或者

    (B)从任何其他章改变至子目2009.61至2009.80的任何其他货物。

10. (A)从任何其他章改变至子目2009.90;或者

    (B)从第二十章的任何其他子目改变至子目2009.90,不论是否从任何其他章改变而来,前提是单一果汁成分或来自巴拿马或美国以外单一国家的果汁成分以单一浓度形式构成的货物体积不超过60%。

第二十一章

1. 从任何其他章(品目0901除外)改变至子目2101.11至2101.12。

2. 从任何其他章改变至子目2101.20至2101.30。

3. 从任何其他章改变至品目2102。

4. 从任何其他章改变至子目2103.10。

5. 从任何其他章改变至子目2103.20,前提是子目2103.20的番茄酱不包含子目2002.90的非原产货物。

6. (A)从子目2103.30的芥子粉或任何其他子目改变至子目2103.30的精制芥末;或者

    (B)从任何其他章改变至子目2103.30的任何其他货物。

7. 从任何其他品目改变至子目2103.90。

8. 从任何其他品目改变至品目2104。

9. 从任何其他品目[第四章和子目1901.90的乳固体含量(按重量计)超过10%的乳制品除外]改变至品目2105。

10. (A)从任何其他章(品目0805、品目2009或子目2202.90除外)改变至子目2106.90的添加维生素或矿物质的单一水果或蔬菜的浓缩汁;

    (B)(1)从任何其他章(品目0805、品目2009或子目2202.90的混合汁除外)改变至子目2106.90的添加维生素或矿物质的混合汁;或者

(2)从第二十一章的任何其他子目、品目2009或子目2202.90的混合汁改变至子目2106.90的添加维生素或矿物质的混合汁,不论是否从任何其他章改变而来,前提是单一果汁成分或来自巴拿马或美国以外单一国家的果汁成分以单一浓度形式构成的货物体积不超过60%;

(C)从任何其他子目(品目2203至2209除外)改变至子目2106.90的复合酒精制剂;

(D)从任何其他章(第十七章除外)改变至子目2106.90的糖浆;

(E)从任何其他章[第四章或子目1901.90的乳固体含量(按重量计)超过10%的乳制品除外]改变至子目2106.90的乳固体含量超过10%的货物;或者

(F)从任何其他章改变至品目2106的任何其他货物。

第二十二章

1. 从任何其他章改变至品目2201。

2. 从任何其他章改变至子目2202.10。

3. (A)从品目2009的番石榴、苹果、梨、桃、芒果、葡萄或酸辣汁或任何其他品目改变至子目2202.90的番石榴、苹果、梨、桃、芒果、葡萄或酸辣汁;

(B)从任何其他章(品目0805、品目2009或子目2106.90的浓缩果汁除外)改变至子目2202.90的添加维生素或矿物质的任何单一水果汁或蔬菜汁;

(C)(1)从任何其他章(品目0805、品目2009或子目2106.90的混合汁除外)改变至子目2202.90的添加维生素或矿物质的混合汁;或者

(2)从第二十二章的任何其他子目、品目2009或子目2106.90的混合汁,不论是否从任何其他章改变而来,前提是单一果汁成分或来自巴拿马或美国以外单一国家的果汁成分以单一浓度形式构成的货物体积不超过60%;

(D)从任何其他章[第四章或子目1901.90的乳固体含量(按重量计)超过10%的乳制品除外]改变至含乳饮料;或者

(E)从任何其他章改变至子目2202.90的任何其他货物。

4. 从任何其他章(子目2106.90的复合酒精制剂除外)改变至品目2203至2208。

5. 从任何其他品目改变至品目2209。

第二十三章

1. 从任何其他章改变至品目2301至2308。

2. 从任何其他品目改变至子目2309.10。

3. 从第四章、子目1901.90以外的任何其他品目改变至子目2309.90。

第二十四章

1. 从任何其他章改变至品目2401。

2. 从任何其他章或品目2401的包装烟草(未脱粒或类似加工)或适合用作品目2403的包装烟草的均化烟草或再造烟草改变至品目2402。

3. (A)从任何其他品目改变至用于子目2403.91的雪茄外包烟叶的均化烟草或再造烟草;或者

(B)从任何其他章改变至品目2403的任何其他货物。

第二十五章

1. 从任何其他品目改变至品目 2501 至 2516。

2. 从任何其他品目改变至子目 2517.10 至 2517.20。

3. 从任何其他子目改变至子目 2517.30。

4. 从任何其他品目改变至子目 2517.41 至 2517.49。

5. 从任何其他品目改变至品目 2518 至 2522。

6. 从任何其他章改变至品目 2523。

7. 从任何其他品目改变至品目 2524 至 2530。

第二十六章

从任何其他品目改变至品目 2601 至 2621。

第二十七章

1. 从任何其他品目改变至品目 2701 至 2706。

2. (A)从任何其他品目改变至子目 2707.10 至 2707.99；或者

(B)从任何其他子目改变至子目 2707.10 至 2707.99，前提是此类改变产生的货物是化学反应的产物。

3. 从任何其他品目改变至品目 2708 至 2709。

品目规则：就品目 2710 而言，下列程序赋予货物原产资格：

(a)常压蒸馏——一种分离过程，其中石油在蒸馏塔中根据沸点转化成馏分，然后蒸汽冷凝成不同的液化馏分。

(b)减压蒸馏——在低于大气压但不低到分子蒸馏的压力下进行蒸馏。

4. (A)从品目 2710 的任何其他货物改变至品目 2710 的任何其他货物，前提是此类改变产生的货物是化学反应、常压蒸馏或减压蒸馏的产物；或者

(B)从任何其他品目(品目 2207 除外)改变至品目 2710。

5. 从任何其他子目(子目 2711.21 除外)改变至子目 2711.11。

6. 从任何其他子目(子目 2711.29 除外)改变至子目 2711.12 至 2711.19。

7. 从任何其他子目(子目 2711.11 除外)改变至子目 2711.21。

8. 从任何其他子目(子目 2711.12 至 2711.21 除外)改变至子目 2711.29。

9. 从任何其他品目改变至品目 2712 至 2714。

10. 从任何其他品目(品目 2714 或子目 2713.20 除外)改变至品目 2715。

11. 从任何其他品目改变至品目 2716。

第二十八章

1. 从任何其他子目改变至子目 2801.10 至 2801.30。

2. 从任何其他品目改变至品目 2802 至 2803。

3. 从任何其他子目改变至子目 2804.10 至 2806.20。

4. 从任何其他品目改变至品目 2807 至 2808。

5. 从任何其他子目改变至子目 2809.10 至 2809.20。

6. 从任何其他品目改变至品目 2810。

7. 从任何其他子目改变至子目 2811.11 至 2816.40。

8. 从任何其他品目改变至品目 2817。

9. 从任何其他子目改变至子目 2818.10 至 2821.20。

10. 从任何其他品目改变至品目 2822 至 2823。

11. 从任何其他子目改变至子目 2824.10 至 2837.20。

12. 从任何其他品目改变至品目 2838。

13. 从任何其他子目改变至子目 2839.11 至 2846.90。

14. 从任何其他品目改变至品目 2847 至 2848。

15. 从任何其他子目改变至子目 2849.10 至 2849.90。

16. 从任何其他品目改变至品目 2850 至 2851。

第二十九章

1. 从任何其他子目改变至子目 2901.10 至 2910.90。

2. 从任何其他品目改变至品目 2911。

3. 从任何其他子目改变至子目 2912.11 至 2912.60。

4. 从任何其他品目改变至品目 2913。

5. 从任何其他子目改变至子目 2914.11 至 2918.90。

6. 从任何其他品目改变至品目 2919。

7. 从任何其他子目改变至子目 2920.10 至 2926.90。

8. 从任何其他品目改变至品目 2927 至 2928。

9. 从任何其他子目改变至子目 2929.10 至 2930.90。

10. 从任何其他品目改变至品目 2931。

11. 从任何其他子目改变至子目 2932.11 至 2934.99。

12. 从任何其他品目改变至品目 2935。

13. 从任何其他子目改变至子目 2936.10 至 2939.99。

14. 从任何其他子目改变至子目 2941.10 至 2941.90。

15. 从任何其他品目改变至品目 2942。

第三十章

1. 从任何其他子目改变至子目 3001.10 至 3003.90。

2. 从任何其他品目(品目 3003 除外)改变至品目 3004。

3. 从任何其他子目改变至子目 3005.10 至 3006.80。

第三十一章

1. 从任何其他品目改变至品目 3101。

2. 从任何其他子目改变至子目 3102.10 至 3105.90。

第三十二章

1. 从任何其他子目改变至子目 3201.10 至 3202.90。

2. 从任何其他品目改变至品目 3203。

3. 从任何其他子目改变至子目 3204.11 至 3204.90。

4. 从任何其他章改变至品目 3205。

5. 从任何其他子目改变至子目 3206.11 至 3206.50。

6. 从任何其他章改变至品目 3207。

7. 从任何其他章改变至品目 3208 至 3211。

8. 从任何其他章改变至品目 3212。

9. 从任何其他品目改变至品目 3213 至 3214。

10. 从任何其他章改变至品目 3215。

第三十三章

1. 从任何其他子目改变至子目 3301.11 至 3301.90。

2. 从任何其他品目(品目 2207 除外)改变至品目 3302。

3. 从任何其他品目改变至品目 3303。

4. 从任何其他子目改变至子目 3304.10 至 3307.90。

第三十四章

1. 从任何其他品目改变至品目 3401。

2. 从任何其他子目改变至子目 3402.11 至 3402.90。

3. 从任何其他子目(品目 2710 或品目 2712 除外)改变至子目 3403.11 至 3403.19。

4. 从任何其他子目改变至子目 3403.91 至 3403.99。

5. 从任何其他子目改变至子目 3404.10 至 3405.90。

6. 从任何其他品目改变至品目 3406 至 3407。

第三十五章

1. 从任何其他子目改变至子目 3501.10 至 3501.90。

2. 从子目 3502.11 至 3502.19 以外的任何子目(品目 0407 除外)改变至子目 3502.11 至 3502.19。

3. 从任何其他子目改变至子目 3502.20 至 3502.90。

4. 从任何其他品目改变至品目 3503 至 3504。

5. 从任何其他子目改变至子目 3505.10 至 3505.20。

6. 从任何其他品目改变至品目 3506。

7. 从任何其他子目改变至子目 3507.10 至 3507.90。

第三十六章

从任何其他品目改变至品目 3601 至 3606。

第三十七章

1. 从品目 3701 至 3703 以外的任何品目改变至品目 3701 至 3703。

2. 从任何其他品目改变至品目 3704 至 3706。

3. 从任何其他子目改变至子目 3707.10 至 3707.90。

第三十八章

1. 从任何其他品目改变至子目 3801.10 至 3807.00。

2. 从任何其他子目改变至子目 3808.10 至 3808.90,前提是原产有效成分占总有效成分的 50%(按重量计)。

3. 从任何其他品目改变至子目 3809.10 至 3824.90。

4. 从任何其他章(第二十八章至第三十七章、第四十章或第九十章除外)的品目改变至品目 3825。

第三十九章

1. 从任何其他品目改变至品目 3901 至 3915,前提是原产聚合物含量不低于聚合物总含量的 50%(按重量计)。

2. 从任何其他子目改变至子目 3916.10 至 3918.90。

3. (A)从子目 3919.10 至 3919.90 以外的任何子目改变至子目 3919.10 至 3919.90;或者

   (B)从任何其他子目改变至子目 3919.10 至 3919.90,前提是区域价值成分不低于:

   (1)使用累积法时的 35%,或

   (2)使用扣减法时的 45%。

4. (A)从任何其他子目改变至子目 3920.10 至 3920.99;或者

   (B)税则归类无需改变至子目 3920.10 至 3920.99 的货物,前提是区域价值成分不低于:

   (1)使用累积法时的 25%,或

   (2)使用扣减法时的 30%。

5. 从任何其他子目改变至子目 3921.11 至 3921.90。

6. 从任何其他品目改变至品目 3922 至 3926。

第四十章

1. (A)从任何其他章改变至子目 4001.10 至 4001.30;或者

   (B)从任何其他子目改变至子目 4001.10 至 4001.30,前提是使用扣减法时的区域价值成分不低于 30%。

2. (A)从任何其他品目(品目 4001 除外)改变至品目 4002 至 4006;或者

   (B)从品目 4001 或任何其他品目改变至品目 4002 至 4006,前提是使用扣减法时的区域价值成分不低于 30%。

3. 从任何其他品目改变至品目 4007 至 4017。

第四十一章

1. (A)从品目 4101 的任何其他货物或任何其他章改变至品目 4101 的经退鞣(包括预鞣,该工艺可逆)加工的生皮;或者

   (B)从任何其他章改变至品目 4101 的任何其他货物。

2. (A)从品目 4102 的任何其他货物或任何其他章改变至品目 4102 的经退鞣(包括预鞣,该工艺可逆)加工的生皮;或者

   (B)从任何其他章改变至品目 4102 的任何其他货物。

3. (A)从品目 4103 的任何其他货物或任何其他章改变至品目 4103 的经退鞣(包括预鞣,该工艺可逆)加工的生皮;或者

   (B)从任何其他章改变至品目 4103 的任何其他货物。

4. 从任何其他子目改变至子目 4104.11 至 4104.49。

5. (A)从任何其他品目[品目 4102 的经退鞣(包括预鞣,该工艺可逆)加工的生皮或品目 4112 除外]改变至品目 4105;或者

(B)从子目 4105.10 的蓝湿皮改变至品目 4105。

6.(A)从任何其他品目[品目 4103 的经退鞣(包括预鞣,该工艺可逆)加工的生皮或品目 4113 除外]改变至品目 4106;或者

(B)从子目 4106.21、子目 4106.31 或子目 4106.91 的蓝湿皮改变至品目 4106。

7.从任何其他品目改变至品目 4107。

8.(A)从任何其他品目[品目 4102 的经退鞣(包括预鞣,该工艺可逆)加工的生皮或品目 4105 除外]改变至品目 4112;或者

(B)从子目 4105.10 的蓝湿皮改变至品目 4112。

9.(A)从任何其他品目[品目 4103 的经退鞣(包括预鞣,该工艺可逆)加工的生皮或品目 4106 除外]改变至品目 4113;或者

(B)从子目 4106.21、子目 4106.31 或子目 4106.90 的蓝湿皮改变至品目 4113。

10.从任何其他子目改变至子目 4114.10 至 4115.20。

第四十二章

1.从任何其他品目改变至品目 4201。

2.从任何其他章改变至子目 4202.11。

3.从任何其他章改变至子目 4202.12 的以纺织材料做面的货物,前提是该货物在巴拿马或/和美国境内裁剪或/和针织成型并缝制或以其他方式组合。

4.从任何其他品目改变至子目 4202.12 的以塑料做面的货物。

5.从任何其他章改变至子目 4202.19 至 4202.21。

6.从任何其他章改变至子目 4202.22 的以纺织材料做面的货物,前提是该货物在巴拿马或/和美国境内裁剪或/和针织成型并缝制或以其他方式组合。

7.从任何其他品目改变至子目 4202.22 的以塑料做面的货物。

8.从任何其他章改变至子目 4202.29 至 4202.31。

9.从任何其他章改变至子目 4202.32 的以纺织材料做面的货物,前提是该货物在巴拿马或/和美国境内裁剪或/和针织成型并缝制或以其他方式组合。

10.从任何其他品目改变至子目 4202.32 的以塑料做面的货物。

11.从任何其他章改变至子目 4202.39 至 4202.91。

12.从任何其他章改变至子目 4202.92 的以纺织材料做面的货物,前提是该货物在巴拿马或/和美国境内裁剪或/和针织成型并缝制或以其他方式组合。

13.从任何其他品目改变至子目 4202.92 的以塑料做面的货物。

14.从任何其他章改变至子目 4202.99。

15.从任何其他章改变至子目 4203.10 至 4203.29。

16.从任何其他品目改变至子目 4203.30 至 4203.40。

17.从任何其他品目改变至品目 4204 至 4206。

第四十三章

1.从任何其他章改变至品目 4301。

2.从任何其他品目改变至品目 4302 至 4304。

第四十四章

从任何其他品目改变至品目 4401 至 4421。

第四十五章

从任何其他品目改变至品目 4501 至 4504。

第四十六章

1. 从任何其他章改变至品目 4601。

2. 从任何其他品目改变至品目 4602。

第四十七章

从任何其他品目改变至品目 4701 至 4707。

第四十八章

1. 从任何其他章改变至品目 4801 至 4807。

2. 从任何其他品目改变至品目 4808。

3. 从任何其他章改变至品目 4809。

4. 从任何其他品目改变至品目 4810 至 4811。

5. 从品目 4812 至 4817 以外的任何品目改变至品目 4812 至 4817。

6. 从任何其他品目(品目 4803 除外)改变至子目 4818.10 至 4818.30。

7. 从任何其他品目改变至子目 4818.40 至 4818.90。

8. 从品目 4819 至 4822 以外的任何品目改变至品目 4819 至 4822。

9. 从任何其他品目改变至品目 4823。

第四十九章

从任何其他章改变至品目 4901 至 4911。

第五十章

1. 从任何其他章改变至品目 5001 至 5003。

2. 从品目 5004 至 5006 以外的任何品目改变至品目 5004 至 5006。

3. 从任何其他品目改变至品目 5007。

第五十一章

1. 从任何其他章改变至品目 5101 至 5105。

2. 从品目 5106 至 5110 以外的任何品目改变至品目 5106 至 5110。

3. 从任何其他品目改变至品目 5111 至 5113。

第五十二章

1. 从任何其他章(品目 5401 至 5405 或品目 5501 至 5507 除外)改变至品目 5201 至 5207。

2. 从品目 5208 至 5212 以外的任何品目(品目 5106 至 5110、品目 5205 至 5206、品目 5401 至 5404 或品目 5509 至 5510 除外)改变至品目 5208 至 5212。

第五十三章

1. 从任何其他章改变至品目 5301 至 5305。

2. 从品目 5306 至 5308 以外的任何品目改变至品目 5306 至 5308。

3. 从品目 5309 至 5311 以外的任何品目改变至品目 5309 至 5311。

第五十四章

1. 从任何其他章(品目5201至5203或品目5501至5507除外)改变至品目5401至5406。

2. 从税号5402.43.10、税号5402.52.10或任何其他章(品目5106至5110、品目5205至5206或品目5509至5510除外)改变至税号5407.61.11、税号5407.61.21或税号5407.61.91。

3. 从任何其他章(品目5106至5110、品目5205至5206或品目5509至5510除外)改变至品目5407的任何其他子目。

4. 从任何其他章(品目5106至5110、品目5205至5206或品目5509至5510除外)改变至品目5408。

第五十五章

1. 从任何其他章(品目5201至5203或品目5401至5405除外)改变至品目5501至5511。

2. 从品目5512至5516以外的任何品目(品目5106至5110、品目5205至5206、品目5401至5404或品目5509至5510除外)改变至品目5512至5516。

第五十六章

从任何其他章的品目(品目5111至5113、品目5204至5212、品目5310至5311或第五十四章至第五十五章除外)改变至品目5601至56.09。

第五十七章

从任何其他章的品目(品目5111至5113、品目5204至5212、第五十四章或品目5508至5516除外)改变至品目5701至5705。

第五十八章

1. 从任何其他章(品目5111至5113、品目5204至5212、品目5310至5311或第五十四章至第五十五章除外)改变至子目5801.10至5806.10。

2. 从任何其他章(品目5208至5212、品目5407至5408或品目5512至5516除外)改变至子目5806.20。

3. 从任何其他章(品目5111至5113、品目5204至5212、品目5310至5311或第五十四章至第五十五章除外)改变至子目5806.31至5811.00。

第五十九章

1. 从任何其他章(品目5111至5113、品目5208至5212、品目5310至5311、品目5407至5408或品目5512至5516除外)改变至品目5901。

2. 从任何其他品目(品目5111至5113、品目5204至5212、品目5310至5311或第五十四章至第五十五章除外)改变至品目5902。

3. 从任何其他章(品目5111至5113、品目5208至5212、品目5310至5311、品目5407至5408或品目5512至5516除外)改变至品目5903至5908。

4. 从任何其他章(品目5111至5113、品目5208至5212、品目5310至5311、第五十四章或品目5512至5516除外)改变至品目5909。

5. 从任何其他品目(品目5111至5113、品目5204至5212、品目5310至5311或第五十四章至第五十五章除外)改变至品目5910。

6. 从任何其他章(品目 5111 至 5113、品目 5208 至 5212、品目 5310 至 5311、品目 5407 至 5408 或品目 5512 至 5516 除外)改变至品目 5911。

第六十章

1. 从任何其他章(品目 5111 至 5113、第五十二章、品目 5310 至 5311 或第五十四章至第五十五章除外)改变至品目 6001。

2. 从任何其他章改变至品目 6002。

3. 从任何其他章(品目 5111 至 5113、第五十二章、品目 5310 至 5311 或第五十四章至第五十五章除外)改变至品目 6003 至 6006。

第六十一章

章规则一:除归入税号 5408.22.10、税号 5408.23.11、税号 5408.23.21 或税号 5408.24.10 的织物外,下列品目和子目的织物,当用作某些男女西服套装、西服短上衣、裙子、大衣、短外套、带帽夹克、风衣和类似物品的可见衬里材料时,必须完全在巴拿马或/和美国境内成型并完成:品目 5111 至 5112、子目 5208.31 至 5208.59、子目 5209.31 至 5209.59、子目 5210.31 至 5210.59、子目 5211.31 至 5211.59、子目 5212.13 至 5212.15、子目 5212.23 至 5212.25、子目 5407.42 至 5407.44、子目 5407.52 至 5407.54、子目 5407.61、子目 5407.72 至 5407.74、子目 5407.82 至 5407.84、子目 5407.92 至 5407.94、子目 5408.22 至 5408.24、子目 5408.32 至 5408.34、子目 5512.19、子目 5512.29、子目 5512.99、子目 5513.21 至 5513.49、子目 5514.21 至 5515.99、子目 5516.12 至 5516.14、子目 5516.22 至 5516.24、子目 5516.32 至 5516.34、子目 5516.42 至 5516.44、子目 5516.92 至 5516.94、子目 6001.10、子目 6001.92、子目 6005.31 至 6005.44 或子目 6006.10 至 6006.44。

章规则二:为确定本章货物的原产地,适用于该货物的规则仅适用于确定该货物税则归类的成分,并且该成分必须满足该规则规定的税则归类改变要求。如果规则要求货物还必须满足本章章规则一所列对可见衬里织物的税则归类改变要求,则该要求仅适用于服装主体中的可见衬里织物(不包括覆盖最大表面积的袖子),不适用于可拆卸衬里。

章规则三:尽管有本章章规则二的规定,但本章中含有子目 5806.20 或品目 6002 的织物的货物,仅当这些织物在巴拿马或/和美国境内完全成型并完成,才被视为原产货物。

章规则四:尽管有本章章规则二的规定,但本章中含有品目 5204、品目 5401 或品目 5508 的缝纫线的货物,仅当该缝纫线在巴拿马或/和美国境内完全成型并完成时,才被视为原产货物。

章规则五:尽管有本章章规则二的规定,但本章中含有一个或多个口袋的服装,仅当口袋织物是在巴拿马或/和美国境内使用在巴拿马或/和美国境内完全成型的纱线制作完成时,才被视为原产货物。

1. 从任何其他章(品目 5111 至 5113、品目 5204 至 5212、品目 5310 至 5311、第五十四章、品目 5508 至 5516 或品目 6001 至 6006 除外)改变至子目 6101.10 至 6101.30,前提是:

   (A)该货物在巴拿马或/和美国境内裁剪或/和针织成型并缝制或以其他方式组合;以及

   (B)服装中使用的任何可见衬里材料必须满足第六十一章章规则一的要求。

2. 从任何其他章的子目 6101.90（品目 5111 至 5113、品目 5204 至 5212、品目 5310 至 5311、第五十四章、品目 5508 至 5516 或品目 6001 至 6006 除外）改变至子目 6101.90，前提是该货物在巴拿马或/和美国境内裁剪或/和针织成型并缝制或以其他方式组合。

3. 从任何其他章（品目 5111 至 5113、品目 5204 至 5212、品目 5310 至 5311、第五十四章、品目 5508 至 5516 或品目 6001 至 6006 除外）改变至子目 6102.10 至 6102.30，前提是：

   (A)该货物在巴拿马或/和美国境内裁剪或/和针织成型并缝制或以其他方式组合；以及

   (B)服装中使用的任何可见衬里材料必须满足第六十一章章规则一的要求。

4. 从任何其他章的子目 6102.90（品目 5111 至 5113、品目 5204 至 5212、品目 5310 至 5311、第五十四章、品目 5508 至 5516 或品目 6001 至 6006 除外）改变至子目 6102.90，前提是该货物在巴拿马或/和美国境内裁剪或针织成型并缝制或以其他方式组合。

5. 从任何其他章（品目 5111 至 5113、品目 5204 至 5212、品目 5310 至 5311、第五十四章、品目 5508 至 5516 或品目 6001 至 6006 除外）改变至子目 6103.11 至 6103.12，前提是：

   (A)该货物在巴拿马或/和美国境内裁剪或/和针织成型并缝制或以其他方式组合；以及

   (B)服装中使用的任何可见衬里材料必须满足第六十一章章规则一的要求。

6. 从任何其他章（品目 5111 至 5113、品目 5204 至 5212、品目 5310 至 5311、第五十四章、品目 5508 至 5516 或品目 6001 至 6006 除外）改变至税号 6103.19.60 或税号 6103.19.90，前提是该货物在巴拿马或/和美国境内裁剪或/和针织成型并缝制或以其他方式组合。

7. 从任何其他章（品目 5111 至 5113、品目 5204 至 5212、品目 5310 至 5311、第五十四章、品目 5508 至 5516 或品目 6001 至 6006 除外）改变至子目 6103.19 的任何其他税号，前提是：

   (A)该货物在巴拿马或/和美国境内裁剪或/和针织成型并缝制或以其他方式组合；以及

   (B)服装中使用的任何可见衬里材料必须满足第六十一章章规则一的要求。

8. 从任何其他章（品目 5111 至 5113、品目 5204 至 5212、品目 5310 至 5311、第五十四章、品目 5508 至 5516 或品目 6001 至 6006 除外）改变至子目 6103.21 至 6103.29，前提是：

   (A)该货物在巴拿马或/和美国境内裁剪或/和针织成型并缝制或以其他方式组合；以及

   (B)对于作为子目 6103.21 至子目 6103.29 的便服套装的一部分进口的以羊毛、动物细毛、棉花或化学纤维为原料的品目 6101 的服装或品目 6103 的上衣，服装中使用的任何可见衬里材料必须满足第六十一章章规则一的要求。

9. 从任何其他章（品目 5111 至 5113、品目 5204 至 5212、品目 5310 至 5311、第五十四章、品目 5508 至 5516 或品目 6001 至 6006 除外）改变至子目 6103.31 至 6103.33，前提是：

(A)该货物在巴拿马或/和美国境内裁剪或/和针织成型并缝制或以其他方式组合；以及

(B)服装中使用的任何可见衬里材料必须满足第六十一章章规则一的要求。

10. 从任何其他章(品目 5111 至 5113、品目 5204 至 5212、品目 5310 至 5311、第五十四章、品目 5508 至 5516 或品目 6001 至 6006 除外)改变至税号 6103.39.40 或税号 6103.39.80,前提是该货物在巴拿马或/和美国境内裁剪或/和针织成型并缝制或以其他方式组合。

11. 从任何其他章(品目 5111 至 5113、品目 5204 至 5212、品目 5310 至 5311、第五十四章、品目 5508 至 5516 或品目 6001 至 6006 除外)改变至子目 6103.39 的任何其他税号,前提是:

(A)该货物在巴拿马或/和美国境内裁剪或/和针织成型并缝制或以其他方式组合；以及

(B)服装中使用的任何可见衬里材料必须满足第六十一章章规则一的要求。

12. 从任何其他章(品目 5111 至 5113、品目 5204 至 5212、品目 5310 至 5311、第五十四章、品目 5508 至 5516 或品目 6001 至 6006 除外)改变至子目 6103.41 至 6103.49,前提是该货物在巴拿马或/和美国境内裁剪或/和针织成型并缝制或以其他方式组合。

13. 从任何其他章(品目 5111 至 5113、品目 5204 至 5212、品目 5310 至 5311、第五十四章、品目 5508 至 5516 或品目 6001 至 6006 除外)改变至子目 6104.11 至 6104.13,前提是:

(A)该货物在巴拿马或/和美国境内裁剪或/和针织成型并缝制或以其他方式组合；以及

(B)服装中使用的任何可见衬里材料必须满足第六十一章章规则一的要求。

14. 从任何其他章(品目 5111 至 5113、品目 5204 至 5212、品目 5310 至 5311、第五十四章、品目 5508 至 5516 或品目 6001 至 6006 除外)改变至税号 6104.19.40 或税号 6104.19.80,前提是该货物在巴拿马或/和美国境内裁剪或/和针织成型并缝制或以其他方式组合。

15. 从任何其他章(品目 5111 至 5113、品目 5204 至 5212、品目 5310 至 5311、第五十四章、品目 5508 至 5516 或品目 6001 至 6006 除外)改变至子目 6104.19 的任何其他税号,前提是:

(A)该货物在巴拿马或/和美国境内裁剪或/和针织成型并缝制或以其他方式组合；以及

(B)服装中使用的任何可见衬里材料必须满足第六十一章章规则一的要求。

16. 从任何其他章(品目 5111 至 5113、品目 5204 至 5212、品目 5310 至 5311、第五十四章、品目 5508 至 5516 或品目 6001 至 6006 除外)改变至子目 6104.21 至 6104.29,前提是:

(A)该货物在巴拿马或/和美国境内裁剪或/和针织成型并缝制或以其他方式组合；以及

(B)对于作为子目 6104.22 至 6104.29 的便服套装的一部分进口的以羊毛、动物细毛、棉花或化学纤维为原料的品目6102的服装、品目6104的上衣或品目6104的裙子,服装中使用的任何可见衬里材料必须满足第六十一章章规则一的要求。

17. 从任何其他章(品目5111至5113、品目5204至5212、品目5310至5311、第五十四章、品目5508至5516或品目6001至6006除外)改变至子目6104.31至6104.33,前提是：

   (A)该货物在巴拿马或/和美国境内裁剪或/和针织成型并缝制或以其他方式组合；以及

   (B)服装中使用的任何可见衬里材料必须满足第六十一章章规则一的要求。

18. 从任何其他章(品目5111至5113、品目5204至5212、品目5310至5311、第五十四章、品目5508至5516或品目6001至6006除外)改变至税号6104.39.20,前提是该货物在巴拿马或/和美国境内裁剪或/和针织成型并缝制或以其他方式组合。

19. 从任何其他章(品目5111至5113、品目5204至5212、品目5310至5311、第五十四章、品目5508至5516或品目6001至6006除外)改变至子目6104.39的任何其他税号,前提是：

   (A)该货物在巴拿马或/和美国境内裁剪或/和针织成型并缝制或以其他方式组合；以及

   (B)服装中使用的任何可见衬里材料必须满足第六十一章章规则一的要求。

20. 从任何其他章(品目5111至5113、品目5204至5212、品目5310至5311、第五十四章、品目5508至5516或品目6001至6006除外)改变至子目6104.41至6104.49,前提是该货物在巴拿马或/和美国境内裁剪或/和针织成型并缝制或以其他方式组合。

21. 从任何其他章(品目5111至5113、品目5204至5212、品目5310至5311、第五十四章、品目5508至5516或品目6001至6006除外)改变至子目6104.51至6104.53,前提是：

   (A)该货物在巴拿马或/和美国境内裁剪或/和针织成型并缝制或以其他方式组合；以及

   (B)服装中使用的任何可见衬里材料必须满足第六十一章章规则一的要求。

22. 从任何其他章(品目5111至5113、品目5204至5212、品目5310至5311、第五十四章、品目5508至5516或品目6001至6006除外)改变至税号6104.59.40或税号6104.59.80,前提是该货物在巴拿马或/和美国境内裁剪或/和针织成型并缝制或以其他方式组合。

23. 从任何其他章(品目5111至5113、品目5204至5212、品目5310至5311、第五十四章、品目5508至5516或品目6001至6006除外)改变至子目6104.59的任何其他税号,前提是：

   (A)该货物在巴拿马或/和美国境内裁剪或/和针织成型并缝制或以其他方式组合；以及

   (B)服装中使用的任何可见衬里材料必须满足第六十一章章规则一的要求。

24. 从任何其他章(品目5111至5113、品目5204至5212、品目5310至5311、第五十四章、品目5508至5516或品目6001至6006除外)改变至子目6104.61至6104.69,前提是该货物在巴拿马或/和美国境内裁剪或/和针织成型并缝制或以其他方式组合。

25. 从任何其他章(品目 5111 至 5113、品目 5204 至 5212、品目 5310 至 5311、第五十四章、品目 5508 至 5516 或品目 6001 至 6006 除外)改变至品目 6105 至 6111,前提是该货物在巴拿马或/和美国境内裁剪或/和针织成型并缝制或以其他方式组合。

26. 从任何其他章(品目 5111 至 5113、品目 5204 至 5212、品目 5310 至 5311、第五十四章、品目 5508 至 5516 或品目 6001 至 6006 除外)改变至子目 6112.11 至 6112.19,前提是该货物在巴拿马或/和美国境内裁剪或/和针织成型并缝制或以其他方式组合。

27. 从任何其他章(品目 5111 至 5113、品目 5204 至 5212、品目 5310 至 5311、第五十四章、品目 5508 至 5516 或品目 6001 至 6006 除外)改变至子目 6112.20:

    (A)该货物在巴拿马或/和美国境内裁剪或/和针织成型并缝制或以其他方式组合;以及

    (B)对于作为子目 6112.20 的滑雪套装的一部分进口的以羊毛、动物细毛、棉花或化学纤维为原料的品目 6101、6102、品目 6201 或品目 6202 的服装,服装中使用的任何可见衬里材料满足符合第六十一章章规则一的要求。

28. 从任何其他章(品目 5111 至 5113、品目 5204 至 5212、品目 5310 至 5311、第五十四章、品目 5508 至 5516 或品目 6001 至 6006 除外)改变至子目 6112.31 至 6112.49,前提是该货物在巴拿马或/和美国境内裁剪或/和针织成型并缝制或以其他方式组合。

29. 从任何其他章(品目 5111 至 5113、品目 5204 至 5212、品目 5310 至 5311、第五十四章、品目 5508 至 5516 或品目 6001 至 6006 除外)改变至品目 6113 至 6117,前提是该货物在巴拿马或/和美国境内裁剪或/和针织成型并缝制或以其他方式组合。

第六十二章

章规则一: 除归入税号 5408.22.10、税号 5408.23.11、税号 5408.23.21 或税号 5408.24.10 的织物外,下列品目和子目的织物,当用作某些男女西服套装、西服短上衣、裙子、大衣、短外套、带帽夹克、风衣和类似物品的可见衬里材料时,必须完全在巴拿马或/和美国境内成型并完成:品目 5111 至 5112、子目 5208.31 至 5208.59、子目 5209.31 至 5209.59、子目 5210.31 至 5210.59、子目 5211.31 至 5211.59、子目 5212.13 至 5212.15、子目 5212.23 至 5212.25、子目 5407.42 至 5407.44、子目 5407.52 至 5407.54、子目 5407.61、子目 5407.72 至 5407.74、子目 5407.82 至 5407.84、子目 5407.92 至 5407.94、子目 5408.22 至 5408.24、子目 5408.32 至 5408.34、子目 5512.19、子目 5512.29、子目 5512.99、子目 5513.21 至 5513.49、子目 5514.21 至 5515.99、子目 5516.12 至 5516.14、子目 5516.22 至 5516.24、子目 5516.32 至 5516.34、子目 5516.42 至 5516.44、子目 5516.92 至 5516.94、子目 6001.10、子目 6001.92、子目 6005.31 至 6005.44 或子目 6006.10 至 6006.44。

章规则二: 为确定本章货物的原产地,适用于该货物的税则归类规则仅适用于确定该货物税则归类的成分,并且该成分必须满足税则归类改变要求。如果税则归类规则要求货物还必须满足本章章规则一所列的可见里料的税则归类改变要求,则该要求仅适用于服装主体中的可见里料(不包括覆盖最大表面积的袖子),不适用可拆卸衬里。

章规则三: 尽管有本章章规则二的规定,但本章中含有子目 5806.20 或品目 6002 的织物的货物[税号 6204.42.30、税号 6204.43.40 或税号 6204.44.40(女装,灯芯绒连衣裙除外)、品目6207至6208(平角短裤、睡衣裤和睡衣)、子目6212.10的货物除外],仅当这些织物完全在巴拿马或/和美国境内成型和完成时,才被视为原产货物。

章规则四:尽管有本章章规则二的规定,但本章中含有品目5204、品目5401或品目5508的缝纫线的货物[品目6207至6208(平角短裤、睡衣裤和睡衣)、子目6212.10、税号6204.42.30、税号6204.43.40或税号6204.44.40(女装,灯芯绒连衣裙除外)],仅当该缝纫线完全在巴拿马或/和美国境内成型和完成时,才被视为原产货物。

章规则五:尽管有本章章规则二的规定,但本章中含有一个或多个口袋的服装,仅当该口袋织物完全在巴拿马或/和美国境内使用在巴拿马或/和美国境内完全成型的纱线制作完成时,才被视为原产货物。

1. 从任何其他章(品目5111至5113、品目5204至5212、品目5310至5311、第五十四章、品目5508至5516、品目5801至5802或品目6001至6006除外)改变至子目6201.11至6201.13,前提是:

    (A)该货物在巴拿马或/和美国境内裁剪或/和针织成型并缝制或以其他方式组合;以及

    (B)服装中使用的任何可见衬里材料满足第六十二章章规则一的要求。

2. 从任何其他章(品目5111至5113、品目5204至5212、品目5310至5311、第五十四章、品目5508至5516、品目5801至5802或品目6001至6006除外)改变至子目6201.19,前提是该货物在巴拿马或/和美国境内裁剪或/和针织成型并缝制或以其他方式组合。

3. 从任何其他章(品目5111至5113、品目5204至5212、品目5310至5311、第五十四章、品目5508至5516、品目5801至5802或品目6001至6006除外)改变至子目6201.91至6201.93,前提是:

    (A)该货物在巴拿马或/和美国境内裁剪或/和针织成型并缝制或以其他方式组合;以及

    (B)服装中使用的任何可见衬里材料满足第六十二章章规则一的要求。

4. 从任何其他章(品目5111至5113、品目5204至5212、品目5310至5311、第五十四章、品目5508至5516、品目5801至5802或品目6001至6006除外)改变至子目6201.99,前提是该货物在巴拿马或/和美国境内裁剪或/和针织成型并缝制或以其他方式组合。

5. 从任何其他章(品目5111至5113、品目5204至5212、品目5310至5311、第五十四章、品目5508至5516、品目5801至5802或品目6001至6006除外)改变至子目6202.11至6202.13,前提是:

    (A)该货物在巴拿马或/和美国境内裁剪或/和针织成型并缝制或以其他方式组合;以及

    (B)服装中使用的任何可见衬里材料满足第六十二章章规则一的要求。

6. 从任何其他章(品目5111至5113、品目5204至5212、品目5310至5311、第五十四章、品目5508至5516、品目5801至5802或品目6001至6006除外)改变至子目6202.19,前提是该货物在巴拿马或/和美国境内裁剪或/和针织成型并缝制或以其他方式组合。

7. 从任何其他章(品目5111至5113、品目5204至5212、品目5310至5311、第五十四章、品目5508至5516、品目5801至5802或品目6001至6006除外)改变至子目6202.91

至6202.93,前提是：

(A)该货物在巴拿马或/和美国境内裁剪或/和针织成型并缝制或以其他方式组合；以及

(B)服装中使用的任何可见衬里材料满足第六十二章章规则一的要求。

8. 从任何其他章(品目5111至5113、品目5204至5212、品目5310至5311、第五十四章、品目5508至5516、品目5801至5802或品目6001至6006除外)改变至子目6202.99,前提是该货物在巴拿马或/和美国境内裁剪或/和针织成型并缝制或以其他方式组合。

9. 从任何其他章(品目5111至5113、品目5204至5212、品目5310至5311、第五十四章、品目5508至5516、品目5801至5802或品目6001至6006除外)改变至子目6203.11至6203.12,前提是：

(A)该货物在巴拿马或/和美国境内裁剪或/和针织成型并缝制或以其他方式组合；以及

(B)服装中使用的任何可见衬里材料满足第六十二章章规则一的要求。

10. 从任何其他章(品目5111至5113、品目5204至5212、品目5310至5311、第五十四章、品目5508至5516、品目5801至5802或品目6001至6006除外)改变至税号6203.19.40或税号6203.19.90,前提是该货物在巴拿马或/和美国境内裁剪或/和针织成型并缝制或以其他方式组合。

11. 从任何其他章(品目5111至5113、品目5204至5212、品目5310至5311、第五十四章、品目5508至5516、品目5801至5802或品目6001至6006除外)改变至子目6203.19的任何其他税号,前提是：

(A)该货物在巴拿马或/和美国境内裁剪或/和针织成型并缝制或以其他方式组合；以及

(B)服装中使用的任何可见衬里材料满足第六十二章章规则一的要求。

12. 从任何其他章(品目5111至5113、品目5204至5212、品目5310至5311、第五十四章、品目5508至5516、品目5801至5802或品目6001至6006除外)改变至子目6203.21至6203.29,前提是：

(A)该货物在巴拿马或/和美国境内裁剪或/和针织成型并缝制或以其他方式组合；以及

(B)对于作为子目6203.21至子目6203.29的便服套装的一部分进口的以羊毛、动物细毛、棉花或化学纤维为原料的品目6201的服装或品目6203的上衣,服装中使用的任何可见衬里材料满足第六十二章章规则一的要求。

13. 从任何其他章(品目5111至5113、品目5204至5212、品目5310至5311、第五十四章、品目5508至5516、品目5801至5802或品目6001至6006除外)改变至子目6203.31至6203.33,前提是：

(A)该货物在巴拿马或/和美国境内裁剪或/和针织成型并缝制或以其他方式组合；以及

(B)服装中使用的任何可见衬里材料满足第六十二章章规则一的要求。

14. 从任何其他章(品目5111至5113、品目5204至5212、品目5310至5311、第五十四章、品目5508至5516、品目5801至5802或品目6001至6006除外)改变至税号6203.39.40或税号6203.39.80,前提是该货物在巴拿马或/和美国境内裁剪或/和针织成型并缝制或以其他方式组合。

15. 从任何其他章(品目5111至5113、品目5204至5212、品目5310至5311、第五十四章、品目5508至5516、品目5801至5802或品目6001至6006除外)改变至子目6203.39的任何其他税号,前提是:

   (A)该货物在巴拿马或/和美国境内裁剪或/和针织成型并缝制或以其他方式组合;以及

   (B)服装中使用的任何可见衬里材料满足第六十二章章规则一的要求。

16. 从任何其他章(品目5111至5113、品目5204至5212、品目5310至5311、第五十四章、品目5508至5516、品目5801至5802或品目6001至6006除外)改变至子目6203.41至6203.49,前提是该货物在巴拿马或/和美国境内裁剪或/和针织成型并缝制或以其他方式组合。

17. 从任何其他章(品目5111至5113、品目5204至5212、品目5310至5311、第五十四章、品目5508至5516、品目5801至5802或品目6001至6006除外)改变至子目6204.11至6204.13,前提是:

   (A)该货物在巴拿马或/和美国境内裁剪或/和针织成型并缝制或以其他方式组合;以及

   (B)服装中使用的任何可见衬里材料满足第六十二章章规则一的要求。

18. 从任何其他章(品目5111至5113、品目5204至5212、品目5310至5311、第五十四章、品目5508至5516、品目5801至5802或品目6001至6006除外)改变至税号6204.19.40或税号6204.19.80,前提是该货物在巴拿马或/和美国境内裁剪或/和针织成型并缝制或以其他方式组合。

19. 从任何其他章(品目5111至5113、品目5204至5212、品目5310至5311、第五十四章、品目5508至5516、品目5801至5802或品目6001至6006除外)改变至子目6204.19的任何其他税号,前提是:

   (A)该货物在巴拿马或/和美国境内裁剪或/和针织成型并缝制或以其他方式组合;以及

   (B)服装中使用的任何可见衬里材料满足第六十二章章规则一的要求。

20. 从任何其他章(品目5111至5113、品目5204至5212、品目5310至5311、第五十四章、品目5508至5516、品目5801至5802或品目6001至6006除外)改变至子目6204.21至6204.29,前提是:

   (A)该货物在巴拿马或/和美国境内裁剪或/和针织成型并缝制或以其他方式组合;以及

   (B)对于作为子目6204.21至6204.29的便服套装的一部分进口的以羊毛、动物细毛、棉花或化学纤维为原料的品目6202的服装、品目6204的上衣或品目6204的裙子,服装中使用的任何可见衬里材料满足第六十二章章规则一的要求。

21. 从任何其他章(品目5111至5113、品目5204至5212、品目5310至5311、第五十四章、品目5508至5516、品目5801至5802或品目6001至6006除外)改变至子目6204.31至6204.33,前提是:

(A)该货物在巴拿马或/和美国境内裁剪或/和针织成型并缝制或以其他方式组合;以及

(B)服装中使用的任何可见衬里材料满足第六十二章章规则一的要求。

22. 从任何其他章(品目5111至5113、品目5204至5212、品目5310至5311、第五十四章、品目5508至5516、品目5801至5802或品目6001至6006除外)改变至税号6204.39.60或税号6204.39.80,前提是该货物在巴拿马或/和美国境内裁剪或/和针织成型并缝制或以其他方式组合。

23. 从任何其他章(品目5111至5113、品目5204至5212、品目5310至5311、第五十四章、品目5508至5516、品目5801至5802或品目6001至6006除外)改变至子目6204.39的任何其他税号,前提是:

(A)该货物在巴拿马或/和美国境内裁剪或/和针织成型并缝制或以其他方式组合;以及

(B)服装中使用的任何可见衬里材料满足第六十二章章规则一的要求。

24. 从任何其他章(品目5111至5113、品目5204至5212、品目5310至5311、第五十四章、品目5508至5516、品目5801至5802或品目6001至6006除外)改变至子目6204.41,前提是该货物在巴拿马或/和美国境内裁剪或/和针织成型并缝制或以其他方式组合。

25. 从任何其他章改变至税号6204.42.30、税号6204.43.40或税号6204.44.40(上述子目的女装、灯芯绒连衣裙除外),前提是该货物在巴拿马或/和美国境内裁剪或/和针织成型并缝制或以其他方式组合。

26. 从任何其他章(品目5111至5113、品目5204至5212、品目5310至5311、第五十四章、品目5508至5516、品目5801至5802或品目6001至6006除外)改变至子目6204.42至6204.49,前提是该货物在巴拿马或/和美国境内裁剪或/和针织成型并缝制或以其他方式组合。

27. 从任何其他章(品目5111至5113、品目5204至5212、品目5310至5311、第五十四章、品目5508至5516、品目5801至5802或品目6001至6006除外)改变至子目6204.51至6204.53,前提是:

(A)该货物在巴拿马或/和美国境内裁剪或/和针织成型并缝制或以其他方式组合;以及

(B)服装中使用的任何可见衬里材料满足第六十二章章规则一的要求。

28. 从任何其他章(品目5111至5113、品目5204至5212、品目5310至5311、第五十四章、品目5508至5516、品目5801至5802或品目6001至6006除外)改变至税号6204.59.40,前提是该货物在巴拿马或/和美国境内裁剪或/和针织成型并缝制或以其他方式组合。

29. 从任何其他章(品目5111至5113、品目5204至5212、品目5310至5311、第五十四章、品目5508至5516、品目5801至5802或品目6001至6006除外)改变至子目

6204.59 的任何其他税号,前提是是:

(A)该货物在巴拿马或/和美国境内裁剪或/和针织成型并缝制或以其他方式组合;以及

(B)服装中使用的任何可见衬里材料满足第六十二章章规则一的要求。

30. 从任何其他章(品目 5111 至 5113、品目 5204 至 5212、品目 5310 至 5311、第五十四章、品目 5508 至 5516、品目 5801 至 5802 或品目 6001 至 6006 除外)改变至子目 6204.61 至 6204.69,前提是该货物在巴拿马或/和美国境内裁剪或/和针织成型并缝制或以其他方式组合。

31. 从任何其他章(品目 5111 至 5113、品目 5204 至 5212、品目 5310 至 5311、第五十四章、品目 5508 至 5516、品目 5801 至 5802 或品目 6001 至 6006 除外)改变至品目 6205 至 6206,前提是该货物在巴拿马或/和美国境内裁剪或/和针织成型并缝制或以其他方式组合。

32. 从任何其他章改变至子目 6207.11 的平角短裤、税号 6207.19.90 的仅限化学纤维平角短裤或者税号 6208.91.30 或税号 6208.92.00 的睡衣裤和睡衣(不包括浴衣、晨衣和类似物品),前提是该货物在巴拿马或/和美国境内裁剪或/和针织成型并缝制或以其他方式组合。

33. 从任何其他章改变至子目 6207.21、子目 6207.22、税号 6207.91.30、税号 6207.92.40、子目 6208.21、子目 6208.22、税号 6208.91.30、税号 6208.92.00 或税号 6208.99.20 的睡衣裤和睡衣,前提是该货物在巴拿马或/和美国境内裁剪或/和针织成型并缝制或以其他方式组合。

34. 从任何其他章(品目 5111 至 5113、品目 5204 至 5212、品目 5310 至 5311、第五十四章、品目 5508 至 5516、品目 5801 至 5802 或品目 6001 至 6006 除外)改变至品目 6207 至 6208 的任何其他货物,前提是该货物在巴拿马或/和美国境内裁剪或/和针织成型并缝制或以其他方式组合。

35. 从任何其他章(品目 5111 至 5113、品目 5204 至 5212、品目 5310 至 5311、第五十四章、品目 5508 至 5516、品目 5801 至 5802 或品目 6001 至 6006 除外)改变至品目 6209 至 6210,前提是该货物在巴拿马或/和美国境内裁剪或/和针织成型并缝制或以其他方式组合。

36. 从任何其他章(品目 5111 至 5113、品目 5204 至 5212、品目 5310 至 5311、第五十四章、品目 5508 至 5516、品目 5801 至 5802 或品目 6001 至 6006 除外)改变至子目 6211.11 至 6211.12,前提是该货物在巴拿马或/和美国境内裁剪或/和针织成型并缝制或以其他方式组合。

37. 从任何其他章(品目 5111 至 5113、品目 5204 至 5212、品目 5310 至 5311、第五十四章、品目 5508 至 5516、品目 5801 至 5802 或品目 6001 至 6006 除外)改变至子目 6211.20,前提是:

(A)该货物在巴拿马或/和美国境内裁剪或/和针织成型并缝制或以其他方式组合;以及

(B)对于作为子目 6112.20 的滑雪套装的一部分进口的以羊毛、动物细毛、棉花或化学纤维为原料的品目6101、品目6102、品目6201或品目6202的服装,服装中使用的任何可见衬里材料必须满足第六十二章章规则一的要求。

38. 从任何其他章(品目5111至5113、品目5204至5212、品目5310至5311、第五十四章、品目5508至5516、品目5801至5802或品目6001至6006除外)改变至子目6211.31至6211.49,前提是该货物在巴拿马或/和美国境内裁剪或/和针织成型并缝制或以其他方式组合。

39. 从任何其他章改变至子目6212.10,前提是该货物在巴拿马或/和美国境内裁剪或/和针织成型并缝制或以其他方式组合。

40. 从任何其他章(品目5111至5113、品目5204至5212、品目5310至5311、第五十四章、品目5508至5516、品目5801至5802或品目6001至6006除外)改变至子目6212.20至6212.90,前提是该货物在巴拿马或/和美国境内裁剪或/和针织成型并缝制或以其他方式组合。

41. 从任何其他章(品目5111至5113、品目5204至5212、品目5310至5311、第五十四章、品目5508至5516、品目5801至5802或品目6001至6006除外)改变至品目6213至6217,前提是该货物在巴拿马或/和美国境内裁剪或/和针织成型并缝制或以其他方式组合。

第六十三章

章规则一: 为确定本章货物的原产地,适用于该货物的规则仅适用于确定该货物税则归类的成分,并且该成分必须满足该规则规定的税则归类改变要求。

章规则二: 尽管有本章章规则一的规定,但本章中含有品目5204、品目5401或品目5508的缝纫线的货物,仅当该缝纫线完全在巴拿马或/和美国境内成型并完成,才被视为原产货物。

1. 从任何其他章(品目5111至5113、品目5204至5212、品目5310至5311、第五十四章、品目5508至5516、品目5801至5802或品目6001至6006除外)改变至品目6301至6302,前提是该货物在巴拿马或/和美国境内裁剪或/和针织成型并缝制或以其他方式组合。

2. 从税号5402.43.10、税号5402.52.10或任何其他章(品目5111至5113、品目5204至5212、品目5310至5311、第五十四章、品目5508至5516、品目5801至5802或品目6001至6006除外)改变至税号6303.92.10,前提是该货物在巴拿马或/和美国境内裁剪或/和针织成型并缝制或以其他方式组合。

3. 从任何其他章(品目5111至5113、品目5204至5212、品目5310至5311、第五十四章、品目5508至5516、品目5801至5802或品目6001至6006除外)改变至品目6303的任何其他税号,前提是该货物在巴拿马或/和美国境内裁剪或/和针织成型并缝制或以其他方式组合。

4. 从任何其他章(品目5111至5113、品目5204至5212、品目5310至5311、第五十四章、品目5508至5516、品目5801至5802或品目6001至6006除外)改变至品目6304至6308,前提是该货物在巴拿马或/和美国境内裁剪或/和针织成型并缝制或以其他方式组合。

5. 从任何其他品目改变至品目 6309。

6. 从任何其他章（品目 5111 至 5113、品目 5204 至 5212、品目 5310 至 5311、第五十四章、品目 5508 至 5516、品目 5801 至 5802 或品目 6001 至 6006 除外）改变至品目 6310，前提是该货物在巴拿马或/和美国境内裁剪或/和针织成型并缝制或以其他方式组合。

第六十四章

1. 从品目 6401 至 6405 以外的任何其他品目（子目 6406.10 除外）改变至子目 6401.10、子目 6401.91、税号 6401.92.90、税号 6401.99.30、税号 6401.99.60、税号 6401.99.90、税号 6402.30.50、税号 6402.30.70、税号 6402.30.80、税号 6402.91.50、税号 6402.91.80、税号 6402.91.90、税号 6402.99.20、税号 6402.99.80、税号 6402.99.90、税号 6404.11.90 或税号 6404.19.20，前提是使用累积法时的区域价值成分不低于 55%。

2. 从任何其他子目改变至第六十四章的所有其他货物。

第六十五章

1. 从任何其他章改变至品目 6501 至 6502。

2. 从任何其他品目（品目 6503 至 6507 除外）改变至品目 6503 至 6506。

3. 从任何其他品目改变至品目 6507。

第六十六章

1. 从任何其他品目改变至品目 6601。

2. 从任何其他品目改变至品目 6602。

3. 从任何其他章改变至品目 6603。

第六十七章

1. (A) 从任何其他品目改变至品目 6701；或者

   (B) 从任何其他货物（包括品目 6701 的货物）改变至品目 6701 的羽毛或羽绒制品。

2. 从任何其他品目改变至品目 6702 至 6704。

第六十八章

1. 从任何其他品目改变至品目 6801 至 6811。

2. 从任何其他子目改变至子目 6812.50。

3. 从子目 6812.60 至 6812.70 以外的任何子目改变至子目 6812.60 至 6812.70。

4. 从任何其他品目改变至子目 6812.90。

5. 从任何其他品目改变至品目 6813 至 6814。

6. 从子目 6815.99 改变至子目 6815.99 至 6815.99。

第六十九章

从任何其他章改变至品目 6901 至 6914。

第七十章

1. 从任何其他品目改变至品目 7001。

2. 从任何其他品目改变至子目 7002.10。

3. 从任何其他章改变至子目 7002.20。

4. 从任何其他品目改变至子目 7002.31。

5. 从任何其他章改变至子目 7002.32 至 7002.39。

6. 从任何其他章改变至品目 7003。

7. 从改组以外的任何其他品目改变至品目 7004 至 7007。

8. 从任何其他品目改变至品目 7008。

9. 从任何其他品目(品目 7007 至 7008 除外)改变至品目 7009。

10. 从任何其他章改变至品目 7010。

11. 从品目 7011 至 7018 以外的任何品目(品目 7007 至 7008 除外)改变至品目 7011 至 7018。

12. 从任何其他品目(品目 7007 至 7020 除外)改变至品目 7019。

13. 从任何其他品目改变至品目 7020。

第七十一章

1. 从任何其他品目改变至品目 7101。

2. 从任何其他章改变至品目 7102 至 7103。

3. 从任何其他品目改变至品目 7104 至 7105。

4. 从任何其他章改变至品目 7106。

5. 从任何其他品目改变至品目 7107。

6. 从任何其他章改变至品目 7108。

7. 从任何其他品目改变至品目 7109。

8. 从任何其他章改变至品目 7110 至 7111。

9. 从任何其他品目改变至品目 7112。

10. 从任何其他品目(品目 7116 除外)改变至品目 7113。

11. 从任何其他品目改变至品目 7114 至 7115。

12. 从任何其他品目(品目 7113 除外)改变至品目 7116。

13. 从任何其他品目改变至品目 7117 至 7118。

第七十二章

1. 从任何其他章改变至品目 7201 至 7205。

2. 从品目 7206 至 7207 以外的任何品目改变至品目 7206 至 7207。

3. 从任何其他品目改变至品目 7208 至 7229。

第七十三章

1. (A)从任何其他章改变至品目 7301 至 7307;或者

   (B)从子目 7304.49 改变至子目 7304.41 的外径小于 19 毫米的货物。

2. 从任何其他品目改变至品目 7308,但对品目 7216 的角材、型材或异型材进行以下处理而导致的归类改变除外:

   (A)钻孔、冲孔、开槽、切割、弯曲或清扫,不论是单独进行还是组合进行;

   (B)为复合结构添加附件或焊接件;

   (C)为搬运目的添加附件;

   (D)在 H 型钢或工字钢上增加焊件、连接件或附件,但焊件、连接件或附件的最大尺寸不得大于 H 型钢或工字钢法兰内表面之间的尺寸;

   (E)涂漆、镀锌或其他涂层;或者

(F)单独或组合钻孔、冲孔、开槽或切割,添加一个没有加强元件的简单底板,用于生产适合做柱的制品。

3. 从品目 7309 至 7311 以外的任何品目改变至品目 7309 至 7311。

4. 从任何其他品目改变至品目 7312 至 7314。

5. (A)从任何其他品目改变至子目 7315.11 至 7315.12;或者
   (B)从子目 7315.19 改变至子目 7315.11 至 7315.12,不论是否从任何其他品目改变而来,前提是区域价值成分不低于:
   (1)使用累积法时的 35%,或
   (2)使用扣减法时的 45%。

6. 从任何其他品目改变至子目 7315.19。

7. (A)从任何其他品目改变至子目 7315.20 至 7315.89;或者
   (B)从子目 7315.90 改变至子目 7315.20 至 7315.89,不论是否从任何其他品目改变而来,前提是区域价值成分不低于:
   (1)使用累积法时的 35%,或
   (2)使用扣减法时的 45%。

8. 从任何其他品目改变至子目 7315.90。

9. 从任何其他品目(品目 7312 或品目 7315 除外)改变至品目 7316。

10. 从品目 7317 至 7318 以外的任何品目改变至品目 7317 至 7318。

11. 从任何其他品目改变至品目 7319 至 7320。

12. (A)从任何其他子目[子目 7321.90 的烹饪室(不论是否装配)、上部面板(不论是否带有控制装置、燃烧器)或包含以下多个部件的门组件除外:内面板、外面板、窗或隔离件]改变至子目 7321.11;或者
    (B)从子目 7321.90 改变至子目 7321.11,不论是否从任何其他品目改变而来,前提是区域价值成分不低于:
    (1)使用累积法时的 35%,或
    (2)使用扣减法时的 45%。

13. (A)从任何其他品目改变至子目 7321.12 至 7321.83;或者
    (B)从子目 7321.90 改变至子目 7321.12 至 7321.83,不论是否从任何其他品目改变而来,前提是区域价值成分不低于:
    (1)使用累积法时的 35%,或
    (2)使用扣减法时的 45%。

14. (A)从任何其他品目改变至子目 7321.90;或者
    (B)税则归类无需改变至子目 7321.90,前提是区域价值成分不低于:
    (1)使用累积法时的 35%,或
    (2)使用扣减法时的 45%。

15. 从品目 7322 至 7323 以外的任何品目改变至品目 7322 至 7323。

16. (A)从任何其他品目改变至子目 7324.10 至 7324.29;或者
    (B)税则归类无需改变至子目 7324.10 至 7324.29 的货物,前提是区域价值成分不

低于：

(1)使用累积法时的35％,或

(2)使用扣减法时的45％。

17.从任何其他品目改变至子目7324.90。

18.从子目7325.10至7326.20以外的任何子目改变至子目7325.10至7326.20。

19.从任何其他品目(品目7325除外)改变至子目7326.90。

第七十四章

1.从任何其他品目改变至品目7401至7403。

2.税则归类无需改变至品目7404的货物,前提是区域价值成分不低于：

(A)使用累积法时的35％,或

(B)使用扣减法时的45％。

3.从任何其他品目改变至品目7405至7407。

4.从任何其他品目(品目7407除外)改变至品目7408。

5.从任何其他品目改变至品目7409。

6.从任何其他品目(品目7409的厚度小于5毫米的板、片或带除外)改变至品目7410。

7.从任何其他品目改变至品目7411至7419。

第七十五章

1.从任何其他品目改变至品目7501至7505。

2.(A)从任何其他品目改变至品目7506；或者

(B)从品目7506的任何其他货物改变为厚度不超过0.15毫米的箔,前提是厚度减少不少于50％。

3.从任何其他子目改变至子目7507.11至7508.90。

第七十六章

1.从任何其他章改变至品目7601。

2.从任何其他品目改变至品目7602。

3.从任何其他章改变至品目7603。

4.从任何其他品目(品目7605至7606除外)改变至品目7604。

5.从任何其他品目(品目7604除外)改变至品目7605。

6.从任何其他品目改变至子目7606.11。

7.从任何其他品目(品目7604至7606除外)改变至子目7606.12。

8.从任何其他品目改变至子目7606.91。

9.从任何其他品目(品目7604至7606除外)改变至子目7606.92。

10.从任何其他品目改变至子目7607.11。

11.(A)从任何其他品目改变至子目7607.19至7607.20；或者

(B)税则归类无需改变至子目7607.19至7607.20,前提是区域价值成分不低于：

(1)使用累积法时的30％,或

(2)使用扣减法时的35％。

12.从品目7608至7609以外的任何品目改变至品目7608至7609。

13. 从任何其他品目改变至品目 7610 至 7615。

14. 从任何其他品目改变至子目 7616.10。

15. 从任何其他子目改变至子目 7616.91 至 7616.99。

第七十八章

1. 从任何其他章改变至品目 7801 至 7802。

2. 从任何其他品目改变至品目 7803 至 7806。

第七十九章

1. 从任何其他章改变至品目 7901 至 7902。

2. 从任何其他章改变至子目 7903.10。

3. 从任何其他品目改变至子目 7903.90。

4. 从任何其他品目改变至品目 7904 至 7907。

第八十章

1. 从任何其他章改变至品目 8001 至 8002。

2. 从任何其他品目改变至品目 8003 至 8004。

3. 从任何其他品目(品目 8004 除外)改变至品目 8005。

4. 从任何其他品目改变至品目 8006 至 8007。

第八十一章

1. 从任何其他章改变至子目 8101.10 至 8101.94。

2. 从任何其他子目改变至子目 8101.95。

3. 从任何其他子目(子目 8101.95 除外)改变至子目 8101.96。

4. 从任何其他章改变至子目 8101.97。

5. 从任何其他子目改变至子目 8101.99。

6. 从任何其他章改变至子目 8102.10 至 8102.94。

7. 从任何其他子目改变至子目 8102.95。

8. 从任何其他子目(子目 8102.95 除外)改变至子目 8102.96。

9. 从任何其他章改变至子目 8102.97。

10. 从任何其他子目改变至子目 8102.99。

11. 从任何其他章改变至子目 8103.20 至 8103.30。

12. 从任何其他子目改变至子目 8103.90。

13. 从任何其他章改变至子目 8104.11 至 8104.20。

14. 从任何其他子目改变至子目 8104.30 至 8104.90。

15. 从任何其他章改变至子目 8105.20 至 8105.30。

16. 从任何其他子目改变至子目 8105.90。

17. (A)从任何其他章改变至品目 8106;或者

　　(B)税则归类无需改变至品目 8106 的货物,前提是区域价值成分不低于:

　　　　(1)使用累积法时的 35%,或

　　　　(2)使用扣减法时的 45%。

18. 从任何其他章改变至子目 8107.20 至 8107.30。

19. 从任何其他子目改变至子目 8107.90。

20. 从任何其他章改变至子目 8108.20 至 8108.30。

21. 从任何其他子目改变至子目 8108.90。

22. 从任何其他章改变至子目 8109.20 至 8109.30。

23. 从任何其他子目改变至子目 8109.90。

24. (A)从任何其他章改变至品目 8110;或者
　　(B)税则归类无需改变至品目 8110 的货物,前提是区域价值成分不低于:
　　　　(1)使用累积法时的 35%,或
　　　　(2)使用扣减法时的 45%。

25. (A)从任何其他章改变至品目 8111;或者
　　(B)税则归类无需改变至品目 8111 的货物,前提是区域价值成分不低于:
　　　　(1)使用累积法时的 35%,或
　　　　(2)使用扣减法时的 45%。

26. 从任何其他章改变至子目 8112.12 至 8112.13。

27. 从任何其他子目改变至子目 8112.19,前提是区域价值成分不低于:
　　(A)使用累积法时的 35%,或
　　(B)使用扣减法时的 45%。

28. (A)从任何其他章改变至子目 8112.21 至 8112.59;或者
　　(B)税则归类无需改变至子目 8112.21 至 8112.59 的货物,前提是区域价值成分不低于:
　　　　(1)使用累积法时的 35%,或
　　　　(2)使用扣减法时的 45%。

29. 从任何其他章改变至子目 8112.92。

30. 从任何其他子目改变至子目 8112.99。

31. (A)从任何其他章改变至品目 8113;或者
　　(B)税则归类无需改变至品目 8113 的货物,前提是区域价值成分不低于:
　　　　(1)使用累积法时的 35%,或
　　　　(2)使用扣减法时的 45%。

第八十二章

1. 从任何其他章改变至品目 8201 至 8206。

2. (A)从任何其他章改变至子目 8207.13;或者
　　(B)从品目 8209、子目 8207.19 改变至子目 8207.13,不论是否从任何其他章改变而来,前提是区域价值成分不低于:
　　　　(1)使用累积法时的 35%,或
　　　　(2)使用扣减法时的 45%。

3. 从任何其他章改变至子目 8207.19 至 8207.90。

4. (A)从任何其他章改变至品目 8208 至 8215;或者
　　(B)从子目 8211.95 改变至子目 8211.91 至 8211.93,不论是否从任何其他章改变而

来,前提是区域价值成分不低于:

(1)使用累积法时的35%,或

(2)使用扣减法时的45%。

第八十三章

1. (A)从任何其他章改变至子目8301.10至8301.40;或者

   (B)从子目8301.60改变至子目8301.10至8301.40,不论是否从任何其他章改变而来,前提是区域价值成分不低于:

   (1)使用累积法时的35%,或

   (2)使用扣减法时的45%。

2. (A)从任何其他章改变至子目8301.50;或者

   (B)从任何其他子目改变至子目8301.50,前提是区域价值成分不低于:

   (1)使用累积法时的35%,或

   (2)使用扣减法时的45%。

3. 从任何其他章改变至子目8301.60至8301.70。

4. 从任何其他品目改变至品目8302至8304。

5. (A)从任何其他章改变至子目8305.10至8305.20;或者

   (B)从任何其他子目改变至子目8305.10至8305.20,前提是区域价值成分不低于:

   (1)使用累积法时的35%,或

   (2)使用扣减法时的45%。

6. 从任何其他品目改变至子目8305.90。

7. 从任何其他章改变至子目8306.10。

8. 从任何其他品目改变至子目8306.21至8306.30。

9. 从任何其他品目改变至品目8307。

10. (A)从任何其他章改变至子目8308.10至8308.20;或者

    (B)从任何其他子目改变至子目8308.10至8308.20,前提是区域价值成分不低于:

    (1)使用累积法时的35%,或

    (2)使用扣减法时的45%。

11. 从任何其他品目改变至子目8308.90。

12. 从任何其他品目改变至品目8309至8310。

13. (A)从任何其他章改变至子目8311.10至8311.30;或者

    (B)从任何其他子目改变至子目8311.10至8311.30,前提是区域价值成分不低于:

    (1)使用累积法时的35%,或

    (2)使用扣减法时的45%。

14. 从任何其他品目改变至子目8311.90。

第八十四章

1. 从任何其他子目改变至子目8401.10至8401.30。

2. 从任何其他品目改变至子目8401.40。

3. (A)从任何其他品目改变至子目8402.11;或者

(B)从子目 8402.90 改变至子目 8402.11,不论是否从任何其他品目改变而来,前提是区域价值成分不低于:

(1)使用累积法时的 35%,或

(2)使用扣减法时的 45%。

4. (A)从任何其他品目改变至子目 8402.12;或者

(B)从任何其他子目改变至子目 8402.12,前提是区域价值成分不低于:

(1)使用累积法时的 35%,或

(2)使用扣减法时的 45%。

5. (A)从任何其他品目改变至子目 8402.19;或者

(B)从子目 8402.90 改变至子目 8402.19,不论是否从任何其他品目改变而来,前提是区域价值成分不低于:

(1)使用累积法时的 35%,或

(2)使用扣减法时的 45%。

6. (A)从任何其他品目改变至子目 8402.20;或者

(B)从任何其他子目改变至子目 8402.20,前提是区域价值成分不低于:

(1)使用累积法时的 35%,或

(2)使用扣减法时的 45%。

7. (A)从任何其他品目改变至子目 8402.90;或者

(B)税则归类无需改变至子目 8402.90 的货物,前提是区域价值成分不低于:

(1)使用累积法时的 35%,或

(2)使用扣减法时的 45%。

8. 从任何其他子目改变至子目 8403.10。

9. 从任何其他品目改变至子目 8403.90。

10. 从任何其他子目改变至子目 8404.10。

11. (A)从任何其他品目改变至子目 8404.20;或者

(B)从子目 8404.90 改变至子目 8404.20,不论是否从任何其他品目改变而来,前提是区域价值成分不低于:

(1)使用累积法时的 35%,或

(2)使用扣减法时的 45%。

12. 从任何其他品目改变至子目 8404.90。

13. 从任何其他子目改变至子目 8405.10。

14. 从任何其他品目改变至子目 8405.90。

15. 从任何其他子目改变至子目 8406.10。

16. 从子目 8406.81 至 8406.82 以外的任何子目改变至子目 8406.81 至 8406.82。

17. (A)从任何其他品目改变至子目 8406.90;

(B)从仅进行清洁或移除翅片、浇口和冒口的转子改变至子目 8406.90 的最终组装的转子或子目 8406.90 的精加工机械的允许位置;或者

(C)从任何其他货物(包括子目 8406.90 的货物)改变至子目 8406.90 的旋转或固定

叶片。

18. 从任何其他品目改变至子目 8407.10。

19. 从任何其他品目改变至子目 8407.21 至 8407.29。

20. (A)从任何其他品目改变至子目 8407.31 至 8407.34;或者

(B)税则归类无需改变至子目 8407.31 至 8407.34 的货物,前提是区域价值成分不低于:

(1)使用累积法时的 35%,

(2)使用扣减法时的 50%,或

(3)使用净成本法时的 35%。

21. 从任何其他品目改变至子目 8407.90。

22. 从任何其他品目改变至子目 8408.10。

23. (A)从任何其他品目改变至子目 8408.20;或者

(B)税则归类无需改变至子目 8408.20 的货物,前提是区域价值成分不低于:

(1)使用累积法时的 35%,

(2)使用扣减法时的 50%,或

(3)使用净成本法时的 35%。

24. 从任何其他品目改变至子目 8408.90。

25. 税则归类无需改变至品目 8409 的货物,前提是区域价值成分不低于:

(A)使用累积法时的 35%,

(B)使用扣减法时的 50%,或

(C)使用净成本法时的 35%。

26. 从子目 8410.11 至 8410.13 以外的任何子目改变至子目 8410.11 至 8410.13。

27. 从任何其他品目改变至子目 8410.90。

28. 从子目 8411.11 至 8411.82 以外的任何子目改变至子目 8411.11 至 8411.82。

29. 从任何其他品目改变至子目 8411.91 至 8411.99。

30. 从任何其他子目改变至子目 8412.10 至 8412.80。

31. 从任何其他品目改变至子目 8412.90。

32. 从任何其他子目改变至子目 8413.11 至 8413.82。

33. (A)从任何其他品目改变至子目 8413.91 至 8413.92;或者

(B)税则归类无需改变至子目 8413.92 的货物,前提是区域价值成分不低于:

(1)使用累积法时的 35%,或

(2)使用扣减法时的 45%。

34. (A)从任何其他品目改变至子目 8414.10 至 8414.80;或者

(B)从子目 8414.90 改变至子目 8414.10 至 8414.80,不论是否从任何其他品目改变而来,前提是区域价值成分不低于:

(1)使用累积法时的 35%,或

(2)使用扣减法时的 45%。

35. (A)从任何其他品目改变至子目 8414.90;或者

(B)税则归类无需改变至子目 8414.90 的货物,前提是区域价值成分不低于:
　　(1)使用累积法时的 35%,或
　　(2)使用扣减法时的 45%。

36. 从任何其他子目改变至子目 8415.10 至 8415.83。
37. (A)从任何其他品目改变至子目 8415.90;或者
　　(B)从任何其他货物(包括子目 8415.90 的货物)改变至子目 8415.90 的机箱、机箱刀片或外部机柜。
38. 从任何其他子目改变至子目 8416.10 至 8416.90
39. 从任何其他子目改变至子目 8417.10 至 8417.80。
40. 从任何其他品目改变至子目 8417.90。
41. 从子目 8418.10 至 8418.69 以外的任何子目(子目 8418.91 除外)改变至子目 8418.10 至 8418.69。
42. 从任何其他品目改变至子目 8418.91 至 8418.99。
43. 从任何其他子目改变至子目 8419.11 至 8419.89。
44. (A)从任何其他品目改变至子目 8419.90;或者
　　(B)税则归类无需改变至子目 8419.90 的货物,前提是区域价值成分不低于:
　　　　(1)使用累积法时的 35%,或
　　　　(2)使用扣减法时的 45%。
45. 从任何其他子目改变至子目 8420.10。
46. 从任何其他品目改变至子目 8420.91 至 8420.99。
47. 从任何其他子目改变至子目 8421.11 至 8421.39。
48. (A)从任何其他品目改变至子目 8421.91 至 8421.99;或者
　　(B)税则归类无需改变至子目 8421.91 至 8421.99 的货物,前提是区域价值成分不低于:
　　　　(1)使用累积法时的 35%,或
　　　　(2)使用扣减法时的 45%。
49. 从任何其他子目改变至子目 8422.11 至 8422.40。
50. (A)从任何其他品目改变至子目 8422.90;或者
　　(B)税则归类无需改变至子目 8422.90 的货物,前提是区域价值成分不低于:
　　　　(1)使用累积法时的 35%,或
　　　　(2)使用扣减法时的 45%。
51. 从任何其他子目改变至子目 8423.10 至 8423.89。
52. 从任何其他品目改变至子目 8423.90。
53. 从任何其他子目改变至子目 8424.10 至 8430.69。
54. (A)从任何其他品目改变至品目 8431;或者
　　(B)税则归类无需改变至子目 8431.10、子目 8431.31、子目 8431.39、子目 8431.43 或子目 8431.49,前提是区域价值成分不低于:
　　　　(1)使用累积法时的 35%,或

(2)使用扣减法时的45％。

55. 从任何其他子目改变至子目8432.10至8437.90。

56. 从任何其他子目改变至子目8438.10至8438.80。

57. 从任何其他品目改变至子目8438.90。

58. 从任何其他子目改变至子目8439.10至8440.90。

59. 从任何其他子目改变至子目8441.10至8441.80。

60. (A)从任何其他品目改变至子目8441.90;或者

  (B)税则归类无需改变至子目8441.90的货物,前提是区域价值成分不低于:

   (1)使用累积法时的35％,或

   (2)使用扣减法时的45％。

61. 从子目8442.10至8442.30以外的任何子目改变至子目8442.10至8442.30。

62. 从任何其他品目改变至子目8442.40至8442.50。

63. (A)从子目8443.11至8443.59以外的任何子目(子目8443.60除外)改变至子目8443.11至8443.59;或者

  (B)从子目8443.60改变至子目8443.11至8443.59,不论是否从任何其他品目改变而来,前提是区域价值成分不低于:

   (1)使用累积法时的35％,或

   (2)使用扣减法时的45％。

64. 从任何其他子目(子目8443.11至8443.59除外)改变至子目8443.60。

65. 从任何其他品目改变至子目8443.90。

66. 从任何其他品目改变至品目8444。

67. 从品目8445至8447以外的任何品目改变至品目8445至8447。

68. 从任何其他子目改变至子目8448.11至8448.19。

69. 从任何其他子目改变至子目8448.20至8448.59。

70. 从任何其他品目改变至品目8449。

71. 从任何其他子目改变至子目8450.11至8450.20。

72. 从任何其他品目改变至子目8450.90。

73. 从任何其他子目改变至子目8451.10至8451.80。

74. 从任何其他品目改变至子目8451.90。

75. 从子目8452.10至8452.29以外的任何子目改变至子目8452.10至8452.29。

76. 从任何其他子目改变至子目8452.30至8452.40。

77. 从任何其他品目改变至子目8452.90。

78. 从任何其他子目改变至子目8453.10至8453.80。

79. 从任何其他品目改变至子目8453.90。

80. 从任何其他子目改变至子目8454.10至8454.30。

81. 从任何其他品目改变至子目8454.90。

82. 从任何其他子目改变至子目8455.10至8455.90。

83. 从任何其他品目改变至品目8456至8463,前提是使用累积法时的区域价值成分不低于65%。

84. 从任何其他品目改变至品目8464至8465。

85. 从任何其他品目改变至品目8466,前提是区域价值成分不低于:

(A)使用累积法时的35%,或

(B)使用扣减法时的45%。

86. 从任何其他子目改变至子目8467.11至8467.89。

87. 从任何其他品目改变至子目8467.91。

88. 从任何其他品目(品目8407除外)改变至子目8467.92至8467.99。

89. 从任何其他子目改变至子目8468.10至8468.80。

90. 从任何其他品目改变至子目8468.90。

91. 从子目8469.11至8469.12以外的任何子目改变至子目8469.11至8469.12。

92. 从子目8469.20至8469.30以外的任何子目改变至子目8469.20至8469.30。

93. 从任何其他子目改变至子目8470.10至8472.90。

94. (A)从任何其他子目改变至子目8473.10至8473.50;或者

(B)税则归类无需改变至子目8473.10至8473.50的货物,前提是区域价值成分不低于:

(1)使用累积法时的30%,或

(2)使用扣减法时的35%。

95. 从子目8474.10至8474.80以外的任何子目改变至子目8474.10至8474.80。

96. (A)从任何其他品目改变至子目8474.90;或者

(B)税则归类无需改变至子目8474.90的货物,前提是区域价值成分不低于:

(1)使用累积法时的35%,或

(2)使用扣减法时的45%。

97. 从任何其他子目改变至子目8475.10。

98. 从子目8475.21至8475.29以外的任何子目改变至子目8475.21至8475.29。

99. 从任何其他品目改变至子目8475.90。

100. 从子目8476.21至8476.89以外的任何子目改变至子目8476.21至8476.89。

101. 从任何其他品目改变至子目8476.90。

102. 从任何其他品目改变至品目8477,前提是区域价值成分不低于:

(A)使用累积法时的35%,或

(B)使用扣减法时的45%。

103. 从子目8477.90改变至子目8477.10至8477.80,不论是否从任何其他品目改变而来,前提是区域价值成分不低于:

(A)使用累积法时的35%,或

(B)使用扣减法时的45%。

104. 从任何其他子目改变至子目8478.10。

105. 从任何其他品目改变至子目8478.90。

106. 从任何其他子目改变至子目8479.10至8479.89。

107. 从任何其他子目改变至子目 8479.90。

108. 从任何其他品目改变至品目 8480 至 8481。

109. (A) 从子目 8482.10 至 8482.80 以外的任何子目（子目 8482.99 的内圈、外圈或座圈除外）改变至子目 8482.10 至 8482.80；或者

　　(B) 从子目 8482.99 的内圈、外圈或座圈改变至子目 8482.10 至 8482.80，不论是否从子目 8482.10 至 8482.80 以外的任何子目改变而来，前提是使用累积法时的区域价值成分不低于 40%。

110. 从任何其他品目改变至子目 8482.91 至 8482.99。

111. 从任何其他子目改变至子目 8483.10。

112. 从子目 8410.82 改变至子目 8410.82 至品目 8483。

113. (A) 从任何其他品目改变至子目 8483.30；或者

　　(B) 从任何其他子目改变至子目 8483.30，前提是使用累积法时的区域价值成分不低于 40%。

114. (A) 从任何子目（子目 8482.10 至 8482.80、子目 8482.99、子目 8483.10 至 8483.40、子目 8483.60 或子目 8483.90 除外）改变至子目 8483.40 至 8483.50；或者

　　(B) 从子目 8482.10 至 8482.80、子目 8482.99、子目 8483.10 至 8483.40、子目 8483.60 或子目 8483.90 改变至子目 8483.40 至 8483.50，前提是使用累积法时的区域价值成分不低于 40%。

115. 从任何其他子目改变至子目 8483.60。

116. 从任何其他品目改变至子目 8483.90。

117. 从任何其他子目改变至子目 8484.10 至 8484.90。

118. 从任何其他品目改变至品目 8485。

第八十五章

1. (A) 从任何其他品目（品目 8503 定子或转子除外）改变至子目 8501.10；或者

　　(B) 从品目 8503 的定子或转子改变至子目 8501.10，不论是否从任何其他品目改变而来，前提是区域价值成分不低于：

　　　　(1) 使用累积法时的 35%，或

　　　　(2) 使用扣减法时的 45%。

2. 从任何其他品目改变至子目 8501.20 至 8501.64。

3. 从任何其他品目改变至品目 8502 至 8503。

4. 从子目 8504.10 至 8504.50 以外的任何子目改变至子目 8504.10 至 8504.23。

5. (A) 从任何其他品目改变至子目 8504.31；或者

　　(B) 从子目 8504.90 改变至子目 8504.31，不论是否从任何其他品目改变而来，前提是区域价值成分不低于：

　　　　(1) 使用累积法时的 35%，或

　　　　(2) 使用扣减法时的 45%。

6. 从子目 8504.10 至 8504.50 以外的任何子目改变至子目 8504.32 至 8504.50。

7. 从任何其他品目改变至子目 8504.90。

8. 从任何其他子目改变至子目 8505.11 至 8505.30。

9. 从任何其他品目改变至子目 8505.90。

10. 从任何其他子目改变至子目 8506.10 至 8506.40。

11. 从子目 8506.50 至 8506.80 以外的任何子目改变至子目 8506.50 至 8506.80。

12. 从任何其他品目改变至子目 8506.90。

13. (A)从任何其他品目改变至子目 8507.10;或者

   (B)从任何其他子目改变至子目 8507.10,不论是否从任何其他子目改变而来,前提是区域价值成分不低于:

   (1)使用累积法时的 35%,或

   (2)使用扣减法时的 45%。

14. 从任何其他子目改变至子目 8507.20 至 8507.80。

15. 从任何其他品目改变至子目 8507.90。

16. (A)从任何其他品目改变至子目 8509.10 至 8509.80;或者

   (B)从任何其他子目改变至子目 8509.10 至 8509.80,不论是否从任何其他品目改变而来,前提是区域价值成分不低于:

   (1)使用累积法时的 35%,或

   (2)使用扣减法时的 45%。

17. 从任何其他品目改变至子目 8509.90。

18. 从任何其他子目改变至子目 8510.10 至 8510.30。

19. 从任何其他品目改变至子目 8510.90。

20. 从任何其他子目改变至子目 8511.10 至 8511.80。

21. 从任何其他品目改变至子目 8511.90。

22. 从子目 8512.10 至 8512.30 以外的任何子目改变至子目 8512.10 至 8512.30。

23. (A)从任何其他品目改变至子目 8512.40;或者

   (B)从子目 8512.90 改变至子目 8512.40,不论是否从任何其他品目改变而来,前提是区域价值成分不低于:

   (1)使用累积法时的 35%,或

   (2)使用扣减法时的 45%。

24. 从任何其他品目改变至子目 8512.90。

25. (A)从任何其他品目改变至子目 8513.10;或者

   (B)从子目 8513.90 改变至子目 8513.10,不论是否从任何其他品目改变而来,前提是区域价值成分不低于:

   (1)使用累积法时的 35%,或

   (2)使用扣减法时的 45%。

26. 从任何其他品目改变至子目 8513.90。

27. 从任何其他子目改变至子目 8514.10 至 8514.40。

28. 从任何其他品目改变至子目 8514.90。

29. 从子目 8515.11 至 8515.80 以外的任何其他子目改变至子目 8515.11 至 8515.80。

30. 从任何其他品目改变至子目 8515.90。

31. 从任何其他子目改变至子目 8516.10 至 8516.50。

32. (A)从任何其他子目[子目 8516.90 的家具(不论是否装配)、烹饪室(不论是否装配)或上面板(不论是否装有加热或控制元件)除外]改变至子目 8516.60;或者

   (B)从子目 8516.90 改变至子目 8516.60,不论是否从任何其他品目改变而来,前提是区域价值成分不低于:

   (1)使用累积法时的 30%,或

   (2)使用扣减法时的 40%。

33. 从任何其他子目改变至子目 8516.71。

34. (A)从任何其他子目(子目 8516.90 的烤面包机外壳或子目 9032.10 除外)改变至子目 8516.72;或者

   (B)从子目 8516.90 的烤面包机外壳或子目 9032.10 改变至子目 8516.72,不论是否从任何其他子目改变而来,前提是区域价值成分不低于:

   (1)使用累积法时的 30%,或

   (2)使用扣减法时的 40%。

35. 从任何其他子目改变至子目 8516.79。

36. (A)从任何其他品目改变至子目 8516.80;或者

   (B)从子目 8516.90 改变至子目 8516.80,不论是否从任何其他品目改变而来,前提是区域价值成分不低于:

   (1)使用累积法时的 30%,或

   (2)使用扣减法时的 40%。

37. (A)从任何其他品目改变至子目 8516.90;或者

   (B)税则归类无需改变至子目 8516.90 的货物,前提是区域价值成分不低于:

   (1)使用累积法时的 30%,或

   (2)使用扣减法时的 40%。

38. 从任何其他子目改变至子目 8517.11 至 8517.80。

39. (A)从任何其他子目改变至子目 8517.90;或者

   (B)税则归类无需改变至子目 8517.90 的货物,前提是区域价值成分不低于:

   (1)使用累积法时的 35%,或

   (2)使用扣减法时的 45%。

40. (A)从任何其他品目改变至子目 8518.10 至 8518.21;或者

   (B)从子目 8518.90 改变至子目 8518.10 至 8518.21,不论是否从任何其他品目改变而来,前提是区域价值成分不低于:

   (1)使用累积法时的 35%,或

   (2)使用扣减法时的 45%。

41. (A)从任何其他品目改变至子目 8518.22;或者

   (B)从子目 8518.29 或子目 8518.90 改变至子目 8518.22,不论是否从任何其他品目改变而来,前提是区域价值成分不低于:

(1) 使用累积法时的 35%,或

(2) 使用扣减法时的 45%。

42. (A) 从任何其他品目改变至子目 8518.29 至 8518.50;或者

(B) 从子目 8518.90 改变至子目 8518.29 至 8518.50,不论是否从任何其他品目改变而来,前提是区域价值成分不低于:

(1) 使用累积法时的 35%,或

(2) 使用扣减法时的 45%。

43. 从任何其他品目改变至子目 8518.90。

44. 从任何其他子目改变至子目 8519.10 至 8519.40。

45. 从子目 8519.92 至 8519.93 以外的任何子目改变至子目 8519.92 至 8519.93。

46. 从任何其他子目改变至子目 8519.99。

47. 从任何其他子目改变至子目 8520.10 至 8520.20。

48. 从子目 8520.32 至 8520.33 以外的任何子目改变至子目 8520.32 至 8520.33。

49. 从任何其他子目改变至子目 8520.39 至 8524.99。

50. 从子目 8525.10 至 8525.20 以外的任何子目改变至子目 8525.10 至 8525.20。

51. 从任何其他子目改变至子目 8525.30 至 8525.40。

52. 从任何其他子目改变至子目 8526.10 至 8527.90。

53. 从任何其他子目(子目 7011.20、子目 8540.11 或子目 8540.91 除外)改变至子目 8528.12。

54. 从任何其他子目改变至子目 8528.13。

55. 从任何其他子目(子目 7011.20、子目 8540.11 或子目 8540.91 除外)改变至子目 8528.21。

56. 从任何其他子目改变至子目 8528.22 至 8528.30。

57. (A) 从任何其他品目改变至品目 8529;或者

(B) 子目 8529.90 的税则归类无需改变,前提是区域价值成分不低于:

(1) 使用累积法时的 35%,或

(2) 使用扣减法时的 45%。

58. 从任何其他子目改变至子目 8530.10 至 8530.80。

59. 从任何其他品目改变至子目 8530.90。

60. 从任何其他子目改变至子目 8531.10 至 8531.80。

61. 从任何其他品目改变至子目 8531.90。

62. 从任何其他子目改变至子目 8532.10 至 8532.30。

63. 从任何其他品目改变至子目 8532.90。

64. 从任何其他子目改变至子目 8533.10 至 8533.40。

65. 从任何其他品目改变至子目 8533.90。

66. (A) 从任何其他品目改变至品目 8534;或者

(B) 税则归类无需改变至品目 8534 的货物,前提是区域价值成分不低于:

(1) 使用累积法时的 30%,或

(2) 使用扣减法时的 35%。

67. 从任何其他子目改变至子目 8535.10 至 8536.90。

68. 从任何其他品目改变至品目 8537 至 8538。

69. 从任何其他子目改变至子目 8539.10 至 8539.49。

70. 从任何其他品目改变至子目 8539.90。

71. 从任何其他子目(子目 7011.20 或子目 8540.91 除外)改变至子目 8540.11。

72. 从任何其他子目改变至子目 8540.12。

73. (A)从任何其他品目改变至子目 8540.20；或者

 (B)从子目 8540.91 至 8540.99 改变至子目 8540.20，不论是否从任何其他品目改变而来，前提是区域价值成分不低于：

  (1)使用累积法时的 35%，或

  (2)使用扣减法时的 45%。

74. 从子目 8540.40 至 8540.60 以外的任何子目改变至子目 8540.40 至 8540.60。

75. 从任何其他子目改变至子目 8540.71 至 8540.89。

76. (A)从任何其他品目改变至子目 8540.91；或者

 (B)从任何其他货物(包括品目 8540 的货物)改变至子目 8540.91 的前面板组件。

77. (A)从任何其他子目改变至子目 8540.99；或者

 (B)税则归类无需改变至子目 8540.99 的货物，前提是区域价值成分不低于：

  (1)使用累积法时的 35%，或

  (2)使用扣减法时的 45%。

78. (A)从子目 8541.10 至 8542.90 的未装配的芯片或晶片或任何其他子目改变至子目 8541.10 至 8542.90 的已装配的半导体器件、集成电路或微组件；或者

 (B)从任何其他子目改变至子目 8541.10 至 8542.90 的任何其他货物；或者

 (C)税则归类无需改变至子目 8541.10 至 8542.90 的货物，前提是区域价值成分不低于：

  (1)使用累积法时的 30%，或

  (2)使用扣减法时的 35%。

79. 从子目 8543.11 至 8543.19 以外的任何子目改变至子目 8543.11 至 8543.19。

80. 从任何其他子目改变至子目 8543.20 至 8543.30。

81. 从子目 8543.40 至 8543.89 以外的任何子目改变至子目 8543.40 至 8543.89。

82. 从任何其他品目改变至子目 8543.90。

83. 从任何其他子目改变至子目 8544.11，前提是区域价值成分不低于：

 (A)使用累积法时的 35%，或

 (B)使用扣减法时的 45%。

84. 从任何其他子目改变至子目 8544.19，前提是区域价值成分不低于：

 (A)使用累积法时的 35%，或

 (B)使用扣减法时的 45%。

85. (A)从子目 8544.11 至 8544.60 以外的任何子目(品目 7408、品目 7413、品目 7605 或品目 7614 除外)改变至子目 8544.20；或者

 (B)从品目 7408、品目 7413、品目 7605 或品目 7614 改变至子目 8544.20，不论是否

从任何其他子目改变而来,前提是区域价值成分不低于:
(1)使用累积法时的35%,或
(2)使用扣减法时的45%。

86. 从任何其他子目改变至子目8544.30。

87. 从任何其他子目改变至子目8544.41至8544.49,前提是区域价值成分不低于:
(A)使用累积法时的35%,或
(B)使用扣减法时的45%。

88. 从任何品目改变至子目8544.51至8544.59。

89. 从任何其他子目改变至子目8544.60至8544.70,前提是区域价值成分不低于:
(A)使用累积法时的35%,或
(B)使用扣减法时的45%。

90. 从任何其他子目改变至子目8545.11至8545.90。

91. 从任何其他品目改变至品目8546。

92. 从任何其他子目改变至子目8547.10至8547.90。

93. 从任何其他品目改变至品目8548。

第八十六章

1. 从任何其他品目改变至品目8601至8602。

2. (A)从任何其他品目(品目8607除外)改变至品目8603至8606;或者
(B)从品目8607改变至品目8603至8606,不论是否从任何其他品目改变而来,前提是区域价值成分不低于:
(1)使用累积法时的35%,或
(2)使用扣减法时的45%。

3. 从子目8607.11至8607.12以外的任何子目改变至子目8607.11至8607.12。

4. (A)从子目8607.19的车轴零件改变至子目8607.19的车轴;或者
(B)从子目8607.19的车轴零件或车轮零件改变至子目8607.19的车轮(不论是否装有车轴);或者
(C)从任何其他子目改变至子目8607.19;或者
(D)税则归类无需改变至子目8607.19的货物,前提是区域价值成分不低于:
(1)使用累积法时的35%,或
(2)使用扣减法时的45%。

5. 从任何其他品目改变至子目8607.21至8607.99。

6. 从任何其他品目改变至品目8608至8609。

第八十七章

1. 税则归类无需改变至品目8701至8706的货物,前提是区域价值成分不低于:
(A)使用累积法时的35%,
(B)使用扣减法时的50%,或
(C)使用净成本法时的35%。

2. (A)从任何其他品目改变至品目8707;或者

(B)税则归类无需改变至品目 8707 的货物,前提是区域价值成分不低于:

(1)使用累积法时的 35%,

(2)使用扣减法时的 50%,或

(3)使用净成本法时的 35%。

3. (A)从任何其他子目改变至子目 8708.10 至 8708.99;或者

(B)税则归类无需改变至子目 8708.10 至 8708.99,前提是区域价值成分不低于:

(1)使用累积法时的 35%,

(2)使用扣减法时的 50%,或

(3)使用净成本法时的 35%。

4. (A)从任何其他品目改变至子目 8709.11 至 8709.19;或者

(B)从子目 8709.90 改变至子目 8709.11 至 8709.19,不论是否从任何其他品目改变而来,前提是区域价值成分不低于:

(1)使用累积法时的 35%,或

(2)使用扣减法时的 45%。

5. 从任何其他品目改变至子目 8709.90。

6. 从任何其他品目改变至品目 8710。

7. (A)从任何其他品目(品目 8714 除外)改变至品目 8711;或者

(B)从品目 8714 改变至品目 8711,不论是否从任何其他品目改变而来,前提是区域价值成分不低于:

(1)使用累积法时的 35%,或

(2)使用扣减法时的 45%。

8. (A)从任何其他品目(品目 8714 除外)改变至品目 8712;或者

(B)从品目 8714 改变至品目 8712,不论是否从任何其他品目改变而来,前提是区域价值成分不低于:

(1)使用累积法时的 35%,或

(2)使用扣减法时的 45%。

9. 从品目 8714 改变至品目 8713,不论是否从任何其他品目改变而来,前提是区域价值成分不低于:

(A)使用累积法时的 35%,或

(B)使用扣减法时的 45%。

10. 从任何其他品目改变至品目 8714 至 8715。

11. (A)从任何其他品目改变至子目 8716.10 至 8716.80;或者

(B)从子目 8716.90 改变至子目 8716.10 至 8716.80,不论是否从任何其他品目改变而来,前提是区域价值成分不低于:

(1)使用累积法时的 35%,或

(2)使用扣减法时的 45%。

12. 从任何其他品目改变至子目 8716.90。

第八十八章

1. 从任何其他子目改变至子目 8801.10 至 8803.90。

2. 从任何其他品目改变至品目 8804 至 8805。

第八十九章

1. (A)从任何其他章改变至品目 8901 至 8902;或者

   (B)从任何其他品目改变至品目 8901 至 8902,前提是区域价值成分不低于：

   (1)使用累积法时的 35%,或

   (2)使用扣减法时的 45%。

2. 从任何其他品目改变至品目 8903。

3. (A)从任何其他章改变至品目 8904 至 8905;或者

   (B)从任何其他品目改变至品目 8904 至 8905,前提是区域价值成分不低于：

   (1)使用累积法时的 35%,或

   (2)使用扣减法时的 45%。

4. 从任何其他品目改变至品目 8906 至 8908。

第九十章

1. (A)从任何其他章(品目 7002 除外)改变至子目 9001.10;或者

   (B)从品目 7002 改变至子目 9001.10,不论是否从任何其他章改变而来,前提是区域价值成分不低于：

   (1)使用累积法时的 35%,或

   (2)使用扣减法时的 45%。

2. 从任何其他品目改变至子目 9001.20 至 9001.90。

3. 从任何其他品目(品目 9001 除外)改变至子目 9002.11 至 9002.90。

4. (A)从任何其他子目(子目 9003.90 除外)改变至子目 9003.11 至 9003.19;或者

   (B)从子目 9003.90 改变至子目 9003.11 至 9003.19,不论是否从任何其他品目改变而来,前提是区域价值成分不低于：

   (1)使用累积法时的 35%,或

   (2)使用扣减法时的 45%。

5. 从任何其他品目改变至子目 9003.90。

6. (A)从任何其他章改变至子目 9004.10;或者

   (B)从任何其他品目改变至子目 9004.10,前提是区域价值成分不低于：

   (1)使用累积法时的 35%,或

   (2)使用扣减法时的 45%。

7. 从任何其他品目(子目 9001.40 或子目 9001.50 除外)改变至子目 9004.90。

8. 从任何其他子目改变至子目 9005.10。

9. (A)从任何子目(品目 9001 至 9002 或子目 9005.90 除外)改变至子目 9005.80;或者

   (B)从子目 9005.90 改变至子目 9005.80,前提是区域价值成分不低于：

   (1)使用累积法时的 35%,或

   (2)使用扣减法时的 45%。

10. 从任何其他品目改变至子目 9005.90。

11. (A)从任何其他品目改变至子目 9006.10 至 9006.69；或者

    (B)从任何其他子目改变至子目 9006.10 至 9006.69，前提是区域价值成分不低于：

    (1)使用累积法时的 30%，或

    (2)使用扣减法时的 40%。

12. 从任何其他品目改变至子目 9006.91 至 9006.99。

13. (A)从任何其他品目改变至子目 9007.11 至 9007.20；或者

    (B)从任何其他子目改变至子目 9007.11 至 9007.20，前提是区域价值成分不低于：

    (1)使用累积法时的 30%，或

    (2)使用扣减法时的 40%。

14. (A)从任何其他品目改变至子目 9007.91 至 9007.92；或者

    (B)税则归类无需改变至子目 9007.92，前提是区域价值成分不低于：

    (1)使用累积法时的 30%，或

    (2)使用扣减法时的 40%。

15. (A)从任何其他品目改变至子目 9008.10 至 9008.40；或者

    (B)从任何其他子目改变至子目 9008.10 至 9008.40，前提是区域价值成分不低于：

    (1)使用累积法时的 35%，或

    (2)使用扣减法时的 45%。

16. 从任何其他品目改变至子目 9008.90。

17. 从任何其他子目改变至子目 9009.11。

18. (A)从任何其他子目(子目 9009.91 除外)改变至子目 9009.12；或者

    (B)从子目 9009.91 改变至子目 9009.12，不论是否从任何其他子目改变而来，前提是区域价值成分不低于：

    (1)使用累积法时的 35%，或

    (2)使用扣减法时的 45%。

19. 从任何其他子目改变至子目 9009.21 至 9009.30。

20. 从子目 9009.91 至 9009.93 以外的任何子目改变至子目 9009.91 至 9009.93。

21. (A)从任何其他子目改变至子目 9009.99；或者

    (B)税则归类无需改变至子目 9009.99 的货物，前提是区域价值成分不低于：

    (1)使用累积法时的 35%，或

    (2)使用扣减法时的 45%。

22. (A)从任何其他品目改变至子目 9010.10 至 9010.60；或者

    (B)从任何其他子目改变至子目 9010.10 至 9010.60，前提是区域价值成分不低于：

    (1)使用累积法时的 35%，或

    (2)使用扣减法时的 45%。

23. 从任何其他品目改变至子目 9010.90。

24. (A)从任何其他品目改变至子目 9011.10 至 9011.80；或者

    (B)从任何其他子目改变至子目 9011.10 至 9011.80，前提是区域价值成分不低于：

(1)使用累积法时的35%,或

(2)使用扣减法时的45%。

25. 从任何其他品目改变至子目9011.90。

26. (A)从任何其他品目改变至子目9012.10;或者

(B)从任何其他子目改变至子目9012.10,前提是区域价值成分不低于:

(1)使用累积法时的35%,或

(2)使用扣减法时的45%。

27. 从任何其他品目改变至子目9012.90。

28. (A)从任何其他品目改变至子目9013.10至9013.80;或者

(B)从任何其他子目改变至子目9013.10至9013.80,前提是区域价值成分不低于:

(1)使用累积法时的35%,或

(2)使用扣减法时的45%。

29. 从任何其他品目改变至子目9013.90。

30. (A)从任何其他品目改变至子目9014.10至9014.80;或者

(B)从任何其他子目改变至子目9014.10至9014.80,前提是区域价值成分不低于:

(1)使用累积法时的35%,或

(2)使用扣减法时的45%。

31. 从任何其他品目改变至子目9014.90。

32. (A)从任何其他品目改变至子目9015.10至9015.80;或者

(B)从任何其他子目改变至子目9015.10至9015.80,前提是区域价值成分不低于:

(1)使用累积法时的35%,或

(2)使用扣减法时的45%。

33. (A)从任何其他品目改变至子目9015.90;或者

(B)税则归类无需改变至子目9015.90的货物,前提是区域价值成分不低于:

(1)使用累积法时的35%,或

(2)使用扣减法时的45%。

34. 从任何其他品目改变至品目9016。

35. (A)从任何其他子目改变至子目9017.10至9022.90;或者

(B)税则归类无需改变至子目9017.10至9022.90的货物,前提是区域价值成分不低于:

(1)使用累积法时的30%,或

(2)使用扣减法时的35%。

36. 从任何其他品目改变至品目9023。

37. (A)从任何其他品目改变至子目9024.10至9024.80;或者

(B)从任何其他子目改变至子目9024.10至9024.80,前提是区域价值成分不低于:

(1)使用累积法时的35%,或

(2)使用扣减法时的45%。

38. 从任何其他品目改变至子目9024.90。

39. (A)从任何其他品目改变至子目 9025.11 至 9025.80;或者
    (B)从任何其他子目改变至子目 9025.11 至 9025.80,前提是区域价值成分不低于：
        (1)使用累积法时的 35%,或
        (2)使用扣减法时的 45%。

40. 从任何其他品目改变至子目 9025.90。

41. (A)从任何其他品目改变至子目 9026.10 至 9026.80;或者
    (B)从任何其他子目改变至子目 9026.10 至 9026.80,前提是区域价值成分不低于：
        (1)使用累积法时的 35%,或
        (2)使用扣减法时的 45%。

42. 从任何其他品目改变至子目 9026.90。

43. (A)从任何其他品目改变至子目 9027.10 至 9027.80;或者
    (B)从任何其他子目改变至子目 9027.10 至 9027.80,前提是区域价值成分不低于：
        (1)使用累积法时的 35%,或
        (2)使用扣减法时的 45%。

44. 从任何其他品目改变至子目 9027.90。

45. (A)从任何其他品目改变至子目 9028.10 至 9028.30;或者
    (B)从任何其他子目改变至子目 9028.10 至 9028.30,前提是区域价值成分不低于：
        (1)使用累积法时的 35%,或
        (2)使用扣减法时的 45%。

46. 从任何其他品目改变至子目 9028.90。

47. (A)从任何其他品目改变至子目 9029.10 至 9029.20;或者
    (B)从任何其他子目改变至子目 9029.10 至 9029.20,前提是区域价值成分不低于：
        (1)使用累积法时的 35%,或
        (2)使用扣减法时的 45%。

48. 从任何其他品目改变至子目 9029.90。

49. 从任何其他子目改变至子目 9030.10 至 9030.89。

50. 从任何其他品目改变至子目 9030.90。

51. (A)从任何其他品目改变至子目 9031.10 至 9031.80;或者
    (B)从任何其他货物(同一子目的货物的底座和框架除外)改变至子目 9031.49 的坐标测量仪;或者
    (C)从任何其他子目改变至子目 9031.10 至 9031.80,前提是区域价值成分不低于：
        (1)使用累积法时的 35%,或
        (2)使用扣减法时的 45%。

52. 从任何其他品目改变至子目 9031.90。

53. (A)从任何其他品目改变至子目 9032.10 至 9032.89;或者
    (B)从任何其他子目改变至子目 9032.10 至 9032.89,前提是区域价值成分不低于：
        (1)使用累积法时的 35%,或
        (2)使用扣减法时的 45%。

54. 从任何其他品目改变至子目 9032.90。

55. 从任何其他品目改变至品目 9033。

第九十一章

1. (A)从任何其他章改变至子目 9101.11；或者

   (B)从品目 9114 改变至子目 9101.11，不论是否从任何其他章改变而来，前提是区域价值成分不低于：

   (1)使用累积法时的 35％，或

   (2)使用扣减法时的 45％。

2. (A)从任何其他章改变至子目 9101.12；或者

   (B)从任何其他品目改变至子目 9101.12，前提是区域价值成分不低于：

   (1)使用累积法时的 35％，或

   (2)使用扣减法时的 45％。

3. (A)从任何其他章改变至子目 9101.19；或者

   (B)从品目 9114 改变至子目 9101.19，不论是否从任何其他章改变而来，前提是区域价值成分不低于：

   (1)使用累积法时的 35％，或

   (2)使用扣减法时的 45％。

4. (A)从任何其他章改变至子目 9101.21；或者

   (B)从任何其他品目改变至子目 9101.21，前提是区域价值成分不低于：

   (1)使用累积法时的 35％，或

   (2)使用扣减法时的 45％。

5. (A)从任何其他章改变至子目 9101.29；或者

   (B)从品目 9114 改变至子目 9101.29，不论是否从任何其他章改变而来，前提是区域价值成分不低于：

   (1)使用累积法时的 35％，或

   (2)使用扣减法时的 45％。

6. (A)从任何其他章改变至子目 9101.91；或者

   (B)从任何其他品目改变至子目 9101.91，前提是区域价值成分不低于：

   (1)使用累积法时的 35％，或

   (2)使用扣减法时的 45％。

7. (A)从任何其他章改变至子目 9101.99；或者

   (B)从品目 9114 改变至子目 9101.99，不论是否从任何其他章改变而来，前提是区域价值成分不低于：

   (1)使用累积法时的 35％，或

   (2)使用扣减法时的 45％。

8. (A)从任何其他章改变至品目 9102 至 9107；或者

   (B)从品目 9114 改变至品目 9102 至 9107，不论是否从任何其他章改变而来，前提是区域价值成分不低于：

(1)使用累积法时的35%,或

(2)使用扣减法时的45%。

9.(A)从任何其他章改变至品目9108至9110;或者

(B)从任何其他品目改变至品目9108至9110,前提是区域价值成分不低于:

(1)使用累积法时的35%,或

(2)使用扣减法时的45%。

10.(A)从任何其他章改变至子目9111.10至9111.80;或者

(B)从子目9111.90改变至子目9111.10至9111.80,不论是否从任何其他章改变而来,前提是区域价值成分不低于:

(1)使用累积法时的35%,或

(2)使用扣减法时的45%。

11.(A)从任何其他章改变至子目9111.90;或者

(B)从任何其他品目改变至子目9111.90,前提是区域价值成分不低于:

(1)使用累积法时的35%,或

(2)使用扣减法时的45%。

12.从子目9112.90改变至子目9112.20,不论是否从任何其他品目改变而来,前提是区域价值成分不低于:

(A)使用累积法时的35%,或

(B)使用扣减法时的45%。

13.(A)从任何其他章改变至子目9112.90;或者

(B)从任何其他品目改变至子目9112.90,前提是区域价值成分不低于:

(1)使用累积法时的35%,或

(2)使用扣减法时的45%。

14.(A)从任何其他章改变至9113;或者

(B)从任何其他品目改变至品目9113,前提是区域价值成分不低于:

(1)使用累积法时的35%,或

(2)使用扣减法时的45%。

15.从任何其他品目改变至品目9114。

第九十二章

1.(A)从任何其他章改变至品目9201至9208;或者

(B)从任何其他品目改变至品目9201至9208,前提是区域价值成分不低于:

(1)使用累积法时的35%,或

(2)使用扣减法时的45%。

2.从任何其他品目改变至品目9209。

第九十三章

1.(A)从任何其他章改变至品目9301至9304;或者

(B)从任何其他品目改变至品目9301至9304,前提是区域价值成分不低于:

(1)使用累积法时的35%,或

(2)使用扣减法时的45%。
2. 从任何其他品目改变至品目9305。
3. 从任何其他章改变至品目9306至9307。

第九十四章

1. 从任何其他品目改变至品目9401。
2. 从任何其他子目改变至子目9402.10至9402.90,前提是区域价值成分不低于:
   (A)使用累积法时的35%,或
   (B)使用扣减法时的45%。
3. 从任何其他品目改变至品目9403。
4. 从任何其他章改变至子目9404.10至9404.30。

子目规则:子目9404.90的纺织品应被视为原产货物,如果该货物在巴拿马或/和美国境内裁剪或针织成型并缝制或以其他方式组合,且确定该货物税则归类的成分全部为:

(a)第九十八章第二十二分章美国注释三十九列出的一种或多种织物;
(b)一种或多种织物或针织成型组件,由第九十八章第二十二分章美国注释三十九所列的一种或多种纱线在巴拿马或/和美国境内制成;或者
(c)上述(a)款所述的织物、(b)款所述的织物或针织成型组件或者作为第九十八章第二十二分章美国注释三十九下原产货物的一种或多种织物或针织成型组件的任何组合。

本规则(c)款所述的原产织物或针织成型组件可含有不超过10%(按重量计)的纤维或纱线,这些纤维或纱线未发生第九十八章第二十二分章美国注释三十九所述的税则归类改变。上述(c)款所述的原产织物或针织成型组件中含有的任何弹性纱线必须在巴拿马或/和美国境内完全成型和完成。

5. 从任何其他章(品目5007、品目5111至5113、品目5208至5212、品目5309至5311、品目5407至5408、品目5512至5516或子目6307.90除外)改变至子目9404.90。
6. (A)从任何其他章改变至子目9405.10至9405.60;或者
   (B)从子目9405.91至9405.99改变至子目9405.10至9405.60,不论是否从任何其他章改变而来,前提是区域价值成分不低于:
      (1)使用累积法时的35%,或
      (2)使用扣减法时的45%。
7. 从任何其他品目改变至子目9405.91至9405.99。
8. 从任何其他章改变至品目9406。

第九十五章

1. 从任何其他章改变至品目9501。
2. 从任何其他品目改变至品目9502。
3. (A)从任何其他章改变至品目9503至9508;或者
   (B)从子目9506.39改变至子目9506.31,不论是否从任何其他章改变而来,前提是区域价值成分不低于:
      (1)使用累积法时的35%,或

(2)使用扣减法时的45%。

第九十六章

1. 从任何其他章改变至品目9601至9605。

2. (A)从任何其他品目改变至子目9606.10；或者
   (B)税则归类无需改变至子目9606.10的货物，前提是区域价值成分不低于：
     (1)使用累积法时的35%，或
     (2)使用扣减法时的45%。

3. (A)从任何其他章改变至子目9606.21至9606.29；或者
   (B)从子目9606.30改变至子目9606.21至9606.29，不论是否从任何其他章改变而来，前提是区域价值成分不低于：
     (1)使用累积法时的35%，或
     (2)使用扣减法时的45%。

4. 从任何其他品目改变至子目9606.30。

5. (A)从任何其他章改变至子目9607.11至9607.19；或者
   (B)从子目9607.20改变至子目9607.11至9607.19，不论是否从任何其他章改变而来，前提是区域价值成分不低于：
     (1)使用累积法时的35%，或
     (2)使用扣减法时的45%。

6. 从任何其他品目改变至子目9607.20。

7. (A)从任何其他章改变至子目9608.10至9608.20；或者
   (B)从子目9608.60至9608.99改变至子目9608.10至9608.20，不论是否从任何其他章改变而来，前提是使用扣减法时的区域价值成分不低于30%。

8. (A)从任何其他章改变至子目9608.31至9608.50；或者
   (B)从子目9608.60至9608.99改变至子目9608.31至9608.50，不论是否从任何其他章改变而来，前提是区域价值成分不低于：
     (1)使用累积法时的35%，或
     (2)使用扣减法时的45%。

9. 从任何其他品目改变至子目9608.60。

10. 从任何其他子目改变至子目9608.91。

11. 从任何其他品目改变至子目9608.99。

12. (A)从任何其他品目改变至子目9609.10至9609.90；或者
    (B)从子目9609.20改变至子目9609.10至9609.90，不论是否从任何其他品目改变而来，前提是区域价值成分不低于：
      (1)使用累积法时的35%，或
      (2)使用扣减法时的45%。

13. 从任何其他品目改变至品目9610至9611。

14. 从任何其他章改变至子目9612.10。

15. 从任何其他品目改变至子目9612.20。

16. (A)从任何其他章改变至子目9613.10至9613.80;或者
    (B)从子目9613.90改变至子目9613.10至9613.80,不论是否从任何其他章改变而来,前提是区域价值成分不低于:
    (1)使用累积法时的35%,或
    (2)使用扣减法时的45%。

17. 从任何其他品目改变至子目9613.90。

18. 从任何其他子目(子目9614.90除外)改变至子目9614.20。

19. 从任何其他品目改变至子目9614.90。

20. (A)从任何其他章改变至子目9615.11至9615.19;或者
    (B)从子目9615.90改变至子目9615.11至9615.19,不论是否从任何其他章改变而来,前提是区域价值成分不低于:
    (1)使用累积法时的35%,或
    (2)使用扣减法时的45%。

21. 从任何其他品目改变至子目9615.90。

22. 从任何其他品目改变至品目9616。

23. 从任何其他章改变至品目9617。

24. 从任何其他品目改变至品目9618。

第九十七章

1. 从任何其他子目改变至子目9701.10至9701.90。
2. 从任何其他品目改变至品目9702至9706。

三十六、《美国-日本贸易协定》

(一)符合美国和日本于2019年10月7日签订的《美国-日本贸易协定》条款的原产货物应缴纳该协定和本税则第九十九章第二十一分章规定的关税。就本注释而言,《美国-日本贸易协定》附件二所界定的日本原产货物进口至美国境内,并按照"税率"第1栏"特惠"子栏括号中符号"JP"的子目入境,有资格享受"特惠"子栏规定的关税待遇和数量限制。

(二)根据本注释申明享受优惠关税待遇的文件和行动。

(i)进口商可根据其所知或所掌握的货物原产信息,根据本注释的条款对货物提出享受优惠关税待遇要求。

(ii)为申请优惠关税待遇,进口商应在进口单证中声明该货物符合原产货物的资格。

(iii)进口商应相关海关官员要求准备提交一份支持性声明,说明其该货物符合原产货物资格的依据。声明无需使用规定的格式,并在可行的情况下以电子方式提交。

(iv)相关海关官员可进行核查,以确定某一货物是否符合优惠关税待遇的条件,例如,要求进口商提供与核查有关的补充资料或其他资料。

(v)在下列情况下,可拒绝进口货物享受优惠关税待遇:

(A)美国海关和边境保护局认定该货物不符合优惠关税待遇条件;

(B)根据本注释,美国海关和边境保护局没有收到足够的信息来确定货物是否有资格享受优惠关税待遇;或者

(C)进口商未能遵守本注释和适用海关条例的要求。

总统计注释

一、进口货物统计要求

(一)对进口至美国境内的货物进行海关申报或提货的人员应按照本文件和依法颁布的法规规定填写报关汇总表或提货单,并提供以下统计信息:

(i)本税则统计附录 A 所示的货物进口供消费或仓储的关区和口岸编号;

(ii)该船舶名称或航空公司名称,如果非船运或航空运输,则指货物最早抵达美国的运输工具;

(iii)国外启运港;

(iv)美国船运和空运卸货港;

(v)进口日期;

(vi)本税则统计附录 B 中以指定名称表示的货物原产国;

(vii)本税则统计附录 B 中以指定名称表示的出口国;

(viii)出口日期;

(ix)足够详细的货物说明,以便按照本税则中适当的统计报告编码对货物进行归类;

(x)货物归类统计报告编码,包括按照总注释三(三)(i)规定申请特惠关税待遇时作为统计报告编码前缀的符号(但星号不得与前缀符号一起申报或代替前缀符号,例如对于普惠制,应申报"A",不应申报"A﹡");

(xi)所有运输方式下每个申报编码的毛重(千克);

(xii)该商品归类的单位净数量;

(xiii)根据经修订的《1930 年关税法》第 402 节的定义,所有商品的美元价值,包括免税或按特定税率应纳税的商品;

(xiv)承运人从出口国把商品从出口港运至第一个美国入境口岸所产生的运费、保险费和所有其他费用、成本和开支的总成本(如果有美国进口关税,则不包括美国进口关税),每项费用应单独列明或附在相关发票上(除非下述另有规定)。对于原产于加拿大或墨西哥的陆路运输,此类费用应包括运费、保险费以及商品从加拿大或墨西哥的原产地(商品开始运往美国

的地点)运至一个美国入境口岸所产生的所有其他费用、成本和开支;以及
(xv)本税则规定的其他与进口货物有关的信息。

(二)就(一)款而言,应遵循以下规定:
(i)出口国应为商品的原产国,除非位于第三国的该货物是新的商品,在这种情况下,第三国应被视为出口国申报,从第三国出口的日期应被视为出口日期并予以申报;以及
(ii)如果无法提供上述(一)(xiv)款规定的费用、成本和开支的实际金额,则进口人或提货人应提供对此类信息的合理估计。为统计目的申报而使用估计数,并不免除进口人或提货人提交类似未来交易所需资料的责任。就海关而言,根据1979年贸易协定法修订的《1930年关税法》第402节,估算费用不得用于申报商品价格。因此,当货物价格包括运费、保险费和其他费用(例如,销售条件是到岸价)时,向海关申报的商品价格不得扣除根据本注释申报的这些费用估计数。当实际费用已知时,必须扣除这些费用以确定申报价格。

(三)(i)与美国签订自由贸易协定的国家的货物,如果符合该协定的条款,在标记或有资格标记其原产国时,在10位编码之前输入以下特殊协定符号可免除商品处理费:

《美国-澳大利亚自由贸易协定》 ················· AU
《美国-巴林自由贸易协定实施法》 ················· BH
《美国-智利自由贸易协定》 ················· CL
《美国-哥伦比亚贸易促进协定》 ················· CO
《北美自由贸易协定》:加拿大货物 ················· CA
《北美自由贸易协定》:墨西哥货物 ················· MX
《美国-韩国自由贸易协定实施法》 ················· KR
《美国-阿曼自由贸易协定实施法》 ················· OM
《多米尼加共和国-中美洲-美国自由贸易协定实施法》 ················· P 或 P$^+$
《美国-巴拿马贸易促进协定实施法》 ················· PA
《美国-秘鲁贸易促进协定实施法》 ················· PE
《美国-新加坡自由贸易协定》 ················· SG

(ii)以色列、美国岛屿属地、《加勒比盆地经济复苏法》受惠国和普惠制下最不发达受惠国的产品,如果上述产品标有或有资格标记为原产国,在10位编码之前输入以下特殊协定符号可免除商品处理费:

《美国-以色列自由贸易区实施法》 ················· IL
美国属地 ················· Y
《加勒比盆地经济复苏法》 ················· E 或 E*
普惠制 ················· A,A* 或 A$^+$

(iii)符合《汽车产品贸易法》条款的加拿大货物,在标记或有资格标记为原产国时,在10位编号前输入特殊协定符号"B♯"时,免收商品处理费。

(iv)属于下列情形的货物:
(A)自由贸易协定或贸易促进协定一方的原产货物,或者

(B)根据适用有关特惠关税安排的总注释,有资格享受特惠关税安排的国家的产品,协定或安排列入税则总注释三(三)(i)的,且协定或计划已获得商品处理费豁免,符合总注释的特惠关税安排资格的国家的产品,使用以下特殊协定符号作为 10 位编码前缀输入时,进口时可无须支付商品处理费,前提是该货物按照适用协定进口:

《民用航空器贸易协定》·· C♯
《药品贸易协定》··· K♯
《乌拉圭回合染料中间体减让》··· L♯

二、统计注释

(一)本税则的统计注释包括:
  (i)两位数字的统计后缀和适用的商品描述;
  (ii)计量单位,以及
  (iii)统计注释和附录。

(二)本税则的法律文本包括总规则等更为具体规定的文本。

三、统计报告编码

(一)除本注释(二)款规定外,在其他部分没有相反的具体要求的情况下,物品的统计报告编码由 8 位税号与适当的 2 位统计后缀共 10 位数字组合而成。例如,税号 0106.00.50 的应课税的活猴的统计报告编码为"0106.00.5010"。

(二)如果在本税则中,某一物品归入某一税号,而该税号的税率来自另一税号,则在没有其他相反具体要求的情况下,统计申报编码为原归类 10 位编码加上另一规定税率的 10 位编码。比如,光学望远镜某些支架的统计报告编码为"9005.90.8000－9005.80.4040"。如果关税税率所依据的子目显示多个统计报告编码,且货物包含该子目多个统计报告编码的物品,则仅申报最后一个适用的统计报告编码。

(三)(i)与美国签订自由贸易协定的国家的货物,如果符合该协定的条款,在标记或有资格标记其原产国时,在 10 位编码前输入以下任何特殊协定符号,则可免除商品处理费:

《美国-澳大利亚自由贸易协定》·· AU
《美国-智利自由贸易协定》·· CL
《美国-巴林自由贸易协定实施法》·· BH
《美国-哥伦比亚贸易促进协定》·· CO
《北美自由贸易协定》:加拿大货物·· CA
《北美自由贸易协定》:墨西哥货物·· MX
《美国-韩国自由贸易协定实施法》·· KR

《美国-墨西哥-加拿大协定》 ·· S 或 S⁺
《美国-阿曼自由贸易协定实施法》 ···································· OM
《多米尼加共和国-中美洲-美国自由贸易协定实施法》 ········ P 或 P⁺
《美国-巴拿马贸易促进协定实施法》 ································ PA
《美国-秘鲁贸易促进协定实施法》 ···································· PE
《美国-新加坡自由贸易协定》 ·· SG

(ii) 以色列的货物,当标记或有资格标记其原产国时,如果在 10 位编码前输入特殊协定符号"IL",则免收商品处理费。

(iii) 符合《汽车产品贸易法》条款的加拿大货物,在标记或有资格标记其原产国时,如果在 10 位编码前输入特殊协定符号"B#",则免收商品处理费。

(iv) 与美国签订免收商品处理费自由贸易协定的国家的货物,在标记或有资格标记其原产国时,在符合以下优惠安排和以下任何特殊计划的情况下,在 10 位编码前输入特殊协定符号,可免收商品处理费:

《民用航空器贸易协定》 ·· C#
《药品贸易协定》 ··· K#
《乌拉圭回合染料中间体减让》 ··· L#

(四) 无论何时,根据下列协定之一提出特惠关税待遇申请,在没有其他相反具体要求的情况下,统计报告编码为以下符号为前缀的 10 位数字:

本税则总注释三(一)(v)所涵盖的产品 ······························ N
波多黎各产品(物品在一个《加勒比盆地经济复苏法》受惠国中价值提高或物品状况改善)[见 W19 U.S.C. 2703(a)(5)]
岛屿属地产品 ··· Y
自由联系国的物品 ·· Z

(五) 当本税则中的货物按照总规则三(二)或三(三)归类为成套货品时,应在适用于该套货物的统计报告编码前加上前缀"×"。

四、缩写

(一) 计量单位栏中出现的"×"表示不报告任何数量(毛重除外)。

(二) 当同一物品显示两个单独的计量单位时,该物品价值应以显示的第一计量单位申报,除非第二计量单位后有一个"v",在这种情况下,该物品的价值应以第二计量单位申报。

(三) 海关和边境保护局(CBP)现场办事处在向 CBP 总部配额分支机构报告纺织品进口时使用的计量单位应为第一计量单位,除非第二计量单位(如果有)有下划线,在这种情况下,应报告第二计量单位。

(四)使用以下符号和缩写,其含义分别如下所示:

A	安培	NaOH t	氢氧化钠含量(吨)
Ag g	银含量(单位:克)	NH3 t	氨含量(吨)
Au g	金含量(单位:克)	Ni kg	镍含量(单位:千克)
Co kg	钴含量(单位:千克)	ode	臭氧消耗当量
Cr kg	铬含量(单位:千克)	Os g	锇含量(单位:克)
Cr2O3 t	氧化铬含量(吨)	Pb kg	铅含量(单位:千克)
Cu kg	铜含量(单位:千克)	Pd g	钯含量(单位:克)
Dz Pcs	打件	Pt g	铂含量(单位:克)
GBq	千兆贝克勒尔	Rh g	铑含量(单位:克)
Ir g	铱含量(单位:克)	Ru g	钌含量(单位:克)
ISRI	废品回收工业研究所	Sb kg	锑含量(单位:千克)
Jwls.	应税珠宝数量	Si kg	硅含量(单位:千克)
kg amc	水含量(单位:千克)	Sn t	锡含量(吨)
kg msc	乳固体含量(单位:千克)	t dwb	以吨为单位的干重
kg ttl sug	总糖含量(单位:千克)	t adw	空气干重(吨)
MBq	兆贝克勒尔	V kg	钒含量(单位:千克)
Mg kg	镁含量(单位:千克)	V2O5 kg	五氧化二钒含量(单位:千克)
Mn kg	锰含量(单位:千克)	W kg	钨含量(单位:千克)
Mo kg	钼含量(单位:千克)	Zn kg	锌含量(单位:千克)
MWh	兆瓦时	1 000 m^3	千立方米
NaOH kg	氢氧化钠含量(单位:千克)		

五、出口申报

除下述所述外,本税则第一章至第九十七章所列物品的统计申报编码可代替托运人出口报关单上相应的附录 B 编码。本税则第九十八章及第九十九章所涵盖物品的统计申报编号,只可用于进口报关单。进口报关单上不得以附录 B 编码代替 HTS 编码申报。托运人出口报关单上使用的统计申报编码不应包括任何表示特惠关税待遇的前缀符号。

六、经认证的有机产品

就本税则而言,"经认证的有机产品"是指按照以下标准认证的新鲜或加工农产品:

(一)美国农业部国家有机计划条例(7 CFR 205);

(二)加拿大有机产品法规(SOR/2006-338 COPR);

(三)欧盟理事会 834/2007 号法规(EC)和委员会 889/2008 号法规(EC)和 1235/2008 号法规;

(四)日本有机植物农业标准(JAS)(2005 年 1605 号通知)和有机加工食品 JAS(Notification No. 1606 of 2005);

(五)《大韩民国促进环境友好农业和渔业及管理和支持有机食品法》及其《加工食品实施条例》;

(六)瑞士有机农业和有机生产产品和食品标签条例(910.18)和 1997 年 9 月 22 日联邦经济、教育和研究部(EAER)有机农业条例(910.181)及其规定;

(七)中国台湾省农业委员会、有机农业促进法及 2019 年有机农业促进法实施细则。

出口商须知

　　根据本通知,本税则编码可代替附表 B 的申报代码,用于在托运人出口报关单或出口电子申报程序下申报出口。除以下所述外,第一章至第九十七章所列物品的统计报告编码(包括物品说明和计量单位)可代替附表 B 中的代码,表示特惠关税待遇的特殊前缀符号不应包括在内。以下税号用于本税则中相应税号的出口申报:

商品描述	附表 B 代码	计量单位
冷冻牛心	0206.29.0010	千克
冷冻牛肾	0206.29.0020	千克
冷冻牛脑	0206.29.0030	千克
冷冻牛乳	0206.29.0040	千克
冷冻牛唇	0206.29.0050	千克
其他冷冻的未列名的牛食用杂碎(舌和肝除外)	0206.29.0090	千克
冷冻猪舌	0206.49.0010	千克
冷冻猪心	0206.49.0020	千克
冷冻猪脚	0206.49.0030	千克
冷冻猪头肉	0206.49.0040	千克
冷冻猪皮	0206.49.0050	千克
其他冷冻的未列名的猪食用杂碎(肝除外)	0206.49.0090	千克
冷冻鸡大腿	0207.14.0010	千克
冷冻鸡腿(鸡大腿除外)	0207.14.0025	千克
冷冻鸡翅或翼尖或其部分	0207.14.0030	千克
冷冻鸡爪	0207.14.0045	千克
其他冷冻的未列名的鸡食用杂碎	0207.14.0050	千克
其他冷冻的未列名的鸡块	0207.14.0090	千克

(续表)

商品描述	附表B代码	计量单位
冷冻带骨火鸡腿	0207.27.0010	千克
冷冻无骨的火鸡腿	0207.27.0025	千克
冷冻火鸡翅或部分火鸡翅	0207.27.0030	千克
冷冻火鸡胸脯或部分火鸡胸脯	0207.27.0045	千克
其他冷冻的未列名的火鸡食用杂碎	0207.27.0050	千克
其他冷冻的未列名的火鸡肉片	0207.27.0090	千克
品目0304的冷冻太平洋鲈鱼,鱼片和其他鱼肉除外	0303.89.6150	千克
品目0304的冷冻其他蝎子鱼,鱼片和其他鱼肉除外	0303.79.6160	千克
未浓缩及未加糖或其他甜物质的乳及奶油,脂肪含量(按重量计)超过1%但不超过6%,标记为有机认证	0401.20.1000	升
其他未列名的未浓缩及未加糖或其他甜物质的乳及奶油,脂肪含量(按重量计)超过1%但不超过6%	0401.20.0050	升
零售包装的蜂巢和蜂蜜	0409.00.0025	千克
其他天然蜂蜜	0409.00.0055	千克
冷冻牛肚	0504.00.0050	千克
冷冻牛肠	0504.00.0070	千克
冷冻猪肠	0504.00.0080	千克
其他未列名的动物(鱼除外)的肠、膀胱和胃,整个的或切块的,鲜、冷、冻、盐渍、盐渍、干的或熏制的	0504.00.0090	千克
鲜或冷藏的马铃薯,经有机认证	0701.90.0070	千克
鲜或冷藏的马铃薯,经有机认证除外	0701.90.0080	千克
鲜或冷藏的樱桃番茄,经有机认证	0702.00.0015	千克
鲜或冷藏的罗马番茄,经有机认证	0702.00.0025	千克
鲜或冷藏的其他番茄,经有机认证	0702.00.0035	千克
鲜或冷藏的樱桃番茄,经有机认证除外	0702.00.0045	千克
鲜或冷藏的罗马番茄,经有机认证除外	0702.00.0055	千克
鲜或冷藏的其他番茄,经有机认证除外	0702.00.0065	千克
鲜或冷藏的洋葱,经有机认证	0703.10.0010	千克
鲜或冷藏的洋葱,经有机认证除外	0703.10.0050	千克
鲜或冷藏的菜花及硬化甘蓝,经有机认证	0704.10.0010	千克
鲜或冷藏的菜花及硬化甘蓝,经有机认证除外	0704.10.0050	千克
鲜或冷藏的其他西兰花,经有机认证	0704.90.4025	千克
鲜或冷藏的其他西兰花,经有机认证除外	0704.90.4030	千克
鲜或冷藏的结球莴苣(包心生菜),经有机认证	0705.11.0010	千克
鲜或冷藏的结球莴苣(包心生菜),经有机认证除外	0705.11.0050	千克
莴苣,包装新鲜沙拉切块,重量不超过1千克,经有机认证	0705.19.0020	千克
莴苣,包装新鲜沙拉切块,重量超过1千克,经有机认证	0705.19.0030	千克

(续表)

商品描述	附表B代码	计量单位
鲜或冷藏的其他莴苣,经有机认证	0705.19.0040	千克
鲜或冷藏的其他莴苣,经有机认证除外	0705.19.0050	千克
长度不超过11厘米的胡萝卜,经有机认证	0706.10.3020	千克
鲜或冷藏的其他胡萝卜,经有机认证	0706.10.3030	千克
鲜或冷藏的胡萝卜,经有机认证除外	0706.10.3050	千克
甜菜,经有机认证	0706.90.3100	千克
甜菜,经有机认证除外	0706.90.3500	千克
鲜或冷藏的婆罗门参、块根芹、小萝卜及类似食用根茎	0706.90.9000	千克
鲜或冷藏的豌豆,不论是否脱荚,经有机认证	0708.10.1000	千克
鲜或冷藏的豌豆,不论是否脱荚,经有机认证除外	0708.10.9000	千克
鲜或冷藏的芦笋,经有机认证	0709.20.2000	千克
鲜或冷藏的芦笋,经有机认证除外	0709.20.5000	千克
鲜或冷藏的芹菜(块根芹除外),经有机认证,	0709.40.0010	千克
鲜或冷藏的芹菜(块根芹除外),经有机认证除外	0709.40.0050	千克
鲜或冷藏的辣椒或甜椒(如多香果),经有机认证	0709.60.0010	千克
鲜或冷藏的辣椒或甜椒(如多香果),经有机认证除外	0709.60.0050	千克
鲜或冷藏的菠菜,经有机认证	0709.70.0010	千克
鲜或冷藏的菠菜,经有机认证除外	0709.70.0050	千克
脱荚的干粉豆,不论是否去皮或分瓣,非种用	0713.33.5050	千克
其他未列名的脱荚的干芸豆,不论是否去皮或分瓣,非种用(不包括海军蓝或豌豆、暗红色和浅红色芸豆和粉色芸豆)	0713.33.5070	千克
脱荚的干蔓越莓豆,不论是否去皮或分瓣,非种用	0713.39.5170	千克
其他未列名的干豆,不论是否去皮或分瓣,非种用	0713.39.5190	千克
鲜或干的橙(坦坡橙除外),经有机认证	0805.10.0045	千克
鲜或干的橙,坦坡橙除外,经有机认证除外	0805.10.0065	千克
鲜或干的酸橙(柑橘),经有机认证	0805.50.5010	千克
新或干的酸橙(柑橘),经有机认证除外	0805.50.5090	千克
鲜葡萄,经有机认证	0806.10.0010	千克
鲜葡萄,经有机认证除外	0806.10.0050	千克
鲜西瓜,经有机认证	0807.11.1000	千克
鲜西瓜,经有机认证除外	0807.11.9000	千克
鲜樱桃(酸樱桃除外),经有机认证	0809.29.0010	千克
鲜樱桃(酸樱桃除外),经有机认证除外	0809.29.0050	千克
鲜桃,包括油桃,经有机认证	0809.30.1000	千克
鲜桃,包括油桃,经有机认证除外	0809.30.9000	千克
鲜草莓,经有机认证	0810.10.0010	千克
鲜草莓,经有机认证除外	0810.10.0050	千克

(续表)

商品描述	附表B代码	计量单位
鲜木莓、黑莓、桑葚和罗甘莓,经有机认证	0810.20.2000	千克
鲜木莓、黑莓、桑葚和罗甘莓,经有机认证除外	0810.20.5000	千克
黄色马齿种玉米,美国一号	1005.90.2020	吨
黄色马齿种玉米,美国二号	1005.90.2030	吨
黄色马齿种玉米,美国三号	1005.90.2035	吨
黄色马齿种玉米,美国四号	1005.90.2045	吨
黄色马齿种玉米,其他	1005.90.2070	吨
白玉米	1005.90.4055	吨
其他未列名的玉米,(种用、黄色马齿种、爆米花或白玉米除外)	1005.90.4065	千克
高粱苏丹草籽	1209.29.9150	千克
其他草种(不包括甜菜、弯曲草、百慕大、鸟脚三叶草、苏丹高粱、苏丹或麦草)	1209.29.9175	千克
三色堇的种子,主要为开花而种植	1209.30.0020	千克
主要为开花而种植的草本植物种子(不包括矮牵牛或三色堇种子)	1209.30.0080	千克
玉米油及其分离品,食用初榨的,未经化学改性	1515.21.0010	千克
其他未列名的玉米油及其分离品,初榨的	1515.21.0050	千克
鸡肉、鸡食用杂碎或血制成的香肠及类似产品;用香肠制成的食品	1601.00.0010	千克
家禽(鸡除外)、家禽食用杂碎或血(鸡食用杂碎或血除外)制成的香肠及类似产品;用香肠制成的食品	1601.00.0020	千克
肉(家禽除外)、食用杂碎或血(家禽食用杂碎或血除外)制成的香肠或类似产品;用香肠制成的食品	1601.00.0090	千克
其他未列名的制作或保藏的火鸡酱(碎肉或机械分离的火鸡)	1602.31.0030	千克
预制火鸡肉饼或类似产品;预调味、预煮或熏火鸡肉	1602.31.0050	千克
其他未列名的制作或保藏的火鸡肉、食用杂碎或血	1602.31.0090	千克
其他未列名的制作或保藏的鸡肉酱	1602.32.0035	千克
预制鸡肉饼或类似产品;预调味、预煮或熏制鸡肉	1602.32.0050	千克
其他未列名的制作或保藏的鸡的肉、食用杂碎或血	1602.32.0090	千克
其他未列名的固体甘蔗糖、甜菜糖和化学纯蔗糖,进口原糖精制而成,可退税,零售包装	1701.99.2020	千克
其他未列名的固体甘蔗糖、甜菜糖和化学纯蔗糖,进口原糖精制而成,可退税,但零售包装除外	1701.99.2040	千克
固体甘蔗糖、甜菜糖和化学纯蔗糖,由进口原糖精制而成的及可退税的除外,	1701.99.4000	千克
不含可可或按重量计可可含量低于50%的调制品和面团,供烘焙可可粉饼干(甜饼干)、华夫饼和威化饼	1901.20.0005	千克
不含可可或按重量计可可含量低于50%的调制品和面团,供烘焙糕点、蛋糕和类似甜烘焙产品(包括姜饼)和布丁	1901.20.0015	千克
不含可可或按重量计可可含量低于50%的调制品和面团,供烘焙品目1905所列其他未列名的烘焙产品	1901.20.0025	千克

(续表)

商品描述	附表B代码	计量单位
微波包装的爆米花	2008.19.9050	千克
其他未列名的用其他方式制作或保藏的坚果或种子	2008.19.9500	千克
番茄沙司（番茄酱除外），经有机认证	2103.20.4010	千克
番茄沙司（番茄酱除外），经有机认证除外	2103.20.4050	千克
醋和用醋酸制得的醋代用品，经有机认证	2209.00.0010	升
醋和从醋酸中获得的醋的替代品，经有机认证除外	2209.00.0050	升
未去梗烤烟烟叶，不含包装烟草或包装烟草含量不超过35%	2401.10.5130	千克
美国种植烟草除外		千克含量
未去梗白肋烟烟叶，不含包装烟草或包装烟草含量不超过35%	2401.10.5160	千克
美国种植烟草除外		千克含量
未去梗暗烧肯塔基州及田纳西州烟草，不含包装烟草或包装烟草含量不超过35%，但烟叶或雪茄粘合剂除外	2401.10.8010	千克
美国种植烟草除外		千克含量
其他未列名的未去梗烟草，不含包装烟草或包装烟草含量不超过35%，但烟叶或雪茄粘合剂除外	2401.10.9570	千克
美国种植烟草除外		千克含量
部分或全部去梗的康涅狄格州遮荫烟草，未脱粒或类似加工，含35%以上包装烟草	2401.20.2020	千克
美国种植烟草除外		千克含量
部分或全部去梗的烟草，未脱粒或类似加工，含35%以上包装烟草	2401.20.2040	千克
美国种植烟草除外		千克含量
部分或全部去梗的烤烟烟叶，未脱粒或类似加工，不含包装烟草或包装烟草含量不超过35%	2401.20.2810	千克
美国种植烟草除外		千克含量
部分或全部去梗的白肋烟烟叶，未脱粒或类似加工，不含包装烟草或包装烟草含量不超过35%	2401.20.2820	千克
美国种植烟草除外		千克含量
部分或全部去梗的烤烟烟叶，经脱粒或类似加工	2401.20.8005	千克
美国种植烟草除外		千克含量
部分或全部去梗的烤烟（烟叶除外），经脱粒或类似加工	2401.20.8011	千克
美国种植烟草除外		千克含量
其他未列名的部分或全部去梗烟草，经脱粒或类似加工	2401.20.8090	千克
美国种植烟草除外		千克含量
烟梗	2401.30.5000	千克
美国种植烟草除外		千克含量
其他未列名的烟草废料	2401.30.9000	千克
美国种植烟草除外		千克含量

(续表)

商品描述	附表B代码	计量单位
商业上适合用作燃料的煤、褐煤或泥煤制成的焦炭和半焦炭	2704.00.0010	吨
商业上不适合用作燃料的煤、褐煤或泥煤制成的焦炭和半焦炭	2704.00.0020	吨
石油衍生烷基化物	2710.12.9010	桶
其他未列名的碳氢化合物混合物,其中任何单一碳氢化合物的含量不超过50%	2710.12.9050	桶
API比重度数25度以下的重质燃料油,在37.8摄氏度时赛波特粘度超过125秒,硫含量不超过1 000ppm	2710.19.0621	桶
API比重度数25度以下的重质燃料油,在37.8摄氏度时赛波特粘度超过125秒,硫含量1 000ppm以上,但不超过5 000ppm	2710.19.0624	桶
API比重度数25度以下的重质燃料油,在37.8摄氏度时赛波特粘度超过125秒,硫含量超过5 000ppm,但不超过10 000ppm	2710.19.0626	桶
API比重度数25度以下的重质燃料油,在37.8摄氏度时赛波特粘度超过125秒,硫含量超过10 000 ppm	2710.19.0628	桶
氟化钾	2826.19.9010	千克
氟化物,铝、铵、钠或钾的氟化物除外	2826.19.9080	千克
饱和乙烷	2901.10.1010	千克
饱和正丁烷	2901.10.1020	千克
饱和异丁烷(2-甲基丙烷)	2901.10.1030	千克
二甲苯酚及其盐	2907.19.7000	千克
其他未列名的一元酚及其盐	2907.19.9000	千克
不含其他含氧官能团的环醛、芳香或调味化合物	2912.29.0020	千克
其他未列名的不含其他含氧官能团的环醛	2912.29.0090	千克
二乙胺及其盐	2921.19.1110	千克
一乙胺和三乙胺及其盐;一、二和三(丙基和丁基)单胺类及其盐	2921.19.1150	千克
马来酸布他拉酮、氯丙嗪、盐酸乙替美嗪、癸酸氟奋乃静、庚酸氟奋乃静、苯磺酸美索达嗪、哌拉西嗪、马来酸丙氯拉嗪、盐酸丙嗪、盐酸异丙嗪、2-(三氟甲基)吩噻嗪和盐酸三氟拉嗪	2934.30.1000	千克
其他未列名的结构中含有吩噻嗪环(不论是否氢化)的化合物,药物除外,未进一步稠合	2934.30.5050	千克
新闻印刷用黑色油墨	3215.11.0010	
柔版印刷用黑色油墨	3215.11.0020	千克
凹版印刷用黑色油墨	3215.11.0030	千克
凸版印刷用黑色油墨	3215.11.0040	千克
胶版印刷用黑色油墨	3215.11.0050	千克
其他未列名的黑色印刷油墨	3215.11.0060	千克
新闻印刷用油墨(黑色除外)	3215.19.0010	千克
柔版印刷用油墨(黑色除外)	3215.19.0020	千克
凹版印刷用油墨(黑色除外)	3215.19.0030	千克

(续表)

商品描述	附表B代码	计量单位
凸版印刷用油墨(黑色除外)	3215.19.0040	千克
胶版印刷用油墨(黑色除外)	3215.19.0050	千克
其他未列名的印刷油墨(黑色除外)	3215.19.0060	千克
比重小于0.94的线性低密度聚乙烯树脂	3901.10.0010	千克
比重小于0.94的低密度聚乙烯树脂	3901.10.0020	千克
比重小于0.94的中密度聚乙烯树脂	3901.10.0030	千克
黄杨	4403.97.0075	立方米
其他未列名的未经处理的毛白杨、白杨或棉白杨	4403.97.0077	立方米
其他棉,主体长度在25.4毫米(1英寸)以下	5201.00.1025	千克
其他棉,主体长度25.4毫米(1英寸)或以上,但在28.575毫米(1-1/8英寸)以下	5201.00.1090	千克
美国皮棉,主体长度28.575毫米(1-1/8英寸)或以上	5201.00.2030	千克
其他棉,主体长度在28.575毫米(1-1/8英寸)或以上,美国皮棉除外	5201.00.9000	千克
含碳量低于0.25%(按重量计)的高强度钢平板轧材,除冷轧外未经进一步加工,宽度小于600毫米(23.6英寸),未经包覆、镀层或涂层	7211.23.500	千克
其他未列名的含碳量低于0.25%(按重量计)的铁或非合金钢平板轧材,除冷轧外未经进一步加工,宽度小于600毫米(23.6英寸),未经包覆、镀层或涂层	7211.23.9000	千克
铜锍	7401.00.0010	千克
水泥铜(沉淀铜)	7401.00.0050	千克
非合金废铜:		
1号,裸亮线	7404.00.0010	千克
1号,裸亮线除外	7404.00.0015	千克
2号	7404.00.0025	千克
除1号或2号铜以外	7404.00.0030	千克
铜合金废料,分离:		
铅含量超过0.3%的红色和半红色黄铜	7404.00.0041	千克
其他未列名的红色和半红色黄铜	7404.00.0046	千克
含铅量超过0.3%的黄铜边角料、车削件和杆端头	7404.00.0051	千克
其他未列名的黄铜边角料、车削件和杆端头	7404.00.0056	千克
其他黄铜,铅含量超过0.3%	7404.00.0061	千克
其他未列名的黄铜	7404.00.0066	千克
其他	7404.00.0075	千克
未分类的铜废料:		
铜和铜合金废料的混合固体和废料,不含绝缘电线和研磨材料	7404.00.0085	千克
其他	7404.00.0095	千克

(续表)

商品描述	附表B代码	计量单位
外径小于10毫米的圆形横截面的非合金铝条和杆	7604.10.3010	千克
外径大于等于10毫米的圆形横截面的非合金铝条和杆	7604.10.3050	千克
除最大横截面尺寸小于10毫米的圆形横截面以外的非合金铝条和杆	7604.10.5030	千克
除最大横截面尺寸为10毫米或以上的圆形横截面以外的非合金铝条和杆	7604.10.5060	千克
外径小于10毫米的圆形横截面的铝合金条和杆	7604.29.3010	千克
外径大于等于10毫米的圆截面的铝合金条和杆	7604.29.3050	千克
最大截面尺寸小于10毫米的铝合金条和杆,圆形截面除外	7604.29.5030	千克
最大截面尺寸为10毫米或以上的铝合金条和杆,圆形截面除外	7604.29.5060	千克
非合金铝圆片和圆盘,厚度超过6.3毫米	7606.91.0010	千克
其他非矩形非合金铝板、片及带,厚度6.3毫米以上	7606.91.0050	千克
非合金铝圆片和圆盘,厚度6.3毫米或以下	7606.91.0070	千克
其他非矩形非合金铝板、片及带,厚度6.3毫米或以下	7606.91.0090	千克
铝合金圆片和圆盘,厚度超过6.3毫米	7606.92.0010	千克
其他厚度超过6.3毫米的非矩形铝合金板、片和带	7606.92.0050	千克
厚度6.3毫米或以下的铝合金圆片和圆盘	7606.92.0070	千克
其他厚度6.3毫米或以下的铝合金非矩形板、片及圆盘	7606.92.0090	千克
民用航空器用推力不超过25千牛的涡轮喷气式航空器发动机	8411.11.4050	个
民用航空器用推力超过25千牛的涡轮喷气式航空器发动机	8411.12.4010	个
推力超过25千牛的涡轮喷气式航空器发动机,用于民用航空器除外	8411.12.4050	个
民用航空器用功率不超过1 100千瓦的涡轮螺旋桨航空器发动机,	8411.21.4010	个
民用航空器用功率不超过1 100千瓦的涡轮螺旋桨航空器发动机	8411.21.4050	个
民用航空器用推力不超过25千牛的涡轮喷气式航空器发动机	8411.11.4010	个
民用航空器用功率超过1 100千瓦的涡轮螺旋桨航空器发动机	8411.22.4010	个
民用航空器用功率超过1 100千瓦的涡轮螺旋桨航空器发动机	8411.22.4050	个
民用航空器用功率不超过5 000千瓦的燃气轮机航空发动机	8411.81.4010	个
民用航空器用功率不超过5 000千瓦的燃气轮机航空发动机	8411.81.4050	个
民用航空器用功率超过5 000千瓦的燃气轮机航空发动机	8411.82.4010	个
民用航空器用功率超过5 000千瓦的燃气轮机航空发动机	8411.82.4050	个
民用航空器用涡轮喷气发动机和涡轮螺旋桨发动机零件(铸铁除外)	8411.91.7010	千克
非民用航空器用涡轮喷气发动机和涡轮螺旋桨发动机零件(铸铁除外)	8411.91.7050	千克
民用航空器用其他航空燃气轮机零件(铸铁除外)	8411.99.7010	千克
非民用航空器用其他航空燃气轮机零件(铸铁除外)	8411.99.7050	千克
数字重量指示器	8423.90.0040	个
称重机械零件,不包括数字重量指示器	8423.90.0080	千克

(续表)

商品描述	附表B代码	计量单位
燃气轮机发电机组	8502.39.0010	个
其他未列名的发电机组	8502.39.0090	个
铅酸蓄电池,6伏	8507.20.0030	个
铅酸蓄电池,12伏	8507.20.0040	个、千克
铅酸蓄电池,36伏	8507.20.0060	个、千克
其他未列名的铅酸蓄电池	8507.20.0090	个、千克
民用航空器用发送设备	8525.50.6010	个
非民用航空器用发送设备	8525.50.6050	个
民用航空器用发送设备(电视发送设备除外)	8525.50.8020	个
非民用航空器用的发送设备(电视发送设备除外)	8525.50.8040	个
民用航空器用收发设备[民用波段及频率在49.82～49.90兆赫(包括对讲机)的收发设备除外]	8525.60.1025	个
非民用航空器用手持式收发设备	8525.60.1035	个
非民用航空器用无线电收发设备	8525.60.1055	个
8毫米摄像机	8525.80.5010	个
8毫米以外的摄像机	8525.80.5020	个
民用航空器用雷达设备	8526.10.0010	个
非民用航空器用的雷达设备(不包括为船只或船舶安装而设计的设备)	8526.10.0070	个
民用航空器用无线电导航设备	8526.91.0010	个
非民用航空器用无线电导航设备,仅接收式	8526.91.0030	个
其他未列名的非民用航空器用无线电导航设备	8526.91.0070	个
民用航空器用无线电话或无电报接收机	8527.99.3005	个
非民用航空器用能接收信号的无线电话或无线电报接收机	8527.99.3060	个
电压不超过1 000伏的电气控制中心	8537.10.6000	个
电压不超过1 000伏的开关设备组件和配电盘	8537.10.9020	个
电压不超过1 000伏的数控机床用数控装置	8537.10.9030	个
电压不超过1 000伏的面板和配电盘	8537.10.9050	个
电压不超过1 000伏的可编程控制器	8537.10.9060	个
其他未列名的装有两个或以上品目8535或品目8536的电器的电压不超过1 000伏的电气控制或电力分配的盘、板、柜、及其他基座	8537.10.9090	个
品目8535、品目8536或品目8537的货物用自动断路器零件	8538.90.7020	个
品目8535、品目8536或品目8537的货物用金属触头	8538.90.7040	千克
品目8535、品目8536或品目8537的装置用的其他未列名的开关设备、配电盘、配电板和电力分配板的零件	8538.90.7060	个
专用于或主要用于品目8535、品目8536或品目8537的设备的其他未列名的零件	8538.90.7080	个

(续表)

商品描述	附表B代码	计量单位
子目8543.70的物理气相沉积装置的零件	8543.90.1100	个
其他未列名的电气设备或装置的零件	8543.90.9000	个
发动机功率不超过18千瓦的农用新拖拉机	8701.91.1010	个
发动机功率不超过18千瓦的农用旧拖拉机	8701.91.1090	个
发动机功率超过18千瓦但不超过37千瓦的农用新拖拉机	8701.92.1010	个
发动机功率超过18千瓦但不超过75千瓦的农用旧拖拉机	8701.92.1090	个
发动机功率超过37千瓦但不超过75千瓦的农用新拖拉机	8701.93.1010	个
发动机功率超过37千瓦但不超过75千瓦的农用旧拖拉机	8701.93.1090	个
发动机功率超过75千瓦但不超过130千瓦的农用新拖拉机	8701.94.1010	个
发动机功率超过75千瓦但不超过130千瓦的农用旧拖拉机	8701.94.1090	个
发动机功率超过130千瓦的农用新拖拉机	8701.95.1010	个
发动机功率超过130千瓦的农用旧拖拉机	8701.95.1090	个
民用航空器用定向罗盘、光学仪器	9014.10.1040	个
非民用航空器用定向罗盘、光学仪器	9014.10.1080	个
民用航空器用的陀螺罗盘(电子罗盘除外)	9014.10.6040	个
非民用航空器用的陀螺罗盘(电子罗盘除外)	9014.10.6080	个
民用航空器用电子陀螺罗盘	9014.10.7040	个
非民用航空器用电子陀螺罗盘	9014.10.7080	个
民用航空器用其他定向罗盘	9014.10.9040	个
非民用航空器用其他定向罗盘	9014.10.9080	个
测量或检查电压、电流或电阻的仪器和设备	9030.33.0040	个
测量或检查功率的仪器和设备	9030.33.0080	个
子目9030.10的物品的零件	9030.90.4000	个
子目9030.20的物品的零件	9030.90.8010	个
子目9030.31的物品的零件	9030.90.8020	个
子目9030.39的物品的零件	9030.90.8030	个
子目9030.40的物品的零件	9030.90.8040	个
子目9030.82或子目9030.83的物品的零件	9030.90.8050	个
其他未列名的品目9030的物品的零件和附件	9030.90.8060	个
金币	9705.00.0030	克金
其他钱币	9705.00.0030	克

第九十八章 特别归类规定

进口物品修理或改装后出口;国际交通工具;其他未列名的救济或慈善捐赠的物品;军用服装;未分类的军事装备

统计注释:

一、就附表 B 的 9801.10.0000 而言,在美国进行修理或改装的价值应为:
  (一)进口用于修理或改装物品的价值;
  (二)修理或改装的总成本(包括零件和人工);或者
  (三)如果不收取任何费用,则该修理或改装对出口商的价值。

二、仅作为国际运输工具(即以货物承运人的身份)离开美国、不出售或转让所有权的集装箱不视为出口;因此,这类集装箱无需在托运人的出口申报单上申报。但也可以按照以下方式申报:
  (一)按照附表 B 中 9801.20.0000 申报(如果出口商出于任何原因希望记录其移动情况),无论集装箱装载货物或是空箱;以及
  (二)此类国际运输工具的申报价值不包括此类集装箱内货物(如有)的价值。

三、本章不包括:
  (一)暂时保税进口加工后出口的物品(进口按照统计报告编码 9813.00.0520 申报)。
  (二)第一章至第十六章规定的用于救济或慈善事业的单独散装运输的捐赠食品。
  (三)政府机构为救济或慈善目的运送商品,但政府机构捐赠的旧服装除外。

商品描述	税号	校正码	计量单位
进口物品修理或改装后出口;国际运输工具:			
进口物品修理或改装的价值(从美国出口前)	9801.10.0000	0	×
国际运输工具用集装箱	9801.20.0000	8	×
其他未列名的为救济或慈善事业捐赠的物品:			
个人或私人机构捐赠用于救济或慈善事业的混合食品	9802.10.0000		×
个人或私人机构捐赠的救济品、药品	9802.20.0000		×
个人或私人机构捐赠用于救济或慈善事业的所有穿着服装(包括鞋类和头饰);以及政府机构捐赠用于救济或慈善事业的旧服装	9802.30.0000		×
其他未列名的个人或者私人机构捐赠用于救济或者慈善事业的物品	9802.40.0000		×
军服、军事装备(未分类):			
所有类型和材料的军用服装,包括鞋靴和头戴	9803.10.0000		×
未分类的军事装备	9803.20.0000		×

协调关税表化学品附录[①]

化学品附录注释：

一、本附录列举了总统确定在 1978 年 1 月 1 日之前进口到美国或在 1978 年 5 月 1 日之前在美国生产的化学品和产品。为方便起见，对所列物品进行描述(1)参考其在美国化学学会化学文摘服务处(C.A.S.)的注册号(如有)，或(2)参考其通用化学名称或商品名称(如无 C.A.S. 注册号)。就关税表而言，本附录中提及的任何产品均包括此处所列的产品，不论其名称如何。

[①] 化学品附录中列出的大多数产品仅通过适用的化学文摘服务(C.A.S.)注册号进行标识。适用于进口化学品和产品的 C.A.S. 注册号可从 USITC 出版物 1073——美国关税表化学品附录中规定的化学品和产品中获得。

50-29-3	56-38-2	60-32-2	73-22-3	80-23-9	82-15-5	85-01-8	86-53-3
50-32-8	56-49-5	60-57-1	73-24-5	80-32-0	82-16-6	85-04-1	86-56-6
50-34-0	56-55-3	61-16-5	73-48-3	80-33-1	82-18-8	85-07-4	86-61-3
50-42-0	56-65-5	61-25-6	73-49-4	80-35-3	82-19-9	85-08-5	86-63-5
50-52-2	56-72-4	61-31-4	74-11-3	80-40-0	82-20-2	85-09-6	86-72-6
50-58-8	56-93-9	61-73-4	74-31-7	80-43-3	82-24-6	85-15-4	86-75-9
50-63-5	57-37-4	61-96-1	74-39-5	80-49-9	82-27-9	85-22-3	86-76-0
50-84-0	57-50-1	62-23-7	76-44-8	80-51-3	82-31-5	85-34-7	86-86-2
51-12-7	57-62-5	62-31-7	76-51-7	80-74-0	82-33-7	85-40-5	86-87-3
51-17-2	57-66-9	62-38-4	76-54-0	80-77-3	82-37-1	85-42-7	86-88-4
51-30-9	57-74-9	62-97-5	76-60-8	80-81-9	82-38-2	85-43-8	86-95-3
51-40-1	57-97-6	63-25-2	76-61-9	81-03-8	82-45-1	85-45-0	86-98-6
51-42-3	58-14-0	63-45-6	76-62-0	81-06-1	82-66-6	85-47-2	86-99-7
51-43-4	58-15-1	63-56-9	76-67-5	81-08-3	82-71-3	85-48-3	87-01-4
51-44-5	58-25-3	64-04-0	76-86-8	81-12-9	82-81-5	85-52-9	87-02-5
51-56-9	58-27-5	64-10-8	76-87-9	81-16-3	82-87-1	85-54-1	87-03-6
51-57-0	58-28-6	65-28-1	76-90-4	81-20-9	83-08-9	85-55-2	87-05-8
51-60-5	58-38-8	65-29-2	77-08-7	81-26-5	83-13-6	85-56-3	87-08-1
51-61-6	58-39-9	65-47-4	77-36-1	81-30-1	83-18-1	85-57-4	87-10-5
51-63-8	58-64-0	65-49-6	77-52-1	81-32-3	83-23-8	85-67-6	87-12-7
51-64-9	58-68-4	65-71-4	77-83-8	81-39-0	83-31-8	85-72-3	87-17-2
51-65-0	58-72-0	66-22-8	78-04-6	81-41-4	83-32-9	85-73-4	87-18-3
51-78-5	58-74-2	66-71-7	78-27-3	81-42-5	83-34-1	85-75-6	87-19-4
52-49-3	58-89-9	66-76-2	78-37-5	81-44-7	83-41-0	85-77-8	87-20-7
52-85-7	58-94-6	67-92-5	79-01-6	81-46-9	83-42-1	85-81-4	87-22-9
53-46-3	58-95-7	68-01-9	79-88-9	81-49-2	83-53-4	85-83-6	87-25-2
53-57-6	59-05-2	68-34-8	79-93-6	81-56-1	83-70-5	85-85-8	87-29-6
53-70-3	59-06-3	69-09-0	79-94-7	81-63-0	83-81-8	85-91-6	87-32-1
53-84-9	59-26-7	69-44-3	79-95-8	81-68-5	84-15-1	85-98-3	87-41-2
54-36-4	59-30-3	69-72-7	79-98-1	81-71-0	84-22-0	86-15-7	87-52-5
54-42-2	59-31-4	69-89-6	80-00-2	81-73-2	84-23-1	86-16-8	87-61-6
54-85-3	59-33-6	70-30-4	80-04-6	81-75-4	84-46-8	86-20-4	87-62-7
54-95-5	59-42-7	70-55-3	80-07-9	81-77-6	84-57-1	86-25-9	87-65-0
55-06-1	59-47-2	70-69-9	80-08-0	81-78-7	84-58-2	86-26-0	87-82-1
55-10-7	59-50-7	71-81-8	80-10-4	81-81-2	84-59-3	86-29-3	87-83-2
55-21-0	59-63-2	72-20-8	80-11-5	81-85-6	84-77-5	86-30-6	87-87-6
55-38-9	59-92-7	72-43-5	80-15-9	81-88-9	84-80-0	86-42-0	88-04-0
55-80-1	60-11-7	72-48-0	80-18-2	81-90-3	84-83-3	86-45-3	88-16-4
55-81-2	60-13-9	72-69-5	80-19-3	81-94-7	84-86-6	86-49-7	88-17-5
56-33-7	60-18-4	72-80-0	80-20-6	82-07-5	84-92-4	86-50-0	88-22-2
56-37-1	60-19-5	73-05-2	80-22-8	82-14-4	84-94-6	86-52-2	88-23-3

88-27-7	89-36-1	90-99-3	91-90-7	92-89-7	93-84-5	94-92-8	96-96-8
88-34-6	89-39-4	91-02-1	91-91-8	92-92-2	93-85-6	94-93-9	96-97-9
88-39-1	89-43-0	91-06-5	91-93-0	92-94-4	93-89-0	94-98-4	96-98-0
88-40-4	89-52-1	91-08-7	91-94-1	92-99-9	93-90-3	94-99-5	97-00-7
88-42-6	89-55-4	91-10-1	91-98-5	93-00-5	93-92-5	95-00-1	97-02-9
88-44-8	89-57-6	91-13-4	91-99-6	93-01-6	93-94-7	95-13-6	97-04-1
88-45-9	89-59-8	91-16-7	92-00-2	93-04-9	93-99-2	95-14-7	97-08-5
88-49-3	89-60-1	91-17-8	92-02-4	93-07-2	94-02-0	95-16-9	97-09-6
88-50-6	89-61-2	91-19-0	92-04-6	93-08-3	94-11-1	95-20-5	97-17-6
88-51-7	89-62-3	91-22-5	92-06-8	93-09-4	94-13-3	95-21-6	97-18-7
88-52-8	89-63-4	91-28-1	92-09-1	93-10-7	94-18-8	95-23-8	97-22-3
88-53-9	89-68-9	91-29-2	92-11-5	93-11-8	94-20-2	95-24-9	97-23-4
88-56-2	89-69-0	91-31-6	92-12-6	93-13-0	94-21-3	95-25-0	97-32-5
88-61-9	89-71-4	91-33-8	92-14-8	93-15-2	94-26-8	95-26-1	97-35-8
88-63-1	89-75-8	91-34-9	92-17-1	93-16-3	94-30-4	95-29-4	97-42-7
88-64-2	89-80-5	91-36-1	92-18-2	93-17-4	94-31-5	95-31-8	97-43-8
88-66-4	89-83-8	91-43-0	92-24-0	93-18-5	94-33-7	95-33-0	97-46-1
88-67-5	89-84-9	91-44-1	92-26-2	93-19-6	94-34-8	95-46-5	97-47-2
88-68-6	89-86-1	91-45-2	92-27-3	93-21-0	94-36-0	95-49-8	97-50-7
88-74-4	89-87-2	91-50-9	92-31-9	93-26-5	94-38-2	95-51-2	97-52-9
88-82-4	89-93-0	91-51-0	92-36-4	93-27-6	94-43-9	95-52-3	97-53-0
88-85-7	89-97-4	91-55-4	92-39-7	93-28-7	94-44-0	95-53-4	97-54-1
88-87-9	89-99-6	91-56-5	92-41-1	93-29-8	94-46-2	95-55-6	97-56-3
88-89-1	90-11-9	91-57-6	92-43-3	93-34-5	94-47-3	95-56-7	97-60-9
88-90-4	90-12-0	91-58-7	92-49-9	93-37-8	94-48-4	95-57-8	98-05-5
88-95-9	90-13-1	91-59-8	92-50-2	93-40-3	94-53-1	95-72-7	98-08-8
88-96-0	90-16-4	91-61-2	92-56-8	93-43-6	94-57-5	95-74-9	98-09-9
88-97-1	90-17-5	91-62-3	92-59-1	93-45-8	94-62-2	95-75-0	98-11-3
88-98-2	90-25-5	91-63-4	92-60-4	93-46-9	94-64-4	95-76-1	98-13-5
89-02-1	90-30-2	91-65-6	92-64-8	93-48-1	94-69-9	95-83-0	98-16-8
89-07-6	90-33-5	91-66-7	92-65-9	93-50-5	94-70-2	95-94-3	98-21-5
89-08-7	90-40-4	91-67-8	92-66-0	93-51-6	94-74-6	96-41-3	98-28-2
89-20-3	90-43-7	91-72-5	92-70-6	93-52-7	94-75-7	96-59-3	98-30-6
89-24-7	90-45-9	91-73-6	92-71-7	93-53-8	94-79-1	96-62-8	98-31-7
89-26-9	90-51-7	91-76-9	92-80-8	93-58-3	94-80-4	96-72-0	98-32-8
89-27-0	90-55-1	91-78-1	92-82-0	93-64-1	94-82-6	96-73-1	98-33-9
89-28-1	90-68-6	91-80-5	92-83-1	93-69-6	94-84-8	96-74-2	98-34-0
89-29-2	90-72-2	91-81-6	92-84-2	93-70-9	94-86-0	96-75-3	98-35-1
89-30-5	90-87-9	91-84-9	92-85-3	93-72-1	94-87-1	96-77-5	98-36-2
89-32-7	90-93-7	91-87-2	92-86-4	93-76-5	94-89-3	96-78-6	98-37-3
89-33-8	90-94-8	91-88-3	92-87-5	93-79-8	94-91-7	96-83-3	98-40-8

98-43-1	99-76-3	100-92-5	101-82-6	103-06-0	103-89-9	104-83-6	109-09-1
98-44-2	99-79-6	100-93-6	101-84-8	103-07-1	103-90-2	104-84-7	110-15-6
98-47-5	99-80-9	100-94-7	101-87-1	103-18-4	103-92-4	104-86-9	110-16-7
98-48-6	99-90-1	101-06-4	101-91-7	103-19-5	103-93-5	104-91-6	110-83-8
98-50-0	99-94-5	101-09-7	101-94-0	103-21-9	103-94-6	104-92-7	110-89-4
98-52-2	99-98-9	101-10-0	101-96-2	103-25-3	103-96-8	104-93-8	111-49-9
98-53-3	100-01-6	101-11-1	101-97-3	103-26-4	103-98-0	105-07-7	113-59-7
98-56-6	100-03-8	101-12-2	101-98-4	103-28-6	103-99-1	105-08-8	114-26-1
98-60-2	100-04-9	101-15-5	101-99-5	103-31-1	104-01-8	105-12-4	114-63-6
98-61-3	100-05-0	101-17-7	102-01-2	103-32-2	104-04-1	105-13-5	114-70-5
98-62-4	100-07-2	101-18-8	102-04-5	103-33-3	104-09-6	105-52-2	114-80-7
98-64-6	100-11-8	101-20-2	102-05-6	103-36-6	104-10-9	105-75-9	114-91-0
98-66-8	100-15-2	101-23-5	102-11-4	103-37-7	104-11-0	105-76-0	115-29-7
98-67-9	100-17-4	101-24-6	102-13-6	103-38-8	104-12-1	106-37-6	115-32-2
98-69-1	100-20-9	101-26-8	102-16-9	103-41-3	104-13-2	106-38-7	115-37-7
98-72-6	100-22-1	101-27-9	102-17-0	103-45-7	104-20-1	106-40-1	115-39-9
98-73-7	100-23-2	101-39-3	102-18-1	103-46-8	104-21-2	106-43-4	115-40-2
98-81-7	100-25-4	101-41-7	102-19-2	103-48-0	104-23-4	106-47-8	115-51-5
98-87-3	100-29-8	101-42-8	102-20-5	103-49-1	104-24-5	106-48-9	115-63-9
98-94-2	100-39-0	101-49-5	102-22-7	103-50-4	104-27-8	106-50-3	115-64-0
98-95-3	100-43-6	101-51-9	102-23-8	103-53-7	104-28-9	106-53-6	115-78-6
99-04-7	100-46-9	101-52-0	102-27-2	103-54-8	104-29-4	106-87-6	115-93-5
99-11-6	100-48-1	101-54-2	102-28-3	103-55-9	104-31-4	108-26-9	116-22-3
99-24-1	100-54-9	101-55-3	102-29-4	103-56-0	104-36-9	108-30-5	116-29-0
99-26-3	100-55-0	101-56-4	102-36-3	103-58-2	104-38-1	108-33-8	116-31-4
99-27-4	100-56-1	101-57-5	102-40-9	103-59-3	104-39-2	108-37-2	116-43-8
99-28-5	100-60-7	101-61-1	102-42-1	103-60-6	104-45-0	108-40-7	116-49-4
99-29-6	100-62-9	101-63-3	102-47-6	103-61-7	104-47-2	108-41-8	116-70-1
99-30-9	100-64-1	101-64-4	102-48-7	103-62-8	104-48-3	108-42-9	116-71-2
99-31-0	100-65-2	101-65-5	102-49-8	103-63-9	104-49-4	108-44-1	116-72-3
99-33-2	100-66-3	101-67-7	102-56-7	103-64-0	104-54-1	108-58-7	116-73-4
99-34-3	100-69-6	101-68-8	102-63-6	103-67-3	104-57-4	108-69-0	116-74-5
99-36-5	100-70-9	101-70-2	102-77-2	103-68-4	104-62-1	108-71-4	116-76-7
99-55-8	100-71-0	101-72-4	102-78-3	103-69-5	104-63-2	108-72-5	116-79-0
99-56-9	100-76-5	101-73-5	102-92-1	103-70-8	104-64-3	108-77-0	116-81-4
99-59-2	100-81-2	101-74-6	102-96-5	103-71-9	104-65-4	108-86-1	116-82-5
99-60-5	100-82-3	101-75-7	102-97-6	103-80-0	104-66-5	108-87-2	116-85-8
99-63-8	100-84-5	101-76-8	102-98-7	103-81-1	104-68-7	108-91-8	116-88-1
99-64-9	100-86-7	101-79-1	103-01-5	103-83-3	104-69-8	108-93-0	116-89-2
99-72-9	100-87-8	101-80-4	103-03-7	103-84-4	104-81-4	109-00-2	116-90-5
99-75-2	100-88-9	101-81-5	103-05-9	103-88-8	104-82-5	109-04-6	116-98-3

117-01-1	118-55-8	120-11-6	121-72-2	122-98-5	128-86-9	131-27-1	134-30-5
117-03-3	118-56-9	120-15-0	121-75-5	122-99-6	128-87-0	131-43-1	134-32-7
117-08-8	118-58-1	120-18-3	121-78-8	123-03-5	128-88-1	131-49-7	134-34-9
117-09-9	118-60-5	120-21-8	121-79-9	123-30-8	128-89-2	131-53-3	134-47-4
117-11-3	118-61-6	120-22-9	121-81-3	123-33-1	128-90-5	131-65-7	134-50-9
117-18-0	118-69-4	120-23-0	121-86-8	123-61-5	128-93-8	131-69-1	134-80-5
117-22-6	118-72-9	120-32-1	121-87-9	125-20-2	128-94-9	131-70-4	134-83-8
117-23-7	118-74-1	120-35-4	121-90-4	125-31-5	128-95-0	131-74-8	134-94-1
117-26-0	118-79-6	120-39-8	121-92-6	125-46-2	128-97-2	131-91-9	135-02-4
117-27-1	118-83-2	120-42-3	121-95-9	125-51-9	129-09-9	132-15-0	135-07-9
117-32-8	118-88-7	120-45-6	121-98-2	125-52-0	129-16-8	132-16-1	135-09-1
117-33-9	118-90-1	120-47-8	122-01-0	125-66-6	129-28-2	132-17-2	135-10-4
117-34-0	118-91-2	120-50-3	122-09-8	125-69-9	129-29-3	132-18-3	135-11-5
117-37-3	118-92-3	120-56-9	122-11-2	125-86-0	129-30-6	132-20-7	135-12-6
117-42-0	118-96-7	120-70-7	122-16-7	125-93-9	129-42-0	132-22-9	135-20-6
117-44-2	119-10-8	120-71-8	122-18-9	125-99-5	129-44-2	132-32-1	135-23-9
117-45-3	119-13-1	120-72-9	122-28-1	126-02-3	129-54-4	132-53-6	135-31-9
117-46-4	119-15-3	120-75-2	122-35-0	126-14-7	129-56-6	132-60-5	135-48-8
117-55-5	119-17-5	120-83-2	122-37-2	126-15-8	129-63-5	132-66-1	135-49-9
117-57-7	119-19-7	120-92-3	122-39-4	126-64-7	129-67-9	132-67-2	135-53-5
117-59-9	119-21-1	120-97-8	122-42-9	126-81-8	129-73-7	132-75-2	135-57-9
117-61-3	119-27-7	120-98-9	122-43-0	127-23-1	129-74-8	132-87-6	135-62-6
117-62-4	119-33-5	121-00-6	122-46-3	127-24-2	129-77-1	132-88-7	135-70-6
117-69-1	119-34-6	121-02-8	122-48-5	127-25-3	129-90-8	132-93-4	135-72-8
117-71-5	119-39-1	121-04-0	122-59-8	127-57-1	130-00-7	132-98-9	135-73-9
117-76-0	119-40-4	121-17-5	122-63-4	127-58-2	130-14-3	133-09-5	135-76-2
117-86-2	119-43-7	121-18-6	122-65-6	127-68-4	130-17-6	133-10-8	135-80-8
117-88-4	119-56-2	121-19-7	122-68-9	127-71-9	130-18-7	133-14-2	135-91-1
117-92-0	119-64-2	121-25-5	122-69-0	127-73-1	130-20-1	133-17-5	136-21-0
117-93-1	119-67-5	121-34-6	122-70-3	127-75-3	130-22-3	133-18-6	136-28-7
117-98-6	119-68-6	121-39-1	122-71-4	127-85-5	130-24-5	133-49-3	136-36-7
118-04-7	119-72-2	121-47-1	122-72-5	128-44-9	130-34-7	133-55-1	136-44-7
118-07-0	119-74-4	121-48-2	122-73-6	128-58-5	130-37-0	133-58-4	136-45-8
118-12-7	119-76-6	121-51-7	122-79-2	128-67-6	130-85-8	133-59-5	136-60-7
118-20-7	119-77-7	121-53-9	122-80-5	128-69-8	131-13-5	133-60-8	136-69-6
118-31-0	119-81-3	121-57-3	122-84-9	128-70-1	131-14-6	133-67-5	136-77-6
118-33-2	119-84-6	121-58-4	122-87-2	128-79-0	131-15-7	133-91-5	136-78-7
118-41-2	119-90-4	121-59-5	122-91-8	128-80-3	131-16-8	133-96-0	136-80-1
118-42-3	119-92-6	121-61-9	122-94-1	128-82-5	131-17-9	134-09-8	136-95-8
118-46-7	119-97-1	121-62-0	122-95-2	128-83-6	131-18-0	134-19-0	137-04-2
118-48-9	120-07-0	121-63-1	122-97-4	128-85-8	131-22-6	134-25-8	137-06-4

137-09-7	140-60-3	148-82-3	299-11-6	341-02-6	394-50-3	455-32-3	484-47-9
137-18-8	140-67-0	148-85-6	299-84-3	341-69-5	396-01-0	456-27-9	484-65-1
137-19-9	140-73-8	148-87-8	299-86-5	344-04-7	398-99-2	456-42-8	485-31-4
137-47-3	140-75-0	149-30-4	299-95-6	344-07-0	401-78-5	456-59-7	485-35-8
137-48-4	140-76-1	149-74-6	300-57-2	345-35-7	401-81-0	458-35-5	486-16-8
137-49-5	140-99-8	150-19-6	303-21-9	348-51-6	402-43-7	459-22-3	487-16-1
137-51-9	141-01-5	150-33-4	303-25-3	348-52-7	402-44-8	459-44-9	487-21-8
137-53-1	141-02-6	150-59-4	304-06-3	348-54-9	402-71-1	459-46-1	487-26-3
137-65-5	141-05-9	150-61-8	304-17-6	349-78-0	403-54-3	459-60-9	487-88-7
138-25-0	141-30-0	150-76-5	304-88-1	349-88-2	404-82-0	461-78-9	487-89-8
138-28-3	141-85-5	150-78-7	305-03-3	350-03-8	405-50-5	462-06-6	488-98-2
138-37-4	141-86-6	151-05-3	305-80-6	350-46-9	427-36-1	462-08-8	490-03-9
138-39-6	141-90-2	151-06-4	305-85-1	350-50-5	433-06-7	464-72-2	490-78-8
138-41-0	142-04-1	151-10-0	305-96-4	351-32-6	433-19-2	464-85-7	491-35-0
138-42-1	142-08-5	153-87-7	306-07-0	352-11-4	434-45-7	467-60-7	491-80-5
138-52-3	142-16-5	154-41-6	306-08-1	352-32-9	434-64-0	467-62-9	492-37-5
138-86-3	142-46-1	154-69-8	309-00-2	352-34-1	435-97-2	467-63-0	492-80-8
138-89-6	142-88-1	155-04-4	312-30-1	357-08-4	437-15-0	469-61-4	492-86-4
139-05-9	143-74-8	156-10-5	312-40-3	363-72-4	437-17-2	470-40-6	493-01-6
139-06-0	144-35-4	156-38-7	312-45-8	364-76-1	438-41-5	470-55-3	493-02-7
139-27-5	144-75-2	156-51-4	314-13-6	364-83-0	438-60-8	470-90-6	493-52-7
139-28-6	144-79-6	182-55-8	314-40-9	364-98-7	439-14-5	471-53-4	494-90-6
139-29-7	144-80-9	191-48-0	319-89-1	366-29-0	440-29-9	472-41-3	495-18-1
139-60-6	144-82-1	198-55-0	320-51-4	367-12-4	443-26-5	472-86-6	495-48-7
139-70-8	145-49-3	208-96-8	320-60-5	368-43-4	443-83-4	472-97-9	495-54-5
139-76-4	146-56-5	218-01-9	320-72-9	369-58-4	444-29-1	473-54-1	495-69-2
140-10-3	146-68-9	225-83-2	321-14-2	369-77-7	445-29-4	473-55-2	495-76-1
140-18-1	147-24-0	253-52-1	321-38-0	371-41-5	446-35-5	474-86-2	496-11-7
140-19-2	147-52-4	254-27-3	324-00-5	372-44-1	446-72-0	475-03-6	496-41-3
140-21-6	147-82-0	256-96-2	326-56-7	379-50-0	447-14-3	475-63-8	496-72-0
140-25-0	148-01-6	262-20-4	326-61-4	383-29-9	451-02-5	477-73-6	498-02-2
140-26-1	148-24-3	271-89-6	327-92-4	387-45-1	451-13-8	477-75-8	499-06-9
140-27-2	148-25-4	273-13-2	327-98-0	389-08-2	451-40-1	479-13-0	499-83-2
140-28-3	148-39-0	273-53-0	328-84-7	389-40-2	451-46-7	480-18-2	500-72-1
140-29-4	148-54-9	281-23-2	329-20-4	392-56-3	451-82-1	480-63-7	500-73-2
140-39-6	148-56-1	286-20-4	329-98-6	392-83-6	452-35-7	480-96-6	501-00-8
140-41-0	148-64-1	298-00-0	330-54-1	392-85-8	452-71-1	482-05-3	501-52-0
140-49-8	148-65-2	298-59-9	330-55-2	393-52-2	455-13-0	482-15-5	501-65-5
140-50-1	148-69-6	298-83-9	331-25-9	393-75-9	455-14-1	483-20-5	501-81-5
140-53-4	148-71-0	298-93-1	332-14-9	394-35-4	455-16-3	483-84-1	502-02-3
140-57-8	148-79-8	298-95-3	333-41-5	394-47-8	455-20-9	484-11-7	504-02-9

504-03-0	528-79-0	538-42-1	553-82-2	578-54-1	586-78-7	602-94-8	608-31-1
504-24-5	528-94-9	538-68-1	553-94-6	578-57-4	586-96-9	603-32-7	608-33-3
504-29-0	529-19-1	538-75-0	553-97-9	578-58-5	587-23-5	603-33-8	608-71-9
505-29-3	529-23-7	538-86-3	554-73-4	578-66-5	587-49-5	603-35-0	608-74-2
508-02-1	529-28-2	539-03-7	554-84-7	578-95-0	587-84-8	603-36-1	608-93-5
509-34-2	529-65-7	539-17-3	554-92-7	579-10-2	587-98-4	603-48-5	609-21-2
509-77-3	529-84-0	539-30-0	554-95-0	579-66-8	588-07-8	603-50-9	609-22-3
510-13-4	530-44-9	540-23-8	555-03-3	579-98-6	588-16-9	603-54-3	609-23-4
510-15-6	530-64-3	540-37-4	555-21-5	580-13-2	588-46-5	603-62-3	609-54-1
510-39-4	530-91-6	540-38-5	555-30-6	580-20-1	588-52-3	603-71-4	609-60-9
511-13-7	531-52-2	541-69-5	555-32-8	580-22-3	588-59-0	603-76-9	609-65-4
512-63-0	531-53-3	541-70-8	555-37-3	581-08-8	588-63-6	603-86-1	609-67-6
512-69-6	531-59-9	542-11-0	555-48-6	581-43-1	588-64-7	604-32-0	609-72-3
514-10-3	531-85-1	542-14-3	555-57-7	581-64-6	588-68-1	604-44-4	609-73-4
514-73-8	532-02-5	542-18-7	555-60-2	581-75-9	589-10-6	604-53-5	609-86-9
514-85-2	532-03-6	544-47-8	555-68-0	582-24-1	589-87-7	604-59-1	610-17-3
515-03-7	532-28-5	546-28-1	556-18-3	582-25-2	591-17-3	604-75-1	610-22-0
515-30-0	532-31-0	546-45-2	556-72-9	582-33-2	591-18-4	605-36-7	610-23-1
515-40-2	532-54-7	547-57-9	562-10-7	582-60-5	591-19-5	605-45-8	610-28-6
515-74-2	532-82-1	547-58-0	564-20-5	582-69-4	591-20-8	605-48-1	610-29-7
517-28-2	532-94-5	548-24-3	567-13-5	582-73-0	591-50-4	605-54-9	610-30-0
517-51-1	533-00-6	548-62-9	569-58-4	583-03-9	594-31-0	605-59-4	610-35-5
518-47-8	533-18-6	548-68-5	569-59-5	583-06-2	595-90-4	605-65-2	610-39-9
518-51-4	533-23-3	548-80-1	569-61-9	583-39-1	596-03-2	605-69-6	610-53-7
518-63-8	533-31-3	549-94-0	569-64-2	583-55-1	596-09-8	606-00-8	610-66-2
518-67-2	533-58-4	550-15-2	569-65-3	583-68-6	596-27-0	606-20-2	610-67-3
519-73-3	534-85-0	550-44-7	571-60-8	583-69-7	596-28-1	606-21-3	610-69-5
519-87-9	534-97-4	550-74-3	573-26-2	583-75-5	596-42-9	606-35-9	610-72-0
519-95-9	535-75-1	550-82-3	573-58-0	583-78-8	596-43-0	606-45-1	610-94-6
520-03-6	535-80-8	550-99-2	573-83-1	584-42-9	596-49-6	606-46-2	610-96-8
522-48-5	536-17-4	551-09-7	574-06-1	584-48-5	597-12-6	606-55-3	610-97-9
523-27-3	536-38-9	551-16-6	574-15-2	585-47-7	599-61-1	607-00-1	611-01-8
523-44-4	536-46-9	552-32-9	574-66-3	585-71-7	599-66-6	607-35-2	611-06-3
523-87-5	536-60-7	552-38-5	574-98-1	585-76-2	599-69-9	607-56-7	611-07-4
524-38-9	536-80-1	552-45-4	575-36-0	585-79-5	599-71-3	607-81-8	611-19-8
525-05-3	536-90-3	552-46-5	575-44-0	586-38-9	599-91-7	607-88-5	611-20-1
525-52-0	537-67-7	552-82-9	575-61-1	586-61-8	601-89-8	607-90-9	611-21-2
525-79-1	537-91-7	553-08-2	576-24-9	586-62-9	602-01-7	607-96-5	611-33-6
525-82-6	537-92-8	553-24-2	576-55-6	586-75-4	602-02-8	607-99-8	611-71-2
527-85-5	538-28-3	553-54-8	576-83-0	586-76-5	602-38-0	608-25-3	611-74-5
528-45-0	538-41-0	553-70-8	577-85-5	586-77-6	602-87-9	608-28-6	612-12-4

612-28-2	615-47-4	619-65-8	622-15-1	632-79-1	644-33-7	713-36-0	771-60-8
612-45-3	615-48-5	619-66-9	622-16-2	632-80-4	644-97-3	713-68-8	771-61-9
612-57-7	615-49-6	619-72-7	622-24-2	632-99-5	645-00-1	716-39-2	772-00-9
612-60-2	615-58-7	619-75-0	622-25-3	633-03-4	645-09-0	717-74-8	772-03-2
612-62-4	615-59-8	619-84-1	622-29-7	633-96-5	645-13-6	718-64-9	772-33-8
612-83-9	615-65-6	619-86-3	622-50-4	634-20-8	645-45-4	719-22-2	772-65-6
612-98-6	615-93-0	619-89-6	622-56-0	634-21-9	645-59-0	719-59-5	773-76-2
613-03-6	615-94-1	619-90-9	622-57-1	634-35-5	645-96-5	719-64-2	773-82-0
613-28-5	616-79-5	619-91-0	622-60-6	634-60-6	653-14-5	720-75-2	774-44-7
613-29-6	616-86-4	620-05-3	622-62-8	634-66-2	654-42-2	721-00-6	775-12-2
613-37-6	617-07-2	620-13-3	622-80-0	634-93-5	655-32-3	721-91-5	775-56-4
613-46-7	617-94-7	620-20-2	622-85-5	635-21-2	657-84-1	723-62-6	776-74-9
613-70-7	618-03-1	620-22-4	622-97-9	635-46-1	658-78-6	724-98-1	776-76-1
613-90-1	618-32-6	620-40-6	623-08-5	635-51-8	660-53-7	728-90-5	777-37-7
613-91-2	618-36-0	620-55-3	623-12-1	635-53-0	670-24-6	729-43-1	778-25-6
613-93-4	618-44-0	620-71-3	623-24-5	635-78-9	670-80-4	730-23-4	778-28-9
613-97-8	618-46-2	620-73-5	623-25-6	635-84-7	672-04-8	730-40-5	779-02-2
614-00-6	618-51-9	620-81-5	623-26-7	636-09-9	672-65-1	733-44-8	780-11-0
614-16-4	618-56-4	620-84-8	624-18-0	636-13-5	673-48-3	733-51-7	780-25-6
614-30-2	618-62-2	620-87-1	624-19-1	636-21-5	694-53-1	736-30-1	780-69-8
614-34-6	618-68-8	620-88-2	624-31-7	636-26-0	694-80-4	737-31-5	785-30-8
614-39-1	618-76-8	621-03-4	624-38-4	636-28-2	695-12-5	741-58-2	786-19-6
614-60-8	618-80-4	621-07-8	624-48-6	636-98-6	696-28-6	744-45-6	787-70-2
614-68-6	618-83-7	621-09-0	625-95-6	637-01-4	696-44-6	747-36-4	788-17-0
614-80-2	618-88-2	621-10-3	625-98-9	637-03-6	696-62-8	748-30-1	789-25-3
614-82-4	618-89-3	621-14-7	625-99-0	637-27-4	697-91-6	766-08-5	791-31-1
614-94-8	618-91-7	621-29-4	626-00-6	637-44-5	699-02-5	766-51-8	792-74-5
614-97-1	618-95-1	621-32-9	626-01-7	637-53-6	699-12-7	766-77-8	793-24-8
615-15-6	618-98-4	621-33-0	626-02-8	637-55-8	700-87-8	766-85-8	802-93-7
615-16-7	619-04-5	621-35-2	626-15-3	637-56-9	701-35-9	767-00-0	807-28-3
615-18-9	619-08-9	621-42-1	626-16-4	637-59-2	701-82-6	767-92-0	822-06-0
615-20-3	619-19-2	621-59-0	626-17-5	637-87-6	701-99-5	768-32-1	823-40-5
615-21-4	619-21-6	621-66-9	626-39-1	638-16-4	704-01-8	768-33-2	823-78-9
615-22-5	619-24-9	621-79-4	626-48-2	639-58-7	705-29-3	768-52-5	823-87-0
615-28-1	619-25-0	621-82-9	628-13-7	640-57-3	707-07-3	769-06-2	824-39-5
615-37-2	619-42-1	621-87-4	630-88-6	640-61-9	707-61-9	769-68-6	824-45-3
615-41-8	619-44-3	621-88-5	632-02-0	642-31-9	708-64-5	770-09-2	824-69-1
615-42-9	619-45-4	621-95-4	632-25-7	643-43-6	709-09-1	770-10-5	824-72-6
615-43-0	619-50-1	622-03-7	632-51-9	643-53-8	709-98-8	770-35-4	824-79-3
615-45-2	619-55-6	622-04-8	632-58-6	643-93-6	711-79-5	771-51-7	824-94-2
615-46-3	619-58-9	622-08-2	632-68-8	644-06-4	711-82-0	771-56-2	825-51-4

825-52-5	873-74-5	939-23-1	992-59-6	1079-66-9	1149-16-2	1204-28-0	1321-65-9
825-94-5	874-60-2	939-48-0	999-21-3	1083-48-3	1151-11-7	1205-02-3	1321-74-0
826-81-3	874-90-8	940-31-8	1006-23-1	1085-12-7	1151-14-0	1205-17-0	1322-93-6
827-19-0	875-74-1	940-41-0	1006-99-1	1087-21-4	1151-97-9	1205-91-0	1323-19-9
827-21-4	877-43-0	941-55-9	1008-88-4	1096-48-6	1152-61-0	1207-69-8	1324-04-5
827-27-0	878-00-2	941-69-5	1009-36-5	1096-80-6	1153-05-5	1207-72-3	1324-11-4
827-52-1	879-18-5	943-15-7	1009-61-6	1098-60-8	1154-59-2	1208-52-2	1324-21-6
827-94-1	879-72-1	944-22-9	1010-19-1	1099-45-2	1154-84-3	1208-67-9	1324-27-2
827-95-2	880-52-4	946-30-5	1011-50-3	1100-88-5	1155-00-6	1209-84-3	1324-28-3
828-01-3	881-03-8	946-80-5	1011-73-0	1103-38-4	1155-62-0	1210-12-4	1324-33-0
828-86-4	882-36-0	947-42-2	1014-66-0	1103-39-5	1156-19-0	1210-56-6	1324-54-5
830-03-5	883-62-5	948-03-8	1019-80-3	1107-00-2	1159-53-1	1212-72-2	1324-55-6
830-09-1	883-99-8	951-78-0	1024-58-4	1121-86-4	1160-28-7	1214-39-7	1324-76-1
830-81-9	884-89-9	951-97-3	1026-92-2	1122-42-5	1163-19-5	1214-47-7	1324-87-4
830-96-6	885-81-4	953-26-4	1027-62-9	1122-54-9	1170-02-1	1215-57-2	1325-16-2
831-52-7	886-06-6	953-91-3	1034-01-1	1122-58-3	1172-02-7	1217-45-4	1325-19-5
832-49-5	886-65-7	955-03-3	1034-39-5	1122-62-9	1172-42-5	1218-35-5	1325-24-2
833-43-2	886-66-8	955-83-9	1037-50-9	1122-93-6	1172-76-5	1220-94-6	1325-32-2
833-50-1	886-74-8	957-51-7	1038-95-5	1124-05-6	1176-08-5	1221-56-3	1325-35-5
833-66-9	887-76-3	958-93-0	1041-00-5	1125-27-5	1178-79-6	1222-05-5	1325-37-7
834-28-6	894-86-0	959-22-8	1042-84-8	1125-88-8	1179-69-7	1225-20-3	1325-38-8
835-64-3	897-55-2	959-26-2	1046-56-6	1126-34-7	1182-06-5	1225-55-4	1325-42-4
835-71-2	900-77-6	959-55-7	1047-16-1	1126-78-9	1182-65-6	1228-53-1	1325-53-7
840-58-4	900-95-8	960-71-4	1048-08-4	1126-79-0	1184-43-6	1229-29-4	1325-54-8
840-65-3	901-44-0	961-68-2	1052-38-6	1129-50-6	1193-24-4	1229-55-6	1325-62-8
841-32-7	905-96-4	961-69-3	1058-71-5	1129-62-0	1196-13-0	1234-35-1	1325-63-9
842-07-9	911-77-3	963-14-4	1058-92-0	1131-01-7	1196-57-2	1235-82-1	1325-74-2
842-15-9	915-67-3	963-39-3	1063-92-9	1131-16-4	1197-01-9	1239-45-8	1325-75-3
842-17-1	917-23-7	967-80-6	1064-48-8	1131-61-9	1197-21-3	1245-13-2	1325-80-0
842-18-2	925-21-3	968-81-0	1065-95-8	1132-39-4	1197-37-1	1248-18-6	1325-82-2
842-19-3	930-69-8	969-33-5	1073-67-2	1134-36-7	1197-55-3	1249-97-4	1325-83-3
845-10-3	932-69-4	975-17-7	1074-24-4	1134-47-0	1198-27-2	1255-69-2	1325-85-5
845-46-5	932-90-1	977-96-8	1074-52-8	1135-66-6	1198-37-4	1257-78-9	1325-86-6
846-63-9	933-75-5	980-26-7	1075-76-9	1136-45-4	1198-63-6	1261-86-5	1325-87-7
846-70-8	933-88-0	980-71-2	1076-38-6	1138-15-4	1198-64-7	1262-78-8	1325-88-8
847-51-8	934-34-9	981-18-0	1076-43-3	1138-80-3	1199-01-5	1300-47-6	1325-93-5
852-38-0	935-56-8	985-16-0	1076-46-6	1141-59-9	1199-03-7	1300-92-1	1325-94-6
855-38-9	937-10-0	988-93-2	1076-59-1	1141-88-4	1199-20-8	1319-88-6	1326-03-0
860-22-0	937-30-4	989-38-8	1076-95-5	1142-19-4	1201-38-3	1320-15-6	1326-04-1
860-39-9	937-41-7	989-77-5	1077-56-1	1145-01-3	1203-17-4	1320-79-2	1326-05-2
873-32-5	938-73-8	992-55-2	1078-95-1	1147-56-4	1203-86-7	1321-64-8	1326-11-0

1326-12-1	1331-83-5	1466-67-7	1563-01-5	1655-74-9	1728-46-7	1823-18-3	1922-99-2
1326-37-0	1332-88-3	1466-76-8	1563-38-8	1656-44-6	1730-48-9	1824-74-4	1928-43-4
1326-38-1	1333-39-7	1477-19-6	1563-66-2	1657-16-5	1732-97-4	1824-81-3	1928-47-8
1326-40-5	1333-47-7	1477-42-5	1565-17-9	1658-56-6	1733-12-6	1825-30-5	1929-73-3
1326-49-4	1333-53-5	1477-55-0	1565-46-4	1660-93-1	1733-89-7	1825-31-6	1929-82-4
1326-51-8	1333-58-0	1478-61-1	1570-64-5	1662-01-7	1733-96-6	1825-58-7	1931-62-0
1326-52-9	1335-06-4	1484-09-9	1571-08-0	1664-40-0	1736-34-1	1826-28-4	1932-84-9
1326-55-2	1335-42-8	1484-50-0	1571-20-6	1664-52-4	1740-19-8	1829-00-1	1934-20-9
1326-60-9	1335-66-6	1484-88-4	1571-33-1	1665-59-4	1742-14-9	1829-40-9	1934-21-0
1326-75-6	1335-87-1	1485-92-3	1573-51-9	1666-13-3	1742-90-1	1831-69-2	1936-15-8
1326-83-6	1335-88-2	1495-72-3	1576-43-8	1667-01-2	1742-95-6	1833-31-4	1937-34-4
1326-86-9	1337-89-9	1497-49-0	1579-40-4	1667-99-8	1745-32-0	1833-51-8	1937-35-5
1326-96-1	1338-51-8	1498-88-0	1582-09-8	1670-14-0	1746-13-0	1836-22-2	1937-37-7
1327-01-1	1344-32-7	1499-17-8	1585-07-5	1670-83-3	1746-81-2	1836-75-5	1938-32-5
1327-11-3	1344-37-2	1499-33-8	1586-91-0	1674-18-6	1758-25-4	1843-05-6	1939-99-7
1327-13-5	1344-38-3	1503-48-6	1591-30-6	1676-63-7	1758-64-1	1847-84-3	1942-61-6
1327-18-0	1345-16-0	1504-55-8	1591-31-7	1676-73-9	1758-68-5	1859-39-8	1942-71-8
1327-56-6	1345-24-0	1504-63-8	1592-20-7	1679-51-2	1761-71-3	1861-32-1	1945-78-4
1327-57-7	1393-03-9	1504-74-1	1592-31-0	1679-64-7	1767-12-0	1861-40-1	1945-92-2
1327-65-7	1405-86-3	1506-02-1	1595-15-9	1680-16-6	1769-41-1	1864-92-2	1955-21-1
1327-74-8	1416-03-1	1508-65-2	1603-79-8	1681-60-3	1777-84-0	1865-01-6	1963-36-6
1327-75-9	1421-49-4	1514-52-9	1611-83-2	1686-14-2	1779-10-8	1866-31-5	1965-09-9
1327-79-3	1424-14-2	1515-72-6	1620-21-9	1688-71-7	1779-11-9	1867-66-9	1973-05-3
1327-85-1	1424-79-9	1516-74-1	1620-64-0	1689-82-3	1779-48-2	1871-22-3	1980-93-4
1327-88-4	1435-71-8	1516-80-9	1623-95-6	1689-99-2	1784-04-9	1877-75-4	1982-37-2
1328-01-4	1444-94-6	1519-47-7	1628-58-6	1694-09-3	1786-87-4	1878-66-6	1982-49-6
1328-04-7	1445-19-8	1520-21-4	1630-08-6	1694-92-4	1787-61-7	1878-84-8	1982-69-0
1328-19-4	1446-61-3	1523-11-1	1631-82-9	1696-17-9	1797-33-7	1878-91-7	1984-58-3
1328-24-1	1450-18-6	1527-12-4	1631-83-0	1696-60-2	1797-74-6	1885-14-9	1984-59-4
1328-25-2	1450-23-3	1528-74-1	1631-84-1	1706-12-3	1798-11-4	1886-81-3	1989-33-9
1328-40-1	1450-63-1	1529-17-5	1633-22-3	1707-67-1	1802-34-2	1887-02-1	1989-53-3
1328-51-4	1450-72-2	1531-20-0	1633-83-6	1707-68-2	1808-12-4	1892-43-9	1990-11-0
1328-53-6	1456-56-0	1533-45-5	1638-12-6	1709-59-7	1810-62-4	1897-52-5	1990-34-7
1328-54-7	1457-46-1	1533-65-9	1640-39-7	1711-02-0	1811-28-5	1899-02-1	2008-39-1
1330-39-8	1459-09-2	1533-77-3	1641-40-3	1711-06-4	1816-96-2	1907-65-9	2008-46-0
1330-40-1	1459-93-4	1533-78-4	1646-26-0	1711-07-5	1817-73-8	1910-68-5	2008-88-0
1330-69-4	1461-15-0	1552-42-7	1646-54-4	1711-09-7	1817-74-9	1916-07-7	2010-61-9
1330-75-2	1461-17-2	1553-34-0	1653-75-4	1712-71-6	1818-06-0	1918-00-9	2012-74-0
1330-96-7	1462-73-3	1555-66-4	1655-35-2	1713-15-1	1820-50-4	1918-02-1	2012-81-9
1331-28-8	1464-44-4	1562-93-2	1655-43-2	1718-34-9	1820-99-1	1918-16-7	2015-14-7
1331-81-3	1465-25-4	1562-94-3	1655-68-1	1720-32-7	1821-12-1	1919-91-1	2025-40-3

2026-24-6	2090-82-6	2198-58-5	2312-76-7	2421-11-6	2490-60-0	2586-57-4	2654-52-6
2027-17-0	2092-55-9	2198-75-6	2313-87-3	2421-28-5	2491-17-0	2586-58-5	2654-66-2
2032-33-9	2092-56-0	2198-77-8	2315-02-8	2422-91-5	2491-71-6	2586-60-9	2657-00-3
2033-89-8	2097-19-0	2200-44-4	2315-68-6	2425-10-7	2491-74-9	2587-42-0	2657-85-4
2037-31-2	2100-42-7	2202-98-4	2321-07-5	2429-70-1	2493-02-9	2589-71-1	2664-63-3
2039-46-5	2103-64-2	2203-01-2	2338-76-3	2429-71-2	2493-84-7	2589-73-3	2666-17-3
2039-85-2	2103-88-0	2206-94-2	2345-34-8	2429-73-4	2494-89-5	2596-47-6	2669-94-5
2044-72-6	2113-51-1	2208-05-1	2348-81-4	2429-74-5	2494-93-1	2602-46-2	2679-49-4
2046-18-6	2113-57-7	2208-20-0	2351-37-3	2429-76-7	2495-35-4	2605-67-6	2682-45-3
2049-96-9	2113-68-0	2211-98-5	2353-45-9	2429-79-0	2496-26-6	2609-88-3	2687-12-9
2050-08-0	2116-65-6	2212-75-1	2359-09-3	2429-80-3	2497-38-3	2609-99-6	2687-25-4
2050-14-8	2116-84-9	2212-81-9	2364-54-7	2429-81-4	2498-02-4	2610-05-1	2694-54-4
2050-47-7	2122-70-5	2213-63-0	2367-19-3	2429-82-5	2498-03-5	2610-10-8	2695-37-6
2050-66-0	2123-35-5	2213-82-3	2374-05-2	2429-83-6	2498-95-5	2610-11-9	2696-84-6
2050-69-3	2131-18-2	2216-12-8	2378-95-2	2429-84-7	2503-55-1	2610-86-8	2698-41-1
2050-72-8	2131-61-5	2216-15-1	2379-55-7	2432-12-4	2503-73-3	2611-82-7	2702-44-5
2050-73-9	2136-89-2	2216-16-2	2379-74-0	2432-90-8	2510-95-4	2612-02-4	2702-72-9
2050-74-0	2142-73-6	2216-45-7	2379-75-1	2438-32-6	2510-99-8	2613-89-0	2712-83-6
2050-75-1	2144-00-5	2216-51-5	2379-78-4	2439-00-1	2512-29-0	2615-05-6	2718-78-7
2050-76-2	2146-36-3	2216-68-4	2379-81-9	2445-83-2	2516-05-4	2618-26-0	2718-90-3
2051-18-5	2149-36-2	2216-69-5	2381-85-3	2449-05-0	2516-96-3	2618-77-1	2719-08-6
2051-28-7	2150-44-9	2216-92-4	2382-96-9	2450-55-7	2518-24-3	2618-96-4	2719-13-3
2051-79-8	2150-47-2	2217-07-4	2386-87-0	2455-71-2	2519-28-0	2620-44-2	2719-15-5
2051-90-3	2150-48-3	2217-55-2	2389-45-9	2457-76-3	2525-21-5	2621-46-7	2719-32-6
2051-95-8	2150-54-1	2223-89-4	2389-75-5	2459-09-8	2532-07-2	2621-62-7	2733-41-7
2051-97-0	2150-60-9	2224-00-2	2390-56-9	2459-10-1	2536-05-2	2622-21-1	2734-52-3
2052-06-4	2152-64-9	2234-16-4	2390-59-2	2465-27-2	2538-84-3	2623-45-2	2735-05-9
2052-07-5	2153-98-2	2239-92-1	2390-60-5	2465-29-4	2538-85-4	2627-06-7	2735-62-8
2052-14-4	2157-39-3	2243-35-8	2390-63-8	2475-33-4	2539-21-1	2627-86-3	2739-04-0
2052-25-7	2158-76-1	2243-42-7	2391-03-9	2475-43-6	2540-09-2	2627-97-6	2743-38-6
2052-46-2	2162-74-5	2243-76-7	2393-23-9	2475-44-7	2545-59-7	2631-40-5	2754-32-7
2057-47-8	2164-08-1	2243-83-6	2398-81-4	2475-45-8	2549-99-7	2631-68-7	2757-92-8
2065-23-8	2164-17-2	2245-53-6	2401-85-6	2475-46-9	2550-26-7	2635-26-9	2760-98-7
2065-70-5	2172-33-0	2259-96-3	2402-42-8	2476-37-1	2550-73-4	2637-37-8	2768-90-3
2066-93-5	2176-62-7	2276-90-6	2402-78-0	2478-20-8	2553-19-7	2641-01-2	2770-11-8
2077-13-6	2179-89-7	2298-13-7	2402-79-1	2478-67-3	2556-10-7	2642-63-9	2771-67-7
2077-46-5	2182-55-0	2299-73-2	2402-95-1	2479-49-4	2565-07-3	2646-15-3	2783-94-0
2082-79-3	2185-86-6	2302-96-7	2403-22-7	2481-94-9	2568-25-4	2646-17-5	2784-64-7
2084-69-7	2186-92-7	2303-01-7	2411-89-4	2484-88-0	2579-20-6	2650-18-2	2784-89-6
2090-05-3	2192-20-3	2304-96-3	2415-87-4	2488-01-9	2580-56-5	2650-64-8	2784-94-3
2090-14-4	2197-01-5	2312-35-8	2420-97-5	2489-52-3	2581-69-3	2653-64-7	2786-31-4

2786-71-2	2905-69-3	3016-76-0	3131-63-3	3260-63-7	3388-01-0	3511-16-8	3605-31-0
2786-85-8	2909-38-8	3022-16-0	3137-83-5	3263-79-4	3388-03-2	3520-72-7	3606-21-1
2788-23-0	2915-53-9	3024-56-4	3142-42-5	3271-76-9	3388-04-3	3521-06-0	3608-11-5
2801-29-8	2915-72-2	3025-41-0	3147-14-6	3272-91-1	3390-61-2	3521-84-4	3614-69-5
2801-68-5	2918-80-1	3025-77-2	3147-62-4	3283-05-4	3391-10-4	3529-01-9	3618-58-4
2809-47-4	2920-38-9	3026-22-0	3147-75-9	3284-07-9	3393-72-4	3529-82-6	3618-60-8
2814-77-9	2921-88-2	3027-21-2	3158-91-6	3287-99-8	3399-73-3	3530-19-6	3618-62-0
2818-66-8	2923-93-5	3030-80-6	3159-28-2	3288-99-1	3401-26-1	3531-19-9	3618-63-1
2818-69-1	2926-45-6	3032-81-3	3160-35-8	3290-24-2	3401-80-7	3535-50-0	3618-72-2
2818-76-0	2941-63-1	3034-94-4	3160-37-0	3291-00-7	3403-23-4	3543-39-3	3622-84-2
2818-88-4	2941-69-7	3046-94-4	3160-86-9	3294-03-9	3406-84-6	3546-41-6	3624-68-8
2829-42-7	2941-71-1	3048-65-5	3166-00-5	3301-79-9	3407-93-0	3549-23-3	3624-90-6
2829-43-8	2941-72-2	3051-11-4	3172-33-6	3312-60-5	3411-95-8	3555-11-1	3626-28-6
2831-60-9	2944-19-6	3054-01-1	3172-34-7	3312-83-2	3419-18-9	3558-60-9	3626-30-0
2832-40-8	2944-26-5	3056-93-7	3173-53-3	3316-02-7	3425-89-6	3564-14-5	3626-36-6
2834-92-6	2944-27-6	3057-08-7	3174-30-9	3316-13-0	3426-28-6	3564-18-9	3626-40-2
2835-06-5	2944-28-7	3058-38-6	3176-77-0	3317-67-7	3426-43-5	3564-21-4	3627-48-3
2835-68-9	2944-30-1	3058-39-7	3179-56-4	3318-43-2	3433-80-5	3564-22-5	3627-62-1
2835-99-6	2945-96-2	3065-79-0	3179-89-3	3320-83-0	3435-51-6	3564-26-9	3635-74-3
2836-04-6	2946-17-0	3068-39-1	3179-90-6	3320-86-3	3441-14-3	3564-27-0	3637-01-2
2859-78-1	2955-38-6	3068-76-6	3180-81-2	3320-87-4	3443-45-6	3564-70-3	3645-00-9
2865-70-5	2958-60-3	3071-32-7	3181-86-0	3324-58-1	3457-46-3	3565-26-2	3648-21-3
2868-75-9	2958-87-4	3071-70-3	3182-02-3	3326-32-7	3457-98-5	3566-95-8	3651-62-5
2869-83-2	2963-66-8	3071-73-6	3184-65-4	3326-34-9	3457-99-6	3567-65-5	3663-23-8
2870-32-8	2971-22-4	3076-05-9	3188-83-8	3326-35-0	3459-92-5	3567-66-9	3663-99-8
2870-37-3	2971-36-0	3076-87-7	3204-68-0	3333-62-8	3464-15-6	3567-69-9	3665-51-8
2870-38-4	2977-69-7	3077-12-1	3209-22-1	3337-62-0	3468-11-9	3568-88-5	3676-85-5
2871-01-4	2977-70-0	3077-13-2	3214-47-9	3343-24-6	3468-53-9	3570-46-5	3678-72-6
2872-48-2	2978-11-2	3078-09-9	3215-30-3	3343-28-0	3468-63-1	3570-80-7	3679-63-8
2872-52-8	2980-33-8	3081-01-4	3215-65-4	3343-80-4	3470-17-5	3575-31-3	3682-15-3
2881-83-6	2987-66-8	3081-14-9	3221-64-5	3349-63-1	3473-75-4	3575-32-4	3682-32-4
2882-20-4	2996-92-1	3087-16-9	3223-94-7	3351-05-1	3476-89-9	3582-72-7	3682-35-7
2893-80-3	3002-78-6	3089-16-5	3224-15-5	3352-54-3	3476-90-2	3586-12-7	3683-12-3
2898-84-2	3002-81-1	3108-15-4	3230-39-5	3354-97-0	3483-82-7	3586-14-9	3687-80-7
2902-64-9	3004-42-0	3118-97-6	3232-84-6	3368-04-5	3485-62-9	3588-63-4	3691-68-7
2903-34-6	3007-43-0	3119-93-5	3237-62-5	3375-25-5	3485-82-3	3590-52-1	3691-93-8
2904-60-1	3007-75-8	3121-52-6	3240-34-4	3378-72-1	3485-84-5	3594-55-6	3694-83-5
2905-54-6	3008-87-5	3121-70-8	3247-34-5	3379-38-2	3486-30-4	3598-16-1	3695-00-9
2905-60-4	3009-13-0	3121-74-2	3248-05-3	3383-96-8	3487-99-8	3598-37-6	3696-28-4
2905-62-6	3010-82-0	3129-91-7	3248-93-9	3385-21-5	3497-00-5	3599-32-4	3698-10-0
2905-65-9	3015-66-5	3130-19-6	3256-88-0	3385-41-9	3505-38-2	3599-58-4	3698-83-7

3701-40-4	3819-12-3	4068-78-4	4199-88-6	4353-01-9	4486-13-9	4751-23-9	4998-82-7
3705-62-2	3819-14-5	4072-67-7	4199-89-7	4358-87-6	4497-58-9	4760-34-3	5001-72-9
3709-43-1	3829-86-5	4075-79-0	4203-50-3	4360-47-8	4499-01-8	4769-73-7	5001-92-9
3717-28-0	3841-14-3	4081-35-0	4203-77-4	4360-60-5	4510-76-3	4771-08-8	5007-67-0
3717-88-2	3844-45-9	4083-64-1	4207-56-1	4361-84-6	4513-19-3	4774-14-5	5007-67-0
3724-36-5	3861-73-2	4085-18-1	4213-45-0	4362-20-3	4518-10-9	4774-75-8	5015-75-8
3724-52-5	3867-55-8	4091-99-0	4214-28-2	4364-06-1	4525-46-6	4776-06-1	5018-87-1
3731-52-0	3875-72-7	4093-31-6	4221-80-1	4368-56-3	4525-75-1	4792-30-7	5018-87-1
3734-67-6	3886-69-9	4096-20-2	4228-00-6	4378-61-4	4531-49-1	4792-78-3	5022-29-7
3735-33-9	3886-70-2	4097-47-6	4232-27-3	4395-53-3	4540-00-5	4792-83-0	5022-29-7
3737-09-5	3887-48-7	4099-65-4	4234-72-4	4399-55-7	4543-33-3	4800-53-7	5026-74-4
3738-00-9	3898-08-6	4105-90-2	4237-40-5	4403-90-1	4548-53-2	4800-94-6	5026-74-4
3739-67-1	3900-93-4	4106-67-6	4251-01-8	4413-31-4	4550-36-1	4822-44-0	5029-61-8
3740-52-1	3901-30-2	4106-76-7	4255-94-1	4414-88-4	4563-33-1	4834-28-0	5029-61-8
3746-46-1	3902-71-4	4108-61-6	4263-38-1	4422-95-1	4572-95-6	4840-75-9	5036-02-2
3746-67-6	3910-35-8	4112-89-4	4264-83-9	4423-49-8	4584-57-0	4845-49-2	5036-02-2
3747-06-6	3922-40-5	4115-76-8	4272-77-9	4430-18-6	4587-33-1	4845-58-3	5042-54-6
3748-70-7	3942-54-9	4121-67-9	4273-88-5	4430-20-0	4607-38-9	4846-34-8	5042-54-6
3751-46-0	3943-82-6	4124-42-9	4274-03-7	4430-25-5	4608-12-2	4849-46-1	5042-55-7
3753-05-7	3947-58-8	4126-81-2	4275-05-2	4430-31-3	4615-78-5	4857-06-1	5042-55-7
3754-60-7	3952-78-1	4129-84-4	4285-42-1	4431-00-9	4645-07-2	4858-85-9	5045-23-8
3759-61-3	3955-26-8	4143-74-2	4297-95-4	4433-79-8	4654-29-9	4867-01-0	5045-23-8
3761-53-3	3956-73-8	4152-09-4	4304-40-9	4433-80-1	4657-12-9	4867-02-1	5045-43-2
3766-27-6	3958-57-4	4152-90-3	4310-35-4	4436-30-0	4674-50-4	4890-85-1	5045-43-2
3768-55-6	3972-56-3	4154-63-6	4314-14-1	4438-16-8	4677-09-2	4898-56-0	5048-82-8
3769-57-1	3982-82-9	4162-43-0	4316-23-8	4443-99-6	4680-78-8	4898-57-1	5048-82-8
3769-61-7	3989-75-1	4162-45-2	4316-35-2	4444-23-9	4682-03-5	4913-13-7	5068-28-0
3770-97-6	3993-43-9	4167-05-9	4317-65-1	4445-76-5	4693-01-0	4913-28-4	5068-28-0
3771-14-0	3993-45-1	4169-04-4	4321-69-1	4450-68-4	4693-02-1	4919-33-9	5081-42-5
3771-31-1	3993-46-2	4173-73-3	4325-96-6	4462-55-9	4693-19-0	4937-86-4	5081-42-5
3779-03-1	4001-61-0	4177-31-5	4327-84-8	4465-58-1	4698-29-7	4940-11-8	5084-12-8
3780-50-5	4016-85-7	4178-93-2	4329-91-3	4468-48-8	4698-30-0	4948-15-6	5084-12-8
3784-03-0	4025-64-3	4180-23-8	4329-95-7	4469-80-1	4702-90-3	4948-28-1	5084-13-9
3785-01-1	4028-32-4	4182-80-3	4335-09-5	4471-37-8	4707-47-5	4948-29-2	5084-13-9
3810-39-7	4032-80-8	4185-69-7	4338-98-1	4471-41-4	4711-67-5	4979-32-2	5086-74-8
3810-51-3	4044-65-9	4193-55-9	4342-30-7	4474-24-2	4711-68-6	4980-54-5	5086-74-8
3811-25-4	4047-75-0	4194-00-7	4342-36-3	4477-28-5	4726-14-1	4986-70-3	5096-13-9
3811-71-0	4052-92-0	4196-86-5	4344-55-2	4477-79-6	4732-13-2	4986-70-3	5096-13-9
3811-73-2	4058-30-4	4196-87-6	4346-48-9	4478-76-6	4733-39-5	4988-30-1	5098-94-2
3813-08-9	4065-45-6	4196-89-8	4346-51-4	4482-25-1	4736-60-1	4988-30-1	5098-94-2
3813-13-6	4067-14-5	4196-99-0	4348-19-0	4482-70-6	4747-15-3	4998-82-7	5099-06-9

5099-06-9	5217-54-9	5314-37-4	5416-80-8	5471-51-2	5791-64-0	5892-09-1	6106-18-9
5099-13-8	5219-07-8	5316-74-5	5416-93-3	5471-82-9	5798-75-4	5893-32-3	6112-39-6
5099-13-8	5219-07-8	5321-32-4	5418-63-3	5486-84-0	5804-73-9	5894-79-1	6130-01-4
5102-83-0	5227-71-4	5321-48-2	5418-93-9	5489-77-0	5805-27-6	5900-54-9	6130-64-9
5102-83-0	5227-71-4	5327-44-6	5420-98-4	5496-71-9	5805-76-5	5902-51-2	6130-75-2
5105-78-2	5246-57-1	5327-72-0	5421-00-1	5502-88-5	5809-23-4	5905-22-6	6138-56-3
5105-78-2	5246-57-1	5332-24-1	5421-17-0	5505-16-8	5811-87-0	5928-63-2	6144-04-3
5109-95-5	5253-02-1	5332-25-2	5421-66-9	5521-31-3	5825-87-6	5928-84-7	6152-67-6
5109-95-5	5253-02-1	5332-26-3	5421-92-1	5529-38-4	5833-18-1	5930-28-9	6153-89-5
5117-07-7	5254-41-1	5333-86-8	5422-17-3	5534-95-2	5833-47-6	5938-85-2	6153-92-0
5117-07-7	5254-41-1	5337-19-9	5422-72-0	5538-41-0	5850-12-4	5947-36-4	6158-45-8
5124-25-4	5258-64-0	5339-85-5	5423-07-4	5567-15-7	5850-16-8	5950-69-6	6163-58-2
5124-25-4	5258-64-0	5341-58-2	5427-30-5	5570-77-4	5850-34-0	5959-56-8	6175-45-7
5128-28-9	5260-37-7	5344-90-1	5427-46-3	5579-85-1	5850-35-1	5979-31-7	6178-32-1
5128-28-9	5260-37-7	5345-53-9	5428-54-6	5580-58-5	5850-37-3	5981-09-9	6192-52-5
5137-52-0	5261-31-4	5349-60-0	5428-95-5	5585-88-6	5850-39-5	5982-87-6	6197-30-4
5137-52-0	5261-31-4	5350-57-2	5434-20-8	5586-15-2	5850-41-9	5985-41-1	6201-64-5
5138-90-9	5263-87-6	5355-37-3	5434-21-9	5588-10-3	5850-73-7	5987-95-1	6202-23-9
5138-90-9	5263-87-6	5382-10-5	5437-11-6	5599-34-8	5850-81-7	5995-98-2	6211-24-1
5141-20-8	5264-47-1	5388-62-5	5437-88-7	5599-39-3	5850-86-2	6014-68-2	6213-19-0
5141-20-8	5264-47-1	5392-28-9	5441-06-5	5601-29-6	5852-33-5	6022-22-6	6214-20-6
5149-85-9	5280-66-0	5392-67-6	5444-02-0	5609-80-3	5858-07-1	6023-29-6	6217-19-2
5149-85-9	5280-66-0	5392-82-5	5444-75-7	5610-64-0	5858-18-4	6023-44-5	6219-66-5
5150-50-5	5281-04-9	5393-41-9	5445-26-1	5610-94-6	5858-33-3	6035-94-5	6219-77-8
5160-02-1	5281-04-9	5393-46-4	5445-86-3	5623-04-1	5858-39-9	6041-94-7	6219-89-2
5160-02-1	5284-73-1	5393-59-9	5451-76-3	5634-40-2	5858-53-7	6044-61-7	6222-35-1
5165-79-7	5284-73-1	5395-70-0	5455-98-1	5634-42-4	5858-81-1	6050-13-1	6222-63-5
5165-79-7	5284-75-3	5395-71-1	5459-85-8	5650-44-2	5858-82-2	6051-03-2	6224-63-1
5165-82-2	5284-75-3	5397-34-2	5459-93-8	5656-10-0	5858-87-7	6054-48-4	6226-78-4
5165-82-2	5284-79-7	5399-63-3	5462-06-6	5656-90-6	5858-88-8	6054-80-4	6226-80-8
5184-75-8	5284-79-7	5401-14-9	5462-29-3	5660-60-6	5858-89-9	6054-86-0	6226-87-5
5184-75-8	5285-60-9	5401-86-5	5463-64-9	5667-46-9	5858-93-5	6054-97-3	6227-02-7
5190-63-6	5285-60-9	5401-94-5	5466-57-9	5676-58-4	5859-00-7	6054-98-4	6227-10-7
5190-63-6	5290-62-0	5402-73-3	5466-84-2	5680-61-5	5862-38-4	6068-28-6	6227-14-1
5192-03-0	5290-62-0	5406-58-6	5466-90-0	5694-72-4	5863-44-5	6073-20-7	6227-20-9
5192-03-0	5292-21-7	5409-54-1	5468-00-8	5697-00-7	5863-46-7	6087-58-7	6232-49-1
5197-80-8	5292-45-5	5410-29-7	5468-05-3	5714-00-1	5863-51-4	6087-59-8	6232-51-5
5197-80-8	5304-18-7	5410-93-5	5468-75-7	5714-73-8	5863-53-6	6098-53-9	6232-57-1
5205-11-8	5307-14-2	5411-22-3	5469-69-2	5714-90-9	5873-54-1	6099-57-6	6232-88-8
5205-11-8	5310-17-8	5413-75-2	5470-75-7	5739-83-3	5874-97-5	6104-53-6	6243-71-6
5217-54-9	5310-18-9	5415-80-5	5471-08-9	5789-30-0	5882-44-0	6104-56-9	6247-34-3

6247-37-6	6318-16-7	6359-91-7	6374-96-5	6408-78-2	6426-67-1	6492-73-5	6675-28-1
6250-23-3	6320-02-1	6359-95-1	6375-16-2	6408-80-6	6428-19-9	6500-50-1	6683-19-8
6252-57-9	6320-03-2	6359-96-2	6375-17-3	6408-90-8	6428-31-5	6505-28-8	6700-56-7
6252-62-6	6320-14-5	6359-97-3	6375-46-8	6408-99-7	6428-60-0	6505-29-9	6706-75-8
6256-31-1	6321-11-5	6359-98-4	6375-47-9	6409-10-5	6434-57-7	6505-30-2	6706-82-7
6257-64-3	6324-78-3	6360-10-7	6375-54-8	6409-83-2	6439-53-8	6508-04-9	6707-01-3
6258-06-6	6324-98-7	6360-14-1	6375-55-9	6410-09-9	6441-77-6	6521-30-8	6711-46-2
6258-73-7	6325-91-3	6360-26-5	6378-88-7	6410-10-2	6441-82-3	6522-74-3	6722-15-2
6259-40-1	6325-93-5	6360-29-8	6380-23-0	6410-13-5	6441-91-4	6528-34-3	6737-68-4
6259-42-3	6328-48-9	6360-54-9	6380-34-3	6410-26-0	6441-93-6	6528-53-6	6764-27-8
6259-76-3	6329-01-7	6360-57-2	6380-63-8	6410-29-3	6442-08-6	6535-41-7	6764-43-8
6262-21-1	6330-82-1	6361-49-5	6382-07-6	6410-30-6	6442-10-0	6535-42-8	6764-45-0
6263-37-2	6330-95-6	6362-79-4	6382-14-5	6410-35-1	6443-85-2	6535-47-3	6768-23-6
6267-02-3	6333-15-9	6362-80-7	6383-73-9	6410-39-5	6448-95-9	6537-66-2	6780-49-0
6270-03-7	6334-30-1	6364-36-9	6386-38-5	6410-40-8	6448-96-0	6548-12-5	6786-83-0
6270-04-8	6341-28-2	6365-50-0	6386-73-8	6410-41-9	6449-35-0	6560-83-4	6786-84-1
6270-07-1	6349-98-0	6365-83-9	6387-27-5	6410-42-0	6449-79-2	6578-06-9	6789-88-4
6270-81-1	6357-85-3	6369-32-0	6388-26-7	6413-26-9	6451-09-8	6582-52-1	6792-71-8
6272-27-1	6358-07-2	6369-35-3	6391-21-5	6417-36-3	6459-69-4	6591-72-6	6798-03-4
6274-20-0	6358-22-1	6369-65-9	6391-27-1	6417-44-3	6459-94-5	6596-35-6	6798-76-1
6274-83-5	6358-26-5	6370-08-7	6396-90-3	6417-51-2	6460-01-1	6598-63-6	6830-82-6
6280-80-4	6358-29-8	6370-23-6	6401-98-5	6417-83-0	6460-05-5	6613-44-1	6837-24-7
6284-83-9	6358-30-1	6370-25-8	6402-06-8	6420-29-7	6469-85-8	6623-41-2	6837-37-2
6285-57-0	6358-31-2	6370-62-3	6402-09-1	6420-33-3	6470-20-8	6625-46-3	6837-45-2
6290-37-5	6358-36-7	6370-89-4	6405-94-3	6420-36-6	6470-23-1	6627-59-4	6837-46-3
6293-52-3	6358-37-8	6370-93-0	6406-32-2	6420-38-8	6471-07-4	6628-28-0	6838-01-3
6295-57-4	6358-49-2	6371-11-5	6406-56-0	6420-39-9	6471-09-6	6634-82-8	6838-85-3
6298-72-2	6358-53-8	6371-23-9	6406-74-2	6420-40-2	6471-46-1	6636-71-1	6843-66-9
6300-07-8	6358-63-0	6371-42-2	6407-59-6	6420-41-3	6471-49-4	6637-88-3	6844-74-2
6300-22-7	6358-83-4	6371-55-7	6407-74-5	6420-43-5	6471-51-8	6639-30-1	6846-21-5
6300-23-8	6358-85-6	6371-67-1	6407-75-6	6420-44-6	6471-78-9	6639-79-8	6848-13-1
6300-24-9	6358-87-8	6371-76-2	6407-78-9	6420-46-8	6472-58-8	6640-27-3	6848-24-9
6300-37-4	6358-88-9	6371-84-2	6408-02-2	6420-47-9	6473-13-8	6642-29-1	6852-54-6
6300-50-1	6359-45-1	6371-96-6	6408-22-6	6421-04-1	6473-30-9	6652-28-4	6852-56-8
6307-82-0	6359-62-2	6372-96-9	6408-27-1	6421-30-3	6480-68-8	6655-84-1	6854-81-5
6310-59-4	6359-82-6	6373-07-5	6408-29-3	6421-64-3	6486-21-1	6656-00-4	6860-97-5
6313-17-3	6359-83-7	6373-10-0	6408-34-0	6422-86-2	6486-23-3	6656-03-7	6864-37-5
6313-37-7	6359-85-9	6373-20-2	6408-39-5	6424-75-5	6486-26-6	6657-33-6	6876-13-7
6313-88-8	6359-86-0	6373-31-5	6408-51-1	6424-77-7	6486-55-1	6661-54-7	6882-44-6
6315-32-8	6359-88-2	6373-76-8	6408-57-7	6424-85-7	6486-92-6	6671-49-4	6893-02-3
6315-89-5	6359-90-6	6373-95-1	6408-72-6	6426-62-6	6487-07-6	6671-52-9	6905-61-9

6908-41-4	7147-89-9	7423-31-6	7696-12-0	8005-40-1	10127-28-3	10352-27-9	11070-44-3
6915-15-7	7148-03-0	7424-00-2	7696-69-7	8005-53-6	10130-29-7	10359-69-0	11075-16-4
6921-64-8	7148-50-7	7425-81-2	7710-20-5	8005-56-9	10130-89-9	10359-95-2	11075-30-2
6925-69-5	7149-23-7	7438-18-8	7713-58-8	8005-64-9	10134-35-7	10360-31-3	11097-74-8
6928-67-2	7149-26-0	7440-84-8	7719-02-0	8005-79-6	10143-03-0	10361-39-4	11099-03-9
6931-54-0	7149-79-3	7442-07-1	7719-03-1	8006-02-8	10155-47-2	10377-95-4	11099-97-1
6935-27-9	7159-96-8	7452-51-9	7722-73-8	8006-04-0	10157-76-3	10381-75-6	11145-39-4
6939-89-5	7166-19-0	7459-95-2	7724-15-4	8006-05-1	10169-02-5	10387-13-0	12001-99-9
6940-50-7	7187-55-5	7463-22-1	7756-87-8	8007-18-9	10187-52-7	10389-51-2	12002-22-1
6940-53-0	7195-45-1	7474-78-4	7756-96-9	8007-22-5	10190-68-8	10401-50-0	12002-53-8
6946-22-1	7218-44-2	7475-57-2	7773-34-4	8011-87-8	10196-68-6	10402-33-2	12068-08-5
6949-09-3	7218-46-4	7476-91-7	7775-39-5	8012-00-8	10199-89-0	10402-52-5	12068-19-8
6950-88-5	7225-61-8	7477-67-0	7778-70-3	8014-91-3	10201-29-3	10411-85-5	12110-39-3
6957-25-1	7246-14-2	7478-69-5	7778-73-6	8048-07-5	10212-25-6	10416-67-8	12213-69-3
6960-45-8	7246-21-1	7493-57-4	7778-83-8	8064-60-6	10214-07-0	10420-33-4	12217-04-8
6961-89-3	7248-45-5	7493-63-2	7779-65-9	9004-38-0	10215-25-5	10420-89-0	12217-05-9
6963-56-0	7257-44-5	7493-74-5	7779-77-3	9012-25-3	10220-34-5	10422-66-9	12217-14-0
6965-01-1	7259-89-4	7493-78-9	7779-78-4	9016-87-9	10241-21-1	10453-86-8	12217-17-3
6971-33-1	7296-20-0	7504-66-7	7780-06-5	9019-85-6	10241-27-7	10479-30-8	12217-22-0
6972-71-0	7298-65-9	7528-00-9	7784-67-0	9036-22-0	10246-75-0	10482-43-6	12217-37-7
6973-13-3	7300-59-6	7536-58-5	7786-61-0	9764-85-2	10248-55-2	10482-79-8	12217-38-8
6974-32-9	7306-12-9	7538-59-2	7797-81-1	10021-55-3	10249-13-5	10484-09-0	12217-41-3
6974-47-6	7311-27-5	7549-33-9	8000-95-1	10026-99-0	10254-86-1	10484-56-7	12217-43-5
6975-29-7	7324-87-0	7560-83-0	8001-54-5	10029-31-9	10265-69-7	10486-47-2	12217-49-1
6992-73-0	7334-33-0	7564-51-4	8002-90-2	10031-71-7	10278-71-4	10496-54-5	12217-64-0
6993-66-4	7335-26-4	7566-41-8	8003-57-4	10031-82-0	10279-43-3	10510-77-7	12217-73-1
6994-46-3	7335-27-5	7568-93-6	8003-62-1	10075-85-1	10284-44-3	10519-06-9	12217-74-2
6994-53-2	7336-20-1	7570-41-4	8003-69-8	10081-67-1	10290-07-0	10519-12-7	12217-75-3
7006-60-2	7342-13-4	7575-45-3	8003-79-0	10089-93-7	10291-28-8	10519-88-7	12217-77-5
7021-09-2	7347-19-5	7576-65-0	8003-87-0	10094-34-5	10302-15-5	10521-96-7	12217-80-0
7023-61-2	7355-22-8	7585-41-3	8003-88-1	10108-61-9	10304-39-9	10522-41-5	12217-83-3
7044-91-9	7356-11-8	7597-18-4	8004-41-9	10109-95-2	10311-84-9	10526-07-5	12217-86-6
7057-57-0	7357-71-3	7606-87-3	8004-87-3	10114-24-6	10318-38-4	10526-80-4	12217-91-3
7058-55-1	7364-25-2	7620-46-4	8004-88-4	10114-58-6	10319-14-9	10534-92-6	12217-92-4
7065-22-7	7376-52-5	7620-71-5	8004-91-9	10114-86-0	10319-80-9	10535-52-1	12217-95-7
7073-93-0	7383-98-4	7631-46-1	8004-92-0	10126-87-1	10321-42-3	10541-29-4	12218-94-9
7082-31-7	7385-67-3	7631-93-8	8004-98-6	10126-90-6	10328-92-4	10541-56-7	12218-95-0
7116-96-3	7385-99-1	7643-08-5	8004-99-7	10126-97-3	10343-55-2	10541-83-0	12218-96-1
7120-73-2	7402-29-1	7652-64-4	8005-02-5	10127-03-4	10343-58-5	10551-21-0	12219-04-4
7128-64-5	7411-49-6	7673-07-6	8005-03-6	10127-05-6	10349-57-2	10580-80-0	12219-33-9
7147-42-4	7415-86-3	7687-09-4	8005-06-9	10127-27-2	10351-19-6	10594-03-3	12219-38-4

12219-53-3	12222-72-9	12223-91-5	12227-13-3	12236-87-2	12262-39-4	12731-54-3	13281-14-6
12219-66-8	12222-77-4	12223-94-8	12227-27-9	12237-00-2	12262-58-7	12731-63-4	13287-76-8
12220-10-9	12222-79-6	12223-96-0	12227-50-8	12237-01-3	12262-66-7	12738-64-6	13290-16-9
12220-20-1	12222-80-9	12223-97-1	12227-55-3	12237-09-1	12269-82-8	12768-78-4	13290-74-9
12220-25-6	12222-83-2	12223-98-2	12227-62-2	12237-14-8	12269-88-4	12769-04-9	13290-96-5
12220-26-7	12222-85-4	12223-99-3	12227-67-7	12237-17-1	12269-96-4	12769-08-3	13301-33-2
12220-28-9	12222-97-8	12224-00-9	12227-78-0	12237-21-7	12269-97-5	12769-09-4	13301-61-6
12220-29-0	12223-04-0	12224-53-2	12234-61-6	12237-24-0	12270-02-9	12769-14-1	13303-10-1
12220-38-1	12223-07-3	12224-54-3	12234-62-7	12237-31-9	12270-05-2	12769-17-4	13331-27-6
12220-52-9	12223-08-4	12224-56-5	12234-67-2	12237-35-3	12270-06-3	12769-22-1	13331-93-6
12220-56-3	12223-10-8	12224-77-0	12234-73-0	12238-31-2	12270-07-4	12772-21-3	13347-42-7
12220-64-3	12223-13-1	12224-78-1	12234-92-3	12238-63-0	12270-14-3	13005-36-2	13350-41-9
12220-70-1	12223-14-2	12225-02-4	12234-93-4	12238-65-2	12270-15-4	13009-99-9	13356-08-6
12220-73-4	12223-19-7	12225-05-7	12234-94-5	12238-84-5	12270-18-7	13014-18-1	13393-93-6
12220-76-7	12223-20-0	12225-19-3	12235-01-7	12238-89-0	12270-19-8	13014-24-9	13402-96-5
12220-77-8	12223-23-3	12225-21-7	12235-21-1	12238-94-7	12270-20-1	13027-28-6	13414-54-5
12220-88-1	12223-26-6	12225-23-9	12235-22-2	12239-15-5	12270-23-4	13033-91-5	13414-55-6
12220-95-0	12223-27-7	12225-27-3	12235-28-8	12239-21-3	12270-25-6	13036-02-7	13414-58-9
12220-99-4	12223-32-4	12225-66-0	12235-34-6	12239-31-5	12270-26-7	13036-19-6	13414-95-4
12221-16-8	12223-35-7	12225-67-1	12235-39-1	12239-36-0	12270-28-9	13037-86-0	13416-17-6
12221-17-9	12223-36-8	12225-72-8	12235-47-1	12239-37-1	12270-30-3	13047-13-7	13416-35-8
12221-18-0	12223-38-0	12225-82-0	12235-53-9	12239-45-1	12270-31-4	13076-29-4	13418-50-3
12221-31-7	12223-41-5	12225-84-2	12235-80-2	12239-54-2	12270-32-5	13076-44-3	13429-10-2
12221-34-0	12223-42-6	12225-85-3	12235-83-5	12239-56-4	12270-35-8	13080-86-9	13432-32-1
12221-43-1	12223-43-7	12225-86-4	12235-84-6	12239-69-9	12270-36-9	13082-47-8	13435-09-1
12221-46-4	12223-47-1	12225-88-6	12235-96-0	12239-75-7	12270-37-0	13087-53-1	13435-46-6
12221-70-4	12223-61-9	12226-08-3	12236-01-0	12239-78-0	12270-40-5	13091-80-0	13438-45-4
12221-79-3	12223-67-5	12226-16-3	12236-07-6	12239-83-7	12270-42-7	13103-75-8	13458-81-6
12222-00-3	12223-70-0	12226-18-5	12236-10-1	12239-84-8	12270-43-8	13109-68-7	13463-41-7
12222-04-7	12223-71-1	12226-20-9	12236-11-2	12239-85-9	12270-45-0	13114-87-9	13463-98-4
12222-20-7	12223-72-2	12226-27-6	12236-14-5	12239-87-1	12270-61-0	13120-77-9	13466-78-9
12222-32-1	12223-78-8	12226-32-3	12236-15-6	12240-09-4	12271-01-1	13138-53-9	13473-26-2
12222-37-6	12223-79-9	12226-38-9	12236-17-8	12240-15-2	12271-03-3	13161-28-9	13481-09-9
12222-40-1	12223-80-2	12226-46-9	12236-18-9	12262-17-8	12643-06-0	13209-15-9	13486-13-0
12222-45-6	12223-81-3	12226-48-1	12236-22-5	12262-26-9	12656-57-4	13217-74-8	13486-43-6
12222-60-5	12223-82-4	12226-49-2	12236-29-2	12262-27-0	12677-15-5	13242-16-5	13492-01-8
12222-62-7	12223-84-6	12226-51-6	12236-33-8	12262-28-1	12677-19-9	13244-33-2	13515-40-7
12222-63-8	12223-85-7	12226-74-3	12236-49-6	12262-32-7	12692-98-7	13244-35-4	13524-04-4
12222-65-0	12223-87-9	12226-91-4	12236-50-9	12262-33-8	12707-27-6	13255-27-1	13532-96-2
12222-68-3	12223-88-0	12227-04-2	12236-51-0	12262-36-1	12715-61-6	13279-58-8	13552-44-8
12222-69-4	12223-89-1	12227-06-4	12236-52-1	12262-38-3	12731-53-2	13280-61-0	13556-84-8

13558-31-1	14074-80-7	14356-38-8	14934-37-3	15486-19-8	15988-11-1	16436-29-6	16909-22-1
13562-21-5	14097-03-1	14371-84-7	14954-75-7	15541-60-3	15990-43-9	16452-06-5	16909-78-7
13574-13-5	14106-38-8	14414-32-5	14960-63-5	15546-43-7	16013-44-8	16470-24-9	16915-70-1
13581-52-7	14118-16-2	14426-25-6	14995-38-1	15555-71-2	16014-23-6	16470-41-0	16926-70-8
13616-82-5	14124-47-1	14437-41-3	14999-97-4	15589-64-7	16034-77-8	16470-42-1	16960-49-9
13617-28-2	14126-32-0	14437-46-8	15000-59-6	15619-48-4	16044-24-9	16470-45-4	16965-08-5
13624-14-1	14128-84-8	14452-30-3	15008-36-3	15656-86-7	16055-33-7	16490-80-5	17011-51-7
13631-64-6	14186-60-8	14459-33-7	15015-84-6	15715-19-2	16066-35-6	16494-24-9	17016-43-2
13639-21-9	14187-31-6	14464-10-9	15017-02-4	15717-40-5	16069-36-6	16494-25-0	17018-66-5
13654-74-5	14187-32-7	14516-71-3	15020-57-2	15721-78-5	16071-86-6	16494-27-2	17026-81-2
13659-98-8	14199-15-6	14548-46-0	15038-67-2	15733-22-9	16089-42-2	16508-74-0	17040-79-8
13663-23-5	14200-84-1	14562-04-0	15052-19-4	15757-54-7	16089-43-3	16517-70-7	17051-01-3
13676-54-5	14205-65-3	14564-35-3	15086-94-9	15763-57-2	16090-02-1	16518-26-6	17066-96-5
13680-35-8	14206-62-3	14564-74-0	15087-68-0	15772-26-6	16091-26-2	16521-36-1	17088-28-7
13686-87-8	14210-25-4	14569-54-1	15096-02-3	15782-03-3	16093-66-6	16521-38-3	17091-45-1
13698-55-0	14221-00-2	14569-71-2	15108-51-7	15782-04-4	16099-54-0	16532-79-9	17095-24-8
13732-62-2	14221-01-3	14580-22-4	15110-84-6	15782-06-6	16106-44-8	16534-12-6	17096-15-0
13746-54-8	14221-02-4	14618-10-1	15111-96-3	15790-07-5	16110-89-7	16545-54-3	17138-28-2
13746-56-0	14230-52-5	14637-08-2	15121-84-3	15791-78-3	16143-79-6	16546-01-3	17146-08-6
13746-57-1	14233-37-5	14667-54-0	15149-10-7	15792-20-8	16153-75-6	16571-39-4	17146-09-7
13746-58-2	14234-82-3	14667-59-5	15151-00-5	15792-50-4	16195-23-6	16574-43-9	17151-27-8
13746-60-6	14235-45-1	14694-95-2	15185-43-0	15792-67-3	16201-96-0	16586-42-8	17162-39-9
13746-62-8	14239-23-7	14698-29-4	15206-55-0	15793-77-8	16214-98-5	16586-43-9	17174-98-0
13781-53-8	14239-24-8	14706-41-3	15217-42-2	15804-19-0	16214-99-6	16588-06-0	17178-10-8
13795-24-9	14245-97-7	14709-71-8	15220-11-8	15805-42-2	16245-77-5	16588-67-3	17185-29-4
13796-22-0	14254-76-3	14722-38-4	15233-47-3	15814-45-6	16249-87-9	16595-80-5	17192-79-9
13816-33-6	14263-89-9	14726-19-3	15245-44-0	15826-91-2	16279-54-2	16623-25-9	17199-24-5
13826-35-2	14263-94-6	14726-22-8	15270-08-3	15843-27-3	16357-59-8	16623-47-5	17201-43-3
13836-37-8	14264-16-5	14726-58-0	15280-31-6	15864-32-1	16365-27-8	16679-58-6	17202-49-2
13863-31-5	14268-66-7	14737-86-1	15356-60-2	15872-73-8	16372-99-9	16698-16-1	17205-68-4
13871-68-6	14295-43-3	14751-97-4	15356-70-4	15876-51-4	16375-90-9	16698-35-4	17215-44-0
13895-38-0	14297-39-3	14762-38-0	15371-06-9	15883-59-7	16388-74-2	16707-41-8	17233-65-7
13940-94-8	14297-59-7	14767-37-4	15387-45-8	15886-56-3	16389-59-6	16712-64-4	17260-11-6
13949-67-2	14302-13-7	14769-73-4	15404-00-9	15905-32-5	16403-84-2	16722-32-0	17261-28-8
13954-62-6	14309-25-2	14779-78-3	15414-98-9	15909-94-1	16423-68-0	16766-09-9	17264-53-8
13978-85-3	14309-42-3	14806-50-9	15440-98-9	15945-07-0	16427-65-9	16781-08-1	17265-34-8
14002-51-8	14319-01-8	14832-14-5	15446-39-6	15958-68-6	16430-93-6	16823-51-1	17306-05-7
14034-57-2	14321-27-8	14838-15-4	15452-89-8	15964-79-1	16432-36-3	16836-95-6	17345-68-5
14055-02-8	14323-17-2	14861-17-7	15457-05-3	15968-02-2	16432-37-4	16883-16-2	17354-14-2
14070-48-5	14323-18-3	14868-03-2	15471-17-7	15972-60-8	16432-45-4	16883-83-3	17354-79-9
14070-49-6	14351-66-7	14933-76-7	15475-84-0	15979-19-8	16432-81-8	16894-34-1	17357-14-1

17368-48-8	17887-41-1	18472-51-0	19248-13-6	20034-71-3	20555-91-3	21354-01-8	22190-12-1
17369-59-4	17887-60-4	18522-93-5	19286-75-0	20048-92-4	20556-89-2	21364-46-5	22198-72-7
17372-87-1	17895-40-8	18530-56-8	19303-34-5	20062-22-0	20566-35-2	21416-46-6	22232-25-3
17376-04-4	17903-05-8	18586-22-6	19343-78-3	20082-71-7	20568-80-3	21465-51-0	22236-61-9
17394-77-3	17918-11-5	18586-39-5	19351-91-8	20109-39-1	20571-42-0	21493-04-9	22248-79-9
17418-58-5	17924-92-4	18622-13-4	19361-62-7	20116-65-8	20587-61-5	21528-31-4	22257-44-9
17418-59-6	17933-85-6	18643-47-5	19372-80-6	20170-32-5	20591-23-5	21532-74-1	22276-63-7
17453-73-5	17964-30-6	18666-65-4	19374-99-3	20174-68-9	20597-89-1	21535-47-7	22298-29-9
17481-27-5	17976-43-1	18666-68-7	19379-90-9	20182-56-3	20651-69-8	21538-06-7	22302-65-4
17518-43-3	17998-91-3	18708-70-8	19381-50-1	20198-87-2	20651-71-2	21545-54-0	22304-57-0
17526-94-2	18004-57-4	18714-16-4	19387-83-8	20200-22-0	20653-04-7	21609-90-5	22308-77-6
17557-67-4	18015-76-4	18733-06-7	19398-61-9	20201-60-9	20662-90-2	21615-29-2	22313-62-8
17564-64-6	18018-33-2	18740-59-5	19402-64-3	20201-72-3	20665-85-4	21615-34-9	22326-31-4
17574-08-2	18018-34-3	18770-76-8	19402-71-2	20201-75-6	20686-65-1	21615-36-1	22381-54-0
17574-09-3	18037-63-3	18777-54-3	19406-86-1	20237-98-3	20691-52-5	21643-38-9	22440-93-3
17577-28-5	18038-99-8	18790-57-3	19433-94-4	20241-68-3	20707-70-4	21646-20-8	22499-12-3
17618-85-8	18039-42-4	18790-97-1	19437-42-4	20241-74-1	20721-50-0	21678-63-7	22509-74-6
17625-03-5	18042-54-1	18800-51-6	19438-61-0	20241-76-3	20730-67-0	21700-74-3	22527-63-5
17635-21-1	18066-68-7	18800-53-8	19473-05-3	20241-77-4	20746-54-7	21731-56-6	22578-86-5
17658-06-9	18108-68-4	18824-74-3	19480-43-4	20249-05-2	20762-71-4	21784-69-0	22617-04-5
17665-72-4	18126-02-8	18824-79-8	19482-05-4	20265-97-8	20776-03-8	21811-92-7	22633-33-6
17681-50-4	18181-80-1	18826-29-4	19493-25-5	20322-78-5	20850-43-5	21811-94-9	22636-29-9
17683-09-9	18189-07-6	18908-07-1	19520-88-8	20324-87-2	20898-44-6	21812-61-3	22662-39-1
17688-68-5	18244-79-6	18912-01-1	19525-59-8	20325-40-0	20904-74-9	21850-44-2	22690-27-3
17695-46-4	18247-80-8	18942-46-6	19532-03-7	20354-26-1	20934-81-0	21889-25-8	22818-40-2
17700-55-9	18266-52-9	18979-50-5	19692-45-6	20364-09-4	20936-32-7	21889-28-1	22832-87-7
17722-17-7	18282-59-2	18979-53-8	19715-19-6	20367-32-2	21006-73-5	21894-06-4	22873-89-8
17736-40-2	18319-92-1	18979-55-0	19720-42-4	20387-34-2	21016-19-3	21934-68-9	22916-47-8
17741-62-7	18347-39-2	19003-87-3	19759-89-8	20389-01-9	21016-22-8	21951-32-6	22919-26-2
17754-91-5	18360-24-2	19013-11-7	19764-96-6	20389-38-2	21016-37-5	21951-33-7	22919-58-0
17772-51-9	18371-33-0	19040-62-1	19798-93-7	20393-06-0	21054-07-9	22016-03-1	22948-06-7
17784-12-2	18403-59-3	19044-88-3	19798-94-8	20416-08-4	21055-88-9	22025-44-1	23001-29-8
17796-82-6	18418-79-6	19077-97-5	19800-42-1	20416-09-5	21083-47-6	22031-33-0	23034-56-2
17804-49-8	18419-53-9	19077-98-6	19840-99-4	20416-12-0	21086-87-3	22042-71-3	23038-61-1
17814-20-9	18420-49-0	19089-55-5	19841-73-7	20416-14-2	21112-37-8	22042-79-1	23042-75-3
17832-16-5	18420-56-9	19159-68-3	19853-79-3	20440-93-1	21124-13-0	22047-25-2	23060-42-6
17852-98-1	18426-55-6	19163-98-5	19870-74-7	20440-95-3	21157-12-0	22091-92-5	23104-75-8
17852-99-2	18426-56-7	19219-98-8	19900-69-7	20442-79-9	21213-89-8	22117-79-9	23128-51-0
17869-10-2	18434-12-3	19219-99-9	19931-87-4	20452-51-1	21214-39-1	22134-75-4	23159-76-4
17874-34-9	18462-64-1	19224-26-1	19952-47-7	20492-50-6	21245-02-3	22136-09-0	23178-67-8
17878-39-6	18467-77-1	19237-84-4	20018-09-1	20544-37-0	21288-28-8	22185-47-3	23184-66-9

23216-67-3	23838-12-2	24413-04-5	25168-05-2	25567-11-7	25963-47-7	26488-93-7	27072-45-3
23218-62-4	23838-74-6	24447-78-7	25168-10-9	25583-37-3	25971-15-7	26523-78-4	27072-64-6
23236-18-2	23840-43-9	24458-48-8	25168-15-4	25586-43-0	25980-22-7	26529-14-6	27116-62-7
23239-51-2	23857-69-4	24460-06-8	25168-26-7	25619-56-1	25980-23-8	26544-20-7	27137-85-5
23250-44-4	23873-81-6	24520-19-2	25177-16-6	25619-63-0	25981-82-2	26545-51-7	27138-31-4
23250-48-8	23890-27-9	24530-53-8	25185-95-9	25620-59-1	25982-89-2	26545-58-4	27151-54-8
23282-55-5	23950-58-5	24530-67-4	25186-43-0	25628-84-6	25983-11-3	26545-62-0	27152-80-3
23287-26-5	23976-66-1	24549-06-2	25243-36-1	25629-50-9	25985-63-1	26570-87-6	27157-94-4
23292-93-5	24057-28-1	24556-64-7	25264-32-8	25639-42-3	26021-20-5	26571-11-9	27159-90-6
23295-00-3	24059-71-0	24564-52-1	25279-63-4	25640-78-2	26021-21-6	26583-60-8	27176-87-0
23307-72-4	24072-75-1	24599-58-4	25282-76-2	25641-18-3	26021-90-9	26603-40-7	27176-93-8
23308-53-4	24092-48-6	24679-02-5	25289-00-3	25641-99-0	26049-94-5	26604-41-1	27177-05-5
23315-55-1	24108-89-2	24681-18-3	25305-87-7	25646-71-3	26078-23-9	26605-69-6	27177-08-8
23327-57-3	24133-65-1	24687-31-8	25310-97-8	25646-77-9	26078-25-1	26619-69-2	27177-37-3
23341-13-1	24133-73-1	24704-54-9	25317-34-4	25684-23-2	26093-31-2	26639-29-2	27193-93-7
23350-56-3	24136-83-2	24742-30-1	25317-42-4	25687-72-3	26110-32-7	26644-96-2	27216-28-0
23351-91-9	24138-34-9	24789-99-9	25319-73-7	25687-77-8	26138-98-7	26692-46-6	27230-51-9
23355-64-8	24140-30-5	24796-94-9	25321-14-6	25709-80-2	26164-08-9	26692-47-7	27240-79-5
23368-55-0	24140-33-8	24817-51-4	25321-43-1	25711-77-7	26171-78-8	26705-20-4	27280-72-4
23374-15-4	24141-90-0	24858-54-6	25322-17-2	25717-11-7	26189-88-8	26741-53-7	27287-91-8
23383-59-7	24147-49-7	24922-77-8	25338-55-0	25738-24-3	26227-73-6	26748-47-0	27310-25-4
23421-22-9	24147-50-0	24925-59-5	25351-57-9	25743-94-6	26249-12-7	26762-93-6	27312-17-0
23422-12-0	24157-79-7	24939-64-8	25357-79-3	25746-37-6	26264-09-5	26763-69-9	27312-18-1
23427-51-2	24157-81-1	24954-60-7	25374-10-1	25747-08-4	26264-58-4	26780-96-1	27322-34-5
23453-39-6	24169-02-6	25013-16-5	25374-11-2	25771-65-7	26266-63-7	26787-78-0	27341-33-9
23469-93-4	24170-48-7	25024-53-7	25376-38-9	25790-73-2	26271-97-6	26834-28-6	27344-06-5
23495-12-7	24170-60-3	25047-90-9	25395-13-5	25797-78-8	26311-44-4	26834-32-2	27351-96-8
23500-79-0	24173-36-2	25059-14-7	25417-20-3	25834-80-4	26311-45-5	26836-07-7	27354-18-3
23545-77-9	24192-58-3	25070-22-8	25442-86-8	25837-05-2	26339-42-4	26841-47-4	27375-52-6
23563-26-0	24207-41-8	25078-74-4	25448-05-9	25849-26-7	26399-36-0	26845-91-0	27419-90-5
23593-75-1	24231-46-7	25080-14-2	25464-95-3	25855-46-3	26401-27-4	26863-15-0	27425-55-4
23598-72-3	24260-42-2	25080-15-3	25470-94-4	25857-05-0	26408-28-6	26868-32-6	27457-28-9
23642-01-5	24261-19-6	25088-69-1	25485-34-1	25875-50-7	26412-87-3	26869-99-8	27476-27-3
23659-80-5	24263-92-1	25108-36-5	25492-69-7	25910-37-6	26413-18-3	26878-11-5	27478-24-6
23680-31-1	24273-19-6	25124-87-2	25492-74-4	25910-85-4	26444-69-9	26889-86-1	27479-28-3
23681-60-9	24293-73-0	25134-08-1	25495-99-2	25956-17-6	26444-72-4	26903-94-6	27496-82-8
23725-15-7	24310-41-6	25140-86-7	25510-81-0	25959-70-0	26446-38-8	26941-42-4	27550-64-7
23729-34-2	24351-11-9	25148-68-9	25539-14-4	25962-03-2	26447-09-6	26950-07-2	27569-09-1
23778-59-8	24351-12-0	25155-30-0	25539-16-6	25962-05-4	26447-40-5	26968-58-1	27569-10-4
23822-43-7	24387-68-6	25167-32-2	25550-51-0	25962-08-7	26479-97-0	27059-08-1	27583-41-1
23826-72-4	24402-80-0	25167-81-1	25567-10-6	25962-16-7	26486-93-1	27070-59-3	27599-04-8

27601-14-5	28324-53-9	28950-61-0	29637-18-1	30377-63-0	31252-85-4	32093-35-9	32857-63-9
27613-72-5	28334-99-8	28983-56-4	29637-20-5	30377-68-5	31265-39-1	32112-80-4	32862-97-8
27618-25-3	28348-53-0	28984-20-5	29637-28-3	30377-70-9	31274-42-7	32178-39-5	32863-55-1
27676-62-6	28348-61-0	28984-89-6	29637-29-4	30378-58-6	31288-44-5	32180-75-9	32866-11-8
27749-40-2	28361-43-5	28985-56-0	29637-52-3	30387-70-3	31301-28-7	32180-77-1	32915-71-2
27753-52-2	28387-62-4	28986-55-2	29656-52-8	30411-66-6	31303-42-1	32185-10-7	32915-77-8
27757-79-5	28443-50-7	29060-60-4	29680-54-4	30415-45-3	31307-59-2	32210-23-4	32953-14-3
27822-88-4	28470-82-8	29061-66-3	29705-38-2	30431-53-9	31352-31-5	32241-08-0	32974-92-8
27858-07-7	28480-77-5	29086-67-7	29743-08-6	30431-54-0	31383-81-0	32315-05-2	33006-24-5
27876-55-7	28491-95-4	29091-05-2	29759-49-7	30436-87-4	31426-72-9	32324-48-4	33006-61-0
27896-84-0	28543-87-5	29091-09-6	29765-00-2	30449-81-1	31431-39-7	32332-65-3	33006-80-3
27919-85-3	28631-63-2	29091-21-2	29770-14-7	30457-67-1	31464-38-7	32357-46-3	33032-12-1
27934-49-2	28633-58-1	29103-26-2	29770-19-2	30496-13-0	31482-56-1	32388-55-9	33067-78-6
27969-53-5	28652-72-4	29103-58-0	29777-36-4	30501-29-2	31501-01-6	32388-56-0	33079-11-7
27969-56-8	28655-62-1	29103-59-1	29777-42-2	30540-34-2	31506-87-3	32407-67-3	33096-54-7
27982-34-9	28655-63-2	29103-60-4	29779-09-7	30563-77-0	31519-22-9	32432-45-4	33175-34-7
27982-36-1	28655-69-8	29128-55-0	29797-40-8	30583-33-6	31529-29-0	32449-36-8	33204-74-9
27986-36-3	28675-17-4	29184-39-2	29798-60-5	30693-53-9	31529-83-6	32459-62-4	33228-44-3
27990-92-7	28680-67-3	29188-28-1	29811-04-9	30697-40-6	31565-26-1	32510-27-3	33245-39-5
28005-74-5	28705-46-6	29190-28-1	29842-22-6	30700-96-0	31574-44-4	32527-15-4	33270-70-1
28023-55-4	28706-21-0	29191-07-6	29849-82-9	30707-68-7	31580-45-7	32534-81-9	33273-26-6
28048-33-1	28706-22-1	29191-52-4	29878-91-9	30707-77-8	31599-32-3	32534-95-5	33347-85-2
28061-11-2	28706-25-4	29197-94-2	29887-08-9	30707-78-9	31601-41-9	32536-52-0	33374-34-4
28061-21-4	28706-33-4	29225-91-0	29895-73-6	30752-19-3	31620-80-1	32588-76-4	33394-59-1
28080-90-2	28716-14-5	29246-97-7	29900-31-0	30787-41-8	31626-19-4	32634-37-0	33399-48-3
28106-30-1	28749-63-5	29253-36-9	29939-35-3	30812-87-4	31643-49-9	32638-88-3	33401-49-9
28118-10-7	28788-62-7	29329-88-2	29963-76-6	30818-17-8	31681-98-8	32647-67-9	33402-03-8
28118-15-2	28804-88-8	29329-99-5	29994-44-3	30818-18-9	31701-23-2	32647-68-0	33402-67-4
28140-60-5	28807-97-8	29330-49-2	30030-25-2	30830-55-8	31701-42-5	32651-66-4	33434-63-8
28161-39-9	28809-04-3	29349-67-5	30074-79-4	30897-76-8	31775-20-9	32657-12-8	33448-68-9
28169-46-2	28821-18-3	29350-73-0	30085-34-8	30926-22-8	31820-78-8	32658-60-9	33562-89-9
28188-41-2	28832-64-6	29385-11-3	30112-70-0	30995-65-4	31820-90-3	32685-16-8	33617-59-3
28213-80-1	28836-03-5	29385-30-6	30124-94-8	31001-73-7	31844-92-5	32694-95-4	33625-43-3
28214-91-7	28860-95-9	29385-43-1	30179-49-8	31002-87-6	31904-18-4	32718-50-6	33628-03-4
28217-92-7	28879-19-8	29426-52-6	30211-77-9	31037-84-0	31906-04-4	32741-83-6	33628-07-8
28259-80-5	28882-58-8	29431-45-6	30273-11-1	31148-95-5	31994-53-3	32741-92-7	33628-30-7
28259-88-3	28904-29-2	29512-49-0	30273-14-4	31188-91-7	32014-19-0	32762-51-9	33629-47-9
28262-03-5	28906-38-9	29633-64-5	30348-72-2	31195-17-2	32014-22-5	32768-54-0	33632-27-8
28279-27-8	28908-00-1	29633-66-7	30366-97-3	31207-65-5	32041-58-0	32829-81-5	33637-20-6
28279-36-9	28912-93-8	29637-13-6	30367-05-6	31215-04-0	32089-69-3	32832-01-2	33663-50-2
28286-88-6	28924-21-2	29637-14-7	30377-62-9	31225-17-9	32089-70-6	32852-92-9	33667-47-9

33667-49-1	34395-10-3	35367-38-5	36405-17-1	37226-48-5	37973-51-6	38656-58-5	39635-79-5
33678-73-8	34408-25-8	35379-58-9	36409-70-8	37279-47-3	37973-52-7	38668-48-3	39642-65-4
33687-03-5	34413-35-9	35400-43-2	36411-52-6	37279-54-2	38020-69-8	38690-76-5	39735-13-2
33704-59-5	34446-26-9	35465-66-8	36422-95-4	37293-46-2	38049-29-5	38690-77-6	39750-11-3
33704-60-8	34487-61-1	35471-49-9	36437-36-2	37300-23-5	38103-05-8	38690-78-7	39777-05-4
33704-61-9	34531-26-5	35473-23-5	36437-64-6	37343-88-7	38103-06-9	38690-79-8	39780-55-7
33719-44-7	34562-31-7	35473-24-6	36438-51-4	37360-80-8	38103-07-0	38721-71-0	39853-28-6
33721-54-9	34571-16-9	35556-70-8	36451-09-9	37370-49-3	38119-08-3	38727-56-9	39878-87-0
33752-16-8	34586-49-7	35586-40-4	36452-23-0	37395-76-9	38125-00-7	38780-90-4	39905-45-8
33770-60-4	34586-50-0	35589-32-3	36483-60-0	37405-99-5	38134-93-9	38833-00-0	39905-50-5
33798-02-6	34613-03-1	35674-56-7	36525-74-3	37439-34-2	38134-94-0	38850-01-0	39905-57-2
33817-09-3	34643-46-4	35677-29-3	36528-80-0	37460-43-8	38157-01-6	38861-78-8	39923-17-6
33820-53-0	34662-32-3	35703-14-1	36536-22-8	37475-84-6	38177-07-0	38888-98-1	39923-22-3
33864-12-9	34664-47-6	35745-23-4	36545-21-8	37526-88-8	38185-06-7	38897-60-8	39951-80-9
33864-17-4	34684-43-0	35773-42-3	36563-79-8	37551-43-2	38209-58-4	38951-97-2	39970-42-8
33864-99-2	34685-93-3	35778-58-6	36576-70-2	37558-01-3	38215-36-0	38954-40-4	40000-20-2
33893-36-6	34722-90-2	35835-94-0	36616-60-1	37589-10-9	38219-91-9	38970-76-2	40038-00-4
33955-42-9	34725-61-6	35840-23-4	36626-52-5	37592-72-6	38237-74-0	38974-68-4	40082-68-6
33956-01-3	34791-88-3	35884-66-3	36755-19-8	37593-02-5	38250-16-7	38978-80-2	40101-17-5
33979-43-0	34824-60-7	35915-19-6	36775-31-2	37593-03-6	38258-26-3	39050-26-5	40101-29-9
33984-50-8	34832-88-7	35945-15-4	36783-03-6	37599-83-0	38279-20-8	39106-10-0	40130-25-4
34090-76-1	34851-48-4	35945-16-5	36823-84-4	37672-83-6	38350-87-7	39163-92-3	40139-96-6
34114-36-8	34870-88-7	35976-48-8	36876-13-8	37677-09-1	38353-81-0	39182-88-2	40172-65-4
34122-40-2	34879-70-4	36018-09-4	36877-69-7	37677-10-4	38353-82-1	39201-42-8	40188-83-8
34126-16-4	34901-26-3	36059-21-9	36882-17-4	37682-29-4	38360-81-5	39273-52-4	40233-98-5
34131-96-9	34935-38-1	36073-00-4	36888-99-0	37686-98-9	38409-63-1	39279-59-9	40298-71-3
34131-98-1	34937-00-3	36148-59-1	36889-43-7	37717-68-3	38411-17-5	39279-68-0	40360-18-7
34131-99-2	35047-04-2	36226-32-1	36897-88-8	37778-99-7	38412-17-8	39309-98-3	40386-51-4
34137-09-2	35092-67-2	36236-67-6	36904-62-8	37795-71-4	38444-08-5	39327-11-2	40397-98-6
34142-26-2	35092-73-0	36268-59-4	36936-37-5	37828-01-6	38452-47-0	39347-18-7	40401-39-6
34169-62-5	35118-50-4	36268-65-2	36968-27-1	37832-42-1	38454-28-3	39362-41-9	40438-48-0
34200-53-8	35170-70-8	36294-21-0	37021-14-0	37832-65-8	38456-45-0	39379-11-8	40465-45-0
34236-97-0	35171-26-7	36294-24-3	37067-30-4	37843-12-2	38465-55-3	39393-38-9	40487-42-1
34255-45-3	35239-30-6	36323-28-1	37078-97-0	37847-87-3	38489-19-9	39393-39-0	40495-69-0
34262-88-9	35263-47-9	36339-04-5	37086-84-3	37853-59-1	38521-49-2	39479-71-5	40497-16-3
34276-89-6	35271-57-9	36352-49-5	37138-23-1	37853-61-5	38565-48-9	39508-27-5	40529-66-6
34359-90-5	35280-78-5	36355-01-8	37139-99-4	37860-62-1	38577-97-8	39515-47-4	40537-72-2
34362-37-3	35294-62-3	36357-38-7	37213-61-9	37920-25-5	38615-38-2	39542-83-1	40538-23-6
34367-95-8	35298-13-6	36380-97-9	37219-71-9	37924-13-3	38615-39-3	39549-27-4	40552-84-9
34372-72-0	35342-16-6	36388-36-0	37220-20-5	37936-41-7	38640-62-9	39549-31-0	40567-16-6
34383-51-2	35355-77-2	36393-56-3	37224-61-6	37953-05-2	38641-16-6	39614-78-3	40567-18-8

40567-23-5	41335-35-7	41934-47-8	42906-19-4	49650-84-2	50606-96-7	51053-44-2	51772-35-1
40601-76-1	41362-82-7	42056-95-1	42933-52-8	49650-88-6	50606-97-8	51072-66-3	51811-42-8
40677-64-3	41363-16-0	42165-79-7	42951-35-9	49651-10-7	50610-40-7	51084-32-3	51838-10-9
40690-89-9	41378-27-2	42175-41-7	42952-29-4	49723-69-5	50622-42-9	51085-07-5	51839-16-8
40703-79-5	41382-37-0	42228-16-0	42965-91-3	49742-56-5	50626-02-3	51085-52-0	51848-29-4
40817-08-1	41426-11-3	42228-65-9	42967-55-5	49744-28-7	50649-60-0	51115-63-0	51864-09-6
40828-00-0	41427-13-8	42245-42-1	42978-77-8	49759-21-9	50649-73-5	51126-65-9	51889-17-9
40836-01-9	41439-97-8	42293-27-6	42986-15-2	49763-60-2	50651-39-3	51142-36-0	51897-36-0
40837-23-8	41450-77-5	42344-05-8	42994-94-5	49763-64-6	50662-99-2	51143-35-2	51897-37-1
40842-68-0	41450-78-6	42372-00-9	43036-07-3	49763-65-7	50687-70-2	51160-59-9	51897-39-3
40843-73-0	41450-85-5	42372-33-8	43042-08-6	49831-05-2	50696-42-9	51176-98-8	51897-40-6
40876-94-6	41453-50-3	42372-37-2	43047-20-7	50261-16-0	50696-68-9	51219-00-2	51923-16-1
40906-82-9	41458-65-5	42379-67-9	43051-43-0	50261-59-1	50714-97-1	51235-04-2	51923-17-2
40915-55-7	41494-34-2	42379-68-0	43051-46-3	50261-99-9	50745-64-7	51274-00-1	51923-18-3
40932-60-3	41494-35-3	42389-30-0	43052-65-9	50262-49-2	50764-79-9	51282-49-6	51923-19-4
40941-53-5	41494-71-7	42413-23-0	43061-75-2	50262-50-5	50770-19-9	51286-62-2	51923-20-7
40947-69-1	41503-58-6	42419-94-3	43095-70-1	50262-51-6	50772-35-5	51312-03-9	51931-46-5
40948-32-1	41503-61-1	42423-89-2	43096-12-4	50262-54-9	50774-65-7	51317-78-3	51943-58-9
40948-38-7	41504-19-2	42436-07-7	43099-94-1	50262-55-0	50789-44-1	51325-91-8	51943-99-8
40948-42-3	41532-84-7	42452-55-1	43165-51-1	50262-56-1	50793-85-6	51331-32-9	51947-52-5
40948-95-6	41543-92-4	42481-10-7	43210-67-9	50262-57-2	50793-86-7	51349-86-1	51955-66-9
41011-48-7	41554-11-4	42481-11-8	43222-48-6	50262-58-3	50802-52-3	51363-80-5	51955-67-0
41044-12-6	41570-56-3	42486-53-3	46427-20-7	50292-91-6	50814-25-0	51365-70-9	51959-14-9
41066-08-4	41573-36-8	42487-09-2	46506-88-1	50314-37-9	50818-84-3	51389-84-5	51963-82-7
41105-35-5	41576-40-3	42530-53-0	46728-75-0	50328-50-2	50849-47-3	51418-90-7	51971-64-3
41122-71-8	41614-14-6	42576-02-3	46814-61-3	50337-75-2	50850-92-5	51418-91-8	51981-33-0
41161-53-9	41614-16-8	42612-21-5	46815-10-5	50375-15-0	50861-58-0	51449-18-4	51981-34-1
41161-54-0	41638-55-5	42712-64-1	46843-54-3	50378-83-1	50868-72-9	51461-11-1	51988-24-0
41161-57-3	41642-95-9	42739-64-0	46874-41-3	50433-83-5	50880-65-4	51501-27-0	52005-81-9
41175-45-5	41663-84-7	42825-73-0	46917-07-1	50498-74-3	50884-30-5	51517-45-4	52018-28-7
41175-50-2	41672-54-2	42835-92-7	46921-92-0	50539-65-6	50922-60-6	51550-25-5	52018-82-3
41184-20-7	41682-04-6	42861-47-2	47163-83-7	50542-90-0	50922-61-7	51550-64-2	52022-77-2
41199-19-3	41687-30-3	42861-95-0	47310-94-1	50543-78-7	50928-80-8	51583-69-8	52033-73-5
41204-67-5	41709-76-6	42874-03-3	47377-16-2	50556-36-0	50930-41-1	51596-04-4	52078-66-7
41240-77-1	41710-89-8	42874-63-5	47743-68-0	50563-36-5	50930-79-5	51599-32-7	52080-58-7
41253-36-5	41729-43-5	42880-17-1	47747-56-8	50563-55-8	50963-62-7	51632-16-7	52085-52-6
41267-76-9	41772-23-0	42887-24-1	47834-75-3	50594-44-0	50976-17-5	51656-57-6	52093-42-2
41272-40-6	41830-80-2	42887-26-3	48145-04-6	50594-66-6	50976-35-7	51732-34-4	52123-15-6
41295-98-1	41830-81-3	42887-27-4	49539-88-0	50594-77-9	51023-76-8	51750-32-4	52125-43-6
41319-88-4	41906-71-2	42903-59-3	49583-83-7	50598-29-3	51032-47-4	51760-21-5	52126-51-9
41333-49-7	41909-89-1	42905-20-4	49630-05-9	50606-95-6	51053-43-1	51767-45-4	52129-61-0

52129-70-1	52592-57-8	53350-33-7	53957-34-9	54392-42-6	55203-66-2	55804-65-4	56509-55-8
52129-71-2	52593-56-3	53370-57-3	53987-32-9	54395-52-7	55203-76-4	55804-66-5	56509-56-9
52135-26-9	52623-68-4	53404-31-2	53988-10-6	54443-90-2	55281-26-0	55804-67-6	56512-49-3
52166-72-0	52645-53-1	53404-76-5	53989-05-2	54443-97-9	55283-68-6	55804-68-7	56548-64-2
52181-07-4	52677-44-8	53411-33-9	54002-45-8	54449-74-0	55290-05-6	55804-70-1	56585-48-9
52184-19-7	52686-09-6	53423-65-7	54012-92-9	54464-57-2	55310-46-8	55850-01-6	56765-79-8
52184-29-9	52697-38-8	53452-65-6	54023-75-5	54464-59-4	55334-51-5	55868-93-4	56773-61-6
52191-01-2	52698-84-7	53467-11-1	54023-77-7	54466-36-3	55398-87-3	55881-96-4	56797-10-5
52196-74-4	52710-27-7	53506-00-6	54057-95-3	54491-17-7	55403-91-3	55909-76-7	56843-30-2
52202-90-1	52716-30-0	53510-49-9	54060-30-9	54554-39-1	55418-52-5	55910-01-5	56878-25-2
52233-01-9	52716-31-1	53518-14-2	54060-31-0	54579-28-1	55425-38-2	55911-06-3	56890-89-2
52235-55-9	52722-53-9	53518-15-3	54077-16-6	54581-50-9	55435-71-7	55940-73-3	56912-29-9
52236-73-4	52723-96-3	53518-16-4	54079-53-7	54600-85-0	55470-66-1	55952-56-2	56912-33-5
52237-05-5	52735-88-3	53518-18-6	54110-21-3	54634-94-5	55479-14-6	55973-86-9	56932-43-5
52243-33-1	52746-49-3	53518-19-7	54112-23-1	54648-07-6	55482-31-0	55994-13-3	56932-44-6
52256-38-9	52749-23-2	53523-90-3	54119-35-6	54650-40-7	55484-55-4	56014-69-8	56935-95-6
52277-26-6	52821-24-6	53524-27-9	54119-36-7	54687-44-4	55490-03-4	56014-87-0	56961-42-3
52279-66-0	52829-07-9	53554-75-9	54119-37-8	54750-10-6	55491-44-6	56046-61-8	56961-50-3
52286-56-3	52830-65-6	53558-25-1	54151-74-5	54762-86-6	55511-33-6	56046-62-9	56961-56-9
52298-44-9	52830-71-4	53611-17-9	54178-94-8	54804-85-2	55526-73-3	56047-23-5	56961-84-3
52299-73-7	52830-74-7	53622-16-5	54179-01-0	54824-37-2	55526-94-8	56082-24-3	56961-90-1
52301-21-0	52830-80-5	53655-17-7	54179-19-0	54830-47-6	55526-95-9	56149-12-3	56962-08-4
52320-66-8	52840-38-7	53743-11-6	54200-50-9	54849-69-3	55569-68-1	56207-93-3	56968-08-2
52322-16-4	52868-49-2	53744-42-6	54237-83-1	54888-15-2	55617-85-1	56222-83-4	57039-61-9
52337-77-6	52913-45-8	53761-45-8	54241-45-1	54939-53-6	55619-06-2	56240-38-1	57094-40-3
52337-78-7	52941-80-7	53761-50-5	54243-60-6	54946-60-0	55619-17-5	56243-25-5	57109-90-7
52345-47-8	52994-01-1	53780-33-9	54245-33-9	54951-54-1	55619-18-6	56273-48-4	57119-69-4
52398-83-1	52998-13-7	53802-03-2	54256-43-8	54983-54-9	55645-40-4	56280-59-2	57119-83-2
52406-01-6	53027-60-4	53815-85-3	54256-51-8	54996-03-1	55664-78-3	56288-95-0	57119-91-2
52411-33-3	53054-77-6	53817-43-9	54268-69-8	55035-43-3	55676-76-1	56315-29-8	57206-44-7
52418-31-2	53059-76-0	53817-44-0	54268-71-2	55036-57-2	55676-77-2	56362-01-7	57218-68-5
52435-04-8	53061-07-7	53817-54-2	54268-90-5	55044-52-5	55719-85-2	56363-84-9	57272-87-4
52435-14-0	53101-68-1	53817-61-1	54288-95-8	55048-24-3	55719-88-5	56392-17-7	57283-72-4
52435-87-7	53101-69-2	53863-23-3	54288-96-9	55066-56-3	55719-89-6	56396-10-2	57303-71-6
52483-84-8	53151-84-1	53874-67-2	54291-12-2	55067-15-7	55751-54-7	56405-32-4	57322-42-6
52509-83-8	53179-11-6	53918-03-9	54322-31-5	55150-29-3	55771-81-8	56405-37-9	57339-57-8
52509-84-9	53209-24-8	53918-53-9	54323-26-1	55197-82-5	55772-67-3	56423-40-6	57352-34-8
52513-03-8	53213-82-4	53934-41-1	54326-11-3	55197-83-6	55775-26-3	56431-61-9	57356-18-0
52513-11-8	53288-83-8	53950-28-0	54381-08-7	55203-51-5	55777-68-9	56451-38-8	57359-00-9
52543-24-5	53304-43-1	53950-33-7	54381-16-7	55203-59-3	55777-80-5	56504-94-0	57360-63-1
52562-19-3	53340-16-2	53956-04-0	54385-47-6	55203-60-6	55792-63-7	56507-10-9	57414-42-3

57444-70-9	58376-56-0	59413-34-2	60246-14-2	61417-55-8	61725-32-4	61813-62-5	61814-16-2
57456-25-4	58405-98-4	59413-58-0	60268-12-4	61417-56-9	61725-34-6	61813-63-6	61814-18-4
57515-95-4	58468-55-6	59431-98-0	60311-02-6	61433-43-0	61725-40-4	61813-64-7	61814-42-4
57532-26-0	58470-10-3	59504-34-6	60316-43-0	61433-54-3	61725-47-1	61813-65-8	61814-43-5
57532-29-3	58470-12-5	59514-43-1	60388-20-7	61461-73-2	61725-50-6	61813-66-9	61814-44-6
57532-33-9	58471-77-5	59519-55-0	60388-36-5	61461-74-3	61725-51-7	61813-67-0	61814-45-7
57542-56-0	58473-78-2	59558-23-5	60388-37-6	61467-64-9	61725-69-7	61813-68-1	61814-47-9
57563-07-2	58474-16-1	59567-49-6	60453-87-4	61470-70-0	61725-74-4	61813-69-2	61814-67-3
57564-13-3	58479-61-1	59572-10-0	60453-89-6	61480-14-6	61725-98-2	61813-70-5	61814-68-4
57564-96-2	58480-17-4	59596-06-8	60485-76-9	61488-78-6	61788-42-9	61813-71-6	61814-69-5
57583-69-4	58502-84-4	59596-07-9	60487-81-2	61512-63-8	61789-64-8	61813-74-9	61814-70-8
57589-85-2	58513-59-0	59639-91-7	60569-85-9	61550-72-9	61791-73-9	61813-75-0	61814-71-9
57609-64-0	58516-12-4	59642-74-9	60593-02-4	61594-49-8	61791-75-1	61813-76-1	61814-73-1
57609-72-0	58521-43-0	59642-75-0	60711-74-2	61600-13-3	61791-76-2	61813-77-2	61814-75-3
57610-10-3	58556-60-8	59662-32-7	60732-52-7	61617-00-3	61791-77-3	61813-78-3	61814-76-4
57764-54-2	58566-44-2	59666-16-9	60760-42-1	61621-35-0	61791-80-8	61813-80-7	61814-77-5
57913-35-6	58569-23-6	59680-40-9	60763-41-9	61679-29-6	61791-81-9	61813-83-0	61814-79-7
57971-98-9	58573-87-8	59736-98-0	60781-83-1	61683-99-6	61791-83-1	61813-85-2	61814-81-1
57998-25-1	58591-14-3	59737-31-4	60813-12-9	61702-41-8	61791-85-3	61813-86-3	61814-82-2
58051-95-9	58591-15-4	59748-37-7	60842-34-4	61702-42-9	61791-86-4	61813-87-4	61814-84-4
58051-96-0	58591-21-2	59756-60-4	60869-68-3	61702-44-1	61791-92-2	61813-89-6	61814-85-5
58051-97-1	58596-05-7	59787-79-0	60869-70-7	61702-47-4	61792-02-7	61813-90-9	61814-87-7
58051-98-2	58596-09-1	59800-33-8	60871-86-5	61702-67-8	61792-07-2	61813-91-0	61814-88-8
58051-99-3	58632-48-7	59895-79-3	60878-87-7	61702-91-8	61792-17-4	61813-93-2	61814-90-2
58066-96-9	58672-61-0	59916-30-2	60899-29-8	61703-11-5	61792-21-0	61813-95-4	61814-91-3
58067-05-3	58694-33-0	59948-52-6	60911-92-4	61711-30-6	61792-22-1	61813-96-5	61814-92-4
58089-99-9	58698-34-3	59970-88-6	60932-58-3	61711-31-7	61792-24-3	61813-97-6	61814-93-5
58109-40-3	58721-74-7	59986-55-9	61036-28-0	61723-88-4	61792-25-4	61813-98-7	61814-97-9
58161-93-6	58767-50-3	59986-59-3	61109-39-5	61724-01-4	61792-42-5	61813-99-8	61814-99-1
58169-99-6	58795-54-3	59994-21-7	61121-67-3	61724-02-5	61792-43-6	61814-00-4	61815-02-9
58196-33-1	58965-11-0	60006-10-2	61168-62-5	61724-25-2	61792-44-7	61814-01-5	61815-03-0
58214-96-3	58967-91-2	60033-00-3	61215-89-2	61724-39-8	61792-45-8	61814-02-6	61815-04-1
58240-57-6	59160-29-1	60044-33-9	61224-41-7	61724-57-0	61792-46-9	61814-03-7	61815-05-2
58244-29-4	59191-99-0	60093-93-8	61262-53-1	61724-64-9	61792-48-1	61814-06-0	61815-08-5
58249-73-3	59192-05-1	60126-36-5	61286-65-5	61724-89-8	61813-38-5	61814-07-1	61815-13-2
58276-69-0	59261-10-8	60160-75-0	61290-31-1	61724-97-8	61813-42-1	61814-08-2	61827-59-6
58306-86-8	59262-64-5	60168-88-9	61354-93-6	61724-98-9	61813-46-5	61814-09-3	61827-66-5
58336-35-9	59354-71-1	60181-78-4	61354-99-2	61725-02-8	61813-49-8	61814-11-7	61827-68-7
58339-34-7	59379-70-3	60202-35-9	61373-80-6	61725-26-6	61813-59-0	61814-12-8	61827-70-1
58353-63-2	59388-58-8	60202-39-3	61377-19-3	61725-27-7	61813-60-3	61814-14-0	61827-71-2
58359-53-8	59411-71-1	60223-95-2	61417-50-3	61725-28-8	61813-61-4	61814-15-1	61827-72-3

61827-73-4	61901-07-3	61902-01-0	61951-46-0	61968-64-7	62604-63-1	62669-69-6	62816-35-7
61827-75-6	61901-08-4	61902-05-4	61951-47-1	61968-66-9	62609-83-0	62669-70-9	63021-88-5
61827-76-7	61901-11-9	61902-07-6	61951-50-6	61968-85-2	62609-84-1	62669-72-1	63022-06-0
61827-77-8	61901-14-2	61902-08-7	61951-52-8	61968-92-1	62609-85-2	62669-73-2	63022-07-1
61827-78-9	61901-16-4	61902-10-1	61951-53-9	61968-98-7	62609-86-3	62669-74-3	63022-08-2
61827-80-3	61901-17-5	61902-11-2	61951-55-1	61968-99-8	62609-87-4	62669-75-4	63022-09-3
61842-44-2	61901-18-6	61902-13-4	61951-58-4	61969-02-6	62609-88-5	62669-77-6	63022-10-6
61847-52-7	61901-21-1	61902-15-6	61951-59-5	61969-29-7	62609-89-6	62697-11-4	63059-32-5
61847-60-7	61901-23-3	61902-16-7	61951-60-8	61969-47-9	62609-90-9	62697-12-5	63059-34-7
61847-68-5	61901-24-4	61902-31-6	61951-61-9	62106-17-6	62609-93-2	62698-50-4	63059-39-2
61847-71-0	61901-25-5	61902-33-8	61951-62-0	62106-21-2	62609-94-3	62698-53-7	63059-42-7
61847-75-4	61901-31-3	61902-38-3	61951-63-1	62133-79-3	62609-95-4	62698-54-8	63059-43-8
61847-76-5	61901-34-6	61902-39-4	61951-64-2	62133-80-6	62613-15-4	62698-55-9	63059-44-9
61847-77-6	61901-38-0	61902-40-7	61951-65-3	62134-44-5	62625-15-4	62698-56-0	63059-47-2
61852-40-2	61901-40-4	61902-41-8	61951-66-4	62143-18-4	62625-16-5	62698-58-2	63059-48-3
61852-41-3	61901-41-5	61902-48-5	61951-67-5	62158-73-0	62625-17-6	62707-55-5	63059-49-4
61867-79-6	61901-42-6	61902-49-6	61951-72-2	62210-73-5	62625-21-2	62708-54-7	63059-50-7
61867-83-2	61901-43-7	61907-30-0	61951-76-6	62256-00-2	62625-22-3	62708-58-1	63059-51-8
61867-90-1	61901-46-0	61919-18-4	61951-79-9	62257-17-4	62625-24-5	62742-50-1	63059-53-0
61867-93-4	61901-47-1	61931-04-2	61951-82-4	62265-99-0	62625-28-9	62742-51-2	63059-54-1
61867-94-5	61901-48-2	61931-06-4	61951-86-8	62306-04-1	62625-29-0	62748-01-0	63059-55-2
61867-96-7	61901-51-7	61931-09-7	61951-88-0	62314-89-0	62625-30-3	62758-12-7	63059-56-3
61867-97-8	61901-56-2	61931-23-5	61951-89-1	62331-46-8	62625-31-4	62758-13-8	63059-58-5
61867-99-0	61901-57-3	61931-34-8	61951-90-4	62346-96-7	62630-92-6	62758-14-9	63059-59-6
61868-00-6	61901-59-5	61931-41-7	61967-93-9	62353-80-4	62637-89-2	62763-89-7	63059-61-0
61886-17-7	61901-60-8	61931-55-3	61967-94-0	62476-15-7	62637-91-6	62778-12-5	63059-62-1
61886-18-8	61901-61-9	61931-65-5	61968-11-4	62476-57-7	62637-92-7	62778-15-8	63059-64-3
61886-23-5	61901-62-0	61931-68-8	61968-25-0	62476-59-9	62637-98-3	62778-17-0	63059-65-4
61886-35-9	61901-64-2	61931-69-9	61968-26-1	62476-60-2	62638-01-1	62778-18-1	63081-22-1
61886-39-3	61901-66-4	61931-71-3	61968-27-2	62501-39-7	62654-07-3	62778-19-2	63084-98-0
61886-40-6	61901-70-0	61931-72-4	61968-30-7	62509-87-9	62654-08-4	62778-21-6	63089-83-8
61886-41-7	61901-72-2	61931-77-9	61968-41-0	62554-36-3	62654-09-5	62778-22-7	63105-52-2
61886-43-9	61901-75-5	61931-82-6	61968-42-1	62563-16-0	62654-10-8	62778-24-9	63105-53-3
61886-51-9	61901-76-6	61931-85-9	61968-43-2	62568-43-8	62654-11-9	62780-67-0	63105-54-4
61886-54-2	61901-77-7	61931-87-1	61968-49-8	62570-47-2	62654-12-0	62796-23-0	63105-60-2
61889-11-0	61901-82-4	61949-88-0	61968-51-2	62570-50-7	62654-17-5	62796-24-1	63105-61-3
61890-96-8	61901-89-1	61951-34-6	61968-52-3	62587-74-0	62654-19-7	62796-25-2	63123-17-1
61891-20-1	61901-90-4	61951-39-1	61968-53-4	62592-39-6	62669-60-7	62796-27-4	63123-18-2
61900-97-8	61901-91-5	61951-40-4	61968-57-8	62592-55-6	62669-62-9	62796-28-5	63123-20-6
61901-03-9	61901-92-6	61951-41-5	61968-58-9	62592-60-3	62669-63-0	62796-29-6	63123-22-8
61901-05-1	61901-95-9	61951-43-7	61968-63-6	62604-62-0	62669-66-3	62796-32-1	63123-23-9

63123-24-0	63134-16-7	63149-10-0	63216-83-1	63450-44-2	63467-28-7	63549-18-8	63807-44-8
63123-25-1	63134-17-8	63149-11-1	63216-84-2	63450-46-4	63467-32-3	63549-41-7	63807-45-9
63123-26-2	63134-19-0	63149-14-4	63216-86-4	63450-47-5	63467-34-5	63549-42-8	63815-64-5
63123-27-3	63134-20-3	63149-16-6	63216-89-7	63450-48-6	63467-36-7	63549-43-9	63815-65-6
63123-28-4	63134-21-4	63149-18-8	63216-90-0	63450-54-4	63467-37-8	63549-46-2	63815-66-7
63123-29-5	63134-23-6	63149-21-3	63216-93-3	63450-59-9	63467-44-7	63549-48-4	63815-67-8
63123-34-2	63134-25-8	63149-22-4	63216-94-4	63450-61-3	63467-59-4	63549-51-9	63815-68-9
63123-35-3	63134-26-9	63149-23-5	63216-95-5	63450-66-8	63467-70-9	63568-27-4	63815-69-0
63123-36-4	63134-27-0	63149-24-6	63216-98-8	63450-67-9	63467-92-5	63568-29-6	63815-72-5
63123-38-6	63134-28-1	63149-25-7	63216-99-9	63450-78-2	63467-99-2	63568-30-9	63815-75-8
63123-39-7	63134-29-2	63149-26-8	63217-00-5	63450-84-0	63468-44-0	63568-31-0	63815-76-9
63123-41-1	63134-32-7	63149-27-9	63217-11-8	63450-87-3	63468-52-0	63568-32-1	63815-77-0
63123-42-2	63134-33-8	63149-29-1	63217-24-3	63450-88-4	63468-54-2	63568-33-2	63815-78-1
63123-44-4	63134-34-9	63149-30-4	63217-25-4	63450-94-2	63468-57-5	63568-36-5	63815-79-2
63123-45-5	63147-42-2	63149-31-5	63217-26-5	63450-99-7	63468-58-6	63573-38-6	63815-80-5
63133-73-3	63148-73-2	63149-33-7	63217-29-8	63451-30-9	63468-90-6	63573-57-9	63815-81-6
63133-74-4	63148-76-5	63149-36-0	63217-32-3	63451-31-0	63468-95-1	63589-10-6	63815-82-7
63133-76-6	63148-79-8	63149-38-2	63217-34-5	63451-32-1	63468-98-4	63589-29-7	63815-83-8
63133-78-8	63148-80-1	63149-40-6	63217-35-6	63451-34-3	63469-13-6	63589-45-7	63815-84-9
63133-80-2	63148-81-2	63149-42-8	63217-38-9	63451-35-4	63469-15-8	63610-06-0	63815-85-0
63133-84-6	63148-83-4	63149-45-1	63217-39-0	63451-49-0	63482-60-0	63641-88-3	63815-86-1
63133-86-8	63148-84-5	63149-46-2	63217-46-9	63466-99-9	63493-77-6	63661-65-4	63815-89-4
63133-89-1	63148-85-6	63150-14-1	63251-40-1	63467-01-6	63494-13-3	63665-72-5	63815-90-7
63133-91-5	63148-86-7	63163-95-1	63251-41-2	63467-02-7	63494-56-4	63665-75-8	63815-92-9
63133-92-6	63148-87-8	63163-96-2	63251-43-4	63467-05-0	63494-59-7	63665-80-5	63815-93-0
63133-94-8	63148-88-9	63163-97-3	63251-44-5	63467-06-1	63494-80-4	63665-81-6	63815-94-1
63133-95-9	63148-89-0	63165-89-9	63278-33-1	63467-07-2	63503-96-8	63665-89-4	63815-95-2
63133-96-0	63148-90-3	63165-90-2	63284-71-9	63467-08-3	63512-20-9	63665-90-7	63815-96-3
63133-97-1	63148-91-4	63165-91-3	63351-73-5	63467-09-4	63512-41-4	63665-91-8	63815-97-4
63133-98-2	63148-94-7	63165-92-4	63368-36-5	63467-10-7	63512-52-7	63665-92-9	63815-98-5
63133-99-3	63148-95-8	63175-24-6	63400-64-6	63467-11-8	63512-55-0	63665-95-2	63815-99-6
63134-02-1	63148-97-0	63175-96-2	63405-85-6	63467-13-0	63512-57-2	63666-07-9	63816-00-2
63134-03-2	63148-98-1	63175-99-5	63425-46-7	63467-14-1	63512-58-3	63666-09-1	63816-01-3
63134-04-3	63148-99-2	63179-62-4	63428-97-7	63467-15-2	63512-59-4	63701-23-5	63816-04-6
63134-08-7	63149-00-8	63181-82-8	63428-99-9	63467-16-3	63512-61-8	63701-24-6	63816-06-8
63134-09-8	63149-01-9	63181-83-9	63439-92-9	63467-18-5	63512-64-1	63713-74-6	63816-07-9
63134-10-1	63149-02-0	63182-18-3	63449-48-9	63467-23-2	63512-66-3	63713-75-7	63816-08-0
63134-11-2	63149-03-1	63182-22-9	63449-52-5	63467-24-3	63526-71-6	63713-77-9	63816-09-1
63134-12-3	63149-04-2	63182-23-0	63449-55-8	63467-25-4	63534-59-8	63713-86-0	63816-10-4
63134-14-5	63149-07-5	63182-24-1	63449-68-3	63467-26-5	63549-10-0	63734-62-3	63816-11-5
63134-15-6	63149-09-7	63192-51-8	63450-30-6	63467-27-6	63549-13-3	63741-10-6	63816-12-6

63816-13-7	64147-45-1	64683-43-8	65059-91-8	65087-24-3	65138-72-9	65208-17-5	65605-48-3
63816-15-9	64164-99-4	64716-00-3	65059-92-9	65104-05-4	65138-79-6	65208-23-3	65652-29-1
63816-16-0	64285-34-3	64716-02-5	65059-93-0	65104-20-3	65138-80-9	65208-24-4	65652-42-8
63816-17-1	64346-09-4	64722-50-5	65059-94-1	65104-21-4	65150-80-3	65208-25-5	65652-43-9
63816-18-2	64346-10-7	64743-14-2	65059-95-2	65104-24-7	65150-84-7	65208-30-2	65665-49-8
63816-19-3	64346-26-5	64743-15-3	65059-99-6	65104-25-8	65150-86-9	65208-31-3	65694-10-2
63816-20-6	64346-28-7	64800-83-5	65072-22-2	65104-29-2	65150-87-0	65208-32-4	65701-06-6
63834-91-3	64346-29-8	64835-62-7	65072-26-6	65104-30-5	65150-98-3	65208-33-5	65701-07-7
63870-18-8	64346-30-1	64909-33-7	65072-27-7	65104-32-7	65151-24-8	65208-34-6	65719-14-4
63870-29-1	64346-35-6	64988-06-3	65072-31-3	65104-33-8	65151-26-0	65235-64-5	65733-64-4
63870-30-4	64346-37-8	64992-16-1	65072-34-6	65104-34-9	65151-27-1	65237-05-0	65776-60-5
63870-31-5	64346-40-3	65000-29-5	65072-36-8	65104-35-0	65151-29-3	65287-01-6	65776-61-6
63870-32-6	64346-41-4	65000-30-8	65072-39-1	65104-41-8	65151-32-8	65293-86-9	65776-63-8
63870-33-7	64346-43-6	65000-33-1	65072-40-4	65104-62-3	65151-33-9	65293-90-5	65776-64-9
63870-34-8	64346-55-0	65000-34-2	65072-41-5	65104-93-0	65151-34-0	65294-00-0	65776-66-1
63870-36-0	64346-56-1	65000-36-4	65072-43-7	65104-99-6	65151-40-8	65294-03-3	65816-20-8
63870-37-1	64346-57-2	65036-45-5	65072-44-8	65105-00-2	65151-41-9	65294-06-6	65850-52-4
63870-40-6	64346-60-7	65036-53-5	65072-45-9	65105-01-3	65151-42-0	65294-07-7	65850-54-6
63870-43-9	64346-61-8	65036-54-6	65072-48-2	65105-02-4	65151-45-3	65294-08-8	65859-40-7
63870-44-0	64346-68-5	65036-60-4	65072-49-3	65121-70-2	65151-46-4	65294-13-5	65859-45-2
63870-45-1	64346-71-0	65036-62-6	65072-51-7	65121-73-5	65151-47-5	65294-14-6	65879-43-8
63870-47-3	64346-72-1	65036-63-7	65072-53-9	65121-76-8	65151-48-6	65294-15-7	65907-69-9
63870-48-4	64346-74-3	65036-64-8	65072-54-9	65121-77-9	65151-49-7	65294-17-9	65916-12-3
63870-49-5	64346-75-4	65036-65-9	65072-59-5	65121-84-8	65151-59-9	65294-20-4	65916-13-4
63870-50-8	64365-65-7	65036-67-1	65072-61-9	65121-93-9	65151-61-3	65307-72-4	65916-14-5
63870-51-9	64381-97-1	65036-69-3	65086-47-7	65121-97-3	65151-66-8	65339-11-9	65916-16-7
63870-52-0	64381-99-3	65045-84-3	65086-89-7	65121-98-4	65151-68-0	65366-87-2	66027-80-3
63870-54-2	64394-19-0	65045-85-4	65086-93-3	65122-05-6	65152-14-9	65369-95-1	66027-97-2
63870-55-3	64426-36-4	65045-86-5	65086-95-5	65122-06-7	65152-15-0	65379-23-9	66027-99-4
63870-56-4	64485-10-5	65045-87-6	65086-99-9	65122-07-8	65152-16-1	65383-61-1	66028-00-0
63936-56-1	64490-84-2	65059-41-8	65087-00-5	65122-08-9	65152-17-2	65390-98-9	66028-01-1
63957-60-8	64601-03-2	65059-45-2	65087-03-8	65122-11-4	65152-19-4	65392-81-6	66037-55-6
63957-61-9	64601-04-3	65059-52-1	65087-04-9	65122-12-5	65152-20-7	65405-67-6	66037-56-7
64036-72-2	64641-84-5	65059-63-4	65087-05-0	65122-23-8	65152-25-2	65405-76-7	66037-57-8
64051-35-0	64653-59-4	65059-64-5	65087-06-1	65122-39-6	65168-09-4	65405-77-8	66037-58-9
64051-37-2	64653-97-0	65059-82-7	65087-12-9	65122-41-0	65168-11-8	65416-14-0	66037-59-0
64051-40-7	64654-05-3	65059-83-8	65087-13-0	65122-43-2	65168-14-1	65416-15-1	66068-84-6
64070-98-0	64665-57-2	65059-84-9	65087-14-1	65122-44-3	65168-18-5	65416-19-5	66085-66-3
64123-46-2	64683-38-1	65059-88-3	65087-15-2	65122-45-4	65168-20-9	65442-31-1	66085-67-4
64123-64-4	64683-39-2	65059-89-4	65087-16-3	65122-46-5	65186-16-5	65451-61-8	66085-68-5
64135-01-9	64683-41-6	65059-90-7	65087-17-4	65138-69-4	65208-16-4	65605-47-2	66085-69-6

66085-70-9	66181-84-8	66375-39-1	67633-58-3	67763-23-9	67801-08-5	67828-25-5	67828-70-0
66085-71-0	66182-97-6	66375-40-4	67633-59-4	67763-24-0	67801-09-6	67828-26-6	67828-72-2
66085-76-5	66182-98-7	66620-37-9	67633-85-6	67763-26-2	67801-10-9	67828-27-7	67828-73-3
66104-32-3	66197-78-2	66776-65-0	67633-94-7	67785-34-6	67801-16-5	67828-28-8	67845-40-3
66104-34-5	66214-40-2	66812-98-4	67634-02-0	67785-69-7	67801-18-7	67828-29-9	67845-41-4
66104-35-6	66214-41-3	67000-46-8	67634-04-2	67785-70-0	67801-26-7	67828-30-2	67845-42-5
66104-36-7	66214-42-4	67055-68-9	67634-06-4	67785-71-1	67801-36-9	67828-31-3	67845-60-7
66104-37-8	66214-43-5	67162-11-2	67634-12-2	67785-72-2	67801-37-0	67828-32-4	67845-79-8
66104-40-3	66214-44-6	67169-27-1	67634-21-3	67785-76-6	67801-42-7	67828-33-5	67845-80-1
66104-41-4	66214-45-7	67169-91-9	67634-23-5	67785-77-7	67801-43-8	67828-34-6	67845-81-2
66104-44-7	66214-46-8	67210-66-6	67674-20-8	67785-88-0	67801-44-9	67828-35-7	67845-84-5
66104-46-9	66214-47-9	67273-43-2	67674-21-9	67785-89-1	67801-47-2	67828-37-9	67845-85-6
66104-49-2	66214-48-0	67338-57-2	67674-22-0	67786-00-9	67801-52-9	67828-38-0	67845-88-9
66104-53-8	66214-49-1	67338-58-3	67674-23-1	67786-07-6	67801-53-0	67828-39-1	67845-91-4
66104-54-9	66214-50-4	67338-59-4	67674-24-2	67786-08-7	67801-54-1	67828-40-4	67845-93-6
66104-55-0	66214-51-5	67338-61-8	67674-25-3	67786-12-3	67801-55-2	67828-41-5	67845-96-9
66104-56-1	66214-52-6	67338-62-9	67674-26-4	67786-13-4	67801-56-3	67828-42-6	67845-97-0
66104-59-4	66214-53-7	67339-75-7	67674-27-5	67786-14-5	67801-57-4	67828-43-7	67845-98-1
66104-70-9	66214-54-8	67364-88-9	67674-28-6	67786-15-6	67801-58-5	67828-45-9	67845-99-2
66104-71-0	66214-55-9	67433-96-9	67674-29-7	67786-16-7	67801-60-9	67828-46-0	67846-01-9
66104-72-1	66225-56-7	67491-88-7	67674-30-0	67786-17-8	67802-59-6	67828-47-1	67846-02-0
66104-73-2	66225-60-3	67577-84-8	67674-32-2	67786-18-9	67815-66-1	67828-49-3	67846-10-0
66104-81-2	66225-62-5	67599-06-8	67674-48-0	67786-19-0	67815-70-7	67828-50-6	67846-42-8
66104-82-3	66225-64-7	67599-07-9	67674-53-7	67786-20-3	67815-95-6	67828-51-7	67846-44-0
66142-15-2	66225-65-8	67599-08-0	67674-55-9	67786-21-4	67816-10-8	67828-52-8	67856-55-7
66142-16-3	66241-11-0	67599-09-1	67674-60-6	67786-22-5	67827-69-4	67828-54-0	67859-77-2
66142-19-6	66241-12-1	67599-10-4	67689-48-9	67786-23-6	67827-70-7	67828-55-1	67860-00-8
66142-20-9	66256-71-1	67599-11-5	67697-31-8	67786-24-7	67827-71-8	67828-56-2	67873-85-2
66142-21-0	66256-72-2	67599-12-6	67697-32-9	67786-25-8	67827-72-9	67828-57-3	67874-23-1
66142-22-1	66256-74-4	67599-13-7	67697-46-5	67786-26-9	67827-86-4	67828-58-4	67874-24-2
66142-94-7	66256-76-6	67599-14-8	67697-49-8	67800-88-8	67827-87-6	67828-59-5	67874-25-3
66142-95-8	66274-26-8	67599-15-9	67697-69-2	67800-90-2	67827-88-7	67828-60-8	67874-52-6
66142-99-2	66276-83-3	67599-16-0	67697-75-0	67800-91-3	67827-89-8	67828-61-9	67874-56-0
66172-78-9	66304-04-9	67599-17-1	67701-35-3	67800-93-5	67828-01-7	67828-62-0	67874-57-1
66172-79-0	66304-05-0	67599-18-2	67701-36-4	67800-97-9	67828-02-8	67828-63-1	67874-58-2
66172-80-3	66304-06-1	67599-19-3	67710-71-8	67800-98-0	67828-18-6	67828-64-2	67874-59-3
66172-81-4	66304-07-2	67599-20-6	67712-20-3	67801-01-8	67828-20-0	67828-65-3	67874-60-6
66172-82-5	66304-08-3	67599-21-7	67746-24-1	67801-02-0	67828-21-1	67828-66-4	67874-68-4
66172-83-6	66327-55-7	67599-22-8	67748-63-4	67801-03-0	67828-22-2	67828-67-5	67874-69-5
66172-84-7	66327-56-8	67613-13-2	67762-57-6	67801-04-1	67828-23-3	67828-68-6	67874-84-4
66172-85-8	66375-36-8	67614-42-0	67763-22-8	67801-06-3	67828-24-4	67828-69-7	67874-86-6

67875-00-7	67892-39-1	67905-52-6	67923-41-5	67952-66-3	67990-11-8	68025-20-7	68052-14-2
67875-01-8	67892-40-4	67905-54-8	67923-42-6	67952-81-2	67990-12-9	68025-27-4	68052-15-3
67875-02-9	67892-41-5	67905-55-9	67923-43-7	67952-93-6	67990-19-6	68025-30-9	68052-17-5
67875-03-0	67892-42-6	67905-56-0	67923-44-8	67952-94-7	67990-22-1	68025-31-0	68052-18-6
67875-04-1	67892-44-8	67905-57-1	67923-46-0	67952-97-0	67990-23-2	68025-32-1	68052-19-7
67875-05-2	67892-45-9	67905-59-3	67923-47-1	67953-06-4	67990-24-3	68025-33-2	68052-20-0
67875-06-3	67892-46-0	67905-60-6	67923-49-3	67953-08-6	67990-25-4	68025-44-5	68052-22-2
67875-07-4	67892-47-1	67905-62-8	67923-52-8	67953-09-7	67990-26-5	68025-46-7	68052-23-3
67875-08-5	67892-48-2	67905-63-9	67923-57-3	67953-13-3	67990-27-6	68025-48-9	68052-43-7
67875-09-6	67892-49-3	67905-64-0	67923-59-5	67953-14-4	67990-28-7	68025-61-6	68052-45-9
67875-10-9	67892-50-6	67905-65-1	67923-60-8	67953-30-4	67990-30-1	68030-71-7	68052-46-0
67875-11-0	67892-53-9	67905-66-2	67923-62-0	67953-39-3	67990-31-2	68037-34-3	68065-81-6
67875-12-1	67892-54-0	67905-67-3	67923-63-1	67966-88-5	67990-32-3	68037-35-4	68072-36-6
67875-13-2	67892-55-1	67906-22-3	67923-64-2	67969-66-8	67990-33-4	68038-58-4	68072-51-5
67875-14-3	67892-57-3	67906-23-4	67923-65-3	67969-73-7	67990-34-5	68038-80-2	68081-81-2
67875-15-4	67892-67-5	67906-30-3	67923-78-8	67969-74-8	67990-35-6	68038-84-6	68081-83-4
67875-16-5	67893-09-8	67906-33-6	67923-87-9	67969-79-3	67990-36-7	68039-00-9	68083-28-3
67875-17-6	67893-10-1	67906-34-7	67923-89-1	67969-87-3	67990-37-8	68039-01-0	68083-29-4
67875-18-7	67893-12-3	67906-35-8	67924-13-4	67969-88-4	67993-50-4	68039-04-3	68083-31-8
67875-19-8	67893-41-8	67906-43-8	67924-14-5	67969-89-5	68003-12-3	68039-05-4	68083-32-9
67875-20-1	67893-43-0	67906-44-9	67924-18-9	67969-90-8	68003-30-5	68039-06-5	68083-33-0
67875-21-2	67893-44-1	67906-45-0	67924-20-3	67969-91-9	68003-31-6	68039-07-6	68083-34-1
67875-22-3	67893-45-2	67906-46-1	67924-22-5	67969-92-0	68003-32-7	68039-08-7	68083-37-4
67875-23-4	67893-46-3	67906-47-2	67935-96-0	67969-93-1	68003-37-2	68039-14-5	68083-41-0
67875-24-5	67893-47-4	67906-48-3	67939-05-3	67969-94-2	68003-38-3	68039-15-6	68083-42-1
67875-25-6	67893-48-5	67906-49-4	67939-24-6	67969-95-3	68015-83-8	68039-19-0	68083-43-2
67875-26-7	67893-49-6	67906-50-7	67939-25-7	67969-96-4	68015-88-3	68039-22-5	68083-44-3
67875-27-8	67905-10-6	67906-51-8	67939-43-9	67970-27-8	68015-89-4	68039-51-0	68083-97-6
67875-28-9	67905-11-7	67906-52-9	67939-53-1	67970-28-9	68015-90-7	68039-52-1	68083-99-8
67875-29-0	67905-12-8	67906-53-0	67939-65-5	67970-29-0	68015-91-8	68039-53-2	68084-00-4
67875-30-3	67905-14-0	67906-54-1	67939-84-8	67970-31-4	68015-92-9	68039-54-3	68084-01-5
67875-31-4	67905-15-1	67906-55-2	67939-85-9	67989-22-4	68015-95-2	68039-65-6	68084-09-3
67875-32-5	67905-16-2	67906-56-3	67940-00-5	67989-23-5	68015-97-4	68039-67-8	68084-10-6
67875-33-6	67905-17-3	67906-57-4	67940-01-6	67989-84-8	68015-98-5	68052-06-2	68084-11-7
67883-77-6	67905-18-4	67906-59-6	67952-27-6	67989-98-4	68016-04-6	68052-07-3	68084-13-9
67889-94-5	67905-34-4	67906-60-9	67952-38-9	67989-99-5	68016-05-7	68052-08-4	68084-14-0
67889-95-6	67905-35-5	67906-61-0	67952-39-0	67990-05-0	68016-06-8	68052-09-5	68084-15-1
67890-05-5	67905-36-6	67907-22-6	67952-45-8	67990-06-1	68016-07-9	68052-10-8	68084-16-2
67892-13-1	67905-37-7	67907-24-8	67952-50-5	67990-07-2	68016-08-0	68052-11-9	68084-17-3
67892-30-2	67905-38-8	67907-25-9	67952-51-6	67990-09-4	68025-18-3	68052-12-0	68084-18-4
67892-38-0	67905-40-2	67920-93-8	67952-64-1	67990-10-7	68025-19-4	68052-13-1	68084-21-9

68084-22-0	68110-24-7	68133-29-9	68155-66-8	68213-84-3	68227-39-4	68239-23-6	68298-09-9
68084-23-1	68110-25-8	68133-30-2	68155-67-9	68213-85-4	68227-40-7	68239-24-7	68298-10-2
68084-24-2	68110-26-9	68133-31-3	68155-68-0	68213-88-7	68227-41-8	68239-25-8	68298-27-1
68084-25-3	68110-31-6	68133-32-4	68155-69-1	68213-89-8	68227-43-0	68239-26-9	68298-33-9
68084-26-4	68110-32-7	68133-33-5	68155-70-4	68213-90-1	68227-44-1	68239-27-0	68298-34-0
68084-29-7	68123-03-5	68133-35-7	68155-71-5	68213-91-2	68227-46-3	68239-28-1	68298-46-4
68084-30-0	68123-09-1	68133-41-5	68155-72-6	68213-92-3	68227-48-5	68239-29-2	68298-47-5
68084-31-1	68123-12-6	68133-42-6	68155-74-8	68213-93-4	68227-49-6	68239-45-2	68298-48-6
68084-32-2	68123-30-8	68133-57-3	68155-75-9	68213-94-5	68227-54-3	68239-50-9	68298-84-0
68084-36-6	68123-31-9	68133-60-8	68155-76-0	68213-95-6	68227-56-5	68239-60-1	68298-85-1
68084-53-7	68123-32-0	68133-61-9	68156-18-3	68213-96-7	68227-57-6	68239-61-2	68299-01-4
68084-55-9	68123-33-1	68133-69-7	68170-20-7	68213-97-8	68227-58-7	68239-62-3	68299-22-9
68084-56-0	68123-35-3	68133-70-0	68170-22-9	68214-00-6	68227-59-8	68239-63-4	68299-26-3
68084-57-1	68123-36-4	68133-75-5	68170-23-0	68214-01-7	68227-60-1	68239-64-5	68299-27-4
68084-63-9	68123-38-6	68133-77-7	68186-31-2	68214-02-8	68227-62-3	68239-65-6	68299-28-5
68091-86-1	68123-39-7	68133-78-8	68186-32-3	68214-03-9	68227-63-4	68239-66-7	68299-29-6
68092-45-5	68123-41-1	68133-97-1	68186-55-0	68214-04-0	68227-64-5	68239-76-9	68309-34-2
68092-46-6	68123-42-2	68133-98-2	68186-81-2	68214-42-6	68227-65-6	68239-77-0	68309-94-4
68092-47-7	68123-44-4	68134-04-3	68187-03-1	68214-43-7	68227-66-7	68239-78-1	68309-97-7
68092-52-4	68123-45-5	68134-08-7	68187-04-2	68214-80-2	68227-67-8	68239-79-2	68310-00-9
68092-69-3	68123-46-6	68134-16-7	68187-06-4	68214-81-3	68227-71-4	68239-80-5	68310-03-2
68092-71-7	68123-47-7	68134-64-5	68187-28-0	68226-87-9	68227-72-5	68239-81-6	68310-04-3
68092-72-8	68123-48-8	68139-94-6	68188-29-4	68226-88-0	68227-73-6	68239-83-8	68310-05-4
68092-73-9	68123-49-9	68140-23-8	68189-12-8	68226-89-1	68227-78-1	68239-84-9	68310-06-5
68092-74-0	68128-25-6	68140-26-1	68189-14-0	68226-90-4	68227-79-2	68240-17-5	68310-09-8
68109-57-9	68128-58-5	68140-37-4	68189-23-1	68226-91-5	68228-06-8	68258-61-7	68310-32-7
68109-58-0	68130-77-8	68140-43-2	68189-24-2	68226-92-6	68228-08-0	68258-62-8	68310-42-9
68109-64-8	68130-78-9	68140-47-6	68189-25-3	68226-93-7	68228-10-4	68258-63-9	68310-47-4
68109-69-3	68130-96-1	68140-50-1	68189-28-6	68226-94-8	68238-93-7	68258-66-2	68310-49-6
68109-70-6	68132-77-4	68140-52-3	68189-39-9	68226-95-9	68239-07-6	68258-67-3	68310-60-1
68109-75-1	68132-81-0	68140-57-8	68189-42-4	68227-23-6	68239-08-7	68258-69-5	68310-69-0
68109-77-3	68132-84-3	68140-63-6	68201-66-1	68227-26-9	68239-09-8	68258-71-9	68310-70-3
68109-78-4	68132-89-8	68141-03-7	68201-75-2	68227-27-0	68239-10-1	68258-97-9	68310-82-7
68109-79-5	68132-90-1	68141-05-9	68201-76-3	68227-28-1	68239-11-2	68259-19-8	68310-85-0
68109-80-8	68133-05-1	68141-07-1	68201-77-4	68227-29-2	68239-12-3	68259-34-7	68310-87-2
68109-81-9	68133-14-2	68141-10-6	68201-83-2	68227-30-5	68239-13-4	68259-35-8	68310-89-4
68109-89-7	68133-23-3	68141-11-7	68212-33-9	68227-34-9	68239-14-5	68259-36-9	68311-16-0
68109-90-0	68133-25-5	68154-00-7	68213-79-6	68227-35-0	68239-17-8	68296-97-9	68311-18-2
68109-91-1	68133-26-6	68155-45-3	68213-80-9	68227-36-1	68239-18-9	68298-05-5	68311-19-3
68109-92-2	68133-27-7	68155-46-4	68213-82-1	68227-37-2	68239-21-4	68298-07-7	68311-24-0
68110-21-4	68133-28-8	68155-53-3	68213-83-2	68227-38-3	68239-22-5	68298-08-8	68324-22-1

68332-77-4	68391-43-5	68400-33-9	68413-61-6	68442-67-1	68460-17-3	68516-66-5	68541-05-9
68332-95-6	68391-44-6	68400-34-0	68413-62-7	68442-68-2	68478-39-7	68516-67-6	68541-06-0
68334-63-4	68391-45-7	68400-35-1	68413-63-8	68442-72-8	68478-41-1	68516-69-8	68541-07-1
68334-64-5	68391-46-8	68400-36-2	68413-64-9	68442-86-4	68478-47-7	68516-98-3	68541-69-5
68334-65-6	68391-47-9	68400-37-3	68413-69-4	68443-32-3	68478-60-4	68516-99-4	68541-72-0
68334-66-7	68391-48-0	68400-38-4	68413-70-7	68443-33-4	68478-61-5	68517-11-3	68555-40-8
68334-68-9	68391-49-1	68400-39-5	68413-71-8	68443-34-5	68478-68-2	68524-91-4	68555-54-4
68334-90-7	68391-50-4	68400-41-9	68413-79-6	68443-35-6	68478-91-1	68527-46-8	68555-55-5
68345-19-7	68391-51-5	68400-42-0	68413-81-0	68443-36-7	68479-59-4	68527-61-7	68555-56-6
68345-20-0	68391-52-6	68400-43-1	68413-85-4	68443-38-9	68479-60-7	68527-66-2	68555-57-7
68345-21-1	68391-55-9	68400-45-3	68413-86-5	68443-43-6	68479-65-2	68527-67-3	68555-58-8
68345-22-2	68391-56-0	68400-46-4	68413-87-6	68443-45-8	68479-98-1	68527-68-4	68555-80-6
68365-86-6	68391-57-1	68400-49-7	68413-88-7	68443-48-1	68480-07-9	68527-69-5	68555-82-8
68365-87-7	68391-58-2	68400-55-5	68413-89-8	68443-52-7	68480-19-3	68527-70-8	68555-97-5
68366-14-3	68391-59-3	68400-56-6	68413-90-1	68443-60-7	68480-32-0	68527-71-9	68556-00-3
68368-33-2	68398-19-6	68400-58-8	68413-92-3	68443-64-1	68480-34-2	68527-72-0	68556-01-4
68368-34-3	68399-69-9	68400-77-1	68420-92-8	68443-72-1	68492-75-1	68527-74-2	68556-02-5
68368-35-4	68399-70-2	68400-78-2	68420-93-9	68443-74-3	68492-76-2	68527-76-4	68556-03-6
68368-36-5	68399-71-3	68400-80-6	68422-67-3	68443-76-5	68492-77-3	68527-78-6	68556-04-7
68368-37-6	68399-73-5	68409-66-5	68425-59-2	68443-80-1	68510-43-0	68527-79-7	68556-05-8
68368-38-7	68399-74-6	68409-68-7	68425-60-5	68443-81-2	68510-93-0	68527-80-0	68556-06-9
68368-39-8	68399-75-7	68411-30-3	68425-61-6	68443-89-0	68510-98-5	68527-98-0	68556-07-0
68368-40-1	68399-82-6	68411-31-4	68425-64-9	68444-03-1	68511-02-4	68540-41-0	68556-08-1
68368-41-2	68399-83-7	68411-32-5	68425-74-1	68444-04-2	68511-19-3	68540-77-2	68556-09-2
68368-42-3	68399-84-8	68411-33-6	68425-77-4	68444-06-4	68511-20-6	68540-79-4	68556-10-5
68379-06-6	68399-86-0	68411-39-2	68425-86-5	68444-07-5	68512-07-2	68540-84-1	68556-11-6
68389-46-8	68399-91-7	68411-46-1	68425-91-2	68444-08-6	68512-13-0	68540-85-2	68556-12-7
68389-48-0	68399-92-8	68411-47-2	68425-92-3	68444-09-7	68512-14-1	68540-86-3	68556-13-8
68389-51-5	68399-93-9	68411-74-5	68426-05-1	68444-10-0	68515-24-2	68540-87-4	68556-14-9
68389-52-6	68399-94-0	68411-75-6	68426-08-4	68444-12-2	68515-61-7	68540-88-5	68556-15-0
68389-53-7	68399-95-1	68411-80-3	68427-31-6	68444-15-5	68515-64-0	68540-90-9	68556-16-1
68389-76-4	68400-01-1	68411-84-7	68427-33-8	68444-39-3	68515-96-8	68540-91-0	68556-17-2
68391-17-3	68400-02-2	68412-22-6	68427-34-9	68444-40-6	68516-46-1	68540-92-1	68556-20-7
68391-21-9	68400-20-4	68412-23-7	68427-35-0	68457-72-7	68516-48-3	68540-93-2	68556-21-8
68391-24-2	68400-22-6	68412-24-8	68427-37-2	68459-81-4	68516-51-8	68540-94-3	68567-68-0
68391-25-3	68400-23-7	68412-25-9	68439-65-6	68459-89-2	68516-55-2	68540-95-4	68567-69-1
68391-26-4	68400-25-9	68412-48-6	68441-64-5	68459-98-3	68516-56-3	68540-97-6	68568-47-8
68391-27-5	68400-26-0	68412-74-8	68442-08-0	68460-00-4	68516-57-4	68540-99-8	68568-52-5
68391-33-3	68400-29-3	68413-50-3	68442-09-1	68460-01-5	68516-58-5	68541-01-5	68568-54-7
68391-38-8	68400-30-6	68413-58-1	68442-63-7	68460-04-8	68516-59-6	68541-02-6	68568-55-8
68391-42-4	68400-32-8	68413-59-2	68442-64-8	68460-09-3	68516-60-9	68541-03-7	68568-65-0

68568-79-6	68738-94-3	68833-96-5	68901-07-5	68928-80-3	68959-09-1	68966-84-7	69227-09-4
68582-45-6	68738-96-5	68833-97-6	68901-16-6	68928-81-4	68959-10-4	68966-85-8	69227-10-7
68583-76-6	68738-97-6	68834-08-2	68901-18-8	68929-01-1	68959-11-5	68966-88-1	69227-26-5
68583-95-9	68739-06-0	68845-12-5	68901-24-6	68929-07-7	68959-12-6	68966-92-7	69391-20-8
68583-99-3	68758-63-4	68845-14-7	68901-25-7	68929-08-8	68959-13-7	68966-96-1	69671-11-0
68586-06-1	68758-65-6	68845-37-4	68907-20-0	68929-09-9	68959-14-8	68966-99-4	69815-53-8
68586-20-9	68758-67-8	68845-38-5	68910-11-2	68929-11-3	68959-21-7	68967-00-0	69815-54-9
68601-95-6	68758-68-9	68845-39-6	68911-96-6	68929-12-4	68959-29-5	68967-02-2	69815-55-0
68609-85-8	68758-69-0	68855-30-1	68911-97-7	68929-13-5	68959-30-8	68975-70-2	69815-56-1
68609-86-9	68758-70-3	68855-31-2	68911-98-8	68929-14-6	68959-32-0	68987-39-3	69834-12-4
68628-60-4	68758-71-4	68856-21-3	68911-99-9	68936-95-8	68959-33-1	68987-50-8	69834-17-9
68630-90-0	68758-77-0	68856-26-8	68912-03-8	68938-57-8	68959-34-2	68987-61-1	69834-18-0
68631-02-7	68758-87-2	68859-50-7	68921-35-7	68938-61-4	68959-35-3	68987-62-2	69834-19-1
68631-04-9	68780-28-9	68859-68-7	68921-36-8	68938-62-5	68959-36-4	68987-63-3	69834-20-4
68631-07-2	68784-03-2	68867-55-0	68921-40-4	68938-63-6	68959-37-5	68987-64-4	69834-21-5
68631-08-3	68784-92-9	68867-65-2	68921-41-5	68938-64-7	68959-38-6	68988-28-3	69834-22-6
68631-09-4	68784-94-1	68877-28-1	68921-42-6	68938-65-8	68959-39-7	68988-35-2	69834-23-7
68631-10-7	68784-95-2	68877-30-5	68921-43-7	68938-67-0	68959-40-0	68988-37-4	69847-37-6
68631-11-8	68785-06-8	68877-36-1	68921-46-0	68938-69-2	68959-41-1	68988-62-5	69847-39-8
68631-12-9	68797-42-2	68877-39-4	68921-70-0	68938-79-4	68959-42-2	68988-64-7	69847-46-7
68631-14-1	68797-43-3	68877-56-5	68921-73-3	68938-80-7	68966-31-4	68990-14-7	69847-47-8
68647-14-3	68797-52-4	68877-59-8	68921-75-5	68938-81-8	68966-32-5	68991-91-3	69847-48-9
68647-32-5	68814-00-6	68877-61-2	68921-76-6	68938-96-5	68966-33-6	68991-93-5	69847-49-0
68647-33-6	68814-02-8	68891-95-2	68921-77-7	68953-81-1	68966-37-0	68991-94-6	69847-52-5
68647-34-7	68814-03-9	68892-04-6	68921-79-9	68953-82-2	68966-43-8	68991-96-8	69856-00-4
68647-35-8	68814-04-0	68892-09-1	68921-81-3	68953-90-2	68966-44-9	68991-97-9	69856-09-3
68647-36-9	68814-05-1	68892-12-6	68921-84-6	68953-97-9	68966-45-0	69011-12-7	69856-10-6
68679-99-2	68814-06-2	68892-16-0	68921-88-0	68953-98-0	68966-48-3	69029-38-5	69856-11-7
68683-27-2	68814-07-3	68892-29-5	68921-91-5	68954-69-8	68966-49-4	69030-02-0	69868-11-7
68683-30-7	68814-56-2	68892-30-8	68921-93-7	68957-44-8	68966-50-7	69070-63-9	69868-13-9
68683-31-8	68815-27-0	68900-65-2	68921-94-8	68957-46-0	68966-51-8	69070-64-0	69868-17-3
68683-35-2	68815-70-3	68900-67-4	68921-95-9	68957-48-2	68966-52-9	69102-93-8	69868-19-5
68683-45-4	68815-72-5	68900-70-9	68921-99-3	68957-52-8	68966-53-0	69178-37-6	69880-77-9
68683-46-5	68816-48-8	68900-72-1	68922-01-0	68957-67-5	68966-54-1	69178-38-7	69898-20-0
68698-64-6	68833-59-0	68900-95-8	68922-02-1	68957-70-0	68966-75-6	69178-42-3	69898-60-8
68698-86-2	68833-60-3	68900-98-1	68922-04-3	68957-71-1	68966-76-7	69198-43-2	69898-61-9
68715-88-8	68833-66-9	68900-99-2	68922-07-6	68957-78-8	68966-77-8	69205-10-3	69898-62-0
68715-89-9	68833-67-0	68901-00-8	68922-08-7	68958-91-8	68966-79-0	69205-11-4	69898-63-1
68715-91-3	68833-68-1	68901-02-0	68928-54-1	68959-00-2	68966-80-3	69205-13-6	69898-64-2
68735-92-2	68833-93-2	68901-03-1	68928-63-2	68959-01-3	68966-82-5	69226-93-3	69898-65-3
68738-85-2	68833-95-4	68901-04-2	68928-79-0	68959-03-5	68966-83-6	69226-95-5	69898-66-4

69898-67-5	71776-10-8	71799-27-4	71819-58-4	71819-90-4	71838-48-7	71872-92-9	72827-75-9
69912-92-1	71786-31-7	71799-32-1	71819-59-5	71819-93-7	71838-49-8	71888-63-6	72827-76-0
69912-93-2	71786-32-8	71799-33-2	71819-60-8	71832-06-9	71838-50-1	71902-02-8	72827-77-1
69912-95-4	71786-33-9	71799-34-3	71819-61-9	71832-07-0	71838-51-2	71902-04-0	72827-78-2
69991-69-1	71786-67-9	71799-35-4	71819-62-0	71832-08-1	71838-52-3	71902-05-1	72827-79-3
69991-76-0	71798-67-9	71799-36-5	71819-63-1	71832-09-2	71838-53-4	71902-06-2	72827-81-7
70025-53-5	71798-68-0	71799-37-6	71819-64-2	71832-10-5	71838-57-8	71902-07-3	72827-82-8
70085-02-8	71798-69-1	71799-38-7	71819-65-3	71832-11-6	71838-60-3	71902-08-4	72827-84-0
70161-58-9	71798-70-4	71799-40-1	71819-66-4	71832-12-7	71838-63-6	71902-09-5	72827-85-1
70179-80-5	71798-71-5	71799-41-2	71819-67-5	71832-13-8	71838-64-7	71902-10-8	72827-86-2
70179-81-6	71798-72-6	71799-43-4	71819-68-6	71832-15-0	71838-66-9	71902-13-1	72827-87-3
70179-82-7	71798-73-7	71807-32-4	71819-69-7	71832-16-1	71838-73-8	71902-15-3	72827-88-4
70179-86-1	71798-76-0	71807-40-4	71819-70-0	71832-17-2	71838-98-7	71902-16-4	72827-89-5
70179-87-2	71798-77-1	71807-46-0	71819-72-2	71832-18-3	71839-14-0	71902-17-5	72827-90-8
70198-17-3	71798-82-8	71807-47-1	71819-73-3	71832-19-4	71839-16-2	71902-18-6	72827-91-9
70198-21-9	71798-90-8	71807-53-9	71819-74-4	71832-20-7	71839-17-3	72528-70-2	72827-93-1
70289-49-5	71798-92-0	71807-57-3	71819-75-5	71832-25-2	71849-97-3	72749-39-4	72827-94-2
70456-77-8	71798-99-7	71807-58-4	71819-76-6	71832-26-3	71872-28-1	72749-40-7	72827-95-3
70615-15-5	71799-00-3	71807-59-5	71819-77-7	71832-27-4	71872-29-2	72749-41-8	72827-96-4
70615-18-8	71799-03-6	71807-61-9	71819-78-8	71838-36-3	71872-33-8	72749-42-9	72827-97-5
70632-39-2	71799-04-7	71819-49-3	71819-79-9	71838-37-4	71872-35-0	72827-67-9	72827-98-6
71607-30-2	71799-11-6	71819-50-6	71819-81-3	71838-38-5	71872-39-4	72827-68-0	72827-99-7
71775-63-8	71799-12-7	71819-51-7	71819-82-4	71838-40-9	71872-46-3	72827-69-1	72828-01-4
71775-65-0	71799-14-9	71819-52-8	71819-84-6	71838-41-0	71872-58-7	72827-70-4	72828-03-6
71775-88-7	71799-21-8	71819-54-0	71819-85-7	71838-43-2	71872-68-9	72827-71-5	72828-04-7
71776-00-6	71799-22-9	71819-55-1	71819-86-8	71838-44-3	71872-77-0	72827-72-6	72828-05-8
71776-02-8	71799-23-0	71819-56-2	71819-88-0	71838-46-5	71872-84-9	72827-73-7	72828-06-9
71776-07-3	71799-26-3	71819-57-3	71819-89-1	71838-47-6	71872-88-3	72827-74-8	72828-07-0

丙酮醇深紫 5400
酸性棕 90
酸性绿 68∶1
酸性橙 24
酸性橙 72
酸性橙 8
酸性红 114
浅棕色酸 M5G
浅棕色酸 MIGG
浅棕色酸 MITT
酸橄榄味精
酚与丙三醇树脂耐晒蓝 CD
苯汞脲三效种子处理剂
2-氨基-2,5-二氯二苯甲酮
1-氨基-4-(3 和 4-甲基二甲基氨基苯胺基)-9,10-二氢-9,10-二氧代蒽-2-磺酸
2-氨基-5-氯-4-乙苯
4-[(4-氨基-5-甲氧基邻甲苯基)偶氮]-4-羟基-2,7-邻苯二磺酸,苯磺酸值
间氨基吡唑啉酮
戊基肉桂醛二乙缩醛
8-苯胺基-5-(对羟基苯胺基)-1-磺酸
2′-苯胺基-6-二乙氨基-3-甲基氟烷
蒽酚棕 JBR
抗氧化剂 AFC
抗氧化剂 ANPD
抗氧化剂 KA 9056
抗氧化剂 KA 9059
抗氧化剂 MBP 5P
抗臭氧剂 AFD
环氧树脂 DW 0116
碱性黑 M
碱性棕 MD
巴菲桑黑 BR
巴菲桑黑 TX 4272
巴菲桑黑 TX 4275
巴菲桑红 TX 4282
巴菲桑 TX 3418
巴菲桑黄 TX4277
巴菲桑黄 TX4279
巴菲桑黄 TX 4281

钡立索红 DCC 2308
碱性蓝 27
碱性紫 66
碱性黄 111
碱性耐晒黑 DP
贝辛光亮 K
5-[双(2-羟乙基)氨基]-2,2′-氯-4-硝基苯基偶氮苯甲酰苯胺 4,4′-双(α,α-二甲基羰基二苯胺)
黑色隐色染料 C 1260
布特拉尼
CMC 蓝 C
CMC 蓝 K
溶剂蓝 1007
卡尔科法斯特醇溶红 1020
卡拉酸蓝 15R
卡拉酸深绿 GN
N-(3-羧基-3-羟丙基)-α-甲苯氧基氨基甲酸酯
欧励隆蓝 B
百里酚
醋酸酯
氯胺耐晒棕 12 号
氯化氯唑
4-氯-3,5-二甲苯
3-氯-4-羟基喹啉-3,4-碳酸
1-(4-氯苯基)-3-甲基-N-乙基苯胺
铬黑 WRD
铬革耐晒黑 TU
色氨酸蓝 bx
汽巴克隆深蓝 2R
汽巴克隆印花黑 G
克拉里恩金光红 C 同源异型体
冷饮 101
新渥克丁棕 FR
新渥克丁棕 HPM
新渥克丁棕 LF
新渥克丁棕 TG
新渥克丁灰 GB
新渥克丁橄榄绿 HEGB, 3B
棉烯黑 SR
科特斯特林黑 msa
科特斯特林蓝 MSBC

科特斯特林蓝 SBC
科特斯特林蓝 SCL
科特斯特林棕 MSG
科特斯特林棕 SG
科特斯特林深蓝 msdb
科特斯特林深蓝 sdb
科特斯特林绿 MSFB
科特斯特林绿 SFB
科特斯特林灰 SB
科特斯特林海军蓝 sb
科特斯特林橄榄绿 sb
科特斯特林红 MSBB
科特斯特林红 MSGG
科特斯特林红 SGG
科特斯特林 黄 MS5G
科特斯特林黄 S5G
固美透黄 H2R
考泼菲尼尔棕 2BL
青蓝 103
氰乙基甲酯
环己基环戊烯基乙酸
环戊胺苯甲酸盐
墨绿色 M-8305 A
真皮棕 1288
真皮碳 1338
真皮碳 BF
哈瓦那皮炎 G
右旋苯丙胺单宁酸
二溴和三溴水杨酰苯胺
耐晒重氮黑 HNB
2-重氮-1-萘酚-5-磺酸钠盐
4-重氮-2,5-二甲氧基苯酚吗啉
重氮黑 BN
重氮黑 Fn
O,O′-二乙基-O′-吡嗪基二硫代磷酸酯
3-(二乙氨基)乙酰苯胺
二氢苯基甘氨酸
5-磺基间苯二甲酸二甲酯钠盐
N,N-二甲基二苯并[b,e]氧杂卓-[11(6H),r]丙胺
二甲基四氢苯甲醛
直接黑 190

直接黑 L
直接蓝 125
直接亮蓝 BL
直接黄 314
直接黄 5
分散黑 1
分散蓝 78
分散棕 1
分散红 73:2
分散紫 27
分散黄 42
分散红 D20
黛马丽绿 G
EDA 加成物 870
埃尔贝尼尔红 CBN
氨苯砜 D. A. D. P. S.
绒酰蓝 P-2R
绒酰黄 P3R
2-(N-乙基-N-氰乙基)-4-乙酰氨基苯甲醚
乙基苯基丁醇
皮革喷涂海军蓝 R
乙醚蓝 692
乙烯黄 128
耐晒蓝 LM
菲察尔 AF 100
富阿密红 841
富阿密黄 2732
富丽丝黄 2648A
富丽丝黄 4610
柔版印刷黑 G
荧光粉 M8
荧光红 SW
乙二醇己二酸酯
金黄色 FGRR
种子处理锰六合剂
汉莎红 3B
百黑 R
你好耐晒绿 6G-CP
N-甲基-N-苯磺酰氨基酸
霍斯塔普林特红 F-5RK
霍斯塔瓦特灰 EGTB

霍斯塔瓦特灰 NC
霍斯塔瓦特黄 F3GS
2-羟甲基吲哚酚-1-甲醛乙酸酯(吲哚美辛)
靛酸深红 6
阴丹士林亮橙 rrts
茚二恶烷
依加仑棕 2-GLC
依加仑绿 GL-KWL
依尔加净红 08255B
鸢尾醚
邻氨基苯甲酸异丁基二甲酯
3-异氨酰-5-环己醇
间苯二甲蓝 DE 7560
4-异丙烯基-1-甲醛,抗氧剂
卡亚罗斯黄 PG
拉斯米德
无色硫黑 10
丽华实亮蓝 E3G
莱瓦兰橄榄 I-GL
利比亚棕 TNB
林诺蓝 KLG
立索尔宝红 DCC 2739
巴斯夫炭黑色浆 X60
巴斯夫蓝 708
巴斯夫黄 177
光亮棕 G
光亮棕 GR
光亮棕 GT
光亮黄 gt
亮红 G
油溶红 1069
马来酸三元铅盐
麦西隆深蓝 ZR
麦西隆红 M-红
2-巯基苯并噻唑,氯化锌
间苯二胺
1-甲氧基-2-硝基乙酰氨基苯
3-甲基-5-吡唑啉酮-1-(4′-磺基苯基)-5-吡唑啉酮-3,3-二羧酸
对甲基乙基苯基甘氨酸酯
1-甲基异己基六氢苯甲醛

对甲基四氢喹啉
云母黄 A2R
微晶黑 180 FP
微晶蓝 ABRK
微晶枣红 RA
微晶枣红 RT
微晶棕 2R-A
微晶棕 5R-K
微晶金 G-T
微晶绿 G-K
微晶橙 3R-K
微晶红 BR-K
微晶猩红 R-K
微晶黄 2R-K
微晶黄 3R-K
微晶黄 501-T
微晶黄 G3K
媒染黑 98
媒染红 11
β-萘基异丁基醚
新英迪安
新戊酸蓝 RON
丽色宝绿 3G
硝胺酸
4-硝基-2,4-二甲基乙酰苯胺
硝基二唑酸
对硝基苯酚钠盐
硝基磺胺 B
氨基蒽海军蓝 LFWG
1-十八碳烯基-2-萘基四氢嘧啶
辛基苯氧基二乙氧基氯化物
山梨醇一水合物
氧杂酮晶体
d-氧酚碱
氧苯基
帕拉特黑 BPD
帕拉特黑 ND
派拉尼尔黑 BL
派拉尼尔橙 3-GH
派拉尼尔橙-2PD
派拉尼尔红 FEN

派伦士林黑 1FP
派伦士林黑 RBS
派伦士林亮绿 4gp
派伦士林直接黑 R
派伦士林红 FBA
过酸亮蓝 G-2LU
永固红 HR 70
永固红 PH4B
氯甲酸苯酯
间苯异萘酰胺
丙烯酸苯乙基二甲酯
d(-)-2-苯基甘氨酸,乙醛钾盐
颜料蓝 15:3 β-形式
颜料固绿 6G-CP
颜料固 IRK
颜料绿 36
颜料红 17
颜料红 22
颜料红 48:1 钡
颜料红 48:2 钙
颜料红 49:2 钙
颜料红 57:1 钙
颜料红 DCC 2747
颜料紫 3 PTA
颜料紫 49
彼拉多固蓝 RRN
泼尼松蓝 CF
泼尼松洋红 CC 9542
泼尼松红 CB 9541
报春磺酸
普施安蓝色 5G-PC
普施安棕 B
普施安橙 GPC
普施安红 4G-PC
普施安黄 HGR
活性橙 78
红色 B Corial
雷马素亮蓝 BF
雷马素亮 GGF
雷马素亮红 6D
雷马素亮 SBB

正常 SBT
雷索酮黑 R
雷索酮蓝 G
雷索酮红 G
雷索酮黄 G
力索林黑基 A
若丹明 B-SF 7919
若丹明 F4-FK
利他胺
舍马龙棕 JRN
舍马龙橙 BR
沙多青 B-3GLE
沙浆红 B
山道林红 1664
乙二胺二羟基苯乙酸铁钠
甲苯基三唑钠
搔兰士林黄 GCL
溶剂 7 碱 MR
溶剂蓝 32
溶剂蓝 36
溶剂蓝 59
溶剂橙 7
溶剂黄 77
特黑 7984
特殊耐晒蓝 G
醇溶黑 RB
醇溶黑 SB
醇溶耐晒猩红 GM
醇溶绿 4
醇溶绿 6
溶醇耐晒黑 M
溶醇耐晒黑 RE
醇溶快火红 B
醇溶固绿 HLK
抗水解剂原粉及母粒 P
苏巴拉打印蓝 70032
苏巴拉打印蓝 S70038
苏巴拉打印粉 S70009
苏巴拉打印红 70027
苏巴拉打印红 S70052
苏巴拉打印黄 70001

间磺胺基吡唑啉酮
磺化 BTF
硫棕色 BCF
磺化罗丹明 BG
塔拉索尔黑 RL
特克蒂隆亮蓝 FR
四苯基氯化锡
四苯基氢氧化锡
四苯基丁二酸锡
热塑性黑 M
d-硫内酯
间甲基苯胺盐酸盐
甲苯
2,3,3-三甲基二氢吲哚
柔力碧色黑 C 膏
柔力碧色红 41211
氨基甲酸乙酯蓝膏 BU
氨基甲酸乙酯蓝膏 RS
氨基甲酸乙酯绿膏 GU

氨基甲酸乙酯红膏 BBS
氨基甲酸乙酯红膏 BH
氨基甲酸乙酯红膏 GU
氨基甲酸乙酯黄膏 GH
氨基甲酸乙酯黄膏 RU
还原黑 P2R
还原棕 3
还原绿 2
还原橄榄绿
还原橙 9 12%
藜芦烯棕 br
藜芦醚纯
德固赛 T170
维亚隆耐晒棕 RL
维亚隆耐晒海军蓝 RL
沃卡诺克斯 PAN
福卡捷 DC
福卡捷 DM/MG
福卡捷 F/C（K）

协调关税表药品附录

表1

本表列举了按国际非专利名称描述的产品,这些产品应根据税则总注释十三免税进口。化学文摘社CAS号也列在本表中,以帮助识别有关产品。就关税表而言,凡提及本表所列产品,均包括已知名称的产品。

阿巴卡韦	136470-78-5	醋丁洛尔	37517-30-9
阿巴芬净	129639-79-8	乙酰卡尼	32795-44-1
阿巴伏单抗	792921-10-9	醋卡溴脲	77-66-7
阿维菌素	65195-55-3	乙酰克里定	827-61-2
阿巴诺喹	90402-40-7	醋氯芬酸	89796-99-6
阿巴哌酮	183849-43-6	醋氨苯砜	77-46-3
阿巴瑞克	183552-38-7	氨苯砜乙酸钠	127-60-6
阿巴西普	332348-12-6	4-乙酰氨基苯甲酸	556-08-1
阿昔单抗	143653-53-6	醋氟兰诺	80595-73-9
艾白卡利	111841-85-1	酰呋硫胺	10072-48-7
阿贝莫司	167362-48-3	克醋茶碱	70788-27-1
阿比特龙	154229-19-3	哌醋茶碱	18428-63-2
阿比沙坦	137882-98-5	醋葡醛内酯	642-83-1
阿鲁司特	96566-25-5	乙酰谷酰胺	2490-97-3
阿立钮林	178535-93-8	醋孟南	110042-95-0
艾布尼达唑	91017-58-2	阿西美辛	53164-05-9
阿卡地新	2627-69-2	N-乙酰神经氨酸	131-48-6
阿坎酸	77337-76-9	醋硝香豆酮	152-72-7
安卡普拉嗪	55485-20-6	醋哌隆	807-31-8
阿卡波糖	56180-94-0	乙酰丙嗪	61-00-7
醋布洛可	514-50-1	乙酰异丙嗪	13461-01-3
醋羟丁酸	26976-72-7	酰喹诺林	42465-20-3

名称	CAS号	名称	CAS号
安赛蜜	33665-90-6	阿克奈德	28971-58-6
醋氨沙洛	118-57-0	阿克罗宁	7008-42-6
乙酰胂胺	97-44-9	阿肽加定	
乙酰唑胺	59-66-5	阿克拉宁	37305-75-2
醋氢麦角胺	3031-48-9	阿克他利	18699-02-0
双乙酯硫胺	299-89-8	阿克汀喹	15301-40-3
醋替罗酯	2260-8-4	阿克索胺	96914-39-5
酰环己磺脲	968-81-0	洋地黄吡糖甙	36983-69-4
乙酰氧肟酸	546-88-3	金刚芬酯	82168-26-1
乙酰奋乃静	2751-68-0	阿达木单抗	331731-18-1
乙酰氧戊甲吗啡	25333-77-1	阿达美星	54785-02-3
乙酰色胺	3551-18-6	阿达帕林	106685-40-9
氯化乙酰胆碱	60-31-1	阿达洛尔	101479-70-3
N-乙酰半胱氨酸	616-91-1	阿达白介素α	250710-65-7
乙酰洋地黄毒甙	1111-39-3	阿达色林	127266-56-2
乙酰亮氨酸	99-15-0	阿德木单抗	503605-66-1
醋美沙朵	509-74-0	阿德福韦	106941-25-7
醋戊曲酯	25161-41-5	阿地卡兰	227940-00-3
醋氨己酸	57-8-9	阿地米屈	1675-66-7
阿昔洛韦	59277-89-3	S-腺甘基蛋氨酸	17176-17-9
阿西弗兰	72420-38-3	5'-磷酸腺苷	61-19-8
阿西莫司	51037-30-0	阿得巴司	791828-58-5
阿扎司特	114607-46-4	艾地冰旦	100510-33-6
阿昔替酯	101197-99-3	青霉素 N	525-94-0
阿维 A	55079-83-9	爱的莫醇	78459-19-5
异恶唑醋酸	42228-92-2	阿的纳唑仑	37115-32-5
阿克兰酯	39633-62-0	阿的芬宁	64-95-9
阿克拉霉素	57576-44-0	胆影酸	606-17-7
萘二磺酸乙乳胆碱	55077-30-0	阿哌普隆	840486-93-3
阿地溴铵	320345-99-1	阿地特仑	56066-19-4
阿考达唑	79152-85-5	阿地普林	56066-63-8
阿考比芬	182167-02-8	阿哆嗪	222551-17-9
阿考烟肼	13410-86-1	阿多索平	88124-26-9
阿考替胺	185106-16-5	阿多来新	110314-48-2
苯哌氧环烷	748-44-7	艾捉非尼	63547-13-7
阿克瑞司特	123548-56-1	肾上腺酮	99-45-6
吖啶雷司	47487-22-9	阿屈利特	171752-56-0
盐酸吖啶黄	8063-24-9	阿丙氨酸	2901-75-9
阿克海林	67696-82-6	阿非替康	215604-75-4
吖啶琐辛	7527-91-5	阿非莫单抗	156227-98-4
阿伐司丁	87848-99-5	阿非昔芬	68392-35-8

阿柏西普	862111-32-8	阿仑替莫	112891-97-1
氟喹酮	56287-74-2	阿来西宁	481629-87-2
阿福韦生	151356-08-0	阿来必利	66564-15-6
艾呋罗洛尔	65776-67-2	阿雌莫司汀	139402-18-9
阿加糖酶 β	104138-64-9	己联双辛胍	22573-93-9
阿加糖酶 α	104138-64-9	铝西托钠	66813-51-2
艾根洛定	86696-87-9	阿法骨化醇	41294-56-8
阿托莫德	207623-20-9	α-环糊精	10016-20-3
阿来司酮	124478-60-0	阿法多龙	14107-37-0
阿戈美拉汀	138112-76-2	阿法前列素	74176-31-1
阿克洛胺	3011-89-0	α-雌二醇	57-91-0
阿拉普利	74258-86-9	阿法沙龙	23930-19-0
培阿组单抗	934216-54-3	阿芬太尼	71195-58-9
阿拉磷	60668-24-8	他米诺集	473553-86-5
阿拉氯铵	341028-37-3	烯丙他明	4255-23-6
阿拉氟韦	193681-12-8	阿非普酶	259074-76-5
L-丙氨酸	56-41-7	阿夫唑嗪	81403-80-7
丙氨菌素	5854-93-3	水合氢氧化铝	1330-44-5
阿拉普氯酯	60719-82-6	阿尔孕酮	595-77-7
阿拉沙星	157182-32-6	阿糖脑苷酶	143003-46-7
氯酚扎宁	5779-59-9	阿糖苷酶 α	420784-05-0
阿巴康唑	187949-02-6	阿利苯多	26750-81-2
氧阿苯达唑	54029-12-8	阿利卡弗森	185229-68-9
阿苯哒唑	54965-21-8	阿里可拉唑	63824-12-4
阿比茶碱	107767-55-5	艾丽法曲	78756-61-3
阿必鲁泰	782500-75-8	阿列氟烷	56689-41-9
阿干扰素 α-2b	472960-22-8	阿利鲁生	144506-11-6
阿布妥因	830-89-7	阿利马多	52742-40-2
阿卡他定	147084-10-4	阿利马嗪	84-96-8
阿氯芬酸	22131-79-9	阿利那斯汀	154541-72-7
阿氯米松	67452-97-5	烯丙尼定	33178-86-8
铝克洛沙	1317-25-5	阿立帕米	3184-59-6
阿库氯铵	15180-03-7	阿利泼金	929881-05-0
阿地砜钠	144-75-2	阿利克仑	173334-57-1
尿囊素铝	5579-81-7	阿利维 A 酸	5300-3-8
醛甾酮	52-39-1	阿立必利	59338-93-1
阿来西普	222535-22-0	阿乃托啡	23758-80-7
阿格列扎	475479-34-6	丙烯比妥	52-43-7
阿兰西那	150785-53-8	丙烯氯苯胺	5486-77-1
阿仑珠单抗	216503-57-0	阿洛铜钠	5965-40-2
阿仑膦酸	66376-36-1	阿洛双酮	526-35-2

别嘌醇	315-30-0	阿坦塞林	76330-71-7
烯丙基雌烯醇	432-60-0	阿塔匹酮	93277-96-4
烯丙罗定	25384-17-2	欧太拉唑	93479-96-0
烯丙基硫脲	109-57-9	阿替普酶	105857-23-6
铝硫酸镁	60239-66-9	阿替克林	179120-92-4
铝镁格特	66827-12-1	阿尔噻嗪	5588-16-9
铝镁屈特	103371-13-8	阿托喹啉	121029-11-6
硅酸镁铝	71205-22-6	四烯雌酮	850-52-2
阿美西林	87-9-2	六甲密胺	645-05-6
阿美雌酮	10448-96-1	阿妥莫单抗	156586-92-4
阿氨布洛芬	39718-89-3	氯贝酸铝	24818-79-9
阿米君	27469-53-0	铝硫复	61115-28-4
阿莫兰特	123955-10-2	阿伐美林	120241-31-8
阿莫伦特	871224-64-5	阿尔维林	150-59-4
马来酸阿莫曲普坦	154323-57-6	阿螺旋霉素	467214-20-6
艾梦克酮	84145-89-1	爱维莫潘	156053-89-3
阿木泰	61136-12-7	阿韦舒托	137487-62-8
阿奈螺酮	138298-79-0	夫拉平度	146426-40-6
阿尼地坦	152317-89-0	阿马地酮	30781-27-2
阿洛利停	850649-61-5	阿马夫隆	50588-47-1
阿洛西克	105292-70-4	苯二胺三嗪	537-17-7
阿洛米特	2897-83-8	金刚烷胺	768-94-5
阿洛西坦	119610-26-3	金刚溴铵	58158-77-3
阿洛司琼	122852-42-0	金刚西林	10004-67-8
阿洛夫定	25526-93-6	桉巴氮芥	85754-59-2
阿洛普令	9014-67-9	氨巴利特	83991-25-7
阿洛司他丁	88321-09-9	安巴腙	539-21-9
阿氯扎封	65899-72-1	安贝氯铵	115-79-7
溴泊庭	27076-46-6	安必罗山	2455-84-7
阿醋美沙朵	17199-58-5	安双色酸	58805-38-2
阿法美罗定	468-51-9	安波霉素	1402-81-9
阿法美沙醇	17199-54-1	安倍生坦	177036-94-1
安依痛	77-20-3	溴环己胺醇	18683-91-5
阿尔吡登	82626-01-5	安布替星	58857-02-6
阿吡咯瑞德	81982-32-3	安布卡因	119-29-9
阿普非农	124316-02-5	氨布醋胺	519-88-0
阿普唑仑	28981-97-7	安布赛特	3754-19-6
阿普洛尔	13655-52-2	安西法尔	3924-70-7
前列腺素 E1	745-65-3	安西非特	7332-27-6
阿瑞司他丁	51411-04-2	安西奈德	51022-69-6
阿沙克肽	34765-96-3	安多索韦	145514-04-1

阿美可特	83625-35-8	硝乙胺酯	646-02-6
氨甲达林	22136-26-1	氨鲁米特	125-84-8
安地普酶	151912-11-7	氨美啶	642-44-4
阿洛米松	123013-22-9	氨基比林	58-15-1
氨托利	787-93-9	环拉氨基比林	747-30-8
阿美卢班	346735-24-8	氨茶碱	317-34-0
安麦角	121588-75-8	氨基丙嗪	58-37-7
阿美坦醌	64862-96-0	氨喋呤钠	58602-66-7
艾美泽平	60575-32-8	氨氯喹	10023-54-8
甲磺美嗪	30578-37-1	氨喹努德	3811-56-1
安非他酮	34911-55-2	阿米雷司	2207-50-3
安非氯醛	5581-35-1	2-氨基噻唑	96-50-4
氨酚酸	51579-82-9	阿蒙追芬	5585-64-8
安非雷司	15686-27-8	胺碘酮	1951-25-3
安非泼拉酮	90-84-6	阿米哌隆	1580-71-8
安非他明	300-62-9	阿米苯唑	490-55-1
安非他尼	17590-01-1	阿米匹嗪	69635-63-8
氨氟替唑	82114-19-0	氨普立糖	56824-20-5
安福霉素	1402-82-0	甲氧胺喹啉	13425-92-8
安福萘酸	15180-02-6	阿米索美啶	550-28-7
阿米贝隆	121524-08-1	阿米舒必利	71675-85-9
双脒苯脲	3459-96-9	艾米台诺	54063-25-1
阿米西酮	23271-63-8	阿米替韦	111393-84-1
阿米环素	5874-95-3	双甲脒	33089-61-1
阿米太尔	49745-00-8	阿米替林	50-48-6
阿米苯砜	3569-77-5	氧阿米替林	4317-14-0
甲磺酸阿米福林	1421-68-7	阿米西群	24622-72-8
二氨吡啶	54-96-6	氨来占诺	68302-57-8
阿米复明	77518-07-1	安林肽	122384-88-7
阿米维林	54063-24-0	氨氯地平	88150-42-9
氨氟沙星	86393-37-5	异戊巴比妥	57-43-2
氨磷汀	20537-88-6	阿莫卡嗪	36590-19-9
阿米谷胺	119363-62-1	阿莫地喹	86-42-0
阿米卡星	37517-28-5	阿莫胃泌素	16870-37-4
阿米凯林	4439-67-2	胺苯呋酮	76-65-3
胍酰吡嗪	2609-46-3	贝利莫集	870524-46-2
吲哚胺酯	31386-24-0	氨萘非特	69408-81-7
安扑丁	57574-09-1	克冠吗啉	22661-76-3
醋胺硝唑	140-40-9	阿莫吡喹	550-81-2
氨吖啶	90-45-9	阿莫罗芬	78613-35-1
氨基己酸	60-32-2	硝硫氰胺	26328-53-0

阿膜索罗	85320-68-9	雄诺龙	521-18-6
阿米沙林	161262-29-9	醋酸阿奈可他	7753-60-8
阿莫沙平	14028-44-5	血管紧张素 II	4474-91-3
阿莫卡因	553-65-1	血管紧张素胺	53-73-6
阿莫西林	26787-78-0	阿尼多昔	34297-34-2
樟磺阿莫拉明	15350-99-9	阿尼芬净	166663-25-8
氟苯哌胺	75558-90-6	阿尼拉酯	5591-49-1
氨苯吡啶酮	134-37-2	苄胺度冷丁	144-14-9
氨苯酞胺	1673-06-9	亚尼诺屏	53716-46-4
两性霉素 B	1397-89-3	阿尼帕米	83200-10-6
氨苄西林	69-53-4	阿尼西坦	72432-10-1
安碧罗康	99464-64-9	艾利洛克	66635-85-6
安普那韦	161814-49-9	艾尼沙克	5129-14-6
安普罗铵	121-25-5	茴茚二酮	117-37-3
安匹立明	5587-93-9	氟苯羟丁哌嗪	442-03-5
二甲胺嗪	5214-29-9	阿尼莫司	170368-04-4
胺喹甲酯	17230-85-2	艾尼斯屈酶	81669-57-0
氨力农	60719-84-8	阿尼扎芬	63119-27-7
氨柔比星	110267-81-7	昂普托宁	98330-05-3
安吖啶	51264-14-3	安芦组单抗	910649-32-0
阿拉罗汀	125973-56-0	安索西庭	79130-64-6
哌氨托美丁	87344-06-7	安他非尼	15301-45-8
戊甲酚	1300-94-3	安他唑啉	91-75-8
安塞曲匹	875446-37-0	噻唑吩醇酰胺	25422-75-7
阿那孕酮	2740-52-5	安太霉素	1402-84-2
氯喳味唑酮	68475-42-3	安锑锂明	305-97-5
阿那白滞素	143090-92-0	安替尼特	5029-05-0
阿拉莫林	249921-19-5	抗凝血酶 III	9000-94-6
阿拉利塔	95896-08-5	抗血凝酶 α	84720-88-7
阿那曲唑	120511-73-1	安拉非宁	55300-29-3
阿替班特	209733-45-9	蒽霉素	4803-27-4
马安莫单抗		阿帕诺生	250386-15-3
阿那西戎	77658-97-0	阿帕朵林	135003-30-4
艾来索新	15378-99-1	阿帕芬特	105219-56-5
酸性兰 92	3861-73-2	阿帕西林	63469-19-2
昂卡洛尔	75748-50-4	阿帕茶碱	151581-23-6
安塞司亭	163545-26-4	阿帕奇醌	114560-48-4
安西他滨	31698-14-3	羟哌二甲胺四环素	15599-51-6
安立韦克	370893-06-4	阿吡莫德	541550-19-0
安克洛酶	9046-56-4	阿哌沙班	503612-47-3
安多司特	132640-22-3	阿普拉维洛克	461443-59-4

阿林多尔	189681-70-7	阿立酮	56219-57-9
阿泊珠单抗	267227-08-7	阿莫氯醇	289893-25-0
阿扑长春胺	4880-92-6	阿立哌唑	129722-12-9
阿拉可乐定	66711-21-5	阿莫非尼	112111-43-0
阿布拉霉素	37321-09-8	阿洛罗尔	87129-71-3
阿雷司他	287405-51-0	阿罗茶碱	136145-07-8
阿普斯特	608141-41-9	阿洛西尔	86627-15-8
阿瑞吡坦	170729-80-3	阿罗洛尔	68377-92-4
阿立他滨	160707-69-7	尔扑利诺	55779-18-5
阿立考昔	197904-84-0	阿普米定	106669-71-0
阿普卡林	92569-65-8	对氨基苯胂酸	98-50-0
茚丙胺	37640-71-4	双硫亚胂胺	119-96-0
阿普里诺卡森	151879-73-1	阿替夫林	123407-36-3
阿普比妥	77-2-1	蒿甲醚	71963-77-4
阿普罗芬	3563-01-7	阿司咪唑	255730-18-8
阿普硫钠	123072-45-7	青蒿素	63968-64-9
抑肽酶	9004-04-0	蒿乙醚	75887-54-6
艾普塔查平	71576-40-4	双氢青蒿素	81496-81-3
阿替加奈	137159-92-3	青蒿氧烷	664338-39-0
阿托卡因	19281-29-9	青蒿脂	88495-63-0
阿雷地平	86780-90-7	噻吩卡因	23964-58-1
阿拉诺丁	19885-51-9	阿替利特	133267-19-3
阿拉洛芬	15250-13-2	阿伦酸	185517-21-9
阿拉康唑	583057-48-1	阿佐昔芬	182133-25-1
普阿氯芬	847353-30-4	抗坏血酸	50-81-7
阿伯前列素	55028-70-1	维 C 加莫酯	109791-32-4
阿贝卡星	51025-85-5	阿塞珠单抗	395639-53-9
阿布他明	128470-16-6	阿塞那平	65576-45-6
阿西莫单抗	154361-48-5	阿色利匹	153242-02-5
阿氯非林	87071-16-7	阿西马朵林	153205-46-0
阿达星	117742-13-9	阿索司特	104777-03-9
阿待纳明	305391-49-5	阿索卡诺	77400-65-8
阿地肝素钠	9041-8-1	阿索立尼酯	222732-94-7
尔法来星	60173-73-1	阿索立尼	199396-76-4
阿芬达占	37669-57-1	阿司帕坦	22839-47-0
阿福特罗	67346-49-0	L－天门冬氨酸	56-84-8
阿加曲班	74863-84-6	门冬托星	4117-65-1
精美司那	106854-46-0	阿扑西林	63358-49-6
L－精氨酸	74-79-3	阿司咪唑	68844-77-9
醋酸精氨加压素	113-79-1	阿司米星	55779-06-1
精氨缩宫素	113-80-4	阿塞西普	845264-92-8

阿他西呱	254877-67-3	阿伏瑞林	140703-49-7
阿他美坦	96301-34-7	阿伏生坦	290815-26-8
阿前列素	83997-19-7	阿伏特明	182212-66-4
阿喹司特	182316-31-0	阿夫立定	35607-20-6
阿扎那韦	198904-31-3	阿莫齐特	85076-06-8
阿替洛尔	29122-68-7	阿西替尼	319460-85-0
阿替韦啶	136816-75-6	阿昔替洛	156740-57-7
阿替白介素α	143631-61-2	阿索马多	187219-95-0
阿替普隆	153420-96-3	阿扎苯砜	1150-20-5
阿替莫汀	533927-56-9	吡哌丁酰苯	2856-81-7
阿替美唑	104054-27-5	氮杂胞苷	320-67-2
阿替莫德	123018-47-3	氮氯嗪	49864-70-2
阿蒂卜洛嗪	89303-63-9	阿扎康唑	60207-31-0
阿替唑仑	135637-46-6	阿扎胆醇	313-05-3
阿利洛芬	108912-17-0	氮杂环醇	115-46-8
阿托骨化醇	302904-82-1	阿索马多	54063-26-2
阿托利特	16231-75-7	阿扎兰司他	143393-27-5
阿托木单抗	202833-08-7	阿扎毒素	54182-65-9
阿托伐他汀	134523-00-5	艾泽罗西	72822-56-1
阿托西班	90779-69-4	阿扎溴铵	306-53-6
阿托伐醌	95233-18-4	阿扎莫林	76530-44-4
苯磺安托肌松	64228-81-5	阿札那托	37855-92-8
盐酸阿曲生坦	195733-43-8	阿扎硝唑	62973-76-6
阿曲留通	154355-76-7	阿扎哌隆	1649-18-9
阿莫司汀	75219-46-4	氮丙辛	448-34-0
阿曲肌醇	28841-62-5	阿扎丙宗	13539-59-8
阿托美品	428-07-9	氮喹佐	5234-86-6
甲基硝酸阿托品	52-88-0	阿托立平	2169-64-4
氧阿托品	4438-22-6	偶氮丝氨酸	115-02-6
金诺芬	34031-32-8	盐酸阿扎司琼	123040-69-7
金硫醋苯胺	16925-51-2	艾查斯氯铵	34959-30-3
阿伐那非	330784-47-9	阿查斯顿	13074-00-5
阿伐麦布	166518-60-1	哌吡庚啶	3964-81-6
阿维降钙素	103451-84-9	阿扎替派	125-45-1
阿维霉素	11051-71-1	硫唑嘌呤	446-86-6
阿肽地尔	40077-57-4	壬二酸	123-99-9
阿维库明	223577-45-5	氮卓斯汀	58581-89-8
阿维曲坦	151140-96-4	阿折地平	123524-52-7
阿维扎封	65617-86-9	艾才派硕	36067-73-9
阿伏苯宗	70356-09-1	氮杂平端	26304-61-0
阿伏帕星	37332-99-3	阿泽内酰胺	95729-65-0

叠氮氯霉素	13838-08-9	巴比沙隆	4388-82-3
阿度西林	17243-38-8	巴比妥	57-44-3
阿奇沙坦酯	863031-21-4	巴比妥钠	144-02-5
阿齐沙坦	147403-03-0	巴昔巴特	263562-28-3
亚萨麦克笋	64118-86-1	巴马斯啶	99156-66-8
阿齐利特	149908-53-2	巴尼地平	104713-75-9
阿嗪米物	1830-32-6	巴如卡里	79784-22-8
阿滋卜胺	58503-82-5	巴芦西班	285571-64-4
阿奇霉素	83905-01-5	巴西芬净	127785-64-2
阿洛西林	37091-66-0	舒莱	179045-86-4
阿佐利明	40828-45-3	巴他布林	195533-53-0
阿佐塞米	27589-33-9	巴他必利	102670-46-2
阿佐霉素	7644-67-9	巴布司特	81907-78-0
溴阿佐姆	892497-01-7	巴氮平	95634-82-5
氨曲南	78110-38-0	鲨肝醇	544-62-7
阿作莫兰	64748-79-4	巴马司他	130370-60-4
巴氨西林	50972-17-3	巴托拉嗪	105685-11-8
杆菌肽	1405-87-4	巴曲酶	9039-61-6
巴氯芬	1134-47-0	巴维昔单抗	648904-28-3
倍美西林	50846-45-2	巴克西托辛	84386-11-8
巴非替尼	859212-16-1	巴多昔芬	198481-32-2
巴凯洛芬	117819-25-7	巴泽若宁	94011-82-2
巴格列酮	199113-98-9	贝坎帕奈	188696-80-2
巴拉莫德	863029-99-6	贝恩酮	15351-04-9
巴拉齐朋	137109-71-8	贝卡普勒明	165101-51-9
巴利卡替	354813-19-7	巴特卡令	119673-08-4
巴罗沙星	127294-70-6	贝昔帕西	130782-54-6
巴柳氮	80573-04-2	贝克拉胺	501-68-8
巴马鲁唑	87034-87-5	贝康唑	112893-26-2
巴马司特	135779-82-7	贝罗贝特	55937-99-0
班贝霉素	11015-37-5	倍氯美松	4419-39-0
班布特罗	81732-65-2	贝氯硫胺	13471-78-8
巴美生	3703-79-5	贝骨化醇	524067-21-8
巴米茶碱	2016-63-9	贝妥莫单抗	158318-63-9
贝奈西普	909110-25-4	贝得罗星	757942-43-1
苄哌苯胺	4945-47-5	贝多拉君	194785-19-8
巴麦斯汀	215529-47-8	贝非匹坦	290296-68-3
甲硝咪酯胺	31478-45-2	苄非哌胺	100927-14-8
巴诺蒽醌	136470-65-0	贝非拉醇	208110-64-9
巴匹组单抗	648895-38-9	贝氟沙通	134564-82-2
巴喹普林	102280-35-3	氧茚心安	39552-01-7

苄呋拉林	41717-30-0	琥珀苯呋地尔	3447-95-8
贝加司他	769169-27-9	苄庚咪唑酮	363-13-3
卡那霉素 B	4696-76-8	贝尼地平	105979-17-7
贝拉哌酮	156862-51-0	苯莫辛	7654-3-7
百乐利辛	52395-99-0	百脑清	61864-30-0
贝拉西普	706808-37-9	贝诺酯	5003-48-5
贝磷地尔	103486-79-9	甲次夫酮	3570-10-3
贝利木单抗	356547-88-1	苯噁磷	16759-59-4
贝利司他	414864-00-9	苯恶洛芬	51234-28-7
贝洛替康	256411-32-2	苯培诺赖	61990-92-9
贝洛酰胺	15256-58-3	苯哌啶	2062-84-2
贝洛塞平	135928-30-2	苯丙哌林	2156-27-6
百马利酮	92210-43-0	宾利赛特	24671-26-9
美解眠	64-65-3	苯沙仑	15686-76-7
贝美司琼	40796-97-2	苄丝肼	322-35-0
贝美噻嗪	1824-52-8	苄硫嗪酸	1219-77-8
贝米那非	566906-50-1	贝马莫德	848344-36-5
泊米卓定	88133-11-3	苯他西泮	29462-18-8
贝莫拉旦	112018-01-6	苯联苄四唑	63927-95-7
贝曲嗪诺	187393-00-6	苯甲硫胺	299-88-7
贝那替嗪	302-40-9	苯替哌明	17692-23-8
帕拉芬郡	35135-01-4	胰功定	37106-97-1
贝那利秦	22487-42-9	贝奴司他	38274-54-3
白拉克西宾	27661-27-4	苯扎氯铵	8001-54-5
贝那普利	86541-75-5	苯普瑞诺	52758-02-8
苯那普利拉	86541-78-8	苯扎隆	1477-19-6
苯西阿诺	85443-48-7	苄星青霉素 G	1538-09-6
宾希斯坦	42293-72-1	苯甲托品	86-13-5
苯可乐定	57647-79-7	苯溴马隆	3562-84-3
苄环烷	2179-37-5	苯雌酚	85-95-0
冰达卡醇	81703-42-6	苄醚度冷丁	3691-78-9
宾达氮芥	16506-27-7	苄索氯铵	121-54-0
苄达酸	20187-55-7	苄替米特	119391-55-8
地巴唑	621-72-7	苄非他明	156-08-1
苯地利净	59752-23-7	苯咯乙溴铵	1050-48-2
苄氟噻嗪	73-48-3	苄吲吡林	16571-59-8
苯明西林	751-84-8	苯碘达隆	68-90-6
泊来克酯	78718-52-2	联氯苄烯酸	148-07-2
苯氟雷司	23602-78-0	苄哒唑	22994-85-0
苄磷双胍	52658-53-4	苯甲酰苯巴比妥	744-80-9
苯磷硫胺	22457-89-2	苯佐卡因	94-09-7

苯佐利定	16852-81-6	苄丁胺速尿	36148-38-6
苯佐他明	17243-39-9	β-胡萝卜素	7235-40-7
苄替哌	1980-45-6	倍醋美沙朵	17199-59-6
十二烷基二甲基苄基氯化铵	139-07-1	β-环糊精	7585-39-9
		抗眩啶	5638-76-6
本佐那酯	104-31-4	倍他美罗定	468-50-8
苯吡咯溴铵	13696-15-6	倍他美沙醇	17199-55-2
苯佐色氨酸	39544-74-6	倍他米松	378-44-9
苯喹酯	86-75-9	醋布倍他米松	5534-5-4
苯佐氯铵	19379-90-9	倍他米星	36889-15-3
苄哌立隆	53-89-4	倍他米隆	3440-28-6
苄吡斯的明	587-46-2	倍他尼定	55-73-2
苄奎辛	13157-90-9	异位安依痛	468-59-7
苯喹胺	63-12-7	倍他西佐喃	39464-87-4
苄噻嗪	91-33-8	倍他索洛尔	63659-18-7
苄达明	642-72-8	皮他唑	105-20-4
青霉素	61-33-6	贝硫肽	103725-47-9
苄磺胺	104-22-3	贝托卡因	3818-62-0
贝帕泛	114776-28-2	贝曲西班	330942-05-7
贝哌碘铵	86434-57-3	贝伐珠单抗	216974-75-3
培米诺集	627861-07-8	贝凡洛尔	59170-23-9
羟萘酸苄酚宁	3818-50-6	贝伐西尼	959961-96-7
贝匹斯丁	10189-94-3	贝韦立马	174022-42-5
贝托斯汀	125602-71-3	甲硫贝弗宁	5205-82-3
苄普地尔	64706-54-3	蓓萨罗丁	153559-49-0
贝前列素	88430-50-6	贝氯特来	148905-78-6
贝瑞福林	105567-83-7	苯扎贝特	41859-67-0
柏拉非农	18965-97-4	苯腈米特	15301-48-1
百谍洛芬	72619-34-2	比拉米可	493-75-4
贝罗凝血素α	9001-27-8	比阿培南	120410-24-4
柏替木单抗	375348-49-5	双巴西肽	153507-46-1
柏托沙米	126825-36-3	二苯溴铵	15585-70-3
贝芦比星	677017-23-1	铋溴酚	6915-57-7
贝芦匹泮	150490-85-0	比卡鲁胺	90357-06-5
贝伐他汀	132017-01-7	比西发啶	71195-57-8
红霉素B	527-75-3	比西单抗	138783-13-8
贝西沙星	141388-76-3	必克洛地	85125-49-1
贝西冈新	58546-54-6	二氯贝特	54063-27-3
贝索单抗	537694-98-7	双氯麝酚	15686-33-6
贝西吡啶	119257-34-0	双环霉素	38129-37-2
贝舒帕胺	90992-25-9	必碘马苏	21817-73-2

比地索胺	116078-65-0	比索西克	39825-23-5
比坦维林	479-81-2	双酚沙丁	17692-24-9
胺利血平	53-18-9	硫氯酚	97-18-7
比法西普	163796-60-9	氧硫氯酚	844-26-8
双芬麦兰	90293-01-9	比替哌宗	13456-08-1
联苯普酰胺	70976-76-0	比托特罗	30392-40-6
联苯洛芬	108210-73-7	双硫氰苄	4044-65-9
联苯芦诺	350992-10-8	比伐卢定	128270-60-0
双氟拉洛	34633-34-6	比伐珠单抗	214559-60-1
联苯苄唑	60628-96-8	比折来新	129655-21-6
比拉斯汀	202189-78-4	博来霉素	11056-06-7
比卡林	117545-11-6	布南色林	132810-10-7
比马前列素	155206-00-1	布鲁霉素	11011-72-6
比莫西塘	187269-40-5	伯克匹韦	394730-60-0
宾达利	130641-38-2	波呋氮芥	55102-44-8
碧来达宁	60662-16-0	勃雄二醇	19793-20-5
人白介素4	207137-56-2	勃拉睾酮	1605-89-6
斌氟沙星	108437-28-1	勃拉嗪	4267-81-6
必尼妥明	69047-39-8	去氢睾丸素	846-48-0
比尼霉素	11056-11-4	勃来诺	16915-78-9
碧利那斯特	86662-54-6	波曼大纳	1491-81-2
倍诺生	144348-08-3	波美托尔	65008-93-7
比螺酮	102908-59-8	波吲洛尔	62658-63-3
除虫菊酯	28434-01-7	波那普林	20448-86-6
生物素	58-85-5	波那卜洛	66451-06-7
必潘拉醇	79467-22-4	波尼酮	2226-11-1
比哌立登	514-65-8	保特佐米	179324-69-7
双相胰岛素注射剂	8063-29-4	波生坦	147536-97-8
比立考达	159997-94-1	伯舒替尼	380843-75-4
必利哌隆	41510-23-0	宝替克灵	4774-53-2
比沙可啶	603-50-9	联苯吡咯	10355-14-3
必桑郡	78186-34-2	溴烯比妥	561-86-4
吡沙拉米	89194-77-4	巴拉芬辛	171655-91-7
双苯哒唑	32195-33-8	溴麦角林	60019-20-7
双苯联硫氨	2667-89-2	布瑞那韦	313682-08-5
双苯那宗	55837-24-6	布福洛尔	104051-20-9
必斯芬替啶	96153-56-9	布马佐辛	71990-00-6
双奈法德	144849-63-8	布美诺肽	189691-06-3
比索布啉	22407-74-5	白瑞夸尔	96187-53-0
比索曲唑	103597-45-1	溴他西尼	84379-13-5
比索洛尔	66722-44-9	甲苯磺酸溴苄铵	61-75-6

布芬太尼	101345-71-5	溴苯那敏	86-22-6
溴莫尼定	59803-98-4	溴硝丙二醇	52-51-7
纤维蛋白酶	9000-99-1	溴苯雌烯	479-68-5
布吲扎酮	89622-90-2	溴派拉莫	33144-79-5
向林多新	55837-17-7	溴匹立明	56741-95-8
布林佐胺	138890-62-7	溴喹酚	15599-52-7
布巴西普	869881-54-9	溴索胺	40912-73-0
丙氨酸布立尼布	649735-63-7	溴他利星	203258-60-0
布立西坦	357336-20-0	溴琥胺	22855-57-8
溴夫定	69304-47-8	乙酰卤柳硫酰胺溴苯	23233-88-7
溴巴坦	26631-90-3	溴替唑仑	57801-81-7
薄罗利德	71195-56-7	溴维来克星	54340-61-3
溴克立辛	555-65-7	溴长春胺	57475-17-9
溴克利那	72481-99-3	二溴甲喹苯酯	3684-46-6
溴莫普林	56518-41-3	溴沙特罗	76596-57-1
溴法诺明	63638-91-5	溴异酞酸	86216-41-3
澳非泽尔	17969-45-8	溴脲苷	59-14-3
溴伏克辛	21440-97-1	溴羟喹啉	521-74-4
溴康唑	108894-40-2	己哌苄胺	51481-62-0
布苯丙胺	64638-07-9	胆固醇酯酶	9026-00-0
澳马利特	4213-51-8	布西丁	1083-57-4
溴马多灵	67579-24-2	布昔洛韦	86304-28-1
溴酰胺	332-69-4	布溪那明	65002-17-7
滇西泮	1812-30-2	布新洛尔	71119-11-4
溴苯海明	118-23-0	布拉地新	362-74-3
氯溴唑酮	5579-85-1	安其敏	82-95-1
溴美酸	5711-40-0	丁氯柳胺	575-74-6
菠萝蛋白酶	9001-00-7	布氯酸	32808-51-8
溴麦角脲	83455-48-5	布可隆	841-73-6
溴美那明	15585-71-4	丁吖卡因	316-15-4
溴芬那酸	91714-94-2	布克利那	1069-55-2
溴己新	3572-43-8	布克洛马隆	78371-66-1
溴苯茚二酮	1146-98-1	香豆心安	58409-59-9
α-溴异戊酰脲	496-67-3	左布地奈德	51333-22-3
溴西克林	1715-40-8	叔丁哌苯	57982-78-2
溴代麦角隐亭碱	25614-03-3	布朵替坦	85969-07-9
溴酚磷酯	21466-07-9	布酞嗪	36798-79-5
溴硫磷	2104-96-3	丁苯那胺	604-74-0
溴必利	4093-35-0	丁苯碘胺	22103-14-6
溴沙尼特	41113-86-4	布非洛尔	53684-49-4
溴哌利多	10457-90-6	丁苯羟酸	2438-72-4

丁苯唑酸	50270-32-1	布他莫生	4442-60-8
丁洛地尔	55837-25-7	布坦卡因	3785-21-5
布福吉宁	465-39-4	布他尼星	55285-35-3
丁二胍	692-13-7	布坦色林	87051-46-5
丁夫罗林	54867-56-0	布蒽酮	75464-11-8
丁呋洛尔	54340-62-4	丁酰拉嗪	653-03-2
布拉喹	223661-25-4	丁环前列素	69648-38-0
布马地宗	3583-64-0	布他维林	55837-14-4
布美卡因	30103-44-7	布他沙明	2922-20-5
布美地尔	62052-97-5	布替膦酸	51395-42-7
布美他尼	28395-03-1	布替萘芬	101828-21-1
布美三唑	3896-11-5	布替利嗪	68741-18-4
丁萘酰胺	32421-46-8	布替他酯	14007-64-8
丁萘脒	3748-77-4	烯丁硫喷妥钠	510-90-7
丁碘桂酸	1233-53-0	布替布芬	55837-18-8
布那罗米特	99107-52-5	布替君	7433-10-5
布纳唑嗪	80755-51-7	布替卡星	59733-86-7
布尼洛尔	34915-68-9	丁苯宁	66292-52-2
布诺洛尔	27591-01-1	丁替佐辛	93821-75-1
布帕伐醌	88426-33-9	布替诺林	968-63-8
布酚宁	447-41-6	丁酰苷菌毒	12772-35-9
丁吡啶甲酸酰胺	22632-06-0	布替香特	19992-80-4
布比卡因	2180-92-9	布替可特	120815-74-9
布拉洛尔	14556-46-8	布噻嗪	2043-38-1
叔丁啡	52485-79-7	克冠异丁胺	55769-65-8
丁喹伦	59184-78-0	布康唑	64872-76-0
丁喹酯	5486-3-3	布陀克罗	55165-22-5
布喹特林	76536-74-8	丁克他酰胺	32838-26-9
布拉氨酯	4663-83-6	丁菲洛尔	64552-17-6
丁咯地林	36121-13-8	布托酯	126-22-7
布赛来灵	57982-77-1	丁巴胺	66734-12-1
丁螺旋酮	36505-84-7	布托哌林	55837-15-5
白消安	55-98-1	布托普星	62228-20-0
布他卡因	149-16-6	布托碘铵	7077-30-7
布他拉莫	51152-91-1	布托啡诺	42408-82-2
布他酰胺	7007-88-7	布托昔酯	15302-05-3
布他磷	17316-67-5	布替林	35941-65-2
布他拉胺	22131-35-7	布托溴铵	29025-14-7
布他比妥	77-26-9	戊炔胺	3735-65-7
布他米酯	18109-80-3	甲碘布着	15351-05-0
布他咪唑	54400-59-8	卡巴斯汀	79449-98-2

卡巴他赛	183133-96-2	卡模司特	59721-28-7
卡麦角林	81409-90-7	樟脑吡酰胺	4876-45-3
放线菌素C	8052-16-2	卡米罗芬	54-30-8
卡浊拉嗪	64241-34-5	卡那奴单抗(重链)	402710-25-2
卡屈沙星	153808-85-6	卡那奴单抗(轻链)	402710-27-4
卡法醇胺	30924-31-3	康必索	56689-43-1
麻黄嘌呤	58166-83-9	坎地沙坦	139481-59-7
骨化二醇	19356-17-3	杀念菌素	1403-17-4
卡泊三醇	112828-00-9	坎库碘铵	54278-85-2
降钙素	9007-12-9	坎沙曲	123122-55-4
降钙素,牛	26112-29-8	坎沙曲拉	123122-54-3
降钙素,鸡	100016-62-4	卡纽替尼	267243-28-7
降钙素,鳗	57014-02-5	(2R)-L-gamma-谷氨酰-	158382-37-7
降钙素,人	21215-62-3	3-((2-((二(二(2-氯	
降钙素,猪	12321-44-7	乙基)氨基)亚膦酰)	
降钙素,鼠	11118-25-5	氧基)乙基)磺酰基)-	
鲑鱼降钙素	47931-85-1	L-丙氨酰-2-苯基	
骨化三醇	32222-06-3	甘氨酸	
苯沙酸钙	528-96-1	坎格雷洛	163706-06-7
氯贝酸钙	39087-48-4	大麻酚	521-35-7
羟苯磺酸钙	20123-80-2	坎利酸	4138-96-9
亚叶酸钙	1492-18-8	坎利酮	976-71-6
格鲁葡钙	12569-38-9	美坎组单抗	400010-39-1
葡庚糖酸钙	17140-60-2	卡帕诺生	544417-40-5
左亚叶酸钙	80433-71-2	卡培他滨	154361-50-9
D-泛酸钙	137-08-6	卡培色罗	769901-96-4
糖二酸钙	5793-88-4	卡泊酸	21434-91-3
铁葡酸钙钠	34150-62-4	卡拉韦林	178979-85-6
乙二胺四乙酸三钠钙	12111-24-9	2-氨基甲酰氧基甲基-	178979-85-6
考布曲钙	151878-23-8	5-(3,5-二氯苯基硫代)-	
卡达瑞特	133804-44-1	4-异丙基-1-(吡啶-	
卡地胺	128326-81-8	4-基)甲基-1H-咪唑	
卡洛酸	135306-78-4	卷曲霉素	11003-38-6
钙立醇	132722-73-7	卡罗单抗	151763-64-3
卡鲁睾酮	17021-26-0	卡莫瑞林	193273-66-4
卡马西泮	36104-80-0	卡普罗胺	53078-44-7
坎苯达唑	26097-80-3	卡普他明	108-02-1
卡格列波糖	127214-23-7	丁硫二苯胺	486-17-9
卡米维宁	54063-28-4	卡托普利	62571-86-2
卡莫布可	216167-92-9	卡普脲	5579-13-5
卡莫格雷	105920-77-2	卡拉博沙	184653-84-7

卡拉酰胺	81424-67-1	卡奋乃静	27025-49-6
卡拉非班	177563-40-5	卡芬太尼	2622-30-2
卡拉米芬	77-22-5	卡非佐米	59708-52-0
咔唑心安	57775-29-8	卡非氨酯	868540-17-4
卡巴胆碱	51-83-2	N-氨基甲酰-L-谷氨酸	3567-38-2
卡巴多	6804-7-5	卡古缩宫素	1188-38-1
碱式碳酸铝钠	41342-54-5	1-(2-氨基-2-氧代乙基)-1,4-二氢-3-吡啶甲酰胺	33605-67-3
卡马西平	298-46-4		
卡苯特尔	22790-84-7		
西维因	63-25-2	卡茚西林	64881-21-6
卡巴胂	121-59-5	卡立泊来德	35531-88-5
卡巴匹林钙	5749-67-7	卡立哌嗪	159138-80-4
卡巴才朗	70724-25-3	卡立氨酯	839712-12-8
卡络柳钠	13051-01-9	肌安宁	194085-75-1
咔唑铬磺酸钠	51460-26-5	卡曼大定	78-44-4
卡巴佐辛	69-81-8	卡格列汀	38081-67-3
羧苄西林	15686-38-1	卡美替译	813452-18-5
甘珀酸	4697-36-3	氟脲己胺	42583-55-1
卡苯肼	5697-56-3	卡莫特罗	61422-45-5
卡比替模	3240-20-8	卡莫昔罗	147568-66-9
卡比托辛	82230-03-3	卡莫司汀	98323-83-2
卡比多巴	37025-55-1	卡硝唑	154-93-8
卡比芬	28860-95-9	肉碱	42116-76-7
卡比马唑	15687-16-8	卡罗开因	461-06-3
氯苯吡醇胺	22232-54-8	卡巴多	66203-00-7
羧甲基半胱氨酸	486-16-8	卡罗维林	23465-76-1
卡波氯醛	638-23-3	卡罗沙宗	18464-39-6
延通心	541-79-7	酰胺度冷丁	7528-13-4
卡波硫磷	804-10-4	卡培立肽	89213-87-6
卡波霉素	786-19-6	卡尔哌隆	20977-50-8
卡铂	4564-87-8	卡品多罗	39731-05-0
卡前列素	41575-94-4	卡比咪嗪	5942-95-0
卡波醌	35700-23-3	哒口恶唑定	68020-77-9
卡溴脲	24279-91-2	卡洛芬	53716-49-7
卡布比妥	77-65-6	卡普氯铵	13254-33-6
卡必西泮	960-05-4	恶喹二酮	2037-95-8
氨磺丁脲	59009-93-7	卡沙群	125363-87-3
卡布特罗	339-43-5	卡他司坦	149079-51-6
卡氯铵	34866-47-2	卡他唑酯	34966-41-1
开来巴斯啶	1042-42-8	卡替洛尔	51781-06-7
苄非西林	90729-42-3	卡米诺霉素	50935-04-1

卡芦莫南	87638-04-8	头孢屈洛	57847-69-5
卡维地洛	72956-09-3	头孢吡酮	103238-57-9
卡伏曲林	107266-08-0	头孢吡肟	88040-23-7
卡折来新	119813-10-4	盐酸头孢他美	65052-63-3
对氨磺酰苯甲酸	138-41-0	头孢替考	117211-03-7
卡索胺	98815-38-4	头孢三唑	65307-12-2
卡索匹坦	414910-27-3	头孢维曲	66474-36-0
卡泊芬净	162808-62-0	头孢克肟	79350-37-1
去甲伪麻黄碱	492-39-7	头孢瑞南	116853-25-9
开思酮	71031-15-7	头孢替林	140128-74-1
卡曲司特	183659-72-5	头孢甲肟	65085-01-0
卡曲得考	606138-08-3	头孢氯铵	107452-79-9
卡妥索单抗	509077-98-9	头孢甲氧氰唑	56796-20-4
西巴西坦	113957-09-8	头孢米诺	75481-73-1
西地芬戈	35301-24-7	头孢地秦	69739-16-8
西利珠单抗	159586-90-2	头孢尼西	61270-58-4
西地尼布	288383-20-0	头孢哌酮	62893-19-0
头孢乙氰	10206-21-0	头孢雷特	60925-61-3
头孢克罗	53994-73-3	头孢噻利	122841-10-5
头孢羟氨苄	50370-12-2	头孢噻肟	63527-52-6
头孢氨苄	15686-71-2	头孢替坦	69712-56-7
头孢来星	3577-1-3	头孢替胺	61622-34-2
头孢洛宁	5575-21-3	头孢维欣	234096-34-5
苄基头孢菌素	859-07-4	头孢恶唑	36920-48-6
头孢噻啶	50-59-9	头孢西丁	35607-66-0
头孢噻吩	153-61-7	头孢唑兰	113359-04-9
头孢孟多	34444-01-4	头孢咪唑	84880-03-5
头孢帕罗	51627-20-4	头孢匹胺	70797-11-4
头孢匹林	21593-23-7	头孢匹罗	84957-29-9
头孢曲嗪	51627-14-6	头孢泊肟	80210-62-4
头孢氮氟	58665-96-6	头孢丙烯	92665-29-7
头孢西酮	56187-47-4	头孢喹肟	84957-30-2
头孢唑啉	25953-19-9	头孢拉定	38821-53-3
头孢拉宗	76610-84-9	头孢罗替	52231-20-6
头孢卡奈	41952-52-7	头孢沙定	51762-05-1
头孢卡奈达酯	97275-40-6	头孢磺啶	62587-73-9
头孢卡品	135889-00-8	头孢舒米	54818-11-0
头孢克定	105239-91-6	头孢洛林酯	229016-73-3
头孢达肟	80195-36-4	头孢他啶	72558-82-8
头孢地尼	91832-40-5	头孢特仑	82547-58-8
头孢托仑	104145-95-1	头孢替唑	26973-24-0

头孢布坦	97519-39-6	聚西托醇1000	9004-95-9
头孢噻呋	80370-57-6	西托硫胺	137-76-8
头孢噻林	77360-52-2	赛托克西姆	25394-78-9
头孢噻氧	71048-88-9	西曲酸酯	34675-84-8
头孢唑肟	68401-81-0	西曲胺	505-86-2
头孢唑肟丙匹酯	135821-54-4	西曲溴铵	57-09-0
头孢吡普	209467-52-7	西曲瑞克	120287-85-6
头孢比罗酯	376653-43-9	西妥昔单抗	205923-56-4
头孢三嗪	73384-59-5	西吡氯铵	123-03-5
头孢呋汀	39685-31-9	西维美林	107223-08-9
头孢呋辛	55268-75-2	西维布林	849550-05-6
头孢唑南	82219-78-1	赛格列扎	839673-52-8
噻利考西	169590-42-5	乔莫砜	473-32-5
西戈斯韦	121104-96-9	鹅去氧胆酸	474-25-9
塞利洛尔	56980-93-9	喹碘方	8002-90-2
塞利伐隆	401925-43-7	氯吩嗪	800-22-6
醋酸丁酸纤维素	9004-36-8	氯醛己醇	3563-58-4
纤维醋法酯	9004-38-0	氯醛糖	15879-93-3
三氯乙醛水合物	302-17-0	苯丁酸氮芥	305-03-3
西马多丁	159776-69-9	氯霉素	56-75-7
塞呐森钠	872847-66-0	氯拉扎尼	500-42-5
西文氯胺	112922-55-1	氯脒佐定	502-98-7
西伐他汀	145599-86-6	氯苯沙明	522-18-9
西罗普利	111223-26-8	氯倍他胺	97-27-8
培化舍单抗	428863-50-7	氯环嗪	82-93-9
氟灭酸丁酯	67330-25-0	氯氮卓	58-25-3
蓝肽	17650-98-5	氯地吗啉	494-14-4
氯化铯(铯131)	15690-63-8	洗必泰	55-56-1
西他苯	55986-43-1	四氯吲哚铵	69-27-2
氯化苯基十六甲铵	122-18-9	氯地孕酮	1961-77-9
塞他洛尔	34919-98-7	氯汞丙脲	62-37-3
西替沙星	141725-88-4	氯汞丙脲(汞197)	10375-56-1
西特明	157238-32-9	氮芥	51-75-2
西塞氯铵	58703-78-9	芬那露	80-77-3
塞红霉素	205110-48-1	氯苄达唑	3689-76-7
西替地尔	14176-10-4	萘氮芥	494-03-1
新利司他	282526-98-1	三氯叔丁醇	57-15-8
西替利嗪	83881-51-0	氯甲酚	59-50-7
西托环素	53228-00-5	氯泼尼松	52080-57-6
乙酰氯霉素	735-52-4	氯普鲁卡因	133-16-4
酮己嗪	7007-92-3	氯吡拉敏	59-32-5

氯吡林	148-65-2	环乳酯	15145-14-9
氯喹	1954-5-7	环拉夫林	55694-98-9
氯舍平	7008-24-4	氢苯嘧吲哚	37751-39-6
氯噻嗪	58-94-6	环索奈德	141845-82-1
氯烯雌醚	569-57-3	西氯他宁	89943-82-8
氯二甲酚	88-04-0	塞克林哚	32211-97-5
氯苯那敏	132-22-9	环美碘酚	10572-34-6
氯苯甘醚	104-29-0	环苯达唑	31431-43-3
氯苯氧氨铵	7168-18-5	环丙奋乃静	17692-26-1
氯苯沙明	77-38-3	环己酰亚胺	66-81-9
氯苯丁胺	461-78-9	环烟酯	53449-58-4
乙氯丙嗪	1984-1-5	溴化环宁	29546-59-6
氯丙胍	537-21-3	环吡酮	29342-05-0
氯丙嗪	50-53-3	环普拉胺	33545-56-1
氯磺丙脲	94-20-2	环洛芬	36950-96-6
氯普噻吨	113-59-7	环罗普洛尔	63659-12-1
氯喹那多	72-80-0	环西多明	66564-16-7
氯噻酮	77-36-1	环孢菌素	59865-13-3
金霉素	57-62-5	环氯唑仑	58765-21-2
氯乙嗪	132-89-8	西克托溴铵	85166-20-7
氯唑沙宗	95-25-0	环昔酸	57808-63-6
甘磷酸胆碱	28319-77-9	西克罗索龙	52247-86-6
葡萄糖酸胆碱	507-30-2	西可奈德	19705-61-4
水杨酸胆碱	2016-36-6	环丁烯酸	25229-42-9
胆茶碱	4499-40-5	枸糖铁	64440-87-5
非诺贝特胆碱	856676-23-8	西多福韦	113852-37-2
绒膜促性腺激素 α	177073-44-8	西多塞平	3607-18-9
绒促性素	9002-61-3	胞磷托定	633-90-9
色酮甲酸	4940-39-0	酪里达唑	74772-77-3
木瓜凝乳蛋白酶	9001-9-6	司海托兰	34753-46-3
糜蛋白酶	9004-7-3	司拉多巴	80109-27-9
塞多克司	65884-46-0	西兰司琼	120635-74-7
西亚美松	75985-31-8	西司他丁	82009-34-5
氰麦角林	74627-35-3	西拉普利	88768-40-5
羟黄酮	154-23-4	西拉普利拉	90139-06-3
氰帕明	66834-24-0	西仑吉肽	188968-51-6
西亚匹隆	53131-74-1	西莫司亭	148637-05-2
西苯唑啉	53267-01-9	西尼地平	132203-70-4
西卡前列素	95722-07-9	西罗巴胺	69429-84-1
西卡卜龙	54063-29-5	西洛雷定	109859-50-9
环己西林	3485-14-1	西洛芬净	79404-91-4

西洛司特	153259-65-5	两若喹克司	64557-97-7
斯台酰胺	68550-75-4	西诺沙星	28657-80-9
西洛他唑	73963-72-1	西诺沙酯	104-28-9
西托哌嗪	54063-30-8	桂克索龙	31581-02-9
西鲁瑞韦	300832-84-2	西诺哌嗪	88053-05-8
西鲁唑啉	104902-08-1	桂哌林	14796-24-8
西马特罗	54239-37-1	辛普拉唑	51493-19-7
环己甲肼	3788-16-7	桂丙齐特	23887-47-0
西美帕醇	29474-12-2	醒隆酰胺	58473-74-8
西咪替丁	51481-61-9	辛曲胺	5588-21-6
西托溴铵	51598-60-8	贝辛白介素	372075-36-0
西米考昔	265114-23-6	西奴哌隆	82117-51-9
西萝克酮	73815-11-9	塞奥罗奈	89672-11-7
西那卡塞	226256-56-0	西潘茶碱	132210-43-6
西那西呱	329773-35-5	西马司他	190648-49-8
西那司特	128312-51-6	西那法米	35452-73-4
桂美酸	35703-32-3	西拉利生	213027-19-1
西那洛尔	39099-98-4	西扑查酮	75616-03-4
辛那色林	1166-34-3	环丙法多	59889-36-0
西拉普罗新	89163-44-0	环丙肤轻松	58524-83-7
辛可卡因	85-79-0	环丙贝特	52214-84-3
辛可芬	132-60-5	环丙沙星	85721-33-1
辛克罗孟	62380-23-8	环丙吉仑	143631-62-3
西奈帕克地	69118-25-8	环丙必利	68475-40-1
桂哌酯	23887-41-4	萨普罗喹酮	33453-23-5
桂哌酸	54063-23-9	环丙喹酯	19485-08-6
桂哌各特	23887-46-9	希普罗斯坦	81845-44-5
辛芬宁	54141-87-6	环丙米特	15518-76-0
辛芬酸	66984-59-6	西拉马多	63269-31-8
新氟酰胺	64379-93-7	西拉唑啉	59939-16-1
烯孕醇	16915-71-2	西罗霉素	11056-12-5
西利塔必利	66564-14-5	西沙泌利	81098-60-4
吲哚新	20168-99-4	苯磺顺阿曲库胺	96946-42-8
桂马维林	1679-75-0	顺康唑	104456-79-3
桂麻黄碱	90-86-8	西地孕酮	54063-31-9
桂利嗪	298-57-7	顺铂	15663-27-1
桂利嗪氯贝特	60763-49-7	顺替来星	86042-50-4
辛呋二酮	477-80-5	氰酰氟苯胺	59729-33-8
辛喷他宗	2056-56-6	新达泰平	65509-66-2
桂氮环辛烷	28598-08-5	泊西他组单抗	945228-49-9
丙腈卓醇	75696-02-5	兴太酰胺	10423-37-7

氰噻脎	21512-15-2	克林前列素	88931-51-5
胞二磷胆碱	987-78-0	氯碘羟喹	130-26-7
西替沃酮	1195-16-0	氯碘沙尼	14437-41-3
西唑来汀	142155-43-9	氯噻托酸	51022-75-4
克拉屈滨	4291-63-8	克利巴胺	109525-44-2
克拉度酸	6170-69-0	氯巴占	22316-47-8
氯米卡兰	158751-64-5	氯苄葡苷	29899-95-4
氯胺羟喹	2545-39-3	氯苯西泮	1159-93-9
克兰氟脲	51213-99-1	氯苄雷司	13364-32-4
利胆丁酸	30544-61-7	氯苯托品	5627-46-3
各兰替芬	16562-98-4	氯倍他索	25122-41-2
克拉红霉素	81103-11-9	氯倍他松	54063-32-0
克拉维酸	58001-44-8	氯丁替诺	14860-49-2
克拉唑仑	10171-69-4	氯丁扎利	22494-47-9
氯苯唑胺	40828-44-2	氯湛法胺	18966-32-0
克拉生坦	180384-56-9	氯卡比咪嗪	47739-98-0
氯腈索利	101831-36-1	氯苄氧三嗪	3378-93-6
克立波必利	55905-53-8	氯苯桂嗪	298-55-5
克立法胺	3576-64-5	氯可托龙	4828-27-7
氯马斯汀	15686-51-8	氯香豆素	35838-63-2
克来美诺	71827-56-0	氯达卡因	5626-25-5
克咪西林	6011-39-8	氯达洛能	14796-28-2
吡咯咪唑	442-52-4	氯海因	5588-20-5
克仑特罗	37148-27-9	氯达酮	4755-59-3
克立昔单抗	182912-58-9	克罗索朋	71923-34-7
克仑吡林	27050-41-5	氯屈膦酸	10596-23-3
克伦硫卓	96125-53-0	氯法拉滨	123318-82-1
克尼托喹	4298-15-1	氯苯吩嗪	2030-63-9
氯维地平	166432-28-6	氯苯达诺	791-35-5
克拉夫定	163252-36-6	氯芬那酸	4295-55-0
克尼布卡因	15302-10-0	氯非那胺	671-95-4
氯达非定	33588-20-4	氯苯克仑	5632-52-0
环氯茚酸	34148-01-1	氯苯乙氧胺	511-46-6
可立啶	3485-62-9	滴滴涕	50-29-3
氯马唑仑	59467-77-5	氯乙酰苯醚	3030-53-3
二唑丁酮	38083-17-9	毒虫威	470-90-6
氯米喹林	55150-67-9	克洛法维林	54340-63-5
克林沙星	105956-97-6	氯非沙胺	1223-36-5
氯洁霉素	18323-44-9	氯非宗	60104-29-2
克利贝特	30299-08-2	氯贝特	637-07-0
环己亚油酰胺	3207-50-9	氯贝酸	882-09-7

氯贝胺	26717-47-5	氯苄喹嗪	5220-68-8
磷酸氯非铵	68379-03-3	氯西他朵	15687-05-5
氯三氟哌丁苯	10457-91-7	氯醛甜菜碱	2218-68-0
氯福克酚	37693-01-9	氯霉素泛酸酯	31342-36-6
氯苯丁胺酯	14261-75-7	氯拉洛尔	39563-28-5
氯呋抗克	60986-89-2	氯乙双酯	5634-37-7
氯底雌酮	20047-75-0	氯索隆	2127-1-7
脒氯氰苯脲	21702-93-2	氯吉灵	17780-72-2
氯马克仑	5310-55-4	氯克罗曼	68206-94-0
氯甲孕酮	5367-84-0	氯达香豆素	3611-72-1
氯美辛	25803-14-9	氯茚酚酸	153-43-5
氯甲夫酮	5591-27-5	氯羟蒲茚	145-94-8
氯美噻唑	533-45-9	氯苯茚二酮	1146-99-2
氯甲西林	1926-49-4	氯美卡因	13930-34-2
氯米芬	911-45-5	氯苄酚	120-32-1
氧氯米芬	97642-74-5	氯哌酮	61764-61-2
氯氨雷司	3876-10-6	氯喹酮	25509-07-3
氯米帕明	303-49-1	氯苯噻庚庆	13448-22-1
氯莫环素	1181-54-0	氯丙那林	3811-25-4
氯莫克舍	88431-47-4	克洛索隆	60200-06-8
氯硝西泮	1622-61-3	邻氯苯丁胺	10389-73-8
氯萘唑啉	17692-28-3	克罗散泰	57808-65-8
可乐定	4205-90-7	氯西拉敏	47135-88-6
氯尼他素	3861-76-5	氯司替勃	1093-58-9
氯硝甘油	2612-33-1	氯噻平	2058-52-8
氯尼甘酯	21829-22-1	氯噻西泮	33671-46-4
氯尼辛	17737-65-4	氯替卡松	87556-66-9
氯帕胺	636-54-4	克罗克松	1856-34-4
哌噻吨	982-24-1	酰胺氯噻吨	4177-58-6
氯哌斯汀	3703-76-2	克霉唑	23593-75-1
氯哌喹酮	4052-13-5	氯复新明	54739-19-4
氯匹多瑞	113665-84-2	氯赛瑞德	65569-29-1
氯羟吡啶	2971-90-6	氯唑西林	61-72-3
氯哌唑酮	53179-12-7	氯赛唑仑	24166-13-0
氯匹派生	60085-78-1	雌二醇半缩氯醛	54063-33-1
氯苯吡乙酸	42779-82-8	氯克西酯	58832-68-1
氯泊酮	15301-50-5	氯羟喹	130-16-5
氯泼尼醇	5251-34-3	氯醛缩雄酮	53608-96-1
氯前列醇	40665-92-7	吡异奋乃静	15311-77-0
甲氯丙噻唑	6469-36-9	氯氮平	5786-21-0
氯喹那特	7270-12-4	腺苷钴胺	13870-90-1

考前列酮	333963-42-1	香豆霉素	4434-5-3
辅羧酶	154-87-0	库马唑啉	37681-00-8
可达克肽	22572-04-9	库美香豆素	4366-18-1
可多克辛	7125-76-0	肉醇磷酯	6903-79-3
双胆酚丁	54063-34-2	甲水杨酰胺	14008-60-7
可加佐辛	57653-29-9	吖啶酮乙酸	38609-97-1
维生素 D3	67-97-0	克伐他汀	120551-59-9
考来维仑	182815-43-6	克雷斯托	96389-68-3
考来替兰	95522-45-5	克罗奈汀	221019-25-6
考来替泊	50925-79-6	氯康唑	77175-51-0
考来酮	50673-97-7	色满卡林	94470-67-4
考来烯胺	11041-12-6	克罗米屈	53736-51-9
考来糖酐	9015-73-0	赖色甘酯	110816-79-0
科法来特	30531-86-3	色甘酸	16110-51-3
满萘喃酮	66575-29-9	氯硝地平	113759-50-5
棕榈胆磷	63-89-8	克罗丙胺	633-47-6
多粘环素	58298-92-3	羧甲基纤维素	9000-11-7
多粘菌素 E 甲磺酸钠	30387-39-4	聚乙烯吡咯烷酮	9003-39-8
多抗霉素可湿性粉剂	1066-17-7	克罗米通	483-63-6
叔丁肾素	18866-78-9	克罗乙胺	6168-76-9
考拉西坦	135463-81-9	丁烯烟腙	7007-96-7
混合锌胰岛素悬浮液	8049-62-5	克芦磷酯	299-86-5
西他土珠复合溶液	896731-82-1	四氟二氯乙烷	76-14-2
地麻素	546-06-5	铜迈星	28069-65-0
考奈司他 α	80295-38-1	铜克索林	13007-93-7
考尼伐坦	210101-16-9	库司替森	903916-27-8
柯洛呋酮	72060-05-0	氰乙酰肼	140-87-4
拉康舒集	600735-73-7	腈异丁嗪	3546-03-0
可巴林	829-74-3	维生素 B12	68-19-9
绒促卵泡素 α	195962-23-3	维生素 B12,Co－57	13115-03-2
可米松	35135-68-3	维他命 B12,Co－58	18195-32-9
可的瑞林		维生素 B12,Co－60	13422-53-2
促肾上腺皮质素	9002-60-2	环扁桃酯	456-59-7
促皮质素锌	8049-55-6	环戊芬	5779-54-4
可的松	1953-6-5	环佐辛	3572-80-3
可替苏佐	50801-44-0	环丙唑酮	14461-91-7
可的外唑	1110-40-3	环沙酮	15301-52-7
皮甾酮	152-58-9	赛利拉敏	47128-12-1
吡啶吡咯酮	486-56-6	苯甲嗪	82-92-8
可曲达林	34662-67-4	环己巴比妥	52-31-3
蝇毒磷	56-72-4	去氢替林	303-53-7

环丁托酸	17692-20-5	达考帕泛	125372-33-0
环丁酸醇	512-16-3	放线菌素D	50-76-0
环芬尼	2624-43-3	达库溴铵	27115-86-2
恩波酸环氯胍	609-78-9	达各派米	85247-76-3
环美酚	5591-47-9	达格鲁曲	182821-27-8
环己卡因	139-62-8	达仑胰岛素	9004-12-0
甲环戊丙胺	102-45-4	达巴凡星	171500-79-1
环戊噻嗪	742-20-1	达布米诺	81528-80-5
环喷托酯	512-15-2	达塞曲匹	211513-37-0
环磷酰胺	50-18-0	达考替丁	120958-90-9
环孕甾醇酮	465-53-2	达来达林	22136-27-2
环丙烷	75-19-4	达福普汀	112362-50-2
环吡溴铵	15599-22-1	阿地肝素钠	9041-8-1
D-环丝氨酸	68-41-7	达尔卓潘	79094-20-5
环噻嗪	2259-96-3	达伐他汀	132100-55-1
环香草酮	579-23-7	达美卓斯	71680-63-2
噻内脂硫胺	6092-18-8	达冒泰平	1469-07-4
赛克立明	77-39-4	达那肝素钠	83513-48-8
环庚米特	7199-29-3	达那唑	17230-88-5
环庚托品	602-40-4	达尼司亭	161753-30-6
西那林	1884-24-8	达尼喹酮	67199-66-0
苯环戊胺	15301-54-9	得立著生	31232-26-5
环丙西泮	15687-07-7	达氟沙星	112398-08-0
环丙诺啡	4406-22-8	待洛斯太因	4938-00-5
赛普罗酯	15585-86-1	达者仑	7261-97-4
塞庚啶	129-03-3	丹蒽醌	117-10-2
环丙利多	4904-00-1	达鲁舍替	827318-97-8
环丙孕酮	2098-66-0	达帕布坦	6582-31-6
灭蝇胺	66215-27-8	达格列嗪	461432-26-8
L-半胱氨酸	52-90-4	达匹克明	444069-80-1
阿糖胞苷	147-94-4	哌吡三唑	72822-12-9
达贝洛汀	118976-38-8	达匹坦	153438-49-4
达比加群	211914-51-1	达匹韦林	244767-67-7
达比加群酯	211915-06-9	达泊利那	201034-75-5
达布扎琼	219311-44-1	达泊西汀	119356-77-3
达卡巴嗪	4342-3-4	氨苯砜	80-08-0
达赛马嗪	518-61-6	达帕托霉素	103060-53-3
达西组单抗	880486-59-9	达拉他	356057-34-6
达西司他	404951-53-7	达依泊汀α	209810-58-2
达西司坦	18725-37-6	达布非酮	139226-28-1
达昔单抗	152923-56-3	达伦泽平	84629-61-8

达格列酮	141200-24-0	去纤苷	83712-60-1
达非那新	133099-04-4	地夫可特	14484-47-0
达雷那新	69819-86-9	磷胺氮芥	3733-81-1
大洛地平	72803-02-2	地磷莫德	171092-39-0
达罗溴铵	850607-58-8	醋酸地加瑞克	214766-78-6
达西多明	137500-42-6	去氢胆酸	81-23-2
地瑞拉韦	206361-99-1	去氢依米丁	4914-30-1
达卢生坦	171714-84-4	待兰特绒	63014-96-0
达生他非	569351-91-3	地拉普利	83435-66-9
达沙替尼	302962-49-8	地拉韦啶	136817-59-9
氯化乙胺玫瑰碱	105118-14-7	地来夸明	119905-05-4
道诺霉素	20830-81-3	地麦角腈	59091-65-5
达伐塞辛	147497-64-1	甲哌羰磺胺	3436-11-1
达沙普兰	189940-24-7	地发哌嗪	117827-81-3
达才促醇	47029-84-5	阿地肝素钠	9041-8-1
达泽匹尼	75991-50-3	德莫替康	187852-63-7
达泽达明	75522-73-5	代马孕酮	15262-77-8
达美格来	76894-77-4	待美达新	16401-80-2
达索尼兴	61477-97-2	迪米肽	287096-87-1
达佐必利	70181-03-2	地莫匹醇	79874-76-3
达唑奎那斯	76002-75-0	地洛西泮	2894-67-9
咪唑醚芳酸	78218-09-4	地洛索龙	68635-50-7
地阿诺	3342-61-8	底前列酯	62524-99-6
待美西美	34024-41-4	德尔替班	140661-97-8
胍喹啶	1131-64-2	德芦西明	186495-49-8
硝溴丙醇	24403-04-1	登溴克新	83200-09-3
十烃溴铵	541-22-0	地美溴铵	56-94-0
得昔酰胺	14817-09-5	地美环素	127-33-3
地西他滨	2353-33-5	秋水仙胺	477-30-5
地西托品	1242-69-9	去甲环素	987-02-0
氟哌咪酮	63388-37-4	地美孕酮	10116-22-0
去氯哌胺	891-60-1	地美维林	13977-33-8
去氯羟嗪	3733-63-9	地美替林	24701-51-7
地考米醇	60812-35-3	德咪曲士	944263-65-4
乙癸氧喹酯	18507-89-6	地莫康唑	70161-09-0
氢氟酸十八烯胺	36505-83-6	地莫西泮	963-39-3
待托棱溴	2401-56-1	去氢缩宫素	113-78-0
地拉罗司	201530-41-8	地那列汀	483369-58-0
去铁酮	30652-11-0	苯酸苄铵酰铵	3734-33-6
地夫立群	239101-33-8	地那维林	3579-62-2
去铁胺	70-51-9	旦布菲林	57076-71-8

名称	CAS号	名称	CAS号
得尼考新	716840-32-3	去羟米松	382-67-2
德尼布林	284019-34-7	去氧皮质酮	64-85-7
地尼必利	106972-33-2	去甲文拉法辛	93413-62-8
地诺帕明	71771-90-9	重酒石酸地他义铵	53862-81-0
迪诺苏单抗	615258-40-7	的太洛沙	23573-66-2
地诺替韦	51287-57-1	地特诺	3506-31-8
登匹达酮	42438-73-3	地肽瑞里	89662-30-6
地纽福索	211448-85-0	德昔洛韦	220984-26-9
旦泽莫尔	73931-96-1	地托咪定	76631-46-4
地来司他	506433-25-6	二乙氧醋酰阿霉素	66211-92-5
百里拉明	303-54-8	右旋糖苷硫酸酯	37209-31-7
地普奥肽	161982-62-3	D-碘塞罗宁	5714-8-9
地泼罗酮	20423-99-8	地莫单抗	145832-33-3
的洛司替	33813-84-2	地托哌松	474641-19-5
地普托品	604-51-3	待华帕米	92302-55-1
地喹氯铵	522-51-0	地伐西匹	103420-77-5
地拉考昔	169590-41-4	乙呋地塞米松	83880-70-0
德伦环烷	120444-71-5	地塞米松	1950-2-2
德格列哒	122830-14-2	地塞米松培酯	132245-57-9
得怕卡特	99518-29-3	右旋苯丙胺	51-64-9
得曲恩特	187865-22-1	右旋咪唑	14769-74-5
德沙拉秦	188913-58-8	右溴苯那敏	132-21-8
地沙匹定	114-43-2	右布地奈德	51372-29-3
脱氧阿昔洛维	84408-37-7	右扑尔敏	25523-97-1
地西龙	595-52-8	代克拉莫	52340-25-7
蛇根平定	131-01-1	右卡多曲	112573-72-5
地氟醚	57041-67-5	右依法克生	143249-88-1
去谷胃泌素	51987-65-6	右艾夫他滨	134379-77-4
地昔帕明	50-47-5	右苄替米特	21888-98-2
地西卢定	120993-53-5	地西唑林	77519-25-6
去乙酰毛花苷	17598-65-1	右芬氟拉明	3239-44-9
地氯雷他定	100643-71-8	右磷丝氨酸	407-41-0
地洛瑞林	57773-65-6	右布洛芬	51146-56-6
地美尼诺	583-91-5	苯双咪唑	60719-87-1
去甲吗散痛	1767-88-0	右吲哚洛芬	53086-13-8
去氨加压素	16679-58-6	地昔卡因	24358-84-7
去氨普酶	145137-38-8	右酮洛芬	22161-81-5
地索麦角定	66759-48-6	右兰索拉唑	138530-94-6
去氧孕烯	54024-22-5	右洛非西定	81447-79-2
去氧吗啡	427-00-9	右氯谷胺	119817-90-2
待索利德	638-94-8	右美托咪定	113775-47-6

右哌甲酯	40431-64-9	亚丝醌	57998-68-2
右萘苯诺酮	92629-87-3	氯甲苯噻嗪	364-98-7
奈必洛尔	118457-15-1	地贝卡星	34493-98-6
右尼古地平	120054-86-6	双苄甲胺	102-05-6
右奥马铂	96392-96-0	二苯西平	4498-32-2
右苯恶啶	4741-41-7	地波特明 α	246539-15-1
右泛醇	81-13-0	二溴普波咪定	496-00-4
右培美酸	114030-44-3	二溴沙仑	87-12-7
第心得安	5051-22-9	螺溴丙酰胺	86641-76-1
右丙苯丁烯酯	47419-52-3	双布普醇	2216-77-5
右雷佐生	24584-09-6	丁硫氨基比林	1046-17-9
地司维林	90237-04-0	地布沙朵	24353-45-5
右索他洛尔	30236-32-9	地卡宾	17411-19-7
右替利定	32447-90-8	地卡芬	15585-88-3
右硫普宁	29335-92-0	双氯松	7008-26-6
右非索泮	82059-50-5	二氯甲噻酮	5571-97-1
右旋糖酐	9004-54-0	甲双氯酚	97-23-4
聚糖酐	56087-11-7	二氯苯胂	455-83-4
糊精铁	8063-26-1	二氯二甲酚	133-53-9
右旋非明	15687-08-8	敌敌畏	62-73-7
右美沙芬	125-71-3	地西铁	65606-61-3
右吗拉米	357-56-2	地西淄酮	41020-79-5
右丙氧芬	469-62-5	地克珠利	101831-37-2
右羟吗喃	125-73-5	双氯芬酸	15307-86-5
右甲状腺素钠	137-53-1	双氯非那胺	120-97-8
右维拉帕米	38321-02-7	双氮奋兴	67165-56-4
地扎胍宁	41729-52-6	二氯呋利	64743-08-4
地秦胺	91077-32-6	二氯美泰	17243-49-1
地佐辛	53648-55-8	二氯尼星	17737-68-7
双醋瑞因	13739-02-1	二氯醛脲	116-52-9
双醋氨酯	2623-33-8	双氯西林	3116-76-5
二醋洛尔	28197-69-5	依地酸二钴	36499-65-7
地芬尼太	36141-82-9	地库碘铵	382-82-1
二胺卡因	27112-37-4	双香豆素	66-76-2
地恩丙胺	552-25-0	地克瑞索	78480-14-5
二氮克兰	292634-27-6	双环维林	77-19-0
地拉西宁	481631-45-2	去羟肌苷	69655-05-6
乙胺酰香豆	1233-70-1	异戊曲酯	18296-45-2
百里矾	5964-62-5	地尔君	60-57-1
二氨藜芦啶	5355-16-8	己二烯雌酚	84-17-3
地西泮	439-14-5	地诺孕素	65928-58-7

乙酮恶嗪	702-54-5	胺苄茶碱	1703-48-6
二乙嗪	60-91-3	地马待克丁	156131-91-8
乙胺嗪	90-89-1	地孟汀	124-28-7
己烯雌酚	56-53-1	地马唑	95-27-2
二乙噻丁	86-14-6	二甲氨异䓬	3570-7-8
避蚊胺	134-62-3	甲哌可宁	3425-97-6
的塔芬	3686-78-0	地美罗酸	7706-67-4
苯巴双氨酯	15687-09-9	二甲法登	5581-40-8
双苯美林	80387-96-8	回苏灵	1165-48-6
苯托雷司	13862-07-2	二甲吡咯嗪	15302-12-2
二苯酰胺吡唑	20170-20-1	二甲吗喃	36309-01-0
双苯吗啉醚	5617-26-5	茶苯海明	523-87-5
地芬尼多	972-02-1	美诺沙多	509-78-4
地芬腈酰胺	47806-92-8	地美庚醇	545-90-4
地芬诺辛	28782-42-5	二甲氨丙醇	53657-16-2
双苯他肼	3639-19-8	迪麦普若格兰	21208-26-4
二苯特罗	14587-50-9	地美丙蒽	6538-22-3
二氟替康	220997-97-7	二巯基丙醇	59-52-9
二氟拉松	2557-49-5	地美司钠	16208-51-8
双氟哌酸	98106-17-3	地美松	25092-07-3
二氟嗪	5522-39-4	二甲他林	4757-55-5
二氟可龙	2607-6-9	二甲非他明	17279-39-9
二氟米酮	22736-85-2	二甲双酮	695-53-4
二氟尼柳	22494-42-4	甲胺乙茶碱	519-30-2
双氟泼尼酯	23674-86-4	二碘甲磺钠	124-88-9
双酞酮	21626-89-1	二甲炔酮	79-64-1
洋地黄毒苷	71-63-6	苯哌嗪双甲醚	7008-00-6
地高辛	20830-75-5	地美索酯	477-93-0
双己维林	561-77-3	二甲基亚砜	67-68-5
双肼酞嗪	484-23-1	二甲噻丁	524-84-5
双氢可待因	125-28-0	氯二甲箭毒	35-57-6
氢麦角胺	511-12-6	二甲茚定	5636-83-9
双氢速甾醇	67-96-9	的美鲁溴铵	51047-24-6
二碘羟喹	83-73-8	二甲福林	22950-29-4
地索普明	5966-41-6	二甲替嗪	7456-24-8
地拉卓	35898-87-4	迪美唑	551-92-8
地瓦洛尔	75659-07-3	胃胺	60-46-8
地尔美封	37398-31-5	二脒那嗪	536-71-0
地洛培汀	247046-52-2	地来西坦	126100-97-8
二氯尼特	579-38-4	迪莫腺素	90243-98-4
地尔硫卓	42399-41-7	甲基罂粟碱	147-27-3

二嗪磷	333-41-5	双嘧达莫	58-32-2
地那林	58338-59-3	双硫氧吡啶	3696-28-4
双那萨酮	71119-12-5	地匹乙酯	486-79-3
地尼茶碱	17692-30-7	地夸磷索	59885-21-6
二硝托胺	148-01-6	地红霉素	62013-04-1
地诺前列素	551-11-1	地洛他派	481658-94-0
地诺前列酮	363-24-6	地舍莫来	127943-53-7
定磺胺	96-62-8	地西氯铵	68959-20-6
碘奥酮	300-37-8	地司特泰	272105-42-7
地奥司明	520-27-4	地苏布达	68284-69-5
双氧地洛	80743-08-4	地索苯宁	65717-97-7
二苯恶啶	6495-46-1	地索苷	14144-06-0
胺酯壬二氧茂	3567-40-6	地索莫泰	181477-43-0
吗苯丁酯	467-86-7	双异丙吡胺	3737-9-5
环氧硫磷	78-34-2	二恶沙利	87495-31-6
甲乙肾素	497-75-6	溴地斯的明	15876-67-2
双羟麻黄碱	10329-60-9	神经保护药物	168021-79-2
二羟苯腙	131-53-3	地舒勒近	59032-40-5
狄帕鲁卡因	101-08-6	双胺磺氯苯	671-88-5
甲硫二苯马尼	62-97-5	促进剂 TETD	97-77-8
敌鼠	82-66-6	二硫拉唑	99499-40-8
苄苯酯胺	101-71-3	地他唑	18471-20-0
苯海拉明	58-73-1	地替吉仑	103336-05-6
盐酸地芬诺酯	915-30-0	氯化地特卡里	74517-42-3
双苯拉林	147-20-6	碘化噻唑青胺	514-73-8
双苯丙酰肼	511-41-1	地蒽酚	480-22-8
哌美散痛	467-83-4	二乙胺荒酸钠	148-18-5
双哌维林	117-30-6	二硫氮芥	82599-22-2
地匹福林	52365-63-6	甲代丙磺舒	723-42-2
地泼溴铵	2001-81-2	酞巴硫	584-69-0
氯草酸钾	57109-90-7	地伐特罗	54592-27-7
地波那非酮	81447-80-5	地伐普隆	90808-12-1
地利洛非	14357-78-9	四硫双酯	502-55-6
双丙丁胺	61822-36-4	迪查曲酮	92257-40-4
地普罗芬	5835-72-3	地佐环平	77086-21-6
调呋酸	18467-77-1	多布必利	106707-51-1
二丙竹桃霉素	14289-25-9	多巴酚丁胺	34368-04-2
二羟丙茶碱	479-18-5	多卡巴胺	74639-40-0
地普喹酮	36518-02-2	多西苯醌	80809-81-0
双丙外林	69373-95-1	多西他赛	114977-28-5
双普罗西醇	52042-24-7	多康唑	59831-63-9

名称	CAS号	名称	CAS号
二十二碳六烯酸	6217-54-5	多沙胺醇	55286-56-1
琥珀辛酯磺酸钠	577-11-7	多沙普仑	309-29-5
多地溴铵	15687-13-5	多沙前列酸	51953-95-8
多法氯铵	54063-35-3	多沙唑嗪	74191-85-8
多非奎达	129716-58-1	度氟西泮	40762-15-0
多非利特	115256-11-6	异苯妥英	3254-93-1
多拉司琼	115956-12-2	多虑平	1668-19-5
多尼西坦	84901-45-1	度骨化醇	54573-75-0
多马唑啉	6043-1-2	多倍他索	1879-77-2
多米奥醇	61869-07-6	多西氟尿啶	3094-9-5
溴化度米芬	538-71-6	多沙茶碱	69975-86-6
多米匹酮	95355-10-5	阿霉素	23214-92-8
多米曲班	112966-96-8	多西可明	62904-71-6
多泼尼酯	66877-67-6	强力霉素	564-25-0
端某克星	61-74-5	多西拉敏	469-21-6
多潘立酮	57808-66-9	曲氟嗪	120770-34-5
多奈哌齐碱	120014-06-4	卓美地洛	76953-65-6
多利替定	99248-32-5	卓喹洛尼	67793-71-9
多尼曲坦	170912-52-4	德那喹酰肼	27314-77-8
多巴曼汀	39907-68-1	吹苯达唑	63667-16-3
多巴胺	51-61-6	屈那班	358970-97-5
多培沙明	86197-47-9	局尼旦	53394-92-6
多普罗地	79700-61-1	羟布林	58473-73-7
多喹纳斯特	64019-03-0	羟西缩松	2355-59-1
多玛莫德	285983-48-4	族克尼奥铵	29125-56-2
多拉菌素	117704-25-3	六氢芬宁	1679-76-1
多拉达唑	149838-23-3	屈洛昔芬	82413-20-5
夺那斯听	21228-13-7	甲酚曲唑	2440-22-4
多瑞肽	90104-48-6	卓那比醇	72-8-3
度维 A	104561-36-6	决奈达隆	141626-36-0
多尼培南	148016-81-3	屈朋平	34703-49-6
阿托度莫单抗	122722-03-6	氟哌利多	548-73-2
阿法链道酶	143831-71-4	满苯心可定	57653-27-7
多佐胺	120279-96-1	羟丙哌嗪	17692-31-8
度麦角胺	87178-42-5	屈螺酮	67392-87-4
多司马酯	122312-55-4	屈他雄酮	58-19-5
度琉平	113-53-1	氢乙罂粟碱	14009-24-6
多他利嗪	84625-59-2	羟蒂巴酚	3176-3-2
多枫溴铵	26058-50-4	屈曲可近 α	98530-76-8
多韦替尼	405169-16-6	德柔沙星	35067-47-1
氟多西库	106819-53-8	羟卡尼	78421-12-2

屈噁昔康	90101-16-9	依克替脲	95-4-5
屈西多巴	23651-95-8	依库珠单抗	219685-50-4
决昔那韦	159910-86-8	依格列宗	213411-83-7
三乙酮醚醇	15599-26-5	依达曲沙	80576-83-6
偶氮霉素	1403-47-0	依地福新	70641-51-9
杜拉乐明	867153-61-5	乙二胺四乙酸	60-00-4
杜罗贝特	61887-16-9	依的托	102-60-3
度洛西汀	116539-59-4	艾福来吉	328538-04-1
度氯扎封	75616-02-3	依地福龙	90733-40-7
度莫瑞林	105953-59-1	埃巴单抗	141410-98-2
求美达兴	25771-23-7	埃度白介素α	187348-17-0
杜澳哌隆	62030-88-0	益多斯酮	809-01-8
都拉脑复康	59776-90-8	艾多南坦	210891-04-6
杜他卡替	501000-36-8	艾特咔林	174402-32-5
度他雄胺	164656-23-9	依度曲肽	204318-14-9
度替普酶	120608-46-0	艾多沙班	480449-70-5
达克罗宁	586-60-7	乙去氧尿啶	15176-29-1
去氢孕酮	152-62-5	依屈肽	433922-67-9
艾巴佐坦	149494-37-1	依决洛单抗	156586-89-9
艾巴斯啶	90729-43-4	依屈卡因	190258-12-9
依柏康唑	128326-82-9	依酚氯铵	116-38-1
依比拉肽	105250-86-0	依法珠单抗	214745-43-4
乙溴替丁	100981-43-9	乙丙昔罗	131179-95-8
依布硒	60940-34-3	益法罗辛	89197-32-0
依卡派特	104775-36-2	依法韦仑	154598-52-4
依卡倍特	33159-27-2	依非加群	105806-65-3
依卡曲尔	112573-73-6	益非托唑	99500-54-6
依卡西啶	150337-94-3	艾非拉地	381683-94-9
艾卡仑肽	460738-38-9	乙氟利嗪	150756-35-7
益卡司托	77695-52-4	依氟鸟氨酸	67037-37-0
依生沙星	162301-05-5	乙氧黄酮	119-41-5
西拉地尔	64552-16-5	依鲁麦布	202340-45-2
益各那明	71027-13-9	乙氟司特	70977-46-7
依克那唑酯	80263-73-6	依福地平	111011-63-3
依考莫司汀	98383-18-7	呋罗托霉素	56592-32-6
益康唑	27220-47-9	依芬古单抗	762260-74-2
依考匹泮	112108-01-7	依加前列素	63266-93-3
艾考拉地	381683-92-7	依谷美他	176199-48-7
碘依可酯	513-10-0	依他酸	67-42-5
艾克前列素	136892-64-3	乙呱仑	99287-30-6
依美昔单抗	292819-64-8	依克立达	143664-11-3

名称	CAS号	名称	CAS号
艾西拉滨	188181-42-2	依美司丁	87233-61-2
噁拉戈利	834153-87-6	依美溴铵	3614-30-0
依兰群	1232-85-5	恩非勒明	159075-60-2
依兰才平	6196-8-3	依米地肽	62568-57-4
艾罗非班	198958-88-2	乙格列酯	80879-63-6
依巴尼嗪	110629-41-9	托西依米铵	30716-01-9
依降钙素	60731-46-6	乙嘧替氟	110690-43-2
依达麦布	141993-70-6	依米韦林	149950-60-7
艾地骨化醇	104121-92-8	依莫白介素	142298-00-8
麝香蛸素	69-25-0	艾默德斯	155030-63-0
伊利司莫	488832-69-5	益冒派米	78370-13-5
依利曲坦	143322-58-1	依莫法宗	38957-41-4
依法西泮	52042-01-0	恩利卡生	254750-02-2
依高地平	119413-55-7	恩曲他滨	143491-57-0
依利奈法德	162706-37-8	依米氨酯	78-28-4
依利罗地	119431-25-3	依那朵林	124378-77-4
依利沙坦	158682-68-9	依那普利	75847-73-3
鞣花酸	476-66-4	依那普利拉	76420-72-9
依利醋铵	58337-35-2	依那吉仑	113082-98-7
依莫司汀	60784-46-5	依那扎群	107361-33-1
依拉地平	103946-15-2	恩布酯	6606-65-1
艾洛骨化醇	199798-84-0	恩卡尼	37612-13-8
依洛替康	220998-10-7	恩西拉嗪	68576-86-3
依吡哌唑	115464-77-2	恩氯米芬	15690-57-0
依沙芦星	97068-30-9	恩环丙酯	2521-1-9
艾赛布可	216167-95-2	因地沙利	93181-85-2
伊斯利莫	468715-71-1	恩多米特	4582-18-7
孕烷醇酮	128-20-1	恩多霉素	1391-41-9
优泰来克	72895-88-6	英特肼哒嗪	39715-02-1
依托拉嗪	98224-03-4	恩甲羟松	35100-44-8
伊屈泼帕	496775-61-2	依奈卡定	259525-01-4
依鲁卡因	25314-87-8	乙非辛	67765-04-2
埃替拉韦	697761-98-1	依奈替勃	2320-86-7
艾夫他滨	181785-84-2	因法来酸	23049-93-6
艾扎索南	361343-19-3	恩氟烷	13838-16-9
依择维宁	95520-81-3	恩夫韦地	159519-65-0
依马卡林	129729-66-4	恩格列酮	109229-58-5
恩贝康唑	329744-44-7	恩罗贝特	60662-18-2
思布拉敏	3565-72-8	恩康唑	73790-28-0
恩布沙坦	156001-18-2	依尼螺酮	59798-73-1
乙甲丁酰胺	15687-14-6	二氢嘧啶脱氢酶灭活剂	59989-18-3

依泊来德	176644-21-6	表雌三醇	547-81-9
依尼前列素	81026-63-3	表美雌醇	7004-98-0
培化恩莫单抗	169802-84-0	依匹斯汀	80012-43-7
恩莫单抗	142864-19-5	L(-)-肾上腺素	51-43-4
恩洛铂	111523-41-2	依匹哌啶	5696-17-3
山嵛阿糖啶	55726-47-1	依匹唑	18694-40-1
乙诺司特	127035-60-3	依吡普林	73090-70-7
艾洛利康	59755-82-7	表阿霉素	56420-45-2
依诺沙星	74011-58-8	环硫雄醇	2363-58-8
益洛马斯特	74604-76-5	依匹噻嗪	1764-85-8
依诺肝素钠	9041-8-1	西依匹莫单抗	263547-71-3
依诺昔酮	77671-31-9	依匹莫单抗	263547-71-3
甘草亭酸	471-53-4	依普利酮	107724-20-9
恩吡哌唑	31729-24-5	依利色林	130579-75-8
英匹罗宁	66364-73-6	依泊汀 ω	148363-16-0
因普拉平	47206-15-5	依泊汀 ε	154725-65-2
英洛菲林	41078-02-8	促红素 ζ	604802-70-2
恩普氨酯	10087-89-5	促红素 δ	261356-80-3
恩前列素	73121-56-9	促红素 θ	762263-14-9
恩拉霉素	11115-82-5	促红素 κ	879555-13-2
恩拉生坦	167256-08-8	前列环素	35121-78-9
恩氟沙星	93106-60-6	腈波斯坦	80471-63-2
恩沙库林	155773-59-4	依帕珠单抗	205923-57-5
恩他卡朋	130929-57-6	易咳嗪	10402-90-1
恩替卡韦	142217-69-4	依立诺克丁	123997-26-2
恩替诺特	209783-80-2	爱普列特	119169-78-7
辛苯氧磺钠	55837-16-6	依普贝胺	87940-60-1
结核放线菌素 N	33103-22-9	依罗沙特	21668-77-9
氨韦拉登	80883-55-2	依普罗沙坦	133040-01-4
恩韦肟	72301-79-2	伊罗替罗	355129-15-6
恩扎滔林	170364-57-5	依普维芬	101335-99-3
依帕非酶	208576-22-1	益诺新定	83200-08-2
益帕瑞司特	82159-09-9	依普罗醇	32665-36-4
益派洛尔	86880-51-5	益扑西酮	98123-83-2
伊皮唑胺	165800-04-4	依他凝血素 α	102786-52-7
艾哌瑞松	64840-90-0	依他前列素	90693-76-8
依培夫定	60136-25-6	依他匹隆	179756-85-5
依泰莫德	227318-71-0	依铂	146665-77-2
依吡卡尼	66304-03-8	依斯的明	101246-68-8
依匹西林	26774-90-3	尹安佐辛	72522-13-5
表隐亭	88660-47-3	依替巴肽	148031-34-9

名称	CAS号	名称	CAS号
依托特明 α	129805-33-0	β-雌二醇	50-28-2
厄布洛唑	124784-31-2	苯甲酸雌二醇	50-50-0
厄多司坦	84611-23-4	十一酸雌二醇	3571-53-7
维生素 D2	50-14-6	戊酸雌二醇	979-32-8
麦角新碱	60-79-7	雌氮芥	2998-57-4
麦角胺	113-15-5	雌丙烟酯	4140-20-9
艾立沙班	536748-46-6	雌秦醇	5941-36-6
艾瑞布林	253128-41-5	琥珀雌三醇	514-68-1
依利可洛	85320-67-8	雌呋酯	10322-73-3
依立托伦	185955-34-4	雌酚酮	53-16-7
丁四硝酯	7297-25-8	乙磺普隆	91406-11-0
依利泽平	96645-87-3	右佐匹克隆	138729-47-2
厄利珠单抗	211323-03-4	乙苯扎隆	15686-63-2
埃罗替尼	183321-74-6	艾大必利	68788-56-7
依洛开尼	85750-38-5	依他尼酸	58-54-8
艾生利特	125279-79-0	乙麻黄碱	7681-79-0
厄索夫明	111212-85-2	依他苯酮	90-54-0
厄他培南	153832-46-3	艾他洛西	161172-51-6
厄罗他非	251303-04-5	依他米尼	15599-27-6
厄马索单抗	509077-99-0	依他茶碱	314-35-2
斯替红霉素	84252-03-9	香草二乙胺	304-84-7
红霉素	114-07-8	乙莫环素	15590-00-8
醋硬脂红霉素	96128-89-1	酚磺乙胺	2624-44-4
艾氯沙星	79286-77-4	依那西普	185243-69-0
艾沙拉唑	64204-55-3	依他硝唑	22668-01-5
依他普仑	128196-01-0	依坦特罗	93047-39-3
七叶胺	2908-75-0	乙胺眠酮	7432-25-9
氧化毒扁豆碱	25573-43-7	伊瑞西珠	892553-42-3
艾氟洛芬	51543-39-6	依他罗汀	87719-32-2
艾司氯胺酮	33643-46-8	依塔秀林	16781-39-8
艾司利卡西平	104746-04-5	依他西平	88124-27-0
艾司米氮平	61337-87-9	依他唑酯	51022-77-6
艾司洛尔	103598-03-4	乙磺胺苯甲酸	1213-06-5
埃索美拉唑	119141-88-7	甲醚苯巴比妥	27511-99-5
艾那莫德	101973-77-7	依特柳酯	62992-61-4
依索比星	63521-85-7	依沙吖啶	442-16-0
艾索布宁	119618-22-3	乙胺丁醇	74-55-5
艾帕托酯	132829-83-5	乙基罂粟碱	486-47-5
艾司丙喹	37517-33-2	乙氯维诺	113-18-8
噁泼西汀	98819-76-2	乙水杨胺	938-73-8
艾司唑仑	29975-16-4	乙噻嗪	1824-58-4

炔己蚁胺	126-52-3	乙替唑仑	40054-69-1
炔雌醇	57-63-6	乙氧苯硫脲	1234-30-6
乙碘[131I]油	8016-7-7	依托立林	5232-99-5
乙硫异烟胺	536-33-4	依托度酸	41340-25-4
炔孕酮	434-03-7	依托羟嗪	17692-34-1
乙痛新	77-15-6	依托法胺	25287-60-9
乙氧莫生	16509-23-2	氟灭酸酯	30544-47-9
乙琥胺	77-67-8	醚菊酯	80844-07-1
乙苯妥英	86-35-1	依托贝特	31637-97-5
乙吗芦丁	30851-76-4	乙丁双胍	45086-03-1
乙卡氟特	65400-85-3	依托呋那啶	17692-35-2
碘卡乙酯	5714-09-0	益多酯	54504-70-0
双香豆乙酯	548-00-5	羟乙茶碱	519-37-9
乙的怕特	23980-14-5	依托格鲁	1954-28-5
双丁萘磺乙酯	5560-69-0	依托雷司	54063-36-4
乙基雌烯醇	965-90-2	益托洛替芬	82140-22-5
来克伦	29177-84-2	盐酸益托罗胺	1157-87-5
甲乙噻丁	441-61-2	依托咪酯	33125-97-2
氯炔诺酮	3124-93-4	依托多林	21590-92-1
乙吡酮	467-90-3	乙莫克舍	124083-20-1
依替苯哒唑	64420-40-2	依托南	15037-44-2
依替必利	84226-12-0	依托尼唑	911-65-9
乙环利定	2201-15-2	依托孕烯	54048-10-1
依替卡因	36637-18-0	依托哌酮	52942-31-1
羟基亚乙基二膦酸	2809-21-4	依托泊苷	33419-42-0
依替非明	341-00-4	益托吲哚	54063-37-5
乙替非林	63245-28-3	依托考昔	202409-33-4
艾替伏辛	21715-46-8	依托啡	14521-96-1
乙苯丙胺	457-87-4	依托柳胺	15302-15-5
依替福林	709-55-7	乙苯噁啶	28189-85-7
匹伐依替福林	85750-39-6	依托沙秦	94-10-0
乙左旋多巴	37178-37-3	醇醚度冷丁	469-82-9
依汀替丁	69539-53-3	依托唑啉	73-9-6
艾鲁碘铵	3478-15-7	易垂巴明	70590-58-8
艾泼诺酯	199331-40-3	依曲韦林	269055-15-4
依替前列通	59619-81-7	依曲替酯	54350-48-0
益智酰胺	33996-58-6	依曲西呱	402595-29-3
依塞罗酯	17365-01-4	丁胺吲哚	2235-90-7
依替沙唑	7716-60-1	乙苯托品	524-83-4
乙索米星	70639-48-4	乙异丁嗪	523-54-6
乙舒麦角	64795-23-9	炔诺醇	1231-93-2

优卡托品	100-91-4	泛曲酮	17692-37-4
尤福丝酶		法拉莫单抗	167816-91-3
尤普罗辛	1301-42-4	法兰帕托	211735-76-1
益万达明	100035-75-4	法格列扎	196808-45-4
依维米星	109545-84-8	法罗培南	106560-14-9
依维莫司	159351-69-6	法西多曲	135038-57-2
水杨环己醚	53370-90-4	法西普隆	106100-65-6
依沙美肟	105613-48-7	法索贝隆	643094-49-9
艾沙瑞林	140703-51-1	法索西坦	110958-19-5
益克赛卜罗	55837-19-9	法舒地尔	103745-39-7
依喜替康	171335-80-1	法匹雷韦	259793-96-9
阿依沙替康		法塞拉多	433265-65-7
艾韦单抗	569658-80-6	法扎溴胺	49564-56-9
依西美坦	107868-30-4	法扎拉滨	65886-71-7
艾塞那肽	141758-74-9	苯硫胍	58306-30-2
依西帕醇	77416-65-0	苯巴氨酯	13246-02-1
依昔苯酮	52479-85-3	非布丙醇	3102-00-9
依昔罗酸	26281-69-6	非布维林	7077-33-0
依昔舒林	59973-80-7	非布司他	144060-53-7
依条司他	168682-53-9	非克立明	3590-16-7
依泽替米贝	163222-33-1	非克洛布松	23111-34-4
依洛匹坦	147116-64-1	费朵托嗪	123618-00-8
法贝司琼	129300-27-2	咳吡喃	23271-74-1
雷度咪定	189353-31-9	非氨酯	25451-15-4
法倔唑	102676-47-1	联苯乙酸	5728-52-9
氟骨三醇	83805-11-2	非星匹宁	1980-49-0
法林陀醇	90581-63-8	非洛地平	86189-69-7
发里派密	77862-92-1	非洛仑坦	204267-33-4
氟尼达莫	196612-93-8	泛维珠单抗	167747-20-8
法昔洛韦	104227-87-4	苯赖加压素	56-59-7
法米氯铵	108894-41-3	法莫克西汀	59859-58-4
法莫替丁	76824-35-6	非那丁烯	5984-83-8
抑感灵	18429-78-2	羟非那西丁	4665-4-7
泛普法宗	22881-35-2	非那可隆	306-20-7
泛普罗尼	134183-95-2	酚二唑	1008-65-7
法南色林	127625-29-0	非那夫酸	27736-80-7
法那帕奈	161605-73-8	法拉纳米	4551-59-1
泛斗沙星	164150-99-6	非那可明	34616-39-2
泛多生坦	221241-63-0	非那味尼	735-64-8
法尼噻唑	79069-94-6	非那米柳	133-11-9
泛托法隆	114432-13-2	氨苯四唑	5467-78-7

非那哌酮	54063-38-6	芬诺宁	37561-27-6
芬苯达唑	43210-67-9	非诺沙唑啉	4846-91-7
芬贝西林	1926-48-3	非诺地尔	54063-40-0
芬布芬	36330-85-5	苯氧丙肼	3818-37-9
芬布酯	4378-36-3	非诺唑酮	15302-16-6
芬茨法明	1209-98-9	芬戊二醇	15687-18-0
芬卡米特	3735-90-8	奋普拉特	55837-26-8
芬西布醇	5977-10-6	奋匹帕隆	21820-82-6
甲硫芬索铵	30817-43-7	苯哌酰胺	77-01-0
芬氯酸	34645-84-6	芬哌丙烷	3540-95-2
皮蝇磷	299-84-3	苯维溴铵	125-60-0
芬克洛宁	7424-00-2	苯呤司特	75184-94-0
苯克洛酸	36616-52-1	芬普雷司	15686-61-0
氯苯噻唑乙酸	17969-20-9	芬前列林	69381-94-8
芬他林	13042-18-7	芬喹唑	20287-37-0
芬度柳	53597-27-6	维甲酰酚胺	65646-68-6
苯丁戊四酯	15301-67-4	芬司匹利	5053-6-5
芬雌酸	7698-97-7	芬太尼	437-38-7
胺乙吩嗪	522-24-7	芬噻唑酸	18046-21-4
发来那地	54063-39-7	硫化双氯酚	97-24-5
芬乙茶碱	3736-8-1	芬替康唑	72479-26-6
芬氟鲁唑	73445-46-2	芬托溴铵	5868-6-4
芬氟拉明	458-24-2	非尼拉朵	553-69-5
芬氟司林	75867-00-4	法利波醇	3607-24-7
酚加宾	80018-06-0	芬喷托克酸	17243-33-3
芬哈曼	15301-68-5	苯吡三唑	53415-46-6
乙甲苯琥胺	60-45-7	非拉二醇	63075-47-8
法隆迪	34106-48-4	非普拉宗	30748-29-9
苯戊醇	583-03-9	非普济米	54063-41-1
芬罗贝特	54419-31-7	苯丙斯德宁	22293-47-6
苯异色满胺	34887-52-0	铁镁加	119175-48-3
芬留顿	141579-54-6	吡磷铁钠	138708-32-4
芬美托唑	41473-09-0	果糖铁	29041-71-2
苯甲吗啉酮	5588-29-4	枸橼酸铁[59Fe]注射液	2238-5-8
非诺班	57653-26-6	羧麦芽糖铁	9007-72-1
非诺西醇	3671-5-4	铁胆盐	1336-80-7
芬诺苄胺	69365-65-7	聚马醚铁	54063-44-4
非诺贝特	49562-28-9	二茂铁喹	185055-67-8
芬洛多潘	67227-56-9	苏氨酸铁	15339-50-1
非诺洛芬	31879-05-7	夫替瑞林	38234-21-8
非诺特罗	13392-18-2	非索罗定	286930-03-8

非托西酯	54063-45-5	氟辛克生	98205-89-1
法西卡因	54063-46-6	氟司洛尔	87721-62-8
范克达唑	59729-37-2	氟乙西泮	34482-99-0
非索芬那定	83799-24-0	氟卓斯汀	135381-77-0
苯噻啉胺	15387-18-5	氟立班丝氨	167933-07-5
分唑抗胺	80410-36-2	氟林卡那	187523-35-9
非西他滨	69123-90-6	弗洛非宁	23779-99-9
非阿尿苷	69123-98-4	氟氧头孢	99665-00-6
非布拉西林	51154-48-4	弗洛普丁	318498-76-9
纤维蛋白,人		夫洛丙酮	2295-58-1
纤维蛋白,牛		夫洛梯隆	519-95-9
碘[125I]纤维蛋白原		氟哌吗啉	77590-96-6
纤溶酶(人)	9004-9-5	吗乙氧苯	53731-36-5
非达司他	136087-85-9	氟苯尼考	76639-94-6
非德沙班	183305-24-0	氟尼法林	83863-79-0
非多唑嗪	208993-54-8	氟沙地尔	113593-34-3
非戈匹坦	502422-74-4	氟司喹南	76568-02-0
非戈匹坦	502422-74-4	氟舒胺	80937-31-1
非明司特	141184-34-1	氟垂立生	82190-92-9
菲来拉醇	78168-92-0	夫洛加群	871576-03-3
非格司亭	121181-53-1	夫诺维林	27318-86-1
菲律平	480-49-9	氟克疟	53966-34-0
非马沙坦	247257-48-3	氟尿苷	50-91-9
非那沙星	209342-40-5	氟星精	30223-48-4
非那甾胺	98319-26-7	氟阿拉酰胺	5107-49-3
芬戈莫德	162359-55-9	氟阿尼酮	1480-19-9
芬罗唑	160146-17-8	氟扎可特	19888-56-3
非帕米唑	150586-58-6	氟啶蜱脲	86811-58-7
非哌西特	34161-24-5	氟巴尼酯	847-20-1
非拉司特	402567-16-2	氟苯咪唑	31430-15-6
非罗考昔	189954-96-9	氟必利	56488-61-0
非培米芬	341524-89-8	氯卡泊利	2261-94-1
夫拉美诺	2174-64-3	氟西雷司	40256-99-3
黄酮胺	15686-60-9	氟辛哚	40594-09-0
弗拉沃迪酸	37470-13-6	氟稀拉净	54340-64-6
夫那地洛	79619-31-1	氟氯奈德	3693-39-8
黄酮哌酯	15301-69-6	氟氯西林	5250-39-5
佛那塞龙	21221-18-1	氟康唑	86386-73-4
氟卡尼	54143-55-4	氟克立酯	23023-91-8
氟丁醇	82101-10-8	氟胞嘧啶	2022-85-7
氟罗沙星	79660-72-3	氟氘丙氨酸	35523-45-6

氟达拉滨	21679-14-1	氟苯乙砜	2924-67-6
氟氯达唑	53597-28-7	氟[18F]多巴	92812-82-3
氟[18F]脱氧葡糖	105851-17-0	氟米龙	426-13-1
氟地西泮	3900-31-0	氟尿嘧啶	51-21-8
氟多雷司	15221-81-5	氟蒽新	35764-73-9
氟多索明	71923-29-0	氟西汀	54910-89-3
氟氢可的松	127-31-1	氟羟甲基睾丸酮	76-43-7
氟氢缩松	1524-88-5	氟洛克生	105182-45-4
氟芬那酸	530-78-9	三氟噻吨	2709-56-0
氟苯沙酸	22494-27-5	氟哌醇胺	53179-10-5
氟磷沙尔	65708-37-4	氟扑来平	67121-76-0
福鲁菲林	82190-91-8	氟培龙	3841-11-0
氟孕酮	337-03-1	氟奋乃静	69-23-8
氟甲茚酮	6723-40-6	氟匹马嗪	47682-41-7
氟茚二酮	957-56-2	氟必定	56995-20-1
氟马泽尼	78755-81-4	氟卜拉酮	21686-10-2
氟美西诺	56430-99-0	氟哌乙脲	76716-60-4
氟美烯酮	15687-21-5	氟泼尼定	2193-87-5
氟甲喹	42835-25-6	氟泼尼龙	53-34-9
氟美立酮	75444-64-3	氟洛芬	17692-38-5
氟米松	2135-17-3	氟普罗嘌呤	85118-43-0
氟甲噻嗪	148-56-1	氟丙喹宗	40507-23-1
氟美吗酮	7125-73-7	氟前列醇	40666-16-8
氟美沙多	30914-89-7	氟喹宗	37554-40-8
氟美查平	61325-80-2	氟拉多宁	71316-84-2
氟氨雷司	720-76-3	氟朗泰	30533-89-2
氟鲁咪唑	36740-73-5	氟西泮	17617-23-1
氟甲氧缩松	60135-22-0	氟比洛芬	5104-49-4
氟苄胺	50366-32-0	氟瑞托芬	56917-29-4
氟桂利嗪	52468-60-7	氟红霉素	82664-20-8
氟硝唑	4548-15-6	氟西他宾	37717-21-8
氟尼缩松	3385-3-3	氟法胺	70788-28-2
氟硝西泮	1622-62-4	氟替尔	333-36-8
氟苄烟酸	38677-85-9	三氟乙烯醚	406-90-6
氟诺前列素	86348-98-3	氟洒兰	4776-6-1
氟西布洛芬	66934-18-7	氟索洛尔	84057-96-5
氟轻松	67-73-2	氟螺哌酮	54965-22-9
醋酸肤轻松	356-12-7	氟斯必灵	1841-19-6
氟可丁	33124-50-4	氟他胺	13311-84-7
氟可龙	152-97-6	氟恶唑兰	27060-91-9
赖荧光素	140616-46-2	氟太西泮	52391-89-6

氟甲嗪酸	7220-56-6	福沙吡坦	172673-20-0
氟替卡松	90566-53-3	磷利酯	73514-87-1
糠酸氟替卡松	397864-44-7	富洒西泮	35322-07-7
氟替泽醇	10202-40-1	膦甲酸钠	63585-09-1
氟托咪酯	84962-75-4	膦乳酸	2398-95-0
甲氟压定	28125-87-3	磷赛酰肼	16543-10-5
氟环丙安定	25967-29-7	乙烯雌酚二磷酸酯	522-40-7
氟曲马唑	119006-77-8	磷氟康唑	194798-83-9
氟卓林	70801-02-4	磷氟啶酯	174638-15-4
氟托品溴铵	63516-07-4	磷酸肌酐	5786-71-0
富伐他丁	93957-54-1	磷霉素	23155-02-4
氟提肟氨	54739-18-3	磷乙酸钠	54870-27-8
氟泽酰胺	76263-13-3	福司福沙	6064-83-1
氟唑普林	52867-77-3	二磷酸果糖	488-69-7
福地吡	118248-91-2	二磷酸果糖	488-69-7
七叶吗啉	15687-22-6	福辛普利	98048-97-6
叶酸	59-30-3	福辛普利拉	95399-71-6
福立索林	3432-99-3	膦美酸	13237-70-2
促卵泡素 α	9002-68-0	膦胺霉素	66508-53-0
促卵泡素 β	150490-84-9	磷巴胺	103878-96-2
甲吡唑	7554-65-6	柠檬酸咖啡因	93390-81-9
福米西林	98048-07-8	福司吡酯	5598-52-7
福米诺苯	18053-31-1	磷丙泊酚	258516-89-1
福米韦生	144245-52-3	磷喹酮	114517-02-1
福吗卡因	17692-39-6	福司泰的	75889-62-2
磺达肝癸钠	114870-03-0	佛司曲辛	87810-56-8
芳妥珠单抗	326859-36-3	磷维塞	193901-91-6
伏哌托宁	22514-23-4	福泰氮芥	92118-27-9
福拉沙坦	145216-43-9	福曲他明	37132-72-2
夫瑞韦如	944548-38-3	福齐夫定替酯	141790-23-0
福酚美克	72973-11-6	氟丁洛芬	86696-88-0
甲酰勃龙	2454-11-7	夫雷非班	148396-36-5
福美斯坦	566-48-3	氟雷法胺	188196-22-7
福美雷司	15302-18-8	新霉素标液	119-04-0
福米硝唑	500-08-3	夫仑替唑	26130-02-9
醛基缩松	2825-60-7	夫瑞司他	208848-19-5
福莫特罗	73573-87-2	夫罗吡地	79700-63-3
呋咯地新	209799-67-7	福伐曲坦	158747-02-5
福罗帕泛	136468-36-5	氟克西前列素	62559-74-4
磷夫定酯	763903-67-9	酞己炔酯	131-67-9
呋山那韦	226700-79-4	伏保克西里	19368-18-4

异烟腙	149-17-7	加巴喷丁	60142-96-3
氟托塔嗪	33414-30-1	加巴喷丁酯	478296-72-9
氟托普哌嗪	33414-36-7	福耶	39492-01-8
碘化溴刚	3690-58-2	加波沙朵	64603-91-4
福多司坦	13189-98-5	加环利定	68134-81-6
呋拉迪克丁	205537-83-3	钆贝酸	113662-23-0
氟维司群	129453-61-8	钆布醇	138071-82-6
烟曲霉素	23110-15-8	钆考酸	280776-87-6
呋莫克西林	78186-33-1	钆登酯	544697-52-1
呋普拉唑	60248-23-9	钆双胺	122795-43-1
呋拉尼酸	23580-33-8	钆磷维塞	193901-90-5
呋喃菲林	80288-49-9	钆美利醇	227622-74-4
呋喃三嗪胺	556-12-7	钆喷胺	117827-80-2
呋喃它酮	139-91-3	钆喷酸	80529-93-7
呋拉布洛芬	67700-30-5	钆特酸	72573-82-1
夫拉扎勃	1239-29-8	钆特醇	120066-54-8
呋喃唑酮	67-45-8	钆弗塞胺	131069-91-5
呋唑氯铵	5118-17-2	钆塞酸	135326-11-3
呋布西林	54340-65-7	加莫司汀	105618-02-8
呋洛芬	58012-63-8	加兰他敏	357-70-0
呋格雷酸	85666-24-6	加柔比星	140637-86-1
呋醚度冷丁	2385-81-1	加丹司琼	116684-92-5
呋芬雷司	3776-93-0	加利昔单抗	357613-77-5
呋碘达隆	4662-17-3	加拉碘铵	65-29-2
呋甲噁酮	6281-26-1	枸橼酸镓[67Ga]	41183-64-6
呋尼地平	138661-03-7	戈洛帕米	16662-47-8
丁酸酰氧芬	38873-55-1	加洛他滨	124012-42-6
呋羟甲咪喹	56119-96-1	格罗米得	52157-91-2
呋罗芬酸	56983-13-2	戈硫酯酶	552858-79-4
呋氯噻嗪	28532-90-3	加替苯宁	106719-74-8
伏洛明	142996-66-5	更非新	7273-99-6
速尿	54-31-9	加米霉素	145435-72-9
呋罗雌酚	549-40-6	加莫尼克酸	506-26-3
呋洒兰	15686-77-8	加那索龙	38398-32-2
呋喃硫胺	804-30-8	更息洛韦	82410-32-0
呋氨碟啶	7761-75-3	加奈霉素	114451-30-8
四甲铵呋喃	541-64-0	更利芬	299-61-6
夫沙芬净	1393-87-9	加尼瑞克	124904-93-4
夫两地酸	6990-6-3	更斯的明	457075-21-7
呋士西林	66327-51-3	更他氯铵	213998-46-0
植酸	83-86-3	更汀芦单抗	89957-37-9

更托非班	183547-57-1	吉妥福酯	10176-39-3
加匹可明	1539-39-5	格拉非宁	3820-67-5
加普米定	106686-40-2	格拉莫德	134143-28-5
加雷沙星	194804-75-6	格拉齐文	17127-48-9
加诺司亭	246861-96-1	格来色林	132553-86-7
加替沙星	160738-57-8	格仑伐地汀	122254-45-9
加维斯替奈	153436-22-7	葡庚糖酐铁	57680-55-4
加维莫单抗	244096-20-6	格列胺脲	51876-98-3
吉环孢素	74436-00-3	格列本脲	10238-21-8
吉多卡尔	109623-97-4	格列波脲	26944-48-9
吉法酯	51-77-4	各里丁亚胺	25859-76-1
吉非替尼	184475-35-2	格列卡拉脲	36980-34-4
格麻佐辛	54063-47-7	格列他尼	24455-58-1
吉卡宾	183293-82-5	格列齐特	21187-98-4
根卡地尔	35449-36-6	格康达磺脲	52994-25-9
吉西他滨	95058-81-4	格列茚氮卓	3074-35-9
吉美前列素	64318-79-2	格列鲁米	35273-88-2
吉非罗齐	25812-30-0	格列美脲	93479-97-1
吉米沙星	204519-64-2	格列酰胺	37598-94-0
吉莫曲拉	160135-92-2	格列吡嗪	29094-61-9
奥吉妥珠单抗	220578-59-6	格列喹酮	33342-05-1
庆大霉素	1403-66-3	格列沙慕利	52430-65-6
龙胆酸	490-79-9	格列生脲	32797-92-5
酚丙胺	18840-47-6	格列吲胺	71010-45-2
格辟龙	83928-76-1	格列索脲	24477-37-0
吉罗酚	10457-66-6	格列派特	25046-79-1
孕氯酮	19291-69-1	珠蛋白锌胰岛素注射液	9004-21-1
孕诺二烯醇	14340-01-3	格洛沙踪	2507-91-7
烯甲炔诺酮	60282-87-3	肟莫南	90850-05-8
己酸各司孕甾醇	1253-28-7	高血糖素	16941-32-5
强诺酮	16320-04-0	甘铝克司	12182-48-8
吉伏曲林	107266-06-8	葡美辛	52443-21-7
吉马替康	292618-32-7	谷卡匹酶	9074-87-7
吉莫斯特	103766-25-2	D-氨基葡萄糖	3416-24-8
支巴曼	67268-43-3	葡磺胺	7007-76-3
吉拉达唑	110883-46-0	葡胺苯砜	554-18-7
吉拉克肽	24870-04-0	葡醛内酯	32449-92-6
吉立拉地	865200-20-0	葡罗酰胺	61914-43-0
吉立索泮	82230-53-3	葡磷酰胺	132682-98-5
吉他林	1405-76-1	葡烟酯	80763-86-6
甲酰吉妥辛	3261-53-8	葡索铁	56959-18-3

戊二醛	111-30-8	胍甲啶	59252-59-4
磺乙谷酰胺	56488-60-9	胍氰定	1113-10-6
格鲁米特	77-21-4	坤克罗芬	55926-23-3
格列噻唑	535-65-9	胍乙啶	55-65-2
格列丁唑	1492-02-0	胍法辛	29110-47-2
格列吡脲	631-27-6	溴胍喹定	154-73-4
甘铋肼	116-49-4	胍氯酚	5001-32-1
甘洛溴铵	596-51-0	胍诺克汀	3658-25-1
格列环脲	664-95-9	胍诺沙苄	7473-70-3
格列茚脲	451-71-8	胍生	2165-19-7
格列嘧啶钠	3459-20-9	胍丙苯醚	13050-83-4
格列辛脲	1038-59-1	胍立莫司	104317-84-2
格列平脲	1228-19-9	曲古霉素	1394-02-1
格列丙噻唑	80-34-2	哈拉西泮	23092-17-3
格列布唑	3567-8-6	双氯胺酸	80-13-7
胶体金[198Au]	10043-49-9	哈西奈德	3093-35-4
戈利木单抗	476181-74-5	哈利他唑	15599-36-7
戈洛莫德	229305-39-9	卤卡班	369-77-7
戈那瑞林	33515-09-2	卤可托龙	24320-27-2
戈雷拉肽	120081-14-3	卤方特瑞	69756-53-2
戈舍瑞林	65807-02-5	卤芬酯	26718-25-2
戈沙拉地	412950-27-7	卤夫酮	55837-20-2
短杆菌肽	1405-97-6	卤米松	50629-82-8
短杆菌肽 S	113-73-5	卤拉胺	50583-06-7
格拉司琼	109889-09-0	氟哌酰胺	59831-65-1
戈帕沙星	119914-60-2	卤培氯铵	7008-13-1
灰黄霉素	126-07-8	氟哌啶醇	52-86-8
胍秉克沙	19889-45-3	卤泼尼松	57781-15-4
呱西替柳	55482-89-8	氟溴孕酮	3538-57-6
哌非卡因	36199-78-7	碘炔三氯酚	777-11-7
愈创他明	15687-23-7	氟烷	151-67-7
哌苯四醚	852-42-6	哈洒唑仑	59128-97-1
胍依托林	63834-83-3	哈洛克酮	321-55-1
愈创甘油醚	93-14-1	哈霉素	1403-71-0
格亚菲林	5634-38-8	海达氯铵	4310-89-8
快美沙	81674-79-5	海利霉素	11029-70-2
愈创司坦	103181-72-2	聚戊二醛血红蛋白	
胍甲环素	16545-11-2	交聚血红蛋白	197462-97-8
胍那苄	5051-62-7	交富血红蛋白	142261-03-8
胍乙宁	1463-28-1	肝素钠	9005-49-6
胍环定	40580-59-4	癸烟酯	7237-81-2

环庚巴比妥	509-86-4	高泛酸	18679-90-8
庚胺醇	372-66-7	胡喹嗪	21560-59-8
海普维宁	54063-48-8	透明糖酶	37326-33-3
环庚磺脲	1034-82-8	玻璃酸酶	9001-54-1
庚齐啶	1096-72-6	海恩酮	3105-97-3
海他西林	3511-16-8	肼卡巴嗪	3614-47-9
十六胺氢氟酸盐	3151-59-5	肼酞嗪	86-54-4
解痉宁	7247-57-6	汞加芬	14235-86-0
甲双三氯酚	70-30-4	氢苄噻嗪	13957-38-5
海克己酮酸	892-01-3	氢氯噻嗪	58-93-5
海沙地林	3626-67-3	二氢可待因酮	125-29-1
海美溴铵	9011-4-5	胺乙酯氢可松	76-47-1
己芬溴铵	317-52-2	氢化可的松	50-23-7
六甲溴铵	55-97-0	醋丙氢可的松	74050-20-7
己脒定	3811-75-4	氢氟噻嗪	135-09-1
己普拉醇	15599-37-8	氯羟孕酮	16469-74-2
海克布洛芬	24645-20-3	羟氢吗啡	2183-56-4
炔丙环己酯	358-52-1	氢吗啡酮	466-99-9
海松碘铵	3569-59-3	铝碳酸镁	12304-65-3
溴己胺胆碱	306-41-2	苄醋吲哚胺	7008-14-2
海克西定	5980-31-4	羟吲达醇	7008-15-3
己雌酚	5635-50-7	羟基钴胺素	13422-51-0
六丁啶,立体异构体的混合物	141-94-6	羟苯丙胺	1518-86-1
海索比妥	56-29-1	羟基脲	127-07-1
海索苯定	54-3-5	羟氯喹	118-42-3
甲硫己环铵	115-63-9	羟基二酮琥珀酸钠	53-10-1
海索那林	3215-70-1	羟普鲁卡因	468-56-4
海咯溴铵	3734-12-1	羟孕酮	487-53-6
海克卡因	532-77-4	己酸孕酮	68-96-2
希司吡定	493-80-1	己酸羟孕酮	630-56-8
L-组氨酸	71-00-1	双脒苯烯	7008-17-5
组氨瑞林	76712-82-8	羟丁卡因	19120-01-5
胺乙苯缩醛	451-77-4	羟甲苯酸	495-99-8
溴甲后马托品	80-49-9	羟嗪	490-98-2
溴乙菲啶	1239-45-8	羟甲香豆素	83-40-9
苯甲庚嗪	848-53-3	碘脱氧胞苷	68-88-2
高氟奋乃静	3833-99-6	依巴氟沙星	90-33-5
洁莫扑拉醇	35142-68-8	伊巴组单抗	611-53-0
胡莫柳酯	118-56-9	伊班膦酸	91618-36-9
胡丙诺啡	16549-56-7	尹巴佐辛	680188-33-4
		伊必那班	114084-78-5

艾波白介素	57653-28-8	伊曲诺昔	81267-65-4
艾波度坦	464213-10-3	亚浊卜拉醇	27581-02-8
异波帕胺	479198-61-3	艾度硫酸酯酶	50936-59-9
替伊莫单抗	522664-63-7	艾芬地尔	23210-56-2
艾溴利平	66195-31-1	艾夫色林	58754-46-4
异溴米特	206181-63-7	伊非曲班	143443-90-7
异丁司特	133208-93-2	异环磷酰胺	3778-73-2
布芬酸	466-14-8	伊福西汀	66208-11-5
布洛羟肟	50847-11-5	伊加地平	119687-33-1
伊布莫仑	1553-60-2	伊格美新	140850-73-3
异丁特罗	53648-05-8	伊戈伏单抗	171656-50-1
伊布利特	159634-47-6	艾拉莫德	123663-49-0
异丁维林	53034-85-8	艾普拉唑	172152-36-2
埃卡瑞丁	122647-31-8	伊拉曲肽	119719-11-8
艾替班特	31221-85-9	艾尔帕曲	473289-62-2
艾拉普林	119515-38-7	伊来西胺	82857-82-7
伊克西潘	130308-48-4	伊利帕西	137214-72-3
艾考度林	192314-93-5	伊莫福新	83519-04-4
艾芬净喷	57916-70-8	伊洛白介素	149824-15-7
醋丁艾可米松	138511-81-6	伊洛马司他	142880-36-2
肼卡巴嗪	198022-65-0	伊洛达普	135202-79-8
肼酞嗪	103466-73-5	伊潘立酮	133454-47-4
艾考莫瑞	54845-95-3	亚罗普斯特	73873-87-7
艾考哌齐	145508-78-7	伊马芬	60719-86-0
花生五烯酸	10417-94-4	伊马昔尔	75689-93-9
夜可眠	79449-99-3	伊马替尼	152459-95-5
艾罗卡肽	169543-49-1	咪苯嗪酮	84243-58-3
伊达比星	58957-92-9	英卡波磷	66608-32-0
异达维林	100927-13-7	英西单抗	126132-83-0
亚达唑散	79944-58-4	伊格列明	775351-65-0
艾地苯醌	58186-27-9	伊匹妥英	188116-07-6
艾地司特	108674-88-0	亚美克松	59643-91-3
艾多昔芬	116057-75-1	咪克洛嗪	7224-08-0
碘苷	54-42-2	咪达那新	170105-16-5
艾比肝素钠	405159-59-3	咪达普利	89371-37-9
亚垂菲定	95668-38-5	咪达普利拉	89371-44-8
伊决孟酮	20098-14-0	水杨酸咪唑	36364-49-5
艾屈肝素钠	149920-56-9	咪多卡	27885-92-3
伊屈普利	127420-24-0	咪多林	7303-78-8
伊屈西那	110480-13-2	伊格列扎	250601-04-8
亚复西汀	6961-46-2	伊米苷酶	154248-97-2

咪洛克生	81167-16-0	吲哚美辛	53-86-1
苯乙哌嗪酮	7008-18-6	因都洛醇	69907-17-1
亚胺培南	64221-86-9	吲哚平	3569-26-4
米帕明	50-49-7	吲哚布洛芬	31842-01-0
氧丙咪嗪	6829-98-7	吲哚拉明	26844-12-2
咪喹莫特	99011-02-6	吲哚瑞酯	73758-06-2
咪瑞司他	89391-50-4	吲哚克索	5034-76-4
伊米帕锰	218791-21-0	茚屈林	7395-90-6
咪曲司特	114686-12-3	依奈骨化醇	163217-09-2
伊莫拉明	318-23-0	英利昔单抗	170277-31-3
亚莫两台罗	88578-07-8	吲格列福	186392-65-4
英帕卡嗪	41340-39-0	吡香豆酮	39178-37-5
英普他派	177469-96-4	牙诺可隆	83646-97-3
因普米丁	55273-05-7	伊诺加群	155415-08-0
二丙胺磺酯	13425-98-4	伊诺莫单抗	152981-31-2
英拉西坦	67542-41-0	伊诺他酮	223132-37-4
伊那卡兰	335619-18-6	肌苷	58-63-9
乙苯吡咯烷丙酮	99323-21-4	烟酸肌醇	6556-11-2
英卡膦酸	124351-85-5	伊组单抗奥加米星	635715-01-4
英环奈德	15866-90-7	双丙氧亚胺醌	436-40-8
茚达特罗	312753-06-3	氨精胰岛素	68859-20-1
茚达立酮	57296-63-6	门冬胰岛素	116094-23-6
吲达平	63758-79-2	地法胰岛素	
茚唑啉	40507-78-6	甘精胰岛素	160337-95-1
因旦尼定	85392-79-6	赖脯胰岛素	133107-64-9
因达诺瑞	16112-96-2	无定形胰岛素锌悬浊液	8049-62-5
茚他多	202844-10-8	结晶胰岛素锌悬浊液	8049-62-5
吲达帕胺	26807-65-8	人胰岛素	11061-68-0
茚达曲林	86939-10-8	谷赖胰岛素	207748-29-6
英地卡胺	74517-78-5	地特胰岛素	169148-63-4
茚罗西生	60929-23-9	复合干扰素	118390-30-0
茚旦醇	60607-68-3	干扰素 β	9008-11-1
吲地布林	204205-90-3	干扰素 γ	9008-11-1
茚地那韦	150378-17-9	干扰素 α	9008-11-1
茚地普隆	325715-02-4	垂体中叶素	9002-79-3
吲地司琼	141549-75-9	英替喹那汀	445041-75-8
英迪舒兰	165668-41-7	茚托利辛	125974-72-3
吲哚布芬	63610-08-2	吲丝唑	15992-13-9
吲哚酯	31386-25-1	英替林	27466-27-9
吲哚普利	80876-01-3	碘[131I]苄胍	77679-27-7
因多里旦	100643-96-7	碘苯扎酸	3115-5-7

碘比醇	136949-58-1	碘普西酸	1456-52-6
碘布酸	13445-12-0	碘普罗胺	73334-07-3
碘卡酸	10397-75-8	碘普罗酸	37723-78-7
碘西他酸	16034-77-8	碘吡多	5579-92-0
约达米	440-58-4	碘吡酮	5579-93-1
碘西醇	81045-33-2	碘沙考	97702-82-4
碘硬酯	7008-2-8	碘西法酸	5591-33-3
碘[131I]人血清白蛋白		碘丝酸	51876-99-4
碘[125I]人血清白蛋白		碘美醇	181872-90-2
碘克沙醇	92339-11-2	约赛酰胺	79211-10-2
碘[123I]软脂酸	54510-20-2	碘磺拉胺	23205-04-1
碘[131I]胆甾醇	42220-21-3	碘舒美酸	37863-70-0
碘[123I]非替酸	123748-56-1	碘他拉酸	2276-90-6
磺酞钠	2217-44-9	碘他苏	71767-13-0
硫氧碘嘧啶	5984-97-4	碘替酸	60019-19-4
碘沙酸	31127-82-9	碘曲尼酸	26887-04-7
碘苯酯	99-79-6	碘赛特	79211-34-0
碘[123I]非他胺	75917-92-9	碘曲佐酸	16024-67-2
碘[123I]氟潘	155798-07-5	碘曲仑	79770-24-4
碘拉醇	141660-63-1	碘曲西酸	51022-74-3
碘格利酸	49755-67-1	碘佛醇	87771-40-2
碘葡醇	63941-73-1	约克白罗酸	96191-65-0
碘葡胺	63941-74-2	碘克沙酸	59017-64-0
碘葡苯胺	56562-79-9	碘昔兰	107793-72-6
碘甘卡酸	2618-25-9	碘羟拉酸	28179-44-4
碘海醇	66108-95-0	羟泛影酸	19863-06-0
碘利多酸	21766-53-0	碘佐米酸	31598-07-9
碘利扎酸	22730-86-5	伊帕瑞林	170851-70-4
碘[123I]必利	113716-48-6	依帕利特	115436-73-2
碘[123I]西尼	127396-36-5	伊培沙宗	104454-71-9
碘美拉酸	25827-76-3	伊培西定	69017-89-6
碘美普尔	78649-41-9	伊匹达克林	62732-44-9
碘[l25I]美丁	17033-82-8	伊匹木单抗	477202-00-9
碘[131I]美丁	17033-83-9	依普拉汀	22150-28-3
碘[123I]苯托烷	136794-86-0	异丙地尔	83656-38-6
碘吗酸	51934-76-0	异丙阿托品	22254-24-6
碘[123I]苯十五酸	74855-17-7	艾拉卡因	166181-63-1
碘异酞醇	62883-00-5	异丙佐罗	7248-21-7
碘番酸	96-83-3	依普黄酮	35212-22-7
碘喷托	89797-00-2	伊普吲哚	5560-72-5
碘芬酸	96-84-4	异丙氯肼	3544-35-2

呋苯喃胺	37855-80-4	氨苯丁酯	94-14-4
异丙海汀	13946-02-6	异卡波肼	59-63-2
异丙烟肼	54-92-2	异康唑	27523-40-6
异丙硝唑	14885-29-1	异克洛米	57009-15-1
异丙铂	62928-11-4	异他林	530-08-5
普罗噻嗪	105118-13-6	三苯唑酸	50270-33-2
异丙沙明	52403-19-7	异氟泼尼松	338-95-4
异丙齐胺	55477-19-5	异氟醚	26675-46-7
伊普柳氮	80573-03-1	异亮氨酸	73-32-5
益卜斯吡酮	95847-70-4	伊索马唑	86315-52-8
亚昆达明	55299-11-1	扼锥定	34301-55-8
伊拉司特	151581-24-7	异美沙酮	466-40-0
依仑帕奈	206260-33-5	握克丁	503-01-5
伊妥木单抗	640735-09-7	异莫泮	107320-86-5
依贝沙坦	138402-11-6	异烟肼	54-85-3
尹伦达龙	96478-43-2	异尼克辛	57021-61-1
伊立替康	97682-44-5	低精蛋白胰岛素	8052-74-2
依尔沙星	91524-15-1	异普拉酮	56463-68-4
伊罗夫文	158440-71-2	异泼尼登	17332-61-5
夜罗拉必利	64779-98-2	异丙肾上腺素	7683-59-2
伊罗普拉	154248-96-1	异洛芬	57144-56-6
艾沙那定	276690-58-5	异丙碘胺	71-81-8
伊索拉定	57381-26-7	异丙匹西林	4780-24-9
伊替马唑	115574-30-6	硝酸异山梨酯	87-33-2
伊格列哚	110605-64-6	单硝基异山梨酯	16051-77-7
伊沙马多	269079-62-1	异山梨醇	652-67-5
伊沙司坦	116818-99-6	异冬谷酸	3106-85-2
伊胺法宗	55902-02-8	异舒必利	42792-26-7
益散莫坦	116861-00-8	氮异丙嗪	482-15-5
依沙莫可苏	57067-46-6	异喹米得	56717-18-1
艾托立宾	122970-40-5	异维 A 酸	4759-48-2
艾沙康唑	241479-67-4	异赛罗醇	75949-60-9
氯艾沙康唑	338990-84-4	伊索克酸	55453-87-7
伊沙索宁	4214-72-6	伊索昔康	34552-84-6
伊波格雷	89667-40-3	异克舒令	395-28-8
异丁茶碱	90162-60-0	伊匹尼塞	336113-53-2
艾塞加南	257277-05-7	异丙克兰	252870-53-4
异帕米星	58152-03-7	伊拉地平	75695-93-1
伊司莫汀 α	457913-93-8	依拉帕泛	117279-73-9
异米尼克	77-51-0	伊司他肟	203737-93-3
依溴二酮	1470-35-5	伊曲茶碱	155270-99-8

伊他美林	121750-57-0	糖呋色酮	17226-75-4
伊塔诺松	58182-63-1	柱晶白霉素	1392-21-8
伊他司琼	123258-84-4	柳胺苄心定	36894-69-6
伊他格雷	70529-35-0	拉贝珠单抗	219649-07-7
伊托必利	122898-67-3	拉雷地米	159768-75-9
伊曲康唑	84625-61-6	拉西地平	103890-78-4
甲苯磺酸硝乙胺酯	13445-63-1	拉克酰胺	175481-36-4
伊曲谷胺	201605-51-8	乳铝硫	96427-12-2
伊曲卡尼	90828-99-2	乳糖醇	585-86-4
伊曲奈德	106033-96-9	乳果糖	4618-18-2
安替肽	112568-12-4	拉柔比星	171047-47-5
伊伐布雷定	155974-00-8	拉多替吉	209394-27-4
伊伐莫德	53003-81-9	拉氟莫司	147076-36-6
依维菌素	70288-86-7	拉呋替丁	118288-08-7
伊伏夸林	72714-75-1	拉加肽	157476-77-2
伊沙匹隆	219989-84-1	来洛霉素	56283-74-0
艾宗特来	176975-26-1	拉米非班	144412-49-7
交沙霉素	16846-24-5	拉米夫定	134678-17-4
海人草酸	487-79-6	那蒙特金	84057-84-1
卡拉芬净	11048-15-0	郎替定	73278-54-3
血管舒缓素	9001-1-8	毛花苷 C	17575-22-3
卡那霉素	59-1-8	兰考韦泰	1391-36-2
丁酮保太松	853-34-9	兰地洛尔	133242-30-5
凯利昔单抗	174722-30-6	拉奈匹坦	170566-84-4
凯拉花青	18719-76-1	拉尼西明	153322-05-5
氯胺酮	6740-88-1	拉莫司亭	117276-75-2
酮色林	74050-98-9	拉尼喹达	197509-46-9
凯他佐辛	36292-69-0	拉诺康唑	101530-10-3
凯他唑安	27223-35-4	兰吡立松	116287-14-0
丙咪嗪酮	796-29-2	兰前列酮	105674-77-9
酮基度冷丁	469-79-4	兰瑞肽	108736-35-2
凯托卡因	1092-46-2	兰索拉唑	103577-45-3
开托卡因醇	7488-92-8	拉帕司他	189059-71-0
酮康唑	65277-42-1	拉帕替尼	231277-92-2
酮基布洛芬	22071-15-4	拉匹氯铵	6272-74-8
酮啡诺	79798-39-3	拉匹雄胺	142139-60-4
酮咯酸	74103-06-3	那扑拉菲林	90749-32-9
酮替芬	34580-13-7	拉喹莫德	248281-84-7
甲满蝶呤	52196-22-2	拉瑞唑来	258818-34-7
凯托沙	27762-78-3	拉罗莫司汀	173424-77-6
凯林	82-02-0	拉罗尼酶	210589-09-6

拉罗皮兰	571170-77-9	来匹卢定	138068-37-8
拉罗他赛	156294-36-9	来普塔林	5005-72-1
拉沙里菌素	25999-31-9	乐卡地平	100427-26-7
拉西那韦	175385-62-3	乐德木单抗	285985-06-0
拉索昔芬	180916-16-9	麦角腈	36945-03-6
拉氧头孢	64952-97-2	来立司亭	193700-51-5
拉坦前列素	130209-82-4	来立司琼	143257-98-1
拉替待克丁 A3	371918-51-3	来索吡琼	132449-46-8
拉替待克丁 A4	371918-44-4	来他替尼	111358-88-4
甲硫劳地铵	3253-60-9	来普立宁	138117-50-7
劳拉氯铵	19486-61-4	来替米特	26513-90-6
劳塞溴铵	1794-75-8	莱托稀痰	53943-88-7
劳立沙明	7617-74-5	来曲珠利	103337-74-2
月桂氮酮	59227-89-3	来曲唑	112809-51-5
月桂啶	135-43-3	亮谷姆	41385-14-2
醋酸劳利铵	146-37-2	L-亮氨酸	61-90-5
平平加 O-20	9002-92-0	亮卡因	92-23-9
拉伏替丁	76956-02-0	白西尼多	480-17-1
拉扎贝胺	103878-84-8	亮丙瑞林	53714-56-0
来考诺肽	247207-64-3	流柔比星	70774-25-3
来考佐坦	434283-16-6	左醋美沙朵	34433-66-4
来达醇	116795-97-2	左洛啡烷	152-02-3
来地酶	149394-67-2	左苯丙胺	156-34-3
来多蒽醌	113457-05-9	左旋咪唑	14769-73-4
勒非他明	7262-75-1	左旋氨氯地平	103129-82-4
来氟米特	75706-12-6	左色满卡林	94535-50-9
来达非班	149503-79-7	左环丝氨酸	339-72-0
利奥吡咯	5633-16-9	左多巴酚丁胺	61661-06-1
来马索单抗	250242-54-7	左依莫帕米	101238-51-1
来米多舒	88041-40-1	左乙拉西坦	102767-28-2
来米地平	125729-29-5	左异丙肾上腺素	51-31-0
来明拉唑	104340-86-5	左洛非西定	81447-78-1
来莫泊芬	215808-49-4	左甲非他明	33817-09-3
来那度胺	191732-72-6	左倍他洛尔	93221-48-8
仑氨卡西林	86273-18-9	左布诺洛尔	47141-42-4
来那培南	149951-16-6	左卡巴司丁	79516-68-0
来那西普	156679-34-4	L-肉碱	541-15-1
甲氧苄胺喹啉	10351-50-5	左西替利嗪	130018-77-8
来格司亭	135968-09-1	左旋多巴	59-92-7
仑哌隆	24678-13-5	左羟丙哌嗪	99291-25-5
仑斯瑞甾	327026-93-7	左法哌酯	634-08-2

左芬氟拉明	37577-24-5	利贝西来	27826-45-5
氧氟沙星	100986-85-4	里苯泽卜瑞	97878-35-8
左呋他酮	3795-88-8	利韦单抗	569658-79-3
L-谷氨酰胺	56-85-9	利卡西平	29331-92-8
左兰索拉唑	138530-95-7	利克飞龙	156897-06-2
左兰索拉唑	138530-95-7	利可替奈	153504-81-5
左甲基叶酸	31690-09-2	利达膦酸	63132-38-7
没药醇	23089-26-1	利达脒	66871-56-5
左美吗嗪	60-99-1	利丹色林	73725-85-6
左美沙酮	125-58-6	利地霉素	10118-85-1
左美沙芬	125-70-2	利多卡因	137-58-6
左甲硫拉嗪	1759-09-7	尼多非林	59160-29-1
左旋体米那普仑	96847-55-1	利多氟嗪	3416-26-0
左莫普洛尔	77164-20-6	利多司他	245116-90-9
左吗拉胺	5666-11-5	利法利嗪	119514-66-8
左那氟沙星	154357-42-3	利贝特	22204-91-7
左南曲朵	71048-87-8	利非贝罗	96609-16-4
左奈必洛尔	118457-16-2	利非西呱	170632-47-0
左炔诺孕酮	797-63-7	里洛斯酮	97747-88-1
苯佐啡烷	10061-32-2	利脉前列素	88852-12-4
左普匹西林	3736-12-7	利马西克	128620-82-6
左丙氧芬	2338-37-6	利那洛肽	851199-59-2
左旋丙己君	6192-97-8	利拉利汀	668270-12-0
左丙替林	76496-68-9	利那拉生	248919-64-4
来伏林	11014-70-3	林那罗汀	127304-28-3
左美洛昔芬	78994-23-7	林可霉素	154-21-2
左啡诺	77-7-6	利奈他斯汀	159776-68-8
沙丁胺醇	34391-04-3	雷奈佐利	165800-03-3
左司莫地尔	116476-16-5	利诺格列	75358-37-1
左旋西孟旦	141505-33-1	利诺吡啶	105431-72-9
左舒必利	23672-07-3	利诺普丁	325965-23-9
左甲状腺素钠	55-3-8	利诺曲班	120824-08-0
左托非索泮	82059-51-6	林西多明	33876-97-0
左苯恶啶	4792-18-1	林替曲特	136381-85-6
来沙骨化醇	131875-08-6	林托必利	107429-63-0
来沙木单抗	845816-02-6	林妥珠单抗	166089-32-3
来昔帕泛	139133-26-9	碘塞罗宁	6893-2-3
来红霉素	53066-26-5	利拉鲁肽	204656-20-2
纳肖芬酸	41387-02-4	利拉萘酯	88678-31-3
利阿唑	115575-11-6	利瑞喹尼	143943-73-1
利阿特明	188630-14-0	利沙必利	145414-12-6

利米司特	329306-27-6	洛美利嗪	101477-55-8
里罗定	105102-20-3	洛美拉林	39951-65-0
利沙地酯	136-44-7	洛美曲索	106400-81-1
利右苯丙胺	608137-32-2	洛美内酯	81478-25-3
赖诺普利	76547-98-3	己酮异可碱	10226-54-7
利索茶碱	100324-81-0	洛莫司丁	13010-47-4
稠环乙脲	18016-80-3	洛那法尼	193275-84-2
利尼莫德	852313-25-8	氯萘帕林	91431-42-4
利托洛韦	321915-31-5	洛那立生	211254-73-8
利托西汀	86811-09-8	洛那布洛芬	41791-49-5
利蒽新	5118-30-9	氯那唑酸	53808-88-1
利伐肝素钙		氯尼达明	50264-69-2
里杜霉素	36441-41-5	氧洛哌丁胺	106900-12-3
尼克泽酮	94192-59-3	洛哌丁胺	53179-11-6
利西拉来	320367-13-3	罗比那韦	192725-17-0
利伐普坦	168079-32-1	氯吡卓醇	42863-81-0
洛铂	135558-11-1	劳哌唑仑	61197-73-7
洛贝格列酮	607723-33-1	洛丙二醇	2209-86-1
洛贝林	90-69-7	氯碳头孢	76470-66-1
洛苯达唑	6306-71-4	芬拉明	47562-08-3
氯苯扎利	63329-53-3	若那普瑞	68677-06-5
洛布卡韦	127759-89-1	氯雷他定	79794-75-5
洛丁布罗芬	98207-12-6	劳拉西泮	846-49-1
地西洛可龙	78467-68-2	环丙异戊二酯	24353-88-6
洛达普令	93181-81-8	芬尼卡	59729-31-6
氯达西卡	87646-83-1	绿卡色林	616202-92-7
氯德拉苯	93105-81-8	罗兴拉多	104719-71-3
碳酸洛地那非	398507-55-6	氯瑞唑	117857-45-1
洛德腺苷	110143-10-7	氯戊米特	97964-56-2
氯地昔尔	86627-50-1	双氯苯卓醇	848-75-9
氯地哌隆	72444-63-4	氯诺昔康	70374-39-9
诺朵腊酸	53882-12-5	洛匹普拉唑	108785-69-9
罗非咪唑	65571-68-8	氯他拉明	76612-20-9
洛芬扎姆	29176-29-2	洛查酮	59179-95-2
洛芬太尼	61380-40-3	洛沙坦	114798-26-4
洛非帕明	23047-25-8	氯西加酮	112856-44-7
洛非西定	31036-80-3	罗醒吲哚	69175-77-5
氟苯氯苯硫脲	790-69-2	氯米洛芬	74168-08-4
伦巴唑	60628-98-0	洛索蒽醌	88303-60-0
洛美沙星	98079-51-7	罗苏拉净	72141-57-2
罗米鲁曲	192441-08-0	氯替泼诺	129260-79-3

诺替法唑	71119-10-3	马布台诺	56341-08-3
洛曲非班	171049-14-2	马西替坦	441798-33-0
氯曲芬	66535-86-2	大颗粒碘[131I]	54182-63-7
诺求卡因	52304-85-5	人血清白蛋白	
洛伐他汀	75330-75-5	大颗粒锝[99mTc]	54277-47-3
洛韦胺	147362-57-0	人血清白蛋白	
诺克斯特	69915-62-4	马度米星	84878-61-5
洛沙平	77-10-2	磺胺米隆	138-39-6
氯谷胺	107097-80-3	马福拉嗪	80428-29-1
洛索洛芬	68767-14-6	麦磺磷芥	88859-04-5
洛索立宾	121288-39-9	镁加铝	74978-16-8
洛泽尿烷	71475-35-9	氯贝酸镁	14613-30-0
鲁巴唑酮	161178-07-0	美坦新	35846-53-8
芦贝鲁唑	144665-07-6	马来他姆	29535-27-1
鲁比前列素	333963-40-9	马来酰磺胺噻唑	515-57-1
甲硫蒽酮	479-50-5	二噻茂醋	59937-28-9
奴卡他米	76743-10-7	地马格列	280782-97-0
卢卡木单抗	903512-50-5	锰福地吡	155319-91-8
鲁西霉素	13058-67-8	马尼地平	120092-68-4
氯芬奴隆	103055-07-8	马尼法辛	135306-39-7
鲁非罗尼	128075-79-6	马尼莫司	202057-76-9
鲁夫拉朵	85118-42-9	甘露六硝酯	15825-70-4
卢立康唑	187164-19-8	甘露醇氮芥	576-68-1
苯芬醇	82186-77-4	甘露舒凡	7518-35-6
鲁昔单抗	357613-86-6	马洛唑的	77528-67-7
罗美昔布	220991-20-8	吗他贝琼	36144-08-8
鲁匹替丁	83903-06-4	马帕木单抗	658052-09-6
鲁前列醇	67110-79-6	马哌斯汀	140945-32-0
鲁拉西酮	367514-87-2	马普替林	10262-69-8
卢罗司琼	128486-54-4	马拉维若	376348-65-1
勒托替康	149882-10-0	马波沙星	115550-35-1
芦沙哌酮	214548-46-6	马立巴韦	176161-24-3
芦舒普肽	200074-80-2	玛利巴韦	176161-24-3
黄体瑞林	66866-63-5	马立霉素	35775-82-7
促黄体素α	152923-57-4	马立马司他	154039-60-8
鲁苯达唑	90509-02-7	马丽替林	60070-14-6
赖甲环素	992-21-2	枸橼酸马罗匹坦	147116-67-4
利奈孕醇	52-76-6	马罗塞平	65509-24-2
赖氨加压素	50-57-7	马鲁斯特	136564-68-6
麦角乙二胺	50-37-3	马赛替尼	790299-79-5
马布洛芬	82821-47-4	马司莫单抗	127757-92-0

名称	CAS号	名称	CAS号
马索罗酚	27686-84-6	美达唑胺	300-22-1
马妥珠单抗	339186-68-4	美托咪定	86347-14-0
马伐考昔	170569-88-7	美地巴嗪	53-31-6
马扎哌汀	134208-17-6	甲二苯氧胺	32359-34-5
马扎替可	42024-98-6	美多尼酮	88296-61-1
马吲哚	22232-71-9	美多比星	64314-52-9
马泼尼酮	13085-08-0	美罗孕酮	977-79-7
马佐卡林	164178-54-5	亚甲磷酸	1984-15-2
美巴那肼	65-64-5	美沙洛尔	56290-94-9
甲苯咪唑	31431-39-7	6α-甲基-17α-羟孕酮	520-85-4
美白洛醚	55902-93-7	甲氧海明	524-99-2
美贝维林	3625-6-7	6A-甲基-11B-羟孕酮	2668-66-8
碘环己铵	7681-78-9	美非氯嗪	1243-33-0
甲苯咔啉	524-81-2	扑湿痛	61-68-7
甲铋喹	23910-07-8	美非尼地	58261-91-9
美勃嗪	3625-7-8	甲硫美芬铵	4858-60-0
美溴非林	78266-06-5	美芬雷司	17243-57-1
美布氨酯	64-55-1	美非血平	3735-85-1
己氯噻嗪	3568-00-1	美非沙胺	1227-61-8
美卡拉明	60-40-2	氟甲喹羟哌啶	53230-10-7
美卡比酯	15574-49-9	甲呋速尿	7195-27-9
美卡舍明	68562-41-4	美加米星	28022-11-9
林非贝特-美卡舍明	478166-15-3	甲地孕酮	3562-63-8
乙硫美西铵	3006-10-8	美各里替尼	54870-28-9
美西达醇	65350-86-9	甲葡环素	31770-79-3
美西林	32887-01-7	葡甲胺	6284-40-8
美施那荣	26225-59-2	美格鲁托	503-49-1
美兰纳坦	146362-70-1	美拉肼	13957-36-3
甲氯环素	2013-58-3	美拉加群	159776-70-2
甲氯芬那酸	644-62-2	美拉索明	128470-15-5
甲氯芬酯	51-68-3	美拉肿钾	13355-00-5
麦克泽喷	58662-84-3	美拉肿醇	494-79-1
甲氯喹酮	340-57-8	米屈肼	76144-81-5
甲氯醛脲	1954-79-6	美仑孕酮	5633-18-1
甲氯松	4732-48-3	姜太环酰胺	14745-50-7
甲氯沙明	5668-6-4	美左旋多巴	7101-51-1
美克洛嗪	569-65-3	美利胺	14417-88-0
甲钴胺	13422-55-4	美利蒽	5118-29-6
美克立酯	137-05-3	麦利查咪	26921-72-2
美司坦	2485-62-3	美罗利汀	868771-57-7
美达西泮	2898-12-6	美洛昔康	71125-38-7

甲哌丁苯	3575-80-2	甲喹碘铵	101396-42-3
美法仑	148-82-3	美喹他嗪	29216-28-2
甲喹司特	87611-28-7	美拉沙星	110013-21-3
美卢君	134865-33-1	汞林钠	4386-35-0
美金刚胺	19982-08-2	美拉鲁利	8069-64-5
美莫汀	18429-69-1	红汞	129-16-8
美纳比坦	83784-21-8	半胱胺	60-23-1
甲萘氢醌硫酸钠	1612-30-2	硫汞林	20223-84-1
甲萘醌亚硫酸氢钠	130-37-0	6-巯基嘌呤	50-44-2
四烯甲萘醌	863-61-6	汞拉米特	525-30-4
孟布酮	3562-99-0	汞香豆茶	60135-06-0
明菲高	57821-32-6	汞氯丁酚	498-73-7
盖格立酯	579-94-2	汞罗茶碱	8012-34-8
环烯庚啶	28781-64-8	甲麦角隐亭	81968-16-3
美诺克酮	14561-42-3	美立苯旦	119322-27-9
美诺立尔	71628-96-1	美泊地布	198821-22-6
美澳冰定	46464-11-3	丙醇羟汞	5579-94-2
米帕林	83-89-6	美罗培南	96036-03-2
美帕曲星	11121-32-7	锝[99mTc]巯诺莫单抗	165942-79-0
溴化甲哌酯	76-90-4	汞撒利	492-18-2
甲酚甘油醚	59-47-2	巯替肽	66516-09-4
美芬诺酮	70-7-5	美沙勃龙	7483-9-2
恢压敏	100-92-5	氨水杨酸	89-57-6
美芬妥英	50-12-4	甲塞克那唑	29053-27-8
甲吲哚心安	23694-81-7	美司那	19767-45-4
美吡哌唑	20326-12-9	麦索卡	34262-84-5
氧烟醇	6968-72-5	美索哒嗪	5588-33-0
甲环硫甾烷	21362-69-6	美螺哌酮[11C]	94153-50-1
卡波卡因	22801-44-1	美螺利酮	87952-98-5
麦匹沙罗	17854-59-0	美雄诺龙	521-11-9
美泊珠单抗	196078-29-2	美睾酮	1424-00-6
美普地尔	23891-60-3	炔雌醇甲醚	72-33-3
甲基泼尼松	1247-42-3	美索的平	62658-88-2
甲丙氨酯	57-53-4	美舒麦角	64795-35-3
甲基海葱次甙	33396-37-1	磺胺甲磺酸	122-89-4
美普替索	4295-63-0	二甲噻蒽	135-58-0
美普卡因	495-70-5	美舒令	7541-30-2
美他齐诺	54340-58-8	甲琥胺	77-41-8
美吡拉敏	91-84-9	苯洒兰	2577-72-2
美喹多司	16915-79-0	间醋氨酚	621-42-1
对羟基苯甲醚	150-76-5	麦达那西	65517-27-3

甲烯土霉素	914-00-1	甲喹酮	72-44-6
美他二醇	13980-94-4	美沙比妥	50-11-3
美他己脲	565-33-3	苯烯恶唑啉	721-19-7
酰胺苄胺	100-95-8	醋甲唑胺	554-57-4
美他硫脲	926-93-2	甲吡吩嗪	1982-37-2
美他法芥	1088-80-8	乌洛托品	100-97-0
苯甲胺哒嗪	54063-49-9	美庚嗪	469-78-3
甲胺苯丙酮	15351-09-4	美雌酚	130-73-4
甲苯丙胺	537-46-2	碘甲磺钠	126-31-8
安乃近	68-89-3	甲硫美嗪	7009-43-0
美坦西林	6489-97-0	L-蛋氨酸	63-68-3
美雄酮	72-63-9	美西妥拉	467-43-6
甲尼辛	4394-4-1	美索巴莫	532-03-6
美他帕明	21730-16-5	美索菌素	1407-05-2
间羟胺	54-49-9	美索比妥	151-83-7
美他特罗	3571-71-9	烯虫酯	40596-69-8
美他沙酮	1665-48-1	美索丙嗪	61-1-8
美他扎咪	14058-90-3	甲基蛇根碱	865-04-3
甲烟肼	1707-15-9	甲氨蝶呤	59-5-2
美他佐辛	3734-52-9	甲氧明	390-28-3
美特丁芬	63472-04-8	甲氧氟烷	76-38-0
美替木单抗	272780-74-2	甲氧非君	530-54-1
甲烯前列素	61263-35-2	甲氧那明	93-30-1
美腾法林	58569-55-4	甲氯噻嗪	135-07-9
美替诺龙	153-00-4	甲苯那溴铵	3166-62-9
美塔可宁	17692-51-2	甲苄素氯铵	25155-18-4
甲麦角胺	22336-84-1	甲基纤维素	9004-67-5
甲七叶茶碱	15518-82-8	甲克罗酮	85-90-5
美替来托	52814-39-8	甲异吗啡	16008-36-9
美替辛德	138384-68-6	甲二氢吗啡	509-56-8
美索庚嗪	509-84-2	甲基多巴	555-30-6
美替妥英	5696-06-0	甲麦角新碱	113-42-8
甲福明	657-24-9	溴化甲基纳曲酮	73232-52-7
氯醋甲胆碱	62-51-1	甲戊炔醇	77-75-8
美沙酮	76-99-3	哌甲酯	113-45-1
美沙雌酸	517-18-0	甲基苯巴比妥	115-38-8
美雄醇	521-10-8	醋丙甲泼尼龙	86401-95-8
甲碘烟肼	13447-95-5	磺庚甲泼尼龙	90350-40-6
溴甲胺太林	53-46-3	甲基氢化泼尼松	83-43-2
噻苯二胺	493-78-7	龙胆紫	548-62-9
美沙吡林	91-80-5	17-甲睾酮	58-18-4

亚甲蓝	61-73-4	美曲普汀	186018-45-1
甲硫氧嘧啶	56-4-2	甲仑哌隆	81043-56-3
甲乙哌啶酮	125-64-4	美曲勃龙	965-93-5
美西麦角	361-37-5	敌百虫	52-68-6
甲硫米特	34839-70-8	腺苷地尔	23707-33-7
甲硫平	5800-19-1	甲泛葡胺	31112-62-6
消炎宁	13993-65-2	甲硝唑	443-48-1
美替贝特	77989-60-7	美妥替哌	1661-29-6
甲氧西林	61-32-5	甲异炔诺醇	23163-42-0
美替克仑	1084-65-7	美替拉酮	54-36-4
甲地高辛	30685-43-9	美替立啶	114-91-0
甲茚九特	15687-33-9	美伐他汀	73573-88-3
美替普林	68902-57-8	美克茶碱	80294-25-3
麦特氧特	42110-58-7	美沙唑仑	31868-18-5
甲吡司	29342-02-7	美克西酮	1641-17-4
美替洛尔	22664-55-7	美西律	31828-71-4
甲替卜来林	1212-03-9	美昔前列素	88980-20-5
酚丁氨酸	672-87-7	美索洛芬	37529-08-1
美替沙踪	1910-68-5	美利酸钾	43169-54-6
甲替平	20229-30-5	美扎必利	89613-77-4
美噻吨	4969-2-2	麦泽平	27432-00-4
美替唑啉	17692-22-7	美齐胺	50335-55-2
美克法胺	66960-34-7	美洛西林	51481-65-3
美托查酮	18493-30-6	米安舍林	24219-97-4
美托兴碘铵	2424-71-7	米贝拉地尔	116644-53-2
甲氧氯普胺	364-62-5	米勃酮	3704-9-4
美托奋乃酯	388-51-2	米帕	103775-75-3
甲氧夫啉	2154-2-1	米卡芬净	235114-32-6
美托各斯特	52279-58-0	米西开特	39537-99-0
美托拉宗	17560-51-9	咪康唑	22916-47-8
美托咪酯	5377-20-8	小诺霉素	52093-21-7
美托哌丙嗪	14008-44-7	氟咪胺	23757-42-8
氢甲吗啡酮	143-52-2	米达福太	117414-74-1
美托洛尔	37350-58-6	米达里唑	66529-17-7
美托喹嗪	7125-67-9	咪达马林	496-38-8
美托舍酯	1178-28-5	米达茶碱	151159-23-8
美托烯醇	103980-45-6	米达唑格	80614-27-3
美托司平	22013-23-6	咪达唑仑	59467-70-8
美曲唑啉	38349-38-1	麦迪霉素	35457-80-8
美曲吲哚	54188-38-4	麦地拉宁	122173-74-4
美曲泽酮	68289-14-5	米地司坦	94149-41-4

米多君	42794-76-3	苗扶来精	79467-23-5
米哚妥林	120685-11-2	咪匹马唑	20406-60-4
米伐木肽	83461-56-7	米吡曲班	136122-46-8
咪芳替定	83184-43-4	米珀默森	1000120-98-8
米非司酮	84371-65-3	米普拉苷	131129-98-1
米福贝特	76541-72-5	米泼昔芬	129612-87-9
米加司他	108147-54-2	米拉贝隆	223673-61-8
米各尼醇	72432-03-2	米芬太尼	117523-47-4
米格鲁特	72599-27-0	米立司亭	121547-04-4
米卡霉素	11006-76-1	米林霉素	31101-25-4
米拉卡尼	141725-10-2	十四烷基吡啶铵	2748-88-1
米那酰胺	76990-56-2	米铂	141977-79-9
米拉美林	139886-32-1	米立司琼	135905-89-4
米拉他赛	393101-41-2	十四烷基二甲基苄基氯化铵	139-08-2
米拉组单抗	899796-83-9	米考西普	507453-82-9
咪仑哌隆	59831-64-0	米罗那非	862189-95-5
米法沙坦	148564-47-0	咪洛芬	55843-86-2
咪啉帕汀	24360-55-2	米罗米星	73684-69-2
米西普朗	92623-85-3	米罗替喷	244130-01-6
米洛地司亭	137463-76-4	米氮平	61337-67-5
密罗沙星	37065-29-5	丙硝咪唑	13551-87-6
米力农	78415-72-2	米索前列醇	59122-46-2
米替福星	58066-85-6	米坦西那	154738-42-8
米尔维林	75437-14-8	米格列奈	145375-43-5
迈维特罗	652990-07-3	米汀多酰胺	10403-51-7
明朴痛	3277-59-6	二溴甘露醇	488-41-5
米莫派唑	180694-97-7	米托卡星	11056-14-7
米那司他	129688-50-2	米托氯明	17692-54-5
米那美坦	105051-87-4	米托喃松	87626-55-9
米那卜林	25905-77-5	丝林霉素	1403-99-2
米纳索龙	62571-87-3	米托胍腙	459-86-9
明多地洛	70260-53-6	二溴卫矛醇	10318-26-0
闽哚哌隆	52157-83-2	米托马星	11043-99-5
美下盘托	13877-99-1	丝裂霉素	50-7-7
米诺克罗	85118-44-1	米托萘胺	54824-17-8
米诺环素	10118-90-8	足叶草肼	1508-45-8
米诺磷酸	127657-42-5	迷托醌	91753-07-0
米诺肝素钠	9041-8-1	米托司培	11056-15-8
米诺帕泛	128420-61-1	米托坦	53-19-0
米诺地尔	38304-91-5	硫茚氮芥	7696-00-6
明瑞莫单抗	195189-17-4	米托蒽醌	65271-80-9

米托唑胺	85622-95-3	莫奈太尔	887148-69-8
米瑞他匹	179602-65-4	苄氧对酚	103-16-2
米妥莫单抗	216503-58-1	油酸单乙醇胺	2272-11-9
氯米洼库	106861-44-3	单麦他宁	4757-49-7
米伐折醇	125472-02-8	磷硫胺	532-40-1
米伏布林	122332-18-7	莫诺芦丁	23869-24-1
米伏替酯	130112-42-4	孟鲁司特	158966-92-8
米克昔定	27737-38-8	孟替普酶	156616-23-8
咪唑斯汀	108612-45-9	孟替瑞林	90243-66-6
咪唑利宾	50924-49-7	苄哌丁苯	1050-79-9
吗贝卡M	15518-84-0	蒙匹胺醇	13665-88-8
莫贝白介素	124146-64-1	卵匹卓拉	75841-82-6
莫苯沙明	65329-79-5	莫普洛尔	5741-22-0
莫西霉素	50935-71-2	吗喹酮	19395-58-5
谋西拉精	56693-13-1	吗拉西嗪	31883-05-3
吗氯贝胺	71320-77-9	莫仑太尔	20574-50-9
莫他米得	29619-86-1	吗拉宗	6536-18-1
莫达非尼	68693-11-8	吗氯酮	31848-01-8
莫达林	2856-74-8	谋佛瑞司	41152-17-4
莫地卡尼	81329-71-7	吗啉米特	952-54-5
莫地帕泛	122957-06-6	吗尼氟酯	65847-85-0
莫西卜里	103775-10-6	吗啉香豆素	35843-07-3
莫昔普利拉	103775-14-0	莫罗凝血素α	284036-24-4
莫法罗汀	125533-88-2	莫罗木单抗	202833-07-6
单苯基保泰松	2210-63-1	吗啉胍	3731-59-7
莫非吉兰	119386-96-8	吗哌利定	469-81-8
莫非佐酸	78967-07-4	葡苷酸吗啡	20290-10-2
吗洛维林	54063-50-2	苯琥吗啉	3780-72-1
莫福克辛	29936-79-6	莫沙帕明	89419-40-9
莫吉司坦	119637-67-1	莫沙必利	112885-41-3
莫法酯	83689-23-0	莫大吡酮	90697-57-7
重组人粒细胞-巨噬	99283-10-0	莫维珠单抗	677010-34-3
细胞集落刺		莫特塞尼	453562-69-1
吗啉那宗	5581-46-4	莫特沙芬	189752-49-6
吗吲酮	7416-34-4	莫曲西泮	29442-58-8
吗嗪西坦	94746-78-8	毛替垂尼	56281-36-8
吗多明	25717-80-0	莫维替尼	85856-54-8
莫美达松	105102-22-5	莫沙朵林	75992-53-9
单氯二钠脎	61477-95-0	莫沙律定	53076-26-9
莫那匹尔	132019-54-6	谟克斯汀	3572-74-5
莫能菌素	17090-79-8	莫沙维林	10539-19-2

莫咯佐辛	58239-89-7	萘莫司他	81525-10-2
甲氧炔雌醇	34816-55-2	萘法瑞林	76932-56-4
吗啉乙氧香豆	17692-56-7	来法查壮	59040-30-1
莫昔克丁	113507-06-5	萘卡洛克酸	1085-91-2
莫西沙星	151096-09-2	萘夫西林	147-52-4
莫昔卢班	146978-48-5	胺苯萘酮	92615-20-8
毛克西喹	23790-08-1	萘酚平	3771-19-5
谋西那宁	82239-52-9	奈费托洛	42050-23-7
莫西赛利	54-32-0	萘咪酮	64212-22-2
吗硝唑	52279-59-1	萘非维林	5061-22-3
莫索尼啶	75438-57-2	来诺可特	59497-39-1
莫扎伐普坦	137975-06-5	甲萘氧氨	46263-35-8
莫折那韦	174391-92-5	纳伏西多	84145-90-4
木利替尼	366017-09-6	萘福昔定	1845-11-0
莫匹罗星	12650-69-0	萘肽磷	1491-41-4
莫来司亭	148641-02-5	萘醌胺	15687-37-3
莫拉布胺	74817-61-1	萘呋胺	31329-57-4
莫格列扎	331741-94-7	萘夫替芬	65472-88-0
莫瑞替康	246527-99-1	萘哌地尔	57149-07-2
牟罗卡星	66203-94-9	莱夫托特	28820-28-2
莫罗德明	54017-73-1	奈布酰胺	1505-95-9
莫罗单抗-CD3	140608-64-6	那格列钒	122575-28-4
氯唑啉胺	55294-15-0	那瑞替喷	166089-33-4
霉酚酸	24280-93-1	纳布啡	20594-83-6
麦法多	4575-34-2	纳呋拉啡	152657-84-6
麦抗乳酸	15518-87-3	萘啶酸	389-08-2
麦罗啡	467-18-5	纳美芬	55096-26-9
马太卡因	7712-50-7	纳美酮	16676-26-9
耐巴才尼	58019-65-1	烯丙吗啡	62-67-9
纳必龙	51022-71-0	纳洛酮	465-65-6
钠比宁	66556-74-9	纳屈酮	16590-41-3
大麻克酯	74912-19-9	纳米尼地尔	220641-11-2
萘丁美酮	42924-53-8	那明特罗	93047-40-6
纳卡托辛	77727-10-7	那米罗汀	101506-83-6
他那可单抗	150631-27-9	纳莫雷特	1234-71-5
辅酶 I	53-84-9	七尾霉素	52934-83-5
那地沙星	124858-35-1	诺龙	434-22-0
纳多洛尔	42200-33-9	那诺芬	504-03-0
萘肟洛尔	54063-51-3	南力农	102791-47-9
肝素钙	37270-89-6	南曲朵	65511-41-3
那法格雷	97901-21-8	萘帕他定	76631-45-3

萘泊麦唑	91524-14-0	奈非西坦	77191-36-7
萘甲唑啉	835-31-4	奈氟齐特	86636-93-3
萘托酮	7114-11-6	奈福泮	13669-70-0
萘吡莫司	70696-66-1	耐达佐兴	109713-79-3
萘吡坦	148152-63-0	耐泽扑灵	69624-60-8
萘丙多昔	57925-64-1	奈非那韦	159989-64-7
萘普西诺	163133-43-5	奈伐普坦	439687-69-1
氧萘丙酸	22204-53-1	奈替克新	99453-84-6
奈普醇	26159-36-4	奈拉滨	121032-29-9
奈沙加群	154397-77-0	奈马克丁	102130-84-7
他那莫单抗	676258-98-3	奈马唑啉	130759-56-7
萘拉诺	22292-91-7	奈米非肽	173240-15-8
纳那星	55134-13-9	奈莫必利	93664-94-9
那拉曲坦	121679-13-8	奈诺沙星	378746-64-6
那地特罗	73865-18-6	奈莫柔比星	108852-90-0
那罗帕西	120819-70-7	新胂凡纳明	457-60-3
那托司亭	134088-74-7	辛可芬酯	485-34-7
那沙普酶 β	136653-69-5	新霉素	1404-04-2
那沙普酶	99821-44-0	新斯的明	114-80-7
那他珠单抗	189261-10-7	奈帕坦特	183747-35-5
那他霉素	7681-93-8	奈帕芬胺	78281-72-8
那格列奈	105816-04-4	奈帕拉唑	156601-79-5
那替普酶	159445-63-3	奈卡司他	173997-05-2
那格列扎	476436-68-7	重组人表皮细胞生长因子	62253-63-8
那尿苷	84472-85-5	奈哌那隆	22443-11-4
来赛高里	88058-88-2	奈莫司汀	73105-03-0
那前列烯	87269-59-8	甲氧苄喹酯	13997-19-8
那昔茶碱	166374-49-8	奈拉美生	219810-59-0
尼柯比妥	561-83-1	耐那米若	86140-10-5
奈巴库单抗	138661-01-5	奈雷替尼	698387-09-6
奈苯坦	403604-85-3	勒巴卡酮	99803-72-2
奈比卡朋	274925-86-9	奈瑞莫单抗	162774-06-3
奈必卓精	55248-23-2	奈立膦酸	79778-41-9
奈必洛尔	99200-09-6	奈立索泮	102771-12-0
奈波胺	163000-63-3	奈立吡啶	119229-65-1
奈拉西坦	116041-13-5	奈立吡啶	119229-65-1
尼拉霉素	11048-13-8	奈沙匹地	90326-85-5
奈可吡旦	103844-77-5	奈司布韦	691852-58-1
奈达铂	95734-82-0	奈西立肽	124584-08-3
尼多克罗	69049-73-6	奈索司坦	84233-61-4
耐法唑酮	83366-66-9	奈司茶碱	116763-36-1

奈康唑	130726-68-0	烟酸	59-67-6
奈替米星	56391-56-1	尼可曲多	29876-14-0
奈替夫定	84558-93-0	尼可马特	5657-61-4
萘托比胺	88255-01-0	尼克噻嗪	95058-70-1
萘格列酮	161600-01-7	烟丙吲哚	36504-64-0
奈妥吡坦	290297-26-6	硝醇糠缩胺脲	405-22-1
中性胰岛素注射液	9004-10-8	硝苯地平	21829-25-4
中性霉素	1404-08-6	尼非卡兰	130636-43-0
萘维拉平	129618-40-2	硝苯洛尔	7413-36-7
莱塞锐定	53716-48-6	尼芬那宗	2139-47-1
奈索帕米	136033-49-3	氟尼酸	4394-00-7
尼亚拉胺	51-12-7	尼芬净	11056-16-9
尼普拉嗪	27367-90-4	呋喃咪唑啉酮	555-84-0
硝溴生	53983-00-9	硝呋地腙	3270-71-1
尼卡非宁	64039-88-9	硝呋特利	54657-96-4
尼卡洛卜罗	76252-06-7	尼莫唑	4936-47-4
烟胺乙酯	3099-52-3	硝呋隆	19561-70-7
尼卡那汀	150443-71-3	硝呋达齐(	5036-3-3
尼卡拉温	79455-30-4	硝呋乙宗	5580-25-6
尼卡地平	55985-32-5	硝呋吗啉	3363-58-4
麦角溴烟酯	27848-84-6	硝呋米特	15179-96-1
戊四烟酯	5868-5-3	硝呋立宗	26350-39-0
双烟罂粟碱	2545-24-6	硝呋马佐	18857-59-5
联硝氯酚	10331-57-4	硝呋美隆	5579-95-3
氯硝柳胺	50-65-7	硝呋罗喹	57474-29-0
尼古博星	13912-80-6	硝呋酚酰肼	965-52-6
尼可氯酯	10571-59-2	硝呋醛肟	6236-5-1
烟酸可待因酯	3688-66-2	硝呋哌酮	24632-47-1
烟酸可托松	65415-41-0	硝呋吡醇	13411-16-0
烟氢可待因	808-24-2	硝呋拉嗪	1614-20-6
尼可贝特	31980-29-7	硝呋奎唑	5055-20-9
尼可呋糖	15351-13-0	乙基呋喃西林	5579-89-5
尼可呋酯	4397-91-5	硝呋索尔	16915-70-1
烟格雷酯	80614-21-7	硝呋噻唑	3570-75-0
尼可莫尔	27959-26-8	硝呋莫司	23256-30-6
烟酰吗啡	639-48-5	呋喃咪酮醇	1088-92-2
尼可复林	492-85-3	硝呋维啶	1900-13-6
烟拉西坦	128326-80-7	硝呋肼	39978-42-2
尼可地尔	65141-46-0	尼古地平	113165-32-5
尼可硫脲	555-90-8	尼海屈腙	67-28-7
烟酰胺	98-92-0	尼可刹米	59-26-7

尼来前列素	71097-83-1	硝呋醛	59-87-0
尼尔雌醇	39791-20-3	呋喃妥因	67-20-9
尼罗替尼及其中间体	641571-10-0	硝米芬	10448-84-7
尼尔那唑	60662-19-3	硝硫苯酯	19881-18-6
尼鲁地平	22609-73-0	硝磺胺噻唑	473-42-7
里奴内酰胺	63612-50-0	硝碘酚腈	1689-89-0
尼伐地平	75530-68-6	硝羟喹啉	4008-48-4
尼马宗	17230-89-6	尼伐可醇	24358-76-7
尼美舒利	51803-78-2	双甲销茚酮	49561-92-4
甲硝西泮	2011-67-8	尼克昔酸	4394-5-2
尼米旦	50435-25-1	尼扎替丁	76963-41-2
尼莫地平	66085-59-4	硝唑芬酮	54533-85-6
硝咪吗啉	6506-37-2	诺白拉斯啶	110588-56-2
尼妥组单抗	828933-51-3	诺氯前列素	79360-43-3
尼莫司汀	42471-28-3	诺考达唑	31430-18-9
良美达新	16426-83-8	若费卡尼	50516-43-3
尼匹鲁替定	84845-75-0	诺拉霉素	1404-15-5
尼普地洛	81486-22-8	诺拉曲特	147149-76-6
理普法宗	15387-10-7	诺利溴铵	40759-33-9
尼拉伏林	130610-93-4	诺洛米罗	90060-42-7
尼索司他	206884-98-2	苯磺诺匹坦铵	155418-06-7
尼立达唑	61-57-4	诺美孕酮	58691-88-6
里斯布醇	60734-87-4	诺美立定	60324-59-6
尼索氨酯	25269-04-9	诺米芬辛	24526-64-5
尼索地平	63675-72-9	若那秉	16985-03-8
尼索西汀	53179-07-0	诺那凝血素 α	113478-33-4
尼司特林	51354-32-6	诺那哌隆	15997-76-9
硝苯胂酸	98-72-6	诺那吡胺	5626-36-8
硝唑克酰胺	55981-09-4	诺那莫林	63958-90-7
硝替卡朋	116313-94-1	洛里维德	2444-46-4
硝基可润	4533-39-5	乙氧基壬基酚	9016-45-9
硝呋达姆	64743-09-5	二苯庚胺酯	1477-39-0
硝拉咪唑	6363-2-6	双乙基诺龙	797-58-0
去甲苯福林	56739-21-0	环丁肾素	15686-81-4
硝西泮	146-22-5	诺司替勃	13583-21-6
硝法唑	21721-92-6	去甲可待因	467-15-2
尼群地平	39562-70-4	去甲西泮	1088-11-5
高氯酸硝胆碱	7009-91-8	诺甾酮	33122-60-0
硝克洛劳	39224-48-1	甲基孕酮	53016-31-2
硝环素	5585-59-1	去甲肾上腺素	51-41-2
硝坦	962-02-7	乙基诺龙	52-78-8

炔诺酮	68-22-4	奥西肽	78410-57-8
异炔诺酮	68-23-5	奥西普隆	96604-21-6
诺瑞昔胺	6319-6-8	纤维溶解酶	51899-01-5
去甲苯福林	536-21-0	奥瑞利珠单抗	637334-45-3
诺氟沙星	70458-96-7	奥克立酯	6701-17-3
琥诺沙星	100587-52-8	奥他苯酮	1843-05-6
乙烯异诺酮	13563-60-5	辛卡因	13912-77-1
诺孕酯	35189-28-7	苯氯苄铵	15687-40-8
诺司孕甾酮	25092-41-5	辛肼	4684-87-1
炔诺孕酮	6533-00-2	辛戊胺	502-59-0
诺孕烯酮	848-21-5	辛酸	124-07-2
诺来替模	886-08-8	奥他匹洛	71138-71-1
正亮克肽	17692-62-5	敖克大斯定	59767-12-3
羟啡烷	1531-12-0	溴甲辛托品	80-50-2
氢苯乙酮	467-85-6	辛凡林	549-68-8
去甲吗啡	466-97-7	奥塔酰胺	56391-55-0
诺匹帕酮	561-48-8	奥克太啶	71251-02-0
环己烯安定	10379-11-0	奥米贝特	89838-96-0
诺托生琼	156090-17-4	辛凝血素 α	139076-62-3
去甲替林	72-69-5	奥克立林	6197-30-4
烯诺酮	6795-60-4	奥托君	543-82-8
诺尚汀	76600-30-1	苯乙醇胺	104-14-3
那可汀	128-62-1	硫辛酸硫胺	137-86-0
诺西肽	56377-79-8	辛苯昔醇	9002-93-1
新生霉素	303-81-1	醋酸奥曲肽	83150-76-9
诺昔替林	3362-45-6	欧曲塔林	47166-67-6
诺昔硫脲	15599-39-0	紫外线吸收剂 UV-329	3147-75-9
核美酮	75963-52-9	奥达洛芬	137460-88-9
纽克克星	36471-39-3	奥当卡替	603139-19-1
奴芬克索	57726-65-5	奥达匹泮	131796-63-9
纽帕泛	139133-27-0	奥地帕西	137215-12-4
奴文西平	96487-37-5	奥度莫单抗	159445-64-4
制霉菌素	1400-61-9	奥法妥木单抗	679818-59-8
奥巴妥拉	803712-67-6	氧氟沙星	83380-47-6
奥拉地洛	114856-44-9	欧沸宁	87784-12-1
双复磷	114-90-9	钙黄绿素	1461-15-0
奥比匹肽	348119-84-6	奥米司特	778576-62-8
阿夫土珠	949142-50-1	奥谷法奈	38101-59-6
奥利默森	190977-41-4	奥拉氟	6818-37-7
奥卡哌酮	129029-23-8	欧拉沙星	167887-97-0
奥芬太尼	101343-69-5	盐酸奥兰西丁	146510-36-3

奥氮平	132539-06-1	奥匹烟肼	2779-55-7
奥拉帕利	763113-22-0	奥匹哌醇	315-72-0
奥拉多司	23696-28-8	奥普拉碘铵	146919-78-0
奥塞戈潘	204697-65-4	奥普瑞白介素	145941-26-0
竹桃霉素	3922-90-5	阿卡明	60104-30-5
奥利索西	22033-87-0	奥拉齐酮	137109-78-5
欧来替冒	5879-67-4	奥比沙星	113617-63-3
橄榄霉素	11006-70-5	奥波非班	163250-90-6
奥美沙坦酯	144689-63-4	奥布普利	108391-88-4
奥美沙坦	144689-24-7	奥西那林	586-06-1
奥脒定	22693-65-8	奥可拉唑	66778-37-8
奥洛他定	113806-05-6	奥瑞戈沃单抗	213327-37-8
奥帕膦酸	63132-39-8	奥雌酯	13885-31-9
奥匹美酮	39567-20-9	奥古蛋白	9016-1-7
奥普力农	106730-54-5	奥林帕星	159445-62-2
奥拉地平	115972-78-6	奥古霉素	171099-57-3
奥沙拉嗪	15722-48-2	奥尔利司他	96829-58-2
吡噻硫酮	64224-21-1	奥马铂	62816-98-2
奥伐尼	58493-49-5	奥美昔芬	78994-24-8
高三尖杉酯碱	26833-87-4	奥美普林	6981-18-6
奥昔洛韦	124265-89-0	奥硝唑	16773-42-5
奥玛利珠单抗	242138-07-4	鸟氨加压素	3397-23-7
奥马曲拉	167305-00-2	鸟氨酸	70-26-8
奥瑞布林	181816-48-8	奥洛前列素	70667-26-4
奥美拉唑	73590-58-6	乳清酸	65-86-1
欧米独宁	21590-91-0	奥替瑞林	62305-86-6
奥米加南	204248-78-2	欧派洛星	60653-25-0
奥米加匹	181296-84-4	邻甲苯海拉明	83-98-7
奥米西汀	176894-09-0	奥他紫杉醇	186348-23-2
奥莫西宁	154082-13-0	苄丙胺	5580-32-5
奥莫拉唑	74512-12-2	奥维吡坦	579475-18-6
奥茂斯坦	60175-95-3	柳胺酚	526-18-1
昂曲托来	195883-06-8	奥沙奈坦	160492-56-8
奥那斯酮	96346-61-1	奥沙特隆	105149-04-0
昂丹司琼	116002-70-1	奥司他韦	196618-13-0
昂奈西普	199685-57-9	奥塞佐坦	137275-81-1
昂唑司特	147432-77-7	氧马地宗	27450-21-1
翁硫尼尔	35727-72-1	奥培米芬	128607-22-7
奥帕尼西	152939-42-9	维及尼霉素	11006-76-1
奥帕韦灵	178040-94-3	奥沙替丁	140695-21-2
奥培巴坎	206254-79-7	奥他沙班	193153-04-7

奥特昔珠单抗	881191-44-2	奥生多龙	33765-68-3
奥替那班	686344-29-6	奥昔平酸	55689-65-1
奥腾折帕	100158-38-1	羟乙卡因	126-27-2
奥替拉西	937-13-3	氧他西林	53861-02-2
奥替溴铵	26095-59-0	奥昔托隆	26020-55-3
欧替马特钠	16509-11-8	奥吩达唑	53716-50-0
奥维莫肽	181477-91-8	L-羟苯甘氨酸	32462-30-9
氧宝龙戊丙酯	1254-35-9	奥苯达唑	20559-55-1
奥克瑞星	65415-42-1	奥甜菜碱	7002-65-5
奥沙西罗	33996-33-7	奥昔糠唑	64211-45-6
苯唑西林	66-79-5	羟多巴胺	1199-18-4
奥沙美定	16485-05-5	奥昔磷酸	15468-10-7
奥沙氟生	26629-87-8	氧苯雷司	4075-88-1
氧氟马嗪	16498-21-8	奥昔芬净	64057-48-3
奥克瑞酯	56611-65-5	奥谷胱甘肽	27025-41-8
奥里拉斯特	70009-66-4	奥洛福林	365-26-4
奥萨力铂	61825-94-3	奥昔啡烷	42281-59-4
奥沙香豆素	15301-80-1	肟莫南	90898-90-1
吲哚克塞米酸	27035-30-9	羟吲达酸	68548-99-2
奥克塞米索	99258-56-7	氧邻烟酸	2398-81-4
奥沙尼喹	21738-42-1	苯氧哌咪酮	5322-53-2
奥沙那胺	126-93-2	奥昔嘌醇	2465-59-0
氧甲氢龙	53-39-4	奥拉西坦	62613-82-5
奥克太尔	36531-26-7	奥昔拉米	13958-40-2
氧派多尔	56969-22-3	奥昔索泼	18118-80-4
奥沙碘铵	6577-41-9	奥昔舒仑	27302-90-5
奥普碘铵	541-66-2	奥封溴铵	17692-63-6
左欧普替林	56433-44-4	羟色氨酸	4350-9-8
奥沙普秦	21256-18-8	氧卜塔林	29541-85-3
奥沙巴唑	35578-20-2	氧托溴铵	30286-75-0
苯咪唑嗪	60607-34-3	奥美替丁	72830-39-8
奥沙才酮	70541-17-2	氧地平	90729-41-2
奥沙西泮	604-75-1	氧格斯酮	3643-00-3
奥沙二酮	27591-42-0	胺乙口恶唑	959-14-8
恶唑仑	24143-17-7	噁喹酸	14698-29-4
奥克斯佐龙	25392-50-1	双氧异丁嗪	3689-50-7
奥卡西平	28721-07-5	氧那三嗪	5580-22-3
羟胺肼哒嗪	17259-75-5	氧肿苯	306-12-7
奥环孢素	135548-15-1	奥索斯托	69648-40-4
奥格列扎	280585-34-4	苄醇度冷丁	546-32-7
沃克拉丁	468-61-1	奥孕酸钾	76676-34-1

氧烯洛尔	6452-71-7	帕昔单抗	595566-61-3
氧苯酮	131-57-7	帕戈隆	133737-32-3
丁氧普鲁卡因	99-43-4	帕耐曲经	98410-36-7
奥昔布宁	5633-20-5	帕地霉素	94554-99-1
羟辛可芬	485-89-2	帕利夫明	162394-19-6
奥昔利平	4354-45-4	帕利伐米	31645-39-3
五氯柳胺	2277-92-1	帕利那韦	154612-39-2
羟可待酮	76-42-6	帕潘立酮	144598-75-4
六甲胺戊醚	7174-23-4	帕利罗登	188396-77-2
奥昔非君	15687-41-9	帕利珠单抗	188039-54-5
奥芬氨酯	50-19-1	十六酰胺乙醇	544-31-0
羟甲酮	145-12-0	帕莫酸	68170-97-8
羟甲唑啉	1491-59-4	帕洛地平	96515-73-0
羟甲烯龙	434-07-1	帕洛诺司琼	135729-56-5
氢羟吗啡酮	76-41-5	帕洛舒仑	540769-28-6
奥昔喷地	5585-93-3	帕罗伐汀	410528-02-8
奥昔哌汀	153-87-7	帕玛莫德	449811-01-2
羟保松	129-20-4	帕马苷	150332-35-7
羟卞利明	125-53-1	帕马喹	635-05-2
酚汀	125-13-3	帕马洛尔	59110-35-9
奥芬溴铵	50-10-2	帕米格雷	101001-34-7
羟吡溴铵	561-43-3	帕米膦酸	40391-99-9
氧尼达嗪	14759-04-7	帕米普酶	151912-42-4
奥索碘铵	3569-58-2	帕那普隆	124423-84-3
土霉素碱	79-57-2	帕那美新	139225-22-2
催产素	50-56-6	泮考必利	121650-80-4
奥扎格雷	82571-53-7	泮库溴铵	15500-66-0
奥扎瑞克	295350-45-7	甲硝咪乙啶	13752-33-5
奥泽沙星	245765-41-7	帕尼培南	87726-17-8
奥加米星	400046-53-9	帕尼妥木单抗	339177-26-3
奥唑林酮	56784-39-5	帕比司他	404950-80-7
聚谷氨酸紫杉醇	263351-82-2	巴洛米芬	77599-17-8
塞利紫杉醇	186040-50-6	泛尼酯	96922-80-4
紫杉醇	33069-62-4	混旋泛醇	16485-10-2
派克伦诺	65655-59-6	潘托拉唑	102625-70-7
帕替麦布	189198-30-9	萘哌拉明	80349-58-2
帕利泊芬	759457-82-4	罂粟林	574-77-6
帕地马酯	21245-01-2	帕喹莫德	248282-01-1
帕多泊芬	274679-00-4	对氟噻嗪	1580-83-2
帕非洛尔	75949-61-0	甲乙双酮	115-67-3
帕呋拉定	186953-56-0	帕拉米松	53-33-8

对喷来特	5634-41-3	哌考环素	15301-82-3
对丙胺酚	1693-37-4	培氟沙星	70458-92-3
恩波酸副品红	7232-51-1	培福瑞林	147859-97-0
帕拉噻嗪	84-8-2	培加司亭	187139-68-0
甲状旁腺激素	345663-45-8	泊利氯铵	75345-27-6
哌纳沙嗪	26513-79-1	培加替康	203066-49-3
丁苯咪唑	14255-87-9	培加他尼	
帕西他沙	87549-36-8	培门冬酶	130167-69-0
帕康唑	61400-59-7	聚乙二醇非格司亭	208265-92-3
帕多芦诺	269718-84-5	PEG 干扰素 α-2a	198153-51-4
帕瑞昔布	198470-84-7	聚乙二醇干扰素	215647-85-1
帕诺卜塔	61484-38-6	培罗替卡酶	885051-90-1
对乙氧卡因	94-23-5	培莫西卢定	186638-10-8
帕吉维林	13479-13-5	培格拉司亭	204565-76-4
巴高洛尔	47082-97-3	培戈汀	155773-57-2
帕吉林	555-57-7	培苏奈西普	330988-75-5
帕立骨化醇	131918-61-1	派格索曼	218620-50-9
哌丁卡因	7162-37-0	怕兰司林	2208-51-7
帕肝素钠	9041-8-7	培尔地新	133432-71-0
帕地洛	103238-56-8	培利格列扎	331744-64-0
帕罗格列	139145-27-0	培利霉素	1404-20-2
巴龙霉素	7542-37-2	培利替尼	257933-82-7
帕罗西汀	61869-08-7	培利曲索	446022-33-9
对羟基苯丙酮	70-70-2	培维 A	91587-01-8
普尔酰胺	30653-83-9	吡利酮	94386-65-9
帕曲星	11096-49-4	培比洛芬	69956-77-0
帕外醌	4042-30-2	培马格列扎	496050-39-6
帕考珠单抗	331243-22-2	美多勒克	114716-16-4
帕司烟肼	2066-89-9	哌美立特	50432-78-5
帕瑞肽	396091-73-9	培美曲塞	137281-23-3
帕莫司他	114568-26-2	吡嘧司特	69372-19-6
埃坡霉素 B	152044-54-7	匹莫林	2152-34-3
保洛霉素	59794-18-2	潘必定	79-55-0
帕沙马酯	5579-5-5	青霉素 G 双脂	983-85-7
泊泽尼普定	65222-35-7	喷布洛尔	38363-40-5
帕秦克隆	103255-66-9	喷昔洛韦	39809-25-1
帕唑帕尼	444731-52-6	喷地卡铵	32954-43-1
帕佐昔特	21132-59-2	五氟利多	26864-56-2
帕珠沙星	127045-41-4	戊氟噻嗪	1766-91-2
哌卡嗪	60-89-9	喷吉妥辛	7242-4-8
培西洛星	19504-77-9	D-青霉胺	52-67-5

青霉素酶	9001-74-5	三硝季戊醇	1607-17-6
青哌环素	4599-60-4	派来霉素	68247-85-8
培莫环素	16259-34-0	抑肽素	26305-03-3
派尼罗醇	58503-83-6	哌氯朋	96164-19-1
戊甲夫醇	67-81-2	哌那多兴	67254-81-3
喷辛溴铵	17088-72-1	扑拉奋兴	72444-62-3
前列斯坦	61557-12-8	哌拉洛达	57083-89-3
喷他氨酯	5667-70-9	帕拉米韦	229614-55-5
喷他氯铵	77-12-3	吡仑帕奈	380917-97-5
戊四硝酯	78-11-5	哌喹嗪	35265-50-0
五氟拉诺	65634-39-1	哌拉斯汀	4960-10-5
五肽胃泌素	5534-95-2	哌那替唑	29952-13-4
喷他孕酮	7001-56-1	哌丁茶碱	110390-84-6
喷他胺	5579-6-6	开环维A酸	81485-25-8
五甲溴铵	541-20-8	全氟己烷	355-42-0
喷他脒	100-33-4	全氟异丁烷	354-92-7
戊达马酮	68616-83-1	全氟三丙胺	338-83-0
喷他莫生	4730-7-8	全氟溴癸烷	307-43-7
戊哌啶酯	7009-54-3	全氟溴辛烷	423-55-2
甲硫戊哌铵	7681-80-3	全氟丁烷	355-25-9
喷他喹	86-78-2	十八氟十氢萘	306-94-5
喷他佐辛	359-83-1	八氟丙烷	76-19-7
二乙基三胺五乙酸	67-43-6	普福美的	92268-40-1
戊四氮	54-95-5	培磷酰胺	62435-42-1
喷曲肽	138661-02-6	培高利特	66104-22-5
戊氧氯醛	5684-90-2	派克昔林	6621-47-2
喷硫平	81382-51-6	氰噻嗪	2622-26-6
己可碱	1028-33-7	哌立福新	157716-52-4
喷替吉肽	62087-72-3	哌美他嗪	13093-88-4
喷替米星	55870-64-9	培哚普利	82834-16-0
喷替索胺	96513-83-6	普吲哚酸	95153-31-4
戊齐酮	55694-83-2	哌立索唑	2055-44-9
戊巴比妥	76-74-4	哌拉平	77-11-3
酒石酸喷托铵	52-62-0	氯菊酯	52645-53-1
潘托	67102-87-8	哌罗匹隆	150915-41-6
喷托普利	82924-03-6	奋乃静	58-39-9
苯异戊胺	434-43-5	磺护脉酸	4444-23-9
戊聚糖多硫酸酯钠	140207-93-8	帕妥珠单抗	380610-27-5
脱氧助间型霉素	53910-25-1	培净福太	144912-63-0
己酮可可碱	6493-5-6	哌替啶	57-42-1
喷托维林	77-23-6	培曲氯醛	78-12-6

培沙舍封	459856-18-9	青霉素 V	87-8-1
环己甲嗪	10001-13-5	苯丙氨酯	673-31-4
培塞利珠单抗	219685-93-5	乙苄香豆	435-97-2
培西加南醋酸盐	172820-23-4	苯丙甲胺	93-88-9
泛喹酮	84-12-8	苯琥胺	86-34-0
苯胺卡因	101-93-9	苯丁胺	122-09-8
苯乙酰脲	63-98-9	酚妥拉明	50-60-2
非那西丁	62-44-2	L-苯丙氨酸	63-91-2
苯托品氯铵	3784-89-2	保泰松	50-33-9
吗苯庚酮	467-84-5	苯肾上腺素	59-42-7
非那二醇	79-93-6	硼酸苯汞	8017-88-7
苯胺甲咪唑	501-62-2	消旋去甲麻黄碱	14838-15-4
非那丙胺	129-83-9	苯托沙敏	92-12-6
苯胂亚磺胺	535-51-3	苯拉西林	7009-88-3
非那佐辛	127-35-5	苯噻酮	115-55-9
安替比林	60-80-0	苯妥英	57-41-0
非那吡啶	94-78-0	非沙比妥	357-67-5
苯环利定	77-10-1	福尔可定	509-67-1
苯双甲吗啉	634-03-7	福来君	370-14-9
苯乙肼	51-71-8	辛硫磷	14816-18-3
苄其度冷丁	469-80-7	酞磺甲二唑	485-24-5
非奈西林	147-55-7	酞磺胺噻唑	85-73-4
苯丁酰脲	90-49-3	维生素 K1	84-80-0
降糖灵	114-86-3	二磷酸植萘二醇钠	5988-22-7
盐酸苯氨哌二酮	1156-05-4	匹贝卡	82227-39-2
苯胺脲	103-03-7	匹帕拉林	2522-81-8
苯茚胺	82-88-2	吗苯庚酮	39640-15-8
苯茚二酮	83-12-5	哌波色罗	152811-62-6
碘阿芬酸钠	7009-60-1	哌溴来新	154889-68-6
苯丙肼	55-52-7	哌布替丁	103922-33-4
非尼拉敏	86-21-5	吡卡贝特	57548-79-5
苯甲吗啉	134-49-6	吡硫酰胺	76732-75-7
苯巴比妥钠	57-30-7	哌西那朵	79201-85-7
苯巴比妥	50-6-6	匹西雷司	62510-56-9
碘芬布酸	554-24-5	吡拉米司特	144035-83-6
酚酞	77-9-8	匹克洛尼定	72467-44-8
苄啡烷	468-07-5	吡氯斯汀	55837-13-3
羟丙利定	562-26-5	双氯苯双胍哌嗪	5636-92-0
硫化二苯胺	92-84-2	吡氯佐坦	182415-09-4
苯醚菊酯	26002-80-2	吡柯苯泽	51832-87-2
酚苄明	59-96-1	匹可卓那净	17692-43-2

吡考胺	3731-52-0	吲哚洛尔	13523-86-9
2-吡啶甲醇	586-98-1	匹诺卡兰	149759-26-2
吡哌乙胺	21755-66-8	吡劳卡因	28240-18-8
吡铂	181630-15-9	哌诺平	14008-66-3
匹果亚砜	78090-11-6	匹格列酮	111025-46-8
匹考群	64063-57-6	匹哌环素	1110-80-1
哌香豆司特	39577-19-0	匹哌马嗪	84-4-8
吡库特罗	130641-36-0	酰胺哌丁苯	1893-33-0
匹度苯宗	138506-45-3	匹哌氮酯	2167-85-3
匹多他莫	114485-92-6	丁哌溱太松	27315-91-9
L-焦谷氨酸	98-79-3	哌库溴铵	52212-02-9
匹多替莫	121808-62-6	吡哌酸	51940-44-4
匹法宁	56208-01-6	哌喷昔芬	198480-55-6
哌啶美散痛乙	15686-87-0	溴哌喷酯	125-51-9
匹非克索	27199-40-2	哌夸林	77472-98-1
匹鲁克素	54341-02-5	哌西他嗪	3819-00-9
匹福那白介素	112721-39-8	哌拉西林	61477-96-1
哌福克肟	31224-92-7	哌拉酰胺	299-48-9
匹凯托芬	60576-13-8	哌嗪依地酸钙	12002-30-1
匹尔屈嗪	64000-73-3	哌立度酯	82-98-4
吡西卡尼	88069-67-4	哌罗卡因	136-82-3
哌马色林	706779-91-1	哌氧环烷	59-39-2
必美克酮	534-84-9	哌立酮	2531-4-6
吡美莫司	137071-32-0	二苯哌啶乙酯	4546-39-8
吡美茶碱	10001-43-1	哌泊溴烷	54-91-1
必美若得	78512-63-7	哌泊他酮	18841-58-2
唯美达星	79992-71-5	哌泊非嗪	24886-52-0
甲哌硫蒽	314-03-4	哌泊舒凡	2608-24-4
匹美汀	3565-3-5	哌泊噻嗪	39860-99-6
匹美酰胺	578-89-2	匹波西精	55837-21-3
匹米前列素	139403-31-9	哌泊索仑	23744-24-3
去痛定	13495-09-5	比那迪麦醇	68797-29-5
匹莫苯	74150-27-9	哌苯甲醇	467-60-7
匹毛尼唑	70132-50-2	比那麦醇	55313-67-2
匹莫奇特	2062-78-4	哌拉替可	15534-05-1
吡那地尔	60560-33-0	茶哌醇胺	606-90-6
泊来多林	38955-22-5	哌库碘铵	3562-55-8
吡萘非特	54824-20-3	哌丙呋罗	40680-87-3
匹维溴铵	53251-94-8	哌普唑啉	17243-64-0
丙炔安定	52463-83-9	匹喹酮	78541-97-6
品卡因胺	83471-41-4	哌喹齐尔	21560-58-7

乙酰胺吡咯烷酮	7491-74-9	匹罗酯	55149-05-8
吡格列汀	625114-41-2	匹罗拉酰胺	39186-49-7
吡喃达明	42408-79-7	吡咯酸	19562-30-2
吡柔比星	72496-41-4	必散特隆	91441-23-5
吡拉酯	82209-39-0	炎痛喜康	36322-90-4
吡拉莫南	108319-07-9	匹罗西林	82509-56-6
吡唑霉素	30868-30-5	匹罗昔酮	84490-12-0
必那唑来克	71002-09-0	匹洛泽地	54110-25-7
吡苄西林	55975-92-3	吡咯布洛芬	31793-07-4
吡布特罗	38677-81-5	坡喹若唑	65950-99-4
普尔多溴铵	35620-67-8	吡拉溴铵	17243-65-1
吡诺克辛	1043-21-6	哌多明	132722-74-8
哌南氟酮	75444-65-4	吡替尼定	103923-27-9
哌仑西平	28797-61-7	匹伐他汀	147511-69-1
匹来泡洛	69479-26-1	哌诺地尔	59840-71-0
吡咯速尿	55837-27-9	匹托非酮	54063-52-4
哌非尼酮	53179-13-8	替洛利生	362665-56-3
吡贝地尔	3605-1-4	匹曲白滞素	1017276-51-5
吡地西林	69414-41-1	匹土克特	39123-11-0
匹多卡因	87-21-8	匹伐加宾	69542-93-4
吡醇羟乙酯	24340-35-0	匹氨西林	33817-20-8
吡磷酸	75755-07-6	新戊福林	67577-23-5
皮利贝特	55285-45-5	匹美西林	32886-97-8
匹瑞达唑	55432-15-0	甲巯酰甘酸	81045-50-3
皮利尼克酸	50892-23-4	匹氧西泮	55299-10-0
匹立昔尔	65089-17-0	匹杉琼	144510-96-3
吡咯斯特	79672-88-1	苯噻啶	15574-96-6
苄啶喹酮	1897-89-8	泼来妥明	63394-05-8
普立登醇	33605-94-6	谱劳诺托	64218-02-6
哌腈米特	302-41-0	普劳拉星	62107-94-2
匹利垂克辛	72732-56-0	普可那利	153168-05-9
吡利霉素	79548-73-5	普乐沙福	110078-46-1
坡尔吲哚	60762-57-4	截短侧耳素	125-65-5
吡吗格雷	85691-74-3	普来曲塞	153537-73-6
吡美诺	68252-19-7	普卡霉素	18378-89-7
补那秉	68298-00-0	普利肽新	137219-37-5
吡罗克酮	50650-76-5	普洛美坦	77016-85-4
吡罗达韦	124436-59-5	普鲁索纳明	
吡咯司特	108310-20-9	泊比司特	107023-41-6
匹洛吉利	62625-18-7	泡的芬	13409-53-5
匹罗海普定	16378-21-5	聚克立林	54182-62-6

名称	CAS号	名称	CAS号
聚普瑞锌	107667-60-7	卟吩姆钠	87806-31-3
甲硫泊尔定	545-80-2	泊非霉素	801-52-5
聚甲酚磺醛	101418-00-2	泊沙康唑	171228-49-2
硫酸多聚糖胺	56227-39-5	帕沙前列素	172740-14-6
泊利氯铵	75345-27-6	泊替瑞林	78664-73-0
聚苯丙生	90409-78-2	泼斯唑来	252260-02-9
降解角叉胶	53973-98-1	东莨菪碱丙酯	585-14-8
聚卡普隆	41706-81-4	硝草酸钾	5571-84-6
壳聚糖	9012-76-4	坎利酸钾	2181-4-6
聚己缩胍盐酸盐	32289-58-0	葡铝酸钾	1317-30-2
泊利皂苷	8063-80-7	聚乙烯吡咯烷酮	9003-39-8
聚二氯乙基醚四甲基乙二胺	31512-74-0	普拉洛尔	6673-35-4
泊洛扎林	9003-11-6	普拉福韦	625095-60-5
泊洛沙姆	9003-11-6	普多沙星	195532-12-8
聚苯肼酸	54531-52-1	重酒石酸普拉马林	2589-47-1
聚卡波非	9003-97-8	普拉曲沙	146464-95-1
聚磷酸雌二醇	28014-46-2	碘解磷啶	94-63-3
聚依他丁	9003-23-0	促生长激素释放肽	158861-67-7
聚明胶肽	9015-56-9	普那卡生	192755-52-5
聚乙醇酸	26009-03-0	普拉康唑	219923-85-0
多粘菌素B	1404-26-8	帕尔米斯	104632-26-0
聚诺昔林	9011-5-6	普拉西坦	68497-62-1
聚山梨酯		普拉米维林	14334-40-8
聚山梨酯1	9017-37-2	普兰林肽	151126-32-8
聚山梨酯120	1543262-61-5	丙吗卡因	140-65-8
聚山梨酯20	9005-64-5	丙酰阿托品	7009-65-6
聚山梨酯21	9005-64-5	普拉那西匹	150408-73-4
聚山梨酯40	9005-66-7	普拉地平	99522-79-9
聚山梨酯60	9005-67-8	普仑司特	103177-37-3
聚山梨酯61	9005-67-8	普拉氯铵	42879-47-0
吐温65	9005-71-4	泊米布洛芬	52549-17-4
聚山梨酯8	9009-51-2	下那罗沙	17716-89-1
聚山梨酯80	9005-65-6	去氢表雄酮	53-43-0
聚山梨酯81	9005-65-6	普拉格雷	150322-43-3
吐温85	9005-70-3	普拉沙坦	153804-05-8
泊利噻嗪	346-18-9	普拉朵林	92623-83-1
泊马度胺	19171-19-8	普伐他汀	81093-37-0
泊米沙坦	144702-17-0	泊那克谢定	4023-00-1
波来瑞斯	72702-95-5	普拉瑞克	134457-28-6
妥曲珠利砜	69004-04-2	环丙安定	2955-38-6
旁贝特	53341-49-4	普拉西平	73-7-4

名称	CAS号	名称	CAS号
吡喹酮	55268-74-1	伯霉素	47917-41-9
甲哌苯比妥	2409-26-9	普林贝瑞	524684-52-4
双氯唑西林	15949-72-1	普马司他	192329-42-3
哌唑嗪	19216-56-9	利诺酰胺	77639-66-8
丙克拉莫	85966-89-8	普啉索旦	111786-07-3
泼那扎特	5714-75-0	丙索替诺	78997-40-7
泼那唑啉	6693-90-9	普那霉素	11006-76-1
泼尼卡松	73771-04-7	普托木单抗	499212-74-7
泼尼莫司汀	29069-24-7	扑里地洛	59010-44-5
泼尼索酯	5626-34-6	普罗地芬	302-33-0
泼尼松龙	50-24-8	普罗巴比妥钠	143-82-8
司替泼尼松龙	5060-55-9	丙磺舒	57-66-9
泼尼松	53-3-2	普罗布考	23288-49-5
泼尼立定	599-33-7	普鲁卡因胺	51-6-9
扑非马特	57775-28-7	普鲁卡因	59-46-1
普瑞巴林	148553-50-8	甲基苄肼	671-16-9
妊娠烯醇酮	145-13-1	丙卡特罗	72332-33-3
普瑞丁奈	377727-87-2	过二苯嗪	58-38-8
沛马沙星	143383-65-7	普西洛尔	27325-36-6
扑马泽潘	57435-86-6	普西缩松	58497-00-0
丙胺酚醇	57526-81-5	丙氯醇	14088-71-2
普瑞司坦	5287-46-7	普洛可唑酸	23249-97-0
瑞洛华利	65236-29-5	丙环定	77-37-2
普诺地嗪	47543-65-7	丙环氨酯	13931-64-1
普尼拉明	390-64-7	丙癸溴铵	3690-61-7
普马碘铵	24840-59-3	苯酰氢氧吡咯	3734-17-6
普来替地	30840-27-8	卜罗哌苯	31314-38-2
醋肽铜	130120-57-9	普罗度酸	36505-82-5
丙贝卡因	55837-22-4	酚丙氢吡咯	428-37-5
普立地芬	5370-41-2	乙丙嗪	522-00-9
普利旦酮	95374-52-0	普非沙酮	34740-13-1
二苯哌丙醇	511-45-5	双氯丫啶	92-62-6
叔丁非麽	69425-13-4	普罗西泮	52829-30-8
吡芬溴铵	4630-95-9	氟柳双胺	62666-20-0
捕利呋宁	70833-07-7	黄体酮	57-83-0
普立昔单抗	147191-91-1	普各洛美他辛	57132-53-3
丙胺卡因	721-50-6	丙谷胺	6620-60-6
普立哌隆	1219-35-8	氯胍	500-92-5
伯氨喹	90-34-6	普罗庚嗪	77-14-5
普米洛尔	67227-55-8	普罗孕酮	23873-85-0
扑米酮甲醇溶液	125-33-7	L-脯氨酸	147-85-3

名称	CAS号	名称	CAS号
苯咯戊烷	493-92-5	丙碘酮	587-61-1
普鲁碘胺	123-47-7	丙硫氧嘧啶	51-52-5
丙嗪	58-40-2	丙酰哌丁苯	3781-28-0
普罗美孕酮	34184-77-5	异丙安替比林	479-92-5
普罗米酶	9074-7-1	溴吡马嗪	145-54-0
普罗雌烯	39219-28-8	丙喹酮	22760-18-5
茶氯酸异丙嗪	17693-51-5	双异丙氧喹酯	1698-95-9
异丙嗪	60-87-7	丙利酸钾	49847-97-4
普罗吗酯	3615-74-5	普罗克生	33743-96-3
普罗索仑	470-43-9	海葱次贰甲	466-06-8
丙萘洛尔	54-80-8	丙螺氯铵	23476-83-7
丙帕他莫	66532-85-2	前列他林	54120-61-5
普罗帕酮	54063-53-5	普舒必利	68556-59-2
双(羧乙基三氧二锗化合物)	12758-40-6	维生素B1丙基硫化物	59-58-5
普波咪定	104-32-5	鱼精蛋白锌胰岛素注射液	9004-17-5
丙泮尼地	1421-14-3	硫酸鱼精蛋白	9009-65-8
丙苯卡因	493-76-5	丙麦角脲	77650-95-4
溴丙胺太林	50-34-0	丙可可碱	50-39-5
丙帕硝酯	2921-92-8	氮丙嗪	303-69-5
丙帕唑胺	98-75-9	丙噻吨	2622-24-4
丙烯酯哒唑	76448-31-2	噻丙酯	58416-00-5
普罗潘非林	55242-55-2	丙硫异烟胺	14222-60-7
异丙度冷丁	561-76-2	普罗瑞林	24305-27-9
丙依他胺	730-07-4	甲嗪丙酸	13799-03-6
普罗派坦卓	3638-82-2	普罗托醇	136-70-9
丙匹西林	551-27-9	普罗替林	438-60-8
普匹卡星	66887-96-5	普罗沙唑	5696-9-3
丙哌替定	3811-53-8	丙羟比妥	2537-29-3
丙醇酸丙酯	57-57-8	普新丁烯	14089-84-0
丙酰马嗪	362-29-8	普昔罗米	60400-92-2
普匹卡因	3670-68-6	丙酯非宗	34427-79-7
哌丙吡胺	15686-91-6	普罗少芳	69815-38-9
普罗麦角	5793-4-4	异丙氧普卡因	499-67-2
罗匹外宁	60569-19-9	羟丙茶碱	603-00-9
丙吡西平	10321-12-7	普罗扎平	3426-8-2
丙泊酚	2078-54-8	普卡必利	179474-81-8
丙咪酯	7036-58-0	普卢利沙星	123447-62-1
丙氧普鲁卡因	86-43-1	普凡色林	443144-26-1
普萘洛尔	525-66-6	右旋伪麻黄碱	90-82-4
碘泛影丙酯	5579-8-8	塞洛西宾	520-52-5
丙己君	3595-11-7	普马芬群	207993-12-2

普马拉唑	158364-59-1	喹那西林	1596-63-0
嘌嘧替派	42061-52-9	喹高利特	87056-78-8
普莫曲格	153062-94-3	喹哪啶蓝	2768-90-3
嘌呤霉素	53-79-2	喹那普利	85441-61-8
噻嘧啶	15686-83-6	喹卜尼特	85441-60-7
吡嗪酰胺	98-96-4	喹拉作星	15793-38-1
吡醇氨酯	1882-26-4	奎勃龙	2487-63-0
吡达隆	7035-4-3	喹卡巴特	54340-59-9
吡哆茶碱	53403-97-7	异克菌定	19056-26-9
溴吡斯的明	101-26-8	喹度溴铵	130-81-4
吡哆辛(维生素 B6)	65-23-6	喹多克辛	2423-66-7
乙胺嘧啶	58-14-0	喹来洛朗	97466-90-5
嘧硫磷	5221-49-8	奎雌醇	1169-79-5
必利诺宁	1740-22-3	炔雌醚	152-43-2
吡啶硫酮锌	13463-41-7	喹他酯	5714-76-1
吡乙二酮	77-4-3	喹乙唑酮	73-49-4
匹立溴铵	14222-46-9	喹唑米得	77197-48-9
吡硫醇	1098-97-1	呋醋喹酯	62265-68-3
磷酸咯奈啶	74847-35-1	醋炔醚	10592-65-1
吡咯芬旦	7009-69-0	奎孕酮	67-95-8
吡丁苄酮	3563-49-3	奎尼卡因	86-80-6
吡咯沙敏	7009-68-9	异伯喹	525-61-1
吡咯卡因	2210-77-7	喹托司特	101193-40-2
吡咯利芬	15686-97-2	坤匹洛尔	85760-74-3
吡咯尼林	1018-71-9	喹丙那林	13757-97-6
吡维氯铵	548-84-5	喹硫磷	1776-83-6
必大明	15301-88-9	坤流克溴铵	64755-06-2
夸达佐辛	71276-43-2	奎纽胺	31721-17-2
夸单硅蓝	33204-76-1	奎奴普丁	120138-50-3
喹氟拉辛	865311-47-3	喹哌嗪	4774-24-7
夸他卡因	17692-45-4	喹磺替丁	64099-44-1
氟硫安定	36735-22-5	雷贝拉唑	117976-89-3
快嗪酮	70018-51-8	雷贝莫德	872178-65-9
甲氧乙喹唑啉	4015-32-1	消旋卡多曲	81110-73-8
喹口恶唑酯	86048-40-0	消旋非明	22232-57-1
喹硫平	111974-69-7	消旋甲砜霉素	847-25-6
芬卡醇	10447-39-9	消旋薄荷脑	15356-70-4
喹夫拉朋	136668-42-3	消旋甲啡烷	510-53-2
喹利复林	15301-89-0	消旋甲酪氨酸	620-30-4
喹洛斯的明	139314-01-5	消旋吗拉米	545-59-5
喹拉卡洛	86024-64-8	消旋啡烷	297-90-5

消旋麻黄碱	90-81-3	雷夫康唑	182760-06-1
消旋肾上腺素	329-65-7	瑞西巴库	565451-13-0
雷氯必利	84225-95-6	雷索司特	128232-14-4
莱克多巴胺	97825-25-7	雷扎沙班	218298-21-6
瑞德法辛	192374-14-4	那辛洛的	30271-85-3
雷地喹尼	219846-31-8	那唑巴星	78466-98-5
雷得唑来	869884-78-6	雷佐生	21416-87-5
雷迪罗地	496054-87-6	瑞巴派特	111911-87-6
雷奥特明	575458-75-2	瑞马司他	259188-38-0
雷法勃隆	244081-42-3	瑞波西汀	71620-89-8
瑞非韦鲁	944548-37-2	瑞卡益伦	74738-24-2
雷复尼特	22662-39-1	瑞氯西泮	76053-16-2
拉格列扎	222834-30-2	瑞加德松	313348-27-5
拉非酰胺	133865-88-0	瑞加韦单抗	153101-26-9
雷利托灵	93738-40-0	瑞格列扎	170861-63-9
雷洛昔芬	84449-90-1	瑞拉司亭	127757-91-9
雷特拉韦	518048-05-0	瑞格瑞洛	787548-03-2
雷替曲塞	112887-68-0	瑞拉卡替	362505-84-8
雷马曲班	116649-85-5	瑞考伐普坦	150375-75-0
雷胺环烷	96743-96-3	瑞洛霉素	1404-48-4
雷美替胺	196597-26-9	立马醋胺	128298-28-2
异丙氨基比林	3615-24-5	瑞芬太尼	132875-61-7
雷米普利	87333-19-5	瑞米吉仑	126222-34-2
雷米普利拉	87269-97-4	瑞前列醇	110845-89-1
雷米索替啶	84071-15-8	依碳酸瑞格列净	442201-24-3
兰诺地近	33156-28-4	瑞莫必利	80125-14-0
雷莫拉宁	76168-82-6	雷那诺龙	565-99-1
雷莫瑞克	127932-90-5	伦递普利	80830-42-8
拉莫司琼	132036-88-5	雷尼托林	1729-61-9
雷奈酸	135459-90-4	闰查必利	112727-80-7
雷尼比珠单抗	347396-82-1	瑞帕锗	12758-40-6
雷莫司汀	58994-96-0	瑞格列萘	135062-02-1
雷尼霉素	11056-09-0	瑞帕立辛	266359-83-5
雷瑞司他	147254-64-6	雷匹夫明	219527-63-6
雷尼替丁	66357-35-5	瑞匹诺坦	144980-29-0
雷诺嗪	95635-55-5	瑞呱利斯	73080-51-0
豹蛙酶	196488-72-9	瑞波罗霉素	56689-42-0
雷库溴铵	156137-99-4	瑞普特罗	54063-54-6
雷沙吉兰	136236-51-6	瑞沙托维	243984-11-4
拉布立酶	134774-45-1	瑞西美托	73573-42-9
DL-碘塞罗宁	3130-96-9	利血胺	24815-24-5

利血平	50-55-5	利纳西普	501081-76-1
雷西莫特	144875-48-9	利罗吡司	104153-37-9
瑞利珠单抗	241473-69-8	利洛查隆	79282-39-6
瑞索可托	76675-97-3	利匹韦林	500287-72-9
雷琐太尔	20788-07-2	利芦噻唑	1744-22-5
瑞他帕林	224452-66-8	利马卡利	215174-50-8
瑞他霉素	857402-23-4	金刚乙胺	13392-28-4
雷替尼卜定	72238-02-9	甲硫利马唑	28610-84-6
瑞替普酶	133652-38-7	林卡唑	75859-04-0
瑞替加滨	150812-12-7	利泊来德	187870-78-6
维生素 A	68-26-8	瑞美松龙	49697-38-3
瑞托西班	820957-38-8	利米特罗	32953-89-2
盐酸瑞伐拉赞	199463-33-7	利莫那班	168273-06-1
瑞伐托酯	149926-91-0	瑞毛罗精	37750-83-7
瑞那司特	85673-87-6	利奥西呱	625115-55-1
瑞肝素钠	103-16-2	柳的平	71653-63-9
瑞维齐农	133718-29-3	利奥前列素	77287-05-9
瑞伏斯吡酮	95847-87-3	利帕西泮	26308-28-1
利巴米诺	8063-28-3	利匹沙坦	148504-51-2
利巴韦林	36791-04-5	利沙司他	79714-31-1
维生素 B2	83-88-5	利塞膦酸	105462-24-6
利波腺苷	7724-76-7	利莫瑞林	146706-68-5
核糖霉素	25546-65-0	利索卡因	94-12-2
利卡司琼	117086-68-7	利索利特	120688-08-6
利罗莫司	572924-54-0	利喷西平	96449-05-7
利达佐尔	83395-21-5	瑞斯哌东	106266-06-2
利多格瑞	110140-89-1	利斯替醇	78092-65-6
利福布丁	72559-06-9	利托菌素	1404-55-3
利福拉齐	129791-92-0	利坦丝林	87051-43-2
利福美坦	94168-98-6	利硫美坦	34914-39-1
利福克昔	113102-19-5	利替培南	84845-57-8
利福安	2750-76-7	利托贝隆	255734-04-4
利福平	13292-46-1	利托君	26652-09-5
利福霉素	6998-60-3	利托司特	111974-60-8
利福喷丁	61379-65-5	利托那韦	155213-67-5
利福西亚胺	80621-81-4	利吡咯溴铵	53808-86-9
利拉平	79781-95-6	瑞卓苏芳	4148-16-7
瑞拉帕地	412950-08-4	利妥昔单抗	174722-31-7
利马卡林	132014-21-2	利伐克兰	15585-43-0
利马扎封	99593-25-6	利伐沙班	366789-02-8
瑞曼尼定	54187-04-1	利凡斯的明	123441-03-2

利文前列素	256382-08-8	罗拉克托尔	90895-85-5
利格列酮	185428-18-6	罗硝唑	7681-76-7
利扎曲坦	144034-80-0	罗尼贝特	42597-57-9
脂肪酶	9001-62-1	洛尼帕米	85247-77-4
罗巴佐坦	169758-66-1	罗匹尿苷	093265-81-7
罗贝考昔	220991-32-2	累匹利洛	91374-21-9
罗贝胍	25875-51-8	罗匹妥英	56079-81-3
柔卡斯啶	91833-77-1	柔匹华卡因	84057-95-4
罗塞帕泛	132418-36-1	罗匹嗪	3601-19-2
罗昔洛韦	108436-80-2	罗喹美克	84088-42-6
罗西佛宁	53716-44-2	罗沙布林	501948-05-6
罗库溴铵	119302-91-9	罗沙前列醇	56695-65-9
罗多卡因	38821-80-6	罗沙霉素	35834-26-5
罗多比星	96497-67-5	玫瑰红钠[131I]	15251-14-6
罗非昔布	162011-90-7	罗格列酮	122320-73-4
罗芬若定	76696-97-4	罗索纳班	861151-12-4
罗氟奈德	144459-70-1	罗索沙星	40034-42-2
罗氟司特	162401-32-3	罗他福辛	156722-18-8
罗氟烷	679-90-3	罗他泊芬	284041-10-7
吡鲁米特	121840-95-7	罗斯罗龙	79243-67-7
罗他霉素	74014-51-0	罗伐他汀	287714-41-4
罗拉格雷	89781-55-5	罗坦西林	55530-41-1
罗拉吡坦	552292-08-7	罗替加肽	355151-12-1
甲氧吡苯酮	10078-46-3	罗替高汀	99755-59-6
罗各米定	66608-04-6	罗托沙敏	5560-77-0
罗尼环定	2201-39-0	罗曲酸酯	92071-51-7
罗利普令	2829-19-8	罗维珠单抗	197099-66-4
罗利泊泰	698389-00-3	罗沙酯	58882-17-0
咯利普兰	61413-54-5	洛克沙生	121-19-7
罗利环素	751-97-3	罗沙替丁	78273-80-0
罗咯定	1866-43-9	罗克西宝龙	60023-92-9
罗咯茶碱	136199-02-5	罗昔非班	170902-47-3
罗拉西坦	18356-28-0	罗新朵	112192-04-8
诺马及特	109543-76-2	罗红霉素	80214-83-1
罗麦角林	107052-56-2	甲硫咯克索铵	53862-80-9
罗米迪司肽	128517-07-7	罗颂哌酮	2804-00-4
罗米酚酮	38373-83-0	卢比替康	91421-42-0
罗米非定	65896-16-4	鲁伯斯塔	169939-94-0
罗米司亭	267639-76-9	卢非酰胺	106308-44-5
罗莫肽	78113-36-7	如氟沙星	101363-10-4
罗那卡瑞	753449-67-1	链黑霉素	3930-19-6

卢帕他定	158876-82-5	来昔屈南钐(153Sm)	154427-83-5
芦平曲韦	223537-30-2	沙美利定	143257-97-0
卢利珠单抗	220651-94-5	沙米索格雷	133276-80-9
芦沙拉肽	497221-38-2	山帕曲拉	129981-36-8
芦他霉素	1404-59-7	山吡汀	115911-28-9
芦丁	153-18-4	去甲氨四环素	808-26-4
如瓦宗	20228-27-7	山费培南	156769-21-0
卢扎朵仑	115762-17-9	血根氯铵	5578-73-4
沙柔比星	211100-13-9	沙西他滨	151823-14-2
沙可美林	159912-53-5	沙康唑	110588-57-3
噻苯芦索	104153-38-0	沙普立沙坦	146623-69-0
沙泊来德	324758-66-9	沙丙蝶呤	62989-33-7
沙芬酰胺	133865-89-1	沙喹那韦	127779-20-8
沙芬戈	15639-50-6	塞卡替尼	379231-04-6
沙非罗尼	134377-69-8	沙拉沙星	98105-99-8
沙更地平	126294-30-2	沙拉卡林	148430-28-8
沙戈匹隆	305841-29-6	沙拉新	34273-10-4
醋水杨胺	487-48-9	沙可来新	531-76-0
萨拉贝特	64496-66-8	沙多齐特	149400-88-4
沙仑太	36093-47-7	沙瑞度坦	142001-63-6
赛来左定	22933-72-8	沙格司亭	123774-72-1
柳氮磺嘧啶	2315-8-4	沙立吡旦	103844-86-6
柳氮磺胺	139-56-0	沙立佐坦	351862-32-3
柳氮磺噻唑	515-58-2	沙马泽尼	78771-13-8
沙丁胺醇	18559-94-9	沙莫西林	67337-44-4
柳卡罗酸	183990-46-7	沙匹西林	40966-79-8
沙氯丁酸	387825-03-8	沙格雷酯	125926-17-2
水杨季胺醇	28038-04-2	沙鲁卜酶	99149-95-8
三乙水杨胺	46803-81-0	沙他伐坦	185913-78-4
柳氟维林	587-49-5	沙泰尼酮	102669-89-6
水杨酰胺	65-45-2	沙替格雷	111753-73-2
水杨烟肼	495-84-1	磺咪达唑	56302-13-7
盐霉素	53003-10-4	顺式-二氯-反式-二乙酸-	129580-63-8
沙利雷塞	162520-00-5	氨-环己胺合铂	
沙甲胺醇	18910-65-1	沙妥莫单抗	144058-40-2
沙美特罗	89365-50-4	沙维拉唑	121617-11-6
沙米司坦	89767-59-9	散翁西平	79262-46-7
沙那西定	87573-01-1	沙格列汀	361442-04-8
水杨丙苷	33779-37-2	司考匹司特	145574-90-9
双水杨酸酯	552-94-3	司铂	110172-45-7
沙维林	6376-26-7	司骨化醇	55721-11-4

仲丁比妥	125-40-6	舍贝特	54657-98-6
塞克那唑	29050-11-1	依碳酸舍格列净	408504-26-7
塞克硝唑	3366-95-8	麦角克索	108674-86-8
司可巴比妥	76-73-3	L-丝氨酸	56-45-1
司考维林	57558-44-8	丝美辛	57645-05-3
胰泌素	1393-25-5	丝膜来宁	86168-78-7
一叶秋碱	5610-40-2	舍雷肽酶	37312-62-2
西地霉素	23477-98-7	舍他康唑	99592-32-2
司更色林	87729-89-3	舍吲哚	106516-24-9
塞孕酮	7690-8-6	舍曲林	79617-96-2
司格列肽	81377-02-8	促性腺激素	9002-70-4
西拉菌素	165108-07-6	血清白蛋白	9048-49-1
司立吉林	14611-51-9	血清白蛋白	9048-49-1
硒[75Se]蛋氨酸	1187-56-0	赛达斯丁	64294-95-7
塞曲西坦	357336-74-4	司他秦多	56481-43-7
塞曲西坦	357336-74-4	司替帕泛	132418-35-0
塞福太	110347-85-8	西替普塔林	57262-94-9
瑟利西利	186692-46-6	噻托哌隆	86487-64-1
塞洛诺生	110299-05-3	司维拉姆	52757-95-6
赛扑拉嗪	103997-59-7	司韦单抗	138660-96-5
司马西特	425386-60-3	甲磺塞托铵	88199-75-1
塞马莫德	352513-83-8	七氟烷	28523-86-6
司马替利	101526-83-4	司伏普胺	57227-17-5
司马沙尼	194413-58-6	司佐胺	123308-22-5
生度米星	113378-31-7	司非立酶	63551-77-9
司吗酮	88939-40-6	西高苷	100345-64-0
司莫地尔	116476-13-2	西贝奈迪	154189-40-9
生帕拉肽	154906-40-8	西波吡啶	122955-18-4
塞莫肝素钠	9041-8-1	西拉非班	172927-65-0
司莫司汀	13909-09-6	西罗珠单抗	216669-97-5
司那佐旦	98326-32-0	西布曲明	106650-56-0
塞尼卡泊	289656-45-7	西卡宁	22733-60-4
西奥骨化醇	134404-52-7	西法哌嗪	131635-06-8
氯司帕唑	54143-54-3	氰胍佐旦	99591-83-0
司匹司他	103926-64-3	矽雄酮	5055-42-5
司普立糖	133692-55-4	西地那非	139755-83-2
塞罗西汀	126924-38-7	水飞蓟素	22888-70-6
西奎芬定	57734-69-7	水飞蓟丁	33889-69-9
丝拉克肽	12279-41-3	水飞蓟宁	29782-68-1
塞曲司特	112665-43-7	西洛多辛	160970-54-7
舍氮平	115313-22-9	西哌立松	140944-31-6

名称	CAS	名称	CAS
西腾西平	98374-54-0	硫氯酚钠	6385-58-6
西替普酶	131081-40-8	硼[1B]卡钠	103831-41-0
硅镁铝	12408-47-8	依地酸钙钠	62-33-9
西孟旦	131741-08-7	氯化钠混合溶液	8026-10-6
双氯丁香嗪	154-82-5	铬[51Cr]酸钠	10039-53-9
双贝特	14929-11-4	环拉酸钠	139-05-9
司莫紫杉醇	791635-59-1	去氢胆酸钠	145-41-5
双曲秦	5579-27-1	咳宁	14992-59-7
斯伐他汀	79902-63-9	二丙泛影钠	129-57-7
西那普肽	138531-07-4	依地硫酸钠	126-92-1
辛卡利特	25126-32-3	乙二胺四乙酸铁钠	15708-41-5
西奈芬近	58944-73-3	龙胆酸钠	4955-90-2
西硝地尔	143248-63-9	硫化水杨酸钠	12214-50-5
辛托溴铵	79467-19-9	薁磺酸钠	6223-35-4
西帕曲近	130800-90-7	己环酸钠	7009-49-6
西利珠单抗	288392-69-8	碘[125I]化钠	24359-64-6
西格列扎	342026-92-0	碘[131I]化钠	7790-26-3
西拉美新	147817-50-3	碘马尿酸钠	881-17-4
西拉硫卓	138778-28-6	碘泊酸钠	1221-56-3
雷帕霉素	53123-88-9	碘[125I]他拉酸钠	17692-74-9
西索米星	32385-11-8	碘[131I]他拉酸钠	15845-98-4
西他沙星	127254-12-0	乳酸钠混合溶液	8026-79-7
西他列汀	486460-32-6	甲泛影酸钠	7225-61-8
西他利酮	108894-39-9	鱼肝油酸钠	8031-9-2
西他马喹	57695-04-2	磷[32P]酸钠	8027-28-9
西他生坦	184036-34-8	匹可磷酸钠	36175-05-0
塞西马基	898830-54-1	匹可硫酸钠	10040-45-6
西托贝特	55902-94-8	锑卡酸钠	3064-61-7
胡萝卜苷	474-58-8	葡萄糖酸锑钠	16037-91-5
西维来司他	127373-66-4	十四烷硫酸钠	139-88-8
司韦芬	2675-35-6	硫汞苯磺钠	5964-24-9
西佐喃	9050-67-3	酪泮酸钠	7246-21-1
索利多丁	149606-27-9	索法酮	64506-49-6
索布佐生	98631-95-9	索非加群	187602-11-5
索格列扎	447406-78-2	索拉勃隆	252920-94-8
乙酰碘佐酸钠	129-63-5	苯丙砜	133-65-3
泛影酸钠	737-31-5	索非那新	242478-37-1
聚烯磺酸钠	25053-27-4	索利司他	226072-63-5
维生素C钠	134-03-2	索培卡诺	68567-30-6
金硫丁二钠	12244-57-4	索立哌汀	4448-96-8
金硫代硫酸钠	10210-36-3	牛瑞生长素	96353-48-9

名称	CAS号	名称	CAS号
猪丙氨生长素	106282-98-8	司帕霉素	1404-64-4
索金刚胺	79594-24-4	鹰爪豆碱	90-39-1
生长释素	83930-13-6	大观霉素	1695-77-8
鲑生长素	123212-08-8	螺克拉明	90243-97-3
生长抑素	38916-34-6	螺氯丙嗪	24527-27-3
人蛋氨生长素	82030-87-3	螺哌隆	749-02-0
生长激素	12629-01-5	螺拉多林	87151-85-7
牛亮氨生长素	126752-39-4	螺哌丙苯	510-74-7
猪诺生长素	119693-74-2	螺旋霉素	8025-81-8
牛蛋氨生长素	102744-97-8	螺普利	83647-97-6
猪蛋氨生长素	102733-72-2	螺普利拉	83602-05-5
塞泊生长素	129566-95-6	螺拉秦	15599-44-7
牛度生长素	89383-13-1	斯匹伦多	65429-87-0
索奈氯生	3380-30-1	螺哌乙胍	144-45-6
索奈哌唑	170858-33-0	司必林	357-66-4
索纳明	144916-42-7	螺前列素	122946-42-3
索土珠单抗	372075-37-1	螺菲林	98204-48-9
锁匹达新	23492-69-5	锗螺胺	41992-23-8
索普咪定	79313-75-0	螺谷胺	137795-35-8
索喹洛尔	61563-18-6	螺莫司汀	56605-16-4
索拉非尼	284461-73-0	螺内酯	52-1-7
索雷拉赞	261944-46-1	螺磺铂胺	74790-08-2
山梨烟酯	6184-6-1	螺甾内酯	74220-07-8
索比尼尔	68367-52-2	螺沙宗	6673-97-8
山梨醇酐月桂酸酯	1338-39-2	三氮螺癸苯恶烷	1054-88-2
山梨醇酐油酸酯	1338-43-8	斯比诺平	47254-05-7
山梨醇酐棕榈酸酯	26266-57-9	螺佐呋酮	72492-12-7
倍半油酸山梨坦	8007-43-0	镝双胺	138721-73-0
山梨醇酐硬脂酸酯	1338-41-6	角鲨胺	148717-90-2
斯盘85	26266-58-0	司他可茶碱	98833-92-2
三硬脂山梨坦	26658-19-5	司他利霉素	636-47-5
索瑞托胺	130403-08-6	司他莫鲁	705287-60-1
索利夫定	77181-69-2	锡泊芬	106344-20-1
索尼地平	95105-77-4	康力龙	10418-03-8
索他洛尔	3930-20-9	司他夫定	3056-17-5
索特瑞醇	13642-52-9	硬脂磺胺	498-78-2
索替莫德	227318-75-4	司替霉素	11033-34-4
索曲滔林	425637-18-9	斯坦勃龙	5197-58-0
司谷氨酸	4910-46-7	司替罗宁	72324-18-6
司帕沙星	110871-86-8	司库碘铵	30033-10-4
斯帕磷酸	51321-79-0	甾伐地尔	6535-3-1

锑巴葡胺	1344-34-9	硫锌酸硫胺	3286-46-2
锑沙胺	5959-10-4	苏可酰胺	2455-92-7
依西司替巴脒	140-59-0	硫康唑	61318-90-9
司替碘铵	3784-99-4	硫类肝素钠	57459-72-0
司洛碘铵	77257-42-2	硫索单抗	167747-19-5
斯瑞马唑	30529-16-9	磺胺苯	127-77-5
斯利潘托	49763-96-4	苯甲酰磺胺	127-71-9
斯替罗卡	78372-27-7	磺胺脲	547-44-4
链道酶	37340-82-2	磺胺西考	21662-79-3
链激酶	9002-1-1	磺胺醋酰	144-80-9
链霉素	57-92-1	磺胺氯哒嗪	80-32-0
链异烟肼	4480-58-4	磺胺柯衣酸	485-41-6
链伐立星	1404-74-6	磺胺西汀	17784-12-2
链脲霉素	18883-66-4	磺胺氯啶	4015-18-3
司曲诺林	39862-58-3	磺胺氯唑	54063-55-7
司替氨酯	94-35-9	磺胺氯吡嗪	102-65-8
舒巴硫腙	121-55-1	磺胺苯砜钠	128-12-1
舒苯达唑	54340-66-8	磺胺嘧啶	68-35-9
二巯基丁二酸	304-55-2	磺胺嘧啶钠	547-32-0
琥珀布可	216167-82-7	磺胺戊烯	115-68-4
琥珀磺胺噻唑	116-43-8	磺胺二甲氧嗪	122-11-2
琥珀氨苯砜	5934-14-5	磺胺二甲嘧啶	57-68-1
琥氯非尼	30279-49-3	磺胺邻二甲氧嘧啶	2447-57-6
硫糖铝	54182-58-0	磺胺乙噻二唑	94-19-9
羟糖铝	12040-73-2	磺胺甲基异恶唑	127-69-5
硫糖酯	57680-56-5	磺胺脒	57-67-0
秀地洛克司	58761-87-8	磺胺胍诺	27031-08-9
超氧歧化酶	110294-55-8	磺胺林	152-47-6
湿痛喜康	34042-85-8	磺胺洛西酸	14376-16-0
舒芬太尼	56030-54-7	磺胺马唑	65761-24-2
磺磷酰胺	37753-10-9	磺胺甲嘧啶钠	127-58-2
苏福替定	80343-63-1	磺胺甲基嘧啶	127-79-7
舒夫戈利	308831-61-0	磺胺甲二唑	144-82-1
舒伽马地	343306-71-8	磺胺甲恶唑	723-46-6
舒拉色罗	219757-90-1	磺胺甲氧哒嗪	80-35-3
甲硫安定	2898-13-7	磺胺托嘧啶	3772-76-7
舒拉珠利	108258-89-5	磺胺对甲氧嘧啶	651-06-9
舒巴坦酸	68373-14-8	磺胺美曲	32909-92-5
磺苄西林	41744-40-5	磺胺-6-甲氧嘧啶	1220-83-3
舒贝诺司	58095-31-1	磺胺二甲恶唑	729-99-7
二苯嗪硫酮	350-12-9	对氨基苯磺酰胺	63-74-1

硝苯醋磺胺	122-16-7	舒洛昔芬	25827-12-7
磺胺培林	599-88-2	舒必利	15676-16-1
磺胺苯吡唑	526-08-9	水杨丙碘酸	58703-77-8
磺胺普罗林	116-42-7	硫前列酮	60325-46-4
磺胺吡唑	852-19-7	舒他西林	76497-13-7
磺胺吡啶	144-83-2	噻嗪磺胺	61-56-3
磺胺喹噁啉	59-40-5	舒托必利	53583-79-2
硫胂凡纳明	618-82-6	磺托酸	57775-26-5
柳氮磺胺吡啶	599-79-1	丙磺酸托品	15130-91-3
磺胺甲异嘧唑	632-00-8	硫鲁司特	98116-53-1
磺胺琥珀酸	3563-14-2	磺维必利	73747-20-3
磺胺均三嗪	1984-94-7	舒马他莫	69217-67-0
磺胺噻唑	72-14-0	舒马尼洛	179386-43-7
磺胺硫脲	515-49-1	舒马罗汀	105687-93-2
氨苄磺胺脲	1161-88-2	磺马曲坦	103628-46-2
磺胺曲沙唑	23256-23-7	苏美替滋	32059-27-1
磺胺曲唑	13369-07-8	索那格瑞	85418-85-5
硫氧洛尔	66264-77-5	森西林	22164-94-9
磺吡酮	57-96-5	森奈吡琼	148408-65-5
舒非仑	95-5-6	舒尼替尼	557795-19-4
磺胺异嘧啶	515-64-0	氧哌噻酮	49785-74-2
愈创木酚磺酸钾	1321-14-8	甲磺司特	94055-76-2
磺粘菌素	1405-52-3	颂罗克酮	77590-92-2
磺酰特罗	42461-79-0	舒洛芬	40828-46-4
甲矾哒嗪	14759-06-9	舒拉明钠	129-46-4
硫糖肽	54182-59-1	苏尔福莫	71251-04-2
苏里来特	90207-12-8	苏瑞开地	85053-46-9
舒林酸	38194-50-2	颂瑞克酮	53813-83-5
二磺酚汀	54935-03-4	舒立纳班	288104-79-0
磺异苯酮	4065-45-6	舒立托唑	110623-33-1
硫马林	29334-07-4	舒罗吖啶	104675-35-6
苏马佐	73384-60-8	舒沙利莫德	149556-49-0
舒美必利	57479-88-6	舒替兰酶	12211-28-8
舒硝唑	51022-76-5	氯琥珀胆碱	71-27-2
磺胺甲酸醇酯	121-64-2	琥珀甲哌酯	47662-15-7
舒洛地尔	54063-56-8	琥乙氯铵	54063-57-9
舒洛地特	57821-29-1	琥布宗	27470-51-5
磺氯苯脲	110311-27-8	三氯异氰脲酸	87-90-1
硫培南	120788-07-0	昔美汀	15599-45-8
苏罗酰胺	82666-62-4	昔洛舍平	84-36-6
磺曲苯	72131-33-0	肽必替得	78088-46-7

他莫瑞林	193079-69-5	苯丙异硫茚	21489-20-3
他卡西妥	57333-96-7	他替瑞林	130300-74-9
他卡培南	193811-33-5	滔妥布林	228266-40-8
泰克地那林	112522-64-2	他曲米特	81428-04-8
他克拉明	34061-33-1	他韦林	169312-27-0
单满吁啶氨	321-64-2	他美立酮	102144-78-5
大环哌喃	104987-11-3	他甲西林	56211-43-9
他达那非	171596-29-5	达麦特宁	52795-02-5
他德白介素α	220712-29-8	他米巴罗汀	94497-51-5
他度组单抗	339086-80-5	他米替诺	59429-50-4
他非诺喹	106635-80-7	他莫利嗪	128229-52-7
他氟泊苷	179067-42-6	他莫昔芬	10540-29-1
他氟前列素	209860-87-7	坦帕明	83166-17-0
氧哌冰胺	14166-26-8	坦索洛新	106133-20-4
他戈利嗪	118420-47-6	他那罗吉	304853-42-7
他柏司他	149682-77-9	坦达明	42408-80-0
他乳铁蛋白α	308240-58-6	坦度螺酮	87760-53-0
他谷美他	441765-98-6	坦度替尼	387867-13-2
他仑帕奈	161832-65-1	他奈可近α	465540-87-8
酞氨西林	47747-56-8	他司匹霉素	75747-14-7
他拉泊芬	110230-98-3	他尼珠	880266-57-9
他拉罗唑	870093-23-5	他尼普隆	106073-01-2
他纳斯丁	16188-61-7	他诺吉群	637328-69-9
他布比妥	115-44-6	坦马司他	179545-77-8
左环十四酮酚	42422-68-4	他喷他多	175591-23-8
他利勃隆	146376-58-1	帕他莫单抗	235428-87-2
他林洛尔	57460-41-0	他立唑嗪	210538-44-6
他利克索	101626-70-4	他前列烯	108945-35-3
他利霉素	65057-90-1	泰伦那班	701977-09-5
他利珠单抗	380610-22-0	他折派特	141374-81-4
他莫司汀	115308-98-0	他氟比尔	051543-40-9
他匹莫德	309913-83-5	泰拉吉宁	17035-90-4
他美达新	67489-39-8	他巴韦林	119567-79-2
酞美普林	66093-35-4	他利奎达	206873-63-4
他尔奈坦	174636-32-9	他西多丁	192658-64-3
他尼氟酯	66898-62-2	他司美琼	609799-22-6
他洛普仑	7182-51-6	他斯索兰	519055-62-0
他洛沙酯	66898-60-0	他索纳明	94948-59-1
他洛曲新	113857-87-7	他索沙坦	145733-36-4
他洛昔明	17243-68-4	他司鲁泰	275371-94-3
他沙利定	147025-53-4	他喹莫德	254964-60-8

他硫啶	88579-39-9	替法唑啉	1082-56-0
牛磺酸	107-35-7	替芬哌酯	77342-26-8
都洛宁	19388-87-5	替非组单抗	521079-87-8
塔罗氮芥	85977-49-7	秦氟哌嗪	80680-06-4
牛磺硒胆酸	75018-71-2	替氟烷	124-72-1
牛磺司坦	124066-33-7	秦氟替索	55837-23-5
氧氢噻二嗪	38668-01-8	替加氟	17902-23-7
他扎朵林	87936-75-2	替加色罗	145158-71-0
他扎司特	82989-25-1	替格列卡	250694-07-6
他扎罗汀	118292-40-3	替考拉宁	61036-62-2
他苏贝特	79071-15-1	特拉匹韦	402957-28-2
达泽布洛芬	85702-89-2	替拉替尼	332012-40-5
他齐茶碱	79712-55-3	特拉万星	372151-71-8
达泽普瑞酮	79253-92-2	替柏明	205887-54-3
三唑巴坦	89786-04-9	替比夫定	3424-98-4
他唑非隆	136433-51-7	替仑西平	80880-90-6
噻唑心安	39832-48-9	阿替莫单抗	117305-33-6
他唑美林	131987-54-7	替利那韦	143224-34-4
替巴克兰	198283-73-7	替利霉素	173838-31-8
秦巴噻唑	54147-28-3	替美司坦	122946-43-4
替比培南匹伏酯	161715-24-8	替米沙坦	144701-48-4
特丁非隆	112018-00-5	替洛蒽醌	91441-48-4
替布喹	74129-03-6	替鲁地平	108687-08-7
替卡诺生	204512-90-3	替马沙星	108319-06-8
替卡塞	148717-54-8	替马罗汀	75078-91-0
替卡咪唑	75970-99-9	甲硫托铵	113932-41-5
阿西肽锝[99mTc]	178959-14-3	甲羟安定	846-50-4
比西酸锝[99mTc]	121281-41-2	替美福司	3383-96-8
锝[99mTc]呋膦	142481-95-6	泰美拉斯	86181-42-2
锝[99mTc]巯诺莫单抗		替米维林	173324-94-2
锝[99mTc]平妥莫单抗	157476-76-1	替莫普利	111902-57-9
司他比锝[99mTc]	109581-73-9	替莫普利拉	110221-53-9
西硼肟锝[99mTc]	106417-28-1	替莫西林	66148-78-5
替肟锝[99mTc]	104716-22-5	替莫多司	34499-96-2
锝[99mTc]氮卡	131608-78-1	替莫唑胺	85622-93-1
法索单抗锝[99mTc]	225239-31-6	西罗莫司脂化物	162635-04-3
四氯噻嗪	4267-5-4	替莫肽	66112-59-2
替克洛占	5560-78-1	替苯丙胺	51497-09-7
特考韦瑞	816458-31-8	泰妥拉唑	113712-98-4
泰的沙米	90961-53-8	替妥莫单抗(轻链)	592557-43-2
特度鲁肽	287714-30-1	替妥莫单抗(重链)	592557-41-0

淀粉酶抑肽	86596-25-0	特麦角脲	37686-84-3
替奈普酶	191588-94-0	特立氟胺	108605-62-5
特力利汀	760937-92-6	特立卡兰	132338-79-5
替奈昔单抗	299423-37-3	特立帕肽	52232-67-4
替尼达普	120210-48-2	特立齐酮	25683-71-0
替尼拉平	82650-83-7	特拉吉仑	119625-78-4
泰利西生	62473-79-4	特利加压素	14636-12-5
替尼西坦	86696-86-8	托尼达唑	1077-93-6
替尼泊苷	29767-20-2	特罗地林	15793-40-5
替伐他汀	121009-77-6	甲氯灭酸酯	29098-15-5
替诺环定	21500-98-1	氯苄哌己异戊苯醚	14728-33-7
泰诺福韦	147127-20-6	替罗昔隆	59653-74-6
替诺尼唑	3810-35-3	特塔托醇	34784-64-0
替诺柳	95232-68-1	特托莫肽	915019-08-8
替诺脯	129336-81-8	特芦曲班	165538-40-9
替诺昔康	59804-37-4	替格列扎	251565-85-2
替尼酮	893-01-6	替莫瑞林	218949-48-5
替丙尼醇	81792-35-0	替司他赛	333754-36-2
茶丙洛尔	65184-10-3	替昔康	21925-88-2
替吡吲哚	72808-81-2	台斯米德	35423-09-7
替利组单抗	876387-05-2	替米利芬	98774-23-3
替泊沙林	103475-41-8	替索芬辛	195875-84-4
替普瑞酮	6809-52-5	睾内酯	968-93-4
替普罗肽	35115-60-7	夫酮己氧苯丙酸酯	5874-98-6
特拉罗考	24150-24-1	睾丸素	58-22-0
特拉唑嗪	63590-64-7	替托司特	145739-56-6
特贝喹尼	113079-82-6	替曲比妥	76-23-3
特比萘芬盐酸盐	78628-80-5	丁苯那嗪	58-46-8
特波格雷	149979-74-8	丁卡因	94-24-6
异丁色酮酸	37456-21-6	替可克肽	16960-16-0
特布洛尔	56488-59-6	四环素	60-54-8
双丁苯乙酸	15534-92-6	替溴铵	1119-97-7
特布丙醇	13021-53-9	胺菊酯	7696-12-0
特布他林	23031-25-6	四咪唑	5036-2-2
拖西普拉辛	56693-15-3	四氢西泮	10379-14-3
特康唑	67915-31-5	四唑司特	95104-27-1
特卡霉素	113167-61-6	四氢达明	17289-49-5
特斯的明	147650-57-5	太曲布芬	28168-10-7
特非那定	50679-08-8	替曲腾	127502-06-1
特拉伏沙	86433-40-1	替曲那新	75139-06-9
特氟兰诺	64396-09-4	四羟基苯醌	319-89-1

四氧普林	53808-87-0	胸腺 28 肽	62304-98-7
四乙基溴化铵	71-91-0	查摸丁卡	85466-18-8
四氢唑林	84-22-0	胸腺托南	107489-37-2
替维瑞克	144743-92-0	胸腺五肽	69558-55-0
替沙罗米	77005-28-8	胸腺刺激素	7813-36-7
替扎他滨	130306-02-4	胸腺曲南	85465-82-3
替占帕奈	154652-83-2	甲状球蛋白	9010-34-8
替唑生坦	180384-57-0	去氨甲碘安	51-26-3
沙利度胺	50-35-1	促甲状腺素	9002-71-5
醋氢可酮	466-90-0	噻菌灵	148-79-8
西那利定	86-12-4	硫立那特	78299-53-3
噻苯铵醚	4304-40-9	羟硫癸烷	6964-20-1
西尼二胺	91-79-2	硫贝特	55837-28-0
荣端那林	13460-98-5	噻加宾	115103-54-3
茶麻黄碱	15766-94-6	噻甲压定	31428-61-2
硫肿胺钠	14433-82-0	硫美碘铵	10433-71-3
硫烯比妥	467-36-7	硫唑鸟嘌呤	5581-52-2
甲巯咪唑	60-56-0	硫米齐特	3688-85-5
硫安布新	500-89-0	替尔谋宁	55297-95-5
维生素 B1	59-43-8	噻那酸	51527-19-6
甲砜霉素	15318-45-3	硫耐扑定	66981-73-5
甲硫噻丙铵	58-34-4	噻帕米	57010-31-8
噻唑砜	473-30-3	噻吡醇	14785-50-3
乙巯拉嗪	1420-55-9	硫必利	51012-32-9
甲溴噻昔诺	7219-91-2	噻洛芬酸	33005-95-7
氨硫脲	104-06-3	噻前列腺	71116-82-0
噻可撒可	602-41-5	噻拉米特	32527-55-2
疏呋那登	2240-21-3	硫西新	5845-26-1
甲硫己脲	3692-44-2	噻唑羧胺核苷	60084-10-8
硫柳汞	54-64-8	嗪硫索利	35319-70-1
硫喷妥钠	71-73-8	蒂巴洛辛	63996-84-9
奋乃静醋酯	84-06-0	替格列新	129731-11-9
硫丙拉嗪	316-81-4	替本那斯	97852-72-7
硫利达嗪	50-52-2	硫代苯酸苄酯	13402-51-2
噻替哌	52-24-4	替贝碘胺	54663-47-7
硫替比妥	467-38-9	替勃龙	5630-53-5
二硫化四甲基秋兰姆	137-26-8	替贝酸	37087-94-8
嘧啶二胺	91-85-0	替溴芬	15686-72-3
凝血酶	9002-4-4	替卡贝松	74131-77-4
凝血酶 α	869858-13-9	替卡格雷	274693-27-5
血栓调节素 α	120313-91-9	替卡必利	202590-69-0

替卡波定	31932-09-9	乙胺芬酮	27591-97-5
替卡西林	34787-01-4	替氯西平	42239-60-1
替克拉酮	70-10-0	替素罗特	80225-28-1
噻氯匹定	55142-85-3	替鲁罗酸	89987-06-4
替可卢班	154413-61-3	汀考达	179033-51-3
替旦柏沙	175013-73-7	替美呋罗	76301-19-4
噻二酸	30097-06-4	替美该定	71079-19-1
替莫碘铵	144-12-7	替美洛坦	96306-34-2
替宁酸	40180-04-9	噻哌溴铵	35035-05-3
噻洛卡宾	75458-65-0	替米哌隆	57648-21-2
噻洛普胺	37967-98-9	替咪定	100417-09-2
替若索尔	90055-97-3	替莫贝松	87116-72-1
替法可近	148883-56-1	替莫贝特	64179-54-0
替芬莫松	39754-64-8	噻吗洛尔	26839-75-8
替芬那米	82-99-5	噻唑烷酸	444-27-9
泰芬那氧	279215-43-9	替莫拉唑	57237-97-5
替芬西林	26552-51-2	替大麻酚	50708-95-7
替氟咪唑	62894-89-7	替那唑林	62882-99-9
氟硫苯丙胺	53993-67-2	替硝唑	19387-91-8
替氟朵	81656-30-6	替尼舒必利	69387-87-7
替氟卡宾	89875-86-5	双噻吩苄醇	66788-41-8
胍丁胺	4210-97-3	替诺立定	24237-54-5
替呋酸	97483-17-5	亭扎肝素钠	9041-8-1
替夫韦肽	251562-00-2	硫卡利特	910-86-1
替加泊肽	848084-83-3	喀氯香豆醇	22619-35-8
替加组单抗	918127-53-4	噻康唑	65899-73-2
替加环素	220620-09-7	辛硫苯酯	10489-23-3
泰格莫南	102507-71-1	硫大唑嗪	66969-81-1
替孕酮	896-71-9	氯化乔多	38070-41-6
替格洛定	495-83-0	6-硫鸟嘌呤	154-42-7
半乳糖苷酶	9031-11-2	硫美净	57935-49-6
甲溴羟喹	7175-9-9	硫甲睾酮	2205-73-4
泰地罗新	328898-40-4	硫哌唑酮	52618-67-4
替莱他明	14176-49-9	噻克莱酸	61220-69-7
替利定	20380-58-9	硫普罗宁	53-2-2
甲羟喹	5541-67-3	求普洛明	39516-21-7
替尼索洛尔	85136-71-6	硫沙仑	15686-78-9
替马考昔	180200-68-4	噻斯哌隆	87691-91-6
替米可新	108050-54-0	硫替丁	69014-14-8
替洛芬阿酯	159098-79-0	替沃噻吨	3313-26-6
替咯米酸	58433-11-7	噻托溴铵	139404-48-1

替氧沙星	34976-39-1	替唑米得	56488-58-5
噻唑马斯特	74531-88-7	噻唑普罗酸	30709-69-4
硫恶洛芬	40198-53-6	托比西林	151287-22-8
噻昔达唑	61570-90-9	托波力农	143343-83-3
噻克索酮	4991-65-5	妥布霉素	32986-56-4
泰鲁司特	125961-82-2	托布特罗	75626-99-2
噻戊托辛	95588-08-2	妥卡尼	41708-72-9
替培啶	5169-78-8	托茨非	5634-42-4
溴化替棹铵	54376-91-9	托珠单抗	375823-41-9
替吡法尼	192185-72-1	妥拉地新	41941-56-4
噻喃吲哚	7489-66-9	托可芬酯	61343-44-0
替拉西宁	393105-53-8	托可索仑	9002-96-4
替利莫肽	178823-49-9	托考贝特	50465-39-9
替拉那韦	174484-41-4	乙肼莱哒嗪	14679-73-3
替利坦松	85197-77-9	托芬那辛	15301-93-6
替普洛尔	26481-51-6	端分曲定	40173-75-9
替普司特	83153-39-3	妥非司特	185954-27-2
替普地尔	70895-45-3	托非索泮	22345-47-7
替前列胺	67040-53-3	托拉芬群	139308-65-9
替罗替模	105523-37-3	妥拉洛尔	38103-61-6
替奎安	99759-19-0	妥拉磺脲	1156-19-0
硫喹酰胺	53400-67-2	妥拉苏林	59-98-3
替喹溴胺	71731-58-3	甲苯硼氢烷	2430-46-8
替拉西秦	83275-56-3	甲苯磺丁脲	64-77-7
替拉扎明	27314-97-2	托卡朋	134308-13-7
替拉曲可	51-24-1	托西拉酯	50838-36-3
替拉扎特	110101-66-1	托定磷	57808-64-7
替罗非班	144494-65-5	聚(苯乙烯磺酸)	28210-41-5
替瑞酰胺	55837-29-1	托法胺	70788-29-3
替索骨化酯	156965-06-9	托灭酸	13710-19-5
替索酰胺	35423-51-9	托加比特	86914-11-6
硫异嘌呤	5334-23-6	托利咪酮	41964-07-2
替索库	40692-37-3	苯硫茚酯	27877-51-6
替伐硝唑	80680-05-3	托辽地莫	19028-28-5
替昔洛韦	103024-93-7	甲苯心安	2933-94-0
替韦拉平	137332-54-8	甲硫氧甲苯	38452-29-8
塔克赛尔	2949-95-3	托美汀	26171-23-3
替占诺司	40691-50-7	发癣退	2398-96-1
硫氢可的松	61951-99-3	托来普嗪	70312-00-4
替泽柏林	83573-53-9	陀尼达安	50454-68-7
替扎尼定	51322-75-9	甲硫托洛铵	552-92-1

托洛尼定	4201-22-3	托瑞米芬	89778-26-7
甲苯胺蓝	92-31-9	托立司酮	91935-26-1
涛洛西酮	29218-27-7	托沙克肽	47931-80-6
托洛氯醇	6055-48-7	托沙孕烯	110072-15-6
托巴多尔	77502-27-3	托舍多特	238750-77-1
托喷磺脲	1027-87-8	托西芬	32295-18-4
托哌酮	728-88-1	托西莫单抗	192391-48-3
托吡哌唑	20326-13-0	托氟沙星	108138-46-1
碘[131I]托泊酮	54182-60-4	托苏磺胺	87051-13-6
苄哌丙醚	97-57-4	氯胺 T	127-65-1
托普帕敏	5632-44-0	托曲泊帕	376592-42-6
甲苯磺吡胺	5588-38-5	托扎啉酮	655-05-0
托喹醇	6187-50-4	他比特啶	114899-77-3
托雷斯萘	82964-04-3	曲贝德生	925681-61-4
托特罗定	124937-51-5	曲波索平	103624-59-5
托曲珠利	69004-03-1	西卡唑酯	41094-88-6
涛流西泮	86273-92-9	曲地卡胺	132787-19-0
托伐普坦	150683-30-0	曲弗明	131094-16-1
托利卡因	3686-58-6	曲拉缩松	21365-49-1
托美洛韦	233254-24-5	曲马多	27203-92-5
托鲁司特	88107-10-2	曲马唑啉	1082-57-1
托莫鲁胺	97964-54-0	曲米沙特	3687-18-1
托莫培南	222400-20-6	群多普利	87679-37-6
托莫西汀	83015-26-3	反式多纳酸	87679-71-8
托莫普罗	76145-76-1	对氨甲基环己甲酸	1197-18-8
托那博沙	175013-84-0	曲尼斯特	53902-12-8
托那佐辛	71461-18-2	群司卡尼	88296-62-2
铵溴通佐	553-08-2	阿地运铁蛋白	721946-42-5
托喷磺脲	260980-89-0	春隆溴铵	4047-34-1
托吡酯	97240-79-4	反苯环丙胺	155-09-9
托吡蒽醌	156090-18-5	曲喷卡因	104485-01-0
拓扑替康	123948-87-8	曲匹地尔	15421-84-8
托卜利里定	54063-58-0	曲妥珠单抗	180288-69-1
托普雄酮	60607-35-4	曲沃前列素	157283-68-6
托喹嗪	7125-71-5	四唑吡色酮	58712-69-9
托利珠单抗	252662-47-8	曲索罗地	134234-12-1
托拉普塞	204658-47-9	喘息替宁	26070-23-5
托拉塞米	56211-40-6	乙磺三嗪铵	97110-59-3
托巴茶碱	105102-21-4	曲拉唑酮	19794-93-5
托彻普	262352-17-0	卓唑必利	86365-92-6
托西他滨	40093-94-5	曲苯佐明	23915-73-3

垂卡峻	90845-56-0	三氯噻嗪	133-67-5
曲西利特	180918-68-7	三(2-氯乙基)胺	555-77-1
曲可韦生	148998-94-1	曲西瑞宾	35943-35-2
曲芬太尼	120656-74-8	三氯苯哒唑	68786-66-3
曲兰色林	189003-92-7	三氯羟醋苯胺	6340-87-0
曲桂利嗪	123205-52-7	氢吡胃复康	7009-76-9
曲洛酯	30910-27-1	曲比氯铵	79-90-3
曲美利木单抗	745013-59-6	三氯二苯脲	101-20-2
群勃龙	10161-33-8	三氯达唑	56-28-0
群孕酮	5192-84-7	三氯酚哌嗪	5714-82-9
曲尼嗪	82190-93-0	磷酸乙三氯酯	306-52-5
曲丁磺酯	299-75-2	曲克洛菲林	17243-70-8
三醚丁酮酸	41826-92-0	三氯奈德	26849-57-0
曲匹泮	56030-50-3	三氯生	3380-34-5
曲吡碘铵	1018-34-4	曲可克肽	20282-58-0
曲前列尼尔	81846-19-7	三环氯铵	3818-88-0
三环苄胺	58313-74-9	曲卡克肽	22006-64-0
曲喹嗪	79855-88-2	曲地碘铵	125-99-5
曲培莫司	160677-67-8	苦马豆素	72741-87-8
曲托龙	3764-87-2	三乙烯四胺	112-24-3
三亚安三嗪	51-18-3	三苯格雷	84203-09-8
曲他齐卡	21919-05-1	曲非唑酸	32710-91-1
托西曲喹铵	1748-43-2	三氟洛辛	13422-16-7
曲索卡酸	7007-81-0	三氟巴森	22365-40-8
托可维A酸	40516-48-1	三氟米酯	24243-89-8
维A酸	302-79-4	三氟美嗪	2622-37-9
曲托喹芬	30418-38-3	三氟拉嗪	117-89-5
三醋酸甘油酯	102-76-1	三氟哌丁苯	749-13-3
三嗪芬净	55242-77-8	三氟丙嗪	146-54-3
曲安西龙	124-94-7	三氟尿苷	70-00-8
苯曲安奈德	31002-79-6	三氟柳	322-79-2
呋曲安奈德	4989-94-0	曲吉洛尔	76812-98-1
己曲安奈德	5611-51-8	苯海索	144-11-6
曲安吡嗪	6503-95-3	曲来替地	62087-96-1
氨苯喋啶	396-01-0	亚硝酸盐环氧雄烷	13647-35-3
三亚胺醌	68-76-8	三甲哌唑嗪	35795-16-5
三唑仑	28911-01-5	曲美布汀	39133-31-8
曲苯的醇	96258-13-8	三甲卡因	616-68-2
三苄糖苷	10310-32-4	双解磷	56-97-3
三溴沙仑	1987-10-5	曲美孕酮	74513-62-5
曲布宗	13221-27-7	三甲利定	64-39-1

曲美吡胺	5789-72-0	托吡卡胺	1508-75-4
阿芳那特	68-91-7	托品林	533-08-4
曲美他嗪	5011-34-7	托吡林	19410-02-7
三甲双酮	127-48-0	托烷司琼	89565-68-4
曲美替定甲磺酸盐	7009-82-7	曲拉米诺	931101-84-7
三甲氧苯酰胺	138-56-7	托泊地芬	15790-02-0
甲氧苄啶	738-70-5	曲喹达佐	108001-60-1
三甲氧啉	635-41-6	出斯托霉素	88669-04-9
三甲曲沙	52128-35-5	曲司氯铵	10405-02-4
曲美克西宁	58757-61-2	曲伐沙星	147059-72-1
三甲丙咪嗪	739-71-9	曲韦定	149488-17-5
曲莫前列腺	69900-72-7	曲沙他滨	145918-75-8
曲莫沙明	15686-23-4	曲克芦丁	7085-55-4
曲奥昔芬	63619-84-1	曲昔派特	30751-05-4
三甲沙仑	3902-71-4	曲索胺	97546-74-2
棕榈精	555-44-2	乙胺没食酸酯	391-70-8
卓波酰胺	73803-48-2	托西曲咯铵	3612-98-4
曲帕拉醇	78-41-1	曲库碘铵	4304-1-2
曲吡那敏	91-81-6	曲匹碘铵	35515-77-6
四硝酸三铂	172903-00-3	氨酰对氨苯砷酸钠	554-72-3
曲普立定	486-12-4	异庚胺	123-82-0
曲普瑞林	57773-63-4	氯化筒箭毒碱	57-94-3
舒美吗啉	35619-65-9	盐酸九布洛唑-C	84697-22-3
酞茂异喹	14504-73-5	妥卡雷琐	84290-27-7
三甲氧噁吗啉	47420-28-0	妥氯西泮	51037-88-8
曲索克星	35710-57-7	西莫白介素单抗	339986-90-2
曲洛西明	14368-24-2	托拉菌素	280755-12-6
二氯三聚异氰酸钾	2244-21-5	托拉菌素	217500-96-4
曲度奎明	186139-09-3	妥洛特罗	41570-61-0
三芥环磷酰胺	22089-22-1	妥洛帕泛	116289-53-3
曲格列酮	97322-87-7	妥罗雄脲	137099-09-3
醋竹桃霉素	2751-9-9	妥伐替丁	91257-14-6
三乙硝胺	7077-34-1	妥韦单抗	148189-70-2
曲金刚胺	53783-83-8	泰巴氨酯	4268-36-4
氨丁三醇	77-86-1	泰乐菌素	1401-69-0
托肼甲酯	64294-94-6	泰伐洛星	63409-12-1
托烷色林	85181-40-4	甲状米登	15301-96-9
屈潘特醇	189950-11-6	L-酪氨酸	60-18-4
托品普瑞	76352-13-1	短杆菌素	1404-88-2
曲帕替平	27574-24-9	乌苯美司	58970-76-6
溴托品剂林	143-92-0	辅酶 Q10	303-98-0

乌比新定	26070-78-0	洼洛凡	3258-51-3
乌地那非	268203-93-6	伐马洛韦	195157-34-7
氟灭酸丁酯	67330-25-0	缬西他滨	640281-90-9
乌非拉唑	73590-85-9	戊哌醇	64860-67-9
乌拉立肽	118812-69-4	丙戊酸半钠	76584-70-8
乌达西泮	28546-58-9	新丙戊酯	77372-61-3
尤利沙星	112984-60-8	丙戊酸	99-66-1
乌利司他	159811-51-5	丙戊酰胺	2430-27-5
乌倍他索	98651-66-2	丙戊塞胺	92262-58-3
乌美螺酮	107736-98-1	戊柔比星	56124-62-0
乌诺前列酮	120373-36-6	缬沙坦	137862-53-4
乌培那肟	95268-62-5	戊司泊达	121584-18-7
乌哌多辛	152735-23-4	伐托他滨	380886-95-3
乌拉莫司汀	66-75-1	戊曲酯	18296-44-1
乌拉地尔	34661-75-1	伐米胺	132373-81-0
乌瑞替哌	302-49-8	万古霉素	1404-90-6
乌瑞磷	52406-01-6	凡德他尼	338992-00-0
由列贝特	38647-79-9	华耐普林	81523-49-1
乌拉坦	51-79-6	水合氢氧化碳酸铝镁盐	12539-23-0
尿促卵泡素	97048-13-0	香草吗啉	17692-71-6
尿激酶 α	99821-47-3	伐诺司林	67469-69-6
尿激酶	9039-53-6	双磺胺苄醚	119-85-7
熊去氧胆酸	128-13-2	伐利昔单抗	336801-86-6
熊硫胆酸	88426-32-8	伐哌前列素	85505-64-2
乌珠单抗	502496-16-4	伐匹他定	793655-64-8
优特克诺	815610-63-0	伐普肽	103222-11-3
乌替普利	109683-61-6	伐地那非三水合盐酸盐	224785-90-4
乌替普利拉	109683-79-6	伐伦克林	249296-44-4
戊卡色林	620948-93-8	伐瑞拉迪	172732-68-2
伐迪美珍	117570-53-3	加压催产素	11000-17-2
瓦朵卡因	72005-58-4	瓦他拉尼碱	212141-54-3
万乃洛韦	124832-26-4	伐尼地平	116308-55-5
伐泰司特	220847-86-9	伐曲凝血素 α(活化)	897936-89-9
戊康唑	56097-80-4	维布沙星	79644-90-9
伐地考昔	181695-72-7	维库溴铵	50700-72-6
戊地胺	512-48-1	维克利定	141575-50-0
三丙醋胺	52061-73-1	维达洛芬	71109-09-6
缬更昔洛韦	175865-60-8	维拉弗明	697766-75-9
L-缬氨酸	72-18-4	维拉苷酶 α	884604-91-5
伐奈莫林	101312-92-9	维拉雷琐	77858-21-0
异辛酰胺	4171-13-5	维夫拉朋	128253-31-6

韦利莫根	296251-72-4	环氧长春新碱	54022-49-0
维吖啶	112964-98-4	长春磷汀	123286-00-0
韦利贝特	342577-38-2	长春苷酯	865-24-7
维妥珠单抗	728917-18-8	长春西醇	81571-28-0
顽发克星	93413-69-5	长春素	23360-92-1
文立替丁	93064-63-2	长春倍酯	83482-77-3
维帕利莫单抗	195158-85-1	长春瑞宾	71486-22-1
维拉朵林	79201-80-2	长春西汀	42971-09-5
维拉必利	66644-81-3	长春泊林	57694-27-6
维拉帕米	52-53-9	异长春碱	15228-71-4
维拉烟肼	93-47-0	苯酰乙烯硫胺	26242-33-1
维立洛泮	68318-20-7	长春培醇	106498-99-1
维鲁司特	120443-16-5	长春吲哚	81600-06-8
维那卡兰	794466-70-9	乙烯巴比妥	2430-49-1
维罗菲林	66172-75-6	长春氮芥	67699-40-5
卡维帕塞	295371-00-5	紫霉素	32988-50-4
维塞胺	129009-83-2	维前列醇	73647-73-1
维替泊芬	129497-78-5	维喹啉	72714-74-0
维司力农	81840-15-5	维喹达星	904302-98-3
维替吡坦	334476-46-9	维喹地尔	84-55-9
维曲布汀	3735-45-3	维及尼霉素	11006-76-1
维利韦洛	306296-47-9	制皮菌素	1405-00-1
阿糖腺苷	5536-17-4	净韦肟	72301-78-1
氨己烯酸	60643-86-9	威司利珠单抗	219716-33-3
维拉佐酮	163521-12-8	维司那定	477-32-7
维达列汀	274901-16-5	维司茶碱	17243-56-0
吗啉苯二醚	46817-91-8	维司托隆	54182-61-5
维米醇	21363-18-8	沃环孢素	515814-01-4
异戊烯比妥	125-42-8	沃弗吡坦	168266-90-8
长春花碱	865-21-4	伏利多糖	83480-29-9
长春布宁	4880-88-0	伏拉佐辛	15686-68-7
太司尼克酸	1617-90-9	沃立色林	139290-65-6
长春醇	19877-89-5	沃洛赛昔单抗	558480-40-3
长春曲尔	65285-58-7	伏普丁	21102-49-8
乙烯磷	17196-88-2	伏立康唑	137234-62-9
长春考酯	70704-03-9	伏立诺他	149647-78-9
长春新碱	57-22-7	伏罗唑	129731-10-8
长春布醇	74709-54-9	沃妥卡立	872525-61-6
长春地辛	53643-48-4	伏妥莫单抗	148189-70-2
长春匹定	68170-69-4	伏高利特	89651-00-3
长春氟宁	162652-95-1	杀鼠灵	81-81-2

沙利罗登	135354-02-8	查可必利	219680-11-2
扎莫特罗	81801-12-9	扎鲁司特	90182-92-6
咕诺美林	131986-45-3	扎氟普汀	107753-78-6
占诺酸	33459-27-7	扎西他滨	59209-97-1
丙氯异噻吨	14008-71-0	扎达来特	7481-89-2
占替贝特	36921-54-7	扎莱普隆	109826-26-8
烟酸占替诺	437-74-1	扎螺酮	151319-34-5
黄青霉素	580-74-5	唑替丁	114298-18-9
叶黄素棕榈酸酯	547-17-1	扎托洛芬	85604-00-8
珍米洛非班	149820-74-6	扎鲁妥木单抗	89482-00-8
新那利平	84392-17-6	扎非那新	667901-13-5
珍诺佐酸	1174-11-4	扎那米韦	127308-82-1
联苯丁酸	959-10-4	扎那哌齐	139110-80-8
西尼戊酮	55845-78-8	占吉仑	142852-50-4
氙[133Xe]	14932-42-4	扎诺利木单抗	138742-43-5
珍替沃酯	7009-79-2	扎诺特隆	652153-01-0
醛酮联苯	2673-23-6	扎吡唑仑	107000-34-0
西里海酸	964-82-9	敏喘宁	64098-32-4
珍尼柳酯	3572-52-9	查达外林	37762-06-4
珍托溴铵	511-55-7	扎替雷定	101975-10-4
克西白洛尔	81584-06-7	扎托司琼	85175-67-3
希波酚	13741-18-9	泽兰多泮	123482-22-4
希德卡氟	207916-33-4	折那司他	139233-53-7
西若伯	50528-97-7	折尼铂	112733-06-9
西美加群	192939-46-1	泽泊思定	111490-36-9
西蒙布洛芬	56187-89-4	折仑诺	28810-23-3
克西尼达安	50264-78-3	折替多林	26538-44-3
新诺米林	52832-91-4	齐波腾坦	51940-78-4
利多速尿	14293-44-8	齐考诺肽	186497-07-4
西卜拉洛尔	19179-78-3	联苯丁酸	107452-89-1
少法醇	77287-89-9	泽达泊米	75820-08-5
托西米定	6443-40-9	予哚美达辛	62851-43-8
甲苄噻嗪	7361-61-7	齐多夫定	30516-87-1
甲苄香豆素	15301-97-0	齐罗硅酮	132236-18-1
赛洛唑啉	526-36-3	泽兰特	22012-72-2
双甲苯醚甲胺	1600-19-7	亚苄维 C(2H)	122431-96-3
育亨宾酸	522-87-2	齐留通	111406-87-2
钇[9Y]替组单抗	476413-07-7	齐帕特罗	117827-79-9
（泽比西卜尼）		泽麦定	56775-88-3
扎普利拉	83059-56-7	齐咪苯	90697-56-6
扎波沙星	90103-92-7	嗪多群	56383-05-2

秦哚昔芬	86111-26-4	佐米曲普坦	139264-17-8
齐诺康唑	84697-21-2	佐洛哌隆	52867-74-0
净司他丁	9014-2-2	唑吡坦	82626-48-0
净司他丁斯酯	123760-07-6	唑甲苯	78466-70-3
苯丁磺喘宁	37000-20-7	佐美酸	33369-31-2
净韦肟	72301-78-1	唑南帕奈	210245-80-0
双苯哌丙醇	34758-83-3	佐尼氯唑	121929-20-2
齐拉西酮	146939-27-7	唑泊来德	241800-98-6
齐拉木单抗		唑利磺胺	68291-97-4
佐卡因酮	68876-74-4	佐匹克隆	43200-80-2
佐芬普利	81872-10-8	唑泊司他	110703-94-1
佐芬普利拉	75176-37-3	正定苯酰肼	54083-22-6
佐非那唑	71097-23-9	佐舒奎达	167354-41-8
佐拉敏	553-13-9	佐他莫司	221877-54-9
佐拉沙坦	145781-32-4	佐替平	26615-21-4
唑拉氟喷	31352-82-6	佐替卡松	678160-57-1
唑来膦酸	118072-93-8	苯并恶唑胺	61-80-3
佐兰泽平	78208-13-6	珠卡赛辛	25775-90-0
佐勒丁	4004-94-8	珠氯米芬	15690-55-8
佐利米定	1222-57-7	珠氯噻醇	53772-83-1
阿佐莫单抗	141483-72-9	齐洛呋胺	3563-92-6
佐里布洛芬	56355-17-0		

表 2

上述表1所列产品的盐类、酯类和水合物,如果其名称中含有下列任何前缀或后缀,也应根据税则总注释十三免税进口,前提是任何此类盐类,酯类或水合物与表1所列的相关产品可归入同一六位税号。就税则而言,凡提及本表所列产品,均包括已知名称的产品。

(新戊酰氧基)甲基盐酸盐	2-萘磺酸盐
(新戊酰氧基)甲基	2-萘磺酸钠盐
1-吡咯烷醇	2-羟乙基磺酸铵盐
1-乙酰氧基乙基	乙酰丙酸乙酯
1,2-乙烷基二磺酸盐	4-甲基双环[2.2.2]辛-2-烯-1-羧酸盐
1,2-乙二磺酸盐	4-氨基水杨酸盐
1,5-萘二磺酸盐	4,4'-亚甲基双(3-羟基-2-萘甲酸)
1,5-萘二磺酸盐	8-氯茶木酸盐
2-萘磺酸盐	乙呋酸盐
2-(4-羟基苯甲酰基)苯甲酸酯	乙酰谷氨酸

乙酰胆碱	苯甲酸盐(酯)
醋酸盐	苄基
苯乙酰胺	苄基碘
丙酮	苄基溴
N-乙酰甘氨酸盐	苯磺酸盐
乙酰水杨酸盐	贝舒托
酸丁酯	苯磺酸盐
醋硬脂酸酯	苯甲酰氧甲(基)
醋酰氧甲(基)	双奎宁
己二酸	双(马来酸氢)
阿兰醇	双(丙二酸氢)
氨基丙酸乙酯	双(苹果酸氢)
丙匹酯	双(磷酸盐)
阿地	铋
胆碱	酒石酸氢盐
阿依沙	硼酸酯
碘丙烯	溴化物
烯丙基	环甲酸酯
烯丙基溴	丁萘磺酸盐(或酯)
铝	丁丙酸酯
氨基水杨酸甲酯	氨基甲酸叔丁酯
铵	丁基
夫西地酸铵	丁酯
氨芐磺酸盐	丁基溴
阿尼沙(基)	丁酸盐
安替比特	氯化钙
阿酯	二水钙
阿尼金	钙
精氨酸	樟脑磺酸盐
阿托(基)	樟脑-10-磺酸酯
阿托(基)	樟脑酸盐
抗坏血酸盐	樟脑磺酸盐
门冬胰岛素	樟脑磺酸盐
天门冬氨酸	樟脑磺酸盐
醋氧乙(基)	樟脑磺酸盐
巴比妥酸盐	己酸盐
曲安奈德	氨基甲酸酯
苄星青霉素	羧磺酸盐
苯磺酸盐	碳酸盐
苯磺酸盐	铈酸盐
苯并醋酸盐	氯化物

胆碱	地西
环磷酰胺	二环己基胺
环庚塞	二环己基铵
肉桂酸盐	二乙醇胺
培酯	二乙胺
环比酸盐	二乙胺
柠檬酸盐	地托
西坦	富马酸盐
克伐他汀	糠酸
氯苯磺酸盐	地利（基）
对氯苯磺酸盐	二水合物
克罗磷酸盐	氢溴酸盐
色乙酸盐	二盐酸盐
色甲磺酸盐	磷酸二氢盐
交富	柠檬酸二氢
环己胺磺酸盐	磷酸二氢盐
环己烷丙酸酯	二羟基苯甲酸酯
碳酸环己胺	苹果酸氢酯
环己基铵	马来酸氢盐
环己基丙酸酯	丙二酸氢盐（酯）
环戊基丙酸酯	二甲基硅酸盐
双环辛烯酸盐	二硝酸盐
环戊丙酸盐	二硝基苯甲酸酯
D-酒石酸盐	二乙醇胺
D-酒石酸	二氧化物
达兰	二磷酸盐
达酯	阿德福韦
达普酸盐	二丙酸盐
达普酸盐	磷酸二钠
地尼（基）	二钠
癸酸盐	丙二醛
昼凝香	二硫酸盐
地法	二硫化物
地特胰岛素	硫酸氢盐
乙酰乙酸盐	二硫化物
二胺	双十一酸
二苯甲酸酯	度考（基）
双磺基地布酸	度磷酸盐
地布酸盐	埃玛泰克
二磷酸钠	乙二胺
双胆碱	乙二磺酸盐

乙二磺酸盐	延胡索酸盐
双羟萘酸盐	曲安奈德
依那卡比	糠酸酯
庚酸盐	钆
庚酸酯	甘油酸酯
恩醋丁酯	甘精胰岛素
吡咯乙醇	葡萄糖酸
特丁胺	葡庚糖酸盐
乙磺酸盐	葡庚糖酸盐
埃托-	葡萄糖酸酯
丙酸酯月桂硫酸酯	葡萄糖苷
酚磺乙胺	葡糖苷酸
依碳酸盐	赖谷胰岛素
依替酯	谷氨酸
乙磺酸酯	乙醇酸
乙磺酸盐	乙醛酸盐
乙醇胺	金
乙溴胺	愈创木酚
乙酯	胍
乙基碘	半水化合物
乙基	半琥珀酸盐
乙胺	半硫酸盐
乙基铵	半硫酸盐
乙基溴	七水化合物
乙酸乙酯	庚酸盐
乙二胺	六乙酸酯
己酸乙酯	六乙酸
琥珀酸乙酯	六水合物
硫酸酯	己酸盐
法奈	海苯酸盐
芬地酸盐	马尿酸盐
柠檬酸亚铁	苯甲酸氢盐
亚铁的	多西环素
氟化物	水合物
氟磺酸盐	氢溴化物
氟磺酸盐	二水盐酸盐
甲酸盐	盐酸盐
甲酸钠	半水盐酸盐
福沙	磷酸盐盐
福斯法特	一水盐酸盐
磷达酸盐	琥珀酸氢

硫酸氢	赖氨酸
草酸氢	玛托
氢	镁
酸式亚硫酸盐	苹果酸
亚硫酸氢盐	顺丁烯二酸
丙二酸氢	丙二酸
马来酸氢	扁桃酸盐
富马酸氢	麦达卡
二硅酸氢	美多美
硫酸氢盐	三甲氧苯酸盐
苹果酸氢	葡甲胺
酒石酸氢盐	新戊烷
氢氧化物	莫星
羟苯酸盐	甲磺酸盐
羟萘甲酸盐	甲磺酸
羟萘甲酸盐	美萘酸盐
碘化物	甲磺酸盐
碘-131	安替比林甲胺甲烷
氯化铁	甲基硫酸酯
羟乙磺酸盐	硝酸甲酯化物
依西酸盐	甲酯
异丁酸	甲基溴
睾酮	二水杨酸二甲酯
异烟酸根	甲基碘
间苯二酸酯	甲基硫酸盐
异丙酸	硫酸甲酯
异丙基	甲硫脒
L-酒石酸盐	霉酚酸的吗啉基乙基酯
乳酸	苯甲酸酯
乳糖酸盐	一水合物
月桂酸盐	一氯化物
十二烷	单硝酸酯
正十二烷基磺酸盐	粘液酸盐
月桂基硫酸盐	N-乙酰甘氨酸
乙酰丙酸	N-环己基硫酸盐
赖	N-环己基氨基磺酸盐
利西科尔	N-甲基葡胺
优泌乐	N-氧化物盐酸盐
锂	头孢孟多酯钠
镏	萘二磺酸盐
赖氨酸	萘二磺酸盐

乙-苯磺酸盐	普拉卡
萘磺酸盐	聚谷氨酸
烟酸	钾
硝盐酸	硫酸钾
硝基苯甲酸盐	硫酸钾
N,N-二甲基——丙氨酸	丙酸十二烷基硫酸酯
N,N-二甲基-β-丙氨酸	丙酸盐
o-(4-羟基苯甲酰基)苯甲酸酯	丙酸十二烷基硫酸酯
辛(基)	丙酸月桂基硫酸盐
乙醇胺	红霉素月桂酸酯
油酸	丙酯
乳清酸	丙基
正磷酸盐	普塞基
草酸盐	乙酸吡啶酯
氧化物	奎尼酸
氧戊二酸酯	R-樟脑磺酸盐
对甲苯磺酸盐	R-樟脑磺酸盐
对氯苯磺酸盐	交聚
对氯苯磺酸盐	树脂酸盐
对甲苯磺酸盐	S-樟脑磺酸盐
棕榈酸酯	S-樟脑磺酸盐
棕榈酸盐酸盐	糖二酸盐
双羟萘酸盐	水杨酸盐
泛酸盐	水杨酰乙酸酯
泛酸硫酸盐	七水合物
泛酸硫酸盐	倍半水合物
帕托	倍半油酸
培戈	3-磺基苯甲酸钠
喷地肽	硫酸钠
五水合物	琥珀酸钠
喷替(基)	磷酸钠
高氯酸盐	一水钠
丙酸苯酯	3-磺基苯甲酸钠
磷酸盐	甲磺酸钠
亚磷酸盐	十二烷基硫酸钠
邻苯二甲酸盐	钠
苦(味)酸盐	磷酸氢钠
特戊酸酯	十二烷基硫酸钠
匹伏替	十二烷基硫酸钠
盐酸匹伏基	月桂基硫酸钠
匹伏基	磺基苯甲酸钠

水合钠	十四烷基磷酸氢盐
甲磺酸钠	四水合物
硫酸钠	四氢邻苯二甲酸盐
苯甲酸钠	四异丙基
索罗	四钠
硬脂酰乙醇酸盐	四氙
硬脂酸盐	8-氯茶碱
司丙	硫氰酸盐
琥珀酸盐	替酯
琥珀酰	替伊莫
琥珀酰	生育酚
苏托	四氢二甲基二氧嘌呤乙磺盐
磺酸盐	甲苯磺酸盐
硫酸盐	甲苯磺酸盐
亚磺酸盐	三氯酚盐
亚硫酸盐	三乙醇胺
磺基水杨酸盐	三氟乙酸盐
次硫酸盐	三氟乙酸
硫酸盐	三水合物
对甲苯亚磺酸钠	三碘化物
亚硫酸盐	乙酸三甲酯
磺基水杨酸盐	三硝酸盐
乙酸叔丁酯	三油酸酯
叔丁酯	三棕榈酸酯
叔丁基	三硬脂酸酯
他那托	三乙醇胺
鞣酸盐	氨丁三醇
酒石酸	氨丁三醇
醋酸物质丁酯	曲生酸盐
噻羧酸盐	十一碳-10-烯酸盐
茶氯酸盐	十一烷酸盐
茶丙磺酸盐	十一酸酯
醋酸叔丁酯	十一碳烯酸盐
叔丁基酯	戊酸盐
乙酸叔丁酯	心钠素
特丁胺	锌
叔丁基酯	

表 3

本表列举了按税则总注释十三应免税进口的其他产品。化学文摘社 CAS 号也列在本表中,以帮助识别有关产品。就关税表而言,凡提及本表所列产品,均包括已知名称的产品。

品 名	CAS 号
左旋苯甘氨酸酰氯盐酸盐	39878-87-0
[1-(氨基甲基)-3,4-二甲基环戊基]乙酸	223445-75-8
(S)-1-苯基-1,2,3,4-四氢异喹啉	118864-75-8
葡糖硫金	12192-57-3
(αR,βS)-β-甲基-α-苯基-1-吡咯烷乙醇盐酸盐	210558-66-0
(1aR,10bS)-1,1-二氟-1,1,1a,6,10b-四氢二苯并[a,e]环丙烷[c]环庚-6-醇	167155-76-2
(1R)-1-羟基-1-(3-羟苯基)-2-丙酮	82499-20-5
(1R)-1-[1-(4-氯苯基)环丁基]-3-甲基丁烷-1-胺与(2S,3S)-2,3-二羟琥珀酸	259729-93-6
(R)-1-[3,5-二(三氟甲基)苯基]乙醇	127852-28-2
(R)-1-[3,5-二(三氟甲基)苯基]乙醇的乙腈溶液	127852-28-2
(R)-4-苄基沙丁胺醇	174607-68-2
(1R,2R)-2-氨基-1-[4-(甲基磺酰基)苯基]-1,3-丙烷二醇盐酸盐	56724-21-1
甲砜霉素胺	51458-28-7
(1R,2R,3S)-9-[2,3-双(苯甲酰氧基甲基)环丁基-6-碘-9H-嘌呤-2-基胺	156126-89-3
(1R,2R,3S)-2-氨基-9-[2,3-双(苯甲酰氧基甲基)环丁基]-9H-嘌呤-6-酮	156126-53-3
(1R,2S,3S,6R)-[(S)-1-苯乙基]-3,6-环氧四氢邻苯二甲酰亚胺	
拉米夫定中间体 CME	147027-10-9
(2R,5R)-5-羟基-1,3-氧硫杂环-2-羧酸 (1R,2S,5R)-5-甲基-2-异丙基环己酯	147126-62-3
(1R,4S)-1-氮杂双环[2.2.1]庚烷-3-酮	142034-97-7
(-)-文斯内酯	79200-56-9
(1R,5R)-2-(3-苄基-7-氧代-4-噻-2,6-重氮-双环[3.2.0]庚-2-烯-6-基)-3-甲基-2-烯酸 4-硝基苄基酯	192049-49-3
(1R,5R,6R)-5-(1-乙丙基)-7-氮杂双环[4.1.0]庚-3-烯-3-羧酸乙酯	204255-02-7
(1R,5S)-2-(羟甲基)-5-(二甲基(苯基)硅基)环戊-2-烯羧酸,与(1R,2R)-2-氨基-1-(4-硝基苯基)-1,3-丙二醇(1:1)的化合物	649761-22-8
(1RS,2RS,3RS)-2,3-双(苯甲酰氧基甲基)环丁醇	127759-90-4
(1RS,2RS,3SR)-2,3-双(苯甲酰氧基甲基)环丁胺	151807-53-3
(1S,4S)-2-甲基-2,5-二氮二环[2.2.1]庚烷二氢溴酸盐	125224-62-6
(S)-(-)-1-苯丙胺	3789-59-1
(1S)-1-[1-(4-氯苯基)环丁基]-3-甲基丁烷-1-胺与(2S,3S)-2,3-二羟琥珀酸	389056-74-0
2-[2-[3(S)-[3-(7-氯-2-喹啉基)乙烯基]苯基]-3-羟基丙基]苯基-2-丙醇	287930-77-2
(1S,2R)-(-)-1-氨基-2-茚醇	126456-43-7

(续表)

品　名	CAS号
(1S,2S,3R,4S,7R,9S,10S,12R,15S)-4,12-二(乙酰氧基)-15-({(2R,3S)-3-(苯甲酰氨基)-2-[(4Z,7Z,10Z,13Z,16Z,19Z)-二十二-4,7,10,13,16,19-己烯酰氧基]-3-苯基丙烷酰氧基)-1,9-二羟基-10,14,17,17-四甲基-11-氧代-6-氧代-clo[11.3.1.03,10.04,7]七烷-13-烯-2-基苯甲酸盐	199796-52-6
(1S,2S,3S)-2,3-双(苯甲酰氧基甲基)环丁醇	132294-16-7
(1S,2S,3S,5S)-5-(2-氨基-6-(苄氧基)-9H-嘌呤-9-基)-2-((苄氧基)甲基)-1-(羟甲基)-3-(二甲基(苯基)硅基)环戊醇	649761-23-9
(1S,3S,4S)-1-氮杂双环[2.2.1]庚烷-3-醇	142034-92-2
(1S,4R)-1-氮杂双环[2.2.1]庚烷-3-酮 O[(Z)-(3-甲氧基苯基)乙炔]肟-马来酸(1:1)	180050-34-4
(1R,4S)-4-乙酰氧基-2-环戊烯-1-醇	60176-77-4
5-(戊烷-3-基氧基)-7-氧代-双环[4.1.0]庚-3-烯-3-羧酸乙酯	204254-96-6
N-甲酰氨基噻唑乙醛酸	64987-06-0
二异丙氨基氯乙烷盐酸盐	4261-68-1
氨基噻唑乙酸	29676-71-9
2-丁基-4-羟甲基咪唑	68283-19-2
2-氯苯乙酸	2444-36-2
(2-乙基-6-三氟甲基-1,2,3,4-四氢喹啉-4-基)-氨基甲酸甲酯	474645-93-7
头孢地嗪侧链酸	34272-64-5
(2-氧代-1-苯基吡咯烷-3-基)(三苯基)溴化膦	148776-18-5
2,3-二氢苯并呋喃-5-乙酸	69999-16-2
(25S)-25-环己基-5-脱甲氧基-25-脱(1-甲基丙基)-22,23-二氢-5-氧代维甲酸 A1a	220119-16-4
(25S)-25-环己基-5-O-脱甲基-25-de(1-甲基丙基)-22,23-二氢阿维菌素 A1a	142680-85-1
2,6-二甲基苯氧基乙酸	13335-71-2
(2E)-3-[4-(4-氟苯基)-2,6-二异丙基-5-(甲氧基甲基)-3-吡啶基]-2-丙烯醛	177964-68-0
(2R)-4-甲基-2-[(S)-2,2-二甲基-5-氧代-1,3-二氧戊环-4-基]戊酸	157518-70-2
唑喹达三盐酸盐	167465-36-3
左旋邻氯扁桃酸	52950-18-2
右旋苯甘氨酰胺	6485-67-2
D-氨基丙醇	35320-23-1
(2R)-4-苄基-2-[(1R)-1-[3,5-双(三氟甲基)苯基]乙氧基]吗啉-3-酮	287930-75-0
(2R,3R)-4,5-二(甲磺酰基氧基)丁烷-2,3-二醇	1947-62-2
2-脱氧-2,2-二氟-D-赤型呋喃糖-1-酮基-3,5-二苯甲酸酯	122111-01-7
1-脱氧野尻霉素	19130-96-2
(2R,3R,4S)-4-(1,3-苯并二恶英-5-基)-3-(乙氧羰基)-2-(4-甲氧基苯基)吡咯烷(2S)-羟(苯基)乙酸酯	195708-14-6
(2R,3S)-2-[(1R)-1-[3,5-双(三氟甲基)苯基]乙氧基]-3-(4-氟苯基)-吗啉盐酸盐	171482-05-6

(续表)

品　名	CAS号
N2-异丁酰基-DMT-2′-脱氧鸟苷亚磷酰胺	93183-15-4
5′-(4,4′-二甲氧基三苯基)-3′-脱氧胸苷 2′-(2-氰乙基-N,N-二异丙基)亚磷酰胺	98796-51-1
5′-O-(4,4′-二甲氧基三苯基)-N4-苯甲酰基-2′-脱氧胞苷-3′-(2-氰乙基-N,N-二异丙基)亚磷酰胺	102212-98-6
5′-O-(4,4′-二甲氧基三苯基)-N6-苯甲酰基-2′-脱氧腺苷-3′-(2-氰乙基-N,N-二异丙基)亚磷酰胺	98796-53-3
4,6-O-乙叉-2,3-二-O-苄基-D-葡萄糖	471863-88-4
(2R,4R)-4-(2,6-二氨基-9H-嘌呤-9-基)-1,3-二氧戊环-2-甲醇	145514-04-1
恩曲他滨	143491-57-0
(2RS,3SR)-2-(2,4-二氟苯基)-3-(5-氟嘧啶-4-基)-1-(1H-1,2,4-三唑-1-基)丁烷-	
(2R,3S/2S,3R)-3-(6-氯-5-氟嘧啶-4-基)-2-(2,4-二氟苯基)-1-(1H-1,2,4-三唑-1-基)-2-丁醇盐酸盐	188416-20-8
D-(S)-3-乙酰巯基-2-甲基丙酰基-L-脯氨酸	64838-55-7
(2S)-2-氨基-3-羟基-N-戊基丙酰胺-草酸(1:1)	153758-31-7
(2S)-N-[(1R)-1-(1,3-苯并二氧戊环-5-基)丁基]-3,3-二乙基-2-[4-[(4-甲基-1-哌嗪基)羰基]苯氧基]-4-氧代-1-氮杂环丁烷甲酰胺	157341-41-8
N-(甲氧基羰基)-L-缬氨酰-L-脯氨酸	181827-47-4
2-({2,2-二甲基-4-[(2-甲基-2-丙基)氧基]-4-氧代丁酰基}氧基)-4-甲基戊酸	186193-10-2
嗯泼西汀	98819-76-2
恶泼西汀丁二酸盐	635724-55-9
(S)-(+)-3-氯-1,2-丙二醇	60827-45-4
(2S)-(1-四氢嘧啶-2-酮)-3-甲基丁酸	192725-50-1
(S)-2-环己基-2-苯基乙醇酸	20585-34-6
(2S)-羟基(苯基)乙酸 (2R)-N-苄基-1-(4-甲氧基苯基)丙-2-胺盐	188690-84-8
7-叔-丁基-1,5-苯并二噁庚-3(4h)-酮	287737-72-8
(S)-(-)-2-四氢糠酸	87392-07-2
甲苯溶液形式的(2S,3R)-(=)-4-二甲氨基)-1,2-二苯基-3甲基-2-丁醇	38345-66-3
(2S,3R)-(=)-4-二甲氨基)-1,2-二苯基-3甲基-2-丁醇	38345-66-3
(2S,3S)-3-甲基-2-(3-羰基-2,3-二氢-1,2-苯并异噻唑-2-YL)缬草酸	177785-47-6
(2S,3S)-3-叔丁氧羰酰氨基-2-羟基-4-苯丁酸	116661-86-0
[(1S,2S,3S)-3-羟基-1,2-环丁烷二基]二(亚甲基)二苯甲酸酯	132294-16-7
(2S,3S)-3-氨基-2-乙氧基-N-硝基哌啶-1-甲脒盐酸	180250-77-5
(2S)-顺-羟基内酰胺	42399-49-5
(2S,3S)-3-氨基-2-羟基-4-苯丁酸	62023-62-5
氨曲南主环	80082-65-1
反-4-苯基-L-脯氨酸	96314-26-0

(续表)

品　名	CAS号
埃罗替尼盐酸盐	183319-69-9
吉非替尼	184475-35-2
(3-氨基吡唑-4-基)(2-噻吩)甲酮	96219-87-3
拉坦前列腺素内酯二醇	145667-75-0
(3aR,4bS,4R,4aS,5aS)-4-(5,5-二甲基-1,3-二氧戊环-2-基)六氢环丙烷[3,4]环戊烷[1,2-b]呋喃-2(3H)-酮	39521-49-8
苯甲酰Corey醛	39746-01-5
(3aS,6aR)-1,3-二苄基-四氢-4H-噻唑并[3,4-d]咪唑-2,4(1H)-二酮(内脂VH)	28092-62-8
(3aS,8aR)-3-(4,5-脱水-2,3-二脱氧-2-苯基甲基)-D-赤式-戊酮基)-3,3a,8,8a-四氢-2,2-二甲基-2H-茚并[1,2-d]恶唑	158512-24-4
(3aS,9aS,9bR)-3a-甲基-6-[2-(2,5,5-三甲基-1,3-二氧六环-2-基)乙基]-1,2,4,5,8,9,9a,9b-八氢-3aH-环戊烷[a]萘-3,7-二酮	88128-61-4
2-氧代-4-苯基-3-氮杂环丁基乙酸酯	133066-59-8
N-甲基-1-(3-吡咯烷基)乙胺	155322-92-2
(R)-3-氨基戊腈甲烷磺酸盐	474645-97-1
R-氟西汀	114247-09-5
(3R,4R,5S)-4-(乙酰氨基)-5-叠氮-3-(1-乙基丙氧基)-1-环己烯-1-羧酸乙酯	204255-06-1
(3R,4S)-3-羟基-4-苯基-2-氮杂环丁酮	132127-34-5
莽草酸	138-59-0
(3R,4S,5R)-5-叠氮-3-(1-乙基丙氧基)-4-羟基环己-1-烯羧酸乙酯	204254-98-8
2H,6H-噁唑并[5,4,3-ij]喹啉-2-酮,6-丁基-7-羟基-8,9-二(1-甲基乙氧基)-	192329-83-2
4-叔丁氧羰基-2(S)-哌嗪叔丁酰胺	150323-35-6
(3S)-2,2-二甲基-1,4-噻嗪-3-羧酸	84915-43-5
安普那韦	161814-49-9
(3S)-3-{2-[(甲磺酰基)氧基]乙氧基}-4-(三酰氧基)甲基磺酸丁酯	170277-77-7
以N,N-二甲基甲酰胺溶液形式存在的(3S)-3-{2-[(甲磺酰基)氧基]乙氧基}-4-(三酰氧基)甲基磺酸丁酯	170277-77-7 &68-12-2
(3S,10R,16S)-10-(3-氯-4-甲氧基苄基)-3-异丁基-6,6-二甲基-16-{(1S)-1-[(2R,3R)-3-苯基环氧乙烷基]乙基}-1,4,二氧杂-8,11,二氮杂环己烷-13-烯-2,5,9,12-四氮酮	204990-60-3
N-叔丁基-十氢异喹啉-3(S)-甲酰胺	136465-81-1
甲磺酸萘非那韦	159989-65-8
奈非那韦	159989-64-7
(3S,4a,8aS)-2-[(2R,3S)-3-氨基-2-羟基-4-苯基丁基]-N-叔丁基十氢异喹啉-3-甲酰胺	136522-17-3
(3S,4R)-3-[(R)-1-(叔丁基二甲基硅氧基)乙基]-4-[(1R,3S)-3-甲氧基-2-氧代环己基]氮杂环丁烷-2-酮	135297-22-2
4-乙酰氧基氮杂环丁酮	76855-69-1

(续表)

品　名	CAS号
(3S,4S)-3-己基-4-[(2R)-2-羟基十三烷基]-2-氧杂环丁酮	104872-06-2
2,3-二苯基-7-甲硫基苯并呋喃	197143-35-4
4-氨基-3-碘-n-甲基苯甲烷磺酰胺	151140-66-8
(4-羧丁基)三苯基溴化膦	17814-85-6
N-[4-(2,5-二氢-5-氧代-1,2,4-恶二唑-3-基)苯基]甘氨酸	872728-82-0
4-肼基-N-甲基苯甲烷磺酰胺盐酸盐	88933-16-8
(4-苯基丁基)次磷酸	86552-32-1
(4R)-3-[(2S,3S)-2-羟基-3-(3-羟基-2-甲基-苯甲酰氨基)-4-苯基-丁酰基]-5,5-二甲基-噻唑烷-4-羧酸烯丙基酰胺	478410-84-3
(4R,5R)-1,3,2-二恶噻戊环-4,5-二甲醇 4,5-二甲烷磺酸酯 2,2-二氧化物	208338-09-4
N-[5-({5-[(2-氰基乙基)氨基甲酰]-1-甲基-1H-吡咯-3-基}氨基甲酰)-1-甲基-1H-吡咯-3-基]-4-{[N-(二氨基甲亚基)甘氨酰]氨基}-1-甲基-1H-吡咯-2-甲酰胺盐酸	126813-11-4
(4R,5S,6S,7R)-1,3-双(3-氨基苄基)-4,7-二苄基-5,6-二羟基六氢-2H-1,3-二氮杂-2-酮二甲磺酸酯	177932-89-7
(4R,5S,6S,7R)-1-[(3-氨基-1H-吲唑-5-基)甲基]-4,7-二苄基-3-丁基-5,6-二羟基-六氢-2H-1,3-二氮杂-2-酮	188978-02-1
阿托伐他汀内酯	125995-03-1
(4S)-3-[(5S)-5-(4-氟苯基)-5-羟基戊酰基]-4-苯基-1,3-氧氮杂环戊烷-2-酮	189028-95-3
4-(3,4-二氯苯)-3,4-二氢-2H-萘-1-酮	124379-29-9
7-乙基-10-羟基喜树碱	86639-52-3
(4S)-6-氯-4-(2-环丙基乙炔基)-4-(三氟甲基)-3,4-二氢喹唑啉-2(1H)-酮	214287-88-4
2,3-二脱氢-4-氨基-N-乙酰神经氨酸	130525-62-1
5-乙酰氨基-7,8,9-O-三乙酰基-2,6-脱水-4-叠氮-3,4,5-三脱氧-D-甘油-D-半乳-2-壬烯酸甲酯	130525-58-5
(4S,5S)-5-苄基-2-氧代-1,3-恶唑烷-4-基甲基-4-硝基苯磺酸盐	
(4S,6S)-5,6-二氢-4-羟基-6-甲基噻吩并[2,3-b]噻喃-7,7-二氧化物	147086-81-5
5-甲醛基呋喃-2-硼酸	27329-70-0
5,6-二氯-N-异丙基-1H-苯并咪唑-2-胺	176161-55-0
(5aR,11bS)-9,10-二甲氧基-2-丙基-4,5,5a,6,7,11b-六氢苯并噻吩并[2,3-c]喹啉盐酸盐	178357-37-4
3-氨基-5-苯基噻吩-2-甲腈	221054-70-2
(5R,6R)-1-苄基-5-羟基-6-(甲基氨基)-5,6-二氢-4H-咪唑并[4,5,1-ij]喹啉-2(1H)-酮	269731-84-2
酒石酸拉索昔芬	190791-29-8
(5S)-5-(甲氧基甲基)-3-[6-(4,4,4-三氟丁氧基)-1,2-苯并噁唑并-3-YL]-1,3-噁唑烷-2-酮	185835-97-6
阿扑吗啡	58-00-4
(E,E)-香叶基芳樟醇	1113-21-9

(续表)

品　名	CAS号
3-氮杂二环[3.1.0]己烷-2-酮,5-甲基-1-(1-甲基乙基)-	221129-55-1
(6R,7R)-7-氨基-3-{[(1-甲基-1H-四唑-5-基)硫代]甲基}-8-氧代-5-噻-1-氮杂双环[4.2.0]辛-2-烯-2-羧酸盐酸盐	68350-02-7
7-氨基-3-氯-3-头孢环-4-羧酸	53994-69-7
头孢替唑杂质3	24209-43-6
7-氨基-3-(1,2,3-三唑-4-硫代)甲基-头孢环-4-羧酸	37539-03-0
7-氨基-3-无-3-头孢环-4-羧酸	36923-17-8
(6R,7R)-7-氨基-8-氧代-3-((2S)四氢呋喃-2-基)-5-硫-1-氮杂双环[4.2.0]辛-2-烯-2-羧酸4-硝基苄基酯盐酸盐	655233-39-9
(6R,7S)-7-[(溴乙酰)氨基]-7-甲氧基-3-[[(1-甲基-1H-四唑-5-基)硫]甲基]-8-氧代-5-硫杂-1-氮杂双环[4.2.0]辛-2-烯-2-甲酸二苯甲基酯	70035-75-5
(6S)-5-[2-(2-氨基-4-氧代-4,6,7,8-四氢-3H-嘧啶[5,4-b][1,4]噻嗪-6-基]噻吩-2-羧酸	186521-45-9
((7S,9as)-八氢-1H-吡啶并[1,2-a]吡嗪-7-基)甲醇	145012-50-6
3,6-二氯-4H-噻吩并[3,2-e]-1,2,4-噻二嗪 1,1-二氧化	196303-01-2
3-甲氧基吗啡喃 盐酸盐	1087-69-0
1-苯甲酰基-4-[(甲基磺酰基)氧基]-L-脯氨酸	120807-02-5
(E)-(+)-2-(2,4-二氟苯基)-1-{3-[4-(2,2,3,3-四氟丙氧基)苯乙烯基]-1H-1,2,4-三唑-1-基}-3-(1H-1,2,4-三唑-1-基)丙醇	141113-28-2
(E)-辛-4-烯-1,8-二酸	48059-97-8
(R)-9-(2-羟基丙基)腺嘌呤	14047-28-0
(R)-2-(2,4-二氟苯基)-3-[1,2,4]三唑-1-丙烷-1,2二醇	141113-41-9
R-环氧氯丙烷	51594-55-9
R-四氢罂粟碱盐酸盐	54417-53-7
alpha-甲酰基扁桃酸酰氯	29169-64-0
泰诺福韦	147127-20-6
2-氨基-2-乙基-1-己醇	151851-75-1
(R)-6,7-二甲氧基-2-甲基-1-(3,4,5-三甲氧基苄基)-1,2,3,4-四氢异喹啉-二苯甲酰基-1-酒石酸(1:1)	104832-01-1
R-碳酸丙烯酯	16606-55-6
(R)-N-(1-{3-[1-苯甲酰基-3-(3,4-二氯苯基)-3-哌啶基]丙基}-4-苯基-4-哌啶基)-N-甲基乙酰胺盐酸盐	173050-51-6
(2R)-2-(3-苯甲酰基苯基)丙酸	56105-81-8
(R)-(-)-3-氯-1,2-丙二醇	57090-45-6
(R)-(-)-α-(对氯苯基)-4-(对氟苄基)-1-哌啶乙醇	127293-57-6
(R)-(-)-α-(对氯苯基)-4-(对氟苄基)-1-哌啶乙醇盐酸盐	178460-82-7
(R)-(-)-喹宁环-3-醇	25333-42-0

(续表)

品　名	CAS号
(R,E)-1-(3-((1-甲基吡咯烷-2-基)甲基)-5-(2-(苯基磺酰基)乙烯基)-1H-吲哚-1-基)乙-1-酮	188113-71-5
2′-氨基-5′-氯-2,2,2-三氟苯乙酮	214353-17-0
Cbz-s-苯基-d-cys	153277-33-9
(R)-3-[(1-甲基-2-吡咯烷基)甲基]-5-[2-(苯磺酰基)乙烯基]-1H-吲哚	180637-89-2
2H-吡咯-5-胺,N-(二环丙基甲基)-2-乙基-3,4-二氢-	193274-37-2
2-[(1R)-1-甲基-2-三苯甲基-2,3-二氢-1H-5-异吲哚基]硼酸二乙醇胺酯	223595-20-8
R-(-)-5-(2-氨基丙基)-2-甲氧基苯磺酰胺	112101-81-2
甲基硫酸3(或5)-(4-(N-苯甲基-N-乙胺基)-2-甲基苯偶氮基)-1,4-二甲基-1,2,4-三唑正离子	123599-82-6
酮洛芬	22161-86-0
3(2H)-异噻唑酮,5-(3-吡啶基)-	142057-79-2
DL-丝氨酰肼盐酸盐	55819-71-1
D,L-萘普生	26159-31-9
去甲劳丹碱盐酸盐	66820-84-6
(S)-2-氨基-3,3-二甲基-N-(吡啶-2-基)丁酰胺	171764-07-1
(S)-2-(4-氟苯基)-3-甲基丁酸	55332-37-1
S-N-(2-苄氧基-丙烯基)-肼基甲酸叔丁酯	192802-28-1
(S)-N,N-二甲基-gamma-(1-萘基氧基)-2-噻吩丙胺磷酸盐	161005-84-1
(S)-N-叔丁基-1,2,3,4-四氢异喹啉-3-甲酰胺	149182-72-9
2-氨基-5-[1,3]二氧杂烷-2-戊酸	170242-34-9
(S)-(-)-2-乙酰氧基丙酰氯	36394-75-9
2(S)乙酰基硫代-苯丙酸 n-环己基环己胺	157521-26-1
(S)-1-苄氧羰基六氢哒嗪-3-羧酸	65632-62-4
(S)-3-甲酰胺基-2-甲氧基丙酸	125496-24-4
N-(2-甲基-2-丙基)-1,2,3,4-四氢-3-异喹啉甲酰胺硫酸盐(1:1)	186537-30-4
(S)-1-{2-[3-(3,4-二氯苯基)-1-(3-异丙氧基苯甲酰基)-3-哌啶基]乙基}-4-苯基-1-偶氮二环[2.2.2]辛烷氯化物	153050-21-6
普来曲塞	153537-73-6
(S)-N-{5-[2-(2-氨基-4-氧代-4,6,7,8-四氢-1H-嘧啶[5,4-b]噻嗪-6-基]乙基}-2-烯酰基}-L-谷氨酸	177575-17-6
(S)-1,2,3,4-四氢-3-异喹啉羧酸苄酯对甲苯磺酸盐	77497-97-3
普马司他	192329-42-3
(S)-2-{3-[(2-氟苄基)磺酰氨基]-2-氧代-2,3-二氢-1-吡啶基}-N-(1-甲酰基-4-胍基丁基)乙酰胺	179524-67-5
(S,Z)-5-氨基-2-(二苄基氨基)-1,6-二苯	156732-13-7
三苯甲基缩水甘油醚	129940-50-7

(续表)

品　名	CAS号
(S)-正叔丁基-1,2,3,4-四氢异喹啉-3-甲酰胺盐酸盐	149057-17-0
(S)-4-乙基-4-羟基-7,8-二氢-1H-吡喃O[3,4-F]吲哚嗪-3,6,10(4H)-酮	110351-94-5
(S)-N-{(1S,2R)-3-[(1,3-苯并二氧杂环-5-基磺酰基)(异丁基)氨基]-1-苄基-2-羟丙基}-3,3-二甲基-2-(肌氨酰氨基)丁酰胺	183556-68-5
N-[4-(4-乙酰氨基-4-苯基-1-哌啶基)-2-(3,4-二氯苯基)丁基]-N-甲基苯甲酰胺(2E)-2-丁烯二酸酯(1:1)	176381-97-8
佐米曲普坦	139264-17-8
(S)-(-)-1,2,3,4-四氢异喹啉-3-羧酸	74163-81-8
(8S)-1,4-二硫杂-7-氮杂螺[4.4]壬烷-8-羧酸	124492-04-2
(s)-4-(4-氨基苄基)-1,3-噁唑烷-2-酮	152305-23-2
S-3-羟基四氢呋喃	86087-23-2
(S)-2-(2-氨基-5-氯苯基)-4-环丙基-1,1,1-三氟-3-炔-2-醇	154598-58-0
S-3-丁炔-2-醇	2914-69-4
阿格列扎	475479-34-6
(S)-1-[(S)-2-(4-甲氧基苯甲酰胺基)-3-甲基丁基]——N-[(S)-2-甲基-1-(三氟乙酰基)丙基]吡咯烷-2-甲酰胺	171964-73-1
(2S)-1-{N-[2-(5-甲基-2-苯基-1,3-恶唑-4-基)乙基]甘氨酰}吡咯烷-2-甲腈	521266-46-6
{1-[2-(2,3-二氢-1-苯并呋喃-5-基)乙基]-3-吡咯烷基}(二苯基)乙腈	252317-48-9
(S)-(-)-3-(N-甲氨基)-1-(2-噻吩基)-1-丙醇	116539-55-0
4-苄氧羰基氨基-2-羟基丁酸	40371-50-4
4,4-二氟-N-((1S)-3-羟基-1-苯基丙基)环己烷甲酰胺	376348-77-5
4,4-二氟-N-((1S)-3-氧代-1-苯基丙基)环己烷-1-甲酰胺	376348-78-6
(S)-N-甲基-3-(1-萘氧基)-2-噻吩丙胺磷酸盐	164015-32-1
依那普利氢化物	82717-96-2
阿西美辛叔丁基酯	75302-98-6
(2Z)-{2-[(氯乙酰基)氨基]-1,3-噻唑-4-基}(甲氧基亚氨基)乙酸	64486-18-6
[(Z)-3-(3-氯-4-环己基苯基)丙-2-烯基]环庚烷盐酸盐	139592-99-7
硫化舒林酸	49627-27-2
(Z)-(2-氰基乙烯基)三甲基铵对甲苯磺酸盐	58311-73-2
3-(3-氯-4-环己基苯基)-N-环己基-N-乙基-2(Z)-丙烯基胺	132173-07-0
(Z)-2-(2-氨基-1,3-噻唑-4-基)-2-甲氧基亚氨基乙酰氯盐酸盐	119154-86-8
利司哌酮Z-肟	132961-05-8
(Z)-2-甲氧基亚氨基-2-[2-(三氨基)噻唑-4-基]乙酸	66215-71-2
3,5-二溴-4-氨基三氟甲氧基苯	116833-10-4
氨噻肟酸	65872-41-5

(续表)

品　名	CAS号
(2Z)-2-[氰基(2,3-二氯苯基)亚甲基]脒基肼	94213-23-7
(Z)-3-氰基-5-甲基十六烷-3-烯酸叔丁胺盐	604784-44-3
(5Z)-5-{4-[2-(5-乙基-2-吡啶基)乙氧基]亚苄基}-1,3-噻唑烷-2,4-二酮	136401-69-9
苹果酸舒尼替尼	341031-54-7
1-氮杂双环[2.2.1]庚烷-3-酮	21472-89-9
6-氟-7-哌嗪-1-甲基-4-氧-[1,3]硫氮杂环[3,2-a]喹啉-3-羧酸	112984-60-8
(±)-2-氮杂双环[2.2.1]庚-5-烯-3-酮	61865-48-3
(±)-N-[1-氰基-2-(4-羟基苯基)-1-甲基乙基]乙酰胺	31915-40-9
(1R,2R,3R,5S)-3,5-二羟基-2-[(1E,3S)-3-羟基-1-辛烯基]环戊烷乙酸	56188-04-6
{(2S)-4-甲基-7-[2-(甲氧基)-2-氧乙基]-3-氧代-2,3,4,5-四氢-1H-1,4-苯二氮杂-2-基}乙酸	193077-87-1
{(E)-3-[(6R,7R)-7-氨基-2-羧基-8-氧代-5-硫氮杂双环[4.2.0]辛-2-烯-3-基]烯丙基}-(氨甲酰甲基)(乙基)甲基铵	160115-08-2
{[2-甲基-1-(丙酰氧基)丙氧基](4-苯基丁基)磷酰}乙酸	128948-01-6
[(1S,2R)-3-[[(4-硝基苯基)磺酰基](2-甲基丙基)氨基]-2-羟基-1-苯基甲基)丙基]氨基甲酸,(3S)-四氢-3-呋喃基酯	160231-69-6
甲磺酸达布非龙	139340-56-0
氧哌嗪酸	62893-24-7
以甲苯溶液形式存在的α-(6-氟-2-甲基茚-3-基)-p-甲苯基甲基硫醚	
α-乙酰基-γ-丁内酯	517-23-7
D(-)-泛酰内酯	599-04-2
2-甲基-3-三氟甲基苯胺	54396-44-0
原-硝基苯甲醛二甲基缩醛	20627-73-0
4-硝基-3-三氟甲基苯胺	393-11-3
2,5-二(三氟甲基)苯胺	328-93-8
3-氯氯苄	620-20-2
2-氟-4-溴苄基溴	76283-09-5
磺丁基-beta-环糊精钠盐	182410-00-0
4-乙酰氨基-N-(2'-氨基苯基)-苯甲酰胺	112522-64-2
齐考诺肽	107452-89-1
1-[1-[3-[2-(4-氟苯基)-1,3-二氧戊环-2-基]丙基]-4-哌啶基]-1,3-二氢-2H-苯并咪唑-2-硫酮	94732-98-6
1-羧基-1-甲基乙氧基氯化铵	89766-91-6
N-甲氧基-1-(1-甲基-5,6-二氢-2H-吡啶-3-基)甲烷亚胺盐酸盐	139886-04-7
1-乙基-1,4-二氢-4-氧代[1,3]二氧杂环戊并[4,5-g]喹啉-3-甲腈	28657-79-6
4,4,-二(4-氟苯)氯丁烷	3312-04-7

(续表)

品　名	CAS号
1-甲基-4-硝基-3-丙基-(1H)-吡唑-5-甲酰胺	139756-01-7
1-乙基-1,4-二氢-5H-四唑-5-酮	69048-98-2
1-环丙基-6,7-二氟-1,4-二氢-8-甲氧基-4-氧代-3-喹啉羧酸	112811-72-0
1-异丙烯基-2-苯并咪唑酮	52099-72-6
1-苄基-4-(甲氧基甲基)-N-苯基哌啶-4-胺	61380-02-7
1-(4-哌啶基)-2-苯并咪唑酮	20662-53-7
1-(2-四羟糠酰基)哌嗪	63074-07-7
1-苄基-4-哌啶甲醛	22065-85-6
4-氨基-1-(4-甲氧基苯乙基)哌啶双盐酸盐	108555-25-5
葡辛胺	23323-37-7
1-O-[O-(N-乙酰基-α-神经氨酰)-(2,3)-O-[O-β-D-吡喃半乳糖基-(1,3)-2-乙酰氨基-2-脱氧-β-D-吡喃半乳糖基-(1,4)]-O-β-D-吡喃半乳糖基-(1,4)-β-D-吡喃葡萄糖基]神经酰胺	104443-62-1
1-(4-氟苯基)哌嗪二盐酸盐	64090-19-3
1-环丙基-6,7-二氟-4-氧-1,4-二氢喹啉-3-羧酸	93107-30-3
1-硝基-4-(1,2,2,2-四氯乙基)苯	4714-32-3
曲索罗地甲磺酸盐三水合物	189894-57-3
3-(1-哌嗪基)-1,2-苯并异噻唑盐酸盐	87691-88-1
3-(2-胍基-噻唑-4-基甲硫)-丙腈	76823-93-3
1-(2,4-二氟苯基)-6,7-二氟-1,4-二氢-4-氧代喹啉-3-羧酸	103995-01-3
1,3-二氢-1-(1,2,3,6-四氢-4-吡啶基)-2H-苯并咪唑-2-酮	2147-83-3
1-[4-(2-二甲基氨基乙氧基)[14C]苯基]-1,2-二苯基丁烷-1-醇	82407-94-1
二(对氟苯基)甲基哌嗪	27469-60-9
1-[4-(苄氧基)苯基]-2-(4-羟基-4-苯基-1-哌啶基)-1-丙酮	188591-61-9
4-[2-(1-哌啶基)乙氧基]苯甲酸盐酸盐	84449-80-9
4-氨基-1-(6-氯-2-吡啶基)哌啶盐酸盐	77145-61-0
1-(2,6-二氯苯基)-2-吲哚酮	15362-40-0
D-(S)-3-乙酰巯基-2-甲基丙酰基-L-脯氨酸	64838-55-7
4'-叔-丁基-4-[4-(羟基二苯甲基)哌啶]苯丁酮	43076-30-8
1-(2,3-二氯苯基)哌嗪	41202-77-1
1-(3-氯苯基)-4-(3-氯丙基)-哌嗪盐酸盐	52605-52-4
1-乙基-1,4-二苯胺-3-苯胺	129140-12-1
1-(2-甲氧基苯基)哌嗪	35386-24-4
甲硫四氮唑	13183-79-4
N-(3,4-亚甲二氧基苯甲基)哌嗪	32231-06-4
1-{[(环己基氧基)羰基]氧基}乙基 1-(1-羟乙基)-5-甲氧基-2-氧基-1,2,5,6,7,8,8a,8b-八氢氮杂环[2,1-a]异吲哚-4-羧酸酯	141646-08-4

(续表)

品　名	CAS号
(2S,4S,5R)-2-((2S,3R,4R,5S,6R)-2-((2R,3S,4R,5R,6R)-6-((2S,3R,E)-2-十二烷酰氨基-3-羟基十八碳-4-烯氧基)-4,5-二羟基-2-(羟甲基)四氢-2H-吡喃-3-氧基)-5-((2S,3R,4R,5R,6R)-3-乙酰氨基-4,5-二羟基-6-(羟甲基)四氢-2H-吡喃-2-基	104443-57-4
1-(28-{O-D-Apio-β-D-呋喃甲酰基-(1,3)-O-β-D-木吡喃甲酰基-(1,4)-O-6-脱氧-α-L-甘露吡喃甲酰基}-(1,2)-4-O-[5-(5-α-L-阿拉伯呋喃甲酰氧基-3-羟基-6-甲基辛酰氧基)-3-羟基-6-甲基辛酰基]-6-脱氧-D-半乳吡喃甲氧基}-16a羟基	141256-04-4
1-(3-氯苯基)哌嗪盐酸盐	13078-15-4
1-(邻-甲苯基)哌嗪二盐酸盐	70849-60-4
1-(3-氯丙基)-2,6-二甲基哌啶盐酸盐	83556-85-8
1-苯基哌嗪盐酸盐	2210-93-7
1-乙基-2-氨甲基四氢吡咯	26116-12-1
1-(2-甲氧基苯基)哌嗪盐酸盐	5464-78-8
2-(2,4-二氯苯基)-1-氢咪唑-1-乙醇	24155-42-8
4-氰-4-(4-氟苯基)环己酮	56326-98-8
α-[2-(1-吡咯烷基)乙基]-alpha-(对甲苯基)吡啶-2-甲醇	70708-28-0
邻氯苯基-二苯基-氯甲烷	42074-68-0
1-(2-糠酰)哌嗪	40172-95-0
阿糖尿苷	3083-77-0
二苯甲基哌嗪	841-77-0
N-乙酰基哌嗪	13889-98-0
N2-[1-(S)乙氧羰基-3-苯丙基]-N6-三氟乙酰基-L-赖氨酸-L-脯氨酸	103300-91-0
N-[(1,4-苯并二噁烷-2-基)羰基]哌嗪盐酸盐	70918-74-0
1-(2-氯苯基)哌嗪单盐酸盐	41202-32-8
来西贝特	130804-35-2
N-(2-氯乙基)哌啶盐酸盐	2008-75-5
2-氨基-1,3-丙二醇	534-03-2
(S)-2-(1,3-二氧代-1,3-二氢异吲哚-2-基)戊二酸-5-苄酯	88784-33-2
对氯苯磺酰脲	22663-37-2
1-(3,5-脱水-2-脱氧-B-D-苏-戊呋喃糖基)胸腺嘧啶	7481-90-5
1-(2-氨基-5-氯苯基)-2,2,2-三氟乙烷-1,1-二醇,甲烷磺酸盐(1∶1.5)	467426-34-2
1-(2,3-二氯-4-羟基苯基)-1-丁酮	2350-46-1
2,3-二氯苯基哌嗪盐酸盐	119532-26-2
2′4′-二氟-2-[1-(1H-1,2,4-三唑基)]苯乙酮	86404-63-9
3,5-二氟苯丙酮	135306-45-5
1-(4-氯苯)-腈基环丁烷	28049-61-8
1-(4-氟苄基)-2-氯苯并咪唑	84946-20-3

(续表)

品　名	CAS号
2,3,4,5-四氢-7,8-二硝基-3-(三氟乙酰基)-1,5-甲桥-1H-3-苯并氮杂卓	230615-59-5
1-(6-氨基-3,5-二氟-2-吡啶基)-8-氯-6-氟-1,4-二氢-7-(3-羟基-1-氮杂环丁基)-4-氧代-3-喹啉羧酸	189279-58-1
2-(4-甲磺酰基苯基)-1-(6-甲基吡啶-3-基)-乙酮	221615-75-4
噻吩并[2,3-d]嘧啶-4(1H)-酮,6-乙基-2,3-二氢-3-甲基-2-硫代-	180915-95-1
1-{2-[4-(6-甲氧基-3,4-二氢萘-1-基)苯氧基}乙基}吡咯烷	180915-94-0
5-[2-乙氧基-5-(4-乙基哌嗪-1-基磺酰基)吡啶-3-基]-3-乙基-2-(2-甲氧基乙基)-2,6-二氢-7H-吡唑并[4,3-D]嘧啶-7-酮	334826-98-1
1-{6-乙氧基-5-[3-乙基-6,7-二氢-2-(2-甲氧基乙基)-7-氧代-2H-吡唑[4,3-d]嘧啶-5-基]-3-吡啶磺酰基}-4-乙基哌嗪苯磺酸盐	334827-99-5
1-{[(6R,7R)-7-氨基-2-羧基-8-氧代-5-硫-1-氮杂双环[4.2.0]辛-2-烯-3-基]甲基}吡啶碘化物	100988-63-4
1-氨基哒嗪鎓六氟磷酸盐	346412-97-3
(3R,4S)-1-苯甲酰-3-(1-甲氧基-1-甲基乙氧基)-4-苯基-2-氮杂环丁酮	149107-92-6
反-1-苯甲酰-4-羟基-L-脯氨酸甲酯	31560-20-0
N-苯甲酰基-4-羟基脯氨酸	31560-19-7
2-丁基-4-甲基-1,3-二噁戊环	227025-33-4
1-溴-2-甲基丙基丙酸酯	158894-67-8
4-氨基-N-(5-甲基-1,3,4-噻二唑-2-基)苯磺酰胺-4-氨基-N-(6-甲氧基哒嗪-3-基)苯磺酰胺（1:1）	80082-62-8
1-环戊基-3-乙基-6-(4-甲氧基苄基)-1,4,5,6-四氢吡唑并[3,4-c]吡啶-7-酮,对甲苯磺酸盐	303752-13-8
1-环戊基-3-乙基-1,4,5,6-四氢-7H-吡唑并[3,4-c]吡啶-7-酮	162142-14-5
2-甲酰氨基山梨糖醇	89182-60-5
吲哚并[2,3-a]喹嗪-4(3H)-酮,1-乙基-2,6,7,12-四氢-9-甲氧基-	244080-24-8
1-甲基-5-[4′-(三氟甲基)[1,1′-联苯]-2-甲酰胺]-1H-吲哚-2-羧酸钾盐	481659-96-5
1-[(1R)-2-甲氧基甲基-1-[4-(三氟甲基)苯基]乙基]-2(S)-甲基哌嗪,(2S,3S)-2,3-二羟基丁二酸(1:1)盐	612494-10-7
1-[(1S,2S)-2-(苄氧基)-1-乙基丙基]-N-{4-[4-(4-{[(3R,5R)-5-(2,4-二氟苯基)-5-(1H-1,2,4-三唑-1-基甲基)四氢呋喃-3-基]甲氧基}苯基)哌嗪-1-基]苯基}肼甲酰胺	345217-03-0
1-[(4,6-二甲基-5-嘧啶基)羰基]-4-[(3S)-4-[(1R)-2-甲氧基-1-[4-(三氟甲基)苯基]乙基]-3-甲基-1-哌嗪基]-4-甲基哌啶马来酸盐	599179-03-0
1-[(4,6-二甲基-5-嘧啶基)羰基]-4-哌啶酮	612543-01-8
1-(1-四氯苯基)-3-甲基-1-丁胺	84467-54-9
1-[2-(4-苯基)乙基]-4-[3-(三氟甲基)苯基]-1,2,5,6-四氢吡啶盐酸盐	188396-54-5
5-巯基-1-二甲氨基乙基-1H-四氮唑	61607-68-9
1,2-(2′-羟醇-4′,4′-二-α-吡喃醇)二苯基乙酮	130064-21-0
叔-丁基 4-(2-{4-[(甲磺酰)氧代]哌啶-1-基}-2-羰基乙基)哌啶-1-羧酸酯	440634-25-3
1-[3-(环戊基氧基)-4-甲氧基苯基]-4-氧代环己烷甲腈	152630-47-2

(续表)

品　名	CAS号
福莫特罗	43229-01-2
4-苄氧基苯丙酮	4495-66-3
1-[4-(苄氧基)苯基]]-2-[(1-甲基-3-苯基丙基)氨基]-1-丙酮	96072-82-1
1-(4-乙氧基苯基)-2-(4-甲磺酰基苯基)乙烷-1-酮	346413-00-1
头孢唑兰母核	197897-11-3
10-脱乙酰巴卡丁Ⅲ	32981-86-5
2,3,4,5-四氢-1,5-甲桥-1H-3-苯并氮杂䓬盐酸盐	230615-52-8
10,10-双[(2-氟-4-吡啶基)甲基]-9(10H)-蒽酮	160588-45-4
二苯并环庚酮	1210-35-1
亚氨基二苄	494-19-9
1,1-二异丙醇缩环己酮	1132-95-2
(2-甲氧基乙氧基)乙醛缩二甲醇	94158-44-8
11α-羟基-7α-(甲氧羰基)-3-氧代丙炔-4-烯-21,17α-碳内酯	(none)
3H-2,1-苯并噁噻唑-7-羰基氯化,3-羰基-	192704-56-6
3H-2,1-苯并噁噻唑-7-羰基氯化,3-羰基-	73726-56-4
11α-孕酮	80-75-1
11α,17,21-三羟基-16β-甲基孕甾-1,4-二烯-3,20-二酮	85700-75-0
1,1,1,3,3,3-六氟-2-丙醇	920-66-1
1,2-二苯基-4-[2-(苯硫酰)乙基]-3,5-吡唑烷	3736-92-3
1,2-二{2-[2-(2-甲氧基乙氧基)乙氧基]乙氧基}-4,5-二硝基苯	165254-21-7
(异丙基)[(1,2,3,4-四氢-6-甲基-7-硝基-2-喹啉基)甲基]铵甲烷磺酸盐	22982-78-1
昂丹司琼	99614-02-5
9-甲基-1,2,3,4-四氢咔唑酮	27387-31-1
1,2,3,5-四乙酰-β-D-呋喃核糖	13035-61-5
吡啶三唑酮	6969-71-7
尼卡巴嗪	330-95-0
1,3-二氯-6,7,8,9,10,12-六氢氮杂环[2,1-b]喹唑啉盐酸盐	149062-75-9
1,3-二氯丙酮	534-07-6
甲基孕酮	53016-31-2
硫酸沙丁胺醇 BP 杂质 I	56796-66-8
去甲噻二唑	18686-82-3
1,4-二硫-7-氮杂螺[4,4]壬烷-8-羧酸氢溴酸盐	75776-79-3
1,4,7,10-四氮杂环十二烷基硫酸酯	112193-77-8
1,4,7,10-四氮杂环十二烷-1,4,7-三乙酸	114873-37-9

(续表)

品　名	CAS号
1,6-己二胺与1,10-二溴乙烷的聚合物	162430-94-6
16A-甲基孕甾-1,4,9(11)-三烯-17A,21-二醇-3,20-二酮-21-醋酸酯	10106-41-9
16α-甲基孕甾-1,4-二烯-17α,21-二醇-3,20-二酮-21-醋酸酯	24510-54-1
17,21-二羟基-16beta-甲基孕甾-1,4,9(11)-三烯-3,20-二酮 21-醋酸酯	910-99-6
D-山梨糖醇,钾盐	24510-55-2
醋酸阿奈可他	7753-60-8
四氮唑乙酸	21732-17-2
1H-1,2,4-三氮唑-3-羧酸	4928-87-4
2H-1,2,4-三氮唑-3-甲酰胺	3641-08-5
7-(甲氧基羰基)-6,7-二氢-5H-吡咯啉-1-羧酸	92992-17-1
2-醇-(1R,4S)-2-氧代硼烷-10-磺酸(1∶1)	188416-34-4
2-溴-3-甲基噻吩	14282-76-9
2-(2-(苄氧基)乙基)丙烷-1,3-二基二乙酸酯	131266-10-9
2-[(1S,2R)-6-氟-2-羟基-1-异丙基-1,2,3,4-四氢-2-萘基]乙基 P-甲苯磺酸酯	10426558-9
2,6-二氯-4-甲基-3-吡啶氰	875-35-4
2,4-二氢-4-[[4-(4-羟基苯基)-1-哌嗪基]苯基]-2-(1-甲基丙基)-3H-1,2,4-三氮唑-3-酮	106461-41-0
2-噻吩乙酰氯	39098-97-0
2-哌嗪-1-基嘧啶二盐酸盐	94021-22-4
2-[(1-苄基-4-哌啶基)亚甲基]-5,6-二甲氧基茚-1-酮	120014-07-5
2-甲基-1-亚硝基吲哚啉	85440-79-5
2-(2,4-二氟苯基)-1,3-双(1H-1,2,4-三唑-1-基)丙-2-醇	123631-92-5
2-正丁基-5-甲酰基咪唑	68282-49-5
2-羟基-4-(甲硫基)丁酸	583-91-5
2-(2,4-二氯苯基)-2-(1H-咪唑-1-甲基)-1,3-二氧戊环-4-甲醇	84682-23-5
2-脱氧-D-核糖	533-67-5
1-叔丁氧羰基-4-哌啶乙酸	157688-46-5
2-氯-N-[2-(2-氯苯甲酰基)-4-硝基苯]乙酰胺	
乙酰乙酸-2-(N-甲基-N-苄基氨基)乙基酯	54527-65-0
2-氰基-3-吗啉丙酰胺	25229-97-4
2-氯-4,5-二氟苯甲酸	110877-64-0
2-氯乙基	3383-72-0
2-溴乙酰氨基-5-氯-2'-氟二苯甲酮	1584-62-9
三苯甲基洛沙坦	133909-99-6
N2-乙基-N2-甲基甘氨酰胺	116833-20-6

(续表)

品　名	CAS号
N-乙酰-D-氨基葡萄糖	7512-17-6
孟鲁斯特中间体	162515-68-6
2-氯二苯并[b,f][1,4]氧氮杂卓-11(10H)-酮	3158-91-6
氯贝胆碱	590-63-6
α-苯基哌啶基-2-乙酸	19395-41-6
2-氨基-7-乙烯基-1,7-二氢-4H-吡咯并[2,3-d]嘧啶-4-酮盐酸盐	117829-20-6
2,4,6-三异丙基苯乙酸	4276-85-1
6-氯鸟嘌呤	10310-21-1
2-羟乙基-5-氟尿嘧啶	56177-80-1
4-羟基-3-羟甲基苯乙酮二乙酸酯	24085-06-1
假硫代乙内酰脲	556-90-1
2-丁基-1,3-二氮杂螺环[4,4]壬-1-烯-4-酮盐酸盐	151257-01-1
2-甲基-4(5)硝基咪唑	696-23-1
2-(([1-(7-氯-4-喹啉)-5-(2,6-二甲氧基苯基)-1H-吡唑-3-基]羰基)氨基)-三环[3.3.1.13,7]癸烷-2-羧酸	146362-70-1
Cbz-伐昔洛韦	124832-31-1
8-硝基-7-甲基氨基喹啉	147149-89-1
2-乙酰吩噻嗪	6631-94-3
3-(异丁酰氨基)-1-三氟甲基苯	1939-27-1
2-甲基-5-吡咯烷-2-基-吡啶	107188-37-4
(S)-((2-胍基-4-噻唑基)甲基)异硫脲二盐酸盐	88046-01-9
二甲氨基硫代乙酰胺盐酸盐	27366-72-9
2-(N-甲基苄基氨基)乙基 3-氨基丁-2-烯酸酯	54527-73-0
4-氟-α-[2-甲基-1-氧丙基]-γ-氧代-N,β-二苯基苯丁酰胺	125971-96-2
2-(2-氨基-5-硝基-6-羰基-1,6-二氢嘧啶-4-YL)-3-(3-噻嗯基)丙腈	115787-67-2
2-乙氧基-5-(4-甲基哌嗪-1-基磺酰基)苯甲酸	194602-23-8
羟基氟他胺	52806-53-8
(2R)-氨基(环己-1,4-二烯基)醋酸	20763-30-8
2-氯烟酸	2942-59-8
2-氯-9-(3-二甲氨基丙基)-9-羟基硫杂蒽	4295-65-2
2-氧代-5-乙烯基吡咯烷-3-羧酰胺	71107-19-2
1-(2-嘧啶基)哌嗪	20980-22-7
2-氨基-5-硝基-2′-氯二苯甲酮	2011-66-7
N,N-二乙基乙二胺	100-36-7
2-氨基二苯硫醚	1134-94-7

(续表)

品　名	CAS号
α-苯基-2-吡啶基乙腈	5005-36-7
(Z)-2-(2-甲酰氨基噻唑-4-基)-2-甲氧亚氨基乙酸	65872-43-7
2-氯吩噻嗪	92-39-7
7-乙基色醇	41340-36-7
2-氯-3-氨基吡啶	6298-19-7
喹硫平	111974-69-7
3-氨基-4-硫基三氟甲苯盐酸	4274-38-8
酯化物	97845-60-8
4-(2-(苄基(叔丁基)氨基)-1-羟基乙基)-2-(羟甲基)苯酚	24085-03-8
2-乙酰基苯并噻吩	22720-75-8
2-正丁基-5-氯-4-甲酰基咪唑	83857-96-9
2-氨基-3-乙酰基吡啶	65326-33-2
2-苯基丙烷-1,3-二醇	1570-95-2
2-(3-溴苯氧基)四氢-2H-吡喃	57999-49-2
2-(3-苯氧基苯基)丙腈	32852-95-2
2-(乙酰氧基甲基)-4-碘乙酸丁酯	127047-77-2
2-(5-(1-三苯甲基-1H-四氮唑)苯硼酸	143722-25-2
2-氨基-2′,5-二氯二苯甲酮	2958-36-3
双乙酰阿昔洛韦	75128-73-3
2-氨基-5-氯-2′-氟二苯甲酮	784-38-3
2-[4-(2-氨基-4-氧代-4,5-二氢噻唑-5-基甲基)苯氧基甲基]-2,5,7,8-四甲基铬-6-基乙酸酯	171485-87-3
alpha-溴-2-氯苯乙酸	141109-25-3
5-乙基-2-吡啶乙醇	5223-06-3
2-碘-4-(1H-1,2,4-噻唑-1-甲基)苯胺	160194-26-3
2-(4-氟苄基)噻吩	63877-96-3
N-[4-溴-2-(2-吡啶甲酰基)苯基]-2-氯乙酰胺	41526-21-0
二脱氧腺(嘌呤核)苷	4097-22-7
1-(2,4-二羟基苯基)-2-(4-羟基苯基)乙酮	17720-60-4
2′,5-二氯-2-(3-羟基甲基-5-甲基-4H-1,2,4-三唑-4-基)二苯甲酮	54196-62-2
2″,5-二氯-2-(3-甲基-4H-1,2,4-三唑-4-基)二苯甲酮	54196-61-1
甲酮,(3,4-二羟基苯基)(6-甲基-2-吡啶基)-	253450-12-3
氨甲酸,3-氮杂二环[3.1.0]己-6-基-,1,1-二甲基乙基酯（9CI）	192201-93-7

(续表)

品　名	CAS号
2-(1-氨基-1-甲基乙基)-N-[(4-氟苯基)甲基]-5-羟基-1-甲基-6-氧代-1,6-二氢嘧啶-4-甲酰胺	518048-03-8
2-(2-{N-[4-(4-氯-2,5-二甲氧基苯基)-5-(2-环己基乙基)(1,3-噻唑-2-基)]氨甲酰基}-5,7-二甲基吲哚基)乙酸钾盐	221671-63-2
2-(2-氯-4-碘苯氨基)-N-(环丙基甲氧基)-3,4-二氟苯甲酰胺	212631-79-3
瑞德南特	377727-87-2
2-(2S,3R)-2-(1S)-2-[(4-氯苯基)磺酰基]-1-甲基-2-氧乙基-3-[(1S)-1-羟乙基]-4-氧代氮乙酸	105318-28-3
2-(芘-4-基)噁丙环	221030-56-4
5-(N-邻苯二甲酰亚氨基)-2-戊酮	3197-25-9
2-(5-甲基-2-苯基-1,3-恶唑-4-基)-1-乙醇	103788-65-4
2-(5-甲基-2-苯基-4-噁唑基)乙基 甲烷磺酸盐	227029-27-8
2-苄氧基甲基-4-异丙基-1H-咪唑	178982-67-7
2-(二甲基氨基)-2-苯基-1-丁醇	58997-87-8
2-(乙氨基)-5-[2-喹啉-4-酰氧基]乙基烟酸	
丙酸,3-[[(1,1-二甲基乙氧基)羰基]氨基]-2-羟基-,甲基	189003-92-7
N-乙酰-D-甘露糖胺	7772-94-3
恩替卡韦相关物质A	649761-24-0
2-氨基双环[3.1.0]己烷-2,6-二羧酸水合物	209216-09-1
4-甲砜基-α-溴代苯乙酮	50413-24-6
2-溴-1-[4-羟基-3-(羟甲基)苯基]-乙-1-酮	62932-94-9
4-羟基-4-甲基-2-戊炔酸甲酯	209909-03-5
3-吡啶羧酸,2-乙氧基-5-[(4-乙基-1-哌嗪基)磺酰]-	247582-73-6
4-苄基-2-羟基-吗啉-3-酮	287930-73-8
2-碘-3,4-二甲氧基-6-硝基苯甲腈	192869-10-6
2-甲氧基-1-(4′-三氟甲基)苯乙酮	26771-69-7
3-硝基苯叉基乙酰乙酸甲氧乙酯	39562-22-6
2,2-二甲基苯乙酸乙酯	2901-13-5
2-甲基-3-[[(2S)-吡咯烷-2-基]甲氧基]吡啶	161417-03-4
苯甲酰甲基醋酸盐	2243-35-8
2-氧代双环[3.1.0]己烷-6-羧酸乙酯	134176-18-4
头孢布烯侧链	115065-79-7
苏式-苯基哌啶-2-乙酰胺	19395-39-2
2-正丙基-4-甲基-6-(1′-甲基苯并咪唑-2-基)苯并咪唑	152628-02-9
2-氰基嘧啶	14080-23-0

(续表)

品　名	CAS号
1,4-二氧代-2-甲缩醛基-喹恶啉	32065-66-0
2-噻吩乙腈	20893-30-5
O-苄基泊沙康唑	170985-86-1
2-(羧基乙酰氨基)苯甲酸	53947-84-5
2-(4-乙氧基苯基)-3-[4-(甲基磺酰基)苯基]吡唑并[1,5-b]哒嗪	221148-46-5
2-[4-(甲硫基)苯氧基]苯甲醛	364323-64-8
2-[5-(1,2,4-三唑-1-基甲基)-1H-吲哚-3-基]乙醇	160194-39-8
醋酸妊娠双烯醇酮	979-02-2
(8S,9R,10S,11S,13S,14S,16R,17R)-9-氟-11,17-二羟基-10,13,16-三甲基-17-[2-(苯基甲氧基)乙酰基]-6,7,8,11,12,14,15,16-八氢环戊烯并[a]菲-3-酮	150587-07-8
21-氯-16α-甲基孕烯酸-1,4,9(11)-三烯-3,20-二酮	151265-34-8
21-氯-9-beta,11-beta-环氧-17-羟基-16-alpha-甲基孕甾-1,4-二烯-3,20-二酮	83881-08-7
(S)-(＋)-2,2-二甲基环丙烷甲酰胺	75885-58-4
2,2-二苯基-4-哌啶戊腈	5424-11-3
2,2-二硫代双(苯甲腈)	33174-74-2
2,2'-[(3,4-二乙基-1H-吡咯-2,5-二基)双(亚甲基)]双[4-甲基-5-[(苯甲氧基)羰基]-1H-吡咯-3-丙酸],二甲酯	149365-59-3
2,2',4'-三氯苯乙酮	4252-78-2
2,2-二甲基丙酰氧基甲基(6R,7R)-7-[(2z)-2-[2-[(1,1-二甲基乙氧基)羰基]氨基]-4-噻唑基](甲氧基亚氨基)乙酰基]氨基]-8-氧代-5-噻-1-氮杂双环[4.2.0]辛-2-烯-2-羧酸盐	135790-89-5
三氟乙醇	75-89-8
{[4-(2-甲氧乙基)苯氧基]甲基}环氧乙烷	56718-70-8
2,3-二甲基-4-硝基吡啶-N-氧化物	37699-43-7
2,3,4-三羟基苯甲醛	2144-08-3
2,3,4,6-四-O-苄基-1-O-(三甲基硅烷基)-D-葡萄糖	80312-55-6
2-(2,3,4,6-四邻乙酰基-beta-d-吡喃葡萄糖)-2-硫代异脲氢溴酸	40591-65-9
2,3,4,6-四苄基-D-吡喃葡萄糖	4132-28-9
三甲基氢醌	700-13-0
2,4'-二氟-2-(1H-1,2,4-三唑-1-基)苯乙酮盐酸盐	86386-75-6
2,4-二氧四氢喋啶	487-21-8
2,4-二氯-5-磺酰胺基苯甲酸	2736-23-4
2,5,7,8-四甲基-2-[(4-硝基苯氧基)甲基]-4-氧代-3,4-二氢-2H-苯并吡喃-6-基乙酸酯	107188-34-1
泛影酸	50978-11-5
2,4-二氨基-6-羟基嘧啶	56-06-4
2,6-二氟苄胺	69385-30-4

(续表)

品　名	CAS号
氟氯烟酸	82671-06-5
2,6-二异丙基苯基氨基磺酸	92050-02-7
2,6-二氯-4,8-二哌啶子基嘧啶并[5,4-D]嘧啶	7139-02-8
2,7-二氯-6-甲基-4-[(4-甲基-1-哌啶基)甲基]-3-喹啉甲醇	220998-08-3
(E)-3-[2-(7-氯-2-喹啉基)乙烯基]苯甲醛	120578-03-2
3-噻吩丙二酸	21080-92-2
3-乙烯基三氯苯胺盐酸盐	81972-27-2
3-亚甲基环丁基甲腈	15760-35-7
2-甲基-3-乙酰氧基苯甲酰氯	167678-46-8
5-甲氧基-3-(1-甲基乙氧基)-N-1H-四唑-5-基-苯并(b)噻吩-2-甲酰胺单钠盐	104795-68-8
3-异丙氧基-5-甲氧基-N-(1H-四唑-5-基)苯并噻吩-2-甲酰胺	104795-66-6
4-羟基-3-硝基吡啶	5435-54-1
9,10-二氢-9,10-乙桥蒽-9-丙烯醛	38849-09-1
2-(3,4-二甲氧基苯基)-3-甲基丁腈	20850-49-1
3-氨基-4-吡唑甲酰胺半硫酸盐	27511-79-1
3-氧代-4-氮杂-5-雄烷-17B-羧酸	103335-54-2
2,3-二甲氧基-5-磺酰胺基苯甲酸	66644-80-2
3-氯-4-(吡啶-3-基)-1,2,5-噻二唑	131986-28-2
3-(2-氯乙基)-2,4(1H,3H)-喹唑啉二酮	5081-87-8
2-羟甲基-3-甲基-4-(2,2,2-三氟乙氧基)吡啶	103577-66-8
3-{[4-(4-脒基苯基)噻唑-2-基][1-(羧甲基)-4-哌啶基]氨基}丙酸	180144-61-0
3-(2-氯-6-氟苯基)-5-甲基异噁唑-4-羧酰氯	69399-79-7
3-(2-氯乙基)-2-甲基-6,7,8,9-四氢-4H-吡啶并[1,2-a]嘧啶-4-酮盐酸盐	93076-03-0
3-(2-氯乙基)-2-甲基吡啶并[1,2-a]嘧啶-4-酮	41078-70-0
1-(4-溴苄基)-2-丁基-4-氯-1H-咪唑-5-甲醇	151012-31-6
3,4,5-三甲氧基-α-(1-甲基乙基)苯乙腈	36622-33-0
3-(2-氨基乙基)-N-甲基-1H-吲哚-5-甲磺酰胺	88919-22-6
3-氧代-雄甾-4-烯-17β-羧酸	302-97-6
3-(4-己氧基-1,2,5-噻二唑-3-基)-1-甲基吡啶碘化物	131988-19-7
1-[2-氰基-1-(氰基亚氨基)乙基]哌啶	56488-00-7
3-(氨甲基)-5-甲基己酸	128013-69-4
3-(2,5-二甲苯氧基)丙酰氯	31264-51-4
3-{(Z)-1-[4-(2-二甲基氨基乙氧基)苯基]-2-苯基丁-1-烯基}苯酚	83647-29-4
1,5-二氧代-7aβ-甲基-3aα-六氢茚满-4α-丙酸	1944-63-4

(续表)

品　名	CAS号
3-二甲基氨甲基-9-甲基-1,2,3,4-四氢咔唑-4-酮	132659-89-3
3-甲酰利福平霉素	13292-22-3
3-酮-4-氮杂-5a-雄烷-17b-羧酸	103335-55-3
头孢孟多酯钠杂质E	87932-78-3
4-硝基-L-苯丙氨酸	949-99-5
3-氨基-7-甲基-5-苯基-1H-1,4-苯二氮杂-2(3H)-酮	70890-50-5
{[3-[2-(3-氯苯基)乙基]-2-吡啶基]}(1-甲基-4-哌啶基)甲酮盐酸盐	107256-31-5
N,N-二甲氨基氯丙烷盐酸盐	5407-04-5
3-[(S)-3-(L-丙氨酰氨基)吡咯烷-1-基]-1-环丙基-6-氟-4-氧代-1,4-二氢-1,8-萘啶-3-羧酸盐酸盐	122536-48-5
安体舒通EP杂质C	976-70-5
3-异丙氧基-5-甲氧基-N-(1H-四唑-5-基)苯并噻吩-2-甲酰胺-1H-咪唑(1:1)	104795-67-7
3-乙基-5-甲基-4-(2-氯苯基)-2-(2,2-二乙氧基乙基氧甲基)-6-甲基-1,4-二氢吡啶-3,5-二甲酸酯	103094-30-0
7-苯乙酰胺基-3-甲基-8-氧代-5-硫杂-1-氮杂双环[4.2.0]辛-2-烯-2-甲酸	27255-72-7
7-氯-3-(甲氧基羰基)-4-氧代-1,4-二氢喹啉-2-羧酸	170143-39-2
3-[2-(3-氯苯基)乙基]-2-吡啶甲腈	31255-57-9
3-双邻氯苯基-5-甲基-4-异噁唑酰氯	4462-55-9
3-乙酰氧基-2-甲基苯甲酸	168899-58-9
邻氯酰氯	25629-50-9
N,N-二甲基-5H-二苯并(a,d)环庚烯-5-丙基胺盐酸盐	1614-57-9
3-[4-(4-苯基丁氧基)苯甲酰基氨基]-2-羟基苯乙酮	136450-06-1
3-氨基-2-羟基苯乙酮盐酸盐	90005-55-3
2-乙酰基-4-丁酰氨基苯酚	40188-45-2
3'-叠氮-2',3'-二脱氧-5-甲基胞苷盐酸盐	108895-45-0
5'-O-三苯甲基-齐多夫定	29706-84-1
3'-O-甲酰基-5'-O-三苯基胸苷	104218-44-2
3',5'-脱水胸苷	38313-48-3
3-[(1R)-1-苯乙基](4S)-6-氯-4-(2-环丙炔基)-4-(三氟甲基)-1,3,4-三氢喹唑啉-2-酮	247565-04-4
3-{[2-(氨基甲基)环己基]甲基}-1,2,4-噁二唑-5(2H)-酮	227625-35-6
3-[(1-氨基甲基环己基)甲基]-4H-[1,2,4]噁二唑-5-酮盐酸盐	227626-75-7
3-(2-氨基-1-羟基乙基)-4-甲氧基苯磺酰胺	189814-01-5
3-(2-溴丙烷酰基)-4,4-二甲基-1,3-噁唑烷-2-酮	114341-88-7
(3R)-3-{[4-(三氟甲基)苯基]氨基}戊酰胺	667937-05-5

(续表)

品　名	CAS号
3-(甲氧基甲基)-7-(4,4,4-三氟丁氧基)-4,5,10,3a-四氢-3H,3aH-1,3-恶唑烷[3,4-a]喹啉-1-酮	176773-87-8
N,N-二甲基氨基乙基苯甲醇	42142-52-9
3-(N-苯基-N-甲基)氨基丙烯醛	14189-82-3
3-{(2S,3S)-2-羟基-3-[(3-羟基-2-甲基苯甲酰基)氨基]-4-苯基丁酰基}-5,5-二甲基-N-(2-甲基苄基)-1,3-噻唑烷-4-甲酰胺	186538-00-1
3-氨基吡嗪-2-羧酸	5424-01-1
3-氯-4-(3-氟苯甲氧基)苯胺	202197-26-0
左旋氨氯地平	103129-82-4
α-(N-苄基-甲基氨基)-间羟基苯乙酮盐酸盐	71786-67-9
3-甲基-2-吡啶甲酸	4021-07-2
3-[(4S)-5-氧代-2-(三氟甲基)-1,4,5,6,7,8-六氢喹啉-4-基]苯甲腈	172649-40-0
3-[(二甲基氨基)甲基]-4-[4-(甲硫基)苯氧基]苯-1-磺酰胺 L-酒石酸盐(1∶1)	364323-49-9
3-[(二甲基氨基)甲基]-4-[4-(甲硫基)苯氧基]苯-1-磺酰胺	364321-71-1
3-[(2S,4S)-4-巯基吡咯烷-2-羰酰胺基]苯甲酸盐酸盐	219909-83-8
番麻皂素	467-55-0
8-氯-3,10-二溴-5,6-二氢-11H-苯并[5,6]环庚烷并[1,2-B]吡啶	272107-22-9
21-羟基孕甾-1,4,9(11),16-四烯-3,20-二酮-21-醋酸酯	37413-91-5
3,3-二苯基四氢呋喃-2-亚基二甲基溴化胺	37743-18-3
3,3-二乙基-5-(羟甲基)吡啶-2,4(1H,3H)-二酮	20096-03-1
3,4-二甲氧基-β-甲基苯乙胺	55174-61-3
2-(3,4-二甲氧基苯基)乙胺	120-20-7
芝麻酚	533-31-3
3,4'-二氯-2'-[(5-氯-2-吡啶基)氨甲酰基]-6'-甲氧基-4-[(2-甲胺基-1H-咪唑-1-基)甲基]噻吩-2-甲苯胺	229336-92-9
3,4'-二氯-2'-[(5-氯-2-吡啶基)氨甲酰基]-6'-甲氧基-4-[(2-甲胺基-1H-咪唑-1-基)甲基]噻吩-2-甲苯胺三氟乙酸盐	229340-73-2
双吲哚马来酰亚胺	113963-68-1
3,4,5-三甲氧基苯乙腈	13338-63-1
3,5-二叔丁基-4-羟基苯甲醛	1620-98-0
泛影酸	50978-11-5
3,5-二甲基哌啶	35794-11-7
3,5,9-三氧杂-4-磷杂环庚烷-1-胺,4-羟基-7-甲氧基-N,N,N-三甲基-,内盐,4-氧化物,(R)	77286-66-9
3,5,9-三氧杂-4-磷杂环庚烷-18-烯-1-胺,4-羟基-N,N,N-三甲基-10-氧代-7-[[(9Z)-1-氧代-9-十八烯基]氧基]-内盐,4-氧化物,(7R,18Z)	4235-95-4
3,7,11-三甲基十二碳-1,6,10-三烯-3-醇	7212-44-4
3,7,11,15-四甲基十六碳-1-烯-3-醇	505-32-8

(续表)

品　名	CAS号
4-氨基-2-氯-6,7-二甲氧基喹唑啉	23680-84-4
1-氨基-4-甲基哌嗪	6928-85-4
4-(4-环己基-2-甲基-1,3-恶唑-5-基)-2-氟苯磺酰胺	180200-68-4
3-(4氯苯基)戊二酰亚胺	84803-46-3
4-氯吡啶盐酸盐	7379-35-3
4-[(2-丁基-5-甲酰基-1H-咪唑-1-基)甲基]苯甲酸	152146-59-3
4-硝基苄基 3-亚甲基-7-(苯氧基乙酰胺)头孢烯-4-羧酸盐 5-氧化物	63427-57-6
2-甲氧基-4-乙酰胺基-5-氯苯甲酸	24201-13-6
4-(4-溴苯基)-4-羟基哌啶	57988-58-6
双苯溴丁酸	37742-98-6
2-甲氧羰基甲氧亚胺基-4-氯-3-氧代丁酸	84080-70-6
4-氨基-6-氯-1,3-苯二磺酰氯	671-89-6
[(5-噻唑基)甲基]-(4-硝基苯基)碳酸酯盐酸盐	154212-59-6
4-异丙基苯乙酮	645-13-6
4-甲氧基-3,5-二甲基-2-羟甲基吡啶	86604-78-6
4-甲基咪唑	822-36-6
4-叔丁基苄基 2-{(2R,3S)-3-[(R)-1-(叔丁基二甲基硅氧基)乙基]-2-[(1R,3S)-3-甲氧基-2-氧代环己基]-4-氧代氮杂-1-基}-2-氧代乙酸	159593-17-6
(2E)-3-[4-(2,2,3,3-四氟丙氧基)苯基]丙烯腈	123632-23-5
噻利考西	169590-42-5
4-硝基苄基 (6R-反式)-7-氨基-3-氯-8-氧代-5-硫杂-1-氮杂双环[4.2.0]辛-2-烯-2-羧酸酯	53994-83-5
酒石酸辛弗林	16589-24-5
4-[2-(环丙基甲氧基)乙基]苯酚	63659-16-5
4-(3,4-二氯苯基)-1-四氢萘酮	79836-44-5
3-硝基-4-氯三氟甲苯	121-17-5
1-(4-氟苯基甲基)-2-氨基苯并咪唑	83783-69-1
4-(4-甲氧苯基)-2-丁酮	104-20-1
4-氯苯甲酸 1-(4-甲氧苯基)酰肼	16390-07-1
4-羟基吲哚	2380-94-1
4-(2-甲基-1H-咪唑并[4,5-C]吡啶-1-基)苯甲酸	132026-12-1
4-甲酰基-N-异丙基苯甲酰胺	13255-50-0
4-苯基-4-哌啶羧酸对甲基苯磺酸盐	83949-32-0
4-(4-氟苯甲酰基)对甲苯磺酸吡啶	
以甲苯溶液形式存在的 4-(2-氨基乙基硫甲基)-1,3-噻唑-2-基甲基(二甲基)胺	
1-异丙基-4-(4-羟基苯基)哌嗪	67914-97-0

(续表)

品　名	CAS号
4-氯-1-甲基哌啶盐酸盐	5382-23-0
4-(5H-二苯并[a,d]环庚-5-基)哌啶	101904-56-7
4-(4-氯苯基)-4-羟基哌啶	39512-49-7
4-[(4-甲磺酰胺基)苯基]-4-氧代丁酸	100632-57-3
4-溴-2,2-二苯基丁三醇	391-86-58-8
[2S-(2α,5α,6β)]-3,3-二甲基-7-氧代-6-(苯氧基乙酰氨基)-4-硫杂-1-氮杂双环[3.2.0]庚烷-2-羧酸 4-硝基苄基酯 4-氧化物	29707-62-8
4-氨基-5-氯-2-甲氧基苯甲酸	7206-70-4
杂氮双环磷酸酯	90776-59-3
4-氨基-5-氯-N-{1-[3-(4-氟苯氧基)丙基]-3-甲氧基-4-哌啶基}-2-甲氧基苯甲酰胺	104860-73-3
4-(4-吡啶氧基)苯磺酰氯盐酸盐	192330-49-7
1-乙酰基-4-(4-羟基苯基)哌嗪	67914-60-7
对肼基苯磺酰胺盐酸盐	17852-52-7
4-氨基-N-甲基-α-甲苯磺胺盐酸盐	88918-84-7
伐地考昔	181695-72-7
4-叔丁基苯磺酰胺	6292-59-7
4-吗啉-2-基邻苯二酚盐酸盐	13062-59-4
4-苯基-4-羟基哌啶	40807-61-2
洛那法尼	193275-84-2
4-氟苄基 4-(甲硫基)苯基甲酮	87483-29-2
5,6-二氢-4-(2-甲基-2-苯基肼基)-2-1H-吡啶酮	139122-76-2
4-[(S)-3-氨基-2-氧吡咯烷-1-基]苯甲腈盐酸盐	175873-08-2
泊沙康唑	171228-49-2
4-氨基-6-氯-1,3-苯二磺酰胺	121-30-2
氨酪酸	56-12-2
乳糖酸	96-82-2
4-苯氧基吡啶	4783-86-2
4-氯-4′-氟苯丁酮	3874-54-2
4-{2-[4-(3,10-二溴-8-氯-6,11-二氢-5H-苯并[5,6]环庚并[1,2-b]吡啶-11-基)-1-哌啶基]-2-氧代乙基}-1-哌啶甲酰胺	193275-85-3
4-乙基-2,3-二氧-1-哌嗪甲酰氯	59703-00-3
7-苯乙酰氨基-3-氯甲基-4-头孢烷酸对甲氧基苄酯	104146-10-3
4-(4-吡啶基氧基)苯磺酸	192329-80-9
对苯丁氧基苯甲酸	30131-16-9
4-(1-哌嗪)-2,6-双-(1-吡咯烷)-嘧啶	111641-17-9
4-吡啶乙酸盐酸盐	6622-91-9

(续表)

品　名	CAS号
2-氰基-4'-甲基联苯	114772-53-1
4'-氨基琥珀酸盐酸盐	149177-92-4
1-{4-[2-(二甲基氨基)乙氧基]苯基}-2-苯基-1-丁酮	68047-07-4
对叔丁基-4-氯苯丁酮	43076-61-5
2-[(1-甲基-2-苯氧基乙基)氨基]-1-[4-(苯基甲氧基)苯基]丙-1-酮盐酸盐	35205-50-6
厄贝沙坦烃化物	138401-24-6
4'-去甲表鬼臼毒素	6559-91-7
4'-(苄氧羰基)-4'-去甲基鬼臼毒素	23363-33-9
4'-溴甲基-2-氰基联苯	114772-54-2
4'-溴甲基联苯-2-甲酸叔丁酯	114772-40-6
4'-氯联苯-4-甲醛	80565-30-6
4-[(1E)-2-环丙基乙烯基](4S)-6-氯-4-(三氟甲基)-1,3,4-三氢喹唑啉-2-酮	214287-99-7
4-(1-溴代乙基)-5-氟-6-氯嘧啶	188416-28-6
利扎曲坦中间体	119192-10-8
4-[2-(5-甲基-2-苯基-1,3-恶唑-4-基)乙氧基]苯甲醛	103788-59-6
4-(2-哌啶-1-乙氧基)苯甲醛	26815-04-3
3-氯-4-吗啉-1,2,5-噻二唑	30165-96-9
3-氯-4-吗啉-1,2,5-噻二唑	30165-96-9
萘普西诺	163133-43-5
4-{[(3-{[(2,2-二甲基丙酰基)氧]甲基}-2,7-二甲基-4-氧代-3,4-二氢喹唑啉-6-基)甲基](丙炔基)氨基}-2-氟苯甲酸	140373-09-7
4-{[(4-氟苯基)亚胺]甲基}-苯酚	3382-63-6
4-氨基-N-哌啶甲酸乙酯	58859-46-4
5-氟-1-(2',3'-二脱氧-2',3'-二脱氢 β-D-呋喃阿糖基)-胞嘧啶(Dexelvucitabine)	134379-77-4
去甲西沙必利盐酸盐	221180-26-3
4-氨基-5-乙基-1-(2-甲氧基乙基)吡唑-3-甲酰胺	334828-10-3
N-甲基-N-(4-氨基苯氧乙基)-4-氨基苯乙胺	115256-13-8
4-乙基-5-氟-6-氯嘧啶	137234-74-3
4-氯甲基-5-甲基-1,3-二氧杂环戊烯-2-酮	80841-78-7
1-氯-4-[4-(甲硫基)苯氧基]苯	225652-11-9
反-4-环己基-L-脯氨酸	103201-78-1
1,2,5,6-四氢-4-羟基-2-氧代-3-哌啶甲酸甲酯钠盐	198213-15-9
氯甲酸 4-甲氧基苯酯	7693-41-6
7-甲基-2-丙基-(1H)-苯并咪唑-5-羧酸	152628-03-0
2,6-二甲氧基-4-甲基-8-硝基-5-[3-(三氟甲基)苯氧基]喹啉	189746-15-4

(续表)

品　名	CAS号
2,6-二甲氧基-4-甲基-5-[3-(三氟甲基)-苯氧基]-8-喹啉胺	106635-86-3
2-氯-6-甲氧基-4-甲基-喹啉	6340-55-2
4-甲基-2-羟基-6-甲氧基喹啉	5342-23-4
噻-2,6-二氮杂二环[3.2.0]庚-2-烯-6-乙酸,α-(1-甲基乙烯基)-7-氧代-3-(苯甲基)-二苯甲基酯	63457-21-6
盐酸左旋沙丁胺醇	50293-90-8
4-[(3-氨基-2-吡啶基)氨基]苯酚	78750-68-2
4-(2-哌啶-1-基乙氧基)苯甲酰氯盐酸盐	84449-81-0
4-(2-哌啶-1-基乙氧基)苯甲酰氯盐酸盐的1,2-二氯乙烷溶液	84449-81-0
4-[2-(2-氨基-4,7-二氢-4-氧代-3H-吡咯并[2,3]嘧啶-5-基)乙基]苯甲酸	137281-39-1
4-(2-(5-甲基-2-苯基噁唑-4-基)乙氧基)苯并[b]噻吩-7-甲醛	475480-88-7
4-[[2-乙氧基-5-[(4-甲基-1-哌嗪)磺酰基]苯甲酰基]氨基]-1-甲基-3-丙基-1H-吡唑-5-羧酰胺	200575-15-1
4-[5-(4-氟苯基)-3-(三氟甲基)-1H-吡唑-1-基]苯磺酰胺	170569-88-7
4,4-二氟环己甲酸	122665-97-8
五氟戊醇	148043-73-6
4,5,6,7-四氢噻吩[3,2-c]吡啶盐酸盐	28783-41-7
2-甲基-3-氟-4,6-二溴苯甲酸	119916-27-7
波生坦中间体(I)	150728-13-5
4,6-二氟-1-茚酮	162548-73-4
5-氯-1-(4-哌啶子基)-2-苯并咪唑烷酮	53786-28-0
5-(1-甲基-4-哌啶基)-5H-二苯并[a,d]环庚烯-5-醇盐酸盐	4046-24-6
5-[(2-氨基乙基)氨基]-2-[2-(二乙基氨基)乙基]-2H-苯并噻喃并[4,3,2-Cd]吲唑-8-醇三盐酸盐	119221-49-7
2-(2-硝基苯胺基)-3-氰基-5-甲基噻吩	138564-59-7
N-(三苯基甲基)-5-(4′-甲基联苯-2-基)四氮唑	124750-53-4
5-羟基-1-四氢萘酮	28315-93-7
利莫那班	168273-06-1
5-N,N-二苄胺乙酰水杨酰胺	30566-92-8
R-(-)-5-(2-氨基丙基)-2-甲氧基苯磺酰胺	112101-81-2
5-(3-二甲氨基丙基)-10,11-二氢二苯并[A,D]环庚烯-5-醇	1159-03-1
5-碘脲	696-07-1
2-{[(5-二甲基氨基)甲基]-2-呋喃基]甲基}硫代乙胺	66356-53-4
胸腺嘧啶	65-71-4
2-[4-氨基磺酰-苯基]-乙基-5-甲基吡嗪甲酰胺	33288-71-0

(续表)

品　名	CAS号
(R)-5-溴-3-(1-甲基-2-吡咯烷基甲基)-1H-吲哚	143322-57-0
1-甲基-4-硝基-5-氯咪唑	4897-25-0
5-氯吲哚-2-酮	17630-75-0
5-[(1-苯并呋喃-2-基羰基)氨基]-1H-吲哚-2-羧酸	110314-42-6
2,4,6-三碘-5-氨基间苯二甲酸	35453-19-1
5-甲基磺酰氨基吲哚-2-羧酸	150975-95-4
5-乙醛酰水杨酸酰胺水合物	141862-47-7
2-巯基-5-甲氧基苯并咪唑	37052-78-1
5-氯-2-[3-(羟基甲基)-5-甲基-4H-1,2,4-三唑-4-基]二苯甲酮	38150-27-5
5-氨基-2,4,6-三碘异酞酰氯	37441-29-5
甲基巯基噻二唑	29490-19-5
(5-氨基-2,4,6-三碘-1,3-亚苯基)二(羰基亚氨基-2,1,3-丙烷三基)四乙酸酯	148051-08-5
5-氯-2-(3-甲基-4H-1,2,4-三唑-4-基)二苯甲酮	36916-19-5
5-乙基-4-(2-苯氧基乙基)-2H-1,2,4-三氮唑-3(4H)-酮	95885-13-5
4,5-二氢-5-甲基-3,4-二苯基-5-异恶唑	181696-73-1
5-甲基-3-苯基-4-异恶唑酰氯	16883-16-2
5-甲基尿苷	1463-10-1
5-甲基尿苷半水合物	25954-21-6
5-乙酰基水杨酰胺	40187-51-7
5-甲基吡嗪-2-羧酸	5521-55-1
2,3,4,5-四氢-5-甲基-1H-吡啶并[4,3-b]吲哚-1-酮	122852-75-9
5-氨基-2,4,6-三碘-N,N'-二(2,3-二羟基丙基)-1,3-苯二甲酰胺	76801-93-9
5'-苯甲酰基-2',3'-二脱氢-3'-脱氧胸腺嘧啶	122567-97-9
5-O-三苯甲游基-3-β-羟基胸腺嘧啶脱氧核苷	55612-11-8
5-(3-氯丙基)-3-甲基异噁唑	130800-76-9
对氟苯甲酰基丁酸	149437-76-3
5-(8-氨基-7-氯-2,3-二氢-1,4-苯并二恶烷-5-基)-3-[1-(2-苯基乙基)哌啶-4-基]-1,3,4-恶二唑-2(3H)-酮盐酸盐	191023-43-5
3-氯甲基-1,2,4-三唑啉-5-酮	252742-72-6
5-氨基-N-(2-羟基乙基)-2,4,6-三碘间甲酰苯甲酸	22871-58-5
5-溴-DL-色氨酸	6548-09-0
5-氯-2,6-二甲氧基-4-甲基喹啉	189746-19-8
5-氯-2,6-二甲氧基-4-甲基-8-硝基喹啉	189746-21-2
三-o-乙酰基-5-脱氧-d-呋喃核糖	37076-71-4
5-甲氧基香豆素	51559-36-5

(续表)

品　名	CAS号
7-氨基-3-乙烯基-3-头孢环-4-羧酸	79349-82-9
5-[(2,4-二氧代噻唑啉-5-基)甲基]-2-甲氧基-N-[[4-(三氟甲基)苯基]甲基]苯甲酰胺	213252-19-8
{5-[(3,5-二氯苯基)硫基]-4-异丙基-1-(4-吡啶基甲基)-1H-咪唑-2-基}甲醇	178981-89-0
西波吡啶单水合物	139781-09-2
5,5′-[(3,4-二乙基-1H-吡咯-2,5-二基)双(亚甲基)]双[4-(3-羟丙基)-3-甲基-1H-吡咯-2-甲醛]	149365-62-8
4-氨基-5,6-二甲氧基嘧啶	5018-45-1
4-氧代-5,6-二氢-4H-噻吩并[2,3-b]噻喃-2-磺酰胺	105951-31-3
4-氧代-5,6-二氢-4H-噻吩并[2,3-b]噻喃-2-磺酰胺 7,7-二氧化物	105951-35-7
5,6,7,8-四氢喹啉	10500-57-9
5,8-二氢-1-萘酚	27673-48-9
亚氨基芪	256-96-2
三烯酮	2222-33-5
2-氨基-6-碘嘌呤	19690-23-4
2-(4-甲氧基苯基)-6-甲氧基苯并[b]噻吩	63675-74-1
6-氨基青霉烷酸	551-16-6
6-甲氧基-2-萘甲醛	3453-33-6
1,1′-氧代二[3,3-二甲基丁烷]	87848-95-1
1,3-二甲基-6-氨基-5-(甲酰氨基)尿嘧啶	7597-60-6
2-氨基-6-甲氧基嘌呤	20535-83-5
6-氯-1,3-二氢-吲哚-2-酮	56341-37-8
6-氯吡啶-3-甲酸	5326-23-8
6-乙基-5-氟嘧啶-4(3H)酮	137234-87-8
依米韦林	149950-60-7
6-羟基烟酸	5006-66-6
6-{[3-氟-5-(3,4,5,6-四氢-4-甲氧基-2H-吡喃-4-基)苯氧基]甲基}-1-甲基-1H-喹啉-2-酮	140841-32-3
9-(2-羟乙基)腺嘌呤	707-99-3
5-(2-氯乙基)-6-氯-1,3-二氢-吲哚-2-(2H)-酮	118289-55-7
6-甲氧基-1-萘满酮	1078-19-9
5,6-二甲氧基苯并吲酮	2107-69-9
2-溴-6-甲氧基萘	5111-65-9
6-({2-[4-(4-氟苄基)哌啶-1-基]乙基}亚磺酰)-1,3-苯并恶唑-2(3H)-酮	253450-09-8
6-(5-氯-2-吡啶基)-6,7-二氢-7-羟基-5H-吡咯并[3,4-b]吡嗪-5-酮	43200-81-3
N-去甲基佐匹克隆	59878-63-6
6-(5-氯-2-吡啶基)-5H-吡咯并[3,4-b]吡嗪-5,7(6H)-二酮	43200-82-4

(续表)

品　名	CAS号
甲酮,1-哌啶基-4-哌啶基-,盐酸（1∶1）	182133-09-1
苄基鸟嘌呤	19916-73-5
4-氧代-3,4-二氢喹唑啉-7-羧酸甲酯	158878-46-7
6-氨基-2-碘-3,4-二甲氧基苯甲腈	192869-24-2
6-氯-4-(2-乙基-1,3-二氧戊环-2-基)-2-甲氧基吡啶-3-基]甲醇	183433-66-1
1-[(6-氟-2,9-二氢-9-甲基-1-氧代-2-苯基-1H-吡啶并[3,4-b]吲哚-4-基)羰基]-吡咯烷	205881-86-3
6-碘-4(H)-喹唑啉酮	16064-08-7
6,9-二氟-11,17-二羟基-16-甲基-3-氧代雄甾-1,4-二烯-17-羧酸	28416-82-2
(3S)-6,6-二溴-2,2-二甲基青霉烷-3-羧酸 1,1-二氧化物	76646-91-8
1-羟基-6,6-二甲基-2-庚烯-4-炔	173200-56-1
6,7-双(甲氧基乙氧基)喹唑啉酮	179688-29-0
6,7-二氯-2,3-二甲氧基-5-喹喔啉胺	178619-89-1
6,7-二甲氧基喹唑啉-2,4-二酮	28888-44-0
7-乙基-3-{2-[(三甲基硅烷基)氧基]乙基}-1H-吲哚	185453-89-8
7-氯-5-(2-氟苯基)-3-甲基-2-(硝基亚甲基)-2,3-二氢-1H-1,4-苯并二氮杂卓-4-氧化物	59469-63-5
7-[3-(叔丁氧羰基氨基)吡咯烷-1-基]-8-氯-1-环丙基-6-氟-4-氧代-1,4-二氢喹啉-3-羧酸	105956-96-5
7-氨基头孢烷酸	957-68-6
7-{(S)-3-[(S)-2-(叔丁氧羰基氨基)-1-氧丙基氨基]吡咯烷-1-基}-1-环丙基-6-氟-4-氧代-1,4-二氢-1,8-萘啶-3-羧酸	122536-91-8
7-氨基-3-(2-糠酰硫代甲基)-3-头孢烯-4-羧酸	80370-59-8
7-溴-1-环丙基-6-氟-5-甲基-4-氧代-1,4-二氢-3-喹啉羧酸	119916-34-6
7-氨基-3-[1-(磺甲基)-1H-四唑-5-硫代甲基]-3-头孢烯-4-羧酸纳盐	71420-85-4
7-[(R)-氨基(苯基)乙酰氨基]-3-甲基-3-头孢烯-4-羧酸二甲基甲酰胺盐	39754-02-4
7-氯-6-氟-1-对氟苯基-1,4-二氢-4-氧代-3-喹啉羧酸	98105-79-4
头孢西酮母核	30246-33-4
7-[(D)-曼德拉米多]头孢菌酸	51818-85-0
7-氯-1-(4-甲氧基-2-甲基苯基)-2,3-二氢-5H-哒嗪并[4,5-b]喹啉-1,4,10-三酮钠盐	170142-29-7
7-氯喹哪啶	4965-33-7
环丙基萘啶羧酸	100361-18-0
7-氯-6-氟-1-环丙基-1,4-二氢-4-氧-3-喹啉羧酸	86393-33-1
7-氨基-3-甲氧基甲基-3-头孢烯-4-甲酸	24701-69-7
7-氨基-3-甲基-8-氧代-5-硫杂-1-氮杂双环[4.2.0]辛-2-烯-2-甲酸	22252-43-3
7-氨基-8-氧代-3-[(1Z)-1-丙烯-1-基]-5-硫杂-1-氮杂双环[4.2.0]辛-2-烯-2-羧酸	106447-44-3
7-氯-1,3-二氢-5-(2-氟苯基)-2-硝基亚甲基-2H-1,4-苯并二氮杂卓	59467-63-9
7-氨基-3-(1-甲基-1H-四唑-5-硫代甲基)-8-氧代-5-硫杂-1-氮杂双环[4.2.0]辛-2-烯-2-羧酸	24209-38-9

(续表)

品　名	CAS号
7-氯-5-(2-氟苯基)-1,3-二氢-3H-1,4-苯并二氮杂卓-2-酮	2886-65-9
7-氯-1-乙基-6-氟-1,4-二氢-4-羰基喹啉-3-羧酸	68077-26-9
7-甲氧基-6-(3-吗啉-4-基丙氧基)喹唑啉-4(3H)-酮	199327-61-2
磷酸西他列汀一水合物	654671-77-9
7-[(溴乙酰基)氨基]-7-甲氧基-3-[(1-甲基-1H-四唑-5-基)硫]-甲基-8-氧代-5-硫-1-氮杂双环[4,2,0]辛-2-烯-2-羧酸	61807-78-1
7-{[(2Z)-2-(2-氨基-5-氯-1,3-噻唑-4-基)-2-(羟基亚胺)乙酰基]氨基}-3-[(3-{[(2-氨基乙基)硫基]甲基}-4-吡啶基)硫基]-8-氧代-5-硫杂-1-氮杂双环[4.2.0]辛-2-烯-2-羧酸	189448-35-9
紫杉醇N-2	115437-21-3
7-O-(三乙基硅烷基)-10-去乙酰基浆果赤霉素Ⅲ	115437-18-8
2,3-二氢吡唑并[1,5,4-DE]-1,4-苯并恶嗪-6-羧酸（3-内型)-8-甲基-8-氮杂双环[3.2.1]辛烷-3-基酯	223570-85-2
3,3-四亚甲基戊二酰亚胺	1075-89-4
地氯雷他定	100643-71-8
8-氯-3A,4-二氢-6-(2-氟苯基)-1-甲基-3H-咪唑[1,5-A][1,4]苯并二氮杂卓	59467-69-5
8-氯-6,11-二氢-11-(1-甲基-4-哌啶叉)-5H-苯并[5,6]环庚烷[1,2-b]吡啶	38092-89-6
8-氯-6-(2-氟苯基)-1-甲基-4H-咪唑并[1,5-a][1,4]苯并二氮杂卓-3-羧酸	59468-44-9
8-氯-5,6-二氢-11H-苯并[5,6]环庚烷并[1,2-b]吡啶-11-酮	31251-41-9
8-氯-5-[(4Z,7Z,10Z,13Z,16Z,19Z)-二十二-4,7,10,13,16,19-己烯基]-11-(4-甲基哌嗪-1-基)-5H-二苯并[b,4]二氮卓	225916-82-5
8-氟-1,3,4,5-四氢-2-[4-[(甲基氨基)甲基]苯基]-6H-吡咯并[4,3,2-EF][2]苯并氮杂-6-酮	283173-50-2
8,10-二氧磷螺[双环[3.1.0]己烷-2,5'-咪唑啉]-6-羧酸	186462-71-5
甲氧沙林	298-81-7
欧前胡素	482-44-0
1-溴-9-[(4,4,5,5,5-五氟戊基)硫基]壬烷	148757-89-5
(24E)-10-羟基-13-[(9E)-9-十八碳烯酰氧基]-5,16-二氧代-9,11,15-三氧杂-6-氮杂-10-磷杂三三乙酰基酮 t-24-烯-1-酸 10-氧化物	228706-30-7
9-(7,8-双苄氧基-2-甲基-六氢吡喃并[3,2-d][1,3]二恶英-6-丙氧基)-5-(4-羟基-3,5-二甲氧基苯基)-5,8,8α,9-四氢-5αH-糠醛[3′,4′;6,7]萘酚[2,3-d][1,3]二恶英-6-酮	473799-30-3
9-氯-5-乙基-1,4,5,13-四氢-5-羟基-10-甲基-12-[(4-甲基哌啶)甲基]-3H,15H-氧杂氮[3′,4′;6,7]吲哚嗪[1,2-b]喹啉-3,15-二酮盐酸盐	220997-99-9
倍他米松环氧水解物	981-34-0
地塞米松环氧水解物	24916-90-3
α-乙酰基地高辛	5511-98-8
腺苷	58-61-7
甲氧亚氨基呋喃乙酸铵	97148-39-5
洛伐他汀酸铵盐	77550-67-5

(续表)

品　名	CAS号
(3R,5R)-7-[(1S,2S,6R,8S,8aR)-8-(2,2-二甲基丁酰氧基)-1,2,6,7,8,8a-六氢-2,6-二甲基-1-萘基]-3,5-二羟基庚酸铵	139893-43-9
L-精氨酸-L-谷氨酸盐	4320-30-3
阿托品	51-55-8
苯丙酸,β-(苯甲酰氨基)-α-(1-甲氧基-1-甲基乙氧基)-(2αR,4S,4αS,6R,9S,11S,12S,12αR,12βS)-6,12-β-双(乙酰氧基)-12-(苯甲酰氧基)-2α,3,4,4α,5,6,9,10,11,12,12-α,12β-十二氢-11-羟基-4α,8,13,13-四甲基-5-氧代-4-[(三乙基硅基)氧基]-7,11-甲烷-1H-环十二烷[3,4]苯并[1,2-b]氧代-9-基酯(.α.R.β.S)-	149107-93-7
间甲氧基苯硫酚	15570-12-4
苯甲酰6-(4-甲基苯甲酰胺基)青霉烷酸4-氧化物	77887-68-4
3-羟基-7-(苯基乙酰氨基)头孢烷-4-羧酸二苯甲基酯	51762-51-7
7-{(Z)-2-[2-(叔丁氧羰基氨基)噻唑-4-基]-4-(3-甲基-2-烯氧羰基)-丁-2-烯酰胺基}-3-头孢烯-4-羧酸二苯甲基酯	174761-17-2
L-丙氨酸苄酯对甲苯磺酸盐	42854-62-6
[(1R,2S)-3-氯-2-羟基-1-[(苯基硫)甲基]丙基]-氨基甲酸卞酯	159878-02-1
[羟基(4-苯丁基)氧膦基]乙酸苄酯	87460-09-1
[3S-(3S,4aS,8aS,2'R,3'R)]-2-[3'-N-苄氧羰基-氨基-2'-羟基-4'-(苯基)硫代]丁基十氢异喹啉-3-N-叔-丁基甲酰胺	159878-04-3
(3-氟-4-吗啉-4-基苯基)氨基甲酸苄酯	168828-81-7
(2R,3S)-(1-氨基甲酰基-2-羟基丙基)氨基甲酸苄酯	49705-98-8
苄基[1-(氨基羰基)-2-羟基丙基]氨基甲酸酯	91558-42-8
2-苯基氨基吡啶	6935-27-9
甲基苄胺	103-67-3
N-苄基沙丁胺醇盐酸盐	24085-08-3
富马酸替诺福韦酯	202138-50-9
1-甲基-1-苯基肼硫酸盐	618-26-8
凝血因子 XIVa	42617-41-4
环丙基溴甲烷	7051-34-5
(D-谷氨酸基)(2-羟基丙酸基)-钙	11116-97-5
乳糖酸钠钙盐	110638-68-1
溴化乳糖醛酸钙	33659-28-8
2-(2-氯苯基)-2-羟基乙基氨基甲酸酯	194085-75-1
卡宾诺酮,二氯灵盐(INNM)	74203-92-2
碳酸,4-[(5R,5aR,8aR,9S)-5,5a,6,8,8a,9-六氢-6-氧代-9-[[2,3,4,6-四氧基-O-(苯甲基)-β-D-吡咯烷氧基]呋喃[3',4':6,7]萘酚[2,3-D]-1,3-二氧基-5-]-2,6-二甲氧基苯基苯甲基酯	270071-40-4
鼠李蒽酚	8024-48-4
头孢菌素 D 二环己胺盐	54122-50-8

(续表)

品　名	CAS号
异丙基氯甲基碳酸酯	35180-01-9
特戊酸氯甲酯	18997-19-8
氯苯氨酸甘油酯	886-74-8
1-[3-(4-氟苯氧基)丙基]-3-甲氧基-4-哌啶胺	104860-26-6
顺式-2-(2,4-二氯苯基)-2-(1H-1,2,4-三唑-1-基甲基)-1,3-二氧戊环-4-甲醇	67914-85-6
顺-4-(苄氧羰基)环己基甲苯磺酸铵	67299-45-0
磷酸可待因	41444-62-6
环丁基甲酸	3721-95-7
2-环己基-2-羟基苯乙酸	4335-77-7
环己基氨 1-[(S)-2-(叔丁氧羰基)-3-(2-甲氧基乙氧基)丙基]-环戊烷羧酸盐	167944-94-7
胞啶 5'-磷酸盐游离酸	63-37-6
胞嘧啶	71-30-7
3-乙酰硫基-2-甲基丙酸	76497-39-7
左旋苯甘氨酸	875-74-1
D-核糖	50-69-1
D-扁桃酸	611-71-2
D-对羟基苯甘氨酸	22818-40-2
3-乙酰硫基-2-甲基丙酰氯	74345-73-6
2,3,4,6-四-o-苄基-D-吡喃葡萄糖	6564-72-3
达那肝素钠	83513-48-8
去氧核糖核酸酶	9003-98-9
(2S)-2-(4-异丁基苯基)丙酸-L-赖氨酸水合物(1∶1∶1)	113403-10-4
(-)-二苯甲酰-L-酒石酸	2743-38-6
二苄基 1-(2,4-二氟苯基)-2-(1H-1,2,4-三唑-1-基)-1-(1H-1,2,4-三唑-1-基甲基)乙基磷酸酯	194602-25-0
丙二酸二甲酯 2-[(S)-1-(叔丁氧羰基氨基甲基)-2-(5-乙氧羰基-2-噻吩基)丙基硫酯	186521-41-5
双烯雌酚二乙酸酯	84-19-5
6-氯-2-咔唑-α-甲基丙二酸二乙酯	71208-55-4
二正丙基丙二酸二乙酯	6065-63-0
L-谷氨酸二乙酯盐酸盐	1118-89-4
二乙基 N-{5-[2-(6S)-2-氨基-4-氧代-4,6,7,8-四氢-3H-嘧啶[5,4-b][1,4]噻嗪-6-基)-乙基]-2-乙烯基}-L-谷氨酸盐	177575-19-8
对甲苯磺酰氧甲基膦酸二乙酯	31618-90-3
乙氧基甲叉丙二酸二乙酯	87-13-8
2-乙氧基羰基-3-氰基-5-甲基己酸乙酯	186038-82-4
O,O-二乙基磷酰基-(z)-2-(2-氨基噻唑-4-基)-2-(1-叔丁氧羰基-1甲基)乙氧亚氨基乙酸酯	179258-52-7

(续表)

品　名	CAS号
己烯雌酚二丁酸酯	74664-03-2
丙酸己烯雌酚	130-80-3
L-孟基乙醛酸酯	111969-64-3
氟磷酸异丙酯	55-91-4
丙二酸二甲酯	(none)
氰氨基二硫化碳酸二甲酯	10191-60-3
氯代丙二酸二甲酯	28868-76-0
二甲基4-氰基-4-[3-(环戊基氧基)-4-甲氧基苯基]庚烷二酸酯	152630-48-3
利扎曲坦	144034-80-0
二苯基甲基(6R,7R)-3-[(甲基磺酰基)氧基]-8-氧代-7-[(苯基乙酰基)氨基]-5-硫杂-1-氮杂双环[4.2.0]辛-2-烯-2-羧酸酯	92096-37-2
二苯甲基(6R,7R)-7-[(Z)-2-(2-叔丁氧羰基氨基噻唑-4-基)-2-(三苯基甲氧基亚氨基)乙酰胺基]-8-氧代-3-(1H-1,2,3-三唑-4-基)硫代甲硫基-5-噻-1-氮杂双环[4.2.0]辛-2-烯-2-羧酸盐	140128-37-6
二苯甲基(2S,5R)-6,6-二溴-3,3-二甲基-7-氧代-4-硫-1-[3.2.0]庚烷-2-羧酸盐4-氧化物	113891-01-3
(S)-2,2-二苯基-2-(吡咯烷-3-基)乙腈氢溴酸盐	194602-27-2
二苯甲基(6R,7R)-7-氨基-3-甲磺酰氧基-8-氧代-5-硫-1-氮杂双环[4.2.0]辛-2-烯-2-羧酸盐酸盐	127111-98-2
5-巯基四氮唑-1-甲烷磺酸二钠盐	66242-82-8
(2S,3R)-2-羟基-3-异丁二酸二钠	157604-22-3
DL-二硫苏糖醇	3483-12-3
硫辛酰胺	3206-73-3
DL-泛酰酸内酯	79-50-5
脱氧核糖核酸 d(对硫基)(G-A-T-C-C-G-C-G-G-A-A-T),十三钠盐	744239-10-9
脱氧核糖核酸,d(对硫基)(C-T-A-G-A-T-T-C-C-C-G-C-G),十三钠盐	362543-73-5
磷酸二氢依诺酮(INNM)	18416-35-8
2-氯-4-甲氧基苯乙酮	2196-99-8
乙氯维诺氨基甲酸酯	74283-25-3
1-甲基-5-硝基-1H-吲哚-2-羧酸乙酯	71056-57-0
1-环丙基-6,7-二氟-4-氧代-1,4-二氢喹啉-3-羧酸乙酯	98349-25-8
7-氯-3,4-二氢-2,4-二氧代-1(2H)-喹唑啉乙酸乙基酯	112733-45-6
乙基[3-(4-溴-2-氟苄基)-7-氯-2,4-二氧代-3,4-二氢-1(2H)喹唑啉基]乙酸酯	112733-28-5
3-(3-{(S)-1-[4-(N'-2-羟胺基)苯基]-2-氧吡咯烷-3-基}脲基)丙酸乙酯	175873-10-6
乙基胺基噻唑	64987-03-7
7-溴-1-环丙基-8-二氟甲氧基-1,4-二氢-4-氧代喹啉-3-羧酸乙酯	194805-07-7
2-氰基-3-乙氧基丙烯酸乙酯	94-05-3

(续表)

品　名	CAS号
1-甲基-5-{4′-(三氟甲基)[1,1′-联苯]-2-甲酰胺}-1H-吡咯-2-羧酸乙酯	481659-93-2
2-氧代-基丁酸乙酯	64920-29-2
((7S)-7-{[(2R)-2-(3-氯苯基)-2-羟乙基]氨基}-5,6,7,8-四氢-2-萘氧基)乙酸乙酯盐酸盐	121524-09-2
5-[(3R)-4-氨基-3-羟基丁基]-2-噻吩羧酸乙酯	208337-84-2
1-乙氧羰基-4-哌啶酮	29976-53-2
1H-四唑-5-羧酸乙酯钠盐	96107-94-7
4-(5-氯-2,3-二氢-2-氧代-1H-苯并咪唑-1-基)哌啶-1-羧酸乙酯	53786-46-2
4,6-二氯-3-甲酰基-1H-吲哚-2-甲酸乙酯	153435-96-2
3,4-二羟基苯甲酸乙酯	3943-89-3
丙酸乙酯3-({4-[4-(N-乙氧羰基氨基)苯基]噻唑-2-基}[1-(乙氧羰基甲基)-4-哌啶基]氨基)	190841-79-3
N-(1-(S)乙氧基羰基-3-苯丙基)-L-丙氨酰-N-羧酸酐	84793-24-8
2-(2-氯-4,5-二氟苯甲酰基)-3-(2,4-二氟苯胺基)丙烯酸乙酯	
乙基(2S)-3-{4-[二(2-氯乙基)氨基]苯基}-2-(1,3-二氧代异吲哚啉-2-基)丙酸酯盐酸盐	94213-26-0
乙基5-[3-羟基-4-({[(2-甲基-2-丙基)氧基]羰基}氨基)丁基]-2-噻吩羧酸酯	186521-38-0
1-(2,4-二氟苯基)-7-氯-6-氟-4-氧代吡啶并[2,3-b]吡啶-3-羧酸乙酯	100491-29-0
(2-噻吩基甲基)丙二酸单乙酯	143468-96-6
1-乙基-6,7,8-三氟-1,4-二氢-4-氧代-3-喹啉甲酸乙酯	100501-62-0
7-氯-2-氧代庚酸乙酯	78834-75-0
5-(3-丁烯-1-基)-2-噻吩羧酸乙酯	208337-82-0
氨噻肟乙酯	64485-88-7
(R)-2-羟基-4-苯基丁酸乙酯	90315-82-5
[3-(氰基甲基)-4-氧代-3,4-二氢-1-酞嗪基]乙酸乙酯	122665-86-5
(Z)-α-(羟基亚胺)-2-(三苯甲基氨基)噻唑-4-乙酸乙酯盐酸盐	66339-00-2
4-[[1-[(4-氟苯基)甲基]-1H-苯并咪唑-2-基]氨基]哌啶-1-甲酸乙酯	84501-68-8
扁桃酸乙酯	4358-88-7
乙基3-(2-氯-4,5-二氟苯基)-3-羟基丙烯酸酯	121873-00-5
6-氯烟酸乙酯	49608-01-7
乙基(1-氰基环己基)乙酸酯	133481-10-4
2-氯烟酸乙酯	1452-94-4
5-[(3S)-3-(乙酰硫基)-4-叔丁氧羰基氨基)丁基]噻吩-2-羧酸乙酯	186521-40-4
(3S)-3-[(4,4-二氟环己烷羰基)氨基]-3-苯基丙酸甲酯	376348-76-4
2-(3-醛基-4-异丁氧基苯基)-4-甲基噻唑-5-甲酸乙酯	161798-03-4
α-乙基-2-氧代-1-吡咯烷乙酸	61516-73-2
N-{2-[(乙酰硫基)甲基]-3-(邻甲苯基)-1-氧丙基}-L-甲磺酸乙酯	136511-43-8

(续表)

品 名	CAS号
1-环丙基-8-(二氟甲氧基)-1,4-二氢-7-((1R)-1-甲基-2-三苯基吲哚-5-基)-4-氧喹啉-3-羧酸乙酯	194804-45-0
5-甲酸乙酯四氮唑	55408-10-1
乙基 4-[(2-氨基-4-氯苯基)氨基]哌啶-1-甲酸叔丁酯	53786-45-1
甲苯溶液形式的7-氯-2-氧庚酸乙酯	
乙基 5-{4-({[(2-甲基-2-丙基)氧基]羰基}氨基)-3-[(甲基磺酰基)氧基]丁基}-2-噻吩羧酸酯	186521-39-1
5-[(3R)-3,4-二羟基丁基]-2-噻吩羧酸乙酯	208337-83-1
2-肼基-2-(2-氨基噻唑)-4-乙酸乙酯	64485-82-1
(6S)-5-[2-(2-氨基-4-氧代-4,6,7,8-四氢-3H-嘧啶[5,4-b][1,4]噻嗪-6-基]噻吩-2-羧酸乙酯	186521-44-8
(S)-3-氨基戊酸乙酯盐酸盐	154772-45-9
4-羟基-2-甲基-2H-1,2-苯并噻嗪-3-甲酸乙酯	24683-26-9
(S)-α-[(4-氨基苯基)甲基]-1,3-二氢-1,3-二氧代-2H-异吲哚-2-乙酸乙酯盐酸盐	97338-03-9
3-硝基亚苄基乙酰乙酸乙酯	39562-16-8
环丙乙炔	6746-94-7
尹斯壮磺哌嗪	7280-37-7
8-苄基-3-外型-(5-异丙基-3-甲基-4H-1,2,4-三唑-4-基)-8-氮杂双环[3.2.1]辛烷	423165-13-3
铁烯	155773-56-1
纤维核酸酶,粉末	
甘氨酸,N-[2-[5-(氨基亚氨基甲基)-2-羟基苯氧基]-6-[3-(4,5-二氢-1-甲基-1H-咪唑-2-基)苯氧基]-3,5-二氟-4-吡啶基]-N-甲基-,二盐酸盐	213839-64-6
血蓝蛋白,巨鱼,与1-O-[O-2-乙酰氨基-2-脱氧-β-D-半乳糖基-(1,4)-O-(N-乙酰基-α-神经氨酰)-(2,3)-O-β-D-半乳糖基-(1,4)-β-D-吡喃葡萄糖的反应产物	195993-11-4
己雌酚二丁酸酯	36557-18-3
己雌酚	59386-02-6
(2,3-二氢-1H-茚-5-基)苯基丙二酸氢酯	27932-00-9
肌苷酸二钠	4691-65-0
从含有人粒-巨噬细胞集落刺激因子的转基因大肠杆菌发酵培养基获得的中间浓缩物;用于生产 HS 第3002号药品	
从用于制造抗生素硫酸庆大霉素(INNM)和异帕米星(INN)的紫色小单孢菌发酵培养基中获得的中间浓缩物	
从小单孢菌发酵培养基中获得的中间浓缩物,用于生产抗生素西索米星(INN)和奈替米星(INN)	
从含有人干扰素 α-2b 的转基因大肠杆菌发酵培养基获得的中间浓缩物;用于生产 HS 第3002号药品	
碘甲基舒巴坦	76247-39-7
3,4-环氧丁酸异丁酯	111006-10-1
曲沃前列素	157283-68-6

(续表)

品　名	CAS号
2,3-二氢-1H-吡咯里嗪-1-羧酸异丙酯	66635-71-0
N-(1-甲基乙基)-2-(1-哌嗪基-)3-氨基吡啶一水合二盐酸盐	147539-21-7
L-N-(1-氰基-1-香草基乙基)乙酰胺	14818-98-5
L-核糖	24259-59-4
L-天门冬酰胺一水物	5794-13-8
L-丙氨酰-L-脯氨酸	13485-59-1
西那普肽	138531-07-4
L-谷氨酰胺,N-乙酰基-O-(1,1-二甲基乙基)-L-酪氨酸-O-(1,1-二甲基乙基)-L-苏氨酸-O-(1,1-二甲基乙基)-丝氨酸-L-亮氨酸-L-异亮氨酸	244191-88-6
1-(三苯基甲基)-L-组氨酸-O-(1,1-二甲基乙基)-L-丝氨酸-L-亮氨酸-L-异亮氨酸-L-.a.-谷氨酰-L-.a.-谷氨酰-O-(1,1-二甲基乙基)-L-丝氨酰-N-三酰-L-谷氨酰胺基-N-三酰-天冬酰胺基-N-三酰-L-谷氨酰胺基-,10,11-双(1,1-二甲基乙基)酯	442526-89-8
L-异亮氨酰-L-精氨酰-N-乙基-L-脯氨酰胺二盐酸盐	244191-94-4
L-亮氨酸,N-[(9H-芴-9-基甲氧基)羰基]-L-.α.-谷氨酰-N6-[(1,1-二甲基乙氧基)羰基]-L-赖氨酰-N-三苯甲基-L-天冬酰胺基-L-.α.-谷氨酰-N-三苯甲基-L-谷氨酰胺酰-L-.α.-谷氨酰-L-亮氨酰-L-亮氨酰-L-.α.-谷氨酰-,1,4,6,9-四(1,1-二甲基乙基)酯	244244-31-3
L-苯丙酰胺,L-.α.-谷氨酰-N6-[(1,1-二甲基乙氧基)羰基]-L-赖氨酰-N-三苯甲基-L-天冬酰胺-L-.α.-谷氨酰-N-三苯甲基-L-谷氨酰-L-.α.-谷氨酰-L-亮氨酰-L-亮氨酰-L-.α.-谷氨酰-L-亮氨酰-L-.α.-天冬氨酰-N6-[(1,1-二甲基乙氧基)羰基]-L-lysyl-1-[(1,1-二甲基乙氧基)羰基]-L-色氨酸-L-丙氨酰-O-(1,1-二甲基乙基)-L-丝氨酰-L-亮氨酰-1-[(1),1-二甲基乙氧基)羰基]-L-色氨酸-N-三苯甲基-L-天冬酰胺基-1-[(1,1-二甲基乙氧基)羰基]-L-色氨酸-,五(1,1-二甲基乙基)酯,单盐酸盐	244244-26-6
L-苯丙酰胺,N-乙酰基-O-(1,1-二甲基乙基)-L-酪氨酰-O-(1,1-二甲基乙基)-L-苏氨酰-O-(1,1-二甲基乙基)-L-丝氨酰-L-亮氨酰-L-异亮氨酰-1-三苯甲基-L-组氨酰-O-(1,1-二甲基乙基)-L-丝氨酰-L-亮氨酰-L-异亮氨酰-L-.α-谷氨酰-L-.α.-谷氨酰-O-(1,1-二甲基乙基)-L-丝氨酰-N-三苯甲基-L-谷氨酰胺酰-N-三苯甲基-L-天冬酰胺酰-N-三苯甲基-L-谷氨酰胺酰-L-谷氨酰胺酰-L-.α.-谷氨酰-N6-[(1,1-二甲基乙氧基)羰基]-L-赖氨酰-N-三苯甲基-L-天冬酰胺酰-L-.α.-谷氨酰-N-三苯甲基-L-谷氨酰胺酰-L-.α。谷氨酰-L-亮氨酰-L-亮氨酰-L-.α.-谷氨酰-L-亮氨酰-L-.α.-天冬氨酰-N6-[(1,1-二甲基乙氧基)羰基]-L-赖氨酰-1-[(1,1-甲基乙氧基)羰基]-L-色氨酸-L-丙氨酰-O-(1,1-二甲基乙基)-L-丝氨酰-L-亮氨酰-	244244-29-9
1-[(1,1-二甲基乙氧基)羰基]-L-色氨酸-N-三苯甲基-L-天冬酰胺基-1-[(1,1-二甲基乙氧基)羰基]-L-色氨酸-,七(1,1-二甲基乙基))酯	244191-95-5
L-苯丙酰胺,N-[(9H-芴-9-基甲氧基)羰基]-L-.α.-谷氨酰-N6-[(1,1-二甲基乙氧基)羰基]-L-赖氨酰-N-三苯甲基-L-天冬酰胺-L-.α.-谷氨酰-N-三苯甲基-L-谷氨酰胺-L-.α.-谷氨酰-L-亮氨酰-L-.α.-天冬氨酰-N6-[(1,1-二甲基乙氧基)羰基]-L-赖氨酰-1-[(1,1-二甲基乙氧基)羰基]-L-色氨酸-L-丙氨酰-O-(1,1-二甲基乙基))-L-丝氨酰-L-亮氨酰-1-[(1,1-二甲基乙氧基)羰基]-L-色氨酸-N-三苯甲基-L-天冬酰胺基-1-[(1,1-二甲基乙氧基)羰基]-L-色氨酸-,五(1,1-二甲基乙基)酯	65864-22-4
L-苯丙氨酰胺,L-.α.-天冬氨酰-N6-[(1,1-二甲基乙氧基)羰基]-L-lysyl-1-[(1,1-二甲基乙氧基)羰基]-L-色氨酸-L-丙氨酰-O-(1,1-二甲基乙基)-L-丝氨酰-L-亮氨酰-1-[(1,1-二甲基乙氧基)羰基]-L-色氨酸-N-三苯甲基-L-天冬酰胺基-1-[(1,1-二甲基乙氧基)羰基]-L-色氨酸-,1,1-二甲基乙酯	244191-96-6

(续表)

品　名	CAS号
L-苯丙氨酰胺盐酸盐	9001-63-2
L-色氨酸,N-[(9H-芴-9-基甲氧基)羰基]-L-.α.-天冬氨酰-N6-[(1,1-二甲基乙氧基)羰基]-L-lysyl-1-[(1,1-二甲基乙氧基)羰基]-L-色氨酸-L-丙氨酰-O-(1,1-二甲基乙基)-L-丝氨酰-L-亮氨酰-1-[(1,1-二甲基乙氧基)羰基]-L-色氨酸-N-三苯甲基-L-天冬酰胺基-1-[(1,1-二甲基乙氧基)羰基]-,1-(1,1-二甲基乙基)酯	
溶菌酶	6150-97-6
双(4-硝基苄基丙二酸)镁二水合物	151860-16-1
双[(2,3-二氢-1,5-二甲基-3-氧代-2-苯基-1H-吡唑-4-基)甲基氨基]甲磺酸镁	151860-15-0
(1R,5s)-3-苄基-6-硝基-3-氮杂双环[3.1.0]己烷	80082-51-5
中位-N-苄基-3-硝基环丙烷-1,2-二甲酰胺	14907-27-8
[R-(R*,S*)]-[1-氨基甲酰-2-(甲磺酰基氧基)丙基]氨基甲酸苄酯	2417-72-3
D-色氨酸甲酯盐酸盐	81677-60-3
对溴甲基苯甲酸甲酯	287930-78-3
(S)-4-硝基苯丙氨酸甲酯	59338-84-0
2-((3S)-3-{3-[(E)-2-(7-氯喹啉-2-基)乙烯基]苯基}-3-羟基丙基)苯甲酸甲酯水合物	78850-37-0
4-氨基-2-甲氧基-5-硝基苯甲酸	3976-69-0
甲基(3aR,4R,7aR)-2-甲基-4-[(1S,2R)-1,2,3-三乙酰氧基丙基]-3a,7a-二氢-4H-吡喃并[3,4-d][1,3]恶唑-6-羧酸酯	33924-48-0
R-3-羟基丁酸甲酯	59804-25-0
5-氯-2-甲氧基苯甲酸甲酯	114870-03-0
2-甲基-4-羟基-2H-噻吩并[2,3-e]-1,2-噻嗪-3-甲酸甲酯-1,1-二氧化物	32981-85-4
3-甲酰甲氧基4-羟基苯基乙二醛	29754-58-3
2-甲氧基-5-乙砜基苯甲酸甲酯	62140-67-4
胃复安甲基物	4093-29-2
1-甲基-2-吡咯乙酸甲酯	51856-79-2
甲基{(1S,2R)-1-苄基-3-[(3S,4aS,8aS)-3-(叔丁基氨甲酰基)十氢-2-异喹啉-2-羟丙基}氨基甲酸酯	178680-13-2
2-甲氧基-5-磺酰苯甲酸甲酯	33045-52-2
2-[3-(s)-[3-[2-(7-氯-2-喹啉基)乙烯基]苯基]-3-羟基丙基]苯甲酸甲酯	181139-72-0
3-氨基吡嗪-2-羧酸甲酯	16298-03-6
(E)-2-[3-[3-[2-(7-氯-2-喹啉基)乙烯基]苯基]-3-氧代丙基]苯甲酸甲酯	149968-11-6
甲基(S)-6-{2-[5-(乙氧羰基)-2-噻吩基}-3-氧代-1,4-噻嗪-2-羧酸盐	186521-42-6
甲基[(2S,3S)-4-氯-3-羟基-1-苯基-2-丁烷基]氨基甲酸酯	176972-62-6
5-氯-4-乙酰氨基-2-甲氧基苯甲酸甲酯	4093-31-6
{2S-[2R*(R*),3S*]}-3-氨基-2-(1-羟基乙基)戊二酸5-甲酯	79814-47-4
甲基(4S,7S,10aS)-4-氨基-5-氧代八氢-7H-吡啶[2,1-b][1,3]硫氮杂-7-羧酸盐	167304-98-5
三乙酰利巴韦林甲酯	39925-10-5

(续表)

品　名	CAS号
1,2,4-三氮唑-3-羧酸甲酯	4928-88-5
甲基 N-(丁氧羰基)-3-({[(5R)-3-(4-氰基苯基)-4,5-二氢-1,2-恶唑-5-基]乙酰基}氨基)-L-丙氨酸酯	188016-51-5
甲基 1-(1,3-苯并二氧戊环-5-基)-3-(2-羟基-4-甲氧基苯基)-5-丙氧基-2-茚满羧酸酯	167256-05-5
N-(苯氧基羰基)-L-缬氨酸甲酯	153441-77-1
3-氨基-5,6-二氯-2-吡嗪羧酸甲脂	1458-18-0
5-五氟乙基-2-丙基咪唑-4-羧酸甲酯	150097-92-0
3-羟基-5-羰基-1-环戊烯-1-庚酸甲酯	40098-26-8
2-甲氧基-5-甲砜基苯甲酸甲酯	63484-12-8
3-磺酰氨基乙酸甲酯-2-噻吩甲酸甲酯	106820-63-7
4-溴甲基-3-甲氧基苯甲酸甲酯	70264-94-7
4-氮杂-5α-雄甾-1-烯-3-酮-17beta-羧酸甲酯	103335-41-7
(S)-2-甲氧酰胺基-3-苯丙酸甲酯	41844-71-7
甲基(1S,2S)-1-(1,3-苯并二恶英-5-基)-3-{4-(甲氧基)-2-[(苯甲基)氧基]苯基}-5-(丙氧基)-2,3-二氢-1H-茚-2-羧盐	191106-49-7
(S)-2-氨基-4-(1H-四唑-5-基)丁酸甲酯	127105-49-1
2-(2-氯苯基)-2-(4,5,6,7-四氢噻吩并[3,2-c]吡啶-5-基)乙酸甲酯盐酸盐	130209-90-4
2-氨基-4-(4-氟苯基)-6-异丙基-嘧啶-5-羧酸甲酯	160009-37-0
3-氨基巴豆酸甲酯	14205-39-1
3S)-(-)-对甲氧苯基缩水甘油酸甲酯	105560-93-8
2-{4-[2-(5-甲基-2-苯基恶唑-4-基)乙氧基]苄基氨基}乙酸甲酯盐酸盐	649761-25-1
3-酮基-2-邻硝亚苄基-丁酰苯胺	39562-27-1
N-[(苄氧基)羰基]-L-戊基-D-异亮氨酸苏氨酸-L-去甲缬氨酸甲酯	653574-13-1
3-氨基-4,6-二溴-o-甲苯甲酸甲酯	119916-05-1
2-(3-硝基苯亚甲基)乙酰乙酸甲酯	39562-17-9
1-甲基硫代-1-甲基氨基-2-硝基乙烯	61832-41-5
N-甲基-4-硝基苯乙胺盐酸盐	166943-39-1
番泻甙 A 钙盐	52730-36-6
番泻叶甙	517-43-1
番泻甙 B 钙盐	52730-37-7
N-氯乙基吡咯烷盐酸盐	7250-67-1
N-{(4S,6S)-6-甲基-7,7-二氧代-2-磺酰胺基-5,6-二氢-4H-噻吩并[2,3-b]噻喃-4-基}乙酰胺	147200-03-1
1-[(2-喹啉基羰基)氧基]-2,5-吡咯烷二酮	136465-99-1
3-甲基-吡啶-2-羧酸叔丁酰胺	32998-95-1

(续表)

品　名	CAS号
4-肼基-N-甲基苯甲烷磺胺	81880-96-8
N-{[(1R,2R)-1-[O-(N-乙酰基-a-神经氨酰)-(2,3)-O-2-乙酰胺基-2-脱氧-β-D-半乳吡喃基-(1,4)-O-β-D-半乳吡喃基-(1,4)-β-D-吡喃葡萄糖基氧基甲基}-2-羟基-3-甲酰基丙基}-硬脂酰胺	196085-62-8
帕瑞昔布钠	198470-85-8
4-乙酰氨基苯磺酰氯	121-60-8
N-(R)-9-甲基-4-氧代-1-苯基-3,4,6,7-四氢[1,4]二氮杂[6,7,1-hi]吲哚-3-异烟酰胺	179024-48-7
阿伐麦布	166518-60-1
(R,s)-n-乙酰基-3,4-二甲氧基苯丙氨酸	27313-65-1
4-[2-(2-甲氧基-5-氯苯甲酰胺基)乙基]苯磺酰胺	16673-34-0
N-(2-喹啉基羰基)-L-天冬氨酰胺	136465-98-0
N-[(R)-2-({(R)-2-[(2-金刚氧羰基)氨基]-3-(1H-吲哚-3-基)-2-甲基-1-氧丙基}氨基)-1-苯乙基]丁二酸-1-脱氧-1-甲胺基-D-葡萄糖醇(1∶1)	130404-91-0
N-(1-乙基-1,4-二苯基-3-苯基)环丙烷甲酰胺	137246-21-0
N-[2-异丙基噻唑-4-甲基氨基甲酰]-L-缬氨酸	154212-61-0
N-(2-巯基乙基)丙酰胺	67305-72-0
雷替曲塞	112887-68-0
N-{(4S,6S)-5,6-二氢-6-甲基-4H-噻吩并[2,3-b]噻喃-4-基}乙酰胺-7,7-二氧化物	147086-83-7
二乙酰鸟嘌呤	3056-33-5
N-(6-甲基-7,7-二氧代-2-氨基磺酰基-5,6-二氢-4H-噻吩并[2,3-b]噻喃-4-基)乙酰胺	120298-38-6
N-叔丁基3-氰基安德鲁斯塔-3,5-二烯-17-甲酰胺	151338-11-3
N-(联苯-2-基)-4-[(2-甲基-4,5-二氢-1H-咪唑并[4,5-d][1]苯并氮杂-6-基)羰基]苯甲酰胺	179528-39-3
N-苄氧羰基-DL-缬氨酸	3588-63-4
N-(苄氧羰基)-S-苯基-L-半胱氨酸	159453-24-4
N-苄氧羰基-L-缬氨酸	1149-26-4
乳酰胺	5422-34-4
N-[4-(甲氧基甲基)哌啶-4-基]-N-苯基丙酰胺盐酸盐	84196-16-7
N-苯基-N-(4-哌啶)丙酰胺	1609-66-1
N-{[(2-甲基-2-丙基)氧基]羰基}-L-丙氨酰-L-丙氨酸	90303-36-9
N-(2-氨基-4,6-二氯-5-嘧啶基)甲酰胺	171887-03-9
BOC-硝基-L-精氨酸	2188-18-3
N'-a-(叔丁氧羰基)-N-甲氧基-N-甲基-N'-o-硝基-L-精氨酰胺	139976-34-4
N'-[N-甲氧羰基-L-戊基]-N-[(S)-3,3,3-三氟-1-异丙基]-L-脯氨酸酰胺	182073-77-4
(2S)-1-[[(2r,3s)-5-氯-3-(2-氯苯基)-1-[(3,4-二甲氧基苯基)磺酰基]-2,3-二氢-3-羟基-1H-吲哚-2-基]羰基]-2-吡咯烷羧酰胺	150375-75-0
2,5-二氧代-1-吡咯烷基N-{[(2-异丙基-1,3-噻唑-4-基)甲基](甲基)氨基甲酰}缬氨酸酯	224631-15-6

(续表)

品　名	CAS号
N″1-甲基-1H-吡唑-1-甲脒盐酸盐	59194-35-3
N′6-三氟乙酰基-L-赖氨酰-L-脯氨酸对甲苯磺酸盐	105641-23-4
N6-三氟乙酰赖氨酸脯氨酸	103300-89-6
N′,N′-二乙基-2-甲基-N-(6-苯基-5-丙基哒嗪-3-基)丙烷-1,2-二胺·富马酸(2∶3)	137733-33-6
N-(1-{2-[2-(3,4-二氟苯基)-4-(苯基羰基)吗啉-2-基]乙基}-4-苯基(4-哌啶基))(二甲氨基)甲酰胺,盐酸盐	181640-09-5
N-(1,2,3,4-四氢-5-异喹啉基)甲烷磺酰胺盐酸盐(1∶1)	210538-75-3
甲基 N-(2-苯甲酰基苯基)酪氨酸酯	196810-09-0
达沙替尼	302962-49-8
N-(3-乙酰基-4-(2,3-环氧基丙氧基)苯基)丁酰胺	28197-66-2
N-甲基-3-乙酰氨基苯乙酮	325715-13-7
N-[3-氯-4-(3-氟苄氧基)苯基]-6-碘喹唑啉-4-胺	231278-20-9
N-(3-甲氧基-5-甲基-2-吡嗪基)-2-[4-(1,3,4-恶二唑-2-基)苯基]-3-吡啶磺酰胺	186497-07-4
N-(3,4-二氯苯基)-N-[3-(茚-2-基甲胺基)丙基]-2-5,6,7,8-四氢萘甲酰胺	170361-49-6
3-[4-(甲基氨基)-3-硝基-N-(吡啶-2-基)苯甲酰氨基]丙酸乙酯	429659-01-8
N-(4-氨基-1-苄氧基-3-羟基-5-苯基戊基)-3-甲基-2-(2-氧代四氢嘧啶-1-基)-丁酰胺	192726-06-0
N-(丁基磺酰基)-L-酪氨酸	149490-60-8
N-(正丁基磺酰基)-O-[4-(4-吡啶基)丁基]-L-酪氨酸	149490-61-9
(2R,3S)-1,2-环氧-3-叔丁氧羰基氨基-4-苯基丁烷	98760-08-8
N-(叔丁基)羟胺乙酸酯	253605-31-1
N-[2-[(4-羟基苯基)氨基]-3-吡啶基]-4-甲氧基苯磺酰胺	141430-65-1
Fmoc-L-异亮氨酸	71989-23-6
FMOC-L-丙氨酸	35661-39-3
Fmoc-L-谷氨酰胺	71989-20-3
芴甲氧羰基-天冬氨酸-4-叔丁脂	71989-14-5
N-α-芴甲氧羰基-N-ε-叔丁氧羰基-L-赖氨酸	71989-26-9
芴甲氧羰基-L-谷氨酸-5-叔丁酯	71989-18-9
N-FMOC-3-三苯甲基-L-组氨酸	109425-51-6
芴甲氧羰基-γ-三苯甲基-L-谷氨酰胺	132327-80-1
FMOC-Nγ-三苯甲基-L-天冬酰胺	132388-59-1
FMOC-L-亮氨酸	35661-60-0
芴甲氧羰酰-色氨酸(叔丁氧羰酰)	143824-78-6
芴甲氧羰基-氧叔丁基-酪氨酸	71989-38-3
FMOC-O-叔丁基-L-苏氨酸	71989-35-0
FMOC-O-叔丁基-L-丝氨酸	71989-33-8

(续表)

品　名	CAS号
2-[[4-(2-吡啶基)苯基]甲基]-肼羧酸-(1,1-二甲基)乙酯	198904-85-7
1-[4-(吡啶-2-基)苯基]-5(S)-2,5-双[(叔丁基氧基羰基)-氨基]-4(S)-羟基1-6-苯基-2-氮杂己烷	198904-86-8
N-乙酰-N-甲基-甘氨酰-L-戊酰-D-异亮氨酸-L-苏氨酸-L-去甲戊酰-L-异亮氨酸-L-精氨酰-N-乙基-L-丙酰胺醋酸酯	251579-55-2
尼泊司他汀	96829-59-3
N-甲酰基己基吡喃胺	65293-32-5
N-羟基-7-偶氮苯并三氮唑	39968-33-7
MOC-L-叔亮氨酸	162537-11-3
阿西替尼	319460-85-0
N-甲基-3-氧代-3-(2-噻吩基)丙烯胺	663603-70-1
N-甲基-N-(4-硝基苯氧乙基)-4-硝基苯乙胺	115287-37-1
N-[((2R)-1,4-二氮杂二环[2.2.2]辛-2-基)甲基](8-氨基-7-氯(2H,3H-苯并[e]1,4-二氧六环-5-基))甲酰胺	186348-69-6
N-[(1-{[2-(二乙氨基)乙基]氨基}-8-甲氧基-10-氧代苯并[2,3-β]噻吩-4-基]甲基]甲酰胺	155990-20-8
4-氨基-N-(2R,3S)-3-氨基-2-羟基-4-苯丁基-N-异丁基苯磺酰胺	169280-56-2
N-[(2R,3S)-3-氨基-2-羟基-4-苯基丁基]-N-(2-甲基丙基)-4-硝基-苯磺酰胺盐酸盐	244634-31-9
雷特拉韦	518048-05-0
N-[(5-[(2-[(6S)-2-氨基-4-氧代-3,4,5,6,7,8-六氢吡啶[2,3-d]嘧啶-6-基]乙基}-4-甲基噻吩-2-基)羰基]-L-谷氨酸	177587-08-5
2-氯-1,3-双(二甲基氨基)三亚甲六氟磷酸盐	249561-98-6
N-[2-氟-5-[[3-[(1E)-2-(2-吡啶基)乙烯基]-1H-吲唑-6-基]氨基]苯基]-1,3-二甲基-1H-吡唑-5-甲酰胺	319460-94-1
N-[3-氨甲酰-5-乙基-1-(2-甲氧基乙基)-1H-吡唑-4-基]-2-乙氧基-5-(4-乙基-1-哌嗪基磺酰基)烟酰胺	334828-19-2
N1-{4-[4-(4-羟基苯基)哌嗪基]苯基}-1-[(1S,2S)-1-乙基-2-甲基-3-苯氧基丙基]-1-肼甲酰胺	345217-02-9
N,N'-[二硫双歧(邻亚苯基羰基)]双-L-异亮氨酸	182149-25-3
N,N'-二苄基乙二胺二乙酸	122-75-8
N,N'-双[3-(乙胺基)丙基]丙烷-1,3-二胺四氯化碳	156886-85-0
(2S,2'S)-4,4'-二硫烷二基二{2-[(三氟乙酰基)氨基]丁酸}	105996-54-1
N,N'-二苄基乙二胺	140-28-3
N,N-二甲基-2-[4-(甲硫基)苯氧基]苄胺盐酸盐	289717-37-9
邻氯苯硫酚	6320-03-2
硫代氯甲酸-2-萘酯	10506-37-3
AE活性硫酯	162208-27-7
(2R,5R,6S)-6-[(R)-1-羟基乙基]-3,7-二氧代-1-氮杂双环[3.2.0]庚烷-2-羧酸对硝基苄基酯	75363-99-4

(续表)

品 名	CAS号
阿曲库胺草酸盐	64228-78-0
氯甲酸戊酯	638-41-5
酚美他嗪可可酸酯(INNM)	13931-75-4
间羟基苯硫酚	40248-84-8
3-氯异喹啉-6-胺	235106-62-4
吩噻嗪-2-胺	32338-15-1
苯基丙二酸单苯酯	21601-78-5
4-[4-(4-羟基苯基)-1-哌嗪基]苯基]氨基甲酸苯酯	184177-81-9
毛果芸香碱	92-13-7
1-(2-氯乙基)-4-[3-(三氟甲基)苯基]哌嗪二盐酸盐	57061-71-9
叔丁氧羰基头孢卡品酯	105889-80-3
1-(1-羟乙基)-5-甲氧基-2-氧代-1,2,5,6,7,8,8a,8b-八氢氮杂环[2,1-a]异吲哚-4-羧酸钾	141316-45-2
D-(-)-对羟基苯甘氨酸邓钾盐	69416-61-1
(R)-N-(3-甲氧基-1-甲基-3-氧代丙-1-烯基)-2-苯基甘氨酸钾	34582-65-5
左旋苯甘氨酸乙基邓钾盐	961-69-3
(2S-反式)-3-[[[2-(甲酰氨基)噻唑-4-基]氧代乙酰基]氨基]-2-甲基-4-氧代吖丁啶-1-磺酸钾	88023-65-8
5-甲基-1,3,4-恶二唑-2-羧酸钾或恶二唑钾盐	(none)
克拉维酸钾蔗糖(1:1)	
克拉维酸钾二氧化硅(1:1)	
克拉维酸钾微晶纤维素(1:1)	
次黄嘌呤	68-94-0
1H-吡唑-1-甲脒盐酸盐	4023-02-3
吡啶,4-[[4-(1-甲基乙基)-2-[(苯甲氧基)甲基]-1H-咪唑-1-基]甲基]-乙二酸(1:2)	280129-82-0
3-氨基吡咯烷盐酸盐	103831-11-4
喹宁环-3-醇	1619-34-7
奎宁环	100-76-5
rel-(3R,5R)-3-{(E)-2-[4-(4-氟苯基)-2,6-二异丙基-5-(甲氧基甲基)吡啶-3-基]乙烯基}-5-羟基氯己酮	158878-47-8
rel-(3R,5S,6E)-7-[4-(4-氟苯基)-2,6-二异丙基-5-(甲氧基甲基)吡啶-3-基]-3,5-二羟基庚-6-烯酸	159813-78-2
二恶酮利福霉素	14487-05-9
3-(二甲基氨基)-1-(2-噻吩基)-1-丙醇	13636-02-7
AE活性酯	80756-85-0
来立司亭	193700-51-5

(续表)

品 名	CAS号
SC-59735	116638-33-6
番泻草苷 B	128-57-4
番泻草苷 A	81-27-6
番泻甙 A 钙盐	52730-36-6
番泻甙 B 钙盐	52730-37-7
伐瑞拉迪钠	172733-42-5
(R)-(4-羟基苯基)[(3-甲氧基-1-甲基-3-氧代丙-1-烯基)氨基]乙酸钠	26787-84-8
(R)-1-[(1-{3-[2-(7-氯-2-喹啉基)乙烯基]苯基}}-3-[2-(1-羟基-1-甲基乙基)苯基]丙基)硫甲基]环丙基乙酸钠	142522-81-4
D-双氢苯甘氨酸邓钠盐	26774-89-0
4-氯-1-羟基-丁烷磺酸钠	54322-20-2
4-苯基丁酸钠盐	1716-12-7
5-巯基-1,2,3-三氮唑单钠盐	59032-27-8
(R)-[(3-甲氧基-1-甲基-3-氧代丙-1-烯基)氨基]苯乙酸钠	13291-96-8
α,4-二羟基-3-甲氧基-α-甲基苯乙烷磺酸钠	83682-27-3
5-甲基-N-[2-(4-氨基磺酰基苯基)乙基]吡嗪甲酰胺钠盐	84522-34-9
依普利酮中间体	95716-70-4
2-甲基-2-丙基[1-氧代-1-(3-吡咯烷基氨基)-2-丙基]氨基甲酸酯	122536-66-7
1-苄基-2,3-环氧正丙基-氨基甲酸叔丁酯	98737-29-2
[(1R,4S)-4-(羟基甲基)-2-环戊烯-1-基]-氨基甲酸叔丁酯	168960-18-7
头孢他啶侧链酸活性酯	89604-92-2
(1S,9S)-9-(1,3-二氢-1,3-二氧代-2H-异吲哚-2-基)八氢-6,10-二氧代-6H-哒嗪并[1,2-a][1,2]二氮杂卓-1-羧酸叔丁酯	106928-72-7
叔丁基[(RS)-吡咯烷-3-基]氨基甲酸酯	140629-77-2
3-氮杂双环[3.1.0]-6-己基氨基甲酸叔丁酯	134575-17-0
6-氰甲基-2,2-二甲基-1,3-二氧戊环-乙酸叔丁酯	125971-94-0
(叔丁氧羰基亚甲基)三苯基磷烷	35000-38-5
[(1S,3S,4S)-4-氨基-3-羟基-5-苯基-1-(苯甲基)戊基]-氨基甲酸叔丁酯	144163-85-9
2-甲基-2-丙基(3,4-二羟基-1-苯基-2-丁烷基)氨基甲酸酯	149451-80-9
2-甲基-2-丙基({2-[(5-氧代-2,5-二氢-1,2,4-恶二唑-3-基)甲基]环己基}甲基)氨基甲酸酯	227626-65-5
O-(2-(2-氨基噻唑-4-基)-2-((1-叔丁氧羰基-1-甲基乙氧基)亚氨基)乙酰基)	162208-28-8
BOC-L-脯氨醇	69610-40-8
叔丁基(S)-2-[苄基(甲基)氨基]-2-氧代-1-苯乙基氨基甲酸盐酸盐	481659-97-6
(4S)-4-乙基-4,6-二羟基-3,10-二氧基-3,4,8,10-四氢-1H-吡喃[3,4-f]吲哚嗪-7-羧酸叔丁酯	183434-04-0

(续表)

品　名	CAS 号
二乙基膦酰基乙酸叔丁酯	27784-76-5
S-对甲基-苄基-β-巯基丙酸	79276-06-5
(4R-Cis)-6-羟甲基-2,2-二甲基-1,3-二氧六环-4-乙酸叔丁酯	124655-09-0
6-[(1E)-2-[4-(4-氟苯基)-6-异丙基-2-[甲基(甲磺酰)氨基]-5-嘧啶]乙烯基]-2,2-二甲基-1,3-二氧六环-4-乙酸叔丁酯	289042-12-2
N,N,N-三丁基-1-丁烷铵 2-氨基-6-碘嘌呤-9-I去	156126-48-6
三嗪环	58909-39-0
亚甲基二磷酸四异丙酯	1660-95-3
利托那韦	155213-67-5
5-羟甲基噻唑	38585-74-9
2,4-噻唑烷二酮	2295-31-0
2-噻吩甲酰氯	5271-67-0
2-噻吩甲醛	98-03-3
β-胸腺嘧啶核苷	50-89-5
富马酸依利色林	130580-02-8
反式-2-氯-3-[4-(4-氯苯基)环己基]-1,4-萘二酮	153977-22-1
反式-4-(4-氯苯基)环己基羧酸	49708-81-8
反式-1-苯甲酰-4-苯基-L-脯氨酸	120851-71-0
1,2-二羧基吡咯烷酸,4-羟基-1-[(4-硝基苯基)甲基]酯	96034-57-0
外消旋盐酸舍曲林	79617-99-5
反式	79944-37-9
反式-4-环己基-L-脯氨酸盐酸盐	90657-55-9
3-溴丙烷-1,1,1-三羧酸三乙酯	71170-82-6
N,N,2-三乙基苯胺	33881-72-0
尿嘧啶	66-22-8
尿酸氧化酶	9002-12-4
(2Xi)-3′,5′-二-O-乙酰基-2′-溴-2′-脱氧-3,4-二氢胸苷	110483-43-7
(1S,4R)-4-(2-氨基-6-氯-9H-嘌呤-9-基)-2-环戊烯-1-甲醇盐酸盐	172015-79-1
(1S,4R)-(4-氨基环戊-2-烯基)甲醇盐酸盐	168960-19-8
[(2-甲基-1-丙酰氧基丙氧基)(4-苯基丁基)膦酰基]乙酸辛可宁(1∶1)	123599-79-1
{[2-甲基-1-(1-氧代丙氧基)丙氧基](4-苯丁基)氧膦基}乙酸	123599-78-0
(7-碘-4-甲基-3-氧代-2,3,4,5-四氢-1H-1,4-苯并二氮杂卓-2-基)乙酸	210288-67-8
5-(2,4-二氟苯基)-5-(1,2,4-三唑-1-甲基)四氢呋喃-3-甲基]对氯苯磺酸酯	175712-02-4
(2,3-二氯-4-丁酰基苯氧基)乙酸	1217-67-0
(5S)-3-(1,1-二甲基乙基)-2-苯基-5-恶唑烷甲醇	194861-99-9

(续表)

品 名	CAS号
诺阿斯米唑	75970-99-9
2-(甲砜基)乙胺盐酸盐	104458-24-4
[2-溴-5-(丙氧基)苯基][2-羟基-4-(甲氧基)苯基]甲酮	190965-45-8
阿奇霉素	76801-85-9
N-甲基-1H-苯并咪唑-2-丙胺	64137-52-6
N-[3-(2-氨基-1-羟基乙基)-4-氟苯基]甲烷磺酰胺	137431-02-8
2-羟甲基-4-甲氧基丙氧基-3-甲基吡啶	118175-10-3
4-甲烷磺酰基	90536-66-6
4-(甲硫基)苯乙酸	16188-55-9
7-氯-5-(2-氟苯基)-2-氨甲基-2,3-二氢-1H-1,4-苯并二氮杂卓双马来酸盐	59469-29-3
2-氨甲基-7-氯-2,3-二氢-5-(2-氟苯基)-1H-1,4-苯并二氮杂卓	59467-64-0
[S-(R*,S*)]-{[2-甲基-1-(1-氧丙氧基)丙氧基](4-苯基丁基)膦基}乙酸,辛可宁(1:1)盐	467430-13-3
D-苏式-利他林酸盐酸盐	741705-70-4
(1S,2S,3S,4R)-3-[(1S)-1-氨基-2-乙丁基]-4[[(1,1-二甲基乙氧基)羰基]氨基]-2-羟基环戊酸甲酯	316173-29-2
色甘酸钠	15826-37-6
硼替佐米	390800-88-1
1-(2-乙基丁基)环己烷酰氯	211515-46-7
1-(2-乙基丁基)-N-(2-磺酰基苯基)环己烷羧酰胺	211513-21-2
2-氨基-9,10-二甲氧基-1,6,7,11b-四氢-4H-吡啶并[2,1-a]异喹啉-3-羧酸乙酯	1012065-72-3
3-(1,1-二甲基乙基)-N-[(9H-芴-9-基甲氧基)羰基]-1-(三苯基甲基)-L-组氨酸-2-甲基丙氨酸基-L-a-谷氨酰甘氨酸	1000164-35-1
N-(4-叔丁基苯基)-2-(4-氯-3-乙基苯基)乙胺	945717-43-1
2-(4-氯-3-乙基苯基)乙胺盐酸盐	945717-05-5
乙基(3aR,7R,7aR)-2,2-二甲基-7-[(甲磺酰基)氧基]-3a,6,7,7a-四氢-1,3-苯并二氧杂环-5-羧酸盐	204254-84-2
2′,3′-二-O-乙酰基-5′-脱氧-5-氟胞苷	161599-46-8
(2R,3S,4R)-5-[4-氨基-2-氧嘧啶-1(2H)-基]-2-叠氮基-2-{(2-甲基丙酰基)氧基]甲基}四氢呋喃-3,4-二基双(2-甲基丙酸)盐酸盐	690270-65-6
{(2R,3S,4R,5R)-2-叠氮-5-(2,4-二氧基-3,4-二氢嘧啶-1(2H)-基)-3,4-双[(苯羰基)氧基]四氢呋喃-2-基}甲基3-氯苯甲酸酯	812647-80-6
1-(2-乙基丁基)环己烷羧酸	381209-09-2
1-(2-乙基丁基)环己烷腈	855425-38-6
(4S)-1-[(2S,3S,11bS)-2-氨基-9,10-二甲氧基-1,3,4,6,7,11b-六氢-2H-吡啶并[2,1-a]异喹啉-3-基]-4-(氟甲基)吡咯烷-2-酮盐酸盐	813452-14-1
(S)-4-(氟甲基)-二氢呋喃-2(3h)-酮	916069-80-2

(续表)

品 名	CAS号
二甲氨基乙氧基苄胺	20059-73-8
反式对异丙基环己基甲酸	7077-05-6
(3b)-3-羟基胆甾-5-烯-24-酮	17752-16-8
邻苯二甲酰基氨氯地平	88150-62-3
艾瑞布林中间体9	253128-10-8
(2R,4R)-4-(二甲基硅氧叔丁基)-N-甲氧基-N,2-二甲基辛-7-烯胺	914922-88-6
(R)-2-溴-7-((叔丁基二苯基硅基)氧基)庚-1-烯-4-(4-甲基苯磺酸)	871355-80-5
(2R,4R)-4-[[(1,1-二甲基乙基)二甲基硅基]氧]-N-甲氧基-N,2-二甲基-7-氧庚胺	914922-89-7
2-溴乙烯基三甲基硅烷	13682-94-5
3-(三甲基硅烷基)-4-戊烯酸甲酯	185411-12-5
1-{[(2R,3S),2-(2,4-二氟苯基)-3-甲基环氧乙烷-2-基]甲基}-1H-1,2,4-三唑	127000-90-2
4-溴乙酰基苯腈	20099-89-2
(3R)-3-甲氧基癸烷-1-醇	185954-75-0
2-氰基苯基硼酸-1,3-丙二醇环酯	172732-52-4
4,5-二乙氧基-3-氟-1,2-邻苯二甲腈	474554-45-5
2-溴-1-[3-叔丁基-4-甲氧基-5-(吗啉-4-基)苯基]乙酮	474554-48-8
L-赖氨酸-[(2R,3R)-3-[4-(4-氰基苯基)-1,3-噻唑-2-基]-2-(2,4-二氟苯基)-1-(1H-1,2,4-三唑-1-基)丁烷-2-基]氧基}磷酸二氢甲酯-乙醇(1:1:1)	914361-45-8
乐伐替尼	417716-92-8
2-[[4-[(2,2-二甲基-1,3-二氧六环-5-基)甲氧基]-3,5-二甲基吡啶-2-基}甲基)亚砜基]-1HB-苯并咪唑钠盐(1:1)	913695-00-8
(1R)-1,2-无水-4-C-{(1E,3E)-4-[(1S,2S,3E,5R,6R,9R)-5-(1-羧基-4-环庚基哌嗪-2-基)-6,9-二羟基-2,6-二甲基-11-氧代十二烷-3-烯-1-基]五-1,3-二烯-1-基}-3,5-二脱氧-1-[(2R,3S)-3-羟基戊-2-基]-D-红奔腾醇	630100-90-2
E5564	185954-98-7
2-[2-(2,2,2-三氟乙氧基)苯氧基]乙基甲磺酸酯	160969-03-9
5-[(2R)-2-氨基丙基]-1-[3-(苯甲酰氧基)丙基]-2,3-二氢-7-氰基-1H-吲哚酒石酸盐	239463-85-5
4,6,7,8-四氢-2,5(1H,3H)-喹啉二酮	5057-12-5
5-(4-氯丁基)-1-环己基四氮唑	73963-42-5
6-羟基-3,4-二氢-2-喹啉酮	54197-66-9
(+,-)-8,9-二氟-5-甲基-6,7-二氢-1-氧-1H,5H-苯并[I,J]喹喏啉-2-羧酸	80076-47-7
3,4-二氢-7-羟基-2(1H)-喹啉酮	22246-18-0
2-硝基苯磺酸-4-氯丁酯	441002-17-1
2-氨基-3-(1,2-二氢-2-氧喹啉-4-基)丙酸	5162-90-3
4-溴甲基喹啉-2-酮	4876-10-2
1,2,3,4-四氢-1-(4-甲基苯磺酰基)-1-苯并氮杂卓-5-酮	24310-36-9

(续表)

品 名	CAS号
4-(2-甲基苯甲酰胺基)苯甲酸	108166-22-9
2-甲基-4-(2-甲基苯甲酰氨基)苯甲酸	317374-08-6
7-氯-5-氧代-1-对甲苯磺酰基-2,3,4,5-四氢-1H-苯并氮杂卓	193686-76-9
6-(氯乙酰基)-2-吡啶羧酸	298692-34-9
3,4-二乙氧基苯甲硫酰胺	60759-00-4
4-{4-[4-(三氟甲氧基)苯氧基]哌啶-1-基}苯酚 4-甲苯磺酸盐	866109-93-5
(R)-(2-甲基环氧乙烷-2-基)甲基 4-硝基苯磺酸盐	683276-64-4
2-溴-4-硝基咪唑	65902-59-2
2-氯-4-硝基咪唑	57531-37-0
4-硝基苄基(6R,7R)-7-氨基-8-氧代-3-[(2S)-四氢呋喃-2-基]-5-硫-1-氮杂双环[4.2.0]辛-2-烯-2-羧酸盐酸盐	655233-39-3
磺胺嘧啶银	22199-08-2
2-[2-(3-甲氧基苯基)乙基]苯酚	167145-13-3
2-乙酰氨甲基-4-(4-氟苄基)吗啉	112913-94-7
2(4-氯苯硫基)苯乙酸	13459-62-6
N-环己基-5-羟基戊酰胺	84996-93-0
4-氯-2-(Z)-甲氧基甲氧基甲氧基亚氨基-3-氧代丁酸	95759-10-7
叔丁基-2-[(2-甲氧基-2-氧乙氧基)亚氨基]-3-氧代丁酸酯	268544-50-9
(2Z)-2-[(2-甲氧基-2-氧乙氧基)亚氨基]-3-氧代丁酸叔丁酯	84080-68-2
(2Z)-(2-氨基-1,3-噻唑-4-基)(羟基亚氨基)乙醇酸钠	127660-04-2
1R-[1α,5α,6(R*)]-α-(1-甲基乙烯基)-3-(4-甲基苯基)-7-氧-4-氧代-2,6-二氮二环[3.2.0]庚烷-2-烯-6-乙酸二苯甲酯	67978-05-6
4-(羟甲基)-5-甲基-[1,3]二氧杂环戊烯-2-酮	91526-18-0
(S)-2-(1,6,7,8-四氢-2H-茚并[5,4-B]呋喃-8-基)乙胺盐酸盐	196597-80-5
(E)-(1,6,7,8-四氢-2H-茚并[5,4-b]呋喃-8-亚基)乙腈	196597-79-2
1-[(2′-氰基联苯-4-基)甲基]-2-乙氧基-1H-苯并咪唑-7-甲酸甲酯	139481-44-0
甲酯 C4	139481-28-0
2-[(6-氯-3,4-二氢-3-甲基-2,4-二氧代-1(2H)-嘧啶基)甲基]苯甲腈	865758-96-9
(R)-3-氨基哌啶双盐酸盐	334618-23-4
特戊酰碘甲酯	53064-79-2
7-(3-氨基吡咯烷-1-基)-1-(2,4-二氟苯基)-6-氟-4-氧代-1,4-二氢-1,8-萘啶-3-羧酸乙酯	105152-95-2
4-(1-氨甲酰环丙基)-2,3,5-三氟苯甲酸	143785-84-6
(3S)-10-[1-(乙酰氨基)环丙基]-9-氟-3-甲基-7-氧代-2,3-二氢-7H-[1,4]恶嗪[2,3,4-ij]喹啉-6-羧酸	163680-80-6
(6R,7R)-7-({N-[(4-乙基-2,3-二氧哌嗪-1-基)羰基]-D-苏氨酸}氨基)-3-{[(1-甲基-1H-四唑-5-基)磺酰基]甲基}-8-氧代-5-噻-1-氮杂双环[4.2.0]辛-2-烯-2-羧酸	76610-92-9

(续表)

品　名	CAS号
N-(5-甲氧基-2-苯氧基苯基)-甲磺酰胺	123664-84-6
N-[4-2-(甲酰氨基乙酰基)-5-甲氧基-2-苯氧基苯基)]-甲磺酰胺	149456-98-4
N-[5-羟基-4-(2-甲酰氨基)乙酰基-2-苯氧基]苯基甲磺酰胺	149457-03-4
5-溴苯并噻吩	4923-87-9
(1-苯并噻吩-5-基)乙酸	17381-54-3
5-(2-羟基乙基)苯并[b]噻吩	96803-30-4
3-[2-(1-苯并噻吩-5-基)乙氧基]丙酸	519188-42-2
3-[2-(1-苯并噻吩-5-基)乙氧基]-1-(3-羟基氮杂环丁烷-1-基)丙-1-酮	519188-55-7
1-[3-(2-苯并[b]噻吩-5-基乙氧基)丙基]-3-氮杂环丁醇-(2Z)-2-丁烯二酸酯(1:1)	519187-97-4
6-羧基香豆素	7734-80-7
6-[(2,4-二甲氧基苯基)羰基]-2H-铬烯-2-酮	947408-90-4
6-[(2,4-二羟苯基)羰基]-2H-铬烯-2-酮	947408-91-5
3-(5-{[4-(环戊氧基)-2-羟基苯基]羰基}-2-羟基苯基)丙酸甲酯	530141-60-7
N,2-二羟基-4-甲基苯甲酰胺	158671-29-5
6-甲基-2-三苯基-1,2-苯并恶唑-3(2H)-酮	947408-94-8
6-(溴甲基)-2-三苯基甲基-1,2-苯并异恶唑-3(2H)-酮	947408-95-9
3-[5-[4-(环戊氧基)-2-羟基苯甲酰基]-2-[(2-三苯基甲基-1,2-苯并异恶唑-3(2H)-对-6-基)甲氧基]苯基]丙酸甲酯	947409-01-0
T-5224 抑制剂	530141-72-1
2-氨基丙二酰胺	62009-47-6
3-羟基吡嗪-2-酰胺	55321-99-8
6-溴-3-羟基吡嗪-2-羧酰胺	259793-88-9
3-氧代-4-(2,3,5-三-O-乙酰基-β-D-呋喃核糖基)-3,4-二氢吡嗪-2-甲酰胺	499785-81-8
3,4-二氢-3-氧代-4-BETA-D-呋喃核糖基-2-吡嗪甲酰胺	356782-84-8
3,3′-哌啶-1,4-二丙基-1-醇-4-甲苯磺酸盐	936637-40-0
4,4′-[哌啶-1,4-二基双(丙烷-3,1-二酰氧基)]二苯腈	873546-80-6
4,4′-[哌啶-1,4-二基双(丙烷-3,1-二氧基)]双(N′-羟基苯甲酰亚胺)	873546-30-6
4,4′-[哌啶-1,4-二基双(丙烷-3,1-二氧基)]双[N′-(乙酰氧基)苯甲酰亚胺]	873546-74-8
4,4′-[哌啶-1,4-二基双(丙烷-3,1-二氧基)]二苯甲酰亚胺三盐酸盐五水合物	873546-38-4
2-(4-氟-2-甲基苯基)-4-氧代-3,4-二氢吡啶-1(2H)-羧酸苄酯	414909-98-1
(R)-N-甲基-1-[3,5-二(三氟甲基)苯基]乙胺	334477-60-0
(2S)-羟基(苯基)乙酸-(2R)-2-(4-氟-2-甲基苯基)哌啶-4-酮(1:1)	414910-13-7
乙基[(3-内)-8-甲基-8-氮杂双环[3.2.1]辛-3-基]乙酸酯	56880-11-6
(1R)-2-(苄基氨基)-1-(2,2-二甲基-4H-1,3-苯并二恶英-6-基)乙醇	452342-08-4
2-恶唑烷酮,	452339-73-0

(续表)

品　名	CAS号
2-((2,6-二氯苯基)甲氧基)乙醇	85309-91-7
2-[2-(6-溴己氧基)乙氧基甲基]-1,3-二氯苯	503070-57-3
(5r)-3-[6-[2-[(2,6-二氯苯基)甲氧基]乙氧基]己基]-5-(2,2-二甲基-4H-1,3-苯并二噁英-6-基)-2-噁唑烷酮	503068-36-8
维兰特罗三苯乙酸盐	503070-58-4
5-[4-[[3-氯-4-[(3-氟苯基)甲氧基]苯基]氨基]-6-喹唑啉]-2-呋喃甲醛对甲苯磺酸盐	388082-75-5
1,2,3,4,6-β-D-葡萄糖五乙酸酯	604-69-3
3′-氨基-[1,1′-联苯]-3-羧酸甲酯	168619-25-8
N-(2-氯乙基)乙酰胺	7355-58-0
[11′-联苯]-三羧酸 3′-(45-二氢-2-甲基-1h-咪唑-1-yl)甲基酯	451470-33-0
(R)-3-氯苯基环氧乙烷	62600-71-9
N-甲基-N-硫代苯甲酰肼	21048-05-5
1-{[(甲基磺酰基)羰基]氧基}2-甲基丙酸乙酯	860035-07-0
1-((2,5-双氧吡咯-1-氧基)羰基氧基异丁酸乙酯	860035-10-5
反式-4-(4-氟苯基)-3-羟甲基-1-甲基哌啶	105812-81-5
(R)-2-((5-溴-2,3-二氟苯氧基)甲基)环氧乙烷	702687-42-1
3-(3-{[(2R)-3-{[1-(2,3-二氢-1H-茚-2-基)-2-甲基丙烷-2-基]氨基}-2-羟丙基]氧基}-4,5-二氟苯基)丙酸乙酯盐酸盐	702686-97-3
(4S)-4-乙基-4-羟基-1H-吡喃并[3′,4′:6,7]吲嗪并[1,2-b]喹啉-3,14-(4H,12H)-二酮	7689-3-4
4-羟基咔唑	52602-39-8
2-((4-氟苄基)硫基)-6,7-二氢-3H-环戊二烯并[D]嘧啶-4(5H)-酮	451487-18-6
2-[2-[(4-氟苯基)甲基硫烷基]-4-氧代-6,7-二氢-5H-环戊二烯并[d]嘧啶-1-基]乙酸	356058-42-9
4′-(三氟甲基)联苯-4-甲醛	90035-34-0
5-氯-2-甲氧基苯硼酸	89694-48-4
3-(2-羟基-3-硝基-5-氯)苯基联苯甲酸	376592-58-4
3-甲基-1-(3,4-二甲基苯基)-2-吡唑啉-5-酮	18048-64-1
2,3-二甲基-6-氨基-2H-吲唑	444731-72-0
2,4-二氯嘧啶	3934-20-1
N-(2-氯嘧啶-4-基)-2,3-二甲基-2H-吲唑-6-胺	444731-74-2
2,4-二氯嘧啶	3934-20-1
2-[N-甲基-N-(2-吡啶基)氨基]乙醇	122321-04-4
(Z)-5-(4-氟亚苄基)噻唑烷-2,4-二酮	291536-35-1
2-叠氮基-2-脱氧-3,4-二-O-(苯基甲基)-D-吡喃葡萄糖 1,6-二乙酸酯	136172-58-2
磺达肝癸钠中间体-A	114869-97-5
糖 B	99541-26-1
3-O-乙酰基-1,6-脱水-2-叠氮基-2,3-二-O-苄基-4,6-O-亚苄基-2-脱氧-β-D-纤维二糖	99541-23-8

(续表)

品　名	CAS号
4-[3-羟基-3-苯基-3-(2-噻吩基)丙基]-4-甲基吗啉鎓硫酸甲酯盐	6504-57-0
3-氨基-4-甲基噻吩-2-羧酸甲酯	85006-31-1
1-氨基-4-环戊基哌嗪	61379-64-4
4-甲基哌嗪-1-甲酰氯盐酸盐	55112-42-0
2-氨基-5-氯吡啶	1072-98-6
邻氯苄胺	89-97-4
(2S,3aR,7aS)-八氢吲哚-2-甲酸苄酯盐酸盐	145641-35-6
6-氯-2-己酮	10226-30-9
乙酰基-5-氯-2-硝基二苯胺-N-乙酯	22316-45-6
秋水仙碱苷	477-29-2
16,17-环氧孕烯醇酮	974-23-2
葡甲胺锑酸盐	133-51-7
3-羧基苯磺酸钠	17625-03-5
2-[4-(2,2-二氯环丙基)苯氧基]-2-甲基丙酸乙酯	52179-28-9
丙戊酸钠	1069-66-5
AZD 3043	579494-66-9
司美替尼	606143-52-6
4-羟基苯甲酸-(2S,4E)-N-甲基-5-[5-(丙-2-氧基)吡啶-3-基]戊-4-烯-2-胺(1∶1)	691882-47-0
N-(2-{[(2S)-3-{[1-(4-氯苄基)哌啶-4-基]氨基}-2-羟基-2-甲基丙基]氧基}-4-羟基苯基)乙酰胺	548797-97-3
AZD-6280	942436-93-3
AZD7325	942437-37-8
1-Boc-L-吖啶-2-羧酸	51077-14-6
(2S)-N-{4-[(Z)-氨基(甲氧基亚氨基)甲基]苄基}-1-{(2R)-2-[3-氯-5-(二氟甲氧基)苯基]-2-羟基乙酰基}氮杂环丁烷-2-甲酰胺苯磺酸(1∶1)	631916-97-7
5-{[7-(3-{乙基[2-(磷酰氧基)乙基]氨基}丙氧基)-4-喹唑啉基]氨基}-N-(3-氟苯基)-1H-吡唑-3-乙酰胺	722543-31-9
塞卡替尼对照品≥99%	893428-72-3
3-[(甲磺酰基)氨基]-2-苯基-N-[(1S)-1-苯基丙基]喹啉-4-甲酰胺	941690-55-7
(2R)-3'H-螺环[4-氮杂双环[2.2.2]辛烷-2,2'-呋喃[2,3-b]吡啶](S,S)-2,3-二羟基丁二酸	220100-81-2
AZD0328	220099-91-2
4-氟-5-羟基-2-甲基吲哚	288385-88-6
2-(3aR,4S,6R,6aS)-6-(5-胺基-6-氯-2-丙硫基-4-嘧啶基)氨基四氢-2,2-二甲基-4H-环戊烯并-1,3-二氧杂环戊烷-4-基]氧}-乙醇	376608-74-1
(1R,2S)-2-(3,4-二氟苯基)环丙胺	376608-71-8
6-甲氧基-7-苄氧基喹唑啉-4-酮	179688-01-8

（续表）

品　名	CAS号
利噻膦酸钠	329003-65-8
(5S,8S,11S,14S,17S,20S,23S,26S,29S,32S,35S,38S)-5-(3-氨基-3-氧丙基)-20-苄基-23-[(2S)-丁烷-2-yl]-14,38-双{4-[(叔丁基羰基)氨基]丁基}-29-{[1-(叔丁氧羰基)-1H-吲哚-3-基]甲基}-17-(3-叔丁氧基-3-氧丙基)-1-(1H-芴-9-基)-8,11,26,41,41-五甲基-32-(2-甲基丙基)-3,6,9,12,15,18,21,24,27,30,33,36,39-十三氧基-35-(丙烷-2-基)-2-氧-4,7,10,13,16,19,22,25,28,31,34,37,40-十三氮杂四环素-42-油酸	1000164-36-2
5-甲基-1-(丙烷-2-基)-4-[4-(丙烷-2-氧基)苄基]-1,2-二氢-3H-吡唑-3-酮	1028026-83-6
2-甲基-3-[(2S)-吡咯烷-2-基甲氧基]吡啶 2,3-二羟基丁二酸	945405-37-8
(2S,3S)-2,3-双[(苯羰基)氧]丁二酸-乙基(3aR,6aR)-六氢吡咯[3,4-b]吡咯-5(1H)-羧酸盐（1∶1）	948846-40-0
(3aR,6aR)-1-(吡啶-3-基)八氢吡咯[3,4-b]吡咯 4-甲苯磺酸酯	00-00-0
(3aR,6aR)-1-(吡啶-3-基)八氢吡咯[3,4-b]吡咯盐酸盐	370882-57-8
4-[(3-硝基吡啶-2-基)氨基]苯酚	78750-61-5
N-(2-氟-5-甲基苯基)-N'-[4-(4,4,5,5-四甲基-1,3,2-二氧杂硼烷-2-基)苯基]脲	796967-18-5
N-{2-[(4-羟基苯基)氨基]-3-吡啶基}-4-甲氧基苯磺酰胺单盐酸盐	141450-48-8
1-[4-(3-氨基-1H-吲唑-4-基)苯基]-3-(2-氟-5-甲基苯基)脲盐酸盐	00-00-0
N-[4-(3-氨基-1H-吲唑-4-基)苯基]-N'-(2-氟-5-甲基苯基)脲	796967-16-3
5,6-二氯-N-(2,2-二甲氧基乙基)吡啶-3-胺	876068-46-1
[(3S,4S)-4-氨基-1-(5,6-二氯吡啶-3-基)吡咯烷-3-基]甲醇	876068-51-8
(1S,5S)-3-(5,6-二氯吡啶-3-基)-3,6-二氮杂二环[3.2.0]庚烷苯磺酸盐	876170-44-4
脱氧核糖核酸, d(T-sp-C-G-sp-T-sp-C-G-sp-T-sp-T-sp-T-sp-T-sp-G-sp-A-sp-C-G-sp-T-sp-T-sp-T-sp-T-sp-Gsp-T-sp-C-G-sp-T-sp-T)	665058-78-6
4-(4-{[(2S,4R)-4-[乙酰基(4-氯苯基)氨基]-2-甲基-3,4-二氢喹啉-1(2H)-基}羰基)苯氧基)-2,2-二甲基丁酸	868210-14-4
4-[4-({3-[(4-脱氧-4-氟-b-D-吡喃葡萄糖基)氧基]-5-(丙-2-基)-1H-吡唑-4-基}甲基)苯基]-N-[1,3-二羟基-2-(羟甲基)丙-2-基]丁酰胺	871484-32-1
2-({[(1R,3S)-3-{[2-(3-甲氧基苯基)-5-甲基-1,3-恶唑-4-基]甲氧基}环己基]氧基}甲基)-6-甲基苯甲酸	710281-33-7
2-(4-甲氧基苄基)噻吩-3-基 β-D-吡喃葡萄糖苷	647834-15-9
5-(苄胺基)-2-(3-甲氧基苯基)-7-(4-甲基哌嗪-1-基)[1,2,4]三唑并[1,5-a]喹啉-4-碳腈-(2E)-丁-2-烯二酸（2∶1）水合物	00-00-0
3-[2-氯-4-({4-甲基-2-[4-(三氟甲基)苯基]-1,3-噻唑-5-基}甲氧基)苯基]-1,2,4-恶二唑-5(4H)-酮	866920-24-3
2-[3-(6-{[2-(2,4-二氯苯氧基)乙基]氨基}-2-甲氧基嘧啶-4-基)苯基]-2-甲基丙酸磷酸酯	934815-71-1
氨基噻唑乙酰肟酸	110130-88-6
2-(2,3-二氢-1H-茚-2-基)丙-2-胺盐酸盐	1034457-07-2
(2R)-1-(5-溴-2,3-二氟苯氧基)-3-{[1-(2,3-二氢-1H-茚-2-基)-2-甲基丙烷-2-基]氨基}丙烷-2-醇盐酸盐	1035455-90-3

(续表)

品　名	CAS号
乙基(2E)-3-(3-{[(2R)-3-{[1-(2,3-二氢-1H-茚-2-基)-2-甲基丙烷-2-基]氨基}-2-羟丙基]氧基}-4,5-二氟苯基)丙-2-烯酸盐酸盐	1035455-87-8
(3S,6R,9S,12R,15S,18R,21S,24R)-6,18-二苄基-4,10,12,16,22,24-六甲基-3,9,15,21-四(2-甲基丙基)-1,7,13,19-四氧杂-4,10,16,22-四氮杂四环己烷-2,5,8,11,14,17,20,23-辛烷	133413-70-4
2-(环己基甲基)-N-{2-[(2S)-1-甲基吡咯烷-2-基]乙基}-1,2,3,4-四氢异喹啉-7-磺酰胺二[(2E)-丁-2-烯二酸]水合物	00-00-0
5-氟-1-(3-氟苄基)-N-(1H-吲哚-5-基)-1H-吲哚-2-甲酰胺	00-00-0
(+)-5-[6-(1-甲基-1H-吡唑-4-基)吡啶-3-基]-1-氮杂双环[3.2.1]辛烷	925978-49-0
7-氯-3-(6-甲氧基吡啶-3-基)-N,N,5-三甲基-4-氧代-4,5-二氢-3H-哒嗪[4,5-b]吲哚-1-甲酰胺	550349-58-1
N-[(S)-1-氮杂双环[2.2.2]辛-2-基(苯基)甲基]-2,6-二氯-3-(三氟甲基)苯甲酰胺盐酸盐	00-00-0
SSR125543	752253-39-7
SSR411298	666860-59-9
N-(5-氟-3-甲基-1H-吲哚-1-基)-4-甲基-2-(吡啶-2-基)嘧啶-5-甲酰胺	00-00-0
DNA(合成质粒载体pCOR人干扰素b信号肽与21-154人酸性成纤维细胞生长因子融合蛋白-特异性)	1001859-46-6
1-[(2R,5S)-5-(羟甲基)-2,5-二氢呋喃-2-基]-5-甲基嘧啶-2,4(1H,3H)-二酮-1-甲基吡咯烷-2-酮(1∶1)	165172-60-1
[(1R,5S)-5-[二甲基(苯基)硅基]-2-{[[(2-甲氧基丙烷-2-基)氧基]甲基}环戊-2-烯-1-基]甲醇	701278-08-2
{(4S,5R)-5-[(苄氧基)甲基]-4-[二甲基(苯基)硅基]环戊-1-烯-1-基}甲醇	701278-09-3
2-氨基-9-{(1S,3R,4S)-3-[(苄氧基)甲基]-4-[二甲基(苯基)硅基]-2-亚甲基环戊基}-1,9-二氢-6H-嘌呤-6-酮甲磺酸酯(2∶1)	1032066-96-8
2-氨基-N-(2-氯-6-甲基苯基)-5-噻唑酰胺	302964-24-5
N-(2-氯-6-甲基苯基)-2-[(6-氯-2-甲基-4-嘧啶基)氨基]-5-噻唑甲酰胺	302964-08-5
2-甲基-4,6-二氯嘧啶	1780-26-3
叔丁氧羰基-沙格列汀	709031-43-6
N-叔丁氧羰基-3-羟基-1-金刚烷基-D-甘氨酸	361442-00-4
(1S,3S,5S)-2-氮杂双环[3.1.0]己烷-3-甲酰胺甲烷磺酸盐	709031-45-8
2-(3-羟基-1-金刚烷)-2-氧代乙酸	709031-28-7
(1S,3S,5S)-3-(氨基羰基)-2-氮杂双环[3.1.0]己烷-2-甲酸叔丁酯	361440-67-7
(2S)-2-(氨基羰基)-2,3-二氢-1H-吡咯-1-甲酸叔丁基酯	709031-38-9
4-羟基-5-甲基吡咯并[1,2-f][1,2,4]噻嗪-6-基三甲基乙酸盐	872206-47-8
4-(4-氟-2-甲基-1H-吲哚-5-基氧基)-5-甲基吡咯并[1,2-f][1,2,4]噻嗪-6-基三甲基乙酸盐	952490-01-6
加吉西他滨	649735-46-6
(R)-(+)-1,2-环氧丙烷	15448-47-2

(续表)

品　名	CAS号
Cbz-丙氨酸	1142-20-7
4,5,6,7-四氢-1-(4-甲氧基苯基)-6-(4-硝基苯基)-7-氧代-1H-吡唑并[3,4-C]吡啶-3-羧酸乙酯	536759-91-8
1-(4-甲氧基苯基)-7-氧代-6-[4-(2-氧代哌啶-1-基)苯基]-4,5,6,7-四氢-1H-吡唑并[3,4-c]吡啶-3-羧酸乙酯	503614-91-3
(2Z)-氯[(4-甲氧基苯基)亚肼基]乙酸乙酯	473927-63-8
3-氯-5,6-二氢-1-(4-硝基苯基)-2(1H)吡啶酮	536760-29-9
5-溴-2-氯-4′-乙氧基二苯甲烷	461432-23-5
丁-2-炔-1,4-二醇-甲基1-C-[4-氯-3-(4-乙氧基苄基)苯基]-α-D-吡喃葡萄糖苷(1∶1)	960404-59-5
2-氯-5-(2,3,4,6-四-O-乙酰基-β-D-吡喃葡萄糖-1-基)-4′-乙氧基二苯甲烷	461432-25-7
罗苏伐他汀	289042-10-0
福沙吡坦二甲葡胺	265121-04-8
1-叔丁基-2-羟基-1H-吡咯并[2,3-b]吡啶-3-羧酸甲酯	00-00-0
(8r)-8-(3,5-二氟苯基)-10-氧代-6,9-二氮杂螺[4.5]癸烷-9-乙酸	957187-34-7
2,3-二羟基-2,3-双(苯羰基)丁二酸乙酯[(8R)-8-(3,5-二氟苯基)-10-氧代-6,9-二氮螺环[4.5]癸-9-基]乙酸酯(1∶1)	00-00-0
奥当卡替(MK-0822)中间体	893407-18-6
[2-(氯甲基)-4-(二苄基氨基)苯基]甲醇盐酸盐	00-00-0
4-氟-L-亮氨酸乙酯硫酸盐	848949-85-9
4-(4-氟苯基)-7-(异硫氰酸甲酯)-2H-铬烯-2-酮	00-00-0
3-{[6-(乙基磺酰基)吡啶-3-基]氧基}-5-{[(2S)-1-羟基丙烷-2-基]氧基}苯甲酸-1,4-二氮杂二环[2.2.2]辛烷(2∶1)	1137917-12-4
甲基(5R,7S,10S)-10-叔丁基-15,15-二甲基-3,9,12-三氧基-6,7,9,10,11,12,14,15,16,17,18,19-十二氢-1H,5H-2,23∶5,8-二甲基-4,13,2,8,11-苯并二氧三氮杂环己烷-7(3H)-羧酸盐	923591-06-4
(1R,2R)-1-氨基-N-(环丙基磺酰基)-2-乙基环丙烷甲酰胺对甲苯磺酸盐	1198178-65-2
2-羟基-2-(三氟甲基)丁酰肼	910656-45-0
4-氨基甲酰-4-乙胺哌啶	84100-54-9
6-(羟基甲基)-4-苯基苯并二氢吡喃-2-醇	959624-24-9
枸橼酸托法替尼	540737-29-9
2,4-二氯-7H吡咯[2,3-D]嘧啶	90213-66-4
1-({4-[({[2-氧代-3-(丙烷-2-基)-2,3-二氢-1H-苯并咪唑-1-基]羰基}氨基)甲基]哌啶-1-基}甲基)环丁烷羧酸	871022-14-9
1-[(4-{[(叔丁氧羰基)氨基]甲基}哌啶-1-基)甲基]环丁烷甲酸	871022-19-4
1-(2-丙基)-2-苯并咪唑啉酮	35681-40-4
硫培南中间体	120788-03-6
2,3,4,5-四氢-2,8-二甲基-5-[2-(6-甲基吡啶-3-基)乙基]-1H-吡啶并[4,3-b]吲哚	3613-73-8

(续表)

品　名	CAS号
2,8-二甲基-2,3,4,5-四氢-1H-吡啶并[4,3-b]吲哚	19686-05-6
鲁索替尼	941678-49-5
3-环戊基丙烯腈	591769-05-0
1-(1-乙氧基乙基)-4-(4,4,5,5-四甲基-1,3,2-二噁硼烷-2-基)-1H-吡唑	1029716-44-6
4-(1H-吡唑-4-基)-7-{[2-(三甲基甲硅烷基)乙氧基]-甲基}-7H-吡咯并[2,3-d]嘧啶	941685-27-4
鲁索利尼杂质C	941685-41-2
(βR)-β-环戊基-4-[7-[[2-(三甲基硅烷基)乙氧基]甲基]-7H-吡咯并[2,3-d]嘧啶-4-基]-1H-吡唑-1-丙腈	941685-40-1
3-环戊基-3-[4-[7-[[2-(三甲基硅烷基)乙氧基]甲基]-7H-吡咯并[2,3-d]嘧啶-4-基]-1H-吡唑-1-基]丙腈	941685-39-8
4-氯吡咯并嘧啶	3680-69-1
(3S,5R)-3-氨基-5-甲基辛酸盐酸盐	610300-00-0
(3S,5R)-3-氨基-5-甲基辛酸	610300-07-7
(3R)-3-甲基己酸	22328-90-1
(2R,3R)-2,3-二甲基丁烷-1,4-二基双(4-甲基苯磺酸盐)	281214-27-5
4-(1-氨基环丙基)-2,3,5-三氟苯甲酸	143785-86-8
4-[1-(乙酰氨基)环丙基]-2,3,5-三氟苯甲酸	143785-87-9
(R)-6-环戊基-6-[2-(2,6-二乙基吡啶-4-基)乙基]-3-[(5,7-二甲基-[1,2,4]三唑并[1,5-a]嘧啶-2-基)甲基]-4-羟基-5,6-二氢-2H-吡喃-2-酮	877130-28-4
5,7-二甲基-[1,2,4]三唑并[1,5-a]嘧啶-2-甲醛	55293-96-4
4-溴-2,6-二乙基吡啶4-甲基苯磺酸盐	927889-51-8
钠2-氨基-2-苯基丁酸酯	94133-84-3
a-乙基-a-二甲氨基苯乙酸甲酯共2个供应商,4个商品	39068-93-4
3-(4-氯苯基)-N-甲基-4-苯基-4,5-二氢-1H-吡唑-1-甲酰胺	1035675-24-1
(4S)-3-(4-氯苯基)-N-甲基-4-苯基-4,5-二氢-1H-吡唑-1-羧甲基-2,3-二羟基丁二酸	1035677-60-1
(3,3-二氟吡咯烷-1-基)[(2S,4S)-4-[4-(嘧啶-2-基)哌嗪-1-基]吡咯烷-2-基]甲酮	869490-23-3
3,3-二氟吡咯烷盐酸	163457-23-6
6-碘-1H-吲唑	261953-36-0
3-溴-4-(2,4-二氟苄氧基)-1-[5-[(甲基氨基)羰基]-2-甲基苯基]-6-甲基吡啶-2(1H)-酮	586414-48-4
3-(4-羟基-6-甲基-2-氧吡啶-1(2H)-基)-4-甲基苯甲酸甲酯	586379-61-5
(1S)-1-氨基-1,3,4,5-四氢-3-甲基-2H-3-苯氮杂卓-2-酮盐酸盐	425663-71-4
地瑞考肽	152074-97-0
L-α-天冬氨酰-L-α-谷氨酰-L-天冬氨胺基-L-脯氨酰-L-缬氨酰-L-组氨酸基-L-苯丙氨酸基-L-赖氨酰-L-天冬氨胺基-L-异亮氨酸基-L-缬氨酰-L-苏氨酸基-L-脯氨酰-L-精氨酰-L-苏氨酸四乙酸酯	781666-30-6
2-氨基-5-[(4-氟苄基)氨基]-1-硝基苯	150812-21-8
2-乙氧羰基氨基-5-(4-氟苄基氨基)硝基苯	150812-23-0

(续表)

品　名	CAS号
2,3-二氨基苯甲酰胺二盐酸盐	266993-72-0
1-叔丁氧羰基-(R)-2-甲基吡咯烷-2-羧酸	166170-15-6
(S)-2-(2-(2-甲基)吡咯烷基)-1H-苯并咪唑-4-甲酰胺二盐	912445-36-4
2-[(2R)-2-甲基-2-吡咯烷基]-1H-苯并咪唑-7-甲酰胺	912444-00-9
1-(2-硝基苄基)吡咯-2-甲醛	22162-51-2
5-氟-2-甲基苯甲酰氯	21900-39-0
2-氯-4-[(5-氟-2-甲基苯甲酰)氨基]苯甲酸	168080-49-7
3-氨基-4-(2-邻苯二甲酰亚氨基乙氧基)巴豆酸乙酯	265136-65-0
N-(4-氯-3-氰基-7-乙氧基喹啉-6-基)乙酰胺	848133-76-6
2-[(2-氯-4-硝基苯氧基)甲基]吡啶	179687-79-7
反式-4-二甲基胺基巴豆酸盐酸盐	848133-35-7
2-氰基-N-(2,4-二氯-5-甲氧苯基)乙酰胺	846023-24-3
2-(3-氯丙氧基)-1-甲氧基-4-硝基苯	92878-95-0
1,2,3,4-四氢-6,7-二甲氧基异喹啉-3-羧酸苄酯盐酸盐	103733-32-0
(S,S)-2-氮杂双环[3,3,0]辛烷-3-羧酸苄酯盐酸盐	87269-87-2
1,1'-联萘-2,2'-二醇-5-甲氧基-2-{(S)-[(4-甲氧基-3,5-二甲基吡啶-2-基)甲基]亚砜基}-1H苯并咪唑(1∶1)	272776-12-2
1,1-环丙烷二甲醇亚磺酸酯	89729-09-9
S-(-)-N,N-二甲基-3-羟基-3-(2-噻吩)丙胺	132335-44-5
S-(+)-N,N-二甲基-3-(1-萘氧基)-3-(2-噻吩)-丙胺	132335-46-7
甲基2-((R)-3-(3-((E)-2-(7-氯喹啉-2-基)乙烯基)苯基)-3-((1-(羟甲基)环丙基)甲基)磺酰基)丙基)苯甲酸氢氯化物	00-00-0
三苯甲烷基他定侧链酸	68672-66-2
1-(4-吡啶基)吡啶氯盐酸盐	5421-92-1
2-(3-氯丙基)-2-(4-氟苯基)-1,3-二氧戊烷	3308-94-9
1-{1-[4-(4'-氟苯基)-4,4-乙基二氧丁基]-1,2,3,6-四氢-4-吡啶基]-1,3-二氢苯并咪唑-2-酮	00-00-0
2,5-双(2,2,2-三氟乙氧基)苯甲酸	35480-52-5
(1S,5R)-1-苯基-3-氧杂双环[3.1.0]己-2-酮	63106-93-4
N2-[(苄氧基)羰基]-L-谷氨酰胺基-L-天冬酰胺基-S-苄基-L-半胱氨酸基-L-脯氨酰-L-亮氨酸甘氨酸酰胺	21688-11-9
(2R)-3-(苄基磺酰基)-N-[(2S)-1-{[(2S,3S)-1-肼基-3-甲基-1-氧代戊烷-2-基]氨基}-	39570-96-2
3-氯-6-甲基二苯并[c,f][1,2]硫氮杂卓-11(6H)-酮	26638-53-9
3α-羟基-7-氧代-5β-胆烷酸	4651-67-6
乙基(1-甲基丁基)丙二酸二乙酯	76-72-2
6-氟-3-羟基-2-吡嗪碳腈二环己胺盐	1137606-74-6

(续表)

品　名	CAS号
6-溴-5-羟基-1-甲基-2-(苯基硫甲基)吲哚-3-甲酸乙酯	131707-24-9
(2s,3as,7as)-八氢-1H-吲哚-2-羧酸	80875-98-5
N-((S)乙氧羰基-1-丁基)-(S)丙氨酸	82834-12-6
3-{(E)-2-[(3R)吡咯烷-3-基]乙烯基}-5-(四氢-2H-吡喃-4-氧基)吡啶	753015-42-8
4,6-二氯-5-硝基-2-丙硫基嘧啶	145783-14-8
N-[(3aS,4R,6S,6aR)-四氢-6-羟基-2,2-二甲基-4H-环戊烯并-1,3-二氧戊环-4-基]氨基甲酸苄酯	274693-53-7
聚(氧-1,2-乙二醇),α-氢-ω-甲氧基,含 21N6,21′N6-[(N2,N6-二羧基-L-赖氨酰-β-丙氨酰)亚氨基]双(1-氧代-2,1-乙二基)]双[N-乙酰甘氨酸-L-亮氨酸-L-酪氨酸-L-丙氨酸-L-半胱氨酸-L-组氨酸-L-甲硫酰甘氨酸-L-脯氨酸-L-异亮氨酸-L-苏氨酸-3-(1-萘基)-L-丙氨酸-L-谷氨酰-L-脯氨酸-L-亮氨酸-L-精氨酸-N-甲基甘氨酸-L-赖氨酰胺]环(6→15),(6′→15′)双(二硫化物)	913976-27-9
甲磺酸艾瑞布林	441045-17-6
4-氯-3-甲基异恶唑-5-胺	166964-09-6
(3,4-亚甲基二氧基)-6-甲基苄氯	117661-72-0
3-氯磺酰基-2-噻吩甲酸甲酯	59337-92-7
左布比卡因	27262-47-1
顺式-1-苄基-4-甲基-3-甲氨基-哌啶双盐酸盐	1062580-52-2
(3S,4aS,8aR)-2-(甲氧羰基)-6-羟基异喹啉-3-羧酸-(1R)-1-苯基乙胺(1∶1)	134388-95-7
(3S,4aS,6S,8aR)-6-羟基-2-(甲氧羰基)十氢异喹啉-3-羧酸	503293-98-9
6-氯-2-氟苯四氮唑	503293-47-8
(3S,4αS,6S,8αR)-6-[3-氯-2-(2H-四唑-5-基)苯氧基]十氢-3-异喹啉羧酸盐酸盐	503290-66-2
4-氯-3-甲基异恶唑-5-胺	166964-09-6
(3,4-亚甲基二氧基)-6-甲基苄氯	117661-72-0
3-氯磺酰基-2-噻吩甲酸甲酯	59337-92-7
左布比卡因	27262-47-1
(3R,4R)-1-苄基-N,4-二甲基哌啶-3-胺二盐酸盐	1062580-52-2
(3S,4aS,8aR)-2-(甲氧羰基)-6-羟基异喹啉-3-羧酸-(1R)-1-苯基乙胺(1∶1)	134388-95-7
(3S,4aS,6S,8aR)-6-羟基-2-(甲氧羰基)十氢异喹啉-3-羧酸	503293-98-9
5-(2-氯-6-氟苯基)-2H-四氮唑	503293-47-8
(3S,4αS,6S,8αR)-6-[3-氯-2-(2H-四唑-5-基)苯氧基]十氢-3-异喹啉羧酸盐酸盐	503290-66-2
2-乙基丁(3S,4αS,6S,8αR)-6-[3-氯-2-(1H-四唑-5-基)苯氧基]十氢-3-异喹啉羧酸盐 4-甲苯磺酸盐	503291-53-0
3-氰基-5-[[3,5-二乙基-1-(2-羟基乙基)-1H-吡唑-4-基]氧基]苯腈	473921-12-9
4-氯-3,5-庚烷二酮	13054-81-4
5-羟基间苯二腈	79370-78-8
甲基 2-((R)-3-{3-[(E)-2-(7-氯喹啉-2-基)乙烯基]苯基}-3-({[1-(羟甲基)环丙基]甲基}硫烷基)丙)苯甲酸酯	936359-25-0

染料中间体附录

本附录列举了根据税则总注释十四的规定可享受免税待遇的染料中间体化学品。

品　名	CAS号
1,3,3-三甲基-2-亚甲基吲哚啉乙醛	84-83-3
2-氨基-4-乙酰氨基苯甲醚	6375-47-9
间氨基乙酰苯胺	102-28-3
对氨基乙酰苯胺	122-80-5
N-乙酰基-1,3-苯二胺,盐酸盐	621-35-2
4′-氨基-N-甲基乙酰苯胺	119-63-1
2,5-二甲氧基乙酰苯胺	3467-59-2
1-乙酰氨基-7-萘酚	6470-18-4
乙酰克利西丁	6962-44-3
2-乙酰氨基苯甲醚	93-26-5
2-氨基二苯砜	4273-98-7
2-氯乙基砜乙氧基乙胺盐酸盐	98231-71-1
邻甲氧基对位酯	10079-20-6
2-氨基-1,5-萘二磺酸,单钠盐	19352-03-7
间-β-羟乙基砜硫酸酯苯胺	2494-88-4
苯胺,2-氯-4-硝基单盐酸盐-	618-99-5
9,10-蒽醌	84-65-1
1-氨基蒽醌	82-45-1
1-氨基-2-溴-4-羟基蒽醌	116-82-5
1-氨基-2-氯-4-羟基-9,10-蒽二酮	2478-67-3

(续表)

品　名	CAS号
1-氨基-2,4-二溴蒽醌	81-49-2
1,4-二氨基-2,3-二氢蒽醌	81-63-0
1,8-二氯蒽醌	82-43-9
9,10-蒽二酮,1,4-二羟基-	81-61-4
1,4-二羟基蒽醌	81-64-1
1,8-二羟基-4,5-二硝基蒽醌	81-55-0
4-溴-1-氨基蒽醌-2-磺酸	116-81-4
溴氨酸	6258-06-6
环己亚胺	111-49-9
2,6-二氯-4-硝基苯胺	99-30-9
2-氨基-N-乙基-N-苯基苯磺酰胺	81-10-7
邻氯苯甲醛	89-98-5
2,6-二氯苯甲醛	83-38-5
4,4′-二氨基苯酰替苯胺	785-30-8
4-氨基-N-[3-(2-羟乙基)磺酰基]苯基苯甲酰胺	20241-68-3
m-苯甲酰氨基苯胺	16091-26-2
4-甲氧基-3-氨基苯酰替苯胺	120-35-4
3-氯苯胺	108-42-9
2,5-二甲氧基-4-氯苯胺	6358-64-1
5-氯-2-甲氧基苯胺	95-03-4
5-氯-2-甲基苯胺	95-79-4
2-氯-5-硝基苯胺	6283-25-6
2-氯对苯二胺硫酸盐	6219-71-2
2,5-二氯苯胺	95-82-9
2,4-二甲氧基苯胺	2735-04-8
2,5-二甲氧基苯胺	102-56-7
2,4-二硝基苯胺	97-02-9
4-乙氧基-2-硝基苯胺	616-86-4
3-硝基-4-氟苯胺	364-76-1
2-氨基-4-硝基苯甲醚	99-59-2
对氨基偶氮苯	60-09-3
4-氨基偶氮苯,盐酸盐	3457-98-5
邻氯对硝基苯胺	121-87-9
5-氯-2-氨基三氟甲苯	445-03-4

(续表)

品　名	CAS号
邻氨基苯甲醚	90-04-0
4-氨基苯甲醚	104-94-9
2-甲氧基-4-硝基苯胺	97-52-9
N-甲基苯胺	100-61-8
2-(4-氨基苯基)-6-甲基苯并噻唑	92-36-4
间硝基苯胺	99-09-2
邻氨基三氟甲基苯	88-17-5
4-氨基苯乙醚	156-43-4
1-氯-2,4-二硝基苯	97-00-7
3,4-二氨基苯乙醚硫酸盐	85137-09-3
4-甲基-1,3-苯二胺	95-80-7
4-硝基邻二甲苯	99-51-4
2-氨基-1,4-苯二磺酸	98-44-2
2-氨基-1,4-苯二磺酸双钠盐	76684-33-8
对羟基苯乙醇	501-94-0
2-氨基-N-甲基-N-环己基苯磺酰胺	70693-59-3
3-(4,5-二氢-3-甲基-5-氧代-1H-吡唑-1-基)苯磺酰胺	89-29-2
4-乙酰氨基-2-氨基苯磺酸	88-64-2
2-氨基苯磺酸	88-21-1
3-氨基苯磺酸	121-47-1
4,4′-二氨基二苯胺-2′-磺酸	119-70-0
3-氨基-4-氯苯磺酸	98-36-2
2,5-二氯-4-氨基苯磺酸	88-50-6
4-氨基-2,5-二氯苯磺酸单钠盐	41295-98-1
3-氨基-4-羟基苯磺酸	98-37-3
4-氨基苯甲醚-3-磺酸	13244-33-2
2-氨基-5-甲氧基苯磺酸单钠盐	19433-86-4
3-氨基苯磺酸钠	1126-34-7
4-硝基-4′-氨基二苯-2,2′-二磺酸	119-72-2
4-氨基-4-硝基二苯乙烯-2,2-二磺酸双钠盐	6634-82-8
4-氨基偶氮苯-3,4′-二磺酸	101-50-8
4-氨基-1,1′-偶氮苯-3,4′-二磺酸	2706-28-7
3-甲基-1-(2′-氯-5′-磺酸苯基)-5-吡唑啉酮	88-76-6
2,4-二氨基苯磺酸	88-63-1

(续表)

品　名	CAS号
邻磺酸对苯二胺	88-45-9
2,5-二氨基苯磺酸一钾盐	77847-12-2
2,4-二氨基苯磺酸钠	3177-22-8
1-(2′,5′-二氯-4′-磺酸苯基)-3-甲基-5-吡唑啉酮	84-57-1
1-(4-磺酸苯基)-3-甲基-5-吡唑酮	89-36-1
4-[(1,3-二氧基丁基)氨基]-5-甲氧基-2-甲基-苯磺酸	62592-39-6
乙酰乙酰克利西丁磺酸铵盐	72705-22-7
乙酰乙酰克利西丁磺酸钠盐	133167-77-8
4,4′-二氨基二苯乙烯-2,2′-二磺酸二钠	7336-20-1
4,4′-二氨基芪-2,2′-二磺酸钠	25394-13-2
4,4′-二硝基二苯乙烯-2,2′-二磺酸双钠盐	3709-43-1
4,4′-二硝基二苯乙烯-2,2′-二磺酸钠	15883-59-7
苯甲醛-2-磺酸钠	1008-72-6
苯肼-4-磺酸	98-71-5
4-甲苯磺酰氯	98-59-9
邻硝基苯磺酰氯	1694-92-4
2-氨基-5-硝基苯甲酸	616-79-5
邻甲基水杨酸	83-40-9
2-氰基-4-硝基苯胺	17420-30-3
桑色素	480-16-0
2-氨基-5,6(6,7)-二氯苯并噻唑	24072-75-1
2-氨基-6-甲氧基苯并噻唑	1747-60-0
2-氨基-6-硝基苯并噻唑	6285-57-0
2-氨基-4-氯苯并噻唑	19952-47-7
苯并噻唑	95-16-9
脱氢硫代对甲苯胺单磺酸	130-17-6
7-苯并噻唑磺酸,2-(4-氨基苯基)-6-甲基-单锂盐	74578-07-7
7-苯并噻唑磺酸,2-(4-氨基苯基)-6-甲基-单钾盐	74578-06-6
7-苯并噻唑磺酸,2-(4-氨基苯基)-6-甲基-单钠盐	74578-05-5
6-(2-羟乙基砜基)苯并噁唑酮	5031-74-3
4-(β-氨基乙胺基)-3-(2-羟乙基)磺酰基]-硝基苯	105652-75-3
1,1′-联萘-8,8′-二甲酸	29878-91-9
联甲氧基苯胺	119-90-4
3,3′-二甲氧基联苯胺盐酸盐	20325-40-0

(续表)

品　名	CAS号
4,4′-二氨基-3,3′-二甲基联苯	119-93-7
3,3′-二甲基联苯胺盐酸盐	612-82-8
5-乙酰乙酰氨基苯并咪唑酮	26576-46-5
乙酰丁二酸二甲酯	10420-33-4
琥珀辛酯磺酸钠	577-11-7
咔唑	86-74-8
[29H,31H-酞菁基(2-)-N29,N30,N31,N32]钴(II)	3317-67-7
氰胺	420-04-2
4,6-二羟基-2-氰亚氨基嘧啶	55067-10-2
四氯苯醌	118-75-2
1,4-环己二酮-2,5-二甲酸二甲酯	6289-46-9
2,4-二氨基苯磺酸	83-63-1
2,2′-二硝基二苯二硫	1155-00-6
草酸	144-62-7
2,5-二甲氧基对位酯	26672-24-2
克里西丁对位酯	21635-69-8
间-β-羟乙基砜苯胺	5246-57-1
4-硫酸乙酯砜基苯胺	2494-89-5
2-(3-硝基苯磺酰基)乙醇	41687-30-3
1,3,3-三甲基-2-亚甲基吲哚啉	118-12-7
2,3′,4,4′,6-五羟基二苯甲酮	519-34-6
8-氨基-2-萘磺酸	6322-37-8
2-萘酚-3-甲酸	92-70-6
2-羟基-6-萘甲酸	16712-64-4
7-氨基-1,3-萘磺酸	86-65-7
2-萘胺-1,5-二磺酸	117-62-4
2-萘胺-4,8-二磺酸	131-27-1
1-氨基-8-萘酚-2,4-二磺酸	82-47-3
4-氨基-5-羟基-2,7-萘二磺酸	90-20-0
二钠4-氨基-5-羟基萘-2,7-二磺酸盐	3963-80-2
4-氨基-5-羟基萘-1,3-二磺酸氢钾	57248-90-5
8-氨基-1-萘酚-3,6-二磺酸单钠盐	5460-09-3
4-氨基-5-羟基-1,3-萘二磺酸钠盐	76550-42-0
3-氨基-5-羟基-2,7-萘二磺酸钠盐	53891-22-8

(续表)

(续表)

品　名	CAS 号
7-氨基-1,3-萘二磺酸钾	842-15-9
2-萘胺-1,5-双磺酸钠盐	19532-03-7
3-氨基-1,5-萘二磺酸钠盐	52085-24-2
氨基-J-吡唑酮	7277-87-4
1,8-二羟基萘-3,6-二磺酸	148-25-4
变色酸二钠	129-96-4
变色酸钠	3888-44-6
2-萘酚-6,8-二磺酸	118-32-1
2-萘酚-3,6-二磺酸	148-75-4
2-萘酚-6,8-二磺酸二钾	842-18-2
7-羟基-1,3-萘二磺酸二钠	842-19-3
2-萘酚-3,6-二磺酸二钠	135-51-3
2-萘酚-6-磺酸钠	135-76-2
6-氨基-7-羟基萘-2-磺酸	6399-72-0
2-乙酰氨基-5-萘酚-7-磺酸	6334-97-0
2-萘胺-1-磺酸	81-16-3
4-萘胺-1-磺酸	84-86-6
1-萘胺-5-磺酸	84-89-9
8-氨基-1-萘磺酸	82-75-7
1-萘胺-6-磺酸	119-79-9
2-萘胺-6-磺酸	93-00-5
1-萘胺-7-磺酸	119-28-8
2-氨基-8-萘酚-6-磺酸	90-51-7
7-氨基-4-羟基-2-萘磺酸	87-02-5
1-萘磺酸,2-氨基,单铵盐	68540-41-0
铵 6-氨基萘-2-磺酸盐	70682-62-1
1-氨基-4-萘磺酸钠	130-13-2
6-氨基-2-萘磺酸单钠盐	58306-86-8
猩红酸	134-47-4
6,6'-(1,3-亚脲基)双(1-萘酚-3-磺酸钠)	20324-87-2
钠氢 7,7'-(羰基二亚胺)二(4-羟基萘-2-磺酸盐)	71550-28-2
4-偶氮-3,4-二氢-7-硝基-3-氧代-1-萘磺酸	63589-25-3
1-萘酚-4-磺酸	84-87-7
1-萘酚-5-磺酸	117-59-9

(续表)

品　名	CAS号
1-羟基萘-8-磺酸	117-22-6
2-萘酚-6-磺酸钾	833-66-9
1-萘酚-4-磺酸钠	6099-57-6
苯基J酸	119-40-4
4-羟基-7-苯基氨基-2-萘磺酸钠	68213-89-8
2-萘酚-6,8-二磺酸单钾	13846-08-7
1-羟基萘-5-磺酸钠盐	79873-34-0
N-苯基-1-萘胺-8-磺酸	82-76-8
N-苯基-1-萘胺-8-磺酸铵	28836-03-5
2-萘胺-3,6,8-三磺酸	118-03-6
8-氨基萘-1,3,6-三磺酸	117-42-0
4-{[3-(乙酰基氨基)苯基]氨基}-1-氨基-9,10-二氢-9,10-二羰基蒽-2-磺化钠	70714-69-1
1,3,6萘三磺酸,7-氨基-,二钠盐	67602-72-6
2-萘胺-3,6,8-三磺酸	41016-61-9
2-萘酚	135-19-3
1-萘磺酸,4-羟基,单钾盐	37860-62-1
苯基周位酸钠盐	1445-19-8
4,11-二氨基-1H-萘并[2,3-F]异吲哚-1,3,5,10(2H)-四酮	128-81-4
7-硝基萘并[1,2-d][1,2,3]恶二唑-5-磺酸	84-91-3
1-萘胺	134-27-7
酞菁镍(Ⅱ)	14055-02-8
间氨基苯酚	591-27-5
对氨基苯酚	123-30-8
2-氨基-4-[(2-羟基乙基)磺酰基]苯酚	17601-96-6
2-氨基-4-氯苯酚	95-85-2
2-氨基-4,6-二硝基苯酚钠	831-52-7
2-羟基-4-氨基甲苯	2835-95-2
2-氨基-4-硝基苯酚	99-57-0
5-硝基-2-氨基苯酚	121-88-0
2-氨基-4-硝基苯酚钠	61702-43-0
4-氯-2-苄基苯酚	120-32-1
3-羟基-N,N-二乙基苯胺	91-68-9
间乙基氨基对甲苯酚	120-37-6
双酚 S	80-09-1

(续表)

品　名	CAS号
2-苯基吲哚-5-磺酸钠	119205-39-9
2-亚苄肼基-4-磺基苯甲酸	77734-52-2
2-[(苯基亚甲基)肼基]-4-磺基苯甲酸,单钠盐	131887-77-9
N,N-二氰乙基苯胺	1555-66-4
间氨基丙酰苯胺	22987-10-6
5-氨基-3-甲基-1-苯基吡唑	1131-18-6
1-苯基-3-乙氧羰基-5-吡唑酮	89-33-8
1-(4′-磺酸苯基)-3-羧基-5-吡唑啉酮	118-47-8
1-(2′-氯苯基)-3-甲基-5-吡唑啉酮	14580-22-4
2,4-二氢-2-{4-[(2-羟基乙基)磺酰基]苯基}-5-甲基-3H-吡唑-3-酮	21951-34-8
对甲苯基吡唑酮	86-92-0
1-苯基-3-甲基-5-吡唑啉酮	89-25-8
N-乙基-3-氰基-4-甲基-6-羟基-2-吡啶酮	29097-12-9
巴比妥酸	67-52-7
2,4,6(1H,3H,5H)-嘧啶三酮单钠盐	4390-16-3
8-羟基喹啉	148-24-3
3′,6′-二(乙基氨基)-2′,7′-二甲基螺[异苯并呋喃-1(3H),9′-[9H]氧杂蒽]-3-酮	41382-37-0
2-氨基噻唑	96-50-4
硫脲	62-56-6
三氯异氰脲酸	87-90-1
三聚乙醛	123-63-7
间脲基苯胺	25711-72-2
3-氨基苯基脲单盐酸盐	59690-88-9

统计附录

附录 A　附表 C:美国进口统计所列的国家和关境名称
附录 B　国际标准国家代码(ISO)
附录 C　附表 D:美国对外贸易统计的美国海关地区和港口分类

附录 A 附表 C：美国进口统计所列的国家和关境名称

附表 C 包含用来编纂美国进出口统计用的国家和关境名称，这些名称需要在所有统计信息需要的地方展示。表格第一部分包含所在洲按数字顺序排列的国家和关境名称，并且通常在每个洲内部按照从南到北、从西到东的顺序列出。缩写名称在一些外贸报告中代替完整的国家和关境名称，也同样被展示。第二部分按字母顺序列出国家、关境等及其数字代码。所列实体的名称通常是美国地名委员会批准的常规拼写。

对附表 C 的修订将以"特别通知"的形式向数据使用者公布，作为附表 B 从美国出口的国内外商品的统计分类的公告，以及作为美国协调关税税则的补充，以供统计之用。美国协调关税税则还包括一份国际标准（ISO）国家代码清单，供进口商用于报告原产国。

附表 C 代码	国家和关境名称	缩写名称
	北美洲	
100.0	美国	USA
101.0	格陵兰岛	Greenld
122.0	加拿大	Canada
161.0	圣皮埃尔和密克隆	SP Mqel
201.0	墨西哥	Mexico
	包括科祖梅尔岛和雷维拉吉多岛	
205.0	危地马拉	Guatmal
208.0	伯利兹	Belize
211.0	萨尔瓦多	Salvadr
215.0	洪都拉斯	Hondura
	包括海湾群岛和天鹅群岛	
219.0	尼加拉瓜	Nicarag
223.0	哥斯达黎加	C Rica
225.0	巴拿马	Panama
232.0	百慕大	Bermuda
236.0	哥斯达黎加	Bahamas
	包括大巴哈马、大阿巴科、港湾岛、新普罗维登斯、安德罗斯、大埃克苏马岛、长岛大伊那瓜岛和相关的小岛	
239.0	古巴	Cuba
	包括松树岛	
241.0	牙买加	Jamaica
	包括莫兰特礁和佩德罗礁	
243.0	特克斯和凯科斯群岛	Turk Is
244.0	开曼群岛	Cayman

(续表)

附表C代码	国家和关境名称	缩写名称
245.0	海地	Haiti
	包括戈那夫岛和海盗岛	
247.0	多米尼加共和国	Dom Rep
248.1	安圭拉	Anglla
	包括索柏若岛	
248.2	英属维尔京群岛	B Virgn
	包括阿内加达岛、约斯特范戴克岛、托托拉岛和维尔京戈尔达岛	
248.3	圣基茨和尼维斯	St. K N
248.4	安提瓜和巴布达	Antigua
	包括雷东达群岛	
248.5	蒙特塞拉特	Monsrat
248.6	多米尼加	Dominca
248.7	圣卢西亚	S Lucia
248.8	圣文森特和格林纳丁斯	S Vn Gr
	不包括南格林纳丁斯	
248.9	格林纳达	Grenada
	包括南格林纳丁斯群岛	
272.0	巴巴多斯	Barbado
274.0	特立尼达和多巴哥	Trinid
277.4	荷属圣马丁	Sint Maarten
277.7	库拉索岛	Curaçao
277.9	阿鲁巴	Aruba
283.1	瓜德罗普岛	Guadlpe
	包括格朗德特尔岛、瓜德罗普岛、加勒比海瓜德罗普岛、小陆地岛、马埃岛、圣巴塞莱米岛、玛丽加兰特和圣马丁北部	
283.9	马提尼克	Martinq
	南美洲	
301.0	哥伦比亚	Colomb
307.0	委内瑞拉	Venez
312.0	圭亚那	Guyana
315.0	苏里南	Surinam
317.0	法属圭亚那	F Guian
331.0	厄瓜多尔	Ecuador
	包括加拉帕戈斯群岛	
333.0	秘鲁	Peru

(续表)

附表C代码	国家和关境名称	缩写名称
335.0	玻利维亚	Bolivia
337.0	智利	Chile
	包括萨拉戈麦斯岛、圣菲利克斯岛、圣安布罗西奥岛、胡安费尔南德斯岛、复活节岛	
351.0	巴西	Brazil
	包括佩内多斯德圣佩德罗圣保罗、费尔南多迪诺罗尼亚、和伊尔哈达特立尼达(南大西洋)	
353.0	巴拉圭	Paragua
355.0	乌拉圭	Uruguay
357.0	阿根廷	Argent
372.0	福克兰群岛(马尔维纳斯群岛)	Falk Is
	包括福克兰群岛和南乔治亚、南奥克尼、南设得兰和南桑威奇群岛	
	欧洲	
400.0	冰岛	Iceland
401.0	瑞典	Sweden
	包括奥兰岛和哥特兰岛(哥特兰)	
403.1	斯瓦尔巴和扬马延	Sv Jm Is
403.9	挪威	Norway
405.0	芬兰	Finland
	包括阿兰群岛	
409.1	法罗群岛	Faroe
409.9	丹麦、格陵兰岛除外	Denmark
	包括博恩霍尔姆岛	
412.0	大不列颠联合王国	U King
	包括英格兰、威尔士、海峡群岛、怀特岛和曼岛以及西利群岛岛屿;苏格兰、赫布里底群岛、奥克尼群岛和设得兰群岛;以及北爱尔兰	
419.0	爱尔兰	Ireland
	不包括北爱尔兰	
421.0	荷兰	Nethlds
	包括博内尔、圣尤斯特修斯和萨巴	
423.1	比利时	Belgium
423.9	卢森堡	Luxmbrg
427.1	安道尔	Andorra
427.2	摩纳哥	Monaco
427.9	法国	France

(续表)

附表C代码	国家和关境名称	缩写名称
	包括科西嘉岛	
428.0	德意志联邦共和国	FR Germ
	包括前德意志民主共和国(东德)和柏林	
433.0	澳大利亚	Austria
435.1	捷克共和国	Czech
435.9	斯洛伐克	Slovak
437.0	匈牙利	Hungary
441.1	列支敦士登	Lichten
441.9	瑞士	Switzld
447.0	爱沙尼亚	Estonia
449.0	拉脱维亚	Latvia
451.0	立陶宛	Lithuan
455.0	波兰	Poland
462.1	俄罗斯	Russia
	包括库页岛和千岛群岛	
462.2	白俄罗斯	Belar
462.3	乌克兰	Ukraine
463.1	亚美尼亚	Armenia
463.2	阿塞拜疆	Azerbjn
463.3	佐治亚州	Georgia
463.4	哈萨克斯坦	Kazakhs
463.5	吉尔吉斯斯坦	Kyrgyzs
464.1	摩尔多瓦共和国	Moldova
464.2	塔吉克斯坦	Tajikis
464.3	土库曼斯坦	Turkmen
464.4	乌兹别克斯坦	Uzbekis
470.0	西班牙	Spain
	包括巴利阿里群岛和加那利群岛、休达岛、梅利利亚岛、查法里纳斯岛、佩农德岛阿尔胡塞马斯和佩农·德韦雷斯·德拉戈梅拉	
471.0	葡萄牙	Portugl
	包括亚速尔群岛和马德拉群岛	
472.0	直布罗陀	Gibralt
473.0	马耳他	Malta
475.1	圣马力诺	San Mar
475.2	梵蒂冈(罗马教廷)	Vat Cty

(续表)

(续表)

附表 C 代码	国家和关境名称	缩写名称
475.9	意大利	Italy
	包括西西里岛、撒丁岛、厄尔巴岛、潘泰利亚岛和兰佩杜萨岛	
479.1	克罗地亚	Croatia
479.2	斯洛文尼亚	Slvenia
479.3	波斯尼亚赫尔塞戈维纳	Bosnia
479.4	马其顿北部	Macedon
480.1	塞尔维亚	Serbia
480.3	科索沃	Kosovo
480.4	黑山共和国	Montene
481.0	阿尔巴尼亚	Albania
484.0	希腊	Greece
	包括克里特岛、爱奥尼亚群岛、希腊群岛和爱琴海群岛、利姆诺斯人、萨莫特拉基人、希俄斯人、萨莫斯人、莱斯沃斯人和包括罗兹人在内的多德卡尼人小岛	
485.0	罗马尼亚	Romania
487.0	保加利亚	Bulgar
489.0	土耳其	Turkey
491.0	塞浦路斯	Cyprus
亚洲		
502.0	叙利亚(阿拉伯叙利亚共和国)	Syria
504.0	黎巴嫩	Lebanon
505.0	伊拉克	Iraq
507.0	伊朗	Iran
508.1	以色列	Israel
508.2	以色列管理的加沙地带	Gaza
508.3	以色列管理的西海岸地带	Westbnk
511.0	约旦	Jordan
513.0	科威特	Kuwait
517.0	沙特阿拉伯	S Arab
518.0	卡塔尔	Qatar
520.0	阿拉伯联合酋长国	Arab EM
521.0	也门(也门共和国)	Yemen
	包括前也门阿拉伯共和国、前也门人民民主共和国，以及卡马兰岛、佩尔姆岛和索科特拉岛	
523.0	阿曼	Oman

(续表)

附表C代码	国家和关境名称	缩写名称
525.0	巴林	Bahrain
531.0	阿富汗	Afghan
533.0	印度	India
	包括安达曼岛、尼科巴岛和拉克迪夫岛	
535.0	巴基斯坦	Pakistn
536.0	尼泊尔	Nepal
538.0	孟加拉国	Bngldsh
542.0	斯里兰卡	Sri Lka
546.0	缅甸	Burma
549.0	泰国	Thailand
552.0	越南	Vietnam
553.0	老挝(老挝人民民主共和国)	Laos
555.0	柬埔寨	Cambod
557.0	马来西亚	Malaysa
	包括前马来亚联邦、沙捞越联邦和沙巴联邦	
559.0	新加坡	Singapr
560.0	印度尼西亚	Indnsia
	包括前葡属帝汶	
560.1	东帝汶	E. Timor
561.0	文莱	Brunei
565.0	菲律宾	Phil R
566.0	中国澳门	Macau,China
568.2	不丹	Bhutan
568.3	马尔代夫	Maldive
570.0	中国	China
574.0	蒙古	Mongola
579.0	朝鲜(朝鲜民主主义人民共和国)	No Kor
580.0	韩国(大韩民国)	Kor Rep
582.0	中国香港	Hg Kong,China
583.0	中国台湾	Taiwan,China
588.0	日本	Japan
	包括本州、九州、四国和北海道四个主要岛屿以及与之相邻的岛屿	
	大洋洲	
602.1	澳大利亚	Austral

(续表)

附表 C 代码	国家和关境名称	缩写名称
	包括塔斯马尼亚、豪勋爵岛、麦格理岛、阿什莫尔和卡地亚群岛	
602.2	诺福克岛	Norfolk
602.3	科科斯（基林）群岛	Cocos I
602.4	圣诞岛（位于印度洋）	Crist I
602.9	赫德岛和麦克唐纳岛	Heard I
604.0	巴布亚新几内亚	New Gui
	包括新几内亚东部、俾斯麦、路易斯安那群岛、北所罗门群岛（布干维尔、布卡等）和新不列颠群岛、新爱尔兰群岛，以及相关的小岛	
614.1	新西兰	N Zeal
	包括安蒂德波斯群岛、奥克兰、邦提群岛、坎贝尔岛、克马德克群岛、查塔姆、三王、斯奈尔斯群岛及相关岛屿小岛屿	
614.2	库克群岛	Cook Is
614.3	劳群岛	Tokelau
614.4	纽威岛	Niue
615.0	西萨摩亚	W Samoa
622.3	所罗门群岛	Solmn I
	包括南所罗门群岛、主要是瓜达尔卡纳尔群岛、马莱塔群岛、圣克里斯托瓦尔群岛、圣塔伊莎贝尔和乔瑟尔	
622.4	瓦努阿图	Vanuatu
622.5	皮特克恩岛	Pitcarn
622.6	基里巴斯	Kiribat
	包括吉尔伯特群岛、巴纳巴（海洋岛）、菲尼克斯群岛、包括坎顿、恩德伯里群岛、华盛顿、范宁、圣诞节、马尔登、星巴克、卡罗琳、东方群岛和弗林特在林恩群岛	
622.7	图瓦卢	Tuvalu
	包括前埃利斯群岛	
641.2	新喀里多尼亚	N Caldn
641.3	瓦利斯群岛和富图纳群岛	Wallis
641.4	法属玻利尼西亚	FR Poly
	包括社会群岛、图阿莫图和甘比尔、玛格萨斯群岛、大洋洲伊利斯群岛和克利普顿岛	
681.0	马绍尔群岛	Marshal
682.0	密克罗尼西亚联邦	Microns
683.0	帕劳群岛	Palau
686.2	瑙鲁	Nauru
686.3	斐济	Fiji

(续表)

附表 C 代码	国家和关境名称	缩写名称
686.4	汤加	Tonga
	非洲	
714.0	摩洛哥	Moroc
	包括比基尼岛	
721.0	阿尔及利亚	Algeria
723.0	突尼斯	Tunisia
725.0	利比亚	Libya
729.0	埃及	Egypt
732.1	苏丹	Sudan
732.3	南苏丹	S Sudan
737.0	西撒哈拉	W Sahar
738.0	赤道几内亚	Eq Guin
	包括力尼、马西亚斯·恩圭马·比约戈(费尔南多·波)、帕加鲁(安邦)、科科和埃洛贝群岛	
741.0	毛利塔尼亚	Mauritn
742.0	喀麦隆	Camroon
744.0	塞内加尔	Senegal
745.0	马里	Mali
746.0	几内亚	Guinea
747.0	塞拉利昂	Sier Ln
748.0	科特迪瓦	IvyCst
749.0	加纳	Ghana
750.0	冈比亚	Gambia
751.0	尼日尔	Niger
752.0	多哥	Togo
753.0	尼日利亚	Nigeria
754.0	中非共和国	C Af Rp
755.0	加蓬	Gabon
756.0	乍得湖	Chad
758.0	圣赫勒拿岛	S Heln
	包括阿森松岛、高夫岛、无法到达岛、南丁格尔岛和特里斯坦达库尼亚岛	
760.0	布基纳法索岛	Burkina
761.0	贝宁	Benin
762.0	安哥拉	Angola
	包括卡宾达在内	

(续表)

附表C代码	国家和关境名称	缩写名称
763.0	刚果、刚果共和国	Congo B
764.2	几内亚比绍共和国	G Bisau
764.3	佛得角	C Verde
764.4	圣多美和普林西比	Sao T P
765.0	利比里亚	Liberia
766.0	刚果、刚果民主共和国	Co kins
767.0	布隆迪	Burundi
769.0	卢旺达	Rwanda
770.0	索马里	Somalia
774.1	厄立特里亚	Eritrea
774.9	埃塞俄比亚	Ethiop
777.0	吉布提	Djibuti
778.0	乌干达	Uganda
779.0	肯尼亚	Kenya
780.0	塞舌尔	Seychel
	包括亚达布拉群岛、阿方斯群岛、比朱蒂埃岛和圣弗朗索瓦群岛、阿米兰特群岛、科斯莫莱多集团、法夸尔集团、德斯罗奇岛和圣皮埃尔岛	
781.0	英属印度洋领土	B Ind O
	包括查戈斯群岛和迭戈加西亚岛	
783.0	坦桑尼亚、坦桑尼亚联合共和国	Tnzania
785.0	毛里求斯	Maurit
	包括罗德里克斯岛、阿加列加群岛、和卡加多斯卡拉戈斯浅滩	
787.0	莫桑比克	Mozambq
788.0	马达加斯	Madagas
788.1	马约特	Mayotte
789.0	科摩罗群岛	Comoros
790.4	留尼汪岛	Reunion
790.5	法国南部和南极的土地	F So Ant
791.0	南非	Rep SAF
792.0	纳米比亚	Namibia
793.0	博茨瓦纳	Botswan
794.0	赞比亚	Zambia
795.0	埃斯瓦蒂尼岛	Swazland
796.0	津巴布韦	Zmbabwe
797.0	马拉维	Malawi

（续表）

附表C代码	国家和关境名称	缩写名称
799.0	莱索托市	Lesotho
	波多黎各和美国的财产	
903.0	波多黎各	P Rico
911.0	美属维尔京群岛	Virg Is
935.0	关岛	Guam
951.0	美属萨摩亚	Am Sam
	包括图图伊拉岛和附属国	
961.0	北马里亚纳群岛	N Mar I
980.0	美国本土外小岛屿	US O Is
	包括贝克岛、豪兰岛、贾维斯岛、约翰斯顿环礁、金曼礁、中途岛、纳瓦萨岛、巴尔米拉环礁和威克岛	

（续表）

附录 B 国际标准国家代码(ISO)

国家和关境名称	ISO 代码	国家和关境名称	ISO 代码
阿富汗	AF	巴泽拜马群岛	BU
阿尔巴尼亚	AL	布隆迪	BI
阿尔及利亚	DZ		
安道尔共和国	AD	柬埔寨	KH
安哥拉	AO	喀麦隆	CM
安圭拉	AI	加拿大	CA
安提瓜和巴布达	AG	佛得角	CV
阿根廷	AR	开曼群岛	KY
亚美尼亚	AM	中非共和国	CF
阿鲁巴	AW	乍得	TD
澳大利亚	AU	智利	CL
奥地利	AT	中国	CN
阿塞拜疆	AZ	圣诞岛	CX
		科科斯群岛群岛	CC
巴哈马群岛	BS	哥伦比亚	CO
巴林	BH	科摩罗	KM
孟加拉共和国	BD	刚果民主共和国(原扎伊尔)	CD
巴巴多斯岛	BB	刚果共和国	CG
白俄罗斯	BY	库克群岛	CK
比利时	BE	哥斯达黎加	CR
伯利兹	BZ	科特迪瓦岛	CI
贝宁湾	BJ	克罗地亚	HR
百慕大群岛	BM	古巴	CU
不丹	BT	库拉索岛	CW
玻利维亚	BO	塞浦路斯	CY
波斯尼亚和黑塞哥维那	BA	捷克共和国	CZ
博茨瓦纳	BW		
巴西	BR	丹麦,格陵兰岛除外	DK
英属印度洋领地	IO	吉布提	DJ
英属维京群岛	VG	多米尼加	DM
文莱	BN	多米尼加共和国	DO
保加利亚	BG		
布基纳语	BF	厄瓜多尔	EC

(续表)

国家和关境名称	ISO 代码	国家和关境名称	ISO 代码
埃及	EG	海地	HT
萨尔瓦多	SV	赫德岛和麦克唐纳群岛	HM
赤道几内亚	GQ	罗马教廷(梵蒂冈城)	VA
厄立特里亚	ER	洪都拉斯	HN
爱沙尼亚	EE	中国香港	HK
埃斯瓦蒂尼岛	SZ	匈牙利	HU
埃塞俄比亚	ET		
		冰岛	IS
福克兰群岛(马尔维纳斯群岛)	FK	印度	IN
法罗群岛	FO	印度尼西亚	ID
斐济	FJ	伊朗伊斯兰共和国	IR
芬兰	FI	伊拉克	IQ
法国	FR	伊朗	IE
法属圭亚那	GF	以色列	IL
法属波利尼西亚	PF	意大利	IT
法国南部和南极上的土地	TF		
		牙买加	JM
加蓬	GA	日本	JP
冈比亚	GM	约旦	JO
加沙地带	GZ		
格鲁吉亚	GE	哈萨克斯坦	KZ
德国	DE	肯尼亚	KE
加纳	GH	基里巴斯	KI
直布罗陀	GI	科索沃	KV
希腊	GR	科威特	KW
格陵兰岛	GL	吉尔吉斯斯坦	KG
格林纳达	GD		
瓜德罗普岛	GP	老挝(老挝人民民主共和国)	LA
关岛	GU	拉脱维亚	LV
危地马拉	GT	黎巴嫩	LB
几内亚	GN	莱索托	LS
几内亚比绍	GW	利比里亚	LR
圭亚那	GY	利比亚	LY
		列支敦士登	LI

(续表)

国家和关境名称	ISO 代码	国家和关境名称	ISO 代码
立陶宛	LT	尼日利亚	NG
卢森堡	LU	纽埃岛	NU
		诺福克岛	NF
中国澳门	MO	北朝鲜	KP
马其顿北部	MK	挪威	NO
马达加斯加	MG		
马拉维	MW	阿曼	OM
马来西亚	MY		
马尔代夫	MV	巴基斯坦	PK
马里	ML	帕劳群岛	PW
马耳他	MT	巴拿马	PA
马尔绍群岛	MH	巴布亚新几内亚	PG
马提尼克岛	MQ	巴拉圭	PY
毛里塔尼亚	MR	秘鲁	PE
毛里求斯	MU	菲律宾	PH
马约特	YT	皮特凯恩群岛	PN
墨西哥	MX	波兰	PL
密克罗尼西亚联邦	FM	葡萄牙	PT
摩尔多瓦(摩尔多瓦共和国)	MD	波多黎各	PR
摩纳哥	MC		
蒙古	MN	卡塔尔	QA
黑山共和国	ME		
蒙特塞拉特岛	MS	留尼旺岛	RE
摩洛哥	MA	罗马尼亚	RO
莫桑比克	MZ	俄罗斯	RU
		卢旺达	RW
纳米比亚	NA		
瑙鲁	NR	圣巴特尔米	BL
尼泊尔	NP	圣赫勒拿岛	SH
荷兰	NL	圣基茨和尼维斯	KN
新喀里多尼亚岛	NC	圣卢西亚	LC
新西兰	NZ	圣皮埃尔和密克隆	PM
尼加拉瓜	NI	圣文森特和格林纳丁斯	VC
尼日尔	NE	萨摩亚	WS

(续表)

国家和关境名称	ISO 代码	国家和关境名称	ISO 代码
萨摩亚	SM	托克劳	TK
圣多美和普林西比	ST	汤加	TO
沙特阿拉伯	SA	特立尼达和多巴哥	TT
塞内加尔	SN	突尼斯	TN
塞尔维亚	RS	土耳其	TR
塞舌尔	SC	土库曼斯坦	TM
塞拉利昂	SL	特克斯和凯科斯群岛	TC
新加坡	SG	图瓦卢	TV
圣马丁岛(荷兰部分)	SX		
斯洛伐克	SK	乌干达	UG
斯洛文尼亚	SI	乌克兰	UA
所罗门群岛	SB	阿拉伯联合酋长国	AE
索马里	SO	英国	GB
南非	ZA	美国	US
韩国(大韩民国)	KR	美属小离岛	UM
苏丹	SD	乌拉圭	UY
南苏丹	SS	乌兹别克斯坦	UZ
西班牙	ES		
斯里兰卡	LK	瓦努阿图	VU
苏丹	SD	委内瑞拉	VE
苏里南	SR	越南	VN
斯瓦尔巴和扬马延	SJ	维尔京群岛(美国)	VI
瑞典	SE	维尔京群岛(英属)	VG
瑞士	CH		
阿拉伯叙利亚共和国	SY	瓦利斯岛和富图纳岛	WF
		西岸	WE
中国台湾	TW	西撒哈拉	EH
塔吉克斯坦	TJ		
坦桑尼亚联合共和国	TZ	也门共和国	YE
泰国	TH		
东帝汶	TL	赞比亚	ZM
多哥	TG	津巴布韦	ZW

附录 C 附表 D：美国对外贸易统计的美国海关地区和港口分类

请访问美国海关和边境保护局网站，了解最新的代码编号、海关辖区和港口清单（详见 https://www.cbp.gov.）。

附表 D 提供了美国海关辖区、每个辖区的港口以及编制美国对外贸易统计数据时使用的相应数字代码的清单。该附表包含美国每个官方辖区和港口的代码，并提供了一些附加代码，以满足外贸统计计划的具体编制要求。每个辖区的总部港口都有下划线。一些海关口岸有两个代码，出口商和进口商可以报告任何一个代码。本附表第一部分包含按代码数字顺序排列的海关辖区和港口，第二部分按字母顺序列出港口。

对附表 D 的修订将以"特别通知"的形式向数据使用者公布，作为对附表 B《从美国出口的国内外商品统计分类》的公告，并作为为统计目的而编制的《美国协调关税表》的补充。

代码、海关地区和港口	代码、海关地区和港口
01. 波特兰,缅因州	03. 里奇福德,VT
01. 波特兰,ME	06. 比彻福尔斯,VT
02. 班戈,ME	07. 伯灵顿,VT
03. 东港,ME	09. 德比线,VT
04. 杰克曼,ME	11. 诺顿,VT
05. 万塞博罗,ME	12. 海盖特斯普林斯/阿尔堡,VT
06. 霍尔顿,ME	
07. 费尔菲尔德堡,ME	04. 波士顿,马萨诸塞州
08. 范布伦,ME	01. 波士顿,MA
09. 马达沃斯卡,ME	02. 斯普林菲尔德,MA
10. 肯特堡,ME	03. 伍斯特,MA
11. 巴斯,ME	04. 新贝德福德,MA
12. 巴尔港,ME	05. 新贝德福德,MA
15. 加莱,ME	06. 普利茅斯,MA
18. 石灰岩,ME	07. 福尔里弗,MA
21. 洛克兰德,ME	08. 塞勒姆,MA
22. 琼斯波特,ME	10. 布里奇波特,CT
27. 布里奇沃特,ME	11. 哈特福德,CT
31. 朴茨茅斯,NH	12. 纽黑文,CT
32. 贝尔法斯特,ME	13. 新伦敦,CT
82. 曼彻斯特用户费机场,NH	16. 劳伦斯,MA
	17. 洛根机场,MA
02. 圣奥尔本,佛蒙特州	
01. 圣奥尔本,VT	05. 普罗维登斯,罗得岛州

(续表)

代码、海关地区和港口	代码、海关地区和港口
01.纽波特,RI	13.格洛斯特市,NJ
02.普罗维登斯,RI	19.艾伦镇,PA（利哈伊谷国际机场）,PA
	82.大西洋城地区机场,NJ
07.奥格登斯,纽约州	83.特伦顿/默瑟县机场,NJ
01.奥格登斯堡,NY	95.费城UPS,PA
04.马塞纳,NY	
06.开普文森特,NY	13.巴尔的摩,马里兰州
08.亚历山大湾,NY	01.安纳波利斯,MD
12.罗瑟斯波因特,NY	02.剑桥,MD
14.克莱顿,NY	03.巴尔的摩,MD
15.特劳特里弗,NY	04.克里斯菲尔德,MD
	05.BWI国际机场,MD
09.布法罗,纽约州	
01.布法罗-尼亚加拉瀑布	14.诺福克,弗吉尼亚州
03.罗切斯特,NY	01.诺福克-纽波特纽斯,VA
04.奥斯威戈,NY	04.里士满-彼得堡,VA
05.索德斯角,NY	09.查尔斯顿,WV
06.锡拉丘兹,NY	10.前皇家,VA
81.宾厄姆顿地区机场,NY	12.新河谷,VA
10.纽约,纽约州	15.夏洛特,北卡罗来纳州
01.纽约,NY	01.威尔明顿,NC
02.奥尔巴尼,NY	02.温斯顿-塞勒姆,NC
	03.达勒姆罗利,NC
11.费城,宾夕法尼州	11.博福特-莫尔黑德市,NC
01.费城,PA	12.夏洛特,NC
02.切斯特,PA	
03.威尔明顿,DE	16.查尔斯顿,南卡罗来纳州
04.匹兹堡,PA	01.查尔斯顿,SC
05.保罗斯波罗,NJ	02.乔治城,SC
06.威尔克斯·巴雷/斯克兰顿,PA	03.格林维尔-斯帕坦堡,SC
07.卡姆登,NJ	04.哥伦比亚,SC
08.费城国际机场,PA	81.默特尔比奇国际机场飞机场,SC
09.哈里斯堡,PA	

(续表)

代码、海关地区和港口	代码、海关地区和港口
17.萨凡纳,佐治亚州	01.摩根城,LA
01.不伦瑞克,GA	02.新奥尔良,LA
03.萨凡纳,GA	03.小石城,AR,LA
04.亚特兰大,GA	04.巴吞鲁日,LA
	06.孟菲斯,TN
18.坦帕,佛罗里达州	07.纳什维尔,TN
01.坦帕,FL	08.查塔努加,TN
03.杰克逊维尔,FL	10.格拉梅西,LA
05.费尔南迪纳海滩,FL	11.格林维尔,MS
07.博卡格兰德,FL	15.维克斯堡,MS
08.奥兰多,FL	16.诺克斯维尔,TN
09 奥兰多-桑福德国际机场,FL	17.查尔斯湖,LA
14.圣彼得堡,FL	18.什里夫波特-波西尔城,LA
16.卡纳维拉尔港,FL	27.三城机场,TN
18.巴拿马城,FL	95.联邦快递,孟菲斯,TN
19.彭萨科拉,FL	
21.海牛港,FL	21.亚瑟港,得克萨斯州
22.迈尔斯堡机场,FL	01.亚瑟港,TX
80.那不勒斯市政用户费机场,FL	02.萨宾,TX
83.萨拉索塔-布雷登顿国际机场,FL	03.橙色,TX
84.代托纳比奇国际机场,FL	04.博蒙特,TX
85.墨尔本地区机场,FL	
87.利斯堡地区机场,利斯堡,FL	23.拉雷多,得克萨斯州
88.奥兰多行政机场,FL	01.布朗斯维尔,TX
89.圣奥古斯丁机场,FL	02.德尔里奥,TX
	03.鹰通行证,TX
19.莫比尔,亚拉巴马州	04.拉雷多,TX
01.莫比尔,AL	05.伊达尔戈/法尔,TX
02.格尔夫波特,MS	07.里奥格兰德城,TX
03.帕斯卡古拉,MS	09.进步,TX
04.伯明翰,AL	10.罗马,TX
10.亨茨维尔,AL	83.哈林根山谷国际机场,TX
20.新奥尔良,路易斯安那州	24.埃尔帕索,得克萨斯州

(续表)

(续表)

代码、海关地区和港口	代码、海关地区和港口
01.伊斯莱塔,TX	19.莫罗湾,CA
02.埃尔帕索,TX	20.洛杉矶国际机场,CA
03.Presidio,TX	21.安大略国际机场,CA
04.法本斯,TX	22.拉斯维加斯,NV
06.哥伦布,NM	70.DHL,洛杉矶,CA
07.阿尔伯克基,NM	75.TNT 快递公司,CA
08.圣特雷莎,NM	76.IBC 太平洋,CA
81.圣特雷莎机场,NM	81.棕榈泉,LAX,CA
	82.圣贝纳迪诺国际机场,CA
25.圣地亚哥,加利福尼亚州	86.梅多斯菲尔德机场,CA
01.圣地亚哥,CA	91.洛杉矶,CA
02.安德拉德,CA	95.UPS,安大略,CA
03.卡莱克西哥,CA	
04.圣伊西德罗,CA	28.旧金山,加利福尼亚州
05.特卡特,CA	01.旧金山国际机场,CA
06.奥泰梅萨车站	02.尤里卡,CA
07.卡莱西科东部	03.弗雷斯诺,CA
	05.蒙特雷,CA
26.诺加莱斯,亚利桑那州	09.旧金山,CA
01.道格拉斯,AZ	10.斯托克顿,CA
02.卢克维尔,AZ	11.奥克兰大都会国际机场,CA
03.纳科,AZ	12.里士满,CA
04.诺加莱斯,AZ	15.克罗克特,CA
05.凤凰,AZ	20.马丁内斯,CA
06.佐佐部,AZ	21.红木城,CA
08.圣路易斯,AZ	27.塞尔比,CA
09.图森,AZ	28.圣华金河,CA
	29.圣巴勃罗湾,CA
27.洛杉矶,加利福尼亚州	30.卡奎内斯海峡,CA
04.洛杉矶,CA	33.里诺,NV
09.长滩,CA	34.圣何塞国际机场,CA
11.第二,CA	35.萨克拉门托国际机场,CA
12.文图拉,CA	70.DHL 全球快递
13.惠内姆港,CA	71.空运货物处理服务
15.船长,CA	95.联邦快递,奥克兰,CA

(续表)

代码、海关地区和港口	代码、海关地区和港口
	23. 林登,WA
29. 哥伦比亚,俄勒冈州蛇河	25. 梅塔林瀑布,WA
01. 阿斯托利亚,OR	26. 奥林匹亚,WA
02. 纽波特,OR	29. 西雅图-塔科马国际机场
03. 库斯湾,OR	71. UPS,西雅图,WA
04. 波特兰,OR	72. 航空经纪人@SEATAC,WA
05. 长景,WA	73. DHL 全球快递,WA
07. 博伊西,ID	74. 空中快车@SEATAC,WA
08. 温哥华,WA	82. 格兰特郡机场
09. 卡拉马,WA	95. UPS 快递中心,西雅图,WA
10. 波特兰国际机场,OR	
	31. 安克雷奇,阿拉斯加州
30. 西雅图,华盛顿州	01. 朱诺,AK
01. 西雅图,WA	02. 凯奇坎,AK
02. 塔科马,WA	03. 史凯威,AK
03. 阿伯丁,WA	04. 加铝,AK
04. 布莱恩,WA	05. 兰格尔,AK
05. 贝灵厄姆,WA	06. 道尔顿缓存,AK
06. 埃弗雷特,WA	11. 费尔班克斯,AK
07. 安吉利斯港,WA	15. 锡特卡,AK
08. 汤森港,WA	26. 安克雷奇,AK
09. 苏马斯,WA	95. 联邦快递,安克雷奇,AK
10. 阿纳科特斯,WA	96. UPS 快递枢纽,安克雷奇,AK
11. 夜鹰,WA	
12. 丹维尔,WA	32. 火奴鲁鲁,夏威夷州
13. 渡轮,WA	01. 檀香山,HI
14. 星期五港湾,WA	02. 希洛,HI
15. 边界,WA	03. 卡胡鲁伊,HI
16. 劳里埃,WA	04. 纳维利维利艾伦港,HI
17. 罗伯茨角,WA	05. 檀香山国际机场,HI
18. 肯莫尔航空港,WA	06. 科纳,HI
19. 奥罗维尔,WA	79. 联邦快递公司檀香山,HI
20. 边境,WA	95. UPS,火奴鲁鲁,HI
22. 斯波坎,WA	

(续表)

代码、海关地区和港口	代码、海关地区和港口
33.大瀑布,蒙大拿州	11.法戈,ND
01.雷蒙德,MT	13.鹿角,ND
02.东港,ID	14.舍伍德,ND
03.盐湖城,UT	15.汉斯伯勒,ND
04.大瀑布	16.麦达,ND
05.巴特,MT	17.财神,ND
06.特纳,MT	19.西多普,ND
07.丹佛,CO	20.努南,ND
08.波特希尔,ID	21.卡伯里,ND
09.斯科比,MT	22.邓赛思,ND
10.甜草,MT	23.战争之路,MN
16.皮根,MT	24.鲍德特,MN
17.奥普海姆,MT	25.派恩克里克,MN
18.罗斯维尔,MT	26.罗索,MN
19.摩根,MT	27.大福克斯,ND
21.白狼,MT	30.兰开斯特,MN
22.德尔博尼塔,MT	33.威利斯顿机场,ND
23.野马,MT	34.迈诺特机场
24.卡利斯佩尔机场,MT	
25.柳溪,阿弗尔,MT	35.明尼阿波利斯,明尼苏达州
84.阿拉帕霍县公共机场,CO	01.明尼阿波利斯-圣保罗,MN
85.鹰县地区航空公司	02.苏福尔斯,SD
86.贝尔格莱德博兹曼黄石机场,MT	10.德卢斯,明尼苏达州-高级,WI
	11.阿什兰,WI
34.彭比纳,北达科他州	12.奥马哈,NE
01.彭比纳,ND	13.得梅因,IA
03.门户,ND	81.明尼苏达州罗彻斯特罗彻斯特机场
04.内切,ND	
05.圣约翰,ND	36.德卢斯,明尼苏达州
06.北门,ND	04.国际瀑布,MN
07.沃尔哈拉,ND	13.大搬运,MN
08.汉娜,ND	
09.萨尔斯,ND	37.密尔沃基,威斯康星州
10.安布罗斯,ND	01.密尔沃基,WI

(续表)

代码、海关地区和港口	代码、海关地区和港口
02.玛丽内特,WI	71.TNT 快递寄售,芝加哥,IL
03.绿湾,WI	83.芝加哥行政机场,IL
06.马尼托瓦克,WI	84.杜佩奇机场,IL
07.希博伊根,WI	
08.拉辛,WI	41.克利夫兰,俄亥俄州
	01.克利夫兰,OH
38.底特律,密歇根州	02.辛辛那提,OH
01.底特律,MI	03.哥伦布,OH
02.休伦港,MI	04.代顿,OH
03.苏圣。玛丽,MI	05.托莱多,OH
04.萨吉诺湾市,MI	06.伊利,PA
05.巴特尔克里克,MI	10.印第安纳波利斯,IN
06.大急流城,MI	15.路易斯维尔,KY
07.底特律底特律大都会机场,MI	16.欧文斯伯勒,OH
08.埃斯卡纳巴,MI	17.休伦,OH
09.马凯特,MI	21.洛兰,OH
14.阿尔戈纳克,MI	22.阿什塔布拉/康诺,OH
15.火枪手,MI	83.韦恩堡机场,IN
16.格兰德黑文,MI	84.列克星敦蓝草机场,KY
18.罗杰斯城,MI	96.UPS,快递,KY
19.绕道,MI	97.DHL,辛辛那提,OH
42.普雷斯克岛,MI	98.联邦快递,印第安纳波利斯,IN
43.阿尔皮纳,MI	
81.奥克兰县国际机场,MI	45.圣路易斯,密苏里州
82.伊普西兰蒂机场	01.堪萨斯城,MO
83.国会大厦地区国际航空公司	02.圣约瑟夫,MO
	03.圣路易斯,MO
39.芝加哥,伊利诺伊州	04.威奇托,KS
01.芝加哥,IL	05.斯普林菲尔德,MO
02.皮奥里亚,IL	81.中美洲机场,马斯库塔,IL
05.加里,IN	
08.达文波特岩岛	46.纽瓦克,新泽西州
09.大罗克福德航空	01.纽瓦克,NJ
10.芝加哥中途国际机场,IL	02.珀斯安博,NJ

(续表)

代码、海关地区和港口	代码、海关地区和港口
70. UPS,纽瓦克,NJ	96. DHL 全球快递,迈阿密,FL
71. 联邦快递 ECCF,纽瓦克,NJ	97. 联邦快递,快递中心,迈阿密,FL
81. 莫里斯敦机场,NJ	98. IBC 快递中心,FL
47. 牙买加,纽约州	53. 休斯敦-加尔维斯顿,得克萨斯州
01. 约翰肯尼迪国际机场,NY	01. 休斯敦(包括贝特)
71. 牙买加 NYACC,NY	06. 德克萨斯城,TX
72. DHL 航空公司,牙买加,NY	09. 休斯顿洲际机场,TX
73. 牙买加 MICOM,NY	10. 加尔维斯顿,TX
74. 法航(Mach Plus),牙买加,NY	11. 自由港,TX
78. TNT Skypak,牙买加,NY	12. 科珀斯克里斯蒂,TX
	13. 拉瓦卡港,TX
49. 圣胡安,波多黎各自治邦	81. 糖业土地注册处,TX
01. 阿瓜迪亚,PR	
04. 法哈多,PR	54. 华盛顿,华盛顿州
07. 马亚圭斯,PR	01. 华盛顿,DC
08. 庞塞,PR	02. 亚历山大,VA
09. 圣胡安,PR	
13. 圣胡安国际机场,PR	55. 达拉斯-沃思堡,得克萨斯州
	01. 达拉斯-沃思堡,TX
51. 美属维尔京群岛	02. 阿马里洛,TX
01. 夏洛特阿马利亚,VI	03. 拉伯克,TX
02. 克鲁兹湾,VI	04. 俄克拉荷马城,OK
04. 克里斯蒂安,VI	05. 塔尔萨,OK
05. 弗雷德里克斯特德,VI	06. 奥斯汀,TX
	07. 圣安东尼奥,TX
52. 迈阿密,佛罗里达州	82. 米德兰米德兰国际机场,TX
01. 迈阿密,FL	83. 沃思堡联盟机场,TX
02. 基韦斯特,FL	84. 艾迪生机场,TX
03. 大沼泽地港,FL	88. 达拉斯爱田机场用户费,达拉斯,TX
04. 西棕榈滩,FL	
05. 皮尔斯堡,FL	特别区域
06. 迈阿密国际航空	60. 自有动力船舶(进出口)
10. 劳德代尔堡好莱坞国际航空,	70. 低价值进口和出口
95. 迈阿密 UPS 快递中心,FL	80. 邮件运输(仅出口)

(续表)

港　口	代　码	港　口	代　码
阿伯丁,华盛顿州	3003	巴斯,缅因州	0111
艾迪生机场,艾迪生,得克萨斯州	5584	巴吞鲁日,路易斯安那州	2004
阿瓜迪亚,波多黎各自治邦	4901	巴特尔克里克,密歇根州	3805
航空快车,华盛顿州西雅图	3074	博德特,明尼苏达州	3424
空运货物处理服务公司	2773	贝肖尔,密歇根州	3843
空运货物处理服务	2871	博蒙特,德克萨斯州	2104
法航	4774	比彻瀑布,佛蒙特州	0206
奥尔巴尼,纽约州	1002	贝尔法斯特,缅因州	0132
阿尔伯克基,新墨西哥州	2407	贝尔查斯,路易斯安那州	2002
阿尔坎,阿拉斯加州	3104	贝灵厄姆,华盛顿州	3005
亚历山大市,弗吉尼亚州	5402	贝尼西亚,加利福尼亚州	2830
亚历山大湾,纽约州	0708	比林斯波特,新泽西州	1105
阿尔戈纳克,密歇根州	3814	宾厄姆顿地区机场,纽约州	0981
阿伦敦,宾夕法尼亚州	1119	伯明翰,阿拉巴马州	1904
阿尔皮纳,密歇根州	3843	布莱克河,密歇根州	3802
阿马里洛,得克萨斯州	5502	布莱恩,华盛顿州	3004
安布罗斯,南达科他州	3410	列克星敦蓝草机场,肯塔基州	4184
阿纳科特斯,华盛顿州	3010	博卡格兰德,佛罗里达州	1807
安克雷奇,阿拉斯加州	3126	博伊西,爱达荷州	2907
安德拉德,加利福尼亚州	2502	波士顿,马萨诸塞州	0401
安纳波利斯,马里兰州	1301	边界,华盛顿州	3015
鹿角,南达科他州	3413	波士顿,马萨诸塞州	0401
阿拉帕霍县公共机场	3384	布鲁尔,缅因州	0102
亚什兰,威斯康星州	3511	布里奇波特,康涅狄格州	0410
阿什塔布拉/康诺,俄亥俄州	4122	布里奇沃特,缅因州	0127
阿什塔布拉,俄亥俄州	4122	布朗斯维尔,德克萨斯州	2301
阿斯托里亚,俄勒冈州	2901	不伦瑞克,乔治亚州	1701
亚特兰大,佐治亚州	1704	布法罗-尼亚加拉瀑布,纽约州	0901
大西洋城地区机场,新泽西州	1182	伯灵顿,佛蒙特州	0207
奥斯汀,得克萨斯州	5506	巴特,蒙大拿州	3305
航空经纪人,华盛顿州西雅图	3072	加来,缅因州	0115
巴尔的摩,马里兰州	1303	卡莱克西科,加利福尼亚州	2503
巴尔的摩,华盛顿国际机场	1305	东加利西哥,加利福尼亚州	2507
班戈,缅因州	0102	剑桥,马里兰州	1302
巴港,缅因州	0112	卡姆登,新泽西州	1107

(续表)

港 口	代 码	港 口	代 码
文森特角,纽约州	0706	特拉华市,特拉华州	1103
卡皮坦,加利福尼亚州	2715	德尔博尼塔,蒙大拿州	3322
卡伯里,北卡罗来纳州	3421	德尔里奥,德克萨斯州	2302
卡奎内斯海峡,加利福尼亚州	2830	丹佛,科罗拉多州	3307
尚普兰-罗斯角,纽约州	0712	德比线,佛蒙特州	0209
查尔斯顿,南卡罗来纳州	1601	得梅因,爱荷华州	3513
查尔斯顿,西弗吉尼亚州	1409	绕道,密歇根州	3819
夏洛特阿马利亚,维京群岛	5101	底特律,密歇根州	3801
夏洛特,北卡罗来纳州	1512	底特律大都会机场,密歇根州	3807
查塔努加,田纳西州	2008	Dhl,辛辛那提,俄亥俄州	4197
切斯特,宾夕法尼亚州	1102	DhL 航空公司,牙买加,纽约州	4772
芝加哥,伊利诺伊州	3901	DhL,洛杉矶,加利福尼亚州	2770
芝加哥行政机场,伊利诺伊州	3983	Dhl,全球快递	2870
芝加哥中途国际机场,伊利诺伊州	3910	Dhl,全球快递	3073
克里斯蒂安斯特德,维京群岛	5104	道格拉斯,亚利桑那州	2601
辛辛那提,俄亥俄州	4102	德卢斯,MN,威斯康星州	3510
博福特,北卡罗来纳州	1511	邓赛思,北达科他州	3422
克莱顿,纽约州	0714	达勒姆,北卡罗来纳州	1503
克利夫兰,俄亥俄州	4101	老鹰通行证,得克萨斯州	2303
哥伦比亚,南卡罗来纳州	1604	东港,爱达荷州	3302
哥伦布,新墨西哥州	2406	东港,缅因州	0103
哥伦布,俄亥俄州	4103	埃尔帕索,得克萨斯州	2402
库斯湾,俄勒冈州	2903	伊利,宾夕法尼亚州	4106
科珀斯克里斯蒂市,得克萨斯州	5312	埃斯卡纳巴,密歇根州	3808
克里斯菲尔德,马里兰州	1304	尤里卡,加利福尼亚州	2802
克罗克特,加利福尼亚州	2815	埃弗雷特,华盛顿州	3006
克鲁兹湾,维京群岛	5102	法本斯,得克萨斯州	2404
达拉斯-沃思堡,得克萨斯州	5501	费尔班克斯,阿拉斯加州	3111
达拉斯爱田机场,得克萨斯州	5588	法哈多,波多黎各自治邦	4904
道尔顿卡什,阿拉斯加州	3106	福尔里弗,马萨诸塞州	0407
丹维尔,华盛顿州	3012	法戈,北达科他州	3411
达文波特-岩岛	3908	联邦快递,安克雷奇,阿拉斯加州	3195
代托纳比奇国际机场	1884	联邦快递公司檀香山,夏威夷州	3279
代顿,俄亥俄州	4104	联邦快递快递中心,佛罗里达州	5297

(续表)

港　口	代　码	港　口	代　码
联邦快递,奥克兰,加利福尼亚州	2895	大罗克福德机场	3909
联邦快递纽瓦克,新泽西州	4671	格林贝,威斯康星州	3703
联邦快递,印第安纳波利斯,印第安纳州	4198	格林维尔,密西西比州	2011
联邦快递,牙买加,纽约州	4770	格林维尔-斯帕坦堡,南卡罗来纳州	1603
联邦快递,孟菲斯,田纳西州	2095	格尔夫波特,密西西比州	1902
联邦快递 ECCF,纽瓦克,新泽西州	4671	汉娜,北达科他州	3408
费尔南迪纳海滩,佛罗里达州	1805	汉斯伯勒,北达科他州	3415
渡轮,华盛顿州	3013	哈里斯堡,宾夕法尼亚州	1109
费尔菲尔德堡,缅因州	0107	哈特福德,康涅狄格州	0411
肯特堡,缅因州	0110	伊达尔戈/法尔,得克萨斯州	2305
劳德代尔-好莱坞国际机场,佛罗里达州	5210	海格特斯普林斯/奥尔巴尼,佛蒙特州	0212
迈尔斯堡机场,佛罗里达州	1822	希洛,夏威夷州	3202
皮尔斯堡,佛罗里达州	5205	火奴鲁鲁,夏威夷州	3201
韦恩堡机场,印第安纳州	4183	火奴鲁鲁国际机场,夏威夷州	3205
福尔图纳,北达科他州	3417	霍尔顿,缅因州	0106
福特沃思,联盟机场	5583	休斯顿洲际机场,得克萨斯州	5309
腓特烈斯泰德,维京群岛	5105	休斯顿,得克萨斯州	5301
弗里波特,得克萨斯州	5311	亨茨维尔,阿拉巴马州	1910
弗雷斯诺,加利福尼亚州	2803	休伦,俄亥俄州	4117
星期五港,华盛顿州	3014	IBC 快递中心	5298
边疆,华盛顿州	3020	IBC 太平洋公司,洛杉矶,加利福尼亚州	2776
前皇家,弗吉尼亚州	1410	印第安纳波利斯,印第安纳州	4110
加尔维斯顿,得克萨斯州	5310	国际瀑布,明尼苏达州	3604
加里,印第安纳州	3905	杰克曼,缅因州	0104
格洛斯特,马萨诸塞州	0404	杰克逊维尔,佛罗里达州	1803
格洛斯特城,新泽西州	1113	约翰肯尼迪国际机场,纽约州	4701
格拉梅西,路易斯安那州	2010	琼斯波特,缅因州	0122
大福克斯,北达科他州	3427	朱诺,阿拉斯加州	3101
格兰德黑文,密歇根州	3816	卡胡鲁伊,夏威夷州	3203
大波蒂奇,明尼苏达州	3613	卡拉马,华盛顿州	2909
大急流城,密歇根州	3806	卡利斯佩尔,蒙大拿州	3324
格兰特县机场,华盛顿州	3082	堪萨斯城,密苏里州	4501
格雷斯港,华盛顿州	3003	肯莫尔航空港,华盛顿州	3018
大瀑布,蒙大拿州	3304	凯奇坎,阿拉斯加州	3102

(续表)

港口	代码	港口	代码
基韦斯特,佛罗里达州	5202	中美洲机场,马斯库塔,伊利诺伊州	4581
诺克斯维尔,田纳西州	2016	米德兰国际机场,米德兰,得克萨斯州	5582
科纳,夏威夷州	3206	密尔沃基,威斯康星州	3701
查尔斯湖,路易斯安那州	2017	明尼阿波利斯-圣,保罗,明尼苏达州	3501
兰开斯特,明尼苏达州	3430	移动,阿拉巴马州	1901
拉雷多,得克萨斯州	2304	摩根城,路易斯安那州	2001
拉斯维加斯,内华达州	2722	摩根,蒙大拿州	3319
劳里尔,华盛顿州	3016	纽瓦克莫里斯敦机场,新泽西州	4681
劳伦斯,马萨诸塞州	0416	莫罗湾,加利福尼亚州	2719
长滩,加利福尼亚州	2709	马斯基根,密歇根州	3815
朗维尤,华盛顿州	2905	纳科,亚利桑那州	2603
洛兰,俄亥俄州	4121	纳什维尔,田纳西州	2007
洛杉矶,加利福尼亚州	2704	纳维利维利阿伦港,夏威夷州	3204
洛杉矶,加利福尼亚州	2791	内切,北达科他州	3404
洛杉矶国际机场,加利福尼亚州	2720	纽瓦克,新泽西州	4601
路易斯维尔,肯塔基州	4115	新贝德福德,马萨诸塞州	0405
拉伯克,得克萨斯州	3023	纽黑文,康涅狄格州	0412
马达瓦斯卡,缅因州	0109	新伦敦,康涅狄格州	0413
麦达,北达科他州	3416	新奥尔良,路易斯安那州	2002
曼彻斯特费机场,新罕布什尔州	0182	纽波特,俄勒冈州	2902
马尼托瓦克,威斯康星州	3702	纽波特,罗得岛州	0501
马凯特,密歇根州	3809	纽约,纽约州	1001
马丁内斯,加利福尼亚州	2820	夜鹰,华盛顿州	3011
马塞纳,纽约州	0704	诺加莱斯,亚利桑那州	2604
马亚圭斯,波多黎各自治邦	4907	努南,北达科他州	3420
巴斯克斯菲尔德梅多斯菲尔德机场,加利福尼亚州	2786	诺福克,纽波特纽斯	1401
墨尔本地区机场,佛罗里达州	0503	北门,北卡罗来纳州	3406
孟菲斯,田纳西州	2006	诺顿,弗吉尼亚州	0211
梅塔林瀑布,华盛顿州	3025	NYACC,牙买加,纽约州	4771
奥克兰大都会国际机场,加利福尼亚州	2811	奥克兰县国际机场,密歇根州	3881
迈阿密,佛罗里达州	5201	奥格登斯堡,纽约州	0701
迈阿密国际机场,佛罗里达州	5206	俄克拉荷马城,俄克拉何马州	5504
MICOM,牙买加,纽约州	4773	奥林匹亚,华盛顿州	3026
密歇根城港,印第安纳州	3905	奥马哈,内布拉斯加州	3512

(续表)

港　口	代码	港　口	代码
安大略国际机场	2721	波特希尔,爱达荷州	3308
奥普海姆,蒙大拿州	3317	惠内姆港,加利福尼亚州	2713
橙色,得克萨斯州	2103	休伦港,密歇根州	3802
奥兰多,佛罗里达州	1808	波特兰国际机场	2910
奥兰多行政机场,佛罗里达州	1888	波特兰,缅因州	0101
奥兰多-桑福德机场,佛罗里达州	1809	拉瓦卡港,得克萨斯州	5313
奥罗维尔,华盛顿州	3019	海牛港,佛罗里达州	1821
奥斯威戈,纽约州	0904	朴茨茅斯,新罕布什尔州	0131
奥泰梅萨站,加利福尼亚州	2506	坦帕港,佛罗里达州	1801
欧文斯伯勒,肯塔基州	4116	汤森港,华盛顿州	3008
帕斯卡古拉,密西西比州	1903	普雷西迪奥,得克萨斯州	2403
保罗斯伯勒,新泽西州	1105	普雷斯克岛,密歇根州	3842
彭比纳,北达科他州	3401	进步,得克萨斯州	2309
彭萨科拉,佛罗里达州	1819	普罗维登斯,罗得岛州	0502
皮奥里亚,伊利诺伊州	3902	拉辛,威斯康星州	3708
珀斯安博伊,新泽西州	4602	雷蒙德,蒙大拿州	3301
佩蒂岛,新泽西州	1107	雷德伍德城,加利福尼亚州	2833
费城,宾夕法尼亚州	1101	里维尔,马萨诸塞州	0401
费城国际机场	1108	里奇福德,佛蒙特州	0203
凤凰城,亚利桑那州	2605	里士满,加利福尼亚州	2812
皮根,蒙大拿州	3316	里士满-彼得堡,弗吉尼亚州	1404
派恩克里克,明尼苏达州	3425	里奥格兰德市,得克萨斯州	2307
匹兹堡,宾夕法尼亚州	1104	罗切斯特机场,明尼苏达州	3581
普利茅斯,马萨诸塞州	0406	罗克兰,缅因州	0121
罗伯茨角,华盛顿州	3017	罗杰斯城,密歇根州	3818
点井,华盛顿州	3001	罗马,得克萨斯州	2310
庞塞,波多黎各自治邦	4908	罗斯维尔,密歇根州	3318
门户,北达科他州	3403	罗索,明尼苏达州	3426
艾伦港,夏威夷州	3204	萨宾,得克萨斯州	2102
安吉利斯港,华盛顿州	3007	萨克拉门托国际机场,加利福尼亚州	2835
阿兰萨斯港,得克萨斯州	5312	弗林特市萨吉诺湾市,密歇根州	3804
亚瑟港,得克萨斯州	2101	圣奥尔本斯,佛蒙特州	0201
卡纳维拉尔港,佛罗里达州	1816	圣奥古斯丁机场,佛罗里达州	1889
大沼泽地港,佛罗里达州	5203	圣约翰,北卡罗来纳州	3405

(续表)

港　口	代码	港　口	代码
圣约瑟夫,密苏里州	4502	什里夫波特-波西尔城,路易斯安那州	2018
圣路易斯,密苏里州	4503	苏福尔斯,南达科他州	3502
圣保罗,明尼苏达州	3501	锡特卡,阿拉斯加州	3115
圣彼得堡,佛罗里达州	1814	史凯威,阿拉斯加州	3103
塞勒姆,马萨诸塞州	0408	索多斯角,纽约州	0905
盐湖城,犹他州	3303	斯波坎,华盛顿州	3022
圣安东尼奥,得克萨斯州	5507	斯普林菲尔德,马萨诸塞州	0402
圣贝纳迪诺国际机场,洛杉矶,加利福尼亚州	2782	斯普林菲尔德,密苏里州	4505
圣地亚哥,加利福尼亚州	2501	斯托克顿,加利福尼亚州	2810
桑迪角,缅因州	0132	苏马斯,华盛顿州	3009
旧金山,加利福尼亚州	2809	高级,威斯康星州	3510
旧金山国际机场,加利福尼亚州	2801	甜草,蒙大拿州	3310
圣华金河,加利福尼亚州	2828	塔科马,华盛顿州	3002
旧金山圣何塞国际机场,加利福尼亚州	2834	塔克尼岩,明尼苏达州	3614
圣胡安国际机场,波多黎各自治邦	4913	坦帕,佛罗里达州	1801
圣胡安,波多黎各自治邦	4909	特卡特,加利福尼亚州	2505
圣路易斯,亚利桑那州	2608	得克萨斯城,得克萨斯州	5306
圣巴勃罗湾,加利福尼亚州	2829	TNT 全球快递,洛杉矶,加利福尼亚州	2775
圣伊西德罗,加利福尼亚州	2504	TNT Skypak,牙买加,纽约州	4778
多纳安娜县圣特雷莎机场,新墨西哥州	2481	托莱多,俄亥俄州	4105
圣特雷莎,新墨西哥州	2408	特伦顿/默瑟县机场,特伦顿,新泽西州	1183
萨拉索塔-布雷登顿机场	1883	特伦顿,密歇根州	3801
萨勒斯,北卡罗来纳州	3409	三城机场,田纳西州	2027
佐佐部,亚利桑那州	2606	鳟鱼河,纽约州	0715
苏圣玛丽,密歇根州	3803	图森,亚利桑那州	2609
萨凡纳,佐治亚州	1703	塔尔萨,俄克拉何马州	5505
斯科比,蒙大拿州	3309	特纳,蒙大拿州	3306
斯克兰顿,宾夕法尼亚州	1106	UPS,快递枢纽,迈阿密,佛罗里达州	5295
西尔斯波特,缅因州	0152	UPS,快递枢纽,华盛顿州	3095
西雅图-塔科马国际机场,华盛顿州	3029	UPS,安克雷奇,阿拉斯加州	3196
西雅图市,华盛顿州	3001	UPS, 火奴鲁鲁, 夏威夷州	3295
塞尔比,加利福尼亚州	2827	UPS, HUB 菲尔,宾夕法尼亚州	1195
希博伊根,威斯康星州	3707	UPS 快递,肯塔基州	4196
舍伍德,北达科他州	3414	UPS,纽瓦克,新泽西州	4670

（续表）

港　口	代　码	港　口	代　码
UPS,安大略省,加利福尼亚州	2795	韦斯特韦戈,路易斯安那州	2002
UPS,西雅图,华盛顿州	3071	怀特拉什,蒙大拿州	3321
大西洋城地区机场,新泽西州	1182	威奇托,堪萨斯州	4504
瓦列霍,加利福尼亚州	2829	野马,蒙大拿州	3323
范布伦,缅因州	0108	威尔克斯-巴里/斯克兰顿,宾夕法尼亚州	1106
万斯伯勒,缅因州	0105	伊普西兰蒂威洛润机场,密歇根州	3882
温哥华,华盛顿州	2908	威尔明顿,特拉华州	1103
文图拉,加利福尼亚州	2712	威尔明顿,北卡罗来纳州	1501
维克斯堡机场	2015	温斯顿塞勒姆,北卡罗来纳州	1502
维珍大西洋货运,洛杉矶,加利福尼亚州	2774	温特波特,缅因州	0132
沃尔哈拉,北达科他州	3407	伍斯特,马萨诸塞州	0403
沃罗德,明尼苏达州	3423	兰格尔,阿拉斯加州	3105
华盛顿特区	5401	伊斯莱塔,得克萨斯州	2401
西棕榈滩,佛罗里达州	5204		